Langheid/Rixecker
Versicherungsvertragsgesetz

Versicherungs-vertragsgesetz

mit Einführungsgesetz und VVG-Informationspflichtenverordnung

Kommentar

von

Dr. Theo Langheid
Rechtsanwalt und Fachanwalt für Versicherungsrecht
Honorarprofessor an der Universität Salzburg

Dr. Roland Rixecker
Präsident des Verfassungsgerichtshofs des Saarlandes
Präsident des Saarländischen Oberlandesgerichts a.D.
Honorarprofessor an der Universität des Saarlandes

Dr. Jens Gal
Professor an der Universität Frankfurt a. M.

Dr. Joachim Grote
Rechtsanwalt und Fachanwalt für Versicherungsrecht

Dr. Jens Muschner
Rechtsanwalt

7. Auflage 2022

des von Wolfgang Römer und Theo Langheid begründeten Werkes.

C.H.BECK

Zitiervorschlag:
Bearbeiter in Langheid/Rixecker VVG § … Rn. …

www.beck.de

ISBN 978 3 406 75315 2

Wilhelmstraße 9, 80801 München
Druck und Bindung: Druckerei C. H. Beck Nördlingen
(Adresse wie Verlag)

Satz: Meta Systems Publishing & Printservices GmbH, Wustermark
Umschlaggestaltung: Druckerei C. H. Beck Nördlingen

CO_2 neutral
chbeck.de/nachhaltig

Gedruckt auf säurefreiem, alterungsbeständigem Papier
(hergestellt aus chlorfrei gebleichtem Zellstoff)

Bearbeiterverzeichnis:

Dr. Jens Gal:	EGVVG, VVG-InfoV
Dr. Joachim Grote	Vor § 150; §§ 150–171
Dr. Theo Langheid:	§§ 6a–7d; §§ 19–27; §§ 74–124; §§ 130–149
Dr. Jens Muschner:	Vor § 192, §§ 192–208
Prof. Dr. Roland Rixecker:	§§ 1–6; §§ 8–18; §§ 28–73; §§ 125–129; §§ 172–191; §§ 209–216

Vorwort

Auch diese 7. Auflage hält sich (fast) an das Vorhaben von Verlag und Autoren, alle zwei Jahre eine neue Kommentierung vorzulegen, um jeweils eine aktuelle Version dieses Werks für die Praktiker des Versicherungsvertragsrechts zur Verfügung zu stellen. Die vorhergehende Auflage berücksichtigte Rechtsprechung und Literatur bis Oktober 2018, diese neue Auflage enthält alle Neuerungen bis September 2021. Die kleine Verzögerung ist auch der Pandemie geschuldet, die das Arbeiten insgesamt und dadurch auch die am Kommentar doch in nicht ganz unbeachtlicher Weise beeinträchtigt hat.

Die mit der 6. Auflage vorgestellte Autorenschaft hat sich mit der vorliegenden Auflage nicht verändert. Neben den Namensgebern, Professor *Dr. Langheid* und Professor *Dr. Rixecker,* sind das die Herren Professor *Dr. Jens Gal,* Rechtsanwalt *Dr. Joachim Grote* und Rechtsanwalt *Dr. Jens Muschner.* Auch die Grundsätze, die diesen Kommentar seit der 1. Auflage bestimmen, gelten 2021 unverändert fort: Auch mit der 7. Auflage legen wir einen Kommentar vor, der aus der praktischen Arbeit entstanden ist und die daraus entstehenden Problem- und Lösungskonstellationen im Fokus hat, ohne auf einen hohen wissenschaftlichen Anspruch zu verzichten.

Seit 2018 haben sich zahlreiche neue Fragen und Probleme ergeben. Um nur einige wenige Beispiele herauszugreifen: Im Allgemeinen Teil hat es die Neufassung des § 8 VVG gegeben und die Rechtsprechung hat viel Energie in Fragen der vorvertraglichen Anzeigepflicht aufgewandt (wo das Verhältnis von offensichtlich gefahrerheblichen und zugleich extrem ungewöhnlichen Gefahrumständen zu klären war). In der D&O-Versicherung war die Anwendbarkeit der BGH-Rechtsprechung zur Parallelität von vorsätzlichen und fahrlässigen Pflichtverletzungen zu erörtern, in der Rechtsschutzversicherung der Rechtsschutzfall im Passivprozess, die Repräsentantenstellung des Rechtsanwalts und die Schadensminderungspflicht). Für die BUZ sind die Befristung des Anerkenntnisses und die Verweisungsmöglichkeit im Rahmen der Nachprüfung des Versicherungsfalls zu nennen, in der Lebensversicherung das Problem der Überschussbeteiligung in der Niedrigzinsphase, die Rechtsprechung zum Rückkaufswert und die Haltung der BaFin zu echten Gruppenversicherungsverträgen, und in der Krankenversicherung die Voraussetzungen für eine Prämienanpassung und die Wirksamkeit des § 8b MB/KK.

Darüber hinaus behält die 7. Auflage die Grundsätze, die die bisherigen sechs Auflagen bestimmt haben, weiterhin bei. Alle Autoren haben die gesamte neue Rechtsprechung seit November 2018 in ihre Kommentierungen eingearbeitet und setzen sich mit anderen Meinungen von Gewicht ausführlich auseinander, um so dem Nutzer den für die praktische Falllösung erforderlichen Überblick zu verschaffen. Weiterhin gilt auch, dass die Erörterung von Detailfragen, die eher von wissenschaftlichem Interesse als von praktischer Bedeutung sind, den Groß – Kommentaren überlassen bleibt.

Kritik, Anregungen und weiterführende Hinweise sind wie immer herzlich willkommen.

Berlin, Frankfurt, Köln und Saarbrücken, im Dezember 2021 *Die Verfasser*

Vorwort

Inhaltsverzeichnis

Kapitel 4. Gebäudefeuerversicherung

Kapitel 5. Lebensversicherung

Kapitel 6. Berufsunfähigkeitsversicherung

Kapitel 7. Unfallversicherung

Abkürzungsverzeichnis

aA .... andere(r) Ansicht
aaO .... am angegebenen Ort
ABEH .... Allgemeinen Bedingungen für die Erweiterte Haushaltsversicherung
ABl. .... Amtsblatt
abl. .... ablehnend
ABMG .... Allgemeine Bedingungen für die Maschinen- und Kaskoversicherung von fahrbaren oder transportablen Geräten
abgedr. .... abgedruckt
Abs. .... Absatz
Abschn. .... Abschnitt
abw. .... abweichend
abzgl. .... abzüglich
ADB .... Allgemeine Deutsche Binnen-Transportversicherungsbedingungen
ADS .... Allgemeine Deutsche Seeversicherungsbedingungen
ADSp .... Allgemeine Deutsche Spediteurbedingungen
aE .... am Ende
AEB .... Allgemeine Bedingungen für die Einbruchdiebstahlversicherung
AERB .... Allgemeine Bedingungen für die Einbruchdiebstahl- und Raubversicherung
aF .... alte Fassung
AFB .... Allgemeine Bedingungen für die Feuerversicherung
AG .... Amtsgericht
AGB .... Allgemeine Geschäftsbedingungen
AGBG .... Gesetz zur Regelung des Rechts der Allgemeinen Geschäftsbedingungen (außer Kraft seit 1.1.2002)
AGB-RL .... Richtlinie 93/13/EWG des Rates vom 5. April 1993 über mißbräuchliche Klauseln in Verbraucherverträgen (ABl. 1993 L 95, 29)
AGlB .... Allgemeine Bedingungen für die Glasversicherung
AHagB .... Allgemeine Hagelversicherungsbedingungen
AHB .... Allgemeine Versicherungsbedingungen für die Haftpflichtversicherung
aK .... außer Kraft
AKB .... Allgemeine Bedingungen für die Kfz-Versicherung
ALB .... Allgemeine Bedingungen für die kapitalbildende Lebensversicherung
ALG .... Arbeitslosengeld
allg. .... allgemein
allgM .... allgemeine Meinung
Alt. .... Alternative
AltZertG .... Altersvorsorgeverträge-Zertifizierungsgesetz
AMB .... Allgemeine Bedingungen für die Maschinenversicherung von stationären Maschinen
AMBUB .... Allgemeine Bedingungen für die Maschinen-Betriebsunterbrechungsversicherung
AMG .... Arzneimittelgesetz idF
amtl. .... amtlich
ÄndG .... Änderungsgesetz
AnfG .... Anfechtungsgesetz
Anh. .... Anhang
Anl. .... Anlage

Abkürzungen

Anm.	Anmerkung
AnwBl	Anwaltsblatt
AP	Arbeitsrechtliche Praxis
ARB	Allgemeine Bedingungen für die Rechtsschutzversicherung
arg.	argumentum
Art.	Artikel
AStB	Allgemeine Bedingungen für die Sturmversicherung
AsylbLG	Asylbewerberleistungsgesetz
AtDeckV	Atomrechtliche Deckungsvorsorge-Verordnung
AtomG	Atomgesetz
AUB	Allgemeine Unfallversicherungsbedingungen
AufenthG	Aufenthaltsgesetz
Aufl.	Auflage
AVB	Allgemeine Versicherungsbedingungen
AVBR	Allgemeine Bedingungen für die Reisegepäckversicherung
AVBvlVLeben	Allgemeine Bedingungen für den vorläufigen Versicherungsschutz in der Lebensversicherung
AVB-VV	Allgemeine Versicherungsbedingungen Vorläufiger Rechtsschutz
AVFE	Allgemeine Versicherungsbedingungen für Fernmelde- und sonstige elektronische Anlagen
AVG	Angestelltenversicherungsgesetz (außer Kraft seit 1.1.1992)
AWB	Allgemeine Bedingungen für die Leitungswasserversicherung
BaFin	Bundesanstalt für Finanzdienstleistungsaufsicht
BaFin-Journal	BaFin-Journal (monatliches Mitteilungs- und Amtsblatt der BaFin)
BAG	Bundesarbeitsgericht
BAGE	Entscheidungen des Bundesarbeitsgerichts
BAK	Blutalkoholkonzentration
BAnz.	Bundesanzeiger
BauGB	Baugesetzbuch
BauR	Baurecht
BAV	Bundesaufsichtsamt für das Versicherungswesen
BayObLG	Bayerisches Oberstes Landesgericht
BB	Besondere Bedingungen; Betriebs-Berater
BBauG	Bundesbaugesetz
BB-BUZ	Besondere Bedingungen für die Berufsunfähigkeitszusatzversicherung
BBG	Bundesbeamtengesetz
BBhV	Bundesbeihilfeverordnung
Bd.	Band
BDSG	Bundesdatenschutzgesetz
BeckRS	Beck-Rechtsprechung (Beck-Online)
BEEG	Bundeselterngeld- und Elternzeitgesetz
Begr.	Begründung
Bek.	Bekanntmachung
ber.	berichtigt
Beschl.	Beschluss
Bespr.	Besprechung
BetrAVG	Betriebsrentengesetz
BewG	Bewertungsgesetz
BFH	Bundesfinanzhof
BG	Bedingungen für Gebäudeversicherung von Geschäften und Betrieben
BGB	Bürgerliches Gesetzbuch

BGB-InfoV	BGB-Informationspflichten-Verordnung
BGBl.	Bundesgesetzblatt
BGH	Bundesgerichtshof
BGHR	BGH-Rechtsprechung (Systematische Sammlung der Entscheidungen des Bundesgerichtshofes in Zivilsachen)
BGHReport	Schnelldienst zur Zivilrechtsprechung
BGHZ	Entscheidungen des Bundesgerichtshofs in Zivilsachen
BilMoG	Bilanzrechtsmodernisierungsgesetz
BinSchG	Binnenschiffahrtsgesetz
BJagdG	Bundesjagdgesetz
BKR	Zeitschrift für Bank- und Kapitalmarktrecht
BMG	Bundesministerium für Gesundheit
BMJV	Bundesministerium der Justiz und für Verbraucherschutz
BNotO	Bundesnotarordnung
BRAO	Bundesrechtsanwaltsordnung
BSG	Bundessozialgericht
bspw.	beispielsweise
BT	Bundestag
BT-Drs.	Drucksache des Deutschen Bundestages
BU	Allgemeine Bedingungen für die Berufsunfähigkeitsversicherung
Buchst.	Buchstabe
BUZ	Allgemeine Bedingungen für die Berufsunfähigkeitszusatzversicherung; Berufsunfähigkeitszusatzversicherung
BUZaktuell	Newsletter der Gen Re Business School zur Berufsunfähigkeitszusatzversicherung
BVerfG	Bundesverfassungsgericht
BVerfGE	Entscheidungen des Bundesverfassungsgerichts
BVerwG	Bundesverwaltungsgericht
BZG	Bundes-Zentralgenossenschaft Straßenverkehr eG
bzgl.	bezüglich
bzw.	beziehungsweise
ca.	circa
c.i.c.	culpa in contrahendo
CIF	Cost, Insurance, Freight
CMR	Übereinkommen über den Beförderungsvertrag im internationalen Straßengüterverkehr
DAR	Deutsches Autorecht
D&O	Directors & Officers (-Versicherung)
dh	das heißt
DAR	Deutsches Autorecht
DB	Der Betrieb
DeckRV	Deckungsrückstellungsverordnung
dgl.	dergleichen
ders.	derselbe
dies.	dieselbe(n)
diff.	differenzierend
Diss.	Dissertation
DNotZ	Deutsche Notar-Zeitschrift
DOK	Die Ortskrankenkasse
3. DurchfG/ EWG	Drittes Gesetz zur Durchführung versicherungsrechtlicher Richtlinien des Rates der Europäischen Gemeinschaften (Drittes Durchführungsgesetz/EWG zum VAG) v. 21.7.1994

Drs. .... Drucksache
DS-GVO .... Verordnung (EU) 2016/679 des Europäischen Parlaments und des Rates vom 27. April 2016 zum Schutz natürlicher Personen bei der Verarbeitung personenbezogener Daten, zum freien Datenverkehr und zur Aufhebung der Richtlinie 95/46/EG (Datenschutz-Grundverordnung) (ABl. 2016 L 119, 1; ber. ABl. 2016 L 314, 72 und ABl. 2018 L 127, 2)
DStR .... Deutsches Steuerrecht
DStRE .... Deutsches Steuerrecht – Entscheidungsdienst
DTV-Güter .... DTV-Güterversicherungsbedingungen
DTV-VHV .... DTV-Verkehrshaftungsversicherungs-Bedingungen für die laufende Versicherung für Frachtführer, Spediteure und Lagerhalter
DVO .... Durchführungsverordnung, delegierte Verordnung
DVStB .... Verordnung zur Durchführung der Vorschriften über Steuerberater, Steuerbevollmächtigte und Steuerberatungsgesellschaften
DZWIR .... Deutsche Zeitschrift für Wirtschafts- und Insolvenzrecht

ebd. .... ebenda
EFTA .... Europäische Freihandelsassoziation
eG .... eingetragene Genossenschaft
EG .... Europäische Gemeinschaft
EGVVG .... Einführungsgesetz zum Versicherungsvertragsgesetz
EGZPO .... Gesetz, betreffend die Einführung der Zivilprozeßordnung
EhfG .... Entwicklungshelfer-Gesetz
Einf. .... Einführung
Einl. .... Einleitung
einschr. .... einschränkend
EIOPA .... Europäische Aufsichtsbehörde für das Versicherungswesen und die betriebliche Altersversorgung
Entsch. .... Entscheidung
ErbbauRG .... Erbbaurechtsgesetz
ErbR .... Erbrecht
Erwgr. .... Erwägungsgrund/-gründe
etc .... et cetera
EU .... Europäische Union
EuGH .... Europäischer Gerichtshof
EuGVVO .... Verordnung (EG) Nr. 44/2001 des Rates vom 22. Dezember 2000 über die gerichtliche Zuständigkeit und die Anerkennung und Vollstreckung von Entscheidungen in Zivil- und Handelssachen (ABl. 2001 L 12, 1)
EUR .... Euro
eVb .... elektronische Versicherungsbestätigung
evtl. .... eventuell
EWiR .... Entscheidungen zum Wirtschaftsrecht
EWR .... Europäischer Wirtschaftsraum

f., ff. .... folgende
FamRZ .... Zeitschrift für das gesamte Familienrecht
FBUB .... Allgemeine Feuer-Betriebsunterbrechungs-Versicherungs-Bedingungen
FD-VersR .... Fachdienst Versicherungsrecht
FernabsatzRL II .. Richtlinie 2002/65/EG des Europäischen Parlaments und des Rates vom 23. September 2002 über den Fernabsatz von Finanzdienstleistungen an Verbraucher und zur Änderung der Richtlinie 90/619/EWG des Rates und der Richtlinien 97/7/EG und 98/27/EG

FEVS	Fürsorgerechtliche Entscheidungen der Verwaltungs- und Sozialgerichte (ABl. 2002 L 271, 16)
Fn.	Fußnote
FOB	Free On Board
FS	Festschrift
FZV	Verordnung über die Zulassung von Fahrzeugen zum Straßenverkehr (Fahrzeug-Zulassungsverordnung)
GenDG	Gesetz über genetische Untersuchungen bei Menschen (Gendiagnostikgesetz)
GewArch	Gewerbearchiv
GewO	Gewerbeordnung
GG	Grundgesetz für die Bundesrepublik Deutschland v. 23.5.1949
ggf.	gegebenenfalls
GKV	Gesetzliche Krankenversicherung
GKV-WSG	Gesetz zur Stärkung des Wettbewerbs in der gesetzlichen Krankenversicherung v. 26.3.2007
GOÄ	Gebührenordnung für Ärzte
grdl.	grundlegend
grds.	grundsätzlich
GRUR	Gewerblicher Rechtsschutz und Urheberrecht
GRUR Int.	Gewerblicher Rechtsschutz und Urheberrecht Internationaler Teil
GS	Gedächtnisschrift
GUS	Gemeinschaft unabhängiger Staaten
GWR	Gesellschafts- und Wirtschaftsrecht
HGB	Handelsgesetzbuch
Hinw.	Hinweis
hM	herrschende Meinung
Hrsg., hrsg.	Herausgeber, herausgegeben
Hs.	Halbsatz
HWS	Halswirbelsäule
IDD	Richtlinie (EU) 2016/97 des Europäischen Parlaments und des Rates vom 20. Januar 2016 über Versicherungsvertrieb (ABl. 2016 L 26, 19)
IDD-DVO	Durchführungsverordnung (EU) der Kommission vom 11. August 2017 zur Festlegung eines Standardformats für das Informationsblatt zu Versicherungsprodukten (ABl. 2017 L 209, 19)
idF	in der Fassung
idR	in der Regel
iE, iErg	im Ergebnis
IVF	In-Vitro-Fertilisation
IHR	Internationales Handelsrecht
iHv	in Höhe von
IPID	Informationsblatt zu Versicherungsprodukten
iRd	im Rahmen der/des
iS	im Sinne
iSd	im Sinne der/des
iSv	im Sinne von
iÜ	im Übrigen
InsO	Insolvenzordnung
InVo	Insolvenz und Vollstreckung
IVH	Info-Letter Versicherungs- und Haftungsrecht

JR	Juristische Rundschau
jurisPR-FamR	juris-Praxisreport Familien- und Erbrecht
jurisPR-MedizinR	juris-Praxisreport Medizinrecht
jurisPR-VersR	juris-Praxisreport Versicherungsrecht
JZ	Juristenzeitung
KalV	Kalkulationsverordnung
Kap.	Kapitel
Kfz	Kraftfahrzeug
KfzPflVV	Kraftfahrzeug-Pflichtversicherungsverordnung
KfzSBHH	Sonderbedingungen zur Haftpflicht- und Fahrzeugversicherung für Kfz-Handel und -Handwerk
KG	Kammergericht
KLV	Kollektivlebensversicherung
KO	Konkursordnung (außer Kraft seit 1.1.1999)
KomV	Entwurf der Reformkommission zum VVG v. 19.4.2004
krit.	kritisch(er)
KUG	Gesetz betreffend das Urheberrecht an Werken der bildenden Künste und der Photographie
KVAV	Krankenversicherungsaufsichtsverordnung
KVO	Kraftverkehrsordnung (außer Kraft seit 1.7.1998)
Lebensversicherungs-RL	Richtlinie 2002/83/EG des Europäischen Parlaments und des Rates vom 5. November 2002 über Lebensversicherungen (ABl. 2002 L 345, 1)
LG	Landgericht, Landesgericht
lit.	Buchstabe
Lit.	Literatur
Lkw	Lastkraftwagen
LL EIOPA-BoS-14/253	EIOPA, Leitlinien zum Governance-System
LM	Lindenmaier-Möhring, Nachschlagewerk des Bundesgerichtshofs
Losebl.	Loseblatt
Ls.	Leitsatz
LSG	Landessozialgericht
LuftVG	Luftverkehrsgesetz
LWS	Lendenwirbelsäule
m.	mit
mAnm	mit Anmerkung
maW	mit anderen Worten
MB/BT	Allgemeine Versicherungsbedingungen für den Basistarif
MB/KK	Musterbedingungen für die Krankheitskosten- und Krankenhaustagegeldversicherung
MB/KT	Musterbedingungen für die Krankentagegeldversicherung
MB/PPV	Allgemeine Versicherungsbedingungen Private Pflegepflichtversicherung
MB/PV	Musterbedingungen für die Pflegekrankenversicherung
MDR	Monatsschrift für Deutsches Recht
MindZV	Mindestzuführungsverordnung
Mio.	Million

MuSchG	Mutterschutzgesetz
mwN	mit weiteren Nachweisen
nF	neue Fassung
Nachw.	Nachweis
NdsRpfl	Niedersächsische Rechtspflege
NJOZ	Neue Juristische Online-Zeitschrift
NJW	Neue Juristische Wochenschrift
NJWE-VHR	NJW-Entscheidungsdienst Versicherungs- und Haftungsrecht
NJW-RR	NJW-Rechtsprechungs-Report Zivilrecht
NJW-Spezial	NJW-Spezial – Die wichtigsten Informationen zu zentralen Rechtsgebieten
Nr.	Nummer
nrk	nicht rechtskräftig
NStZ	Neue Zeitschrift für Strafrecht
NVersZ	Neue Zeitschrift für Versicherung und Recht
NVwZ	Neue Zeitschrift für Verwaltungsrecht
NwIG	Sonderbedingungen für die Neuwertversicherung von Industrie und Gewerbe
NwSoBedlG	Sonderbedingungen für die Neuwertversicherung landwirtschaftlicher Gebäude
NZA	Neue Zeitschrift für Arbeitsrecht
NZA-RR	NZA-Rechtsprechungs-Report Arbeitsrecht
NZI	Neue Zeitschrift für das Recht der Insolvenz und Sanierung
NZM	Neue Zeitschrift für Miet- und Wohnungsrecht
NZS	Neue Zeitschrift für Sozialrecht
NZV	Neue Zeitschrift für Verkehrsrecht
oÄ	oder Ähnliches
og	oben genannt
oHG	offene Handelsgesellschaft
OLG	Oberlandesgericht
OLGR	OLG-Report
ÖOGH	Österreichischer Oberster Gerichtshof
OVG	Oberverwaltungsgericht
OWiG	Gesetz über Ordnungswidrigkeiten
PEPP-VO	Verordnung (EU) 2019/1238 des Europäischen Parlaments und des Rates vom 20. Juni 2019 über ein Paneuropäisches Privates Pensionsprodukt (PEPP) (ABl. 2019 L 198, 1)
PFAV	Pensionsfonds-Aufsichtsverordnung
PflegeVG	Pflege-Versicherungsgesetz
PflRV	Allgemeine Bedingungen für die Pflegerentenversicherung
PflVG	Pflichtversicherungsgesetz
PHi	Produkt- und Umwelthaftpflicht international
PIB	Produktinformationsblatt
PKH	Prozesskostenhilfe
PKV	Private Krankenversicherung
Pkw	Personenkraftwagen
PRIIP-DVO	Delegierte Verordnung (EU) 2017/653 der Kommission vom 8. März 2017 zur Ergänzung der Verordnung (EU) Nr. 1286/2014 des Europäischen Parlaments und des Rates über Basisinformationsblätter für verpackte Anlageprodukte für Kleinanleger und Versicherungsanlageprodukte (PRIIP) durch technische Regulierungsstandards in Bezug auf

	die Darstellung, den Inhalt, die Überprüfung und die Überarbeitung dieser Basisinformationsblätter sowie die Bedingungen für die Erfüllung der Verpflichtung zu ihrer Bereitstellung (ABl. 2017 L 100, 1)
PRIIP-KID	Basisinformationsblatt für Anlageprodukte für Kleinanleger und Versicherungsanlageprodukte
PRIIP-VO	Delegierte Verordnung (EU) 2017/653 der Kommission vom 8. März 2017 zur Ergänzung der Verordnung (EU) Nr. 1286/2014 des Europäischen Parlaments und des Rates über Basisinformationsblätter für verpackte Anlageprodukte für Kleinanleger und Versicherungsanlageprodukte (PRIIP) durch technische Regulierungsstandards in Bezug auf die Darstellung, den Inhalt, die Überprüfung und die Überarbeitung dieser Basisinformationsblätter sowie die Bedingungen für die Erfüllung der Verpflichtung zu ihrer Bereitstellung (ABl. 2017 L 100, 1)
ProdHB	Produkthaftpflichtbedingungen
ProdHM	Besondere Bedingungen und Risikobeschreibungen für die Produkthaftpflichtversicherung von Industrie- und Handelsbetrieben (Produkthaftpflicht-Modell)
pVV	positive Vertragsverletzung
RdF	Recht der Finanzinstrumente
RDG	Rechtsdienstleistungsgesetz
Rdschr.	Rundschreiben
RechVersV	Versicherungsunternehmens-Rechnungslegungsverordnung
RefE	Referentenentwurf v. 7.2.2006
RfB	Rückstellung für Beitragsrückerstattung
RGBl.	Reichsgesetzblatt
RGZ	Entscheidungen des Reichsgerichts in Zivilsachen
rkr	rechtskräftig
RL	Richtlinie
RL 2009/138/ EG	Richtlinie 2009/138/EG des Europäischen Parlaments und des Rates vom 25. November 2009 betreffend die Aufnahme und Ausübung der Versicherungs- und der Rückversicherungstätigkeit (Solvabilität II) (ABl. 2009 L 335, 1)
RL (EU) 2016/ 97	Richtlinie (EU) 2016/97 des Europäischen Parlaments und des Rates vom 20. Januar 2016 über Versicherungsvertrieb (ABl. 2016 L 26, 19)
Rn.	Randnummer
Rpfl	Der Deutsche Rechtspfleger
r+s	Recht und Schaden
Rspr.	Rechtsprechung
RVA	Regressverzichtsabkommen der Deutschen Feuerversicherer
RVG	Rechtsanwaltsvergütungsgesetz
RVO	Reichsversicherungsordnung
S.	Seite
3. Schadensversicherungs-RL	Richtlinie 92/49/EWG des Rates vom 18. Juni 1992 zur Koordinierung der Rechts- und Verwaltungsvorschriften für die Direktversicherung (mit Ausnahme der Lebensversicherung) sowie zur Änderung der Richtlinien 73/239/EWG und 88/357/EWG (Dritte Richtlinie Schadenversicherung) (ABl. 1992 L 228, 1)
SGB	Sozialgesetzbuch

SGlN	Sonderbedingungen für die Gleitende Neuwertversicherung von Wohn-, Geschäfts- und landwirtschaftlichen Gebäuden
sog	so genannt
SP	Schadenspraxis
SpV	Spektrum für Versicherungsrecht (Beilage zu recht und schaden)
stRspr	ständige Rechtsprechung
StBerG	Steuerberatungsgesetz
StGB	Strafgesetzbuch idF
str.	strittig
stRspr	ständige Rechtsprechung
StVG	Straßenverkehrsgesetz
StVO	Straßenverkehrs-Ordnung
StVZO	Straßenverkehrs-Zulassungs-Ordnung
SVR	Straßenverkehrsrecht
SVS/RVS	Speditions- und Rollfuhrversicherungsschein
SVT	Sozialversicherungsträger
TB	Tarifbedingungen
TranspR	Transportrecht
Tz.	Textziffer
ua	unter anderem
UAbs.	Unterabsatz
uHa	unter Hinweis auf
UKlaG	Unterlassungsklagengesetz
umstr.	umstritten
UmweltHB	Umwelthaftpflichtbedingungen
unkrit.	unkritisch
unzutr.	unzutreffend
Urt.	Urteil
usw	und so weiter
uU	unter Umständen
UWG	Gesetz gegen den unlauteren Wettbewerb
UZV	Unfallzusatzversicherung
v.	vom
va	vor allem
VA	Veröffentlichungen des Reichsaufsichtsamtes für Privatversicherung (seit 1947: Veröffentlichungen des Zonenamtes des Reichsaufsichtsamtes für das Versicherungswesen, Hamburg)
VAG	Versicherungsaufsichtsgesetz
VBL	Versorgungsanstalt des Bundes und der Länder
VB-Reisegepäck	Besondere Versicherungsbedingungen für die Reisegepäckversicherung
VerBaFin	Veröffentlichungen der Bundesanstalt für Finanzdienstleistungsaufsicht
VerBAV	Veröffentlichungen des Bundesaufsichtsamtes für das Versicherungswesen
Verf.	Verfasser
VermG	Vermögensgesetz
VermittlerRL	Richtlinie 2002/92/EG des Europäischen Parlaments und des Rates über Versicherungsvermittlung v. 9.12.2002 (ABl. 2003 L 9, 3)
VersR	Versicherungsrecht
VersRdsch	Die Versicherungsrundschau (Österreich)

VersVermV	Versicherungsvermittlungsverordnung
VersWissStud	Versicherungswissenschaftliche Studien
VGB	Allgemeine Wohngebäude-Versicherungsbedingungen
VGH	Verwaltungsgerichtshof
vgl.	vergleiche
VHB	Allgemeine Hausrat-Versicherungsbedingungen
VK	Versicherung und Recht kompakt
VN	Versicherungsnehmer
VO	Verordnung
VO (EU) 1286/2014	Verordnung (EU) Nr. 1286/2014 des Europäischen Parlaments und des Rates vom 26. November 2014 über Basisinformationsblätter für verpackte Anlageprodukte für Kleinanleger und Versicherungsanlageprodukte (PRIIP) (ABl. 2014 L 352, 1)
VO (EU) 2017/653	Delegierte Verordnung (EU) 2017/653 der Kommission vom 8. März 2017 zur Ergänzung der Verordnung (EU) Nr. 1286/2014 des Europäischen Parlaments und des Rates über Basisinformationsblätter für verpackte Anlageprodukte für Kleinanleger und Versicherungsanlageprodukte (PRIIP) durch technische Regulierungsstandards in Bezug auf die Darstellung, den Inhalt, die Überprüfung und die Überarbeitung dieser Basisinformationsblätter sowie die Bedingungen für die Erfüllung der Verpflichtung zu ihrer Bereitstellung (ABl. 2017 L 100, 1)
VO (EU) 2017/1469	Durchführungsverordnung (EU) 2017/1469 der Kommission vom 11. August 2017 zur Festlegung eines Standardformats für das Informationsblatt zu Versicherungsprodukten (ABl. 2017 L 209, 19)
VO (EU) 2017/2358	Delegierte Verordnung (EU) 2017/2358 der Kommission vom 21. September 2017 zur Ergänzung der Richtlinie (EU) 2016/97 des Europäischen Parlaments und des Rates in Bezug auf die Aufsichts- und Lenkungsanforderungen für Versicherungsunternehmen und Versicherungsvertreiber (ABl. 2017 L 341, 1)
VO (EU) 2019/1238	Verordnung (EU) 2019/1238 des Europäischen Parlaments und des Rates vom 20. Juni 2019 über ein Paneuropäisches Privates Pensionsprodukt (PEPP) (ABl. 2019 L 198, 1)
VomVO	Verfahrensordnung für den Versicherungsombudsmann
Vorb.	Vorbemerkung
vP	versicherte Person
VP	Die Versicherungs-Praxis
VR	Versicherer
VU	Versicherungsunternehmen
VuR	Verbraucher und Recht
VVaG	Versicherungsverein auf Gegenseitigkeit
VVG	Versicherungsvertragsgesetz
VVGE	Entscheidungssammlung zum Versicherungsvertragsrecht
VVG-E	Neufassung des VVG idF des Entwurfs eines Gesetzes zur Reform des Versicherungsvertragsrechts v. 20.12.2006 (BT-Drs. 16/3945)
VVG-InfoV	VVG-Informationspflichtenverordnung
VW	Versicherungswirtschaft
VwVfG	Verwaltungsverfahrensgesetz

WaffG	Waffengesetz
WEG	Wohnungseigentumsgesetz
WM	Wertpapier-Mitteilungen
WpHG	Wertpapierhandelsgesetz
WPO	Wirtschaftsprüferordnung
WuM	Wohnungswirtschaft und Mietrecht
zB	zum Beispiel
ZD	Zeitschrift für Datenschutz
ZEV	Zeitschrift für Erbrecht und Vermögensnachfolge
ZFgA	Zusatzbedingungen für Fabriken und gewerbliche Anlagen
ZfIR	Zeitschrift für Immobilienrecht
ZfS	Zeitschrift für Schadensrecht
ZfV	Zeitschrift für Versicherungswesen
ZGR	Zeitschrift für Unternehmens- und Gesellschaftsrecht
Ziff.	Ziffer
ZInsO	Zeitschrift für das gesamte Insolvenzrecht
ZIP	Zeitschrift für Wirtschaftsrecht und Insolvenzpraxis
zit.	zitiert
ZMR	Zeitschrift für Miet- und Raumrecht
ZPO	Zivilprozessordnung
ZRP	Zeitschrift für Rechtspolitik
zT	zum Teil
zust.	zustimmend(er)
zutr.	zutreffend(er)
ZVers	Zeitschrift für Versicherungsrecht
ZVersWiss	Zeitschrift für die gesamte Versicherungswissenschaft
ZVertriebsR	Zeitschrift für Vertriebsrecht
ZVG	Gesetz über die Zwangsversteigerung und die Zwangsverwaltung
zw.	zweifelnd
zzgl.	zuzüglich

Literaturverzeichnis

Abschlussbericht	*E. Lorenz* (Hrsg.), Abschlussbericht der Kommission zur Reform des Versicherungsvertragsrechts vom 19. April 2004, 2004
Armbrüster PrivVersR	*Armbrüster,* Privatversicherungsrecht, 2. Aufl. 2019
Aumüller	*Aumüller,* Stellung, Aufgaben und Arbeitspraxis des juristischen Treuhänders, in: Neue Rechtsentwicklungen in der privaten Krankenversicherung (Schriftenreihe Versicherungsforum, Heft 23), 1997
B/L/A/H/*Bearbeiter*	*Baumbach/Lauterbach/Albers/Hartmann,* Zivilprozessordnung, 76. Aufl. 2018
Bach/Langheid	*Bach/Langheid,* Aktuelle Rechtsfragen der Versicherungspraxis (RWS-Skript Nr. 179), 2. Aufl. 1990
Bach/Moser/*Bearbeiter*	*Bach/Moser,* Private Krankenversicherung, 5. Aufl. 2015
Beckmann/Matusche-Beckmann/*Bearbeiter*	*Beckmann/Matusche-Beckmann,* Versicherungsrechts-Handbuch, 3. Aufl. 2015
BeckOK BGB/*Bearbeiter*	*Bamberger/Roth/Hau/Poseck,* Beck'scher Online-Kommentar Bürgerliches Gesetzbuch
BeckOK VVG/*Bearbeiter*	*Marlow/Spuhl,* Beck'scher Online-Kommentar Versicherungsvertragsgesetz
Benkel/Hirschberg	*Benkel/Hirschberg,* Lebens- und Berufsunfähigkeitsversicherung, 2. Aufl. 2011
BGB-RGRK/*Bearbeiter*	Das Bürgerliche Gesetzbuch mit besonderer Berücksichtigung der Rechtsprechung des Reichsgerichts und des Bundesgerichtshofes, Kommentar, 12. Aufl. 1974
BK/*Bearbeiter*	Berliner Kommentar zum Versicherungsvertragsgesetz, 1999
BLHAG/*Bearbeiter*	*Baumbach/Lauterbach/Hartmann/Anders/Gehle,* Zivilprozessordnung, 79. Aufl. 2021
Boetius	*Boetius,* Private Krankenversicherung, 2010
Boetius/Rogler/Schäfer	*Boetius/Rogler/Schäfer,* Rechtshandbuch Private Krankenversicherung, 2020
Bruck/Möller/*Bearbeiter*	*Bruck/Möller,* Großkommentar zum Versicherungsvertragsgesetz, 10. Aufl. 2021 ff.; 9. Aufl. 2008 ff.
Bürkle Compliance	*Bürkle,* Compliance in Versicherungsunternehmen, 3. Aufl. 2020
Büsken	*Büsken,* Allgemeine Haftpflichtversicherung, 5. Aufl. 2003
Deichl/Küppersbusch/Schneider	*Deichl/Küppersbusch/Schneider,* Kürzungs- und Verteilungsverfahren nach §§ 155 Abs. 1 und 156 Abs. 3 VVG in der Kfz-Haftpflichtversicherung, 1985
Dörner	*Dörner,* Allgemeine Versicherungsbedingungen, 7. Aufl. 2015
FAKomm-VersR/*Bearbeiter*	*Staudinger/Halm/Wendt,* Versicherungsvertragsgesetz, 2. Aufl. 2017; 1. Aufl. 2013
FKBP/*Bearbeiter*	*Fahr/Kaulbach/Bähr/Pohlmann,* Versicherungsaufsichtsgesetz, 5. Aufl. 2012

Literatur

v. Fürstenwerth/Weiß	*v. Fürstenwerth/Weiß,* Versicherungs-Alphabet (VA), 10. Aufl. 2001
Geigel/*Bearbeiter*	*Geigel,* Der Haftpflichtprozeß, 27. Aufl. 2015
Geiger/Khan/Kotzur/*Bearbeiter*	*Geiger/Khan/Kotzur,* Vertrag über die Europäische Union und Vertrag über die Arbeitsweise der Europäischen Union, 6. Aufl. 2017
Gerhard/Hagen	*Gerhard/Hagen,* Kommentar zum Deutschen Reichsgesetz über den Versicherungsvertrag, 1908
Goll/Gilbert/Steinhaus	*Goll/Gilbert/Steinhaus,* Handbuch der Lebensversicherung, 11. Aufl. 1992
Grimm	*Grimm,* Unfallversicherung, 5. Aufl. 2013
Grimm/Kloth	*Grimm/Kloth,* Unfallversicherung, 6. Aufl. 2021
Grote	*Grote,* Die Rechtsstellung der Prämien-, Bedingungs- und Deckungsstocktreuhänder nach dem VVG und dem VAG, Diss. (Münsteraner Reihe, Bd. 75), 2002
Günther	*Günther,* Der Regress des Sachversicherers, 6. Aufl. 2015
Hansen	*Hansen,* Beweislast und Beweiswürdigung im Versicherungsprozess, Diss., 1990
Heiss/Trümper	*Heiss/Trümper,* Transportversicherungsrecht, 2009
HEK/*Bearbeiter*	*Halm/Engelbrecht/Krahe,* Handbuch des Fachanwalts Versicherungsrecht, 6. Aufl. 2018
HK-BU/*Bearbeiter*	*Ernst/Rogler,* Berufsunfähigkeitsversicherung (Reihe „Handkommentare"), 2018
HK-VAG/*Bearbeiter*	*Brand/Baroch Castellvi,* Versicherungsaufsichtsgesetz (Reihe „Handkommentare"), 2018
HK-VVG/*Bearbeiter*	*Rüffer/Halbach/Schimikowski,* Versicherungsvertragsgesetz (Reihe „Handkommentare"), 3. Aufl. 2015
Jacob	*Jacob,* Unfallversicherung AUB 2010, 2. Aufl. 2017
KBP/*Bearbeiter*	*Kaulbach/Bähr/Pohlmann,* Versicherungsaufsichtsgesetz, 6. Aufl. 2019
Kölner Komm-AktG/*Bearbeiter*	*Zöllner/Noack,* Kölner Kommentar zum Aktiengesetz, 4. Aufl. 2020 ff.; 3. Aufl. 2009 ff.
Krauskopf/*Bearbeiter*	*Krauskopf,* Soziale Krankenversicherung, Pflegeversicherung (Loseblatt), 111. Aufl. 2021
Kubiak	*Kubiak,* Gendiagnostik bei Abschluss von Privatversicherungen, 2008
Kuwert	*Kuwert,* Allgemeine Haftpflichtversicherung – Leitfaden durch die AHB, 4. Aufl. 1992
Langheid/Wandt/*Bearbeiter*	*Langheid/Wandt,* Münchener Kommentar zum Versicherungsvertragsgesetz, 2. Aufl. 2015 f.
Littbarski	*Littbarski,* Allgemeine Versicherungsbedingungen für die Haftpflichtversicherung 2000
Looschelders/Pohlmann/*Bearbeiter*	*Looschelders/Pohlmann,* Versicherungsvertragsgesetz, 3. Aufl. 2016
MAH VersR/*Bearbeiter*	*Terbille/Höra,* Münchener Anwaltshandbuch Versicherungsrecht, 4. Aufl. 2017
Marko	*Marko,* Private Krankenversicherung, 2. Aufl. 2010
Marlow/Spuhl/*Bearbeiter*	*Marlow/Spuhl,* Das Neue VVG kompakt, 4. Aufl. 2010

Martin	*Martin,* Sachversicherungsrecht, 3. Aufl. 1992
Martin, 80 Jahre VVG	*Martin,* Symposion „80 Jahre VVG" – Das Versicherungsvertragsrecht in Rechtsprechung und Regulierungspraxis (Schriftenreihe Versicherungsforum, Heft 2), 1988
Meixner/Steinbeck	*Meixner/Steinbeck,* Allgemeines Versicherungsvertragsrecht, 2. Aufl. 2011
Motive	Motive zum VVG, 1906 (Neudruck 1963)
Müller-Frank	*Müller-Frank,* Aktuelle Rechtsprechung zur Berufsunfähigkeits-(Zusatz-)Versicherung, 7. Aufl. 2007
Müller-Frank/Mertens	*Müller-Frank/Mertens,* Aktuelle Rechtsprechung zur Berufsunfähigkeits-(Zusatz-)Versicherung, 8. Aufl. 2020
MüKoBGB/*Bearbeiter*	Münchener Kommentar zum Bürgerlichen Gesetzbuch, 9. Aufl. 2021 ff.; 8. Aufl. 2018 ff.
Musielak/Voit/*Bearbeiter*	*Musielak/Voit,* Zivilprozessordnung, 18. Aufl. 2021
Neuhaus	*Neuhaus,* Berufsunfähigkeitsversicherung, 4. Aufl. 2020
Palandt/*Bearbeiter*	Palandt/*Palandt,* Bürgerliches Gesetzbuch, 80. Aufl. 2021
Prölss/*Bearbeiter*	*Prölss,* Versicherungsaufsichtsgesetz, 12. Aufl. 2005
Prölss/Dreher/*Bearbeiter*	*Prölss/Dreher,* Versicherungsaufsichtsgesetz, 13. Aufl. 2018
Prölss/Martin/*Bearbeiter*	*Prölss/Martin,* Versicherungsvertragsgesetz, 31. Aufl. 2021
PHdB-VersProz	*Veith/Gräfe/Gebert,* Der Versicherungsprozess (Reihe „Nomos-Prozesshandbücher), 4. Aufl. 2020
Pschyrembel	*Pschyrembel,* Klinisches Wörterbuch, 268. Aufl. 2020
PWW/*Bearbeiter*	*Prütting/Wegen/Weinreich,* Bürgerliches Gesetzbuch, 16. Aufl. 2021
Raiser	*Raiser,* Kommentar der Allgemeinen Feuerversicherungs-Bedingungen, 2. Aufl. 1937
Römer	*Römer* Versicherungsvertragsrecht: neuere höchstrichterliche Rechtsprechung, 7. Aufl. 1997
Römer Prüfungsmaßstab	*Römer,* Der Prüfungsmaßstab bei der Mißstandsaufsicht nach § 81 VAG und der AVB-Kontrolle nach § 9 AGBG, 1996
Römer/Langheid/*Bearbeiter*	*Römer/Langheid,* Versicherungsvertragsgesetz, 4. Aufl. 2014
Schaloske	*Schaloske,* Das Recht der so genannten offenen Mitversicherung, 2007
Schimikowski/Höra	*Schimikowski/Höra,* Das neue Versicherungsvertragsrecht, 2008
Schmidt	*Rainer M. Schmidt,* Die rechtliche Stellung des Realgläubigers gegenüber dem Versicherer nach den §§ 1127–1130 BGB und den §§ 97–107c VVG, Diss., 1982
Schmidt COVID-19	*H. Schmidt,* COVID-19 – Rechtsfragen zur Corona-Krise, 3. Aufl. 2021
Schubach/Jannsen/*Bearbeiter*	*Schubach/Jannsen,* Private Unfallversicherung, 2010
Schwintowski/Brömmelmeyer/*Bearbeiter*	*Schwintowski/Brömmelmeyer,* Praxiskommentar zum Versicherungsvertragsrecht, 3. Aufl. 2017
Simitis/*Bearbeiter*	*Simitis,* Bundesdatenschutzgesetz, 8. Aufl. 2014
Sodan/*Bearbeiter*	*Sodan,* Handbuch des Krankenversicherungsrechts, 3. Aufl. 2018
Soergel/*Bearbeiter*	*Soergel,* Bürgerliches Gesetzbuch mit Einführungsgesetz und Nebengesetzen, 13. Aufl. 2000 ff.

Literatur

Späte/Schimikowski/*Bearbeiter*	*Späte/Schimikowski,* Haftpflichtversicherung, 2. Aufl. 2015
Staab	*Staab,* Betrug in der Kfz-Haftpflichtversicherung: Fingierte, gestellte und manipulierte Verkehrsunfälle, Diss., 1991
Staudinger/*Bearbeiter*	*Staudinger,* Kommentar zum Bürgerlichen Gesetzbuch, 13. Aufl. 1995 ff.
Staudinger/Halm/Wendt/ *Bearbeiter*	*Staudinger/Halm/Wendt,* Versicherungsrecht, 2. Aufl. 2017
Stiefel/Maier/*Bearbeiter*	*Stiefel/Maier,* Kraftfahrtversicherung, 19. Aufl. 2017
Tamm/Tonner/Brönneke/ *Bearbeiter*	*Tamm/Tonner/Brönneke,* Verbraucherrecht, 3. Aufl. 2020
Terbille/*Bearbeiter*	*Terbille/Höra,* Münchener Anwaltshandbuch Versicherungsrecht, 4. Aufl. 2017
Thees/Hagemann/*Bearbeiter*	*Thees/Hagemann,* Das Recht der Kraftfahrzeug-Haftpflichtversicherung, 2. Aufl. 1959
Thume/de la Motte/Ehlers/ *Bearbeiter*	*Thume/de la Motte/Ehlers,* Transportversicherungsrecht, 2. Aufl. 2011
UBH/*Bearbeiter*	*Ulmer/Brandner/Hensen,* AGB-Recht, 12. Aufl. 2016
van Bühren/Plote/*Bearbeiter*	*van Bühren/Plote,* Allgemeine Bedingungen für die Rechtsschutzversicherung, 3. Aufl. 2013
Wandt VersR	*Wandt,* Versicherungsrecht, 6. Aufl. 2017
Weber	*Weber,* Die Aufklärung des Versicherungsbetruges, 1995
WLP/*Bearbeiter*	*Wolf/Lindacher/Pfeiffer,* AGB-Recht, 7. Aufl. 2020
Wolff/Raiser	*Wolff/Raiser,* Sachenrecht, 10. Bearbeitung 1957
Workshop	*Schwienhorst/Steinmeyer,* Workshop zur Haftpflichtversicherung der Münsterischen Forschungsstelle für Versicherungswesen (Münsteraner Reihe, Bd. 113), 2010
Wussow AFB	*Wussow,* Feuerversicherung, 2. Aufl. 1975
Wussow AHB	*Wussow,* Allgemeine Versicherungsbedingungen für die Haftpflichtversicherung, 8. Aufl. 1976

Gesetz über den Versicherungsvertrag (Versicherungsvertragsgesetz – VVG)

Vom 23. 11. 2007 (BGBl. 2007 I 2631)

zuletzt geändert durch Art. 4 Gesetz vom 11.7.2021 (BGBl. 2021 I 2754)

Teil 1. Allgemeiner Teil

Kapitel 1. Vorschriften für alle Versicherungszweige

Abschnitt 1. Allgemeine Vorschriften

§ 1 Vertragstypische Pflichten

[1]Der Versicherer verpflichtet sich mit dem Versicherungsvertrag, ein bestimmtes Risiko des Versicherungsnehmers oder eines Dritten durch eine Leistung abzusichern, die er bei Eintritt des vereinbarten Versicherungsfalles zu erbringen hat. [2]Der Versicherungsnehmer ist verpflichtet, an den Versicherer die vereinbarte Zahlung (Prämie) zu leisten.

Übersicht

I. Normzweck und Regelungsinhalt

1 Die Vorschrift beschreibt die „vertragstypischen Pflichten" eines Versicherungsvertrags. Ihr guter Sinn ist die Absicht des Gesetzgebers, **das dem Bürgerlichen Recht vertraute Regelungskonzept** der Normativierung besonderer typischer Schuldverhältnisse – des Kaufvertrags, des Mietvertrags, des Werkvertrags – zu übernehmen und gewissermaßen als Einführung in den Vertragstyp eine **abstrakte Darstellung der jeweiligen Rechte und Pflichten der Vertragspartner voranzustellen und**auf den dem klassischen Zivilrecht ein wenig entglittenen Versicherungsvertrag zu übertragen, ihn so gewissermaßen „heimzuholen". Was konkreter Inhalt eines Versicherungsvertrages und der sich aus ihm ergebenden Pflichten von VN und VR ist, ergibt sich – nicht anders als bei allen anderen schuldrechtlichen Verträgen – indessen aus den (wirksamen) Abreden der Vertragsparteien.

2 Ob es sich um einen **Vertrag über eine „Versicherung"** handelt, ist weniger von privatrechtlicher als von aufsichtsrechtlicher Bedeutung, weil nach § 1 Abs. 1 VAG Unternehmen der Aufsicht unterliegen, die „Versicherungsgeschäfte" betreiben. Darunter versteht man Rechtsgeschäfte, deren Inhalt die Übernahme bestimmter Leistungen gegen Entgelt für den Fall eines ungewissen Ereignisses ist, wobei das übernommene Risiko auf eine Vielzahl durch die gleiche Gefahr bedrohter Personen verteilt wird und der Risikoübernahme eine auf dem Gesetz der großen Zahl beruhende Kalkulation zugrunde liegt (vgl. jetzt auch BGH NJW 2017, 393; BVerwG NJW 1992, 2978; NJW-RR 1993, 289; BFH DStR 2015, 1172 zur Abgrenzung von Versicherungsgeschäft und Bürgschaft; VGH Kassel VersR 2010, 889 mAnm *Kaulbach*). Versicherungsvertragsrechtlich ist das dann von Bedeutung, wenn es die Frage zu beantworten gilt, ob das VVG – weil es sich um einen Versicherungsvertrag handelt – anwendbar ist. Für **unselbständige Nebenleistungen** im Zusammenhang mit einem anderen Rechtsgeschäft, das ihnen ihr wesentliches Gepräge gibt (Erstattung des Selbstbehalts nach einem Unfallschaden im Rahmen einer Kfz-Miete) gilt es nicht (BGH NJW 2017, 393).

3 Die Vorschrift hat die früher übliche Unterscheidung zwischen der **Schadensversicherung und der Personenversicherung** aufgegeben. Die vertragstypischen Pflichten ergeben sich nicht aus allgemeinen Systematisierungsversuchen, sondern aus dem konkreten Vertrag: Er kann den VR sowohl dazu verpflichten, einen bestimmten Schaden des VN (oder eines Dritten) nach Eintritt des Versicherungsfalls auszugleichen, also einen konkreten Bedarf, als auch eine bestimmte Geldsumme zu zahlen, also einen (hypothetischen) abstrakten Bedarf, als auch sonstige vertraglich konkretisierte Leistungen zu erbringen. Die Unterscheidung hat weiterhin eine gewisse Bedeutung, weil einige Vorschriften des VVG (§§ 74 ff.) nur für die Schadenversicherung gelten. Von Bedeutung ist aus diesem Grund gleichfalls weiterhin die Unterscheidung zwischen einer **Schadensversicherung,** bei der der VR grds. (lediglich, wenn auch uU pauschaliert) den Ersatz des Sach- oder Vermögensschadens des VN verspricht, und der **Summenversicherung,** bei der der VR bei Eintritt des Versicherungsfalls eine bestimmte vertraglich festgelegte Versicherungsleistung zu erbringen verspricht (vgl. Prölss/Martin/*Armbrüster* § 1 Rn. 138 ff.).

II. Rechtsnatur des Versicherungsvertrags

4 Von (entgegen der Intensität des Streits nahezu ausschließlich) theoretischem Interesse sind die Meinungsverschiedenheiten um die Rechtsnatur des Versicherungsvertrags, die an die Frage anknüpfen, was eigentlich die Leistung des VR ist: Verspricht er eine **Geschäftsbesorgung** (die Organisation der Versichertengemeinschaft unter treuhänderischer Verwaltung der gezahlten Prämien), verspricht er die **Gefahrtragung,** also eine unabhängig vom Eintritt des Versicherungsfalls erbrachte „Sicherheit", oder lediglich eine **Geldleistung** für den Fall des Eintritts des Versicherungsfalls (vgl. zum Streitstand Prölss/Martin/*Armbrüster* § 1 Rn. 120 ff.; iÜ ausf. *Armbrüster* PrivVersR Rn. 1103 ff.; *Wandt* VersR Rn. 684; Beckmann/Matusche-Beckmann VersR-HdB/*Lorenz* § 1 Rn. 128 ff.; Bruck/Möller/*Baumann*/*Koch* VVG § 1 Rn. 27 ff.)). Praktische Folgen haben die unterschiedlichen Auffassungen nicht. Zwar muss in Fällen der **Rückabwicklung** (vor allem wegen Nichtigkeit infolge einer Anfechtung oder wegen Rücktritts oder Widerrufs) gescheiterter Versicherungsverträge für die bereicherungs- oder rücktrittsrechtliche Rückabwicklung an sich entschieden werden, was einem Anspruch des VN als „Wert" der Leistung des VR gegenübersteht. Jedoch ergeben sich die Rechtsfolgen im Wesentlichen aus dem Gesetz selbst (§§ 9, 39 S. 2). Im Übrigen – ist ein Versicherungsvertrag aus anderen Gründen als einer Anfechtung nichtig – sind Leistungen des VR aus Anlass eines Versicherungsfalls kondizierbar; hat er keine Leistungen erbracht, stellt sich die Frage nach dem Wert der „unsichtbaren" Leistung „Absicherung des Risikos" nicht, weil der VR eben keine Gefahr getragen hat.

III. Vertragstypische Pflichten

5 Die Vorschrift bezeichnet als vertragstypische Verpflichtung des VR, ein **bestimmtes Risiko des VN oder eines Dritten abzusichern.** Als Risiko ist der Eintritt eines ungewissen, dem VN materiell oder immateriell nachteiligen Ereignisses zu betrachten. Die Absicherung geschieht (zunächst) durch das Versprechen einer Leistung bei Eintritt des vereinbarten Versicherungsfalls und (sodann) durch die Leistung bei Eintritt des Versicherungsfalls selbst. Der Inhalt des Leistungsversprechens muss sich nicht auf eine Geldzahlung beschränken oder sie auch nur ausschließlich beinhalten, die vertraglichen Abreden können beliebige Inhalte von Leistungen – bspw. Assistance-Leistungen – vorsehen. Als vertragstypische Leistung des VN wird die Verpflichtung genannt, dem VN die vereinbarte **Prämie** oder den abgesprochenen **Beitrag** als Preis für die Absicherung zu bezahlen.

IV. Versicherungsfall

6 Unter dem von dem Gesetz genannten „Versicherungsfall" als der Voraussetzung der sich aktualisierenden Rechtsfolgen des Absicherungsversprechens wird der **Eintritt des versicherten Risikos** verstanden. Was den Versicherungsfall ausmacht, ergibt sich in erster Linie aus dem Versicherungsschein, aus dem Gesetz und im Übrigen aus den AVB. Im Wesentlichen folgt also aus den Vereinbarungen der Parteien, was als Versicherungsfall anzusehen ist. Insoweit genießen die Par-

teien einen weiten Spielraum für ihre Abreden. So kann bspw. in der Haftpflichtversicherung vereinbart werden, dass die Leistungspflicht des VR an den Eintritt eines Schadens (Schadensereignis) anknüpft, oder dass der Pflichtenverstoß maßgeblich ist (Kausalereignis), der später das Schadensereignis auslöst, oder dass die Geltendmachung eines Anspruchs gegenüber der versicherten Person den Versicherungsfall darstellt (Claims-made-Prinzip).

7 Das den **Versicherungsfall** ergebende Geschehen muss allerdings während des Haftungszeitraums eintreten. Häufig verwirklicht sich das versicherte Risiko durch ein kurzes einmaliges Ereignis. Notwendig ist das aber nicht. Erstreckt sich ein Zustand, der durch den Risikoeintritt entstanden ist, über einen bestimmten Zeitraum, der die Dauer oder den Umfang der Versicherungsleistung bestimmt (Berufsunfähigkeit, Invalidität, medizinisch notwendige Heilbehandlung, Betriebsunterbrechung), spricht man von einem **gedehnten Versicherungsfall** (BGH r+s 2019, 342 zur Berufsunfähigkeitsversicherung; zur Abgrenzung BGH NJW 2017, 2831 = VersR 2017, 1076; VersR 2013, 1042). Sein Wesensmerkmal ist nicht das plötzliche oder schrittweise Eintreten, sondern die Fortdauer des mit seinem Eintritt geschaffenen Zustands über einen – mehr oder weniger langen – Zeitraum (BGH NJW 1989, 3019). Ist Deckung des Risikos in solchen Fällen während des Zeitraums der Dehnung versprochen worden, besteht sie nicht, wenn seine Verwirklichung schon zuvor begonnen hat. Denn bei einem gedehnten Versicherungsfall ist für den Zeitpunkt seines Eintritts maßgeblich sein Beginn, auch wenn sich das abgesicherte Risiko gewissermaßen tagtäglich weiter verwirklicht. Das kann für die Frage einer Selbstbeteiligung oder einer Regressbegrenzung gerade im Alltag des Versicherungsgeschäfts eine Rolle spielen, ist aber regelmäßig auch von Bedeutung für die zeitlichen Grenzen der Deckung. Allerdings kann zuweilen auch streitig sein, **welches konkrete Ereignis** den Versicherungsfall darstellt: Das ist dann eine Frage der Auslegung der AVB nach ihrem Wortlaut und ihrem Sinn und Zweck (abl. zur Leitungswasserversicherung BGH NJW 2017, 2831).

8 Tritt das Risiko durch zwei oder mehrere Ereignisse ein, so fragt sich, ob es sich um **zwei oder mehrere Versicherungsfälle** handelt. Entscheidend ist in solchen komplexen Geschehen, ob sich der Risikoeintritt bei natürlicher Betrachtungsweise aufgrund eines engen räumlichen und zeitlichen Zusammenhangs als Geschehniseinheit, oder er sich aufgrund eines neuen Entschlusses des Autors der Risikoverwirklichung – beispielsweise bei Fortsetzung einer Fahrt in fahruntüchtigen Zustand nach einem Unfall (OLG Celle VersR 2012, 753; VersR 2011, 1001; OLG Brandenburg ZfS 2004, 518) – als Geschehnismehrheit erweist.

V. Abschluss des Versicherungsvertrags

9 Versicherungsverträge kommen wie alle Verträge nach den allgemeinen Vorschriften (§§ 116 ff., §§ 145 ff. BGB) durch **Angebot und Annahme** zustande. Allerdings prägen die Regelungen über die Informationspflichten nach § 7 sowie eine Modifikation des Prinzips aufeinander bezogener und einander entsprechender Willenserklärungen durch § 5 den Ablauf des Geschehens, an dessen Ende der Vertragsschluss steht. Ob allerdings ein Versicherungsvertrag geschlossen worden ist, hängt nicht davon ab, dass der VR seine Informationspflichten korrekt erfüllt hat, sondern ausschließlich davon, dass zwei korrespondierende, aufeinander bezogene, einen Konsens über die vertragstypischen Pflichten enthaltende Willenserklärungen abgegeben und zugegangen sind (BGH NJW 2017, 3387). Aus

ihnen müssen sich allerdings die **essentialia negotii** (versichertes Risiko, versicherte Person, Leistung, Prämie, Beginn und Ende der Deckung) ergeben. Ob und welche **AVB** dem Vertrag zugrunde liegen, spielt für den Vertragsschluss als solchen keine Rolle.

Nach dem (die Praxis beherrschenden) **Antragsmodell** beantragt der (rechtzeitig und zureichend unterrichtete) VN den Abschluss des Versicherungsvertrages, den der VR (regelmäßig) durch die Übersendung der Police und eines Policenbegleitschreibens annimmt. Nach dem **„invitatio"-Modell** (zur Unterscheidung → § 7 Rn. 21 ff.) bittet der (künftige) VN den VR, ihm ein bestimmtes Angebot zu unterbreiten, das der VR auf der Grundlage der ihm mit der invitatio zur Verfügung gestellten risiko- und vertragsrelevanten Informationen sodann erstellt und als Police mit den notwendigen Verbraucherinformationen dem VN zuleitet (vgl. zur Übersendung der Police an den Versicherungsvertreter BGH VersR 1975, 1090). Der VN nimmt es entweder ausdrücklich durch Beantwortung oder konkludent durch Zahlung der Erstprämie (OLG Hamm NJW-RR 1987, 153) an. Die Einziehung der Erstprämie durch den VR kann bei Ausbleiben eines Widerspruchs des VN gegen die Lastschrift als Annahme betrachtet werden (BGH VersR 1991, 910 zur Einziehung nach Ablauf der Annahmefrist). Die Unterscheidung der Modelle mag für die Auslösung von Widerrufsrechten aufgrund des unterschiedlichen Zeitpunkts der Übermittlung von Verbraucherinformationen eine Rolle spielen, für den Vertragsabschluss als solchen ist sie unerheblich. 10

Zu den allgemeinen Vorschriften über den Vertragsabschluss gehören selbstverständlich auch jene über die **Bindung an ein Angebot.** VR und VN sind an ein jeweils von ihnen stammendes Angebot zunächst gebunden (§ 145 BGB). Ihr Antrag erlischt, wenn er abgelehnt oder nicht innerhalb einer mit ihm verbundenen Annahmefrist oder eines Zeitraums, bis zu dessen Ende der Eingang der Annahme den Umständen nach erwartet werden darf, angenommen wird (§§ 147 bis 149 BGB). Die **Dauer einer nicht näher terminierten Annahmefrist** richtet sich nach den Umständen des Einzelfalls, vor allem der Intensität der Vorbereitung des Versicherungsvertrages und der Komplexität seines Regelungsgehalts. Vermag der VR den Zugang der Police nicht urkundlich oder durch Indizien zu beweisen, wird seine Annahmeerklärung verspätet und als neuer Antrag zu betrachten sein (OLG Naumburg VersR 2015, 308). Den ihre Wirksamkeit begründenden Zugang der Annahmeerklärung (§ 130 BGB) muss der Annehmende beweisen. Eine Sonderregelung zu § 150 Abs. 2 BGB, wonach eine Annahmeerklärung unter Abänderungen als neues Angebot gilt, enthält § 5. 11

Versicherungsverträge können im **elektronischen Geschäftsverkehr** abgeschlossen werden. In einem solchen Fall gelten die besonderen, den VN zusätzlich schützenden Regelungen des § 312i BGB, vor allem die Notwendigkeit, dem VN angemessene, wirksame und technisch zugängliche Möglichkeiten der Erkenntnis und der Korrektur von Eingabefehlern vor Abgabe seiner Vertragserklärung zur Verfügung zu stellen (§ 312i Abs. 1 Nr. 1 BGB) und dem VN deren Eingang unverzüglich zu bestätigen. Das muss entsprechend auch auf eine „invitatio" übertragen werden. § 312i BGB gilt nicht, wenn es zu einem Medienbruch kommt, der VN also ein auf der Website des VR bereit gehaltenes Antragsformular ausdruckt und auf herkömmliche Weise ausfüllt und übersendet. Unzulänglichkeiten der Beachtung des § 312i BGB führen allerdings nicht zum Scheitern des Vertragsschlusses, sondern (abgesehen von der Frage eines aufsichtsrechtlich zu behandelnden Missstands) zu den erweiterten Widerrufsmöglichkeiten des § 8 Abs. 4. Ein Versicherungsvertrag mit einem Verbraucher kommt nach § 312j Abs. 4 BGB 12 allerdings nicht zustande, wenn das Bestätigungserfordernis des § 312j Abs. 3 BGB nicht erfüllt wird (button-Lösung).

13 Im Versicherungsvertragsrecht herrscht grundsätzlich Vertragsfreiheit. VR müssen die beantragte Absicherung eines Risikos auch dann nicht übernehmen, wenn ein VN (bei vorgeschriebenen Pflichtversicherungen) gehalten ist, sich vor Beginn einer bestimmten Betätigung Versicherungsschutz zu beschaffen. Das ist dort anders, wo das Gesetz einen **Kontrahierungszwang** vorsieht und mit ihm **besondere Regeln über das Zustandekommen des Vertrages** verbindet. So gilt in der Kfz-Haftpflichtversicherung (§ 5 Abs. 2 PflVG) – selbstverständlich begrenzt auf den eigentlichen Antrag auf Abschluss einer Pflichthaftpflichtversicherung (und nicht in Bezug auf weiter beantragte Absicherungen wie eine Kaskodeckung) – ein Antrag als angenommen, wenn er nicht innerhalb einer Frist von zwei Wochen vom Eingang des Antrags an schriftlich abgelehnt wird oder dem VN wegen einer nachweisbar höheren Gefahr ein tariflich abweichendes Angebot unterbreitet wird (§ 5 Abs. 3 PflVG). Vergleichbare Annahmefiktionen fehlen bei der einem begrenzten Kontrahierungszwang unterliegenden Krankheitskosten(pflicht)versicherung im Basistarif nach § 193 Abs. 5 (zu den möglichen Ablehnungsgründen → § 193 Rn. 73).

14 Zuweilen ist von Bedeutung, ob Vereinbarungen zwischen VR und VN den **Abschluss eines neuen Versicherungsvertrages,** also eine Novation, enthalten, oder ob es sich „lediglich" um eine **Vertragsänderung** handelt. Ob Vorschriften des VVG, die an Vertragserklärungen bestimmte Pflichten oder Obliegenheiten knüpfen, in einem konkreten Fall eines „Vertragswandels" anwendbar sind – vor allem Beratungspflichten nach § 6, Informationspflichten nach § 7, Anzeigeobliegenheiten nach § 19 oder Prämienzahlungsregelungen nach §§ 36, 37 gelten –, ist nach dem jeweiligen Sinn und Zweck der Norm zu entscheiden. Davon abgesehen kann aber immer von Bedeutung sein, ob ein „alter" Vertrag geändert oder ein „neuer" policiert worden ist. Das ist abhängig von der Auslegung der Vertragserklärungen (§§ 133, 157 BGB): Maßgebend sind Art und Gewicht der Änderungen und die Erkennbarkeit des Willens der Vertragsparteien, ihre vertraglichen Beziehungen auf eine neue rechtliche Grundlage zu stellen oder schlicht einzelne Regelungen des bestehenden Versicherungsverhältnisses zu modifizieren (BGH VersR 2011, 1563; r+s 1989, 22; OLG Hamm ZfS 2016, 449; OLG Saarbrücken VersR 2008, 57; iÜ *Neuhaus* r+s 2013, 583; *Armbrüster/Schreier* VersR 2015, 1053).

VI. Wirksamkeit des Versicherungsvertrags

15 Wird die Vertragserklärung für den VN in dessen Namen von einem Dritten abgegeben, kommt es für das wirksame Zustandekommen des Versicherungsvertrages darauf an, ob der Dritte insoweit **Vertretungsmacht** besitzt. Die Vertretungsmacht des Verwalters einer WEG erstreckt sich ohne besondere vertragliche Regelung nicht auf den Abschluss der das Anwesen betreffenden Versicherungsverträge (LG Essen VersR 1979, 80; zur erteilten Vollmacht OLG Köln r+s 2003, 371). Der Abschluss eines Versicherungsvertrages für ein Mündel unterliegt (ungeachtet der Kündigungsmöglichkeit nach § 168) nach § 1822 Nr. 5 der familiengerichtlichen Genehmigung, wenn der Versicherungsvertrag das Mündel zu Prämienzahlungen über die Dauer von einem Jahr nach Eintritt der Volljährigkeit hinaus verpflichtet; das gilt unabhängig von versicherungsvertraglichen Lösungsmöglichkeiten (OLG Koblenz VersR 1991, 209; zur Genehmigung durch Hinnahme weiterer Prämienabbuchungen OLG Hamm VersR 1992, 1509). Besondere Wirksamkeitshindernisse bestehen in Fällen der Versicherung auf die Person eines Anderen (vgl. → § 179 Rn. 3).

Ob **Eheleute aufgrund von § 1357 BGB** Vertretungsmacht für den je anderen jedenfalls bei alltäglichen Versicherungsverträgen (Kraftfahrt- oder Hausratversicherungsverträge) verfügen, ist zweifelhaft. Die familienrechtliche Rechtsprechung hat zuletzt (für eine Vollkaskoabsicherung des „Familienwagens") angenommen (BGH NJW 2018, 327 = VersR 2018, 557; anders OLG Düsseldorf VersR 1963, 56). Das ist angesichts der dem Versicherungsvertragsrecht eigenen Formen – der üblichen Policierung, vor allem aber strikt ausgestalteten Form- und Belehrungserfordernissen, die der VR zu beachten hat (bspw. in Fällen des Prämienzahlungsverzuges nach den §§ 37, 38) nicht gut vertretbar (abl. daher zu Recht zur Wohngebäudeversicherung OLG Hamm r+s 2020, 509). Es würde zu massiven Abwicklungsproblemen zu Lasten des VR führen, dem der Automatismus der Verpflichtung des Ehepartners nicht, ja nicht einmal dieser selbst, bekannt sein muss, und der sich auf die in Antrag und Versicherungsschein ausgewiesene Person seines Vertragspartners verlassen können muss. 16

Auch im Übrigen unterliegen Versicherungsverträge den allgemeinen Regeln des Bürgerlichen Rechts über die Wirksamkeit von Rechtsgeschäften, vor allem den §§ 134, 138 BGB. Wenn es um **gesetzliche Verbote** geht, bedarf es aber stets einer Antwort auf die Frage, ob das gesetzliche Verbot gerade auch den Abschluss eines Versicherungsvertrages verhindern will (vgl. vor allem *Armbrüster/Schilbach* r+s 2016, 109). Das hat die Rechtsprechung für **versicherungsfremde Geschäfte** nach § 15 VAG angenommen (OLG Hamburg BeckRS 2000, 30095925) Verfügt ein VR nicht über eine Erlaubnis zum Betrieb von Versicherungsgeschäften, steht das der Wirksamkeit eines dennoch abgeschlossenen Versicherungsvertrages nicht entgegen (BGH VersR 1964, 497 (499)). Anderes gilt nach **§ 48b VAG,** wenn VR oder Vermittler mit dem VN Sondervergütungen vereinbaren. Allerdings spricht in einem solchen Fall alles dafür, lediglich die Nichtigkeit dieser Abrede und nicht jene des Vertrages insgesamt anzunehmen. Wird Versicherungsschutz für Transporte versprochen wird, für die der VN über keine Genehmigung verfügt, infiziert das den Vertrag grds nicht (aA OLG Saarbrücken VersR 2000, 760 allerdings nicht verallgemeinerungsfähig auf der Grundlage der Absicherung eines rechtswidrigen Transports). Gegen die **guten Sitten** verstößt ein Versicherungsvertrag nicht schon dann, wenn andere VR das Produkt deutlich preiswerter anbieten (BVerfG VersR 2006, 961). 17

VII. Allgemeine Versicherungsbedingungen

1. Rechtsnatur und Begriff

Allgemeine Versicherungsbedingungen (AVB) geben dem konkreten Versicherungsvertrag seine Gestalt. Sie erschließen sich einem Laien, also dem durchschnittlichen VN, regelmäßig schwer. Ihr Inhalt sollte daher im Wesentlichen den unausgesprochenen Erwartungen des VN an die von ihm gewünschte Absicherung entsprechen. AVB sollten also fair gestaltet sein. Manchmal wird übersehen, dass die rechtlichen Regeln zu Auslegung und Kontrolle von AVB nur die konkrete Ausgestaltung dieser Forderung nach Fairness sind. In Zweifelsfällen muss 18 es nicht falsch sein, sich auf diese übergeordnete Forderung zu besinnen. Dies schließt nicht aus, dass, wer sie lesen will, sie auch möglichst verstehen können sollte. Der VN muss die Möglichkeit haben, wenn er es wünscht, das eine Produkt mit einem anderen zu vergleichen. Er soll wissen können, welche Risiken genau diese Versicherung abdeckt und was die gegenseitigen Rechte und Pflichten sind. Wenn Allgemeinverständlichkeit nicht in jedem Punkt gelingt, liegt das nicht unbedingt an denen, die AVB formulieren. Im juristischen Kleid steckt ein komplizierter Körper, der nicht immer anschaulich beschrieben werden kann. Nur darf dieser Umstand nicht zur Ausrede dafür dienen, dass klar Beschreibbares nicht klar beschrieben wird. In diesen Fällen greifen die Regeln ein, die nachfolgend behandelt werden. Sie beruhen auf der Anwendung der §§ 305 bis 312 BGB, weil es sich bei AVB um **Allgemeine Geschäftsbedingungen** handelt.

19 Zusammen mit Verbraucherinformationen, Hinweisen und Belehrungen, zuweilen begleitet von Veranschaulichungen durch „Verhaltensregeln" und „präzisiert" durch Auszüge aus dem Gesetz, erreichen die dem VN überlassenen Informationen häufig einen Umfang, der ihrer tatsächlichen Kenntnisnahme entgegensteht. Das Ziel, den VN möglichst umfassend zu unterrichten, wird dadurch in sein Gegenteil verkehrt: **Die Zunahme an Information führt zu einer Abnahme an Informiertheit.** Das gilt auch für das dem VN zu überlassende Produktinformationsblatt (§ 4 VVG-InfoVO), dem es nicht immer gelingt, dem VN tatsächlich die wichtigsten Daten seines Vertrages verständlich nahe zu bringen. Das macht es besonders notwendig, der Transparenz und Angemessenheit der Regeln Aufmerksamkeit zu widmen.

20 **AVB sind** in besonderer Hinsicht **abstrakt.** Sie unterscheiden sich von sonst verwendeten AGB, die einen konkreten Vertragsgegenstand begleiten, dadurch, dass sie ihn gewissermaßen erst „herstellen". Nach der **Deregulierung** des Versicherungsmarktes durch die Umsetzung der Dritten EG-Richtliniengeneration mit dem Gesetz vom 21.7.1994 (3. DurchfG/EWG zum VAG, BGBl. I, 1650) bedürfen die AVB des Massengeschäfts nicht mehr der Genehmigung durch die Bundesanstalt für Finanzdienstleistungsaufsicht (BaFin). Ihre Inhalte haben sich dem Markt folgend beträchtlich auseinanderentwickelt. Zwar erarbeitet auch heute noch der GDV AVB zu einer Vielzahl von Versicherungssparten, die als Muster von den Unternehmen verwendet werden. Jedoch weichen die Unternehmen von diesen Vorschlägen ab, sodass man nicht mehr im eigentlichen Sinn von **„Musterbedingungen"** sprechen kann. Dies hat für den Rechtsanwender erhebliche Bedeutung: Er muss sich, bedient er sich der Kommentierung dieser AVB, vergewissern, ob der kommentierte Wortlaut auch den AVB entspricht, die gerade dem Versicherungsvertrag zugrunde liegen, aus dem der Rechtsstreit erwächst. Es kommt nicht selten vor, dass der VR genau die Stelle anders formuliert hat, die streitentscheidend ist. Dasselbe gilt für die argumentative Verwendung gerichtlicher Entscheidungen. Es empfiehlt sich, genau zu prüfen, ob die AVB-Klausel, die der Entscheidung zugrunde lag, wort- zumindest aber inhaltsgleich ist mit der Klausel, deren Auslegung oder Wirksamkeitsprüfung in Rede steht.

21 Neben AVB, die von dem VR gestellt werden, gibt es solche, die als **„Maklerbedingungen"** bezeichnet werden. Sie werden von einem Versicherungsmakler des VN – nahezu ausschließlich im Industriegeschäft, vor allem in der Güter- und Transportversicherung – konzipiert. Auch bei ihnen handelt es sich um grundsätzlich den §§ 305 ff. BGB unterliegende AGB. Jedoch entstehen sie nicht im Verlauf strukturell ungleichgewichtiger Verhandlungen Es ist daher regelmäßig schwer vorstellbar, dass sie den Vertragspartner des Verwenders, in diesem Fall den VR, unangemessen benachteiligen. Voraussetzung für die Stellung des VN als „Verwender" iSd §§ 305 ff. BGB ist, dass der Versicherungsmakler von dem VN mit der Suche nach Deckung und der Beschaffung von Versicherungsschutz beauftragt worden ist (vgl. nur bspw. BGH r+s 2011, 295 Rn. 33; VersR 2001, 368; OLG Köln OLGR 2000, 147).

AVB sind für eine Vielzahl von Versicherungsverträgen vom VR **vorformulierte Vertragsbedingungen.** Auf deren Bezeichnung im Einzelnen kommt es nicht an. Entscheidend ist, dass es sich um eine Bestimmung mit **Regelungscharakter** handelt, die einer Vielzahl von Versicherungsverträgen ohne Rücksicht auf individuelle Verschiedenheiten der einzelnen Wagnisse zugrunde liegt (BGH VersR 2006, 497; abl. zur heute nicht mehr bedeutsamen „geschäftsplanmäßigen Erklärung" vgl. BGH NJW 1996, 1409 = VersR 1996, 486; BGHZ 105, 140 = VersR 1988, 1062). Daher sind auch die **Satzungsbestimmungen** der öffentlich-rechtlichen Zusatz- oder Krankenversorgungskassen AVB (BGH VersR 2017, 25; VersR 2003, 1386). Werden AVB durch (nicht individuell vereinbarte) **„Besondere Bedingungen"** ergänzt, so sind auch diese AVB. Dasselbe gilt für **„Rahmenbedingungen"** (BGH VersR 2004, 1037 unter II.1) **„Tarife"**, **„Tarifbedingungen"** (BGH VersR 2009, 623), **„Tarifbeschreibungen"** und **„Sachkostenlisten"** in der Krankheitskostenversicherung (BGH VersR 2006, 497 Rn. 10; vgl. auch BGH NJW-RR 2017, 1064). Zumindest sind sie wie AVB zu behandeln (BGH r+s 1996, 154 = VersR 1996, 357 unter 2.b = ZfS 1996, 144; NJW-RR 1992, 1053 = VersR 1992, 950 unter II.2.a = ZfS 1992, 350). Gleiches gilt für Regelungen in einer **„Pauschaldeklaration"**, soweit sie Vertragsbestandteil werden sollen (vgl. BGH r+s 1989, 261 zu Problemen der Einbeziehung). Ein vorformuliertes Regelungswerk verliert seinen Charakter als AVB nicht deshalb, weil es in eine **Satzung eines Versicherungsvereins auf Gegenseitigkeit** (VVaG) aufgenommen wurde (vgl. BGHZ 136, 394 = VersR 1997, 1517). Auch bei ihr handelt es sich um Bestimmungen mit Regelungscharakter, die einer Vielzahl von Versicherungsverträgen zugrunde gelegt werden (BGH VersR 2006, 497 Rn. 10). Bei ihrer Auslegung und Kontrolle kommt es nicht darauf an, ob der betroffene VN Mitglied des VVaG ist oder nicht (BGH VersR 2008, 337 Rn. 12). Das gilt auch für Satzungen von VVaG, die keine AVB sind: Sie werden als AVB behandelt, soweit in ihnen Bestimmungen enthalten sind, die bei Aktiengesellschaften durch AVB geregelt werden. Dieser Teil der Satzung unterliegt der vollen Kontrolle nach den §§ 305 ff. BGB (BGH r+s 2008, 159 = VersR 2008, 337 Rn. 12 mwN). Auch die Satzungsvorschriften eines Kommunalen Schadensausgleichsverbandes enthalten im Verhältnis zu seinen Mitgliedern AVB, die der gerichtlichen Kontrolle nach den §§ 305 ff. BGB unterliegen (OLG Dresden VersR 2009, 1260 unter 3.a). 22

Gelegentlich versprechen VR in ihrer informationellen Selbstdarstellung, sich an einen **Code of conduct** zu halten. Welche rechtliche Bedeutung diese an die Öffentlichkeit und damit jeden künftigen (aber auch gegenwärtigen) VN gerichtete Unterwerfung unter bestimmte Verhaltenskodizes hat, ist ungeklärt. Das Gesetz erwähnt – völlig inkonsequent – Verhaltenskodizes lediglich in § 246c Nr. 5 EGBGB als notwendigen Inhalt der Information des VN bei Vertragsschlüssen im elektronischen Geschäftsverkehr. Nehmen VR in der Police oder in den AVB auf einen Code of conduct Bezug, machen sie ihn zum Vertragsinhalt. Im Übrigen gilt: Etwaige lauterkeitsrechtliche Konsequenzen eines Verstoßes (vgl. allgemein *Alexander* GRURInt 2012, 965 ff.) nutzen dem VN wenig. Denkbar ist, dass die Diskrepanz eines etwaigen regelmäßigen tatsächlichen Verhaltens eines VR mit 23 von ihm publizierten Selbstverpflichtungserklärungen einen aufsichtsrechtlich relevanten Missstand darstellt. Davon abgesehen liegt es allerdings nahe, die Beachtung eines Code of conduct als Gegenstand der **Loyalitätspflichten des VR nach § 1a** zu betrachten und ein ihn missachtendes Verhalten des VR als treuwidrig zu behandeln.

24 Vom VR vorformulierte **Fragen in Antragsformularen** sind regelmäßig **keine AVB.** Sie regeln nichts. Sie können daher auch nicht iSv § 307 BGB unwirksam sein. Das heißt allerdings nicht, dass sie unbegrenzt zulässig sind: Gehen sie über das berechtigte Informationsinteresse des VR hinaus, darf der VN die Antwort verweigern; an ihre fehlerhafte Beantwortung dürfen keine dem VN nachteiligen Rechtsfolgen geknüpft werden. Fragen können AVB gleichstehen, wenn ihr Wortlaut zum Inhalt des abzuschließenden Vertrages werden kann. Das ist bei der Möglichkeit der Wahl einer Laufzeit denkbar, wenn die von dem VR vorgeschlagene Laufzeit die Wahlmöglichkeit überlagert (vgl. zB die Rspr. des BGH zu den 10-Jahresverträgen: VersR 1997, 345; 1996, 485 und 741). Auch vom VR vorformulierte **Einverständniserklärungen des VN** können AVB sein, wenn sie Einfluss auf den Regelungsgehalt des Versicherungsvertrages haben (vgl. BGH VersR 2001, 315; 1999, 971). Der **Inhalt des Antrags** ist allerdings nach den Regeln über die Auslegung von AVB zu ermitteln (OLG Celle VersR 2006, 921). Das kann zB dann von Bedeutung sein, wenn festgestellt werden soll, ob der Inhalt des Versicherungsscheins vom Inhalt des Antrags abweicht (§ 5; vgl. den Fall OLG Karlsruhe VersR 2009, 1104).

25 **Bloße Hinweise** für den (potenziellen) VN sind – auch wenn sie sich im Text der AVB befinden – keine AVB, wenn sie für den konkreten Vertrag keinen Regelungsgehalt haben. Dabei ist die eigentlich kritische, durch Auslegung zu beantwortende Frage, ob der Hinweis einen Regelungsgehalt hat oder in einen solchen unmittelbar umschlagen kann (vgl. zur Problematik OLG Stuttgart VersR 2013, 85; Hinweis auf unterjährige Prämienzahlungen). **Verbraucherinformationen** sind grundsätzlich keine AVB. Sollen sie Bestandteil der AVB und damit Bestandteil des Vertrags werden, müssen sie in diesen einbezogen sein. Das ist nicht der Fall, wenn sich weder im Antrag noch im VersSchein oder in den Policenbedingungen ein Hinweis darauf findet, dass diese Informationen als AVB den Vertragsinhalt mitbestimmen sollen (BGH VersR 2012, 1237). Allerdings kann der Inhalt solcher Hinweise und Informationen die Auslegung der AVB beeinflussen.

26 Den Gegensatz zu AVB bilden (ausgehandelte) **Individualvereinbarungen** (§ 305 Abs. 1 Satz 3 BGB). Sie unterliegen nicht der AVB-Kontrolle und sind auch nicht wie AVB auszulegen. Bei der Anwendung gehen sie den AVB vor (§ 305b BGB). Im Privatkundengeschäft wird ein individuelles Aushandeln von Klauseln in aller Regel nur selten vorkommen. Ausgehandelt sind AVB nicht schon dann, wenn der VN die Wahl zwischen unterschiedlichen Produkten hat (eingehend BGH NJW 2017, 2346 = VersR 2017, 538). Im Industriegeschäft, besonders, wenn Versicherungsmakler beteiligt haben, sind individuell ausgehandelte Regelungen eher anzutreffen. Ein Aushandeln setzt aber voraus, dass die Regelung ernsthaft zur Disposition gestellt und dem Verhandlungspartner Gestaltungsfreiheit zur Wahrung seiner Interessen eingeräumt wird. Dabei kann auch eine bereits vorformulierte Klausel bei unverändertem Wortlaut zur Individualvereinbarung werden, wenn sich der andere Teil nach gründlicher Erörterung mit der Regelung einverstanden erklärt hat (BGH NJW 2017, 2346 = VersR 2017, 538; VersR 2013, 184 mwN). Ausnahmsweise können auch Regelungen der **AVB**

als Individualerklärungen behandelt werden, zB wenn sich Verwender und VN im Einzelfall über das Verständnis einer bestimmten Regelung der AVB einigen, das von dem Ergebnis einer objektiven Auslegung abweicht (BGH VersR 2012, 1237). Eine solche abweichende Vereinbarung kann zwar auch konkludent erklärt werden. Es muss sich aber um Erklärungen handeln, die einen rechtsgeschäftlichen Willen der Beteiligten erkennen lassen, sich für den speziellen Fall verbindlich über den Inhalt der Regelung zu einigen (BGH VersR 2006, 1246). Ein rechtsgeschäftlicher Bindungswille fehlt idR, wenn der **Vermittler bei den Vertragsgesprächen erklärt,** eine bestimmte Regelung der AVB sei in einem bestimmten Sinne zu verstehen. Falsche Erläuterungen dieser Art finden ihre Sanktion in den Rechtsfolgen einer Falschberatung (§ 63).

2. Einbeziehung in den Vertrag

a) Grundsätze. Während AVB unter der Geltung des früheren Rechts nach § 5a Abs. 1 Satz 1 VVG aF auch dann Inhalt des Versicherungsvertrages wurden, wenn sie dem VN nicht bei Vertragsschluss übergeben worden waren (und der VN dem Vertragsabschluss nicht fristgemäß widersprochen hat) (BGH r+s 2015, 378 = VersR 2015, 965), gelten nach neuem Recht **die allgemeinen Regeln des § 305 Abs. 2 BGB** (Bruck/Möller/*Beckmann* Einf. C Rn. 76 ff.; Prölss/Martin/*Armbrüster* Einl. Rn. 35 ff.). § 7 Abs. 1 steht dem nicht entgegen, weil die Vorschrift allein die Informationspflichten des VR vor Abgabe der Vertragserklärung des VN regelt, und weil § 8 Abs. 1 als Rechtsfolge ihrer Verletzung lediglich das Widerrufsrecht des VN „entfristet", damit aber nichts über den Inhalt des Versicherungsvertrages bei Verletzung der Informationspflichten gesagt ist. Das bedeutet, dass die AVB nach § 305 Abs. 2 BGB nur dann Vertragsinhalt werden, wenn der VR den VN ausdrücklich auf sie hinweist (eine Entbehrlichkeit eines Hinweises wegen einer der Art des Vertragsschluss nach bestehenden unverhältnismäßigen Schwierigkeit der Bereitstellung kommt in aller Regel nicht in Betracht), der VR dem VN die Möglichkeit verschafft, in zumutbarer Weise von ihrem Inhalt Kenntnis zu nehmen und der VN mit ihrer Geltung einverstanden ist. Für Versicherungsverträge über vorläufige Deckung gilt die davon abweichende besondere Vorschrift des § 49 Abs. 2. Nr. 1. In der **Versicherung für fremde Rechnung** müssen AVB lediglich dem VN – also dem Vertragspartner – zugänglich gemacht worden sein, nicht aber auch der versicherten Person (LG Saarbrücken VersR 2014, 1197). 27

Der **Hinweis** nach § 305 Abs. 2 BGB muss **ausdrücklich** erfolgen. Er muss sich auf die von dem VR dem Versicherungsvertrag zugrunde gelegten AVB identifizierbar beziehen. Er muss so auffällig sein, dass der VN ihn bei durchschnittlicher Aufmerksamkeit nicht übersehen kann. Die bloße Möglichkeit, von den AVB Kenntnis zu nehmen (durch Einschluss in ein dem Versicherungsantrag oder der Police beigefügtes Anlagenkonvolut oder durch Vorhaltung auf der Internetpräsentation des VR) genügt nicht, solange nicht, gewissermaßen durch eine „gesonderte Mitteilung", der VN auf die Einbeziehungsabsicht des VR aufmerksam gemacht worden ist. Das muss spätestens **„bei" Vertragsschluss** erfolgen, also mit der ihn herbeiführenden Vertragserklärung des VR (im Antragsmodell) oder des VN (im Invitatio-Modell). Die **Möglichkeit zumutbarer Kenntnisnahme** setzt regelmäßig voraus, dass der VR dem VN die – konkreten – AVB schriftlich oder in Textform, lesbar und archivierbar übersendet. Der VN muss darüber hinaus mit der Einbeziehung ausdrücklich oder konkludent **einverstan-** 28

den sein. Insoweit genügt es – unter der Voraussetzung, dass der VR dem VN die AVB zur Verfügung gestellt hat –, wenn der VN der Einbeziehung nicht ausdrücklich widerspricht (Bruck/Möller/*Beckmann* Einf. C Rn. 75).

29 Die **Beweislast** für die Einbeziehung trifft denjenigen, der sich auf sie beruft (BGH NJW-RR 2003, 754; 1987, 112), in aller Regel also den VR. Das folgt letztlich auch aus § 8 Abs. 2 Satz 2. Wendet der VN (in der Regel bei ihm nachteiligen Klauseln) ein, der VR habe ihm die AVB nicht zur Verfügung gestellt, muss der VR folglich darlegen und beweisen, dass er seine Informationspflichten nach § 7 erfüllt oder dem VN die AVB, die für den Vertrag maßgeblich sein sollten, vor Eintritt einer vertraglichen Bindung des VN zur Verfügung gestellt hat. Dafür sprechen kein Anscheinsbeweis und keine tatsächliche Vermutung. Übersendet allerdings der VR dem VN eine Police, die – auffällig – auf die Geltung bestimmter AVB Bezug nimmt, und widerspricht der VN dem nicht, ist das ein starkes Indiz für ihre Überlassung.

30 Ist eine **Einbeziehung gescheitert,** so gelten die gesetzlichen Vorschriften (§ 306 Abs. 2 BGB), soweit sie die Grundstruktur eines Versicherungsvertrages regeln. Das kann bspw. dazu führen, dass ein Vertrag über eine Berufsunfähigkeitsversicherung ohne Verweisungsregelung, ein Vertrag über eine Unfallversicherung ohne besondere Anspruchs- und Fälligkeitsvoraussetzungen geschlossen ist. Fehlt es – wie im Versicherungsvertragsrecht angesichts der Qualität des Versicherungsvertrags als Rechtsprodukt häufig – an gesetzlichen Vorschriften, ist der Vertragsinhalt im Wege der **ergänzenden Vertragsauslegung** nach §§ 133, 157 BGB zu ermitteln. Maßgeblich ist insoweit ein „objektiv-generalisierender" Maßstab, der den Vertragsinhalt nach Maßgabe einer umfassenden Abwägung der gegenseitigen Bedürfnisse und Interessen erschließt. Insoweit kann § 49 Abs. 2 Satz 2 ein gewisser Anhaltspunkt sein, nach dem die dem VN zum Zeitpunkt des Vertragsschlusses günstigsten vom VR verwendeten AVB Vertragsbestandteil werden. Soweit sich dort allerdings den VN gleichfalls belastende Klauseln – bspw. zur Leistungsfreiheit bei Verletzung von Obliegenheiten – finden, können sie nicht als vereinbart betrachtet werden, weil § 28 Abs. 2 eine solche Vereinbarung gerade voraussetzt.

31 **b) Überraschende Klauseln.** Bestimmungen in AVB, die nach den Umständen, insbesondere nach dem äußeren Erscheinungsbild des Vertrags, so ungewöhnlich sind, dass der VN mit ihnen nicht zu rechnen braucht, werden nicht Vertragsbestandteil (§ 305c Abs. 1 BGB). Dieses Überraschungsverbot dient dem **Vertrauensschutz.** Der VN soll in jedem Fall, auch wenn er die AVB nicht gelesen hat, darauf vertrauen dürfen, dass sich die einzelnen Regelungen im Großen und Ganzen im Rahmen dessen halten, was nach den Umständen bei Abschluss des Vertrages erwartet werden kann (OLG München VersR 2009, 1066 unter 1.b). § 305c Abs. 1 BGB spielt im Versicherungsrecht als Kontrollmaßstab – zu Unrecht – eine nur sehr geringe Rolle. Das mag an der recht schwierigen Abgrenzung zu § 307 BGB liegen, der als Kontrollmaßstab im Versicherungsrecht im Vordergrund steht.

32 Eine überraschende Klausel iSd § 305c Abs. 1 BGB ist allein dann anzunehmen, wenn ihr ein **Überrumpelungseffekt** innewohnt (BGH r+s 2019, 272). Sie muss eine Regelung enthalten, die von den Erwartungen des VN in einer Art und Weise deutlich abweicht, mit der er also nach den Umständen vernünftigerweise nicht zu rechnen braucht (stRspr; BGH VersR 2013, 219 Rn. 40; 2011, 1257 Rn. 16; 2009, 1622 Rn. 13 mwN = ZfS 2010, 43; 1999, 745 unter II.3.a). Der Überrumpelungseffekt kann sowohl darin liegen, dass die Klausel nach dem

äußeren Erscheinungsbild des Vertrages, ihrem äußeren Zuschnitt als auch nach den Umständen, zB ihrer unerwarteten Stellung innerhalb der AVB, ungewöhnlich ist (BGH VersR 2013, 219 Rn. 40 mwN; vgl. auch OLG Stuttgart VersR 2009, 1262 unter 1.a.cc). Aufgrund seiner Gestaltungsfreiheit ist der Versicherer zwar nicht gehindert, die AVB nach seinen Vorstellungen aufzubauen und die Regelungstatbestände so zu systematisieren, wie er es für richtig hält. Er muss dabei aber auf die berechtigten Erwartungen eines durchschnittlichen VN Rücksicht nehmen, denn schließlich ist dieser Adressat der Bestimmungen. Zwar mögen im Versicherungsrecht nicht alle Bestimmungen grundsätzlich gleich bedeutsam sein, wie der BGH meint. Aus der Stellung einer Klausel kann sich ein Überraschungseffekt aber dann ergeben, wenn diese **in einem systematischen Zusammenhang** steht, in dem der **VN sie nicht zu erwarten braucht** (zutreffend BGH VersR 2013, 219 Rn. 40). Der VN wird daher überrumpelt, wenn die Klausel **im Vertragstext falsch eingeordnet** und dadurch **geradezu versteckt** ist (BGH VersR 2013, 305 Rn. 15).

Nehmen die Parteien eine den Versicherungsschutz einschränkende Klausel in den Vertrag auf, ohne die der VR den Vertrag nicht geschlossen hätte, so fehlt der Klausel idR schon deshalb der Überrumpelungseffekt, weil die Aufmerksamkeit des VN wegen dieser Umstände auf diese Vereinbarung gerichtet ist (vgl. den Fall BGH VersR 2012, 48 = r+s 2012, 192). Während das Element des **Ungewöhnlichen** einer Klausel allein nach **objektiven Kriterien** zu beurteilen ist, hat das **Überraschungsmoment** auch einen **subjektiven Einschlag.** So kann einer ungewöhnlichen Klausel dadurch der Überrumpelungseffekt genommen werden, dass sie mit dem VN oder dessen Makler ausdrücklich abgestimmt wurde, etwa um eine günstigere Prämie zu erzielen (OLG Bremen VersR 2009, 776). Bei einem **weit gesteckten Leistungsrahmen** sind AVB-Bestimmungen nicht schon deshalb überraschend, weil sie das Leistungsversprechen wieder einschränken. Denn der durchschnittliche VN wird damit rechnen, dass ein weit formuliertes Leistungsversprechen näherer Ausgestaltung bedarf (BGH VersR 2009, 1210 Rn. 12; 2006, 497 Rn. 15; 2005, 64 unter II.2.a; 2004, 1035 unter II.3.a; 1999, 745 unter II.3.a). 33

Die berechtigten Erwartungen des VN werden von allgemeinen Umständen, wie zB dem Grad der Abweichung vom dispositiven Recht, und den besonderen Umständen, unter denen der Vertrag geschlossen wurde, zB dem Gang und Inhalt der Verhandlungen und dem äußeren Zuschnitt des Vertrages, bestimmt (OLG Hamm VersR 2012, 1173 unter 2.1; OLG Saarbrücken VersR 2009, 924 unter 2.a). Bei **Versicherungsprodukten, die insgesamt neu sind oder die neue Teilbereiche** enthalten, ist es nicht ganz leicht, die Regelungen an den berechtigten Erwartungen des VN, der solche Verträge abschließt, zu messen, weil die Erwartungen normalerweise durch Erfahrungen mit bereits seit längerem bestehenden Versicherungsverträgen geprägt werden. In diesen Fällen ist entscheidend, dass der VN darüber unterrichtet ist, dass es sich um einen neuen Typus von Versicherung handelt. Hat er diese Kenntnis, kann von ihm erwartet werden, dass er mit neuen Klauseln rechnet, die er gegebenenfalls prüfen muss (vgl. den Fall OLG München VersR 2009, 1066 zu Klauseln in der D&O-Versicherung, insbesondere zum Claims-made-Prinzip). 34

3. Auslegung

a) Allgemeine Grundsätze. AVB sind nach einer (zu Recht) stereotyp verwendeten Formulierung des BGH so auszulegen, „wie ein **durchschnittlicher** 35

VN sie bei verständiger Würdigung, aufmerksamer Durchsicht und unter Berücksichtigung des erkennbaren Sinnzusammenhangs verstehen muss (vgl. unter anderem BGH r+s 2021, 27 – D&O-Versicherung; NJW-RR 2021, 32 – Unfallversicherung; NJW 2020, 1743 – Gebäudeversicherung; NJW 2018, 1019 – Auslegung einer Bezugsberechtigung; NJW 2017, 2831 = VersR 2017, 1076 mwN – Auslegung Leitungswasserversicherung; NJW 2017, 1620 = VersR 2017, 216 mwN – Auslegung Berufsunfähigkeitsversicherung). Dabei kommt es auf die Verständnismöglichkeiten eines VN ohne versicherungsrechtliche Spezialkenntnisse und damit – auch – auf seine Interessen an" (vgl. nur unter anderem BGH NJW 2015, 703 = VersR 2015, 182: Kfz-Sachverständiger; NJW 2015, 339 = VersR 2014, 1367 mwN: Differenzkasko; NJW-RR 2015, 801 = VersR 2015, 318: Ratenschutz). Sie sind „aus sich heraus" (also ohne Heranziehung anderer Texte), ausgehend von ihrem Wortlaut unter Berücksichtigung des dem VN erkennbaren Sinnzusammenhangs und des von ihnen verfolgten Zwecks zu interpretieren.

36 Die Auslegung von AVB folgt also nicht den Regeln, denen die Auslegung von Gesetzen folgt (BGH VersR 2012, 1253 = r+s 2012, 490; r+s 2009, 243 = VersR 2009, 341 Rn. 16 = ZfS 2009, 212; vgl. auch BGH VersR 2011, 67 Rn. 20; 2003, 581 unter 2.b.bb). Die **Vorstellungen der Verfasser** der AVB insbesondere über den **wirtschaftlichen Zweck** der Klauseln, sind folglich bei der Auslegung nicht zu berücksichtigen, wenn sie in ihrem Wortlaut keinen Niederschlag gefunden haben und folglich für den durchschnittlichen VN nicht erkennbar sind. Ebenso hat deshalb die **Entstehungsgeschichte,** die der VN typischerweise nicht kennt, bei der Auslegung der AVB außer Betracht zu bleiben (siehe nur BGH NJW-RR 2000, 1341 = r+s 2000, 478 = VersR 2000, 1090 unter 2.a = MDR 2000, 1248). Nichts anderes gilt für einen Vergleich der von unterschiedlichen Verwendern angebotenen Klauseln: Alles das, muss der VN nicht kennen. In erster Linie ist also vom **Wortlaut der Klausel** auszugehen (BGH NJW-RR 2021, 32). Mit dieser Auslegungsmethode soll der VN davor geschützt werden, bei der Auslegung mit ihm unbekannten Details konfrontiert zu werden (BGH VersR 2009, 623 Rn. 13). Auf Umstände, die der VN typischerweise nicht kennt, kommt es bei der Auslegung selbst dann nicht an, wenn ihre Berücksichtigung – wie bei einer gesetzesähnlichen Auslegung – zu einem dem VN günstigeren Ergebnis kommen könnte (siehe nur BGH NJW-RR 2000, 1341 = r+s 2000, 478 = VersR 2000, 1090 unter 2.c; aA Looschelders/*Pohlmann* Vorb. B Rn. 34).

37 Der dagegen zum Teil geäußerten Kritik, die weiterhin (zumindest für Risikoausschlussklauseln) eine **gesetzesähnliche Auslegung** vorschlägt (*Prölss* NVersZ 1998; ebenso Beckmann/Matusche-Beckmann VersR-HdB/*Beckmann* § 10 Rn. 169; krit. vor allem auch *Lorenz* VersR 2000, 1092; *Baumann* r+s 2005, 313), ist nicht zu folgen. Zwar ist ihr zugute zu halten, dass sie eine für den VN günstige Lösung zum Ziel hat. Indessen wird dieses Ziel nur scheinbar erreicht. Die Kritik richtet ihren Blick zu sehr und zu einschränkend allein auf den vom Gericht jeweils entschiedenen Fall. Das ist indessen zu kurz gesehen. Folgte man ihr, würde dem VN bescheinigt, er könne die Klausel zwar nicht verstehen, weil er in seine Verständnisbemühungen ihm unbekannte Kriterien nicht habe aufnehmen können, die Klausel sei aber dennoch anzuwenden, weil ihm nichts Übles geschehe. Der VN wird sich dann indessen fragen, warum der VR die Klausel nicht gleich so formuliert habe, dass auch er sie hätte verstehen können, er hätte sich dann vielleicht einen Rechtsstreit erspart. Entscheidend für eine Auslegung

allein nach dem Verständnis eines durchschnittlichen VN spricht aber – und deshalb greift die Gegenmeinung zu kurz –, dass nur so VR veranlasst werden, ihre Bedingungen von vornherein auch für den VN verständlich zu formulieren, so dass sämtliche VN mit Verträgen dieser Art in den Genuss verständlicher Bedingungen kommen. So werden alle VN davor geschützt, ihnen zustehende Rechte mangels eines richtigen Verständnisses nicht wahrzunehmen und missverständlich formulierte Pflichten nicht zu erfüllen oder Verträge abzuschließen, die ihr Risiko nicht so abdecken, wie sie dies eigentlich wollten. Kennt allein der VR bestimmte Auslegungsumstände, entsteht eine Wissensasymmetrie, die zu perpetuieren weder notwendig noch wünschenswert ist. Sie widerspricht der Forderung nach **Transparenz der Bedingungen.** Sie benachteiligt eine Vielzahl von VN und schützt den VR, der nicht schutzwürdig ist, weil er es in der Hand hat, die Bedingungen in diesen Fällen auch für den VN verständlich zu formulieren. Im Übrigen wird diesen Auslegungsgrundsätzen einer etwaigen Überlegung entgegengewirkt, dass nur wenige VN einen Prozess anstrengen werden. Die gelegentlich anzutreffende Annahme, ein VN könne sich (interpretationsleitend) der Genese von AVB durch eine Internetrecherche vergewissern, verkennt die Realität: Bedingungsgenerationen sind ohne einen dem VN gar nicht zuzumutenden Aufwand gerade nicht recherchierbar; die Recherche würde zudem angesichts der Abhängigkeit von dem jeweiligen Produkt die Vergleichsmöglichkeiten des VN überfordern. Besondere Probleme entstehen, wenn eine Klausel auf ein Gesetz verweist: Soweit nicht ausdrücklich Anderes bestimmt ist, muss dann von einer **dynamischen Verweisung** ausgegangen werden, die auf den Stand der Gesetzgebung zum Zeitpunkt des Versicherungsfalls abstellt (vgl. aber zu den vielfältigen Problemen der Betriebsschließungsversicherung unter anderem OLG Karlsruhe r+s 2021, 439; OLG Hamm BeckRS 2021, 14665; OLG Stuttgart VersR 2021, 1028).

Bei einem durchschnittlichen VN sind keine **allgemeinen juristischen Kenntnisse** vorauszusetzen, die sein Verständnis der AVB in irgendeiner Weise beeinflussen könnten. Da die Rspr. auf das Verständnis eines „durchschnittlichen VN" abstellt, handelt es sich um eine **generalisierende objektive, auf einen laienhaften allgemeinen Empfängerhorizontabstellende Auslegung.** Denn nicht das subjektive Verständnis des am konkreten Vertrag beteiligten VN ist maßgebend. Zu erwarten ist aber, dass seine verständige Würdigung nicht nur die einzelne Regelung in den Blick nimmt, sondern **alle Klauseln erfasst, die für die jeweilige Auslegungsfrage in Betracht kommen** können, soweit sie sich nicht an versteckter Stelle befinden. Der verständige, um den erkennbaren Sinnzusammenhang bemühte VN wird so zu einer **Gesamtbetrachtung** des in Rede stehenden Bedingungszusammenhangs angehalten (vgl. BGH VersR 2011, 918 Rn. 36= r+s 2011, 918; VersR 2007, 1690 Rn. 17; 2001, 1502 unter II.2.b). 38

Bei seinem Bemühen, die AVB zu verstehen, wird der durchschnittliche VN zunächst **vom Wortlaut der Klausel ausgehen,** so dass es bei der Auslegung auf diesen in erster Linie ankommt (vgl. BGH BeckRS 2018, 9606; NJW 2017, 394 = VersR 2017, 85; NJW 2015, 2338 = VersR 2015, 571; VersR 2011, 918 Rn. 23 = r+s 2011, 295; 2009, 623 Rn. 12). Weist der Wortlaut der Klausel keine für den durchschnittlichen verständigen VN erkennbare Besonderheiten auf, wird sich ihm der Wortlaut nach dem **allgemeinen Sprachgebrauch** erschließen (vgl. unter anderem BGH r+s 2020, 163 – „Sanatorium"). Der Wortlaut kann allerdings zurücktreten, wenn feststeht, dass die Parteien mit einer bestimmten Ausdrucks- und Darstellungsweise eine übereinstimmende Vorstellung bestimmten Inhalts verbunden haben, die vom Wortlaut nicht oder nicht ohne Weiteres gedeckt ist 39

(BGH r+s 2011, 918 = VersR 2011, 918 Rn. 38). In solchen Fällen hat das vom Wortlaut abweichende aber vom **Willen der Parteien getragene Verständnis** der Klausel **Vorrang.** Der Schutz des VN, der durch die an seinem Verständnis ausgerichtete Auslegung erreicht werden soll, ist nicht gefährdet. Andererseits geht es aber auch nicht an, dass eine Partei im Nachhinein dem Wortlaut ein anderes Verständnis unterlegen will (vgl. BGH VersR 2011, 918 Rn. 39, für einen am Abschluss Versicherungsvertrages nicht beteiligten VR). Ebenso wenig ist es zulässig, dass der VN seinerseits seinem Verständnis der Klausel ein vermeintliches Motiv des VR zugrunde legt, wenn dieses im Wortlaut oder Sinnzusammenhang der Klausel keinen Niederschlag findet und der VR auch nicht anderweitig den Eindruck erweckt, dass ein solches Motiv für das Klauselverständnis bedeutsam sei (BGH VersR 2009, 623 Rn. 13). Maßgeblich ist iÜ **nicht die Terminologie** und das **Verständnis bestimmter Fachkreise,** wenn es mit dem allgemeinen Sprachverständnis nicht übereinstimmt (zur Annahme einer Fehlsichtigkeit BGH NJW 2017 = VersR 2017, 608).

40 Enthalten die AVB Regelungen, die **gegenüber den gesetzlichen Vorschriften** eine **Erleichterung** für den VN darstellen, wird dieser die AVB so verstehen, dass damit ein Rückgriff des Versicherers auf die gesetzlichen Regelungen abbedungen ist. So braucht der VN bei erleichterten Anzeigepflichten nicht damit zu rechnen, dass der Versicherer doch auf die gesetzlichen Regelungen zurückgreifen wird (vgl. BGH VersR 2012, 1506 Rn. 14 ff. für Anzeigepflichten in der D&O-Vers mAnm *Koch*= r+s 2012, 539 mAnm *Wirth/Kuballa* r+s 2013, 17). **Umstände, die der VN nicht kennt,** kann er bei seinen Bemühungen um das Verständnis der Klausel auch nicht berücksichtigen. Sie bleiben bei der Auslegung deshalb außer Betracht. **Versicherungswirtschaftliche Überlegungen** können allenfalls insoweit berücksichtigt werden, als sie sich aus dem Wortlaut der Bedingungen für den verständigen, durchschnittlichen VN unmittelbar erschließen (BGH NJW-RR 2000, 1341 = NVersZ 2000, 475 = VersR 2000, 1090; NJW-RR 1996, 857 = r+s 1996, 169 = VersR 1996, 622 unter 3.b mwN.). Auf die **Entstehungsgeschichte** der AVB oder Teile von ihr kommt es mangels Kenntnis des VN nicht an; die Möglichkeit, sich solche Kenntnis zu verschaffen, ist nicht nur tatsächlich zu bezweifeln, sie würde darüber hinaus einen informationstechnischen Aufwand verlangen, der dem einzelnen VN weder zugänglich noch zumutbar ist. Ebenso wenig kann der durchschnittliche VN einen **Vergleich mit anderen AVB** anstellen (BGH VersR 2007, 489 Rn. 7), schon, weil sie ihm im Allgemeinen nicht zur Verfügung stehen.

41 Die Auslegung geht nicht von dem Verständnis des konkret beteiligten VN aus, sondern von jenem **der generell betroffenen VN in ihrer Gesamtheit,** also der Adressatengruppe, an die sich die AVB gerade dieser Versicherungssparte richten. Grund für diesen allgemeinen Maßstab ist der Massencharakter von AVB und der dadurch bedingte fehlende Einfluss der VN, auf die Gestaltung der AVB einzuwirken (vgl. auch BGH VersR 2006, 1246 Rn. 15 zur Satzung einer Zusatzversorgungskasse). Auf die **Sicht eines Dritten,** der nicht unmittelbar Adressat der AVB ist, kommt es bei deren Auslegung grundsätzlich nicht an. Das gilt auch für Haftpflichtversicherungen, selbst wenn sie wie bei Pflichthaftpflichtversicherungen den Schutz Dritter mit bezwecken (BGH VersR 2003, 1389 unter 2.a). Allerdings wird ein verständiger VN einer solchen Versicherung die Bedingungen so verstehen, soweit es der Wortlaut zulässt, dass entsprechend seinem Interesse auch der Schutz des Dritten mit beachtet wurde. Eine solche Sichtweise wird insbesondere bei einer **Versicherung für fremde Rechnung** in Betracht kom-

men, bei der es auch auf die Interessen des Versicherten ankommen kann (vgl. BGH VersR 2011, 918 Rn. 22). Daher kommt es bei Gruppenversicherungsverträgen auch auf die Verständnismöglichkeiten durchschnittlicher Versicherter und auf ihre Interessen an (BGH NJW-RR 2015, 801 = VersR 2015, 318; VersR 2006, 1246; vgl. allg. *Koch* VersR 2015, 133, 134).

42 Die Auslegung nach dem Verständnis eines durchschnittlichen VN birgt gleichwohl **zwei Gefahren in je entgegen gesetzter Richtung.** Zum einen riskiert sie, sich allzu sehr am Wortlaut der Klausel zu orientieren, zum anderen, das Verständnis eines VN ohne versicherungsrechtliche Spezialkenntnisse zu überspannen. So wird eine Tendenz zu einer rein wortlautorientierten Auslegung bemängelt, die Kriterien „verständige Würdigung", „Berücksichtigung des erkennbaren Sinnzusammenhangs" sowie „Interessen des VN" träten in den Hintergrund (so zB *Hütt* VersR 2003, 982 in einer Anm. zu BGH VersR 2003, 981 – Alpha-Klinik). In die Gegenrichtung geht der Vorwurf, die Verständnismöglichkeiten eines durchschnittlichen VN, der ja keine versicherungsrechtlichen Spezialkenntnisse habe und haben müsse, würden recht hoch angesetzt (so zB *Baumann* r+s 2005, 313 (314)). In der Tat stellt sich manchmal die Frage, wie der durchschnittliche VN eine Klausel richtig verstehen soll, wenn schon verschiedene Gerichte ein je unterschiedliches Verständnis vom Inhalt der Klausel haben (wie zB im Fall BGH VersR 2010, 757: Klauseln aus der Schaustellerversicherung über die Bewachung zwischen den Veranstaltungen). In anderen Fällen wird in das Verständnis eines durchschnittlichen VN sehr viel hineingelegt, bspw. wenn zu einer Subsidiaritätsklausel in AVB einer Reisekrankenversicherung ausgeführt wird, aus der maßgeblichen, auf den Wortlaut der Klausel gerichteten Sicht eines verständigen VN seien sie als eingeschränkte Subsidiaritätsklauseln zu verstehen, die die Haftung des Subsidiaritätsversicherers erst dann entfallen ließen, wenn und soweit eine anderweitige Versicherung nicht nur bestehe, sondern im konkreten Fall auch Deckung gewähre (BGH VersR 2004, 994 unter II.1.c.bb). Nur ein Bemühen um das richtige Augenmaß kann ein Beitrag sein, den Gefahren zu entgehen.

43 Die Auslegung kann von einem gruppenspezifischen Verständnis von VN bestimmt werden. Sind **Adressaten** der AVB **bestimmte Gruppen von VN,** so ist auf das Verständnis eines durchschnittlichen VN dieser Gruppe abzustellen (BGH r+s 2021, 27 zur D&O-Versicherung; r+s 2011, 295 = VersR 2011, 918: Kaufleute bei Valoren-Transportversicherung). Die AVB einer Gruppen-Lebensversicherung (Direktversicherung) sind nach dem Verständnis eines durchschnittlichen Arbeitgebers auszulegen, denn dieser ist VN (BGH r+s 2006, 334 = VersR 2006, 1059). Allerdings wird der Arbeitgeber beim Abschluss des Vertrages auch auf die Interessen seiner Arbeitnehmer achten, so dass über das Verständnis des Arbeitgebers bei der Auslegung auch die Interessen der Arbeitnehmer zu berücksichtigen sind. Tritt später wegen Insolvenz an die Stelle des Arbeitgebers der Insolvenzverwalter, kommt es auf dessen Verständnis nicht an. Auch wenn sich die Versicherung an eine bestimmte Gruppe als Adressaten wendet, hat bei der Auslegung doch die übliche Definition des Begriffs Vorrang, wenn eine solche in die AVB aufgenommen wurde (vgl. BGH VersR 2003, 728 unter II: „Schwergutauftrag" in der Transportversicherung).

44 Zweifelhaft erscheint indessen, ob AVB auch nach dem **Verständnis eines kleinen Teils von Mitgliedern einer Gruppe** auszulegen sind (so aber BGH VersR 2011, 67 bei der Rechtsschutzversicherung: Verständnismöglichkeiten eines sich selbst vertretenden Anwalts). Anders als bei unterschiedlichen Adressaten-

gruppen für bestimmte Versicherungen sollte eine unterschiedliche Auslegung derselben Begriffe innerhalb derselben Bedingungen vermieden werden. Dazu kann es aber kommen, wenn unterschiedliche Verständnismaßstäbe angelegt werden. Bei **Kaufleuten** können Versicherungsverträge oder einzelne Klauseln auch in **englischer Sprache** abgefasst sein. Dann sind solche Klauseln, selbst wenn der Vertrag deutschem Recht unterliegt, nach englischem Recht auszulegen, wenn es sich um Vereinbarungen handelt, die auf Besonderheiten englischen Rechts zugeschnitten sind (OLG Hamburg VersR 1996, 229).

45 Es kann kein Zweifel daran bestehen, dass Versicherungsverträge zuweilen derart komplexe und komplizierte Regelungstatbestände beinhalten, dass sie einem durchschnittlichen VN kaum verständlich gemacht werden können. Als Beispiel sei nur auf die Regelungen der Überschussbeteiligung in den AVB für die kapitalbildende Lebensversicherung verwiesen. Ebenso zweifellos ist aber auch, dass auf solche Regelungen in den AVB nicht verzichtet werden kann. Das Regelungswerk ist selbst das Produkt. Es wäre mangelhaft, fehlten solche essentiellen Regelungen. Auch weil solche Regelungen Ansprüche und die Art ihrer Erfüllung enthalten, kann von ihrer Formulierung als Vertragsbestandteil nicht abgesehen werden. Will man in einem solchen Fall die Verständnismöglichkeiten und -fähigkeiten eines durchschnittlichen VN nicht völlig überspannen, braucht der durchschnittliche VN einen Stellvertreter, dessen Verständnis den Maßstab bei der Auslegung der Klauseln abgibt. Das kann schon wegen des Interessenkonflikts nicht der VR sein. So wie bei fest umrissenen juristischen Begriffen an die Stelle des Verständnisses eines durchschnittlichen VN das Verständnis eines Fachmannes, des Juristen tritt, so hat bei **speziell versicherungstechnischen Regelungen** das **Verständnis eines Fachmanns für Versicherungen** den Maßstab für die Auslegung abzugeben. Da wo die Möglichkeiten eines durchschnittlichen VN ohne versicherungsrechtliche Kenntnisse notwendigerweise versagen müssen, ist das unter der vom VR gewählten Formulierung zu verstehen, was ein mit den Gegebenheiten des Versicherungswesens Vertrauter darunter versteht.

46 Es darf nicht übersehen werden, dass der **„durchschnittliche Versicherungsnehmer“** lediglich ein normatives Konzept ist, eine Art Kunstfigur (vgl. die Glosse von *Lorenz* VersR 1998, 1086), die als Instrument geschaffen wurde, um bei der Auslegung von AVB-Regelungen den realen VN, der an den Verträgen beteiligt ist, nicht schutzlos zu stellen. Dieser Schutz muss auch bei Regelungen aufrechterhalten werden, die wegen ihres komplizierten und komplexen Regelungsgehalts für einen durchschnittlichen VN nicht verständlich formuliert werden können. Wenn in diesen nicht all zu häufigen Fällen das Verständnis des durchschnittlichen VN gegen das eines mit den Problemen des Versicherungswesens vertrauten Fachmanns ausgetauscht wird, bleibt der Schutz der realen VN erhalten.

47 **b) Begriffe der Rechtssprache.** Der allgemeine Grundsatz, dass AVB nach dem Verständnis eines durchschnittlichen VN auszulegen sind erfährt nach stRspr dann eine Ausnahme, wenn die AVB **Begriffe der Rechtssprache** verwenden. Verbindet die Rechtssprache mit dem verwendeten Ausdruck einen fest umrissenen Begriff, ist im Zweifel anzunehmen, dass auch die AVB darunter nichts anderes verstehen wollen (BGH NJW 2019, 2172; NJW 2019, 1286; NJW 2018, 1544 mwN; NJW-RR 2017, 421 = VersR 2017, 1012; r+s 2009, 107 = VersR 2009, 216 Rn. 13). Mit „fest umrissen“ ist nicht gesagt, dass in Rspr. und Lehre nicht über Einzelheiten gestritten wird (BGH VersR 2007, 535 Rn. 15). Entscheidend ist, dass ein Jurist mit dem verwendeten Begriff eine feste Vorstellung verbindet. Ist ein in diesem Sinne fest umrissener juristischer Begriff verwendet, kommt es bei der Auslegung darauf an, **wie ein juristisch geschulter Leser,** der auch den Sinnzusammenhang der Regelung berücksichtigt, die Klausel **versteht** (vgl. BGH NVersZ 1998, 47 = VersR 1998, 887 unter 2.a). Auch unter fest umrissenen juristischen Begriffen gibt es Unterschiede dahin, dass sie wiederum einem bestimmten Fachgebiet angehören können. Dann kommt es auf das Verständnis eines Juristen dieses Fachgebiets an, weil im Zweifel anzunehmen ist, dass der VR eine Regelung wollte, die gerade dem Inhalt dieses Fachbegriffs entspricht (vgl. OLG Karlsruhe VersR 1994, 1459 unter 3.a.bb: „niedergelassener Arzt" als spezieller Begriff des ärztlichen Berufsrechts). Andererseits macht allein die Verwendung des Begriffs in einem Gesetz diesen noch nicht zu einem (fest umrissenen) juristischen Begriff (vgl. BGH VersR 2003, 728 unter II.1.a). Ähnliches gilt iÜ, wenn in AVB Begriffe einer **Fachsprache** – der Medizin beispielsweise – verwendet werden (OLG Karlsruhe r+s 2017, 597).

Bei der Verwendung von Rechtsbegriffen erkennt auch der durchschnittliche 48
VN, dass es nicht auf sein Verständnis ankommen kann. Allerdings setzt dies voraus, dass der VN überhaupt erkennen kann, es handelt sich bei dem verwendeten Ausdruck um einen **juristischen Begriff.** Das ist nicht immer der Fall, weil einige Begriffe der Rechtssprache auch – und manchmal mit nicht genau der gleichen Bedeutung – **in der allgemeinen Sprache** verwendet werden. Nur zur Verdeutlichung seien die Begriffe „Eigentum" und „Besitz" genannt. Solche Begriffe haben in ihren Randbereichen in der Alltagssprache eine andere Bedeutung als in der Sprache der Juristen. Um bei dem Bespiel zu bleiben: Der juristische „Hauseigentümer" ist im allgemeinen Sprachgebrauch häufig der „Hausbesitzer". Deshalb kann bei der Auslegung ein von der Rechtssprache abweichendes Verständnis dann in Betracht kommen, wenn das allgemeine Sprachverständnis in einem Randbereich deutlich abweicht (BGH VersR 2003, 1122 unter 2.a; r+s 1995, 332 = NJW-RR 1995, 1303 = VersR 95, 951 unter 2.b; zum Begriff der Mietleistungen BGH NJW-RR 2017, 421). Allerdings bedarf es jeweils einer genauen Betrachtung: Dass ein Sachverständiger unabhängig, unparteilich, gewissenhaft und weisungsfrei sein muss, ergibt sich aus der Alltagssprache nicht; sie versteht unter einem Sachverständigen – nur – eine Person, die unabhängig von den Ansichten der Parteien sachkundig ist (BGH NJW 2015, 703). Da es grds. auf die Verständnismöglichkeiten eines durchschnittlichen VN ankommt, sind solche juristischen Begriffe, die auch der Alltagssprache angehören und denen der VN deshalb keinen eigenen juristischen Inhalt zuerkennt, in AVB so auszulegen, wie sie der durchschnittliche VN im Sinnzusammenhang der Regelung versteht (BGH NJW 2018, 1544; NVersZ 2000, 189 unter II.4.b.bb = r+s 2000, 100; zum Begriff „Schadensersatz"; vgl. auch OLG Saarbrücken VersR 1996, 578, zum Begriff des „Einschleichens" in AVB der Gebäudeversicherung). Dennoch kann die Auslegung desselben scheinbar juristischen Begriffs zu divergierenden Ergebnissen führen, weil es auf das Verständnis des Adressatenkreises ankommt, der je nach Versicherungssparte unterschiedlich sein kann.

Auch wenn der verwendete Begriff als ausreichend fest umrissen der Rechts- 49
sprache zuzuordnen ist, kann sich doch aus dem Sinnzusammenhang der AVB eine **vom juristischen Verständnis abweichende Auslegung** ergeben (vgl. BGH NJW-RR 1992, 793 = VersR 1992, 606 unter 2für den Ausdruck „Gebäude und ihre Bestandteile" in den AVB der Gebäudeversicherung). Die Feststellung, es handele sich um einen juristisch fest umrissenen Begriff, macht eine weitere Betrachtung des Sinnzusammenhangs noch nicht überflüssig. Das gilt auch bei

Formulierungen, die juristische Begriffe und solche der Alltagssprache zusammenführen oder sich zwar in Gesetzen, jedoch in einem anderen Regelungskontext finden. In solchen Fällen wird man dem in den AVB Gewollten am ehesten gerecht, wenn die Klausel aus der Sicht eines durchschnittlichen VN, der dem Sinnzusammenhang die erforderliche Beachtung schenkt, auslegt (vgl. den Fall OLG Saarbrücken VersR 2009, 1109: „Bei Führen von Kraftfahrzeugen wird Versicherungsschutz jedoch nur bis 1,3 Promille gewährt" in AVB Unfallversicherung). Im Übrigen braucht nicht immer entschieden zu werden, ob es sich um einen fest umrissenen Begriff der Rechtssprache handelt. Wenn ein durchschnittlicher verständiger VN den zur Entscheidung stehenden Sachverhalt nicht mit dem in den AVB verwendeten Begriff verbindet, kann die nähere Charakterisierung des Begriffs unterbleiben (vgl. BGH VersR 1996, 622: Schaden an Pkw durch in Sog geratenen Anhänger, jedenfalls kein „Betriebsschaden" iSd Kaskoversicherung).

50 Vor diesem Hintergrund sind **als fest umrissene juristische Begriffe betrachtet** worden:

- „Ansprüche Dritter" (BGH NVersZ 1998, 47 = VersR 1998, 887 unter 2.a);
- „Anträge auf Vollstreckung oder Vollstreckungsabwehr" (BGH r+s 2009, 107 = VersR 2009, 216 Rn. 13);
- „dingliches Recht" (BGH NJW 1992, 1511 = r+s 1992, 127 = VersR 1992, 487 unter 1.c.aa);
- „Fälligkeit" einer Leistung (BGH NVersZ 2000, 332 = r+s 2000, 348 = VersR 2000, 753 = ZfS 2000, 355);
- „Vergehen, dessen vorsätzlich und fahrlässige Begehung strafbar ist" (BGH NJW 2017, 2037 = VersR 2017, 348);
- „nicht zulassungs- und nichtversicherungspflichtige" Kfz (BGH r+s 1995, 332 = NJW-RR 1995, 1303 = VersR 1995, 951 unter 2.b);
- „Mietleistungen" (BGH NJW-RR 2017, 421 = VersR 2017, 1012);
- „niedergelassener Arzt" (OLG Karlsruhe VersR 1994, 1459 unter 3.a.bb);
- „selbstfahrende Arbeitsmaschine" iSv § 2 Nr. 17 FZV (OLG Koblenz VersR 2011, 1434);
- „Unterschlagung" und „Veruntreuung" (BGH VersR 2011, 918 Rn. 34);
- „Vollstreckungstitel" und „Rechtskraft" (BGH VersR 2007, 535 Rn. 15).

51 Nicht als fest umrissene juristische Begriffe (weil zugleich als **Begriffe der Alltagssprache** verwendete Ausdrücke) sind angesehen worden

- „Fahrzeug" (BGH NJW 2015, 2338 = VersR 2015, 571);
- „Angelegenheiten" (BGH NJW-RR 2016, 1505 = VersR 2016, 1184);
- „bei Führen von Kraftfahrzeugen" (OLG Saarbrücken VersR 2009, 1109);
- „Bereich des Rechtes der Handelsgesellschaften" (BGH VersR 2003, 1122 unter 2.a);
- „einschleichen" (OLG Saarbrücken VersR 1996, 578);
- „Haftpflicht als Tierhalter" (BGH r+s 2007, 319 = VersR 2007, 939 Rn. 13 = ZfS 2007, 521);
- „Kapitalanlage" (Versicherungsombudsmann VersR 2009, 1487);
- „Kfz" (BGH VersR 1986, 537);
- „Schaden" (BGH VersR 2011, 1179 = r+s 2012, 23 Rn. 14 mwN);
- „Schadensersatz" (BGH NVersZ 2000, 189 unter II.4.b.bb = r+s 2000, 100 = VersR 2000, 311; KG VersR 2009, 1219 unter 2.c.cc);
- „Schadensersatzanspruch" in A 1.1.1 AKB 2008, darunter fallen auch Ansprüche aus GoA, wenn sie schadensersatzähnlichen Charakter haben (BGH VersR 2011, 1509 Rn. 17 = r+s 2012, 17);

- „Schwergutauftrag" (BGH VersR 2003, 728 unter II.1.a);
- „Kapitalanlagegeschäft" (BGH NJW 2019, 2172).
- offen für „Arbeitsverhältnis" (BGH NJW 2019, 1286);

Fraglich ist indessen, was gilt, wenn ein **Bewertungswandel** stattgefunden hat. 52 In einem solchen Fall spricht viel dafür, zunächst zu fragen, welche Bedeutung ein in den AVB verwendeter Begriff zum Zeitpunkt des Eintritts des Versicherungsfalls hat, und sodann zu prüfen, ob dem ein abweichendes Verständnis zum Zeitpunkt des Vertragsabschlusses entgegensteht. Weichen beide Interpretationen ergebnisrelevant voneinander ab, ist in aller Regel maßgeblich, welches Verständnis dem VN günstiger ist. Denn es liegt in der Hand des VR klarzustellen, dass eine sich historisch einmal ergebende Auslegung fortgelten soll (*Koch* VersR 2015, 133 (139)).

c) Risikoausschlussklauseln. Klauseln, die ein Risiko aus der Gesamtheit der 53 Deckung ausschließen oder es begrenzen, werden – ebenso wie andere Klauseln – zunächst **nach allgemeinen Grundsätzen** ausgelegt. Maßgeblich ist das Verständnis eines durchschnittlichen VN. Das bedeutet, dass die Erkennbarkeit des Leistungsausschlusses für den VN von Bedeutung ist (BGH VersR 2015, 1156 = r+s 2015, 386). Auch Risikoausschluss- oder Risikobegrenzungsklauseln sind nicht gesetzesähnlich auszulegen (so ausdrücklich auch BGH VersR 2012, 1253 = r+s 2012, 490). Deshalb bleiben bei der Auslegung solche Umstände außer Betracht, die der durchschnittliche VN typischerweise nicht kennen kann. Das gilt insbesondere für die Entstehungsgeschichte einzelner Klauseln ebenso wie ein etwa mit der Klausel vom VR bezwecktes wirtschaftliches Ziel, soweit es im Wortlaut der Klausel keinen für den VN erkennbaren Ausdruck gefunden hat. Dem durchschnittlichen VN ohne versicherungsrechtliche Spezialkenntnisse erschließen sich auch solche Gesichtspunkte nicht, die sich etwa aus der Systematik von Vorschriften des VVG ergeben. Diese haben deshalb keine Bedeutung für die Auslegung von AVB-Regelungen (BGH VersR 2002, 1503 unter 2.a mit Blick auf §§ 16 ff. aF).

Auf **Umstände, die der VN nicht erkennen kann,** kommt es selbst dann 54 nicht an, wenn deren Berücksichtigung zu einem für den VN günstigeren Ergebnis führen könnte (BGH VersR 2000, 1090 unter 2.c mkritAnm *Lorenz* = NJW-RR 2000, 1341 = r+s 2000, 478). Diese zutreffende, eine gesetzesähnliche Auslegung strikt ablehnende Auffassung zeigt, wie konsequent an der Leitlinie festgehalten wird, AVB sollten so abgefasst werden, dass sie der Adressat, also der VN soweit wie dies von der Sache her möglich ist, auch versteht. Ein Bruch in dieser Leitlinie liegt auch nicht in der Besonderheit, die bei der Auslegung von Risikoausschlussklauseln zu beachten ist. Das Verständnis und Interesse des VN führt bei Risikoausschlussklauseln idR dahin, dass der **Versicherungsschutz nicht weiter verkürzt werden darf, als der erkennbare Zweck der Klausel dies gebietet.** Deshalb sind Risikoausschlussklauseln grds. eng auszulegen (BGH NJW 2020, 1743; NJW 2017, 2034 = VersR 2017, 90; NJW-RR 2016, 1505 = VersR 2016, 1184 mwN; r+s 2007, 102 = VersR 2007, 388). Solche Klauseln sind nicht weiter auszulegen, als es ihr Sinn unter Beachtung ihres wirtschaftlichen Zwecks und der gewählten Ausdrucksweise erfordern. Denn der durchschnittliche VN braucht nicht damit zu rechnen, dass er Lücken im Versicherungsschutz hat, ohne dass die Klausel ihm dies hinreichend verdeutlicht (BGH VersR 2011, 66; r+s 2009, 107 = VersR 2009, 216; r+s 2007, 319 = VersR 2007, 939).

Die Erwägungen, die zur engen Auslegung von Risikoausschluss- und Risiko- 55 begrenzungsklauseln führen, treffen auch auf weitere Klauseln zu, bei denen der

VN nicht von vornherein mit Einschränkungen rechnen muss. So sind auch Klauseln eng und nicht über den Wortlaut hinaus auszulegen, die eine **Leistung** des VR **ausschließen oder begrenzen** (BGH r+s 2010, 512 (513)). Der strenge Maßstab einer engen Auslegung ist auch dann anzuwenden, wenn es um die Frage geht, **ob eine bestimmte Klausel überhaupt einen Risikoausschluss** enthält, oder ob die AVB einen gesetzlichen Ausschluss zum Nachteil des VN erweitern. Dem VN muss schon mit dem Wortlaut der Klausel oder in engem Zusammenhang mit ihr klar vor Augen geführt werden, ob eine Regelung für ihn Nachteile enthält (vgl. BGH r+s 2009, 243 = VersR 2009, 341).

56 **d) Weitere Auslegungsregeln.** Daneben wendet die Rspr. weitere Auslegungsregeln an. Mit ihnen wird nicht von dem Grundgedanken abgewichen, dass Maßstab für die Auslegung von AVB das Verständnis eines durchschnittlichen VN ist. So sollen Bestimmungen der AVB nicht in der Weise ausgelegt werden, dass der **Versicherungsschutz leer läuft** (BGH NJW-RR 1991, 984 = r+s 1991, 224 = VersR 1991, 172 unter III.3 mwN). Denn der VN erwartet im Zweifel nicht, dass AVB ihm keinen Deckungsschutz gewähren. Eine ähnliche Auslegungsregel besagt, im Zweifel seien Deckungsbereiche unterschiedlicher Versicherungsarten so abzugrenzen, dass sie sich weder **überschneiden** noch eine **Deckungslücke** lassen (BGH aaO unter III.2.d; r+s 2007, 102 = ZfS 2007, 221 = VersR 2007, 388 Rn. 10 zur sog Benzinklausel in der privaten Haftpflichtversicherung). Bei der Erkenntnis des durchschnittlichen VN, ob Überschneidungen oder Deckungslücken bestehen, sollte er jedoch nicht auf die genaue Kenntnis anderer Bedingungswerke zurückgreifen müssen (BGH aaO Rn. 11).

57 Wegen der Lebensvielfalt ist die Frage nicht ganz leicht zu beantworten, wann und unter welchen Umständen welche **Unterlagen außerhalb der AVB** zu deren Auslegung mit herangezogen werden können. Soweit Unterlagen selbst einen für eine Vielzahl von Verträgen bestimmten Regelungsgehalt haben und in Bezug zu den AVB stehen, sind sie ohne Weiteres zur Auslegung mit heranzuziehen. Denn sie stellen selbst AVB dar (BGH r+s 2006, 159 = VersR 2006, 497 Rn. 10 = MDR 2006, 1044 für eine Sachkostenliste in der Krankheitskostenversicherung). Aber auch Schriftstücke, die selbst keinen Regelungsgehalt haben, können zur Auslegung der AVB mit herangezogen werden, wenn sie Informationen enthalten, die nachhaltig das Verständnis des durchschnittlichen VN vom Inhalt der AVB bestimmen. Voraussetzung muss aber sein, dass dem VN diese Unterlagen zugänglich sind, so dass er Kenntnis von deren Inhalt erlangen konnte. Denn ihm nicht zugängliche Informationen können auch sein Verständnis von den AVB nicht mit beeinflussen. Unter den gleichen Voraussetzungen kann auch **Prospektmaterial** der Auslegung von AVB dienen. Das Verständnis des durchschnittlichen VN von den AVB beeinflusst es aber nur dann, wenn es nicht nur **pauschale Werbung** beinhaltet, sondern konkrete Informationen mit Bezug auf einen bestimmten Versicherungsvertrag. Darüber hinaus beeinflussen auch von VR zur Veranschaulichung von Obliegenheiten den AVB voran- oder hintangestellte **„Verhaltensregeln"** die Auslegung (ua OLG Saarbrücken r+s 2004, 1339).

58 Als Methode der Auslegung kommt eine **teleologische Reduktion** (idR) nicht in Betracht, auch wenn mit ihr die zu prüfende Regelung vielleicht in ihrem Bestand zu halten wäre (vgl. BGH VersR 2012, 1253 Rn. 13 = r+s 2012, 490). Sie ist ein Instrument der Gesetzesauslegung. Mit der teleologischen Reduktion wird eine Norm auf ihr vom Gesetzgeber gewolltes Ziel zurückgeführt. Solche Ziele kennt der VN indessen nicht und kann sie nicht kennen. Da AVB-

Regelungen auszulegen sind nach dem Verständnis eines durchschnittlichen VN, kann diese Auslegung allenfalls ausnahmsweise zu dem Ziel einer Reduktion führen, wenn der durchschnittliche VN das nach dem Wortlaut der Regelung zwar weiter formulierte, aber in Wahrheit engere Ziel erkennt.

Auch bei für eine Vielzahl von Verträgen vorformulierten Bedingungen ist die **ergänzende Vertragsauslegung** als Auslegungsmethode anerkannt. Sie muss sich nicht auf die Fälle beschränken, in denen die Vertragslücke dadurch entsteht, dass eine Regelung für unwirksam erklärt wurde. Es gibt keinen Grund, die ergänzende Vertragslücke nicht auch dann als Mittel der Auslegung anzuwenden, wenn die Lücke dadurch entstand, dass die Parteien unbewusst einen regelungsbedürftigen Fall nicht geregelt haben (ebenso *Armbrüster* r+s 2011, 89 (95)). Allerdings wird man bei AVB nur selten eine Regelungslücke feststellen, die nach dem Interesse beider Parteien ein Regelungsbedürfnis voraussetzt. AVB sind das Ergebnis langjähriger Erfahrung. Sie werden immer wieder an veränderte Verhältnisse angepasst, so dass zumindest nach dem Interesse des VR ein unbemerkt gebliebenes Regelungsbedürfnis kaum anzunehmen sein wird. Auch darf eine ergänzende Vertragsauslegung nicht zu einer Änderung oder Erweiterung des Vertragsgegenstandes führen, die in offenbarem Widerspruch mit dem tatsächlich Vereinbarten stünde (BGH r+s 2011, 295 = VersR 2011, 918 Rn. 67). 59

e) Unklarheitenregel (§ 305c Abs. 2 BGB). Nach § 305c Abs. 2 BGB gehen Zweifel bei der Auslegung von AGB zu Lasten des Verwenders. Damit ist ein gewisser Ausgleich dafür geschaffen, dass der VR über die Möglichkeit verfügt, einseitig ohne Beteiligung des VN die Vertragsregelungen festzusetzen. Der VR trägt also das Risiko, dass bei **mehreren Auslegungsmöglichkeiten** diejenige vorgezogen wird, die für den VN günstiger ist. Die Unklarheitenregel ist grds. auch auf Klauseln anwendbar, die als Leistungsbeschreibungen der Inhaltskontrolle nach § 307 Abs. 3 BGB entzogen sind (vgl. BGH NJW-RR 2017, 421 = VersR 2017, 1012; r+s 2014, 228 = VersR 2014, 625 Rn. 34 ff., 37). Denn bei der Auslegung geht es nicht um die Inhaltskontrolle. Beide unterliegen je spezifischen Prüfungskriterien und dürfen nicht miteinander vermischt werden (BGH VersR 2004, 1039 unter II.2.a). Unklar sind Klauseln, bei denen nach Ausschöpfung der in Betracht kommenden Auslegungsmethoden ein **nicht behebbarer Zweifel** bleibt (BGH VersR 2007, 1690 Rn. 11 mwN). In diesem Fall gehen die Zweifel nach der Unklarheitenregel des § 305c Abs. 2 BGB zu Lasten des Verwenders der AVB, das heißt die dem VN günstigere Auslegung ist maßgebend. So ist die – in früheren AUB enthaltene – Regel der Gliedertaxe „Funktionsunfähigkeit eines Armes im Schultergelenk" – unklar, weil nicht zu erkennen ist, ob damit lediglich isoliert auf das Gelenk oder auf das Gelenk unter Einbeziehung des Armes abzustellen ist (BGH VersR 2012, 351 = NJW-RR 2012, 486; 2006, 1117 = NJW-RR 2006, 1323; VersR 2009, 975 Rn. 9; 2006, 117 Rn. 18, 20; 2003, 1163). Demgegenüber ist die haftpflichtversicherungsrechtliche Anknüpfung an das Schadensereignis nicht unklar, weil ein verständiger VN damit den letzten Umstand verbinden wird, der zur Auslösung des gegen den VN gerichteten Haftpflichtanspruch geeignet ist (BGH r+s 2014, 228 = VersR 2014, 625). 60

Allerdings führen Auslegungsunterschiede nach Rspr. und Lit. **noch nicht zur Anwendung der Unklarheitenregel.** Allein der Umstand, dass eine Klausel auslegungsbedürftig ist und mehr als eine Auslegung überhaupt in Betracht kommt, reicht zur Anwendung des § 305c Abs. 2 BGB nicht aus (OLG Celle VersR 2010, 803 unter 2.b). Ebenso wenig genügen allgemeine Schwierigkeiten 61 bei der Auslegung, oder dass über sie Streit besteht (BGH VersR 2012, 351 Rn. 17 = r+s 2012, 143). Probleme in der Subsumtion oder bei der Feststellung der Tatsachen im Einzelfall lassen eine iÜ klare Regelung nicht unklar werden (BGH VersR 2004, 1039 unter II.2.a; OLG Celle VersR 2010, 803 unter 2.b). Eine für sich genommen klare Klausel kann aber unklar werden, wenn sie mit weiteren Regelungen der AVB in Bezug gesetzt wird. Es kommt immer auf den Zusammenhang des zu regelnden Gegenstandes an.

62 Für die Anwendung der Unklarheitenregel ist es erforderlich, **dass zumindest zwei** – nicht notwendig gleichwertige – **Auslegungen,** ggf. unter Heranziehung weiterer Erläuterungen wie veranschaulichenden Klammerzusätzen, **rechtlich möglich** iSv vertretbar sind (BGH NJW-RR 2017 = VersR 2017, 1012; VersR 2012, 351 Rn. 17 = r+s 2012, 143). Erst wenn keine von zwei oder mehreren Auslegungsmöglichkeiten einen klaren Vorzug verdient, ist Raum für die Anwendung des § 305c Abs. 2 BGB (OLG Celle VersR 2010, 803 unter 2.b). Zur Feststellung, ob mehrere Auslegungsvarianten rechtlich möglich sind, ist die Klausel nach den oben dargestellten allgemeinen oder besonderen Grundsätzen auszulegen. Entsprechend dem Charakter von AVB, die sich an eine Vielzahl von VN wenden, kommt es auch hier nicht auf das Verständnis eines konkreten VN an; vielmehr ist das Verständnis eines durchschnittlichen VN maßgebend. Dasselbe gilt zur Beantwortung der Frage, ob eine von mehreren Auslegungsmöglichkeiten vorzuziehen ist. Das subjektive Verständnis des je betroffenen VN bleibt außer Betracht.

63 Die Unklarheitenregel ist **kein Gebot zur „weiten Auslegung"** (unzutr. zB AG Neumünster VersR 2008, 964). Die unterschiedlichen und je vertretbaren Auslegungsmöglichkeiten sind festzustellen. Erst dann gehen Zweifel darüber, welche dieser Lösungsmöglichkeiten in Betracht kommt, zu Lasten des Verwenders, das heißt es gilt die für den VN günstigste Lösung (BGH NJW 1984, 1818 unter II.3 = VersR 1984, 677; OLG Hamburg r+s 1990, 206).

4. Inhaltskontrolle

64 **a) Allgemeines.** AVB unterliegen der Inhaltskontrolle. Dabei lässt sich eine formelle Kontrolle von einer materiellen unterscheiden. Während es ersterer darum geht, ob die sprachliche Form einer Klausel so beschaffen ist, dass ein durchschnittlicher VN sie verstehen kann, befasst sich letztere mit der Frage, ob die AVB-Regelung den VN ihrem Inhalt nach unangemessen benachteiligt. Die **gerichtliche Inhaltskontrolle von AVB** hat in den letzten Jahren, insbesondere nach dem Wegfall der aufsichtsbehördlichen Bedingungskontrolle, erheblich **an Bedeutung gewonnen.** Sie wird im deregulierten Wettbewerb an Bedeutung zunehmen. Dabei spielen die zwingenden und halbzwingenden Vorschriften des VVG nur eine untergeordnete Rolle. Im Vordergrund stehen als Kontrollmaßstab die Regelungen des § 307 BGB. AVB unterliegen als AGB der gerichtlichen Kontrolle in vollem Umfang.

65 Im **Verhältnis** zwischen den **zwingenden und halbzwingenden Vorschriften des VVG** auf der einen Seite und den Kontrollregelungen **der §§ 305 ff. BGB** auf der anderen gebührt keinem der Maßstäbe ein Vorrang. Keine der Regelungen ist gegenüber der anderen spezieller. Eine Regelung in den AVB kann sowohl nach zwingenden oder halbzwingenden Vorschriften des VVG als auch nach den §§ 305 ff. BGB auf ihre Wirksamkeit geprüft werden (BGH r+s 2009, 242 = VersR 2009, 769 Rn. 8; VersR 2007, 1690 Rn. 22 ff.; konkludent

auch OLG Saarbrücken r+s 2008, 487 = VersR 2008, 621; vgl. auch HK-VVG/*Brömmelmeyer* Einl. Rn. 12, insbes Rn. 64; aA *Werber* VersR 2010, 1253, zum Vorrang der halbzwingenden Vorschriften jedenfalls des neuen VVG NJW-RR 2017, 421 = VersR 2017, 1012). Insbesondere lässt die Unbedenklichkeit einer Regelung nach den zwingenden und halbzwingenden Vorschriften des VVG nicht schon eine Kontrolle nach § 307 Abs. 1 und 2 BGB entfallen. Es gibt folglich zwei Schranken für die Wirksamkeit von AVB: die halbzwingenden Normen des VVG und die Vorschriften der §§ 305 ff. BGB. Zu weit gefasste AVB-Regelungen, die mit den zwingenden und halbzwingenden Vorschriften des VVG noch vereinbar sind, können nach § 307 Abs. 1 und 2 BGB unwirksam sein (BGHZ 111, 278 = NJW 1990, 2388 = r+s 1990, 278 unter II.2.c = VersR 1990, 896). Bei der Kontrolle nach §§ 307 BGB können die AVB-Regelungen aber an den zwingenden und halbzwingenden Vorschriften des VVG zu messen sein (BGH r+s 2009, 242 = VersR 2009, 769 Rn. 8).

Auch die AVB der Absicherung von **Großrisiken** (§ 210) unterliegen der Kon- 66
trolle, wenn der VR einzelne Regelungen des VVG abbedungen hat. Die Regelungen der AVB sind dann am Kerngehalt des VVG zu messen. Zum Kerngehalt gehört bpsw. die Verschuldensvoraussetzung der Sanktionierung einer Obliegenheitsverletzung, die nicht abbedungen werden kann. Leistungsfreiheit aufgrund eines Obliegenheitsverstoßes kann, ohne dem VN den Entschuldigungsbeweis einzuräumen, auch bei den Versicherungszweigen des § 210 nicht wirksam vereinbart werden (BGHZ 120, 290 = NJW 1993, 590 = r+s 1994, 78 = VersR 1993, 223; vgl. auch BGH NJW 1985, 559 unter 3.b = VersR 1984, 830).

Eine Inhaltskontrolle der AVB bei Streitigkeiten mit dem VR kommt nur in 67
Betracht, wenn der **VR der Verwender der AVB** ist. Verwender kann nur eine Vertragspartei sein. Stammen die **AVB jedoch von einem Makler,** was im Industriegeschäft oder bei größeren Gewerbetreibenden als VN nicht selten vorkommt, ist der VR nicht Verwender dieser AVB. Die Verwendereigenschaft ist für jede der zur Kontrolle anstehenden Klausel zu prüfen. Makler können auch in AVB, die grds. vom VR stammen, eigene, von ihnen entwickelte Klauseln eingebracht haben (vgl. BGH VersR 2009, 1477 mAnm *Steinkühler/Kassing*). Wird zwischen Makler und VR eine Klausel verhandelt oder ausgehandelt, wird der Makler dadurch noch nicht zum Verwender der Klausel (vgl. den Fall OLG Bremen VersR 2009, 776).

Bei der Kontrolle einer AVB-Regelung ist grds. ein **generalisierender** Maß- 68
stab anzulegen. Es kommt nicht darauf an, ob im konkreten Fall eine Benachteiligung festzustellen ist oder wie der VR die Regelung in der Praxis handhabt (BGH NJW 94, 1534 unter 1.d = VersR 1994, 549 unter 1.d aE). Wenn auch eine auf den Einzelfall abstellende Beurteilung bei der Beantwortung der Frage, ob eine Klausel unwirksam ist, außer Betracht bleibt, so schließt dies doch die **Anwendung des § 242 BGB** zur Entscheidung des konkreten Falls nicht aus (BGH VersR 2001, 576 unter 3.b.cc mwN).

Schutzobjekt und Beurteilungsmaßstab für die Frage, ob eine unangemes- 69
sene Benachteiligung vorliegt, sind entsprechend dem Wortlaut des § 307 Abs. 1 Satz 1 BGB die **Interessen des Vertragspartners** des Verwenders. Der VR als Verwender der AVB kann sich auf eine etwaige Unwirksamkeit einer Klausel nicht berufen. Zweck der Inhaltskontrolle ist es, eine missbräuchliche Ausnutzung der einseitigen Vertragsgestaltungsfreiheit des Verwenders zu unterbinden. Die Frage einer unangemessenen Benachteiligung ist deshalb **grundsätzlich aus dem Blickwinkel des VN** zu beantworten. Allgemeininteressen bleiben außer

Betracht. Zu berücksichtigen ist aber die Besonderheit, dass sich im Versicherungsrecht nicht nur die Interessen des einzelnen VN und des Versicherers gegenüberstehen. Vielmehr können auch die **Interessen des einzelnen VN** mit denen der übrigen VN, dem **Kollektiv der Versicherten,** kollidieren. Diese Problematik hat sich in jüngerer Zeit insbesondere bei der Inhaltskontrolle (weniger bei der Auslegung) von AVB-Regelungen der Lebensversicherung gezeigt (vgl. dazu *Präve* VersR 2012, 657 m. weiterführenden Nachweisen). Auf die **Interessen anderer Dritter** kommt es idR nicht an. Diese können aber Einfluss auf eine unangemessene Benachteiligung des VN als Vertragspartner haben, wenn das Interesse des VN erkennbar dahin geht, auch die Interessen eines Dritten in den Versicherungsvertrag mit einfließen zu lassen, etwa weil sich der VN seinerseits vor Ansprüchen des Dritten schützen will.

70 Voraussetzung der Inhaltskontrolle ist, dass der materielle Gehalt der Klausel durch Auslegung ermittelt wird. Da vor einer Auslegung die notwendige Klarheit über den auf eine unangemessene Benachteiligung zu kontrollierenden Inhalt der Klausel fehlt, gilt der **Grundsatz: Auslegung geht vor Kontrolle** (vgl. BGH VersR 2007, 1690 Rn. 11; 2006, 1066 Rn. 10; 2004, 1039 unter II.1.a; BGHZ 123, 83 (85) = NJW 1993, 2369 = VersR 1993, 957 unter III.1.a). Im Übrigen ist die **„formelle Kontrolle“,** die Prüfung, ob eine Klausel klar und verständlich ist, von der **„materiellen Kontrolle“** zu unterscheiden, die danach fragt, ob – bei Annahme von Klarheit und Verständlichkeit – der Sache nach eine unangemessene Benachteiligung des VN vorliegt, ob die Regelung der AVB also den VN ihrem Inhalt nach unangemessen benachteiligt, oder ob die Klausel für den VN so überraschend ist, dass sie als nicht in den Vertrag einbezogen angesehen werden muss.

71 **b) Kontrollfähigkeit.** Die richterliche Kontrolle von AVB stellt einen **Eingriff in die Privatautonomie** dar. Er ist gerechtfertigt, weil der Markt an dieser Stelle nicht den notwendigen Ausgleich beider Vertragsparteien zulässt. Der Abschluss von Versicherungsverträgen ist als wirtschaftliche Notwendigkeit unumgänglich. Der VR stellt aber – von wenigen Ausnahmen im Industriegeschäft abgesehen – die Bedingungen allein, ohne dass sein Vertragspartner die Möglichkeit hat, durch Verhandlungen den Inhalt der Bedingungen mitzubestimmen. Dieses **Ungleichgewicht auszugleichen,** ist der Zweck richterlicher Inhaltskontrolle. Der so verstandene Zweck muss deshalb auch die Leitlinie bei Zweifelsfragen darüber sein, ob eine Klausel noch der Inhaltskontrolle unterfällt, oder ob die mit § 307 Abs. 3 Satz 1 BGB gewollte Kontrollschranke eingreift.

72 Regelungen in AVB, die lediglich den **Wortlaut eines Gesetzes wiederholen,** unterliegen als **deklaratorische Klauseln** nicht der richterlichen Kontrolle. Denn es kann nicht Aufgabe der Gerichte sein, Gesetze anhand der §§ 307 ff. BGB selbst inhaltlich zu kontrollieren. Zu den deklaratorischen Klauseln gehören auch Hinweise, die sich als solche schon aus dem Gesetz selbst ergeben (vgl. BGH VersR 2013, 213 Rn. 28: Hinweis darauf, dass jährlich Kosten anfallen). Hat der VR jedoch nicht nur das Gesetz wiederholt, sondern es **mit seiner Klausel ergänzt,** ist die Ergänzung der Kontrolle nicht entzogen (BGH r+s 2001, 433 = VersR 2001, 839; BGHZ 147, 354 = r+s 2001, 386 = VersR 2001, 841). Ferner können Gesetze wegen ihrer notwendigen Abstraktheit erfordern, dass der VR sie konkretisierend ausfüllt. Erkennt der VR, dass bei Aufnahme einer gesetzlichen Regelung in die AVB ein nicht zu übergehendes Bedürfnis des VN nach weiterer Unterrichtung besteht, dem der VR auch folgt, stellt sich diese Klausel nicht als

bloße Wiedergabe einer gesetzlichen Regelung dar. Sie unterliegt deshalb in vollem Umfang der Kontrolle nach § 307 BGB. Ob der BGH mit dieser Forderung vor allem nach Transparenz schon eine selbstständige Informationspflicht geschaffen hat (*Armbrüster* ZVersWiss 2007, 127), erscheint allerdings zweifelhaft.

Im Allgemeinen macht es im Versicherungsrecht wenige Schwierigkeiten, 73
Klauseln, die eine **nicht kontrollfähige Preisbestimmung** enthalten, von anderen (Preisnebenabreden) abzugrenzen, die also kontrollfähig sind. Problematisch können aber AVB-Bestimmungen sein, die etwa Regelungen über **Rabatte** oder **Beitragsrückerstattungen** enthalten. Ist die Prämie für einen konkreten Vertrag festgelegt und enthalten die AVB eine Bestimmung, wonach unter bestimmten Voraussetzungen ein in Prozenten genannter Rabatt gewährt wird, so handelt es sich bei dieser Bestimmung um eine Preisregelung, die nicht der richterlichen Kontrolle unterliegt (vgl. BGH r+s 2005, 476 = VersR 2005, 1417 unter II.2.b). Auch die Beitragsrückerstattung in der privaten Krankenversicherung ist Teil der Preisgestaltung. Sie unterliegt folglich nicht der richterlichen Inhaltskontrolle (BGHZ 119, 55 (58) = VersR 1992, 1211).

Da die AVB den Gegenstand des Vertrages (das Produkt) selbst darstellen und 74
nicht, wie bei AGB, diesen lediglich begleiten, hat ein großer Teil der Bestimmungen Einfluss auf das Preis-Leistungsverhältnis. So kann jede Formulierung einer Obliegenheit die im Versicherungsfall vom VR zu erbringende Leistung beeinflussen und deshalb mit dem dadurch bewirkten Schadensaufkommen den Preis der Versicherung mitbestimmen. Wollte man jede AVB-Regelung, die einen irgendwie gearteten Einfluss auf den Preis oder die Leistung des VR hat, der gerichtlichen Inhaltskontrolle entziehen, liefe die Kontrolle im Wesentlichen leer; der bezweckte Schutz des VN würde nicht erreicht. Die Rspr. hat deshalb nur solche Klauseln kontrollfrei gestellt, **die den Preis und die Hauptleistung unmittelbar beinhalten.**

Das heißt: Klauseln, die Art, Umfang und Güte der geschuldeten Leistung 75
festlegen, sind nach st. und gefestigter Rspr. der gerichtlichen Kontrolle entzogen. Dagegen sind Klauseln, die nach ihrem Wortlaut und erkennbaren Zweck **das Hauptleistungsversprechen einschränken, verändern, ausgestalten oder modifizieren,** inhaltlich zu kontrollieren. Damit bleibt für die der Überprüfung entzogene Leistungsbeschreibung nur der enge Bereich der Leistungsbezeichnungen, ohne deren Vorliegen mangels Bestimmtheit oder Bestimmbarkeit des wesentlichen Vertragsinhalts ein wirksamer Vertrag nicht mehr angenommen werden kann (BGH r+s 2008, 25 = VersR 2007, 1690 Rn. 13; r+s 2001, 386 = VersR 2001, 841 unter I.1.c; BGHZ 123, 83 (84) = VersR 1993, 957 (958); OLG Saarbrücken VersR 2009, 924 unter 2; OLG München VersR 2009, 1066 unter 2).

Zur Veranschaulichung: **Kontrollfähig sind daher** Entwertungsgrenzen in der 76
Neuwertversicherung (BGH VersR 2009, 1622), eine Begrenzung der Erstattung von Kosten privater Krankenhäuser in der Krankheitskostenversicherung (BGH VersR 2009, 1210), Tarifbedingungen über die Erstattungsbegrenzung für Psychotherapiebehandlung in der Krankheitskostenversicherung (BGH VersR 2004, 1037 unter II.2), die Begrenzung des Versicherungsschutzes für Psychotherapie auf eine Behandlung durch niedergelassene approbierte Ärzte in der Krankheitskostenversicherung (BGH r+s 2006, 199 = VersR 2006, 641 Rn. 1), Regelungen über die Folgen des Wegfalls der Versicherungsfähigkeit in der Krankentagegeldversicherung (BGH VersR 2008, 628 Rn. 20), der Ausschluss des Versicherungsschutzes bei psychischen Reaktionen in der Unfallversicherung (BGH VersR 2004, 1039 unter

II.2.b), die Regelung der Subsidiarität der Deckung in der Reisekrankenversicherung (BGH VersR 2004, 994 unter II.1.b), die Regelung über den Ersatz der Umsatzsteuer in der Kaskoversicherung (OLG Saarbrücken VersR 2009, 924), die Wartezeitklauseln in der Rechtsschutzversicherung (OLG Düsseldorf VersR 2005, 1426 unter 2.a) oder das Claims-made-Prinzip in der D&O-Versicherung (OLG München VersR 2009, 1066; *Loritz/Hecker* VersR 2012, 385).

77 Allerdings ist selbst dieses **Hauptleistungsversprechen** der gerichtlichen Kontrolle insoweit nicht entzogen, als es um die Frage geht, ob die Regelung klar und verständlich formuliert ist (§ 307 Abs. 3 Satz 2 BGB) (vgl. OLG München r+s 2012, 345 unter 1.b; r+s 2012, 24 unter II.3.a). Insoweit hat der Gesetzgeber auf **Art. 4 Abs. 2 der Richtlinie über missbräuchliche Klauseln (**EG-RL 93/13 v. 5.4.1993, ABl. L 95, S. 29) Rücksicht genommen. Durch diese Richtlinie wird der Umfang der Kontrolle iÜ, so wie er schon vor ihr gegeben war, nicht eingeschränkt. Die Richtlinie gewährt nach ihrem Zweck lediglich ein in allen Mitgliedstaaten verbindliches Schutzminimum. Die Bundesrepublik Deutschland war nicht gehindert, durch § 307 Abs. 3 BGB einen höheren Schutz zu gewähren (vgl. BGH r+s 2008, 25 = VersR 2006, 641 Rn. 11). Das **Transparenzgebot** ist also auch auf das Leistungsversprechen des VR insgesamt anzuwenden.

78 **c) Transparenzkontrolle.** Nach § 307 Abs. 1 Satz 2 BGB kann sich eine unangemessene Benachteiligung daraus ergeben, dass die Bestimmung nicht klar und verständlich ist. Damit hat das Transparenzgebot, das ursprünglich von der Rspr. entwickelt worden war, seine **gesetzliche Grundlage** gefunden; ohne dass damit eine inhaltliche Änderung dem früheren Recht gegenüber verbunden wäre (BGH r+s 2005, 257 = VersR 2005, 639 unter II.1 mwN). Über § 307 Abs. 3 Satz 2 BGB ist es auch auf Bestimmungen in den AVB anwendbar, die das **Preis-Leistungsverhältnis** betreffen. Aus der dem VR eingeräumten Möglichkeit, die Bedingungen ohne Mitwirkung seines künftigen Vertragspartners einseitig zu formulieren, ergibt sich die Verpflichtung des VR, die Bedingungen so zu formulieren, dass sie der durchschnittliche VN, sein künftiger Vertragspartner, jedenfalls verstehen kann. Das Transparenzgebot verlangt nicht nur, dass eine Klausel dem durchschnittlichen VN in ihrer Formulierung verständlich ist, sondern auch, dass die aus ihr folgenden wirtschaftlichen Nachteile und Belastungen soweit möglich zu erkennen sind (BGH NJW 2017, 3711 – zur Forderungsausfallversicherung; NJW 2017, 388 = VersR 2016, 1177 – zur Herabsetzung des Krankentagegelds; zum Ausschluss der Folgen „ernstlicher Erkrankungen“ BGH NJW 2015, 2338 = VersR 2015, 571; VersR 2012, 1237 Rn. 40, 61; VersR 2013, 213 Rn. 17 ff.; 2010, 757 Rn. 16). Auf dieser Grundlage hat der BGH bspw. bei Regelungen über den Rückkaufswert in der kapitalbildenden Lebensversicherung eine Klarstellung der wirtschaftlichen Nachteile vermisst und die Klauseln für intransparent erklärt (BGHZ 147, 354, = VersR 2001, 841). Ähnliches hat er in der Feuerversicherung für eine Formulierung, dass „behördliche Wiederherstellungsbeschränkungen unberücksichtigt“ bleiben, angenommen (BGH r+s 2008, 292 mAnm *Wälder* = VersR 2008, 816).

79 Eine unangemessene Benachteiligung durch Verletzung des Transparenzgebots unterscheidet sich von einer unangemessenen Benachteiligung des VN iÜ (§ 307 Abs. 1 Satz 2 BGB) dadurch, dass die Form, in der die AVB dem VN entgegentreten, Mängel aufweist. Der Formmangel, idR ein Formulierungsmangel, verhindert, dass der VN den Inhalt, der ihn möglicherweise nicht benachteiligt, überhaupt ausreichend erkennt. Das Transparenzgebot ist also ein Mittel, um die **Form der AVB** zu kontrollieren, während sich die Kontrolle ansonsten **materiell auf den Inhalt** der AVB richtet. Der VN kann alleine schon dadurch unangemessen benachteiligt sein, dass er seine Rechte und Pflichten einzelnen Regelungen in den AVB nicht hinreichend deutlich entnehmen kann.

Das **Verhältnis der formellen zur materiellen Kontrolle** ist prinzipiell nicht 80 durch den Vorrang der einen vor der anderen bestimmt. Jede kann für sich erfolgen. Allerdings wird die Rspr regelmäßig eine Klausel nicht allein mit der Begründung für unwirksam erklären, sie verstoße gegen das Transparenzgebot, ohne zumindest unausgesprochen auch die materielle Prüfung vorgenommen zu haben. Das kann dazu führen, dass ausdrücklich festgestellt wird, eine Klausel sei zwar intransparent, sie belaste aber inhaltlich den VN nicht unangemessen (vgl. BGH r+s 2006, 366 = VersR 2006, 1066). Jedenfalls darf nicht auf Intransparenz allein abgestellt werden, wenn die Klausel den VN auch materiell unangemessen belastet (vgl. *Terno* r+s 2004, 45, 51). Denn der VR soll nicht veranlasst werden, den Transparenzmangel zu beseitigen, um dann nach einem weiteren Rechtsstreit zu erfahren, dass die Klausel auch inhaltlich zu beanstanden ist. Umgekehrt wird der VR nicht belastet, wenn die Frage der Transparenz einer Klausel unbeantwortet bleibt, wenn diese aus Gründen materiell unangemessener Benachteiligung für unwirksam erklärt werden muss (BGH VersR 2010, 1025 Rn. 20).

Mit der Unklarheitenregel des § 305c Abs. 2 BGB, nach der Zweifel bei 81 der Auslegung zu Lasten des Verwenders gehen (→ Rn. 61), kann es gelegentlich **Überschneidungen** geben. Das schadet indessen nicht. Keiner Regelung gebührt der Vorrang. Auch wenn bei nicht behebbaren Zweifeln die für den VN günstigste Auslegung zugrunde zu legen ist, kann auch diese den VN noch formell wie materiell unangemessen benachteiligen. Auch mit dem **Überraschungsverbot** des **§ 305c Abs. 1 BGB** sind Überschneidungen nicht ausgeschlossen, weil die der Prüfung zugrunde liegenden Erwägungen gleich, jedenfalls sehr ähnlich sein können (vgl. OLG Stuttgart VersR 2009, 1262 unter 1.c.dd). Transparenzgebot und Überraschungsverbot stehen **gleichberechtigt nebeneinander** (BGH VersR 2009, 1210 Rn. 14).

Die Intransparenz von AVB kann **nach Abschluss des Vertrages nicht mehr** 82 **geheilt werden.** Der VN ist durch mangelnde Information bereits benachteiligt worden. In Fällen allerdings, in denen sich der VN noch nicht vertraglich gebunden hat, kann einer intransparenten Regelung in den AVB ihre benachteiligende Wirkung dadurch genommen werden, dass der einzelne VN hinreichend über den Sinn und Zweck der Klausel aufgeklärt wird. Zwar steht eine solche Betrachtung im Widerspruch zu dem abstrakten Charakter von AVB, der im Allgemeinen zu einer Kontrolle nach dem Verständnis eines durchschnittlichen – also nicht eines konkreten – VN führt. Diese Ausnahme findet aber ihre Berechtigung und Notwendigkeit in **§ 310 Abs. 3 Nr. 3 BGB.** Zu den Umständen, die nach dieser Norm zu berücksichtigen sind, kann auch die Übergabe eines aufklärenden Merkblatts gehören (vgl. OLG Karlsruhe NJW-RR 2006, 605). Ob allerdings von einer „Heilung" gesprochen werden sollte, wenn dem VN gleichzeitig mit den AVB eine zu Einzelpunkten erläuternde Aufstellung übergeben wird, mag deshalb zweifelhaft sein, weil jedenfalls bei ordnungsgemäßer Bezugnahme in der Klausel auf das ergänzende Blatt von vornherein keine Intransparenz vorliegt (so wohl im Falle OLG Stuttgart VersR 2008, 909). Eines Rückgriffs auf § 310 Abs. 3 Nr. 3 BGB bedarf es dann nicht.

83 Grundsätzlich kann aber einer für sich allein betrachteten AVB-Regelung die **Intransparenz genommen** sein, wenn dem VN übergebene **Verbraucherinformationen** eine hinreichende zusätzliche Erläuterung enthalten (vgl. BGH VersR 2012, 1237 Rn. 44, im entschiedenen Fall aber verneinend). Die nach § 310 Abs. 3 BGB zu berücksichtigenden Umstände können eine Klausel der AVB aber auch erst intransparent machen, wenn etwa die Zusammenschau von Merkblatt und Klausel zu Widersprüchlichkeiten führt. Die Berücksichtigung der den Vertragsschluss begleitenden Umstände nach § 310 Abs. 3 Nr. 3 BGB ist also durchaus ambivalent. Solche Umstände können allerdings nur im Individualprozess berücksichtigt werden. Im Übrigen ist weder bei Umständen, die bei Vertragsschluss vorlagen, noch bei späteren, die zB die Durchführung des Vertrages betreffen, die Anwendung des **§ 242 BGB im Einzelfall** ausgeschlossen. Der Makel der Intransparenz einer AVB-Bestimmung kann dann außer Betracht bleiben, wenn sich der Versicherer oder der Vermittler und der VN im Einzelfall über den Inhalt einer Klausel wie bei einer **Individualvereinbarung** in der Weise geeinigt haben, dass nach den übereinstimmenden Vorstellungen der Parteien **inhaltliche Transparenz hergestellt** ist (vgl. BGH VersR 2012, 1237 Rn. 46 f.).

84 Man kann die Konkretisierungen des Transparenzgebots in ein **Bestimmtheits- und ein Verständlichkeitsgebot** untergliedern. Indessen wäre es verfehlt, wollte man sämtliche Forderungen, die sich aus dem Transparenzgebot und dessen Ziel ergeben, allein unter diese Begriffe subsumieren. Der um ein Verständnis der Bedingungen bemühte VN wird häufig erst durch eine Gesamtschau den Inhalt der Regelungen erkennen (vgl. BGH r+s 2008, 25 = VersR 2007, 1690 Rn. 17). Die Rspr. hat zu Recht mehrfach betont, dass das Transparenzgebot eine dem VN verständliche Darstellung nur soweit verlangt, wie dies den Umständen nach gefordert werden kann (BGH NJW-RR 2015, 801 = VersR 2015, 318; VersR 2009, 1210 Rn. 15 und 1622 Rn. 22 jeweils mwN). Ist das Ziel erreicht, dass der VN die Klausel nach Inhalt und Tragweite richtig erfassen kann, braucht die Formulierung **nicht jede Einzelheit** zu enthalten (vgl. OLG Hamm VersR 2012, 1513 unter 3). Die Verfasser von AVB können – insofern sei ein Blick auf die Gesetzgebung gestattet – bei ihrer Abfassung nicht alle Fallgestaltungen in ihren Einzelheiten vorhersehen und in den Wortlaut mit aufnehmen. Dies würde im Übrigen die Lesbarkeit auch erheblich erschweren. Vermag allerdings ein VN **aus der Klausel selbst** nicht zu entnehmen, was ihm obliegt (vgl. BGH NJW 2019, 3583 – zur Schadenminderungsobliegenheit in der Rechtsschutzversicherung), sondern werden ihm rechtliche oder fachliche Wertungen abverlangt, die einem durchschnittlichen verständigen VN gar nicht ohne Weiteres zugänglich sind, so liegt Intransparenz vor.

85 Im Versicherungsvertragsrecht ist zu berücksichtigen, dass die AVB in ihrer Beschreibung gleichzeitig das Produkt selbst sind, auch wenn dieses sich nicht nur in Rechtsregeln erschöpft. Das **Transparenzgebot** stößt deshalb da an seine **Grenzen,** wo der zu regelnde Sachverhalt nicht mehr so dargestellt werden kann, dass ihn ein durchschnittlicher VN des entsprechenden Vertragstyps verstehen kann (vgl. zu Grenzen des Transparenzgebots näher *Römer,* FS Lorenz, 2004, 615). Auch von einem VR kann nicht mehr an Formulierung erwartet werden, als er zu leisten in der Lage ist. Dennoch kann gerade, weil die AVB das Produkt sind, nicht darauf verzichtet werden, auch das für den durchschnittlichen VN nicht mehr zu Verstehende in die AVB aufzunehmen, weil die Regeln der AVB Rechtsgrundlagen für beide Parteien sind. Entscheidend ist, ob der VR bei der Formulierung der AVB alle Möglichkeiten ausgeschöpft hat, sie verständlich darzustellen.

Gelingt dies wegen der Eigenart des zu regelnden Sachverhalts nicht, so hat der VR die Regelung jedenfalls so vollständig und bestimmt zu fassen, dass ein mit Versicherungsangelegenheiten Vertrauter sie verstehen kann. In diesen Fällen ist der **Bestimmtheit gegenüber der Verständlichkeit** für den durchschnittlichen VN der **Vorrang** einzuräumen.

Ziel der Forderung nach Transparenz ist es, den VN sowohl bei Vertragsab- 86
schluss als auch während der Vertragslaufzeit über die Rechte und Pflichten beider Parteien wie über die Ausgestaltung der Deckung im Einzelnen verständlich und vollständig zu unterrichten (BGH NJW 2018, 1544). Der VN darf nicht von der Wahrnehmung seiner Rechte und Pflichten durch Unverständlichkeit der Klauseln abgehalten werden; er soll sich vor Vertragsschluss auch Klarheit über das Preis-Leistungsverhältnis verschaffen können. An diesem Ziel ist die Ausformung des Transparenzgebots auszurichten. Das Gesetz spricht in einfachen Worten von **„klar" und „verständlich"**, § 307 Abs. 1 Satz 2 BGB. Das bedarf der **Konkretisierung.** Ob die AVB die Forderung nach Klarheit und Verständlichkeit erfüllen, ist – insofern gilt kein anderer Maßstab als bei der Auslegung (BGH VersR 2005, 976 unter 1.c.bb = MDR 2005, 1227) – nach dem **Verständnis eines durchschnittlichen VN** festzustellen. Denn er ist der Vertragspartner. Von ihm ist allerdings die aufmerksame Durchsicht der Bedingungen, deren verständige Würdigung und die Berücksichtigung ihres erkennbaren Sinnzusammenhangs zu erwarten. Ihm kann nicht jedes eigene Nachdenken erspart bleiben (BGH r+s 2005, 257 = VersR 2005, 639 unter II.2 mwN). Ist ein **Dritter** als versicherte Person **unmittelbar in den Vertrag einbezogen,** kommt es auch auf dessen Verständnis an (vgl. BGH VersR 2009, 1659 Rn. 20).

Den Anforderungen des Transparenzgebots genügt eine Klausel nicht, mit der 87
sich der VR ein **uneingeschränktes Recht** vorbehält, **versicherungsvertragliche Rechte und Pflichten abzuändern.** Einseitige Bestimmungsvorbehalte (zB Marktpreisanpassungklauseln) können nach der Rspr. des BGH nur hingenommen werden, soweit sie bei unsicherer Entwicklung der Verhältnisse als Instrument der Anpassung notwendig sind und den Anlass, aus dem das Bestimmungsrecht entsteht, sowie die Richtlinien und Grenzen seiner Ausübung möglichst konkret angeben (BGH VersR 2012, 1237 Rn. 61 mwN).

Eine Klausel darf vor allem die **Rechtslage nicht unzutreffend oder miss-** 88
verständlich wiedergeben, weil sie so zum Nachteil des VN den VR veranlassen kann, begründete Ansprüche unter Hinweis auf diese Klausel abzuwehren (OLG München r+s 2012, 24 unter II.3.b mwN). Die tatbestandlichen Voraussetzungen und die Rechtsfolgen einer Bedingung müssen so genau beschrieben werden, dass sich für den VR keine ungerechtfertigten Beurteilungsspielräume ergeben (BGH NJW 2019, 3583 zur Rechtsschutzversicherung; OLG Saarbrücken r+s 2008, 487 = VersR 2008, 621 unter 3.b). Die Klausel darf nicht zu weit und konturenlos gefasst sein (BGH VersR 2009, 1659 Rn. 26). So hat das OLG Nürnberg die Ausschlussklausel über Allmählichkeitsschäden in der Haftpflichtversicherung für intransparent und damit unwirksam erklärt, weil die tatbestandlichen Grenzen zu unbestimmt seien (r+s 2002, 499 mAnm *Schimikowski*). Wenn eine AVB-Regelung dem Transparenzgebot genügen soll, muss ein um Verständnis bemühter VN aus ihr erkennen können, was von ihm verlangt wird, um den Anspruch auf die Versicherungsleistung nicht zu gefährden (BGH VersR 2009, 1659 Rn. 20). Deshalb hat das OLG Köln (VersR 2012, 1385) eine Klausel in den ARB für intransparent erklärt, nach der ein VN „alles zu vermeiden" hat, „was eine unnötige Erhöhung der Kosten oder eine Erschwerung ihrer Erstattung durch die

Gegenseite verursachen könnte" (ebenso OLG München VersR 2012, 313; OLG Celle r+s 2011, 515; Bedenken auch bei OLG Hamm VersR 2012, 896 unter IV; vgl. zum Problem und kritisch gegenüber Unwirksamkeit *Will* VersR 2012, 942).

89 Eine Regelung muss **nicht nur aus sich heraus** klar und verständlich sein. Sie genügt auch dann nicht dem Transparenzerfordernis, wenn sie an verschiedenen Stellen in den Bedingungen niedergelegt ist, die nur schwer miteinander in Zusammenhang zu bringen sind, oder wenn der Regelungsgehalt auf andere Weise durch die **Verteilung auf mehrere Stellen** verdunkelt wird (vgl. insgesamt BGH VersR 2012, 1237 Rn. 40; r+s 2005, 257 = VersR 2005, 639 unter II.2 mwN). Intransparent ist eine Regelung auch dann, wenn sie sich an versteckter Stelle befindet, wo sie der durchschnittliche VN aufgrund des Gesamtzusammenhangs der AVB und ihrer Gliederung nicht erwartet (BGH VersR 2012, 1113 Rn. 21 ff. = r+s 2012, 454: keine Intransparenz der Regelung über die Frist zur ärztlichen Feststellung mit Blick auf das Inhaltsverzeichnis in der Unfallversicherung). Die Platzierung einer Regelung kann auch insofern zur Intransparenz führen, als durch sie der VN zu Entscheidungen verleitet wird, die er bei richtiger Platzierung und Darstellung nicht getroffen hätte (vgl. OLG Stuttgart VersR 2009, 1262 unter 1.c.dd).

90 Das Transparenzgebot ist **keine Rechtsgrundlage für selbständige Informationspflichten** (vgl. *Armbrüster,* FS Kollhosser, Bd. 2, 2004, 3 (7)). Der VR ist zwar verpflichtet, über den Inhalt des Vertrages den VN vollständig, richtig und verständlich zu informieren. Insofern handelt es sich jedoch nur um unselbstständige, abgeleitete Informationspflichten. Macht der VR gesetzliche Regelungen zum Inhalt des Vertrages, mag es nützlich erscheinen, dass der VR die gesetzliche Regelung ergänzend erläutert. Das Transparenzgebot zwingt den VR aber nicht zu solchen Erläuterungen. Der BGH (VersR 2001, 841 unter I.1.b) hat es als fraglich bezeichnet, ob die bloße Wiedergabe einer gesetzlichen Regelung in den Fällen auf ihre Transparenz zu prüfen ist, in denen über die gesetzliche Regelung hinaus ein nicht zu übersehendes Bedürfnis des VN nach weiterer Unterrichtung besteht. Wenn sich der VR aber entschließt, in seinen AVB die gesetzliche Regelung nicht nur wiederzugeben, sondern durch Erläuterungen zu ergänzen, dann unterliegt die Regelung der Kontrolle nach dem Transparenzgebot (BGH VersR 2001, 841 unter I.1.b).

91 AVB können auch dadurch intransparent werden, dass der VR sie mit **Informationen überfrachtet.** Dies gilt vor allem, wenn es sich um Informationen handelt, die den Inhalt des Vertrages nicht unmittelbar betreffen. Dazu kann auch eine umfassende Wiedergabe von Gesetzestexten gehören, deren Inhalt den VN – wenn überhaupt – so doch nur in seltenen Fällen betrifft. Auch wenn AVB Informationen enthalten, die für eine Mehrheit von Vertragstypen gelten, für den konkreten Vertrag aber belanglos sind, kann dies zur Unklarheit der Regelungen insgesamt beitragen.

92 **Verweisungen und Bezugnahmen** in den AVB auf andere Schriftstücke sind grds. zulässig. Sie machen die Regelung in den AVB nicht allein deshalb intransparent. So kann es der Übersichtlichkeit dienen, wenn einzelne Darstellungen ausgegliedert sind, wie zB in der Krankheitskostenversicherung die Aufzählung der erstattungspflichtigen Sachkosten (vgl. BGH r+s 2006, 159 = VersR 2006, 497 Rn. 1). Es versteht sich von selbst, dass die Schriftstücke, auf die Bezug genommen wird, dem VN verfügbar sein müssen. Auch ist selbstverständlich, dass die in Bezug genommenen Schriftstücke ihrerseits inhaltlich ausreichend klar,

verständlich und umfassend sein müssen (daran fehlte es im Falle BGH VersR 2001, 839 unter I.3.b: Rückkaufswerte; vgl. auch OLG Hamburg VersR 2010, 1631: intransparente Rückkaufswert-Tabellen). Anders kann der Fall zu beurteilen sein, wenn die AVB-Regelung auf Gesetze oder Verordnungen – bspw. Vorschriften des öffentlichen Baurechts als Sicherungsobliegenheiten – verweist. Diese brauchen nicht beigefügt zu sein. Die Anreicherung der AVB mit solchen Schriftstücken macht sie eher unübersichtlicher (vgl. BGH VersR 2009, 1210 Rn. 15). Wenn Verweisungen und Bezugnahmen auch zulässig sind, so machen sie eine intransparente Regelung in den AVB nicht schon notwendig transparent. Fehlt einer Klausel der erforderliche Hinweis auf die wirtschaftlichen Nachteile der Regelung, so bleibt es bei der Intransparenz, auch wenn auf eine Tabelle verwiesen wird, aus der Nachteile abgelesen werden könnten, denn der VN hat keinen Anlass, sich die Tabelle näher anzusehen, wenn in der Regelung selbst ein Hinweis auf die Nachteile fehlt (vgl. BGH r+s 2008, 159 = VersR 2008, 337 Rn. 11)

Aus der Intransparenz einer Klausel folgt im Allgemeinen ihre **Unwirksamkeit,** ohne dass es der zusätzlichen Feststellung einer unangemessenen Benachteiligung bedürfte (zum Streitstand einerseits Beckmann/Matusche-Beckmann VersR-HdB/*Beckmann* § 10 Rn. 230 ff., andererseits *Terno* r+s 2004, 45, 51). Das ergibt sich zwar nicht notwendigerweise aus dem Wortlaut des Gesetzes, nach dem sich eine „unangemessene Benachteiligung auch daraus ergeben (kann)“, dass sie nicht klar und verständlich formuliert ist. Das kann dafür sprechen, dass der Gesetzgeber nicht jede Intransparenz als unangemessene Benachteiligung betrachten wollte. Jedoch ist jedenfalls im Versicherungsvertragsrecht kaum ein Fall vorstellbar, bei dem die Unverständlichkeit, Unvollständigkeit oder Unbestimmtheit einer Klausel den VN nicht auch unmittelbar unangemessen benachteiligt. Die unklare Darstellung des Preis-Leistungsverhältnisses führt vor Vertragsschluss zu einer Verminderung der Marktchancen des VN. Die mangelnde Beschreibung des Produkts „Versicherung“ benachteiligt den VN unangemessen in seiner Beurteilung, ob diese Versicherung seinen Interessen entspricht. Unklarheiten in der Darstellung der Rechte und Pflichten können verhindern, dass der VN seine Rechte wahrnimmt und seine Pflichten korrekt erfüllt. Unter diesen Umständen wäre es eine bloße Förmelei zu verlangen, dass neben der Intransparenz auch noch jeweils die unangemessene Benachteiligung im Einzelnen festzustellen ist, wenn der Fall nicht ausnahmsweise dafür besonderen Anlass bietet. 93

Verweisungen auf Rechtsvorschriften sind nicht unzulässig. Dem VN muss sich allerdings erschließen, welche Norm (in welcher Fassung) für den Umfang seiner Deckung maßgeblich ist. Er muss auch erkennen können, ob sein Vertrag die Voraussetzungen der Norm uneingeschränkt übernimmt, oder ob er sie nur teilweise oder modifiziert übernehmen will. Klauseln einer Betriebsschließungsversicherung, die auf das Infektionsschutzgesetz verweisen, sind daher intransparent, wenn sie (als Beschreibung der den Versicherungsschutz auslösenden meldepflichtigen Krankheiten) nicht nur die Verweisung enthalten, sondern eigene, schon nach ihrer Reihenfolge von dem Gesetz abweichende **„Kombinationen“ von Klauseln und Verweisungsnormen** enthalten (vgl. zur Auseinandersetzung um den Schutz bei pandemiebedingten Betriebsschließungen Schmidt COVID-19/*Rixecker* § 12 Rn. 59 ff.; → Rn. 37). 94

d) Materielle Inhaltskontrolle. Da AVB wie AGB behandelt werden, unterliegen ihre materiellen Regelungen selbstverständlich auch der Inhaltskontrolle. Nach **§ 307 Abs. 1 Satz 1 BGB** ist eine AGB-Bestimmung unwirksam, wenn 95 sie den Vertragspartner des Verwenders entgegen den Geboten von Treu und Glauben unangemessen benachteiligt. Diese Generalklausel wird konkretisiert durch **§ 307 Abs. 2 BGB,** so dass diese Regelungen in der Wirksamkeitsprüfung dem § 307 Abs. 1 BGB vorgehen. Dies schließt aber nicht aus, dass die Generalklausel auch alleiniger Maßstab der Wirksamkeitskontrolle sein kann (BGH NJW 1995, 784 = VersR 1995, 328). Maßstäbe der Kontrolle sind folglich in erster Linie die **Grundgedanken des Gesetzes** (§ 307 Abs. 2 Nr. 1 BGB) und die **Gefährdung des Vertragszwecks** (§ 307 Abs. 2 Nr. 2 BGB)

96 § 307 Abs. 2 Nr. 1 BGB konkretisiert die Generalklausel des Abs. 1 dahin, dass im Zweifel eine unangemessene Benachteiligung anzunehmen ist, wenn die AGB-Bestimmung **mit wesentlichen Grundgedanken der gesetzlichen Regelung, von der abgewichen wird, nicht zu vereinbaren ist** (BGH NJW 2017, 2346 = VersR 2017, 548: Definition des versicherten Berufs; NJW-RR 2017, 994 = VersR 2017, 948 – Forderungsausfallversicherung; r+s 2008, 157 = VersR 2008, 482: Krankenversicherung). Im Versicherungsvertragsrecht kommt als gesetzliche Regelung im Wesentlichen das VVG in Betracht, das zwar einige, aber nicht allzu viele Grundgedanken enthält (vgl. OLG Saarbrücken r+s 2009, 185 = VersR 2009, 924 unter 2.b: Ersatz von Umsatzsteuer in den AKB). Zu dem Tatbestandsmerkmal „wesentlicher Grundgedanke einer gesetzlichen Regelung" gehören auch alle Rechtssätze, die von **Rspr. und Rechtslehre** durch Auslegung, Analogie oder Rechtsfortbildung aus einzelnen gesetzlichen Bestimmungen hergeleitet werden (BGH VersR 1993, 830 unter I.3.a mwN zur Definition des Repräsentanten).

97 Wird zB als Maßstab die gesetzliche Regelung des § 81 herangezogen, sind auch die daraus von der Rspr. abgeleiteten Rechtssätze zum **Repräsentanten** als Kontrollmaßstab zugrunde zu legen (vgl. BGH VersR 1993, 830 = NJW-RR 1993, 1049). Im Allgemeinen wird eine AVB-Klausel allein schon durch die Abweichung von einem gesetzlichen Grundgedanken für den VN eine unangemessene Benachteiligung darstellen. Stehen aber andere Klauseln mit der zu prüfenden in engem Zusammenhang, so können Vorteile aus dieser Nachteile aus jener ausgleichen. Ob ein hinreichender Ausgleich gegeben ist, bedarf einer Abwägung im Einzelfall. Dass ohne die Belastung des VN die Prämie höher ausfallen würde, ist – von Ausnahmen abgesehen – bei einer Abwägung außer Betracht zu lassen (vgl. BGH VersR 1993, 312 unter 2). Grundsätzlich ist nicht ausgeschlossen, dass wesentliche Grundgedanken auch aus anderen Gesetzen als aus dem VVG herangezogen werden können. Zur Wirksamkeitskontrolle von Regelungen in der privaten Krankenversicherung können aber Regelungen aus dem Bereich der gesetzlichen Krankenversicherung wegen ihrer Andersartigkeit nicht herangezogen werden (BGH r+s 2006, 159 = VersR 2006, 491 Rn. 16 mwN; r+s 2006, 199 = VersR 2006, 641 Rn. 13).

98 Auch § 307 Abs. 2 Nr. 2 BGB geht – wie das Abweichen von einem gesetzlichen Grundgedanken – der Generalklausel des Abs. 1 vor. Nach dem sog **Aushöhlungsverbot** des § 307 Abs. 2 Nr. 2 BGB ist eine unangemessene Benachteiligung im Zweifel anzunehmen, wenn eine AVB-Bestimmung wesentliche Rechte oder Pflichten, die sich aus der Natur des Vertrages ergeben, so einschränkt, dass die Erreichung des Vertragszwecks gefährdet ist (s. näher BGH VersR 2012, 1149 Rn. 18 mwN = r+s 2012, 503; VersR 2013, 213 Rn. 12 ff.). Ist der Vertragszweck nicht durch eine gesetzliche Regelung vorgegeben und wird er deshalb allein durch die AVB bestimmt, wird die Gefährdung des Zwecks auch durch die vertragstypischen Erwartungen des redlichen Geschäftsverkehrs bestimmt (vgl. BGH r+s 2006, 366 = VersR 2006, 1066 Rn. 20). Ob der Vertragszweck durch die zu prüfende AVB-Bestimmung gefährdet wird, ist allein **aus der Sicht des VN** als Vertragspartner zu beurteilen. Allerdings können bei bestimmten Vertragstypen auch die **Interessen eines Dritten** mittelbaren Einfluss haben, nämlich dann, wenn der Zweck des Vertrages unter anderem auch darauf gerichtet ist, dass im Interesse des VN auch die Interessen Dritter gewahrt werden. Das ist zB der Fall bei Abschluss eines Pflicht-Haftpflichtversicherungsvertrages (vgl. BGH VersR 2011, 1392 Rn. 47).

Nicht jede Leistungsbegrenzung bedeutet für sich genommen schon eine 99 Gefährdung des Vertragszwecks. Es bleibt grundsätzlich der freien unternehmerischen Entscheidung des VR überlassen, wie weit er seine Leistungen beschränken will, solange er beim VN nicht falsche Vorstellungen weckt (BGH VersR 2012, 48 Rn. 23 = r+s 2012, 192). Eine Vertragszweckgefährdung ist erst dann anzunehmen, wenn das vertragliche Leistungsversprechen mit einer Leistungseinschränkung **ausgehöhlt** werden kann und er so in Bezug auf das zu versichernde Risiko zwecklos wird (BGH VersR 2006, 491 Rn. 17; VersR 2004, 1035 unter II.3.b.aa; VersR 2004, 1037 unter II.3.a; VersR 2006, 1449 unter 2.a; passim BGH NJW 2017, 2346 = VersR 2017, 548). Selbst eine unmittelbar wirkende Leistungsbegrenzung – erst recht die Nichteinbeziehung eines bestimmten Sachverhalts in eine die Versicherungsleistung erweiternde Klausel – bedeutet für sich genommen noch keine Vertragsgefährdung, sondern bleibt zunächst grds. der freien unternehmerischen Entscheidung des VR überlassen, soweit er nicht mit der Beschreibung der Hauptleistung beim VN falsche Vorstellungen erweckt (BGH r+s 2009, 246 = VersR 2009, 623 Rn. 22).

Die Konkretisierungen mit § 307 Abs. 2 Nr. 1 und 2 BGB schließen nicht aus, 100 dass die **Generalklausel des § 307 Abs. 1 Satz 1 BGB alleiniger Maßstab** der Kontrolle sein kann. Auch im Versicherungsrecht bleibt damit ein Bereich der unmittelbaren Anwendung der Generalklausel als Auffangtatbestand (vgl. BGHZ 127, 35 (42) = NJW 1994, 2693 unter 5.b = VersR 1994, 1040). Nach ihr sind Bestimmungen in AVB unwirksam, wenn sie den Vertragspartner (VN) des Verwenders (VR) entgegen den Geboten von Treu und Glauben unangemessen benachteiligen. Da anders als bei § 307 Abs. 2 Nr. 1 und 2 BGB keine konkreten Anhaltspunkte für eine unangemessene Benachteiligung vorgegeben sind, bedarf es einer besonderen Abwägung der Interessen beider Vertragsparteien.

Nach der stRspr des BGH benachteiligt der Verwender den Vertragspartner 101 unangemessen, wenn er bei der Vertragsgestaltung entgegen den Geboten von Treu und Glauben **einseitig eigene Interessen auf Kosten des Vertragspartners** durchzusetzen sucht, ohne von vornherein auch dessen Belange hinreichend zu berücksichtigen (BGH VersR 2012, 1149 Rn. 31 = r+s 2012, 503: Lebensversicherung; VersR 2010, 1025 Rn. 21 ff.: Berufsunfähigkeitsversicherung; r+s 2009, 246 = VersR 2009, 623 Rn. 24 = ZfS 2009, 340: Tarifbedingungen in der Krankheitskostenversicherung; BGHZ 141, 137 (147) = VersR 1999, 710 unter II.2.c: Wartezeit in der privaten Arbeitslosigkeitsversicherung; vgl. dazu auch BGH NJW 2017, 1543 = VersR 2017, 540 zur befristeten Kündigungsbefugnis bei MB/KT-Verträgen). Die Abwägung der Interessen setzt eine Analyse der Belange beider Parteien voraus. Klauseln, die miteinander in Bezug stehen, sind in die Gesamtabwägung einzubeziehen. Ihre Vor- und Nachteile können untereinander kompensiert werden. Insgesamt kann das Zusammenspiel verschiedener Klauseln zu einer unangemessenen Benachteiligung führen, ohne dass jede Klausel für sich genommen zu beanstanden wäre (BGH VersR 2004, 858 unter II.3.b verneint für Klauseln der Warenkreditversicherung).

102 Eine unangemessene Benachteiligung des VN ist **nicht schon dann** gegeben, wenn ihm **irgendwelche Nachteile oder Belastungen** erwachsen. Erst dann, wenn die Beeinträchtigung des versicherten Interesses nicht durch ein berechtigtes Interesse des VR bedingt ist, kann von einer unangemessenen Benachteiligung gesprochen werden. Der Nachteil, der dem VN entsteht, muss von einigem Gewicht sein, soll er zur Rechtsfolge der Unwirksamkeit führen (BGH VersR 2004, 1037 unter II.3.b mwN; VersR 2001, 576 unter 3.b.cc). Das ergibt sich schon aus dem gesetzlichen Hinweis auf Treu und Glauben, aber auch aus dem Begriff der Unangemessenheit. Nicht jede Leistungsbeschränkung führt deshalb schon zu einer unangemessenen Benachteiligung des VN. An Leistungsbeschränkungen kann der VR bei einer Gesamtschau der Leistungen ein durchaus berechtigtes Interesse haben (BGH VersR 2006, 641 Rn. 18 zur Psychotherapie-Klausel in der Krankheitskostenversicherung; BGH NJW-RR 2017, 1064 zur fehlenden Kompatibilität des Leistungsspektrums in der gesetzlichen und in der privaten Krankenversicherung; BGH NJW 2017, 1543 = VersR 2017, 540 zur Begrenzung der Absicherung des Verdienstausfalls in der Krankentagegeldversicherung). Das berechtigte Interesse kann auch in der Begrenzung des subjektiven Risikos liegen, der Vermeidung falscher Anreize (vgl. OLG Hamm VersR 2012, 1173 und LG Hamburg VersR 2009, 1618 zu Entschädigungsgrenzen von Wertsachen in der Hausratversicherung; ebenso OLG Celle VersR 2011, 211). Würde die Versicherung ohne die Klausel in ihrer konkreten Ausgestaltung unmittelbar zu einer ins Gewicht fallenden Prämienerhöhung führen, kann auch dieser Umstand in die Abwägung der Interessen aufgenommen werden (BGHZ 141, 137 (147) = VersR 1999, 710 unter II.2.c zur Wartezeit in der privaten Arbeitslosigkeitsversicherung). Eine reibungslose und kostengünstige Vertragsabwicklung kann als Vorteil in die Abwägung aufgenommen werden (BGH VersR 2004, 1039 unter II.2.b.bb zur sog Psycho-Klausel in der Unfallversicherung). Die Abwägung der Interessen kann allerdings selbst dann zur Unwirksamkeit der AVB-Regelung führen, wenn der VN in jedem Einzelfall nur relativ gering belastet wird, der VR durch die Vielzahl der Einzelfälle aber in den Genuss eines größeren Vorteils gelangt (vgl. BGHZ 106, 259 (266) = NJW 1989, 582: Bankrecht).

103 Eine durch AVB ausbedungene **Vertragsstrafe** stellt dann eine unangemessene Benachteiligung dar, wenn die Sanktion außer Verhältnis zum Gewicht des Vertragsverstoßes und zu dessen Folgen für den Vertragspartner steht. Die Vertragsstrafenvereinbarung muss trotz ihrer Druck- und Kompensationsfunktion auch die Interessen des Vertragspartners ausreichend berücksichtigen. Ihre Höhe darf deshalb nicht außer Verhältnis zu dem möglichen Schaden stehen, der durch Fehlverhalten, das mit der Vertragsstrafe verhindert werden soll, ausgelöst wird (vgl. BGH VersR 2012, 1025 = r+s 2012, 435 mAnm Schimikowski: Vertragsstrafe in fünffacher Höhe des festgestellten Beitragsunterschieds in der Berufshaftpflichtversicherung ist unwirksam).

104 Handelt es sich bei der zu prüfenden Klausel um einen Teil der Satzung eines VVaG, der das Versicherungsverhältnis betrifft, bleiben die **Vorteile des VN als Mitglied des Vereins** bei der Interessenabwägung idR außer Betracht, weil sie wirtschaftlich kaum ins Gewicht fallen (vgl. BGH r+s 2008, 159 = VersR 2008, 337 Rn. 12).

105 **e) Rechtsfolgen der Nichteinbeziehung oder Unwirksamkeit.** Sind Klauseln nach § 305c Abs. 1 BGB nicht Vertragsbestandteil geworden oder sind sie

nach § 307 unwirksam, regelt § 306 die Rechtsfolgen. Danach ist der **gesamte Vertrag nur ausnahmsweise unwirksam,** nämlich dann, wenn das Festhalten an ihm eine unzumutbare Härte für eine Vertragspartei darstellen würde. Von diesem Sonderfall abgesehen, bleibt der Vertrag – mit Ausnahme der betroffenen Klausel – iÜ wirksam. Diese von § 139 BGB abweichende Regelung beruht auf der Erkenntnis, dass anders als bei Individualverträgen dem Kundeninteresse nicht gedient ist, wenn dem Partner des Klauselverwenders die gesamte Grundlage seiner Rechte entzogen wird. § 306 dient damit dem **Interesse des Kunden.** Dieser Schutzzweck ist im Versicherungsrecht von besonderem Interesse, denn bei Nichtigkeit des gesamten Versicherungsvertrages verlöre der VN – je nach Fallgestaltung auch rückwirkend – seinen gesamten Versicherungsschutz, was von besonderer Tragweite wäre, wenn der Versicherungsfall bereits eingetreten ist, oder wenn der VN wegen veränderter Umstände einen Vertrag mit diesen Bedingungen nicht mehr abschließen könnte (zB in der Berufsunfähigkeitsversicherung). Die **Unwirksamkeit** einzelner Klauseln **kann sich auf Klauseln erstrecken,** die für sich genommen einer Inhaltskontrolle standhielten. Eine solche **Erstreckungswirkung** ist anzunehmen, wenn zwischen einzelnen Klauseln ein innerer Zusammenhang besteht, der eine Aufrechterhaltung der anderweitigen Bestimmung ausschließt. Beide Regelungen müssen inhaltlich miteinander verknüpft sein. Eine isolierte Aufrechterhaltung des anderen Teils darf nicht möglich sein. Auch bei dieser Beurteilung ist die Sicht eines durchschnittlichen VN maßgebend (vgl. insgesamt BGH VersR 2012, 1149 Rn. 34 f. mwN = r+s 2012, 503; r+s 2013, 213 Rn. 15 ff.).

Um die Lücke zu überwinden, die durch die Unwirksamkeit oder den Nicht- 106
einbezug einer Klausel entsteht, ordnet **§ 306 Abs. 2 BGB** für diese Fälle an, der Inhalt des Vertrages **richte sich nach den gesetzlichen Vorschriften.** Nach § 306 Abs. 2 BGB sind also vorrangig gesetzliche Vorschriften iS einer konkreten Ersatzregelung in Betracht zu ziehen. Zu den gesetzlichen Vorschriften gehören auch die §§ 315, 316 BGB, deren Anwendung in Betracht kommen, wenn eine Klausel über ein Hauptleistungsversprechen wegen Verstoßes gegen das Transparenzgebot für unwirksam erklärt worden ist. Allerdings wird im Versicherungsrecht häufig eine Regelung des dispositiven Rechts nicht zur Verfügung stehen. Stehen adäquate Regelungen des dispositiven Rechts nicht zur Verfügung, ist zu fragen, ob ein **ersatzloser Wegfall** der nicht einbezogenen oder unwirksamen Klausel eine sachgerechte Lösung darstellt (BGHZ 164, 297 = NJW 2005, 3559 = VersR 2005, 1565 Rn. 37). Im Übrigen sind verschiedene Instrumente der „Anpassung“ des Vertragsinhalts denkbar.

Nicht dazu gehört die **geltungserhaltende Reduktion.** Klauseln, die zulässige 107
und unzulässige, sprachlich oder sachlich aber nicht voneinander zu trennende Teile enthalten, sind insgesamt unwirksam. Solche Regelungen dürfen nicht im Wege der Auslegung wirksam „gemacht“ werden: Ein umfassender Deckungsausschluss darf nicht auf einen noch wirksamen Deckungsbereich begrenzt, zu lange oder zu kurze Fristen dürfen nicht auf eine angemessene Dauer zurückgeführt werden (BGH NJW 1990, 2388; NJW 1985, 529 = VersR 1984, 830; NJW 1985, 971= VersR 1985, 129; Bruck/Möller/*Beckmann* Einf. C Rn. 302 ff.). Dieses Verbot enthält auch eine rechtspolitische Komponente (vgl. OLG Köln VersR 2010, 1592 unter 2.b). Dem VR soll das volle Risiko einer unwirksamen Klausel auferlegt werden. Er trüge es bei einer geltungserhaltenden Reduktion nicht, weil er ohne Sanktion zweifelhafte Regelungen formulieren könnte im Vertrauen darauf, dass die Rspr. diese auf den geltenden Teil reduzieren werde. Allerdings

sind die **Grenzen** zwischen zulässiger Auslegung, ergänzender Vertragsauslegung und verbotener geltungserhaltender Reduktion **fließend.** Kein Fall geltungserhaltender Reduktion liegt vor, wenn eine AVB-Bestimmung **mehrere, materiell trennbare Regelungen** enthält. Diese Regelungen sind zu trennen und jeweils für sich zu kontrollieren. Erweist sich nur ein abtrennbarer, selbstständiger Teil der Regelung als unwirksam, so ist auch nur dieser Teil für unwirksam zu erklären, während der übrige Teil der Bestimmung wirksam bleibt (vgl. BGHZ 120, 290; OLG Köln r+s 2000, 305). Das gilt bspw., wenn auf eine Anpassung der Obliegenheitsregelungen in Altverträgen verzichtet wurde (oder sie nicht nachweisbar ist): In solchen Fällen ist die Sanktionsregelung der alten AVB unwirksam, der Inhalt der materiellen Obliegenheit indessen nicht.

108 Wegen ihrer besonderen Regelungsbedürftigkeit hat der Gesetzgeber für die Lebensversicherung (§ 164), für die Berufsunfähigkeitsversicherung (§ 176 iVm § 164), und für die Krankenversicherung (§ 203 Abs. 4 iVm § 164), die Befugnis des VR geschaffen, eine für unwirksam erklärte Regelung in den AVB zu ersetzen. Das VVG kennt also eine **gesetzliche Anpassungsermächtigung.** Sie greift nur ein, wenn die Ersetzung für die Fortführung des Vertrages notwendig ist, oder wenn das Festhalten an dem Vertrag ohne neue Regelung für eine Vertragspartei auch unter Berücksichtigung der Interessen der anderen Vertragspartei eine unzumutbare Härte darstellen würde. Mit der Grundnorm des § 164 räumt der Gesetzgeber dem VR die Befugnis ein, ohne Mitwirkung des VN unter bestimmten Voraussetzungen in eigener ergänzender Vertragsergänzung die durch die Unwirksamkeit entstandene Lücke in den AVB zu füllen. Auf die Mitwirkung eines Treuhänders hat der Gesetzgeber bewusst verzichtet. Mit diesen gesetzlichen Regelungen soll dem Umstand Rechnung getragen werden, dass die Parteien bei Versicherungen dieser Sparten langfristig an den Vertrag gebunden sind, dem VR im Allgemeinen kein Kündigungsrecht zusteht und der VN nur unter erschwerten Bedingungen kündigen kann (im Einzelnen → § 164 Rn. 5 ff.).

109 Für die Klauselersetzung steht dem VR allerdings **kein uneingeschränkter Spielraum** zur Verfügung. Zwar wird es für die neue Klausel nicht nur eine Formulierung, nicht einmal nur einen Inhalt geben. Nach § 164 Abs. 1 Satz 2 ist die neue Regelung aber nur wirksam, wenn sie unter Wahrung des Vertragsziels die Belange der VN angemessen berücksichtigt. Ob der VR mit der neuen Klausel im Rahmen seiner Befugnisse geblieben ist, steht in vollem Umfang **unter gerichtlicher Kontrolle.** Auch die neue Klausel muss den Anforderungen der §§ 305 ff. BGB standhalten. Sollte auch diese Klausel wieder unwirksam sein, kann sie durch die Gerichte im Wege der ergänzenden Vertragsauslegung ersetzt werden.

110 Kraft ihrer Befugnis, AVB einseitig zu erstellen, nehmen VR in ihre AVB auch Klauseln auf, nach denen sie während der laufenden Vertragszeit ihre Bedingungen ändern können. Solche **vertraglichen Anpassungsermächtigungen** liegen idR im Interesse beider Parteien, die ihren Vertrag normalerweise weiter durchführen wollen, auch wenn eine Änderung der Bedingungen notwendig ist. Die häufigste Anwendung solcher Anpassungsklauseln sind die Fälle, in denen eine Klausel des Bedingungswerks entweder erst gar nicht Vertragsbestandteil geworden ist (§ 305c Abs. 1 BGB) oder eine Klausel nach § 307 BGB für unwirksam erklärt wurde.

111 Voraussetzung dafür, dass die Anpassungsklausel ein taugliches Instrument ist, entstandene Lücken im Bedingungswerk zu füllen, ist, dass die Anpassungsklausel selbst nicht unwirksam ist. Vertragliche Anpassungsermächtigungen unterliegen der richterlichen Kontrolle wie alle anderen Klauseln der AVB auch. Die Rspr.

stellt mit Recht **hohe Anforderungen an ihre Wirksamkeit,** gerade weil sich die VR mit ihnen das Recht einräumen, während laufender Vertragszeit einseitig Änderungen des Vertrages vorzunehmen. So hat die Rspr. eine in den AVB der Rechtsschutzversicherung vorgesehene Befugnis des VR, die ARB anzupassen, verworfen (BGHZ 141, 153 = NJW 1999, 1865 = VersR 1999, 698), zugleich aber darauf hingewiesen, unter welchen Voraussetzungen eine solche vertragliche Anpassungsermächtigung Bestand haben kann (vgl. auch BGHZ 139, 394 = NJW 1998, 454 = VersR 1997, 1517: Anpassungsklausel eines VVaG; BGH VersR 2001, 493: Tarifänderungsklausel in der Kfz-Haftpflichtversicherung; VersR 2004, 1446: Prämienanpassungsklausel in der Krankheitskostenversicherung; r+s 2008, 158 = VersR 2008, 482 = MDR 2008, 565: Unwirksamkeit einer Änderungsklausel in der Krankheitskostenversicherung).

Demgegenüber ist auch im Versicherungsvertragsrecht – in Grenzen – Raum **112** für eine **ergänzende Vertragsauslegung** (Looschelders/Pohlmann/*Pohlmann* Vorb. B 31, 63). Das folgt schon daraus, dass sie auf den Vorschriften der §§ 133, 157 BGB beruht, die gesetzliche Vorschriften iSv § 306 Abs. 2 BGB sind (BGHZ 90, 69; Bruck/Möller/*Beckmann* Einf. C Rn. 306). Sie setzt allerdings voraus, dass das Gesetz für den Fall der Nichteinbeziehung einer AVB-Regelung oder ihrer Unwirksamkeit keine adäquate Lösung zur Lückenfüllung anbietet, die Klausel nicht ersatzlos bleiben kann und eine gesetzliche oder vertragliche Anpassungsermächtigung fehlt oder ungenutzt geblieben ist. In einem solchen Fall ist der Vertragsinhalt nach einem objektiv-generalisierenden Maßstab zu vervollständigen. Maßgeblich ist, was als (hypothetischer) Wille objektives Interesse der typischerweise beteiligten Verkehrskreise – und nicht nur der konkret beteiligten Parteien – anzunehmen ist. Die ergänzende Vertragsauslegung muss deshalb für den betroffenen Vertragstyp als allgemeine Lösung eines stets wiederkehrenden Interessengegensatzes angemessen erscheinen. Sie scheitert, anders als bei Verträgen zwischen einzelnen Personen, nicht daran, dass mehrere Gestaltungsmöglichkeiten zur Ausfüllung der Regelungslücke in Betracht kommen (so insgesamt BGHZ 164, 297 = NJW 2005, 3559 mwN = VersR 2005, 1565 Rn. 47; krit. Bruck/Möller/*Beckmann* Einf. C Rn. 306; vgl. iÜ BGHZ 139, 333; BGHZ 117, 92). Maßgeblicher Zeitpunkt für die Feststellung und Bewertung des mutmaßlichen typisierend ermittelten Parteiwillens und der Interessenlage ist der Zeitpunkt des Vertragsschlusses (BGH VersR 2005, 1565 Rn. 47).

Für eine ergänzende Vertragsauslegung ist allerdings kein Platz, wenn die **113** Unwirksamkeit einer Klausel – bspw. die Unwirksamkeit der Sanktionsregelung nicht angepasster Obliegenheiten – keine wirkliche Regelungslücke hinterlässt, der Versicherungsvertrag vielmehr unschwer auch ohne eine solche Rechtsfolgenregelung einen hinreichenden materiellen Gehalt hat und dem Sinn und Zweck des Gesetzes zu entnehmen ist, dass Versäumnisse des VR nicht nachträglich richterlich repariert werden sollen (BGH VersR 2015, 1501 = ZfS 2016, 38; BGHZ 191, 159 ff.).

Ein Sonderproblem wirft die Frage auf, ob eine wegen **Intransparenz für** **114** **unwirksam erklärte Klausel** durch eine Regelung ersetzt werden kann, die **materiell den gleichen Inhalt** hat, aber nun für den durchschnittlichen VN hinreichend transparent formuliert wurde. Der BGH hat diese Frage für eine Klausel verneint, die neben der formalen Intransparenz auch materiell inhaltlich für den VN einen wirtschaftlichen Nachteil von erheblichem Gewicht hatte, der durch die Intransparenz verschleiert wurde. Der BGH hat betont, dass der VN durch die fehlende Transparenz gehindert werde, seine Entschließungsfreiheit bei

Eingehung des Vertrages in voller Kenntnis der wirtschaftlichen Nachteile auszuüben. Der materielle wirtschaftliche Nachteil hätte bei inhaltsgleicher Ersetzung der Klausel weiterhin Bestand, obwohl der Vertrag durch den Transparenzmangel unter Verdeckung dieses Nachteils zustande gekommen sei. Der Eingriff in die Entschließungs- und Auswahlfreiheit bliebe bei inhaltsgleicher Ersetzung bestünde fort. Der BGH ist der Auffassung, dies führe zu dem Ergebnis, dass die wegen Intransparenz unwirksame Klausel mit den verdeckten Nachteilen für den VN letztlich doch verbindlich bliebe. Ein solches Ergebnis liefe § 307 BGB zuwider und könne deshalb auch nicht Ergebnis einer ergänzenden Vertragsauslegung sein (BGHZ 164, 297 = NJW 2005, 3559 = VersR 2005, 1565 Rn. 44).

§ 1a Vertriebstätigkeit des Versicherers

(1) [1]**Der Versicherer muss bei seiner Vertriebstätigkeit gegenüber Versicherungsnehmern stets ehrlich, redlich und professionell in deren bestmöglichem Interesse handeln.** [2]**Zur Vertriebstätigkeit gehören**
1. **Beratung,**
2. **Vorbereitung von Versicherungsverträgen einschließlich Vertragsvorschlägen,**
3. **Abschluss von Versicherungsverträgen,**
4. **Mitwirken bei Verwaltung und Erfüllung von Versicherungsverträgen, insbesondere im Schadensfall.**

(2) **Absatz 1 gilt auch für die Bereitstellung von Informationen über einen oder mehrere Versicherungsverträge auf Grund von Kriterien, die ein Versicherungsnehmer über eine Website oder andere Medien wählt, ferner für die Erstellung einer Rangliste von Versicherungsprodukten, einschließlich eines Preis- und Produktvergleichs oder eines Rabatts auf den Preis eines Versicherungsvertrags, wenn der Versicherungsnehmer einen Versicherungsvertrag direkt oder indirekt über eine Website oder ein anderes Medium abschließen kann.**

(3) [1]**Alle Informationen im Zusammenhang mit der Vertriebstätigkeit einschließlich Werbemitteilungen, die der Versicherer an Versicherungsnehmer oder potenzielle Versicherungsnehmer richtet, müssen redlich und eindeutig sein und dürfen nicht irreführend sein.** [2]**Werbemitteilungen müssen stets eindeutig als solche erkennbar sein.**

I. Normzweck und Anwendungsbereich

1 Die seit dem 23.2.2018 geltende Vorschrift ist Teil der Umsetzung der RL (EU) 2016/97 des Europäischen Parlaments und des Rates vom 20.1.2016 über den Versicherungsvertrieb, nämlich des dortigen Art. 17. Sie ist damit eines der typischen unionsrechtlichen Heilsversprechen, dessen sprachlicher Wohlklang seine normative Inhaltsleere übertrifft, und über deren praktische Konsequenzen sich weder der europäische noch der deutsche Gesetzgeber klare Gedanken gemacht haben. Die Gesetzesbegründung (BT-Drs. 18/11627) meint denn auch schamhaft, die Regelung ändere das bisherige Recht „allenfalls“ geringfügig, da nach dem das deutsche Recht beherrschenden **Grundsatz von Treu und Glauben** schon bislang entsprechend hätte gehandelt werden müssen. Allerdings

bestehe „möglicherweise" keine Deckungsgleichheit in den Begrifflichkeiten. „Allenfalls", aber wann? „Möglicherweise" aber wirklich? Also wird abzuwarten sein, ob sich Rechtsuchende, die sich nicht redlich behandelt fühlen, bewirken können, dass Gerichte die Norm mit Leben erfüllen. Zum Teil wird die Norm als „nicht operabler Programmsatz" betrachtet (Prölss/Martin/*Dörner* Vor § 59 Rn. 37). Aber so sehr es einem widerstrebt, aus gesetzgeberischen diffusen Versprechen rechtliche Konsequenzen abzuleiten: Sie müssen beim Wort genommen werden. Denn ungeachtet ihres naiv anmutenden Wortlauts und der überflüssigen Doppelung **(Abs. 1 und 3)** der Proklamation verbürgt die Vorschrift Rechtspflichten, deren (auch nur fahrlässige) Verletzung Schadensersatzansprüche auslösen kann. Die Rechtspflichten treffen allerdings allein den VR, sodass ein inkorrektes Verhalten des VN weiterhin nur die im VVG im Einzelnen geregelten Rechtsfolgen, vor allem Lösungsrechte des VR und Leistungsfreiheit, zur Folge haben kann.

Geltung beansprucht die Pflicht sowohl für VR selbst als auch nach § 59 Abs. 1 2 und Abs. 4 für Versicherungsvertreter, Versicherungsmakler und Versicherungsberater. Sie umfasst über den Wortsinn hinaus neben der **Vertriebstätigkeit im engeren Sinn** – also dem „Verkauf" von Versicherungsverträgen – ausdrücklich auch die gesamte **Verwaltung und Erfüllung** des Versicherungsvertrages, gilt also für das Anbahnungs- und Abwicklungsstadium wie für die Dauer des Versicherungsverhältnisses. Ihre Ziele sind ein wirksamer Verbraucherschutz und eine hohe Dienstleistungsqualität sowie die Stärkung des Vertrauens von Kunden in Versicherungsprodukte (Erwgr. 10 und 21 RL (EU) 2016/97). Soweit es allerdings um die Beratung des Versicherungsnehmers geht, geht § 6 VVG vor, dessen Inhalt allerdings von der Vorschrift beeinflusst werden kann.

Abs. 2 erstreckt die Pflichten auch auf von Dritten, die nicht VR, Versiche- 3 rungsvermittler oder Versicherungsberater sind, die aber Informationen über Versicherungsverträge über **Webseiten oder andere Medien** bereitstellen, um dem VN eine Auswahl oder Prüfung nach von ihm gewählten Kriterien zu erlauben. Sie gilt auch für die Ersteller von Ranglisten von Versicherungsprodukten oder Anbieter von Preisnachlässen. Voraussetzung ist jedoch, dass der VN anschließend die Möglichkeit hat, direkt oder indirekt einen Versicherungsvertrag abzuschließen. Sie trifft damit im Wesentlichen digitale Vergleichsportale, die ihre Darstellungen mit den Webseiten von Anbietern verlinken oder, in der analogen Welt, andere Mittel der Kontaktaufnahme zu ihnen zu Zwecken des Vertragsabschlusses vorhalten. Für schlichte Marktübersichten öffentlicher Stellen oder von Verbraucherschutzorganisationen gilt die Vorschrift nicht (Erwgr. 12 RL (EU) 2016/97; Bruck/Möller/*Knops* § 1a Rn. 25). Abs. 2 dient lediglich dem Schutz des Verbrauchers. Er kann also Schadensersatzansprüche geltend machen, wenn er durch Informationsmittler in die Irre geführt wurde. Ansprüche eines VR gegen solche Intermediäre wegen unredlicher Informationen werden nicht begründet.

Abs. 3 wiederholt die Redlichkeitsanordnung, ergänzt sie durch die **Ver-** 4 **pflichtung zur Eindeutigkeit,** und erstreckt sie auch auf **Werbemitteilungen.** Damit kann eine irreführende Werbung nicht nur lauterkeitsrechtliche Folgen nach sich ziehen. Abs. 3 begründet gleichfalls Pflichten im Vertragsverhältnis selbst; ein VN kann also, wird er durch Werbung irregeführt, bspw. zum Abschluss eines Vertrages veranlasst, der die werbeverursachten Erwartungen nicht erfüllt, Ersatz des ihm dadurch entstandenen Schadens geltend machen, hat dafür allerdings Beweis zu führen.

II. Inhalt der Rechtspflichten

5 Die Norm verpflichtet zunächst **(Abs. 1)** zur **Ehrlichkeit** und **Redlichkeit.** Der VR muss den VN also wahrheitsgetreu informieren, darf ihn nicht täuschen und ihn nicht allein zu seinem eigenen Vorteil zu beeinflussen versuchen, er darf ihm nicht schaden, sein Tun muss seinen Worten entsprechen. Er darf das berechtigte Vertrauen des VN auf seine Vertrags- und Gesetzestreue nicht enttäuschen. Das kann die Grundlage dafür sein, erkennbar unwirksame AVB nicht weiter zu verwenden oder sich auf sie nicht zu berufen. Das kann bedeuten, dass ein VR, der im Schadenfall erkennt, dass der VN berechtigte Ansprüche nicht erhebt, also nicht seinen gesamten Schaden geltend macht, darauf hinweisen muss. Die Pflicht zur **Professionalität** soll die Qualität des Versichererverhaltens gewährleisten. In der Versicherungswirtschaft geltende Sorgfaltsmaßstäbe und Standards sind zu beachten, Gesetze sind zu befolgen, Verträge einzuhalten, Kodizes sind anzuwenden. Das kann auch dazu führen, dass die Missachtung von in der Versicherungswirtschaft weit überwiegend befolgter, den VN begünstigender Empfehlungen schadensersatzrechtliche Sanktionen nach sich zieht.

6 Im **bestmöglichen Interesse des VN** zu handeln bedeutet allerdings nicht, dass der Versicherer seine eigenen unternehmerischen Interessen zurückstellen müsste. Die Vorschrift ernennt ihn nicht zum Vormund oder Betreuer des VN. Der VR ist folglich nicht gehalten, dem VN zu raten, sich wegen seines Absicherungsbedarfs an einen Konkurrenten zu wenden, der preiswerteren oder vorteilhafteren Versicherungsschutz anbietet (*Reiff* VersR 2018, 193 (200); Prölss/Martin/*Dörner* Vor § 59 Rn. 19). Aus seinem eigenen Bestand an Produkten muss er jedoch den den Absicherungswünschen und -bedarfen seines Kunden entsprechenden Versicherungsvertrag anbieten und nicht, jedenfalls nicht ohne faire Aufklärung, ein anderes Produkt offerieren, nur weil es eine höhere Prämie verspricht ohne ein wirkliches Mehr an Leistungen zu gewähren.

§ 2 Rückwärtsversicherung

(1) **Der Versicherungsvertrag kann vorsehen, dass der Versicherungsschutz vor dem Zeitpunkt des Vertragsschlusses beginnt (Rückwärtsversicherung).**

(2) [1]**Hat der Versicherer bei Abgabe seiner Vertragserklärung davon Kenntnis, dass der Eintritt eines Versicherungsfalles ausgeschlossen ist, steht ihm ein Anspruch auf die Prämie nicht zu.** [2]**Hat der Versicherungsnehmer bei Abgabe seiner Vertragserklärung davon Kenntnis, dass ein Versicherungsfall schon eingetreten ist, ist der Versicherer nicht zur Leistung verpflichtet.**

(3) **Wird der Vertrag von einem Vertreter geschlossen, ist in den Fällen des Absatzes 2 sowohl die Kenntnis des Vertreters als auch die Kenntnis des Vertretenen zu berücksichtigen.**

(4) **§ 37 Abs. 2 ist auf die Rückwärtsversicherung nicht anzuwenden.**

I. Normzweck, Abgrenzung und Regelungsinhalt

1 Die Vorschrift erlaubt es zu vereinbaren, dass der Versicherungsschutz (rückwirkend) vor dem Zeitpunkt des Vertragsabschlusses beginnt, und definiert eine sol-

che Abrede als **„Rückwärtsversicherung"** (Abs. 1). Zugleich versucht sie, denkbare Manipulationen, die einen Prämienanspruch oder eine Deckung für ein Risiko gewähren, das bereits eingetreten ist, zu verhindern (Abs. 2; vgl. grundlegend BGH NJW-RR 2015, 481; VersR 1992, 484;1990, 618; 1990, 729). Schließlich werden ergänzende Regelungen für den Fall des Abschlusses durch einen Versicherungsvertreter und über den Versicherungsschutz vor Zahlung der Erstprämie getroffen (Abs. 3 und 4). Damit nimmt die Vorschrift den Grundgedanken des Versicherungsvertragsrechts auf, dass nur ungewisse und nicht nach Umfang und Zeitpunkt bereits feststehende Schäden versichert werden können (BGHZ 84, 268 (277)).

Von dem **Versicherungsvertrag über vorläufige Deckung (§§ 49 ff.),** der 2
ein eigenständiger Versicherungsvertrag ist, dessen Schutz unabhängig von dem späteren Zustandekommen eines Hauptvertrages ist, unterscheidet sich die Rückwärtsversicherung naturgemäß schon dadurch, dass sie einen vor einem tatsächlich erfolgten Vertragsschluss eingetretenen Versicherungsfall absichert. Die bloße **Rückdatierung** des Versicherungsbeginns kann im Einzelfall eine lediglich aus Gründen der Prämienberechnung erfolgende „fiktive", den materiellen Beginn des Versicherungsschutzes nicht berührende Vereinbarung sein (im Zweifel abl. BGH NJW 1982, 2776 = VersR 1982, 841; zu den Abgrenzungsproblemen Langheid/Wandt/*Muschner* § 2 Rn. 6 ff.).

Die Möglichkeit der Rückwärtsversicherung ist **nicht auf bestimmte Versi-** 3
cherungssparten beschränkt (zur Kraftfahrtversicherung BGH VersR 1990, 618; OLG Hamm NJW-RR 1993, 995; OLG Köln r+s 1992, 218; OLG Karlsruhe VersR 1991, 1125; zur Kaskoversicherung BGH VersR 1990, 618; zur Feuerversicherung OLG Hamm NJW-RR 1987, 153). Auch in der Personenversicherung ist eine Rückwärtsversicherung denkbar (zur Berufsunfähigkeitsversicherung BGH VersR 1991, 986; 1990, 729; OLG Karlsruhe VersR 2006, 350; zur Krankentagegeldversicherung OLG Karlsruhe VersR 1992, 1123; aA OLG Nürnberg VersR 1990, 1112; OLG Köln VersR 1992, 1457). Lediglich in der Lebensversicherung ist es bedenklich, einen materiellen Versicherungsbeginn vor Stellung des Antrags des VN anzunehmen (BGHZ 1984, 268); das kann aber nicht verallgemeinert werden (BGH VersR 1991, 574; 1990, 729).

II. Begriff der Rückwärtsversicherung (Abs. 1)

Maßgeblich für die Annahme einer Rückwärtsversicherung ist das Verständnis 4
des „Versicherungsbeginns". Zu unterscheiden ist der **formelle Versicherungsbeginn** – der Zeitpunkt, zu dem der Versicherungsvertrag geschlossen worden ist – vom **materiellen Versicherungsbeginn** – dem Zeitpunkt, in dem die Deckungspflicht des VR einsetzt – und schließlich vom **technischen Versicherungsbeginn** – dem Zeitpunkt, der Stichtag der Berechnung der Prämie ist. Von einer „Rückwärtsversicherung" kann nur gesprochen werden, wenn der materielle Versicherungsbeginn vor dem formellen liegt (BGHZ 111, 29; 84, 268; OLG Karlsruhe VersR 2006, 351). Nennt der VN in seinem Antrag ein vor dem Vertragsschluss liegendes Datum, ist **durch Auslegung** zu ermitteln, ob damit der materielle oder der technische Versicherungsbeginn gemeint sein soll. Im Zweifel ist davon auszugehen, dass der Beginn der Haftung des VR gemeint sein soll. Für die Beschränkung auf den technischen Versicherungsbeginn kann sprechen (BGH VersR 1991, 574), wenn es den Vertragschließenden erkennbar nur darum ging,

eine niedrigere Prämienberechnungsstufe (in der Lebensversicherung ein niedrigeres Alter) oder andere „technische" Vorteile wie eine Abkürzung von Karenzfristen (abl. allerdings zur Wartefrist in der Lebensversicherung BGH VersR 1991, 574) zu erreichen. Ist in dem Versicherungsantrag ein **Datum** genannt, das auch **der Antragstellung vorausgeht,** spricht zum einen eine tatsächliche Vermutung dafür, dass lediglich der technische Versicherungsbeginn gemeint sein soll, zum anderen, dass der VN zum frühestmöglichen Zeitpunkt Versicherungsschutz genießen will (vgl. BGH VersR 1992, 484; VersR 1991, 986).

III. Leistungsausschlüsse (Abs. 2)

5 Da einerseits nur **ungewisse Risiken versicherungsfähig** sind, andererseits aber nach Abgabe der jeweiligen Vertragserklärungen des VR oder des VN der jeweils Erklärende keinen Einfluss mehr auf den weiteren Verlauf hat, sieht Abs. 2 eine von dem Grundgedanken des Versicherungsrechts abweichende Regelung der Leistungspflichten in allerdings differenzierter Weise vor: **Weiß der VR** bei „Abgabe" seiner Vertragserklärung, dass der Eintritt eines Versicherungsfalles ausgeschlossen ist, kann er keine Prämie verlangen. Die Wirksamkeit des Vertrages wird dadurch allerdings nicht berührt (Langheid/Wandt/*Muschner* § 2 Rn. 35). Ist ein Versicherungsfall eingetreten, der nicht zum Wegfall des versicherten Interesses führt, der also nur einen „Teilschaden" nach sich gezogen hat, und weiß der VR davon, so steht dem VR eine dem von ihm weiter getragenen Risiko entsprechende Prämie zu (Prölss/Martin/*Armbrüster* § 2 Rn. 19). **Weiß der VN** bei Abgabe seiner Vertragserklärung, dass der Versicherungsfall schon eingetreten ist, kann er keine Leistungen verlangen. **Maßgeblicher Zeitpunkt** ist nach dem Zweck der Vorschrift der Zeitpunkt, zu dem die Kenntnis des Eintritts des Versicherungsfalls das Begehren oder das Angebot von Versicherungsschutz nicht mehr manipulativ beeinflussen kann, also der Zeitpunkt, zu dem sich VR oder VN ihrer Vertragserklärung begeben haben, die Vertragserklärung also den Machtbereich des Erklärenden verlassen hat (BGH NJW-RR 2003, 384). Daher genügt die Abgabe an einen Vertreter des VN, einen Versicherungsmakler bspw, nicht; erst wenn dieser oder dessen Mitarbeiter den Versicherungsantrag auf den Weg gebracht haben, schadet eine Kenntnis von dem Eintritt des Versicherungsfalls nicht mehr (KG r+s 2019, 195). Wenn **Abs. 2 Satz 2** Leistungsfreiheit für den Fall vorsieht, dass der VN „bei Abgabe seiner Vertragserklärung" Kenntnis vom Eintritt des Versicherungsfalles hat, übernimmt die Vorschrift damit inzident die zum früheren Recht ergangene Rspr., die keine Leistungsfreiheit annahm, wenn sich der **Versicherungsfall nach Antragstellung** durch den VN ereignet hatte und der VN davon erfuhr (BGH VersR 2000, 1133; VersR 1990, 729). Abs. 2 reagiert nämlich auf eine subjektive Äquivalenzstörung (OLG Saarbrücken VersR 2004, 1306) in Fällen, in denen ein Vertragspartner sich in ein Versicherungsverhältnis hineinbegibt, das ein nach seinem Wissen bereits eingetretenes Risiko absichern soll.

6 Bei dem **Antragsmodell** gibt der VN seine Vertragserklärung mit der Unterzeichnung des Antrags und seinem Inverkehrbringen ab. Ob Gleiches gilt, wenn der VR ein Angebot des VN verspätet oder unter Änderungen annimmt und damit eine **neue eigene Vertragserklärung** abgibt, die der VN dann möglicherweise erst in Kenntnis eines Versicherungsfalls annimmt, ist fraglich. Enthält auch die neue Vertragserklärung des VR das Angebot einer Rückwärtsversicherung,

soll eine Leistungspflicht des VR bei zwischenzeitlichem, nach Abgabe der ursprünglichen Vertragserklärung des VN eingetretenem Versicherungsfall anzunehmen sein (OLG Hamm r+s 1987, 75; Looschelders/Pohlmann/*Schneider* § 2 Rn. 35 mwN; HK-VVG/*Brömmelmeyer* § 2 Rn. 4; aA Langheid/Wandt/*Muschner* § 2 Rn. 39 f.). Die verspätete oder unter Änderungen erfolgende „Annahme" der Vertragserklärung des VN kann jedoch unterschiedliche Gründe haben, die in der Notwendigkeit einer umfassenden Prüfung eines komplexen Risikos oder in Unklarheiten bestehen können, die sich aus der Erfüllung der vorvertraglichen Anzeigeobliegenheit ergeben haben. Ob es dann – bei einem „neuen" Angebot zum Abschluss einer Rückwärtsversicherung durch den VR – gerechtfertigt ist, dem VN auch bei Kenntnis eines zwischenzeitlichen Versicherungsfalles den Vorzug der rückwirkenden Deckung zu gewähren, liegt nicht auf der Hand. Nachteile für den VN aus vorwerfbaren Verzögerungen der Bearbeitung des Versicherungsantrags durch den VR können klarer und differenzierter über Schadensersatzansprüche aus der Verletzung vorvertraglicher Rücksichtnahmepflichten ausgeglichen werden (vgl. § 6 Rn. 2) oder auch durch eine Anwendung des Rechtsgedankens des § 162 BGB. Von einer „Vertragserklärung" des VN ist daher auch nicht schon dann auszugehen, wenn der Versicherungsantrag aufgrund unzulänglicher Angaben noch nicht annahmefähig ist und der VR nachfragen muss (OLG Köln r+s 1992, 218).

Bei dem **Invitatio-Modell** gibt der VN seine Vertragserklärung mit der 7
Annahme des Antrags des VR an. Zielt die Angebotsanfrage des VN indessen auf eine Rückwärtsversicherung, ist **§ 2 Abs. 2 entsprechend anzuwenden,** weil die Abs. 2 Satz 2 zugrunde liegende Annahme einer Manipulation in aller Regel nicht mehr besteht (Looschelders/Pohlmann/*Schneider* § 2 Rn. 34: konkludente Abbedingung des § 2 Abs. 2 Satz 2; vgl. auch *Klimke* VersR 2005, 595; aA Langheid/Wandt/*Muschner* § 2 Rn. 41). Die allein aus versicherungstechnischen Gründen erfolgende und sich dem VN im Unterschied zum Antragsmodell nicht ohne Weiteres erschließende Wahl des Invitatio-Modells darf nicht zu seinem Nachteil gereichen; er wird in seiner invitatio bei lebensnaher Betrachtung einen ihn bindenden Versicherungsantrag sehen, mit dem er alles seinerseits Erforderliche getan zu haben glaubt. Dem VR steht es nämlich frei, eine veränderte Risikolage durch Nachfragen iSv § 19 Abs. 1 zu erforschen. Auch können AVB, die in Erweiterung des § 2 Abs. 2 Deckung nach dem vereinbarten Zeitpunkt versprechen, nicht zu einer zeitlichen Vorverlagerung des Leistungsausschlusses kommen (OLG Köln r+s 2008, 245).

Die von der Vorschrift gemeinte Vertragserklärung ist jene, auf die hin der 8
Versicherungsvertrag zustande kommt. Geht es um einen **„Rahmenvertrag"** oder eine **laufende Versicherung,** deren sachlicher Absicherungsumfang von Meldungen oder Deklarationen abhängt, sind solche Informationen keine Vertragserklärungen im eigentlichen Sinn. Dennoch können sie ihnen in entsprechender Anwendung der Vorschrift gleichgestellt werden, wenn der VN vor der die Absicherung der Sache nach erst begründeten Mitteilung bereits davon wusste, dass in Bezug auf die gemeldeten Sachen der Versicherungsfall bereits eingetreten war (vgl. die Differenzierungen bei OLG Hamm BeckRS 2017, 132871).

Da maßgeblicher Zeitpunkt jener der Abgabe der Vertragserklärung des VN 9
ist, genügt es nicht, wenn der VN den Versicherungsantrag schon seinem Versicherungsmakler übergeben hat. Bis dieser sich des Versicherungsantrags begibt, schadet dem VN, wenn er vom Eintritt des Versicherungsfalles erfährt (BGH VersR 2000, 1133; VersR 1992, 484; LG Düsseldorf VersR 2018, 1382 = BeckRS 2018,

28874). Anderes gilt, wenn der VN den Versicherungsantrag dem Versicherungsvertreter überlässt. Grundsätzlich **muss der VR,** der sich auf Leistungsfreiheit beruft, **beweisen,** dass der VN zum Zeitpunkt der Abgabe seiner Vertragserklärung Kenntnis vom Eintritt des Versicherungsfalls hatte. Allerdings trifft den VN eine sekundäre Darlegungslast zum Zeitpunkt der Abgabe seiner Vertragserklärung vor allem dann, wenn (angebliche) Abgabe der Vertragserklärung und Zugang bei dem VR zeitlich erheblich auseinanderfallen; vermag ein VN das Auseinanderfallen nicht plausibel zu erklären, ist nicht von einem dem Zugangszeitpunkt gegenüber wesentlich früheren Abgabezeitpunkt auszugehen (OLG Saarbrücken ZfS 2017, 332).

10 Entscheidend ist jeweils **positive Kenntnis,** Kennenmüssen reicht nicht aus (BGH NJW-RR 2015, 481; VersR 1990, 729; Bruck/Möller/*Johannsen* § 2 Rn. 14 ff.). Sind dem konkreten VN lediglich Tatsachen bekannt, die den Schluss ermöglichen oder nahelegen, ein Versicherungsfall sei bereits eingetreten, genügt das nicht (BGH NJW-RR 2015, 481). Das schließt es allerdings nicht aus, im Einzelfall aufgrund aller, den Schluss auf das Vorliegen eines Versicherungsfalls aufdrängender Umstände die Überzeugung zu gewinnen, der VN habe von seinem Eintritt tatsächlich positive Kenntnis gehabt. Die Kenntnis vom Eintritt von Elementen eines Versicherungsfalls genügt allerdings nicht (OLG Frankfurt a. M. r+s 2011, 609 zur D&O-Versicherung). Kenntnis vom Eintritt eines Versicherungsfalles setzt die Fähigkeit zur Kenntnisnahme durch den VN oder eine ihm zuzurechnende Person voraus: Liegt der VN nach einem Unfall in einem Koma, schließt das seine Kenntnis aus, so dass ihm allein die Kenntnis seines Vertreters schaden kann (BGH VersR 2000, 1133).

11 Haben **beide Vertragsparteien bei Abgabe der ersten Vertragserklärung Kenntnis** davon, dass der Versicherungsfall bereits eingetreten ist, ist § 2 Abs. 2 nicht einschlägig. Vielmehr handelt es sich dann nicht um einen Versicherungsvertrag, weil kein Risiko mehr abgesichert wird (§ 1), sondern die Nachteile seiner bereits eingetretenen Verwirklichung übernommen werden sollen. Das stellt ein versicherungsfremdes Geschäft dar (§ 7 Abs. 2 VAG) und begegnet regelmäßig Wirksamkeitsbedenken nach §§ 134 und 138 BGB (vgl. OLG Düsseldorf VersR 2000, 1537; VersR 1996, 1221; VersR 1995, 460; LG Düsseldorf VersR 2018, 1382 = BeckRS 2018, 28874). Denn grds. ist die Übernahme eines bereits feststehenden Schadens auf Kosten der Versichertengemeinschaft sittenwidrig. Davon kann es Ausnahmen geben, wenn der VR ein verständliches, billigenswertes Interesse an dem Abschluss des Vertrages hat, auch wenn er auf seiner Grundlage schon gleich eine Leistung erbringen muss. Weiß allein der VN bei Abgabe seiner Vertragserklärung, dass der Versicherungsfall nicht mehr eintreten kann, fehlt es an einem versicherten Interesse, sodass nach § 80 Abs. 1 Satz 2 keine Verpflichtung zur Prämienzahlung besteht. Weiß allein der VR bei Abgabe seiner Vertragserklärung, dass der Versicherungsfall eingetreten ist, so ist er leistungspflichtig.

IV. Abschluss durch Vertreter (Abs. 3)

12 Über die Beschränkungen des **§ 166 BGB** hinausgehend kommt es nach Abs. 3 für die Kenntnis von dem Eintritt des Versicherungsfalles sowohl auf den Vertreter als auch auf den Vertretenen an. Dem VN und dem VR schadet also, wenn ihr jeweiliger Vertreter die Verwirklichung des Risikos vor Abgabe der Vertragserklärung gekannt hat, auch wenn der Vertreter selbst nicht rechtgeschäftlich gehandelt hat (BGH VersR 1992, 484). Die Kenntnis anderer Personen ist nur dann schädlich, wenn sie als Repräsentanten oder Wissenserklärungsvertreter zu betrachten sind (vgl. zu einem Einzelfall LG Köln VersR 1976, 159).

V. Abbedingung des Einlösungsprinzips (Abs. 4)

Da der Rückwärtsversicherung wesenseigen ist, dass der materielle Versicherungsschutz vor dem formellen Versicherungsbeginn (durch Abschluss des Versicherungsvertrages) beginnt, ist mit ihr eine Regelung unvereinbar, nach der der Versicherungsschutz erst mit Einlösung des Versicherungsscheins, also mit der Zahlung der Erstprämie beginnt. Dem wird Abs. 4 gerecht, indem § 37 Abs. 2, wonach der VR nicht zur Leistung verpflichtet ist, wenn die Erst- oder Einmalprämie bei Eintritt des Versicherungsfalles noch nicht gezahlt ist, für die Rückwärtsversicherung nicht gilt. Das schließt auch die Wirksamkeit **„einfacher Einlösungsklauseln"** in AVB in solchen Fällen aus, auch wenn § 18 die Vorschrift nicht für halbzwingend erklärt. Das gilt nicht für **„erweiterte Einlösungsklauseln"**, bei denen die materielle Deckung zu dem zurück liegenden Zeitpunkt beginnt, wenn der VN nach Vertragsschluss zur Zahlung der Erstprämie aufgefordert wird und dieser Aufforderung unverzüglich nachkommt. § 37 Abs. 2 ist insoweit abbedungen. Ein Widerspruch zu § 2 kann nicht entstehen (zu den Hinweispflichten § 37 Rn. 14 ff.; vgl. iÜ eingehend Langheid/Wandt/*Muschner* § 2 Rn. 30). 13

§ 3 Versicherungsschein

(1) **Der Versicherer hat dem Versicherungsnehmer einen Versicherungsschein in Textform, auf dessen Verlangen als Urkunde, zu übermitteln.**

(2) **Wird der Vertrag nicht durch eine Niederlassung des Versicherers im Inland geschlossen, ist im Versicherungsschein die Anschrift des Versicherers und der Niederlassung, über die der Vertrag geschlossen worden ist, anzugeben.**

(3) **[1]Ist ein Versicherungsschein abhandengekommen oder vernichtet, kann der Versicherungsnehmer vom Versicherer die Ausstellung eines neuen Versicherungsscheins verlangen. [2]Unterliegt der Versicherungsschein der Kraftloserklärung, ist der Versicherer erst nach der Kraftloserklärung zur Ausstellung verpflichtet.**

(4) **[1]Der Versicherungsnehmer kann jederzeit vom Versicherer Abschriften der Erklärungen verlangen, die er mit Bezug auf den Vertrag abgegeben hat. [2]Benötigt der Versicherungsnehmer die Abschriften für die Vornahme von Handlungen gegenüber dem Versicherer, die an eine bestimmte Frist gebunden sind, und sind sie ihm nicht schon früher vom Versicherer übermittelt worden, ist der Lauf der Frist vom Zugang des Verlangens beim Versicherer bis zum Eingang der Abschriften beim Versicherungsnehmer gehemmt.**

(5) **Die Kosten für die Erteilung eines neuen Versicherungsscheins nach Absatz 3 und der Abschriften nach Absatz 4 hat der Versicherungsnehmer zu tragen und auf Verlangen vorzuschießen.**

I. Bedeutung des Versicherungsscheins

1 Die Vorschrift regelt einzelne Fragen, die mit dem Versicherungsschein zusammenhängen. **Der Versicherungsschein (die Police)** ist eine Urkunde über den Versicherungsvertrag. Daher ist auch ein **Nachtrag** ein „Versicherungsschein". Seine Ausstellung und Übermittlung sind für den Abschluss des Versicherungsvertrages nicht konstitutiv. An seinen Erhalt und seinen Besitz knüpft das Gesetz indessen Rechtsfolgen. Dazu gehören vor allem (für den Fall einer entsprechenden, in der Lebensversicherung üblichen Abrede, § 8 Abs. 2 ALB 2019) das Recht des VR, mit befreiender Wirkung an seinen Inhaber zu leisten (§ 4; § 808 BGB), die Fiktion der Einigung über einen bestimmten, vom Antrag abweichenden Vertragsinhalt (§ 5), der Beginn der Widerrufsfrist (§ 8), die Fälligkeit des Prämienanspruchs (§§ 33 Abs. 1) oder die Befugnis zur Geltendmachung von Ansprüchen bei der Versicherung für fremde Rechnung (§ 44 Abs. 2, § 45 Abs. 2). Der Versicherungsschein hat für den VN drei Funktionen: Er soll ihn über die wesentlichen Inhalte des abgeschlossenen Vertrages **informieren,** er soll **Beweis** für sie erbringen, und er soll seinen Inhaber unter bestimmten Voraussetzungen **legitimieren,** Leistungen des VR zu empfangen.

2 Aus dem Versicherungsschein muss sich grds., und sei es durch Verweisungen (BGH VersR 1989, 395 (396)), der **gesamte Inhalt des Versicherungsvertrages** ergeben (Langheid/Wandt/*Armbrüster* § 3 Rn. 15). Das bedeutet, dass er regelmäßig die Parteien des Versicherungsvertrages, die von ihnen versprochenen Leistungen und den zeitlichen, örtlichen und vor allem sachlichen Umfang der Deckung bezeichnet (zur Auslegung einer eine „Versicherungssumme" nennenden Police OLG Hamm r+s 2010, 27 = VersR 2010, 239). Die dem Versicherungsvertrag zugrunde liegenden AVB müssen genannt sein. Auf weitere vertragsrelevante Bestimmungen darf verwiesen werden. Dazu gehört eine **(Pauschal-)Deklaration,** mit der versicherte Sachen zu Positionen zusammengefasst werden; ist sie im Versicherungsschein nicht in Bezug genommen, ist sie grds. nicht Vertragsinhalt geworden (BGH VersR 1989, 395). Auch das von einem **Versicherungsmakler** verfasste und idR vom VR gegengezeichnete **Wording** stellt einen Versicherungsschein dar (*Schneider* r+s 2012, 417 (420)). Da der Versicherungsschein als Urkunde die **Vermutung der Vollständigkeit und Richtigkeit** für sich hat (BGH NJW-RR 2012, 723 = VersR 2012, 354; OLG München VersR 2008, 1521; OLG Saarbrücken VersR 1997, 863), können nicht wirksam in Bezug genommene Anlagen den Versicherungsschutz nicht beschränken. Ist Deckung von mehreren VR übernommen, so müssen sie mit ihrer Haftungsquote aufgeführt werden (HK-VVG/*Brömmelmeyer* § 3 Rn. 22; *Dreher* VersR 2005, 717 (721); aA offenbar OLG Hamburg VersR 1984, 980). Ergibt sich aus dem Versicherungsschein eine behauptete Bezugsberechtigung nicht, gilt die Vermutung, dass sie bei Abschluss des Vertrages nicht eingeräumt worden ist (LG Coburg ErbR 2014, 556).

3 Der Versicherungsschein verkörpert regelmäßig die Annahme des Antrags des VR oder sein Angebot (BGH NJW 1976, 289). Dabei kann es zu **Willensmängeln** kommen, die von dem System der §§ 19 ff. nicht erfasst werden. Weicht ein im Versicherungsschein dokumentiertes Leistungsversprechen von dem tatsächlich Gewollten aufgrund einer fehlerhaften Dateneingabe ab (die Erlebensfallleistung wird als jährliche Rente ausgewiesen), so kann der VR diese Erklärung anfechten (§ 119 Abs. 1 BGB; vgl. OLG Hamm NJW 1993, 2321). Hat sich der VR bei der Formulierung des Versicherungsscheins geirrt und der VN dies erkannt (Aus-

weis einer höheren als der vereinbarten Rente), so bedarf es keiner Anfechtung: Es gilt das übereinstimmend Gemeinte (BGH VersR 1995, 643). Verfälscht ein Versicherungsvermittler vor Weitergabe des Versicherungsscheins dessen Inhalt, so ist die dokumentierte Zusage nicht maßgeblich (OLG Köln VersR 1995, 1226).

II. Ansprüche des Versicherungsnehmers (Abs. 1–3)

4 Der VR ist nach **Abs. 1** verpflichtet, mit Vertragsabschluss den Versicherungsschein dem VN in Textform (§ 126b BGB) zu übermitteln. Beansprucht der VN eine Urkunde, ist sie ihm zur Verfügung zu stellen. Wenn das Gesetz **„Übermittlung"** verlangt, bedeutet das mehr als „Bereitstellung". Der Anspruch wird folglich nur dann erfüllt, wenn der VN (oder sein gesetzlicher Vertreter, vgl. OLG Hamm VersR 1973, 147) den Versicherungsschein in der gebotenen Form in Händen hält. **Abs. 2** sichert die Information des VN in Fällen, in denen der Versicherungsvertrag über eine **ausländische Niederlassung** des VR geschlossen wird: Dann müssen die Anschrift des VR und jene der Niederlassung angegeben werden. Damit soll sichergestellt werden, dass der VN im Konfliktfall unschwer erkennen kann, an wen er sich wenden muss. Geschieht das nicht oder unzulänglich, haftet der VR für die Kosten der Informationsbeschaffung (HK-VVG/*Brömmelmeyer* § 3 Rn. 25); etwaige dadurch verursachte Verzögerungen der Wahrnehmung von Rechten dürfen dem VN nicht zum Nachteil gereichen.

5 Ist das **Original** des Versicherungsscheins **abhanden gekommen,** so darf der VN die Ausstellung eines neuen Originals verlangen **(Abs. 3 Satz 1).** Dazu zählt nicht nur der unfreiwillige, sondern auch der freiwillige Verlust. Dann darf der VN eine „Ersatzpolice" verlangen (zum Streitwert bei Vorhandensein eines Nachtrags OLG Köln VersR 2010, 1243). Ist allerdings eine Kraftloserklärung erforderlich, darf die Ausstellung eines neuen Versicherungsscheins erst nach Ablauf dieses Verfahrens beansprucht werden (**Abs. 3 Satz 2;** §§ 1003 ff. ZPO).

III. Informationsrechte des Versicherungsnehmers (Abs. 4)

6 Der VN darf von dem VR **Abschriften seiner vertragsbezogenen Erklärungen** beanspruchen **(Abs. 4 Satz 1).** Damit sind nicht nur Willenserklärungen gemeint. Der Anspruch betrifft alle Äußerungen des VN, die er in Bezug auf den Versicherungsvertrag dem VR gegenüber abgegeben hat: Anträge, Auskunftsverlangen, Beratungsbitten, Kündigungen, Stundungsersuchen und das Vorhandensein oder die Einräumung oder Änderung von Bezugsberechtigungen (OLG Saarbrücken VersR 2018, 149), aber auch Aufzeichnungen über vertragsrelevante Gespräche (LG Ulm r+s 2021, 110). Der Anspruch auf Erteilung einer Abschrift enthält als Minus einen **Anspruch auf Auskunftserteilung,** mit dem auch Rechtsnachfolger des VN Informationen durchsetzen können (OLG Saarbrücken VersR 2018, 149; NJW-RR 2010, 1333 = ZfS 2010, 420). Für die Dokumentation der Beratung gilt § 6 Abs. 2. Nicht von dem gesetzlichen Anspruch erfasst sind sonstige Inhalte der Akten des VR: Protokolle über Regulierungsverhandlungen oder Gutachten. Dass die Erklärungen abgegeben und zugegangen sind, muss zwar grds. der VN beweisen. Ungeachtet dessen trifft den VR jedoch die Obliegenheit dazulegen, welche vertragsbezogenen Erklärungen ihm vorliegen. Bestreitet er indessen, über mehr als die in Abschrift vorgelegten Dokumente zu verfügen, so geht ein non liquet zu Lasten des VN.

7 Kann der VN beweisen, dass vertragsbezogene Erklärungen erfolgt und dem VR zugegangen sind, hat der VR aber den sich aus Abs. 4 Satz 1 ergebenden Anspruch nicht erfüllt, so darf das nicht zum Nachteil des VN geschehen. Der **Lauf von Fristen,** die für Rechtshandlungen des VN gelten, zu deren Ausübung er auf die Kenntnis seiner Erklärungen angewiesen ist, ist – soweit er ein Überlassungsverlangen gestellt hat – nach **Abs. 4 Satz 2** bis zu dessen Erfüllung **gehemmt** (Bruck/Möller/*Knops* § 3 Rn. 14). Darüber hinaus können dem VN Beweiserleichterungen zugutekommen.

8 Der Anspruch aus Abs. 4 Satz 1 ist **vererblich;** er kann auch von einem Nachlassinsolvenzverwalter nach § 80 Abs. 1 InsO geltend gemacht werden (OLG Saarbrücken NJW-RR 2010, 1333 = ZfS 2010, 420). Die **Abtretung** der Ansprüche aus dem Versicherungsvertrag erfasst als solche nicht den Informationsanspruch des Abs. 4 Satz 1. Das ist nur dann anders, wenn das Recht dem Zessionar zusätzlich übertragen wird. Der Anspruch **erlischt** zwar mit der vollständigen Beendigung des Versicherungsvertrages (OLG Köln r+s 1989, 171; LG Um VersR 2020, 1510; HK-VVG/*Brömmelmeyer* § 3 Rn. 29). Das schließt allerdings nicht aus, dass er erhoben werden kann, wenn es um die ordnungsgemäße Abwicklung aller versicherungsvertraglichen Verpflichtungen, also etwa die Bedienung von Bezugsrechten nach dem Tod des VN, geht (OLG Saarbrücken NJW-RR 2010, 1333 = ZfS 2010, 420).

9 Zuweilen kann ein VN darauf angewiesen sein, **Inhalte der „Akten" des VR** – bspw., um die Verfristung von Handlungen des VR darlegen zu können – oder von diesem eingeholte **Gutachten einzusehen.** Ein Recht darauf folgt nicht aus Abs. 3. Auch § 810 BGB gewährt dem VN kein umfassendes Offenlegungsrecht, weil die Vorschrift eine Urkunde voraussetzt, die dazu bestimmt ist, den rechtlichen Interessen des Anspruchstellers zu dienen oder sie zu fördern (MüKoBGB/*Habersack* BGB § 810 Rn. 4 ff.); das ist bei einem durch den VR in Auftrag gegebenen Schadensermittlungsgutachten grundsätzlich nicht – jedenfalls nicht ohne eine entsprechende Anforderung (OLG Schleswig NJW-RR 2020, 1351) der Fall, weil sein Zweck die Wahrung des Interesses des VR und der Versichertengemeinschaft durch Prüfung der Schadensdarstellung des VN ist (aA LG Oldenburg r+s 2012, 343). Jedoch kann dem Versicherungsvertrag entnommen werden, dass der VR Informationen, die einen Anspruch des VN begründen oder spezifizieren können, zu erteilen hat. Dazu kann im Einzelfall dann auch die Einsichtnahme in Akten(teile) oder Gutachten gehören, die der VR zunächst nur sich selbst beschafft hat, die aber dem VN ersparen, eigene sachverständige Ermittlungen vorzunehmen (diff. BGH VersR 1993, 559; iÜ OLG Scheswig NJW-RR 2020, 1351; OLG Karlsruhe r+s 2005, 385; OLG Saarbrücken VersR 1999, 750): Der Versicherungsvertrag soll ihn bei Eintritt eines Versicherungsfalls „schadlos" stellen, also ihn grds. auch nicht besonderen Aufwendungen zur Untermauerung der Schadenshöhe unterwerfen.

10 Darüber hinaus können sich **Ansprüche auf Auskunfterteilung** auch aus § 666 BGB analog ergeben, bspw. wenn es darum geht, ob und an wen Zahlungen aufgrund von Bezugsrechten erfolgt sind (OLG Saarbrücken VersR 2018, 149; NJW-RR 2010, 1333 = ZfS 2010, 449 mAnm *Brenner* jurisPR-FamR 6/2011 Anm. 3; zur Notwendigkeit eines eigenen rechtlichen Interesses des Anspruchstellers BGH NJW 1989, 1601; OLG Frankfurt a. M. MDR 1966, 503). Solchen Ansprüchen können idR auch keine Geheimhaltungsinteressen des VR (nach § 203 Abs. 1 StGB oder § 28 Abs. 1 Nr. 2 BDSG) entgegenstehen (OLG Saarbrü-

cken NJW-RR 2010, 1333 = ZfS 2010, 449; vgl. jetzt *Armbrüster* VersR 2013, 944).

IV. Kosten

11 Die Kosten des Originals eines Versicherungsscheins trägt – vorbehaltlich abweichender Vereinbarungen – grds. der VR (HK-VVG/*Brömmelmeyer* § 3 Rn. 35); abweichende Vereinbarungen sind möglich. Die Kosten der Ausstellung eines Ersatzversicherungsscheins sowie von Abschriften der dem VR vorliegenden Erklärungen trägt der VN (zur Notwendigkeit, diese Kosten in die Produktinformationen aufzunehmen vgl. HK-VVG/*Brömmelmeyer* § 3 Rn. 36).

V. Sicherungsschein

12 Von dem Versicherungsschein ist der **Sicherungsschein** oder die **Sicherungsbestätigung** zu unterscheiden (vgl. § 44 Rn. 11 ff.). Darunter versteht man eine von dem VR einem Dritten (dem Sicherungseigentümer, dem Leasinggeber oder einem anderen Kreditgeber) gegenüber regelmäßig bei einer Fremdversicherung abgegebene Erklärung, die ihn vor dem ersatzlosen Verlust des versicherten Interesses schützen soll (BGH VersR 2001, 235; BGHZ 40, 297 (300)). Der Sicherungsschein hat eine Auskunft des VR über die von ihm übernommenen Pflichten zum Inhalt und ändert typischerweise die gesetzlich vorgesehene Befugnis zur Geltendmachung der aus dem Vertrag folgenden Ansprüche ab. Auf ihrer Grundlage darf der VN über den Anspruch aus dem Versicherungsvertrag grds. nicht mehr selbst verfügen; vielmehr ist der Inhaber des Sicherungsscheins allein berechtigt, den Anspruch auf die Versicherungsleistung im eigenen Namen geltend zu machen (OLG Hamm VersR 1999, 44; OLG Köln r+s 1993, 225). Begrifflich davon nicht immer klar unterschieden wird die **Versicherungsbestätigung,** die in verschiedenen Sparten vor allem der Haftpflichtversicherung verbreitet ist. Im Allgemeinen dokumentiert sie im Interesse des Staates oder von Geschäftspartnern des VN Gegenstand und Umfang der Deckung sowie die Person des VR (zu den Grenzen der Auslegung insoweit BGH NJW-RR 2012, 483=VersR 2012, 183; vgl. auch BGH VersR 2011, 918) und begründet als solche keine eigenen Ansprüche ihres Empfängers. Das kann je nach ihrem Inhalt aber auch anders sein; dann kann sie die Funktion eines Sicherungsscheins übernehmen.

§ 4 Versicherungsschein auf den Inhaber

(1) **Auf einen als Urkunde auf den Inhaber ausgestellten Versicherungsschein ist § 808 des Bürgerlichen Gesetzbuchs anzuwenden.**

(2) [1]**Ist im Vertrag bestimmt, dass der Versicherer nur gegen Rückgabe eines als Urkunde ausgestellten Versicherungsscheins zu leisten hat, genügt, wenn der Versicherungsnehmer erklärt, zur Rückgabe außerstande zu sein, das öffentlich beglaubigte Anerkenntnis, dass die Schuld erloschen sei.** [2]**Satz 1 ist nicht anzuwenden, wenn der Versicherungsschein der Kraftloserklärung unterliegt.**

1 Die Vorschrift stellt durch ihre (Rechtsfolgen-)Verweisung auf § 808 BGB klar, dass Regelungen, nach denen ein Versicherungsschein auf den Inhaber ausgestellt

wird (§ 12 Abs. 1 ALB 2008; zur Wirksamkeit vgl. BGH VersR 2000, 709), die Police (lediglich) zu einem **qualifizierten Legitimationspapier** machen: Der VR darf mit befreiender Wirkung an den Inhaber zahlen, muss es aber nicht. Ihm wird das Risiko der Doppelzahlung und der fehlenden Durchsetzbarkeit einer Kondiktion genommen. Das gilt auch dann, wenn es an der Verfügungsbefugnis des Besitzers des Versicherungsscheins aus insolvenzrechtlichen Gründen fehlt (BGH r+s 2010, 293) oder wenn die **Abtretung** von Ansprüchen aus einem Versicherungsvertrag (oder deren schuldrechtliche Grundlage) bspw. wegen Verstoßes gegen das RDG **unwirksam** ist (OLG München BeckRS 2017, 117598; ZfS 2017, 394). Die Police wird durch ihre Ausstellung auf den Inhaber nicht zu einem Wertpapier (Inhaberpapier); der Anspruch gegen den VR folgt weiterhin aus dem Vertrag. Die Legitimationswirkung ist abhängig von einem Leistungsverlangen. Begehren nach Modifikation des Vertrages – bspw. die Beitragsfreistellung (§ 165 Abs. 1 Satz 1) – fallen nicht hierunter (HK-VVG/*Brömmelmeyer* § 4 Rn. 8; offen gelassen von BGH VersR 2000, 709 (710)). Voraussetzung ist zum einen, dass der Versicherungsschein „als Urkunde" (§ 3 Abs. 1) ausgestellt ist. Zum anderen ist die Legitimationswirkung davon abhängig, dass der Versicherungsschein bei Ausübung des Leistungsverlangens vorgelegt wird (OLG Brandenburg ZInsO 2012, 2100). Wird ein Bezugsrecht für den Inhaber des Versicherungsscheins begründet, so wird der Versicherungsschein dadurch nicht zum Inhaberpapier; vielmehr gilt der mit Wissen und Wollen über den Versicherungsschein verfügende Inhaber als bezugsberechtigte Person (OLG Hamm NJW-RR 1993, 296).

2 Die Legitimationswirkung gilt auch dann, wenn eine die Leistungspflicht auslösende Erklärung abgegeben, ein Lebensversicherungsvertrag **gekündigt** und der **Rückkaufswert** verlangt wird (BGH r+s 2010, 293; VersR 2009, 1061; 2000, 709; OLG München BeckRS 2017, 117598 mwN). Sie gilt auch dann, wenn eine Abrede über die Abtretung von Ansprüchen aus dem Versicherungsvertrag unwirksam ist (OLG München ZfS 2017, 394). Die Verweisung führt dazu, dass der VR bei einer Leistung an die die Police vorlegende Person nicht zu prüfen braucht, ob der Inhaber des Versicherungsscheins materiell berechtigt oder verfügungsbefugt ist. Die Legitimationswirkung greift nur dann nicht ein, wenn der VR das Fehlen der Berechtigung positiv kennt (BGH VersR 1999, 898) oder sonst gegen Treu und Glauben die Leistung bewirkt hat (BGH r+s 2010, 293). Zum Schutz des wahren Gläubigers muss das auch dann gelten, wenn der VR grob fahrlässig keine Kenntnis von der Nichtberechtigung des Vorlegenden hat (vgl. BGHZ 28, 268 (371); VersR 2000, 709; 1999, 700). Die Leistung des VR an den den Versicherungsschein vorlegenden Vormund eines Mündels hat keine befreiende Wirkung, wenn die entsprechende familiengerichtliche Genehmigung fehlt (OLG Karlsruhe NVersZ 1999, 67). Davon abgesehen setzt sich jedoch die Legitimationswirkung des Versicherungsscheins gegenüber dem Schutz des unerkannt geschäftsunfähigen (erwachsenen) VN durch; das lässt sich nicht nur mit dem Wortlaut des § 808 BGB und seinem systematischen Zusammenhang mit § 793 Abs. 1 Satz 2 BGB begründen, sondern vor allem mit dem Zweck des § 808 BGB, das Vertrauen des Rechtsverkehrs auf bestimmte Dokumente in Fällen zu schützen, in denen eine Nachprüfung der materiellen Legitimation ausgeschlossen ist (OLG Saarbrücken VersR 2015, 306).

3 Abs. 2 regelt, was gilt, wenn eine Vereinbarung besteht, nach der der VR nur gegen Rückgabe der Police oder ihre Vorlage zu leisten verpflichtet ist (§ 7 Abs. 1 ALB 2019). In einem solchen Fall kann die Leistung grds. nur dann verlangt werden, wenn der Versicherungsschein vorgelegt wird. Das gilt auch in Fällen, in denen eine Kündigung erfolgt (OLG Brandenburg ZInsO 2012, 2100). Ist der VN zur Vorlage nicht imstande, kann er die Leistung dennoch verlangen, wenn er erklärt, zur **Vorlage der Police** nicht in der Lage zu sein. Dann muss er zur Durchsetzung seines Anspruchs öffentlich beglaubigt (§ 129 Abs. 1 Satz 1 BGB) anerkennen, dass die Schuld des VR erloschen ist. Das gilt indessen (nach Abs. 2 Satz 2) nicht, wenn der Versicherungsschein nach dem Gesetz für kraftlos zu erklären ist (§ 1003 ZPO).

§ 5 Abweichender Versicherungsschein

(1) **Weicht der Inhalt des Versicherungsscheins von dem Antrag des Versicherungsnehmers oder den getroffenen Vereinbarungen ab, gilt die Abweichung als genehmigt, wenn die Voraussetzungen des Absatzes 2 erfüllt sind und der Versicherungsnehmer nicht innerhalb eines Monats nach Zugang des Versicherungsscheins in Textform widerspricht.**

(2) [1]**Der Versicherer hat den Versicherungsnehmer bei Übermittlung des Versicherungsscheins darauf hinzuweisen, dass Abweichungen als genehmigt gelten, wenn der Versicherungsnehmer nicht innerhalb eines Monats nach Zugang des Versicherungsscheins in Textform widerspricht.** [2]**Auf jede Abweichung und die hiermit verbundenen Rechtsfolgen ist der Versicherungsnehmer durch einen auffälligen Hinweis im Versicherungsschein aufmerksam zu machen.**

(3) **Hat der Versicherer die Verpflichtungen nach Absatz 2 nicht erfüllt, gilt der Vertrag als mit dem Inhalt des Antrags des Versicherungsnehmers geschlossen.**

(4) **Eine Vereinbarung, durch die der Versicherungsnehmer darauf verzichtet, den Vertrag wegen Irrtums anzufechten, ist unwirksam.**

I. Normzweck und Regelungsinhalt

1 Nach bürgerlichem Recht stellt die Annahme eines Antrags unter Abänderungen seine Ablehnung, verbunden mit einem neuen Angebot, dar (§ 150 Abs. 2 BGB). Davon **weicht § 5 im Interesse des VN ab,** dem unerwartete Lücken seines Versicherungsschutzes oder gar dessen vollständiges Fehlen erspart werden sollen. Zugleich soll das Vertragsabschlussverfahren vereinfacht werden. Das wird dadurch erreicht, dass Abs. 1 bei Abweichungen zwischen dem Antrag oder bereits getroffenen Vereinbarungen und der Police ihre Genehmigung – also den **Inhalt der Annahmeerklärung als Inhalt des Vertrages – fingiert,** wenn ein Widerspruch ausbleibt. Abs. 2 knüpft diese Fiktion allerdings an eine umfassende Belehrung des VN. Ihr Fehlen oder ihre Unzulänglichkeit führen dazu, dass nach Abs. 3 der **Inhalt des Antrags als Inhalt des Vertrages gilt.** Schließlich bestimmt Abs. 4, dass das Recht zur Irrtumsanfechtung durch den VN nicht ausgeschlossen werden darf. Das Widerspruchsrecht des § 5 und das Widerrufsrecht des § 8 sind unabhängig voneinander; beide haben unterschiedliche Regelungsziele (BGH BeckRS 2017, 109437).

2 Abs. 1 scheint die Genehmigungsfiktion stets davon abhängig zu machen, dass die Hinweise nach Abs. 2 erfolgt sind. Das bedarf indessen dem Schutzzweck der Norm entsprechend einer teleologischen Reduktion: Weicht eine Police einmal

günstig von dem Antrag des VN ab, so gilt diese Abweichung unabhängig davon als genehmigt, ob der VR seine Hinweispflichten nach § 5 Abs. 2 erfüllt hat (BGH NJW 2016, 2808 = VersR 2016, 1044. **Abs. 2 und 3 hingegen sind nur auf ungünstige Abweichungen** anzuwenden (BGH VersR 1995, 648; VersR 1990, 887; VersR 1976, 477; Prölss/Martin/*Rudy* § 5 Rn. 7; aA Langheid/Wandt/*Armbrüster* § 5 Rn. 26 ff.; Looschelders/Pohlmann/*Schneider* § 5 Rn. 16;). Enthält der Versicherungsschein **sowohl günstige als auch ungünstige oder „neutrale" Abweichungen,** sind Abs. 2 und 3 in Bezug auf die ungünstigen oder neutralen anzuwenden (vgl. HK-VVG/*Brömmelmeyer* § 5 Rn. 11). Eine Art „Saldierung" (Langheid/Wandt/*Armbrüster* § 5 Rn. 31: maßgeblich ist, ob nach subjektiv-verständlicher Sicht des VN die ungünstigen Abweichungen überwiegen; diff. auch ÖOGH VersR 2007, 1015) würde den Inhalt des Vertrages dauerhaft verunklaren, weil im Detail durchaus streitig sein kann, was einen Vor- und was einen Nachteil darstellt und welches Gewicht das eine oder andere hat. Unanwendbar ist die Vorschrift auf Bestandteile des Vertrages, die – wie ein Bezugsrecht – nicht der Vereinbarung der Parteien, sondern einer **einseitigen Bestimmung** unterliegen (OLG Frankfurt a. M. VersR 1999, 1353). Schließt allerdings der Antrag ein insolvenzsicheres (unwiderrufliches) Bezugsrecht ein, so führt die Annahme nach den Grundsätzen des § 5 auch zu dessen Vereinbarung (LG Dortmund BeckRS 2007, 17368).

3 Die Vorschrift ist zugeschnitten auf den Vertragsschluss im **Antragsmodell** (vgl. § 7 Rn. 23). Da jedoch das Schutzbedürfnis des VN nicht geringer ist, wenn Grundlage des Vertragsschlusses das **Invitatio-Modell** (vgl. § 7 Rn. 24) ist, ist die Vorschrift in solchen Fällen entsprechend anzuwenden (Schimikowski r+s 2012, 577; aA Langheid/Wandt/*Armbrüster* § 5 Rn. 7 – unter Annahme einer Pflicht zur Beratung des VN über Abweichungen von der Angebotsaufforderung; Prölss/Martin/*Rudy* § 5 Rn. 1). Denn es kann nicht zum Nachteil des VN geraten, wenn der VR ein Vertragsabschlussmodell wählt, das der VN von anderen, gleichwertigen, kaum unterscheiden kann. Das bedeutet: Weicht die als Angebot zu verstehende Übersendung des Versicherungsscheins von der rechtlich als Angebotsaufforderung zu verstehenden Erklärung des VN an, so gilt der Inhalt der Police nur dann als vereinbart, wenn der ordnungsgemäß belehrte VN nicht widerspricht. Ist ein **Antrag** hingegen **verspätet (§ 150 Abs. 1 BGB) angenommen** worden, soll § 5 nicht gelten (vgl. BGH NJW-RR 1992, 160; VersR 1986, 986 (987); VersR 1973, 409; OLG Köln VersR 1983, 849). In solchen Fällen wird dann zwar vertreten, dass der Zahlung der Prämie nicht ohne Weiteres die Annahme des Vertrages entnommen werden kann, wenn die Police vom Antrag ungünstig abgewichen ist (BGH VersR 1991, 910), wohl aber, wenn der VN bei einem Versicherungsfall Leistungen beansprucht. Näher liegt, in Bezug auf etwaige Änderungen des Antrags (oder der invitatio) wie bei dem invitatio-Modell eine entsprechende Anwendung des § 5 für richtig zu halten oder jedenfalls Beratungspflichten des VR anzunehmen (§ 6), an deren Verletzung Schadensersatzansprüche knüpfen können. Unanwendbar ist § 5, wenn sich Antrag und Annahme lediglich ihrem Wortlaut nach unterscheiden, sie jedoch aufgrund einer **falsa demonstratio** einen übereinstimmenden Sinn haben (BGH NJW-RR 2004, 892; VersR 1995, 648; LG Dortmund BeckRS 2020, 18167).

4 Inwieweit die Vorschrift auf (in der Industrieversicherung gebräuchliche) **Maklerpolicen** anwendbar ist, ist streitig. Der Wortlaut des § 5 Abs. 1 lässt keine Differenzierung möglich erscheinen (bejahend daher OLG Hamm r+s 2011, 198 = VersR 2011, 469). Dafür könnte auch angeführt werden, dass der Versiche-

rungsmakler in einem solchen Fall mit Wissen und Wollen des VR Aufgaben übernimmt, die an sich dem VR obliegen. Dagegen wird jedoch eingewandt, der Versicherungsmakler trete (jedenfalls in der Regel) als Vertreter des VN auf. So wenig seine Fragen als Fragen des VR zu betrachten seien, so wenig könne auch das Wording, die Dokumentation des vermeintlich Vereinbarten, als Policierung durch den VR betrachtet werden. Auch sei das von der Vorschrift vorgesehene Verfahren auf Fälle von Maklerpolicen nicht sinnvoll übertragbar (*Schneider* r+s 2012, 417 (420)). Dafür spricht in der Tat nicht nur die Konsistenz des Systems von Ermittlung der Risikoumstände und Dokumentation der Risikoübernahme, sondern auch die in solchen Fällen regelmäßig fehlende Schutzbedürftigkeit des VN. Allerdings werden dem VN günstige Abweichungen in der Maklerpolice durch die Gegenzeichnung des VR nach allgemeinen Regeln Vertragsinhalt.

II. Abweichungen vom Antrag

1. Antrag oder Vereinbarung

§ 5 setzt voraus, dass eine Willenserklärung des VN oder eine Vereinbarung der Parteien bereits vorliegt. Auf unverlangte Änderungsmitteilungen des VR ist sie nicht anwendbar (Bruck/Möller/*Knops* § 5 Rn. 4). Mit dem in Abs. 1 genannten **Antrag** sind alle Willenserklärungen des VN gemeint, die sich auf den Abschluss eines bestimmten Versicherungsvertrags beziehen. Damit werden zunächst die **verschrifteten Angebote** erfasst. Darüber hinaus zählt zu den Anträgen aber auch alles das, was der VN **mündlich an Bitten um Deckung** dem VR oder seinem Vermittler gegenüber geäußert hat (OLG Saarbrücken r+s 2003, 3; OLG Düsseldorf VersR 2000, 1265; OLG Köln VersR 2009, 488; VersR 1990, 1146). Das gilt auch dann, wenn der Versicherungsvertreter aufgrund der Äußerungen des VN erkennt, wie dieser seinen Antrag (abweichend vom schriftlichen Angebot) versteht (LG Landshut r+s 2008, 78). Auskunftsersuchen des VN fallen allerdings nicht darunter. Zu dem Inhalt des Antrags, von dem abgewichen wird, gehören **Beschreibungen des versicherten Risikos** nicht, sondern lediglich Divergenzen rechtsgeschäftlicher Art (KG r+s 2020, 556). 5

Der Antrag gilt einem bestimmten Schutzbedürfnis, ist also **auf eine spezifische Deckung** bezogen. Das bedeutet, dass Anträge, die **mehrere Deckungsanliegen** enthalten, iSd § 5 als mehrere Anträge zu behandeln sind: Bittet der VN um eine Kraftfahrzeughaftpflicht-, um eine Kasko- und um eine Insassenunfallversicherung, so liegen – iSd § 5 – ebenso mehrere Anträge vor, wie wenn er um eine (unverbundene) Deckung von Wohngebäude-, Glas- und Sturmrisiken nachsucht. Das bedeutet, dass allein der einheitliche zeitliche und textliche Zusammenhang mehrerer Versicherungsanträge noch nicht zur Geltung des § 5 mit der Folge führt, dass die Ablehnung eines von mehreren Deckungsbegehren den Bedingungen des § 5 unterläge. Lehnt also der VR die Annahme eines Antrags (auf Abschluss einer Kasko- oder Insassenunfallversicherung) ohne die von Abs. 2 geforderte zureichende Belehrung ab, so führt das nicht zur Fiktion der Annahme auch der nicht ausdrücklich angenommenen Anträge (OLG Saarbrücken r+s 2009, 319 = VersR 2010, 63; vgl. aber auch OLG Düsseldorf VersR 2000, 1265; zum fehlenden Schutzbedürfnis bei ausdrücklichem Wunsch nach Geltung anderer AVB in Verbindung mit einem Verlängerungsantrag OLG Karlsruhe VersR 2009, 488). Allerdings kann – von den Regelungen des § 5 abgesehen – den VR, 6 der mit mehreren Deckungsanliegen befasst wird, aber nicht alle annehmen will, in entsprechender Anwendung des § 663 BGB die Pflicht treffen, den VN alsbald darüber aufzuklären, dass er nur für Teile der Risiken, deren Absicherung begehrt wird, tatsächlich Deckung gewähren will. Hat er das aber bereits bei den Vertragsverhandlungen klargestellt, bedarf es auch bei einem dennoch gestellten Antrag keiner erneuten Belehrung des VN. Darüber hinaus hat die Rspr. angenommen, dass die Aushändigung einer Deckungskarte auf einen einheitlich gestellten Antrag auf Abschluss einer Kfz-Haftpflicht- und -kaskoversicherung dann zur Annahme vorläufiger Deckung in Bezug auf beide Risiken führe, wenn der VR nicht hinreichend verdeutliche, dass er nur Kfz-Haftpflichtversicherungsschutz gewähren wolle (vgl. § 49 Rn. 5).

7 Auch vor dem Hintergrund einer **bereits bestehenden Vereinbarung** kann das Begehren eines VN die Rechtsfolgen des § 5 auslösen. Im Verlauf eines Vertragsverhältnisses geäußerte Änderungsbitten, die zu **Nachträgen zum Versicherungsschein** führen, also vom bislang Vereinbarten abweichen wollen, müssen § 5 genügen (BGH NJW-RR 2004, 892; OLG Köln VersR 2009, 488). Das gilt bspw. für das Verlangen auf Aussetzung der Beitragspflicht: Versteht es der VR entgegen seinem objektiven Sinn nicht als Stundungsbitte, sondern als Umwandlungsverlangen, muss er bei Ausstellung eines eine beitragsfreie Versicherung policierenden Nachtrags auf diese Abweichung nach Abs. 2 aufmerksam machen (OLG Dresden VersR 2018, 213) Enthält die Police anders als der Antrag einen Änderungsvorbehalt, muss darauf in den Formen des Abs. 2 hingewiesen werden (aA OLG München r+s 2017, 131 m.abl. Anm. Piontek r+s 2017, 124). Die Übersendung eines abweichenden Ersatzversicherungsscheins allein kann also nicht zur Geltung seines Inhalts führen (OLG Karlsruhe VersR 1992, 1121).

8 Die **Abgabe und den Inhalt des jeweiligen Antrags** muss der VN **beweisen** (§ 69 Abs. 3 Satz 1). Die Grundsätze der Auge-und-Ohr-Rspr. (vgl. § 69 Rn. 19 ff.) gelten insoweit also schon kraft Gesetzes nicht (vgl. zum früheren Recht BGH VersR 2002, 1089; OLG Saarbrücken VersR 2001, 1405). Dennoch ist ein VN, der behauptet, dem Versicherungsvertreter gegenüber ein bestimmtes, von der Police nicht erfasstes Absicherungsanliegen geäußert zu haben, nicht schutzlos. Indizien für einen solchen Beweis können bei Abschluss eines neuen Vertrages die bisher bei diesem VR bestehende Vertragslage (Kfz-Haftpflicht- und -kaskoversicherung) sein, der bei Versichererwechsel zum Ausdruck kommende Wunsch nach gleich bleibender Absicherung und, zusammen mit anderen Umständen, das wirtschaftliche Interesse des VN an einer umfassenderen als der von der Police gewährten Absicherung.

2. Abweichung vom Antrag oder von der Vereinbarung

9 Der Inhalt des Versicherungsscheins **weicht von dem Antrag oder der Vereinbarung ab,** wenn er etwas enthält, was nicht Inhalt des Antrags oder getroffener Abreden ist. Ob das der Fall ist, ist **durch Auslegung** zu ermitteln. Insoweit ist der gesamte Inhalt des Antrags und der Police einschließlich der jeweiligen Verbraucherinformationen verständig zu würdigen (OLG Hamm NJW-RR 2019, 1244). Zu den Abweichungen zählen vor allem Änderungen der Prämie oder der Zahlungsweise (OLG Köln VersR 2000, 1266), der Versicherungssumme oder einer Selbstbeteiligung, des Leistungsversprechens oder der Risikoausschlüsse (OLG Karlsruhe VersR 2006, 783; OLG Saarbrücken r+s 1993, 3; zum Verzicht auf den Unterversicherungseinwand OLG Hamm r+s 2001, 295; zur Einfügung

eines weiteren Risikoausschlusses LG Dortmund r+s 2009, 410), des Datums des Versicherungsbeginns (BGH VersR 1982, 841), der Laufzeit von Versicherungsleistungen (OLG Karlsruhe r+s 2009, 473 = VersR 2009, 1104) oder auch einer Änderung der Beitrags- oder der Leistungsdauer (OLG Celle NJOZ 2018, 254) oder einmal ein Antrag auf einen Wechsel des VN (OLG Köln BeckRS 2016, 11678). Bittet der VN um den Abschluss einer Gebäudeversicherung und nennt er eine konkrete Fläche des Anwesens, und führt die Police eine geringere Fläche auf, so handelt es sich trotz Identität des Bauwerks um eine Abweichung vom Antrag (OLG Saarbrücken VersR 2012, 1120). Auf die Erheblichkeit der Abweichung kommt es iÜ nicht an. Von einer Abweichung kann bei einem Nachtrag nicht gesprochen werden, wenn der VN die Geltung neuer Bedingungen ausdrücklich gewünscht hat (OLG Köln VersR 2009, 488). Inhalt des Versicherungsscheins ist alles, was in der Urkunde oder der in Textform übermittelten Datei enthalten oder worauf in ihm Bezug genommen ist. Daher fallen auch begleitende Dokumente darunter (OLG Hamm VersR 1996, 829). Voraussetzung ist allerdings, dass sich ein Regelungswille des VN oder der Vertragsparteien aus dem Antrag oder den Vereinbarungen ergibt. **Pauschaldeklarationen,** auf die weder im Versicherungsschein noch in der Police hingewiesen worden ist, werden schon deshalb nicht Inhalt des Vertrages (BGH r+s 1989, 261); finden sich indessen Bezugnahmen im Antrag oder in der Police, gilt auch insoweit § 5. Allerdings muss ein Versicherungsantrag nicht alle **Einzelheiten** des in Aussicht genommenen Vertrages enthalten. Dennoch gilt § 5 dann, wenn durch „Ergänzungen" Rechte oder Pflichten des VN beeinflusst werden können.

Die **Einbeziehung von AVB** richtet sich nach §§ 305 ff. BGB (zum früheren Recht auf der Grundlage des § 5a VVG aF BGH VersR 2015, 965; § 1 Rn. 28 ff.). Da § 7 Abs. 1 verlangt, dass dem VN die AVB vor Abgabe seiner Vertragserklärung die AVB zur Verfügung zu stellen sind, wird vertreten, dass ein VR ein Unterlassen grds. nicht über § 5 Abs. 2 und 3 „heilen" könne (Langheid/Wandt/*Armbrüster* § 5 Rn. 20 mwN; Schwintowski/Brömmelmeyer/*Ebers* § 5 Rn. 8; Bruck/Möller/*Knops* § 5 Rn. 17). Das mag in der Praxis so sein, weil einem VR schwerlich gelingen wird, über umfassend geänderte oder gar erstmals einzuführende AVB zureichend zu belehren. Grundsätzlich unanwendbar ist § 5 indessen mangels normativer Anhaltspunkte dafür nicht (HK-VVG/*Brömmelmeyer* § 5 Rn. 11; *Schimikowski* r+s 2007, 309 (311); zum früheren Recht BGH VersR 1973, 176; OLG Hamm VersR 1997, 906). Aber auch insoweit wird man verlangen müssen, dass der Antrag auf bestimmte AVB Bezug nimmt, die Police aber andere als Vertragsgrundlage nennt. 10

III. Hinweisobliegenheit (Abs. 2)

Will der VR vermeiden, dass statt der von ihm gewollten (nachteiligen oder neutralen) Abweichungen der Inhalt des Antrags zum Inhalt des Vertrages wird, muss er seiner **Hinweisobliegenheit** genügen. Sie unterliegt **zeitlichen, inhaltlichen und formalen Anforderungen.** Der Hinweis (auf die Genehmigungsfiktion bei Ausbleiben eines Widerspruchs) muss zunächst zeitgleich mit der Übermittlung des Versicherungsscheins (nicht notwendigerweise in dieser Urkunde selbst) in Textform erfolgen. Der Versicherungsschein muss eine **konkret-individuelle Kennzeichnung** jeder Abweichung (vom Antrag) und der mit ihr verbundenen Rechtsfolgen erfolgen. Dazu ist ein auffälliger Hinweis erforderlich. Darü- 11 ber hinaus muss der VN **generell-abstrakt** (HK-VVG/*Brömmelmeyer* § 5 Rn. 24 ff.) **belehrt werden,** (dass Abweichungen bei Ausbleiben eines form- und fristgerechten Widerspruchs als genehmigt gelten (Abs. 2 Satz 1). Jede – bspw. die Form und die Frist betreffende – Unzulänglichkeit dieser Belehrung schadet dem VR (zu den Anforderungen OLG Karlsruhe VersR 2016, 654 = r+s 2016, 190).

12 Das Gesetz unterwirft die Belehrung nach Abs. 2 Satz 1 keinen besonderen **Gestaltungserfordernissen** (Langheid/Wandt/*Armbrüster* § 5 Rn. 39). Aus ihrem Zusammenhang mit Abs. 2 Satz 2 folgt jedoch, dass die Belehrung nicht versteckt oder ununterscheidbar mit beliebigen anderen Informationen des VN verbunden werden darf: Denn der VN, von dem die Kenntnis des § 5 Abs. 1 nicht erwartet werden darf, kann die Kennzeichnung der einzelnen Abweichungen im Versicherungsschein nur dann richtig bewerten, wenn ihm zugleich deutlich vor Augen geführt wird, wie er reagieren kann (vgl. OLG Karlsruhe VersR 2006, 783; VersR 1992, 227; Prölss/Martin/*Rudy* § 5 Rn. 20).

13 Die **Abweichungen** müssen dem VN **einzeln** dargestellt werden. Einer Gegenüberstellung mit dem, was beantragt war, bedarf es nicht. Wenn das Gesetz zugleich fordert, auf **die „hiermit verbundenen" Rechtsfolgen** aufmerksam zu machen, so erwartet es keine detaillierte, denkbare Fallgestaltungen prognostisch erfassende Schilderung möglicher Regulierungsnachteile, sondern eine gehaltvolle, abstrakt-generelle Information über die dem Antrag gegenüber abweichende Absicherung. Auf Rechtsfolgen muss nicht gesondert hingewiesen werden, wenn sie sich aus der Abweichung – einer anderen Prämie etwa – selbst ergeben. Der VR muss nicht über die Rechtsfolgen eines Widerspruchs belehren.

14 Der Hinweis muss indessen **in der Police selbst erfolgen.** Mit ihr verbundene Dokumente genügen nicht. Voraussetzung ist, dass er auffällt. Diese Notwendigkeit hat den unaufmerksamen, flüchtigen Leser vor Augen (OLG Karlsruhe VersR 1992, 227). Er muss gewissermaßen darauf „gestoßen" werden, dass (und in welchem Maße) sein Versicherungsschutz nicht dem entspricht, was er zu erwerben erwartet hat. Wie der Hinweis auffallen soll, regelt das Gesetz nicht. Das kann bspw. durch die Schriftfarbe, die Schriftart, durch Rahmen, Unterstreichungen oder Pfeile geschehen; ein Hinweis in Art einer Fußnote genügt nicht (OLG Köln r+s 1995, 283). Ob Aufmerksamkeit erzielt wird, ist auch abhängig von Umfang und Inhalt der Police: In einem Versicherungsschein, der ein oder zwei Blatt umfasst, genügt eine durch Fettdruck und vom übrigen Inhalt abgesetzte Hervorhebung einer Abweichung ohne Weiteres. In einer zahlreiche Seiten zählenden Police können ins Gewicht fallende Abänderungen gegen Schluss des Textes – die Halbierung der versprochenen Rente – auch dann überlesen werden, wenn sie drucktechnisch hervorgehoben sind. Daher ist die **Erfüllung der** von Abs. 2 Satz 2 verbürgten **Warnfunktion** abhängig von einer Abwägung zwischen dem Maß und Gewicht der Abänderung einerseits und dem Ort und der Augenfälligkeit ihrer Erwähnung (OLG Saarbrücken ZfS 2011, 694).

IV. Widerspruch

15 Der **Widerspruch des VN** muss binnen eines Monats ab dem Zugang des Versicherungsscheins (§§ 187 Abs. 1, 188 Abs. 2, 193 BGB) erfolgen. Dabei handelt es sich um eine gesetzliche Ausschlussfrist, deren Versäumung nicht entschuldigt werden kann (Langheid/Wandt/*Armbrüster* § 5 Rn. 50). Widersprechen muss

der VN in Textform (§ 126b BGB); einer Begründung bedarf es nicht. Den **Zeitpunkt des Zugangs** der Police (und der ordnungsgemäßen Belehrung) muss der VR **beweisen** (BGH VersR 1991, 910). Gleiches gilt für das Ausbleiben eines rechtzeitigen Widerspruchs, weil es Voraussetzung für die Geltung des Vertrages mit dem vom VR gewünschten Inhalt ist (aA HK-VVG/*Brömmelmeyer* § 5 Rn. 43).

V. Rechtsfolgen

1. Genehmigungsfiktion des Abs. 1

Erfolgt ein (notwendiger) Widerspruch, tritt die Genehmigungsfiktion des Abs. 1 nicht ein. Der **Abschluss des Vertrages scheitert,** weil der Antrag unter Abänderungen nicht angenommen worden ist; liegt bereits eine Vereinbarung vor, gilt sie fort. Ist ein **Widerspruch nicht erforderlich,** weil (mangels zulänglicher Belehrung) die Genehmigungsfiktion nicht eintritt, wohl aber der Inhalt des Antrags als vereinbart gilt, hat ein gleichwohl erfolgender Widerspruch keine rechtliche Bedeutung. Vielmehr gelten die dem VN günstigeren Bedingungen des Versicherungsantrags (BGH VersR 1982, 841; OLG Karlsruhe r+s 2010, 375). Liegen **mehrere Abweichungen** vor, kann sich der Widerspruch auf einzelne beschränken. Im Zweifel wird dann allerdings der Vertrag nicht nur mit den gebilligten Abweichungen wirksam, sondern insgesamt nicht; der Widerspruch ist allerdings als neues Angebot des VN zu betrachten (*Schreiber* VersR 1994, 760). Die Genehmigungsfiktion setzt allerdings ein Schutzbedürfnis des VN voraus. Hat der VR von vornherein – also noch vor Antragstellung – deutlich gemacht, er werde auf keinen Fall ein bestimmtes Risiko übernehmen, oder eine bestimmte Absicherung – beispielsweise ein Krankentagegeld einer vom VN verlangten Höhe – zusagen, kann das von Abs. 2 mit seinem Belehrungserfordernis vertretene Schutzbedürfnis des VN entfallen (OLG Saarbrücken r+s 2009, 319; LG Dortmund ZfS 2015, 154). 16

2. Fingierung des Vertrages bei Unvollständigkeit (Abs. 2)

Sind die Voraussetzungen des Abs. 2 nicht, nicht vollständig oder nicht korrekt erfüllt, so wird das **Zustandekommen des Vertrages** mit dem Inhalt des Antrags des VN **fingiert.** Das gilt selbstverständlich auch, wenn ein mündlicher Antrag dem Versicherungsvertreter gegenüber gestellt worden ist. Auf ein Verschulden des VR, etwa einen Irrtum über die Entsprechung von Antrag und Annahme, kommt es nicht an (BGH VersR 2001, 1499; NJW 1988, 60). Soweit der Antrag rechtlich unzulässige Bestandteile enthält, werden sie allerdings nicht Inhalt des Vertrages. 17

VI. Irrtumsanfechtung

Abs. 4 bewirkt, dass der VN das Unterlassen eines fristgemäßen Widerspruchs durch eine **Irrtumsanfechtung (§ 119 Abs. 2 BGB)** korrigieren und sich damit von einem ihm irrtümlich inhaltlich nicht genügenden Versicherungsschutz trennen kann. Das muss indessen unverzüglich nach Entdeckung des Irrtums geschehen. Das Widerspruchsrecht schließt also das Anfechtungsrecht des VN – unabdingbar – nicht 18 aus. Allerdings ist eine Anfechtung nicht begründet, wenn sich die Fehlvorstellung auf die Bedeutung des Schweigens auf den Zugang des Abweichungen enthaltenden Versicherungsscheins bezieht. Selbstredend bleibt dem VN auch das Anfechtungsrecht nach § 123 BGB. Abs. 4 betrifft die **Anfechtung durch den VR** nicht. Sie folgt ohnehin den allgemeinen Regeln (zur Einschränkung einer Teilanfechtung bei Zugrundelegung falscher Tabellen zum Rückkaufswert BGH VersR 2002, 88).

§ 6 Beratung des Versicherungsnehmers

(1) [1]**Der Versicherer hat den Versicherungsnehmer, soweit nach der Schwierigkeit, die angebotene Versicherung zu beurteilen, oder der Person des Versicherungsnehmers und dessen Situation hierfür Anlass besteht, nach seinen Wünschen und Bedürfnissen zu befragen und, auch unter Berücksichtigung eines angemessenen Verhältnisses zwischen Beratungsaufwand und der vom Versicherungsnehmer zu zahlenden Prämien, zu beraten sowie die Gründe für jeden zu einer bestimmten Versicherung erteilten Rat anzugeben.** [2]**Er hat dies unter Berücksichtigung der Komplexität des angebotenen Versicherungsvertrags zu dokumentieren.**

(2) **Für die Übermittlung des erteilten Rats und der Gründe hierfür gilt § 6a.**

(3) [1]**Der Versicherungsnehmer kann auf die Beratung und Dokumentation nach den Absätzen 1 und 2 durch eine gesonderte schriftliche Erklärung verzichten, in der er vom Versicherer ausdrücklich darauf hingewiesen wird, dass sich ein Verzicht nachteilig auf seine Möglichkeit auswirken kann, gegen den Versicherer einen Schadensersatzanspruch nach Absatz 5 geltend zu machen.** [2]**Handelt es sich um einen Vertrag im Sinn des § 312c des Bürgerlichen Gesetzbuchs, kann der Versicherungsnehmer in Textform verzichten.**

(4) [1]**Die Verpflichtung nach Absatz 1 Satz 1 besteht auch nach Vertragsschluss während der Dauer des Versicherungsverhältnisses, soweit für den Versicherer ein Anlass für eine Nachfrage und Beratung des Versicherungsnehmers erkennbar ist; Absatz 3 Satz 2 gilt entsprechend.** [2]**Der Versicherungsnehmer kann im Einzelfall auf eine Beratung durch schriftliche Erklärung verzichten.**

(5) [1]**Verletzt der Versicherer eine Verpflichtung nach Absatz 1, 2 oder 4, ist er dem Versicherungsnehmer zum Ersatz des hierdurch entstehenden Schadens verpflichtet.** [2]**Dies gilt nicht, wenn der Versicherer die Pflichtverletzung nicht zu vertreten hat.**

(6) **Die Absätze 1 bis 5 sind auf Versicherungsverträge über ein Großrisiko im Sinn des § 210 Absatz 2 nicht anzuwenden, ferner dann nicht, wenn der Vertrag mit dem Versicherungsnehmer von einem Versicherungsmakler vermittelt wird.**

Übersicht

I. Normzweck, Regelungsinhalt und Abgrenzung

Während die Vermittlerrichtlinie (RL 2002/92/EG v. 9.12.2002, ABl. 2003 L 9, 3) dem Versicherungsvermittler den Schutz des VN vor den durch Informationsdefizite verursachten Schäden auftrug, nimmt § 6 rechtssystematisch klarer den **VR als Vertragspartner** in die Pflicht. Mit der Einführung einer gesetzlichen Beratungspflicht des VR selbst wird zugleich die bisherige Kasuistik in eine normative Form gegossen (*Römer* VersR 2006, 740 ff.). Damit treffen sowohl den **VR** (§ 6) als auch den **Versicherungsvertreter** (§§ 61–63, 65) vor dem Vertragsschluss inhaltlich weitgehend gleich geregelte (zu Unterschieden § 61 Rn. 4 ff.), **nebeneinander bestehende Beratungspflichten.** Sie sind allerdings nur einmal zu erfüllen. Verletzt der Versicherungsvertreter die den VR treffende Beratungspflicht, wird das auch dem VR zugerechnet (§ 278 BGB). Erfüllt er sie, ist eine Beratung durch den VR nicht mehr geschuldet. Ein VR kann sich seiner Beratungspflicht auch nicht dadurch entziehen, dass er die Vermittlung seiner Produkte einem Strukturvertrieb überlässt Er haftet dann nach § 278 BGB für die Unzulänglichkeiten der Beratung durch diesen (OLG Karlsruhe r+s 2016, 190). § 6 kann als komplementärer Schutz zu den sich aus § 7 und der dazu erlassenen VVG-InfoV ergebenden Informationspflichten betrachtet werden: Während diese sich aber **generell-abstrakt** der Darstellung und Veranschaulichung des jeweiligen Versicherungsprodukts widmen, dienen jene des § 6 dazu, **konkret-individuell** bestehende Schutzbedürfnisse aufzufangen, auch wenn beides nicht immer ganz scharf voneinander getrennt werden kann. Daher wird die Beratungspflicht **nicht durch die Überlassung der Verbraucherinformation** erfüllt (BGH r+s 2017, 133). Die Beratungspflicht ist allerdings keine Betreuungspflicht, die den VR dazu anhielte, die „wahren" Interessen des VN zu beachten, sondern eine **Pflicht zur Hilfe aus besonderem Anlass.** Das verdeutlicht, dass § 6 die Voraussetzungen einer Beratungspflicht nicht abschließend umschreibt (*Stöbener* ZVersWiss 2007, 465 (469)). 1

Neben und unabhängig von § 6 gelten – gesetzlich nunmehr gleichfalls weitgehend geregelte – **Hinweis- und Belehrungsobliegenheiten** des VR (vor allem §§ 19 Abs. 5, 28 Abs. 4, 37 Abs. 2 Satz 2, § 186), die – von rechtlich anderer Natur – Voraussetzungen des Bestehens von Rechten des VR bestimmen. Über § 6 hinaus kann es in besonderen Fällen zur Annahme eines (auch stillschweigend 2 abgeschlossenen) **selbstständigen Beratungsvertrages** kommen. Von seinem Abschluss ist aber idR nur auszugehen, wenn es um ein spezifisches Absicherungskonzept geht, wirtschaftlich bedeutende Interessen auf dem Spiel stehen und der VN einen sie umfassenden Beratungsbedarf zu erkennen gegeben hat (vgl. zu allem *Stöbener* ZVersWiss 2007, 465). Davon abgesehen schließt § 6 weitere, auf §§ 241 Abs. 2, 311 Abs. 2 BGB gestützte **Pflichten zur Sorgfalt und Rücksichtnahme** nicht aus (Looschelders/Pohlmann/*Pohlmann* § 6 Rn. 5 ff.). Zu ihnen zählt vor allem die allerdings nicht scharf von einer Beratungspflicht zu unterscheidende Pflicht, einen **Versicherungsantrag zügig zu bearbeiten** und eine etwaige Ablehnung von Versicherungsschutz in entsprechender Anwendung von § 663 BGB alsbald mitzuteilen (OLG Saarbrücken VersR 2006, 1345). Auch andere Anträge des VN und vertragsbezogene Erklärungen sind auf ihre Vollständigkeit zu kontrollieren und unverzüglich weiterzuleiten (OLG Celle VersR 2010, 200; § 61 Rn. 14 ff. für den Versicherungsmakler). Schließlich können sich aus einem Versicherungsvertrag Auskunftspflichten – bspw. über Bezugsrechte – ergeben (§ 3 Rn. 10).

3 Gewohnheitsrechtlich anerkannt war bislang die **Vertrauens- und Erfüllungshaftung** des VR für – im Zusammenhang mit dem Vertragsabschluss erfolgende – Zusagen und Auskünfte oder durch unterbliebene Korrekturen von Fehlvorstellungen des VN über die Tragweite der nachgesuchten Risikoabdeckung (vgl. unter anderem BGH VersR 2004, 361; NVersZ 2002, 64; OLG Koblenz VersR 2009, 248; r+s 2009, 291; OLG Celle VersR 2008, 60; OLG Hamm r+s 1997, 270; OLG Düsseldorf VersR 1998, 224; OLG Köln VersR 1996, 1265; OLG Saarbrücken NJW-RR 1988, 858; offen gelassen OLG Brandenburg NJOZ 2020; OLG Hamm NJOZ 2020, 625). Ihre Besonderheit bestand darin, dass sie kein Verschulden voraussetzte, eine Einstandspflicht des VR auch dann begründete, wenn er eine Deckung der durch den Agenten zugesagten Art oder des entsprechenden Umfangs gar nicht anbot, jedoch nicht herangezogen werden durfte, wenn den VN ein Eigenverschulden traf. Im Übrigen betraf sie keine Erklärungen über das Bestehen von Versicherungsschutz nach Eintritt des Versicherungsfalles (OLG Karlsruhe r+s 1993, 331; OLG Köln r+s 1990, 325). Für diese dem übrigen Zivilrecht fremde Rechtsfigur ist angesichts der umfassenden und die widerstreitenden Interessen abwägend aufnehmenden gesetzlichen Regelung jedes nur denkbaren Informationsbedarfs des VN kein Raum mehr (*Lorenz,* FS Canaris, 2007, 757; zu schon zuvor bestehenden Zweifeln *Kollhosser* r+s 2001, 89; vgl. iÜ Langheid/Wandt/*Armbrüster* § 6 Rn. 332; HK-VVG/*Münkel* § 6 Rn. 43; aA OLG Frankfurt a. M. VersR 2012, 342; LG Saarbrücken VersR 2014, 317; offenbar auch Bruck/Möller/*Schwintowski* § 6 Rn. 5).

II. Befragungs- und Beratungspflicht (Abs. 1 Satz 1)

1. Grundlagen

4 § 6 Abs. 1 Satz 1 regelt zwei zentrale Pflichten des VR. Er muss den VN **nach seinen Wünschen und Bedürfnissen befragen.** Auf der so recherchierten Grundlage muss er ihn **beraten** und seinen **Rat begründen.** Die Vorschrift verlangt keine von den Umständen der Vertragsverhandlungen unabhängige allgemeine Risikoanalyse (OLG Nürnberg BeckRS 2021, 1096 mwN zu den verschiedenen Risiken eines Rückstaus). Grundsätzlich ist es nämlich Sache des VN selbst,

sich über Art und Umfang seines Versicherungsschutzes kundig zu machen (OLG Saarbrücken BeckRS 2019, 23766: keine Beratung über die vereinbarte Vertragslaufzeit). Voraussetzung der Entstehung dieser Pflichten ist vielmehr, dass im konkreten Einzelfall dazu ein aus der Person des VN, aus seiner Situation oder aus der Komplexität des Produkts folgender Anlass besteht. Das bedeutet zunächst, dass der VR ermitteln muss, **welches Absicherungsinteresse** der VN verfolgt. Weil § 6 Abs. 1 in einem von Privatautonomie der Vertragsparteien beherrschten System nicht das Ziel verfolgen darf, einen „objektiven Bedarf" festzustellen, geht es allein um das **subjektive Anliegen des VN,** um das von ihm verfolgte Interesse an der von ihm möglicherweise noch unzulänglich definierten Deckung eines Risikos. Der VR muss daher vor allem **Fragen des VN** zutreffend beantworten und dazu beitragen, dass die richtigen Fragen gestellt werden, er muss Irrtümer korrigieren, Kenntnislücken füllen und auf diese Weise die erforderliche „Informationshilfe" leisten, den VN aber nicht iS seiner – „wahren" Bedürfnisse bevormunden. Sagt der VR die Überprüfung eines Anliegens des VN zu (die Änderung einer Bezugsberechtigung), so muss das von ihm Veranlasste dem gerecht werden, also vor allem die zügig zu erledigenden Formalitäten wahren (OLG Hamm NJW-RR 2009, 1409).

Besondere Schwierigkeiten wirft die Beratung bei **internetvermittelten Versicherungsverträgen** auf. Der notwendigerweise medial distanzierte Kontakt zwischen Beratenem und Berater kann die Individualität und Verständlichkeit der Beratung (zur Zulässigkeit einer digitalen Beratung vgl. § 6a Rn. 10 ff.) nachhaltig belasten. Das Medium befreit aber nicht von Verantwortung. Daher bedarf es besonderer Vorkehrungen um sicherzustellen, dass eine konkrete Bedarfsermittlung und konkrete, differenzierende Absicherungsvorschläge erfolgen können. *Armbrüster* schlägt insoweit zu Recht vor, Fragetools, Instant-Chats und eine Rückversicherung durch Hotlines vorzusehen (r+s 2017, 57). Fehlt es daran und hat sich das auf den Informationsstand des VN ausgewirkt – was der VR widerlegen müsste, da er den Vertriebsweg gewählt hat – können daraus schadensersatzrechtliche und beweisrechtliche Folgen entstehen. 5

2. Anlässe der Beratung

a) Allgemeines. Alle Pflichten des § 6 Abs. 1 verlangen einen **Anlass.** Er muss für den VR, auch wenn Abs. 1 dies anders als Abs. 4 nicht erwähnt, **erkennbar** sein (Looschelders/Pohlmann/*Pohlmann* § 6 Rn. 52). Das ist naturgemäß dort der Fall, **wo der VN den VR um Unterstützung bittet** und der VR dem nachkommt (OLG Saarbrücken VersR 2005, 1686) oder der VR irrige Vorstellungen des VN bemerkt oder auf Unklarheiten der Beurteilung stößt. Auch kann **der VR** (durch seinen Agenten) **Fehlvorstellungen des VN bewirken** und muss sie dann korrigieren (bzw. für sie einstehen), bspw., wenn er den Eindruck erweckt, der VN sei gegen alle seinem versicherten Interesse drohenden Gefahren („mit Ausnahme des Kometeneinschlags") abgesichert, obwohl wichtige Lücken bestehen (aA OLG Hamm ZfS 2016, 449) Darüber hinaus können es Umstände von wesentlicher Bedeutung für den Vertragszweck sein, die eine Pflicht des VR begründen, ihnen im Kontakt mit dem VN nachzugehen (Langheid/Wandt/*Armbrüster* § 6 Rn. 29, 30). Vor allem aber verlangt der Anlass einen **vertragsbezogenen Kontakt:** Die Pflichten des § 6 entstehen nicht von selbst oder weil der VR im Zusammenhang mit anderen geschäftlichen Beziehungen zu dem VN, etwa im Rahmen der Pflege anderer Versicherungsverträge, von einem davon 6 völlig getrennten Absicherungsbedarf erfahren hat. Vielmehr löst erst der Beginn einer Vertragsanbahnung – also eine Anfrage eines potenziellen Kunden oder seine Einlassung auf eine Anfrage des VR die Befragungs- und Beratungspflicht aus.

7 Allerdings folgt aus der **Bitte um Umstellung** eines Gebäudeversicherungsvertrags auf einen neuen Eigentümer nicht notwendigerweise die Pflicht zum Hinweis auf den Abschluss auch einer neuen Hausratversicherung; Anderes kann gelten, wenn schon bisher in einer (Eigentümer-)Police die Deckung mehrerer unterschiedlicher Risiken formal miteinander verbunden war (OLG Saarbrücken VersR 2012, 1029). Der VR schuldet daher keine Beratung mehr, wenn „das Kind schon in den Brunnen gefallen" ist, wenn also bspw. der VN durch ein **unmissverständliches Beitragsfreistellungsverlangen** den Versicherungsvertrag schon zum Erlöschen gebracht hat (OLG Frankfurt a. M. VersR 2016, 238; OLG Braunschweig ZfS 2020, 29 zu der bei Kündigung eines Vertrages fehlenden Pflicht zur Beratung über deren Folgen; vgl. aber zur Beratungspflicht bei einem solchen Anliegen OLG Frankfurt r+s 2018, 380). Ganz allgemein gilt, dass ein Beratungsanlass entsteht, wenn der VR erkennt oder mit der naheliegenden Möglichkeit rechnen muss, dass der VN wegen mangelnder versicherungsrechtlicher oder -technischer Kenntnisse nicht die für ihn zweckmäßigste Vertragsgestaltung wählen will oder gewählt hat (BGH VersR 1981, 621 Rn. 21 f.). Verfügt der VN bereits über eine entsprechende Absicherung aufgrund eines mit dem VR bestehenden Vertrages, muss der VR darauf hinweisen, dass es eines vom VN nachgefragten **weiteren Versicherungsschutzes nicht bedarf** (OLG Frankfurt a. M. BeckRS 2014, 09479).

8 **b) Komplexität des Produkts.** Abs. 1 Satz 1 stellt an die Spitze der Beratungsanlässe die **Schwierigkeit, die angebotene Versicherung zu beurteilen.** Damit ist die auch für einen durchschnittlichen VN schwer erschließbare, die ohnehin „typischen" Verständnisprobleme übersteigende Komplexität des in Erwägung gezogenen Vertrages gemeint. § 6 verlangt allerdings nicht eine Art Grundkurs zum jeweiligen Versicherungsvertrag, sondern eine das konkrete Anliegen des VN mit der Konstruktion des Produkts in Beziehung setzende Beratung. Umgekehrt kann bei **Standardprodukten,** die der VN bereits kennt (er bittet um Abschluss einer Kaskoversicherung für sein neu erworbenes Kfz) davon auszugehen sein, dass keine Beratungspflicht besteht (OLG Hamm VersR 2010, 1215). Begehrt der VN aber eine „umfassende" Absicherung, so ist der VR auch bei „einfachen" Kraftfahrtversicherungsverträgen gehalten, auf die Notwendigkeit des Abschlusses von Zusatzversicherungen hinzuweisen (OLG Zweibrücken r+s 2017, 181 zur Fahrerschutzversicherung). Der VR muss also dort konsultativ tätig werden, wo er erkennen kann, dass der von ihm angebotene Vertrag möglicherweise nicht alle Deckungserwartungen des VN erfüllt. Solche Schwierigkeiten können sich zum einen daraus ergeben, dass die rechtliche Konstruktion des Vertrages durch die Verwendung von **Fachbegriffen** (der Wertbegriffe in der Sachversicherung, OLG Köln VersR 1997, 1530; OLG Koblenz VersR 1997, 1226) nicht erkennen lässt, unter welchen konkreten Voraussetzungen welche Leistung des VR zu erwarten ist.

9 Grundsätzlich ist es Sache des VN, den Wert des von ihm abzusichernden Risikos selbst einzuschätzen; der VR (und sein Vermittler) muss den VN aber auf die zuweilen schwierige Bestimmung des Versicherungswerts aufmerksam machen (vgl. Rn. 12; zur Zugrundelegung des Listenpreises in der Maschinenversicherung OLG Naumburg r+s 2015, 26). Von den **Wertansätzen des VN** selbst darf der

VR allerdings ausgehen, wenn er keine Anhaltspunkte dafür hat, sie könnten nicht zutreffen (OLG Hamm ZfS 2006, 462; VersR 1992, 49; 1984, 880). Auf **Risikoausschlüsse,** auf die schon das Produktinformationsblatt aufmerksam machen muss, ist nicht gesondert hinzuweisen (*Stöbener* ZVersWiss 2007, 465 (478)), es sei denn, deren besondere und im konkreten Fall bestehende Relevanz oder deren fehlendes Verständnis durch den VN wäre dem VR erkennbar (OLG Köln VersR 1991, 1279 zum Risikoausschluss für Heilpraktikerleistungen; OLG Hamm BeckRS 2020, 26696 zur Aufbewahrung von Schmuck in einem Tresor). Die Beurteilungsschwierigkeiten können aber auch aus vom VR angebotenen oder auf dem Markt allgemein verbreiteten **ähnlichen Produkten** folgen. Darüber, dass er ein anderes Leistungskonzept hat als andere Anbieter auf dem Markt (zur Verwendung von Tabellenwerten bei Teilinvalidität in der Unfallversicherung OLG Brandenburg NJOZ 2020, 688), muss der VR nicht aufklären. Bietet der VR selbst dem Interesse des VN unterschiedlich gerecht werdende Bedingungen an (Basistarife, Komforttarife), so muss er unter Bezugnahme auf das, was der VN an ihn herangetragen hat, deren Vor- und Nachteile einander vollständig und verständlich gegenüberstellen. Das ist nur dann anders, wenn der VN von vornherein ein bestimmtes Deckungskonzept erbittet, das nur von einer Produktvariante erfüllt werden kann (zur Beratung über Bedingungsänderungen Rn. 24). Da der VN durch das Produktinformationsblatt (§ 4 VVG-InfoV) über die Art der Absicherung und ihren wesentlichen Umfang unterrichtet ist, zielt die Beratung auf darüber hinaus gehende erkennbare Informationsdefizite.

Beurteilungsschwierigkeiten können sich aus dem **Zusammenhang** der vom 10
VN erbetenen Absicherung **mit anderen,** von ihm nicht ohne Weiteres zu überblickenden **Regelungen** ergeben. Ist erkennbar, dass der VN eine lückenlose Absicherung bestimmter Risiken begehrt, muss der VR ihn auf die Notwendigkeit der Kombination verschiedener Produkte aufmerksam machen (OLG Köln VersR 1994, 342). Daher muss der **Krankheitskostenversicherer** zutreffend darüber aufklären, welche Voraussetzungen und Konsequenzen ein Wechsel des Systems (oder des VR) hat, wenn er den VN „abwirbt" oder dieser sich mit einem solchen Anliegen an ihn wendet (OLG Hamm NZS 2015, 821; OLG München VersR 2012, 1292; OLG Frankfurt a. M. r+s 2009, 218). Allerdings trifft den VR keine allgemeine Pflicht, den VN über eine **Anpassung des Versicherungsschutzes** an einen komplementären **Beihilfeschutz** zu unterrichten (OLG Köln VersR 2015, 1284; OLG Saarbrücken r+s 2011, 482 = VersR 2011, 1556; r+s 1997, 208) oder gar über die Möglichkeit, als Angestellter im öffentlichen Dienst eine Beihilfeberechtigung zu erwerben (OLG Oldenburg VersR 2015, 356; vgl. aber Rn. 10). Wegen der Details des Ausstiegs aus der gesetzlichen Krankenversicherung darf er den VN allerdings an deren Träger verweisen. Über die Möglichkeit des Wechsels in einen Basistarif bei Eintritt der Hilfsbedürftigkeit muss der VR beraten (OLG Schleswig NJW-RR 2019, 607). Zu Fragen, die nicht die Absicherung selbst, sondern den Umgang mit Ansprüchen gegen den VR betreffen – die **Wirksamkeit oder Unwirksamkeit einer Abtretung** von Ansprüchen – muss der VR nicht von sich aus aufklären (OLG Hamm NZA-RR 2019, 494).

Auch in den Fällen, in denen der VR eine **Nettopolice,** bei der die Prämie 11
keinen Anteil für die Vermittlung des Vertrages enthält, anbietet, können Beratungspflichten des VR und seines Vertreters (vor allem aber des Versicherungsmaklers) bestehen. Da die vorzeitige Auflösung des Versicherungsvertrages bei einer solchen Gestaltung – vor allem im Falle der Kündigung – nicht notwendigerweise zum Wegfall des separat vereinbarten Vergütungsanspruchs oder eines Wertersatzes

für eine aus der subjektiven Sicht des VN dann weitgehend nutzlose Dienstleistung führt (§ 9 Rn. 24), muss der VR darauf ausdrücklich aufmerksam machen und Alternativen darstellen. Gerade die eigentliche Transparenz der mit der Vergütungsvereinbarung verbundenen Nettopolice birgt die besondere Gefahr, dass der durchschnittliche VN ihre erst künftig möglicherweise eintretenden Risiken übersieht (vgl. zur möglichen Annahme einer Beratungspflicht BGH NJW 2012, 3428 = VersR 2012, 1310; NJW 2005, 1357; eine Beratungspflicht ausdrücklich bejahend LG Saarbrücken VersR 2013, 759).

12 Der **Betriebshaftpflichtversicherer** ist gehalten, auf eine jederzeit mögliche Lücke in der Deckung zwischen Betriebs- und Kfz-Haftpflichtversicherung aufmerksam zu machen (OLG Köln VersR 2000, 352 – Gabelstapler im Großhandel; OLG Köln VersR 1993, 304 – Rasenmähertraktor im Betrieb). Bittet ein VN um **Haftpflichtversicherungsschutz,** so müssen Risiken erkundet werden, die gerade ihn treffen können, bspw. solche aus der Haltung von Tieren oder aus der Betreuung fremder Kinder (vgl. auch OLG Düsseldorf VersR 1998, 224; zur Abgrenzung der Haftpflicht- von der Kraftfahrtversicherung vgl. OLG Köln VersR 1993, 304; 1993, 1385; vgl. auch BGH VersR 2014, 625 zur entsprechenden Beratungspflicht eines Versicherungsmaklers in der Betriebshaftpflichtversicherung). Denn gerade die differenzierten Risikoausschlüsse der Haftpflichtversicherung sind für den Laien schwer zu überblicken (BGH VersR 1993, 1385 – Anlagenrisiko für Gewässerschäden; VersR 1975, 77 – Gerüstverleih einer Dachdeckerei; OLG Köln r+s 1986, 273 – Abwässerschäden eines Rohrreinigers; OLG Hamm VersR 1984, 853 – Anlagenrisiko bei Tiefbauunternehmen mit Tanklager). Der VR ist allerdings nicht verpflichtet, auf **künftige Rechtsänderungen** aufmerksam zu machen, die den Versicherungsvertrag betreffen können (BGH VersR 2009, 2224). Er schuldet auch keine „Lebensberatung", die die Rechtsfolgen des Abschlusses eines Versicherungsvertrages auf dem Gebiet des Sozialrechts betreffen (OLG Bamberg VersR 2010, 894), solange es sich nicht um ganz spezifische, aus der Art oder dem Umfang des angebotenen Versicherungsschutzes resultierende und notwendigerweise mit ihm verbundene Risiken handelt.

13 Abs. 1 Satz 1 verlangt **nicht,** dass die (regelmäßig komplexen) **AVB** des angebotenen Vertrages noch einmal **verlesen** oder gar **interpretiert** werden. Von einem VN wird gerade nach den durch § 7 und die VVG-InfoV gewährten Produktinformationen erwartet, dass er sich selbst kundig macht, Vertragstexte liest und, wenn er sie nicht versteht, nachfragt. Daher muss bspw. bei Abschluss der Kaskoversicherung eines Vermieters nicht darauf hingewiesen werden, dass ein Unterschlagungsrisiko nicht gedeckt ist (OLG Köln VersR 1996, 1265). Ein VR ist auch nicht verpflichtet, auf **Produkte anderer VR** hinzuweisen und dem VN Vor- und Nachteile des eigenen Vertragsangebots abgrenzend darzustellen (OLG Köln NVersZ 2002, 519; OLG Saarbrücken VersR 1999, 1367; OLG Hamm VersR 1995, 1345; zur fehlenden Pflicht zur Beratung über alternative Sparanlagen OLG Hamm r+s 2008, 161). Er muss seine Position nicht schwächen. Bieten andere VR einen umfassenderen Versicherungsschutz an – im Verlauf der Corona-Pandemie hat sich gezeigt, dass viele VR für Versicherungsfälle durch **Betriebsschließungen,** die auf den Gefahren des Sars-CoV-2-Virus beruhten, keine Deckung versprochen hatten (vgl. Schmidt, COVID-19/*Rixecker* § 12 Rn. 56 ff.) – muss er selbst nicht darauf aufmerksam machen. Das gilt in der **Krankheitskostenversicherung** vor allem auch für einen unterschiedlichen Leistungsstandard gegenüber der gesetzlichen Krankenversicherung (OLG Stuttgart VersR 1999, 1268; diff. OLG Köln VersR 1991, 1279). Anders ist es, wenn der private VR mit besseren Leistungen wirbt oder von seinem Kunden gefragt wird – dann müssen seine Auskünfte zutreffen. Allerdings führt eine Mitteilung des VN über veränderte familiäre Verhältnisse, die sich allein auf einen komplementären Krankheitskostenschutz beziehen, nicht zu einer Beratungspflicht (OLG Saarbrücken r+s 2007, 208). Ein Krankenversicherer muss allerdings darauf aufmerksam machen, dass und unter welchen Voraussetzungen er **günstigere Tarife** anbietet, wenn er bspw. erkennt, dass es um die Absicherung in Ausbildung befindlicher Kinder geht (OLG München VersR 2016, 318).

Spezifischen Beratungsbedarf wirft die **Lebensversicherung** dann auf, wenn mit dem Vertragsabschluss über die Risikoabsicherung hinaus eine **Vermögensanlage oder Vermögensbildung** angestrebt wird. Dann muss der VR über alle für den Anlageentschluss des VN bedeutsamen Umstände aufklären und darf die Risiken der Anlage nicht verharmlosen oder gar verschweigen (vgl. zur anlegergerechten Beratung BGH NJW 2007, 1876; iÜ BGH VersR 1998, 1093; OLG DüsseldorfVersR 2020, 361). Vor allem müssen die Daten, mit denen er wirbt, bspw. Vergangenheitsrenditen, zutreffen (und nicht nur eine optimistische Annahme des VR sind, vgl. unter anderem OLG Frankfurt a. M. BeckRS 2015, 09808), und er muss die Umstände, die die Wertentwicklung einer Anlage beeinflussen können wie eine etwaige Quersubventionierung, transparent darstellen (BGHZ 194, 39 = NJW 2012, 3647 = VersR 2012, 1237). Den VR trifft in einem solchen Fall allgemein die **Pflicht zur anlegergerechten Beratung** (BGH NJW 2017, 2268). Allerdings muss nicht konkret darüber aufgeklärt werden, dass bei einer fondsgebundenen Versicherung Wertschwankungen auftreten können und nicht darüber, dass nicht der gesamte Beitrag angelegt wird (OLG Hamm VersR 2006, 777; zur Beratung über den Verlust des Restkapitals in der Rentenversicherung OLG Oldenburg VersR 1998, 220; OLG Stuttgart VersR 2007, 1069). Auch muss nicht auf andere, möglicherweise ertragreichere Formen des Sparens unterrichtet werden (OLG Hamm r+s 2008, 161). In dem Fall eines so komplexen Produkts wie einer **Rürup-Absicherung** muss ein VR, der den Versorgungszweck des VN (typischerweise) erkennt, auf den Ausschluss einer Berücksichtigung der Kinder ab einem bestimmten Alter hinweisen (OLG Naumburg VersR 2016, 988). 14

Über **steuerliche Konsequenzen** eines bestimmten Vertragsmodells muss der VR beraten, wenn der VN danach fragt (OLG Hamm VersR 1988, 623) oder sich ihm aufdrängen muss, welche nachteiligen steuerlichen Auswirkungen das von ihm angebotene Produkt haben kann. Dabei schuldet er allerdings keine „Steuerberatung“ sondern nur die ihm zugänglichen zutreffenden Informationen. Verfügt er selbst nicht über zureichende Erkenntnisse über steuerliche Auswirkungen, muss er den VN auf die Notwendigkeit sachkundiger Hilfe hinweisen. Bei fremdfinanzierten Verträgen muss er auf die Risiken und Nachteile eines mit einem Kreditvertrag verbundenen Lebensversicherungsvertrags aufmerksam gemacht werden (BGH NJW 1998, 2898; VersR 1989, 596). Demgegenüber ist ein Lebensversicherer nicht gehalten, den Erben seines VN auf die Möglichkeit hinzuweisen, den mit der Einräumung eines **Bezugsrechts** verbundenen Auftrag zur Übermittlung eines Schenkungsangebots zu widerrufen (offen gelassen OLG Hamm ZEV 2015, 367): Solche mit der Einräumung eines Bezugsrechts verbundenen folgenden Gefahren drohen dem Vermögen des Erben aufgrund einer Zuwendungsentscheidung des Erblassers und VN, nicht aufgrund der vom VN gewünschten und verwirklichten Absicherung des Versicherungsfalls Tod als solcher. 15

16 Ähnliches gilt für die Vereinbarung der **zutreffenden Versicherungssumme** in der **Gebäudeversicherung.** Übernimmt der VR ihre Ermittlung oder trifft er Maßnahmen, die für eine solche Übernahme sprechen, darf er sich bei unveränderter Sachlage später nicht auf eine Unterversicherung berufen (BGH VersR 2007, 537; OLG Saarbrücken VersR 2003, 195; ZfS 2006, 36; KG VersR 2007, 1649; zur Beratungsnotwendigkeit in den Fällen des „Wertes 1914" und ähnlichen Konstellationen BGH VersR 1989, 472; OLG Hamm VersR 1992, 49; OLG Celle VersR 1995, 333; OLG Koblenz VersR 1997, 1226; *Armbrüster* VersR 1997, 931). Gibt der VN zu erkennen, er wolle „richtig" oder umfassend versichert sein, darf der VR ihn nicht zu Unrecht (durch Sicherheitszuschläge oder Ausgleiche für eine Unterversicherung) im Glauben lassen, der Vertrag werde dem gerecht (OLG Saarbrücken ZfS 2005, 299; OLG Celle NJW-RR 2004, 604). Der VR muss den richtigen Versicherungswert nicht selbst ermittelt, schuldet aber den Hinweis darauf, welche Schwierigkeiten bei seiner Ermittlung bestehen können (OLG Karlsruhe VersR 2013, 885). Kann also von einem Laien aufgrund der Rechenweise des Vertrages (bspw. bei Zugrundelegung des „Wert(s) 1914") aber auch im Wohnflächenmodell die ihn hinreichend sichernde Versicherungssumme nicht überblickt werden, muss der VR die Berechnung entweder selbst übernehmen oder eine sachverständige Hilfe empfehlen (BGH ZfS 2011, 275; VersR 1989, 472). Das schuldet er auch, wenn tatsächliche Schwierigkeiten der Ermittlung der Versicherungssumme aufgrund der Konstruktion eines Gebäudes bestehen (OLG Düsseldorf ZfS 2006, 249 – Schlossbau).

17 Eine vergleichbare Komplexität weist die **Hausratversicherung** nicht auf, weil der VN in aller Regel selbst am besten die vom Vertrag geschützten Werte feststellen kann (OLG Düsseldorf VersR 1998, 845). Das ist anders, wenn sich der VR an der Wertermittlung beteiligt (OLG Frankfurt a. M. VersR 2006, 406). Über die näheren örtlichen und sachlichen Voraussetzungen eines Versicherungsfalles (die Notwendigkeit eines Einbruchs in den Versicherungsort selbst) muss nicht beraten werden (OLG Karlsruhe VersR 2004, 273), solange sich dem VR nicht die Gefährdung des Vertragszwecks aufgrund der besonderen räumlichen Verhältnisse aufdrängen muss.

18 **c) Person und Situation des Versicherungsnehmers.** Anlässe zur Beratung können ferner die **Person** „und" die **Situation** des VN sein. Beides muss jedoch nicht kumulativ vorliegen (aA wohl *Reiff* VersR 2007, 717 (725)), weil die im Rahmen der Vertragsanbahnung entstehende, die Beratungspflicht auslösende Pflicht zur Rücksichtnahme, die § 6 Abs. 1 Satz 1 normativ aufnimmt, keine Summierung von Gründen der Rücksichtnahme voraussetzt. Die **Person** des VN kann Anlass zur Beratung sein, wenn seine Eigenschaften Beratungsbedarf offenbaren oder seine **Kenntnisse und Erfahrungen** erkennbar das im Allgemeinen zu erwartende Maß unterschreiten. Gleiches gilt, wenn er **Fragen** stellt oder durch seine **Äußerungen** deutlich macht, im Besonderen an Informationsdefiziten zu leiden. Umgekehrt kann die dem VR bekannte eigene Sachkunde des VN eine Beratungspflicht ausschließen (Prölss/Martin/*Dörner* § 61 Rn. 7). Die **Situation** des VN kann Anlass zur Beratung sein, wenn seine spezifischen familiären, beruflichen oder sonstigen sozialen Beziehungen für das zu versichernde Risiko von Bedeutung sind. So muss der VR bei einer betrieblichen Gebäudeversicherung darauf aufmerksam machen, dass die Deckung eines denkbaren Risikos möglicherweise versehentlich nicht beantragt worden ist (OLG Hamm NVersZ 2001, 88 – Hagelschaden; zu Vandalismusschäden OLG Karlsruhe r+s 1994, 264).

Vor allem in Fällen der **„Abwerbung"** muss der VR sicherstellen, dass einem Interesse des VN an einem gleichwertigen Versicherungsschutz entsprochen wird (OLG Koblenz VersR 2007, 482 – Versicherung von Bremsschäden). Gerade auch bei einem **Wechsel des VR** – bspw. in der Krankheitskostenversicherung – muss der VR darauf achten, dass keine zeitliche Deckungslücke oder gar, wenn der neue Versicherungsvertrag noch gar nicht abgeschlossen ist, durch Kündigung des alten ein besonderes Risiko des VN eintritt (OLG München VersR 2012, 1292; OLG Hamm ZfS 2010, 507). Schlechte **Sprachkenntnisse** allein verlangen indessen keine „Dolmetscherleistungen" (diff. BGH NJW 1963, 1978), weil von einem VN grds. erwartet werden darf, dass er dies selbst kompensiert. Der VR kann angesichts des Absicherungsinteresses des VN gehalten sein darauf aufmerksam zu machen, dass durch die Entgegennahme eines Versicherungsantrags kein vorläufiger Versicherungsschutz entsteht (BGH VersR 1978, 457).

In einer **Kraftfahrtversicherung,** die eine beschränkte geographische Reichweite hat, führt nicht schon eine bestimmte Staatsangehörigkeit zu einer Beratungspflicht (aA offenbar OLG Frankfurt a. M. VersR 1998, 1103; offen gelassen von OLG Hamm r+s 2020, 446). Erkennt der VR jedoch unzulängliche Vorstellungen des VN, weil dieser nach einer durch den Vertrag nicht gewährten Kasko- oder Unfalldeckung für eine bestimmte, von der geografischen Deckung nicht umschlossene Auslandsreise fragt oder durch sein Verlangen nach einer Grünen Karte im Zusammenhang mit der Nennung des Reiseziels kenntlich macht, dass er eine solche plant (aA insoweit OLG Hamm r+s 2020, 456), muss der VR über den Deckungsbereich aufklären (BGH VersR 2005, 824; 1989, 948; VersR 1993, 88; OLG Saarbrücken VersR 2005, 971; OLG Oldenburg NVersZ 2000, 388; OLG Hamm VersR 1991, 1238; OLG Frankfurt a. M. VersR 1998, 1103). Auch muss der VR darauf aufmerksam machen, dass bei der Versicherung von Kraftfahrzeugen als Zweitwagen gegenseitige Schäden von der Deckung ausgeschlossen sein können (OLG Stuttgart NJW-RR 1986, 904). In der **Reiseversicherung** kann sich aus Fragen oder objektiven Umständen – bspw. dem Alter der Reisenden – die Notwendigkeit ergeben, auf die Möglichkeit hinzuweisen, dass neben der Rücktrittskostenversicherung auch ein Schutz vor den Kosten eines Reiseabbruchs möglich ist (aA allerdings aus der Sicht der BGB-InfoV BGH NJW 2006, 3137). Der VR, der in der **Berufsunfähigkeitsversicherung** einem Auszubildenden lediglich einen Erwerbsunfähigkeitsschutz anbietet, kann gehalten sein, ausdrücklich auf die mit Eintritt in das Berufsleben mögliche und angemessene Prüfung eines darüber hinaus gehenden Schutzes aufmerksam zu machen. **19**

Ist der VN allerdings selbst hinreichend sachkundig oder stehen ihm **sachkundige Berater** zur Seite, ändert das an der Beratungspflicht grundsätzlich nichts (BGH r+s 2017, 232 zur **GAP-Deckung**). Anderes kann gelten, wenn der VN bei Abschluss eines Gebäudeversicherungsvertrages durch einen Architekten beraten wird (OLG Saarbrücken OLGR 2006, 483; diff. ZfS 2006, 36). Eine mit Bauangelegenheiten befasste Verwaltung oder allein unternehmerische Erfahrungen entlasten den VR indessen nicht (BGH VersR 1964, 36 – zur Industrieversicherung: OLG Düsseldorf ZfS 2006, 249; OLG Saarbrücken ZfS 2005, 299 – jeweils zur Gebäudeversicherung). Allerdings rechtfertigen allgemeine wirtschaftliche Kenntnisse noch nicht eine Herabsetzung des Beratungsstandards (OLG Frankfurt a. M. VersR 2001, 1542). Je höher der Informationsstand des VN selbst ist, desto weniger bedarf er der Beratung (BGH VersR 1992, 217). Ein VN, der selbst angibt, über breite Erfahrungen bei Vermögensanlagen zu verfügen, bedarf **20** bei Abschluss einer fondsgebundenen Rentenversicherung keiner Beratung über deren Risiken (OLG Brandenburg BeckRS 2012, 08551).

21 Zu den situativen Gegebenheiten zählen vor allem die **zeitlichen Umstände** der Nachfrage nach Versicherungsschutz (BGH VersR 1979, 709). Der VR, der einen falschen Eindruck über den Beginn der Deckung erweckt, berät falsch (OLG Karlsruhe ZfS 2004, 121). Muss er erkennen, dass der VN auf alsbaldigen oder gar sofortigen Schutz angewiesen ist – weil er gerade danach ausdrücklich oder inzident fragt (OLG Köln VersR 1998, 180 – Kaskoversicherung bei bevorstehendem Urlaub) oder weil das abzusichernde Risiko bereits besteht und sich jederzeit mit erheblichen Folgen für den VN realisieren kann (BGH VersR 1987, 147: Verlagerung eines Betriebes) –, so muss er die Frage vorläufiger Deckung ansprechen (BGH VersR 1979, 709; OLG Köln r+s 1998, 180; 1990, 325; OLG Hamm VersR 1976, 631). Ähnliches gilt, wenn abzusehen ist, dass sich die Risikoprüfung des VR verzögert (BGH VersR 1978, 457; OLG Saarbrücken VersR 2006, 1345). Auch der Krankheitskostenversicherer muss bei Anzeige eines möglicherweise vorübergehenden Wegzugs des VN ins Ausland auf die Möglichkeiten der Aufrechterhaltung des Versicherungsschutzes aufmerksam machen (OLG Saarbrücken ZfS 2013, 163). Auch können bei einer Vertragserneuerung oder dem **Wechsel des Vertragspartners** neue Karenzfristen gelten, auf die der VN dann gesondert hingewiesen werden muss (BGH VersR 1979, 709; OLG Hamm ZfS 2010, 507; OLG Saarbrücken VersR 2008, 57). Auf das baldige Ende des Versicherungsschutzes muss der VR aufmerksam machen, wenn die Umstände des Vertragsschlusses, vor allem Verzögerungen der Übersendung der Police, ihm nahelegen, dass der VN vor einer zeitlichen Deckungslücke steht (BGH VersR 2000, 846). Auch ist der VR gehalten dafür zu sorgen, dass ein **Versicherungsantrag rechtzeitig eingereicht** wird, wenn Sinn des Vertragsabschlusses die zeitlich begrenzte Erlangung tariflicher Vorteile ist (KG VersR 2009, 343).

22 Davon abgesehen kann sich ergeben, dass der VN einen bestimmten **Deckungsumfang sachlich nicht benötigt,** weil eine Betriebsaufnahme in der industriellen Feuerversicherung gar nicht bevorsteht (BGH VersR 1981, 621), oder der VN nach den Kenntnissen des VR oder seines Vertriebes bereits über einen entsprechenden Schutz verfügt (OLG Frankfurt a. M. BeckRS 2014, 09479). Der VR muss auch auf ein dem Risiko gerecht werdendes preiswerteres eigenes Produkt – etwa einen Auszubildendentarif in der Krankheitskostenversicherung – hinweisen, wenn er sehen kann, dass dies den Bedürfnissen des VN gerecht wird. Kann sich der VN nach seiner Einkommenssituation ein Versicherungsprodukt, das auf nachhaltige Finanzierbarkeit angelegt ist und nur dann lohnt, erkennbar nicht leisten, muss er auch einmal von einem Vertragsabschluss abraten, wenn die Einkommenssituation des VN es ausschließt, dass er die Beiträge dauerhaft zahlen kann.

23 Der VR ist gehalten, den VN, der sich von einem Vertrag durch **Kündigung** lösen will, unverzüglich auf ihre Unwirksamkeit aufmerksam zu machen (vgl. BGH VersR 1987, 923; zur Notwendigkeit von einer Kündigung abzuraten OLG Hamm ZfS 2010, 507; zur privaten Pflegeversicherung BSG 2007, 144; OLG Hamm VersR 1977, 999; LG Köln r+s 1991, 243; LG Hannover VersR 1977, 351; AG Delmenhorst ZfS 2003, 31; *Leverenz* VersR 1999, 525). Denn es entspricht der Sorgfalt eines ordentlichen Versicherungskaufmanns, die durch eine verspätete oder sonst unwirksame Kündigung entstandene Rechtsunklarheit – unter Angabe von Gründen – zu beseitigen. Das gilt nicht, wenn der VN die Unwirksamkeit der Kündigung ersichtlich kennt.

d) Verhältnis von Aufwand und Prämie. Zu beraten ist „unter Berücksichtigung" eines angemessenen Verhältnisses von Beratungsaufwand und zu zahlenden Prämien (zu Bedenken gegen die europarechtliche Zulässigkeit dieser Einschränkung im Vermittlerrecht *Schwintowski* ZRP 2006, 139; anders BT-Drs. 16/3945, 125). Die Bezugnahme auf den vom VN zu zahlenden Preis, den zu erwartenden **durchschnittlichen Prämienerlös** für die zu erwartende Laufzeit des Vertrages, zeigt, dass mit dem Beratungsaufwand dessen vom VR darzulegende konkrete **Kosten** gemeint sind. Das Verhältnis beider ist zu berücksichtigen, ist also in die Interessenabwägung einzustellen. Das bedeutet nicht, dass eine Beratungspflicht entfiele, wenn deren Erfüllung durch den ihre Kosten veranschlagenden Prämienteil überschreiten würde. Vielmehr kann sich die Beratungspflicht in solchen Fällen darauf beschränken, auf die Notwendigkeit einer externen Beratung aufmerksam zu machen. Daher wird diese Einschränkung der Beratungspflicht aus Gründen der Unverhältnismäßigkeit ihrer Erfüllung regelmäßig im Alltag des Versicherungsgeschäfts dann keine Rolle spielen, wenn es nur darum geht, auf mit der angebotenen Deckung verbundene Schutzlücken aufmerksam zu machen. Wohl aber kann sie bedeutsam werden, wenn die den Bedürfnissen des VN entsprechende Absicherung nur nach sachverständiger – bspw. steuerlicher, betriebswirtschaftlicher oder baukundlicher (zu honorierender) – Begutachtung ermittelt werden kann. 24

III. Dokumentations- und Übermittlungspflicht (Abs. 1 Satz 2, Abs. 2)

Der VR ist verpflichtet, die Wahrnehmung seiner aus Abs. 1 Satz 1 folgenden Pflichten zu dokumentieren (Abs. 1 Satz 2). Voraussetzung des Bestehens einer Dokumentationspflicht ist daher das Bestehen einer Beratungspflicht (OLG Hamm VersR 2010, 1215). Die Dokumentationspflicht erfasst sowohl die **Ermittlung der Wünsche und Bedürfnisse** des VN als auch die darauf folgenden **Empfehlungen** des VR und deren **Begründung.** Das verlangt allerdings keine detaillierte Darstellung eines Gesprächsablaufs. Es genügt eine kurze, stichwortartige Notierung des Absicherungsinteresses, der es beeinflussenden Umstände und Verhältnisse und der ihm dienenden Vorschläge des VR (OLG München VersR 2012, 1292). Ein schematisches Ankreuzen von „Themenbereichen" stellt keine zulängliche Dokumentation dar (OLG Frankfurt a. M. BeckRS 2014, 09479). Je nach deren Umfang und Problematik kann die Dokumentation auch umfangreichere Protokollierungen verlangen. Die Dokumentationspflicht darf allerdings nicht dazu missbraucht werden, die beweisrechtliche Situation des VR zur vorvertraglichen Anzeigeobliegenheit zu verbessern. Ebenso wenig wie die Unterzeichnung eines die Gesundheitsfragen verneinenden Antrags erbringt auch ein dies bestätigendes, vom VN gar unterzeichnetes **Beratungsprotokoll** den **Beweis** dessen, was im Verlauf des Antragsgesprächs (nicht) erörtert worden ist. 25

Da es Sinn und Zweck der Pflicht zur Dokumentation der Beratung des VN (und ihrer Übermittlung an den VN nach Abs. 2 iVm § 6a) ist, die wirklichen Absicherungswünsche und -bedürfnisse des VN festzustellen und festzuhalten, dem VN also selbst zu erlauben, sich darüber zu vergewissern, stellen **inhaltsleere oder abstrakte Checklisten,** also beliebig erscheinende und keinen anschaulichen Rückschluss auf eine konkrete Beratungssituation erlaubende Vermerke keine Dokumentation iSd Gesetzes dar. In einem solchen (typischen) Fall ist daher 26 vom Fehlen einer Dokumentation auszugehen. Für die Pflicht zur und die Medien der Übermittlung der Beratungsinhalte verweist Abs. 2 auf § 6a (→ § 6a Rn. 10).

27 Die Verletzung der Dokumentationspflicht kann als solche durchaus Schadensersatzansprüche (§ 280 Abs. 1 BGB) auslösen. Der VN müsste, will er sich auf einen solchen Anspruch berufen, allerdings geltend machen, er hätte sich im Falle einer ordnungsgemäßen Dokumentation und der damit gebotenen Möglichkeiten ihres Überdenkens vom Vertrag gelöst. Die Dokumentationspflicht besteht iÜ nach dem Wortlaut des Gesetzes nur bei Vertragsabschluss. Abs. 1 Satz 2 ist jedoch **analog anzuwenden** in Fällen, in denen es zu weitgehenden Vertragsänderungen kommt, die es erforderlich erscheinen lassen, die Deckungsbedürfnisse des VN neu festzustellen und zu überdenken wie bspw. bei Herabsetzung der Versicherungssumme in einer Geschäftsversicherung (OLG Karlsruhe VersR 2013, 885 = ZfS 2013, 332).

IV. Verzicht auf Beratung und Dokumentation (Abs. 3, Abs. 4 Satz 2)

28 Das Gesetz erlaubt, dass der VN auf die Befragung, die Beratung und die Dokumentation verzichtet. Damit wird kein umfassender, alle Pflichten des § 6 einschließenden Verzicht verlangt; „Einzelverzichte“ sind zulässig. Für die **vor Vertragsschluss** bestehenden Befragungs- und Beratungspflichten verlangt die Vorschrift eine **„gesonderte schriftliche Erklärung“**, in der der VR warnend auf den durch einen solchen Verzicht möglichen Verlust eines Schadensersatzanspruchs aufmerksam macht (zu den europarechtlichen Bedenken gegen einen solchen Verzicht Vermittlern gegenüber vgl. unter anderem *Römer* VersR 2006, 740; Langheid/Wandt/*Armbrüster* § 6 Rn. 165; Bruck/Möller/*Schwintowski* § 6 Rn. 35). Formal wird schon dem Wortlaut nach kein eigenes, vom Antrags- oder Beratungsformular körperlich getrenntes Schriftstück erwartet, wohl aber eine von ihnen textgestalterisch erkennbar getrennte und vom VN separat zu unterzeichnende Formulierung, die mit der geforderten, drucktechnisch hervorzuhebenden und klar und verständlich zu formulierenden Warnung (vgl. § 1 Abs. 2 BGB-InfoV) unmittelbar verbunden ist. Vorformulierte Erklärungen sind nicht ausgeschlossen, wie Abs. 4 Satz 2 im Gegenschluss zeigt, begegnen aber den allgemeinen Grenzen des Zivilrechts: Sie sind unwirksam, wenn der VR einen auf der Hand liegenden Beratungsbedarf des unerfahrenen VN zum Verzicht ausnutzt (§ 138 Abs. 1 BGB; vgl. allg. Langheid/Wandt/*Armbrüster* § 6 Rn. 178). Verlangt wird Schriftform, also eigenhändige namentliche Unterzeichnung der Verzichtserklärung. Ein Verzicht verlangt allerdings ein – festzustellendes – Verzichtsbewusstsein; davon kann in aller Regel nur ausgegangen werden, wenn der VN gewahr war, welche möglichen Konsequenzen sein Verzicht haben könnte.

29 Für die **nach Vertragsschluss bestehenden Pflichten** verlangt das Gesetz einen schriftlichen Verzicht **im Einzelfall,** erlaubt also keine vorformulierten Texte, sondern fordert aus konkret-individuellem Anlass vereinbarte. Der Verzicht selbst kann allerdings bereits vor Vertragsschluss erfolgen. Das Gesetz sieht dabei ausdrücklich keine Abs. 3 entsprechende Warnung vor. Die Risiken des Verzichts nach Abs. 4 Satz 2 sind jedoch ungeachtet des Erfordernisses des „Einzelfalls“ keineswegs geringer als jene nach Abs. 3. Daher entspricht eine Übertragung der von Abs. 3 geforderten Hinweise auf mögliche Nachteile dem Schutzzweck der Beschränkung des Verzichts.

V. Laufende Beratung während der Dauer des Vertragsverhältnisses (Abs. 4 Satz 1)

Besteht für den VR während der Laufzeit des Vertrages ein **Anlass zur Beratung,** so trifft ihn – anders als den Versicherungsvertreter – auch eine Pflicht dazu. Abs. 4 Satz 1 verdeutlicht, dass der VR nicht von sich aus gehalten ist zu recherchieren, ob der VN „noch" bedarfsgerecht versichert ist. Auch verlangt das Gesetz keine Dokumentation des Veranlassten (vgl. aber Rn. 23). Ein Anlass zur Beratung entsteht noch nicht durch die **Anforderung einer Vertragsübersicht** durch einen Versicherungsberater (OLG Hamm VersR 2017, 1385). Wann eine „laufende" Beratung geboten ist, lässt sich nach Fallgruppen unterscheiden. 30

Zum einen geht es um eine **Nachfrage des VN,** bspw. aus Anlass eines Versicherungsfalles in der Haftpflichtversicherung zum Umfang des Deckungsschutzes. Sie muss korrekt beantwortet werden. Sich aus ihr ergebende Unklarheiten müssen aufgeklärt werden. Sodann führt die **Auswechselung des Vertragspartners** uU zur Notwendigkeit nachzufragen und zu beraten. So zwingt die tatsächliche Umstellung eines Vertrages nach Veräußerung eines Grundstücks dazu, auf eine etwaige, sich aus den Unterlagen des VR ergebende Unterversicherung aufmerksam zu machen (iE Beckmann/Matusche-Beckmann VersR-HdB/*Rixecker* § 18a Rn. 23). Zum anderen führen **neue tatsächliche Rahmenbedingungen** des Versicherungsschutzes oder **veränderte technische Gegebenheiten** zur Notwendigkeit, den VN auf mögliche unerkannte Deckungslücken oder zur Verfügung stehende nahe liegende Korrekturen des Versicherungsschutzes aufmerksam zu machen (Langheid/Wandt/*Armbrüster* § 6 Rn. 233 ff.). In der **Gebäudeversicherung** muss der VR vor einer Unterversicherung warnen, wenn ihm werterhöhende Umbauten bekannt werden (OLG Hamm ZfS 2006, 462; VersR 2005, 685) oder wenn der VN die Herabsetzung der Versicherungssumme anstrebt (OLG Karlsruhe VersR 2013, 885 = ZfS 2013, 332). Allein der **Vertragsübergang** nach § 95 VVG lässt – ohne eine Nachfrage des Erwerbers, ob ausreichender Versicherungsschutz besteht, keine Beratungspflicht entstehen (LG Köln r+s 2014, 132). 31

In der **Krankheitskostenversicherung** hat er auf ihm mitgeteilte, eine Beihilfeberechtigung modifizierende Änderungen des Familienstandes (diff. OLG Saarbrücken r+s 1997, 208) zu reagieren, muss jedoch nicht die im Beihilferecht bestehenden Fristen über die Beihilfeberechtigung von Angehörigen kontrollieren oder gar die entsprechenden föderalen Rechtsordnungen auf mögliche Besonderheiten hin beobachten (OLG Saarbrücken MDR 2011, 980). Auch muss der VR, der die **Übernahme der Kosten** für eine bestimmte Heilbehandlung erklärt hat, nicht darauf hinweisen, dass sich seine Zusage der Höhe nach nur auf die Erstattung der tariflich versprochenen Leistungen bezieht (OLG Saarbrücken BeckRS 2019, 23580). In der **Lebensversicherung** ist auf neue steuerliche, spezifisch das Versicherungsprodukt erfassende Regelungen aufmerksam zu machen, weil der VR insoweit über überlegene Sachkunde verfügt (aA OLG Hamm VersR 2007, 631). Zu beraten ist auch bei Einsatz der Lebensversicherung zu einer bestimmten Finanzierung über eine veränderte Rentabilität, wenn dadurch der Zweck gefährdet werden kann und der VR das erkennen muss. Stellt der VN ein Umwandlungsverlangen, ist der VR nicht von sich aus verpflichtet, auf die Möglichkeit der Fortsetzung des Vertrages hinzuweisen (OLHG Dresden NJOZ 2021, 45). Schließlich können es **neue, „verbesserte" AVB** (aber nur des VR selbst) sein, 32 die einen Beratungsbedarf auslösen können (Langheid/Wandt/*Armbrüster* § 6 Rn. 236; offen OLG Düsseldorf VersR 2008, 1479). Das gilt nicht, wenn die Änderung teils günstiger, teils ungünstiger ist: Der VN kann sich vor Annahme der Änderung ausreichend über das, was künftig gelten soll unterrichten und den VR, verbleibt ihm etwas unklar, befragen (OLG Hamm r+s 2019, 513). Ein VR muss jedoch keineswegs stets über seine Produktentwicklung unterrichten, sondern nur dann, wenn der VN sein **Interesse an einer Änderung seines Versicherungsschutzes** zum Ausdruck bringt. Allerdings führen nur solche Informationen zu einem „laufenden" Beratungsbedarf, die dem VR im Rahmen des Versicherungsverhältnisses bekannt werden; sonstige, private, Erkenntnisse begründen ihn nicht.

33 Davon abgesehen kann auch die **Meldung eines Versicherungsfalles** Beratungspflichten auslösen. Abgesehen von den gesetzlich gesondert geregelten Hinweispflichten (§ 186) muss der VR nach Abs. 4 Satz 1 auch bei erkennbaren Versehen nach Anmeldung eines Schadens darauf hinwirken, dass der VN den Erfordernissen der Regulierung gerecht wird, wenn er eine unzulängliche Bearbeitung durch den VN bemerkt (OLG Frankfurt a. M. NVersZ 2002, 319; OLG Saarbrücken r+s 1999, 96; LG Hannover ZfS 2003, 357; → § 1a Rn. 2 ff.). Er muss also vor allem eine vollständige Aufklärung des Schadenshergangs bedacht sein und darf dem VN keine falschen Tipps zur Ausfüllung der überreichten Formulare erteilen. Der VR darf auch nicht unzutreffende Auskünfte zum Regulierungsumfang erteilen und so den VN veranlassen, kostenträchtige Schadensbeseitigungsmaßnahmen zu treffen. Davon abgesehen verletzt der VR seine Beratungspflicht, wenn er – ohne darüber aufzuklären – mit dem VN von den AVB nicht vorgesehene Vereinbarungen trifft, in der Haftpflichtversicherung ihm die Abwehr erhobener Ansprüche überlässt, sich aber alle Einwendungen vorbehält, oder in der Berufsunfähigkeitsversicherung (zu Unrecht) befristete Leistungszusagen erteilt (BGH VersR 2007, 777; VersR 2007, 1116). Erkennt der VR in der **Elementarschadenversicherung** – durch seinen Vertreter als seinen Erfüllungsgehilfen bei Wahrnehmung der Beratungspflichten – dass der VN auf eine zügige Instandsetzung angewiesen ist und meint, alles Erforderliche zur Erfüllung der Feststellungsinteressen des VR getan zu haben, so muss er auf eine etwaige Notwendigkeit, die Schadensstelle weiterhin unverändert zu lassen, aufmerksam machen (OLG Saarbrücken r+s 2012, 543 = VersR 2012, 180).

34 Der Beratungsanlass muss sich allerdings **im Versicherungsverhältnis** ergeben. Erfährt der VR in anderem Zusammenhang – bspw. im Rahmen eines anderen bei ihm unterhaltenen Vertrages – von Gründen, den VN zu unterrichten, oder erfährt sein Vertreter privat oder bei Anbahnung oder Verwaltung anderer Verträge von Umständen, die auch in der konkreten Vertragsbeziehung eine Reaktion des VN sinnvoll erscheinen lassen könnten, begründet das keine Beratungspflicht. Davon abgesehen kann der VN von dem VR auf datenschutzrechtlicher Grundlage (Art. 4, 15 DS-GVO) **Auskunft** über die zu seiner Person gespeicherten Informationen verlangen. Dazu gehören neben persönlichen Umständen auch Daten, die ihn mittelbar – Vermerke zur Kommunikation mit dem VN oder dem Vermittler in Bezug auf den VN – betreffen (OLG Köln r+s 2021, 97).

VI. Schadensersatzpflicht (Abs. 5)

35 Nach Abs. 5 Satz 1 besteht, verletzt der VN eine der sich aus Abs. 1, 2 oder 4 ergebenden gesetzlichen Pflichten, dem Grunde nach ein Anspruch des VN gegen

den VR auf Schadensersatz, wie er sich sonst auch aus **§§ 280 Abs. 1, 241, 311 Abs. 1 BGB** ergäbe. Insoweit haftet der VR nach § 278 BGB auch für diejenigen, die er in die Vertragsanbahnung und die laufende Vertragsbetreuung eingeschaltet hat. Ist ein **Mehrfachagent** tätig geworden, trifft die Zurechnung den (jeweiligen) VR, dessen potenzielle Reaktion ein Verhalten des VN hätte auslösen können (vgl. § 63 Rn. 5). Da den Versicherungsvertrag eigene gesetzliche Beratungspflichten treffen, besteht iÜ eine **gesamtschuldnerische Haftung.** Der VN muss so gestellt werden, als habe der VR die ihn treffenden Pflichten erfüllt.

Das kann unterschiedliche **Konsequenzen** haben. Hätte der VN bei korrekter Beratung den konkreten Vertrag nicht und auch keinen anderen abgeschlossen, ist der Vertrag rückabzuwickeln, weitere kausale Nachteile sind auszugleichen. Hätte er einen ihm (für den konkreten Versicherungsfall) Deckung gewährenden oder günstigeren (oder auch nur ausreichenden) Versicherungsschutz bei diesem oder einem anderen VR erwirkt, ist er so zu stellen, als sei ihm dies gelungen. Die damit verbundenen Nach- und Vorteile sind zu saldieren. Hätte der VN (insbesondere bei Wechsel des VR) bei Fortschreibung eines alten Vertrages für einen Versicherungsfall Deckung erhalten, verfügt er aber auf der Grundlage des neuen darüber nicht, muss der VR bei einem Beratungsfehler dafür einstehen, kann aber die eventuell höheren Prämien des alten Vertrages gegenrechnen. Insoweit gilt insgesamt der **Grundsatz aufklärungsrichtigen Verhaltens.** Der VN ist folglich so zu stellen, als hätte er auf den ihm vom VR erteilten Rat sachgerecht reagiert. Soweit angenommen wird, ein VR müsse den einen Vertrag kündigenden VN unverzüglich **auf eine unwirksame Kündigung hinweisen** (vgl. OLG Hamm VersR 1991, 1308; 1977, 999; OLG Karlsruhe MDR 2002, 581), führt das allerdings nur dazu, dass der VN so gestellt werden muss, als hätte er „aufklärungsrichtig" reagiert; es wird bei Unterlassen eines Hinweises keine wirksame Kündigung fingiert (BSG r+s 2007, 144 zur Pflegeversicherung). Ist aufgrund einer fehlerhaften Beratung ein Versicherungsvertrag zustande gekommen, auf dessen Grundlage **Leistungen** erfolgt sind, kann der VR sie **nicht selbständig zurückfordern,** sondern sie nur, verlangt der VN Schadensersatz wegen der Nachteile, die ihm durch die Aufgabe des bisherigen Schutzes entstanden sind, im Wege der Vorteilsausgleichung dem VN gegenrechnen (OLG Hamm BeckRS 2020, 26696). 36

Nach Abs. 5 Satz 2 kann der VR sich von einem **Verschulden** entlasten. Trägt er allerdings vor, ein Beratungsbedarf sei ihm nicht erkennbar gewesen, ist das keine Frage des (vom VR zu widerlegenden) Verschuldens, sondern der (vom VN zu beweisenden) objektiven Pflichtverletzung. Ein etwaiges **Mitverschulden** des VN wirkt sich schadensmindernd aus. Insoweit darf verlangt werden, dass der VN transparente AVB zur Kenntnis nimmt (OLG Köln VersR 1991, 1279) und, allerdings je nach den Fragen des VN und seiner Erfahrung, die Unzulänglichkeit seiner Deckung erkennt. 37

VII. Beweisrecht

Der **VN muss** zunächst **darlegen und beweisen,** dass ein produkt-, personen- oder situationsbezogener Anlass zur Beratung vorgelegen hat (BGH VersR 2007, 1411; OLG Saarbrücken VersR 2003, 195). Sodann obliegt es ihm davon zu überzeugen, dass seine Wünsche und Bedürfnisse nicht oder nur unzulänglich erforscht wurden oder ihm kein (sachgerechter) Ratschlag erteilt worden ist. Den 38

VR (und seinen Vermittler) trifft insoweit allerdings eine **sekundäre Darlegungslast:** Er ist gehalten vorzutragen, ob und auf welche Weise er notwendige Informationen zu erheben versucht und mit welchem Ratschlag er auf ihre Erteilung reagiert hat. Genügt der VR dem nicht, so wird in tatsächlicher Hinsicht vermutet, dass es an einer ordnungsgemäßen Beratung fehlt. Das gilt auch für die Fälle, in denen eine Dokumentation der Beratung nicht geschuldet ist, also für die während der Laufzeit des Vertrages zu leistende.

39 Hat der VR eine **Dokumentation** zu erstellen, kann (und muss) er sich ihrer bedienen. Allerdings hat auch insoweit der VN deren Fehlen (jedenfalls das Fehlen ihres Zugangs) oder ihre Fehlerhaftigkeit zu beweisen. Aber den VR trifft insoweit gleichfalls die verfahrensrechtliche Obliegenheit plausibel zu machen, dass er eine bestimmte Dokumentation erstellt und dem VN übermittelt hat. Wird eine Dokumentation vorgelegt, von deren Zugang auszugehen ist, schließt das nicht aus, dass der VN ihre Richtigkeit zu widerlegen versucht, weil es keine gesetzliche Obliegenheit oder Pflicht gibt, ihr nach der Übermittlung zu widersprechen, auch wenn im Einzelfall Schlüsse aus dem Schweigen des VN gezogen werden können. Da die Dokumentation jedoch kein „Wortprotokoll" des Beratungsverlaufs darstellen muss, kann die Annahme der Erfüllung oder Verletzung der Beratungspflicht nicht allein auf ihren Wortlaut gestützt werden. Das ist anders, wenn eine dem VN übermittelte Dokumentation fehlt oder beratungsrelevante Lücken oder Fehler enthält, sich dort also der Sache nach gebotene wesentliche Hinweise nicht finden oder sich aus ihrer völligen Unzulänglichkeit ergibt, dass das, was als Beratung geschuldet gewesen wäre, nach ihrem Inhalt nicht einmal ansatzweise erfolgt ist. Dann kommen dem VN **Beweiserleichterungen bis zur Beweislastumkehr** zugute (BGH NJW 2015, 1026 = VersR 2015, 107; OLG Karlsruhe BeckRS 2016, 6262; OLG Saarbrücken VersR 2015, 1248).

40 Der VN muss ferner beweisen (§ 287 ZPO), dass ihm durch die Verletzung der Beratungspflicht ein Schaden entstanden ist. Dazu muss er regelmäßig dartun, wie er sich bei einem korrekten Rat verhalten und dass er dann die von ihm behaupteten Nachteile vermieden hätte. Insoweit hilft ihm aber die **Vermutung aufklärungsrichtigen Verhaltens** (vgl. allg. zum Kapitalanlagerecht zuletzt BGH WM 2011, 682 mwN; WM 2009, 1274; BGHZ 124, 151 ff.; Langheid/Wandt/*Armbrüster* § 6 Rn. 311, 319 mwN), die davon ausgeht, dass ein Beratungsgläubiger einen zutreffenden Rat angenommen hätte. Sind allerdings alternative, gleichermaßen vorstellbare Verhaltensweisen denkbar, muss er vollen Beweis für das Ergreifen der den Anspruch stützenden führen. Daher erfasst die Vermutung auch nicht, dass sich der VN einen konkreten anderen Versicherungsvertrag – oder bspw. im Bereich der Lebensversicherung – eine anderweitige Altersvorsorge beschafft hätte (OLG Köln VuR 2020, 120). Fehlendes Verschulden muss allerdings der VR beweisen (Abs. 5 Satz 2). Der Schadensersatzanspruch bei Beratungsfehlern im Zusammenhang mit der Bearbeitung eines Versicherungsfalls führt iÜ nur dazu, dass der VN so gestellt wird, als wäre er richtig beraten worden und hätte sich adäquat verhalten. Sind ihm durch den Beratungsfehler aber Beweismittel verloren gegangen, so ändert der Schadensersatzanspruch aber an der unklaren Beweislage nichts. Daher kommen über den Schadensersatzanspruch hinaus auch **Beweiserleichterungen** unter dem Gesichtspunkt der fahrlässigen Beweisvereitelung für den VN in Betracht, die dazu führen können, dass für den Beweis des Versicherungsfalls ein geringeres Beweismaß gilt (OLG Saarbrücken r+s 2012, 543 = VersR 2013, 180).

VIII. Ausnahmen

41 Keine gesetzliche Ermittlungs-, Beratungs- und Dokumentationspflicht trifft den VR bei **Großrisiken** (Art. 10 Abs. 1 Satz 2 EGVVG) und dann, wenn ein **Versicherungsmakler** den Vertrag für den VN vermittelt (vgl. OLG Naumburg BeckRS 2016, 126029; OLG Köln VersR 2012, 472 zur fehlenden Beratungsbedürftigkeit bei Maklervertretung des Arbeitgebers). In einem solchen Fall fehlt es an einem typischen Schutzbedürfnis des VN. Gleiches gilt, ohne dass dies ausdrücklich geregelt wäre, wenn der VN von einem **Versicherungsberater** begleitet wird; auf dessen fehlende Kompetenz muss der VR nicht aufmerksam machen (OLG Hamm VersR 2017, 1385). In solchen Fällen können den VR aber nach Treu und Glauben Hinweispflichten treffen, wenn sich ihm Informationsdefizite des VN oder seines Maklers aufdrängen (§§ 241, 311, 280 BGB), die ihnen die Augen vor der Unzulänglichkeit des erwarteten Versicherungsschutzes verschlossen haben (allg. OLG Celle r+s 2017, 138) oder wenn sich aus den dem VR zugeleiteten Dokumenten ergibt, dass sich der VN in einem Irrtum über die Vertragslage befindet. Das kann bspw. der Fall sein, wenn der VR aus einem Versicherungsantrag entnehmen kann, dass das vom VN gewünschte Bezugsrecht nicht zu verwirklichen ist (OLG Saarbrücken VersR 2011, 1441). Für die fehlerhafte Beratung durch einen Versicherungsmakler, der in der Vertriebsorganisation des Versicherers dessen Beratungspflichten wahrnehmen soll oder der vom VR in die Umstellung von Versicherungsverträgen einbezogen worden ist,, muss er gleichfalls einstehen (OLG Hamm r+s 2020, 456; OLG Karlsruhe VersR 2012, 1017). Gleiches gilt für die gesetzgeberisch verfehlte Ausnahme 38 § 6 bei Vertragsabschlüssen im **Fernabsatz.** Auch insoweit können den „Direktversicherer" schadensersatzbewehrte Pflichten zur vorvertraglichen oder vertraglichen Rücksichtnahme treffen (zur Beratungspflicht im Fernabsatz OLG Köln VersR 1998, 180). Das gilt vor allem dann, wenn VR gerade Auskunft und Rat über eine „Hotline" anbieten.

42 Grundsätzlich wird das **Fehlverhalten eines Versicherungsmaklers** oder eines anderen selbständigen Vermittlers, der nicht Versicherungsvertreter ist, **dem VR nicht zugerechnet.** Das ist allerdings dann anders, wenn der VR ihm obliegende Aufgaben – vor allem die Beratung des VN oder eine sonst geschuldete Aufklärung – diesen Personen vollständig übertragen hat (BGH NJW 2017, 2268; r+s 2013, 117; NJW 2012, 2647). Das gilt bspw. dann, wenn der VR gar keinen eigenen Vertrieb unterhält, sondern seine Produkte über einen Strukturvertrieb anbietet. Dann muss er nach § 278 BGB für deren Fehler einstehen, weil die Vermittler dann im Pflichtenkreis des VR an dessen Stelle tätig werden.

§ 6a Einzelheiten der Auskunftserteilung

(1) **Der nach § 6 zu erteilende Rat und die Gründe hierfür sind dem Versicherungsnehmer wie folgt zu übermitteln:**
1. **auf Papier;**
2. **in klarer, genauer und für den Versicherungsnehmer verständlicher Weise;**
3. **in einer Amtssprache des Mitgliedstaats, in dem das Risiko belegen ist oder in dem die Verpflichtung eingegangen wird, oder in jeder anderen von den Parteien vereinbarten Sprache und**
4. **unentgeltlich.**

(2) **Abweichend von Absatz 1 Nummer 1 dürfen die Auskünfte dem Versicherungsnehmer auch über eines der folgenden Medien erteilt werden:**
1. über einen anderen dauerhaften Datenträger als Papier, wenn die Nutzung des dauerhaften Datenträgers im Rahmen des getätigten Geschäfts angemessen ist und der Versicherungsnehmer die Wahl zwischen einer Auskunftserteilung auf Papier oder auf einem dauerhaften Datenträger hatte und sich für diesen Datenträger entschieden hat oder
2. über eine Website, wenn der Zugang für den Versicherungsnehmer personalisiert wird oder wenn folgende Voraussetzungen erfüllt sind:
   a) die Erteilung dieser Auskünfte über eine Website ist im Rahmen des getätigten Geschäfts angemessen;
   b) der Versicherungsnehmer hat der Auskunftserteilung über eine Website zugestimmt;
   c) dem Versicherungsnehmer wurden die Adresse der Website und die dortige Fundstelle der Auskünfte elektronisch mitgeteilt;
   d) es ist gewährleistet, dass diese Auskünfte auf der Website so lange verfügbar bleiben, wie sie für den Versicherungsnehmer vernünftigerweise abrufbar sein müssen.

(3) [1]**Die Auskunftserteilung mittels eines anderen dauerhaften Datenträgers als Papier oder über eine Website im Rahmen eines getätigten Geschäfts wird als angemessen erachtet, wenn der Versicherungsnehmer nachweislich regelmäßig Internetzugang hat.** [2]**Die Mitteilung einer E-Mail-Adresse seitens des Versicherungsnehmers für die Zwecke dieses Geschäfts gilt als solcher Nachweis.**

(4) **Handelt es sich um einen telefonischen Kontakt, werden, selbst wenn sich der Versicherungsnehmer dafür entschieden hat, die Auskünfte gemäß Absatz 2 auf einem anderen dauerhaften Datenträger als Papier zu erhalten, die Auskünfte dem Versicherungsnehmer gemäß Absatz 1 oder Absatz 2 unmittelbar nach Abschluss des Versicherungsvertrags erteilt.**

Übersicht

I. Einführung

1 Die neuen Vorschriften der §§ 6a, 7a–c sind auf die IDD-Richtlinie zurückzuführen, die mit dem entsprechenden Umsetzungsgesetz in nationales Recht umge-

setzt wurde (RL (EU) 2016/97 des Europäischen Parlamentes und des Rates vom 20.1.2016 über Versicherungsvertrieb, ABl. 2017 L 26, 19; Gesetz zur Umsetzung der RL vom 20.7.2017, BGBl. 2017 I 2789). In diesem Zuge sind – wenngleich ohne entsprechende IDD-Vorgaben – auch die Regelungen des § 7a Abs. 5 und des § 7d auf Empfehlung des BT-Ausschusses für Wirtschaft und Energie neu in das Gesetz aufgenommen worden (vgl. Beschlussempfehlung vom 28.6.2017, BT-Drs. 18/13009, 52 f.). Der gesamte Gesetzeskomplex betrifft in erster Linie das **Berufsrecht der Versicherungsvermittlung** und die **aufsichtsrechtlichen Rahmenbedingungen** für die Versicherer. Nur am Rande ist auch das Versicherungsvertragsrecht betroffen (und zwar sowohl in Bezug auf VR als auch den Versicherungsvertrieb), was nicht heißt, dass diese wenigen Vorschriften nicht erheblichen Umstellungs- und Innovationsbedarf bei den Unternehmen auslösen. Das Schrifttum hat sich ausführlich mit den sich aus dem neuen Recht ergebenden Fragen befasst, vgl. etwa *Armbrüster* VW 9/2017, 62; *Goretzki* VersR 2018, 1; *Reiff* VersR 2016, 1533; *ders.* VersR 2017, 649; *ders.* VersR 2018, 193; *Rüll* VuR 2017, 128; *Schmitz-Elvenich/Krokhina* VersR 2018, 129; *Lehmann/Rettig* VersR 2020, 1430; *Reiff* VersR 2021, 473 ff. zu den inhaltsgleichen Vorgaben in § 16 VersVermV.

Die neuen Vorschriften befassen sich vor allem mit den **Beratungs- und Informationspflichten** des Versicherers vor der Abgabe der Vertragserklärung durch den Antragsteller. § 6a VVG übernimmt die detaillierten Vorgaben des Art. 23 RL (EU) 2016/97 (vgl. BT-Drs. 18/11627, 43). Prinzipiell geht das Gesetz von einer entsprechenden Informationsverschaffung auf Papier aus, es ermöglicht aber auch erwartungsgemäß Online-Abschlüsse im Internet, wobei im Gesetz nur der dauerhafte Datenträger und eine Webseite eine Rolle spielen. Unerwähnt bleiben Vergleichsportale, M-Commerce, Apps oder etwa ein fernmündlicher Abschluss über das Amazon-Programm Alexa. Für die Verwendung dieser elektronischen Medien wird die Rechtsprechung (mit Hilfe der Kommentarliteratur) Lösungen im Wege der Rechtsfortbildung auf der Basis des Gesetzesrechtes zu finden haben. 2

Die Regelungen der §§ 6a, 7a–7c gelten gemäß § 59 Abs. 1 und 4 für Versicherungsvermittler (mit Ausnahme der Vermittler in Nebentätigkeit, vgl. § 66) und Versicherungsberater entsprechend. Die Regelungen in der **VersVermV** vom 17.12.2018 beruhen auf der Ermächtigungsgrundlage in § 34e GewO und sind parallel anzuwenden; es ist aber nicht recht nachvollziehbar, warum der Gesetzgeber gleiche regelungsbedürftige Komplexe nicht einmal grundlegend fixiert und dann in Parallelgesetzen darauf verweist. Durch diverse Parallelregelungen entsteht – unabhängig von der damit bewirkten Unübersichtlichkeit – die Gefahr, dass Parallelwertungen erfolgen oder – noch schlimmer – Parallelrechtsprechung zu prinzipiell gleichen Vorschriften. 3

II. Umfang der Beratung (Abs. 1)

1. Der zu erteilende Rat und die Gründe dafür

Der Gesetzgeber nimmt zunächst Bezug auf den „nach § 6 zu erteilenden Rat" und er verpflichtet auch den Versicherer neben seinem Vertrieb, „die Gründe hierfür" auf Papier in der Amtssprache des risikobelegenen Mitgliedsstaates, des Staates, in dem die Verpflichtung eingegangen wird, oder aber auch in einer anderen von den Parteien vereinbarten Sprache mitzuteilen, und zwar gem. Abs. 1 Nr. 2 „in klarer, genauer und für den Versicherungsnehmer verständlicher Weise". 4

5 Zum Datenträger **Papier** ist nichts weiter zu sagen; das entspricht der herkömmlichen Arbeitsweise der Unternehmen. Es gibt aber die **Alternativen** des **dauerhaften Datenträgers** einerseits und der **Webseite** andererseits (→ Rn. 13). Ausweislich der Gesetzesbegründung bilden diese Alternativen Ausnahmen zum Grundsatz „Papierform" (BT-Drs. 18/11627, 43; *Reiff* VersR 2018, 193, 201 bezeichnet die Regelung insoweit „rückwärtsgewandt und eines Gesetzgebers des 21. Jahrhunderts unwürdig"), da nach der bisherigen Regelung in § 6 Abs. 2 VVG aF die Textform als Regelfall zugelassen war, während nach Art. 23 Abs. 1 RL (EU) 2016/97 – der mit § 6a Abs. 1 umgesetzt wird – die Auskünfte grundsätzlich auf Papier zu erteilen sind. Demgegenüber vertritt *Goretzky* VersR 2018, 1, 6 f. unter Bezugnahme auf Erwgr. 50 der RL die Auffassung, dass Art. 23 RL (EU) 2016/97 kein Grundsatz-Ausnahmeverhältnis regele, sondern eine Wahlfreiheit des Kunden bezwecke und das Ziel einer Gleichstellung der Medien verfolge.

6 Die **Risikobelegenheit** ist auch selbsterklärend; das ist der Mitgliedsstaat, in dem die Risikoübernahme stattfindet, bei aktiven Versicherungen der Sitz oder Wohnort oder Standort des betroffenen Risikos (zB Gebäude), ansonsten bei passiven Risiken (Haftpflicht) der Wohnsitz oder Standort des VN oder des versicherten Unternehmens. Alternativ kommt auch die Sprache des Mitgliedsstaats in Betracht, in dem die Verpflichtung eingegangen wird, in dem also der Versicherungsvertrag abgeschlossen wird, dabei dürfte es sich um den Ort handeln, an dem der Vertrag letztlich abgeschlossen wird. Bei einem Antrag des VN und einer entsprechenden Annahmeerklärung des Versicherers wird es sich auch um den Sitz des Versicherers handeln können (anders Reiff VersR 2021, 481: immer Sitz des VN). Ferner können die Parteien auch eine andere Sprache vereinbaren. Irgendwelche Begrenzungen sind nicht ersichtlich. Deswegen hätte man das auch einfach ungeregelt lassen können.

7 Schließlich ordnet Abs. 1 Nr. 4 **Unentgeltlichkeit** an. Das kann nur bedeuten, dass ein Entgelt für die Beratung und deren Begründung **nicht gesondert** verlangt werden darf, denn in die letztlich zu zahlende Prämie muss es einkalkuliert werden.

2. Klar, genau und verständlich

8 Abs. 1 Nr. 2 ordnet an, dass die Ratserteilung ebenso wie deren Begründung klar, genau und verständlich sein müssen. Was immer man darunter zu verstehen haben wird, ist seinerseits unklar. Die Begriffe sind redundant (wie verhält sich „klar" zu „verständlich" und worin soll der Zusatzwert von „genau" liegen?) und die Gesetzessprache selbst entspricht weder im Umsetzungsgesetz noch in der Ausgangs-Richtlinie diesen Erfordernissen. Zumeist ist die Sprache dort nämlich weder klar noch genau. Es ist auch nicht geregelt, welche Sanktionen sich an einen Verstoß anschließen sollen; ob hier eine besondere Form der Vertragslösung möglich sein soll, wenn der VN behauptet, die ihm erteilten Informationen seien unklar und ungenau und für ihn unverständlich gewesen, und bei Erkenntnis der wahren Rechtslage hätte er den Vertrag nicht abgeschlossen (vgl. dazu im Zusammenhang mit § 7 etwa BGH VersR 2018 und NJW 2017, 3387 = VersR 2017, 997), ist offen.

9 Ähnlich kryptisch ist auch die Anordnung, Ratserteilung und Begründung müssten in einer „für den Versicherungsnehmer verständlichen Weise" erfolgen. Auf welchen Versicherungsnehmer hier abzustellen ist, ist unklar: In Frage kom-

men der durchschnittliche Versicherungsnehmer (auf den der BGH bei der Beurteilung der AGB-rechtlichen Fragen abstellt und um den es bei vorformulierten Hinweisen und Produkterläuterungen gehen dürfte), der individuelle Antragsteller in der konkreten Antragssituation oder aber auch ein fiktiver Modell-Antragsteller, bei dem allerdings unklar wäre, ob an der unteren oder der oberen Grenze seiner kognitiven Fähigkeiten anzusetzen wäre. Das Ganze ist wohl eher als rechtspolitisches Postulat zu verstehen.

III. Andere Medien (Abs. 2)

1. Dauerhafter Datenträger

Der Rat und die Begründung dafür dürfen neben Informationen auf Papier auch durch einen anderen dauerhaften Datenträger übermittelt werden. Damit wird auf § 126b BGB verwiesen, in Frage kommen also der eigene Rechner des Antragstellers, E-Mail-Korrespondenz, die gespeichert werden kann, eine CD-Rom, ein USB-Stick oder ähnliche Medien wie etwa eine App (in der ja ebenfalls dauerhaft Daten gespeichert werden können). 10

Weitere Voraussetzungen für die Nutzung eines dauerhaften Datenträgers sind dessen Angemessenheit im Rahmen des getätigten Geschäftes (dazu Abs. 3, → Rn. 18 ff.), eine Wahlmöglichkeit des VN zwischen Papier und dauerhaftem Datenträger und die Ausübung dieses Wahlrechts zugunsten des Datenträgers. Daraus folgt, dass der Kunde, der sich für einen Online-Abschluss im Internet entschließt, dennoch aber eine Auskunftserteilung auf Papier wünscht, entsprechend vorab informiert werden muss, bevor der Online-Abschluss getätigt werden kann. Das scheint lebensfremd (auch wenn vorstellbar ist, dass selbst der Online-Kunde die entsprechenden Unterlagen in einem Aktenordner mit Papierdokumenten aufbewahren will). 11

Der deutsche Gesetzgeber hat davon abgesehen, zusätzlich die Vorgabe des Art. 23 Abs. 3 RL (EU) 2016/97 umzusetzen. Danach ist im Fall der Auskunftserteilung nach Abs. 2 „dem Kunden auf dessen Verlangen unentgeltlich eine Papierfassung zu überlassen“. 12

2. Webseite

Auch eine Webseite kommt als zulässiges Medium für die Ratserteilung und deren Begründung in Betracht. Zunächst ist Voraussetzung, dass der Zugang für den spezifischen Versicherungsnehmer personalisiert werden muss. Das ist technisch so zu verstehen, dass nur der Versicherungsnehmer mittels eines Passworts oder einer PIN Zugang zu den entsprechenden Informationen hat. Ist das nicht der Fall, kann alternativ die Webseite auch benutzt werden, wenn kumulativ die folgenden Voraussetzungen erfüllt sind: Die Erteilung der Auskünfte über eine Webseite muss wieder angemessen sein, der Versicherungsnehmer muss zugestimmt haben, der Versicherungsnehmer wurde über die Adresse der Webseite und die dortige Fundstelle der Auskünfte elektronisch informiert und es muss gewährleistet sein, dass diese Auskünfte auf der Webseite so lange verfügbar bleiben, wie sie vernünftigerweise abrufbar sein müssen, und zwar aus der Sicht des Versicherungsnehmers. 13

Zur **Angemessenheit** → Rn. 18. Die Zustimmung des Versicherungsnehmers kann auch während des Online-Vorgangs erteilt werden. Wer sich also ent- 14 schließt, online über die Webseite des Versicherers einen Vertrag abzuschließen und dabei eine vom Versicherer abgefragte Zustimmung zur Auskunftserteilung über die Webseite erklärt, stimmt dem zu (Häkchen setzen). Die Mitteilung der Adresse der Webseite und die entsprechende Unterabteilung der fraglichen Auskünfte dürften technisch keine Probleme darstellen. Möglicherweise problematisch ist die Frage, wie lange die entsprechenden Auskünfte **verfügbar** gehalten werden müssen. Bei langfristigen Verträgen (Leben) wird man wohl davon ausgehen müssen, dass die vor Vertragsabschluss erteilten Informationen über die gesamte Vertragslaufzeit vorgehalten werden müssen.

15 All diese Voraussetzungen müssen nur erfüllt sein, solange der entsprechende Zugang zu der Informationserteilung nicht „für den Versicherungsnehmer **personalisiert**" ist. Ist das der Fall, sind alle anderen Voraussetzungen nicht zu erfüllen („oder"; anders *Reiff* VersR 2018, 193 (201) und VersR 2021, 478, der meint, dass hier zusätzlich die Voraussetzung der Angemessenheit erfüllt sein muss). *Reiff* weist darauf hin, dass ein VN, der nicht nachweislich regelmäßig Internetzugang hat (bei dem die Verwendung einer Webseite also nicht angemessen ist), mit dem entsprechenden personalisierten Zugang nichts anfangen kann; dabei bleibt aber unbeachtet, dass der VN allein entscheidet, ob er die erste Alternative des Abs. 2 Nr. 2 wählt (personalisierter Zugang) oder ob eben alle weiteren Voraussetzungen (Angemessenheit etc.) erfüllt sein müssen. Wer aber einen personalisierten Zugang wählt, obwohl er damit ‚nichts anfangen' kann, erscheint nicht schutzwürdig.

16 Fraglich ist, wie sich § 6a zu der auch im Rahmen von § 7 diskutierten Frage, unter welchen Voraussetzungen Webseiten den Anforderungen an einen für den Verbraucher verfügbaren dauerhaften Datenträger gerecht werden, verhält (zur Diskussion vgl. Langheid/Wandt/*Armbrüster* VVG § 7 Rn. 106). Unterschieden wird insoweit zunächst zwischen **„gewöhnlichen"** und sog **„fortgeschrittenen"** Webseiten. Gewöhnliche Webseiten mit einer sog Nur-Lese-Version genügen nicht (OLG München VersR 2017, 1270). Insoweit reicht die bloße Abrufbarkeit der geschuldeten Informationen auf einer Webseite nicht aus (BGH VersR 2014, 838), wobei irrelevant ist, ob sich die Informationen über einen Link/Button oder nach einem Aufruf der Webseite abrufen lassen (*Armbrüster* r+s 2017, 57, 61). Ebenfalls nicht ausreichend ist die bloße Möglichkeit des Ausdruckens oder Speicherns, denn dies genügt nicht, um den erforderlichen Zugang der Informationen beim Verbraucher ohne dessen weiteres Zutun sicherzustellen (BGH VersR 2014, 838 zur Abrufbarkeit einer Widerrufsbelehrung; vgl. auch EuGH NJW 2012, 2637; BGH NJW 2010, 3566).

17 Bei **fortgeschrittenen** Webseiten ist wiederum zu differenzieren zwischen solchen, die zu einer Speicherung auf einem dauerhaften Datenträger zwingen („Zwangsdownload"), und solchen, die einen personalisierten und – auch vor einseitigen Änderungen durch den Unternehmer – geschützten Speicherbereich für den einzelnen VN vorhalten und damit selbst dauerhafter Datenträger sein können (vgl. dazu *Reiff* VersR 2018, 193 (201 f.); EFTA-Gerichtshof VersR 2010, 793 Rn. 65; zur Unveränderbarkeit der Informationen vgl. EuGH NJW 2017, 871 Rn. 43 f.; mit dem Thema Webseiten als dauerhafte Datenträger befassen sich eingehend *Baudenbacher/Haas* GRUR Int. 2015, 519). Beide Fallgruppen erfüllen die Anforderungen an die Informationsübermittlungspflicht des VR (vgl. Langheid/Wandt/*Armbrüster* VVG § 7 Rn. 106). In Bezug auf die Neuregelung des § 6a lässt sich die Webseite mit Zwangsdownload bereits unter § 6a Abs. 2 Nr. 1 subsumieren, da der VN mit an Sicherheit grenzender Wahrscheinlichkeit zur Sicherung der Informationen auf Papier oder einem anderen dauerhaften Datenträger angehalten wird (so *Reiff* VersR 2018, 193 (202)). Fortgeschrittene Webseiten mit persönlichem Speicherbereich erfüllen begrifflich ohne weiteres die Voraussetzung des § 6a Abs. 2 Nr. 2 Alt. 1 (vgl. *Goretzky* VersR 2018, 1 (7)). Der Sache nach lassen sie sich indes gleichzeitig unter Nr. 1 (= anderer dauerhafter Datenträger) einordnen (*Reiff* VersR 2018, 193 (202); VersR 2021, 478; vgl. auch *Armbrüster* VW 9/2017, 62: eine Webseite nach § 6a Abs. 2 Nr. 2, die keine Unveränderbarkeit voraussetzt, ist kein dauerhafter Datenträger (missverstanden von Lehmann/Rettig, VersR 2020, 1430 (1431).

IV. Angemessenheit (Abs. 3)

Bei näherem Hinsehen wiederholt Abs. 3 nur das Selbstverständliche. Wenn der VN „nachweislich regelmäßig Internetzugang" hat, dann gilt die Auskunftserteilung auf einem anderen dauerhaften Datenträger als Papier als angemessen. Das wiederum wird vermutet, wenn der Versicherungsnehmer „für die Zwecke dieses Geschäfts" eine E-Mail-Adresse mitteilt (Abs. 3 Satz 2). Das alles sind Selbstverständlichkeiten (so auch etwa Prölss/Martin/*Dörner*, 30. Aufl., Vor § 59 Rn. 38; vgl. a. Gruber ZVers 2019, 239 ff.). Es kann nur fraglich sein, was geschehen soll, wenn der Versicherungsnehmer keine E-Mail-Adresse mitteilt; es ist nicht einmal eindeutig, ob das überhaupt möglich ist, wenn der Antragsteller sich online für den Abschluss eines Versicherungsvertrages interessiert. Es ist zwar theoretisch denkbar, dass der Interessent sich des Internets bedient, ohne über eine eigene E-Mail-Adresse zu verfügen, aber sehr lebenswahrscheinlich ist das nicht (dagegen Reiff VersR 2021, 479, der aber selbst von „seltenen Fällen" spricht und für diese Seltenheiten eine Lösung durch „teleologische Reduktion" anbietet). Schon aus Gründen der vereinfachten Kommunikation und der Frage des Zugangsnachweises wird der Versicherer großen Wert darauf legen müssen, dass er dem Interessenten über dessen E-Mail-Adresse die entsprechenden Informationen, die er vor Abgabe von dessen Vertragserklärung schuldet, zukommen lassen kann. Man wird abzuwarten haben, welche Fallkonstellationen hier die Zukunft bringen wird. **18**

V. Telefonkontakt (Abs. 4)

1. Telefonischer Kontakt

Bei einem telefonischen Kontakt muss der VR nach § 5 VVG-InfoV Informationen über seine Identität und den geschäftlichen Zweck der Kontaktaufnahme zu Beginn des Gesprächs offenlegen. Die dortige Regelung wie auch Abs. 4 gelten ganz unabhängig davon, ob eine solche telefonische Kontaktaufnahme auf Initiative des VR überhaupt wettbewerbsrechtlich zulässig ist. **19**

2. Auskunftspflicht

Die Beratung und die Begründung hierfür müssen nach einem telefonischen Erstkontakt auf einem dauerhaften Datenträger (Papier oder andere Datenträger im Sinne von Abs. 2) erteilt werden. Aber auch wenn der VN sich für einen anderen Datenträger als Papier entschieden hat, sind die entsprechenden Auskünfte „gem. Abs. 1 oder Abs. 2" zu erteilen. Das ist **rätselhaft.** Ob die Regelung so zu verstehen ist, dass auch dann Papier als Datenträger verwandt werden muss **20**

(Abs. 1), obwohl der VN sich ausdrücklich für einen anderen Datenträger entschieden hat (Abs. 2), ist der Vorschrift nicht zu entnehmen. Es darf aber wohl davon ausgegangen werden, dass es sich hier nur um eine sprachliche Ungenauigkeit handelt, denn es würde keinen Sinn machen, die erteilten Informationen auf Papier mitzuteilen, wenn der VN sich ausdrücklich für einen anderen dauerhaften Datenträger entschieden hätte.

3. Zeitpunkt

21 Die Beratung und ihre Begründung sind bei telefonischem Kontakt „unmittelbar nach Abschluss des Versicherungsvertrages" zu erteilen. Das weicht von dem Grundsatz ab, dass prinzipiell alle Informationen, die für den Abschluss des Versicherungsvertrages erforderlich sind, vor Abgabe der Vertragserklärung des VN zu erteilen sind. Wenn § 7 Abs. 1 Satz 3 anordnet, dass die Informationen „unverzüglich nach Vertragsschluss nachgeholt" werden müssen, wenn der Vertrag telefonisch oder unter Verwendung anderer Kommunikationsmittel, die die Information in Textform vor der Vertragserklärung nicht gestatten, abgeschlossen wird, ist dies nicht zwingend ein Widerspruch zum hiesigen Abs. 4: Denn hier ist neutral von einem „telefonischen Kontakt" die Rede (der also von beiden ausgehen kann), während in § 7 Abs. 1 Satz 3 von einem entsprechenden „Verlangen des VN" die Rede ist. In beiden Fällen kann aber eben die Information auch nachgeholt werden.

§ 7 Information des Versicherungsnehmers

(1) [1]**Der Versicherer hat dem Versicherungsnehmer rechtzeitig vor Abgabe von dessen Vertragserklärung seine Vertragsbestimmungen einschließlich der Allgemeinen Versicherungsbedingungen sowie die in einer Rechtsverordnung nach Absatz 2 bestimmten Informationen in Textform mitzuteilen.** [2]**Die Mitteilungen sind in einer dem eingesetzten Kommunikationsmittel entsprechenden Weise klar und verständlich zu übermitteln.** [3]**Wird der Vertrag auf Verlangen des Versicherungsnehmers telefonisch oder unter Verwendung eines anderen Kommunikationsmittels geschlossen, das die Information in Textform vor der Vertragserklärung des Versicherungsnehmers nicht gestattet, muss die Information unverzüglich nach Vertragsschluss nachgeholt werden; dies gilt auch, wenn der Versicherungsnehmer durch eine gesonderte schriftliche Erklärung auf eine Information vor Abgabe seiner Vertragserklärung ausdrücklich verzichtet.**

(2) [1]**Das Bundesministerium der Justiz und für Verbraucherschutz wird ermächtigt, im Einvernehmen mit dem Bundesministerium der Finanzen und durch Rechtsverordnung ohne Zustimmung des Bundesrates zum Zweck einer umfassenden Information des Versicherungsnehmers festzulegen,**

1. **welche Einzelheiten des Vertrags, insbesondere zum Versicherer, zur angebotenen Leistung und zu den Allgemeinen Versicherungsbedingungen sowie zum Bestehen eines Widerrufsrechts, dem Versicherungsnehmer mitzuteilen sind,**
2. **welche weiteren Informationen dem Versicherungsnehmer bei der Lebensversicherung, insbesondere über die zu erwartenden Leistun-**

gen, ihre Ermittlung und Berechnung, über eine Modellrechnung sowie über die Abschluss- und Vertriebskosten und die Verwaltungskosten, soweit eine Verrechnung mit Prämien erfolgt, und über sonstige Kosten mitzuteilen sind,
3. welche weiteren Informationen bei der Krankenversicherung, insbesondere über die Prämienentwicklung und -gestaltung sowie die Abschluss- und Vertriebskosten und die Verwaltungskosten, mitzuteilen sind,
4. was dem Versicherungsnehmer mitzuteilen ist, wenn der Versicherer mit ihm telefonisch Kontakt aufgenommen hat und
5. in welcher Art und Weise die Informationen zu erteilen sind.

[2]Bei der Festlegung der Mitteilungen nach Satz 1 sind die vorgeschriebenen Angaben nach der Richtlinie 92/49/EWG des Rates vom 18. Juni 1992 zur Koordinierung der Rechts- und Verwaltungsvorschriften für die Direktversicherung (mit Ausnahme der Lebensversicherung) sowie zur Änderung der Richtlinien 73/239/EWG und 88/357/EWG (Dritte Richtlinie Schadenversicherung) (ABl. L 228 vom 11.8.1992, S. 1) und der Richtlinie 2002/65/EG des Europäischen Parlaments und des Rates vom 23. September 2002 über den Fernabsatz von Finanzdienstleistungen an Verbraucher und zur Änderung der Richtlinie 90/619/EWG des Rates und der Richtlinien 97/7/EG und 98/27/EG (ABl. L 271 vom 9.10.2002, S. 16) zu beachten. [3]Bei der Festlegung der Mitteilungen nach Satz 1 sind ferner zu beachten:
1. die technischen Durchführungsstandards, die die Europäische Aufsichtsbehörde für das Versicherungswesen und die betriebliche Altersversorgung nach der Richtlinie (EU) 2016/97 des Europäischen Parlaments und des Rates vom 20. Januar 2016 über Versicherungsvertrieb (Neufassung) (ABl. L 26 vom 2.2.2016, S. 19; L 222 vom 17.8.2016, S. 114) erarbeitet und die von der Kommission der Europäischen Union nach Artikel 15 der Verordnung (EU) Nr. 1094/2010 des Europäischen Parlaments und des Rates vom 24. November 2010 zur Errichtung einer Europäischen Aufsichtsbehörde (Europäische Aufsichtsbehörde für das Versicherungswesen und die betriebliche Altersversorgung), zur Änderung des Beschlusses Nr. 716/2009/EG und zur Aufhebung des Beschlusses 2009/79/EG der Kommission (ABl. L 331 vom 15.12.2010, S. 48), die zuletzt durch die Verordnung (EU) Nr. 258/2014 (ABl. L 105 vom 8.4.2014, S. 1) geändert worden ist, erlassen worden sind,
2. die delegierten Rechtsakte, die von der Kommission nach Artikel 29 Absatz 4 Buchstabe b und Artikel 30 Absatz 6 der Richtlinie (EU) 2016/97, jeweils in Verbindung mit Artikel 38 der Richtlinie (EU) 2016/97, erlassen worden sind.

(3) In der Rechtsverordnung nach Absatz 2 ist ferner zu bestimmen, was der Versicherer während der Laufzeit des Vertrags in Textform mitteilen muss; dies gilt insbesondere bei Änderungen früherer Informationen, ferner bei der Krankenversicherung bei Prämienerhöhungen und hinsichtlich der Möglichkeit eines Tarifwechsels sowie bei der Lebensversicherung mit Überschussbeteiligung hinsichtlich der Entwicklung der Ansprüche des Versicherungsnehmers.

(4) **Der Versicherungsnehmer kann während der Laufzeit des Vertrags jederzeit vom Versicherer verlangen, dass ihm dieser die Vertragsbestimmungen einschließlich der Allgemeinen Versicherungsbedingungen in einer Urkunde übermittelt; die Kosten für die erste Übermittlung hat der Versicherer zu tragen.**

(5) [1]**Die Absätze 1 bis 4 sind auf Versicherungsverträge über ein Großrisiko im Sinn des § 210 Absatz 2 nicht anzuwenden.** [2]**Ist bei einem solchen Vertrag der Versicherungsnehmer eine natürliche Person, hat ihm der Versicherer vor Vertragsschluss das anwendbare Recht und die zuständige Aufsichtsbehörde in Textform mitzuteilen.**

Übersicht

I. Regelungsinhalt und Normzweck

1. Umfassende Informationspflichten

1 Die Vorschrift wurde erstmals mit der VVG-Reform 2008 neu eingeführt und später weiter ausgebaut (durch das Gesetz zur Umsetzung der RL (EU) 2016/97, BGBl. 2017 I 2789, in Kraft seit dem 23.2.2018); sie erfasst die Informationen, die mitzuteilen sind, bevor die VN ihre auf den Abschluss eines Versicherungsvertrags gerichtete Willenserklärung abgeben (BT-Drs. 16/3945, 59 ff.). In § 7 werden **alle Informationspflichten** zusammengefasst, die sich aus **EU-rechtlichen Vorgaben** für **alle Versicherungszweige** ergeben, also zunächst die Angaben, die früher in § 10a VAG in Verbindung mit der Anlage zum VAG unter Teil D Abschnitt I und II geregelt waren. Ferner wurden die Art. 3 und 5 der Fernabsatzrichtlinie II und Art. 6 des Gesetzes zur Änderung der Vorschriften über Fernabsatzverträge bei Finanzdienstleistungen vom 2.12.2004 (BGBl. 2004 I 3102 (3106)) umgesetzt. Diese Verpflichtungen galten an sich nur für Fernabsatzverträge. Der überwiegende Teil dieser Informationen wurde aber **unabhängig von der Vertriebsform** für wichtig gehalten. Wegen der zusätzlichen Schwierigkeit, die jeweilige Vertriebsform zuverlässig zu unterscheiden, wird auf eine Differenzierung nach der Art des Zustandekommens des Vertrags verzichtet.

Wird der Versicherungsvertrag durch einen **Versicherungsvermittler** vermittelt, hat der Versicherer durch vertragliche Vereinbarungen dafür zu sorgen, dass dem VN vor Abgabe von dessen Vertragserklärung die vorgeschriebenen Mitteilungen übermittelt werden. An der Erfüllung der Informationspflicht hat auch der Versicherungsvermittler ein eigenes Interesse, da der Versicherungsnehmer zum Widerruf seiner Vertragserklärung nach § 8 berechtigt ist, solange dem VN nicht sämtliche Unterlagen und Mitteilungen zugegangen sind. Eine eigenständige Informationspflicht des Versicherungsvermittlers neben der des Versicherers wurde gemeinschaftsrechtlich – anders als bei den Pflichten des Vermittlers nach der Vermittlerrichtlinie – nicht gesehen und auch sachlich für nicht geboten gehalten. 2

2. Adressatenkreis

Die Informationspflichten nach Satz 1 gelten grundsätzlich für alle VN; ausgenommen Großrisiken. Eine Beschränkung auf Verbraucher iSd § 13 BGB wurde für nicht sachgerecht gehalten, weil auch kleine Unternehmer und Freiberufler Versicherungsverträge abschließen und ihr Schutzbedürfnis als nicht geringer als das eines Verbrauchers eingeschätzt wurde. Das Gesetz verzichtet außerdem auf eine Differenzierung zwischen natürlichen und juristischen Personen, da die Rechtsform kein geeignetes Kriterium für die Beurteilung des Schutzbedürfnisses darstellt; lediglich in Abs. 5 Satz 2 wird diese von der Dritten RL-Schaden (RL 92/49/EWG) vorgegebene Differenzierung übernommen, da es sich hierbei um weniger bedeutsame Informationen handelt. 3

Maßgeblicher Zeitpunkt, zu dem die Informationen nach Satz 1 spätestens erteilt werden müssen, ist die **Abgabe der Vertragserklärung** des VN, in der Regel sein Vertragsantrag. Darin wurde ein deutlicher Vorteil gegenüber der früheren Regelung gesehen, nach der der für die Information des VN maßgebliche Zeitpunkt nicht eindeutig bestimmt wurde („rechtzeitig vor dessen Bindung"). Nunmehr ist klargestellt, dass die vorgeschriebenen Informationen nicht erst bei Vertragsschluss, also in der Regel mit der Übersendung des Versicherungsscheins, erteilt werden dürfen. Damit sollte das sog **Policenmodell** nach § 5a VVG (dem europarechtliche Wirksamkeitsbedenken entgegenstanden, die von BGH VersR 2014, 817 weitgehend bestätigt wurden), abgeschafft werden (zu Informationspflichten in der Lebensversicherung nach altem Recht, Anlage D zu § 10a VAG aF vgl. OLG Karlsruhe VersR 2020, 148). 4

Ausnahmen sind für die Fälle vorgesehen, in denen eine Information vor der Vertragserklärung wegen des vom VN gewünschten Kommunikationsmittels nicht möglich ist. Zum anderen sollte es möglich bleiben, vorläufig auf eine umfassende Information zu verzichten, etwa bei dem Erfordernis umgehenden Versicherungsschutzes. Dies wurde nicht nur bei einer vorläufigen Deckung so gesehen, sondern etwa auch bei einer nicht nur vorläufigen, aber dringenden Haftpflicht- oder 5

Sachversicherung. Auch bei einem Vertrag über eine Lebens- oder Krankenversicherung soll einem Verbraucher der Verzicht auf eine vorherige Beratung nicht völlig verwehrt werden; gegen seinen Willen muss sich niemand beraten und informieren lassen. Um zu vermeiden, dass ein Verzicht des VN formularmäßig vereinbart wird, muss eine ausdrückliche Erklärung in einem gesonderten unterschriebenen Schriftstück vorliegen. In beiden Ausnahmefällen müssen vorgeschriebenen Mitteilungen unverzüglich nach Abschluss des Vertrags übermittelt werden. Erst dann beginnt die Frist für die Ausübung des Widerrufsrechts nach § 8, das dem VN auch bei einem Verzicht auf eine vollständige Vorabinformation zusteht.

6 Verletzt der Versicherer seine Informationspflicht nach Abs. 1, ergibt sich als Sanktion, dass die Widerrufsfrist nicht zu laufen beginnt und der VN somit auf Dauer zum Widerruf seiner Vertragserklärung berechtigt bleibt. Dem VN kann ferner ein Schadensersatzanspruch wegen Verletzung einer vorvertraglichen Pflicht des Versicherers zustehen. Bei nachhaltiger, schwerwiegender Verletzung der Verpflichtung kann schließlich ein aufsichtsrechtlicher Missstand vorliegen.

3. VVG-InfoV

7 Die Ermächtigung des Bundesministeriums der Justiz und für Verbraucherschutz, durch Rechtsverordnung die vom Versicherer mitzuteilenden Informationen im Einzelnen zu regeln, wird weitgehend durch die Vorgaben der FernabsatzRL II und der für die Lebensversicherung geltenden RL 2002/83/EG konkretisiert. Dabei ist der Verordnungsgeber an diese und andere Richtlinien in der Weise gebunden, dass er zumindest die in den Richtlinien vorgesehenen Informationen auch in die Rechtsverordnung aufnehmen muss. Soweit die Richtlinien die Informationspflichten nicht abschließend regeln, können auch weitere Informationspflichten aufgenommen werden. Beispielhaft genannt wurden bei der Lebensversicherung die Überschussbeteiligung (§ 153), der Rückkaufswert nach § 169 und die bei dessen Berechnung zugrunde gelegten Abschluss- und Vertriebskosten und – eingefügt durch das Lebensversicherungsreformgesetz (LVRG) vom 1.8.2014 – die Verwaltungskosten (dazu *Schwintowski/Ortmann* VersR 2014, 1401) sowie die Modellrechnung gem. § 154. Auch kann der Verordnungsgeber zB vorsehen, dass die zunächst nur für Lebensversicherungen vorgeschriebenen besonderen Informationen auch bei Verträgen zu erteilen sind, die einzelne Elemente der Lebensversicherung enthalten; das ist der Fall bei der Unfall- und der Berufsunfähigkeitsversicherung mit Beitragsrückgewähr. Bei der Krankenversicherung wurden die früher in der Anlage zum VAG unter Buchstabe D Abschnitt I Nr. 3 geregelten Informationen erfasst. Zusätzlich soll durch den Verordnungsgeber sichergestellt werden, dass der Versicherungsnehmer über die Höhe der Abschluss- und Vertriebskosten und – eingefügt durch das LVRG vom 1.8.2014 – die Verwaltungskosten sowie über die für ihn voraussichtlich zu erwartende Prämienentwicklung, das heißt von Vertragsbeginn bis zum Vertragsende, informiert wird. Um sicherzustellen, dass die VN trotz der Vielfalt der zu erteilenden Informationen sich ein eindeutiges Bild von dem angebotenen Versicherungsvertrag und den für ihre Entscheidung maßgeblichen Merkmalen verschaffen können, soll in der Verordnung auch geregelt werden, in welcher Art und Weise die Informationen darzustellen sind (§ 7 Abs. 2 Satz 1 Nr. 5).

8 Auf Grund des § 7 Abs. 2 und 3 hat das Bundesministerium der Justiz die Verordnung über Informationspflichten bei Versicherungsverträgen (VVG-InfoV)

vom 18.12.2007 erlassen (eine Kommentierung der VVG-InfoV findet sich in diesem Werk und bei Langheid/Wandt/*Armbrüster* Anh. zu § 7). Die Rechtsverordnung war mit dem Bundesministerium der Finanzen abzustimmen (federführend für die Richtlinien der Europäischen Union); daneben musste das Bundesministerium für Ernährung, Landwirtschaft und Verbraucherschutz mit Rücksicht auf dessen allgemeine Zuständigkeit für den Verbraucherschutz einbezogen werden. Die überwiegende Zahl der Vorschriften der VVG-InfoV ist am 1.1.2008, zeitgleich mit dem Inkrafttreten des Gesetzes zur Reform des Versicherungsvertragsrechts, in Kraft getreten. Eine Ausnahme galt allerdings für die Angabe der Kosten bei der Lebens-, Berufsunfähigkeits- und Krankenversicherung (§ 2 Abs. 1 Nr. 1 und 2 und Abs. 2, § 3 Abs. 1 Nr. 1 und 2 und Abs. 2) sowie für das Produktinformationsblatt nach § 4. Diese Vorschriften traten erst am 1.7.2008 in Kraft.

4. Laufendes Vertragsverhältnis

Abs. 3 erfasst die Informationen, die bei einem **bereits bestehenden Vertragsverhältnis** während der **Laufzeit des Vertrags** zu erteilen sind. Die bei Vertragsschluss mitgeteilten Vertragsbestimmungen und AVB werden Grundlage des Vertrags. § 7 Abs. 3 eröffnet nicht die Möglichkeit, Änderungen des Vertragsinhaltes vorzunehmen; soweit aber solche Änderungen durch Gesetz zugelassen oder vereinbart worden sind, muss über sie informiert werden. 9

Bei der **Lebensversicherung** mit Beitragsrückgewähr muss der VN jährlich über die Entwicklung seiner Ansprüche informiert werden. Bei der Krankenversicherung ist sicherzustellen, dass der VN bei Vertragsabschluss über die für ihn mögliche Prämienentwicklung zu informieren, und zwar so, dass er die für ihn mögliche Prämienentwicklung beurteilen und zur Grundlage seiner Entscheidung machen kann; diese Information kann auf der Grundlage der zurückliegenden Prämienentwicklung und -gestaltung gegeben werden. 10

5. Form

Das Recht des VN, vom Versicherer alle Vertragsbestimmungen einschließlich der maßgeblichen AVB in Papierform zu verlangen, ist durch Art. 5 Abs. 3 Satz 1 der FernabsatzRL II vorgegeben. Dieses Recht kann sich auch auf den Zeitraum nach Vertragsbeendigung erstrecken. Der Wortlaut der Vorschrift stimmt mit § 48b VVG aF überein. Wie in § 312c BGB wird mit dem Begriff der Urkunde an § 126 BGB angeknüpft; einer Unterzeichnung der Urkunde bedarf es nicht. Eine ergänzende Regelung enthält das Gesetz in § 3 Abs. 3 und 4 bezüglich eines verlorenen oder vernichteten Versicherungsscheins sowie für Abschriften von Erklärungen des Versicherungsnehmers. Im Einklang mit der Kostenregelung nach § 3 Abs. 5 wird in Absatz 4 bestimmt, dass die Kosten für die erstmalige Übermittlung der Unterlagen in Papierform vom Versicherer zu tragen sind. 11

6. Ausnahmen

Die Ausnahme der Großrisiken in Satz 1 von den Informationspflichten nach den Abs. 1–4 entspricht sowohl den EU-rechtlichen Vorgaben als auch den allgemeinen Grundsätzen des Entwurfes. 12

Mit der Ausnahmevorschrift in Satz 2 wird den Erfordernissen der Dritten RL-Schaden (Art. 31 RL 92/49/EWG), die früher in § 10a Abs. 1 Satz 2 VAG geregelt waren, entsprochen. 13

7. Betroffene Verträge

14 Die Vorschrift gilt für **alle VR,** unabhängig von der/den betriebenen Versicherungssparte(n), unabhängig vom Status des VN (Verbraucher gemäß § 13 BGB oder Unternehmer gemäß § 14 BGB) und unabhängig von der Art des Zustandekommens des Versicherungsvertrages. Letzteres beruht auf einer überobligatorischen Umsetzung der EU-rechtlichen Vorgaben aus der FernabsatzRL II. Während die ursprüngliche Umsetzung durch das Gesetz zur Änderung der Vorschriften über Fernabsatzverträge bei Finanzdienstleistungen vom 2.12.2004 (BGBl. 2004 I 3102) in § 48b aF und zugehöriger Anlage erfolgte und lediglich den Fernabsatz mit Verbrauchern betraf, erweiterte die VVG-Reform 2008 mit der Schaffung des § 7 die Pflichten auf **alle Versicherungsverträge** unabhängig vom Verbraucher- oder Unternehmerstatus sowie unabhängig von der Vertriebsform.

15 Neben der FernabsatzRL II fasst § 7 auch die EU-rechtlichen Vorgaben aus der Dritten RL-Schaden sowie der Lebensversicherungs-RL zusammen, früher in § 10a VAG aF und dessen Anlage Teil D geregelt und damit als Teil des Aufsichtsrechts öffentlich-rechtlicher Natur. Nunmehr sind alle Informationspflichten zusammengefasst als **privatrechtliche** Pflichten im VVG ausgestaltet.

II. Informationspflichten (Abs. 1 und 2)

1. Verpflichteter

16 Verpflichteter nach § 7 Abs. 1 ist der VR. Da eine weitere Differenzierung nach Art der Versicherung nicht erfolgt, sind alle VR zur Mitteilung der in § 7 genannten Informationen verpflichtet.

17 Bei einem Vertragsabschluss durch **Versicherungsvertreter** hat der VR dafür Sorge zu tragen, dass diese seine Informationspflichten für ihn erfüllen (zB durch eine entsprechende Vereinbarung im Agenturvertrag). Anders ist die Rechtslage beim Vertragsabschluss über einen Versicherungs**makler:** Dieser ist – anders als der Versicherungsvertreter – nicht Bevollmächtigter des VR und nicht zur Erfüllung von dessen Informationspflichten verpflichtet; allerdings können VR und Makler Entsprechendes durch vertragliche Vereinbarung im Einzelfall regeln (zB – sofern vorhanden – im Rahmenabkommen zwischen Makler und VR). Die Vermittler selbst trifft keine eigenständige Pflicht zur Übermittlung der in § 7 genannten Informationen. Obwohl der Gesetzgeber ein eigenes (Provisions-)Interesse der Versicherungsvermittler an der Erfüllung der Informationspflicht sieht, hielt er eine selbstständige Informationspflicht der Vermittler für „sachlich (…) nicht geboten".

2. Informationen

18 Der VR hat dem VN seine Vertragsbestimmungen einschließlich der AVB sowie die Informationen nach der **VVG-InfoV** mitzuteilen. Letztere bestimmt insbesondere, welche Einzelheiten des Vertrages, insbesondere zum VR, zur angebotenen Leistung und zu den AVB sowie zum Bestehen eines Widerrufsrechts, dem VN mitzuteilen sind (§ 1); welche weiteren Informationen dem VN bei der Lebensversicherung, insbesondere über die zu erwartenden Leistungen, ihre Ermittlung und Berechnung, über eine Modellrechnung, über den Rückkaufswert

und das Ausmaß, in dem er garantiert ist, sowie über die Abschluss- und Vertriebs- und Verwaltungskosten, soweit eine Verrechnung mit Prämien erfolgt, und über sonstige Kosten, mitzuteilen sind (§ 2); welche weiteren Informationen bei der Krankenversicherung, insbesondere über die Prämienentwicklung und -gestaltung sowie die Abschluss- und Vertriebs- und Verwaltungskosten, mitzuteilen sind (§ 3); in welcher Art und Weise die Informationen zu erteilen sind (§ 4); hierbei wird insbesondere die Erteilung eines Produktinformationsblattes vorgesehen; was dem VN mitzuteilen ist, wenn der VR mit ihm telefonisch Kontakt aufgenommen hat (§ 5); was der VR während der Laufzeit des Vertrages in Textform mitteilen muss (§ 6) (Kommentierung der VVG-InfoV in diesem Werk und ausführlich in Langheid/Wandt/*Armbrüster* Nach § 7). Mit der VVG-Reform 2008 hat der Gesetzgeber sämtliche gesetzliche Informationspflichten für **Versicherung**sprodukte **abschließend** normiert, nämlich in § 7 und in der VVG-InfoV. Die Anwendung anderweitig geregelter Informations- und Aufklärungspflichten, etwa die des Kapitalmarkts nach dem WpHG, sind deshalb auf Versicherungsverträge **nicht** anzuwenden. Demzufolge sind die von der Rechtsprechung entwickelten Aufklärungspflichten beim Vertrieb von Anlageprodukten des Kapitalmarkts **grundsätzlich nicht** auf den Vertrieb von Versicherungsprodukten übertragbar (so aber BGH NJW 2012, 3647 = VersR 2012, 1237; VersR 2012, 1244; NJW-RR 2012, 101; dagegen zu Recht *Grote/Schaaf* GWR 2012, 477; ebenfalls abl. *Langheid/Müller-Frank* NJW 2013, 435 und NJW 2013, 2329; weitere Einzelheiten → Vor § 150 Rn. 10 f.).

3. Informationsadressat

19 Informationsadressat ist der VN. Ist ein **Versicherungsmakler** seitens des VN mit entsprechender Abschlussvollmacht ausgestattet, erfüllt der VR seine Informationspflichten gegenüber dem VN durch Übermittlung an den Makler (§ 166 Abs. 1 BGB). Die Vorlage einer entsprechenden Vollmachtsurkunde muss der VR nicht verlangen (offen lassend Schwintowski/Brömmelmeyer/*Ebers* § 7 Rn. 32). Ist der Makler Wissensvertreter des VN, gilt § 166 Abs. 1 BGB analog.

20 Keine Informationspflicht trifft den VR gegenüber (Mit-)Versicherten (Prölss/Martin/*Rudy* § 7 Rn. 5; HK-VVG/*Schimikowski* § 7 Rn. 10; dagegen Brömmelmeyer VersR 2015, 1460 (1462)). Zur Rechtslage bei echten und unechten Gruppenversicherungsverträgen siehe Langheid/Wandt/*Armbrüster* § 7 Rn. 15–17: bei ersteren Informationspflicht nur gegenüber der Gruppenspitze, bei letzteren Informationspflicht gegenüber allen Gruppenmitgliedern.

4. Zeitpunkt

21 Die Informationen sind dem VN „rechtzeitig vor Abgabe von dessen Vertragserklärung" zu geben.

22 **a) „Vor Abgabe von dessen Vertragserklärung".** Die Formulierung lässt eine flexible Anwendung auf die verschiedenen Vertragsabschlussmodelle zu. Allerdings scheidet eine Fortführung des vor der VVG-Reform üblichen **Policenmodells** aus (Langheid/Wandt/*Armbrüster* § 7 Rn. 6; *Langheid* NJW 2006, 3317). Hier erfolgte die Übermittlung der ehemals notwendigen Vertragsinformationen erst zusammen mit Übersendung der Police und folglich zeitlich nach der Übersendung der ausgefüllten Formulare (= Antrag des VN). Ein solches Vorgehen gemäß § 5a VVG aF (nach BGH VersR 2014, 817 ohnehin teilweise europarechts-

widrig) ist durch § 7 Abs. 1 ausgeschlossen (so auch Prölss/Martin/*Rudy* § 7 Rn. 7).

23 Möglich – bezogen auf § 7 Abs. 1 – ist ein Vertragsschluss im Rahmen des **Antragsmodells:** Dabei erfüllt der VR zunächst seine Informationspflichten, bevor der VN durch Übermittlung des Antragsformulars (ggf. zusammen mit der Risikofragenbeantwortung) seine Vertragserklärung (Antrag) abgibt, die der VR in einem dritten Schritt – zumeist durch Übersendung der Police, aber auch konkludent möglich – annehmen muss. Zu Problemen kann das Antragsmodell bei komplexen Versicherungsverträgen (zB Leben) führen, denn auch dann ist der VR nicht von der Pflicht entbunden, dem VN sämtliche, auf den erst später durch Antragstellung konkretisierten Vertrag bezogenen Unterlagen zur Verfügung zu stellen. Mithin hat der VR bereits beim ersten Kontakt mit dem (späteren) Antragsteller exakt die Informationen auszuwählen und zu überreichen, die für den dann erst durch Antrag und Annahme konkretisierten Vertragsinhalt relevant und zwingend erforderlich sind.

24 Eine weitere Abschlussvariante ist das sog **Invitatio-Modell.** Hierbei gibt der VN zunächst eine unverbindliche invitatio ad offerendum ab und beantwortet dabei die Fragen nach gefahrerheblichen Umständen, auf die hin erst der VR sein Vertragsangebot unter gleichzeitiger Übermittlung der Informationen nach § 7 Abs. 1 und 2 erklärt. Darauf hat dann noch die – auch konkludente – Angebotsannahme durch den VN zu erfolgen. Das kann zu Friktionen mit der vorvertraglichen Anzeigepflicht führen, weil die invitatio, auf die der VR seine Kalkulation stützen muss, noch nicht die Vertragserklärung des VN ist, bis zu der die vorvertraglichen Anzeigepflichten zu erfüllen sind. Die Annahme des VN ist also dessen Vertragserklärung, durch die aber der Vertrag bereits zu Stande kommt, so dass es jetzt für vorvertragliche Anzeigepflichten zu spät ist. Der VR kann sich aber mit der Antragsannahme durch den VN bestätigen lassen, dass die im Rahmen der Invitatio abgegebenen Erklärungen (immer noch) zutreffend sind (Langheid/Wandt/*Langheid* § 19 Rn. 52; ferner zur Anwendung des Invitatio-Modells siehe Langheid/Wandt/*Armbrüster* § 7 Rn. 41 ff.).

25 **b) Rechtzeitigkeitserfordernis.** Die Informationserteilung durch den VR hat rechtzeitig vor der Vertragserklärung des VN zu erfolgen. Damit liegt ein unbestimmter Rechtsbegriff vor. Insbesondere eine fixe Mindestfrist scheidet nach dem Gesetzeswortlaut aus (Langheid/Wandt/*Armbrüster* § 7 Rn. 58; HK-VVG/*Schimikowski* § 7 Rn. 5). Zum Teil will die Literatur auf den konkreten Einzelfall abstellen, um zu prüfen, ob das Rechtzeitigkeitserfordernis erfüllt ist: Maßgeblich sollen demnach Art und Umfang sowie die Komplexität des angebotenen Versicherungsprodukts sein; während bei einer Standardversicherung wie zB einer Reiseversicherung uU ein sehr kurzer Zeitraum zwischen Informationsübermittlung und Vertragserklärung des VN ausreichen könne, sei dies zB bei einer Lebensversicherung anders zu beurteilen (*Marlow/Spuhl* Rn. 60 ff.; *Schimikowski* r+s 2007, 133; Looschelders/Pohlmann/*Pohlmann* § 7 Rn. 21). Diese Auffassung übersieht, dass es sich bei der Informationspflicht des VR nach § 7 – anders als bei der Beratungspflicht nach § 6 – um eine **abstrakt-generelle** und keine individuell-konkrete Pflicht handelt. Sie ist – unabhängig vom Versicherungsprodukt und subjektiven Kriterien (zB Kenntnisstand des VN) – in jedem Fall durch Übermittlung der Vorabinformationen zu einem Zeitpunkt vor Abgabe der Vertragserklärung des VN erfüllt (wie hier Langheid/Wandt/*Armbrüster* § 7 Rn. 62 ff.; *Brömmelmeyer* VersR 2009, 584; *Funck* VersR 2008, 163; *Grote* BB 2007, 2689;

Stadler VW 2006, 1339). Dem Rechtzeitigkeitskriterium kommt mithin keine eigenständige Bedeutung zu. Es verdeutlicht lediglich Sinn und Zweck der Norm, die es dem VN ermöglichen soll, eine informierte Entscheidung für oder gegen die Abgabe einer ihn bindenden Vertragserklärung auf den Abschluss einer Versicherung zu treffen. Dass ein tatsächlicher Informationserfolg eintritt, ist keine Voraussetzung gemäß § 7.

5. Form

Die Informationen sind dem VN in **Textform** (§ 126b BGB) mitzuteilen. In 26
Betracht kommen die **elektronische** Übermittlung per E-Mail, Fax, CD-ROM, Diskette oder USB-Stick, sofern der VN (zB durch Angabe seiner E-Mail-Adresse etc) insoweit sein Einverständnis signalisiert hat (Looschelders/Pohlmann/*Pohlmann* § 7 Rn. 22). Das bloße Einstellen der Informationen auf den Internetseiten des VR ist nur dann ausreichend, wenn der VN die Informationen herunterlädt (Looschelders/Pohlmann/*Pohlmann* § 7 Rn. 22; Schwintowski/Brömmelmeyer/*Ebers* § 7 Rn. 33; zu weitgehend Langheid/Wandt/*Armbrüster* § 7 Rn. 106, der verlangt, dass der VR den Download durch technische Gestaltung der Website sicherstellt).

Vor dem Hintergrund des Sinn- und Zweckgehalts des § 7 – Ermöglichung 27
einer informierten Entscheidung des VN – hat die Informationsmitteilung in **klarer und verständlicher** Weise zu erfolgen, § 7 Abs. 1 Satz 2. Dem liegt der allgemeine Transparenzgedanke zugrunde (ausführlich Langheid/Wandt/*Armbrüster* § 7 Rn. 90 ff.).

6. Telefonischer Vertragsabschluss und Verzicht

Für den Vertragsschluss per Telefon oder unter Verwendung eines anderen 28
Kommunikationsmittels, das die Information in Textform vor der Vertragserklärung des VN nicht gestattet, sind Ausnahmen vom Grundsatz des § 7 Abs. 1 Satz 1 zugelassen (§ 7 Abs. 1 Satz 3 Hs. 1). Voraussetzung ist, dass der Vertrag **auf Verlangen des VN** telefonisch oder unter Verwendung eines anderen Kommunikationsmittels, das die Information in Textform vor der Vertragserklärung des VN nicht gestattet, geschlossen wird. Ein solches Verlangen setzt nicht voraus, dass der VN die Kontaktaufnahme per Telefon oÄ initiiert hat (Langheid/Wandt/*Armbrüster* § 7 Rn. 72). Entscheidend ist, dass der Vertrag auf Verlangen des VN durch das eingesetzte Kommunikationsmittel zustande kommt; das heißt der Kontakt kann auch vom VR ausgehen, solange der Wunsch auf den Vertragsabschluss am Telefon oder unter Verwendung eines anderen Kommunikationsmittels, das die Information in Textform vor der Vertragserklärung des VN nicht gestattet, auf Wunsch des VN erfolgt.

Wird der Versicherungsvertrag telefonisch oder unter Verwendung eines ande- 29
ren Kommunikationsmittels, das die Information in Textform vor der Vertragserklärung des VN nicht gestattet, geschlossen, ist die Übermittlung der Vertragsbestimmungen einschließlich der AVB und der Informationen nach der VVG-InfoV unverzüglich **nachzuholen.** Der Begriff „unverzüglich" ist in § 121 BGB als „ohne schuldhaftes Zögern" legal definiert; das Gesetz setzt also keine feste Frist (daher zu Unrecht Schwintowski/Brömmelmeyer/*Ebers* § 7 Rn. 41: Informationsübermittlung spätestens einen Tag nach Vertragsschluss; ähnlich Looschelders/Pohlmann/*Pohlmann* § 7 Rn. 50; wie hier Langheid/Wandt/*Armbrüster* § 7

Rn. 84). Im Telefongespräch sind vom VR in jedem Fall die Informationspflichten nach § 5 VVG-InfoV zu beachten.

30 Die gleiche Rechtsfolge gilt für den Fall eines **Verzichts** des VN auf Übermittlung der Informationen vor Abgabe seiner Vertragserklärung (§ 7 Abs. 1 Satz 3 Hs. 2). Dieser wird vor allem dann für den VN von Interesse sein, wenn er möglichst schnell Versicherungsschutz erhalten möchte. Der Verzicht setzt zu seiner Wirksamkeit eine **gesonderte schriftliche** Erklärung des VN voraus. Kein **wirksamer Verzicht** liegt in einer mit „Zustimmungserklärung" überschriebenen Erklärung am Ende eines Textes, wenn der VN nach entsprechenden Hinweisen dort eine entsprechende Erklärung abgibt; das sei irreführend, weil der VN hier eher einen Hinweis vermute als eine die Rechtslage ändernde Willenserklärung (BGH NJW 2017, 3387 (mAnm *Pohlmann* NJW 2017, 334) = VersR 2017, 997; kritisch auch *Armbrüster* EWiR 2017, 497). Nach BGH VersR 2018, 211 ist die Widerrufsfristbelehrung des § 8 Abs. 2 trotz Verstoßes gegen die rechtzeitige Informationserteilung gem. Abs. 1 Satz 1 wirksam; diese Rechtspflichtverletzung kann aber einen Schadensersatzanspruch des VN auslösen, der sich auch auf eine Vertragsaufhebung richten kann. Voraussetzung ist, dass der VN beweist, dass er den Vertrag bei rechtzeitiger Information nicht geschlossen hätte (BGH VersR 2018, 211 unter Hinweis auf BGH NJW 2017, 3387 = VersR 2017, 997). **Schriftform** iSd § 126 BGB erfordert die eigenhändige Unterschrift des VN. Das Merkmal „gesondert" setzt kein separates Schriftstück voraus, maßgeblich ist vielmehr, dass dem VN durch das Erfordernis einer getrennten Unterschrift der Inhalt seiner Erklärung vor Augen geführt wird (ähnlich Langheid/Wandt/*Armbrüster* § 7 Rn. 80; Prölss/Martin/*Rudy* § 7 Rn. 17; aA Looschelders/Pohlmann/*Pohlmann* § 7 Rn. 45; → § 6 Rn. 21). Auch ein **vorformulierter** Verzicht ist möglich, da er nicht gegen einen wesentlichen Grundgedanken des § 7 Abs. 1 verstößt (§ 307 Abs. 2 Nr. 1 BGB), denn eine gesonderte Erklärung kann auch eine formularmäßige sein (Looschelders/Pohlmann/*Pohlmann* § 7 Rn. 46 f.; Langheid/Wandt/*Armbrüster* § 7 Rn. 81; *Blankenburg* VersR 2008, 1446; *Gaul* VersR 2007, 21; **aA** Schwintowski/Brömmelmeyer/*Ebers* § 7 Rn. 43 und – ohne Begr. – HK-VVG/*Schimikowski* § 7 Rn. 18; soweit es bei Langheid NJW 2006, 3318 heißt, vorformulierte Erklärungen sollten verhindert werden, ist das rechtspolitisch gemeint, damit das Informationsrecht des Verbrauchers nicht von vorne herein unterlaufen wird). Zur EU-Gemeinschaftsrechtswidrigkeit von § 7 Abs. 1 Satz 3 Hs. 2 vgl. Langheid/Wandt/*Armbrüster* § 7 Rn. 83; *Schimikowski* r+s 2007, 133; *Dörner/Staudinger* WM 2006, 1710.

III. Informationspflichten während der Vertragslaufzeit (Abs. 3)

31 Den VR treffen auch nach Vertragsschluss in einem bestehenden Versicherungsverhältnis Informationspflichten. Diese sind in § 6 VVG-InfoV normiert; § 7 Abs. 3 selbst ist nicht pflichtenbegründend, sondern enthält nur die Ermächtigung zur Ausgestaltung in der RVO nach Abs. 2. Eine Informationspflicht lösen insbesondere aus die Änderung früher erteilter Informationen, in der Krankenversicherung Prämienerhöhungen und die Möglichkeit eines Tarifwechsels sowie in der Lebensversicherung mit Überschussbeteiligung die jährliche Information über die Entwicklung der Ansprüche des VN.

IV. Übermittlung während der Vertragslaufzeit (Abs. 4)

Abs. 4 räumt dem VN das Recht ein, vom VR jederzeit während der Laufzeit des Vertrages die Übermittlung der Vertragsbestimmungen einschließlich der AVB zu verlangen. Dabei handelt es sich nicht um ein einmaliges Recht (arg. e Abs. 4 Hs. 2). Der VN kann die Übermittlung der Vertragsunterlagen auch **mehrfach** verlangen, hat ab dem zweiten Verlangen allerdings die Kosten zu tragen (Abs. 4 Hs. 2). Das Recht ist mit der Leistungsklage **einklagbar.** Es besteht auch nach Beendigung des Versicherungsverhältnisses, wenn der VN die Unterlagen zB zur Vertragsabwicklung benötigt und die beiderseitigen Pflichten noch nicht erfüllt sind. 32

Zu den **Kosten** zählen neben den Kosten für den vom VR gewählten Übermittlungsweg (zB Porto) auch die Kosten, die beim VR für die Vorbereitung der Übersendung anfallen (zB Personaleinsatz zum Lokalisieren der betreffenden Vertragsunterlagen). Die Übermittlung hat in einer **Urkunde** zu erfolgen. Damit ist eine schriftliche Abfassung in Papierform gemeint, die auch per PC gedruckt oder vervielfältigt worden sein kann (Palandt/*Ellenberger* BGB § 126 Rn. 2). Im Unterschied zum Schriftformerfordernis nach § 126 BGB ist eine Unterschrift nicht erforderlich. 33

V. Großrisiko (Abs. 5)

Alle vorgenannten Ausführungen finden auf Versicherungsverträge über ein Großrisiko iSd § 210 Abs. 2 keine Anwendung (Abs. 5 Satz 1). Mangels Schutzbedürftigkeit des Vertragspartners des VR lässt der Gesetzgeber insbesondere die Informationspflichten nach § 7 Abs. 1 und 2 iVm der VVG-InfoV entfallen. 34

Für den Fall allerdings, dass der VN eines Versicherungsvertrages über ein Großrisiko eine **natürliche Person** ist, hat der VR ihn vor Vertragsschluss über das anwendbare Recht und die zuständige Aufsichtsbehörde in Textform zu informieren. Hierbei handelt es sich um eine EU-rechtliche Vorgabe aus der Dritten RL-Schaden. 35

VI. Rechtsfolgen

Bei einem Verstoß gegen die Informationspflichten des VR nach § 7 Abs. 1 und 2 iVm der VVG-InfoV beginnt die zweiwöchige **Widerrufsfrist** des VN **nicht zu laufen** (§ 8 Abs. 2 Satz 1 Nr. 1). Dies gilt auch bei Übermittlung unvollständiger Informationen (Looschelders/Pohlmann/*Looschelders/Heinig* § 8 Rn. 42 und 44; Bruck/Möller/*Knops* § 8 Rn. 22). Bei Vorliegen der weiteren Voraussetzungen des § 8 kann der VR die Widerrufsfrist jedoch durch nachträgliche Übermittlung der Vorabinformationen in Lauf setzen, um solchermaßen keinem ewigen Widerrufsrecht ausgesetzt zu sein. 36

Ferner kommen **Schadensersatzansprüche** des VN wegen Verletzung einer vorvertraglichen Pflicht aus §§ 280 Abs. 1, 311 Abs. 2, 241 Abs. 2 BGB in Betracht, die wegen der unterschiedlichen Schutzrichtung neben dem Nichtlauf der Widerrufsfrist Anwendung finden können (Einzelheiten bei Langheid/Wandt/*Armbrüster* § 7 Rn. 118 ff.). 37

Neben den versicherungsvertragsrechtlichen Konsequenzen aus § 8 drohen dem VR bei planmäßigen Verstößen zudem **aufsichtsrechtliche** Konsequenzen 38 (zB Missstandsverfügung, § 298 Abs. 1 Satz 1 iVm § 294 Abs. 3 VAG, und als ultima ratio Widerruf der Erlaubnis zum Geschäftsbetrieb, § 304 VAG).

39 Verbände können nach § 2 UKlaG vorgehen; Konkurrenten Ansprüche aus dem UWG geltend machen.

VII. Einbeziehung der AVB

1. Verhältnis zu § 305 Abs. 2 BGB

40 § 305 Abs. 2 BGB knüpft für den Fall, dass der Verwendungsgegner Verbraucher ist, die wirksame Einbeziehung von AVB an drei kumulativ zu erfüllende Voraussetzungen: ausdrücklicher Hinweis, Möglichkeit zumutbarer Kenntnisnahme und Einverständnis. Die Regelung der Vorabinformation in § 7 und die Einbeziehung von AVB nach § 305 Abs. 2 BGB betreffen jeweils eigene Regelungskomplexe und stehen **selbstständig nebeneinander.** Die korrekte Informationsübermittlung nach § 7 lässt also keinen Schluss auf die notwendige Einbeziehung der AVB in den Versicherungsvertrag zu. Ebenso können die AVB wirksam gemäß § 305 Abs. 2 BGB in den Vertrag einbezogen sein, ohne dass die Informationspflichten nach § 7 erfüllt sind.

2. Sonderfall: § 7 Abs. 1 Satz 3

41 Eine Ausnahme betrifft die in § 7 Abs. 1 Satz 3 geregelten Fälle der nachzuholenden Informationspflicht (telefonischer Vertragsschluss auf Verlangen des VN oder Verzicht auf Vorabinformation). In diesen Fällen geht § 7 Abs. 1 Satz 3 als **lex specialis** der Regelung des § 305 Abs. 2 Nr. 2 BGB vor, so dass die AVB durch die nachträgliche Übermittlung ohne weiteres Vertragsbestandteil werden (Langheid/Wandt/*Armbrüster* § 7 Rn. 86; *Gaul* VersR 2007, 21; HK-VVG/*Schimikowski* § 7 Rn. 16; **aA** Looschelders/Pohlmann/*Pohlmann* § 7 Rn. 79 ff., die über einen Verzicht auf die Möglichkeit der Kenntnisnahme ganz überwiegend aber zum gleichen Ergebnis gelangt; ebenso Prölss/Martin/*Rudy* § 7 Rn. 45).

VIII. Abdingbarkeit

42 § 7 ist gemäß § 18 halbzwingend; zum Nachteil des VN darf von der Regelung nicht abgewichen werden.

§ 7a Querverkäufe

(1) **Wird ein Versicherungsprodukt zusammen mit einem Nebenprodukt oder einer Nebendienstleistung, das oder die keine Versicherung ist, als Paket oder als Teil eines Pakets oder derselben Vereinbarung angeboten, hat der Versicherer den Versicherungsnehmer darüber zu informieren, ob die Bestandteile getrennt voneinander gekauft werden können; ist dies der Fall, stellt er eine Beschreibung der Bestandteile der Vereinbarung oder des Pakets zur Verfügung und erbringt für jeden Bestandteil einen gesonderten Nachweis über Kosten und Gebühren.**

(2) **Wird ein Paket angeboten, dessen Versicherungsdeckung sich von der Versicherungsdeckung beim getrennten Erwerb seiner Bestandteile**

unterscheidet, stellt der Versicherer dem Versicherungsnehmer eine Beschreibung der Bestandteile des Pakets und der Art und Weise zur Verfügung, wie ihre Wechselwirkung die Versicherungsdeckung ändert.

(3) [1]**Ergänzt ein Versicherungsprodukt eine Dienstleistung, die keine Versicherung ist, oder eine Ware als Teil eines Pakets oder derselben Vereinbarung, bietet der Versicherer dem Versicherungsnehmer die Möglichkeit, die Ware oder die Dienstleistung gesondert zu kaufen.** [2]**Dies gilt nicht, wenn das Versicherungsprodukt Folgendes ergänzt:**

1. **eine Wertpapierdienstleistung oder Anlagetätigkeit im Sinne des Artikels 4 Absatz 1 Nummer 2 der Richtlinie 2014/65/EU des Europäischen Parlaments und des Rates,**
2. **einen Kreditvertrag im Sinne des Artikels 4 Nummer 3 der Richtlinie 2014/17/EU des Europäischen Parlaments und des Rates oder**
3. **ein Zahlungskonto im Sinne des Artikels 2 Nummer 3 der Richtlinie 2014/92/EU des Europäischen Parlaments und des Rates.**

(4) **Versicherer haben in den Fällen der Absätze1 bis 3 die Wünsche und Bedürfnisse des Versicherungsnehmers im Zusammenhang mit den Versicherungsprodukten, die Teil des Pakets oder derselben Vereinbarung sind, zu ermitteln.**

(5) [1]**Wird eine Restschuldversicherung als Nebenprodukt oder als Teil eines Pakets oder derselben Vereinbarung angeboten, ist der Versicherungsnehmer eine Woche nach Abgabe seiner Vertragserklärung für das Versicherungsprodukt erneut in Textform über sein Widerrufsrecht zu belehren.** [2]**Das Informationsblatt zu Versicherungsprodukten ist dem Versicherungsnehmer mit dieser Belehrung erneut zur Verfügung zu stellen.** [3]**Die Widerrufsfrist beginnt nicht vor Zugang dieser Unterlagen.**

I. Übersicht

1 Was hier mit „Querverkäufe“ überschrieben ist, betrifft den Vertrieb von Waren oder Dienstleistungen, die mit einem Versicherungsvertrag **gekoppelt** sind (vgl. *Baroch Castellví* in Bürkle Compliance § 10 Rn. 75 ff.; *Reiff/Köhne* VersR 2017, 649 (654)). Man merkt es der Vorschrift an, dass hier die Regelung des Art. 24 RL (EU) 2016/97 wortgleich umgesetzt wird (mit Ausnahme von § 7a Abs. 5, der neben § 7d ohne entsprechende Vorgaben in der RL auf Empfehlung des BT-Ausschusses für Wirtschaft und Energie neu in das Gesetz aufgenommen worden ist, vgl. Beschlussempfehlung vom 28.6.2017, BT-Drs. 18/13009, 52 f.). Die Begrifflichkeiten (cross-selling als Querverkäufe, Nebenprodukt, Nebendienstleistung oder auch Versicherungsprodukt) sind schwer einzuordnen, vor allem auch im Hinblick auf ihre Qualifikation als Haupt- oder eben Nebenprodukt. Mit *Brömmelmeyer* (r+s 2016, 269 (276)) sollte zwischen **Bündelung** (Haupt- und Nebenprodukt separat erwerbbar) und **Koppelung** (nur im Paket erhältlich) unterschieden werden.

2 In Frage kommen beispielsweise Versicherungsverträge im Sachversicherungsbereich, die gleichzeitig mit einer Assistance-Dienstleistung vertrieben werden, in Frage kommen aber auch Kaufverträge, bei denen die Versicherung nur zusätzlich verkauft wird (Handyversicherung). Weitere Konstellationen sind Leben- und Berufsunfähigkeitsversicherungen; Darlehen und Restschuldversicherung; Kredit-

kartenabschluss und Mobiltelefonversicherung (*Brömmelmeyer* r+s 2016, 269) und Reisekrankenversicherung und Rücktransporte (Prölss/Martin/*Dörner,* 30. Aufl. 2018, Vor § 59 Rn. 24). Unter die Regelungen zu den Querverkäufen dürften auch die Versicherungsanlageprodukte fallen (zB fondsgebundene Lebensversicherung, Indexrenten), obwohl diese in § 7b gesondert geregelt sind. Es ist dort aber keine Einschränkung festgeschrieben, so dass auch Anlageprodukte als Querverkäufe angeboten werden können.

II. Anwendungsbereich (Abs. 1)

3 Nur wenn der Versicherungsvertrag mit einem Nebenprodukt oder einer Nebendienstleistung angeboten wird, die ihrerseits keine Versicherung sind, muss der VN informiert werden, ob die Bestandteile getrennt gekauft werden können. Ist das nicht der Fall, liegt kein Fall des § 7a vor.

4 Ist das hingegen der Fall, muss eine Information über die jeweiligen Bestandteile der gekoppelten Vereinbarung geliefert werden und es muss für jeden Bestandteil gesondert über die Kosten und Gebühren informiert werden, Abs. 1 2. Hs. Ist der Versicherungsvertrag das Nebenprodukt, gilt Abs. 3 (vgl. auch *Reiff/Köhne* VersR 2017, 654).

III. Wechselwirkungen (Abs. 2)

5 Diese Regelung in Abs. 2 betrifft Kopplungsverträge, bei denen die angebotene Risikoübernahme sich von der Versicherungsdeckung unterscheidet, die bei einem getrennten Erwerb der Bestandteile des Kopplungsgeschäfts erworben werden könnte. Ist das der Fall, muss der Versicherer die Unterschiede der jeweiligen Deckungen anhand der „Wechselwirkung“ mit der Paketlösung beschreiben. Tunlichst wird man hier Differenzierungen zwischen einer Stand-alone-Lösung und einem Kopplungsgeschäft vermeiden wollen; andernfalls muss man nicht nur über die angebotene Versicherungsdeckung informieren, sondern auch über die **Unterschiede,** die sich bei einem Angebot mit und ohne Nebenprodukt ergeben.

IV. Versicherung als Nebenprodukt (Abs. 3)

6 Diese Regelung betrifft den Fall, dass die Versicherung nur ein Nebenprodukt zu einer Ware oder einer anderen Dienstleistung ist. Wie schon Art. 24 Abs. 3 RL (EU) 2016/97 muss der Versicherungsvertreiber dem Kunden die Möglichkeit geben, Waren und Dienstleistungen auch ohne Versicherung einzukaufen. Wie das gehen soll, wo doch der Versicherer in der Regel nicht zusätzlich beispielsweise einen Smartphonevertrieb unterhält, ist schleierhaft. Am ehesten wird das noch bei Anlageprodukten (Kapitalmarkt) gelten. Gewollt ist, dass der Verkäufer der Ware/Dienstleistung die Abnahme des Versicherungsvertrages nicht untrennbar an den Verkauf der Ware/Dienstleistung koppeln darf. Die Vorschrift richtet sich also eigentlich an den Verkäufer (und fordert allenfalls mittelbar den Versicherer auf, dem Verkäufer entsprechende Freiheiten einzuräumen).

7 Eine Ausnahme schafft Abs. 3 Satz 2 für die in den Nr. 1–3 aufgeführten Sonderverträge. Dabei handelt es sich in Umsetzung von Art. 24 Abs. 3 Satz 2 RL (EU) 2016/97 um eine Wertpapierdienstleistung oder Anlagetätigkeit iSd Art. 4 Abs. 1

Nr. 2 RL 2014/65/EU (sog MiFID II-RL; Nr. 1), einen Kreditvertrag iSd Art. 4 Nr. 3 der RL 2014/17/EU (Wohnimmobilienkredit-RL; Nr. 2) oder ein Zahlungskonto iSd Art. 2 Nr. 3 der RL 2014/92/EU (Zahlungskonten-RL).

V. Wünsche und Bedürfnisse des VN (Abs. 4)

Ganz gleichgültig, ob es sich bei der Versicherung um das Haupt- oder ein Nebenprodukt handelt, muss der Versicherer in allen Fällen der Abs. 1–3 die Wünsche und Bedürfnisse des VN im Zusammenhang mit dem Versicherungsprodukt ermitteln. Auch hier ist rätselhaft, wie das zu geschehen hat. Das gilt vor allem für die Regelung in Abs. 3, bei der das Versicherungsprodukt ja nur das Nebenprodukt ist. Wie der Versicherer hier Wünsche und Bedürfnisse des VN (beispielsweise des Käufers eines Smartphones, der zugleich eine Handyversicherung abschließen will) ermitteln soll, ist schleierhaft. Tatsächlich dürfte sich diese Vorschrift ausschließlich an den Smartphoneverkäufer als Vermittler iSd § 59 Abs. 1 richten. Ansonsten gilt hier die übliche Produktberatung gem. § 6. Vor allem dürfte die dort normierte Relativierung der Beratungsbedürfnisse (anlassbezogen, Komplexitätsrelevanz, Bedarfsermittlung) auch hier gelten. Die Gesetzesbegründung zu § 7a hilft im Übrigen nicht weiter. Sie verweist lediglich allgemein darauf, dass sich die Informationspflichten zum Teil mit schon – vor der Umsetzung der RL (EU) 2014/65 – bestehenden Informationspflichten decken. So seien auch die „Wünsche und Bedürfnisse" des Versicherungsnehmers bereits nach bisherigem Recht zu berücksichtigen gewesen (BT-Drs. 18/11627, 44). 8

VI. Restschuldversicherung (Abs. 5)

1. Restschuldversicherung als Nebenprodukt

Der Wortlaut der Vorschrift lässt darauf schließen, dass die Regelung in Abs. 5 nur solche Versicherungsprodukte erfasst, bei denen der Kreditvertrag, der über die Restschuldversicherung abgewickelt werden soll, der Hauptvertrag ist. Die Restschuldversicherung ist eine spezielle Risikolebensversicherung, die dazu dient, die Erfüllung der Ansprüche aus Kredit- und Abzahlungsgeschäften bei Tod, ggf. auch bei Arbeitslosigkeit oder Arbeitsunfähigkeit des Schuldners abzusichern (vgl. Prölss/Martin/*Schneider* Vor § 150 Rn. 25; Langheid/Wandt/*Heiss/Mönnich* Vor § 150 Rn. 14). Restschuldversicherungen sind häufig als Gruppenversicherungen zwischen der darlehensgewährenden Bank und dem Versicherer ausgestaltet (*Göbel/Köther* VersR 2015, 425, 426). Der Kreditgeber wird damit Versicherungsnehmer, der Darlehensnehmer tritt dem Gruppenversicherungsvertrag lediglich als versicherte Person bei. Für diese Konstellation sind die Informationspflichten nach § 7d zu beachten. Bei § 7a Abs. 5 geht es hingegen um Einzelversicherungsverträge mit dem VN als Verbraucher (vgl. *Schmitz-Elvenich/Krokhina* VersR 2018, 129). Die sprachliche Änderung von „Produktinformationsblatt" in **„Informationsblatt zu Versicherungsprodukten"** durch Gesetz v. 9.6.2021 (BGBl. 2021 I 1666; vgl. Gesetzesbegr. BT-Drs. 19/29391, 53 f.) ist nicht weiter relevant. 9

2. Erneute Widerrufsbelehrung

Der Gesetzestext ordnet an, dass in diesen Fällen „eine Woche nach Abgabe" der Vertragserklärung des VN „erneut in Textform über sein Widerrufsrecht zu belehren" ist. 10

11 Zunächst wirft das Wort „erneut" die Frage auf, ob die Widerrufsbelehrung tatsächlich zweimal erfolgen muss (also eine Erst- und eine Folgebelehrung erforderlich ist), oder ob nicht die Widerrufsbelehrung in **einer Belehrung zusammengefasst** werden kann. Dem widerspricht zwar offenkundig das Wort „erneut" (was ja semantisch eine zweifache Belehrung erfordert), es ist im Gesetz aber nirgendwo vorgeschrieben, dass und wann eine Erstbelehrung zu erfolgen hat. Der bisher allein einschlägige § 8 Abs. 1 sah nur vor, dass der VN seine Vertragserklärung widerrufen konnte. In § 8 Abs. 2 war der Beginn der Widerrufsfrist an den Zeitpunkt geknüpft, an dem der VN gewisse Informationen erhalten hatte, namentlich eine deutlich gestaltete Widerrufsbelehrung im Sinne von § 8 Abs. 2 Satz 1 Nr. 2. Wenn dort auch ausdrücklich von einer Widerrufs**belehrung** die Rede ist, gab es aber keine entsprechende **Pflicht** dazu, das Erfordernis einer Belehrung ergab sich nur mittelbar aus dem Bedürfnis des VR, die Widerrufsfrist in Gang zu setzen (zum Problem *Wandt* VersR 2019, 590, der eine Kombination von vorvertraglicher und erneuter Belehrung vorschlägt, um eine informationelle Überbelastung des Verbrauchers zu vermeiden; vgl. auch OLG Brandenburg VersR 2016, 377, das eine „erneute" Belehrung unter Umständen daran scheitern sieht, dass die Ursprungbelehrung auch erst nach Abgabe der Vertragserklärung des VN erfolgen kann).

12 Wenn also jetzt von einer „erneuten" Widerrufsbelehrung die Rede ist, dann setzt das Gesetz etwas voraus, was es in dieser Form gar nicht, jedenfalls so nicht gibt. Das spricht zumindest dafür, dass für die **Erst**belehrung ein formloser Hinweis auf die Widerrufsmöglichkeit ausreicht. Erst die Folgebelehrung im Sinne von Abs. 5 muss den Formvorschriften des § 8 Abs. 2 entsprechen, weil erst diese die Widerrufsfrist in Gang setzt (Abs. 5 Satz 3).

13 Es ist problematisiert worden, ob die Musterbelehrung gem. § 8 Abs. 5 auch für die Folgebelehrung bei der Restschuldversicherung ausreicht (*Schmitz-Elvenich/Krokhina* VersR 2018, 129 (131)). Der Wortlaut der derzeitigen Widerrufsbelehrung nach § 8 Abs. 5 passt ersichtlich nicht auf die Folgebelehrung, so dass diese entsprechend anzupassen ist (Formulierungsbeispiele für die Aufnahme eines entsprechenden Gestaltungshinweises der Musterbelehrung finden sich bei *Schmitz-Elvenich/Krokhina* VersR 2018, 129, 131). Solange dies nicht geschieht, fragt sich allerdings, ob es mit Blick auf die gesetzliche Vermutung des § 8 Abs. 5 Satz 1 ausreicht, die aktuelle, inhaltlich unzutreffende Musterbelehrung zu verwenden. Sinnvoll erscheint es jedenfalls, wenn der VR dann zusätzlich jeweils unter der Erst- und Zweitbelehrung einen „Wichtigen Hinweis" einfügt, in dem er auf die geänderte Rechtslage hinweist und den VN über den korrekten Beginn der Widerrufsfrist informiert (s. mit konkreten Formulierungsvorschlägen *Schmitz-Elvenich/Krokhina* VersR 2018, 129 (131)).

3. Fristbeginn

14 Die Widerrufsfrist beginnt erst mit Zugang der Folge-Widerrufsbelehrung, die zudem wiederum mit dem Produktinformationsblatt zu verbinden ist (auch hier „erneut", Abs. 5 Satz 2).

§ 7b Information bei Versicherungsanlageprodukten

(1) [1]**Bei Produkten, die Versicherungsanlageprodukte im Sinne von Artikel 2 Absatz 1 Nummer 17 der Richtlinie (EU) 2016/97 sind, sind dem**

Versicherungsnehmer angemessene Informationen über den Vertrieb von Versicherungsanlageprodukten und sämtliche Kosten und Gebühren rechtzeitig vor Abschluss des Vertrags zur Verfügung zu stellen. [2]Diese Informationen enthalten mindestens das Folgende:
1. **wenn eine Beratung erfolgt, die Information darüber, ob dem Versicherungsnehmer eine regelmäßige Beurteilung der Eignung des Versicherungsanlageprodukts, das diesem Versicherungsnehmer empfohlen wird, gemäß § 7c geboten wird;**
2. **geeignete Leitlinien und Warnhinweise zu den mit Versicherungsanlageprodukten oder mit bestimmten vorgeschlagenen Anlagestrategien verbundenen Risiken;**
3. **Informationen über den Vertrieb des Versicherungsanlageprodukts, einschließlich der Beratungskosten und der Kosten des dem Versicherungsnehmer empfohlenen Versicherungsanlageprodukts;**
4. **wie der Versicherungsnehmer Zahlungen leisten kann, einschließlich Zahlungen Dritter.**

(2) **[1]Die Informationen über alle Kosten und Gebühren, einschließlich Kosten und Gebühren im Zusammenhang mit dem Vertrieb des Versicherungsanlageprodukts, die nicht durch das zugrunde liegende Marktrisiko verursacht werden, sind in zusammengefasster Form zu erteilen; die Gesamtkosten sowie die kumulative Wirkung auf die Anlagerendite müssen verständlich sein; ferner ist dem Versicherungsnehmer auf sein Verlangen eine Aufstellung der Kosten und Gebühren zur Verfügung zu stellen. [2]Diese Informationen werden dem Versicherungsnehmer während der Laufzeit der Anlage regelmäßig, mindestens aber jährlich, zur Verfügung gestellt.**

I. Übersicht

Die hier betroffenen Produkte gem. Art. 2 Abs. 1 Nr. 17 RL (EU) 2016/97 (IDD) sind Versicherungsanlageprodukte, die entsprechend dem Wortlaut der Richtlinie einen „Fälligkeitswert oder einen Rückkaufswert" bieten, der „vollständig oder teilweise direkt oder indirekt Schwankungen ausgesetzt" ist. Zu beachten ist die Strafbarkeit von Verstößen gegen die Informationspflicht (vgl. → Rn. 19). 1

Es ist aber umstritten ist, was konkret darunter fallen soll. Vom Gesetzgeber verwiesen wird nur auf Art. 2 Abs. 1 Nr. 17 RL (EU) 2014/65. Ungeachtet der nachstehend aufgezählten Ausnahmen ist aber fraglich, was genau gemeint ist. Einigkeit besteht zunächst, dass die Definition nach der RL (EU) 2014/65 und nach der VO (EU) 1286/2014 (PRIIP) identisch sein soll (*Reiff/Köhne* VersR 2017, 656). Zu § 7 Abs. 2 VVG gibt es aber inzwischen einen Verordnungs-Entwurf des BMJV vom 27.10.2017, wonach die VVG-InfoV nicht mehr für Anlageprodukte im Sinne von § 7b VVG gelten soll, sondern es ist ein Produktinformationsblatt (PIB) nach der VO (EU) 1286/2014 (PRIIP) zu erlassen. Sicher zu den gemeinten Anlageprodukten zu zählen sind **fondsgebundene Lebensversicherungen** (OLG Düsseldorf r+s 2020, 287; *Reiff/Köhne* VersR 2017, 656; *Brömmelmeyer* r+s 2016, 271; *Beyer* VersR 2016, 294, der allerdings nach der Art der Ausgestaltung im Einzelfall differenzieren will, wie etwa bei Produkten mit Garantiezusagen; dem folgend *Reiff/Köhne* VersR 2017, 656). 2

3 Ausgenommen von Art. 2 Abs. 1 Nr. 17 RL (EU) 2016/97 sind gem. dem dortigen **Buchst. a** alle Versicherungen, die **keine Lebensversicherung** sind. Dazu zählen alle Schadensversicherungen, also auch die Krankenversicherung, soweit sie nicht nach Art der Lebensversicherung betrieben wird. Auch die Unfallversicherung, selbst die mit Prämienrückgewähr, fällt darunter (*Brömmelmeyer* r+s 2016, 271).

4 Nach Art. 2 Abs. 1 Nr. 17 **Buchst. b** RL (EU) 2016/97 sind **Lebensversicherungen auf den Todesfall** ausgenommen. Das ist sicher die reine Risikolebensversicherung, aber auch die Berufsunfähigkeitsversicherung (so *Reiff/Köhne* VersR 2017, 656; *Baroch Castellví* VersR 2017, 130 (133)). Auch die Sterbegeldversicherung soll dazu zählen (*Reiff/Köhne* VersR 2017, 656; dagegen aber *Baroch Castellví* VersR 2017, 135).

5 **Altersvorsorgeprodukte** gem. Art. 2 Abs. 1 Nr. 17 **Buchst. c** RL (EU) 2016/97 sind sicher Riester- und Rürup-Versicherungen (*Reiff/Köhne* VersR 2017, 656; *Beyer* VersR 2016, 295; *Brömmelmeyer* r+s 2016, 271; *Baroch Castellví* VersR 2017, 130). Uneinigkeit herrscht aber, ob die klassische Renten- und Kapitallebensversicherung ein Anlageprodukt iSd RL (EU) 2016/97 und damit des deutschen Gesetzes sind. Die BaFin hat sich dazu geäußert, dass Kapitallebens- und Rentenversicherungsverträge Anlageprodukte iSv § 7b VVG sein sollen (BaFin-Journal 8/2017, 34; auch *Gerold/Kohleick* RdF 2017, 276). Sind sie aber als Anlageprodukte zu definieren, stellt sich die weitere Frage, ob sie unter den Ausnahmetatbestand des Art. 2 Abs. 1 Nr. 17 Buchst. c RL (EU) 2016/97 fallen. *Reiff/Köhne* (VersR 2017, 656) weisen überzeugend nach, dass klassische Lebensversicherungen unter den Ausnahmetatbestand von Buchst. c fallen, wenn sie einkommensteuerrechtlich der Hälftebesteuerung oder der Ertragsanteilbesteuerung unterliegen. Dann aber beschränkt sich die Frage, ob klassische Lebensversicherungen überhaupt Anlageprodukte im Sinne des Gesetzes sind, auf Kapitallebensversicherungen ohne steuerliches Privileg. Das aber wiederum ist die Ausnahme (zur Abwägung, ob diese seltenen Ausnahmen Anlageprodukte sind oder nicht, vgl. *Reiff/Köhne* VersR 2017, 657: nach teleologischer Reduktion soll es sich dabei nicht um Anlageprodukte im Sinne der RL (EU) 2016/97 handeln).

6 Zu den nach Art. 2 Abs. 1 Nr. 17 **Buchst. d** RL (EU) 2016/97 anerkannten **Altersversorgungssystemen** zählen Pensionskassen, Pensionsfonds oder Direktversicherungen (*Reiff/Köhne* VersR 2017, 655; *Baroch Castellví* VersR 2017, 132). Individuelle Altersvorsorgeprodukte gem. **Buchst. e** sollen Rückdeckungsversicherungen von Unterstützungskassenzusagen sein (*Reiff/Köhne* VersR 2017, 657; *Baroch Castellví* VersR 2017, 132).

7 Ausgenommen sind ferner **Nicht-Lebensversicherungsprodukte gem. Anh. I RL 2009/138/EG.** Dazu zählen reine Todesfall- oder Arbeitsunfähigkeitsverträge infolge von Körperverletzung, Krankheit oder Gebrechen, Altersvorsorgeprodukte, deren Zweck in erster Linie darin besteht, dem Anleger im Ruhestand ein Einkommen zu gewähren und die einen Anspruch auf bestimmte Leistungen einräumen, amtlich anerkannte betriebliche Altersvorsorgesysteme entsprechend dem Anwendungsbereich der RL 2003/41/EG oder RL 2009/138/EG oder individuelle Altersvorsorgeprodukte, die nach dem nationalen Recht vom Arbeitgeber bezuschusst werden müssen und die weder der Arbeitgeber noch der Beschäftigte selbst wählen kann. Für Nicht-Lebensversicherungsprodukte gilt ferner seit dem 23.2.2018 die Regelung in Art. 20 Abs. 5 RL (EU) 2016/97 (IDD), der die Informationserteilung im Wege eines standardisierten Produktin-

formationsblatts vorsieht (s. hierzu VO (EU) 2017/1469 sowie den neuen § 4 VVG-InfoV mWv 14.3.2018).

II. Informationen (Abs. 1)

1. Allgemeines

Liegen entsprechende Versicherungsanlageprodukte vor, sind dem VN „angemessene Informationen" zu erteilen. Diese Informationen betreffen einerseits den Vertrieb der genannten Anlageprodukte, andererseits aber auch die Kosten und Gebühren dafür. 8

In Abs. 1 Satz 2 sind insgesamt vier einzelne Informationssegmente genannt, die sämtlich sicherstellen sollen, dass der VN über die Art und Weise der Funktionalität eines solchen Anlageprodukts ausgiebig informiert wird. Wesentlich ist dabei entsprechend obiger Definition, dass Fälligkeits- oder Rückkaufswert am jeweiligen Kapitalmarkt ausgerichtet ist (mithin Marktschwankungen ausgesetzt ist). Der Vermittler, der entgegen § 59 Abs. 1 Satz 2 in Verbindung mit den neuen Vorschriften in §§ 7b und c die Information vom VN nicht ordnungsgemäß erfragt oder trotz entgegenstehender Informationen ein entsprechendes Anlageprodukt empfiehlt, begeht eine Ordnungswidrigkeit (§ 147c Abs. 1 GewO; vgl. Prölss/Martin/*Dörner,* 30. Aufl. 2018, Vor § 59 Rn. 40). 9

Flankiert wird die versicherungsvertragliche Informationspflicht durch § 48a VAG, zunächst als „zahnloser Tiger" verspottet (vgl. *Reiff/Köhne* VersR 2017, 649 (655)), dann aber rehabilitiert (*Reiff* VersR 2018, 193 unter Hinweis auf die delegierte VO (EU) 2017/2359 vom 21.9.2017 (ABl. 2017 L 341, 8; dazu *Beenken/Radtke* ZfV 2017, 708), die dem Tiger offenbar Zähne verschafft hat. 10

2. Konkrete Informationspflichten

Abs. 1 Satz 2 **Nr. 1** betrifft die Beratung des VN. Es muss darüber informiert werden, ob eine regelmäßige Beurteilung der Eignung des empfohlenen Anlageprodukts stattfindet. Das Ganze ist sprachlich schwach formuliert (es ist unklar, was es bedeuten soll, dass eine Information darüber erfolgen muss, „ob dem Versicherungsnehmer eine regelmäßige Beurteilung … geboten wird"). 11

Gemäß Abs. 1 Satz 2 **Nr. 2** ist wiederum über die mit den fraglichen Anlageprodukten verbundenen Risiken zu informieren. Nach dem Wortlaut sind „geeignete Leitlinien und Warnhinweise" zu erteilen, auch zu den Anlagestrategien, die mit dem Anlageprodukt verfolgt werden. 12

Abs. 1 Satz 2 **Nr. 3** verpflichtet zu Informationen über die Beratungskosten und der Kosten allgemein, die mit dem fraglichen Anlageprodukt verbunden sind. Das kann man wohl nur so verstehen, dass hier die Gebühren der eigentlichen Produktbetreiber gemeint sind. 13

Gemäß Abs. 1 Satz 2 **Nr. 4** sind ferner und abschließend Informationen geschuldet, wie der VN Zahlungen leisten kann. Soweit hier auch „Zahlungen Dritter" erwähnt werden, ist auch hier unklar, was damit gemeint sein soll. Möglicherweise geht es nur um praktische Aspekte, soweit Dritte anstelle des VN zahlen (Bezugsberechtigte oder versicherte Personen). Das Informationsblatt zu (sonstigen) Versicherungsprodukten (Art. 20 Abs. 8 VO (EU) 2016/97) fordert zB explizit Angaben zur Prämienzahlungsdauer (vgl. Art. 6 Buchst. h VO (EU) 2017/1469 mit der Überschrift „Wann und wie zahle ich?"). 14

III. Kosten und Gebühren (Abs. 2)

1. Abweichung von RL (EU) 2016/97 (IDD)

15 Abs. 2 Satz 1 bestimmt, dass die Übersicht über die Gesamtkosten und -gebühren „in zusammengefasster Form" und „verständlich" zu erteilen ist. Art. 29 Abs. 1 UAbs. 2 RL (EU) 2016/97 hatte noch bestimmt, dass eine Aufstellung der Kosten und Gebühren „nach Posten" zur Verfügung zu stellen wäre. In der amtlichen Begründung heißt es dazu, dass „eine relativ kurze Aufstellung" dem europäischen Recht genüge (BT-Drs. 18/11627, 43; vgl. *Reiff/Köhne* VersR 2017, 649). Es hat den Anschein, als dass der Verzicht auf den Begriff „nach Posten" den deutschen Versicherungsvertrieb davon befreien soll, im Einzelnen alle Kosten und Gebühren aller Anlagebetreiber im Einzelnen aufzulisten. Das ist einerseits zu begrüßen, wirft andererseits die Frage auf, was der Verbraucher mit einer solchen Übersicht überhaupt noch anfangen kann.

2. Umfang der Information

16 Die Informationspflicht betrifft **„alle" Kosten und Gebühren.** Dazu zählen zunächst die Aufwendungen für den Vertrieb des Anlageprodukts, die nicht durch Marktschwankungen verursacht werden. Diese Kosten und Gebühren sind „in zusammengefasster Form" darzulegen. Sie müssen ferner verständlich sein und – wichtig – „die kumulative Wirkung auf die Anlagerendite" ausweisen. Mit anderen Worten: Dem VN ist eine Warnung darüber zu erteilen, welche Kosten und Gebühren insgesamt anfallen und wie sich diese Aufwendungen kumulativ mit dem Marktschwankungsrisiko auf die am Ende zu erzielenden Gewinne auswirken können.

17 Gemäß Abs. 2 Satz 1 3. Hs. ist dem VN auf Verlangen eine **Aufstellung** über die entsprechenden Kosten und Gebühren zur Verfügung zu stellen.

18 Außerdem sind gem. Abs. 2 Satz 2 die Informationen, wie sie insgesamt in Abs. 2 beschrieben werden, dem VN **regelmäßig,** mindestens aber einmal jährlich, während der gesamten Laufzeit des Anlageproduktes zur Verfügung zu stellen.

IV. Ordnungswidrigkeit

19 Ein vorsätzlicher oder fahrlässiger Verstoß gegen die Informationspflicht gem. Abs. 1 Satz 1 ist gem. § 332 Abs. 3 Nr. 3b Buchst. a VAG ordnungswidrig und wird gem. § 332 Abs. 5 VAG mit einer Geldbuße von bis zu 500.000 EUR bestraft.

§ 7c Beurteilung von Versicherungsanlageprodukten; Berichtspflicht

(1) [1]**Bei einer Beratung zu einem Versicherungsanlageprodukt hat der Versicherer zu erfragen:**

1. **Kenntnisse und Erfahrungen des Versicherungsnehmers im Anlagebereich in Bezug auf den speziellen Produkttyp oder den speziellen Typ der Dienstleistung,**
2. **die finanziellen Verhältnisse des Versicherungsnehmers, einschließlich der Fähigkeit des Versicherungsnehmers, Verluste zu tragen, und**

3. die Anlageziele, einschließlich der Risikotoleranz des Versicherungsnehmers.

[2]Der Versicherer darf dem Versicherungsnehmer nur Versicherungsanlageprodukte empfehlen, die für diesen geeignet sind und insbesondere dessen Risikotoleranz und dessen Fähigkeit, Verluste zu ertragen, entsprechen. [3]Ein Paket von Dienstleistungen oder Produkten, die gemäß § 7a gebündelt sind, darf der Versicherer bei einer Anlageberatung nur empfehlen, wenn das gesamte Paket für den Kunden geeignet ist.

(2) **[1]Der Versicherer hat stets zu prüfen, ob das Versicherungsprodukt für den Versicherungsnehmer angemessen ist. [2]Zur Beurteilung der Zweckmäßigkeit muss der Versicherer von dem Versicherungsnehmer Informationen über seine Kenntnisse und Erfahrung im Anlagebereich in Bezug auf den speziellen Produkttyp oder den speziellen Typ der Dienstleistung erfragen. [3]Wird ein Paket entsprechend § 7a angeboten, hat der Versicherer zu berücksichtigen, ob das Paket angemessen ist. [4]Ist der Versicherer der Auffassung, dass das Produkt für den Versicherungsnehmer unangemessen ist, warnt er den Versicherungsnehmer. [5]Macht der Versicherungsnehmer die in Absatz 1 Satz 1 genannten Angaben nicht oder macht er unzureichende Angaben zu seinen Kenntnissen und seiner Erfahrung, warnt ihn der Versicherer, dass er wegen unzureichender Angaben nicht beurteilen kann, ob das in Betracht gezogene Produkt für ihn angemessen ist. [6]Diese Warnungen können in einem standardisierten Format erfolgen.**

(3) **Versicherer können, wenn sie keine Beratung gemäß Absatz 1 leisten, Versicherungsanlageprodukte ohne die in Absatz 2 vorgesehene Prüfung vertreiben, wenn die folgenden Bedingungen erfüllt sind:**

1. die Tätigkeiten beziehen sich auf eines der folgenden Versicherungsanlageprodukte:
   a) Verträge, die ausschließlich Anlagerisiken aus Finanzinstrumenten mit sich bringen, die nicht als komplexe Finanzinstrumente im Sinne der Richtlinie 2014/65/EU gelten und keine Struktur aufweisen, die es dem Versicherungsnehmer erschwert, die mit der Anlage einhergehenden Risiken zu verstehen, oder
   b) andere nicht komplexe Versicherungsanlagen;

2. die Vertriebstätigkeit erfolgt auf Veranlassung des Versicherungsnehmers;

3. der Versicherungsnehmer wurde eindeutig darüber informiert, dass der Versicherer bei der Erbringung der Vertriebstätigkeit die Angemessenheit der angebotenen Versicherungsanlageprodukte nicht geprüft hat; eine derartige Warnung kann in standardisierter Form erfolgen;

4. der Versicherer kommt seinen Pflichten zur Vermeidung von Interessenkonflikten nach.

(4) **[1]Der Versicherer erstellt eine Aufzeichnung der Vereinbarungen mit dem Versicherungsnehmer über die Rechte und Pflichten der Parteien sowie die Bedingungen, zu denen das Versicherungsunternehmen Dienstleistungen für den Versicherungsnehmer erbringt. [2]Die Rechte und Pflichten der Vertragsparteien können durch einen Verweis auf andere Dokumente oder Rechtstexte geregelt werden.**

(5) [1]Der Versicherer muss dem Versicherungsnehmer angemessene Berichte über die erbrachten Dienstleistungen auf einem dauerhaften Datenträger zur Verfügung stellen. [2]Diese Berichte enthalten regelmäßige Mitteilungen an den Versicherungsnehmer, die die Art und die Komplexität der jeweiligen Versicherungsanlageprodukte sowie die Art der für den Versicherungsnehmer erbrachten Dienstleistung berücksichtigen, und gegebenenfalls die Kosten, die mit den getätigten Geschäften und den erbrachten Dienstleistungen verbunden sind. [3]Erbringt der Versicherer eine Beratungsleistung zu einem Versicherungsanlageprodukt, stellt er dem Versicherungsnehmer vor Vertragsabschluss auf einem dauerhaften Datenträger eine Erklärung zur Verfügung, in der die erbrachte Beratungsleistung und die dabei berücksichtigten Präferenzen, Ziele und anderen kundenspezifischen Merkmale aufgeführt sind. [4]§ 6a findet Anwendung; über eine Website kann die Erklärung jedoch nicht erbracht werden. [5]Wenn der Versicherungsvertrag unter Verwendung eines Fernkommunikationsmittels abgeschlossen wird und die vorherige Aushändigung der Angemessenheitserklärung nicht möglich ist, kann der Versicherer dem Versicherungsnehmer die Angemessenheitserklärung auf einem dauerhaften Datenträger unverzüglich nach Abschluss des Versicherungsvertrags zur Verfügung stellen, sofern die folgenden Bedingungen erfüllt sind:

1. der Versicherungsnehmer hat dieser Vorgehensweise zugestimmt und
2. der Versicherer hat dem Versicherungsnehmer angeboten, den Zeitpunkt des Vertragsabschlusses zu verschieben, damit der Versicherungsnehmer die Angemessenheitserklärung vorher erhalten kann.

[6]Hat der Versicherer dem Versicherungsnehmer mitgeteilt, dass er eine regelmäßige Beurteilung der Eignung vornehmen werde, muss der regelmäßige Bericht jeweils eine aktualisierte Erklärung dazu enthalten, inwieweit das Versicherungsanlageprodukt den Präferenzen, Zielen und anderen kundenspezifischen Merkmalen des Versicherungsnehmers entspricht.

Übersicht

I. Übersicht

Bei dieser Vorschrift handelt es sich um die so gut wie wörtliche Übernahme des Art. 30 RL (EU) 2016/97 in nationales Recht. An der Vorschrift ist intensive Kritik geäußert worden (vgl. *Köhne* ZVersWiss 2014, 243 (259); *Ramharter* ZVersWiss 2016, 221 (245 f.); *Reiff/Köhne* VersR 2017, 649 (655)). Es geht um die Beratungs-, Informations-, Berichts- und Warnpflichten des VR bei sog Anlageprodukten (vgl. → § 7b Rn. 1 f.). Unabhängig davon, dass hier ein ordnungspolitisch bedenkliches Übersoll an Regularien geschaffen wurde, ist die **Kritik** auch inhaltlich **berechtigt:** An sich sollen die Formvorschriften des § 6a nur für den nach § 6 zu erteilenden Rat und die Begründung dafür gelten. Die weiteren Vorgaben in §§ 7a–d sind außerordentlich umfassend und auch unübersichtlich. Die Vorschrift über die sog Querverkäufe (also **Koppelungs- und Bündelungsgeschäfte**) in § 7a ist an überhaupt keine Form gebunden; die dortigen Informationspflichten müssen weder auf Papier, in Schrift- oder Textform oder auf einem dauerhaften Datenträger erteilt werden; sie können also auch mündlich erfolgen. Gleiches gilt für die Informationen über Anlageprodukte gem. § 7b. Demgegenüber enthält § 7c, der an sich nur die Pflichten bei der Beurteilung von Anlageprodukten regeln soll, einige **Rückverweise** sowohl auf Querverkäufe als auch für die Informationen bei Anlageprodukten: Gemäß § 7c Abs. 4 muss der Versicherer eine Aufzeichnung über die „Vereinbarungen mit dem VN über die Rechte und Pflichten der Parteien sowie die Bedingungen, zu denen das Versicherungsunternehmen Dienstleistungen für den VN erbringt", erstellen. Formvorschriften sind hier nicht zu beachten. Anders ist dies aber bei § 7c Abs. 5 Satz 1, wonach die Berichte über die erbrachten Dienstleistungen wieder „auf einem dauerhaften Datenträger" zur Verfügung zu stellen sind. Gleiches gilt für § 7c Abs. 5 Satz 3, wonach der Versicherer, wenn er eine Beratungsleistung zu einem Anlageprodukt erbringt, über diese auf einem dauerhaften Datenträger aufzuklären hat, und zwar vor Vertragsabschluss. Abs. 5 Satz 4 verweist dann zurück auf § 6a (aber mit Ausnahme der Webseite gem. § 6a Abs. 2 Nr. 2). Und bei Fernkommunikation sind die entsprechenden Informationen nach Satz 5 unverzüglich nach Abschluss des Versicherungsvertrages zur Verfügung zu stellen, wenn der VN zugestimmt hat und der Versicherer angeboten hat, den Zeitpunkt des Vertragsabschlusses auf später zu verschieben, damit der VN vorher Gelegenheit hat, die sog Angemessenheitserklärung zu studieren. Das Konglomerat dieser Vorschriften ist darüber hinaus deswegen ausgesprochen schwierig zu handhaben, weil permanent unterschiedliche Informations- und Dokumentationspflichten verlangt werden, die stark voneinander abweichen (Papierform, Schriftform, Textform, dauerhafter Datenträger, Website), und für einzelne Informations- und Hinweispflichten auf unterschiedliche Zeitpunkte abgestellt wird (vor Abgabe der Vertragserklärung, vor Abschluss des Versicherungsvertrages, unverzüglich danach). Nicht hilfreich sind auch die vielen sprachlichen Leerformeln. Es wäre recht einfach gewesen, das alles sehr viel einheitlicher und sehr viel eindeutiger zu regeln. 1

II. Beratung (Abs. 1)

1. Befragung des VN

2 Berät der VR zu einem Anlageprodukt, muss er zunächst die entsprechenden Vorkenntnisse des VN im Anlagebereich, dessen finanzielle Verhältnisse und dessen Anlageziele **erfragen.**

3 Bei der Abfrage der Kenntnisse und Vorerfahrungen muss der VR speziell auf **den Produkttyp und den Typ seiner Dienstleistung** abstellen, die hier konkret beurteilt werden sollen.

4 In Bezug auf die **finanziellen Verhältnisse** muss der VR auch in Erfahrung bringen, ob und inwieweit der Versicherungsnehmer in der Lage ist, etwaige Verluste in Bezug auf das Anlageprodukt zu tragen.

5 Schließlich hat der VR bei seiner Beurteilung sowohl die **Anlageziele des VN** als auch dessen **Risikotoleranz** zu erfragen. Dies sind subjektive Werte, da der unerfahrene VN überhaupt keine konkreten Vorstellungen haben wird. Sein Anlageziel ist stets die möglichst höchste Rendite bei geringstem Risiko. Insoweit ist zu erwarten, dass diese Subtilität bei der Abfrage der Anlageerfahrungen des VN bloße Förmeleien sein werden.

2. Empfehlungen; Warnungen

6 Es versteht sich von selbst, dass der VR dem VN nur solche Anlageprodukte empfehlen darf, die für diesen nach der Exploration gem. Abs. 1 geeignet sind. Es ist aber so gut wie sicher, dass Fragepflicht, Beurteilung des Anlageprodukts und Empfehlung unter einem Regime vereinheitlicht werden. Der VR stützt dann seine Empfehlung auf das, was zuvor die Exploration der Risikobereitschaft ergeben hat. Ist der VR von einem Anlageprodukt besonders überzeugt und transferiert er diese Überzeugung auf den VN, wird dieser zwanglos entsprechende Angaben in Bezug auf seine Risikobereitschaft machen. Der ganze Abfrage- und Beratungsvorgang ist genauso lebensfremd wie die entsprechenden Pflichten bei der Bankenberatung.

3. Querverkäufe

7 Überraschend ist die Regelung in Abs. 1 Satz 3, weil hier wiederum auf Querverkäufe nach § 7a abgestellt wird. An sich haben diese Bündelungs- und Kopplungsgeschäfte mit Anlageprodukten nichts zu tun. Dennoch: Bei Querverkäufen im Sinne von § 7a gilt die Beratungspflicht des VR dergestalt, dass das gesamte Paket für den Kunden geeignet sein muss. Daraus muss man den Umkehrschluss ziehen, dass § 7a auch für Anlageprodukte iSv § 7b und § 7c gilt.

III. Angemessenheitsprüfung (Abs. 2)

1. Prüfungspflicht

8 Gemäß Abs. 2 Satz 1 hat der VR stets zu prüfen, ob das fragliche Produkt für den VN **angemessen** ist. Er darf dem VN nur solche Anlageprodukte empfehlen, die für diesen geeignet sind und seiner Risikobereitschaft entsprechen. Ist das Produkt unangemessen, darf er es nicht empfehlen.

2. Zweckmäßigkeitsbeurteilung

Nach Abs. 2 Satz 2 muss der VR Informationen über dessen **Vorerfahrungen** erfragen, um die Zweckmäßigkeit der fraglichen Anlage beurteilen zu können. Ob diese Fragepflicht der nach Abs. 1 entspricht oder weitere Erkundigungen notwendig macht, ist fraglich. Schon nach Abs. 1 Satz 1 Nr. 1 sind ja Kenntnisse und Erfahrungen des Versicherungsnehmers in Bezug auf den speziellen Produkttyp zu fragen; insoweit wiederholt Abs. 2 Satz 2 eigentlich nur das, was schon nach Abs. 1 geschuldet wird. 9

3. Paketlösung nach § 7a

Wiederum systemwidrig wird in Abs. 2 Satz 3 angeordnet, dass der VR zu prüfen hat, ob das gesamte Paket bei sog Querverkäufen nach § 7a angemessen ist. Insoweit gilt das oben bereits zu Abs. 1 Satz 3 Ausgeführte. 10

4. Warnpflicht

Gelangt der VR zu der Auffassung, dass das Anlageprodukt unangemessen ist, trifft ihn eine **Warnpflicht.** Da es ja aber doch in der Regel der VR ist, der das Produkt empfehlen will, ist diese Warnpflicht an sich überflüssig: Das Produkt darf einfach nicht angeboten werden, wenn die Exploration des VN zu dem Anlageprodukt nicht passt. 11

5. Keine Angaben des VN

Nach Abs. 2 Satz 5 muss der VR auch **warnen,** wenn der VN unzureichende Angaben über seine Vorerfahrungen im Kapitalmarkt macht. Die Warnung richtet sich darauf, dass die unzureichenden Angaben eine Beurteilung der Angemessenheit des Anlageproduktes unmöglich machen. Diese Warnung kann – ebenso wie die Warnung nach Abs. 2 Satz 4 – in einem standardisierten Format erfolgen. Der VR kann also entsprechende Warnungen vorformulieren; es wäre allerdings deutlich sinnvoller, wenn er Produkte, die zum Risikoprofil des VN nicht passen, gar nicht erst anbieten würde, anstatt entsprechende Warnungen vorzuformulieren. 12

IV. Wegfall der Beratungspflicht (Abs. 3)

Die Erfordernisse und Voraussetzungen der Abs. 1 und 2 entfallen, wenn der VR **keine Beratung schuldet.** Dann darf er trotzdem einfach strukturierte Anlageprodukte vertreiben, wenn diese die Voraussetzungen der Nr. 1–4 erfüllen: Es darf sich um nicht komplexe Finanzinstrumente oder Anlageprodukte handeln, die Vertriebstätigkeit muss auf Veranlassung des VN erfolgen, der VR muss den VN warnen, dass er die Angemessenheit der Anlageprodukte nicht geprüft hat (auch hier: die Warnung kann standardisiert erfolgen) und der VR muss Interessenkonflikte vermeiden. 13

V. Dokumentation (Abs. 4)

Es ist eine Aufzeichnung über die Vereinbarungen mit dem VN zu erstellen, die auch die Rechte und Pflichten der Parteien sowie die Bedingungen enthalten 14 muss, die die für den vom VR zu erbringenden Dienstleistungen erfassen. Dabei kann nach Abs. 4 Satz 2 auf andere Dokumente und Rechtstexte verwiesen werden. Besondere Formvorschriften gelten hier nicht.

VI. Berichtspflicht (Abs. 5)

1. Angemessene Berichte

15 Der VR muss dem VN „angemessene" Berichte über die erbrachten Dienstleistungen zur Verfügung stellen. Was angemessen ist, wird die Rechtsprechung entscheiden müssen. Zwingend ist der Bericht – anders als bei anderen Informationspflichten nach § 7c – auf einem dauerhaften Datenträger zu erbringen.

2. Umfang

16 Die Berichte sind jedenfalls dann angemessen, wenn sie entsprechend Abs. 5 Satz 2 regelmäßige Mitteilungen enthalten, die die Komplexität des Anlageproduktes, die Art und Weise der erbrachten Dienstleistungen und die entsprechenden Kosten, die mit den getätigten Geschäften und den erbrachten Dienstleistungen verbunden sind, enthalten.

3. Dokumentation der Beratung

17 Wenn der VR eine Beratung iSv Abs. 1 und Abs. 2 erbringt, muss er gem. Abs. 5 Satz 3 dem VN **vor** Vertragsabschluss (also nicht vor Abgabe der Vertragserklärung des VN) eine Erklärung zur Verfügung stellen, die die erbrachte Beratungsleistung und die Präferenzen des VN, dessen Ziele und weitere spezifische Merkmale für ihn enthalten (anderenfalls droht ein Bußgeld, § 332 Nr. 3b. Buchst. d VAG). Das hat auf einem **dauerhaften Datenträger** zu geschehen.

18 Die Regelung in § 6a findet hier Anwendung mit Ausnahme allerdings der Regelung in § 6a Abs. 2 Nr. 2, denn über eine Website kann diese Erklärung jedenfalls nicht erbracht werden. Die Begründung dafür ist erratisch. Denn wenn der Kunde mit einem dauerhaften Datenträger einverstanden ist, dann ist unerfindlich, warum er nicht über eine Webseite, die ja gem. § 6a Abs. 2 Nr. 2 ausdrücklich dem dauerhaften Datenträger gleichgestellt wird oder sogar selbst dauerhafter Datenträger sein kann, nicht informiert werden können soll. Diese Regelung, ohnehin versteckt in Abs. 5 Satz 4 mit dem Rückverweis auf § 6a, macht die Angelegenheit unnötig komplizierter und komplexer als sie eigentlich sein sollte.

4. Fernkommunikation

19 Wird vor Abschluss des Versicherungsvertrages ein Fernkommunikationsmittel benutzt (Telefon) und ist die vorherige Aushändigung der „Angemessenheitserklärung" nicht möglich, ist diese gem. Abs. 5 Satz 5 unverzüglich nach Abschluss des Versicherungsvertrages nachzuholen. Das muss auf einem dauerhaften Datenträger geschehen. Ferner muss der VN zugestimmt haben und der VR muss angeboten haben, den Vertragsabschluss so lange zu verschieben, bis die Angemessenheitserklärung vorab geliefert werden konnte.

5. Fortlaufende Berichterstattung

Falls der VR dem VN eine regelmäßige Beurteilung der fortbestehenden Eignung des Anlageprodukts für die Anlageziele und die Risikobereitschaft des VN zugesagt hat, muss er regelmäßig Bericht erstatten. Dieser regelmäßige Bericht hat gem. Abs. 5 Satz 6 eine jeweils aktualisierte Mitteilung zu enthalten, inwieweit das Anlageprodukt immer noch den Risikomerkmalen des VN entspricht; das bedeutet eine Beobachtungspflicht des VR und eine fortlaufende Prüfung, ob die bei Vertragsabschluss gegebenen Parameter weiterhin vorhanden sind. 20

Das Gesetz sagt nichts darüber, was geschehen soll, wenn das **nicht** der Fall ist. Verläuft das Anlageprodukt also negativer als bei Vertragsabschluss erwartet, wird der VN zu entscheiden haben, welche Konsequenzen er daraus zieht. Mehr als die sonstigen Rechte nach diesem Gesetz können dem VN nicht erwachsen (vorbehaltlich vertraglicher Sonderregelungen). Je nach Produktgestaltung kann der VN den Vertrag stornieren, kündigen oder prämienfrei stellen. Weitere Rechte, namentlich bei Nicht – Lebensversicherungsverträgen, sind nicht ersichtlich. 21

VII. Ordnungswidrigkeit

Ein vorsätzlicher oder fahrlässiger Verstoß gegen die Informationspflicht gem. Abs. 1 S. 1 ist bei einem Anlageprodukt iSv Art. 2 Abs. 1 Nr. 17 RL (EU) 2016/97 gem. § 332 Abs. 3 Nr. 3b Buchst. b VAG ordnungswidrig und wird gem. § 332 Abs. 5 VAG mit einer **Geldbuße bis zu 500.000 EUR** bestraft. Gleiches gilt für die Empfehlung eines Anlageproduktes entgegen Abs. 1 S. 2 und für eine fehlende Erklärung gem. Abs. 5 S. 3 (vgl. § 332 Abs. Nr. 3b Buchst. c und d VAG). Wer die Aufzeichnung gem. Abs. 4 S. 1 unterlässt (§ 332 Abs. 3 Nr. 3c VAG), wird auch mit einem entsprechenden Bußgeld belegt (§ 332 Abs. 5 VAG). Der Unterschied besteht hier darin, dass in Abs. 3 Nr. 3c nicht auf ein Anlageprodukt iSd RL (EU) 2016/97 RL 2016/97 abgestellt wird, so dass die Bußgeldandrohung für die Unterlassung der Aufzeichnung also unabhängig davon gilt. 22

§ 7d Beratung, Information und Widerruf bei bestimmten Gruppenversicherungen

[1]Der Versicherungsnehmer eines Gruppenversicherungsvertrags für Restschuldversicherungen hat gegenüber der versicherten Person die Beratungs- und Informationspflichten eines Versicherers. [2]Die versicherte Person hat die Rechte eines Versicherungsnehmers, insbesondere das Widerrufsrecht. [3]Über dieses Widerrufsrecht ist eine Woche nach Abgabe der Vertragserklärung erneut in Textform zu belehren. [4]Das Informationsblatt zu Versicherungsprodukten ist mit dieser Belehrung erneut zur Verfügung zu stellen. [5]Die Widerrufsfrist beginnt nicht vor Zugang dieser Unterlagen.

I. Anwendungsbereich

1. Entstehung

Diese Vorschrift basiert nicht auf einer Umsetzung der RL (EU) 2016/97 (IDD), 1
sondern ist neben § 7a Abs. 5 vom BT-Ausschuss für Wirtschaft und Energie vorge-

schlagen worden (Beschlussempfehlung vom 28.6.2017, BT-Drs. 18/13009, 53). Man wollte wohl die Rechte der Versicherten stärken, wenn – wie bei der Restschuldversicherung üblich – die kreditgebende Bank als Versicherungsnehmer eines Gruppenversicherungsvertrages auftritt. In bedauerlicher Typizität war das aber **überflüssig,** weil schon aufsichtsrechtlich jedenfalls für die Restschuld-Lebensversicherung das Recht der versicherten Darlehensschuldner besteht, den Rücktritt innerhalb gesetzlicher Fristen ausüben zu können (vgl. das Rundschreiben R 3/94, VerBAV 1995, 7 f.; *Schmitz-Elvenich/Krokhina* VersR 2018, 129 (132)).

2. Gruppenversicherung für Restschuldversicherungen

2 Wie ausgeführt, ist in der Regel die kreditgebende Bank die VN eines entsprechenden Gruppenversicherungsvertrages. Das Gesetz tauscht nunmehr den VR gegen den VN aus und den VN gegen die versicherten Personen. Der VN hat die Beratungs- und Informationspflichten des Versicherers, die versicherte Person hat die Rechte des VN, insbesondere das Widerrufsrecht. Das gilt aber nur für Restschuldversicherungen; das häufig angewandte Instrument der Gruppenversicherung bleibt ansonsten unangetastet (wenn nicht die Rechtsprechung auf die ungute Idee kommt, hier Analogien zu suchen).

II. Umfang der Beratungs- und Informationspflichten

1. Beratung

3 Gemeint kann hier nur § 6 sein, gegenüber dem sich nichts ändert. Eine Beratung muss also nach wie vor **anlassbezogen s**ein, Besonderheiten gegenüber den allgemeinen Beratungspflichten ergeben sich aus dieser Vorschrift nicht (Prölss/Martin/*Schneider* Vor § 150 Rn. 25).

2. Information

4 Gemeint sind die Informationen nach § 7, 7a VVG und § 4 VVG-InfoV. Auch hier ergeben sich Besonderheiten über die genannten Vorschriften hinaus nicht, zumal es spezifische Informationspflichten in Bezug auf die Restschuldversicherung ebenso wenig gibt wie in Bezug auf die Gruppenversicherung.

3. Belehrung

5 Neben die Beratungs- und Informationspflicht nach Satz 1 tritt auch die Belehrung über die Widerrufsberechtigung nach Satz 3. Diese sollte zu den Beratungs- und Informationspflichten gezählt werden, weil sonst ein Auseinanderfallen von Beratung und Information einerseits und Belehrung andererseits drohen würde. Dafür gibt es aber kein Bedürfnis.

III. Beratungs-, Informations- und Belehrungspflichten

1. VN als VR

6 Der VN hat jetzt die Pflichten des Versicherers (ob er daneben oder zusätzlich auch als Vermittler iSv § 34d Abs. 1 S. 1 GewO anzusehen ist, ist Gegenstand

einer Vorlage des BGH an den EuGH, VersR 2021, 116). Er muss alles tun, was die Beratung der versicherten Person und deren Information vor Abgabe ihrer Vertragserklärung angeht. Dazu sollte auch die Belehrungspflicht nach Satz 3 zählen, weil sonst ein Auseinanderfallen des gesamten Informationsvorganges droht. Allerdings macht das Gesetz hier keine zwingenden Vorgaben, so dass auch eine Aufteilung denkbar ist: Die Belehrungs- und Informationspflichten liegen beim VN, während die Belehrungspflicht über das Widerrufsrecht beim Versicherer verbleibt. Offen ist, ob sich das Rundschreiben der BaFin vom 3.3.2021 – 03/2021 (VA) – auch an den VN wendet; an sich sollte das ausgeschlossen sein, denn die dort an den VR gerichteten Maßgaben können vom VN schlechterdings nicht erfüllt werden (Abbedingung des § 44 Abs. 2 und ähnliche verbraucherschützenden Vorgaben).

2. Rechte der versicherten Person

Der versicherten Person werden die Rechte „eines" Versicherungsnehmers eingeräumt. Das kann nicht **der** VN sein (vgl. *Schmitz-Elvenich/Krokhina* VersR 2018, 129 (132)), weil andernfalls eine versicherte Person den gesamten Gruppenversicherungsvertrag widerrufen könnte und ihr gegenüber das Produktinformationsblatt gem. § 4 VVG-InfoV nicht geschuldet wäre (weil bei Gruppenversicherungsverträgen der Restschuldversicherung in der Regel eine Bank als Unternehmer iSv § 14 BGB tätig wird, der ein PIB nicht auszuhändigen ist). Über die Fiktion wird die versicherte Person Adressat von § 4 VVG InfoV, obwohl dort nur von Versicherungsnehmern als Verbrauchern die Rede ist (ebenso *Schmitz-Elvenich/Krokhina,* VersR 2018, 129, 132). 7

Von den Rechten eines VN hebt § 7d Satz 2 das Widerrufsrecht besonders hervor. Dem lässt sich entnehmen, dass der versicherten Person ein eigenes Widerrufsrecht eingeräumt werden soll, das neben das Widerrufsrecht des VN nach § 8 tritt (*Schmitz-Elvenich/Krokhina* VersR 2018, 129 (132)). Das Widerrufsrecht des VN geht also nicht etwa auf die versicherte Person über, deren Recht sich ausschließlich auf ihr individuelles Vertragssegment beschränken muss. 8

IV. Erneute Belehrung über das Widerrufsrecht

Hier stellt sich – wie schon bei § 7a Abs. 5 – die Frage, ob es tatsächlich zu zwei Widerrufsbelehrungen kommen muss. Das Wort „erneut", das auch im Zusammenhang mit der Übermittlung des Produktinformationsblattes verwendet wird, Satz 4, spricht dafür (Einzelheiten → § 7a Rn. 10 ff.). 9

Dazu, wie die Belehrung auszusehen hat, was den Adressaten des Widerrufs angeht, schweigt das Gesetz. Wenn der VN wie ein Versicherer auftritt und die versicherte Person die Rechte eines VN haben soll, spricht viel dafür, **den VN als Adressaten** des Widerrufs zu benennen. Allerdings spricht nichts dagegen, insoweit auch den VR zu benennen. Hier besteht ein gewisser Gestaltungsspielraum in Bezug auf die Widerrufsbelehrung. 10

Problematisch ist, wie die Widerrufsbelehrung zu gestalten ist. Für die Erstbelehrung kommt über Satz 2 § 8 Abs. 5 zur Anwendung (vgl. *Schmitz-Elvenich/Krokhina* VersR 2018, 129 (132), die meinen, dass die Musterbelehrung nicht unmittelbar, wohl aber mittelbar über § 7d Satz 2 herangezogen werden kann), wobei die Musterbelehrung naturgemäß auf einen VN zugeschnitten ist (zB Bezugnahme auf „Versicherungsschein") und daher für die Zwecke des § 7d nicht 11 ganz passt. Hier bedarf es mithin noch einer klarstellenden Formulierung seitens des Gesetzgebers. Dies gilt noch deutlicher für die Folge- oder Zweitbelehrung, weil die Formulierungen in der Musterbelehrung insoweit noch weniger passen. Bis zu einer entsprechenden Nachjustierung durch den Gesetzgeber erscheint es jedoch wie bei § 7a Abs. 5 (→ § 7a Rn. 13) ggf. ratsam, die Musterbelehrung unverändert zu verwenden und stattdessen die versicherte Person mittels eines „Wichtigen Hinweises“ auf den richtigen Fristbeginn hinzuweisen (*Schmitz-Elvenich/Krokhina* VersR 2018, 129 (132)). Hier gibt es Gestaltungsspielräume (für einen entsprechenden Text vgl. *Schmitz-Elvenich/Krokhina* VersR 2018, 129 (132)). Die sprachliche Änderung von „Produktinformationsblatt“ in **„Informationsblatt zu Versicherungsprodukten“** (vgl. Gesetzesbegr., BT-Drs. 19/29391, 53) ist nicht weiter relevant.

V. Rechtsfolgen

1. Widerruf des Darlehensvertrages

12 Das Gesetz lässt völlig offen, welche Rechtsfolgen an einen **Widerruf des Darlehensvertrages** in Bezug auf den abgeschlossenen Versicherungsvertrag zu knüpfen sind. Nach wohl allgemeiner Auffassung soll ein Widerruf des Darlehensvertrages auch den Versicherungsvertrag beseitigen, selbst wenn die Verträge nicht – wie jetzt bei der Gruppen-Restschuldversicherung – zwingend miteinander gekoppelt sind (vgl. Prölss/Martin/*Schneider* Vor § 150 Rn. 25 unter Hinweis BGHZ 184, 1 = VersR 2010, 469; so wohl auch *Schmitz-Elvenich/Krokhina* VersR 2018, 129 (130), wo allerdings auch darauf hingewiesen wird, dass dem Bericht des Wirtschafts- und Energieausschusses des BT vom 28.6.2017 zu entnehmen sei, dass der Widerruf der Restschuldversicherung nicht automatisch zum Wegfall der Bindung an den Kreditvertrag führen soll (BT-Drs. 18/13009, 53). Ob dies auch anders herum gilt, ist fraglich.

2. Widerruf des Versicherungsvertrages

13 Wie bereits ausgeführt, soll der Widerruf des Versicherungsvertrages nicht automatisch zum Wegfall der Bindung an den Kreditvertrag führen (BT-Drs. 18/13009, 53 ff.). Die Vereinbarkeit dieser Regelung mit § 358 Abs. 1 BGB ist fraglich (*Armbrüster* VW 9/2017, 62 weist darauf hin, dass die Rechtsprechung des BGH (VersR 2010, 469) bewirken könne, dass der Widerruf der Versicherung in der dritten Woche nach Abschluss beider Verträge auch dann zur Rückabwicklung des Darlehens führt, wenn die Frist des § 495 BGB bereits abgelaufen war; bei Paketprodukten habe der Gesetzgeber damit die Widerrufsfrist auch für den Darlehensvertrag um eine Woche verlängert). Die Problematik, dass ein Verbundgeschäft nur vorliegt, wenn der Verbraucher sowohl Darlehensnehmer als auch VN des Versicherungsvertrages ist (und eben nicht nur versicherte Person eines Gruppenversicherungsvertrages), dürfte durch die vom Gesetzgeber vorgenommene Koppelung zwischen Restschuld- und Gruppenversicherungsvertrag überholt sein (so immer schon OLG Hamm VuR 2014, 239; OLG Frankfurt a. M. ZIP 2014, 365 und BeckRS 2020, 39538; dagegen aber OLG Karlsruhe WM 2014, 2162; OLG Düsseldorf BeckRS 2013, 11169).

§ 8 Widerrufsrecht des Versicherungsnehmers

(1) [1]Der Versicherungsnehmer kann seine Vertragserklärung innerhalb von 14 Tagen widerrufen. [2]Der Widerruf ist in Textform gegenüber dem Versicherer zu erklären und muss keine Begründung enthalten; zur Fristwahrung genügt die rechtzeitige Absendung.

(2) [1]Die Widerrufsfrist beginnt zu dem Zeitpunkt, zu dem folgende Unterlagen dem Versicherungsnehmer in Textform zugegangen sind:
1. der Versicherungsschein und die Vertragsbestimmungen einschließlich der Allgemeinen Versicherungsbedingungen sowie die weiteren Informationen, die nach der VVG-Informationspflichtenverordnung mitzuteilen sind und
2. eine deutlich gestaltete Belehrung über das Widerrufsrecht und über die Rechtsfolgen des Widerrufs, die dem Versicherungsnehmer seine Rechte entsprechend den Erfordernissen des eingesetzten Kommunikationsmittels deutlich macht und die den Namen und die ladungsfähige Anschrift desjenigen, gegenüber dem der Widerruf zu erklären ist, sowie einen Hinweis auf den Fristbeginn und auf die Regelungen des Absatzes 1 Satz 2 enthält.

[2]Bei Versicherungsprodukten, für die ein Basisinformationsblatt nach der Verordnung (EU) Nr. 1286/2014 des Europäischen Parlaments und des Rates vom 26. November 2014 über Basisinformationsblätter für verpackte Anlageprodukte für Kleinanleger und Versicherungsanlageprodukte (PRIIP) (ABl. L 352 vom 9.12.2014, S. 1; L 358 vom 13.12.2014, S. 50), die zuletzt durch die Verordnung (EU) 2019/1156 (ABl. L 188 vom 12.7.2019, S. 55) geändert worden ist, in der jeweils geltenden Fassung oder für die ein PEPP-Basisinformationsblatt nach Artikel 26 der Verordnung (EU) 2019/1238 des Europäischen Parlaments und des Rates vom 20. Juni 2019 über ein Paneuropäisches Privates Pensionsprodukt (PEPP) (ABl. L 198 vom 25.7.2019, S. 1) in der jeweils geltenden Fassung zu erstellen ist, beginnt die Widerrufsfrist nicht, bevor auch das Basisinformationsblatt oder das PEPPBasisinformationsblatt zur Verfügung gestellt worden ist.“ [3]Der Nachweis über den Zugang der Unterlagen nach den Sätzen 1 und 2 obliegt dem Versicherer.

(3) [1]Das Widerrufsrecht besteht nicht
1. bei Versicherungsverträgen mit einer Laufzeit von weniger als einem Monat,
2. bei Versicherungsverträgen über vorläufige Deckung, es sei denn, es handelt sich um einen Fernabsatzvertrag im Sinn des § 312c des Bürgerlichen Gesetzbuchs,
3. bei Versicherungsverträgen bei Pensionskassen, die auf arbeitsvertraglichen Regelungen beruhen, es sei denn, es handelt sich um einen Fernabsatzvertrag im Sinn des § 312c des Bürgerlichen Gesetzbuchs,
4. bei Versicherungsverträgen über ein Großrisiko im Sinn des § 210 Absatz 2.

[2]Das Widerrufsrecht erlischt, wenn der Vertrag von beiden Seiten auf ausdrücklichen Wunsch des Versicherungsnehmers vollständig erfüllt ist, bevor der Versicherungsnehmer sein Widerrufsrecht ausgeübt hat.

(4) [1]Die nach Absatz 2 Satz 1 Nr. 2 zu erteilende Belehrung genügt den dort genannten Anforderungen, wenn das Muster der Anlage zu diesem

Gesetz in Textform verwendet wird. ²Der Versicherer darf unter Beachtung von Absatz 2 Satz 1 Nr. 2 von dem Muster abweichen. Beschränkt sich die Abweichung unter Beachtung von Absatz 2 Satz 1 Nummer 2 auf Format und Schriftgröße oder darauf, dass der Versicherer Zusätze wie die Firma oder ein Kennzeichen des Versicherers anbringt, so ist Satz 1 anzuwenden.

Fassung des § 8 in der bis 14.6.2021 geltenden Fassung (vgl. Art. 8 Satz 2 EGVVG):

§ 8 ***Widerrufsrecht des Versicherungsnehmers***

(1) ¹Der Versicherungsnehmer kann seine Vertragserklärung innerhalb von 14 Tagen widerrufen. ²Der Widerruf ist in Textform gegenüber dem Versicherer zu erklären und muss keine Begründung enthalten; zur Fristwahrung genügt die rechtzeitige Absendung.

(2) ¹Die Widerrufsfrist beginnt zu dem Zeitpunkt, zu dem folgende Unterlagen dem Versicherungsnehmer in Textform zugegangen sind:
1. *der Versicherungsschein und die Vertragsbestimmungen einschließlich der Allgemeinen Versicherungsbedingungen sowie die weiteren Informationen nach § 7 Abs. 1 und 2 und*
2. *eine deutlich gestaltete Belehrung über das Widerrufsrecht und über die Rechtsfolgen des Widerrufs, die dem Versicherungsnehmer seine Rechte entsprechend den Erfordernissen des eingesetzten Kommunikationsmittels deutlich macht und die den Namen und die ladungsfähige Anschrift desjenigen, gegenüber dem der Widerruf zu erklären ist, sowie einen Hinweis auf den Fristbeginn und auf die Regelungen des Absatzes 1 Satz 2 enthält.*

²Der Nachweis über den Zugang der Unterlagen nach Satz 1 obliegt dem Versicherer.

(3) ¹Das Widerrufsrecht besteht nicht
1. *bei Versicherungsverträgen mit einer Laufzeit von weniger als einem Monat,*
2. *bei Versicherungsverträgen über vorläufige Deckung, es sei denn, es handelt sich um einen Fernabsatzvertrag im Sinn des § 312c des Bürgerlichen Gesetzbuchs,*
3. *bei Versicherungsverträgen bei Pensionskassen, die auf arbeitsvertraglichen Regelungen beruhen, es sei denn, es handelt sich um einen Fernabsatzvertrag im Sinn des § 312c des Bürgerlichen Gesetzbuchs,*
4. *bei Versicherungsverträgen über ein Großrisiko im Sinn des § 210 Absatz 2.*

²Das Widerrufsrecht erlischt, wenn der Vertrag von beiden Seiten auf ausdrücklichen Wunsch des Versicherungsnehmers vollständig erfüllt ist, bevor der Versicherungsnehmer sein Widerrufsrecht ausgeübt hat.

(4) Im elektronischen Geschäftsverkehr beginnt die Widerrufsfrist abweichend von Absatz 2 Satz 1 nicht vor Erfüllung auch der in § 312i Absatz 1 Satz 1 des Bürgerlichen Gesetzbuchs geregelten Pflichten.

(5) ¹Die nach Absatz 2 Satz 1 Nr. 2 zu erteilende Belehrung genügt den dort genannten Anforderungen, wenn das Muster der Anlage zu diesem Gesetz in Textform verwendet wird. ²Der Versicherer darf unter Beachtung von Absatz 2 Satz 1 Nr. 2 in Format und Schriftgröße von dem Muster abweichen und Zusätze wie die Firma oder ein Kennzeichen des Versicherers anbringen.

I. Normzweck und Anwendungsbereich

1 Die Vorschrift gewährt dem VN ein von § 130 Abs. 1 Satz 2 BGB und vor allem **von § 355 BGB abweichendes** allgemeines 14-tägiges Widerrufsrecht.

Weit über die bisherigen verbraucherschützenden Regelungen hinaus darf sich danach ein VN bei **Vertragsreue** von seiner Vertragserklärung – unabhängig von der Art und Weise des Abschlusses des Vertrags (HK-VVG/*Schimikowski* § 8 Rn. 2) – lösen (BT-Drs. 16/3954, 61 ff.). Dieses Widerrufsrecht steht grds. **Verbrauchern** (§ 13 BGB) und **Unternehmern** (§ 14 BGB) gleichermaßen zu und ist **unabhängig von einem sachlichen Grund** für seine Ausübung. Es tritt daher neben andere Lösungsrechte, wie bspw. die Irrtums- oder Arglistanfechtung nach §§ 119, 123 BGB oder ein Widerspruchsrecht nach § 5. Sein Zweck ist es, dem VN angesichts der Komplexität des Rechtsprodukts Versicherung eine Überlegungsfrist auch noch nach Vertragsschluss zu gewähren. Bis zu seiner Ausübung ist der **Versicherungsvertrag (auflösend bedingt) wirksam zustande gekommen.** Für die **Lebens-** und damit auch die **Berufsunfähigkeitsversicherung** gilt nach § 152 Abs. 1 eine Frist von 30 Tagen. Eine Sonderregelung enthalten allerdings die §§ 358 ff. BGB für die Fälle, in denen der Versicherungsvertrag Teil eines verbundenen Geschäfts ist und § 9 Abs. 2 nicht eingreift (HK-VVG/*Schimikowski* § 8 Rn. 3). Das ist indessen nicht schon dann der Fall, wenn ein Kapitallebensversicherungsvertrag zur Tilgung eines Darlehensvertrages abgeschlossen wird (BGH VersR 2010, 469; BGHZ 205, 249 = NJW 2015, 2414). Entgegen einer beachtlichen Rechtsauffassung besteht bei **unterjähriger Prämienzahlung** kein zusätzliches Widerrufsrecht (→ § 33 Rn. 14). Die Vorschrift hat ihre jetzige Fassung durch Art. 3 des Gesetzes vom 9.6.2021 (BGBl. 2021 I 1666) erhalten. Damit sollten Probleme der Vereinbarkeit mit dem Unionsrecht aufgrund von intransparenten „Kaskadenverweisungen“ (EuGH NJW 2020, 1423) ohne inhaltliche Änderungen beseitigt werden.

Der VN kann seine **Vertragserklärung** widerrufen. Dazu zählen nicht nur der Antrag auf Abschluss eines Versicherungsvertrages (im Antragsmodell) und die Annahme eines Vertragsangebots des VR (im Invitatio-Modell), sondern alle den Inhalt eines Versicherungsvertrages gestaltenden Willensbekundungen des VN. Das Widerrufsrecht besteht, was sich aus seinem Schutzzweck ergibt, folglich **auch bei Vertragsänderungen.** Das ist unabhängig davon, ob sie zu einer Modifikation des fortbestehenden Vertrages oder zu seiner Ersetzung führen (Prölss/Martin/*Armbrüster* § 8 Rn. 3; Looschelders/Pohlmann/*Looschelders/Heinig* § 8 Rn. 27). Allerdings bezieht es sich auch nur auf die Geltung der jeweiligen Vertragserklärung: Bezieht sich der Widerruf auf eine Vertragsänderung, führt er auch nur zu deren Korrektur, ohne den Versicherungsvertrag insgesamt zu infizieren. Das schlichte Eingreifen einer **Verlängerungsoption** löst das Widerrufsrecht nicht erneut aus, weil es sich aus dem bisherigen Vertragsbestand ergibt. Das Widerrufsrecht steht iÜ nur dem VN zu, nicht auch der versicherten Person (OLG Hamm r+s 2019, 547). 2

II. Form der Widerrufserklärung

Die Widerrufserklärung bedarf (mindestens) der **Textform** (§ 126b BGB). Sie muss nicht begründet werden. Sie muss erkennen lassen, dass sich der VN vom Versicherungsvertrag lösen will. Die Ausübung des Gestaltungsrechts darf nicht von **Bedingungen oder Einschränkungen** abhängig gemacht werden. Versieht der VN seine Widerrufserklärung mit solchen „Nebenbestimmungen“ ist allerdings durch Auslegung zu ermitteln, ob, wie im Zweifel anzunehmen ist, ein unbeschränkter, jedenfalls geltender Widerruf ausgesprochen werden soll, oder 3 ob der VR lediglich um Nachbesserung gebeten wird, deren Versagung den erlangten Versicherungsschutz aber nicht in Frage stellen soll. Inhaltlich erfasst der Widerruf die Vertragserklärung des VN damit insgesamt. Unwirksame oder verfristete Widerrufserklärungen können in Kündigungs- oder Anfechtungserklärungen **umgedeutet** werden (zum Widerspruch vgl. OLG Karlsruhe VersR 2006, 1625), soweit deutlich wird, dass sich der VN in jedem Fall von dem Versicherungsvertrag lösen will und angenommen werden darf, dass eine solche Beendigung des Versicherungsschutzes dem wirklichen Willen des VN entspricht (zur Umdeutung eines Widerrufs in eine Kündigung BGH r+s 2015, 458). Jedoch kann der VN einen verfristeten Widerruf nicht wegen Irrtums über die Widerrufsfrist anfechten.

III. Widerrufsfrist

1. Dauer der Frist

4 Die Widerrufsfrist beträgt **14 Tage.** Da für ihren Beginn ein Ereignis oder ein in den Lauf eines Tages fallendes Geschehen (der Zugang von Informationen) maßgeblich ist, wird dieser Tag nicht mitgezählt; sie endet nach §§ 187 Abs. 1, 188 Abs. 1 BGB genau mit dem Ende des 14. folgenden Tages. Allerdings genügt nach Abs. 1 Satz 2 die **rechtzeitige Absendung,** sofern die Widerrufserklärung dem VR tatsächlich zugegangen ist. Den **Beweis** der fristgemäßen Absendung und des Zugangs muss der VN erbringen. Für Lebens- und Berufsunfähigkeitsversicherungen beträgt sie nach § 152 Abs. 1 30 Tage.

2. Beginn der Frist

5 Die **Frist beginnt** allerdings erst mit der Erfüllung der von Abs. 2 genannten Voraussetzungen. Das bedeutet, dass dem VN – in Textform – der **Versicherungsschein** zugegangen sein muss, dass er die **Vertragsbestimmungen einschließlich der Allgemeinen Versicherungsbedingungen** sowie die **weiteren Informationen,** die nach der VVG-InfoV zu erteilen sind (Abs. 2 Satz 1 Nr. 1), erhalten haben sowie über eine **Belehrung** (Abs. 2 Satz 1 Nr. 2) verfügen muss. Das gilt auch dann, wenn der VN seine Pflicht zur Übermittlung der erforderlichen Informationen vor der Vertragserklärung verletzt hat, die Informationen aber später nachholt (BGH NJW 2017, 3387 = VersR 2017, 997; r+s 2018, 103 = VersR 2018, 211). Fehlt es daran oder vermag der VR, wie ihm obliegt (Abs. 2 Satz 2), den Zugang dieser oder von Teilen dieser Unterlagen nicht zu beweisen, so besteht grds. ein **„ewiges Widerrufsrecht".** Auch wenn ein solches Recht angesichts der Regelung des § 9 Abs. 1 Satz 2 von geringem praktischen Interesse ist, ist seine Ausübung vorstellbar. Dann ist zu prüfen, ob die Ausübung des Widerrufsrechts verwirkt ist (→ Rn. 18). Für bestimmte Versicherungsprodukte mit Anlagecharakter muss das durch das Unionsrecht vorgesehene **Basisinformationsblatt** zur Verfügung gestellt worden sein, um die Widerrufsfrist auszulösen (Abs. 2 Satz 2).

6 Anders als bei der Übermittlung lückenhafter, unvollständiger oder gar unrichtiger Informationen hindert den Fristbeginn indessen nicht, wenn **Vertragsbestimmungen unwirksam** sind. Maßgeblich ist stets, ob der VN sich aufgrund der ihm überlassenen Informationen abwägend entscheiden kann, ob er an dem Versicherungsvertrag festhalten will oder nicht (vgl. unter anderem Prölss/Martin/

Armbrüster § 8 Rn. 12; Langheid/Wandt/*Eberhardt* § 8 Rn. 32; *Armbrüster* r+s 2008, 493 (495); BGH VersR 2007, 1547 zu § 5a aF). Denn schon nach dem Wortlaut des Gesetzes kommt es allein auf die eine Unterrichtung über die Rechte und Pflichten des VN erlaubende Überlassung, nicht aber auch auf deren rechtlichen Bestand an. Die frühere Regelung, nach der der Fristbeginn bei Vertragsabschlüssen im elektronischen Rechtsverkehr von der Erfüllung weiterer Informationspflichten abhängig war, ist – ebenso wie im Bürgerlichen Recht – entfallen.

Die Widerrufsfrist beginnt allerdings **frühestens mit dem Vertragsschluss.** 7
Das gilt auch dann, wenn der VR dem VN zuvor ein als Versicherungsschein bezeichnetes Dokument zustellt. Der Zeitpunkt ergibt sich in den Fällen des Antragsmodells aus der Notwendigkeit, dass dem VN die dort regelmäßig die Annahmeerklärung enthaltende Police zugegangen sein muss. In den Fällen des Invitatio-Modells oder der Fiktion des Zustandekommens nach § 5 Abs. 3 PflVG folgt dies ungeachtet des vorherigen Vorliegens der nach Abs. 2 Satz 1 erforderlichen Informationen aus dem Umstand, dass nur die bis dahin nicht abgegebene Vertragserklärung widerrufen werden kann. Allerdings spricht nichts dagegen, dass eine Widerrufserklärung auch schon vor dem Vertragsschluss und vor der Zuleitung der Vertragsinformationen erfolgt. Zur Wahrung der Widerrufsfrist genügt nach Abs. 1 Satz 2 2. Hs. die (vom VN zu beweisende) rechtzeitige Absendung. Der Zugang selbst muss allerdings, was der VN gleichfalls beweisen muss, tatsächlich erfolgt sein.

3. Abweichungen der Police vom Antrag

Weicht der Versicherungsschein vom Antrag ab (§ 5), kommt es nicht zu einer 8
erneuten Vertragserklärung des VN, wohl aber zu neuen Vertragsinformationen. Daher kann fraglich sein, ob neben dem **Widerspruchsrecht des § 5 Abs. 1** ein – neues – **Widerrufsrecht nach Abs. 1** besteht, das – bei sich aus der Abweichung ergebender fehlender Korrektur von Vertragsinformationen oder einer fehlenden erneuten Belehrung über einen Neubeginn der Widerrufsfrist – zeitlich unbeschränkt besteht (vgl. *Armbrüster* r+s 2008, 493 (496)). Widerspruchs- und Widerrufsrecht haben indessen unterschiedliche Zwecke. Letzteres will dem VN Vertragsreue insgesamt gestatten, ersteres will ihm erlauben, konkrete Absicherungserwartungen zu akzeptieren oder abzulehnen. Das Schutzbedürfnis des VN wird **sowohl von § 5 als auch von § 8 auf unterschiedliche Weise** mit Blick auf diese Zwecke **befriedigt.** Daher besteht kein Grund, das Informations- und Belehrungsverlangen der Widerrufsbefugnis erneut zu aktivieren, wenn eine Abweichung der Police vom Antrag vorliegt.

4. Belehrung

Der Beginn der Widerrufsfrist setzt voraus, dass dem VN rechtzeitig eine 9
bestimmten Anforderungen genügende Belehrung zugegangen ist **(Abs. 2).** Das ist dann der Fall, wenn der VR die Erleichterung des Abs. 4 Satz 1 nutzt. **Abs. 4 Satz 1** fingiert nämlich, dass eine Belehrung den gesetzlichen Anforderungen (Abs. 2 Satz 1 Nr. 2) genügt, wenn das Muster der Anlage zum VVG (Anlage zu § 8 Abs. 4 Satz 1, eingefügt durch Art. 3 des Gesetzes vom 9.6.2021 (BGBl. 2021 I 1666) in Textform verwendet wird. Der Text der Widerrufsbelehrung ergibt sich aus der Anlage zu § 8 (abgedruckt hinter § 216).

Der VR darf nach Abs. 4 Satz 2 – ohne die Segnung der Fiktion zu verlieren – 10
von diesem Muster lediglich in Formatierungs- und Schriftgröße **abweichen**

sowie Zusätze wie seine Firma oder ein Kennzeichen des VR zusätzlich verwenden. Allerdings dürfen solche Abweichungen die deutliche Gestaltung der Belehrung, also insbesondere ihre drucktechnische Hervorhebung und ihre Lesbarkeit nicht beeinträchtigen. Irrelevante Abweichungen sind der Gebrauch von Synonymen (Beitrag/Prämie) oder wenn allein abweichende, die Übersichtlichkeit nicht beeinträchtigende Formatierungen gewählt werden (OLG Stuttgart VersR 2021, 365).

11 Wird das Muster nicht verwendet, muss der VR den Anforderungen des Abs. 2 Satz 1 Nr. 2 genügen. In **formaler Hinsicht** verlangt die Vorschrift dann eine **deutliche Gestaltung.** Das bedeutet, dass die Belehrung drucktechnisch so hervorgehoben ist – bspw. durch einen Rahmen oder durch gefettete Überschrift –, dass sie dem VN ins Auge fällt. **Inhaltlich** muss der VR darauf hinweisen, dass ein Widerrufsrecht besteht, das nicht von bestimmten inhaltlichen Voraussetzungen oder einer Begründung abhängig ist. Sie muss den Namen und die ladungsfähige Anschrift desjenigen nennen, dem gegenüber ein Widerruf zu erklären ist. Der Auffassung, insoweit genüge die Absenderangabe im Policenübersendungsschreiben (OLG Koblenz WM 2018, 1000), entspricht dem Gesetz nicht. Ferner bedarf es einer Unterrichtung über die zu beachtende **Form** (also die Textform, ohne dass deren Voraussetzungen näher zu definieren wären) und die **Frist,** innerhalb deren das Widerrufsrecht auszuüben ist. Dabei muss der VR keinen bestimmten Zeitpunkt benennen, wohl aber abstrakt-generell ausführen, wann die Widerrufsfrist beginnt. Dem wird nur genügt, wenn der VR erläutert, dass die Frist frühestens mit dem Vertragsschluss (also beim Antragsmodell mit dem Zugang der Police, beim Invitatio-Modell mit dem Zugang der Annahmeerklärung des VN beim VR) beginnt und weitere Voraussetzung ist, dass dem VN die von Abs. 2 Satz 1 Nr. 2 genannten Unterlagen vorliegen. Dabei muss der VR die Erfordernisse des eingesetzten Kommunikationsmittels beachten. Er darf allerdings nicht den Eindruck erwecken, dass „nur" bei Einsatz einer bestimmten Form, bspw. nur bei Wahrung der Schriftform, ein Widerruf möglich ist. Der VR muss ferner darüber aufklären, dass zur Wahrung die Frist die rechtzeitige Absendung des Widerrufs gehört. Nicht erforderlich ist es, dass der VR über die Rechtsfolgen einer fehlerhaften Belehrung belehrt (BGH NJW 2019, 1857; 2017, 3387).

12 Schließlich muss die Belehrung den VN **über die Rechtsfolgen eines Widerrufs unterrichten.** Sie ergeben sich aus § 9. Dazu bedarf es der abstrakt-generellen Darstellung des vorzunehmenden Ausgleichs (Prölss/Martin/*Armbrüster* § 8 Rn. 20; *Armbrüster* r+s 2008, 494 (497)): Der VR muss also auf die Beendigung des Versicherungsschutzes und auf die Erstattung des auf die Zeit nach Zugang des Widerrufs entfallenden Prämienanteils bei Zustimmung des VN zum Beginn des Versicherungsschutzes vor dem Ende der Widerrufsfrist hinweisen. Das genügt allerdings auch. Weitere Erläuterungen – die Konkretisierung des zu erstattenden Prämienanteils oder die Erläuterung des zeitlichen Rahmens der Erstattung – sind nicht geschuldet. Jedoch muss der VR darauf hinweisen, dass auch aus den Beitragsteilen gezogene Nutzungen erstattet werden (OLG Karlsruhe r+s 2019, 380). In den Fällen einer Lebensversicherung ist auch mit der nötigen Klarheit über den zu erstattenden Rückkaufswert zu informieren (OLG Karlsruhe r+s 2019, 380). Maßgeblich ist, dass der VN die wesentlichen, ihm nachteiligen Rechtsfolgen erkennen kann und nicht durch weitere Details der ohnehin komplexen Regelung verwirrt wird.

13 Die Belehrung (auch die Musterbelehrung) muss dem VN rechtzeitig zugehen. Das Gesetz nennt keinen festen **Zeitpunkt.** Dennoch ergibt sich aus ihrem Sinn und Zweck, dem VN eine mögliche Lösung von dem Versicherungsvertrag vor Augen zu führen, dass sie in zeitlicher Nähe zur Abgabe seiner Vertragserklärung (oder, mit der Folge eines Hinausschiebens des Beginns der Widerrufsfrist eben später) erfolgt (vgl. zu § 355 BGB BGH NJW 2002, 3398; iÜ *Funck* VersR 2008, 165). Das bedeutet, dass die Belehrung dem VN bei dem Antragsmodell zeitgleich mit der Abgabe seiner Vertragserklärung vorliegen muss. Bei dem Invitatio-Modell muss sie nach dem Sinn und Zweck der Belehrung erfolgen, wenn dem VN eine Bindung droht (so zu Recht HK-VVG/*Schimikowski* § 8 Rn. 21).

IV. Ausnahmen

Abs. 3 Satz 1 schließt das Widerrufsrecht für bestimmte Versicherungsverträge 14 aus, in denen kein eine solche Lösung vom Vertrag erforderndes Schutzbedürfnis besteht. Dabei handelt es sich zunächst um Versicherungsverträge mit einer **Laufzeit von weniger als einem Monat (Nr. 1).** Zwar spricht Art. 6 Abs. 2b FernabsatzRL II insoweit von Reise- und Gepäckversicherungsversicherungsverträgen sowie ähnlich kurzfristigen Policen. Das ist jedoch nur eine beispielhafte Aufzählung und schließt andere Versicherungsverträge nicht aus. Allerdings muss die Dauer des Versicherungsvertrages von vornherein auf „weniger" als einen Monat, also maximal 29 Tage (§ 191 BGB) begrenzt sein. Besteht eine Verlängerungsoption, muss nach Sinn und Zweck der Vorschrift von vornherein auch ein Widerrufsrecht bestehen, weil keine erneute Vertragserklärung im Falle der Optionswahrnehmung erfolgt. Sodann entfällt das Widerrufsrecht bei Versicherungsverträgen über **vorläufige Deckung (Nr. 2),** sofern es sich nicht um einen Fernabsatzvertrag iSv § 312c Abs. 1, 2 BGB handelt. Für den Hauptvertrag gilt ungeachtet der Gewährung vorläufiger Deckung das Widerrufsrecht. Der Rückeinschluss von Fernabsatzverträgen setzt voraus, dass der Versicherungsvertragsabschluss unter ausschließlicher Verwendung von Fernkommunikationsmitteln (va also telefonisch oder elektronisch) im Rahmen eines für den Fernabsatz organisierten Vertriebs- oder Dienstleistungssystems erfolgt, typischerweise also bei Direktversicherern. Ausgenommen sind weiter **Versicherungsverträge bei den arbeitsrechtlichen Regelungen unterworfenen Pensionskassen (Nr. 3),** soweit der Versicherungsvertrag kein Fernabsatzvertrag ist. Und schließlich sind **Großrisiken nach § 210 Abs. 2 (Nr. 4)** ausgenommen.

Nach **Abs. 3 Satz 2** erlischt das Widerrufsrecht, wenn der Versicherungsver- 15 trag vor seiner Ausübung auf ausdrücklichen Wunsch des VN vollständig erfüllt ist. Die Vorschrift ist nicht lediglich Ausdruck der Gewährleistung von Rechtssicherheit, sondern Ausdruck des Verbots widersprüchlichen Verhaltens (BGH NJW 2017, 3784 = VersR 2017, 1321). **Vollständige Erfüllung** setzt zunächst voraus, dass der VN die von ihm geschuldete Prämie für die gesamte Dauer der Gefahrtragung gezahlt hat, der VR keinen Versicherungsschutz mehr gewähren muss und eine etwaige Versicherungsleistung erbracht hat. Der **ausdrückliche Wunsch** nach vollständiger Erfüllung kann sodann allerdings nur dann angenommen werden, wenn mehr geschehen ist als die Hinnahme des Versicherungsvertrages und seiner Beendigung: Von ihm kann nicht ausgegangen werden, wenn der VN verstorben ist und den VR keine Leistungspflicht mehr trifft (LG Offenburg VersR 2012, 1417). Vielmehr muss sich das Verhalten des VN als in Kenntnis des Widerrufsrechts als widersprüchlich erweisen. Das kann sich auch aus dem Verlangen einer Versicherungsleistung ergeben, setzt allerdings eine **Belehrung**

des VN über die Rechtsfolgen seines Verlangens oder seine Kenntnis vom Bestehen eines Widerrufsrechts voraus (BGH NJW 2017, 3784 = VersR 2017, 1321). Damit werden letztlich auch Fälle treuwidrigen Verhaltens des VN, in denen an eine **Verwirkung** zu denken ist, erfasst (Prölss/Martin/*Armbrüster* § 8 Rn. 56). Vollständige Erfüllung meint allerdings die Erfüllung von Hauptpflichten; fehlt es an der Überlassung von Unterlagen, schadet das nicht (LG Offenburg VersR 2012, 1417). Eine Einschränkung des Widerrufsrechts oder ein **Verzicht** auf seine Geltendmachung sind im Hinblick auf die fehlende Abdingbarkeit zulasten des VN (§ 18) regelmäßig unwirksam.

16 Das „ewige" Widerrufsrecht kann auch verwirkt werden. Das setzt jedoch mehr voraus als eine seit Abschluss des Versicherungsvertrages verstrichene erhebliche Zeit (OLG Köln NJOZ 2021, 363; aA KG r+s 2003, 98; OLG Celle BeckRS 2012, 04142). Auch nach Ablauf vieler Jahre tritt eine **Verwirkung** eines aufgrund fehlender oder unzulänglicher Belehrung „ewigen" Widerrufsrechts nicht regelmäßig ein. Dagegen spricht entscheidend, dass es gerade Normzweck der Belehrungspflicht ist, dem VN zu verdeutlichen, dass er sich vom Versicherungsvertrag lösen kann. Dem widerspräche es nach gegenwärtigem Recht, allein den Ablauf der Zeit zum Anlass zu nehmen, dem VN ein Lösungsrecht zu versagen (zur Rechtslage im Verbraucherschutzrecht vgl. BGH NJW-RR 2007, 257; 2005, 180; NJW 2001, 2718). Ausgeschlossen ist der Verwirkungseinwand indessen nicht. Hat der VN über viele Jahre hinweg Prämien gezahlt und hat er gar Versicherungsleistungen entgegengenommen, kann es durchaus als treuwidrig erscheinen, wenn er nach einer Abschlusskalkulation zu dem Ergebnis gelangt, es sei kostengünstiger, den Versicherungsvertrag durch seinen Widerruf rückabzuwickeln. Der Widerruf muss also den Umständen nach gegen Treu und Glauben verstoßen, beispielsweise, weil der VN Versicherungsleistungen in Anspruch genommen und dadurch seinen Bindungswillen bewiesen hat, oder weil er durch sein Verhalten das Vertrauen des VR in den Bestand des Versicherungsvertrages erweckt und gezeigt hat, dass er sich als hinreichend informiert betrachtet (zur Rechtslage unter der Geltung des Policenmodells vgl. unter anderem BGHZ 201, 101 = NJW 2014, 2646).

V. Beweisrecht

1. Beweis des Zugangs der Vertragsinformationen (Abs. 2 Satz 1)

17 Den Zugang der Unterlagen nach Abs. 2 Satz 1, also der Vertragsgrundlagen, der Vertragsinformationen und der Belehrung über das Widerrufsrecht, der die Widerrufsfrist beginnen lässt, **muss der VR beweisen.** Insoweit gilt § 286 ZPO. Beweiserleichterungen bestehen nicht. Der Beweis kann regelmäßig nur über Indizien geführt werden (vgl. OLG Karlsruhe VersR 2006, 1625; OLG Düsseldorf VersR 2001, 837; OLG Köln VersR 2011, 245; OLG Frankfurt a. M. VersR 2005, 631; umfassend *Armbrüster* VersR 2012, 513). Als Indiz reicht es indessen angesichts der nach der Lebenserfahrung durchaus immer wieder auftretenden Sendungsverluste nicht aus, wenn nach der Ablauforganisation des VR feststeht, dass die Unterlagen abgesandt worden sind. Auch genügt es nicht, dass der VN eine gewisse Zeit Prämien bezahlt hat oder hat abbuchen lassen, wenn er (oder sein Rechtsnachfolger) bestreitet, den Versicherungsschein erhalten zu haben, weil er in den Unterlagen des VN nicht auffindbar sei (LG Offenburg VersR 2012,

1417). Allerdings kann es genügen, dass der VN nach seinem Verhalten bestimmte Teile der Unterlagen erhalten haben muss, weil er auf sie reagiert hat oder sie im Rechtsstreit gar vorlegen (*Armbrüster* VersR 2012, 513; r+s 2008, 493 (498)), und der VR nachweisen kann, dass er regelmäßig diese Unterlagen nur im Verbund mit anderen versendet. Der VR kann sich allerdings, ohne dass dies rechtsunwirksam wäre, den tatsächlichen Erhalt der Unterlagen auf einem gesondert unterzeichneten **Empfangsbekenntnis** bestätigen lassen (OLG Köln Urt. v. 21.10.2011 – 20 U 138/11).

2. Beweis des Widerrufs (Abs. 2 Satz 1)

Beruft sich der VN darauf, dass er sich von dem Versicherungsvertrag gelöst hat, 18
muss er darlegen und beweisen, dass er eine **Widerrufserklärung abgegeben** hat **und** dass sie dem VR **zugegangen** ist. Soweit es um die **Wahrung der Widerrufsfrist** geht, genügt es, wenn feststeht, dass der VN die Widerrufserklärung rechtzeitig abgesendet hat: Insoweit obliegt es allerdings dem VR darzulegen und nachzuweisen, dass die Widerrufsfrist verstrichen ist. Der VR muss dazu regelmäßig darlegen und beweisen, dass er dem VN die die Widerrufsfrist auslösenden Informationen und Dokumente rechtzeitig zugeleitet und dieser sie erhalten hat. Insoweit helfen dem VR weder Erfahrungssätze noch Beweiserleichterungen; das Absenden der Informationen lässt nicht auf ihren Zugang schließen (LG Dortmund NJW-RR 2011, 769; OLG Hamm VersR 2007, 1397; aA zu Unrecht unter Bezugnahme auf § 270 Satz 2 ZPO OLG Frankfurt a. M. VersR 2009, 1394). Muss allerdings der VN aus dem Verhalten des VR schließen, dass diesem der Widerruf des Versicherungsvertrages nicht zugegangen ist, bspw. weil eine weitere Abbuchung von Prämien erfolgt oder ihre Zahlung anmahnt, so ist zu verlangen, dass er den Widerruf wiederholt (OLG Köln ZfS 2012, 37). Tut er dies nicht, so bleibt er für den Zugang des Widerrufs in jedem Fall beweisfällig.

§ 9 Rechtsfolgen des Widerrufs

(1) [1]**Übt der Versicherungsnehmer das Widerrufsrecht nach § 8 Abs. 1 aus, hat der Versicherer nur den auf die Zeit nach Zugang des Widerrufs entfallenden Teil der Prämien zu erstatten, wenn der Versicherungsnehmer in der Belehrung nach § 8 Abs. 2 Satz 1 Nr. 2 auf sein Widerrufsrecht, die Rechtsfolgen des Widerrufs und den zu zahlenden Betrag hingewiesen worden ist und zugestimmt hat, dass der Versicherungsschutz vor Ende der Widerrufsfrist beginnt; die Erstattungspflicht ist unverzüglich, spätestens 30 Tage nach Zugang des Widerrufs zu erfüllen.** [2]**Ist der in Satz 1 genannte Hinweis unterblieben, hat der Versicherer zusätzlich die für das erste Jahr des Versicherungsschutzes gezahlten Prämien zu erstatten; dies gilt nicht, wenn der Versicherungsnehmer Leistungen aus dem Versicherungsvertrag in Anspruch genommen hat.**

(2) [1]**Hat der Versicherungsnehmer sein Widerrufsrecht nach § 8 wirksam ausgeübt, ist er auch an einen mit dem Versicherungsvertrag zusammenhängenden Vertrag nicht mehr gebunden.** [2]**Ein zusammenhängender Vertrag liegt vor, wenn er einen Bezug zu dem widerrufenen Vertrag aufweist und eine Dienstleistung des Versicherers oder eines Dritten auf der Grundlage einer Vereinbarung zwischen dem Dritten und dem Versi-**

cherer betrifft. [3]Eine Vertragsstrafe darf weder vereinbart noch verlangt werden.

Übersicht

I. Normzweck und Anwendungsbereich

1 Die Vorschrift regelt Teile der Rechtsfolgen, die nach einer wirksamen Widerrufserklärung des VN eintreten. Der wirksame Widerruf eines Versicherungsvertrages führt dazu, dass der VN an seine Vertragserklärung nicht mehr gebunden ist und damit etwaige gegenseitige Leistungen rückabzuwickeln wären. § 355 BGB, der die Rechtsfolgen eines Widerrufs bei Verbraucherverträgen und dort die unverzügliche Rückgewähr der empfangenen Leistungen regelt, ist nicht – unmittelbar – anwendbar, weil auf die Vorschrift nicht verwiesen wird (§ 355 Abs. 1 BGB). Ungeachtet dessen besteht (in Übereinstimmung mit der Gesetzesbegründung) Einigkeit, dass sich eine Rückabwicklung nach den **§§ 355 Abs. 1, 357 Abs. 1 Satz 1, 346 ff. BGB** in analoger Anwendung richtet, soweit § 9 keine **Sonderregelung** trifft (vgl. unter anderem Prölss/Martin/*Armbrüster* § 9 Rn. 2 mwN). Damit soll die Äquivalenz der Leistungen des VR und des VN auch für den Fall der Lösung vom Vertrag wiederhergestellt und zugleich ein den VN möglicherweise irreführendes Verhalten des VR sanktioniert werden.

2 Die Vorschrift will vor allem **Art. 7 RL 2002/65/EG** vom 23.9.2002 über den Fernabsatz von Finanzdienstleistungen an Verbraucher (FernabsatzRL II; ABl. 2002 L 271, 16) **umsetzen.** Zu ihrem Verständnis und ihrer Auslegung ist daher stets deren Regelung heranzuziehen:

3 **Art. 7 RL 2002/65/EG Zahlung für eine vor Widerruf des Vertrags erbrachte Dienstleistung**

(1) [1]Übt der Verbraucher sein Widerrufsrecht gemäß Artikel 6 Absatz 1 aus, so darf von ihm lediglich die unverzügliche Zahlung für die vom Anbieter gemäß dem

Fernabsatzvertrag tatsächlich erbrachte Dienstleistung verlangt werden. [2]Mit der Erfüllung des Vertrags darf erst nach Zustimmung des Verbrauchers begonnen werden. [3]Der zu zahlende Betrag darf
- einen Betrag nicht überschreiten, der dem Anteil der bereits erbrachten Dienstleistungen im Vergleich zum Gesamtumfang der im Fernabsatzvertrag vorgesehenen Dienstleistungen entspricht;
- nicht so bemessen sein, dass er als Vertragsstrafe ausgelegt werden kann.

(2) Die Mitgliedstaaten können bestimmen, dass der Verbraucher keinen Betrag schuldet, wenn er eine Versicherungspolice kündigt.

(3) [1]Der Anbieter darf vom Verbraucher eine Zahlung gemäß Absatz 1 nur verlangen, wenn er nachweisen kann, dass der Verbraucher über den zu zahlenden Betrag gemäß Artikel 3 Absatz 1 Nummer 3 Buchstabe a) ordnungsgemäß unterrichtet worden ist. [2]Er kann eine solche Zahlung jedoch nicht verlangen, wenn er vor Ende der Widerrufsfrist gemäß Artikel 6 Absatz 1 ohne ausdrückliche Zustimmung des Verbrauchers mit der Vertragsausführung begonnen hat.

(4) [1]Der Anbieter erstattet dem Verbraucher unverzüglich und spätestens binnen 30 Kalendertagen jeden Betrag, den er von diesem gemäß dem Fernabsatzvertrag erhalten hat; hiervon ausgenommen ist der in Absatz 1 genannte Betrag. [2]Diese Frist beginnt an dem Tag, an dem der Anbieter die Mitteilung über den Widerruf erhält.

(5) [1]Der Verbraucher gibt unverzüglich und nicht später als binnen 30 Kalendertagen vom Anbieter erhaltene Geldbeträge und/oder Gegenstände an den Anbieter zurück. [2]Diese Frist beginnt an dem Tag, an dem der Verbraucher die Mitteilung über den Widerruf abschickt.

§ 9 geht jedoch **über Art. 7 FernabsatzRL II** in mehrfacher Hinsicht 4
hinaus: Erfasst werden **alle Versicherungsverträge,** nicht nur solche von Verbrauchern. Es kommt auch nicht darauf an, ob der jeweilige Versicherungsvertrag im Fernabsatz abgeschlossen worden ist. Das hat Konsequenzen: Da der Gesetzgeber Versicherungsverträge unabhängig von der Person des VN und unabhängig von dem Medium ihrer Vermittlung der Vorschrift unterwerfen will, also eine **„Einheitskonzeption"** verfolgt, die Vorschrift selbst aber dennoch, weil sie eben auch den Anwendungsbereich der RL erfasst, richtlinienkonform auszulegen ist, gilt die dem europäischen Recht gerecht werdende Interpretation auch dort, wo das europäische Recht sie nicht verlangt. Das, was die Vorschrift bei richtliniengetreuer Anwendung erwartet, muss angesichts der Intention des Gesetzgebers, die Rechtsfolgen der Widerrufserklärung sowohl für Fernabsatz- und Verbraucherverträge als auch für andere Versicherungsverträge gleich zu regeln, auch dann gelten, wenn der VN kein Verbraucher ist und der Versicherungsvertrag nicht im Fernabsatz abgeschlossen wird.

Soweit die Vorschrift **keine Regelung** enthält, ist auf die §§ 355 Abs. 1, 357 5
Abs. 1 Satz 1, 346ff. BGB ergänzend zurückzugreifen, ohne dass ihnen ein nennenswerter Anwendungsspielraum verbliebe. Denn eine Rückabwicklung der Leistungen des VR – der Risikotragung – wird bereits durch die differenzierende Regelung des Prämienrückerstattungsanspruchs des VN inzident ausgeschlossen. Es kommt hinzu, dass die Norm die FernabsatzRL II nach nahezu einhelliger Auffassung unzulänglich umsetzt. Daher stellt sich die Frage, inwieweit sie richtlinienkonform „anzupassen" ist oder ob der nationale Rechtsanwender schlichtweg mit diesem Widerspruch leben muss (→ Rn. 4). Für **Lebensversicherungs-**

und Berufsunfähigkeitsversicherungsverträge gelten nach §§ 152, 176 **Besonderheiten** (→ § 152 Rn. 11 ff.). Vertragliche Abweichungen sind nach § 18 zu Lasten des VN unzulässig.

II. Grundlagen der Regelung

1. Schwebende Wirksamkeit des Vertrages bis zum Zugang des Widerrufs; Wegfall des Versicherungsschutzes mit dem Zugang des Widerrufs

6 Bis zum Zugang einer wirksamen Widerrufserklärung ist der **Versicherungsvertrag auflösend bedingt wirksam.** Das bedeutet, dass der VR bis zum Zeitpunkt des Zugangs einer (wirksamen) Widerrufserklärung einen Prämienanspruch auf der Grundlage von Gesetz und Vertrag hat, also rückständige Prämien trotz des Widerrufs weiter einfordern (und Rechtsfolgen ihrer Säumnis weiter geltend machen) darf. Zugleich schuldet er die Gefahrtragung, bei Eintritt eines Versicherungsfalles, also die versprochene Entschädigung. Nach Zugang einer wirksamen Widerrufserklärung bestehen **ex nunc** kein Versicherungsschutz und – vorbehaltlich des Abs. 1 Satz 2 – auch kein Prämienanspruch mehr.

2. Materieller Versicherungsbeginn nach Ablauf der Widerrufsfrist

7 Würden die allgemeinen Regeln (entsprechend) gelten, hätte im Falle eines Widerrufs eine Rückabwicklung des Versicherungsvertrages nach den §§ 355, 357, 346 BGB stattzufinden. Diese Regeln werden jedoch durch § 9 Abs. 1 modifiziert. Dabei trifft die Vorschrift eine grundlegende Unterscheidung. Das Gesetz geht davon aus, dass seine besonderen Regelungen nur gelten, wenn schon vor Ablauf der Widerrufsfrist **Versicherungsschutz bestand.** Was gilt, wenn es daran fehlt, der **materielle Versicherungsbeginn also erst nach Ablauf der Widerrufsfrist liegen** soll, ist nicht geregelt. § 9 Abs. 1 enthält dafür keine Vorgaben. Widerruft in einem solchen Fall der VN seine Vertragserklärung, bevor ein Leistungsaustausch – die Übernahme der Absicherung oder die Zahlung der Prämie – stattgefunden hat, entstehen jedoch keine tatsächlichen und rechtlichen Probleme, weil es nichts rückabzuwickeln gilt. Hatte der VN dennoch vor dem (künftigen) Beginn des Versicherungsschutzes und vor der Ausübung des Widerrufsrechts einen Beitrag geleistet, gelten die Rückabwicklungsvorschriften der §§ 346, 357 Abs. 1 BGB entsprechend (Bruck/Möller/*Knops* § 9 Rn. 22): Der VR muss – verständlicherweise, weil er ja auch keine Gefahr getragen hat – alle Prämien erstatten. Nutzungen der gezogen hat, muss er herausgeben.

3. Materieller Versicherungsbeginn vor Ablauf der Widerrufsfrist

8 Da die Rechtsfolgen des § 9 Abs. 1 nach dem Wortlaut der Vorschrift nur dann eingreifen, wenn der **Versicherungsschutz** – wie wohl in der Regel – **vor Ablauf der Widerrufsfrist mit Zustimmung des VN begonnen** hat (BT-Drs. 16/1935, 157; Langheid/Wandt/*Eberhardt* § 9 Rn. 7; BeckOKVVG/*Brand* § 9 Rn. 3; *Armbrüster* PrivVersR Rn. 1019 ff.), fragt sich, was Voraussetzung dieser Weichenstellung ist. Ob die **Zustimmung des VN** zum Beginn des Versiche-

rungsschutzes vor dem Ende der Widerrufsfrist **ausdrücklich** erfolgt sein muss (so Brock/Möller/*Knops* § 9 Rn. 15; BeckOKVVG/*Brand* § 9 Rn. 13; offen gelassen von BGH NJW 2017, 3784). ist streitig. Gewichtige Stimmen folgern das aus Art. 7 Abs. 3 Satz 2 FernabsatzRL II. Diese Regelung setzt allerdings eine „ausdrückliche" Zustimmung nur dann voraus, wenn der VR für eine von ihm erbrachte Dienstleistung ein Entgelt verlangt. Damit genügt es für die Rückabwicklung nach § 9 Abs. 1, wenn den Umständen entnommen werden kann, dass der VN **im Wissen um die Befugnis zum Widerruf** des Versicherungsvertrages (BGH NJW 2017, 37843785/3786) vor Ablauf der Widerrufsfrist mit der Gewährung von Versicherungsschutz einverstanden war. Das kann sich aus der Datierung des materiellen Versicherungsbeginns – sofern angenommen werden darf, dass dem VN sein Lösungsrecht bekannt war –, aus der Zahlung der Prämie oder auch aus der Erteilung einer sofort wirkenden Abbuchungsermächtigung ergeben (Prölss/Martin/*Armbrüster* § 9 Rn. 16; Langheid/Wandt/*Eberhardt* § 9 Rn. 17; *Wandt* Rn. 320; *Funck* VersR 2008, 166;). Fraglich ist, ob auch die Gewährung vorläufiger Deckung dazu zählt (bejahend OLG Frankfurt a. M. VersR 2017, 1070; BeckOKVVG/*Brand* § 9 Rn. 13). Dem steht indessen entgegen, dass damit die Rechtsfolgen der widerrufsbedingten Auflösung des Versicherungsvertrages von einer separat gewährten Deckung aus einem davon unabhängigen Vertrag abhängig wären, für den das Gesetz das Widerrufsrecht abweichend regelt (§ 8 Abs. 3 Nr. 2).

4. Rückabwicklung bei ordnungsgemäßer Belehrung (Abs. 1 Satz 1)

a) Anspruch auf Rückzahlung der Prämie. Widerruft der ordnungsgemäß nach § 8 Abs. 2 Satz 1 belehrte VN seine Vertragserklärung, so begründet **Abs. 1 Satz 1** einen Anspruch auf **Rückzahlung des Beitragsteils,** der dem zeitlichen Abschnitt der (nicht mehr geschuldeten) Gefahrtragung nach Zugang der wirksamen Widerrufserklärung entspricht. Den den zeitlichen Abschnitt des Versicherungsschutzes bis zum Zugang der Widerrufserklärung erfassenden Beitragsanteil darf der VR behalten, weil sich der VN im Bewusstsein seines Widerrufsrechts auf einen vor dessen Ausübung bestehenden Versicherungsschutz eingelassen hat. Das gilt folglich nur dann, wenn der VR den VN über sein Widerrufsrecht, die Rechtsfolgen seiner Ausübung und den dann zurückzuzahlenden Beitrag unterrichtet hat, und wenn der VN akzeptiert hat, dass der Versicherungsschutz vor dem Ende der Widerrufsfrist beginnt. Damit soll dem VN vor Ausübung seines Widerrufsrechts verdeutlicht werden, was deren Konsequenzen sein können. Hat der VN trotz Zustimmung zum Beginn des Versicherungsschutzes vor Ablauf der Widerrufsfrist und trotz ordnungsgemäßer Belehrung über sein Widerrufsrecht und die Rechtsfolgen seiner Ausübung eine Prämie noch nicht gezahlt, schuldet er sie (Prölss/Martin/*Armbrüster* § 9 Rn. 36). § 152 Abs. 2 Satz 1 gewährt dem VN abweichend von der Vorschrift einen Anspruch auf **Auszahlung des Rückkaufswerts** einschließlich der Überschussanteile. 9

b) Anspruch auf Rückzahlung von Versicherungsleistungen. Die für einen während der Wirksamkeit des Versicherungsvertrages eingetretenen Versicherungsfall erbrachten **Versicherungsleistungen darf der VN,** der dafür ja auch die Prämie schuldet, **behalten,** weil Abs. 1 Satz 1 insoweit eine Rückabwicklung sperrt. Anders ist es in dem gewiss seltenen Fall, in dem der VR den VN 10 für einen nach Zugang der Widerrufserklärung eingetretenen Versicherungsfall entschädigt hat. Eine solche Leistung ist zurückzuzahlen.

11 **c) Ordnungsgemäße Belehrung.** Voraussetzung der mit dem Zugang der Widerrufserklärung eintretenden Unterscheidung – Behaltendürfen der vor ihr, Ausgleich der danach erfolgten Leistungen – ist, dass die Belehrung nach § 8 Abs. 2 Satz 1 Nr. 2 korrekt erfolgt ist. Wie sich aus der Verweisung auf § 8 Abs. 2 Satz 1 Nr. 2 und aus Art. 7 Abs. 3 iVm Art. 3 Abs. 1 Satz 1 Nr. 3 Buchst. a FernabsatzRL II ergibt (Art. 3 Abs. 1 Satz 1 Nr. 3 Buchst. a FernabsatzRL II sieht eine „vor Abschluss" des Vertrages erfolgende Belehrung über das Widerrufsrecht, seine Befristung, die Modalitäten seiner Ausübung und, über die Anforderungen des § 8 hinaus aber in Übereinstimmung mit dem Muster der Widerrufsbelehrung, des Betrages, der im Falle des Widerrufs zu entrichten ist), muss die (ordnungsgemäße) Belehrung nach Abs. 1 Satz 1 zunächst **vor einer Bindung des VN an seine Vertragserklärung** erfolgt sein. Während § 8 Abs. 2 Satz 1 Nr. 2 noch nicht vorgibt, wann die dort vorgesehene Belehrung erfolgt sein muss, verschärft die Vorschrift in zeitlicher Hinsicht folglich die Belehrungserfordernisse: Nur wenn der VN vor jeder Bindung über die Rechtsfolgen der Lösung von ihr unterrichtet ist, ist es gerechtfertigt, die Erstattungspflicht des VR zu beschränken (Prölss/Martin/*Armbrüster* § 9 Rn. 13). Die Belehrung – als Voraussetzung der Rechtsfolgen des § 9 – muss ferner auf das Widerrufsrecht hinweisen und auf die wesentliche Folge seiner Ausübung: Dass der VN nicht seine gesamte Prämienleistung zurückerhält, sondern dass der „zu zahlende Betrag", also der Prämienanteil, den der VR behalten darf, der gewährten zeitlichen Absicherung des Risikos entspricht (Prölss/Martin/*Armbrüster* § 9 Rn. 12). Die zum Teil für erforderlich gehaltenen weitergehenden Belehrungsinhalte – ein Hinweis auf das Schicksal etwaiger Versicherungsleistungen, auf Rechtsfolgen bei fehlender Zustimmung zum vorzeitigen Beginn des Versicherungsschutzes oder auf das, was gilt, wenn Abs. 1 Satz 1 nicht eingreift (BGH NJW 2017, 3784; vgl. zu den unterschiedlichen Anforderungen *Wandt/Ganster* VersR 2008, 431; *Armbrüster* r+s 2008, 501; *Schneider* VW 2008, 1168; Looschelders/Pohlmann/*Looschelders/Heinig* § 9 Rn. 10) – sind nicht Voraussetzungen der Anwendung des Abs. 1 Satz 1 (Prölss/Martin/*Armbrüster* § 9 Rn. 10). Abgesehen davon, dass sich das Verbraucherschutzrecht von dem Wahn lösen muss, dass eine Zunahme von Informationen zu einer Zunahme von Informiertheit führt – das Gegenteil ist der Fall – gilt schlicht, dass von einem Hinweis auf die von seiner Korrektheit abhängigen Rechtsfolgen der Ausübung eines Gestaltungsrechts schwerlich erwartet werden kann, die Rechtsfolgen der Fehlerhaftigkeit des Hinweises darzustellen.

12 Der VR muss den Anspruch auf den von ihm zu erstattenden Prämienanteil nach Abs. 1 Satz 1 Hs. 2 **unverzüglich, spätestens binnen 30 Tagen,** nach Zugang des Widerrufs erfüllen. Nach Ablauf dieser Höchstfrist kommt der VR nach § 286 Abs. 2 Nr. 2 BGB in Verzug. Schuldet der VR nach Satz 2 die Rückzahlung der Prämien für weitere Zeiträume als das erste Jahr, bedarf es zum Verzugseintritt einer Mahnung. Die Rückzahlung hat ohne Abzug von Kosten zu erfolgen (BT-Drs. 15/2946, 31 zu § 48c aF).

5. Rückabwicklung bei ordnungswidriger Belehrung

13 **a) Grundregel (Abs. 1 Satz 2).** Abs. 1 Satz 2 enthält eine den VN schützende Vorschrift für die Fälle, in denen es an einer ordnungsgemäßen Belehrung iSv § 8

Abs. 2 Satz 1 Nr. 2 fehlt. Sie sanktioniert zugleich eine Informationsunterschreitung durch den VR. Mit dem von Abs. 1 Satz 2 genannten **Unterbleiben** des Hinweises ist nicht nur gemeint, dass gar keine Belehrung iSv Satz 1 erfolgt ist, sondern auch, dass sie **in sachlicher oder zeitlicher Hinsicht unzulänglich** war (Prölss/Martin/*Armbrüster* § 9 Rn. 24). Für diesen Fall sieht das Gesetz vor, dass der VR (zusätzlich zu dem auf den Zeitraum bis zum Zugang der Widerrufserklärung entfallenden Prämienanteil für das laufende Versicherungsjahr) die für das erste Versicherungsjahr gezahlte Prämie nicht behalten darf, es sei denn, dass der VN Leistungen aus dem Versicherungsvertrag in Anspruch genommen hat. Als Versicherungsleistung iSv Abs. 1 Satz 2 ist nicht die Übernahme der Gefahrtragung zu verstehen (sie liegt ja ohnehin regelmäßig vor), sondern die Erfüllung von Ansprüchen auf Entschädigung (oder eines sonstigen Versprechens des VR) aufgrund eines Versicherungsfalles. Damit **stellt das Gesetz den VN** in mehrfacher Hinsicht **schlechter,** als wenn die Regeln der §§ 357, 346 ff. BGB gelten würden: Ist kein Versicherungsfall eingetreten, darf der VR die Prämien für das zweite und die folgenden Versicherungsjahre (bis zum Jahr der Ausübung des Widerrufsrechts) behalten, ohne dass dem eine äquivalente Versicherungsleistung gegenüberstünde. Ist ein Versicherungsfall eingetreten und unterschreitet die Versicherungsleistung die insgesamt gezahlten Prämien, erzielt der VR einen Überschuss.

b) Richtlinienwidrigkeit. Diese **Beschränkungen des Rückforderungsanspruchs** – sowohl die Regelung des Behaltendürfens der Prämie für das erste Versicherungsjahr (Abs. 1 Satz 2 Hs. 1) als auch der Ausschluss von Rückforderungsansprüchen des VN für den Fall der Inanspruchnahme von Versicherungsleistungen (Abs. 1 Satz 2 Hs. 2) – widersprechen in weitem Umfang dem europäischen Recht, wenn es sich um einen **Fernabsatzvertrag mit einem Verbraucher** handelt. Art. 7 Abs. 1, 3 und 4 FernabsatzRL II sieht nämlich lediglich für den Fall einer zulänglichen Unterrichtung über den für den Fall des Widerrufs zu zahlenden Betrag Zahlungsansprüche des VR vor. Fehlt es an einem solchen Hinweis oder ist er fehlerhaft, so sollen keinerlei Ansprüche des VR auf eine Prämie bestehen (Prölss/Martin/*Armbrüster* § 9 Rn. 33; Bruck/Möller/*Knops* § 9 Rn. 20 f.; BeckOKVVG/*Brand* § 9 Rn. 25; Looschelders/Pohlmann/*Looschelders/Heinig* § 9 Rn. 31). Damit ist es nicht vereinbar, wenn der VR die Prämie für die auf das erste folgenden Versicherungsjahre behalten darf (Abs. 1 Satz 2 Hs. 1) und idR auch nicht, wenn er alle Prämien behalten darf, falls er eine Versicherungsleistung erbracht hat (Abs. 1 Satz 2 Hs. 2). Daher gilt Abs. 1 Satz 2 von vornherein an sich nur für Versicherungsverträge außerhalb des Anwendungsbereichs der FernabsatzRL II. Diese „gespaltene“ Geltung ist aber mit dem Willen des Gesetzgebers zur Gleichbehandlung aller Versicherungsverträge nicht vereinbar (BeckOKVVG/*Brand* § 9 Rn. 26). 14

Davon abgesehen wird vertreten, dass dem **Zweck der FernabsatzRL II entsprochen** wird, wenn die Summe der Versicherungsleistungen der Summe der Prämien entspricht oder sie gar überschreitet; dann soll der VR die Prämie, der VN die Versicherungsleistung behalten dürfen (*Wandt/Ganster* VersR 2008, 436; Looschelders/Pohlmann/*Looschelders/Heinig* § 9 Rn. 34; Prölss/Martin/*Armbrüster* § 9 Rn. 34 f.). Mit einer solchen Interpretation wird in der Tat eine Schlechterstellung des VN gegenüber den Regelungen der §§ 357, 346 ff. BGB vermieden. Dass die FernabsatzRL II auf eine darüber hinaus gehende pönale Sanktionierung des VR für das Fehlen oder die Inkorrektheit von Belehrungen verlangen würde, 15 ist ihr nicht zu entnehmen: Es genügt ihrem Zweck, wenn der VN von allen Einbußen freigestellt wird, wenn er den Versicherungsvertrag aufgrund einer mangelhaften Unterrichtung durch den VR verspätet widerruft.

16 Welche **Rechtsfolgen die Richtlinienwidrigkeit** iÜ nach sich zieht, ist allerdings nicht ganz klar. Dem klassischen Verständnis eines Verstoßes nationalen Rechts gegen Richtlinien, die Rechtsverhältnisse zwischen Privaten betreffen, entspricht es anzunehmen, dass das richtlinienwidrige nationale Recht weiter anzuwenden ist, dem Einzelnen jedoch staatshaftungsrechtliche Ansprüche zustehen und iÜ die europäischen Behörden zu Korrekturmaßnahmen berufen sind (Geiger/Khan/Kotzur/*Geiger* EUV Art. 4 Rn. 41 ff.; zur Problematik der unmittelbaren Wirkung von Richtlinien für den Fall ihrer fehlenden oder fehlerhaften Umsetzung vgl. Geiger/Khan/Kotzur/*Geiger* AEUV Art. 288 Rn. 17 ff.). Angesichts der ohne Weiteres verständlichen und klaren Regelung der FernabsatzRL II spricht viel dafür, insoweit eine unmittelbare Geltung ihrer Vorschriften anzunehmen und die von der Vorschrift vorgesehene Beschränkung der Rückforderung nicht zu beachten. Das heißt in der Sache nichts anderes, als insoweit die Vorschriften der §§ 355 Abs. 3 anzuwenden (BeckOKVVG/*Brand* § 9 Rn. 30).

III. Verbundene Verträge

17 Besondere Fragen können auftreten, wenn der VN sich von einem **Verbraucherdarlehensvertrag** lösen will, der durch einen **Restschuldversicherungsvertrag** abgesichert ist (Tamm/Tonner/Brönneke HdB-VerbraucherR/*Rott* § 16d Rn. 125). Dann kann der Widerruf des einen die Bindung an den anderen entfallen lassen. Solche Verträge stellen, was lange umstritten war, verbundene Verträge iSv § 358 BGB dar, wenn die Voraussetzungen des § 358 Abs. 3 BGB erfüllt sind (BGH NJW 2010, 531 = VersR 2010, 469 mit Hinweisen zur früher abweichenden Rspr.). Grundvoraussetzung dafür ist, dass das abzusichernde Verbraucherdarlehen wenigstens teilweise dazu dient, den Versicherungsschutz zu finanzieren (§ 358 Abs. 3 Satz 1 BGB). Die weiter erforderliche wirtschaftliche Einheit (§ 358 Abs. 3 Satz 2 BGB) ergibt sich dann aus typischerweise vorliegenden Indizien: Beide meist zeitgleich und im Rahmen einer einheitlichen Vertriebsorganisation abgeschlossenen Verträge nehmen auf einheitlichen Formularen wechselseitig aufeinander Bezug und sind miteinander dadurch verknüpft, dass Zweck des Verbraucherdarlehens auch die Bereitstellung der Prämien für den Restschuldversicherungsvertrag ist und deshalb der Darlehensnehmer nicht frei über den Kredit verfügen kann (vgl. BGH NJW 2010, 531 = VersR 2010, 469; OLG Schleswig MDR 2010, 1069; OLG Düsseldorf NZI 2010, 29 mAnm *Jacob* jurisPR-VersR 1/2010 Anm. 1; vgl. allg. Looschelders/Pohlmann/*Looschelders/Heinig* § 8 Rn. 7; *Heinig* VersR 2010, 863). In einem solchen Fall führt, wenn, wie üblich, die von § 358 Abs. 5 BGB geforderte Belehrung unterblieben oder unzulänglich ist, der Widerruf des Verbraucherdarlehensvertrages dazu, dass der VN auch nicht mehr an den – selbst widerruflichen oder unwiderruflichen – Restschuldversicherungsvertrag gebunden ist.

IV. Zusammenhängende Verträge (Abs. 2)

18 Abs. 2 des § 9 dient der (vollständigen) Umsetzung des Art. 6 der RL 2002/65/EG (– FernabsatzRL II; ABl. 2002 L 271, 1). DieVorschrift bestimmt, dass

sich der Widerruf des Versicherungsvertrages nach § 8 auf bestimmte andere, mit ihm zusammenhängende Verträge erstreckt. An sie ist der VN mit dem Wirksamwerden des Widerrufs des Versicherungsvertrages gleichfalls nicht gebunden. Zugleich wird bestimmt, dass die Widerrufsbelehrung (→ § 8 Rn. 11) sich (mit Wirkung vom Inkrafttreten der Norm am 1.9.2013) auch darauf beziehen muss. Die Reichweite dieser Rechtsfolge des Widerrufs des Versicherungsvertrages ist unklar. In dem – von klaren und systematisch überzeugenden legislatorischen Gedanken fernen – Gesetzgebungsverfahren wurde ausgeführt, dass dem Versicherungsvertrag **„hinzugefügte" Verträge** erfasst sein sollten (BR-Drs. 513/12, 11). Dazu sollte zwar nicht jedwede „Zusatzversicherung", wohl aber Deckungserweiterungen von geringem Gewicht (wie eine Fahrradversicherung zur Hausratversicherung) zählen. Um sie kann es aber von vornherein nicht gehen, weil ihr Schicksal entweder ohnehin vertragsgemäß dem Schicksal des Hauptvertrages folgt oder ein einheitlicher Vertrag vorliegt. Der Wortlaut des Gesetzes geht weit über diesen historisch undurchdachten Sinn hinaus.

Die durch den Widerruf des Versicherungsvertrages erlöschende Bindung 19
betrifft Verträge, die mit ihm **„zusammenhängen".** Nach Abs. 2 Satz 2 sind das solche, die erstens **„einen Bezug"** zu dem Versicherungsvertrag aufweisen, und die zweitens **„eine Dienstleistung"** betreffen, die entweder der VR oder ein Dritter „auf der Grundlage einer Vereinbarung zwischen dem Dritten und dem VR" verspricht. Von einem „Bezug" ist gewiss in erster Linie auszugehen, wenn es um **Zusatz- oder Nebenleistungen** geht, die nur deshalb sinnhaft sind und getroffen wurden, weil der Hauptvertrag abgeschlossen worden ist (Langheid/Wandt/*Eberhardt* § 9 Rn. 31). Dabei muss es aber nicht sein Bewenden haben, weil schon der Wortlaut einen solchen Sinnzusammenhang nicht erzwingt. Ganz allgemein geht es um Leistungen, die mit dem Versicherungsvertrag **sachlich –** wenn auch aufgrund einer diesen Zusammenhang bewirkenden subjektiven Sinnstiftung durch den VR oder den Vermittler – **verbunden oder verknüpft** sind. Sie müssen als Dienstleistung vom VR selbst versprochen werden oder von einem Dritten, der sie auf der Grundlage einer Abmachung mit dem VR erbringt, die also auf den VR zurückzuführen ist. Der Sinn der Erstreckung des Widerrufs auf weitere rechtsgeschäftliche Bindungen leitet die Auslegung: Der Schutzzweck des Widerrufsrechts verlangt, dass die rechtsgeschäftliche Bindung des VN an den Versicherungsvertrag und damit an in sachlicher und zeitlicher Nähe eingegangene Verpflichtungen vollständig beseitigt wird. Der VN soll von einem Widerruf nicht deshalb abgehalten werden, weil er befürchten muss, zur Erfüllung begleitender ihn belastender Vereinbarungen weiter gehalten zu sein.

Das kann sich in der Praxis vor allem auf die im Gesetzgebungsverfahren in 20
keiner Weise bedachten Fälle der **Nettopolicen** auswirken (ablehnend für maklervermittelte Nettopolicen BeckOKVVG/*Brand* § 9 Rn. 35). Dabei handelt es sich um Versicherungsverträge, deren Prämie keinen Anteil für ihre Vermittlung und ihre Abschlusskosten enthält, und die deshalb von einer Vergütungs- oder Kostenausgleichsvereinbarung zwischen dem VN und dem VR oder seinem Vermittler, einem Versicherungsvertreter oder einem Versicherungsmakler, begleitet werden. Sie verstoßen, wie in der Rspr geklärt ist, mit dem **Ausschluss des Kündigungsrechts** zwar nicht gegen § 169 Abs. 3, 5 VVG. Der Ausschluss stellt jedoch zum einen in den Fällen des Abschlusses der Vergütungsvereinbarung zwischen VR und VN oder zwischen Versicherungsvertreter und VN eine unangemessene Benachteiligung dar mit der Folge, dass eine Kündigung zulässig bleibt (BGH VersR 2014, 240; VersR 2014, 567; VersR 2014, 827; VersR 2014, 877).

21 Was indessen aus dem **Widerruf** eines Versicherungsvertrages (einer Nettopolice) für eine zeitgleich mit ihm abgeschlossene **„Kostenausgleichsvereinbarung“** mit dem VR oder einem Versicherungsvermittler folgt, ist nicht restlos geklärt. Zum Teil wird die Anwendung des § 9 Abs. 2 für Kostenausgleichsvereinbarungen zwischen VN und Versicherungsmakler abgelehnt, weil es an einer Vereinbarung zwischen VR und Versicherungsmakler fehle (vgl. BeckOKVVG/*Brand* § 9 Rn. 35). Ob das zutrifft – ob also zwischen VR und Versicherungsmakler wirklich keine konkludente Abrede der Vermittlung einer Nettopolice (und damit inzident dieser Zusatzleistung) vorliegt, ist zweifelhaft; zumindest entspräche es dem Sinn und Zweck der Vorschrift, sie auch auf soclhe Abreden anzuwenden. Geht es um Kostenausgleichsvereinbarungen zwischen dem VR selbst und dem VN oder vor allem dem VN und dem Versicherungsvertreter, greift die Rechtsfolgenanordnung ein (BeckOKVVG/Brand § 9 Rn. 35).

22 Darüber hinaus muss stets bedacht werden, dass der VR und sein Vermittler gehalten sind, den VN **über die besonderen Risiken einer solchen Vertragsgestaltung zu beraten** und daher, bei Verletzung der Beratungspflicht, Schadensersatzansprüche bestehen können, die einem Vergütungsverlangen entgegengehalten werden können (→ § 6 Rn. 11). In Fällen eines separaten Versicherungsmaklervertrages ändert iÜ die **Kündigung** des Versicherungsvertrages an dem Provisionsanspruch des Versicherungsmaklers grundsätzlich nichts. (BGHZ 162, 67 = NJW 2005, 1357). Der **Schicksalsteilungsgrundsatz** gilt nicht. Das ist für einen zwischen einem Versicherungsvertreter und dem VN getrennt abgeschlossenen „Vermittlungsvertrag“ nicht anders (vgl. zu dessen Wirksamkeit *Reiff* VersR 2012, 645 ff.). Das bedeutet, dass der Vergütungsanspruch des Versicherungsvermittlers nach Kündigung des Versicherungsvertrages fortbesteht.

23 Für das **Widerrufsrecht,** das die Wirksamkeit des Vertrages auflösend bedingt, gilt das nicht in gleichem Maße. Allerdings setzt Abs. 2 Satz 2 voraus, dass der mit dem Versicherungsvertrag zusammenhängende Vertrag auf der Vereinbarung einer Dienstleistung des VR oder eines Dritten zugunsten des VN, also der Vermittlung eines Versicherungsvertrages beruht. Hält man eine solche – ausdrückliche – Vereinbarung einer Nettoplicenvermittlung zwischen VR und Versicherungsmakler für erforderlich (und damit die Vorschrift nicht für anwendbar), kann der Versicherungsmaklervertrag seinerseits widerruflich sein, wenn ein **Zahlungsaufschub** vereinbart wird. Es gelten daher **die §§ 506, 358, 495 BGB.** Der Widerruf des „Vermittlungsvertrages“ selbst richtet sich dann auch nicht nach § 8, der ja nur den Widerruf von Versicherungsverträgen regelt (so aber mit unterschiedlichen Begründungen LG Dessau-Roßlau Urt. v. 15.3.2013 – 1 T 338/12; AG Bergisch-Gladbach Urt. v. 22.1.2013 – 60 C 399/12; AG Lahr Urt. v. 5.1.2012 – 5 C 114/11; aA AG Bonn Urt. v. 31.8.2011 – 101 C 70/11; vgl. iÜ LG Rostock Urt. v. 10.8.2012 – 1 S 315/10; zur korrekten Belehrung OLG Koblenz Urt. v. 14.10.2011 – 10 U 1073/10; zur Unwirksamkeit einer in AGB enthaltenen Kostenausgleichsvereinbarung AG Berlin-Lichtenberg Urt. v. 5.11.2012 – 7 C 126/12). Vielmehr kann sich aus den Regelungen über Geschäfte mit Zahlungsaufschub ein eigenes Widerrufsrecht ergeben, dessen Ausübungsfrist von einer korrekten Belehrung nach § 495 Abs. 2 BGB abhängt (vgl. aber OLG Braunschweig VersR 2015, 436 zu dem Fall eines Tilgungsplanes einer Kostenausgleichsvereinbarung und der Annahme, diese sei Teil des Versicherungsvertrages). Die Rückabwicklung richtet sich nach den Vorschriften über das Rücktrittsrecht. Nach § 506 Abs. 1, 3, § 495, § 355, § 357 Abs. 1, 346 Abs. 2 Satz 2 BGB schuldet der VN dem Versicherungsmakler, dessen Dienstleistung er nicht zurückgewähren

kann, Ersatz des objektiven Wertes der Leistung ungeachtet des Umstands, dass sie subjektiv für den VN keinen Wert (mehr) hat (BGHZ 194, 150 = NJW 2012, 3428; BGH NJW-RR 2013, 885).

Hat hingegen ein **Versicherungsvertreter** oder gar der VR selbst die die Vermittlungsleistung erfassende „Kostenausgleichsvereinbarung" mit dem VN getroffen, so liegt ohne Weiteres ein zeitlicher, inhaltlicher und personeller Bezug zum vermittelten Versicherungsvertrag vor. Die Dienstleistung – die Vermittlung – ist auch entweder vom VR selbst oder aber von seinem Vertreter (und damit auf der Grundlage einer diesen mit dem VR verbindenden Abrede) geschuldet und erbracht worden. Dann **gilt Abs. 2 Satz 1** nicht nur dem Wortlaut, sondern auch seinem Sinn nach mit der Folge, dass die rechtliche Bindung an die Vergütungsvereinbarung ex nunc entfällt (vgl. *Reiff* VersR 2016, 757; Prölss/Martin/*Armbrüster* § 9 Rn. 44). Weitere Teilzahlungen schuldet der VN nicht mehr, eine Rückerstattung findet nicht statt. Ist die Belehrung über die Erstreckung des Widerrufs auf den zusammenhängenden Vertrag unterblieben oder unzulänglich erfolgt, bietet sich an, die zu Abs. 1 Satz 2 geltenden Regeln (vgl. → Rn. 15 ff.) auch auf die geschuldete Vergütung zu übertragen. 24

§ 10 Beginn und Ende der Versicherung

Ist die Dauer der Versicherung nach Tagen, Wochen, Monaten oder einem mehrere Monate umfassenden Zeitraum bestimmt, beginnt die Versicherung mit Beginn des Tages, an dem der Vertrag geschlossen wird; er endet mit Ablauf des letzten Tages der Vertragszeit.

Der Zeitraum, für den ein VR materiellen Versicherungsschutz gewährt, unterliegt grds. der **Disposition** der Parteien, soweit nicht besondere Regeln wie § 11 Anderes vorsehen. Fehlt es an einer Regelung, gilt die von der früheren „Mittagsregel" abweichende **„Mitternachtsregel"** des § 10. Sie bestimmt in Abweichung von den §§ 187, 188 BGB, dass die Absicherung im Zweifel um 0.00 Uhr (des ersten Tages des Vertragszeitraums) einsetzt und um 24.00 Uhr (des letzten Tages) endet. Da Beginn der Anfang des Tages des Vertragsabschlusses ist, liegt insoweit regelmäßig eine **Rückwärtsversicherung** (zu den Konsequenzen → § 2 Rn. 1 ff.) vor. Auf andere Fristen – bspw. für einen Rücktritt, eine Anfechtung oder Zahlungen – ist die Vorschrift nicht anwendbar (BGH VersR 1990, 258). 1

Maßgebend für den **Beginn des materiellen Versicherungsschutzes,** den die Vorschrift meint (Bruck/Möller/*Johannsen* § 10 Rn. 2), also den Beginn der Haftung des VR, ist nach § 10 der Tag des Vertragsabschlusses. Jedoch kommt es immer wieder vor, dass der Vertrag **einen anderen,** ihm vorausgehenden (oder auch nachfolgenden) **Tag nennt.** Auch in solchen Fällen ist in entsprechender Anwendung des § 10 der Beginn dieses genannten Tages gemeint. Soweit vorläufiger Versicherungsschutz mit **Eingang des Antrags** bei dem Versicherer versprochen wird, ist im Zweifel der Tag des Eingangs gemeint, als Versicherungsbeginn also (bei Fehlen einer abweichenden Regelung) 0.00 Uhr dieses Tages. 2

§ 11 Verlängerung, Kündigung

(1) **Wird bei einem auf eine bestimmte Zeit eingegangenen Versicherungsverhältnis im Voraus eine Verlängerung für den Fall vereinbart, dass**

das Versicherungsverhältnis nicht vor Ablauf der Vertragszeit gekündigt wird, ist die Verlängerung unwirksam, soweit sie sich jeweils auf mehr als ein Jahr erstreckt.

(2) [1]**Ist ein Versicherungsverhältnis auf unbestimmte Zeit eingegangen, kann es von beiden Vertragsparteien nur für den Schluss der laufenden Versicherungsperiode gekündigt werden.** [2]**Auf das Kündigungsrecht können sie einvernehmlich bis zur Dauer von zwei Jahren verzichten.**

(3) **Die Kündigungsfrist muss für beide Vertragsparteien gleich sein; sie darf nicht weniger als einen Monat und nicht mehr als drei Monate betragen.**

(4) **Ein Versicherungsvertrag, der für die Dauer von mehr als drei Jahren geschlossen worden ist, kann vom Versicherungsnehmer zum Schluss des dritten oder jedes darauf folgenden Jahres unter Einhaltung einer Frist von drei Monaten gekündigt werden.**

I. Normzweck und Anwendungsbereich

1 Die Vorschrift will VN vor langjährigen Bindungen an den Versicherungsvertrag schützen (zur Rspr. zur Laufzeitkontrolle zum früheren Recht vgl. unter anderem BGH NJW 1997, 1849; NJW 1994, 2693; VersR 1996, 177; VersR 1994, 1213 mwN; ZfS 1996, 417). Insgesamt soll erreicht werden, dass der VN in jedem Fall **nicht länger als drei Jahre** an einen Versicherungsvertrag gebunden bleibt. Das geschieht, indem eine vereinbarte jeweilige, bei Ausbleiben einer Kündigung wirksam werdende Verlängerung befristeter Verträge zeitlich auf ein Jahr begrenzt wird **(Abs. 1),** indem der Verzicht auf das Kündigungsrecht auf zwei Jahre beschränkt wird **(Abs. 2 Satz 2),** und indem bei längerfristigen Versicherungsverträgen ein Kündigungsrecht zum Ende des dritten (und eines jeden darauf folgenden Jahres) zugestanden wird **(Abs. 4).** Zugleich werden die Kündigungsfristen harmonisiert **(Abs. 2 Satz 1 und Abs. 3).** § 11 enthält die von § 309 Nr. 9 Satz 2 BGB ausdrücklich vorgesehene Sonderregelung zur allgemeinen bürgerlich-rechtlichen Begrenzung der Laufzeit von Dauerschuldverhältnissen. Versicherungsvertragliche Sonderregelungen zu § 11 gelten für die Schadensversicherung (§§ 92, 95), für die Haftpflichtversicherung (§ 111), für die Lebens- und damit auch für die Berufsunfähigkeitsversicherung (§§ 166, 168, 176) und für die Krankenversicherung (§§ 205, 206). Kündigungsklauseln, die außerhalb dieser Sonderregelungen einer versicherten Person ein Kündigungsrecht zugestehen, das inhaltlich der Regelung des § 11 Abs. 4 entspricht, sind naturgemäß nicht zu beanstanden (BGH VersR 2015, 318 zur Ratenschutzversicherung).

2 Die Vorschrift gilt mit dem 1.1.2009 auch für **Altverträge** (Art. 1 Abs. 1 EGVVG) und erlaubt es, sich von ihnen ab diesem Zeitpunkt nach Maßgabe des § 11 zu lösen, ohne dass es auf den Zeitpunkt des Vertragsschlusses ankommt. Weil Abs. 4 an die Laufzeit des Vertrages anknüpft und keine Frist iSv Art. 3 Abs. 3 EGVVG enthält, können sie gekündigt werden, wenn sie bis zum 31.12.2008 drei Jahre gelaufen sind (Versicherungsombudsmann VersR 2009, 913; aA AG Daun VersR 2009, 1522; *Schneider* VersR 2008, 859; *Funck/Pletsch* VersR 2009, 615; Prölss/Martin/*Armbrüster* § 11 Rn. 11). Die begrenzte Verlängerungsoption des Abs. 1 kann schon dem Wortlaut nach **nicht abbedungen** werden, die übrigen Regelungen des § 11 sind nach § 18 halbzwingend.

II. Verlängerungsklausel bei Verträgen auf bestimmte Zeit (Abs. 1)

3 Sieht ein **zeitlich befristeter Versicherungsvertrag** vor, dass er sich verlängert, wenn keine (rechtzeitige) Kündigung erfolgt, so ist eine Regelung unzulässig, die eine Verlängerung von mehr als einem Jahr vorsieht. Die Vorschrift betrifft ausschließlich **„im Voraus"**, also bei Vertragsabschluss, geregelte Verlängerungen der Vertragsdauer. Solche Regelungen finden sich gesetzlich in § 5 PflVG, vertraglich in manchen AVB (§ 16 AHB 2016): Der **Abschluss von Anschlussvereinbarungen** wird damit nicht untersagt. Abreden dieser Art können aber nur ausnahmsweise als konkludent getroffen angenommen werden. Insbesondere kann der schlichten weiteren Abbuchung oder Einziehung von Prämien keine Verlängerungsabrede entnommen werden. Eine über ein Jahr hinausgehende Verlängerung ist – insoweit – unwirksam. Abs. 1 gilt nur bei einem für eine bestimmte Laufzeit abgeschlossenen Vertrag. Enthält eine Verlängerungsoption keine Befristung des Verlängerungszeitraums, so entsteht ein Vertragsverhältnis von nunmehr unbestimmter Dauer (ÖOGH VersR 2003, 90), das nicht mehr dem Regime des Abs. 1 unterfällt.

4 Verlängert sich aufgrund einer solchen Klausel ein Vertrag, so ändert das **nichts an der Vertragsidentität** (aA für Pachtverträge BGH NJW 1975, 40). Es wird also kein neuer Versicherungsvertrag abgeschlossen (Prölss/Martin/*Armbrüster* § 11 Rn. 2). Die vorvertragliche Anzeigepflicht ist nicht erneut zu beachten. Es gelten weiterhin die bislang dem Vertrag zugrunde liegenden AVB. Die nächste Prämie ist Folge- und nicht Erstprämie. Karenzzeiten beginnen nicht erneut zu laufen (OLG Saarbrücken VersR 1989, 245). Wird ein ursprünglich für eine bestimmte Zeit abgeschlossener Versicherungsvertrag allerdings **nachträglich verlängert,** so ist das naturgemäß zulässig, jedoch als Neuabschluss zu betrachten. Im Übrigen kann der VR kann – je nach den Umständen des Einzelfalls – gehalten sein, auf den bevor stehenden **Ablauf des Versicherungsschutzes hinzuweisen** um zeitliche Deckungslücken zu verhindern (§ 6 Rn. 18 und 21). Das gilt jedoch bei von vornherein befristeten Verträgen nicht generell (LG Bayreuth COVuR 2020, 806). Der VR ist auch nicht verpflichtet, den VN auf die bei Ausbleiben einer Kündigung bevorstehende Verlängerung des Versicherungsschutzes **rechtzeitig aufmerksam** zu machen (BGH VersR 1968, 46), um ihm deren Verhinderung zu erlauben.

III. Kündigung von Verträgen auf unbestimmte Zeit (Abs. 2)

1. Voraussetzungen der Kündigung

5 Abs. 2 betrifft allein Versicherungsverträge, die auf unbestimmte Zeit eingegangen worden sind. Verträge mit festen Laufzeiten oder bestimmten Verlängerungsoptionen sind davon ebenso wenig erfasst wie Verträge, deren Laufzeit durch das abgesicherte Risiko (Reise, Transport) bestimmbar ist. Die Vorschrift setzt kein Kündigungsrecht voraus, sondern **gewährt ein gesetzliches Kündigungsrecht** – vorbehaltlich abweichender Regelungen vor allem in der Kranken- und Lebensversicherung (→ Rn. 1) – durch **Abs. 2 Satz 1.** Versicherungsverträge, die auf unbestimmte Zeit eingegangen worden sind, können folglich nach Abs. 2

Satz 1 grds. gekündigt werden. **Gesetzliche Kündigungsrechte** ergeben sich davon abgesehen unter anderem aus den § 19 Abs. 3, § 24 Abs. 1, § 28 Abs. 1, § 38 Abs. 3 Satz 1, §§ 40, 96, 111. Sie unterliegen zum Teil besonderen formalen und zeitlichen Beschränkungen. Daneben sind Kündigungsrechte durch AVB vorstellbar. Abs. 2 Satz 1 bestimmt für den Fall des Bestehens eines Kündigungsrechts lediglich den **Zeitpunkt des Wirksamwerdens** der Kündigungserklärung auf der Grundlage der durch die Vorschrift gewährten „ordentlichen" Kündigungsbefugnis: Es ist der Schluss der sich nach dem Vertrag oder nach § 12 ergebenden laufenden Versicherungsperiode. Eine **Ausübungsfrist** wird von Abs. 2 Satz 1 nicht geregelt, so dass (bei Verträgen auf unbestimmte Zeit) der Zugang am letzten Tag der Versicherungsperiode genügt.

6 Nach **Abs. 2 Satz 2** können die Vertragsparteien **einvernehmlich auf das Kündigungsrecht bis zur Dauer von zwei Jahren** verzichten. Das führt dazu, dass auch auf unbestimmte Zeit eingegangene Versicherungsverträge den VN längstens für die Dauer von drei Jahren binden, weil das Kündigungsrecht dann im dritten Jahr (zum Schluss der dann idR ein weiteres Jahr laufenden Versicherungsperiode) ausgeübt werden kann (aA Bruck/Möller/*Schneider* § 11 Rn. 39). Einvernehmlich kann der Verzicht auch in AVB erfolgen.

2. Kündigungsfristen (Abs. 3)

7 **Abs. 3** sieht vor, dass die Kündigungsfristen für beide Vertragsparteien und für alle Vertragsgestaltungen **gleich** sein müssen. Sie dürfen nicht weniger als einen Monat sowie nicht mehr als drei Monate betragen. Soweit in AVB keine Kündigungsfrist enthalten sein sollte oder sie sich nicht aus dem Gesetz ergeben sollte, folgt daraus, dass eine **Kündigungsfrist von einem Monat zum Ende der Versicherungsperiode** besteht. Das gilt sowohl für Kündigungen nach Abs. 1 als auch für jene nach Abs. 2. Sieht ein Vertrag einmal unterschiedliche, kürzere oder längere Fristen vor, so ist die Fristenregelung unwirksam.

3. Formelle Anforderungen an die Kündigung

8 Die Vorschrift sieht **keine besondere Form für die Kündigung** vor. Da die Regelungen des § 11 Abs. 2 und 4 halbzwingend sind (§ 18), kann sich ein VR vorbehaltlich besonderer Regelung (§ 171), auch nicht auf eine in AVB enthaltene Formvorschrift berufen. **Kündigungsberechtigt** ist grds. **nur der Vertragspartner** oder die von ihm bevollmächtigte Person, nicht etwa die versicherte Person; das gilt auch bei Ratenschutzversicherungsverträgen (LG Düsseldorf BeckRS 2016, 14635). Mehrere VN müssen gemeinsam, wenn auch nicht in derselben Erklärung, kündigen. Die Wirksamkeit der Kündigung kann von der Zustimmung eines Dritten abhängig sein, wenn ein Sicherungsschein ausgestellt wurde (§ 44 Rn. 11 ff.; LG Aurich r+s 1990, 387). Das Kündigungsrecht geht mit einer **Abtretung** von Ansprüchen aus dem Versicherungsvertrag nur dann auf den Zessionar über, wenn das ausdrücklich geregelt ist oder der Abtretung konkludent entnommen werden kann (BGH VersR 1973, 1793; Prölss/Martin/*Armbrüster* Vor § 11 Rn. 16). Die Kündigungserklärung kann nicht nur dem VR, sondern nach § 69 Abs. 1 Nr. 2 dem Versicherungsvertreter gegenüber wirksam erfolgen, gegenüber dem Versicherungsmakler nur bei besonderer Vereinbarung. Sie muss **inhaltlich klar und bestimmt** als jetzt vorgenommene Kündigung zu erkennen sein. Die Ankündigung, den Vertrag unter bestimmten Bedingungen kündigen zu wollen, genügt nicht (vgl. aber OLG Stuttgart r+s 1994, 466).

9 Die Kündigung kann durch einen **Stellvertreter** erklärt werden. Kündigt ein vom VN oder VR Bevollmächtigter in deren Namen, so ist **§ 174 BGB** zu beachten: Wird mit der Kündigungserklärung keine Vollmachtsurkunde im Original oder in notariell beglaubigter Ausfertigung vorgelegt (vgl. BGHZ 102, 60 (63); zur Unzulänglichkeit einer Abschrift oder Faxkopie OLG Hamm NJW 1991, 1185) und weist der Erklärungsempfänger die Kündigungserklärung unverzüglich (§ 121 BGB) zurück, ist sie unwirksam (vgl. Prölss/Martin/*Armbrüster* Vor § 11 Rn. 16, 17 mwN; vgl. iÜ LG Saarbrücken ZfS 2006, 94; LG Zweibrücken ZfS 2003, 352). Allerdings stellt auch die Zurückweisung eine einseitige Willenserklärung dar, die ihrerseits, fehlt es an der Beifügung einer Vollmachtsurkunde, unverzüglich zurückgewiesen werden kann. Der Verwalter von Wohnungseigentum kann den Versicherungsvertrag nicht ohne ausdrückliche Bevollmächtigung (die allerdings im Verwaltervertrag enthalten sein kann, LG Essen VersR 1979, 80), durch die Wohnungseigentümergemeinschaft kündigen (LG München I VersR 1990, 1378; LG Berlin VersR 1986, 698). Ergibt sich die Vertretung des VR bei der Kündigung aus dem Handelsregister, bedarf es keiner Vorlage einer Vollmachtsurkunde (LG Baden-Baden r+s 1993, 90; LG Duisburg VersR 1984, 1255; diff. AG Rastatt VersR 2002, 963).

10 Die Kündigungserklärung stellt eine einseitige empfangsbedürftige Willenserklärung dar, die erst **mit Zugang** bei dem richtigen Erklärungsempfänger – dem Vertragspartner – **wirksam** wird (§ 130 BGB). Sie ist von einer **Bestätigung** durch den VR nicht abhängig (OLG Braunschweig ZfS 2020, 29). Ist der VN minderjährig, muss die Kündigungserklärung seinem gesetzlichen Vertreter zugehen. Befindet sich der VN in Insolvenz, ist die Kündigungserklärung dem Insolvenzverwalter gegenüber abzugeben. In den Fällen der Veräußerung der versicherten Sache muss, sobald der VR von ihr weiß, dem Erwerber gegenüber gekündigt werden (§ 96 Rn. 3; BGH NJW-RR 1990, 881). Gibt es mehrere VN, ist die Kündigung nur bei Erklärung ihnen allen gegenüber wirksam. Empfangsberechtigt für Kündigungserklärungen ist auch der Versicherungsvertreter (§ 69 Abs. 1 Nr. 2). Teilkündigungen sind nicht zulässig, solange nicht die Voraussetzungen des § 29 gegeben sind (Prölss/Martin/*Armbrüster* Vor § 11 Rn. 23). Wer sich auf eine Kündigung und ihre Fristgerechtigkeit beruft, muss dies **beweisen.** Der Beweis wird nicht durch den Beweis ihrer Absendung erbracht.

4. Zurückweisung der Kündigung

11 Vereinzelt ist früher angenommen worden, der VR müsse eine unwirksame Kündigung unverzüglich zurückweisen; tue er das nicht, sei die Kündigung als wirksam zu behandeln, das Fehlen der Zurückweisung habe folglich **Heilungswirkung** (vgl. nur OLG Karlsruhe VersR 2002, 1497). Dem kann indessen **nicht gefolgt** werden, weil es dafür schlicht an einer rechtlichen Grundlage fehlt (BGH r+s 2013, 424; r+s 1989, 69; eingehend BSG r+s 2007, 144). Das bedeutet indessen nicht, dass der VR eine von ihm als unwirksam erkannte Kündigungserklärung des VN immer unbeantwortet lassen darf, also den VN auf den Mangel seiner Erklärung nicht aufmerksam machen muss. Das ergibt sich allerdings aus § 6 Abs. 4 iVm § 1a, der den VR bei einem konkreten Anlass aufgrund seiner überlegenen Sachkenntnis dazu anhält den VR Rat zu erteilen. Verletzt er diese **Beratungspflicht,** hat er den VN so zu stellen, als habe er den VN auf die Unzulänglichkeit seines Vorgehens aufmerksam gemacht: Konnte sich der VN dann allerdings nicht mehr von dem Versicherungsvertrag lösen, bleibt es bei der

Unwirksamkeit der Auflösungserklärung. Das bedeutet, dass der VN so zu stellen ist, als habe der VR ihn unverzüglich über die Unwirksamkeit unterrichtet. Hätte er eine wirksame Kündigungserklärung noch nachschieben können, ist davon auszugehen, dass er es auch getan und sich wirksam vom Versicherungsvertrag gelöst hätte. Eine Zurückweisungspflicht entfällt, wenn der VN die Unwirksamkeit der Kündigungserklärung kennt oder, wenn es sich um die zweite unwirksame Kündigungserklärung handelt, schon einmal vom VR auf sie aufmerksam gemacht worden ist (OLG Koblenz VersR 1999, 875). Die Darlegungs- und Beweislast für die fehlende Information über die Unwirksamkeit der Kündigung trägt der VN (AG Jever r+s 2003, 331; AG Delmenhorst r+s 2003, 331).

5. Rücknahme, Umdeutung und Aufhebung, Teilkündigung

12 Eine Kündigung kann **nicht einseitig zurückgenommen** werden. Das wirksam gekündigte Versicherungsverhältnis lebt nur wieder auf, wenn beide Vertragspartner dies vereinbaren (BGH VersR 1985, 54; 1969, 415; OLG Karlsruhe VersR 1961, 646). Eine solche Vereinbarung kann auch geschlossen werden, wenn die Wirkungen der Kündigung bereits eingetreten sind (BGH VersR 1988, 1013). Erklärt ein VN die „Rücknahme" der Kündigung, so liegt darin ein Angebot auf Abschluss eines Vertrages, mit dem die Fortsetzung des früheren Versicherungsverhältnisses geregelt werden soll (OLG Karlsruhe VersR 1981, 646). Es bedarf der Annahme, die aber auch konkludent erklärt werden kann. Die bloße Übersendung einer Rechnung, die Beiträge über den gekündigten Zeitpunkt hinaus verlangt, stellt noch keine konkludente Annahme dar (OLG Hamm NJW-RR 1994, 286). Auch die weitere Abbuchung von Prämien aufgrund einer Einziehungsermächtigung ist ein rein tatsächlicher Vorgang, dem nicht ohne Weiteres ein Erklärungswert beizumessen ist (OLG Köln VersR 1983, 527). Das gilt auch, wenn der VR gekündigt hat (LG Leipzig r+s 1995, 427).

13 Ob eine unwirksame Kündigungserklärung in eine wirksame oder in ein Angebot auf Abschluss eines Aufhebungsvertrages **umgedeutet** werden kann, kann nicht allgemein entschieden werden (vgl. *Bach* VersR 1977, 881 ff.), sondern ist eine Frage der Umstände des Einzelfalls. Entscheidend ist nach § 140 BGB, ob bei Kenntnis der Unwirksamkeit die andere Erklärung gewollt ist (BGH r+s 1989, 69; VersR 1987, 923). Das ist abhängig von der nach außen erkennbaren Interessenlage des Erklärenden. Kündigt der VN außerordentlich, weil der VR vermeintliche Ansprüche nicht reguliert, kann das in eine ordentliche Kündigung umgedeutet werden, weil offenbar ist, dass der VN auf keinen Fall am Vertrag festhalten will (OLG Düsseldorf r+s 2001, 453; OLG Hamm VersR 1986, 759; zur Umdeutung in eine fristgerechte Kündigung LG Lüneburg VersR 1978, 658; zur Umdeutung einer Anfechtung OLG Hamm VersR 1981, 275). Widerruft ein VN eine Kostenausgleichsvereinbarung, so kann, steht ihm ein Widerrufsrecht nicht zu, sein Widerruf in eine Kündigung umgedeutet werden, wenn deutlich wird, dass er sich in jedem Fall von dem Vertrag lösen will. Kündigt er indessen eine solche Vereinbarung und ist zu erkennen, dass er sich von ihr (nur) für die Zukunft lösen will, ist eine Umdeutung nicht möglich (BGH VersR 2014, 1189; zur Problematik der Nettopolicen → § 9 Rn. 26 ff.).

14 Versicherungsverträge können selbstverständlich **einvernehmlich aufgehoben** werden. Die Mitteilung, ein VN wolle den Versicherungsvertrag zum nächstmöglichen Zeitpunkt kündigen, stellt keinen Antrag auf Aufhebung des Versicherungsvertrages zu einem vom VR zu wählenden Zeitpunkt dar (BGH VersR

1999, 576). Die Mitteilung des VR, der Vertrag sei erloschen, stellt schon ihrem Wortlaut nach kein Angebot auf Abschluss eines Aufhebungsvertrages dar (OLG Hamm VersR 1999, 50). Fehlen ausdrückliche Vereinbarungen, kann sich die Aufhebung aus den einen übereinstimmenden Aufhebungswillen ergebenden Verhaltensweisen der Vertragsparteien ergeben (BGH r+s 1969, 69; VersR 1968, 1035; OLG Hamm VersR 1985, 853; 1983, 528). Eine formell unwirksame oder nicht fristgemäße Kündigung kann als Angebot zur **einvernehmlichen Aufhebung** des Versicherungsvertrages **auszulegen** sein (BGH VersR 1987, 923). Ein solches Angebot bedarf allerdings der Annahme durch den VR, die – bspw. durch dauerhafte Abbuchung von Beiträgen oder gar Erbringung von Leistungen – erklärt sein muss. Auf ihren Zugang kann nach § 151 BGB verzichtet werden (BGH VersR 1987, 523). Das bloße Schweigen des VN ist keine Annahme des Aufhebungsangebots (OLG Hamm VersR 1985, 853; diff. OLG Koblenz r+s 1993, 68). Die Zurückweisung einer Kündigung stellt idR die Ablehnung eines Aufhebungsangebots dar (OLG Karlsruhe r+s 1992, 325).

IV. Kündigungsrecht bei langjährigen Versicherungsverträgen (Abs. 4)

Abs. 4 gewährt dem VN ein **Sonderkündigungsrecht** bei Verträgen, die auf eine Dauer von mehr als drei Jahren geschlossen sind. Die Dreijahresdauer des Versicherungsvertrages richtet sich allein nach der formellen Laufzeit des Versicherungsvertrages. Zeiten vorläufiger Deckung sind, da es sich nicht um denselben Versicherungsvertrag handelt, nicht einzubeziehen. Eine Rückwärtsversicherung kann dazu führen, dass der zeitliche Umfang der Deckung über den formellen Bereich der Bindung hinausgeht, weil das Lösungsrecht des Abs. 4 **an den Beginn der vertraglichen Bindung anknüpft.** Das bedeutet nicht, dass – zur Prämien- oder Rabattgestaltung – Versicherungsverträge keine längere Dauer haben dürfen; sie sind nur zum Schluss des dritten Jahres mit einer Frist von drei Monaten vor Vertragsablauf vom VN auflösbar. Daran anknüpfende vertraglich etwa vorgesehene Nachteile dürfen nicht prohibitiv wirken. Auch VR können vertraglich ein solches Sonderkündigungsrecht vereinbaren (HK-VVG/*Muschner* § 11 Rn. 53). 15

V. Fristlose Kündigung aus wichtigen Grund

Versicherungsverträge können als Dauerschuldverhältnisse nach § 314 BGB **„außerordentlich" fristlos** von jedem Vertragspartner gekündigt werden, wenn für ihn ein wichtiger Grund vorliegt. Dazu ist ein Vertragspartner aber nur befugt, wenn dem kündigenden Teil unter Berücksichtigung aller Umstände des Einzelfalls und Abwägung der beiderseitigen Interessen nicht zugemutet werden kann, den Vertrag bis zum vereinbarten Endzeitpunkt fortzusetzen. Die die außerordentliche Kündigung rechtfertigenden Gründe müssen sich zwar grds. **aus dem aufzulösenden Versicherungsverhältnis** ergeben; in den Ausnahmefällen einer besonders tiefgreifenden Zerrüttung des Vertrauens in die redliche Erfüllung der konkreten Vertragspflichten können VR und VN jedoch auch weitere zwischen ihnen bestehende Versicherungsverträge in die Kündigung einbeziehen (aA offenbar OLG Hamm VersR 1999, 1265). 16

Fristen, die die Ausübung des außerordentlichen Kündigungsrechts steuern, kennt das Gesetz nicht. Der Meinung, der kündigende Vertragspartner müsse 17 sich binnen eines Monats ab Kenntnisnahme der Kündigungsgründe erklären (Beckmann/Matusche-Beckmann VersR-HdB/*Johannsen* § 8 Rn. 176), ist nicht zu folgen, weil sich ein wichtiger Grund regelmäßig aus einer Gesamtschau verschiedener Umstände ergibt, die keine bestimmte Frist auszulösen imstande ist. Daher ist eine „angemessene" Frist zu wahren (§ 314 Abs. 3 BGB). Daher kann ein längeres Zuwarten mit einer Kündigungserklärung die Unzumutbarkeit des Festhaltens am Vertrag fraglich erscheinen lassen. Im Übrigen ist zu bedenken, dass auch eine außerordentliche Kündigung lediglich **ex nunc** wirkt, **entstandene Ansprüche** also nicht zu beeinflussen vermag. Auch eine vorherige Abmahnung ist nicht erforderlich (OLG Hamm VersR 2007, 236; aA OLG Nürnberg VersR 2008, 388).

18 **Materiell** ist die außerordentliche Kündigung eines Versicherungsvertrages nur in engen Grenzen statthaft (Prölss/Martin/*Armbrüster* Vor § 11 Rn. 5 ff.). Zunächst ist sie keine beliebige Alternative zu gesetzlich und vertraglich vorgesehenen Lösungsrechten. Vermag der VR einen Vertrag wegen arglistiger Täuschung anzufechten, besteht kein Grund, ihm darüber hinaus ein außerordentliches Kündigungsrecht zuzugestehen. Das gilt gerade auch dann, wenn das insoweit gesetzlich vorgesehene Lösungsrecht tatbestandlich gar nicht geltend gemacht werden kann. Ist der VR berechtigt, sich auf Leistungsfreiheit wegen Verletzung nach dem Versicherungsfall zu erfüllender Obliegenheiten berufen, kann ihm darüber hinaus ein außerordentliches Kündigungsrecht bei besonders schwer wiegendem, das Vertrauen in die Redlichkeit des VN fortdauernd erschütternden Fehlverhalten zustehen. Materielle Voraussetzung der außerordentlichen Kündigung ist iÜ, dass das gegenseitige Vertrauen der Vertragspartner unter Berücksichtigung der Bedeutung des Versicherungsvertrages **irreparabel zerstört** ist. Bei Illoyalitäten des VN muss in die Abwägung eingestellt werden, dass bestimmte Versicherungsverträge die ökonomische und soziale Existenz des VN in besonderem Maße berühren und daher das Gewicht der die fristlose Kündigung rechtfertigenden Gründe besonders schwer sein muss (BGH NJW 1983, 2632).

19 Ganz allgemein ist Voraussetzung einer **außerordentlichen Kündigung durch den VR,** dass der VN sich Leistungen bewusst erschleicht oder zu erschleichen versucht hat oder dass sonstige schwere Erschütterungen des gegenseitigen Vertrauens vorliegen (BGH VersR 2007, 1260; VersR 1985, 54; OLG Koblenz VersR 2008, 482; OLG Köln VersR 1991, 410; OLG München NJOZ 2016, 614; OLG Nürnberg VersR 2008, 388; OLG Hamm VersR 2007, 236; OLG Saarbrücken BeckRS 2016, 10266; VersR 1996, 362;). Daher genügt es in der **Krankentagegeldversicherung** nicht, wenn der VN trotz Meldung eines Versicherungsfalles in geringem Maße berufstätig war oder nach Verweigerung von Leistungen gearbeitet hat (BGH VersR 2009, 1063). In der **Krankheitskostenversicherung** können über längere Zeiträume erschlichene Leistungen eine fristlose Kündigung – jedenfalls in Bezug auf die versicherte Person, der ein solcher Vorwurf zu machen ist (OLG Nürnberg r+s 2020, 520) rechtfertigen (BGH NJW 2012, 376 = VersR 2012, 219; OLG Brandenburg ZfS 2011, 396; OLG Hamm r+s 2011, 346). In der **Berufsunfähigkeitsversicherung,** in der an eine außerordentliche Kündigung wegen der regelmäßig existenziellen Bedeutung dieses Versicherungsprodukts besonders hohe Ansprüche zu stellen sind, genügt es nicht, wenn die vorvertragliche Anzeigeobliegenheit in einem Rechtsfolgen nach § 19 oder Mitwirkungsobliegenheiten in einem die Rechtsfolgen des § 28 nicht auslösenden Maße verletzt ist (OLG Saarbrücken VersR 2009, 344). Jedoch kann die Vortäuschung von Beschwerden gegenüber einem den VN nach einem Leistungs-

antrag untersuchenden Arzt zu einer solch schwer wiegenden Erschütterung des Vertrauens in die Redlichkeit führen (OLG Saarbrücken VersR 2014, 1491). Auch der VN kann in seinem Vertrauen tiefgreifend enttäuscht worden sein und fristlos kündigen, wenn sich der VR fortdauernd und völlig unberechtigt weigert, Versicherungsschutz zu gewähren (BGH VersR 1972, 970; OLG Oldenburg VersR 1995, 819).

§ 12 Versicherungsperiode

Als Versicherungsperiode gilt, falls nicht die Prämie nach kürzeren Zeitabschnitten bemessen ist, der Zeitraum eines Jahres.

I. Normzweck und Regelungsinhalt

1 Mehrere Vorschriften des VVG (§§ 11 Abs. 2, 19 Abs. 4, 20, 39, 92 Abs. 2, 96 Abs. 2, 165, 167 und 168) knüpfen Rechtsfolgen an den Begriff der Versicherungsperiode. Die Vorschrift will für den Fall des Fehlens abweichender (wirksamer) vertraglicher Regelungen Klarheit schaffen. Die **Versicherungsperiode** ist der Zeitabschnitt, der Grundlage der Prämienberechnung („technische Versicherungsdauer") und der auch bei Vertragsverletzungen „jedenfalls" gewährten Deckung des VN ist. Sie hat keine Bedeutung für die Frage der Fälligkeit einer Beitragspflicht (BGH VersR 2013, 341).

II. Versicherungsperiode

2 Die Versicherungsperiode beträgt ein Jahr, wenn kein kürzerer Zeitabschnitt vereinbart ist. Das Jahr beginnt mit dem im Vertrag festgelegten Zeitpunkt der Zahlung des temporal bemessenen Preises für den Versicherungsschutz. Insoweit kommt es darauf an, welchen zeitlichen Faktor der Vertrag der Preisbildung der Sache nach zugrunde legt. Das ist in der Regel ohnehin ein Jahr. Vereinbarungen über die Zahlungsweise sind Modalitäten der Erfüllung, regeln aber die Versicherungsperiode nicht (OLG Köln r+s 1992, 260; OLG Düsseldorf VersR 1990, 1262).

III. Abdingbarkeit

3 Die Regelung der Versicherungsperiode ist zwar grds. dispositiv. Ist sie jedoch Teil einer nicht zuungunsten des VN abdingbaren Regelung – bspw. des § 19 Abs. 4 – so hat sie an deren Bestandsfestigkeit Teil (vgl. OLG Hamm VersR 1981, 725).

§ 13 Änderung von Anschrift und Name

(1) [1]**Hat der Versicherungsnehmer eine Änderung seiner Anschrift dem Versicherer nicht mitgeteilt, genügt für eine dem Versicherungsnehmer gegenüber abzugebende Willenserklärung die Absendung eines eingeschriebenen Briefes an die letzte dem Versicherer bekannte Anschrift des Versicherungsnehmers.** [2]**Die Erklärung gilt drei Tage nach der Absen-**

dung des Briefes als zugegangen. [3]Die Sätze 1 und 2 sind im Fall einer Namensänderung des Versicherungsnehmers entsprechend anzuwenden.

(2) **Hat der Versicherungsnehmer die Versicherung in seinem Gewerbebetrieb genommen, ist bei einer Verlegung der gewerblichen Niederlassung Absatz 1 Satz 1 und 2 entsprechend anzuwenden.**

I. Normzweck und Regelungsinhalt

1 Nach § 130 Abs. 1 BGB wird eine Willenserklärung, die einem anderen gegenüber abzugeben ist, erst in dem Zeitpunkt wirksam, in dem sie ihm zugeht. Im Interesse einer Rationalisierung der Verfahrensabläufe im Massengeschäft Versicherung erlegt die Vorschrift abweichend davon dem VN als **gesetzliche Obliegenheit – verschuldensunabhängig** – auf, dem VR eine Änderung seiner Anschrift, seines Namens oder seiner gewerblichen Niederlassung mitzuteilen und sieht bei deren Verletzung unter bestimmten Voraussetzungen eine Zugangsfiktion vor. Nach verbreiteter aber nicht näher begründeter Auffassung soll dies nur für **Änderungen nach Abschluss des Versicherungsvertrages** gelten, also vor allem nicht bereits für die Übermittlung der Police als Annahme des Antrags (ÖOGH VersR 2002, 595; VersR 1985, 794; vgl. auch OLG Hamm VersR 1978, 1107; Bruck/Möller/*Johannsen* § 13 Rn. 8). Der Wortlaut des Gesetzes, das auch an anderen Stellen im vorvertraglichen Stadium schon „Versicherungsnehmer" und „Versicherer" kennt, und sein Sinn sprechen dagegen: Gerade dann, wenn der Kontakt noch „frisch" ist, spricht alles dafür, von dem Schutz begehrenden VN zu erwarten, den VR über Änderungen seiner Erreichbarkeit zu unterrichten. VR können in AVB grds. § 13 abbedingen. Jedoch gelten § 308 Nr. 6 BGB und § 309 Nr. 12 BGB, die solche Abweichungen in der Form von AVB in aller Regel ausschließen.

II. Tatbestandliche Voraussetzungen (Abs. 1)

2 Die Änderung muss die letzte dem VR bekannte Anschrift oder den letzten ihm bekannten Namen betreffen. Dabei handelt es sich um die dem VR zeitlich zuletzt mitgeteilte (BGH VersR 1975, 366) **„postalische" Erreichbarkeit** des VN und um den dem VR angegebenen Namen, nicht notwendigerweise um seinen Wohnsitz (§ 7 BGB), oder seine ordnungsrechtliche Meldung oder die bürgerlich-rechtliche Bezeichnung des VN. Dem Sinn der Vorschrift nach kommt es allein auf die Angaben des VN an, unter denen er sich zum Kontakt mit dem VR bereitgefunden hat. Daher gilt sie auch, wenn er **von vornherein** eine falsche Anschrift oder einen falschen Namen angegeben hat. Die Vorschrift ist im telekommunikativen Verkehr nicht analog anwendbar: § 13 geht von Briefen und Zeitpunkten ihrer Aufgabe aus. Das ist auf Mailadressen nicht übertragbar.

3 Die Anschrift muss sich „geändert" haben. Die **vorübergehende Abwesenheit** zählt dazu nicht (BGH VersR 1971, 262). Von einer Änderung kann daher nur ausgegangen werden, wenn ein VN dauerhaft nur unter einer neuen Adresse oder unter einem neuen Namen zu erreichen ist. In solchen Fällen ist allerdings zu beachten, dass derjenige, der aufgrund bestehender oder angebahnter vertraglicher Beziehungen mit dem Zugang rechtserheblicher Erklärungen zu rechnen hat, geeignete Vorkehrungen treffen muss, dass sie ihn auch erreichen (BGH VersR

1998, 472). Wer sich dem entgegen Treu und Glauben entzieht, muss sich so behandeln lassen, als ob ihn eine Erklärung (rechtzeitig) erreicht hätte, wenn der Erklärende alle ihm zuzumutende Sorgfalt aufgewandt hat, um den Zugang der Erklärung zu bewirken (BGH NJW 1994, 1320; BAG NJW 1989, 606; MüKoBGB/*Einsele* BGB § 130 Rn. 36 mwN). Die Vorschrift gilt auch nicht im Falle des **Todes** des VN (Prölss/Martin/*Armbrüster* § 13 Rn. 4), weil sie seine anderweitige Erreichbarkeit voraussetzt.

Die Zugangsfiktion gilt dem Wortlaut nach für **Willenserklärungen** des VR. 4
In entsprechender Anwendung gilt das aber für alle rechtsgeschäftsähnlichen Mitteilungen und Wissenserklärungen, durch deren Erhalt gestaltend auf das Versicherungsverhältnis eingewirkt oder eine vom VN zu wahrende Frist ausgelöst wird. Dabei darf auch nicht zwischen der Erklärung selbst und einer ihr beigefügten Belehrung getrennt werden (offenbar aA zu § 12 Abs. 3 aF OLG Düsseldorf VersR 1973, 533). Ist die Willens- oder Wissenserklärung als zugegangen zu behandeln, so trifft das auch für eine mit ihr verbundene Belehrung zu. **Leistungen des VR** werden von § 13 nicht erfasst (Bruck/Möller/*Johannsen* § 13 Rn. 7).

Die Willenserklärung muss in einem **eingeschriebenen Brief** enthalten sein. 5
Welche Form des Einschreibens gewählt wird, ist unerheblich. Eingeschriebene Briefe sind also alle Sendungen, die nach den postrechtlichen Bedingungen „eingeschrieben" sind, also auch solche, die im Wege des **„Einwurf-Einschreibens"** versandt werden. Stärkere Formen des Zugangsnachweises, also die Zustellung, erfüllen die Anforderungen erst recht, schwächere reichen nicht aus, der zeugenschaftlich bekräftigte Einwurf eines einfachen Schreibens in den Briefkasten des Empfängers durch den Vermittler fällt unter § 130 Abs. 1 BGB.

Der VN muss es versäumt haben, die Änderung dem VR **mitzuteilen.** Das 6
setzt **keine förmliche Information** des VR voraus. Vielmehr genügt, wenn der VR durch eine Initiative des VN Kenntnis von der Änderung erlangt hat. Dazu genügt es, wenn im Schriftverkehr, auch im elektronischen, eine neue Erreichbarkeit oder ein neuer Name verwendet werden. Die Angabe auf einem Briefumschlag reicht indessen regelmäßig nicht aus. Allerdings ist der VR nicht gehalten nachzuforschen, ob sich Anschrift oder Name des VN geändert haben, soweit sich ihm dies nicht aus Angaben im kommunikativen Verkehr aufdrängen muss und er sich deshalb nach Treu und Glauben nicht auf die Vorschrift berufen darf. § 13 soll nur verhindern, dass der VR erforderliche Erklärungen nicht übermitteln kann, weil ihm Änderungen der Erreichbarkeit des VN nicht bekannt sind. Dem VR folglich anderweitig bekannt gewordene Änderungen schließen die Anwendung von § 13 aus (BGH VersR 1990, 881 unter II.3). Im Übrigen genügt die Unterrichtung des Vermittlers (§ 70). Auf **Namensänderungen von versicherten Personen oder Bezugsberechtigten** ist die Vorschrift nicht anwendbar. Ob den VR insoweit Pflichten zur Nachforschung – beispielsweise zur Übermittlung eines Schenkungsangebots an einen Bezugsberechtigten – treffen, hängt von den Umständen des Einzelfalls ab; hat der VR eine Anschriftenänderung ermittelt, muss er nicht zusätzlich noch einer möglichen Namenänderung nachgehen (BGH NJW 2013, 2588).

III. Gewerblich genommene Versicherungen

Die Zugangsfiktion gilt auch in Fällen, in denen der VN die Versicherung „in 7
seinem Gewerbebetrieb" genommen hat. Da es in einem solchen Fall auf die

nicht mitgeteilte Verlegung der gewerblichen Niederlassung nicht ankommen soll, wird deutlich, dass Abs. 2 sich auf **„für" den gewerblichen Betrieb** genommene Versicherungen bezieht, also eine Gleichstellung der Zugangsfiktion von Änderungen der Anschrift und des Namens bei privaten Versicherungen und der Anschrift und der Firma bei gewerblichen Versicherungen meint.

IV. Rechtsfolgen

8 Nach Abs. 1 Satz 2 gilt die Erklärung drei Tage nach der Absendung des Briefes als zugegangen. Damit übernimmt das VVG verwaltungsverfahrensrechtliche Regelungen (§ 41 Abs. 2 Satz 1 VwVfG). Die **Fiktion** gilt sowohl für Mitteilungen im Inland wie solche ins Ausland. Für den „dritten Tag" ist es unerheblich, ob er auf einen Sonn- oder Feiertag fällt. Steht indessen fest, dass die Erklärung dem VN früher zugegangen ist, ist dieser Zeitpunkt maßgeblich. Anders als im Verwaltungsverfahrensrecht findet sich im VVG nämlich keine Regelung, nach dem (nur) ein späterer Zeitpunkt des Zugangs (oder dessen Ausbleiben) der Fiktion widerstreitet. Ist dem VN eine fristgebundene Erklärung des VR nachweislich später (an einer neuen, nicht mitgeteilten Anschrift) zugegangen, ändert dies an der Fiktion des früheren Zugangs und damit ggf. der Fristwahrung nichts, weil dann davon auszugehen ist, dass die Obliegenheitsverletzung des VN die Verfristung bewirkt hat. Satz 2 gilt an sich nur in den Fällen der Änderung von Name und Anschrift. Wenn aber schon unter solchen, die Kommunikation erschwerenden Umständen eine Zugangsfiktion bei Mitteilungen mit eingeschriebenem Brief gilt, muss das **erst Recht** gelten, wenn der VR die ihm bekannte und weiterhin zutreffende Anschrift des VN verwendet.

V. Abdingbarkeit

9 § 18 verbietet Abweichungen von § 13 nicht. Allerdings setzen § 308 Nr. 6 BGB und § 309 Nr. 12 BGB jedenfalls solchen in AVB enthaltenen Regelungen Grenzen, die eine Fiktion des Zugangs vertragserheblicher Erklärungen des VR vorsehen oder den VN mit beweisrechtlichen Nachteilen belasten, soweit nicht Satz 2 eingreift.

VI. Beweisrecht

10 Weil es sich bei § 13 um eine gesetzliche Obliegenheit handelt, an deren Verletzung nachteilige Rechtsfolgen für den VN geknüpft sind, muss der VR beweisen, dass ihm eine Änderung der persönlichen Verhältnisse des VN nicht mitgeteilt worden ist. Insoweit trifft den VN indessen die **sekundäre Last** darzulegen, wo, wann und wem gegenüber er die Änderung mitgeteilt haben will. Darüber hinaus muss der VR beweisen, dass er die Erklärung, auf deren Folgen er sich beruft, abgesendet hat.

§ 14 Fälligkeit der Geldleistung

(1) **Geldleistungen des Versicherers sind fällig mit der Beendigung der zur Feststellung des Versicherungsfalles und des Umfanges der Leistung des Versicherers notwendigen Erhebungen.**

(2) [1]**Sind diese Erhebungen nicht bis zum Ablauf eines Monats seit der Anzeige des Versicherungsfalles beendet, kann der Versicherungsnehmer Abschlagszahlungen in Höhe des Betrags verlangen, den der Versicherer voraussichtlich mindestens zu zahlen hat.** [2]**Der Lauf der Frist ist gehemmt, solange die Erhebungen infolge eines Verschuldens des Versicherungsnehmers nicht beendet werden können.**

(3) **Eine Vereinbarung, durch die der Versicherer von der Verpflichtung zur Zahlung von Verzugszinsen befreit wird, ist unwirksam.**

I. Normzweck und Regelungsinhalt

1 Während nach § 271 BGB Ansprüche im Zweifel mit ihrer Entstehung fällig sind, nimmt § 14 Abs. 1 zugunsten des VR Rücksicht auf die Besonderheiten des Versicherungsverhältnisses. Der VR, der auf eine Geldleistung aus Anlass eines Versicherungsfalles (Bruck/Möller/*Johannsen* § 14 Rn. 2) in Anspruch genommen wird, darf den ihm regelmäßig unbekannten Eintritt des Versicherungsfalles und seine daraus möglicherweise folgende Leistungspflicht zunächst prüfen. Solange er dies in dem notwendigen Umfang tut, ist er vor einer gerichtlichen Inanspruchnahme geschützt (Bruck/Möller/*Johannsen* § 14 Rn. 3). Das gilt auch für eine Feststellungsklage (OLG Hamm VersR 1991, 1369). Der Abschluss der notwendigen Erhebungen ist nicht nur bedeutsam für den **Zeitpunkt, ab dem der VN Geldleistungen verlangen darf** (Abs. 1), sondern auch für die Frage, ab wann **Verzug** eintreten kann, und ab wann die **Verjährung** beginnt. Da sich die Prüfung des VR hinziehen kann, sieht Abs. 2 einen Anspruch auf Abschlagszahlungen vor. Abs. 3 schließt eine Befreiung des VR von der Zahlung von Verzugszinsen aus.

2 § 14 erfasst nur **Geldleistungen,** deren Voraussetzung die Vornahme von „Erhebungen" ist. Damit sind in erster Linie Ansprüche auf die Zahlung einer finanziellen Entschädigung aufgrund des Eintritts eines Versicherungsfalles gemeint. Nicht unter § 14 fallen Ansprüche auf die Sorge- und Rechtsschutzleistung des Haftpflicht- oder Rechtsschutzversicherers. Auch Zahlungsansprüche, die keinen Zusammenhang mit einem Erhebungen erfordernden Versicherungsfall haben, Ansprüche auf Prämienrückerstattung bspw., oder Ansprüche auf Verzugszinsen, fallen nicht unter die Vorschrift. Gleiches gilt für Ansprüche auf Assistance-Leistungen; für sie gilt § 271 BGB. Demgegenüber fallen Ansprüche auf Rettungskostenersatz, die auf dem uU vergeblichen Versuch der Vermeidung eines Versicherungsfalles beruhen und eine „Geldleistung beinhalten, unter die Vorschrift (aA Looschelders/Pohlmann/*Schneider* § 14 Rn. 6).

3 Besonderheiten bestehen in der Rechtsschutz- und in der Haftpflichtversicherung. In der **Rechtsschutzversicherung** besteht kein einheitlicher „Anspruch auf Rechtsschutz", der Vertrag begründet vielmehr einen Anspruch auf Sorgeleistung und auf Kostenbefreiung. Fälligkeit tritt (nach § 271 BGB) ein, wenn die jeweilige Leistung verlangt werden kann. Das gilt auch dann unabhängig von § 14 Abs. 1, wenn Kostenbefreiung oder die Übernahme eines Vorschusses beansprucht werden (BGH VersR 2006, 404), weil Gegenstand der Forderung nicht die Zahlung eines Geldbetrages, sondern die Befreiung von einer Verbindlichkeit ist. Der Anspruch auf Sorgeleistung wird folglich fällig, wenn sich für den VN konkret abzeichnet, dass er seine rechtlichen Interessen wahren muss, um Rechtsverfolgungs- oder Rechtsverteidigungskosten zu vermeiden (OLG Hamburg VersR

1999, 1012; OLG Hamm r+s 1999, 28; ZfS 1991, 380) oder wenn der VN wegen entstandener Kosten in Anspruch genommen wird (BGH VersR 1999, 706; OLG Hamburg VersR 1999, 1012). Allerdings muss dem VR auch insoweit vor Fälligkeit eine angemessene Zeit zur Prüfung seiner Eintrittspflicht nach Meldung des (behaupteten) Versicherungsfalles zugestanden werden (OLG München VersR 1986, 806). In der **Haftpflichtversicherung** wird der Anspruch des VN (auf Rechtsschutz und Befreiung von der Verbindlichkeit gegenüber dem Geschädigten) fällig, sobald ein geschädigter Dritter Ansprüche gegen den VN geltend macht (BGH VersR 1960, 554; OLG Karlsruhe VersR 2006, 538; OLG Hamm VersR 1984, 255). Das soll unabhängig davon gelten, ob der VN den Versicherungsfall anzeigt oder der VR recherchieren muss, ob er eintrittspflichtig ist (BGH VersR 1960, 554); von solchen Umständen sollen allerdings Verzugsfolgen abhängen. Zumindest in Bezug auf die Notwendigkeit einer Anzeige des Versicherungsfalles bedarf das einer Korrektur, weil sonst der VR, um sich vor uU erheblichen Verzugsschadensersatzansprüchen zu schützen, das Fehlen einer Anzeige des Versicherungsfalles beweisen müsste.

4 § 14 Abs. 1 beschränkt sich entgegen verbreiteter Ansicht weder nach seinem Wortlaut, noch nach seiner systematischen Stellung noch nach seinem Sinn auf das Vertragsverhältnis (Looschelders/Pohlmann/*Schneider* § 14 Rn. 8; Langheid/Wandt/*Fausten* § 14 Rn. 12; so aber HK-VVG/*Muschner* § 14 Rn. 5). Daher gilt die Vorschrift auch, wenn **versicherte Personen** ihre Rechte geltend machen oder **Dritte** Ansprüche aufgrund einer Pflichtversicherung erheben. Allerdings setzt § 14 Abs. 1 voraus, dass der VN einen Anspruch auf Geldleistungen des VR geltend macht, dessen Prüfung „Erhebungen" verlangt. Die Vorschrift ist daher nicht anwendbar, wenn es um die **Rückzahlung von Prämien** wegen rückwirkenden Wegfalls des Versicherungsvertrages geht (KG VersR 2017, 681).

5 Nachteilige **Abweichungen von Abs. 1** sind nach § 18 zulässig, dürfen aber dem aus § 14 folgenden Leitbild nicht widersprechen (vgl. auch BGH VersR 2000, 753). Allerdings bestimmen in der Sachversicherung bekannte Regelungen, die einem VR eine bestimmte Zahlungsfrist zugestehen, meist nur den Zeitpunkt des Verzugseintritts (§ 23 Nr. 1 Satz 1 VGB 2008; § 24 Nr. 1 Satz 1 VHB; A § 14 VGB 2010; § 16 Nr. 1 AFB 87), wie sich aus ihrer Systematik und Bezugnahme auf Abs. 2 ergibt. Eine Auslegung, nach der sie die Fälligkeit trotz Abschlusses der Erhebungen hinausschieben, würde zu einer Missachtung des Leitbildes des § 14 und damit zur Unwirksamkeit führen. Das ist aufgrund gesetzlicher Regelung anders in der Unfallversicherung (§ 187; Ziff. 9.1. und 9.2. AUB 2014), die dem VR eine bestimmte Prüfungsfrist zugesteht und zugleich nach deren Ablauf eine Zahlungsfrist vorsieht, die allerdings zugleich den Verzugseintritt bestimmt (zur Unbedenklichkeit Looschelders/Pohlmann/*Schneider* § 14 Rn. 58 ff.; Bruck/Möller/*Johannsen* § 14 Rn. 13 f.; vgl. auch OLG Saarbrücken ZfS 2002, 80).

II. Notwendige Erhebungen

6 Die Fälligkeit setzt voraus, dass der VR die „zur **Feststellung des Versicherungsfalles**" und „zur **Feststellung des Umfangs der Leistungspflicht**" notwendigen Erhebungen beendet hat. Da nicht nur die Prüfung eines „Versicherungsfalls", sondern auch jene des „Umfangs" einer Leistungspflicht voraussetzt, dass der VR überhaupt Deckung schuldet, ist die Fälligkeit auch von dem Abschluss der Ermittlungen des VR zum **Bestehen von Anfechtungs- oder**

Rücktrittsrechten abhängig (BGH NJW 2017, 1391 = VersR 2017, 469); Gleiches gilt für das Vorliegen von **Obliegenheitsverletzungen** einschließlich jenes von Leistungsfreiheit wegen **Gefahrerhöhung** (OLG Dresden NJW-RR 2020, 607; OLG Köln r+s 2015, 146; KG VersR 2014, 1191; Beckmann/Matusche-Beckmann VersR-HdB/*Reichel* § 21 Rn. 28 ff.; Langheid/Wandt/*Fausten* § 14 Rn. 22; Looschelders/Pohlmann/*Schneider* § 14 Rn. 13). Daher darf der VR (vor allem in der Personenversicherung) untersuchen, ob der VN seine vorvertragliche Anzeigepflicht verletzt hat (BGH aaO); so auch KG VersR 2014, 1191; OLG Brandenburg NJW-RR 2014, 1401; § 213 Rn. 12 ff.), soweit er nicht durch AVB oder sonstige Verhaltensregeln seine Ermittlungsbefugnisse beschränkt hat. Regelungen in AVB, nach denen der Geldleistungsanspruch erst zu einem bestimmten Zeitpunkt entsteht (bspw. bei verspäteter Anmeldung von Berufsunfähigkeit) bedingen § 14 nicht ab (OLG Dresden NJW-RR 2018, 792).

Notwendige Erhebungen sind alle Maßnahmen, die ein durchschnittlich sorg- **7** fältiger VR anstellen muss, um das Bestehen und den Umfang seiner Leistungspflicht abschließend zu ermitteln (OLG Saarbrücken NJW-RR 2006, 462; OLG Karlsruhe r+s 1993, 443; OLG Frankfurt a. M. VersR 2002, 566). Maßgeblich ist allerdings weder, ob der VR subjektiv weiteren Aufklärungsbedarf sah, noch, ob er objektiv tatsächlich vorlag. Vielmehr kommt es darauf an, ob eine solche Notwendigkeit bei einer **ex-ante-Betrachtung aus der Sicht verständiger Vertragsparteien vertretbar** erscheinen durfte (BGH VersR 1974, 639; OLG Hamm VersR 1977, 954). Dabei kann auch die Klärung erheblich sein, ob der geltend gemachte Versicherungsfall in den zeitlichen Deckungsbereich fällt (OLG Saarbrücken VersR 2004, 1301 zur Krankentagegeldversicherung). Einem VR steht im Anschluss an seine Recherchen auch eine – kurz, regelmäßig auf zwei bis maximal drei Wochen zu bemessende – **Überlegungs- und Entscheidungsfrist** zu (BGH VersR 1974, 639; OLG Saarbrücken VersR 2019, 1546), deren Ausmaß allerdings umstritten ist (vgl. die Nachweise bei Prölss/Martin/*Armbrüster* § 14 Rn. 9). Es ist naturgemäß abhängig von der Komplexität des zu prüfenden Versicherungsfalles und des Umfangs der Leistungspflicht sowie des Umfangs der dabei zu verarbeitenden Informationen. Daher können in einfach gelagerten Kasko- und Sachversicherungsfällen eine Woche, in von der Prüfung betriebswirtschaftlicher oder ärztlicher Gutachten abhängigen Leistungsfällen – nach Erhalt aller Unterlagen – auch vier Wochen angemessen sein.

Voraussetzung der notwendigen Erhebungen ist, wie sich aus Abs. 2 Satz 1 **8** ergibt, zunächst die **Anzeige des Versicherungsfalles** (OLG Hamm VersR 1991, 869). Sodann darf der VR seine Erhebungen von der Erteilung der dem VN obliegenden **Auskünfte und Aufklärungen,** der Vorlage von notwendigen Unterlagen – Berechtigungsnachweisen (zum Erbschein OLG Karlsruhe VersR 1979, 564), ärztlichen Attesten (zur bedenklich erscheinenden (vgl. BVerfG NJW 2013, 3086) Vorlage einer Patientenkartei in einem Sonderfall OLG München VersR 2013, 169; → § 31 Rn. 22) oder der Einreichung von Schadengutachten (OLG Saarbrücken VersR 2004, 1301) oder von prüfungserheblichen Kontoauszügen (OLG Hamm r+s 2021, 104), aber auch von einer geschuldeten Ermöglichung von Erhebungen durch Entbindung von der Schweigepflicht (§ 213 Rn. 19 ff.; Beckmann/Matusche-Beckmann VersR-HdB/*Reichel* § 21 Rn. 32) oder der Gestattung der Begutachtung durch einen Sachverständigen oder Regulierer abhängig machen. Erhebungen können nicht abgeschlossen werden, wenn ein vom VR befragter Arzt keine Befundberichte oder Auskünfte aus der Patientendatei übersendet (OLG Köln r+s 2015, 146). Voraussetzung ist insoweit aber stets, dass dem VN eine solche Mitwirkung auch rechtlich obliegt. Das muss sich aus dem Vertrag oder aus dem Gesetz (§ 31) ergeben. Daher muss der VR, der glaubt, weitere Informationen zu benötigen, sein Anliegen so konkretisieren, dass der VN ihm entsprechen kann; vage Hinweise auf die „Dürftigkeit" bisheriger Angaben genügen nicht (BVerfG NJW 2013, 3086; OLG Hamm ZfS 2013, 217). Verweigert der VN seine erforderliche Mitwirkung, so tritt Fälligkeit nicht ein (OLG Hamm VersR 2021, 92 zur Berufsunfähigkeitsversicherung).

9 Grundsätzlich nicht fällig wird ein Anspruch, solange der VR nicht **Einsicht in behördliche Ermittlungsakten** nehmen konnte, soweit das Ergebnis der Ermittlungsmaßnahmen die Zahlungspflicht des VR beeinflussen kann (BGH NJW-RR 1991, 537; VersR 1974, 639; OLG Köln r+s 2007, 488; OLG Saarbrücken r+s 2006, 385; ZfS 2002, 80; OLG Hamm VersR 1992, 230; OLG Frankfurt a. M. VersR 2002, 566; KG NVersZ 1999, 387). Allerdings darf der VR nicht untätig bleiben, sondern muss sich in angemessenen Abständen um eine Einsichtnahme bemühen (vgl. BGH r+s 1993, 188; OLG Hamm VersR 1987, 602; NVersZ 2001, 163; OLG Köln VersR 1983, 922; Beckmann/Matusche-Beckmann VersR-HdB/*Reichel* § 21 Rn. 17). Vor allem aber muss er bei vernünftiger Betrachtung auf die (weiteren) Erkenntnisse aus dem Ermittlungsverfahren angewiesen sein (OLG Köln r+s 2007, 458; verneinend in einem Fall mehr als fern liegender Selbsttötung OLG Saarbrücken r+s 2006, 385).

10 Der VR darf den **Abschluss eines Strafverfahrens** nach Anklageerhebung abwarten, wenn er aufgrund der zu erwartenden Beweisaufnahme Erkenntnisse erwarten darf, die eine sachgerechte Beurteilung seiner Leistungspflicht erlauben (BGH VersR 1991, 331; VersR 1974, 639; OLG Karlsruhe r+s 1999, 468). Fälligkeit tritt dann grds. erst ein, wenn der VR das Ergebnis des Strafverfahrens zur Kenntnis nehmen kann (BGH VersR 1991, 331; VersR 1974, 639; r+s 1993, 188; OLG Köln r+s 1995, 265). Allerdings sollen durch notwendige Erhebungen Tatsachen festgestellt werden, deren Bewertung im Rahmen des § 14 dem VR obliegt. Daher muss sich ein VR, der Akteneinsicht nach der (noch nicht bestandskräftigen) Einstellungsentscheidung der Staatsanwaltschaft oder gar nach einer aus Gründen der Opportunität oder eines Verfahrenshindernisses erfolgenden vorläufigen Einstellung erhält, nunmehr selbst entscheiden, ob er seine Leistungspflicht für gegeben ansieht oder nicht (diff. OLG Hamm VersR 1989, 584; VersR 1994, 1419: kein Wegfall der Fälligkeit nach Wiederaufnahme der Ermittlungen; aA LG Bonn VersR 1990, 303; Looschelders/Pohlmann/*Schneider* § 14 Rn. 18). Das kann auch einmal gelten, wenn sich die Ermittlungen ohne verständlichen Grund erheblich hinausziehen; dann kann der VR gehalten sein, nach Möglichkeit selbst festzustellen, ob die Voraussetzungen seiner Leistungspflicht bestehen. Der VR ist iÜ nicht gehindert, nach Abschluss eines behördlichen Verfahrens eigene Ermittlungen vor Fälligkeit anzustellen, wenn er an den behördlichen Feststellungen zweifeln oder sonstigen Anlass dazu haben darf (OLG Karlsruhe r+s 1993, 443).

11 Sehen die AVB ein (fakultatives) **Sachverständigenverfahren** vor (§ 84 Rn. 36), so tritt, wird es verlangt, Fälligkeit erst ein, wenn es durchgeführt worden ist (OLG Hamm VersR 1991, 1396; VersR 1989, 906; OLG Koblenz r+s 1998, 404). Darauf kann sich der VR, der seine Leistungspflicht noch nicht endgültig abgelehnt hat, allerdings auch noch im Rechtsstreit berufen (OLG Frankfurt a. M. VersR 1990, 1384; KG NVersZ 1999, 526; OLG Koblenz r+s 1998, 404; OLG Köln r+s 2002, 188; AG Gummersbach SP 2012, 213; zur Zulässigkeit eines Feststellungsverlangens dem Grunde nach in einem solchen Fall BGH r+s 1998, 117; VersR 1986, 675; OLG Köln r+s 2003, 507). Der Einwand ist nicht davon

abhängig, dass sich der VR bei unstreitiger Haftung dem Grunde nach im Verlauf der Regulierungsverhandlung darauf berufen hat.

Zögert der VR seine Erhebungen **unnötig hinaus,** so tritt Fälligkeit zu dem Zeitpunkt ein, zu dem sie bei sachgerechter und zügiger Bearbeitung abgeschlossen gewesen wären (OLG Brandenburg BeckRS 2019, 8176; OLG Saarbrücken r+s 2006, 325; OLG Hamm NVersZ 2001, 163; OLG Köln VersR 1983, 922; OLG Hamburg VersR 1982, 543;). Eine solche unnötige Verzögerung liegt auch vor, wenn der VR dem VN nicht verdeutlicht, in welcher Hinsicht er weiteren Informationsbedarf hat. Meint er weitere Aufklärung zu benötigen, muss er **konkrete Fragen** stellen, deren Beantwortung dem VN möglich ist; vage Hinweise auf vom VN erwartete weitere Erkenntnisse genügen nicht (OLG Hamm ZfS 2013, 217). 12

Fälligkeit tritt gleichfalls ein, wenn der VR seine Feststellungen zum Versicherungsfall dadurch für beendet erklärt, dass er **Leistungen endgültig ablehnt** (BGH VersR 2007, 537; VersR 2006, 404 = NJW 2006, 1281; VersR 1990, 153; VersR 1971, 433; NVersZ 2000, 332; OLG Nürnberg r+s 2007, 469; OLG Düsseldorf VersR 1994, 1460; OLG Saarbrücken VersR 2019, 1546; zur Fälligkeit von Ansprüchen des Realgläubigers OLG Hamm VersR 1994, 1106; zum Klageabweisungsantrag OLG Köln r+s 2000, 468; Beckmann/Matusche-Beckmann VersR-HdB/*Reichel* § 21 Rn. 9). Das gilt grundsätzlich unabhängig davon, ob noch **Mitwirkungshandlungen des VN ausstehen oder nicht.** Die Ablehnung muss allerdings erkennbar abschließend gemeint sein. Das ist nicht der Fall, wenn sich der VR ausschließlich darauf beruht, dass Mitwirkungshandlungen des VN ausstehen. Anderes gilt, wenn der VR eine erneute Prüfung bei neuen Erkenntnissen oder neuem Vorbringen des VN in Aussicht stellt (OLG Hamm ZfS 2013, 217; zur vergleichbaren Problematik bei Verletzung von Obliegenheiten BGH NJW 2013, 1883 = VersR 2013, 609). Auch ändert sich an der Fälligkeit nichts dadurch, dass der VR nach seinen AVB ein für den Entschädigungsanspruch erhebliches Ermittlungsverfahren abwarten darf (vgl. BGH VersR 2007, 537). Von einer endgültigen Ablehnung kann auch dann ausgegangen werden, wenn der VR sie mit einem Vergleichsangebot verbindet (OLG Köln VersR 1987, 1210). Die durch eine solche Deckungsablehnung eingetretene Fälligkeit entfällt nicht, wenn sich der VR zur erneuten Prüfung entschließt vgl. OLG Köln ZfS 2007, 217; OLG Hamm VersR 1994, 1419). Fälligkeit tritt mit dem Zugang der Ablehnungsentscheidung jedoch nur dann ein, wenn der Anspruch schon entstanden ist. Fehlt es noch an Voraussetzungen seiner Entstehung – des Ablaufs einer Frist wie jeder des Eintritts von Invalidität –, so wird der Anspruch erst (ohne erneute Ablehnungsentscheidung) mit deren Eintritt fällig (BGH VersR 2002, 472). **Nimmt** der VR nach einer endgültigen Ablehnung seine **Erhebungen wieder auf,** entfällt dadurch die einmal eingetretene Fälligkeit nicht (LG Heilbronn BeckRS 2019, 25557). 13

III. Anspruch auf Abschlagszahlungen (Abs. 2)

Voraussetzung eines nach Abs. 2 Satz 1 bestehenden Anspruchs auf Abschlagszahlung ist, dass seit der Anzeige des Versicherungsfalles ein Monat verstrichen ist, ohne dass die Erhebungen des VR abgeschlossen werden konnten. Ferner muss **dem Grunde nach feststehen** (oder jedenfalls vom VR nicht bestritten sein), dass der VR eintrittspflichtig ist. Nur dann ist dem VR eine Leistung 14 zumutbar. Ist beides der Fall, so kann der VN eine Vorauszahlung in Höhe des Betrages verlangen, den der VR wenigstens schuldet. Auch der Höhe nach geht der Anspruch jedoch nur auf das, was der VR in jedem Fall schuldet (BGH VersR 1986, 77; OLG Hamm VersR 1991, 1369). Dabei ist der VR gehalten zu prüfen, ob nicht trotz des Fehlens weiterer Unterlagen ein Mindestschaden festgestellt werden kann (OLG Hamm r+s 1994, 23). Eine **Abschlagszahlung** liegt allerdings nicht vor, wenn der VR Leistungen erbringt, zu denen er zu diesem Zeitpunkt verpflichtet ist, etwa eine Invaliditätsentschädigung nach einer Erstbemessung, die ein VN nicht behalten darf, wenn sich infolge einer Neubemessung einer geringerer Invaliditätsgrad ergibt (OLG Brandenburg r+s 2017, 262).

15 Der Ablauf der Monatsfrist, mit dem der Anspruch auf eine Abschlagszahlung entsteht, ist **nach Abs. 2 Satz 2 gehemmt,** wenn der VN (was der VR zu beweisen hat), die zur Feststellung des Versicherungsfalles und der Voraussetzungen der Leistungspflicht des VR (der Höhe nach) notwendigen Mitwirkungshandlungen – vor allem durch Auskunftserteilung – vorwerfbar unterlässt (vgl. zu den Grenzen BGH VersR 1984, 1136).

IV. Verzug

16 Verzug tritt nicht schon mit der Fälligkeit, sondern erst bei Vorliegen der **Voraussetzungen des § 286 BGB,** grds. also erst nach einer Mahnung, der Erhebung einer Klage auf die Leistung oder der Zustellung eines Mahnbescheids ein (§ 286 Abs. 1 BGB). Von einer Bestimmung der Leistung nach dem Kalender (§ 286 Abs. 2 Nr. 1 BGB) kann nur in besonderen Fällen (§ 187 Abs. 2 Satz 1) gesprochen werden. Nach § 286 Abs. 2 Nr. 3 BGB kommt der VR auch in Verzug, wenn er die Leistung ernsthaft und endgültig verweigert. Die **berechtigte Forderung nach einer Abschlagszahlung** gemäß Abs. 2 ist eine gleichwertige Zahlungsaufstellung iSd § 286 Abs. 3, so dass der VR spätestens nach 30 Tagen in Verzug kommt. § 286 Abs. 3 BGB, wonach der Verzug nach 30 Tagen nach Fälligkeit und Zugang einer Rechnung oder einer gleichwertigen Zahlungsaufforderung eintritt, ist im Versicherungsrecht iÜ aber nicht anwendbar, weil der VN in aller Regel keine Rechnung erstellt. Die Schadenanzeige steht einer solchen Zahlungsaufstellung nicht gleich (*Hassel* NVersZ 2000, 497 (501)).

17 Hat der VR die Nichtzahlung zu vertreten, kann der VN nach § 280 Abs. 2 BGB **Ersatz des daraus entstandenen Schadens** verlangen, wenn die übrigen Verzugsvoraussetzungen vorliegen. In jedem Falle des Verzuges kann der VN nach § 288 Abs. 1 BGB Zinsen iHv 5 Prozentpunkten über dem Basiszinssatz verlangen. Dieser **Anspruch auf Verzugszinsen** ist nach Abs. 3 nicht abdingbar. Somit kann auch kein Zinssatz unterhalb dieser gesetzlichen Zinsen vereinbart werden. Der VN kann auch einen weiteren Verzugsschaden geltend machen. Vor dem Verzug entstandene Kosten der anwaltlichen Beratung sind kein sonstiger Verzugsschaden, weil es an einem Kausalzusammenhang fehlt (OLG Köln VersR 1983, 922). Zu ersetzen sind deshalb die Kosten eines nach Verzug ergangenen Mahnbescheids, nicht aber die einen Verzug erst begründenden Mahnkosten (OLG Saarbrücken VersR 2000, 358).

18 Ob bei einer erbrachten **Leistung unter Vorbehalt** ein Verzug eingetreten sein kann, hängt davon ab, ob die Leistung trotz des Vorbehalts Erfüllungswirkung hatte. Der Vorbehalt kann zwei unterschiedliche Bedeutungen haben. Im Allgemeinen will der Schuldner lediglich dem Verständnis seiner Leistung als Anerkenntnis (§ 212 Abs. 1 Nr. 1 BGB) entgegentreten und die Wirkung des § 814 BGB ausschließen. Er will sich also die Möglichkeit offenhalten, das Geleistete gemäß § 812 Abs. 1 Satz 1 BGB zurückzufordern. Ein Vorbehalt dieser Art stellt die Erfüllungswirkung nicht in Frage (BGH NJW 1984, 2826). Anders ist es, wenn der VR in der Weise unter Vorbehalt leistet, dass dem VN für einen späteren Rückforderungsrechtsstreit die Beweislast für das Bestehen des Anspruchs aufgebürdet werden soll. Eine Leistung unter diesem Vorbehalt hat keine Erfüllungswirkung (BGH NJW 1984, 2826). Hat der Schuldner, auch bei Vorauszahlungen, ohne weitere Erläuterung unter Vorbehalt oder ohne Anerkennung einer Rechtspflicht geleistet, will er im Allgemeinen nur die Wirkung des § 814 ausschließen (BGH VersR 1992, 1028; OLG Köln r+s 1995, 265). Eine andere Auslegung erfordert besondere Umstände oder andere ausdrückliche Formulierungen des Vorbehalts (OLG Düsseldorf VersR 1996, 89).

Ein unverschuldeter **Rechtsirrtum** stellt den VR von den Verzugsfolgen frei. 19
Dabei sind an die Sorgfaltspflicht des VR hohe Anforderungen zu stellen. Es reicht nicht aus, dass er sich seine eigene Rechtsauffassung nach sorgfältiger Prüfung und sachgemäßer Beratung gebildet hat. Unverschuldet ist ein Rechtsirrtum nur dann, wenn er nach sorgfältiger Prüfung der Sach- und Rechtslage mit einem Unterliegen im Rechtsstreit nicht zu rechnen brauchte, bspw., wenn die Entscheidung von einer höchstrichterlich nicht geklärten Rechtsfrage abhängt (BGH VersR 2007, 537; LG Bonn ZIP 2020, 2451). Dabei kann es von Bedeutung sein, ob er oder der VN die Beweislast trägt (BGH r+s 1991, 37; OLG Stuttgart r+s 1994, 313). Dem VR ist es nicht gestattet, das Risiko einer zweifelhaften Sach- und Rechtslage auf den VN zu verlagern (BGH VersR 2007, 537; VersR 1990, 153). Lässt der VR es auf einen Deckungsprozess ankommen, muss er grds. mit seinem Unterliegen rechnen, wenn die Entscheidung davon abhängt, ob der VN den Versicherungsfall grob fahrlässig herbeigeführt hat. Denn dies muss der VR beweisen. Unterliegt er, ist er von den Verzugsfolgen nicht freigestellt. Das gilt selbst dann, wenn beide Vorinstanzen die vorsätzliche Herbeiführung des Versicherungsfalles bejaht haben (BGH VersR 1991, 331).

Der **Tatsachenirrtum** steht dem Rechtsirrtum gleich. An ihn werden keine 20
geringeren Anforderungen gestellt (BGH r+s 1991, 37). Zwar kann der VR die Zahlung verweigern, ohne in Verzug zu geraten, wenn er auf Verdachtsmomente gestoßen ist und sich der Sachverhalt nach seinen Erhebungen so darstellt, dass er gewichtige Bedenken gegen das Vorliegen eines Versicherungsfalles haben kann. Diese Möglichkeit scheidet aber aus, wenn die Tatsachen bei objektiver Betrachtung den Standpunkt des VR nicht stützen (BGH r+s 1991, 37; VersR 1974, 639). Von fehlendem Verschulden kann im Einzelfall ausgegangen werden, wenn sich nach einem Rücktritt des VR wegen Verletzung der vorvertraglichen Anzeigepflicht erst aus der gerichtlichen Beweiserhebung ergibt, dass der VN den Versicherungsvertreter über die Gefahrumstände zutreffend unterrichtet hatte und der Rücktritt deshalb nicht gerechtfertigt ist. Das gilt indessen nicht, wenn der VN sich vorprozessual auf eine Information des Versicherungsvertreters berufen hatte und dieser das auf Rückfrage des VR schuldhaft zu Unrecht hatte.

§ 15 Hemmung der Verjährung

Ist ein Anspruch aus dem Versicherungsvertrag beim Versicherer angemeldet worden, ist die Verjährung bis zu dem Zeitpunkt gehemmt, zu

dem die Entscheidung des Versicherers dem Anspruchsteller in Textform zugeht.

I. Normzweck und Anwendungsbereich

1 Das VVG enthält mit Ausnahme von § 15 keine Regelungen über die Verjährung von versicherungsvertraglichen Ansprüchen. Auch für sie gelten daher die allgemeinen Vorschriften der §§ 194 ff. BGB. Nur § 15 ordnet eine besondere Hemmung der Verjährung nach Anmeldung eines Anspruchs an, um zu verhindern, dass dem VN durch die Dauer der Prüfung einer Regulierung rechtliche Nachteile drohen. **§ 15 ergänzt die Vorschriften des BGB** über die Hemmung der Verjährung, ersetzt sie aber nicht, weil seine Voraussetzungen sich von denen jener unterscheiden. Daher ist insbesondere **§ 203 Satz 2 BGB** zu beachten, nach dem im Falle von Verhandlungen über einen Anspruch die Verjährung nicht vor Ablauf von drei Monaten ab deren Scheitern endet; das kann über die sich aus § 15 ergebenden Fristen hinausgehen (Looschelders/Pohlmann/*Klenk* § 15 Rn. 4). Über § 15 und §§ 203 ff. BGB hinaus finden sich weitere versicherungsvertraglich relevante Hemmungstatbestände in §§ 3 Abs. 4 Satz 2, 12 der **Verfahrensordnung des Versicherungsombudsmanns.**

II. Verjährung

2 Die Verjährung von Ansprüchen aus einem Versicherungsvertrag beträgt **drei Jahre (§ 195 BGB).** Diese Frist gilt, anders als im früheren Recht (§ 12 Abs. 1 aF), auch für Ansprüche, die sich nicht im engeren Sinne aus dem Versicherungsvertrag ergeben und ihrer rechtlichen Natur nach auf ihm beruhen, also für bereicherungsrechtliche Rückgewähransprüche und Ansprüche auf Schadensersatz wegen Verletzung von Pflichten zur Rücksichtnahme und Treue oder aufgrund der früher als gewohnheitsrechtlich anerkannten Erfüllungshaftung (vgl. zur früheren Abgrenzung BGH r+s 2010, 139 = VersR 2010, 373; NJW 2004, 1161; VersR 2004, 361; VersR 893; VersR 1990, 189; BGHZ 32, 13; zum Verjährungsübergangsrecht vgl. 5. Aufl. § 18 Rn. 20).

3 Die Verjährung beginnt mit dem Schluss des Jahres, in dem der **Anspruch entstanden** ist (§ 199 Abs. 1 Nr. 1 BGB) und sein Gläubiger die anspruchsbegründenden Tatsachen und die Person des Gläubigers **gekannt** oder lediglich **infolge grober Fahrlässigkeit nicht gekannt** hat (§ 199 Abs. 1 Nr. 2 BGB). Unter der „Entstehung des Anspruchs" ist nach Sinn und Zweck der Verjährungsregelungen der Zeitpunkt zu verstehen, ab dem der Gläubiger Klage auf sofortige Leistung erheben, also den Anspruch gerichtlich durchsetzen kann, den ihm der Schuldner verweigert. Die Verjährung beginnt also mit der **Fälligkeit** (BGH NJW 2020, 3725 mwN). Soweit es um Ansprüche des VN auf Geldleistungen geht, richtet sich die Fälligkeit nach § 14, setzt also den Abschluss der erforderlichen Erhebungen des VR voraus. Die Fälligkeit der Prämienforderung des VR ergibt sich aus § 33. Bei anderen Ansprüchen bestimmt sich die Fälligkeit grds. nach § 271 BGB. Fälligkeit tritt vor allem auch dann ein, wenn der VR die Leistung ablehnt (BGH VersR 1990, 153; vgl. iÜ → § 14 Rn. 12 ff.).

4 Den **subjektiven Voraussetzungen des Verjährungsbeginns** genügt auf Seiten des VN, wenn er den Sachverhalt in seinen Grundzügen kennt und weiß, dass erhebliche Anhaltspunkte für einen Anspruch bestehen. Nicht erforderlich

ist, dass er von allen Einzelumständen weiß, über die notwendigen Beweismittel bereits verfügt und das Geschehen rechtlich zutreffend würdigt, solange ihm nur die gerichtliche Geltendmachung seiner Rechte wenigstens mit einer Feststellungsklage zumutbar ist. Nur dann, wenn die **Rechtslage unsicher und zweifelhaft** ist, kann sich der Verjährungsbeginn im Einzelfall verschieben. Das setzt aber voraus, dass die Rechtslage nicht nur umstritten ist, sondern selbst ein rechtskundiger Dritter, die Rechtslage nicht sicher einschätzen kann (BGH r+s 2021, 108; BeckRS 2018, 2353 mwN). Daher hat die Verjährung eines Anspruchs auf einen höheren Rückkaufswert nicht erst mit der ihn bestätigenden höchstrichterlichen Rspr. begonnen, sondern (nach früherem Recht fünf Jahre) ab dem Ende des Jahres, in dem der VR das Versicherungsverhältnis abgerechnet hat (BGH r+s 2010, 364 = VersR 2010, 1067; OLG München VersR 2009, 312). Allerdings gilt gerade für Schadensersatzansprüche aus der Verletzung von Beratungspflichten, dass der VN die Umstände der jeweiligen Beratungspflicht und ihrer Missachtung kennt oder kennen muss. Sind Produkte sehr komplex und ist das dem VN überlassene Informationsmaterial nicht übersichtlich, spricht nichts für eine grob fahrlässige Unkenntnis (BGH VersR 2012, 1110).

Die Verjährung beginnt **für jeden Anspruch** aus dem Versicherungsvertrag 5 **gesondert** (BGH NJW-RR 2007, 382 = VersR 2007, 537). Werden Leistungen zu unterschiedlichen Zeitpunkten fällig, so laufen auch unterschiedliche Verjährungsfristen. Das gilt auch für Ansprüche auf Zinsen und Verzugsschäden, deren Fälligkeit unabhängig von jener des Hauptanspruchs ist (BGH aaO; VersR 1983, 673; OLG Koblenz VersR 2009, 1521). Insbesondere dann, wenn Ansprüche im Zusammenhang mit dem Abschluss eines Versicherungsvertrages, regelmäßig einer Kapitallebens- oder Rentenversicherung, aus fehlerhafter Beratung geltend gemacht werden, gilt es zu beachten, dass Schadensersatzansprüche aus **jeder Verletzung einer gesonderten Beratungspflicht** entstehen können, also gesonderte Verjährungsfristen für jeden Fehler gelten (vgl.ua BGH BKR 2010, 118; NJW 2008, 506).

Für manche Versicherungszweige sind Besonderheiten zu beachten: In der 6 **Rechtsschutzversicherung** ist zwischen dem Anspruch auf Sorgeleistung und jenem auf Kostenbefreiung oder Kostenerstattung zu unterscheiden (vgl. auch zur Fälligkeit § 14 Rn. 3). Es gibt keinen einheitlichen Anspruch auf eine Versicherungsleistung, der als solcher verjähren kann. Daher führt selbst die endgültige Ablehnung der Deckung vor Inanspruchnahme des VN auf Erstattung der Kosten seines Rechtsanwalts nicht zur Fälligkeit des Kostenbefreiungsanspruchs (BGH VersR 2006, 404). Demgegenüber gelten in der **Haftpflichtversicherung** der Abwehr- und der Freistellungsanspruch (§ 100) als Ausprägungen eines einheitlichen Deckungsanspruchs, deren Verjährung mit der Erhebung von Ansprüchen gegen den VN beginnt (BGH VersR 2003, 900; VersR 1971, 333; zur Berufshaftpflichtversicherung BGH VersR 2004, 1043; zur Vermögensschadenshaftpflichtversicherung OLG Karlsruhe VersR 2006, 538). In der **Unfallversicherung** ist zu beachten, dass der Vertrag regelmäßig ganz unterschiedliche Leistungen verspricht, die auch verjährungsrechtlich voneinander zu unterscheiden sind. Der Anspruch auf eine Invaliditätsentschädigung kann vor Eintritt der Invalidität, die nach den AUB regelmäßig binnen eines Jahres nach dem Unfall eingetreten sein muss, nicht fällig werden (BGH VersR 2002, 472). Die regelmäßigen Verjährungsfristen gelten auch für den Ausgleichsanspruch, der zwischen dem Haftpflichtversicherer eines Mieters und dem Gebäudeversicherer des Vermieters besteht (BGH NJW-RR 2010, 691 = VersR 2010, 477).

7 In der **Berufsunfähigkeitsversicherung** (und bei ähnlichen Versicherungsprodukten) war streitig, ob nicht nur die Ansprüche auf die jeweiligen Versicherungsleistungen verjähren können, sondern das mit dem Eintritt des (jeweiligen) Versicherungsfalls fällig werdende sogenannte **„Stammrecht" oder der Gesamtanspruch** (so OLG Saarbrücken NJW-RR 2017, 1508; OLG Hamm VersR 2015, 705; OLG Stuttgart VersR 2014, 1115). Das ist inzwischen höchstrichterlich geklärt (BGH r+s 2019, 342 gegen OLG Jena BeckRS 2018, 4531). Der VR verpflichtet sich nämlich nicht nur, eine einzelne Versicherungsleistung zu erbringe, sondern während der Dauer des Leistungsversprechens wiederkehrend zu leisten. Das entspricht dem Interesse des VR, nicht für einen Versicherungsfall, dessen Eintritt sich im Dunkel der Vergangenheit ereignet haben soll, eintreten zu müssen. Dem VN ist es unbenommen, bestreitet der VR das Vorliegen von Berufsunfähigkeit, nicht nur Klage auf die jeweils fällig werdende Leistung, sondern auch Klage auf Feststellung des Bestehens der Leistungspflicht zu erheben.

8 Nach Ablauf der Verjährungsfrist (§ 202 BGB) kann der Schuldner – auch durch schlüssiges Verhalten – darauf **verzichten,** die Einrede der Verjährung zu erheben. Ein solcher Verzicht ist nach stRspr jedoch nur wirksam, wenn der Schuldner bei Abgabe seiner Erklärung wusste oder zumindest für möglich hielt, dass die Verjährungsfrist schon abgelaufen und die Verjährung deshalb bereits eingetreten war (BGH NJW 1982, 1815; VersR 1981, 328). Von einem **(konkludenten) Verzicht** kann allerdings nicht ausgegangen werden, wenn sich der VR bereit erklärt, kulanzhalber einen geringen Teil des geltend gemachten Betrages zu leisten (OLG Dresden r+s 2019, 282). Im Übrigen muss der VR den VN nicht auf den drohenden Ablauf der Verjährungsfrist hinweisen (BGH VersR 1981, 328; OLG Hamm VersR 1987, 1089).

9 Kann der VR seine Feststellungen nicht beenden, weil der **VN eine** ihm obliegende **Mitwirkung unterlässt,** so schiebt das den Zeitpunkt des Verjährungsbeginns nicht hinaus. Der Rspr., die in einem solchen Fall die Verjährung mit dem Schluss des Jahres beginnen lassen will, in dem der Anspruch ohne Verschulden des VN fällig geworden wäre (OLG Hamm VersR 1991, 869), fehlt eine gesetzliche Grundlage. Sie führt auch zu Unsicherheiten in der Feststellung des Zeitpunkts des Verjährungsbeginns. Im Übrigen ist der VR durch die Möglichkeit, für einen solchen Fall Obliegenheiten vorzusehen, deren Verletzung zur Leistungsfreiheit führt, hinreichend geschützt (BGH VersR 1987, 1235). Allerdings kann dem VN in **Ausnahmefällen** nach dem Rechtsgedanken des § 162 BGB entgegen gehalten werden, dass er durch seine unterlassene Mitwirkung die Verjährung rechtsmissbräuchlich hinausgeschoben hat (BGH VersR 2002, 698), der VR also so zu stellen ist, als habe die Verjährung früher begonnen.

III. Hemmung der Verjährung

10 Nach § 15 tritt eine Hemmung der Verjährung ein, sobald ein Anspruch aus dem Versicherungsvertrag bei dem VR angemeldet worden ist. **Hemmung bedeutet,** dass der Zeitraum, während dessen die Verjährung gehemmt ist, in die Verjährungsfrist nicht eingerechnet wird (§ 209 BGB). Von dem Tag an, an dem der Hemmungsgrund entsteht – also mit dem Zugang der Anmeldung des Anspruchs bei dem VR – bis zu dem Tag einschließlich, an dem sie endet – also dem Tag des Zugangs des Ablehnungsbescheids – läuft die Verjährungsfrist nicht.

Ein zwischen der an sich eine Hemmung auslösenden Anmeldung des Anspruchs, bspw. nach Erhebung von Haftpflichtansprüchen gegen den VN, und dem Verjährungsbeginn, dem Anfang des darauf folgenden Jahres, liegender Zeitraum ist allerdings der Verjährungsfrist nicht hinzuzurechnen (OLG Köln VersR 2009, 391). Allerdings dürfen Zeiträume von Verhandlungen **vor dem eigentlichen Beginn der Verjährung** nicht als Hemmungszeiträume veranschlagt werden (KG r+s 2017, 346).

Die Hemmung nach § 15 betrifft **Ansprüche aus dem Versicherungsvertrag.** Das sind Ansprüche, die ihrer rechtlichen Natur nach auf dem Versicherungsvertrag beruhen. Bereicherungsrechtliche Rückzahlungsansprüche gehören dazu nicht (BGH VersR 2004, 893; BGHZ 32, 13 (15)), soweit sie keine eigenständige vertragliche Grundlage haben (BGH VersR 1990, 189). Zu den Ansprüchen aus dem Versicherungsvertrag gehören nunmehr auch die, die sich aus § 6 Abs. 5 wegen der **Verletzung von Beratungspflichten** ergeben, weil insoweit ein enger rechtlicher und wirtschaftlicher – und iÜ normativ geprägter – Zusammenhang mit dem Versicherungsvertrag besteht (diff. zum früheren Recht BGH NJW-RR 2010, 606 = VersR 2010, 373) Für die sich aus § 63 ergebenden Ansprüche gegen den Versicherungsvermittler gilt indessen allein § 203 BGB. Auch für Schadensersatzansprüche nach den §§ 280 Abs. 1, 241 Abs. 2, 311 Abs. 2 BGB gilt allein § 203 BGB. 11

Von einer **Anmeldung eines Anspruchs** ist auszugehen, wenn der VN einen Anspruch erhebt. Das geschieht regelmäßig durch eine Schadensanzeige (BGH VersR 1978, 313; OLG Köln VersR 2009, 391), die erkennen lässt, dass der VN Versicherungsschutz aus einem bestimmten Grund begehrt. Das muss indessen in individualisierter Form geschehen, in der Kreditversicherung also unter Bezeichnung des jeweiligen Forderungsausfalls (OLG Köln OLGR 2006, 550). Nicht stets stellt allerdings die Mitteilung eines Schadens auch das Verlangen nach seiner Deckung dar. So genügt allein die Nachricht, der VN habe einen Unfall erlitten, regelmäßig noch nicht, um eine Hemmung der Verjährung des Anspruchs auf Invaliditätsentschädigung zu bewirken, weil ein Unfallversicherungsvertrag ganz verschiedene Leistungen verspricht (OLG Hamm VersR 1993, 1473). In der Kraftfahrthaftpflichtversicherung reicht die Geltendmachung von Schadensersatzansprüchen durch den Geschädigten grds. nicht zur Hemmung aus (OLG Köln r+s 1985, 235; OLG Koblenz VersR 1976, 1080). Ob mit der Schadensanzeige durch den VN zugleich Ansprüche des Versicherten angemeldet werden, ist von den Umständen des Einzelfalls abhängig, in der Kraftfahrthaftpflichtversicherung jedoch regelmäßig anzunehmen (BGH VersR 1964, 477; OLG Karlsruhe VersR 1986, 1180; OLG München VersR 1962, 34; zu abweichenden Gestaltungen OLG Düsseldorf r+s 1992, 322). 12

Die Hemmung **endet** an dem Tag, an dem die Entscheidung des VR dem VN in Textform zugeht. Dabei muss es sich um eine **eindeutige** und **als abschließend erkennbare Stellungnahme** des VR zu Grund und Umfang der Leistungspflicht handeln (zu § 3 Nr. 3 PflVG aF BGH VersR 1991, 878; OLG Celle OLGR 2009, 96; OLG Naumburg VersR 2008, 775; iÜ OLG Düsseldorf VersR 1999, 873; OLG Köln r+s 1991, 254; OLG Hamburg r+s 1986, 55). Nicht nur bei ablehnenden, sondern auch bei **anerkennenden Entscheidungen** lebt die Verjährung mit deren Zugang wieder auf. Auch wenn der VR aufgrund fehlender Mitwirkung des VN erklärt, er könne sich zu einer Schadenregulierung aufgrund der mangelnden Mitwirkung nicht entschließen, kann das je nachdem, ob damit klar ist, dass der VR nicht bereit ist zu leisten, eine Ablehnung darstellen 13

(OLG Düsseldorf VersR 2000, 756). Die Eindeutigkeit der Ablehnung setzt nicht voraus, dass der VR jegliche Verhandlungen auch für die Zukunft ausschließt (OLG Dresden r+s 2019, 282). Mit der ablehnenden Entscheidung muss **keine Belehrung** verbunden sein (OLG Köln VersR 1983, 774). Fehlende Geschäftsfähigkeit hemmt nur den Ablauf der Verjährung, sie ändert nicht ihren Beginn und ihre Dauer (§ 208 BGB; vgl. OLG Hamm VersR 2001, 1269).

14 Die **Aufnahme von Verhandlungen** nach der ablehnenden Entscheidung des VR hemmt den Ablauf der Verjährung erneut, wenn dieser zu erkennen gibt, dass er die Entscheidung nicht aufrechterhalten will oder die Berechtigung des angemeldeten Anspruchs wieder als offen ansieht (OLG Köln VersR 2009, 391; OLG Frankfurt a. M. MDR 2010, 326; OLG Hamm VersR 1994, 465). Das ist nicht der Fall, wenn der VR weitere lediglich kulanzhalber erfolgende Prüfungen zusagt oder auf Gegenvorstellungen des VN antwortet (OLG Hamm BauR 2011, 1546). Entscheidungsmaßstab ist dann nicht die vertragsmäßige Rechtslage, sondern der Erhalt des Kundenstamms durch Großzügigkeit. Daher handelt es sich nicht um Verhandlungen über die den Anspruch begründenden Umstände (OLG Saarbrücken r+s 2010, 431 = VersR 2009, 976). Auch die Beantwortung von Gegenvorstellungen des VN stellt keine Wiederaufnahme der Regulierungsprüfung dar (OLG Hamm VersR 1994, 465; r+s 1992, 146). Im Fall der „Wiederaufnahme" einer Prüfung gilt allerdings **§ 203 Satz 2 BGB,** weil der Wortlaut des § 15 lediglich eine Sonderregelung für die Anmeldung eines Anspruchs vorsieht. Danach tritt Verjährung frühestens drei Monate nach der Mitteilung ihres Abschlusses ein.

15 Grundsätzlich bleibt die Verjährung eines wirksam erhobenen Anspruchs gehemmt, wenn der VR nicht irgendwann über ihn entscheidet (KG r+s 1991, 24). Nur dann, wenn das Schutzbedürfnis des VN entfallen ist, er also den ursprünglich erhobenen **Anspruch erkennbar nicht weiterverfolgt,** endet die Hemmung auch ohne Mitteilung des VR (BGH VersR 1977, 335). Dabei handelt es sich jedoch in Wirklichkeit nicht um einen außergesetzlichen Beendigungstatbestand für die Verjährungshemmung, sondern um einen Fall der Verwirkung des Anspruchs. Voraussetzung dafür ist, dass der VN über lange Dauer sein Recht nicht weiterverfolgt hat und der VR aufgrund des Verhaltens des VN nach Treu und Glauben davon ausgehen darf, er habe seinen erhobenen Anspruch fallen gelassen (OLG Saarbrücken ZfS 2008, 700: Zuwarten von sechs Jahren).

16 Im Übrigen gelten die allgemeinen Vorschriften über die Hemmung (§§ 203 ff. BGB), insbesondere jene, die für die Rechtsverfolgung gelten (§ 204 BGB). Dabei ist gerade im Versicherungsvertragsrecht immer wieder die Problematik der **Teilklage** zu beachten. Eine bezifferte verdeckte Teilklage hemmt die Verjährung nur in dem beantragten Umfang (BGH VersR 2009, 1950; VersR 2001, 1013; VersR 1984, 390). Später nachgeschobene Forderungen, die nicht auf einer Änderung der wirtschaftlichen Verhältnisse beruhen, sind verjährungsrechtlich gesondert zu behandeln. Auch eine andere Beurteilung des Invaliditätsgrads durch einen Sachverständigen führt nicht dazu, dass nunmehr eine neue Verjährungsfrist für einen „neuen Anspruch" begänne (OLG Stuttgart VersR 2008, 109). Das gilt sowohl für den Fall einer offenen wie für den einer verdeckten Teilklage, also einer solchen, bei der es weder für den Anspruchsgegner noch für das Gericht erkennbar ist, dass die bezifferte Forderung nicht den gesamten Schaden abdeckt. Davon ausgenommen sind Fälle, in denen in Wahrheit der gesamte Geldbetrag gefordert wird, weil der Gläubiger dies erkennbar macht und für Gericht und Gegner folglich sichtbar ist, dass der Betrag der bezifferten Klage „gegriffen" ist und im

Verlauf des Rechtsstreits eine Änderung der allgemeinen wirtschaftlichen Verhältnisse zu einer Erhöhung des Anspruchs führt (OLG Stuttgart VersR 2008, 109 mwN).

17 Gerade in Fällen der Geltendmachung von Leistungen aus einer Unfallversicherung kann fraglich sein, inwieweit die Verjährung von Ansprüchen auf Zahlung einer Invaliditätsentschädigung gehemmt wird, wenn der VN zunächst – auf der Grundlage der ihm vorliegenden ärztlichen Gutachten – weniger verlangt hat als ihm nach einem gerichtlich eingeholten ärztlichen Gutachten zusteht. Dann gilt allerdings, dass die Verjährung nur **im Umfang der beantragten Invaliditätsleistung gehemmt** wird (BGH NJW 2009, 1950 = VersR 2009, 712).

IV. Ausschlussfristen

18 Das frühere Recht kannte in § 12 Abs. 3 aF eine in der Rechtspraxis sehr bedeutsame **Ausschlussfrist** von sechs Monaten, die der VR mit seiner Ablehnungsentscheidung dem VN setzen konnte, bis zu deren Ablauf der VN seinen vermeintlichen Anspruch gerichtlich geltend machen musste, wollte er ihn nicht verwirken. Das neue VVG hat diese Möglichkeit ausdrücklich beseitigt, weil es sich – ungeachtet der dem Zivilrecht, vor allem dem Arbeitsrecht, weiterhin gar nicht unbekannten Regelungen vergleichbarer Verwirkungstatbestände – um ein nicht mehr zeitgemäßes, unbilliges Privileg von VR gehandelt haben soll. Soweit **AVB** Ausschlussfristen zur gerichtlichen Geltendmachung von Ansprüchen vorsehen sollten, ist diese Entscheidung des Gesetzgebers auch als **Negativregelung** zu betrachten. Sie stellten daher eine unangemessene, von dem gesetzlichen Leitbild abweichende und damit unwirksame Regelung dar. Ausschlussfristen nach § 12 Abs. 3 aF konnten seit dem 1.1.2008 nicht mehr wirksam gesetzt werden. Das ergibt sich letztlich aus einem Gegenschluss aus der Vorschrift des Art. 1 Abs. 4 EGVVG. Danach ist § 12 Abs. 3 aF weiterhin anwendbar (nur) auf vor dem 1.1.2008 begonnene Fristen, die folglich im Jahr 2008 ausgelaufen sind. Fristsetzungen nach dem 1.1.2008 sieht das Gesetz folglich nicht mehr vor (OLG Köln r+s 2011, 150; aA OLG Koblenz BeckRS 2011, 16404; Bruck/Möller/*Johannsen* § 15 Rn. 2; *Uyanik* VersR 2010, 468).

19 Allerdings kennt das Versicherungsvertragsrecht eine **Vielzahl anderer Ausschlussfristen,** nach deren Ablauf Ansprüche des VN gegen den VR verwirken können. Dabei handelt es sich beispielsweise um die Frist zur Geltendmachung von Invalidität in der privaten Unfallversicherung oder die Frist zur Anmeldung von Ansprüchen in der Berufsunfähigkeitsversicherung oder die Frist zur Meldung eines Schadensfalles in der Vertrauensschadensversicherung (BGH r+s 2014, 451). Sie dienen regelmäßig dazu, dem VR innerhalb eines bestimmten Zeitraums nach Eintritt eines Versicherungsfalls Klarheit über das Entstehen seiner Leistungspflicht oder über deren Voraussetzungen zu verschaffen. Zuweilen scheint es allerdings schwierig zu sein, zwischen einer Ausschlussfrist und einer Anzeigeobliegenheit (iSv § 30) zu unterscheiden: Für eine Ausschlussfrist spricht, wenn der Vertrag davon spricht, dass der Anspruch nur „entsteht", solange sie gewahrt ist und dafür einen genau bestimmten Zeitraum regelt (LG Saarbrücken VersR 2014, 1197 zur Anzeigeobliegenheit in der Arbeitsunfähigkeitsversicherung).

20 Ständiger Rechtsprechung entspricht es, dem VN, der eine Ausschlussfrist versäumt hat, den **Entschuldigungsbeweis** zu ermöglichen (vgl. unter anderem nur BGH r+s 2014, 451 und VersR 2011, 164 zur Vertrauensschadenversicherung;

OLG Frankfurt a. M. NJW-RR 2013, 213 zur Vermögensschadenversicherung; OLG Saarbrücken VersR 2011, 1381 zur Berufsunfähigkeitsversicherung; BGH VersR 1998, 175 zur Unfallversicherung; BGH NJW 1992, 2232 zur Rechtsschutzversicherung). Unter welchen Voraussetzungen ein solcher Entschuldigungsbeweis als geführt betrachtet werden kann, ist vertragsspezifisch zu beurteilen. Maßstab ist, welche Anforderungen an die Meldung eines Versicherungsfalls an den VN zu stellen sind. Da Sinn und Zweck von Ausschlussfristen dieser Art ist, dem VR zügig Gewissheit über eine mögliche Inanspruchnahme zu verschaffen, ihm also vor allem eine zeitnahe Prüfung der Voraussetzungen seiner Leistungspflicht zu ermöglichen. Daher ist es regelmäßig entscheidend, zu welchem Zeitpunkt dem VN „hinreichende Erkenntnisse" vorgelegen haben, die eine vorsorgliche Schadenmeldung geboten erscheinen ließen (BGH r+s 2014, 451).

§ 16 Insolvenz des Versicherers

(1) **Wird über das Vermögen des Versicherers das Insolvenzverfahren eröffnet, endet das Versicherungsverhältnis mit Ablauf eines Monats seit der Eröffnung; bis zu diesem Zeitpunkt bleibt es der Insolvenzmasse gegenüber wirksam.**

(2) **Die Vorschriften des Versicherungsaufsichtsgesetzes über die Wirkungen der Insolvenzeröffnung bleiben unberührt.**

I. Insolvenz des Versicherers

1 Während § 103 InsO dem Insolvenzverwalter ein Wahlrecht gibt, bei gegenseitigen, bei Eröffnung des Insolvenzverfahrens noch nicht vollständig erfüllten Verträgen die Erfüllung zu verlangen oder abzulehnen, ordnet § 16 zwingend die **Beendigung des Versicherungsverhältnisses** mit Ablauf eines Monats seit der Eröffnung des Insolvenzverfahrens und die Wirksamkeit des Vertrages bis zu diesem Zeitpunkt gegenüber der Insolvenzmasse an. Damit soll dem VN die Möglichkeit verschafft werden, sich anderweitigen Versicherungsschutz zu beschaffen. Voraussetzung ist die Eröffnung des Insolvenzverfahrens (§ 27 InsO) über das Vermögen des VR. Wird das Versicherungsverhältnis bis zum Ablauf der Monatsfrist aus einem anderen Grund beendet, gilt die Vorschrift nicht. § 16 gilt auch nur, wenn ein Versicherungsverhältnis besteht. Folgt man der Rspr., unterfällt daher die Kautionsversicherung, die als Geschäftsbesorgungsvertrag betrachtet wird und deren Schicksal sich daher nach §§ 115, 116 InsO richtet, § 16 nicht (BGH 2007, 514; WM 2006, 1637; str., vgl. unter anderem HK-VVG/*Muschner* § 16 Rn. 11; Beckmann/Matusche-Beckmann VersR-HdB/*Herrmann* § 39 Rn. 122; zur Kautionsversicherung als gemischtem Vertrag und den insolvenzrechtlichen Folgen vor allem Langheid/Wandt/*Looschelders,* § 1 Rn. 105).

2 Der VN darf den auf die Zeit nach Beendigung des Versicherungsverhältnisses entfallenden **Teil der Prämie** nach § 39 Abs. 2 abzüglich der Kosten des VR zurückfordern. Dabei handelt es sich bei Vorauszahlungen um eine Insolvenzforderung, bei Zahlung nach Insolvenzbeantragung um eine Masseverbindlichkeit. Privilegierungen ergeben sich aus §§ 315, 316 VAG. Für **Versicherungsfälle bis zum Ablauf der Monatsfrist** muss die Insolvenzmasse eintreten. Ansprüche auf nicht geldliche Leistungen sind nach § 45 InsO umzurechnen. Dem VN steht

analog § 103 Abs. 2 Satz 1 InsO ein Schadensersatzanspruch in Höhe der Differenz der einem neuen VR geschuldete Prämie zur alten zu.

Für **Realgläubiger** wirkt die Beendigung nach § 143 Abs. 2 Satz 1 erst mit dem Ablauf von zwei Monaten nach Kenntnisnahme von der Beendigung des Versicherungsverhältnisses. Besonderheiten gelten nach § 117 Abs. 6 für die **Haftpflichtversicherung.** Die Beendigung tritt dort mit Ablauf eines Monats ab Mitteilung dieses Umstands an die zuständige Stelle ein, fehlt es an einer solchen, an den VN durch den Insolvenzverwalter ein. Nach § 12 Abs. 1 Nr. 4 PflVG kann der Geschädigte ab der Beantragung des Insolvenzverfahrens anstelle des **Pflichtversicherers** auch den Entschädigungsfonds in Anspruch nehmen. Schließlich bleiben nach Abs. 2 die **Regelungen des VAG,** vor allem §§ 316, 317 ff. VAG, unberührt, die für die Lebensversicherung, die substitutive Krankenversicherung, die private Pflegeversicherung, sowie für Unfallversicherungen und Haftpflichtversicherungen, die Rechte des VN in besonderem Maße schützen. 3

II. Insolvenz des Versicherungsnehmers

Die Vorschrift regelt allein Fragen der Insolvenz des VR. Das VVG trifft keine eigene Regelung für die **Insolvenz des VN.** Das bedeutet, dass der VR in der Insolvenz des VN wie jeder andere Gläubiger auch behandelt wird. Nach § 80 InsO verliert der VN mit der Eröffnung des Insolvenzverfahrens die Befugnis, das zur Insolvenzmasse gehörende Vermögen zu verwalten und über es zu verfügen. Diese Befugnisse gehen auf den Insolvenzverwalter über. Er ist folglich berechtigt, über Versicherungsforderungen zu verfügen, zu kündigen, Ansprüche abzutreten oder zu verpfänden, eine Lebensversicherung umzuwandeln oder ein widerrufliches Bezugsrecht zu widerrufen. Rechtshandlungen, die der VN nach der Eröffnung des Insolvenzverfahrens vornimmt, sind den Insolvenzgläubigern gegenüber unwirksam (§ 81 Abs. 1 InsO). 4

Für **Rechtshandlungen des VR** ist umgekehrt der VN nicht mehr der richtige Adressat. Hat der VR nach Eröffnung des Insolvenzverfahrens Leistungen an den VN erbracht, ist der VR gegenüber den Insolvenzgläubigern befreit, wenn die Leistung in die Insolvenzmasse geflossen ist (§ 82 InsO). Das setzt aber voraus, dass er zu beweisen vermag, zur Zeit der Leistung die Eröffnung des Insolvenzverfahrens nicht gekannt zu haben (§ 82 Satz 1 InsO). Bei einer Leistung vor der öffentlichen Bekanntmachung der Eröffnung des Insolvenzverfahrens wird vermutet, dass der Leistende die Eröffnung nicht kannte (§ 82 Satz 2 InsO). Allerdings gelten für den VR auch bei Insolvenz des VN die Regelungen der § 4 iVm § 808 BGB (OLG Brandenburg ZInsO 2012, 2100). 5

Da nach den §§ 35, 36 InsO das gesamte einer Zwangsvollstreckung unterliegende Vermögen des Insolvenzschuldners in die **Insolvenzmasse** fällt, zählen dazu grds. auch alle Ansprüche und sonstigen Rechte aus Versicherungsverträgen, soweit in sie vollstreckt werden kann. Forderungen, die zum Zeitpunkt der Insolvenzeröffnung unpfändbar (→ § 17 Rn. 1 ff.) waren, fallen nicht in die Insolvenzmasse (BGH NJW 2012, 678= VersR 2012, 299 zur privaten Rentenversicherung; NJW 1961, 1720 für eine von der Prämienzahlungspflicht freigestellte Lebensversicherung). Zur Insolvenzmasse gehören keine Forderungen aus einer Lebensversicherung mit einer unwiderruflichen Bezugsberechtigung. Denn der Anspruch steht dem unwiderruflich Bezugsberechtigten und nicht dem Insolvenzschuldner 6 zu. Dessen Gläubiger haben auf ihn keinen Zugriff. Vielmehr besteht zugunsten des unwiderruflich Bezugsberechtigten ein Aussonderungsrecht nach § 47 InsO (BAG NJW 1991, 717 = VersR 1991, 211). Bei einer widerruflichen Bezugsberechtigung gehört demgegenüber das Widerrufsrecht zur Insolvenzmasse. Das einem Arbeitnehmer im Rahmen einer betrieblichen Altersversorgung eingeräumte widerrufliche Bezugsrecht wird mit Eintritt der Unverfallbarkeit der Versorgungsanwartschaft nicht zum unwiderruflichen Bezugsrecht, so dass auch insoweit der Anspruch aus der Lebensversicherung zur Insolvenzmasse gehört (BAG r+s 1993, 274; OLG Hamm VersR 1996, 360).

7 Nach der Eröffnung des Insolvenzverfahrens bleibt der Insolvenzschuldner VN. Grundsätzlich treffen ihn weiterhin die **versicherungsvertraglichen Obliegenheiten.** Deren Erfüllung obliegt daneben aber auch dem Insolvenzverwalter kraft seiner gesetzlichen Stellung, ohne dass es darauf ankäme, ob er als Repräsentant des VN betrachtet werden kann. Gleiches gilt für die schuldhafte Herbeiführung des Versicherungsfalles. Ist der VR allerdings durch eine Obliegenheitsverletzung des VN leistungsfrei geworden, bleibt er auch in der späteren Insolvenz des VN leistungsfrei (BGH NJW 1965, 1585 = VersR 1965, 701; zu § 2 Abs. 2 Satz 4–6 BetrAVG vgl. OLG Hamm VersR 1998, 1494).

8 Das **Wahlrecht des Insolvenzverwalters** nach § 103 Abs. 1 InsO greift ein, wenn der Versicherungsvertrag im Zeitpunkt der Insolvenzeröffnung noch nicht vollständig erfüllt ist. Von dem Insolvenzschuldner und dem VR noch nicht vollständig erfüllt bedeutet bei einem auf Dauer angelegten Versicherungsvertrag, dass der VR noch die Gefahr trägt und der in Insolvenz gefallene VN noch Prämien schuldet (OLG Celle VersR 1986, 1099). Bei laufendem Versicherungsvertrag schuldet er sie auch für die Zukunft, auch wenn die Prämien noch nicht fällig sind. Der Insolvenzverwalter kann dann Erfüllung verlangen. Er kann sie auch ablehnen. Verlangt er Erfüllung, werden die Ansprüche des VR aus dem Versicherungsvertrag nach § 35 InsO Masseschulden. Prämienforderungen sind mithin an den Insolvenzverwalter zu richten. Nach Eintritt des Versicherungsfalles fallen Leistungen des VR in die Masse. Erklärt der Insolvenzverwalter, die Ansprüche aus dem Versicherungsvertrag nicht erfüllen zu wollen, erlöschen die beiderseitigen Ansprüche sofort.

9 Bei einer Lebensversicherung fällt bei der Eröffnung des Insolvenzverfahrens der Anspruch auf den Rückkaufswert in die Insolvenzmasse, wenn der Insolvenzverwalter erklärt, in den Vertrag nicht eintreten zu wollen. Der Insolvenzverwalter **muss** den Lebensversicherungsvertrag **kündigen,** wenn er den Rückkaufswert für die Masse beanspruchen will. Das können die Parteien des Versicherungsvertrages nicht durch ein Abtretungs- oder Verwertungsverbot verhindern (BGH NJW 2012, 678 = VersR 2012, 299). Waren die Ansprüche aus der Lebensversicherung verpfändet, werden sie zwar mit der Insolvenzeröffnung fällig. Sie dürfen aber von dem Insolvenzverwalter nicht zur Masse eingezogen werden, wenn der Pfandgläubiger zur Einziehung gemäß § 1282 Abs. 1 BGB berechtigt ist (OLG Hamm VersR 1996, 878; r+s 1995, 396). Nach § 103 Abs. 2 Satz 1 InsO kann der VR vom Insolvenzverwalter verlangen, dass sich dieser unverzüglich erklärt, ob er die Versicherungsverträge weiterführen will oder nicht. Antwortet der Insolvenzverwalter auf eine Aufforderung nicht oder leistet er eine angemahnte Prämie nicht, liegt in diesem Verhalten die Erklärung, die Erfüllung ablehnen zu wollen. Tritt der Versicherungsfall vor der ausdrücklichen oder konkludenten Ablehnung des Insolvenzverwalters ein, fällt die Versicherungsleistung in die Insolvenzmasse. Nach der Ablehnung ist der VR leistungs-

frei. Stehen bis zu der Erklärung des Insolvenzverwalters noch Prämien aus, ist der VR so lange Insolvenzgläubiger.

III. Zwangsverwaltung

Soweit Risiken versichert sind, die der Zwangsverwaltung unterliegende Gegenstände betreffen, kann der **Zwangsverwalter in den Versicherungsvertrag** eintreten. Er braucht es aber nicht. Vertragspartner bleibt der VN (OLG München ZfIR 2016, 32). Tritt der Zwangsverwalter in diese Versicherungsverträge ein, gehören die Prämien zu den Ausgaben der Verwaltung, die nach § 155 Abs. 1 ZVG vorweg aus den Nutzungen zu bestreiten sind. Daneben bleibt die eigenständige Haftung des VN für die Prämien bestehen. Der VR kann leistungsfrei werden, wenn entweder der Zwangsverwalter oder der VN eine Obliegenheitsverletzung begeht. Das gleiche gilt für die schuldhafte Herbeiführung des Versicherungsfalles. Für Ansprüche aus dem Versicherungsvertrag sind der Zwangsverwalter und der VN aktivlegitimiert. Der VN muss aber Leistung an den Zwangsverwalter verlangen. Der Zwangsverwalter ist nicht berechtigt, bestehende Versicherungsverträge zu kündigen (LG Bremen VersR 1956, 446). Tritt der Zwangsverwalter nicht in die Verträge ein, sind seine Handlungen dem VN nur zuzurechnen, wenn er Repräsentant des VN ist. Leistungen aus dem Versicherungsvertrag gebühren dem Zwangsverwalter, soweit sie sich auf Gegenstände beziehen, die der Beschlagnahme unterliegen. 10

§ 17 Abtretungsverbot bei unpfändbaren Sachen

Soweit sich die Versicherung auf unpfändbare Sachen bezieht, kann eine Forderung aus der Versicherung nur auf solche Gläubiger des Versicherungsnehmers übertragen werden, die diesem zum Ersatz der zerstörten oder beschädigten Sachen andere Sachen geliefert haben.

I. Normzweck und Anwendungsbereich

Ansprüche aus Versicherungsverträgen sind grds. **frei abtretbar, verpfändbar und pfändbar.** Das gilt auch für Ansprüche des VN gegen den VR aus einer Kapitallebensversicherung (BGH NJW 2012, 678). Allerdings können Abtretungsverträge auch, bspw. wegen Verstoßes gegen das RDG, nichtig sein (OLG München BeckRS 2017, 117598 mwN), Davon abgesehen können nach § 400 BGB Forderungen nicht abgetreten werden, soweit sie der Pfändung nicht unterworfen sind. Schließlich regelt die Vorschrift die Verfügung über Forderungen, die den Versicherungsschutz von unpfändbaren Sachen repräsentieren. Sie will sicherstellen, dass ein Gläubiger des VN nicht in Bezug auf einen Anspruch des Schuldners gegen den VR besser gestellt wird als in Bezug auf die Sache, zu deren Absicherung er dient. Folgerichtig wird eine Rückausnahme für Abtretungen an Gläubiger gemacht, die Ersatz für die zerstörte oder beschädigte unpfändbare Sache geleistet haben. Andere Abtretungs-, Verpfändungs- und Pfändungsbeschränkungen enthält § 17 nicht. Sie können sich aber aus Vorschriften der ZPO und aus dem Versicherungsvertrag ergeben. Eine gesetzliche Sonderregelung findet sich für die Haftpflichtversicherung in § 108. 1

II. Umfang des Abtretungsverbots

2 **Unpfändbare Sachen** sind im Wesentlichen die in § 811 ZPO genannten. Darüber hinaus sind andere Pfändbarkeitsausnahmen, bspw. für Haustiere (§ 811c ZPO) und für Zubehör (§ 865 Abs. 2 Satz 1 ZPO), zu beachten. Die Forderung aus der Versicherung meint den Anspruch auf Entschädigung für die gedeckte Zerstörung oder die Beschädigung (oder das Abhandenkommen) dieser Sachen. Soweit er mehr umfasst als den Ersatz für die unpfändbare Sache selbst, ist er in Höhe des übersteigenden Betrages abtretbar, verpfändbar und pfändbar. Das Abtretungsverbot ist bei einer Neuwertversicherung allerdings nicht auf den Betrag des Zeitwertes der versicherten Sache beschränkt (LG Detmold Rpfl 1988, 154), weil ansonsten der Zessionar oder vor allem der Gläubiger von dem Eintritt des Versicherungsfalles profitieren würde.

3 Über die Forderung kann verfügt werden zu Gunsten eines Gläubigers, der dem VN zum **Ersatz der zerstörten oder beschädigten** (oder abhanden gekommenen) **Sache** eine andere Sache geliefert hat. Das ist unabhängig davon, ob dieser Gläubiger sich das Eigentum an der gelieferten Ersatz Sache vorbehalten hat und die Versicherungsforderung zur Sicherheit erhalten hat. Das Gesetz verlangt iÜ nicht, dass es sich um eine gleichwertige Ersatzsache handelt. Verfügungen, die mit § 17 nicht vereinbar sind, sind unwirksam.

III. Andere gesetzliche Verfügungsbeschränkungen

4 Von in der Praxis erheblich größerer Bedeutung sind Verfügungsbeschränkungen, die aus den **Vorschriften über die Unpfändbarkeit von Forderungen** (§ 400 BGB, §§ 850 ff. ZPO) folgen. Dazu zählen zum einen Ansprüche auf Renten aufgrund von Versicherungsverträgen, die – zum Zeitpunkt des Vertragsabschlusses – der Versorgung des VN oder seiner unterhaltsberechtigten Angehörigen zu dienen bestimmt waren **(§ 850 Abs. 3 Buchst. b ZPO).** Dazu zählen Ansprüche selbständiger oder freiberuflich tätiger Personen nicht (BGH NJW-RR 2008, 497). Zu den von § 850 Abs. 3 Buchst. b ZPO geschützten Renten können auch solche zählen, die aufgrund einer Direktversicherung gewährt werden (vgl. Musielak/Voit/*Flockenhaus* ZPO § 850 Rn. 13 ; zu einzelnen Fallgestaltungen BGH NJW-RR 2009, 211; NJW-RR 1993, 770; OLG Frankfurt a. M. VersR 1996, 614 zum Rentenanspruch eines Selbstständigen). Sodann sind nur bedingt (und damit bis zu einer gerichtlichen Entscheidung unpfändbar) und damit nicht abtretbar Ansprüche auf Renten, die wegen einer Verletzung des Körpers oder der Gesundheit zu entrichten sind **(§ 850b Abs. 1 Nr. 1 ZPO),** also wiederkehrende Leistungen wegen Invalidität aus einer Unfall- oder Haftpflichtversicherung oder Berufsunfähigkeitsrenten, sowie bestimmte Ansprüche gegen private Krankenversicherer und aus kleinen Risikolebensversicherungen **(§ 850b Abs. 1 Nr. 4 ZPO).** § 850b Abs. 1 Nr. 1 ZPO beschränkt die Abtretung und Belastung von Ansprüchen auf eine Invaliditätsentschädigung nicht (Beckmann/Matusche-Beckmann VersR-HdB/*Mangen* § 47 Rn. 129), wohl aber jene auf eine Invaliditätsrente (vgl. BGH VersR 1978, 447). Von besonderer Bedeutung ist die **Unpfändbarkeit von Ansprüchen auf Rentenleistungen aus einer Berufsunfähigkeitsversicherung nach § 850b Abs. 1 Nr. 1 ZPO** (zuletzt BGH NJW 2010, 374 = VersR 2010, 237; BGHZ 70, 206 (210); KG VersR 2003, 499; OLG Karlsruhe OLGR 2002, 114; OLG Saarbrücken VersR 1995,

1227; zu den Konsequenzen der bedingten Pfändbarkeit von Ansprüchen aus einer Berufsunfähigkeitsversicherung nach § 850b Abs. 1 Nr. 1, Abs. 2 ZPO im Insolvenzverfahren vgl. BGH NJW-RR 2010, 474 = MDR 2010, 408; zum begrenzten Pfändungsschutz von Rentenansprüchen Selbstständiger nach § 850c ZPO BGH NJW-RR 2008, 496; OLG Hamm ZfS 2010, 165). Die Unpfändbarkeit steht allerdings bei Vorliegen einer Berufsunfähigkeitszusatzversicherung der Abtretung von Ansprüchen aus der Lebensversicherung und dem Zugriff von Gläubigern auf diese nicht entgegen (BGH NJW-RR 2010, 374 = VersR 2010, 237). Schließlich ergeben sich Beschränkungen der Zwangsvollstreckung aus dem **Schutz bestimmter Altersrenten** nach dem **§ 851c** (zur Notwendigkeit des kumulativen Vorliegens der Pfändungsschutzvoraussetzungen BGH NJW-RR 2011, 493; zu den Voraussetzungen iÜ Musielak/Voit/*Flockenhaus* ZPO § 851c Rn. 2 ff.) und dem **Schutz staatlich geförderter Altersvorsorgevermögen** nach **§ 851d ZPO.**

IV. Vertragliche Verfügungsbeschränkungen

Zahlreiche AVB kennen uneingeschränkte oder eingeschränkte **Abtretungsverbote.** So sieht Ziff. A.2.7.4 AKB 2015 vor, dass der VN seinen Anspruch auf Entschädigung vor dessen endgültiger Feststellung weder abtreten noch verpfänden kann. Gleiches gilt nach Ziff. 28 AHB 2016 für den Freistellungsanspruch, der allerdings an den Geschädigten abgetreten werden darf (§ 108). § 9 Abs. 4 ALB 2019 sieht vor, dass eine Abtretung oder eine Verpfändung dem VR gegenüber nur und erst dann wirksam werden, wenn sie ihm vom bisherigen Berechtigten angezeigt worden sind. Grundsätzliche Bedenken gegen diese Regelungen bestehen nicht, weil sie dem berechtigten Interesse des VR entsprechen sicherzustellen, dass seine Leistung zweckgemäß verwendet wird, und die Abwicklung dadurch zu vereinfachen, dass er sich nur mit seinem Vertragspartner, nicht aber mit einer möglicherweise großen Zahl seiner Gläubiger auseinanderzusetzen hat (BGH r+s 2012, 74 = VersR 2012, 230; NJW-RR 2010, 904 = VersR 2010, 936; 1987, 856; VersR 1995, 332; vgl. auch OLG Brandenburg ZInsO 2012, 2100; OLG Hamm VersR 2005, 934 zur Wirkung für den Versicherten; zur Beachtung des § 354a HGB vgl. OLG Hamm VersR 1999, 44). Wird die **Anzeige der Abtretung** unterlassen oder geht sie dem VR in einem Zeitpunkt zu, zu dem der VN nicht mehr verfügungsbefugt ist, ist die Abtretung absolut unwirksam (BGH NJW-RR 2010, 904 = VersR 2010, 936; NJW-RR 1997, 919; VersR 1992, 561; vgl. auch BGHZ 112, 387). Darüber hinaus sind Ansprüche aus dem Versicherungsvertrag nicht abtretbar, soweit sich – wie bei dem Anspruch auf Kostenfreistellung in der Rechtsschutzversicherung (vgl. auch § 17 Abs. 7 ARB 2000) – durch die Abtretung ihr Inhalt verändern würde (BGH VersR 2012, 230). 5

Allerdings kann der VR vertragswidrige Abtretungen **ausdrücklich oder konkludent genehmigen** (OLG Karlsruhe ZfS 2003, 354). Davon ist in der Kaskoversicherung auch dann auszugehen, wenn sich der VR auf die Schadensmeldung des Zessionars einlässt und die Versicherungsforderung mit ihm erörtert, ohne auf das Abtretungsverbot hinzuweisen (BGH VersR 1953, 494). Die Berufung auf eine Verfügungsbeschränkung kann auch **Treu und Glauben** widersprechen (zur früheren Problematik in der Haftpflichtversicherung BGH VersR 1993, 845; iÜ OLG Hamm NJW-RR 2005, 113). Allerdings liegt kein Rechtsmissbrauch vor, wenn die Abtretung durch den VN nur erfolgt ist, um dem Zedenten im Rechts- 6 streit des Zessionars die prozessuale Stellung eines Zeugen zu verschaffen (OLG Köln ZfS 2000, 345). Ähnliche Grundsätze gelten auch für die Haftpflichtversicherung, in der allerdings die Abtretung von Ansprüchen an den Geschädigten nicht untersagt werden darf (vgl. unter anderem *Lange* VersR 2008, 913; zur zulässigen Freigabe des Deckungsanspruchs gegen den Haftpflichtversicherer durch den Insolvenzverwalter BGH VersR 2009, 821).

7 Auch die absolut wirkende **Verfügungsbeschränkung in der Lebensversicherung** ist wirksam, weil das Interesse des VR, nicht einer Vielzahl von Gläubigern unklaren Ranges gegenübertreten zu müssen, legitim ist (BGH VersR 1992, 561; VersR 1991, 89; OLG Brandenburg ZInsO 2012, 2100). Mit der Abtretung seiner Ansprüche widerruft der VN auch nicht konkludent ein vorhandenes Bezugsrecht. Vielmehr ist die gerade zu Sicherungszwecken häufig erfolgende Verfügung nur dahin zu verstehen, dass das **Bezugsrecht im Rang hinter den vereinbarten Sicherungszweck zurücktreten** soll (BGH VersR 2001, 883; NJW 1990, 256). Die von den AVB vorgesehene Anzeige der Abtretung kann auch bereits in dem Versicherungsantrag enthalten sein (BGH VersR 2001, 883) und muss nicht ausdrücklich als Anzeige benannt sein (OLG Hamm VersR 2008, 908; OLG Saarbrücken Urt. v. 19.5.2010 – 5 U 491/09).

V. Rechtsfolgen einer Abtretung, Verpfändung oder Pfändung

8 Der Zessionar rückt nach einer Abtretung in die Rechtsstellung des VN ein, soweit sie die Forderung betrifft. Er muss das **Versicherungsverhältnis** so **gegen sich gelten lassen,** wie es besteht. Der VN verliert die Verfügungsberechtigung über die Forderung, bleibt aber Vertragspartner mit allen Folgen, vor allem also Prämienschuldner und Empfänger für Gestaltungserklärungen des VR (vgl. unter anderem OLG Frankfurt a. M. VersR 1996, 90) sowie Verpflichteter in Bezug auf Obliegenheiten. Will der VR seine in Unkenntnis der Leistungsfreiheit an den Zessionar erfolgten Leistungen zurückfordern, so richtet sich ein Bereicherungsanspruch regelmäßig gegen den VN (BGH VersR 1989, 74).

§ 18 Abweichende Vereinbarungen

Von § 3 Abs. 1 bis 4, § 5 Abs. 1 bis 3, den §§ 6 bis 9 und 11 Abs. 2 bis 4, § 14 Abs. 2 Satz 1 und § 15 kann nicht zum Nachteil des Versicherungsnehmers abgewichen werden.

1 Die Vorschrift zählt – wie die §§ 32, 42, 51 Abs. 2, 52 Abs. 5, 67 und 87 – zu den gesetzlichen Vorkehrungen, die den Schutz des typischerweise strukturell unterlegenen Partners eines Versicherungsvertrages, des VN, dadurch bewirken wollen, dass sie die in ihnen genannten Bestimmungen für **„halb zwingend"** erklärt. Das bedeutet, dass die von ihnen gesetzlich gewährten günstigen Rechtsstellungen nicht zu Lasten des VN abdingbar sind. Die Vorschrift steht damit **neben den Regeln der Wirksamkeitskontrolle** nach den §§ 305 ff. BGB, vor allem der Inhaltskontrolle des § 307 BGB (BGH VersR 2007, 1690). Die Anordnung, dass von den genannten Vorschriften nicht abgewichen werden kann, heißt, dass eine dennoch erfolgende, im Vergleich nachteilige Regelung unwirksam ist und nicht nur, wie es dem früheren Recht entsprach, dass sich der VR nicht

auf sie berufen darf (so Langheid/Wandt/*Fausten* § 18 Rn. 31; Bruck/Möller/*Johannsen* § 18 Rn. 5; HK-VVG/*Brömmelmeyer* § 18 Rn. 5; zum früheren Recht anders: BGH NJW 1951, 231; aA Prölss/Martin/*Prölss* § 18 Rn. 8). Nur auf diese Weise kann eine Umgehung des Verschlechterungsverbots oder deren Verschleierung vermieden werden.

Als **halb zwingend** anzusehen sind die Vorschriften anzusehen über den Versicherungsschein – mit Ausnahme der Kostenregelung, von der eine Abweichung zum Nachteil des VN ohnehin nicht vorstellbar ist (§ 3 Abs. 1–4) –, über die Rechtsfolgen einer Abweichung des Versicherungsscheins vom Versicherungsantrag (§ 5 Abs. 1–3), über die Beratungspflichten nach § 6 – vorbehaltlich eines wirksamen Beratungsverzichts nach § 6 Abs. 3 –, über die Informationspflichten des § 7 – vorbehaltlich des Informationsverzichts nach § 7 Abs. 1 Satz 3 –, über das Widerrufsrecht und die Rechtsfolgen der Ausübung des Widerrufs (§§ 8, 9), über die längstmögliche Dauer eines Versicherungsvertrages und das Regime der Kündigung mit Ausnahme der ohnehin zwingenden Begrenzung einer Verlängerungsoption nach § 11, über die Verpflichtung zur Zahlung eines Abschlags bei Verzögerung der Erhebungen nach § 14 Abs. 2 Satz 1 und über die Hemmung der Verjährung nach § 15. 2

Nachteilige Abweichungen (zum Folgenden → § 32 Rn. 2 ff.) können sowohl in **AVB** als auch in **Individualvereinbarungen** enthalten sein, sie können bei Vertragsabschluss als auch während der Dauer des Versicherungsvertrages erfolgen. Ob eine nachteilige Abweichung vorliegt, ergibt sich aus einer **abstrakt-generellen Betrachtung** der getroffenen Vereinbarung im Vergleich zu dem Inhalt der gesetzlichen Regelung. Gegebenenfalls bedarf es einer Saldierung von Vor- und Nachteilen. Ganz allgemein kann davon gesprochen werden: Wenn die Würdigung der von der gesetzlichen Regelung abweichenden Vereinbarung für einen aufgeklärten und verständigen VN im Gesamtzusammenhang aller Vor- und Nachteile ergibt, dass eine dem VN dem Gesetz gegenüber ungünstigere Bestimmung getroffen ist (so OLG Dresden VersR 2006, 61; HK-VVG/*Brömmelmeyer* § 18 Rn. 4), so ist sie unwirksam. 3

Abschnitt 2. Anzeigepflicht, Gefahrerhöhung, andere Obliegenheiten

§ 19 Anzeigepflicht

(1) [1]**Der Versicherungsnehmer hat bis zur Abgabe seiner Vertragserklärung die ihm bekannten Gefahrumstände, die für den Entschluss des Versicherers, den Vertrag mit dem vereinbarten Inhalt zu schließen, erheblich sind und nach denen der Versicherer in Textform gefragt hat, dem Versicherer anzuzeigen.** [2]**Stellt der Versicherer nach der Vertragserklärung des Versicherungsnehmers, aber vor Vertragsannahme Fragen im Sinn des Satzes 1, ist der Versicherungsnehmer auch insoweit zur Anzeige verpflichtet.**

(2) **Verletzt der Versicherungsnehmer seine Anzeigepflicht nach Absatz1, kann der Versicherer vom Vertrag zurücktreten.**

(3) [1]**Das Rücktrittsrecht des Versicherers ist ausgeschlossen, wenn der Versicherungsnehmer die Anzeigepflicht weder vorsätzlich noch grob**

fahrlässig verletzt hat. ²In diesem Fall hat der Versicherer das Recht, den Vertrag unter Einhaltung einer Frist von einem Monat zu kündigen.

(4) **¹Das Rücktrittsrecht des Versicherers wegen grob fahrlässiger Verletzung der Anzeigepflicht und sein Kündigungsrecht nach Absatz 3 Satz 2 sind ausgeschlossen, wenn er den Vertrag auch bei Kenntnis der nicht angezeigten Umstände, wenn auch zu anderen Bedingungen, geschlossen hätte. ²Die anderen Bedingungen werden auf Verlangen des Versicherers rückwirkend, bei einer vom Versicherungsnehmer nicht zu vertretenden Pflichtverletzung ab der laufenden Versicherungsperiode Vertragsbestandteil.**

(5) **¹Dem Versicherer stehen die Rechte nach den Absätzen 2 bis 4 nur zu, wenn er den Versicherungsnehmer durch gesonderte Mitteilung in Textform auf die Folgen einer Anzeigepflichtverletzung hingewiesen hat. ²Die Rechte sind ausgeschlossen, wenn der Versicherer den nicht angezeigten Gefahrumstand oder die Unrichtigkeit der Anzeige kannte.**

(6) **¹Erhöht sich im Fall des Absatzes 4 Satz 2 durch eine Vertragsänderung die Prämie um mehr als 10 Prozent oder schließt der Versicherer die Gefahrabsicherung für den nicht angezeigten Umstand aus, kann der Versicherungsnehmer den Vertrag innerhalb eines Monats nach Zugang der Mitteilung des Versicherers ohne Einhaltung einer Frist kündigen. ²Der Versicherer hat den Versicherungsnehmer in der Mitteilung auf dieses Recht hinzuweisen.**

Übersicht

I. Einführung

1. Regelungszweck

1 Während die Vorschriften über die Obliegenheiten die Rechtsbeziehungen der Vertragsparteien vor und nach dem Eintritt eines Versicherungsfalles regeln und die Bestimmungen über die Gefahrerhöhung die Erhöhung des vom VR übernommenen Risikos während des laufenden Vertrages behandeln, dient die korrekte Erfüllung der vorvertraglichen Anzeigepflicht des Antragstellers/zukünftigen VN der richtigen **Risikoeinschätzung** durch den VR (zur Abgrenzung zwischen vorvertraglicher Anzeigepflicht und Anzeige einer Gefahrerhöhung vgl. OLG Hamm VersR 1999, 1409; zum Anbahnungsverhältnis allg. vgl. *Armbrüster/Schreier* VersR 2015, 1053).

2 Durch die Angaben des Antragstellers soll der VR das zu versichernde Risiko umfassend und zutreffend einschätzen, die Zuordnung des Antragstellers zu einem bestimmten **Risikokollektiv** vornehmen, die **Prämie** zutreffend berechnen und eventuelle **Leistungsausschlüsse** festlegen können. Die aufsichtsrechtlichen Vorgaben der Prämienkalkulation für die Lebens- und die substitutive Krankenversicherung (also die Zugrundelegung angemessener versicherungsmathematischer Annahmen, § 138 Abs. 1 VAG, bzw. die Beachtung „versicherungsmathematischer Grundlage unter Zugrundelegung von Wahrscheinlichkeitstafeln und anderen einschlägigen statistischen Daten (…), insbesondere unter Berücksichtigung der maßgeblichen Annahmen zur Invaliditäts- und Krankheitsgefahr, zur Sterblichkeit, zur Alters- und Geschlechtsabhängigkeit des Risikos und zur Stornowahrscheinlichkeit“, § 146 Abs. 1 Nr. 1 VAG; vgl. dazu *Boetius* Anm. zu OLG Köln VersR 2021, 95 und r+s 2021, 223) können nur bei genauer Auswertung des zu übernehmenden Risikos erfüllt werden. Die anzeigepflichtigen Umstände entstammen fast immer ausschließlich der Sphäre des VN, so dass der VR in besonde-

rer Weise auf zutreffende, vollständige und wahrheitsgemäße Angaben des Antragstellers angewiesen ist. Es ist Aufgabe der gesetzlichen Regelung, die korrekte Beantwortung der Antragsfragen und damit eine risikoadäquate Prämienkalkulation sicherzustellen und eine interessen- und sachgerechte Lösung für den Fall der Falschbeantwortung zu finden. Diese Funktion dient auch einem sachgerechten Ausgleich zwischen den Interessen des Einzelnen, der an einem möglichst umfassenden und möglichst günstigen Versicherungsschutz interessiert ist, und den Interessen des Kollektivs, das nicht mit Aufwendungen belastet werden will, auf die bei zutreffender Auskunft kein Anspruch bestehen würde.

Diesem **Zweck der Risikoprüfung** entsprechend soll der VR das ihm angetragene Risiko sogleich anhand seiner Risikoprüfungsgrundsätze zutreffend einstufen. Er darf das Risiko nicht ungeprüft übernehmen, um nach eingetretenem Versicherungsfall ein eventuelles Rücktrittsrecht ausüben zu können. Vielmehr muss der VR durch sofortige und umfassende Antragsprüfung einen für den die Antragsfragen korrekt beantwortenden VN **voraussehbar bestandskräftigen Versicherungsschutz** begründen (BGH NJW 1996, 1409 = VersR 1996, 486; NJW 1994, 1534 = VersR 1994, 549; Einzelheiten → Rn. 59). Deswegen kann eine Antragsablehnung wegen einer Vorerkrankung keine Diskriminierung wegen Behinderung darstellen (OLG Karlsruhe VersR 2010, 1163). 3

2. VVG-Reform

Die VVG-Reform zum 1.1.2008 hatte eine völlige Neuordnung der Vorschriften über die vorvertragliche Anzeigepflicht mit sich gebracht (vgl. etwa *Looschelders* VersR 2011, 692). Ob dabei die gesetzliche Regelung dem ursprünglichen Zweck der Anzeigepflicht gerecht wird, war und ist zweifelhaft (→ Rn. 69 ff., 94 ff.). Nach der Gesetzesbegründung (BT-Drs. 16/3945, 64 ff.) berücksichtigte die vormalige „Regelung des § 16 VVG (aF) nicht hinreichend die berechtigten Interessen des Versicherungsnehmers", weil ihm das „unangemessene Risiko" auferlegt werde, alle ihm bekannten und gefahrerheblichen Umstände anzugeben; die Beurteilung der Gefahrerheblichkeit sei „für den Versicherungsnehmer uU sehr schwierig". Aber gerade dieses Risiko konnte der Antragsteller nach früherem Recht dadurch umgehen, dass er **alle ihm bekannten** Umstände zutreffend angab. Ob ihm die damals eingeführte Neu-Regelung besser dient, ist zweifelhaft; noch zweifelhafter ist, ob den Bedürfnissen der Versicherer und damit auch der Versicherungskollektive hinreichend Rechnung getragen wird: im Zweifel müssen jetzt Deckungen finanziert werden, bei denen der individuelle Versicherungsnehmer im Einzelfall nicht schutzwürdig erscheint, nämlich bei grober Fahrlässigkeit (schlechthin unentschuldbares Verhalten), vor allem aber bei Vorsatz und Arglist). 4

Die VVG-Reform hatte aber nicht nur das „unangemessene Risiko" der Fehleinschätzung der Gefahrerheblichkeit beseitigt, sondern es sind sowohl im Hinblick auf den administrativen Ablauf der Vertragsanbahnung (Zeitpunkt der Anzeige, Textform, → Rn. 48, 56) als auch mit dem Mindestverschuldensmaßstab der **groben Fahrlässigkeit** und der Einführung einer **Kontrahierungspflicht** im Falle sog vertragsändernder Umstände (→ Rn. 94 ff.) vollkommen neue Regeln geschaffen worden. Dieser **Systemwechsel** hat zu einer veränderten Annahmepraxis durch die Versicherungsunternehmen geführt und zugleich ein anderes Prüfungsschema für die Gerichte vorgegeben, wenn es zu einem Rechtsstreit über die Begründetheit eines vom VR erklärten Rücktritts kommt. Neu eingeführt worden sind auch die **absoluten Fristen,** innerhalb derer der VR 5 unabhängig von seiner Kenntnis der Anzeigepflichtverletzung seine Rechte ausüben muss (§ 21 Abs. 1 und 3).

6 Die nachfolgende Kommentierung orientiert sich der besseren Übersichtlichkeit halber an den **einzelnen Absätzen** des § 19. Namentlich Abs. 3 (Ausschluss des Rücktrittsrechts, wenn weder Vorsatz noch grobe Fahrlässigkeit vorliegen) und Abs. 4 (Ausschluss von Rücktritt und Kündigung bei Abschluss des Versicherungsvertrages „zu anderen Bedingungen") bedürfen einer eigenen Erörterung.

3. Folgen der Pflichtverletzung

7 Die Kehrseite des möglichst bestandskräftigen Versicherungsschutzes ist die ex tunc-Wirkung des Rücktritts des VR nach einer entsprechenden Anzeigepflichtverletzung des Antragstellers. Verstößt der Antragsteller gegen seine Mitwirkungsobliegenheit, kann der VR durch den Rücktritt den vor Abschluss des Versicherungsvertrages bestehenden Zustand wiederherstellen mit der Folge, dass der Versicherungsschutz rückwirkend beseitigt wird. Das gilt uneingeschränkt nur bei **vorsätzlichem** Handeln des VN. In allen anderen Fällen ist zunächst zu untersuchen, ob **vertragshindernde oder -ändernde** Umstände verschwiegen wurden. Je nach der Qualität der verschwiegenen Umstände kann es dann immer noch zum Rücktritt kommen (vertragshindernde Umstände und grobe Fahrlässigkeit), aber auch zur Kündigung (vertragshindernde Umstände und einfache Fahrlässigkeit) oder zur Anpassung des Versicherungsvertrages an die veränderten Bedingungen (zu alledem → Rn. 94 ff.).

8 Obwohl der Versicherungsschutz durch den Rücktritt des VR ex tunc wieder beseitigt wird, kann er für einen inzwischen **eingetretenen Versicherungsfall** über § 21 Abs. 2 eintrittspflichtig bleiben (Einzelheiten zur fehlenden Kausalität des verschwiegenen Umstandes für den Versicherungsfall → § 21 Rn. 29 f.).

9 Im Leistungsprozess wird häufig übersehen, dass die Geltendmachung des Deckungsanspruchs die Frage nach der Wirksamkeit des Rücktritts vollkommen unberührt lässt. In solchen Fällen bleibt ungewiss, ob der Versicherungsschutz wegen Unwirksamkeit des Rücktritts fortbesteht oder der Rücktritt wirksam war und den Versicherungsvertrag von Beginn an wieder beseitigt hat. Es empfiehlt sich eine entsprechende Feststellungs- oder (aus Sicht des VR) Feststellungswiderklage.

10 Handelt der VN **arglistig,** kann der VR den Vertrag anfechten (§ 22 iVm §§ 119 ff. BGB). Nach den Problemen, mit denen das mit der VVG-Reform eingeführte Rücktrittsrecht verbunden wurde, ist die Arglistanfechtung wieder stärker in den Fokus der täglichen Rechtsanwendung gerückt. Die Anfechtungsfrist beträgt ein Jahr (während der Rücktritt binnen Monatsfrist erfolgen muss, § 21 Abs. 1) und die Anfechtung führt zur Nichtigkeit des Vertrages und zur Unanwendbarkeit des § 21 Abs. 2 (Einzelheiten → § 22 Rn. 29 f.). Nach Ablauf von fünf Jahren kann der VR die Rechte aus § 19 Abs. 2–4 nicht mehr geltend machen, bei Vorsatz und Arglist gilt eine Verfallfrist von zehn Jahren (§ 21 Abs. 3).

4. Konkurrenzen

11 Das Rücktrittsrecht des VR schließt Ansprüche einerseits aus §§ 311 Abs. 2, 241 Abs. 2, 280 Abs. 1 BGB (culpa in contrahendo) ebenso aus (BGH VersR 1989, 465; VersR 1984, 630) wie eine Irrtumsanfechtung (BGH NJW-RR 1987, 148). Deliktische Ansprüche kommen dann in Betracht, wenn die versicherungs-

rechtlichen Spezialvorschriften keine abschließende Regelung vorsehen (stRspr, BGH VersR 2007, 630; VersR 1991, 1404; VersR 1989, 465; Prölss/Martin/*Armbrüster* § 19 Rn. 152). Unzutreffend ist, dem VR das Berufen auf einen vertraglich vereinbarten Ausschluss wegen arglistiger Täuschung vor Vertragsschluss zu verweigern, wenn in einem D&O-Vertrag vorläufige Abwehrdeckung bis zur rechtskräftigen Feststellung von Vorsatz oder Wissentlichkeit zugesagt wird (so aber OLG Frankfurt a.M. r+s 2021, 502). Die hier vermutete „Stoffgleichheit" zwischen Arglist und Wissentlichkeit/Vorsatz kann schon deswegen nicht vorliegen, weil die vorvertragliche Arglist sich gegen den VR richtet, die wissentliche/vorsätzliche Pflichtverletzung aber gegen die VN. Aus der vorläufigen Abwehrdeckung bei streitigem Vorsatz eine Art Präklusion für den Arglistausschluss abzuleiten, widerspricht der Funktionalität der Parallelregelungen; der Arglistausschluss soll ja im Interesse der VN und der versicherten Personen eine tatsächliche Anfechtung vermeiden, die den Versicherungsvertrag zum Nachteil aller Beteiligten ex tunc beseitigen würde.

5. Außendienst

Die recht neue RL (EU) 2016/97 (IDD) vom 2.2.2016 (dazu Umsetzungsgesetz vom 20.7.2017, BGBl. 2017 I 2789) hat in Bezug auf vorvertragliche Anzeigepflichten nichts Neues mit sich gebracht. Anders ist das bei den vorvertraglichen Informations- und Beratungspflichten (vgl. §§ 6a ff.; dazu *Reiff* VersR 2016, 1533; *ders.* VersR 2017, 649; *ders.* VersR 2018, 193; *Goretzki* VersR 2018, 1; *Schmitz-Elvenich/Krokhina* VersR 2018, 129). Dennoch bereitet die spezifische Interessenkonstellation des Versicherungsaußendienstes, der einerseits an der Vermittlung einer möglichst hohen Anzahl von Verträgen interessiert ist, andererseits aber durch zutreffende Wissensvermittlung den VR in die Lage versetzen soll, das Risiko richtig einzuschätzen, nach wie vor gewisse Probleme im Zusammenhang mit der vorvertraglichen Anzeigepflicht und der angemessenen Sanktion einer Falschantwort. Die aus diesem möglichen Interessenkonflikt resultierenden Probleme hat der BGH durch die „Auge und Ohr"-Rspr. zugunsten des Antragstellers gelöst, der in seinem Vertrauen auf die korrekte Arbeitsweise des vom VR eingesetzten Außendienstes schützenswert ist (→ Rn. 36 ff.; zur Stellung des Versicherungsvertreters bei der Vertragsanbahnung → § 69 Rn. 3 ff.). 12

6. Neue Technologien

Namentlich in der Personenversicherung könnten sich die neuen Erkenntnisse der **Informationstechnologie** einerseits und der **Genomanalyse** andererseits in erheblichem Umfang auf die Antragsverfahren auswirken. Sogenannte **Insurtecs** sind bestrebt, den Abschluss von Versicherungsverträgen durch Medien wie Websites, Vergleichsportalen, Mobil – Commerce oder Apps zu erreichen; dabei treten gewisse Probleme bei der dauerhaften Datenspeicherung, beim Zugangsnachweis und/oder bei Belehrungen über das Widerrufsrecht auf; mit der eigentlichen Anzeigepflicht und den vom Versicherer zu stellenden Antragsfragen in Textform hat das so gut wie nichts zu tun, weil die gesetzlichen Voraussetzungen insoweit unverändert geblieben sind (es gibt also keinen Online-Rabatt). Gleiches gilt auch bei innovativen Produkten wie **Telematik-Tarifen** in der Kfz-Versicherung; zwar handelt es sich dabei um ein anspruchsvolles Rechtskonstrukt mit einigen datenschutzrechtlichen Problemen, aber für das Anbahnungsverhältnis ergeben sich keine Veränderungen. 13

14 Die **prädiktive Genomanalyse** ermöglicht über statistisch-prospektive Kalkulationen hinaus (zukünftig wohl) die genaue Prognose des zukünftigen Gesundheits- bzw. Krankheitsverlaufs des Antragstellers. Da dies bis zur Unversicherbarkeit führen würde, besteht gegenwärtig Einigkeit, dass Personenversicherer einen Gentest nicht fordern sollen (vgl. dazu OLG Hamm VersR 2008, 773 ff.; LG Bielefeld VersR 2007, 636 ff. mAnm *Kubiak; Lorenz* VersR 1999, 1309 ff.; *Fenger/Schöffski* NVersZ 2000, 449 ff.; *Berberich* VW 2001, 313 ff.; siehe ferner die Veröffentlichung des Ethik-Beirats beim BMG zu prädiktiven Gentests und Versicherungsfragen aus 11/2000). Um andererseits **Antiselektion** und **Informationsasymmetrie** zu verhindern, sollten dem Antragsteller bekannte Ergebnisse von **diagnostischen** Gentests abfragbar sein (Langheid/Wandt/*Boetius* GenDG § 18 Rn. 295 ff.; so auch *Kubiak* S. 193). Dem folgt die Politik nur sehr eingeschränkt. Am 1.2.2010 ist das **Gesetz über genetische Untersuchungen bei Menschen (Gendiagnostikgesetz – GenDG)** in Kraft getreten (BGBl. 2009 I 2529). Danach ist schon die Frage bzgl. der Vornahme eines Gentestes vom Grundsatz her unzulässig (krit. schon zur damaligen Entwurfsfassung *Kubiak* S. 173). Die Summengrenze, oberhalb derer Ergebnisse aus genetischen Untersuchungen in der Risikoüberprüfung für Lebensversicherungen verwendet werden dürfen, ist auf 300.000 EUR festgesetzt. Diese Summengrenze stellt auf die anfänglich vereinbarte Versicherungssumme ab; nachträgliche Erhöhungen öffnen also nicht die Gentestfrage. Ergebnisse bereits durchgeführter genetischer Untersuchungen müssen vom VN nicht offen gelegt werden; begründet wird dies mit der hohen Sensibilität des Themas. Das Verbot, vom VN eine Anzeige freiwillig durchgeführter Gentests zu verlangen, erfasst jedoch nur prädiktive Gentests, die der Feststellung erblicher Veranlagungen für noch nicht klinisch manifestierte Erkrankungen dienen, nicht aber diagnostische Tests, mit denen nach einer genetischen Ursache für ein bestehendes Beschwerdebild gesucht wird (OLG Saarbrücken VersR 2012, 557 mwN). Die Erstreckung des Verbots auf die Entgegennahme von schon vorliegenden Ergebnissen genetischer Untersuchungen (dazu krit. *Brand* VersR 2009, 715 (718 f.); *Kubiak* S. 65 ff.) soll eine Umgehung verhindern. Klargestellt wird allerdings, dass der bloße Eingang eines Ergebnisses eines Gentests in der Poststelle des Versicherungsunternehmens noch keine Entgegennahme iS dieser Vorschriften ist.

II. Zeitlicher Anwendungsbereich

1. Übergangsregelung

15 Die Frage, in welchen Fällen altes oder geltendes Versicherungsvertragsrecht anzuwenden ist, ist in Art. 1 EGVVG geregelt. Danach war auf Altverträge bis zum 31.12.2008 das alte VVG anzuwenden (und zwar nach OLG Karlsruhe VersR 2010, 900 auch dann, wenn die Parteien nach Inkrafttreten des neuen VVG das zuvor bereits entstandene Versicherungsverhältnis auf vertraglichem Weg geändert haben, jedenfalls wenn das bisherige Versicherungsverhältnis durch die vertraglichen Änderungen nicht wesentlich umgestaltet wurde). Seit dem 1.1.2009 gelten mithin für Altverträge die neuen gesetzlichen Regelungen. Ausnahme: War bis zum 31.12.2008 ein Versicherungsfall eingetreten, blieb das alte VVG auch über den 1.1.2009 hinaus anwendbar (BGH VersR 2020, 1097 Rn. 15; OLG Frankfurt a. M. VersR 2012, 1105; LG Dortmund VersR 2010, 515 mwN).

16 Für die **vorvertragliche Anzeigepflicht,** ihre Verletzung und die daraus abzuleitenden Rechtsfolgen stellt sich das besondere Problem, dass drei unterschiedliche Akte eine Rolle spielen können, nämlich die Pflichtverletzung, der Versicherungsfall, der häufig Anlass für die Entdeckung der Pflichtverletzung ist, und die Ausübung eines Gestaltungsrechts. Es fragt sich mithin, welches Recht jeweils anwendbar ist. Das Recht, das zum Zeitpunkt des Eintritts des Versicherungsfalles anzuwenden ist, das Recht, das zum Zeitpunkt des Vertragsschlusses anwendbar war, oder das Recht, das zum Zeitpunkt der auszuübenden Gestaltungsrechte anzuwenden ist?

2. Gestaltung nach dem 1.1.2009

17 Soll heute ein Gestaltungsrecht in Bezug auf einen Altvertrag ausgeübt werden, gilt das sog **Spaltungsmodell:** §§ 16 ff. aF gelten im Hinblick auf die Tatbestandsvoraussetzungen der Anzeigepflichtverletzung über den 31.12.2008 hinaus weiter, die Rechtsfolgen der Anzeigepflichtverletzung richten sich aber nach den geltenden §§ 19 ff. (OLG Brandenburg r+s 2019, 646; OLG Frankfurt a. M. VersR 2012, 1107; LG Dortmund VersR 2010, 515; LG Köln VersR 2012, 1108; Schwintowski/Brömmelmeyer/*Härle* § 19 Rn. 151; *Müller-Frank* S. 259; Bruck/Möller/*Rolfs* § 19 Rn. 5; *Marlow/Spuhl* Rn. 232). Der Gesetzgeber hat ausdrücklich angeordnet, dass „auf Altverträge solche Vorschriften des neuen VVG nicht zur Anwendung kommen“ können, „die – wie zB neue Publizitätsvorschriften, Anzeigepflichten – beim Abschluss des Vertrags zu beachten sind; es bedarf keiner gesetzlichen Klarstellung, dass in diesen Fällen stattdessen die zum Zeitpunkt des Vertragsschlusses geltenden Vorschriften zu beachten sind. So sind zB für die Beurteilung der Frage, ob bei Altverträgen eine vorvertragliche Anzeigepflichtverletzung vorliegt, die bisherigen Regelungen von § 16 Abs. 1, § 17 Abs. 1 VVG (aF) weiterhin maßgeblich; tritt der Versicherungsfall erst nach dem 31.12.2008 ein, bestimmen sich aber die Rechtsfolgen nach dem neuen VVG“ (BT-Drs. 16/3945, 118; vgl. *Marlow/Spuhl* Rn. 232).

3. Versicherungsfall bis zum 31.12.2008; Gestaltung ab dem 1.1.2009

18 Problematisch kann nur die Situation werden, wenn ein Versicherungsfall noch im Jahre 2008 eingetreten ist, der VR aufgrund einer dabei entdeckten Anzeigepflichtverletzung aber erst im Jahre 2009 Konsequenzen ziehen will oder kann. Dann stellt sich die Frage, ob hier insgesamt neues Recht anzuwenden ist, ob das oben beschriebene Spaltungsmodell gilt oder ob insgesamt altes Recht anzuwenden ist. Überwiegend wird vertreten, dass auch auf einen Rücktritt im Jahre 2009 altes Recht anzuwenden ist, wenn der Versicherungsfall im Jahre 2008 eingetreten ist (*Müller-Frank* S. 259; *Neuhaus* r+s 2008, 45 (46)). Das wird mit der Regelung in Art. 1 Abs. 2 EGVVG begründet, wonach bei einem eingetretenen Versicherungsfall „insoweit“ weiterhin altes Recht anzuwenden ist. Letztlich sei die Gestaltung des Versicherungsvertrages Folge einer aufgrund des Versicherungsfalles entdeckten vorvertraglichen Anzeigepflicht, so dass „insoweit“ altes Recht Anwendung finden müsse. Dem kann allenfalls mit einer **anderen Begründung zugestimmt** werden, denn die Anzeigepflicht und ihre Verletzung haben mit einem später eintretenden Versicherungsfall – außer vielleicht einer zufälligen faktischen Verbindung – nichts zu tun, sie beruhen nicht auf dem Versicherungsfall, sondern dem Gesetz und dem

abzuschließenden Versicherungsvertrag (zust. *Egger* VersR 2015, 1209, 1210). Die Anwendung des alten Rechts „insoweit" auf eingetretene Versicherungsfälle gemäß Art. 1 Abs. 2 EGVVG korrespondiert nicht mit einer vorvertraglichen Anzeigepflichtverletzung und den daraus zu ziehenden Konsequenzen. Aber die Intention des Gesetzgebers, ein im Jahre 2008 begonnenes Regulierungsverfahren vollständig von der Gesetzesänderung zu entlasten, spricht für die Anwendung alten Rechts: Denn die Ausübung von Rücktritt oder Anfechtung hat zwingend Auswirkung auch auf die Regulierung des inzwischen eingetretenen Versicherungsfalles, für den der VR uU nur wegen der Ausübung des Gestaltungsrechts leistungsfrei wird. Selbst wo das wegen fehlender Kausalität nicht der Fall ist, leitet sich das aus § 21 aF ab und nicht aus § 21 Abs. 2 Satz 1, so dass es gerechtfertigt ist, wegen dieser umgekehrten Verknüpfung (nicht der Versicherungsfall hat Auswirkungen auf das Gestaltungsrecht, sondern das Gestaltungsrecht hat Auswirkungen auf den Versicherungsfall) von einer Anwendung alten Rechts „insoweit" auszugehen (OLG Frankfurt a. M. VersR 2012, 1105; LG Dortmund VersR 2010, 515 mwN aus der Literatur, aber abl. Anm. *Marlow; Grote/Finkel* VersR 2009, 312; Langheid/Wandt/*Looschelders* EGVVG Art. 1 Rn. 16; Prölss/Martin/*Armbrüster* § 19 Rn. 154; aA unter Hinweis auf die mangelnde innere Verbindung zwischen der Verletzung der Anzeigepflicht und dem Eintritt des Versicherungsfalls KG VersR 2014, 181; ebenfalls anders, aber ohne nähere Begründung, LG Köln VersR 2010, 199; *Marlow/Spuhl* Rn. 231 f., der den kausalen Zusammenhang mit dem Versicherungsfall außen vorlassend allein an den Zeitpunkt des Wirksamwerdens des Gestaltungsrechts anknüpfen will; zum Ganzen vgl. auch *Tschersich* r+s 2012, 53).

III. Anzeigepflicht (Abs. 1)

1. Überblick

19 Der Versicherungsnehmer muss grundsätzlich nur solche ihm bekannten Umstände anzeigen, nach denen der **Versicherer** in Textform gefragt hat. Das Risiko einer Fehleinschätzung, ob ein Umstand gefahrrelevant ist, liegt also nicht beim Versicherungsnehmer (BT-Drs. 16/3945, 64; zur Anzeigepflicht prinzipiell BGH VersR 2020, 18 = r+s 2020, 42; OLG Saarbrücken VersR 2020, 91; die Frage nach ‚Anomalien' verlangt eine Wertung des VN und ist deswegen unzulässig, OLG Frankfurt a. M. BeckRS 2021, 7250). Zusätzlich muss der nachgefragte Umstand auch objektiv erheblich sein; **Textform** und **Gefahrerheblichkeit** müssen also **kumulativ** vorliegen. Gefahrerheblichkeit „zB bei Nachfragen, die sich auf einen sehr lange zurückliegenden Zeitraum beziehen, wird daher in der Regel zu verneinen sein" (BT-Drs. 16/3945, 64). Wird nur nach bestimmten Umständen gefragt wird, werden keine zusätzlichen Angaben geschuldet, auch wenn die nicht erfragten Umstände ersichtlich gefahrerheblich sind (OLG Karlsruhe r+s 2018, 313 = VersR 2018, 866 mAnm Neuhaus). Das ist – trotz der aus anderen Gründen bejahten Arglist im Einzelfall – wegen der damit verbundenen Disproportionalität zwischen dem Wissen des VN und dem des VR problematisch (Einzelheiten → Rn. 24 zur spontanen Anzeigepflicht).

20 Für den **Zeitpunkt** der Anzeigepflicht stellt Abs. 1 Satz 1 auf die „auf den Vertragsschluss gerichtete Willenserklärung" des VN ab. Nach Abschaffung des Policenmodells durch die VVG-Reform 2008 ist dies in der Praxis meist der Antrag des VN (Alternative: invitatio; → Rn. 48). „Der durchschnittliche Versi-

cherungsnehmer geht davon aus, dass er seiner Pflicht gegenüber dem Versicherer nachgekommen ist, wenn er die ihm vorgelegten Fragen zum Zeitpunkt seiner Antragstellung zutreffend beantwortet hat.

21 Die **Nachmeldepflicht** nach Abs. 1 Satz 2 setzt eine erneute Fragestellung nach Satz 1 voraus, erfordert also wiederum Textform und Gefahrerheblichkeit. Der Versicherer kann vor Vertragsannahme die in Satz 1 umschriebenen Fragen in Textform wiederholen oder auch erstmalig stellen."

2. Anzeigepflichtige

22 Die Anzeigepflicht trifft zunächst den **VN** (Bruck/Möller/*Rolfs* § 19 Rn. 19), der grds. für die richtige Beantwortung der vom VR gestellten Risikofragen selbst verantwortlich ist, bei mehreren VN **jeden einzelnen** (Prölss/Martin/*Armbrüster* § 19 Rn. 61), den **Repräsentanten** des VN (→ § 81 Rn. 19 ff.), seine gesetzlichen Vertreter sowie seinen Wissenserklärungsvertreter (→ § 28 Rn. 48 ff.; zum Wissenserklärungsvertreter siehe auch OLG Köln Beschl. v. 1.6.2010 – 9 U 2/10). Bei einer Versicherung für fremde Rechnung ist der **Versicherte** gemäß § 47 Abs. 1 anzeigepflichtig (für § 79 Abs. 1 aF vgl. BGH VersR 1991, 1404; aA *Lange* VersR 2006, 605; zw. BK/*Voit* § 16 Rn. 54 und Bruck/Möller/*Rolfs* § 19 Rn. 25, demzufolge es primär um Kenntniszurechnung geht). Nach OLG Hamm VersR 1984, 230; 1980, 137 und OLG Köln VersR 1983, 772 gilt dies für eine sog **Gefahrperson** (die im Interesse des VN versichert werden soll) nur dann, wenn sie den Versicherungsantrag selbst mit unterzeichnet. Die Konzeption der Anzeigepflicht ist namentlich in der **D&O-Versicherung** außerordentlich komplex, weil nicht nur die VN anzeigepflichtig ist, sondern auch eine uU sehr hohe Zahl von versicherten Personen, denen Pflichtverletzungen untereinander nicht zugerechnet werden können (Einzelheiten bei *Langheid/Grote* VersR 2005, 1165 ff.).

23 Beauftragt der VN einen **Versicherungsmakler,** sind ihm dessen Wissen und sämtliche Erklärungen einschließlich einer arglistigen Täuschung gemäß § 166 Abs. 1 BGB zuzurechnen (BGH NJW-RR 2008, 1649 = VersR 2008, 809; VersR 2008, 242 = NJW-RR 2008, 343 unter Hinweis auf VersR 2005, 824 unter II.3 = NJW 2005, 2011). Das gilt auch, wenn der Makler eine Deckungsnote online einreicht, in der ein gefahrerheblicher Umstand verschwiegen wird (OLG Dresden VersR 2018, 801). Der Status des Maklers ändert sich nur dann in den eines **Agenten** des VR, wenn er vom VR mit dem **Abschluss von Verträgen betraut** wurde (BGH NJW-RR 2008, 343 = VersR 2008, 242 mwN; ein eigenes wirtschaftliches Interesse des Vermittlers reicht dazu ebenso wenig aus wie eine Beteiligung seines Arbeitgebers an einem Versicherungskonzern; auch ein Provisionsinteresse des Vermittlers genügt – noch – nicht, BGH NJW-RR 2008, 343 = VersR 2008, 242). Nach OLG Saarbrücken ZfS 2012, 704 kann es von diesen Grundsätzen nur dann eine Ausnahme geben, wenn der Versicherungsmakler abweichend vom Regelfall Dritter iSd § 123 Abs. 2 BGB gewesen sei; das wiederum ist nur dann denkbar, wenn er selbst nicht „in irgendeiner Form dem Versicherer gegenüber als Helfer des Versicherungsnehmers" aufgetreten ist (OLG Saarbrücken ZfS 2012, 704).

3. Inhalt der Anzeigepflicht

24 **a) Umfang.** Die Anzeigepflicht bezieht sich nur auf **Wissens-, nicht** auch auf **Willenserklärungen** (BGH NVersZ 2002, 452 = VersR 2002, 1089; zum – unter Umständen beträchtlichen – Problem *Langheid/Müller-Frank* NJW 2003,

399 ff. unter I.2): Anzugeben sind sämtliche dem VN bekannten Umstände, die gefahrerheblich sind und nach denen der VR zusätzlich in Textform gefragt hat (was auch für die Mehrfachversicherung gem. § 77 VVG gilt, OGH VersR 2021, 867). Mit dem Erfordernis der Fragestellung **entfällt** die sog **spontane Anzeigepflicht,** die den VN veranlasste, auch ungefragt Umstände, die für die Übernahme der Gefahr erheblich sein konnten, anzuzeigen (*Reusch* VersR 2008, 1179 (1181); Langheid/Wandt/*Reusch* § 23 Rn. 116). Das gilt aber **nicht bei Arglist:** Nach der Gesetzesbegründung kann das Verschweigen eines gefahrerheblichen Umstandes, „den der Versicherer nicht oder nur mündlich nachgefragt hat, (…) ein Anfechtungsrecht des Versicherers nach § 123 BGB begründen" (BT-Drs. 16/3945, 64; anders dennoch OLG Düsseldorf r+s 2010, 325). Der Umstand, dass im Gesetz der ursprünglich im KomV und – in abgeänderter Form – auch im RefE vorgeschlagene, dem ursprünglichen § 18 aF nachgebildete § 21 Abs. 5 KomV/RefE fehlt, hat nicht dazu geführt, dass auch bei Arglist eine Frage in Textform Voraussetzung für eine Anzeigepflichtverletzung sein soll (vgl. OLG Dresden VersR 2018, 801; Prölss/Martin/*Armbrüster* § 22 Rn. 3 will dabei auf die Einschätzung des VN und dessen dadurch begründetes Verschulden abstellen). Allerdings sind bei Arglist – anders als nach dem Rechtsgedanken des § 18 aF – Rücktritt, Kündigung und Vertragsanpassung nicht mehr denkbar, sondern **nur noch die Anfechtung** nach § 22 (für Altverträge anders *Neuhaus* VersR 2012, 1477). Eine spontane Anzeigepflicht ist also prinzipiell zu bejahen. Soweit OLG Celle (VersR 2017, 211 = r+s 2016, 500) eine spontane Anzeigepflicht nur bei offensichtlich gefahrerheblichen Umständen bejaht, wenn diese gleichzeitig so ungewöhnlich sind, dass eine auf sie abzielende Frage nicht erwartet werden kann (ähnlich OLG Hamm r+s 2017, 68; iErg so auch OLG Karlsruhe r+s 2018, 313 = VersR 2018, 866) reduziert ein solcher Dualismus (offensichtlich gefahrerheblich *und zugleich* völlig ungewöhnlich) den Anwendungsbereich der spontanen Anzeigepflicht auf ein praktisch nicht mehr vorkommendes und deswegen inakzeptables Minimum (krit. deswegen *Langheid/Müller-Frank* NJW 2017, 2318; *Notthoff* r+s 2018, 1696; Näheres → Rn. 19; § 22 Rn. 2 und Langheid/Wandt/*Langheid* § 19 Rn. 54). Diese Rechtsprechung beachtet den gesetzgeberischen Willen (s. oben) nicht und ist disproportional: der VR erfragt einen offensichtlich gefahrerheblichen Umstand ja nur dann nicht, wenn er ihm unbekannt ist. Der Antragsteller nutzt also die Unkenntnis des Versicherers aus, um ein ihm bekanntes und relevantes Wissen für sich zu behalten (anders dann, wenn der VR die Abfrage aus ‚geschäftspolitischen Gründen' bewusst unterlässt (in diese Richtung OLG Karlsruhe r+s 2018, 313 = VersR 2018, 866 mAnm *Neuhaus*).

25 Problematisiert wird auch, ob die bis 2009 verwandten **„Generalfragen"** (zB nach „Krankheiten, Beschwerden etc in den letzten fünf Jahren …") der gesetzlichen Anforderung der Versichererfrage entsprechen. Das wird vereinzelt verneint (*Rixecker* ZfS 2007, 370; *Reusch* VersR 2007, 1314), weil pauschale Fragen nur pauschale Antworten erbringen könnten, die für den VR keinen hinreichenden Aufschluss über das zu zeichnende Risiko geben könnten. Dem kann aber **nicht gefolgt** werden (schon gar nicht bei der Konstellation → Rn. 24), weil auch solche Angaben risikorelevant sind (*Marlow/Spuhl* Rn. 161 f.; *Lange* r+s 2008, 57; *Neuhaus* r+s 2008, 47; *Looschelders* VersR 2011, 697; *Karczewski* r+s 2012, 521, der auf BGH VersR 1994, 711 hinweist), solange die Fragen nicht so unklar formuliert sind, dass sie schon tatbestandlich keine Anzeigepflicht auslösen (zur

Problematik der zeitlichen Eingrenzung vgl. OLG Saarbrücken VersR 2007, 193 ff.).

26 Der VN muss **positive Kenntnis** sowohl von den Antragsfragen (*Neuhaus* VersR 2012, 1477) als auch von dem mitzuteilenden Umstand haben (BGH VersR 1983, 25; VersR 1994, 711; r+s 1994, 1909; r+s 1994, 321; r+s 2009, 361; VersR 2020 18 = NJW-RR 2020, 94), Kennenmüssen oder fahrlässige Unkenntnis genügen nicht (stRspr seit BGH VersR 1984, 884; zuletzt BGH VersR 2020, 18 = NJW-RR 2020, 94). Bloße Verdachtsmomente oder geringfügige und vorübergehende Umstände sind nicht angabepflichtig (BGH VersR 1994, 711 (713); VersR 1457 (1458); OLG Koblenz NVersZ 2001, 74). Andererseits hat der VN Kenntnis, wenn er sich bei zumutbarer Anstrengung an die anzeigepflichtigen Umstände erinnern kann (OLG Hamm VersR 2020, 1304). Der VN muss die Gefahrumstände nicht richtig einordnen und ihre Gefahrerheblichkeit erkennen, sondern er muss alles angeben, was für die Einschätzung des Risikos von Bedeutung sein könnte (OLG Dresden r+s 2021, 529; BK/*Voit* § 16 Rn. 46; Bruck/Möller/*Rolfs* § 19 Rn. 58). Das gilt selbstverständlich nur insoweit, als der VR in Textform gefragt hat. Das gilt auch nach wie vor für das Verbot der Bagatellisierung (KG VersR 2004, 1298; allgemein auch OLG Köln VersR 2004, 1255). Der VN bleibt zudem – immer eine Fragestellung in Textform vorausgesetzt – zur vollständigen Antwort verpflichtet, nur erkennbar belanglose Krankheits- oder Beschwerdebilder sind nicht angabepflichtig (BGH NVersZ 2001, 69 = VersR 2000, 1486; NJW-RR 1994, 859 = VersR 1994, 711; VersR 1994, 1457). Alle auch nur möglicherweise für den VR wichtigen Umstände sind, wenn auch aus der Laiensicht des VN, anzugeben (BGH NJW-RR 2011, 826 = VersR 2011, 737; VersR 1994, 799 = NJW-RR 1994, 859). Dabei darf der VN nicht unterscheiden zwischen aus seiner Sicht weniger gewichtigen Umständen (nicht angabepflichtig) und angabepflichtigen erheblichen Beeinträchtigungen (OLG Dresden r+s 2021, 529). Das gilt vor allem für „nicht offenkundig belanglosen" Beeinträchtigungen (OLG Dresden r+s 2021, 469 (längeren Krankschreibung mit anschließender mehrwöchiger Physiotherapie)).

27 Zum Zeitpunkt der Mitteilungspflicht bereits abgeklungene Krankheiten sind nicht anzeigepflichtig (OLG Hamm VersR 1992, 1206), wenn nicht nach früheren Erkrankungen gefragt wird. Wird ein bestehender Vertrag umgewandelt, sind zwischenzeitlich aufgetretene Erkrankungen angabepflichtig (OLG Hamm VersR 2021, 238). Wird im Antragsformular pauschalierend nach „Krankheiten, Störungen und Beschwerden" gefragt, dann kann der Antragsteller sich nicht darauf berufen, dass nach spezifischen Erkrankungen nicht gefragt worden sei (BGH VersR 1994, 711; VersR 1994, 1457); anzeigepflichtig ist alles, was nicht erkennbar ohne Belang und Bedeutung für den nachgesuchten Versicherungsschutz ist. Auch eine ärztliche Fehldiagnose ist als solche angabepflichtig (BGH NJW-RR 1994, 859; aA Beckmann/Matusche-Beckmann VersR-HdB/*Knappmann* § 14 Rn. 20, der die Diagnose selbst als nicht gefahrerheblich einstuft, aber zugeben muss, dass die der Diagnose zugrunde liegenden Beschwerden anzeigepflichtig sind; ebenfalls diff., aber iE ebenso BK/*Voit* § 16 Rn. 48).

28 **b) Gefahrerheblichkeit.** Gefahrerheblich sind die Umstände, bei deren Kenntnis der VR den Vertrag **gar nicht** oder jedenfalls mit dem **später vereinbarten Inhalt nicht** abgeschlossen (sondern Prämienzuschläge oder Leistungsausschlüsse vereinbart) hätte. Dazu zählen alle objektiven und subjektiven Umstände, die für die Risikobeurteilung von Bedeutung sein können, wobei eine Beurteilung

aus der Sicht des VR unter Berücksichtigung seiner jeweiligen Annahmepraxis vorzunehmen ist (BGH VersR 2018, 85; NVersZ 2001, 69 = VersR 2000, 1486; OLG Hamm VersR 2021, 238 und r+s 2017, 68; OLG Naumburg VersR 2012, 885; zum Problem *Fortmann* VersR 2019, 429; *Brand* VersR 2019, 725; *ders.* VersR 2009, 715; *Kloth/Piontek* r+s 2017, 561; *Brockmöller* r+s 2016, 377). Dabei kommt es nicht auf die Beurteilung des einzelnen Sachbearbeiters des VR an, sondern auf dessen Standard. Die Bewertung der anzeigepflichtigen Umstände ist allein Sache des VR, es kommt deswegen nicht auf die Beurteilung aus der Sicht selbst eines verständigen VN an; in **Textform** gestellte Fragen sind deswegen wahrheitsgemäß und vollständig zu beantworten, damit deren Prüfung und Bewertung vom VR vorgenommen werden kann (BGH NVersZ 2001, 69 = VersR 2000, 1486; NJW-RR 1994, 859 unter 2.a = VersR 1994, 711). Das gilt auch für Umstände, die bei ihrer Verwirklichung unter vereinbarte Ausschlusstatbestände fielen, denn sie können für die Einschätzung des subjektiven Risikos maßgeblich sein (OLG Saarbrücken VersR 2005, 929; BK/*Voit* § 16 Rn. 14; *Knappmann* VersR 2006, 51 f.). In der **KrankenVers** ist der VersFall die medizinisch notwendige Heilbehandlung; aber gefahrerheblich sind auch schon zuvor feststellbare Indikatoren, die mit einer gewissen Wahrscheinlichkeit auf künftige VersFälle schließen lassen wie etwa Erkenntnisse aus Gentest, die derzeit unauffällig sind, aber Rückschlüsse auf künftige VersFälle zulassen. Solche sind deswegen anzeigepflichtig (s. Langheid/Wandt/*Boetius* GenDG § 18 Rn. 205 ff. (insbes. Rn. 206, 210)). Anzeigepflicht besteht auch bei Fragen des VR im Zusammenhang mit der Regulierung eines VersFalls (BGH r+s 2017, 232; *Wandt* VersR 2017, 458 und VersR 2018, 321; Jungermann r+s 2018, 356).

29 **c) Erkundigungspflicht.** Kenntnis des VN erfordert auch ein Erinnern an Umstände, soweit dies bei angemessener Gedächtnisanstrengung möglich ist (BGH VersR 2009, 529 unter Hinweis auf die hiesige Kommentierung). Den VN trifft dabei in gewissem Umfang auch eine **Nachfrage-, Erkundigungs- und Erinnerungspflicht** (BGH VersR 2009, 529;; OLG Saarbrücken VersR 2007, 193). Soweit OLG Oldenburg VersR 1992, 434 annimmt, Umstände, die der VN wieder vergessen habe, stünden nicht mehr in seiner Kenntnis und seien deswegen nicht anzeigepflichtig, ist dem nur zu folgen, wenn ein tatsächliches Vergessen vorliegt, das trotz verstärkten Nachdenkens oder Erkundigung plausibel ist; ansonsten stünde es dem VN frei, sich beliebig an gefahrerhebliche Umstände nicht mehr erinnern zu können. Unter Umständen muss der VN auf die Lückenhaftigkeit seiner Angaben hinweisen (OLG Köln VersR 1973, 1017; LG Frankfurt a. M. VersR 1983, 773; zum „Vergessen" *Neuhaus* r+s 2011, 273).

30 **d) Personenversicherungsbeispiele.** Entsprechende Fragen in Textform unterstellt, ist eine Anzeigepflicht **bejaht** worden (für ältere Bsp. vgl. die Vorauflage) bei vasovegetativer Migräne, vegetativen Störungen und Labilität bei gleichzeitiger Verordnung von Psychopharmaka (BGH NVersZ 2001, 69 = VersR 2000, 1486); wiederholt diagnostizierte leichte Fettleber und schlechte Leberwerte bei Krankentagegeldversicherung, auch wenn eine Behandlung ärztlicherseits nicht für erforderlich gehalten und lediglich Alkoholabstinenz empfohlen wird (OLG Düsseldorf NJW-RR 2003, 466 in Abgrenzung zu OLG Koblenz NVersZ 2001, 413 – Erkrankungsverdacht ohne Indikation medikamentöser Behandlung); dilatative Kardiomyopathie, die Anlass zu kardiologischen Kontrollen und laufender Medikamenteneinnahme gibt (OLG Frankfurt a. M. VersR 2010, 1357); cerebrale allgemeine kortikale Hirnatrophie (OLG Köln VersR 2004, 1255); sechs Monate

vor Abschluss einer BUZ diagnostizierte erhebliche krankhafte Wirbelsäulenveränderung (OLG Koblenz NJW-RR 2003, 315); krankengymnastisch behandelte Blockierung im LWS-Bereich und diagnostizierte Haltungsschwäche sechs Monate vor Abschluss einer BUZ (OLG Koblenz VersR 2004, 228); Verspannungsschmerzen im Schulter-Nacken-Bereich mit ärztlich verordneten Massagen, Fangopackungen und Krankengymnastik (OLG Frankfurt a. M. NVersZ 2000, 130); Krankheitszeichen, die für das Vorliegen von Chorea Huntington sprechen und ihre Bestätigung durch einen diagnostischen Gentest in der BUZ (OLG Saarbrücken VersR 2012, 557); Morbus Crohn auch bei mehrjährig beschwerdefreiem Verlauf (OLG Karlsruhe NJW-RR 2015, 806); chronische Lungenerkrankung (OLG SaarbrückenVersR 2020, 91); Alkoholabhängigkeit (OLG Hamm VersR 2008, 477).

Nicht anzeigepflichtige Umstände sind zB übliche Krankheiten, zB Bronchitis und Meteorismus bei Kleinkindern (LG Köln VersR 2005, 393); Schmerzen in der Lendengegend mit einmaligem Arztbesuch (OLG Hamburg VersR 1990, 610); Schmerzen in der Brust (OLG Köln VersR 1993, 1261); Nichtanzeige depressiver Stimmungen, solange der Arzt die Befürchtungen des Patienten nicht bestätigt (BGH r+s 1993, 392); HWS-Syndrom (OLG Düsseldorf VersR 1994, 844); Myom ohne Beschwerden (OLG München NJW-RR 1995, 92); Verdacht einer Fettleber und chronischen Pankreopathie ohne Indikation medikamentöser Behandlung bei Krankenversicherung (OLG Koblenz NVersZ 2001, 413); alle länger als fünf Jahre zurückliegenden Gesundheitsstörungen, wenn danach ohne zeitliche Beschränkung gefragt wird, unmittelbar vor der Frage nach Gesundheitsstörungen aber nur nach ärztlicher Behandlung während der letzten fünf Jahre gefragt wird (OLG Oldenburg VersR 1998, 853); eine chronische ischämische Attacke, wenn nach „Schlaganfall" gefragt wird (OLG Karlsruhe VersR 2019, 608). 31

e) Sachversicherungsbeispiele. Anzeigepflicht **bejaht** bei früherer Verurteilung des Antragstellers wegen Brandstiftung zu einer 7½jährigen Freiheitsstrafe in der Gebäudeversicherung (BGH VersR 1991, 1404); Nutzung eines als Hotel ausgegebenen Gebäudes als Bordell (BGH VersR 1989, 398); angedrohte Brandstiftung als Schutzgelderpressung (KG NVersZ 1999, 225 = NJW-RR 1999, 100; vgl. dazu *Prölss* NVersZ 2000, 153 ff.). In der CyberVers ist das Fehlen von Schutzvorrichtungen angabpflichtig (*Fortmann* VersR2019, 429). **Verneint** wurde in der Diebstahlversicherung eine Anzeigepflichtverletzung bei falscher Beschreibung sog Umfassungswände (OLG Hamm r+s 1990, 313) und bei einem Vorschaden in der Hausratversicherung, wenn mehrere Wohnungen vorhanden sind und eine vom Vorschaden nicht betroffene Wohnung versichert werden soll (OLG Hamm VersR 1999, 1265; bedenklich im Zusammenhang mit der Einschätzung des subjektiven Risikos, → Rn. 33 f.). 32

f) Indizierende Umstände. Angabepflichtig sind alle äußeren Umstände, die auf das Vorliegen eines gefahrerheblichen Zustandes **schließen lassen** (etwa Bluthochdruck als indizierender Umstand für eine Koronarsklerose, vgl. dazu BGH NJW-RR 1994, 666 = VersR 1994, 711; OLG Köln r+s 1988, 322; zum Problem vgl. auch schon BGH VersR 1980, 762; OLG Bremen r+s 1992, 31; OLG Hamm r+s 1989, 1; OLG Karlsruhe NVersZ 2002, 499). Trotz der durch die VVG-Reform eingeführten Fragepflicht in Textform hat sich an der Angabepflicht indizierender Umstände nichts geändert. Voraussetzung ist selbstverständlich eine entsprechende Frage des VR, wird diese aber in Textform gestellt, sind auch 33 indizierende Umstände anzugeben. Dazu zählen etwa Kopfschmerzen als symptomatische Beschwerden (ÖOGH VersR 1994, 203). Auch ohne das Vorliegen ärztlicher Diagnose muss der Antragsteller Symptome, wegen derer er sich in ärztliche Behandlung begeben hat, angeben; Bewertung und Beurteilung müssen dem VR überlassen bleiben (BGH NJW-RR 1994, 666 = VersR 1994, 711; OLG Köln r+s 1991, 354; ähnlich OLG Frankfurt a. M. r+s 1997, 172; OLG Hamm r+s 1997, 34; r+s 1991, 66; OLG Koblenz r+s 1998, 522). Ein **Ursachenzusammenhang** zwischen indizierenden Umständen und dem Eintritt des Versicherungsfalles ist stets dann gegeben, wenn die Angabe der Symptome zur Feststellung des für den Versicherungsfall ursächlichen Gefahrumstandes geführt haben würde (OLG Hamm r+s 1991, 66; VersR 1988, 396; OLG Köln r+s 1991, 354; vgl. ferner OLG Karlsruhe r+s 1990, 138 sowie zum Problem *Langheid* NJW 1990, 224; *ders.* NJW 1992, 659).

34 **g) Subjektives Risiko.** Angabepflichtig sind auch nach der Reform alle die sog **Vertragsgefahr** betreffenden Umstände. Das sind solche, die in der Gefahr der ungerechtfertigten Inanspruchnahme des VR liegen, also regelmäßig **subjektiv im Bereich des VN** liegende Umstände, wie Vorverträge oder -schäden, auch abgelehnte Anträge oder einschlägige Vorstrafen, selbst wenn die Fragen ausgeschlossene Risikoumstände betreffen (OLG Karlsruhe r+s 1992, 140; OLG Koblenz VersR 1992, 229; OLG Saarbrücken VersR 2005, 929 unter 4.a; BK/*Voit* § 16 Rn. 14; Prölss/Martin/*Armbrüster* § 19 Rn. 3; Bruck/Möller/*Rolfs* § 19 Rn. 51; später auch Beckmann/Matusche-Beckmann VersR-HdB/*Knappmann* § 14 Rn. 19; zu ausgeschlossenen Risikoumständen vgl. ferner *Knappmann* VersR 2006, 51 f. und § 21 Rn. 31). Das soll für gleichzeitig gestellte Versicherungsanträge bei einem anderen VR nicht gelten (OLG Hamm VersR 1993, 1135; ähnlich OLG Hamm r+s 1993, 351; VersR 1999, 1265 für Vorschäden bei anderen VR). Eine Anzeigepflicht in der Hausratversicherung in Bezug auf Vorschäden bzw. Vorverträge von Ehegatten oder Lebensgefährten verneinend OLG Hamm r+s 1990, 168; OLG Köln VersR 1992, 231; ähnlich OLG Hamm VersR 1999, 1265 (für Vorschäden in einem anderen hausratversicherten Objekt). Das ist problematisch, weil auch Mitversicherte von sich aus anzeigepflichtig sind (BGH VersR 1991, 1405; → Rn. 21) und das subjektive Risiko sich sowohl aus den versicherten Personen (zB dem Geschäftsführer einer als Antragstellerin auftretenden GmbH, der schon häufig von Versicherungsfällen betroffen war) als auch aus den versicherten Risiken (zB dem versicherten Hausrat, auch wenn dieser nach dem Auszug beim getrennt lebenden Ehegatten verbleibt) ergibt (zur Problematik der kausalen Verknüpfung von Vorversicherungen und Vorschäden mit dem Eintritt des Versicherungsfalles → § 21 Rn. 29, 31).

35 Nicht anzeigepflichtig soll auch die **schlechte wirtschaftliche Situation** des VN (gemeinhin, aber verkürzend auch **Prämiengefahr** genannt) sein (OLG Hamm VersR 1981, 953); das ist schon deswegen abzulehnen, weil Kenntnisse darüber dem VR nicht nur bestimmte Erwartungen bezüglich der Prämienzahlung vermitteln können, sondern die schlechte Bonität des Antragstellers einen bestimmten Risikoverlauf zumindest befürchten lässt (**anders** BK/*Voit* § 16 Rn. 15 und Bruck/Möller/*Rolfs* § 19 Rn. 52, die aber zu Unrecht nur auf einen eventuellen Prämienausfall bzw. Versicherungsbetrug abstellen und iÜ übersehen, dass entsprechende Angaben dem VR die Risikoeinschätzung ermöglichen sollen, ohne dass damit schon gesagt ist, dass ein finanziell schlechter Gestellter auch zwingend einen (vorsätzlich herbeigeführten) Versicherungsfall erleiden wird;

insofern zust. Prölss/Martin/*Armbrüster* § 19 Rn. 4; ebenfalls (in gewissem Umfang) zust. Beckmann/Matusche-Beckmann VersR-HdB/*Knappmann* § 14 Rn. 21; weitere Einzelheiten bei Langheid/Wandt/*Langheid* § 19 Rn. 84).

4. Adressat der Anzeige

Erklärungsempfänger sind zunächst der **VR,** dessen Organe und Angestellte (BGH VersR 1996, 742; 1989, 398). Bei offener Mitversicherung (→ § 77 Rn. 7 ff.) muss die Anzeige grds. jedem VR gegenüber erfolgen, es sei denn, dass eine sog Führungsklausel vereinbart wurde. 36

a) Versicherungsvertreter. Über den Wortlaut des § 43 Nr. 1 und 2 aF hinaus hat der BGH dem Versicherungsagenten (heute Versicherungsvertreter) auch eine Empfangsvollmacht für vorvertragliche Anzeigen des VN zugeschrieben, wodurch der Agent zu **„Auge und Ohr"** des VR wurde (BGHZ 102, 194 = NJW 1988, 973 = VersR 1988, 234; zuletzt BGH VersR 2018, 85; umfassend zum Versicherungsvertreter bei der Vertragsanbahnung → § 69 Rn. 3 ff.). An dieser Rechtslage hat sich durch die VVG-Reform nichts geändert, der Versicherungsvertreter iSd §§ 59, 69 ist weiterhin „Auge und Ohr" des VR. 37

Seine Empfangsvollmacht nach § 69 Abs. 1 umfasst die Entgegennahme (auch mündlicher) vorvertraglicher Anzeigen des VN (ständige Rspr. seit BGHZ 102, 194 = NJW 1988, 973 = VersR 1988, 234; zuletzt VersR 2018, 85; zum Missstandsaufsichtsverfahren iSv § 81 VAG aF und mündlicher Entgegennahme BVerwG NVersZ 1998, 24 mit Besprechung *Beckmann* NVersZ 1998, 19 = VersR 1998, 1137 mAnm *Präve* und *Lorenz;* siehe auch BGHZ 141, 137 = NVersZ 1999, 360 = VersR 1999, 710 zur Arbeitslosenversicherung; zur wirksamen Beschränkung auf Schriftform während des laufenden Versicherungsvertrages BGHZ 141, 137 = NVersZ 1999, 360 = VersR 1999, 710; NJW 1999, 1633 = NVersZ 1999, 261 mAnm *Büsken/Dreyer* 455= VersR 1999, 565 mAnm *Lorenz* VersR 1999, 568). Diese Grundsätze gelten auch für **Willenserklärungen** (→ § 5 Rn. 3 ff.), wobei aber der **VN** die **Beweislast für den von ihm behaupteten Inhalt** der mündlichen Willenserklärung trägt (BGH NVersZ 2002, 452 = VersR 2002, 1089; zum Problem vgl. ferner BGH NVersZ 2002, 59 = VersR 2001, 1498; NVersZ 2002, 64 = VersR 2001, 1502 und *Langheid/Müller-Frank* NJW 2003, 399 ff.; nunmehr ausdrücklich geregelt in § 69 Abs. 3, → Rn. 134). 38

Nach der „Auge und Ohr"-Rspr. ist alles, was der Versicherungsvertreter vom VN oder einem Dritten (BGH VersR 1989, 398) mitgeteilt bekommt, auch **zur Kenntnis des VR** gelangt (BGH VersR 2018, 85; privates Wissen des Vertreters reicht dafür aber nicht, BGH VersR 1990, 150; auch keine Zurechnung privat erworbenen Wissens eines VR-Vorstandsmitglieds, OLG Oldenburg VersR 2011, 387; das Wissen eines Maklers ist dem VR ohnehin nicht zuzurechnen, OLG Köln VersR 1995, 946; r+s 1992, 32; mittelbar auch BGH VersR 1992, 484; Näheres zum Makler → § 59 Rn. 7 ff.). 39

b) Abweichungen zwischen mündlichen und schriftlichen Erklärungen. Diese Wissenszurechnung ist in den Fällen problematisch, in denen der vom VN unterzeichnete **schriftliche** Antwortenkatalog von seinen **mündlichen Angaben** gegenüber dem Versicherungsvertreter **abweicht** und die schriftlichen Antworten falsch sind. Zwar ist die vorvertragliche Anzeigepflicht schon nach dem Gesetzeswortlaut mündlich erfüllbar (zu Schriftformklauseln → Rn. 42 und → § 32 Rn. 6), es bleibt aber die Divergenz zwischen der schriftlichen Antwort, 40 die regelmäßig dem VR vorgelegt wird, und den abweichenden mündlichen Erklärungen dem Versicherungsvertreter gegenüber. Da die schriftlichen Falschantworten auf Antragsfragen zum Nachweis der Anzeigepflichtverletzung nicht ausreichen (zur Beweislast iE → Rn. 133), trifft den VR die **Last des Negativbeweises** dafür, dass der VN die Fragen gegenüber dem Versicherungsvertreter mündlich nicht zutreffend beantwortet hat, wenn der VN substantiiert, glaubhaft und in sich schlüssig behauptet, den Vertreter mündlich richtig informiert zu haben (BGH VersR 2018, 85; NJW 2011, 1213 = VersR 2011, 337; r+s 2011, 258 = VersR 2011, 737; zum Problem *Langheid* NJW 2003, 399 (400)).

41 Das bleibt **unbefriedigend,** weil der VR zwar für die Anzeigepflichtverletzung beweisbelastet ist (Abs. 2), der VN aber gemäß Abs. 5 die Kenntnis des VR (die durch die mündlichen Angaben vermittelt worden sein soll) beweisen muss. Durch den schriftlichen Antwortenkatalog wird jedenfalls die falsche schriftliche Antwort des VN **nachgewiesen.** Damit liegt ein **Urkundenbeweis** für eine schriftliche Falschbeantwortung vor. Wenn nach BGH VersR 1993, 1089 und 1989, 833 die schriftliche Auskunft des VN nur eingeschränkte Beweiskraft hat, wenn der Versicherungsvertreter das Formular ausgefüllt und es dem VN anschließend zur Unterschrift vorgelegt hat, ergibt sich aus dieser Rspr. im Umkehrschluss, dass die Urkunde zumindest dann Beweiskraft hat, wenn sie tatsächlich **vom VN selbst ausgefüllt** wurde (zust. *Neuhaus* VersR 2012, 1477). Auch BGH VersR 1989, 833 geht davon aus, dass eine Urkunde, die Wissenserklärungen wiedergibt, eine indizielle Beweiskraft hat, die allerdings nach freier richterlicher Überzeugung **erschüttert** werden kann. Im Wege der **Umkehr der Beweislast** zu Lasten des VN sollte daher diese Erschütterung der indiziellen Beweiskraft dem VN auferlegt werden, wenn er das Formular selbst ausgefüllt und unterschrieben hat. Gleiches muss aber gelten, wenn der Vertreter das Ausfüllen des Antrages übernommen und dem VN lediglich das ausgefüllte Formular zur Unterschrift vorgelegt hat, weil auch dann nach der Regelung in § 416 ZPO (nach der Privaturkunden dann den vollen Beweis dafür erbringen, dass die in ihnen abgegebenen Erklärungen tatsächlich vom Unterzeichner abgegeben wurden, wenn die Urkunde vom Erklärenden unterschrieben wurde) der Urkundenbeweis dafür erbracht wurde, dass der VN eine falsche schriftliche Antwort abgegeben hat. Dieser Urkundenbeweis mag gemäß § 286 ZPO erschüttert werden, was dann jedoch vom Aussteller der Urkunde zu verlangen sein sollte (weitere Einzelheiten im Zusammenhang mit der Beweislast → Rn. 133).

42 **c) Beschränkung der Empfangsvollmacht.** Eine rechtsgeschäftliche Beschränkung der Empfangsvollmacht des Versicherungsvertreters ist **nicht möglich,** weil eine teilweise Beschränkung bezüglich der vorvertraglichen Anzeigepflicht mangels eines einheitlichen Lebensvorganges unwirksam ist (BGHZ 116, 387 (390) = VersR 1992, 217 (218)) und eine vollständige Beschränkung der Empfangsvollmacht an § 307 Abs. 2 Nr. 1 BGB scheitert (grundlegend BVerwG VersR 1998, 1137 (1140) = NVersZ 1998, 24 = NJW 1998, 3216; anders, aber mit unentschlossener Begr., OLG Naumburg VersR 2001, 222; Einzelheiten zur Empfangsvollmacht des Versicherungsvertreters und ihrer Beschränkung → § 69 Rn. 1).

43 **d) Schriftformerfordernis.** Gleiches gilt für Klauseln, die für die Anzeige von Gefahrumständen **Schriftform** verlangen. Obwohl Schriftformklauseln nach § 32 Satz 2 vom Gesetzgeber ausdrücklich auch für die vorvertragliche Anzeigepflicht zugelassen werden, nimmt die Rspr. ihre Unwirksamkeit an, weil die

Möglichkeit einer mündlichen Antragsfragenbeantwortung nicht einschränkbar sein soll, wenn der VR Hilfspersonen iRd Vertragsanbahnung einsetzt (wiederum BVerwG NJW 1998, 3216 = NVersZ 1998, 24 = VersR 1998, 1137 (1140); anders auch hier OLG Naumburg VersR 2001, 222; zum Problem vgl. *Rüther* NVersZ 2001, 241 ff.; Einzelheiten → § 32 Rn. 5 f.).

e) Grenzen der Wissenszurechnung. Eine Wissenszurechnung scheidet aus, wenn der **Antragsteller arglistig** handelt und er den Schutz der Wissenszurechnung deswegen nicht verdient (BGH VersR 2002, 425 mAnm *Reiff* VersR 2002, 597 und *Prölss* VersR 2002, 961; BGH VersR 2001, 620 = NVersZ 2001, 306 mAnm *Müller-Frank* NVersZ 2001, 447 ff.; für arglistiges Verschweigen einer Vorerkrankung bei ärztlich aufgenommenem Fragebogen; vgl. hierzu auch BGH VersR 2001, 1541; OLG Hamm VersR 2002, 342). Ebenso, wenn der **Vertreter** gefahrerhebliche Umstände **bewusst verschweigt,** um entgegen der Annahmerichtlinien Deckung zu erlangen (Provisionsinteresse). Die Grenze der Wissenszurechnung ist erreicht, wenn der Antragsteller erkennen muss, dass der Vertreter schriftliche Falschangaben macht mit dem Ziel, einen sonst aussichtslosen Antrag in Deckung zu bringen (OLG Hamm VersR 1999, 435 = NJWE-VHR 1998, 217; OLG Saarbrücken VersR 1998, 444; OLG Schleswig r+s 1994, 322; vgl. auch OLG Hamm VersR 2002, 180). Ebenso, wenn der VN davon ausgeht oder damit rechnet, dass der Vertreter die ihm erteilten Informationen nicht weitergibt (OLG Koblenz NJW-RR 2003, 315; Prölss/Martin/*Armbrüster* § 19 Rn. 74; BK/*Voit* § 16 Rn. 81; anders nach OLG Oldenburg VersR 1997, 1082, wenn der VN auf die Erklärung des Vertreters vertraut, es werde „ohnehin Akteneinsicht" genommen). **44**

Erst recht bei einer **Kollusion** zwischen Antragsteller und Versicherungsvertreter sind die dem Versicherungsvertreter mündlich erteilten Auskünfte dem VR nicht zuzurechnen (BGH VersR 2018, 85 (Rn. 28); VersR 2008, 765; 1993, 1089 (1090); WM 1972, 1380; *Armbrüster* in Prölss/Martin, § 19 Rn. 75 geht zusätzlich von einer Anzeigepflichtverletzung aus, wenn der VersVertreter dem VN mitteilt, bestimmte Umstände müssten nicht angezeigt werden). **45**

Zur **Beweislast** für Arglist oder Kollusion, die der VR trägt (BGH VersR 2002, 425 = NVersZ 2002, 254; 1993, 1089 (1090); OLG Oldenburg VersR 1997, 1082; wie bei einer arglistigen Täuschung ist auch hier der Indizienbeweis möglich, *Büsken* VersR 1992, 271 (278)). Näheres → Rn. 133 ff.; → § 22 Rn. 12 f. **46**

f) Dritte. Neben dem Versicherungsvertreter können auch andere Dritte vom VR mit der Entgegennahme von Erklärungen des Antragstellers betraut werden, etwa (in der Personenversicherung) der **Arzt** (BGH NJW-RR 2017, 869 Rn. 13; VersR 1993, 170; VersR 1990, 77), wobei die Kenntnisse des Dritten dem VR zuzurechnen sind (BGH NJW 1993, 2807; OLG Frankfurt a. M. VersR 1993, 425); allerdings nur insoweit, als der VN iRd „Erklärung vor dem Arzt" vom VR vorformulierte Fragen zu beantworten hat, hingegen keine Zurechnung des Wissens, das sich für den Arzt aus früheren Untersuchungen oder Behandlungen ergeben hat (BGH NJW-RR 2009, 606 = VersR 2009, 529; zw. Prölss/Martin/*Armbrüster* § 19 Rn. 71). Grundsätzlich kann jeder Dritte empfangszuständig werden, wenn er mit Wissen des VR als Versicherungsvertreter auftritt (also etwa ein vom Versicherungsvertreter beauftragter Dritter, der in keinen vertraglichen Beziehungen zum VR stand, OLG Hamm NJW-RR 1997, 220 (221)). Auch eine **Bank** ist als empfangsbevollmächtigt anzusehen, wenn sie die Rolle des **47**

Versicherungsvermittlers übernimmt (erst recht beim Abschluss einer Restschuldversicherung, OLG Hamm NJW 1991, 1118).

48 **g) Konzernverbundene Unternehmen.** Kenntnisse eines konzernverbundenen Unternehmens muss der VR, bei dem der Antrag gestellt wird, sich selbst dann nicht zurechnen lassen, wenn der Antragsteller mit einer Einsichtnahme in die Unterlagen des konzernverbundenen Unternehmens einverstanden war (BGH VersR 1992, 217; vgl. auch schon BGH NJW-RR 1990, 285; OLG Hamm VersR 1988, 709; OLG Stuttgart VersR 1990, 76; LG Saarbrücken r+s 1988, 320; aA OLG Nürnberg VersR 1990, 1337; LG Frankfurt a. M. VersR 1987, 1185). Allerdings sind dem VR die Kenntnisse zuzurechnen, die er über die Datenbank eines verbundenen Unternehmens erlangen kann, wenn er **Veranlassung** hatte, diese Daten abzurufen (BGH NJW 1993, 2807; ebenso OLG Oldenburg VersR 1995, 157 für einen Antrag in der Lebensversicherung, wenn der Antragsteller die anzeigepflichtigen Umstände mit einem sowohl für den Lebens- als auch den konzernverbundenen Krankenversicherung gleichzeitig tätig werdenden Vertreter erörtert hatte). Eine darüber hinausgehende Informationsbeschaffungspflicht besteht schon wegen des Datenschutzes in Bezug auf die vom Antragsteller angegebenen Umstände nicht, schon gar nicht für nicht konzernverbundene Unternehmen (zust. Beckmann/Matusche-Beckmann VersR-HdB/*Knappmann* § 14 Rn. 66; anders BK/*Voit* § 16 Rn. 86). Eine Veranlassung für eine Informationsbeschaffung bei konzernverbundenen Unternehmen besteht, wenn der VN auf das Vorhandensein von Daten bei dem anderen VR hinweist und die tatsächliche und rechtliche Möglichkeit besteht, sie abzurufen. Der VN genügt jedenfalls seiner Anzeigeobliegenheit, wenn er auf entsprechende Daten hinweist, nachdem der VR sich im Antragsformular die Einwilligung hat geben lassen, solche Daten gemeinsam mit konzernverbundenen Unternehmen zu sammeln (BGH NJW 1993, 2807 = VersR 1993, 1089; zu den Informationsorganisationspflichten des VR im Zusammenhang mit dem Obliegenheitenrecht vgl. BGH VersR 2007, 513; VersR 2007, 1267; r+s 2003, 468; *Rixecker* FS Schirmer, 2005, 517). Ist der VN zugleich Mitarbeiter des VR, kommt es für die Kenntnis nicht auf das Wissen der unmittelbaren Vorgesetzten des VN oder der Personalabteilung des VR an, wenn diese mit der Bearbeitung des Antrages nicht befasst sind (OLG Hamm r+s 1991, 322).

5. Zeitpunkt

49 Die Anzeigepflicht „bis zur Schließung des Vertrages" ist entfallen. Nunmehr ist die Anzeigepflicht des VN auf den Zeitpunkt „bis zur Abgabe seiner Vertragserklärung" begrenzt. Nur bis zu dem Zeitpunkt, zu dem der VN seine Vertragserklärung – also regelmäßig seinen **Antrag** auf Abschluss des Versicherungsvertrages – stellt, muss er die Anzeigepflicht erfüllen. Allerdings kann der Endzeitpunkt der Anzeigepflicht auch deutlich später liegen: Wird der Versicherungsvertrag im Wege des sog **Invitatio-Modells** abgeschlossen, liegt erst in der Abgabe der Annahmeerklärung des Antragstellers dessen Vertragserklärung, so dass nach dem Gesetzeswortlaut bis zu diesem Zeitpunkt Anzeigepflicht besteht. Danach ist der VN auch während der bereits laufenden Risikoprüfung durch den VR weiter zur Anzeige gefahrerheblicher Umstände verpflichtet, nach denen der VR in Textform gefragt hatte. Dagegen Schwintowski/Brömmelmeyer/*Härle* § 19 Rn. 100, der beim Invitatio-Modell unter Verweis auf den Normzweck die Anfrage des VN, also schon dessen invitatio, als Vertragserklärung iSv § 19 Abs. 1 qualifiziert, was allerdings nur schwer mit dem Gesetzeswortlaut zu vereinbaren ist. Für eine

analoge Anwendung des § 19 Abs. 1 deswegen *Marlow/Spuhl* Rn. 156; Bruck/Möller/*Rolfs* § 19 Rn. 69 plädiert dafür, dass der VN nur unter den Voraussetzungen des § 19 Abs. 1 Satz 2 zur Nachmeldung verpflichtet ist, aber auch dem dürfte der Gesetzeswortlaut entgegen stehen; *Schimikowski* (r+s 2009, 353 (354)) will die Problematik darüber lösen, dass der VR dem VN allenfalls eine leicht fahrlässige Anzeigepflichtverletzung vorwerfen kann, wenn er ihn bei Zusendung der Police nicht auf die Pflicht hinweist, zwischenzeitlich bekannt gewordene Gefahrumstände nachzumelden; das lässt sich hören, denn tatsächlich erfüllt der VN seine primäre Anzeigepflicht schon mit der invitatio, denn hier gibt er die risikorelevanten Umstände an, mit denen der VR sein Angebot kalkuliert. Anders allerdings, wenn sich der VR mit der Antragsannahme durch den VN bestätigen lässt, dass die Angaben in der invitatio zutreffend waren; dann wird die Anzeigepflicht erst mit der Antragsannahme erfüllt.

Nach Abs. 1 Satz 2 **erweitert** sich die Anzeigepflicht des VN, wenn der VR nach Abgabe von dessen Vertragserklärung (Antrag), aber noch vor Vertragsannahme (danach ist ja schon ein wirksamer Versicherungsvertrag zustande gekommen) weitere Fragen „im Sinne des Satzes 1" stellt. Dafür soll eine bloße Belehrung durch den VR, dass der VN auch solche nachgefragten Umstände anzuzeigen habe, die erst nach der Antragstellung entstanden oder ihm bekannt geworden sind, nach der Gesetzesbegründung (BT-Drs. 16/3945, 65) nicht ausreichend sein. „Fragen im Sinne des Satzes 1" sind also Fragen nach gefahrerheblichen Umständen in Textform. Stellt der VR solche (weiteren) Fragen nach Abgabe der Vertragserklärung des VN, entsteht die Anzeigepflicht nach Abs. 1 Satz 1 neu. Insoweit gelten die obigen Ausführungen. **50**

Reagiert der VN auf die mit der Police übersandte Aufforderung des VR, ihn über etwaige Unrichtigkeiten der Angaben zum Gesundheitszustand zu informieren, nicht, kann darin keine arglistige Täuschung durch Unterlassen liegen (BGH VersR 2011, 337 (338)). Denn nach Übersendung des Versicherungsscheins hatte der VR keine für den Vertragsschluss wesentliche Willenserklärung mehr abzugeben, so dass er durch Unterlassen der Richtigstellung etwaiger unrichtiger Angaben nicht mehr zu einer Annahmeerklärung bewogen werden konnte, die er bei Kenntnis des wahren Sachverhalts nicht oder nur zu anderen Konditionen abgegeben hätte. **51**

6. Neuvertrag/Vertragsänderung

Grundsätzlich gilt die Anzeigeobliegenheit bei Abschluss eines (ersten) Versicherungsvertrages (BGH VersR 2012, 1429; dazu auch BFH DStRE 2005, 1684). Problematisch kann sein, wenn die Parteien bereits einen Vertrag unterhalten und es zu Vertragsänderungen kommt; es fragt sich, ob die Anzeigepflicht insgesamt wiederauflebt oder nur partiell in Bezug auf die beantragten Änderungen gilt. **52**

a) Bloße Vertragsänderung. Ob ein neuer Vertrag begründet werden soll oder ob der frühere Versicherungsvertrag unter Wahrung seiner Identität lediglich abgeändert werden soll, kann nur im Einzelfall aufgrund des tatsächlichen Vertragswillens (OLG Hamm VersR 2021, 238; VersR 1979, 413) und nach den im Einzelfall vorliegenden Änderungsparametern (ÖOGH VersR 1986, 1248) entschieden werden (zum Problem OLG Saarbrücken NJW-RR 2007, 1398; *Langheid* NJW 2007, 3745). Bloße Anpassung, wenn der bereits vorhandene Versicherungsvertrag „unter Wahrung seiner Identität lediglich geändert werden sollte" (OLG Hamm VersR 1979, 413). Bei „Wahrung der Vertragsidentität" (OLG **53**

Hamm VersR 1976, 1032 unter Hinweis auf OLG Stuttgart VersR 1957, 78; OLG Zweibrücken VersR 1969, 245) liegt eine bloße Vertragsänderung vor, ebenso bei Erhöhung der Versicherungssumme (ÖOGH VersR 1990, 549) oder sonstigen Änderungen (BGHZ 123, 224 ff. = VersR 1993, 1089). Wird der Vertrag nur materiell geändert, liegt kein Neuabschluss vor (OLG Köln VersR 2002, 1225), wobei nicht auf die formalen Umstände abzustellen ist, sondern auf die „Art (der) angestrebten Veränderung der vertraglichen Beziehungen" (OLG Köln VersR 2002, 1225 unter Hinweis auf OLG Köln VersR 1990, 1004; BGH VersR 1990, 486; ÖOGH VersR 1990, 549). Bietet der VR anlässlich des Rücktritts von einer Berufsunfähigkeitsversicherung die Fortführung des ursprünglichen Vertrages unter Einbeziehung eines zusätzlichen Risikoausschlusses an und nimmt der VN dieses Angebot an, wird der Ursprungsvertrag zu veränderten Bedingungen weitergeführt (OLG Köln Beschl. v. 13.12.2010 und v. 19.1.2011 – 20 U 111/10; r+s 1992, 361). Stellt sich später heraus, dass der VN bei Abschluss des ursprünglichen Vertrages über weitere erfragte Gesundheitsumstände arglistig getäuscht hat, führt die Anfechtung zur Gesamtnichtigkeit des Vertrages (OLG Köln Beschl. v. 13.12.2010 und v. 19.1.2011 – 20 U 111/10).

54 Auch bei **Vertragsänderungen** gilt die Anzeigepflicht, jedenfalls für die erweiterten Leistungen: Der VN ist bis zur Abgabe seiner Vertragserklärung anzeigepflichtig (BGH r+s 1993, 475 = VersR 1994, 39; 1993, 88 = VersR 1993, 213; 1992, 395 = VersR 1992, 1089; OLG Hamm VersR 1999, 1409; OLG Saarbrücken NJW-RR 2007, 1398; VersR 1994, 847). Ob der VR bei Falschangabe im Zusammenhang mit dem Änderungsantrag vom gesamten Vertrag zurücktreten kann (so LG Hannover VersR 2002, 1225), ist fraglich; das Rücktrittsrecht gilt eher nur für die angestrebte Änderung (so jedenfalls in dem Fall BGH VersR 1993, 213; *Neuhaus* r+s 2013, 583 (589)). Die vorerwähnten Grundsätze gelten nur, soweit der VN nicht einen **Anspruch auf die Vertragsänderung** ohne erneute Gesundheitsprüfung hat (etwa bei dynamischer Lebensversicherung, BGH NJW-RR 1993, 1177 = VersR 1994, 39). Es besteht ferner keine Anzeigepflicht, wenn der VR die **Prämie gestundet** hat oder der Vertrag nach einer Kündigung wegen Prämienverzugs wieder „hergestellt" werden soll (BGH NJW-RR 1993, 1177 = VersR 1994, 39). Eine erneute Anzeigepflicht besteht auch bei einer **Reduzierung des Leistungsversprechens** nicht (BGH VersR 1994, 39).

55 **b) Neuer Abschluss.** Ein neuer Vertrag liegt vor, wenn der aus den gesamten Fallumständen zu ermittelnde Wille der Vertragsparteien darauf gerichtet ist, die vertraglichen Beziehungen auf eine selbständige neue Grundlage zu stellen und sie sich nicht damit begnügen, einzelne Regelungen des bestehenden Vertrages zu modifizieren. Für einen neuen Vertrag spricht die Veränderung wesentlicher Vertragsinhalte, zB des versicherten Risikos, des versicherten Objekts, der Vertragsdauer, der Vertragsparteien und der Gesamtversicherungssumme (BGH VersR 2011, 1563). Von einem Neuabschluss ist deshalb grds. auszugehen, wenn die Parteien „von einer Aufhebung des bisherigen Vertrages" sprechen (Prölss/Martin/*Armbrüster* § 1 Rn. 153 unter Hinweis auf OLG Köln NVersZ 2002, 469 = r+s 2002, 357 = VersR 2002, 1225). Auch wenn der VR ein erkennbares und anerkennenswertes Interesse daran hat, eine neue Gefahrenlage zum Zeitpunkt der Änderung des bisherigen Vertrages zu berücksichtigen, ist vom Abschluss eines neuen Vertrages auszugehen (BGH NJW 1993, 596 = VersR 1993, 213; OLG Hamm VersR 2021, 238; OLG Karlsruhe VersR 1990, 781; VVGE § 20

VVG Nr. 3; ÖOGH VersR 1990, 549). Das setzt allerdings voraus, dass der VN **keinen Anspruch** auf die vertragliche Anpassung auf Basis der früheren Gefahrenlage hat (Prölss/Martin/*Armbrüster* § 19 Rn. 105 unter Hinweis auf OLG Karlsruhe VersR 1992, 1250; OLG Köln VersR 1992, 1252; *Armbrüster/Schreier* VersR 2015, 1053 (1056)). Sicher liegt ein Neuvertrag vor bei neuem VN, unterschiedlicher Prämienhöhe und geänderter Versicherungssumme, anderen Versicherungsbedingungen und einem zwischenzeitlich unterbrochenen Versicherungsschutz (OLG Köln VersR 2002, 1225).

c) Wiederaufleben eines Vorvertrages. Auch bei der ausdrücklichen 56
Abrede der Vertragsschließenden, dass der ursprüngliche Vertrag aufgehoben und durch einen neuen Vertrag ersetzt werden soll, kann es durchaus zum Wiederaufleben des Ursprungsvertrages kommen (OLG Saarbrücken NJW-RR 2007, 1398 = VersR 2007, 1681; *Armbrüster/Schreier* VersR 2015, 1053 (1059); *Neuhaus* r+s 2013, 583 (589)). Wird nämlich die Vertragsänderung im Rahmen einer festen Laufzeit des Ursprungsvertrages vorgenommen und im Rahmen dieser Vertragsänderung eine Anzeigepflichtverletzung begangen, dann kann – jedenfalls bei einer begründeten Anfechtung wegen arglistiger Täuschung – die Anfechtung auch die **konkludente Aufhebung des Ursprungsvertrages** erfassen, § 139 BGB, mit der Folge, dass der Ursprungsvertrag mit seiner festen Laufzeit (in der dann der Versicherungsfall eingetreten war) wiederaufleben kann. In diesem Fall ist zu prüfen, ob die Anfechtung des Neuvertrages auch zur Anfechtung des stillschweigend abgeschlossenen Aufhebungsvertrages bzgl. des Altvertrages führt oder ob gemäß § 139 Alt. 2 BGB die Anfechtung die Aufhebungsvereinbarung in Bezug auf den Ursprungsvertrag nicht erfassen soll. Diese Grundsätze gelten sinngemäß auch bei einem Rücktritt.

7. Textform

Textform bedeutet gem. § 126b BGB, dass die Fragen des VR auch in einer 57
„zur dauerhaften Wiedergabe in Schriftzeichen geeigneten Weise" gestellt werden können. Ein dauerhafter Datenträger liegt vor, wenn die Daten in einer Weise **gespeichert** werden, dass sie jederzeit **zugänglich** sind und **unverändert wiedergegeben** werden können. Soweit nach § 126b BGB die Person des Erklärenden genannt und der Abschluss der Erklärung in geeigneter Weise erkennbar gemacht werden muss, ist das auf die in Abs. 1 Satz 1 angeordnete Textform der Antragsfragen nicht anwendbar, weil Aufgabe der Antragsfragen in Textform ist, Missverständnisse in Bezug auf die Gefahrrelevanz der Fragen zu vermeiden (BT-Drs. 16/3945, 64). Ein Text in einem **Notebook** genügt, auch wenn er nur vorgelesen wird, wenn der Text ausgedruckt oder gespeichert werden kann (KG VersR 2014, 1357; ebenso *Marlow/Spuhl* Rn. 159; dagegen Schwintowski/Brömmelmeyer/*Härle* § 19 Rn. 25; problematisiert auch von *Karczewski* r+s 2012, 521). Entsprechende Fragen stellen sich beim **Tele-Underwriting** (also der Abfrage von Gesundheitsfragen per Telefon mit anschließender Übersendung des Protokolls zwecks Prüfung und Gegenzeichnung (OLG Brandenburg r+s 2020, 145, Einzelheiten bei *Bornemann/Schwer/Hefer* VW 2008, 574 ff., 676 ff.). Auch hier wird das Textformerfordernis erfüllt, denn der Antragsteller hat dann immer noch die Möglichkeit, seine Angaben zu überprüfen, zu korrigieren oder deren Richtigkeit zu bestätigen (anders *Marlow/Spuhl* Rn. 159: „kein Aufforderungscharakter").

58 Der **Online-Abschluss** erfordert ebenfalls, dass die Antragsfragen auf einem **dauerhaften Datenträger** jederzeit abrufbar zugänglich gemacht werden. Hier genügt die bloße Möglichkeit zur Einsicht nicht, sondern es bedarf einer Vorrichtung zur Speicherung und Wiedergabe. Dazu ist zunächst einmal das Download geeignet, aber auch CD-Roms, USB-Sticks, Speicherkarten, Festplatten o.ä. Auch wechselseitige E-Mail-Korrespondenz genügt. Eine „nur Lese"-Version genügt aber nicht (BGH VersR 2014, 838 mAnm *Reiff;* BGH NJW 2010, 3566; OLG München VersR 2017, 1270). Auch eine **Website** selber kann ein dauerhafter Datenträger sein, wenn der Versicherungsnehmer die dortigen Informationen über eine angemessene Dauer hinweg einsehen kann und ihm die unveränderte Wiedergabe gespeicherter Informationen möglich ist, ohne dass ihr Inhalt durch den Versicherer oder seinen Administrator einseitig geändert werden kann (EuGH BKR 2017, 304; EFTA-Gerichtshof VersR 2010, 793 ff. mAnm *Reiff*). Da die technischen Anforderungen an den dauerhaften Datenträger nicht allzu hoch sind (Speicherung, Zugang, unveränderte Wiedergabe) sollte die Informationstechnologie imstande sein, adäquate Lösungen zu liefern (etwa dergestalt, dass eine Vertragserklärung nur abgegeben werden kann, wenn alle Voraussetzungen dafür (Antragsfragen, Informationserteilung nach §§ 7 ff. etc) in einer gesetzeskonformen Weise mit Zugangsnachweis sichergestellt sind. Ferner ist für den **elektronischen Geschäftsverkehr** allgemein § 312i BGB zu beachten, nach dem Eingabefehler erkennbar und korrigierbar sein müssen, der technische Ablauf iSd § 246c EGBGB nachvollziehbar dargestellt werden muss, der Zugang der „Bestellung" des Kunden zu bestätigen ist und dem Kunden die Möglichkeit verschafft werden muss, die Vertragsbestimmungen abzurufen und wiedergabefähig zu speichern. (zu den Problemen beim Onlineabschluss *Armbrüster* r+s 2017, 57; *Goretzki* VersR 2018, 1; *Schmitz-Elvenich/Krokhina* VersR 2018, 129; weitere Einzelheiten bei §§ 6a, 7a–d).

8. Fragen des Versicherers

59 Auch bei einer von Dritten für den VR entwickelten Software für einen Online – Antrag handelt es sich um schriftliche **Fragen des VR,** wenn keine Anhaltspunkte vorliegen, dass das Online – Antragsformular „nicht mit Kenntnis und Billigung" des VR verwandt wird (OLG Dresden VersR 2018, 801). Dem **Textformerfordernis** kann auch dadurch genügt werden, dass der Agent die Antworten auf mündlich (auch telefonisch) gestellten Fragen in ein Formular aufnimmt und dieses dem VN zur Durchsicht noch einmal vorlegt (OLG Brandenburg r+s 2020, 145). Auch bei Verwendung eines **Maklerfragebogens** handelt es sich bei den dort gestellten Gefahrumstandsfragen um Fragen des VR iSd § 19 Abs. 1 Satz 1 (anders OLG Hamm VersR 2011, 469; dagegen *Langheid* NJW 2011, 3265), erst recht, wenn der VR sich diese vor oder auch nach Beantwortung der Fragen „zu Eigen macht". Für das notwendige Zueigenmachen soll es nach OLG Hamm (aaO) nicht ausreichen, dass die Verwendung von Maklerfragebögen branchenüblich ist. Selbst ein **Rahmenabkommen** zwischen VR und Makler, in dem Gegenstand und Umfang der Risikoerfassung festgelegt werden, soll nicht genügen. Vielmehr müsse für den VN selbst bei der Antragsaufnahme ersichtlich sein, dass es sich um Fragen des VR handelt (anders allerdings schon OLG Hamm, Beschl. v. 21.11.2012 – I-20 U 88/12; so auch *Schimikowski* r+s-Beilage 2011, 96 (101)). Ungeachtet, dass allein die Akzeptanz eines Maklerfragebogens durch den VR und dessen Nutzung als Grundlage für die Annahmeentscheidung ein

hinreichendes Zueigenmachen seitens des VR darstellen, sind AGB-rechtlich AVB eines Maklers dann als *vom VR gestellt* anzusehen, wenn sie den üblichen Bedingungen des VR entsprechen. Für Maklerfragebögen kann nichts abweichendes gelten (zustimmend *Neuhaus* VersR 2014, 432 =ausreichend, dass die Fragen inhaltlich auf den Versicherer zurückgehen, ohne dass dies für den VN erkennbar sein muss; ebenso OLG Köln VersR 2013, 745 und VersR 2015, 477; KG VersR 2014, 1315).

9. Antragsprüfung

a) Bestandskräftiger Versicherungsschutz. Durch die Beantwortung der Antragsfragen soll der VR in die Lage versetzt werden, das Risiko zutreffend einzuschätzen (→ Rn. 2 f.). Der Antragsteller soll alsbald Klarheit darüber erlangen, ob und zu welchen Bedingungen er Versicherungsschutz erlangt; eine oberflächliche Antragsprüfung durch den VR kann nicht dazu führen, dass erst nach dem Eintritt eines Versicherungsfalles eine genaue Antragsprüfung stattfindet und damit erst jetzt die wirkliche Annahmeentscheidung fällt. Eine sofortige und umfassende Antragsprüfung soll daher voraussehbar zu einem bestandskräftigen Versicherungsschutz führen, jedenfalls für einen die Antragsfragen korrekt beantwortenden Antragsteller (BGH NJW 1996, 1409 = VersR 1996, 486; NJW 1994, 1534 = VersR 1994, 549; deswegen hält der BGH nach gemeldetem Versicherungsfall auch solche **Aufklärungsobliegenheiten** des VN für wirksam, die dem VR **Gelegenheit zu der Überprüfung** geben sollen, ob der VN bei Vertragsschluss seine Anzeigepflichten ordnungsgemäß erfüllt hat, BGH NJW 2017, 1391 mit Anm. *Looschelders* 1396 = VersR 2017, 469 mit Anm. *Wandt* 458; zum Problem ferner KG VersR 2014, 1191; *Wandt* VersR 2017, 458; → § 14 Rn. 6; Langheid/Wandt/*Fausten* § 14 Rn. 22). 60

b) Nachfrageobliegenheit. Deshalb muss der VR sich **alsbald erkundigen,** wenn er (oder sein Versicherungsvertreter) Kenntnis von Umständen erlangt, die eine Anzeigepflichtverletzung als möglich erscheinen lassen (BGH VersR 2008, 668; VersR 2007, 1256; NJW-RR 2008; 979; r+s 2008, 234; r+s 2011, 324; NJW 1992, 2506 = VersR 1992, 603; VersR 1991, 170; BGHZ 108, 326 = NJW 1990, 47 = VersR 1989, 1249; NVersZ 1999, 70 = VersR 1999, 217 zu einer erkennbar unzureichenden Auskunft des Hausarztes – nur Angaben zum Behandlungsbeginn – und zu der Möglichkeit des VR, – auch wiederholt – nachzufragen). Die Erkundigungsobliegenheit des VR hat nicht nur Einfluss auf den Lauf der Monatsfrist, sondern es kann dem VR nach Treu und Glauben später verwehrt sein, ein Anfechtungs- oder Rücktritts- oder Kündigungsrecht auszuüben, wenn er eine vor Vertragsschluss gebotene Risikoprüfung unterlässt, so dass die Rspr. von einer **Nachfrageobliegenheit des VR** spricht (BGH NVersZ 1999, 70 = VersR 1999, 217; OLG Brandenburg r+s 2019, 646; OLG Düsseldorf BeckRS 2019, 14298; OLG Hamburg r+s 2019, 577; Hamm r+s 2012, 612; VersR 2009, 1649; OLG Karlsruhe VersR 2010, 1641: auch des Direktversicherers; OLG Saarbrücken VersR 2005, 929 (932); Unterlassen der Nachfrage hindert Arglistanfechtung nicht, OLG Schleswig, NJW-RR 2020, 1294; zur Nachfrageobliegenheit bei arglistiger Täuschung → § 22 Rn. 15 f.). 61

Die Nachfrageobliegenheit entsteht nur, wenn die Angaben des VN entsprechende Erkundigungen des VR nahelegen (OLG Saarbrücken r+s 2020, 469). Es liegt kein Rechtsmissbrauch vor, wenn der VR zeitgleich mit der (vorsorglich erklärten) Antragsannahme entsprechende Nachforschungen aufnimmt (ebenso 62

Prölss/Martin/*Armbrüster* § 19 Rn. 98; zust. Beckmann/Matusche-Beckmann VersR-HdB/*Knappmann* § 14 Rn. 76; in diese Richtung auch BGH VersR 1999, 217 = NVersZ 1999, 70; aA BK/*Voit* § 16 Rn. 94).

63 Die Rspr. des BGH zur Nachfrageobliegenheit zwecks Erhaltung des Rücktrittsrechts hat im Schrifttum unterschiedliche Resonanz erfahren (vgl. zunächst *Lorenz* VersR 1993, 513 und VersR 1993, 871; *Langheid/Müller-Frank* NJW 1993, 2652 (2655); scharf abl. *Dreher* JZ 1992, 926; zust. dagegen *Dehner* NJW 1992, 3009). In Ansehung der Kritik hat BGH NJW 1995, 401 = VersR 1995, 80 klargestellt, dass es sich bei der Nachfrageobliegenheit des VR nicht um eine gegenüber dem VN zu erfüllende Pflicht handelt, sondern eben um eine tatsächliche Obliegenheit des VR zur Erhaltung eines eventuellen Rücktrittsrechts. Nach BGH VersR 1995, 901 = NJW-RR 1995, 982; OLG München VersR 1998, 1361 bedarf es allerdings keiner ergänzenden Rückfrage des VR, wenn klare Fragen ebenso klar (aber falsch) beantwortet werden: Sinn und Zweck der Nachfrageobliegenheit dienen nicht der Überprüfung der Wahrheitsliebe des VN, sondern der baldigen Klärung bezüglich voraussehbar bestandskräftigen Versicherungsschutzes (zum Problem vgl. ferner *Lücke* VersR 1996, 785 (790); BK/*Voit* § 16 Rn. 91; Bruck/Möller/*Rolfs* § 19 Rn. 91 ff.).

64 Nach höchstrichterlicher Rspr. muss der VR jedenfalls dann weitere Sachaufklärung betreiben, wenn er **ernsthafte Anhaltspunkte** dafür hat, dass die bislang erteilten Auskünfte noch nicht abschließend oder nicht vollständig richtig sein können. Die bloße Angabe eines behandelnden Arztes ist noch nicht ausreichend, den VR zu einer entsprechenden Nachfrage zu veranlassen, wohl aber die Kenntnis des VR davon, dass der angegebene Arzt den Antragsteller akut behandelt, die behandelte Krankheit aber nicht angegeben wird (zu weit dagegen, wenn der VR nur deswegen schon weiter aufklären muss, weil der Versicherungsvertreter auf den sich einer Massagebehandlung unterziehenden Antragsteller warten musste; damit ist der Außendienst glatt überfordert. Vielmehr sollte die die Massage erforderlich machende Grunderkrankung angabepflichtig sein). Nach BGH NJW 1995, 401 = VersR 1995, 80 liegt ohne Ursachenaufklärung tatsächlich angegebener Rückenschmerzen jedenfalls in der Personenversicherung regelmäßig keine ordnungsgemäße Risikoprüfung vor. Ebenso, wenn Antworten nicht eindeutig waren (zB die Angabe „Bagatellerkrankung", OLG Hamm VersR 2003, 758) und sich danach aufdrängte, dass der VN unter einem erheblichen Leidensdruck (psychovegetative Erschöpfung) gestanden hat und hinsichtlich weiterer Informationen auf den Hausarzt verwiesen wird, der zuvor organische Ursachen weitestgehend ausgeschlossen hat (OLG Hamm NVersZ 2000, 166 = VersR 2000, 878). Auch wird eine Nachfrageobliegenheit durch eine offensichtliche Diskrepanz ausgelöst (wenn nach Bandscheiben-OP keine Beschwerden mehr aufgetreten sein sollen, gleichzeitig aber ein Attest vorgelegt wird, nach dem (erst) mehr als ein Jahr nach der Operation keine wesentlichen Beschwerden mehr bestanden, OLG Nürnberg VersR 1999, 609 = NVersZ 1999, 68 mAnm *Langheid* NVersZ 1999, 155). Rückfragen können auch dann geboten sein, wenn der VN in einem BUZ-Antrag die Frage des VR, ob anderweitig beantragte Lebensversicherung zu erschwerten Bedingungen angenommen, zurückgestellt oder abgelehnt worden seien oder ob über einen solchen Antrag noch nicht endgültig entschieden worden sei, wahrheitsgemäß unter Benennung des anderweitigen VR und des Zeitpunktes bejaht hat (OLG Koblenz r+s 1998, 50). Keine Nachfragepflicht bei Angabe einer bestehenden, ärztlich behandelten Neurodermitis und gleichzeitigem Verschweigen einer daraus abgeleiteten Asthmaerkrankung mit Behandlungen bei anderen Ärzten (BGH VersR 2011, 909; *Karczewski* r+s 2012, 521).

65 **c) Leistungsausschluss für Vorerkrankung.** Nach einer inzwischen älteren Rechtsprechung kann der VR sich seiner Antrags- und der damit verbundenen Risikoprüfung auch nicht dadurch entziehen, dass er formularmäßig **Leistungsausschlüsse für Vorerkrankungen** vorsieht (vgl. BGH VersR 1996, 486 = NJW 1996, 1409 für die Restschuldversicherung; BGH NJW 1994, 1534 = VersR 1994, 549 für die Reisekrankenversicherung; mAnm *Prölss* VersR 1994, 1216 und *Wriede* VersR 1996, 1473; dazu *Langheid/Müller-Frank* NJW 1995, 2892 (2899); *dies.* NJW 1996, 3122 (3124 und 3129); ferner BGH VersR 2007, 1690 ff. zur Frage des Leistungsausschlusses bei Invalidität wegen angeborener oder im ersten Lebensjahr auftretender Krankheiten; OLG Brandenburg VersR 2007, 1071; OLG Dresden VersR 2006, 61 ff.; OLG Düsseldorf VersR 1995, 34; OLG Frankfurt a. M. VersR 2000, 1135; OLG Hamm VersR 1995, 64; OLG Koblenz VersR 2008, 383; OLG Köln VersR 1991, 1381; OLG Saarbrücken VersR 2008, 621). Die Rspr. sieht in der Vereinbarung eines formularmäßigen Leistungsausschlusses anstelle einer ordnungsgemäßen Risikoprüfung eine Abweichung von dem Grundgedanken der §§ 19 ff., die als dem VN nachteilig gemäß § 32 unwirksam sei.

66 Die beiden Ausgangsurteile des BGH überzeugen letztlich nicht (weitere Einzelheiten bei → Rn. 150 ff.): Einen dem VN bei Antragstellung **unbekannten,** objektiv aber schon vorliegenden Gefahrumstand könnte der VR auch bei ordnungsgemäßer Risikoprüfung nicht erkennen, ein unbekannter Umstand kann nicht angezeigt und daher auch nicht in die Annahmeentscheidung des VR einbezogen werden. Ein entsprechender Leistungsausschluss für unbekannte Gefahrumstände kann daher auch nicht gegen die Grundsätze ordnungsgemäßer Risikoprüfung verstoßen (*Prölss* VersR 1994, 1216 (1217), der allerdings eine Unwirksamkeit über § 307 Abs. 1 Satz 1 BGB annehmen will; *Wriede* VersR 1996, 1473 spricht unter IV. davon, dass solche Umstände durchaus „zur Disposition der Vertragsparteien stehen" können. Allerdings verstieße eine Ausschlussklausel für „alte Leiden" insgesamt gegen das Aushöhlungsverbot und sei deswegen unwirksam). Außerdem diskutierte der BGH die „Leistungsfreiheit" des VR, die sich als Sanktion einer „Anzeigeobliegenheitsverletzung" ergeben könne (die bei unbekannten Gefahrumständen aber nicht denkbar sei; BGH VersR 1994, 594 unter 2.c = NJW 1994, 1534), übersah dabei aber, dass das geschützte Rechtsgut der Anzeigepflicht und der Risikoprüfung der Fortbestand des Versicherungsvertrages ist (und auch seinerzeit schon war) und die Sanktion der Anzeigepflichtverletzung nicht die Leistungsfreiheit – eventuell ist ja gar kein Versicherungsfall eingetreten –, sondern der Rücktritt ist. Auch § 307 Abs. 1 Satz 1 oder § 307 Abs. 2 Nr. 1 oder 2 BGB dürften nicht zur Unwirksamkeit des Vorerkrankungsausschlusses führen, weil es dem VR unbenommen bleiben muss, schon vor Beginn des Vertrages angelegte Versicherungsfälle von seiner Leistungspflicht auszunehmen.

67 Soweit die höchstrichterliche Rspr. Klauseln, die an dem VN bei Antragstellung **bekannte Umstände** anknüpfen, für unbedenklich hält, weist *Wriede* (VersR 1996, 1473) darauf hin, dass eine Unwirksamkeit über § 34a aF (jetzt § 32) allenfalls für solche, dem VN bei Antragstellung bekannten Gefahrumstände in Betracht kommt. Aber auch das überzeugt letztlich nicht (vgl. OLG Dresden VersR 2006, 61 ff.), weil es keinen Unterschied machen kann, ob der VR die

gefahrerheblichen Umstände nach Anzeige durch den Antragsteller (zu der dieser verpflichtet ist) ausschließt oder den Vertrag gar nicht erst annimmt (dann genießt der VN überhaupt keinen Versicherungsschutz) oder ob generell alle bekannten Vorerkrankungen ausgeschlossen sein sollen (wobei dem VR ohnehin keine Rückwärtsdeckung für bekannte Risiken zuzumuten ist, worauf auch der BGH hinweist, NJW 1994, 1534 = VersR 1994, 549 unter 2.a).

68 Ein genereller Leistungsausschluss im Zusammenhang mit der **Unversicherbarkeit bestimmter Personen oder Risiken** sollte trotz der zuvor referierten Rspr. möglich sein, weil nahezu alle Kriterien der Versicherbarkeit im Zusammenhang mit der Antragsprüfung individuell abgefragt, überprüft und ggf. mit einem individuellen Leistungsausschluss belegt werden können. Insoweit ist die Wirksamkeit von Klauseln, die grds. die Versicherbarkeit verneinen, nicht in Frage gestellt worden (vgl. etwa § 3 AUB 88, wonach dauernd pflegebedürftige Personen sowie Geisteskranke nicht versicherbar und trotz Beitragszahlung auch nicht versichert sind; akzeptiert von BGH VersR 1989, 31). Zur Begründung wird darauf hingewiesen, dass es sich bei einem solchen grundsätzlichen **Ausschluss der Versicherbarkeit** um eine konkrete Ausgestaltung des § 80 (fehlendes versichertes Interesse) handele. Warum dies bei dem Ausschluss von Vorerkrankungen anders sein soll, bleibt ungeklärt.

69 Weil bei einer **vorläufigen Deckungszusage** regelmäßig keine Antragsprüfung möglich ist, sondern – im Gegenteil – die vorläufige Deckung dazu dient, den Antragsteller zunächst (vorläufig) abzusichern, während der VR das Risiko prüft, ist ein Leistungsausschluss für Vorerkrankungen bei einer vorläufigen Deckungszusage möglich und wirksam (OLG Hamm NVersZ 2000, 517 für die Lebensversicherung; zu Recht weist das Gericht darauf hin, dass der VR „ein berechtigtes Interesse" daran habe, „nicht schlechter zu stehen, als er nach ordnungsgemäßer Risikoprüfung stünde"; zu den Besonderheiten der vorläufigen Deckung vgl. auch BGH VersR 1999, 1266 = NVersZ 2001, 471; VersR 1995, 82 = NJW 1995, 598).

IV. Folgen der Anzeigepflichtverletzung (Abs. 2)

1. Unterlassung/positive Verletzung

70 Mit der VVG-Reform ist § 17 aF weggefallen, der neben dem Fall der **Unterlassung** einer zutreffenden Angabe in § 16 Abs. 1 Satz 1 aF ein Rücktrittsrecht des VR für den Fall vorsah, dass über einen erheblichen Umstand positiv eine **unrichtige Anzeige** gemacht wurde. Das sieht der Gesetzgeber als von Abs. 1 erfasst, ohne dass es der Klarstellung im früheren § 17 Abs. 2 aF (kein Rücktritt bei bekannter Unrichtigkeit oder unverschuldeter Anzeigepflichtverletzung) bedürfe (siehe insoweit § 19 Abs. 5 Satz 2, wonach die Rechte nach den Abs. 2–4 unter anderem dann ausgeschlossen sind, „wenn der Versicherer den nicht angezeigten Gefahrumstand oder die Unrichtigkeit der Anzeige kannte").

2. Anzeigepflichtverletzung

71 Das Rücktrittsrecht des VR knüpft daran an, dass „der Versicherungsnehmer seine Anzeigepflicht nach Abs. 1 verletzt". Das sanktionierte Unterlassen der Anzeige eines gefahrerheblichen Umstandes erfasst das **Verschweigen** gefahrerheblicher Umstände einerseits, andererseits aber auch die (positive) Angabe

unrichtiger Umstände. Der Antragsteller darf also weder gefahrerhebliche Umstände (etwa durch Verneinung entsprechender Antragsfragen nach ärztlichen Behandlungen oder Vorerkrankungen) verschweigen, noch darf er solche Umstände beschönigen (indem er zB eine Arztbehandlung angibt, Diagnose und Therapie aber verharmlost), noch darf er die Risikosituation (zB durch die Verneinung vorhandener Beschwerden oder die unzutreffende Behauptung, er sei als aktiver Sportler kerngesund) falsch darstellen (vgl. auch Bruck/Möller/*Rolfs* § 19 Rn. 79). Gibt der VN Antworten, die nicht eindeutig verständlich sind (indem er die in den Antragsformularen regelmäßig vorgesehenen Antwortkästchen ankreuzt oÄ), muss die Antwort **ausgelegt** werden, wobei der Gesamtzusammenhang zu berücksichtigen ist (BGH NJW-RR 1997, 277 = VersR 1997, 442). Zur Auslegung von „Bagatellerkrankungen" auf Gesundheitsfragen im Versicherungsantrag OLG Hamm VersR 2003, 758. Eine Falschbeantwortung liegt immer dann vor, wenn die Antwort des VN dazu führt, dass der VR entgegen Sinn und Zweck der vorvertraglichen Anzeigepflicht das Risiko nicht richtig einstufen kann (vgl. etwa KG VersR 1997, 94; OLG Frankfurt a. M. NVersZ 2000, 130; OLG Hamm r+s 1991, 402; OLG Karlsruhe r+s 1995, 196; OLG Celle VersR 2001, 357 zu § 22; OLG Jena VersR 1999, 1526 zum Verschweigen von Vorerkrankungen; OLG München VersR 2000, 711; VersR 1998, 1361 mAnm *Müller-Frank/Scherff*). Bei **mehreren** VN bleibt die Anzeigepflichtverletzung des einzelnen folgenlos, wenn sie von einem anderen vollständig erfüllt wird, § 19 Abs. 5 Satz 2 (Bruck/Möller/*Rolfs* § 19 Rn. 19).

a) Verschweigen von zutreffenden Angaben. Die Verletzung der Anzeigepflicht kann also zunächst dadurch begangen werden, dass trotz entsprechender Fragen des VR gefahrerhebliche Umstände *nicht* angezeigt werden. Wird etwa nach Vorerkrankungen gefragt und gibt der Kläger hier nichts an, verschweigt er relevante Umstände. Darin liegt eine Form der Anzeigepflichtverletzung, die von Abs. 2 erfasst wird. 72

b) Anzeige von unzutreffenden Umständen. Die Verletzung kann aber auch darin liegen, dass nichts verschwiegen, sondern etwas **Falsches angegeben** wird. Gibt der Kläger nur irrelevante Vorerkrankungen an, liegt auch darin eine Anzeigepflichtverletzung. Die Grenzen sind verschwommen; so kann das Verschweigen von Umständen auch positiv erklärt werden, indem die Frage nach Vorerkrankungen nicht offen gelassen, sondern unrichtig mit „nein" beantwortet wird. In der bloßen Angabe von nicht gefahrerheblichen Vorerkrankungen liegt zugleich ein Verschweigen der relevanten Umstände. Jedenfalls heißt es in der Gesetzesbegründung (BT-Drs. 16/3945, 65): „Die Anzeigepflicht ist auch dann verletzt, wenn der Versicherungsnehmer eine Frage des Versicherers unrichtig beantwortet, da er in diesem Fall einen für den Versicherer erheblichen Umstand nicht anzeigt. Einer ausdrücklichen Klarstellung im Gesetz entsprechend § 17 VVG bedarf es im Hinblick auf den neuen Wortlaut des Absatzes 1 hier – anders als bei Absatz 5 Satz 2 – nicht". 73

c) Stellen der Antragsfragen in Textform. Tatbestandliche Voraussetzung für eine Anzeigepflichtverletzung ist, dass der VR nach gefahrerheblichen Umständen in Textform gefragt hat (zu Maklerfragen → Rn. 18, 56) und in diesem Zusammenhang eine ausreichende **Kenntnisnahme** des Antragstellers von den **Antragsfragen** möglich war (BGH VersR 1996, 1529 (1530); VersR 1991, 575 (576); VersR 1990, 102 (103); NJW-RR 1994, 1049; → Rn. 19). 74

75 Außerdem müssen die Fragen in Textform dem Antragsteller auch als solche gestellt werden (zum Problem *Neuhaus* VersR 2012, 1477). Werden textlich fixierte Antragsfragen im Antragsgespräch (etwa vom Arzt oder vom Versicherungsvertreter) **lediglich vorgelesen,** muss dies einer eigenen Lektüre des Fragentextes gleichzusetzen sein; das ist nur dann der Fall, wenn das Durchgehen des Fragebogens sorgsam und ohne Zeitdruck erfolgt und durch klärende Rückfragen ergänzt werden kann (BGH NJW-RR 1994, 1049; VersR 1991, 575; NJW 1990, 767; VersR 1990, 1002 (1003)). Füllt der Vertreter den Fragenkatalog aus, um ihn anschließend lediglich zur Unterschrift und nicht auch zur adäquaten Durchsicht vorzulegen, sind die Fragen nicht zur Kenntnis des VN gelangt (BGH NJW-RR 1994, 1049; VersR 1991, 575). Gleiches soll für einen Analphabeten gelten (OLG Hamm r+s 1990, 146 (bedenklich, weil dieser nur mündlich befragt werden kann)). Wird beim Vorlesen des Fragenkataloges die schriftliche Frage umformuliert und dadurch **inhaltlich verändert,** ist die angeordnete Textform verletzt (anders noch nach altem Recht: Es galt die schriftliche Frage in der veränderten mündlichen Form als gestellt, vgl. Prölss/Martin/*Prölss* VVG, 27. Aufl. 2004, §§ 16, 17 Rn. 29; BK/*Voit* § 16 Rn. 38; aber so zu Unrecht auch noch für das geltende Recht Bruck/Möller/*Rolfs* § 19 Rn. 34; wie hier *Neuhaus* VersR 2012, 1477).

76 **Unklare Fragen** und ein darauf zurückzuführendes Unverständnis des Antragstellers können schon tatbestandlich eine Anzeigepflicht ausschließen (OLG Hamm r+s 1994, 122; r+s 1993, 351; evtl. müssen die Fragen ausgelegt werden, *Römer* r+s 1998, 45 (46)). Die Anforderungen an die Verständnisfähigkeit des VN dürfen nicht zu niedrig angesetzt werden (nach BGH VersR 2005, 639 (zur Klauseltransparenz) kann dem VN nicht „jedes eigene Nachdenken erspart" werden; *Marlow/Spuhl* Rn. 161 f.; diff. Schwintowski/Brömmelmeyer/*Härle* § 19 Rn. 39 ff.). Sprachunkundige Ausländer müssen sich den Fragetext ggf. übersetzen lassen (BGH BB 1993, 1053; OLG Hamm VersR 2016, 580; ebenso Blinde oder Analphabeten OLG Karlsruhe VersR 1983, 169). Soweit OLG Oldenburg VersR 1994, 1169 die Frage nach „gewohnheitsmäßiger" Medikamenteneinnahme wegen des damit verbundenen Werturteils für unklar und nicht deutlich genug definiert erklärt, ist dem nicht zu folgen, weil die Frage auf Quantität und Regelmäßigkeit abstellt, was mit einer moralischen Beurteilung nichts zu tun hat (ebenso BK/*Voit* § 16 Rn. 33; **aA** Beckmann/Matusche-Beckmann VersR-HdB/*Knappmann* § 14 Rn. 33 und *Karczewski* r+s 2012, 521, die aber zu Unrecht davon ausgehen, solche Fragen würden dem VN Wertungen abverlangen). Nicht gefolgt werden kann auch OLG Köln VersR 1997, 1262, wonach die in der Krankenversicherung übliche Frage nach Krankheiten und Beschwerden nicht die Sprachentwicklungsstörungen eines Kleinkindes erfassen soll (obwohl dies zumindest indizierende Umstände sind). Wird zeitlich unbegrenzt nach Krankheiten gefragt und gleichzeitig nach ärztlicher Behandlung innerhalb der letzten fünf Jahre, soll keine Anzeigepflichtverletzung vorliegen, wenn länger als fünf Jahre zurückliegende Krankheiten nicht angegeben werden (OLG Oldenburg r+s 1998, 127 = VersR 1998, 835). Eindeutig ist die Frage nach dem Verlust eines Bootes, weil ein Verlust nicht nur durch Havarie, sondern auch durch Diebstahl erlitten werden kann (BGH VersR 1990, 384).

77 Letztlich nicht problematisch ist das Textformerfordernis beim Online-Vertrieb, da auch die Informationserteilung gemäß § 7 (zu den Informationspflichten des VR → § 7 Rn. 16 ff.) über elektronische Medien wie Websites, Online-Portale

oder auch sog Apps jedenfalls dann erfolgen kann, wenn die Vorgaben der §§ 6a ff. bzw. § 312i BGB erfüllt sind (zum Problem → Rn. 57).

d) Nichtbeantwortung/Streichungen. Eine Nichtbeantwortung von Antragsfragen wird idR als **Verneinung** anzusehen sein (OLG Frankfurt a. M. VersR 1993, 568; OLG Karlsruhe VersR 1986, 1979; aA Bruck/Möller/*Rolfs* § 19 Rn. 82; Prölss/Martin/*Armbrüster* § 19 Rn. 86; BK/*Voit* § 16 Rn. 65; Beckmann/Matusche-Beckmann VersR-HdB/*Knappmann* § 14 Rn. 45). Das muss jedenfalls dann gelten, wenn die AVB vorsehen, dass die Nichtbeantwortung einer Verneinung gleichstehen soll (Prölss/Martin/*Armbrüster* § 19 Rn. 86; BK/*Voit* bezweifelt unter Hinweis auf § 308 Nr. 5 Hs. 1 und § 309 Nr. 12 BGB die Wirksamkeit einer solchen Klausel). 78

Jedenfalls die **Streichung** stellt eine **Verneinung** dar (Prölss/Martin/*Armbrüster* § 19 Rn. 87; BK/*Voit* § 16 Rn. 66, dort auch zur Streichung der gesamten Frage: dann Nachfrageobliegenheit des VR; so auch Beckmann/Matusche-Beckmann VersR-HdB/*Knappmann* § 14 Rn. 45). In Frage kommt in vergleichbaren Fällen stets die Pflicht des VR zur **Nachfrage** (→ Rn. 60 ff.). Jedenfalls beim Offenlassen von Fragen könnte sich daraus die zur Nachfrageobliegenheit des VR führende Unklarheit ergeben. Das kann selbst bei Streichungen der Fall sein, wenn diese in klarem Widerspruch zu anderen Angaben stehen. 79

e) Blankounterschrift. Leistet der VN eine Blankounterschrift vor dem Ausfüllen des Fragebogens durch den Vertreter und beantwortet dieser die Risikofragen dann falsch, liegt eine dem VN zuzurechnende Falschbeantwortung vor (OLG Frankfurt a. M. VersR 1994, 713; r+s 1991, 430; ebenso OLG Hamm r+s 1989, 370, wonach eine dem VN zuzurechnende Falschbeantwortung bereits dann vorliegt, wenn dieser die Frage bewusst unbeantwortet lässt und diese nachträglich ohne seinen Willen und sein Wissen vom Vertreter falsch beantwortet wird; vgl. ferner OLG Celle r+s 1988, 24; anders OLG Köln r+s 1993, 474 für den Fall, dass das vom VN mit einer Blankounterschrift versehene und anschließend vom Vertreter ausgefüllte Formular dem VN nicht zum ordnungsgemäßen Durchlesen zur Verfügung gestellt wird und zur Zeit der Unterschrift noch gar keine, also auch keine unrichtigen Antworten enthielt (→ Rn. 139); ähnlich bei „blinder" Unterschrift von Falschangaben, OLG Schleswig NJW-RR 2020, 1294; diff. BK/*Voit* § 16 Rn. 79 f.; Bruck/Möller/*Rolfs* § 19 Rn. 86; Beckmann/Matusche-Beckmann VersR-HdB/*Knappmann* § 14 Rn. 82). 80

3. Rücktritt

Gemäß § 193 Abs. 1 349 BGB ist der Rücktritt gegenüber „dem anderen Teil" zu erklären, das ist zunächst in jedem Fall der VN (BT-Drs. 16/3945, 65). Daneben sollten Drittbeteiligte jedenfalls abschriftlich unterrichtet werden, etwa Versicherte gemäß § 193 Abs. 1. In Bezug auf die einzuhaltenden Fristen und die weiteren Bedingungen für den Rücktritt wird auf die Kommentierung zu § 21 verwiesen. 81

4. Rücktrittsfolgen

a) Rückgewährschuldverhältnis. Durch den Rücktritt wird der Vertrag ex tunc beseitigt. Im Übrigen bestimmen sich die Wirkungen des Rücktritts nach § 346 BGB, also grds. Rückgewähr der empfangenen Leistungen. Ausnahme ist die an den VR geleistete Prämie. § 39 Abs. 1 Satz 2 bestimmt insoweit, dass die 82

Prämie pro rata temporis dergestalt bezahlt wird, dass dem VR die Prämie bis zum Wirksamwerden der Rücktrittserklärung zusteht.

83 **b) Wiederaufleben des Altvertrages.** Bei einer bloßen Vertragsänderung besteht die Anzeigepflicht nur in Bezug auf die beantragten Leistungserweiterungen, so dass ein etwaiges Rücktrittsrecht auch nur insoweit besteht, als sich der Leistungsumfang verändert hat (BGHZ 123, 224 ff. = VersR 1993, 1089). Handelt es sich hingegen um einen Neuabschluss, besteht die Anzeigepflicht insgesamt, so dass ein wirksamer Rücktritt den neuen Vertrag auch insgesamt wieder beseitigt. Für die Frage, ob eine bloße Vertragsänderung oder eine Novation vorliegt, ist auf den tatsächlichen Vertragswillen abzustellen (OLG Hamm VersR 1979, 413) und auf die vorliegenden Änderungsparameter (ÖOGH VersR 1986, 1248). Es kommt auf eine Gesamtwertung an (BGH r+s 1989, 22; OLG Köln VersR 2002, 1225), wobei Art und Gewicht der Änderungen von großer Bedeutung sein sollen (so Prölss/Martin/*Armbrüster* § 1 Rn. 153 unter Hinweis auf OLG Hamm VersR 2008, 57 und OLG Saarbrücken VersR 2007, 1681; vgl. ferner OLG Köln NVersZ 2002, 469 = VersR 2002, 1225). Auch bei einer Deckungslücke besteht die Möglichkeit der Novation (→ § 37 Rn. 4 f.; anders *Knappmann* (in Prölss/Martin, 29. Aufl. 2015, § 37 Rn. 5), der aus einer solchen Deckungslücke auf den Willen des VN schließt, dass kein neuer Vertrag abgeschlossen werden soll (offen gelassen von OLG Köln VersR 1990, 1004). Nach *Armbrüster* (in Prölss/Martin § 19 Rn. 105) ist im Zusammenhang mit der vorvertraglichen Anzeigepflicht darauf abzustellen, ob und inwieweit der VR ein erkennbares und anzuerkennendes Interesse daran hat, die Gefahrenlage zum Zeitpunkt der Änderung zu berücksichtigen (BGH NJW 1993, 596; OLG Karlsruhe VersR 1990, 781; VVGE § 20 VVG Nr. 3, ÖOGH VersR 1990, 549). Der VN darf keinen Anspruch auf die Änderung auf der Basis der früheren Gefahrenlage haben (OLG Karlsruhe VersR 1992, 1250; OLG Köln VersR 1992, 1252), was aber der Fall ist, wenn neue oder erhöhte Gefahren in den Versicherungsschutz einbezogen würden (BGH NJW 1993, 596). Nach OLG Saarbrücken NJW-RR 2007, 1398 erfasst die Anfechtung einer Vertragsverlängerung uU auch den stillschweigenden Abschluss eines Aufhebungsvertrages in Bezug auf den ursprünglichen Versicherungsvertrag (§ 139 BGB) mit der Folge, dass die **Anfechtung zur Wiederherstellung des Ausgangsvertrages** führen kann (entsprechend ÖOGH VersR 1990, 549). Beckmann/Matusche-Beckmann VersR-HdB/*Knappmann* § 14 Rn. 171 meint, dass die Täuschung bei einer Vertragsänderung den bis dahin bestehenden Versicherungsschutz „natürlich nicht“ berühre. Für die Zeit danach stelle sich die Frage, ob anstatt des abgeänderten (und wirksam angefochtenen) Vertrages der ursprüngliche Vertrag wiederauflebe. Dabei könne nicht allein darauf abgestellt werden, ob der neue Vertrag den alten ersetzen sollte. Entscheidend sei, inwieweit die früher versicherten Risiken in dem neuen Vertrag mit gedeckt sind. Eine Risikoerweiterung könne auch in einem getrennten Vertrag vereinbart werden (so auch BK/*Voit* § 22 Rn. 6). Die Anfechtung hätte dann auch nur diesen neuen Vertrag betroffen. Solche Zufälligkeiten dürften nicht entscheiden. Nichtig seien deswegen nur „die jeweilige Erhöhung der Versicherungssumme, der Wegfall eines Risikoausschlusses und die Erweiterung des Risikos (Einbeziehung neuer Risiken, zusätzlich versicherte Sachen)“. Bei einer Auswechslung versicherter Gegenstände setze sich das Risiko nicht fort. Ein solcher Vertrag sei nach Anfechtung ersatzlos nichtig. Nach BK/*Voit* § 22 Rn. 9 kann bei vertragsändernden Erklärungen eine Anfechtung des geänderten Vertrags insgesamt „zumindest nicht uneingeschränkt“

zugelassen werden. Der ursprüngliche Vertrag sei bis zur Zeit der Vertragsänderung aufrecht zu erhalten. Wenn aber anstelle „des bisherigen Gegenstandes ein anderer versichert" würde, so sei „der Vertrag insgesamt anfechtbar, wenn bei dieser Änderungsvereinbarung der VR arglistig getäuscht wurde" (zum Problem vgl. ferner BK/*Riedler* § 38 Rn. 9 ff.). Die gleiche Rechtsfolge sollte auch beim **Rücktritt** eintreten, weil der Rücktritt vom Änderungsvertrag zugleich einen Rücktritt vom stillschweigend abgeschlossenen Aufhebungsvertrag in Bezug auf den Ursprungsvertrag darstellen dürfte.

5. Unberechtigter Rücktritt

Ein unberechtigter Rücktritt kann **Schadensersatzansprüche des VN** auslösen, wenn dieser seinerseits den Vertrag wegen des schuldhaften Verhaltens des VR kündigt und dann Mehraufwendungen zu erbringen hat, um gleichartigen Versicherungsschutz zu erlangen (OLG Oldenburg r+s 1995, 442 unter Hinweis auf BGH VersR 1985, 54; OLG Celle VersR 1952, 283; OLG Düsseldorf VersR 1954, 587: Anspruch aus pVV hier verneint, weil der VR zu Recht zurückgetreten war). Eine Antragsablehnung wegen einer Vorerkrankung ist jedenfalls keine Diskriminierung wegen Behinderung (OLG Karlsruhe VersR 2010, 1163). Allerdings soll ein Rücktritt wegen Nichtangabe von Schwangerschaftskomplikationen gegen das zivilrechtliche Benachteiligungsverbot nach § 19 Abs. 1 AGG verstoßen (OLG Hamm VersR 2011, 514). **84**

V. Ausschluss des Rücktrittsrechts (Abs. 3)

1. Sozialpolitische Erwägungen

Der Rücktritt des Versicherers war nach alter Gesetzeslage nur bei fehlendem Verschulden des Versicherungsnehmers ausgeschlossen. Demgegenüber sollte das Rücktrittsrecht nach der Reform „auch bei einfacher Fahrlässigkeit des Versicherungsnehmers entfallen, da in diesem Fall eine so weit reichende Sanktion, wie sie das Rücktrittsrecht darstellt, nicht gerechtfertigt" erschien. Diese Begründung findet sich übereinstimmend im Abschlussbericht der Kommission zur Reform des Versicherungsvertragsrechts (KomV) S. 22 ff. und in der BT-Drs. 16/3945, 65 ff. und sie zeigt ein wesentliches Herzstück der VVG-Reform auf, nämlich den Wegfall des Rücktrittsrechts bei einfacher Fahrlässigkeit des VN. Warum ein Rücktrittsrecht als Sanktion bei Vorliegen nur einfacher Fahrlässigkeit „nicht gerechtfertigt" sein soll, ist allerdings nicht ganz nachvollziehbar, sieht doch das allgemeine Schuldrecht regelmäßig Schadensersatzpflichten bei Anbahnungsverhältnissen im Falle einfachen Verschuldens vor (§§ 311 Abs. 2, 280 BGB). Dass hier etwas anderes gelten soll, lässt sich nur mit der hohen **sozialpolitischen Funktion** von Versicherung erklären: Nur demjenigen, den ein grobes Verschulden trifft, soll der Versicherungsschutz wieder rückwirkend entzogen werden können. **85**

Diese Systematik verstärkt sich bei Anwendung des Abs. 4. Danach sind Rücktritt und Kündigung, außer bei Vorsatz, ausgeschlossen, wenn sich die Anzeigepflichtverletzung auf **vertragsändernde** Umstände bezog (zu den Einzelheiten → Rn. 94 ff.). Das bedeutet iE, dass der Gesetzgeber großen Wert auf das dauerhafte Zustandekommen eines Versicherungsvertrages legt, auch wenn im Einzelfall (etwa durch die rückwirkende Vereinbarung von Ausschlüssen) Nachteile für den **86**

Verbraucher drohen (→ Rn. 113). Die Bestandskraft von auch eingeschränktem Versicherungsschutz geht dem rückwirkenden Verlust von Versicherungsschutz vor. Hier ist kaum Raum für eine dogmatische Überprüfung der Gründe, warum ein seine vorvertraglichen Pflichten verletzender Schuldner mit einer Kontrahierungspflicht des Vertragspartners „belohnt" wird.

87 Immerhin: „Die **Beweislast** für das Nichtvorliegen von Vorsatz oder grober Fahrlässigkeit liegt beim Versicherungsnehmer" (BT-Drs. 16/3945, 65; zu den Einzelheiten → Rn. 142).

2. Ausschluss des Rücktrittsrechts (Satz 1)

88 Liegt weder Vorsatz noch grobe Fahrlässigkeit vor, ist der Rücktritt ausgeschlossen. Es bleibt dann das Kündigungsrecht nach Satz 2, wenn und soweit nicht die Regelung in Abs. 4 eingreift.

89 **a) Vorsatz.** Vorsatz liegt bei „Wissen und Wollen des Erfolges im Bewusstsein der Pflichtwidrigkeit" vor (RGZ 72, 4 (6); PWW/*Schmidt-Kessel* BGB § 276 Rn. 6; auch → § 81 Rn. 45). Wissen und Wollen des rechtswidrigen Erfolges müssen sich auf die Verletzung der Anzeigepflicht beziehen. Liegen die Voraussetzungen von Abs. 2 vor, der sich wiederum auf die Anzeigepflicht nach Abs. 1 bezieht, ist es Sache des VN nachzuweisen, dass sich sein Wissen und Wollen nicht auf die tatbestandlich vorliegende Anzeigepflicht bezogen haben (BGH VersR 2009, 529).

90 **b) Grobe Fahrlässigkeit.** Grob Fahrlässig handelt derjenige, der die im Verkehr erforderliche Sorgfalt unter Berücksichtigung sämtlicher Umstände in ungewöhnlich hohem Maße verletzt und das unbeachtet lässt, was im gegebenen Fall jedem hätte einleuchten müssen (stRspr des BGH seit BGHZ 10, 14, zuletzt BGH r+s 2005, 410 = VersR 2005, 1449; weitere Hinweise → § 81 Rn. 47). Der VN muss hier also nachweisen, dass er die Anzeigepflichtverletzung nicht mit ungewöhnlich hoher Sorglosigkeit begangen hat. Auch hier muss zum objektiv groben Pflichtenverstoß noch ein gesteigertes subjektives Verschulden hinzukommen (BGH r+s 2003, 144 = VersR 2003, 364; r+s 1997, 98 = VersR 1997, 351; VersR 1988, 474, wobei ein einmaliges Fehlverhalten, wie es etwa im **Augenblicksversagen** zum Ausdruck kommt (→ § 81 Rn. 88), hier keine Rolle spielen kann, weil es sich bei dem Vorgang der Anzeigepflichterfüllung (Lektüre, Ausfüllen und Unterzeichnen eines Fragenkataloges in Textform) idR um einen länger andauernden Vorgang handeln wird. Andere schuldmindernde Umstände können aber zu berücksichtigen sein).

3. Kündigungsrecht (Satz 2)

91 Ist das Rücktrittsrecht ausgeschlossen, weil der VN die Anzeigepflicht weder vorsätzlich noch grob fahrlässig verletzt hat, kann der VR nach Satz 2 den Vertrag unter Einhaltung einer Kündigungsfrist von einem Monat für die Zukunft beenden. Die Monatsfrist dient dem VN, sich anderweitigen Versicherungsschutz zu verschaffen.

92 Welche **Kündigungsfrist** für den VR gilt, ist problematisch: Nach Abs. 6 muss der VR auch die Rechte nach Abs. 3 binnen Monatsfrist ab sicherer Kenntnis ausüben. Es fragt sich aber, auf welchen Umstand sich diese Kenntnis beziehen muss, auf die Anzeigepflichtverletzung oder auf den Grad des Verschuldens. Gelingt es dem VN nämlich nicht, sein Verschulden unter die Stufe der groben

Fahrlässigkeit hinunter zu beweisen, bleibt es ja beim Rücktrittsrecht. Erst wenn eine einfach fahrlässige Anzeigepflichtverletzung vorliegt, tritt an die Stelle des Rücktrittsrechts das Kündigungsrecht. Aber selbst das gilt nur, wenn nicht Abs. 4 eingreift: Das Kündigungsrecht greift also nur (und erst), wenn der VR weiß, dass der VN nicht grob fahrlässig gehandelt hat und sich die Anzeigepflichtverletzung auf einen vertragshindernden (und nicht auf einen vertragsändernden, dann Abs. 4) Umstand bezog (Einzelheiten → Rn. 107).

Sonderregelung für die **Krankenversicherung** im Fall fehlenden Verschuldens 93
des VN: § 194 Abs. 1 Satz 3 bestimmt, dass Abs. 3 Satz 2 keine Anwendung findet. Es bleibt dann bei dem ursprünglich abgeschlossenen Vertrag (Einzelheiten → § 194 Rn. 9).

VI. Vertragsändernde und -hindernde Umstände (Abs. 4)

1. Systematik

Abs. 4 enthält eine **weitere Einschränkung** des Rücktrittsrechts des Versiche- 94
rers. Ein Rücktritt schien dem Gesetzgeber auch „dann nicht gerechtfertigt, wenn der Versicherer den Vertrag auch bei Kenntnis der nicht angezeigten Umstände, wenn auch zu anderen Bedingungen, geschlossen hätte" (BT-Drs. 16/3945, 65). Das wurde auch für das besondere **Kündigungsrecht** des Versicherers nach Abs. 3 Satz 2 angeordnet, da eine Kündigung für den VN insbesondere bei einer Personenversicherung genauso zu gravierenden Nachteilen führen könne.

Allerdings hat der VN **darzulegen** und erforderlichenfalls auch zu **beweisen,** 95
dass der nicht angezeigte Umstand nach den AVB und allgemeinen Geschäftsgrundsätzen des Versicherers nicht zu einer Versagung des Versicherungsschutzes geführt hätte.

Der Ausschluss des Rücktrittsrechts erschien dann als „unbillig, wenn der Versi- 96
cherungsnehmer seine Anzeigepflicht **vorsätzlich** verletzt hat. Dem Versicherer kann nicht zugemutet werden, an einem Vertrag mit einem VN festgehalten zu werden, der seine Pflicht nach Abs. 1, die für den Versicherer erheblichen Umstände anzuzeigen, bewusst verletzt" (BT-Drs. 16/3945, 65).

Die Bedingungen, zu denen der Versicherer in Kenntnis der nicht angezeigten 97
Umstände den Vertrag geschlossen hätte, werden **rückwirkend Vertragsbestandteil,** sobald der VR dem VN eine entsprechende Erklärung zugehen lässt. Der Gesetzgeber hat erkannt, dass „die notwendige Feststellung, zu welchen Bedingungen, insbesondere zu welcher Prämie der Vertrag mit dem nicht angezeigten Umstand geschlossen worden wäre, … im Einzelfall zu praktischen Schwierigkeiten führen" kann (BT-Drs. 16/3945, 65); sie werden aber für „ebenso überwindbar" gehalten, „wie dies bei der bisherigen Regelung des § 41 der Fall war" (BT-Drs. 16/3945, 65).

Die Rückwirkung einer Prämienerhöhung führt im Fall einer **unverschulde-** 98
ten Verletzung der Anzeigepflicht zu einer Schlechterstellung des VN gegenüber § 41 Abs. 1. Dem Gesetzgeber schien „diese Abweichung vom geltenden Recht zu Ungunsten des Versicherungsnehmers auch unter Berücksichtigung der berechtigten Interessen des Versicherers unbillig, zumal es sich eher um seltene Ausnahmefälle handeln dürfte. Daher übernimmt Satz 2 für den Fall einer Anzeigepflichtverletzung ohne Verschulden des Versicherungsnehmers die Bestimmung des § 41 Abs. 1 Satz 1, wonach die bei richtiger und vollständiger Anzeige maß-

geblichen Bedingungen des Versicherers, insbesondere eine erhöhte Prämie, ab Beginn der laufenden Versicherungsperiode Vertragsbestandteil werden" (BT-Drs. 16/3945, 65).

2. Prüfungsschema

99 Zusätzlich zu den Ausnahmen des Abs. 3 tritt also die Regelung in Abs. 4, nach der sowohl das Rücktrittsrecht des VR wegen grob fahrlässiger Verletzung der Anzeigepflicht als auch sein Kündigungsrecht nach Abs. 3 Satz 2 ausgeschlossen sind, wenn er den Vertrag „auch bei Kenntnis der nicht angezeigten Umstände, wenn auch zu anderen Bedingungen, geschlossen hätte". Diese Umstände, in deren Kenntnis ein anderer Vertrag zustande gekommen wäre, werden gemeinhin **vertrags*ändernde*** Umstände genannt, während die Umstände, bei deren Kenntnis der VR den Vertrag gar nicht abgeschlossen hätte, **vertrags*hindernde*** Umstände sein sollen.

100 Die anderen Bedingungen, die auf die vertragsändernden Umstände anzuwenden gewesen wären, werden „auf Verlangen des Versicherers rückwirkend" Vertragsbestandteil, Abs. 4 Satz 2. Ausnahme: unverschuldete Anzeigepflichtverletzungen, bezüglich derer die anderen Bedingungen erst ab der laufenden Versicherungsperiode Vertragsbestandteil werden.

101 Diese Systematik im Zusammenspiel der Abs. 2, 3 und 4 bedingt ein ungewöhnliches, weil von der herkömmlichen Methodik abweichendes **Prüfungsschema.**

102 **a) Ausschluss des Rücktrittsrechts.** Aus der Formulierung des Abs. 3 folgt, dass der VN dafür **vortrags- und beweisbelastet** ist, dass er die Anzeigepflicht „weder vorsätzlich noch grob fahrlässig verletzt hat". Er wird also im Einzelfall zu behaupten bzw. (im Prozess) vorzutragen haben, dass und aus welchen Gründen ihm weder Vorsatz noch grobe Fahrlässigkeit anzulasten ist und er wird die entsprechenden Beweise vorzulegen oder anzutreten haben. Der VR oder das Gericht werden nunmehr in die Prüfung eintreten, der VR muss prüfen, ob er den Behauptungen des VN folgt, und das Gericht muss sowohl den Vortrag des VN als auch den Vortrag des VR auf ihre Schlüssigkeit bzw. Erheblichkeit hin überprüfen und ggf. in eine Beweisaufnahme eintreten. Stellt sich dabei heraus, dass der VN vorsätzlich gehandelt hat, ist die Prüfung zu Ende, der Rücktritt nach Abs. 2 ist ohne Weiteres berechtigt und eine Klage des VN auf Feststellung, der Rücktritt sei unbegründet, ist zurückzuweisen.

103 **b) Nicht vorsätzlich.** Stellt sich aber heraus, dass der VN nicht vorsätzlich gehandelt hat, läge es nahe, nunmehr weiterhin zunächst den subjektiven Sachverhalt zu prüfen, also ob zumindest eine grob fahrlässige Anzeigepflichtverletzung vorliegt oder eben nicht. Eine solche Prüfung wäre aber **falsch.** Zwar sieht Abs. 3 Satz 1 einen Ausschluss des Rücktrittsrechts des VR vor, wenn der VN die Anzeigepflicht weder vorsätzlich noch grob fahrlässig verletzt hat, und es würde im Übrigen auch den üblichen Prüfungsschemata in Bezug auf die verschiedenen Verschuldensformen entsprechen, nach dem Vorsatzausschluss nun die grobe Fahrlässigkeit zu prüfen, doch zeigt ein Blick auf Abs. 4, dass eine solche Prüfung unter Umständen überflüssig wäre.

104 **c) Vertragsändernd oder -hindernd.** Nach Abs. 4 ist nämlich nicht nur die ersatzweise an die Stelle des Rücktritts tretende Kündigung des VR ausgeschlossen, wenn „nur" vertragsändernde Umstände verschwiegen wurden, sondern auch des-

sen Rücktrittsrecht aufgrund einer grob fahrlässig begangenen Anzeigepflichtverletzung. In beiden Fällen – also sowohl bei einer grob fahrlässigen Anzeigepflichtverletzung als auch bei einer Kündigung des VR im Falle einer einfach fahrlässig begangenen Anzeigepflichtverletzung – tritt nämlich der Kontrahierungszwang des VR (auch Anpassungsrecht genannt) an die Stelle von Rücktritt und Kündigung, wenn der VN **vertragsändernde** Umstände, deren Kenntniserlangung durch den VR zu einem wenn auch anderen Vertragsschluss geführt hätten, verschwiegen hat.

Deswegen ist, wenn eine vorsätzliche Anzeigepflichtverletzung ausgeschlossen **105** ist (sei es durch unstreitiges Vorbringen, sei es durch Beweisaufnahme), als nächstes **nicht** die grob fahrlässige Anzeigepflichtverletzung zu prüfen, sondern zunächst der Frage nachzugehen, ob der verschwiegene Umstand ein vertragshindernder oder ein vertragsändernder Umstand war.

Stellt sich heraus, dass es sich um einen **vertragsändernden** Umstand handelt, **106** kommt es auf das Vorliegen von grober oder einfacher Fahrlässigkeit nicht (mehr) an, denn dann bleibt es bei dem bereits abgeschlossenen Versicherungsvertrag, wenn auch zu anderen als den ursprünglichen Bedingungen. Nur wenn es sich um einen **vertragshindernden** Umstand gehandelt hat, ist die grobe Fahrlässigkeit von Bedeutung, weil in ihrem Falle wiederum das Rücktrittsrecht begründet wäre, im Falle des Nachweises nur einfacher Fahrlässigkeit würde der VR den Vertrag mit Wirkung ex nunc kündigen können, so dass es in dieser Konstellation eben nicht zu einem Vertragsschluss zwischen den Parteien käme bzw. bei diesem bliebe. Es ist nahe liegend, dass das Gericht deswegen zunächst die Frage prüfen wird, ob es sich bei dem verschwiegenen Umstand um einen vertragshindernden oder -ändernden Umstand handelt. Die Konsequenzen, ob das eine oder das andere vorliegt, sind gravierend und deswegen ist zunächst die Qualität der Umstände Gegenstand der Beurteilung (und eventuell auch von Beweisaufnahmen).

d) Vertragshindernd. Stellt sich also bei der weiteren Prüfung heraus, dass **107** ein vertragshindernder Umstand verschwiegen wurde, muss dem eventuellen Vortrag des VN (und forensisch seinen Beweisanträgen) nachgegangen werden, dass die Anzeigepflichtverletzung nicht grob fahrlässig begangen wurde. Wurde ein vertragshindernder Umstand verschwiegen und liegt grobe Fahrlässigkeit des Antragstellers vor, ist der Rücktritt nach Abs. 2 wiederum berechtigt. Liegt ein Verschulden unterhalb der Grenze zur groben Fahrlässigkeit vor oder gar eine unverschuldete Anzeigepflichtverletzung, ist der Rücktritt des VR unbegründet, er hat aber das Recht gemäß Abs. 3 Satz 2, den Vertrag unter Einhaltung einer Frist von einem Monat zu kündigen.

e) Vertragsändernd. Ganz anders das weitere Vorgehen bei vertragsändernden **108** Umständen: Steht – uU nach einer Beweisaufnahme – fest, dass sich die Anzeigepflichtverletzung lediglich auf einen vertragsändernden Umstand bezogen hat, kommt es auf das weitere Verschulden des VN nicht an. Gemäß Abs. 4 Satz 1 kommt in jedem Fall ein Versicherungsvertrag, „wenn auch zu anderen Bedingungen" zustande. Letztlich zu klären wird nur noch sein, ob eine unverschuldete Anzeigepflichtverletzung Einfluss auf den Zeitpunkt hat, ab dem die anderen Bedingungen zum Vertragsbestandteil geworden sind bzw. zu werden haben.

3. Konsequenzen

Aus alledem geht ohne Weiteres hervor, dass die Systematik der Abs. 3 und 4 **109** (zu) kompliziert ist. Ob eine Primärdifferenzierung nach vertragshindernden und

-ändernden Umständen unter Berücksichtigung des jeweiligen Verschuldens große Erleichterung gebracht hätte, ist aber auch fraglich.

110 Jedenfalls kann es in Folge der gewählten Konstruktion **je nach der Kombination des Verschuldensgrades und der Qualität der verschwiegenen Umstände**
– zum Rücktritt bei Vorsatz, gleichgültig ob vertragshindernde oder -ändernde Umstände betroffen sind,
– zum Rücktritt (vertragshindernde Umstände und grobe Fahrlässigkeit),
– zur Kündigung (vertragshindernde Umstände und einfache Fahrlässigkeit) oder
– zum Abschluss eines Versicherungsvertrages zu anderen Bedingungen (vertragsändernde Umstände bei einfacher oder grober Fahrlässigkeit)
kommen.

111 Ergebnisse mit **Wertungswidersprüchen** können leicht vorstellbar die Folge sein. Der VN, der vertragshindernde Umstände verschweigt, an sich also den nach dem Willen des Gesetzgebers schwereren Pflichtenverstoß im Zusammenhang mit dem Vertragsanbahnungsverhältnis begeht, wird uU **bessergestellt** sein als der VN, der einen nur vertragsändernden Umstand verschweigt (dieses Ergebnis wollen *Marlow/Spuhl* Rn. 187 durch eine teleologische Reduktion des Abs. 4 Satz 2 vermeiden; siehe auch *Lange* r+s 2008, 61 und *Schimikowski* r+s 2009, 353 (355); dagegen richtigerweise aber *Tschersich* r+s 2012, 53 mwN; *Rixecker* ZfS 2007, 371 und *Neuhaus* r+s 2008, 45, wonach auch bei einer einfach fahrlässigen Anzeigepflichtverletzung die Vertragsanpassung möglich bleibt, eben weil es der Gesetzgeber so vorgesehen hat). Diese missliche Situation ist darauf zurückzuführen, dass häufig Anzeigepflichtverletzungen ja erst nach einem eingetretenen Versicherungsfall festgestellt werden. Die Prüfung der Eintrittspflicht bedingt die nähere Aufklärung des Geschehens im Anbahnungsverhältnis und es stellt sich häufig dann erst heraus, dass der VN eben schon vor Antragstellung bestimmte Beschwernisse oder Erkrankungen aufwies, die zum Rücktritt des VR führen.

112 Ist der VR aber nach eingetretenem Versicherungsfall zurückgetreten und gelingt es dem VN, sich unter die Schwelle der groben Fahrlässigkeit zu beweisen, kann der VR nur mit Wirkung ex nunc den Versicherungsvertrag für die Zukunft kündigen (Abs. 3 Satz 2). Der Versicherungsfall ist innerhalb der wirksamen Vertragslaufzeit eingetreten und mithin deckungspflichtig.

113 Anders kann es dem VN ergehen, wenn er einen vertragsändernden Umstand verschweigt. In diesem Falle gilt nämlich das **Anpassungsrecht** nach Abs. 4, wonach ein Vertrag zustande kommt, allerdings auf Verlangen des VR die „anderen Bedingungen" rückwirkend Vertragsbestandteil werden. Handelt es sich bei diesen anderen Bedingungen um einen **Ausschluss,** der den nicht angezeigten Umstand erfasst, ist mithin auch der schon zuvor eingetretene Versicherungsfall von der Leistungspflicht ausgeschlossen. Der VN genießt dann zwar die Segnungen eines wirksamen Versicherungsvertrages, allerdings nur zu Bedingungen, nach denen der zuvor eingetretene Versicherungsfall gerade nicht gedeckt ist.

114 Im Gegensatz zu dem VN, der einen vertragshindernden Umstand mit einfacher Fahrlässigkeit verschwiegen hat, steht er sich also schlechter: Jener VN mit dem vertragshindernden Umstand ist einerseits von der Prämienpflicht befreit, andererseits genießt er vollen Versicherungsschutz, während der VN mit dem vertragsändernden Umstand die Prämie für den Versicherungsvertrag bezahlen muss, der ihm aber für den eingetretenen Versicherungsfall gerade keinen Schutz zubilligt. Dieses Ergebnis lässt sich nicht dadurch vermeiden, dass § 19 Abs. 4 Satz 2 **contra legem** dahingehend reduziert wird, dass eine Risikoausschlussklau-

sel nicht rückwirkend Vertragsbestandteil werden kann. Das widerspricht der Gesetzesintention, nach der der Fortbestand des Versicherungsvertrages im Vordergrund steht, dafür aber eben der VN so gestellt werden soll, wie er bei zutreffender Unterrichtung des VR von Anfang an gestanden hätte, diametral (mit anderer Begr. ebenso Prölss/Martin/*Armbrüster* § 19 Rn. 117).

4. Einschluss der „anderen Bedingungen"

a) Zeitpunkt. Die anderen Bedingungen, das heißt die Bedingungen, einzelnen Vereinbarungen oder AVB, zu denen der VR in Kenntnis der nicht angezeigten Umstände den Vertrag geschlossen hätte, werden auf Verlangen des VR Vertragsbestandteil (zu Auslegung und Wirksamkeit eines rückwirkenden Ausschlusses von Vertragsbeginn an vgl. OLG Hamm VersR 2021, 1220). Neben den in Abs. 6 genannten Möglichkeiten eines Risikoausschlusses und einer Prämienerhöhung sind ferner auch die Veränderung eines Selbstbehalts oder die Reduzierung der Versicherungssumme denkbar. Maßgeblich für den Vertragsinhalt sind die **Geschäftsgrundsätze** des VR zum **Zeitpunkt des Vertragsschlusses.** Die danach einschlägigen Bedingungen werden rückwirkend Vertragsbestandteil, also **ab Beginn des Versicherungsvertrages.** Bei einer vom VN nicht zu vertretenden Pflichtverletzung werden sie ab der laufenden Versicherungsperiode einbezogen; bei etwaigen Ausschlüssen und einem vor der laufenden Versicherungsperiode eingetretenen Versicherungsfall bestünde also Versicherungsschutz, eine etwaige höhere Prämie kann erst ab der laufenden Versicherungsperiode verlangt werden. 115

b) Auf Verlangen. Auf Verlangen werden die anderen Bedingungen Vertragsbestandteil, es handelt sich also nicht um einen Automatismus, sondern um ein Gestaltungsrecht des VR, das verzichtbar ist. Der Ausschluss kann mit dem VN vereinbart werden, Voraussetzung für dessen Wirksamkeit ist das nicht (OLG Hamm BeckRS 2021, 14667). 116

5. Ausnahme Krankenversicherung

§ 194 Abs. 1 Satz 3 bestimmt, dass § 19 Abs. 4 in der Krankenversicherung bei einer **unverschuldeten** Anzeigepflichtverletzung nicht anzuwenden ist; dann kommt es auf die zuvor erörterten Unterschiede nicht an, sondern es bleibt bei dem ursprünglich zustande gekommenen Versicherungsvertrag. 117

VII. Hinweispflicht und Vorkenntnis (Abs. 5)

1. Schutzzweck

Satz 1 bezweckt zusätzlich den Schutz des **gutwilligen Antragstellers** (der arglistige Antragsteller ist nicht schutzwürdig, BGH VersR 2014, 565; Langheid/Wandt/*Langheid* § 19 Rn. 157; Prölss/Martin/*Armbrüster* § 19 Rn. 133; *Brockmöller* r+s 2014, 394 (402); anders nur *Knappmann* VersR 2011, 725, der auch den **arglistig Handelnden** unter das Regime der Belehrungspflichten des Versicherers stellen will; dem kann nicht gefolgt werden, weil zum einen § 22 für Arglist eine eigene, von §§ 19 ff. gesonderte Rechtsfolge anordnet und zum anderen auch hier gilt, dass der Gesetzgeber bei nicht oder nur mündlich nachgefragten Umständen eine Arglistanfechtung für möglich hält (→ Rn. 23). Ohne Frage aber keine Belehrung). Dieser ist besonders darüber zu belehren, dass er nichts Unrichtiges angeben und nichts 118

Wesentliches verschweigen darf (BT-Drs. 16/3945, 65 f.) Über die Hinweispflicht muss **nicht** zusätzlich in den AVB **gesondert belehrt** werden, damit der VN seine Rechte kennt, wenn er nicht oder nicht ordnungsgemäß belehrt wurde (für § 28 Abs. 4 BGH VersR 2018, 532 = NJW 2018, 1544 mAnm *Langheid*). Eines AVB-Hinweises, dass eine Hinweisplicht besteht, bedarf es **also nicht;** es genügen die gesetzlichen Regelungen für die Information des VN (*Langheid* aaO). Es genügt ferner eine **gesonderte Mitteilung** in Textform. Wird keine von den sonstigen Erklärungen getrennte Urkunde benutzt, muss die Belehrung drucktechnisch so gestaltet sein, dass sie sich deutlich vom Text abhebt und nicht zu übersehen ist (BGH VersR 2018, 281; OLG Dresden VersR 2017, 1065). Die Belehrung muss so rechtzeitig vor Vertragsschluss erfolgen, dass der VN seiner Anzeigepflicht noch nachkommen kann. Unterlässt der VR diese Belehrung, kann er sich auf die Pflichtverletzung des VN nicht berufen. Eine Unterschrift im Antragsformular, die den Erhalt der Belehrung bestätigt, ist ein Empfangsbekenntnis, das gem. § 309 Nr. 12 Buchst. b BGB auch in AVB zulässig ist und das durch einfaches Bestreiten, die Belehrung erhalten haben, nicht entkräftet werden kann (OLG Hamm BeckRS 2021, 14667).

2. Umfang

119 Zunächst ist der **Hinweis umfassend** zu erteilen, er muss also auch die Kündigungs- und die Anpassungsmöglichkeit des VR umfassen. Weil der Wortlaut ohne Einschränkung auf die „Rechte nach Abs. 2 bis 4" verweist, muss der Hinweis nicht nur für die **unverschuldete oder einfach fahrlässige** Verletzung (OLG Brandenburg VersR 2010, 1301 wegen der damit verbundenen Kündigungsmöglichkeit), sondern auch für die **vorsätzliche Anzeigepflichtverletzung** erteilt werden. Umgekehrt ist nach OLG Brandenburg (VersR 2010, 1301) eine Belehrung ohne Hinweis auf die Folgen einer leicht fahrlässigen Verletzung unzureichend. Der Hinweis eines Krankenversicherers ist falsch, wenn er über ein Rücktrittsrecht bei Abschluss eines Basistarifs nach vorsätzlicher Anzeigepflichtverletzung belehrt (LG Dortmund VuR 2011, 238). Soweit nach dem Wortlaut **alle Konsequenzen** anzugeben sind, dürfte das keine vollständige Darstellung der komplizierten Vorgänge im Zusammenhang mit dem jeweils erforderlichen Verschulden und den vertragshindernden bzw. -ändernden Umständen in allen Einzelheiten erfordern. Daher keine Hinweispflicht auf fehlenden Versicherungsschutz, wenn durch **Vertragsanpassung** rückwirkend ein Risiko ausgeschlossen wird, das sich bereits realisiert hat, wenn bei der Darstellung der Rücktrittsfolgen der Hinweis auf den Wegfall des Versicherungsschutzes ausdrücklich gegeben wird (BGH VersR 2016,780; KG VersR 2014, 1357; anders OLG Dresden NJW-RR 2017, 1114 = VersR 2017, 1065; nach Prölss/Martin/*Armbrüster* § 19 Rn. 131 ist dem Gesetzeswortlaut nichts dafür zu entnehmen, dass auch Hinweise auf die Voraussetzungen für die Rechte des VR und deren korrekte Ausübung erforderlich sind). Falsch ist aber wegen der Spezialregelung in § 194 Abs. 1 Satz 3 ein Hinweis auf mögliche Vertragsanpassungen in der Krankenversicherung (LG Dortmund r+s 2011, 241). Die materielle Unrichtigkeit der Belehrung kann die Ausübung sämtlicher in § 19 Abs. 2–4 geregelten Rechte vereiteln (vgl. *Tschersich* r+s 2012, 53 (58)).

120 **Gesondert** bedeutet nur einen hervorgehobenen Text (BGH ZfS 2013, 153 = VersR 2013, 297 (für Obliegenheiten), der drucktechnisch und in der Platzierung so ausgestaltet ist, dass er nicht übersehen werden kann (BGH VersR 2016, 780; OLG Hamm VersR 2016, 103; OLG Karlsruhe VersR 2016, 105; OLG Saarbrücken VersR 2015, 91; KG VersR 2014, 1357; OLG Stuttgart VersR 2014, 985;

VersR 2014, 691; OLG Brandenburg r+s 2020, 145; OLG Hamm BeckRS 2021, 14667). Das ist nicht der Fall bei einer nicht gesondert hervorgehobenen Belehrung „inmitten des Antragsformulars" (*Tschersich* r+s 2012, 53 (56); *Marlow/Spuhl* Rn. 198; *Grote/Schneider* BB 2007, 2689 (2692); *Rixecker* ZfS 2007, 369 (370); *Looschelders* VersR 2011, 697 (704); *Schimikowski/Höra* S. 123; Beckmann/Matusche-Beckmann VersR-HdB/*Knappmann* § 14 Rn. 10; *Wagner/Rattay* VersR 2011, 178). Eine jeweils deutlich hervorgehobene Doppelbelehrung aus Kurz- und Detailbelehrung ist zulässig (OLG München VersR 2016, 515; OLG Brandenburg r+s 2020, 145). Ein Hinweis in einer eigenständigen Urkunde ist **nicht erforderlich** (so aber *Funck* VersR 2008, 163 (166); *Reusch* VersR 2007, 1313 (1320); *Neuhaus* r+s 2008, 45 (52); Bruck/Möller/*Rolfs* § 19 Rn. 115; vgl. auch *Köther* VersR 2016, 831), da anderenfalls die Gefahr besteht, dass der Hinweis nur deswegen übersehen wird. Eine Mitteilung iSd Abs. 5 Satz 1 kann auch nicht durch die VersBedingungen erfolgen, weil diese zwar „gesondert", nicht aber in dem erforderlichen „räumlichen Bereich und Zusammenhang der Gesundheitsfragen" stehen (OLG Stuttgart VersR 2014, 985; OLG Hamm VersR 2011, 469). Ebenso wenig genügen Belehrungen in Form von einfachen oder mehrfachen sog Weiterverweisungen in Versicherungsanträgen oder in einem Bedingungswerk (OLG Stuttgart VersR 2014, 1441). Ob die Belehrung auch dann nicht entbehrlich ist, wenn auf Seiten des VN ein **Versicherungsmakler** tätig ist (so OLG Hamm VersR 2011, 469) ist fraglich, denn der sachkundige Makler ist ja dem VN zuzurechnen. Deswegen kann ein konkludentes Abbedingen der Belehrungspflicht vorliegen, wenn ein Maklerfragebogen genutzt wird und die Antworten vom Makler selbst als rechtsgeschäftlicher Vertreter des VN gegeben werden (zum grundsätzlichen Problem der „Maklerfragen" → Rn. 58).

In **Textform** bedeutet wiederum § 126b BGB (→ Rn. 56). **121**

3. Zeitpunkt

Die Belehrung kann auch nach der Beantwortung der Antragsfragen erfolgen, **122** wenn sie nur rechtzeitig (vor der Unterschriftsleistung oder vor dem endgültigen Vertragsschluss) geschieht (LG Dortmund VersR 2010, 465 m. insoweit abl. Anm. von *Marlow;* dagegen wiederum *Tschersich* r+s 2012, 53 (56 f.); *Wagner/Rattay* VersR 2011, 178; vgl. auch LG Dortmund r+s 2012, 429 für den Fall der Antragstellung noch in 2007 und des Vertragsschlusses in 2008; ausführlich *Tschersich* r+s 2012, 53 (55)). Das genügt für die Schutzfunktion und war vom Gesetzgeber auch so vorgesehen (BT-Drs. 16/3945, 66); die Gegenansicht (*Marlow* VersR 2010, 468), die sich auf die Situation bei gerichtlichen Zeugenvernehmungen beruft, übersieht, dass Zeugen ihre Aussage nicht unterzeichnen.

4. Ausschluss der Rechte

Die Regelung in Abs. 5 Satz 2 entspricht dem früheren § 16 Abs. 3 aF Sie ist **123** ergänzt um die „Unrichtigkeit der Anzeige", die früher in § 17 aF geregelt war, jetzt aber von den Regelungen in Abs. 1 und Abs. 2 erfasst sein soll. Kannte also der VR den verschwiegenen Gefahrumstand oder wusste er, dass der VN positiv unrichtige Angaben gemacht hat, sind seine Rechte nach den Abs. 2–4 ausgeschlossen (dagegen fehlt es bereits an der Anzeigepflichtverletzung, wenn der VR oder der Versicherungsvermittler (§ 70 Abs. 1) Kenntnis aufgrund der Angaben des VN hat). Voraussetzung ist eine **sichere Kenntnis** des VR von dem verschwiegenen Umstand (BGH NVersZ 2001, 69 (71) = VersR 2000, 1486; VersR

1996; 742; NJW-RR 1991, 348 = VersR 1991, 170); auf bloßen Verdacht hin muss der VR den Rücktritt nicht ausüben (zur Nachfrageobliegenheit des VR und der damit verbundenen Pflicht zur Kenntnisverschaffung → Rn. 60 ff.; zur Zurechnung der Kenntnis Dritter → Rn. 46; zur unterschiedlichen Beweislage bei einer Anzeigepflichtverletzung einerseits und mündlich vermittelter Kenntnis andererseits → Rn. 135, 137 ff.).

VIII. Kündigungsrecht des Versicherungsnehmers (Abs. 6)

1. Normzweck

124 In der Gesetzesbegründung zur VVG-Reform 2008 (BT-Drs. 16/3945, 66) wird die Regelung dahingehend erläutert, dass sich aus einer Vertragsanpassung nach Abs. 4 für den VN Verschlechterungen ergeben können, die „sein Festhalten an dem geänderten Vertrag als nicht zumutbar erscheinen lassen". Nach Satz 1 hat der VN daher das Recht, den geänderten Vertrag durch fristlose Kündigung zu beenden; für den Fall der Prämienerhöhung entspricht dies der Regelung in § 40. Wegen der ex-tunc-Wirkung der Anpassung, lässt die Kündigung die sich aus dem geänderten Vertrag ergebenden Verpflichtungen des VN bei schuldhafter Anzeigepflichtverletzung für die Vergangenheit unberührt. Liegt kein Verschulden des VN vor, ist die Rückwirkung auf den Beginn der laufenden Versicherungsperiode begrenzt. Ansonsten bleibt es bei der gleichen Systematik.

2. Rechte des Versicherungsnehmers

125 Die Regelung in Abs. 6 sichert dem VN also die Möglichkeit, den Vertrag fristlos zu kündigen, wenn sich die „anderen Bedingungen" des Abs. 4 Satz 2 so zu seinem Nachteil auswirken, dass er am Vertrag nicht festhalten will. Das ist zunächst der Fall, wenn die bedingungsgemäße Vertragsänderung eine begründete (sonst könnte der VR eine Kündigung provozieren) **Prämienerhöhung um mehr als 10 %** mit sich bringt; Bezugsgröße ist naturgemäß die Prämie, wie sie ohne Berücksichtigung des verschwiegenen Umstandes berechnet wurde. Weiterer Unterfall ist der vom VR **rückwirkend einbezogene Ausschluss;** ist für den VN die Vertragsfortsetzung ohne Einschluss des fraglichen Risikoumstandes sinnlos, wird er den Vertrag kündigen.

126 Andere Vertragsanpassungen fallen nicht unter Abs. 6; so bleiben veränderte Selbstbehalte oder reduzierte Versicherungssummen sanktionsfrei (so auch Prölss/Martin/*Armbrüster* § 19 Rn. 118); angesichts der gewöhnlich kurzen Laufzeiten und der bestehenden Lösungsmöglichkeiten bedarf es hier auch keines Sonderkündigungsrechts des VN.

127 Eine Besonderheit findet sich für die Krankenversicherung in § 205 Abs. 6. Danach muss der VN seine Kündigung mit dem Nachweis eines anderweitigen Vertragsschlusses verbinden, wenn es sich um eine Versicherung nach § 193 Abs. 3 Satz 1 handelt (mindestens eine Versicherung im Basistarif). Das ist Folge der Versicherungspflicht in der PKV.

128 Ob auch die Anschlusskündigung nach Vertragsanpassung unter § 205 Abs. 6 fällt, ist nicht geregelt. Mangels anderer Anhaltspunkte ist davon auszugehen, so dass der VN auch für die Kündigung nach Abs. 6 den Abschluss einer anderen Versicherung nachweisen muss, wenn es sich um einen PKV-Vertrag nach § 193 Abs. 3 Satz 1 handelt. Ohne den Nachweis wäre dann die Anschlusskündigung

unwirksam. Man könnte auch daran denken, die – mangels Nachweis unter Umständen unwirksame – Kündigung in einen Tarifwechselwunsch des VN umzudeuten, wonach er dann lieber im Basistarif des betreffenden VR versichert sein möchte. Das aber kann für den VN noch nachteiliger sein als die Vertragsanpassung (höhere Prämien, geringere Leistungen).

3. Wirkungen

a) Kündigung. Kündigt der VN, entfällt der Vertrag mit Wirkung des Zugangs der Kündigung beim VR. Bis zu diesem Zeitpunkt ist der VN mit der Prämie belastet. Solange genießt er auch **Versicherungsschutz,** aber nur zu den rückwirkend zugrunde zu legenden „anderen Bedingungen", also den Bedingungen, die der VR dem Vertrag zugrunde gelegt hätte, hätte er den verschwiegenen Umstand gekannt. Das schließt aus, dass der VN für den verschwiegenen Umstand, der jetzt mit einem Ausschluss belegt ist, doch noch Versicherungsschutz erhält und er sich für die Zukunft von der Prämienpflicht durch Kündigung befreien kann. 129

b) Rückwirkung auf den Beginn der laufenden Versicherungsperiode. Im Falle einer **unverschuldeten** Anzeigepflichtverletzung werden die „anderen Bedingungen" zwar auch rückwirkend Vertragsbestandteil, aber nur ab Beginn der laufenden Versicherungsperiode. Ist der Versicherungsfall aufgrund des verschwiegenen Umstandes zuvor eingetreten, besteht insoweit Versicherungsschutz, weil zu diesem Zeitpunkt der vom VR implementierte Ausschluss noch nicht Vertragsbestandteil geworden ist. Auch wenn dies im Gesetzestext nicht ausdrücklich geregelt ist, sollte der VN in diesem Fall sein **Kündigungsrecht verlieren,** weil er anderenfalls vollen Versicherungsschutz genießen würde, ohne zukünftig Prämien zahlen zu müssen. Andererseits kann sich die Fortsetzung des Versicherungsvertrages auch empfehlen, um auch für die Zukunft weiterhin Versicherungsschutz (für andere Versicherungsfälle) zu genießen. 130

c) Frist. Der VN muss innerhalb eines Monats „nach Zugang der Mitteilung des Versicherers" kündigen, die Kündigung selbst kann fristlos erfolgen. Dies schließt eine Auslauffrist aus. Die Kündigungsfrist von einem Monat beginnt mit dem Zugang der Mitteilung des VR; gemeint ist die Erklärung gemäß Abs. 4 Satz 2 („auf Verlangen des Versicherers"). Kann der VR den Zugang seiner Mitteilung nicht beweisen, dürften sich die üblichen Probleme anschließen: Der VN wird dann so lange wie möglich abwarten, bis er sich zur Kündigung entschließt, weil ja immerhin noch ein anderer, uU gedeckter Versicherungsfall eintreten kann. Spätestens mit Zahlung der erhöhten Prämie dürfte allerdings der Zugang bewiesen sein. 131

4. Hinweispflicht

Der VR hat auf das Kündigungsrecht hinzuweisen. Nach der Gesetzesbegründung muss diese Belehrung „mit der Mitteilung der Vertragsänderung" verbunden werden. Dabei handelt es sich um das Verlangen des VR iSv Abs. 4 Satz 2. 132

IX. Vortrags- und Beweislast

Kommt es nach Rücktritt und/oder Kündigung zu einem Rechtsstreit, wird es für dessen Entscheidung häufig darauf ankommen, welche Partei wofür vor- 133 trags- und beweisbelastet ist. Die Systematik des § 19 macht dies in besonderer Weise schwierig, weil neben den bereits bekannten Problemen der Beweislastverteilung auch noch die Problematik hinzutritt, dass der Rücktritt unterhalb der Schwelle der groben Fahrlässigkeit ausgeschlossen ist und dass selbst bei grob fahrlässiger Anzeigepflichtverletzung im Falle vertragsändernder Umstände der Abschluss eines Vertrages, wenn auch zu anderen Bedingungen, in Frage kommt. Außerdem hat der Gesetzgeber – etwas überraschend – in § 69 Abs. 3 eine gesetzliche Anordnung zur Beweislast und ihrer Verteilung vorgenommen.

1. § 69 Abs. 3

134 Nach Satz 1 dieser gesetzlichen Regelung trägt der **VN** die Beweislast für die Abgabe oder den Inhalt eines Antrags oder einer sonstigen Willenserklärung nach Abs. 1 Nr. 1 (Anträge auf Abschluss eines Versicherungsvertrags) und Nr. 2 (Anträge auf Verlängerung oder Änderung eines Versicherungsvertrags). Damit hat der Gesetzgeber ausdrücklich (BT-Drs. 16/3945, 194) auf die BGH-Rspr. zur Unterscheidung der „Auge und Ohr"-Rspr. bei **Wissens- und Willenserklärungen** reagiert (BGH NVersZ 2002, 452 = VersR 2002, 1089; zum Problem vgl. ferner BGH NVersZ 2002, 59 = VersR 2001, 1498 und NVersZ 2002, 64 = VersR 2001, 1502; *Langheid/Müller-Frank* NJW 2003, 399 ff.). Nach **Satz 2** trägt der **VR** die Beweislast für die „Verletzung einer Anzeigepflicht oder einer Obliegenheit durch den Versicherungsnehmer".

2. Vortrags- und Beweislast des Versicherers

135 Der VR muss danach **alle den Rücktritt begründenden Umstände** vortragen, namentlich also den äußeren Tatbestand einer Anzeigepflichtverletzung, wozu die Kenntnis des VN von dem anzuzeigenden Umstand gehört (BGH r+s 1993, 392; OLG Frankfurt a. M. VersR 1992, 41; OLG Hamm VersR 1993, 956; 1333; OLG Oldenburg VersR 1992, 434).

136 Er muss ferner die **Gefahrerheblichkeit** des verschwiegenen oder falsch angegebenen Umstandes darlegen (*Rixecker* ZfS 2007, 369 (370); Schwintowski/Brömmelmeyer/*Härle* § 19 Rn. 83, 144). Schon früher musste der VR den Umstand vortragen (und beweisen), dass der VN die schriftlichen Antragsfragen hinreichend zur Kenntnis genommen hatte. Damit traf ihn schon nach altem Recht die Vortragslast in Bezug auf die Gefahrerheblichkeit nachgefragter Umstände, obwohl es damals noch die gesetzliche Vermutung der Schriftform für Gefahrerheblichkeit gab. Nachdem heute kumulativ Textform und Gefahrerheblichkeit zusammentreffen müssen, gilt dies erst recht.

137 Der VR muss naturgemäß alle von ihm vorzutragenden Umstände **auch beweisen** können. Die bloße schriftliche Falschbeantwortung reicht zum Nachweis der Pflichtverletzung nicht aus; vielmehr trifft den VR die Beweislast auch dafür, dass der VN die Fragen tatsächlich **auch mündlich** gegenüber dem Versicherungsvertreter falsch beantwortet hat, wenn dieser substantiiert behauptet, den Vertreter mündlich zutreffend unterrichtet zu haben.

138 Wenn auch den VR die Beweislast für eine Anzeigepflichtverletzung gemäß § 19 Abs. 1 trifft, sollte überlegt werden, ob er die Beweislast nicht erfüllt hat oder ob nicht zumindest eine Umkehr der Beweislast angebracht ist, wenn der VN eine **schriftliche Falschantwort** gibt und demgegenüber behauptet, er habe den Versicherungsvertreter mündlich zutreffend unterrichtet, womit zugleich eine ohnehin vom VN zu beweisende Kenntnis des VR iSv Abs. 5 verbunden wäre.

Der schriftlich falsch beantwortete Fragenkatalog stellt einen Urkundenbeweis dar, der zumindest dann gemäß § 416 ZPO geführt ist, wenn der VN (oder sein Repräsentant oder Wissenserklärungsvertreter) das Anzeigeformular selbst unterschrieben hat. Dieser Urkundenbeweis mag erschüttert werden, was jedoch vom Aussteller der Urkunde zu verlangen ist. Dieser muss nachweisen, mündlich abweichend vom Antragsformular zutreffende Antworten gegeben zu haben. Das entspricht auch der Beweislast des VN für eine Kenntnis des VR vom Vorliegen gefahrerheblicher Umstände (§ 19 Abs. 5); zum Problem vgl. auch *Langheid* NJW 2003, 399 (400).

Gleiches gilt, wenn der VN das Antragsformular **vor** dem Ausfüllen unterzeichnet hat (blanko), weil er sich dann nach der Rspr. falsche Antworten des Versicherungsvertreters ohnehin zurechnen lassen muss (OLG Frankfurt a. M. r+s 1991, 430; OLG Hamm VersR 1989, 370; iE wie hier Prölss/Martin/*Armbrüster* § 19 Rn. 65; aA OLG Köln r+s 1993, 474). Beruft sich der VN darauf, dass er dem den Fragebogen ausfüllenden Versicherungsvertreter mündlich zutreffende Angaben gemacht hat, dann muss er zumindest beweisen, dass der **Versicherungsvertreter den Fragebogen** vor der Unterschrift des VN **ausgefüllt** hat. Gelingt dies, könnte dem schriftlichen Anzeigeformular eine nur noch eingeschränkte indizielle Beweiskraft zukommen, weil der Versicherungsvertreter dann seinerseits vor der Unterschrift falsche Antworten aufgenommen haben könnte, um den Antrag bei seinem VR besser platzieren zu können. Nur dann – wenn der VN die Eingangsvoraussetzung nachweist, dass der Versicherungsvertreter den Fragebogen für ihn ausgefüllt hat – sollte den VR die Beweislast dafür treffen, dass der VN die Antragsfragen auch mündlich dem Versicherungsvertreter gegenüber nicht zutreffend beantwortet hat; das schließt den Nachweis ein, dass dem VN der Fragenkatalog hinreichend zur Kenntnis gebracht worden ist (BGH NJW 1990, 776; NJW 1989, 2060). 139

Weder an der Rechtslage noch an der Kritik ändert sich etwas dadurch, dass nach geltendem Recht Textform und Gefahrerheblichkeit kumulativ nebeneinander vorliegen müssen. Denn nach wie vor ist der Versicherungsvertreter „Auge und Ohr" des VR, so dass auch schriftliche Antragsfragen mündlich beantwortet werden können (→ Rn. 36, 39). 140

3. Vortrags- und Beweislast des Versicherungsnehmers

Der VN muss alle den Rücktritt **verhindernden Umstände** vortragen und beweisen. 141

Das betrifft zunächst **mangelndes Verschulden** (BGHZ 122, 388 = NJW 1993, 2112 = VersR 1993, 960; BGHZ 122, 250 = VersR 1993, 828 = NJW 1993, 1862 mAnm *Lücke* VersR 1993, 1098 für das Obliegenheitenrecht, dagegen bedingt wiederum OLG Hamm VersR 1994, 1333), wozu auch gehören kann, dass er eine Antragsfrage falsch oder nicht in dem intendierten Sinn verstanden hat. Nach geltendem Recht ist der VN vor allem vortrags- und beweisbelastet für das Nichtvorliegen von Vorsatz oder grober Fahrlässigkeit (vgl. BT-Drs. 16/3945, 65; *Karczewski* r+s 2012, 521). Gleiches gilt aber auch für eine unverschuldete Anzeigepflichtverletzung bei einem vertragsändernden Umstand, der im Falle des Abs. 4 Satz 2 rückwirkend Vertragsgegenstand werden soll. Bei unverschuldeten Anzeigepflichtverletzungen gilt dies erst ab Beginn der laufenden Versicherungsperiode, wofür der VN vortrags- und beweisbelastet ist. 142

143 Der VN ist für eine ggf. **bereits vorhandene Kenntnis** des VR von einem verschwiegenen oder falsch angezeigten Umstand vortrags- und beweisbelastet (OLG Celle VersR 1983, 825; OLG Hamburg VersR 1970, 1147; OLG Hamm VersR 1987, 150; OLG Köln r+s 1994, 202 = VersR 1994, 1413; VersR 1973, 1017). Hier können erhebliche Abgrenzungsprobleme zwischen der beim VR liegenden Beweislast für eine Anzeigepflichtverletzung und der vom VN zu beweisenden Kenntnis des VR von einem gefahrerheblichen Umstand auftreten, wenn nämlich eine Divergenz zwischen schriftlichen und mündlichen Angaben vorliegt (schon → Rn. 137). Die hier vertretene Auffassung (bei unzutreffend ausgefülltem Antragsformular Urkundenbeweis für Falschbeantwortung, der vom VN zu erschüttern ist) wird durch die Beweislast des VN für die bereits vorhandene Kenntnis des VR von dem gefahrerheblichen Umstand bestätigt (Abs. 5).

144 Der VN muss darlegen und beweisen, dass der VR die **Monatsfrist** des § 21 Abs. 1 Satz 1 verletzt hat (Näheres bei § 21).

145 Der VN ist auch vortrags- und beweisbelastet dafür, dass der VR den Vertrag bei Kenntnis der nicht angezeigten Umstände zu **anderen Bedingungen** geschlossen hätte (Abs. 4 Satz 1; ebenso *Karczewski* r+s 2012, 521). Es ist zweifelhaft, ob auf diese Situation die Rspr. zur Erheblichkeitsvermutung nach altem Recht anwendbar ist: Trotz der Regelung in § 16 Abs. 1 Satz 3 aF, wonach eine schriftliche Frage nach einem Gefahrumstand dessen Erheblichkeit belegt, hat der BGH entschieden, dass der VR die bloß pauschale Behauptung des VN, ein von ihm verschwiegener Umstand sei nicht gefahrerheblich, nur dadurch widerlegen kann, dass er detailliert die Grundsätze seiner Risikoprüfung darlegt (grundlegend BGH VersR 1984, 629; vgl. ferner BGH NVersZ 2001, 69 = VersR 2000, 1486; r+s 1993, 393; VersR 1991, 578; VersR 1990, 1382; VersR 1989, 689; NJW-RR 1988, 1049; VVGE § 16 VVG Nr. 13). Danach konnte der VN seiner Darlegungs- und Beweislast in erleichterter Weise gerecht werden. Nach der Rspr. zur Erheblichkeitsvermutung musste der VR beweisen, dass er den Vertrag nicht oder jedenfalls nicht zu den zustande gekommenen Bedingungen abgeschlossen hätte. Ein pauschaliertes Vorbringen des VR reichte hierzu nicht. Es genügte weder, unter Zeugenbeweis vorzutragen, der VR lehne grds. alle Risikoerhöhungen wie die verschwiegenen Umstände ab (OLG Düsseldorf VersR 1994, 844), noch reichte es aus, wenn der VR pauschal behauptete, der Versicherungsvertrag wäre nur zu anderen Bedingungen, wenn überhaupt, zustande gekommen, weil damit der VR letztlich nur den Inhalt von § 16 Abs. 1 Satz 2 aF wiederholte (OLG Hamm r+s 1994, 281). Dogmatisch spricht viel für die Anwendung der Rspr. zur Erheblichkeitsvermutung nach altem Recht, denn der VN wird selten in der Lage sein, die konkreten Annahmegrundsätze des VR zu kennen und darlegen zu können. Deswegen wird es ausreichen, dass der VN die bloß pauschale Behauptung aufstellt, dass der VR in Kenntnis des verschwiegenen oder nicht angezeigten Umstandes den Vertrag zu anderen Bedingungen geschlossen hätte. Es wird dann der Vortrags- und Beweislast des VR unterfallen, detailliert die **Grundsätze seiner Annahmerichtlinien** darzulegen (vgl. auch *Reusch* VersR 2007, 1313 ff. (1319)).

146 Allerdings dürfte auch die Rspr. zur „auf der Hand liegenden Gefahrerheblichkeit" Anwendung finden: Die Rspr. zur Erheblichkeitsvermutung nach altem Recht galt **nicht** bei „auf der Hand liegender" Gefahrerheblichkeit (so zuletzt BGH VersR 2009, 529 = NJW-RR 2009, 606; VersR 2000, 1486 = NVersZ 2001, 69 unter 1.b.bb; VersR 1989, 689). Der VR musste durch Darlegung und Erläuterung seiner Risikoprüfungsgrundsätze die Gefahrerheblichkeit nur dann

belegen, wenn es sich bei dem verschwiegenen Umstand „um eine Gesundheitsstörung handelt, die offenkundig als leicht einzuordnen und nicht wiederholt aufgetreten ist", so dass sie zunächst „keinen Anhalt dafür bietet, dass sie für die Risikoeinschätzung" für den „auf Dauer angelegten Versicherungsvertrag von Bedeutung sein könnte" (so wörtlich BGH NVersZ 2001, 69 (70) = VersR 2000, 1486). Die Gefahrerheblichkeit schwererer Erkrankungen liegt danach „auf der Hand". Auf der Hand liegende Gefahrerheblichkeit wurde bejaht bei dreiwöchigem Kuraufenthalt wegen eines psychovegetativen Erschöpfungszustandes für die Berufsunfähigkeits- und Lebensversicherung (BGH VersR 2009, 529 = NJW-RR 2009, 606); bei über längerem Zeitraum hinweg ärztlich behandelten Herzbeschwerden (BGH VersR 1990, 1002); alkoholbedingter Leberschädigung (BGH VersR 1990, 297 und OLG Köln r+s 1991, 354); bei wiederholt diagnostizierter leichter Fettleber und schlechten Leberwerten in der Krankentagegeldversicherung (OLG Düsseldorf VersR 2003, 987); bei rezidivierenden, malignen Hauterkrankungen, selbst wenn die Antragstellerin die Erkrankung verdrängt und Dritten gegenüber verharmlost (OLG Köln VersR 1994, 1413); auffallend viele Bagatellerkrankungen (OLG Hamm r+s 1991, 66); vasovegetative Migräne, vegetative Störungen und Labilität bei gleichzeitiger Verordnung von Psychopharmaka (BGH NVersZ 2001, 69 = VersR 2000, 1486); vom Hausarzt diagnostizierte Beschwerden der Lendenwirbelsäule, wenn diese wiederholt aufgetreten und therapiert worden sind sowie einmal sogar eine kurzzeitige Arbeitsunfähigkeit herbeigeführt haben (OLG Köln BeckRS 2012, 18436). Auf der Hand liegende Gefahrerheblichkeit wurde **verneint** bei Herzbeschwerden ohne klinischen Befund (BGH VersR 1990, 1382); Ohnmacht, Schwindelanfällen und Übelkeiten eines 13 Jahre alten Kindes (BGH NJW-RR 1988, 1049); bei Nichteinnahme von Herzmedikamenten (OLG Karlsruhe VersR 2016, 445); bei herzdiagnostischen Untersuchungen ohne Nachweis einer koronaren Herzerkrankung (OLG Köln r+s 1991, 152); ferner bei nicht weiter aufgeklärten „Schmerzen in der Brust" (OLG Köln VersR 1993, 1261); bei vier Jahre zurück liegender Behandlung wegen eines degenerativen HWS-Syndroms sowie einer zehn Jahre zurückliegenden Behandlung wegen Kniebeschwerden (OLG Naumburg VersR 2012, 885); bei Krampfadern und Stauungen in den Beinen, bei Abschluss eines Krankenhauszusatzvertrages mit Wahlleistungen bei stationärer Behandlung (OLG Hamm r+s 1994, 281; zum Problem vgl. weiter bspw. BGH VersR 1991, 587; 1397; 1990, 729).

Die Anwendung der Rspr. zur „auf der Hand liegenden Gefahrerheblichkeit" **147** wird namentlich bei vertragshindernden Umständen in Frage kommen: Ist ein schwerwiegender Umstand von der Anzeigepflichtverletzung betroffen, dürfte es auf der Hand liegen, dass der VR in Kenntnis dieses Umstandes den Vertrag überhaupt nicht abgeschlossen hätte.

X. Abweichende Bestimmungen

1. Gesetzliche Regelungen

Für die **Krankenversicherung** gilt § 194, dessen Abs. 3 die Regelung in § 19 **148** Abs. 3, Satz 2, Abs. 4 für unanwendbar erklärt (Folge: bei Unvertretbarkeit der Anzeigepflichtverletzung keine Kündigung und keine Vertragsanpassung). In der **Lebensversicherung** gilt § 157 S. 2 (Abweichungen bei den Altersangaben) und in der **Transportversicherung** ist das Rücktrittsrecht des Versicherers nach § 19

Abs. 2 ausgeschlossen (§ 131). An dessen Stelle tritt ein Kündigungsrecht oder die Lesitungsfreiheit des Vr, wenn der nicht (zutreffend) angezeigte Umstand kausal war für den Versicherungsfall.

2. Vertragliche Abweichungen

149 **a) Allgemein.** Die Vorschriften der §§ 19 ff. sind gemäß § 32 **halbzwingend,** so dass von ihnen zum Nachteil des VN nicht wirksam abgewichen werden kann. AVB-Regelungen zur vorvertraglichen Anzeigepflicht sind deswegen regelmäßig rein deklaratorisch und rekurrieren auf die gesetzlichen Bestimmungen in §§ 19 ff. (vgl. etwa § 6 Abs. 1 ALB 2008; Abschn. B §§ 1 Nr. 1 AFB 2008, VGB 2008, VHB 2008). Zulässig sind Klauseln, in denen bestimmt wird, dass der Versicherungsantrag vom VN **schriftlich** zu stellen ist. Zu diesem Zeitpunkt besteht allerdings noch kein Vertrag. Daher ist diese Klausel nur die einseitige Erklärung des VR, nur schriftliche Anträge entgegennehmen zu wollen. Der VR kann aber – weil es ihm freisteht, von seinen eigenen Bedingungen abweichen zu wollen – gleichwohl mündlich gestellte Anträge wirksam annehmen (*Bauer* BB 1978, 476 (478); zust. Bruck/Möller/*Rolfs* § 19 Rn. 170). Unwirksam ist eine Klausel in der Kfz-Haftpflichtversicherung, die an unzutreffende Angaben im Versicherungsantrag zu Merkmalen der Beitragsberechnung rückwirkend eine Beitragserhöhung knüpft (LG Dortmund r+s 2014, 545); hier ist der Reaktionskatalog in § 19 abschließend.

150 **b) Ausschlüsse.** Pauschal formularmäßige Ausschlüsse von Risiken sollen eine adäquate Antragsprüfung und die damit verbundene Evaluierung des Risikos nicht ersetzen können (BGH NJW 1996, 1409 = VersR 1996, 486; BGH NJW 1994, 1534 = VersR 1994, 549 mit Anm. *Prölss* VersR 1994, 1216; *Wriede* VersR 1996, 1473; zum Problem Prölss/Martin/*Armbrüster,* § 19 Rn. 134 ff.; *Klimke* S. 220 ff.; *Langheid/Müller-Frank* NJW 1995, 2892 (2899); NJW 1996, 3122 (3124, 3129). Formularmäßige Leistungsausschlüsse widersprächen einer ordnungsgemäßen Risikoprüfung und seien deswegen gem. § 32 S. 1 unwirksam (so die Rspr. zu § 34a VVG aF; zum Problem ferner OLG Saarbrücken VersR 2008, 621; OLG Koblenz VersR 2008, 383; OLG Brandenburg VersR 2007, 1071; OLG Dresden VersR 2006, 61). Aber auch ohne Verstoß gegen § 32 kommt eine Überprüfung der Ausschlussklauseln nach den einschlägigen Parametern der Unangemessenheit gem. § 307 Abs. 1 S. 1, Abs. 2 Nr. 2 BGB oder der Intransparenz gem. § 307 Abs. 1 S. 2 BGB in Frage (so Prölss/Martin/*Armbrüster* § 19 Rn. 136 ff).

151 Auf bei Antragstellung dem VN **bekannte Umstände** kann das kaum zutreffen. Bei vertrags**hindernden** Umständen kommt ohnehin kein Vertrag zustande. Auch bei vertrags**ändernden** Umständen kann es keinen Unterschied machen, ob der Versicherer aufgrund ordnungsgemäßer Risikoprüfung die gefahrerheblichen Umstände individuell vom Versicherungsschutz ausschließt oder generell aufgrund eines Ausschlusses (eine generelle Rückwärtsdeckung für bekannte Risiken ist unzumutbar: BGH NJW 1994, 1534 = VersR 1994, 549 unter 2a; Prölss/Martin/*Armbrüster* § 19 Rn. 136 ff., der prinzipiell keinen Konflikt zwischen dem Informationsbedürfnis des Versicherers und seinem Recht auf Ausschluss ungewollter Risiken sieht). Entgegen der Überlegung einer Unwirksamkeit wegen **Intransparenz** (vgl. Prölss/Martin/*Armbrüster* § 19 Rn. 138: erst eine individuelle Risikoprüfung verdeutlicht dem VN, dass eine bestimmte Gefahr nicht versichert ist), kann es nicht Sinn und Zweck einer Risikoprüfung sein, dem Versicherungsnehmer eine Beratung über den Umfang seines Versicherungsschutzes zukommen

zu lassen. Eine Intransparenz und mithin die Unwirksamkeit eines pauschalen Leistungsausschlusses ist deswegen **abzulehnen** (so iErg auch *Armbrüster* PrivVersR Rn. 138 unter anderem gegen *Klimke* S. 223 f. (dieser wiederum anders bei dem Versicherungsnehmer unbekannten Umständen, S. 226f.); OLG Saarbrücken VersR 2008, 621 ff.).

Das gilt aber nur bei **Risikoausschlüssen.** Bei Prämienerhöhungen, wenn der Versicherer also nach seinen allgemeinen Annahmegrundsätzen das Risiko mit einer **höheren Prämie** akzeptiert hätte – Ausnahme: Vorsatz – stellt sich das **Prämienargument:** es soll dann in Bezug auf die Wirksamkeit der Klausel abgewogen werden, inwieweit die Prämienerhöhung akzeptabel sei. Ob aber im Einzelfall eine individuelle Annahmeprüfung zu einer Prämienerhöhung führt, die von einem Versicherungsnehmer akzeptiert wird, von einem anderen aber nicht (stattdessen Vertragskündigung gem. Abs. 6), kann nicht Maßstab für die Wirksamkeit eines allgemeinen Leistungsausschlusses sein (zum Problem Prölss/Martin/*Armbrüster* § 19 Rn. 140, der eine pauschale Lösung ablehnt und stattdessen auf das Maß der Preiserhöhung abstellen will; anders allerdings KG VersR 1996, 1397 (Klausel wirksam, weil andernfalls Prämienerhöhung). 152

Ist dem Antragsteller ein objektiv vorliegender Gefahrumstand (zB eine Virusinfektion) bei Antragstellung subjektiv **unbekannt,** kann eine Anzeige dieses Umstandes schlechterdings nicht erfolgen. Infolgedessen kann er auch nicht einer Annahmeprüfung durch den Versicherer unterzogen werden. Ein Leistungsausschluss, mit dem der Versicherer sich gegen Risiken aus allseits unbekannten Gefahrumständen schützen will, kann mithin nicht gegen die Grundsätze ordnungsgemäßer Risikoprüfung verstoßen. Ein Verstoß gegen § 32 scheidet ebenso aus (Prölss/Martin/*Armbrüster* § 19 Rn. 136 ff.; *Prölss* VersR 1994, 1216f.; *Wriede* VersR 1996, 1473). wie Verstöße gegen das **Transparenzgebot** (→ 150). Auch dürfte regelmäßig kein Verstoß gegen das **Angemessenheitsgebot** gem. § 307 Abs. 1, Abs. 2 Nr. 2 BGB vorliegen (vgl. dazu Prölss/Martin*Armbrüster* § 19 Rn. 140 ff.). Zwar muss hier eine individuelle Prüfung der Angemessenheit unter dem Aspekt der **Aushöhlung** stattfinden, aber im Prinzip spricht nichts gegen die Wirksamkeit einer Klausel, mit der der Versicherer sich gegen die Übernahme einer Gefahr allgemein (Virus) und die daraus resultierenden, häufig nicht kalkulierbaren und auch tatsächlich nicht einkalkulierten Risiken (Erkrankung durch den Virus) schützen will (Weiteres bei → Rn. 65 ff.). 153

§ 20 Vertreter des Versicherungsnehmers

[1]Wird der Vertrag von einem Vertreter des Versicherungsnehmers geschlossen, sind bei der Anwendung des § 19 Abs. 1 bis 4 und des § 21 Abs. 2 Satz 2 sowie Abs. 3 Satz 2 sowohl die Kenntnis und die Arglist des Vertreters als auch die Kenntnis und die Arglist des Versicherungsnehmers zu berücksichtigen. [2]Der Versicherungsnehmer kann sich darauf, dass die Anzeigepflicht nicht vorsätzlich oder grob fahrlässig verletzt worden ist, nur berufen, wenn weder dem Vertreter noch dem Versicherungsnehmer Vorsatz oder grobe Fahrlässigkeit zur Last fällt.

Neben dem VN und den ihm zuzurechnenden Dritten (→ § 19 Rn. 21) sind auch sein **Bevollmächtigter** gemäß §§ 164 ff. BGB und ein **Vertreter ohne Vertretungsmacht** vollumfänglich anzeigepflichtig (BT-Drs. 16/3945, 66). Damit wird eine erweiterte Kenntniszurechnung begründet, um eine Wissensasy- 1 metrie zwischen VN und seinem Vertreter zulasten des VR zu vermeiden. Gleiches gilt für den **gesetzlichen Vertreter** (Langheid/Wandt/*Bußmann* § 20 Rn. 3; Schwintowski/Brömmelmeyer/*Härle* § 20 Rn. 4). Dem steht der Wortlaut nicht (mehr) entgegen (**aA** Prölss/Martin/*Armbrüster* § 20 Rn. 2; Bruck/Möller/*Rolfs* § 20 Rn. 5: Nach dem Willen des Reformgebers seien keine inhaltlichen Änderungen vorgesehen). § 20 gilt nicht für den Verhandlungsgehilfen des VN, dessen Verhalten dieser sich nur iRd deliktischen Haftung des Verhandlungsgehilfen gemäß § 278 BGB zurechnen lassen muss (BGH VersR 1989, 465; Langheid/Wandt/*Bußmann* § 20 Rn. 7 f.; BK/*Voit* § 19 Rn. 7; iÜ → § 19 Rn. 21).

2 Ein Verschulden des VN iSv Satz 2 kann auch darin liegen, dass er den Bevollmächtigten nicht hinreichend über die Gefahrumstände aufgeklärt hat (OLG Hamm VersR 1962, 511; Langheid/Wandt/*Bußmann* § 20 Rn. 9). Dabei sind nur Vorsatz und grobe Fahrlässigkeit relevant (Satz 2). Bei leicht fahrlässigen Anzeigepflichtverletzungen oder unverschuldeten droht eine Kündigung des VR (§ 19 Abs. 3 S. 2, Abs. 4).

3 § 20 ist auf die **Arglistanfechtung nicht anwendbar** (BT-Drs. 16/3945, 66; so schon für § 19 aF Bruck/Möller/*Möller,* 8. Aufl. 1961 ff., § 19 Anm. 3; BK/*Voit* § 19 Rn. 29; das war problematisch, weil § 19 aF ausdrücklich auch auf die Arglist des Vertreters abstellte, wenn auch nur im Zusammenhang mit dem Rücktrittsrecht, so dass das gleiche Ergebnis jedenfalls über die Anwendung des § 166 Abs. 1, Abs. 2 Satz 1 BGB erreicht wurde; zum geltenden Recht wie hier Langheid/Wandt/*Bußmann* § 20 Rn. 4). Die in § 20 in Bezug genommenen Vorschriften des § 21 Abs. 2 Satz 2, Abs. 3 Satz 2 betreffen die Eintrittspflicht für nicht kausale Versicherungsfälle, die bei Arglist nicht besteht, und die absoluten Fristen für die Ausübung der Rechte des VR. Bei Arglist des Vertreters sind also (nur) diese Vorschriften anwendbar.

4 § 20 ist wegen § 32 halbzwingend; zum Nachteil des VN darf von dieser Regelung nicht abgewichen werden (Langheid/Wandt/*Bußmann* § 20 Rn. 10).

§ 21 Ausübung der Rechte des Versicherers

(1) **[1]Der Versicherer muss die ihm nach § 19 Abs. 2 bis 4 zustehenden Rechte innerhalb eines Monats schriftlich geltend machen. [2]Die Frist beginnt mit dem Zeitpunkt, zu dem der Versicherer von der Verletzung der Anzeigepflicht, die das von ihm geltend gemachte Recht begründet, Kenntnis erlangt. [3]Der Versicherer hat bei der Ausübung seiner Rechte die Umstände anzugeben, auf die er seine Erklärung stützt; er darf nachträglich weitere Umstände zur Begründung seiner Erklärung angeben, wenn für diese die Frist nach Satz 1 nicht verstrichen ist.**

(2) **[1]Im Fall eines Rücktrittes nach § 19 Abs. 2 nach Eintritt des Versicherungsfalles ist der Versicherer nicht zur Leistung verpflichtet, es sei denn, die Verletzung der Anzeigepflicht bezieht sich auf einen Umstand, der weder für den Eintritt oder die Feststellung des Versicherungsfalles noch für die Feststellung oder den Umfang der Leistungspflicht des Versicherers ursächlich ist. [2]Hat der Versicherungsnehmer die Anzeigepflicht arglistig verletzt, ist der Versicherer nicht zur Leistung verpflichtet.**

(3) **[1]Die Rechte des Versicherers nach § 19 Abs. 2 bis 4 erlöschen nach Ablauf von fünf Jahren nach Vertragsschluss; dies gilt nicht für Versicherungsfälle, die vor Ablauf dieser Frist eingetreten sind. [2]Hat der Versiche-**

rungsnehmer die Anzeigepflicht vorsätzlich oder arglistig verletzt, beläuft sich die Frist auf zehn Jahre.

Übersicht

I. Ausübung der Rechte (Abs. 1)

1. Monatsfrist

1 Die Frist für die Ausübung der dem VR nach § 19 Abs. 2–4 zustehenden Rechte (Rücktritt, Kündigung, Vertragsanpassung) beträgt einen Monat. Sie beginnt mit der **sicheren und zuverlässigen Kenntnis** des VR von der Anzeigepflichtverletzung des VN, die das von ihm geltend gemachte Recht begründet; auf **bloßen Verdacht** hin muss der Rücktritt **nicht** ausgeübt werden (BGH NVersZ 2001, 69 (71) = VersR 2000, 1486; NJW-RR 1997, 1112; 1991, 348 = VersR 1991, 170; Langheid/Wandt/*Bußmann* § 21 Rn. 11; in der Personenversicherung liegt eine solche sichere Kenntnis idR erst mit Eingang der Auskünfte der behandelnden Ärzte vor, OLG Saarbrücken VersR 2005, 929 (932)).

2 **a) Kenntnis des Versicherers.** Kenntnis des VR liegt vor, wenn der zuständige Sachbearbeiter Kenntnis von der **Unrichtigkeit der Beantwortung der Antragsfrage** erlangt (vgl. BGH NVersZ 1999, 70; VersR 1999, 217: Unzureichende Angaben des Hausarztes lediglich zum Behandlungsbeginn verschaffen solche Kenntnis noch nicht; BGH NJW 1996, 1967 = VersR 1996, 742; NJW-RR 1990, 285 = VersR 1990, 258; NJW-RR 1997, 1112 = ZfS 1998, 64: Es genügt bereits die Kenntnis des Mitarbeiters, zu dessen Aufgaben die Überprüfung der Antragsangaben gehört; OLG Stuttgart VersR 1990, 76; weitere Nachw. bei *Langheid* NJW 1992, 656 (659), Fn. 33 ff.). Sie muss sich auf die **Kenntnis des**

Antragstellers von einer mit der Antragstellung erfragten Gesundheitsstörung erstrecken, weil diese Kenntnis tatbestandliche Voraussetzung für die Pflichtverletzung des VN ist (BGH VersR 2000, 1486 = NVersZ 2001, 69 (71); zum Problem *Langheid/Müller-Frank* NJW 2002, 403 ff.). Die fristauslösende Kenntnis des VR muss sich auch auf das **Verschulden** des VN und auf die kausale Verknüpfung zwischen verschwiegenem Umstand und Versicherungsfall erstrecken. Weil die Rechte des VR nach § 19 im Einzelnen vom Verschuldensgrad des VN abhängig sind, kann die Frist erst zu dem Zeitpunkt beginnen, in dem eine entsprechende Einschätzung möglich ist (Beckmann/Matusche-Beckmann VersR-HdB/*Knappmann* § 14 Rn. 109; Langheid/Wandt/*Bußmann* § 21 Rn. 7; *Lange* r+s 2008, 56; *Langheid* NJW 2007, 3665 (3668); ähnlich *Marlow/Spuhl* Rn. 208). Die gegenteilige Ansicht (Prölss/Martin/*Armbrüster* § 21 Rn. 21; BK/*Voit* § 20 Rn. 6; Bruck/Möller/*Rolfs* § 21 Rn. 24; *Schimikowski* r+s 2009, 353 (357)) übersieht, dass das Gesetz in Abs. 1 S. 2 ausdrücklich auf die spezifische Verletzung abstellt, die „das von ihm geltend gemachte Recht begründet" (worauf Langheid/Wandt/*Bußmann* § 21 Rn. 7 hinweist).

3 Der VR muss sich die **Kenntnis seines Versicherungsvertreters** und/oder des von ihm mit der Untersuchung des Antragstellers beauftragten **Arztes** (vgl. BGH VersR 2001, 620; BGHZ 123, 224 = NJW 1993, 2807 = VersR 1993, 1089) zurechnen lassen (ferner → § 69 Rn. 8). Das gilt nur für Angaben, die der VN im Rahmen der „Erklärung vor dem Arzt" abgibt. Eine darüber hinaus gehende Zurechnung von Wissen, das sich für den Arzt aus früheren Behandlungen ergibt, kommt nicht in Betracht (BGH VersR 2009, 526; vgl. *Langheid/Müller-Frank* NJW 2010, 344). Die Mitteilung an ein **konzernverbundenes Unternehmen** reicht selbst dann nicht, wenn der Antragsteller mit einer Einsichtnahme in die Unterlagen des konzernverbundenen Unternehmens (Beispiel: Bei Antrag auf Abschluss einer Lebensversicherung genehmigt der Antragsteller den Einblick in die Unterlagen des konzernverbundenen Krankenversicherers) einverstanden ist (BGH r+s 1992, 76 = VersR 1992, 217). Etwas anderes gilt nur dann, wenn der Antragsteller dem VR **Veranlassung gegeben** hat, in die Daten des verbundenen Unternehmens hineinzuschauen, etwa indem er auf diese Daten hinweist und die tatsächliche Möglichkeit besteht, die Daten einzusehen (BGHZ 123, 224 = NJW 1993, 2807 = VersR 1993, 1089). Dafür reicht nicht, dass der Vorgesetzte des Antragstellers, der im Außendienst des betreffenden VR tätig ist, entsprechende Kenntnisse hat oder sich die maßgeblichen Umstände aus den Personalakten ergeben würden; eine Überprüfungspflicht des VR besteht insoweit nicht (OLG Hamm r+s 1991, 322). Wenn der zuständige Sachbearbeiter jederzeit auf die gespeicherten Daten Zugriff nehmen kann und dies bei der Antragssachbearbeitung regelmäßig auch tut, kann eine Zurechnung möglich sein, wobei eine bloße *Erkenntnismöglichkeit* nicht ausreicht (Langheid/Wandt/*Bußmann* § 21 Rn. 18 f. unter Hinweis auf BGH VersR 2007, 1267 Rn. 15; VersR 2007, 481 Rn. 16).

4 **b) Erkundigungspflicht des Versicherers.** Liegen konkrete Anhaltspunkte für eine Anzeigepflichtverletzung vor, muss der VR **geeignete Rückfragen veranlassen;** unterlässt er dies, läuft die Frist trotzdem (BGH VersR 1991, 171; 1990, 17; BGHZ 108, 326 = NJW 1990, 47 = VersR 1989, 1249; OLG Hamm VersR 1994, 294 = r+s 1993, 356; OLG Köln VersR 2004, 1253; OLG Saarbrücken VersR 2005, 929 (932); Langheid/Wandt/*Bußmann* § 21 Rn. 12 ff.). Nach BGH r+s 1993, 165 = VersR 1993, 871; NJW 1992, 1506 = VersR 1992, 603 (weitere

Rspr.-Nachw. → § 19 Rn. 60 ff.) kann das Rücktrittsrecht des VR grds. ausgeschlossen sein, wenn er eine vor Vertragsabschluss gebotene Risikoprüfung unterlässt (so auch OLG Saarbrücken VersR 1994, 847).

Dabei kann der VR auch durch **wiederholte Rückfragen** versuchen, Klarheit 5 zu schaffen; sich bei zunächst unzureichender Auskunft (etwa des behandelnden Hausarztes) sofort um weitere Erkenntnisquellen zu kümmern, ist nicht erforderlich (BGH NVersZ 2001, 69 (71) = VersR 2000, 1486; VersR 1999, 217 = r+s 1999, 92 mAnm *Münstermann* r+s 2000, 1).

c) Klarstellungsfunktion des Rücktritts. Die Monatsfrist soll auch eingehalten werden, wenn der Vertrag inzwischen anderweitig beendet wurde (OLG 6 Hamm VersR 1981, 1148). Dies soll der Klarstellung dienen. Obwohl dies zweifelhaft erscheint, kann jedenfalls nur der Rücktritt die Auflösung des Vertrages ex tunc bewirken.

d) Beginn und Ende der Frist. Beginn und Ende der Frist bestimmen sich 7 nach §§ 187 Abs. 1, 188 Abs. 2, 193 BGB (BGH VersR 1990, 258); § 10 ist nicht anwendbar (Langheid/Wandt/*Bußmann* § 21 Rn. 24). Bei Vorliegen mehrerer Rücktrittsgründe läuft die Frist des § 21 Abs. 1 für jeden Rücktrittsgrund gesondert (OLG Saarbrücken VersR 1994, 847). Der Rücktritt kann ohnehin mehrfach erklärt werden (Bruck/Möller/*Rolfs* § 21 Rn. 21; zum Nachschieben von Gründen ohne neuen Rücktritt → Rn. 22). Die Frist ist nicht eingehalten, wenn den VN innerhalb der Monatsfrist nur die Kopie des noch im Postlauf befindlichen Rücktrittsschreibens erreicht (OLG Oldenburg r+s 1994, 445 = VersR 1995, 157).

e) Mehrere Fristen. Es ist durchaus denkbar, dass die Monatsfristen für die 8 verschiedenen Rechte nach Abs. 2, Abs. 3 und Abs. 4 unterschiedlich ablaufen: „Die Frist beginnt mit dem Zeitpunkt, zu dem der Versicherer von der Verletzung der Anzeigepflicht, die das von ihm geltend gemachte Recht begründet, Kenntnis erlangt" (§ 21 Abs. 1 Satz 2). Soweit es um den **Rücktritt** geht, wird die Monatsfrist – jedenfalls bei verschwiegenen vertragshindernden Umständen – mit sicherer Kenntnis des VR vom Rücktrittsgrund laufen (→ Rn. 15). Das **Kündigungsrecht** nach § 19 Abs. 3 Satz 2 kann begrifflich erst beginnen, wenn der VR weiß, dass sein Rücktrittsrecht nach § 19 Abs. 2 ausgeschlossen ist. Diese Kenntnis kann sich dem VR im Einzelfall sogar erst im Rechtsstreit vermitteln, wenn sich in einer Beweisaufnahme herausstellt, dass der VN seine Anzeigepflicht weder vorsätzlich noch grob fahrlässig verletzt hat (vgl. Langheid/Wandt/*Bußmann* § 21 Rn. 9, die allerdings eine „starre Festlegung" aufgrund einer gesetzlichen Vermutung für Vorsatz ablehnt, sondern darauf hinweist, dass der VR in Kenntnis aller Umstände eine „eigene Verschuldenseinstufung" vornehmen könne). Es ist sinnvoll, einen Rücktritt vorsorglich mit einer Kündigung nach § 19 Abs. 3 Satz 2 zu verbinden für den Fall, dass die Anzeigepflicht weder vorsätzlich noch grob fahrlässig verletzt wurde (zur Zulässigkeit dieses Vorgehens trotz prinzipieller Bedingungsfeindlichkeit von Gestaltungsrechten Langheid/Wandt/*Bußmann* § 21 Rn. 33 ff. (insbes. Rn. 35 aE)).

Schwierig kann es werden, wenn auch das Kündigungsrecht nach § 19 Abs. 3 9 Satz 2 ausgeschlossen ist, weil sich die Anzeigepflichtverletzung auf einen vertrags**ändernden** Umstand bezog (→ § 19 Rn. 104). Ist das der Fall und kann der VR erkennen, dass sein Rücktrittsrecht ausgeschlossen ist, weil der VN keine vorsätzliche Anzeigepflichtverletzung begangen hat, kann das **Recht, andere**

Bedingungen in den Vertrag einzubeziehen (§ 19 Abs. 4 Satz 2), schon beginnen, bevor die Kündigungsfrist läuft (die uU gar nicht beginnt, weil kein vertragshindernder Umstand verschwiegen wurde). Steht also fest, dass sich die Anzeigepflichtverletzung auf einen vertragsändernden Umstand bezogen hat, kann der VR überhaupt nicht kündigen, sondern es kommt nur ein Rücktritt wegen vorsätzlicher Anzeigepflichtverletzung, anderenfalls ein **Vertragsänderungsrecht** in Betracht. In diesem Fall ist es sinnvoll, den Rücktritt vorsorglich (für den Fall, dass dem VN der Nachweis gelingt, dass er nicht vorsätzlich gehandelt hat) mit dem Verlangen nach Vertragsänderung (§ 19 Abs. 4 Satz 2) zu verknüpfen (dies ist jedenfalls dann empfehlenswert, wenn man nicht *Marlow/Spuhl* Rn. 208 folgen möchte, die in Bezug auf das Anpassungsrecht die dafür geltende Frist nicht bereits mit Kenntnis der Anzeigepflichtverletzung, sondern – unter richtigem Hinweis auf den exakten Wortlaut des § 21 Abs. 1 Satz 2 – erst mit Kenntnis der das Vertragsänderungsrecht begründenden Tatsachen beginnen lassen; dagegen wiederum Schwintowski/Brömmelmeyer/*Härle* § 21 Rn. 7). Ohnehin ist es sinnvoll, **zeitgleich hilfsweise unterschiedliche Vertragserklärungen** zu kombinieren (Prölss/Martin/*Armbrüster* § 21 Rn. 11 f.; *Rixecker* r+s 2007, 371; *Reusch* VersR 2007, 1313 (1316); *Höra* r+s 2008, 92; *Langheid* NJW 2007, 3318), weil eine Umdeutung problematisch (anders aber *Neuhaus* r+s 2008, 45 (51); diff. Langheid/Wandt/*Bußmann* § 21 Rn. 30 ff.) und jedenfalls die Feststellung schwierig ist, was der VR jeweils gemeint haben könnte.

2. Schriftform

10 Das Gesetz verlangt in Abs. 1 Satz 1 Schriftform (also nicht lediglich Textform nach § 126b BGB). Das war früher zwar anders, aber jedenfalls auch bereits übliche Praxis. Die Verletzung des gesetzlichen Schriftformerfordernisses iSd § 126 BGB hat die Unwirksamkeit der Kündigung zur Folge (§ 125 BGB).

3. Begründungspflicht

11 **Abs. 1 Satz 3** bestimmt, dass der VR die Gründe für das jeweils ausgeübte Recht anzugeben hat. Im Falle des Rücktritts muss dieser also begründet werden. Sind die versicherte Person und der VN nicht identisch, können einer vollständigen Offenlegung der Rücktrittsgründe gegenüber dem VN datenschutzrechtliche und strafrechtliche (§ 203 StGB) Bedenken entgegenstehen (nach *Neuhaus* r+s 2009, 309 (312) kann der VR sein Rücktrittsrecht gegenüber dem VN in dem Fall mit einer lediglich pauschalen Begründung unter Hinweis darauf ausüben, dass eine ausführliche Begründung gegenüber der versicherten Person erfolgt). Es entsprach auch schon bisheriger Rspr., dass eine (nach altem Recht überobligatorisch erfolgte) Begründung für den Rücktritt das **Nachschieben von Gründen** nicht verhinderte (jedenfalls nicht in Bezug auf dem VR „innerhalb der für den erklärten Rücktritt maßgeblichen Frist bekanntgewordenen, für die Obliegenheitsverletzung zusätzlich relevanten Umständen" (so BGH VersR 1999, 217 = r+s 1999, 92 mAnm *Münstermann* r+s 2000, 1; anders OLG Nürnberg NVersZ 1999, 68 m. abl. Anm. *Langheid* 155). Durch die gesetzliche Formulierung ist klargestellt, dass der VR Gründe nachschieben darf, soweit die **Monatsfrist** nach Satz 1 **noch nicht verstrichen** ist. Das bedeutet, dass der VR **vor dem Rücktritt bekannt gewordene Gründe,** die ihn (noch) nicht zum Rücktritt veranlasst haben, nur dann nicht mehr zur Begründung nutzen darf, wenn für diese Gründe die Monatsfrist abgelaufen ist. Er kann also auch solche Gründe nachschieben,

die ihm innerhalb der Frist von einem Monat vor Ausübung des Rechts bekannt geworden waren (*Langheid* NJW 2007, 3668; *Reusch* VersR 2007, 1313; aA *Marlow/Spuhl* Rn. 217 aE). Faktisch bedeutet das, dass der VR seinen Rücktritt nicht mit allen ihm bekannten Gründen ausstatten muss; erkennt er aber, dass ein angeführter Grund nicht, ein anderer, noch nicht angeführter Grund aber überzeugt, kann er ihn (fristgerecht) nachschieben.

Nachträglich bekannt gewordene Gründe kann der VR innerhalb einer neuen 12 Monatsfrist ab Kenntniserlangung **immer nachschieben** (so auch *Marlow/Spuhl* Rn. 217; *Rixecker* ZfS 2007, 369 (370); dagegen *Neuhaus* r+s 2008, 45 (53), *Lange* r+s 2008, 56 (60), *Reusch* VersR 2007, 1313 und jetzt auch Prölss/Martin/*Armbrüster* § 21 Rn. 17, die allerdings das Wort „diese" im Gesetzestext wohl irrtümlich nicht auf die Gründe für den Rücktritt, sondern auf die Vertragserklärung beziehen; dagegen ausführlich und zu Recht Langheid/Wandt/*Bußmann* § 21 Rn. 40 ff.). Das Nachschieben kann bedeutsam werden, wenn die ursprünglichen Gründe sich als nicht stichhaltig erwiesen haben und der VR wegen der nachträglich bekannt gewordenen Gründe keinen neuen Rücktritt erklärt hat. Wichtig ist die Möglichkeit, nachträglich neue Gründe benennen zu können, schon, weil dadurch eine „Überfrachtung" der Korrespondenz durch immer neue Gestaltungsrechte vermieden wird. Außerdem ist kein Grund ersichtlich, dem VR die Möglichkeit, Gründe nachzuschieben, zu verweigern, wenn sich die von ihm angegebenen Gründe im Nachhinein als nicht stichhaltig erwiesen haben und er wegen der ihm anderweitig zum Zeitpunkt der Erklärung bereits bekannten oder wegen der nachträglich bekannt gewordenen Gründe keinen neuen Rücktritt (oder Kündigung etc) erklärt hat.

4. Adressat

Der Rücktritt muss dem richtigen Adressaten gegenüber erklärt werden; das 13 ist zunächst der VN, bei mehreren VN alle, § 351 BGB (Prölss/Martin/*Armbrüster* § 21 Rn. 3, Vor § 11 Rn. 19). In AVB kann grds. in rechtlich unbedenklicher Weise eine Vereinbarung getroffen werden, dass ein Dritter Empfangsbevollmächtigter des VN sein soll (BGH NJW-RR 1993, 794 = VersR 1993, 868; r+s 1982, 113 = VersR 1982, 746). Ist der Leistungsanspruch **abgetreten** (nach § 13 Nr. 3 KLV, ALB (Risiko) 2008 ist dies zulässig, gemäß § 6 Abs. 6 MB/KK 2009, § 6 Abs. 5 MB/KT 2009 unzulässig, eine vorherige Zustimmung verlangen Ziff. 28 AHB 2008 und Ziff. 12.3 AUB 2008, schriftliches Einverständnis § 17 Abs. 7 ARB 2008), muss der Rücktritt immer noch dem VN gegenüber erklärt werden (OLG Hamm VersR 1981, 1148; OLG Stuttgart VersR 1982, 797; Langheid/Wandt/*Bußmann* § 21 Rn. 26); aus vertraglichen Absprachen kann aber uU die Pflicht erwachsen, den Zessionar zu informieren (ansonsten nur reine Auskunftspflicht auf Fragen des Zessionars, siehe *Goll/Gilbert/Steinhaus* S. 208).

Schließlich empfiehlt es sich, den Rücktritt dem Bezugsberechtigten in jedem 14 Fall mitzuteilen (notwendig ist dies nicht, vgl. auch *Goll/Gilbert/Steinhaus* S. 186; Bruck/Möller/*Rolfs* § 21 Rn. 12). Bezugsberechtigter kann jedoch Empfangsbevollmächtigter sein (§ 6 Abs. 16 KLV, ALB (Risiko) 2008 sehen eine Empfangsvollmacht des Bezugsberechtigten nach dem Tod des VN vor). Wenn eine **Empfangsvollmacht** besteht, ist der VR verpflichtet, seine Willenserklärung auch nur gegenüber diesem Bevollmächtigten abzugeben (so jedenfalls BGH NJW-RR 1993, 794, der darauf hinweist, dass der VR gegen Treu und Glauben verstößt, wenn er sich nicht an die von ihm in den Bedingungen selbst vorgegebene Regelung hält); denn auch dieser ist rückgewährpflichtig (OLG Düsseldorf VersR 1970, 738). Verstirbt der VN (was in der Lebensversicherung ja den Versicherungsfall darstellt), muss der Rücktritt (die Kündigung, die Vertragsanpassung) seinen Erben, ggf. dem Testamentsvollstrecker (oder vergleichbaren Personen kraft Amtes) gegenüber erklärt werden (BGH NJW-RR 1993, 794; OLG Stuttgart VersR 1982, 797; Bruck/Möller/*Rolfs* § 21 Rn. 12); der Rücktritt erübrigt sich dann nicht, weil die Vertragsbeendigung durch Tod (Wirkung ex nunc) eine gänzlich andere ist als eine Beendigung durch Rücktritt.

5. Beweislast

15 Während der VR für den Zugang des Rücktritts beweisbelastet ist (Näheres bei Langheid/Wandt/*Bußmann* § 21 Rn. 28; OLG Celle VersR 2012, 753 (für Zugang einer Vertragsänderung nach Art. 1 Abs. 3 EGVVG); zur Frage des wirksamen Bestreitens OLG München IVH 2004, 62), muss der VN die Kenntnis des VR von der Anzeigepflichtverletzung und damit auch den Zeitpunkt der Kenntniserlangung nachweisen (BGH VersR 1991, 171; 1980, 762; OLG Köln VersR 1982, 1092; Langheid/Wandt/*Bußmann* § 21 Rn. 23). Der Rücktritt muss binnen der sodann laufenden Monatsfrist, also spätestens am letzten Tag, beim VN eingegangen sein; erlangt der VR zu verschiedenen Zeitpunkten von verschiedenen Anzeigepflichtverletzungen Kenntnis, laufen auch verschiedene Fristen (Prölss/Martin/*Armbrüster* § 21 Rn. 18).

6. Wirkung des Rücktritts

16 Die frühere Regelung in § 20 Abs. 2 aF ist entbehrlich, weil insoweit §§ 346, 349 BGB gelten (BT-Drs. 16/3945, 66), das heißt durch den Rücktritt entsteht ein **Rückgewährschuldverhältnis.** Für die Zukunft ist der Versicherungsvertrag beendet. Für die Prämie bestimmt § 39 Abs. 1 Satz 2, dass dem VR „die Prämie bis zum Wirksamwerden der Rücktritts- oder Anfechtungserklärung" zusteht. Eine solche Regelung ist für die Kündigung überflüssig, weil sich hier die Prämie auf den Vertragszeitraum erstreckt; auch für die Implementierung „anderer Bedingungen" iSv § 19 Abs. 4 Satz 2 ist eine solche Regelung überflüssig, weil insoweit ja der Vertrag weiter besteht.

17 Der Rücktritt hat auch Wirkung gegenüber dem Hypothekengläubiger, der seine Hypothek angemeldet hat (§ 143 Abs. 2 Satz 1), und gegenüber dem Dritten in der Haftpflichtversicherung (§ 117 Abs. 2).

18 Empfangene Leistungen des VR hat der VN ab Empfang in einer vom VR nachzuweisenden Höhe (Kapitalmarktanlage), mindestens mit 4 % (§ 246 BGB), zu verzinsen, vorbehaltlich eines höheren Verzugsschadens (§§ 286, 288 BGB; BK/*Voit* § 20 Rn. 21: nur Verzugsschaden).

7. Wirkung der Kündigung

19 Die wirksam erklärte Kündigung beendet den Versicherungsvertrag mit Ablauf der Kündigungsfrist für die Zukunft.

II. Leistungspflicht (Abs. 2)

20 Die Regelung in Abs. 2 „stimmt in der Sache mit § 21 VVG (aF) überein" (BT-Drs. 16/3945, 66).

Die Regelung in Abs. 2 Satz 2 dient der Klarstellung; auch nach früherem Recht galt § 21 aF bei Anfechtung wegen arglistiger Täuschung nicht. Allerdings bedarf es nach geltendem Recht nicht einmal der Arglistanfechtung, um von den Kausalitätserfordernissen befreit zu sein. Auch wenn eine Arglistanfechtung nicht vorliegt, kann der arglistige VN sich „aus Gründen der Generalprävention" (BT-Drs. 16/3945, 65) nicht auf das Kausalitätserfordernis berufen. 21

1. Wirksamer Rücktritt

Mit dem wirksamen Rücktritt des VR wird der Vertrag rückwirkend aufgehoben und der VR wird für alle vergangenen und erst recht für alle zukünftigen Versicherungsfälle leistungsfrei. Regelmäßig wird der VR den Rücktritt erst aufgrund eines konkreten Leistungsbegehrens des VN erklären, weil er erst dann Veranlassung und Gelegenheit hat, die vorvertragliche Anzeigepflichtverletzung festzustellen (zur Erkundigungspflicht des VR allerdings → § 19 Rn. 60 ff.). Für diesen Fall des Rücktritts nach Eintritt des Versicherungsfalles sieht § 21 Abs. 2 vor, dass die grds. entfallende Leistungspflicht des VR dann weiterbesteht, wenn der verschwiegene Umstand weder Einfluss auf den Eintritt oder die Feststellung des Versicherungsfalles noch für die Feststellung oder den Umfang der Leistungspflicht des VR hatte. Die Wirksamkeit des Rücktritts bleibt also unberührt. Für **zukünftige Versicherungsfälle** ist der VR **leistungsfrei.** 22

Will der VN nicht nur die vom VR abgelehnte Leistung geltend machen, sondern will er sich auch gegen den von ihm für unberechtigt gehaltenen Rücktritt wehren, muss er nicht nur Zahlungsklage erheben, sondern auch die Unwirksamkeit des Rücktritts und das Fortbestehen des Versicherungsvertrages **gerichtlich feststellen** lassen. Sonst erhält er möglicherweise die Leistung (wegen § 21 Abs. 2), hat aber für nachfolgende Versicherungsfälle keinen Versicherungsschutz mehr. 23

Ist der Versicherungsfall eingetreten und dauert er zum Zeitpunkt des Rücktritts fort **(gedehnter Versicherungsfall),** bleibt der VR, wenn § 21 Abs. 2 eingreift, leistungspflichtig (BGH NJW 1971, 1892 = VersR 1971, 810; OLG Hamm VersR 1980, 135; Langheid/Wandt/*Bußmann* § 21 Rn. 52; Bruck/Möller/*Rolfs* § 21 Rn. 33 und § 19 Rn. 142; **aA** LG Augsburg VersR 1969, 1089; Prölss/Martin/*Armbrüster* § 21 Rn. 43; Bach/Moser/*Hütt* MB/KK § 7 Rn. 3 ff.). 24

Bei **Arglist** des VN entfällt die Leistungspflicht des VR (Abs. 2 Satz 2; Einzelheiten → § 22 Rn. 30). In der Praxis wird der VR, will er die Anwendbarkeit des § 21 Abs. 2 Satz 1 (im Falle fehlender Kausalität) ausschließen, jedoch regelmäßig den Vertrag wegen arglistiger Täuschung anfechten und insoweit Arglist des VN beim Verschweigen des gefahrerheblichen nachweisen müssen (→ § 22 Rn. 12 f.). 25

2. Kausalität

Die in Abs. 2 gemeinte kausale Verknüpfung muss zwischen dem vorverschwiegenen anzeigepflichtigen Umstand und dem Eintritt des Versicherungsfalles bzw. dem Leistungsumfang des VR bestehen; es kommt daher nicht darauf an, ob der VR den Vertrag nicht oder jedenfalls nicht zu gleichen Bedingungen abgeschlossen hätte, wenn er den anzeigepflichtigen Umstand gekannt hätte (BGH VersR 1985, 154; OLG Frankfurt a. M. VersR 1980, 449; OLG Hamm r+s 1989, 1; Langheid/Wandt/*Bußmann* Rn. 53 ff; Prölss/Martin/*Armbrüster* § 21 Rn. 34). Eine solche kausale Verknüpfung ist schon Voraussetzung für den Rücktritt, hat 26 also mit der trotz Rücktritts bestehenbleibenden Leistungspflicht des VR nichts zu tun.

27 Der vor dem Vertragsabschluss verschwiegene Umstand darf weder Einfluss auf den Eintritt des Versicherungsfalles noch auf den Umfang der Leistung gehabt haben. Kausalität besteht, wenn der verschwiegene Umstand nach der Lebenserfahrung die objektive Möglichkeit des Erfolgseintritts nicht unerheblich erhöht (OLG Hamm VersR 1992, 1206; anders BK/*Voit* § 21 Rn. 7, der zum gleichen Ergebnis gelangt, weil der VN beweisfällig bleibt).

28 **Beweisbelastet** ist der VN (BGH VersR 2017, 738 = NJW-RR 2017, 672); ggf. bedarf es eines gerichtlichen Hinweises (BGH VersR 2017, 738 = NJW-RR 2017, 672). Der Nachweis richtet sich nach den auch sonst im Zivilrecht maßgeblichen Kausalitätsgrundsätzen (BGH VersR 1990, 1002). Bereits Mitursächlichkeit schließt die Leistungspflicht aus (BGH VersR 1990, 297; OLG Hamm r+s 1991, 66; NJW-RR 1991, 1184; OLG Karlsruhe VersR 1990, 781; OLG Köln r+s 1987, 56). Notwendig ist der **Ausschluss** der möglichen Auswirkung des verschwiegenen Umstandes auf den Eintritt des Versicherungsfalles oder die Leistungshöhe des VR (vgl. Langheid/Wandt/*Bußmann* § 21 Rn. 58).

29 **a) Beispiele für fehlende Kausalität.** Verschweigen weiterer Unfallversicherungen (OLG Frankfurt a. M. VersR 1992, 41); Verschweigen von Vorversicherungen, abgelehnter Anträge und Vorschäden (OLG Hamm r+s 1993, 351; 1990, 147; 1989, 1; OLG Köln r+s 1993, 72; OLG Hamm VersR 1993, 1135 sieht in parallel gestellten anderweitigen Versicherungsanträgen schon gar keinen anzeigepflichtigen Umstand; aber → § 19 Rn. 23 ff.); falsche Eigentümerangabe beim Abschluss einer Feuerversicherung (BGH VersR 1985, 154); unrichtige Angaben bzgl. des Nettoeinkommens bei einer Krankentagegeldversicherung (OLG Hamm VersR 1986, 864); verschwiegene Rückenbeschwerden bei späterem Bandscheibenvorfall (OLG Hamm VersR 1992, 1206).

30 **b) Beispiele für gegebene Kausalität.** Nichtangabe ärztlicher Behandlung wegen zB nervöser Erschöpfung, Arbeitsneurose, Kollapszustände bei einer zum Selbstmord führenden krankhaften Depression (vgl. BGH NJW 1991, 1891 = VersR 1991, 575); Selbstmordversuch wegen Depressionen in der BUZ (OLG Köln r+s 1987, 56; siehe auch LG Heidelberg r+s 1989, 163); Nichtanzeige von Herzbeschwerden in der BUZ, wenn der die Berufsunfähigkeit auslösende Gesundheitszustand unvermeidbare Operationsfolge oder Folge eines fahrlässigen ärztlichen Kunstfehlers anlässlich der Operation ist (BGH NJW-RR 1990, 1359 = VersR 1990, 1002), oder bei Vorliegen sog indizierender Umstände (näher → Rn. 33); LWS-Beschwerden für späteren Bandscheibenschaden (OLG Köln r+s 1990, 65).

31 **c) Subjektives Risiko.** Problematisch ist das Verschweigen sog **subjektiver Risikoumstände** wie etwa Vorversicherungen oder -schäden, abgelehnte Versicherungsanträge und anderweitig bestehende Versicherungen (schon → Rn. 29; zum Problem im Zusammenhang mit der **Vertragsgefahr** s. § 19 Rn. 33 f.). Die **hM** lehnt eine Kausalität zwischen solchen verschwiegenen subjektiven Risikoumständen und dem Eintritt des Versicherungsfalles ab, weil die verschwiegenen Umstände keinen Einfluss auf den Eintritt des Versicherungsfalles haben könnten (Beispiel: Auch mehrere Vorschäden in der Hausratversicherung, die dem VR bei Antragstellung verschwiegen werden, führen den späteren Einbruchdiebstahl nicht kausal herbei; zum Problem vgl. OLG Hamm NJW-RR 1990, 163= VersR 1990,

1272; r+s 1989, 1; VersR 1986, 864; VersR 1985, 469; OLG Köln r+s 1993, 72; siehe auch BGH VersR 1985, 154 und OLG Frankfurt a. M. VersR 1980, 449 zu falschen Angaben in der Sachversicherung).

Diese Auffassung ist **kritisch** zu betrachten, wenn nicht **abzulehnen** (vgl. 32
schon *Langheid* NJW 1991, 268 (271) mwN). Derartige, subjektiv das Risiko erhöhende Umstände **können stets Einfluss** auf den Versicherungsfall nehmen, sei es durch eine erhöhte Manipulationsneigung auf Seiten des VN, sei es durch dessen größere Sorglosigkeit, zB in der Unfallversicherung durch das Bestehen zahlreicher weiterer Versicherungen (zust. Beckmann/Matusche-Beckmann VersR-HdB/*Knappmann* § 14 Rn. 121; dagegen Langheid/Wandt/Bußmann § 21 Rn. 56, die auch von „besonders gut versicherten Personen" nicht den Gegenbeweis verlangen will, sie hätten den Versicherungsfall nicht vorsätzlich oder leichtfertig herbeigeführt; es kommt aber nicht (nur) auf die gute Versicherung an, sondern vor allem auf das Verschweigen derselben); jedenfalls wird der VN den von ihm geforderten Kausalitätsgegenbeweis nicht führen können (näher hierzu *Bach/Langheid* S. 127 ff.; zum Problem vgl. *Schirmer* ZVersWiss 1992, 393; den Kausalitätsgegenbeweis regelmäßig als zu führen ansehend BK/*Voit* § 21 Rn. 16; demgegenüber der Rspr. zust. Bruck/Möller/*Rolfs* § 21 Rn. 38). OLG Köln (VersR 1995, 1435 mAnm *Langheid*) erkennt an, dass – *jedenfalls* im Obliegenheitenrecht – verschwiegene weitere Versicherungen zur Erhöhung der Leistung führen können (zur Unfallversicherung; zum Problem vgl. ferner OLG Frankfurt a. M. VersR 1993, 344 mAnm *Bach;* OLG München VersR 1993, 346; OLG Saarbrücken VersR 1993, 569). Von der Rspr. wird anerkannt, dass falsche Angaben zum subjektiven Risiko den VR von eingehender Schadenprüfung abhalten und schon auf diese Weise Einfluss auf den Umfang der Versicherungsleistung nehmen können (BGH VersR 1990, 384; OLG Hamm r+s 1988, 347; dagegen BK/*Voit* § 21 Rn. 18, der die zitierten Entscheidungen für nicht übertragbar hält).

d) Indizierende Umstände. Probleme entstehen bei unterbliebenen Angaben 33
über Umstände, die ihrerseits keine gefahrerheblichen Umstände iSv § 19 Abs. 1 Satz 1 darstellen, auf solche aber hinweisen (so wie **symptomatische Beschwerden** auf eine tatsächliche Erkrankung hinweisen; zum Begriff vgl. etwa BGH VersR 1980, 762; OLG Köln r+s 1991, 354; VersR 1989, 505).

Solche indizierenden Umstände sind nicht nur angabepflichtig (→ § 19 34
Rn. 32), sondern sie sind auch ursächlich für den Eintritt des Versicherungsfalles, wenn die indizierenden Umstände zur **Feststellung des anzeigepflichtigen Gefahrumstandes** geführt haben würden und dieser für den Versicherungsfall ursächlich war (OLG Hamburg VersR 1988, 396; OLG Hamm r+s 1991, 66; VersR 1988, 396; OLG Karlsruhe r+s 1990, 138; OLG Köln r+s 1994, 315; r+s 1991, 354; r+s 1990, 65; r+s 1988, 322; VersR 1989, 505).

Problematisch ist aber ein bloßer Zufallsbefund (Beispiel: Anlässlich eines ver- 35
schwiegenen Krankenhausaufenthaltes wegen einer Magenerkrankung wird bei einer Blutuntersuchung ein Aidsvirus festgestellt), der bei Angabe des indizierenden Umstandes hätte erhoben werden können. Obwohl der Zufallsbefund für den Versicherungsfall ursächlich ist, wird man den verschwiegenen Umstand kaum für kausal erklären können. Ferner setzt Kausalität Adäquanz voraus, so dass der Kausalitätsgegenbeweis geführt ist, da nach der Lebenserfahrung nicht davon auszugehen ist, dass der verschwiegene Umstand die objektive Möglichkeit des Eintritts des Versicherungsfalles erheblich erhöht hat (OLG Hamm VersR 1992, 1206).

36 So muss etwa der VN (bzw. der Begünstigte) nachweisen, dass ein verschwiegener Diabetes mellitus nicht ursächlich für den späteren Tod des VN war (OLG Karlsruhe r+s 1990, 138) oder dass eine verschwiegene kränkliche Konstitution nicht ursächlich für spätere Krankheiten war (LG Aachen VersR 1991, 52).

37 Wenn sich der BGH auch noch nicht abschließend zu der Problematik der indizierenden Umstände geäußert hat (vgl. etwa zum Problem BGH VersR 1991, 575; 1989, 833), ist davon auszugehen, dass die von der Rspr. entwickelten und vom Schrifttum bestätigten Grundsätze auch höchstrichterlich bestätigt werden.

38 **e) Einfluss auf die Höhe der Versicherungsleistung.** Der verschwiegene Umstand darf auch **keinen Einfluss** auf den „**Umfang der Leistungspflicht** des Versicherers" haben, sich also nicht auf die Höhe der Versicherungsleistung auswirken. Damit sind in der Schadensversicherung alle Umstände kausal, die den Schaden, selbst geringfügig, erhöht haben (Bruck/Möller/*Rolfs* § 21 Rn. 41; BK/*Voit* § 21 Rn. 17). Gleiches gilt für verschwiegene Umstände, die den VR von weiteren Ermittlungen zur Schadenhöhe abgehalten haben (→ Rn. 32). Der Einfluss auf den „Umfang der Leistungspflicht" ist aber auch in der Summenversicherung möglich, etwa bei verschiedenen versicherten Summen (Beispiel: unterschiedliche Krankenhaustagegelder je nach Unterbringung im Ein-, Zwei- oder Mehrbettzimmer) oder etwa bei Vorerkrankungen in der Unfallversicherung, die die Leistungspflicht mindern. Die gegenteilige Auffassung (Prölss/Martin/*Armbrüster* § 21 Rn. 41; Beckmann/Matusche-Beckmann VersR-HdB/*Knappmann* § 14 Rn. 122; Bruck/Möller/*Rolfs* § 21 Rn. 43), nach der sich der verschwiegene Umstand von vornherein auf einen nicht versicherten Schadenteil bezieht und daher nicht kausal für die Schadenhöhe geworden sein kann, übersieht, dass der VR in Unkenntnis der verschwiegenen, aber anzurechnenden Vorerkrankung eine höhere Versicherungsleistung erbracht hätte. Insoweit ist der verschwiegene Umstand nicht etwa einem Leistungsausschluss gleichzustellen, für den der VR ohnehin nicht eintrittspflichtig gewesen wäre, sondern der verschwiegene Umstand ist Teil des Versicherungsfalles, beeinflusst die versicherte Leistung und hat daher Auswirkungen auf den Umfang der Versicherungsleistung.

III. Allgemeine Ausschlussfrist (Abs. 3)

39 Für die Rechte aus § 19 Abs. 2–4 (Rücktritt, Kündigung und Vertragsanpassung) gilt eine allgemeine Ausschlussfrist von **fünf Jahren.** Diese wird vom Gesetzgeber mit dem „Interesse des Versicherungsnehmers" begründet, „in einem angemessenen Zeitraum Sicherheit darüber zu erlangen, dass der Vertrag mit dem vereinbarten Inhalt Bestand hat" (BT-Drs. 16/3945, 66). Denn „eine Rückabwicklung bzw. rückwirkende Anpassung des Vertrags nach vielen Jahren kann zu unzumutbaren Belastungen des Versicherungsnehmers führen, denen keine hinreichenden schutzwürdigen Interessen des Versicherers gegenüberstehen".

40 Das greift zu kurz: Belastet wird das jeweilige **Versichertenkollektiv,** zu dem der die Anzeigepflicht verletzende VN Zutritt gefunden hat. Dieses muss also die damit verbundenen Mehrkosten tragen. Es geht also weniger um schutzwürdige Interessen des VR, als um schutzwürdige Interessen der anderen Versicherten, die der Gesetzgeber aber für weniger schutzwürdig hält. Es wird allerdings erkannt, dass „mit der neuen Regelung (…) die Rechtsstellung des Versicherungsnehmers gegenüber dem geltenden Recht nicht unerheblich verbessert" wird (BT-Drs. 16/3945, 66).

Mit der Fünf-Jahres-Frist wollte der Gesetzgeber vermeiden, dass „solche Versicherungsnehmer begünstigt werden, die ihre Anzeigepflicht gröblich verletzen und sich dadurch auf Kosten der Versichertengemeinschaft dauerhaft ungerechtfertigte Vorteile verschaffen" (BT-Drs. 16/3945, 66). Daran wird die Fünf-Jahres-Frist naturgemäß nichts ändern, wenn auch zuzugeben ist, dass mit fünf Jahren die Wahrscheinlichkeit, einen Verstoß gegen die Anzeigepflicht zu entdecken, etwas größer ist als innerhalb von den ursprünglich geplanten drei Jahren. Insoweit hilft auch die durch den Rechtsausschuss eingefügte Regelung in Abs. 3 Satz 1 Hs. 2, deren Zweck es ist, **Missbräuche** zu verhindern: „Es soll vermieden werden, dass die **Meldung eines Versicherungsfalls,** für den wegen einer Anzeigepflichtverletzung nicht eingetreten werden müsste, bis **nach Ablauf der Ausschlussfrist verzögert** wird und der VR seine Rechte deshalb nicht mehr geltend machen kann" (BT-Drs. 16/5862, 130). Bei einem innerhalb der Fünfjahresfrist eingetretenen Versicherungsfall kann der VR seine Rechte aus § 19 Abs. 2–4 **unbefristet** geltend machen (die Gegenauffassung (OLG Brandenburg BeckRS 2019, 8176; Prölss/Martin/*Armbrüster* § 21 Rn. 45; HK-VVG/*Schimikowski* § 21 Rn. 21; *Marlow/Spuhl* Rn. 222, nach der dann eine Frist von zehn Jahren gelte, findet im Gesetz keine Stütze; dagegen und wie hier Langheid/Wandt/*Bußmann* § 21 Rn. 65). Eingetreten ist der Versicherungsfall nur dann, wenn während der Frist sämtliche Bedingungen für die Leistungspflicht vorliegen (OLG Braunschweig NJW-RR 2016, 479 = VersR 2016, 579). 41

Eine Sonderregelung sieht § 194 Abs. 1 Satz 4 für die Krankenversicherung vor; hier bleibt es bei der Drei-Jahres-Frist. 42

Im Falle einer **vorsätzlichen** oder **arglistigen Pflichtverletzung** verlängert sich die Ausschlussfrist gem. Abs. 3 Satz 2 auf zehn Jahre. Diese Frist soll auf die Arglistanfechtung gem. § 124 Abs. 3 BGB keine Anwendung finden (BGH NJW 2016, 394 = VersR 2016, 101 = r+s 2016, 117), was in der Konsequenz bedeutet, dass ein eingetretener Versicherungsfall keine Bedeutung hat und ohne Einfluss auf die zivilrechtliche Regelung bleibt. Soweit der Gesetzgeber sich hier auf die bereits bekannte Regelung in § 124 Abs. 3 BGB beruft, überzeugt weder das eine (die alte BGB – Regelung) noch das andere (die ihr nachgebildete VVG – Regelung): Der vorsätzlich und schon gar nicht der arglistig Täuschende verdient diese Rücksichtnahme. Ein vor Ablauf der 10-Jahresfrist **eingetretener Versicherungsfall** soll außerdem die Frist **nicht** wie bei Abs. 3 Satz 1 Hs. 2 unterbrechen (BGH aaO; offen gelassen von BGH VersR 2020, 18 = r+s 2020, 42), obwohl es einen Wertungswiderspruch darstellt, den gravierenderen Rechtsverstoß (Vorsatz/Arglist) nicht mit der entsprechenden Sanktion (Wegfall der Frist) zu belegen (deswegen wie hier Langheid/Wandt/*Bußmann* § 21 Rn. 65). Das muss vor allem für den Fall der Anfechtung wegen Arglist gelten, auch wenn die Anfechtung nicht zu den Rechten aus § 19 zählt. Jedenfalls die Gestaltungsrechte aus § 19 Abs. 2–4 sollten dem VR bei (nur) vorsätzlicher Pflichtverletzung offenstehen, wenn vor Ablauf der Zehnjahresfrist ein Versicherungsfall eingetreten ist. Denn der BGH weist ausdrücklich auf die Vorschrift in § 22 hin, der das Recht des VR auf die Arglistanfechtung nach § 124 BGB unberührt lasse; insoweit bleiben die Rechte aus § 19 unberührt. 43

§ 22 Arglistige Täuschung

Das Recht des Versicherers, den Vertrag wegen arglistiger Täuschung anzufechten, bleibt unberührt.

Übersicht

I. Normzweck

1. Konkurrenzen

1 In der Gesetzesbegründung (BT-Drs. 16/3945, 67) hat der Reformgesetzgeber von 2008 darauf hingewiesen, dass die Vorschrift sachlich mit § 22 VVG aF übereinstimme. Eine Klarstellung, dass die neuen Vorschriften das Recht des Versicherers unberührt ließen, den Vertrag wegen arglistiger Täuschung gemäß § 123 BGB anzufechten, sei „auch für die Neuregelung der Anzeigepflichtverletzung erforderlich“. Die vormalige Beschränkung des § 22 VVG aF „auf eine Täuschung über Gefahrumstände“ hätte nicht dem Sinn und Zweck der Regelung entsprochen. Aus dem Wegfall der Worte „über Gefahrumstände“ folgt, dass der Gesetzgeber der BGH-Rspr. folgt, nach der es auf **alle denkbaren Täuschungshandlungen** des Antragstellers ankommen kann, nicht nur auf solche über gefahrerhebliche Umstände (→ Rn. 7; Langheid/Wandt/*Bußmann* § 22 Rn. 3). Wenn sich ein D&O-VR auf einen vertraglich vereinbarten Ausschluss wegen arglistiger Täuschung vor Vertragsschluss beruft, kann ihm das nicht mit dem Argument verweigert werden, dass vorläufige Abwehrdeckung bis zur rechtskräftigen Feststellung von bestrittenem Vorsatz zugesagt wird (so aber OLG Frankfurt a.M. r+s 2021, 502). Eine „Stoffgleichheit“ zwischen Arglist und Vorsatz kann nicht vorliegen, weil die vorvertragliche Arglist sich gegen den VR richtet, die vorsätzliche Pflichtverletzung aber gegen die VN. Die vorläufige Abwehrdeckung bei streitigem Vorsatz kann den Arglistausschluss nicht präkludieren. Das widerspricht der Funktionalität der Regelungen; der Ausschluss bei Arglist soll eine tatsächliche Anfechtung vermeiden, die den Versicherungsvertrag zum Nachteil aller Beteiligten ex tunc beseitigen würde. Der Vorsatzausschluss verhindert eine Deckung für willentliche Pflichtverletzungen, nachdem die Laufzeit des Vertrags begonnen hat (bei alledem ist Wissentlichkeit mit Vorsatz gleichzusetzen).

2. Spontane Anzeigepflicht

2 Im Gesetz fehlt der im KomV und – in abgeänderter Form – auch im RefE vorgeschlagene, dem ursprünglichen § 18 aF nachgebildete § 21 Abs. 5. Nach

diesem Abs. 5 sollte die unterbliebene Anzeige eines nicht schriftlich erfragten Umstandes bei Arglist schaden, wenn der VR iÜ einen schriftlichen Fragenkatalog verwandt hatte. Das Fehlen dieser Regelung in der letztlich Gesetz gewordenen Fassung kann **nicht** als Begründung für die Forderung herangezogen werden, dass auch bei **Arglist** eine **Frage** des VR **in Textform** Voraussetzung für eine Anzeigepflichtverletzung sein soll (*Knappmann* VersR 2011, 726; *Langheid/Müller-Frank* NJW 2014, 354). Das Weglassen einer solchen Vorschrift bedeutet nicht, dass ihr Regelungsinhalt nicht schon in den verbleibenden Vorschriften enthalten ist. So liegt es hier. Insoweit heißt es in der Gesetzesbegründung (BT-Drs. 16/3945, 64) zu § 19, dass das Verschweigen eines gefahrerheblichen Umstands, „nach dem der Versicherer nicht oder nur mündlich nachgefragt hat, eine Arglistanfechtung des VR nach § 123 BGB begründen" kann. Das ist eindeutig und damit ist § 18 aF auch im geltenden Recht abgebildet (schriftlicher Fragenkatalog und unrichtige Beantwortung eines nicht schriftlich nachgefragten Umstands). Es bleibt also bei der **spontanen Anzeigepflicht** des VN, nach der er auch ungefragt alles tun muss, um den VR korrekt zu informieren. Das gilt sowohl für die Behauptung unrichtiger Umstände als auch für das Verschweigen zutreffender Umstände (so wie hier *Neuhaus* VersR 2012, 1477 und r+s 2008, 47; *Brand* VersR 2009, 715 (720 f.); *Schirmer* r+s 2014, 533; Langheid/Wandt/*Bußmann* § 22 Rn. 15 ff.; Prölss/Martin/*Armbrüster* § 22 Rn. 5; Bruck/Möller/*Rolfs* § 22 Rn. 5; wohl auch *Karczewski* r+s 2012, 521; dagegen wollen *Schimikowski/Höra* S. 123 auch die Arglistanfechtung an eine Frage in Textform knüpfen; missverständlich *Marlow/Spuhl* Rn. 168 und 169, wo zwar Textform verlangt wird, dann aber auch eine mündliche Frage des VR ausreichen soll, weil der Antragsteller nicht durch Förmlichkeiten geschützt werden solle). Eine Differenzierung etwa für sog. Jedermann-Verträgen sollte unterbleiben, weil dann nur noch Umstände ungefragt anzeigepflichtig wären, die einerseits **offensichtlich gefahrerheblich** sind, andererseits aber so **selten oder ungewöhnlich,** dass eine entsprechende Frage des Versicherers nicht zu erwarten ist (so OLG Celle r+s 2016, 500 = VersR 2017, 211; siehe auch. *Brandt* VersR 2009, 715 ff.) Ein derart verkürzter Anwendungsbereich würde die spontane Anzeigepflicht faktisch wieder beseitigen, weil offensichtliche Gefahrerheblichkeit bei gleichzeitiger vollkommener Ungewöhnlichkeit den Anwendungsbereich auf einen weder vom Gesetzgeber gewollten noch akzeptablen **Mikrobereich** reduzieren würde, zB auf eine noch nicht allgemein bekannte Tropen-Erkrankung, deren Gefährlichkeit der VN kennt, nach der der VR aber (noch) nicht fragen konnte. Es sollte nicht honoriert werden, wenn der VN ein solches überlegenes Wissen für sich behält (krit. deswegen Langheid/Wandt/*Bußmann* § 22 Rn. 17, die darauf abstellt, ob eine „Offenbarung nach Treu und Glauben" erwartet werden kann; auf eine „Art fahrlässiger Nichtabfrage" durch den VR soll es demgegenüber nicht ankommen; vgl. ferner *Langheid/Müller-Frank* NJW 2017, 2318 ff.; *Notthoff* r+s 2018, 169; ferner → § 19 Rn. 24). Zumindest müsste für solche Fälle eine **pauschale Fragestellung** des VR zugelassen werden.

3. Fristen

Es bleibt bei der Jahresfrist des § 124 BGB (→ Rn. 28), es ist aber zusätzlich die absolute Frist des § 124 Abs. 3 BGB (nicht § 21 Abs. 3, der sich nur auf die Rechte des § 19 Abs. 2–4 bezieht; zum innerhalb der Frist eingetretenen Versicherungsfall, der die Ausschlussfrist unterbricht, → § 21 Rn. 39 ff. und 43) 3 zu beachten. Danach erlischt das Anfechtungsrecht des VR unabhängig von seiner Kenntnis von der Täuschung **nach zehn Jahren ab Vertragsschluss.** Das ist unbefriedigend, weil die Kollektivgemeinschaft dann auch Versicherungsfälle eines Mitversicherten finanzieren muss, der sich den Zutritt zum Kollektiv arglistig erschlichen hat (vgl. dazu schon *Langheid* VVG-Reform und Verbraucherschutz, Münsteraner Reihe Bd. 105, 2007; *ders.* NJW 2006, 3317 und 2007, 3665).

II. Begriff der arglistigen Täuschung

4 Die Norm bestimmt, dass die Vorschriften über die Rechtsfolgen bei einer Anzeigepflichtverletzung (Rücktritt, Kündigung, Vertragsanpassung, §§ 19–21) das Recht des VR, den Vertrag auch wegen arglistiger Täuschung anzufechten, unberührt lassen; das betrifft nicht die Anfechtung wegen Drohung oder Irrtums, weil §§ 19 ff. nur für die Arglistanfechtung Spezialnormen beinhalten (so zu Recht BK/*Voit* § 22 Rn. 4 unter Hinweis auf Bruck/Möller/*Möller,* 8. Aufl. 1961 ff., § 22 Anm. 8; Beckmann/Matusche-Beckmann VersR-HdB/*Knappmann* § 14 Rn. 147). Grundsätzlich gelten die bürgerlich-rechtlichen Vorschriften der §§ 119 ff. BGB, wobei die Anfechtung des VR auf **alle arglistigen Täuschungen** des VN gestützt werden kann, also nicht nur auf Täuschungen in Bezug auf gefahrerhebliche Umstände (seit BGH VersR 1964, 1189 allgM, die jetzt auch durch den geänderten Wortlaut gestützt wird).

5 Ein vor Abschluss des Vertrages – sei es individuell, sei es in AVB – vereinbarter **Verzicht auf die Arglistanfechtung** ist mit dem von § 123 BGB bezweckten Schutz der freien Selbstbestimmung des Versicherers **unvereinbar** und **deshalb unwirksam,** wenn die Täuschung von dem Antragsteller selbst oder von einer Person verübt wird, die nicht Dritter iSd § 123 Abs. 2 BGB ist (BGH NJW 2012, 296 = VersR 2011, 1563; vgl. auch BGH NJW 2007, 1058 = VersR 2007, 1084). Das gilt auch für die Fremdversicherung, also im Verhältnis des Versicherers zu begünstigten Dritten (zum Problem und zu Lösungen bzgl. eines Erhalts des Versicherungsschutzes für an der Täuschung unbeteiligte Dritte vgl. *Langheid* FS Hübner, 2012, 137 (141)).

6 Die arglistige Täuschung setzt eine **Täuschung** des VR (dazu BGH VersR 2018, 211) zum Zwecke der **Erregung oder Aufrechterhaltung eines Irrtums** voraus, die den VR bewegen sollen, einen Antrag zu akzeptieren, den er in Kenntnis der wahren Sachlage (so) nicht annehmen würde (OLG Köln VersR 2013, 487; OLG Saarbrücken VersR 2012, 557; allg. zur Täuschung Palandt/*Ellenberger* BGB § 123 Rn. 2). Mangels Einflussnahmemöglichkeit auf den Willen des VR kann nach BGH VersR 2011, 338 in einer unterlassenen Reaktion des VN auf die zusammen mit der Police übersandte Aufforderung des VR, ihn über etwaige Unrichtigkeiten der Angaben zum Gesundheitszustand zu informieren, keine arglistige Täuschung durch Unterlassen liegen; denn nach Übersendung des Versicherungsscheins hatte der VR keine für den Vertragsschluss wesentliche Willenserklärung mehr abzugeben, so dass er durch Unterlassen der Richtigstellung etwaiger unrichtiger Angaben nicht mehr zu einer Annahmeerklärung bewogen werden konnte, die er bei Kenntnis des wahren Sachverhalts nicht oder nur zu anderen Konditionen abgegeben hätte.

7 Der VN muss **vorsätzlich** handeln, indem er bewusst und willentlich auf den Entscheidungswillen des VR einwirkt (OLG Düsseldorf VersR 1995, 35; OLG Frankfurt a. M. VersR 2001, 1097; OLG Koblenz NVersZ 1999, 472; Bruck/

Möller/*Rolfs* § 22 Rn. 20 und 24 ff.; deswegen keine Arglist, wenn der VN aufgrund einer Hirnleistungsschwäche einen gefahrerheblichen Umstand nicht nennt, OLG Oldenburg NVersZ 1998, 80 = VersR 1999, 437). Eine Bereicherungsabsicht ist ebenso wenig erforderlich wie eine Schädigungsabsicht (stRspr des BGH seit NJW-RR 1991, 411; VersR 2007, 785 = NJW 2007, 2041; Langheid/Wandt/*Bußmann* § 22 Rn. 20 f.).

Die Irrtumserregung kann durch die Vorspiegelung falscher Tatsachen begangen werden oder durch die Unterdrückung bzw. Verschleierung wahrer Tatsachen. Dabei schadet dem VN auch, dass er sich der Kenntnis angabepflichtiger Umstände arglistig entzieht und „blindlings" wichtige Umstände verschweigt (BGH VersR 1993, 170 = ZfS 1993, 93; KG NVersZ 1999, 225 = VersR 1999, 577; OLG Hamm VersR 1990, 765; OLG Koblenz VersR 1995, 689 = r+s 1998, 212; OLG Schleswig, NJW-RR 2020, 1294). Das gilt auch, wenn der VN in gutem Glauben objektiv **unrichtige Angaben „ins Blaue hinein"** macht, ohne „offen zu legen, dass es ihm an einer zuverlässigen Beurteilungsgrundlage fehlt" (KG VersR 2007, 381; zum „Vergessen" von Umständen OLG Hamm VersR 2020, 1304). 8

III. Kausalität

Die arglistige Täuschung muss kausal für den Annahmeentschluss des VR geworden sein (BGH VersR 2011, 338; OLG Köln VersR 2013, 485; OLG Düsseldorf VersR 1995, 35; ausführlich Langheid/Wandt/*Bußmann* § 22 Rn. 22 ff.). Das ist der Fall, wenn bei einer korrekten Angabe eine Einzelfallprüfung (Direktionsentscheid) erfolgt wäre (OLG Celle NJW-RR 2020, 1158 = VersR 2020, 830 für die Angabe „Gaststätte" statt „Swingerclub"). Ausreichend ist, dass der VR den Vertrag ohne die Täuschung nur unter einer Leistungsbeschränkung geschlossen hätte (OLG Köln VersR 1996, 831). Gleiches gilt für eine Annahme nur bei Mehrprämie. 9

IV. Beweislast

Der Nachweis der arglistigen Täuschung obliegt dem VR (BGH VersR 2018, 85; VersR 2017, 937; VersR 2008, 242; VersR 2011, 338; OLG Hamm VersR 2018, 282). Dabei reicht die **objektiv falsche** Angabe allein nicht aus, auch subjektiv ist **Arglist** zu beweisen (BGH VersR 2018, 85; VersR 2017, 937 (verneint, wenn VN plausibel macht, dass er davon ausging, eine konkrete Differenzierung zwischen einer neurologischen Abklärung ohne Befund und mehrfachen Röntgenuntersuchungen sei für die Annahmeentscheidung nicht von Bedeutung). Zur subjektiven Arglist gehört die Erkenntnis des VN, dass der VR den Antrag bei Kenntnis des wahren Sachverhaltes gar nicht oder nur zu anderen Konditionen angenommen hätte (vgl. etwa OLG Hamburg r+s 1994, 352). Da es sich bei der Arglist um einen inneren Vorgang handelt, ist der Beweis – außer bei einem Geständnis des VN – nur durch **Indizien** zu führen (zum „Vergessen" von gefahrerheblichen Umständen OLG Hamm VersR 2018, 282: Arglist bejaht, wenn VN sich bei zumutbarer Anstrengung hätte erinnern können; OLG Oldenburg r+s 2017, 426 = VersR 2017, 803; OLG Brandenburg r+s 2019, 646). Wichtigste Indizien sind Art, Schwere und Zweckrichtung der Falschangaben unter Berücksichtigung der Umstände des Einzelfalles (OLG Frankfurt a. M. VersR 2001, 1097; OLG Koblenz NVersZ 1999, 472; VersR 1998, 1226). Eine Kundengewin- 10 nung im Wege sog Kaltakquise kann Indizien für Arglist bei unvollständigen Gesundheitsangaben entkräften (OLG Stuttgart VersR 2014, 691).

11 Liegen **objektive** Falschangaben vor, ist es Sache des VN, **substantiiert plausibel** zu machen, warum und wie es zu den objektiv falschen Angaben gekommen ist (BGH VersR 2018, 85 (substantiierter Vortrag des VN, den Agenten zutreffend unterrichtet zu haben); VersR 2011, 909; VersR 2008, 242; VersR 2008, 809; OLG Hamm VersR 2017, 808; OLG Karlsruhe VersR 2016, 445). Den äußeren Tatbestand seiner Angaben muss der VN **dann auch beweisen** (OLG Oldenburg r+s 1988, 31 unter Hinweis auf BGH VersR 1971, 142, wonach der Anfechtungsgegner solche Umstände „darzutun und einer Nachprüfung zugänglich zu machen" hat; KG NJW-RR 1999, 100 = NVersZ 1999, 225; OLG Frankfurt a. M. VersR 2001, 1097; **aA** Langheid/Wandt/*Bußmann* § 22 Rn. 79, die die Beweislast unverändert beim VR verortet; allerdings verlangt sie vom VN ein „Subtantiierungsmaß", das es dem VR ermöglicht, „sich zur Sache zu erklären und ggf. den erforderlichen Beweis anzutreten").

12 Das gilt auch bei **Negativtatsachen,** also bei arglistigem Verschweigen gefahrerheblicher Umstände (BGH VersR 2011, 1563 = r+s 2012, 32; VersR 2012, 615; *Felsch* r+s 2012, 223 (231)). Es genügt dann, dass der VR behauptet, dass er die wahren Umstände nicht kannte und eine Täuschung indiziell bewiesen ist. Gelingt das, muss der VN substantiiert dartun, dass der VR doch Kenntnis hatte (sekundäre Darlegung), was der VR dann wiederum widerlegen muss (Beckmann/Matusche-Beckmann VersR-HdB/*Knappmann* § 14 Rn. 158; Looschelders/Pohlmann/*Looschelders* § 22 Rn. 33), aber **erst, nachdem der VN seine Angaben** auch **bewiesen** hat (BGH VersR 2011, 1563 = r+s 2012, 32 und VersR 2012, 615 unter Hinweis auf die Pflicht des VN zum Gegenbeweis und das Erfordernis, den „Beweisanträgen des VN" vor einer abschließenden Feststellung der arglistigen Täuschung nachzugehen; eingehend *Felsch* r+s 2012, 223). Diese Grundsätze gelten auch für die versicherte Person (BGH VersR 2011, 1563 = r+s 2012, 32 und VersR 2012, 615).

13 Der VR ist nicht daran gehindert, seine Arglistanfechtung auf Informationen über den Gesundheitszustand des Versicherten, die er im Vertrauen auf eine zu weit gefasste und daher unwirksame Schweigepflichtentbindung erlangt hat, zu stützen und den Hausarzt als Zeugen zu benennen (BGH NJW 2012, 301 = VersR 2012, 297; NJW 2011, 3149 = VersR 2011, 1249; NJW 2010, 289 = VersR 2010, 97; vgl. auch OLG Saarbrücken VersR 2020, 960 unter d); anders Prölss/Martin/*Voit* § 213 Rn. 49 mwN).

14 Der VR muss auch beweisen, dass der VN nicht von den Umständen ausgegangen ist, von denen er in Bezug auf seine Mitteilungspflicht ausgegangen sein will (etwa indem er behauptet, er sei von einer Kenntnis des den Antrag annehmenden Versicherungsvertreters bezüglich des Vorvertrages ausgegangen, OLG Hamm r+s 1993, 351).

V. Arglistige Täuschung und Nachfrageobliegenheit

15 Umstritten war, ob die Rspr. des BGH zur sog **Nachfrageobliegenheit** (→ § 19 Rn. 60 ff.) auch dann gelten sollte, wenn der VN den VR arglistig täuscht. Der BGH hat früher (BGH VersR 1992, 603) auch eine Anfechtung wegen arglistiger Täuschung an einer unterlassenen Nachfrage des VR scheitern lassen (dem folgend, allerdings ohne eigene Begründung OLG Koblenz r+s 1998,

50 (Revision dagegen nicht angenommen); **aA** schon OLG Hamm NVersZ 2002, 16 = VersR 2002, 342; OLG Saarbrücken VersR 2006, 824; *Dreher* VersR 1998, 539). Spätere Entscheidungen zur Nachfrageobliegenheit sind nur zum Rücktritt ergangen (BGH VersR 1995, 80; 901; 1993, 871).

Eine **Nachfrageobliegenheit auch bei Arglist** hat der BGH später ebenfalls **verneint** (BGH VersR 2007, 96 zu OLG Saarbrücken VersR 2005, 929 (932) unter Hinweis auf OLG Düsseldorf r+s 2003, 252 f.; *Müller-Frank* NVersZ 2001, 447 (448) und die hiesige Kommentierung; vgl. ferner BGH VersR 2011, 909; 2007, 1256; OLG Saarbrücken VersR 2006, 824 ff.; OLG Brandenburg r+s 2019, 646; OLG Schleswig NJW-RR 2020, 1294). Danach kann sich der VN **nicht** auf eine **unterlassene Aufklärung** berufen, wenn er arglistig gehandelt hat, ohne dass es noch darauf ankommt, ob der VN die unterlassene Aufklärung einkalkuliert hat (in diese Richtung schon BGH NVersZ 2001, 306 = VersR 2001, 620 und VersR 2001, 1541, wonach bei Arglist keine Wissenszurechnung von Arztwissen erfolgen soll; sodann BGH VersR 2011, 909 (Rn. 15); vgl. auch Langheid/Wandt/*Bußmann* § 22 Rn. 54 ff.). Legt der VN es mit seinem versteckten Hinweis darauf an, sich die Früchte seiner unerkennbaren arglistigen Täuschung derart zu erhalten, dass er dem VR die für diesen erkennbare Möglichkeit zur Nachfrage gibt, um sich bei einem Unterlassen des VR auf die unterbliebene Nachfrage zu berufen, liegt eine **besonders subtile Täuschung** vor, die auch angesichts des Umstandes, dass den VR nur Fahrlässigkeit im Verhältnis zur Arglist des VN trifft, nicht privilegiert werden darf. 16

VI. Beispiele für arglistige Täuschungen

In der **Personenversicherung** wird eine arglistige Täuschung indiziell regelmäßig **bejaht** bei Verschweigen schwerer, chronischer und schadengeneigter Erkrankungen (BGH VersR 1994, 1457; KG VersR 1985, 331). Aber schon das Verschweigen von offensichtlich nicht belanglosen Gesundheitsbeeinträchtigungen kann arglistig sein (OLG Dresden r+s 2021, 469); dazu zählt auch die Nichtangabe von Beeinträchtigungen, die noch keinen Krankheitswert haben (Verharmlosung von jahrelangen chronischen Schmerzen, OLG Dresden r+s 2021, 529). Auch das Verschweigen zahlreicher verschiedener Vorerkrankungen, die Angabe eines anderen als des tatsächlichen Hausarztes und die Einreichung des Untersuchungsberichtes eines ansonsten nicht konsultierten Arztes belegen die Arglist des VN (OLG München r+s 1992, 176; ebenso OLG Köln r+s 1992, 355). Andererseits kann gerade die Nennung des Hausarztes arglistig sein, wenn ansonsten Gesundheit suggeriert wird (BGH VersR 1994, 1457). Ebenso kann die Angabe eher unbedeutender und/oder zeitlich weiter zurückliegender Beschwerden oder ärztlicher Behandlungen bei gleichzeitigem Verschweigen gravierenderer oder erst kürzere Zeit zurückliegender Beschwerden oder ärztlicher Behandlungen arglistiges Verhalten darstellen (OLG Frankfurt a. M. VersR 2011, 653). Nach OLG Oldenburg (VersR 2011, 387) ist Arglist bei Beantragung einer Unfallversicherung anzunehmen bei Verschweigen eines insulinpflichtigen Diabetes mellitus Typ II und einer infolgedessen einige Wochen vor der Antragstellung durchgeführten Amputation der linken Kleinzehe. In der Berufsunfähigkeitsversicherung sind verschwiegene Depressionen arglistig (OLG Köln VersR 2013, 487; s. auch OLG Brandenburg r+s 2020, 145; OLG Saarbrücken NJW-RR 2018, 1510). Auch die deutliche Verharmlosung des Krankheitsbildes indiziert eine arglistige Täuschung (OLG Köln r+s 1992, 355: Statt Asthma 17 mit monatelangem Husten, Luftnot und eitrigen Bronchitiden wurden witterungsbedingte Erkältungen und Pollenallergien angegeben). Gleiches gilt für die Angabe „Routineuntersuchung“, wenn der VN aufgrund der von seinem Hausarzt festgestellten erhöhten Leberwerte seine Leber von einem Spezialisten untersuchen ließ (KG VersR 2007, 933). Eine arglistige Täuschung kann auch in dem Hinweis auf ein früheres Gesundheitszeugnis liegen, wenn eine damals begonnene ärztliche Behandlung wider Erwarten nicht abgeschlossen werden konnte (BGH r+s 1993, 33 = VersR 1993, 170). Verschweigen von akut behandelten Beschwerden (OLG Hamm r+s 1997, 215; OLG Köln VersR 1996, 831). Besonders problematisch ist das Verschweigen von **Alkoholerkrankungen,** weil der VN seine Alkoholsucht regelmäßig nicht wahrhaben will und dies zum Krankheitsbild gehört; dennoch Arglist bejahend OLG Hamm VersR 2008, 477 und OLG Koblenz VersR 1998, 1094 sowie für denkbar haltend OLG Düsseldorf VersR 1998, 349, wobei aber nach konkreten Indikatoren gefragt worden sein muss (wie Krankenhausaufenthalten und ärztlichen Behandlungen);

18 Arglist wird in der Personenversicherung **verneint:** Bei einer **Hirnleistungsschwäche** besteht nach OLG Oldenburg NVersZ 1998, 80 = VersR 1999, 437 kein Erfahrungssatz dahingehend, dass diese dem Antragsteller auch bekannt sein muss, so dass ein deswegen verschwiegener Umstand nicht ohne Weiteres zur Arglistanfechtung führt. Ebenso bei Verschweigen von **Depressionen** mit Medikamenteneinnahmen, wenn eine Fehlvorstellung über die Antragsfragen nicht auszuschließen ist und zu keinem Zeitpunkt Arbeitsunfähigkeit bestand (OLG Stuttgart ZfS 2012, 386); Verschweigen von Arztbesuchen zur Erlangung eines Attestes für eine Kur (OLG Saarbrücken r+s 2019, 214); Entwertung von Antragsfragen bei sog. **Kaltakquise** (OLG Stuttgart r+s 2014, 86). Keine Arglist bei unwesentlich falschen Angaben zur Anzahl von Mitarbeitern (sieben statt fünf, OLG Karlsruhe r+s 2009, 120). Keine Arglist, wenn dem Agenten mündlich zutreffende Angaben zu den Krankheiten gemacht wurden (OLG Saarbrücken VersR 2009, 99; bedenklich, wenn zugleich der schriftliche Fragebogen falsch ausgefüllt wurde). Bei falsch beantworteten Fragen zum **Drogenkonsum** keine Arglist, wenn Fragen schnell hintereinander und verschachtelt vorgelesen werden und dabei gegenwärtige und frühere Ereignisse vermischt werden (OLG Stuttgart VersR 2008, 197). Keine Täuschung in der Lebensversicherung bei Verschweigen einer **nicht lebensbedrohenden Herzerkrankung** (OLG Koblenz VersR 1995, 689 = r+s 1998, 212; problematisch, weil hier die Zukunftsentwicklung ganz ohne Beachtung bleibt). Gleichfalls liegt keine Täuschung vor, wenn der VN – statt die Frage nach Vorerkrankungen zu beantworten – auf die Auskunft seines **Hausarztes verweist** und der VN nicht damit rechnen kann, dass der VR von Rückfragen absieht (OLG Nürnberg VersR 1966, 1132). Eine Täuschung darf aber nicht nur deswegen verneint werden, weil die beantragte Lebensversicherung „lediglich“ für die Besicherung eines Kredits benötigt wird (BGH r+s 1993, 33 = VersR 1993, 170).

19 In der **Sachversicherung** indiziert zB die Falschangabe über die Nutzungsart des zu versichernden Objektes die arglistige Täuschung, etwa wenn ein Gasthof versichert werden soll anstelle der tatsächlich betriebenen **Diskothek** (OLG Celle r+s 1987, 233) oder ein **„Swingerclub“** anstelle der angegebenen Gaststäte (OLG Celle NJW-RR 2020, 1158 = VersR 2020, 830). Das gilt auch für die wider besseres Wissen erteilte Aussage über die Bewohnung eines Hauses (OLG Saarbrücken VersR 2012, 900; vgl. allerdings auch BGH VersR 2011, 414 zu einem teilweisen Leerstand). Wenn der VN auf die Frage des VR wahrheitswidrig erklärt, er könne zur **Brandursache** keine Angaben machen (BGH NJW-RR

1993, 1117 = VersR 1993, 1351) handelt er arglistig oder wenn ein Bordell als Fitness-Center ausgegeben wird (OLG Köln r+s 1991, 138). Arglist auch, wenn das Baujahr eines Gebäudes (OLG Saarbrücken VersR 2019, 1067) oder dessen Nutzfläche (OLG Hamm VersR 2011, 793) falsch angegeben oder eine angedrohte **Schutzgelderpressung** (Brandanschlag auf Tanzlokal) verschwiegen wird (KG NVersZ 1999, 225; zum Problem insgesamt *Prölss* NVersZ 2000, 153).

VII. Subjektive Risikoumstände

Bezüglich subjektiver Risikoumstände wird die Arglist des VN indiziert durch Falschangaben in Bezug auf **Vorversicherungen und -schäden** (OLG Frankfurt a. M. VersR 2005, 1429; OLG Hamm ZfS 1991, 280; r+s 1990, 170; 1988, 211;VersR 1990, 765; OLG Karlsruhe ZfS 1991, 390; OLG München r+s 1992, 176; LG Hamburg VersR 1991, 1041; ZfS 1989, 127; LG Kassel ZfS 1989, 269; nach LG Oldenburg VersR 2004, 1264 auch, wenn nur Mitversicherte in Vorversicherung), durch das Verschweigen anderweitig bestehender Versicherungen (OLG Frankfurt a. M. VersR 1993, 568; OLG Karlsruhe ZfS 1991, 389), durch das Verschweigen einer abgegebenen **eidesstattlichen Versicherung** (OLG Düsseldorf r+s 1990, 394; LG Mannheim r+s 1992, 141) und durch falsche Angaben in Bezug auf die Kündigung einer Vorversicherung (AG Itzehoe ZfS 1989, 174) und auf frühere Entschädigungen (OLG Karlsruhe r+s 1992, 140). Dem VN schaden ferner indiziell ein Missverhältnis zwischen Prämienhöhe und seiner Vermögenslage (OLG Koblenz VersR 1981, 31) und die **Erhöhung der Versicherungssumme** kurz nach Erhalt des Versicherungsscheins bei verschwiegenen Vorerkrankungen (OLG Koblenz VersR 1981, 188). Auch die „Übersicherung" in der Krankenhaustagegeldversicherung kann die Arglist indiziell belegen (LG Dortmund VersR 1988, 963). Gleiches gilt für eine vorgetäuschte Selbstständigkeit in der Krankentagegeldversicherung (OLG Karlsruhe VersR 1979, 153) sowie generell für Falschangaben über die Persönlichkeit, den beruflichen Werdegang und den Bildungsgrad des VN (OLG Celle VersR 1986, 569; OLG Köln VersR 1973, 1161). In der Valorentransportversicherung kann die Nichtanzeige der zweckwidrigen Verwendung von Fremdgeldern **(Schneeballsystem)** und von Liquiditätsproblemen Arglist indizieren (OLG Celle VersR 2008, 1532; LG Köln VersR 2009, 1488). Gleiches gilt für die **Vorlage gefälschter Bilanzen** in der D&O-Versicherung (OLG Düsseldorf VersR 2006, 785). 20

Keine arglistige Täuschung wurde etwa dann angenommen, wenn ein **Vorvertrag** bei demselben VR nicht angegeben wurde, der erst 15 Monate vor Antragstellung beendet wurde (OLG Celle VersR 2006, 921). Ebenfalls keine arglistige Täuschung bei Verschweigen einer Auslandsunfallversicherung in einem Schutzbrief (BGH VersR 2007, 785), wenn im Antrag auf Abschluss einer Unfallversicherung eine bereits bestehende Insassenunfallversicherung nicht angegeben wurde (OLG Hamm r+s 1988, 347; vgl. ferner OLG Hamm r+s 1993, 351, wo der VN Fragen nach Vorversicherungen auf einen neu errichteten Betrieb, nicht aber auf einen früheren Betrieb bezogen hatte), wenn eine **nur beantragte Versicherung** verschwiegen wurde (OLG Hamm VersR 1978, 1137) oder wenn Fragen in Bezug auf einen Mitversicherten unbeantwortet bleiben, weil der VN sich für allein anspruchsberechtigt hält (OLG Hamm r+s 1990, 169). Nach OLG Celle (VersR 2010, 383) ist Arglist nicht nachgewiesen, wenn der VR nicht beweisen kann, dass ein **Kündigungsschreiben des vorherigen VR** dem VN zugegangen 21 ist und dieser später auch selbst eine Kündigung ausgesprochen hat, wenn der VN im Antrag lediglich angegeben hat, die Vorversicherung sei durch ihn selbst gekündigt worden.

22 Eine Anfechtung scheidet gleichfalls aus, wenn der VR die Täuschung geradezu „herausgefordert" hat und der VN zu falschen Angaben verleitet wird (vgl. BGH VersR 1976, 135; OLG Köln VersR 1988, 706; nach Beckmann/Matusche-Beckmann VersR-HdB/*Knappmann* § 14 Rn. 164 könne bei einem gravierendem Fehlverhalten des VR je nach Schwere und Intensität der Täuschung eine Anfechtung ausgeschlossen sein, dies sei aber im Rahmen von Vertragsverhandlungen „schwer vorstellbar").

VIII. Antwort mit „Nichtwissen"

23 Probleme kann die Nichtbeantwortung von Fragen aufwerfen oder das Antworten mit „Nichtwissen" (was nach OLG Hamm r+s 1990, 170 keine arglistige Täuschung sein soll). Ebenso wie im Obliegenheitenrecht eine fehlende Antwort oder ein Strich die Verneinung der Frage darstellt (OLG Saarbrücken r+s 2006, 236), muss auch im Antragsfragebogen eine unterlassene Antwort oder ein Strich als Verneinung angesehen werden (so etwa OLG Schleswig NJW-RR 2020, 1294; OLG Frankfurt a. M. VersR 1993, 568; OLG Hamm VersR 2004, 1398; r+s 1988, 347; OLG Karlsruhe VersR 1986, 1179; Langheid/Wandt/*Müller-Frank* § 22 Rn. 18 f.; **aA** Prölss/Martin/*Armbrüster* § 22 Rn. 11 bzgl. Nichtbeantwortung). Ob die Fragen sachdienlich sind, ist unerheblich. Auch auf solche Fragen darf der VN allenfalls mit einer Gegenfrage oder einer Verweigerung der Antwort reagieren, nicht jedoch mit einer arglistigen Täuschung (ebenso *Martin* X III Rn. 12 zum Obliegenheitenrecht).

IX. Täuschung durch Dritte

24 Die arglistige Täuschung kann vom VN, dem Versicherten (§ 47 Abs. 1) und den diesen zuzurechnenden Dritten begangen werden (→ § 19 Rn. 21 sowie § 6 Abs. 14 KLV, ALB (Risiko) 2008, § 9 Abs. 4 PflRV, wonach der Versicherungsvertrag auch dann angefochten werden kann, wenn nicht der VN, sondern die **versicherte Person** eine vorvertragliche Anzeigepflicht verletzt hat, unabhängig von einer Kenntnis des VN (BGH VersR 1989, 823; zust. *Littbarski* EWiR 1989, 823; Bruck/Möller/*Rolfs* § 22 Rn. 17; diff. nach Beteiligungsintensität des Dritten BK/*Voit* § 22 Rn. 22; **aA** Prölss/Martin/*Armbrüster* § 22 Rn. 23: § 123 Abs. 2 Satz 2 BGB – anders noch die 27. Aufl. 2004; zum **Repräsentanten** → § 81 Rn. 19). Verhandlungsgehilfen des VN sind diesem unmittelbar zuzurechnen, auch dann, wenn der Gehilfe nicht maßgeblich an den Verhandlungen beteiligt war (BGH r+s 1990, 95; Langheid/Wandt/*Bußmann* § 22 Rn. 37; Beckmann/Matusche-Beckmann VersR-HdB/*Knappmann* § 14 Rn. 155; zum Problem s. auch OLG Saarbrücken VersR 2020, 960). Ein vor Abschluss des Vertrages vereinbarter **Ausschluss einer Arglistanfechtung** ist mit dem von § 123 BGB bezweckten Schutz der freien Selbstbestimmung unvereinbar und auch dann unwirksam, wenn die Täuschung von einer Person verübt wird, die nicht Dritter iSd § 123 Abs. 2 BGB ist (BGH NJW 2012, 296 = VersR 2011, 1563; VersR 2012, 1429; vgl. auch BGH NJW 2007, 1058 = VersR 2007, 1084; weitere Einzelheiten → Rn. 5).

25 Täuschungshandlungen **anderer Dritter** sind relevant, wenn der VN die Täuschung kannte oder kennen musste, § 123 Abs. 2 Satz 1 BGB. Der **Versicherungsmakler** kann allerdings nur Dritter sein, wenn er nicht – wie aber regelmäßig – allein im Interesse des VN tätig ist, denn er steht im Lager des VN und begangene Täuschungen sind diesem unmittelbar zuzurechnen. Dessen Wissen und sämtliche Erklärungen einschließlich einer arglistigen Täuschung sind dem VN gemäß § 166 Abs. 1 BGB zuzurechnen (BGH NJW-RR 2008, 1649 = VersR 2008, 809; VersR 2008, 242 = NJW-RR 2008, 343 unter Hinweis auf VersR 2005, 824 unter II.3; VersR 1999, 1481 unter 2.b = NJW-RR 2000, 316; 1987, 663 unter II.1.a und b = NJW 1988, 60; BGHZ 1994, 356 = NJW 1985, 2595 = VersR 1985, 930; OLG Celle NJW-RR 2020, 1158; OLG Saarbrücken, r+s 2019, 517 mAnm *Piontek;* OLG Hamm VersR 2001, 469). Anders nur, wenn er **vom VR** mit dem **Abschluss von Verträgen betraut** wurde (BGH NJW-RR 2008, 343 mwN = VersR 2008, 242; ein eigenes wirtschaftliches Interesse des Vermittlers reicht dazu ebenso wenig aus wie eine Beteiligung seines Arbeitgebers an einem Versicherungskonzern). Auch ein Provisionsinteresse des Vermittlers genügt (noch) nicht (BGH NJW-RR 2008, 343 = VersR 2008, 242 unter Hinweis auf BGH VersR 1988, 234 (237)). Nach OLG Saarbrücken (Urt. v. 16.6.2010 – 5 U 272/08-35) kann es von diesen Grundsätzen nur dann **eine Ausnahme** geben, wenn der Versicherungsmakler in keiner Weise „dem Versicherer gegenüber als Helfer des Versicherungsnehmers" aufgetreten ist (vgl. dazu wiederum OLG Hamm VersR 2020, 1300: der Makler müsse als „Verhandlungsgehilfe/Vertrauensperson" des VN aufgetreten sein. Dazu reiche schon eine Unterschrift des Maklers auf dem Antrag; das wiederum ist bedenklich, denn der Makler wird auch dann schon (ausschließlich) für den VN tätig, wenn er den Abschluss des Versicherungsvertrages vermittelt, ohne den Antrag selbst zu unterschreiben).

26 Nicht dem VN, sondern dem VR zuzurechnen und damit regelmäßig Dritter ist der **Versicherungsvertreter** (schon → § 19 Rn. 36 ff.). In der Gesetzesbegründung (BT-Drs. 16/3945, 66) heißt es insoweit: „Auf die Anfechtung wegen arglistiger Täuschung (§ 22 VVG-E) ist § 20 VVG-E nicht anzuwenden." Da der Vertreter „Auge und Ohr" des VR ist, können richtige Angaben ihm gegenüber, die nicht an den VR weitergegeben werden, keine arglistige Täuschung sein (so BGH VersR 2008, 765; VersR 2001, 1541; VersR 1985, 156; VersR 1984, 630; VersR 1983, 237). Allerdings ist zu berücksichtigen, dass zwischen VN und Versicherungsvertreter häufig eine Interessengemeinschaft entsteht, weil der VN sein schwer versicherbares Risiko in Deckung bringen und der Vertreter die Provision verdienen möchte. Im Falle der Kollusion ist daher die Zurechnung der Kenntnisse des Versicherungsvertreters beim VN anzunehmen (wobei der VR die Kollusion beweisen muss, BGH NJW-RR 2008, 977 = VersR 2008, 765; BGHZ 123, 224 = NJW 1993, 2807 = VersR 1993, 1089; OLG Hamm r+s 2005, 236; 1993, 442; OLG Köln Beschl. v. 10.2.2010 – 20 U 117/09; r+s 1991, 320; r+s 1983, 172); nicht ausreichend ist dafür bspw. eine Duzfreundschaft zwischen VN und Vertreter, da dies für sich allein nicht den Schluss zulässt, der VN habe mit einer Pflichtwidrigkeit des Versicherungsvertreters gegenüber dem VR gerechnet (BGH VersR 1984, 630).

X. Form und Frist der Anfechtungserklärung

27 Anders als der Rücktritt (→ § 21 Rn. 11) muss die Anfechtung wegen arglistiger Täuschung nicht mit einer **Begründung** versehen werden; allerdings muss die

Anfechtung eindeutig sein (vgl. dazu Langheid/Wandt/*Bußmann* § 22 Rn. 42 ff.; Bruck/Möller/*Rolfs* § 22 Rn. 27 sowie → § 19 Rn. 82). Eine unbegründete Anfechtung (etwa wegen nicht erwiesener Arglist) kann weder in eine Kündigung noch in einen Rücktritt umgedeutet werden (OLG Köln VersR 1993, 297). Ebenso wenig kann ein Rücktritt als Anfechtung ausgelegt werden (BGH NJW-RR 1997, 1112). Zulässig ist aber eine Anfechtung nach einem Rücktritt (OLG Köln NVersZ 2001, 500; LG Arnsberg VersR 1985, 232; Langheid/Wandt*Bußmann* § 22 Rn. 60: auch nach einer vorbehaltlosen Kündigung).

28 Die Anfechtung muss **binnen Jahresfrist** ab sicherer Kenntnis von der Täuschung erklärt werden (§ 124 BGB); vgl. zu Wirkung und Inhalt §§ 142, 143 BGB. Dabei muss bei einem **Nachschieben** von Anfechtungsgründen eine eindeutige Bezugnahme auf die bereits erfolgte (fristgerechte) Anfechtungserklärung erfolgen; anderenfalls kann ein weiterer Anfechtungsgrund nach Ablauf der Jahresfrist des § 124 BGB durch Bezugnahme auf eine innerhalb der Jahresfrist erklärte Anfechtung nicht wirksam nachgeschoben werden, wenn die damalige Anfechtung einen anderen Anfechtungstatbestand zum Gegenstand hatte (OLG Bamberg BeckRS 2010, 10103; Langheid/Wandt/*Bußmann* § 22 Rn. 47). Zusätzlich ist die absolute Frist des § 124 Abs. 3 BGB zu beachten. Danach ist die Anfechtung ausgeschlossen, wenn seit Abgabe der Willenserklärung des VN zehn Jahre verstrichen sind. Anfechtung und Rücktritt können gleichzeitig, hilfsweise aber auch nacheinander erklärt werden; dies ist häufig der Fall, wenn der VR die Monatsfrist für den Rücktritt versäumt hat (BK/*Voit* § 22 Rn. 35; Bruck/Möller/*Rolfs* § 22 Rn. 27).

XI. Rechtsfolgen

29 Die wirksame Anfechtung führt zur **Nichtigkeit** des gesamten Versicherungsvertrages ex tunc und wirkt gegenüber jedermann. Dies gilt auch bei Täuschung über einen Teil des Versicherungsvertrages (OLG Hamm VersR 1956, 123). Allerdings erfasst die Arglistanfechtung eines Unfallversicherungsvertrags, der zugleich auch ein Versicherungsvertrag für fremde Rechnung ist, den Vertrag im Ganzen nur dann, wenn sich die Täuschung auf eine Vorerkrankung einer von mehreren versicherten Personen bezog und der Versicherer den Vertrag in Kenntnis der Vorerkrankung insgesamt nicht abgeschlossen hätte (OLG Saarbrücken VersR 2012, 429, unter Hinweis auf *Langheid/Grote* VersR 2005, 1169, bei einer vergleichbaren Situation in der D&O-Versicherung). Hier kann es also zu **Teilnichtigkeiten** kommen. Die wechselseitig empfangenen Leistungen sind nach den Grundsätzen des Bereicherungsrechts zurückzugeben (§ 142 BGB); uU hat der VR auch deliktische Ansprüche (→ § 19 Rn. 83). Wegen der Nichtigkeit des Vertrages besteht ferner Leistungsfreiheit für einen eingetretenen Versicherungsfall.

30 Wichtig ist, dass § 21 Abs. 2 Satz 1 nicht gilt, dem VN also der **Kausalitätsgegenbeweis nicht offensteht,** so jetzt ausdrücklich § 21 Abs. 2 Satz 2 (zu früherem Recht falsch OLG Nürnberg VersR 1998, 217 mit Ablehnung durch *Dreher* VersR 1998, 539 und *Langheid/Müller-Frank* NJW 1998, 3682, das eine „relative Nichtigkeit" annehmen will, wenn die zum Rücktritt führende Täuschung nur zum „Vorwand" für die Leistungsfreiheit genommen wurde; dann würde aber die Kausalitätsregel des § 21 VVG aF systemwidrig auch hier gelten; einschränkend, aber immer noch falsch OLG Nürnberg NVersZ 2000, 264 = VersR 2000, 437, das aus dem für verfassungswidrig gehaltenen Bestehenbleiben des Prämienanspruchs die Relativität der Anfechtung ableitet, anstatt einfach den Prämienanspruch zu verneinen; immerhin soll die Anfechtung ex nunc wirken und nur der Versicherungsfall zu regulieren sein, der evident oder unstreitig nicht kausal iSd § 21 VVG aF ist; dagegen wiederum *Langheid/Müller-Frank* NJW 2001, 111 (112); ebenso *Rixecker* ZfS 2000, 256, der es zu Recht für unverhältnismäßig erklärt, dass der VR „zu treulichem Verhalten seinem arglistigen Partner gegenüber" verpflichtet sein soll; zutr. dann OLG Nürnberg VersR 2006, 1627; ebenso OLG Köln NVersZ 2001, 500 unter IV.; OLG Saarbrücken NVersZ 2001, 350 = VersR 2001, 751; schließlich BGH VersR 2010, 97 Rn. 16; vgl. auch → § 21 Rn. 22 ff.). Der arglistig getäuschte VR ist bei einer Anfechtung also nicht darauf beschränkt, den abgeschlossenen Versicherungsvertrag insoweit bestehen zu lassen, als er ihn auch ohne Täuschung abgeschlossen hätte; vielmehr kann er sich insgesamt vom Vertrag lösen, ohne dass es etwa auf eine Kausalität iSd § 21 ankäme (BGH VersR 2010, 97).

Während nach altem Recht das Prinzip der Unteilbarkeit der Prämie galt (der **31** VR erhielt die Prämie bis zum Schluss der Versicherungsperiode, in der er vom Anfechtungsgrund Kenntnis erlangt hatte), steht dem VR jetzt bei Beendigung des Vertrages durch Anfechtung wegen arglistiger Täuschung lediglich die Prämie bis zum Wirksamwerden der Anfechtungserklärung, das heißt bis zu deren Zugang beim VN zu (§ 39 Abs. 1 Satz 2). In der Gesetzesbegründung (BT-Drs. 16/3945, 72) heißt es dazu: „Auch bei einer Anfechtung (…) entspricht es der Billigkeit, dem Versicherer einen Prämienanspruch bis zum Zeitpunkt des Wirksamwerdens der Anfechtungserklärung einzuräumen." Zur Verfassungsmäßigkeit der Vorschrift vgl. Langheid/Wandt/*Bußmann* § 22 Rn. 67 f.

§ 23 Gefahrerhöhung

(1) **Der Versicherungsnehmer darf nach Abgabe seiner Vertragserklärung ohne Einwilligung des Versicherers keine Gefahrerhöhung vornehmen oder deren Vornahme durch einen Dritten gestatten.**

(2) **Erkennt der Versicherungsnehmer nachträglich, dass er ohne Einwilligung des Versicherers eine Gefahrerhöhung vorgenommen oder gestattet hat, hat er die Gefahrerhöhung dem Versicherer unverzüglich anzuzeigen.**

(3) **Tritt nach Abgabe der Vertragserklärung des Versicherungsnehmers eine Gefahrerhöhung unabhängig von seinem Willen ein, hat er die Gefahrerhöhung, nachdem er von ihr Kenntnis erlangt hat, dem Versicherer unverzüglich anzuzeigen.**

Übersicht

I. Normzweck und Regelungszusammenhang

1. Übersicht

1 Das geltende Recht zeichnet sich durch eine **Übersichtlichkeit** aus, die nicht immer kennzeichnend für das Recht der Gefahrerhöhung war. Es ist zwischen **subjektiver** und **objektiver** Gefahrerhöhung zu unterscheiden (auch „veranlasste" oder „willkürliche" und „nicht veranlasste" oder „vorgenommene bzw. eingetretene" Gefahrerhöhung genannt). Die Regelungen erfassen subjektive und objektive Gefahrerhöhung gemeinsam in § 23, ihre Rechtsfolgen sind dann – folgerichtig und konsequent – in die Vorschriften über die Kündigung, die Prämienerhöhung und die Leistungsfreiheit eingearbeitet. Die **frühere Blockunterteilung** zwischen subjektiver Gefahrerhöhung (§§ 23–26 aF) und objektiver Gefahrerhöhung (§§ 27, 28 aF) ist **entfallen.**

2 In § 23 ist die **Gefahrerhöhung** selbst geregelt, während die Rechtsfolgen einer Gefahrerhöhung in den nachfolgenden drei Paragraphen geregelt sind: § 24 regelt die **Kündigungsmöglichkeit,** § 25 sieht anstelle einer Kündigung eine **höhere Prämie** oder einen **Leistungsausschluss** vor und § 26 regelt schließlich

die **Leistungsfreiheit.** § 27 unterscheidet zwischen **quantitativ** und **qualitativ unerheblichen** Gefahrerhöhungen (zum Problem → Rn. 17 ff.).

2. Neuheiten

Nach der Begründung des Gesetzgebers (BT-Drs. 16/3945, 67) war eine Neuordnung der Vorschriften über die Gefahrerhöhung erforderlich, weil das alte Recht „eine komplizierte Regelung" enthielt, die „teilweise nicht den Interessen der Beteiligten, vor allem nicht dem Schutzinteresse des Versicherungsnehmers" entsprochen habe. Die Vorschläge der VVG-Reformkommission sind deswegen im Wesentlichen umgesetzt worden (vgl. Allgemeiner Teil Abschn. II Nr. 4 KomV). 3

Wesentliche Änderungen sind zum einen der Zeitpunkt, ab dem die Gefahrerhöhung eintreten kann (Abgabe der auf den Vertragsschluss gerichteten Willenserklärung), die Einführung der groben Fahrlässigkeit als Mindestverschuldensmaßstab (ähnlich schon bei der vorvertraglichen Anzeigepflicht, → § 19 Rn. 5), die anders gestaltete Kündigungsmöglichkeit des VR, die Ersetzung der Kündigung durch eine Prämienanpassung bzw. einen entsprechenden Ausschluss (auch das ist den Prinzipien der vorvertraglichen Anzeigepflichtverletzung nachgebildet, → § 19 Rn. 94 ff.) und zum anderen der Eintritt der Leistungsfreiheit unter bestimmten erschwerten Voraussetzungen, nämlich einer **Quotenregelung** im Falle der groben Fahrlässigkeit bei fortbestehender Leistungspflicht, wenn die Gefahrerhöhung nicht kausal für den Versicherungsfall oder den Umfang der Leistungspflicht war (§ 26 Abs. 3 Nr. 1). 4

3. Sonderregelungen

Sonderregelungen gelten für die Laufende Versicherung (§ 57), die Transportversicherung (§ 132), für die Lebensversicherung (§ 158), für die Berufsunfähigkeitsversicherung (§ 176) und für die Unfallversicherung (§ 181). Auf die Krankenversicherung sind die Regelungen über die Gefahrerhöhung überhaupt nicht anzuwenden (§ 194 Abs. 1 Satz 2). 5

4. Regelungszusammenhang mit anderen Vorschriften

Die Vorschriften über die vorvertragliche Anzeigepflicht regeln das Anbahnungsverhältnis, während die Regelung über die Gefahrerhöhung im Wesentlichen eine während der Vertragslaufzeit eintretende Störung der wechselseitig übernommenen Rechte und Pflichten in Form einer nicht vorhergesehenen Erhöhung des Risikos regelt. **Neben** den Vorschriften über die Gefahrerhöhung kann auch § 81 (schuldhafte Herbeiführung des Versicherungsfalles) angewendet werden, weil die Herbeiführung des Versicherungsfalles gleichzeitig eine Gefahrerhöhung darstellen kann (aber nicht muss). Ebenfalls **parallel anwendbar** sind die Vorschriften über die vor dem Eintritt des Versicherungsfalles zu erfüllenden Obliegenheiten iSd § 28 Abs. 1, während das Obliegenheitenrecht iÜ die Situation nach Eintritt des Versicherungsfalles regelt. 6

a) Zeitpunkt der Gefahrerhöhung. Nach früherem Recht galten die Vorschriften über die vorvertraglichen Anzeigepflichten vor dem Abschluss des Versicherungsvertrages, während die Vorschriften über die Gefahrerhöhung während der Vertragslaufzeit anwendbar waren. Eine Parallelität wurde über § 29a aF 7 erreicht (Gefahrerhöhung ab Antragstellung). Das ist heute einheitlich durch § 23 Abs. 1 und 3 geregelt: Danach gilt das Recht der Gefahrerhöhung ab **Abgabe der Vertragserklärung** des VN, das bedeutet idR mit Abgabe seines Versicherungsantrags, und regelt die Rechte und Pflichten der Vertragspartner bei einer seit Abgabe der Vertragserklärung des VN eintretenden Störung der wechselseitig übernommenen Rechte und Pflichten in Form einer nicht vorhergesehenen bzw. nicht vorhersehbaren Erhöhung des Risikos. Damit sind die vor Vertragsschluss geltenden Vorschriften über die vorvertraglichen Anzeigepflichten gemäß §§ 19 ff. und die Gefahrerhöhungsvorschriften nur dann nebeneinander anzuwenden, wenn die Anzeigepflicht nach § 19 Abs. 1 Satz 2 durch Nachfrage des VR bis zu dessen Vertragsannahme fortbesteht (aA Exklusivitätsverhältnis – allerdings, ohne auf die Regelung des § 19 Abs. 1 S. 2 einzugehen – Bruck/Möller/*Matusche-Beckmann* Vor § 23 Rn. 5). Häufig gleichzeitig gelten die Vorschriften über die Gefahrerhöhung und die vor dem Eintritt des Versicherungsfalles zu erfüllenden Obliegenheiten, die sog Sicherheitsvorschriften (BGH NJW-RR 1987, 1309 = VersR 1987, 920; → Rn. 49).

8 **b) Abgrenzung zur vorvertraglichen Anzeigepflicht.** Aufgrund der vorvertraglichen Anzeigepflichten des VN ist der VR in der Lage, das zu übernehmende Risiko zu definieren und die dafür erforderlichen Prämien zu kalkulieren. Die Vorschriften über die Gefahrerhöhung ermöglichen es ihm, sich von einem nachträglich erhöhten Risiko insgesamt durch Kündigung zu trennen oder eine Prämienanpassung bzw. einen entsprechenden Leistungsausschluss vorzunehmen; für eine durch die Gefahrerhöhung eintretende Verwirklichung des übernommenen Risikos haftet er nicht. Diese gesetzlichen Reaktionen auf eine nachträglich eingetretene Äquivalenzstörung (BGH VersR 1979, 73) verhindern gleichzeitig, dass der VR von vornherein alle möglichen und denkbaren Gefahrverwirklichungen in seine Risikoübernahmebereitschaft hineinkalkuliert und so zu Lasten des VN insofern zu überhöhten Prämien gelangt, als sich die mit einkalkulierten Gefahrerhöhungen möglicherweise nie realisieren werden (vgl. dazu Prölss/Martin/*Armbrüster* § 23 Rn. 2). Der sich bei Antragstellung aus den Antworten des VN auf die Antragsfragen des VR ergebende **Gefahrstand** bildet also die Grundlage des Versicherungsvertrages. Nur nachträgliche Abweichungen davon können begrifflich eine Gefahrerhöhung darstellen.

9 **c) Abgrenzung zum versicherten Risiko.** Obwohl sie begrifflich eine Erhöhung des Risikos darstellen, können bestimmte zum Schadenseintritt führende Umstände **nicht als Gefahrerhöhung** iSd § 23 angesehen werden, etwa der Alterungsprozess und die damit verbundene Krankheitsanfälligkeit in der Krankenversicherung (auf die deswegen die Vorschriften über die Gefahrerhöhung nicht anwendbar sind, § 194 Abs. 1 Satz 2) oder der sich dem Versicherungsobjekt nähernde Dieb in der Hausratversicherung. Gleiches gilt für die Wertentwicklung des Versicherungsobjektes (etwa der mit dem Tod eines Malers verbundene drastische Preisanstieg seiner Bilder). Nicht unter § 23 fallen auch Gefahrerhöhungen, die zugleich den Wegfall des versicherten Interesses bedeuten (BGH VersR 1989, 351 für den Eintritt der Berufsunfähigkeit in der Unfallversicherung). Das alles sind bereits sich verwirklichende Versicherungsfälle, diese muss der VR bei Vertragsabschluss antizipieren und sie in seine Risiko- und Prämienkalkulation einbeziehen. Nur darüber hinausgehende Risikovergrößerungen können eine Gefahrerhöhung darstellen.

Besonders deutlich wird die Problematik anlässlich der Diskussion über die Terroranschläge auf das World Trade Center am 11.9.2001: Diese haben in der Veranstaltungsausfallversicherung das **verallgemeinerungsfähige Problem** aufgeworfen, ob **drohende Terrorakte** als Gefahrerhöhung zu qualifizieren sind. Hinsichtlich der Terroranschläge vom 11.9.2001 hat das LG München I (NVersZ 2002, 454) eine Gefahrerhöhung in Bezug auf die Ausfallversicherung eines anschließenden sportlichen Großereignisses (Fußball-WM 2002) verneint (zust. *Beckmann* ZIP 2002, 1125 (1132); abl. *Langheid* NVersZ 2002, 433). Der Auffassung, dass auch eine konkrete Terrordrohung (oder allgemein: der Beginn des sich verwirklichenden Versicherungsfalles) nur eine (in der Veranstaltungsausfallversicherung) mitversicherte Risikoerhöhung darstellt (Langheid/Wandt/*Reusch* § 23 Rn. 256 f.; s. a Prölss/Martin/*Armbrüster,* 30. Aufl. 2018, § 23 Rn. 90 und-Schwintowski/Brömmelmeyer/*Loacker* § 23 Rn. 26) ist entgegen zu halten, dass eine neue Intensitätsqualität einer an sich mitversicherten Risikoerhöhung (die Terrorakte vom 11.9.2001 als „Quantensprung" bis dahin bekannter Anschläge, *Langheid* NVersZ 2002, 433) zur Annahme einer **nicht (mit-)versicherten Gefahrerhöhung** führen muss, wenn sie gegenüber dem bislang Bekannten eine gänzlich neue, vom VR nicht vorherzusehende und deswegen in die Prämienberechnung nicht einzubeziehende Gefahrenlage schafft. Ähnlich verläuft die Diskussion im Zusammenhang mit der **Corona-Pandemie** (abl. *Lüttringhaus/Genz* r+s 2020, 258; abwartend *Schreier* VersR 2020, 513 (519); zust., wenn eine ganz neue Risikolage geschaffen wird, *Günther/Piontek* r+s 2020, 242). Soweit in toto eine Gefahrerhöhung geleugnet wird, weil gewisse Vorerfahrungen und entsprechenden Geschäftsmodelle der VR die Vorhersehbarkeit von Pandemien bestätigen (*Lüttringhaus/Genz* r+s 2020, 258 (261)), wird man dem nicht folgen können, weil die angeführten Beispiele zeigen, dass das Risiko **nur abstrakt** bekannt war, aber **dessen konkrete Verwirklichung** jenseits aller Vorstellungskraft lag (so hat die angeführte SARS-Pandemie 774 Menschenleben gekostet, die COVID-19-Pandemie aber fast 5 Mill., Stand: Oktober 2021). Laut BT-Drs. 17/112051, 56 stellte die COVID-19-Pandemie ein Phänomen dar, das nur einmal alle 100 bis 1000 Jahre auftritt. Wenn ein derart seltenes Phänomen zu einem weltweiten Stillstand aller gesellschaftlichen, kulturellen und – vor allem – wirtschaftlichen Aktivitäten führt, kann man schlechterdings nicht mehr von der Entwicklung eines sich verwirklichenden Versicherungsfalls sprechen. Ergo manifestiert jede neue Gefahrenlage nicht zwingend „nur" die sich verwirklichende Gefahr, sondern Ereignisse, die in unvorhersehbarer Weise vom Erwarteten und Kalkulierbaren abweichen, können Gefahrerhöhungen im rechtlichen Sinne darstellen. Eine Kontrollüberlegung aus dem Recht der **vorvertraglichen Anzeigepflicht** bestätigt dieses Ergebnis. Bekanntlich soll sich der Versicherer nicht auf eine Gefahrerhöhung berufen können, wenn diese auf Umständen beruht, nach denen der Versicherer nicht gefragt hat. Im Rahmen der „spontanen" Anzeigepflicht muss der Versicherungsnehmer einen Umstand nach der strengen Auffassung von OLG Hamm VersR 2015, 1551; OLG Celle VersR 2017, 211 und OLG Karlsruhe VersR 2018, 866 nur angeben, wenn dieser einerseits ersichtlich gefahrerheblich ist, zugleich aber so ungewöhnlich, dass eine Frage danach vom Versicherer nicht erwartet werden kann. Das reduziert die spontane Anzeigepflicht auf ein kaum mehr praxisrelevantes Minimum (zur Kritik an dieser Rspr. → § 19 Rn. 24). Und dennoch fällt die COVID-19-Pandemie in exakt dieses Vakuum: Eine solche Massenseuche ist ohne jeden Zweifel „ersichtlich gefahrerheblich", ist aber gleichzeitig so extrem unwahrscheinlich, dass ein Versicherer danach nicht fragen muss **10** oder kann. Selbst bei Anwendung der strengsten Maßstäbe hätte hier also Offenbarungspflicht bestanden. Für die **Gefahrerhöhung** heißt das: ein solches Ereignis stellt eine Gefahrerhöhung im Rechtssinne dar, wenn es einzigartig, nicht vorhersehbar und deswegen nicht in die Prämien einkalkuliert werden kann. Es ist aber auch (extrem) gefahrerheblich, also ein Umstand, den der Versicherer gar nicht, jedenfalls nicht ‚einfach so', übernommen hätte.

II. Definition der Gefahrerhöhung

11 Eine Gefahrerhöhung ist eine vom status quo bei Antragstellung abweichende, auf eine gewisse Dauer angelegte Änderung der tatsächlichen gefahrerheblichen Umstände, die eine Erhöhung der Möglichkeit einer Risikoverwirklichung in Bezug auf den Schadeneintritt, die Vergrößerung des Schadens und/oder eine ungerechtfertigte Inanspruchnahme des VR darstellt und vom VR aufgrund der ihm vom VN vor Abgabe seiner auf den Vertragsschluss gerichteten Willenserklärung angegebenen gefahrerheblichen Umstände nicht in die Risiko- und Prämienkalkulation einbezogen werden konnte (sehr interessant in diesem Zusammenhang ist die Frage, ob eine nachträgliche „Digitalisierung" („Aufbrechen" eines Fahrzeugs durch die Überwindung der Verriegelung durch Funksignal, dazu AG München VersR 2021, 307) eine Gefahrerhöhung darstellen kann, vgl. *Lang/Wolf* VersR 2021, 280). Bloße Absichten des VN oder Dritten reichen nicht aus, von einer relevanten Gefahrerhöhung kann erst die Rede sein, „wenn ein Umstand unter Berücksichtigung möglicher Kausalverläufe die Wahrscheinlichkeit des Eintritts des Versicherungsfalls ex ante steigert" (BGH VersR 2012, 1300). Die Gefahrerhöhung tritt ein „mit dem Anfang eines vorprogrammierten Geschehens", in dessen Verlauf es zum Eintritt eines gefahrerhöhenden Umstands kommt (BGH VersR 2012, 1300). Dabei ist bei zutreffender Auslegung des Versicherungsvertrages zur Ermittlung des versicherten Risikos (BGH VersR 2010, 944 unter Hinweis auf HK-VVG/*Karczewski* § 23 Rn. 9, 10) nicht eine Wertung einzelner Umstände, sondern eine **Gesamtschau** aller ersichtlichen gefahrerhebliche Tatsachen erforderlich (BGH VersR 2005, 218 unter II.b.1; NJW-RR 2004, 1098 = VersR 2004, 895). Nach diesen Parametern eine Gefahrerhöhung **verneinend** BGH NJW-RR 1999, 900 = NVersZ 1999, 276 = VersR 1999, 484 = r+s 1999, 207 für die Gebäudeversicherung bei einer Attentatsdrohung des Ehemannes gegen seine getrennt lebende Ehefrau (aber nicht, weil die Gefahrerhöhung mitversichert wäre (dazu *Reusch* VersR 2011, 13 ff.), sondern weil sich die Drohung gegen die Ehefrau und nicht das versicherte Gebäude gerichtet habe). Nicht gefolgt werden kann OLG Oldenburg VersR 2016, 918, das trotz einer entspr. Definition in den AVB (auf die es aber nicht einmal angekommen wäre) die gewerbliche Vermietung eines Hauses an Feriengäste nicht als Gefahrerhöhung wertet (weil solche Gäste nicht zwangsweise unvorsichtiger wären als private Nutzer). Das widerspricht den o.a. Kriterien der höchstrichterlichen Rechtsprechung, weil die kurzfristige Nutzung ebenso wie der häufige Mieterwechsel geeignet ist, das Risiko der Verwirklichung der versicherten Gefahren dauerhaft zu erhöhen. Eine Gefahrerhöhung **bejahend** für die Einbruchdiebstahl/Vandalismusversicherung bei einer Drohung im Rahmen einer Schutzgelderpressung BGH VersR 2010, 1032; **ebenfalls bejahend** BGH VersR 2010, 944 für sog Streckengeschäfte von Tankstellenpächtern unter Einschluss eines von Zahlungsunfähigkeit bedrohten Pächters in eine Warenkreditversicherung. Ebenfalls eine Gefahrerhöhung bejahend OLG

Köln r+s 2016, 507 = VersR 2016, 1435 für einen gewerblichen Anbieter von Hubschrauberflügen, wenn der letzte Berufspilot gekündigt hat (weitere Einzelheiten bei Langheid/Wandt/*Reusch* § 23 Rn. 21). Eine Gefahrerhöhung liegt vor, wenn in ein Fahrzeug ein Motor mit einer um 50 % erhöhten kW-Leistung eingebaut wird und damit eine entsprechend erhöhte Höchstgeschwindigkeit erreicht werden kann (OLG Saarbrücken NJW-RR 2020, 1041). Auch die Deaktivierung eines elektrischen Öffnungsschutzes in einem Museum stellt eine Gefahrerhöhung dar, wobei die Demontage der Fenstergriffe keine ausreichende Kompensation darstellt (so für den Raub einer Goldmünze aus dem Bode-Museum LG Berlin VersR 2020, 982; anders allerdings KG VersR 2021,1031 als Berufungsinstanz; dort wird aber die Deaktivierung als „Minimierung" des Ausgangsdefektes mit diesem zu einem Vorgang zusammengefasst, was nicht überzeugt, vgl. *Langheid* VersR 2021, 1040). Folgende **Elemente** sind für das **Vorliegen einer Gefahrerhöhung** erforderlich:

1. Risikoerhöhung

12 Zunächst erforderlich ist die **Erhöhung** der Gefahr, gegen die der VR Versicherungsschutz versprochen hat. Nun lässt sich eine Vielzahl von Risikoerhöhungen vorstellen, die die Möglichkeit des Eintritts eines Versicherungsfalles wahrscheinlicher machen, ohne dass damit schon eine Gefahrerhöhung mit den damit verknüpften Folgen (Kündigungsmöglichkeit, Leistungsausschluss, Prämienerhöhung und Leistungsfreiheit) verbunden sein kann. So erhöht sich das Risiko des Personenversicherers, wenn der VN nach Übernahme des Risikos eine ungesunde Lebensweise beginnt oder gefährliche Tätigkeiten ausübt; selbst veränderte Parkgewohnheiten können in der Kaskoversicherung eine Gefahrerhöhung sein.

13 Soweit die VR versucht haben, entsprechende Risikoerhöhungen vertraglich etwa durch Ausschlüsse oder durch Mitteilungsobliegenheiten zu regeln (so werden zB Verletzungen durch Kriegsereignisse etwa in § 3 Buchst. b BUZ oder in Ziff. 5.1.3 AUB 2008 ausgeschlossen; Gleiches gilt für die Beteiligung an Fahrveranstaltungen mit Kraftfahrzeugen, bei denen es auf die Erzielung von Höchstgeschwindigkeiten ankommt, § 3 Buchst. d BUZ, Ziff. 5.1.5 AUB 2008; ferner werden Mitteilungspflichten etwa in Bezug auf Änderungen der Berufstätigkeit oder Beschäftigung vereinbart, Ziff. 6.2 AUB 2008), kann es sich immer nur um sehr selektive Versuche handeln, bestimmte, als besonders gravierend empfundene Problembereiche vertraglich zu regeln.

14 Eine von der tatsächlichen Gefahrenlage abweichende Erhöhung des Risikos des Eintritts des Versicherungsfalles im gesetzlichen Sinne liegt tatsächlich immer dann vor, wenn ein zusätzlicher Umstand nachträglich eintritt, der geeignet ist, seinerseits die Grundlage für einen neuen und selbstständigen Gefahrenverlauf zu bilden (so schon BGHZ 7, 311 (318)). Das versicherte Risiko ist mit der Risikolage zu vergleichen, wie sie sich nach Veränderung der Umstände darstellt. Hierfür sind alle ersichtlichen gefahrerheblichen Tatsachen in Betracht zu ziehen (BGH VersR 2005, 218). Versäumt das Gericht, die vorgetragenen veränderten Umstände mit dem vertraglichen Soll-Zustand vergleichend zu würdigen, kann darin eine Verletzung des Rechts auf rechtliches Gehör (Art. 103 Abs. 1 GG), liegen (BGH VersR 2010, 944).

15 **a) Abgrenzung zwischen Risiko- und Gefahrerhöhung.** Es fehlt aber selbst auf dieser Grundlage an einem praktikablen Abgrenzungskriterium, mit Hilfe dessen zwischen einer mitversicherten bloßen Risikoerhöhung und einer

Gefahrerhöhung, an die sich die gesetzlichen Folgen knüpfen, unterschieden werden kann. Zum Teil wird auf die „**Unvorhersehbarkeit** der Änderung" (Bruck/Möller/*Möller,* 8. Aufl. 1961 ff., § 23 Anm. 5; ÖOGH VersR 1990, 1415) abgestellt. Vorhersehbare Änderungen der Gefahrenlage seien vom VR in die Risikobewertung mit einzubeziehen und könnten demzufolge keine Gefahrerhöhung darstellen. Dies widerspricht aber gerade der gesetzgeberischen Intention, dem VR mit Hilfe der §§ 23 ff. die Möglichkeit einzuräumen, sich von einem bei Vertragsabschluss nicht kalkulierten Risikoverlauf wieder lösen zu können, also nicht alle denkbaren Gefahrentwicklungen und -verwirklichungen in die Prämiengestaltung einbeziehen zu müssen (Prölss/Martin/*Armbrüster* § 23 Rn. 39 weist zu Recht darauf hin, dass der VR gerade davon entlastet werden soll, „allzu viel vorher sehen zu müssen").

16 Andererseits erscheint auch der gemeinhin herangezogene Standpunkt **sachgemäßer vernünftiger Versicherungstechnik** als unpraktikabel, weil danach darauf abgestellt wird, ob die Risikoerhöhung dem VR „vernünftigerweise" hätte „Anlass bieten können, die Versicherung aufzuheben oder nur gegen erhöhte Prämie fortzusetzen" (BGH VersR 1987, 921; BGHZ 79, 156 = VersR 1981, 245). Darauf kann und darf es aber gerade nicht ankommen, weil zum Beispiel Einigkeit darüber besteht, dass zunehmendes Alter in der Lebensversicherung keine Gefahrerhöhung darstellen soll, obwohl gerade das Eintrittsalter einen der die Prämie bestimmenden Faktoren darstellt. Wollte man daher das Kriterium der sachgemäßen und vernünftigen Versicherungstechnik allein zugrunde legen, würden alle Umstände, die bei einer Neubewertung des Risikos eine höhere Prämie bedingen würden, die gesetzlichen Folgen der §§ 23 ff. auslösen (Langheid/Wandt/*Reusch* § 23 Rn. 30 will deswegen bei der Frage, ob eine Gefahrerhöhung vorliegt, zusätzlich die produkt- und spartenspezifischen Besonderheiten des konkreten Versicherungsvertrages beurteilt wissen). Aus diesem Grunde mag man bei der Beurteilung, ob eine Gefahrerhöhung vorliegt, auch – ähnlich wie bei der vorvertraglichen Anzeigepflicht – auf die Risikoprüfungsgrundsätze abstellen, von denen der VR sich leiten lässt; ein griffiges Abgrenzungskriterium zwischen mitversicherter Risikoänderung und vom Gesetz gemeinter Gefahrerhöhung ist damit nicht gefunden (vgl. auch BGH NJW-RR 2004, 1098 = VersR 2004, 895, wonach die Prämiengestaltung zwar erhebliche Indizwirkung hat, nicht aber die vom Tatrichter geforderte eigene Abwägung ersetzen kann).

17 **b) Quantitative und qualitative Relevanz.** Hilfreich ist die von *Martin* (N III Rn. 2 und 28 ff.) begründete Konstruktion, mit deren Hilfe über § 29 aF (jetzt § 27) zwischen mitversicherten Risikoerhöhungen **(= unerhebliche Gefahrerhöhung)** und **tatsächlich relevanten Gefahrerhöhungen** unterschieden wird. Nach § 29 Satz 1 aF (jetzt § 27 Alt. 1) haben „unerhebliche" Gefahrerhöhungen außer Betracht zu bleiben (nach BGH r+s 1993, 362 = VersR 1994, 45 kann auch die kurze Dauer einer Gefahrerhöhung zu ihrer Unerheblichkeit führen). Solche **quantitativ unerheblichen** Gefahrerhöhungen sollen ebenso wenig wie die **qualitativ unerheblichen** Gefahrerhöhungen die in §§ 23 ff. angeordneten Folgen haben, wenn „nach den Umständen als vereinbart" anzusehen ist, „dass das Versicherungsverhältnis durch die Gefahrerhöhung nicht berührt werden soll" (OLG Oldenburg NJW-RR 1992, 289 = r+s 1992, 99: Als mitversichert wurde die sturmbedingte Abdeckung eines Teils eines Gebäudedachs angesehen; vgl. ferner BGH r+s 1992, 168 = VersR 1992, 606, wonach Aufwendungen für das zeitweilige Verschließen einer sturmbedingt entstandenen Dachlücke von vornhe-

rein mitversichert waren; nach OLG Hamm r+s 1990, 22 ist die Lagerung einer größeren Menge Stroh im Stallanbau eines versicherten „Wohngebäudes mit Anbau" mitversichert). Versichert ist auch der Anschluss von Batterien über den Winter, wenn es sich nach sachverständiger Beurteilung um eine ‚übliche Vorgehensweise' handelt (so für die Bootsversicherung OLG Celle r+s 2020, 582). Nicht mitversichert ist demgegenüber eine Schädigungsdrohung im Rahmen einer Schutzgelderpressung in der Einbruchdiebstahl/Vandalismusversicherung (BGH VersR 2010, 1032).

Mit dieser Unterscheidung zwischen unerheblichen und erheblichen Gefahrerhöhungen ist zwar immer noch kein abstrakt gültiges Unterscheidungskriterium in Bezug auf die Begriffsdefinition einer „Gefahrerhöhung" einerseits und einer mitversicherten Risikoerhöhung andererseits gefunden, die Regelung in § 27 ermöglicht aber eine handhabbare Unterscheidung mit Hilfe des praktischen Maßstabes dessen, was die Parteien des Versicherungsvertrages „nach den Umständen" gewollt haben (ähnlich Langheid/Wandt/*Reusch* § 23 Rn. 32, der eine Gesamtabwägung und umfassende Würdigung auch der konkreten Einzelumstände fordert). Damit definiert sich der Begriff der Gefahrerhöhung vermittels einer Auslegung des Versicherungsvertrages und einer Auslegung dessen, was im Einzelfall als Versicherungsschutz gewollt war und was im Einzelfall über den Rahmen dieses vertraglich vereinbarten Versicherungsschutzes als Gefahrerhöhung hinausgeht. Die Abgrenzung zwischen mitversicherter Risikoerhöhung und gesetzlich relevanter Gefahrerhöhung unterfällt mithin dem Richterrecht; die bislang vorliegenden Präjudizien (→ Rn. 53 ff.) geben aber eine für die erforderliche Rechtssicherheit ausreichende Orientierungshilfe. 18

Anhand der **Auslegungsregel des § 27** können die oben angesprochenen Problemfälle im Zweifel gelöst werden. So kann – mit einem noch vertretbaren Maß an Unsicherheit – mit Hilfe des nach den Umständen als gewollt anzusehenden Vertragswillens überprüft werden, ob etwa die bei Antragstellung nicht vorhersehbare Wertsteigerung des versicherten Gegenstandes eine Gefahrerhöhung darstellen soll oder nicht (insoweit ist allerdings *Martin* N III Rn. 30 f. nicht zu folgen, der hier eine Regelung über die Unterversicherung finden will, obwohl es nicht auf die Frage nach der proportionalen Kürzung der Entschädigungspflicht des VR ankommt, sondern darauf, ob dieser wegen einer mit der Wertsteigerung verbundenen Gefahrerhöhung im Prinzip leistungsfrei sein kann). 19

Auch die Fragen, ob Gefahrerhöhungen vorliegen, wenn der VN nach Antragstellung ungesunde Lebensgewohnheiten aufnimmt, sich ein Motorrad, einen Pkw oder auch nur ein Fahrrad zulegt (was etwa für die Unfallversicherung ein wesentlich höheres Risiko bedeutet), dürften sich mit der Auslegungsregel nach § 27 lösen lassen, und zwar gegen die Annahme einer Gefahrerhöhung; anders kann es aber schon dann liegen, wenn der VN einer Unfallversicherung nachträglich ein gefährliches Hobby aufnimmt (Drachenfliegen). Ähnlich wird die Frage zu handhaben sein, ob eine nach Abschluss des Versicherungsvertrages eintretende „Digitalisierung" („Aufbrechen" eines Fahrzeugs durch eine *Relay Attack,* also die Überwindung der Verriegelung durch ein Funksignal, dazu AG München VersR 2021, 307) eine Gefahrerhöhung darstellen kann (dazu *Lang/Wolf* VersR 2021, 280 ff.). Auch hier dürften die Grenzen fließend verlaufen; es ist dann Aufgabe der Rspr., im Einzelfall mit Hilfe des § 27 eine vertretbare Abgrenzung zu finden. 20

c) Abgrenzungsparameter. In diesem Zusammenhang kann auf die **bislang entwickelten,** letztlich aber nicht ausreichenden **Unterscheidungskri-** 21

terien als jeweils **ein** Parameter für die Annahme einer Gefahrerhöhung zurückgegriffen werden. **Nicht überzeugend** allerdings ist die Unterscheidung zwischen einem wirtschaftlich sinnvollen Verhalten des VN einerseits (das keine Gefahrerhöhung darstellen soll) und einem „nachlässigen oder mutwilligen Verhalten" andererseits (das eine Gefahrerhöhung rechtfertigen soll), weil ein solches Unterscheidungskriterium allzu sehr von einem subjektiv-persönlichen Entschlusselement geprägt ist (anders *Martin* N III Rn. 30 ff.). Es kommt vielmehr auf eine objektive Betrachtungsweise an, für die der Antrag, die Police, etwaig vereinbarte Tarife, die Annahmepolitik des VR (BGH VersR 1987, 921; BGHZ 79, 156 = VersR 1981, 245; *Martin* N III Rn. 30), der von den Parteien erwartete präsumptive Vertragsverlauf (etwa auch in Bezug auf die von den Parteien erwartete Benutzung der versicherten Sache, BGH VersR 1979, 73), eine sachgemäße und vernünftige Versicherungstechnik (dazu in Prölss/Martin/*Armbrüster* § 23 Rn. 25 mwN) und die Kontrollfrage, ob die Annahme einer Gefahrerhöhung in dem spezifischen Einzelfall ggf. eine erhebliche Aushöhlung des eigentlich gewollten Versicherungsschutzes darstellen soll (wobei selbstverständlich eine an sich zu bejahende Gefahrerhöhung nicht nur deswegen abgelehnt werden darf, weil sich in den angesprochenen Verkehrskreisen eine entsprechende Übung – allgemeiner „Schlendrian" – herausgebildet hat, OLG Hamm VersR 1971, 805), stellen objektive Beurteilungskriterien dar, die bei einer generellen Betrachtungsweise (es ist generell-abstrakt und nicht individuell-persönlich zu prüfen) die Frage beantworten können, ob im spezifischen Einzelfall eine Gefahrerhöhung vorliegt.

22 **d) Antragsfragen.** In diesem Zusammenhang ist auch die Regelung in § 19 zu berücksichtigen, die auf **Fragen** des VR **in Textform** bei der Antragstellung abstellt und insoweit auch bei der Feststellung einer Gefahrerhöhung eine Rolle spielen wird. Eine Anzeigepflichtverletzung nach § 19 kommt schon tatbestandlich nur in Betracht, wenn der VR Antragsfragen in Textform gestellt und der Antragsteller einen gefahrerheblichen Umstand daraufhin verschwiegen hat. Da die vom VN gegebenen Auskünfte über gefahrerhebliche Umstände eines der wesentlichen Kriterien für die Risikobeurteilung des VR darstellen, sind vollständige Auskünfte zu erteilen und werden unvollständige oder unwahre Angaben mit der Sanktion des Rücktritts (oder der Kündigung oder der Vertragsanpassung) bestraft. Fragt nun der VR in seinem Fragenkatalog in Textform bestimmte Umstände nicht nach (wobei es in diesem Zusammenhang nicht darauf ankommt, ob es sich um vertragshindernde oder -ändernde Umstände handelt), kann er sich auf eine Gefahrerhöhung während der Vertragslaufzeit nicht berufen, wenn mit diesen nicht nachgefragten Umständen eine nach Vertragsabschluss eintretende Risikoerhöhung verbunden ist (Prölss/Martin/*Armbrüster* § 23 Rn. 13 sieht „keinen Grund", den VR das Risiko eines von ihm nicht nachgefragten Umstandes tragen zu lassen, ihn aber über die Annahme einer Gefahrerhöhung zu entlasten, nur weil dieser nicht nachgefragte Umstand zufällig erst nach Vertragsabschluss eintritt; einschr. Langheid/Wandt/*Reusch* § 23 Rn. 78, wonach es auf den Fragenkatalog allein nicht ankommen kann, vielmehr sei entscheidend, ob später eine wesentliche und erhebliche Risikoänderung gegenüber dem Zeitpunkt bei Abgabe der Vertragserklärung des VN vorliegt).

23 Diese Systematik entspricht auch der Rspr., nach der eine Gefahrerhöhung nicht anzunehmen ist, wenn der VR auch in Kenntnis der gefahrerhöhenden Umstände (vor oder nach Antragstellung) die Versicherung nach seinen Annahme-

richtlinien zu gleichen Konditionen übernommen hätte (vgl. etwa BGH VersR 1983, 284; OLG Köln VersR 1974, 877; ähnlich Bruck/Möller/*Matusche-Beckmann* § 23 Rn. 7, wonach der VN sich darauf verlassen darf, dass der VR alle für seine Prämienkalkulation wichtigen Umstände erfragt habe. Nicht erfragte Umstände seien im Regelfall auch keine gefahrerheblichen Umstände).

Fragt der VR also nicht nach einer Einbruch-Diebstahl-Sicherung, dann stellt der nachträgliche Ausfall einer tatsächlich vorhandenen Sicherung keine Gefahrerhöhung dar. Dies ist schon die logische Konsequenz der oben (→ Rn. 11 ff.) vorgestellten Subsumtion des Sachverhaltes unter die Parameter einer Gefahrerhöhung. Problematisch wird es dann, wenn in den Bedingungen gleichzeitig aber Gefahrerhöhungstatbestände vertraglich vereinbart werden, etwa indem der Ausfall einer Diebstahlsicherung als gefahrerheblich angesehen werden soll, das Vorhandensein einer solchen Sicherung also bei Vertragsabschluss vorausgesetzt wird. Dann kann der VN sich nicht auf einen unzureichenden Fragenkatalog berufen. Unproblematisch ist die Konstellation, dass der VN aufgrund einer gefahrvorbeugenden Sicherungsobliegenheit, die vor dem Versicherungsfall zu erfüllen ist, verpflichtet ist, eine solche Diebstahlsicherung zu unterhalten, ihm aber nur grobe Fahrlässigkeit schaden soll. Die frühere Divergenz zur Gefahrerhöhung, die schon bei Vorliegen leichter Fahrlässigkeit schaden sollte, besteht nicht mehr, nachdem auch bei der Gefahrerhöhung das sog Quotenmodell eingeführt wurde (→ Rn. 4). Schon früher wurde eine Wertungsdifferenz darin gesehen, dass für die Leistungsfreiheit wegen Gefahrerhöhung leichte Fahrlässigkeit ausreichen sollte, während bei einer gleichgelagerten Obliegenheitsverletzung grobe Fahrlässigkeit vorliegen musste (zur Konkurrenz zwischen Gefahrerhöhung und Obliegenheiten → Rn. 49). 24

Nicht unter §§ 23 ff. fallen Gefahrerhöhungen, die zugleich den Wegfall des versicherten Interesses bedeuten (BGH VersR 1989, 351 für den Eintritt der Berufsunfähigkeit in der Unfallversicherung). Von einer Gefahrerhöhung abzugrenzen sind auch Umstände, die als ein nicht versichertes aliud zu qualifizieren sind und deswegen von vornherein nicht unter den Versicherungsvertrag fallen. Das kommt für den Bereich der Rechtsschutzversicherung zB dann in Betracht, wenn der VN seine beruflichen Aktivitäten durch einen Wechsel von einer abhängigen (über die §§ 25, 26 ARB 94/2000 abgedeckten) zu einer selbstständigen Tätigkeit ändert (vgl. *Mathy* VersR 1992, 781 (788); auch → Rn. 38). 25

2. Dauer

Die Annahme einer Gefahrerhöhung setzt ferner voraus, dass ein Zustand erhöhter Gefahrverwirklichung für eine gewisse Dauer vorliegt (BGHZ 7, 311 ff. (317 f.); BGH VersR 1986, 693; VersR 1981, 875; NJW-RR 1993, 1116 löst kurze Dauer über § 29 Satz 1 aF; OLG Köln NJW-RR 1991, 479 = VersR 1990, 1226 = NZV 1991, 70; r+s 1990, 421; 1989, 195; OLG Nürnberg VersR 1989, 969; zB reicht eine einmalige Autofahrt während eines psychiatrischen Schubes, OLG Hamm VersR 1985, 751, oder die Benutzung eines abgefahrenen Reservereifens auf einer kurzen Fahrtstrecke, OLG Hamm VersR 1988, 1260, **nicht aus;** anders zB bei einem wiederholt und regelmäßig überladenen Fahrzeug, OLG Hamm VersR 1991, 51; ein wochenlang unrepariert bleibendes Pkw-Seitenfenster führt in der Kaskoversicherung zu einer dauerhaften Gefahrerhöhung, OLG Hamm VersR 1996, 448; keine dauerhafte Gefahrerhöhung bei sog Brandreden am Vorabend vor dem Brand, OLG Düsseldorf VersR 1997, 231). Bei mehrfa- 26 chem Eindringen unbefugter Personen in ein leer stehendes Gebäude tritt die Gefahrerhöhung schon mit dem ersten Eindringen ein, OLG Hamm VersR 2006, 113. Die Gefahrerhöhung muss über einen solchen Zeitraum hinweg andauern, dass einerseits die in § 23 Abs. 2 vorgesehene Anzeige überhaupt erfolgen kann und dass andererseits ein Gefahrenzustand geschaffen wird, der generell-abstrakt die Grundlage für einen neuen, vom status quo bei Antragstellung abweichenden Gefahrenverlauf zu bilden imstande ist (vgl. Bruck/Möller/*Matusche-Beckmann* § 23 Rn. 15).

27 **Nicht unproblematisch** ist, dass kurzfristige Risikoerhöhungen nur deswegen keine relevante Gefahrerhöhung darstellen sollen, weil sie **ihrer Natur nach vorübergehend** sind (zum Problem Prölss/Martin/*Armbrüster* § 23 Rn. 31 ff.; BK/*Harrer* § 23 Rn. 5; Schwintowski/Brömmelmeyer/*Loacker* § 23 Rn. 27 und 29). Wer auch nur für einen Tag hochbrennbare Stoffe auf dem Versicherungsgrundstück einlagert, muss damit rechnen, dass sich die Gefahr während der Zeit der Einlagerung verwirklicht; warum der VN darauf vertrauen dürfen soll, dass in der kurzen Zeit der Einlagerung schon nichts passieren wird, ist unverständlich. Das Risiko kann sich jederzeit, also sowohl zu Beginn als auch gegen Ende des gefahrerhöhenden Zustandes verwirklichen. Es ist zwar richtig, dass das vom VR übernommene Risiko einer permanenten Änderung unterliegen muss, um eine Gefahrerhöhung anzunehmen, doch scheint das Kriterium der Dauerhaftigkeit kein geeignetes Merkmal für die Bejahung oder Verneinung einer Gefahrerhöhung zu sein; vielmehr ist auf die oben vorgestellten objektiven Kriterien abzustellen (in diese Richtung auch OLG Hamm VersR 2006, 113 für den ersten von mehreren Zutritten Unbefugter in ein leer stehendes Gebäude).

28 Zutreffend ist allerdings, dass nicht jede ebenso kurzfristige wie vorübergehende Risikoerhöhung eine Gefahrerhöhung darstellen kann (Beispiel: VN stellt den Lkw mit explosiven Materialien auf dem Hof des versicherten Gebäudes ab, um nach einer kurzen Unterbrechung seine Fahrt alsbald fortzusetzen). Es kommt darauf an, dass der gefahrerhöhende Umstand aus sich heraus geeignet ist, einen auf Dauer erhöhten Risikozustand zu schaffen, der den bei Antragstellung vorhandenen Risikostandard überschreitet. Es kann aber nicht darauf ankommen, wann sich dieser erhöhte Risikozustand in einem Versicherungsfall verwirklicht; so kann das Leerstehen eines Gebäudes eine Gefahrerhöhung darstellen, auch wenn nicht auszuschließen ist, dass die Diebe bereits in der ersten Nacht des Leerstehens in das Gebäude eingedrungen sind (so aber OLG Köln r+s 1989, 195; vgl. demgegenüber etwa BGHZ 7, 311 ff.; Prölss/Martin/*Armbrüster* § 23 Rn. 32 unter Hinweis auf BGHZ 23, 142; VersR 1968, 1081; VersR 1962, 368; Langheid/Wandt/*Reusch* § 23 Rn. 37).

III. Gefahrerhöhung durch Unterlassen

1. Positives Tun

29 Nach der in § 23 Abs. 1 normierten sog Gefahrstandspflicht darf der VN eine Gefahrerhöhung nicht vornehmen bzw. deren Vornahme durch einen Dritten gestatten. Damit ist zunächst ein positives Tun gemeint, etwa die Einlagerung von besonders feuergefährlichen Stoffen oder die bewusste Außerbetriebnahme einer eingebauten Diebstahlsicherung (zB weil diese mehrfach störenden Fehlalarm geschlagen hat). Keine subjektive Gefahrerhöhung ist der nach dem Auszug aus

einem Gebäude einsetzende Verwilderungsprozess (BGH r+s 1987, 110 = VersR 1987, 653; OLG Karlsruhe r+s 1997, 207 = VersR 1997, 1225).

2. Unterlassen

Unabhängig davon, dass ein Versicherungsfall auch durch ein Unterlassen herbeigeführt werden kann, ist umstritten, inwieweit auch eine Gefahrerhöhung durch ein Unterlassen vorgenommen werden kann. Dies ist stets dann problematisch, wenn eine objektive Gefahrerhöhung iSd § 23 Abs. 3 eingetreten ist, deren Beseitigung aber der VN über einen gewissen Zeitraum hinweg unterlässt (etwa indem er das defekte Rollgitter vor seinem Geschäft nicht repariert, BGH VersR 1987, 653, oder indem er trotz Schlüsselverlusts die Türschlösser nicht auswechselt, OLG Hamm VersR 1992, 1217; VersR 1988, 49). Die **Rspr.** lehnt die Möglichkeit der Vornahme einer Gefahrerhöhung durch ein Unterlassen ab (BGH VersR 1987, 921; 1987, 653, hierzu krit. *Martin* VersR 1988, 209; BGH VersR 1981, 245; OLG Hamm VersR 1988, 49 = NJW-RR 1987, 859; OLG Köln r+s 2000, 207 f.; etwas anders in einem Fall, in dem die Gefahrerhöhung nicht wegen eines Unterlassens – Freundin des VN schaltet die Alarmanlage nicht an – abgelehnt wurde, sondern weil die Freundin nicht Repräsentantin des VN war, BGH r+s 1993, 346 = ZfS 1993, 241 = VersR 1994, 45; darauf hätte der BGH nicht abzustellen brauchen, wenn schon wegen des Unterlassens keine Gefahrerhöhung vorgelegen hätte; vgl. dazu auch OLG Düsseldorf VersR 1997, 231; ferner OLG Karlsruhe r+s 1997, 207 = VersR 1997, 1225; OLG Oldenburg r+s 2010, 367: unterlassene Sicherungsmaßnahmen nach einer Schlossmanipulation durch Dritte; dass die Weiterbenutzung des manipulierten Fahrzeugs ein aktives Tun darstellt, das erst die Wegnahmewahrscheinlichkeit erhöht, wird nicht problematisiert). Die Vornahme einer Gefahrerhöhung schließt subjektive Handlungselemente ein, die unabhängig von und neben dem ebenfalls (für den Eintritt der Leistungsfreiheit) notwendigen Verschulden des VN vorliegen müssen, um § 23 Abs. 1 anzuwenden. Daher soll eine Gefahrerhöhung nicht vorgenommen worden sein, wenn der VN trotz Kenntnis der gefährdenden Umstände die Gefahrenlage nicht durch ein zielgerichtetes Eingreifen verändert (so OLG Köln VersR 1987, 1026; zum Problem vgl. ferner *Römer* S. 34 ff.). 30

Etwas anderes wird von der Rspr. allerdings für die **Kraftfahrt-Haftpflicht- und Fahrzeugversicherung** angenommen. In dieser Versicherungssparte ist es unproblematisch, dass das Unterlassen einer Reparatur eines nicht verkehrssicheren Fahrzeugs und die anschließende Benutzung dieses Fahrzeugs eine „vorgenommene" Gefahrerhöhung iSd § 23 Abs. 1 darstellen (BGH NJW-RR 1990, 93 = r+s 1990, 8 = VersR 1990, 80; OLG Düsseldorf r+s 1989, 311 und VersR 2004, 1408; OLG Karlsruhe VersR 2014, 326 = r+s 2013, 542; OLG Köln VersR 2007, 204). Ungeachtet der Frage, dass der VR die Gefahrerhöhung und mithin entsprechende Kenntnisse des VN beweisen muss, wird zur Begründung ausgeführt, dass in der Kraftfahrt-Haftpflichtversicherung eine gesonderte Risikoprüfung nicht stattfinde, sondern dass bei Vertragsschluss der von der StVZO vorgegebene Sicherheitsstandard als Gefahrmaßstab zugrunde gelegt würde. Die Benutzung eines diesem Standard nicht entsprechenden Fahrzeuges stelle mithin die Vornahme einer Gefahrerhöhung dar (in diese Richtung auch Langheid/Wandt/*Reusch* § 23 Rn. 150, 154, für den entscheidend ist, dass der VN nicht mit einem verkehrsunsicheren Fahrzeug fahren darf; ebenso Bruck/Möller/*Matusche-* 31

Beckmann § 23 Rn. 59; vgl. auch Schwintowski/Brömmelmeyer/*Loacker* § 23 Rn. 120).

32 Diese **Divergenz** der Rspr. **überzeugt nicht.** Die Gegenmeinung (*Martin* Anm. zu KG VersR 1985, 1179; *ders.* VersR 1988, 209 ff.; *ders.* N III Rn. 4 und 8 ff.; *Bach/Langheid* S. 131 ff.; *Langheid* NJW 1992, 660; vgl. ferner *Langheid/Müller-Frank* NJW 1994, 2655 f.; *Langheid* NJW 1992, 656 (659 f.); *ders.* NJW 1991, 268 (271)) weist darauf hin, dass die von der Rspr. bejahte Vornahme einer Gefahrerhöhung in der Kraftfahrt-Haftpflichtversicherung die gleichen Elemente eines positiven Tuns einerseits und einer Unterlassung andererseits aufweist wie auch die Fälle, in denen eine Unterlassung als vorgenommene Gefahrerhöhung abgelehnt wird, weil der ursprüngliche Eintritt des gefahrerhöhenden Zustandes nicht vom VN ausgelöst wurde und dieser lediglich gefahrkompensierende Maßnahmen unterlässt. Ebenso wie die Benutzung eines nicht verkehrssicheren Fahrzeugs ein positives Tun (nach dem vorangehenden Unterlassen der Reparatur) ist, stellt auch die Weiterbenutzung des versicherten Gegenstandes trotz des durch eine Unterlassung gefahrerhöhten Zustands (defekte Sicherung/zerstörte Schließanlage) ein **positives Tun** dar. Verlässt der VN einer Hausratversicherung seine Wohnung bei geöffnetem Fenster, dann handelt er ebenso positiv (Verlassen der Wohnung bei geöffnetem Fenster) wie auch durch Unterlassen (Nichtverschließen des Fensters). Nicht gefolgt werden kann KG VersR 2021, 1031 mAnm *Langheid* VersR 2021, 1040, wonach eine unterlassene Reparatur nach dem Eintritt einer objektiven Gefahrerhöhung (Ausfall einer Alarmanlage) keine neue, subjektive Gefahrerhöhung darstellt, sondern nur den Eintritt der objektiven Gefahrerhöhung zeitlich fixiert. Angesichts des Umstandes, dass selbst die Herbeiführung eines Versicherungsfalles durch ein Unterlassen unproblematisch ist (vgl. etwa BGH VersR 1989, 141; 1976, 649; iÜ → § 81 Rn. 15 ff.), wäre ein Umdenken der Rspr. wünschenswert (ausführlich hierzu, teilweise krit., teilweise zust. BK/*Harrer* § 23 Rn. 10–12 und 19–21, jeweils mwN; Prölss/Martin/*Armbrüster* § 23 Rn. 101 ff.).

33 Dabei ist herauszustellen, dass selbstverständlich nicht jedes Unterlassen des VN in Bezug auf eine objektiv eingetretene Gefahrerhöhung eine subjektive Gefahrerhöhung gemäß § 23 Abs. 1 darstellen soll. Vielmehr wird aus der objektiven erst dann eine subjektive Gefahrerhöhung durch Unterlassen, wenn der VN den gefahrerhöhenden Zustand positiv kennt und er ausreichend Zeit und Gelegenheit hatte, diesen gefahrerhöhenden Zustand durch geeignete und ihm wirtschaftlich zumutbare Maßnahmen zu beseitigen oder zu kompensieren (so *Martin* N III Rn. 11 unter Hinweis auf BGHZ 50, 385 und VersR 1975, 362). Da die Regelung betreffend die objektive Gefahrerhöhung dem VN eine Frist von etwa fünf Wochen zugesteht (Leistungsfreiheit des VR gemäß § 26 Abs. 2 Satz 1 erst nach Ablauf eines Monats zzgl. der dem VN zustehenden Frist für eine unverzügliche Anzeige über die objektiv eingetretene Gefahrerhöhung), muss ein Zeitraum zwischen der Kenntnis des VN von der objektiven Gefahrerhöhung und der eintretenden Leistungsfreiheit des VR (nach ca. fünf Wochen) verstrichen sein, ab dem aus der objektiven eine subjektive Gefahrerhöhung durch Unterlassen wird. In diese Richtung auch *Römer* S. 36 f., der darauf hinweist, dass nicht in allen bisher entschiedenen Fällen eine subjektive Gefahrerhöhung durch Unterlassen hätte angenommen werden können, weil etwa in der Rollgitter-Entscheidung (BGH VersR 1987, 653 = NJW 1987, 2443), der VN keine Gelegenheit gehabt hätte, vor dem dann eintretenden Versicherungsfall das Rollgitter noch reparieren zu lassen. Benutzt der VN trotz des gefahrerhöhten Zustandes und in seiner

Kenntnis die versicherte Sache aber weiterhin, dann muss spätestens nach einer **Frist von drei Werktagen** eine subjektive Gefahrerhöhung angenommen werden. Aufgrund der dem VN obliegenden Gefahrstandspflicht wird dann aus der unabhängig von seinem Willen eingetretenen Gefahrerhöhung eine von ihm geduldete und damit vorgenommene Gefahrerhöhung, an die sich die strengeren Konsequenzen der §§ 24 Abs. 1, 26 Abs. 1 (im Gegensatz zu den wesentlich weniger einschneidenden Folgen der §§ 24 Abs. 2, 26 Abs. 2) anknüpfen (möglicherweise in die gleiche Richtung gehend OLG Hamm r+s 1990, 86, das – positiv – eine subjektive Gefahrerhöhung annimmt, weil der VN keinen Stromlieferungsvertrag abgeschlossen hat, was man zwanglos auch als eine unterlassene Beheizung qualifizieren kann). Auch OLG Frankfurt a. M. VersR 1985, 825 hat im Fall des klemmenden Rollgitters angenommen, dass die zunächst unabhängig vom Willen des VN eingetretene Gefahrerhöhung nachträglich zu einer willkürlichen Gefahrerhöhung durch Unterlassen kompensierender Gegenmaßnahmen werden kann, wenn den VN eine entsprechende Handlungspflicht trifft (vgl. weiterhin OLG Frankfurt a. M. VersR 1988, 820, das eine Gefahrerhöhung bejaht, wenn es der VN hinnimmt, dass seine Balkontür wegen eines Defektes nicht mehr verschlossen werden kann, oder LG Köln VersR 1988, 902 für den Fall, dass der klemmende Rollladen nicht repariert wird). Offen lassend, ob es sich um eine willkürliche oder ungewollte Gefahrerhöhung handelt, BGH VersR 1982, 466; OLG Köln r+s 1989, 195 bei einem leer stehenden Haus.

IV. Gefahrkompensation

Eine eingetretene Gefahrerhöhung kann durch eine vorher, gleichzeitig oder nachträglich eintretende Gefahrkompensation wieder aufgehoben werden (vgl. etwa BGH VersR 1990, 881; VersR 1983, 284 = r+s 1983, 64; VersR 1981, 446 = r+s 1981, 129; VersR 1981, 245 = BGHZ 79, 156; 1975, 845; *Martin* N III Rn. 17 ff.; Prölss/Martin/*Armbrüster* § 23 Rn. 27; *Honsell* VersR 1981, 1094). Unter Gefahrkompensation ist eine mit der Gefahrerhöhung einhergehende oder auch völlig unabhängig von ihr eintretende Gefahr**minderung** gemeint; so kann etwa die Bewachung eines mit einem Gerüst versehenen Gebäudes (BGH VersR 1975, 845), der Austausch eingelagerter gefahrgeneigter Geräte (für untergebrachte Fahrzeuge waren zuvor landwirtschaftliche Maschinen einschließlich eines Schweißgerätes ausgelagert worden (BGH r+s 1983, 64 = VersR 1983, 284) oder das tägliche Aufsuchen des leer stehenden Hauses (OLG Hamm r+s 1990, 23) eine solche „Gefahrenaufrechnung" (so Prölss/Martin/*Armbrüster* § 23 Rn. 27) darstellen (keine Kompensation für die unterlassene Entleerung der Wasserleitungen in einem leer stehenden Gebäude, wenn das Gebäude leicht beheizt und einmal täglich kontrolliert wird, OLG Hamm NVersZ 1999, 277 = VersR 1999, 1409; keine Kompensation für die Deaktivierung einer elektrischen Warnanlage durch die Demontage von Fenstergriffen, LG Berlin VersR 2020, 982 (Bode-Museum); insoweit bestätigt von KG VersR 2021, 1031 mAnm *Langheid*). Gemäß § 24 Abs. 3 Alt. 2 erlischt das Kündigungsrecht des VR, „wenn der Zustand wiederhergestellt ist, der vor der Gefahrerhöhung bestanden hat". Darin findet die Gefahrenkompensation ihren gesetzlichen Ausdruck, weil mit „Zustand" nicht der tatsächliche Zustand, sondern die Gefahrenlage gemeint ist (ebenso *Martin* N III Rn. 20; Langheid/Wandt/*Reusch* § 23 Rn. 41; **aA** Bruck/Möller/*Matusche-Beckmann* § 23 Rn. 9: kein Anwendungsfall des § 24 Abs. 3 Alt. 2, da eine Gefahr- 34 kompensation das Vorliegen einer Gefahrerhöhung ausschließe: Hier wird übersehen, dass bis zum Eintritt bzw. Wegfall des gefahrkompensierenden Umstandes stets eine Gefahrerhöhung gegeben ist). Allerdings kann der VN eine vorgenommene oder eingetretene Gefahrminderung im Zusammenhang mit der Gefahrenkompensation verbrauchen, indem er gemäß § 41 eine Prämienminderung in Anspruch nimmt (zu § 41a aF BGHZ 79, 156 = VersR 1981, 245; **aA** *Honsell* VersR 1981, 1094). Nach dem BGH kommt es dabei nicht darauf an, ob einzelne neue Gefahrenquellen entstanden sind, sondern darauf, ob sich die Risikolage insgesamt gesehen erhöht hat (BGH VersR 1990, 881 (882); **aA** Prölss/Martin/*Armbrüster* § 23 Rn. 28).

35 Auch in den **AVB** ist häufig eine Gefahrenkompensation vorgesehen, etwa in § 13 Nr. 3 Buchst. b VHB 84 und VHB 92, § 24 VHB 2000, Abschn. A § 17 Buchst. c VHB 2008 (Beaufsichtigung einer Wohnung bei Abwesenheit von mehr als 60 Tagen). § 6 Nr. 5 AFB 87, § 6 Nr. 6 AERB 87 etwa erkennen die Möglichkeit einer Gefahrenkompensation an, die „insbesondere" vorliegen soll, wenn sie mit dem VR vereinbart wurde (demgegenüber sieht § 5 Nr. 4 AERB 81 eine Kompensation nur vor, wenn sie tatsächlich mit dem VR vereinbart wurde; ob eine solche Bedingung gegen § 32 verstößt – so *Martin* N III Rn. 19 zu § 34a aF – ist zweifelhaft, weil eine Gefahrerhöhung grds. „nicht ohne Einwilligung des Versicherers" vorgenommen werden darf, die Einwilligung des VR in eine gefahrkompensierende Maßnahme also selbst dann die Anwendbarkeit der Vorschriften über die Gefahrerhöhung ausscheiden lassen könnte, wenn damit dennoch eine Gefahrerhöhung verbunden wäre; zur vertraglichen Ausgestaltung der Gefahrerhöhung in den AVB ferner → Rn. 43 ff.). Ganz unabhängig von dem Wortlaut der jeweils einschlägigen Bedingungen ist in jedem Fall die Abstimmung mit dem VR zu empfehlen, weil dieser sich bei entsprechender Zustimmung (sowohl zur Gefahrerhöhung als auch zu einer entsprechenden Kompensation) später nicht mehr auf eine subjektive Gefahrerhöhung berufen kann.

36 Problematisch sind die Fälle, in denen der VN sowohl die Gefahrerhöhung als auch gefahrkompensierende Maßnahmen veranlasst hat, die **Gefahrkompensation** aber später unabhängig vom Wissen und Willen des VN **wieder wegfällt** (die vom VN angeordnete Einlagerung von landwirtschaftlichen Maschinen anstelle der eingelagerten Fahrzeuge unterbleibt, etwa weil das bestellte Transportmittel verunglückt; die vom VN angeordnete Bewachung des eingerüsteten Gebäudes unterbleibt, weil der bestellte Wärter erkrankt). *Martin* (N III Rn. 21) meint, dass in diesen Fällen „wohl" eine objektive Gefahrerhöhung anzunehmen ist; dies ist zweifelhaft, weil die subjektive Gefahrerhöhung feststeht und es Sache des VN ist, für gefahrkompensierende Maßnahmen zu sorgen (hier also ein Unterlassen in jedem Fall vorwerfbar wäre). Eine objektive Gefahrerhöhung dürfte nur dann anzunehmen sein, wenn die Gefahrkompensation in Unkenntnis des VN und ohne dessen Verschulden entfällt. Langheid/Wandt/*Reusch* § 23 Rn. 43 und Schwintowski/Brömmelmeyer/*Loacker* § 23 Rn. 52 stellen allein auf den verbleibenden gefahrerhöhenden Umstand ab, was allerdings außer Betracht lässt, dass zwischenzeitlich ein Handeln/Unterlassen des VN stattgefunden hat, das zum Neueintritt der Gefahrerhöhung geführt hat (ebenfalls abl. Prölss/Martin/*Armbrüster* § 23 Rn. 29).

37 Problematisch ist ferner die Gefahrenkompensation, wenn eine **Kompensationskongruenz** (auch „Stoßrichtungsgleichheit" genannt) nicht vorliegt. Liegt eine Gefahrenkompensation vor, wenn ein ursprünglich bewohntes Gebäude leer steht und dadurch die Einbruch-Diebstahls-Gefahr erhöht, die Feuergefahr

durch die Außergebrauchnahme von Feuerstellen aber vermindert wird? Auch wenn das Objekt nur gegen eine Gefahr versichert ist, stellt sich die Frage nach der Kompensationskongruenz, weil nicht jede gefahrmindernde Maßnahme geeignet ist, exakt die eingetretene Gefahrerhöhung aufzufangen und wieder auf das bei Vertragsabschluss bestehende Maß zurückzuschrauben (eine kongruente Kompensation bei der Einrüstung eines Gebäudes mit einem Gerüst würde daher nicht in einer Bewachung bestehen, sondern in einer zusätzlichen Einbruchsicherung der durch das Gerüst leichter erreichbaren Zugänge). Die **hM** lässt eine Gefahrenkompensation auch ohne eine Kompensationskongruenz zu. Die durch ein Baugerüst bedingte erhöhte Diebstahlsgefahr kann daher durch Bewachung kompensiert werden (BGH VersR 1975, 845); die Stilllegung einer Diskothek mit dem damit verbundenen Wegfall der Betriebsgefahren stellt eine Kompensation dar in Bezug auf die mit der Stilllegung verbundenen erhöhten Gefahren eines Einbruchs oder eines Feuers (BGH NJW 1981, 926 = VersR 1981, 245; dazu auch BGH NJW-RR 2004, 1098 = VersR 2004, 895); die durch das Leerstehen von Räumen bedingte erhöhte Gefahr, dass infolge unzureichender Beheizung und Wartung der Rohre ein Leitungswasserschaden eintritt und nicht alsbald entdeckt wird, kann durch den Wegfall typischer Risikoursachen, die von regelmäßig genutzten Räumen ausgehen, wie etwa aufgrund ungenügender Beaufsichtigung wasserführender Haushaltsgeräte oder von Verstopfungen der Leitungsrohre, kompensiert werden (BGH VersR 2005, 218; sich anschließend OLG Saarbrücken r+s 2012, 124); die erhöhte Feuergefahr in einem leer stehenden Gebäude (durch die Ingebrauchnahme durch Obdachlose etwa) wird kompensiert durch den Wegfall der durch die beendete Vermietung bedingten Feuergefahr (BGH VersR 1982, 466), was allerdings nur gelten soll, wenn nicht weitere Umstände, wie etwa ein verwahrloster Zustand oder die allein stehende Lage des Gebäudes, eine besondere Gefahrerhöhung wegen der erhöhten Anziehungskraft auf betriebsfremde Personen darstellen (näher hierzu *Wälder* r+s 1989, 196; vgl. auch OLG Hamm r+s 1990, 22); für die Entbehrlichkeit einer Kompensationskongruenz auch Prölss/Martin/*Armbrüster* § 23 Rn. 28; Bruck/Möller/*Matusche-Beckmann* § 23 Rn. 11; **aA** *Honsell* VersR 1981, 1094; *Martin* N III Rn. 22 f.; vgl. etwa auch LG Saarbrücken VersR 1981, 721, das den Wegfall der Gefahren eines laufenden Betriebes nicht als Kompensation für die erhöhten Gefahren eines leer stehenden Betriebes anerkannt hat; vgl. ferner OLG Karlsruhe VersR 1986, 882 und ZfS 1993, 308, das eine Gefahrerhöhung trotz abgefahrener Reifen abgelehnt hatte, weil im konkreten Fall auf der trockenen Fahrbahn die profillosen Reifen eine bessere Haftung hatten. Die **hM ist nicht widerspruchsfrei,** weil der VR eine nach Antragstellung eintretende Gefahrerhöhung ohne seine Zustimmung nicht tragen soll, eine Gefahrenkompensation ohne eine entsprechende Kongruenz zwischen erhöhter und verminderter Gefahr die erhöhte Risikolage aber gerade nicht verbessert. So weist *Reusch* (in Langheid/Wandt § 23 Rn. 44) darauf hin, dass der VR gegen die Annahme einer Gefahrkompensation einwenden kann, er hätte nach seinen Geschäftsgrundsätzen für dieses Risiko eine höhere Prämie verlangt bzw. hätte die Absicherung der höheren Gefahr nach seinen Risikogrundsätzen ausgeschlossen. Ebenso erkennt auch die hM in gewisser Weise die Notwendigkeit einer Kompensationskongruenz an; so würde auch nach der zitierten Rspr. und Literatur etwa die Anschaffung eines Feuerlöschers keine Gefahrenkompensation gegen erhöhte Diebstahlsgefahr darstellen. Daher ist auch nach der hM eine gewisse Kongruenz erforderlich, wobei allerdings keine Deckungsgleichheit verlangt wird.

38 Keine Frage der Gefahrenkompensation ist der Austausch des versicherten Risikos, auch **Gefahrwechsel** genannt. Wird das versicherte Risiko durch gefahrerhöhende und/oder gefahrmindernde Maßnahmen des VN dergestalt verändert, dass es seine Identität verliert, dann sind nicht die Vorschriften der §§ 23 ff. anwendbar, sondern es liegt in Bezug auf das versicherte Risiko ein Interessenwegfall vor mit der Folge, dass überhaupt kein Versicherungsschutz besteht (so auch Bruck/Möller/*Matusche-Beckmann* § 23 Rn. 13). Etwas anderes kann nur dann gelten, wenn auch das neue Risiko aufgrund der vereinbarten Versicherungsbedingungen mitversichert sein soll, so wie etwa §§ 2, 4 AHB 2008 eine Vorsorgeversicherung in Bezug auf den Eintritt eines neuen Risikos vorsieht.

V. Kenntniszurechnung und Nachweis der Gefahrerhöhung

1. Kenntnis

39 Die Gefahrerhöhung muss vom VN (oder den ihm gleichgestellten Personen, → Rn. 40) **nicht verschuldet** werden. Allerdings sind sowohl das Kündigungsrecht nach § 24 Abs. 1 als auch die Leistungsfreiheit nach § 26 Abs. 1 an ein Verschulden des VN (Kündigung) bzw. den Mindestverschuldensmaßstab der groben Fahrlässigkeit (Leistungsfreiheit) geknüpft. Voraussetzung für seine Anzeigepflicht ist allerdings die **Kenntnis** des VN von den Umständen, die eine Gefahrerhöhung begründen (grundlegend BGHZ 50, 385 = VersR 1968, 1153). Nicht erforderlich ist, dass der VN den gefahrerhöhenden Charakter (BGHZ 50, 385 = VersR 1968, 1153; VersR 1982, 793; OLG Karlsruhe VersR 2003, 1124; OLG Köln VersR 1990, 1226) oder die Pflichtwidrigkeit der eingetretenen Änderung erkennt (Prölss/Martin/*Armbrüster* § 23 Rn. 96; Langheid/Wandt/*Reusch* § 23 Rn. 50). Wenn daher etwa ein VN mit abgefahrenen Reifen fährt, muss er zwar den Zustand der Reifen kennen, nicht jedoch darüber hinaus wissen, dass das Fahrzeug mit solchen Reifen ins Schleudern kommen und verunfallen kann (BGH VersR 1982, 793; OLG Köln r+s 1990, 192 = VersR 1990, 1226; VersR 2007, 204). Da die subjektive Gefahrerhöhung eine Vornahme (oder uU auch ein Unterlassen, → Rn. 30 ff.) voraussetzt, dürfte die Kenntnis regelmäßig mit der Vornahme eintreten. Denkbar sind allerdings unverschuldete und unbewusste Gefahrerhöhungen, die erst mit der Kenntnis anzeigepflichtig werden (§ 23 Abs. 2; vgl. OLG Köln VersR 1987, 1026: Einbau eines Kaminofens, wobei VN fahrlässig verkennt, dass die getroffenen Sicherungsmaßnahmen nicht ausreichen). Gleiches gilt für Gefahrerhöhungen, die dem VN zuzurechnende Dritte vornehmen (etwa sein Repräsentant). Der VN darf sich der Kenntnis der Gefahrerhöhung nicht arglistig entziehen. Dies gilt umso mehr, als ein Kennenmüssen nicht reicht (BGH VersR 1987, 897; versR 1982, 793; OLG Frankfurt a. M. NJW-RR 1987, 91; OLG Hamm r+s 1989, 2; OLG Köln VersR 1990, 1226; 1987, 1026; OLG Saarbrücken VersR 1990, 779: frisiertes Mofa). Gleiches gilt für den Fall, dass der VN seinen Betrieb bewusst so organisiert, dass er von einer Gefahrerhöhung keine Kenntnis erlangen kann (BGH NJW 1975, 978 = VersR 1975, 461). Der positiven Kenntnis steht ein **arglistiges Verhalten** des VN jedoch unter drei Voraussetzungen gleich: Der VN muss mit der Möglichkeit des Vorliegens gefahrerhöhender

Umstände rechnen, er geht davon aus, dass es für den Erhalt des Versicherungsschutzes auf seine Kenntnis von diesen Umständen ankommt sowie, dass er von einer Überprüfung Abstand nimmt, damit sein Versicherungsschutz nicht gefährdet wird (OLG Köln r+s 1990, 192 = VersR 1990, 1226; HK-VVG/*Karczewski* § 23 Rn. 35). Diese arglistige Unkenntnis wird überflüssig, wenn man eine subjektive Gefahrerhöhung auch durch ein Unterlassen anerkennt; es gehört dann zu den Pflichten des VN, zumutbare und wirtschaftlich vertretbare Untersuchungen des jeweiligen Gefahrenzustandes in regelmäßigen Abständen durchzuführen (ebenfalls krit. BK/*Harrer* § 23 Rn. 29; Langheid/Wandt/*Reusch* § 23 Rn. 53).

2. Zurechnung der Kenntnis Dritter

Die Gefahrstandspflicht trifft stets den VN, neben ihm seinen Repräsentanten 40 (→ § 81 Rn. 19 ff.). Auch der Versicherte gemäß § 47 Abs. 1 ist gefahrstandspflichtig. Sind mehrere Personen VN, darf keiner die Gefahr erhöhen (insoweit auch → § 19 Rn. 21).

3. Beweislast

Der Nachweis der Gefahrerhöhung obliegt dem VR; Gleiches gilt für die 41 Kenntnis des VN von der Gefahrerhöhung und die Verwirklichung des Versicherungsfalles nach Eintritt der Gefahrerhöhung (OLG Hamm r+s 1989, 2; 137; OLG Koblenz VersR 1997, 303; OLG Köln VersR 2007, 204). Der hierfür notwendige Beweis ist – insbesondere was die Frage der Kenntnis des VN angeht – vom VR oftmals nur schwer zu führen. Auffallende Mängel eines Pkw stellen aber ein starkes Indiz für eine Kenntnis dar (vgl. OLG Köln VersR 1975, 999; OLG Saarbrücken VersR 1990, 779; LG Karlsruhe VersR 1981, 1169; wohl enger BGH VersR 1986, 255, der eine Kenntnis hinsichtlich einer defekten Bremsanlage ablehnt, weil nicht auszuschließen ist, dass der VN so vorsichtig gefahren ist oder das Fahrzeug erst so kurze Zeit im Besitz hatte, dass der Defekt nicht zwangsläufig dem VN hätte auffallen müssen), insbesondere wenn sich die Kenntnis geradezu aufdrängen musste (vgl. LG Bremen r+s 1992, 404, wo der VN mittels eines Heizlüfters den nassen Fußraum eines Pkw ohne hinreichende Beaufsichtigung trocknete). Demgegenüber trifft den VN die Beweislast für unverzügliche Anzeigeerstattung, eine etwaige Kenntnis des VR von der Gefahrerhöhung, den Kausalitätsgegenbeweis gemäß § 26 Abs. 3 Nr. 1 und für eine Gefahrkompensation (→ Rn. 36; BGH VersR 1987, 37; VersR 1986, 1231; für Gefahrkompensation BGHZ 79, 156 = VersR 1981, 245; VersR 1975, 845; Prölss/Martin/*Armbrüster* § 23 Rn. 30, **aA** aber bei Rn. 115 bzgl. unverzüglicher Anzeigeerstattung). Der Einwand des rechtmäßigen Alternativverhaltens ist unzulässig (so OLG Karlsruhe NJW-RR 1987, 212 = VersR 1986, 1180).

VI. Gefahrerhöhung im Zusammenhang mit der Schadenhöhe

Die nach alledem festzustellende Gefahrerhöhung kann sich zunächst dadurch 42 verwirklichen, dass sich das Risiko des Eintritts des Versicherungsfalles erhöht. Alle Umstände, die in Erfüllung der oben im Einzelnen referierten Voraussetzungen das Risiko wahrscheinlicher machen, dass sich ein Versicherungsfall verwirklicht, stellen inhaltlich eine Gefahrerhöhung dar. Ferner kann sich eine Gefahrerhöhung im Hinblick auf die **Größe des Schadens** auswirken (BGHZ 42, 295 (297); Prölss/Martin/*Armbrüster* § 23 Rn. 4). Inhaltlich liegt daher auch dann eine Gefahrerhöhung vor, wenn das Verhalten des VN die Möglichkeit begründet, einen durch ein sich verwirklichendes Risiko entstehenden Schaden zu vergrößern (etwa indem der VN eine Berieselungsanlage, die zwar kein Feuer verhindern, wohl aber nach seinem Entstehen alsbald wieder löschen kann, außer Betrieb nimmt). Hierzu zählt auch etwa die Einlagerung einer größeren als vertraglich vereinbarten Menge von brennbaren Materialien (etwa von Lacken in einer Autolackiererei), weil diese nicht nur die Entstehung des Schadens begünstigen, sondern auch zu einem größeren Schadensausmaß führen können. Schließlich ist im Zusammenhang mit den geschützten Interessen des VR auch die sog **Vertragsgefahr** zu nennen. Darunter versteht man die Möglichkeit, dass der VR nicht nur wegen einer Verwirklichung des versicherten Risikos in Anspruch genommen wird, sondern der VR auch die Gefahr einer ungerechtfertigten Inanspruchnahme (fingierte, manipulierte oder provozierte Versicherungsfälle; im Einzelnen → § 19 Rn. 33 und → § 81 Rn. 9 f.) vergegenwärtigen muss. Daher kann auch ein in der Person des VN eintretender Umstand, also ein sog **subjektiver** Umstand, eine Gefahrerhöhung darstellen, etwa weil der VN ein anderes als das versicherte Objekt in Brand gesetzt hat, sog **Brandreden** hält (hierzu LG Bonn NJW-RR 1987, 867; OLG Celle OLGZ 1984, 375; OLG Schleswig VersR 1992, 1258), dem **Alkoholismus** verfällt (vgl. OLG Schleswig VersR 1984, 954), gleich mehrere Versicherungsverträge zum Schutz des gleichen Interesses abschließt oder mit einem Dritten für den Fall grober Fahrlässigkeit einen Haftungsausschluss vereinbart (vgl. BGH VersR 1985, 983). Auch in der Schadenversicherung kann dieses Problem nicht abschließend durch §§ 77, 78 geregelt werden, weil die zu regulierende Schadenshöhe ganz unabhängig ist von dem erhöhten Risiko, da sich aufgrund der erhöhten Vertragsgefahr die Versicherungsgefahr überhaupt verwirklicht (**aA** *Honsell* VersR 1982, 112; offen Prölss/Martin/*Armbrüster* § 23 Rn. 22; zum Problem auch → § 21 Rn. 31 f.). Für Summenversicherungsverträge (zB Unfallversicherungen) gilt dies erst recht, wobei nicht nur die ungerechtfertigte Inanspruchnahme – also die Verwirklichung der Vertragsgefahr – zu berücksichtigen ist, sondern auch die Möglichkeit einer erhöhten Risikobereitschaft (abl. Langheid/Wandt/*Reusch* § 23 Rn. 88, der davon ausgeht, dass in der Summenversicherung nichts gegen eine Mehrfachversicherung spreche; allerdings bleibt eine gesteigerte Risikobereitschaft auch dann möglich, wenn das versicherte Interesse nicht auf einen bezifferbaren Höchstschaden beschränkt ist; so wie hier Prölss/Martin/*Armbrüster* § 23 Rn. 22, der allerdings zu Recht darauf hinweist, dass es „für die Gefahrerhöhung nur auf statistische Wahrscheinlichkeiten" ankommen kann). Eine Gefahrerhöhung kann auch durch eine Änderung der Gesetzeslage (zB in der Haftpflichtversicherung) bewirkt werden.

VII. Abänderbarkeit

43 Von besonderer Bedeutung für die Annahme einer Gefahrerhöhung, eine diese wieder aufhebende Gefahrkompensation und für die Rechtsfolgen der Gefahrerhöhung sind die **Allgemeinen Versicherungsbedingungen.** Da die Vorschriften in §§ 23 ff. gemäß § 32 halbzwingend sind, also nicht zum Nachteil des VN abbedungen werden können, sind die Bedingungswerke auf ihre Übereinstimmung mit der gesetzlichen Regelung hin zu untersuchen. Dies macht deswegen besondere Schwierigkeiten, weil die Gefahrerhöhung gesetzlich nicht definiert ist, sondern sich aus verschiedenen Versatzstücken zusammensetzt. Besonders problematisch ist in diesem Zusammenhang die Anwendung des § 27 Alt. 2 (früher § 29 Satz 2 aF), nach dem eine Gefahrerhöhung nicht anzunehmen ist, wenn „**nach den Umständen** als vereinbart anzusehen ist, dass die Gefahrerhöhung mitversichert sein soll". Was „nach den Umständen als vereinbart anzusehen" ist, bestimmt sich aber jedenfalls zum Teil auch nach den dem Versicherungsvertrag zugrunde liegenden Versicherungsbedingungen, so dass es unrichtig erscheint, das „nach den Umständen Gewollte" im Zusammenhang mit § 32 als Kontrollmaßstab zugrunde zu legen (so aber *Martin* N IV Rn. 32 und N IV Rn. 95 ff. zu § 29 Satz 2 aF). Wenn auch eindeutig ist, dass der Begriff der Gefahrerhöhung wegen § 32 und auch wegen § 307 Abs. 2 Nr. 2 BGB vertraglich nicht beliebig festgelegt und mit bestimmten Tatbeständen identifiziert werden kann (OLG Hamm r+s 1986, 263 = VersR 1987, 1105; *Martin* N IV Nr. 29 ff.; Prölss/Martin/*Armbrüster* § 23 Rn. 45; Bruck/Möller/*Möller,* 8. Aufl. 1961 ff., § 23 Anm. 17), muss ja zunächst ermittelt werden, was überhaupt als Gefahrerhöhung anzusehen ist. Erst wenn die Gefahrerhöhung aus den „Allgemeinen Grundsätzen" (so Bruck/Möller/*Möller,* 8. Aufl. 1961 ff., § 23 Anm. 17) abgeleitet worden ist, kann eine Kontrolle erfolgen, ob die Bedingungen von der gefundenen Definition abweichen. Eines der für die Definition maßgeblichen Kriterien ist das gemäß § 27 Alt. 2 „nach den Umständen Gewollte". Die so gefundene Gefahrerhöhung ist Maßstab für die bedingungsgemäße Definition, von der unproblematisch ist, dass sie klarstellende Funktion haben kann (Bruck/Möller/*Möller,* 8. Aufl. 1961 ff., § 23 Anm. 17).

Eine vertragliche Definition von Anzeigepflichten bei Gefahrerhöhungen ist **44** gem. § 32 unwirksam, wenn sie von den gesetzlichen Vorschriften abweicht (BGH VersR 2012, 1506 mit Anm. *Koch;* zum Problem des Wiederauflebens von gesetzlichen Regelungen, wenn die vertragliche Regelung an § 32 gescheitert ist, vgl. *Langheid/Müller-Frank* NJW 2013, 435, (436)). Als problematisch wird auch die **Telematik** angesehen (zum Problem *Koch* VersR 2020, 1413 (1416)), weil telematikbasierte Tarife insgesamt als vertragliche Regelung eines vom Gefahrstatus bei Vertragsabschluss abweichenden Verhaltens gegen die §§ 23 ff. verstoßen könnten (weil zB das Fahrverhalten zu einem schlechteren Scorewert als bei Vertragsschluss führt). Hier gibt es allerlei Lösungsansätze (so wird die Erhöhung der Prämie aufgrund schlechteren Scorewerts als verbotene Prämienanpassung gem. §§ 25, 27 gewertet (*Rudkowski* ZVersWiss, 2017, 453 ff.)), kein Verstoß gegen § 32 wird angenommen, wenn sich die Möglichkeit von Prämienverschlechterung und – erhöhung gleichwertig gegenüberstehen (*Lüttringhaus,* FS Basedow, 2018, 55 (63); *Schumann,* Pay as you drive, 2017, S. 112), ebenso *Klimke,* r+s 2015, 217 (220) und *Armbrüster* in Prölss/Martin/*Armbrüster* § 23 Rn. 4, die hier eine gem. § 27 mitversicherte Gefahr annehmen wollen). Es ist aber schon fraglich, ob ein gegenüber dem Zeitpunkt des Vertragsschlusses geändertes Fahrverhalten und eine entsprechende Veränderung des Scorewertes überhaupt relevante Gefahrerhöhungen darstellen können. Zum einen hängt der Scorewert auch von anderen Faktoren als einem Verhalten des VN ab, zum anderen dürfte es bei temporären Verminderungen des Scorewertes nicht um dauerhafte Veränderungen handeln, wie sie aber für eine Gefahrerhöhung konstitutiv sind. Und schließlich führt ein vom erwarteten Status abweichendes Fahrverhalten zu einer Prämienveränderung zu Beginn der nächsten Versicherungsperiode, wodurch das Äquivalenzinteresse des

VR gewahrt wird. (in diesem Sinne auch *Koch* VersR 2020, 1418). Ein einmaliges krasses Abweichen des VN von den zugrunde gelegten Parametern und damit die Verwirklichung eines Risikos außerhalb des vom VR übernommenen Rahmens ist keine Gefahrerhöhung, sondern uU ein Fall des § 81.

1. Gefahrerhöhung

45 Solche Tatbestände finden sich etwa in § 13 Nr. 3a–c VHB 84, VHB 92 und Abschn. A § 17 Buchst. a–d VHB 2008. Danach soll (bzw. „kann" VHB 2008) eine Gefahrerhöhung „insbesondere" dann vorliegen, wenn sich anlässlich eines Wohnungswechsels oder aus sonstigen Gründen ein Umstand ändert, nach dem im Antrag gefragt worden ist (Buchst. a bzw. Buchst. a und b VHB 2008), eine ansonsten ständig bewohnte Wohnung länger als 60 Tage unbewohnt und unbeaufsichtigt bleibt (Buchst. b bzw. c VHB 2008; vgl. dazu OLG Hamm r+s 1998, 71 = VersR 1998, 1152) oder wenn eine bei Antragstellung vorhandene oder zusätzlich vereinbarte Sicherung beseitigt oder vermindert wird (Buchst. c bzw. d VHB 2008). Nach *Martin* (N IV Rn. 108) ist die Vereinbarung einer Gefahrerhöhung, wie sie etwa in Buchst. c (bzw. Buchst. d VHB 2008) vorgenommen wird, nur dann wirksam, wenn dem VN „kompensierende Gegenmaßnahmen (…) zumutbar" sind. Darauf kann es aber für die Beurteilung der Wirksamkeit einer solchen Klausel nicht ankommen; vielmehr steht es dem VN stets offen, eine Gefahrerhöhung durch geeignete Maßnahmen zu kompensieren (so für das vorliegende Beispiel Prölss/Martin/*Klimke* VHB 2010 B. § 9 Rn. 2). Weitere Bedingungen, durch die Gefahrerhöhungstatbestände definiert werden, finden sich etwa in § 10 Nr. 3 VGB 88, Abschn. A § 17 Buchst. a–e VGB 2008, § 2 Satz 1 AEB, § 5 Nr. 3a AERB, § 6 Nr. 4 AERB 87 und Abschn. A § 12 Buchst. a–c AERB 2008. Die Formulierung etwa in § 10 Nr. 3 VGB 88 und Abschn. A § 17 Buchst. a–e VGB 2008, nach der eine Gefahrerhöhung „insbesondere vorliegen kann", wenn bestimmte Voraussetzungen erfüllt sind (etwa wenn ein Gebäude nicht genutzt wird), begegnet keinen Bedenken, weil durch die Kann-Regelung einerseits und das „insbesondere" andererseits klargestellt wird, dass hier lediglich die nach allgemeinen Grundsätzen zu findende Gefahrerhöhung durch bestimmte Beispielsfälle ergänzt und erläutert werden soll. Etwas enger ist hier die Bedingung in § 6 Nr. 4a AERB 87, die keine Kann-Vorschrift ist, sondern nach der eine Gefahrerhöhung „insbesondere" dann vorliegen soll, wenn bei Antragstellung vorhandene oder im Versicherungsvertrag zusätzlich vereinbarte Sicherungen beseitigt oder vermindert werden. Hier gilt das zu § 13 Nr. 3 VHB 84/92 Gesagte: Dem VN wird weder eine Gefahrkompensation abgeschnitten noch werden „belanglose" Gefahrerhöhungen qua definitionem doch zu einer Gefahrerhöhung; vielmehr liegt eben keine Gefahrerhöhung gemäß § 6 Nr. 4 Buchst. a AERB 87 vor, wenn eine vorhandene Sicherung etwa nur für ein paar Stunden beseitigt wird. § 6 Nr. 6 AERB 87 sieht ausdrücklich die Gefahrkompensation vor. Nach OLG Köln r+s 1998, 179 ist in Ziff. 2.4 ADS 73/84 Leistungsfreiheit vereinbart, wenn der VN eine Gefahrerhöhung (hier: eine vor Monaten eingestellte Bewachung einer Lagerhalle) nicht anzeigt.

2. Gefahrkompensation

46 Auch die Möglichkeit einer **Gefahrkompensation** darf durch eine Bedingung nicht unzulässig beschränkt werden (*Martin* N IV Rn. 32; Langheid/Wandt/*Reusch* § 23 Rn. 46; Schwintowski/Brömmelmeyer/*Loacker* § 23 Rn. 55). So sieht

etwa die bereits erwähnte Regelung in § 6 Nr. 6 AERB 87 vor, dass die zuvor im Einzelnen katalogisierten Umstände (aber nicht nur diese) durch Gefahrkompensationen „ausgeglichen" werden können, was „insbesondere" gelten soll, „soweit diese mit dem Versicherer vereinbart wurden". Eine solche Bedingung gibt die Rechtslage exakt wieder (ebenso § 6 Nr. 5 AFB 87, AWB 87 und AStB 87). Problematischer sind schon Regelungen wie §§ 13 Nr. 3 Buchst. b VHB 84, VHB 92, Abschn. A § 17 Buchst. c VHB 2008, nach der die vertraglich bedungene Gefahrerhöhung einer länger als 60 Tage unbewohnten Wohnung durch eine Beaufsichtigung kompensiert werden kann, wobei zusätzlich die „Beaufsichtigung" definiert wird durch den Aufenthalt einer „dazu berechtigten volljährigen Person (…) während der Nacht". Eine solche Beschränkung der Gefahrkompensation auf eine einzige bestimmte Maßnahme könnte an § 32 scheitern (vgl. Schwintowski/Brömmelmeyer/*Loacker* § 23 Rn. 55; Langheid/Wandt/*Reusch* § 23 Rn. 235); versteht man die Klausel allerdings dahingehend, dass auch andere zusätzliche Maßnahmen eine Gefahrkompensation ermöglichen, stellt die Klausel keine unzulässige Beschränkung der Rechte des VN dar.

Unproblematisch sind auch in den Bedingungen vereinbarte **Leistungsausschlüsse,** wenn sie unabhängig vom Zeitpunkt des Eintritts der entsprechenden Voraussetzungen vereinbart werden, also keinen „verhüllten" Ausschluss der Regelungen über die Gefahrerhöhung darstellen (vgl. *Martin* N IV Rn. 33 und 37). Zulässig sind daher etwa solche Ausschlüsse wie in § 2 Abs. 1 Nr. 5 AUB 94, Ziff. 5.1.5 AUB 2008 (Beteiligung am Motorrennsport) oder etwa in § 5 Abs. 1 Buchst. h MB/KK 94, MB/KK 2009 (Ausschluss bei Unterbringung wegen Pflegebedürftigkeit oder Verwahrung). 47

3. Prämie

Infolge des gesetzlichen Wahlrechts des VR zwischen Kündigung und Prämienerhöhung, § 25, sind die früheren Bedenken gegen eine Prämienerhöhung anstelle der nach altem Recht gesetzlich einzig vorgesehenen Kündigung (vgl. zB § 11 Nr. 3 VHB 84, § 10 Nr. 3 Buchst. c Satz 2 VGB 88 und § 6 Nr. 4 AFB 87, AWB 87 und AStB 87) obsolet geworden. 48

4. Lebensversicherung

Eine Besonderheit gilt für die **Lebensversicherung,** weil nach § 158 Gefahrerhöhungen vertraglich vereinbart werden müssen. 49

VIII. Konkurrenzen

Nachdem nach geltendem Recht die Vorschriften über die Gefahrerhöhung gemäß §§ 23 ff. ab Abgabe der Vertragserklärung des VN und diejenigen über die vorvertragliche Anzeigepflichtverletzung (§§ 19 ff.) bis zur Abgabe seiner Vertragserklärung gelten, kann eine Konkurrenz zwischen diesen nur noch auftreten, wenn der VR nach der Vertragserklärung des VN (Antragstellung) weitere Fragen stellt. Aus diesem Grund ist auch das Bedürfnis für die Regelung des § 29a aF über die Gefahrerhöhung zwischen Antragserklärung und der Annahme durch den VR entfallen. Im Unterschied zur früheren Rechtslage kann die Konkurrenzsituation allerdings nur entstehen, wenn der VR eine Frage in Textform stellt. Vorausgesetzt es handelt sich um einen gefahrerheblichen Umstand, sind dann 50 beide Normgruppen nebeneinander anwendbar (Langheid/Wandt/*Reusch* § 23 Rn. 111; Schwintowski/Brömmelmeyer/*Loacker* § 23 Rn. 47). §§ 23 ff. können in Konkurrenz mit der Herbeiführung des Versicherungsfalles gemäß § 81 stehen (Einzelheiten zur Konkurrenz mit vorbeugenden Obliegenheiten in Form von Sicherheitsvorschriften iSd § 28 Abs. 1 → § 28 Rn. 4).

1. §§ 19 ff.

51 Parallel anwendbar sind wegen § 19 Abs. 1 Satz 2 die Vorschriften über die Gefahrerhöhung und die über die **vorvertragliche Anzeigepflichtverletzung** während des Zeitraumes zwischen Abgabe der Vertragserklärung des VN und Antragsannahme durch den VR. Die vorvertragliche Anzeigepflicht gilt daher auch in Ansehung von Umständen, die ihrerseits eine Gefahrerhöhung darstellen können. Meldet der VN eine zwischenzeitlich eingetretene Gefahrerhöhung und nimmt der VR den Antrag dennoch an, liegt darin gleichzeitig die Genehmigung der eingetretenen Gefahrerhöhung.

52 Aus der Parallelität zwischen §§ 19 ff. und §§ 23 ff. zwischen Antragstellung und -annahme ergeben sich folgende Vorgehensvarianten für den VR: Liegen eine vorvertragliche Anzeigepflichtverletzung und eine Gefahrerhöhung vor, kann der VR zwischen den Gestaltungsrechten der §§ 19 ff. sowie denjenigen der §§ 23 ff. wählen. Konsequenzen zeigen sich bzgl. des Umfangs der möglichen Leistungsfreiheit: Während bei grob fahrlässiger Nichtanzeige eines vertragshindernden Umstands der Weg über die Gefahrerhöhungsvorschriften lediglich zur teilweisen Leistungsfreiheit führen kann (vgl. § 26), ist über den Rücktritt gemäß § 19 Abs. 2 bei einem vertragshindernden Umstand und entsprechender Kausalität vollständige Leistungsfreiheit möglich (vgl. § 21 Abs. 2). Wird die vorvertragliche Anzeigepflicht erfüllt, sind die Gestaltungsrechte des VR aus § 19 ausgeschlossen; freilich muss er den Antrag des VN ja nicht annehmen. Der VN ist dann auch seiner Anzeigepflicht in Bezug auf die Gefahrerhöhung nachgekommen (§ 23 Abs. 2 und 3), der VR kann auch nicht gemäß § 24 Abs. 1 und 2 kündigen, wenn er den Vertrag trotz der eingetretenen Gefahrerhöhung annimmt; Leistungsfreiheit scheidet auch bei subjektiven vorsätzlichen oder grobfahrlässigen Gefahrerhöhungen aus, §§ 23 Abs. 1, 26 Abs. 1, weil der VR das Risiko übernommen hat und der Fall des § 26 Abs. 2 (nicht vorsätzliche oder grob fahrlässige, aber nachträglich erkannte Gefahrerhöhung) ist nicht denkbar, weil der VN die Erhöhung der Gefahr ja gerade angezeigt hat. Bei einer objektiven Gefahrerhöhung tritt Leistungsfreiheit nur nach § 26 Abs. 2 ein.

2. § 81

53 Die Vorschriften über die Gefahrerhöhung und **§ 81 – Herbeiführung des Versicherungsfalles –** können parallel anwendbar sein (vgl. zB OLG Köln r+s 1989, 160; Bruck/Möller/*Matusche-Beckmann* § 23 Rn. 68; Prölss/Martin/*Armbrüster* § 23 Rn. 119 mwN; Schwintowski/Brömmelmeyer/*Loacker* § 23 Rn. 31 f.; aA OLG Hamm r+s 1991, 30). Selbstverständlich ist dabei, dass die jeweiligen Voraussetzungen für die Leistungsfreiheit getrennt zu prüfen und jeweils erfüllt sein müssen. Problematisch ist lediglich, inwieweit nicht jeder Herbeiführung des Versicherungsfalles zwangsläufig auch eine Gefahrerhöhung in Form einer Gefahrkomprimierung innewohnt, so dass der VR sich – in Abänderung von § 81, im Rahmen dessen dem VN nur Vorsatz und grobe Fahrlässigkeit schaden – stets auf Gefahrerhöhung berufen kann, für deren Rechtsfolge des Kündigungsrechts zumindest die schon einfache Fahrlässigkeit ausreicht (anders in Bezug auf die Rechtsfolge der Leistungsfreiheit, die an den Mindestverschuldensmaßstab der groben Fahrlässigkeit anknüpft). Jedenfalls bedeutet die Parallelität zwischen §§ 23 ff. einerseits und § 81 andererseits, dass nicht jede Herbeiführung des Versicherungsfalles gleichzeitig eine Gefahrerhöhung darstellt. Vielmehr muss die Gefahrerhöhung von gewisser Dauer und sie darf auch nicht belanglos iSd § 27 sein, während die Herbeiführung des Versicherungsfalles diese Voraussetzungen nicht erfüllen muss (so können im später gestohlenen Fahrzeug zurück gelassene Fahrzeugpapiere bei entsprechender Dauer eine Gefahrerhöhung darstellen, obwohl mangels Kausalität kein Fall des § 81 vorliegen soll, OLG Celle VersR 2008, 204; OLG Koblenz VersR 1998, 233). Als Beispiel für eine parallele Verwirklichung von Gefahrerhöhung und herbeigeführtem Versicherungsfall kann etwa auf eine längerfristige Einlagerung von brennbaren Materialien hingewiesen werden, die gleichzeitig in grob fahrlässiger Weise so gelagert werden, dass ihre Entzündung in erheblicher Weise gefördert wurde (Heuballen neben Röhrenheizung); als Gegenbeispiel kann darauf hingewiesen werden, dass die Lagerung des Heuballens neben der erwähnten Konvektorenheizung mit der nahe liegenden Gefahr der Entzündung eine grob fahrlässige Herbeiführung des Versicherungsfalles darstellen kann, keineswegs aber – wegen des fehlenden Dauerzustandes – eine Gefahrerhöhung bedeuten muss. Gleiches gilt für Fälle, denen ein sog **Augenblicksversagen** (→ § 81 Rn. 86 ff.) zugrunde liegt, insbesondere bei Rotlichtverstößen. Diese sind regelmäßig grob fahrlässig iSd § 81, stellen jedoch keine Gefahrerhöhung dar. Auch das immer wieder angeführte Beispiel der Trunkenheit am Steuer belegt, dass Gefahrerhöhung und Herbeiführung des Versicherungsfalles deckungsgleich, aber auch vollkommen unterschiedlich zu handhaben sind: Die einmalige Trunkenheit am Steuer, die zu einem Verkehrsunfall führt, ist (jedenfalls bei einem BAK-Wert von über 1,1 ‰) eine grob fahrlässige Herbeiführung des Versicherungsfalles, jedenfalls aber keine Gefahrerhöhung; anders kann es aber dann sein, wenn der Kraftfahrer dem Alkoholismus verfällt, so dass ein Zustand einer erhöhten Gefahrverwirklichung entsteht. Kommt es dann zu einem Unfall mit einem BAK-Wert von über 1,1 ‰, dürfte sich die (teilweise) Leistungsfreiheit des VR aus beiden Rechtsinstituten herleiten lassen. Auch in den Fällen, in denen sich Fahrer trotz erkennbarer Übermüdung ans Steuer setzen, können beide Tatbestände verwirklicht sein, wenn eine längere, uU mehrtägige Reise angetreten wird. Gleiches gilt für die in der Praxis zahlreichen Fälle des Offenlassens von Fenstern oder Türen. Auch hier ist sorgfältig zu prüfen, ob das Dauererfordernis des § 23 schon erfüllt ist. Als weiteres Beispiel ist der Fall anzuführen, wo der VN Eisenträger in einer Scheune „flexte" (OLG Köln r+s 1989, 366 = VersR 1990, 383) oder Plastikeimer in Gaststätten aufstellte, in die brennbare Abfälle gerieten (vgl. OLG Hamm VersR 1990, 1230). Nur wenn er dies regelmäßig und wiederholt getan hat, liegt eine Gefahrerhöhung vor. Auch der Verlust eines Schlüssels kann sowohl eine Gefahrerhöhung als auch eine grob fahrlässige Herbeiführung des Versicherungsfalles sein, wenn der VN das Schloss nicht auswechseln lässt, da nach der hier vertretenen Ansicht nicht nur § 81, sondern auch § 23 Abs. 1 durch Unterlassen verwirklicht werden kann (→ Rn. 30 ff.). Nach der Rspr. kann demgegenüber nur § 81 gegeben sein (vgl. zB OLG Köln r+s 1989, 160).

IX. Fallbeispiele

Die folgenden Beispiele stellen vornehmlich von der Rspr. entschiedene Einzelfälle dar; ihre Aufzählung kann nicht abschließend sein, sondern soll nur die verschiedenen Möglichkeiten gefahrerhöhender Tatbestände illustrieren. 54

55 Wegen der oben (→ Rn. 11 ff.) im Einzelnen erörterten Probleme bei der Festlegung, was überhaupt eine Gefahrerhöhung ist, lassen sich die Einzelfälle, in denen eine Gefahrerhöhung angenommen oder abgelehnt wurde, keinesfalls schematisieren.

56 Hinzu kommt, dass wegen des mutmaßlich von den Vertragsparteien Gewollten iSd § 27 Alt. 2 erhebliche Unterschiede zwischen der Geschäfts(Industrie-)versicherung einer- sowie dem Massen- und Mengengeschäft im Privatkundenbereich andererseits bestehen. Ferner ist bei den nachfolgenden Beispielen zu berücksichtigen, dass in sog gebündelten Versicherungsverträgen häufig verschiedene Risiken versichert sind (so versichern die VGB 88, VGB 2008 etwa gegen Schäden durch Brand, Blitzschlag, Explosion etc; die VHB 84, VHB 92 und VHB 2008 zB versichern den VN ebenfalls gegen Brand etc, darüber hinaus aber auch gegen Einbruchdiebstahl, Raub und ferner gegen Vandalismus nach einem Einbruch sowie ebenfalls gegen Leitungswasser- oder Sturmschäden). Es versteht sich, dass eine erhöhte Gefahrenlage regelmäßig nur eines der versicherten Risiken betreffen kann; andererseits können aber etwa fehlende Zugangshindernisse die Gefahr eines Einbruchdiebstahls ebenso erhöhen wie die eines gelegten Brandes.

57 Andererseits kann eine Gefahrkompensation in Bezug auf das eine Risiko eintreten, in Bezug auf das andere aber nicht; möglicherweise stellt auch die Gefahrerhöhung in Bezug auf das eine Risiko eine Gefahrkompensation in Bezug auf das andere Risiko dar (was etwa bei unbewohnten Gebäuden in Bezug auf das Feuer- und das Diebstahlsrisiko denkbar ist, insoweit → Rn. 59). Bei den nachfolgenden Beispielen ist daher zwingend zu berücksichtigen, dass zwar eine wegen einer eingetretenen Gefahrerhöhung mögliche Kündigung den gesamten Versicherungsvertrag erfasst, (teilweise) Leistungsfreiheit aber nur in Bezug auf das spezifische Risiko eintreten kann, das von der Gefahrerhöhung betroffen ist.

58 Darüber hinaus steht dem VN bezüglich der nicht betroffenen Versicherungssparte der Kausalitätsgegenbeweis offen oder eben der Nachweis einer entsprechenden Gefahrenkompensation. Abschließend ist darauf hinzuweisen, dass verschiedene Urteile für verschiedene Fragenkomplexe relevant sind, so dass eine Mehrfachnennung möglich ist.

1. Sachversicherung

59 In der **Sachversicherung** ist eine Gefahrerhöhung besonders relevant in der **Feuerversicherung.** Allerdings können für die Feuerversicherung relevante Gefahrerhöhungen Bedeutung auch etwa in der Einbruchdiebstahlversicherung haben.

60 Besonders interessant ist das Problem **leer stehender Gebäude** (OLG Dresden r+s 2021, 31). Während ein leerstehendes Gebäude nämlich in Bezug auf das Feuerrisiko gefahrgemindert ist, weil die verschiedenen mit der Bewohnung verbundenen Gefahrenquellen beseitigt sind (Mieter, Gewerbebetriebe, Betrieb feuergefährlicher Anlagen etc), kann ein Leerstand einen verstärkten Anreiz für Obdachlose, Hausbesetzer oder andere Unbefugte bieten. Dadurch wird einerseits die Diebstahlsgefahr (jedenfalls dann, wenn es noch etwas zu stehlen gibt) andererseits aber auch die Feuergefahr erhöht, weil nunmehr die Möglichkeit von Feuerentfachung in technisch nicht gesichertem Umfang besteht. Aus diesem Grunde stellt das Leerstehen eines Gebäudes regelmäßig dann eine Gefahrerhöhung in der Feuerversicherung dar, wenn **weitere** gefahrerhöhende Umstände hinzutreten, insbesondere eine ungeschützte Ortsrandlage und/oder ein verwahrloster Gebäu-

dezustand (OLG Dresden r+s 2021, 31; OLG Celle r+s 2010, 65; OLG Karlsruhe VersR 1997, 1225, Gefahrerhöhung verneint; OLG Köln VersR 1998, 1233, Gefahrerhöhung ebenfalls als nicht nachgewiesen verneint; siehe auch OLG Rostock VersR 2008, 72; OLG Saarbrücken NJW-RR 2004, 1339, Gefahrerhöhung aufgrund erhöhten Risikos des Einbruchdiebstahls bejaht; OLG Hamm VersR 1993, 48: erhöhtes Einbruchrisiko bei Verlagerung von Büro- und Fertigungsräumen unter Zurücklassung eines verwaisten Lagerkellers; OLG Hamm VersR 2006, 113: Gefahrerhöhung bejaht bei mehrfachem Eindringen Unbefugter in ohne Weiteres zugängliches Gebäude, in dessen Innern Vandalismusschäden und leere Spritzen gefunden wurden, bei dieser Sachlage auch innerhalb geschlossener Bebauung; wegen der fehlenden zusätzlichen qualifizierenden Merkmale wird die Gefahrerhöhung verneint von OLG Celle r+s 1990, 94; OLG Hamm r+s 1990, 22). Dass die Mieter sich für nicht absehbare Zeit in U-Haft befinden, begründet keinen Leerstand (OLG Celle VersR 2010, 383). Nach OLG Hamm r+s 1998, 71 = VersR 1998, 1152 liegt auch keine Gefahrerhöhung vor, wenn das Gebäude schon bei Vertragsabschluss verwahrlost war und dieser Zustand durch den Auszug des Voreigentümers nicht nachteilig verändert worden ist.

Ähnlich problematisch wie das Leerstehen von Gebäuden sind auch **Betriebs-** 61
stilllegungen. Grundsätzlich stellt die Betriebsstilllegung zumindest auch eine Gefahrminderung dar, weil die verschiedenen mit der Unterhaltung des Betriebes verbundenen Feuergefahren nunmehr abgestellt sind. Andererseits gilt auch hier das, was schon zu leer stehenden Gebäuden gesagt wurde: Unbeaufsichtigte Gebäude locken Unbefugte an mit der damit verbundenen Erhöhung der Feuer- und Diebstahlsgefahr. So ist eine Gefahrerhöhung für die Stilllegung einer Diskothek bejaht worden von BGH VersR 1981, 245. Verneint worden ist die mit einer Betriebsstilllegung verbundene Gefahrerhöhung von BGH VersR 1990, 881 (Einstellung des Kinobetriebes; hier auch wegen der mit der Stilllegung verbundenen Gefahrkompensation). Die **Änderung der gewerblichen Nutzung** von Räumlichkeiten zur Nutzung als Bordell stellt eine Gefahrerhöhung dar (zuletzt OLG Hamm VersR 2016, 249 im Anschluss an BGH r+s 2012, 489 mwN aus Rspr. und Lit.; eine Gefahrerhöhung zu Unrecht verneinend bei **gewerblicher Vermietung** einer privaten Immobilie als Ferienwohnung OLG Oldenburg VersR 2016, 918).

Weitere Gefahrerhöhungstatbestände in der Feuerversicherung können etwa 62
dauerhafte Verstöße gegen Sicherheitsvorschriften darstellen (aber → Rn. 29 ff.), die erhebliche Einlagerung von feuergefährlichen Materialien (OLG Hamm r+s 1990, 22, im zu entscheidenden Einzelfall wurde dies allerdings als mitversichert iSd § 29 Satz 2 aF (jetzt § 27 Alt. 2) angesehen). Auch das Abstellen verunfallter Kraftfahrzeuge kann wegen der damit verbundenen Benzin- und Ölemissionen gefahrerhöhend sein (BGH r+s 1983, 64 = VersR 1983, 284; OLG Hamm VersR 1981, 770; 1979, 49: hier verneint, weil es sich um einen modernen Traktor handelte). Auch die Durchführung **gefährlicher Arbeiten** kann eine Gefahrerhöhung darstellen: Das gilt etwa für das Unterhalten einer Werkstatt in einer Scheune (von OLG Hamm VersR 1982, 966 allerdings verneint) und für das ständige Einsprühen brennbarer Flüssigkeit in Ölöfen (OLG Nürnberg VersR 2002, 1232). Der Einbau und Betrieb eines Holzofens ohne genügenden Sicherheitsabstand zu einer mit einer Holzverlattung befestigten Rigipswand kann gefahrerhöhende sein (OLG Celle VersR 2010, 67). Eine Gefahrerhöhung kann unter bestimmten Voraussetzungen das Abstellen von Strom und Gas in einem von Jugendlichen besetzten Gebäude sein (OLG Hamm VersR 1999, 49 = ZfS 1998,

477). Auch ein Betretungsverbot einer Halle wegen „Schneedrucks“ stellt eine Risikoerhöhung dar (OLG Köln VersR 2016, 845). Regelmäßig gefahrerheblich ist auch die Benutzung von Plastikeimern zur Abfallentsorgung in Gaststätten, weil sich unter diesen Abfällen auch Glutreste aus Aschenbechern oÄ befinden können (OLG Hamm VersR 1990, 1230; weitere Nachweise finden sich bei *Martin* N V Rn. 15).

63 Auch **Brandreden, Bombendrohungen und Erpressungen** können eine Gefahrerhöhung darstellen (BGH VersR 2010, 1032: in der Gastronomie-Versicherung mehrfache Androhung der Zerstörung des Lokals seitens eines Schutzgelderpressers; BGH r+s 1999, 207 = NVersZ 1999, 276 = NJW-RR 1999, 900 = VersR 1999, 484, im entschiedenen Einzelfall allerdings verneint, weil nicht eindeutig klar war, ob sich die Drohung auch gegen das versicherte Gebäude richtete; verneint auch von OLG Karlsruhe VersR 1998, 625 = NVersZ 1999, 226 für die Hausratversicherung, wenn sich die Drohung der Schutzgelderpresser gegen das Geschäft und das Auto des VN richteten; OLG Schleswig VersR 1992, 1258 mit Nichtannahmebeschluss des BGH; OLG Hamm r+s 1994, 346 = VersR 1994, 1419; nach OLG Hamm VersR 1994, 1419 kommen allerdings nur ernsthafte Brandreden in Betracht, die die Feuergefahr dadurch erhöhen, dass Dritte tatsächlich meinen könnten, sie täten dem VN durch die Brandstiftung einen Gefallen; OLG Düsseldorf VersR 1997, 231 (keine Gefahrerhöhung bei nicht ernst gemeinter Brandrede); *Reusch* (in Langheid/Wandt § 23 Rn. 197) plädiert dafür, dass der VN die Brandrede ernst genommen haben muss (vgl. zu alledem ausführlich *Reusch* VersR 2011, 13; vgl. ferner *Prölss* NVersZ 2000, 153 (156 f.); Schwintowski/Brömmelmeyer/*Loacker* § 23 Rn. 24); KG NVersZ 1999, 225 = VersR 1999, 577).

64 **Abhanden gekommene Schlüssel** können sowohl für die Feuer- als auch für die Diebstahlsversicherung eine Gefahrerhöhung darstellen (BGH VersR 1987, 921, jedenfalls für die Einbruchdiebstahlversicherung, wenn Schlüssel auf dem Betriebsgelände des VN verloren gegangen sind; OLG Hamm r+s 2013, 373, jedenfalls wenn aus den Umständen des Schlüsselverlusts das Risiko einer Entwendung des versicherten Fahrzeugs folgt; OLG Köln r+s 1989, 160). In der Feuerversicherung kann das Überlassen des Generalschlüssels an eine verfeindete Verwandte eine Gefahrerhöhung darstellen (LG Nürnberg-Fürth VersR 2008, 1648).

65 Auch **Vermietungen** können eine Gefahrerhöhung darstellen; dies gilt zumindest bei Untervermietung eines erheblichen Teils des versicherten Lagerraums (LG Hamburg r+s 1990, 26). Keine Gefahrerhöhung demgegenüber bei vorübergehender Auslagerung von Hausrat (OLG Köln VersR 1999, 438).

66 Für die **Sturmversicherung** haben BGH NJW-RR 1992, 793 = VersR 1992, 606 und OLG Oldenburg NJW-RR 1992, 289 ein teilweise aufgrund von Dacharbeiten abgedecktes Gebäudedach nicht für gefahrerheblich gehalten, woraus aber im Umkehrschluss geschlossen werden darf, dass der Gebäudezustand als solcher durchaus als Gefahrerhöhung in Betracht zu ziehen ist.

67 Gleiches gilt etwa in der **Leitungswasserversicherung,** wenn Rohre von Korrosion befallen sind, diese – entgegen den Vertragsbedingungen – nicht von Wasser entleert werden und überhaupt der Gebäudezustand eine erhöhte Gefahrverwirklichung bedingt (was aber durchaus problematisch ist, weil diese Entwicklung schon bei Vertragsabschluss uU vorauszusehen war; zum Problem vgl. *Martin* N V Rn. 23 und 32 ff.). Eine unbeheizte Wohnung ist nach OLG Hamm VersR 1990, 86 jedenfalls dann eine Gefahrerhöhung, wenn dies für eine längere urlaubsbedingte Abwesenheit des Mieters gilt. Das Unterlassen des Absperrens der Wasserleitung in unbenutzten Gebäuden kann zu einer Gefahrerhöhung führen (während einer Frostperiode bejahend: OLG Hamm VersR 1990, 86; außerhalb der kalten Jahreszeit offen gelassen von OLG Düsseldorf NVersZ 2001, 567).

In der **Hausratversicherung** kann ein **Umzug** eine Gefahrerhöhung darstellen (die vom VR allerdings regelmäßig wegen der ausbedungenen Prämienanpassungsklausel genehmigt ist). Auch der Verlust von Schlüsseln kann eine Gefahrerhöhung zur Folge haben (OLG Köln r+s 1989, 160; LG Berlin VersR 1992, 83). Hier ist die bereits erörterte Unterscheidung zwischen subjektiver und objektiver Gefahrerhöhung jedenfalls dann problematisch, wenn man als Gefahrerhöhung nicht das Unterlassen des VN in Bezug auf die Auswechselung des betroffenen Schlosses akzeptieren will (→ Rn. 30 ff.). Gleichfalls stellt es eine Gefahrerhöhung dar, wenn der Schlüssel so versteckt wird, dass er sehr leicht zu finden ist (vgl. OLG Köln r+s 1990, 421 zum Schlüssel zu einem Betriebsgebäude – Sexclub – unter der Fußmatte, wo eine Gefahrerhöhung iE abgelehnt worden war, da der Schlüssel nur zeitweise und nur mit Unterbrechung so versteckt worden war). Auch das Nichteinschalten der Alarmanlage kann ein gefahrerhöhender Umstand sein (vgl. LG Hamburg r+s 1990, 349). Schließlich kann eine Gefahrerhöhung in der Hausratversicherung in offen stehenden Fenstern, Türen oder Rollläden (vgl. OLG Frankfurt a. M. VersR 1988, 820; LG Köln VersR 1988, 902), in der Durchführung von Gebäudearbeiten bzw. -renovierungen (je nach Einzelfall, bejahend OLG Frankfurt a. M. VersR 1977, 657; OLG Hamm VersR 1976, 1057; verneinend OLG Hamm VersR 1987, 1105) und etwa in der Aufnahme von Untermietern liegen (BGH VersR 1987, 921; LG Hamburg r+s 1990, 26). Der Betrieb eines **Drogenlabors** ist wegen der damit verbundenen erhöhten Einbruchsgefahr eine Gefahrerhöhung (OLG Celle VersR 2017, 756), auch wenn das Labor vor dem Einbruch entdeckt und der Täter inhaftiert wurde (was im Übrigen keinen Wohnungswechsel darstellt). 68

Auch in der **Fahrzeugversicherung** ist das Problem der **erleichterten Zugriffsmöglichkeit** als Gefahrerhöhung erörtert worden. OLG Düsseldorf r+s 1991, 78 hat allerdings keine Gefahrerhöhung angenommen, wenn der VN die Türschlösser des versicherten Kfz nicht auswechseln lässt, nachdem er die Schlüssel an einem Ort verloren hat, wo er nicht damit rechnen musste, dass der Dieb (oder Finder) des Schlüssels den Wagen später ausfindig machen und unbefugt benutzen konnte (auch hier wieder interessant die von der Rspr. ja an sich bestrittene Möglichkeit, dass das Unterlassen einer Schlossauswechselung doch eine subjektive Gefahrerhöhung darstellen kann; insoweit konsequent OLG Celle (VersR 2005, 640) gegen die Annahme einer subjektiven Gefahrerhöhung). Zu diesen und ähnlichen Fällen abhanden gekommener Fahrzeugschlüssel vgl. BGH VersR 1996, 703; OLG Düsseldorf r+s 1991, 79; OLG Karlsruhe VersR 1990, 1386; OLG Nürnberg r+s 2003, 233; LG Frankfurt a. M. r+s 1990, 159 und LG Wiesbaden VersR 1994, 855. 69

Die dauernde Aufbewahrung der **Schlüssel im Kfz** soll selbst dann eine Gefahrerhöhung darstellen, wenn dies auch schon vor dem Abschluss des Versicherungsvertrages so gehandhabt wurde, OLG Koblenz VersR 1998, 233; diese Entscheidung verdient Zustimmung, steht aber im Gegensatz zur hM in der Rspr. zu § 61 aF (jetzt § 81 → § 81 Rn. 67 ff.; dagegen deswegen auch OLG Celle r+s 2011, 107, wenn diese Handhabung schon bei Vertragsschluss vorgenommen werde, dann liege zwar eine Gefahrerhöhung vor, aber keine nachträgliche). Gefahrerhöhung beim Verbleib von **Fahrzeugpapieren** in demselben wird **bejaht** von OLG Celle VersR 2008, 204 und OLG Koblenz VersR 1998, 233 und **verneint** von 70

OLG Koblenz VersR 2003, 589, OLG Hamm r+s 2013, 373 und OLG Oldenburg r+s 2010, 367 (dauernde Aufbewahrung des Kfz-Scheins im Handschuhfach; nach OLG Oldenburg erhöht der Kfz-Schein die leichtere Verwertbarkeit des Fahrzeugs nicht, obwohl als allgemein bekannt angenommen werden kann, dass mit Hilfe der so erlangten Daten die für den Verkauf der Fahrzeuge erforderlichen Fälschungen jedenfalls erleichtert hergestellt werden können); vgl. auch OLG Karlsruhe r+s 2015, 226 (vorübergehende Aufbewahrung von Fahrzeugschein sowie Originalfahrzeugschlüssel im Handschuhfach).

2. Personenversicherung

71 In der **Personenversicherung** sind Gefahrerhöhungen zwar ebenfalls denkbar, aber äußerst selten. Denkbar ist etwa der Abschluss weiterer **BUZ**-Versicherungen nach entsprechender Antragstellung (aA OLG Hamm VersR 1993, 1135). In der **Unfallversicherung** sind Gefahrerhöhungen eher denkbar. In der Insassenunfallversicherung kommen die Vorschriften über die Gefahrerhöhung regelmäßig nicht zum Zuge, da die §§ 2, 3, 17 AKB insoweit spezieller sind (vgl. OLG Celle VersR 1971, 854; OLG Düsseldorf VersR 1970, 172, die allerdings die Anwendbarkeit der §§ 23 ff. nicht ausdrücklich ausschließen). In der Unfallversicherung wird ein häufiger Fall der Gefahrerhöhung – ein Berufswechsel – durch § 6 AUB 88, Ziff. 6.2 AUB 2008 geregelt. §§ 23 ff. sind jedoch ergänzend anwendbar (OLG Düsseldorf VersR 1970, 172; so auch Bruck/Möller/*Matusche-Beckmann* § 23 Rn. 64; offen gelassen von OLG Hamm VersR 1985, 561). Für die **Krankenversicherung** schließt § 194 Abs. 1 Satz 2 die Anwendung der Vorschriften über die Gefahrerhöhung aus. Nach BGH VersR 2012, 980 finden die Vorschriften der §§ 23 ff. auf eine **Geschlechtsumwandlung** eines ursprünglich männlichen VN bereits deshalb keine Anwendung, da die eingetretene Zugehörigkeit der jetzt weiblichen VN zu einer unter Tarifierungsgesichtspunkten gebildeten anderen Risikogruppe eine Folge der bei ihr aufgetretenen Transsexualität ist, die ihrerseits als ein nach den Umständen mitversichertes Risiko anzusehen ist.

3. Kfz-Haftpflichtversicherung

72 Ein bedeutsamer Unterschied zur Überprüfung der Gefahrerhöhung zu den übrigen Versicherungssparten findet sich in der **Kraftfahrthaftpflichtversicherung,** weil hier nicht der tatsächliche Ist-Zustand bei Antragstellung Maßstab für eine spätere Erhöhung des Risikos ist, sondern – weil eine Risikoprüfung vor Vertragsabschluss nicht stattfindet – die von der StVZO vorgesehene Gefahrenlage, also als Gefahrenzustand bei Antragstellung von einem verkehrssicheren Fahrzeug ausgegangen wird. Dies gilt auch, wenn die Betriebsuntauglichkeit auf Abnutzung beruht. Diese Gefahrerhöhung ist daher nicht durch § 27 mitversichert. Benutzt der VN ein nach Antragstellung verkehrsunsicher gewordenes Fahrzeug (vgl. die sofort nachfolgenden Beispiele), liegt darin eine subjektive Gefahrerhöhung (wobei man – mit den oben erwähnten Erwägungen, → Rn. 30 ff. – durchaus nach der hier vertretenen Auffassung der Meinung sein kann, dass die Gefahrerhöhung schon im Unterlassen der Beseitigung des verkehrsunsicheren Zustandes liegt; jedenfalls kann zur Zurückweisung dieser Auffassung nicht auf den tatsächlich von den übrigen Versicherungssparten abweichenden Umstand verwiesen werden, dass in der Kraftfahrt-Haftpflichtversicherung eine Risikoprüfung nicht stattfindet; dies hat mit der Unterscheidung zwischen positivem Tun und Unterlas-

sen erkennbar nichts zu tun, vgl. hierzu schon *Langheid* NJW 1992, 660). Die Benutzung eines nicht verkehrssicheren Fahrzeugs stellt immer eine Gefahrerhöhung dar, wobei das Moment der dauerhaften Gefahrerhöhung nicht in der jeweiligen Benutzung liegen kann, sondern in dem länger andauernden verkehrsunsicheren Zustand des Fahrzeugs (vgl. etwa BGH NJW-RR 1990, 93 = r+s 1990, 8 = VersR 1990, 80; OLG Düsseldorf r+s 1989, 311; OLG Hamm r+s 1989, 2; 207; ZfS 1989, 245; eine Übersicht zu Gefahrerhöhungen in der KH-Versicherung findet sich in r+s 1990, 362). Es stellt daher auch eine Gefahrerhöhung dar, wenn das Fahrzeug schon bei Antragstellung in verkehrsunsicherem Zustand war, weil es eben nicht auf den tatsächlichen, sondern den vom Gesetz vorgeschriebenen Zustand ankommt (zuletzt BGH NJW-RR 1990, 93 = r+s 1990, 8 = VersR 1990, 80). Nach OLG Celle r+s 1991, 117 ist die Benutzung des versicherten Kfz trotz weitgehend abgefahrener Vorderreifen eine Gefahrerhöhung. Voraussetzung ist aber die Kenntnis des VN von der mangelhaften Profiltiefe (vgl. OLG Düsseldorf VersR 2004, 1408). Gleiches gilt etwa für fehlenden Frostschutz in der Bremsanlage (BGH VersR 1970, 563) oder bei aus sonstigen Gründen defekter Bremsanlage (vgl. BGH VersR 1987, 38), einer Überschreitung des Ladegewichtes (BGH VersR 1967, 493; OLG Hamm VersR 1991, 50), aber nur, wenn das Fahrzeug wiederholt und regelmäßig gefahren wurde, OLG Hamm VersR 1991, 50 (51)). Weitere Beispielsfälle sind das „Frisieren" des Motors (BGH NJW-RR 1990, 93 = r+s 1990, 8 = VersR 1990, 80; OLG Koblenz VersR 2007, 534: unfallursächlicher Einfluss des Tunings auf das Fahrverhalten für Gefahrerhöhung ausreichend; OLG Saarbrücken VersR 1990, 779 bzgl. Mofa) oder sonstige erhebliche Veränderungen am Fahrzeug (Umbau eines Kleinlasters zum Wohnwagen, OLG Zweibrücken VersR 1987, 656), defekte Lenkung (OLG Nürnberg VersR 1982, 460; Einbau eine leistungsstärkeren Motors, OLG Saarbrücken VersR 2020, 840 = r+s 2020, 447). Auch **persönliche Handicaps** des Fahrers können eine Gefahrerhöhung darstellen, etwa wenn der Wagen einem Epileptiker überlassen oder von ihm gefahren wird (OLG Stuttgart VersR 1997, 1141; vgl. auch OLG Nürnberg VersR 2000, 46; Anderes soll bei Überlassung des Fahrzeugs an eine selbstmordgefährdete Person gelten, OLG Köln NZV 1992, 49) oder wenn ein sehschwacher Fahrer ohne Benutzung seiner Brille fährt (vgl. etwa BGH VersR 1969, 603; VersR 1965, 654; OLG Karlsruhe VersR 1969, 175; OLG Koblenz VersR 1972, 921; VersR 1969, 244). Die Nutzung eines Kfz mit **defekten Fahrerassistenzsystemen** oder der nachträgliche, mangelhafte Einbau eines Fahrerassistenzsystems sind als Gefahrerhöhung zu qualifizieren (*Hammel* VersR 2016, 281).

Keine Gefahrerhöhung soll etwa in der Benutzung eines abgemeldeten Kfz 73
liegen (BGH VersR 1986, 693), in der einmaligen Fahrt unter Medikamenteneinfluss (OLG Düsseldorf VersR 2005, 348) und ebenso wenig in der einmaligen Überlassung des Fahrzeugs an einen alkoholisierten (BGH VersR 1971, 808; OLG Saarbrücken NVersZ 1999, 382; anders bei Überlassung an einen häufig betrunkenen Fahrer, OLG Düsseldorf VersR 1964, 179). Auch das bloße Mitführen eines abgefahrenen Reservereifens soll keine Gefahrerhöhung darstellen (BGH VersR 1968, 1033; OLG Hamm VersR 1988, 1260), wohl aber dessen dauernde Verwendung (BGH VersR 1968, 1033; OLG Nürnberg VersR 1964, 39). Auch die Verwendung von Winterreifen im Sommer (BGH VersR 1969, 365) und die Benutzung von Reifen mit unterschiedlichen Profilen (OLG Nürnberg ZfS 1987, 180) sollen keine Gefahrerhöhung begründen.

X. Anzeigepflicht (Abs. 2)

74 Die durch die Gefahrerhöhung ausgelösten Rechtspflichten bestehen in der Einholung der **Einwilligung** des VR einerseits (§ 23 Abs. 1) und in der **Anzeigepflicht** der Gefahrerhöhung andererseits (§ 23 Abs. 2). Erbittet der VN die Einwilligung des VR (die gemäß § 69 Abs. 1 Nr. 2 auch über den Versicherungsvertreter eingeholt werden kann), entfällt die Anzeigepflicht. Erteilt der VR die Einwilligung, ändert sich mit Ausnahme des Umstandes, dass auch die erhöhte Gefahrenlage mitversichert ist, nichts. In der Regel wird der VR seine Einwilligung nur gegen Zahlung einer verbesserten Prämie erteilen (vgl. § 25).

75 Wird die Einwilligung nicht eingeholt (auch weil der VN zunächst selbst keine Kenntnis von der Gefahrerhöhung hatte, → Rn. 39), muss er dem VR unverzüglich Anzeige erstatten. Anzeigepflichtig sind der VN und alle ihm zuzurechnenden Personen (→ Rn. 40); Anzeigeempfänger ist der VR, bei mehreren jeder von ihnen. Auch der Versicherungsvertreter ist nach § 69 Abs. 1 Nr. 2 zur Entgegennahme berechtigt (Bruck/Möller/*Matusche-Beckmann* § 23 Rn. 39 rekurriert – versehentlich – auf § 69 Abs. 1 Nr. 1). Die Anzeige muss unverzüglich erstattet werden, das heißt gemäß § 121 Abs. 1 Satz 1 BGB ohne schuldhaftes Zögern. Was das bedeutet, ist offen. Einerseits soll eine Verzögerung auch nur von Tagen nicht hinnehmbar sein (BGH VersR 1951, 68), andererseits ist in Anlehnung an § 1 Nr. 2 Satz 4 AKB für unverzüglich noch eine Frist von 14 Tagen erklärt worden (OLG Köln r+s 1987, 22 und r+s 1986, 144 zu einer qualifizierten Einlösungsklausel). Richtig dürfte eine Frist von maximal drei Werktagen bis zum Eingang beim VR sein (dem „als grobe Richtschnur" zust. Langheid/Wandt/*Reusch* § 23 Rn. 98), wobei zusätzlich die persönlichen Umstände des VN zu berücksichtigen sind (Schwintowski/Brömmelmeyer/*Loacker* § 23 Rn. 100).

76 Voraussetzung für die Anzeigepflicht ist ferner die Kenntnis des VN bzw. dessen arglistige Unkenntnis (→ Rn. 39). Die Anzeigepflicht entfällt schließlich (in Bezug auf die Leistungspflicht gesehen), wenn der VR bereits Kenntnis hat (§ 26 Abs. 2 Satz 1).

XI. Objektive Gefahrerhöhung (Abs. 3)

77 Mit der VVG-Reform 2008 sind subjektive und objektive Gefahrerhöhung in einer Vorschrift zusammengefasst worden. § 23 Abs. 3 betrifft – anders als die vom VN vorgenommene, also subjektive Gefahrerhöhung – die Erhöhung der Gefahr, die auf vom Verhalten des VN unabhängige Umstände eintritt, also die **objektive Gefahrerhöhung.** Eine solche objektive Gefahrerhöhung kann etwa durch Naturgewalten eintreten, durch das Verhalten Dritter (**Bombendrohung** durch getrennt lebenden Ehemann, BGH NVersZ 1999, 276 = NJW-RR 99, 900 = r+s 1999, 207 = VersR 1999, 484) durch einen **Beherrschungswechsel** in der D&O-Versicherung (OLG Frankfurt a. M. r+s 2012, 292; offen gelassen von BGH VersR 2012, 1506 = r+s 2012, 539; zur Abgrenzung subjektive/objektive Gefahrerhöhung in der D&O-Versicherung *Koch* VersR 2012, 1508), aber auch durch eine **Gesetzesänderung,** die eine umfangreichere Haftung (relevant für die Haftpflichtversicherung) mit sich bringt. Auch eine unabhängig vom Willen des VN eintretende Erhöhung der **Vertragsgefahr** kann eine objektive Gefahrerhöhung darstellen (so auch Langheid/Wandt/*Reusch* § 23 Rn. 102; Bruck/Möller/*Matusche-Beckmann* § 23 Rn. 41); hierzu zählen Ereignisse, die in die sub-

jektive Risikosphäre des VN fallen, ohne vom VN vorgenommen oder gestattet worden zu sein.

Den VN trifft eine **Anzeigepflicht,** sobald er selbst von der Erhöhung der Gefahr Kenntnis erlangt hat; Kennenmüssen reicht nicht, es ist vielmehr positive Kenntnis erforderlich (BGH r+s 1999, 207 = NVersZ 1999, 276 = NJW-RR 1999, 900 = VersR 1999, 484). Die Anzeige muss **unverzüglich** erfolgen, also normalerweise binnen drei Werktagen (bei entschuldigenden Verzögerungen binnen einer Arbeitswoche; Langheid/Wandt/*Reusch* § 23 Rn. 107 spricht von „wenige(n) Tage(n)“; Bruck/Möller/*Matusche-Beckmann* § 23 Rn. 38 gesteht dem VN bei erheblich vergrößertem Risiko des Schadenseintritts zu Recht selbst das Zuwarten von einigen Tagen nicht zu; auch → Rn. 73). 78

Anzeigepflichtig ist stets der VN, sein Repräsentant, ggf. der Versicherte (§§ 47 Abs. 1, 179 Abs. 1 Satz 2) sowie die Organe der versicherten juristischen Person (→ Rn. 40 und → § 19 Rn. 21). Anzeigepflichtig sind ferner die gesetzlichen Vertreter der versicherten natürlichen Person, die Erben und sonstigen Gesamtrechtsnachfolger des VN sowie der Erwerber der versicherten Sache gemäß § 95 Abs. 1 und der Eintrittsberechtigte in einen Lebensversicherungsvertrag gemäß § 170. Nicht anzeigepflichtig sind Abtretungs- oder Pfandgläubiger sowie Bezugsberechtigte in der Lebensversicherung (Bruck/Möller/*Matusche-Beckmann* § 23 Rn. 43). 79

§ 24 Kündigung wegen Gefahrerhöhung

(1) [1]**Verletzt der Versicherungsnehmer seine Verpflichtung nach § 23 Abs. 1, kann der Versicherer den Vertrag ohne Einhaltung einer Frist kündigen, es sei denn, der Versicherungsnehmer hat die Verpflichtung weder vorsätzlich noch grob fahrlässig verletzt.** [2]**Beruht die Verletzung auf einfacher Fahrlässigkeit, kann der Versicherer unter Einhaltung einer Frist von einem Monat kündigen.**

(2) **In den Fällen einer Gefahrerhöhung nach § 23 Abs. 2 und 3 kann der Versicherer den Vertrag unter Einhaltung einer Frist von einem Monat kündigen.**

(3) **Das Kündigungsrecht nach den Absätzen 1 und 2 erlischt, wenn es nicht innerhalb eines Monats ab der Kenntnis des Versicherers von der Erhöhung der Gefahr ausgeübt wird oder wenn der Zustand wiederhergestellt ist, der vor der Gefahrerhöhung bestanden hat.**

I. Einführung

Die Vorschrift regelt das Kündigungsrecht des VR für die subjektive und die objektive Gefahrerhöhung insgesamt (früher § 24 VVG aF für die subjektive und § 27 Abs. 1 VVG aF für die objektive Gefahrerhöhung). Während für die objektive Gefahrerhöhung damit inhaltlich keine Änderungen verbunden sind, gelten für die subjektive Gefahrerhöhung gegenüber der früheren Rechtslage einige **Änderungen:** Ein fristloses Kündigungsrecht besteht nur noch bei schwerem Verschulden des VN, also bei Vorsatz oder grober Fahrlässigkeit (*Felsch* r+s 2007, 485 ff.); demgegenüber gibt es bei mangelndem Verschulden des VN keine (auch keine fristgemäße) Kündigungsmöglichkeit (früher Kündigung mit Frist von einem 1

Monat). Zudem wird hinsichtlich der Kündigung innerhalb der subjektiven Gefahrerhöhung zwischen den Situationen nach § 23 Abs. 1 und Abs. 2 differenziert.

II. Kündigungsrecht

1. Allgemeines

2 Sowohl die subjektive als auch die objektive Gefahrerhöhung haben ein Kündigungsrecht des VR zur Folge. Abs. 1 betrifft die Kündigung wegen einer subjektiven Gefahrerhöhung gemäß § 23 Abs. 1; in einer objektiven Gefahrerhöhung geregelt. In den beiden letzteren Fällen (§ 24 Abs. 2) entsteht das Kündigungsrecht unabhängig von einer Anzeigepflichtverletzung des VN (anders § 24 Abs. 1). Der bloße Tatbestand der subjektiv unerkannten bzw. objektiven Gefahrerhöhung berechtigt den VR, sich von dem Risiko zu trennen. Damit der VN nicht sofort ohne Versicherungsschutz dasteht, ist eine Kündigungsfrist von einem Monat einzuhalten (zur Warenkreditversicherung vgl. OLG Hamburg r+s 2021, 42). Eine fristlose Kündigung nach § 24 Abs. 1 kann bei nicht festzustellendem groben Verschulden in eine fristgerechte Kündigung nach § 24 Abs. 2 umgedeutet werden (Prölss/Martin/*Armbrüster* § 24 Rn. 3).

2. Fristloses Kündigungsrecht

3 Ein fristloses Kündigungsrecht steht dem VR nur in den Fällen zu, wenn der VN seine Verpflichtung, ohne Einwilligung des VR keine Gefahrerhöhung vorzunehmen oder zu gestatten, **vorsätzlich** oder **grob fahrlässig** verletzt hat (Abs. 1 Satz 1). Der VR kann – muss aber nicht – fristlos kündigen; er kann dem VN aber auch eine Auslauffrist gewähren.

3. Kündigung mit Frist von einem Monat

4 Bei **einfacher Fahrlässigkeit** muss der VR eine Kündigungsfrist von einem Monat einhalten (Abs. 1 Satz 2), damit der Versicherungsschutz des VN nicht sofort entfällt und Gelegenheit besteht, das Risiko anderweitig einzudecken. Dass die einfache Fahrlässigkeit bei der Gefahrerhöhung – anders als zB in § 28 (Obliegenheitsverletzung) oder § 81 (Herbeiführung des Versicherungsfalles) – nicht sanktionslos ausgestaltet ist, begründet der Gesetzgeber damit, dass „es sich bei der Gefahrerhöhung um einen den Versicherer auch in Zukunft belastenden Dauerverstoß handelt" (BT-Drs. 16/3945, 67). Damit könnte eine **Renaissance der Gefahrerhöhung** verbunden sein (tatsächlich sind bereits jetzt vermehrte Entscheidungen des BGH zur Gefahrerhöhung festzustellen), weil sich der VR bei leichter Fahrlässigkeit nur noch über die Gefahrerhöhung vom Versicherungsvertrag lösen kann, was ihm bei einer Obliegenheitsverletzung versagt ist (*Felsch* r+s 2007, 485 ff.; *Rixecker* ZfS 2007, 136; HK-VVG/*Karczewski* § 24 Rn. 3). Kann der VR nicht beurteilen, ob dem VN grobe oder einfache Fahrlässigkeit zu Last zu legen ist, kann er die fristgemäße Kündigung auch hilfsweise erklären, um nicht den Ausschluss seines Kündigungsrechts nach Abs. 3 zu riskieren. Keine Kündigungsmöglichkeit hat der VR, wenn der VN die Gefahrerhöhung **nicht verschuldet** hat.

5 Ferner normiert Abs. 2 ein Kündigungsrecht mit einmonatiger Kündigungsfrist für den Fall der objektiven Gefahrerhöhung und der subjektiven Gefahrerhöhung

gemäß § 23 Abs. 2. Damit wird die alte Regelung des § 27 Abs. 1 VVG aF bzgl. der objektiven Gefahrerhöhung auf den Fall der subjektiv unerkannten Gefahrerhöhung nach § 23 Abs. 2 ausgedehnt. In beiden Fällen löst die bloße Tatbestandsverwirklichung, das heißt der Eintritt einer anzuzeigenden Gefahrerhöhung, das Recht des VR aus, sich von dem Risiko zu trennen; nicht erforderlich ist eine Verletzung dieser Anzeigepflicht (Prölss/Martin/*Armbrüster* § 24 Rn. 10).

Kündigt der VR, hat er nach § 39 Abs. 1 Satz 1 lediglich Anspruch auf die **anteilige Prämie** für den Zeitraum bis zum Wirksamwerden der Kündigung (das früher geltende Prinzip der Unteilbarkeit der Prämie wurde im geltenden VVG auch für die Kündigung wegen Gefahrerhöhung aufgegeben). In der Lebensversicherung wandelt sich das Versicherungsverhältnis mit der Kündigung in eine prämienfreie Versicherung um (§ 166 Abs. 1). 6

III. Erlöschen des Kündigungsrechts

Das Kündigungsrecht erlischt bei subjektiver und bei objektiver Gefahrerhöhung binnen einen Monats ab Kenntnis des VR oder im Falle der Wiederherstellung des früheren Zustandes (§ 24 Abs. 3). Letztere ist mit einer Gefahrkompensation identisch (→ § 23 Rn. 34 ff.). 7

IV. Beweislast

Der VR muss die Pflichtverletzung nachweisen. Dem VN obliegt der Nachweis, dass er nicht vorsätzlich oder grob fahrlässig gehandelt hat (*Felsch* r+s 2007, 485; HK-VVG/*Karczewski* § 24 Rn. 2). Will er das Kündigungsrecht ganz ausschließen, muss er sein mangelndes Verschulden nachweisen (Prölss/Martin/*Armbrüster* § 24 Rn. 12). Ferner muss er die Kenntnis des VR und eventuell auch deren Zeitpunkt nachweisen (Abs. 3). 8

§ 25 Prämienerhöhung wegen Gefahrerhöhung

(1) [1]**Der Versicherer kann an Stelle einer Kündigung ab dem Zeitpunkt der Gefahrerhöhung eine seinen Geschäftsgrundsätzen für diese höhere Gefahr entsprechende Prämie verlangen oder die Absicherung der höheren Gefahr ausschließen.** [2]**Für das Erlöschen dieses Rechtes gilt § 24 Abs. 3 entsprechend.**

(2) [1]**Erhöht sich die Prämie als Folge der Gefahrerhöhung um mehr als 10 Prozent oder schließt der Versicherer die Absicherung der höheren Gefahr aus, kann der Versicherungsnehmer den Vertrag innerhalb eines Monats nach Zugang der Mitteilung des Versicherers ohne Einhaltung einer Frist kündigen.** [2]**Der Versicherer hat den Versicherungsnehmer in der Mitteilung auf dieses Recht hinzuweisen.**

I. Prämienerhöhung oder Leistungsausschluss (Abs. 1)

1. Wahlrecht

Die Regelung des § 25 gibt dem VR zwei **Alternativen zur Kündigung** gemäß § 24: zum einen die Möglichkeit zu einer Prämienerhöhung und zum 1 anderen den Ausschluss der höheren Gefahr. Die Systematik ist mit derjenigen bei der vorvertraglichen Anzeigepflichtverletzung vergleichbar (→ § 19 Rn. 85 ff.), wobei der Normzweck durchaus identisch ist: Anstelle von Gestaltungs- werden dem VR Kompensationsrechte eingeräumt (Prämienerhöhung/Gefahrausschluss – ähnlich mit geringfügig anderer Gewichtung Langheid/Wandt/*Reusch* § 25 Rn. 2 f.). Damit stehen dem VR nach seiner Wahl drei Möglichkeiten zur Verfügung: Er kann den Vertrag kündigen (§ 24), er kann eine „seinen Geschäftsgrundsätzen (…) entsprechende" höhere Prämie verlangen oder er kann die höhere Gefahr vom Versicherungsschutz ausschließen. Problematisch bleibt das Zusammenspiel dieser drei Möglichkeiten mit der Leistungsfreiheit des VR für einen schon eingetretenen Versicherungsfall (→ Rn. 5)

2. Voraussetzungen

2 Voraussetzung für die Ausübung eines der beiden Rechte ist das Vorliegen der Voraussetzungen für eine Kündigung nach § 24; insbesondere muss der VN **schuldhaft** gehandelt haben (iÜ differieren die Voraussetzungen nach Art der Gefahrerhöhung (subjektiv/objektiv) und dem Verschuldensgrad, Einzelheiten → § 24 Rn. 1 ff.). Auch für das Erlöschen des Prämienanpassungs- bzw. Leistungsausschlussrechts gelten die gleichen Grundsätze wie beim Kündigungsrecht; Abs. 1 Satz 2 verweist auf § 24 Abs. 3 (Erlöschen innerhalb eines Monats ab Kenntnis bzw. bei Wiederherstellung des früheren Zustands).

3. Rechtsfolgen

3 **a) Anpassung der Prämie.** Erhöht der VR die Prämie, kann er die höhere Prämie ab dem Zeitpunkt der Gefahrerhöhung, also auch **rückwirkend** verlangen, wenn er zB vom Eintritt der Gefahrerhöhung erst später Kenntnis erlangt hat. Die Prämie ist nach den für die **höhere Gefahr maßgeblichen Geschäftsgrundsätzen** des VR zu bemessen. Eine vorangehende Kündigung schließt nicht aus, dass der VR auch noch für die Zeit zwischen dem Eintritt der Gefahrerhöhung und dem Ende des Versicherungsvertrages eine erhöhte Prämie verlangen kann (Bruck/Möller/*Matusche-Beckmann* § 25 Rn. 10).

4 **b) Ausschluss.** Der **Gefahrausschluss** folgt **anderen Parametern.** Er kann auch rückwirkend implementiert werden, für ihn sind nach Wortlaut und gesetzgeberischem Willen (→ Rn. 1) aber nicht die Geschäftsgrundsätze des VR maßgeblich, weil Abs. 1 die Geschäftsgrundsätze ausdrücklich nur in Bezug auf die Prämie nennt. Daraus folgt, dass der VR den Ausschluss der höheren Gefahr **unabhängig vom Vorhandensein entsprechender Geschäftsgrundsätze** verlangen kann (*Wandt* Rn. 858; Langheid/Wandt/*Reusch* § 25 Rn. 10 f.; Prölss/Martin/*Armbrüster* § 25 Rn. 6).

4. Wertungswiderspruch

5 Es ist auf einen **Wertungswiderspruch** hingewiesen worden, der zwischen der Implementierung eines auch rückwirkend zur Leistungsfreiheit führenden Leistungsausschlusses einerseits und den weiteren Parametern des § 26 andererseits (vollständige Leistungsfreiheit für einen auf die Gefahrerhöhung zurückzuführende Versicherungsfall nur noch bei Vorsatz, quotale Leistungsfreiheit bei grober Fahrlässigkeit) liegen würde (*Loacker* VersR 2008, 1285 ff. (1290); Schwintowski/

Brömmelmeyer/*Loacker* § 25 Rn. 6). Dem ist in dieser Ausschließlichkeit **nicht zu folgen,** weil dann der VR entgegen der ausdrücklichen gesetzgeberischen Wertung das erhöhte Risiko **auch prospektiv** nur dann nicht tragen müsste, wenn Vorsatz oder grobe Fahrlässigkeit vorläge. Deswegen kann der Leistungsausschluss für den **künftigen** Verlauf des Versicherungsvertrages auch **rückwirkend** uneingeschränkt implementiert werden (ebenso Langheid/Wandt/*Reusch* § 25 Rn. 17). Das führt aber nicht dazu, dass der VR sich bei **eingetretenem Versicherungsfall** auf den erst nachträglich eingefügten Leistungsausschluss berufen kann, weil das dann tatsächlich einen Wertungswiderspruch zu § 26 darstellen würde. Für den eingetretenen Versicherungsfall, der auf die erhöhte Gefahr zurückzuführen ist, bleibt es also bei der Regelung in § 26. Trotzdem steht dem VR die Möglichkeit zur Verfügung, für den künftigen Vertragsverlauf das erhöhte Risiko auszuschließen. Das wirkt sich auch rückwirkend aus, betrifft also die Gefahrenlage ab Vertragsschluss, soweit sie zu weiteren Versicherungsfällen führt, die zum Zeitpunkt der Gestaltung eben noch nicht eingetreten sind (vgl. auch Langheid/Wandt/*Reusch* § 25 Rn. 16; Looschelders/Pohlmann/*Looschelders* § 25 Rn. 6; Prölss/Martin/*Armbrüster* § 25 Rn. 8, dessen Ex-nunc-Vorschlag allerdings nicht berücksichtigt, dass die Gestaltungsfreiheit auch ex tunc wirken kann, wenn es um bereits existente Risiken geht, die bestehen, ohne sich schon verwirklicht zu haben. Beispiel: VN verstößt von Beginn an gegen Sicherheitsvorschriften, was zum Zeitpunkt der Gestaltung bereits zu einem Versicherungsfall geführt hat. Für den eingetretenen Versicherungsfall gilt § 26, trotzdem kann der VR das Risiko rückwirkend mit Wirkung für eventuelle weitere Versicherungsfälle ausschließen)).

II. Kündigungsrecht des Versicherungsnehmers (Abs. 2)

1. Kündigungsrecht

Im Falle einer Prämienerhöhung über 10 % (die VVG-Reformkommission hatte noch 20 % vorgesehen) oder im Falle des Ausschlusses der Gefahrabsicherung steht dem VN ein **fristloses Kündigungsrecht** zu (vgl. auch § 40 Abs. 1: fristloses Kündigungsrecht bei Prämienerhöhung aufgrund einer Anpassungsklausel). Die Kündigungsmöglichkeit besteht einen Monat ab Zugang der Mitteilung des VR über die Prämienerhöhung bzw. den Leistungsausschluss. Für den Zugang der Mitteilung ist der VR beweispflichtig. 6

2. Belehrungserfordernis

Der VR hat den VN „in der Mitteilung" über dessen außerordentliches Kündigungsrecht zu belehren (Abs. 2 Satz 2). Das betrifft die Fälle, in denen sich die Prämie um mehr als 10 % erhöht bzw. die Gefahrabsicherung vom VR ausgeschlossen wird. Die Belehrung muss zum **Zeitpunkt** der entsprechenden Mitteilung erfolgen. Bei einer Prämienerhöhung unter oder gleich 10 % ist eine Belehrung entbehrlich (kein Kündigungsrecht). 7

Keine Regelung findet sich im Hinblick auf Sanktionen, die an eine **verspätete** oder vollständig **unterbliebene Belehrung** anknüpfen (anders zB § 19 Abs. 5). Bei einer verspäteten Belehrung dürfte sich die Monatsfrist jedoch statt vom Zeitpunkt des Zugangs der Mitteilung vom Zeitpunkt des Zugangs der Belehrung an berechnen. Ebenfalls gesetzlich unbeantwortet ist die Frage, welche Folgen 8 eine unterbliebene Belehrung nach sich zieht. Die weitest reichende Konsequenz ist ein unbefristetes Kündigungsrecht des VN, das seine Grenzen lediglich iRd Verwirkung (§ 242 BGB) findet.

§ 26 Leistungsfreiheit wegen Gefahrerhöhung

(1) [1]**Tritt der Versicherungsfall nach einer Gefahrerhöhung ein, ist der Versicherer nicht zur Leistung verpflichtet, wenn der Versicherungsnehmer seine Verpflichtung nach § 23 Abs. 1 vorsätzlich verletzt hat.** [2]**Im Fall einer grob fahrlässigen Verletzung ist der Versicherer berechtigt, seine Leistung in einem der Schwere des Verschuldens des Versicherungsnehmers entsprechenden Verhältnis zu kürzen; die Beweislast für das Nichtvorliegen einer groben Fahrlässigkeit trägt der Versicherungsnehmer.**

(2) [1]**In den Fällen einer Gefahrerhöhung nach § 23 Abs. 2 und 3 ist der Versicherer nicht zur Leistung verpflichtet, wenn der Versicherungsfall später als einen Monat nach dem Zeitpunkt eintritt, zu dem die Anzeige dem Versicherer hätte zugegangen sein müssen, es sei denn, dem Versicherer war die Gefahrerhöhung zu diesem Zeitpunkt bekannt.** [2]**Er ist zur Leistung verpflichtet, wenn die Verletzung der Anzeigepflicht nach § 23 Abs. 2 und 3 nicht auf Vorsatz beruht; im Fall einer grob fahrlässigen Verletzung gilt Absatz 1 Satz 2.**

(3) **Abweichend von den Absätzen 1 und 2 Satz 1 ist der Versicherer zur Leistung verpflichtet,**

1. **soweit die Gefahrerhöhung nicht ursächlich für den Eintritt des Versicherungsfalles oder den Umfang der Leistungspflicht war oder**
2. **wenn zur Zeit des Eintrittes des Versicherungsfalles die Frist für die Kündigung des Versicherers abgelaufen und eine Kündigung nicht erfolgt war.**

I. Regelungszusammenhang

1 Wie schon in § 24 (Kündigung) und § 25 (Mehrprämie/Ausschluss) werden auch die Rechtsfolgen der Leistungsfreiheit für die subjektive und die objektive Gefahrerhöhung in einer Vorschrift zusammengefasst. Neben dieser systematischen Neuordnung der Gefahrerhöhungsvorschriften enthält § 26 im Wesentlichen zwei **bedeutende Änderungen** gegenüber der früheren Rechtslage: Ersetzung des „Alles oder nichts"-Prinzips für die grobe Fahrlässigkeit durch eine **Quotenregelung** und bei einfacher Fahrlässigkeit das **Bestehenbleiben der Leistungspflicht** des VR.

II. Leistungsfreiheit

1. Subjektive Gefahrerhöhung

2 In der forensischen Praxis von größerer Bedeutung als das Kündigungsrecht des VR dürfte auch in Zukunft dessen in § 26 Abs. 1 normierte Leistungsfreiheit bei einem nach Gefahrerhöhung eintretenden Versicherungsfall bleiben. Ist die hohe Hürde der Gefahrerhöhung genommen, tritt im Fall **vorsätzlichen** Han-

delns des VN vollständige Leistungsfreiheit ein. Eine bloße Kenntnis von gefahrerhöhenden Umständen iSv § 23 Abs. 1 ist nicht generell mit dem Vorsatz des VN hinsichtlich der Gefahrerhöhung gleichzusetzen. Entscheidend ist, ob der VN erkannt hat, dass sein Handeln gefahrerhöhenden Charakter hat (BGH VersR 2014, 1313; *Langheid/Müller-Frank* NJW 2015, 383; nach OLG Köln VersR 2016, 1435 = r+s 2016, 507 folgt zB aus der Kenntnis der VN, dass die Durchführung gewerblicher Flüge von Piloten ohne Berufspilotenlizenz verboten ist, das Bewusstsein, dass der Eintritt des VersFalls wahrscheinlicher ist und damit Vorsatz; zur Beweislast → Rn. 6). Bei **grober Fahrlässigkeit** greift auch (vgl. § 28 – Obliegenheitsverletzung oder § 81 – Herbeiführung des Versicherungsfalles) hier eine Quotelungsregelung; der VR kann seine Leistung „in einem der Schwere des Verschuldens des VN entsprechenden Verhältnis" kürzen. Grob fahrlässig handelt nach allgemein anerkannter Rspr. derjenige, der die im Verkehr erforderliche Sorgfalt unter Berücksichtigung sämtlicher Umstände in ungewöhnlich hohem Maße verletzt und das unbeachtet lässt, was im gegebenen Fall jedem hätte einleuchten müssen (stRspr des BGH seit BGHZ 10, 14; *Wandt* (Rn. 847) formuliert für die Gefahrstandsobliegenheit – die ungleich einer Verpflichtung ist, für die § 276 Abs. 2 BGB direkt gilt – dogmatisch genau, dass maßgeblich sei, dass der VN bei durchschnittlich-vernünftiger Sorgfalt hätte erkennen können, dass die gefahrerhöhenden Umstände eine Erhöhung des vom VR übernommenen Risikos zur Folge hätten). Bei der **vorsätzlichen** Gefahrerhöhung ist der VR also grds. leistungsfrei für einen nachträglich eingetretenen Versicherungsfall (bei der grob fahrlässigen jedenfalls teilweise). Dies ist der in der Praxis am häufigsten vorkommende Fall. Eine Kündigung ist dann entbehrlich; zumal der VR idR erst durch den Versicherungsfall von der Gefahrerhöhung erfährt.

Die **einfach fahrlässige** oder **unverschuldete** Gefahrerhöhung lässt die Eintrittspflicht des VR unberührt. Die Ausnahme des § 26 Abs. 2 setzt die – seltene – Kombination einer einfach fahrlässigen bzw. unverschuldeten, aber erkannten Gefahrerhöhung und zusätzlich die **verschuldete Anzeigepflichtverletzung** voraus. 3

Die differenzierte Aufgliederung nach verschiedenen Verschuldensmaßstäben ist innerhalb der Gefahrerhöhung neu und wird erst durch die Rspr. eine gewisse Ausdifferenzierung erfahren müssen (vgl. auch *Armbrüster* VersR 2003, 675; *Looschelders* VersR 2008, 1; *Felsch* r+s 2007, 485 (490 ff.)), was auch heute noch nicht festgestellt werden kann. Sowohl gegenüber der vorsätzlichen/grob fahrlässigen als auch gegenüber der ausnahmsweise zur Leistungsfreiheit führenden einfach fahrlässigen/unverschuldeten Gefahrerhöhung steht dem VN der **Kausalitätsgegenbeweis** offen (→ Rn. 8). 4

2. Subjektiv unerkannte und objektive Gefahrerhöhung

Die Fälle subjektiv unerkannter und objektiver Gefahrerhöhung regelt Abs. 2. Ist ein Versicherungsfall eingetreten, ist der VR (vollständig) leistungsfrei, wenn der VN die unverzügliche Anzeige **vorsätzlich** nicht erstattet hat und der Versicherungsfallspäter als einen Monat nach dem Zeitpunkt eintritt, in welchem dem VR die Anzeige hätte zugehen müssen (Ausnahme: Kenntnis des VR von der Gefahrerhöhung). Für die Fälle grob fahrlässiger Anzeigepflichtverletzung greift die Quotelungsregelung, das heißt teilweise Leistungsfreiheit entsprechend der Schwere des Verschuldens des VN. Bei einfacher Fahrlässigkeit besteht Leistungspflicht. Die Leistungsfreiheit des VR bei einem Versicherungsfall infolge objekti- 5 ver Gefahrerhöhung ist allerdings schon deswegen selten, weil der VN häufig selbst erst durch den Versicherungsfall von der objektiv erhöhten Gefahr erfährt. Erforderlich ist eine vom VR zu beweisende schuldhafte Anzeigepflichtverletzung; der VN kann demgegenüber sodann den Entschuldigungsnachweis führen.

3. Beweislast

6 Im Fall der subjektiven Gefahrerhöhung trägt der VR die Beweislast für **Vorsatz;** das **Nichtvorliegen** zumindest **grober Fahrlässigkeit** muss der VN nachweisen (Abs. 1 Satz 2 Hs. 2). Dagegen werden bei der unbewussten subjektiven und der objektiven Gefahrerhöhung nach dem ausdrücklichen Wortlaut des Abs. 2 sowohl grobe Fahrlässigkeit als auch Vorsatz vermutet (KG r+s 2017, 582; ausführlich Langheid/Wandt/*Reusch* § 26 Rn. 15 ff.; Prölss/Martin/*Armbrüster* § 26 Rn. 10 dagegen stuft die Beweislastverteilung als „schwer verständlich" ein). Der Nachweis fehlenden Verschuldens bezüglich des Erkennens einer Gefahrerhöhung ist zB dann gegeben, wenn Kinder Mofaschlüssel ohne Wissen und Wollen der Eltern weggenommen haben und die Eltern mit einem solchen Verhalten auch nicht rechnen konnten (BGH VersR 1990, 81; ähnlicher Fall bei OLG Köln r+s 1992, 79) oder wenn der TÜV trotz festgestellter Mängel (festgerostete Bremsleitungen) die Benutzung des verkehrsunsicheren Wagens nicht verbietet bzw. keine Frist zur Beseitigung setzt (BGH VersR 1975, 366). Im Falle grober Fahrlässigkeit tritt Leistungsfreiheit entsprechend der Schwere des Verschuldens des VN ein.

7 Über die Beweislast für die **Höhe der Quote** sagt die Gesetzesbegründung nichts. Denkbar sind vollständige Leistungsfreiheit und (nahezu) vollständige Eintrittspflicht. Der Wortlaut gibt nichts dafür her, ob ein bestimmter Regelfall anzunehmen ist, von dem aus sich der VR herunter- oder der VN heraufbeweisen muss. Gleiches gilt für eine Auslegung an Hand des Regelungszwecks. Denkbar ist zunächst eine **Quotelung nach Fallgruppen,** bei denen gewisse **typisierte Verschuldensformen** einer typisierten Quote zugeordnet werden. Denkbar ist auch, bei Vorliegen grober Fahrlässigkeit überhaupt typischerweise zunächst von einer **mittleren groben Fahrlässigkeit** auszugehen (also nicht stets von 50 %, sondern von einem fallbezogenen Durchschnittsmaßstab). Dann müsste ein **Durchschnittswert** zu Grunde gelegt werden, von dem ausgehend der VN Umstände für eine geringere Schuld und der VR Umstände für ein erhöhtes Verschulden vortragen und beweisen müssen. Maßgeblich sollten dabei die (objektive) Schwere des Pflichtenverstoßes einerseits und das (in dem Verstoß sich verwirklichende) Verschulden andererseits sein (*Langheid* NJW 2007, 3665 (3669) zu § 81; *Felsch* r+s 2007, 485 (492 f.) für das Obliegenheitenrecht; anders *Rixecker* ZfS 2007, 15, der den VR beweispflichtig für den Grad des Verschuldens hält; *Günther/Spielmann* r+s 2008, 178 ff., die individuelle Fallgruppen bilden; zum Beweisproblemen insgesamt *Pohlmann* VersR 2008, 437 ff.; Einzelheiten → § 81 Rn. 97 ff.).

III. Kausalitätsgegenbeweis (Abs. 3 Nr. 1)

8 Uneingeschränkt leistungspflichtig ist der VR in den Fällen des Abs. 3. Nach Nr. 1 steht dem VN der **Kausalitätsgegenbeweis** offen (schon → § 21 Rn. 26 ff.). Auch hier reicht allerdings Mitursächlichkeit für die (vollständige oder quotale) Leistungsfreiheit des VR aus (BGH VersR 1969, 247; VersR 1968, 590; VersR 1968, 785; 1986, 962 zu § 61 aF (jetzt § 81), wo gleichfalls Mitursächlich-

keit ausreicht; OLG Karlsruhe VersR 1986, 1180; OLG München VersR 1986, 585). Der Beweis für die fehlende Kausalität erfordert bspw., dass der VN konkret darlegt und beweist, dass sein Verhalten sich in keinerlei Hinsicht auf den eingetretenen Schaden ausgewirkt hat (so für Brandreden OLG Schleswig VersR 1991, 1259; das „Frisieren" eines Mofas OLG Saarbrücken VersR r+s 1990, 292 = 1990, 779 oder des Kleinkraftrades LG Aachen r+s 1990, 361). Solche Nachweise sind in der Praxis **nur schwer zu führen** (so ist der Kausalitätsgegenbeweis bei einem Einbruch in ein Drogenlabor nur geführt, wenn ausgeschlossen werden kann, dass wegen der Drogenproduktion eingebrochen wurde, OLG Celle VersR 2017, 756 (woran es schon fehlt, wenn auffällige Schäden vorliegen wie der Abriss von Wandverkleidungen); instruktiv AG Bad Segeberg NJW-RR 2011, 1538 (unter Hinweis auf OLG Celle VersR 2005, 640): Keine subjektive Gefahrerhöhung bei Schlüsselverlust und Weiterbenutzung des Fahrzeugs, aber Leistungsfreiheit wegen objektiver Gefahrerhöhung, wenn VN nicht voll beweisen kann, dass der Schlüsselverlust keinen Einfluss auf die spätere Entwendung des Fahrzeugs hatte). Eine Ausnahme macht OLG Karlsruhe (ZfS 1993, 308 sowie VersR 1986, 882 (Ls.)): keine Leistungsfreiheit des VR bei einem Unfall mit abgefahrenen Reifen, weil die Haftung der Reifen auf trockener Fahrbahn infolge des fehlenden Profils nicht schlechter, sondern sogar besser gewesen sei (vgl. auch BGH VersR 1969, 748; OLG Köln VersR 1970, 133). Demgegenüber besteht bei feuchter oder nasser Fahrbahn ein Erfahrungssatz, dass ein nicht mehr verkehrssicherer Reifen die Brems- und Ausweichmöglichkeiten verringert (siehe Stiefel/Maier/*Maier* VVG § 26 Rn. 23 unter Hinweis auf BGH VersR 1969, 247; die Ansicht, dass beim Fahren auf Glatteis oder Schneeglätte profillose Reifen nicht unbedingt schlechter haften sollen – *Stiefel/Hofmann,* 17. Aufl. 2000, VVG § 25 Rn. 11 – wurde aufgegeben).

In Abs. 3 Nr. 1 fehlt – anders als in § 21 Abs. 2 Satz 2, § 28 Abs. 3 Satz 2 und § 82 Abs. 4 Satz 2 – die Rückausnahme für den Fall des arglistig handelnden VN. *Reusch* (in Langheid/Wandt § 26 Rn. 35) schließt, nachdem er darin ein Redaktionsversehen sieht, im Wege der Analogie in Arglistfällen den Kausalitätsgegenbeweis richtigerweise aus (so auch *Looschelders*/Pohlmann § 26 Rn. 19; Schwintowski/Brömmelmeyer/*Loacker* § 26 Rn. 17; *Schirmer* r+s 2014, 533 (540)). 9

IV. Unterlassene Kündigung (Abs. 3 Nr. 2)

Nach Abs. 3 Nr. 2 (Ausübung des Kündigungsrechts als Voraussetzung der Leistungsfreiheit) bleibt der VR eintrittspflichtig, wenn er, anstatt zu kündigen, von seinem Wahlrecht nach § 25 (Prämienerhöhung bzw. Leistungsausschluss) Gebrauch macht. Aus dem Wortlaut des Abs. 3 Nr. 2, in dem nur von der Kündigung des VR die Rede ist, folgt allerdings, dass der VR sich nach eingetretenem Versicherungsfall nicht auf die Gefahrerhöhung und eine damit verbundene Leistungsfreiheit berufen kann, wenn er nicht fristgerecht gekündigt hat. Davon **nicht erfasst,** die Leistungsfreiheit also unberührt lassend, wird das Gestaltungsrecht der rückwirkenden Bedingungsanpassung nach § 25 (Leistungsausschluss); ein Leistungsausschluss bewirkt nämlich von vornherein die Leistungsfreiheit des VR, weil er das erhöhte Risiko rückwirkend bei fortbestehendem Versicherungsvertrag von der Risikoübernahme ausschließt. Dass der VR damit vollständig leistungsfrei wird, während er nach § 26 Abs. 1 Satz 2 teilweise leistungspflichtig bleiben 10 könnte (grob fahrlässige Vornahme der Gefahrerhöhung), ist unschädlich, weil der VR im Falle eines Leistungsausschlusses von vornherein nicht haften würde (*Rixecker* ZfS 2007, 186; problematisiert von Schwintowski/Brömmelmeyer/*Loacker* § 25 Rn. 6; *Loacker* VersR 2008, 1285 ff.).

11 Dagegen könnte allerdings die Begründung des Gesetzgebers (BT-Drs. 16/3945, 68) sprechen. Danach erlischt die Leistungsfreiheit des VR für den eingetretenen Versicherungsfall, wenn er anstelle der Kündigung eine Prämienerhöhung oder einen Ausschluss vereinbart. Aus diesem Grunde sei es – so der Gesetzgeber – im Interesse des VN, dass der VR, anders als in § 28, das Kündigungsrecht ausüben müsse. Daraus könnte man folgern, dass **nur** die Kündigung zur Leistungsfreiheit des VR führt, nicht die Prämienerhöhung oder der Leistungsausschluss. Leistungspflicht trotz wirksam rückwirkend vereinbarten Leistungsausschlusses ist allerdings widersinnig. Das Kündigungserfordernis erstreckt sich deswegen nur auf die Leistungsfreiheit wegen der Gefahrerhöhung, nicht auf den Leistungsausschluss.

12 Ungeklärt bleibt die Frage, was geschehen soll, wenn der VR erst **durch den Versicherungsfall** von der **Gefahrerhöhung erfährt.** Einerseits kann er auch dann noch kündigen, andererseits könnte er im Nachhinein einen Leistungsausschluss vereinbaren und demnach vollständig leistungsfrei werden (*Rixecker* ZfS 2007, 186). Eine solche rückwirkende Bedingungsanpassung müsste aber wegen des festgestellten Wertungswiderspruchs zwischen den Vorschriften in §§ 25 und 26 zu einer Sperrwirkung in Bezug auf die Leistungsfreiheit für den eingetretenen Versicherungsfall führen (→ § 25 Rn. 5). Das führt zu der Überlegung, dass die Gestaltung des Versicherungsvertrages zwar **rückwirkend,** gleichwohl aber nur mit Wirkung **für die Zukunft** anzunehmen ist, also ein Leistungsausschluss nicht für den schon eingetretenen Versicherungsfall, wohl aber für zukünftige Versicherungsfälle Wirkung erlangt. Nur so kann der Wertungswiderspruch zwischen dem Gestaltungsrecht und der – häufig teilweisen – Leistungsfreiheit aufgelöst werden (Langheid/Wandt/*Reusch* § 25 Rn. 16; *Wandt* Rn. 859; *Marlow/Spuhl* Rn. 268 und *Loacker* VersR 2008, 1285 ff.). In diesen Fällen kann der VR also parallel einen ab sofort geltenden Leistungsausschluss (der insoweit rückwirkend sein muss, als er die in der Vergangenheit erhöhte Gefahrenlage erfasst, die künftig möglicherweise einen Versicherungsfall zur Folge hat) implementieren und zugleich für den eingetretenen Versicherungsfall entsprechend der gesetzlichen Vorgaben **auch ohne Kündigung** ganz oder teilweise **leistungsfrei** sein (OLG Köln VersR 2016, 1435 (1439); Prölss/MArtin/*Armbrüster* § 26 Rn. 7).

§ 27 Unerhebliche Gefahrerhöhung

Die §§ 23 bis 26 sind nicht anzuwenden, wenn nur eine unerhebliche Erhöhung der Gefahr vorliegt oder wenn nach den Umständen als vereinbart anzusehen ist, dass die Gefahrerhöhung mitversichert sein soll.

I. Normzweck

1 Der Wortlaut der Vorschrift fasst jetzt klarer, was auch schon früher zu § 29 aF galt: Es liegt keine Gefahrerhöhung vor und die Rechtsfolgen der §§ 24 ff. gelten nicht, wenn die Erhöhung eines Risikos unerheblich oder als mitversichert anzusehen ist. Die „rechtsunerhebliche“ (so Bruck/Möller/*Möller,* 8. Aufl. 1961 ff., § 29 Rn. 3) oder „belanglose“ (so Prölss/Martin/*Knappmann,* 27. Aufl. 2004, VHB 84

§ 13 Rn. 6) Gefahrerhöhung unterscheidet sich nach **quantitativ** (§ 27 Alt. 1) und **qualitativ** (§ 27 Alt. 2) **unerheblichen Gefahrerhöhungen** (*Martin* N III Rn. 24). Solche Risikoerhöhungen sind mitversichert, weil es sich eben nicht um Gefahrerhöhungen im gesetzlichen Sinn handeln soll (zum Begriff. schon → § 23 Rn. 15 ff.). Namentlich die qualitativ unerhebliche Gefahrerhöhung (also die den Umständen nach als mitversichert anzusehende Risikoerhöhung) spielt bei der Feststellung, was überhaupt als Erhöhung der Gefahr im Verhältnis zu dem bei Antragstellung bestehenden status quo anzusehen ist, eine erhebliche Rolle (schon → § 23 Rn. 17 f.).

II. Quantitative Unerheblichkeit

Als **quantitativ** unerhebliche Gefahrerhöhungen sind solche Risikoänderungen einzustufen, die die Gefahr in einer Weise verändern, dass sie eben (noch) nicht als Veränderung einer bei Vertragsschluss vorhandenen Risikolage anzusehen sind. Sind solche Gefahrveränderungen also von ihrem Gefahrenpotential oder von ihrer Dauer her so belanglos, dass sie von vorneherein als mitversichert anzusehen sind, ist das Regime der §§ 23 ff. darauf nicht anzuwenden (instruktiv BGH NJW-RR 1992, 793 = VersR 1992, 606 für kurzfristige Reparaturarbeiten, bei denen ein Viertel der Dachhaut entfernt worden war; eine solche Gefahränderung sei „von vornherein mitversichert“, vgl. auch OLG Oldenburg NJW-RR 1992, 289; ebenso BGH NJW-RR 1993, 1116 für einen kurz vor einem Umzug abmontierten Haustürknauf, der durch eine Klinke ersetzt worden war, die durch einfaches Herunterdrücken zu öffnen war). **2**

III. Qualitative Unerheblichkeit

Von weitreichenderer Bedeutung für die Feststellung, ob überhaupt eine relevante Gefahrerhöhung vorliegt, ist die **qualitativ** unerhebliche Gefahrerhöhung nach § 27 Alternative 2 (zum Problem *Beckmann* ZIP 2002, 1125 und *Langheid* NVersZ 2002, 433). Hier stellt das Gesetz auf das „nach den Umständen Gewollte“ ab. Die Relevanz dieser gesetzlichen Regelung liegt bereits in der Prüfung, ob überhaupt eine Gefahrerhöhung vorliegt; es ist also die Regelung in § 27 schon in den Vergleich zwischen dem bei Antragstellung vorliegenden Gefahrstand und dem erhöhten Gefahrstand einzubeziehen (so auch Prölss/Martin/*Armbrüster* § 27 Rn. 2; zu dem „nach den Umständen Gewollten“ als eines der Parameter für die Prüfung einer Gefahrerhöhung schon → § 23 Rn. 17). Bedeutung erlangt § 27 darüber hinaus nur noch bei an sich vorliegenden Gefahrerhöhungen, die aber über den Grundsatz von Treu und Glauben ihrer Erheblichkeit entkleidet werden können, weil der VN bei Antragstellung darauf vertrauen durfte, dass auch die erhöhten Gefahren mitgedeckt sein sollten (vgl. etwa BGH NJW-RR 1992, 793 = VersR 1992, 606; OLG Koblenz r+s 1991, 241 als Vorinstanz; OLG Hamm r+s 1990, 22; OLG Oldenburg NJW-RR 1992, 289; OLG Koblenz VersR 1998, 233 nimmt eine erhebliche Gefahrerhöhung an, wenn der VN stets Zweitschlüssel im Fahrzeug aufbewahrt; für Fahrzeugpapiere vgl. OLG Celle VersR 2008, 204; für Telematik-Tarife in der Kfz-Versicherung spricht *Klimke* r+s 2015, 217 bei einem Defekt des Telematik-Systems von einer mitversicherten Gefahrsteigerung). Ähnlich liegt es, wenn der VR im Antragsverfahren nach den gefahrerhöhenden Umständen nicht gefragt hat (OLG Celle VersR 2017, 756). **3**

IV. Beweislast

4 Die **Beweislast** für die Gefahrerhöhung liegt beim VR; daraus folgt, dass auch der Nachweis der Erheblichkeit der Gefahrerhöhung vom VR geführt werden muss, weil diese begrifflich erst eine Gefahrerhöhung darstellt (ebenso Prölss/Martin/*Armbrüster* § 27 Rn. 7; Bruck/Möller/*Heiss* § 27 Rn. 13 f., der **allerdings dem VN** die Beweislast für das Vorliegen einer qualitativ unerheblichen Gefahrerhöhung gemäß § 27 Alt. 2 auferlegen will; nach der hier vertretenen Auffassung ist § 27 Alt. 2 schon iRd allgemeinen Überprüfung, ob überhaupt eine Gefahrerhöhung vorliegt, anzuwenden, so dass der VR auch insoweit beweisbelastet sein muss; iE zust. Prölss/Martin/*Armbrüster* § 27 Rn. 7).

V. Abdingbarkeit

5 Auch diese Vorschrift ist gemäß § 32 **halbzwingend;** ist in den Bedingungen ein bestimmter Tatbestand als Gefahrerhöhung vereinbart worden, ist dem VN der Gegenbeweis abgeschnitten (aA Prölss/Martin/*Armbrüster* § 27 Rn. 2). Ist nämlich ein bestimmter Tatbestand als Gefahrerhöhung vereinbart, gilt dies „nach den Umständen als vereinbart".

§ 28 Verletzung einer vertraglichen Obliegenheit

(1) **Bei Verletzung einer vertraglichen Obliegenheit, die vom Versicherungsnehmer vor Eintritt des Versicherungsfalles gegenüber dem Versicherer zu erfüllen ist, kann der Versicherer den Vertrag innerhalb eines Monats, nachdem er von der Verletzung Kenntnis erlangt hat, ohne Einhaltung einer Frist kündigen, es sei denn, die Verletzung beruht nicht auf Vorsatz oder auf grober Fahrlässigkeit.**

(2) **[1]Bestimmt der Vertrag, dass der Versicherer bei Verletzung einer vom Versicherungsnehmer zu erfüllenden vertraglichen Obliegenheit nicht zur Leistung verpflichtet ist, ist er leistungsfrei, wenn der Versicherungsnehmer die Obliegenheit vorsätzlich verletzt hat. [2]Im Fall einer grob fahrlässigen Verletzung der Obliegenheit ist der Versicherer berechtigt, seine Leistung in einem der Schwere des Verschuldens des Versicherungsnehmers entsprechenden Verhältnis zu kürzen; die Beweislast für das Nichtvorliegen einer groben Fahrlässigkeit trägt der Versicherungsnehmer.**

(3) **[1]Abweichend von Absatz 2 ist der Versicherer zur Leistung verpflichtet, soweit die Verletzung der Obliegenheit weder für den Eintritt oder die Feststellung des Versicherungsfalles noch für die Feststellung oder den Umfang der Leistungspflicht des Versicherers ursächlich ist. [2]Satz 1 gilt nicht, wenn der Versicherungsnehmer die Obliegenheit arglistig verletzt hat.**

(4) **Die vollständige oder teilweise Leistungsfreiheit des Versicherers nach Absatz 2 hat bei Verletzung einer nach Eintritt des Versicherungsfalles bestehenden Auskunfts- oder Aufklärungsobliegenheit zur Voraussetzung, dass der Versicherer den Versicherungsnehmer durch gesonderte Mitteilung in Textform auf diese Rechtsfolge hingewiesen hat.**

(5) **Eine Vereinbarung, nach welcher der Versicherer bei Verletzung einer vertraglichen Obliegenheit zum Rücktritt berechtigt ist, ist unwirksam.**

Übersicht

I. Normzweck, Regelungsgegenstand und Anwendungsbereich

1. Konzept der Vorschrift

1 Die Vorschrift ist eine der **zentralen Regelungen des Versicherungsvertragsrechts.** Zugleich zeigt sie einen seiner **wesentlichen konzeptionellen Unterschiede zum allgemeinen Zivilrecht** auf. Dabei soll § 28 zwei Anliegen gerecht werden. VR können zum einen ihre berechtigten Erwartungen an das Verhalten des VN im Umgang mit dem abgesicherten Risiko typischerweise (und nicht zuletzt aus beweisrechtlichen Gründen) kaum wirksam durch Erfüllungs- und Schadensersatzansprüche schützen. Ihnen müssen also andere Instrumente in die Hand gegeben werden, sich der Loyalität ihrer Vertragspartner zu vergewissern. Zum anderen gilt es, die Freiheit der VR zur zwar privatautonomen, jedoch von „strukturellem Verhandlungsungleichgewicht" geprägten (zum Begriff BVerfGE 103, 89 (100); BVerfGE 89, 214 (232)) Regelungsmacht zu begrenzen, um zu verhindern, dass sie beliebige und unverhältnismäßige Sanktionen an die Enttäuschung der Loyalitätserwartung knüpfen. In diesem Zielkonflikt findet § 28 einen differenzierenden Ausgleich.

2 Die Norm, deren **Grundlage die Vereinbarung vertraglicher Obliegenheiten** ist, unterscheidet zwischen solchen, die vor **(Abs. 1–3, 5)** und jenen, die nach **(Abs. 2–5)** dem Versicherungsfall zu beachten sind, verbietet den Rücktritt bei ihrer Verletzung **(Abs. 5)** und erlaubt die Kündigung nur für Fälle schwer schuldhafter Verletzung einer vor dem Versicherungsfall zu erfüllenden Obliegenheit **(Abs. 1).** Sie knüpft die Sanktion der vollständigen Leistungsfreiheit an die vom VR zu beweisende vorsätzliche Verletzung der Obliegenheit, jene der teilweisen und nur ausnahmsweise vollständigen Leistungsfreiheit an das Scheitern einer Widerlegung grober Fahrlässigkeit durch den VN **(Abs. 2).** Dann macht sie Leistungsfreiheit – von arglistigem Verhalten abgesehen – davon abhängig, dass der VN die fehlende Kausalität der Obliegenheitsverletzung für Nachteile des VR nicht zu beweisen vermag **(Abs. 3),** und verlangt bei Auskunfts- und Aufklärungsobliegenheiten als Voraussetzung der Sanktion eine Belehrung des VN.

3 § 28 gilt, wie sich aus ihrem Wortlaut ergibt, **nur für vertraglich vereinbarte Obliegenheiten.** Soweit gesetzliche Obliegenheiten nicht selbst mit einer Sanktion versehen sind (§ 82), ist ihre Verletzung folgenlos. Auch die schlichte (gewissermaßen nachrichtliche) **Übernahme einer gesetzlichen Obliegenheit in den Vertrag** ändert an ihrem gesetzlichen Charakter nichts; sie bleibt daher, wenn das gesetzlich vorgesehen ist, sanktionsbewehrt. Übernimmt der Vertrag sie indessen und versieht er sie mit einer Sanktion bei Verletzungen, gilt § 28 (vgl. BGH VersR 1987, 477; OLG Düsseldorf VersR 2003, 102; OLG Oldenburg VersR 1985, 977; OLG Hamm VersR 1981, 454). Das ist auch dann der Fall, wenn die gesetzliche Obliegenheit in den AVB tatbestandlich ergänzt wird (OLG Hamm VersR 1987, 1177). Ist die vertragliche Regelung der gesetzlichen Obliegenheit jedoch unwirksam, wird die fortbestehende gesetzliche dadurch nicht berührt. Allein das Fehlen eines **Hinweises auf die Notwendigkeit einer Belehrung** bei konkreten Aufklärungsbegehren des VR führt allerdings nicht zur Unwirksamkeit einer Sanktionsklausel (BGH NJW 2018, 544 = VersR 2018, 532).

4 Die Vorschrift **gilt neben** jenen, die Rechtsfolgen bei Vorliegen der Voraussetzungen einer **Gefahrerhöhung** (§§ 23 ff.) oder bei **vorsätzlicher oder grob**

fahrlässiger Herbeiführung des Versicherungsfalles vorsehen. Dabei gilt es zwei Besonderheiten zu beachten: Die Kündigung wegen Verletzung einer Obliegenheit, die vor dem Versicherungsfall zu erfüllen ist, setzt Vorsatz oder grobe Fahrlässigkeit voraus. Wegen Gefahrerhöhung kann der VR den Versicherungsvertrag auch bei einfacher Fahrlässigkeit befristet kündigen (§ 24 Abs. 1 Satz 2, Abs. 2). Die Leistungsfreiheit wegen Verletzung einer Obliegenheit setzt keine Kündigung voraus. Hat im Falle einer Gefahrerhöhung der VR die Kündigungsfrist versäumt, so bleibt er leistungspflichtig (§ 26 Abs. 3 Nr. 2).

2. Übergangsrecht

Ungeachtet der seit Inkrafttreten des VVG 2008 verstrichenen Zeit stellt sich gelegentlich immer noch die Frage nach einer Anpassung des Altbestandes: Hat der VR versäumt, den **Altbestand seiner Verträge** an das neue Recht **anzupassen,** sind die **Sanktionsregelungen früherer AVB** bei Verletzung einer dort bestimmten Obliegenheit **für Versicherungsfälle nach dem 31.12.2008 unwirksam** geworden, weil sie mit dem geltenden zwingenden Recht nicht (mehr) vereinbar sind (BGHZ 191, 159 = NJW 2012, 217 = VersR 2011, 1550; vgl. auch OLG Dresden r+s 2015, 233; OLG Brandenburg r+s 2013, 24). Das gilt unabhängig von der Art und dem Maß des Verschuldens, also auch bei Vorsatz (BGH r+s 2015, 347). Die weiter bestehenden gesetzlichen Obliegenheiten – §§ 30, 31 – enthalten selbst keine Sanktion ihrer Verletzung. Die Regelung des § 28 Abs. 2 (und damit die Sanktionierung der Verletzung einer allein vertraglichen Obliegenheit) setzt eine wirksame Vereinbarung voraus. Sie kann weder durch den Rückgriff auf das Gesetz (anders für die AVB der Autovermieter BGH r+s 2013, 12 = VersR 2013, 12), noch durch eine ergänzende Vertragsauslegung geschlossen werden. Das entspricht auch dem Sinn des Gesetzes: Nach ihm wird erwartet, dass der VN „seinem" Versicherungsvertrag entnehmen kann, unter welchen Voraussetzungen er Versicherungsschutz genießt. Allerdings kann sich in einem solchen Fall eine Sanktion des Fehlverhaltens des VN **aus anderen Vorschriften ergeben** – § 26, § 81, § 82 – wenn deren Voraussetzungen vorliegen. Darüber hinaus kann der VN – jedenfalls in Fällen der Verletzung der Aufklärungsobliegenheit – seinen Anspruch auf die Versicherungsleistung auch ohne ausdrückliche Vereinbarung verwirken, wenn er den VR **arglistig getäuscht** hat (OLG Köln r+s 2015, 150; Versicherungsombudsmann Entsch. v. 24.2.2012 – 09432/2011-L). 5

Die Frage stellt sich allerdings zunächst nur, wenn der Versicherungsvertrag eine § 6 Abs. 3 VVG aF übernehmende Regelung enthält. Verweisen die AVB auf das Gesetz (Leistungsfreiheit bestehe „nach Maßgabe des Versicherungsvertragsgesetzes", vgl. § 21 Nr. 3 VHB 92), so wird der verständige VN darin eine wirksame **dynamische Verweisung** auf die jeweils geltende Fassung des VVG erblicken müssen (OLG Saarbrücken NJW-RR 2019, 1245). Denn in einem solchen Fall liegt eine vertragliche Vereinbarung der Leistungsfreiheit vor, und es ist für den VN auch hinreichend transparent, unter welchen Voraussetzungen und in welchem Maße Leistungsfreiheit eintritt. Ob das auch dann gilt, wenn die AVB darauf hinweisen, Leistungsfreiheit bestehe „nach Maßgabe des § 6 Abs. 3 VVG", ist indessen fraglich: Von einem durchschnittlichen VN kann nicht verlangt werden, sich eine Synopse des alten und des neuen Rechts zu beschaffen und die unterschiedlichen Normbestände zu vergleichen. 6

7 **Voraussetzung einer wirksamen Anpassung** ist zunächst, dass der VR sie tatsächlich vorgenommen hat. Art. 1 Abs. 3 EGVVG verlangt nämlich, dass der VR seine AVB für Altverträge „geändert" hat. Die Mitteilung einer Änderung stellt keine Änderung dar (OLG Hamm ZfS 2012, 328; LG Berlin r+s 2011, 384). Sodann müssen dem VN die geänderten AVB unter Kenntlichmachung der Unterschiede fristgemäß (spätestens bis zum 30.11.2008) mitgeteilt worden sein. Bestreitet der VN den Zugang der Änderungsmitteilung, muss der VR den Nachweis führen, ohne dass insoweit Beweiserleichterungen gelten. Sind indessen die formellen Voraussetzungen der Anpassung nach Art. 1 Abs. 3 EGVVG nicht beachtet worden, ist also eine „Kenntlichmachung der Unterschiede" nicht oder nur unzulänglich erfolgt, so fragt sich, ob der Schutzzweck dieses Verlangens es rechtfertigt, die Einfügung einer wirksamen, immerhin versicherungsnehmerfreundlichen Sanktionsregelung insgesamt für unwirksam zu erachten. Das wird nur dann der Fall sein, wenn dem VN nicht erkennbar gemacht wird, dass nunmehr für seinen Versicherungsvertrag eine bestimmte, die Rechtsfolgen des § 28 Abs. 2 auslösende Bewehrung der Obliegenheiten gilt. Kenntlichmachung der Unterschiede bedeutet nämlich mehr als Überlassung der neuen AVB. Zwar wird vom VR nicht die Überlassung einer Synopse alter und neuer AVB verlangt werden, wohl aber ein klarer und transparenter Hinweis darauf, welche alten Bedingungen durch welche neuen ersetzt worden sind.

8 Von der Unwirksamkeit **nicht berührt ist die materielle Obliegenheit selbst** (OLG Köln r+s 2015, 150). Der BGH hat lediglich für die Regelung der Rechtsfolgen ihrer Verletzung Unwirksamkeit angenommen (BGHZ 191, 159 = NJW 2012, 217 = VersR 2011, 1550). Tatbestand und Rechtsfolge der Obliegenheitsklausel sind regelmäßig unschwer voneinander trennbar; bei Streichung des unwirksamen Teils, der Rechtsfolgenregelung, bleibt ein aus sich heraus verständlicher und sinnhafter Klauselrest („blue pencil test"). Die verbleibende Bestimmung wird dadurch zwar nicht zu einer Rechtspflicht, die dann nach den Vorschriften des Bürgerlichen Rechts Rechtsfolgen nach sich zöge. Wohl aber bleibt dem VN kraft vertraglicher Vereinbarung auferlegt, ein bestimmtes Verhalten, bspw. Sicherheitsstandards, zu beachten oder Informationen vollständig und wahrheitsgemäß zu erteilen. Insoweit kann vor allem bei Abwägung der Schwere des Verschuldens bei Herbeiführung des Versicherungsfalls von Bedeutung sein, dass dem VN durch die materielle Obliegenheit deutlich vor Augen geführt wird, wofür er Sorge zu tragen hat.

3. Obliegenheiten und Rechtspflichten

9 Grundlage des Systems ist der **Begriff der Obliegenheit,** der Steinbruch rechtstheoretischen Feinsinns (zu den mannigfaltigen Theorien und Abgrenzungen vgl. Prölss/Martin/*Armbrüster* § 28 Rn. 68 ff.; Looschelders/Pohlmann/*Pohlmann* § 28 Rn. 6 ff.; Langheid/Wandt/*Wandt* Vor § 28 Rn. 12 ff.; Bruck/Möller/*Heiss* § 28 Rn. 32 ff.) war und ist. Für die **Rechtspraxis** entscheidend ist, ob und wann eine Obliegenheit anzunehmen und welche Rechtsfolgen mit ihr oder ihrer Verletzung verbunden sind. Eine **Obliegenheit** liegt vor, wenn dem VN (oder zuweilen einem Dritten) ein bestimmtes Verhalten geboten wird, dessen Erfüllung nicht verlangt und eingeklagt werden kann, und an dessen Nichterfüllung keine Schadensersatzansprüche, sondern der Verlust eines Rechts geknüpft werden (grundlegend BGHZ 24, 378 mwN; vgl. zuletzt BGH VersR 2009, 1659). Das Gesetz erlaubt allerdings, wie nicht nur die §§ 53, 54, sondern vor allem § 6

deutlich machen, auch die Statuierung von **„echten" Rechtspflichten** und eine dafür spezifische Rechtsfolgenregelung. Handelt es sich indessen um eine Obliegenheit, sind die Vorschriften des VVG in aller Regel vertraglich nicht modifizierbar. Ob eine Obliegenheit oder eine echte Haupt- oder Nebenpflicht aus dem Versicherungsvertrag vorliegt, ist allein durch **Auslegung des Gesetzes und des Vertrags** zu ermitteln. Maßgeblich ist, ob nach Wortlaut und Sinn und Zweck der VR Erfüllung verlangen darf, oder ob seinen und des VN Interessen mit den von § 28 vorgesehenen Sanktionen Genüge getan werden soll. Handelt es sich um eine Obliegenheit, enthält das VVG vor allem in § 28 eine **abschließende Sonderregelung der Rechtsfolgen** ihrer Verletzung. Aber auch über § 28 hinaus unterfallen Obliegenheiten einem spezifischen versicherungsvertragsrechtlichen Regime.

Das gilt vor allem für die **Zurechnung des Fehlverhaltens Dritter zu Lasten des VN,** das – wenn auch nicht in Gesetzesform – gewohnheitsrechtlich anderen Begrenzungen unterworfen ist als die Zurechnung des Fehlverhaltens Dritter zu Lasten des Schuldners nach allgemeinem Zivilrecht. Sinn der Begrenzungen ist ein spezifischer Schutz des VN. Dass **§ 278 BGB** (nach überwiegender zutreffender Ansicht) **nicht gilt** (vgl. unter anderem Langheid/Wandt/*Wandt* § 28 Rn. 110; diff. Prölss/Martin/*Armbrüster* § 28 Rn. 93 ff.), hat seinen Sinn darin, dem VN nach Sinn und Zweck des Versicherungsvertrages gerade nicht jede Nachlässigkeit eines jeden von ihm mit dem versicherten Interesse befassten Dritten zuzurechnen (BGHZ 11, 120 (122); BGH VersR 1981, 321; 1964, 475; OLG Hamm VersR 1988, 240; *Knappmann* VersR 1997, 261; *Looschelders* VersR 1999, 666). Das schließt indessen nicht aus, dass das Gesetz ohnehin, und dass der Vertrag auch Rechtspflichten begründen dürfen, mit deren Verletzung dann allerdings auch nur – soweit dies nicht wirksam abbedungen ist – die dafür vorgesehenen Konsequenzen verbunden sind (vgl. BT-Drs. 16/3045, 70 für § 31 Abs. 2; vgl. Langheid/Wandt/*Wandt* § 31 Rn. 127 ff.). Das gilt für VR und VN: Hat der VR in der Sachversicherung **nicht eine Entschädigung, sondern Instandsetzung versprochen,** so können deren Mängel durch das Verhalten von ihm beauftragter Reparateure ihm nach § 278 BGB zuzurechnen sein. 10

Zu unterscheiden sind iÜ gesetzliche und vertragliche Obliegenheiten. Als **gesetzliche Obliegenheiten,** die nicht Grundlage eines Schadensersatzanspruchs sein können, wohl aber eine eigene Sanktionsregelung enthalten, werden (von dem Sonderfall der vorvertraglichen Anzeigeobliegenheit abgesehen) die Gefahrstandsobliegenheiten des § 23, die Schadenminderungsobliegenheiten des § 82, die Obliegenheit zur Anzeige einer Veräußerung der versicherten Sache (§ 97) sowie die haftpflichtversicherungsrechtlichen Anzeigeobliegenheiten der §§ 104 und 119 betrachtet. Keine Sanktion ihrer Verletzung enthalten die gesetzlichen Obliegenheiten der Anzeige eines Wohnungswechsels (§ 13), der Anzeige des Versicherungsfalles (§ 30) und der Auskunft über feststellungserhebliche Umstände eines Versicherungsfalles (§ 31). 11

4. Obliegenheiten, Risikoausschlüsse und Fristen

Von ganz erheblicher Bedeutung für die Rechtspraxis ist – herkömmlich – die Unterscheidung, ob es sich bei einer den Versicherungsschutz begrenzenden Klausel um einen **Risikoausschluss** oder um eine **(verhüllte) Obliegenheit** handelt. Ob sie zukunftsträchtig ist, ist fraglich. Von einer verhüllten Obliegenheit spricht man, wenn eine Klausel als Risikoausschluss formuliert ist, sich hinter ihr in 12

Wahrheit aber eine Obliegenheit verbirgt. Von der Unterscheidung ist abhängig, ob der VR von vornherein und unabhängig von einem gegen den VN zu erhebenden Vorwurf keine Deckung schuldet, oder ob er sich auf eine in bestimmter Weise vorwerfbare Verletzung von vertraglichen Regelungen berufen muss. Dabei kommt es nicht nur auf den Wortlaut und die Stellung einer Bestimmung an. Ist allerdings eine Klausel als Obliegenheit bezeichnet, handelt es sich regelmäßig auch um eine solche (BGH VersR 2009, 1659). Entscheidend ist iÜ der **materielle Gehalt der einzelnen Klauseln.** Handelt es sich um eine individualisierende Beschreibung eines bestimmten Wagnisses, für das der VR von vornherein keinen Versicherungsschutz gewähren will, so liegt ein Risikoausschluss vor. Fordert die Regelung in erster Linie ein bestimmtes Verhalten des VN, von dem es abhängen soll, ob er einen zugesagten Versicherungsschutz behält oder ob er ihn verliert, liegt – unabhängig von dem eine sachliche Ausnahme von der Deckung nahe legenden Wortlaut – nach bisheriger Rspr eine (verhüllt genannte, weil nicht auf Anhieb als solche erkennbare) Obliegenheit vor. Wird von vornherein nur ausschnittsweise Deckung gewährt und nicht ein gegebener Versicherungsschutz wegen nachlässigen Verhaltens wieder entzogen, so handelt es sich um eine Risikobegrenzung (BGH NJW 2014, 3449 zu Berechtigungsnachweisen in der Luftfahrthaftpflichtversicherung; OLG Köln BeckRS 2021, 43901 zur Benutzung durch den berechtigten Führer in der Luftfahrtkaskoversicherung; vgl. iÜ BGH r+s 2008, 381 = VersR 2008, 1107 zur Klausel 7110 der VHB 92; VersR 2006, 215 – zum Ausschluss von Schadensvergrößerungen durch Kapitalmangel nach § 3 Abs. 2d AMBUB; VersR 2004, 1132 – zu der Verschlussregelung in § 4c ABEH als verhüllte Obliegenheit; VersR 2000, 969 zur Verwendung eines Fahrzeugs im Werkverkehr nach Ziff. 6.1.5 AVB Werkverkehr; vgl. iÜ BGH VersR 1995, 328; 1988, 267; 1986, 356; BGHZ 51, 356 = NJW 1969, 1116).

13 Fraglich ist, was gilt, wenn eine vom VR als Ausschluss gedachte Regelung sich als (verhüllte) Obliegenheit entpuppt, die vertragliche Regelung indessen **keine Sanktionierung ihrer Verletzung** enthält. In einem solchen Fall soll nach der bisherigen Rspr eine ergänzende Vertragsauslegung geboten sein (inzident BGH VersR 2011, 1550, (1553); ausdrücklich OLG Naumburg VersR 2015, 102; differenzierend *Koch,* VersR 2014, 283 (288 ff.)), die die Regelung des § 28 Abs. 2 auch ohne vertragliche Vereinbarung in den Vertrag aufnimmt. Anders als in den Fällen der mangels Vertragsanpassung unwirksamen Sanktionsregelungen könne dem VR nicht entgegengehalten werden, er habe eine ihm vom Gesetzgeber eröffnete Möglichkeit der Interessenwahrnehmung nicht genutzt. „Vorgeworfen“ werde ihm (nur) eine unzutreffende dogmatische Einordnung der von ihm für richtig gehaltenen Grenzen des Versicherungsschutzes. Stellten diese Grenzen in der Sache keine unangemessene Benachteiligung des VN dar, gebe es keine Gründe, die Missachtung des vom VN erwarteten Verhaltens unter den Voraussetzungen des § 28 mit Rechtsfolgen zu bewehren.

14 Als lediglich ein bestimmtes Verhalten des VN verlangende **Obliegenheiten** hat die Rspr. auf dieser Grundlage bspw. betrachtet: Regelungen über die maximale Dauer fehlender Bewachung in einer **Juwelier, Reiselager- und Warenlagerversicherung** (BGH VersR 1985, 979), die sichere Verwahrung von Wertsachen in der **Valorenversicherung** (BGH VersR 1989, 141; 1986, 781; 1985, 156), die Aufbewahrung von Fotoapparaten in verschlossenen Behältnissen in einer **Reisegepäckversicherung** (BGH VersR 1996, 1097) oder in unbeaufsichtigt abgestellten Pkw (BGH VersR 1985, 854), eine Verwahrung von nicht in Gebrauch befindlichem Schmuck in einer **Haushaltversicherung** (BGH VersR

2004, 1132), die befristete Mitteilung von Salden in einer **Warenkreditversicherung** (BGH VersR 1993, 223), die Erfüllung des Verlangens nach Schadenvorkehrungen in der **Haftpflichtversicherung** (BGH VersR 1973, 145), die Verwahrung von Schmuck in einer **Hausratversicherung** (OLG Koblenz VersR 2007, 159), die Sicherung von Wassersportfahrzeugen auf bestimmten Lagerplätzen in einer **Wassersportkaskoversicherung** (BGH VersR 1982, 395), den Deckungsausschluss bei Fahruntüchtigkeit in der **Schiffsversicherung** (BGH NJW-RR 2011, 1110), die Sicherung von Außenbordmotoren (OLG Hamm NJW-Spezial 2010, 297) oder das Unterlassen ausreichender Sicherungsmaßnahmen bei Wassersportfahrzeugen gegen Diebstahl (OLG Schleswig ZfS 2006, 215) oder des Gebrauchs fahruntüchtiger Schiffe (OLG Hamm RdTW 2015, 341) in der **Wassersportkaskoversicherung,** den Deckungsausschluss für fahruntüchtige Schiffe entsprechend § 138 in der **Transportversicherung** (BGH NJW-RR 2011, 1110 = VersR 2011, 1048 zu 3.2.1.2. AVB Flusskasko), die Berechtigung des Piloten in der Luftfahrthaftpflicht (BGH NJW 2014, 3449), die Sicherung eines ruhenden Luftfahrzeugs in der **Luftfahrtkaskoversicherung** (OLG Köln VersR 1997, 1268; OLG Düsseldorf VersR 1996, 970), den Verstoß gegen anerkannte Regeln der Technik und das Unterlassen von Schutzmaßnamen in einer **Bauwesenversicherung** (OLG Frankfurt a. M. VersR 2010, 1450), die Einhaltung behördlicher Auflagen in der **Transportversicherung** (OLG Köln r+s 1995, 410), die sorgfältige Auswahl und Überwachung des Personals in der **Frachtführerhaftpflichtversicherung** (OLG Saarbrücken VersR 2006, 503), Sicherungsvorschriften in der Transportversicherung (OLG Naumburg VersR 2015, 102), das Verlangen, ein stillgelegtes Fahrzeug auf einem umfriedeten Abstellplatz zu belassen in der **Kaskoruhensversicherung** (OLG Karlsruhe NJW-RR 2012, 127) und die Verpflichtung zur Beachtung öffentlich-rechtlicher Vorschriften und zur Vermeidung von Überladung (OLG München r+s 2011, 437).

Demgegenüber hat die Rspr. als **primäre Risikobeschreibungen** oder **15**
sekundäre Risikoausschlüsse bspw. Klauseln behandelt über: die Erstreckung einer **Hausratversicherung** auf Gold (BGH VersR 1983, 573), das bestimmungsgemäße Tragen von Schmuck in einer **Juwelier-, Schmucksachen- und Pelzversicherung** (BGH VersR 1980, 1042), Wertgrenzen in der Hausratversicherung (LG Dortmund r+s 2015, 199), die Notwendigkeit der verschlossenen Aufbewahrung von Bargeld in der **Einbruchsdiebstahlsversicherung** (BGH VersR 1972, 575), die Deckungsvoraussetzungen von Serienschäden in der **Architekten- und Bauingenieurhaftpflichtversicherung** (BGH VersR 1991, 175), den Haftungsausschluss für ungewöhnliche und gefährliche Beschäftigungen in der **Haftpflichtversicherung** (BGH NJW-RR 2012, 551 = VersR 2012, 172), die zeitliche Deckung von Fahrraddiebstählen in der **Hausratversicherung** (BGH NJW-RR 2008, 1411), den Kostenplan oder die Anforderungen an ein Krankenhaus in der **Krankheitskostenversicherung** (BGH VersR 1995, 328; 1978, 267), den Ausschluss wissentlich pflichtwidrigen Verhaltens in der **Berufshaftpflicht- und Produkthaftpflichtversicherung** (BGH VersR 2007, 641; VersR 1991, 176; VersR 1991, 414; VersR 1990, 482; VersR 1986, 647), die Notwendigkeit von Erlaubnissen in der **Luftfahrerhaftpflichtversicherung** (OLG Celle VersR 2010, 1637), die Führung des Luftfahrzeugs durch eine berechtigte Person in der **Luftfahrtkaskoversicherung** (OLG Köln BeckRS 2021, 43901), die Befristung der Meldung von Schäden in der **Haftpflichtversicherung** (OLG Stuttgart VersR 2009, 276), die Beteiligung an Fahrveranstaltungen in der **Kaskoversicherung** (OLG Köln VersR 2007, 683; OLG Karlsruhe VersR

2005, 78), die Deckung nur bei Diebstählen trotz Einfriedung in der **Kfz-Handel- und Handwerkversicherung** (OLG Saarbrücken VersR 2007, 238), die Beschränkungen der Kostenerstattung auf die Behandlung durch niedergelassene Ärzte in der **Krankheitskostenversicherung** (OLG Saarbrücken VersR 2007, 345) oder die Behandlung in gemischten Anstalten (OLG Hamm VersR 1992, 687; OLG Karlsruhe VersR 1990, 37) oder den vorschriftsmäßigen Zustand eines Luftfahrzeugs in der **Luftfahrtkaskoversicherung** (OLG Oldenburg VersR 1998, 839).

16 Die **Annahme „verhüllter" Obliegenheiten** ist, wie *Felsch* zutreffend ausführt (r+s 2015, 53; so iErg auch Prölss/Martin/*Armbrüster* § 28 Rn. 44; BeckOK VVG/*Marlow* § 28 Rn. 29).), **nicht mehr haltbar,** weil sie den höchstrichterlichen Grundsätzen der Auslegung von AVB widerspricht. Danach ist der Wortlaut einer Regelung der erste Maßstab ihrer Interpretation. Ist eine Klausel als Ausschluss formuliert, so ist sie als Ausschluss zu betrachten. Knüpft sie indessen an ein Verhalten des VN an, so missachtet sie das Leitbild der verschuldensabhängigen Leistungsfreiheit nach § 28 Abs. 2. Was in Wahrheit eine Obliegenheit, aber als Ausschluss formuliert ist, muss den gesetzlichen Erfordernissen von Obliegenheiten, vor allem den Rechtsfolgen ihrer Verletzung und der Voraussetzungen ihres Eintritts gerecht werden. Als verhüllte Obliegenheiten formulierte, tatsächlich Obliegenheiten darstellende Ausschlüsse sind folglich unwirksam.

17 Ungeachtet dessen gilt nach herkömmlicher Rechtsauffassung: Steht fest, dass es sich um einen Risikoausschluss handelt, ist die **Klausel eng** und nicht weiter **auszulegen,** als es ihr Sinn unter Beachtung ihres wirtschaftlichen Zwecks und ihrer Ausdruckweise gebietet (BGH NJW 2012, 3238 = VersR 2012, 1253 mwN). Das folgt aus dem die Interpretation leitenden Gesichtspunkt des Interesses des VN: Er geht davon aus, dass sein Versicherungsschutz nicht weiter verkürzt wird, als der erkennbare Sinn und Zweck der Klausel es gebietet, oder dass seine Deckung Lücken aufweist, ohne dass ihm das durch die AVB hinreichend verdeutlicht wird (§ 1 Rn. 53; BGH VersR 2009, 1147; VersR 1999, 749; VersR 1995, 162; VersR 1994, 1058). Dieser Auslegungsgrundsatz gilt auch für die Frage, ob es sich bei einer Klausel **überhaupt um einen Risikoausschluss** handelt oder ob ein an anderer Stelle im Vertrag enthaltener oder gesetzlicher Risikoausschluss erweitert werden soll: Der VN muss dann in der Klausel oder in textlichem Zusammenhang mit ihr auf solche Einschränkungen seines Versicherungsschutzes aufmerksam gemacht werden (BGH VersR 2009, 1147).

18 Vereinzelt ist der Versicherungsschutz von dem fristgemäßen Verhalten eines VN abhängig. Die Rspr. betrachtet zuweilen eine solche **Befristung** als **Anspruchsvoraussetzung** wie (aufgrund der entsprechenden Formulierung in den AVB) die fristgemäße ärztliche Feststellung der Invalidität in der Unfallversicherung. Ihre Versäumung lässt das Entstehen eines Anspruchs auch dann scheitern, wenn sie schuldlos erfolgt ist. Allerdings kann der VN dem VR in bestimmten Fällen rechtsmissbräuchliches Verhalten entgegenhalten (vgl. § 186 Rn. 10). Demgegenüber unterscheiden sich Obliegenheiten, die vom VN nach Eintritt des Versicherungsfalles ein bestimmtes Verhalten, dessen Anzeige oder die Aufklärung des Sachverhalts verlangen, von der Befristung des Verlangens von Versicherungsleistungen. Zwar knüpft die Befristung wie die Obliegenheit auch an ein bestimmtes Verhalten des VN an. Mit ihr bezwecken die AVB aber regelmäßig eine objektive zeitliche Begrenzung der Leistungspflicht des VR. Solche **Ausschlussfristen** beruhen nicht auf einer Verhaltenserwartung des VR; sie sollen der regelmäßig schweren Aufklärbarkeit von Spätschäden entgegenwirken (BGH

VersR 1982, 567 zur Geltendmachung der Invalidität; VersR 1995, 82 zur Meldung der Berufsunfähigkeit; OLG Frankfurt a. M. NJW-RR 2013, 230 zur Geltendmachung von Schäden in der Vertrauensschadensversicherung; OLG Frankfurt a. M. BeckRS 2020, 31741 für die Pflegetagegeldversicherung). Werden solche Ausschlussfristen versäumt, ist der VR unabhängig von den Begrenzungen des § 28 leistungsfrei. Der VR ist allerdings nicht leistungsfrei, wenn der VN sich wegen der Säumnis zu entschuldigen vermag (BGH VersR 1998, 175 zur Geltendmachung der Invalidität; VersR 1995, 82 zur Meldung der Berufsunfähigkeit). Demgegenüber stellt es eine Obliegenheit dar, wenn dem VN aufgegeben wird, seine Arbeitsunfähigkeit unverzüglich anzuzeigen, will er nicht, bei schuldhaftem Verhalten, Ansprüche verlieren (LG Saarbrücken VersR 2014, 1197).

Gegen die **Wirksamkeit von Ausschlussfristen** bestehen nicht schon grds. 19
Bedenken (BGH VersR 1999, 1266 zu den BB-BUZ (AVB-VV); VersR 1995, 82 zu § 1 Nr. 3 Satz 2 BB-BUZ; BGH VersR 2005, 639 zu § 7 AUB 94). Allerdings ist zu beachten, dass die nach früherem Recht bedeutsamste Ausschlussfrist – § 12 Abs. 3 VVG aF – durch den Gesetzgeber beseitigt wurde. Das verbietet Regelungen in AVB, die sie (auch mit längeren als den früher geltenden sechs Monaten) wieder auferstehen ließen (vgl. § 15 Rn. 16). Im Übrigen müssen sich Ausschlussfristen – die dem allgemeinen Zivilrecht ja nicht fremd sind (vgl. § 651g BGB) – daran messen lassen, ob sie transparent formuliert sind und ein Ziel verfolgen, dem die den VR vor später Inanspruchnahme schützenden Verjährungsfristen nicht gerecht werden können. Das wird selten aufzuzeigen sein.

5. Wirksame Vereinbarung einer Obliegenheit

Obliegenheiten müssen, soweit sie sich nicht aus dem Gesetz ergeben, **aus-** 20
drücklich vereinbart sein (BGH NJW-RR 1996, 981; VersR 1988, 267). Rechtsfolgen aus der Verletzung einer Obliegenheit kann ein VR nur herleiten, wenn die Obliegenheit auch wirksam ist. Von den allgemeinen Schranken des Zivilrechts **(§§ 134, 138, 242 BGB)** abgesehen richtet sich die Wirksamkeit einer Obliegenheit danach, ob sie transparent formuliert ist **(§ 307 Abs. 1 Satz 2 BGB),** und ob sie den VN nicht unangemessen benachteiligt **(§ 307 Abs. 2 BGB).** Insoweit gelten zunächst **formale Voraussetzungen.** Obliegenheiten müssen so **klar und bestimmt formuliert** sein, dass der VN deutlich erkennen kann, was von ihm verlangt wird und unter welchen Voraussetzungen er seinen Versicherungsschutz verlieren kann. Rechte und Pflichten müssen dem VN durchschaubar vor Augen geführt, die ihn treffenden wirtschaftlichen Nachteile und Belastungen erkennbar dargestellt werden. Das gehört zum **gesetzlichen Leitbild des Obliegenheitenrechts** (BGH VersR 2010, 757; VersR 2009, 341; VersR 2009, 1659; VersR 2008, 961; VersR 1990, 384; VersR 1988, 267; VersR 1985, 979). Dass dem VN „die Sorgfalt eines ordentlichen Kaufmanns" auferlegt wird, genügt zur Begründung einer Obliegenheit nicht (BGH VersR 1972, 85 f.). Fügt der VR seinen bestimmte Obliegenheiten enthaltenden AVB **zur Erläuterung gedachte „Verhaltensregeln" bei,** so darf das nicht dazu führen, dass der VN sich über das von ihm Verlangte im Unklaren ist, weil beides nicht übereinstimmt (vgl. OLG Saarbrücken NJW-RR 2004, 1339). In solchen Fällen ist die Obliegenheit nach dem Inhalt der Verhaltensregeln auszulegen oder jedenfalls, wird die Verhaltensregel beachtet, eine schuldhafte Verletzung der Obliegenheit zu verneinen.

21 Das schließt indessen nicht aus, dass eine Obliegenheit das dem VN gebotene Verhalten abstrakt-generell umschreibt (Langheid/Wandt/*Wandt* § 28 Rn. 32). Sie darf zur Konkretisierung vor allem bei Sicherheitsvorschriften auch **auf andere Normen Bezug** nehmen, die von einer zuständigen Stelle durch Gesetz oder aufgrund einer gesetzlichen Ermächtigung erlassen worden sind. Das übernimmt bspw. B § 8 Nr. 1 Buchst. a VGB 2010, wenn vom VN die Einhaltung aller gesetzlichen und behördlichen Sicherheitsvorschriften (also etwa jenen des Bauordnungsrechts, vgl. unter anderem OLG Saarbrücken VersR 1992, 741) verlangt wird. Auch Regelungen der Berufsgenossenschaften (OLG Celle VersR 2010, 666) gehören hierher. Die rechtliche Verbindlichkeit, die eine solche Bezugnahme voraussetzt, fehlt aber Bestimmungen von privater Seite wie jenen der Zentralverbände des Handwerks (BGH VersR 1990, 887; NJW-RR 1990, 1115; OLG Oldenburg VersR 1994, 715). Werden, wie in neueren Klauselwerken üblich, Obliegenheiten inhaltlich vor allem **durch Beispiele erläutert,** prägen diese Beispiele allerdings auch das Verständnis der Obliegenheiten selbst. Rügt der VR später ein Verhalten des VN, das mit dem beispielhaft beschriebenen nach Art und Gewicht nicht vergleichbar ist, sondern lediglich der abstrakten Formulierung der Obliegenheit noch subsumiert werden kann, kann das die Unklarheit der Obliegenheit bedingen oder jedenfalls gegen ein schwer schuldhaftes Verhalten des VN sprechen.

22 Die Vereinbarung einer Obliegenheit, die vom VN, will er seinen Anspruch nicht verlieren, verlangt, dem VR **personenbezogene Informationen** zu übermitteln, ist rechtlich nicht untersagt. Denn der VN kann auf die Verteidigung seines **Persönlichkeitsrechts** verzichten. Daher kann sich ein VN auch durch AVB nicht nur vertraglich dahin binden, den VR über seine wirtschaftliche Situation zu unterrichten (vgl. OLG Hamm VersR 2003, 66). Ihm kann sogar auferlegt werden, dem VR gegenüber ein strafrechtlich relevantes Verhalten zu offenbaren (vgl. → § 31 Rn. 6) oder seine gesundheitlichen Verhältnisse auch vor dem Vertragsabschluss offen zu legen (vgl. § 213 Rn. 14). Die Grenzen bilden auch hier die allgemeinen Vorschriften des Zivilrechts, die allerdings regelmäßig nicht überschritten werden, wenn der VR die Information zur (auch nachträglichen) Beurteilung des versicherten Risikos oder des Versicherungsfalles und seiner Folgen benötigt. Allerdings beschränken besondere gesetzlichen Vorschriften **(§ 18 GenDG)** die Vereinbarung einer Obliegenheit, genetische Untersuchungen oder Analysen zu dulden oder ihre Ergebnisse dem VR zu verschaffen. § 213 begrenzt und ordnet die Befugnis des VR gesundheitliche Daten zu erheben, schließt aber eine Obliegenheit des VN nicht grds. aus, die Beschaffung solcher Informationen zu verlangen und an eine Weigerung Sanktionen zu knüpfen, solange es dem VN überlassen wird, seine informationelle Selbstbestimmung zu wahren (vgl. § 213 Rn. 19 ff.). Die Duldung der **Besichtigung der Wohnung des VN** nach einem angezeigten Hausratschaden darf Gegenstand einer Obliegenheit sein (OLG Hamm NJW-RR 2006, 753), ohne dass damit gegen die Wertung des Art. 13 Abs. 1 GG, die zu den nach § 242 BGB zu beachtenden Schranken vertraglicher Regelungen gehört, verstoßen wird.

23 Ob eine Obliegenheit wegen **Intransparenz** unwirksam ist, richtet sich nach den allgemeinen Auslegungsregeln (→ § 1 Rn. 35 ff.). Die „Stehlgutlistenobliegenheit" ist es nicht (OLG Köln ZfS 2018, 101). In seltenen Fällen kann eine Obliegenheit **wesentliche Rechte des VN,** die sich aus der Natur des konkreten Versicherungsvertrages ergeben, so **einschränken,** dass sie eine unangemessene Benachteiligung darstellt. Das ist angenommen worden für das als unsinnig und

unverhältnismäßig betrachtete Verlangen des § 14 Nr. 1 Buchst. c VHB 84, nach dem der VN zur Erhaltung des Versicherungsschutzes auch bei kurzfristigem Verlassen seines Anwesens alle erdenklichen Verschlussvorrichtungen aktivieren muss (BGH NJW 1990, 2388 = VersR 1990, 896) sowie für jenes des § 7 Abs. 1 FBUB, nach dem der VN gehalten war, Inventuren und Bilanzen gleichzeitig und voneinander getrennt aufzubewahren, obwohl sie bei Verlust jederzeit wieder beschafft werden konnten (OLG Hamm VersR 2003, 239). Auch die durch § 14 Nr. 2 AERB geregelte Bindungswirkung eines rechtskräftigen strafgerichtlichen Urteils ist unwirksam, weil sie eine benachteiligende Beweislastregelung enthält und damit gegen § 309 Nr. 12 BGB verstößt (OLG Hamm ZfS 2003, 29). Frühere Klauseln, die die Schriftlichkeit von Anzeigen während der Dauer des Vertrages auch gegenüber dem Versicherungsagenten verlangten und für wirksam gehalten wurden (BGH VersR 1999, 565), würden heute gegen § 69 Abs. 1 Nr. 2 verstoßen; sie tauchen daher nicht mehr auf.

Die Rspr. nimmt in Ausnahmefällen **auch ohne Vereinbarung** einer Rechtsfolge an, dass der Anspruch auf die Leistung aus dem Versicherungsvertrag **verwirkt** sein kann. Das soll vor allem in Fällen einer versuchten oder vollendeten arglistigen Täuschung in Betracht kommen (BGH VersR 1991, 1129 mAnm *Langheid* r+s 1992, 1 und krit. Anm. *Lücke* VersR 1992, 82; NJW-RR 1988, 87; Versicherungsombudsmann Entsch. v. 24.2.2012 09432/2011-L; zu entsprechenden Klauseln vgl. Rn. 5; § 31 Rn. 25). Die Verwirkung ist allerdings auf Fälle beschränkt, in denen es für den VR schlechthin unzumutbar wäre, sich an der Erfüllung seiner Vertragspflichten festhalten zu lassen und das Vertragsverhältnis durch ein einseitig treuwidriges Verhalten des VR in seinen Grundlagen erschüttert ist. Da das Interesse des VR regelmäßig schon dadurch gewahrt ist, dass der VN den Eintritt des Versicherungsfalles und die Höhe des Schadens beweisen muss – und ein auch nur versuchtes arglistiges Verhalten des VN während der Regulierung einen solchen Beweis dort, wo es auf die Redlichkeit des VN ankommt, objektive Beweismittel also fehlen, regelmäßig ausschließt – dürfte eine Verwirkung in aller Regel nicht in Betracht kommen. 24

II. Obliegenheitsverletzungen

1. Voraussetzungen der Verletzung

a) Tatbestandliche Voraussetzungen. Verletzt ist die Obliegenheit, wenn die verpflichtete Person die ihr auferlegte Handlung unterlassen oder das sie treffende Gebot, etwas zu unterlassen, missachtet hat. Insoweit kann es auf eine **Auslegung der vereinbarten Obliegenheit** ankommen. Sie muss sich danach richten, wie ein durchschnittlicher und um Verständnis einer Klausel bemühter VN ohne versicherungsrechtliche Spezialkenntnisse sie unter Berücksichtigung ihres Wortlauts, systematischer Zusammenhänge und ihres Zwecks (und vor dem Hintergrund seiner Interessen) verstehen kann. Bietet ihm eine Sicherheitsvorschrift alternative Möglichkeiten der Risikoverringerung an, so kann er daraus schließen, dass er der Obliegenheit genügt, wenn er eine davon wahrnimmt (BGH NJW-RR 2008, 1353 = VersR 2008, 1207 zu § 11 Nr. 1 Buchst. d VGB 88; zum Verlangen erhöhter Sicherheitsvorkehrungen bei Abwesenheit BGH VersR 2010, 757 zu § 5 Nr. 5 AVB Schausteller 2001; OLG Hamburg BeckRS 2016, 126071 zur Sicherungsobliegenheit in der Ruhensversicherung). Die Auslegung 25 kann davon beeinflusst werden, wie der VR oder sein Vertreter sie dem VN gegenüber im Schadenfall interpretiert (OLG Saarbrücken VersR 2013, 180). Manche Obliegenheiten, vor allem die Auskunftsobliegenheit, müssen erst erfüllt werden, wenn der VR es verlangt (vgl. unter anderem LG Wuppertal ZfS 2012, 393). Zur Erfüllung von Obliegenheiten ist der VN solange nicht (und nicht mehr) verpflichtet, wie der **VR nicht prüfbereit** ist (vgl. § 31 Rn. 20).

26 Der **Zeitpunkt,** zu dem die Obliegenheit zu erfüllen ist – vor dem Versicherungsfall oder bei und nach seinem Eintritt –, kann bedeutsam für die Frage des Bestehens eines Kündigungsrechts nach Abs. 1 sein, das nur bei Verletzung vor dem Versicherungsfall zu erfüllender Obliegenheiten gilt. Liegt ein **gedehnter Versicherungsfall** vor, bei dem sich das versicherte Ereignis über einen längeren Zeitraum erstreckt, wie in der Berufsunfähigkeitsversicherung die Berufsunfähigkeit oder in der Krankheitskostenversicherung die Heilbehandlung, so ist der Beginn des gedehnten Zeitraums maßgeblich. Anzeigeobliegenheiten nach Vertragsschluss sind meist nach Eintritt des Versicherungsfalles zu erfüllen. In der Maschinen-Betriebsunterbrechungsversicherung ist aber die Obliegenheit, einen Maschinenschaden innerhalb eines Tages anzuzeigen, wenn er zur Betriebsunterbrechung führen kann, eine vor Eintritt des Versicherungsfalles zu erfüllende Obliegenheit, weil sie dem VR Gelegenheit geben soll zur Abwendung der Betriebsunterbrechung beizutragen (BGH VersR 1981, 875). Aber auch der **Zeitpunkt der Erfüllung von Aufklärungsobliegenheiten** liegt nicht starr fest (*Jungermann* r+s 2018, 242): Er ist abhängig von den Möglichkeiten des VN, die Obliegenheit zu erfüllen, und von den Interessen des VR, zeitgerecht über die für ihn notwendigen Informationen zu verfügen.

27 Wann eine Obliegenheit zu erfüllen ist, ergibt sich iÜ aus den AVB und den dort vorgesehenen **Fristen,** soweit ihre Beachtung zumutbar ist. Ist dort **Unverzüglichkeit** vorgesehen, so schadet dem VN nach § 121 BGB schuldhaftes Zögern. Eine solche, einen unbestimmten Rechtsbegriff enthaltende Klausel verstößt nicht gegen die Unklarheitenregel des § 305c Abs. 2 BGB (OLG Hamburg VersR 1990, 304). Unter Unverzüglichkeit kann sich ein durchschnittlicher VN vorstellen, nicht ohne Grund mit der Erfüllung der Obliegenheit warten zu dürfen (zum Abwarten der Einsichtnahme in Ermittlungsakten OLG Düsseldorf NJW-RR 1993, 738 = VersR 1994, 41). Hat der VR den Zeitpunkt versäumt, zu dem eine Anzeige zu erstatten war und sendet ihm der VR ein weiteres Anzeigeformular zu, das der VN unverzüglich ausfüllt und zurücksendet, soll der VR rechtsmissbräuchlich handeln, wenn er sich auf Leistungsfreiheit wegen nicht rechtzeitiger Erfüllung der Obliegenheit beruft (OLG Frankfurt a. M. VersR 1992, 1458). Das ist nicht zu verallgemeinern: Den VR trifft seinerseits keine Obliegenheit, sich sofort auf Leistungsfreiheit wegen Verzögerung einer Information zu berufen. Kulanz darf ihm nicht von vornherein verschlossen werden. Auch kann zuweilen erst aus der Information erkannt wegen, aus welchen Gründen sich die Information verspätet hat und ob und wie dem VN das vorzuwerfen ist.

28 Objektive Voraussetzung mancher Obliegenheiten **ist die Kenntnis des VN von den sie auslösenden Umständen.** Das gilt vor allem für die nach dem Versicherungsfall zu erfüllenden Anzeigeobliegenheit – von der den VN in der Regel weiß (OLG Naumburg BeckRS 2016, 126019) – und die Auskunfts- und Aufklärungsobliegenheiten (zur Kenntnis des Versicherungsfalles vgl. → § 30 Rn. 4; zur Kenntnis der aufzuklärenden Umstände vgl. → § 31 Rn. 14), aber auch für die Beachtung mancher Sicherheitsvorschriften, wie jener des A § 16 Nr. 1 Buchst. a VGB 2010, Mängel und Schäden der versicherten Sache zu behe-

ben. Soll mit der Erfüllung der Obliegenheit ein bestimmter Erfolg wie die Übermittlung einer Information erreicht werden, so ist sie objektiv verletzt, wenn dieser Erfolg nicht eingetreten ist (Prölss/Martin/*Armbrüster* § 28 Rn. 168). Informationsobliegenheiten entfallen allerdings, wie unter anderem § 30 Abs. 2 zeigt, nicht allein schon dadurch, dass der VR sich die Erkenntnisse von anderer Seite beschaffen kann oder sie von dort erhält (vgl. § 31 Rn. 14).

Wie bei der Verletzung von Rechtspflichten (vgl. MüKoBGB/*Oetker* BGB § 249 Rn. 118 ff. mwN) setzt auch die Sanktionierung der Verletzung von Obliegenheiten durch Leistungsfreiheit – nicht aber das Kündigungsrecht – voraus, dass ein **Schutzzweckzusammenhang** (Rechtswidrigkeitszusammenhang) zwischen der verletzten Obliegenheit und dem verwirklichten Risiko besteht. Fehlt es daran, gehört also die Schadenfolge nicht zu denjenigen, denen die Obliegenheit vorbeugen soll, so kann sich der VR nicht auf ihre Verletzung berufen (BGH NJW-RR 2002, 1101 = VersR 2002, 928; NJW-RR 1997, 407 = VersR 1997, 485; VersR 1978, 433; VersR 1976, 134; VersR 1976, 531; VersR 1973, 172; VersR 1972, 530; OLG Hamm r+s 2021, 459 zur differenzierenden Betrachtung des Schutzzwecks von Brandverhütungsvorschriften). Die Frage des Schutzzwecks ist von jener der (konkreten) Kausalität zu unterscheiden. Das ist in erster Linie für Sicherheitsvorschriften von Bedeutung. Sie haben den für den durchschnittlichen VN erkennbaren Sinn, den VR und die Versichertengemeinschaft vor dem erhöhten Risiko zu schützen, das im Allgemeinen mit der Verletzung einer solchen Obliegenheit verbunden ist. Daher ist die Frage nach dem Schutzbereich einer solchen Obliegenheit verallgemeinernd danach zu beantworten, ob durch ihre Verletzung eine Gefahrenlage geschaffen wurde, die generell die Wahrscheinlichkeit vergrößert hat, dass sich das versicherte Risiko verwirklicht. 29

Wird die als Obliegenheit übernommene **baurechtliche Auflage,** eine bestimmte Brandmauer zu errichten, verletzt, so beschränkt sich daher im Versicherungsfall eine etwaige Leistungsfreiheit des VR von vornherein auf die Gebäudeteile, die eine solche Brandmauer vor Feuer hätte schützen sollen (BGH VersR 2002, 928). Befördert ein VN Personen **ohne die erforderliche Fahrerlaubnis –** oder eine erforderliche Berechtigung zur Personenbeförderung – zu haben (D.1.1.2 AKB 2020), und fügt er ihnen bei einem Verkehrsunfall einen Schaden zu, so kommt es nicht darauf an, ob der Unfall auch geschehen wäre, wenn der VN gar nicht gefahren wäre, sondern darauf, ob die Verursachung des Verkehrsunfalls mit der Verletzung der Obliegenheit in einem inneren Zusammenhang steht, also auf die fehlende Eignung des VN zur Beförderung zurückzuführen ist. Ist der Verkehrsunfall auf ein unabwendbares Ereignis zurückzuführen, ist der Schutzzweck der Obliegenheit nicht berührt (BGH VersR 1978, 1129; VersR 1976, 531; zur **Verwendungsklausel** nach D.1.1 AKB 2014; BGH VersR 1972, 530; OLG Celle SVR 2017, 32; OLG Karlsruhe VersR 1986, 1180). Werden in einem leer stehenden Gebäude **Wasser führende Leitungen nicht abgesperrt,** so erfasst der Schutzzweck dieser Obliegenheit (B § 16 Nr. 1 Buchst. b VGB 2010) auch Versicherungsfälle, die durch mutwillige Beschädigung eingetreten sind (BGH VersR 1976, 134). 30

b) Beweislast. Der VR muss die **objektive Verletzung der Obliegenheit beweisen.** Dazu gehört, dass er das (wirksame) **Bestehen** der Obliegenheit, das **Vorliegen ihrer Voraussetzungen** und ihre **Nichterfüllung** beweist (vgl. zum Beweis der Kenntnis BGH VersR 2008, 484 = NJW-RR 2008, 623; NJW 2007, 1126). Die früher vertretene Meinung, der VN trage die Beweislast für die Erfüllung der Obliegenheit, wenn diese in einem bestimmten positiven Tun bestehe, 31 wird nicht mehr vertreten (Prölss/Martin/*Armbrüster* § 28 Rn. 168ff). Der von dieser Meinung vorgenommene Vergleich mit der Beweislastverteilung nach den §§ 362, 363 BGB trägt nicht. Denn diese Vorschriften haben eine reale Leistungsbewirkung vor Augen und beruhen auf dem Gedanken, dass es auf der einen Seite für den Schuldner schwierig ist, die Ordnungsgemäßheit der Erfüllung zu beweisen, sobald er die Leistung erbracht hat, sich aber andererseits der Gläubiger durch die Zurückweisung der Leistung vor Benachteiligungen schützen kann (BGH NJW 1986, 2570). An diesen Voraussetzungen fehlt es regelmäßig bei Obliegenheiten. Soll der VN Sicherheitsvorschriften beachten, so empfängt der Gläubiger nichts und kann nichts prüfen. Aber auch bei Obliegenheiten nach dem Versicherungsfall – der Übermittlung einer Anzeige oder einer Liste – fehlt es daran, dass sich der Empfänger vor Beweisnachteilen durch die Prüfung der Ordnungsmäßigkeit der Leistung sichern kann. Allerdings kann aus dem Verhalten des VN nach angeblicher Übersendung einer Information auch geschlossen werden, dass er sie nicht auf den Weg gebracht hat (OLG Oldenburg BeckRS 2013, 16738 zur Arbeitsunfähigkeitsbescheinigung). Ohnehin ist § 363 BGB auf vertragliche Nebenpflichten nicht anwendbar. Will der Gläubiger aus der Verletzung einer solchen Nebenpflicht Ansprüche herleiten, hat er nach den allgemeinen Grundsätzen die Verletzung zu beweisen (BGH NJW 1981, 2002). Nichts anderes gilt für Obliegenheiten. Auch der Umstand, dass der VR zuweilen dann einen **Negativbeweis** führen muss – wie bei Geltendmachung der **Verletzung der Anzeigeobliegenheit oder der Obliegenheit, eine Stehlgutliste zu übermitteln** – rechtfertigt es nicht ihn zu entlasten. Denn in solchen Fällen der Notwendigkeit eines Negativbeweises kehrt sich die Beweislast nicht um; vielmehr muss die andere Partei nach Lage des Falles die Behauptung substantiiert bestreiten und diejenige Partei, die die Beweislast trägt, die Unrichtigkeit der Gegendarstellung beweisen (BGH NJW 1987, 1322; NJW 1985, 1774; NJW VersR 1985, 541).

32 Der VR muss in den Fällen der Wissensabhängigkeit das Vorliegen dieser subjektiven Voraussetzungen der Verletzung einer Obliegenheit beweisen, regelmäßig also die **Kenntnis des VN** von den der anzuzeigenden oder aufzuklärenden Umständen (vgl. BGH VersR 2008, 484; VersR 2007, 389 mwN; zur Erkundigungsobliegenheit § 31 Rn. 14; zum behaupteten Wegfall einmal vorhandener Kenntnis → § 31 Rn. 38). Allerdings trifft denjenigen VN, in dessen Wahrnehmungsbereich das Vorliegen der tatbestandlichen Voraussetzungen einer Obliegenheit fällt – die Kenntnis eines Versicherungsfalles, das Absenden der Schadenanzeige, das Wissen um die für aufklärungsbedürftig gehaltenen Umstände – eine sekundäre Darlegungslast (Prölss/Martin/*Armbrüster* § 28 Rn. 168). Der VR muss weiterhin, wenn die Beachtung einer Obliegenheit von seinem eigenen Verhalten abhängt wie die Befolgung von Weisungen oder die Erteilung bestimmter Auskünfte, dieses Verlangen beweisen (OLG Hamm VersR 1991, 923). Schließlich muss der VR auch den **inneren (generellen) Zusammenhang** zwischen der Obliegenheitsverletzung und dem eingetretenen Versicherungsfall und seinen Folgen darlegen und notfalls beweisen (BGH VersR 1997, 485).

2. Verpflichtete

33 Obliegenheiten treffen zunächst den VN als natürliche Person und können daher in erster Linie von ihm verletzt werden. Ist VN eine **minderjährige Person,** so trifft sie die Obliegenheit. Allgemein wird allerdings vertreten, dass ihr

das Verhalten und das Wissen ihrer gesetzlichen Vertreter zugerechnet werden (Prölss/Martin/*Armbrüster* § 28 Rn. 85). Da es indessen nicht um rechtsgeschäftliches Handeln für einen anderen geht, folgt die Zurechnung aus dem elterlichen Sorgerecht. Die Annahme, die infolge einer Aufklärungsobliegenheit gebotene Mitteilung an den VR durch einen **Minderjährigen** bedürfe der Einwilligung des gesetzlichen Vertreters, ist falsch (OLG Rostock ZfS 2011, 393 m. abl. Anm. *Rixecker*). Ähnliches gilt für **unter Betreuung stehende Personen.** Die Obliegenheiten treffen sie, zugerechnet wird ihnen das Verhalten des Betreuers im Rahmen des Aufgabenkreises des Betreuers (OLG Nürnberg VersR 2002, 1233). Parteien kraft Amtes – Testamentsvollstrecker, Nachlassverwalter, Insolvenzverwalter (dazu OLG Köln VersR 2006, 1207) – haben die Obliegenheiten in Bezug auf den Nachlass oder die Masse wahrzunehmen. Das ändert nichts daran, dass auch der VN in solchen Fällen Obliegenheiten weiter wahrnehmen muss, soweit er dazu tatsächlich und rechtlich imstande ist. Den **Gesamtrechtsnachfolger** trifft die Obliegenheit selbst. **Zessionare, Pfandgläubiger und Pfändungsgläubiger** sind nicht verpflichtete Personen, auch werden ihr Verhalten und ihre Kenntnisse dem VN nicht aufgrund dieser Rechtsstellung zugerechnet (Langheid/Wandt/*Wandt* § 28 Rn. 97; Bruck/Möller/*Heiss* § 28 Rn. 68 und 69).

Handelt es sich bei dem VN um eine **juristische Person,** so hat sie die Obliegenheiten durch ihre Organe zu erfüllen. Deren Verhalten und deren Kenntnisse werden der juristischen Person nach §§ 31, 89 BGB zugerechnet. Das gilt auch bei Versicherungsverträgen mit einer **Personengesellschaft,** die **als Gesamthand** organisiert ist, weil die Rspr. von deren Teilrechtsfähigkeit ausgeht (BGHZ 146, 341 (344); NJW 2008, 1378 zur Gesellschaft bürgerlichen Rechts). Ihnen schadet folglich analog §§ 31, 89, was in der Person der Organe der Personengesellschaft vertragsrelevant ist. Das Verhalten und das Wissen der übrigen Gesellschafter wird nur zugerechnet, soweit der Versicherungsvertrag konkludent deren Sachersatzinteresse schützt (BGH VersR 2008, 634). Dann sind sie nämlich als Versicherte zu betrachten und es gilt die **Zurechnungsnorm des § 47,** die allerdings nur die Absicherung genau dieses Interesses betrifft. Darüber hinaus ist nur vertragsrelevant, wenn und soweit sie **Repräsentanten, Wissenserklärungsvertreter oder Wissensvertreter** (vgl. Rn. 38 ff.) sind. Bei den **übrigen Gesamthandsgemeinschaften** – Gütergemeinschaft und Erbengemeinschaft – ist von einem einheitlichen Versicherungsanspruch auszugehen, in Bezug auf den die Obliegenheiten einheitlich zu erfüllen sind. Das Verhalten und das Wissen eines Gesamthänders gelten also gewissermaßen für und gegen alle. 34

Bezieht sich der Versicherungsvertrag auf eine Sache, die im **Miteigentum mehrerer VN** steht, geht die Rspr. von der **Absicherung eines einheitlichen Risikos und dem Bestehen eines „unteilbaren" Versicherungsanspruchs** aus. Das hat zur Folge, dass Obliegenheitsverletzungen eines Miteigentümers allen schaden sollen (BGH VersR 2006, 258; NJW-RR 1991, 1372; OLG Hamm VersR 2001, 366; Prölss/Martin/*Armbrüster* § 28 Rn. 87 ff., 92; aA zu Recht OLG Karlsruhe r+s 2013, 121). Die Begründung überzeugt nicht, weil ein „einheitliches Risiko" keineswegs zu einem „unteilbaren Versicherungsanspruch" führen muss, wie die Möglichkeiten der Kombination von Eigen- und Fremdversicherung bezogen auf ein und dieselbe Sache zeigen, und weil der Kreis der Gesamthandsgemeinschaften bürgerlichrechtlich geschlossen ist (abl. daher auch Langheid/Wandt/*Wandt* § 28 Rn. 101 ff.; Bruck/Möller/*Baumann* § 28 Rn. 86). Manche folgern dies aus einer analogen Anwendung des § 425 Abs. 1 BGB, stellen also „gesamtschuldnerische Obliegenheiten" Gesamtschulden gleich (Beckmann/ 35

Matusche-Beckmann VersR-HdB/*Looschelders* § 17 Rn. 11). Ob dem Versicherungsvertrag dann eine konkludente Abweichung von dem Einzelwirkungsgrundsatz zu entnehmen ist (abl. Bruck/Möller/*Baumann* § 28 Rn. 86) wäre eine Wertungsfrage im Einzelfall. § 744 BGB weist die Verwaltung eines gemeinschaftlichen Gegenstandes den Teilhabern gemeinschaftlich zu, begründet also eine gemeinschaftliche Verantwortung für die Erhaltung des versicherten Risikos. Das gilt jedoch nur im Innenverhältnis und begründet keine nach außen wirkenden Pflichten. Jedoch zeigt die Möglichkeit von Mehrheitsbeschlüssen (§ 745 Abs. 1 BGB), dass ein Teilhaber nicht einmal stets die Möglichkeit hätte, Obliegenheiten zu erfüllen. Daher spricht viel dafür, das Verhalten eines VN nicht zu Lasten des anderen – in Bezug auf dessen Anteil – wirken zu lassen, soweit nicht besondere Zurechnungstatbestände gegeben sind (ÖOGH VersR 1998, 1535; OLG Karlsruhe r+s 2013, 121; OLG Saarbrücken VersR 1998, 883; Langheid/Wandt/*Wandt* § 28 Rn. 101 ff.).

36 Da die Rspr. das Verhalten von Miteigentümern auch nur zurechnet, wenn tatsächlich ein einheitliches Risiko versichert ist, nimmt sie folgerichtig eine Zurechnung aus bei Absicherung voneinander zu unterscheidender Risiken. Das gilt vor allem in der **Haftpflichtversicherung.** Haben mehrere Personen Miteigentum an einem Gegenstand und haben sie für die von diesem ausgehenden Gefahren gemeinschaftlich einen Haftpflichtversicherungsvertrag abgeschlossen, so begründet er eigenständige Deckungsansprüche einer jeden versicherten Person. Die Obliegenheitsverletzung des einen VN schadet folglich auch nur diesem (BGH VersR 1967, 990; VersR 1961, 651).

37 In den Fällen der **Wohnungseigentümergemeinschaft** hat die Rspr. gleichfalls den Einschluss des Sachersatzinteresses in deren Versicherungsverträgen bejaht (BGH VersR 2001, 713). Sie muss so folgerichtig zu einer Zurechnung von Verhalten und Wissen nach § 47 – soweit das Sachersatzinteresse betroffen ist – kommen. Im Übrigen müssten an sich die für Miteigentümer geltenden Grundsätze anwendbar sein. Jedoch hat **§ 10 Abs. 6 WEG** eine **Teilrechtsfähigkeit** der Wohnungseigentümergemeinschaft begründet. Das kann nur die Konsequenz haben, dass Obliegenheiten (in Bezug auf das Gemeinschaftseigentum) die Gemeinschaft als solche treffen und ihr nur das Verhalten ihrer „Organe" zugerechnet wird. Das Problem wird allerdings durch **Teil A § 6 Nr. 1 und 2 VGB 2010** entschärft. Danach darf sich der VR wegen eines seine Leistungsfreiheit begründenden, in der Person eines Wohnungseigentümers verwirklichten Umstands den anderen Wohnungseigentümern gegenüber nicht berufen, hat aber einen Aufwendungsersatzanspruch.

III. Zurechnung von Obliegenheitsverletzungen Dritter

1. Allgemeines

38 Der VN „**haftet" für eigenes Verschulden.** Verletzt ein Dritter Obliegenheiten, die der VN zu beachten hatte, haftet der VN grds. nicht. Als Haftung für eigenes Verschulden ist anzusehen, wenn der VN eine juristische Person ist, deren Organ gehandelt hat, oder wenn bei einer natürlichen Person der gesetzliche Vertreter tätig geworden ist. In der **Versicherung für fremde Rechnung** werden allerdings die Kenntnis und das Verhalten des Versicherten dem VN **nach § 47** zugerechnet. Die **Haftung für Erfüllungsgehilfen nach § 278 BGB** kommt im Versicherungsvertragsrecht, soweit es um die Erfüllung von Obliegenheiten geht, grundsätzlich nicht in Betracht (BGH NJW 1981, 52 = VersR 1981, 948; NJW 1981, 1098 = VersR 1981, 321). Obliegenheiten sind keine Rechtspflichten, deren Verletzung zu einem Anspruch auf Schadensersatz führen könnte und deren Erfüllung der VR einklagen könnte. Das gilt selbstverständlich dort nicht, wo das Versicherungsvertragsrecht selbständige Rechtspflichten kennt (bspw. § 6; vgl. Rn. 9), oder dann, wenn der Versicherungsvertrag selbst Rechtspflichten – bspw. als Leistung des VR die Instandsetzung durch vom VR zu beauftragende Handwerker – regelt. Dann allerdings muss der VR für ein **Fehlverhalten seiner Erfüllungsgehilfen** nach § 278 BGB einstehen. Die Zurechnung des Verhaltens Dritter folgt also eigenen versicherungsvertraglichen Regeln.

2. Repräsentanten

Das gilt zunächst für Fälle, in denen ein Dritter an die Stelle des VN tritt, 39 jemand also die Stellung eines VN nur formal innehat. Das darf nicht zur Benachteiligung des VR führen, wenn der VN **das versicherte Risiko ganz auf den Dritten verlagert** hat und daher von diesem auch die Beachtung der Obliegenheiten erwartet werden muss (vgl. zur Entwicklung *Römer* NZV 1993, 249). Ist ein Dritter an die Stelle des VN getreten, soll dieser nicht deshalb bessergestellt sein, weil er den Dritten für sich handeln lässt. Das gilt nicht nur für die Fälle der Herbeiführung eines Versicherungsfalles iSd § 81 als auch für die Zurechnung von Obliegenheitsverletzungen.

Repräsentant ist, wer in dem Geschäftsbereich, zu dem das versicherte Risiko 40 gehört, aufgrund eines Vertretungs- oder ähnlichen Verhältnisses an die Stelle des VN getreten ist. Die bloße **Überlassung der Obhut** über die versicherte Sache reicht dafür nicht aus (BGH NJW-RR 2003, 1250). Kommt indessen zur Übertragung der Obhut jene der eigenverantwortlichen Sorge für das versicherte Interesse hinzu, ist das anders (OLG Brandenburg r+s 2013, 24 zur Hausverwaltung). Repräsentant kann nur sein, wer befugt ist, selbstständig in einem gewissen und nicht ganz unbedeutenden Umfang für den VN zu handeln. Dann ist ihm die sog Risikoverwaltung übertragen. Insoweit muss nicht hinzutreten, dass der Dritte auch die Rechte und Pflichten aus dem Versicherungsvertrag wahrzunehmen hat. Übt indessen der Dritte aufgrund eines Vertretungs- oder ähnlichen Verhältnisses die **Verwaltung des Versicherungsvertrages** aus, kann dies auch unabhängig von einer Beherrschung der versicherten Sache seine Repräsentantenstellung begründen (BGH r+s 2019, 582 zur (fehlenden) Repräsentanteneigenschaft des Rechtsanwalts in der Rechtsschutzversicherung; VersR 2007, 673; VersR 1993, 828 = NJW 1993, 1862; aus strafrechtlicher Sicht BGH NStZ 2021, 171).

Damit ist **zwischen Risiko- und Vertragsverwaltung** zu unterscheiden. Wer 41 die Risikoverwaltung übernommen hat, ist Repräsentant des VN in Bezug auf die Vermeidung und Beherrschung des Risikos. Wer die Vertragsverwaltung übernommen hat, kann es im Rahmen dieser ihm übertragenen Aufgabe sein (zur Repräsentanteneigenschaft bei Übertragung der Abrechnungen in der Krankenversicherung BGH NJW 2012, 376 = VersR 2012, 219). Zur Risikoverwaltung zählt die Obhut über die versicherte Sache. Sie allein reicht indessen nicht aus. Vielmehr ist aufgrund einer Würdigung der Gesamtumstände festzustellen, ob der Dritte in Bezug auf das versicherte Risiko über die **Befugnis zu selbständigem, einen nicht ganz unbedeutenden Umfang einnehmenden Handeln für den VN** verfügt. Die faktische Beherrschung der versicherten Sache und die prägende Wirkung der im Wesentlichen alleinigen Nutzung durch den Dritten sowie ein wirtschaftliches Interesse an der Erhaltung der versicherten Sache lassen idR auf eine Repräsentantenstellung schließen (NJW-RR 2016, 281; NJW-RR 2003, 1250; OLG Brandenburg ZfS 2010, 391 = SVR 2010, 271; OLG Köln VersR 2005, 1281; OLG Hamburg VersR 2005, 221; OLG Koblenz NJW-RR 2005, 825; abl. für den Inhaber eines Autohauses, dem ein Kfz zum Verkauf überlassen wurde LG Nürnberg-Fürth ZfS 2013, 156). Demgegenüber reicht eine kurzfristige und vorübergehende Besitzüberlassung auch dann nicht aus, wenn dies wiederholt geschieht. Die Risikoverwaltung muss notwendigerweise auf längere Zeit hin angelegt sein. Auch eine Mitobhut macht den Dritten noch nicht zum Repräsentanten (OLG Karlsruhe VersR 1990, 1222). Wer indessen für längere Zeit die versicherte Sache bewachen, behüten und für sie sorgen soll, kann diese Aufgaben nur erfüllen, wenn er auch befugt ist, für den VN selbstständig zu handeln.

42 Mit der **dauernden Übertragung der alleinigen Obhut und der Beherrschung der versicherten Sache** ist der Dritte durch Übertragung der Risikoverwaltung an die Stelle des VN getreten. Dann ist es nicht erforderlich, dass er auch beauftragt worden sein muss, dessen Rechte und Pflichten als VN wahrzunehmen. Das ist bspw. der Fall, wenn jemand das versicherte **Unternehmen weiterführt** (OLG Hamm VersR 2015, 1019). Die Übertragung der Risikoverwaltung kann sich **auf bestimmte Bereiche und bestimmte Zeiten beschränken.** In diesem Rahmen muss allerdings der Dritte, um Repräsentant zu sein, über einen eigenen maßgeblichen Entscheidungsspielraum verfügen (BGH VersR 1986, 541). Die Repräsentation muss auch zum Zeitpunkt des Versicherungsfalles vorliegen. Die spätere Übertragung der Verantwortung ist nicht erheblich (BGH VersR 1971, 538).

43 Das schließt allerdings nicht aus, auch Verhaltensweisen zuzurechnen, wenn dem Dritten die Vertragsverwaltung übertragen worden ist (BGH NJW 1993, 1862 = VersR 1993, 828; *Knappmann* VersR 1997, 261). Diese **Vertragsverwaltung** bedeutet, dass dem Dritten die **Wahrnehmung der Rechte und/oder der Pflichten aus dem Versicherungsvertrag** vom VN übertragen worden ist. Ist diese Übertragung so umfassend, dass der Dritte insoweit an die Stelle des VN tritt, wird er zum Repräsentanten. Die Befugnis des Dritten, nur einzelne unbedeutende Rechte und Pflichten auszuüben, reicht nicht aus. Insoweit kann von einer Repräsentantenstellung auch dann ausgegangen werden, wenn dem Dritten die Vertragsverwaltung nur für die Zeit nach Eintritt des Versicherungsfalles übertragen worden ist (*Knappmann* VersR 1997, 261). Das gilt etwa für die Person, der der VN in einem Krankheitsfall die Aufgabe übertragen hat, die Abrechnungen mit dem VR vorzunehmen (BGH NJW 2012, 376 = VersR 2012, 219). Ist von einer Vertragsverwaltung auszugehen, so wird das Verhalten des Dritten dem VN vor allem in Bezug auf die Wahrnehmung von Obliegenheiten nach dem Versicherungsfall, also die Abgabe von Anzeigen dem VR gegenüber oder die Aufklärung des VR nach von diesem erbetenen Informationen zugerechnet. Ist dem Dritten allerdings nicht die Wahrnehmung der Versicherungsangelegenheiten umfassend übertragen, so kommt eine Zurechnung fehlerhaften Verhaltens nur in Betracht, wenn der Dritte wenigstens Wissenserklärungsvertreter ist.

44 **Ehepartner, Lebensgefährten und Lebenspartner** sind nicht schon allein wegen dieser Eigenschaft und der damit verbundenen Befugnisse Repräsentanten (BGH r+s 1994, 284 = NJW-RR 1994, 988; OLG Karlsruhe r+s 2013, 121; OLG Brandenburg ZfS 2010, 391; OLG Frankfurt a. M. OLGR 2006, 151; OLG

Karlsruhe VersR 1991, 1048; OLG Koblenz VersR 1999, 1231; OLG Köln r+s 1999, 305 = VersR 1999, 618; OLG Köln VersR 2005, 1281; OLG Köln VersR 1998, 1541). Solche Personen sind aber bspw. in der Kfz-Versicherung dann Repräsentanten, wenn sie das versicherte Kfz ständig fahren, im Besitz der Papiere und sämtlicher Schlüssel sind und jeden Fahrzeugschaden wirtschaftlich tragen (OLG Hamm VersR 1996, 225). Ist das nur während einer zeitlich begrenzten Abwesenheit der Fall, kommt eine Repräsentation nicht in Betracht (OLG Köln VersR 1990, 1226). Ist, wie häufig bei Ehepartnern oder Lebensgefährten und Lebenspartnern von Miteigentum auszugehen, kann allerdings eine Zurechnung nach § 47 erfolgen (BGH NJW-RR 1991, 1372; OLG Hamm VersR 1994, 1464). Ist dem Ehepartner die Schadensabwicklung und die Wahrnehmung sämtlicher Versicherungsangelegenheiten übertragen, ist er Repräsentant (OLG Bremen VersR 1998, 1149). Führt ein Angehöriger für eine längere Zeit – wie der Vater die Gaststätte des Sohnes während dessen Wehrpflicht – das versicherte Risiko und handelt für ihn in nicht unbedeutendem Umfang, ist er Repräsentant (BGH NJW-RR 1991, 1307).

Der **Mieter oder Pächter** ist als solcher nicht Repräsentant. Im Regelfall 45 kann schon nicht davon ausgegangen werden, dass er nur infolge des Miet- oder Pachtvertrages die Sache auch in alleiniger Obhut hat (BGH NJW 1989, 1861 = VersR 1989, 737; OLG Zweibrücken VersR 2009, 541; OLG Düsseldorf VersR 2007, 982; OLG Hamm r+s 2002, 22 = VersR 2002, 433; zum Charterer OLG München VersR 2006, 970). Der **Verwalter einer Wohnungseigentümergemeinschaft** ist im Verhältnis zum Wohnungseigentümer Repräsentant, wenn er nach seinem Vertrag berechtigt und verpflichtet ist, die Versicherungsangelegenheiten zu erledigen (OLG Köln NVersZ 2001, 329). Das gilt auch für faktische Verwalter eines Anwesens (OLG Hamburg VersR 2005, 221; zum Hausverwalter generell OLG Brandenburg r+s 2013, 24), wenn die Verwaltung gänzlich in ihre Hände gelegt ist und die selbstständige Abwicklung von Versicherungsangelegenheiten damit verbunden ist. Ein nur gelegentliches „Sehen nach dem Rechten" genügt indessen nicht (OLG Koblenz NJW-RR 2005, 825).

Der **faktische Betriebsinhaber,** der das Unternehmen oder den Betrieb 46 beherrscht, ist Repräsentant (OLG Köln r+s 1995, 308 = VersR 1996, 94). Ein **Betriebsleiter** mit einem nur eingeschränkten Entscheidungsspielraum ist kein Repräsentant (BGH ZfS 1992, 204 = VersR 1992, 865). Der Betriebsleiter und Verwalter einer Ölabfüllungsanlage ist kein bereichsbezogener Repräsentant, weil er kaum über eigenen Entscheidungsspielraum verfügt (BGH VersR 1992, 865). Der Angestellte, dem die Fahrer von betrieblichen Lkw Mängel mitteilen müssen und der für ihre Behebung zu sorgen hat, ist als Repräsentant zu betrachten (BGH VersR 1971, 538). Bei größeren Bauvorhaben ist idR der **Baustellenleiter,** nicht der Polier oder Schachtmeister Repräsentant (OLG Celle VersR 2001, 453; OLG Hamm NVersZ 1999, 586 = VersR 2000, 1104).

Ein vom VN konsultierter **Rechtsanwalt** ist in aller Regel kein Repräsentant 47 unter dem Gesichtspunkt der Vertragsverwaltung, weil diese ihm nicht in ausreichendem Maße übertragen wird (BGH r+s 2019, 582; § 127 Rn. 5). Die Zurechnung seines Verhaltens, vor allem seiner Erklärungen, ist lediglich – in Ausnahmefällen – über die Wissenserklärungsvertretung oder unmittelbar über § 166 BGB zu begründen (OLG Bamberg r+s 1963, 173). Der **Zwangsverwalter** ist hingegen Repräsentant (BGH NJW 1995, 56 = VersR 1994, 1465).

In der **Kfz-Kaskoversicherung** ist häufig von einer Repräsentantenstellung 48 dessen auszugehen, der das Kfz eigentlich (aussschließlich) nutzt (BGH NJW

1996, 2935 = ZfS 1996, 418 = VersR 1996, 1229). Daher ist ein Handelsvertreter, dem ein Kfz überlassen ist und der für Unterhaltung und Verkehrssicherheit des Kfz zu sorgen hatte, als Repräsentant zu betrachten (OLG Frankfurt a. M. ZfS 1996, 341 = VersR 1996, 838; OLG Koblenz ZfS 2001, 364 = VersR 2001, 1507). Auch der Leasingnehmer ist als Repräsentant anzusehen (OLG Hamm r+s 1996, 170 = VersR 1996, 225; vgl. auch OLG Oldenburg r+s 1996, 394 = VersR 1996, 746; für den Sohn, der als Eigentümer das Kfz nutzt und dessen Mutter VN aus versicherungstechnischen Gründen war OLG Hamm NJW-RR 1995, 602 = VersR 1995, 1086 bei wechselseitiger Benutzung des Kfz). In der **Kfz-Haftpflichtversicherung** ist der Fahrer nicht Repräsentant des VN. Da er selbst Mitversicherter ist, hat er eigene Obliegenheiten zu erfüllen. Ein Fehlverhalten dabei ist dem VN nicht zuzurechnen (BGH NJW 1969, 1387 = VersR 1969, 695; VersR 1967, 149).

49 Vereinzelt enthalten **AVB** Bestimmungen zur Zurechnung des Verhaltens von Repräsentanten (§ 19 AFB 2008, § 19 AWB 2008, § 19 VHB 2008). Weichen sie von dem von der Rspr. entwickelten Repräsentantenbegriff, der als gesetzliches Leitbild zu betrachten ist (BGH NJW-RR 1993, 1049 = VersR 1993, 830), ab, so sind sie unwirksam (zur unzulässigen Zurechnung des Verhaltens angestellter oder freiberuflich tätiger Rechtsanwälte zu einer Anwaltssozietät OLG München NJW-RR 2010, 1560 = VersR 2009, 59; § 127 Rn. 5). Aber auch soweit sie wie neuere Klauselwerke nur den Hinweis enthalten, dass der VN sich die Kenntnisse und das Verhalten seiner Repräsentanten zurechnen lassen muss, gilt das selbstverständlich nur nach den von der Rspr. entwickelten Kriterien iRd konkreten Repräsentation.

3. Wissenserklärungsvertreter

50 Rechtsfolgen löst auch die Verletzung einer dem VR gegenüber zu erfüllenden Informationsobliegenheit aus, die von einem Wissenserklärungsvertreter zu verantworten ist. **Wissenserklärungsvertreter** ist, wer vom VN mit der Erfüllung von dessen Obliegenheiten und zur Abgabe von Erklärungen anstelle des VN betraut worden ist (BGH NJW 1993, 2112 = VersR 1993, 960), bspw. mit der Ausfüllung und Abgabe der Schadensanzeige (OLG Köln r+s 2015, 131; zur Übertragung auf den Rechtsanwalt OLG Saarbrücken NJW-RR 2021, 291; zur Übernahme von Informationen eines Handwerkers OLG Rostock VersR 2020, 690). Zur Betrauung genügt die einfache Übertragung der konkreten Aufgabe zur Information des VR. Eine irgendwie formalisierte Bevollmächtigung oder ausdrückliche Beauftragung ist nicht erforderlich; es genügt, dass der Wille des VN erkennbar ist, dass die eine Erklärung abgebende Person mit seinem Willen tätig ist (OLG Köln VersR 2014, 1452). Aber auch bei genereller Übertragung der Aufgabe zur Mitteilung versicherungsvertraglich bedeutsamer Umstände liegt eine Wissenserklärungsvertretung vor. Dem VN werden die Erklärungen seines Wissenserklärungsvertreters zugerechnet. Der Grund der – von der Repräsentantenhaftung unabhängigen selbstständigen (BGH VersR 1967, 343) – Zurechnung liegt darin, dass der VN die ihm dem VR gegenüber obliegende Unterrichtung einem Dritten übertragen hat. Die Zurechnung beruht, ohne dass es für die zu ziehenden Rechtsfolgen auf den dogmatischen Streit ankäme, auf einer analogen Anwendung des § 166 BGB (aA Prölss/Martin/*Armbrüster,* § 28 Rn. 154; Looschelders/Pohlmann/*Pohlmann* § 28 Rn. 87). Die Zurechnung bewirkt, dass sich der VN nicht mit fehlendem eigenen Wissen und auch nicht mit fehlendem eigenen Verschulden entlasten kann, wenn der Dritte schwer schuldhaft gehandelt hat (BGH VersR 1967, 343; OLG Stuttgart r+s 1992, 331). Zugerechnet wird dem VN nicht nur die Abgabe einer falschen Wissenserklärung, sondern auch das Untätigbleiben des zur Abgabe von Erklärungen Betrauten.

Es kommt nicht darauf an, ob der mit der Abgabe von Erklärungen Betraute 51 diese aus eigenem Wissen abgibt, oder ob er den Inhalt der Erklärung vom VN oder anderen mitgeteilt bekommen hat. Die Erklärung eigenen Wissens ist nicht Voraussetzung der Eigenschaft als Wissenserklärungsvertreter (OLG Hamm NJW-RR 1997, 81). Eine Wissenserklärungsvertretung liegt allerdings nicht vor, wenn eine vom VN darum gebetene Person ein Schadenformular aus eigenem Wissen ausfüllt, **das der VN dann unterzeichnet.** In einem solchen Fall gibt der VN eine eigene Erklärung ab und macht sich die Angaben seines Gehilfen zu eigen (BGH NJW 1995, 662 = VersR 1995, 281; OLG Brandenburg ZfS 2010, 391; OLG Hamm r+s 1997, 1; so iErg auch OLG Rostock VersR 2020, 690). Ob ihm in einem solchen Fall das **Wissen des Dritten zugerechnet** werden kann, hängt von den Umständen des Streitfalles ab: Hat der Dritte das Formular ausgefüllt, weil der VN ihn damit betraut hatte, Informationen in Bezug auf das versicherte Risiko auch entgegenzunehmen und zu verwalten, kommt eine Zurechnung kraft Repräsentation oder Wissenvertretung in Betracht. Hat der VN dem Dritten blind vertraut oder war es ihm gleichgültig, was der Dritte angibt, kann ihm vorgehalten werden, den VR ins Blaue hinein unterrichtet zu haben und seiner Erkundigungsobliegenheit (§ 31 Rn. 14) nicht gerecht geworden zu sein. Das kann, vertraut er dem Dritten blind, eine Angabe ins Blaue hinein sein Der VN bedient sich eines Dritten auch dann als Gehilfen, wenn er das Formular zunächst unterschreibt und es dann nach seinen Informationen ausfüllen lässt (OLG Hamm NJW-RR 2000, 765 = VersR 2000, 1135; OLG Frankfurt a. M. r+s 2002, 37). Für das Fehlverhalten eines Boten, der die Erklärung eines anderen lediglich zu übermitteln hat, haftet der VN nur bei einem Auswahlverschulden.

Ehe- und Lebenspartner sowie Lebensgefährten sind nicht schon als solche 52 Wissenserklärungsvertreter. Auch bei Ihnen muss festgestellt werden, dass sie vom VN mit der Abgabe von Erklärungen konkret betraut worden sind (BGH NJW 1993, 2112 = VersR 1993, 960; OLG Brandenburg ZfS 2010, 391). Daher ist die objektiv unrichtige Verneinung von Vorschäden durch einen mit dieser Beantwortung von Fragen des VR nicht nachweislich beauftragten Ehepartner unschädlich (OLG Köln ZfS 2007, 217). Das kann allerdings auch in genereller Weise geschehen, wenn etwa die Ehefrau eines Handwerkers von Ihrem Ehemann, dem VN, grds. damit betraut wurde, alle schriftlichen Angelegenheiten zu erledigen, wozu in der Vergangenheit auch die Angelegenheiten der Versicherung gehörten. Hatte ein Ehegatte dem anderen die Abwicklung der Schadenssache bei der Versicherung überlassen (OLG Köln VersR 2005, 1528; 1991, 95), sind die Erklärungen des Ehegatten dem VN zuzurechnen (OLG Köln VersR 1994, 14; OLG Stuttgart r+s 1992, 331). Gleiches gilt für Angehörige, die der VN dem VR als Ansprechpartner benennt (OLG Dresden VersR 2006, 1526; OLG Köln ZfS 2006, 298 = r+s 2006, 235; OLG Hamm NVersZ 2001, 563).

Rechtsanwälte sind grundsätzlich keine Wissenserklärungsvertreter des VN 53 (OLG Frankfurt a. M. ZfS 2012, 398; → § 127 Rn. 5). Ob sie es ausnahmsweise sind, hängt von den Umständen des Einzelfalls und ihrer Beauftragung bspw. mit der Erfüllung von Obliegenheiten dem VR gegenüber ab. Beauftragt der VN einen **Rechtsanwalt** mit der Abwicklung des Schadens und folglich mit der Abgabe der notwendigen Erklärungen, ist dieser Wissenserklärungsvertreter, dessen Verschulden dem VN zuzurechnen ist (OLG Saarbrücken NJW-RR 2021, 291; OLG Hamm NJW-RR 1997, 91; OLG Celle VersR 1990, 376; OLG Köln VersR 1997, 1394; 1981, 669; OLG Koblenz VersR 2000, 168). Hat der VN einen **Angestellten** umfassend mit der Bearbeitung der Versicherungssache betraut, kann darin auch die Betrauung liegen, Erklärungen für den VN abzugeben (OLG Koblenz r+s 2006, 74 = VersR 2006, 74; OLG Köln r+s 1990, 43 = VersR 1990, 1225). Beauftragt der VN selbst einen **Arzt** mit der Beantwortung von Gesundheitsfragen, die dieser aus eigenem Wissen aufgrund der Behandlung des VN beantworten kann, ist der Arzt Wissenserklärungsvertreter (OLG Hamm VersR 1985, 1032). Anders ist es, wenn der den VN behandelnde Arzt im Auftrag des VR tätig wird (OLG Frankfurt a. M. NJW-RR 1993, 676 = VersR 1993, 425).

54 Die Wissenserklärungsvertretung hat zum einen zur **Folge,** dass es für die **tatbestandlich erhebliche Kenntnis** der mitzuteilenden Umstände auf die des Wissenserklärungsvertreters und (zunächst) nicht auf jene des VN ankommt. Verfügt der Wissenserklärungsvertreter darüber, wird sie dem VN zugerechnet. Zugleich muss es dann konsequenterweise für die Frage der **vorsätzlichen, gar arglistigen, oder der grob fahrlässigen Verletzung der Obliegenheit** (und die Schwere des Verschuldens) auch auf die Person des Wissenserklärungsvertreters ankommen (LG Saarbrücken ZfS 2017, 451). Der VN kann sich dann folglich nicht damit entlasten, er habe mit der konkreten Weise der Erfüllung der Obliegenheit nichts zu tun. Verfügt der Wissenserklärungsvertreter nicht über die Kenntnis der erfragten Umstände wohl aber der VN, kommt eine Zurechnung zunächst analog § 166 Abs. 2 BGB in Betracht, wenn der VN seinem Beauftragten ein bestimmtes Vorgehen bei der Information des VR vorgegeben hat. Ist das nicht der Fall, bedient sich also der VN eines gutgläubigen Wissenserklärungsvertreters, muss von einer eigenen Obliegenheitsverletzung des VN ausgegangen werden. Verlässt sich ein VN iRd Information des VR auf Angaben eines Dritten, bspw. eine zu niedrige Laufleistung, ist ihm das grds. nicht (über die Rechtsfigur der Wissenserklärungsvertretung zuzurechnen (OLG Brandenburg ZfS 2010, 391).

4. Wissensvertreter

55 Von dem Wissenserklärungsvertreter ist der **Wissensvertreter** zu unterscheiden. Bei diesem geht es um die Frage, unter welchen Kriterien das Wissen eines Dritten dem VN (oder auch einmal dem VR, der einen Wissensvertreter einschaltet, vgl. OLG Hamm VersR 2011, 469) zugerechnet werden soll. Bestimmte Obliegenheiten entstehen erst, wenn der VN Kenntnis von Umständen hat. Das gilt bspw. für die Anzeige- und Aufklärungsobliegenheit oder die Obliegenheit, eine objektive Gefahrerhöhung anzuzeigen. Hatte der VN keine Kenntnis von den mitzuteilenden Umständen, kann dennoch die Verletzung einer Obliegenheit gegeben sein, wenn ein Dritter diese Kenntnis hatte und der VN so zu behandeln ist, als ob er die Kenntnis selbst gehabt hätte. Eine solche – gleichfalls in analoger Anwendung des § 166 Abs. 1 BGB erfolgende – Zurechnung schränkt den Versicherungsschutz erheblich ein. Deshalb ist ersichtlich, dass nicht jedes Wissen eines Jeden dem VN zugerechnet werden darf.

56 Die Rspr. hat noch keine allgemeingültige Definition aufgestellt. Die notwendige Abgrenzung kann wie folgt vorgenommen werden: Wissensvertreter ist, wer in nicht ganz untergeordneter Stelle **vom VN** zumindest in einem Teilbereich damit **betraut** ist, **an dessen Stelle für das Versicherungsverhältnis rechtserhebliche Tatsachen zur Kenntnis zu nehmen** (BGH VersR 2005, 218 (220); 2000, 1133 (1134); OLG Hamm VersR 1995, 1437). Liegen diese Voraussetzungen vor, kann sich der VN nicht darauf berufen, selbst keine Kenntnis gehabt zu haben. Betraut heißt auch hier wie beim Repräsentanten und Wissenserklärungsvertreter, dass die bloße (auch konkludente) Übertragung der Aufgabe genügt. Eine rechtsgeschäftliche Vertretung ist nicht erforderlich. Die Aufgabe kann im Einzelfall wie auch als Bestandteil betrieblicher Organisation übertragen sein. Der Wissensvertreter kann gleichzeitig Wissenserklärungsvertreter sein. Der BGH (VersR 1971, 538) hat als Wissensvertreter die **Angestellten** angesehen, die von dem verantwortlichen Leiter des Unternehmens damit betraut sind, Tatsachen, deren Kenntnis von Rechtserheblichkeit ist, an Stelle des Leiters selbst zur Kenntnis zu nehmen (zur Überwachung eines Mietverhältnisses OLG Hamm r+s 1998, 447; zum Architekten in der Bauwesenversicherung OLG Frankfurt a. M. NVersZ 2002, 523; anders LG Wiesbaden r+s 2018, 136). Der angestellte **Fahrer** ist indessen kein Wissensvertreter, weil er unabhängig von seiner Stellung zum Halter in eigener Verantwortung Tatsachen zur Kenntnis nehmen muss, die die Verkehrssicherheit des Kfz betreffen (OLG Hamm VersR 1981, 227). Bittet ein VN einen Dritten, die von ihm dem VR mitzuteilenden Tatsachen zu erforschen und festzustellen, so wird das von den tatsächlich übermittelten Auskünften abweichende Wissen eines solchen Wissensvertreters dem VN gleichfalls zugerechnet.

IV. Kündigungsrecht (Abs. 1)

Abs. 1 gewährt dem VR ein Recht zur fristlosen Kündigung, wenn der VN 57
eine vor Eintritt des Versicherungsfalles zu erfüllende **Obliegenheit vorsätzlich oder grob fahrlässig verletzt.** Der VR soll sich vom Vertrag lösen können, wenn sein Vertrauen in die Vertragstreue des VN erschüttert ist (BGH VersR 1989, 1250). Über das Lösungsrecht des VR hinaus hat das Kündigungsrecht – anders als nach früherem Recht – keine Bedeutung für die weiteren Rechtsfolgen einer Obliegenheitsverletzung. Geht mit der Obliegenheitsverletzung eine Gefahrerhöhung einher, darf der VR nach § 23 Abs. 1 Satz 2 und § 23 Abs. 2 auch **bei geringeren Verschuldensgraden** befristet kündigen. Abweichend von dem System des VVG muss der VN sich sowohl vom Vorwurf der groben Fahrlässigkeit als auch von jenem des Vorsatzes entlasten. Für die private Krankenversicherung gilt die Sonderregelung des § 206.

Die Kündigung ist eine **einseitige empfangsbedürftige Willenserklärung,** 58
die grds. bedingungsfeindlich ist. Sie ist nicht formbedürftig und wird wirksam mit Zugang bei dem VN. Voraussetzung ihrer Wirksamkeit ist, dass sie innerhalb eines Monats ab Kenntnis des VR von der Obliegenheitsverletzung dem VN zugeht. Für die Wahrung der Frist gelten die §§ 187–193 BGB. Die **Frist beginnt,** wenn der VR den objektiven Tatbestand der Obliegenheitsverletzung kennt (BGH NJW 1965, 156 = VersR 1965, 29). Kennenmüssen genügt nicht. Ob schon die Schadensanzeige Kenntnis vermittelt, hängt von ihrem Inhalt ab (OLG Celle r+s 1990, 261). Führen dem VR Inhalte der Schadensanzeige oder sonstige Informationen des VN vor Augen, dass eine Obliegenheitsverletzung vorliegen kann, darf er die Frist von einem Monat, die ihm bis zum Wirksamwerden einer Kündigung verbleibt, nicht dadurch hinauszögern, dass er die Vervollständigung seiner Erkenntnisse durch **Nachfragen** unterlässt (BGH NJW 1990,

47 = VersR 1989, 1249). In einem solchen Fall beginnt die Frist von einem Monat in dem Zeitpunkt zu laufen, in dem er Klarheit erhalten hätte, hätte er die gebotenen Nachforschungen betrieben (OLG Köln NVersZ 2000, 534 = VersR 2000, 1217). Versäumt der VR die Frist, ist er gehindert, ein außerordentliches Kündigungsrecht aus wichtigem Grund geltend zu machen (OLG Hamm VersR 1999, 1265).

59 Ist die Kündigungserklärung nicht von einer Person unterschrieben, die eine gesetzliche Vertretungsmacht für den VR hat, muss der Kündigung eine Originalvollmacht beiliegen. Eine beglaubigte Fotokopie (BGH NJW 1994, 1472) oder ein Telefax (OLG Hamburg NJW 1991, 1185) genügen nicht. Fehlt es daran, ist die Kündigungserklärung unwirksam, wenn der VN sie unverzüglich unter Hinweis darauf **zurückweist (§ 174 BGB).** Weist ein Rechtsanwalt die Kündigungserklärung zurück, gilt für diese Zurückweisungserklärung allerdings das Gleiche. Allerdings kann sich die Vertretungsmacht aus den §§ 69, 73 VVG ergeben.

V. Leistungsfreiheit

1. Voraussetzungen der vollständigen oder teilweisen Leistungsfreiheit

60 Nach dem **Konzept des § 28 Abs. 2–4** ist die vollständige oder teilweise Leistungsfreiheit des VR als Rechtsfolge der objektiven Verletzung einer Obliegenheit davon abhängig, dass dem VN vorsätzliches Handeln nachgewiesen werden kann (vgl. → Rn. 63 ff.), oder er sich nicht vom Vorwurf grober Fahrlässigkeit zu entlasten vermag (vgl. → Rn. 68 ff.), er nicht widerlegen kann, dass sein Verhalten ursächlich für den Versicherungsfall oder den Umfang der Leistungspflicht oder deren Feststellung geworden ist (vgl. → Rn. 90 ff.) oder arglistig (vgl. → Rn. 104 ff.) gehandelt hat, und dass er bei bestimmten Obliegenheiten zuvor über die Rechtsfolgen einer Verletzung belehrt worden ist (vgl. → Rn. 108 ff.). Die Rechtsfolge Leistungsfreiheit kann nur eintreten, wenn sie **wirksam (ausdrücklich) vereinbart** ist (OLG Brandenburg VersR 2005, 820; zur Anpassung alter AVB vgl. → Rn. 5 ff.). Insoweit genügt es nicht, dass sie in AVB geregelt ist, die ein anderes versichertes Risiko als das eingetretene betrifft (vgl. zu einer ähnlichen Problematik OLG Düsseldorf VersR 1997, 56). Für eine solche Vereinbarung genügt aber schon nach dem Wortlaut des § 28 Abs. 2, dass klar und eindeutig die Rechtsfolge der (vollständigen oder teilweisen) Leistungsfreiheit an die Verletzung der Obliegenheit geknüpft wird. **Nimmt die entsprechende Klausel** für die konkreten Folgen **auf § 28 Bezug,** so bestehen dagegen keine Bedenken.

61 Leistungsfreiheit tritt bei der Verletzung einer Obliegenheit nicht von selbst ein (Prölss/Martin/*Armbrüster* § 28 Rn. 183). Der VR muss sie **geltend machen** (BGH VersR 2005, 493 = NJW 2005, 1185; VersR 1990, 384; VersR 1974, 689). Allerdings verliert der VR sein Recht, sich auf Leistungsfreiheit zu berufen, nicht schon dadurch, dass er sich nicht sogleich oder wenigstens in erster Instanz auf Leistungsfreiheit beruft (aA OLG Düsseldorf VersR 1993, 425). Er kann das Recht vielmehr so lange geltend machen, wie er es nicht – durch Verzicht oder Verwirkung – verloren hat. Der VR kann sich daher grds. (vorbehaltlicher prozessualer Präklusion) bis zur letzten mündlichen Verhandlung in der (letzten) Tatsacheninstanz auf Leistungsfreiheit berufen. Ein **Verzicht** setzt indessen einen Verzichtswillen voraus, der nicht schon daraus gefolgert werden darf, dass der VR, der sich aus anderen Gründen nicht zur Leistung verpflichtet gesehen hat, nicht zusätzlich Leistungsfreiheit ins Feld geführt hat (vgl. BGH VersR 2006, 57 zu § 12 Abs. 3 aF; zur Auslegung einer Deckungszusage BGH VersR 1983, 30). Auch eine **Verwirkung** kann nicht allein mit bloßem Zeitablauf begründet werden. Anderes gilt, wenn der VR einen Vertrauenstatbestand geschaffen hat (langdauernde Erstattung von Krankheitskosten ohne Geltendmachung einer fehlenden Leistungszusage, vgl. OLG Hamm r+s 1994, 229). Verwirkt hat ein VR sein Recht auch dann, wenn er auf unlautere Weise versucht hat, auf einen Rechtsstreit einzuwirken (zur Bestechung von Zeugen BGH NJW 1989, 2472 = VersR 1989, 842).

Hat der VR **Teilleistungen** erbracht und bezieht sich die Obliegenheitsverlet- 62
zung nur auf den noch ausstehenden Betrag, verliert der VN den Anspruch auf die Restzahlung. Er braucht die geleistete Teilzahlung nicht zurückzuzahlen (BGH VersR 1986, 77 = NJW 1986, 1100; VersR 2001, 1020). Dasselbe gilt, wenn der VR den Zeitwert gezahlt hat, und die Obliegenheitsverletzung sich nur auf den Neuwert bezieht. Eine Pflicht zur Rückzahlung des Zeitwerts besteht dann nicht. Das ist anders, wenn der Zeitwert noch nicht ausgezahlt war. Dann verliert der VN den Anspruch auf den noch nicht ausgezahlten Zeitwert auch dann, wenn sich die Obliegenheitsverletzung auf den Neuwert bezieht (OLG Schleswig VersR 1990, 517; zur Teilverwirkung zu Recht → Rn. 119 f.).

2. Verschuldensformen

a) Vorsatz (Abs. 2 Satz 1). Vollständige Leistungsfreiheit setzt vorsätzliches 63
Verhalten des VN voraus. Vorsatz liegt vor, wenn dem VN die **Verhaltensnorm bekannt** ist und er sie **verletzen will** (BGH VersR 1993, 830 = NJW-RR 93, 1949; VersR 1979, 1117; OLG Saarbrücken NJW-RR 2021, 291; NJW-RR 2019, 1245; OLG Hamm VersR 1995, 291). Verschweigt ein VN in einer Schadenanzeige auf die Frage nach **Alkoholkonsum,** dass er Alkohol getrunken hat, handelt er vorsätzlich, gleichviel, ob er ihn vor oder nach dem Versicherungsfall zu sich genommen hat (OLG Köln VersR 2014, 344). Hat der VN bemerkt, dass er mit seinem PKW einen Fremdschaden verursacht hat, entfernt er sich von der Unfallstelle vorsätzlich, auch wenn er meint, das Geschehen am nächsten Tag nachmelden zu können (OLG Frankfurt a. M. ZfS 2015, 396). Bedingter Vorsatz genügt (BGH VersR 1970, 732; OLG Saarbrücken VersR 1991, 872; OLG Karlsruhe VersR 1991, 691). Bedingter Vorsatz liegt in jedem Fall auch dann vor, wenn der VN Erklärungen ins Blaue hinein abgibt (OLG Köln VersR 2000, 224). Bezugspunkt des Vorsatzes ist folglich die Verletzung der Obliegenheit. Auf das Bewusstsein der Rechtsfolgen der Verletzung kommt es nicht an. Davon zu unterscheiden sind die Umstände, die die Obliegenheit auslösen: Wird von dem VN eine Aufklärung des VR verlangt, muss er die aufzuklärenden Umstände kennen. Kennt er sie, muss er darüber hinaus gewusst haben, dass er den VR unterrichten muss und das Unterbleiben dieser Information gewollt haben. Daher scheidet allerdings schon objektiv eine Verletzung der Anzeigeobliegenheit aus, wenn dem VN die Kenntnis vom Eintritt des Versicherungsfalles fehlt.

Für das **Wissen um die Verhaltensnorm** ist nicht erforderlich, dass der VN 64
die AVB genau gelesen und die Obliegenheiten im Wortlaut und in ihrer rechtlichen Bedeutung erfasst hat (BGH VersR 1958, 389). Der VN muss nur den wesentlichen Gehalt der Norm kennen. Für diese Kenntnis spricht bei bestimmten Obliegenheiten eine **tatsächliche Vermutung.** So weiß der in einen Kfz-Unfall

verstrickte VN, dass er bei einem Entfernen von dem Unfallort auch die Aufklärungsinteressen des VR verletzt (BGH r+s 2000, 94 = VersR 2000, 222 = ZfS 2000, 68). Das muss auch bei einem mitversicherten Fahrer vorausgesetzt werden (BGH VersR 1958, 389). Der Vorsatz ist nicht schon dann widerlegt, wenn sich der VN einlässt, er habe sich über die Anzahl der vorhandenen Fahrzeugschlüssel geirrt; vielmehr muss er plausibel machen, worauf der Irrtum beruhen kann (OLG Hamm VersR 1995, 1183). Auch kann der Vorsatz widerlegt sein, wenn der VN falsche Angaben zeitnah berichtigt (vgl. BGH VersR 2002, 173 = ZfS 2002, 138 mAnm *Rixecker;* iÜ → § 31 Rn. 19). Allerdings soll auch eine erhebliche Alkoholisierung nicht für eine vorsätzliche Verletzung der Obliegenheit sprechen, ein Kfz nur im fahrtüchtigen Zustand zu benutzen, weil die eigene Fahruntüchtigkeit nicht immer erkannt werde (LG Saarbrücken ZfS 2012, 628). Das ist indessen eine Frage des Einzelfalls. Nimmt ein VN unmittelbar vor Fahrtantritt in großem Maße Alkohol zu sich in dem Bewusstsein, dass er noch Auto fahren muss, oder fährt er nach einem alkoholbedingten Unfall weiter, spricht viel für bedingten Vorsatz (zur Würdigung der Tatumstände bei § 316 StGB OLG Köln DAR 2012, 649).

65 Demgegenüber gibt es Obliegenheiten, deren Kenntnis nicht ohne Weiteres vorausgesetzt werden kann (OLG Hamm VersR 1995, 289). So ist nicht jedem VN bekannt, dass er ein Verzeichnis der entwendeten Sachen, die **„Stehlgutliste“,** der Polizei und dem VR unverzüglich vorzulegen hat. Durch eine entsprechende Aufforderung der Polizei wird die Kenntnis indessen vermittelt. In anderen Fällen fehlt es an einer Grundlage für die Annahme von Vorsatz, weil kein vernünftiger VN sich durch die vorsätzliche Verletzung einer Obliegenheit Rechtsnachteilen aussetzen wird. Das gilt vor allem für die **Anzeigeobliegenheit in der Haftpflichtversicherung** (BGH VersR 1981, 321; VersR 1979, 1117; OLG Koblenz VersR 1996, 1356; OLG Hamm VersR 1992, 489; vgl. aber auch OLG Köln r+s 1992, 86). Das ist dort anders, wo Anlass besteht anzunehmen, dass der VN an einer schnellen Aufklärung nicht interessiert ist (OLG Köln r+s 1992, 86).

66 **Tatsächliche und rechtliche Irrtümer** können den Vorsatz ausschließen. Das gilt vor allem dann, wenn sich der VN von seinem Rechtsanwalt oder seinem Makler hat – falsch – beraten lassen (OLG Hamm VK 2010, 55; zur irrtümlichen Annahme einer bestimmten Rechtslage durch einen Rechtsanwalt OLG Dresden InVo 2006, 227). In Fällen, in denen er selbst zweifelt, kann allerdings für bedingten Vorsatz sprechen, wenn der VN es unterlassen hat, sich Rat einzuholen (OLG Nürnberg VersR 1979, 561; OLG Saarbrücken VersR 1976, 157). Unhaltbare Rechtsansichten – Kfz-Schlüssel müssten nur übersandt werden bei vorheriger Leistungszusage (BGH VersR 2004, 1117) – sprechen für und nicht gegen Vorsatz. Eine **verminderte Schuldfähigkeit** muss nicht (BGH VersR 2006, 108), kann aber dazu führen, dass dem VN das Bewusstsein fehlt, die Obliegenheit zu verletzen (BGH VersR 1970, 801). Im Übrigen schließt sie Vorsatz nicht aus. **Schuldunfähigkeit** führt allerdings dazu, dass eine Verantwortlichkeit des VN für sein Handeln fehlt, die Obliegenheit also nicht vorwerfbar verletzt werden kann (Langheid/Wandt/*Wandt* § 28 Rn. 127). Bei **Minderjährigen** bestimmt sich die Verantwortlichkeit in entsprechender Anwendung von §§ 827, 828 BGB (vgl. *Rixecker* ZfS 2011, 395).

67 Der **VR** muss vorsätzliches Handeln des VN **beweisen.** Da es sich um den Beweis innerer Tatsachen handelt, muss **der VN darlegen,** aus welchen Gründen er die Obliegenheit objektiv verletzt hat. Misslingt ihm eine plausible Darlegung, darf beweisrechtlich (§ 286 ZPO) von Vorsatz ausgegangen werden. Dabei ist

allerdings zu unterscheiden: In vielen Fällen muss davon ausgegangen werden, dass **kein vernünftiger VN** sich durch die Nichterfüllung einer Obliegenheit (vor allem der Anzeige des Versicherungsfalles) **seines Versicherungsschutzes begibt.** Das ist dann der Fall, wenn, wie in der Haftpflichtversicherung feststeht, dass dem VN über den Verlust des Versicherungsschutzes hinaus Nachteile drohen (BGH VersR 1981, 321; VersR 1979, 1117). Dann wird es dem VR schwerlich gelingen, den Vorsatzbeweis zu führen. Anderes gilt, wenn nicht auszuschließen ist, dass der VN auf seine Deckung vertrauend kein Interesse daran hatte, dem VR zeitnahe und umfassende Feststellungen zu ermöglichen. Dann kommt es auf die Plausibilität seiner Erklärung der Obliegenheitsverletzung an. Beruft sich der VR auf eine **Beeinträchtigung seiner Schuldfähigkeit** (retrograde Amnesie), muss er den Beweis ihres Vorliegens führen (BGH VersR 2007, 389).

b) Grobe Fahrlässigkeit (Abs. 2 Satz 2). Grob fahrlässig handelt, wer die **68**
im Verkehr erforderliche Sorgfalt nach den gesamten Umständen in ungewöhnlich hohem Maße verletzt und das unbeachtet gelassen hat, was im gegebenen Fall jedem hätte einleuchten müssen (BGH VersR 1999, 1004 = NJW-RR 2000, 397; NJW 1989, 1354 = VersR 1989, 582; OLG Braunschweig NJW-RR 2021, 217). Dabei gilt nach der Rspr. **kein ausschließlich objektiver,** nur auf die Verhaltensanforderungen des Verkehrs abstellender Maßstab. Vielmehr sind auch die Umstände zu berücksichtigen, die die subjektive, personale Seite der Verantwortlichkeit betreffen; auch in dieser Hinsicht muss der Verstoß schlechthin unentschuldbar sein. **Subjektive Besonderheiten** können also im Einzelfall vom Vorwurf der groben Fahrlässigkeit entlasten (BGH VersR 2011, 1037 zu § 81 Abs. 2; NJW 1992, 2418 = VersR 1992, 1085). Das kann aber gerade vor dem Hintergrund, dass die Schwere des Verschuldens das Maß der Leistungsfreiheit bestimmt, das Gesetz also Raum gibt, die näheren subjektiven Hintergründe der Obliegenheitsverletzung bei der Bemessung der Entschädigung zu berücksichtigen, nur in seltenen Fällen zur Verneinung von grober Fahrlässigkeit führen (grds. kritisch Prölss/Martin/*Armbrüster* § 28 Rn. 209). Ob die Tatsacheninstanzen den Begriff der groben Fahrlässigkeit richtig gesehen und alle festgestellten Umstände in die Bewertung einbezogen haben, unterliegt der **revisionsgerichtlichen Nachprüfung** (BGH VersR 1999, 1004 = NJW-RR 2000, 397; NJW-RR 1989, 582).

Der **Kasuistik** lassen sich Fallgruppen entnehmen, in denen die Rspr. eine **69**
grob fahrlässige Verletzung von Obliegenheiten annimmt (zur entspr. Problematik iRd § 81 vgl. → § 81 Rn. 81 ff.). Das ist zunächst in der **Kraftfahrtversicherung** (D.2.1. AKB 2015) die **Teilnahme am Straßenverkehr im Zustand alkoholbedingter Fahruntüchtigkeit** (BGH NJW-RR 2012, 724 = VersR 2012, 341; vgl. iÜ unter anderem nur OLG Hamm NJW-RR 2003, 978; OLG Düsseldorf VersR 2004, 1129); zur Annahme von Vorsatz AG Nürtingen ZfS 2012, 327). Der VN handelt schon dann grob fahrlässig, wenn er ein solches Maß an Alkohol zu sich genommen hat, dass er bei Antritt der Fahrt „relativ fahruntüchtig" ist (OLG Saarbrücken VersR 2009, 1068). Allerdings steht es ihm zu, besondere Umstände darzulegen und zu beweisen, die den Schluss von dem dann vorliegenden objektiv schweren Pflichtverstoß auf die subjektive Unverzeihlichkeit widerlegen. Dabei kann das Maß der Alkoholisierung unterschiedliche argumentative Folgen haben: Liegt ein sehr niedriger Blutalkoholgehalt vor oder wird eine Fahrt lange Zeit nach Beendigung der Alkoholaufnahme angetreten, kann das – allerdings nur ganz ausnahmsweise – im Einzelfall die Erkennbarkeit

der Fahruntüchtigkeit in Frage stellen oder den vom VN zur Rechtfertigung der Teilnahme am Straßenverkehr vorgetragenen Gründen besonderes Gewicht verleihen. Liegt ein sehr hoher Blutalkoholgehalt vor, kann die Beeinträchtigung der Einsichts- und Steuerungsfähigkeit die subjektive Vorwerfbarkeit des obliegenheitswidrigen Verhaltens beeinflussen. In einem solchen Fall liegt jedoch regelmäßig nahe, dass der Vorwurf nicht an den Fahrtantritt anknüpft, sondern an den Beginn der Alkoholaufnahme in nüchternem Zustand und der Erkenntnis, später noch fahren zu wollen oder zu müssen.

70 Ob die Verletzung von Obliegenheiten vor dem Versicherungsfall grob fahrlässig ist, hängt von dem dem VN erkennbaren Gewicht des Verstoßes und davon ob, inwieweit sich ihm die dadurch begründeten Gefahren aufdrängen mussten. Die **Missachtung von Sicherheitsvorschriften** in der Gebäudeversicherung ist grob fahrlässig, wenn die Notwendigkeit ihrer Beachtung sich jedermann aufdrängt und keine besonderen Gründe vorliegen, die ihre Verletzung mit Nachsicht betrachten lassen. Das gilt vor allem für die **Frostsicherungsobliegenheiten** (vgl. unter anderem nur unter anderem OLG Koblenz NZM 2020, 894; OLG Saarbrücken ZfS 2011, 221; OLG Stuttgart r+s 2008, 423; OLG Köln r+s 2006, 114; OLG Frankfurt a. M. ZfS 2006, 33; OLG Bamberg OLGR 2003, 352; zu einer ausnahmsweisen Verneinung von grobem Verschulden OLG Köln BeckRS 2008, 2040): Wer angesichts des Leerstands eines Anwesens oder von Teilen eines Anwesens ohne die Wasser führenden Leitungen zu entleeren bei zu erwartenden Temperaturen um den oder unter dem Gefrierpunkt keine Frostvorsorge trifft, lässt, wenn nicht gar Vorsatz der Verletzung der Obliegenheit vorliegt (dafür LG Mannheim VersR 2011, 665), unbeachtet, was jedermann einleuchtet. Unterlässt es der Inhaber einer Zahnarztpraxis, Wasserzuleitungen bei vorübergehender Abwesenheit zu schließen, so ist ein Wasserschaden durch einen Defekt des Zulaufs grundsätzlich nicht als grob fahrlässig zu betrachten, sofern überhaupt eine entsprechende Obliegenheit angenommen werden kann (OLG Celle NJW-RR 2021, 823). In der **Reiseversicherung** kann sich der VN von einer verspäteten Auflösung des Reisevertrages entlasten, wenn ein Arzt zunächst die Reisefähigkeit bestätigt hat, sich dann aber der Gesundheitszustand unerwartet verschlechtert hat (LG Dortmund VuR 2012, 118).

71 Grobe Fahrlässigkeit ist iÜ anzunehmen, wenn der VN sich **nach Kenntnis von einem Versicherungsfall** nicht – durch **Lektüre der AVB oder Einholung von Rat** – unterrichtet, welche Obliegenheiten ihn treffen (OLG Frankfurt a. M. Urt. v. 5.10.2006 – 7 U 215/04; OLG Köln VersR 2005, 1531; OLG Hamm VersR 1992, 489). Sie kann entfallen, wenn der VN aufgrund mangelnder Aufklärung durch den VR (oder dessen Außendienst) oder durch die Polizei in seiner Unkenntnis oder Fehlinterpretation der Anforderungen an das Verhalten des VN (unverändertes Belassen der Schadenstelle bis zur Freigabe durch den VR oder bis zur Besichtigung durch den VR) kann grobe Fahrlässigkeit entfallen (OLG Saarbrücken r+s 2012, 543 = VersR 2013, 180). Ist der VN der **deutschen Sprache nicht mächtig,** so muss er sich die wichtigsten Bestimmungen seines Vertrages übersetzen lassen (vgl. BVerfG NJW 1976, 1021; OLG Köln r+s 1992, 318). Vor allem die **unterlassene Anzeige** eines Versicherungsfalles über längere Zeit ist regelmäßig objektiv und subjektiv unentschuldbar (OLG Karlsruhe VersR 2010, 1307 = NJW-RR 2010, 949; OLG Köln SP 2009, 405; OLG Koblenz VersR 2009, 673). Hat der VN die Schadenanzeige allerdings abgesendet, so ist die fehlende postalische Sicherung ihres Zugangs nicht grob fahrlässig (OLG Celle VersR 2010, 1486). Auch erhebliche Verzögerungen der **Übersendung der**

Stehlgutliste sind regelmäßig als grob fahrlässig anzusehen (OLG Nürnberg r+s 2010, 117; OLG Celle VersR 2009, 631; OLG Düsseldorf VersR 2009, 354).

Grob fahrlässig kann der VN auch bei Vorliegen eines **Organisationsverschuldens** handeln (vgl. allg. BGH VersR 1964, 916). Gibt der VN entgegen der in den AVB festgelegten Obliegenheit seinem Fahrer eines Lkw keine oder nicht durchzuführende Anweisungen zur Bewachung, so verletzt er selbst schuldhaft die Obliegenheit (OLG Hamm NJW-RR 1993, 924 = VersR 1993, 519; OLG Karlsruhe VersR 1995, 1306 mAnm *Bayer* und *Lorenz*). Verletzt indessen der Rechtsanwalt des VN Obliegenheiten, so hat der VN versicherungsvertraglich dafür in aller Regel nicht einzustehen (BGH NJW 1981, 1098 = VersR 1981, 321; NJW 1981, 1952 = VersR 1981, 948), es sei denn, der VN hat seinen Rechtsanwalt in einem solchen Umfang beauftragt, dass dieser als Repräsentant oder Wissenserklärungsvertreter (Rn. 37 ff.) anzusehen ist. 72

Liegt eine Obliegenheitsverletzung vor und kann der VR Vorsatz nicht beweisen, so muss sich **der VN vom Vorwurf grober Fahrlässigkeit entlasten.** Das wird ihm regelmäßig nur dann gelingen, wenn er trotz objektiv erheblichen Gewichts der Obliegenheitsverletzung **Besonderheiten des Einzelfalls nachweisen** kann, die sein Verhalten als nicht schlechthin unentschuldbar betrachten lassen, vor allem das Vertrauen auf fachkundigen Rat (BGH VersR 1981, 321; OLG Saarbrücken ZfS 2002, 587) oder das Unterlassen einer Beratung durch den VR, zu dem der VN bereits Kontakt aufgenommen hatte, die Missachtung von Sicherheitsvorschriften aufgrund des Fehlverhaltens von Personen, die zu deren Erfüllung eingeschaltet sind, ohne Repräsentanten zu sein (Verzögerungen des Einbaus einer Alarmanlage oder der Wartung einer Heizungsanlage durch Handwerker, vgl. OLG Saarbrücken ZfS 2000, 348), oder besondere Bedrängnisse nach Eintritt des Versicherungsfalles, die ein Hinausschieben der Anzeige oder der Schadensaufnahme verständlich machen. 73

3. Kürzung der Leistung nach der Schwere des Verschuldens (Abs. 2 Satz 2)

a) Grundsätze. Nach Abs. 3 Satz 2 ist der VR berechtigt, seine Leistung in einem **der Schwere des Verschuldens entsprechenden Verhältnis** zu kürzen. Wie das konkrete Maße der Kürzung zu ermitteln ist, ist streitig. Die Praxis unterlässt häufig – fälschlich – seine Begründung (vgl. unter anderem nurOLG Braunschweig NJW-RR 2021, 217). Die von der Rspr. entwickelten Maßstäbe und ihre Kasuistik zur Abwägung von Mitverschuldens- und Mitverursachungsanteilen iRd § 254 BGB können nicht herangezogen werden, weil der VR regelmäßig nicht an der Obliegenheitsverletzung beteiligt ist. Der Ratschlag der Gesetzesbegründung (BT-Drs. 16/3995, 69) zu prüfen, ob der gegen den VN zu erhebende Vorwurf nahe beim bedingten Vorsatz, also der billigenden Inkaufnahme der Obliegenheitsverletzung, liegt und dann eine große, oder nahe bei der einfachen Fahrlässigkeit liegt und dann nur eine geringe Kürzung erlaubt, ist wenig hilfreich, solange Maßstäbe fehlen, um eine solche Nähe zu bestimmen. Auch die dem Arbeitsrecht bekannte Schadensteilung nach den Grundsätzen des innerbetrieblichen Schadensausgleichs kann nicht herangezogen werden, weil sie auf der sozialen Gründen entsprechenden Zuweisung von Risikobereichen beruht, die der Versicherungsvertrag nicht kennt. Schließlich enthält die Vorschrift auch keine Regelung, die dem VR erlauben würde, den Umfang seiner Leistung entsprechend § 315 BGB nach billigem, nur begrenzt nachprüfbarem Ermessen 74 zu bestimmen, weil sie selbst einen alleinigen Maßstab zur Kürzung vorsieht. Daher müssen **eigenständige Kriterien** entwickelt werden, die die Schwere des Verschuldens einzuschätzen und zu bewerten erlauben. Mit der Zeit wird die Rspr. Fallgruppen zu Kürzungsquoten entwickeln, an deren allgemeiner Anerkennung sich dann die Regulierungspraxis und weitere Judikatur orientieren kann. Schon vorliegenden Quotentabellen (zur Sicht nach Inkrafttreten des VVG *Meschkat/Nauert,* VVG-Quoten, 2008; zur Problematik Langheid/Wandt/*Looschelders,* § 81 Rn. 146) fehlt eine solche Grundlage; sie können allerdings als wertende Vorschläge zur Handhabung hilfreich sein (vgl. auch Langheid/Wandt/*Wandt* § 28 Rn. 246).

75 Im Bereich der Verletzung von Obliegenheiten scheidet eine „Flucht in eine neue Übersichtlichkeit" durch Einführung von **Pauschalquoten** in AVB aus (so aber BT-Drs. 16/3945, 69). Denn § 32 verbietet eine dem VN nachteilige Abweichung von § 28 Abs. 2. Die Vorschrift verlangt aber eine individuelle Bewertung der jeweiligen Obliegenheitsverletzung nach dem auch personalen Maß des Verschuldens. Dem können notwendigerweise abstrakt-generelle und damit subjektive Elemente außer Acht lassende Pauschalen nicht gerecht werden (zu möglichen ausschließlich den VN begünstigenden Pauschalierungen Prölss/Martin/*Armbrüster* § 28 Rn. 239). Schadenshöhe, wirtschaftliche Verhältnisse des VN und Dauer des Versicherungsverhältnisses können Kulanzentscheidungen tragen, sind aber nach dem Wortlaut des Gesetzes irrelevant (Prölss/Martin/*Armbrüster* § 28 Rn. 217). Allerdings kann die Schadenshöhe zwar nicht als solche ein Element der Schwere des Verschuldens sein, wohl aber ihre Erkennbarkeit für den VN.

76 Vor diesem Dilemma fliehen manche Autoren mit der Annahme eines vermeintlich regelmäßig geltenden versicherungsvertraglichen Halbteilungsgrundsatzes **(Mittelwertmodell).** Der Grad der Kürzung soll danach zunächst mit 50 % veranschlagt werden (vgl. *Weidner/Schuster* r+s 2007, 363; *Felsch* r+s 2007, 485 (493); HK-VVG/*Felsch* § 28 Rn. 169; *Langheid* NJW 2007, 3665 (3669); kritisch zu Recht Prölss/Martin/*Armbrüster* § 28 Rn. 238: Bemessung der „Einstiegsquote" nach dem „objektiven Schuldvorwurf"). Damit verbunden werden darlegungs- und beweisrechtliche Konsequenzen: Will der VN mehr als die Hälfte der Leistung beanspruchen, müsse er die dies begründenden Umstände darlegen und beweisen, will der VR weniger zahlen, treffe ihn die Substantiierungs- und Überzeugungslast (*Weidner/Schuster* r+s 2007, 363; *Felsch* r+s 2007, 485 (493)). Gelinge das nicht, bleibe es bei einem Anspruch auf die Hälfte. Das vereinfacht die Bemessung nur unwesentlich, weil die Auffassung keinerlei Parameter für ein Mehr oder Weniger liefert, Regulierungspraxis und Rspr. also auch auf ihrer Grundlage gezwungen sind, Maßstäbe der Schwere des Verschuldens zu entwickeln. Vor allem aber entspricht die Auffassung weder dem Wortlaut des Gesetzes noch seiner Intention (Bruck/Möller/*Heiss* § 28 Rn. 192 mwN) noch seinem Sinn und Zweck: Das früher geltende „Alles oder nichts"-Prinzip sollte gerade nicht durch eine Art „50 % auf Alles"-Prinzip, sondern durch eine einzelfallbezogene, konkret-individuelle Bestimmung der Leistungspflicht nach dem Gewicht der Vorwerfbarkeit ersetzt werden.

77 Zum Teil wird mit Blick auf das Recht der Strafzumessung vertreten, dass Umstände, die die Annahme grober Fahrlässigkeit begründen, iS eines **Doppelverwertungsverbots** nicht zur Bemessung der Schwere des Verschuldens nicht herangezogen werden dürfen (*Felsch* r+s 2007, 485 ff.; aA Prölss/Martin/*Armbrüster* § 28 Rn. 219). Dem kann schon deshalb nicht gefolgt werden, weil § 28 keine

§ 46 Abs. 3 StGB vergleichbare Vorschrift kennt und weil es darum geht, unterschiedliche Grade des Verschuldens innerhalb einer bestimmten Verschuldensform zu unterscheiden. Gerade deshalb lässt sich auch die Frage, ob eine Obliegenheitsverletzung grob fahrlässig gewesen ist, gar nicht von jener trennen, wie grob sie war. Verzögert der VN bspw. den Einbau einer vereinbarten Alarmanlage, so kann grobe Fahrlässigkeit auch von der Dauer des Unterlassens abhängen; dann lässt sich aber das Gewicht der groben Fahrlässigkeit schwerlich ohne Blick auf den Zeitablauf feststellen.

Die statthaften **prozentualen Kürzungsschritte** gibt das Gesetz nicht vor. 78
Sie können auch keiner mathematischen Kalkulation folgen, die es erlauben würde zu trippeln und die grobe Fahrlässigkeit in Hundertstel zu zerkrümeln. Rational zu begründen mögen Drittel-, Viertel- (LG Münster r+s 2010, 322 und VersR 2009, 1615 zu § 81 Abs. 2) oder auch Fünftelquoten sein. Weitere Verfeinerungen spiegeln Genauigkeit nur vor (anders – Schritte von 10 % – für § 81 Abs. 2 allerdings OLG Hamm r+s 2010, 506; LG Hannover VersR 2010, 112).

b) Kriterien der Bemessung. Nach dem Gesetz bestimmt allein die Schwere 79
des Verschuldens das Maß der Kürzung. Dieses Verschulden wird von objektiven und subjektiven Elementen geprägt, die in ihrer Gesamtheit in die Waagschale der Vorwerfbarkeit zu legen sind. Zuerst geht es dabei um die **objektive Bedeutung der verletzten Obliegenheit** für die Wahrung der Interessen des VR, die Vermeidung des Risikoeintritts oder die Feststellung des Versicherungsfalles und des Umfangs der Leistungspflicht (Langheid/Wandt/*Wandt* § 28 Rn. 242). Sie kann **normativ vorgeprägt** sein. Übernehmen Obliegenheiten **Strafvorschriften** (§ 142 StGB und E.1.3 2015) oder Regelungen des Ordnungswidrigkeitenrechts (§ 24a StVG und D.2.1 AKB 2008), so ist ihre Missachtung besonders vorwerfbar. Die Verletzung der Obliegenheit, ein Kraftfahrzeug nicht in fahruntüchtigem Zustand im öffentlichen Straßenverkehr zu führen, hat je nach dem Maß der Alkoholisierung (zur Nullquote bei absoluter Fahruntüchtigkeit vgl. Rn. 84) zu unterschiedlichen Kürzungen geführt (bspw. 50 % bei 0,4 ‰ LG Flensburg ZfS 2011, 700; 66 % bei 0,95 ‰ LG Bochum ZfS 2012, 573).

Gleiches gilt für Obliegenheiten, die **ordnungsrechtliche Vorgaben** (bspw. 80
des öffentlichen Baurechts) oder **berufsgenossenschaftliche Vorschriften** zum Vertragsbestandteil machen. Daher spricht viel dafür, an das Fahren in (relativ) fahruntüchtigem Zustand schon von vornherein eine hohe Kürzung zu knüpfen. Auch das Betreiben einer Feuerstelle in einem Anwesen ohne die baurechtlich vorgeschriebene Abnahme rechtfertigt vorab mehr als eine nur geringe Leistungseinschränkung. Besonders schwer wiegt regelmäßig auch die Verletzung von Obliegenheiten, die die Vertragsparteien durch ihre **Vereinbarung herausgehoben** haben. Daher sind höhere Kürzungen regelmäßig gerechtfertigt, wenn die Obliegenheit – wie eine bestimmte Sicherheitsvorschrift (der Einbau einer Alarmanlage) – individuell geregelt worden ist, weil ihr **Appell an die Sorgfalt des VN** eindringlicher und ihre Abrede risikospezifischer ist als jene der in AVB enthaltenen. Je näher eine Obliegenheit der schlichten „Sorgfalt in eigenen Angelegenheiten“ und je allgemeiner und unbestimmter sie formuliert ist – wie die Instandhaltungsobliegenheit –, desto geringer wird typischerweise die Kürzung ausfallen dürfen. Geringer wiegt von vornherein bspw. auch der Verstoß gegen die Obliegenheit zur Überlassung einer Stehlgutliste an die Polizei (die als Schadenminderungsobliegenheit ohnehin § 82 unterliegt, weil sie zeitliche Spielräume gewährt und ihre Bedeutung nicht für jeden VN auf der Hand liegt (OLG Köln

VersR 2014, 105 und LG Oldenburg VersR 2011, 69: Kürzung um 40 %; LG Hannover ZfS 2010, 637: Kürzung um 20 %). Allein die Qualifikation eines Versicherungsvertrages kann jedoch das Maß der Kürzung nicht wegen ihrer Appellfunktion bestimmen (anders für die Reiserücktrittsversicherung AG Königstein VersR 2010, 1314).

81 Mit dem objektiven Gewicht der Pflichtverletzung verbunden sind als Kriterien die **Vorhersehbarkeit der Missachtung ihrer Folgen** und die **konkrete Schwierigkeit, sie zu erfüllen.** Die Benutzung eines Kfz in fahruntüchtigem Zustand muss einem VN viel eher vor Augen führen, wie schnell sie zu hohen Schäden führen kann; das ist häufig anders im Falle der Benutzung außerhalb des vereinbarten Nutzungszwecks. Die Aufbewahrung von Wertsachen in einem verschlossenen Behältnis verlangt einen geringeren Aufwand als die Vornahme von Schutzmaßnahmen durch den Einbau von Einbruchssperren. Davon abgesehen sinkt die Quote der noch zu leistenden Entschädigung regelmäßig mit der **Dauer der Obliegenheitsverletzung** (*Felsch* r+s 2007, 486 (494)). Werden Frostsicherungsmaßnahmen über längere Zeit unterlassen, so ist von einem erst spät eingetretenen Schaden weniger zu ersetzen, als wenn sich das Risiko alsbald verwirklicht hat (OLG Saarbrücken ZfS 2011, 221; zu einer Kürzung um 50 % LG Frankfurt a. M. ZfS 2012, 397). Auch **wiederholte oder fortgesetzte Verstöße** des VN gegen Obliegenheiten können das Maß der Kürzung erhöhen. Ist ein Leitungswasserschaden eingetreten und trifft der VN weiterhin keine Frostsicherungsmaßnahmen, so wird von dem Anspruch auf Entschädigung bei einem erneuten Schaden wenig übrigbleiben (OLG Saarbrücken ZfS 2011, 221). Die **besonderen Erfahrungen** einer zur Wahrnehmung der Obliegenheiten eingeschalteten Person können gleichfalls zu einer höheren Kürzung führen (OLG Brandenburg r+s 2013, 24). Wiederholt der VN eine unzulängliche Aufklärung auf Erinnerung des VN, so ist seine Nachlässigkeit größer. **Wiedergutmachungsversuche** können ihn demgegenüber entlasten. Von Bedeutung ist weiter das **Maß der Ursächlichkeit** der Obliegenheitsverletzung (für § 81 Abs. 2 OLG Naumburg r+s 2010, 319). Trifft die auch auf sie zurückzuführende Risikoverwirklichung mit anderen, dem VN nicht zuzurechnenden Fehlern zusammen, kann das entlastend wirken.

82 Die Waagschale der Schwere des Verschuldens hebt sich und begrenzt das Maß der Kürzung, wenn den VN entlastende **subjektive Faktoren** vorliegen. Das ist zwar vor allem iRd § 81 von Bedeutung, kann aber auch bei Obliegenheitsverletzungen eine Rolle spielen. Neben intellektuellen Defiziten können das Krankheiten, familiäre oder berufliche Belastungen – bspw. wirtschaftliche erhebliche Sorgen nach einem Versicherungsfall, die die Erstellung einer Stehlgutliste verzögern – sein. Sicherheitsvorkehrungen wie der Verschluss eines Anwesens bei längerer Abwesenheit können aus eher verständlichen Gründen (unerwartete und nicht leichtfertige Verzögerung einer Rückkehr, Ruf zu einem Notfall) unterlassen oder unzulänglich vorgenommen worden sein.

83 Der **Verlauf des Versicherungsverhältnisses** – die langjährige Schadenfreiheit bspw. – kann zu Kulanz führen, nicht aber die Quote bestimmen, weil er keinen Zusammenhang mit der Schwere des Verschuldens im konkreten Fall hat. Auch die tatsächlich eingetretene Schadenshöhe spielt – anders als die Vorhersehbarkeit des Risikoeintritts – keine Rolle. Gleiches gilt für die **wirtschaftlichen Verhältnisse** des VN, die ihn den Schaden besonders hart treffen lassen. Haben aber seine wirtschaftlichen Verhältnisse unerwartet die Veranlassung von Schutzvorkehrungen behindert, kann das anders sein.

c) Nullquote. Umstritten ist, ob auch bei Verletzung von Obliegenheiten eine Kürzung auf Null möglich ist. Dass eine solche vollständige Versagung von Leistungen dem **Willen des Gesetzgebers** entspricht, ist eindeutig, wie aus der Streichung des noch im Gesetzentwurf in Abs. 2 Satz 1 enthaltenen Wortes „nur" im Gesetzgebungsverfahren aufgrund der Anhörung von Sachverständigen erkennbar ist (s. dazu auch BGH r+s 2011, 376). Es wäre auch widersinnig, allein aus der Befugnis zu „kürzen" zu schließen, der VR dürfe seine Leistung zwar bis auf Bruchteile eines Prozents mindern, müsse aber wenigstens noch einen Cent bezahlen. Allerdings wird gerade **bei Obliegenheitsverletzungen** die Schwere grob fahrlässigen Verhaltens **selten** dem bedingten Vorsatz so nahekommen, dass eine Nullquote gerechtfertigt ist. Daher kommt es, wie auch in den Fällen einer Kürzung auf „Null" aufgrund von § 81 Abs. 2, darauf an, ob ein besonderer Ausnahmefall vorliegt, der dies rechtfertigt. Das setzt indessen eine Abwägung aller Umstände des Einzelfalles voraus (vgl. zu § 81 Abs. 2 BGH VersR 2011, 1037). Bei Fehlen entlastender Umstände kann für eine Kürzung auf Null daher ein besonders schwerwiegendes Verschulden sprechen. Ein solches kann vorliegen, wenn eine Obliegenheitsverletzung ausnahmsweise ein ganz besonderes Gewicht hat und im Angesicht des vertraglich Vereinbarten besonders unverständlich ist. Eine erhebliche Alkoholisierung während der Teilnahme am Straßenverkehr rechtfertigt daher – sofern nicht besondere Umstände vorliegen – regelmäßig eine Kürzung auf Null, weil es sich um einen besonders schwerwiegenden Verstoß handelt (BGH VersR 2012, 341 = NJW-RR 2012, 724; OLG Dresden ZfS 2018, 276). Eine Kürzung auf Null ist weiter in Betracht zu ziehen, oder wenn mehrere erheblich ins Gewicht fallende Obliegenheitsverletzungen vor und nach dem Versicherungsfall vorliegen oder mit der grob fahrlässigen Herbeiführung des Versicherungsfalles zusammen treffen. 84

d) Mehrfache Kürzungstatbestände. Verwirklicht das Verhalten des VN mehrere Kürzungstatbestände – der VN hat eine Obliegenheit vor dem Versicherungsfall (Teil D.1.2 AKB 2020 – Fahren in trunkenem Zustand) und eine, die ihm nach seinem Eintritt auferlegt war (Teil E.1.1.3 AKB 2020 – unerlaubtes Entfernen vom Unfallort), verletzt, oder er hat den Versicherungsfall grob fahrlässig herbeigeführt (Verlassen des versicherten Anwesens bei geöffneten Fenstern) und an seiner Aufklärung besonders nachlässig nicht mitgewirkt, indem er die Stehlgutliste nicht zügig eingereicht hat (B §§ 2a ff. VHB 2016) – so stellt sich die Frage nach der gesamten Kürzung der Leistung des VR (Prölss/Martin/*Armbrüster* § 28 Rn. 225; Langheid/Wandt/*Wandt* § 28 Rn. 249). Nach Inkrafttreten des VVG sind insoweit mehrere Modelle erörtert worden – die **Addition** der Kürzungsquoten, ihre **Multiplikation,** die **Konsumtion** der „leichteren" Verstöße durch den schwereren –, die sich in den überwiegenden Teilen der Rechtslehre nicht durchgesetzt haben, weil sie entweder den VR (Addition) oder den VN (Konsumtion) zu sehr begünstigen oder Scheingenauigkeiten (Multiplikation) versprechen (vgl. nur iE Prölss/Martin/*Armbrüster,* § 28 Rn. 227 ff.; Looschelders/Pohlmann/*Pohlmann* § 28 Rn. 123; Langheid/Wandt/*Wandt* § 28 Rn. 247 ff.; die Addition befürwortend LG Kassel ZfS 2011, 33). Entscheidend ist vielmehr eine **differenzierende Gesamtbewertung** des vertragswidrigen Verhaltens des VN (LG Dortmund VersR 2010, 1594; HK-VVG/*Felsch* § 28 Rn. 206 ff.). 85

Diese differenzierende Gesamtbewertung wird, wenn nur **eine Handlung oder ein Unterlassen** des VN Obliegenheiten verletzt (bspw. Sicherheitsvorschriften iSv Abs. 1 und Gefahrstandsobliegenheiten iSv § 23) und dadurch das- 86 selbe konkrete Interesse des VR (bspw. Verhinderung eines Leitungswasserschadens) regelmäßig dazu führen, dass auch die gleiche Kürzungsquote angezeigt ist; sollte das einmal anders sein, müsste die höhere den Ausschlag geben (Langheid/Wandt/*Wandt* § 28 Rn. 248; Looschelders/Pohlmann/*Pohlmann* § 28 Rn. 123). Verfolgen die Obliegenheiten allerdings **unterschiedliche Zwecke** (D.1.3 und D.2.1 AKB 2014: Benutzung des Fahrzeugs nur mit der erforderlichen Fahrerlaubnis und in nüchternem Zustand), so muss die sich aus der Verletzung der einen ergebende Kürzungsquote angemessen erhöht werden. Das gilt auch dann, wenn **verschiedene Verhaltensweisen** des VN zu Kürzungsquoten führen (längere Kippstellung eines Fensters in einer verlassenen Wohnung und Nichtvorlage der Stehlgutliste oder Verursachung eines Verkehrsunfalls durch Trunkenheit und unerlaubtes Entfernen vom Unfallort). Die genaue Ermittlung der gesamten Kürzung lässt sich allerdings nicht mathematisieren. In solchen Fällen ist gewissermaßen eine **„Gesamtsanktion"** durch angemessene Erhöhung der höchsten verwirklichten Kürzungsquote zu bilden. Liegen mehrfache Vertragswidrigkeiten vor, kann es je nach deren Gewicht allerdings auch, wenn sie eine besondere Rücksichtslosigkeit des VN den Interessen des VR gegenüber erkennen lassen, zu einer **Kürzung auf Null** kommen.

87 **e) Differenzierende Kausalitätsbetrachtung.** Die grob fahrlässige Verletzung von Obliegenheiten kann sich allerdings **in unterschiedlichem Maße zum Nachteil des VR auswirken.** So kann der VN eine Sicherheitsvorschrift (Einbau eines Panzerriegels) grob fahrlässig verletzt und dann seiner Stehlgutlistenobliegenheit nicht nachgekommen sein. War Beute von Einbrechern dann neben individualisierbaren Wertsachen auch Massenware, für die es dem VN möglich ist, den Kausalitätsgegenbeweis zu führen, so ist die **Gesamtkürzungsquote stufenweise zu ermitteln** (LG Dortmund VersR 2010, 1594; Langheid/Wandt/*Wandt* § 28 Rn. 253). Von dem Gesamtschaden ist zunächst derjenige zu erstattende Teil festzustellen, der der Schwere der Verletzung der Sicherheitsvorschrift entspricht. Sodann ist nur der Teil des Gesamtschadens, der aus dem Diebstahl der individualisierbaren Wertsachen folgt, nach der Schwere der Verletzung der Stehlgutlistenobliegenheit zu kürzen. Schließlich ist eine Gesamtbewertung vorzunehmen, die zu beachten hat, dass eine Kürzungsbefugnis nur einen Teil des Gesamtschadens betrifft.

88 **f) Verhältnis von Kürzung und Regresshöchstbeträgen.** Auf der Grundlage von § 4 PflVG, §§ 5 Abs. 3, 6 Abs. 1 KfzPflVV bestehen Höchstgrenzen für den Rückgriff des dem geschädigten Dritten gegenüber leistungspflichtigen, dem VN gegenüber aber ganz oder teilweise leistungsfreien VR. Ihr Zweck ist, unverhältnismäßige Belastungen auch des im Innenverhältnis pflichtwidrig handelnden VN zu vermeiden. Er unterscheidet sich damit von dem Zweck des § 28 Abs. 2 Satz 2, der die Leistungspflicht des VR nach der Schwere des Verschuldens bemisst. Die Vorschriften enthalten daher keine dem § 28 Abs. 2 Satz 2 vorgehende Sonderregelung, sondern enthalten eine allgemeine „Kappungsgrenze" (*Maier* r+s 2007, 89; Prölss/Martin/*Armbrüster* § 28 Rn. 186; aA *Nugel* MDR 2008, 1320). Damit gilt der Grundsatz **„Quote vor Regressbegrenzung";** der Betrag, in Höhe dessen der VR leistungsfrei ist, ist bis zu den Höchstbeträgen Inhalt des Rückgriffsanspruchs (LG Saarbrücken ZfS 2012, 628; LG Bochum ZfS 2012, 579).

89 **g) Beweislast für die Schwere des Verschuldens.** Während grobe Fahrlässigkeit nach dem Gesetz vermutet wird und der VN sich von ihr entlasten muss,

muss der VR die Schwere des Verschuldens, also die tatsächlichen Grundlagen für die von ihm in Anspruch genommene Kürzung **beweisen.** Das ist allerdings umstritten. Während Teile der Rechtslehre im Hinblick auf die Beweislast des VN zur groben Fahrlässigkeit (*Pohlmann* VersR 2008, 437; Looschelders/Pohlmann/*Pohlmann* § 28 Rn. 146 ff.) dem VN auch insoweit auferlegen, sich zu entlasten, gelangen Andere, ausgehend von einem regelmäßigen Mittelwert der Kürzung zu einer gespaltenen Beweislast, die dem VN auferlegt, von einer geringeren, dem VR, von einer höheren Kürzung zu überzeugen (HK-VVG/*Felsch* § 28 Rn. 169 ff.; *Grote/Schneider* BB 2007, 2689; diff. Prölss/Martin/*Armbrüster* § 28 Rn. 237). Beides widerspricht dem Gesetz, das von einer Kürzungsbefugnis des VR ausgeht (*Rixecker* ZVersWiss 2009, 3 (11); so auch Prölss/Martin/*Armbrüster* § 28 Rn. 237 f.; Langheid/Wandt/*Wandt* § 28 Rn. 264; *Marlow/Spuhl* Rn. 352; *Nugel* MDR 2008, 1320), deren Voraussetzungen folglich er nach allgemeinen Regeln zu beweisen hat. Es widerspricht auch seiner Begründung (BT-Drs. 16/3945, 68). Die befürchteten praktischen Probleme eines Wechsels der Beweislast zwischen der Widerlegung grober Fahrlässigkeit und der Bestätigung ihres Gewichts werden sich der Praxis nicht stellen. Regelmäßig stehen die objektiven Grundlagen der groben Fahrlässigkeit – das Gewicht und die Dauer des Pflichtenverstoßes, die Nähe und Voraussehbarkeit des Risikoeintritts, das erkennbare Ausmaß der dem VR drohenden Nachteile – fest. Von dem VN muss dann verlangt werden, etwaige subjektive Entschuldigungsgründe (Krankheit, Verständigungsschwierigkeiten, enttäuschtes berechtigtes Vertrauen in Dritte) darzulegen und so dem VR die Möglichkeit ihrer Widerlegung zu eröffnen. Scheitert sie, so müssen allerdings diese Umstände in die Bemessung der Kürzung einbezogen werden. Dass das unüberwindbare Schwierigkeiten oder systematische Brüche erzeugen sollte, ist nicht zu sehen.

VI. Kausalitätsgegenbeweis (Abs. 3)

1. Kausalitätsgegenbeweis (Abs. 3 Satz 1)

Der VR bleibt trotz Verletzung einer Obliegenheit – abweichend von Abs. 2, 90
also das Kündigungsrecht des Abs. 1 nicht berührend – leistungspflichtig, soweit die Verletzung weder für den Eintritt oder die Feststellung des Versicherungsfalles noch für die Feststellung oder den Umfang der Leistungspflicht ursächlich ist. Weit über den gedanklichen Ursprung dieses Kausalitätserfordernisses hinaus, die Relevanzrechtsprechung, soll danach die Deckung für einen eingetretenen Versicherungsfall auch dann bestehen bleiben, wenn, von Arglist abgesehen, ein schwer wiegendes Fehlverhalten des VN zu **keinen feststellbaren leistungsrelevanten Nachteilen für den VR** geführt hat. Die Vorschrift gilt anders als das frühere Recht für alle Obliegenheiten und gleichermaßen für grob fahrlässige wie für vorsätzliche Verstöße, soweit keine besonderen gesetzlichen Regelungen (§ 26 Abs. 3, §§ 54, 82 Abs. 4, 97) bestehen. Soweit **§ 6 Abs. 2 KfzPflVV** den Kausalitätsgegenbeweis nur bei grober Fahrlässigkeit zulässt, ist Abs. 3 Satz 1 die speziellere Regelung.

Abs. 3 Satz 1 verlangt den vom VN zu erbringenden Nachweis, dass die Oblie- 91
genheitsverletzung nicht zu bestimmten Nachteilen für den VR geführt hat. Damit verwendet das Gesetz einen **konkreten Kausalitätsmaßstab, keinen abstrakten.** Die generelle Eignung zur Gefährdung von Interessen des VR reicht

nicht aus (Langheid/Wandt/*Wandt* § 28 Rn. 277; Prölss/Martin/*Armbrüster* § 28 Rn. 243; *Maier* r+s 2007, 89; aA *Langheid* NJW 2007, 3669), vielmehr bleibt die Leistungspflicht bestehen, wenn sich im zu beurteilenden Einzelfall ausschließen lässt, dass dem VR ein konkreter Nachteil durch die Obliegenheitsverletzung entstanden ist. Das kann sich vor allem aus der unmittelbar zeitnahen Aufklärung des wahren Geschehens ergeben (LG Hamburg NZV 2018, 41 zum unerlaubten Entfernen). Das entspricht nicht nur dem Wortlaut des Gesetzes und seinem Vorbild in § 6 Abs. 3 Satz 2 VVG aF, sondern auch seinem Sinn. Denn Abs. 3 Satz 1 nähert sich bewusst schuldrechtlichen Grundsätzen, die bei Pflichtverletzungen nur dann zu rechtlichen Sanktionen greifen, wenn sie kausal für einen feststellbaren Schaden geworden sind.

92 Darüber hinaus wirft jedoch die dem früheren Recht gegenüber verwendete Zeitform – das Gesetz fragt, ob die Verletzung der Obliegenheit **„ursächlich ist"**, während § 6 Abs. 2 und Abs. 3 Satz 2 VVG aF zu klären aufgab, ob sie Einfluss **„gehabt hat"** – die Frage auf, für welchen Zeitpunkt festzustellen ist, ob dem VR durch die Obliegenheitsverletzung ein Nachteil entstanden ist. Das spielt eine Rolle, wenn die Obliegenheitsverletzung „zunächst" die Feststellungen des VR beeinflusst hat, im weiteren Verlauf des Geschehens jedoch, weil der VN sein Verhalten korrigiert oder der VR unabhängig davon den wahren Sachverhalt ermittelt hat, ihre nachteilige Wirkung verloren hat. Aus solchen Entwicklungen darf der VN ungeachtet der ohnehin bestehenden Arglistausnahme grds. keine Vorteile ziehen, will man vermeiden, dass er in illoyalem Verhalten kein Risiko sieht, also bspw. für einen Risikoausschluss bedeutsame Umstände oder Vorschäden mit der Überlegung verschweigt, er könne sie ja immer noch mitteilen oder seine fehlerhaften Angaben richtigstellen. Bezugspunkt der Ursächlichkeit muss schon nach dem Wortlaut des Gesetzes der **Zeitpunkt der Regulierungsentscheidung** des VR sein: Ihr liegen die von Abs. 3 Satz 1 genannten „Feststellungen" zugrunde (so wohl auch KG r+s 2011, 15; OLG Saarbrücken VersR 2013, 180 = r+s 2012, 543). Nach ihr erfolgende Informationen werfen „lediglich" die Frage auf, ob sich der VR aus besonderen Gründen nach Treu und Glauben nicht auf die Obliegenheitsverletzung berufen darf.

93 Fraglich ist allerdings, ob das auch dann gilt, wenn der VR **seiner Regulierungsentscheidung das obliegenheitswidrige Verhalten des VN gar nicht zugrunde gelegt hat.** Greift Abs. 4 also ein, wenn der VR Leistungen (ausschließlich) aus anderen Gründen – der sich später als irrig herausstellenden Annahme fehlender Deckung oder der Leugnung eines Versicherungsfalles – abgelehnt hat, sich in einem Rechtsstreit, in dem er die fehlende Tragfähigkeit dieser Begründungen erkennt, dann nachträglich auf Leistungsfreiheit wegen einer Obliegenheitsverletzung beruft, der VN aber zuvor die von ihm zu erwartende Aufklärung vollständig und zutreffend geleistet hat (vgl. die Fallkonstellation bei OLG Saarbrücken VersR 2008, 1643)? Wenn in einem solchen Fall einmal kein arglistiges Verhalten des VN anzunehmen sein sollte, erlaubt das Gesetz dem VN allerdings auch insoweit nachzuweisen, dass dem VR **zum Zeitpunkt seiner Berufung auf Leistungsfreiheit** nach Abs. 2 kein feststellungsrelevanter Nachteil mehr entstanden ist.

94 Die Bedeutung späterer Versuche der Heilung von nahezu ausschließlich bei der Aufklärung des Versicherungsfalles unterlaufenden Obliegenheitsverletzungen, also vor allem der **Berichtigung** zunächst unzutreffender Informationen, unterscheidet sich iÜ je nach ihrem Zeitpunkt und ihrer Art. Die Aufklärungsobliegenheit ist schon objektiv nicht verletzt, wenn dem VR (also seinem Sachbearbeiter) zeitgleich mit den falschen Angaben richtigstellende zugehen (BGH VersR 2002, 173; OLG Hamm r+s 2000, 139). Eine Korrektur kann auch ein Indiz dafür sein, dass sich der VN geirrt hat, die Vorsatzvermutung also widerlegt ist. Die Feinsteuerung iÜ leistet **§ 242 BGB** im Einzelfall unter drei Voraussetzungen, die sich aus dem Sinn der Anzeige- und Aufklärungsobliegenheit ergeben: Wenn ihr Zweck durch ein Verhalten des VN völlig uneingeschränkt erreicht wird, ohne dass dem VR ein Nachteil erwachsen ist, soll sich der VR auf ihre Verletzung nicht berufen dürfen. Das ist dann der Fall, wenn – objektiv – der VN seine falschen Angaben „vollständig und unmissverständlich" richtigstellt, wenn – objektiv – dem VR noch kein Nachteil entstanden und ihm die Unrichtigkeit nicht aufgefallen ist und – subjektiv – die Korrektur freiwillig, „aus eigenem Antrieb", erfolgt (BGH VersR 2002, 173; OLG Stuttgart ZfS 2017, 398; OLG Koblenz VersR 2005, 1528). Während die erste Voraussetzung sich von selbst versteht, werfen die weiteren Bedingungen Fragen auf. Dass dem VR die **Unrichtigkeit noch nicht aufgefallen** sein darf, sollte in Fällen, in denen der VN bei seiner Berichtigung davon irrig ausging, nicht nachteilig für ihn sein. Dass die Berichtigung **„freiwillig"** erfolgt sein muss, ist sicher nicht iSd § 24 Abs. 1 StGB zu verstehen, sondern meint, dass sie nicht vom VR veranlasst oder gar erzwungen sein darf. Entscheidend ist daher der von der Rspr. angeführte grundlegende Ansatz: Wird der Zweck der Aufklärungsobliegenheit – Sicherstellung einer sachgerechten Regulierung und der Loyalität des VN – in vollem Umfang im Nachhinein erreicht, so ist die Sanktion des § 28 Abs. 2 – von Arglist abgesehen – nicht mehr verhältnismäßig.

Ob die Verletzung einer Obliegenheit für den Eintritt oder die Feststellung des 95 Versicherungsfalles oder für die Feststellung oder den Umfang der Leistungspflicht ursächlich ist oder nicht, ist **nach allgemeinen Grundsätzen** zu bestimmen. Zu fragen ist, wenn die Verletzung der Obliegenheit in einem **positiven Tun** besteht, ob auch bei ordnungsgemäßer Erfüllung der Obliegenheit der Versicherungsfall und die Leistungspflicht im selben Umfang eingetreten und ihre Feststellung nicht anders ausgefallen wäre (BGH r+s 2001, 361 = VersR 2001, 756; OLG Köln BauR 2008, 1037). Stehen allerdings dem VN **mehrere Alternativen** frei zur Verfügung, seiner vor dem Versicherungsfall zu beachtenden Obliegenheit gerecht zu werden, so ist der Kausalitätsgegenbeweis geführt, wenn bei der Wahl auch nur einer Alternative der Versicherungsfall auch eingetreten wäre. Das muss er allerdings nachweisen (OLG Hamburg BeckRS 2016, 126071; OLG Karlsruhe NJW-RR 2012, 726 = VersR 2012, 1249). Besteht sie in einem obliegenheitswidrigen **Unterlassen,** so ist zu fragen, ob bei gebotenem Tun der Versicherungsfall oder der Aufklärungsnachteil für den VR nicht eingetreten wäre. Davon abgesehen geht es nicht nur darum zu klären, ob die Verletzung der Obliegenheit eine nicht hinweg zu denkende Bedingung für die vom Gesetz genannten Nachteile für den VR **(Äquivalenz)** gewesen ist, und ob sie im Allgemeinen und nicht nur unter besonders eigenartigen, ganz unwahrscheinlichen und nach dem regelmäßigen Verlauf der Dinge außer Betracht zu lassenden Umständen zur Herbeiführung dieser Nachteile geeignet gewesen ist **(Adäquanz),** sondern auch darum, ob ein **innerer Zusammenhang** zwischen der Verletzung der Obliegenheit und dem durch den VR geltend gemachten Nachteil bestanden hat, ob die Obliegenheit also gerade ihm entgegenwirken sollte (BGH VersR 2002, 829 = r+s 2002, 292; VersR 1997, 485 = NJW-RR 1997, 407); vgl. allg AG Köln r+s 2015, 285).

Ursächlichkeit ist widerlegt, wenn auszuschließen ist, dass bei ordnungsgemäßer 96 Erfüllung der Obliegenheit der Versicherungsfall und die Leistungspflicht in gleicher Weise eingetreten oder die Feststellungen anders – bspw. durch sich ergebende Auffälligkeiten des Geschehens (OLG Saarbrücken NJW-RR 2021, 291) ausgefallen wären (zum unbestrittenen Bestehen von versicherter Arbeitsunfähigkeit OLG Saarbrücken NJW-RR 2020, 224; zur unerheblichen verspäteten Kenntnis des VR vom Versicherungsfall OLG Saarbrücken NJW-RR 2019, 1245). Diesen **Negativbeweis** kann der VN nur so führen, dass er zunächst die sich aus dem Sachverhalt ergebenden Möglichkeiten, die für eine Kausalität sprechen, ausräumt. Alsdann liegt es am **VR darzutun,** warum die Obliegenheitsverletzung ursächlich für einen Nachteil gewesen ist, welche Maßnahmen er also bei Erfüllung der Obliegenheit ergriffen und welchen Erfolg er sich davon versprochen hätte. Diese Darlegungen muss der VN ebenfalls widerlegen (BGH NJW 1964, 1899 = VersR 1964, 709; NVersZ 2001, 330 = VersR 2001, 756; OLG Dresden r+s 2021, 217; OLG Celle 2018, 132; OLG Düsseldorf VersR 2004, 769; 2001, 888; OLG Köln BauR 2008, 1037; OLG Nürnberg VersR 1992, 1511; OLG Hamburg VersR 1990, 304; LG Offenburg ZfS 2013, 36). Das wird dem VN regelmäßig nicht gelingen, wenn er die **Schadensstelle so verändert** hat, dass dem VR eine Prüfung des Versicherungsfalls auch durch einen Sachverständigen nicht mehr möglich ist (OLG Saarbrücken NJW-RR 2019, 1245; r+s 2012, 543 = VersR 2013, 180). Gleiches gilt im Allgemeinen, wenn der VN sich unerlaubt iSv § 142 Abs. 1 StGB **von der Unfallstelle entfernt** hat (OLG Frankfurt a. M. ZfS 2015, 396; OLG Naumburg r+s 2013, 37 = VersR 2013, 178; anders für die Fälle, in denen der Tatbestand des § 142 Abs. 2 StGB erfüllt ist: BGH VersR 2013, 175 = NJW 2013, 936). Der Kausalitätsgegenbeweis ist auch nicht zu führen, wenn der VN Jahre nach dem Schaden selbst einen Sachverständigen mit Schlüsseluntersuchungen oder Feststellungen zur Schadenshöhe beauftragt (KG ZfS 2011, 514; 2015, 275).

97 Der Kausalitätsgegenbeweis ist nicht schon gescheitert, wenn feststeht, dass die Obliegenheit **Einfluss auf das Feststellungsverfahren** hatte. Denn kausal ist die Verletzung nur dann, wenn durch sie die Feststellung selbst zum Nachteil des VR beeinflusst worden ist (BGH VersR 2001, 756 = r+s 2001, 361; 1964, 709; OLG Stuttgart VersR 2006, 65). Das ist sie bspw. nicht, wenn der VN in der Kaskoversicherung eine zu hohe Zahl von Fahrzeugschlüsseln angibt (BGH VersR 2011, 1136). Der erfolglose Versuch, auf die Feststellungen des VR einzuwirken, reicht nicht aus. Hat der VN eine fortdauernde Arbeitsunfähigkeit nicht rechtzeitig angezeigt und der VR deshalb keine Möglichkeit zu Kontrollbesuchen oder Kontrolluntersuchungen (OLG Frankfurt a. M. VersR 1980, 326), oder befolgt der VN das Verlangen des VR, sich einer ärztlichen Nachuntersuchung zu unterziehen, nicht (OLG Düsseldorf VersR 1989, 34; LG Heidelberg VersR 1982, 36), so kann er den Kausalitätsgegenbeweis nicht führen. Das Verschweigen weiterer Unfallversicherungsverträge ist in diesem Sinne nicht ursächlich, wenn der Unfall und die unfallbedingten versicherten Folgen bewiesen worden sind und dem VR keine höheren Ermittlungskosten entstanden sind (BGH r+s 2008, 1163 = VersR 2008, 241; vgl. iÜ auch OLG Düsseldorf VersR 2004, 769; OLG Hamm VersR 2001, 360). Einfluss auf den Versicherungsfall oder dessen Umfang liegt auch bei **mitwirkender Kausalität** vor (BGH VersR 1969, 247; 1968, 590). Für über längere Dauer zu beachtende Obliegenheiten muss feststehen, dass sich ihre Verletzung zu keinem Zeitpunkt ausgewirkt hätte.

98 Reicht der VN die **Stehlgutliste** verspätet bei der Polizei (oder dem VR) ein – bei der ersten Obliegenheit handelt es sich allerdings um eine Schadenminderungsobliegenheit, für die sich die Möglichkeit des Kausalitätsgegenbeweises aus

§ 82 Abs. 3 ergibt –, so wird sich im Allgemeinen nicht feststellen lassen, dass dies keinen Einfluss auf die Feststellung des Schadensfalls gehabt hat. Denn eine solche Feststellung würde voraussetzen, dass die gestohlenen Sachen auch dann nicht wieder herbeigeschafft worden wären, wenn die Stehlgutliste rechtzeitig vorgelegt worden wäre. Die hohe oder nur überwiegende Wahrscheinlichkeit eines Misserfolgs der Polizei auch bei rechtzeitiger Einreichung der Stehlgutliste genügt grds. nicht, auch wenn allgemein eine schlechte Aufklärungsquote von Diebstählen bekannt ist (OLG Celle ZfS 2007, 637). Allerdings ist der Kausalitätsgegenbeweis unter den heutigen Bedingungen der Kriminalitätsbekämpfung beim Diebstahl von „Allerweltssachen" als geführt anzusehen, wenn eine Individualisierung der Beute nicht möglich ist und damit ein Fahndungserfolg nicht realistisch erscheint (OLG Düsseldorf VersR 2009, 354; OLG Celle ZfS 1996, 307; OLG Köln VersR 2005, 1531; VersR 1996, 323; VersR 1996, 1533; OLG Hamm VersR 2002, 1233; 1992, 489; OLG Düsseldorf r+s 2003, 458). Das darf aber nicht von vornherein unterstellt, sondern muss vom VN bewiesen werden. Ein solcher Beweis kann sich daraus ergeben, dass die Strafverfolgungsbehörden auch nach Eingang der Stehlgutliste keinerlei weitere Aktivitäten entfaltet haben. Allerdings darf nicht von vornherein davon ausgegangen werden, dass der Kausalitätsgegenbeweis immer schon dann prima facie geführt ist, wenn nicht individualisierbare Massenware erbeutet worden sein soll. Ist eine große Menge Autoreifen oder Kupferkabel gestohlen worden, so sind Fahndungserfolge der Polizei und die **Zuordnung auch von Zufallsfunden** zum Versicherungsfall zeitnah zur Tat nicht von vornherein auszuschließen. Maßgebend ist also stets, ob der VN (ggf. durch Vernehmung von Polizeibeamten) nachweisen kann, dass eine Fahndung gar nicht oder ohne jede Aussicht auf Erfolg vorgenommen worden wäre.

Den Kausalitätsgegenbeweis kann der VN **mit allen zulässigen Beweismitteln** führen. Anders als unter Geltung der Relevanzlehre darf er folglich auch bei verspäteter Schadenanzeige und durchgeführter Reparatur versuchen, für den Eintritt eines Gebäudeschadens, seine Ursache und seinen Umfang Fotodokumentationen vorzulegen, eigene Sachverständige und Handwerker als Zeugen anzubieten (vgl. zum früheren Recht abl. BGH VersR 2004, 1113; KG r+s 2003, 417; OLG Hamm VersR 2005, 644). Vermag sich ein Gericht dann eine Überzeugung dahin zu bilden, dass ein an sich zu entschädigender Versicherungsfall vorgelegen hat, ist die Obliegenheitsverletzung – von dann auch schwer zu beweisender Arglist abgesehen – nicht kausal. Der Verlust eigener Erkenntnismöglichkeiten allein reicht nicht aus. Jedoch wird den vom VN angebotenen Beweismitteln wegen ihrer Verstrickung in die allein in der Regie des VN erfolgte Schadenbeseitigung mit der gebotenen Skepsis zu begegnen sein. 99

Der Wortlaut des Abs. 3 Satz 1 zeigt, dass dem VN auch erlaubt ist, lediglich die vollständige Leistungsfreiheit abzuwenden, indem er beweist, dass sich die Verletzung der Obliegenheit nur **teilweise ausgewirkt** hat. Das ergibt sich daraus, dass Leistungsfreiheit nicht eintritt, „soweit" der Kausalitätsgegenbeweis geführt werden kann. Dem VN ist also gestattet nachzuweisen, dass sich die Obliegenheitsverletzung nur begrenzt auf den Eintritt des Versicherungsfalles oder sein Ausmaß, also den sich daraus ergebenden Umfang der Leistungspflicht, ausgewirkt hat (zur Stehlgutliste bei Entwendung von individualisierbaren und nicht individualisierbarer Beute LG Dortmund VersR 2010, 1594), weil sie einen höheren Schaden verursacht hat oder den Umfang der Leistungspflicht bestimmende Folgen gezeitigt hat. Das bedeutet grds. auch, dass das Verschweigen oder Verharmlosen wertbestimmender Umstände (Vorschäden) dazu führen kann, dass die Ent- 100 schädigung sich danach bemisst, welchen Mindestwert eine tatsächlich entwendete versicherte Sache unter Berücksichtigung dieser Umstände gehabt hat. Insoweit wird allerdings regelmäßig Arglist anzunehmen sein, die den Kausalitätsgegenbeweis ausschließt. Auch kann die temporäre Missachtung einer Untersuchungsobliegenheit dazu führen, dass für den unaufgeklärten Zeitraum keine Leistungen geschuldet werden. Sind allein höhere Kosten entstanden, kann das zu einer Entschädigungspflicht unter Abzug dieser Kosten führen (Langheid/Wandt/*Wandt* § 28 Rn. 297). Der Mehrschaden kann dann geschätzt werden (vgl. auch BGH VersR 1984, 830).

101 Auch bei Obliegenheiten, die nicht dem Eintritt des versicherten Risikos entgegenwirken sollen, sondern der **Erhöhung des subjektiven Risikos, der Vertragsgefahr,** vorbeugen sollen, ist der Kausalitätsgegenbeweis zulässig. Wenn etwa ein VN unter Verstoß gegen § 9 Abs. 5 MB/KK 2009 eine weitere Krankenversicherung mit zusätzlichem Krankenhaustagegeld ohne die Zustimmung des bisherigen VR abschließt, erhöht er damit die Vertragsgefahr (BGH NJW 1971, 1891 = VersR 1971, 662; 1981, 746 = VersR 1981, 183; einschränkend OLG Düsseldorf VersR 1996, 835). Die Neigung des VN, sich nicht ambulant, sondern stationär behandeln zu lassen, wird mit der Höhe des abgesicherten Krankentagegelds steigen. Der VN muss also bei Eintritt eines Versicherungsfalles beweisen, dass der Abschluss einer weiteren Versicherung keinen Einfluss darauf hatte, dass er sich stationär behandeln ließ. Da eine Krankenhausbehandlung bei mehreren Verträgen und womöglich höherem Gesamttagegeld und Überschreitung des durchschnittlichen Einkommens grds. wahrscheinlicher ist als bei einem Vertrag mit einem dem Einkommen angepassten Tagessatz, muss der VN beweisen, dass in seinem Versicherungsfall der Abschluss mehrerer Verträge ohne Einfluss auf die Krankenhausbehandlung war. Dieser Beweis wird ihm regelmäßig nicht gelingen (vgl. zum früheren Recht BGH VersR 1989, 1250; VersR 1986, 380; VersR 1981, 183; VersR 1971, 662). Allerdings kommt es darauf an, welches Ziel die Obliegenheit verfolgt hat. **Soll die Anzeige der Mehrfachversicherung dem VR eine Kündigung ermöglichen,** so muss der VN nachweisen, dass der VR nicht gekündigt und so seine Deckung für danach eintretende Versicherungsfälle ausgeschlossen hätte. Anders kann es sein, wenn die Obliegenheit dem VR die Möglichkeit zur Einwilligung in die Mehrfachversicherung verschaffen sollte. Dann muss der VN beweisen, dass der Versicherungsfall tatsächlich und unabhängig von der erhöhten subjektiven Gefahr eingetreten ist.

102 Geht es um eine vor dem Versicherungsfall zu erfüllende Obliegenheit, die **der Verminderung der Gefahr oder der Verhütung einer Gefahrerhöhung** dient, bspw. die bei dem Gebrauch eines Kfz zu beachtenden Obliegenheiten nach Abschn. D AKB 2020 (Verwendung zu dem im Vertrag genannten Zweck, Verwendung durch berechtigte Fahrer, Verwendung durch Fahrer mit Fahrerlaubnis, Verwendung in nicht alkoholisiertem oder sonst berauschtem Zustand), so muss der VN nicht nur beweisen, dass die verletzte Obliegenheit gerade vor dem eingetretenen Nachteil schützen sollte, sondern auch, dass es ausgeschlossen ist, dass ihre Verletzung zu ihm beigetragen haben kann. Werden Personen bei einer Taxifahrt verletzt, bei der der Fahrer nicht die notwendige Erlaubnis zur Personenbeförderung hatte, die ihm aber bei Beantragung ohne Weiteres erteilt worden wäre, lautet die Kausalitätsfrage nicht, „Wäre der Unfall nicht eingetreten, wenn der Fahrer die verbotene Fahrt unterlassen hätte?“, sondern, ob der Schaden auch bei Vorliegen der Erlaubnis eingetreten wäre. Ist ein Verkehrsunfall, den ein versicherter Fahrer ohne die erforderliche Fahrerlaubnis verursacht hat, als unabwendbares Ereignis (weil es um ein Verhalten des VN geht, ist nicht nur „höhere Gewalt“ von Bedeutung) zu betrachten, ist der Kausalitätsgegenbeweis geführt (BGH VersR 1978, 1129; VersR 1976, 531; Langheid/Wandt/*Wandt* § 28 Rn. 286). In beiden Fällen ist die Verletzung der Obliegenheit ohne jeden Einfluss auf den Eintritt oder den Umfang des Versicherungsfalles geblieben (zur Verwendungsklausel BGH NJW 1972, 822 = VersR 1972, 530; OLG Karlsruhe VersR 1986, 11; 1980, 1183). Hat der VN in einem leer stehenden Gebäude obliegenheitswidrig Wasserleitungen nicht abgesperrt, so ist die Kausalität eines Wassereinbruchs zu verneinen, wenn die Wasserleitung durch Sabotage beschädigt worden ist (BGH VersR 1976, 143). Kausalität ist nur dann ausgeschlossen, wenn und soweit die Obliegenheitsverletzung ohne jede Bedeutung für den Versicherungsfall oder dessen Umfang gewesen ist.

Dabei braucht eine bei den Vergleichsüberlegungen heranzuziehende unterschiedliche Risikoqualität im konkreten Fall nicht messbar zu sein. Es genügt, wenn sie statistisch in Erscheinung tritt (BGH NJW 1972, 822 = VersR 1972, 530), das heißt, wenn das die Gefahr erhöhende Tun oder Unterlassen **mit statistisch höherer Wahrscheinlichkeit zum Schaden geführt hat** (zu Obliegenheitsverletzungen vor dem Versicherungsfall in der Kraftfahrtversicherung BGH NJW 1972, 822 = VersR 1972, 530; OLG Frankfurt a. M. VersR 1997, 446; Langheid/Wandt/*Wandt* § 28 Rn. 286; HK-VVG/*Felsch* § 28 Rn. 52). 103

2. Kein Kausalitätsgegenbeweis bei Arglist (Abs. 3 Satz 2)

Dem VN ist die Möglichkeit des Kausalitätsgegenbeweises genommen, wenn er arglistig gehandelt hat. Von einem **arglistigen Verhalten** ist zu sprechen, wenn der VN der Obliegenheit bewusst und gewollt zuwiderhandelt und zugleich wenigstens in Kauf nimmt, das Verhalten des VR dadurch zu dessen Nachteil zu beeinflussen (BGH NJW 2001, 2326; VersR 1995, 1358; OLG Düsseldorf r+s 2010, 58; OLG Köln VersR 2010, 943; KG r+s 2011, 15). Der VN muss daher einen aus seiner Sicht gegen die Interessen des VR gerichteten Zweck verfolgen (BGH NJW 2007, 2041 = VersR 2007, 785; 1986, 1100 = VersR 1986, 77 (78); OLG Köln VersR 2008, 1063; *Prölss* VersR 2003, 669 (673); Langheid/Wandt/*Wandt* § 28 Rn. 302, 303). Die Absicht, sich ungerechtfertigt zu bereichern, also betrügerisches Verhalten, muss nicht vorliegen (anders möglicherweise BT-Drs. 16/3945, 49). Zu Recht wird der Arglist gleichgestellt, wenn sich der VN der Notwendigkeit, die Obliegenheit korrekt zu erfüllen, verschließt, um seinen Versicherungsschutz nicht zu gefährden (BGH VersR 1982, 793; OLG Köln VersR 1990, 1226), also etwa auf Fragen zur Aufklärung eines Versicherungsfalles Angaben „ins Blaue hinein“ macht (BGH NJW 2001, 2326; VersR 1980, 2460) oder sich besonders hartnäckig der Aufklärungsnotwendigkeit entzieht (OLG Saarbrücken r+s 2017, 470). 104

In der Praxis wird der Ausschluss des Kausalitätsgegenbeweises vor allem in den Fällen der vorsätzlichen Verletzung von **nach dem Versicherungsfall „verbal“ zu erfüllenden Anzeige- und Aufklärungsobliegenheiten** eine Rolle spielen. In Fällen der Verletzung der **Anzeigeobliegenheit** wird sich die Annahme arglistigen Verhaltens danach richten, ob der VN erkennt und in Kauf nimmt, dass er dadurch Möglichkeiten der Untersuchung des Versicherungsfalles durch den VR erschwert oder vereitelt. Sind mit einer verspäteten Anzeige Nachteile für den VN verbunden, wie es vor allem in der Haftpflichtversicherung aber auch in der Personenversicherung zu bedenken gilt, liegt Arglist ferner. Näher liegt häufig Arglist bei Verletzung der **Aufklärungsobliegenheit.** Weiß der VN, dass er den erkennbaren 105

Informationsbedarf des VR nicht oder vor allem unzutreffend befriedigt hat, wird der Grund dafür meistens in dem bewussten und gewollten Versuch einer dem VN günstigen Beeinflussung der Regulierung liegen (BGH r+s 1993, 346 = VersR 1994, 45 (47); zu unwahren Auskünften über Vermögensverhältnisse OLG Dresden NZM 2021, 206, LG Saarbrücken VersR 2021, 888; zur Weigerung, Anschaffungsbelege herauszugeben OLG Saarbrücken NJW-RR 2021, 291; zur Weigerung, Unfalldaten auslesen zu lassen OLG Köln r+s 2020, 702; zur Weitergabe eines Instandsetzungsangebots mit unrichtigen Angaben zur Instandsetzungsnotwendigkeit OLG Rostock VersR 2020, 690). Geht es um Umstände, die den Wert der versicherten Sache bestimmen – die Laufleistung oder die Vorschäden eines kaskoversicherten Fahrzeugs – wird alles für Arglist sprechen, weil es um den Wert der Sache beeinflussende Faktoren, also die Höhe der Entschädigungsleistung geht (KG NJOZ 2015, 1313; OLG Dresden NJW-RR 2018, 242; OLG Düsseldorf NJW-RR 2015, 92; OLG Saarbrücken VersR 2008, 1643). Das gilt beispielsweise bei bewusstem Verschweigen der Vorsteuerabzugsberechtigung (LG Dortmund r+s 2013, 64) oder bei auch auf Nachfrage wiederholtem Verschweigen von nicht lange zurück liegenden Vorschäden (OLG Naumburg r+s 2013, 16; LG Düsseldorf SP 2013, 24). Nicht Aneres gilt für die Vorlage gefälschter Quittungen (OLG Düsseldorf NJW-RR 2018, 663). Auch nachweislich falsche Angaben über Vorversicherungen oder Vorschäden, falsche Angaben über einen Unfallort oder Unfallhergang (OLG Saarbrücken VersR 2018, 672 zu nachweislich falschen Angaben über den Unfallhergang; OLG Köln r+s 2015, 150 zur privaten Unfallversicherung), das Verschweigen weiterer Versicherungen oder früherer Versicherungsfälle oder das Verschweigen von erheblichen Verbindlichkeiten (OLG Köln VersR 2017, 1335) sowie das Verschweigen von Verkaufsabsichten (LG Aachen r+s 2017, 466) erfolgen häufig, um die Regulierungsentscheidung zeitlich oder inhaltlich zu beeinflussen.

106 Auch in anderen **nach dem Versicherungsfall durch tatsächliches Verhalten zu erfüllenden Obliegenheiten** liegt es nahe anzunehmen, dass der VN eine Benachteiligung des VR durch die Erschwerung von Aufklärungsmöglichkeiten bewusst in Kauf nimmt. Das gilt vor allem bei Veränderungen der Schadensstelle oder bei der Missachtung von Weisungen des VR in Fällen, in denen eine Auswirkung auf die Feststellung des Versicherungsfalles oder den Umfang der Leistung im Nachhinein ausgeschlossen werden kann. Bei unerlaubtem Entfernen vom Unfallort (vgl. dazu KG VersR 2011, 875 = ZfS 2011, 92; LG Saarbrücken ZfS 2010, 630; LG Düsseldorf ZfS 2010, 509 mAnm *Maier* r+s 2010, 497) liegt es allerdings eher fern, dem VN zu unterstellen, sein Wille sei auch auf die Missachtung von Interessen des VR und nicht schlicht darauf gerichtet, sich der polizeilichen Feststellung seines Fehlverhaltens zu entziehen (die stete Annahme von Arglist dahinstehen lässt OLG Naumburg NJW-RR 2013 = VersR 2013, 178; für die Annahme von Arglist LG Detmold SP 2013, 26; LG Offenburg ZfS 2013, 36; gegen die Annahme von Arglist LG Nürnberg-Fürth VuR 2011, 436). Da das Gesetz aber auch für solche Fälle den Kausalitätsgegenbeweis vorsieht, liegt es nahe, für seinen Ausschluss als „arge List“ ein besonders schweres vorsätzliches Verhalten iSv § 6 Abs. 2 KfzPflVV zu betrachten, bei dem sich VN bewusst ist, dass auch die Feststellungen des VR beeinflusst werden. Arglist in gerade insoweit abhängig von von den Umständen des Einzelfalls (BGH VersR 2013, 354 = r+s 2013, 1660; OLG Saarbrücken BeckRS 2016, 8785).

107 Aber auch für **vor dem Versicherungsfall** – regelmäßig **durch tatsächliches Verhalten** (Beachtung von Sicherheitsvorschriften, zweckentsprechende Verwendung des Kfz, Fahrtüchtigkeit des Fahrers) – **zu erfüllende Obliegenheiten** gilt

schon dem Wortlaut des Gesetzes nach (wie auch die Abgrenzung zu § 28 Abs. 4 zeigt) die Arglistausnahme für den Kausalitätsgegenbeweis (Langheid/Wandt/*Wandt* § 28 Rn. 304; aA Bruck/Möller/*Heiss* § 28 Rn. 159). Der VN wird dann zwar selten beweisen können, dass ihre Verletzung den Eintritt des Versicherungsfalles nicht bewirkt oder mitbewirkt oder den Umfang der Leistungspflicht nicht beeinflusst hat. Vermag der VN diesen Beweis indessen zu führen, fragt sich, ob und wann dann dennoch nach Abs. 3 Satz 2 Leistungsfreiheit eintritt. Von Arglist kann in solchen Fällen nur ausgegangen werden, wenn das Verhalten des VN sich bewusst und böswillig über die vom VN erkannten Interessen des VR hinwegsetzt, also über das Wissen um die Verletzung der Obliegenheit und ihr Wollen hinaus auch billigend in Kauf genommen wird, dass der VR dadurch Nachteile erleidet. Fährt ein VN sein versichertes Kfz in alkoholbedingt fahruntüchtigem Zustand, so will er damit regelmäßig allerdings kaum die Interessen des VR mit Blick auf dessen Eintrittspflicht in einem Schadensfall (den er ja in aller Regel nicht wünscht) missachten.

VII. Belehrung (Abs. 4)

1. Belehrungspflichtige Obliegenheiten

Die Verletzung von nach dem Versicherungsfall zu erfüllenden **vertraglichen Auskunfts- und Aufklärungsobliegenheiten** führt nur dann zur vollständigen oder teilweisen Leistungsfreiheit, wenn der VR den VN formgerecht auf diese Rechtsfolgen hingewiesen hat. Zweck des aus der früheren Relevanzrechtsprechung (BGH NJW-RR 1998, 600 = VersR 1998, 447) fortentwickelten Hinweiserfordernisses ist es, den VN nachdrücklich vor dem Verlust seines gesamten oder von Teilen seines Anspruchs durch illoyale Verweigerung, Verspätung oder inhaltlich unzulängliche Mitwirkung an der Feststellung des Versicherungsfalles oder des Umfangs der Leistungspflicht zu warnen. 108

Das Belehrungserfordernis gilt nur für Auskunfts- und Aufklärungsobliegenheiten. Es bezieht sich also auf die vertragliche Konkretisierung der gesetzlichen Obliegenheiten des § 31. Die Obliegenheit zur Anzeige des Versicherungsfalles zählt dazu schon dem Wortlaut nach nicht. Da das Verlangen des Abs. 4 grds. nur dann sinnvoll ist, wenn der Hinweis in einem **zeitlichen und sachlichen Zusammenhang zu einem spezifischen Informationsbegehren** des VR erfolgt, muss es dem VR zunächst **möglich sein,** ihn damit zu verbinden. Das zeigt, dass nicht alle Auskunfts- und Aufklärungsobliegenheiten von Abs. 4 erfasst werden. Keine Belehrung ist der Natur der Sache nach erforderlich bei **spontan zu erfüllenden Obliegenheiten** (zuletzt OLG Dresden NJW 2018, 3033; Langheid/Wandt/*Wandt* § 28 Rn. 323 ff.). Dazu zählt die den AKB bekannte Obliegenheit, sich als Unfallbeteiligter nicht vom Unfallort zu entfernen (E.1.3 AKB 2020; OLG Naumburg NJW-RR 2013, 37 = VersR 2013, 178), oder die in den VGB enthaltene Obliegenheit, die Schadensstelle bis zur Information und Reaktion des VR (B 3.3.2.2 VGB 2016) unverändert zu lassen (OLG Saarbrücken NJW-RR 2019, 1245; ZfS 2012, 635). Die Verletzung von der Personenversicherung bekannten **Untersuchungobliegenheiten** (vgl. unter anderem a Ziff. 7.3 AUB 2014), deren Aktualisierung eine Aufforderung durch den VR voraussetzt, schadet indessen nur dann, wenn der VR den Hinweis nach Abs. 4 erteilt hat. 109

Die in der Praxis immer wieder streitige Obliegenheit zur **Vorlage einer Stehlgutliste bei der Polizei** ist nach ihrem wesentlichen Sinn keine Auskunfts- 110 oder Aufklärungs-, sondern eine **Schadensminderungsobliegenheit.** Schon deshalb scheitert die Leistungsfreiheit des VR bei ihrer Verletzung nicht an einer fehlenden Belehrung (zur fehlenden Belehrungspflicht in Bezug auf diese Obliegenheit nach altem Recht OLG Köln VersR 2008, 917; OLG Celle ZfS 2007, 637; OLG Düsseldorf VersR 2009, 354; OLG Frankfurt a. M. NVersZ 2001, 37; aA (grundsätzliche Belehrungspflicht) *Knappmann* r+s 2003, 488). Das schließt allerdings nicht aus, dass sich der VR im Einzelfall einmal nicht auf die Verletzung der Obliegenheit nach § 242 BGB berufen darf, weil er den VN auf die Notwendigkeit ihrer Vorlage nicht hingewiesen hat. Das ist dann der Fall, wenn der VR nach ordnungsgemäßer Anzeige eines Versicherungsfalles vom VN nähere Angaben zu der Anzeige bei der Polizei und eine Liste der entwendeten Güter verlangt und dadurch den Eindruck erweckt, mit der Erfüllung dieses Ersuchens habe der VN alles Erforderliche getan, wenn er also letztlich Maßnahmen trifft, die geeignet sind, den VN über die Notwendigkeit der Übersendung einer Stehlgutliste an die Polizei irrezuführen oder wenn der VR erkennt, dass der VN seine Obliegenheit noch nicht erfüllt hat aber noch erfüllen könnte (BGH r+s 2010, 245 = VersR 2010, 903; NJW 2008, 3643 = VersR 2008, 1491; OLG Karlsruhe VersR 2011, 1560). Dabei handelt es sich aber nicht um eine sich auch formal nach Abs. 4 richtende Belehrung, sondern um die Versagung von Leistungsfreiheit nach Treu und Glauben bei Ausbleiben gebotener Hinweise auf ein vom VN erwartetes Verhalten. Die Verletzung der **Obliegenheit zur Vorlage einer Stehlgutliste bei dem VR,** die nicht notwendigerweise spontan erfüllt werden muss, ist als Aufklärungsobliegenheit davon zu trennen. Ihre Verletzung schadet grds. nur, wenn der VR über deren Rechtsfolgen belehrt hat.

2. Zeitpunkt der Belehrung

111 Der Hinweis muss mit dem Verlangen nach Auskunft oder Aufklärung nach Sinn und Zweck der Belehrung **zeitlich und sachlich verbunden** sein. Es genügt nicht, wenn er in den Vertragsunterlagen enthalten ist. Ob eine **Wiederholung** der Belehrung geboten ist, ist abhängig von den Umständen des Einzelfalls. In der Regel genügt eine einmalige Belehrung, die typischerweise im Schadenanzeigeformular enthalten ist (OLG Köln r+s 1997, 274 = VersR 1997, 1375; 1990, 112; OLG Düsseldorf r+s 1997, 226 = VersR 1997, 1393; OLG Hamm NJW-RR 1997, 219 = VersR 1997, 1125; aA OLG Oldenburg NJW-RR 1998, 30 = VersR 1998, 449; OLG Hamm NVersZ 2001, 271 = ZfS 2001, 117). Nachfragen des VR lösen grds. keine erneute Belehrungspflicht aus (BGH VersR 2007, 683; 982; offen gelassen in r+s 1998, 114 = VersR 1998, 447; vgl. auch OLG Saarbrücken VersR 1998, 1643; OLG Köln r+s 1999, 364). Das ist anders, wenn **zwischen dem Hinweis und einer Nachfrage eine längere Zeit verstrichen ist** und kein sachlicher Zusammenhang mit dem bereits beantworteten Unterrichtungsbegehren besteht (BGH VersR 2011, 1121; OLG Hamm r+s 2001, 140: ein Jahr). Nach **Wiederaufnahme einer ablehnend abgeschlossenen Regulierungsprüfung** bedarf es einer erneuten Belehrung.

3. Form der Belehrung

112 Der Hinweis hat in **Textform** (§ 126b BGB) zu erfolgen. Er muss in einer **gesonderten Mitteilung** enthalten sein. Ein Hinweis im Versicherungsschein oder in den AVB genügt nicht (aA Schimikowski/Brömmelmeyer/*Brömmelmeyer* § 28 Rn. 110). Damit wird jedoch nach dem Zweck der Hinweispflicht kein physikalisch von anderen Formularen oder Schriftstücken getrenntes Blatt verlangt. Sie darf allerdings nicht schwer unterscheidbar in den Fließtext eingegliedert sein, sondern muss von anderen Inhalten des Schadenanzeigeformulars oder eines Schreibens des VR räumlich getrennt sein, auffallend platziert und drucktechnisch durch verschiedene (nicht notwendigerweise kumulative) grafische Mittel – Druck, Rahmen, Unterstreichung, Farbe – auffallend hervorgehoben (vgl. BGH NJW 2013, 873 = VersR 2013, 297; OLG Karlsruhe VersR 2010, 1448 = ZfS 2010, 507; LG Nürnberg-Fürth r+s 2010, 412 = VersR 2010, 1635; Langheid/Wandt/*Wandt* § 28 Rn. 340; HK-VVG/*Felsch* § 28 Rn. 213 ff.; *Lorenz* VersR 2008, 709). Sie kann entweder unmittelbar vor den zu beantwortenden Fragen oder unmittelbar vor der ihre Beantwortung abschließenden Unterschrift erfolgen. Auch ausländischen VN gegenüber darf der Hinweis **in deutscher Sprache** erfolgen, wenn der Versicherungsvertrag in Deutsch verfasst ist. Von einem VN wird erwartet, sich bei sprachlichen Verständigungsschwierigkeiten unterrichten oder helfen zu lassen (OLG Saarbrücken VersR 2006, 1208; OLG Hamm r+s 1997, 1; OLG Nürnberg VersR 1996, 1224). Erkennt der VR indessen vornehmlich anhand der Diktion einer Antwort, dass der ausländische VN Verständnisschwierigkeiten hatte, muss er auf die Notwendigkeit einer Vervollständigung oder Korrektur hinweisen (OLG Köln VersR 1995, 201; Schimikowski/Brömmelmeyer/*Brömmelmeyer* § 28 Rn. 115)

4. Inhalt der Belehrung

Die Belehrung muss auch **inhaltlich klar, unmissverständlich, richtig und** 113
vollständig sein (BGH VersR 2007, 683; VersR 1998, 447; OLG Köln VersR 2008, 243; OLG Hamm r+s 1997, 146), so wie das Gesetz es vorsieht: Das Gesetz verlangt einen Hinweis auf „diese Rechtsfolge" – also die vollständige oder teilweise Leistungsfreiheit – bei Verletzung einer bestimmten Obliegenheit. Der Hinweis muss also zunächst seine Rechtsfolgenbelehrung mit der Nichterfüllung des zuvor gestellten Informationsverlangens verknüpfen. Das kann in allgemeiner Form geschehen (aA Bruck/Möller/*Heiss* § 28 Rn. 179 – Bezug auf eine bestimmte Obliegenheit). Die Art der Verletzung muss erläutert werden, indem das Unterlassen von Auskünften, ihre Verspätung oder ihre inhaltliche Unrichtigkeit erwähnt werden. Unterlässt der VR, eine dieser Verletzungsformen zu erwähnen, kann er sich allerdings nach dem Normzweck nur insoweit nicht auf Leistungsfreiheit berufen (Langheid/Wandt/*Wandt* § 28 Rn. 332). Der Hinweis muss ferner verdeutlichen, dass Konsequenz der Verletzung je nach Verschulden die vollständige oder teilweise Leistungsfreiheit sein „kann". Da Abs. 4 lediglich die Warnung vor den Rechtsfolgen fordert und mit ihrem Ausspruch auch der Zweck der Belehrungspflicht erfüllt wird, bedarf es keiner differenzierenden Darstellung der Voraussetzung dieser Rechtsfolgen. Die von *Felsch* (HK-VVG/*Felsch* § 28 Rn. 227) vorgeschlagene Belehrung

„Vorsätzlich falsche oder unwahre Angaben können den vollständigen Verlust der Versicherungsleistung, grob fahrlässig falsche oder unwahre Angaben eine – der Schwere Ihres Verschuldens entsprechende – Kürzung der Leistung zur Folge haben, es sei denn, diese Angaben werden weder für die Feststellung des Versicherungsfalls noch für die Feststellung oder den Umfang unserer Leistungspflicht ursächlich (...)"

erfüllt diese Voraussetzungen. Einer Erwähnung des Kausalitätsgegenbeweises bedarf es indessen nicht.

5. Adressat der Belehrung

114 Die Belehrung muss dem **VN** oder einer zum Empfang solcher Hinweise bevollmächtigten Person oder, wenn einen **Versicherten** Obliegenheiten treffen, diesem gegenüber erteilt werden. Tritt auf Seiten des VN **ein Repräsentant oder ein Wissenserklärungsvertreter** auf, so genügt es, wenn ihm gegenüber die Belehrung erfolgt (aA Langheid/Wandt/*Wandt* § 28 Rn. 347; *Staudinger* NJW 2007, 2040). Denn Abs. 4 verknüpft die Hinweispflicht mit der Erfüllung der spezifischen Auskunft- oder Aufklärungsobliegenheit; hat der VN diese einem Dritten übertragen, kann dessen Verantwortung nicht von der Mahnung getrennt werden, sie bei Vermeidung von Konsequenzen korrekt wahrzunehmen. Geht es um die Verletzung der Obliegenheit eines belehrten Miteigentümers einer versicherten Sache, ist Voraussetzung der Leistungsfreiheit nicht, dass alle anderen Miteigentümer auch belehrt worden sind.

6. Rechtsfolge von Belehrungsfehlern

115 Ist eine Belehrung unterblieben, unrichtig oder unvollständig, tritt **als Rechtsfolge** Leistungsfreiheit nicht ein. Das Gesetz sieht davon keine Ausnahmen vor. Allerdings kann es dem VN nach Treu und Glauben verwehrt sein, die Verletzung des Abs. 4 geltend zu machen. Das ist dann der Fall, wenn der VN **arglistig** gehandelt hat (BGH NJW 2014, 1452 = VersR 2014, 565), weil sich ein schwer schuldhaft Handelnder nicht auf ein geringer gewichtiges Fehlverhalten seines Gegenübers berufen darf.

7. Sonstige Hinweispflichten des Versicherers

116 Auch **unabhängig von Abs. 4** können sich **Pflichten des VR,** auf Rechtsfolgen einer unzulänglichen Mitwirkung **hinzuweisen,** ergeben, wenn dazu Anlass besteht (vgl. zur Obliegenheit, der Polizei eine Stehlgutliste zu übersenden Rn. 110). Das ist bspw. dann der Fall, wenn der VR erkennt, dass der VN über das von ihm erwartete Verhalten irrt. Grundlage für solche Belehrungen kann dann § 6 Abs. 4 sein. Im Einzelfall kann es dem VR auch nach Treu und Glauben versagt sein, sich auf eine Obliegenheitsverletzung zu berufen, wenn er den VN auf die Notwendigkeit eines bestimmten Verhaltens hätte hinweisen müssen. Solche Hinweise müssen nicht die Formen und Inhalte des § 28 Abs. 4 wahren. Umgekehrt **entfällt die Hinweispflicht nach § 28 Abs. 4 nicht,** wenn der VR bei anwaltlicher Beratung des VN oder Beratung durch einen Versicherungsmakler Anlass hat anzunehmen, dass er von den in ihn gesetzten Erwartungen Kenntnis hat (BGH VersR 2007, 683; VersR 1973, 174; OLG Frankfurt a. M. VersR 1993, 1003).

VIII. Unwirksamkeit einer Rücktrittsvereinbarung; Abdingbarkeit (Abs. 5)

117 Nach Abs. 5 sind Vertragsbestimmungen, die es dem VR erlauben würden, sich wegen der Verletzung einer vertraglichen Obliegenheitsverletzung rückwirkend vom Vertrag zu lösen, unwirksam. Im Übrigen ist das Sanktionierungssystem des § 28 Abs. 1–4 halbzwingend (§ 32); von den Voraussetzungen und Rechtsfolgen kann folglich nicht zum Nachteil des VN abgewichen werden. Für die Versicherung von Großrisiken und die laufende Versicherung besteht indessen Vertragsfreiheit (§ 210).

IX. Beweislast im Rückforderungsrechtsstreit

Hat der VR Leistungen ohne Vorbehalt erbracht, weil er zunächst seine Leistungsfreiheit nicht erkannt hat, und fordert er sie später zurück, so ist Grundlage seines Begehrens **§ 812 Abs. 1 Satz 1 Alt. 1 BGB.** Dessen Voraussetzungen, also das Fehlen eines Rechtsgrundes für die erbrachte Leistung, muss der VR beweisen (BGH NJW 1995, 662 = VersR 1995, 281). Daher muss der VR nicht nur (wie nach Abs. 1 und Abs. 2 Satz 1 ohnehin) die objektive Verletzung der Obliegenheit und den Vorsatz des VN beweisen, er muss ggf. auch grobe Fahrlässigkeit und die Kausalität der Obliegenheitsverletzung für den Eintritt des Versicherungsfalles und den Umfang seiner Leistungspflicht sowie seine Feststellungen beweisen (OLG Hamm r+s 2012, 253; OLG Saarbrücken VersR 2009, 1254; OLG Stuttgart BeckRS 2008, 12058); OLG Köln VersR 1999, 704; r+s 1997, 140). Zahlt der VR vorbehaltlos, obwohl er von der Obliegenheitsverletzung weiß, darf daraus auf einen Verzicht auf Leistungsfreiheit geschlossen werden (OLG Karlsruhe r+s 1999, 17). 118

X. Verwirkung von Ansprüchen auf eine Versicherungsleistung

Spezifische Regelungen in AVB bestimmen, dass der VN seinen Anspruch auf eine Entschädigung verwirkt, wenn er versucht, den VR über die für den Grund oder die Höhe der Leistung maßgeblichen Tatsachen arglistig zu täuschen (vgl. § 31 Rn. 25). Davon abgesehen hat die Rspr. auch dann, wenn **eine vertragliche Obliegenheit nicht vereinbart** ist, angenommen, dass der VN seinen Anspruch auf die Versicherungsleistung in besonderen Ausnahmefällen verwirken kann (BGH NJW-RR 1991, 1370 = VersR 1991, 1129; vgl. allg. Langheid/Wandt/*Wandt* Vor § 28 Rn. 31 ff.). Dazu genügt indessen nicht allein eine vorsätzliche Täuschung des VR. Vielmehr ist die Verwirkung auf besondere Ausnahmefälle beschränkt, in denen es für den VR unzumutbar wäre, sich an der Erfüllung der von ihm übernommenen Vertragspflichten festhalten zu lassen (BGH aaO). Die Schwere der Illoyalität muss sich aus einer Gesamtbewertung aller Umstände des Einzelfalls, vor allem der Motivation des Täuschenden, dem Umfang der Gefährdung schützenswerter Interessen des VR und der Folgen des Anspruchsverlusts für den VN ergeben. Eine solche Verwirkung hat der BGH auch in Fällen eines kollusiven Zusammenwirkens des VN mit einem Haftpflichtgläubiger verbunden mit der leichtfertigen Anerkennung des Anspruchs angenommen (BGH VersR 1987, 1182). Da die Verwirkung auf dem Schutzbedürfnis des prüfungs- und verhandlungsbereiten VR beruht, kann ein Anspruch auf eine Versicherungsleistung nicht mehr verwirken, wenn der VR es abgelehnt hat, ihn zu prüfen und ggf. zu erfüllen (BGH VersR 2013, 609). 119

Betrifft die arglistige Täuschung einen erheblichen Teil des geltend gemachten Schadens, ist dem VR grundsätzlich nicht versagt, sich auf die Verwirkung zu berufen. Das ist anders, wenn es um **abtrennbare Schadenspositionen** (Zeitwertentschädigung, Neuwertspitze) geht und die arglistige Täuschung erfolgt ist, 120 nachdem der VR auf einen **Teil des Schadens geleistet** hat oder die Ersatzpflicht dem Grunde nach festgestellt wurde. Weil der VR seine erbrachten Leistungen nicht zurückfordern kann, wenn er danach arglistig getäuscht wurde, die Verwirkung also immer nur die noch offenen Schadenspositionen betrifft, darf es ihm nicht zum Vorteil gereichen, wenn er zunächst Leistungen ganz verweigert hat (OLG Saarbrücken NJW-RR 2017, 1379).

§ 29 Teilrücktritt, Teilkündigung, teilweise Leistungsfreiheit

(1) **Liegen die Voraussetzungen, unter denen der Versicherer nach den Vorschriften dieses Abschnittes zum Rücktritt oder zur Kündigung berechtigt ist, nur bezüglich eines Teils der Gegenstände oder Personen vor, auf die sich die Versicherung bezieht, steht dem Versicherer das Recht zum Rücktritt oder zur Kündigung für den übrigen Teil nur zu, wenn anzunehmen ist, dass für diesen allein der Versicherer den Vertrag unter den gleichen Bedingungen nicht geschlossen hätte.**

(2) [1]**Macht der Versicherer von dem Recht zum Rücktritt oder zur Kündigung bezüglich eines Teils der Gegenstände oder Personen Gebrauch, ist der Versicherungsnehmer berechtigt, das Versicherungsverhältnis bezüglich des übrigen Teils zu kündigen.** [2]**Die Kündigung muss spätestens zum Schluss der Versicherungsperiode erklärt werden, in welcher der Rücktritt oder die Kündigung des Versicherers wirksam wird.**

(3) **Liegen die Voraussetzungen, unter denen der Versicherer wegen einer Verletzung der Vorschriften über die Gefahrerhöhung ganz oder teilweise leistungsfrei ist, nur bezüglich eines Teils der Gegenstände oder Personen vor, auf die sich die Versicherung bezieht, ist auf die Leistungsfreiheit Absatz 1 entsprechend anzuwenden.**

I. Normzweck und Anwendungsbereich

1 Die Vorschrift gewährt dem VR für den Fall des Bestehens eines Kündigungs- oder Rücktrittsrechts nach **§ 19 Abs. 2 und 3, § 24 und § 28 Abs. 1** bei Verletzung der vorvertraglichen Anzeigeobliegenheit, bei obliegenheitswidriger Gefahrerhöhung und bei der Verletzung von Obliegenheiten (dazu zum früheren Recht BGH NJW 1992, 2633) das an sich nicht bestehende **Recht zur bloßen Teilauflösung** des Vertrags. Zugleich beschränkt sie ihn bei Vorlage ihrer Voraussetzungen genau darauf. Damit bezweckt das Gesetz, dem VN trotz vorliegender Vertragsverletzung Versicherungsschutz möglichst zu erhalten (Abs. 1). Darüber hinaus erlaubt sie dem VN, sich in einem solchen Fall selbst vom Vertrag zu trennen (Abs. 2) und erstreckt die Begrenzung der Gestaltungsrechte des VR auf Fälle der Gefahrerhöhung (Abs. 3).

2 Auf die Leistungsfreiheit gewährende Vorschrift des **§ 28 Abs. 2** ist § 29 nicht anwendbar, schon weil § 28 Abs. 3 die Kausalitätsfrage gesondert regelt. Andere Kündigungsrechte erfasst § 29 nicht unmittelbar. Jedoch ist eine analoge Anwendung auf das nach dem Versicherungsfall entstehende Kündigungsrecht des **§ 92 Abs. 1** denkbar, vor allem aber auf das nach Veräußerung der versicherten Sache gewährte Kündigungsrecht nach **§ 96 Abs. 1,** wenn nur eine oder ein Teil der

versicherten Sachen veräußert worden ist. Für die Krankenversicherung gilt nach § **205 Abs. 5** eine Sonderregelung. Die Regelung ist, wie sich aus **§ 32 Satz 1** ergibt, abdingbar. Dem **außerordentlichen Kündigungsrecht** ist die Lösung nur von einem Teil des Versicherungsvertrages von vornherein zunächst fremd (vgl. aber zu den Auswirkungen eines wichtigen Grundes zur außerordentlichen Kündigung einer MB/KT-Versicherung auf die MB/KK); allerdings ist in Ausnahmefällen – ein Versicherter liefert ohne Einflussmöglichkeit des VN einen wichtigen Grund für die Auflösung des Vertrages in Bezug auf seine Person – über eine entsprechende Anwendung nachzudenken. Für die **Arglistanfechtung** nach § 123 BGB iVm § 22 gilt § 30 nicht (vgl. aber → Rn. 10).

II. Einheitlicher Versicherungsvertrag

Das Kündigungs- oder Rücktrittsrecht ist nur dann „begrenzt", wenn **„ein" einheitlicher Versicherungsvertrag** vorliegt. Das ergibt sich daraus, dass die Voraussetzungen solcher Lösungsrechte an sich einen konkret infizierten Versicherungsvertrag – diesen aber als Ganzen – erschüttern. Liegen mehrere Versicherungsverträge vor, so kann sich der VR naturgemäß von dem jeweils von dem Makel betroffenen Versicherungsvertrag lösen. Ob ein einheitlicher, im Wege der Kündigung oder des Rücktritts in seine Teile zu sezierender Versicherungsvertrag vorliegt, richtet sich nicht nach formalen Kriterien (OLG Stuttgart VersR 2006, 1485; OLG Karlsruhe VersR 2007, 530), obwohl die Ausstellung nur einer Police dafür ein Indiz sein kann (OLG Saarbrücken VersR 2012, 429; Prölss/Martin/*Armbrüster* § 29 Rn. 2). Unerheblich ist insbesondere die Zahl der ausgestellten Policen. Es spricht auch keine tatsächliche Vermutung für einen oder mehrere Versicherungsverträge. Vielmehr müssen die rechtlichen Beziehungen zwischen VN und VR daraufhin untersucht werden, ob beide im Hinblick auf die Deckung unterschiedlicher Gefahren mehrere separierbare Vertragsverhältnisse oder nur ein mehrere Risiken absicherndes einheitliches Vertragsverhältnis begründen wollten. 3

Nach dem Sinn und Zweck des § 29 kann von einem einheitlichen Versicherungsvertrag ausgegangen werden, wenn es im Allgemeinen gerechtfertigt erscheint, Lösungsrechte des VR nur auf eine Person oder einen Gegenstand zu erstrecken. Das ist **abhängig von der tatsächlichen und rechtlichen Verbindung der Elemente** des Versicherungsvertrags. Versichern mehrere Personen als VN jeweils eigene, voneinander unabhängige Interessen, spricht Vieles für mehrere Verträge. Versichert eine Personenmehrheit (bspw. eine Wohnungseigentümergemeinschaft) das gleiche Interesse, liegt regelmäßig ein einheitlicher Versicherungsvertrag vor. Versichert ein VN mehrere versicherte Personen, liegt ohnehin nur ein Versicherungsvertrag vor. Mit einer Hauptversicherung verbundene **„Zusatzversicherungen"** (BUZ, UZV) lassen in diesem Sinn keine eigenständigen Verträge entstehen (BGH VersR 1989, 689; VersR 1987, 177), so dass Abs. 1 gilt, der VR sich also nun von dem infizierten Zusatzversicherungsvertrag lösen darf. **Ergänzungstarife** in der Krankenversicherung sind Elemente des Hauptvertrages (BGH VersR 1986, 569). Grundlage **verbundener Sachversicherungen** in Bezug auf eine Sache ist ein Versicherungsvertrag. Schließt ein VN indessen für die verschiedenen Risiken (Einbruch, Leitungswasser, Glas) mit getrennten Anträgen verschiedene Policen ab, ist das anders. 4

III. Mehrere Gegenstände oder Personen

5 Der Versicherungsvertrag muss sich, um die Rechtsfolge des § 29 Abs. 1 auszulösen, auf mehrere Gegenstände oder Personen beziehen. Das ist der Fall, wenn mehrere Gegenstände (bspw. Grundstücke) oder mehrere Personen gegen die gleichen Gefahren abgesichert werden. Geht es um **verschiedene Interessen,** für die Versicherungsschutz vereinbart wird, ist das schwieriger. Soll der VR in der VHB-Versicherung nur in Bezug auf das Einbruchsdiebstahlsrisiko kündigen oder zurücktreten dürfen, wenn einschlägige Vorschäden verschwiegen wurden, und sollen die anderen Deckungszusagen (Feuer, Leitungswasser, Sturm) unberührt bleiben? Insoweit soll für die Sachversicherung gelten, dass „Gegenstand" des Versicherungsvertrags der Hausrat im versicherten Anwesen ist, also nicht mehrere Gegenstände, sondern nur ein Gegenstand gegen mehrere Gefahren versichert wird. Das ist indessen zweifelhaft und nach dem Konzept des § 29 nicht geboten. Denn die Vorschrift erlaubt durchaus auch die Auflösung des gesamten Vertrages, wenn nur der VR dartun kann, dass auch der gesamte Vertrag betroffen ist. Anders ist es herkömmlich ohnehin in der Personenversicherung, in der eine Person gegen mehrere Gefahren versichert wird, „Gegenstand" der Absicherung also unterschiedliche Geschehnisse sind (BGH VersR 1989, 1249).

IV. Isolierte Relevanz

6 Der VR ist nur dann zur Teilauflösung des Versicherungsvertrags berechtigt und verpflichtet, wenn der ihm die Ausübung dieser Gestaltungsrechte erlaubende Umstand sich nur auf einen personell oder sachlich abgrenzbaren Teil des Versicherungsvertrags ausgewirkt hat, wenn also der Versicherungsvertrag **nur in einem abgrenzbaren Teil infiziert** ist. Ist das nicht der Fall, so darf der VR den Versicherungsvertrag insgesamt beenden. **Isolierte Relevanz** liegt in einer Lebens- mit Berufsunfähigkeits- oder Unfallzusatzversicherung vor, wenn die verschwiegenen Vorerkrankungen nur für die Zusatzversicherung risikoerheblich waren (BGH VersR 1989, 1249; VersR 1983, 25; VersR 1977, 177; OLG Düsseldorf VersR 2001, 1408; OLG Koblenz NVersZ 2001, 161) oder wenn sich die die Gefahr erhöhenden Umstände nur auf eine von mehreren versicherten Personen beziehen (BGH VersR 1987, 117). In der Kreditversicherung kann eine Teilbarkeit bei Absicherung einer Mehrheit von Forderungen angenommen werden (BGH NJW 1992, 2631). Betreffen Umstände, die der VR zum Anlass einer Kündigung oder eines Rücktritts nimmt, objektiv nur einen Teil der versicherten Personen oder Gegenstände (der VN hat Vorschäden eines von mehreren versicherten Gebäuden verschwiegen), können sie wohl aber das subjektive Risiko insgesamt kennzeichnen, so beziehen sich die Voraussetzungen des Lösungsrechts zwar nur auf einen Teil des persönlichen oder sachlichen Deckungsumfangs. Jedoch kann anzunehmen sein, dass der VR den Vertrag als solchen bei Kenntnis der Umstände nicht abgeschlossen hätte (Looschelders/Pohlmann/*Klenk* § 29 Rn. 17).

V. Rechtsfolge

7 Als Rechtsfolge sieht § 29 grds. vor, dass der VR auf die Lösung von dem Teil des Versicherungsvertrags beschränkt ist, der von der Verletzung der vorvertragli-

chen Anzeigeobliegenheit, der Gefahrerhöhung oder der Obliegenheitsverletzung betroffen ist. Damit weicht § 29 von dem Grundsatz des § 139 BGB ab, der von der Brüchigkeit des Rechtsgeschäfts insgesamt ausgeht. Allerdings steht es dem VR zu darzulegen und zu beweisen, dass er den hypothetisch bestehenbleibenden Restvertrag nicht unter den gleichen Bedingungen abgeschlossen hätte. Dabei kommt es nicht auf die Darlegung und den Beweis einer individuell-konkreten Abschlussbereitschaft an, die ohnehin schwerlich reproduzierbar ist. Vielmehr muss sich aus den Risikoprüfungs- und Abschlussgrundsätzen des betroffenen VR die Entscheidung ergeben. Die Wirkung auf den Anspruch auf die (alte) Prämie richtet sich dann nach § 39, so dass eine Abrechnung pro rata temporis vorzunehmen ist. Die neue Prämie muss der VR unter Berücksichtigung des verminderten Risikos berechnen und dies unter Vorlage seines Prämienverlangens in Bezug auf das nunmehr beschränkte Risiko darlegen und beweisen.

VI. Kündigungsrecht des Versicherungsnehmers

Zum Ausgleich des ausgeübten Teilkündigungs- oder -rücktrittsrechts gewährt Abs. 2 Satz 1 dem VN ein Kündigungsrecht in Bezug auf die übrigen Teile des Versicherungsvertrags. Es bedarf keiner Begründung. Es ist auch nicht im engeren Sinn fristgebunden. Der VN muss es aber **„zum Schluss der Versicherungsperiode“** erklären, in der die Kündigung oder der Rücktritt des VR wirksam werden. Das bedeutet allerdings, dass auch noch einen am letzten Tag der Versicherungsperiode eingehende Kündigung zur Beendigung des Versicherungsvertrags führt. 8

VII. Begrenzte Leistungsfreiheit bei Gefahrerhöhung

Abs. 3 erstreckt die partielle Wirkung von Verletzungen der vorvertraglichen Anzeigeobliegenheit, der Gefahrerhöhung oder der Obliegenheitsverletzung auf die Leistungsfreiheit wegen Gefahrerhöhung, wegen der Kausalitätserfordernisse der §§ 21, 28 indessen nicht auf andere Tatbestände der Leistungsfreiheit. Wegen **Gefahrerhöhung** besteht folglich Leistungsfreiheit nur insoweit, als sie sich auf eine versicherte Person oder einen versicherten Gegenstand ausgewirkt hat. Das ist wegen § 26 Abs. 3 von geringer Bedeutung. 9

VIII. Umfang der Nichtigkeit bei der Arglistanfechtung

Die Anfechtung des Versicherungsvertrages (wegen arglistiger Täuschung oder Irrtums) wird von der Vorschrift nicht erfasst (OLG Saarbrücken VersR 1996, 488; OLG Düsseldorf VersR 2006, 785). Das verbietet es nicht, sie auf einen Teil des Versicherungsvertrages zu beschränken (vgl. den Hinweis bei BGH VersR 2010, 97). Davon abgesehen gilt § 139 BGB. Danach gilt bei Teilbarkeit eines Rechtsgeschäfts zwar grds., dass seine **Anfechtung das ganze Rechtsgeschäft** erfasst. Kann – bspw. bei einer Anfechtung wegen arglistiger Täuschung – der VN jedoch davon überzeugen, dass das Rechtsgeschäft auch ohne den nichtigen Teil vorgenommen worden wäre, so beschränkt sich die Rechtsfolge der Anfechtung auf den infizierten Teil. Das bedeutet vor allem in der Fällen der **Versicherung mehrerer Personen:** Ist in Bezug auf eine von ihnen das Versicherungsver- 10 hältnis durch Arglist zustande gekommen (weil der VN ihm bekannte schwerwiegende Vorerkrankungen der Person verschwiegen hat), kommt es für den fortbestehenden Deckungsschutz der anderen darauf an, ob der VR den Versicherungsvertrag bei Kenntnis der Vorerkrankungen der einen Person auch ohne die Einbeziehung der Betroffenen für die verbleibenden Personen abgeschlossen hätte.

§ 30 Anzeige des Versicherungsfalles

(1) [1]**Der Versicherungsnehmer hat den Eintritt des Versicherungsfalles, nachdem er von ihm Kenntnis erlangt hat, dem Versicherer unverzüglich anzuzeigen.** [2]**Steht das Recht auf die vertragliche Leistung des Versicherers einem Dritten zu, ist auch dieser zur Anzeige verpflichtet.**

(2) **Auf eine Vereinbarung, nach welcher der Versicherer im Fall der Verletzung der Anzeigepflicht nach Absatz 1 Satz 1 nicht zur Leistung verpflichtet ist, kann sich der Versicherer nicht berufen, wenn er auf andere Weise vom Eintritt des Versicherungsfalles rechtzeitig Kenntnis erlangt hat.**

I. Normzweck und Anwendungsbereich

1 Die Vorschrift verpflichtet den VN zur Anzeige des Versicherungsfalles. Das hat den Sinn, den VR so schnell wie möglich über den Eintritt eines Ereignisses zu unterrichten, das seine Leistungspflicht auslösen kann. Damit soll ihm erlaubt werden, seine Erhebungen zu beginnen und Maßnahmen zur Schadenabwendung oder Schadenminderung zu treffen (BGH NJW 2019, 2534). § 30 Abs. 1 enthält **keine Rechtspflicht** (aA OLG Karlsruhe VersR 1994, 421), deren Verletzung Schadensersatzansprüche des VR begründen könnte, weil die bei Annahme einer Rechtspflicht denkbaren Folgerungen ihrer Verletzung mit dem Regelungssystem des § 28 nicht vereinbar wären (Prölss/Martin/*Armbrüster* § 30 Rn. 10). Vielmehr handelt es sich um eine **gesetzliche Obliegenheit,** die nach dem Versicherungsfall zu erfüllen ist. Ihre Missachtung ist allerdings nur dann sanktionsbewehrt, wenn das, wie § 28 Abs. 2 zeigt, vertraglich vereinbart ist. Das geschieht regelmäßig in den AVB.

2 **Sonderregelungen** finden sich in § 104 für die Haftpflichtversicherung, die eine Anzeigefrist von zwei Wochen kennt, und in § 119 für die Pflichtversicherung, die geschädigten Dritten auferlegt, den Versicherungsfall binnen zwei Wochen in Textform anzuzeigen. In den einzelnen Versicherungszweigen wird die Anzeigeobliegenheit gelegentlich hinsichtlich des Zeitpunkts ihrer Erfüllung, gelegentlich auch hinsichtlich der Form der Anzeige modifiziert. So bestimmt § 42.1 VHB 2008, dass die Anzeige schriftlich zu erfolgen hat. Gleiches regelt Nr. 17.1 AUB 2008. Nach E.1.1 AKB 2008 ist die Anzeige innerhalb einer Woche zu erstatten. Da sich aus § 32 Satz 1 ergibt, dass die Vorschrift abdingbar ist, sind solche Modifizierungen der Anzeigeobliegenheit unbedenklich. Allerdings sind die Regelungen der Rechtsfolgen ihrer Verletzung an die halb zwingenden Vorschriften des § 28 gebunden. Schriftformklauseln haben iÜ schon deshalb nur geringe Bedeutung, weil sich der VR auf die Verletzung der Anzeigeobliegenheit nicht berufen kann, wenn er auf andere Weise, also auch mündlich durch den VN, rechtzeitig Kenntnis von dem Eintritt des Versicherungsfalles erlangt hat. Die

in einzelnen AVB enthaltene Verpflichtung zur Anzeige eines Versicherungsfalles bei der Polizei (Teil B § 8 Nr. 2 Buchst. a ee VHB 2008 und der VGB 2008) ist keine Anzeigeobliegenheit, sondern eine Schadenminderungsobliegenheit (so auch Looschelders/Pohlmann/*Looschelders* § 30 Rn. 9).

II. Voraussetzungen

3 Erste Voraussetzung der Entstehung der Anzeigeobliegenheit ist der **Eintritt des Versicherungsfalles.** Das ist das in dem konkreten Versicherungsvertrag beschriebene Ereignis, dessen Eintritt die Leistungspflicht des VR begründet. Der Versicherungsfall tritt iSv § 30 Abs. 1 ein, wenn sich das versicherte Risiko zu verwirklichen beginnt, bei einem gedehnten Versicherungsfall also schon dann, wenn die Gefahr auf das versicherte Interesse einzuwirken beginnt. Denn nur dann kann der VR zügig auf die ihm erteilten Informationen reagieren. In der Krankenversicherung ist das die medizinisch notwendige Heilbehandlung wegen einer Krankheit oder wegen der Folgen eines Unfalls. Die zunächst abstrakt als möglich erscheinende versicherte Gefahr muss sich also zu konkretisieren begonnen haben. Ein Schadensereignis, das sich später nicht als Versicherungsfall erweist, ist nicht anzeigepflichtig.

4 Zweite Voraussetzung des Entstehens der Anzeigeobliegenheit ist, dass der VN den Versicherungsfall kennt. **Kenntnis des Versicherungsfalls** bedeutet positives Wissen von seinem Eintritt. Kennenmüssen genügt nicht (BGH VersR 2008, 905; VersR 1967, 56; NJW 1970, 1045). Der VN darf also nicht nur von einem bestimmten Schaden, bspw. der Nässe in einem Gebäude, erfahren haben. Es genügt auch nicht, wenn er ein Schadenbild gesehen hat. Er muss, wenn nur bestimmte Schadensursachen gedeckt sind, auch diese Schadensursachen – einen Rohrbruch oder einen Leitungswasseraustritt – oder wenigstens so viele Umstände zur Kenntnis genommen haben, dass sich ein Schluss auf den Eintritt des versicherten Risikos geradezu aufdrängt (BGH VersR 2008, 905). Das bedeutet auch, dass der VN das **Bestehen eines Versicherungsvertrages kennen muss.** Das ist zwar regelmäßig der Fall, kann aber einmal in Frage stehen, wenn es sich um in lang zurückliegender Zeit abgeschlossene, mit geringen Prämien belastete und über Jahre hinweg nicht „aktivierte" Versicherungsverträge handelt (bspw. eines Gebäudehaftpflichtversicherungsvertrages neben einem Privathaftpflichtversicherungsvertrag, OLG Saarbrücken ZfS 2013, 700). Hat sich ein VN **der Kenntnisnahme arglistig entzogen,** kann das der Kenntnis gleichgestellt werden. Das muss allerdings der VR beweisen. Der Kenntnis des VN gleichzustellen ist die Kenntnis seines Repräsentanten sowie seines Wissensvertreters. Weitere Voraussetzungen einer Anzeigeobliegenheit bestehen nicht: Der VN kann grundsätzlich nicht einwenden, er habe zunächst einen anderen Verpflichteten (den Schädiger in der Kfz-Haftpflichtversicherung) in Anspruch nehmen wollen (OLG Hamm NJW-RR 2017, 1507).

III. Umfang der Anzeigeobliegenheit

1. Verpflichteter der Anzeigeobliegenheit

5 Anzeigepflichtig ist der VN, sein Stellvertreter oder sein Repräsentant (§ 28 Rn. 38). Letzteres gilt nicht nur für die Risikoverwaltung, sondern auch und

gerade für die Vertragsverwaltung (vgl. § 28 Rn. 41). Bei mehreren VN ist jeder anzeigepflichtig, wobei eine Anzeige genügt. Nicht betroffen von der Anzeigeobliegenheit sind der Zessionar und der Pfandgläubiger. Durch **Abs. 1 Satz 2** wird die Anzeigeobliegenheit auch **jedem Dritten** auferlegt, der einen Anspruch auf die Leistung des VR hat. Damit sind anzeigepflichtig nicht nur die Bezugsberechtigten in der Lebens- oder Berufsunfähigkeitsversicherung, sondern vor allem auch die Versicherten. Darüber hinaus sind auch Zessionare anzeigepflichtig. Pfandgläubiger sind es nicht.

2. Empfänger der Anzeige

6 Die Anzeige ist dem zur Deckung verpflichteten VR gegenüber zu machen. Nach § 69 Abs. 1 Nr. 2 genügt es, wenn die Anzeige gegenüber dem Versicherungsvertreter erfolgt. Diese Empfangszuständigkeit kann nicht beschränkt werden (§ 72). Liegt eine Mitversicherung vor, so genügt die Meldung an einen der VR.

3. Form der Anzeige

7 Eine bestimmte Form der Anzeigeerstattung schreibt das Gesetz nicht vor. In den AVB wird gelegentlich die Schriftform vereinbart. Im Hinblick darauf, dass Abs. 2 Sanktionen für den Fall untersagt, dass der VR anderweitig Kenntnis von dem Versicherungsfall erlangt hat, ist allein die Missachtung solcher Formerfordernisse regelmäßig irrelevant.

4. Frist

8 Soweit die AVB nicht besondere, großzügigere Regelungen treffen, sieht das Gesetz vor, dass die Anzeige **unverzüglich iSv § 121 BGB,** also ohne schuldhaftes Zögern ab der positiven Kenntnis des Versicherungsfalles erfolgen muss. Was unverzüglich ist, wird unterschiedlich beurteilt. Während einerseits zwei Wochen für eine allgemeine Frist gehalten werden, die sich breiten Bevölkerungskreisen eingeprägt hat (OLG Köln r+s 1986, 144; r+s 1987, 22 allerdings zu einer qualifizierteren Einlösungsklausel) halten andere die schriftliche Schadenanzeige, die erst zwölf Tage nach Feststellung des Schadenereignisses erstellt und abgesendet wird, für verspätet (OLG Hamburg VersR 1990, 304), andere jedenfalls eine um einen Monat verspätete Anzeige auch dann, wenn der Versicherungsfall einem Haftpflichtversicherer angezeigt wurde (OLG Stuttgart VersR 2007, 391). Gerade bei besonders hohen Schäden kann aber schon ein Zeitraum von sechs Tagen zu lang sein (BGH NJW-RR 1988, 728 zu § 13 Nr. 1 lit. a AEB 38; zur Verspätung in der Berufshaftpflichtversicherung OLG Köln VersR 2004, 1547 (1549)). Maßgeblich sind (gerade bei Auslandsschäden oder Schäden während Feiertagen) die Möglichkeiten einer Unterrichtung des VR. Einige AVB sehen feste Fristen vor.

5. Inhalt, Umfang und Ausgestaltung

9 Art und Weise der Anzeige richten sich inhaltlich danach, was der VR an Informationen erhalten muss, um sowohl die von ihm für erforderlich gehaltenen Erhebungen als auch notwendige Maßnahmen zur Schadenabwendung und Schadenminderung zu treffen. Grundsätzlich genügt insoweit die Mitteilung des Schadens und, soweit der Versicherungsfall davon abhängt, seiner Ursache. Darüber hinaus gehende Anforderungen an die Schadenanzeige, vor allem das Verlangen

nach Beifügung von Unterlagen, lassen die Anzeigeobliegenheit in eine Aufklärungsobliegenheit übergehen. Die Grenzziehung ist entscheidend dafür, ob der VR den VN über die Rechtsfolgen der Missachtung seines Verlangens belehren muss (§ 28 Abs. 4).

6. Erfüllung der Anzeigeobliegenheit

10 Der VN ist seiner Anzeigeobliegenheit nachgekommen, wenn die **Anzeige dem VR zugegangen** ist (BGH VersR 2006, 106). Das folgt bereits aus dem verständigen Sinn der Pflicht. Nur wenn der VR über die Information verfügt, die ihn zu daraus zu ziehenden Konsequenzen veranlasst, ist der Zweck der Anzeigeobliegenheit erreicht. Die bloße Absendung der Anzeige reicht folglich nicht aus (aA OLG Hamm VersR 1991, 46). Das zeigt auch im Gegenschluss § 104 Abs. 1 und 3, der die rechtzeitige Absendung der Anzeige nur für die Fristwahrung genügen lässt. Das ist dort anders, wo AVB eine abweichende Regelung vorsehen. Die Anzeigeobliegenheit ist iÜ nur in Bezug auf den Versicherungsvertrag erfüllt, den sie betrifft. Mit der Anzeige eines bestimmten versicherten Ereignisses ist nicht gleichzeitig für alle Versicherungsverträge, die davon betroffen sein können, die Anzeigeobliegenheit erfüllt. Wer einen Unfall seinem Unfallversicherer gegenüber anzeigt, hat ihn nicht gleichzeitig bereits einem Krankentagegeldversicherer mitgeteilt.

IV. Rechtsfolgen der Verletzung der Anzeigeobliegenheit

1. Allgemeines

11 Sehen, wie regelmäßig, die AVB bei Verletzung der Anzeigeobliegenheit Leistungsfreiheit vor, so tritt sie unter den Bedingungen des § 28 ein. Daneben kann der VR keinen Schadensersatz verlangen, weil es sich um eine Obliegenheit und nicht um eine Rechtspflicht handelt. Allerdings bedarf es **keiner Belehrung** über die Anzeigeobliegenheit, weil § 28 Abs. 4 ein solches Erfordernis nur für Auskunfts- und Aufklärungsobliegenheiten aufstellt (vgl. zum früheren Recht OLG Hamm r+s 1991, 408; OLG Saarbrücken r+s 1991, 14; OLG Düsseldorf VersR 1990, 411). Die vollständige oder teilweise Leistungsfreiheit des VR setzt also voraus, dass der VN vorsätzlich oder grob fahrlässig gehandelt hat, und dass er nicht beweisen kann, dass seine Obliegenheitsverletzung für die Feststellung des Versicherungsfalles oder die Feststellung oder den Umfang der Leistungspflicht keine Bedeutung hatte.

2. Vorsatz

12 Der VN verletzt seine Anzeigeobliegenheit vorsätzlich, wenn er im Bewusstsein des Vorhandenseins der Verhaltensnorm ihre Verletzung gewollt hat (zu diesem Ansatz BGH VersR 1993, 960; OLG Hamm NJW-RR 2017, 1507; OLG Saarbrücken r+s 1993, 10; VersR 1991, 872). Dass der VN vorsätzlich handelt ist nicht von vornherein anzunehmen. Weder spricht ein **Anscheinsbeweis** für Vorsatz, noch kann eine **tatsächliche Vermutung** für ihn streiten. Soweit allerdings zum früheren Recht vertreten worden ist, gegen die damals geltende Vorsatzvermutung (§ 6 Abs. 3 aF) spreche, dass niemand mutwillig seinen Versicherungsschutz ohne Grund gefährde (BGH VersR 1981, 321; 1979, 1117; OLG Köln

VersR 1992, 1460), galt das ohnehin im Wesentlichen für Fälle, in denen es um haftpflichtversicherungsrechtliche Ansprüche ging. Denn in solchen Fällen durfte nicht davon ausgegangen werden, dass der VN durch Missachtung seiner Anzeigeobliegenheit tatsächlich Nachteile, also wirtschaftliche Belastungen, in Kauf zu nehmen bereit gewesen war. Für den Bereich der Sachversicherung konnte von vornherein von einer solchen Annahme nicht ausgegangen werden. Die Argumentation hat sich allerdings im Hinblick auf die Beweislast des VR in Bezug auf vorsätzliches Handeln des VN weitgehend erledigt. Allerdings muss der VN, der seine Anzeigeobliegenheit nicht erfüllt hat, **substantiiert darlegen,** aus welchen Gründen das Geschehen ist, damit dem VR der Nachweis des Vorsatzes nicht unmöglich gemacht wird. Der Einwand fehlender Fristgebundenheit der Anzeige kann dazu führen, dass der Vorsatzbeweis nicht zu führen ist (BGH VersR 1981, 321; 1979, 1117; 1967, 547). Das jahrelange Unterlassen einer Schadenanzeige in der Kaskoversicherung kann allerdings nicht ohne Weiteres damit entschuldigt werden, der VN sei davon ausgegangen, die gegnerische Haftpflichtversicherung werde den Schaden tragen (OLG Hamm NJW-RR 2017, 1507; LG Köln SP 2012, 119).

3. Grobe Fahrlässigkeit

13 Ein VN wird sich bei Verletzung der Anzeigeobliegenheit von grob fahrlässigem Verhalten schwerlich entlasten können. Denn die erforderliche Sorgfalt verletzt in objektiv und subjektiv besonders hohem Maße und beachtet regelmäßig nicht, was unter den gegebenen Umständen jedem einleuchten muss, wer die Anzeige des Versicherungsfalles unterlässt oder verzögert. Es liegt für jeden verständigen VN, der Leistungen seines VR in Anspruch nehmen will, auf der Hand, dass er ihn alsbald unterrichten und ihm so die Untersuchung des Geschehens erlauben muss (OLG Saarbrücken NJW-RR 2020, 224 zur verspäteten Anzeige von Arbeitsunfähigkeit). Die Annahme, es genüge eine **Anzeige gegenüber der Polizei,** entlastet von grober Fahrlässigkeit grds. nicht (aA für die AKB OLG Düsseldorf VersR 1995, 1301). Dass ein VN **der deutschen Sprache nicht mächtig** ist, entlastet ihn gleichfalls nicht, weil er in einem Versicherungsfall, den er zur Kenntnis genommen hat, gehalten ist, sich über die ihn treffenden Obliegenheiten kundig zu machen (OLG Köln r+s 1992, 318). Grob fahrlässig handelt ein VN regelmäßig auch dann noch, wenn er den falschen VR informiert (LG München I ZfS 2007, 159). Subjektive Entlastungsumstände können eine besondere Betroffenheit durch das Ausmaß oder die Art des Schadens sein, aber auch persönliche Schwierigkeiten, Kontakt mit dem VR aufzunehmen, oder eine krankheits- oder altersbedingte Leistungsschwäche. Entlasten kann sich ein VN auch, wenn auf die Einschätzung eines von ihm befragten sachkundigen Beraters, eines Rechtsanwalts oder eines Versicherungsmaklers, vertraut hat (BGH VersR 1981, 321; OLG Frankfurt a. M. NVersZ 1999, 230). Vom Vorwurf grober Fahrlässigkeit kann sich ein VN entlasten, wenn er davon – auch durch seine Anhörung – überzeugen kann, dass die **Anzeige abgesendet** hat (vgl. auch OLG Celle VersR 2010, 1486). Zu einer Sicherstellung des Zugangs der Anzeige ist der VN nämlich nicht verpflichtet.

4. Kausalitätsgegenbeweis

14 Die vollständige oder teilweise Leistungsfreiheit des VR scheitert, wenn der VN den Kausalitätsgegenbeweis nach § 28 Abs. 3 Satz 1 führen kann (vgl. iE § 28 Rn. 90), also darlegen und beweisen kann, dass die Verletzung der Anzeigeobliegen-

heit weder für den Eintritt oder die Feststellung des Versicherungsfalles noch für die Feststellung oder den Umfang der Leistungspflicht ursächlich ist. Das ist zum einen nach der **besonderen Regelung des § 30 Abs. 2** dann der Fall, wenn der VR **auf andere Weise** vom Eintritt des Versicherungsfalles rechtzeitig **Kenntnis** erlangt hat. Dabei spielt es keine Rolle, durch wen diese Kenntnisverschaffung erfolgt ist. Das gilt vor allem in den Fällen, in denen der VN dem VR den Versicherungsfall mündlich oder fernmündlich angezeigt hat (BGH VersR 1966, 153; OLG Hamm VersR 1982, 1161). Denn dann ist der VR in die Lage versetzt, die notwendigen Erhebungen in die Wege zu leiten und Kontakt mit dem VN zur Schadenabwendung oder Schadenminderung aufzunehmen. Allerdings muss **der konkrete VR zu dem konkreten Versicherungsvertrag** die nötige Kenntnis erlangt haben. Dass ein VR als Kfz-Haftpflichtversicherer durch einen Geschädigten über einen Unfallschaden informiert wurde, begründet nicht zugleich seine Kenntnis als Kaskoversicherer (OLG Düsseldorf VersR 1997, 1353). Auch führt die Anzeige des Mieter-VN einer Inhaltsversicherung nicht zur Kenntnis des Vermieter-Gebäudeversicherers (OLG Saarbrücken NZM 2020, 1049). Im Übrigen ist der Kausalitätsgegenbeweis nur dann geführt, wenn feststeht, dass die Verletzung der Anzeigeobliegenheit sich in keiner Weise auf die Feststellung des Versicherungsfalles oder das Ob und den Umfang der Leistungspflicht ausgewirkt hat. Das bedeutet, dass vollständige oder teilweise Leistungsfreiheit nur dann nicht eintritt, wenn alle durch das Unterlassen oder die Verzögerung der Schadenanzeige durch den VN begründeten Nachteile ausgeglichen sind, für den VR also eine **„gleiche Beweislage"** hergestellt worden ist. Das kann der Fall sein, wenn **verlässliche Feststellungen durch Dritte** erfolgt sind (BGH VersR 2001, 756). Ist nicht auszuschließen, dass sich durch das Verstreichen der Zeit die Schadenstelle verändert hat (OLG Koblenz VersR 2009, 673; LG Köln r+s 2009, 67), dass sich bei rechtzeitiger Anzeige zu einem anderen Feststellungsergebnis führende Erhebungen des VR ergeben hätten oder dass er in der Lage gewesen wäre, das Ausmaß des Schadens zu mindern, so ist der Kausalitätsgegenbeweis nicht geführt (zum maßgeblichen Zeitpunkt vgl. § 28 Rn. 92). Hat der VN die Anzeigeobliegenheit arglistig verletzt, scheidet der Kausalitätsgegenbeweis ohnehin aus. Die bloße **Auswirkung der Anzeigeverspätung auf das Verfahren der Feststellung** genügt nicht, wenn feststeht, dass und in welchem Umfang der Versicherungsfall eingetreten ist (OLG Saarbrücken NJW-RR 2020, 224 zur Krankentagegeldversicherung).

V. Quotelung

Hat ein VN seine Anzeigeobliegenheit grob fahrlässig verletzt, wird für das **Kürzungsrecht** des VR zunächst zu bedenken sein, ob der VN den Versicherungsfall und das Ausmaß des Schadens – wie es für die Durchsetzung eines Anspruchs erforderlich ist – beweisen kann; dann wird es regelmäßig an einer Kausalität des Verstoßes fehlen. Ist das einmal anders, so fällt für die Quote allerdings ins Gewicht, dass es sich um eine gesetzliche und jedem verständigen VN offenkundige Obliegenheit handelt, deren Erfüllung für den VR eine erkennbar hohe Bedeutung hat und das Verhalten des VN daher in die Nähe des Vorsatzes gerät. Schon das **objektive Gewicht** der Obliegenheitsverletzung wird dann aber jedenfalls so erheblich sein, dass Kürzungen die **Hälfte des Entschädigungsanspruchs übersteigen** werden (OLG Hamm NJW-RR 2017, 1507; LG Frankfurt a.M. r+s 2015, 75), sofern der VR nicht vom VN vorgetragene subjektive Entlas- 15 tungsmomente (schadensbedingte unabwendbare Notwendigkeit vorrangiger Maßnahmen, persönliche Hinderungsgründe wie Krankheit) widerlegen kann.

VI. Beweislast

16 In der Rspr. wird vertreten, dass der VN beweisen müsse, die Anzeigeobliegenheit erfüllt zu haben (OLG Celle ZfS 2010, 627). Das führt zwar unter der Geltung des § 28 Abs. 2 und 3 schwerlich zu anderen Ergebnissen als jenen, die die gegenteilige Auffassung erzielt, wenn der VN wenigstens nachweisen kann, dass er die Anzeige abgesendet hat (OLG Köln VersR 1998, 504; 1995, 567), denn Verzögerungen und Verluste im Postablauf sind, solange dem VN nicht obliegt, den Zugang seiner Anzeige sicherzustellen, dem VN nicht, jedenfalls nicht schwer, anzulasten. Richtig ist das indessen dennoch nicht, weil der VR vollständige oder teilweise Leistungsfreiheit wegen einer Obliegenheitsverletzung geltend macht, letztere also beweisen muss. Zutreffend ist, dass der **VR den objektiven Verstoß** gegen die Anzeigeobliegenheit – also den fehlenden Zugang der Anzeige – **zu beweisen** hat (wie BGH VersR 2006, 106 inzident bestätigt; aA OLG Celle VersR 2010, 1486). Das entspricht den allgemeinen Grundsätzen. Insoweit treffen zwar den VN sekundäre Darlegungslasten. Er muss erläutern, wann und auf welche Weise er die Anzeige versandt hat. Der VR kann allerdings durch Darlegung und Beweis seiner Ablauforganisation durchaus die Überzeugung begründen, dass eine Anzeige nicht eingegangen ist (zur Beweislast des VN, wenn die Verspätung der schriftlichen Anzeige feststeht, der VN aber eine telefonische auf Mailbox behauptet, LG Köln r+s 2009, 67).

17 Ungeachtet dessen trifft den VN jedoch nach Ablauf einer gewissen Zeit eine aus Treu und Glauben folgende **Nachfrageobliegenheit,** wenn er behauptet, seine Anzeige abgesendet, von dem VR aber nichts gehört zu haben (OLG Oldenburg BeckRS 2013, 8552). Abgesehen davon, dass in einem solchen Fall nicht so fern liegt, dass der VN die Anzeige gar nicht abgesandt hat, ist ihm versagt, den fehlenden Zugang der angeblich abgesandten Anzeige zu bestreiten. Dann kann auch je nach dem Umfang und der Komplexität des Schadens und der Erwartung eines durchschnittlichen verständigen VN, dass sich ein VR auf eine Anzeige hin in überschaubarer Zeit melden müsste, eine grob fahrlässige Verletzung der Anzeigeobliegenheit angenommen werden.

18 Die **vorsätzliche** Verletzung der Anzeigeobliegenheit muss der VR beweisen. Von **grober Fahrlässigkeit** muss sich der VN entlasten. Die für das Maß der Leistungskürzung erforderliche **Schwere des Verschuldens** muss der VR darlegen und beweisen. Den Beweis für die **fehlende Kausalität** der Obliegenheitsverletzung muss der VN führen.

§ 31 Auskunftspflicht des Versicherungsnehmers

(1) [1]**Der Versicherer kann nach dem Eintritt des Versicherungsfalles verlangen, dass der Versicherungsnehmer jede Auskunft erteilt, die zur Feststellung des Versicherungsfalles oder des Umfanges der Leistungspflicht des Versicherers erforderlich ist.** [2]**Belege kann der Versicherer insoweit verlangen, als deren Beschaffung dem Versicherungsnehmer billigerweise zugemutet werden kann.**

(2) **Steht das Recht auf die vertragliche Leistung des Versicherers einem Dritten zu, hat auch dieser die Pflichten nach Absatz 1 zu erfüllen.**

Übersicht

I. Normzweck und Anwendungsbereich

Nach der Vorschrift obliegt es dem VN, dem VR nach dem Eintritt des Versicherungsfalles diejenigen Informationen zu beschaffen, die er zur Prüfung seiner Leistungspflicht benötigt. Sie gleicht damit das regelmäßig überlegene Wissen des VN über den Versicherungsfall und seine Folgen zugunsten des VR aus. Die Verletzung der **gesetzlichen Obliegenheit** ist selbst **nicht sanktioniert.** Es bedarf daher der vertraglichen Vereinbarung, wenn sie vollständige oder teilweise Leistungsfreiheit unter den Voraussetzungen des § 28 auslösen soll (§ 28 Abs. 2). Die AVB sehen demgemäß durchweg Auskunfts- und (zulässigerweise, § 32) darüber hinaus gehende Aufklärungsobliegenheiten sowie Regelungen über die Rechtsfolgen ihrer Missachtung vor. Die Auskunfts- und Belegpflicht gilt für alle Versicherungszweige. Für die Pflichtversicherung enthalten die §§ 119 Abs. 3, 120 Sondervorschriften für die Auskunftserteilung und Belegbeschaffung durch den geschädigten Dritten. 1

II. Tatbestandliche Voraussetzungen

1. Eintritt des Versicherungsfalles

Die Auskunfts- und Belegbeschaffungsobliegenheit setzt voraus, dass der **Versicherungsfall eingetreten** ist, das Risiko, das der VR abzusichern versprochen 2 hat, sich also verwirklicht hat. Während der Dauer des Versicherungsverhältnisses im Übrigen bestehen keine Unterrichtungspflichten, soweit das nicht vertraglich vereinbart ist. Sie können auch nicht aus Treu und Glauben abgeleitet werden, weil das Gesetz mit § 31 und den Vorschriften über die vorvertragliche Anzeigeobliegenheit und die Gefahrerhöhung die Erwartungen an den VN abschließend umschrieben hat. Daher kann der VR den VN auch **nicht während der Laufzeit des Vertrages** um Auskünfte ersuchen, die ihm die Prüfung eines Anfechtungs- oder Rücktrittsrechts gestatten würde. Die Obliegenheit muss nach ihrem Sinn und Zweck tatsächlich über den Wortlaut hinaus an die **Geltendmachung eines Versicherungsfalles** anknüpfen, weil die Obliegenheit ja gerade dazu beitragen soll, den Versicherungsfall und den Umfang der Leistungspflicht des VR festzustellen. Daher kann im Rechtsstreit die Frage, ob ein Versicherungsfall bewiesen ist, dahin gestellt bleiben, wenn die Verletzung der Obliegenheit zur vollständigen Leistungsfreiheit führt. Im Übrigen gilt die Auskunfts- und Belegobliegenheit (und es gelten die Rechtsfolgen ihrer Verletzung) für jeden Versicherungsfall, also auch **für jeden Versicherungsvertrag, gesondert** (OLG Karlsruhe r+s 2013, 121 mwN). Ihre Voraussetzungen – das Verlangen nach Information etwa – müssen also vertragsspezifisch vorliegen.

2. Verlangen des Versicherers

3 Abs. 1 Satz 1 zeigt, dass die Obliegenheit zur Auskunft ein (versicherungsvertragsspezifisches, vgl. OLG Karlsruhe r+s 2013, 121) **Verlangen des VR** voraussetzt. Während die Anzeigeobliegenheit nach § 30 originär mit dem Versicherungsfall entsteht, und auch die vielfältigen vertraglich vereinbarten „Aufklärungsobliegenheiten" zuweilen „spontan" mit dem Versicherungsfall entstehen, setzt die Auskunftsobliegenheit also eine entsprechende Aufforderung des VR voraus, die zugleich ihren erwarteten Gegenstand und Umfang beschreibt. Die AVB enthalten zuweilen selbstverständliche Begrenzungen dieses Verlangens: Die Auskunft muss nur iRd Zumutbaren erfolgen und sie muss dem VR dienlich sein Es handelt sich folglich um eine „verhaltene" Obliegenheit. Allerdings ist in Ausnahmefällen denkbar, dass den VN auch eine von einem Verlangen des VR unabhängige Auskunftsobliegenheit trifft (BGH r+s 2011, 421).

3. Inhalt der Auskunftsobliegenheit

4 Inhaltlich verlangt die Auskunftsobliegenheit, dass der VN alle vom VR erfragten sachdienlichen Angaben machen muss, die dem VR eine sachgerechte Entscheidung über seine Eintrittspflicht dem Grunde nach und über die Höhe der zu leistenden Entschädigung ermöglichen (BGH VersR 2006, 258; Prölss/Martin/*Armbrüster* § 31 Rn. 6). In der Regel ergibt sich schon aus den AVB, was von dem VN erwartet wird. Davon abgesehen ist das regelmäßig verwandte **Schadenanzeigeformular** maßgeblich, das die konkreten Fragen des VR, auf die er eine Antwort erwartet, enthält. Ansonsten muss der VN zu Höhe und Umfang des Schadens grds. keine Erklärungen abgeben (BGH VersR 1976, 821). Allerdings kann er auch einmal gehalten sein, **ungefragt Umstände zu offenbaren,** wenn für jedermann erkennbar das Aufklärungsinteresse des VR in elementarer Weise berührt ist (BGH VersR 1993, 828 = NJW 1993, 1862 mAnm *Lücke* VersR 1993, 1098 zur Offenlegung einer Abbruchverfügung; OLG Köln r+s 1990, 43; 284; 350; VersR 1969, 267; OLG Hamm VersR 1985, 387; OLG Karlsruhe VersR 1992, 1256; KG VersR 1993, 92). Auch die Erfüllung einer vertraglich vereinbar-

ten Nebenpflicht kann eine Obliegenheit des VN begründen, die dann nach § 28 zu beurteilen ist (BGH NJW-RR 1988, 407 = VersR 1988, 267).

Der Inhalt der Auskunftsobliegenheit wird nur unwesentlich von Regelungen in AVB konkretisiert und erweitert. So sieht E.1.3 **AKB 2015** vor, dass der VN alles, was zur Aufklärung dienlich ist, zu tun hat und Fragen zu den Umständen des Schadensereignisses wahrheitsgemäß und vollständig beantworten muss. Nach E.3.1 AKB 2008 kann Schriftlichkeit der Antwort verlangt werden. Die **VHB 2010,** die **VGB 2010** (und iRd Anwendungsbereichs gleich die **AFB 2010** und die **AWB 2010**) regeln unter B.8.2, dass der VN bei gegen das Eigentum gerichteten Straftaten Strafanzeige erstatten muss (Buchst. ee), dass dem VR ein Verzeichnis der abhanden gekommenen Gegenstände unverzüglich zu überlassen ist (Buchst. ff; die Obliegenheit, ein solches Verzeichnis der Polizei zur Verfügung zu stellen ist eine Schadenminderungsobliegenheit iSv § 82 Rn. 33), und dass der VN soweit möglich dem VR jede zur Feststellung des Versicherungsfalles und des Umfangs der Leistungspflicht erforderliche Auskunft – auf Verlangen auch schriftlich – erteilen muss (Buchst. hh). Darüber hinaus hat er erforderliche Untersuchungen zu gestatten. B3-3.2.3 AVB PHV 2016 verlangt ausführliche und wahrheitsgemäße Schadensberichte und die Mitteilung aller Umstände, die nach Ansicht des VR für die Schadensbearbeitung wichtig sind. Vom VN wird weiter verlangt, den VR zu unterrichten, wenn Haftpflichtansprüche gegen ihn erhoben oder behördliche, staatsanwaltschaftliche oder gerichtliche Verfahren in der Sache anhängig sind (Ziff. 25.3). In den **ARB 2010** findet sich die Obliegenheit (Ziff. 17 Nr. 1 Buchst. b), den VR über sämtliche Umstände des Rechtsschutzfalls zu unterrichten, Beweismittel zu benennen und Unterlagen auf Verlangen zur Verfügung zu stellen. In der Personenversicherung kennen die **AUB 2014** (Ziff. 7.3) die Obliegenheit, die vom VR übersandte Unfallanzeige wahrheitsgemäß auszufüllen und zurückzusenden sowie darüber hinaus geforderte sachdienliche Auskünfte zu erteilen, sich Untersuchungen durch vom VR beauftragte Ärzte zu stellen, Ärzte zur Information des VR zu ermächtigen (vgl. aber § 213 Rn. 21) sowie gegebenenfalls im Todesfall eine Obduktion zu gestatten (Ziff. 7.5). Die **BU 2016** erwarten vom VN die Darstellung der Ursachen des Eintritts der Berufsunfähigkeit, ausführliche Gesundheitsberichte sowie Unterlagen über die berufliche Tätigkeit und ihre Veränderung. 5

Die von dem VR gestellten Fragen müssen **sachdienlich,** die erbetene Auskunft muss also zu den von § 31 bestimmten Zwecken **erforderlich** sein. Dabei kommt es nicht auf die **Einschätzung des** VN, sondern auf jene des **VR** an (BGH VersR 2006, 258; NJW 1967, 1226; aA Bruck/Möller/*Brömmelmeyer* § 31 Rn. 28), die gerichtlich lediglich auf ihre Vertretbarkeit geprüft werden kann. In aller Regel liegt sie auf der Hand. Erforderlich können dabei auch Auskünfte sein, aus denen sich die Leistungsfreiheit des VR – bspw. wegen vorsätzlicher oder grob fahrlässiger Herbeiführung des Versicherungsfalles – ergeben kann (BGH NJW 2007, 1126 = VersR 2007, 389; r+s 2006, 185 = VersR 2006, 258; VersR 2000, 222). Selbst solche Informationen, aus denen sich der Verdacht strafbarer Handlungen des VN ergeben kann, können verlangt werden (BGH VersR 2007, 389). Wenn das Auskunftsverlangen des VR das **Recht des VN auf informationelle Selbstbestimmung** berührt, muss der VR sich auf die zur Beurteilung seiner Leistungspflicht tatsächlich erforderlichen Informationen beschränken. Er darf nicht verlangen, dass der VN ihn ermächtigt, von einem unbestimmten Kreis von potenziellen Informanten sachdienliche Auskünfte einzuholen. Geht es darum, dem VR zu ermöglichen, **Daten aus Datenträgern auszulesen** (OLG 6

Köln r+s 2020, 702), kann der VN sich nicht unter Berufung auf datenschutzrechtliche Gründe verweigern; vielmehr steht ihm frei, die Auslesung der erbetenen Daten selbst zu veranlassen oder vom VR zu verlangen, sich auf die für dessen Regulierungsprüfung konkret erforderlichen Daten zu beschränken. Da auch dem VR nicht immer von vornherein klar sein muss, welche Informationen er von wem benötigt, bedarf es unter Umständen der notfalls gerichtlich vermittelten „kooperativen" Begrenzung der Informationsgeber und Informationsgegenstände (BVerfG NJW 2013, 3086; → § 213 Rn. 12 ff.). Sachdienlich können naturgemäß auch Fragen sein, deren Beantwortung den **Interessen des VN zuwider** laufen kann (zur Vorlage von Arztberichten in der Kraftfahrtversicherung zur Beurteilung einer Gefahrerhöhung OLG Dresden NJW-RR 2020, 607).

7 Die Auskunftsobliegenheit erfasst ohne Weiteres **Fragen nach Vorschäden,** gleich ob zum Zeitpunkt des Versicherungsfalles noch vorhandene oder bereits beseitigte, regulierte oder offene angegeben werden sollen (vgl. allg. BGH VersR 2002, 173; OLG Koblenz BeckRS 2021, 26760; OLG Dresden NJW-RR 2019, 1178; Hamm VersR 2004, 23; r+s 2000, 403; OLG Hamburg VersR 1985, 132; OLG Karlsruhe NVersZ 1999, 275; LG Aachen ZfS 2018, 212). Es kommt auch nicht darauf an, ob es um Vorschäden des VN oder solche von früheren Inhabern der versicherten Sache geht (soweit sie dem VN bekannt sind) (OLG Hamm r+s 2003, 317; aA OLG Stuttgart DAR 1991, 150). Natürlich darf die **Laufleistung** eines entwendeten oder beschädigten Kfz erforscht werden (OLG Dresden NJW-RR 2019, 1178; OLG Saarbrücken VersR 2008, 1528; OLG Koblenz r+s 1991, 365) und der gezahlte **Kaufpreis** (OLG Celle VersR 1995, 1347; einschließlich seiner Belegung OLG Saarbrücken NJW-RR 2021, 291) sowie die Herausgabe der **Fahrzeugschlüssel** gefordert werden. Auch die **Betroffenheit von Diebstählen** (OLG Köln NVersZ 2002, 568), das **Vorhandensein von Zeugen** (OLG Hamm VersR 1996, 226; 1986, 882; LG Halle NZV 2005, 645; einschr. OLG Hamm r+s 1987, 169) oder die **Benutzung** der versicherten Sache **durch Dritte** in der letzten Zeit vor einer Entwendung (OLG Saarbrücken r+s 2006, 236; OLG Karlsruhe NVersZ 2000, 180), die **Person des Fahrers** (OLG Hamm r+s 1989, 39) oder Verkaufsabsichten (LG Köln r+s 1987, 31) dürfen ohne Weiteres Gegenstand der Befragung sein. Erforderlich können Informationen über den **Aufenthalt des VN** bei Ausbruch eines Brandes sein (BGH VersR 1978, 74; OLG Hamm VersR 1988, 510), den **Verlauf eines Ermittlungsverfahrens** (BGH NJW 1970, 808) oder eines **Beweissicherungsverfahrens** (OLG Saarbrücken r+s 1991, 14), über den Abfahrts- und Zielort im Güterverkehr (OLG Köln VersR 1990, 1225), oder über **Mitreisende** in der Reiseversicherung (OLG Hamm VersR 1990, 1235). Selbstverständlich sind der **Unfallhergang** und die **Unfallörtlichkeit** auf Nachfrage zutreffend darzustellen (OLG München Urt. v. 6.5.2011 – 10 U 2362/10). Wird allgemein nach Alkoholkonsum des VN gefragt, so ist damit auch ein Nachtrunk gemeint (OLG Frankfurt a. M. NJW-RR 2015, 28; OLG Köln VersR 2014, 1452).

8 Für die Regulierungsentscheidung des VR notwendig können auch **Auskünfte über die wirtschaftliche Lage** des VN sein: Der VR darf sich nach den **Vermögensverhältnissen,** nach der Abgabe eidesstattlicher Versicherungen, nach dem Vorliegen rechtskräftiger Schuldtitel und der Höhe der Verbindlichkeiten erkundigen (BGH NJW-RR 2016, 921 = VersR 2016, 793; LG Saarbrücken VersR 2021, 888), nicht aber nach sämtlichen Gläubigern und (zeitlich unbeschränkt) ergangenen Mahn- und Vollstreckungsbescheiden (OLG Köln VersR 2008, 1063; OLG Celle ZfS 2007, 571; OLG Hamm VersR 2003, 239). Auch dürfen geschäft-

liche Beziehungen, die in einem Zusammenhang mit der Aufklärung des Versicherungsfalles stehen können, erfragt werden (BGH NJW 1986, 1101). In der Arbeitslosigkeitszusatzversicherung darf die Überlassung von **Kontoauszügen** zur Prüfung des Bezuges von Arbeitslosenunterstützung verlangt werden, wenn die Leistung des VR davon beeinflusst werden kann (OLG Hamm NJOZ 2021, 340).

Zu den sachdienlichen Fragen gehören auch solche, die es erlauben, das **subjektive Risiko** zu beurteilen (BGH NJW-RR 2016, 921 = VersR 2016, 793; r+s 2006, 18). Dazu zählen verlangte Angaben über **Vorversicherungen** (BGH VersR 1982, 182; OLG Köln VersR 1986, 545) und **Mehrfachversicherungen** (BGH VersR 1981, 625; OLG Saarbrücken VersR 2009, 1254; VersR 2007, 977; OLG Köln VersR 1983, 389; OLG Frankfurt a. M. r+s 1990, 140; 287; VersR 1983, 390; OLG Koblenz VersR 2005, 1524; OLG Karlsruhe VersR 1997, 955; VersR 1990, 967) auch dann, wenn sie nicht schon Gegenstand der bei Abgabe der Vertragserklärung verlangten Angaben waren (OLG Hamm r+s 1988, 62; 347; 1986, 267; OLG Saarbrücken VersR 1990, 1143; VersR 1987, 98). Solche Umstände können die Beurteilung einer Fingierung des Versicherungsfalles oder der Aggravation seiner Folgen gestatten. 9

Nicht selbstverständlich ist, dass der VR auf der Grundlage des § 31 bei Eintritt des Versicherungsfalles auch **nach Umständen fragen** darf, die es ihm erlauben, die **Verletzung der vorvertraglichen Anzeigepflicht** zu beurteilen (§ 213 Rn. 12 ff.). Eine solche Informationsobliegenheit darf nach § 32 Satz 1 begründet werden, auch wenn sie nicht beinhalten darf, den VN zur Entbindung von Heilbehandlern von der Schweigepflicht zu verpflichten. Aus dem Wortlaut des § 31 und den sie rezipierenden Vorschriften der AVB folgt eine solche Aufklärungsobliegenheit gleichfalls nicht. Zwar ließe sich (vgl. → § 14 Rn. 6) vertreten, dass ein VR, der die Mitwirkung des VN zur Feststellung des Umfangs der Leistungspflicht verlangen darf, erst recht die Mitwirkung des VN zur Feststellung der Leistungspflicht dem Grunde nach (und damit von Anfechtungs-, Rücktritts- oder Vertragsänderungsrechten) fordern können muss. Dieser Auslegung steht allerdings nicht nur der auf den Umfang der Leistungspflicht beschränkte Wortlaut des § 31 entgegen, der auch einen engen Bezug zu der Feststellung des Versicherungsfalles hat, also tatsächlich nur den Umfang der aus dem Versicherungsfall resultierenden Leistungspflicht meint (aA offenbar BGH NJW 2017, 3235; NJW 2017, 1391). Vor allem aber steht einer weiten Interpretation der systematische Zusammenhang mit und die abweichende Formulierung von § 213 entgegen: Diese Vorschrift erstreckt die Informationserhebungsbefugnis des VR ausdrücklich auf die Feststellung der Leistungspflicht. Daraus kann im Gegenschluss gefolgert werden, dass es einer ausdrücklichen Regelung in den AVB bedarf, wenn der VR wahrheitsgemäße und vollständige Antworten zur Beurteilung der Risikolage des VN bei Abgabe seiner Vertragserklärung nachträglich erhalten will. Verweigert der VN also Auskünfte zu vorvertraglich bestehenden Umständen, kann das (ohne gesonderte, bestimmte Obliegenheitsregelung) nicht zur Leistungsfreiheit führen (aA BGH NJW 2017, 3235; NJW 2017, 1391). 10

Den **Fragen** des VR muss **klar zu entnehmen sein, was er wissen will.** 11 Die Auskunftsobliegenheit ist nicht verletzt, wenn die dem VN gestellten Fragen unklar sind und von ihm in der schließlich beantworteten Weise verstanden werden durften (BGH r+s 1989, 5). Dabei ist von den Verständnismöglichkeiten eines durchschnittlichen, an der Aufklärung des Versicherungsfalles interessierten VN auszugehen. Wird undifferenziert nach Vorschäden gefragt, muss der VN ihm bekannte reparierte und unreparierte, ihm oder dem Voreigentümer oder Vorbesitzer widerfahrene angeben (vgl. OLG Köln BeckRS 2010, 15096;; KG SP 2005, 348). Die Interpretationsfähigkeit von Fragen geht insoweit zu Lasten des Versicherers (gl. zur Fragen nach Zeugen eines Unfallgeschehens OLG Karlsruhe VersR 2021, 693). Will der VR wissen, ob der VN Unfälle erlitten hat, sind auch solche anzugeben, deren Folgen beseitigt sind (KG NJW-RR 2003, 604). Die Frage, ob mit einem Versicherungsfall ein anderer VR „befasst" ist, ist allerdings eindeutig dahin zu verstehen, ob weitere VR in Anspruch genommen worden sind (OLG Saarbrücken ZfS 2007, 369). Demgegenüber ist die Frage nach vor dem Unfall erlittenen Krankheiten oder Gebrechen in der Unfallanzeige unklar, weil keine Auflistung aller möglichen und mit dem Unfallereignis in keinem Zusammenhang stehenden gesundheitlichen Beeinträchtigungen erwartet werden kann (OLG Hamm r+s 2008, 481 = VersR 2008, 1102). Ist der VN sich indessen selbst im Unklaren, ob ein Umstand gegeben ist, auf dessen Kenntnis es dem VR ankommt, muss auch er nachfragen (OLG Köln r+s 2004, 229).

4. Verletzung der Auskunftsobliegenheit

12 Die von dem VR gestellten **Fragen** müssen **richtig und vollständig** beantwortet werden (zur Vertretbarkeit einer Schätzung der Laufleistung OLG Dresden NJW-RR 2019, 1178). Die **Nichtbeantwortung** einer Frage ist folglich eine Obliegenheitsverletzung (BGH VersR 1969, 214; OLG Hamm VersR 1985, 387; OLG Saarbrücken VersR 1990, 1143; OLG Frankfurt a. M. VersR 1991, 1167; OLG Köln VersR 1991, 183; zur Verneinung durch Einfügung eines Strichs OLG München VersR 1977, 593; OLG Hamm r+s 1986, 264). Gleiches gilt selbstverständlich für die Weigerung, einem Aufklärungsverlangen des VR nachzukommen (zur Weigerung der Herausgabe von Fahrzeugschlüsseln OLG Saarbrücken NJW-RR 2021, 291; zur Verweigerung einer Datenauslesung OLG Köln r+s 2020, 702) Eine Erklärung mit Nichtwissen stellt eine Obliegenheitsverletzung jedenfalls dann dar, wenn der VN sich die Informationen hätte beschaffen können (OLG Köln r+s 1985, 262; zur Erkundigungsobliegenheit vgl. → Rn. 14). Allerdings muss die Beurteilung einer Antwort als (jedenfalls vorsätzlich) unrichtig einen verständigen Maßstab zugrunde legen. Gerade wenn es um Details geht, können Irrtumsmöglichkeiten bei der Darstellung eines unerwarteten Ereignisses oder ein Verblassen der Erinnerung dafür sprechen, dass der VN schon objektiv nicht die Unwahrheit gesagt hat (OLG Stuttgart NJW-RR 2005, 1448 zur privaten Haftpflichtversicherung). Auch die **Bagatellisierung** von Vorschäden gegenüber einem Sachverständigen, dessen Feststellungen der VN später an den VR weiterleitet, stellt eine Obliegenheitsverletzung dar (OLG Koblenz BeckRS 2021, 26760). Kann der VN dem Verhalten eines Schadensregulierers bei vernünftiger Betrachtung entnehmen, der VR werde bei weiterem Klärungsbedarf auf ihn zukommen, stellt es keine Obliegenheitsverletzung dar, wenn der VN ein solches Verlangen des VR abwartet (OLG Köln VersR 2008, 309). Werden dem VN **Werturteile** abverlangt, so ist eine Auskunft nur falsch, wenn der VR beweisen kann, dass sie der Überzeugung des VN nicht entspricht (BGH VersR 1965, 654; VersR 1965, 994; VersR 1964, 475; VersR 1963, 250). Die **Vereitelung des Zugangs eines Auskunftsverlangens** stellt allerdings eine Verletzung der Auskunftsobliegenheit dar (OLG Karlsruhe ZfS 2006, 464). Ganz allgemein gilt, dass der VR bestimmen darf, welche Informationen er benötigt: Das kann dazu führen, dass der VN **nachforschen** muss, wie er sich Grundlagen dieser Information

verschaffen kann (BGH r+s 2015, 600). Das kann es erforderlich machen, dass der VN eigene Recherchen der Aufklärung unternimmt (BGH NJW 2015, 949).

Versicherungsvertraglich schuldet der VN dem VR keine zutreffenden **Angaben bei der Polizei.** Vortäuschungen, Aufbauschungen, Unzulänglichkeiten der Strafanzeige oder der Vernehmung als Geschädigter gegenüber den Strafverfolgungsbehörden sind grds. keine Verletzungen der Aufklärungsobliegenheit (OLG Hamm r+s 1989, 108), auch wenn der VN weiß oder wissen muss, dass der VR sich bei seinen Prüfungen auf die strafrechtlichen Ermittlungen verlässt. Das ist dann anders, wenn der VR den VN zu solchen Angaben auffordert (und ihn nach § 28 Abs. 4 entsprechend belehrt). Zum anderen kann ein solches Verhalten eine Verletzung der Rettungsobliegenheit darstellen, wenn es geeignet ist zu verhindern, dass Beute aufgefunden wird oder Täter dingfest gemacht werden. Angaben bei der Polizei ersetzen auch die Auskunft gegenüber dem VR nicht (OLG Köln r+s 2003, 327; r+s 2003, 462; LG Essen r+s 2003, 20 zur Stehlgutliste). **Angaben einem Sachverständigen (oder Regulierungsbeauftragten) gegenüber** können eine Verletzung der Auskunftsobliegenheit sein, wenn der VR den Sachverständigen in seine Recherchen eingeschaltet hat und der VN das erkennen muss (OLG Dresden NJW-RR 2021, 288). Voraussetzung der Leistungsfreiheit ist dann allerdings, dass sich die Belehrung des VR auch auf die Angaben dem Sachverständigen gegenüber erstreckt. 13

5. Kenntnis des Versicherungsnehmers von den erfragten Umständen

Voraussetzung der Auskunftsobliegenheit ist, dass der VN die **Umstände,** über die der VR unterrichtet werden will, **positiv kennt** (BGH VersR 2008, 484 mAnm *Prölss* VersR 2008, 674; OLG Brandenburg NJOZ 2019, 953 zur Kenntnis des Fahrers eines entwendeten Kraftfahrzeugs). Der VN muss also wissen, dass es Zeugen für das äußere Bild einer Kfz-Entwendung gibt (BGH VersR 2008, 484), oder dass er Versicherter einer weiteren Unfallversicherung ist (OLG Düsseldorf r+s 2000, 436). Zuweilen wird angenommen, dass den VN auch eine – mit dem Versicherungsfall entstehende – **Erkundigungspflicht** trifft, weil zu der Obliegenheit, Auskunft zu erteilen, die Notwendigkeit zählt, sich die zu ihr erforderlichen Informationen zu beschaffen (BGH NJW 2015, 949 = VersR 2015, 45; 1993, 1862 = VersR 1993, 828 m. abl. Anm. *Lücke* in VersR 1993, 1098; BGHZ 52, 86 (89); OLG Köln VersR 1997, 1395; vgl. auch *Prölss* VersR 2008, 673). Das folgt zwar nicht unmittelbar aus § 31, entspricht aber durchaus dem Wortlaut der in den AVB geregelten Obliegenheit, alles zu tun, was zur Aufklärung des Sachverhalts dienlich sein kann (Prölss/Martin/*Armbrüster* § 31 Rn. 28 ff.; Langheid/Wandt/*Wandt* § 31 Rn. 65). Der VN verletzt iÜ seine Auskunftsobliegenheit nach § 31 ihrem evidenten Sinn nach, wenn er eine Auskunft erteilt, von der er weiß, dass ihm die Grundlagen für ihre Erteilung fehlen: Verneint daher der VN die Frage des VR nach Vorschäden eines kaskoversicherten Kfz, das der VN selbst gar nicht genutzt oder unter Beobachtung hatte, so verletzt er die Auskunftsobliegenheit, weil er weiß, dass er die Frage gar nicht beantworten kann. 14

Nach der Rspr. soll es für den Tatbestand einer Obliegenheitsverletzung genügen, wenn der VN einmal Kenntnis von der aufzuklärenden Tatsache – seiner Fahrereigenschaft bspw. – hatte – „einmal gewusst, immer gewusst“ (OLG Dresden NJW-RR 2018, 163 mAnm *Jungermann* r+s 2018, 242). Wendet der VN dann **Vergessen** ein, soll ihn entsprechend § 827 BGB die Beweislast dafür treffen 15

(BGH NJW 2007, 1126 = VersR 2007, 389). Das überzeugt dann nicht, wenn es lediglich um ein Vergessen (und nicht um ein Vergessen aufgrund nach dem Versicherungsfall eingetretener Schuldunfähigkeit geht), weil die Kenntnis der erfragten Umstände zum Zeitpunkt der Verletzung der Obliegenheit, also zum Zeitpunkt der Beantwortung der Fragen des VR, vorliegen muss. Der VN muss diese Kenntnis zum Zeitpunkt der Verletzung der Auskunftsobliegenheit haben. Deshalb muss der VR die Behauptung des VN widerlegen, er habe die Umstände, die er hätte angeben müssen, vergessen. Das wird ihm allerdings leichtfallen, wenn der Zeitraum zwischen deren Eintritt und der erteilten Auskunft kurz ist (OLG München VersR 2005, 1530: falsche Angaben zur Zahl der vor drei Jahren vorhandenen Kfz-Schlüssel).

6. Vorkenntnis des Versicherers von den erfragten Umständen

16 Da die Auskunft zur Feststellung des Versicherungsfalles oder des Umfangs der Leistungspflicht erforderlich sein muss, **fehlt ein Aufklärungsbedürfnis,** wenn der VR die von ihm erbetenen Informationen bei Eingang der Angaben des VN bereits **positiv kennt** (OLG Dresden NJW-RR 2019, 1178 mwN; OLG Rostock VersR 2020, 690). Ziel der Auskunftsobliegenheit ist es nicht, die Wahrheitsliebe des VN zu erforschen. Kennenmüssen genügt nicht. Daher kann der VN grds. nicht geltend machen, der VR hätte sich die von ihm benötigten Informationen beschaffen können (BGH VersR 2005, 493: keine Nachforschung in Archiven oder Auswertung von Akten; VersR 1982, 182; OLG Hamm r+s 2005, 2; OLG Karlsruhe VersR 1992, 1256; KG VersR 1993, 92; OLG Düsseldorf VersR 1997, 1393). Auf die Vornahme einer Recherche kann der VR nicht verwiesen werden (BGH NJW-RR 2007, 606 = VersR 2007, 268; OLG Rostock VersR 2020, 690). Selbst die regelmäßige **Abfrage von zentralisierten und automatisierten Informationssammlungen** beseitigt die Erforderlichkeit einer Auskunft nicht, weil die Vollständigkeit und Zuverlässigkeit dieser Dateien nicht gewährleistet ist (BGH VersR 2007, 481). Hat der VR allerdings genau diejenigen Kenntnisse vor seiner Regulierungsentscheidung erhalten, die ihm der VN verschwiegen hat, so liegt zwar eine Verletzung der Obliegenheit vor, sie wirkt sich jedoch nicht ursächlich auf die Feststellungen des VR aus.

17 Über positive Kenntnis kann ein VR regelmäßig an sich nur **durch seine Organe** verfügen. Jedoch genügt es, wenn **der zuständige Sachbearbeiter im Rahmen eines laufenden Versicherungsverhältnisses** (bspw. aufgrund eines kurz zurückliegenden regulierten Schadenfalls, BGH NJW 2007, 2700 = VersR 2007, 1267) die Informationen erhalten hat. Darüber hinaus treffen den VR allerdings keine **Informationsorganisationspflichten,** deren Erfüllung sicherstellen könnte, dass bei jeder Sachbearbeitung die im Unternehmen vorhandenen Kenntnisse bereitstehen. Werden sie allerdings automatisch aufgerufen – erscheint also bei Anlage einer Datei zur Schadenmeldung ohnehin die „Fallgeschichte" – so weiß der VR, was sich in der Vergangenheit ereignet hat (OLG Oldenburg ZfS 2005, 85).

18 Nicht ausreichend ist, dass die **Vertragsabteilung** des VR (oder gar ein Versicherungsmakler) bei Antragsprüfung von Vorschäden erfahren hatte, nach denen die **Schadensabteilung** iRd Regulierung noch einmal fragt (OLG Köln r+s 2005, 202). Erforderlich sind die Auskünfte des VN gleichfalls nicht, wenn der VR Anlass hatte, sie sich anderweitig – aus seinen Akten oder Dateien – zu beschaffen (BGH NJW 1993, 2807 = VersR 1993, 1089). Das ist dann der Fall,

wenn der **VN den VR ausdrücklich ersucht,** in seinen Akten nachzuschauen, oder wenn er einen entsprechenden Hinweis erteilt. Jedoch darf der VR darauf bestehen, dass der VN die erbetenen Auskünfte beschafft: Der VN kann sich nicht dadurch entlasten, dass er den VR auf die Frage nach Vorerkrankungen auffordert, einen bestimmten Arzt zu befragen (OLG Saarbrücken NJW-RR 2003, 814 = VersR 2004, 50). Unterhält der VN **bei ein und demselben VR mehrere von verschiedenen Abteilungen verwaltete Versicherungsverträge,** bspw. eine Feuerversicherung und eine Haftpflichtversicherung, eine Kfz-Haftpflicht- und eine Kaskoversicherung, so hat in einem Schadenfall die eine Abteilung die andere zu unterrichten oder dort nachzufragen, wenn sie von der parallelen Bearbeitung weiß (BGH VersR 2006, 106; vgl. auch OLG Karlsruhe r+s 2013, 121). Ansonsten wird ein Wissen im Unternehmen oder gar im Konzern dem VR als solchem nicht zugerechnet. Allein die generelle Übung eines VR, bei einer Schadenmeldung stets in seinen Datenbeständen oder zentralisierten Informationssystemen zu recherchieren, entbindet den VN schon deshalb nicht von der Erfüllung der Auskunftsobliegenheit, weil das Aufklärungsbedürfnis des VR durch eine solche Abfrage nicht notwendigerweise vollständig befriedigt wird (BGH VersR 2007, 481). Die **nachträgliche Information** des VR durch einen anderen heilt die Verletzung der Aufklärungsobliegenheit nicht (OLG Karlsruhe ZfS 2006, 464), kann aber zum Kausalitätsgegenbeweis führen.

7. Berichtigung durch den Versicherungsnehmer

Die Auskunftsobliegenheit ist auch dann verletzt, wenn der VN selbst seine 19 Angaben später berichtigt. Jedoch stellt sich in solchen Fällen stets die Frage, ob die Obliegenheitsverletzung – noch – kausal geworden ist für die Feststellung des Versicherungsfalles oder des Umfangs der Leistungspflicht (vgl. § 28 Rn. 90 ff.). Da – nach der hier vertretenen Ansicht – der maßgebliche Zeitpunkt jener der Regulierungsentscheidung des VR ist, spielt die Frage der **Berichtigung** lediglich noch eine Rolle bei einer späteren Korrektur der Angaben. Ob sie dem VR das Recht nimmt, sich auf Leistungsfreiheit zu berufen, ist eine Frage von **Treu und Glauben.** Nur dann, wenn dem VR durch eine falsche, unzulängliche oder unterlassene Auskunft noch kein Nachteil (durch Verhinderung von Aufklärungsmöglichkeiten oder gar Leistung der Entschädigung) entstanden ist und der VN seine Angaben aus eigenem Antrieb freiwillig revidiert und vollständig und zutreffend klarstellt, was den VR interessiert, kommt in Betracht, dem VR Leistungsfreiheit zu versagen (BGH VersR 2002, 173 = r+s 2002, 5 = ZfS 2002, 138 mAnm *Rixecker;* vgl. auch OLG Köln VersR 2017, 1335).

8. Prüfbereitschaft des Versicherers

Weil die Sanktion der Leistungsfreiheit dem besonderen Schutzbedürfnis des 20 prüf- und regulierungsbereiten VR dient, ist eine wahrheitsgemäße Auskunft nicht mehr „geschuldet", wenn der VR **nicht mehr prüf- und verhandlungsbereit** ist, also die Deckung des Versicherungsfalles abgelehnt hat. Daher muss der VN dann nicht mehr befürchten seinen Anspruch zu verlieren, wenn er die Auskunft verweigert oder unzutreffend erteilt (BGH NJW 2013, 1883 = VersR 2013, 609; VersR 1999, 1535; VersR 1992, 345; NJW 1989, 2472 = VersR 1989, 321; 1981, 1098; OLG Karlsruhe VersR 2009, 923). Die **Ablehnung** einer Leistung muss allerdings **eindeutig** sein und klar erkennen lassen, dass der VR keine weiteren Erhebungen mehr vornehmen will (OLG Saarbrücken r+s 2020,

523). Sie kann auch in einem Klageabweisungsantrag liegen, es sei denn, er wird allein darauf gestützt, dass der VN seine Auskunftsobliegenheit noch nicht erfüllt hat. Gibt der VR unmissverständlich zu erkennen, dass er erneut in die Prüfung seiner Leistungspflicht eintreten will, oder ist er dem Grunde nach zur Deckung des Versicherungsfalles rechtskräftig verurteilt worden, lebt die Auskunftsobliegenheit wieder auf (BGH NJW 2013, 1883 = VersR 2013, 609; VersR 1991, 1129; 1989, 842). Voraussetzung ist allerdings zum einen, dass der VR seine erneute Prüfbereitschaft unmissverständlich zu erkennen gibt und sein erneutes oder weiteres Aufklärungsinteresse verdeutlicht (BGH NJW 2013, 1883 = VersR 2013, 609; Langheid/Wandt/*Wandt* § 31 Rn. 50).

21 Umstritten ist, ob es ohne jede Konsequenz ist, wenn der VN **nach einer Deckungsablehnung unrichtige Angaben** macht, um den VR doch noch umzustimmen. Während einem Teil der Rspr. entnommen werden könnte, ein solches Verhalten bleibe folgenlos (BGH VersR 1999, 1134; VersR 1992, 345), ein anderer Teil zur Leistungsfreiheit jedenfalls bei arglistiger Täuschung gelangt (OLG Köln r+s 1991, 315; aA BGH VersR 2013, 609; OLG Hamm VersR 1992, 301), nehmen Weitere an, dass die allgemeinen haftungsrechtlichen Regelungen innerhalb eines Schuldverhältnisses gelten (BGH VersR 1989, 842; OLG Köln r+s 1991, 315; zum Problem *Langheid* NJW 1991, 268 (269); NJW 1993, 695 (697); *Bach* VersR 1992, 302; *Lücke* VersR 1992, 182 und 1994, 128 ff.; *Knappmann* NVersZ 2000, 69). Fehlt es an einer Obliegenheit zur Auskunft, kann indessen nicht an ihrer Statt eine vertragliche Nebenpflicht angenommen werden, deren schlicht schuldhafte Verletzung zu Schadensersatzansprüchen führen kann. Denn die gesetzlichen und vertraglichen Obliegenheiten regeln das, was der VR an Vertragstreue von dem VN erwarten und welche Konsequenzen er aus ihrem Fehlen ziehen kann, abschließend. Davon gilt allein eine Ausnahme für deliktische Schadensersatzansprüche nach § 823 Abs. 2 BGB iVm § 263 StGB. Das verfehlt auch die Interessen des VR nicht. Steht nämlich im Rechtsstreit fest, dass der VN nach Leistungsablehnung unredlich gehandelt hat, erschüttert das in aller Regel das Vertrauen in seine Redlichkeit insgesamt und damit die Möglichkeit, den Beweis des Versicherungsfalls oder der Schadenshöhe zu erbringen. Steht sie nicht fest, wird der VR auch Schadensersatzansprüche nicht begründen können. Nimmt der VR die Leistungsprüfung wieder auf, ist der VN aufgrund der nunmehr erneut bestehenden Obliegenheit zur Auskunft gehalten, zwischenzeitliche Falschangaben zu korrigieren.

III. Belegobliegenheit

22 Nach Abs. 1 Satz 2 schuldet der VN die Beschaffung und Vorlage von Belegen, soweit ihm das billigerweise zugemutet werden kann. Diese Obliegenheit betrifft nicht nur den Nachweis der Höhe des eingetretenen Schadens, den der VN ohnehin (nach dem Maßstab des § 287 ZPO, vgl. BGH VersR 1988, 75) zu erbringen hat, sondern auch die Untermauerung der Eintrittspflicht des VR dem Grunde nach (Vorlage von Anschaffungsdokumenten; Vorlage einer Hotelrechnung zum Nachweis des Aufenthalts am Ort der Entwendung). Allerdings muss die Besorgung der Belege für den VN zumutbar sein. Die Suche nach abgelegten Unterlagen oder die Beschaffung von Urkunden, die sich in den Händen Dritter befinden, darf erwartet werden. Sind Bilanzen noch nicht erstellt, fehlt es an Belegen, die vorgelegt werden könnten (OLG Köln r+s 1988, 337). Zu den

Belegen soll auch – in dem Ausnahmefall der Unklarheit über den Zeitpunkt des Versicherungsfalls in der Krankenversicherung – die **Vorlage der Patientenkartei** gehören (OLG München VersR 2013, 169). Das ist nicht nur aus Gründen des Persönlichkeitsschutzes zweifelhaft (vgl. BVerfG NJW 2013, 3086). Denn die Verschaffung der Einsicht soll nicht dazu dienen, eine Angabe des VN zu belegen, sondern dem VR ermöglichen, sie zu widerlegen. Belege sind grds. Originale, keine Kopien. Abs. 1 Satz 2 **beschränkt** allerdings die **Möglichkeiten des Nachweises eines Versicherungsfalles** oder eines versicherten Schadens **nicht.** Daher kann der VN nach einem Brand auch auf andere Weise als durch Vorlage von Anschaffungsdokumenten beweisen, dass entwendete Sachen in seinem Eigentum standen (BGH ZfS 2009, 158). Frühere AVB (§ 7 FBUB), nach denen bestimmte Aufbewahrungspflichten für Buchführungen und Inventarlisten geregelt und sanktioniert waren, hat die Rspr. als unwirksam betrachtet (OLG Hamm VersR 2003, 239).

IV. Rechtsfolgen der Verletzung der Auskunfts- und Belegobliegenheit

Ist die Auskunftsobliegenheit verletzt worden, richten sich die Rechtsfolgen 23
nach § 28, wenn der Vertrag eine entsprechende Regelung zur Leistungsfreiheit enthält. **Vollständige Leistungsfreiheit** tritt daher nur bei vom VR zu beweisender vorsätzlicher Verletzung der Auskunftsobliegenheit ein (vgl. → § 28 Rn. 63 ff.), bei vom VN zu widerlegender grob fahrlässiger Verletzung der Obliegenheit ist der VR je nach der Schwere des Verschuldens des VN nur zu einer quotalen Leistung verpflichtet (vgl. → § 28 Rn. 68 ff.). Ungeachtet des Verschuldens ist der VR leistungspflichtig, wenn der VN den **Kausalitätsgegenbeweis** führen kann (§ 28 Abs. 3; vgl. → § 28 Rn. 90 ff.). Auf vollständige oder teilweise Leistungsfreiheit kann der VR sich nur berufen, wenn er den VN korrekt **belehrt** hat (§ 28 Abs. 4; vgl. → § 28 Rn. 108 ff.). Hat der VR schon **Teilleistungen** erbracht und bezieht sich die Obliegenheitsverletzung nur auf den noch ausstehenden Betrag, so verliert der VN seinen Anspruch auf die restliche Zahlung ganz oder teilweise.

V. Nachfrageobliegenheit

Auf Rechtsfolgen wegen Verletzung der Auskunftsobliegenheit kann sich ein 24
VR nach Treu und Glauben nicht berufen, wenn er es versäumt hat, auf eine Ergänzung oder Vervollständigung der Angaben des VN hinzuwirken, also eine **Nachfrageobliegenheit** verletzt hat. Sind Antworten eines VN erkennbar lückenhaft, unklar oder widersprüchlich, trifft den VR nach Treu und Glauben die Obliegenheit nachzufragen; missachtet er sie, darf er sich nicht auf Leistungsfreiheit berufen (BGH NJW-RR 1997, 277; VersR 1981, 159 (160); VersR 1980, 159; OLG Hamburg r+s 2019, 577; OLG Bremen VersR 1998, 1149; OLG Düsseldorf r+s 2009, 368; OLG Hamm VersR 2005, 1234; 2001, 14; OLG Karlsruhe NJW-RR 2003, 607; OLG Köln NVersZ 2002, 224; OLG Saarbrücken ZfS 1998, 221; OLG Stuttgart VersR 1967, 465; abl. *Langheid* VersR 2007, 629). Ein solcher Fall liegt vor, wenn der VN Fragen gar nicht beantwortet (OLG Bremen VersR 1998, 1149; OLG Hamm VersR 1986, 284) oder wenn die Antwort

Unklarheiten enthält. Hat der VN indessen arglistig gehandelt, darf er dem VR nicht entgegen halten, er habe nicht nachgefragt und dürfe sich deshalb nicht auf die Verletzung der Auskunftsobliegenheit berufen.

VI. Versuchte und vollendete arglistige Täuschung

25 Zahlreiche sachversicherungsrechtliche AVB (B § 16 Nr. 2 VGB 2008, VHB 2008, AFB 2008, AWB 2008) enthalten Regelungen, nach denen die Leistungspflicht unabhängig von der Verletzung einer Obliegenheit aus besonderen Gründen entfällt. Sie sehen vor, dass der VR vollständig frei wird, wenn der VN ihn arglistig über Tatsachen getäuscht oder zu täuschen versucht hat, die für den Grund oder die Höhe der Entschädigung von Bedeutung sind. Solche Regelungen sind **mit § 28 Abs. 3** vereinbar, weil dort der Kausalitätsgegenbeweis bei Arglist nicht zugelassen ist. Bei diesen Vorschriften handelt es sich nicht um Obliegenheits-, sondern um Verwirkungsregelungen mit Strafcharakter (BGHZ 92, 184; VersR 1986, 77; VersR 1984, 853; VersR 1965, 701); zur Verwirkung von Leistungsansprüchen im Allgemeinen vgl. → § 28 Rn. 22). Die vollendete oder versuchte arglistige Täuschung im Verlauf der Regulierungsprüfung eines Versicherungsfalles führt allerdings nicht regelhaft dazu, dass der VR **in allen weiteren Versicherungsverträgen** leistungsfrei wird (BGH VersR 1986, 540; OLG Hamm r+s 1989, 229; OLG Karlsruhe VersR 1983, 169). Ungeachtet dessen kann sich aus einem solchen schwer wiegend illoyalen Verhalten ein **Recht zur fristlosen Kündigung** auch anderer Versicherungsverträge mit demselben VR ergeben (vgl. § 11 Rn. 17 ff.).

26 Eine (versuchte) arglistige Täuschung liegt in diesem Zusammenhang vor, wenn der VN über Grund oder Höhe des Versicherungsfalles **wissentlich** falsche Angaben macht oder wissentlich Informationen verschweigt und dabei **willentlich erwartet oder billigend in Kauf** nimmt, dadurch die Entscheidung des VR zu beeinflussen, also einen gegen die Interessen des VR gerichteten Zweck verfolgt (BGH VersR 1986, 77; OLG Düsseldorf BeckRS 2018, 185; OLG Köln r+s 2012, 243 = VersR 2012, 1514; LG Offenburg BeckRS 2020, 28387). Einer **Bereicherungsabsicht** bedarf es nicht. Es genügt, wenn der VN (lediglich) Beweisschwierigkeiten zu überwinden oder die Regulierung zu erleichtern oder zu beschleunigen versucht (BGH VersR 1994, 45; VersR 1993, 1351; VersR 1987, 149; VersR 1984, 453; VersR 1981, 446; OLG Dresden NJW-RR 2018, 163; OLG Düsseldorf NJW-RR 2015, 92 zur Angabe eines falschen Kaufpreises). Das kann auch einem von dem VR eingeschalteten Sachverständigen gegenüber geschehen (OLG Hamm VersR 1978, 811). Von einem solchen zur Leistungsfreiheit führenden Verhalten des VN kann ausgegangen werden, wenn der VN nach einem Schadenfall sein marodes Unternehmen als wirtschaftlich völlig gesund darstellt (OLG Hamm ZfS 2003, 29), wenn er Abrechnungen, die einen völlig anderen Schaden betreffen (OLG Koblenz r+s 2003, 69) vorlegt oder sie vordatiert (OLG Düsseldorf ZfS 2009, 160), wenn er fingierte Belege übermittelt (OLG Saarbrücken NJW-RR 2017, 1379; KG VersR 2005, 351), überhöhte Preise angibt (OLG Celle ZfS 2009, 275) oder Quittungen vorlegt, die nicht für den VN ausgestellt worden (OLG Köln VersR 2003, 101) oder rückdatiert sind (LG Frankfurt a. M. r+s 2003, 420), oder die falsch ausgestellt worden sind (OLG Düsseldorf r+s 2018, 206; OLG Karlsruhe r+s 2006, 4), wenn er Doppelversicherungen verschweigt (OLG Hamm ZfS 2007, 395) oder den Anschein des Wieder-

erwerbs von beschädigten Sachen (OLG Köln VersR 2007, 493) oder durch Vorlage eines Sachverständigengutachtens den Eindruck durchgeführter Arbeiten erweckt (OLG Köln r+s 2012, 243 = VersR 2012, 1514). Arglist liegt auch dann vor, wenn der VN ein Sachverständigengutachten einreicht, in dem auf seine Veranlassung bewusst nicht schadensbedingte Kosten enthalten sind (OLG Köln NJW-RR 2010, 846). In Fällen **geringfügiger Abweichungen** von der Wirklichkeit kann nicht von einer arglistigen Täuschung ausgegangen werden (OLG Dresden BeckRS 2018, 8933). Da Voraussetzung der Verwirkung ist, dass der VN den VR über Tatsachen getäuscht oder zu täuschen versucht hat, die „für den Grund oder die Höhe der Entschädigung von Bedeutung sind", schadet der **untaugliche Versuch einer Täuschung** dem VN dann nicht, wenn sich die Täuschung auf für die Abwicklung irrelevante Umstände bezieht.

Im Falle einer vollendeten oder versuchten arglistigen Täuschung ist der VR 27
regelmäßig **vollständig leistungsfrei** (BGH VersR 1994, 45; VersR 1987, 149; VersR 1986, 77; VersR 1985, 875; VersR 1984, 453; NJW-RR 1993, 1117). Davon abgesehen verliert der VN, der sich „nur" zur Höhe der Entschädigung arglistig täuschend erklärt, allerdings keine Erleichterungen des Beweises (BGH VersR 1987, 61; VersR 1984, 29). Jedoch können bewiesenermaßen arglistig falsche Angaben, die für die Höhe der Entschädigung von Bedeutung sind, auch die Glaubhaftigkeit von Angaben zum Grund erschüttern (BGH r+s 1993, 346; r+s 1988, 147 (149)). Allerdings **bezieht sich die Leistungsfreiheit** wegen (versuchter) arglistiger Täuschung **immer nur auf die konkrete Schadensabwicklung;** sie erlaubt dem VR nicht, sich auch in Bezug auf Ansprüche aus einem anderen Versicherungsvertrag für leistungsfrei zu erklären (OLG Saarbrücken ZfS 2004, 524). Auch unterfallen **vor der arglistigen Täuschung erbrachte Leistungen** des VR nicht der Verwirkung. Der VN muss sie also, hat der VR ohne Vorbehalt Abschlagszahlungen auf eine bestehende Schuld erbracht, nicht zurückzahlen (BGH r+s 2001, 377 = VersR 2001, 1020). Daraus folgt indessen, dass eine versuchte arglistige Täuschung in Bezug auf die Neuwertentschädigung nicht dazu führt, dass der VN den Anspruch auf die (unstreitige) Zeitwertentschädigung verliert, die der VR bislang nicht gezahlt hat; vielmehr greift nur eine **Teilverwirkung** ein (OLG Saarbrücken NJW-RR 2017, 1379). Die Verwirkungsregelung greift nicht ein, wenn die versuchte oder vollendete arglistige Täuschung nach einer Ablehnung von Leistungen durch den VR erfolgt ist (BGH VersR 2013, 609; vgl. Rn. 20).

Da die vertraglich vereinbarte Leistungsfreiheit darauf beruht, dass dem arglistig 28
getäuschten VR eine Leistung nach Treu und Glauben nicht mehr zugemutet werden kann (BGH VersR 1986, 77 (79)), ist je nach den Umständen des Einzelfalls eine Abwägung geboten. Der völlige Anspruchsverlust kann auch eine **unzulässige Härte** darstellen (BGH VersR 1994, 45; VersR 1993, 1351; VersR 1986, 77; VersR 1984, 453; VersR 1964, 154). Daher kann sich ein VR nicht auf die Leistungsfreiheit berufen, wenn ihm ein ebenso schwerer Loyalitätsverstoß vorzuwerfen ist (BGH VersR 1989, 842: Bestechung von Zeugen zur Beschaffung von Belastungsmaterial). Die schlichte Auslobung von Geldern zur Erlangung sachdienlicher Hinweise zählt dazu nicht (BGH VersR 1989, 842). Täuscht der VN arglistig nur in einem **die Höhe der Entschädigung gering betreffenden Maß,** kann auf der Grundlage des Rechtsgedankens der Verminderung der Vertragsstrafe (§ 343 BGB) eine teilweise Entschädigung angemessen sein (BGH VersR 1994, 45; VersR 1984, 29; OLG Köln VersR 2007, 493; NJW-RR 1988, 1114). Nicht geringfügig sollen Täuschungen sein, die einen in etwa 10-prozenti-

gen Anteil der Gesamtentschädigungssumme betreffen (BGH NJW-RR 1993, 1117 – 13.000 DM zu 122.000 DM; VersR 1984, 453 – 27.500 DM zu 200.000 DM). Jedoch kann nicht ohne Rücksicht auf den Schadenumfang von einer generellen 10 %-Grenze ausgegangen werden (BGH VersR 1986, 77; OLG Celle r+s 1994, 189). Für die Frage der Begrenzung der Leistungsfreiheit nach Verhältnismäßigkeitsgrundsätzen ist auch der Sache nach keine starre Prozentgrenze relevant. Vielmehr kommt es auf die Beweggründe der Täuschung an – vor allem darauf, ob der VN aus Gewinnsucht handelte (BGH VersR 1992, 1452; OLG Oldenburg r+s 1993, 408). Davon abgesehen kann eine Teilentschädigung gewährt werden, wenn ihre komplette Versagung zu einer völlig unverhältnismäßigen wirtschaftlichen Härte führen würde und es unbillig erschiene, dem VN eine Entschädigung vollständig zu versagen (BGH r+s 1985, 200; VersR 1986, 77; VersR 1978, 74; VersR 1976, 134). Die „freiwillige" Aufgabe eines Täuschungsversuchs aufgrund von belastenden Indizien ändert an der Leistungsfreiheit indessen grds. nichts (BGH NJW-RR 1993, 1117).

VII. Verletzung einzelner Aufklärungsobliegenheiten

1. Unerlaubtes Entfernen vom Unfallort

29 Zu den wichtigsten im Versicherungsfall zu beachtenden Obliegenheiten der AKB gehört, dass der VN **den Unfallort nicht verlassen** darf, ohne die erforderlichen Feststellungen zu ermöglichen (E.1.3 AKB 2015). Die Klausel geht ihrem Wortlaut nach über § 142 StGB hinaus, dessen Beachtung die Rspr. auch ohne förmliche Vereinbarung als Teil der Aufklärungsobliegenheit (für frühere Fassungen der AKB) betrachtet hat (vgl. unter anderem OLG Frankfurt a. M. VersR 2016, 47 = r+s 2016, 70; OLG Brandenburg SP 2008, 118). Allerdings wird der verständige VN ihr keine das strafrechtliche Verbot übertreffenden Pflichten entnehmen. Das wird zuweilen allerdings anders gesehen und der versicherungsvertragsrechtlichen Obliegenheit ein „Mehr" entnommen (OLG Stuttgart NJW-RR 2015, 286). Das kann nicht zutreffen, weil der verständige VN in erster Linie ein verständiger Verkehrsteilnehmer ist, der sich an die dort geltenden Vorschriften zu halten hat und nicht vermuten wird, dass versicherungsvertraglich Anderes gilt (OLG München SP 2016, 123; OLG Saarbrücken ZfS 2016, 211; OLG Hamm ZfS 2016, 573; aA OLG Stuttgart NJW-RR 2015, 286). Daher ist weiterhin maßgeblich, dass der VN seine Aufklärungsobliegenheit dann und nur dann verletzt, **wenn der objektive und subjektive Tatbestand des § 142 Abs. 1 StGB erfüllt ist** (BGH VersR 2000, 222; OLG Karlsruhe ZfS 2008, 514; OLG Brandenburg r+s 2007, 412), der VN also vor allem Kenntnis von einem Unfall mit einem nicht völlig belanglosen Fremdschaden (also einem solchen, der vernünftigerweise nicht zur Geltendmachung von Ersatzansprüchen führen kann) hatte und sich vorsätzlich vom Unfallort entfernt hat. Die Obliegenheit, am Unfallort zu verbleiben, ist auch verletzt, wenn die Haftungslage eindeutig ist (BGH VersR 2000, 222), wenn Zeugen den VN erkannt haben oder er gar seinen Ausweis am Unfallort zurücklässt oder gar einzelne Geschädigte mit seinem Weggang einverstanden sind (OLG Saarbrücken ZfS 2009, 396) oder eine eingeschränkte Schuldfähigkeit vorliegt (BGH VersR 2006, 108; zur geringen Schwere des Verschuldens bei Aufsuchen eines Krankenhauses nach einem Unfall BGH VersR 1999, 301). Fehlt es an einem Fremdschaden, ist der Tatbestand des § 142 StGB nicht erfüllt. Dann

folgt indessen auch – entgegen dem Wortlaut, der auch einen solchen Unfall in der Vollkaskoversicherung erfassen kann – aus den neuen E.1.3 AKB 2008 bei verständiger Auslegung keine Warteobliegenheit (OLG München ZfS 2015, 213).

Hat sich ein VN indessen nach einem Unfall **berechtigt oder entschuldigt vom Unfallort entfernt** (zum Entfernen bei blutenden Verletzungen KG NJW-RR 2021, 35; vgl. a. OL Dresden r+s 2019, 318), so sind die strafrechtlichen Pflichten nach § 142 Abs. 2, 3 StGB (die unterlassenen Feststellungen unverzüglich nachträglich durch Information des Berechtigten oder einer nahe gelegenen Polizeidienststelle zu ermöglichen) nicht uneingeschränkt deckungsgleich mit den versicherungsvertraglichen Obliegenheiten (so OLG Celle r+s 2019, 320; anders noch OLG Celle SP 2010, 118; offen gelassen von OLG Köln NJW-RR 2021, 35). Das kann anders sein, wenn die AVB ausdrücklich zur Konkretisierung der Obliegenheit auf die Strafrechtsnorm verweisen. Auffassungen, nach denen die nicht ausdrücklich auf § 142 StGB verweisende Klauseln und „lediglich" ein (unbegrenztes) Verbleiben am Unfallort verlangen, als Obliegenheit auch die Pflichten des § 142 Abs. 2 StGB enthalten, also eine Art „Meistbegünstigung" des VR statuieren (OLG Koblenz NJW-RR 2021, 162), sind mit dem Wortlaut der Bedingungen unvereinbar. Vielmehr genügt der VN seiner Obliegenheit, wenn er den VR – ggf. auch dessen Versicherungsvertreter oder eine Schadenshotline – zu einem Zeitpunkt unterrichtet, zu dem er seine Strafbarkeit nach § 142 Abs. 2 StGB noch hätte abwenden können (BGH NJW 2013, 936 = VersR 2013, 175; zum Irrtum über den Geschädigten OLG Saarbrücken r+s 2016, 287). Denn in einem solchen Fall kann das noch bestehende Aufklärungsinteresse auch durch eine unverzügliche Unterrichtung des VR oder seiner Leute (statt des Geschädigten oder der Polizei) gewahrt werden (bspw. wenn die Haftungslage eindeutig ist und verlässliche Feststellungen einer Alkoholisierung zum Unfallzeitpunkt nicht mehr getroffen werden können), wenn dies genügt, um noch möglichen Erkenntnisse zum Unfallgeschehen zu sichern (BGH aaO; zu Beweislastfragen → Rn. 38). 30

Häufig stellt sich in Fällen des unerlaubten Entfernens vom Unfallort die **Frage nach dem Kausalitätsgegenbeweis.** Der VN berichtet dem VR von dem Unfallgeschehen, räumt ein, verantwortlich zu sein, hat dem VR aber keine zeitnahen Feststellungen ermöglicht. Steht fest, dass sich der VN unerlaubt vom Unfallort entfernt hat (§ 142 Abs. 1 StGB), wird für den VR regelmäßig die tatsächliche Vermutung von Arglist sprechen, da der VN schwerlich plausibel machen kann, aus welchen (anderen als alkoholbedingten) Gründen er sich vorzeitig entfernt hat. Geht es indessen um die Verletzung der Nachmeldeobliegenheit (§ 142 Abs. 2 StGB), wird es dem VR schwer fallen, zum Zeitpunkt der Obliegenheitsverletzung noch Arglist nachzuweisen (BGH NJW 2013, 936). 31

2. Gestattung von Besichtigungen und Untersuchungen

Nach den AVB der Sachversicherungsverträge schuldet es der VN regelmäßig, dem VR **jede zumutbare Untersuchung über Ursache und Höhe des Schadens** zu gestatten. Das Recht zur **Besichtigung der Schadensstelle** ist ein „fundamentales Recht" des Sachversicherers (BGH VersR 1961, 497). Auch eine mehrfache Besichtigung muss der VN gestatten (OLG Düsseldorf r+s 1990, 25). Der VR kann insoweit auch die Anwesenheit des VN und die Vermittlung von Ortskenntnis verlangen (OLG Karlsruhe VersR 1998, 975). Unstimmigkeiten zwischen VN und besichtigendem Schadensregulierer entbinden den VN von der 32

Obliegenheit nicht (OLG Rostock ZfS 2005, 27; LG Köln VersR 2006, 260; 1989, 1257). Die Obliegenheit kann auch verletzt sein, wenn der VN polizeiliche Ermittlungen vor Ort durch Abwesenheit oder Ausbleiben auf Ladungen hin blockiert, wenn der VR verdeutlicht, dass er seine Regulierung von dem Ergebnis dieser Prüfung abhängig machen will (LG Göttingen r+s 2003, 288). Feststellungen verhindert der VN auch dann, wenn er dem Regulierungsbeauftragten die Besichtigung der Schadensstelle verweigert oder ihn gar angreift (OLG Rostock ZfS 2005, 27) oder Verhandlungen um die Schadensaufnahme abbricht (OLG Köln ZfS 2007, 217). Allerdings kann im Einzelfall die Zumutbarkeit einer Besichtigung enden, wenn der VR bspw. eine Durchsuchung von Schränken und Behältnissen in der engeren Privatsphäre des VN fordert. Auch **Untersuchungsobliegenheiten** (in der Unfallversicherung) sind Aufklärungsobliegenheiten, die grundsätzlich wirksam sind (BGH NJW-RR 2016, 1309).

3. Unterlassen von Veränderungen der Schadensstelle

33 Zu den bedeutsamen Obliegenheiten in der Sachversicherung gehört, Veränderungen der Schadensstelle, die nicht unumgänglich sind, zu unterlassen (vgl. unter anderem B § 8 Nr. 2 Buchst. a gg VGB 2010). Allerdings muss beachtet werden, dass die vertraglichen Regelungen **unterschiedliche Formulierungen für den Zeitpunkt** kennen, bis zu dem Veränderungen der Schadenstelle untersagt sind (bis zu einer Besichtigung durch den VR, bis zu einer Freigabe durch den VR, vgl. OLG Saarbrücken r+s 2012, 543 = VersR 2013, 180). Als **unumgänglich** werden lediglich diejenigen Maßnahmen des VN nicht als Obliegenheitsverletzung zu betrachten sein, die er zur Schadenabwendung oder Schadenminderung unternehmen muss, die zu unterlassen ihm also bei Wahrung seiner weiteren Vertragspflichten nicht möglich ist. Dass eine Reparatur eilbedürftig ist, entbindet ihn von der Erfüllung hingegen nicht (zu § 13 AStB aF OLG Hamm VersR 2005, 644 mAnm *Spielmann*). Allerdings können im Einzelfall Maßnahmen, die aus Sicherheitsgründen geboten sind oder die aufgrund polizeilicher Anordnungen zur Gefahrenabwehr erforderlich sind, in diesem Rahmen gegen eine Obliegenheitsverletzung sprechen (LG Köln VersR 2006, 1254). Für den Fall, dass nach den AVB eine Veränderung der Schadenstelle erlaubt ist, obliegt dem VN nach den neueren AVB, das Schadenbild nachvollziehbar zu dokumentieren und die beschädigten Sachen bis zu einer Besichtigung durch den VR aufzubewahren. Erlaubt ein Schadensregulierer nach der Schadenaufnahme, bestimmte Abrissarbeiten durchzuführen und überschreitet der VN diese Gestattung durch umfangreichere Beseitigungs- und Instandsetzungsmaßnahmen, so kann eine spätere Berufung auf die Verletzung der Obliegenheit treuwidrig sein. Dazu genügt indessen nicht die späte Geltendmachung von Leistungsfreiheit; jedoch können der Abschluss von Feststellungen und die Einlassung auf ein Sachverständigenverfahren zur Höhe des Schadens Treuwidrigkeit ergeben (OLG Karlsruhe VersR 2005, 353).

4. Übermittlung einer Stehlgutliste

34 Zu den am häufigsten streitigen Obliegenheitsverletzungen gehört jene, die dem VN auferlegt, unverzüglich ein Verzeichnis der abhanden gekommenen Sachen, die sog Stehlgutliste, beim VR einzureichen (B § 8 Nr. 2 Buchst. a ff. VHB 2010; zur Wirksamkeit OLG Köln ZfS 2018, 101). Soweit die Stehlgutliste der **Polizei** zu übermitteln ist, handelt es sich um eine **Schadenminderungsobliegenheit,** da sie die Fahndung und das Auffinden der Beute erleichtern soll; daran ändert es nichts,

dass parallel dazu eine (Aufklärungs-) Obliegenheit dem VR gegenüber besteht, den Umfang des Schadens zu substantiieren (aA OLG Celle VersR 2015, 1124). Soweit sie dem VR zu übermitteln ist, geht es ausschließlich um die Aufklärung des Schadens, vor allem darum, einer späteren Aufbauschung vorzubeugen. Bedenken gegen die hinreichende Bestimmtheit der Obliegenheit (OLG Karlsruhe r+s 2011, 517 = VersR 2011, 1560) sind nicht gerechtfertigt. Vielmehr richtet sich der Inhalt der Obliegenheit nach ihrem jeweiligen Zweck und nach den Möglichkeiten des VN. Eine Stehlgutliste ist ein Verzeichnis der abhanden gekommenen Gegenstände nach Art, Anzahl und charakteristischer Beschaffenheit in einer Genauigkeit, die eine Erfolg versprechende Fahndung nach der Beute erlaubt den VN auf den Schadenumfang festlegt (OLG Köln ZfS 2018, 101; OLG Celle VersR 2015, 1124). Eine Konkretisierung ist, soweit sie dem VN möglich ist, vor allem bei wertvollen Gegenständen geboten. So sind elektronische Geräte, nicht nur nach dem Typ, sondern auch nach der Gerätenummer (deren Kenntnis durch den VN der VR allerdings beweisen muss) zu bezeichnen (BGH NJW-RR 1988, 798). Schmuck ist (nach Art, Beschaffenheit, Größe, Hersteller, Anschaffungsjahr) so genau zu beschreiben, wie es der VN vermag. Sammelbezeichnungen sind zulässig. Allerdings wird mit guten Gründen vertreten, dass der VN seine Obliegenheit schon dann erfüllt, wenn er die (angeblich) entwendeten Gegenstände der Art (und Zahl) nach „aufschreibt" (OLG Celle VersR 2015, 1124).

Schon der Zweck der Obliegenheit macht deutlich, dass der VN sofort tätig wer- 35
den muss. **Unverzüglich** bedeutet, dass der VN ohne schuldhaftes Zögern (§ 121 BGB) handeln muss. Der ihm zur Verfügung stehende zeitliche Rahmen bestimmt sich daher nach der für die Erstellung objektiv benötigten Zeit (OLG Düsseldorf ZfS 2003, 298), wenn damit unmittelbar nach der Entdeckung des Schadens begonnen wird. Lediglich solche Verzögerungen sind nicht vorwerfbar, die durch Schwierigkeiten der Feststellung (bspw. bei Warenlagern, OLG Saarbrücken ZfS 2004, 418; anders für die Ermittlung von Preisen, OLG Köln ZfS 2003, 458) oder die Notwendigkeit einer Rückreise des VN aus dem Urlaub (OLG Köln ZfS 2007, 217; LG Köln VersR 2005, 497; anders bei Gewerbetreibenden OLG Köln ZfS 2003, 458) verursacht sind. Inhaltlich ist allerdings nicht unstreitig, was in die Stehlgutliste aufzunehmen ist: So wird vertreten (mit der Folge einer Verkürzung der zu ihrer Vorlage zur Verfügung stehenden Zeit), dass eine „Liste" nur ein gewissermaßen karges Verzeichnis angeblich entwendeter Gegenstände sein muss,

Während die Verletzung der Obliegenheit, eine Stehlgutliste der Polizei vorzu- 36
legen, grds. (von der Ausnahme eines dem VR erkennbaren Irrtums abgesehen oder auch abgesehen von Fällen, in denen der VR bei der Schadenanzeige erkennt, dass dem VN seine Obliegenheit nicht bewusst ist, vgl. OLG Karlsruhe r+s 2011, 517 = VersR 2011, 1560) unabhängig von einer vorherigen Belehrung ist, weil es sich um eine „spontan" zu erfüllende Schadenminderungsobliegenheit handelt, muss der VR den VN über die Obliegenheit, auch ihm die Stehlgutliste zu überlassen nach § 28 Abs. 4 unterrichten, wenn er sich später auf volle oder teilweise Leistungsfreiheit berufen will (vgl. zum früheren Recht unter anderem VersR OLG Celle VersR 2009, 631; OLG Düsseldorf VersR 2009, 354).

5. Ärztliche Untersuchungen

Vor allem die Bedingungen der Kranken- (§ 9 Abs. 3 MB/KK 2009), Unfall- 37
(Ziff. 7.3 AUB 2014) und Berufsunfähigkeitsversicherung (§ 11 Abs. 2 BU 2017) kennen Obliegenheiten des VN, sich nach Anzeige eines Versicherungsfalles einer

ärztlichen Untersuchung auf Verlangen des VR zu unterziehen. Diese (wirksamen, vgl. BGH NJW-RR 2016, 1309; KG r+s 2014, 509) Obliegenheiten bestehen allerdings nur **iRd Zumutbarkeit.** Risikoträchtige Untersuchungen, vor allem solche, die mit invasiven Eingriffen, mit Narkosen oder Schmerzen verbunden sind, oder mehrfache, zeitlich nahe Untersuchungen schuldet der VN nicht (OLG Koblenz NVersZ 2000, 472; OLG Köln VersR 1991, 410; vgl. allg. OLG Stuttgart r+s 2004, 35; OLG Düsseldorf VersR 2004, 503). Wie jede Aufklärungsobliegenheit steht auch die Untersuchungsobliegenheit unter dem **Vorbehalt ihrer Notwendigkeit** zur Beurteilung des Eintritts des Versicherungsfalles oder des Umfangs oder Fortbestands der Leistungspflicht (zur Beschränkung der Untersuchungsobliegenheit in der BU-Versicherung OLG Bremen NJW 2012, 322). Allerdings darf der VR grds. den untersuchenden Arzt selbst bestimmen (KG r+s 2014, 509). Davon gilt nur dann eine Ausnahme, wenn der VN plausible Gründe hat, gerade diesen Arzt als Untersucher abzulehnen (vgl. allg. OLG Düsseldorf r+s 1994, 252 = VersR 2004, 503). Ein plausibler Grund besteht allerdings nicht darin, dass der benannte Arzt bei einer früheren Untersuchung die von dem VN geltend gemachten Leiden nicht bestätigt hat.

VIII. Beweis der Obliegenheitsverletzung

38 Der VR muss die **wirksame Vereinbarung der Auskunfts- und Aufklärungsobliegenheit** sowie den **objektiven Tatbestand ihrer Verletzung,** also auch die **Kenntnis** des VN von den Umständen, über die der VR unterrichtet werden wollte, beweisen. Zuweilen wird angenommen, der VR müsse nur beweisen, dass der VN irgendwann einmal wusste, worüber der VR aufgeklärt werden will, den späteren **Wegfall dieses Wissens** müsse der VN beweisen OLG Dresden r+s 2021, 31). Dem kann nicht gefolgt werden, weil der (vom VR zu beweisende) Tatbestand der Obliegenheitsverletzung zum Zeitpunkt des Aufklärungsverlangens des VR erfüllt sein muss. Allerdings ist es eine Frage umfassender richterlicher Beweiswürdigung (§ 286 ZPO), ob bei einmal nachgewiesener Kenntnis der Behauptung des „Vergessens" geglaubt werden kann. In Fällen des **unerlaubten Entfernens vom Unfallort** muss der VR beweisen, dass der VN sich – entweder – vom Unfallort entfernt hat, ohne eines ausreichende Zeit auf feststellungsbereite Dritte zu warten, oder dass er die „Nachmeldeobliegenheit nicht erfüllt, also weder unverzüglich die nächstgelegene Polizeidienststelle oder den Geschädigten (oder seinen VR) unterrichtet hat (OLG Saarbrückenr+s 2016, 287). Zur Beweislast des VR zählt auch zu beweisen, dass der VN die Auskunftsobliegenheit nicht erfüllt hat. Trägt also der VN vor, er habe Fragen nach der Zahl der beim Erwerb eines Kfz erhaltenen Schlüssel korrekt beantwortet und die in seinem Besitz befindlichen Schlüssel übersendet, so muss der VR beweisen, dass er sie nicht erhalten hat (OLG Hamm VersR 2004, 1452). Insoweit trifft den VN allerdings die Darlegungslast, dem VR zu ermöglichen, diese Angaben zu widerlegen. Stützt er sich darauf, dass der VN Fragen (auch des Schadensregulierers), die er gestellt hat, nicht richtig beantwortet haben soll, so muss er auch die Art, die Reichweite und den verständigen Sinn dieser Fragen darlegen und beweisen (BGH VersR 2006, 258), weil sich erst daraus ergeben kann, ob der VN sie gar nicht, unvollständig oder falsch beantwortet hat.

39 Da die Auskunftsobliegenheit nur besteht, wenn ein Aufklärungsbedürfnis des VR besteht, muss der VR auch bei entsprechendem Einwand des VN beweisen, dass er **keine Vorkenntnis** von den erfragten Umständen hatte. Allerdings trifft den VN

insoweit eine Darlegungslast. Wissen, das der VR indessen nach der unzulänglichen Auskunft erlangt haben soll, muss der VN beweisen, da es dann um die fehlende Kausalität der Obliegenheitsverletzung für die Feststellungen des VR geDen Beweis **vorsätzlicher Verletzung der Obliegenheit** muss der VR führen, von grober Fahrlässigkeit muss sich der VN entlasten. Scheitert diese Entlastung muss der VR die Umstände beweisen, die die von ihm geltend gemachte Kürzung der Entschädigung rechtfertigen. Der VR muss ferner eine ordnungsgemäße Belehrung des VN beweisen, der VN muss hingegen den Kausalitätsgegenbeweis führen, es sei denn, der VR vermag Arglist des VN überzeugend darzutun.

IX. Schadensersatzansprüche des VR

VR, die vermuten, vom VN auf falsche Fährten gelockt worden zu sein, wenden **Kosten zur Aufklärung** auf. Stellt sich heraus, dass der VN den VR versucht hat, hinters Licht zu führen, und hat der VR für diesen Versuch des Nachweises Kosten aufgewandt, fragt sich, ob er deren Erstattung verlangen darf. Dafür fehlt es allerdings idR an einer Anspruchsgrundlage: Die Obliegenheit des VN zur redlichen Aufklärung ist keine Rechtspflicht, an deren Verletzung Schadensersatzansprüche knüpfen könnten. Dem VN wird es schwer fallen, ein betrügerisches Verhalten des VN darzulegen und unter Beweis zu stellen. Ob der VR, wie ihm obliegt, nachzuweisen vermag, dass der VN im Zusammenhang mit etwaigen Täuschungshandlungen auch einen Schaden des VR (durch Aufwendung von Sachverständigenkosten) herbeiführen wollte, ist fraglich (LG Berlin r+s 2013, 233). 40

§ 32 Abweichende Vereinbarungen

[1]Von den §§ 19 bis 28 Abs. 4 und § 31 Abs. 1 Satz 2 kann nicht zum Nachteil des Versicherungsnehmers abgewichen werden. [2]Für Anzeigen nach diesem Abschnitt, zu denen der Versicherungsnehmer verpflichtet ist, kann jedoch die Schrift- oder die Textform vereinbart werden.

I. Normzweck und Anwendungsbereich

Die Vorschrift **entzieht** in Satz 1 **bestimmte Regelungen** des Gesetzes teilweise **der Privatautonomie** und erklärt sie so für **„halbzwingend"**, gewährt dem VN folglich einen Mindestschutz, ohne günstigere Vereinbarungen auszuschließen. Dabei geht es um die Bestimmungen über die vorvertragliche Anzeigeobliegenheit (§§ 19–22), jene über die Gefahrerhöhung (§§ 23–27) und wesentliche Teile des allgemeinen Obliegenheitenrechts, nämlich die Rechtsfolgen einer Verletzung von Obliegenheiten (mit Ausnahme des ohnehin kraft Gesetzes ausgeschlossenen Rücktrittsrechts), die § 28 Abs. 1–4 vorsieht und die Beschränkung der Belegvorlageobliegenheit des § 31 Abs. 1 Satz 2. Damit soll das dort bestimmte System der Sanktionierung von Verletzungen des dem VN entgegen gebrachten Vertrauens, das der Ausgewogenheit von Risikoübernahme und Prämie dient, erhalten bleiben. In Satz 2 wird für die in Abschnitt 2 (§§ 19–32) vorgesehen Anzeigen erlaubt, besondere Formerfordernisse zu vereinbaren, falls der VR das aus organisatorischen und beweisrechtlichen Gründen für geboten hält. Die Unwirksamkeit von Vereinbarungen nach § 32 konkurriert mit einer sich aus den 1

§§ 305, 306, 307 ff. BGB ergebenden Unwirksamkeit (BGH VersR 2009, 769; Langheid/Wandt/*Wandt* § 32 Rn. 22).

II. Nachteilige Abweichung

2 Als Abweichungen erfasst die Vorschrift sowohl **Klauseln der AVB** als auch **individuell ausgehandelte** Vereinbarungen und sowohl solche, die **bei Vertragsabschluss** getroffen werden als auch solche, die **während der Dauer des Vertrages** erfolgen. Das schließt es nicht aus, nach dem behaupteten Eintritt eines Versicherungsfalles **vergleichsweise** Regelungen zu treffen, die den genannten Schutz vermindern, sofern sich ein aufgeklärter VN dazu entschließt (Prölss/Martin/*Armbrüster* § 18 Rn. 4). Allerdings können auch nachträgliche Absprachen, die der Sache nach zu einer Umgehung einer halbzwingenden führen, gegen § 32 Satz 1 verstoßen (Langheid/Wandt/*Wandt* § 32 Rn. 9; BGH VersR 1988, 1013 zum früheren Kündigungserfordernis als Voraussetzung der Leistungsfreiheit).

3 Ob von einer halbzwingenden Vorschrift abgewichen wird, ergibt sich aus einer **Gegenüberstellung** der beanstandeten Vereinbarung und des Inhalts der gesetzlichen Regelung. Die Klausel muss allerdings ohne Rücksicht auf den Einzelfall ungünstig sein. Folglich ist eine **abstrakt-generelle Betrachtung** vorzunehmen (Prölss/Martin/*Armbrüster* § 18 Rn. 5 ff.; Langheid/Wandt/*Wandt* § 32 Rn. 14; aA Schwintowski/Brömmelmeyer/*Ebers* § 18 Rn. 4). Es kommt daher nicht darauf an, ob der VN im konkreten Fall ohne die Vereinbarung gar keine Deckung erhalten hätte (OLG Saarbrücken NJW-RR 2008, 280 = VersR 2008, 621). Ergeben sich aus einer Abrede **Vor- und Nachteile** für den VN, so sind sie zu saldieren. Nur wenn bei wertender ex ante-Betrachtung die Nachteile überwiegen, greift § 32 Satz 1 ein. Allerdings müssen sich auch die Vorteile gerade aus der abweichenden Bestimmung ergeben und dürfen nicht lediglich theoretischer Natur sein, ihr Eintritt in der Praxis also fern liegen. Auch darf sich der VR einen Nachteil für den VN nicht durch einen Prämiennachlass erkaufen.

4 In der Rechtspraxis treten bislang vor allem Fälle auf, in denen nach dem Versicherungsvertrag (in aller Regel einem Restschuldversicherungsvertrag oder einem Reisekranken- oder -unfallversicherungsvertrag oder Verträgen über die Gewährung vorläufigen Versicherungsschutzes in der Personenversicherung) **an die Stelle einer vorvertraglichen Risikoprüfung** nach den §§ 19 ff. ein **Risikoausschluss** treten soll (vgl. auch BGH VersR 2015, 318). Die forensische Gegenüberstellung hat solche Klauseln überwiegend beanstandet. Das gilt zunächst für alle Risikoausschlüsse, die den ohne Risikoprüfung gewährten Versicherungsschutz auch für Versicherungsfälle aufgrund von dem VN bei Abgabe seiner Vertragserklärung nicht bekannten Vorerkrankungen versagen (BGH VersR 2007, 1690; VersR 1996, 486; VersR 1994, 549; vgl. auch OLG Saarbrücken OLGR 2004, 183; OLG Hamm NJW-RR 1992, 1058). Erfassen solche Ausschlussklauseln demgegenüber „ernstliche" und dem VN bekannte Vorerkrankungen, die für den Eintritt eines Versicherungsfalles wenigstens mitursächlich geworden sind, so haben Teile der Rspr. dies nicht als nachteilige Abweichung betrachtet (OLG Dresden VersR 2006, 62). Dem ist entgegen zu halten, dass auch dann von dem Konzept der §§ 19 ff., das zum Schutz des VN eine Risikoprüfung des VR vor Vertragsabschluss vorsieht, abgewichen wird. Denn gerade ob eine „ernsthafte" Vorerkrankung vorliegt, kann recht unterschiedlich eingeschätzt werden und wird auch durch veranschaulichende Aufzählung von solchen Beeinträchti-

gungen nicht unbezweifelbar klar gestellt (OLG Saarbrücken NJW-RR 2008, 280 = VersR 2008, 621; OLG Schleswig VersR 2007, 1071; aA OLG Dresden VersR 2006, 62.; OLG Koblenz VersR 2008, 383; zur Unklarheit der Erfassung „angeborener" Leiden BGH VersR 2007, 1690; vgl. auch Bruck/Möller/*Brömmelmeyer* § 32 Rn. 16). Das hindert die in der Versicherungspraxis nahezu unvermeidbaren Risikoausschlüsse bei typischerweise kurzfristig abzuschließenden Versicherungsverträgen allerdings nicht, verlangt aber, dass sie den VN nicht dem Konzept der grds. vorvertraglichen Risikoprüfung zuwider insgesamt benachteiligen. Zählt der Risikoausschluss bestimmte, dem VN bekannte Vorerkrankungen abschließend auf, deren Verschweigen von vornherein als grob fahrlässig zu betrachten ist, die für den Versicherungsfall ursächlich geworden sind und die zweifelsfrei zu einer fristgemäßen Vertragsauflösung durch den VR bei späterem Bekanntwerden führen, sind dagegen keine Bedenken zu erheben.

III. Vertragliche Formerfordernisse

Nach Satz 2 können dem VN für die ihm nach den §§ 19–31 obliegenden **Anzeigen,** zu denen der VN verpflichtet ist, die Schrift- oder die Textform vereinbart werden. Davon erfasst sind also die vorvertragliche Anzeigeobliegenheit nach § 19 Abs. 1, die Obliegenheit zur Anzeige einer Gefahrerhöhung nach § 23 Abs. 2 und 3 sowie die Obliegenheit zur Anzeige des Versicherungsfalles nach § 30 Abs. 1 (insoweit aA Bruck/Möller/*Brömmelmeyer* § 32 Rn. 24). Für die Obliegenheit zur vorvertraglichen Anzeige gefahrerheblicher Umstände und für die Anzeige des Versicherungsfalles hat die Vorschrift allerdings im Hinblick auf § 19 Abs. 5 Satz 2 und § 30 Abs. 2 keine Bedeutung. Im Übrigen heißt das nicht, dass für **andere Mitteilungen und Erklärungen** des Abschnitts 2, die der VN zu erteilen hat oder abgeben darf, und die nicht von § 32 Satz 1 erfasst sind, vor allem die Auskunftsobliegenheit nach § 31 Abs. 1 (und ihre Entsprechungen in den AVB), keine Formerfordernisse vereinbart werden dürfen. Schließlich ergibt sich aus den §§ 69, 72 und 73, dass einem **Versicherungsvertreter** und den ihm gleichgestellten Personen gegenüber auch mündliche Anzeigen mit Wirkung für und gegen den VR abgegeben werden dürfen (BT-Drs. 16/3945, 78 in Abgrenzung zur früheren Rspr. BGH VersR 1999, 565). Auf nicht im Abschnitt 2 geregelte Anzeigen (Anzeige der Veräußerung, Änderung des Bezugsrechts) ist § 32 ohnehin nicht anwendbar. 5

Schriftform bedeutet nach § 126 BGB grds. die eigenhändige Unterschrift. Die elektronische Form genügt (§§ 126 Abs. 3, 126a, 127 Abs. 3 BGB). Die Textform richtet sich nach § 126b BGB. Die **telekommunikative Übermittlung** (Telefax, Computerfax, E-Mail) wird entsprechend § 127 Abs. 2 BGB grds. ausreichen, wenn die Zuordnung zu einem VN und einem Versicherungsverhältnis erkennbar ist. Anders ist es, wenn der VR zwar seine E-Mail-Adresse mitteilt, sie aber ausdrücklich nicht zum Informationsaustausch in Bezug auf Versicherungsverhältnisse zur Verfügung stellt. Beachtet der VN die Formerfordernisse nicht, hat der VR aber rechtzeitige und vollständige Kenntnis der anzuzeigenden Inhalte erlangt, ist die Obliegenheitsverletzung in keinem Fall kausal geworden. Während allerdings der VR **beweisen** muss, dass der VN ihm die anzuzeigenden Umstände nicht formgerecht angezeigt hat, muss der VN in einem solchen Fall beweisen, dass er den VR auf andere Weise unterrichtet hat. 6

Abschnitt 3. Prämie

§ 33 Fälligkeit

(1) **Der Versicherungsnehmer hat eine einmalige Prämie oder, wenn laufende Prämien vereinbart sind, die erste Prämie unverzüglich nach Ablauf von 14 Tagen nach Zugang des Versicherungsscheins zu zahlen.**

(2) **Ist die Prämie zuletzt vom Versicherer eingezogen worden, ist der Versicherungsnehmer zur Übermittlung der Prämie erst verpflichtet, wenn er vom Versicherer hierzu in Textform aufgefordert worden ist.**

I. Normzweck, Regelungsinhalt und Anwendungsbereich

1 An die nicht rechtzeitige Zahlung der einmaligen oder ersten Prämie, die der VN aufgrund des Versicherungsvertrages schuldet, knüpft das Gesetz schwerwiegende Rechtsfolgen, vor allem jene der Leistungsfreiheit des § 37. Grundvoraussetzung ist allerdings die Fälligkeit. Die Fälligkeit der **Erstprämie** (oder des einmaligen Beitrags) wird von Abs. 1 in **Abweichung von § 271 Abs. 1 BGB,** der für den Regelfall die sofortige Fälligkeit einer geschuldeten Leistung vorsieht, durch die Gewährung einer Frist von zwei Wochen ab Zugang des Versicherungsscheins näher bestimmt. Für die Lebensversicherung gilt eine Frist von 30 Tagen (§ 152 Abs. 3). Während Abs. 1 lediglich für eine einmalige oder erste Prämie gilt, enthält Abs. 2 eine Sondervorschrift für alle Prämienansprüche in den Fällen einer bislang praktizierten Einziehung durch den VR. Da Abs. 1 abbedungen werden darf (§ 42), finden sich in **AVB abweichende Fälligkeitsregelungen.** So sehen die VHB 2016, die VGB 2016 und die AHB 2016(B 1.3) vor, dass Fälligkeit mit dem Zeitpunkt des vereinbarten und im Versicherungsschein angegebenen Versicherungsbeginns eintritt. Die AKB sehen meist eine 14-tägige Zahlungsfrist vor (Ziff. 1.1 AKB 2015). In der Berufsunfähigkeitsversicherung ist die Prämie (nach den früheren Musterbedingungen) unverzüglich nach Abschluss des Vertrages, jedoch nicht vor dem vereinbarten Versicherungsbeginn zu zahlen (§ 13 Abs. 2 BU 2017). Die Fälligkeit von **Folgeprämien** bestimmt sich nach den Abreden oder § 271 Abs. 1 BGB (BGH VersR 2013, 341).

II. Fälligkeit der Prämie (Abs. 1)

1. Prämie

2 Unter der Prämie ist das **Entgelt** für die vom VR übernommene Gefahrtragung zu verstehen. Ihr entspricht bei dem VVaG der Beitrag, dessen Name heute vielfach auch allgemein für den Preis des Versicherungsschutzes verwendet wird. Zur Prämie im weiteren Sinne zählen auch Gebühren, Steuern und sonstige Nebenentgelte, auch wenn sie gesondert ausgewiesen werden müssen, nicht aber die Zinsen eines Policendarlehens (BGH VersR 1999, 433). Mahnkosten sind nicht Teil der Prämie. Sie können, wie sich aus § 38 Abs. 1 Satz 1 ergibt, vom VN eingefordert werden; im Bereich der Krankheitskostenversicherung dürfen sie aber nicht durch AVB pauschaliert werden (LG Köln r+s 2018 310). **Prämiengläubiger** ist der VR. Decken mehrere VR das Risiko (offene Mitversicherung),

sind sie Teilgläubiger iSd § 420 BGB; der führende VR hat üblicherweise Inkassovollmacht. **Prämienschuldner** ist der VN. Mehrere VN sind Gesamtschuldner iSd § 420 BGB. Versicherte, Bezugsberechtigte oder Zessionare schulden den Beitrag nicht. In den Fällen der Veräußerung einer versicherten Sache ist (was regelmäßig aber nur Folgeprämien betreffen wird, vgl. BGH r+s 1989, 22) die gesamtschuldnerische Haftung vom Veräußerer und Erwerber nach § 95 Abs. 2 zu beachten. Während der Versicherungsvertreter nach § 69 Abs. 2 Satz 1 zur **Entgegennahme des Entgelts** befugt ist, ist es der Versicherungsmakler ohne entsprechende Vertretungsmacht nicht.

2. Fälligkeit

Abs. 1 sieht vor, dass die erste oder einmalige Prämie mit Ablauf von zwei Wochen ab Zugang des Versicherungsscheins zu zahlen ist. Damit soll der Zeitpunkt der Fälligkeit des Beitrags mit jenem des **Endes der Widerrufsfrist nach § 8 Abs. 1 Satz 1** abgestimmt werden. Selbstverständliche Voraussetzung der Fälligkeit ist allerdings zunächst, dass ein **Vertrag wirksam zustande gekommen** ist. Im Antragsmodell ist das der Fall, wenn der Versicherungsschein dem VN zugegangen ist, er also Besitz an ihm erlangt hat. Das kann auf das **Invitatio-Modell** nicht bruchlos übertragen werden, wenn der VR mit seinem, auf der Grundlage der Aufforderung des VN erstellten Angebot bereits den Versicherungsschein übersendet und der Vertrag dann notwendigerweise erst durch die mit der Zahlung des Beitrags erfolgenden Annahme zustande kommt. Hier beginnt die Frist, wenn nichts anderes vereinbart ist, nicht schon mit dem Zugang der Police, sondern erst mit dem Zugang der Annahmeerklärung bei dem VR (*Gal* VersR 2021, 414 (416)), auch wenn das typischerweise kaum relevant sein wird, weil die Annahmeerklärung in der Prämienzahlung zu sehen ist. 3

Beginnt die **Widerspruchsfrist des § 8 Abs. 1 nicht zu laufen,** weil die dem VN erteilten Informationen unzulänglich sind, so soll nach einer Ansicht der Beitrag auch nicht fällig werden (Langheid/Wandt/*Staudinger* § 33 Rn. 19; HK-VVG/*Karczewski* § 33 Rn. 5; Looschelders/Pohlmann/*Stagl* § 33 Rn. 16) und lediglich der Rückforderung einer dennoch gezahlten Prämie § 813 Abs. 2 BGB entgegenstehen. Dem widerspricht zunächst, dass der Versicherungsvertrag auch bei Missachtung des § 8 Abs. 2 schwebend wirksam ist, also einen Anspruch auf den Beitrag begründet und Abs. 1 die Beachtung des § 8 Abs. 2 gerade nicht zur Voraussetzung macht. Es entstünden auch unbefriedigende Unklarheiten (Prölss/Martin/*Reiff* § 33 Rn. 26; Beckmann/Matusche-Beckmann VersR-HdB/*Hahn* § 33 Rn. 48; grdl. *Gal* VerR 2021, 414): Ist der VR dann trotz § 37 Abs. 2 leistungspflichtig, weil die Erst- oder Einmalprämie noch gar nicht fällig war oder der VN ihre Nichtzahlung jedenfalls nicht zu vertreten hätte? Würde er bei Nachholung der fehlenden Informationen vorübergehend leistungsfrei? Richtigerweise muss in einem solchen Fall der Zusammenhang des § 33 Abs. 1 mit § 8 Abs. 1 als gelöst betrachtet und nach dem Wortlaut des § 33 Abs. 1 zwei Wochen nach Zugang der Police Fälligkeit als eingetreten betrachtet werden (Bruck/Möller/*Beckmann* § 33 Rn. 48; *Gal* VersR 2021, 414, 415). Der Sinn des fortbestehenden (aber nicht ausgeübten) Widerspruchsrechts ist allein die Möglichkeit, sich vom Vertrag zu trennen, nicht aber trotz eines Anspruchs auf Deckung die Prämie nicht leisten zu müssen. Nichts anderes gilt in den Fällen eines fehlenden Widerspruchsrechts (§ 8 Abs. 3). Auch hier richtet sich die Fälligkeit (ohne abweichende Abrede) allein nach § 33 Abs. 1. 4

5 Anderes muss gelten, wenn der **Vertrag noch gar nicht wirksam zustande gekommen** ist, weil der VR den Antrag unter Änderungen angenommen hat und dem VN ein Widerspruchsrecht nach **§ 5 Abs. 2** zusteht (HK-VVG/*Karczewski* § 33 Rn. 6). Dann gibt es keinen Grund, mit der Übersendung der Police, die nichts anderes als ein modifiziertes neues Angebot des VR darstellt, die Frist bis zur Fälligkeit laufen zu lassen. In einem solchen Fall kann Fälligkeit erst nach Ablauf der Widerspruchsfrist von einem Monat (§ 5 Abs. 2) eintreten Das muss erst recht gelten, wenn der VR seinen Belehrungspflichten nicht Genüge getan hat (aA Prölss/Martin/*Reiff* § 33 Rn. 29; *Gal* VersR 2021, 414 (415)). Zwar trifft es zu, dass bei Fehlen oder Unzulänglichkeit der Hinweisobliegenheiten des VR nach § 5 Abs. 2 der Versicherungsvertrag mit dem Inhalt des Antrages zustandekommt Würde man in einem solchen Fall allerdings die Fälligkeit mit dem Zugang der (inhaltlich unrichtigen) Police eintreten lassen, könnten dem VN Nachteile entstehen: Die Prämienforderung aus einem Versicherungsvertrag würde durchsetzbar, obwohl die ihm übersandte Police einen inhaltlich so nicht geltenden Vertrag beurkundet.

3. Stundung

6 Die Parteien können eine Stundungsvereinbarung treffen. Grundsätzlich fehlt während der Stundung der Erst- oder Einmalprämie der Versicherungsschutz. Das gilt vor allem dann, wenn der Versicherungsfall bereits vor der Stundungsabrede eingetreten ist (AG Ettlingen DV 2017, 79). Das ist anders in den Fällen der **deckenden Stundung.** Ob sie vorliegt, ist durch Auslegung zu ermitteln (Bruck/Möller/*Beckmann* § 37 Rn. 20). Haben die Parteien das Lastschriftverfahren vereinbart, liegt im Allgemeinen eine deckende Stundung vor, weil es im Interesse des VR liegt und er es in der Hand hat, sich das Entgelt für seine Leistung zu verschaffen (OLG Hamm VersR 1984, 231 mit krit. Anm. *Lorenz;* OLG Köln NJW-RR 1986, 390). Wird vorläufige Deckung ohne Vereinbarung vorheriger Prämienzahlung (§ 51) gewährt, so entspricht das stets einer deckenden Stundung (OLG Hamm VersR 1984, 377). Erweist sich allerdings die vom VN angegebene **Kontonummer als unrichtig,** kann das Scheitern der Abbuchung des Erstbeitrags vom VN zu vertreten sein (AG Wiesbaden Urt. v. 11.1.2017 – 93 C 5006/15). Allerdings muss man insoweit nach § 1a, § 6 Abs. 1 voraussetzen, dass der VR sich bemüht hat, einen etwaigen Irrtum des VN über seine Kontoverbindung aufzuklären.

III. Tilgung

7 Die Prämienschuld ist erfüllt, wenn die Zahlung beim VR (oder seinem zum Empfang bevollmächtigten Vermittler) eintrifft. In den Fällen der **Überweisung** ist es der Zeitpunkt der Gutschrift auf dem vom VR angegebenen Konto (BGH VersR 1964, 129). In den Fällen des **Lastschriftverfahrens** muss hinzukommen, dass das Konto des VN wirksam belastet wird; die Erfüllung ist bei Erteilung einer Einziehungsermächtigung folglich bis zum Ablauf der Widerspruchsfrist auflösend bedingt. In den selten gewordenen Fällen der erfüllungshalber (§ 364 Abs. 2 BGB) erfolgenden Begebung eines Schecks oder Wechsels ist erforderlich, dass das Papier vom VR eingelöst worden ist. Unerheblich ist, ob die Gutschrift im Rahmen der Vollstreckung eines Prämientitels erfolgt (OLG Hamburg BeckRS 2018, 8680).

Haben die Vertragsparteien das **Lastschriftverfahren** (durch Erteilung einer Einzugsermächtigung) vereinbart, so hat der VR die Verantwortung für den rechtzeitigen Einzug der Prämie übernommen (BGH VersR 1977, 1153). Die Schickschuld wandelt sich in eine Holschuld um (BGH VersR 1985, 447). In einem solchen Fall ist von einer „deckenden Stundung" auszugehen; der VN muss allerdings dafür sorgen, dass der Beitrag im Zeitpunkt seiner Fälligkeit von seinem Konto abgebucht werden kann, also Deckung besteht (nicht aber mehr bei Tod des VN OLG Hamm VersR 1984, 231). Allerdings muss der VR **den Zeitpunkt und die Höhe** der beabsichtigten Abbuchung bei der Erst- oder Einmalprämie zuvor **rechtzeitig ankündigen,** wenn das, wie regelmäßig, dem VN zuvor nicht bekannt ist (BGH VersR 1985, 447). Das kann auch mit dem Versicherungsschein geschehen. Die vom VR veranlasste Lastschrift muss dem VN erlauben zu prüfen, ob er sie widerrufen will. Weil er das nur im Ganzen tun und den abgebuchten Betrag nicht auf die richtige Höhe reduzieren kann, müssen die einzelnen Beträge ausgewiesen werden (BGH VersR 1985, 447). 8

Sind mehrere Prämien fällig und weist das Konto **keine genügende Deckung** auf, so darf der VN bestimmen, welche Prämie vorrangig abgebucht werden soll. Trifft er keine Bestimmung, so gilt **§ 366 Abs. 2 BGB,** sofern nicht ein entgegenstehender Parteiwille anzunehmen ist (BGH VersR 1978, 435 (436)). Danach ist zunächst die fällige Schuld, unter mehreren fälligen diejenige, die die geringere Sicherheit bietet, unter mehreren gleich sicheren die dem Schuldner lästigere, unter mehreren gleich lästigen die ältere und letztlich eine jede verhältnismäßig zu tilgen (zur geringeren Sicherheit einer Prämienschuld bei einem geringeren Zeitraum zur Geltendmachung BGH VersR 1976, 136 (138)). § 366 Abs. 2 BGB ist nicht anwendbar, wenn die Regelung den Interessen und dem Willen der Parteien offensichtlich widerspricht. Reicht die Deckung auf dem Konto nicht für die Kfz-Haftpflichtprämie aus, ist zunächst nur die Kaskoprämie abzubuchen, wenn andernfalls die Kfz-Haftpflichtprämie nur teilweise getilgt wäre. Eine Teilleistung führt nämlich nicht zur Risikodeckung (BGH VersR 1985, 981; VersR 1978, 436). 9

Kommt es auf die Rechtzeitigkeit der Zahlung an, ist zu fragen, ob an der traditionellen Rechtsauffassung festzuhalten ist, dass die Prämienschuld eine qualifizierte Schickschuld ist (vgl. → § 36 Rn. 1). Der VN hat, soweit nichts anderes vereinbart ist, den Beitrag auf seine Gefahr und seine Kosten zu übermitteln (BGH VersR 1971, 216). Die Gefahr, dass die Zahlung nicht ausgeführt wird, trägt er selbst, die **Verzögerungsgefahr** nach herkömmlicher Sicht indessen nicht: Danach würde gelten: Maßgeblich für die Rechtzeitigkeit ist, wann er die Leistungshandlung an seinem Wohnsitz vornimmt (zu abweichenden Abreden OLG Köln VersR 1998, 317). Maßgeblich für die Rechtzeitigkeit ist die Übergabe des Barbetrages, eines Schecks oder Wechsels an den VR oder seinen bevollmächtigten Vermittler (BGH NJW 1966, 46 zum vordatierten Scheck; iÜ OLG Hamm VersR 1980, 1062) oder an die Post zur Beförderung (BGH NJW 1969, 875). Bei Einzahlungen auf ein Konto des VR kommt es auf den Zeitpunkt der Hingabe des Geldes an (BGH NJW 1964, 499; OLG Düsseldorf VersR 1976, 429). In den Fällen eines Überweisungsauftrags ist der Zeitpunkt der Abbuchung vom Konto des VN entscheidend (BGH NJW 1971, 380; NJW 1964, 499 – offen gelassen für den Zeitpunkt des Eingangs). 10

Allerdings hat die **Zahlungsverzugsrichtlinie** (RL 2011/7/EU v. 16.2.2011, ABl. 2011 L 48, 1) für den Geschäftsverkehr zwischen Unternehmen und Unternehmen und öffentlichen Stellen Zahlungsverzug angenommen, wenn die Zahlung nicht innerhalb der vertraglich oder gesetzlich vorgesehenen Frist „erfolgt" 11 ist; als „erfolgt" hat der EuGH den Eingang der Zahlung bei dem Gläubiger betrachtet (EuGH NJW 2008, 1935). Daraus wird zuweilen gefolgert, auch den Verbraucher treffe eine Bringschuld, er trage neben der Verlust- auch die Verzögerungsgefahr (ua Langheid/Wandt/*Staudinger* § 36 Rn. 4 ff., § 37 Rn. 15;Looschelders/Pohlmann/*Stagl/Brand* § 36 Rn. 3; spezifisch zu D&O-Versicherung *Thiel* VersR 2015, 946; offen gelassen von BGH WM 2010, 2879 für das Mietrecht; vgl. jetzt anders BGH NJW 2017, 1596 gleichfalls für das Mietrecht; aA grds. MüKoBGB/*Krüger* BGB § 270 Rn. 17). Dafür spricht: Der Wortlaut des § 36 lässt es zu, den VN die Verzögerungsgefahr tragen zu lassen. Zwischen der Zuweisung der Verlust- und jener der Verzögerungsgefahr zu unterscheiden, fällt ohnehin schwer. Zwischen den durch das Verschuldenserfordernis geschützten Verbrauchern auf der einen und „dem Geschäftsverkehr" zu unterscheiden, an sich nicht sinnvoll. Dem steht indessen entgegen, dass in anderen Vorschriften des unionsrechtlichen Verbraucherschutzrechts dem Verbraucher nur angesonnen wird, für die Absendung rechtswahrender Akte zu sorgen. Auch ist einem Verbraucher regelmäßig schwer möglich, den terminlich korrekten Zeitpunkt der Gutschrift der Prämie sicherzustellen, ohne dass die ihm zustehende Frist zur Leistungshandlung verkürzt wird. Ohne eine gesetzgeberische Entscheidung ist daher schwer zu vertreten, als „Erfolg" der Zahlung erst ihre Gutschrift auf dem Konto des VR zu betrachten (zutr. Prölss/Martin/*Reiff* § 36 Rn. 5 ff.; *Gal* VersR 2021, 414 (418 f.)). Das gilt allerdings nur außerhalb des Anwendungsbereichs der Richtlinie. In ihrem Anwendungsbereich muss – richtlinienkonform unter „zahlen" der Leistungserfolg verstanden werden, sodass dort die Prämienschuld erst dann erfüllt ist, wenn der VR über sie verfügen kann.

IV. Änderung des Lastschriftverfahrens (Abs. 2)

12 Für das Lastschriftverfahren sieht Abs. 2 eine Besonderheit vor. Hat der VR die Beitragspflicht zuletzt als **Holschuld** behandelt, also eingezogen, muss er das solange **gegen sich gelten lassen,** als er dem VN nicht in Textform (§ 126b BGB) mitgeteilt hat, dass er zu der Regelung des § 33 Abs. 1 oder des § 271 Abs. 1 BGB zurückkehren will. Abs. 2 betrifft regelmäßig nur die Folgeprämie, weil Voraussetzung die Einziehung der letzten vor der nun schuldig gebliebenen Prämie ist. Jedoch ist die Vorschrift ihrem Sinn folgend entsprechend anwendbar, wenn der bisherige Vertrag durch einen neuen ersetzt wird und der VN nunmehr wieder eine Erstprämie schuldet. Es genügt die einmalige Einziehung (aA zum früheren Recht OLG Hamm VersR 1979, 1047). Allein in der Übermittlung einer qualifizierten Mahnung liegt kein Verlangen nach Übermittlung.

V. Beweislast

13 Der **VR** muss die Voraussetzungen der Fälligkeit beweisen, insbesondere auch den **Zeitpunkt des Zugangs des Versicherungsscheins.** Der VN darf den Zeitpunkt des Zugangs mit Nichtwissen bestreiten, wenn er ihn vergessen hat (OLG Hamm VersR 1996, 1408). Beweiserleichterungen oder gar ein auf übliche Postlaufzeiten abstellender Anscheinsbeweis sind nicht zulässig. Die Beweislast für die **Erfüllung der Prämienschuld** trägt der VN, für die nicht rechtzeitige Vornahme der Leistungshandlung indessen der VR (str., vgl. → § 36 Rn. 4). Ist beim Lastschriftverfahren streitig, ob das Konto Deckung aufgewiesen hat, muss

der VN Deckung beweisen, der VR indessen die Fälligkeit zum maßgeblichen Zeitpunkt des Einzugsversuchs (BGH VersR 1977, 1153).

VI. Abweichende Vereinbarungen

14 Wie sich aus § 42 ergibt, können von der Fälligkeitsregelung des Abs. 1 auch zum Nachteil des VN abweichende Vereinbarungen getroffen werden. Das bedeutet vor allem, dass die Fälligkeit der Prämie auch auf einen **vor Ablauf der Widerrufsfrist** des § 8 (wegen des Fehlens des Vertragsschlusses aber nicht auf einen vor Ablauf der Widerspruchsfrist des § 5) liegenden Zeitpunkt vorverlegt werden darf, wie es manche Bedingungen – B § 2 Nr. 2 VHB 2008 und B § 2 Nr. 2 VGB 2008 – vorsehen. Das ist dann auch keine unangemessene Benachteiligung des VN, wenn und weil er mit der Zahlung der Prämie Versicherungsschutz erhält (vgl. *Johannsen* FS Schirmer, 2005, 263 ff.; *Wandt/Ganster* VersR 2007, 1034).

VII. Prämienzahlung als Vereinbarung eines entgeltlichen Zahlungsaufschubs

15 Nach §§ 499 Abs. 1, 495 Abs. 1, 355 BGB steht einem Verbraucher ein Widerrufsrecht zu, wenn ihm ein Unternehmer einen entgeltlichen **Zahlungsaufschub** gewährt. Das wirft die Frage auf, ob eine Vereinbarung über eine **zeitlich gestaffelte Prämienzahlung** einen solchen „Zahlungsaufschub" mit der Folge eines „ewigen" Widerrufsrechts (und der Rückabwicklung des Versicherungsvertrages nach den §§ 346 ff. BGB) enthalten kann. Von einem Zahlungsaufschub kann jedoch unabhängig davon, ob dem VN zunächst eine Jahresprämie angeboten und ihm abweichend davon die Möglichkeit eingeräumt worden ist, die Prämie (mit einem gewissen Beitragszuschlag) unterjährig zu zahlen oder ob von vornherein eine unterjährige Zahlung vereinbart ist, nicht ausgegangen werden (BGH VersR 2013, 341). Denn bei einem Versicherungsvertrag handelt es sich um ein Schuldverhältnis, das das Versprechen einer dauerhaften Dienstleistung enthält, dem die „ratenweise" Zahlung des Preises immanent ist. Es geht bei der Vereinbarung über die unterjährige Fälligkeit von Prämien folglich nicht um eine Kreditierung des VN, sondern um die dispositive Bestimmung des Leistungszeitpunkts (BGH VersR 2013, 341; *Looschelders* VersR 2010, 927 unter Hinweis auf die Notwendigkeit einer richtlinienkonformen Auslegung des Begriffs des Zahlungsaufschubs; *Hadding* VersR 2010, 697). Das nur entspricht dem Sinn und Zweck der verbraucherschützenden Norm des § 506 BGB: Sie soll den Verbraucher davor bewahren, dass ihm Mittel zur Verfügung gestellt werden, über die er ohne die „Ratenzahlungsvereinbarung" nicht verfügen würde, und die ihn daher zu wirtschaftlich unsachgemäßem Verhalten verführen können. Das ist aber nicht der Fall, wenn die Zeitpunkte der Leistung von Beiträgen dem dispositiven Recht entsprechen, die Vertragspartner also die Fälligkeitszeitpunkte so ohne „außerordentliche" Begünstigung des VN vereinbaren durften.

VIII. Höhe der Prämie

16 Die Höhe der Prämie unterliegt der freien Vereinbarung. Sie findet allenfalls eine Grenze in den allgemeinen Schranken des Zivilrechts. In Umsetzung der

Entscheidung des EuGH zu den sog **Unisex-Tarifen** (VersR 2011, 377) hat der Gesetzgeber durch das **SEPA-Begleitgesetz vom 3.4.2013** (BGBl. 2013 I 610) dem geschlechtsbezogenen Diskriminierungsverbot des § 19 Abs. 1 Nr. 2 AGG für Versicherungsverhältnisse uneingeschränkt Geltung verschafft (zu Altverträgen vgl. Art. 8 Nr. 2 des SEPA-Begleitgesetzes). Soweit die Höhe der Prämie von **weichen Tarifmerkmalen** abhängt (→ § 41 Rn. 4), sind die Besonderheiten ihrer – möglicherweise rückwirkenden – Änderung nach den AVB zu beachten.

§ 34 Zahlung durch Dritte

(1) **Der Versicherer muss fällige Prämien oder sonstige ihm aufgrund des Vertrags zustehende Zahlungen vom Versicherten bei einer Versicherung für fremde Rechnung, von einem Bezugsberechtigten, der ein Recht auf die Leistung des Versicherers erworben hat, sowie von einem Pfandgläubiger auch dann annehmen, wenn er die Zahlung nach den Vorschriften des Bürgerlichen Gesetzbuchs zurückweisen könnte.**

(2) **Ein Pfandrecht an der Versicherungsforderung kann auch wegen der Beträge einschließlich ihrer Zinsen geltend gemacht werden, die der Pfandgläubiger zur Zahlung von Prämien oder zu sonstigen dem Versicherer aufgrund des Vertrags zustehenden Zahlungen verwendet hat.**

1 Die Vorschrift will bestimmte Personen, die ein Interesse an dem Bestand des Versicherungsvertrages haben, durch Gewährung eines **qualifizierten Ablösungsrechts** schützen, ohne dass es auf eine Zustimmung des VN ankäme. Sie enthält in **Abs. 1** eine **Sonderregelung zu § 267 Abs. 2 BGB.** Die Vorschriften der §§ 266 ff. BGB bleiben allerdings daneben anwendbar. Eine eigenständig durchsetzbare Verpflichtung des VR, die Leistung des Dritten anzunehmen, wird damit nicht begründet. Nimmt der VR allerdings die Leistung nicht an, gilt ihr Angebot nicht als Erfüllung, vielmehr gerät er in Annahmeverzug und kann sich auf Leistungsfreiheit wegen Prämienzahlungsverzuges nicht berufen (BGH VersR 1964, 497 (500); Prölss/Martin/*Reiff* § 34 Rn. 7). Erfüllung tritt allerdings erst mit Hinterlegung nach § 372 Satz 1 BGB ein. Leistet der Dritte, geht die Forderung gegen den VN analog § 268 Abs. 3 BGB – § 34 gewährt ein § 268 Abs. 1 Satz 1 BGB ähnliches Ablösungsrecht – auf ihn über (aA Langheid/Wandt/*Staudinger* § 34 Rn. 19: Rückgriff nach §§ 683, 670 BGB).

2 Gegenstand der Annahmeobliegenheit des VR sind in erster Linie Prämien- und Beitragszahlungen, darüber hinaus aber auch **alle versicherungsvertraglich begründeten Zahlungsansprüche.** Begünstigt werden der **Versicherte** bei der Versicherung für fremde Rechnung, regelmäßig daher auch der Ehepartner eines Krankheitskostenversicherungsvertrages, der **unwiderruflich Bezugsberechtigte** und der **Pfandgläubiger,** gleich ob seine Stellung auf Vertrag oder Pfändung beruht. Die Aufzählung ist nicht abschließend zu verstehen. Daher kann sie auch für den Zessionar (Looschelders/Pohlmann/*Stagl* § 34 Rn. 3) und den Drittgeschädigten in der Pflichtversicherung gelten (so auch Looschelders/Pohlmann/*Stagl* § 34 Rn. 3), weil es insoweit eine durchaus vergleichbare Interessenlage gibt. Voraussetzung ist allerdings, dass der Dritte die volle fällige Leistung anbietet.

3 Umstritten ist, ob dem Dritten ein **Informationsrecht** gegenüber dem VR zusteht (abl. OLG Nürnberg VersR 1973, 414; bejahend OLG Düsseldorf VersR 2003, 627 zur Direktversicherung durch den Arbeitgeber; diff. Prölss/Martin/

Reiff § 34 Rn. 9). Aus § 34 folgt es nicht unmittelbar, wie schon die besondere Vorschrift des § 142 zugunsten des Grundpfandrechtsgläubigers zeigt. Jedoch kann sich ein solches Informationsrecht aus Treu und Glauben ergeben, wenn ein besonderes Schutzbedürfnis des Dritten besteht (das das Gesetz allerdings regelmäßig voraussetzt), der VR das Interesse des Dritten erkennt und keinen sachlichen Grund hat, ihn in Unkenntnis der Ablösungsnotwendigkeit zu lassen. Verletzt der VR dieses Informationsrecht schuldhaft, ist er zu Schadensersatz verpflichtet.

Nach **Abs. 2** erstreckt sich das Pfandrecht auf die Beitragsleistungen des Pfand- 4 rechtsgläubigers nach Abs. 1 sowie von ihm auf dieser Grundlage erbrachter sonstiger Leistungen. Das bedeutet, dass die Forderungen des VR gegen den VN (im Hinblick auf die Akzessorietät des Pfandrechts) auf den Pfandrechtsgläubiger übergehen, wenn dieser die Prämienschuld tilgt.

§ 35 Aufrechnung durch den Versicherer

Der Versicherer kann eine fällige Prämienforderung oder eine andere ihm aus dem Vertrag zustehende fällige Forderung gegen eine Forderung aus der Versicherung auch dann aufrechnen, wenn diese Forderung nicht dem Versicherungsnehmer, sondern einem Dritten zusteht.

Die Aufrechnung setzt nach § 387 BGB **Gegenseitigkeit der Forderungen** 1 voraus. **§ 35 verzichtet darauf** zugunsten des VR und erlaubt ihm – auch über § 406 BGB hinaus – mit seinen fälligen Ansprüchen gegen solche Ansprüche aufzurechnen, die einem Dritten – vor allem dem Versicherten bei einer Versicherung für fremde Rechnung (OLG Köln r+s 2003, 409 = ZfS 2003, 254) – aus dem Versicherungsvertrag gegen den VR zustehen. Die Aufrechnungsbefugnis besteht unabhängig davon, ob der VR die Entgegennahme der Leistung zu Unrecht in der Annahme abgelehnt hat, der Vertrag sei durch Rücktritt oder Kündigung beendet (LG Köln VersR 1983, 1023).

Wenn die Vorschrift von einer **„Forderung aus der Versicherung"** spricht, 2 so ist damit derselbe Versicherungsvertrag gemeint. Sind mehrere Gegenstände durch denselben Versicherungsvertrag oder sind mehrere Risiken durch einen Rahmenvertrag versichert, kann der VR den Betrag der für alle diese Gegenstände geschuldeten fälligen Prämien gegen die Entschädigungsforderung aufrechnen, auch wenn der Versicherungsfall nur hinsichtlich einzelner versicherter Gegenstände eingetreten ist (BGH NJW-RR 2001, 314 = VersR 2001, 235 – auch zur Auslösung auf dieser Grundlage bestehender Beratungspflichten des VR; VersR 1977, 346).

Die Vorschrift ist auf **alle Versicherungszweige** mit **Ausnahme der Pflicht-** 3 **haftpflichtversicherung** (§ 121) anwendbar. Im Übrigen gilt für die Haftpflichtversicherung, dass die Aufrechnung nach dem Zweck des Versicherungsvertrages nur für die bis zum Versicherungsfall fällig gewordenen Prämienansprüche gilt (vgl. BGH VersR 2001, 235; 1987, 655). Allerdings müssen auch insoweit die zur Aufrechnung stehenden Forderungen gleichartig sein. Auch für eine **private Krankheitskostenversicherung** – die Vorschrift wird in § 194 gerade nicht für unanwendbar erklärt – im **Notlagentarif** gilt, dass der VR mit Prämienforderungen gegen notlagenbedingte Kostenerstattungsforderungen aufrechnen darf (BGH NJW 2019, 359).

Im Übrigen ist für eine Aufrechnung durch den VR § 394 BGB zu beachten. 4 Danach ist eine **Aufrechnung gegen eine unpfändbare Forderung** des VN nicht statthaft (§ 394 Satz 1 BGB). Davon macht § 394 Satz 2 BGB jedoch eine Ausnahme für „Hebungen“, also Ansprüche des VN auf Versicherungsleistungen: Bestimmte Versicherer, vor allem Krankheitskostenversicherer dürfen gegen sie mit Ansprüchen auf geschuldete Beiträge aufrechnen, auch soweit der Gegenanspruch unpfändbar ist.

§ 36 Leistungsort

(1) [1]**Leistungsort für die Zahlung der Prämie ist der jeweilige Wohnsitz des Versicherungsnehmers.** [2]**Der Versicherungsnehmer hat jedoch auf seine Gefahr und seine Kosten die Prämie dem Versicherer zu übermitteln.**

(2) **Hat der Versicherungsnehmer die Versicherung in seinem Gewerbebetrieb genommen, tritt, wenn er seine gewerbliche Niederlassung an einem anderen Ort hat, der Ort der Niederlassung an die Stelle des Wohnsitzes.**

1 Die Vorschrift regelt **(Abs. 1 Satz 1)** in teilweiser **Abweichung von §§ 269, 270 BGB** den Leistungsort für die Zahlung der Prämie (und etwaiger weiterer Nebenforderungen des Beitragsanspruchs). Sie ist auf andere Ansprüche des VR nicht anwendbar. Unter dem Leistungsort ist der Ort zu verstehen, an dem der VN seine **Leistungshandlung** vorzunehmen hat. Maßgeblich ist der **jeweilige** (bei Fälligkeit bestehende) **Wohnsitz** (§ 7 BGB) des VN. Da **Abs. 1 Satz 2** die Gefahr der Übermittlung dem VN auferlegt, handelt es sich nach traditioneller Auffassung bei der Prämienschuld um eine **qualifizierte Schickschuld** (vgl. aber § 33 Rn. 10). Der VN hat danach die Prämie rechtzeitig gezahlt, wenn er zum Zeitpunkt der Fälligkeit an seinem Wohnsitz die Leistungshandlung durch Barzahlung oder Abgabe eines Überweisungsauftrags bei seiner Bank (Looschelders/Pohlmann/*Stagl* § 36 Rn. 7) oder Bereitstellung von Deckung für sein Konto beim vereinbarten Lastschrifteinzug (BGH VersR 1985, 447) vollendet hat. Der VN trägt allerdings die Gefahr, dass die Zahlung überhaupt nicht ausgeführt wird, ist in einem solchen Fall also zur erneuten Leistung verpflichtet. Ob dem weiter gefolgt werden kann, wird sich erweisen (→ § 33 Rn. 10).

2 **Abs. 2** sieht statt des Wohnsitzes als Leistungsort den Ort der Niederlassung vor, wenn der VN die Versicherung **„in seinem Gewerbebetrieb“** genommen hat. Das ist allerdings nicht räumlich zu verstehen: Der Leistungsort eines privaten Versicherungsvertrages ist auch dann der Wohnsitz, wenn der Vertrag in den gewerblichen Räumen beantragt wurde. Abs. 2 will vielmehr allein die „für“ den Gewerbebetrieb abgeschlossenen Verträge erfassen.

3 § 36 ist **abdingbar** (§ 42). Das schließt eine Kontrolle nach § 307 Abs. 2 BGB nicht aus. Da von der Rechtzeitigkeit der Zahlung der Erstprämie das Bestehen von Versicherungsschutz abhängen kann, wirken die die Vorschrift abbedingenden Klauseln mittelbar auf die Rechtsstellung des VN ein und könnten daher unwirksam sein (HK-VVG/*Karczewski* § 36 Rn. 2). Überwiegend wird jedoch Anderes vertreten (BGH VersR 1971, 216; Prölss/Martin/*Reiff* § 36 Rn. 42; Bruck/Möller/*Beckmann* § 36 Rn. 4), da die Abweichung nicht erheblich sei und Nachteile für den VN über das Verschuldenserfordernis der Vorschriften über den Prämienverzug vermieden werden können.

4 Nach allgemeinen Grundsätzen muss der **VN** die **Erfüllung der Beitragsschuld** beweisen (§ 362 BGB). Ob das auch für die Frage der Rechtzeitigkeit

gilt, wenn der VR aus ihrem Fehlen Rechte herleitet, ist streitig (vgl. bejahend BGH NJW 1969, 875 = VersR 1969, 368; Langheid/Wandt/*Staudinger* § 36 Rn. 27; abl. Looschelders/Pohlmann/*Stagl* § 36 Rn. 9). Macht der VR Rechtsfolgen aus einer verspäteten Leistung der Prämie geltend, muss er indessen nach allgemeinen Vorschriften das Vorliegen der Voraussetzungen dieser ihm günstigen rechtlichen Lage darlegen und beweisen. Allerdings trifft den VN insoweit eine **sekundäre Darlegungslast,** die ihn dazu anhält vorzutragen, wann und unter welchen Umständen er die Leistung auf den Weg gebracht haben will.

§ 37 Zahlungsverzug bei Erstprämie

(1) **Wird die einmalige oder die erste Prämie nicht rechtzeitig gezahlt, ist der Versicherer, solange die Zahlung nicht bewirkt ist, zum Rücktritt vom Vertrag berechtigt, es sei denn, der Versicherungsnehmer hat die Nichtzahlung nicht zu vertreten.**

(2) [1]**Ist die einmalige oder die erste Prämie bei Eintritt des Versicherungsfalles nicht gezahlt, ist der Versicherer nicht zur Leistung verpflichtet, es sei denn, der Versicherungsnehmer hat die Nichtzahlung nicht zu vertreten.** [2]**Der Versicherer ist nur leistungsfrei, wenn er den Versicherungsnehmer durch gesonderte Mitteilung in Textform oder durch einen auffälligen Hinweis im Versicherungsschein auf diese Rechtsfolge der Nichtzahlung der Prämie aufmerksam gemacht hat.**

Übersicht

I. Normzweck und Regelungsgehalt

1 Die Vorschrift regelt die Rechtsfolgen einer nicht rechtzeitigen Zahlung der ersten oder einmaligen Prämie. Sie weicht von § 323 BGB ab und gewährt dem VR ein **Rücktrittsrecht ohne vorherige Mahnung,** wenn der VN das Ausbleiben der Prämie zu vertreten hat (Abs. 1) sowie unter bestimmten, ihn warnenden Voraussetzungen Leistungsfreiheit (Abs. 2) und statuiert damit im Grundsatz das **Einlösungsprinzip,** nach dem der Versicherungsschutz erst mit der „Einlösung des Versicherungsscheins", der Zahlung der ersten oder einmaligen Prämie

beginnt. Damit soll zum einen dem Interesse des VR entsprochen werden, über den für die Übernahme des Risikos versprochenen Preis zum maßgeblichen Zeitpunkt auch verfügen oder sich sofort von dem Risiko wieder trennen zu können, zum anderen dem Interesse des VN, nicht unversehens als vorhanden geglaubten Versicherungsschutz tatsächlich nicht zu genießen.

II. Abgrenzung von Erstprämie und Folgeprämie

2 Im Hinblick auf die unterschiedlichen Rechtsfolgen des Verzuges mit der Erst- oder Einmalprämie und einer Folgeprämie hat deren Unterscheidung Ausschlag gebende Bedeutung. **Erstprämie** ist die zeitlich erste Jahresprämie oder die erste Rate einer Jahresprämie (*Gal* VersR 2021, 414 (419); Bruck/Möller/*Beckmann* § 37 Rn. 17), also der Betrag, der zu zahlen ist, um den Versicherungsschutz materiell beginnen zu lassen. Ihr steht die Einmalprämie gleich. Auch für die gestundete erste Prämie gilt die Vorschrift. **Folgeprämie** sind alle weiteren vom VN zu zahlenden Beiträge. Verschieben die Vertragsparteien wegen des Scheiterns der Abbuchung einer Erstprämie den Beginn des Versicherungsschutzes, so ist die erste dann zu zahlende Prämie weiterhin Erstprämie (OLG Oldenburg VersR 2004, 364).

3 § 37 ist grds. auch dann anwendbar, wenn der VN **schon vorher Versicherungsschutz genoss,** sei es durch eine Vereinbarung **vorläufiger Deckung** (die Prämie für den Hauptvertrag ist Erstprämie, auch wenn sie den Zeitraum vorläufiger Deckung mit umfasst, vgl. Prölss/Martin/*Knappmann* § 37 Rn. 3; LG Dortmund r+s 2015, 543), eine **Rückwärtsversicherung** oder eine **deckende Stundung** (ob sie vorliegt, ist Auslegungsfrage, im Zweifel aber bei Erteilung einer Einzugsermächtigung anzunehmen, OLG Hamm VersR 1984, 231). Damit wird die gestundete Prämie nicht zur Folgeprämie, sondern bleibt Erstprämie (BGH NJW 1956, 1634 (1636) = VersR 1956, 482 (484); NJW 1967, 1800 = VersR 1967, 569). Am Charakter der Erstprämie ändert sich auch nichts dadurch, dass in der ersten Prämie für den endgültigen Vertrag die gestundete Prämie für den vorläufigen Versicherungsschutz enthalten ist. Hatte der VN vor Zahlung der ersten Prämie schon Versicherungsschutz, ist er allerdings schutzwürdiger, als wenn er erst mit Zahlung der Erstprämie Versicherungsschutz erlangt.

4 Schwierig ist die Abgrenzung der Erst- und der Folgeprämie, wenn die Parteien **einen alten Versicherungsvertrag durch einen neuen ersetzen.** Wird durch den Abschluss eines formellen neuen Vertrages materiell der alte Vertrag nur geändert, ist die erste Prämie für den neuen Vertrag eine Folge- und keine Erstprämie. Wesentlich ist, ob nach dem Willen der Parteien ein neuer Vertrag begründet oder der frühere unter Wahrung seiner Identität lediglich abgeändert werden sollte (OLG Hamm VersR 1979, 413; grdl. Langheid/Wandt/*Staudinger* § 37 Rn. 6 ff.). Bei der Ermittlung des Parteiwillens kommt dem formalen Umstand eines neuen Antrags und eines neuen Versicherungsscheins statt eines Nachtrags keine besondere Bedeutung zu. Gewichtiger ist, ob das versicherte Interesse, die Versicherungssumme, die Vertragsparteien, die Art der Prämienzahlung oder die Vertragsdauer geändert wurden (vgl. OLG Saarbrücken NJW-RR 2007, 1398 = VersR 2007, 1681; 2008, 275 = VersR 2008, 57; OLG Köln ZfS 2002, 481; vgl. auch ÖOGH VersR 1986, 1248). Ist nur eines der Merkmale geändert worden, zwingt das nicht schon zur Annahme eines neuen Vertrages. Entscheidend für die Feststellung der Vertragsidentität ist eine Gesamtbetrachtung. Wurde allein die Versiche-

rungssumme nicht nennenswert erhöht, wird man nicht schon von einem neuen Vertrag und einer Erstprämie ausgehen können. Wird ein Versicherungsvertrag über eine **beitragsfreie Versicherung** (§ 165) rückumgewandelt, so ist das wie ein Neuabschluss zu betrachten (BGH NJW 1994, 39); der erste nunmehr zu zahlende Beitrag ist daher ein Erstbeitrag (Bruck/Möller/*Günther* § 165 Rn. 49).

Der Parteiwille, ob lediglich eine Änderung oder ein völliger **Neuabschluss** 5 angestrebt war, kann auch davon beeinflusst werden, dass zum Zeitpunkt des Neuabschlusses nach dem alten Versicherungsvertrag kein Versicherungsschutz mehr bestand, nach dem neuen Vertrag bis zur Zahlung der Erstprämie der VN aber auch noch keine Deckung hatte. Der VN wäre dann also auch bei vertragstreuem Verhalten ohne Versicherungsschutz. Das wird im Allgemeinen nicht dem Willen des VN entsprechen. Ob deshalb schon eine Vermutung gegen den Willen der Parteien spricht, einen neuen Vertrag zu schließen, erscheint indessen zweifelhaft (OLG Köln VersR 1990, 1004). Im Übrigen können auch Umstände nach dem Vertragsschluss mit herangezogen werden (OLG Hamm VersR 1979, 413). Ist die **Vertragsidentität** gewahrt, liegt also materiell kein neuer Vertrag vor, ist auch eine etwaige Mehrprämie **keine Erst- sondern Folgeprämie.** Auch nach einer Umstellung des Versicherungsvertrages auf andere AVB ist die nächste Prämie Folgeprämie. Wechselt der VN das versicherte Kraftfahrzeug aus, ist der Anschlussvertrag zwar ein neuer, selbständiger Vertrag, die erste Prämie aber kraft Vereinbarung idR eine Folgeprämie (C.3 AKB 2015).

III. Nicht rechtzeitige Zahlung der Erst- oder Einmalprämie

Voraussetzung von Rücktrittsrecht und Leistungsfreiheit ist, dass die Erst- oder 6 Einmalprämie nicht rechtzeitig gezahlt worden ist. Das setzt das **Ausbleiben der Leistungshandlung zum Zeitpunkt der Fälligkeit** voraus. Fehlen wirksame abweichende Vereinbarungen, bestimmt sich die Fälligkeit nach § 33 Abs. 1. Ob die Leistungshandlung rechtzeitig erfolgt ist, richtet sich danach, was als Leistungshandlung zu verstehen ist. Das Gesetz spricht davon, dass die Prämie „gezahlt" und die Zahlung „bewirkt" ist. Im Anwendungsbereich der Zahlungsverzugsrichtlinie (RL 2011/7/EU; ABl. 2011 L 48, 1) – also im Bereich von Versicherungsverträgen, die nicht mit einem Verbraucher abgeschlossen sind – könnte eine richtlinienkonforme Auslegung ergeben, dass auf den Leistungserfolg abzustellen ist (→ § 33 Rn. 10). Dagegen wird mit trefflichen Argumenten eingewandt (*Gal* VersR 2021, 414 (420)), dass ein solches Verständnis nicht zwingend ist: Die Zahlungsverzugsrichtlinie verfolgt das Ziel der Stärkung von Gläubigern, die ihre Leistung bereits erbracht haben. Das ist auf das Versicherungsverhältnis nicht ohne Weiteres übertragbar und kann auch an den unterschiedlichen Wortlaut in § 37 einerseits, § 36 andererseits anknüpfen. Das hieße dann, dass die Erstprämie iSv § 37 rechtzeitig gezahlt ist, wenn der VN als „Leistungshandlung" die Zahlung veranlasst, also an den VR auf den Weg gebracht hat. Der VN kann die Leistungshandlung allerdings nur vornehmen, wenn er **die Höhe der Prämie kennt.** Der VR muss die Prämie deshalb anfordern (BGH VersR 1967, 569 (570) für den Fall vorläufiger Deckung; zur Präzision der Anforderung BGH VersR 1986, 986; Bruck/Möller/*Beckmann* § 37 Rn. 25). Das kann im Versicherungsschein oder gesondert geschehen. Im Lastschriftverfahren aufgrund der Erteilung einer Einzugsermächtigung stellt die Lastschrift die Prämienanforderung dar (BGH VersR

1985, 447). Teilweise gehen auch die AVB von einer ausdrücklichen Prämienanforderung aus.

7 Eine **Erstprämienanforderung,** die die Rechtswirkungen des § 37 auslöst, liegt nur dann vor, wenn in ihr mit zutreffender Bezifferung und mit richtiger Kennzeichnung derjenige Betrag ausgewiesen ist, den der VN aufwenden muss, um den Versicherungsschutz zu erlangen oder bei vorläufiger Deckung aufrechtzuerhalten (BGH VersR 1986, 986 (987)). Der angeforderte Betrag muss richtig sein. Auch geringe Mehrforderungen nehmen der Anforderung die rechtliche Wirkung (BGH VersR 1988, 484). Der VR muss, wenn er **mehrere Prämien** anfordert, diese **im Einzelnen aufschlüsseln.** Ist bei mehreren abgeschlossenen Versicherungsverträgen (Kfz-Haftpflicht- und -Kasko) nicht erkennbar, welches die Erstprämie für welches Risiko ist, liegt keine wirksame Anforderung vor (BGH VersR 1986, 54; OLG München BeckRS 2008, 25669; HK-VVG/*Karczewski* § 37 Rn. 6 ff.). Hat der VR die einzelnen Beträge für Haftpflicht-, Fahrzeug- und Unfallversicherung zwar aufgeführt, aber die Ausfertigungsgebühr sowie die Versicherungssteuer erst dem Gesamtbetrag zugeschlagen, liegt keine ordnungsgemäße Prämienanforderung vor. Die gleichzeitige Anforderung von Erst- und Folgeprämie oder von Rückständen eines Beitrags anderer Verträge lässt die Prämienanforderung nur dann wirksam sein, wenn zwischen ihnen klar getrennt ist und der VN darüber belehrt wird, dass allein die Zahlung der ausgewiesenen Erstprämie genügt, um den Versicherungsschutz entstehen oder bei vorläufiger Deckung fortbestehen zu lassen. Im **Lastschriftverfahren** muss bei mehreren Erstprämien, Folgeprämien oder Rückständen je eine gesonderte Lastschrift ausgestellt sein, weil der VN einer Lastschrift nur einheitlich widersprechen kann (BGH VersR 1985, 447; OLG Hamm VersR 1984, 231; OLG München VersR 1987, 554).

8 Grundsätzlich hat der VN nicht rechtzeitig gezahlt, wenn er nur **Teilleistungen** auf die Erstprämie erbracht hat. Fraglich ist, ob nach Treu und Glauben geringfügige nicht geleistete Beträge außer Betracht gelassen werden können. Dazu hat sich die Rspr. unterschiedlich geäußert (bejahend BGHZ 21, 122: 5 %; OLG Düsseldorf VersR 1976, 429: 2 %; verneinend BGH VersR 1986, 54: 5 %; 1985, 981: 5 %; vgl. iÜ BGH VersR 1988, 484). Weder der Wortlaut des Gesetzes noch sein Sinn und Zweck erlauben es jedoch, dem VR die Befugnis, sich von dem Vertrag zu lösen und Versicherungsschutz zu verweigern, nur deshalb zu versagen, weil ein VN die von ihm zu zahlende Schuld bewusst und gewollt, wenn auch nur geringfügig, gekürzt hat. Für Billigkeitserwägung besteht vor allem im Hinblick darauf, dass dem VN nur ein zu vertretendes Ausbleiben der rechtzeitigen Zahlung zur Last fällt, kein Raum (BGH VersR 1992, 1501 = ZfS 1993, 55). Eine Teilzahlung kann also allenfalls dann nicht schaden, wenn dem VN bei geringfügigen Rückständen der Charakter seiner Zahlung als bloßer Teilleistung nicht bewusst war und sein konnte.

9 Auch eine **Aufrechnung** kann zur Erfüllung der Prämienschuld führen. Solange sie allerdings nicht tatsächlich erfolgt ist, VN oder VR also die Aufrechnung nicht erklärt haben, ändert das am Bestehen des Rücktrittsrechts und der Leistungsfreiheit nichts. Allerdings ist dem VR die Berufung auf diese Rechte versagt, wenn die Aufrechnungslage für ihn bereits vor Eintritt des Versicherungsfalles bestand (BGH VersR 1985, 877; OLG Hamm VersR 1987, 354; OLG Köln VersR 1974, 898;). Ist also nach dem Beginn des Versicherungsschutzes in der Kaskoversicherung ein Versicherungsfall eingetreten, bevor der VN die Erst- oder Einmalprämie gezahlt hat, sind dem VR das Rücktrittsrecht und die Leistungsfreiheit genommen, weil er mit seiner Prämienforderung aus dem Kaskoversiche-

rungsvertrag gegen einen Teil des Anspruchs des VN aus dem Versicherungsfall aufrechnen kann. Damit ist sein Interesse an der Erlangung der Erstprämie gewahrt (BGH NJW 1985, 2478 = VersR 1985, 877). Das ist auf die Kfz-Haftpflichtversicherung nicht ohne weiteres übertragbar, weil hier der VN nur einen Freistellungsanspruch hat. Strittig ist, weil Haftpflicht- und Kaskoversicherung jeweils rechtlich selbständige Verträge sind, ob ein Anspruch auf die Haftpflichtprämie aufgerechnet werden kann gegen einen Anspruch des VN wegen eines Versicherungsfalles aus der Kaskoversicherung. Das ist aber zu bejahen (OLG Hamm r+s 1996, 164 = VersR 1996, 1408; OLG Koblenz r+s 1994, 282 mAnm *Langheid*).

IV. Vertretenmüssen

Die Rechtsfolgen der Abs. 1 und 2 setzen voraus, dass der VN, was er zu beweisen hat, die nicht rechtzeitige Zahlung **zu vertreten** hat. Sie sind also verschuldensabhängig. Das Verschulden fehlt allerdings nicht, wenn der VN nicht über die nötigen finanziellen Mittel zur Leistung verfügt, sondern nur dann, wenn besondere, außergewöhnliche Gründe – wie eine plötzliche Erkrankung – die Leistungshandlung verhindert haben. Gibt allerdings der VN eine Kontoverbindung an, von der die Prämie nicht abgebucht werden kann, hat er die Nichtzahlung zu vertreten (AG Wiesbaden Urt. v. 11.1.2017 – 93 C 5006/15). **10**

V. Rücktrittsrecht (Abs. 1)

Hat der VN nicht rechtzeitig gezahlt und kann er sich nicht entlasten, steht dem VR ein Rücktrittsrecht zu. Über seine Ausübung darf der VR frei entscheiden. Der **Rücktritt muss erklärt werden** und dem VN zugehen, was der VR zu beweisen hat. Das Gesetz sieht eine **Frist** für die Ausübung des Rücktritts nicht vor. Solange er nicht wirksam erklärt wird, besteht der Versicherungsvertrag fort mit der Folge, dass auch weitere Prämienansprüche fällig werden können. Wird der Rücktritt erklärt, so steht dem VR der in § 39 Abs. 1 Satz 3 geregelte Anspruch auf die Geschäftsgebühr, nicht aber ein Anspruch auf die Prämie zu. Um den Wegfall des Prämienanspruchs zu vermeiden, kann der VR allerdings nicht an Stelle des Rücktritts die Kündigung (bspw. nach § 313 BGB) wählen, weil das Gesetz ihm ein solches, den VN gegenüber einem Rücktritt benachteiligendes Recht nicht gewährt. Allerdings kann sich der VN den Versicherungsschutz erhalten, wenn er **vor Zugang der Rücktrittserklärung die Zahlung bewirkt.** Damit erlischt das Rücktrittsrecht. **11**

VI. Leistungsfreiheit (Abs. 2 Satz 1)

Nach Abs. 2 Satz 1 ist der VR leistungsfrei, wenn die Erst- oder Einmalprämie **bei Eintritt des Versicherungsfalles** nicht bezahlt ist und der VN nicht nachweisen kann, dass er dies nicht zu vertreten hat. Der VN hat also grds. keinen Anspruch auf Deckung, wenn er den Versicherungsschein nicht durch Prämienzahlung „einlöst". Die Leistungshandlung muss daher abgeschlossen sein, bevor der Versicherungsfall sich zu realisieren beginnt. Bei einem gedehnten Versicherungsfall muss die Prämie folglich bei Beginn des gedehnten Zeitraums beglichen sein. Die Bestimmung des Zeitpunktes beim **gedehnten Versicherungsfall** **12** macht im Allgemeinen keine Schwierigkeiten, weil nicht das schrittweise Eintreten, sondern die Fortdauer nach Eintritt das Wesensmerkmal darstellt (BGH NJW 1989, 3019 = VersR 1989, 588; VersR 1976, 851). Im Übrigen hängt der Zeitpunkt von der Definition des Versicherungsfalles ab, wie sie meist in den Bedingungen zu den verschiedenen Versicherungszweigen niedergelegt ist.

13 Im Einzelfall kann **Abs. 2 Satz 1 abbedungen** sein. Das ist der Natur der Vereinbarung nach regelmäßig so bei Vereinbarung einer **Rückwärtsversicherung** oder einer **erweiterten Einlösungsklausel.** In beiden Fällen setzt der Versicherungsvertrag nämlich voraus, dass der Versicherungsfall schon vor Zahlung der Erst- oder Einmalprämie eintreten kann. Befindet sich der VN allerdings in Verzug mit der Beitragsschuld, so kann unter der Voraussetzung des Abs. 2 Satz 2 auch hier für einen während des Verzuges eintretenden Versicherungsfall Leistungsfreiheit bestehen. Da die AVB bei solchen Vereinbarungen regelmäßig eine unverzügliche Zahlung verlangen, also schuldhaftes Zögern schadet, kann es auf den Zeitraum bis zur Zahlung ankommen. Es spricht viel dafür, in einem solchen Fall eine Zahlung innerhalb von 14 Tagen zu verlangen. Für den Fall der vorläufigen Deckung gelten die besonderen Regelungen der §§ 51 Abs. 1, 52 Abs. 1.

VII. Belehrungserfordernis (Abs. 2 Satz 2)

14 In Übernahme des zum alten Recht für die Fälle des rückwirkenden Verlustes des Versicherungsschutzes von der Rspr. entwickelten **Belehrungserfordernisses** sieht das Gesetz nunmehr vor, dass die Leistungsfreiheit nur eintritt, wenn der VR den VN formgerecht auf diese Rechtsfolge der Nichtzahlung der Prämie hinweist. Die Belehrung muss durch eine gesonderte Mitteilung in Textform (§ 126b BGB) oder im Versicherungsschein durch einen auffälligen Hinweis erfolgen. Diese Belehrung muss dem VN **rechtzeitig** zu einem Zeitpunkt **zugegangen** sein (→ § 38 Rn. 2 ff. zur Mahnung), zu dem er ihre Anforderungen noch erfüllen kann, bei Vereinbarung eines Lastschriftverfahrens also vor dem ersten Abbuchungsversuch des VR (OLG Saarbrücken VersR 2005, 215 = ZfS 2004, 270).

15 Die **gesonderte Mitteilung** muss nicht in einem physikalisch von den sonstigen Informationen getrennten Dokument erfolgen. Sie muss jedoch von sonstigen Informationen abgesetzt sein und, wenn sie mit ihnen physikalisch verbunden ist, denselben Anforderungen genügen, denen sie im **Versicherungsschein** entsprechen muss. Entscheidend ist dafür immer, dass sie ihre **Warnfunktion** erfüllt. Sie muss verständlich formuliert und deutlich lesbar sein und darf drucktechnisch nicht versteckt sein. Die Belehrung muss in aller Regel auf der Vorderseite des Versicherungsscheins erfolgen oder es muss durch grafische Mittel auf die nach ihr folgende Belehrung in besonders deutlicher Art hingewiesen werden (OLG Naumburg r+s 2012, 283 = VersR 2012, 973; LG Dortmund r+s 2015, 543). Eine Belehrung auf der Rückseite des Versicherungsscheins reicht also nur dann aus, wenn auf der Vorderseite in Fett- oder Großdruck auf die rückseitige Belehrung hingewiesen wird (Langheid/Wandt/*Staudinger* § 37 Rn. 31; HK-VVG/*Karczewski* § 37 Rn. 32). Ein Hinweis im Antragsformular reicht nicht aus.

16 Die Belehrung muss **inhaltlich richtig, eindeutig und vollständig** sein. Dem Gesetz genügt nur dem ersten Anschein nach ein Hinweis auf die Rechtsfolge Leistungsfreiheit. In Wirklichkeit muss sich die Rechtsfolgenbelehrung auf ihre tatbestandlichen Voraussetzungen beziehen, also vollständig darüber unterrichten, wann genau sie eintritt. Dazu zählt auch der Hinweis auf das Verschulden an der nicht rechtzeitigen Zahlung und die Möglichkeit der Erhaltung von Versicherungsschutz für den Fall, dass es daran fehlt (BGH NJW-RR 2006, 1101 = VersR 2006, 913; OLG Hamm r+s 1995, 404; r+s 1990, 401; OLG Köln r+s 1996, 388; r+s 1993, 128; OLG Düsseldorf r+s 1993, 90; VersR 1993, 737). Die Belehrung darf sich auch nicht mit anderen, dem VN übermittelten Informationen über den Zeitpunkt der vertraglichen Zahlungspflicht – zwei Wochen nach Ablauf von zwei Wochen nach Übermittlung des Versicherungsscheins (C.1.1.1 AKB 2015) oder zwei Wochen nach Zugang der Police – in Widerspruch setzen (LG Dortmund r+s 2015, 543). Ein Hinweis auf die Notwendigkeit „rechtzeitiger" Zahlung der Erstprämie genügt nicht (LG Dortmund ZfS 2011, 630 = r+s 2012, 482). Eine Belehrung, die sich zum rückwirkenden Wegfall der vorläufigen Deckung äußert, erstreckt sich nicht von selbst auf „diese" in Abs. 2 Satz 3 genannte Rechtsfolge, nämlich den Wegfall der Leistungspflicht aus dem Hauptvertrag.

Das bedeutet, dass für den Fall der Vereinbarung des **Lastschriftverfahrens** 17 auch auf die Voraussetzungen seines wirksamen Einsatzes – die Deckung des Kontos – aufmerksam gemacht werden muss (OLG Celle NJW-RR 1986, 1359). Der VN darf nicht durch unvollständige oder missverständliche Hinweise von einem der wirklichen Sach- und Rechtslage entsprechenden Entschluss abgehalten werden (OLG Hamm VersR 1980, 178). Auf **Fehler bei der Angabe des zutreffenden Kontos** muss der VR aufmerksam machen, wenn er sie erkennt, ansonsten hat der VN die nicht rechtzeitige Zahlung zu vertreten (AG Wiesbaden Urt. v. 11.1.2017 – 93 C 5006/15, juris). Ein Widerspruch kann entstehen, wenn bei zutreffender, auf der Rückseite gedruckter Belehrung auf der Vorderseite maschinenschriftlich ein Hinweis zur Zahlung hinzugefügt wird. Dann kann beim VN der Eindruck entstehen, es gelte allein der durch die Maschinenschrift zwar individuelle, sonst aber allgemein gehaltene Hinweis auf der Vorderseite. Als Belehrung genügt nicht der Hinweis, dass die Prämie unverzüglich zu zahlen oder der Versicherungsschein unverzüglich einzulösen ist. Auch die Rechtsfolge der Säumnis muss angegeben werden. Die Belehrung darf nicht zu umfangreich und zu kompliziert sein. Man darf die Anforderungen nicht überspannen, weil sonst die Gefahr besteht, dass sie vom VN nicht beachtet wird und die Belehrung damit ihr Ziel verfehlt (OLG Düsseldorf VersR 1993, 737). Für den rückwirkenden Wegfall der vorläufigen Deckung müssen dessen Voraussetzungen genannt werden (vgl. → § 52 Rn. 16). Die Belehrung muss den Hinweis enthalten, dass der VN jeweils den Versicherungsschutz in der Haftpflicht- oder Kaskoversicherung erhält, auch wenn er nur die eine oder andere Prämie zahlt (OLG Hamm r+s 1990, 401 = VersR 1991, 220; OLG Köln r+s 1996, 388). Die Belehrung ist unzureichend, wenn in ihr der Betrag der Erstprämie mit weiteren Beträgen so genannt ist, dass der VN den Gesamtbetrag als Erstprämie verstehen kann oder wenn zwischen Haftpflicht- und Kaskoprämie nicht differenziert wird (OLG Hamm r+s 1994, 446; OLG Köln r+s 1994, 128).

Fehlerhafte Belehrungen führen ohne weitere Einschränkung dazu, dass der 18 VR sich nicht auf Leistungsfreiheit berufen darf. **Kausalitätsbetrachtungen,** nach denen der VN auch oder jedenfalls die ihm durch eine unzulängliche Information vorgegebenen Zahlungspflichten nicht beachtet hat, haben keinen Einfluss auf die Leistungsfreiheit, weil die ordnungsgemäße Belehrung eine Wirksamkeitsvoraussetzung der Einwendung des VR ist (BGH NJW-RR 2006, 1101; Stiefel/Maier/*Stadler* AKB C.1 Rn. 28 ff.).

VIII. Treuwidrigkeit der Berufung auf Leistungsfreiheit

19 **Nimmt** der VR eine **Folgeprämie an,** während die Erstprämie noch aussteht, kann sich aus Treu und Glauben eine Pflicht des VR ergeben, den VN auf die mangelnde Deckung hinzuweisen, wenn sich dieser ersichtlich darüber im Irrtum befindet. Versäumt der VR den gebotenen Hinweis, kann er sich schadensersatzpflichtig machen (vgl. *Lange* VersR 1987, 1157 (1162)). War bei Zahlung der Prämie der Versicherungsfall schon eingetreten, entfällt die Leistungspflicht aber nicht deshalb, weil der VR die Prämie angenommen hat. Ihm steht die Prämie auch bei Leistungsfreiheit zu. Hat der VR einen **Sicherungsschein** ausgestellt, in dem Deckung bestätigt wird, kann er bei Nichtzahlung der Erstprämie zwar dem VN gegenüber Leistungsfreiheit geltend machen. Ihm ist es aber verwehrt, sich gegenüber dem redlichen Inhaber des Versicherungsscheins auf die Nichtzahlung der Erstprämie zu berufen (BGH VersR 1985, 981).

IX. Abweichende Regelungen: Vorläufige Deckung, Rückwärtsversicherung, erweiterte Einlösungsklausel

1. Vorläufige Deckung

20 Hat der VR vorläufige Deckung gewährt, so gelten zunächst die §§ 51 Abs. 1, 52 Abs. 1 Satz 2, die vor einem unerwarteten Verlust des Versicherungsschutzes bei Nichtzahlung einer für sie vereinbarten Prämie oder der Prämie für den Hauptvertrag schützen sollen. Für den Fall der Vereinbarung des rückwirkenden Wegfalls der vorläufigen Deckung hat die Rspr. **besondere Hinweispflichten** entwickelt (vgl. → § 52 Rn. 16), die sich allerdings mit jenen des Abs. 2 Satz 2 inhaltlich decken. Die dem dort (an sich für den Hauptvertrag) geforderten Hinweis entsprechende Information ist Voraussetzung des rückwirkenden Wegfalls der Leistungspflicht für den Vertrag über vorläufige Deckung. Danach muss der VR vor allem auf die Rechtsfolgen einer verspäteten Zahlung der Erstprämie für den Bestand der vorläufigen Deckung besonders aufmerksam machen (BGH NJW-RR 2006, 1101 = VersR 2006, 913). Das gilt nicht nur, soweit nach den AVB ein rückwirkender Wegfall des Versicherungsschutzes vereinbart ist, sondern auch dann, wenn sich der VR nur für künftige Versicherungsfälle von seiner Leistungspflicht lösen kann (vgl. auch BGH VersR 1985, 981; 1973, 811).

2. Rückwärtsversicherung

21 In den Fällen der Rückwärtsversicherung gilt Abs. 2 nach § 2 Abs. 4 nicht. Ob Leistungsfreiheit nach Abs. 2 auch dann ausscheidet, wenn der VN bei Vereinbarung einer Rückwärtsversicherung die Einmal- oder Erstprämie nach Vertragsschluss nicht zahlt – was den Wegfall der Deckung ab dem Zeitpunkt des Vertragsschlusses zur Folge hätte –, oder ob der VR in solchen Fällen nicht generell **auf sein Rücktrittsrecht** beschränkt ist, ist damit nicht gesagt. Die AVB gehen davon aus (B § 2 Nr. 4 VGB 2010 und B § 2 Nr. 4 Satz 1 iVm Nr. 2 Satz 2 VHB 2010). Dem Wortlaut des § 2 Abs. 4 kann entnommen werden, dass die Abweichung von § 37 Abs. 2 für den Zeitraum der Rückwärtsversicherung gilt. Werden die Vorkehrungen des § 37 – die Belehrungspflicht und das Verschuldenserfordernis – beachtet, besteht allerdings auch kein Grund, den VN weiter gehend zu schützen.

3. Erweiterte Einlösungsklausel

Von einer erweiterten Einlösungsklausel spricht man, wenn der VR Deckung ab dem vereinbarten Zeitpunkt für den Fall verspricht, dass er den VN zur Leistung der Einmal- oder Erstprämie nach Vertragsschluss auffordert, und der **VN dann ohne Verzug** zahlt (vgl. B 1.3. VHB 2016; iÜ Bruck/Möller/*Beckmann* § 37 Rn. 65). Da der VR bei solchen Abreden rückwirkenden Schutz verspricht, wird § 37 Abs. 2 „insoweit" abbedungen: Leistet der VN unverzüglich nach Aufforderung, besteht naturgemäß keine Leistungsfreiheit für einen vor der Leistungshandlung eingetretenen Versicherungsfall (BGH VersR 1985, 447; OLG Hamm VersR 1994, 1098). Leistet er indessen aus von ihm zu vertretenden Gründen nicht, besteht unter den Bedingungen des § 37 Abs. 2 auch Leistungsfreiheit des VR: Anders als nach früherem Recht bedarf es dafür aber einer Belehrung. 22

X. Beweislast

Die Beweislast für das Vorliegen der Voraussetzungen der Leistungsfreiheit trägt der VR. Das bedeutet, dass er vor allem den Zugang der korrekten Zahlungsaufforderung und der Belehrung über die Rechtsfolgen ihrer Nichtbefolgung zu beweisen hat (LG Konstanz ZfS 2008, 30; OLG Köln r+s 1999, 444). Dabei hilft dem VR weder ein Anscheinsbeweis, noch stehen ihm Beweiserleichterungen zu noch hilft ihm die Berufung auf übliche Postlaufzeiten oder eine korrekte Verwaltungspraxis bei der Absendung der erforderlichen Dokumente (§ 38 Rn. 10 ff.). 23

§ 38 Zahlungsverzug bei Folgeprämie

(1) [1]**Wird eine Folgeprämie nicht rechtzeitig gezahlt, kann der Versicherer dem Versicherungsnehmer auf dessen Kosten in Textform eine Zahlungsfrist bestimmen, die mindestens zwei Wochen betragen muss.** [2]**Die Bestimmung ist nur wirksam, wenn sie die rückständigen Beträge der Prämie, Zinsen und Kosten im Einzelnen beziffert und die Rechtsfolgen angibt, die nach den Absätzen 2 und 3 mit dem Fristablauf verbunden sind; bei zusammengefassten Verträgen sind die Beträge jeweils getrennt anzugeben.**

(2) **Tritt der Versicherungsfall nach Fristablauf ein und ist der Versicherungsnehmer bei Eintritt mit der Zahlung der Prämie oder der Zinsen oder Kosten in Verzug, ist der Versicherer nicht zur Leistung verpflichtet.**

(3) [1]**Der Versicherer kann nach Fristablauf den Vertrag ohne Einhaltung einer Frist kündigen, sofern der Versicherungsnehmer mit der Zahlung der geschuldeten Beträge in Verzug ist.** [2]**Die Kündigung kann mit der Bestimmung der Zahlungsfrist so verbunden werden, dass sie mit Fristablauf wirksam wird, wenn der Versicherungsnehmer zu diesem Zeitpunkt mit der Zahlung in Verzug ist; hierauf ist der Versicherungsnehmer bei der Kündigung ausdrücklich hinzuweisen.** [3]**Die Kündigung wird unwirksam, wenn der Versicherungsnehmer innerhalb eines Monats nach der Kündigung oder, wenn sie mit der Fristbestimmung verbunden worden ist, innerhalb eines Monats nach Fristablauf die Zahlung leistet; Absatz 2 bleibt unberührt.**

Übersicht

I. Normzweck und Anwendungsbereich

1 Die Vorschrift regelt die Wirkungen der nicht rechtzeitigen Zahlung einer Folgeprämie. Ihre gegenüber den Rechtsfolgen einer verspäteten Zahlung der Erst- oder Einmalprämie dem VN **günstigeren Bestimmungen** bezwecken, ihm einen Versicherungsschutz, den er bereits genießt, nur unter erschwerten, ihn in besonderer Weise warnenden Bedingungen zu entziehen. Der VR, der einem mit der Zahlung einer Folgeprämie in Verzug befindlichen VN gegenübersteht, ist unter bestimmten Voraussetzungen leistungsfrei und darf den Versicherungsvertrag kündigen. Damit enthält auch § 38 eine Sonderregelung zu § 323 BGB. Die Vorschrift gilt nur für die nicht rechtzeitige Zahlung einer **Folgeprämie,** also für den Preis der Leistung des VR, der nicht iSv § 37 Erst- oder Einmalprämie ist (vgl. → § 37 Rn. 2 ff.). Neben der nicht (rechtzeitigen) Zahlung der Folgeprämie setzen die Rechtsfolgen des § 38 voraus, dass der VR den VN auf bestimmte Weise (qualifiziert) gemahnt, ihn vor allem über die Rechtsfolgen gesondert belehrt, und der VN das Ausbleiben der Zahlung zu vertreten hat.

II. Qualifizierte Mahnung (Abs. 1 Satz 1)

2 Nach Abs. 1 Satz 1 kann der VR dem VN bei nicht rechtzeitiger Zahlung einer Folgeprämie (vgl. → § 37 Rn. 2) eine **Zahlungsfrist bestimmen.** Für den Eintritt der Rechtsfolgen – der Leistungsfreiheit des VR und seines Kündigungsrechts – nach Abs. 2 und 3 ist formelle Wirksamkeitsvoraussetzung, dass diese in Abs. 1 genannte **qualifizierte Mahnung** korrekt erfolgt ist. Die qualifizierte Mahnung ist unwirksam, wenn sie den gesetzlichen (und den von der Rspr. gestellten) Anforderungen nicht genügt (BGH NJW-RR 2000, 395; VersR 1992, 1501). Das gilt auch bei Ungenauigkeit der angegebenen Beträge (BGH VersR 1985, 533). Eine mangelhafte Belehrung schließt die Wirksamkeit gleichfalls aus (BGH NJW 1967, 1229). Die Unwirksamkeit kann nicht dadurch geheilt werden, dass der VR in einem weiteren Schreiben allein das Fehlende nachholt oder die Unrichtigkeit klarstellt. Vielmehr ist eine erneute Mahnung erforderlich, die alle Merkmale der Wirksamkeit enthält (BGH VersR 1985, 533). Die einem **Versicherungsmakler „informationshalber"** zugegangene Mahnung reicht nicht aus, die nachrichtliche Mitteilung und Ablage in einer Maklerdatei genügt insoweit nicht (OLG Hamburg BeckRS 2018, 8680). Ist ein **Direktinkasso** vereinbart, so genügt es – ohne gesonderte Vollmachterteilung – nicht, wenn die Mahnung in das Maklerportal eingestellt wird (OLG Dresden BeckRS 2020, 12043).

3 Erstes Element der qualifizierten Mahnung ist nach **Abs. 1 Satz 1** die **Setzung einer Zahlungsfrist** von mindestens 2 Wochen. Sie muss in **Textform** erfolgen (§ 126b BGB). Abs. 1 Satz 1 verlangt die Bestimmung einer Frist von mindestens

zwei Wochen. Die Formulierung „innerhalb von zwei Wochen" genügt nicht (vgl. OLG München VersR 2000, 1094). Ist in dem Mahnschreiben eine Frist von zwei Wochen genannt, beginnt sie mit dem Zugang des Mahnschreibens zu laufen. Im Streitfall ist deshalb – wenn es darauf ankommt – festzustellen, wann dem VN die Mahnung zugegangen ist (BGH VersR 1992, 1501 = ZfS 1993, 55). Die Frist ist nach den §§ 187 Abs. 1, 188 Abs. 2, 193 BGB zu berechnen. Der VR muss den **Beweis des Zugangs der Mahnung und Fristsetzung** erbringen; der Beweis der Absendung genügt nicht (OLG Frankfurt a.M. BeckRS 2017, 148038); zahlt allerdings der VN irgendwann die in der Prämienanforderung aufgeführten Mahnkosten, beweist das deren Zugang (LG Bremen r+s 2020, 147).

Inhaltlich bedarf es nach **Abs. 1 Satz 2** einer **genauen Bezeichnung der rückständigen Beträge** der Prämie, der Zinsen und der Kosten. Sie müssen „im Einzelnen", also differenziert nach den unterschiedlichen Teilen der Schuld, angegeben werden. Wenn es sich um Verträge handelt, die unterschiedliche Risiken zusammengefasst decken, muss zwischen den auf die verschiedenen Versicherungsverträge entfallenden Schuldteilen getrennt werden (OLG Düsseldorf VersR 2006, 250). Das bedeutet, dass bei verschiedene Versprechen koppelnden Krankenversicherungsverträgen die rückständigen Prämien genau nach den auf die Krankheitskostenversicherung, die Krankentagegeldversicherung, die Krankenhaustagegeldversicherung und die Pflegeversicherung entfallenden differenziert darzustellen sind (AG Mannheim ZfS 2007, 453; zur Spartendifferenzierung LG Dortmund Urt. v. 23.8.2006 – 22 O 125/06). Auf diese Bezifferung kann auch nicht verzichtet werden, wenn der Betrag feststeht, weil er sich aus dem Versicherungsschein ergibt. Denn das Gesetz verlangt aus Gründen der Warnung des VN ausdrücklich eine erneute Bezifferung der rückständigen Beträge. Das gilt vor allem auch bei einer **Kraftfahrzeughaftpflicht- und Kraftfahrzeugkaskoversicherung** (BGH NJW 1986, 1103 = VersR 1986, 54). Der VN muss sich nämlich entscheiden können, welchen Versicherungsschutz er aufrechterhalten will. 4

Die **Unterscheidung zwischen geschuldetem Erstbeitrag und der Folgeprämie** muss eindeutig sein (OLG Hamm NJW-RR 1995, 1115 = VersR 1995, 1085). Die Bezifferung der Beträge muss sich mit dem tatsächlichen Prämienrückstand genau decken. Aus Gründen der Rechtsklarheit und Rechtssicherheit ist es unerlässlich, dass der VR den tatsächlichen Rückstand exakt und korrekt aufschlüsselt. Auch **geringfügige Zuvielforderungen** machen die Mahnung und eine an sie geknüpfte Kündigung unwirksam (BGB VersR 1992, 1501 = ZfS 1993, 55). Es lässt sich nämlich keine praktikable Abstufung von beachtlichen und unbeachtlichen Zuvielforderungen vornehmen. Daher hat die Rspr. Zuvielforderungen von Cent-Beträgen nicht gelten lassen (BGH VersR 1985, 533). 5

Das gilt auch für die **Höhe der Zinsen und den Betrag der Kosten,** also bspw. der Kosten für die Mahnung. Zinsen für ein Policendarlehen, also ein Darlehen, das der VR von den VN im Hinblick auf den Versicherungsvertrag gewährt, gehören nicht zu den Zinsen und Kosten. Der Verzug des VN mit solchen Zinsen löst nicht die Rechtsfolgen des § 38 aus (BGH VersR 1999, 433 = ZfS 1999, 206). 6

Die Fristbestimmung setzt weiter voraus, dass eine **Folgeprämie (objektiv) nicht rechtzeitig gezahlt** worden ist (BGH VersR 1968, 241). Verzug ist nicht erforderlich. An der nicht rechtzeitigen Zahlung fehlt es, wenn der VN dem VR eine **Einzugsermächtigung** im Lastschriftverfahren erteilt hat, und die Folgeprämie bei Fälligkeit vom Konto des VN hätte abgebucht werden können (BGH 7

NJW 1978, 215 = VersR 1977, 1153). Der VR kann auch nicht einseitig ohne ausdrückliche Mahnung des VN vom Einzugsverfahren Abstand nehmen (§ 33 Abs. 2), weil vorher einmal das Konto nicht gedeckt war (OLG Oldenburg VersR 2000, 617). Auch ein **Rückstand,** der **gering** ist, lässt die Rechtsfolgen des Verzuges mit einer Folgeprämie nach Abs. 2 und 3 eintreten (BGH VersR 1988, 484; OLG Düsseldorf r+s 2006, 518 = ZfS 2006, 523: eine von zwei Monatsraten zu je 16 EUR). Auch kann bei mehreren Prämienforderungen die (nicht gebotene) Aushändigung eines Titels den Rechtsschein setzen, dass die geschuldete (und angemahnte) Prämie voll bezahlt ist (OLG Hamburg Urt. v. 8.3.2018 – 6 U 39/17).

8 Die Bestimmung der Zahlungsfrist muss nach **Abs. 1 Satz 2** ferner eine **Belehrung über die Rechtsfolgen,** die die Abs. 2 und 3 bei fruchtlosem Fristablauf auslösen, enthalten. Diese Belehrung muss vollständig und rechtlich zutreffend sein. Sie soll den VN in den Stand versetzen, ohne Zeitverlust, der bei Zweifeln über die Rechtslage entstehen kann, tätig zu werden, um sich den Versicherungsschutz zu erhalten (BGH VersR 1992, 1501 = ZfS 1993, 55). Der Zwecke der Belehrung wird nicht erfüllt, wenn diese auch noch alle möglichen anderen Fälle berücksichtigt, um die es bei dem konkreten Fall gar nicht geht (BGH r+s 2000, 52 = NJW-RR 2000, 395 = VersR 1999, 1525). An die Richtigkeit und Vollständigkeit der Mahnung sind strenge Anforderungen zu stellen (OLG Oldenburg VersR 2002, 555). Nur dann, wenn dem VN eine unmissverständliche und umfassende Belehrung über die ihm drohenden Säumnisfolgen und die ihm zu ihrer Abwendung nach den Abs. 2 und 3 offen stehenden rechtlichen Möglichkeiten, ihnen zu begegnen und sich den Versicherungsschutz zu erhalten, zuteil geworden ist, liegt eine ordnungsgemäße Mahnung vor (BGH VersR 1988, 84).

9 Die Belehrung muss umfassend sein. Der VN ist nicht nur über einzelne, sondern über **sämtliche Rechtsfolgen einer Nichtbeachtung der gesetzlichen Zahlungsfrist** zu belehren. Er darf durch die Belehrung nicht in den Glauben versetzt werden, eine Zahlung nach Fristablauf könne ihm nichts mehr nützen. Deshalb ist es mit einer ordnungsgemäßen Belehrung nicht zu vereinbaren, dass schlechthin als Folge des Verzugs auf ein Freiwerden des VR von der Leistungspflicht und sein Recht auf Vertragskündigung verwiesen wird (BGH VersR 1988, 484). Der VN muss außerdem darauf aufmerksam gemacht werden, dass er sich auch nach Ablauf der gesetzten Frist von zwei Wochen bis zum Eintritt eines Versicherungsfalles **durch nachträgliche Zahlung Versicherungsschutz** für eben diesen Versicherungsfall **erhalten** kann (BGH VersR 2006, 913; OLG Köln r+s 2001, 447; OLG Hamm VersR 1999, 957; OLG Schleswig VersR 1992, 731; LG Dortmund Urt. v. 19.10.2006 – 2 O 59/06). Es darf der Hinweis nicht fehlen, dass er weiter nach Ablauf der Frist von zwei Wochen durch Zahlung dem VR, so lange dieser eine Kündigung nicht ausgesprochen hat, das Kündigungsrecht nehmen kann. Die Belehrung muss also aufzeigen, dass der VN selbst die Wirkung einer bereits ausgesprochenen Kündigung wieder beseitigen kann, sofern er die Zahlung vor Eintritt eines Versicherungsfalles und innerhalb eines Monats nach Kündigung oder nach Ablauf einer mit der Kündigung verbundenen Zahlungsfrist nachholt (BGH VersR 1988, 484). Der **Begriff Verzug** braucht allerdings **nicht** dahin **erläutert** zu werden, dass Verzug nur bei verschuldetem Zahlungsrückstand eintritt, nicht dagegen, wenn der Zahlungsrückstand aus vom VN nicht zu vertretenden Gründen eingetreten ist. Entsprechend dem Gesetzeswortlaut reicht die Verwendung des Begriffs Verzug aus (OLG Hamm VersR 1992, 1205).

Die qualifizierte Mahnung muss **dem VN zugehen,** wenn sie wirksam sein soll. Das zu beweisen, obliegt dem VR (OLG Frankfurt a.M. BeckRS 2017, 148038). Der VN ist auch dann – bis zu dem Eintritt des Eigentumswechsels (§ 95 Abs. 1) – der richtige Empfänger der qualifizierten Mahnung, wenn die versicherte Sache veräußert worden ist. Das gilt auch dann, wenn in dem schuldrechtlichen Vertrag der Erwerber bereits die Verpflichtung zur Prämienzahlung übernommen hat (vgl. OLG Jena VersR 2007, 45). Ist eine **Mehrheit von VN** mit einer Folgeprämie in Verzug, so muss die Mahnung ihnen nicht nur zugehen (was auch durch ein an sie alle adressiertes Schreiben erfolgen könnte), sondern ein jeder von ihnen muss, auch wenn sie einen gemeinsamen Wohnsitz oder Sitz unterhalten, durch ein gesondertes Schreiben im Interesse des wirksamen Schutzes vor einem Verlust der Deckung gemahnt werden (BGH VersR 2014, 229 = NJW 2014, 1010). Das kann anders sein, wenn sich die Mehrheit der VN erst daraus ergibt, dass der Abschluss eines Versicherungsvertrages nach § 1357 BGB zugleich für den Ehe- oder Lebenspartner erfolgt (BGH NJW 2018, 1313 mit krit. Anm. *Rixecker* ZfS 2018, 512). Die Anwendung des **§ 1357 BGB** auf das Versicherungsvertragsrecht hat allerdings ungeklärte Folgen. Daher ist vorrangig zu fragen, ob der Abschluss des jeweiligen Versicherungsvertrages überhaupt als Geschäft zur Deckung des Lebensbedarfs betrachtet werden kann (abl. für einen Hausratversicherungsvertrag OLG Hamm r+s 2020, 509) und vor allem, ob sich nicht aus dem Versicherungsverhältnis mit der Konsequenz „ein anderes ergibt" (§ 1357 BGB Abs. 1 aE), dass nur der Antragsteller selbst als VN zu betrachten ist, 10

Im Übrigen gelten für den **Zugang** die allgemeinen zu § 130 Abs. 1 BGB entwickelten Grundsätze. Dementsprechend kommt es nicht darauf an, ob der VN tatsächlich Kenntnis von dem Schreiben erhalten hat. Entscheidend ist, dass die qualifizierte Mahnung so in den Bereich des VN gelangt, dass dieser unter normalen Verhältnissen Kenntnis nehmen konnte (BGH VersR 2014, 229 = NJW 2014, 1010; BGHZ 67, 271 (275)). Als versicherungsrechtliche Besonderheit gilt allerdings auch bei § 38 die Vorschrift des § 10. Wird durch Einschreiben zugestellt, ersetzt der von dem Zusteller hinterlassene Benachrichtigungszettel nicht den Zugang des Einschreibens (BGHZ 67, 271 (275); OLG Hamm VersR 1982, 1070). Ein VN muss sich aber nach Treu und Glauben so behandeln lassen, als sei die Mahnung rechtzeitig zugegangen, wenn er durch sein Verhalten die Ursache für den nicht rechtzeitigen Zugang gesetzt hat (BGH VersR 1971, 262; OLG Hamm VersR 1982, 1070). Das kann der Fall sein, wenn sich der VN trotz erhaltener Benachrichtigung nicht in zumutbarer Weise um die Abholung des Einschreibens bemüht (OLG Hamm r+s 1990, 67; OLG Köln r+s 1991, 92). Ist ein VN aber nur kurze Zeit abwesend, braucht er keine Vorkehrungen zu treffen, dass ihn Erklärungen des VR erreichen, wenn keine besonderen Umstände vorliegen (OLG Hamm r+s 1991, 290). Es genügt die Aushändigung an eine als ermächtigt anzusehende Person (BGH NJW 1966, 46 = VersR 1965, 1141). 11

III. Leistungsfreiheit (Abs. 2)

Ist der qualifiziert gemahnte VN auch bei Eintritt des Versicherungsfalles noch in Verzug, ist der VR **nach Abs. 2 von seiner Leistungspflicht frei.** Die Leistungsfreiheit beginnt mit dem Ablauf der Frist, die dem VN mit der Mahnung gesetzt wurde. Auch wenn der VN nur mit relativ oder absolut geringen Beträgen in Verzug ist, besteht Leistungsfreiheit. Der VR verstößt nicht gegen § 242 BGB, 12 wenn er sich in solchen Fällen auf Leistungsfreiheit beruft. Hat der VN bewusst und gewollt eine Prämienanforderung nicht vollständig erfüllt, bleibt für Billigkeitserwägungen, der nicht beglichene Prämienrest sei verhältnismäßig geringfügig, kein Raum (BGH VersR 1988, 484). Das ist die Kehrseite derselben strengen Anforderung an die genaue Bezifferung des anzumahnenden Betrages (BGH VersR 1992, 1501 = ZfS 1993, 55). Auch eine Stundung nach Verzugseintritt bedeutet nicht von vornherein einen Verzicht auf den Eintritt der Leistungsfreiheit (AG Ettlingen DV 2017, 79).

13 Dennoch ist auch bei Berufung auf Leistungsfreiheit wegen Prämienverzugs die Anwendung des **§ 242 BGB** nicht ausgeschlossen. Ist der VN seinen Zahlungsverpflichtungen jahrelang ordnungsgemäß nachgekommen und kommt er erst dann mit einem geringen Betrag in Verzug, weil der VR im Laufe des Jahres die Prämie erhöht hat, ist die Berufung auf Leistungsfreiheit treuwidrig (ÖOGH VersR 1990, 1375). Ein Verstoß gegen Treu und Glauben liegt auch vor, wenn der VR, der laufend Folgeprämien entgegengenommen hat, sich auf eine Leistungsfreiheit beruft, die darauf zurückzuführen ist, dass der VN vor längerer Zeit einmal eine qualifiziert angemahnte Prämie nicht gezahlt hat (BGH NJW 1963, 1054 = VersR 1963, 376). Gleiches kann gelten, wenn Verrechnungsmöglichkeiten des VR bestehen (OLG Frankfurt a. M. VersR 2006, 537 = ZfS 2006, 271).

14 Die Rechtsfolge der Leistungsfreiheit tritt auch nicht ein, wenn der VR auf sie **verzichtet.** Ein Verzicht kann konkludent erklärt werden. Er kann in dem vergleichsweisen Versprechen eines Krankenversicherers liegen, die tariflichen Leistungen erbringen zu wollen (OLG Hamm VersR 1983, 577). Kein Verzicht liegt allerdings im Einklagen der Prämie, denn der VR hat auch bei Leistungsfreiheit Anspruch auf sie. Deshalb liegt auch kein Verzicht vor, wenn der VR nach Eintritt des Versicherungsfalles die Prämien widerspruchslos annimmt (BGH NJW 1963, 1054 = VersR 1963, 376). Muss der VR erkennen, dass der VN eine Leistungspflicht annimmt, wenn er trotz offener Erstprämie die Folgeprämie zahlt, hat der VR die Pflicht, den Irrtum aufzuklären. Auch liegt kein konkludenter Verzicht der vorbehaltlosen Annahme einer späteren Folgeprämie vor, wenn die Leistungsfreiheit auf der Nichtzahlung einer früheren Prämie beruht (BGH NJW 1963, 1054 = VersR 1963, 376). Es kann aber ein Verstoß gegen Treu und Glauben gegeben sein.

IV. Kündigungsrecht (Abs. 3)

15 Nach fruchtlosem Ablauf der mit der Mahnung gesetzten Frist ist der VR berechtigt, ohne eine weitere Frist zu **kündigen (Abs. 3 Satz 1),** sofern der VN sich in **Verzug** befindet. § 285 BGB gilt auch iRd § 38 (BGH VersR 1978, 241 zu von dem VN nicht zu vertretenden Unklarheiten nach einem Fahrzeugwechsel). Damit setzt Verzug **Verschulden** voraus. Verzug tritt trotz Mahnung nicht ein, wenn der VN ohne Verschulden annehmen durfte, er sei beitragsfrei geworden (vgl. BGH VersR 1986, 801). Verzug liegt nicht vor, wenn der VN sein Zurückbehaltungsrecht ausgeübt hat. Dies hat er auch bei einer Folgeprämie, wenn der VR den Versicherungsschein noch nicht ausgehändigt hat (LG Tübingen VersR 1990, 33). Leistungsfreiheit kommt nur in Betracht, wenn der VN bei Eintritt des Versicherungsfalles gerade mit der Prämie in Verzug war, die der VR qualifiziert angemahnt hat. Der Verzug mit anderen, nicht angemahnten Prämien ist unbeachtlich (OLG Köln r+s 1992, 398). Der Kündigung wie der Leistungsfreiheit kann entgegenstehen, dass der VR von Verrechnungsmöglichkeiten bei geringfügigen Prämienrückstand Gebrauch machen könnte (OLG Frankfurt a. M. VersR 2006, 537).

Der VR kann nach **Abs. 3 Satz 2 Hs. 1** die **Kündigung mit der Mahnung verbinden,** so dass sie mit fruchtlosem Ablauf der Frist von selbst wirksam wird. Mit der Formulierung, dass der VR „nach § 38 Abs. 3 den Vertrag fristlos kündigen" werde, ist allerdings keine Kündigung gleichzeitig mit der Mahnung ausgesprochen, sie ist nur angekündigt (OLG Köln r+s 1992, 151). Allerdings wirkt die Kündigung nach Abs. 3 Satz 2 Hs. 2 nur, wenn der VR in einem solchen Fall auf die Rechtsfolge der Beendigung des Vertrages mit fruchtlosem Ablauf der Frist bei Verzug des VN mit der Zahlung der Folgeprämie **„ausdrücklich" hingewiesen** hat. Das bedeutet mehr als eine schlichte im Fließtext des Mahnschreibens erfolgende Information. 16

Der **Vertrag bleibt bis zur Kündigung bestehen.** Der VR hat folglich Anspruch auf weitere Prämien. Er hat die Mitteilungspflichten über den Prämienverzug gegenüber Grundpfandrechtsgläubigern. Soweit nicht vertragliche Regelungen Anderes bestimmen, ist der VR jedoch nicht verpflichtet, weitere Dritte, etwa Bezugsberechtigte oder Abtretungsempfänger von dem Prämienverzug zu unterrichten (OLG Köln VersR 1990, 1261). 17

Abs. 3 Satz 3 gibt dem VN ein Gestaltungsrecht. Er kann eine **wirksame Kündigung** des VR durch Zahlung **rückgängig machen,** wenn der VN innerhalb eines Monats nach (dem Zugang) der Kündigung oder, wenn die Bestimmung der Zahlungsfrist mit der Kündigungserklärung verbunden worden ist, innerhalb eines Monats nach Ablauf der Zahlungsfrist die Beitragsschuld ausgleicht. Es kommt nicht darauf an, ob zwischenzeitlich der Versicherungsfall eingetreten ist. Allerdings bleibt in einem solchen Fall, die Leistungsfreiheit des VR nach Abs. 2 unberührt. 18

Hat der VR die Prämie im Wege der **Zwangsvollstreckung** einziehen lassen, liegt darin keine nachträgliche Zahlung des VN, die die Wirkungen der Kündigung beseitigt, weil der VN sein Gestaltungsrecht nicht selbst ausgeübt hat. Anderes gilt aber, wenn der VN neben dem Einzug eine entsprechende Willenserklärung abgibt (AG Alsfeld NJW-RR 1991, 1312). Dasselbe gilt, wenn der VR seinen Prämienanspruch mit Ansprüchen des VN auf Leistungen aufrechnet. Darin liegt keine Ausübung des Gestaltungsrechts des VN (AG Bad Mergentheim VersR 2001, 575). 19

V. Beweisrecht

Der VR muss den **Zugang der qualifizierten Mahnung beweisen** (OLG Köln r+s 2004, 316; OLG Hamm r+s 1992, 258 = VersR 1992, 1205; OLG Nürnberg VersR 1992, 602). Die Absendung beweist den Zugang nicht, auch nicht dem ersten Anschein nach (OLG Frankfurt a. M. BeckRS 2017, 148038; VersR 1996, 90). Keinen Beweis für den Zugang liefert, dass die Mahnung von einem Computer erfasst und vom VR gespeichert wurde (OLG Hamm VersR 1980, 1062; OLG Köln VersR 1990, 1261). Das kann die korrekte Absendung, nicht aber den korrekten Zugang beweisen (LG Düsseldorf SP 2005, 174). Das gilt sowohl für normale Postsendungen als auch für Einschreiben (BGHZ 24, 308 (312) = VersR 1957, 442 = NJW 1957, 1230; OLG Hamm VersR 1980, 1062). Es gibt keinen Satz der Lebenserfahrung dafür, dass eine Postsendung nach einer 20 gewissen Zeit beim Empfänger abgeliefert wird (OLG Hamm VersR 1982, 1045). Dem VR kommen **keine Beweiserleichterungen** zu (OLG Hamm VersR 1992, 1205; diff. OLG München VersR 2005, 153). Der VR hat es nämlich in der Hand, die vorauszusehenden Beweisschwierigkeiten zu vermeiden, indem er statt einfachen Briefs die Mahnung durch Einschreiben mit Rückschein versendet. Im Ergebnis ist es eben eine Frage der Kostenkalkulation, die dem VR überlassen bleiben muss. Wenn er die für Einschreiben mit Rückschein entstehenden Kosten spart, muss er die Kosten tragen, die durch Beweisfälligkeit entstehen. Es reicht auch nicht aus, dass ein VR mehrere Mahnungen an den VN mit einfachem Brief abgesendet und keine der Schriftstücke zurückerhalten hat.

21 Steht aber fest, dass der VN ein Einschreiben des VR erhalten hat, kann davon ausgegangen werden, dass **das Einschreiben die qualifizierte Mahnung enthielt,** wenn keine Anhaltspunkte dafür bestehen, dass dem VN etwas anderes durch Einschreiben zugesandt wurde (OLG Hamm VersR 1985, 491; 1979, 1047). Weist die Dokumentation des Zustellers der Post aus, dass ein Einwurf-Einschreiben dem VN übermittelt wurde, ist damit dem ersten Anschein nach der Zugang bewiesen (vgl. *Hunke* VersR 2002, 663). Allerdings kann der in dem Sendebericht eines Telefaxes enthaltene „OK"-Vermerk den Zugang regelmäßig beweisen (OLG Celle VersR 2008, 1477).

22 Ist in einem Schreiben des VR eine **vorausgegangene Mahnung erwähnt,** soll der VN den Zugang sofort bestreiten müssen, andernfalls kehre sich die Beweislast um (LG Hamburg VersR 1982, 85). Indessen besteht für solche Beweiserleichterungen zugunsten des VR kein Anlass. Sie sind weder aus dem Gesetz, noch aus dem Versicherungsverhältnis herzuleiten. Der VN ist grds. nicht gehalten, den Zugang einer Mahnung in angemessener Zeit zu bestreiten (OLG Nürnberg VersR 1992, 602). Daraus, dass der VN nicht widersprochen hat, die in einem späteren Schreiben genannte Mahnung erhalten zu haben, lässt sich nicht mit der erforderlichen Sicherheit schließen, dass er das Mahnschreiben erhalten hat. Häufig ist die Erwähnung der Mahnung nicht der Hauptpunkt, sondern nur einer unter vielen, so dass schon mangels hinreichender Aufmerksamkeit vom VN kein sofortiges Bestreiten verlangt werden kann (OLG Köln r+s 1991, 403). Die These, der VN müsse den Zugang der Mahnung sofort bestreiten, wenn er aufgrund der Korrespondenz mit dem VR von der Abwendung der Mahnung erfahren habe, lässt sich auch nicht auf die Rspr. des BGH (BGHZ 24, 308) stützen. Dort ist ausgeführt, der Absender könne die Schwierigkeiten dadurch vermeiden, dass er den Gegner zur Äußerung darüber veranlasst, ob er den Empfang in Abrede stellt. Bestreitet der Gegner darauf den Zugang nicht, muss er dieses Verhalten später gegen sich gelten lassen. Das ist etwas anderes.

23 Für den **Zeitpunkt des Zugangs** trägt der VR gleichfalls die volle Beweislast (OLG Hamm VersR 2007, 1397). Auch insoweit gibt es keine Beweiserleichterungen oder Erfahrungssätze zu den Postlaufzeiten. Dem VN ist es durch § 138 Abs. 4 ZPO auch nicht verwehrt, den Zeitpunkt des Zugangs **mit Nichtwissen** zu bestreiten. Im Nachhinein kann vom VN nicht ohne besondere Anhaltspunkte erwartet werden, dass er sich daran erinnert, wann ihm die qualifizierte Mahnung zugegangen ist (OLG Hamm VersR 1982, 1045). Dem VN, der die qualifizierte Mahnung nach seiner Behauptung zu einem ungewöhnlich späten Zeitpunkt erhalten hat, ist auch keine Substantiierungslast für solche Tatsachen aufzuerlegen, die einen späteren Zugang plausibel machen. Ein VN kennt die Gründe nicht, aus denen die Post den Zugang verzögert.

Der **VN** trägt die **Beweislast** für eine **rechtzeitige Zahlung der Folgeprämie,** sei es, dass damit die Berechtigung der Mahnung bestritten, sei es, dass der Wegfall der Kündigungswirkung nach Abs. 3 Satz 2 dargetan werden soll. Ist die Prämie nicht oder zu spät gezahlt, muss der **VN** auch **beweisen,** dass er die Nicht- oder Zuspätzahlung **nicht zu vertreten** hat. Beruft sich der **VR** auf Leistungsfreiheit, weil er gekündigt hat, muss er den **Zugang der Kündigungserklärung** beweisen. 24

§ 39 Vorzeitige Vertragsbeendigung

(1) [1]**Im Fall der Beendigung des Versicherungsverhältnisses vor Ablauf der Versicherungsperiode steht dem Versicherer für diese Versicherungsperiode nur derjenige Teil der Prämie zu, der dem Zeitraum entspricht, in dem Versicherungsschutz bestanden hat.** [2]**Wird das Versicherungsverhältnis durch Rücktritt aufgrund des § 19 Abs. 2 oder durch Anfechtung des Versicherers wegen arglistiger Täuschung beendet, steht dem Versicherer die Prämie bis zum Wirksamwerden der Rücktritts- oder Anfechtungserklärung zu.** [3]**Tritt der Versicherer nach § 37 Abs. 1 zurück, kann er eine angemessene Geschäftsgebühr verlangen.**

(2) **Endet das Versicherungsverhältnis nach § 16, kann der Versicherungsnehmer den auf die Zeit nach der Beendigung des Versicherungsverhältnisses entfallenden Teil der Prämie unter Abzug der für diese Zeit aufgewendeten Kosten zurückfordern.**

Die Vorschrift gibt den dem früheren Recht (§ 40 aF) eigenen **Grundsatz der Unteilbarkeit der Prämie** auf und bestimmt, dass grds. bei vorzeitiger Beendigung des Versicherungsverhältnisses der Anspruch auf den Beitrag zeitanteilig dem Anspruch auf Gewährung von Versicherungsschutz entspricht **(Abs. 1 Satz 1).** Davon bestehen aus unterschiedlichen Gründen Ausnahmen: Zum einen sind es Fälle betrügerischer Versuche der Erlangung von inadäquatem Versicherungsschutz (§ 74 Abs. 2: absichtliche Überversicherung; § 78 Abs. 3: absichtliche Mehrfachversicherung; § 80 Abs. 3: Fehlen eines versicherten Interesses) sowie der sachlich besonders gelagerte Fall der Hagelversicherung (§ 92 Abs. 3). Die Regel ist künftig, dass dem VR **der zeitanteilige Prämienanspruch** zusteht, der seiner zeitanteiligen Deckungsübernahme entspricht. Das gilt aber nur in den von der Vorschrift bestimmten Fällen; ein allgemeiner Grundsatz der Teilbarkeit der Prämie in allen Fällen der zeitlichen Begrenzung von Versicherungsschutz folgt daraus nicht (Bruck/Möller/*Beckmann* § 39 Rn. 16). 1

Das gilt zunächst schon nach dem Wortlaut der Vorschrift **für alle Fälle der** vor Ablauf der Versicherungsperiode (§ 12) erfolgenden **Beendigung des Versicherungsverhältnisses** einschließlich der einvernehmlichen Aufhebung des Vertrages (zu Unrecht aA LG Bremen VersR 2008, 1388) und der fristlosen Kündigung nach § 19 Abs. 6. Als (vorzeitige) Vertragsbeendigung kann allerdings der Eintritt des Versicherungsfalls durch **Tod der versicherten Person** nicht angesehen werden (BGH NJW-RR 2015, 27 = VersR 2015, 353), weil er kein von der Vorschrift vorausgesetztes „außerplanmäßiges" Ende des Versicherungsverhältnisses darstellt. Daher darf der VR in einem solchen Fall die volle Prämie mit der Versicherungsleistung verrechnen. Von dem Grundsatz des **Abs. 1 Satz 1** macht sodann **Abs. 1 Satz 2** eine erste Ausnahme: Der Rücktritt des VR nach § 19 2

Abs. 2 oder die Anfechtung des Vertrages nach § 22, §§ 142 Abs. 1, 123 BGB, die an sich zu einer Rückabwicklung des Vertrages führen müssten, ändern nichts daran, dass dem VR ein Prämienanspruch bis zum Wirksamwerden der Rücktritts- oder Anfechtungserklärung zusteht **(Abs. 1 Satz 2).** Mit **Wirksamwerden** ist dabei in aller Regel der **Zugang der entsprechenden Gestaltungserklärung** des VR gemeint, nicht der fiktiv rückwirkende Zeitpunkt der materiellen Wirkung.

3 Eine weitere Modifikation gilt nach **Abs. 1 Satz 3** für die Fälle, in denen der VR wegen nicht rechtzeitiger Zahlung der Erst- oder Einmalprämie von dem Vertrag nach § 37 Abs. 1 zurücktritt. Dann schuldet der VN eine angemessene, vom VR zu rechtfertigende aber nach § 287 ZPO der Schätzung unterliegende **Geschäftsgebühr** (vgl. dazu für die Kfz-Haftpflichtversicherung C 1.3. AKB 2008; dazu Stiefel/Maier, 18. Aufl.: maximal 40 %). Sie wird regelmäßig als geringer Anteil (zwischen 15 und 27,5 %) der vereinbarten Prämie geltend gemacht (AG Haßfurt VersR 1990, 1337; LG Hamburg VersR 1971, 611; Langheid/Wandt/*Staudinger* § 39 Rn. 6; abl. *Markopoulos* r+s 2013, 110: voller Beweis der Höhe der Aufwendungen des VR). Sie soll aber den **Ausgleich der Aufwendungen des VR** für die Vorbereitung des Vertragsschlusses und dessen Verwaltung darstellen und hat sich daher an dessen Verwaltungskosten zu orientieren (AG Arnsberg NJW-RR 2007, 1254). Daher ist angesichts der gerade im Massengeschäft unterschiedlichen Prämien an sich versicherer- und vertragsbezogen der tatsächliche Geschäftsaufwand zu veranschlagen. Jedoch spricht insoweit nichts dagegen, aus Vereinfachungsgründen die jeweilige Prämie heranzuziehen und den in ihr enthaltenen Kostenanteil zu schätzen (§ 287 ZPO). Ist der VR in Insolvenz gefallen **(Abs. 2)** und endet damit das Versicherungsverhältnis (§ 16), kann der VN im Hinblick auf die vorgesehene Befristung des Versicherungsverhältnisses den auf die Zeit nach seiner Beendigung entfallenden Beitragsanteil abzüglich der Kosten des VR zurückverlangen.

4 Für die Berechnung der Prämie ist der **Zeitpunkt** in der Versicherungsperiode maßgeblich, zu dem die Beendigung des Versicherungsverhältnisses rechtlich wirksam wird. Denn erst oder schon zu diesem Zeitpunkt endet auch die materielle Deckung (vgl. zu dem Problem nach früherem Recht OLG Düsseldorf VersR 2002, 217; OLG Koblenz r+s 2002, 183).

§ 40 Kündigung bei Prämienerhöhung

(1) **[1]Erhöht der Versicherer aufgrund einer Anpassungsklausel die Prämie, ohne dass sich der Umfang des Versicherungsschutzes entsprechend ändert, kann der Versicherungsnehmer den Vertrag innerhalb eines Monats nach Zugang der Mitteilung des Versicherers mit sofortiger Wirkung, frühestens jedoch zum Zeitpunkt des Wirksamwerdens der Erhöhung, kündigen. [2]Der Versicherer hat den Versicherungsnehmer in der Mitteilung auf das Kündigungsrecht hinzuweisen. [3]Die Mitteilung muss dem Versicherungsnehmer spätestens einen Monat vor dem Wirksamwerden der Erhöhung der Prämie zugehen.**

(2) **Absatz 1 gilt entsprechend, wenn der Versicherer aufgrund einer Anpassungsklausel den Umfang des Versicherungsschutzes vermindert, ohne die Prämie entsprechend herabzusetzen.**

I. Normzweck und Anwendungsbereich

Grundsätzlich muss der VR bei einem laufenden Vertrag das Risiko, den Preis seiner Leistung richtig kalkuliert zu haben, selbst tragen. Dennoch gibt es gute Gründe dafür, ihm die einseitige Anpassung des Beitrags unter bestimmten formalen und materiellen Voraussetzungen zu gestatten. VR können bei Vertragsabschluss die Schaden- und Kostenentwicklung für unbestimmte längere Zeiträume nicht hinreichend sicher kalkulieren; VN haben ein Interesse daran, dass in solchen Fällen nicht durch eine Änderungskündigung neue Abschlusskosten und möglicherweise zeitliche Lücken im Versicherungsschutz entstehen. Daher erkennt auch das Gesetz in § 40 inzident das Bedürfnis von VR an, ihre Beitragseinnahmen veränderten Aufwendungen und Kosten anzupassen. Dieser **einseitige Eingriff in die Äquivalenz des Versicherungsvertrages** wird durch die Gewährung eines außerordentlichen Kündigungsrechts des VN bei einer Prämienerhöhung trotz gleichbleibenden Versicherungsschutzes (Abs. 1) oder bei Minderungen des Versicherungsschutzes trotz gleichbleibender Prämie (Abs. 2) ausgeglichen. **Spezielle, § 40 verdrängende Regelungen** finden sich in § 19 Abs. 6 für den Fall der rückwirkenden Prämienänderung bei Verletzung der vorvertraglichen Anzeigepflicht sowie in § 25 Abs. 2 für den Fall einer im Einzelfall eingetretenen Gefahrerhöhung. Ferner gelten für die Lebensversicherung § 163 und für die Krankenversicherung § 203, deren besondere Voraussetzungen und Rechtsfolgen gleichfalls § 40 vorgehen. Voraussetzung des außerordentlichen Kündigungsrechts ist, dass der VR von einer Anpassungsklausel iSd § 40 Abs. 1 und 2 Gebrauch macht. Dabei kommt es nicht darauf an, ob die Änderung des Preis-Leistungsverhältnisses einen Zeitraum betrifft, für den der VR noch gebunden ist oder einen solchen nach einer optionalen Vertragsverlängerung. § 40 gilt aber selbstredend nicht bei individuell ausgehandelten Änderungen der zu gewährenden Leistungen und nicht bei Prämienanpassungen aufgrund geänderten Versicherungsschutzes. Ob die Prämienerhöhung und/oder Deckungsverminderung **wirksam ist oder nicht,** ist hingegen – „erst recht" – unerheblich. Allerdings hat der VN dann ein Wahlrecht: Er kann sich entweder durch Kündigung vom Vertrag lösen oder den Vertrag zu den alten Bedingungen fortsetzen. 1

II. Prämienerhöhung oder Deckungsverminderung aufgrund einer Anpassungsklausel

Voraussetzung des außerordentlichen Kündigungsrechts ist, dass der VR von einer **Preis- oder Deckungsanpassungsklausel** iSd § 40 Gebrauch macht. **Beispiele** für solche AVB finden sich in J.1–3 AKB 2008, A.15 VHB 2016, Ziff. 15 AHB 2016 oder Ziff. 7.8 ARB 2019. Sie erlauben dem VR unter bestimmten, unterschiedlichen Voraussetzungen und nach Maßgabe bestimmter Verfahren auf Änderungen der Schadenshäufigkeit oder des Schadenumfangs durch Prämienänderungen zu reagieren. Von § 40 Abs. 1 erfasst sind dabei auch Klauseln wie jene der Kfz-Haftpflichtversicherung, die eine **Änderung der Gefahrenmerkmale** nach der Schadenentwicklung und damit gleichfalls des Preis-Leistungsverhältnisses gestatten. Nicht unter § 40 Abs. 1 fallen indessen die der Betriebshaftpflichtversicherung bekannten Bestimmungen, die eine Anpassung nach der **Änderung bestimmter Gefahrenmerkmale** (Arbeitnehmer, Umsätze) auf der Grundlage der vertraglichen Risikogestaltung vorsehen. Gleiches gilt für die Anpassung der 2

Prämie nach der **statistischen Entwicklung** der Preisindizes für Verglasungsarbeiten (§ 6 AGlB). Nicht anwendbar ist § 40 Abs. 1 auch bei gleitenden oder dynamischen **Summenanpassungen** (in der Gebäudeneuwertversicherung einerseits oder der Lebens-, Berufsunfähigkeits- oder Unfallversicherung andererseits), die gleichzeitig zu entsprechenden Beitragserhöhungen führen, weil sich mit ihnen eine Änderung des Umfangs des Versicherungsschutzes ergibt. Soweit (bei gleitendem Neuwert) unterschiedliche Anpassungsfaktoren für die Versicherungssumme einerseits und die Versicherungsprämie andererseits gelten, beruht das darauf, dass idR Teil- und nicht Totalschäden zu regulieren sind, was den Prämienbedarf anders als die Versicherungssumme beeinflusst (vgl. *Martin* N IV Rn. 6 und P IV Rn. 49 ff.; aA HK-VVG/*Karczewski* § 40 Rn. 3).

3 Anwendbar ist § 40 auch bei einer Verminderung des Leistungsumfangs, wenn die AVB ihn gestatten. Infrage kommen eine Erhöhung des Selbstbehaltes oder eine nachträgliche Begrenzung der Versicherungssumme. Gleiches gilt für die aufgrund einer Tarifänderungsklausel erfolgende Einführung neuer Gefahrenmerkmale in den Vertrag, die die Prämienerhöhung bestimmen, weil sie bei gleich bleibender Prämie die Versicherungsleistung einschränken würden (BGH NVersZ 2001, 284). Auch solche Inhaltsänderungen des Vertrages greifen in das Äquivalenzverhältnis ein und führen mittelbar zu einer Erhöhung der Prämie oder einer Verminderung des Versicherungsschutzes. Gleiches gilt auch für eine überproportionale Prämienerhöhung bei gleichzeitiger Erweiterung des Versicherungsschutzes.

III. Wirksamkeit von Prämien- und Deckungsanpassungsklauseln

4 Gegen die – an **§§ 305 ff. BGB** zu messende (BGHZ 119, 55 (59)) – Wirksamkeit von Klauseln, die es dem VR erlauben, einseitig den Beitrag zu erhöhen oder den Umfang des Versicherungsschutzes zu vermindern, bestehen, obwohl der VR grds. selbst für die richtige unternehmerische Kalkulation des Risikos verantwortlich ist, keine grundsätzlichen Bedenken. Solche Anpassungsregelungen sind auch anderen, selbst kurzfristig abzuwickelnden Schuldverhältnissen bekannt. Aus § 40 folgt inzident, dass der Gesetzgeber sie für zulässig hält. Allerdings müssen sie bestimmten rechtlichen Voraussetzungen genügen. § 40 enthält selbst mit Ausnahme des zwingend vorgesehenen Kündigungsrechts indessen keine Aussagen über die inhaltlichen Anforderungen. Daraus kann indessen nicht gefolgert werden, dass sie nicht bestehen. Das ergibt sich vor allem aus den §§ 163, 203, die gerade für die besonders sensiblen Lebens- und Krankenversicherungen materielle Schranken aufstellen, die allerdings für sonstige Verträge nicht gelten.

5 Zunächst gilt selbstverständlich, dass formale und materielle **Bedingungen einer Anpassung,** die die entsprechende **Klausel selbst vorsieht** – bspw. die Einschaltung eines Treuhänders oder die relative Erhöhung des Schadensbedarfs – erfüllt sein müssen. Etwa vorgesehene Höchstgrenzen (§ 16 Nr. 2 Buchst. a VHB 92) dürfen nicht überschritten werden, auch wenn eine **Höchstgrenze** selbst nicht Wirksamkeitsvoraussetzung ist (HK-VVG/*Karczewski* § 40 Rn. 13). Darüber hinaus müssen die Klauseln **„klar und verständlich"**, also transparent sein (BGH VersR 2001, 839; VersR 2001, 841 und zu beiden *Präve* VersR 2001, 846; *Baroch Castellví* NVersZ 2001, 529). Dazu in einem Spannungsverhältnis kann das **Bestimmtheitsgebot** stehen, nach dem der durchschnittliche VN schon bei Vertragsschluss erkennen können muss, aufgrund welcher Faktoren und nach wel-

chen Maßstäben eine Prämienerhöhung oder Deckungsverminderung erfolgen kann. Im Übrigen leiten unterschiedliche Kriterien die **Angemessenheitskontrolle** nach § 307 Abs. 1 Satz 1 BGB. Dazu zählt vor allem, dass der VR eine Anpassung nur soll vornehmen dürfen, wenn sich die bei Antragstellung oder Vertragsschluss zu Grunde gelegten Verhältnisse erheblich, nicht nur vorübergehend und unvorhersehbar geändert haben. Daher wird eine Anpassung in aller Regel nur statthaft sein, wenn sich unerwartete Preis- und Kostenentwicklungen im Rahmen längerfristig bestehender Verträge ergeben haben (BVerwG VersR 1981, 221). Sie müssen ferner die Grenze der **Geringfügigkeit** überschritten haben. Grundlage dafür ist regelmäßig eine Gegenüberstellung des Schadens- und des Prämienverlaufs. Die Erhöhung muss nicht auf den zum Zeitpunkt ihrer Vornahme für Neuverträge geltenden Prämiensatz begrenzt werden, soweit es die Bedingungen nicht ausdrücklich vorsehen (anders für die Erhöhung der Bruttoprämie BVerwG VersR 1981, 221). Denn die Befugnis zur Erhöhung als Reaktion auf eine Änderung der wirtschaftlichen Geschäftsgrundlage nimmt Bezug auf das, was die Vertragsparteien selbst bei Vertragsabschluss zu Grunde gelegt haben. Vorteile, die Neukunden zugutekommen, muss der VR Altkunden nicht gleichfalls gewähren (HK-VVG/*Karczewski* § 40 Rn. 13). Alleinige – also nicht Schmälerungen des Gewinns durch Aufwandssteigerungen auffangende – **Gewinnverbesserungen** durch Prämienanpassungen sind nicht zulässig, weil das lediglich zu einer nachträglichen Korrektur verfehlter Markteinschätzungen führen würde, die nur in das unternehmerische Risiko des VR fallen.

Notwendig ist weiter eine **gruppenspezifische Berechnung des Erhöhungssatzes,** weil die Schadensentwicklung bei ausgewählten Tarifkollektiven sehr unterschiedlich verlaufen kann. Daraus folgt, dass gruppenspezifische Besonderheiten dergestalt berücksichtigt werden müssen, dass andere, nicht unter das entsprechende Tarifkollektiv fallende VN von der Prämienerhöhung verschont bleiben. Andererseits muss die fragliche Gruppe groß genug sein, damit überhaupt ein nachvollziehbarer Mittelwert gefunden werden kann. Schließlich muss sich die Anpassung an der Schadens- und Prämienentwicklung des VR selbst orientieren. Allerdings ist auch die **Verwendung von Branchenzahlen** zulässig (BVerwG VersR 1981, 221), weil unternehmensinterne Vergleichszahlen ein zufälliges Bild des Schadensverlaufs ergeben können. 6

Macht der VR von einer Anpassungsbefugnis Gebrauch, so muss er den Kriterien genügen, die die Wirksamkeit der Anpassung bedingen. Wendet sich der VN gegen eine Anpassung und verlangt er Fortsetzung des Vertrages zu den bisherigen (Prämien- und Deckungs-)Bedingungen, muss der VR, der sich auf eine Umgestaltung des Vertrages beruft, deren **Rechtmäßigkeitsvoraussetzungen nachweisen** (zum Interesse an der Geheimhaltung der Berechnungsgrundlagen vgl. allerdings BVerfG VersR 2000, 214). Nur soweit die Anpassungsklausel zulässige Spielräume lässt, ist Raum für die Anwendung einer Billigkeitskontrolle nach § 315 BGB (BVerwG VersR 1981, 221; BGH VersR 1992, 1211; OLG Hamm r+s 1994, 270). Erfolgt die Anpassung allerdings in einem vereinbarten förmlichen Verfahren, ist kein Raum für eine Billigkeits- sondern nur für eine Verfahrenskontrolle. 7

IV. Gleichbleibender Versicherungsumfang

§ 40 setzt voraus, dass sich der **Umfang des Versicherungsschutzes** nicht gleichzeitig ändert. Finden Änderungen der Risikobeschreibung oder der Risiko- 8 ausschlüsse und Risikowiedereinschlüsse statt, die in ihrer Gesamtheit zu einer Ausweitung des Versicherungsschutzes führen, erlaubt eine gleichzeitige Prämienerhöhung, die diesen Änderungen proportional entspricht, keine Kündigung.

V. Mitteilungspflicht und Kündigungsrecht (Abs. 1 Satz 2, Abs. 2)

9 Der VR muss dem VN spätestens einen Monat vor ihrem Wirksamwerden die Prämienerhöhung oder Deckungsverminderung **mitteilen** (Abs. 1 Satz 3, Abs. 2). Das bedeutet, dass die von ihm gewünschte Anpassung stets erst einen Monat nach Zugang der Mitteilung wirksam werden kann. Vorherige Anforderungen höherer Beiträge oder vorherige Leistungsminderungen sind rechtlich nicht wirksam. In der Mitteilung über die Prämienerhöhung oder die Deckungsverminderung muss er ferner auf das Recht zur Kündigung – korrekt – **hinweisen** (Abs. 1 Satz 2, Abs. 2). Einer bestimmten Form bedürfen die Mitteilung und der Hinweis nicht.

10 Die Kündigung kann formfrei innerhalb einer Frist von einem Monat ab der durch das Gesetz vorgeschriebenen Mitteilung der Prämienerhöhung oder Deckungsverminderung erfolgen. Sie wird wirksam mit ihrem Zugang beim VR.

VI. Weicher Tarifmerkmale

11 Versicherungsverträge (vor allem in der Kraftfahrtversicherung nach den AKB 2015 Abschnitt K) können Regelungen enthalten, die sogenannte **„weiche Tarifmerkmale"** – das sind Merkmale, die der Beitragsberechnung dienen (die Jahresfahrstrecke, den Abstellort isb. das Vorhandensein einer Garage, den Kreis der Fahrer) betreffen. Ändern sie sich während des Laufs des Vertrages (zum Teil auch dann, wenn sie von Anfang an falsch angegeben worden waren), so steht dem VR **das Recht zu, die Prämie mit Wirkung zum Beginn des Versicherungsjahres oder ex nunc zu senken oder zu erhöhen.** Der VN wird verpflichtet, eine Änderung mitzuteilen. Für den Fall vorsätzlich falscher Angaben zu den die Prämie bestimmenden Faktoren oder vorsätzlichem Unterlassen einer Information des VR über ihre Änderung wird ein Anspruch auf eine **Vertragsstrafe** begründet (vgl *Gebauer* NVersZ 2000, 7; *Schirmer/Marlow* VersR 1997, 782; zu § 8 Abs. 2 AHB vgl. *Littbarski* AHB § 8 Rn. 25). Solche Klauseln werden grundsätzlich für wirksam erachtet, weil sie in ihrer Gesamtschau trotz teilweiser Benachteiligung des VN für den VN insgesamt vorteilhaft seien und daher als spezielle Regelungen der vorvertraglichen Anzeigepflicht oder der Gefahrerhöhung nicht unwirksam seien (allg. Prölss/Martin/*Klimke* AKB J,K Rn. 9 ff.).

12 Dem kann im Ergebnis gefolgt werden. Soweit es Angaben des VN zu weichen Tarifmerkmalen (AKB 2015 K 4.2, 4.3) bei Abgabe der Vertragserklärung betreffen, handelt es sich in der Tat um eine insgesamt vorteilhafte Sonderregelung zu den Regeln über die Verletzung der vorvertraglichen Anzeigepflicht (§§ 19 ff.) Ansonsten sind die §§ 23 ff. von vornherein nicht anwendbar, weil es sich entweder schon gar nicht um die Erfassung von gefahrsteigernden Umständen handelt oder jedenfalls der VN davon ausgehen muss, dass eine Mitversicherung vorliegt (§ 27). In der Sache handelt es sich um einen **Preisänderungsvorbehalt.** Der VR ist vorab damit einverstanden, dass der VN Umstände der Nutzung seines

Kraftfahrzeugs (oder des versicherten Interesses) ändert, bedingt sich aber zugleich aus, dies mit einer Anpassung der Prämie verbinden zu dürfen (vgl. *Rixecker* BeckOKStVR VVG § 25 Rn. 13 ff.).

13 Bedenken gegen die die Wirksamkeit solcher Klauseln bestehen nur dann, wenn der VR „überzieht", seine Reaktion auf die Änderung prämienrelevanter Merkmale, die im typischerweise verborgen sind, also keinen angemessenen Ausgleich der gegenseitigen Interessen darstellt (AG Brandenburg NJOZ 2019, 123). Das kann der Fall sein, wenn die Instrumente kombiniert werden, also eine rückwirkende Prämienerhöhung mit einem erhöhten Selbstbehalt verbunden wird, der bei Abschluss eines Vertrages unter Zugrundelegung dieser Merkmale nicht verlangt worden wäre (AG Zeitz r+s 2020, 150). Die Vereinbarung einer Vertragsstrafe ist gleichfalls unbedenklich, solange erkennbar ist, was vom VN verlangt wird und ihre Höhe nicht übersetzt ist (AG Leutkirch VersR 2009, 1398: 100 %). Ferner darf keine inkonnexe Rechtsfolge wie eine Minderung der Entschädigung vorgesehen sein (LG Dortmund ZfS 2009, 211).

§ 41 Herabsetzung der Prämie

[1]Ist wegen bestimmter gefahrerhöhender Umstände eine höhere Prämie vereinbart und sind diese Umstände nach Antragstellung des Versicherungsnehmers oder nach Vertragsschluss weggefallen oder bedeutungslos geworden, kann der Versicherungsnehmer verlangen, dass die Prämie ab Zugang des Verlangens beim Versicherer angemessen herabgesetzt wird. [2]Dies gilt auch, wenn die Bemessung der höheren Prämie durch unrichtige, auf einem Irrtum des Versicherungsnehmers beruhende Angaben über einen solchen Umstand veranlasst worden ist.

1 Die Vorschrift bezweckt einen Ausgleich für die Fälle, in denen das Risiko nicht oder nicht mehr der Prämie entspricht, weil ein die Beitragshöhe bestimmender gefahrerhöhender Umstand nach Antragstellung (oder nach Vertragsschluss) entfallen (Satz 1) oder aufgrund eines Irrtums des VN zur Grundlage der Berechnung gemacht worden ist (Satz 2). Sie enthält damit eine verdrängende **Sonderregelung für den Wegfall der Geschäftsgrundlage** (BGH VersR 1981, 621; vgl. OLG Karlsruhe VersR 2011, 788) und gewährt dem VN einen Anspruch auf Herabsetzung der Prämie ab Zugang des Begehrens, der dem Beitragsverlangen des Versicherers entgegengesetzt werden kann. Die Vorschrift gilt auch für die Krankenversicherung (Langheid/Wandt/*Staudinger* § 41 Rn. 3).

2 Allerdings setzt der Anpassungsanspruch zunächst voraus, dass nunmehr die **Prämie zu hoch** ist (zur Gefahrminderung in der Gebäudebesitzerhaftpflichtversicherung bei Zerstörung des Gebäudes BGH NJW 1951, 314). Das ist nicht der Fall, wenn der Wegfall eines gefahrerhöhenden Umstands durch Hinzutreten eines anderen bei einer Gesamtschau ausgeglichen wird (OLG Karlsruhe VersR 2011, 788). Es fehlt daran auch, wenn das versicherte Interesse ganz entfallen ist. Schließlich setzt der Herabsetzungsanspruch voraus, dass in die ursprüngliche Prämienbemessung bestimmte gefahrerhöhende Umstände zu einem Zuschlag zu der ansonsten geforderten Prämie geführt hatten.

3 Der Umfang des Anspruchs bestimmt sich nach der **Angemessenheit** der Herabsetzung. Damit wird dem VR kein billiges Ermessen (§ 315 BGB) zugesprochen. Vielmehr ist festzustellen, welche Prämie der VR – bei Antragstellung oder Vertragsabschluss – nach seinem Tarifwerk verlangt hätte, wenn er gewusst hätte,

dass das Risiko geringer war. Das ursprüngliche Prämienberechnungssystem bleibt unberührt (BGH VersR 1981, 621; OLG Karlsruhe VersR 2011, 788).

§ 42 Abweichende Vereinbarungen

Von § 33 Abs. 2 und den §§ 37 bis 41 kann nicht zum Nachteil des Versicherungsnehmers abgewichen werden.

1 Die Vorschrift ordnet an, dass bestimmte Regelungen des Prämienrechts – die Notwendigkeit einer Anforderung der Prämie, die bislang vom VR eingezogen worden ist (§ 33 Abs. 2), die Rechtsfolgen des Verzuges mit der Zahlung der Erstprämie (§ 37), die Rechtsfolgen des Verzuges mit der Zahlung der Folgeprämie (§ 38), die pro-rata-Beitragspflicht bei vorzeitiger Vertragsbeendigung (§ 39) und das Kündigungsrecht des VN bei Prämienerhöhung und Verminderung des Versicherungsschutzes ohne Prämienerhöhung (§ 40) – **halbzwingend** (vgl. dazu → § 32 Rn. 2 ff.) sind. Sie können also nicht zum Nachteil des VN abbedungen werden. Ob eine abweichende Regelung nachteilig ist, ist aufgrund einer unabhängig von dem konkreten Fall vorzunehmenden abstrakt-generellen Abwägung von Vor- und Nachteilen zu entscheiden.

2 Die übrigen Vorschriften des Prämienrechts sind grds. dispositiv. Die Wirksamkeit einer abweichenden Regelung bestimmt sich daher nach den **§§ 305 ff. BGB,** wenn sie in AVB erfolgt. Allerdings werden keine Bedenken dagegen geltend zu machen sein, dass der Versicherungsschein erst nach der Zahlung der Prämie übergeben werden soll. Die Fälligkeit der Prämie kann auch rückwirkend auf einen vor Vertragsschluss liegenden Zeitpunkt verlegt werden (BGH VersR 1956, 482). Auch kann bestimmt werden, dass die Fälligkeit der Prämie vor Ablauf der Widerrufsfrist eintritt, wenn der VN zugleich Versicherungsschutz schon während der Widerruflichkeit des Vertrages erhält (vgl. *Wandt/Ganster* VersR 2007, 1094; Prölss/Martin/*Knappmann* § 33 Rn. 25). Für zulässig erachtet worden ist auch, in Abweichung von dem dispositiven § 36 als Leistungsort für die Zahlung der Prämie den Ort der Niederlassung des VR zu bestimmen (BGH VersR 1971, 216). Da damit zugleich allerdings Nachteile für den VN begründet werden, die der halbzwingenden Rechtsfolgenregelung des § 37 Abs. 1 entgegenstehen, sind solche Regelungen jedoch als unwirksam nach § 307 Abs. 2 BGB zu betrachten.

Abschnitt 4. Versicherung für fremde Rechnung

§ 43 Begriffsbestimmung

(1) **Der Versicherungsnehmer kann den Versicherungsvertrag im eigenen Namen für einen anderen, mit oder ohne Benennung der Person des Versicherten, schließen (Versicherung für fremde Rechnung).**

(2) **Wird der Versicherungsvertrag für einen anderen geschlossen, ist, auch wenn dieser benannt wird, im Zweifel anzunehmen, dass der Versicherungsnehmer nicht als Vertreter, sondern im eigenen Namen für fremde Rechnung handelt.**

(3) **Ergibt sich aus den Umständen nicht, dass der Versicherungsvertrag für einen anderen geschlossen werden soll, gilt er als für eigene Rechnung geschlossen.**

I. Normzweck und Begriff

1 Die Vorschrift stellt klar, dass ein Versicherungsvertrag ein dem VN fremdes Interesse absichern darf. Das entspricht vielfach einem erheblichen wirtschaftlichen Bedürfnis. Es erlaubt einer aus unterschiedlichen Gründen an der Absicherung eines bestimmten Risikos interessierten Person, dieses Interesse als Vertragspartei auf eigene Kosten unabhängig davon zu befriedigen, ob sie Rechte am Gegenstand des Risikos innehat. Die Gründe können in gesetzlichen oder vertraglichen Pflichten, in der kostengünstigen Beschaffung von Versicherungsschutz für gleichartige Risiken Dritter oder in Gemengelagen der Zuordnung der rechtlichen Sorge für Gegenstände und Gefahren bestehen. Eine **Versicherung für fremde Rechnung** liegt demnach vor, wenn derjenige, der den Versicherungsvertrag mit dem VR im eigenen Namen abschließt, der VN, damit Risiken, die einen anderen, den Versicherten, treffen, deckt. Der VN kann auch mehrere unterschiedliche fremde Interessen versichern: wenn die Ehefrau das von ihrem Ehemann von einem Dritten geleaste Kfz versichert (vgl. OLG Hamm NJW-RR 1996, 96; VersR 1994, 1223), wenn ein Verband die Rechtsschutzinteressen seiner Mitglieder versichert (BGH VersR 2013, 853), oder ein VN die Interessen des von ihm personenverschiedenen Leasingnehmers und des Leasinggebers absichert (LG Dortmund ZfS 2018, 213). Die Gebäudeversicherung einer Wohnungseigentümergemeinschaft kann alle Interessen der Wohnungseigentümer absichern (BGH NJW-RR 2017, 4; LG Karlsruhe ZWE 2019, 324; zur Belastung der Gemeinschaft mit dem Selbstbehalt LG Frankfurt a. M. r+s 2021, 462). Die mit einer Kreditkarte verbundene, von ihrem Aussteller abgeschlossene Versicherung sichert die Interessen der Karteninhaber ab (KG r+s 2008, 147). Neben dem Interesse eines Dritten kann der VN auch eigene Interessen mitversichern (vgl. *Prölss* r+s 1997, 221; Langheid/Wandt/*Dageförde* § 43 Rn. 7). In einem solchen Fall – typisch in der Kraftfahrtversicherung (A.1.2 AKB 2015) – liegt eine **kombinierte Eigen- und Fremdversicherung** vor. Dann ist nur der Teil der Deckung, der das fremde Interesse betrifft, Fremdversicherung (vgl. OLG Karlsruhe r+s 2013, 121 zum Miteigentum in der Kraftfahrtversicherung). Die Fremdversicherung kann bei Abschluss des Versicherungsvertrages entstehen, sie kann aber auch nachträglich eintreten, wenn bspw. der VN sein versichertes Unternehmen verpachtet und den VR des Betriebsunterbrechungsversicherungsvertrages unterrichtet, der sodann weiterhin Prämien vom VN einzieht (BGH VersR 1987, 704; vgl. auch BGH VersR 1988, 237), oder wenn bei einer Berufshaftpflichtversicherung Personen nachgemeldet werden und der VR dies hinnimmt (OLG Hamburg VersR 1985, 229). In der Kaskoversicherung ist der berechtigte Fahrer nicht versicherte Person (OLG Braunschweig ZfS 2018, 29).

II. Abgrenzung und Anwendungsbereich

2 Die §§ 43 ff. sind nicht anzuwenden, wenn die einen Versicherungsvertrag abschließende Person dies (erkennbar) **für einen Anderen** und mit dessen Vertretungsmacht unternimmt. Das gilt vor allem bei **unternehmensbezogenen Geschäften** (BGH r+s 1997, 139, 140 = VersR 1997, 477). Dann liegt eine Eigenversicherung des Geschäftsherrn vor. Das gilt in allen Fällen, in denen ein **Vertretergeschäft** angenommen werden muss (§ 164 Abs. 2 BGB). Also schließen auch **„Parteien kraft Amtes“**, bspw. der Zwangsverwalter, Versicherungs-

verträge für den Inhaber des materiellen Rechts ab oder nehmen dessen Rechte kraft Gesetzes wahr (OLG München NJOZ 2015, 1648 für die Zwangsverwaltung; aA LG Essen VersR 1995, 211). Auch der Wohnungseigentumsverwalter schließt im Zweifel den Gebäudeversicherungsvertrag für die Wohnungseigentümergemeinschaft ab (LG Frankfurt a. M. ZfS 2011, 459), selbst wenn er in der Police als VN bezeichnet werden sollte.

3 Nicht anwendbar sind die §§ 43 ff., wenn der VN **lediglich ein eigenes Interesse** daran decken will, dass Gefahren für die Person oder die Güter eines Anderen abgesichert werden. Dann ist der Dritte nicht Versicherter, sondern **Gefahrperson** (zur Unterscheidung vgl. BGH VersR 2008, 64; 2006, 686 = NJW 2006, 1434). Ob (nur) ein eigenes oder (auch) ein fremdes Interesse abgesichert werden soll, ergibt sich aus der verständigen Würdigung des **Inhalts der Vereinbarung.** In der privaten Krankheitskostenversicherung ist der mitversicherte Ehepartner des VN danach regelmäßig Versicherter, weil diese Konstruktion eben auch das eigene Interesse des Ehepartners am Schutz vor krankheitsbedingten Einbußen berücksichtigt. Das kann anders sein, wenn der Versicherungsvertrag minderjährige Kinder des VN einbezieht. Ein solcher Versicherungsvertrag deckt je nach dem Alter und der noch fehlenden Selbständigkeit des Kindes allein das Interesse des sorgeberechtigten VN an der Absicherung eigener, durch die Krankheit des Kindes verursachter Einbußen. Das gilt auch für die Krankenhaustagegeldversicherung (OLG Saarbrücken VersR 2011, 614). Wird das versicherte **Kind volljährig,** kann sich die Eigenversicherung in eine Fremdversicherung umwandeln, wenn und soweit nicht mehr ausschließlich eigene, auf Unterhaltspflichten beruhende Interessen des VN Grundlage des Versicherungsvertrages sind. Allerdings kann die Auslegung ergeben, dass auch die Absicherung des Interesses eines Kindes gewollt ist, wenn bei Abschluss einer **Berufsunfähigkeitsversicherung** auch die Absicherung dem gegenwärtigen oder erwarteten künftigen beruflichen Status des Kindes dienen soll (BGH NJW 2020, 3783).

4 Von der **Bezugsberechtigung** unterscheidet sich die Versicherung für fremde Rechnung dadurch, dass sie anders als jene, deren Grundlage eine einseitige Erklärung sein kann, eine Vereinbarung voraussetzt; vor allem aber deckt der VN bei Einräumung einer Bezugsberechtigung ein eigenes Interesse und wendet einem Dritten einen Anspruch zu, den dieser unabhängig vom VN geltend machen kann. Die **Veräußerung einer versicherten Sache** führt nicht zu einer Fremdversicherung, sondern zu einem Übergang des Versicherungsvertrages nach § 95 Abs. 1 (BGH NJW-RR 1990, 1306 = VersR 1990, 881). Allerdings kann im Verlauf des Vollzuges eines Veräußerungsgeschäfts – nach dem Gefahrübergang und vor dem Eigentumserwerb durch Eintragung in das Grundbuch – aus der Eigenversicherung des Veräußerers, dessen Interesse an der Sacherhaltung infolge des Gefahrübergangs entfallen ist, eine Fremdversicherung werden (BGH VersR 2001, 53; OLG Jena r+s 2004, 331; vgl. auch OLG Hamm r+s 1990, 386). Die Gebäudeversicherung des Erwerbers eines Grundstücks ist indessen keine Fremdversicherung zugunsten des Veräußerers, wenn es allein um dessen Belastung aus der Ausübung des gesetzlichen Rücktrittsrechts gehen soll (KG VersR 2009, 1531).

5 Die Fremdversicherung ist eine Art **Vertrag zugunsten Dritter** (vgl. zur Abgrenzung BGH VersR 2006, 686; iÜ BGH VersR 1979, 176; VersR 1967, 343; zu Modifikationen BGH VersR 2013, 853; Looschelders/Pohlmann/*Koch* § 43 Rn. 11 ff.). Die §§ 43 ff. sind daher die §§ 328 ff. BGB in ihrem Anwendungsbereich verdrängende Sondervorschriften. Va gelten die §§ 328 Abs. 2, 335

BGB, die das Recht regeln, von dem Vertragspartner die Leistung zu verlangen, nicht. Abgesehen davon, dass auch ihre Anwendbarkeit ausnahmsweise den vertraglichen Abreden entnommen werden kann (BGH VersR 1977, 346), gelten § 333 BGB, der die Zurückweisung des Rechts durch den Versicherten erlaubt (BGH VersR 1954, 297), und § 334 BGB, der – selbstverständlich – Einwendungen des VR aus dem Versicherungsvertrag auf sein Rechtsverhältnis zum Versicherten erstreckt. Das ergibt sich iÜ schon aus dem Wortlaut des § 44 Abs. 1 Satz 1, nach dem (nur) die Rechte aus dem Versicherungsvertrag dem Versicherten zustehen (BGH VersR 1967, 343; Looschelders/Pohlmann/*Koch* § 43 Rn. 14).

Die §§ 43 ff. gelten nach ihrer systematischen Stellung im Gesetz nunmehr für alle Versicherungszweige. Einzelne Sondervorschriften bestätigen das nur. Für die Sachversicherung bestimmt § 89 Abs. 2 bei **Versicherung eines Inbegriffs von Sachen,** dass sich der Versicherungsvertrag auf die Sachen der Personen erstreckt, die bei Eintritt des Schadens mit dem VN in häuslicher Gemeinschaft leben oder zu ihm in einem am Versicherungsort wahrgenommenen Dienstverhältnis stehen. Das bedeutet vor allem, dass die von einem Familienmitglied abgeschlossene Hausratversicherung Fremdversicherung in Bezug auf die übrigen Familienmitglieder ist (vgl. OLG Hamm NJW-RR 1995, 287). Die Kaskoversicherung nach den KfzSBHH deckt als Fremdversicherung auch Versicherungsfälle an Kraftfahrzeugen, die nicht (mehr) im Eigentum des VN stehen (BGH NJW-RR 1987, 856; OLG Köln VersR 1990, 847). 6

Für die **Betriebshaftpflichtversicherung** bestimmt § 102 Abs. 1 ihren Charakter als Fremdversicherung, die neben der Haftpflicht des Unternehmens auch jene von Unternehmensleitern und Dienstnehmern umfasst (vgl. OLG Koblenz VersR 2007, 787; OLG Schleswig VersR 2011, 341). Allerdings erstreckt sie sich nicht auf die Absicherung von Interessen Dritter, deren Haftung lediglich einen Zusammenhang mit dem Betrieb aufweist (zu Fluggästen OLG Stuttgart VersR 2009, 206). Die von einem Unternehmen abgeschlossene **Haftpflichtversicherung** ist Fremdversicherung, wenn und soweit sie Ansprüche gegen die für das Unternehmen tätigen Personen abdecken soll (zur Architektenhaftpflichtversicherung BGH r+s 2009, 60 = VersR 2009, 107). Die **Vertrauensschadenversicherung** der Notarkammern ist Fremdversicherung zugunsten des Interesses an Schadloshaltung der von einem Notar Geschädigten (BGH VersR 2011, 1435; NJW 1998, 2537; VersR 1992, 2423; VersR 1991, 1055 = VersR 1991, 299; inzident BGH r+s 2014, 451). Nach § 179 Abs. 1 Satz 2 gilt ein **Unfallversicherungsvertrag,** der Unfälle eines Anderen deckt, im Zweifel als Fremdversicherung (zur Unfallversicherung als Fremdversicherung OLG Köln r+s 2008, 391). Schließlich bestätigt § 194 Abs. 3 für die **Krankenversicherung** die Anwendbarkeit der §§ 43 ff., regelt aber zusätzlich, dass nur die versicherte Person (ohne Inhaberin des Versicherungsscheins zu sein) die Versicherungsleistung beanspruchen kann, wenn der VN die Versicherungsleistung sie dem VR gegenüber als empfangsberechtigt bezeichnet und sie damit zur ausschließlichen Geltendmachung von Ansprüchen bestimmt hat (zum früheren Recht vgl. BGH NJW 2006, 1434 = VersR 2006, 686; r+s 2008, 24 = VersR 2008, 64). 7

III. Abschluss des Vertrages für einen anderen

Ob der Abschluss des Vertrages **„für einen anderen"** (Abs. 1) erfolgt ist, ist durch Auslegung des Versicherungsvertrages zu ermitteln. Die Person, deren 8

Interesse versichert werden soll, muss nicht benannt werden, weil der VR in aller Regel nicht daran interessiert ist, wer der konkrete Interesseträger ist. Dem VR muss deshalb auch nicht bekannt sein, dass er ein fremdes Interesse versichert (OLG Karlsruhe r+s 2013, 121). Häufig ergibt sich iÜ aus dem Gesetz oder den AVB, dass (neben jenen des VN) Interessen dritter Personen (die dann gerade nicht Dritte iSv § 86 Abs. 1 sind) gedeckt werden. Das gilt vor allem für die **Kfz-Haftpflichtversicherung** nach § 2 Abs. 2 KfzPflVV. Die dort genannten Personen können nach A.1.2 AKB 2008 ihre Ansprüche allerdings – abw. von § 44 Abs. 2 – selbstständig geltend machen. Die in § 19a BNotO vorgesehene **Vertrauensschadenversicherung** (vgl. Rn. 7) ist ebenso Fremdversicherung zugunsten des Geschädigten wie die anwaltliche **Berufshaftpflichtversicherung** nach § 51 BRAO. Auch die **Rechtsschutzversicherung** soll häufig ausdrücklich die Interessen Anderer als jene des VN absichern (vgl. § 21 Abs. 1 Satz 2 ARB zum Verkehrsrechtsschutz; § 23 Abs. 1 und 2 ARB 2008 und § 25 Abs. 1 und 2 für den Privatrechtsschutz; zur Managerrechtsschutzversicherung OLG Köln r+s 2009, 371). Dient der Abschluss des Vertrages der Rückdeckung einer Versorgungszusage, so liegt eine Versicherung ausschließlich im eigenen Interesse vor (OLG Köln BeckRS 2012, 11008; offen gelassen von OLG Saarbrücken NJW-RR 2006, 250).

9 Ein Versicherungsvertrag, der zunächst fremde Interessen nicht einbezogen hat, kann sich in einen Versicherungsvertrag für fremde Rechnung **umwandeln.** So kann aus der Feuerversicherung eines Grundstückseigentümers ein Versicherungsvertrag zugunsten eines Dritten werden, wenn das Grundstück oder der auf ihm stehende Betrieb verpachtet wird, der VR davon erfährt und die Prämie weiter von dem VN einzieht (BGH NJW-RR 1988, 468 = VersR 1988, 237).

10 Versicherungsverträge, die Risiken für Güter einer **Gesamthand** decken, sind grds. nicht als Fremdversicherung zu betrachten, sondern sind Eigenversicherung der Träger der gesamthänderisch verbundenen Rechte und Pflichten und nicht (in Regress zu nehmende) Dritte (vgl. zum Ausgangspunkt BGH VersR 1964, 479 zur Kaskoversicherung einer OHG; BGH NJW 1990, 1181 = VersR 1990, 380 zur Firmenrechtsschutzversicherung einer KG). Das ist jedoch in den Fällen anders, in denen die Gesamthand – wie bei OHG, KG und GbR – rechtlich verselbständigt ist. Ist Zuordnungssubjekt der Rechte und Pflichten ein von den gesamthänderisch verbundenen Gesellschaftern zu unterscheidendes Rechtssubjekt, die Gesellschaft, so deckt der Versicherungsvertrag zunächst deren Sacherhaltungsinteresse (BGH VersR 2008, 635 = NJW 2008, 1737). Das schließt indessen nicht aus, dass solche Verträge nicht auch über das **Sacherhaltungsinteresse** der Gesamthand/Gesellschaft hinaus ein **„Sachersatz-", also ein Haftpflichtinteresse** ihrer Teilhaber (das Interesse an der Freistellung von das Vermögen der Gesellschafter belastenden Folgen) absichert (BGH aaO; OLG Hamm NJW 2012, 1594 = VersR 2012, 1425 zum Kfz-Haftpflichtversicherungsvertrag einer OHG Prölss/Martin/*Klimke* § 43 Rn. 10, 39 ff.; anders noch BGH NJW 1994, 585 = VersR 1994, 85). Welches fremde Interesse der Versicherungsvertrag erfasst, ist nämlich allein der vertraglichen Regelung und ihrer Auslegung zu entnehmen (BGH VersR 2003, 1171; VersR 2001, 94; VersR 2001, 713). Diese Auslegung kann ergeben, dass der VN (die Gesellschaft) ein dem VR erkennbares besonderes Interesse daran hat, sich nicht mit ihren Gesellschaftern (oder auch ihren Organen) in rechtliche Auseinandersetzungen um ein zu deren Haftpflicht führendes Ereignis verstricken zu müssen.

Für die **Wohnungseigentümergemeinschaft** folgt daraus seit der Anerkennung ihrer Teilrechtsfähigkeit (§ 10 Abs. 6 WEG), dass VN der Gebäudeversicherung nicht mehr die Miteigentümer in ihrer gesamthänderischen Verbundenheit sind, sondern die Wohnungseigentümergemeinschaft als solche ist. Der einzelne Wohnungseigentümer ist Mitversicherter in Bezug auf seinen wertmäßigen Anteil am Gemeinschaftseigentum und in Bezug auf sein Sondereigentum (BGH NJW-RR 2017, 4 = VersR 2016, 1564; VersR 2007, 411; OLG Frankfurt a. M. r+s 2007, 21; OLG Köln VersR 2006, 1071; NZM 2003, 641; OLG Hamm VersR 1996, 1234; LG Frankfurt a. M. ZfS 2011, 459). Soweit die Gebäudeversicherung das Sondereigentum des einzelnen Wohnungseigentümers absichert, ist sie ohnehin Fremdversicherung (BGH NJW-RR 2017, 4 = VersR 2016, 1564). Gegenstand der Mitversicherung ist – aufgrund der dem VR erkennbaren Rechtsbeziehung zwischen den Miteigentümern – (auch) das **Haftpflichtinteresse** des einzelnen Wohnungseigentümers, nicht auf Ersatz von Sachschäden am Gemeinschaftseigentum und am Sondereigentum der anderen Wohnungseigentümer in Anspruch genommen zu werden (vgl. auch BGH NJW 2007, 292 = VersR 2007, 411; VersR 2001, 713). Sieht die Gebäudeversicherung einer Wohnungseigentümergemeinschaft **Selbstbehalte** vor, und ist durch einen Schaden allein das Sondereigentum einer versicherten Person betroffen, so trifft der Selbstbehalt diese in vollem Umfang und nicht nur quotal (str., aA LG Karlsruhe ZWE 2019, 324 mwN. und abl., zutreffender Anm. von *Armbrüster*). Denn wenn der Vertrag materiell ein fremdes Interesse absichert, bestimmt sich der Entschädigungsanspruch nach den Verhältnissen der versicherten Person und der ihr vertraglich versprochenen Absicherung; insoweit richtet sich die Höhe der Entschädigung nach dem, was ihr für einen Schadenfall als solchem zugesagt ist. 11

Häufig sind die Fälle, in denen **fremdes Eigentum versichert** werden soll. Darum geht es bspw. bei **geleasten Sachen:** Hier versichert der Leasingnehmer das Eigentümerinteresse des Leasinggebers und zugleich sein Sachersatzinteresse (BGH NJW 2015, 339= VersR 2014, 1367; VersR 2008, 501; OLG Frankfurt a. M. VersR 2000, 1233; OLG Karlsruhe VersR 1998, 1230; OLG Dresden VersR 1998, 231; OLG Hamm VersR 2013, 178 = NJW-RR 2012, 989). Dadurch erhöht sich das Risiko des VR nicht, da der Wert der versicherten Sache gleich bleibt. Die **Entschädigung** berechnet sich zunächst **nach den vertraglichen Abreden,** sodass bspw bei Versicherung eines geleasten Kraftfahrzeugs der versicherten Person eine **Neuwertentschädigung** zusteht, auch wenn sie selbst von dem VN nur weniger verlangen kann (OLG Düsseldorf VersR 2019, 1505). IÜ kommt es für die **Berechnung der Entschädigung,** da es sich in erster Linie um eine Sachversicherung handelt, auf die **Verhältnisse des Leasinggebers** – bspw seine **Vorsteuerabzugsberechtigung –** an (BGH VersR 1993, 1223). Der Versicherte muss aber die Entschädigung für die Reparatur zur Verfügung stellen (BGH VersR 1985, 679; vgl. aber auch OLG Stuttgart NJW-RR 2011, 182). Die dem VN dadurch im Leasingverhältnis entstehenden Nachteile können nicht aufgrund von Billigkeitserwägungen korrigiert werden. Die Differenz zwischen der ihm aufgrund seines Versicherungsvertrags zustehenden Entschädigung und der von ihm an den Leasinggeber auszuzahlenden Ablösesumme ist nämlich durch den Abschluss einer Zusatzversicherung – der sogenannten **GAP-Deckung** – zu schließen (BGH NJW 2015, 339 = VersR 2014, 1367). Verzichtet der Leasinggeber auf die Geltendmachung eines solchen Differenzbetrages, so kann er, da es im Rahmen der Fremdversicherung auf sein Interesse an Schadloshaltung ankommt, den GAP-Versicherer des VN und Leasingnehmers nicht in Anspruch 12 nehmen (BGH NJW 2015, 339 = VersR 2014, 1367). Die Erteilung eines **Sicherungsscheins** an den Leasinggeber (vgl. → § 3 Rn. 12) widerlegt iÜ idR die Vermutung des Abs. 3.

13 Auch die **Gebäudeversicherung** schützt neben dem Interesse des Eigentümers andere Personen, denen die Gefahrverwaltung übertragen ist wie Mieter, Pächter und „Bauherren" (BGH r+s 2012, 121 = VersR 2012, 354), die ein Interesse an der Erhaltung der Sachsubstanz eines Bauwerks auch dann haben, wenn Teile davon noch im Vorbehaltseigentum Dritter stehen. In der **Gebäudeversicherung** war lange streitig, ob die Interessen des Mieters oder Pächters, keinen (auf den VR übergehenden) Schadensersatzansprüchen des Vermieters oder Verpächters ausgesetzt zu sein, also ihre **Sachersatz- oder Haftpflichtinteressen,** mitversichert sind. Die Rspr. hat einen anderen Weg eingeschlagen und geht von einem **konkludenten Regressverzicht** des Gebäudeversicherers gegenüber dem einen versicherten Schaden fahrlässig (ggf. auch grob fahrlässig) verursachenden Mieter oder Pächter aus (zuletzt BGH r+s 2010, 150 = VersR 2010, 477; grdl. BGH NJW-RR 2008, 1413; VersR 2006, 1530 (1533, 1536); anders zur Hausratversicherung BGH VersR 2006, 1398; vgl. eingehend § 86 Rn. 35; zur Leitungswasserversicherung noch anders BGH VersR 1991, 462). Das schließt die Annahme aus, Inhalt des Versicherungsvertrages sei eine (darüberhinausgehende) Absicherung fremder Interessen. Allerdings kann eine Gebäudeversicherung im Einzelfall doch Fremdversicherung sein, soweit es um von dem Mieter oder Pächter eingebrachte und in das Eigentum des VN übergegangene Sachen geht und deren Wegnahmerecht in Frage steht (BGH VersR 1994, 1103 mAnm *Lorenz* VersR 1994, 1104 und *Prölss* VersR 1994, 1404).

14 Die Auslegung des Vertrages kann allerdings ergeben, dass ein fremdes Interesse nicht versichert ist, weil der Risikoträger nicht schutzbedürftig ist. So ist in der das Sacherhaltungsinteresse deckenden **Transportversicherung** (zum Schutz des fremden Sacherhaltungsinteresses des Auftraggebers in der Speditionsversicherung BGH VersR 2002, 436; zur CMR-Versicherung OLG Bremen VersR 1998, 450) keine Mitversicherung des Sachersatzinteresses des Unternehmers anzunehmen, weil dieser gesetzlich verpflichtet ist, eine Güterschadenhaftpflichtversicherung zu unterhalten (BGH VersR 2003, 1171; vgl. auch OLG Celle Urt. v. 19.9.2008 – 8 U 63/08; OLG Frankfurt a. M. NJW-RR 1998, 1327).

15 Die **D&O-Versicherung** ist eine freiwillige Vermögensschadenhaftpflichtversicherung für Unternehmensleiter. Sie sollen geschützt werden, wenn gegen sie im Außen- oder Innenverhältnis Haftungsansprüche geltend gemacht werden. VN ist regelmäßig das Unternehmen, dem sie angehören, oder ein Konzernunternehmen. Sie selbst sind versicherte Personen (vgl. BGH NJW 2017, 2466 = VersR 2017, 681; OLG München VersR 2005, 540; OLG Köln r+s 2008, 468; OLG Düsseldorf BeckRS 2007, 2277). Das gilt auch für den Fall der Innenhaftung, bei dem dann VN und Haftpflichtansprüche erhebender Geschädigter identisch sind. Dennoch handelt es sich trotz des dann fehlenden Interesses des prozessführungsbefugten VN, Abwehransprüche durchzusetzen, um keine Eigenschadenversicherung. Soweit in einem solchen Fall keine ausdrücklichen Abreden getroffen sind oder werden, spricht allerdings viel dafür, auch wenn es an einer ausdrücklichen Regelung fehlt (zu ihr BGH NJW 2020, 1886) eine stillschweigend vereinbarte Befugnis der versicherten Person zur Geltendmachung der Ansprüche aus dem Versicherungsvertrag anzunehmen (vgl. zu der str. Frage zutr. *Langheid/Grote* VersR 2005, 1165; aA *Säcker* VersR 2006, 10 ff.; allg. *Armbrüster* NJW 2016, 897; *Nothoff* NJW 2003, 1350).

16 Fremde Interessen können auch in der **Personenversicherung** versichert werden. Das ist regelmäßig in den Fällen von Gruppenversicherungen zur betriebli-

chen Altersversorgung der Fall (BAG NZA-RR 2008, 32; OLG Celle VersR 2008, 60). Aber auch in der der Kreditabsicherung dienenden Arbeitsunfähigkeitszusatzversicherung, bei der VN der Kreditgeber sein kann, sind die §§ 43 ff. anwendbar (OLG Celle OLGR 2008, 98; OLG Karlsruhe OLGR 2006, 637).

IV. Auslegungsregeln

Die Auslegungsregeln der **Abs. 2 und 3** sollen vermeiden, dass ein versichertes Interesse nicht zugeordnet werden und dann Leistungsfreiheit des VR eintreten kann. Steht fest, dass das Interesse eines anderen versichert ist, so kann der Vertragsschließende in Vertretung desjenigen, dessen Interesse versichert ist, oder im eigenen Namen gehandelt haben, es kann also eine Eigenversicherung des Inhabers des versicherten Interesses oder eine Fremdversicherung des Handelnden vorliegen. Bleibt nach Auslegung offen, was gewollt ist (BGH VersR 1997, 477), so bestimmt die Auslegungsregeln des **Abs. 2** – entsprechend § 164 Abs. 2 BGB –, dass widerleglich von einer Fremdversicherung auszugehen ist, der Vertragsschließende also VN ist. Das ist unabhängig davon, ob der Inhaber des versicherten Interesses benannt ist oder nicht. 17

Nach Abs. 3 wird als Regelfall **vermutet, dass eine Eigenversicherung vorliegt,** wenn sich aus den Umständen keine Anhaltspunkte der Versicherung eines fremden Interesses ergeben. Ergeben die Umstände des Einzelfalls, dass ein fremdes Interesse versichert werden soll, ist die ohnehin schwache Vermutung widerlegt (BGH VersR 1994, 1103). Die Vermutung des Abs. 3 geht jener des Abs. 2 vor. Die Umstände müssen ergeben, dass der VN jedenfalls nicht allein Träger des versicherten Interesses sein soll. Entscheidend ist letztlich, dass den Erklärungen der Parteien bei objektiver Betrachtung zu entnehmen ist, dass die Interessen versichert werden sollen, die nach der „objektiven Rechtslage" als Gegenstand der Versicherung in Betracht kommen (BGH r+s 2001, 31 = VersR 2001, 53; NJW 1988, 2803 = VersR 1988, 949; OLG Karlsruhe r+s 2013, 121). 18

Fraglich ist, ob die Vermutung der Eigenversicherung nur dann widerlegt ist, wenn die **Absicherung des fremden Interesses irgendwie erkennbar** ist, und wer dies zu welchem Zeitpunkt erkennen muss (zu den notwendigen Differenzierungen Prölss/Martin/*Klimke* § 43 Rn. 8). Um den Interessen der Betroffenen gerecht zu werden, darf auf die Erkennbarkeit, deren Notwendigkeit sich inzident aus den Vermutungen der Abs. 2 und 3 ergibt, grds. nicht verzichtet werden. Es reicht allerdings aus, dass zum Zeitpunkt des Versicherungsfalles von einem objektiven Beobachter zu erkennen ist, dass (auch) ein fremdes Interesse versichert ist. Denn der VR übernimmt als Gegenleistung für die nach dem Versicherungswert berechnete Prämie kein unterschiedlich hohes Risiko je nachdem, ob eine Eigen- oder eine Fremdversicherung vorliegt. Im Übrigen ist er dadurch geschützt, dass ihn der VN auch über die Gefahrumstände in der Person des Trägers des fremden Interesses aufklären muss (BGH NJW-RR 1992, 161 = VersR 1991, 1404; aA OLG Karlsruhe VersR 1991, 1048: Vermutung der Eigenversicherung nur widerlegt, wenn der VR bei Vertragsschluss aus den Umständen erkennen konnte, dass der VN eine Fremdversicherung abschließen wollte). Wird das Eigentum an einer Sache versichert, so scheitert allerdings die Annahme einer Fremdversicherung nicht daran, dass der VR den VN irrtümlich für den Eigentümer hielt (BGH VersR 2009, 1115; VersR 2001, 53; vor allem NJW 1988, 2803 = VersR 1988, 949); OLG Hamm r+s 1990, 386). 19

V. Rechtsfolgen

20 Die Rechtsfolgen der Annahme einer Fremdversicherung ergeben sich im Wesentlichen aus den §§ 44–47. Der VR hat auch dem Versicherten gegenüber Deckung nur im Rahmen der versicherten Gefahr zu gewähren. **Risikoausschlüsse,** deren Grundlage die versicherte Person, die kein Repräsentant des VN ist, geschaffen hat, führen daher zum Ausschluss des Anspruchs des Versicherten, nicht aber zum Ausschluss von Ansprüchen des VN (OLG Koblenz VersR 2007, 787 zum Risikoausschluss wissentlichen Fehlverhaltens; zur Änderung von Risikoausschlüssen während der Laufzeit des Vertrages BGH VersR 2013, 853). Obliegenheiten, die vor dem Versicherungsfall zu erfüllen sind, und die der Versicherte verletzt hat, erlauben keine Kündigung des gesamten Versicherungsvertrages nach § 28 Abs. 1 (BGH VersR 2003, 445). In der Kfz-Haftpflichtversicherung wird vertreten, dass der VR bei vorsätzlicher Herbeiführung des Versicherungsfalles (§ 103) durch die versicherte Person auch dem Dritten gegenüber nicht haftet (HK-VVG/*Muschner* § 43 Rn. 6; aA BGH VersR 1971, 239; OLG Koblenz VersR 1994, 715; OLG Schleswig VersR 1995, 827).

§ 44 Rechte des Versicherten

(1) [1]**Bei der Versicherung für fremde Rechnung stehen die Rechte aus dem Versicherungsvertrag dem Versicherten zu.** [2]**Die Übermittlung des Versicherungsscheins kann jedoch nur der Versicherungsnehmer verlangen.**

(2) **Der Versicherte kann ohne Zustimmung des Versicherungsnehmers nur dann über seine Rechte verfügen und diese Rechte gerichtlich geltend machen, wenn er im Besitz des Versicherungsscheins ist.**

I. Normzweck und Anwendungsbereich

1 Aus § 44 und § 45 ergibt sich die für die Versicherung für fremde Rechnung eigentümliche **Spaltung der materiellen Inhaberschaft der Rechte** aus dem Versicherungsvertrag und **der formell- materiellen Befugnis,** sie gerichtlich geltend zu machen und über sie zu verfügen (BGH NJW 2014, 3030). Damit soll zum einen bewirkt werden, dass der VR sich allein mit seinem Vertragspartner und nicht mit einer Vielzahl von Personen auseinandersetzen muss, die die Versicherungsleistung fordern und deren rechtliche Beziehungen zum VN er nicht kennt. Zum anderen soll das Interesse des VN geschützt werden, seine Forderungen gegen die versicherte Person zu verwirklichen. Beides gelingt, indem zunächst § 44 Abs. 1 Satz 1 die Rechte aus dem Versicherungsvertrag – mit der Ausnahme des Anspruchs auf den Versicherungsschein (Abs. 1 Satz 2) – dem Versicherten zuweist, § 44 Abs. 2 jedoch die Befugnis zur Verfügung über sie und zu ihrer gerichtlichen Geltendmachung von einer Zustimmung des VN oder von dem Besitz des Versicherungsscheins abhängig macht, während § 45 diese „Rechtsteile" ansonsten grds. dem VN zuspricht.

2 Die Aufteilung des aus dem Versicherungsvertrag folgenden Rechtebündels bedeutet, dass der VN Vertragspartner des VR bleibt; der Versicherte wird **nicht zu einem zweiten VN** (BGH VersR 1994, 208; VersR 1964, 131). Den Versicherungsvertrag anfechten oder kündigen, ihn widerrufen oder einer Abweichung

von Versicherungsantrag und Versicherungsschein widersprechen kann nur der VN (OLG Hamm VersR 2018, 380). Die Prämie schuldet der VN. **Gesetzliche und vertragliche Pflichten und Obliegenheiten** treffen weiter den VN. Verletzt er sie, gilt nichts anderes, als wenn er den Vertrag für eigene Rechnung genommen hätte. Allerdings trifft den Versicherten neben dem VN auch die Verantwortung für die Erfüllung **gesetzlicher und vertraglicher Obliegenheiten** (vgl. § 47 Rn. 2; BGH VersR 1979, 176; VersR 1976, 383). Der VN ist der richtige Adressat von Willenserklärungen des VR (aA zu Unrecht für Gruppenversicherungsverträge OLG München VersR 1995, 902 und dazu *Wriede* VersR 1996, 873; zum Abschluss eines Schadensfeststellungsvertrages des VN und etwaigen Schadensersatzansprüchen BGH VersR 1963, 521; zur Hinweispflicht des UnfallVR § 186 Rn. 1 ff.). In der **Insolvenz des VN** steht der versicherten Person ein Aussonderungsrecht zu, allerdings ist der Insolvenzverwalter des VN befugt, die Rechte aus dem Vertrag geltend zu machen (BGH NJW2020, 1886; 2014, 3030; OLG Köln NJW-RR 2015, 725).

In den **AVB** finden sich **abweichende Regelungen.** So sind nach A.1.2 Satz 2 AKB 2015 die versicherten Personen befugt, ihre Rechte selbstständig geltend zu machen. Nach A1-2.4 AVB PHV 2016 ist – unabhängig vom Vorliegen der Voraussetzungen der §§ 44, 45 – **ausschließlich der VN berechtigt,** die Rechte aus dem Vertrag auszuüben. § 12 Nr. 2 VGB 2008 verwehrt dem Versicherten, die Rechte aus dem Vertrag auszuüben, auch für den Fall, dass er im Besitz des Versicherungsscheins ist (zur Wirksamkeit einer entsprechenden Klausel OLG Frankfurt a. M. BeckRS 2018, 10066), während B § 12 Nr. 1 VGB 2010 dem VN genau diese Befugnis selbst für den Fall fehlenden Besitzes am Versicherungsschein zuspricht. Diese die dispositiven §§ 43 ff. modifizierenden AVB sind unbedenklich. Daher darf der VR die Auszahlung der Entschädigung auch von einer Einigung zwischen dem VN und dem Versicherten abhängig machen (OLG Oldenburg r+s 1996, 64). Davon abgesehen darf sich der VR im Einzelfall **nach § 242 BGB nicht darauf berufen,** dass es dem Versicherten nicht zusteht, die Rechte aus dem Versicherungsvertrag geltend zu machen (vgl. → Rn. 10). Die AVB der **Rechtsschutzversicherung** sehen regelmäßig vor, dass die für den VN geltenden Bestimmungen für versicherte Personen sinngemäß gelten, der VN jedoch widersprechen kann, wenn eine versicherte Person, die nicht Ehe- oder Lebenspartner des VN ist, Rechtsschutz begehrt (ARB 2008 § 15 Abs. 2). Das führt allerdings nicht zu einer alleinigen Verfügungsbefugnis der versicherten Person. § 44 Abs. 2 wird allerdings dadurch abbedungen. Liegen bis zu einem Widerspruch des VN einander widersprechende Verfügungen des VN und der versicherten Person vor, ist streitig, welche den Vorrang genießt. Wird als Verfügung richtig nur die Übertragung, Belastung, Aufhebung oder Inhaltsänderung eines Rechts (und nicht dessen Geltendmachung) verstanden, muss das Prioritätsprinzip jedenfalls insoweit gelten (vgl. BGH NJW 2014, 3030 mwN; Bruck/Möller/*Brand* § 45 Rn. 9), als die zeitlich „erste" Verfügung der folgenden die Grundlage entzieht. 3

II. Inhaberschaft der Rechte

Nach Abs. 1 Satz 1 ist der Versicherte Inhaber der Rechte aus dem Versicherungsvertrag. Dabei verbindet ihn mit dem VN ein gesetzliches Treuhandverhältnis (vgl. → § 46 Rn. 3), das den VN regelmäßig dazu verpflichtet, eine erhaltene Entschädigung an den Versicherten auszukehren. Mit den in Abs. 1 Satz 1 genann- 4 ten Rechten sind allerdings nicht alle Rechte aus dem Versicherungsvertrag gemeint, sondern der **Anspruch auf die** für den Eintritt des Versicherungsfalles versprochene **Leistung.** Auch ein Anspruch auf Schadensersatz wegen Verzuges zählt dazu (OLG Hamm r+s 1986, 317). Der Versicherte kann iÜ zwar nicht Klage auf Feststellung erheben, ihm sei Versicherungsschutz zu gewähren, auch wenn er auf die Abwehr von Ansprüchen eines angeblich Geschädigten gerichtet ist, wohl aber die Feststellung, dass er in den Versicherungsschutz einbezogen ist (BGH VersR 1983, 823).

5 Die Leistung des VR an den VN ist **Erfüllung (auch) gegenüber dem Versicherten** (BGH VersR 1994, 1101). Umstritten ist allerdings, gegen wen der VR Ansprüche wegen **ungerechtfertigter Bereicherung** geltend machen kann, wenn er die Versicherungsleistung rechtsgrundlos **an den Versicherten** erbracht hat. In solchen Fällen verweist die Rspr. den VR auf die Inanspruchnahme des VN, weil Zuwendender (VR) und Zuwendungsempfänger (Versicherter) die Leistung übereinstimmend als Erfüllung von Ansprüchen des Versicherten gegen den VN betrachten würden und es bei wertender Betrachtung gerechtfertigt sei, das Insolvenzrisiko (des VN) dem VR zuzuweisen (BGH NJW 1989, 900 = VersR 1989, 74; NJW 1993, 1578 = VersR 1994, 208 mit abl. Anm. *Sieg* VersR 1994, 210). Das mag im Einzelfall so sein. Jedoch darf, anders als die Rspr. meint, nicht grds. als zu formal betrachtet werden, dass materiell-rechtlich der Versicherte Inhaber des Anspruchs ist und daher der VR mit seiner Leistung an den Versicherten auch genau dessen Forderung befriedigen will (vgl. Prölss/Martin/*Klimke* § 44 Rn. 19; HK-VVG/*Muschner* § 44 Rn. 6). Hat der VR **rechtsgrundlos an den VN gezahlt,** so richtet sich der Bereicherungsanspruch auch gegen diesen (OLG Koblenz VersR 2001, 636; Prölss/Martin/*Klimke* § 44 Rn. 19).

6 Gläubiger des Versicherten können das ihnen zustehende materielle Recht **pfänden,** obwohl sie selbst nicht darüber verfügen dürfen. Denn das Recht als solches ist (durch den VN) übertragbar (§ 851 Abs. 1 ZPO), sein für den Zugriff von Gläubigern entscheidender Vermögenswert ist dem Versicherten zugewiesen. Eine Pfändung hindert allerdings Verfügungen des VN nicht; will ein Gläubiger des Versicherten sie ausschließen, muss er die im Innenverhältnis von Versichertem und VN bestehenden Ansprüche gleichfalls in Beschlag nehmen oder dem VN – ggf. im einstweiligen Rechtsschutz – Verfügungen untersagen lassen. Der Anspruch fällt in der Insolvenz des Versicherten in dessen Masse. Hat der Insolvenzverwalter des VN die Entschädigung eingezogen, steht dem Versicherten ein Ersatzaussonderungsanspruch zu (BGH NJW 1953, 1825).

7 In der **D&O-Versicherung,** die als Haftpflichtversicherung abgeschlossen wird, ist folglich der Versicherte, also das einbezogene Organmitglied, Inhaber des Freistellungsanspruchs. Das kann vor allem in Fällen der Innenhaftung, in denen sich eine Muttergesellschaft als VN der Schadensersatzansprüche gegen Organmitglieder einer Tochtergesellschaft berühmt, zu einem Interessenkonflikt führen: Der VN müsste den VR gerichtlich auf Abwehr der von ihm gegen den Versicherten geltend gemachten Ansprüche in Anspruch nehmen, soweit der Versicherungsvertrag nicht etwas anderes bestimmt. Seine Lösung kann aber nicht darin bestehen, unter Missachtung des der Haftpflichtversicherung eigenen Trennungsprinzips zu gestatten, dass der VN den VR sogleich auf Schadensersatz in Anspruch nimmt (vgl. *Langheid/Grote* VersR 2005, 1165 (1169); vgl. auch OLG München VersR 2005, 540; OLG Düsseldorf BeckRS 2007, 2772). Vielmehr ist davon auszugehen, dass in einem solchen Fall dem Versicherten auch die Befugnis zur Geltendmachung des Rechtsschutzanspruchs zusteht. Das ist dann anders,

wenn in einer **D&O-Versicherung mit Innendeckung** dem VN rechtskräftig ein Haftpflichtanspruch gegen eine versicherte Person zuerkannt ist. Dann darf der VN den VR unmittelbar in Anspruch nehmen (OLG Frankfurt a. M. VersR 2012, 432 = r+s 20121, 509; OLG München VersR 2005, 540). Ist in den AVB ausschließlich dem Versicherten die Geltendmachung der Rechte aus dem Vertrag zugestanden, macht er aber Haftpflichtansprüche gar nicht geltend und sind schützenswerte Interessen des VR an einer Berufung auf diese Regelung nicht erkennbar, so kann der VN den VR in Anspruch nehmen (BGH NJW 2017, 2466 = VersR 2017, 681).

Abs. 1 Satz 2 nimmt indessen den Anspruch auf Übermittlung des Versiche- 8 rungsscheins nach § 3 Abs. 1 VVG von den dem Versicherten zustehenden Rechten aus. Damit wird sichergestellt, dass es von dem VN abhängt, ob der Versicherte die Rechte aus dem Versicherungsvertrag auch geltend machen darf.

III. Verfügung und Geltendmachung durch den Versicherten

Die Befugnis zur Verfügung über den Anspruch auf Deckung steht im gesetzli- 9 chen Regelfall dem Versicherungsnehmer zu. Fällt er in **Insolvenz,** geht dieses Recht nach § 80 InsO auf den Insolvenzverwalter über, wenn auch der versicherten Person ein Aussonderungsrecht zusteht (BGH NJW 2020, 1886). Will der Versicherte über die Rechte aus dem Versicherungsvertrag verfügen oder sie gerichtlich geltend machen, setzt das entweder voraus, dass der VN dem (auch **konkludent,** bspw. durch den Ehepartner, OLG Dresden Urt. v. 3.5.2018 – 4 U 443/18) z**ustimmt** (§ 182 Abs. 1 BGB) oder dass er – gewissermaßen als konkludente Zustimmung – den Versicherungsschein besitzt. Die Zustimmung kann als Einwilligung oder Genehmigung erfolgen. Sie kann einem schlüssigen Verhalten des VN entnommen werden (OLG Stuttgart r+s 1992, 331). In AVB kann die Legitimationswirkung des Versicherungsscheins abbedungen sein (vgl. → Rn. 11 ff.). Hat der VR gegenüber der versicherten Person die Deckung bestätigt, kann er diesen so selbständig begründeten Anspruch durch eine Leistung an den VN nicht mehr erfüllen (BGH NJW 2014, 3030). Allerdings kann die Vorschrift – wie häufig in der D&O-Versicherung – **abbedungen** werden: Ist in den AVB bestimmt, dass die Rechte aus dem Vertrag (gar ausschließlich) durch die versicherte Person geltend gemacht werden, so steht die Verfügungsbefugnis über den materiellen Anspruch auch allein ihr zu (BGH NJW 2020, 1886).

Im Einzelfall kann es **rechtsmissbräuchlich** sein, wenn sich der VR auf das 10 Fehlen einer Zustimmung beruft (BGH VersR 2007, 238; OLG Hamm r+s 2005, 934; OLG Köln r+s 2003, 409; NVersZ 2002, 515; NJW-RR 1997, 856; OLG Karlsruhe VersR 1997, 104; VersR 1997, 309; VersR 1983, 823; NJW-RR 1987, 856; NJW 1964, 1899). Maßgeblich dafür kann (vor allem in der Gebäudeversicherung) sein, dass der VR während der Regulierungsprüfung **ausschließlich mit dem Versicherten korrespondiert** und sich auch im Rechtsstreit erst sehr spät auf das Fehlen der Aktivlegitimation beruft (OLG Saarbrücken VersR 2016, 1564). Ob Rechtsmissbrauch vorliegt, hängt auch davon ab, ob der VN im Hinblick auf den Regelungszweck **billigenswerte Gründe** hat, die Zustimmung zu verweigern (BGH VersR 1998, 1016; VersR 1983, 823; NJW-RR 1987, 856), beispielsweise Ansprüche auf rückständiges Hausgeld. Danach soll der VN davor geschützt werden, in eigenen Ansprüchen gegen die versicherte Person beeinträchtigt zu werden. Kümmert er sich zum potenziellen Schaden des Versicherten nicht um die Durchsetzung eines Anspruchs, kann das gleichfalls für Rechtsmissbrauch sprechen. Allerdings muss auch der VR nicht mehr des sich aus § 45 Abs. 1 ergebenden Schutzes bedürfen. Die Auszahlung der Entschädigung an den VN ohne Zustimmung des Versicherten führt nicht dazu, dass der Versicherte nunmehr seinerseits den VR in Anspruch nehmen darf (BGH NJW-RR 1995, 404 = VersR 1995, 332). Umgekehrt ist es **nicht rechtsmissbräuchlich, wenn der VR an den VN** (oder dessen Insolvenzverwalter) **leistet,** obwohl er erkennen kann, dass dadurch das materielle Interesse des Versicherten nicht mehr befriedigt wird (OLG Celle ZfS 2016, 516).

IV. Ausstellung eines Sicherungsscheins oder einer Versicherungsbestätigung

11 Besonderheiten gelten, wenn ein Sicherungsschein ausgestellt ist. Dabei handelt es sich um die Dokumentation der von der Versicherungspraxis entwickelten Vereinbarungen, die in aller Regel sicherstellen sollen, dass ein **Kreditgeber** (Vorbehaltsverkäufer, Sicherungseigentümer, Leasinggeber) als der **Inhaber des versicherten Interesses** davor geschützt wird, das Äquivalent für das Sicherungsgut zu verlieren. Sicherungsscheine finden sich im Alltag vor allem in der Kaskoversicherung bei geleasten Kraftfahrzeugen (vgl. OLG Düsseldorf BeckRS 2014, 20466; Stiefel/Maier/*Stadler* AKB A.2.4 Rn. 8 ff.). Ihre rechtliche Bedeutung ist naturgemäß von den Abreden abhängig, die sie jeweils enthalten. Mit der Ausstellung eines Sicherungsscheins werden (regelmäßig) die **§§ 44 Abs. 2, 45 Abs. 1 abbedungen** mit der Folge, dass der Versicherte (auch ohne Besitz am Versicherungsschein) den Anspruch aus dem Versicherungsvertrag selbst geltend machen kann, der VN indessen nur, wenn der Versicherte ihn dazu ermächtigt (OLG Köln r+s 2005, 459; SP 2001, 99). **Zahlung** kann dann, soweit keine andere Vereinbarung vorgelegt wird, **nur an den Inhaber des Sicherungsscheins** verlangt werden (OLG Saarbrücken VersR 1989, 38). Der VR sagt dem Versicherten darüber hinaus zu, die im Versicherungsfall gebotene Leistung ganz oder ab einem bestimmten Betrag in Höhe der noch offenen Forderung gegen den VN an ihn auszuzahlen. Der Sicherungsschein begründet allerdings keine über den Versicherungsvertrag hinausgehenden Rechte dem VR gegenüber und teilt das Schicksal des Versicherungsvertrages für den Fall, dass dieser nichtig ist, angefochten wird oder der VR von ihm zurücktritt (OLG Celle r+s 2010, 424). Maßgeblich für die Bemessung des Anspruchs sind iÜ weiterhin die **wirtschaftlichen Verhältnisse der versicherten Person,** in der Kaskoversicherung also jene des Leasinggebers (OLG Dresden VersR 2020, 1178 = BeckRS 2020, 13924), denn sein Interesse ist abgesichert. Eine für diesen bestehende Vorsteuerabzugsberechtigung ist also zu berücksichtigen.

12 Zugleich begründet die Ausstellung eines Sicherungsscheins **vertragliche Nebenpflichten,** die den VR verpflichten, dem Versicherten über Risiken, die die Werthaltigkeit seines Rechts betreffen, bspw. den denkbaren Umfang aufrechenbarer Prämienansprüche, zu unterrichten (BGH VersR 2001, 235). Auch begründet der Sicherungsschein weitere **Informationspflichten** des VR gegenüber dem Inhaber: Änderungsanträge, Kündigungserklärungen, Prämienrückstände sind dem Versicherten rechtzeitig mitzuteilen. Auf die Angaben im Sicherungsschein darf sich der Versicherte verlassen (BGH VersR 1964, 134; OLG Hamburg VersR 1990, 1351). Demgegenüber nimmt er dem VR nicht das Recht,

sich auf Leistungsfreiheit wegen Verletzung von Obliegenheiten durch den VN zu berufen (BGH VersR 1979, 176). Der Sicherungsschein berechtigt den Versicherten nicht dazu, die **Rechte aus dem Versicherungsvertrag auf Dritte,** die nicht wie der VN zur Geltendmachung befugt sind, **zu übertragen** (OLG Dresden VersR 2020 = BeckRS 2020, 13924; OLG Karlsruhe VersR 1990, 1087). Die Leistung an den Inhaber des Sicherungsscheins führt auch nicht dazu, dass sich ein Kondiktionsanspruch gegen den VN richtet (BGH VersR 1994, 208). Zahlt der VR statt an den Inhaber des Sicherungsscheins an den VN, so befreit ihn das von seiner Zahlungspflicht selbst dann nicht, wenn die Versicherungsleistung zu dem nach dem Versicherungsvertrag bestimmten Zweck (Verwendung der Kaskoentschädigung für die Instandsetzung des Kfz) verwendet wird (OLG Stuttgart NJW-RR 2011, 182 = ZfS 2011, 95).

In der Rechtspraxis findet man gelegentlich sog **Versicherungsbestätigungen** 13 des VR der versicherten Person gegenüber (vgl. OLG Celle r+s 2010, 424; 2009, 287 = VersR 2008, 1532; vgl. → § 3 Rn. 12). Sie sind zu unterscheiden von den in der Kraftfahrtversicherung bekannten Versicherungsbestätigungen, die regelmäßig die Gewährung vorläufiger Deckung bekunden, um die Zulassung eines Kraftfahrzeugs zu ermöglichen (vgl. → § 49 Rn. 5 ff.). Versicherungsbestätigungen begründen regelmäßig keinen Versicherungsvertrag zwischen dem VR und dem Erklärungsempfänger, sondern enthalten eine Auskunft über das Bestehen von Versicherungsschutz. Sie begründen – je nach Wortlaut und Sinn allerdings unterschiedlich – Vertrauen in die Richtigkeit der Mitteilung, nicht aber einen Rechtsanspruch auf eine Versicherungsleistung.

Prozessual führt die Erteilung eines Sicherungsscheins dazu, dass die durch ihn 14 regelmäßig erteilte Ermächtigung des VN durch den Versicherten, die Rechte aus dem Vertrag geltend zu machen, eine **gewillkürte Prozessstandschaft** begründet (OLG Hamm VersR 1999, 44). Das bedeutet, dass der VN – je nach dem konkreten Inhalt der Ermächtigung – Zahlung an sich (BGH VersR 1999, 892) oder nur an den Versicherten verlangen darf.

§ 45 Rechte des Versicherungsnehmers

(1) **Der Versicherungsnehmer kann über die Rechte, die dem Versicherten aus dem Versicherungsvertrag zustehen, im eigenen Namen verfügen.**

(2) **Ist ein Versicherungsschein ausgestellt, ist der Versicherungsnehmer ohne Zustimmung des Versicherten zur Annahme der Leistung des Versicherers und zur Übertragung der Rechte des Versicherten nur befugt, wenn er im Besitz des Versicherungsscheins ist.**

(3) **Der Versicherer ist zur Leistung an den Versicherungsnehmer nur verpflichtet, wenn der Versicherte seine Zustimmung zu der Versicherung erteilt hat.**

I. Verfügungsrecht des Versicherungsnehmers (Abs. 1)

Die Vorschrift regelt in Abgrenzung zu § 44 die Rechte des VN bei der Versi- 1 cherung für fremde Rechnung. Seine Stellung wird dadurch geprägt, dass er **Vertragspartner** ist und – bei Fehlen abweichender Vereinbarungen (zur Prüfung der Befugnis zur Vertragsänderung nach „den Umständen" vgl. OLG Köln VersR

2012, 612; Bruck/Möller/*Brand* § 44 Rn. 8) – nach Abs. 1 über die Rechte aus dem Versicherungsvertrag im eigenen Namen verfügen darf, ohne dass ihm materiell die Rechte aus dem Versicherungsvertrag zustehen. Der Versicherte selbst ist gewissermaßen nicht Herr des Vertrages (BGH VersR 2013, 853). Als Vertragspartner des VR steht es dem VN darüber hinaus zu, den Vertrag aufzuheben oder zu ändern. Er hat die vertraglichen Pflichten, vor allem jene zur Zahlung der Prämie, zu erfüllen. Ihn treffen die Obliegenheiten. Er ist Adressat der den Versicherungsvertrag betreffenden Willenserklärungen und geschäftsähnlichen Handlungen (Prölss/Martin/*Klimke* § 45 Rn. 3 ff.). Das Verfügungsrecht nach Abs. 1 beinhaltet wie allgemein das Recht, die sich aus dem Versicherungsvertrag ergebenden Rechte zu übertragen, aufzuheben, zu belasten oder inhaltlich zu ändern. Da der VN die Verfügungsbefugnis besitzt, darf er die Forderung also abtreten, er darf sie verpfänden, erlassen oder sich über sie vergleichen (BGH VersR 1963, 521; Looschelders/Pohlmann/*Koch* § 45 Rn. 5). In der **Insolvenz des VN** darf der VR sich nicht weigern, die Auszahlung der Versicherungssumme an den VN zu verweigern (OLG Köln NJW-RR 2015, 725).

2 Zu dem Verfügungsrecht des Abs. 1 zählen auch die **die Einziehung vorbereitende Handlungen** (Mahnung, Stundung, die Hemmung der Verjährung auslösende Anmeldungen). Der VN darf – ungeachtet der formal fehlenden Gegenseitigkeit der Forderungen (materiell ist nicht der VN sondern die versicherte Person Inhaber des Rechts) – gegen Forderungen des VR **aufrechnen,** weil die Zuweisung des Verfügungsrechts der Sache nach die Aufrechnungsbefugnis, deren Ausübung das Erlöschen des Forderungsrechts zur Folge hat, einschließen muss (OLG Hamm VersR 2003, 190; aA OLG Köln VersR 1997, 1265; *Lorenz* VersR 2007, 1267; Looschelders/Pohlmann/*Koch* § 45 Rn. 5). Stehen dem Versicherten (aus diesem oder einem anderen Rechtsverhältnis) Forderungen gegen den VR zu, darf er mit dem ihm materiell zustehenden Anspruch nicht aufrechnen, weil er sich damit eine Verfügungsbefugnis anmaßen würde. Das schließt nicht aus, dass er sich in seinem **Innenverhältnis** zur versicherten Person durch ihm nicht entsprechende Verfügungen **schadensersatzpflichtig** machen kann, wenn er seine Verfügungsbefugnis pflichtwidrig ausübt (vgl. § 46 Rn. 4). Seine Gläubiger haben indessen keinen Zugriff auf die ihm materiell nicht zustehenden Rechte aus dem Versicherungsvertrag.

II. Gerichtliche Geltendmachung (Abs. 2)

3 Anders als § 44 Abs. 2 erwähnt § 45 Abs. 1 die gerichtliche Geltendmachung nicht. Sie zählt jedoch völlig unbestritten zu den Befugnissen des VN (Looschelders/Pohlmann/*Koch* § 45 Rn. 9 ff.). Das bedeutet, dass der VN den Anspruch auf die Versicherungsleistung im Mahn- oder Klageverfahren erheben darf. Es handelt sich um eine originäre Prozessführungsbefugnis **(gesetzliche Prozessstandschaft,** BGH NJW 2017, 2466 = VersR 2017, 681**).** Der VN klagt also ein fremdes Recht im eigenen Namen ein. Für die gerichtliche Geltendmachung, die nicht anders zu behandeln ist als die Annahme der Leistung (Looschelders/Pohlmann/*Koch* § 45 Rn. 4) gelten allerdings Besonderheiten. Sie ergeben sich aus **Abs. 2.** Ist danach, wie meistens, ein Versicherungsschein ausgestellt, so darf der VN, soweit die AVB keine abweichende Regelung enthalten, **Leistung an sich selbst** nur verlangen, wenn er im Besitz des Versicherungsscheins ist (Abs. 2) oder wenn der Versicherte dem zustimmt (Abs. 3). Das bedeutet **prozessual,** dass

der VN in seinem Klageantrag **Zahlung an sich selbst** nur unter den dort genannten Voraussetzungen verlangen darf und dies zur Schlüssigkeit seiner Klage auch vortragen muss. Der VR darf ferner geltend machen, dass eine Leistung nur Zug um Zug gegen Aushändigung des Versicherungsscheins erfolgen muss (Looschelders/Pohlmann/*Koch* § 45 Rn. 4). **Zahlung an die versicherte Person** kann der VN demgegenüber nach dem Wortlaut des § 45 Abs. 2, 3 auch unabhängig von der Inhaberschaft am Versicherungsschein oder der Zustimmung der versicherten Person verlangen.

III. Einschränkungen des Verfügungsrechts (Abs. 2 und 3)

Nur unter denselben Voraussetzungen – der Inhaberschaft am Versicherungsscheins oder der Zustimmung der versicherten Person – darf der VN dann auch über die Rechte des Versicherten verfügen, sie also (unter anderem) **abtreten oder verpfänden.** Die Übertragung an den Versicherten selbst ist davon naturgemäß ausgenommen (OLG Stuttgart r+s 1998, 331). Die **AVB** dürfen iÜ die Leistung des VR an den VN auch unabhängig davon vorsehen, also auch dann erlauben, wenn die versicherte Person den Versicherungsschein besitzt (§ 12 Nr. 1 AFB 2008) oder von einer Einigung zwischen VN und Versichertem abhängig machen. Ist der VN im Besitz des Versicherungsscheins, kann folglich der VR mit befreiender Wirkung an ihn leisten. Nach **Abs. 3** kann der VR seine Leistung von der (ihm notwendigerweise nachzuweisenden) Zustimmung des Versicherten abhängig machen. Sobald und solange er sich darauf beruft, ist der gegen ihn gerichtete Anspruch nicht fällig (LG Nürnberg-Fürth VersR 1978, 73; LG Berlin r+s 1995, 109). Der VR muss indessen diese Abhängigkeit nicht herstellen und macht sich auch nicht schadensersatzpflichtig, wenn er es nicht tut. 4

§ 46 Rechte zwischen Versicherungsnehmer und Versichertem

[1]Der Versicherungsnehmer ist nicht verpflichtet, dem Versicherten oder, falls über dessen Vermögen das Insolvenzverfahren eröffnet ist, der Insolvenzmasse den Versicherungsschein auszuliefern, bevor er wegen seiner Ansprüche gegen den Versicherten in Bezug auf die versicherte Sache befriedigt ist. [2]Er kann sich für diese Ansprüche aus der Entschädigungsforderung gegen den Versicherer und nach deren Einziehung aus der Entschädigungssumme vor dem Versicherten und dessen Gläubigern befriedigen.

I. Zurückbehaltungsrecht und Befriedigungsvorrecht

Die Vorschrift regelt einen Teil des Rechtsverhältnisses zwischen VN und Versichertem, indem sie jenem in **Satz 1** ein besonderes, von den Voraussetzungen des § 273 BGB abweichendes **Zurückbehaltungsrecht** am Versicherungsschein bis zur Befriedigung von Ansprüchen in Bezug auf die versicherte Sache gewährt. Den Versicherungsschein benötigt der Versicherte, um ohne Mitwirkung des VN seine Rechte gegen den VR geltend zu machen. Darüber hinaus räumt die Vorschrift dem VN in **Satz 2** ein **Befriedigungsvorrecht** in Bezug auf seine Ansprüche gegen den Versicherten an der Entschädigungsforderung oder der Ent- 1 schädigungssumme ein, weil der Versicherungsschutz letztlich aus Mitteln des VN erworben worden ist.

2 Das von **Satz 1** gewährte **Zurückbehaltungsrecht** am Versicherungsschein – gegenüber einem sich aus dem Innenverhältnis möglicherweise ergebenden Herausgabeanspruch des Versicherten –, das auch gegenüber einem Gläubiger des Versicherten besteht, setzt anders als § 273 BGB keine Fälligkeit der Forderung des VN voraus. Es kann auch nicht durch Sicherheitsleistung abgewendet werden. Seine Voraussetzung ist ein noch nicht befriedigter Anspruch „in Bezug auf die versicherte Sache". Der Anspruch muss sich aus dem Innenverhältnis zwischen VN und Versichertem ergeben. Dem Sinn und Zweck des Zurückbehaltungsrechts nach muss der Bezug mit dem Anlass des Abschlusses der Versicherung des fremden Interesses zusammenhängen; es besteht also nicht bei einem zufälligen, von dem Innenverhältnis völlig gelösten Anspruch. Das in **Satz 2** gewährte Befriedigungsvorrecht setzt sich auch gegenüber dem VR durch und gilt auch in der Insolvenz des Versicherten. Neben den sich aus § 46 ergebenden Rechten bleiben die §§ 273, 320 BGB, § 369 HGB bestehen. § 46 ist abdingbar.

II. Innenverhältnis zwischen Versicherungsnehmer und versicherter Person

3 Die rechtlichen Beziehungen zwischen dem VN und der versicherten Person ergeben sich zum einen aus den zwischen beiden ausdrücklich oder stillschweigend getroffenen Abreden. Das kann ein Vertrag (bspw. ein Arbeits- oder Dienst-, Leasing- oder Frachtvertrag) sein, aus dem eine Verpflichtung oder jedenfalls eine Veranlassung zum Abschluss eines Versicherungsvertrages zugunsten eines Dritten folgt. Dann kann sich aus ihm auch ergeben, ob und wie der VN das Interesse des Versicherten zu vertreten hat. Unabhängig davon ist der gesetzlichen Regelung von formeller Verfügungsbefugnis und materieller Inhaberschaft des Anspruchs ein **gesetzliches Treuhandverhältnis** zu entnehmen, das durch die vertraglichen Beziehungen modifiziert oder ergänzt werden kann (BGH NJW-RR 2017, 4 = VersR 2016, 1564; VersR 2011, 1435 – zugleich zur dadurch begrenzten Legalzession i.R. einer Vertrauensschadenversicherung; NJW 1998, 2537 = VersR 1998, 1016; NJW 1991, 1055 = VersR 1991, 299; NJW 1991, 3031 = VersR 1994, 1011; NJW 1975, 1273; NJW 1973, 634; vgl. auch BGH VersR 1985, 679; OLG Köln VersR 1990, 847; OLG Saarbrücken r+s 2005, 709).

4 Nach Eintritt des Versicherungsfalles folgt aus diesem gesetzlichen Treuhandverhältnis idR, dass der VN gehalten ist, einen **Anspruch** des Versicherten gegen den VR **geltend zu machen** und eine erlangte **Entschädigung auszukehren** (BGH NJW-RR 2017, 4 = VersR 2016, 1564; VersR 2011, 1435; VersR 1994, 1101; 1975, 703; gegen eine Anrechnung der Entschädigung aufgrund eines Unfallversicherungsvertrages auf die Entgeltfortzahlung BAG NZA 1998, 376). Auch ist der VN verpflichtet, dem Versicherten **Auskunft** über das Bestehen des Versicherungsvertrages und dessen Inhalt zu erteilen und ihn in den Fällen, in denen der Versicherte den VR selbst in Anspruch nehmen kann, darauf aufmerksam zu machen (zum Auskunftsanspruch in Bezug auf die Geltung bestimmter AVB einer Kaskoversicherung BGH VersR 2007, 238; zur Gruppenunfallversicherung BAG VersR 2008, 558; zur insoweit gebotenen Beratung des VN durch seinen Rechtsanwalt in der Unfallversicherung OLG Saarbrücken NJW-RR 2005, 709; vgl. allg. Looschelders/Pohlmann/*Koch* § 46 Rn. 12). Verletzt der VN

diese Verpflichtungen, kann er sich **schadensersatzpflichtig** machen, etwa, wenn er auf den Anspruch aus dem Versicherungsvertrag ohne rechtfertigenden Grund verzichtet (BGH VersR 1963, 521) oder eine Versicherungsleistung nicht weiterleitet (OLG Köln VersR 1990, 847) oder zur Leistungsfreiheit führende Obliegenheiten verletzt (zur Speditionsversicherung BGH VersR 1986, 285). Jedoch verlangt das gesetzliche Treuhandverhältnis nicht die Abtretung des Anspruchs der Notarkammer gegen den Vertrauensschadensversicherer (BGH VersR 1998, 1016), weil dem Schutz des Geschädigten ausreichend dadurch Rechnung getragen wird, dass die Notarkammer die Forderung gegen den VR einziehen und an den Geschädigten auskehren muss. Im Übrigen gilt auch hier, dass **die versicherte Person ausnahmsweise ein Anspruch gegen den VR** geltend machen kann, wenn der VN ohne billigenswerte Gründe, also rechtsmissbräuchlich, den Anspruch nicht erheben würde (§ 44 Rn. 10; BGH VersR 1998, 1016; vgl. auch BGHZ 41, 327; BGH VersR 1983, 823). Ist sowohl das Interesse des VN als auch jenes des Versicherten gedeckt, so muss die Leistung des VR dem jeweiligen Interesse entsprechend aufgeteilt werden (OLG Bremen VersR 1978, 315). Aus dem der Versicherung für fremde Rechnung zugrunde liegenden, das Innenverhältnis bestimmenden Rechtsbeziehung kann gleichfalls folgen, dass der **VN der versicherten Person Schadensersatz** schuldet, wenn er durch einen Verstoß gegen Obliegenheiten dessen Rechte beeinträchtigt (BGH VersR 1986, 285).

Allerdings kann der VN bis zum Eintritt des Versicherungsfalles **frei über den Fortbestand des Versicherungsverhältnisses verfügen** (vgl. → § 45 Rn. 1; BGH NJW 1975, 1273), soweit nicht gesetzliche oder vertragliche Pflichten das anders bestimmen. Verzichtet der VN allerdings auf die Rechte der versicherten Person, vergleicht er sich mit dem VR oder schließt er einen Schadensfeststellungsvertrag ab, kann das den Rechtspflichten des VN aus dem Innenverhältnis zuwider laufen und einen Schadensersatzanspruch der versicherten Person begründen (BGH NJW 1963, 1201 = VersR 1963, 521; zur Zurücküberweisung der Versicherungsleistung an den VR OLG Köln VersR 1990, 847; zur Versäumung von Fristen durch den VN BAG NJOZ 2008, 3171. In Betracht kommt insoweit auch ein Anspruch aus § 823 Abs. 1 BGB, wenn der VN durch seine Verfügung in die Forderungszuständigkeit der versicherten Person eingegriffen hat (vgl. zur Forderungszuständigkeit MüKoBGB/*Wagner* BGB § 823 Rn. 161 mwN) sowie bei kollusivem Zusammenwirken von VN und VR ein Anspruch aus § 826 BGB (LG Berlin VersR 1984, 250). Ein Schadensersatzanspruch kann aus den gleichen Gründen auch bei der Verwirkung des Anspruchs aus dem Versicherungsvertrag aufgrund einer Obliegenheitsverletzung des VN entstehen (Prölss/Martin/*Klimke* § 46 Rn. 5). 5

Der VN ist allerdings nicht gehindert, auch **eigene Interessen** zu berücksichtigen. Daraus folgt, dass der VN einer Insassenunfallversicherung einen Entschädigungsanspruch nicht geltend machen und die Leistung an den Geschädigten auskehren muss, wenn dieser einen liquiden Anspruch gegen den Schädiger besitzt (BGH NJW 1975, 1273). Das ist anders, wenn es sich um eine obligatorische Fremdversicherung handelt (BGH VersR 1991, 299). Auch darf der VN mit einem eigenen Anspruch gegen jenen des Versicherten auf Auskehrung der Entschädigung aufrechnen (BGH VersR 1974, 125; VersR 1973, 634) oder die erhaltene Entschädigung auf einen Schadensersatzanspruch, der sich gegen ihn oder gegen einen ihm nahe stehenden Dritten richtet, anrechnen (BGH VersR 1981, 447; VersR 1975, 703). Der Leasingnehmer kann als VN vom versicherten Lea- 6 singgeber verlangen, dass die Entschädigung für die Reparatur der geleasten Sache zur Verfügung gestellt wird, ohne dass der Leasinggeber mit Forderungen aus dem Leasingvertrag aufrechnen darf (BGH VersR 1985, 679; vgl. aber OLG Stuttgart NJW-RR 2011, 182 für den Fall der Ausstellung eines Sicherungsscheins).

§ 47 Kenntnis und Verhalten des Versicherten

(1) **Soweit die Kenntnis und das Verhalten des Versicherungsnehmers von rechtlicher Bedeutung sind, sind bei der Versicherung für fremde Rechnung auch die Kenntnis und das Verhalten des Versicherten zu berücksichtigen.**

(2) [1]**Die Kenntnis des Versicherten ist nicht zu berücksichtigen, wenn der Vertrag ohne sein Wissen geschlossen worden ist oder ihm eine rechtzeitige Benachrichtigung des Versicherungsnehmers nicht möglich oder nicht zumutbar war.** [2]**Der Versicherer braucht den Einwand, dass der Vertrag ohne Wissen des Versicherten geschlossen worden ist, nicht gegen sich gelten zu lassen, wenn der Versicherungsnehmer den Vertrag ohne Auftrag des Versicherten geschlossen und bei Vertragsschluss dem Versicherer nicht angezeigt hat, dass er den Vertrag ohne Auftrag des Versicherten schließt.**

I. Normzweck und Anwendungsbereich

1 Wird der Versicherungsvertrag für einen Dritten abgeschlossen, so soll die rechtliche **Spaltung zwischen dem Vertragspartner und dem Inhaber des Vertragsinteresses** soweit möglich nicht zu Lasten des VR gehen. Daher bestimmt die Vorschrift, dass dann, wenn die Kenntnis und das Verhalten des VN von rechtlicher Bedeutung sind, auch die Kenntnis und das Verhalten der versicherten Person (Abs. 1) – von Ausnahmen (Abs. 2) abgesehen – zu berücksichtigen sind. Für die **Krankenversicherung** enthält § 193 Abs. 2 eine besondere Regelung, mit der in den Anwendungsbereich der Zurechnung auch reine **Gefahrpersonen** einbezogen werden. Diese „Gleichstellung" der Kenntnis und des Verhaltens der versicherten Person mit jenen des VN gilt nicht nur dann, wenn das Gesetz an Kenntnisse und Verhaltensweisen Rechtsfolgen knüpft, sondern auch dann, wenn sie sich aus dem Versicherungsvertrag oder den AVB ergeben (OLG Köln r+s 1994, 231 = VersR 1994, 1097). Von Bedeutung ist das vor allem dann, wenn der Dritte **nicht Repräsentant oder Wissenserklärungsvertreter** ist. Auch bei der **Verletzung vorvertraglicher Anzeigeobliegenheiten und bei arglistiger Täuschung** können also grundsätzlich die Kenntnisse und Verhaltensweisen der versicherten Person dem VN und damit mittelbar (durch Rücktritt oder Anfechtung) auch der versicherten Person oder allen versicherten Personen schaden (vgl. BGH VersR 1991, 1404 = NJW-RR 1992, 161; OLG Saarbrücken VersR 2012, 429). Allerdings führt insoweit bereits § 123 Abs. 2 BGB zur Zurechnung, weil die versicherte Person in aller Regel nicht Dritter ist, sondern im Lager des VN steht. Gleiches gilt bei Verletzung von Obliegenheiten vor, in oder nach einem Versicherungsfall (zur Anzeigeobliegenheit OLG Köln VersR 1998, 184; zur Aufklärungsobliegenheit BGH VersR 1991, 1404). Das bei Gefahrerhöhungen gebotene Verhalten ist (auch) durch versicherte Personen zu beachten. Subjektive Risikoausschlüsse (§ 81) können auch durch sie verwirklicht

werden. Für die Pflicht(haftpflicht-)versicherung enthält § 123 Abs. 1 eine Sondervorschrift (vgl. auch BGH NJW 1971, 459; OLG Schleswig VersR 1995, 827).

Ob die Vorschrift **selbst Obliegenheiten** des VN auf die versicherten Perso- 2
nen (mit) überträgt (so in der Tendenz zur Verwendungsklausel BGH VersR 2003, 445; VersR 1971, 239; VersR 1957, 814; zur Gefahrerhöhung BGH VersR 1967, 746; zur Vollmachterteilung BGH VersR 1987, 925; zur Gefahrminderung BGH VersR 2003, 445; vgl. iÜ OLG Celle ZfS 2012, 571; OLG Düsseldorf VersR 2001, 888; OLG Köln VersR 1998, 184; OLG Rostock ZfS 2011, 393), oder ob sie „allein" Umstände, die bei ihnen vorliegen, dem VN **zurechnet** (so in der Tendenz OLG Hamm VersR 1984, 230; OLG Köln VersR 1983, 772; allg. zum Problem *Lange* VersR 2006, 605), ist streitig. Wenn die Vorschrift davon spricht, dass die Kenntnis und das Verhalten der versicherten Person **zu berücksichtigen** sind (§ 79 aF sprach davon, sie kämen „in Betracht"), so spricht das für das Gebot einer Wertung nach Maßgabe des Zwecks der Norm (so auch Prölss/Martin/*Klimke* § 47 Rn. 5): Maßgeblich ist, ob es der Schutz des VR vor den „an sich" gegebenen konstruktiven Folgen der Aufspaltung von Vertragspartnerschaft und Vertragsinteresse erfordert, die Kenntnisse und das Verhalten des Inhabers des Vertragsinteresses (der versicherten Person) so zu behandeln, als seien sie Kenntnisse und Verhalten des Vertragspartners.

Die Zurechnung betrifft iÜ allein Kenntnisse und Verhaltensweisen der versi- 3
cherten Person zu Lasten des VN, **nicht auch umgekehrt jene des VN zu Lasten versicherter Personen.** Treten aufgrund von Kenntnissen und Verhaltensweisen des VN Rechtsfolgen wie die Leistungsfreiheit ein, so wirkt das unabhängig von § 47 Abs. 1 aber ohne Weiteres zu Lasten versicherter Personen. Das gilt jedoch nicht uneingeschränkt. Hat ein VN die Interessen mehrerer anderer Personen versichert, und hat er dabei über gefahrerhebliche Umstände, die bei einer versicherten Person vorliegen, arglistig getäuscht, so kann sich – unter Anwendung von § 139 BGB – ergeben, dass der Versicherungsvertrag lediglich in Bezug auf diese Person erlischt (OLG Saarbrücken VersR 2012, 429), wenn nämlich anzunehmen ist, dass die arglistige Täuschung nicht das Vertrauen des VR dem VN und den versicherten Personen gegenüber insgesamt nachhaltig erschüttert hat.

II. Rechtsfolgen

1. Alleinige Versicherung eines fremden Interesses

Hat der VN den Vertrag für nur eine andere Person abgeschlossen, so sind ein 4
den Anspruch auf die Versicherungsleistung berührendes Verhalten oder ein ihn beeinflussendes Wissen der versicherten Person so zu betrachten, **als ob es solche des VN** seien. Das gilt jedenfalls, soweit es um den Bestand ihrer Rechte geht. Das heißt: Die vorvertragliche Anzeigeobliegenheit ist nicht nur dann verletzt, wenn (in dem seltenen Fall) die versicherte Person an sie selbst gerichtete Fragen wider besseres Wissen falsch beantwortet hat (OLG Saarbrücken VersR 2012, 429), sondern auch dann, wenn der arglose VN gefahrerhebliche Umstände verschwiegen hat, von denen (nur) die versicherte Person weiß. Gleiches gilt für die Verletzung der Anzeige- und Aufklärungsobliegenheit, wenn zwar nicht der VN, wohl aber die versicherte Person den Versicherungsfall kennt oder die richtigen Antworten auf die Fragen des VR weiß (zur Offenlegung einer Bestrafung des

Verpächters wegen Brandstiftung und Kündigung des Vertrages in der vom Pächter genommenen Feuerversicherung BGH VersR 1991, 1404). Konsequenz ist konkret, dass der VR in einem solchen Fall von dem (gesamten) Vertrag zurücktreten oder ihn anfechten darf, oder dass der Versicherte den ihm materiell nach § 44 Abs. 1 Satz 1 zustehenden Anspruch (je nach dem Maß der Schuld ganz oder teilweise) nach § 28 verliert.

2. Versicherung der fremden Interessen mehrerer versicherter Personen

5 Ein Versicherungsvertrag kann für **mehrere** andere versicherte **Personen** abgeschlossen werden. Versichert daher ein Ehepartner ein Kraftfahrzeug, das der andere von einem Dritten geleast hat, so ist sowohl das Eigentumsinteresse des Leasinggebers als auch das Sachersatzinteresse des Leasingnehmers versichert. Zuzurechnen sind dann die Kenntnis und das Verhalten einer jeden versicherten Person (OLG Hamm VersR 1994, 1223). Das kann für versicherte Personen, die sich selbst redlich verhalten haben, zu erheblichen Nachteilen führen, weil vor allem aber nicht nur die Verletzung der vorvertraglichen Anzeigeobliegenheit (oder die schwer schuldhafte Herbeiführung des Versicherungsfalles) durch einen Versicherten dann den Versicherungsschutz aller versicherten Personen entfallen lassen könnte. Insbesondere in der D&O-Versicherung, die das Organ eines Unternehmens häufig auch für die Organe anderer konzernangehöriger Unternehmen abschließt, würde das sowohl dem VN als auch allen übrigen Versicherten unbekannte Wissen eines versicherten Organmitglieds unerwartet die Deckung entfallen lassen (vgl. zum Problem vor allem Prölss/Martin/*Klimke,* § 47 Rn. 15 ff.; *Langheid/Grote* VersR 2006, 605; *dies.* VersR 2005, 1165; *Dreher/Thomas* ZGR 2009, 63).

6 Das wird von dem Schutzzweck der Vorschrift nicht mehr erfasst: Die versicherte Person soll behandelt werden, als ob sie VN wäre. Hat sie sich einer vertragsbezogenen Illoyalität schuldig gemacht hat, soll sie wie ein VN, dem bei einer Eigenversicherung Gleiches zur Last gelegt würde, keine Deckung genießen. Nimmt der VR bei Vertragsschluss hin, dass in den Versicherungsschutz auch Andere einbezogen sein sollen, so kann er nicht davon ausgehen, dass auch ihr Deckungsanspruch unter dem Verhalten Dritter leidet. Daher wird zu Recht vorgeschlagen, in solchen Fällen über eine **entsprechende Anwendung des § 21 Abs. 2** den Schutz derjenigen aufrecht zu erhalten, die ohne den Rücktritt vom Vertrag für einen (zuvor eingetretenen) Versicherungsfall Deckung genössen (*Langheid/Grote* VersR 2006, 605 und VersR 2005, 1165; HK-VVG/*Muschner* § 47 Rn. 9; vgl. auch Looschelders/Pohlmann/*Koch* § 47 Rn. 18; Bruck/Möller/*Brand* § 47 Rn. 46 ff.: § 242 BGB). Das schützt versicherte Personen zu Recht allerdings nur in Fällen, in denen der Versicherungsfall vor dem Wirksamwerden der Rücktrittserklärung eingetreten ist. Daher spricht alles dafür, in solchen Fällen generell **§ 29** mit der Rechtsfolge anzuwenden, das der VR sich nur von seiner vertraglichen Beziehung zu der konkret illoyalen versicherten Person lösen kann (Prölss/Martin/*Klimke* § 47 Rn. 17).

7 Ficht der VR den Vertrag indessen wegen der **arglistigen Täuschung** einer der versicherten Personen (die nicht VN ist) zu Recht an, so soll auch für die übrigen keine Deckung mehr bestehen (OLG Düsseldorf VersR 2006, 785; aA für die Unfallversicherung OLG Saarbrücken VersR 2012, 429). Allerdings lässt sich auch insoweit aus Treu und Glauben eine „Teilanfechtung" gegenüber der

versicherten Person begründen (§ 123 Abs. 2 Satz 2 BGB), die die arglistige Täuschung begangen hat (vgl. Rn. 3; Prölss/Martin/*Klimke* § 47 Rn. 18; HK-VVG/*Muschner* § 47 Rn. 11).

3. Versicherung eigener und fremder Interessen

Sind eigene und fremde Interessen versichert, etwa weil ein im Miteigentum von Ehepartnern stehendes Kraftfahrzeug von einem von ihnen kaskoversichert oder eine gemeinschaftliche Einrichtung hausratversichert wird, so wird das Fehlverhalten einer versicherten Person dem VN nur in Bezug auf die aus der Deckung des fremden Interesse folgenden Versicherungsansprüche zugerechnet; soweit es um die Versicherung seines eigenen Interesses – des Miteigentumsanteils – geht, wird es ihm nur zugerechnet, wenn und soweit die versicherte Person Repräsentant, Wissenserklärungs- oder Wissensvertreter ist (OLG Nürnberg r+s 2020, 520; OLG Karlsruhe r+s 2013, 121). Für den Fall der **Obliegenheitsverletzung** heißt das vereinfacht gesagt: Ist sie **(nur) dem Versicherten vorzuwerfen,** schadet sie auch nur ihm (so schon BGHZ 24, 378 = NJW 1957, 1233; BGHZ 35, 153; BGH VersR 2003, 445; OLG Hamm VersR 2003, 333; OLG Saarbrücken VersR 1998, 883; Looschelders/Pohlmann/*Koch* § 47 Rn. 16 ff.). Der VR muss dann also wegen des Verlustes oder der Beschädigung der im Alleineigentum des VN stehenden Sachen oder in Höhe des Miteigentumsanteils des VN leisten (BGH NJW 1971, 459 = VersR 1971, 239; OLG Karlsruhe r+s 2013, 121; r+s 1998, 162; OLG Schleswig VersR 1995, 827; OLG Hamm VersR 1994, 1464; OLG Koblenz VersR 1994, 716). Gleiches gilt für die **Herbeiführung des Versicherungsfalles** nur durch den Versicherten nach § 81 (BGH NJW 1971, 459 = VersR 1971, 239; OLG Frankfurt a. M. VersR 1997, 224; OLG Karlsruhe VersR 1986, 985; OLG Koblenz VersR 1994, 716; OLG Köln VersR 1982, 383; OLG Saarbrücken VersR 1989, 397). Das gilt auch, wenn wegen des Verhaltens oder Wissens des Versicherten ein Anfechtungs-, Rücktritts- oder Vertragsänderungsrecht des VR besteht: Sie betreffen nur den Versicherungsschutz der versicherten Person, wirken also nicht auch zu Lasten des VN (Prölss/Martin/*Klimke* § 47 Rn. 13; Looschelders/Pohlmann/*Koch* § 47 Rn. 16 ff.; aA Bruck/Möller/*Brand* § 47 Rn. 31 ff., der dem VR wegen der Einheit des Vertrages ein Teilanfechtungs-, -rücktritts- oder Vertragsänderungsrecht gewähren, nicht aber eine entsprechende Pflicht auferlegen will). 8

III. Beweisrecht

Der VR, der Leistungen wegen des Verhaltens oder des Wissens einer versicherten Person versagen will, muss den Charakter des Versicherungsvertrages **als vollständige oder teilweise Versicherung für fremde Rechnung beweisen,** also das Eigentum oder Miteigentum des Dritten, der den Grund der Ablehnung bietet, an den Sachen, für die eine Entschädigung begehrt wird (OLG Oldenburg NVersZ 2000, 280; aA Prölss/Martin/*Klimke* § 47 Rn. 12), weil es insoweit um die Voraussetzungen der Anwendung und die Wirkung des § 47, und damit um eine Einwendung des VR gegen den ihm gegenüber erhobenen Anspruch geht. Insoweit hilft ihm indessen die Vermutung des § 1006 BGB. 9

IV. Ausnahme von der Zurechnung (Abs. 2 Satz 1)

10 Nach Abs. 2 Satz 1 ist die rechtlich bedeutsame Kenntnis der versicherten Person (und ein vor allem auf der Grundlage seines Wissens gebotenes Verhalten) unschädlich, dem VN also nicht zuzurechnen, wenn der **Vertrag ohne ihr Wissen** geschlossen worden ist. Von einem solchen Wissen ist allerdings auszugehen, wenn die versicherte Person ausdrücklich oder – weil eine Versicherungspflicht bestand – konkludent einen Auftrag zum Vertragsabschluss erteilt hatte. Gleiches gilt, wenn eine rechtzeitige Benachrichtigung des VN nicht möglich oder nicht zumutbar war. In solchen Fällen kann nämlich nicht erwartet werden, dass die Person, um deren Interesse es geht, den VN rechtzeitig unterrichtet. Kennt dann aber die versicherte Person den VR, nicht aber den VN, so muss sie ihre Kenntnisse dem VR übermitteln.

V. Gegenausnahme zur Zurechnung (Abs. 2 Satz 2)

11 Hat der VN indessen **dem VR nicht angezeigt,** dass er den Versicherungsvertrag ohne Auftrag der versicherten Person abschließt, so muss der VR den Einwand mangelnder Kenntnis der versicherten Person nicht gegen sich gelten lassen. Damit begründet das Gesetz gewissermaßen eine Obliegenheit des VN, dem VR den mangelnden Auftrag anzuzeigen. Das Fehlen eines Auftrags muss indessen nicht angezeigt werden, wenn der VR, wie bei der laufenden Versicherung, zur Zeit des Vertragsabschlusses von der Deckungsübernahme fremder Interessen ausgehen muss. Allerdings kann sich der VR auf die fehlende Anzeige nicht berufen, wenn sich ich aus den Umständen erschließen musste, dass die versicherte Person – ein minderjähriges versichertes Kind in der Unfallversicherung –, dass die versicherte Person von dem Vertragsabschluss keine Kenntnis hatte.

§ 48 Versicherung für Rechnung „wen es angeht"

Ist die Versicherung für Rechnung „wen es angeht" genommen oder ist dem Vertrag in sonstiger Weise zu entnehmen, dass unbestimmt bleiben soll, ob eigenes oder fremdes Interesse versichert ist, sind die §§ 43 bis 47 anzuwenden, wenn sich aus den Umständen ergibt, dass fremdes Interesse versichert ist.

1 § 48 ordnet an, dass die Vorschriften über die Versicherung für fremde Rechnung anzuwenden sind, wenn **offen** ist, **ob ein eigenes oder ein fremdes Interesse** versichert sein soll. Dass dies offenbleiben soll, kann sich aus dem Vertrag selbst ausdrücklich oder konkludent ergeben, wenn er eine Versicherung für wen es angeht vereinbart, oder aus weiteren Umständen. Beispiele sind die Gebäudeversicherung, die der Verwalter für die künftige Wohnungseigentümergemeinschaft nimmt (zur AFB-Versicherung für künftige Wohnungseigentümer OLG Köln r+s 1996, 450), die Transportversicherung (BGH VersR 1968, 42; VersR 1967, 151), die Kaskoversicherung nach den Sonderbedingungen für Kraftfahrzeughandel und -handwerk (KfzSBHH), soweit sie betriebsfremde Fahrzeuge erfassen soll (BGH NJW-RR 1987, 856; OLG Köln VersR 1990, 847). In der Gebäudeversicherung ist die Vorschrift nicht anzuwenden, wenn der VN das versicherte Objekt veräußert, weil der Erwerber im Zweifel nicht mitversichert

sein, sondern sich um eigenen Versicherungsschutz bemühen soll (Beckmann/Matusche-Beckmann VersR-HdB/*Armbrüster* § 6 Rn. 138; Prölss/Martin/*Klimke* § 48 Rn. 3).

Der Charakter einer Versicherung für wen es angeht muss **bei Vertragsschluss** oder bei entsprechender Vertragsänderung vorliegen, wie sich aus dem Wortlaut ergibt, der davon spricht, dass der Träger des Interesses noch unbestimmt bleiben „soll". Werden mit Vertragsschluss sowohl eigene wie fremde Interessen versichert, ist § 48 ebenso wenig anwendbar wie in den Fällen der Veräußerung versicherter Sachen (§ 95). Kommt danach ein Fall einer Versicherung für wen es angeht in Betracht, ist stets festzustellen, welches Interesse versichert sein soll und ob es (mittlerweile) ein eigenes des VN oder ein fremdes (oder beides) ist. Ist ein fremdes Interesse zum Zeitpunkt diese Feststellung versichert, so gelten die Regeln über die Versicherung für fremde Rechnung. 2

Im Versicherungsfall **gelten die §§ 43 ff.** Das bedeutet, dass der VN über den Anspruch auf die Versicherungsleistung verfügen darf und, falls er einen Anspruch stellt, gemäß § 45 Abs. 3 festgestellt werden muss, wer zum Zeitpunkt des Versicherungsfalles Versicherter ist, und im gegebenen Fall der Versicherer auch nachweisen muss, dass den Anspruch berührende Kenntnisse und Verhaltensweisen einer Person vorliegen, die zum Zeitpunkt des Versicherungsfalles als versicherte Person zu betrachten ist. 3

Abschnitt 5. Vorläufige Deckung

§ 49 Inhalt des Vertrags

(1) [1]**Bei einem Versicherungsvertrag, dessen wesentlicher Inhalt die Gewährung einer vorläufigen Deckung durch den Versicherer ist, kann vereinbart werden, dass dem Versicherungsnehmer die Vertragsbestimmungen und die Informationen nach § 7 Abs. 1 in Verbindung mit einer Rechtsverordnung nach § 7 Abs. 2 nur auf Anforderung und spätestens mit dem Versicherungsschein vom Versicherer zu übermitteln sind.** [2]**Auf einen Fernabsatzvertrag im Sinn des § 312c des Bürgerlichen Gesetzbuchs ist Satz 1 nicht anzuwenden.**

(2) [1]**Werden die Allgemeinen Versicherungsbedingungen dem Versicherungsnehmer bei Vertragsschluss nicht übermittelt, werden die vom Versicherer zu diesem Zeitpunkt für den vorläufigen Versicherungsschutz üblicherweise verwendeten Bedingungen, bei Fehlen solcher Bedingungen die für den Hauptvertrag vom Versicherer verwendeten Bedingungen auch ohne ausdrücklichen Hinweis hierauf Vertragsbestandteil.** [2]**Bestehen Zweifel, welche Bedingungen für den Vertrag gelten sollen, werden die zum Zeitpunkt des Vertragsschlusses vom Versicherer verwendeten Bedingungen, die für den Versicherungsnehmer am günstigsten sind, Vertragsbestandteil.**

I. Normzweck und Regelungsgegenstand

Die Vorschrift regelt die **Rechtsnatur** des Vertrages über vorläufige Deckung, einzelne **Fragen seines Zustandekommens** (Abs. 1) und die **Geltung von** 1

AVB für den Vertrag über vorläufige Deckung, mit dem ein Risiko für eine vorübergehende Zeitspanne bis zum Abschluss eines beabsichtigten Hauptvertrages abgesichert werden soll. § 49 und die ihm folgenden Vorschriften enthalten ein Gerüst von Vorschriften für Vereinbarungen, deren „wesentlicher Inhalt" die Gewährung einer vorläufigen Deckung ist. Sie gelten daher auch in Fällen, in denen ein Vertragswerk – wie bspw. ein Rahmenvertrag (BGH VersR 2006, 112) – weitergehende und mit der vorläufigen Deckung selbst nicht zusammenhängende Regelungen enthält. Neben den §§ 49–52 finden sich Vorschriften zum Vertrag über vorläufige Deckung in § 2 Abs. 2 Satz 3 Hs. 2, der auf die Übermittlung der Dokumentation einer Beratung bei einem Vertrag über vorläufige Deckung bei Pflichtversicherungen verzichtet, sowie in § 8 Abs. 3 Nr. 2, der das allgemeine Widerrufsrecht des VN bei Verträgen über vorläufige Deckung, die keine Fernabsatzverträge iSd § 312c BGB sind, ausschließt

2 Gewährt ein VR **„sofortigen Versicherungsschutz"**, so handelt es sich dann nicht um einen Vertrag über vorläufige Deckung, wenn der Abschluss eines Hauptvertrages gar nicht mehr beabsichtigt ist, wohl aber, wenn diese Absicherung „mit Antragseingang" zugesagt wird, dem aber die Risikoprüfung und der Abschluss des Hauptvertrages folgen sollen. Von dem Vertrag über vorläufige Deckung ist die **Rückwärtsversicherung** zu unterscheiden, die in einem Hauptvertrag den materiellen Versicherungsbeginn auf einen vor seinem formalen Abschluss liegenden Zeitpunkt festsetzt. Gewährt ein VR **im Hauptvertrag rückwirkenden beitragsfreien Versicherungsschutz ab Antragstellung,** so ist, wenn Streit über einen Versicherungsfall in der Zeit zwischen Antragstellung und Vertragsabschluss entsteht, zu klären, ob das Regime des Vertrages über vorläufige Deckung oder das des Hauptvertrages gilt. Letzteres kommt nur in Betracht, wenn der VN einen solchen Antrag gestellt hat oder die eine solche Deckung gewährende Annahmeerklärung nach § 5 Abs. 1 und 2 wirksam ist. Allerdings können derartige Formulierungen auch lediglich deklaratorisch bestätigen, dass bislang eine unentgeltlich gewährte Absicherung bestanden hat.

3 Der Vertrag über vorläufige Deckung ist, wie sich aus Abs. 1 Satz 1 ergibt, ein **selbstständiger Versicherungsvertrag** (so schon bislang BGH VersR 1995, 409), der sich von dem späteren Hauptvertrag unterscheidet. Auf ihn sind folglich sämtliche Vorschriften des VVG anwendbar, soweit die §§ 49–52 dazu keine abweichende Regelung treffen. Die Haftung aus einem solchen Vertrag ist unabhängig davon, ob später ein Hauptvertrag zustande kommt (BGHZ 21, 122; BGH VersR 1999, 1274).

II. Zustandekommen des Vertrages über vorläufige Deckung

4 Zum Abschluss eines Vertrages über vorläufige Deckung bedarf es eines Antrags und einer Annahme. Sie können formlos und stillschweigend erfolgen. Sagt der VR schon im Antragsformular vorläufige Deckung ab Antragseingang oder ab Antragsunterzeichnung zu, so kommt der Vertrag mit der Erfüllung eben dieser Umstände zustande. Im Übrigen ist eine Bestätigung der Bitte, ein bestimmtes Risiko sofort in Deckung zu nehmen, die Annahmeerklärung (BGH VersR 1982, 381; OLG Düsseldorf VersR 1962, 342). Allein die **Angabe des Antragsdatums als Versicherungsbeginn** im Antragsformular führt indessen nicht zum Abschluss eines Vertrages über vorläufige Deckung (OLG München r+s 1988,

272; HK-VVG/*Karczewski* § 49 Rn. 3; vgl. auch OLG Hamm VersR 1991, 914; zum Antrag auf Abschluss einer Versicherung mit erweiterter Einlösungsklausel BGH VersR 2006, 915). Das ist angesichts der Mehrdeutigkeit einer solchen Angabe auch nicht anders, wenn das Antragsdatum einen Zeitpunkt des materiellen Versicherungsbeginns vor Ablauf der Antragsbindungsfrist vorsieht (aA Prölss/Martin/*Klimke* Vor § 49 Rn. 7). Allerdings muss der VR in einem solchen Fall alsbald darauf hinweisen, dass noch keine Deckung besteht, sofern die Antragsprüfung sich hinzieht (Prölss/Martin/*Klimke* Vor § 49 Rn. 7).

In der Kfz-Haftpflichtversicherung kannte das frühere Zulassungsverfahren die Aushändigung der Versicherungsbestätigung (Doppelkarte) an den VN. Sie ist als Gewährung vorläufiger Deckung betrachtet worden (BGH VersR 1978, 457; VersR 1964, 840; NJW 1956, 1634). Ähnliches gilt für die heutige **Zulassung im elektronischen Verfahren.** Wird das Kfz zugelassen, nachdem der VR die Versicherungsbestätigung (eVb) elektronisch übermittelt und der VN die Bestätigungsnummer in seinem Zulassungsantrag angegeben hat (§§ 23, 6 Abs. 4 Nr. 4 Buchst. b FZV), so kommt mit dem Tag der Zulassung oder einem vereinbarten früheren Zeitpunkt ein Vertrag über vorläufige Deckung wirksam zustande (B.2.1 AKB 2015). Allerdings kommt der Vertrag nicht ohne Weiteres mit demjenigen zustande, der die Zulassung als Halter des Kfz beantragt, sondern mit demjenigen, der dem VR die elektronische Versicherungsbestätigung vorlegt oder dies veranlasst (LG Düsseldorf BeckRS 2018, 13247; LG Heidelberg ZfS 2013, 32). Das gilt nicht gleichermaßen für die **Kfz-Kasko-** und die **Insassenunfallversicherung.** Allerdings nimmt die Rspr. in Fällen, in denen der VN einen einheitlichen, diese Risiken umfassenden Antrag stellt, zu Recht an, dass sich die Gewährung vorläufiger Deckung durch den VR auch auf sie bezieht, solange er nicht ausdrücklich und erkennbar darauf hinweist, dass er die Risikoübernahme beschränkt (BGH NJW 1999, 3560; VersR 1986, 541; OLG Schleswig MDR 2007, 1422; OLG Karlsruhe NJW-RR 2006, 1540 = ZfS 2006, 632; OLG Hamm VersR 1990, 83; OLG Karlsruhe NJW-RR 2006, 1540). 5

Der Abschluss eines Vertrages über vorläufige Deckung kann nicht ohne Weiteres angenommen werden, wenn der VN seinen bestehenden **Versicherungsschutz modifizieren** will. Geht es dabei darum, neue Risiken abzusichern oder die Absicherung vorhandener zu verbessern, so kann allerdings dafür die Gewährung einer vorläufigen Deckung angenommen werden, auch wenn schon ein Hauptvertrag besteht. Geht es aber um die Herabsetzung des Deckungsumfangs, spricht das gegen eine den bisherigen umfassenderen Schutz ersetzende vorläufige Deckung (BGH VersR 1976, 160). 6

Verträge über vorläufige Deckung können auch durch einen **Versicherungsvermittler** abgeschlossen werden. Das setzt allerdings voraus, dass er über eine entsprechende Vertretungsmacht für den VR verfügt (§ 71; BGH NJW 1951, 314). Sie kann auch konkludent erteilt worden sein. Davon ist auszugehen, wenn der VR dem Vermittler Antragsformulare mit diesem Inhalt, Versicherungsbestätigungen oder Blankodeckungszusagen überlässt (BGH VersR 1986, 130; OLG Koblenz VersR 1998, 312; OLG Hamburg VersR 1996, 1137). Die Abschlussvollmacht kann sich auch aus einer Duldungsvollmacht (OLG Düsseldorf VersR 2004, 1170) oder kraft Rechtsscheins ergeben (BGH VersR 1987, 147; VersR 1986, 131; VersR 1986, 541; OLG Hamm NZV 1992, 491; OLG Karlsruhe VersR 1990, 889). Erwirkt der VN die Aushändigung oder Übermittlung der eVb über einen **Versicherungsmakler,** den der VR befugt hat, sie auszustellen, so tritt der Versicherungsmakler insoweit als Vertreter des VR auf. Die Erteilung der eVb 7 ist folglich – ohne hinreichend klare und ins Auge fallende anderweitige Belehrung – als Annahme eines Antrags auf vorläufige Kaskodeckung auszulegen (KG ZfS 2015, 337). Das ist nur dann anders, wenn der Versicherungsmakler, bevor er die eVb abgerufen hat, vom VN noch nicht beauftragt war, vorläufige Kaskodeckung zu besorgen (KG ZfS 2015, 335).

8 Wann vorläufige Deckung **beginnt,** ist abhängig von den Vereinbarungen. Fehlen solche, beginnt der Schutz sofort. Die Auslegung der AVB in der Kraftfahrzeugversicherung kann ergeben, dass der VR vorläufige Kaskodeckung nur ab dem Zeitpunkt der Gewährung von Kfz-Haftpflichtdeckung gewähren will (KG ZfS 2017, 397). Die Regelung des **§ 37 Abs. 2 Satz 1,** nach der der VR leistungsfrei ist, wenn die Erstprämie zum Zeitpunkt des Versicherungsfalles nicht gezahlt ist, ist dem Sinn und Zweck des sofortigen Versicherungsschutzes folgend – von einer Vereinbarung iSd § 51 Abs. 1 abgesehen – abbedungen (BGH VersR 2006, 913; NJW 1967, 1800).

9 Es kann vereinbart werden, dass die nach § 7 zu erfüllenden **Informationspflichten** bei einem Vertrag über vorläufige Deckung nach Abs. 1 Satz 1 nicht gelten sollen. Die Abreden können (auch durch AVB, vgl. Beckmann/Matusche-Beckmann VersR-HdB/*Lehmann* § 7 Rn. 20) vorsehen, dass der VR die Vertragsbestimmungen einschließlich seiner AVB und die weiteren Informationen nach der VVG-InfoV nur auf Verlangen des VN und spätestens mit dem Versicherungsschein des Hauptvertrages übermittelt. Eine solche Vereinbarung wird im Hinblick auf die Kurzfristigkeit des Vertrages in aller Regel stillschweigend zustande kommen. Das gilt allerdings nicht für einen Vertrag über vorläufige Deckung im Fernabsatz (§ 312c Abs. 1 und 2 BGB). Wenn dort aber den Informationspflichten bei Verträgen über vorläufige Deckung nicht genügt wird, so mag das eine Pflichtverletzung sein; sie zieht jedoch in aller Regel weder Schadensersatzansprüche noch einen Widerruf des VN nach sich. Demgegenüber bleiben die **Beratungspflichten** mit einer Besonderheit bestehen: Es genügt zunächst eine mündliche Übermittlung der Informationen (allerdings nur in Bezug auf den Vertrag über vorläufige Deckung, LG Düsseldorf BeckRS 2014, 18224); sodann ist eine Übermittlung in Textform nachzuholen, es sei denn, der Hauptvertrag kommt nicht zustande oder es handelt sich um einen Vertrag über vorläufige Deckung bei Pflichtversicherungen. Der Verzicht auf die Erfüllung der Informationspflichten bei vorläufiger Deckung erstreckt sich nicht auf den Hauptvertrag (LG Saarbrücken ZfS 2012, 628).

10 Der VR kann den Vertrag über vorläufige Deckung grds. **wegen arglistiger Täuschung anfechten** (§ 22 VVG iVm § 123 BGB) oder von ihm wegen Verletzung einer vorvertraglichen Anzeigeobliegenheit **nach § 19 Abs. 2 VVG zurücktreten.** Das setzt jedoch voraus, dass alle tatbestandlichen Voraussetzungen eines Anfechtungsrechts – vor allem die Kausalität der arglistigen Täuschung für die Gewährung vorläufiger Deckung, an der es bei Gewährung vorläufiger Deckung ab Antragseingang regelmäßig fehlen wird – oder im Falle eines Rücktritts die ausdrückliche und in Textform erfolgende Frage nach gefahrerheblichen Umständen, die eine Risikoprüfung ermöglichen soll, vorliegen (vgl. iE Langheid/Wandt/*Rixecker* § 49 Rn. 34 ff.). In einem solchen Fall kommt auch eine Anfechtung des Vertrages über vorläufige Deckung wegen unterlassener Aufklärung über gefahrerhebliche Umstände nicht in Betracht (vgl. zu den Details Langheid/Wandt/*Rixecker* § 49 Rn. 38; Prölss/Martin/*Klimke* Vor § 49 Rn. 12).

11 An die Stelle einer Risikoprüfung setzen VR bei einem Vertrag über vorläufige Deckung häufig **Ausschlussklauseln,** mit denen sie das berechtigte Interesse

verfolgen, einem Missbrauch des Instruments der sofortigen Absicherung des Risikos aufgrund eines Wissensvorsprungs des VN zu begegnen. Das kollidiert jedoch immer wieder mit dem Regelungskonzept der §§ 19 ff. VVG. Derartige Klauseln, nach denen vorläufige Deckung zwar gewährt wird, die Verwirklichung bestimmter Risiken, mit deren Eintritt der VN vor Vertragsabschluss gerechnet hat oder rechnen musste, jedoch von der Deckung ausgenommen werden, hat die Rspr. in vielen Fällen für unwirksam erklärt (BGH VersR 2001, 489; OLG Hamm NVersZ 2000, 517; OLG Saarbrücken NVersZ 2001, 506; VersR 2008, 621; aA OLG Dresden VersR 2006, 61; OLG Schleswig OLGR 2006, 395).

III. Inhalt des Vertrages über vorläufige Deckung (Abs. 2)

Die sich regelmäßig aus einer Auslegung des konkreten Antrags des VN ergebenden **Vereinbarungen der Parteien** bestimmen weitgehend den Inhalt des Vertrages über vorläufige Deckung. Abs. 2 regelt davon abgesehen die **Einbeziehung allgemeiner Versicherungsbedingungen** des VR in den Vertrag über vorläufige Deckung. Zwar gilt auch insoweit § 305 Abs. 2 BGB, wonach es eines ausdrücklichen Hinweises des VR auf seine AVB bedarf und von der Kenntnis oder der Möglichkeit der Kenntnisnahme durch den Vertragspartner abhängt, welche AVB gelten (BGH VersR 1982, 381). Wird der VR bei gleichzeitiger Beantragung des Hauptvertrages und Gewährung vorläufiger Deckung seinen Informationspflichten nach § 7 gerecht, richtet sich folglich die Geltung der AVB für den Vertrag über vorläufige Deckung grds. nach den vor der Vertragserklärung zur Verfügung gestellten Klauselwerken. Fehlt es an dieser Vorrausetzung, hat der VR dem VN also seine AVB nicht übermittelt – oder nicht einmal darauf hingewiesen und ihm die Möglichkeit der Kenntnisnahme verschafft –, sieht Abs. 2 eine Reihenfolge der fingierten Einbeziehung der AVB vor. 12

In erster Linie gelten danach **die** von dem VR **für die Gewährung vorläufigen Versicherungsschutzes üblicherweise** (zum Zeitpunkt der Deckung) **verwendeten Bedingungen** (Abs. 2 Satz 1; vgl. OLG Köln r+s 2012, 243 = VersR 2012, 1514). Ihre Regelung ist dann auch **abschließend.** Sie können, bspw. wenn sie auf Obliegenheiten oder Ausschlüsse verzichten, nicht durch die AVB des Hauptvertrages ergänzt werden, es sei denn sie nehmen Bezug auf diese Bedingungen. Fehlen solche AVB für die vorläufige Deckung, so werden die **für den Hauptvertrag verwendeten Bedingungen** Bestandteil des Vertrages. Damit ist der konkret angestrebte Hauptvertrag gemeint. Das gilt auch dann, wenn der Versicherungsfall vor Abschluss des Hauptvertrages bereits eingetreten ist (OLG Frankfurt TranspR 2018, 50). Ist zum Zeitpunkt der Gewährung vorläufiger Deckung ein Hauptvertrag noch nicht beantragt oder bestehen Zweifel, welche AVB für den Vertrag gelten sollen, sieht Abs. 2 Satz 2 vor, dass diejenigen zum Zeitpunkt des Abschlusses des Vertrages über vorläufige Deckung vom VR verwendeten Bedingungen eines Hauptvertrages, die für den VN **am günstigsten** sind, Vertragsbestandteil werden. Mit den günstigsten AVB sind jene gemeint, die für den VN **im konkreten Fall** die günstigste Fassung haben (iE Langheid/Wandt/*Rixecker* § 49 Rn. 49; so auch Prölss/Martin/*Klimke* § 49 Rn. 2). Gewährt ein VR vorläufige Deckung in der Kaskoversicherung und bietet er unterschiedliche Kaskodeckung – ohne oder mit verschiedenen Selbstbehalten – an, so ist dann kein Selbstbehalt vereinbart. Bietet ein VR Verträge über eine Berufsunfähigkeitsversicherung ohne, mit konkreter oder mit abstrakter Verweisung an, so darf er 13 bei Eintritt des Versicherungsfalles im Zeitraum der vorläufigen Deckung keine Verweisung vornehmen.

IV. Beweis des Vertragsabschlusses

14 Ob ein Antrag auf Abschluss eines Vertrages über vorläufige Deckung gestellt worden ist, und ob der Vertrag sodann zustande gekommen ist, muss der VN darlegen und beweisen. Das ist dort von besonderer Bedeutung, wo eine Deckungsbestätigung verlangt und übermittelt worden ist und daraus Konsequenzen für über die Kfz-Haftpflichtversicherung hinausgehende Deckung gezogen werden sollen. Daher liegt die **Beweislast für einen Antrag** des VN auch bei ihm (OLG Saarbrücken NJW-RR 2006, 1104 = ZfS 2006, 514).

§ 50 Nichtzustandekommen des Hauptvertrags

Ist der Versicherungsnehmer verpflichtet, im Fall des Nichtzustandekommens des Hauptvertrags eine Prämie für die vorläufige Deckung zu zahlen, steht dem Versicherer ein Anspruch auf einen der Laufzeit der vorläufigen Deckung entsprechenden Teil der Prämie zu, die beim Zustandekommen des Hauptvertrags für diesen zu zahlen wäre.

1 Die dispositive Vorschrift bestimmt allein die **Höhe einer** von einem VN geschuldeten **Prämie** in Fällen, in denen ein Anspruch darauf für den Fall vereinbart ist, dass der Hauptvertrag nicht zustande kommt. Die Vorschrift gilt daher auch, wenn ein Hauptvertrag mit einem anderen VR geschlossen wird. Voraussetzung ist nur, dass die Zahlung eines Beitrags für die Gewährung vorläufiger Deckung vereinbart ist. Das wird selten ausdrücklich erfolgt sein. Jedoch ist nach dem Rechtsgedanken der §§ 612 Abs. 1, 632 Abs. 1 BGB von einer **stillschweigenden Vereinbarung der Entgeltlichkeit** auszugehen, wenn die Leistung des VR den Umständen nach regelmäßig nur gegen eine Vergütung zu erwarten ist. Ob das der Fall ist, richtet sich im Wesentlichen danach, ob die Gewährung vorläufiger Deckung vornehmlich im Interesse des VN – wie bspw. in der Kraftfahrt- oder in der Haftpflichtversicherung – oder vornehmlich im Interesse des VR, der ohne ein besonderes Anliegen des VN für den Hauptvertrag mit der unverlangten Gewährung vorläufiger Deckung wirbt, vereinbart ist. Fehlt es an einer ausdrücklichen Abrede einer Vergütung oder ist von einer konkludenten nicht auszugehen oder kommt der Hauptvertrag zustande, gilt § 50 nicht. Kommt der Hauptvertrag zustande, regelt er selbst, ob – wie es in der Kraftfahrtversicherung üblich ist – rückwirkend ein Beitrag für den Zeitraum der vorläufigen Deckung geschuldet wird, indem der technische Versicherungsbeginn auf den Zeitpunkt des Beginns der vorläufigen Deckung festgelegt wird.

2 Besteht eine Beitragspflicht und ist die Höhe der Vergütung für den Zeitraum der vorläufigen Deckung nicht ausdrücklich vereinbart, sieht § 50 vor, dass **Grundlage der Bemessung** die für den nicht zustande gekommenen Hauptvertrag geschuldete Prämie ist. Davon hat dann der VN den Teil zu entrichten, der der Laufzeit der vorläufigen Deckung entspricht. Lässt sich nicht feststellen, welcher Hauptvertrag abgeschlossen worden oder welche Prämie für ihn vereinbart worden wäre, so ist der hypothetische Preis der vorläufigen Deckung nach dem zum Ausdruck gekommenen Interesse des VN an einer bestimmten Absicherung maß-

geblich. Kommen danach mehrere unterschiedliche Prämien in Betracht, gilt die günstigste als Maßstab. Zuweilen finden sich Regelungen über die Bemessung der Höhe der dann geschuldeten Prämie. Ihre abstrakt-generelle Pauschalierung, die von den konkreten Verhältnissen des VN absieht und die ihm ungünstigsten **Tarifmerkmale** zugrundelegt, begegnet durchgreifenden Bedenken (AG Bernkastel-Kues r+s 2016, 341). In Fällen, in denen diese Bemessung gelten soll, wenn sich keine die Tarifierung ermöglichenden Angaben aus dem Versicherungsantrag (auf Abschluss des Hauptvertrages) selbst ergeben, ist entsprechend § 49 Abs. 2 Satz 2 die dem VN günstigste Tarifierung anzunehmen (AG Potsdam BeckRS 2019, 33166). Der VR ist iÜ gehalten, sich zu bemühen, die Tarifierung des VN zu ermitteln und darf nur dann ihm ungünstige zugrundelegen, wenn der VN insoweit seine Mitwirkung verweigert (LG Düsseldorf ZfS 2017, 637).

Der Prämienanspruch ist **unabhängig von den Gründen,** aus denen der 3 Hauptvertrag nicht zustande kommt (aA zum früheren Recht OLG Köln VersR 1974, 898). Lehnt der VR allerdings einen Hauptvertrag, der dem VN günstig wäre, ohne sachlichen Grund ab, und verlangt er dann vom VN einen ungünstigeren Beitrag für die vorläufige Deckung, so kann sich dies als treuwidrig erweisen. Abweichende Vereinbarungen sind auch durch AVB zulässig. Daher kann ein VR vorsehen, dass sich die Höhe der Prämie nach einem **Kurzzeittarif** bestimmt (Beckmann/Matusche-Beckmann VersR-HdB/*Lehmann* § 7 Rn. 42). Das muss allerdings in transparenter Weise geschehen.

§ 51 Prämienzahlung

(1) **Der Beginn des Versicherungsschutzes kann von der Zahlung der Prämie abhängig gemacht werden, sofern der Versicherer den Versicherungsnehmer durch gesonderte Mitteilung in Textform oder durch einen auffälligen Hinweis im Versicherungsschein auf diese Voraussetzung aufmerksam gemacht hat.**

(2) **Von Absatz 1 kann nicht zum Nachteil des Versicherungsnehmers abgewichen werden.**

Vorläufige Deckung wird regelmäßig gewährt, ohne dass der VR auf der vorhe- 1 rigen Zahlung einer Prämie besteht. **§ 37 Abs. 2 VVG,** wonach bei Eintritt des Versicherungsfalles vor Zahlung der Erstprämie keine Deckung besteht, **ist konkludent abbedungen** (vgl. zum früheren Recht BGH VersR 2006, 913; 1995, 409; iÜ *Gitzel* VersR 2007, 322 (325)). Der VN erhält daher in solchen Fällen zunächst Versicherungsschutz ohne Gegenleistung. § 51 erlaubt allerdings eine abweichende Vereinbarung unter einer nicht zum Nachteil des VN abdingbaren Voraussetzung: der ausreichenden Warnung des VN. Ist eine abweichende Vereinbarung wirksam erfolgt und tritt ein Versicherungsfall während der Dauer der vorläufigen Deckung aber vor Leistung der dafür geschuldeten Prämie ein, so besteht kein Versicherungsschutz.

Voraussetzung einer solchen Abhängigkeit des Versicherungsschutzes von der 2 Zahlung der dafür geschuldeten Prämie ist eine **besonders hervorgehobene Warnung** des VN. Er muss durch eine gesonderte Mitteilung in Textform oder durch einen auffälligen Hinweis im Versicherungsschein (für die vorläufige Deckung) auf diese Voraussetzung seiner Absicherung aufmerksam gemacht werden. Mit der gesonderten Mitteilung ist kein eigenständiges Dokument gemeint, sondern eine von anderen Informationen zum Versicherungsvertrag getrennte

Unterrichtung. Die Mitteilung muss sich allerdings, will sie den Erfordernissen einer „Sonderung" genügen, nicht nur durch eine Absatzbildung von dem sonstigen Text der Deckungsgewährung abheben. Warneffekt hat sie nur, wenn sie dem Versicherungsnehmer als etwas Besonderes auffallen muss. Diese Mitteilung muss allerdings spätestens zu dem Zeitpunkt erfolgen, zu dem die vorläufige Deckung einsetzen soll.

3 Hat der VR von der Möglichkeit des Absatzes 1 Gebrauch gemacht, gilt allerdings nicht § 37 Abs. 2 Satz 1, wonach der VR nur dann leistungsfrei ist, wenn sich der VN mit der Zahlung der Erstprämie in Verzug befindet (aA Looschelders/Pohlmann/*Kammerer-Galahn* § 51 Rn. 3). Vielmehr macht der Versicherer die vorläufige Deckung in einem solchen Fall von der Zahlung ihres Preises **aufschiebend bedingt** abhängig.

§ 52 Beendigung des Vertrags

(1) [1]**Der Vertrag über vorläufige Deckung endet spätestens zu dem Zeitpunkt, zu dem nach einem vom Versicherungsnehmer geschlossenen Hauptvertrag oder einem weiteren Vertrag über vorläufige Deckung ein gleichartiger Versicherungsschutz beginnt.** [2]**Ist der Beginn des Versicherungsschutzes nach dem Hauptvertrag oder dem weiteren Vertrag über vorläufige Deckung von der Zahlung der Prämie durch den Versicherungsnehmer abhängig, endet der Vertrag über vorläufige Deckung bei Nichtzahlung oder verspäteter Zahlung der Prämie abweichend von Satz 1 spätestens zu dem Zeitpunkt, zu dem der Versicherungsnehmer mit der Prämienzahlung in Verzug ist, vorausgesetzt, dass der Versicherer den Versicherungsnehmer durch gesonderte Mitteilung in Textform oder durch einen auffälligen Hinweis im Versicherungsschein auf diese Rechtsfolge aufmerksam gemacht hat.**

(2) [1]**Absatz 1 ist auch anzuwenden, wenn der Versicherungsnehmer den Hauptvertrag oder den weiteren Vertrag über vorläufige Deckung mit einem anderen Versicherer schließt.** [2]**Der Versicherungsnehmer hat dem bisherigen Versicherer den Vertragsschluss unverzüglich mitzuteilen.**

(3) **Kommt der Hauptvertrag mit dem Versicherer, mit dem der Vertrag über vorläufige Deckung besteht, nicht zustande, weil der Versicherungsnehmer seine Vertragserklärung nach § 8 widerruft oder nach § 5 Abs. 1 und 2 einen Widerspruch erklärt, endet der Vertrag über vorläufige Deckung spätestens mit dem Zugang des Widerrufs oder des Widerspruchs beim Versicherer.**

(4) [1]**Ist das Vertragsverhältnis auf unbestimmte Zeit eingegangen, kann jede Vertragspartei den Vertrag ohne Einhaltung einer Frist kündigen.** [2]**Die Kündigung des Versicherers wird jedoch erst nach Ablauf von zwei Wochen nach Zugang wirksam.**

(5) **Von den Absätzen 1 bis 4 kann nicht zum Nachteil des Versicherungsnehmers abgewichen werden.**

I. Normzweck und Regelungsinhalt

1 Die Vorschrift regelt weitgehend abschließend und nicht zum Nachteil des VN abdingbar die Beendigung des Vertrages über vorläufige Deckung. Sie **schützt**

den VN **vor dem überraschenden Verlust seines Versicherungsschutzes** und zielt darauf, Doppelversicherungen zu vermeiden. Der Vertrag über vorläufige Deckung endet daher grds. nur dann von selbst, wenn das von ihm erfasste Risiko anderweitig abgesichert ist oder der VR den Vertrag kündigt.

2 Das schließt, wie der Wortlaut von Abs. 1 Satz 1 zeigt, nicht aus, dass in engen Grenzen andere Tatbestände der Beendigung vereinbart werden. Dabei geht es zunächst um den rückwirkenden Wegfall der vorläufigen Deckung. Sodann steht § 52 weder Befristungen noch auflösenden Bedingungen des Vertrages über vorläufige Deckung entgegen. Denn Abs. 4 zeigt, dass das Vertragsverhältnis auch nach der Vorstellung des Gesetzgebers auf bestimmte Zeit eingegangen werden darf. Jedoch sind Klauseln, die die **Laufzeit des Vertrages befristen,** indem sie seine Beendigung nach Ablauf eines bestimmten Zeitraumes nach Unterzeichnung des Antrags oder nach Ablehnung des Abschlusses des Hauptvertrages durch den VR enden lassen, unwirksam nach § 307 Abs. 2 BGB, weil sie die grds. berechtigte Erwartung des VN, bis zur endgültigen Absicherung des Risikos oder einer Kündigung des VR Deckung zu genießen, enttäuschen (BGH VersR 1996, 743). Individualvertraglich können Befristungen oder auflösende Bedingungen jedoch vereinbart werden.

II. Beendigung durch Beginn gleichartigen Versicherungsschutzes

3 Der Vertrag über vorläufige Deckung endet spätestens dann, wenn der VN einen gleichartigen Versicherungsschutz aus einem Hauptvertrag oder einem anderen Vertrag über vorläufige Deckung bei demselben VR genießt (Abs. 1 Satz 1). Damit wird zunächst klargestellt, dass der **Zeitpunkt der Beendigung** jener des materiellen Versicherungsbeginns aus einem anderen Vertrag ist (vgl. BGH NJW 2007, 2258; VersR 2006, 913; VersR 1996, 743; VersR 1995, 409; vgl. → Rn. 9 und → § 49 Rn. 2). Im Übrigen muss es sich um eine **gleichartige Absicherung** handeln. Damit ist kein in jeder Hinsicht gleichwertiger Versicherungsschutz gemeint, sondern eine der vorläufigen Deckung im Wesentlichen entsprechende Absicherung (BT-Drs. 16/3945, 75; iE *Maier* r+s 2006, 489; Beckmann/Matusche-Beckmann VersR-HdB/*Lehmann* § 7 Rn. 52; Prölss/Martin/*Klimke* § 52 Rn. 12). Verlangt wird damit die Absicherung des gleichen Risikos für die gleichen Versicherungsfälle in gleicher Weise. Wird die Deckung im Hauptvertrag auf bestimmte Risiken beschränkt, so kann ein Anhaltspunkt für die fehlende Gleichartigkeit sein, dass die nicht gedeckten Risiken separat (bspw. durch eine Elementarversicherung) versicherbar sind.

4 Andere **Regelungen der Versicherungssumme,** die **Aufnahme neuer Obliegenheiten** in den Vertrag oder einzelne **neue Ausschlüsse** im Hauptvertrag (oder einem anderen Vertrag über vorläufige Deckung) hindern die Beendigung des Vertrages über vorläufige Deckung grds. nicht. Lediglich dann, wenn im Hauptvertrag oder in dem neuen Vertrag über vorläufige Deckung erhebliche Teile des dem VN bislang gewährten Schutzes nicht mehr versprochen werden, bedarf es, um die Beendigung herbeizuführen, einer ausdrücklichen Kündigung. Daher endet der Vertrag über vorläufige Deckung nicht, wenn er den VN gegen Einbruchsdiebstahl in sein Textilgeschäft versichert und in dem dann zustande gekommenen Hauptvertrag wesentliche Teile der in dem Textilgeschäft vertriebenen Waren vom Versicherungsschutz ausgenommen werden (OLG Hamm VersR

1982, 1042). Auch endet der Vertrag über vorläufige Deckung nicht, wenn eine Kfz-Haftpflichtversicherung infolge der Annahmefiktion des § 5 Satz 3 PflVG mit der gesetzlichen Mindestversicherungssumme als abgeschlossen gilt, weil der VR den Antrag des VN, der andere Vertragsbedingungen enthielt, nicht innerhalb von zwei Wochen nach seinem Eingang abgelehnt hat oder die Verhandlungen über einen weitergehenden Schutz anhalten (BGH VersR 1986, 966).

5 Ist der Beginn des Versicherungsschutzes aus dem Hauptvertrag oder dem weiteren Vertrag über vorläufige Deckung von der **Zahlung einer Prämie** durch den VN abhängig, so endet der Vertrag über vorläufige Deckung bei Nichtzahlung oder verspäteter Zahlung der Prämie abweichend von Abs. 1 Satz 1 zu dem Zeitpunkt, zu dem der VN mit der Prämienzahlung in Verzug ist. Damit soll verhindert werden, dass der VN die Beendigung des Vertrages über vorläufige Deckung prämienfrei hinausschiebt.

6 Voraussetzung für das Erlöschen des Vertrags ist allerdings, dass der VN für den Hauptvertrag oder den weiteren Vertrag über vorläufige Deckung eine Prämie zu diesem Zeitpunkt schuldet. Die anderweitige Absicherung muss also wirksam zustande gekommen sein und es muss ein **fälliger Beitragsanspruch** bestehen. Steht dem VN noch ein Widerspruchsrecht nach § 5 Abs. 1 zu, fehlt es daran (vgl. zu dem entsprechenden Problem zu § 5a aF BGH VersR 2006, 913; OLG Hamm VersR 1982, 1042; zur Voraussetzung des Zugangs des Versicherungsscheins vgl. nur LG Düsseldorf SP 2009, 378). Im Übrigen müssen die Fälligkeitsvoraussetzungen des § 33 gewahrt sein. Der VR muss die Erstprämie vor allem zutreffend – und bei mehreren Verträgen auch in Bezug auf die Risikoübernahme, um die es geht – berechnet und angefordert haben (BGH VersR 1986, 986; OLG Hamm VersR 1999, 957; OLG Saarbrücken VersR 2005, 215). Für den Fall einer Vereinbarung des Lastschriftverfahrens muss die Lastschriftanforderung den formellen Anforderungen einer Erstprämienrechnung genügen und dem VN die Gelegenheit gegeben werden, für rechtzeitige Deckung zu sorgen (BGH VersR 1985, 447; OLG Saarbrücken VersR 2005, 215). Schließlich endet der Vertrag über vorläufige Deckung nur, wenn der VN – regelmäßig mit Ablauf der Zahlungsfrist (§ 286 Abs. 2 Nr. 2 BGB) – in Verzug ist.

7 Die Beendigung des Vertrages über vorläufige Deckung setzt allerdings voraus, dass **der VN darauf** durch eine gesonderte Mitteilung in Textform oder durch einen auffälligen Hinweis im Versicherungsschein **aufmerksam gemacht** worden ist. In formaler Hinsicht muss die Belehrung ihrer Warnfunktion gerecht werden, also in beiden durch das Gesetz zur Verfügung gestellten Alternativen dem VN durch ihre Gestaltung ins Auge fallen, in aller Regel also drucktechnisch hervorgehoben werden (OLG Celle VersR 2000, 314; LG Bremen VersR 1995, 287). Inhaltlich muss sie vollständig und zutreffend sein, also klarstellen, dass der Vertrag über vorläufige Deckung mit dem Eintritt des Verzuges mit der Prämienzahlung für den Hauptvertrag oder den weiteren Vertrag über vorläufige Deckung beendet wird, vor allem auch, dass bei schuldloser Säumnis die nachträgliche Zahlung den Versicherungsschutz rückwirkend erhalten kann (BGH VersR 2006, 913; OLG Hamm r+s 1995, 403; VersR 1999, 1229; OLG Köln VersR 1997, 350; VersR 1998, 1104; OLG Koblenz VersR 1999, 1141; LG Köln r+s 2005, 98). Fehlt es an einem formellen oder materiellen Erfordernis, so hat der Vertrag über vorläufige Deckung weiterhin Bestand (anders zum jahrelangen Ausbleiben der Prämienzahlung OLG Nürnberg VersR 2008, 70).

8 Diese Grundsätze gelten auch, wenn der VN den Hauptvertrag oder den weiteren Vertrag über vorläufige Deckung **mit einem anderen VR** schließt (Abs. 2

Satz 1). Auch insoweit setzt die Beendigung der vorläufigen Deckung also voraus, dass der andere Versicherungsschutz gleichartig ist. Auch ist sie davon abhängig, dass der andere VR, soll der Verzug mit der Prämienzahlung zur Beendigung führen, die formellen und materiellen Voraussetzungen des Abs. 1 Satz 2 beachtet hat. Abs. 2 Satz 2 verpflichtet den VN, dem VR **einen solchen Vertragsschluss** mit einem anderen VR **mitzuteilen.** Das ist aber nicht Voraussetzung der Beendigung des Vertrages. Die Verletzung der Mitteilungspflicht kann folglich allenfalls zu Schadensersatzansprüchen führen.

Hat ein gleichartiger materieller Versicherungsschutz aus dem Hauptvertrag 9 einmal begonnen, so ändert dessen **spätere Anfechtung oder der Rücktritt des VR oder die Ausübung seines nachträglichen Vertragsänderungsrechts,** die die Gleichartigkeit der Deckung im Nachhinein beseitigen kann, an der Beendigung der vorläufigen Deckung nichts mehr (OLG Saarbrücken ZfS 2013, 100; VersR 2007, 1684). Denn schon nach dem Wortlaut von Abs. 1 Satz 1 kommt es ausschließlich auf den tatsächlichen Beginn des materiellen Versicherungsschutzes an. Sagt der Hauptvertrag rückwirkend Versicherungsschutz zu und löst sich der VR später von ihm, so endet mit dem Wirksamwerden des materiellen Versicherungsschutzes aus einer Rückwärtsversicherung die vorläufige Deckung (BGH VersR 1991, 1397). Deshalb kommt es darauf an, ob einer Erklärung des VR über den Zeitpunkt des Beginns des Versicherungsschutzes lediglich ein Hinweis auf das Bestehen vorläufiger Deckung zu entnehmen ist oder tatsächlich eine Rückwärtsversicherung, die dann aber den Bedingungen des § 5 Abs. 1, 2 gerecht werden muss (Langheid/Wandt/*Rixecker* § 52 Rn. 22).

Abs. 1 und Abs. 2 sind nicht anwendbar, wenn bereits eine gleichartige Absiche- 10 rung des Risikos besteht und der VN nunmehr einen dieses Risiko deckenden Vertrag über vorläufige Deckung abschließt. In solchen Fällen gelten allein die §§ 77 ff.

III. Beendigung nach Widerruf oder Widerspruch

Widerruft der VN nach § 8 Abs. 1, 2 seine Vertragserklärung rechtzeitig, oder 11 widerspricht er der Abweichung des Inhalts des Versicherungsscheins von seinem Antrag nach § 5 Abs. 1 rechtzeitig, so endet der Vertrag über die vorläufige Deckung spätestens **mit dem Zugang des Widerrufs oder des Widerspruchs** beim VR ohne weitere Nachfrist. Das gilt entsprechend, wenn der VN seinen Antrag zurücknimmt (BT-Drs. 16/3945, 75; aA Looschelders/Pohlmann/*Kammerer-Galahn* § 52 Rn. 9 – nur bei endgültigem Scheitern des Hauptvertrages). Eine für den VN günstige Abweichung enthält indessen B.2.5 AKB 2015 nach dem der VR den Vertrag über vorläufige Deckung dann lediglich mit einer Frist von zwei Wochen schriftlich kündigen kann. Gleiches – die Beendigung mit dem Zugang der entsprechenden Erklärung – gilt bei einer Anfechtung der Vertragserklärung durch den VN und bei einvernehmlicher Aufhebung eines bereits zustande gekommenen Hauptvertrages. Allein das zeitlich nicht immer klar zu bestimmende Scheitern des Hauptvertrages führt nicht zur Beendigung der vorläufigen Deckung (anders zum früheren Recht BGH VersR 1955, 399).

IV. Beendigung durch Kündigung

Fehlt es an einem Tatbestand der automatischen Beendigung des Versicherungs- 12 vertrages, kann sich der VR von der Gewährung vorläufiger Deckung nur durch eine **Kündigung** lösen. Dann sieht das Gesetz in Abs. 4 allerdings eine ab dem vom VR zu beweisenden Zugang der Kündigungserklärung laufende „Nachhaftungsfrist" von zwei Wochen vor. Eine bestimmte Form der Kündigung oder eine Begründung verlangt das Gesetz nicht.

V. Rückwirkender Wegfall des Vertrages über vorläufige Deckung

13 Das Gesetz verbietet Vereinbarungen über den rückwirkenden Wegfall der vorläufigen Deckung – anders als es noch in seiner Vorgeschichte vorgeschlagen wurde (Abschlussbericht der Kommission zur Reform des Versicherungsvertragsrechts (KomV), hrsg. von *E. Lorenz,* 2004, S. 217 ff.) – nicht. Vielmehr zeigt nicht nur die Formulierung in Abs. 1 Satz 1, nach der der Vertrag über vorläufige Deckung „spätestens" zu dem dort vorgesehenen Zeitpunkt endet, und § 9 Satz 2 KfzPflVV, dass der Gesetzgeber von der **Zulässigkeit von Abreden** über den rückwirkenden Wegfall der vorläufigen Deckung ausgeht. Sie sind unter den Voraussetzungen des § 307 Abs. 1, 2 BGB wirksam (Bruck/Möller/*Höra* § 52 Rn. 14; aA Prölss/Martin/*Klimke* § 52 Rn. 37 f.; HK-VVG/*Karczewski* § 51 Rn. 3; BK/*Riedler* § 38 Rn. 31; iÜ BGH NJW 1967, 1800; 1956, 1634). Sie benachteiligen einen VN nicht unangemessen, wenn sie ihm den Versicherungsschutz, den er bereits genießt, unter bestimmten formalen und inhaltlichen Voraussetzungen entziehen. Das Argument, der rückwirkende Wegfall der vorläufigen Deckung weiche von § 52 Abs. 1 Satz 2 ab, weil an den Verzug des VN mit der Zahlung der Prämie für einen „Folgevertrag" eine schärfere Rechtsfolge – Wegfall des Versicherungsschutzes ex tunc – geknüpft wird, als das Gesetz gestatte (Prölss/Martin/*Klimke* § 52 Rn. 38), trägt nicht, weil die Vorschrift in Übereinstimmung mit der Gesetzgebungsgeschichte allein davon spricht, dass die vorläufige Deckung zu dem dort genannten Zeitpunkt „spätestens" endet. Das ist allgemein formuliert und bezieht sich nicht nur auf die anderen Beendigungstatbestände der Vorschrift. Allerdings entfällt die Deckung für eine mitversicherte Person in der Kfz-Haftpflichtversicherung nicht durch den rückwirkenden Wegfall der vorläufigen Deckung (OLG Jena VersR 2005, 1279).

14 Voraussetzung des rückwirkenden Wegfalls der vorläufigen Deckung ist zunächst seine **ausdrückliche Vereinbarung** in einer die vorläufige Deckung regelnden Abrede. Regelungen in AVB, die nur dem Hauptvertrag zugrunde liegen, können eine solche Abrede nur dann enthalten, wenn sie nach § 49 Abs. 2 auch dem Vertrag über die vorläufige Deckung zugrunde zu legen und als solche nicht überraschend iSd § 305c Abs. 1 BGB sind (Beckmann/Matusche-Beckmann VersR-HdB/*Lehmann* § 7 Rn. 63; *Hofmann* VersR 1997, 1257). Für die Kraftfahrzeughaftpflichtversicherung verlangt § 9 Satz 2 KfzPflVV, dass der Versicherungsantrag von dem VR unverändert angenommen, vom VN aber nicht binnen einer im Versicherungsvertrag bestimmten, mindestens zweiwöchigen Frist eingelöst worden ist und der VN die Verspätung der Prämienzahlung zu vertreten hat. Damit konzipiert § 9 Satz 2 KfzPflVV das Modell des rückwirkenden Wegfalls der vorläufigen Deckung.

15 Die vorläufige Deckung kann nur dann rückwirkend entfallen, wenn der VR die von dem VN geschuldete **Erstprämie** für den konkreten Vertrag, dessen Risiken vorläufig gedeckt waren, **richtig berechnet** und dem VN mitgeteilt hat (BGH VersR 1986, 986). Die Summierung von Erst- und Folgeprämien und ihre Bezeichnung als „Einlösebeitrag" oder die Zusammenrechnung von Erstprämien

verschiedener Versicherungsverträge, erlaubt das rückwirkende Außerkrafttreten nicht (OLG Hamm VersR 1995, 1085; 1991, 220; OLG Köln VersR 1997, 350; OLG Saarbrücken ZfS 2004, 270).

16 Davon abgesehen muss der VN über die Voraussetzungen und die Rechtsfolge des rückwirkenden Entzugs seines Versicherungsschutzes hinreichend **deutlich belehrt** worden sein. In zeitlicher Hinsicht muss das geschehen sein, bevor die von ihm geschuldete Erstprämie für den Hauptvertrag fällig geworden ist (OLG Saarbrücken ZfS 2004, 270). Aus § 52 Abs. 1 Satz 1 ergibt sich, dass insoweit eine gesonderte Mitteilung in Textform auf dem Versicherungsschein für den Hauptvertrag oder auf der Prämienrechnung enthalten sein muss. Diese gesonderte Mitteilung muss drucktechnisch deutlich hervorgehoben sein (OLG Celle VersR 2000, 314) und dem VN die Voraussetzungen des Eintritts in dieser Rechtsfolge, des rückwirkenden Entzugs eines ihm bereits zustehenden Versicherungsschutzes, nämlich das zu vertretene Schuldigbleiben der Erstprämie bei Fälligkeit, klar und unmissverständlich vor Augen führen (OLG Celle VersR 2000, 314; OLG Oldenburg r+s 1999, 187). Dazu zählt auch der Hinweis, dass bei einem nicht zu vertretenden Ausbleiben der Erstprämie eine nachträgliche Zahlung den Versicherungsschutz erhalten kann (BGH VersR 1967, 569; OLG Hamm VersR 1999, 1219; r+s 1996, 89; OLG Köln VersR 1998, 1104). Ist der Lastschrifteinzug der Erstprämie vereinbart, so ist es erforderlich, dass der VR den VN über die Folgen des Fehlens von Deckung zum Zeitpunkt des Einzugsverzugs ausdrücklich aufmerksam gemacht hat (OLG Celle NJW-RR 1986, 1359). Unterschiedliche Angaben zu den Fristen der Leistung der Prämie machen die Belehrung unzulänglich (LG Dortmund r+s 2015, 543).

17 Nach B.2.4 AKB 2008 ist weitere Voraussetzung des rückwirkenden Wegfalls der vorläufigen Deckung die **unveränderte Annahme des Versicherungsantrags.** Das kann nicht ohne weiteres auf andere Versicherungsverträge, für die eine solche Rechtsfolge vereinbart ist, übertragen werden, weil der VN auch anderweitig vor dem unerwarteten und vermeidbaren Verlust seiner vorläufigen Deckung geschützt werden kann. Auch dann, wenn ein veränderter Antrag als angenommen gilt, muss aber die Erstprämie für den Hauptvertrag fällig sein (§ 33 Abs. 1) und, weicht die Annahmeerklärung des VR von dem Antrag des VN ab, die Widerspruchsfrist verstrichen sein (vgl. BGH VersR 2006, 913; 1996, 445). Die Nichtzahlung der Erstprämie muss der VN iÜ zu vertreten haben.

18 Kann sich allerdings der VR durch **Aufrechnung** mit seinem Anspruch auf Zahlung der Erstprämie gegen die Forderung des VN auf Entschädigung eines unter dem Regime der vorläufigen Deckung eingetretenen Versicherungsfalles befriedigen, so kann er sich auf den rückwirkenden Wegfall der vorläufigen Deckung nicht berufen (BGH VersR 1985, 877; OLG Köln VersR 1998, 1104). Allerdings müssen sich aufrechenbare Forderungen gegenüberstehen (vgl. dazu OLG Hamm VersR 1996, 1048; OLG Koblenz VersR 2005, 527).

Abschnitt 6. Laufende Versicherung

§ 53 Anmeldepflicht

Wird ein Vertrag in der Weise geschlossen, dass das versicherte Interesse bei Vertragsschluss nur der Gattung nach bezeichnet und erst nach seiner Entstehung dem Versicherer einzeln aufgegeben wird (laufende Versiche-

rung), ist der Versicherungsnehmer verpflichtet, entweder die versicherten Risiken einzeln oder, wenn der Versicherer darauf verzichtet hat, die vereinbarte Prämiengrundlage unverzüglich anzumelden oder, wenn dies vereinbart ist, jeweils Deckungszusage zu beantragen.

I. Normzweck und Anwendungsbereich

1 Die §§ 53–58 beschreiben das Gerüst einer den Bedürfnissen des gewerblichen Verkehrs entsprechenden besonderen Versicherungstechnik. Mit der „laufenden Versicherung" wird nicht vornehmlich ein gegenwärtiges Interesse versichert, sondern es wird eine Absicherung pauschal definierter gegenwärtiger und künftiger Gefahren bereitgestellt, deren Konkretisierung allerdings noch von einer unterschiedlich ausgestalteten „Aufgabe" abhängig ist. Ungeachtet dessen ist es ein „perfekter Vertrag" (RGZ 90, 5). Voraussetzung der Anwendbarkeit der §§ 53–58 ist, dass der VN mit dem Vertragsabschluss unter den alternativen Bedingungen der Vorschrift Deckung für bestimmte, wiederkehrend bei dem VN entstehende Risiken verspricht.

2 Eine laufende Versicherung liegt daher nicht vor, wenn lediglich ein **Rahmenvertrag** vereinbart ist, der allgemeine Grundsätze für einen künftig abzuschließenden Versicherungsvertrag festlegt. Ein für beide Vertragspartner ausschließlich fakultativer Vertrag, der ihnen überlässt, für ein künftiges Risiko jetzt bereits eine Absicherung zu versprechen, ist lediglich ein Rahmenvertrag, für den die §§ 53 ff. VVG nicht gelten (Langheid/Wandt/*Reinhard,* § 53 Rn. 11). Weil die Parteien insoweit **Dispositionsfreiheit** genießen (§ 210), verkörpern die §§ 53–58 lediglich ein **Leitbild,** das die Klauselkontrolle beeinflussen kann. Zu den regelmäßig **nicht abbedungenen,** außerhalb der Deckung von Großrisiken geltenden Vorschriften des VVG gehören jene über die Informationspflichten (§ 7) und die Beratungspflichten (§§ 6, 63 ff.). Die laufende Versicherung tritt vor allem als Güterversicherung (DTV-Güter 2000/2008), Transportversicherung (DTV-VHV 2003/2008; zur Speditionsversicherung BGH VersR 1975, 417), Kreditversicherung (AVB Warenkredit 2018), Flottenversicherung (KG BeckRS 2015, 119104) oder Bauleistungsversicherung (Prölss/Martin/*Armbrüster* Vor § 53 Rn. 3) auf, ist aber auch in der Tierlebensversicherung (OLG Celle VersR 1969, 179),in der Filmversicherung (*completion bonds*) (vgl. *Langheid* FS Wälder, 2009, 23; Langheid/Wandt/*Reinhard* § 53 Rn. 4) und in der Veranstaltungsausfallversicherung bekannt (vgl. allg. Prölss/Martin/*Armbrüster* § 53 Rn. 5).

II. Gegenstand des Vertrages und Abgrenzung

3 Der Abschluss einer laufenden Versicherung und nicht erst die spätere Konkretisierung der Absicherung einer spezifischen Gefahr durch „Aufgabe" des versicherten Interesses **begründet den Versicherungsvertrag.** Daher liegt auch im Eintritt des Risikos nach Vertragsabschluss aber vor der Aufgabe grundsätzlich **keine Rückwärtsversicherung** (OLG Hamm r+s 2018, 599), so dass bei Deckungsaufgabe eines neuen Risikos § 2 nicht gilt. Die Vertragstechnik vereinfacht die Risikoverwaltung. Der VN verfügt über verlässlichen Versicherungsschutz auch dann, wenn ihm auferlegt wird, eine konkrete Deckungszusage zu beantragen. Der VR kann auf der Grundlage der ihm bekannten Verallgemeinerung der zu deckenden Einzelrisiken die Prämie berechnen oder Prämienberechnungsgrundlagen vorge-

ben (str.; aA Prölss/Martin/*Armbrüster,* § 53 Rn. 12 mwN; wie hier Langheid/Wandt/*Reinhard* § 53 Rn. 10 ff.). Auch liegt keine laufende Versicherung vor, wenn der VN keine der Voraussetzungen der Vorschrift erfüllen muss, also in der Verkehrshaftungsversicherung weder die einzelnen Transporte anmelden noch die Prämiengrundlage melden muss (OLG Hamburg r+s 2018, 371).

Die für die laufende Versicherung vorgesehene Befreiung des VR von den 4
Beschränkungen der privatautonomen Gestaltung des Versicherungsvertrages durch § 210 kann dazu reizen, diese Versicherungstechnik auf möglichst viele Vertragsbeziehungen anzuwenden. Das muss scheitern. Von einer laufenden Versicherung (und der Anwendung der §§ 53 ff.) kann nach § 53 nur unter bestimmten **Voraussetzungen** gesprochen werden, die die **laufende Versicherung „definieren“.** Gegenstand der Absicherung muss ein bei Vertragsabschluss nur der Gattung nach bezeichnetes Interesse sein. Das bedeutet, dass der VR versprechen muss, eine Vielzahl gegenwärtiger und/oder künftiger konkret-individueller Interessen, die zu der vereinbarten Gattung zählen, abzusichern. Es muss ferner vorgesehen sein, sie dem VR einzeln „aufzugeben“ und sie allein durch diese Mitteilung zum Gegenstand der Absicherung zu machen. Das schließt es von vornherein aus, Versicherungsverträge allein durch Bezeichnung als laufend von den zwingenden oder halbzwingenden Normen des VVG auszunehmen.

Ein im Detail nicht immer leicht nachzuvollziehender Streit betrifft die Frage 5
nach der **konstitutiven oder fakultativen Natur** der laufenden Versicherung (dazu iE Langheid/Wandt/*Reinhard* § 53 Rn. 11 ff.; für die obligatorische Deckung aller aufgegebenen Risiken als einer zwingenden Voraussetzung der laufenden Versicherung auch Looschelders/Pohlmann/*Looschelders/Gesing* § 53 Rn. 16). Dabei geht es allein darum, ob der VR nach Vertragsabschluss zur Deckung der ihm einzeln aufgegebenen Risiken allein infolge der Aufgabe verpflichtet ist, oder ob er nach der Aufgabe einen Entscheidungsspielraum besitzt. Der Streit ist schwer verallgemeinernd zu entscheiden, weil die von § 210 garantierte Vertragsgestaltungsfreiheit zu vielfältigen Formen der laufenden Versicherung führt (vgl. auch HK-VVG/*Harms* § 53 Rn. 13 f.). Dem gesetzlichen Konzept der laufenden Versicherung ist es eigen, dass die im Vertrag der Gattung nach bezeichneten Risiken völlig unabhängig von ihrer (den zu zahlenden Preis beeinflussenden) Anmeldung im Einzelfall abgesichert sind. Die Notwendigkeit einer **Anmeldung** stellt auch **keinen Risikoausschluss** dar (BGH VersR 2001, 368) Allerdings zeigt die von § 53 gestattete Vereinbarung, dass der VN iRd laufenden Versicherung eine einzelne Deckungszusage beantragen muss, die Möglichkeit einer begrenzten fakultativen Ausgestaltung, ohne dass der Charakter als laufende Versicherung entfällt. Denn wenn der VN jeweils eine „Deckungszusage“ zu beantragen hat, so kann das schwerlich dahin verstanden werden, dass er unabhängig von ihrer Erteilung ohnehin Deckung genießt, auch wenn § 54 bei Ausbleiben des Verlangens nach Deckung Leistungsfreiheit nur nach Maßgabe des Verschuldens vorsieht: Immerhin setzt die Leistungsfreiheit, wie sie § 54 anordnet, voraus, dass im Allgemeinen Deckung besteht. Dem Sinn der laufenden Versicherung entspricht, dass der VR von Beginn an Deckung für die der Gattung nach beschriebenen Risiken übernimmt. Daher garantiert er Versicherungsschutz grds. auch in den Fällen, in denen zusätzlich eine konkrete Deckungszusage erwartet wird. In solchen Fällen hat der VN regelmäßig einen Anspruch auf ihre Erteilung, wenn das Einzelrisiko der generell übernommenen Gefahr unterfällt.

Anders als die laufende Versicherung deckt die **Versicherung eines Inbegriffs** 6
(§ 89) ein bei Vertragsabschluss örtlich, zeitlich und sachlich definiertes Einzelinte-

resse (zur Abgrenzung vgl. auch Langheid/Wandt/*Reinhard* § 53 Rn. 25). Sie erfasst zwar auch Schäden an Sachen, die erst künftig zu dem Inbegriff von Sachen gehören, der Gegenstand der Deckung ist. Das konkrete versicherte Interesse steht jedoch von Anfang an mit der Umschreibung des Inbegriffs fest. Daher kann auch die maßgebliche Versicherungssumme von Anfang an bestimmt werden. **Gruppenversicherungen** (Looschelders/Pohlmann/*Looschelders/Gesing* § 53 Rn. 11) können, müssen aber nicht laufende Versicherungen sein. Ob sie es sind hängt davon ab, wie das versicherte Interesse im Vertrag bestimmt wird: Geht es um die Absicherung eines abstrakt-generell bestimmten, jeweils zu konkretisierenden aber vorab allgemein bestimmten Interesses (dann laufende Versicherung), oder geht es um einen zum Zeitpunkt des Vertragsabschlusses bestimmbaren „Inbegriff" (die nach bestimmten Kriterien bezeichneten Arbeitnehmer eines Unternehmens), dessen Individualisierung jeweils „nachgereicht" werden muss. Eine laufende Versicherung liegt nicht vor, wenn, wie bei der **Betriebshaftpflichtversicherung,** eine Vielzahl unterschiedlicher Schadensereignisse, verwirklicht durch unterschiedliche Personen, eintreten kann: Das versicherte Interesse – die Bewahrung des VN vor Haftpflichtansprüchen im Zusammenhang mit seinem Betrieb – ist in einem solchen Fall von vornherein individuell-konkret festgelegt (BGH VersR 1967, 771).

III. Formen

7 Zu den in der Rechtspraxis wesentlichen Formen der laufenden Versicherung zählen die **Generalpolice** (*open cover*), durch die sich ein VR verpflichtet, sämtliche in dem Versicherungsschein benannten Risiken zu den vereinbarten Bedingungen und nach Maßgabe der dem VR vom VN deklarierten konkreten Einzelrisiken iRd regelmäßigen Höchstversicherungssumme zu decken. Daneben ist die **Umsatzpolice** bekannt, die zur Vereinfachung der Prämienberechnung Deckung für Schäden bei bestimmten Leistungen des VN aufgrund von regelmäßigen Umsatzmeldungen vorsieht, sowie, vor allem im Transportrecht, die **Pauschalpolice,** die zeitlich und örtlich spezifizierte Schäden im Rahmen einer festgelegten Versicherungssumme deckt (zu weiteren Policenvarianten Langheid/Wandt/*Reinhard* § 53 Rn. 19 ff.; Prölss/Martin/*Armbrüster* § 53 Rn. 6 ff.).

IV. Voraussetzungen

8 Erste Voraussetzung einer laufenden Versicherung ist die Bezeichnung des **versicherten Interesses** nur **der Gattung nach.** Unter dem versicherten Interesse wird die „Wertbeziehung" einer (versicherten) Person zu einem abgesicherten Gut verstanden, regelmäßig also das Interesse des VN daran, gegen Beeinträchtigungen des betroffenen Gutes wertmäßig geschützt zu sein. Nur der Gattung nach ist das versicherte Interesse bezeichnet, wenn die von der Absicherung erfassten Güter nach gemeinsamen, generell-abstrakt bestimmten Merkmalen beschrieben sind (Langheid/Wandt/*Reinhard* § 53 Rn. 7).

9 Zweite Voraussetzung ist, dass von dem VN verlangt wird, das konkret entstandene versicherte Interesse dem VR einzeln **aufzugeben.** Das geschieht grds. durch seine unverzügliche Anmeldung **(Deklaration)** oder, falls der VR darauf verzichtet hat, durch die Mitteilung der Prämiengrundlage (bspw. des Bauumsatzes oder des Transportumfangs), bei entsprechender Abrede alternativ auch mit der Beantragung einer Deckungszusage im Einzelfall. Unabhängig von den „Aufgabe-

modalitäten" schuldet der VR aber bereits Versicherungsschutz. In den beiden ersten Fällen handelt es sich um eine reine Tatsachenmitteilung, im letzteren Fall um eine Willenserklärung (*Langheid* FS Wälder, 2009, 25). Aus der Aufgabe eines Einzelrisikos folgt indessen nicht, dass es auf Dauer, also ungeachtet einer Kündigung durch den VR, gedeckt ist (BGH VersR 1987, 68).

Unterbleibt die Anmeldung des Einzelrisikos, die Mitteilung der Prämiengrundlage oder die Beantragung einer Deckungszusage, so führt das nicht zu einem Risikoausschluss (BGH VersR 2001, 368) sondern zieht die Rechtsfolgen des § 54 nach sich. Unabhängig davon handelt es sich schon dem Wortlaut des § 54 nach um eine **echte Rechtspflicht** (Looschelders/Pohlmann/*Looschelders/Gesing* § 53 Rn. 33; Langheid/Wandt/*Reinhard* § 53 Rn. 27; zur Ausgestaltungsfreiheit OLG Hamm VersR 1993, 1519), nicht um eine Obliegenheit. Wird sie schuldhaft verletzt, so entsteht folglich über § 54 hinaus ein Schadensersatzanspruch. 10

§ 54 Verletzung der Anmeldepflicht

(1) [1]**Hat der Versicherungsnehmer die Anmeldung eines versicherten Risikos oder der vereinbarten Prämiengrundlage oder die Beantragung der Deckungszusage unterlassen oder fehlerhaft vorgenommen, ist der Versicherer nicht zur Leistung verpflichtet.** [2]**Dies gilt nicht, wenn der Versicherungsnehmer die Anmelde- oder Antragspflicht weder vorsätzlich noch grob fahrlässig verletzt hat und die Anmeldung oder den Antrag unverzüglich nach Kenntniserlangung von dem Fehler nachholt oder berichtigt.**

(2) [1]**Verletzt der Versicherungsnehmer die Anmelde- oder Antragspflicht vorsätzlich, kann der Versicherer den Vertrag fristlos kündigen.** [2]**Die Versicherung von Einzelrisiken, für die der Versicherungsschutz begonnen hat, bleibt, wenn anderes nicht vereinbart ist, über das Ende der laufenden Versicherung hinaus bis zu dem Zeitpunkt bestehen, zu dem die vereinbarte Dauer der Versicherung dieser Einzelrisiken endet.** [3]**Der Versicherer kann ferner die Prämie verlangen, die bis zum Wirksamwerden der Kündigung zu zahlen gewesen wäre, wenn der Versicherungsnehmer die Anmeldepflicht erfüllt hätte.**

Die Vorschrift regelt die wesentlichen Rechtsfolgen einer Verletzung der von § 53 vorgesehenen Deklarationen. Von ihnen abgesehen, bestehen – sieht man die Deklarationspflichten als Rechtspflichten an – bei deren schuldhafter Verletzung Schadensersatzansprüche (→ § 53 Rn. 10). Die **Verletzung** besteht **objektiv** in einer unterlassenen oder unrichtigen Anmeldung der Einzelrisiken, der unterlassenen oder unrichtigen Mitteilung der Prämiengrundlage oder in einzelrisikorelevanten Fehlern der Beantragung von Deckung. Sie gewährt dem VR nach Abs. 1 Satz 1 grds. **Leistungsfreiheit,** wenn er beweist, dass der VN seinen Pflichten nach § 53 nicht nachgekommen ist (zu Bedenken gegen die Leistungsfreiheit bei Überschreitung der Anmeldefrist um wenige Tage OLG Stuttgart VersR 1994, 721). Davon nimmt Abs. 1 Satz 2 die Fälle aus, in denen es dem VN gelingt nachzuweisen, dass er die ihn nach § 53 treffenden Pflichten weder vorsätzlich noch grob fahrlässig verletzt hat und die Deklaration unverzüglich nachholt oder korrigiert, sobald er ihr Fehlen oder ihre Fehlerhaftigkeit erkannt hat. Damit wird für die laufende Versicherung das **„Alles oder nichts"-Prinzip** fortgeführt. 1

2 Von der Leistungsfreiheit, die den Versicherungsfall in Bezug auf ein konkretes Einzelrisiko betrifft, abgesehen, gewährt Abs. 2 Satz 1 dem VR bei der von ihm nachzuweisenden vorsätzlichen Verletzung der Deklarationspflichten ein Recht zur **fristlosen Kündigung** des gesamten Vertrages. Abs. 2 Satz 2 statuiert, macht der VR von dem Kündigungsrecht Gebrauch, eine **Auslaufhaftung** für die Einzelrisiken, für die der Versicherungsschutz schon begonnen hat und vertragsgemäß zeitlich fortdauert. Davon abgesehen sieht Abs. 2 Satz 3 vor, dass der VN die bei (hypothetischer) Erfüllung der Deklarationspflichten zu zahlende Prämie bis zu dem Zeitpunkt schuldet, zu dem der Versicherungsvertrag endet.

§ 55 Einzelpolice

(1) **[1]Ist bei einer laufenden Versicherung ein Versicherungsschein für ein einzelnes Risiko (Einzelpolice) oder ein Versicherungszertifikat ausgestellt worden, ist der Versicherer nur gegen Vorlage der Urkunde zur Leistung verpflichtet. [2]Durch die Leistung an den Inhaber der Urkunde wird er befreit.**

(2) **[1]Ist die Urkunde abhandengekommen oder vernichtet, ist der Versicherer zur Leistung erst verpflichtet, wenn die Urkunde für kraftlos erklärt oder Sicherheit geleistet ist; eine Sicherheitsleistung durch Bürgen ist ausgeschlossen. [2]Dies gilt auch für die Verpflichtung des Versicherers zur Ausstellung einer Ersatzurkunde.**

(3) **[1]Der Inhalt der Einzelpolice oder eines Versicherungszertifikats gilt abweichend von § 5 als vom Versicherungsnehmer genehmigt, wenn dieser nicht unverzüglich nach der Übermittlung widerspricht. [2]Das Recht des Versicherungsnehmers, die Genehmigung wegen Irrtums anzufechten, bleibt unberührt.**

1 Liegt eine laufende Versicherung vor, so betrifft der nach § 3 auszustellende Versicherungsschein sie selbst, lässt aber nicht erkennen, was im Einzelnen versichert ist. Um den Bedürfnissen des Rechtsverkehrs nach Dokumentation der konkreten Deckung gerecht zu werden, stellt Abs. 1 Satz 1 implizit die Einzelpolice – und das von ihr nur terminologisch zu unterscheidende Versicherungszertifikat – dem **Versicherungsschein** iSv § 3 gleich und begründet damit zugleich – wie schon die AVB (Ziff. 7.2 DTV-Güter – Laufende Versicherung – 2000/2011) – einen Anspruch des VN auf deren Ausstellung. Ist sie ausgestellt, hat sie **Beweis- und Legitimationsfunktion.** Die Einzelpolice (das Versicherungszertifikat) ist ein qualifiziertes Legitimationspapier (§ 808 Abs. 1 Satz 2 BGB). Der VR ist folglich nur gegen deren Vorlage zur Leistung verpflichtet. Die Leistung an den, der sie vorlegt, befreit den VR (Abs. 1 Satz 2). Gemäß § 371 BGB darf der VR bei Leistung die Aushändigung der Einzelpolice verlangen. Wird die konkret versicherte Sache veräußert, hat der Erwerber gemäß § 952 BGB einen Anspruch auf Überlassung der Urkunde. Infolge der Gleichstellung mit dem Versicherungsschein gelten auch die Regelungen des § 4 zu Inhaberklauseln.

2 Abs. 2 regelt den Fall des **Abhandenkommens** und der **Vernichtung** der Versicherungsbestätigung nach Abs. 1. Zur Leistung und zur Ausstellung einer Ersatzurkunde ist der VR nur verpflichtet, wenn das ursprüngliche Dokument für kraftlos erklärt worden ist (§§ 946, 1003 ff. ZPO) oder wenn der VN Sicherheit – allerdings nicht durch Bürgschaft (Abs. 2 Satz 1 Hs. 2) – (§ 232 BGB) leistet.

Abs. 3 Satz 1 ändert für die laufende Versicherung die Genehmigungsfiktion des § 5 ab. Der Inhalt der Einzelpolice gilt als gebilligt, wenn der VN ihm nicht **unverzüglich widerspricht** (Ziff. 7.1. DTV-Güter – Laufende Versicherung – 2000/2011). Sofern die AVB nichts Anderes bestimmen (wie Ziff. 7.1. DTV-Güter – Laufende Versicherung: ein Monat), steht dem VN keine Frist zum Widerspruch zu noch bedarf es einer Belehrung über die Rechtsfolgen seines Ausbleibens. Abs. 3 betrifft allerdings ungeachtet der missverständlichen Bezugnahme auf § 5, der sich auf Abweichungen des Versicherungsantrags von dem die Annahme beurkundenden Versicherungsschein bezieht, ausschließlich die Einzelpolice, also die Dokumentation der konkret-individuellen Deckung im Rahmen der laufenden Versicherung (Langheid/Wandt/*Reinhard* § 55 Rn. 3; Prölss/Martin/*Armbrüster* § 55 Rn. 3). Abs. 3 Satz 2 bestätigt, dass der VN die (fiktive) Genehmigung des Versicherungsvertrages wegen Irrtums anfechten darf. 3

§ 56 Verletzung der Anzeigepflicht

(1) [1]**Abweichend von § 19 Abs. 2 ist bei Verletzung der Anzeigepflicht der Rücktritt des Versicherers ausgeschlossen; der Versicherer kann innerhalb eines Monats von dem Zeitpunkt an, zu dem er Kenntnis von dem nicht oder unrichtig angezeigten Umstand erlangt hat, den Vertrag kündigen und die Leistung verweigern.** [2]**Der Versicherer bleibt zur Leistung verpflichtet, soweit der nicht oder unrichtig angezeigte Umstand nicht ursächlich für den Eintritt des Versicherungsfalles oder den Umfang der Leistungspflicht war.**

(2) [1]**Verweigert der Versicherer die Leistung, kann der Versicherungsnehmer den Vertrag kündigen.** [2]**Das Kündigungsrecht erlischt, wenn es nicht innerhalb eines Monats von dem Zeitpunkt an ausgeübt wird, zu welchem dem Versicherungsnehmer die Entscheidung des Versicherers, die Leistung zu verweigern, zugeht.**

Die mit § 131 wortlautidentische Vorschrift betrifft den Abschluss des Vertrages über die laufende Versicherung selbst (und nicht die Aufgabe des Einzelrisikos). Sie weicht von § 19 Abs. 2 ab. Das **Rücktrittsrecht** des VR wird auch für den Fall der Verletzung der vorvertraglichen Anzeigepflicht **ausgeschlossen.** Das wird dadurch ausgeglichen, dass der VR den Vertrag (über die laufende Versicherung) kündigen oder die Leistung verweigern darf. Abs. 1 Satz 1 ändert § 19 Abs. 1 nicht darüber hinaus: Soweit die AVB (wie allerdings üblich, Ziff. 4.1 DTV-Güter 2000/2011 stellt bspw. auf den Abschluss des Vertrages statt auf die Abgabe der Vertragserklärung des VN ab) von § 19 Abs. 1 nicht abweichen, setzt die Verletzung der vorvertraglichen Anzeigeobliegenheit unrichtig beantwortete und in Textform gestellte Fragen des VR voraus. Durch die Bezugnahme auf § 19 Abs. 2 wird die Anwendung aller weiteren, das Bestehen eines Rücktrittsrechts voraussetzenden Gestaltungsrechte des § 19 außer Kraft gesetzt. Das bedeutet, dass es weder einer Belehrung über die Rechte des VR bedarf, um ihm zu erlauben, sich auf Kündigung oder Anfechtung zu berufen, noch, dass dem VR als Alternative ein Vertragsänderungsrecht zukommt. 1

Verletzt der VN die vorvertragliche Anzeigepflicht, so darf der VR **kündigen und die Leistung verweigern** (Abs. 1 Satz 1). Die Leistungsfreiheit ist nicht von einer Kündigung abhängig. Der VR kann die von Abs. 1 Satz 1 bestätigten Rechte kumulativ oder auch einzeln geltend machen. Allerdings muss er sich in jedem 2

Fall **binnen eines Monats** ab positiver Kenntnis der ihm verschwiegenen oder unrichtig dargestellten gefahrerheblichen Umstände erklären. Die Monatsfrist gilt nach dem klaren Gesetzeswortlaut für beide Rechte. Die Gestaltungsrechte des VR sind (vorbehaltlich abweichender AVB-Regelungen) **verschuldensunabhängig.** Nach Abs. 1 Satz 2 darf der VR die Leistung nicht verweigern, wenn der VN den **Kausalitätsgegenbeweis** führen kann. Das entspricht § 21 Abs. 2 Satz 1.

3 Verweigert der VR die Leistung, steht dem VN unabhängig von der Berechtigung der Leistungsverweigerung ein **Kündigungsrecht** zu. Es ist befristet: Der VN hat eine Kündigungsfrist von einem Monat, die mit dem Zeitpunkt beginnt, zu dem ihm die ablehnende Entscheidung des VR zugeht.

§ 57 Gefahränderung

(1) **Der Versicherungsnehmer hat dem Versicherer eine Änderung der Gefahr unverzüglich anzuzeigen.**

(2) [1]**Hat der Versicherungsnehmer eine Gefahrerhöhung nicht angezeigt, ist der Versicherer nicht zur Leistung verpflichtet, wenn der Versicherungsfall nach dem Zeitpunkt eintritt, zu dem die Anzeige dem Versicherer hätte zugehen müssen.** [2]**Er ist zur Leistung verpflichtet,**

1. **wenn ihm die Gefahrerhöhung zu dem Zeitpunkt bekannt war, zu dem ihm die Anzeige hätte zugehen müssen,**
2. **wenn die Anzeigepflicht weder vorsätzlich noch grob fahrlässig verletzt worden ist oder**
3. **soweit die Gefahrerhöhung nicht ursächlich für den Eintritt des Versicherungsfalles oder den Umfang der Leistungspflicht war.**

(3) **Der Versicherer ist abweichend von § 24 nicht berechtigt, den Vertrag wegen einer Gefahrerhöhung zu kündigen.**

1 Dem VN sind, der Typik der erfassten Verträge folgend, **Gefahränderungen nicht** – wie § 23 Abs. 1 das vorsieht – **verboten.** Allerdings trifft den VN sowohl für von ihm vorgenommene als auch für objektive und nachträglich erkannte Gefahränderungen eine unverzüglich zu erfüllende Anzeigeobliegenheit. Ihr wird ein VN allerdings nur gerecht, wenn er alle die Informationen anzeigt, die es dem VR erlauben, die veränderte Risikolage zu beurteilen. In der Transportversicherung genügt bspw. nicht die Verschiebung des Transports mitzuteilen; notwendig ist vielmehr, dass der VN den VR darüber unterrichtet, dass der Transport bereits geladen ist (OLG Frankfurt a. M. TranspR 2018, 15). Allerdings bedarf es gerade bei der laufenden Versicherung stets einer genauen Prüfung, ob die „geänderte" Gefahr nicht schon Teil des Versicherungsfalls ist oder jedenfalls den Umständen nach als mitversichert zu betrachten ist (vgl. zu pandemiebedingten Veranstaltungsausfällen Schmidt COVID-19/*Rixecker* § 12 Rn. 37 mwN). Ohne schuldhaftes Zögern, also unverzüglich, kann der VN eine Gefahränderung allerdings seinerseits nur anzeigen, wenn er selbst ihre objektiven Umstände kennt und den Schluss auf eine Modifikation des Risikos ziehen kann (BeckOK VVG/*Car* § 57 Rn. 2).

2 Abs. 2 Satz 1 gewährt dem VR nach dem gesetzlichen Leitbild **vollständige Leistungsfreiheit,** wenn er eine Gefahrerhöhung nicht fristgerecht angezeigt hat und der Versicherungsfall nach der dem VN zugestandenen Anzeigefrist eingetre-

ten ist. Das Gesetz stellt insoweit auf den Zugang der Anzeige ab, erlegt dem VN also dessen Sicherstellung auf. Abs. 2 Satz 2 nimmt von dem Leistungsverweigerungsrecht drei Fallgruppen aus: Kannte der VR die Gefahrerhöhung zum Zeitpunkt des hypothetischen, fristgemäßen Zugangs der Anzeige oder missachtete der VN die Verletzung der Anzeigeobliegenheit nicht vorsätzlich oder grob fahrlässig oder vermag er den Kausalitätsgegenbeweis zu führen, so darf sich der VR nicht auf Leistungsfreiheit berufen. Die Verschuldenserfordernisse des Abs. 2 Satz 2 Nr. 2 beziehen sich auf die Verletzung der Anzeigeobliegenheit, setzen also die Kenntnis des Anzeigebedürfnisses voraus.

Abs. 3 schließt das Kündigungsrecht des VR wegen einer Gefahrerhöhung aus, 3
weil es der laufenden Versicherung eigen ist, dass Gefahrerhöhungen eintreten. Ob mit dem Kündigungsrecht auch das **Recht zur Prämienanpassung** ausgeschlossen ist, ist umstritten. Zuweilen wird vertreten, Abs. 3 nehme lediglich Bezug auf § 24 (und nicht auf das Prämienanpassungsrecht nach § 25). Auch sei das Prämienanpassungsrecht Ausdruck der Äquivalenz von Prämie und Risiko, die auch in der laufenden Versicherung ihren Sinn habe (Prölss/Martin/*Armbrüster* § 57 Rn. 4; BeckOK VVG/*Car* § 57 Rn. 3). Dem steht indessen zum einen entgegen, dass § 25 das Recht des VR zur **Prämienanpassung** wegen Gefahrerhöhung und zum **rückwirkenden Risikoausschluss** „statt der Kündigung" – genauer „statt des Kündigungsrechts" gewährt, also ein Recht zur Kündigung voraussetzt, das Abs. 3 aber gerade ausschließt. Auch wäre nicht recht verständlich, warum das Gesetz dem VR zwar die Lösung vom Vertrag untersagen sollte, ihm aber uU wesentlich genehmer das Festhalten am Vertrag unter dem Versprechen eines besseren Preises gestatten sollte (so iErg.auch Langheid/Wandt/*Reinhard* § 57 Rn. 19; *Lüttringhaus/Genz* r+s 2020, 258 (262)). Das verbietet wegen des dispositiven Charakters des Abs. 3 jedoch nicht, vertraglich Abweichendes zu regeln.

§ 58 Obliegenheitsverletzung

(1) **Verletzt der Versicherungsnehmer bei einer laufenden Versicherung schuldhaft eine vor Eintritt des Versicherungsfalles zu erfüllende Obliegenheit, ist der Versicherer in Bezug auf ein versichertes Einzelrisiko, für das die verletzte Obliegenheit gilt, nicht zur Leistung verpflichtet.**

(2) **Bei schuldhafter Verletzung einer Obliegenheit kann der Versicherer den Vertrag innerhalb eines Monats, nachdem er Kenntnis von der Verletzung erlangt hat, mit einer Frist von einem Monat kündigen.**

Abs. 1 betrifft lediglich **Obliegenheiten,** die **vor Eintritt des Versiche-** 1
rungsfalles zu erfüllen sind, im Wesentlichen also Sicherungsvorschriften. Abweichend von § 28 sieht die Vorschrift – auch ohne vertragliche Vereinbarung – vollständige Leistungsfreiheit bei vom VR zu beweisender schuldhafter Verletzung einer solchen Obliegenheit vor. Gleichfalls abweichend von § 28 betrifft die Leistungsfreiheit auch nicht die vertraglichen Leistungspflichten insgesamt, sondern lediglich das versicherte Einzelrisiko, dem die Obliegenheit galt. Und abweichend von § 28 ist die vollständige Leistungsfreiheit nicht von einem Verschulden des VN abhängig. Dem Wortlaut nicht abzulesen wohl aber anzunehmen ist, dass der VN den Kausalitätsgegenbeweis führen darf.

Abs. 2 betrifft alle, also auch die nach Eintritt des Versicherungsfalles zu erfül- 2
lenden, Obliegenheiten. Abweichend von § 28 gewährt die Vorschrift dem VR ein **Kündigungsrecht** bei schuldhafter, also auch „einfach fahrlässiger" Obliegen-

heitsverletzung. Das Kündigungsrecht bezieht sich wegen der in der Obliegenheitsverletzung zum Ausdruck kommenden Illoyalität auf den Vertrag insgesamt, nicht auf das versicherte Einzelrisiko. Den Verschuldensnachweis muss nach dem Wortlaut des Gesetzes der VR führen.

Abschnitt 7. Versicherungsvermittler, Versicherungsberater

Unterabschnitt 1. Mitteilungs- und Beratungspflichten

§ 59 Begriffsbestimmungen

(1) [1]**Versicherungsvermittler im Sinn dieses Gesetzes sind Versicherungsvertreter und Versicherungsmakler.** [2]**Die §§ 1a, 6a, 7a, 7b und 7c gelten für Versicherungsvermittler entsprechend.** [3]**Versicherungsvermittler ist auch, wer eine Vertriebstätigkeit im Sinne von § 1a Absatz 2 ausführt, ohne dass die Voraussetzungen des nachfolgenden Absatzes 2 oder 3 vorliegen.**

(2) **Versicherungsvertreter im Sinn dieses Gesetzes ist, wer von einem Versicherer oder einem Versicherungsvertreter damit betraut ist, gewerbsmäßig Versicherungsverträge zu vermitteln oder abzuschließen.**

(3) [1]**Versicherungsmakler im Sinn dieses Gesetzes ist, wer gewerbsmäßig für den Auftraggeber die Vermittlung oder den Abschluss von Versicherungsverträgen übernimmt, ohne von einem Versicherer oder von einem Versicherungsvertreter damit betraut zu sein.** [2]**Als Versicherungsmakler gilt, wer gegenüber dem Versicherungsnehmer den Anschein erweckt, er erbringe seine Leistungen als Versicherungsmakler nach Satz 1.**

(4) [1]**Versicherungsberater im Sinn dieses Gesetzes ist, wer gewerbsmäßig Dritte bei der Vereinbarung, Änderung oder Prüfung von Versicherungsverträgen oder bei der Wahrnehmung von Ansprüchen aus Versicherungsverträgen im Versicherungsfall berät oder gegenüber dem Versicherer außergerichtlich vertritt, ohne von einem Versicherer einen wirtschaftlichen Vorteil zu erhalten oder in anderer Weise von ihm abhängig zu sein.** [2]**Die §§ 1a, 6a, 7a, 7b und 7c gelten für Versicherungsberater entsprechend.**

I. Normzweck und Anwendungsbereich

1 Das **Recht der Versicherungsvermittlung** ergibt sich – auf der Grundlage europäisch-unionsrechtlicher Vorgaben – im Wesentlichen aus drei Normenkomplexen. Zunächst regeln die **§§ 34d, 34e GewO,** ausgefüllt durch die **§§ 1–10 VersVermV,** die gewerberechtliche Zulässigkeit des Tätigwerdens von Versicherungsvermittlern. Sodann unterscheiden die **§§ 59–68,** ergänzt durch **§ 11 VersVermV,** die verschiedenen Formen der Versicherungsvermittlung und deren jeweilige Mitteilungs- und Beratungspflichten. Und schließlich bestimmen die **§§ 69–74** die Handlungsbefugnisse eines Versicherungsvertreters. Die §§ 59–68 setzen die RL (EU) 2016/97 vom 20.1.2016 um (IDD; ABl. 2016 L 26, 19), die die RL 2002/92/EG vom 9.12.2002 über Versicherungsvermittlung abgelöst hat. Die Antwort auf Auslegungsfragen muss also ggf. auf deren Erwägungsgründe

zurückgreifen. § 59 bestimmt die personellen, den Status betreffenden Voraussetzungen, an den die jeweiligen Mitteilungs- und Beratungspflichten der verschiedenen Versicherungsvermittler (§§ 60–62) anknüpfen. Damit wird der vertragsrechtliche Anwendungsbereich zugleich mit den gewerberechtlichen Grundlagen (§ 34d GewO) kompatibel gemacht. § 63 regelt die Sanktion ihrer Verletzung und § 64 begrenzt die Bevollmächtigung des Vermittlers durch den VN zur Annahme von Leistungen des VR. Als **Versicherungsvermittler** werden Versicherungsvertreter und Versicherungsmakler klar unterschieden. Eine dritte Kategorie von Personen oder Unternehmen, die bei dem Vertrieb von Versicherungsprodukten vermittelnd tätig werden, gibt es nicht (LG Heidelberg NJOZ 2021, 214). Die früher bestehenden Unsicherheiten der Abgrenzung (vgl. nur BGH VersR 2008, 242), die vor allem die Beantwortung der Frage nach der Zurechnung von Verhaltensweisen von Vermittlern erschwert haben, sollen so weitgehend beseitigt werden.

Von der Vorschrift wird die gewerbsmäßige Versicherungsvermittlung oder Versicherungsberatung erfasst. **Gewerbsmäßigkeit** verlangt eine selbständige, planmäßige, auf Dauer angelegte und mit Gewinnerzielungsabsicht vorgenommene Tätigkeit. Wann von einer gewerbsmäßigen Tätigkeit ausgegangen werden kann (vgl. zum Streitstand unter anderem Langheid/Wandt/*Reiff* § 59 Rn. 18, 28; *Schönleiter* GewArch 2007, 265), insbesondere, ob Fälle einer gewerberechtlichen Bagatelle nach der Geringfügigkeit einer jährlichen Provisionshöhe oder einer jährlichen Vertragsanzahl auszuschließen sind, war streitig. § 34d Abs. 8 Buchst. c, aa, bb (Art. 1 Abs. Buchst. b, c) und auf ihrer Grundlage § 66 nehme bestimmte Fälle von Bagatellvermittlungen von der Anwendung der § 1a, §§ 7a–7c, §§ 60–64, 69 Abs. 2 und § 214 aus: Das ist der Fall, wenn die Prämienhöhe im Jahr 600 EUR nicht übersteigt, oder wenn die Versicherung eine Ergänzung einer Warenleistung oder einer zeitlich begrenzten Dienstleistung darstellt und die Prämienhöhe nicht höher als 200 EUR ist. Die Vorschrift zeigt damit zugleich, dass das Gesetz an sich auch in einem solchen Fall grds. von Gewerbsmäßigkeit ausgeht. Bei **richtlinienkonformer Auslegung** kann die Abgrenzung unter Berücksichtigung von Art. 1 Abs. 1 Nr. 3 IDD-RL nur so erfolgen, dass eine von den §§ 59 bis 68 erfasste Versicherungsvermittlung vorliegt, solange es sich nicht um eine ohne Vergütung oder im Anstellungsverhältnis oder als geringfügige Prämien umfassende Nebentätigkeit handelt. 2

Versicherungsvermittler – und in aller Regel Versicherungsmakler – sind nach § Abs. 1 Satz 3 auch alle diejenigen, die eine Vertriebstätigkeit iSv § 1a Abs. 2 ausüben. Dabei handelt es sich im Wesentlichen um **Internetvergleichsportale** (oder andere Medien mobilen elektronischen Handels), soweit sie einen Vertragsabschluss direkt oder – sei es über eine Verlinkung oder über andere Mittel der Kontaktaufnahme – erlauben (LG Heidelberg NJOZ 2021, 214; → § 1a Rn. 3). 3

Ausgeschlossen von der Anwendbarkeit der folgenden Vorschriften sind sog **Tippgeber** oder **Empfehler,** die – gelegentlich gegen Werbegeschenke – lediglich einen von einem konkreten Versicherungsvertreter gelösten Kontakt namhaft machen oder herstellen (Beckmann/Matusche-Beckmann VersR-HdB/*Reiff* § 5 Rn. 21; Prölss/Martin/*Dörner* Vor § 59 Rn. 56; vgl. zur fehlenden Zurechnung von Kenntnissen insoweit LG Saarbrücken ZfS 2005, 241). Schwierig ist die Einordnung sich erst entwickelnder **Formen des Vertriebs** vor allem **über Handelsmärkte** (vgl. LG Wiesbaden VersR 2008, 919; Langheid/Wandt/*Reiff* § 59 Rn. 16 ff.). Je nach der Art des Vertriebs – „verkauft" der Markt ein bestimmtes Versicherungsprodukt oder stellt er nur Verkaufsflächen für den vom VR selbst 4 übernommenen Vertrieb zur Verfügung (und geht es nicht um eine von der IDD-RL nicht erfasste Nebentätigkeit) – liegt Versicherungsvermittlung vor oder nicht. **Bagatellvermittler** (§ 66) werden von den Informationserhebungs-, Beratungs- und Dokumentationspflichten ausgenommen, nicht aber von jenen über die Vertretungsmacht oder Wissenszurechnung.

II. Versicherungsvertreter (Abs. 2)

5 Versicherungsvertreter sind **gewerbsmäßig** (vgl. Rn. 2) tätige Unternehmen und Personen, die von einem VR oder einem anderen Versicherungsvertreter damit **betraut sind, Versicherungsverträge zu vermitteln und abzuschließen.** Gelegenheitsvermittler können dazu grds. gleichfalls zählen (zur Ausnahme Rn. 2 und § 66). Ein VR oder Versicherungsvertreter **betraut** eine vermittelnde Person, wenn sie ihr diese Tätigkeit – regelmäßig durch einen Geschäftsbesorgungsvertrag – übertragen und anvertrauen. Einer ständigen Betrauung bedarf es nicht (BGH VersR 1987, 663; vgl. iÜ Looschelders/Pohlmann/*Baumann* § 59 Rn. 10). Die Abgrenzung ist nicht immer einfach (BGH VersR 2008, 242). Sie wird erleichtert durch die typenspezifische gewerberechtliche Erlaubniserteilung (§ 34d Abs. 1 GewO) oder die Befreiung von dieser Erlaubnispflicht (§ 34d Abs. 7, 8 GewO) und deren jeweiligen **Nachweis im Vermittlerregister** (§ 11a GewO), dadurch aber möglicherweise nicht in allen Fällen überflüssig. Dann kommt es darauf an, ob dem VR die Tätigkeit der vermittelnden Person zuzurechnen ist. Dazu genügt es nicht, dass der Vermittler und der VR ein eigenes wirtschaftliches Interesse an der Vermittlung haben, bspw. der Vermittler Provision erhält, oder dass auf dem VN überlassenen Dokumenten Betreuungsvermerke vorhanden sind oder der Vermittler über Formulare des VR verfügt. Maßgebend ist allein, ob der VR dem Betroffenen die Vermittlung im konkreten Fall übertragen hat (BGH VersR 2008, 242 – zweifelhaft verneinend für die Überlassung von Antragsunterlagen über den Schalter durch einen Bankangestellten; NJW-RR 2002, 169 = VersR 2001, 1498 – zutr. verneinend zur Beauftragung eine Hausverwaltung durch den VN; vgl. aber auch auf den Einzelfall abstellend BGH NJW-RR 2000, 316 = VersR 1999, 1481).

6 Für das Versicherungsvertragsrecht und die aus ihm folgenden Rechtspflichten dem VN gegenüber unerheblich ist es, ob es sich um einen **Ausschließlichkeitsvertreter** oder einen **Mehrfachvertreter** handelt (vgl. Prölss/Martin/*Dörner* § 59 Rn. 14 ff.; Beckmann/Matusche-Beckmann VersR-HdB/*Reiff* § 5 Rn. 11 ff.) oder ob es sich um Zwischenformen wie die **unechte Mehrfachvertretung** handelt, bei der der Vermittler mehrere nicht miteinander konkurrierende Produkte für verschiedenen VR vertreibt, oder ob eine sog **Ventillösung** vorliegt, die durch im Agenturvertrag enthaltene Ausnahmebestimmungen einem Ausschließlichkeitsvertreter den Vertrieb von bestimmten Produkten eines anderen VR erlaubt. Eine besondere Form der Versicherungsvermittlung betreiben die vor allem in der Transportversicherung auftretenden **Assekuradeure.** Sie übernehmen auf der Grundlage ihres Agenturvertrages über die schlichte Vermittlung eines Versicherungsvertrages hinaus die Aufteilung des Risikos auf mehrere VR, das Inkasso der Prämien, die Schadensbearbeitung und den Regress.

7 Zu den Versicherungsvertretern gehören auch **Finanzdienstleister,** vor allem Banken und Sparkassen, die im **Annexvertrieb** (vgl. § 69 Rn. 5) Versicherungsverträge vermitteln; sie sind daher auch regelmäßig im Vermittlerregister als solche

nachgewiesen. Ihre Angestellten treffen folglich die Beratungspflichten der §§ 60 ff. und die Zurechnungsnormen der §§ 69 ff. als Erfüllungsgehilfen und Wissensvertreter ihres Arbeitgebers. Soweit der Annexvertrieb Bagatellvermittler iSv § 34d Abs. 9 GewO – Versandhändler in Bezug auf die Garantieversicherung, Elektronikhändler in Bezug auf die Reparaturversicherung, Reisebüros in Bezug auf Reiseversicherungen – betrifft, gelten die von § 66 vorgesehenen Ausnahmen.

III. Versicherungsmakler (Abs. 3)

Versicherungsmakler sind gewerbsmäßig tätige Unternehmen und Personen, die für einen Auftraggeber, regelmäßig den VN (vgl. zur Abgrenzung BGH NJW-RR 2008, 1649 = VersR 2008, 809; 2008, 343 = VersR 2008, 242; VersR 2007, 238; OLG Hamm VersR 1996, 697), die Vermittlung und den Abschluss von Versicherungsverträgen übernehmen, **ohne** damit **von einem VR oder Versicherungsvertreter beauftragt** zu sein. Versicherungsmakler nehmen also die Interessen des VN wahr und stehen grds. in seinem Lager. Zur Aufnahme ihrer Tätigkeit bedürfen sie einer gewerberechtlichen Erlaubnis (§ 34d Abs. 1 GewO). Fehlt sie, schließt das indessen nicht aus, die handelnde Person vertragsrechtlich als Versicherungsmakler zu betrachten, wie sich aus Abs. 3 Satz 2 ergibt. Versicherungsmakler können bei ihrer konkreten Tätigkeit natürlich Mitarbeiter, Vertreter oder Untermakler einsetzen, deren Verhalten dann ihnen nach den §§ 164 ff. oder § 278 BGB zugerechnet wird (zur Haftung des VR bei einer von ihm vorgenommenen Einschaltung eines Versicherungsmaklers in seine Vertriebsorganisation vgl. § 6 Rn. 37). 8

Der Sache nach kennzeichnet den Versicherungsmakler, dass er für einen (potenziellen) VN die Vermittlung oder den Abschluss eines Versicherungsvertrages **übernimmt.** Die Übernahme beschränkt sich aber, wenn keine abweichenden Abreden vorliegen, auf das konkrete Absicherungsanliegen des VN und die in diesem Zusammenhang dem Versicherungsmakler erkennbaren (bspw. typischerweise auftretenden) weiteren Absicherungsbedürfnisse (BGH NJW 2014, 2038; OLG Hamm NJW 2016, 336). Sie wird konkretisiert durch einen ausdrücklich oder konkludent geschlossenen Vertrag, nach dem den Versicherungsmakler – unabhängig davon, ob er Handelsmakler iSv §§ 93 ff. HGB oder Zivilmakler iSv §§ 652 ff. BGB ist – eine **Betätigungspflicht** trifft und der ihn zum **treuhänderischen Sachwalter der Interessen des VN** macht (BGH NJW-RR 2007, 1503 = VersR 2007, 1127; vor allem BGHZ 94, 356 = VersR 1985, 930; OLG Düsseldorf IHR 2013, 36; vgl. allg. Prölss/Martin/*Dörner* § 59 Rn. 72 ff.). Eine Verpflichtung des VN, den von dem Versicherungsmakler vermittelten Vertrag abzuschließen, besteht nicht. Der Geschäftsbesorgungsvertrag begründet ein Dauerschuldverhältnis, das regelmäßig (soweit sich aus den Abreden nichts anderes ergibt) nicht nur auf die **Beschaffung angemessenen Versicherungsschutzes,** sondern auch auf die das Versicherungsverhältnis **begleitende Betreuung des VN** gerichtet ist (vgl. § 61 Rn. 13). Auf den Versicherungsmakler sind die §§ 60–66 sowie die Vorschriften der VersVermV anwendbar. Ergänzend gelten die Bestimmungen für den Handels- (§§ 94–104 HGB) und Zivilmakler (§§ 652 ff. BGB). 9

Wenn **Abs. 3 Satz 1** verlangt, dass Versicherungsmakler nur ist, wer nicht von einem VR oder Versicherungsvertreter betraut ist, bedeutet das nicht, dass keine rechtlichen Beziehungen zwischen VR oder Versicherungsvertreter einerseits und 10

Versicherungsmakler andererseits bestehen dürfen. So schuldet regelmäßig nicht der VN eine Maklervergütung. Vielmehr ergibt sich aus der Bereitschaft des VR, einen vermakelten Vertrag abzuschließen, zugleich seine Verpflichtung zur **Zahlung einer Courtage.** Allerdings kann zwischen VN und Versicherungsmakler auch (in den Fällen der sog Nettopolice) wirksam vereinbart werden, dass jener eine Vergütung für die Maklertätigkeit schuldet; darüber bedarf es grds. keiner gesonderten Aufklärung des VN (BGH VersR 2007, 1127; BGHZ 162, 67 = VersR 2005, 406). Ist streitig, ob der Vermittler Makler oder Vertreter ist, kommt es darauf an, wie sich nach dem Gesamtbild der Verhältnisse die vertragliche Gestaltung (§§ 84, 92 HGB) und die tatsächliche Handhabung darstellen (OLG Düsseldorf IHR 2013, 36). Dabei können die Bezeichnung des Vermittlers („Ihr unabhängiger Finanzoptimierer" – OLG Karlsruhe VersR 2012, 856; LG Dortmund r+s 2012, 426), die Bezeichnung seiner Tätigkeit, vor allem die unabhängige Vermittlung der Produkte unterschiedlicher VR (und umgekehrt die auf Dauer angelegte Bindung an einen oder mehrere VR) von Bedeutung sein, nicht aber die der Standardisierung geschuldete Verwendung von Antragsformularen (BGH VersR 2008, 809; OLG Köln Urt. v. 2.3.2012 – 20 U 209/11) oder die Zusage einer Bestandscourtage.

11 Als Versicherungsmakler wird vertragsrechtlich auch der **Anscheinsmakler** (Pseudomakler) betrachtet **(Abs. 3 Satz 2).** Dabei handelt es sich um ein Unternehmen oder eine Person, die durch ihr Auftreten oder ihre Selbstbeschreibung, vor allem durch eine unzutreffende Statusinformation, bei dem VN den Eindruck erwecken, Maklertätigkeiten zu erbringen. Das kann der Fall sein, wenn ein tatsächlicher Versicherungsvertreter sich als „Versicherungsfachmann" bezeichnet, der ein „Fachgeschäft für preiswerten Versicherungsschutz" betreibt (OLG Oldenburg VersR 1999, 757) oder als „Wirtschaftskanzlei, Versicherungen aller Art" tatsächlich Angebote unterschiedlicher VR beschafft (OLG Hamm VersR 2010, 388). In solchen Fällen fingiert Abs. 3 Satz 2 den Maklerstatus (*Reiff* ZVersWiss 2002, 113). Zu beachten ist allerdings zum einen, dass dem VN die Einstufung der ihn beratenden Person als Versicherungsmakler eher nachteilig sein kann, bei der Annahme einer Anscheinsvermakelung also Zurückhaltung geboten ist. Jedoch kann die Anmaßung einer Maklerstellung einem VR auch als Pflichtverletzung zuzurechnen sein, wenn er mit dem Versicherungsvermittler verbunden ist. Zum anderen stellt die Anmaßung einer Maklerrolle durch einen tatsächlichen Versicherungsvertreter eine Pflichtverletzung des Pseudomaklers dar, die dem VR nach § 278 BGB zuzurechnen ist; der VR haftet also für einen daraus dem VN entstehenden Schaden (so Prölss/Martin/*Dörner* § 59 Rn. 149 ff.).

IV. Versicherungsberater

12 Da Art. 1 Abs. 1 Nr. 3 RL (EU) 2016/97 als Versicherungsvermittlung die Beratung vor Abschluss, den Vorschlag und die Vorbereitung von Versicherungsverträgen als Versicherungsvertrieb betrachtet, erfasst Abs. 4 auch die Tätigkeit des spezifisch deutschen Berufs des Versicherungsberaters (vgl. dazu *Durstin/Peters* VersR 2007, 1456; BVerfG VersR 1988, 145) und erstreckt damit (und durch § 68) den Maximalschutz der für Versicherungsvermittler geltenden Vorschriften auch auf sie. Abs. 4 enthält dabei – in Übereinstimmung mit § 34d GewO – die **Definition des Versicherungsberaters** und umschreibt mit Wirkung für die Inhaltskontrolle von Verträgen (§ 307 Abs. 2 BGB) **die wesentlichen Rechte**

und Pflichten, die sich aus einem von ihm mit dem VN abgeschlossenen Geschäftsbesorgungsvertrag ergeben. Versicherungsberater sind danach zunächst (nur) **gewerbsmäßig** tätige Personen, also solche, die selbstständig, planmäßig und dauerhaft in der Absicht der Gewinnerzielung arbeiten. Ihr wesentliches Kennzeichen ist, dass sie auf der Grundlage eines mit dem VN geschlossenen Vertrages, der ihnen eine **von diesem zu zahlende Vergütung** verspricht, Dienste erbringen. Sie dürfen von einem VR keinen unmittelbaren oder mittelbaren wirtschaftlichen Vorteil erhalten und auch nicht in anderer Weise von ihm abhängig sein.

Der zwischen dem VN und dem Versicherungsberater geschlossene **Geschäftsbesorgungsvertrag** (§ 675 BGB) verpflichtet den VN zur Zahlung der Vergütung für die Dienstleistung des Versicherungsberaters, diesen zur Beratung bei der Vereinbarung, Änderung oder Prüfung von Versicherungsverträgen oder der Wahrnehmung von Ansprüchen im Versicherungsfall sowie zur außergerichtlichen rechtlichen Vertretung des VN gegenüber dem VR. Zu Letzterem zählt nicht nur die außergerichtliche Vertretung im Versicherungsfall, sondern jede Wahrnehmung rechtlicher Interessen gegenüber dem VR. Zur außergerichtlichen Vertretung gegenüber dem VR eines dritten Schädigers ist der Versicherungsberater nicht befugt. Er darf auch einen Versicherungsvertreter nicht vermitteln. 13

V. Darlegungs- und Beweislast

Die Darlegungs- und Beweislast für das Tätigwerden als Versicherungsvertreter, Versicherungsmakler oder Versicherungsberater **richtet sich nach dem Recht, das geltend gemacht** wird. Verlangt ein VN Schadensersatz wegen Verletzung der vertraglichen oder gesetzlichen Pflichten, so muss er darlegen und beweisen, in welcher Rolle sein Gegenüber gehandelt hat (OLG Saarbrücken ZfS 2013, 454). Will sich ein VR vom Vertrag oder der Leistungspflicht lösen, und trägt der VN substantiiert vor, er habe alles von ihm zu Verlangende getan – vor allem alle erforderlichen Informationen gegeben – so muss der VR darlegen und beweisen, dass der Versicherungsvermittler nicht im Lager des VR stand, sich aus seinem Status also keine solche Zurechnung ergibt (aA OLG Dresden VersR 2017, 819). Gegenüber der früheren Sach- und Rechtslage ist das indessen einfacher, weil sich **aus dem nach § 11a GewO geführten Vermittlerregister** zwar keine unwiderlegbare Vermutung oder gar ein öffentlicher Glaube in Bezug auf die konkrete Rolle, wohl aber indiziell der Status ergibt. Fehlt es an einer solchen Eintragung oder sprechen die tatsächlichen Umstände gegen das Handeln in dem registrierten Status, so ist das Indiz allerdings auch widerlegbar. 14

§ 60 Beratungsgrundlage des Versicherungsvermittlers

(1) [1]**Der Versicherungsmakler ist verpflichtet, seinem Rat eine hinreichende Zahl von auf dem Markt angebotenen Versicherungsverträgen und von Versicherern zu Grunde zu legen, so dass er nach fachlichen Kriterien eine Empfehlung dahin abgeben kann, welcher Versicherungsvertrag geeignet ist, die Bedürfnisse des Versicherungsnehmers zu erfüllen.** [2]**Dies gilt nicht, soweit er im Einzelfall vor Abgabe der Vertragserklärung des Versicherungsnehmers diesen ausdrücklich auf eine eingeschränkte Versicherer- und Vertragsauswahl hinweist.**

(2) [1]**Der Versicherungsmakler, der nach Absatz 1 Satz 2 auf eine eingeschränkte Auswahl hinweist, und der Versicherungsvertreter haben dem Versicherungsnehmer mitzuteilen, auf welcher Markt- und Informationsgrundlage sie ihre Leistung erbringen, und die Namen der ihrem Rat zu Grunde gelegten Versicherer anzugeben.** [2]**Der Versicherungsvertreter hat außerdem mitzuteilen, für welche Versicherer er seine Tätigkeit ausübt und ob er für diese ausschließlich tätig ist.**

(3) **Der Versicherungsnehmer kann auf die Mitteilungen und Angaben nach Absatz 2 durch eine gesonderte schriftliche Erklärung verzichten.**

I. Normzweck und Regelungsinhalt

1 Ziel der im Wesentlichen den Versicherungsmakler betreffenden Vorschrift ist es, den **VN,** der sich an einen Versicherungsvermittler wendet, vor Abgabe seiner Vertragserklärung darüber **zu unterrichten,** auf welcher **Informationsgrundlage** ihn sein Gegenüber berät. Er soll wissen, ob er es mit einem Versicherungsmakler zu tun hat, der „ihn über Produkte eines breiten Spektrums von Versicherungsunternehmen" berät, oder mit einem Versicherungsmakler, dessen Vorschlag auf einer Untersuchung von Produkten einer begrenzten Anzahl von Versicherungsunternehmen beruht, oder um einen Versicherungsvertreter, der über seine Bindung an einen VR zu unterrichten hat. Um das zu erreichen unterscheidet die Vorschrift zwischen Versicherungsmaklern (und den ihnen nach § 59 Abs. 3 Satz 2 gleichgestellten Personen), die ihrem Vorschlag eine **hinreichende Zahl** von auf dem Markt angebotenen Versicherungsverträgen und von VR zugrunde zu legen haben **(Abs. 1 Satz 1),** Versicherungsmaklern, die lediglich eine **eingeschränkte Auswahl** von Versicherungsverträgen und von VR vorgenommen haben **(Abs. 1 Satz 2)** und Versicherungsvertretern, die **nur für bestimmte VR tätig** werden (Abs. 2).

2 Um dem VN, der regelmäßig von dem Versicherungsvermittler erwartet, dieser stütze seinen Rat auf eine **objektive und ausgewogene Untersuchung,** eine sachgerechte Beurteilung der Empfehlung zu ermöglichen, muss ein Versicherungsvermittler, der auf einer **beschränkten Informationsgrundlage** berät, den VN genau **darauf hinweisen.** Er muss ihm die konkrete Markt- und Informationsgrundlage unter Benennung der in sie einbezogenen Produkte und VR offenbaren **(Abs. 2 Satz 1).** Handelt es sich bei dem Versicherungsvermittler um einen Versicherungsvertreter, so muss dieser den VN zusätzlich darüber aufklären, für welche VR er tätig und ob er ausschließlich für sie tätig wird. Mit der Regelung dieser Rechtspflichten des Versicherungsvermittlers dem VN gegenüber setzt die Vorschrift **Art. 19 Abs. 1 Buchst. c RL (EU) 2016/97** um, die zu ihrer Auslegung herangezogen werden kann.

II. Ausgewogenheit und Kriterien der Untersuchung

3 Der Versicherungsmakler muss regelmäßig auf der Grundlage der Prüfung einer „hinreichenden Zahl von auf dem Markt angebotenen Versicherungsverträgen und von Versicherern" beraten. Die **Menge der in Betracht gezogenen Produkte und Anbieter** richtet sich dabei danach, was aus fachlicher Sicht – also nach den beruflichen Standards des Versicherungsmaklerwesens – notwendig ist,

um einen den Bedürfnissen des VN gerecht werdenden Absicherungsvorschlag unterbreiten zu können (Looschelders/Pohlmann/*Baumann* § 60 Rn. 10, Langheid/Wandt/*Reiff* § 60 Rn. 17: „alle ernsthaft in Betracht kommenden Versicherungsprodukte sämtlicher Anbieter"). **Kriterien der Sachgerechtigkeit der Auswahl,** die der **Versicherungsmakler** vornehmen und im Streitfall **darlegen muss,** sind der Umfang der angebotenen Deckung im Vergleich zu dem konkreten Deckungsinteresse des VN, die Prämienhöhe sowie die sich aus den AVB ergebenden Vergünstigungen und Erschwernisse einer Regulierung im Versicherungsfall, etwaige Erkenntnisse der Rechtsprechung, das Rating von als zuverlässig anzusehenden Agenturen und, wenn es um Produkte geht, die zugleich der Kapitalanlage dienen, die vergleichende Einschätzung der Rentabilität und Risikoträchtigkeit eines Produkts auf der Grundlage einer sorgfältigen Marktbeobachtung.

Grundlage der Untersuchung und Beratung des Versicherungsmaklers ist der (umfassend zu verstehende, vgl. LG Konstanz BeckRS 2021, 5060) **„Markt".** 4 Das ist der Ort, an dem Angebot und Nachfrage von Versicherungsprodukten aufeinandertreffen. Dabei geht es zunächst um alle Versicherungsprodukte, die für das versicherte Risiko, um dessen Absicherung es geht, im Weitesten Sinne in Betracht kommen. Ein Versicherungsmakler muss diesen Markt in seiner Gesamtheit betrachten, ist dann aber **nicht** gehalten, **alle denkbaren VR** in seinen Vorschlag einzubeziehen. Eine „hinreichende Zahl" verlangt schon an sich keine Vollständigkeit, wohl aber mehr und Anderes als eine nach beliebigen Kriterien erfolgende und noch überschaubare Anhäufung (VVG-HK/*Münkel* § 60 Rn. 12; Prölss/Martin/*Dörner* § 60 Rn. 5). Vollständigkeit wäre auch eine im Alltag nahezu unerfüllbare Forderung. Stehen für das Deckungsbedürfnis des VN nur wenige VR zur Verfügung, so sind sie indessen alle zu beachten. Handelt es sich um Produkte, die von einer nicht ohne weiteres überschaubaren Zahl von VR angeboten werden, oder deren Deckungsumfang im Detail eine solche Vielfalt von Differenzierungen aufweist, die nicht im Zentrum des objektiven Interesses eines VN stehen, muss der Versicherungsmakler keine Vollständigkeit anstreben. Allerdings bedarf es auch dann einer objektiven und ausgewogenen Untersuchung und einer **repräsentativen Vielzahl** von Versicherungsprodukten und VR. Ist die Erhebung von auf dem „Markt" angebotenen Produkten der Beginn einer Makleranalyse, so beeinflusst das auch die Fachlichkeit der Beratung: Muss ein Versicherungsmakler **unterschiedliche Deckungskonzepte** – ein aktuelles Beispiel sind Betriebsschließungsversicherungen, die je nach Bedingungslage eine statische und abschließende Aufzählung von Auslösern eines Versicherungsfalls kennen oder eine dynamische Verweisung auf künftig eintretende – erkennen, so hat er zu prüfen, inwieweit das eine oder andere den Absicherungsbedürfnissen des VN entspricht und über Nutzen und Risiken zumindest aufklären.

Ob der Versicherungsmakler in seine Beratung **Direktversicherer** einbeziehen 5 muss, ist streitig. Überwiegend wird das mit dem allerdings nicht unbestreitbaren Argument bejaht (jetzt auch LG Konstanz BeckRS 2021, 5060), der Versicherungsmakler könne ja im Einzelfall auf eine eingeschränkte Auswahl hinweisen. Denn ein solcher Hinweis müsste dann zur Regel gemacht werden, was gerade nicht dem Wortlaut („im Einzelfall") und Sinn des § 60 Abs. 1 Satz 2 entspricht (aA Prölss/Martin/*Dörner* § 60 Rn. 4). Da jedoch von einem VN nicht ohne weiteres erwartet werden kann, die Vertriebsstruktur von Direktversicherern zu kennen, also bei Abgabe seiner Vertragserklärung zu wissen, dass es neben den von einem Versicherungsmakler seiner Empfehlung zugrunde gelegten VR auch andere gibt, um die er sich selbst kümmern muss, schuldet der Versicherungsmakler, wenn er ein solches Informationsdefizit seines Kunden erkennen kann, allerdings zumindest die Information, dass er Produkte von Direktversicherern nicht vermittelt. Einzubeziehen sind auch solche VR, die nicht mit Versicherungsmaklern zusammenarbeiten (LG Konstanz BeckRS 2021, 5060).

III. Begrenzte Beratungsgrundlage von Versicherungsmaklern und Versicherungsvertretern

6 Nach Abs. 1 Satz 2 darf der Versicherungsmakler „im Einzelfall" seiner Empfehlung eine **eingeschränkte Auswahl** von Versicherungsprodukten und/oder VR zugrunde legen, weil ihm eine weitergehende Marktübersicht fehlt. Seiner dem VN gegenüber bestehenden Informationspflicht genügt er dann allerdings nur, wenn er diesen „ausdrücklich" darauf hinweist, dass seiner Empfehlung keine ausgewogene Analyse zugrunde liegt. Wie die Entwicklung der Vorschrift aus der Vorgängernorm (§ 42b Abs. 1 Satz 2 aF) zeigt, die von „einzelnen Fällen" gesprochen hat, muss es sich um einen Ausnahmefall handeln, für den ein **sachlicher Anlass** besteht (Langheid/Wandt/*Reiff* § 60 Rn. 24). Beruht seine Beschränkung auf einer fehlenden Courtagevereinbarung, muss er, ohne dass sich das aus dem Gesetz ergäbe, auch über den Grund der Beschränkung seiner Beratungsgrundlage hinweisen, weil der VN nur dann sicher beurteilen kann, ob er weitere Informationen benötigt). Vorformulierte Hinweise, die allerdings nicht in den AVB enthalten sein dürfen (LG Konstanz BeckRS 2021, 5060; HK-VVG/*Münkel* § 60 Rn. 5) sind damit nicht ausgeschlossen (Langheid/Wandt/*Reiff* § 60 Rn. 25), unterliegen aber der Wirksamkeitskontrolle nach § 305 ff. BGB (Prölss/Martin/*Dörner,* § 60 Rn. 9, 11). Fehlt es an einem sachlichen Anlass, kann sich trotz Aufklärung aus der Unzulänglichkeit der Beratungsgrundlage ein Schadensersatzanspruch ergeben.

7 Der ausdrückliche Hinweis auf eine eingeschränkte Beratungsgrundlage muss **vor Abgabe der Vertragserklärung** des VN erfolgen. Er ist nicht formgebunden, bedarf aber, wie das Merkmal der „Ausdrücklichkeit" zeigt, der **deutlichen Hervorhebung** dem VN gegenüber. Mit diesem ausdrücklichen Hinweis muss nach Abs. 2 Satz 1 die Mitteilung verbunden werden, welche Markt- und Informationsgrundlage den Versicherungsmakler zu seinem Vorschlag geführt hat, und welche namentlich zu nennenden VR dem Vorschlag zugrunde gelegt worden sind.

8 Wenn **Abs. 2 Satz 2** von dem **Versicherungsvertreter** verlangt, „außerdem" bestimmte Informationen zu erteilen, so bedeutet das zunächst, dass er gleichfalls die seinen Vor- und Ratschlägen zugrunde liegende Markt- und Informationsbasis offenbaren muss. Der VN weiß indessen bei pflichtgemäßem Vorgehen des Versicherungsvertreters (§ 19 Abs. 1 Buchst. c IDD-RL), dass ihm ein Versicherungsvertreter eines bestimmten Status und mit daraus folgender Schwerpunktsetzung gegenübersteht. Da der Versicherungsvertreter zugleich darüber aufklären muss, für welche VR er tätig wird, und ob er vertraglich verpflichtet ist, Versicherungsvermittlungsgeschäfte ausschließlich mit einem oder mehreren Versicherungsunternehmen zu tätigen, genügt das in aller Regel den sich aus Abs. 2 ergebenden Hinweispflichten (Looschelders/Pohlmann/*Baumann* § 60 Rn. 32 f.; Langheid/Wandt/*Reiff* § 60 Rn. 30 ff.).

IV. Verzicht

9 Nach **Abs. 3** kann der VN auf diese Informationen, also auf eine Unterrichtung über eine eingeschränkte Markt- und Informationsgrundlage, über die Namen der der Empfehlung zugrunde gelegten VR, bei Versicherungsvertretern auch über die Ausübung der Tätigkeit für bestimmte VR und deren Ausschließlichkeit, durch eine gesonderte schriftliche Erklärung verzichten. Eine gesonderte schriftliche Erklärung muss **nicht in einem physikalisch separierten Dokument** erfolgen, bedarf aber der Absonderung von anderen Texten. Sie kann auch durch vorformulierte Texte, bspw. in vom VN akzeptierten Maklerbedingungen, erfolgen, wenn das hinreichend transparent und mit der nötigen Deutlichkeit geschieht (vgl. zur entsprechenden Problematik bei § 6 Abs. 4 § 6 Rn. 21).

V. Rechtsfolgen

10 Verletzen der Versicherungsmakler oder der Versicherungsvertreter die ihnen durch § 60 auferlegten Rechtspflichten, so besteht eine **Schadensersatzpflicht nach § 63.** Ein Schadensersatzanspruch setzt voraus, dass dem VN durch eine unzulängliche Beratungsgrundlage oder durch eine unzulängliche Information über ihre Beschränkung ein Schaden entstanden ist. Das kann vor allem dadurch geschehen sein, dass es dem VN bei einer ausreichenden Markt- und Informationsgrundlage des Vorschlags oder bei einem Hinweis auf eine möglicherweise fehlende Ausgewogenheit der Empfehlung möglich gewesen wäre, einen anderen Versicherungsvertrag abzuschließen. Die Voraussetzungen eines solchen Anspruchs, vor allem die Entstehung eines Schadens, muss allerdings der VN darlegen und beweisen. Darlegungslasten des Versicherungsmaklers bestehen nur insoweit, als es ihm obliegt darzulegen, welche Informationsbasis sein Vorschlag hatte.

§ 61 Beratungs- und Dokumentationspflichten des Versicherungsvermittlers

(1) [1]**Der Versicherungsvermittler hat den Versicherungsnehmer, soweit nach der Schwierigkeit, die angebotene Versicherung zu beurteilen, oder der Person des Versicherungsnehmers und dessen Situation hierfür Anlass besteht, nach seinen Wünschen und Bedürfnissen zu befragen und, auch unter Berücksichtigung eines angemessenen Verhältnisses zwischen Beratungsaufwand und der vom Versicherungsnehmer zu zahlenden Prämien, zu beraten sowie die Gründe für jeden zu einer bestimmten Versicherung erteilten Rat anzugeben.** [2]**Er hat dies unter Berücksichtigung der Komplexität des angebotenen Versicherungsvertrags nach § 62 zu dokumentieren.**

(2) [1]**Der Versicherungsnehmer kann auf die Beratung oder die Dokumentation nach Absatz 1 durch eine gesonderte schriftliche Erklärung verzichten, in der er vom Versicherungsvermittler ausdrücklich darauf hingewiesen wird, dass sich ein Verzicht nachteilig auf die Möglichkeit des Versicherungsnehmers auswirken kann, gegen den Versicherungsvermittler einen Schadensersatzanspruch nach § 63 geltend zu machen.** [2]**Handelt es sich um einen Vertrag im Fernabsatz im Sinn des § 312c des**

Bürgerlichen Gesetzbuchs, kann der Versicherungsnehmer in Textform verzichten.

I. Normzweck, Anwendungsbereich und Abgrenzung

1 Die Vorschrift, mit der wesentliche Teile der IDD-RL umgesetzt werden (Art. 20), soll das regelmäßig vorhandene **Informationsgefälle** zwischen VR und VN ausgleichen und den spezifisch mit der Unanschaulichkeit des Rechtsprodukts Versicherung vorhandenen **Informationsbedarf** des VN befriedigen. Zugleich soll sie dem Wettbewerb durch Regelung gleicher Verhaltenserfordernisse dienen. Sie geht allerdings über die Vorgaben der Richtlinie hinaus. Diese verlangt nämlich nur, die Wünsche und Bedürfnisse des Kunden „anhand der vom Kunden stammenden Angaben" sowie die Begründung des ihm erteilten Rates „anzugeben". § 61 statuiert demgegenüber anlassbezogene Befragungspflichten und umfassendere Dokumentationspflichten.

2 Neben den von § 61 geregelten **vertragsbezogenen** Informationserhebungs- und Informationserteilungspflichten sowie den Dokumentationspflichten bestehen **statusbezogene** Unterrichtungsgebote nach § 11 VersVermV. Sie verlangen von dem Versicherungsvermittler und dem Versicherungsberater, den VN bei dem ersten geschäftlichen Kontakt klar und verständlich in Textform mitzuteilen, mit wem er es zu tun hat. Geboten ist eine **berufliche Identifizierung** durch die Bekanntgabe von Namen und Anschrift sowie die Offenlegung der konkreten gewerberechtlichen Konzessionierung einschließlich ihrer registerrechtlichen Überprüfbarkeit sowie etwaiger direkter oder indirekter Beteiligungen von mindestens 10 % an den Stimmrechten oder an dem Kapital eines Versicherungsunternehmens oder eines solchen an dem Unternehmen des Informationspflichtigen sowie die Mitteilung der anrufbaren Schlichtungsstelle. Das kann auch durch die Übergabe einer Visitenkarte geschehen, die dieser Informationen der Sache nach enthält (Prölss/Martin/*Dörner* VersVermV § 11 Rn. 4). Verletzt der Versicherungsvermittler oder Versicherungsberater diese gesetzlichen, als Inhalt eines **Schutzgesetzes** zu verstehenden Informationspflichten, so ist ein Schadensersatzanspruch nach § 823 Abs. 2 BGB iVm § 11 VersVermV – aber auch nach § 280 Abs. 1 BGB – grds. denkbar, in der Praxis allerdings nur vorstellbar, wenn der VN nachweisen kann, durch Ausbleiben oder Unzulänglichkeiten dieser Informationen zum konkreten Vertragsverhalten veranlasst worden zu sein.

3 Die **Pflichten des Abs. 1** werden Versicherungsmaklern und Versicherungsvertretern gleichermaßen auferlegt. Sie haben aber einen rechtlich unterschiedlichen Charakter und treffen die unterschiedlichen Vermittler in Tiefe und Breite verschieden (Prölss/Martin/*Dörner* § 61 Rn. 2). Während sie sich für den Versicherungsmakler schon unabhängig von der Vorschrift aus dem mit dem VN geschlossenen **Vertrag** ergeben, begründet die Vorschrift zwischen Versicherungsvertreter und VN erst ein **gesetzliches Schuldverhältnis,** das völlig unabhängig von einem dem Versicherungsvertreter entgegen gebrachten Vertrauen und unabhängig von seinem wirtschaftlichen Interesse an einem Vertragsabschluss ist. Davon abgesehen muss der Versicherungsmakler den individuellen Versicherungsbedarf des VN nicht nur auf einen besonderen Anlass hin ermitteln. Er wird gerade von dem VN beauftragt, die Risikolage selbstständig zu analysieren und auf dieser Grundlage ein angemessenes Deckungskonzept zu ermitteln. Davon abgesehen sind die **Grundlagen der Beratung** nach § 60 für Versicherungsmakler und

Versicherungsvertreter **verschieden.** Dem muss der zu erteilende Rat gerecht werden: Je umfassender die Beratungsgrundlage ist, desto umfassender muss ihre Nutzung sein.

Die Befragungs-, Beratungs- und Dokumentationspflichten des Abs. 1 bestehen grds. **neben jenen, die** nach § 6 Abs. 1 **für den VR selbst** gelten. Allerdings gilt es zwei wesentliche Unterschiede zu beachten: Nach § 6 Abs. 6 bestehen (regelmäßig, zu Ausnahmen → § 6 Rn. 33) keine entsprechenden Pflichten des VR, wenn der Versicherungsvertrag durch einen **Versicherungsmakler** vermittelt wird, so dass der Informationsanspruch des VN bei maklervermittelten Verträgen allein auf § 61 Abs. 1 (und dem Maklervertrag) beruht (vgl. aber → § 6 Rn. 42). Nach § 6 Abs. 4 Satz 1 bestehen die Befragungs- und Beratungspflichten des VR auch **während der Laufzeit des Vertrages.** Das gilt für Versicherungsvertreter nicht und für Versicherungsmakler nur auf der Grundlage und nach Maßgabe ihres Vertrages (§ 60 Rn. 6 ff.). Allerdings ist unabhängig davon ein Versicherungsvermittler nicht von sich aus gehalten, die Veränderung der Lebensverhältnisse des Kunden fortlaufend zu beobachten und daraus etwaige Schlüsse für dessen Absicherungsbedürfnisse zu ziehen. Tritt bspw. eine Unterversicherung ein, weil der VN nach Abschluss des Vertrages Anschaffungen vornimmt, die den Wert der versicherten Sache wesentlich verändern, ist der Vermittler ohne besonderen Anlass nicht zu einem Rat verpflichtet, die Versicherungssumme anzupassen (OLG Frankfurt a. M. r+s 2017, 671). 4

Soweit Beratungs- und Dokumentationspflichten gleichermaßen den Versicherungsvertreter und den VR treffen, besteht eine **gesamtschuldnerische Haftung** für ihre Erfüllung und die Rechtsfolgen ihrer Nicht- oder Schlechterfüllung. Der mit einem Vertrieb zusammenarbeitende VR erfüllt seine Beratungs- und Dokumentationspflichten entsprechend § 422 Abs. 1 Satz 1 BGB durch den Versicherungsvertreter und muss sich also dessen Verhalten nach **§ 278 BGB** zurechnen lassen. Umgekehrt bedarf es keiner besonderen Information durch den Versicherungsvertreter mehr, wenn und soweit der VR den VN bereits ausreichend beraten hat. Soweit es sich um einen **Ausschließlichkeitsvertreter** handelt, ist die Zurechnung von Beratungsfehlern zu einem bestimmten VR unproblematisch. Anderes gilt bei **Mehrfachagenten.** Soweit ein Versicherungsvertrag schließlich zustande gekommen, sein Zustandekommen aber von Beratungsfehlern infiziert ist, ist es gerechtfertigt, das Fehlverhalten des Versicherungsvertreters diesem VR zuzurechnen. Ist eine Absicherung allerdings gescheitert, bevor sich die Verhandlungen auf einen bestimmten VR konzentriert haben und ohne dass sich ein Zusammenhang des Beratungsfehlers mit einem bestimmten Verhalten eines VR ergibt, bleibt es bei der alleinigen Haftung des Versicherungsvermittlers. 5

II. Personeller Anwendungsbereich

Die Beratungs- und Dokumentationspflichten erfassen **alle Versicherungsvermittler** mit Ausnahme der Bagatellvermittler iSv § 66. Aus dem systematischen Zusammenhang mit § 59, § 73 und § 6 ergibt sich, dass § 61 auf **Angestellte des VR im Außendienst** nicht anwendbar ist, für deren Beratungsfehler der VR allerdings nach § 278 BGB einstehen muss. Anders als § 6 Abs. 6 gilt keine Ausnahme für Versicherungsvermittler, die die von ihnen vermittelten Produkte im **Fernabsatz** vertreiben; gegen die Herausnahme solcher Vertriebsformen aus den Pflichten des Abs. 1 bestünden im Hinblick auf die umfassende Regelung des 6

Versicherungsvertriebs durch die RL (EU) 2016/97 (IDD) auch Bedenken (vgl. zu den Beratungspflichten von Direktversicherern → § 6 Rn. 33). Erfasst ist, wie sich aus § 59 Abs. 1 Satz 3, § 1a Abs. 2 ergibt, auch der portal- und m-commerce-basierte Vertrieb.

III. Sachliche Voraussetzungen

7 Die Befragungs-, Beratungs- und Dokumentationspflichten des Versicherungsvermittlers und des VR **unterscheiden sich der Sache nach zunächst nicht.** So wie der VR je nach einem sich aus dem angebotenen oder nachgefragten Produkt ergebenden Umstand oder aus Gründen, die sich aus der Person des VN oder dessen Situation ergeben, Anlass haben muss, nach den Wünschen und Bedürfnissen des VN zu fragen und ihn entsprechend zuverlässig zu beraten, seine Empfehlung begründen und dies alles dokumentieren muss, so gilt das auch für den Versicherungsvermittler (zu den Beratungsanlässen und der sodann geschuldeten Beratung gilt daher das zu § 6 Gesagte vgl. → § 6 Rn. 5 ff.). Allerdings kann die Erkennbarkeit von Beratungsanlässen für VR und Versicherungsvermittler durchaus **unterschiedlich** sein. Solche Unterscheidungen können sich aus der jeweiligen Informationsgrundlage ergeben: Der Versicherungsvermittler kann aufgrund seines unmittelbaren Kontakts mit „seinem" Kunden oder aufgrund einer ihm möglichen Untersuchung des Risikos Erkenntnisse gewinnen, die dem VR nicht zur Verfügung stehen und diesem von dem Versicherungsvermittler auch nicht zur Verfügung gestellt werden. Umgekehrt kann der VR aufgrund eines unmittelbaren Erst- oder Letztkontakts mit dem VN oder aufgrund eigener Informationen über die Kompatibilität des angebotenen Produkts mit dem Absicherungsbedarf eines typischen VN über Wissen verfügen, das dem Versicherungsvermittler nicht in jedem Fall zur Verfügung stehen muss. Dann sind die Anlässe der Beratung – und damit auch die Pflichten, ihnen nachzugehen – verschieden.

8 Grundsätzlich ist weiterhin davon auszugehen, dass ein VN, der sich an einen Versicherungsvertreter wendet, seinen **Versicherungsbedarf selbst ermittelt** und angibt und das Risiko, für das er Deckung begehrt, selbst einschätzt (zum früheren Recht vgl. BGH VersR 1967, 25; VersR 1964, 36; OLG Hamm r+s 1996, 30; VersR 1992, 49; OLG Frankfurt a. M. VersR 2008, 406; OLG Köln VersR 1996, 1245). Besteht indessen ein Anlass dazu, so gilt allgemein, dass die **Absicherungswünsche** des VN festzustellen und, wenn dies laienhaft geschieht, in versicherungstechnische Möglichkeiten zu übersetzen sind. Verlangt der VN allerdings von vorneherein ein ganz bestimmtes Produkt, so scheidet eine weiter reichende Beratungspflicht regelmäßig aus (*Reiff* VersR 2007, 725). Das gilt vor allem, wenn es um Standardprodukte geht, die der VN bereits kennt und auf deren Wahl er sich festgelegt hat (zur Teilkaskoversicherung OLG Hamm VersR 2010, 1215). Auch über besondere Gefahren einer Vertragsgestaltung – etwa den Verzicht auf den Schicksalteilungsgrundsatz bei Nettopolicen – muss jedenfalls der Versicherungsvertreter aufmerksam machen (OLG Karlsruhe ZfS 2012, 271 = VersR 2012, 856; zur Beratung bei einer Nettopolice OLG Karlsruhe VersR 2016, 856; OLG Hamm VersR 2018, 222; anders für Versicherungsmakler BGH NJW-RR 2007, 1503 = VersR 2007, 1127). Dem Vermittler erkennbare mögliche finanzielle und steuerliche Nachteile einer Vertragsgestaltung bei einem VRwechsel sind zu erwähnen (OLG Karlsruhe ZfS 2012, 271 = VersR 2012, 856).

Die Befragungs-, Beratungs- und Dokumentationspflichten des Versicherungsvermittlers und des VR **unterscheiden sich der Sache nach zunächst nicht.** So wie der VR je nach einem sich aus dem angebotenen oder nachgefragten Produkt ergebenden Umstand oder aus Gründen, die sich aus der Person des VN oder dessen Situation ergeben, Anlass haben muss, nach den Wünschen und Bedürfnissen des VN zu fragen und ihn entsprechend zuverlässig zu beraten, seine Empfehlung begründen und dies alles dokumentieren muss, so gilt das auch für den Versicherungsvermittler (zu den Beratungsanlässen und der sodann geschuldeten Beratung gilt daher das zu § 6 Gesagte vgl. § 6 Rn. 5 ff.). Allerdings kann die Erkennbarkeit von Beratungsanlässen für VR und Versicherungsvermittler durchaus **unterschiedlich** sein. Solche Unterscheidungen können sich aus der jeweiligen Informationsgrundlage ergeben: Der Versicherungsvermittler kann aufgrund seines unmittelbaren Kontakts mit „seinem" Kunden oder aufgrund einer ihm möglichen Untersuchung des Risikos Erkenntnisse gewinnen, die dem VR nicht zur Verfügung stehen und diesem von dem Versicherungsvermittler auch nicht zur Verfügung gestellt werden. Umgekehrt kann der VR aufgrund eines unmittelbaren Erst- oder Letztkontakts mit dem VN oder aufgrund eigener Informationen über die Kompatibilität des angebotenen Produkts mit dem Absicherungsbedarf eines typischen VN über Wissen verfügen, das dem Versicherungsvermittler nicht in jedem Fall zur Verfügung stehen muss. Dann sind die Anlässe der Beratung – und damit auch die Pflichten, ihnen nachzugehen – verschieden.

Sodann muss geprüft werden, welche **Schutzbedürfnisse** im konkreten Fall 9 oder auch typischerweise oder unausgesprochen mit diesen Wünschen verbunden sein können, und, je nach der nachgefragten Versicherungssparte, welche **objektive Risikosituation** bei dem VN vorliegt. Auf der Grundlage dieser Informationen muss der Versicherungsvermittler die in der konkreten zeitlichen, sachlichen oder örtlichen Lage des VN benötigte sachgemäße Absicherung empfehlen. Der Versicherungsvermittler muss vor allem Fehlvorstellungen des VN erkennen und den VN darauf hinweisen, und er muss, wenn die gewünschte Deckung den von dem VN verfolgten Vertragszweck verfehlt, darauf aufmerksam machen. So darf er, kann er erkennen, dass der VN bereits über eine entsprechende zulängliche Absicherung eines Risikos verfügt, nicht dazu raten, sich eine weitere Deckung zu beschaffen; vielmehr muss er den VN gerade auf die vorhandene Deckung, ggf. ihre etwaigen Vor- und Nachteile, aufmerksam machen (OLG Frankfurt a. M. Urt. v. 30.1.2014 – 12 U 146/12). Geht es um einen **Versichererwechsel,** muss der Vermittler bedenken, dass der VN typischerweise keine Verschlechterung seiner Absicherung wünscht, er muss bspw. von einer sofortigen Kündigung des bestehenden Schutzes abraten, auf das Risiko einer erneuten Gesundheitsprüfung aufmerksam machen und Prämien und Leistungen korrekt gegenüberstellen und miteinander vergleichen (OLG Saarbrücken r+s 2018, 110; OLG Hamm ZfS 2010, 507; OLG Frankfurt a. M. r+s 2009, 218; vgl. iÜ zu den konkreten Beratungsanlässen § 6 Rn. 5 ff.). Das gilt in besonderem Maße bei Krankheitskostenversicherungsverträgen: Dort ist zu verlangen, dass der Vermittler den unterschiedlichen Deckungsumfang des verlassenen und des angestrebten Vertrages darstellt und auf den möglichen Verlust von Alterungsrückstellungen aufmerksam macht (OLG München VersR 2012, 1292). Der besonders gefahrenträchtige Wechsel von einer gesetzlichen Krankenversicherung in eine private hat besondere Beratungsbedürfnisse zur Folge: Der Versicherungsvertreter muss insoweit auch auf mögliche langfristige nachteilige Folgen des Versicherwechsels aufmerksam machen (OLG Hamm NZS 2015, 821). Das erfasst aber nicht oW den Ehepartner, dessen eigener Schutz sich aufgrund spezifischer Regelungen des Sozialrechts verändern kann (OLG Köln VersR 2016, 1055). Bitten des VN um Hilfen bei der Verwaltung des Versicherungsvertrages muss der Versicherungsvermittler entweder ausschlagen (was bei einem Versicherungsmakler allerdings vertragswidrig wäre) oder ihnen sorgfältig entsprechen (zur Bezugsrechtsänderung OLG Celle VersR 2010, 200).

Grundsätzlich ist weiterhin davon auszugehen, dass ein VN, der sich an einen Versicherungsvertreter wendet, seinen **Versicherungsbedarf selbst ermittelt** und angibt und das Risiko, für das er Deckung begehrt, selbst einschätzt (zum früheren Recht vgl. BGH VersR 1967, 25; VersR 1964, 36; OLG Hamm r+s 1996, 30; VersR 1992, 49; OLG Frankfurt a. M. VersR 2008, 406; OLG Köln VersR 1996, 1245). Besteht indessen ein Anlass dazu, so gilt allgemein, dass die **Absicherungswünsche** des VN festzustellen und, wenn dies laienhaft geschieht, in versicherungstechnische Möglichkeiten zu übersetzen sind. Verlangt der VN allerdings von vorneherein ein ganz bestimmtes Produkt, so scheidet eine weiter reichende Beratungspflicht regelmäßig aus (*Reiff* VersR 2007, 725). Das gilt vor allem, wenn es um Standardprodukte geht, die der VN bereits kennt und auf deren Wahl er sich festgelegt hat (zur Teilkaskoversicherung OLG Hamm VersR 2010, 1215). Auch über besondere Gefahren einer Vertragsgestaltung – etwa den Verzicht auf den Schicksalteilungsgrundsatz bei Nettopolicen – muss jedenfalls der Versicherungsvertreter aufmerksam machen (OLG Karlsruhe ZfS 2012, 271 = VersR 2012, 856; zur Beratung bei einer Nettopolice OLG Karlsruhe VersR 2016, 856; OLG Hamm VersR 2018, 222; anders für Versicherungsmakler BGH NJW-RR 2007, 1503 = VersR 2007, 1127). Dem Vermittler erkennbare mögliche finanzielle und steuerliche Nachteile einer Vertragsgestaltung bei einem VRwechsel sind zu erwähnen (OLG Karlsruhe ZfS 2012, 271 = VersR 2012, 856).

10 Die **Beratungspflichten des Versicherungsmaklers** ergeben sich aus § 61 und dem mit dem VN abgeschlossenen konkreten Maklervertrag. Sie erfassen jene des Versicherungsvertreters, gehen aber im Hinblick auf die Funktion des Versicherungsmaklers als treuhänderischem Sachwalter des VN (→ § 59 Rn. 8) darüber hinaus. Sie beziehen sich auf die Klärung des ihm von seinem Kunden benannten Versicherungsbedarfs, also auf das dargestellte Risiko, um dessen Absicherung es geht, sowie die damit zusammenhängenden und dem Versicherungsmakler erkennbaren Gefahren (BGH NJW 2014, 2038 = VersR 2014, 625; OLG Saarbrücken VersR 2021, 774; OLG Hamm NJW 2016, 336), soweit der VN nicht noch weitere Anliegen äußert. Daher führt auch die Übergabe aller „Versicherungsunterlagen" durch einen Kunden zunächst nicht dazu, dass der Versicherungsmakler die gesamte Absicherung des VN in jeder Hinsicht zu prüfen hätte.

11 Der **Versicherungsmakler** muss grds. das zu versichernde Risiko selbst untersuchen und unter Berücksichtigung des vom VN geäußerten Absicherungsbedarf prüfen, ob das von ihm vermittelte Produkt dem gerecht wird (OLG Schleswig r+s 2012, 84; OLG Brandenburg r+s 2013, 125; OLG Koblenz IBR 2012, 176). Das gilt auch für den sachlichen Umfang der Deckung, der sich aus von dem Versicherungsvertrag verwendeten **Wertbestimmungen** – bspw. der Zugrundelegung eines „Listenpreises" unklarer Grundlage (OLG Naumburg r+s 2015, 26) – ergeben kann: Der Versicherungsmakler hat nicht nur dann zu beraten, wenn es um den Abschluss oder den **Wechsel eines Vertrages** geht, sondern auch dann, wenn es im Rahmen eines bestehenden Vertragsverhältnisses um Änderungen – einen Tarifwechsel bspw – geht (BGH NJW 2018, 3715). Von ihm wird je nach dem Inhalt des Maklervertrages auch eine laufende Überwachung des Vertrages

erwartet (LG Hamburg BeckRS 2021, 28990), sowie eine Marktbeobachtung erwartet (OLG Saarbrücken VersR 2021, 774). Auch darf der Versicherungsmakler von dem **Absicherungsbefund ausgehen,** den er bei seiner Beauftragung vorgefunden hat. Das bedeutet indessen nicht, dass er, erkennt er eine **Deckungslücke,** die der VN durch die Auflösung einer bestehenden Absicherung verursacht hat, nicht auf sie hinweisen und die Suche nach vorläufigem Versicherungsschutz vorschlagen und betreiben muss (aA OLG Dresden r+s 2020, 299). Da der Versicherungsmakler sich eine **Marktübersicht** verschaffen muss, darf von ihm erwartet werden, dass er **unterschiedliche Bedingungsgestaltungen** erkennt, analysiert und seinen Kunden auf die damit jeweils verbundenen Risiken aufmerksam macht. Das gilt vor allem bei Produkten, die – wie die **Betriebsschließungsversicherung** – ein Dasein weitgehend im Verborgenen gefristet haben, deren tatsächlicher epidemiologischer Hintergrund (abgelaufene Infektionsgeschehen, Warnungen vor epidemischen oder pandemischen Entwicklungen) aber durch Publikationen in das Bewusstsein auch der fachfremden Öffentlichkeit gerückt war. Die Vermittlung von Policen, die für **neuartige (aber gewissermaßen angekündigte) Gefahren** keine Deckung gewährt haben, kann daher als Beratungsfehler betrachtet werden.

Der von einem **Versicherungsmakler** zu erteilende Rat muss darüber hinaus 12
auf der jeweils geltenden Beratungsgrundlage **je nach dem Versicherungsprodukt Unterschiedliches** weiter bedenken: Für die **Lebens- und Berufsunfähigkeits**- aber auch die **Krankenversicherung** sind die Finanzstärke, die Insolvenzsicherung, für die Lebensversicherung das Anlagerisiko von einer anderen, höherer Bedeutung als für die Sach- und Kraftfahrzeugversicherung. Das gilt auch für Beratungsanlässe während der Dauer eines Vertrages. Daher darf der Versicherungsmakler einen Kunden, der ihn nach Möglichkeiten eines Einsatzes seines Vertrages zur Befriedigung eines Finanzbedarfs fragt, nicht nur auf dessen Veräußerung an einen Policenhändler verweisen, sondern muss zum einen auf dessen Insolvenzanfälligkeit und zum anderen auf die Möglichkeit der Kündigung und den Erwerb eines Anspruchs auf den Rückkaufswert hinweisen (OLG Hamm BeckRS 2019, 11088). Geht es um den Abschluss einer Krankheitskostenversicherung für spezifische Berufsgruppen, muss auf die unterschiedlichen Angebote und ihre Vor- und Nachteile hingewiesen werden (zur Beamtenöffnungsklausel OLG Köln BeckRS 2018, 46426). Für die **Haftpflicht**- (vgl. dazu bspw. OLG Schleswig r+s 2012, 84), **Rechtsschutz- und Unfallversicherung** sind Risikoeinschlüsse und Risikoausschlüsse besonders zu beachten. Ganz allgemein sind Preis und Service im Schadenfall Umstände, die der Versicherungsmakler ins Auge fassen muss, die aber selten relevant für Schadensersatzansprüche sein werden. Allerdings muss der Versicherungsmakler bei seiner Beratung nicht auch künftig mögliche Rechtsänderungen in Betracht ziehen (BGH VersR 2009, 1224), darf jedoch auch umgekehrt ein Produkt nicht deshalb empfehlen, weil es sich bei einer künftigen Rechtsänderung als vorteilhaft erweisen könnte.

Die Grenzen der Dokumentation werden von den **Grenzen der Beratungs-** 13
pflichten bestimmt. Da der Versicherungsmakler im Allgemeinen nicht über Antragsfragen und ihre Beantwortung beraten muss – sie gehören nicht zu den „Informationen" des § 62 Abs. 1 – , sondern über Absicherungsbedürfnisse und Absicherungsmöglichkeiten, muss auch nicht dokumentiert werden, was der Versicherungsmakler dazu erklärt hat (OLG Hamm r+s 2020, 58). IÜ unterscheidet sich auch die von dem Versicherungsvermittler verlangte **Dokumentation** der Sache nach nicht von jener der VR (vgl. daher → § 6 Rn. 21). Ihr Umfang ist

nach **Abs. 1 Satz 2** abhängig von der Komplexität des Produkts. Da die Beratungspflichten des Versicherungsmaklers jedoch weiter gehen können als jene des Versicherers (zur Besichtigungspflicht OLG Hamm r+s 2020, 58), kann auch der Umfang der Dokumentation ein anderer sein. Die Dokumentation darf sich nicht auf ein schematisches Ankreuzen von Beratungsthemen beschränken, sondern muss den Gang und den Inhalt der Beratung des VN, etwaige Motive des VN für einen Versichererwechsel (OLG München VersR 2012, 1292; OLG Karlsruhe ZfS 2012, 271 = VersR 2012, 856) und vor allem die Begründung der Empfehlung klar und verständlich in ihren wesentlichen Zügen nachzeichnen (OLG Karlsruhe VersR 2012, 856). Pflichten zu ihrer Aufbewahrung kennt das Gesetz nicht, entsprechen aber dem wohlverstandenen eigenen Interesse des Versicherungsvermittlers. Fehlt die Dokumentation oder ist sie unzulänglich, so stehen dem VN Beweiserleichterungen zu (vgl. dazu § 6 Rn. 33).

IV. Verzicht

14 **Abs. 2** erlaubt den Verzicht des VN auf die in Abs. 1 geforderte Information und Dokumentation. Der Verzicht kann auch nur Teile der in Abs. 1 geregelten Pflichten umfassen. Voraussetzung ist allerdings zum einen eine **gesonderte schriftliche Erklärung in Textform.** Dabei muss es sich weder um ein physikalisch separiertes Dokument handeln noch verlangt das Gesetz eine individualvertragliche Regelung (zum Streitstand zu Letzterem *Blankenburg* VersR 2008, 1446 einerseits, *Franz* VersR 2008, 298 andererseits). Allerdings muss der Verzicht für den VN als solcher unschwer erkennbar sein, also in einem vom übrigen Fließtext getrennten, drucktechnisch hervorgehobenen Abschnitt der Vertrags(anbahnungs-)unterlagen enthalten sein. Regelungen durch AVB müssen ferner der **Wirksamkeitskontrolle** nach den §§ 305 ff. BGB standhalten. Daran wird eine solche Vereinbarung scheitern, wenn sie zwischen einem Versicherungsmakler und einem VN getroffen wird. Denn die in Abs. 1 geregelten Informationspflichten stellen „Kardinalpflichten" des Versicherungsmaklervertrages dar. Zum anderen ist ein Verzicht nur wirksam, wenn der VN zugleich, also in einem mit der gesonderten Erklärung in Textform unmittelbar verbundenen Text zutreffend und verständlich **auf seine Nachteile** für die Geltendmachung von Schadensersatzansprüchen nach § 63 **hingewiesen** worden ist. Die zu § 6 Abs. 3 entwickelten Grundsätze gelten für § 61 Abs. 2 gleichermaßen (vgl. → § 6 Rn. 24 f.).

V. Weitere Rechtspflichten des Versicherungsmaklers

15 Über die sachlich nach § 61 auf die Person und Situation des VN und die Komplexität des Produkts bezogenen und zeitlich nach § 62 auf die Phase vor Abgabe der Vertragserklärung und den Abschluss des Vertrags begrenzten Informationserhebungs- und Informationserteilungspflichten hinaus treffen den Versicherungsmakler weitere Sorgfaltspflichten (vgl. umfassend Beckmann/Matusche-Beckmann VersR-HdB/*Matusche-Beckmann* § 5 Rn. 274 ff.; HK-VVG/*Münkel* § 61 Rn. 17). Als **„treuhänderischer Sachwalter"** (BGH VersR 2018, 349) hat er den VN umfassend (auch bei der Abwicklung des Vertrages) zu begleiten und dessen Interessen wahrzunehmen. Anders als andere Zivil- und Handelsmakler trifft den Versicherungsmakler nach dem Sinn und Zweck des Vertrages eine **Betätigungspflicht** (BGH NJW-RR 2007, 1503 mwN = VersR 2007, 1127;

VersR 1971, 714). Er muss also – unabhängig von der Frage, ob er *best advice* schuldet – Maßnahmen treffen, die die unter den gegebenen Umständen optimale Absicherung des VN erreichen und seinen Kunden, den VN, ständig, unverzüglich und ungefragt über seine Bemühungen zum Vertragsabschluss unterrichten. Von einer ihm (häufig auch stillschweigend) erteilten Vertretungsmacht muss er Gebrauch machen. Unter- oder Überversicherungen, unzulängliche Versicherungssummen, zeitliche oder sachliche Deckungslücken (zur gepflogenheitswidrig fehlenden Vollkaskoversicherung OLG Düsseldorf VersR 2000, 54) muss er zu vermeiden beitragen (BGHZ 94, 356 = VersR 1985, 930; zur Haftung bei Umdeckung und bei Wahl der zutreffenden Versicherungssumme OLG Stuttgart r+s 2016, 107). Läuft eine Risikoabsicherung aus, muss er den VN rechtzeitig darauf aufmerksam machen und ggf. für eine **Verlängerung oder Anschlussdeckung** sorgen (OLG Brandenburg NJOZ 2014, 1860).

Er muss dafür sorgen, dass **Versicherungsanträge rechtzeitig eingehen,** um 16 tarifliche Begünstigungen wahren zu können (KG VersR 2009, 343 auch für einen Versicherungsvertreter). Von vorzeitigen Kündigungen, die zu Deckungslücken (OLG Hamm ZfS 2010, 507; aA zum Fehlen einer Betätigungspflicht bestreitbar OLG Dresden r+s 2020, 299) führen, oder die sich als unwirtschaftlich erweisen, weil der mit der Reduzierung auf den Rückkaufswert einer Lebensversicherung verbundene Verlust regelmäßig durch den Abschluss einer vermeintlich günstigeren nicht aufgewogen werden kann, muss er abraten. In Fällen der Eilbedürftigkeit einer Absicherung trifft ihn die Pflicht zur Beschaffung vorläufiger Deckung. Die finanziellen Nachteile der **Kündigung** eines steuerbegünstigten Kapitallebensversicherungsvertrages muss er dem VN vor Augen führen (OLG Saarbrücken BeckRS 2011, 18059; abl. *Muschner* in Anm. zu LG Köln VersR 2012, 701; zur Beratungspflicht des VR neben jener des Versicherungsmaklers § 6 Rn. 36). Allerdings bedarf es von besonderen Umständen abgesehen keiner Beratung über die Konsequenzen des vom VN abgeschlossenen Maklervertrages (BGH NJW-RR 2007, 1503 = VersR 2007, 1127).

Zu den den Versicherungsmakler treffenden Pflichten zählt weiter, den VN 17 **bei der Erfüllung seiner Prämienpflicht** zu betreuen, wenn er erkennen kann, dass ihm Nachteile durch Ausbleiben der Beitragszahlung oder ihre Verspätung drohen. Bei Beantragung eines Versicherungsvertrages muss der Versicherungsmakler darauf achten, dass das **Antragsformular** korrekt ausgefüllt und geeignet ist, dem VN passenden und stabilen Versicherungsschutz zu verschaffen (OLG Celle OLGR 2009, 636). Im Versicherungsfall hat der Versicherungsmakler **Schadenanzeigen** entgegen zu nehmen, auf ihre Vollständigkeit hin zu prüfen und weiter zu leiten (OLG Hamm NJW-RR 2001, 602; VersR 1976, 631). Ist eine Schadensanzeige erkennbar unrichtig, so muss er auf ihre Korrektur hinwirken (zur entsprechenden Problematik bei der vorvertraglichen Anzeigeobliegenheit OLG Celle VuR 2009, 357). Sind für die Regulierung **Formen** oder **Fristen** zu beachten – wie jene der ärztlichen Feststellung der Invalidität in der Unfallversicherung – so hat der Versicherungsmakler den VN darauf aufmerksam zu machen und ihn gegebenenfalls zu erinnern (BGH VersR 2018, 349; NJW-RR 2009, 1888 = VersR 2009, 1495). Der Versicherungsmakler hat darüber hinaus das versicherte Risiko zu beobachten und bei Bedarf für eine **Anpassung des Versicherungsschutzes** zu sorgen (BGH NVersZ 2000, 389). Über Marktentwicklungen, die dem VN die Absicherung bislang nicht gedeckter Gefahren erlauben, hat er ihn zu unterrichten. Das geht allerdings nicht soweit, dass eine ständige Information über veränderte oder neue Produkte erfolgen müsste.

18 Unterlagen, die dem Versicherungsmakler vom VN zugeleitet werden – die Ablehnung des Versicherungsantrags – muss er unverzüglich weiterleiten und auf ihre Bedeutung für die Absicherung aufmerksam machen (OLG Hamm VersR 2010, 388). Bei **Beendigung des Versicherungsvertrages** muss der Versicherungsmakler die von ihm verwahrten Unterlagen und Dokumente herausgeben (OLG Frankfurt a. M. VersR 1995, 92; OLG Düsseldorf NJW-RR 1998, 395). In den Fällen der Kündigung des Versicherungsvertrages muss er dafür sorgen, dass sie zeitgerecht und unter Beifügung der erforderlichen Dokumente – bspw. in der Gebäudefeuerversicherung der von § 144 geforderten Nachweise – erfolgt. Bei einem **Wechsel des Versicherungsmaklers** sind gleichfalls die Akten zu übergeben. Der neue Versicherungsmakler muss eigenständig prüfen, ob der von ihm nunmehr verwaltete Versicherungsschutz ausreichend und soweit ersichtlich ungefährdet ist (Prölss/Martin/*Dörner* § 59 Rn. 74 aE).

19 Nach § 34d Abs. 1 Satz 5 GewO beinhaltet die einem Versicherungsmakler erteilte Erlaubnis die Befugnis, Dritte, die nicht Verbraucher sind, bei der Vereinbarung, Änderung oder Prüfung von Versicherungsverträgen gegen gesondertes Entgelt **rechtlich zu beraten.** Verletzt der Versicherungsmakler eine solche von ihm übernommene selbstständige Beratungspflicht oder erfüllt er sie unsorgfältig, haftet er selbstverständlich nach § 280 BGB. Soweit es sich um die rechtliche Beratung von Verbrauchern handelt oder soweit kein besonderes Entgelt für sie vereinbart ist, ist sie nach § 5 Satz 1 RDG „gewerberechtlich" zulässig, wenn sie nach Inhalt, Umfang und sachlichem Zusammenhang als Nebenleistung zur eigentlichen Versicherungsmaklerleistung zu betrachten ist. Vertragsrechtlich haftet der Versicherungsmakler für Fehler selbstverständlich unabhängig von der Zulässigkeit nach dem RDG.

20 Der Versicherungsmakler muss **Weisungen des VN** befolgen (§§ 675, 665 BGB), sie allerdings auf ihre Sinnhaftigkeit kontrollieren und gegebenenfalls auf Bedenken aufmerksam machen. Er hat Dokumente und Korrespondenz, die ihm der VR übermittelt, dem VN herauszugeben. Zur rechtlichen Beratung des VN ist er nur iRd § 5 RDG befugt, also nur insoweit, als sie sich von seiner Maklertätigkeit, der Beratung und Betreuung in versicherungstechnischer und wirtschaftlicher Hinsicht nicht trennen lässt (OLG Stuttgart VersR 1991, 883). Eine Vertretung des VN in einem gegen diesen geführten Haftpflichtprozess (OLG Düsseldorf MDR 1991, 64) zählt dazu nicht.

§ 62 Zeitpunkt und Form der Information

(1) **Dem Versicherungsnehmer sind die Informationen nach § 60 Abs. 2 vor Abgabe seiner Vertragserklärung, die Informationen nach § 61 Abs. 1 vor dem Abschluss des Vertrags klar und verständlich in Textform zu übermitteln.**

(2) **[1]Die Informationen nach Absatz 1 dürfen mündlich übermittelt werden, wenn der Versicherungsnehmer dies wünscht oder wenn und soweit der Versicherer vorläufige Deckung gewährt. [2]In diesen Fällen sind die Informationen unverzüglich nach Vertragsschluss, spätestens mit dem Versicherungsschein dem Versicherungsnehmer in Textform zu übermitteln; dies gilt nicht für Verträge über vorläufige Deckung bei Pflichtversicherungen.**

I. Normzweck

1 Die Vorschrift will sicherstellen, dass dem VN die Informationen, die nach dem Gesetz **Grundlage seiner Entscheidung zum Abschluss eines Versicherungsvertrags** sein sollen, rechtzeitig und zuverlässig prüfbar vorliegen. Sie unterscheidet dabei zwischen den (gewissermaßen unabhängig von dem VN vorliegenden) Informationen, die die (eingeschränkte) Markt- und Informationsgrundlage eines Versicherungsmaklers und jene des Versicherungsvertreters offenbaren, den Namen der von dem Vorschlag umfassten VR und der Verbindung des Versicherungsvertreters zu den „angebotenen" Produkten des VR einerseits – sie sind vor Abgabe der Vertragserklärung zur Verfügung zu stellen – und den (den konkreten VN betreffenden) Beratungsgrundlagen und Ratschlägen des Versicherungsvermittlers, die vor Abschluss des Vertrages zu übermitteln sind.

II. Form und inhaltliche Gestaltung

2 Die Informationen sind in **Textform** (§ 126b BGB) zu übermitteln (Abs. 1). Ausnahmsweise darf der Versicherungsvermittler die mündliche Unterrichtung wählen. Das ist der Fall, wenn der VN dies (nachweisbar) wünscht oder der VR vorläufige Deckung gewährt. Allerdings ist die früher durch § 6 Abs. 2 Satz 2 aF dem VR erlaubte mündliche Übermittlung entfallen, ohne dass der Gesetzgeber daraus Konsequenzen für den Vermittler gezogen hätte. Daraus wird zu Recht und unter Hinweis auf die Bezugnahme auf § 6a in § 59 Abs. 1 Satz 2 gefolgert, auch dem Vermittler sei das – ohne Änderung des Wortlauts des Gesetzes – nicht mehr gestattet (Langheid/Wandt/*Armbrüster* § 6 Rn. 140). Wie sich aus den Tatbestandsmerkmalen „wenn und soweit" ergibt, würde die **mündliche Übermittlung** iÜ allerdings nur in Bezug auf den gesonderten Vertrag über vorläufige Deckung genügen.

3 Die Informationen sind **„klar und verständlich"** zu liefern. Das bedeutet, dass sie aus der Sicht eines durchschnittlichen und verständigen VN ohne weitere Erläuterungen überschaubar und auch bei laienhaft-sorgfältiger Durchsicht nachvollziehbar sind. Sie dürfen auch bei **ausländischen VN** in deutscher Sprache erfolgen, es sei denn, der Versicherungsvermittler und der VN haben eine andere Sprache zur Grundlage ihrer Verhandlungen gemacht.

4 Die Informationen nach § 60 über die Beratungsgrundlage sind dem VN **vor Abgabe seiner Vertragserklärung** zu übermitteln. Dazu genügt es nicht, wenn **in den AVB** ein Hinweis auf die eingeschränkte Versicherer- und Vertragsauswahl erfolgt ist (§ 60 Abs. 1 Satz 2; LG Konstanz BeckRS 2019, 11273). Die Dokumentation der Beratung nach § 61 ist dem VN vor dem Vertragsschluss zur Verfügung zu stellen. Kommt es zu **keiner Vertragserklärung** oder zu **keinem Vertragsschluss,** sieht das Gesetz keine Übermittlung vor. Ungeachtet dessen kann es gerade dann von hoher Bedeutung sein, dass der Versicherungsvermittler eine Dokumentation vornimmt und aufbewahrt. Die zeitlichen Erfordernisse der Information sind von der Sanktionsregelung des § 63 nicht erfasst. Ungeachtet dessen bilden sie den Inhalt der Informations- und Beratungspflichten des Versicherungsvermittlers. Werden sie missachtet, kann das folglich gleichfalls zu einer **Schadensersatzpflicht** nach § 63 führen.

§ 63 Schadensersatzpflicht

[1]Der Versicherungsvermittler ist zum Ersatz des Schadens verpflichtet, der dem Versicherungsnehmer durch die Verletzung einer Pflicht nach § 60 oder § 61 entsteht. [2]Dies gilt nicht, wenn der Versicherungsvermittler die Pflichtverletzung nicht zu vertreten hat.

I. Normzweck und Anwendungsbereich

1 Die Vorschrift begründet eine **gesetzliche Haftung** des **Versicherungsvertreters** und des **Versicherungsmaklers** (§ 59 Abs. 2) für einen dem VN durch die Verletzung der Informations-, Beratungs- und Dokumentationspflichten entstandenen Schaden. Sie ersetzt die bisher von der Rspr. nur gelegentlich angenommene Haftung des Versicherungsvertreters bei Inanspruchnahme besonderen persönlichen Vertrauens (BGH VersR 1991, 1052; VersR 1990, 157; VersR 1990, 753; OLG Celle VersR 2009, 1205). Abgesehen von weiterhin denkbaren deliktischen Ansprüchen des VN (aus § 823 Abs. 2 BGB iVm §§ 263, 266 StGB oder § 11 Abs. 2 VersVermV) oder, ganz selten (vgl. → § 6 Rn. 2), Ansprüchen aus einem selbstständigen Beratungsvertrag, begrenzt § 63 zugleich die persönliche Haftung des Versicherungsvertreters auf die dort genannten Verhaltensanforderungen bei der Vertragsanbahnung. Demgegenüber haftet der Versicherungsmakler dem VN für den Fall einer Pflichtverletzung außerhalb dieses Tätigkeitsbereichs – bspw. bei Veräußerung eines Vertrages an einen Policenhändler (OLG Hamm BeckRS 2019, 11088) – weiterhin aus einem zwischen beiden abgeschlossenen Maklervertrag nach **§ 280 BGB.** Die Vorschrift findet entsprechende Anwendung auf Versicherungsberater (§ 68), gilt aber nicht für Bagatellvermittler (§ 66) und für die Vermittlung von Großrisiken (§ 65). Zur Sicherung der Realisierung der Haftung verpflichtet § 34d Abs. 5 Nr. 3 iVm §§ 8–10 VersVermV zum Abschluss einer Berufshaftpflichtversicherung.

2 Die **persönliche Haftung des Versicherungsvertreters** tritt neben die eigenständige Haftung des VR aus § 6 Abs. 5 (vgl. → § 6 Rn. 27). Zugleich wird dem VR das Verhalten seines **Versicherungsvertreters** nach **§ 278 BGB** zugerechnet und so eine Haftung auch dort begründet, wo dem VR selbst kein Fehler unterlaufen ist. Demgegenüber muss der VR grds. nicht für das Verhalten eines Versicherungsmaklers einstehen, weil der Versicherungsmakler „im Lager des Versicherungsnehmers“ steht. Allerdings schließt es die Stellung eines **Versicherungsmaklers** nicht aus, ihn auch einmal als **Erfüllungsgehilfen** des VR zu betrachten. Das ist dann der Fall, wenn der VR den Versicherungsmakler in die Vertragsanbahnung selbst einschaltet oder ihn Aufgaben wahrnehmen lässt, die zu seinem eigenen Aufgabenkreis zählen, ihm vor allem den Vertrieb oder die Darstellung und Erläuterung eines komplexen Produkts dem VN gegenüber oder dessen Beratung überträgt (BGH NJW 1998, 2898 = VersR 1998, 1093; NJW-RR 1997, 116; OLG Düsseldorf VersR 2005, 62; Bruck/Möller/*Schwintowski* § 69 Rn. 17), oder wenn er allgemein im Rahmen eines Strukturvertriebs einem Makler Aufgaben zur selbständigen Wahrnehmung überträgt, die ihm sonst selbst oblägen (BGHZ 194, 39 = NJW 2012, 3647 = VersR 2012, 1237; diff. BGH NJW 2017, 2268 = VersR 2017, 677).

II. Tatbestandliche Haftungsvoraussetzungen

3 Das Haftungsregime des **§ 63 Satz 1** knüpft an die Verletzung der in den §§ 60, 61 genannten Pflichten des Versicherungsvermittlers an. Daher muss der

Versicherungsmakler dafür einstehen, dass er sich keine zulängliche Beratungsgrundlage beschafft oder sie nicht genutzt hat (§ 60 Abs. 1 Satz 1), dass er nicht auf eine eingeschränkte Auswahl von VR und Verträgen konkretisierend hingewiesen hat oder sie auch seiner Beratung gar nicht hätte zugrunde legen dürfen (§ 60 Abs. 1 Satz 2, Abs. 2), dass er die Deckungsbedürfnisse des VN nicht in dem gebotenen Maße ermittelt und den VN nicht sachgerecht beraten hat (§ 61 Abs. 1 Satz 1), dass er die Gründe für seinen Rat nicht mitgeteilt hat (§ 61 Abs. 1 Satz 1) oder schließlich dass er den Verlauf seines Vorgehens nicht zulänglich dokumentiert hat (§ 61 Abs. 1 Satz 2). Davon abgesehen haftet der Versicherungsmakler auf der Grundlage seines Vertrages für Pflichtverletzungen auch nach Vertragsabschluss, soweit ihm bei der Überprüfung des Versicherungsschutzes oder der sonstigen Verwaltung des Versicherungsvertrages Fehler unterlaufen sind. So hat er dafür einzustehen, wenn er den VN nicht auf die Frist zur ärztlichen Feststellung von Invalidität nach einem ihm bekannt gewordenen Unfall hingewiesen hat (BGH VersR 2018, 349; r+s 2009, 395).

Der **Versicherungsvertreter** haftet, wenn er dem VN nicht oder fehlerhaft mitteilt, dass er ihn auf einer eingeschränkten Markt- und Informationsgrundlage berät, oder wenn er ihm die VR, für die er tätig ist, oder seine Bindung an sie nicht oder fehlerhaft mitteilt (§ 60 Abs. 2). Er haftet vor allem, wenn er seinen Informationserhebungs-, Beratungs- und Dokumentationspflichten nach § 61 nicht erfüllt. Wird der Versicherungsvertreter im Laufe des Versicherungsvertrages tätig – durch die Entgegennahme von Anzeigen oder die Überprüfung des Versicherungsschutzes – haftet er nicht persönlich; jedoch kann sich eine Haftung des VR nach § 6 Abs. 5 iVm § 278 BGB ergeben. 4

Handelt es sich um einen **Mehrfachvertreter** kann neben der durch die Vorschrift angeordneten persönlichen Haftung fraglich sein, welchem VR seine Pflichtverletzung zuzurechnen ist, wenn sie im Vorfeld der Auswahl eines bestimmten VR unterlaufen ist. Zum Teil wird vertreten, das sei stets der VR, mit dem der Versicherungsvertrag schließlich zustande gekommen ist (vgl. → § 61 Rn. 5). Das hilft jedoch schon in den Fällen nicht weiter, in denen es gar nicht zum Abschluss eines Versicherungsvertrages gekommen ist und die Pflichtverletzung gerade darin gemündet ist. Auch iÜ ist nicht zu begründen, warum einem schließlich konkretisierten VR Pflichtverletzungen zugerechnet werden sollen, die mit seinem Produkt gar nichts zu tun haben. Daher ist entscheidend, ob die Pflichtverletzung des Versicherungsvertreters einem bestimmten VR objektiv zuzurechnen ist, weil sie mit seinem Auftreten auf dem Markt oder seinem Produkt der Sache nach zusammen hängt. Ist das nicht möglich, haftet der Versicherungsvertreter auch einmal allein (iE Langheid/Wandt/*Reiff* § 63 Rn. 28). 5

III. Verursachung eines Schadens

Die Pflichtverletzung des Versicherungsvermittlers muss zu einem Schaden geführt haben. Dieser Schaden kann zum einen darin bestehen, dass der VN bei korrektem Verhalten des Vermittlers von dem **Abschluss des konkreten Versicherungsvertrages abgesehen** hätte, der Vermögensnachteil also in der Belastung mit dem Vertrag, im Wesentlichen also in den gezahlten und zu zahlenden Prämien (und weiteren Aufwendungen) besteht. Er kann zu anderen darin bestehen, dass der VN einen ihm Deckung in einem Versicherungsfall gewährenden oder einen ihm günstigeren **Versicherungsvertrag nicht abgeschlossen** 6 hat, der Vermögensnachteil also in der ausbleibenden (höheren) Entschädigung oder der Belastung mit einer Selbstbeteiligung abzüglich der hypothetisch zu leistenden Beiträge besteht (BGHZ 40, 22; OLG Hamm r+s 2020, 483; OLG Schleswig r++s 2012, 84; OLG Koblenz IBR 2012, 176; OLG Frankfurt a. M. VersR 1990, 782; OLG Karlsruhe VersR 1990, 889; OLG Hamm VersR 1991, 914; OLG Celle VersR 1995, 333). Der Informations-, Beratungs- oder Dokumentationsfehler muss einen solchen Schaden **verursacht** haben. Insoweit gilt allerdings eine tatsächliche **Vermutung aufklärungsrichtigen Verhaltens des VN** im Falle korrekter Beratung (vgl. → § 6 Rn. 35) jedenfalls dann, wenn nur eine einzige verständliche Entscheidungsmöglichkeit bei zutreffender Aufklärung bestanden hätte (BGH VersR 2018, 349). Die Pflichtverletzung darf also nicht hinwegzudenken sein, ohne dass zugleich der Schaden entfiele. Geht es um **Lücken im Versicherungsschutz,** muss allerdings festgestellt werden, dass sie, hätte der Versicherungsvermittler darauf aufmerksam, auch **zu beheben** gewesen wären; dafür spricht keine tatsächliche Vermutung (OLG Brandenburg Urt. v. 19.3.2014 – 11 U 212/12).

IV. Verschulden und Mitverschulden

7 Das Verschulden des Versicherungsvermittlers wird nach Satz 2 **vermutet** (OLG Frankfurt a. M. r+s 2009, 219; OLG Köln r+s 2004, 527). Der Schadensersatzanspruch kann sich grds. durch ein **Mitverschulden** des VN vermindern. Davon wird aber nur ausnahmsweise auszugehen sein, weil der VN im Hinblick auf den Schutzzweck der Pflichten des §§ 60, 61 idR keinen Anlass zu Vorsichtsmaßnahmen hat, soweit nicht Hinweise Dritter vorliegen oder der Vermittler selbst sich differenzierend geäußert hat (OLG Brandenburg r+s 2013, 125; OLG Hamm VersR 2010, 388; OLG Jena r+s 2008, 193; OLG Düsseldorf r+s 1995, 219 zu einem 25 %igen Mitverschulden bei fehlerhaftem Betreiben einer Bezugsrechtsänderung OLG Celle VersR 2010, 200; LG Konstanz BeckRS 2021, 5060) oder wenn andere auch aus der Laiensicht ernst zu nehmende Zweifel an dem Rat der Vermittlers bestehen. Das gilt auch dann der der VN über eine gewisse Sachkunde verfügt, weil es gerade Sinn und Zweck der Aufgaben des Vermittlers ist, diese Sachkunde durch eine bessere zu ersetzen (BGH VersR 2018, 349). Das Ausbleiben eines Versicherungsscheins gibt dem VN keinen Mitverschulden begründenden Anlass zur Nachfrage (OLG Hamm VersR 2010, 388). Jedoch kann ihm im Einzelfall eine Verletzung der Obliegenheit zur Schadensabwendung oder Schadenminderung (§ 254 Abs. 2 BGB) zur Last fallen. Regelmäßig nicht entgegen gehalten werden kann dem VN nach dem Sinn der Beratungspflicht, dass er Risiken einer Vertragsgestaltung selbst hätte erkennen können (OLG Hamm ZfS 2010, 507). Unterläuft ein solcher Fehler dem Prozessbevollmächtigten im Rechtsstreit, weil der Beratungsfehler nicht erkannt worden ist, so ist das dem VN nicht zuzurechnen (OLG Hamm ZfS 2010, 507).

V. Beweisrecht

8 Die **objektive Pflichtverletzung** muss der VN nach dem Maßstab des § 286 ZPO beweisen (vgl. nur OLG Hamm r+s 2020, 483). Allerdings kann von dem Versicherungsvermittler jedenfalls dort, wo es um Pflichtverletzungen in einem allein ihm ersichtlichen Bereich geht, verlangt werden, dass er **substantiiert vorträgt,**

welche Maßnahmen – Ermittlungen von Marktdaten, Dokumentation der Beratung – er getroffen hat (vgl. → § 6 Rn. 33). Dabei kann insbesondere das **Fehlen oder die Unzulänglichkeit einer Dokumentation** dazu führen, dass dem VN Beweiserleichterungen bis hin zu einer Beweislastumkehr zukommen (BGH NJW 2015, 1026 = VersR 2015, 107 zum fehlenden Hinweis auf die Folgen der Kündigung eines Kapitallebensversicherungsvertrages; OLG Saarbrücken VersR 2015, 1248 zur fehlenden Dokumentation einer Beratung über Inhalte eines Basisrentenvertrages). Fehlt es daran, ist im Streitfall das Vorbringen des VN als richtig zu unterstellen. Der VN muss auch die **Verursachung eines konkreten Schadens** darlegen und beweisen, ggf. also die Vor- und Nachteile, die er durch den Abschluss des vermittelten Vertrages hat, konkret vortragen (OLG Hamm r+s 2020, 483). Zu beweisen, dass er bei korrekter Beratung keinen oder einen ihm günstigeres Vertrag abgeschlossen hätte, wird ihm durch die tatsächliche **Vermutung aufklärungsrichtigen Verhaltens** erleichtert (vgl. → § 6 Rn. 28). Verschulden muss der Versicherungsvermittler widerlegen, Mitverschulden beweisen.

§ 64 Zahlungssicherung zugunsten des Versicherungsnehmers

Eine Bevollmächtigung des Versicherungsvermittlers durch den Versicherungsnehmer zur Annahme von Leistungen des Versicherers, die dieser aufgrund eines Versicherungsvertrags an den Versicherungsnehmer zu erbringen hat, bedarf einer gesonderten schriftlichen Erklärung des Versicherungsnehmers.

Die Vorschrift ist Teil des Konzepts des Schutzes des VN vor dem Verlust der 1 ihm zustehenden Gelder. Während § 69 Abs. 2 und die §§ 12 ff. VersVermV der Sicherung von Zahlungen des VN an den Versicherungsvermittler durch die gesetzliche Empfangsvollmacht des Versicherungsvertreters und durch die gewerberechtliche Vorkehrung einer Sicherheitsleistung vor Geldleistungen des Kunden an einen Versicherungsvermittler dienen, gilt § 64 für **Zahlungen des VR** an den VN. Damit wird Art. 10 Abs. 4, Abs. 6 IDD-RL umgesetzt, die verlangen vorzusorgen, dass der Versicherungsvermittler nicht in der Lage ist, an ihn vom VR geleitete Gelder an den Kunden weiter zu geben.

Mit den **Leistungen des VR** sind nicht nur Entschädigungen und andere 2 Versicherungsleistungen gemeint, sondern auch Vorschüsse und Rückzahlungen oder Erstattungen von Prämien, solange ihre Grundlage der Versicherungsvertrag ist. Aber auch dann, wenn sie unmittelbar nur zur Erfüllung eines Abfindungsvergleichs erfolgen, gilt § 64.

Zu ihrer Annahme ist der Versicherungsvermittler nur befugt, wenn er dazu 3 bevollmächtigt ist. Die Vorschrift verlangt allerdings eine bestimmte Form der Bevollmächtigung. Sie muss durch eine gesonderte schriftliche Erklärung erfolgen. Dazu genügt nicht eine in einem auch andere Vereinbarungen enthaltenden Dokument räumlich und drucktechnisch hervorgehobene Regelung. Entstehungsgeschichtlich ist Zweck der Bestimmung zu verhindern, dass eine solche Bevollmächtigung in AGB eines Maklervertrages versteckt wird. Er kann nur durch das Verlangen nach einem **separaten Dokument** erfüllt werden (Langheid/Wandt/*Reiff* § 64 Rn. 4; aA Looschelders/Pohlmann/*Baumann* § 64 Rn. 4). Erforderlich ist weiter, dass die Bevollmächtigung von dem VN eigenhändig durch Namensunterschrift oder notariell beglaubigtes Handzeichen (§ 126 BGB) und unterzeichnet wird.

4 **Rechtsfolge** des Fehlens einer formgerechten Bevollmächtigung ist, dass Zahlungen des VR, die in die Hände des Versicherungsvermittlers geraten, nicht zur Erfüllung nach § 362 Abs. 1 BGB führen, der VR also erneut leisten muss. Die Beweislast für das Vorliegen einer formgerechten Bevollmächtigung trägt er VR.

§ 65 Großrisiken

Die §§ 60 bis 63 gelten nicht für die Vermittlung von Versicherungsverträgen über Großrisiken im Sinn des § 210 Absatz 2.

1 Die Informationserhebungs-, Beratungs- und Dokumentationspflichten, die die §§ 60–63 regeln, gelten in Übereinstimmung mit Art. 12 Abs. 4 VermittlerRL nicht für Großrisiken iSd § 210 Abs. 2. Die solche Großrisiken absichernden VN benötigen den hier statuierten Verbraucherschutz nicht. Die Regelung der Zahlungssicherung nach § 64 ist davon allerdings nicht erfasst. Die Ausnahme bedeutet auch nicht, dass der Versicherungsvermittler keine versicherungsvertraglichen oder vertragsbegleitenden **Nebenpflichten** treffen, deren Verletzung nach den **§§ 311 Abs. 2, 280 Abs. 1 BGB** zu einem Schadensersatzanspruch des VN führen kann. Ob und in welchem Umfang bei der Absicherung von Großrisiken Pflichten zu einer sachgerechten Beratung des VN und zu einer sie vorbereitenden Erhebung von Informationen über das zu versichernde Interesse oder Objekt und die Bedürfnisse des VN bestehen, ist von den Umständen des Einzelfalls, vor allem auch der eigenen Sachkunde des VN abhängig.

§ 66 Sonstige Ausnahmen

[1] § 1a Absatz 2, die §§ 6a, 7b, 7c, 60 bis 64, 69 Absatz 2 und § 214 gelten nicht für Versicherungsvermittler in Nebentätigkeit nach § 34d Absatz 8 Nummer 1 der Gewerbeordnung. [2] Versicherungsvermittler in Nebentätigkeit haben dem Versicherungsnehmer vor Abschluss eines Versicherungsvertrags Informationen über ihre Identität und ihre Anschrift sowie über die Verfahren, nach denen die Versicherungsnehmer und andere interessierte Parteien Beschwerden einlegen können, zur Verfügung zu stellen. [3] Das Informationsblatt zu Versicherungsprodukten haben sie dem Versicherungsnehmer vor Abschluss des Vertrags auszuhändigen.

1 Das europäische Recht verlangt nicht von allen gewerblich tätigen Vermittlern von Versicherungsverträgen, sich einer gewerberechtlichen Kontrolle zu unterwerfen. Folgerichtig verzichtet auch das Versicherungsvertragsrecht darauf, wesentliche dem Schutz des VN dienende Vorschriften der Informationsbeschaffung, Beratung und Zahlungssicherung auf solche Versicherungsvermittler anzuwenden. Dabei geht es um Personen und Situationen, für die der Richtlinien- und der Gesetzgeber keine besondere Risikolage angenommen haben, also um die sog **Bagatellvermittler.**

2 Der personelle Ausnahmefall ergibt sich aus **§ 34d Abs. 8 GewO.** Die Vorschrift lautet:

Keiner Erlaubnis bedarf ferner ein Gewerbetreibender,
1. wenn er als Versicherungsvermittler in Nebentätigkeit
   a) nicht hauptberuflich Versicherungen vermittelt,

b) diese Versicherungen eine Zusatzleistung zur Lieferung einer Ware oder zur Erbringung einer Dienstleistung darstellen und
c) diese Versicherungen das Risiko eines Defekts, eines Verlusts oder einer Beschädigung der Ware oder der Nichtinanspruchnahme der Dienstleistung oder die Beschädigung, den Verlust von Gepäck oder andere Risiken im Zusammenhang mit einer bei dem Gewerbetreibenden gebuchten Reise abdecken und
   aa) die Prämie bei zeitanteiliger Berechnung auf Jahresbasis einen Betrag von 600 Euro nicht übersteigt oder
   bb) die Prämie je Person abweichend von Doppelbuchstabe aa einen Betrag von 200 Euro nicht übersteigt, wenn die Versicherung eine Zusatzleistung zu einer einleitend genannten Dienstleistung mit einer Dauer von höchstens drei Monaten darstellt;
2. wenn er als Bausparkasse oder als von einer Bausparkasse beauftragter Vermittler für Bausparer Versicherungen im Rahmen eines Kollektivvertrages vermittelt, die Bestandteile der Bausparverträge sind, und die ausschließlich dazu bestimmt sind, die Rückzahlungsforderungen der Bausparkasse aus gewährten Darlehen abzusichern oder
3. wenn er als Zusatzleistung zur Lieferung einer Ware oder der Erbringung einer Dienstleistung im Zusammenhang mit Darlehens- und Leasingverträgen Restschuldversicherungen vermittelt, deren Jahresprämie einen Betrag von 500 Euro nicht übersteigt.

Kumulative Voraussetzungen sind folglich: Der gewerblich tätige Versicherungsvermittler darf nicht in dieser Funktion hauptberuflich tätig sein. Er muss ausschließlich Versicherungsverträge vermitteln, für die nur Kenntnisse des angebotenen Versicherungsschutzes erforderlich sind. **Der Sache nach** muss es um der Hauptleistung **gewissermaßen „akzessorische" Absicherungen** gehen: Es darf sich nicht um Lebensversicherungs- oder Haftpflichtversicherungsverträge handeln. Das Angebot des Versicherungsvertrages darf nur eine Zusatzleistung zur Lieferung einer Ware oder zur Erbringung von Dienstleistungen darstellen, und er darf nur bestimmte Risiken abdecken. § 34d Abs. 8 GewO nennt die einzelnen, nicht immer systematisch kompatiblen Ausnahmen, die iW von der Prämienhöhe (zwischen 200 und 600 EUR) und dem Charakter der Absicherung als Annex einer anderen Hauptleistung abhängen. Davon abgesehen werden bestimmte die Rückzahlung von Bauspardarlehen sichernde Versicherungsverträge erfasst. Und endlich sind bestimmte Restschuldversicherungsvertrages nicht erfasst. 3

Handelt es sich um solche Bagatellfälle, so treffen den Versicherungsvermittler die **zentralen Schutzpflichten** nicht. Informationserhebungs-, Beratungs-, Dokumentations- und Schadensersatzpflichten, nicht zuletzt auch die besonderen Loyalitätspflichten zu redlicher, wahrheitsgemäßer und professioneller Haltung gegenüber dem VN (→ § 1a Rn. 1 ff.), die die §§ 60–64 vorsehen, sind von ihm ebenso wenig wahrzunehmen wie die von § 69 Abs. 2 vorgesehene gesetzliche Vollmacht zur Entgegennahme von Zahlungen gilt. Darüber hinaus ist das durch § 214 erlaubte Schlichtungsverfahren nicht (obligatorisch) anwendbar, auch wenn § 214 Abs. 3 für den Fall der Unterwerfung unter das Schlichtungsverfahren auch von dem Bagatellvermittler ein Entgelt zu erheben erlaubt. Allerdings treffen den Bagatellvermittler die nach allgemeinem Zivilrecht bestehenden **Treue- und Rücksichtnahmepflichten** iRd Vertragsanbahnung. Auf die Bagatellvermittler sind allerdings die §§ 69 Abs. 1, 3, 70–72 anwendbar, so dass die zum Gesetz gewordene **„Auge und Ohr"-Rspr.** auch für Bagatellvermittler gilt. 4

§ 67 Abweichende Vereinbarungen

Von den §§ 60 bis 66 kann nicht zum Nachteil des Versicherungsnehmers abgewichen werden.

1 Die Vorschriften der §§ 60–66 sind **halbzwingend.** Das schließt abweichende Regelungen über die Beratungsgrundlagen der Versicherungsvermittler, ihre Frage-, Beratungs- und Dokumentationspflichten sowie ihre Haftung (auch für Erfüllungsgehilfen) sowohl durch AGB als auch durch individualvertragliche Abrede aus. Das gilt nach dem uneingeschränkten Wortlaut auch, – soweit eine Verletzung der in den §§ 60–66 geregelten Pflichten in Frage steht – etwa für Begrenzungen der Höhe der Haftung (Langheid/Wandt/*Reiff* § 67 Rn. 2; aA Looschelders/Pohlmann/*Baumann* § 67 Rn. 3).

§ 68 Versicherungsberater

[1]Die für Versicherungsmakler geltenden Vorschriften des § 60 Abs. 1 Satz 1, des § 61 Abs. 1 und der §§ 62 bis 65 und 67 sind auf Versicherungsberater entsprechend anzuwenden. [2]Weitergehende Pflichten des Versicherungsberaters aus dem Auftragsverhältnis bleiben unberührt.

I. Normzweck

1 Im Grenzbereich der Versicherungsvermittlung, der Tätigkeit von Versicherungsberatern (vgl. → § 59 Rn. 11 f.), sollen die **Informationsgrundlage** der VN und ihr Schutz vor Abschluss eines Versicherungsvertrages **keine geringere Tiefe und Breite** haben als dort, wo Versicherungsmakler tätig werden. Dem dient die durch die Vorschrift angeordnete entsprechende Anwendung von Vorschriften über die vertragsbezogenen Frage-, Beratungs- und Dokumentationspflichten der Versicherungsmakler auf Versicherungsberater. Sie verbietet gleichzeitig durch die Nichtaufnahme der § 60 Abs. 1 Satz 2 und Abs. 2 jedwede Einschränkung der Beratungsgrundlagen und verdeutlicht, dass einen Versicherungsberater weiter gehende Pflichten treffen.

II. Beratungsgrundlage

2 Versicherungsberater müssen ihrem Rat eine hinreichende Zahl von auf dem Markt angebotenen Versicherungsverträgen und VR zu Grunde legen. Die Grundlagen ihrer Empfehlungen müssen **so breit wie erforderlich** sein, um den Bedürfnissen des VN gerecht zu werden. Da Versicherungsberater keine Courtagevereinbarung mit VR treffen dürfen, sind alle VR, die bedarfsgerechte Produkte anbieten, einzubeziehen. Das gilt selbstverständlich auch für Direktversicherer; sie sind insoweit einzubeziehen. Versicherungsberater dürfen anders als Versicherungsmakler (§ 60 Abs. 1 Satz 2) keine eingeschränkte Auswahl vornehmen. AVB, die Derartiges regeln sollten, wären nach § 307 Abs. 2 BGB unwirksam. Gleiches gilt für eine ihnen untersagte Verzichtsvereinbarung (§ 60 Abs. 3).

3 Anders als die Bezugnahme auf § 61 Abs. 1 es nahe legt, ist die Frage-, Beratungs- und Begründungspflicht für Versicherungsberater **nicht anlassbezogen** (Prölss/Martin/*Dörner* § 68 Rn. 1). Das ergibt sich unmittelbar aus dem zwischen

einem VN und einem Versicherungsberater abgeschlossenen Geschäftsbesorgungsvertrag, zu dessen wesentlichen Vereinbarungen es zählt, den VN gerade unabhängig von einer konkreten Veranlassung über eine sachgerechte Absicherung von Risiken zu unterrichten. Auch kann auf die Erfüllung der Beratungs- und Dokumentationspflichten nicht verzichtet werden. Verletzt der Versicherungsberater eine der in §§ 60 Abs. 1 Satz 1, 61 Abs. 1, §§ 62 und 64 vorgesehenen Pflichten und erleidet der VN dadurch einen Schaden, so besteht nach § 63 ein Schadensersatzanspruch.

III. Weitere Pflichten des Versicherungsberaters

Über die in der Vorschrift in Bezug genommenen Pflichten hinaus treffen den Versicherungsberater weiter gehende Pflichten. Sie ergeben sich aus dem mit dem VN abgeschlossenen Geschäftsbesorgungsvertrag. Dazu zählen vor allem die in § 59 Abs. 4 angesprochenen Pflichten zur Prüfung des Versicherungsvertrages und zur Wahrnehmung von Ansprüchen aus dem Versicherungsvertrag im Versicherungsfall sowie zur außergerichtlichen (rechtsberatenden) Vertretung des VN. Verletzt der Versicherungsberater sie und erleidet der VN dadurch einen Schaden, so ergibt sich ein **Schadensersatzanspruch aus § 280 Abs. 1 BGB.** Anders als die Haftung nach dem halbzwingenden § 63 kann insoweit die Haftung in den Grenzen der §§ 305 ff. BGB begrenzt werden (Langheid/Wandt/*Reiff* § 68 Rn. 17). 4

Unterabschnitt 2. Vertretungsmacht

§ 69 Gesetzliche Vollmacht

(1) **Der Versicherungsvertreter gilt als bevollmächtigt,**

1. **Anträge, die auf den Abschluss eines Versicherungsvertrags gerichtet sind, und deren Widerruf sowie die vor Vertragsschluss abzugebenden Anzeigen und sonstigen Erklärungen vom Versicherungsnehmer entgegenzunehmen,**
2. **Anträge auf Verlängerung oder Änderung eines Versicherungsvertrags und deren Widerruf, die Kündigung, den Rücktritt und sonstige das Versicherungsverhältnis betreffende Erklärungen sowie die während der Dauer des Versicherungsverhältnisses zu erstattenden Anzeigen vom Versicherungsnehmer entgegenzunehmen und**
3. **die vom Versicherer ausgefertigten Versicherungsscheine oder Verlängerungsscheine dem Versicherungsnehmer zu übermitteln.**

(2) [1]**Der Versicherungsvertreter gilt als bevollmächtigt, Zahlungen, die der Versicherungsnehmer im Zusammenhang mit der Vermittlung oder dem Abschluss eines Versicherungsvertrags an ihn leistet, anzunehmen.** [2]**Eine Beschränkung dieser Vollmacht muss der Versicherungsnehmer nur gegen sich gelten lassen, wenn er die Beschränkung bei der Vornahme der Zahlung kannte oder infolge grober Fahrlässigkeit nicht kannte.**

(3) [1]**Der Versicherungsnehmer trägt die Beweislast für die Abgabe oder den Inhalt eines Antrags oder einer sonstigen Willenserklärung nach Absatz 1 Nr. 1 und 2.** [2]**Die Beweislast für die Verletzung der Anzeigepflicht oder einer Obliegenheit durch den Versicherungsnehmer trägt der Versicherer.**

Übersicht

I. Normzweck und Regelungsinhalt

1 Zum Schutz des dem Vertrieb von Versicherungsprodukten begegnenden VN regelt § 69 eine standardisierte **gesetzliche Vertretungsmacht** des Versicherungsvertreters, auf deren Bestehen und deren Umfang der VN sich – soweit sie nicht individuell beschränkt worden ist (§ 72) – verlassen kann. Der Sache nach handelt es sich in den Fällen des Abs. 1 Nr. 1 und 2 um eine **Empfangsvertretungsmacht** iSd § 164 Abs. 3 BGB, im Falle des Abs. 1 Nr. 3 um eine Befugnis zur **botenmäßigen Übermittlung** von Urkunden, die Willenserklärungen des VR verkörpern, und in Abs. 2 um eine **Inkassobefugnis** zur Sicherung von Zahlungen des VN. Schließlich enthält Abs. 3 eine Regelung der Beweislast, die den beweisrechtlichen Flankenschutz der früheren **„Auge und Ohr"-Rspr.** (vgl. dazu BGHZ 102, 194 = NJW 1988, 934 = VersR 1988, 234; BVerwG NJW 1998, 3216) normiert. Neben § 69 sind die bürgerlich-rechtlichen Vorschriften über die Vollmacht anwendbar. Auf die See- und Rückversicherung ist die Vorschrift nicht anzuwenden (§ 209).

2 Art. 2 Nr. 1 EGVVG sieht als **Übergangsrecht** vor, dass die §§ 69–73 auf Altverträge ab dem 1.1.2008 anwendbar sind. Damit wird allerdings keine rückwirkende Geltung angeordnet, die dazu führen würde, dass auch auf einen vor dem 1.1.2008 abgeschlossenen Vertrag die Abschlussregelungen des neuen Versicherungsvermittlerrechts anwendbar wären. Vielmehr gelten die neuen Vorschriften über die Vertretungsmacht und die Wissenszurechnung für Altverträge ab dem Zeitpunkt des Inkrafttretens des neuen Rechts. Das ist deshalb bedeutsam, weil die Vorschriften nicht nur bei Abschluss eines Vertrages, sondern auch während des Laufs des Versicherungsvertrages von Bedeutung sein können. auch im Verlauf eines

II. Personeller Anwendungsbereich

3 Die gesetzliche Vertretungsmacht des § 69 steht in erster Linie dem **selbständigen Versicherungsvertreter** (§ 59 Abs. 2) zu, gilt aber auch für **Angestellte des VR,** die mit der Vermittlung von Versicherungsverträgen betraut sind, und für **Gelegenheitsvermittler** (§ 73). **Versicherungsmaklern** steht sie nicht zu (OLG Celle NJW-RR 2020, 1148), und zwar auch dann nicht, wenn Angestellte deren Angaben im Vertrauen auf ihre Richtigkeit übernommen haben. Allerdings kann der VR auch einem Versicherungsmakler eine Vollmacht iSd § 167 Abs. 1 BGB erteilen, die dann eine § 69 vergleichbare Vertretungsmacht begründen kann (Langheid/Wandt/*Reiff* § 69 Rn. 5; vgl. auch BGH VersR 2001, 368). Tritt eine vom VR in seine Absatzorganisation eingebundene Person unter Verschleierung ihres Status als Versicherungsvertreter als Versicherungsmakler auf (§ 59 Abs. 3

Satz 2), so gilt er zwar als Versicherungsmakler; ihn treffen die Rechtspflichten, die ein Versicherungsmakler schuldet. Das schließt schon dem Wortlaut der Vorschrift und deren Schutzzweck nach nicht aus, ihn „vertretungsrechtlich" – auch – als Versicherungsvertreter zu behandeln (HK-VVG/*Münkel* § 69 Rn. 9; aA Prölss/Martin/*Dörner* § 69 Rn. 4 allerdings bei Anwendung der Grundsätze der Repräsentation des VR). Wer das bei Auftreten eines Pseudomaklers anders sieht, gleichwohl aber in einem solchen Fall (zutreffend) eine Pflichtverletzung der in Wirklichkeit über den Status eines Versicherungsvertreters verfügenden Person annimmt, kommt über die Zurechnung des Fehlverhaltens der Erweckung eines Makleranscheins zum VR zu vergleichbaren Ergebnissen: Der VR muss den VN so stellen, als ob der Pseudomakler sein Vertreter wäre.

Voraussetzung der gesetzlichen Vertretungsmacht ist die **„Betrauung".** Darunter ist zu verstehen, dass der Betraute mit Wissen und Wollen des VR für diesen das Geschäft der Vermittlung von Verträgen besorgt (OLG Saarbrücken r+s 2003, 3). Die Empfangsvertretungsmacht ist nicht auf den Versicherungszweig beschränkt, in dem der Versicherungsvertreter vertraglich tätig ist (BT-Drs. 16/3945, 77). Allein aus der Überlassung von Antragsformularen, aus einem Betreuervermerk auf dem Versicherungsantrag oder dem Versicherungsschein, aus einem Provisionsinteresse oder aus der Konzernverbundenheit des Unternehmens, für das der Handelnde auftritt, kann allerdings kein Rückschluss auf die Betrauung mit der selbstständigen Vermittlung eines Versicherungsvertrages gezogen werden (BGH VersR 2008, 242; OLG Zweibrücken VersR 2005, 1373; zur Feststellung der konkreten Eigenschaft vgl. § 59 Rn. 4). Liegt keine Betrauung vor, handelt also ein Vermittler als **„Pseudoagent",** so kommt es für eine Zurechnung seines Verhaltens darauf an, ob die Voraussetzungen einer Duldungsvollmacht (MüKoBGB/*Schubert* BGB § 167 Rn. 102; vgl. OLG Düsseldorf VersR 2004, 1170) oder Anscheinsvollmacht (MüKoBGB/*Schubert* BGB § 167 Rn. 107 ff.) vorliegen, ob der VR seinen Auftritt als Versicherungsvertreter also kennt oder hätte erkennen können und nicht dagegen eingeschritten ist. 4

Von besonderer Bedeutung ist dabei, dass Versicherungsvertreter iSd § 69 auch im **Annexvertrieb** auftreten (Beckmann/Matusche-Beckmann VersR-HdB/*Reiff* § 5 Rn. 61 ff.). Werden Versicherungsverträge mit Wissen und Wollen des VR im „Schaltergeschäft" von Sparkassen und Banken einschließlich der Bausparkassen oder über Reiseveranstalter oder Reisevermittler vertrieben, so ist die Vorschrift regelmäßig schon dem Wortlaut nach anwendbar (zum früheren Recht vgl. OLG Hamm NJW-RR 1996, 1374; r+s 1992, 249; VersR 1982, 337; Langheid/Wandt/*Reiff* § 69 Rn. 8; bedenklich daher BGH VersR 2008, 242). Selbst wenn dabei eine vertragliche Beauftragung fehlt, bedarf es nach Sinn und Zweck des § 69 einer entsprechenden Anwendung. Das ist dann anders, wenn die Initiative zur Vertragsvermittlung allein vom Kunden ausgeht, der seiner Bank den Auftrag erteilt, ein bestimmtes Risiko für ihn als „Beiwerk" zu ihrer Hauptleistung einzudecken. Werden Versicherungspolicen über den Einzelhandel „verkauft" (vgl. dazu LG Wiesbaden NJW-RR 2008, 1572 mAnm *Uyanik* jurisPR-VersR 2/2009), so mag das gewerberechtlich Versicherungsvermittlung sein. Jedoch ist nicht davon auszugehen, dass ein verständiger VN dem Verkaufs- oder Kassenangestellten, der ihm ein entsprechendes „Paket" veräußert, mit der Erwartung der Vertretungsmacht für den VR begegnet. 5

Sonstige „Hilfspersonen" des VR, die keinen eigenen Vermittlungsauftrag haben, die über eine **Hotline** angesprochen werden können oder Werbegeschenke für die Ansprache eines Kunden erhalten **(Tippgeber),** werden von den Regelun- 6 gen der Vertretungsmacht des § 69 nicht erfasst. Ihr Verhalten kann jedoch dem VR nach § 278 BGB zugerechnet werden, soweit sie Ratschläge erteilen (vgl. zum Beweisrecht § 6 Rn. 34). Im Übrigen kann ihr Wissen dem VR im Einzelfall nach § 166 Abs. 1 BGB analog zugerechnet werden, wenn sie von einem VN im Rahmen einer konkreten Vertragsanbahnung oder in Bezug auf ein bestehendes Vertragsverhältnis kontaktiert werden (vgl. HK-VVG/*Münkel* § 69 Rn. 13). Soweit VR andere **Mitarbeiter** beauftragen, **iRd Risikoprüfung** oder **der Schadensaufnahme** Informationen für sie entgegenzunehmen, sind diese als Wissensvertreter zu betrachten; ihr Kenntnisstand ist dann gleichfalls in entsprechender Anwendung von § 166 Abs. 1 BGB dem VR zuzurechnen (für **Regulierungsbeauftragte** OLG Saarbrücken r+s 2019, 307), sie haben aber keine darüberhinausgehende „Empfangsvertretungsmacht."

7 **§ 69 Abs. 1 Nr. 1** (zT wird vertreten, die Zurechnung erfolge bei anderen Personen als spezifischen Versicherungsvertretern entsprechend § 166 Abs. 1 BGB, vgl. Prölss/Martin/*Dörner* § 70 Rn. 14, 15) gilt entsprechend, wenn der VR zur Vorbereitung der Antragsprüfung einen **Arzt beauftragt,** von dem VN im Verlauf einer Untersuchung Erklärungen entgegenzunehmen. Dann gilt das, was der VN dem Arzt gegenüber mündlich offenbart hat als dem VR gesagt (BGH r+s 2009, 361 = VersR 2009, 529). Darin findet die Zurechnung der Information allerdings auch ihre Grenze. Nicht nur wenn der VN den VR arglistig getäuscht hat (BGH VersR 2001, 620) kann dem VR ein ärztliches Vorwissen nicht entgegengehalten werden. Informationen, über die der Arzt aus früheren Untersuchungen verfügt und die er aus welchen Gründen auch immer verschweigt (BGH r+s 2009, 361 = VersR 2009, 529), gelten nicht als dem VR bekannt gegeben. Ist der Arzt nur mit einer medizinischen Untersuchung des VN beauftragt, ohne dass er eine Gesundheitserklärung entgegennehmen soll, so ist das von ihm dabei erlangte Wissen dem VR nach § 70 zuzurechnen (*Wendt/Jularic* VersR 2008, 45; aA OLG Hamm r+s 2001, 481). Allerdings können Erklärungen des VN vor dem Arzt, die dem VR vor Vertragsabschluss bekannt werden, den VR auch zu Nachfragen veranlassen und Bedenken gegen ein arglistiges Verhalten des VN wecken (BGH VersR 2017, 937). Gleiches zur Zurechnung würde iÜ gelten, wenn der VR **andere Personen** – berufskundlich Sachkundige bspw. – **zur Informationserhebung** iRd Antragsaufnahme **einschaltet.**

III. Sachlicher Anwendungsbereich

8 **Abs. 1 Nr. 1** bestimmt, dass der Versicherungsvertreter kraft Gesetzes (passiv) bevollmächtigt ist, Anträge auf Abschluss eines Versicherungsvertrages sowie deren Widerruf und die vor Vertragsschluss abzugebenden Anzeigen und Erklärungen entgegen zu nehmen. Dabei handelt es sich, wie § 72 zeigt, allerdings nicht um eine Fiktion, sondern um eine beschränkt (nämlich nur durch abweichende Individualvereinbarung) widerlegbare Vermutung. Ein **Antrag** – einschließlich seiner mündlichen Ergänzungen oder Änderungen – gilt daher dem VR als mit dem Zugang bei seinem Vertreter zugegangen (BGH VersR 1987, 663). Zu den **Anzeigen** zählen vor allem die **Antworten auf die vom VR gestellten Fragen** nach gefahrerheblichen Umständen iSd § 19 Abs. 1. Damit wird die von der „Auge- und Ohr"-Rspr. durch Interpretation vermiedene Aufspaltung des einheitlichen Lebensvorgangs der Antragsaufnahme auch gesetzlich ausgeschlossen. Was dem Versicherungsvertreter angezeigt worden ist, ist damit dem VR mitgeteilt

worden, so dass der VN, wenn der Versicherungsvertreter die Information nicht weitergeleitet hat, grds. (zu den Ausnahmen vgl. Rn. 17 ff.) weder die vorvertragliche Anzeigepflicht verletzt noch den VR getäuscht hat. Zu den **sonstigen Erklärungen** gehören neben der Anfechtung des Antrags vor Vertragsschluss und seinem Widerruf der Verzicht auf Beratung oder Information sowie sonstige nicht gefahrerhebliche Mitteilungen. In den Fällen, in denen der VR das Invitatio-Modell verwendet, stellt auch eine etwaige ausdrückliche Annahme des Versicherungsantrags durch den VN eine solche Erklärung dar.

Abs. 1 Nr. 2 erstreckt die Empfangsvertretungsmacht auf die **Dauer des Versicherungsverhältnisses.** Sie umfasst die Entgegennahme von Verlängerungs- und Änderungsanträgen ebenso wie zur Auflösung des Versicherungsverhältnisses gedachte Gestaltungserklärungen wie den Widerruf, die Kündigung, den Rücktritt, die Anfechtung oder den Widerspruch nach § 5 Abs. 2. Aber auch sonstige Erklärungen wie Abtretungs- oder Verpfändungsanzeigen können dem Versicherungsvertreter gegenüber erfolgen (Prölss/Martin/*Dörner* § 69 Rn. 9). Die Vertretungsmacht erstreckt sich allerdings nicht auf **Vereinbarungen,** die **im Rahmen der Regulierung eines Versicherungsfalls** mit dem VN geschlossen werden und auch nicht auf Verfügungen über Ansprüche aus dem Versicherungsvertrag (KG NJOZ 2019, 932). Darüber hinaus erlaubt die Vorschrift, dem Versicherungsvertreter gegenüber Anzeigen – einer Gefahrerhöhung oder eines eingetretenen Versicherungsfalls oder der Veräußerung der versicherten Sache – sowie die davon dem Schutzzweck nach gleichfalls gemeinten, dem VR geschuldeten Auskünfte und Aufklärungen. Von der Empfangsvollmacht erfasst wird auch die Anzeige des Wiederauffindens eines entwendeten Kraftfahrzeugs (OLG Saarbrücken VersR 2021, 23). Über Abs. 1 Nr. 2 hinaus kann der Versicherungsvertreter auch **nach Beendigung des Versicherungsverhältnisses** als zur Entgegennahme von mit dem Versicherungsverhältnis noch zusammenhängenden Erklärungen und Mitteilungen bevollmächtigt angesehen werden. 9

Der Versicherungsvertreter ist nach **Abs. 1 Nr. 3** berechtigt, die vom VR ausgestellten Versicherungsscheine und Verlängerungsdokumente zu übergeben. Das gilt entsprechend für vom VR ausgestellte Versicherungsbestätigungen (BGH NJW 1999, 3560). 10

Der Versicherungsvertreter verfügt ferner nach **Abs. 2 Satz 1** über eine begrenzte gesetzliche **Inkassobefugnis.** Er darf Zahlungen des VN – Prämien und Beiträge aber auch Nebenentgelte – entgegennehmen und damit die Erfüllung (§ 362 BGB) herbeiführen. Nach dem Wortlaut des Gesetzes scheint das zwar nur für die Erst- oder Einmalprämie zu gelten, weil von einem Zusammenhang mit der Vermittlung oder dem Abschluss des Versicherungsvertrages gesprochen wird. Damit ist jedoch schon textlich **nicht zwingend ein zeitlicher Zusammenhang,** sondern ein sachlicher gemeint: Es geht um Zahlungen, deren rechtliche Grundlage die von dem Vertreter betriebene Abschlussvermittlung ist. Das ergibt sich auch bei historischer Interpretation aus der weiter gehenden Vorschrift des § 43 Nr. 4 aF, für deren gewollte Einschränkung durch den Gesetzgeber keinerlei Anhaltspunkte bestehen. 11

Das Gesetz verlangt iÜ (anders als das frühere Recht) nicht, dass die Zahlung auf **Vorlage einer Rechnung** des VR erfolgt. Damit soll ein umfassender Schutz des VN vor Fehlleitungen des von ihm im Vertrauen auf die Inkassobefugnis Geleisteten gewährt werden. Dem Begriff der Zahlung ist auch **nicht** zu entnehmen, dass es sich um eine **Barzahlung** handeln muss. Auch Überweisungen auf 12 ein Konto des Versicherungsvertreters und Lastschriften zu dessen Gunsten werden von der Inkassobefugnis gedeckt.

13 Der VR kann, wie sich aus Abs. 1 Satz 2 ergibt, die **Inkassobefugnis beschränken.** Das muss der VN aber nur gegen sich gelten lassen, wenn er die Beschränkung kannte oder infolge grober Fahrlässigkeit nicht kannte. Da nach § 72 eine Beschränkung durch AVB ohnehin unwirksam ist, geht das Gesetz offenbar davon aus, dass nicht einmal die Unkenntnis von individuell vereinbarten Schranken der Inkassobefugnis in jedem Fall grob fahrlässig ist.

IV. Kollusion und Missbrauchsevidenz

14 Die von dem ihr zugrunde liegenden Rechtsgeschäft abstrakte Vertretungsmacht des Versicherungsvertreters wirkt auch dann, wenn er seine ihm im Innenverhältnis zum VR zustehenden Befugnisse überschreitet. Sie findet ihre Grenze jedoch in bestimmten Fällen ihres Missbrauchs. In den Fällen der **Kollusion** macht ihre Nutzung das abgeschlossene Rechtsgeschäft nach § 138 Abs. 1 BGB sittenwidrig (BGH VersR 2008, 765; allg. BGH NJW 1994, 2082; 1989, 26; OLG Saarbrücken NJOZ 2020, 715). In den Fällen der **Missbrauchsevidenz** darf sich der VN nach Treu und Glauben nicht auf sie berufen (zur schwebenden Unwirksamkeit eines so zustande gekommenen Vertrages BGH NJW 1999, 2266). Kollusion liegt vor, wenn Versicherungsvertreter und VN vorsätzlich zum Nachteil des VR zusammenwirken, bspw. wenn Versicherungsvertreter und VN ausdrücklich oder stillschweigend vereinbaren, eine von beiden als gefahrerheblich verstandene Information nicht in den Versicherungsantrag aufzunehmen (OLG Saarbrücken OLGR 2005, 289). Missbrauchsevidenz besteht, wenn der Versicherungsvertreter seine Vertretungsmacht in einer für den VN im konkreten Fall derart verdächtigen Weise gebraucht, dass sich der Schluss auf ihre Überschreitung aufdrängt (BGH VersR 2008, 765; 2004, 1297; 2002, 96; 425; NJW 1999, 2887; 1994, 2083). Die Umstände, die das eine oder andere ergeben, muss der VR beweisen.

15 Um diese Schranken der Vertretungsmacht geht es (vor allem), wenn der Versicherungsvertreter Informationen über gefahrerhebliche Umstände, die ihm bei Aufnahme eines Versicherungsantrags bekannt geworden sind, dem VR nicht weiterleitet, und der VN dies erkennt und hinnimmt. Sie dürfen jedoch **nicht vorschnell als überschritten betrachtet werden** (BGH VersR 2008, 765; 2002, 425 mAnm *Reiff* VersR 2002, 597 und Anm. *Prölss* VersR 2002, 961; VersR 2001, 1541; Langheid/Wandt/*Reiff* § 69 Rn. 33), weil der Versicherungsvertreter den Kunden auch über die von dem VR erwarteten Informationen, den Umfang der Anzeigepflicht und die Art und Weise ihrer Wahrnehmung zu beraten hat, vom VN aber nicht erwartet wird, dass er es besser weiß. Verdeckt ein Versicherungsvertreter folglich, was anzugeben ist, oder verführt er den VN sonst durch sein Verhalten zu einer Informationsunterschreitung, so trägt das nicht den Makel der Kollusion und kann auch nicht ohne Weiteres als Missbrauchsevidenz betrachtet werden (Prölss/Martin/*Dörner* § 69 Rn. 18 f.).

16 Allerdings darf sich ein VN auch nicht blind auf jede Auskunft des Versicherungsvertreters verlassen. **Gegen Missbrauchsevidenz** kann allerdings sprechen, wenn der VN aus einem stabilen Versicherungsschutz abgeworben wurde (BGH VersR 2008, 765) oder ihm Fragen gestellt wurden, bei deren Beantwortung aus laienhafter Sicht ein Interpretationsspielraum bestehen kann. Demgegenüber liegt

eine klare Überschreitung der Vertretungsmacht vor, wenn der Versicherungsvertreter offenbart, dass der Vertragsabschluss an der Offenbarung der Umstände scheitern kann, die ihm der VN mitgeteilt hat (OLG Saarbrücken ZfS 2005, 189), oder wenn allein schon das Gewicht und die Auswahl der gefahrerheblichen Umstände ein Interesse des VR, von ihnen zu erfahren, auch für einen Laien auf die Hand legt.

V. Beweislast (Abs. 3)

Abs. 3 unterscheidet zwischen der Beweislast für die Abgabe und den Inhalt der in Abs. 1 Nr. 1, 2 genannten Willenserklärungen und der Beweislast für die objektive Verletzung der vorvertraglichen Anzeigepflicht und der Obliegenheiten. Das entspricht allgemeinen beweisrechtlichen Grundsätzen, wonach derjenige, der ein Recht behauptet – den Antrag des VN auf Abschluss eines bestimmten Versicherungsvertrages (BGH VersR 2002, 1089 – zur mündlichen Ergänzung eines Antrags), den Widerruf seiner Vertragserklärung oder seine Kündigung auf der einen Seite, die Voraussetzungen der Lösung des VR vom Vertrag oder seine Berufung auf Leistungsfreiheit auf der anderen Seite – darlegen und beweisen muss. Die beweisrechtliche Regelung des Abs. 3 gilt allerdings als solche nur **in dem Verhältnis von VN und dem von einem Versicherungsvertreter** (sowie den ihm gleichgestellten Versicherungsvermittlern) **repräsentierten VR.** Da sie allerdings nur gesetzlicher Ausdruck eines generellen Prinzips ist, gilt Gleiches auch dann, wenn sich VN und VR – im Direktvertrieb – unmittelbar gegenüberstehen. 17

Abs. 3 Satz 1 spricht von der **„Abgabe“** eines Antrags oder einer sonstigen Willenserklärung nach Abs. 1 Nr. 1 und 2. Das bedeutet indessen nicht, dass, ist die Abgabe bewiesen, der VR beweisen muss, dass sie nicht zugegangen sind. Auch für den **Zugang** von Anträgen und sonstigen Willenserklärungen des VN trägt dieser die Beweislast. Im Übrigen bedarf Abs. 3 Satz 1 einer einschränkenden Auslegung. Beruft sich der VR auf einen den Versicherungsschutz des VN einschränkenden Versicherungsantrag, trägt der VR nach allgemeinen Grundsätzen die Beweislast (Langheid/Wandt/*Reiff* § 69 Rn. 50; Bruck/Möller/*Schwintowski* § 69 Rn. 46). 18

Von besonderer Bedeutung für die Praxis ist die dem VR auferlegte Beweisführung für die **Verletzung der vorvertraglichen Anzeigepflicht.** Sie ist nicht bereits damit bewiesen, dass der VR einen von dem VN unterzeichneten Antragsvordruck vorlegt, aus dem sich das Verschweigen gefahrerheblicher Umstände ergibt, wenn der VN **substantiiert behauptet,** er habe den Versicherungsvertreter mündlich zutreffend unterrichtet. Diese beweisrechtliche Bewehrung der „Auge und Ohr“-Rspr. (zuletzt BGH VersR 2018, 85; grdl. BGHZ 107, 322 = VersR 1989, 833 = NJW 1989, 2060; BGH NJW 1992, 828 = VersR 1992, 217; VersR 2008, 765) gilt in erster Linie in den Fällen, in denen der **Versicherungsvertreter den Antragsvordruck** auf die Befragung des VN hin **selbst ausfüllt** und der VN ihn lediglich unterzeichnet. **Wenn** der **VN** hingegen **selbst das Antragsformular ausgefüllt und unterzeichnet hat,** soll eine „tatsächliche Vermutung“ iSv § 416 ZPO dafür sprechen, dass die in ihm enthaltenen Angaben vollständig und richtig sind. Sie müsste dann – notwendigerweise durch den VN – widerlegt werden (Prölss/Martin/*Dörner* § 69 Rn. 32; HKVVG-/*Münkel* § 69 Rn. 58; Langheid/Wandt/*Reiff* § 69 Rn. 50). Das stimmt weder mit § 416 ZPO 19 überein, der lediglich die Vermutung begründet, dass eine Privaturkunde den vollen Beweis für die Abgabe der in ihre enthaltenen Erklärungen durch den Aussteller begründet, nicht aber einen irgendwie gearteten Beweis dafür, dass der Aussteller nicht außerhalb der Urkunde andere Erklärungen abgegeben hat. Noch trifft die Auffassung eine lebensnahe Differenzierung: Nichts wäre leichter als den Schutz des VN dadurch zu unterlaufen, dass der Versicherungsvertreter ihm das Ankreuzen der Antworten auf einem Versicherungsantragsformular überlässt. Die beweisrechtliche Regel des Abs. 3 Satz 2 sagt dazu nichts. Vielmehr ist es allein eine Frage der Beweiswürdigung nach § 286 ZPO, ob der VR, was ihm nach Abs. 3 Satz 2 obliegt, das Verschweigen erfragter Gefahrumstände bewiesen hat. Ein von dem VN ausgefüllter Vordruck ist dafür ein Indiz, nicht mehr. Vermag der VN plausibel zu machen, den Versicherungsvertreter weitergehend unterrichtet zu haben und von ihm von der Übernahme dieser Informationen in den Versicherungsantrag abgehalten worden zu sein, so kann das die Überzeugung von der Verletzung der vorvertraglichen Anzeigepflicht ausschließen. An eine solche Darlegung dürfen auch keine übertriebenen Anforderungen gestellt werden (BGH VersR 2011, 737; OLG Brandenburg Urt. v. 10.8.2012 – 11 U 116/11). Dass der VN behauptet, dem Versicherungsvertreter medizinische Diagnosen oder gar Details erläutert zu haben, ist nicht erforderlich.

20 Das bedeutet indessen nur, dass im Streitfall über die bei der Antragsaufnahme ausgetauschten Informationen **Beweis zu erheben** ist. Wenn sich der Versicherungsvertreter, als Zeuge vernommen, dann an das Geschehen nicht erinnern kann, rechtfertigt das allein ebenso wenig wie ein natürliches Provisionsinteresse des Versicherungsvertreters **kein non liquet** zu Lasten des VR. Vielmehr kommt es auf die Glaubhaftigkeit und die Glaubwürdigkeit der vernommenen Personen, insbesondere darauf an, ob der Angabe des Versicherungsvertreters, er verfahre stets so, dass er alles ihm vom VN Gesagte auch übernehme, er werde daher auch in diesem Fall keine zusätzlichen Informationen erhalten haben, Überzeugungskraft zukommt (OLG Saarbrücken VersR 2006, 681; OLG Jena r+s 2006, 10; OLG Hamm VersR 2005, 773). Dabei kann ein Indiz sein, dass der VN das Antragsformular selbst ausgefüllt oder auch nur (in Kenntnis der jetzt erforderlichen Belehrung) unterzeichnet hat. Auch kann von Bedeutung sein, wenn der VR beweisen kann, dass dem Versicherungsvertreter trotz der Zahl der von ihm vermittelten Verträge bislang keine entsprechenden Vorwürfe gemacht worden sind.

21 Der VR muss nach § 69 Abs. 3 Satz 2 auch die **Verletzung einer Obliegenheit** des VN beweisen. Auch das gilt nur in Bezug auf die während der Dauer des Versicherungsverhältnisses zu erstattenden Anzeigen, zu deren Empfang der Versicherungsvertreter vertretungsbefugt ist. Das bedeutet: Der VR muss widerlegen, dass seinem Versicherungsvertreter eine Schadenanzeige zugegangen ist. Er muss beweisen, dass der VN die anzuzeigenden oder aufzuklärenden Umstände bei Unterrichtung des Versicherungsvertreters kannte.

22 Für den **Versicherungsmakler** gilt § 69 Abs. 3 Satz 2 kraft Gesetzes nicht (vgl. zum früheren Recht BGH VersR 2008, 809). Da **Versicherungsmakler** von § 69 nicht erfasst werden, gelten die Informationen, die der VN ihnen vor Vertragsabschluss oder während der Dauer des Versicherungsverhältnisses gibt, nicht iSv Abs. 1 Nr. 1 und 2 als dem VR erteilt. Leitet der VR aus unterbliebenen oder falschen Unterrichtungen durch den VN Rechte her und beruft sich der VN auf die Kenntnis des Versicherungsmaklers, hilft ihm das folglich grundsätzlich nicht. Das bedeutet aber nur, dass das Wissen des Versicherungsmaklers dem VN

nach allgemeinen Grundsätzen zuzurechnen ist. Daher gilt zunächst § 166 Abs. 1 BGB, wenn **der Versicherungsmakler dem VR gegenüber als Vertreter des VN auftritt** und weiß, dass seine dem VR erteilten Angaben nicht zutreffen. Der Versicherungsmakler ist auch nicht Dritter iSd § 123 Abs. 2 BGB (OLG Hamm VersR 2011, 469 = ZfS 2011, 217). Seine Kenntnis und sein Verhalten sind seinem Geschäftsherrn, dem VN, zuzurechnen (KG MDR 2015, 513; Urt. v. 29.8.2014 – 6 U 60/14; zur Schadensersatzpflicht des Versicherungsmaklers in solchen Fällen OLG Karlsruhe MDR 2014, 1205).

Das bedeutet indessen nicht, dass es keine Rolle spielen würde, wenn der VN Fragen des VR falsch beantwortet, nachdem er sich **von seinem Versicherungsmakler hat beraten** lassen. Wie auf den Rat eines jeden Fachkundigen, darf er sich grundsätzlich auch auf den Rat seines Versicherungsmaklers verlassen (OLG Saarbrücken ZfS 2012, 704). Nicht anders als Ratschläge eines befragten Rechtsanwalts können dann Arglist oder Vorsatz des VN – selbst (nicht aber die Zurechnung des Maklerwissens, wenn dieser für den VN dem VR gegenüber aufgetreten ist) – entfallen, wenn er nach den Umständen der Auskunft vertrauen durfte. Das gilt dann nicht, wenn der VN ohne Weiteres erkennen musste, dass der Rat des Versicherungsmaklers – etwa seine Interpretation von Fragen des VR oder seine beschwichtigende Verneinung einer Pflicht zur Anzeige gefahrerheblicher Umstände – falsch ist (OLG Hamm VersR 2009, 622). Darüber hinaus kann die Übertragung der Aufgabe zur Informationsgewinnung auf Versicherungsmakler im Rahmen eines Strukturvertriebs zur Wissenszurechnung führen (vgl. zur Zurechnung von Beratungsfehlern in einem solchen Fall § 63 Rn. 2). Das setzt allerdings voraus, dass der VR dem Vertriebspartner schon die Definition der benötigten Informationen und die Art der Gewinnung von Kenntnissen uneingeschränkt überlassen hat, er sich dieser Aufgabe der Konkretisierung von Anzeigepflichten und Aufklärungsobliegenheiten also begeben und den Vermittler – wie einen Versicherungsvertreter – damit betraut hat. Wendet sich der von seinem VN beauftragte Versicherungsmakler an seinen für den VR tätigen **Maklerbetreuer,** und erteilt der ihm eine falsche Auskunft, so bedeutet das nicht, dass der VR über die Kenntnis der dem Versicherungsmakler von seinem Auftraggeber erteilten Informationen verfügt, weil der Maklerbetreuer regelmäßig nicht in die Vertragsanbahnung eingeschaltet ist; ungeachtet dessen darf sich der Versicherungsmakler – von kollusiven Abläufen abgesehen – auf die Auskünfte des Maklerbetreuers verlassen. Das kann der Annahme von Arglist entgegenstehen. 23

Ob der eine – angebliche – zutreffende Information des VN nicht aufnehmende Vermittler **Versicherungsvertreter** war (mit der Folge einer Zurechnung seines Wissens zum VR), **oder** ob er **Versicherungsmakler** war (mit der Folge, dass sein Wissen als Lagerangehöriger des VN dem VR nicht zugerechnet wird), muss bei entsprechender substantiierter Behauptung des VN der VR beweisen. Das wird zuweilen anders gesehen (OLG Dresden VersR 2017, 819). Da § 69 Abs. 3 jedoch die Beweislast für die Verletzung der Anzeigepflicht dem VR zuweist, zur Verletzung der Anzeigepflicht jedoch gehört, dass der VN (bei entsprechender substantiierter Behauptung) den VR über den Vermittler informiert haben will, muss der VR widerlegen, dass der Vermittler seinem Lager angehört. Das ist allerdings nur eine Nuance zur entgegenstehenden Sicht der Beweislast: Ob jemand Versicherungsmakler oder Versicherungsvertreter ist, ergibt sich indiziell im Wesentlichen aus dem Vermittlerregister (und den von dem Vermittler zur Eröffnung der Anbahnung vorzulegenden Informationen). 24

§ 70 Kenntnis des Versicherungsvertreters

[1]Soweit nach diesem Gesetz die Kenntnis des Versicherers erheblich ist, steht die Kenntnis des Versicherungsvertreters der Kenntnis des Versicherers gleich. [2]Dies gilt nicht für die Kenntnis des Versicherungsvertreters, die er außerhalb seiner Tätigkeit als Vertreter und ohne Zusammenhang mit dem betreffenden Versicherungsvertrag erlangt hat.

I. Zurechnung des Wissens des Versicherungsvertreters

1 Die Vorschrift **vervollständigt den Schutz des VN** dort, wo es nach dem VVG auf das Wissen oder die Kenntnis des VR ankommen kann. Sie ergänzt die **vorrangigen Zurechnungsnormen des § 69 Abs. 1 Nr. 1 und 2** und hat dadurch aufgrund dieser **allein komplementären Funktion** nur eine begrenzte Bedeutung. In den tatsächlich bedeutsamsten Fällen – der Verletzung der vorvertraglichen Anzeigepflicht durch das Verschweigen erfragter gefahrerheblicher Umstände (§ 19 Abs. 1) und der Verletzung von Anzeige- und Aufklärungsobliegenheiten (§ 23 Abs. 2, 3; §§ 30, 31 iVm § 28 Abs. 2) – vermittelt die Unterrichtung des Versicherungsvertreters dem VR zugleich von Gesetzes wegen die erforderlichen Informationen, so dass regelmäßig schon objektiv kein sanktionsbewehrtes Fehlverhalten des VN vorliegt. § 70 erfasst also nur den außerhalb dieser Regelungen liegenden Bereich. Allerdings geht es nur **um die nach dem VVG erhebliche Kenntnis** des VR. Dazu zählt jedoch auch eine nach vertraglichen Obliegenheiten geschuldete Kenntnis, soweit das VVG an sie Rechtsfolgen knüpft.

2 Dabei geht es nach **Satz 1** im Wesentlichen darum, dass dem VR, sobald er von bestimmten Umständen Kenntnis erlangt, Gestaltungsrechte und „Sanktionen" genommen sind. Rein tatsächlich sind es vornehmlich der Ausschluss der Rechte des § 19 Abs. 2–4 durch **§ 19 Abs. 5 und § 21 Abs. 1 Satz 2,** der Ausschluss des Kündigungsrechts und der Leistungsfreiheit bei der nachträglich erkannten und der ungewollten Gefahrerhöhung nach **§§ 24 Abs. 3, 26 Abs. 2,** der Erwerb der Kenntnis von der Verletzung von Obliegenheiten nach **§ 28 Abs. 1,** die anderweitige Kenntniserlangung vom nicht angezeigten Versicherungsfall nach **§ 30 Abs. 2** und jene von den zunächst nicht wie erforderlich aufzuklärenden Umständen iSv § 31 sowie das Wissen um die Veräußerung eines versicherten Grundstücks **(§§ 95 Abs. 3, 96 Abs. 1, 97).** Vor allem im Hinblick auf die durch **Satz 2** angeordnete Zurechnungsschranke heißt das, dass § 70 vor allem Bedeutung bei nicht verbal vermittelten, gleichwohl aber vom Versicherungsvertreter „dienstlich" (bspw. optisch) erworbenen Informationen (HK-VVG/*Münkel* § 70 Rn. 9) hat, sowie in den Fällen, in den der VN sich **nach der an sich geschuldeten Unterrichtung** – bspw. aus Reue – an den Versicherungsvertreter wendet und Unterlassenes nachholt.

3 § 70 gilt **nur für Versicherungsvertreter** und die ihnen durch § 73 gleichgestellten Angestellten des VR sowie Gelegenheitsvertreter. Auf **Versicherungsmakler,** denen gefahrerhebliche Umstände bekannt werden, ist die Vorschrift auch dann nicht anwendbar, wenn sich Angestellte des VR auf sie verlassen (OLG Celle NJW-RR 2020, 1158 zur Angabe der Betriebsart). Gleiches gilt für sonstige in die Nähe des vermittelten Vertrages geratende Personen wie Mitarbeiter einer Hotline oder Regulierungsbeauftragte. Das schließt in solchen Fällen und dann, wenn der VR andere Hilfspersonen mit der Beschaffung von Informationen

beauftragt, nicht aus, eine Wissenszurechnung nach allgemeinen Grundsätzen gelten zu lassen. Wissensvertreter ist danach „jeder, der nach der Arbeitsorganisation des Geschäftsherrn dazu berufen ist, im Rechtsverkehr als dessen Repräsentant bestimmte Aufgaben in eigener Verantwortung zu erledigen und die dabei erlangten Informationen (in Wahrnehmung dieser Aufgabe) zur Kenntnis zu nehmen sowie gegebenenfalls weiterzuleiten" (BGH NJW 1992, 1099). Das kann auf den **Regulierungsbeauftragten** immer wieder einmal zutreffen.

II. Dienstliches Wissen

4 Nach Satz 2 werden dem VR Kenntnisse des Versicherungsvertreters, die dieser außerhalb seiner Tätigkeit als Vertreter und ohne Zusammenhang mit dem betreffenden Versicherungsvertrag erlangt hat, nicht zugerechnet. Damit soll nicht nur **das private Wissen** des Versicherungsvertreters, bspw. seine durch Bekanntschaft mit dem VN erworbenen Kenntnisse über dessen Vorerkrankungen, von einer Zurechnung ausgenommen werden. Vielmehr gilt auch ein berufliches Wissen, über das der Versicherungsvertreter jedoch **ohne sachlichen Bezug** zu dem Versicherungsverhältnis, in dem es erheblich sein kann, verfügt, nicht als Wissen des VR. Weiß der Versicherungsvertreter bspw. aus der Weiterleitung von Behandlungsabrechnungen an einen Krankheitskostenversicherer von Vorerkrankungen des VN, so ist das dem Berufsunfähigkeitsversicherer nicht bekannt, obwohl der Versicherungsvertreter davon im Rahmen seiner beruflichen Tätigkeit erfahren hat (OLG München VersR 2004, 181; aA OLG Oldenburg VersR 1995, 175; Prölss/Martin/*Dörner* § 70 Rn. 7). Die Formulierung des Satzes 2 muss also **positiv dahin verstanden werden,** dass eine Zurechnung beide Elemente – den beruflichen und den vertragsbezogenen Informationserwerb – **kumulativ** voraussetzt. Umgekehrt wird eine Zurechnung schon dann ausgeschlossen, wenn nur ein Merkmal, bspw. ein Erwerb im Rahmen der Tätigkeit als Versicherungsvertreter (dann regelmäßig für einen anderen VR handelnd) jedoch ohne Bezug zu dem betreffenden Vertrag, vorliegt.

III. Zurechnung des archivierten Wissens

5 Das Gesetz enthält – bewusst (BT-Drs. 16/3945, 77) – keine Regelung über die Zurechnung von Informationen, über die ein anderer Sachbearbeiter des VR verfügt oder die in Akten und Dateien des VR oder des Verbandes, dem er angehört, vor allem aber auch anderer, mit ihm verbundener VR verfügbar sind. Die Frage spielt dann eine Rolle, wenn es gilt, die Verletzung der vorvertraglichen Anzeigeobliegenheit oder die Verletzung der Aufklärungsobliegenheit (vgl. § 31 Rn. 16) zu prüfen. Allgemein gilt, dass arbeitsteilig organisierte Unternehmen aus Gründen des Verkehrsschutzes **Informationsorganisationspflichten** treffen, die eine **Wissenszurechnung** erlauben. Werden Kenntnisse typischerweise aktenmäßig oder in Dateien festgehalten, oder sind sie typischerweise bei verschiedenen Personen oder an verschiedenen Stellen eines Unternehmens vorhanden, so sind sie dem Unternehmen als solchem zuzurechnen. Das gilt aber nur im Rahmen der Möglichkeiten und Anlässe, sich das Wissen in einem konkreten Fall zu vergegenwärtigen (BGH VersR 1997, 1149; VersR 1996, 628; NJW 1989, 2879; BGHZ 117, 104; BGHZ 109, 327). Das bedeutet indessen nicht, dass alle Informationen, die sich in den Akten und Archiven eines VR befinden, oder was

er an Daten verarbeitet hat, als präsentes Wissen des VR zu betrachten ist (so offenbar Prölss/Martin/*Dörner* § 70 Rn. 16). Das gilt allein schon deshalb, weil keine berechtigte Erwartung des Verkehrs besteht, dass ein VR, der Fragen nach gefahrerheblichen Umständen oder Grund und Umfang seiner Leistungspflicht stellt, Teile der gebotenen Antwort in Wirklichkeit nicht will oder braucht.

6 Maßgeblich für die Zurechnung ist daher zum einen, dass ein **Anlass zur Vergegenwärtigung des Wissens** und die **zumutbare Möglichkeit zu seinem Abruf** bestehen. Das ist der Fall, wenn es um in einem laufenden Versicherungsverhältnis dokumentierte Informationen geht wie vom VR regulierte Vorschäden (BGH NJW 2007, 2700 = VersR 2007, 1267; OLG Oldenburg ZfS 2005, 85), oder wenn die Bearbeitung dieses Versicherungsverhältnisses offenkundige Bezüge zu einem anderen Versicherungsverhältnis hat, dessen Dokumentation also erkennbar Bedeutung für jenes haben kann (BGH VersR 2006, 106), oder wenn der VN ausdrücklich auf solche Daten bei demselben oder einem anderen VR hinweist (vgl. allg. BGH NJW 1993, 2807 = VersR 1993, 1089), nicht aber schon dann, wenn der VN sich nur mit der Einsichtnahme in die Unterlagen eines anderen VR einverstanden erklärt (BGH r+s 1992, 76 = VersR 1992, 217; NJW-RR 1990, 285 = VersR 1990, 258; OLG Stuttgart VersR 1990, 76; OLG Hamm VersR 1988, 709; anders OLG Nürnberg VersR 1990, 1337). Zur anlasslosen Nachforschung in Archiven ist ein VR ebenso wenig verpflichtet (BGH VersR 2005, 493) wie zur unternehmensübergreifenden Recherche (BGH r+s 2007, 147 = VersR 2007, 481).

§ 71 Abschlussvollmacht

Ist der Versicherungsvertreter zum Abschluss von Versicherungsverträgen bevollmächtigt, ist er auch befugt, die Änderung oder Verlängerung solcher Verträge zu vereinbaren sowie Kündigungs- und Rücktrittserklärungen abzugeben.

1 Die Vorschrift dient dem Schutz des VN, wenn der VR dem Versicherungsvertreter – dem der entsprechend bevollmächtige Angestellte des VR und der Gelegenheitsvertreter gleichgestellt sind (§ 73) – Vertretungsmacht nicht nur nach § 69, sondern darüber hinaus auch zum Abschluss von Versicherungsverträgen eingeräumt hat. In solchen Fällen **standardisiert** sie (HK-VVG/*Münkel* § 73 Rn. 1) den Umfang der Vertretungsmacht unabhängig von dem ihr zugrunde liegenden Innenverhältnis. Sie umfasst dann auch die Befugnis zur Änderung oder Verlängerung von Versicherungsverträgen oder zu ihrer Kündigung sowie zum Rücktritt.

2 Die „Abschlussvollmacht“ kann sowohl als Innen- oder Außenvollmacht von dem VR eingeräumt worden sein als auch als **Duldungs- oder Anscheinsvollmacht** (vgl. BGH VersR 1956, 482; sehr weitgehend OLG Köln VersR 1963, 182 – zum Auftreten als Bezirksdirektor; zur Annahme einer Abschlussvollmacht bei Gewährung vorläufiger Deckung vgl. → § 49 Rn. 7), wenn der VR ein entsprechendes Auftreten seines Vertreters kennt und hinnimmt oder es hätte erkennen können und ihm nicht entgegengetreten ist. Aus der schlichten Bezeichnung als Generalagent soll allerdings keine Abschlussvertretungsmacht folgen (OLG Köln r+s 1990, 325; 1986, 143). Das ergibt sich aus der normativen, vom Rechtsverkehr hinzunehmenden Vorgabe, dass ein Versicherungsvertreter grds. nur über die Befugnisse des § 69 verfügt.

Da mit der Erteilung einer **Deckungszusage** ein Versicherungsvertrag abgeschlossen wird, bedarf es folglich zu ihrer Wirksamkeit einer Vollmacht iSd § 71, aus der dann allerdings auch die weiteren hier genannten Befugnisse folgen. Liegt eine Abschlussvollmacht vor, so erstreckt sie sich auch auf die Stundung der Prämie (weil dies eine Änderung der vereinbarten Zahlungsweise ist) sowie auf eine Mahnung wegen verzögerter Prämienzahlung. Auch deckt die Vollmacht eine Anfechtung des Vertrages, weil insoweit kein Unterschied zum Rücktritt zu erkennen ist. Jedoch umfasst die Vertretungsbefugnis weder eine Regulierungszusage noch den Verzicht auf die Rechtsfolgen von Obliegenheitsverletzungen oder des Prämienverzuges noch die Prozessführung für den VR (Prölss/Martin/*Dörner* § 71 Rn. 5). 3

Der Umfang der gesetzlichen Abschlussvollmacht erstreckt sich nur auf die in der Vorschrift selbst bezeichneten rechtsgeschäftlichen Erklärungen. Dazu gehören **Vereinbarungen im Rahmen der Regulierung** eines Versicherungsfalls oder Verfügungen über Ansprüche aus dem Vertrag nicht (KG NJOZ 2019, 932). 4

§ 72 Beschränkung der Vertretungsmacht

Eine Beschränkung der dem Versicherungsvertreter nach den §§ 69 und 71 zustehenden Vertretungsmacht durch Allgemeine Versicherungsbedingungen ist gegenüber dem Versicherungsnehmer und Dritten unwirksam.

Die Vorschrift bestimmt, dass die gesetzliche Vertretungsmacht, die § 69 verleiht, nicht **durch AVB** dem VN und einem Dritten gegenüber – bspw. gegenüber dem Erwerber in den Fällen des § 96 – wirksam beschränkt werden kann. Da die durch § 69 bestimmten Befugnisse Inhalt einer **gesetzlichen verliehenen Befugnis** sind, kann der VR ihren Umfang aber auch **nicht durch eine einseitige Willenserklärung** im Außenverhältnis dem VN gegenüber wirksam verändern (Langheid/Wandt/*Reiff* § 72 Rn. 12; aA Prölss/Martin/*Dörner* § 72 Rn. 4 f.: analoge Anwendung der §§ 167, 168 BGB im Hinblick auf den fehlenden zwingenden Charakter der §§ 69 ff.); zum früheren Recht BGHZ 141, 137; BGH VersR 1999, 565). Zugleich zeigt die Vorschrift, dass eine individuell ausgehandelte Vollmachtsbeschränkung im Außenverhältnis erfolgen kann. In einem solchen (gewiss seltenen) Fall entfiele auch die Befugnis des Versicherungsvertreters zu einem dem VR zuzurechnenden Empfang von Wissenserklärungen nach § 69 Abs. 1 Nr. 1 und 2. 1

Schriftformklauseln, die in früheren Bedingungswerken häufig zu finden waren, stellen der Sache nach eine Beschränkung der Empfangsvertretungsmacht des Versicherungsvertreters dar und sind daher gleichfalls nach § 72 unwirksam (vgl. zum früheren Recht BGH VersR 1999, 565; BVerwG VersR 1998, 1137; vgl. BT-Drs. 16/3945, 78; wie hier *Präve* VW 2009, 100; Prölss/Martin/*Dörner* § 72 Rn. 9; HK-VVG/*Münkel* § 72 Rn. 12 ff.; Looschelders/Pohlmann/*Koch* § 72 Rn. 7; Langheid/Wandt/*Reiff* § 72 Rn. 16). Würden sie sich gegenüber den §§ 69–71, 73 durchsetzen, könnte der VR den gesamten, von diesen Vorschriften bewirkten Schutz des VN aufheben. Das schließt allerdings nicht aus, dass ein VR für bestimmte, **ihm gegenüber unmittelbar erfolgende Anzeigen** die Schrift- oder Textform vorsehen kann (§ 32 Satz 2) (einschränkend Prölss/Martin/*Dörner* § 72 Rn. 11; Langheid/Wandt/*Reiff* § 72 Rn. 11). Die Gesetzesbegründung (BT-Drs. 16/3945, 78) weist darauf hin, dass von dieser inzidenten Beschrän- 2 kung von Schriftformklauseln bestimmte Erklärungen des VN in der Lebensversicherung – die Einräumung und der Widerruf eines Bezugsrechts und die Abtretung oder Verpfändung von Ansprüchen, die als solche § 69 Abs. 1 Nr. 2 subsumiert werden können – ausgenommen sein sollen (§ 9 Abs. 4 ALB 2019). Das lässt sich mit einer teleologischen Reduktion des § 72 begründen, die darauf gestützt werden kann, dass es in seinem solchen Fall nicht um den durch §§ 69 ff. bezweckten Schutz des VN, sondern um den Schutz außerhalb des Versicherungsverhältnisses stehender Dritter geht (Langheid/Wandt/*Reiff* § 72 Rn. 17).

§ 73 Angestellte und nicht gewerbsmäßig tätige Vermittler

Die §§ 69 bis 72 sind auf Angestellte eines Versicherers, die mit der Vermittlung oder dem Abschluss von Versicherungsverträgen betraut sind, und auf Personen, die als Vertreter selbständig Versicherungsverträge vermitteln oder abschließen, ohne gewerbsmäßig tätig zu sein, entsprechend anzuwenden.

1 Die Vorschrift verfolgt den Zweck, VN, die auf bestimmte Befugnisse des ihnen gegenübertretenden Vermittlers vertrauen, vor Schutzlücken zu bewahren, die bei Inanspruchnahme unterschiedlicher Vertriebsformen durch den VR entstehen können. Sie stellt den Versicherungsvertretern des § 59 Abs. 2, deren Vertretungsbefugnisse die §§ 69–72 regeln, zunächst die **Angestellten** des VR gleich, die mit der Vermittlung oder dem Abschluss von Versicherungsvertrages betraut sind. Ist diese Betrauung erfolgt, gelten sie folglich zunächst kraft Gesetzes als bevollmächtigt, Anträge auf Abschluss eines Vertrages und deren Widerruf sowie alle weiteren das Versicherungsverhältnis betreffenden rechtsgeschäftlichen Erklärungen entgegenzunehmen, bestimmte Zahlungen entgegenzunehmen, vor allem aber für den VR alle Anzeigen des VN (und der versicherten Personen) zu empfangen (§ 69 Abs. 13). Insoweit gilt auch die Beweisregel des § 69 Abs. 3. Nach § 71 sind die in der Vorschrift genannten Personen für den Fall einer Abschlussvollmacht auch zur Vereinbarung einer Änderung, der Verlängerung und der Kündigung eines Vertrages sowie zum Rücktritt für den VR befugt. Das bedeutet allerdings nicht, dass der VN solche Gestaltungserklärungen nicht mehr **nach § 174 BGB** (vgl. zum früheren Recht LG Saarbrücken VersR 2004, 773; LG Zweibrücken ZfS 2003, 352) **zurückweisen** darf, wenn keine besondere Vollmachtsurkunde vorgelegt wird. Denn die gesetzliche Vertretungsmacht, deren Wahrnehmung keine Bevollmächtigung voraussetzt, erstreckt sich (ohne gesonderte Betrauung) nicht auf den Abschluss von Versicherungsverträgen und damit nicht auch auf die in § 71 genannten weiteren Willenserklärungen. Die Betrauung (zum Begriff vgl. § 69 Rn. 4) ist von dem VR, der sich auf sie beruft, zu beweisen. Für die in der Vorschrift genannten Personen gilt auch § 70. Ihr – dienstlich erlangtes – Wissen ist dem VR folglich zuzurechnen.

2 Den Versicherungsvertretern des § 59 Abs. 2 gleichgestellt sind auch die sog **Gelegenheitsvertreter.** Das sind solche Personen, die nicht gewerbsmäßig (zum Begriff § 59 Rn. 2) Versicherungsverträge vermitteln oder abschließen, dies wohl aber aufgrund einer auch nur im Einzelfall erfolgten Betrauung durch den VR (bei Gelegenheit) selbstständig tun. Gemeint sind damit in erster Linie Personen, die nebenberuflich hin und wieder auch Versicherungsprodukte vertreiben („Feierabendvertreter"), die also jahresbezogen nur wenige Versicherungsverträge vermitteln und nur vergleichsweise geringe Provisionseinnahmen erzielen. Personen,

die bei Gelegenheit eines anderen Geschäfts – als Angestellte einer Bank oder eines Reisebüros oder eines Automobilclubs – im „Annexvertrieb" (vgl. § 69 Rn. 5) Versicherungsprodukte vermitteln, handeln im Regelfall gewerbsmäßig, fallen aber trotz aller gewerberechtlichen Differenzierungen schon als solche unter den Anwendungsbereich der §§ 69–72.

Überwiegend werden für den VR tätig werdende **Personen, die keinen Vermittlungsauftrag haben,** von dem Anwendungsbereich der Vorschrift ausgenommen (Prölss/Martin/*Dörner* § 73 Rn. 1; HK-VVG/*Münkel* § 69 Rn. 15). Mitarbeiter einer **Hotline** oder **Regulierungsbeauftragte** zählen zu den in der Vorschrift genannten Personen daher im Zweifel nicht. Schaltet der VR aber **externe Dienstleister** in die Vermittlung oder andere in § 69 genannte Tätigkeiten ein, gilt für sie nichts anderes als für Angestellte und Gelegenheitsvertreter (BeckOK VVG/*Prill* § 73 Rn. 3). 3

Rechtsfolge des § 73 ist die „vertretungsrechtliche" Gleichstellung mit den Versicherungsvertretern des § 59 Abs. 2. Das ist vor allem für die **Zurechnung ihres Wissens** zum VR von Bedeutung. Auch für diese Angestellten des VR und die Gelegenheitsvertreter gilt folglich, dass der VN ihnen gegenüber seine vorvertragliche Anzeigepflicht erfüllen kann, und dass dem VR als mitgeteilt gilt, was ihnen mitgeteilt ist. 4

Kapitel 2. Schadensversicherung

Abschnitt 1. Allgemeine Vorschriften

§ 74 Überversicherung

(1) **Übersteigt die Versicherungssumme den Wert des versicherten Interesses (Versicherungswert) erheblich, kann jede Vertragspartei verlangen, dass die Versicherungssumme zur Beseitigung der Überversicherung unter verhältnismäßiger Minderung der Prämie mit sofortiger Wirkung herabgesetzt wird.**

(2) **Schließt der Versicherungsnehmer den Vertrag in der Absicht, sich aus der Überversicherung einen rechtswidrigen Vermögensvorteil zu verschaffen, ist der Vertrag nichtig; dem Versicherer steht die Prämie bis zu dem Zeitpunkt zu, zu dem er von den die Nichtigkeit begründenden Umständen Kenntnis erlangt.**

I. Anwendungsbereich und Normzweck

§ 74 betrifft die **Schadens**versicherung. Die Vorschrift ist auf die **Summenversicherung nicht** anwendbar, auch nicht analog (zur Restschuldversicherung in der Lebens- und Berufsunfähigkeitsversicherung BGH NJW 1990, 2807 = VersR 1990, 884 unter 4.c). In der Summenversicherung kann aber eine Anpassung nach den Grundsätzen des Wegfalls der Geschäftsgrundlage in Betracht kommen (BGH NJW 1990, 2807 = VersR 1990, 884 unter 4.d). Unanwendbar ist § 74 auch bei der Versicherung auf erstes Risiko (erste Gefahr), zB Abschn. A § 8 Nr. 6 AFB 2008, AERB 2008, AWB 2008, AStB 2008 (zust. Langheid/Wandt/ 1

Halbach § 74 Rn. 3). Denn auf einen niedrigeren Versicherungswert kommt es dann nicht an. Jeder Schaden wird bis zur Höhe der Versicherungssumme ersetzt, unabhängig davon, ob der Versicherungswert der Versicherungssumme entspricht. Soweit in der privaten Krankenversicherung der Versicherungsschutz nach den Grundsätzen der Schadensversicherung gewährt wird, ist § 74 anwendbar (§ 194 Abs. 1 Satz 1; vgl. Bach/Moser/*Rudolph* Einl. Rn. 2).

II. Voraussetzungen

2 Eine Überversicherung liegt vor, wenn die Versicherungssumme den Versicherungswert erheblich übersteigt. Diese Voraussetzung kann schon bei Vertragsschluss gegeben sein (anfängliche Überversicherung). Sie kann sich aber auch erst während der Vertragsdauer einstellen, indem der Versicherungswert erheblich unter die Versicherungssumme herabsinkt (nachträgliche Überversicherung).

3 Der Versicherungswert ist der **Wert des versicherten Interesses.** Welches Interesse versichert ist, hängt vom Inhalt des einzelnen Vertrages ab. Bei versicherten Sachen ist deren – versicherter – Wert der Versicherungswert. Maßgebender Zeitpunkt für die Berechnung des Versicherungswertes ist der, zu dem die Herabsetzung verlangt wird (ebenso Prölss/Martin/*Armbrüster* § 74 Rn. 6). **Erheblich** ist die Abweichung nur, wenn die damit verbundene **Ermäßigung der Prämie** ins Gewicht fällt. Dabei kann der Maßstab, um den die Versicherungssumme den Versicherungswert übersteigt, ein Anhaltspunkt sein. Bei einer Differenz von 10 % und mehr kann im Regelfall (Einzelfallbetrachtung!) von einer erheblichen Abweichung ausgegangen werden (Langheid/Wandt/*Halbach* § 74 Rn. 5; Prölss/Martin/*Armbrüster* § 74 Rn. 7 und § 76 Rn. 13). Ist der Versicherungswert seiner Natur nach variabel (zB Warenbestände), reicht auch eine erhebliche Abweichung für eine Überversicherung nicht aus, wenn sie nur kurzfristig ist. Grundsätzlich ist auch bei Vereinbarung einer **Stichtagsklausel** eine Überversicherung möglich, wenn neben der Verpflichtung des VN, die Höhe des jeweiligen Versicherungswertes zu einem bestimmten Stichtag zu melden, auch noch eine Versicherungssumme vereinbart ist, die (Teil-)Grundlage der Prämienberechnung ist (vgl. den Fall BGH NJW-RR 1991, 855 = VersR 1991, 921 = VVGE § 50 VVG Nr. 1; ebenso Bruck/Möller/*Schnepp* § 74 Rn. 16). Fehlt das versicherte Interesse ganz, gilt § 80 (Prölss/Martin/*Armbrüster* § 74 Rn. 1).

III. Folgen

4 Nach Abs. 1 können beide Vertragspartner **verlangen,** dass die Versicherungssumme und verhältnismäßig auch die Prämie **herabgesetzt werden.** Auf welche Weise die Herabsetzung wirksam einsetzt, war früher umstritten (vgl. iE Bruck/Möller/*Möller,* 8. Aufl. 1961 ff., § 51 Anm. 23 ff.). Ein Vergleich mit § 462 BGB ist nur bedingt sinnvoll, weil eine § 465 BGB entsprechende Vorschrift im VVG fehlt. Klare Verhältnisse und damit Rechtssicherheit schafft wohl am ehesten die Gestaltungstheorie (zust. Langheid/Wandt/*Halbach* § 74 Rn. 12; so jetzt auch Bruck/Möller/*Schnepp* § 74 Rn. 37). Das Verlangen auf Herabsetzung von Versicherungssumme und Prämie ist danach durch **rechtsgestaltende Erklärung** geltend zu machen. Die Wirkung tritt mit Zugang der Erklärung und nur für die Zukunft ein. Dies schließt nicht aus, neben der Gestaltungswirkung eine vertragliche Herabsetzung anzunehmen, wenn der Erklärungsgegner sein (ggf. mit beider-

seitiger Billigung abgewandeltes) Einverständnis erklärt (so auch Langheid/Wandt/*Halbach* § 74 Rn. 12). Für die Voraussetzungen der Herabsetzung ist beweisbelastet, wer sie verlangt (zust. Langheid/Wandt/*Halbach* § 74 Rn. 14; Prölss/Martin/*Armbrüster* § 74 Rn. 20).

Verhältnismäßige Minderung der Prämie bedeutet nicht notwendig, dass die Prämie in dem gleichen Maße herabzusetzen ist, wie sich die Versicherungssumme verringert. Vielmehr sind bei der Festsetzung der neuen Prämie etwaige Tarife und Kalkulationsgrundlagen des VR zu berücksichtigen (so auch Bruck/Möller/*Schnepp* § 74 Rn. 61). 5

IV. Betrügerische Überversicherung

Die **unredliche Absicht** (BGH VersR 1963, 77) muss schon **bei Vertragsschluss** vorhanden gewesen sein (BGH NJW-RR 1990, 1305 unter I.2; OLG Schleswig r+s 1995, 26: zweifelhaft bei einem Gebäude, wenn dieses mangels Abbruchgenehmigung noch nicht völlig entwertet war; zur Entwertung siehe BGH VersR 1993, 828 unter 2.b). Aber auch eine **spätere Erhöhung** der Versicherungssumme in unredlicher Absicht führt zum gleichen Ergebnis, jedenfalls von diesem Zeitpunkt ab (zust. Langheid/Wandt/*Halbach* § 74 Rn. 15 und 17; Prölss/Martin/*Armbrüster* § 74 Rn. 15). Beweisbelastet ist der VR. Für seinen Vertreter (§ 166 BGB) oder Repräsentanten hat der VN wie sonst auch einzustehen (BGH NJW-RR 1990, 1305 unter I.2; so jetzt auch Bruck/Möller/*Schnepp* § 74 Rn. 75). Die betrügerische Absicht des Versicherten ist dem VN bei der Fremdversicherung, § 47, zuzurechnen (so bei der vorvertraglichen Anzeigepflicht BGH VersR 1991, 1404; Bruck/Möller/*Schnepp* § 74 Rn. 75). 6

Die Nichtigkeit des Versicherungsvertrages kann gegenüber einem **Hypothekengläubiger** nicht geltend gemacht werden, § 143 Abs. 4. 7

Abweichend von der allgemeinen Konzeption der VVG-Reform 2008, den Grundsatz der Unteilbarkeit der Prämie aufzugeben (vgl. § 39), blieb die **Prämienzahlungsverpflichtung** des VN bei der Nichtigkeit des Vertrags bestehen; allerdings nicht bis zum Schluss der Versicherungsperiode, sondern nur bis zu dem Zeitpunkt, zu dem der VR von den Umständen, welche die Nichtigkeit des Vertrages begründen, Kenntnis erlangt. Nach der Gesetzesbegründung (BT-Drs. 16/3945, 78) war zumindest diese Sanktion aus Gründen der Prävention aufrechtzuerhalten, anderenfalls bliebe der arglistige Versuch des VN, sich einen rechtswidrigen Vermögensvorteil zu verschaffen, folgenlos, da er die bezahlte Prämie zurückerhalten würde. 8

V. Abänderbarkeit

§ 74 kann nach § 87 nicht zum Nachteil des VN abgeändert werden, ist also **halbzwingend.** Dabei wurde Abs. 2 nach der Gesetzesbegründung (BT-Drs. 16/3945, 82) allein im Hinblick auf seinen zweiten Halbsatz in die Regelung des § 87 aufgenommen; danach ist § 74 Abs. 2 Hs. 1 (Nichtigkeit) **absolut zwingend** (vgl. Langheid/Wandt/*Halbach* § 74 Rn. 18; Bruck/Möller/*Schnepp* § 74 Rn. 85). 9

§ 75 Unterversicherung

Ist die Versicherungssumme erheblich niedriger als der Versicherungswert zur Zeit des Eintrittes des Versicherungsfalles, ist der Versicherer

nur verpflichtet, die Leistung nach dem Verhältnis der Versicherungssumme zu diesem Wert zu erbringen.

I. Normzweck

1 Die Vorschrift soll sicherstellen, dass der VN nicht Prämien spart, indem er die versicherte Sache zu einem geringeren als dem tatsächlichen Wert versichert, und dann im (Teil-)Schadensfall doch die volle Leistung erhält. Deswegen wird die Leistung nur in dem relativen Verhältnis geschuldet wie die vereinbarte Versicherungssumme zum tatsächlichen Wert steht, auch wenn der Schaden unterhalb der vereinbarten Summe liegt (OLG Köln NJW-RR 2015, 986 = VersR 2015, 1161). Wie § 74 stellt auch § 75 auf die **Erheblichkeit** der Unterversicherung ab. Damit wird nach der Gesetzesbegründung (BT-Drs. 16/3945, 78) zum einen die Übereinstimmung mit der Parallelregelung in § 74 sowie mit der Regelung der Taxe gemäß § 76 Sätze 2 und 3 hergestellt. Zum anderen werde durch diese Änderung berücksichtigt, dass die AVB häufig bereits Geringfügigkeitsgrenzen festlegen, unterhalb derer vom VR eine Unterversicherung nicht geltend gemacht wird. Ein Beispiel dafür ist § 2 Nr. 4 SGlN 79 mit 3 % (vgl. OLG Schleswig VersR 1993, 350). Nicht jede geringe Unterversicherung soll in allen Versicherungszweigen zu einer Verminderung der Entschädigung führen. In der Hausratversicherung ist eine Differenz von 20 % zwischen Versicherungssumme und Versicherungswert aber erheblich (LG Berlin VersR 2013, 998 = r+s 2013, 231). Für die Reisegepäckversicherung hat das LG Lübeck (NJW-RR 1991, 137 = VersR 1991, 1285 (Ls.)) angenommen, eine rechtlich beachtliche Unterversicherung liege nicht vor, wenn die Versicherungssumme den Versicherungswert um deutlich weniger als 10 % unterschreite. Das dürfte auch nach geltendem Recht in Anlehnung an die für § 74 geltenden Grundsätze gelten. Stets ist aber eine Einzelfallbetrachtung mit Blick auf Art und Zweck der Versicherung maßgeblich.

2 Auf eine Unterversicherung kann der VR sich **nicht berufen,** wenn sie Folge der Verletzung seiner diesbezüglichen **Beratungspflicht** aus § 6 bzw. § 61 (Vermittler) ist (im Einzelnen → § 6 Rn. 10 f.) und die Annahme gerechtfertigt ist, dass der VN bei richtiger Beratung die Versicherungssumme dem Versicherungswert angepasst hätte (OLG Celle VersR 1995, 333 = r+s 1994, 225 mAnm *Schmidt;* OLG Köln VersR 1994, 342). Ein Eigenverschulden des VN ist nach § 254 BGB anzurechnen (OLG Hamm r+s 1995, 389; OLG Köln VersR 1997, 1530; 1994, 342). Eine Falschberatung durch einen **Makler** ist dem VR nicht zuzurechnen (OLG Köln NJW-RR 2015, 986 = VersR 2015, 1161). Die Mehrprämien, die der VN aufgrund einer höheren Versicherungssumme zu leisten gehabt hätte und die er erspart hat, sind von der Leistung abzuziehen (OLG Koblenz VersR 1997, 1226; LG Köln r+s 1993, 229). Seit der VVG-Reform 2008 kommen auch entsprechende Schadensersatzansprüche des VN aus § 6 Abs. 5 und § 63 in Betracht.

II. Berechnung der Entschädigung

3 Bei der Ermittlung des Versicherungswertes kommt es auf den Zeitpunkt des Schadeneintritts an (zur Ermittlung des Versicherungswertes 1914, vgl. OLG Köln NJW-RR 2015, 986 = VersR 2015, 1161). In diesem Zeitpunkt kann eine Unterversicherung dadurch eingetreten sein, dass der VN werterhöhende Maßnahmen

vorgenommen hat, ohne die Versicherungssumme anzupassen (vgl. den Fall OLG Saarbrücken VersR 2000, 358: Um- und Anbauten, Errichtung von Garagen).

4 Bei Unterversicherung wird die Entschädigung nach der **Proportionalitätsregel** berechnet. Die zu leistende Entschädigung entspricht dem Verhältnis zwischen Versicherungssumme und Versicherungswert (§ 88). Als Formel ausgedrückt:

$$\text{Entschädigung} = \frac{\text{Schaden} \times \text{Versicherungssumme}}{\text{Versicherungswert}}$$

5 Diese Berechnung greift nur bei **Teilschäden** ein. Handelt es sich um einen **Totalschaden,** bei dem die Höhe des Schadens und damit der Versicherungswert über der Versicherungssumme liegt, entspricht die Entschädigung der Versicherungssumme (Langheid/Wandt/*Halbach* § 75 Rn. 6; Bruck/Möller/*Schnepp* § 75 Rn. 36).

6 Sind bei **Inbegriffen von Sachen** einzelne Positionen oder Gruppen getrennt versichert (→ § 89 Rn. 3 f.), muss die Unterversicherung für jede Position oder Gruppe getrennt ermittelt werden (vgl. auch Abschn. A § 8 Nr. 5 AFB 2008; zust. Langheid/Wandt/*Halbach* § 75 Rn. 5). Bei einem vereinbarten Summenausgleich kommt es nicht darauf an, ob die **über**versicherte Position auch von dem Schadensereignis betroffen ist. Der überschießende Anteil aus dieser Position wird der unterversicherten Position zugerechnet und dadurch deren Versicherungssumme entsprechend erhöht. Selbst wenn der Versicherungswert der überversicherten Position mit Null anzusetzen ist, weil keine Sachen dieser Position mehr vorhanden waren, wird die Versicherungssumme zur Anrechnung bei der unterversicherten Position frei. Der VR kann bei der auf Null anzusetzenden Position keinen Interessewegfall einwenden (BGH VersR 1983, 1122; Langheid/Wandt/*Halbach* § 75 Rn. 17). Die für die Stichtagsversicherung geltende Regelung entspricht dem allgemeinen Grundsatz des § 75. Sie unterscheidet sich davon nur hinsichtlich des für die Wertabweichung maßgebenden Zeitpunkts (vgl. BGH VersR 1976, 425 = MDR 1976, 563).

7 Die Unterversicherung erfasst auch **Nebenleistungen.** Sie werden in demselben Verhältnis wie die Entschädigung gekürzt (ebenso Langheid/Wandt/*Halbach* § 75 Rn. 7); siehe für Rettungskosten § 83 Abs. 2, für Schadenermittlungskosten § 85 Abs. 3.

8 Ist ein **Selbstbehalt** (Selbstbeteiligung; siehe ausführlich zu Terminologie und Arten Prölss/Martin/*Armbrüster* § 75 Rn. 9 ff.) mit einem festen Betrag oder Entschädigungsgrenzen vereinbart, wird zunächst die Entschädigung nach der Proportionalitätsregel errechnet und alsdann von dem errechneten Betrag der Selbstbehalt abgezogen bzw. die Entschädigungsgrenze berücksichtigt (Langheid/Wandt/*Halbach* § 75 Rn. 7; zB für Berücksichtigung einer Entschädigungsgrenze: Abschn. A § 8 Nr. 5 und 8 AFB 2008). Selbstbehalt und Entschädigungsgrenze gelten je Versicherungsfall (vgl. auch Prölss/Martin/*Armbrüster* § 75 Rn. 15).

III. Darlegungs- und Beweislast

9 Beruft sich der VR auf eine Unterversicherung, muss er diese substantiiert darlegen und ggf. beweisen (OLG Hamm NJW-RR 1987, 859). Es genügt nicht, dass der Versicherungswert auf Grund eines durchschnittlichen Erfahrungswerts höher gelegen haben „dürfte" (OLG Köln r+s 1991, 136 für Pauschalwerte in der Hausratversicherung). Mit allgemeinen Vermutungen oder Überlegungen,

dass sich wegen inzwischen eingetretener Preissteigerungen eine Unterversicherung ergeben haben müsse, genügt der VR seiner Darlegungslast nicht (Bruck/Möller/*Schnepp* § 74 Rn. 100). Allerdings ist der VN aufgrund seiner allgemeinen Aufklärungsobliegenheit gehalten, dem VR die Möglichkeit zu geben, an Ort und Stelle festzustellen, ob der Versicherungswert unter der Versicherungssumme liegt (LG Köln r+s 1990, 25). Steht die Unterversicherung fest, ist es Sache des den Anspruch geltend machenden VN, dem Gericht ausreichende Anhaltspunkte darzulegen, die die Höhe des Versicherungswertes ausmachen, damit es ggf. nach § 287 ZPO den Versicherungswert schätzen und die Höhe der Entschädigung berechnen kann (zust. Langheid/Wandt/*Halbach* § 75 Rn. 19). Unterlässt der VN solche Angaben, muss die Klage in vollem Umfang abgewiesen werden (vgl. den Fall OLG München VersR 1991, 659).

IV. Abdingbarkeit

10 § 75 ist abdingbar. Die Bestimmung ist – zugunsten des VN – abbedungen bei der Vereinbarung einer **Versicherung auf erstes Risiko** (OLG Düsseldorf r+s 2001, 424 = NVersZ 2001, 568 = VersR 2002, 183). Bei ihr wird der Schaden ohne Rücksicht auf eine etwaige Unterversicherung ersetzt (zB Abschn. A § 8 Nr. 6 AFB 2008, AERB 2008, AWB 2008, AStB 2008).

§ 76 Taxe

[1]Der Versicherungswert kann durch Vereinbarung auf einen bestimmten Betrag (Taxe) festgesetzt werden. [2]Die Taxe gilt auch als der Wert, den das versicherte Interesse bei Eintritt des Versicherungsfalles hat, es sei denn, sie übersteigt den wirklichen Versicherungswert zu diesem Zeitpunkt erheblich. [3]Ist die Versicherungssumme niedriger als die Taxe, hat der Versicherer, auch wenn die Taxe erheblich übersetzt ist, den Schaden nur nach dem Verhältnis der Versicherungssumme zur Taxe zu ersetzen.

I. Taxe als Versicherungswert

1 § 76 weicht von § 88 ab, wonach der Betrag, den der VN zur Zeit des Eintritts des Versicherungsfalles für die Wiederbeschaffung oder Wiederherstellung der versicherten Sache in neuwertigem Zustand unter Abzug des sich aus dem Unterschied zwischen alt und neu ergebenden Minderwertes aufzuwenden hat, als Versicherungswert gilt, wenn sich die Versicherung auf eine Sache oder einen Inbegriff von Sachen bezieht. Die vereinbarte Taxe braucht nicht mit dem wahren Wert der Sache übereinzustimmen. Dieser kann höher oder niedriger sein. § 76 verfolgt mit der Möglichkeit, den Versicherungswert zu vereinbaren, den **Zweck,** die Feststellung der Höhe des vom VR zu leistenden Schadensersatzes zu erleichtern (aus diesem Grund wird die Taxe auch bei der **Versicherung des Finanzinteresses** (FInC = Financial Interest Cover) in internationalen Versicherungsprogrammen als einzig praktikable Möglichkeit der Wertbemessung vorgeschlagen, *Armbrüster* VersR 2008, 853; dazu allerdings *Langheid/Grote* VW 2008, 1510 und zuvor VW 2008, 630, wonach die Taxe letztlich auf die inländischen Gefahrumstände abstellt und deswegen die Möglichkeit einer Umgehung der ausländischen Versi-

cherungspflicht bestehen kann). Haben die Parteien den Versicherungswert durch Vereinbarung auf eine bestimmte Summe (Taxe) festgesetzt, gilt die Taxe im Verhältnis der Parteien zueinander auch bei Eintritt des Versicherungsfalles als Versicherungswert. Damit ist im Ergebnis eine höhere Entschädigung als der tatsächliche Schaden möglich (zust. Langheid/Wandt/*Halbach* § 76 Rn. 1). Ob das auch für die **Betriebsschließungsversicherung** gilt, ist umstritten: Diese ist in der Regel als reine Schadenversicherung – wie stets in der Sachversicherung, wo es um eine konkrete Bedarfsdeckung geht – konzipiert. Eine solche Schadenversicherung lässt die Vereinbarung einer Taxe zu (LG München I NJW 2020, 3461 Rn. 99 ff. mAnm *Armbrüster* = r+s 2020, 618 = VersR 2020, 1578; *Lüttringhaus/Eggen* r+s 2020, 251; *Schreier* VersR 2020, 513). Wenn aber im Vertrag auf der Basis von Vorjahresumsätzen eine bestimmte Entschädigungssumme für die jeweilige Periode der Betriebsschließung vereinbart wurde (zB ein Tagessatz), ist das keine Summenversicherung, sondern eine Schadenschätzung. Insoweit muss dem VR der Nachweis offenstehen, dass eine solche Taxierung höher ist als der tatsächlich eingetretene Schaden (weil insoweit keine Summenversicherung, die die Anwendung des § 76 ausschließt, vorliegt; zum Problem vgl. *Günther* in Langheid, COVID-19, 2021, S. 93; vgl. ferner zur Möglichkeit des Nachweises eines geringeren Schadens LG München I r+s 2020, 686 Rn. 81 ff. mAnm *Schneider/Schlüter*). Das folgt auch daraus, dass eine Taxe iSd Vorschrift noch nicht vereinbart ist, wenn die Parteien bei Abschluss des Versicherungsvertrages den Wert der zu versichernden Sache **schätzen,** um danach die Höhe der Versicherungssumme und die Prämie zu bemessen (so auch Langheid/Wandt/*Halbach* § 76 Rn. 4). Zur Auslegung einer Neuwertversicherung mit vereinbarter Taxe in der Yachtkaskoversicherung siehe BGHZ 103, 228 (= NJW 1988, 1590 = VersR 1988, 463 mkritAnm. *Looks* VersR 1991, 731); zur Auslegung einer Taxwert-Versicherung in der Filmapparateversicherung siehe OLG Köln VersR 2014, 1251.

Dem VR bleibt nach Satz 2 der Gegenbeweis vorbehalten, dass die Taxe den Wert, den das versicherte Interesse zur Zeit des Versicherungsfalls tatsächlich hat, **erheblich übersteigt.** Wann das Merkmal der Erheblichkeit gegeben ist, richtet sich nach Art und Zweck der Versicherung sowie dem Grund, aus dem die Parteien die Taxe vereinbart haben. Eine feste Grenze kann deshalb nicht bestimmt werden (BGH NVersZ 2001, 304 = VersR 2001, 749). In Rspr. und Literatur hat sich als allgemeine Regel herausgebildet, dass eine **Abweichung von mehr als 10 %** erheblich ist (LG Hamburg VersR 1978, 635; VersR 1978, 1136; Bruck/Möller/*Schnepp* § 76 Rn. 46 mwN; Langheid/Wandt/*Halbach* § 76 Rn. 8). Der Zweck der Vereinbarung einer Taxe kann im Einzelfall aber auch zu erlaubten höheren Abweichungen führen (so im Fall BGH NVersZ 2001, 304 = VersR 2001, 749). 2

Die Taxe kann von vornherein zu hoch bemessen gewesen oder dadurch zu hoch geworden sein, dass während der Vertragsdauer der Versicherungswert gesunken ist. Bei beiden Ursachen kann der VR im Versicherungsfall geltend machen, die Taxe übersteige in diesem Zeitpunkt den Versicherungswert erheblich (OLG Saarbrücken r+s 2014, 74: die fingierte Gleichsetzung von Taxe und tatsächlichem Wert wird dann aufgehoben; so auch für die Betriebsschließungsversicherung LG München I r+s 2020, 686 Rn. 81 ff. mAnm *Schneider/Schlüter;* Bruck/Möller/*Schnepp* § 76 Rn. 6, 45 und 49). 3

Satz 3 stellt klar, dass wenn die Taxe den wirklichen Versicherungswert erheblich übersteigt und deshalb gemäß Satz 2 nicht als Versicherungswert gilt, für die Frage einer Unterversicherung das Verhältnis der Taxe zur Versicherungssumme 4 und nicht das Verhältnis des wirklichen Versicherungswertes zur Versicherungssumme entscheidet.

II. Anfechtung

5 Die Vereinbarung der **Taxe** kann nach allg. Regeln (§ 119 BGB) **angefochten** werden, zum Beispiel, wenn Schreib- oder Hörfehler zu einer falschen Erklärung geführt haben (vgl. auch Prölss/Martin/*Armbrüster* § 76 Rn. 17; BK/*Schauer* § 57 Rn. 5; ähnlich BGH VersR 1976, 425 zur Anfechtung einer Stichtagsmeldung; für eine Anfechtung auch außerhalb eines Erklärungsirrtums Langheid/Wandt/*Halbach* § 76 Rn. 5, der aber zu recht darauf hinweist, dass bei einem Irrtum über den Wert der Sache ein unbeachtlicher Motivirrtum vorliegt). Wegen der Regelung des Satzes 2 kommt eine Anfechtung des Wertes nicht in Betracht (in Bezug auf den Wert der Sache so auch Bruck/Möller/*Schnepp* § 76 Rn. 59 f.).

III. Transportversicherung

6 § 136 enthält für die **Transportversicherung** eine Sonderregelung. § 87 aF, der in Satz 1 für die Feuerversicherung eine § 76 Satz 2 entsprechende Regelung enthielt, konnte entfallen; dies gilt nach der Gesetzesbegründung (BT-Drs. 16/3945, 79) auch für die Einschränkung einer Taxvereinbarung nach § 87 Satz 2 aF, da die damit verbundene Beschränkung der Vertragsfreiheit zum Schutz der Interessen der Vertragspartner nicht geboten sei.

IV. Abdingbarkeit

7 § 76 ist **abdingbar.** Vertraglich kann also die Befugnis des VR zur Herabsetzung der Taxe vereinbart werden.

§ 77 Mehrere Versicherer

(1) [1]**Wer bei mehreren Versicherern ein Interesse gegen dieselbe Gefahr versichert, ist verpflichtet, jedem Versicherer die andere Versicherung unverzüglich mitzuteilen.** [2]**In der Mitteilung sind der andere Versicherer und die Versicherungssumme anzugeben.**

(2) **Wird bezüglich desselben Interesses bei einem Versicherer der entgehende Gewinn, bei einem anderen Versicherer der sonstige Schaden versichert, ist Absatz 1 entsprechend anzuwenden.**

Übersicht

I. Normzweck

1 § 77 normiert die Anzeigepflicht für sämtliche Arten der **Vielfachversicherung** in der Schadensversicherung. Der mit der VVG-Reform 2008 eingeführte Oberbegriff der Vielfachversicherung hat die früher übliche Bezeichnung „Mehrfachversicherung" ersetzt, nachdem der Reformgesetzgeber eben diesen Begriff für die früher sog „Doppelversicherung" in § 78 legal definiert hat (Bruck/Möller/*Schnepp* § 77 Rn. 5 spricht von der „mehrfachen Versicherung", Schwintowski/Brömmelmeyer/*Kloth*/*Krause* § 77 Rn. 3 von der „Mehrversicherung", was Verwechselungen mit sich bringen dürfte). Der jeweilige VR soll prüfen können, ob er sich dauernd auf ein Verhältnis der Vielfachversicherung einlassen will. Die VR müssen deshalb über die Umstände, deren Kenntnis für ihre Entscheidung erforderlich ist, alsbald unterrichtet werden. Bei einer **Vielfachversicherung in Form der Mehrfach- (früher: Doppel-)versicherung** ist die Mitteilung von besonderer Bedeutung wegen des dem VR zustehenden Rückgriffs nach § 78 Abs. 2 und des möglicherweise erhöhten subjektiven Risikos. Der VR muss auch prüfen können, ob der VN eine solche Mehrfachversicherung in Betrugsabsicht genommen hat (§ 78 Abs. 3).

II. Arten der Vielfachversicherung

2 Eine Vielfachversicherung (als Oberbegriff) liegt vor, wenn dasselbe Interesse und dieselbe Gefahr (zur Identität → Rn. 17) bei mehreren VR versichert sind. Das kann in unterschiedlicher Weise geschehen. Eine Vielfachversicherung kann auch bei einer Summenversicherung gegeben sein (Langheid/Wandt/*Halbach* § 77 Rn. 3). Allerdings nicht in der Form einer Mehrfachversicherung iSd § 78, weil sich bei dieser das versicherte Interesse nicht durch einen bezifferten Höchstschaden ausdrückt. Die Vielfachversicherung ist bei der Summenversicherung deshalb grds. bedenkenfrei.

1. Nebenversicherung

3 Eine Nebenversicherung ist gegeben, wenn der VN mit mindestens zwei VR getrennte Verträge für dasselbe Interesse und über dasselbe Risiko abgeschlossen hat, wobei der Gesamtbetrag der Versicherungssummen sich innerhalb der Grenze des Versicherungswertes hält. Bei den einzelnen VR ist also nur der bei den übrigen nicht gedeckte Teil des Versicherungswertes versichert (zust. Langheid/Wandt/*Halbach* § 77 Rn. 4 f.). Eine Nebenversicherung kann auch dadurch bestehen, dass sich jeweils nur ein Teil des Interesses und des Risikos deckt. Bei der Nebenversicherung haftet jeder VR gesondert für den von ihm übernommenen Teil des Risikos.

2. Mehrfachversicherung

4 Eine Mehrfachversicherung im engeren Sinne (früher: **Doppelversicherung**) liegt vor, wenn durch mehrere Versicherungsverträge dasselbe Interesse (zur Identität → Rn. 17) gegen dieselbe Gefahr in der Weise versichert ist, dass (§ 78 Abs. 1) die Versicherungssummen zusammen den Versicherungswert übersteigen **oder** die Summe der Entschädigungen, die von jedem einzelnen VR ohne Bestehen der anderen Versicherung zu zahlen wären, den Gesamtschaden übersteigt.

5 Bei der Frage, ob diese Voraussetzungen vorliegen, ist der Zeitpunkt des Eintritts des Versicherungsfalls maßgebend. Hat der VN dasselbe Risiko und dieselbe Gefahr durch zwei getrennte Verträge bei demselben VR versichert oder überschneiden sich die Deckungsbereiche mehrerer Verträge bei demselben VR, ist § 78 analog anzuwenden (BGH NJW-RR 1991, 984 = VersR 1991, 172 unter III.1).

3. Mitversicherung

6 **a) Verdeckte Mitversicherung.** Die Mitversicherung ist im Gesetz nicht geregelt. Bei der **verdeckten Mitversicherung** schließt der VN nur einen Versicherungsvertrag. Der VR schließt seinerseits weitere Verträge mit anderen VR unter Aufteilung der Prämie und des Risikos (sog Kellerpolice, wenn der VN keine Kenntnis von der Beteiligung der anderen VR hat). Letztlich ist diese Art der Mitversicherung der Rückversicherung sehr ähnlich, wenn auch nach wie vor das Interesse des VN (und nicht das des Erstversicherten) versichert bleibt.

7 **b) Offene Mitversicherung.** Bei der **offenen Mitversicherung** beteiligen sich mehrere VR einvernehmlich an der Deckung desselben (idR größeren) Risikos. Der VN schließt mit den VR jeweils **selbstständige, wenn auch untereinander korrespondierende** Verträge ab (OLG Bremen VersR 1994, 709; OLG Hamm VersR 1984, 149; *Dreher/Lange* VersR 2005, 717; Prölss/Martin/*Armbrüster* Vor § 77 Rn. 4; *Schaloske* S. 70 ff. mwN). Jeder VR übernimmt einen Teil des Risikos (Haftungsquote) gegen einen entsprechenden, nach kartellrechtlichen Grundsätzen getrennt auszuhandelnden Teil der Prämie (Einzelheiten bei *Schaloske* VersR 2007, 606; VersR 2008, 734; *ders.* FS Fürstenwerth, 2020, 315). Insoweit sind die VR untereinander verbunden. Diese Verbundenheit führt zu wechselseitigen Treue- und Informationspflichten, auch zu der Pflicht, Schaden voneinander abzuwenden (*Schaloske* S. 140 ff.). Ob diese Grundsätze auch übergreifend gelten, wenn das Mitversichererkonsortium in verschiedenen Stufen aufgebaut ist (also in sog **Layern**), ist fraglich (Details bei *Knöfel* VersR 2018, 513; *Freise* VersR 2019, 159; *Koch* VersR 2021, 879). Während die einfache Mitversicherung horizontal konstruiert ist, funktionieren die Layer vertikal, also jeweils im Anschluss aneinander. So bilden die einzelnen Layer für sich im Rahmen der jeweiligen Versicherungssumme eine offene Mitversicherung, für die die allg. Grundsätze gelten. Zusätzlich entsteht auch ein vertikaler Verbund, so dass eine Art Doppelmatrix entsteht. Untereinander sind die Layer in der Regel nicht durch Folgepflichten verbunden (*Schaloske,* FS Fürstenwerth, 2020, 322; *Koch* VersR 2021, 880), auch wenn der Exzedent, der sog. xs-Layer, den Prinzipien der Grunddeckung folgt (follow form). Der 1. Exzedent folgt dem Grundlayer, der zweite Exzedent folgt dem erste Exzedenten (etc) erst, wenn die jeweilige Versicherungssumme des vorangehenden Layers erschöpft ist (sog **attachement point;** s. dazu OLG Düsseldorf r+s 2020, 271 mAnm *Fortmann* = VersR 2020, 683; OLG München VersR

2020, 543 mAnm *Beyer/Böhmer*). Dabei ist jeder Layer in seiner Entscheidung über die Deckung ungebunden. So kann ein xs-Layer auch dann noch Abwehrdeckung gewähren oder sogar die Deckung ganz verweigern, wenn der Grundlayer oder ein anderer vorausgehender Layer den VN vom Schaden freigestellt hat. Die Verbindlichkeit eines die Klage zusprechenden Haftpflichturteils wird für die xs-Layer auch nicht über § 106 VVG oder über die Bindungswirkung des Haftpflichturteils hergestellt (anders *Koch* VersR 2021, 879 für den Fall, dass der xs-Layer trotz Möglichkeit seine Rechte nicht ausgeübt hat). Es empfiehlt sich, konkrete vertragliche Absprachen für den Einzelfall – Kontroll-, Informations- und Folgepflichten sowie Führungsklauseln – zu vereinbaren, und zwar sowohl für die horizontale wie auch die vertikale Mitversicherung.

Da Einzelverträge vorliegen, haften die Mitversicherer nicht solidarisch als Gesamtschuldner (vgl. OLG Hamm VersR 1984, 149; zust. Prölss/Martin/*Armbrüster* Vor § 77 Rn. 5). Für die Auslegungsregel des § 427 BGB ist kein Raum (OLG Bremen VersR 1994, 709 mwN; Langheid/Wandt/*Halbach* § 77 Rn. 10). Aus dem Versicherungsschein muss klar hervorgehen, dass mehrere VR beteiligt sind. Sie brauchen nicht namentlich benannt zu sein. Es genügt, wenn es heißt „in Vollmacht der beteiligten Gesellschaften" (OLG Hamburg VersR 1984, 980). Da jeder VR weiß, dass weitere Verträge über weitere Haftungsquoten bestehen, bedarf es keiner Anzeige darüber; § 77 ist insoweit nicht anwendbar (zust. Bruck/Möller/*Schnepp* § 77 Rn. 22; Prölss/Martin/*Armbrüster* Vor § 77 Rn. 12). **8**

Wegen der Abhängigkeit der Verträge der Mitversicherer sind, wenn die Summe der Versicherungssummen den Versicherungswert übersteigt, nicht die Regeln über die Mehrfachversicherung, sondern die über die Überversicherung anwendbar (iErg ebenso Bruck/Möller/*Sieg,* 8. Aufl. 1961 ff., § 59 Anm. 4; so jetzt auch Prölss/Martin/*Armbrüster* Vor § 77 Rn. 12, anders noch in der 29. Aufl. 2015). Der VN kann aber außer durch die Mitversicherer das Interesse und die Gefahr außerdem durch einen anderen VR versichern lassen. Dann ist eine Mehrfachversicherung iSd § 78 möglich. **9**

Bei der offenen Mitversicherung wird häufig eine sog **Führungsklausel** vereinbart. Sie soll für alle Beteiligten, insbesondere auch für den VN die Handhabung vereinfachen. Die Klausel kann unterschiedlich ausgestaltet sein. Im Wesentlichen ist zu unterscheiden zwischen Klauseln, nach denen ein VR für die Durchführung des Vertrages einschließlich der Schadensregulierung führend sein soll und Bestimmungen, die den Fall einer prozessualen Auseinandersetzung regeln. Eine Klausel, die einen VR mit der Vertragsdurchführung bevollmächtigt, kann eine nur passive, aber auch eine aktive Vollmacht enthalten. Bei nur **passiver Vollmacht** ist der führende VR bevollmächtigt, Willenserklärungen, Anträge, Anzeigen und ggf. auch die volle Prämie entgegenzunehmen. Für Willenserklärungen der übrigen Mitversicherer ist der Führende dann allenfalls Bote, er kann auch gesondert bevollmächtigt werden. Bei einer **aktiven Vollmacht** ist der führende VR berechtigt, auch im Namen der beteiligten Mitversicherer Erklärungen abzugeben, etwa die einer Leistungsablehnung oder der Gestaltung des Versicherungsvertrages (zur sog Anschlussklausel *Schaloske* S. 183 ff.). In jedem Falle wirkt bei dieser Art der Führungsklausel eine Klage gegen den führenden VR nur gegen diesen. **10**

Der Umfang einer **Prozessführungsklausel** hängt von ihrem durch Auslegung zu ermittelnden Inhalt ab. **11**

Beispiel: Der führende VR ist von den Mitversicherern ermächtigt, alle Rechtsstreitigkeiten auch bezüglich ihrer Anteile als Kläger oder Beklagter zu führen. Ein gegen den oder **12**

von dem führenden VR erstrittenes Urteil wird deshalb von den Mitversicherern als auch für sie verbindlich anerkannt.

13 Diese Klausel lag einem Fall OLG Bremen (VersR 1994, 709) zugrunde. Sie entspricht § 18 Abs. 2 Satz 1 SVS/RVS aF und § 19 Abs. 2 Satz 1 SVS/RVS (1989). Sie führt dazu, dass sämtliche Mitversicherer materiell-rechtlich nicht als Gesamtschuldner haften. Dennoch fragt sich, ob der VN den führenden VR im Wege der Klage nur auf dessen Quote oder auf volle Haftung, also einschließlich der von den anderen Mitversicherern gezeichneten Haftungsquoten in Anspruch nehmen kann. Keine Zweifel bestehen darüber, dass nach einem zusprechenden Urteil auf die Quote des führenden VR die übrigen VR nach ihrer Quote materiell-rechtlich haften, weil sie mit der Klausel ihre Verpflichtung für diesen Fall anerkannt haben (Langheid/Wandt/*Halbach* § 77 Rn. 20). Eine Klage gegen die übrigen Mitversicherer ist schon dann schlüssig, wenn gegen den führenden VR ein rechtskräftiges Urteil vorgelegt wird. Die gegenüber den Mitversicherern bestehende materielle Wirkung eines Urteils gegen den führenden VR bedeutet aber noch nicht, dass dieser auch in Höhe der Haftungsquoten der Mitversicherer prozessual in Anspruch genommen werden kann, dass also der Klageantrag auf die volle Haftungsquote gerichtet werden kann. Das OLG Bremen hat die Klausel dahin ausgelegt, dass (wohl unter der Annahme einer **gewillkürten Prozessstandschaft**) der führende VR kraft Vereinbarung so zu behandeln sei, als ob er auch hinsichtlich der Anteile der übrigen Mitversicherer der einzige VR wäre. Der führende VR konnte angesichts der gewählten Formulierung prozessual auf 100 % der Haftung verklagt werden. Ein solches Ergebnis kann – obwohl vom Wortlaut an sich nicht getragen – unter der praktischen Erwägung im Wege der Auslegung gefunden werden, damit der VN nicht erst den Führenden auf dessen Quote verklagen und dann bei materiell klarer Rechtslage auch noch weitere Prozesse gegen die Mitversicherer führen muss, um Titel auf die volle Haftung zu erlangen (zust. Langheid/Wandt/*Halbach* § 77 Rn. 20). So ist dann auch eine **Streitverkündung** überflüssig.

14 Die Führungsklausel kann – je nach Formulierung und Auslegung – auch die Ermächtigung enthalten, im Wege des Regresses nach § 86 **übergegangene Ansprüche** gegen den Schädiger geltend zu machen (vgl. BGH NVersZ 2002, 14 = VersR 2002, 117).

15 Zu einer anderen Führungsklausel, nach der der führende VR nur auf die von ihm übernommene **Quote** gerichtlich in Anspruch genommen werden kann, siehe OLG Düsseldorf VersR 1996, 957; zu einer Führungsklausel in der **D&O-Versicherung** s. OLG Köln VersR 2008, 1673, in der Transportversicherung s. OLG Hamburg VersR 2008, 1249 und in der Lebensversicherung siehe OLG Oldenburg VersR 2000, 617.

16 Wegen der Klage gegen einen Dritten, der kein Mitversicherer, der aber mit der Bearbeitung der Geschäfte von den Mitversicherern beauftragt war und als ermächtigt angesehen wurde, den Rechtsstreit im eigenen Namen zu führen (BGH VersR 1977, 174).

III. Identität des Interesses und der Gefahr

17 Neben- und Mehrfachversicherung sind nur gegeben, wenn das mit mehreren Verträgen versicherte Interesse dasselbe ist. Auch die mit den Verträgen versicherte Gefahr muss identisch sein. Beispiel für Identität des Interesses, aber nicht der Gefahr: Privathaftpflicht- und Grundstückshaftpflichtversicherung. Bei beiden

Haftpflichtversicherungen ist das Interesse versichert, die von Dritten geltend gemachten Schadensersatzansprüche gegen den Versicherten abzuwehren oder zu decken. Die versicherten Gefahren sind aber nicht dieselben, weil zB das Risiko aus der Vermietung von Wohnungen bei der Privathaftpflichtversicherung ausgeschlossen (Ziff. 7.6 AHB 2008), von der Grundstückshaftpflichtversicherung aber mit umfasst ist (vgl. den Fall OLG Nürnberg VersR 1976, 330; zur Tierhalterhaftpflichtversicherung und allgemeinen Privathaftpflichtversicherung OLG Nürnberg r+s 1996, 395 = VersR 1997, 180).

Sind Interesse und Gefahr **nicht vollständig identisch,** sondern ist nur ein Teil deckungsgleich, so liegen Neben- und Mehrfachversicherung nur in dem sich deckenden Bereich vor (siehe auch Prölss/Martin/*Armbrüster* § 77 Rn. 5). Bei Zeit- und Neuwertversicherung liegt Identität nur insoweit vor, als beide Versicherungen den Zeitwert abdecken (so auch Langheid/Wandt/*Halbach* § 77 Rn. 27). Für den Neuwertteil besteht keine Identität des versicherten Interesses (iErg ebenso OLG Hamm VersR 1986, 544, aber wohl irrtümlich auf Identität der versicherten Gefahr abstellend; **aA** (Vollidentität) Bruck/Möller/*Schnepp* § 77 Rn. 32). **18**

Setzen Neben- und Mehrfachversicherung voraus, dass das versicherte Interesse und damit der (Mit-)Versicherte identisch sind (zum Verhältnis KVO-Versicherung und Güterschaden-Transportversicherung BGH VersR 1959, 129 unter I; BGH VersR 1990, 620 (623): Identität des Versicherten durch – in jenem Falle unzulässige – Gruppenversicherung), so ist doch nicht erforderlich, dass die Versicherungsverträge von demselben VN genommen wurden. **Identität** auch des **VN** ist also nicht erforderlich (BGH VersR 1976, 847 unter 1; LG Köln VersR 1982, 1165; Prölss/Martin/*Armbrüster* § 77 Rn. 10). Deshalb können Neben- und Mehrfachversicherung auch bei Eigen- und Fremdversicherung vorliegen (BGH VersR 1976, 847; NJW-RR 1988, 727; NJW 1974, 1139). Diese beinhalten aber nicht notwendig ein identisches Interesse, wenn zB bei der Eigenversicherung das Eigentümerinteresse und mit der Fremdversicherung das Sachersatzinteresse, etwa des Mieters oder Pächters versichert sind (vgl. Bruck/Möller/*Schnepp* § 77 Rn. 29). Bei verschiedenen VN fehlt es auch an der Identität des Interesses, wenn der eine sein Eigentümerinteresse, der andere sein Gebrauchs- oder Wiederherstellungsinteresse (OLG München VersR 1986, 1116) versichert hat. **19**

Identität des Interesses fehlt ebenfalls, wenn der Eigentümer seine Sachversicherung und gleichzeitig die Haftpflichtversicherung des Schädigers in Anspruch nimmt (vgl. BGH VersR 1962, 129; aA OLG München VersR 2005, 500; dagegen zu Recht *Neugebauer* VersR 2006, 1339; BGH VersR 2006, 1536). Die Sachversicherung deckt sein Eigentümerinteresse, die Haftpflichtversicherung deckt das Interesse des Schädigers aus der Schadensersatzpflicht. Dagegen kann Identität und damit Neben- und Mehrfachversicherung bei zwei Haftpflichtversicherung bestehen, die das Kfz-Halterrisiko abdecken (BGH VersR 1976, 847 unter 1.a; OLG Nürnberg VersR 1981, 745). Auch kann Identität dadurch entstehen, dass sich Teilbereiche verschiedener Haftpflichtversicherung decken, zB allgemeine Haftpflichtversicherung und Sporthaftpflichtversicherung (LG Düsseldorf VersR 1984, 477; aber anders für die Betriebshaftpflichtversicherung eines Flughafens und die Privathaftpflichtversicherung eines Fluggastes, OLG Stuttgart VersR 2009, 206) oder dass der VN durch die Haftpflicht eines anderen mitversichert ist (OLG München VersR 1988, 1235). Zwischen einer Kfz-Bewachungsversicherung – Parkplatzbewachungsversicherung – einerseits, die keine Haftpflichtversicherung ist und nicht den VN von Ansprüchen Dritter freistellen will, sondern dem Kfz-Einsteller selbst Ansprüche bei Zerstörung und Verlust des Kfz gibt, und der **20**

Kaskoversicherung andererseits besteht Identität (LG Köln VersR 1982, 1164; AG Saarbrücken VersR 1978, 31).

IV. Anzeigepflicht

21 Anzeigepflicht besteht **nur in der Schadensversicherung;** eine mehrfache Summenversicherung oder die Kombination zwischen Summen- und einer Schadensversicherung ist grds. unbedenklich. Allerdings kann der VR auch in der Summenversicherung in seinen AVB die Anzeige verlangen (vgl. § 9 Abs. 5 MB/KK 2009, MB/KT 2009). Die Anzeige über die Vielfachversicherung nach § 77 ist sowohl in der Neben- als auch in der Mehrfachversicherung zu erstatten. Der VN hat unverzüglich (§ 121 BGB) dem jeweils anderen VR die Vielfachversicherung anzuzeigen. Mitzuteilen ist, bei welchem VR und mit welcher Versicherungssumme die Versicherung genommen ist (Abs. 1 Satz 2). Das gilt, wenn die Verträge nacheinander wie auch, wenn sie gleichzeitig abgeschlossen wurden.

22 Die Anzeigepflicht setzt **Identität** des versicherten Interesses und Identität der versicherten Gefahr voraus. Daneben ist auch Identität des VN erforderlich. Im Fall der Vielfachversicherung bei Eigen- und Fremdversicherung ist jedoch auch der Versicherte anzeigepflichtig (→ Rn. 17; vgl. Prölss/Martin/*Armbrüster* § 77 Rn. 12; Bruck/Möller/*Schnepp* § 77 Rn. 19 und 76).

23 Der **Rechtscharakter** des gesetzlichen Anzeigegebots ist umstritten. Es dürfte sich aber um eine **Rechtspflicht** und nicht um eine Obliegenheit handeln, weil das Gesetz keine Rechtsfolge nennt (lex imperfecta) und als Rechtsfolge nach den allgemeinen Grundsätzen bei Verschulden Schadensersatz in Betracht kommt (zust. Langheid/Wandt/*Halbach* § 77 Rn. 29; so jetzt auch Prölss/Martin/*Armbrüster* § 77 Rn. 17 und Bruck/Möller/*Schnepp* § 77 Rn. 68, 83). Daneben kommt auch eine Anwendung der §§ 19 ff. VVG in Betracht (OGH VersR 2021, 867), was eine entsprechende Frage des VR voraussetzt. Anders ist der Rechtscharakter zu beurteilen, wenn in den AVB eine Anzeige im Falle der Vielfachversicherung verlangt wird und an die Nichtbefolgung (teilweise) Leistungsfreiheit oder ein Kündigungsrecht des VR geknüpft ist (zB B § 11 Nr. 1 und 2 AFB 2008). Dann handelt es sich um eine Obliegenheit (zu Obliegenheiten näher → § 28 Rn. 8 ff.).

V. Rechtsfolgen

24 Das Gesetz spricht für den Fall der Verletzung der Anzeigepflicht keine Rechtsfolgen aus. Es greifen deshalb die allgemeinen Grundsätze ein, nach denen der VN bei schuldhafter Verletzung dem VR zum Schadensersatz verpflichtet ist. Der VR ist nicht gehindert, in seine AVB Rechtsfolgen für den Fall der Verletzung der Anzeigepflicht aufzunehmen. Dann ist § 28 zu beachten (so auch Langheid/Wandt/*Halbach* § 77 Rn. 29). So ist etwa nach § 9 Abs. 1 AFB 30 eine andere Versicherung „auch gegen mittelbare Schäden“ anzuzeigen, während B § 11 Nr. 1 AFB 2008 die Anzeigepflicht nur bei der weiteren Versicherung eines Interesses gegen dieselbe Gefahr vorschreibt.

25 Die gesetzliche Anzeigepflicht des § 77 wird ferner ausdrücklich wiederholt in B §§ 11 Nr. 1 AERB 2008, AWB 2008, AStB 2008, VGB 2008, VHB 2008. In deren B § 11 Nr. 2 wird dem VR bei Verstößen gegen die Anzeigeobliegenheit ein Kündigungsrecht eingeräumt und für diesen Fall außerdem (teilweise) Leistungsfreiheit vorgesehen.

26 Das Interesse des VR an der Anzeige einer Vielfachversicherung besteht schon im Hinblick auf die mit der Anzeige erlangte Kenntnis und nicht nur wegen des Kündigungsrechts. Denn die Vielfachversicherung bewirkt eine erhöhte Vertragsgefahr und auch eine gewisse Erhöhung des subjektiven Risikos (ebenso *Martin* V I Rn. 30).

VI. Mitversicherung nach Abs. 2

27 In Abs. 2 wird die frühere Regelung des § 90 aF bei der Feuerversicherung für die Schadensversicherung insgesamt übernommen. Es handelt sich um eine besondere Regelung zur **Mit- bzw. Vielfachversicherung** nach Abs. 1, jedoch nicht um eine Mehrfachversicherung iSv § 78. Der Unterschied besteht darin, dass durchaus ein Interesse gegen dieselbe Gefahr bei mehreren VR versichert werden kann, ohne dass Mehrfachversicherung iSd § 78 vorliegt. Das wird durch die Regelung in Abs. 2 besonders deutlich, denn hier wird bei dem einen VR eine Gewinnversicherung abgeschlossen, bei dem anderen VR eine Substanzverlustversicherung. Die Identität des versicherten Interesses kann also niemals gegeben sein, so dass schon begrifflich keine Mehrfachversicherung nach der Legaldefinition des § 78 vorliegen kann. Gleiches gilt auch für Nebenversicherungen iSv § 77, denn auch insoweit ist eine Interessenidentität erforderlich. Abs. 2 regelt also einen Spezialfall der **Mitversicherung** (anders BK/*Dörner*/*Staudinger* § 90 Rn. 2 unter Hinweis auf *Boldt* S. 126, die nur von einer Mehrfachversicherung sprechen wollen, obwohl durch § 77 (= § 58 aF) nur ein versichertes Interesse behandelt wird).

28 Obwohl das Gewinninteresse nicht identisch ist, muss der VN dem einen VR die Versicherung beim anderen VR anzeigen, um dem jeweils betroffenen VR die Risikoeinschätzung – namentlich auch in Bezug auf das subjektive Risiko – zu erleichtern. Aus diesem Grunde ist das Nebeneinander von Sachersatz- und etwa Betriebsunterbrechungsversicherung dem jeweils anderen VR anzuzeigen, wenn – ungewöhnlicherweise – beide Versicherungen bei einem jeweils anderen VR genommen werden. Ebenso verhält es sich etwa mit einer Gebäudefeuer- und einer gleichzeitig abgeschlossenen Mietverlustversicherung. Gleiches gilt auch für die Maschinenversicherung, wenn die Sachversicherung bei dem einen und die Unterbrechungsversicherung bei dem anderen VR genommen wird. **Fraglich** ist, ob auch **subsidiäre** Versicherungen anmeldepflichtig sind, denn bei diesen liegt keine Mit-, sondern eine Alternativversicherung vor. Deswegen dürfte hier eine Mitteilungspflicht auch zu verneinen sein (ohne weitere Begründung schärfer BK/*Dörner*/*Staudinger* § 90 Rn. 3, die eine Anzeigepflicht bejahen, auch wenn die Subsidiarität eine Entschädigung aus der Sekundärversicherung ausschließt).

29 Die gesetzliche Regelung sieht **keine Sanktion** für einen Verstoß gegen die Mitteilungspflicht vor. Hier ist – wie bei Abs. 1 – auf die Sanktionsvereinbarungen in den AVB zu verweisen.

VII. Abdingbarkeit

30 § 77 kann abbedungen werden. So kann – in den Grenzen der §§ 305 ff. BGB – vereinbart werden, dass eine Vielfachversicherung untersagt ist oder vom Einverständnis des VR abhängig sein soll (vgl. § 9 Abs. 6 MB/KK 2009, MB/KT 2009; zust. Bruck/Möller/*Schnepp* § 77 Rn. 91).

§ 78 Haftung bei Mehrfachversicherung

(1) Ist bei mehreren Versicherern ein Interesse gegen dieselbe Gefahr versichert und übersteigen die Versicherungssummen zusammen den Versicherungswert oder übersteigt aus anderen Gründen die Summe der Entschädigungen, die von jedem Versicherer ohne Bestehen der anderen Versicherung zu zahlen wären, den Gesamtschaden (Mehrfachversicherung), haften die Versicherer in der Weise als Gesamtschuldner, dass jeder Versicherer den von ihm nach dem Vertrag zu leistenden Betrag zu zahlen hat, der Versicherungsnehmer aber insgesamt nicht mehr als den Betrag des Schadens verlangen kann.

(2) [1]Die Versicherer sind im Verhältnis zueinander zu Anteilen nach Maßgabe der Beträge verpflichtet, die sie dem Versicherungsnehmer nach dem jeweiligen Vertrag zu zahlen haben. [2]Ist auf eine der Versicherungen ausländisches Recht anzuwenden, kann der Versicherer, für den das ausländische Recht gilt, gegen den anderen Versicherer einen Anspruch auf Ausgleichung nur geltend machen, wenn er selbst nach dem für ihn maßgeblichen Recht zur Ausgleichung verpflichtet ist.

(3) In der Haftpflichtversicherung von Gespannen sind bei einer Mehrfachversicherung die Versicherer im Verhältnis zueinander zu Anteilen entsprechend der Regelung in § 19 Absatz 4 des Straßenverkehrsgesetzes verpflichtet.

(4) Hat der Versicherungsnehmer eine Mehrfachversicherung in der Absicht vereinbart, sich dadurch einen rechtswidrigen Vermögensvorteil zu verschaffen, ist jeder in dieser Absicht geschlossene Vertrag nichtig; dem Versicherer steht die Prämie bis zu dem Zeitpunkt zu, zu dem er von den die Nichtigkeit begründenden Umständen Kenntnis erlangt.

Übersicht

I. Normzweck

Mit § 78 hat der Gesetzgeber für eine bestimmte Fallgruppe das Prinzip konkretisiert, dass der VN in der Schadensversicherung durch den Versicherungsfall **nicht bereichert** werden soll. Deshalb bezweckt die gesetzliche Regelung jedenfalls für den Bereich der **Mehrfachversicherung** (der Begriff soll nach BT-Drs. 16/3945, 79 die vor der Reform 2008 verwendete Bezeichnung der Doppelversicherung konkretisieren, erreicht aber eher das Gegenteil, weil kaum noch eine Unterscheidung zu § 77 möglich ist), dass eine **Bereicherung des VN unmöglich** wird. Eine solche Möglichkeit liegt auf der Hand, wenn die Versicherungssummen zusammen den Versicherungswert übersteigen (Alt. 1, → Rn. 5). Könnte der VN unter zwei oder mehr Verträgen seinen Schaden abrechnen, erhielte er idR wesentlich mehr als die tatsächliche Schadensumme. Der ursprüngliche Wortlaut des Gesetzes von 1908 nannte nur diese Fallgestaltung. Praxis und Rspr. zeigten aber, dass auch bei weiteren Fällen, insbesondere bei der Mehrfachversicherung in der Haftpflichtversicherung, eine Bereicherung vermieden werden musste. Deshalb wurde durch die VO von 1939 die Alt. 2 (→ Rn. 8) hinzugefügt. So kam es zu dem etwas unübersichtlichen Wortlaut. Zum neuen, am 10.7.2020 eingefügten Abs. 3 (BGBl. 2020 I 1653) → Rn. 22. 1

Die Mehrfachversicherung ist nicht verboten. Für sie kann es Gründe geben, etwa wenn der VN eine Erhöhung der Versicherungssumme beabsichtigt, um sicherzugehen, dass der Versicherungswert in jedem Falle abgedeckt ist. Wenn der VN aus irgendwelchen Gründen mit dem VR des bestehenden Vertrages unzufrieden ist, liegt es nahe, den Vertrag über die Erhöhung mit einem anderen VR abzuschließen. Oft ist auch unvermeidbar, dass sich bei zwei Verträgen ein Teil des abgedeckten Risikos überschneidet. Darauf hat der VN keinen Einfluss, weil er die AVB regelmäßig nicht ändern kann (in der Industrieversicherung und bei sog Maklerbedingungen ist das anders). Die Regelung des § 78 bezweckt, dass sich der VN durch eine Mehrfachversicherung keine mehrfache Entschädigung für denselben Schaden verschafft. 2

§ 78 ist **nur in der Schadensversicherung** – dazu gehört auch die Haftpflichtversicherung (vgl. BGH VersR 2017, 36 = r+s 2017, 73 mAnm *Dickmann;* NJW 2006, 3707) – und in der Rechtsschutzversicherung (Harbauer/*Cornelius-Winkler* ARB 75 § 15 Rn. 37) **anwendbar.** In der Summenversicherung gibt es keine Mehrfachversicherung, weil sich bei ihr das versicherte Interesse nicht durch einen bezifferten Höchstschaden ausdrückt (zust. Langheid/Wandt/*Halbach* § 78 Rn. 5). Sind dieselbe Gefahr und dasselbe Interesse zwar mit verschiedenen Verträgen, aber bei demselben VR versichert, ist § 78 analog anzuwenden (BGH VersR 1991, 172 unter III.1 = r+s 1991, 224; so jetzt auch Bruck/Möller/*Schnepp* § 78 Rn. 11). 3

II. Mehrfachversicherung

1. Allgemeine Voraussetzungen

Die Mehrfachversicherung setzt bei mehreren Versicherungsverträgen **Identität** des **versicherten Interesses** und Identität der **versicherten Gefahr** voraus. Ob Identität vorliegt, ist durch einen Vergleich des übernommenen Risikos zu ermitteln (OLG Nürnberg VersR 1997, 180 mwN). Eine Identität des VN ist 4 nicht erforderlich (BGH VersR 1976, 847 unter 1; Bruck/Möller/*Schnepp* § 77 Rn. 19 und § 78 Rn. 15). Auch die Haftung des VR gegenüber dem Realgläubiger aus § 143 genügt für die Annahme einer Mehrfachversicherung, wenn dasselbe Interesse gegen dieselbe Gefahr zugleich bei einem weiteren VR versichert ist (OLG Hamm r+s 2013, 72). Weiter zur Definition der Mehrfachversicherung → § 77 Rn. 4 und zur Frage der Identität → § 77 Rn. 17.

2. Verhältnis Versicherungssummen/Versicherungswert

5 Bei § 78 Abs. 1 **Alt. 1** müssen die Versicherungssummen zusammen den Versicherungswert übersteigen. Die Prüfung setzt also voraus, dass der Versicherungswert und die Versicherungssummen festgestellt und miteinander verglichen werden. Ist die Summe der Versicherungssummen höher als der Versicherungswert, liegt die Alt. 1 vor. Durch die Mehrfachversicherung ist quasi eine Überversicherung entstanden.

6 **Versicherungswert** ist der Wert des (jeweils mehrfach) versicherten Interesses. In der Sachversicherung ist das im Zweifel der Wert der Sache (→ § 88 Rn. 10 ff.). Für die Feststellung des Versicherungswertes ist der Zeitpunkt maßgebend, in dem der Versicherungsfall eingetreten ist, denn vorher kommt eine Entschädigung nicht in Betracht. Sind bei mehreren Verträgen unterschiedliche Versicherungswerte etwa kraft Vereinbarung anzusetzen, so kommt es bei dem Vergleich mit der Summe der Versicherungssummen auf den höheren Versicherungswert an (so auch Bruck/Möller/*Schnepp* § 78 Rn. 25). Denn entsprechend dem Zweck der Norm kann von einer Bereicherung nur gesprochen werden, wenn der VN eine Entschädigung erhält, die den höchsten Versicherungswert übersteigt. Die **Versicherungssumme** ist idR ohne Schwierigkeiten feststellbar. Liegt eine Mehrfachversicherung dadurch vor, dass die eine einen **Inbegriff von Sachen** umfasst (siehe § 89) und die andere nur einen Teil dieser Sachen, muss die Versicherungssumme der Inbegriffsversicherung entsprechend **aufgeteilt** werden (näher Prölss/Martin/*Armbrüster* § 78 Rn. 10). Soweit sich andere Schwierigkeiten bei der Feststellung von Versicherungswert und Versicherungssumme ergeben, empfiehlt es sich zu prüfen, ob eine Mehrfachversicherung nach der zweiten Alternative vorliegt und sich dies leichter feststellen lässt.

7 Die Gesamtheit der Versicherungssummen muss den Versicherungswert **übersteigen;** das Gesetz sagt nicht, um wie viel. Es kommt folglich im Gegensatz zur Überversicherung (§ 74 Abs. 1) zur Unterversicherung (§ 75) und zur Taxe (§ 76) nicht darauf an, dass die Versicherungssummen den Versicherungswert erheblich übersteigen (Langheid/Wandt/*Halbach* § 78 Rn. 8). Für die Feststellung, ob die Versicherungssummen den Versicherungswert übersteigen, kommt es auf den **Zeitpunkt des Versicherungsfalls** an (zust. Langheid/Wandt/*Halbach* § 78 Rn. 8).

3. Verhältnis Leistungen/Gesamtschaden

8 Nach § 78 Abs. 1 **Alt. 2** liegt eine Mehrfachversicherung vor, wenn die Summe der Entschädigungen, die von jedem VR zu zahlen wären, den Betrag des gesamten Schadens übersteigt. In der Praxis liegt das Gewicht bei der Alt. 2, weil viele Fälle der ersten Alternative auch unter die zweite fallen (Langheid/Wandt/*Halbach* § 78 Rn. 9). Übersteigen die Versicherungssummen mehrerer Verträge zusammen den Versicherungswert, wird häufig auch die Summe der Entschädigungen den Gesamtschaden übersteigen.

Unter die Alt. 2 fällt vor allem eine Mehrzahl von Haftpflichtversicherung; sie haben keinen Versicherungswert, der nach der Alt. 1 mit der Versicherungssumme verglichen werden könnte. Bei ihnen kommt es auf den Vergleich zwischen dem Schaden und der Entschädigung an (BGH VersR 1976, 847; OLG München VersR 1988, 1235; OLG Nürnberg VersR 1981, 745; LG Düsseldorf VersR 1984, 477). Unter die Alt. 2 fällt auch das Zusammentreffen einer Erstrisikoversicherung (→ § 75 Rn. 10) mit einer weiteren Erstrisikoversicherung oder mit einer normalen Versicherung. In diesen Fällen kann die Entschädigung, die nach den mehreren Versicherungsverträgen zu zahlen wäre, höher sein als der Gesamtschaden, weil der VR bei der Erstrisikoversicherung bis zur Versicherungssumme zahlt, egal ob Unterversicherung vorliegt oder nicht. Auch bei Versicherungen, die Krankheitskosten abdecken, kommt es auf die Alt. 2 an. 9

Bei der Frage, ob die Entschädigungen den Gesamtschaden **übersteigen,** ist vor allem eine etwaige **Selbstbeteiligung** zu berücksichtigen. 10

III. Ansprüche des Versicherungsnehmers gegen den Versicherer

1. Gesamtschuldner

Nach Abs. 1 haften die VR dem VN als **Gesamtschuldner,** soweit die Leistung des einen den anderen Mehrfachversicherer befreit. Der VN kann von jedem der VR (ganz oder teilweise) die Entschädigung fordern, die ihm nach dem Vertrag gebührt. Abs. 1 begrenzt den Anspruch nur insoweit, als der VN keinen höheren Anspruch als seinen Schaden insgesamt hat. Der VN hat den Vorteil, dass er die Teilung nicht selbstständig vorzunehmen braucht, sondern sich, bis er vollen Ersatz erlangt hat, an jeden VR wegen des ganzen durch dessen Versicherungssumme gedeckten Betrags halten kann. Zunächst ist also jedes Versicherungsverhältnis für sich zu betrachten und zu fragen, welcher Anspruch sich aus ihm ergibt. Dabei sind die Versicherungssumme, die Schadenshöhe, eine etwaige Unterversicherung und – falls vereinbart – ein Selbstbehalt des jeweiligen Vertrages zu berücksichtigen. Es ist Sache des VN, nach welchen Gesichtspunkten er auswählt, welchen VR er in Anspruch nimmt. Er wird sich danach richten, bei wem er den gesamten Schaden abgedeckt hat, kein Selbstbehalt vereinbart ist oder wer in der Vorkorrespondenz die wenigsten Schwierigkeiten gemacht hat. In jedem Falle muss der VN zur Aufrechterhaltung der Ansprüche gegen sämtliche Mehrfachversicherer diesen gegenüber die Obliegenheiten erfüllen und Verjährungsfristen beachten (Bruck/Möller/*Schnepp* § 78 Rn. 67). 11

Die Mehrfachversicherer sind keine notwendigen Streitgenossen (§ 62 ZPO) (zust. Langheid/Wandt/*Halbach* § 78 Rn. 12). Sie können aber als gewöhnliche Streitgenossen (§ 60 ZPO) verklagt werden. 12

2. Höchstdeckungssumme

Da der VN nach Abs. 1 „insgesamt nicht mehr als **den Betrag des Schadens** verlangen kann", muss dieser Betrag festgestellt werden. Dabei ist von der dem VN günstigsten Regelung des jeweiligen Versicherungsverhältnisses auszugehen. Enthält zB ein Versicherungsvertrag einen Selbstbehalt und der andere Vertrag nicht, so ist von der Regelung ohne Selbstbehalt auszugehen. Die Feststellung des Gesamtschadens bezieht sich nur auf das mehrfach versicherte Interesse. Für 13 die Höhe des Gesamtschadens bleiben daher Schäden durch denselben Versicherungsfall an anderen Interessen außer Betracht (*Martin* V II Rn. 9). Zum Zusammentreffen von Neuwert- und Zeitwertversicherung siehe (*Martin* V II Rn. 9 ff.).

14 In den Betrag des Schadens sind etwaige Rettungskosten (§ 83 Abs. 1) sowie Kosten für die Ermittlung und Feststellung des Schadens (§ 85) einzurechnen.

IV. Ansprüche der Versicherer untereinander (Abs. 2)

1. Rückgriff

15 Abs. 2 räumt den VR ein **gegenseitiges Rückgriffsrecht** ein (BGH VersR 2014, 450). Die Regelung des Abs. 2 geht § 426 Abs. 1 Satz 1 BGB vor. Die weiteren Vorschriften zur Gesamtschuld bleiben anwendbar. Im Falle der Mehrfachversicherung geht § 78 Abs. 2 als Sonderregelung auch dem § 86 Abs. 1 Satz 1 vor (anders aber bei einer Subsidiaritätsklausel in einer Montageversicherung, die verhindert, dass es zu einer echten Doppelversicherung kommt, BGH VersR 2010, 247; VersR 2008, 994; VersR 2006, 1536; Einzelheiten bei *Langheid/Müller-Frank* NJW 2011, 355). Damit wird vermieden, dass ein VR über eine Legalzession nach § 86 Abs. 1 Satz 1 etwas erlangt, was er nach § 78 Abs. 2 im Wege des Ausgleichs wieder erstatten müsste (BGH VersR 1989, 250 unter 3 = NJW-RR 1989, 922).

16 Der Ausgleichsanspruch setzt eine gesamtschuldnerische Haftung voraus (zum Regress des GebäudeVR beim HaftpflichtVR des Mieters vgl. OLG Bamberg r+s 2019, 641; OLG Celle r+s 2019, 519). Zwischen VR der PKV und der GKV besteht keine Gesamtschuld (BSG r+s 2019, 193). Wenn der in Regress genommene VR gegenüber dem VN **im Zeitpunkt des Versicherungsfalles** ganz oder teilweise leistungsfrei ist, besteht insoweit kein Ausgleichsanspruch (BGH VersR 1986, 380 = NJW-RR 1986, 768). Steht es dem VN einer AuslandsreisekrankenVers frei, welchen von zwei VR er in Anspruch nimmt, dann besteht der Ausgleichsanspruch des in Anspruch genommenen VR (OLG Saarbrücken VersR 2021, 635).

17 Umstritten war lange Zeit, ob ein Ausgleich auch dann noch stattfindet, wenn einer der Mehrfachversicherer aufgrund von **nach dem Versicherungsfall** eintretenden Umständen leistungsfrei geworden ist (zB Obliegenheitsverletzung nach dem Versicherungsfall; Verjährung). Nach Bruck/Möller/*Sieg* (8. Aufl. 1961 ff., § 59 Anm. 37) sollte jeder Ausgleichsanspruch entfallen, wenn im Außenverhältnis zum VN die Entschädigungsforderung gegen einen der Mehrfachversicherer wegfällt (ebenso OLG Düsseldorf VersR 1979, 639 mablAnm. *Zagel* VersR 1979, 904; Ansicht aber aufgegeben NJW-RR 2000, 1697 = VersR 2000, 1353), weil bei nachträglichem Wegfall der Leistungspflicht eines der Mehrfachversicherer dieser so zu behandeln sei, als ob eine Leistungspflicht von Anfang an nicht bestanden habe (dagegen Prölss/Martin/*Armbrüster* § 78 Rn. 20: Die Leistungsfreiheit eines Mehrfachversicherers aufgrund späterer Ereignisse berühre den Ausgleichsanspruch nicht).

18 Die Mehrfachversicherer sind nur verbunden durch den Zufall, dass der VN eine Mehrfachversicherung abgeschlossen hat, aufgrund der sie von Gesetzes wegen teilweise oder ganz leistungsfrei sind. Um die subjektive Gefahr der bewussten oder unbewussten Herbeiführung des Versicherungsfalles zurückzudrängen, die mit der Mehrfachversicherung und der Aussicht auf eine doppelte Entschädi-

gung verbunden ist, hat der Gesetzgeber die Entschädigung auf den Betrag des Schadens begrenzt. Damit reduziert sich die Leistung des VR trotz Prämienzahlung und Leistungspflicht zumindest um einen Teil des Entschädigungsbetrages. Das ist die notwendige Folge der Sanktion einer Mehrfachversicherung. Der bei einer Mehrfachversicherung auf Seiten der VR entstehende Gewinn soll nach dem Willen des Gesetzgebers auf die an der Mehrfachversicherung beteiligten VR nach dem Maßstab des Abs. 2 Satz 1 verteilt werden. Die Leistungsfreiheit aufgrund einer Obliegenheitsverletzung verfolgt nicht eine zusätzliche Ersparnis bei dem VR. Es handelt sich vielmehr um eine Sanktion, um den VN zu vertragsgerechtem Verhalten anzuhalten. Um diesem Ziel Nachdruck zu verleihen, kann Leistungsfreiheit vereinbart werden. Nichts anderes gilt, wenn die Leistungsfreiheit auf Verjährung beruht. Der sich aus der Mehrfachversicherung für den VR ergebende Vorteil stellt sich demgemäß ebenso wie der Vorteil aus einer Obliegenheitsverletzung als Nebenprodukt in der Verfolgung eines ganz anderen Zieles dar. Insoweit besteht für die Frage der Zuordnung der Vorteile Wertungsgleichheit. Bei dieser Sachlage muss ein Gedanke den Ausschlag geben, der jeder gesetzlich angeordneten Verteilung unter Gesamtschuldnern innewohnt. Ihr Zweck ist es nämlich, auch zu verhindern, dass durch Gläubigerwillkür bestimmt wird, welcher Gesamtschuldner das zur Befriedigung erforderliche Opfer aufzubringen hat (BGHZ 58, 216 (219)). Darauf stellt auch *Armbrüster* (in Prölss/Martin § 78 Rn. 20) zu Recht ab. Der VN darf es nicht in der Hand haben, etwa durch eine vorsätzliche Obliegenheitsverletzung gegenüber dem einen Mehrfachversicherer zu bewirken, dass allein der andere haftet. Deshalb kommt es für die Frage, ob unter den Mehrfachversicherern ein Ausgleichsanspruch besteht, allein darauf an, ob **im Zeitpunkt des Versicherungsfalles** die Mehrfachversicherer gegenüber dem VN zur Leistung verpflichtet waren. Eine Leistungsfreiheit aufgrund von Ereignissen nach dem Versicherungsfall bleibt außer Betracht (so jetzt auch BGH VersR 2006, 1536; offen gelassen von BGH VersR 1986, 380; in Bezug auf Obliegenheitsverletzungen; jetzt ebenfalls wie hier Bruck/Möller/*Schnepp* § 78 Rn. 110, aber in Rn. 111 in Bezug auf Verjährung weiterhin differenzierend). Zur Frage der Ausgleichspflicht, wenn ein Pflichtversicherer gegenüber dem VN leistungsfrei ist, dies nach § 123 Abs. 1 einem redlichen Mitversicherten jedoch nicht entgegenhalten kann, vgl. *Schwab* VersR 2016, 221.

Der in Regress genommene VR kann sich gegenüber dem Zweitversicherer 19
in gleicher Weise auf (bis zum Versicherungsfall entstandene) Leistungsfreiheit berufen, wie gegenüber dem VN. Es gilt dieselbe Beweislastverteilung (BGH NJW-RR 1986, 768 = VersR 1986, 380 unter 2.c). Hat der an sich leistungsfreie VR dennoch aufgrund eines Vergleichs dem VN Leistungen erbracht, hindert ihn dieser Umstand auch unter dem Gesichtspunkt des § 242 BGB nicht, sich gegen Regressansprüche des anderen VR zu wehren und sich auf seine Leistungsfreiheit zu berufen (BGH NJW-RR 1986, 768 = VersR 1986, 380 unter 4). Die Ausgleichsverpflichtung hängt nicht davon ab, ob ein VR tatsächlich (freiwillig oder aufgrund eines Vergleichs) Leistungen erbringt. Sie richtet sich vielmehr nach den Zahlungen, die den beteiligten VR gegenüber dem VN vertragsgemäß obliegen (BGH VersR 1981, 625).

Ein Ausgleichsanspruch besteht auch dann, wenn es sich bei der einen Versiche- 20
rung um eine Sachversicherung handelt, die anstelle einer entsprechenden Haftpflichtversicherung gewährt wird (Kfz-Kaskoversicherung als Fremdversicherung anstelle Haftpflichtversicherung zugunsten des Inhabers einer Kfz-Werkstatt, BGH NJW 1974, 1139).

21 Bei einem von einem **Gespann** verursachten Schaden sind im Falle einer Mehrfachversicherung von Gespann und Zugfahrzeug in der Regel beide Haftpflichtversicherer **je zur Hälfte** eintrittspflichtig (BGH r+s 2021, 256; NJW 2018, 2958 = VersR 2018, 990; NJW 2011, 447 = VersR 2011, 105; OLG München BeckRS 2020, 12945 = ZfS 2020, 455). Die Regelung dieser Situation wollte der Gesetzgeber offenbar nicht länger der Rechtsprechung überlassen. Der per 10.7.2020 neu eingefügte Abs. 3 (BGBl. 2020 I 1653) verweist auf § 19 Abs. 4 StVG. Danach haftet in der Regel der Halter des Zugfahrzeugs allein. Nur wenn sich durch den Anhänger eine höhere Gefahr verwirklicht als durch die Zugmaschine allein, ist der Schaden nach Verursachungsbeiträgen zu verteilen und zu tragen. Dabei soll das „Ziehen des Anhängers allein" keine höhere Gefahr darstellen.

2. Subsidiarität

22 Die Vereinbarung von Subsidiaritätsklauseln (zB § 2 Nr. 7 Satz 2 AFB 87, Ziff. 2.5 KVO/CMR, A § 6 Nr. 4 Buchst. f VHB 2008), nach denen ein VR nur haftet, wenn nicht ein anderer für den Schaden einzutreten hat, ist grds. wirksam (BGH VersR 2014, 450; auch bei einer Teilidentität des versicherten Risikos; BGH NJW 2018, 2120). Die Frage der Wirksamkeit einer Subsidiaritätsabrede kann aber nicht Gegenstand einer Feststellungsklage sein (OLG Köln VersR 2020, 674). Bei einer einfachen Subsidiaritätsabrede haftet der Verwender der Klausel nicht, wenn der VN aus einem anderen Vertrag Deckung erhalten kann. Bei qualifizierten Klauseln reicht für die Leistungsfreiheit des Verwenders, dass das Risiko anderweitig versichert ist, ohne dass es auf eine konkrete Eintrittspflicht des anderen VR ankommen kann (krit. zu qualifizierten Subsidiaritätsklauseln *Fajen* VersR 2013, 973). Bei gleichwertigen Klauseln erfolgt der Innenausgleich nach § 78 (OLG Köln BeckRS 2021, 7405 für eine Schnittmenge des versicherten Risikos (Rücktransport in der Auslandsreise – Krankenversicherung). Eine Subsidiaritätsvereinbarung in kollidierenden Klauseln reicht dabei nicht schon für eine qualifizierte Subsidiarität (also einen Deckungsausschluss nur durch Bestehen der rivalisierenden Versicherung, OLG Köln VersR 2019, 680). Ferner kann durch eine solche Abrede nicht der Innenausgleich verhindert werden, wenn ein Zugfahrzeug und dessen Anhänger zwingend versichert sein müssen (BGH r+s 2021, 256; NJW 2018, 2958 = VersR 2018, 990). Haftet ein VR nur subsidiär, greift § 78 Abs. 2 nicht ein (BGH VersR 2010, 247; VersR 2008, 994; VersR 2006, 1536; *Langheid/Müller-Frank* NJW 2011, 355; Langheid/Wandt/*Halbach* § 78 Rn. 17). Bei subsidiärer Haftung ist kein Raum für einen Ausgleich zwischen den VR. Anders aber OLG Saarbrücken VersR 2021, 635 = BeckRS 2021, 5542 für den Fall, dass der VN zwischen beiden VR wählen kann, weil der sog. SubsidiärVR eine Vorleistung verspricht. Das aber dürfte gar kein Fall der Subsidiarität sein. Hat der (echte) Primärversicherer seine Leistung erbracht, kommt auch kein Forderungsübergang nach § 86 Abs. 1 in Betracht, denn gegen den Subsidiärversicherer besteht keine Forderung, die auf den Primärversicherer übergehen könnte (BGH NJW-RR 2004, 1100 = VersR 2004, 994 = BGH-Report 2004, 1155 mAnm *Langheid;* NJW-RR 1989, 922 = VersR 1989, 250 unter 3).

23 Hat der Subsidiärversicherer die Leistung erbracht, zu der er an sich nicht verpflichtet war, geht der Anspruch des VN gegen den Primärversicherer auf den zahlenden Versicherer über. Der Primärversicherer ist Dritter iSd § 86 Abs. 1

Satz 1. Damit wird erreicht, dass iErg der allein eintrittspflichtige Primärversicherer den Schaden deckt (BGH NJW-RR 1989, 922 = VersR 1989, 250 unter 3).

24 Bei der Auslegung konkurrierender Subsidiaritätsklauseln ist mangels unmittelbarer vertraglicher Beziehung nicht auf die Sicht der beteiligten Versicherer abzustellen, sondern auf die eines VN ohne versicherungsrechtliche Spezialkenntnisse. Ergibt die Auslegung, dass der Versicherungsschutz jeweils dann entfallen soll, wenn der andere Versicherer leistet, aber keiner der beteiligten Versicherer mit Rücksicht auf die Eintrittspflicht des jeweils anderen bereit ist, allein Deckung zu gewähren, heben sich die widersprechenden Klauseln gegenseitig auf (BGH VersR 2014, 450 mwN) mit der Konsequenz, dass der letztlich in Anspruch genommene VR einen gesetzlichen Ausgleichsanspruch nach § 78 Abs. 2 Satz 1 hat, es sei denn, zwischen den Versicherern besteht eine anderweitige Vereinbarung (*Langheid/Müller-Frank* NJW 2014, 2323).

3. Ausland

25 **Bei ausländischem Recht** sieht Abs. 2 Satz 2 Gegenseitigkeit vor (AG Köln VersR 1978, 835), um zu verhindern, dass die Vorschriften über das Rückgriffsrecht den VR benachteiligen, dessen Vertrag dem deutschen Recht untersteht. Fehlt es an der Gegenseitigkeit, ist der Ausgleichsanspruch ausgeschlossen.

V. Betrügerische Mehrfachversicherung (Abs. 3)

26 Der VN kann aus dem Vertrag, den er in betrügerischer Absicht geschlossen hat, keine Rechte herleiten. Das bedeutet, dass er aus **keinem der Verträge** Leistungen verlangen kann, wenn er beide schon mit Betrugsabsicht schloss. Hat er dagegen erst den zweiten Vertrag in betrügerischer Absicht geschlossen, bleibt der erste Vertrag bestehen (zust. Langheid/Wandt/*Halbach* § 78 Rn. 11; Bruck/Möller/*Schnepp* § 78 Rn. 151). Aus ihm hat der VN alle Ansprüche. Da die Rechtsfolge der Nichtigkeit nicht vom Eintritt eines Versicherungsfalles abhängt, ist bei der Feststellung des Versicherungswertes – anders als bei Abs. 1 – nicht auf den Zeitpunkt des Versicherungsfalles abzustellen, sondern auf den des Vertragsschlusses.

27 Die Betrugsabsicht ist schwer nachzuweisen. Es ist eine Frage der Umstände des Einzelfalles (angenommen von LG Bonn VersR 1986, 865 (Ls.); abgelehnt von OLG Düsseldorf VersR 1996, 835).

28 Ebenso wie in der Parallelvorschrift des § 74 Abs. 2 ist es abweichend von der allgemeinen Konzeption der VVG-Reform 2008, den Grundsatz der Unteilbarkeit der Prämie aufzugeben (vgl. § 39), dabei geblieben, dass der VN trotz der Nichtigkeit des Vertrages zur Zahlung einer Prämie verpflichtet ist. Allerdings nicht bis zum Schluss der Versicherungsperiode, sondern nur bis zu dem Zeitpunkt, zu dem **der VR von den Umständen, welche die Nichtigkeit des Vertrages begründen, Kenntnis** erlangt. Da es sich hier um einen Fall arglistigen Verhaltens des VN handelt, erschien es dem Gesetzgeber aus Gründen der Prävention gerechtfertigt, diese Sanktion jedenfalls in dem eingeschränkten Umfang aufrechtzuerhalten; anderenfalls bliebe der Versuch des VN, sich einen rechtswidrigen Vermögensvorteil zu verschaffen, folgenlos, da er die bezahlte Prämie zurückerhalten würde (BT-Drs. 16/3945, 79 f.).

VI. Abdingbarkeit

1. Bestehende Abdingbarkeit

29 Abdingbar: Abs. 1 ist gemäß § 87 nicht zwingend. Die Parteien können durch Vertrag von § 78 Abweichendes vereinbaren. Insbesondere kann vereinbart werden, dass bei einer Mehrfachversicherung ein VR gegenüber dem VN nur entsprechend seinem Verhältnis zu den weiteren Mehrfachversicherern, also pro rata haftet (siehe dazu weiter Bruck/Möller/*Schnepp* § 78 Rn. 188 ff.). Es kann eine Haftungspriorität des einen vor dem anderen vereinbart werden. Ebenso ist zwischen VN und VR vereinbar, der VR hafte nur für den Fall, dass kein anderer VR für den Schaden eintritt, sog Subsidiarität (auch → Rn. 22). Die Bestimmung einer Gesamtentschädigungsgrenze in AVB bei mehrfacher Versicherung (wie zB in Abschn. B § 11 Nr. 3 Buchst. b VHB 2008) benachteiligt den VN nicht unangemessen iSv § 307 BGB (zu § 20 VHB 84 BGH NJW-RR 1996, 594 = VersR 1996, 322).

2. Ausgeschlossene Abdingbarkeit

30 Nach ehemals hM kann nicht abbedungen werden, dass der VN von mehreren VR insgesamt mehr als den Betrag des Schadens erhält (Prölss/Martin/*Armbrüster*, 28. Aufl. 2010, § 78 Rn. 27). Diese Auffassung beruht auf der Annahme, es gäbe außerhalb des Gesetzes ein allgemein verbindliches Bereicherungsverbot als zwingenden Rechtssatz. Das ist nach der hier und vom BGH vertretenen Auffassung nicht richtig (zust. auch Langheid/Wandt/*Halbach* § 78 Rn. 31; jetzt auch weniger streng Prölss/Martin/*Armbrüster* § 78 Rn. 27). Danach muss eine Vereinbarung erlaubt sein, nach der ein VN auch im Falle der Mehrfachversicherung mehr als nur den Schaden ersetzt erhält.

31 Nicht abdingbar: Durch Vereinbarung zwischen VN und VR kann das Rückgriffsrecht des Abs. 2 zu Lasten des anderen VR nicht abbedungen werden (Prölss/Martin/*Armbrüster* § 78 Rn. 28; vgl. Bruck/Möller/*Schnepp* § 78 Rn. 195).

32 Abs. 3, betrügerische Mehrfachversicherung, kann nach § 87 nicht zum Nachteil des VN abgeändert werden. Dabei wurde § 78 Abs. 3 nach der Gesetzesbegründung (BT-Drs. 16/3945, 82) allein im Hinblick auf seinen zweiten Halbsatz in die Regelung des § 87 aufgenommen; danach ist § 78 Abs. 3 Hs. 1 absolut zwingend (so auch Bruck/Möller/*Schnepp* § 78 Rn. 197).

§ 79 Beseitigung der Mehrfachversicherung

(1) **Hat der Versicherungsnehmer den Vertrag, durch den die Mehrfachversicherung entstanden ist, ohne Kenntnis von dem Entstehen der Mehrfachversicherung geschlossen, kann er verlangen, dass der später geschlossene Vertrag aufgehoben oder die Versicherungssumme unter verhältnismäßiger Minderung der Prämie auf den Teilbetrag herabgesetzt wird, der durch die frühere Versicherung nicht gedeckt ist.**

(2) [1]**Absatz 1 ist auch anzuwenden, wenn die Mehrfachversicherung dadurch entstanden ist, dass nach Abschluss der mehreren Versicherungsverträge der Versicherungswert gesunken ist.** [2]**Sind in diesem Fall die mehreren Versicherungsverträge gleichzeitig oder im Einvernehmen der Versicherer geschlossen worden, kann der Versicherungsnehmer nur die**

verhältnismäßige Herabsetzung der Versicherungssummen und der Prämien verlangen.

I. Normzweck

Während § 78 bezweckt, zugunsten der VR die subjektive Gefahr einzudämmen, die mit einer Mehrfachversicherung verbunden ist, will § 79 zugunsten des VN vermeiden, dass dieser erhöhte Prämien zahlt, ohne – wegen § 78 – dafür eine höhere Versicherungsleistung zu erhalten. § 79 gibt deshalb nur dem VN die Möglichkeit, den späteren Vertrag zu beseitigen oder die Verträge anzupassen. Der VR kann nicht mit der Begründung kündigen, es bestehe eine Mehrfachversicherung (OLG Nürnberg VersR 1981, 745). 1

II. Vertragsauflösung und -anpassung

1. Voraussetzungen

Die Rechtsfolgen des § 79 treten unter der **Voraussetzung** ein, dass eine Mehrfachversicherung vorliegt und der VN keine Kenntnis vom Entstehen der Mehrfachversicherung hatte. 2

Zur **Mehrfachversicherung** → § 77 Rn. 4. Allerdings kann es bei § 79 nicht darauf ankommen, dass im Zeitpunkt des Versicherungsfalles eine Mehrfachversicherung vorliegt. Ist der Versicherungsfall erst einmal eingetreten, greift § 78 ein. IRd § 79 kann die Mehrfachversicherung bei Vertragsschluss, dem Zeitpunkt des formellen Versicherungsbeginns (Begriff → § 2 Rn. 4), vorliegen, sie kann aber auch durch Verminderung des Versicherungswertes während der Laufzeit eines Vertrages eintreten. Auch die Alt. 2 des § 78 Abs. 1 zur Definition der Mehrfachversicherung macht gewisse Schwierigkeiten. Man wird im Allgemeinen erst nach Eintritt des Versicherungsfalles feststellen können, ob die Summe der Entschädigungen den Gesamtschaden übersteigt. Bei der Haftpflichtversicherung, auf die § 78 Abs. 1 Alt. 2 abzielt, wird man vor Eintritt des Versicherungsfalles kaum feststellen können, dass eine Mehrfachversicherung vorliegt. Die durch mehrere Versicherungen erhöhte Deckungssumme führt nicht notwendig zur Mehrfachversicherung iSd § 78 Abs. 1 Alt. 2. Es ist nicht vorhersehbar, ob ein künftiger Schaden höher liegt als die Deckungssumme des einen Vertrages und deshalb auch der zweite Vertrag in Anspruch genommen werden muss. Das gilt erst recht, wenn der eine Vertrag eine **Selbstbeteiligung** enthält, die durch den weiteren Vertrag ausgeglichen werden kann. 3

Eine Mehrfachversicherung kann auch dadurch entstehen, dass bei Veräußerung der Sache die Versicherung nach § 95 auf den Erwerber übergeht und dieser versäumt, nach § 96 Abs. 2 zu kündigen, obwohl er selbst für die erworbene Sache eine Versicherung abgeschlossen hat. Der VN kann die von ihm selbst abgeschlossene Versicherung kündigen; die auf ihn übergegangene Versicherung ist die ältere (eingehend Bruck/Möller/*Schnepp* § 79 Rn. 27). 4

Ohne Kenntnis bedeutet, dass nur positive Kenntnis schadet. Auf Kennenmüssen und damit auf ein Verschulden bzgl. der Unkenntnis kommt es nicht an. Die Kenntnis muss sich darauf beziehen, dass eine Mehrfachversicherung in Bezug auf das gleiche Risiko vorliegt und nicht bloß darauf, dass zwei Verträge abgeschlossen sind (so auch Langheid/Wandt/*Halbach* § 79 Rn. 5; Prölss/Martin/*Arm-* 5 *brüster* § 79 Rn. 9; Bruck/Möller/*Schnepp* § 79 Rn. 36). Denn zwei oder mehrere Verträge bedeuten nicht notwendig eine Mehrfachversicherung. Ob positive Kenntnis vorliegt, ist eine Frage des Einzelfalles.

6 Es kommt auf die Kenntnis des VN und nicht des Versicherten an (zust. Prölss/Martin/*Armbrüster* § 79 Rn. 9; Langheid/Wandt/*Halbach* § 79 Rn. 5; dagegen Bruck/Möller/*Schnepp* § 79 Rn. 41). Wirkte beim Vertragsschluss ein Vertreter mit, so müssen gemäß § 2 Abs. 3 (→ § 2 Rn. 11) Unkenntnis sowohl beim VN als auch beim Vertreter vorliegen. Kenntnis bei einem von beiden schadet (so jetzt auch Bruck/Möller/*Schnepp* § 79 Rn. 40).

2. Verlangen

7 Liegt eine Mehrfachversicherung vor, von der der VN keine positive Kenntnis hat, dann kann dieser nach Kenntnis die Aufhebung oder Herabsetzung **verlangen.** Auch hier ist, wie bei der Überversicherung (→ § 74 Rn. 2), der Rechtscharakter des Verlangens umstritten. Große praktische Bedeutung kommt dem nicht zu. Bei Annahme der Gestaltungstheorie (hM; Prölss/Martin/*Armbrüster* § 79 Rn. 23; Bruck/Möller/*Schnepp* § 79 Rn. 60 mwN) treten die Rechtsfolgen mit Zugang der Erklärung ein, mit der Aufhebung oder Herabsetzung verlangt werden, wenn deren Voraussetzungen vorliegen.

8 Die frühere zeitliche Beschränkung nach § 60 Abs. 3 Satz 2 aF für das Recht des VN, die Beseitigung der Mehrfachversicherung zu verlangen, ist mit der Reform 2008 entfallen. Nach der Gesetzesbegründung (BT-Drs. 16/3945, 79) sei sie sachlich nicht gerechtfertigt und für den VR ergebe sich hieraus kein unangemessener Nachteil.

3. Rechtsfolgen

9 Die **Aufhebung** des jüngeren Vertrages wird nur in Betracht kommen, wenn der ältere Vertrag das gesamte Risiko voll abdeckt. Anderenfalls muss der **Vertrag angepasst** werden. Relativ problemlos ist der vom Gesetz vorgestellte Fall, dass mit verhältnismäßiger Minderung von Prämie und Versicherungssumme die Anpassung erreicht wird. Schwieriger ist die Anpassung, wenn eine Mehrfachversicherung deshalb besteht, weil sich die Deckung des Risikos in **Teilbereichen** überschneidet. Häufig lässt sich die Dopplung nicht ohne Weiteres aus einem Vertrag herausnehmen. Das „Produkt Versicherung" ist nicht ohne Weiteres aufteilbar und in Prämienteile zu zerlegen. Je nach Fall wird eine Anpassung nicht möglich sein.

10 Eine Anpassung geht auch dann ins Leere, wenn die Überschneidung so gering ist, dass sie sich nach dem Tarif des VR nicht auswirkt (*Martin* V I Rn. 10; dort auch zu Verbandsempfehlungen zur Beseitigung einer durch Zusammenziehen von VN entstandenen Mehrfachversicherung in der Hausratversicherung).

III. Beweislastverteilung

11 Dem VN obliegt die Beweislast für die tatbestandlichen Voraussetzungen. Er muss also die Mehrfachversicherung und damit ggf. den verminderten Versicherungswert ebenso beweisen, wie seine Unkenntnis davon bis dahin (vgl. Langheid/Wandt/*Halbach* § 79 Rn. 11; Bruck/Möller/*Schnepp* § 79 Rn. 130 ff.).

IV. Abdingbarkeit

§ 79 ist in § 87 nicht erwähnt. Er kann abbedungen werden. 12

§ 80 Fehlendes versichertes Interesse

(1) [1]**Der Versicherungsnehmer ist nicht zur Zahlung der Prämie verpflichtet, wenn das versicherte Interesse bei Beginn der Versicherung nicht besteht; dies gilt auch, wenn das Interesse bei einer Versicherung, die für ein künftiges Unternehmen oder für ein anderes künftiges Interesse genommen ist, nicht entsteht.** [2]**Der Versicherer kann jedoch eine angemessene Geschäftsgebühr verlangen.**

(2) **Fällt das versicherte Interesse nach dem Beginn der Versicherung weg, steht dem Versicherer die Prämie zu, die er hätte beanspruchen können, wenn die Versicherung nur bis zu dem Zeitpunkt beantragt worden wäre, zu dem der Versicherer vom Wegfall des Interesses Kenntnis erlangt hat.**

(3) **Hat der Versicherungsnehmer ein nicht bestehendes Interesse in der Absicht versichert, sich dadurch einen rechtswidrigen Vermögensvorteil zu verschaffen, ist der Vertrag nichtig; dem Versicherer steht die Prämie bis zu dem Zeitpunkt zu, zu dem er von den die Nichtigkeit begründenden Umständen Kenntnis erlangt.**

Übersicht

I. Normzweck

1 § 80 regelt die wechselseitigen Rechte und Pflichten, wenn der Hauptgegenstand eines Versicherungsvertrages (ein versichertes Interesse) nicht vorhanden ist oder später wegfällt und ist im Grundsatz in der **gesamten Schadensversicherung** anwendbar (also nicht bei der SummenVers; Prölss/Martin/*Armbrüster* § 80 Rn. 4; so auch *Prahl* VersR 2016, 1213 (1218) gegen *Hasse* VersR 2010, 118 und VersR 2011, 156). Eine Anwendung kommt daher auch in der Haftpflichtversicherung beim nachträglichen Interessenwegfall in Betracht (→ Rn. 12), etwa wenn sich die Haftpflichtversicherung auf die Tätigkeit des VN bezieht (zB Architekt, Steuerberater) (zust. Langheid/Wandt/*Halbach* § 80 Rn. 3). Der Gedanke des § 80 findet sich auch in der Krankheitskostenversicherung und in der Krankentagegeldversicherung wieder, § 15 Abs. 2 MB/KK 2009, § 15 Abs. 1 Buchst. d

MB/KT 2009, wonach das Versicherungsverhältnis mit dem Tod einer versicherten Person insoweit endet. Der Bezug einer Rente wegen Berufsunfähigkeit beendet das Versicherungsverhältnis aber nicht (BGHZ 117, 92 = NJW 1992, 1164 = VersR 1992, 477; vgl. auch BGH NJW-RR 1992, 669 = VersR 1992, 479; siehe auch BGH r+s 1997, 168 = VersR 1997, 481). Ob auf das **ruhende Versicherungsverhältnis** Abs. 2 anzuwenden ist mit dem Ergebnis, dass der VN für die bestehende Anwartschaft keine Leistungen zu erbringen braucht (vgl. *Dehner* NJW 1993, 2961), ist zweifelhaft (gegen LG Dortmund VersR 1996, 963). Im Ergebnis wird man mit dem LG Dortmund (VersR 1996, 963) dem VN für die Anwartschaft einen geringen Teil der Prämie für Altersrückstellungen und Vertragsverwaltung auferlegen müssen. Zur Anpassung eines **Restschuldversicherungsvertrages,** der (auch) Lebensversicherung ist, kann § 80 **nicht analog** angewendet werden (BGH NJW-RR 1990, 2807 = VersR 1990, 884 – entgegen Vorinstanz OLG Frankfurt a. M. VersR 1989, 793; ebenso Prölss/Martin/*Armbrüster* § 80 Rn. 4).

II. Anfänglicher Interessenmangel

2 **Abs. 1** greift ein, wenn das versicherte Interesse beim **technischen Versicherungsbeginn** (→ § 2 Rn. 4) fehlt und später auch nicht mehr entstehen wird. Das versicherte Interesse fehlt nicht notwendig schon dann, wenn lediglich die Gefahr nicht entstanden oder weggefallen ist oder sich vermindert hat (Prölss/Martin/*Armbrüster* § 80 Rn. 2 f.; Bruck/Möller/*Schnepp* § 80 Rn. 14 will § 80 bei dauerndem und vollständigem Wegfall der Gefahr analog anwenden, nachdem er die Schwierigkeiten in der Abgrenzung von Interesse- und Gefahrmangel aufgezeigt hat).

3 Bei **nicht entstandener (oder weggefallener) Gefahr** kann, muss aber nicht auch das Interesse fehlen. Wann dies der Fall ist, hängt von objektiven wie subjektiven Faktoren des Einzelfalls ab. Wenn objektiv ein Warenlager noch vor technischem Beginn des Versicherungsvertrages zugrunde geht, fehlt die Gefahr für die Ware. Beabsichtigt der VN aber, alsbald ein Warenlager wieder zu beschaffen, fehlt subjektiv das Interesse nicht. Bei alsbaldiger Neuanschaffung wird der VN nicht auf den Gedanken kommen, erneut einen Versicherungsvertrag abschließen zu müssen (wie hier Langheid/Wandt/*Halbach* § 80 Rn. 4).

4 Die Begründung (zu § 68 aF) nennt als **Beispiele** für anfänglichen Interessenmangel, wenn ein Warenlager noch vor Beginn der Vertragszeit zugrunde geht, wenn ein Schiff für eine bevorstehende Reise versichert ist und die Reise aufgegeben wird oder wenn Sachen für die Dauer einer Ausstellung gegen einen Brandschaden, den sie im Ausstellungsgebäude erleiden könnten, versichert werden, die Ausstellung aber nicht zustande kommt.

5 Abs. 1 ist nicht anwendbar, wenn sich in der Leitungswasserversicherung der Versicherungsschutz nur auf bezugsfertige Gebäude erstreckt und das Gebäude noch nicht bezugsfertig war (OLG Koblenz VersR 1973, 1113 mAnm *Martin*). Hier war die Gefahr noch nicht entstanden. Sie entsteht aber mit Bezugsfertigkeit noch, so dass nicht gesagt werden kann, das Interesse bestehe nicht und werde endgültig auch nicht entstehen.

6 Liegt anfänglicher Interessemangel vor, etwa weil der VN keine eigenen Sachen eingebracht hat, obwohl nur eigene versichert waren, kann der Versicherungsvertrag nicht ohne Weiteres ergänzend dahin ausgelegt werden, dass von ihm auch

die tatsächlich eingebrachten fremden Sachen erfasst werden (BGH VersR 1985, 154 unter III.2).

Fehlt das Interesse bei Vertragsbeginn, kann also der VR seine nach dem Vertrag vorgesehene Leistung, die Gefahrtragung, nicht erbringen, ist auch der VN von seiner Leistungspflicht frei, die Prämie zu zahlen. Der VR hat aber Anspruch auf eine **angemessene Geschäftsgebühr.** Was angemessen ist, kann nicht nach einem pauschalen Prozentsatz von der Jahresprämie beurteilt werden. Bei höheren Prämien wird die angemessene Geschäftsgebühr relativ geringer sein. Anhaltspunkt sind die Grundkosten des VR zuzüglich der speziellen Aufwendungen für den Einzelfall. Obergrenze ist die Prämie für die nach dem Tarif des VR geringste Versicherungsdauer (zust. Langheid/Wandt/*Halbach* § 80 Rn. 15; Bruck/Möller/*Schnepp* § 80 Rn. 67). 7

III. Nachträglicher Interessewegfall

Ein nachträglicher Interessewegfall liegt nur vor, wenn ein zunächst vorhandenes versicherbares Interesse unter keinem Gesichtspunkt mehr gegeben ist. Der Wegfall darf nicht nur vorübergehend, er muss dauernd sein. Auch bei Abs. 2 genügt nicht, dass sich die Gefahr nachträglich lediglich verringert hat (vgl. OLG Hamm mwN VersR 1999, 50 = ZfS 1999, 253). Ist die Gefahr ganz weggefallen, kann auch das Interesse weggefallen sein (→ Rn. 3 ff.). Der Wegfall des Interesses beendet das Schuldverhältnis; der Versicherungsvertrag erlischt (OLG Hamm NJW-RR 1992, 1313 = VersR 1993, 48; Prölss/Martin/*Armbrüster* § 80 Rn. 23). Die **Veräußerung des Gegenstandes,** mit dem das versicherte Risiko verbunden ist, ist kein Fall des Abs. 2, weil die Versicherung nach § 95 (siehe dort) auf den Erwerber übergeht (vgl. Bruck/Möller/*Schnepp* § 80 Rn. 18). Zur Veräußerung in der Kraftfahrtversicherung siehe G.7 AKB 2015. 8

1. Beispiele

Sind **Sachinbegriffe** (siehe § 89) versichert, ist das Interesse erst weggefallen, wenn keine Sache der versicherten Inbegriffe mehr vorhanden ist (OLG Hamm NJW-RR 1992, 1313 = VersR 1993, 48; VersR 1975, 174). Deswegen kein Interessewegfall, solange unklare Verhältnisse das Fortbestehen einer Gefahrensituation nicht ausschließen (OLG Köln r+s 2018, 657). 9

In der **Familienrechtsschutzversicherung** nach § 26 ARB 75 endet der Versicherungsvertrag wegen Wagniswegfalls, wenn auch die Eigenschaft des VN als Lohn- oder Gehaltsempfänger durch Aufnahme einer ausschließlich selbstständigen Berufstätigkeit vollständig endet (OLG Oldenburg VersR 1991, 96; ebenso und gegen partiellen Wegfall OLG Nürnberg r+s 1990, 53 = VersR 1990, 1390; OLG Hamburg VersR 1986, 357; LG München I r+s 1994, 261; Harbauer/*Cornelius-Winkler* ARB 75 § 10 Rn. 7; aA LG Darmstadt ZfS 1983, 177; Überblick bei *Mathy* VersR 1991, 1341). In der **Landwirtschaftsrechtsschutzversicherung** endet der Vertrag wegen völligen Interessewegfalls, wenn der VN seine Tätigkeit als selbstständiger Landwirt aufgibt (LG Hannover r+s 1993, 220). 10

Sind in Betriebsräume eingebrachtes Inventar und Warenvorräte **gegen Feuer versichert,** entfällt das Interesse nicht schon, wenn der Betrieb eingestellt wird. Allenfalls vermindert sich die Gefahr (OLG Hamm VersR 1975, 174). Kein Inte- 11 ressewegfall auch, wenn ein Speiserestaurant in ein Bistro umgewandelt wird (LG Köln r+s 1991, 243).

12 Nach Ziff. 17 AHB 2008 erlischt die **Haftpflichtversicherung** bezüglich der Risiken, die vollständig und dauerhaft wegfallen. Fällt nur eines von mehreren versicherten Risiken weg, bleibt der Haftpflichtversicherungsvertrag bestehen (vgl. *Späte* AHB § 9 Rn. 28). Bei Veräußerung und Tod ist zwischen objektgebundener und personengebundener Haftpflichtversicherung zu unterscheiden. Die Berufshaftpflichtversicherung (Architekt, Steuerberater) erlischt mit dem Tode des VN. Stirbt der VN einer Tierhalterhaftpflicht- oder Grundbesitzerhaftpflichtversicherung oder veräußert er den Gegenstand, an den das Risiko gebunden ist, geht die Versicherung auf den Rechtsnachfolger über. Das Interesse in der Haftpflichtversicherung für ein Motorboot fällt nicht schon deshalb weg, weil es gesunken ist. Erst wenn für das Finden und Wiederbeschaffen des Bootes keine oder nur eine äußerst geringe Wahrscheinlichkeit besteht, ist das Interesse weggefallen (siehe den Fall AG Meldorf VersR 1989, 1144).

13 In der **Hausratversicherung** fällt das Interesse nicht weg, wenn ein Ehepartner wegen Trennung auszieht (zur vorübergehenden Fortgeltung für beide Teile siehe Geschäftsplanmäßige Erklärung, VerBAV 1990, 179, zit. auch in VersR 1994, 719). Denn bis zur Scheidung ist der Ausziehende noch Miteigentümer an den zurückgelassenen Sachen, auch wenn er diese dem Partner überlässt (LG München I VersR 1991, 809). Das Schicksal des Hausratversicherungsvertrages beim Tod des VN ist in den VHB 74 nicht geregelt. Der Vertrag geht auf den Erben über, wenn dieser schon vorher in der Wohnung gewohnt hat. Ansonsten bleibt das Versicherungsverhältnis grds. noch für eine Übergangszeit bestehen (BGH NJW-RR 1993, 1048 = r+s 1993, 224 = VersR 1993, 740 = ZfS 1993, 276). Für die späteren AVB s. § 10 Nr. 4 VHB 84, § 15 Nr. 6 VHB 92, B § 3 Nr. 5 Buchst. b VHB 2008.

14 In der **Kfz-Haftpflichtversicherung** entfällt das Interesse nicht schon deshalb, weil das Fahrzeug vorübergehend aus dem Verkehr gezogen und abgemeldet wurde (BGH VersR 1981, 921 (922)), ebenso wenig allein aufgrund einer Beschlagnahme des Fahrzeugs (OLG Köln VersR 2012, 1512 = r+s 2012, 108). Weitere Beispiele → Rn. 16.

2. Wegfall des Interesses durch Eintritt des Versicherungsfalles

15 Abs. 2 erfasst auch den in § 68 Abs. 4 aF geregelten Fall, dass das versicherte Interesse **wegen Eintrittes des Versicherungsfalles wegfällt.** Zum Anspruch auf die Neuwertdifferenz in der Feuerversicherung, wenn wegen Totalschadens das versicherte Interesse weggefallen ist und das Grundstück veräußert wurde (siehe BGH NJW-RR 1992, 1376 = VersR 1992, 1221 = ZfS 1992, 385, dazu *Schirmer* r+s 1993, 81).

16 In der **Kraftfahrtversicherung** lässt sich aus der Abrechnung als Totalschaden der Wegfall des Interesses nicht schließen (ÖOGH VersR 1987, 111), wenn das Wrack faktisch noch repariert werden kann und der Wille dazu besteht. Der wirtschaftliche und technische Totalschaden lässt das Interesse aber endgültig entfallen (OLG Frankfurt a. M. VersR 1996, 1532 aE; OLG Hamm NJW-RR 1994, 417 = VersR 1994, 802). Mit dem Diebstahl des Fahrzeugs fällt das Interesse nicht ohne Weiteres weg. Nicht selten wird das Fahrzeug nach dem Diebstahl beschädigt, womit sich ein weiterer Versicherungsfall anschließt (BGH VersR 1985, 775 unter II.2). Erscheint die Wiederbeschaffung aussichtslos und ist das Ermittlungs-

verfahren eingestellt, ist das Interesse endgültig weggefallen (OLG Hamm r+s 1992, 152). Auch unabhängig von der Einstellung des Ermittlungsverfahrens kann das Interesse endgültig weggefallen sein, wenn die Wiederbeschaffung des Fahrzeugs sehr unwahrscheinlich ist (OLG Düsseldorf r+s 1994, 205 (208) = VersR 1991, 1178).

Zum Wagniswegfall s. auch G.8 AKB 2008. 17

In der **Haftpflichtversicherung** bzgl. eines **Grundstücks** wird durch die 18 Zerstörung des Gebäudes das versicherte Interesse nicht berührt, sondern nur das versicherte Risiko vermindert. Der VR ist dann verpflichtet, von sich aus die Prämie entsprechend der eingetretenen Gefahrenminderung herabzusetzen (BGH NJW 1951, 314 = VersR 1951, 76).

3. Prämie

Liegen die Voraussetzungen des Abs. 2 vor, hat der VR Anspruch auf einen 19 Teil der Gegenleistung, denn auch er hat einen Teil der Gefahrtragung erbracht. Die Höhe des Prämienanspruchs richtet sich danach, ob der VR einen Kurztarif hat und ob das versicherte Interesse schon innerhalb des ersten Jahres oder erst danach weggefallen ist (so auch Langheid/Wandt/*Halbach* § 80 Rn. 16).

Bei Wegfall im ersten Jahr (Versicherungsperiode) und vorhandenem Kurztarif 20 ist nach diesem abzurechnen. Hat der VR keinen Kurztarif, steht ihm eine Prämie pro rata zuzüglich eines angemessenen Kostenanteils zu. Hätte der VR auch bei Kenntnis einer kürzeren Laufzeit einen Vertrag nur zur vollen Jahresprämie abgeschlossen – die Beweislast liegt bei ihm –, steht ihm auch bei vorzeitigem Interessewegfall die volle Jahresprämie zu (OLG Hamm r+s 1994, 1 = VersR 1993, 1514; Bruck/Möller/*Schnepp* § 80 Rn. 77).

Fällt das Interesse nach der ersten Versicherungsperiode weg, ist zweifelhaft, 21 ob für die angebrochene weitere Versicherungsperiode der Kurztarif, soweit vorhanden, anzuwenden ist. In der Regel wird dies zu verneinen sein, weil der VR auch bei anfänglicher Kenntnis des späteren Wegfalls die Prämie nicht nach dem Kurztarif berechnet hätte, wenn die gesamte Versicherungsdauer mehr als eine Versicherungsperiode beträgt. Gegen einen Kostenzuschlag neben der pro-rata-Prämie für das angebrochene Versicherungsjahr bestehen keine Bedenken, soweit er angemessen ist (Prölss/Martin/*Armbrüster* § 80 Rn. 23a; diff. Bruck/Möller/*Schnepp* § 80 Rn. 78).

Für die Frage, zu welchem Zeitpunkt der VR von dem Wegfall des versicherten 22 Interesses Kenntnis erlangt hat, ist der VN beweisbelastet (OLG Hamm r+s 1994, 1 = VersR 1993, 1514).

In AVB sind zT besondere Regelungen getroffen, vgl. zB G.8 AKB 2015, B 23 § 3 Nr. 5 VHB 2008, Ziff. 17 AHB 2008 (→ Rn. 12).

4. Partieller Interessenmangel

Ist die Versicherung nach einzelnen Positionen abgeschlossen, kommt § 80 nur 24 bei **völligem Wegfall** des Interesses an der jeweiligen Position in Betracht (so ausdrücklich heute die Gesetzesbegründung, wonach „die Regelung nur dann zur Anwendung" gelangt, wenn „die Versicherung mehrere Einzelrisiken (umfasst), die vom VR nicht getrennt versichert werden" und „die **Gesamtheit** der gedeckten Interessen von Anfang an nicht besteht oder nicht entsteht", BT-Drs. 16/3945, 79). Soweit dadurch eine Überversicherung entsteht, kann diese nach § 74 beseitigt werden (vgl. Bruck/Möller/*Schnepp* § 80 Rn. 36). In der Familienrechtsschutzversicherung entsteht kein teilweiser, sondern voller Interessenwegfall, wenn der Lohn- oder Gehaltsempfänger eine selbstständige Tätigkeit aufnimmt.

5. Betrügerische Absicht (Abs. 3)

25 Die Regelung ist mit **der VVG-Reform 2008** neu eingefügt worden. Sie lehnt sich an die Vorschriften für die Fälle einer betrügerischen Überversicherung (§ 74 Abs. 2) und Mehrfachversicherung (§ 78 Abs. 3) an. Nach der Gesetzesbegründung (BT-Drs. 16/3945, 79) ist auch bei der Versicherung eines nicht bestehenden Interesses, die in betrügerischer Absicht geschlossen wird, aus Präventivgründen eine Sanktion vorzusehen. Abs. 3 bestimmt zum einen die Nichtigkeit des Vertrags; zum anderen bleibt der VN verpflichtet, die Prämie bis zu dem Zeitpunkt zu zahlen, zu dem der VR von den Umständen, welche die Nichtigkeit begründen, Kenntnis erlangt.

6. Abdingbarkeit

26 Nach § 87 ist § 80 nicht zum Nachteil des VN abänderbar.

§ 81 Herbeiführung des Versicherungsfalles

(1) **Der Versicherer ist nicht zur Leistung verpflichtet, wenn der Versicherungsnehmer vorsätzlich den Versicherungsfall herbeiführt.**

(2) **Führt der Versicherungsnehmer den Versicherungsfall grob fahrlässig herbei, ist der Versicherer berechtigt, seine Leistung in einem der Schwere des Verschuldens des Versicherungsnehmers entsprechenden Verhältnis zu kürzen.**

Übersicht

I. Regelungsinhalt

1 Die Herbeiführung des Versicherungsfalles ist in der Reform 2008 weitgehend neu geregelt worden (vgl. BT-Drs. 16/3945, 79 f.; Übersichten bei *Looschelders* VersR 2008, 1 ff.; *Langheid* NJW 2007, 3665 ff. (3669) unter V.; *ders.* zur ersten Rspr. nach der Reform NJW 2011, 3265 ff.). Für eine **vorsätzliche** Herbeiführung soll der VR nicht eintrittspflichtig sein. Das „Alles oder nichts"-Prinzip erscheine „insoweit sachgerecht und auch erforderlich, um keinen Anreiz zu unredlichem Verhalten zu schaffen" (BT-Drs. 16/3945, 79 f.). Eine auch „nur teilweise Leistungspflicht des Versicherers bei Vorsatz des Versicherungsnehmers würde es diesem (…) erlauben, den Versicherer vorsätzlich zu schädigen" (BT-Drs. 16/3945, 79 f.). Bei **grob fahrlässigem** Verhalten greift die Quotenregelung des Abs. 2 ein, der VR wird je nach der Schwere des Verschuldens des VN anteilig leistungsfrei. Das gilt parallel zu den Vorschriften in § 28 Abs. 2 (Obliegenheiten) und § 26 Abs. 1 (Gefahrerhöhung).

2 In Bezug auf die Zurechnung des Verhaltens Dritter **(Repräsentantenhaftung)** bleibt es bei den Grundsätzen, die die Rspr. schon vor 2008 aufgestellt hat.

3 Hinsichtlich der **Beweislastverteilung** soll es auch bezüglich des Verschuldens beim früheren Recht bleiben: „Der Versicherer hat nicht nur Vorsatz, sondern auch die grobe Fahrlässigkeit nachzuweisen. Diese Abweichung von den Regelungen in §§ 26 Abs. 1, 28 Abs. 2 und § 82 Abs. 3 ist insofern gerechtfertigt, als in diesen Fällen eine Obliegenheits- bzw. Pflichtverletzung des VN vorliegt und vom VR nachgewiesen ist; bei § 81 Abs. 2 ist dagegen die grobe Fahrlässigkeit des VN der Ausnahmetatbestand, der trotz Eintrittes des Versicherungsfalles zur teilweisen Leistungsfreiheit des Versicherers führt". Zur **Beweislast** für die **Höhe der Quote** sagt die Begründung nichts. Bei Vorliegen grober Fahrlässigkeit überhaupt ist im **Regelfall** der nachgewiesene Sachverhalt einer Quotierung zu unterziehen, wobei es bei typisierten Geschehnissen durchaus **Durchschnitts- oder Regelsätze** geben wird und sollte, was nicht einer Halbierung entsprechen muss, so dass der VR oder im Prozess das Gericht Regelquoten für bestimmte Fälle finden muss. Grundsätzlich. wird dann von einem **Mittelwert** im Sinne einer **Regel- oder Durchschnittsquote** für einen bestimmten, feststehenden oder nachgewiesenen Sachverhalt auszugehen sein. Ausgehend von diesem Wert müssen der VN Umstände für eine geringere Schuld und der VR für ein noch höheres Verschulden vortragen und beweisen (Einzelheiten → Rn. 95 ff.). Eine **„mehrfache Quotelung"** soll in den Fällen in Betracht kommen, in denen „gleichzeitig eine Verletzung einer vertraglichen Obliegenheit vorliegt". Das schließt eine Mehrfachquotelung bei Verstößen gegen die Schadensminderungs- oder Abwehrobliegenheit ein.

4 Abweichende Vereinbarungen der Vertragspartner sind zulässig (vgl. § 87). Insofern sollen **pauschalierte Quotenregelungen** möglich sein. Insoweit gelten allerdings die „Einschränkungen aus § 307 Abs. 1 und 2 Nr. 1 BGB. Es bleibt ohnehin abzuwarten, ob es gelingt, die vielfältigen Erscheinungsformen menschlichen Versagens in pauschalierende Abstraktionsformeln zu gießen; bislang ist das – soweit ersichtlich – nicht gelungen. Eher denkbar sind grundsätzliche Pauschalen; etwa die Vereinbarung, bei Vorliegen grober Fahrlässigkeit immer 50 % (oder eine andere Quote) zu zahlen.

5 Von § 81 abweichende Sonderregelungen sieht das Gesetz bei der Haftpflichtversicherung (§ 103) und bei der Transportversicherung (§ 137) vor. Auf Scha-

densversicherungen bei einer Personenversicherung ist § 81 nicht anzuwenden (vgl. §§ 183, 194 Abs. 1 Satz 1).

II. Normzweck

1. Regelungsinhalt

a) Subjektiver Risikoausschluss. Seinem Grundgedanken nach begründet § 81 keine allgemeine Schadensverhütungspflicht des VN, sondern es handelt sich um einen **subjektiven Risikoausschluss** (zu § 61 aF BGHZ 43, 88; 42, 295; *Lorenz* VersR 2000, 2 ff.; zu § 81 Langheid/Wandt/*Looschelders* § 81 Rn. 5 ff.; Bruck/Möller/*Baumann* § 81 Rn. 19). Die Eintrittspflicht des VR soll (zumindest teilweise) ausgeschlossen sein, wenn der VN sich in Bezug auf das versicherte Interesse und Risiko zu sorglos verhält. § 81 ähnelt daher in seiner Ausgestaltung der Regelung in § 162 BGB, der gleichfalls ein gegen die eigenen Interessen gerichtetes Verhalten des Schuldners sanktioniert, ohne dem Gläubiger ein Forderungsrecht zu verleihen. 6

Nicht erforderlich ist **ein objektiver Normen- oder Regelverstoß** des VN gegen gesetzliche oder versicherungsvertragliche Bestimmungen, sondern es genügt **jedes kausale Verhalten** des VN oder eines ihm zuzurechnenden Dritten, wobei das Erfordernis der groben Fahrlässigkeit oder des Vorsatzes als Korrektiv gegenüber einer extensiven Ausweitung der Vorschrift zu behandeln ist (zum Problem vgl. etwa *Martin* O I Rn. 61 ff., der eine „objektive Vertragswidrigkeit" verlangt; *Schirmer* ZVersWiss 1984, 553 (577), der unter Hinweis auf § 254 BGB meint, der VN führe den Versicherungsfall herbei, wenn ihn ein Verschulden gegen sich selbst träfe; vgl. ferner Prölss/Martin/*Armbrüster* § 81 Rn. 21 ff.). Bei der Wertung des Verhaltens des VN können durchaus **vertragliche Obliegenheiten** als allgemeine Verhaltensnormen berücksichtigt werden, auch wenn die entsprechenden AVB entgegen Art. 1 Abs. 3 EGVVG nicht an das reformierte Recht angepasst worden und deswegen unwirksam sind (BGH NJW 2012, 217 = VersR 2011, 1550; Anm. *Pohlmann* NJW 2012, 188). 7

b) Versicherungsfall/Schadensereignis. Die Vorschrift soll den VR von einer Eintrittspflicht in Bezug auf tatsächlich eingetretene Schadensfälle befreien, die der VN selbst in einer Weise herbeigeführt hat, die das vertraglich vereinbarte oder allgemein zu erwartende Maß an Sorgfalt erheblich unterschreitet (deswegen subjektiver Ausschluss; zur Problematik der Differenzierung zwischen Schadens- und Versicherungsfall ausführlich *Lorenz* VersR 2000, 1 ff. mwN). Der VN genießt Versicherungsschutz nur im Rahmen noch akzeptierter Sorglosigkeit, jenseits dieser Grenze befreit § 81 den VR von einer Eintrittspflicht, in Fällen der groben Fahrlässigkeit teilweise. 8

Damit ist das Problem immer noch nicht gelöst, das der **Versicherungsbetrug** darstellt, der stets vorsätzliches Handeln des VN voraussetzt. Die Regelung des § 81 Abs. 1 erfasst zunächst die Fälle, in denen der VN den Schaden **tatsächlich** vorsätzlich herbeiführt und anschließend Versicherungsleistungen für den dadurch entstandenen Vermögensschaden begehrt, ohne dass diese Forderung in betrügerischer Absicht geltend gemacht wird (zB VN verbrennt Altpapier und wirft dabei auch ein Buch ins Feuer, von dem er erst nachträglich erkennt, dass es wertvoll war). Das führt zu Abgrenzungsproblemen, denn von derartigen echten Versicherungsfällen zu unterscheiden sind die Schäden, die **in betrügerischer Absicht** 9

arrangiert werden (VN verbrennt das schwer verkäufliche Buch absichtlich, um anschließend die Versicherungsleistung kassieren zu können). Eine solche Handlung führt auch zu einer tatsächlichen Vermögenseinbuße, wird aber inszeniert, um Leistungen zu erhalten, die der VN sonst nicht hätte erlangen können (für die Kaskoversicherung vgl. etwa OLG Karlsruhe VersR 1994, 1222). Neben dem arrangierten gehört auch der **fingierte oder manipulierte Schaden** hierher: Bei dem fingierten Versicherungsfall gibt es in Wirklichkeit gar kein Schadensereignis, sondern es wird insgesamt nur vorgetäuscht; beim manipulierten Schaden wird ein echter Versicherungsfall ausgenutzt, um den echten Schaden unecht zu erhöhen.

10 Die zuletzt genannten Fälle der Fingierung und der Manipulation können – **mangels eingetretenen Versicherungsfalles** – an sich nicht Gegenstand des § 81 sein, weil eben überhaupt kein Versicherungsfall vorliegt (zu dieser Differenzierung vgl. *Lorenz* VersR 2000, 1 ff., der aber – entgegen der hM – nicht zwischen Versicherungsfall und bloßem Schadenseintritt unterscheiden will). Für diese Vorgänge, die hier zwecks Unterscheidung **unechte Versicherungsfälle** genannt werden sollen, will und soll der VR aber auch ohne Anwendung des § 81 nicht haften. Es fehlt nämlich an einem deckungspflichtigen Versicherungsfall. Diese nur auf den ersten Blick akademisch anmutende Frage des Anwendungsbereichs des § 81 hat durchaus praktische Relevanz. Hier verbirgt sich ein **Beweisproblem,** dessen Lösung viele Streitigkeiten entscheidet: Der VN muss den Eintritt eines Versicherungsfalles beweisen, während der VR dessen Herbeiführung nachweisen muss (→ Rn. 103 ff.). Betrugsfälle können aber keine „herbeigeführten Versicherungsfälle" iSd § 81 sein. Daher können die von der Rspr. eingeführten **Beweiserleichterungen** im Zusammenhang mit dem Nachweis des Versicherungsfalles und dem Nachweis arrangierter Versicherungsfälle iRd **§ 81** nicht zur Anwendung kommen (was von erheblicher Bedeutung namentlich für den Nachweis von Eigenbrandstiftungen ist, vgl. eingehend → Rn. 108 ff.). Dort wird auch das Problem erörtert, das sich aus dem Zusammentreffen von zwei verschiedenen Beweismaßstäben ergibt: Ist eine Entwendung mit erheblicher Wahrscheinlichkeit fingiert, kann sich dies auf die Beweisführung des VR bzgl. des anschließend eingetretenen Brandschadens auswirken (vgl. etwa BGH NJW-RR 1996, 275 = VersR 1996, 186; OLG Hamm VersR 1994, 212; VersR 1994, 1223).

11 **c) Anwendungsbereich.** Die Regelung in § 81 gilt grds. für die gesamte Schadensversicherung, wird aber durch das VVG teilweise **abgeändert.** Für die **Haftpflichtversicherung** gilt § 103 (für die **Vertrauensschadensversicherung,** die ein Unterfall der Haftpflichtversicherung ist (vgl. dazu auch BGH VersR 1998, 1016 = NVersZ 1999, 42), gilt das Gleiche (BGH VersR 1998, 1504 = NVersZ 1999, 44 unter II), was nicht ohne Weiteres auf die **Eigenschadensversicherung** übertragbar ist) und für die **Transportversicherung** gilt § 137. Auf Schadensversicherungen bei einer **Personenversicherung** ist § 81 nicht anzuwenden (vgl. §§ 183, 194 Abs. 1 Satz 1).

2. Abgrenzung zur Gefahrstandspflicht

12 Wichtig und wesentlich ist die Abgrenzung zu vertraglich vereinbarten **Gefahrstandspflichten,** nämlich den vor dem Versicherungsfall zu erfüllenden Obliegenheiten. Im Gegensatz zu § 81, der eine Leistungspflicht des VR nur für die Verwirklichung des subjektiven Risikos durch den VN ausschließt bzw. einschränkt, zielen Sicherheitsvorschriften iSd § 28 darauf hin, möglichst subtile

Ge- und Verbote aufzustellen, die vom VN im Hinblick auf den möglichst zu vermeidenden Gefahreintritt zu erfüllen sind (→ § 28 Rn. 8 f.). Das Verhältnis zwischen vertraglicher Gefahrstandspflicht und § 61 aF hat der BGH dahingehend charakterisiert, dass wegen des Charakters der gesetzlichen Regelung in § 61 aF als subjektivem Risikoausschluss nicht jede Verletzung einer gefahrvermindernden oder -verhütenden Obliegenheit ausreichte, um darin schon eine Herbeiführung des Versicherungsfalles zu sehen (BGHZ 42, 295). Der Verstoß des VN gegen eine vertraglich normierte Gefahrstandspflicht erhöht zwar das allgemeine Verwirklichungsrisiko, stellt aber eo ipso noch keine Herbeiführung des Versicherungsfalles dar (die Gefahr muss sich ja nicht verwirklichen). Nicht jede grob fahrlässige oder vorsätzliche Verletzung gefahrmindernder Obliegenheiten kann schon eine Verwirklichung des Tatbestandes des § 81 darstellen (stRspr des BGH seit BGHZ 11, 120; vgl. zuletzt BGH VersR 1986, 696; VersR 1984, 25); daran dürfte sich nichts dadurch ändern, dass mit der VVG-Reform 2008 das Kündigungserfordernis bei der Verletzung von vor dem Versicherungsfall zu erfüllenden Obliegenheiten weggefallen ist. Gleichwohl sollten vertragliche Gefahrstandspflichten als allgemeine Verhaltensnormen berücksichtigt werden können, auch solche, die wegen unterlassener Anpassung an das reformierte Recht unwirksam sind (BGH NJW 2012, 217 = VersR 2011, 1550).

3. Abgrenzung zur Gefahrerhöhung

Problematisch bleibt auch die Abgrenzung zu einer vom VN vorgenommenen **Gefahrerhöhung.** Auch wenn die Gefahrerhöhung nicht mehr schon bei leichter Fahrlässigkeit des VN zur Leistungsfreiheit des VR führt (aber → §§ 23–25 aF, 1. Aufl. 1997, Rn. 16 ff.), kann der Versicherungsfall auch durch ein Unterlassen herbeigeführt werden, was von der hM für die Gefahrerhöhung verneint wird (einerseits → Rn. 15 ff. und andererseits → § 23 Rn. 29 ff.). Auch hier ist aber zu berücksichtigen, dass nicht jede Risikovermehrung gleich zum Eintritt des Versicherungsfalles führt. Bei der nicht angezeigten Gefahrerhöhung trägt der VN das Risiko der Gefahrverwirklichung (bei einfach fahrlässiger Gefahrerhöhung jedenfalls nach einem Monat ab Anzeige der Gefahrerhöhung nach entsprechender Kündigung des VR, §§ 24, 26 Abs. 2 Satz 1), während Leistungsfreiheit des VR nach § 81 noch ein auslösendes Moment für den Eintritt des Versicherungsfalles (sei es durch ein positives Tun, sei es durch ein Unterlassen des VN) erfordert. Die Gefahrerhöhung kann, muss aber keineswegs einen Versicherungsfall nach sich ziehen; die Leistungsfreiheit des VR wegen herbeigeführten Versicherungsfalles setzt diesen notwendigerweise voraus. 13

III. Tatbestand

1. Veränderung des Sicherheitsstandards

Tatbestandlich genügt für die Herbeiführung eines Schadensereignisses jedes adäquat kausale Verhalten des VN (vgl. zB OLG Hamm NZV 1991, 116). **Nicht erforderlich** ist ein Verstoß gegen objektive Vertrags- oder Gesetzesnormen (wie hier Prölss/Martin/*Armbrüster* § 81 Rn. 22; *Büsken* EWiR 1989, 511; *Schirmer* ZVersWiss 1984, 577; aA KG VersR 1985, 465; 1985, 1878 mit zust. Anm. *Martin; Martin* O I Rn. 61 ff.; *ders.* O I Rn. 65 räumt ein, dass ein Schaden auch herbeigeführt werden kann, wenn kein Verstoß gegen objektive Schadensverhü- 14 tungspflichten vorliegt, etwa beim Brennenlassen einer Kerze nach Ohnmacht des VN; die Frage der Leistungsfreiheit richtet sich dann ausschließlich nach dem Verschulden des VN). Erforderlich ist, dass der VN durch sein Verhalten das Risikopotential vergrößert oder den bei Vertragsabschluss bestehenden Sicherheitsstandard deutlich unterschreitet (BGH VersR 1989, 141; 1984, 29; NJW-RR 1998, 166 = NZV 1998, 69 = VersR 1998, 44, wonach schon der objektive Tatbestand nicht erfüllt ist, wenn ein VN ein wertvolles Fahrzeug in Warschau auf einem Parkplatz abstellt, den er im Gegensatz zu anderen Parkplätzen der Umgebung für bewacht halten durfte; OLG Dresden r+s 2021, 31; OLG Hamm NZV 1991, 195; VersR 1989, 803; OLG Köln VersR 1990, 383; VersR 1990, 1226; zum Problem vgl. weiterhin *Martin* O I Rn. 62 unter Hinweis auf BGH VersR 1984, 25; NJW 1989, 1354 = VersR 1989, 582; VersR 1976, 649; vgl. schließlich auch OLG Hamm r+s 1990, 361, wonach § 61 aF überhaupt nicht anzuwenden ist, wenn die Gefahrenlage, auf die der Versicherungsfall kausal zurückzuführen ist, bereits bei Vertragsabschluss bestanden hat).

2. Unterlassen

15 Das Problem dieser Abgrenzung zwischen jedem adäquat-kausalen Verhalten des VN und einem objektiven Normenverstoß wird besonders deutlich bei der Herbeiführung des Versicherungsfalles durch ein **Unterlassen.** Es ist allseits anerkannt, dass der VN den Versicherungsfall sowohl durch ein positives Tun als auch durch ein Unterlassen herbeiführen kann (offen noch BGHZ 42, 295 (299) mwN; dann aber BGH VersR 1976, 649; VersR 1986, 962; VersR 1989, 583; VersR 1996, 576; VersR 2005, 218; OLG Hamm VersR 2016, 591: VN legt entflammbare Gegenstände auf scheinbar abgeschalteten Saunaofen und verlässt die Sauna, ohne sich über eine verlässliche Abschaltung zu vergewissern; OLG Hamm r+s 2013, 373: Nichtanzeige von Kfz-Schlüsselverlust bei der Polizei und Unterlassen von Sicherungsmaßnahmen; OLG Koblenz VersR 2012, 1173; OLG Frankfurt a. M. VersR 2013, 356; weitere Nachw. bei Prölss/Martin/*Armbrüster* § 81 Rn. 10; *Martin* O I Rn. 12 ff.).

16 Ein Unterlassen führt zu einem verursachten und damit iSd § 81 herbeigeführten Versicherungsfall, wenn der VN mögliche und zumutbare gefahrmindernde oder -verhütende Maßnahmen unterlässt, ohne dass den VN eine besondere „Garantenstellung" treffen muss und er durch sein Unterlassen eine gesetzliche oder versicherungsvertragliche Bestimmung verletzt (Beispiel: Trotz drohenden Hochwassers überlässt der VN die versicherten Fahrzeuge den aufsteigenden Fluten, obwohl er sie ohne Weiteres hätte in Sicherheit bringen können, BGH VersR 1976, 649; ebenso OLG Oldenburg VersR 1994, 1336; OLG Köln VersR 1998, 1227, wonach grob fahrlässiges Unterlassen jedenfalls dann vorliegt, wenn der VN konkrete Meldungen über drohendes Hochwasser ignoriert; vgl. auch OLG Nürnberg NZV 1990, 315: Transport eines großen Hundes im Fußraum vor dem Beifahrersitz, wenn zumutbare Maßnahmen unterlassen werden, durch die ein Verstellen der Gangschaltung durch den Hund vermieden wird). Dabei setzt die Handlungspflicht des VN deutlich früher ein als mit dem eintretenden Versicherungsfall, der gem. § 82 den Beginn der Rettungspflicht mit eigenen Sanktionsmechanismen darstellt (Einzelheiten zur Abgrenzung zwischen Herbeiführung durch Unterlassen und Unterlassen einer Rettungsmaßnahme → § 82 Rn. 2 ff.; → § 90 Rn. 6; *Langheid* NVersZ 1998, 7 ff.).

Zur Verwirklichung des Tatbestandes des § 81 gehört dann einerseits die Kenntnis (bzw. grob fahrlässige Unkenntnis) des zum Schadeneintritt führenden Geschehens (BGH VersR 1989, 583; 1986, 962; *Schirmer* ZVersWiss 1984, 578; vgl. auch *Martin* VersR 1988, 209) und andererseits die zumutbare Möglichkeit für den VN, den Schadeneintritt durch geeignete Maßnahmen noch zu verhindern. Nach der Rspr. ist zusätzlich zum Verschuldensgrad (Vorsatz oder grobe Fahrlässigkeit) das Unterschreiten des bei **Vertragsabschluss vorgegebenen Sicherheitsstandards** erforderlich; andererseits muss dieses Unterschreiten iRd Verschuldensüberprüfung ohnehin berücksichtigt werden, weil ein Schadensereignis begrifflich auch schon durch ein geringes Verschulden (oder sogar gänzlich ohne Verschulden) „herbeigeführt" werden kann, ohne dass es dem VN zugerechnet werden kann und demzufolge auch nicht zur Leistungsfreiheit des VR führt. **17**

IV. Herbeiführung durch Dritte

1. Zurechnungsproblematik

Der Versicherungsfall muss vom VN oder den ihm zuzurechnenden Personen herbeigeführt worden sein. Es kann problematisch sein, welche Dritten und in welchem Umfang ihr Verhalten dem VN zuzurechnen ist. Eine Zurechnung über § 278 BGB scheidet im Versicherungsrecht aus. Stattdessen hat der VN für das – auch vorsätzliche – Verhalten seiner **Repräsentanten** wie für eigenes Verhalten einzustehen (zuletzt BGH VersR 2007, 673; dagegen früher Prölss/Martin/*Prölss,* 28. Aufl. 2010, VVG § 81 Rn. 6 f.; mit hM jetzt Prölss/Martin/*Armbrüster* § 81 Rn. 6). Zu vertraglichen Definitionen, namentlich **Maklerbedingungen** → Rn. 43 f. **18**

2. Repräsentant

Der Repräsentantenbegriff ist im Laufe der Zeit **erheblichen Modifikationen** unterworfen worden (zur Entwicklung zunächst BGHZ 107, 229 = NJW 1989, 1861 = VersR 1989, 737; NJW 1989, 2474 = VersR 1989, 909; VersR 1990, 736; VersR 1991, 1404; NJW-RR 1991, 1307 zur **Begründung der Repräsentantenrechtsprechung;** sodann BGH NJW 1993, 1862 = VersR 1993, 828 – zur Unterscheidung in **Vertrags- und Risikoverwaltung;** ferner BGH VersR 1996, 1229 unter 2.b zu Umfang und Dauer der Risikoübertragung und BGH VersR 2007, 673 zur **Begrenzung der Zurechnung** auf die Art der Repräsentanz; BGH BeckRS 2020, 32170; aus dem Schrifttum vgl. etwa Felsch r+s 2020, 301 (315); *Looschelders* r+s 2015, 581; VersR 1999, 666; zur Transportversicherung *Remé* VersR 1989, 115; für einen differenzierenden Repräsentantenbegriff *Bach* VersR 1990, 235 ff.; *Bach/Langheid* S. 103 ff.; *Langheid* NJW 1991, 268 f.; für einen obliegenheitsbezogenen Repräsentantenbegriff *Langheid* FS Schirmer, 2005, 353 ff.). **19**

Repräsentant war ursprünglich, „wer in dem Geschäftsbereich, zu dem das versicherte Risiko gehört, aufgrund eines Vertretungs- oder ähnlichen Verhältnisses an die Stelle des Versicherungsnehmers getreten ist. Die bloße Überlassung der Obhut über die versicherte Sache reicht dabei nicht aus, um ein Repräsentantenverhältnis anzunehmen. Repräsentant kann nur sein, wer befugt ist, selbständig in einem gewissen, nicht ganz unbedeutenden Umfang für den Versicherungsnehmer zu handeln und dabei auch dessen Rechte und Pflichten als Versicherungsneh- **20** mer wahrzunehmen" (so BGHZ 107, 229 = NJW 1989, 1861 = VersR 1989, 737).

21 Die Zweigliedrigkeit dieser Definition ist sodann von BGH NJW 1993, 1862 = VersR 1993, 828 fallengelassen worden: Es käme auf die **tatsächliche Obhut des Dritten (Risikoverwaltung)** oder dessen **Vertragsverwaltung** an. Danach reicht die Erfüllung einer Voraussetzung aus, um die Repräsentantenstellung insgesamt zu begründen (im Anschluss daran OLG Köln NJW-RR 2003, 1112; dagegen Zweifel bei OLG Hamm VersR 1995, 1348 unter Hinweis auf *Lücke* VersR 1993, 1098). Allerdings sollte nicht jede kurzfristige Gebrauchsüberlassung schon zur Repräsentanz des Dritten führen (BGH NJW 1993, 1862 = VersR 1993, 828 unter Hinweis auf BGH VersR 1965, 149), sondern es war die Übertragung des **gesamten Risikos** erforderlich (BGH VersR 1996, 1229).

22 Seit BGH VersR 2007, 673 ist die sich aus der **Vertragsverwaltung** ableitende Repräsentantenstellung beschränkt auf die Zurechnung in diesem **abgrenzbaren Geschäftsbereich;** aus sich heraus und ohne zusätzliche Risikoverwaltung kann die Vertragsverwaltung **nur insoweit** zur Zurechnung des Repräsentantenverhaltens führen. Der Vertragsverwalter kann also den Versicherungsfall herbeiführen, ohne dass dies dem VN zuzurechnen ist, obwohl die verschuldete Risikoverwirklichung kaum den Vertragspflichten des VN entsprechen kann. Im Zusammenhang mit der Herbeiführung des Versicherungsfalles sollte danach eine Zurechnung des Verhaltens desjenigen Dritten möglich sein, der es durch seine Obhut über das versicherte Risiko in der Hand hat, ob sich das Gefahrenpotential verwirklicht oder nicht, dessen Verhalten also darüber entscheidet, ob es zu einem Versicherungsfall kommt (krit. zu diesem Ansatz *Lücke* VersR 1993, 1098). Die bloße Vertragsverwaltung reicht in diesem Zusammenhang nicht (so schon *Langheid/Müller-Frank* NJW 1993, 2652 ff.; *Looschelders* VersR 1999, 666 (671); Beckmann/Matusche-Beckmann VersR-HdB/*Looschelders* § 17 Rn. 45), sie ermöglicht aber eine Zurechnung im Rahmen vertraglicher Pflichten (etwa im Bereich der Obliegenheiten; vgl. *Langheid/Müller-Frank* NJW 2008, 337).

3. Zuordnungskriterien

23 Damit der VN für das Verhalten des Dritten im Zusammenhang mit der Herbeiführung des Versicherungsfalles einstehen muss, ist demnach erforderlich, dass der VR dem Dritten die **alleinige Obhut** über die versicherte Sache übertragen hat. Dass der Dritte die Rechte und Pflichten des VN in „nicht ganz unbedeutendem Umfang" wahrzunehmen hat, ist also nicht (mehr) erforderlich. Die Abgrenzung kann im Einzelfall problematisch werden. Mit dem Erfordernis der völligen Obhutsüberlassung **für gewisse Dauer** werden allerdings immer noch allzu viele Dritte ihrer Repräsentantenstellung entkleidet, obwohl sie im entscheidenden Zeitraum – also in dem Zeitraum, in dem gefahrmindernde Obliegenheiten zu erfüllen sind, in dem das Risikopotenzial drastisch erhöht bzw. der Sicherheitsstandard drastisch reduziert und dadurch der Versicherungsfall herbeigeführt wird – die **alleinige** Risikoverwaltung über das versicherte Objekt innehaben. Es sollte im Wesentlichen auf das Gefahrenpotenzial und dessen Beherrschung ankommen (Beispiel: Ein Geschäftsmann, dessen auf ihn zugelassenes Fahrzeug ausfällt, bedient sich des auf diese zugelassenen und von ihr versicherten Pkws seiner Ehefrau, um eine Geschäftsfahrt zu unternehmen. Dabei begeht er grob fahrlässig einen Rotlicht-Verstoß; dieses Verhalten soll der VN mangels dauerhafter Obhut nicht zuzurechnen sein, obwohl die alleinige Risikobeherrschung während des

gesamten Zeitraums der potenziellen Gefahrverwirklichung ausschließlich bei dem Fahrer lag).

Die BGH-Rspr. fordert eine detaillierte Überprüfung der **Kriterien des Einzelfalles,** generalisierende Zuordnungen sollten vermieden werden (vgl. etwa BGH NJW-RR 1991, 1307: VN hatte eine Gaststätte angemietet, die von seinem Vater betrieben wurde, während der VN seinen Wehrdienst ableistete; der BGH hat die Repräsentantenstellung des Vaters bejaht; ähnlich BGH BeckRS 2020, 32170; BGH VersR 1992, 865: Repräsentanteneigenschaft eines Betriebsleiters im Einzelfall verneint; BGH VersR 1996, 1229: Repräsentanz bejaht bei einem Prokuristen, der für die Betriebs- und Verkehrssicherheit des ihm anvertrauten Fahrzeugs allein verantwortlich war). Die Individualität der Fallgestaltungen verbietet jede Schematisierung. Unabhängig von Stellung und Tätigkeit des Dritten ist in jedem Einzelfall zu prüfen, inwieweit die von der Rspr. aufgestellten Kriterien erfüllt sind (vgl. etwa BGH VersR 2019, 1284; VersR 2016, 793; OLG Hamm VersR 2018, 1249; VersR 2020, 1040; OLG Dresden VersR 2018, 801; OLG Saarbrücken VersR 2020, 216; OLG Düsseldorf VersR 2020, 980; KG r+s 2020, 712). **24**

4. Repräsentation?

Ist Repräsentanz zu bejahen, bedarf es entgegen OLG Köln VersR 1996, 839 nicht noch zusätzlich der Repräsentation, also der spezifischen Zurechenbarkeit des Verhaltens des Dritten (vom OLG Köln bei einer Fahrerflucht des Repräsentanten in der Fahrzeugversicherung verneint, weil es bei der Fahrerflucht, die als solche durchaus eine Obliegenheitsverletzung darstelle, an dem erforderlichen inneren sachlichen Zusammenhang mit der Risikoverwaltung fehle, die den rechtlichen Grund für die Zurechnung bilde). Das ist abzulehnen, weil im Falle der Repräsentanz **alle** Handlungen des Repräsentanten dem VN zuzurechnen sind, soweit sie mit dem versicherten Risiko zu tun haben; sonst gäbe es einen „Repräsentationsexzess", für den kein Erfordernis besteht, weil der Dritte an die Stelle des VN getreten ist (sonst wäre er nicht Repräsentant) und deshalb die Handlungen des Dritten wie Handlungen des VN selbst zu würdigen sind. Die Risikoverwaltung steht daher doch in dem (vom OLG Köln geforderten) inneren Zusammenhang mit der Fahrerflucht, denn diese würde – wäre sie vom VN begangen worden – eine Obliegenheitsverletzung darstellen: Das belegt, dass die Fahrerflucht Relevanz für den Versicherungsvertrag, für das Regulierungsverhalten des VR und mithin auch für das vom Repräsentanten verwaltete Risiko hat (BGH VersR 1996, 1229, der die Entscheidung des OLG Köln VersR 1996, 839 nicht bestätigt hat). **25**

5. Beispiele

Die im Folgenden dargestellten Beispiele sind daher als Einzelfallentscheidungen zu verstehen; aufgrund des Vorhergesagten verbietet sich eine von den jeweiligen Details des Einzelfalls absehende Pauschalisierung. (vgl. zu denkbaren Problemkonfigurationen *Langheid/Müller-Frank* NJW 1994, 2652 unter I.2). **26**

a) Gebäudeversicherung. Im Bereich der **Gebäudeversicherung** wird der **Mieter/Pächter** allein durch den Abschluss des Vertrages **nicht** zum Repräsentanten des VN (BGH NJW 1989, 1861 = VersR 1989, 737; OLG Hamburg VersR 1990, 264; OLG Hamm r+s 1995, 325; OLG Köln VersR 1991, 533), **27**

insbesondere, wenn nur ein Teil des Gebäudes angemietet wird (OLG Hamm NJW-RR 1992, 480). Anders aber, wenn dem Mieter durch besondere vertragliche Ausgestaltungen des Miet- oder Pachtvertrages ein abgegrenzter Verantwortungsbereich übertragen wurde (BGH NJW 1989, 2474 = VersR 1989, 737; OLG Hamburg VersR 1990, 264). Allein die Übertragung der **Verkehrssicherungspflicht** (BGHZ 104, 229) oder die Auferlegung von **Instandhaltungspflichten** für das gemietete Gebäude genügen (noch) nicht (BGH NJW 1989, 1861 = VersR 1989, 737; vgl. auch BGH NJW 1989, 2474 = VersR 1989, 909; OLG Hamm VersR 1990, 1230 unter 1.a.bb). Nach OLG Köln machen die Verpflichtung des Mieters zur Tragung einer Feuerversicherung und die Einräumung eines dinglichen Vorkaufsrechts diesen nicht zum Repräsentanten (OLG Köln VersR 1991, 533; vgl. ferner OLG Köln VersR 1990, 1270). Auf der anderen Seite ist der **Mieter** dann als Repräsentant des Vermieters zumindest hinsichtlich des **Frostschutzes** für die Heizung und die Wasserleitungen angesehen worden, wenn er als einziger Bewohner des Hauses den Betrieb der Heizungsanlage und den Öleinkauf übernommen hat (OLG Hamm VersR 1990, 265; vgl. auch OLG Celle r+s 1986, 214) oder wenn ein im Ausland wohnender VN seiner Cousine als einziger Schlüsselbesitzerin die **Verwaltung des Gebäudes** überlässt (OLG Frankfurt a. M. NJW-RR 1987, 611). Großzügiger bei der Annahme der Repräsentantenstellung sind für den Fall, dass der Mieter die Herrschaft über das Risiko hatte, welches zum Versicherungsfall führte, auch OLG Hamm VersR 1990, 265; 1989, 1083; 1981, 1173; anders aber OLG Hamm r+s 1995, 325, wenn dem Mieter nur ein „Splitter" der Verwaltungsaufgaben des VN übertragen worden war; OLG Köln r+s 1989, 23 in Bezug auf Leitungswasserschäden.

28 Ist nicht der Vermieter, sondern ein Mieter VN, so können die **übrigen Mieter** des Gebäudes Repräsentanten des Mieters sein, wenn sie das Gebäude (zB Hobbywerkstatt) gemeinsam angemietet haben und der VN selbst keinen entscheidenden Einfluss auf die Benutzung des Gebäudes genommen hat (OLG Celle mAnm *Martin* VersR 1988, 617). Der mit dem Verkauf des Gebäudes beauftragte **Makler** kann Repräsentant des Eigentümers sein, wenn das versicherte Gebäude leer steht (OLG Braunschweig VersR 1971, 812). Gleiches soll für einen Ingenieur gelten, der das für ein Jahr unbewohnte Gebäude betreut (OLG Celle r+s 1986, 214) oder für einen Anwalt mit Verkaufsauftrag während eines Auslandsaufenthaltes des VN (ÖOGH VersR 1987, 395). Ein **„faktischer" Betriebsinhaber** (der Vater des VN hatte einen Holzhandelsbetrieb auf seinen Sohn übertragen, war aber auf Lebenszeit unwiderruflich zum Geschäftsführer bestellt worden) übt nach OLG Köln VersR 1996, 94 die tatsächliche Risikoverwaltung aus und ist daher Repräsentant. Ebenso ist eine **Hausverwaltungsgesellschaft** Repräsentantin des VN in der Gebäudesachversicherung, wenn sich die Eigentümer und VN um die Verwaltung des Grundbesitzes nicht kümmern und diese gänzlich einschließlich der Abwicklung aller versicherungsrechtlichen Angelegenheiten in die Hände der Hausverwaltung legen (OLG Köln r+s 1999, 517; OLG Hamburg VersR 2005, 221: Hausverwalter).

29 **b) Hausratversicherung.** In der **Hausratversicherung** reicht die bloße Obhut über die versicherte Sache grds. nicht aus (BGH VersR 1986, 696 bzgl. Transport). Bei **Eheleuten** kann allerdings im Einzelfall der eine Ehegatte als Repräsentant des anderen anzusehen sein, zB bei Urlaubsabwesenheit eines Ehegatten (so OLG München NJW-RR 1986, 656 = VersR 1986, 585; OLG Celle VersR 1988, 617; oder wenn es der VN seiner Ehefrau bewusst überlassen hat,

beim Verlassen des Hauses für die Sicherung der Fenster und Türen zu sorgen, OLG Karlsruhe r+s 1998, 162 = 1998, 250 mAnm *Knappmann;* die bloße Ehegattenstellung reicht allerdings für die Repräsentanz nicht aus, BGH NStZ 2017, 290). Die gleichen Grundsätze gelten für die **nichteheliche Lebensgemeinschaft** (LG Karlsruhe VersR 1985, 380). Die **Mitobhut** über die gemeinsame Wohnung genügt nach BGH für sich alleine nicht (BGH NStZ 2017, 290; OLG Braunschweig VersR 1986, 331; OLG Hamm VersR 1989, 510; LG Berlin VersR 1982, 83; näher hierzu *Wenzel* VersR 1990, 1310). Ein Anscheinsbeweis, dass Ehegatten – zumindest iRd Hausratversicherung – regelmäßig Repräsentanten des anderen sind, scheidet daher aus (BGH r+s 1994, 284; VersR 1993, 828; VersR 1990, 736; vgl. *Wenzel* VersR 1990, 1310). Voraussetzung für das Vorliegen einer Repräsentantenstellung ist aber in jedem Fall, dass die Ehegatten bzw. Lebensgefährten noch zusammen wohnen (OLG Braunschweig NJW-RR 1986, 657 = VersR 1986, 331). Ein außer Haus wohnender Familienangehöriger, der in Abwesenheit des VN gelegentlich dessen **Wohnung kontrolliert,** ist kein Repräsentant (OLG Hamm VersR 1982, 966; LG Karlsruhe VersR 1985, 380). LG Trier lässt die Frage für eine Person offen, die jeden Abend ein Fenster schließen sollte, das tagsüber geöffnet war, um der Katze den Zugang zu ermöglichen (LG Trier ZfS 1981, 350). **Kinder** sind regelmäßig keine Repräsentanten ihrer Eltern. Die Klausel in § 9 Nr. 3 Buchst. a VHB 84, wonach Schäden nicht versichert sind, die eine mit dem VN in **häuslicher Gemeinschaft** lebende Person vorsätzlich herbeiführt, verstößt gegen § 307 Abs. 2 BGB (BGH VersR 1993, 830). In Fällen wie den vorbezeichneten könnte sich die BGH-Rspr. zur Risikoverwaltung auswirken, weil vielfach eben doch die alleinige Risikoverwaltung für eine gewisse Dauer vorgelegen hat (zB ein Ehegatte hütet während der Urlaubsabwesenheit des anderen das Haus). So ist die Ehefrau des VN Repräsentant, wenn der durch Entwendung abhanden gekommene versicherte Schmuck ausschließlich von ihr getragen wurde und sie allein entschied, wann sie welchen Schmuck trug (zu § 10 Nr. 4 Buchst. a AVBSP 85 OLG Köln VersR 1999, 311).

c) Reisegepäckversicherung. Im Bereich der **Reisegepäckversicherung** 30
ist nach Ansicht des LG Nürnberg-Fürth derjenige Repräsentant, der während der Abwesenheit des VN das **Reisegepäck beaufsichtigen** soll (LG Nürnberg-Fürth VersR 1991, 224; ebenso für die aufpassende Ehefrau OLG Düsseldorf VersR 1996, 749; ausführlich hierzu *Wussow* VersR 1993, 1454). Ohne solche konkreten Umstände ist der **mitreisende Freund** oder **Lebensgefährte kein** Repräsentant (ausdrücklich offen lassend OLG Köln r+s 1991, 139 bzgl. mitreisenden Ehegatten, vgl. auch OLG Hamburg VersR 1979, 736; LG München I VersR 1977, 858; LG Saarbrücken VersR 1992, 1353).

d) Gewerbeversicherung. In **Geschäftsversicherungen** wurde eine Reprä- 31
sentantenstellung des Vaters für den bei der Bundeswehr dienenden Sohn bejaht, wenn dieser nur pro forma für den überschuldeten Vater die **Gaststätte gepachtet** hat und der Vater die Gaststätte faktisch allein betreibt (BGH NJW-RR 1991, 1307). Wenn der Vater VN ist, fehlt es an der Repräsentantenstellung, wenn der Sohn nur als **Lehrling** tätig ist, auch wenn sein Verantwortungsbereich über den eines typischen Lehrlings hinausgeht (OLG Nürnberg VersR 1960, 975; vgl. auch OLG Hamm r+s 1990, 345). In dem Fall, dass der Gaststätteninhaber jemanden mit der **Führung des Betriebes** beauftragt hat, reicht es nicht aus, dass dieser nur an bestimmten Tagen die Gaststätte selbst führt (OLG Köln VersR 1990, 1270; anders aber, wenn die Konzessionsinhaberin nur als Strohmann nach außen

in Erscheinung tritt, während ihr Ehemann der wahre und verantwortliche Betreiber des Lokals ist, OLG Köln VersR 2005; 1281). Ebenso reicht es im Rahmen einer **Transportversicherung** für eine Repräsentanteneigenschaft des Ehemannes nicht aus, dass die VN und ihr Ehemann das Transportunternehmen derart gemeinsam geführt haben, dass die VN die Buchhaltung erledigte und ihr Ehemann die Transporte durchführte und insoweit auch direkt über Autotelefon Aufträge der ständigen Auftraggeberin erhielt (OLG Köln VersR 1999, 618). Bankkassierer und Filialleiter von **Geldinstituten** werden gewohnheitsrechtlich als Repräsentanten angesehen (vgl. *Martin* O II Rn. 71, 78). Auch der Eigentumsvorbehaltskäufer soll Repräsentant des Käufers sein (OLG Hamburg VersR 1957, 15; Prölss/Martin/*Armbrüster* § 28 Rn. 118; aA OLG Stuttgart VA 1913 Nr. 755; *Martin* O II Rn. 81). Ein **Betriebsleiter** muss so unabhängig sein, dass er im Bereich des versicherten Risikos an die Stelle des VN getreten ist (BGH VersR 1992, 865 = NJW-RR 1992, 921). Jedenfalls ist Repräsentant, wer verantwortlicher Betriebsleiter und beauftragter Verhandlungsführer einer GmbH ist (BGH r+s 1997, 294). Nach LG Berlin reicht es aus, wenn die technischen und kaufmännischen Geschicke und die praktischen Abläufe im Wesentlichen in einer Hand liegen (LG Berlin VersR 1990, 1006; gleichfalls für den Prokuristen bejahend OLG Hamburg VersR 1988, 1147). Dagegen ist bei einer **Großbaustelle** nicht der Polier, sondern nur der örtliche Bauleiter Repräsentant (OLG Celle VersR 2001, 453; OLG Hamm ZfS 2000, 113 = BauR 2000, 781).

32 **e) Kraftfahrt-Haftpflichtversicherung.** Der Fahrzeugführer ist iRd **Kraftfahrthaftpflichtversicherung** grds. kein Repräsentant des Halters, sondern über § 10 Nr. 2 Buchst. c AKB, A.1.2 Buchst. c AKB 2008 mitversichert (BGH VersR 1996, 1229; NJW 1969, 1387 = VersR 1969, 695 für Kraftfahrtversicherung Nr. 17; anders (mit interessanter Begr.) LG Karlsruhe NVersZ 2000, 394 mAnm *Langheid* NVersZ 2000, 463; wie hier Stiefel/Maier/*Maier* F AKB Rn. 58 mwN; offen gelassen von OLG Hamm r+s 1995, 41 = VersR 1995, 1086; zum Problem vgl. *Römer* NZV 1993, 249 (253)).

33 **f) Kaskoversicherung.** In der **Fahrzeugversicherung** wird der **Fahrer** zum Repräsentanten, wenn er die alleinige Verantwortungsbefugnis über das Fahrzeug innehat, BGH r+s 1996, 385 = VersR 1996, 1229; OLG Oldenburg VersR 1996, 746: Ehemann ist Repräsentant, wenn ihm die vollständige Verwaltung des Risikos übertragen wurde; OLG Bremen VersR 1998, 1149; OLG Hamm VersR 1996, 225; anders OLG Köln VersR 1998, 1541 für gelegentliche Nutzung während der Trennung und VersR 1999, 618 für mitarbeitenden Ehemann in einem Transportunternehmen; ebenfalls reicht allein der Umstand, dass das versicherte Fahrzeug ein Wunschkennzeichen mit den Initialen des Ehegatten hat, als Indiz für dessen Repräsentantenstellung nicht aus (OLG Düsseldorf SP 2000, 175). Nach BGH NJW 1993, 1862 = VersR 1993, 828 reicht es aber noch nicht aus, dass dem Dritten das Fahrzeug überhaupt übergeben wird (vgl. auch OLG Hamm r+s 1993, 363 = VersR 1993, 1519). Repräsentanz abgelehnt von OLG Hamm r+s 1995, 41 = VersR 1995, 1086, weil der Dritte das Firmenfahrzeug zwar ausschließlich nutzte, die Instandhaltung und Wartung aber einem angestellten Fahrer übertragen worden waren (ähnlich OLG Hamm VersR 1995, 1348, wo das versicherte Fahrzeug für die Söhne des VN angeschafft worden war, die auch die Betriebskosten trugen; das OLG Hamm hat dennoch eine Repräsentanz verneint, weil der VN ebenfalls das Fahrzeug nutzen konnte: Das greift zu kurz, weil der fahrende Dritte das Risiko tatsächlich inne hatte und schließlich auch verwirklichte – Rotlicht!). Dabei spielt die Frage, wer das Fahr-

zeug verwaltet, ersichtlich keine Rolle; dies kann im Zusammenhang mit der Vertragsverwaltung allenfalls ein weiteres, von der Risikoverwaltung getrennt zu prüfendes Kriterium für die Repräsentanz sein. Kein Repräsentant soll auch der Ehemann sein, dem das Fahrzeug für eine mehrtägige Geschäftsreise überlassen wird, weil sein Geschäftsfahrzeug in der Werkstatt steht (OLG Köln r+s 1994, 401); auch das greift zu kurz, weil es die BGH-Rspr. undifferenziert anwendet; es wäre zu überprüfen gewesen, ab wann eine Gebrauchsüberlassung nicht mehr „vorübergehend" oder „kurzfristig" ist.

Ein **Handelsvertreter** wird Repräsentant (OLG Karlsruhe r+s 1995, 442), wenn der VN nicht in der Lage ist, Haltung und Wartung eigenständig zu überwachen (anders aber schon, wenn VN Fahrzeug jederzeit wieder an sich nehmen kann; vgl. ferner OLG Düsseldorf ZfS 1989, 62: Kommanditist; OLG Frankfurt a. M. ZfS 1989, 62: Geschäftsführer einer GmbH). Demzufolge ist der **Prokurist,** dem das Fahrzeug zur alleinigen Benutzung überlassen wurde und der eigenverantwortlich für dessen Betriebs- und Verkehrssicherheit zu sorgen hat, Repräsentant (BGH VersR 1996, 1229). Das Handeln des **GmbH-Geschäftsführers,** den als gesetzlichen Vertreter der GmbH die Verpflichtungen treffen, die der VN gegenüber dem VR hat, ist der GmbH als VN stets zuzurechnen, ohne dass es auf die Voraussetzungen der Repräsentantenhaftung ankommt (OLG Koblenz r+s 2012, 482). 34

Ähnlich wie bei der Hausratversicherung stellt sich auch hier die Frage, inwieweit unter **Eheleuten** eine Repräsentantenstellung angenommen werden kann. Auch hier müssen im Einzelfall die besonderen Voraussetzungen nachgewiesen werden (BGH VersR 1982, 465; OLG Karlsruhe VersR 1991, 1048; OLG Koblenz VersR 2004, 1410). Eine überwiegende Nutzung des Fahrzeugs durch einen Ehegatten im Einverständnis mit dem anderen wird als nicht ausreichend angesehen (LG Aachen VersR 1986, 1095), insbesondere dann nicht, wenn der VN sämtliche Kosten der Fahrzeughaltung trägt (OLG Frankfurt a. M. ZfS 1983, 88); selbst wenn während seines Krankenhausaufenthaltes die Ehefrau die alleinige Verfügungsgewalt über das Fahrzeug hat, OLG Köln VersR 1990, 1226; auch dieser Fall dürfte im Lichte der BGH-Rspr. anders zu beurteilen sein, weil durch die Abwesenheit des Mannes die alleinige Risikoverwaltung dauerhaft auf die Ehefrau übergeht. Erst recht gilt dies für den Fall, dass der Ehegatte gegen den Willen des VN das Fahrzeug an sich nimmt (OLG Hamm NJW-RR 1988, 989). Verlangt wird vielmehr, dass sich der Ehegatte der „Verfügungsbefugnis und der Verantwortlichkeit für seinen Pkw vollständig begeben hat" (so OLG Hamm VersR 1990, 516 = NZV 1990, 118; LG Aachen VersR 1986, 1095: Kaskoversicherung; vgl. auch BGH VersR 1990, 620; 1988, 240; OLG Hamm NJW-RR 1988, 989; LG Bremen VersR 1990, 892). Demgemäß hat das OLG Karlsruhe verlangt, dass der Ehemann „das versicherte Fahrzeug ständig fährt, im Besitz der Papiere und sämtlicher Schlüssel ist und jeden Fahrzeugschaden wirtschaftlich trägt" (OLG Karlsruhe VersR 1976, 58; AG Düsseldorf VersR 1990, 1229). Werden dem Ehemann der VN die Schadensabwicklung und sämtliche Versicherungsangelegenheiten übertragen, ist er Repräsentant (OLG Bremen VersR 1998, 1149). Nach OLG Brandenburg ist der Ehemann Repräsentant der VN, wenn er das versicherte Kfz gekauft und finanziert hat und das versicherte Kfz auf ihn zugelassen ist und er sich gegenüber den den Unfall aufnehmenden Polizeibeamten als Kfz-Halter bezeichnet hat (OLG Brandenburg r+s 1999, 59). Kein Repräsentant ist der getrennt lebende Ehemann der VN, wenn die Eheleute das Fahrzeug zwar gemeinsam angeschafft und bis zur Trennung gemeinsam benutzt und finanziert haben, nach der Trennung jedoch vereinbart haben, dass die VN das Fahrzeug 35 behalten solle und der Ehemann es nur gelegentlich nach vorheriger Bitte um Überlassung der Schlüssel nutzen dürfe. Dem soll nicht entgegenstehen, dass die VN kurz zuvor ein weiteres Fahrzeug erworben hatte, dieses statt des kurz darauf bei dem Unfall total beschädigten Kfz versichern wollte und mit ihrem Ehemann übereingekommen war, dass dieser das gemeinsam angeschaffte Fahrzeug übernehmen und sich dessen Wert bei den bevorstehenden Auseinandersetzungsverhandlungen anrechnen lassen sollte (OLG Köln VersR 1998, 1541).

36 **g) Sonstige Versicherungen.** Der Anwalt soll im Rahmen einer **Rechtsschutzversicherung** nicht Repräsentant des VN sein, weil er das Risiko nicht verwaltet (BGH r+s 2019, 582 mwN; OLG München VersR 2017, 1516; KG r+s 2020, 712anders unter anderem Prölss/Martin/*Armbrüster* § 17 ARB 2010, Rn. 45; Langheid/Wandt – *Obarowski,* Anh. zu § 125 Rn. 330). Das ist problematisch, weil der Anwalt in dem vom BGH entschiedenen Fall einen Sachverständigen beauftragt hatte, was man als typische Risikoverwaltung bezeichnen könnte (anders deswegen unter anderem Prölss/Martin/*Armbrüster* § 17 ARB 2010 Rn. 45; Langheid/Wandt/*Obarowski* Anh. zu § 125 Rn. 330). Wenn der Anwalt in die Vertragsverwaltung einbezogen ist, kann er insoweit Repräsentant sein (BGH r+s 2019, 582; zB im Fall des § 5 Nr. 5 AHB (OLG Bamberg r+s 1993, 173; **aA** OLG Karlsruhe r+s 1987, 281)).

37 In der Unfallversicherung stellt sich das Problem der Repräsentantenhaftung in den Fällen der Herbeiführung des Versicherungsfalles nicht, weil auch die Körperverletzung bzw. Tötung durch beliebige Dritte deckungspflichtig sind, sofern die übrigen Voraussetzungen des Begriffes „Unfall“ vorliegen. Bezüglich der Insassenunfallversicherung gelten die unter → Rn. 32 ff. dargestellten Maßstäbe.

6. Auswahlverschulden

38 Es ist anerkannt, dass der VN die Lage des VR nicht dadurch wesentlich verschlechtern darf, dass er „die versicherten Sachen aus der Hand gibt und sich der Obhut über sie mit der Folge begibt, dass der Versicherer für den Schaden eintreten muss, der durch das Verhalten des Sachwalters des Versicherten entsteht“ (so OLG Köln VersR 1990, 1270). Den VN oder einen Versicherten kann daher ein eigenes **Auswahl- und Überwachungsverschulden** treffen, durch das seinerseits der Versicherungsfall herbeigeführt wurde (vgl. *Martin* O II Rn. 21 ff.; Bruck/Möller/*Baumann* § 81 Rn. 119).

7. Delegation

39 Überträgt der Repräsentant mit Wissen des VN seine Rechte und Pflichten auf einen **Vierten,** so wird auch dieser Repräsentant des VN; allerdings kann diese Übertragung auf den Vierten nicht zu einer Pflichtenerweiterung führen (so dass ein Verhalten, das in der Person des VN erlaubt wäre, durch den Wechsel in der Person nicht pflichtwidrig werden kann; vgl. OLG Hamm VersR 1988, 509; Prölss/Martin/*Armbrüster* § 28 Rn. 106; *Langheid* NJW1990, 221 (223)).

8. Mehrere Versicherungsnehmer

40 Bei einer **Mehrheit von VN und/oder Mitversicherten** gilt Folgendes: Soweit die versicherte Sache den VN/Mitversicherten zur gesamten Hand gehört, schadet die Herbeiführung des Versicherungsfalles durch einen VN allen anderen

in gleicher Weise (OLG Hamm r+s 1987, 167 = VersR 1988, 508; OLG Düsseldorf r+s 1989, 43 bzgl. einer OHG; LG Ravensbrück VersR 1982, 389; *Martin* O II 15, 16; Bruck/Möller/*Baumann* § 81 Rn. 86). Unterschiedlich wird die Sachlage bei Bruchteilsgemeinschaften beurteilt: Nach einer Ansicht soll hier das Gleiche gelten wie bei Gesamthandsgemeinschaften (*Martin* O II Rn. 16, der sich allerdings zu Unrecht auf Bruck/Möller/*Möller,* 8. Aufl. 1961 ff., § 6 Anm. 66 beruft), während nach der Gegenansicht (RGZ 157, 32; OLG Hamm VersR 1994, 1464; Beckmann/Matusche-Beckmann VersR-HdB/*Looschelders* § 17 Rn. 11) das Verhalten des einen Bruchteilseigentümers den anderen nicht schaden soll, wenn nicht der handelnde Bruchteilseigentümer (nach den obigen Kriterien) Repräsentant der anderen ist. Dieser Auffassung ist zuzustimmen: Nur wenn alle Miteigentümer als VN auftreten, schadet ihr Verhalten insgesamt. Tritt nur ein Bruchteilseigentümer als Repräsentant der VN auf, schadet sein Verhalten allen anderen; ist der Bruchteilseigentümer nur Mitversicherter, verwirkt er gemäß § 47 Abs. 1 nur seine eigene Versicherungsforderung (ebenso Bruck/Möller/*Baumann* § 81 Rn. 86).

9. Versicherte Person

Gleiches gilt für **versicherte Personen.** Der Mitversicherte kann Repräsentant 41 des VN sein; dann ist sein Verhalten selbstverständlich dem VN unmittelbar zuzurechnen. Ist der Mitversicherte nicht Repräsentant, schadet sein Verhalten nur ihm selbst (Prölss/Martin/*Klimke* § 47 Rn. 10 mwN; *Martin* H IV Rn. 67, 68; iÜ → § 47 Rn. 1 ff.; BGH VersR 1966, 674; OLG Celle VersR 1969, 175; vgl. auch OLG Karlsruhe VersR 1997, 104: Geschiedener Ehemann dringt in die frühere Ehewohnung ein).

Soweit OLG Köln r+s 1993, 126 (mit abl. Anm. *Langheid*) meint, dass der VR 42 die vorsätzliche Herbeiführung des Versicherungsfalles durch den Versicherten auch in der Einbruchdiebstahlsversicherung (trotz der hier geltenden wechselseitigen Beweiserleichterungen) streng beweisen müsse, ist dem nicht zu folgen (abl. auch *Lücke* VersR 1994, 128 ff. (133)). Hier wird übersehen, dass die Herbeiführung des Versicherungsfalles durch den mitversicherten Dritten in Bezug auf die Person des VN einen echten Versicherungsfall darstellt, so dass insoweit der Nachweis der Herbeiführung durch den mitversicherten Dritten bestenfalls für den Regress des VR eine Rolle spielen kann, an seiner Eintrittspflicht dem VN gegenüber, der ja tatsächlich bestohlen wurde, nichts zu ändern vermag. Soweit der Dritte selbst (ggf. auch über den VN) Ersatzleistungen des VR verlangt, tritt er an die Stelle des VN, so dass ihm einerseits Beweiserleichterungen zukommen, ihm gegenüber aber auch schon mit „erheblicher Wahrscheinlichkeit" bewiesen werden kann, dass der Versicherungsfall fingiert oder manipuliert war (→ Rn. 108 ff.). Nach OLG Hamm VersR 1995, 1233 ist die Tatbegehung durch den (mitversicherten) Ehemann der VN in der Hausratversicherung überhaupt nicht versichert, weil der Ehemann als Zutrittsberechtigter nicht iSd § 5 Nr. 1 Buchst. a VHB 84 „einbrechen" könne.

10. AVB-Definitionen

Die bisherigen Versuche, den Begriff des Repräsentanten in den **Bedingungen** 43 konkreter zu **definieren,** sind gescheitert. Zwar ist § 81 abänderbar (§ 87 nennt § 81 nicht), doch werden solche Regelungen regelmäßig an § 307 Abs. 2 BGB scheitern (vgl. WLP/*Reiff* Klausel V 166); konkret gescheitert ist der Versuch, den Repräsentanten als „eine mit dem Versicherungsnehmer in häuslicher Gemeinschaft lebende volljährige Person“ zu definieren, §§ 9 Nr. 1 Buchst. a, 14 Nr. 2, 21 Nr. 3 VHB 84; OLG Hamm VersR 1990, 420 = ZfS 1990, 31; *Schirmer* ZVersWiss 1992, 381 (407) weist aber unter Hinweis auf BGH VersR 1990, 487 und VersR 1990, 736 darauf hin, dass der BGH eine „den Versicherungsnehmer benachteiligende Erweiterung des Repräsentantenbegriffs in den AVB nicht tolerieren“ wird. Zu Recht ist daher in den neueren Bedingungswerken nur noch vom „Repräsentanten“ die Rede, dessen Verhalten dem VN zugerechnet werden soll (VA 1991, 352 (353); *Schirmer,* dessen Auffassung in ZVersWiss 1984, 553 (579) und Symposion 80 Jahre VVG 1988, 265, 300 mwN sich nicht durchgesetzt hat, erwartet, dass jedenfalls Präzisierungen des unbestimmten Rechtsbegriffs des Repräsentanten möglich sein werden, ZVersWiss 1992, 408; zum Problem vgl. letztlich *Martin* O II Rn. 56 ff. mit einem Überblick über die Bedingungswerke, die eigene Repräsentantendefinitionen enthalten, etwa § 17 AFB 87, AERB 87, AWB 87 und AStB 87 und neu B § 19 AERB 2008, AFB 2008, AWB 2008).

44 Häufig finden sich **Maklerbedingungen** (namentlich in der **Industrieversicherung**), die den Repräsentantenbegriff zugunsten des VN stark einschränken, indem sie nur noch Organe der VN als Repräsentanten definieren; auch das ist AGB-rechtlich zu beanstanden, weil dadurch die BGH-Rspr., die ja gerade Drittverhalten zurechenbar macht (und nicht Organverhalten, für das es keiner eigenen Zurechnungsnorm bedarf), konterkariert wird. Hier ist der **VN** (über seinen Sachwalter, den Makler) **AVB-Verwender** (wenn nicht bloß eine VU-Bedingung übernommen wird, BGH VersR 2001, 368). Nach BGH NJW-RR 2010, 39 = VersR 2009, 1477 mAnm *Steinkühler/Kassing* ist bei Maklerbedingungen **jedenfalls nicht der VR Verwender,** soweit der Makler nicht die auch sonst verwandten Klauseln des VR bloß wiederholt. Daraus folgt, dass bei originären Maklerklauseln der VN Verwender ist, bei auch sonst verwandten VR-Klauseln der VR Verwender ist und bei verhandelten Individualklauseln das AGB-Recht überhaupt nicht eingreift (*Langheid/Müller-Frank* NJW 2010, 344; *Hösker* VersR 2010, 29; *Thiel* r+s 2011, 1 ff.). Wer AVB-Verwender ist, kann sich nach der Lebenserfahrung aus einem **ersten Anschein** auf Grund von Inhalt und Gestaltung des Vertrags ergeben. Sowohl die Logogestaltung als auch die Angabe bestimmter Vertretungsverhältnisse mit Anschrift und Kontoverbindung lassen auf die Verwendereigenschaft schließen (BGH VersR 2011, 1173 = NJW 2011, 3367). Bei der Prüfung, ob eine **unangemessene Benachteiligung** vorliegt, ist in erster Linie auf die Interessen des Vertragsgegners des jeweiligen Verwenders abzustellen; Drittinteressen sind bei der Angemessenheitskontrolle grundsätzlich ohne Relevanz. Lediglich bei Pflicht-Haftpflichtversicherungen ist auf den damit bezweckten **Drittschutz** abzustellen (BGH VersR 2011, 1261 = NJW 2011, 3648 für die Vertrauensschadenversicherung der Notarkammern).

V. Verschulden

1. Vorsatz

45 Vollständige Leistungsfreiheit des VR tritt bei **Vorsatz** des VN ein. Es gilt das allgemeine Zivilrecht, nach dem Vorsatz das Wissen und Wollen des pflichtwidrigen Erfolges ist (Palandt/*Grüneberg* BGB § 276 Rn. 10). Allerdings muss kein rechtswidriger Erfolg eintreten, weil § 81 weder eine Rechtspflicht zum Handeln

begründet noch eine Obliegenheit darstellt, sondern eben nur ein subjektiver Risikoausschluss ist. Wissen und Wollen des VN müssen sich daher nur auf die Handlung und deren Erfolg erstrecken, nicht aber etwa auf das Vorhandensein eines Versicherungsvertrages oder den konkreten Schadensumfang (vgl. Bruck/Möller/*Baumann* § 81 Rn. 58, 61). Der weitaus häufigste Fall der vorsätzlichen Herbeiführung ist die zweck- und zielgerichtete Verwirklichung des Versicherungsfalles mit der Absicht, einen ungerechtfertigten Vorteil zu erlangen. Beispiel: VN lässt sein Fahrzeug absichtlich verunglücken, weil er in der Kaskoversicherung einen höheren Wertersatz erlangen kann als bei einem Verkauf (vgl. etwa OLG Karlsruhe VersR 1994, 1222). Hier wird ein tatsächlicher Schaden absichtlich verursacht. Ein anderer, aber ebenfalls unter § 81 zu fassender Sachverhalt ist der fingierte Versicherungsfall: Hier wird kein Schaden herbeigeführt, sondern vorgetäuscht. Obwohl also gerade nichts tatbestandlich herbeigeführt wird, handelt es sich doch um einen Fall des § 81, weil ein Schadenfall „produziert" wird, aus dem eine Versicherungsleistung fließen soll. Diese Differenzierung ist von besonderer Bedeutung für die Probleme der Beweisführung (→ Rn. 10, 108 ff.).

Für das Willensmoment reicht **dolus eventualis** aus, wodurch sich Vorsatz 46
und grobe Fahrlässigkeit einander annähern; es genügt also, wenn der VN den Schadenseintritt als möglich billigt und ihn in Kauf nimmt (*Martin* O I Rn. 77). Eine Modifikation erfährt der Vorsatzbegriff in § 103 (Haftpflichtversicherung), weil sich der Vorsatz dort auf „den bei dem Dritten eingetretenen Schaden" richten muss; außerdem ist auch die Kenntnis der Rechtswidrigkeit erforderlich (Näheres → § 103 Rn. 5; s. auch *Martin* r+s 1988, 185: Verbotsirrtum). Eine weitere Modifikation findet sich in Ziff. 7.1 AHB 2008, nach dem der „Schaden vorsätzlich herbeigeführt" werden muss; wiederum anders § 4 Nr. 5 AHB Vermögen, der eine „Schadenstiftung durch wissentliches Abweichen von Gesetz, Vorschrift, Anweisung oder Bedingung des Vollmachtgebers (Berechtigten) oder durch sonstige wissentliche Pflichtverletzung" erfordert (zu weiteren Modifikationen des § 81 durch das Gesetz → Rn. 5 und durch Bedingungen → Rn. 119 ff.).

2. Grobe Fahrlässigkeit

Grob fahrlässig handelt nach allgemein anerkannter Rspr. derjenige, der die 47
im Verkehr erforderliche Sorgfalt unter Berücksichtigung sämtlicher Umstände in ungewöhnlich hohem Maße verletzt und das unbeachtet lässt, was im gegebenen Fall jedem hätte einleuchten müssen (BGH r+s 1992, 279 = VersR 1992, 1087; VersR 1989, 582; stRspr des BGH seit BGHZ 10, 14; vgl. etwa auch BGH VersR 1989, 141; VersR 1988, 509; VersR 1986, 671; weitere Hinweise auf die Rspr. und die Versuche der Literatur bzgl. anderweitiger sprachlicher Erfassung der groben Fahrlässigkeit finden sich bei Bruck/Möller/*Baumann* § 81 Rn. 66 ff.). Die grob fahrlässige Herbeiführung des Versicherungsfalles erfordert ferner ein Bewusstsein des VN, dass sein Verhalten den Eintritt des Versicherungsfalles einerseits bzw. eine Vergrößerung des Schadens andererseits zu fördern geeignet war. Grob fahrlässige Unkenntnis steht dem gleich (vgl. etwa BGH VersR 1980, 180; OLG Hamm r+s 1991, 331; VersR 1982, 1042; OLG Köln VersR 1987, 1026; ZfS 1987, 22; r+s 1985, 304; OLG München VersR 1986, 585; 1985, 355; OLG Oldenburg r+s 1990, 406). In Ergänzung zum Tatbestandsbegriff des **„Herbeiführens"**, der eine gewisse Vergrößerung des Risikopotentials bzw. eine Unterschreitung des bei Vertragsabschluss vorhandenen Sicherheitsstandards voraussetzt (→ Rn. 14), erfordert das Verschulden des VN im Zusammenhang mit einem

Unterlassen, dass er „mögliche, geeignete und zumutbare Maßnahmen" nicht ergreift (BGH VersR 1984, 25; OLG Nürnberg NZV 1990, 315; OLG Oldenburg r+s 1994, 246 = VersR 1994, 1336). Das positive Tun des VN ist dann grob fahrlässig, wenn der Schadenseintritt nahe lag und es für den VN ohne Weiteres möglich gewesen wäre, ein anderes, schadenvermeidendes Verhalten an den Tag zu legen (OLG Hamm r+s 1991, 331).

3. Beispiele zur Fahrzeugversicherung

48 **a) Rotlicht.** Bei **Rotlichtverstößen** wurde grobe Fahrlässigkeit **bejaht** von BGH VersR 1992, 1085; OLG Dresden VersR 1996, 577; OLG Frankfurt a. M. VersR 2003, 319; OLG Hamm r+s 2005, 99: VN hält zunächst, fährt dann aber aus ungeklärten Umständen wieder an; NVersZ 1999, 271; VersR 1995, 92; r+s 1994, 46; OLG Karlsruhe NJW-RR 2004, 389; OLG Köln SP 2003, 318; NVersZ 2002, 225; 363 bei Überfahren einer rot zeigenden Ampel, auch wenn an betreffender Stelle üblicherweise mit freier Fahrt zu rechnen ist; bei Blendung durch Sonnenlicht OLG Hamm NVersZ 2002, 23; OLG Nürnberg SP 2003, 319; OLG Koblenz r+s 2013, 545 bei Ortsunkenntnis und Suche nach einem bestimmten Restaurant; OLG Rostock VersR 2003, 1528 trotz fehlender Praxis im Großstadtverkehr, Ortskenntnissen und Beeinflussung durch Beifahrer; OLG Stuttgart NVersZ 2000, 36 für ortskundigen Fahrer, der die für verschiedene Fahrspuren geltenden Ampeln verwechselt.

49 Grobe Fahrlässigkeit **verneint:** schwer zu überblickende Kreuzung bei ortsunkundigem VN (OLG Köln r+s 1991, 82; ebenso für irritierende grüne Leuchtreklame OLG Köln VersR 2007, 1268 und einen dadurch „erschwerten" Blick auf eine Ampel); Sonne scheint in Fahrtrichtung und erhellt dabei alle drei Lichter der Ampel BGH VersR 2014, 1135 (Signale schwer erkennbar); das ist allerdings bedenklich, da das fehlende Abwarten des Fahrers, bis er sich über die Bedeutung des tatsächlichen Lichtsignals vergewissern kann, vorwerfbar ist). Blendung durch tiefstehende Sonne bei extrem kompliziertem Einfädelvorgang (OLG Köln r+s 1998, 498). VN hält zunächst an und fährt dann aus ungeklärten Gründen wieder an (BGH VersR 2003, 364; OLG Frankfurt a. M. VersR 2001, 1276; OLG Hamm r+s 2000, 232; Rotlichtverstoß beruht auf unvorhersehbarem Griff des geistig behinderten Beifahrers ins Lenkrad (LG Oldenburg ZfS 2003, 504).

50 **b) Alkohol.** Bei **Alkohol im Straßenverkehr** (hierzu *Heß* r+s 2013, 1; *Maier* r+s 2010, 497) ist grobe Fahrlässigkeit **bejaht** worden: stets bei einem BAK-Wert von über 1,1 ‰, sog **absoluter Fahruntüchtigkeit** (BGH NJW 2011, 3299 = VersR 2011, 1037; OLG Köln r+s 2018, 15; OLG Stuttgart r+s 2011, 280 jeweils Kürzung auf Null). Für die Kausalität der absoluten Fahruntüchtigkeit für den eingetretenen Unfall spricht der Beweis des ersten Anscheins (OLG Düsseldorf r+s 2008, 9; LG Münster r+s 2010, 321). Bei **relativer Fahruntüchtigkeit** (BAK-Wert unter 1,1 ‰, seit BGH VersR 1990, 1177) sind weitere Umstände erforderlich, die die Alkoholbedingtheit des Unfalls belegen (vgl. BGH VersR 2002, 1413: Abkommen von Straße bei überhöhter Geschwindigkeit ausgangs einer Kurve mit 0,74 ‰ bei unerkennbarem äußeren Anlass und langjähriger Fahrpraxis; OLG Saarbrücken r+s 2015, 340: Auffahren auf leicht zu umfahrende Verkehrsinsel bei einer BAK von 0,93 ‰; OLG Saarbrücken VersR 2009, 1068: Einfahren in eine wenig übersichtliche bevorrechtigte Straße mit einer BAK von 0,7 ‰; OLG Koblenz r+s 2002, 498: zeitverzögertes Bremsmanöver; OLG Frankfurt a. M. NVersZ 2002, 129: Unfall in Rechtskurve ohne Fremdbeteiligung bei

1,03 ‰; vgl. ferner OLG Nürnberg VersR 2001, 1230; OLG Hamm NJW-RR 2003, 978; r+s 1999, 268; OLG Köln r+s 2003, 315: torkelnder Gang; OLG Köln r+s 1993, 406 nimmt bei nachgewiesenen Umständen einen Anscheinsbeweis auch hier an; NVersZ 1999, 574; verneint von OLG Köln r+s 1999, 269, wenn 0,9 ‰ festgestellt wurden und die fahrerischen Ausfallerscheinungen auch andere Ursachen haben konnten – Körperverletzung). Zu den fachlichen Anforderungen der BAK-Bestimmung BGH NJW-RR 2003, 17 = VersR 2002, 1413.

Bei einem zur **Unzurechnungsfähigkeit** führenden Alkoholwert darf der Fahrer sich nicht grob fahrlässig in diesen Zustand versetzt haben, wenn er zuvor nicht ausschließt, dass er sein Kfz noch bewegt (BGH VersR 1985, 440 für einen Fall der Unzurechnungsfähigkeit durch Tabletteneinnahme vor Fahrtantritt; OLG Hamm r+s 2001, 55; VersR 1992, 818; OLG Oldenburg VersR 1996, 1270; ZfS 1992, 345; vgl. auch *Lang* NZV 1990, 336 (337)). 51

Subjektiv grobe Fahrlässigkeit **verneint,** wenn der VN morgens gegen 4.30 Uhr mit einer BAK von 0,9 ‰ ungebremst gegen einen vor ihm fahrenden Lkw fährt und er das letzte alkoholische Getränk um 22.00 Uhr des vorherigen Abends zu sich genommen hat. Es ist nicht festzustellen, dass der VN in Kenntnis seiner (relativen) Fahruntüchtigkeit die Fahrt angetreten hat (OLG Köln VersR 1999, 577). 52

c) StVO-Verstöße. Abstellen: Liegenbleiben mit einem Mietwagen auf der Autobahn infolge Treibstoffmangels, wenn Tankuhr funktionierte und der Wagen nicht durch Warndreieck gesichert wurde (OLG Hamm VersR 1994, 590); ohne Brems- und Gangsicherung beim Lkw in unmittelbarer Nähe abschüssiger Abfahrtsrampe (OLG Düsseldorf NVersZ 2002, 364); Nichtanziehen der Handbremse trotz eingelegten Ganges bei abschüssiger Straße (OLG Köln VersR 1994, 1414; anders, wenn VN unwiderlegt der Meinung gewesen ist, die Handbremse sei ausreichend angezogen, OLG Stuttgart VersR 1991, 1049); nicht vollständiges Anziehen der Handbremse und kein eingelegter Gang auf abschüssiger Rampe (OLG Hamburg r+s 2005, 57); keine Sicherung gegen Wegrollen auf Gefällestrecke (OLG Karlsruhe r+s 2007, 190). 53

Fahrfehler: OLG Schleswig VersR 1992, 692 (Zurücksetzen bei Dunkelheit und ohne Orientierung, wobei die Gegenfahrbahn überquert und anschließend ein Baum angefahren wurde); OLG Hamm r+s 1992, 42 (Wenden auf der Autobahn); OLG Köln r+s 1993, 406 (verbotswidriges Linksabbiegen ohne hinreichende Beachtung des Gegenverkehrs); Hineinfahren in eine von weitem erkennbare und durch Blaulicht und Warnblinklicht abgesicherte Unfallstelle (OLG Koblenz VersR 2004, 1430; OLG München NZV 1994, 113) bzw. in eine überflutete Straßenunterführung (OLG Frankfurt a. M. NVersZ 2001, 26); Betätigung der Handbremse durch beifahrenden VN bei einer Geschwindigkeit von ca. 150 km/h auf der Autobahn (OLG Köln r+s 1997, 408). Kurvendurchfahrt über der höchstzulässigen Geschwindigkeit unter Überfahren der Mittellinie (OLG Köln NVersZ 2001, 169); Missachten der Durchfahrtshöhe einer Einfahrt (OLG Düsseldorf r+s 2012, 586); Nichtbeachten der mehrfach angezeigten Durchfahrtshöhe einer Brückenunterführung (OLG Oldenburg VersR 2006, 920). 54

Geschwindigkeit: Aufschließen mit einer Geschwindigkeit von mehr als 200 km/h auf ein mit 180 km/h vorausfahrendes Fahrzeug im Vertrauen darauf, dieses werde die Überholspur geräumt haben, wenn der Fahrer zur Vermeidung eines Auffahrunfalls scharf bremsen muss und ins Schleudern gerät (OLG Hamm VersR 1992, 691); Überschreitung der Höchstgeschwindigkeit auf Landstraßen 55 zur Nachtzeit (OLG Karlsruhe VersR 1995, 1088; zur Überschreitung der Höchstgeschwindigkeit vgl. auch OLG Saarbrücken ZfS 2009, 273; OLG Köln ZfS 2003, 553; OLG Düsseldorf NVersZ 2000, 32; OLG Koblenz VersR 2000, 720; Kreuzen der Heckwelle eines vorausfahrenden Schiffs (sog Wellenspringen) mit so großer Geschwindigkeit, dass das **Sportboot** aus dem Wasser katapultiert wird und anschließend vollständig in das Wasser eintaucht (OLG Köln r+s 2013, 79).

56 **Haarwild:** Nachdem auch die Vermeidung eines Zusammenstoßes mit Haarwild als Rettungskostenersatz iRd Kaskoversicherung gemäß §§ 82, 83 mitversichert ist (→ § 90 Rn. 7), ist aber eine übermäßige Reaktion etwa bei Kleinwild für grob fahrlässig erklärt worden (für Kaninchen OLG Hamm VersR 1994, 43, wobei das Gericht ausdrücklich offen lässt, ob dies auch für Motorräder gilt; zur Überreaktion bei einem tatsächlichen Zusammenstoß vgl. BGH VersR 1992, 349 sowie OLG Karlsruhe ZfS 1993, 308; zuletzt für einen Hasen BGH VersR 1997, 351).

57 **Übermüdung,** wenn VN sich über deutlich wahrnehmbare Ermüdungsanzeichen (OLG Koblenz NVersZ 1998, 122 und VersR 2007, 365; verneint, wenn trotz Nachtflug aus den USA nicht nachweisbar ist, dass der Fahrer schon vor Fahrtantritt übermüdet war); OLG Oldenburg VersR 1999, 1105 mwN) oder Ermüdungsursachen (hier Nasenverkrümmung, die keinen erholsamen Schlaf erlaubt) hinweggesetzt hat (LG Stendal VersR 2003, 1170).

58 **Unaufmerksamkeit:** OLG Köln NVersZ 2001, 82 für **Wettrennen** auf der Autobahn; OLG Karlsruhe r+s 1997, 102 (Befahren einer unbefestigten Steilböschung); OLG Naumburg r+s 2010, 319 (Abkommen von der Fahrbahn bei Anzünden einer Zigarette während der Fahrt, obwohl Frosttemperaturen herrschten und das Display des Fahrzeugs unmittelbar vor dem Unfall „durchdrehende Räder" anzeigte); OLG Celle VersR 1994, 1221 und OLG Frankfurt a. M. VersR 1996, 446 (Abkommen von der Fahrbahn, weil VN nach Gegenständen auf dem Beifahrersitz gegriffen hat; ebenso OLG Köln r+s 1998, 273 für das **Bücken nach Gegenständen;** ebenso OLG Zweibrücken r+s 1999, 406); Durchfahren einer Kurve mit 60 km/h, die aufgrund tagelanger Regenfälle überschwemmt war (LG Mühlhausen r+s 2003, 148). Beim Überfahren eines **Stoppschildes** idR dann, wenn außer dem Stoppschild noch andere Warnhinweise nicht beachtet werden, wie zusätzliche Hinweis- und Gebotszeichen, oder es jedenfalls deutlich erkennbar ist (Geschwindigkeitsbeschränkung: OLG Zweibrücken VersR 1993, 218; Vorwegweiserschild für vorfahrtberechtigte kreuzende Straße: OLG Hamm NZV 1993, 480 und OLG Oldenburg r+s 1997, 324 sowie OLG Nürnberg NJW-RR 1996, 988; Blinkanlage: OLG Köln NZV 2002, 374; OLG Karlsruhe NZV 2003, 420; OLG Köln NVersZ 2002, 409; OLG Nürnberg r+s 1997, 409) oder bei überhöhter Geschwindigkeit auf bekannter Fahrtstrecke (OLG Koblenz VersR 2008, 1346) oder Einfahren in den Kreuzungsbereich mit zügiger Geschwindigkeit (LAG Schleswig-Holstein SP 2014, 291). Überqueren eines gesicherten Bahnübergangs (OLG Oldenburg r+s 1990, 406); **Mitführen eines Hundes** im Fußraum vor dem Beifahrersitz bzw. auf dem Beifahrersitz (OLG Nürnberg r+s 1990, 81 bzgl. eines Hundes mit einer Schulterhöhe von 60 cm; auch bei einem Zwergpudel bejahte OLG Nürnberg grobe Fahrlässigkeit, VersR 1994, 1291); beim **Kassettenwechsel** (OLG Nürnberg ZfS 1992, 166); Beschäftigung mit dem Gurtschloss für zehn Sekunden bei geringer Geschwindigkeit, wenn während dessen die Fahrbahn nicht beobachtet wird (OLG Karlsruhe VersR 1991, 181; ähnlich OLG München VersR 1995, 165); Fahrräder auf Pkw-Dach

bei Einfahrt in eine Tankstelle (AG München VersR 1994, 594; anders AG Würzburg DAR 1993, 473); Einfahrt mit einem „Hochraumbully" in eine zu niedrige Einfahrt (OLG Oldenburg r+s 1995, 129); **Handybenutzung** während der Fahrt (BAG VersR 1999, 518), erst recht bei 120 km/h im Nebel auf der Autobahn (OLG Köln NVersZ 2001, 26); Bücken nach einem Handy (OLG Frankfurt a. M. NVersZ 2001, 322). Fahrt mit Sommerreifen in hochalpines Wintersportgebiet trotz Benutzung von Schneeketten (OLG Frankfurt a. M. VersR 2004, 1260). Auffahren auf einen Felsen mit Jetski im unbekannten Gewässer (OLG Frankfurt a. M. NJW-RR 2004, 28).

Unfallflucht: Bei Unfallflucht ist regelmäßig grobe Fahrlässigkeit zu bejahen 59 (BGH VersR 2000, 222; 1994, 85; OLG Hamm VersR 1993, 603; zu einer Ausnahme vgl. OLG Karlsruhe ZfS 1993, 87; bzgl. Nachtrunk OLG Köln VersR 1993, 45; anders OLG Saarbrücken VersR 1998, 833; dagegen OLG Köln VersR 1999, 963; dagegen wiederum OLG Saarbrücken NVersZ 1999, 382; zum Problem vgl. *Rech* NVersZ 1999, 156); § 7 AKB begründet iÜ keine über § 142 StGB hinausgehende Wartepflicht (OLG Hamm VersR 1993, 90; zur Wartepflicht des VN auch als Beifahrer vgl. OLG Hamm VersR 1994, 1414).

Verkehrswidriges Verhalten: Grobe Fahrlässigkeit **bejaht** bei **Überholen.** 60 BGH VersR 1982, 892 (Überholen eines die Sicht behindernden Lkws mit anschließendem Unfall; zum leichtfertigen Überholen vgl. auch die Nachweise in r+s 1995, 47 ff.; OLG Karlsruhe VersR 1994, 1180: zwei Entscheidungen zum gefährlichen Überholen in Kurven); Überholen bei erkennbarer ungeeigneter Straßenführung (OLG Köln r+s 2003, 56); OLG Karlsruhe r+s 1992, 154 (Überholen eines Lkw auf verengter Fahrbahn); OLG Düsseldorf SP 2003, 247 (nächtliches Überholen mit 170 km/h in Fahrzeugkolonne) und VersR 2001, 1020 bei Abbruch des Überholvorganges unter Geschwindigkeitsüberschreitung.

Demgegenüber wurde grobe Fahrlässigkeit **verneint** bei **Haarwild:** VN 61 kommt nach dem Zusammenstoß mit einem Fuchs infolge einer Schreckreaktion von der Fahrbahn ab (OLG Jena VersR 1998, 623); Zusammenstoß mit einem Straßenbaum nach Vollbremsung, um Hasen nicht zu überfahren unter Beachtung zulässiger Höchstgeschwindigkeit und ohne Vornahme abrupter Lenkmanöver (OLG Brandenburg VersR 2002, 1274).

Fahrgeschwindigkeit von 45 km/h statt zugelassener 30 km/h und Verlet- 62 zung von „rechts vor links" (OLG Düsseldorf VersR 1997, 56); von mindestens 95 km/h statt zugelassener 50 km/h unter Berücksichtigung der Straßenführung (OLG Frankfurt a. M. VersR 2002, 703).

Fahrfehler: Befahren eines für den allgemeinen Verkehr gesperrten Waldweges 63 mit ungeeignetem Fahrzeug, wenn VN die durch die Ausstattung bedingte Geländeuntauglichkeit des Fahrzeugs nicht erkannt hatte (OLG Hamburg r+s 1990, 293). Unterqueren einer Brücke (auf regelmäßig befahrener Strecke) unter Missachtung von Hinweisschildern für die abgesenkte Höchstdurchfahrtshöhe (BGH VersR 2005, 1449; vgl. auch OLG München DAR 1999, 506: Durchfahrt mit dem Kfz durch eine für die Höhe des Fahrzeugs nicht zugelassene Unterführung). Betanken mit falschem Kraftstoff kurze Zeit nach dessen Neueinführung (OLG Düsseldorf r+s 2009, 273).

Überholen: Grob verkehrswidriges Überholen bei Gegenverkehr, weil 64 momentane Unaufmerksamkeit (gleich Augenblicksversagen) nicht auszuschließen war (BGH VersR 1984, 480); eigentlich zu bewältigendes Überholmanöver, das wegen Unerfahrenheit des Fahrers zum Zusammenstoß mit einem entgegenkommenden Bus führt (OLG Stuttgart r+s 1997, 54); Teilnahme an einer Gleichmäßigkeitsprüfung, für die das Erzielen einer Höchstgeschwindigkeit nicht maßgebend ist (LG München II r+s 2012, 384 (Ls.)).

65 **Unaufmerksamkeit:** Herabbeugen in den Fußraum bei 50 km/h, um nach einem Portemonnaie zu greifen (OLG Hamm NJW-RR 2016, 1428); Rauchen während der Fahrt und versuchtes Aufheben einer heruntergefallener Zigarette (OLG Dresden r+s 2003, 7); Verscheuchen eines Insektes (OLG Bamberg NZV 1991, 473); Bedienen eines **CD**-Wechslers (OLG Hamm VersR 2001, 893); Ertasten einer **Kassette** auf dem Fahrzeugboden (OLG Hamm NZV 1991, 234; OLG München NJW-RR 1992, 538; anders aber OLG Köln r+s 1998, 273); beim Überfahren eines **Stoppschildes** mangels Erkennbar- (OLG Bremen VersR 2002, 1502; OLG Nürnberg NJW-RR 1996, 988) oder Voraussehbarkeit (KG VersR 2002, 477; LG Aachen r+s 2003, 360 im Hinblick auf ausländisches Stoppschild).

66 **Übermüdung** und Fahrtantritt, wenn der Fahrer die Übermüdung nicht erkannte und sich diese ihm auch nicht zwangsläufig aufdrängen musste (BGH VersR 2008, 516; VersR 1977, 619; OLG Celle r+s 2005, 456; OLG Koblenz NVersZ 1998, 122; LG Stuttgart VersR 1993, 1350; zu Beweisfragen siehe OLG Hamm r+s 1993, 93). Anders ist zu entscheiden, wenn sich der Fahrer über die Umstände, die die Gefahr des Einnickens erkennbar machen, in besonders vorwerfbarer Weise hinwegsetzt (OLG Oldenburg VersR 1999, 1105 mwN; OLG Frankfurt a. M. NZV 1993, 32: Krankenschwester tritt nach 16 Stunden ohne Schlaf die Heimfahrt an). Keine grobe Fahrlässigkeit, wenn ein Fernfahrer auf dem Beifahrersitz (nicht in der Schlafkoje) über einer letzten Zigarette einschläft, OLG Stuttgart NVersZ 2001, 170. Zum Sekundenschlaf am Steuer *Fromm* SVR 2015, 126 mwN.

67 **d) Kfz-Entwendungen.** In folgenden Fällen wurde grobe Fahrlässigkeit **bejaht: Schlüssel.** BGH VersR 1989, 582 (Schlüssel im unverschlossenen Handschuhfach); OLG München VersR 1994, 1060 (Motorradschlüssel in einer Jacke, die unbeaufsichtigt auf dem Oktoberfest hängen gelassen wird; ähnlich OLG Köln VersR 1998, 973 und LG Offenburg VersR 2005, 1683 für Schlüssel, die während eines Kartenspiels bzw. Dart-/Billardspiels in einer gut besuchten Gaststätte in einer unbeaufsichtigten Jacke aufbewahrt werden, und OLG Koblenz NVersZ 1999, 429 für Schlüssel in einer Jacke, die in einer unbeaufsichtigten und jedermann zugänglichen Turnhalle aufbewahrt wurden); OLG Hamm VersR 1992, 308 (Ablegen von Fahrzeugschlüsseln auf der Theke einer Gaststätte, in der der VN mit seinem Fahrzeug als Stammgast bekannt war (oder in den Nebenräumen eines Bordells; OLG Hamm VersR 1995, 205)); bei Unterlassen geeigneter Sicherheitsmaßnahmen nach Kfz-Schlüsseldiebstahl OLG Köln VersR 2000, 49; LG Kleve r+s 2011, 206: VN verlor Schlüssel mit Funksender; vgl. aber auch OLG Koblenz VersR 2002, 91); OLG Celle r+s 1990, 154 (Kfz-Schlüssel im Handschuhfach zurückgelassen; ebenso OLG Frankfurt a. M. VersR 1988, 1122); Notschlüssel im Motorraum eines Cabrios, auch wenn diese bei diesem Fahrzeugmodell bis 1975 werkseitig eingebaut wurden (OLG Nürnberg VersR 1994, 1417); OLG Köln VersR 2002, 842 (steckengelassener Zündschlüssel, um einen 3 m entfernten Obststand aufzusuchen; sehr weitgehend OLG Koblenz r+s 2008, 10 bei eingestecktem Zündschlüssel während Schließens der Heckklappe; vgl. auch LG Itzehoe VersR 2004, 192 bei auf einem Hof unverschlossen abgestelltem Kfz mit steckendem Zündschlüssel;); Überlassen des Fahrzeugs und der Schlüssel für Probefahrt, ohne sich von der Identität des Kaufinteressenten zu vergewissern, LG Gießen VersR 1993, 348; Aufforderung der Reparaturwerkstatt, die Schlüssel

in einen Briefkasten einzuwerfen, wenn ein Herausangeln ohne Weiteres möglich ist (OLG Celle r+s 2005, 412; OLG Hamm VersR 2006, 403: Autovermietung); Aufbewahrung der Fahrzeugschlüssel mit weiteren Gegenständen in einem Korb während der Nachtschicht in einem Seniorenheim in einem nicht abgeschlossenen Aufenthaltsraum (OLG Koblenz r+s 2012, 430).

Abstellen: OLG Hamm VersR 1991, 881 (Verlassen des Fahrzeugs ohne jede Sicherheitsvorkehrung); OLG Koblenz VersR 2004, 1410 (Verlassen des unverschlossenen, mit laufendem Motor und eingestecktem Zündschlüssel abgestellten Fahrzeugs); OLG Köln VersR 1991, 1240 (Abstellen eines nur am Lenkrad verschlossenen Motorrades auf dem Parkplatz einer Autobahnraststätte während der Dauer von sechs Tagen); OLG Frankfurt a. M. VersR 1992, 817 (zunächst Entwendung der Autoschlüssel und dann kein Verhindern, dass später das Fahrzeug mit den entwendeten Schlüsseln gestohlen wird) und NVersZ 2002, 320 (Aussteigen im Rahmen einer Probefahrt bei laufendem Motor, um unbekanntem Kaufinteressenten das Steuer zu überlassen); OLG Köln VersR 2002, 604 (Einwurf der Kfz-Schlüssel in ungesicherten Briefkasten eines Autohauses und Abstellen des Kfz auf dem unbewachten Betriebsgelände); LG Lüneburg r+s 2017, 347 (Abstellen von landwirtschaftlichen Anhängern über Nacht auf einem Feld); LG Dortmund SP 2003, 353 (Stehenlassen des unverschlossenen Kfz mit steckendem Zündschlüssel außer Sichtweite); Stehenlassen eines Cabriolets mit geöffnetem Verdeck über Nacht im Zentrum einer Großstadt (LG Aachen VersR 1992, 997). 68

Papiere/Schlüssel im Fahrzeug: Zurücklassen des Kfz-Briefes im Wagen (OLG Köln VersR 1995, 456); OLG Köln r+s 1995, 203 m. abl. Anm. von *Lücke* r+s 1995, 286; LG Stuttgart VersR 1993, 46; anders bei Kfz-Schein (BGH VersR 1995, 909; OLG Düsseldorf VersR 1997, 304; OLG Hamm VersR 1996, 1488; LG München I VersR 1992, 867); Schlüssel über Nacht im Handschuhfach (OLG Köln r+s 1995, 42 m. abl. Anm. *Knappmann* r+s 1995, 128; die hier zu Recht angesprochenen **Probleme der Kausalität** kann man über Gefahrerhöhung lösen (OLG Koblenz VersR 2009, 1526; 1998, 233; OLG Celle VersR 2008, 204), → § 23 Rn. 52; unverschlossenes Abstellen eines Fahrzeugs, wenn die Fahrzeugschlüssel im Fahrzeug (hier: hinter der Sonnenblende) aufbewahrt werden (OLG Hamm VersR 1998, 489, das die Kausalität zwischen Aufbewahrung der Schlüssel und Wegnahme des Fahrzeugs nicht weiter problematisiert; dagegen gesehen von OLG Hamm r+s 2005, 373 (Belassen der Fahrzeugpapiere und (Ersatz-)Schlüssel im Kofferraum) und OLG Karlsruhe r+s 2015, 226 (Belassen von Zweitschlüssel und Fahrzeugschein im Handschuhfach). 69

Demgegenüber **verneint: Schlüssel** im abgeschlossenen Handschuhfach (BGH VersR 1986, 962; OLG Jena NVersZ 1999, 87 (aber anders, wenn der VR zumindest Mitursächlichkeit beweisen kann)); Zweitschlüssel und Fahrzeugschein im Handschuhfach und Fahrzeugbrief in einem Umzugskarton im Kofferraum OLG Karlsruhe r+s 2015, 226; VN benutzt nicht die als Sonderausstattung vorhandene Codierungsmöglichkeit der Zündung des Wagens (OLG Hamm VersR 1994, 212); VN unterlässt nach Schlüsselverlust technisch mögliche Änderung der Codierung der Zündung (OLG Frankfurt a. M. ZfS 2003, 456); Aufbewahren der Schlüssel in einem am Fahrzeug hängenden Scheibensafe aus Stahlblech (OLG Oldenburg VersR 1994, 170; aA LG Hamburg VersR 1992, 1464); Schlüssel eines Kellners, die dieser in einem offenen Thekenfach ablegt, das dem unmittelbaren Zugriff der Gäste entzogen ist (OLG Hamm VersR 1994, 1462); Aufbewahrung der Kfz-Schlüssel in einer Jacke, die in einer Entfernung von zwei bis drei Schritten in einer Diskothek abgelegt wird (OLG Stuttgart VersR 1992, 567); Überlassung 70 eines Flaschenöffners, an dem die Kfz-Schlüssel befestigt sind, an Familienangehörige und dem VN bis dahin fremde Personen (OLG Hamm r+s 1992, 189); Unterlassen geeigneter Schutzmaßnahmen zur Vermeidung eines Diebstahls, wenn am gleichen Tag ein Kfz entwendet wird, in dem sich Originalschlüssel des Kfz des VN befinden (OLG Koblenz VersR 2002, 91). Ähnlich bei einem defekten Zündschloss, wenn der Pkw jetzt mit einem Schraubenzieher gestartet werden kann (OLG Hamburg r+s 2019, 577).

71 **Abstellen:** Porsche 911 über 1,5 Tage verschlossen in Mailand abgestellt (BGH VersR 1996, 576; ebenso für BMW Z 1 in öffentlich zugänglicher Tiefgarage, BGH VersR 1996, 621, und für einen DB Roadster 500 SL auf einem Parkplatz in Warschau, den der VN für bewacht halten durfte, BGH VersR 1998, 44); Rolls Royce während 22.00–24.00 Uhr in der Bahnhofstr. von Kattowitz ordnungsgemäß verschlossen abgestellt (OLG Hamm r+s 1996, 430); unverschlossenes Abstellen eines Pkw auf einem Hof, der durch ein Schiebetor mit zwei Vorhängeschlössern gesichert war (OLG Düsseldorf VersR 1991, 541); Steckenlassen des Zündschlüssels beim Tanken und Verlassen des Kfz, das zwischen zwei anderen Kfz eingeparkt und vom Beifahrer beaufsichtigt wird (OLG Frankfurt a. M. VersR 2003, 319); Sichentfernen vom Motorrad, das VN nach längeren Verhandlungen mit unbekanntem Kaufinteressenten in Erwartung einer gemeinsamen Probefahrt bereits angelassen hat (OLG Frankfurt a. M. VersR 2002, 90); Abstellen eines Cabriolets auf einem belebten Platz für weniger als eine Stunde (AG Münster VersR 1991, 994).

72 **Papiere/Schlüssel im Fahrzeug:** Zurücklassen des Kfz-Scheins im Pkw, da nicht kausal für die Entwendung (BGH VersR 1995, 909; OLG Düsseldorf VersR 1997, 304; OLG Hamm VersR 1996, 1488; r+s 1991, 44; OLG Köln VersR 2004, 999 bei versteckten Fahrzeugpapieren im Wohnwagenanhänger; OLG Oldenburg r+s 2010, 367; für Kfz-Brief grobe Fahrlässigkeit bejaht von OLG Köln VersR 1995, 456 und r+s 1995, 203 m. abl. Anm. von *Lücke* r+s 1995, 286; OLG Hamm NVersZ 1999, 37; OLG Jena NVersZ 1999, 87); problematisch, da der Erhalt auch des Kfz-Scheines dem Täter den Lohn seiner Tat sichert (bessere Verwertung des entwendeten Kfz), so dass hier der endgültige Eintritt des Versicherungsfalles durchaus kausal begünstigt und mithin herbeigeführt wird.

73 **e) Kfz-Brände.** Grobe Fahrlässigkeit **bejaht:** bei Schweißarbeiten mit unzureichenden Sicherheitsmaßnahmen (OLG Hamm VersR 1985, 383; OLG München ZfS 1986, 214), insbesondere bei Schweißarbeiten in der Nähe der Benzinleitung oder des Treibstofftanks (OLG Hamm VersR 1984, 276; OLG München VersR 1992, 869), in liegender Stellung an der Unterseite eines aufgebockten Kfz (OLG Hamm VersR 1985, 383), an einem Pkw mit vollem Tank (OLG Celle VersR 1988, 617) oder Schweißen an der Auspuffanlage (LG Bochum VersR 1991, 1401).

74 Grobe Fahrlässigkeit **verneint:** VN schließt trotz Gummigeruchs, der auf das Schmoren von Kabel zurückzuführen ist, nicht auf einen Brand (BGH VersR 1962, 601); Abstellen eines Traktors in einer Scheune (OLG Hamm VersR 1979, 49).

4. Beispiele zur Sachversicherung

75 **a) Gebäudeversicherung.** In der **Gebäudeversicherung** (§ 16 AFB 30, § 14 Nr. 1 AFB 87, B § 16 Nr. 1 AFB 2008; § 15 Nr. 1 AWB 68, § 14 Nr. 1 AWB 87, B § 16 Nr. 1 AWB 2008; § 15 Nr. 1 AStB 68; § 14 Nr. 1 AStB 87, B § 16

Nr. 1 AStB 2008; § 18 Nr. 1 VGB 62; § 9 Nr. 1 Buchst. a VGB 88, B § 16 Nr. 1 VGB 2008) wurde grobe Fahrlässigkeit **bejaht:** OLG Frankfurt a. M. VersR 2013, 356 (bei längerem Leerstand ohne Wärmedämmung und Doppelverglasung Kürzung auf Null gerechtfertigt); OLG Naumburg NJW-RR 2011, 901 = VersR 2012, 1562 (Katzenjagd mit Feuerwerkskörpern (Leistungskürzung auf Null)); OLG Brandenburg r+s 2013, 24 (Einstellen der Heizung in einer unbewohnten Wohnung trotz möglicher Minustemperaturen nur auf Frostwächterniveau oder eine Stufe darüber); OLG Oldenburg r+s 1992, 208 (Rauchen im Bett unter Alkoholeinfluss; vgl. auch OLG Köln r+s 1994, 24); OLG München r+s 1992, 207 (Durchführung von Schweißarbeiten ohne die entsprechenden Sicherheitsvorkehrungen); BGH VersR 1990, 893 (Umfüllen von Zigarettenresten in einen Plastikmüllsack, wenn sich aufdrängen musste, dass die Zigarettenreste noch eine zündfähige Temperatur haben könnten; zum Problem vgl. auch OLG Hamm VersR 1990, 1230); OLG Oldenburg r+s 1999, 162 (Funkenflug während der Schneidearbeiten mit einem Winkelschleifer in der Nähe von Stroh; ähnlich LG Itzehoe NJW-RR 2004, 183); OLG Hamburg VersR 1994, 89 (Brennenlassen eines Adventskranzes; ebenso LG Koblenz r+s 1994, 185; vgl. auch LG Koblenz IVH 2003, 267 bzgl. Brennenlassen von Kerzen im Badezimmer bei nächtlichem Entspannungsbad); BGH VersR 1984, 25 (unbeobachtetes Propangasfeuer unter einem vorschriftswidrig installierten Kessel); OLG Koblenz r+s 2003, 112 (unbeobachtetes offenes Kaminfeuer); OLG Köln VersR 1996, 1491 (kurze Wartezeit auf der Wohnzimmercouch, wenn nebenan eine Fritteuse unbeaufsichtigt bleibt); OLG Oldenburg VersR 1996, 1492 (Antritt einer Urlaubsreise ohne die Zulaufleitung zur Waschmaschine oder zum Geschirrspüler abzusperren); OLG Oldenburg VersR 2005, 976 (unterlassene Kontrolle der stets wassergefüllten Zulaufleitung zur Waschmaschine, die infolge Vibration und Materialermüdung vom Wasserhahn abrutscht); OLG Hamm r+s 2016, 186 = VersR 2016, 591 (Ablage entflammbarer Gegenstände auf einem Saunaofen, ohne dass der VN sich vergewissert, dass die Sauna tatsächlich verlässlich abgeschaltet ist (nicht mehr funktionierender Sicherungskasten); OLG Nürnberg VersR 2017, 548 = NJW-RR 2016, 1126 (Aufbewahrung vermeintlich leerer Feuerzeuge in einer nicht verschlossenen, einem achtjährigen Kind zugänglichen Schublade).

Demgegenüber wurde sie **verneint:** OLG Hamm VersR 1991, 923 (vorsichtige 76
Lagerung von Brennmaterialien im Kamin, die bei unvorsichtiger Entzündung herausfallen); OLG Celle r+s 1990, 93 (keine grobe Fahrlässigkeit, wenn ein vorsätzlich in Brand gestecktes Gebäude vom VN nicht mit der gebotenen Aufmerksamkeit bewacht wurde); OLG Saarbrücken VersR 1992, 741 (aus Unkenntnis zu geringer Sicherheitsabstand zwischen Feuerstätte und Holzverkleidung); OLG Hamm r+s 1991, 30 (fehlerhafte Installierung eines Kamin-Einbausatzes); OLG Hamm r+s 1991, 58 (unsachgemäß entzündetes Feuer); OLG Oldenburg VersR 1998, 490 (unterlassene ständige Überprüfung von eingelagertem Erntegut auf Selbstentzündung trotz Warn-Merkblatts des VR, wenn die Lagerung hochdruckgepresster Heuballen regional üblich ist); OLG Düsseldorf r+s 1988, 83 (vom BGH durch Nichtannahmebeschluss bestätigt; Umfüllen von Aschenbechern in Plastikbehälter, wenn glaubhaft dargelegt wird, dass der Inhalt der Aschenbecher seit Jahrzehnten in einem Metallbehälter entleert wird, der erst kurz vor der abendlichen Schließung in einen Plastikbehälter umgefüllt wird); BGH VersR 1986, 254 (Brennenlassen von Kerzen, wenn die VN der sicheren Überzeugung ist, sämtliche Lichter gelöscht zu haben; ähnlich OLG Düsseldorf NVersZ 1998, 41); LG Nürnberg-Fürth NVersZ 2002, 368 (Verlassen eines

Adventskranzes, um Toilette aufzusuchen mit anschließender Ablenkung durch ein Haustürläuten); OLG Köln VersR 1995, 1480 (für von einem Adventskranz ausgehendes Feuer, wenn nicht mehr geklärt werden kann, ob der VN das Feuer hat brennen lassen oder ob es beim Ausblasen zu einem Funkenflug gekommen ist, der später kausal für den Ausbruch des Feuers wurde; sehr problematisch, weil durchaus beide Varianten das Verdikt der groben Fahrlässigkeit verdient hätten).

77 **b) Einbruch-Diebstahl- und Beraubungsversicherung.** In der **Einbruch-Diebstahl- und Beraubungsversicherung** (§ 16 AEB, § 14 Nr. 1 Satz 1 AERB, B § 16 Nr. 1 AERB 2008; § 16 Nr. 1 VBG 74, B § 15 Nr. 1 VGB 2008; § 9 Nr. 1 Buchst. a VHB 84, B § 16 Nr. 1 VHB 2008; § 11 AVBR 80) wurde grobe Fahrlässigkeit **bejaht:** OLG Bremen VersR 1991, 1240 (nur zugezogene Wohnungstür in einem Mehrfamilienhaus); OLG Oldenburg VersR 1997, 999 („auf Kipp" stehendes Fenster im rückwärtigen Teil eines Hauses während elf Stunden in der Nacht); OLG Celle VersR 1993, 572 (Offenlassen eines rückwärtigen Fensters in einer Erdgeschosswohnung in Kippstellung); OLG Düsseldorf ZfS 1992, 239 (Nichtverschließen der Wohnungstür in der Silvesternacht, wenn die Tür deutliche Spuren eines vorangegangenen Einbruchs zeigt); BGH VersR 1988, 569 (nächtliches Öffnen der Hintertür in ländlicher Gegend in der irrigen Annahme, es kämen bekannte Besucher und keine Räuber); OLG Hamm r+s 1991, 176 (Dieb dringt mit richtigen Schlüsseln in die Wohnung ein, die er zuvor aus dem abgestellten Pkw des VN entwendet hat und der VN den Diebstahl der Schlüssel durch fahrlässiges Verhalten begünstigt hat); OLG Oldenburg r+s 1994, 389 (VN verliert Patek-Philippe-Uhr im Wert von damals 55.000 DM bei Geländefahrt auf dem Motorrad (versichert nach den AVBSP 85)); OLG Frankfurt a. M. VersR 1995, 207 (Schmuck von erheblichem Wert wird während fast eines ganzen Tages unbeaufsichtigt in einem Hotelzimmer aufbewahrt).

78 Grobe Fahrlässigkeit **verneint:** BGH VersR 1997, 613 (VN fällt in einem für die Öffentlichkeit schwer zugänglichen Raum in einen Fernsehschlaf, während dessen ihm ein Bandring im Wert von damals 98.000 DM gestohlen wird); OLG Karlsruhe VersR 1997, 104 (Kippstellung einer Verbindungstür zwischen Wintergarten und Wohnraum; ebenso OLG Oldenburg VersR 1995, 291 für ein während ca. zehn Stunden auf Kipp stehendes Fenster im Erdgeschoss; hier wird – zu Recht – auf die Umstände des Einzelfalles abgestellt, wobei – zu Unrecht – dem VN zugute gehalten wurde, dass er sich selbst nicht mehr erklären konnte, wie das Fenster offen geblieben war); OLG Köln r+s 1992, 23 (unverriegeltes Parterrefenster, wenn VN damit rechnete, dass ein Familienangehöriger am gleichen Tag noch nach dem Haus sehen würde); OLG Hamm VersR 1993, 96 (auf Kipp stehendes Fenster während 2,5-stündiger Abwesenheit; aA OLG Celle VersR 1993, 572, wenn VN die Wohnung eine halbe Nacht verlässt); OLG Düsseldorf r+s 1996, 234 (Verlassen des Hauses am „helllichten" Nachmittag für kurze Zeit bei nicht verschlossener, sondern nur zugezogener Haustür); OLG Hamm VersR 1993, 1265 (VN vertraut darauf, dass Ehefrau Fenster vor Verlassen der Wohnung schließt); OLG Hamm r+s 1991, 29 (später stark angetrunkener VN nimmt eine wertvolle Armbanduhr, eine Halskette und Bargeld in Höhe von seinerzeit 2.000 DM mit zum Münchener Oktoberfest); OLG Düsseldorf VersR 1997, 58 (Pelzjacke wird an Weiberfastnacht an einen Garderobenhaken einer Gaststätte gehängt, ist aber von einer langen Lederjacke verdeckt und befindet sich in unmittelbarer Nähe des VN); LG Berlin VersR 2004, 1411 (Dieb dringt mit richtigen Schlüsseln in die Wohnung ein, die er zuvor dem VN mit Ausweispapieren aus dessen Aktentasche während S-Bahnfahrt entwendet hat).

c) Reisegepäckversicherung. Grobe Fahrlässigkeit **bejaht:** OLG Celle VersR 1989, 364 (VN führt abends gegen 22 Uhr in Marseille eine Kette und eine Uhr im damaligen Wert von zusammen über 16.000 DM und zusätzlich etwa 2.000 DM Bargeld durch eine unbeleuchtete Grünanlage spazieren); LG München I VersR 1993, 1145 (VN belässt die angeblich gestohlenen Gegenstände über fünf Stunden im Kofferraum in Messina, Italien); OLG Nürnberg VersR 1988, 1176 (VN klemmt in einem Linienbus in Kenia seine damals ca. 7.000 DM teure Videobox zwischen seine Beine, ist mit ihr sonst aber nur durch einen durchhängenden und über den rechten Unterarm gelegten Textilgurt verbunden); LG Hamburg VersR 1993, 226 (Besitzerin stellt Koffer im Eingangsbereich des Flughafens neben sich ab, ohne ihn durch körperlichen oder Sichtkontakt gegen Wegnahme zu sichern); OLG Köln VersR 1994, 49 (VN lässt Mantel und Koffer im geschlossenen Cabriolet zurück, obwohl es für ihn ohne Weiteres zumutbar war, die Sachen mit ins Haus zu nehmen); LG Zweibrücken r+s 1994, 38 (VN überlässt seine nach AVB Fotoapparate versicherte Kamera achtlos der aufsteigenden Flut, obwohl er in Küstennähe schwamm); LG Köln VersR 2004, 1413 (Zurücklassen eines Laptops auf dem Beifahrersitz in einem abgestellten Kraftfahrzeug); AG Köln VersR 2007, 62 (Abstellen eines Notebooks im Pilotenkoffer hinter dem Sitz im ICE). 79

Grobe Fahrlässigkeit **verneint:** BGH VersR 1989, 141 (ein Leopardenmantel im damaligen Wert von immerhin 55.000 DM verbleibt während eines Abendessens in Lyon in einem Porsche, der im Lichtkegel des Eingangs eines großen Hotels abgestellt ist; OLG Hamm VersR 1991, 689 (VN nimmt eine sehr viel jüngere Diebin mit aufs Zimmer, nachdem die Täterin das Vertrauen des VN, der im Laufe des Abends dem Alkohol erheblich zugesprochen hatte, erschlichen hat). 80

5. Quote

Die Regelungen der Reform 2008 haben zu einem Quotenmodell bei vorliegender grober Fahrlässigkeit geführt (Einzelheiten → Rn. 95 ff.). Von **vollständiger Leistungsfreiheit** bis zu **nahezu vollständiger Leistungspflicht** ist alles denkbar. Die Rechtsprechung hat bislang folgende Fälle entschieden: 81

a) Kürzung um 100 %. Absolute Fahruntüchtigkeit in der **Kaskoversicherung** BGH NJW 2011, 3299 = VersR 2011, 1037 (allerdings nur „in Ausnahmefällen“); OLG Köln r+s 2018, 5; OLG Stuttgart r+s 2011, 280; OLG Dresden VersR 2011, 205; OLG Hamm r+s 2010, 506 = VersR 2011, 206 (anders noch KG VersR 2011, 487 = ZfS 2011, 29 gegen eine pauschale Leistungskürzung um 100 % bei einem BAK von 1,1 ‰). Kürzung auf Null, wenn der VN den Schlüssel mit Funksensor zwischen Parkplatz und Wohnung verliert und den Wagen am nächsten Tag am selben Ort abstellt (LG Kleve r+s 2011, 206). In der **Sachversicherung** bei einem wegen völlig fehlender Sicherungsmaßnahmen eingetretenen Wasserschaden, OLG Hamm VersR 2013, 101 = r+s 2012, 391; OLG Frankfurt a. M. VersR 2013, 356; beim Zünden von Feuerwerkskörpern in geschlossenen Wohnräumen, OLG Naumburg NJW-RR 2011, 901 = VersR 2012, 1562. In der **Leitungswasserversicherung** bei Wasserschaden aufgrund vollkommen fehlender Sicherungsmaßnahmen (OLG Hamm VersR 2013, 101 = r+s 2012, 391) oder fehlender Beheizung während einer Frostperiode mit zweistelligen Minustemperaturen (OLG Frankfurt a. M. VersR 2013, 356) oder fehlenden ausreichenden Gegenmaßnahmen bei nichtentleerten wasserführenden Anlagen in einem 82 überwiegend leer stehenden Gebäude bei außergewöhnlich strenger Frostperiode (LG Frankfurt a. M. VersR 2012, 717).

83 **b) Kürzung über 50 %.** Minderung um 80 %, wenn die Heizung in einer unbewohnten Wohnung trotz möglicher Minustemperaturen nur auf Frostwächterniveau oder eine Stufe darüber eingestellt wird (OLG Brandenburg r+s 2013, 24). 80 %-Kürzung bei einer BAK von 1,05 ‰ (KG r+s 2011, 331); 75 %-ige Kürzung, wenn ein Sattelzug bei Anzünden einer **Zigarette** von der Fahrbahn abkommt, obwohl Frosttemperaturen herrschten und das Display des Fahrzeugs unmittelbar vor dem Unfall „durchdrehende Räder" anzeigte (OLG Naumburg r+s 2010, 319). Kürzung von 60 % bei einer BAK von 0,59 ‰ (OLG Hamm NJW 2011, 85 = r+s. 2010, 506 = VersR 2011, 206). Leistungskürzung auf 25 % bei einer BAK von 1,09 ‰, aber ohne erkennbare Ausfallerscheinungen (OLG Karlsruhe VersR 2014, 1369). 60 % bei Ablage entflammbarer Gegenstände auf einem nicht verlässlich abgeschalteten Saunaofen trotz Eile des VN (OLG Hamm r+s 2016, 186 = VersR 2016, 591). Kürzung iHv 75 % bei kurzfristigem Steckenlassen des Zündschlüssels im Zündschloss (OLG Dresden r+s 2020, 148).

84 **c) Hälftige Kürzung.** Leistungskürzung von 50 %, wenn bei einem schweren Unwetter eine Pumpenanlage ausfällt (mit der Oberflächenwasser unterhalb eines Geländeniveaus abgepumpt werden soll und die nur über Baustrom gesichert ist) und es deswegen zu einem Wassereinbruch in einem im Bau befindlichen Gebäude kommt (OLG Hamm r+s 2012, 185). Leistungskürzung um 50 % in der Leitungswasserversicherung, wenn in einem Sanitärraum nur ein elektrischer Wandheizlüfter installiert war, der den Raum nicht kontinuierlich beheizte, sich vielmehr automatisch einschaltete, wenn die Temperatur unter den Nullpunkt absank, und die Raumtemperatur auf 3 bis 4 C aufheizte (OLG Saarbrücken r+s 2012, 392); Leistungskürzung von 50 % bei **Kfz-Entwendung** in der Teilkaskoversicherung bei der Aufbewahrung der Fahrzeugschlüssel unverschlossen in einem für jeden zugänglichen Raum (OLG Koblenz r+s 2012, 430).

85 **d) Kürzung unter 50 %.** Kürzung um 25 % bei einer BAK von 0,55 ‰ (OLG Düsseldorf r+s 2011, 507). Minderung um 40 % bei Missachtung der Durchfahrtshöhe mit fremdem Fahrzeug und nicht bekannter Örtlichkeit (OLG Düsseldorf VersR 2013, 199). Leistungskürzung um 30 %, wenn ein Yachtführer bei einer Alleinfahrt und einer Geschwindigkeit von 25–27 Knoten den Autopilot einstellt, den Steuerstand verlässt und anschließend über Bord fällt (OLG Köln VersR 2014, 1205).

6. Augenblicksversagen

86 **a) Subjektives Verschulden.** Ein in objektiver Hinsicht grober Pflichtenverstoß des VN rechtfertigt allein noch nicht die Feststellung der groben Fahrlässigkeit; hinzu kommen muss noch der begründete Vorwurf eines **gesteigerten personalen Verschuldens** (BGH VersR 1988, 474), dessen Fehlen den VN vom Vorwurf der groben Fahrlässigkeit entlasten kann (BGH VersR 1967, 909 (910)). An dieser Einschätzung dürfte sich auch durch die Einführung des **Quotenmodells** nichts geändert haben, weil es beim Augenblicksversagen um eine Verschuldensstufe unterhalb der groben Fahrlässigkeit geht, während das Quotenmodell die Feststellung eines abgestuften Verschuldens iRd groben Fahrlässigkeit erfordert (dagegen soll nach *Heß* r+s 2013, 1 und HK-VVG/*Karczewski* § 81 Rn. 120 ein Augenblicksversagen jetzt erst im Rahmen der Quotenbildung berücksichtigt

werden; wie hier Langheid/Wandt/*Looschelders* § 81 Rn. 82: Die besonderen Umstände eines Augenblicksversagens sind auch nach neuem Recht bereits auf der Tatbestandsebene und nicht erst bei der Quotelung von Bedeutung).

In der Individualität des Handelnden begründete Umstände können geeignet sein, die **subjektive** personale Seite der Verantwortlichkeit geringer als grob fahrlässig einzustufen (*Römer* VersR 1992, 1187 ff. unter Hinweis auf BGHZ 10, 14 (17) = VersR 1953, 335; zur subjektiven Seite der groben Fahrlässigkeit vgl. ferner BGH VersR 1992, 1085; VersR 1989, 141; VersR 582; VersR 1986, 254; VersR 1984, 480; NJW-RR 1989, 1187 = VersR 1989, 840; NJW 1986, 2838 = VersR 1986, 962; NJW 1985, 2846 = VersR 1985, 540). **87**

b) Definition. In subjektiver Hinsicht schuldmindernde Gründe können einerseits in einer zur Vergesslichkeit führenden **Hirnleistungsschwäche** (BGH VersR 1989, 490) oder in einer im Zeitpunkt der Herbeiführung des Versicherungsfalles **verminderten Einsichtsfähigkeit** (BGH NJW 1989, 1612 = VersR 1989, 469; NJW 1985, 2648 = VersR 1985, 440; zur Problematik der Trunkenheitsfahrt siehe *Lang* NZV 1990, 169; *ders.* zur Frage der Anwendbarkeit des § 827 Satz 2 BGB NZV 1990, 336) liegen, andererseits aber auch mit einem im Zusammenhang mit **Routinehandlungen** vorkommenden einmaligen Fehlverhalten, dem eigentlichen sog **Augenblicksversagen,** begründet werden (BGH VersR 2011, 916: Kochtopf; BGH VersR 1989, 582: Ladekran; VersR 1989, 840: Fritteuse; VersR 1986, 254: Kerze; VersR 1986, 962: Zündschlüssel; VersR 1974, 26: Lenkradschloss; OLG Hamm VersR 1990, 1230: Zigarettenrest; OLG München NJW-RR 1992, 538: Kassettenwechsel; OLG Saarbrücken r+s 1988, 18: Herdplatte; mit einigen Modifikationen BGH VersR 1992, 1085 und NJW 2003, 1118 = VersR 2003, 364 zu einem Rotlichtverstoß). Zur Kritik an dem Erfordernis einer zusätzlichen subjektiven Komponente *Müller* VersR 1985, 1101; zur Kritik am „Augenblicksversagen" *Kuhn,* Symposion 80 Jahre VVG, 1988, S. 136; *Langheid* r+s 1990, 186 (Anm. zu OLG Köln); *Bach/Langheid* S. 149. **88**

Während mit der „Ladekran"-Entscheidung des BGH (VersR 1989, 582) die Möglichkeit begründet wurde, jedwedes menschliche Fehlverhalten mit Hilfe eines entschuldbaren Versagens nur für einen Augenblick des Vorwurfs der groben Fahrlässigkeit zu entkleiden, hat die anschließende „Rotlicht"-Entscheidung des BGH (VersR 1992, 1085; bestätigt durch NJW 2003, 1118 = VersR 2003, 364) klargestellt, dass ein bloßes Augenblicksversagen **allein nicht ausreichen** kann, den Vorwurf der groben Fahrlässigkeit zu verneinen, sondern dass im Hinblick auf den Verschuldensvorwurf die gesamte Vorgeschichte, die schließlich zu dem den Versicherungsfall herbeiführenden einmaligen Ausrutscher führte, zu berücksichtigen ist (dazu *Römer* S. 48; *ders.* VersR 1992, 1187 (1188)). Das Verhalten des VN wird daher nur dann mit Hilfe des Augenblicksversagens zu entschuldigen sein, wenn das vorangehende Verhalten des VN, das schließlich zu dem entscheidenden Moment der Unaufmerksamkeit führte, von diesem nicht in subjektiv schlechthin unentschuldbarer Weise herbeigeführt wurde, sondern – sei es durch psychische, sei es durch physische Umstände – entschuldigt werden kann (Beispiel: Ein Pkw-Fahrer fährt über eine rote Ampel; geschieht dies, weil ihm im Moment zuvor ein Insekt ins Auge geflogen ist oder weil durch Baumbewuchs die Ampel schlecht einsehbar war – vgl. LG Köln VersR 1990, 44 –, kann es sich um ein entschuldbares Augenblicksversagen handeln; geschieht dies aber, weil er dem Verkehr nicht die gebotene Aufmerksamkeit geschenkt hat – zB weil er trotz tiefstehender Sonne vor der Ampelanlage nicht die Geschwindigkeit reduziert **89** hat, OLG Oldenburg r+s 1990, 406; LG Bremen r+s 1990, 407 –, liegt grobe Fahrlässigkeit auch in subjektiver Hinsicht vor).

90 **c) Beispiele.** Zum **Augenblicksversagen** sind folgende Einzelfallentscheidungen als **Beispiele** von Interesse: grobe Fahrlässigkeit **bejaht:** Schon vor der BGH-Rspr. zum Augenblicksversagen hat das OLG Hamm VersR 1988, 370 einen Rotlichtverstoß für grob fahrlässig erklärt, weil dieser „nur mit einem besonderen Maß von Unaufmerksamkeit erklärt werden" konnte. Überfahren von Rotlicht, wenn der VN bei einer Gelbphase von vier Sekunden eine aus mindestens 100 Metern Entfernung sichtbare Ampel bei guter Sicht und Straßenverhältnissen überquert (OLG Köln NJW-RR 1991, 480 = VersR 1990, 848; vgl. auch BGH VersR 1992, 1085); Überfahren eines angekündigten Stoppschildes (OLG Zweibrücken VersR 1993, 218; ebenso OLG Oldenburg r+s 1995, 42 und OLGR 1997, 3); grobe Fahrlässigkeit bei Rotlichtverstoß bejaht von OLG Karlsruhe NJW-RR 2004, 389; OLG Köln r+s 1992, 7; 1990, 405; LG Nürnberg-Fürth r+s 1991, 160. Kein Augenblicksversagen bei einem Rotlichtverstoß nach BGH VersR 1992, 1085 (ebenso OLG Frankfurt a. M. VersR 2003, 319 bei Suche des ortsunkundigen VN nach bestimmter Straße; OLG Oldenburg VersR 1995, 1346). Missachtung einer Durchfahrtshöhenbegrenzung aufgrund fehlerhafter Augenblicksentscheidung (OLG Düsseldorf NZV 1991, 394); Bücken des Fahrzeugführers nach einem Gegenstand (OLG Hamm NJW-RR 1990, 929); Vergessen eines eingeschalteten Herdes ist grob fahrlässig (OLG Saarbrücken r+s 1988, 18; AG Borken VersR 1993, 311, Schmorbraten auf Elektroherd 1,5 Stunden unbeaufsichtigt gelassen); Liegenbleiben auf der Autobahn wegen Benzinmangels trotz funktionierender Benzinuhr (OLG Hamm VersR 1994, 590); Abstellen eines Fahrzeugs auf abschüssiger Straße ohne Betätigung der Handbremse (OLG Köln VersR 1994, 1414); versehentlich nicht eingefahrener Ladekran stößt gegen eine Brücke (OLG München IVH 2004, 126 in Abgrenzung zu BGH VersR 1989, 582).

91 Grobe Fahrlässigkeit **verneint:** ein mit hoher Geschwindigkeit auf ein Hindernis zufahrender Motoryachtführer verhält sich nach Ausfall der Steuerung nicht wie ein „Idealfahrer" (OLG Hamm r+s 2015, 360); kurze Ablenkung beim Kochen (BGH VersR 2011, 916); versehentlich nicht ganz abgesenkter Ladekran, der am Heck eines Fahrzeugs befestigt ist, stößt gegen eine Brücke (BGH VersR 1989, 582); einmaliges Nichteinrasten des Lenkradschlosses (BGH VersR 1974, 26); einmaliges Steckenlassen des Zündschlüssels (BGH VersR 1986, 962); VN vergisst, ohne dass es ihm zur Gewohnheit geworden ist, die Kerzen zu löschen (BGH VersR 1986, 671); VN, die an Gefäßsklerose und infolgedessen an Hirnleistungsschwäche litt, vergaß, den Elektroherd, auf dem eine Pfanne mit Fett stand, auszuschalten (BGH VersR 1989, 840); „unbewusst" in Kippstellung gelassenes Fenster (OLG Hamm VersR 1993, 96; VersR 1991, 223; OLG Köln r+s 1992, 23); Anlassen einer Herdplatte mit aufgesetzter Fritteuse (OLG Köln VersR 1991, 1266); Geschirrspüler zwei Stunden ohne Aufsicht (OLG Karlsruhe VersR 1988, 1285); Fritteuse 15 Minuten lang unbeaufsichtigt (OLG Frankfurt a. M. r+s 1988, 143); Schweißarbeiten am Auspuff (OLG Schleswig NJW-RR 1988, 994); Rotlichtverstoß bei schwieriger Verkehrsführung und Ablenkung durch gefahrträchtiges Fahrverhalten vorausfahrenden Gelenkbusses (OLG Hamm VersR 2002, 603); Rotlichtverstoß aufgrund eines akustischen Signals (Hupen) eines nachfolgenden Kfz (OLG Koblenz VersR 2004, 728; r+s 2012, 431); Rotlichtverstoß bei schwer überblickbarer Kreuzung für den ortsunkundigen VN (OLG Köln r+s 1991, 82);

Rotlichtverstoß trotz einer dem VN bekannten Ampelanlage, wenn Ausschau nach den auf der gegenüberliegenden Straßenseite erwarteten Eltern gehalten wird (OLG Karlsruhe r+s 1990, 364); Rotlichtverstoß nach Abwehr eines Insektes durch eine rasche Handbewegung (OLG Bamberg r+s 1990, 404); Kassettenwechsel während der Fahrt (OLG München NJW-RR 1992, 538); Anfahren bei Rotlicht, wenn neben dem VN haltende Fahrzeuge losfahren, für die als Rechtsabbieger die Ampel grün zeigt (OLG Schleswig r+s 1992, 294); Erhitzen von Fett auf der Herdplatte und Verlassen des Hauses (LG Dortmund r+s 2012, 27); Fahrräder auf dem Pkw-Dach und überdachte Einfahrt (AG Würzburg DAR 1993, 473; anders aber – zu Recht – AG München VersR 1994, 594).

7. Schuldunfähigkeit

Die Regelung in § 827 BGB (Schuldunfähigkeit) ist auch im Rahmen des § 81 **92** anwendbar. Beruft sich der VN auf eine Schuldunfähigkeit iSd § 827 Satz 1 BGB, dann muss **er** diese **beweisen** (BGH NJW 2011, 3299 = VersR 2011, 1037; VersR 2003, 1561; OLG Köln r+s 2003, 56; OLG Saarbrücken VersR 2003, 1518; vgl. ferner *Knappmann* NVersZ 1998, 13 (14); *ders.* VersR 2000, 11 (12); *Lang* NZV 1990, 169 (173); **aA** Prölss/Martin/*Armbrüster* § 81 Rn. 77). Auch ein BAK-Wert von über 3 ‰ beweist die Schuldunfähigkeit des VN nicht automatisch (OLG Hamm VersR 1992, 818).

Gelingt dem VN der Nachweis einer (etwa alkoholbedingten) Zurechnungsun- **93** fähigkeit, muss er darüber hinaus beweisen, dass er sich nicht in grob fahrlässiger (oder sogar vorsätzlicher) Weise in diesen Zustand versetzt hat (und zuvor Vorkehrungen gegen die spätere Nutzung seines Fahrzeugs unterlassen hat). Dies ergibt sich aus § 827 Satz 2 BGB, der iRd § 81 entsprechend anzuwenden ist (BGH VersR 1985, 440; OLG Hamm VersR 1981, 178; OLG Oldenburg ZfS 1992, 345; LG Bochum VersR 1976, 949 mAnm *Martin;* die Frage der Anwendbarkeit des § 827 Satz 2 BGB offen lassend, aber grobe Fahrlässigkeit bejahend OLG Hamm r+s 201, 55; **aA** Prölss/Martin/*Armbrüster* § 81 Rn. 78, der fordert, dass der VR beweisen muss, dass der VN sich in grob schuldhafter Weise in den schuldausschließenden Zustand gebracht hat). Der VN kann sich somit zB nicht mit dem Vorbringen entschuldigen, er habe nicht gewusst, dass Klosterfrau-Melissengeist Alkohol enthält, da er sich über die Zusammensetzung des genossenen Getränkes hätte informieren müssen (OLG Oldenburg VRS 1931, 349). Auch die Beweisregel des § 828 Abs. 2 BGB (Nachweis fehlender Einsichtsfähigkeit) soll Anwendung finden (OLG Hamm VersR 1981, 178; auch insoweit **aA** Prölss/Martin/*Armbrüster* § 81 Rn. 78).

VI. Vollständige oder teilweise Leistungsfreiheit

1. Vollständige Leistungsfreiheit (Abs. 1)

Für Vorsatz bleibt es beim **„Alles oder nichts"-Prinzip** und es führt zur **94** **vollständigen Leistungsfreiheit** des VR, wenn der VN (oder ihm zuzurechnende Dritte) den Versicherungsfall vorsätzlich herbeiführt. Die Existenz des Vertrages wird davon nicht berührt. Führt etwa der Mitversicherte in der Hausratversicherung den Versicherungsfall herbei, ohne dass dies dem VN zuzurechnen ist (Repräsentanz), dann tritt Leistungsfreiheit nur in Bezug auf den Mitversicherten ein (schon → Rn. 41). Führt der VN den Schaden herbei, gilt die Leistungsfreiheit auch gegenüber dem Mitversicherten (ebenso Prölss/Martin/*Armbrüster* § 81 Rn. 54).

2. Quotale Leistungsfreiheit (Abs. 2)

95 **a) Berechnung der Quote.** Anders ist dies nach der Reform 2008 bei der groben Fahrlässigkeit. Hier ist das „Alles oder nichts"-Prinzip abgeschafft worden und es tritt die Leistungsfreiheit des VR entsprechend der Schwere des Verschuldens des VN ein. Die Gesetzesbegründung verweist auf die Fälle einer grob fahrlässigen Obliegenheitsverletzung (§ 28 Abs. 2) und der Gefahrerhöhung (§ 26 Abs. 1); hier wie dort wird das „Alles oder nichts"-Prinzip durch eine Quotelung ersetzt, um „im Einzelfall Entscheidungen zu ermöglichen, die den jeweiligen Schutzinteressen des VN Rechnung tragen". Der Umfang der Leistungspflicht soll sich deswegen „nach dem Grad des Verschuldens" bemessen. Für das Ausmaß der Leistungsfreiheit soll „entscheidend" sein, „ob die grobe Fahrlässigkeit im konkreten Fall nahe beim bedingten Vorsatz oder aber eher im Grenzbereich zur einfachen Fahrlässigkeit liegt" (zu allem BT-Drs. 16/3945, 79 f.). Die Leistungskürzung ist nicht von Amts wegen vorzunehmen (OLG Düsseldorf r+s 2011, 507). Keine Quotierung findet statt, wenn der Gebäudeversicherer beim Mieter Regress nimmt (denn § 81 Abs. 2 ist auf dieses Verhältnis nicht anzuwenden, BGH NJW 2016, 2959 = VersR 2016, 850, im Anschluss an Langheid/Wandt/*Möller/Segger* § 86 Rn. 232; gegen *Staudinger/Kassing* VersR 2007, 10; Beckmann/Matusche-Beckmann/*Hormuth* § 22 Rn. 145; Looschelders/Pohlmann/*v. Koppenfels-Spies,* 2. Aufl. 2011, § 86 Rn. 86; *Schimikowski,* Versicherungsvertragsrecht, 5. Aufl. 2014, Rn. 358; FAKomm-VersR/*Schneider* § 86 Rn. 47).

96 Über die Art der **Berechnung der Quote** sagt die Begründung nichts. Denkbar ist **vollständige Leistungsfreiheit:** bei absoluter Fahruntüchtigkeit in der **Kaskoversicherung** BGH NJW 2011, 3299 = VersR 2011, 1037 (allerdings nur „... in Ausnahmefällen"); OLG Köln r+s 2018, 15; OLG Stuttgart r+s 2011, 280; OLG Dresden VersR 2011, 205; OLG Hamm r+s 2010, 506 = VersR 2011, 206; in der **Sachversicherung** bei einem wegen völlig fehlender Sicherungsmaßnahmen eingetretenen Wasserschaden, OLG Hamm VersR 2013, 101 = r+s 2012, 391; OLG Frankfurt a. M. VersR 2013, 356; beim Zünden von Feuerwerkskörpern in geschlossenen Wohnräumen, OLG Naumburg NJW-RR 2011, 901 = VersR 2012, 1562 (anders noch KG VersR 2011, 487 = ZfS 2011, 29 gegen eine pauschale Leistungskürzung um 100 % bei einem BAK von 1,1 ‰; ähnlich Stiefel/Maier/*Maier* AKB D Rn. 23 mwN und *ders.* r+s 2007, 89, zu alledem *Langheid* NJW 2011, 3265 ff.). Denkbar ist auch **nahezu vollständige Eintrittspflicht** (nahezu, weil sonst erst gar keine grobe Fahrlässigkeit vorliegt).

97 Der Wortlaut gibt nichts dafür her, ob bei bewiesener groben Fahrlässigkeit von einem bestimmten Regelfall auszugehen ist, von dem aus der VR die Vortrags- und Beweislast für ein höheres und der VN für ein geringeres Verschulden trägt. Gleiches gilt für eine Auslegung an Hand des Regelungszwecks. Denkbar ist zunächst eine **Quotelung nach Fallgruppen,** bei denen gewisse **typisierte Verschuldensformen** einer **typisierten Quote** zugeordnet werden, etwa immer 30 % Leistung bei einem Rotlichtverstoß oder immer 70 % Leistung bei „auf Kipp" stehenden Fenstern etc (vgl. hierzu *Günther/Spielmann* r+s 2008, 178 ff. mit Erwägungen zu den jeweils denkbaren Zu- oder Abschlägen; zust. und zum Beweisproblem insgesamt *Pohlmann* VersR 2008, 437 ff.; ebenfalls zust. *Heß* r+s 2013, 1; gegen jeglichen „Standard-Einstiegswert" LG Münster VersR 2009,

1615, das eine individuelle Einzelfallbetrachtung vorschlägt, dabei aber dann doch wieder ein „Quotenmodell" von 0 %, 25 %, 50 %, 75 % oder 100 % vorschlägt (was ja nichts anderes als ein Standardwert ist); gegen eine Beschränkung auf die Quotenstufen 0 %, 25 %, 50 %, 75 % und 100 %, OLG Hamm r+s 2010, 506 und LG Trier r+s 2010, 509; gegen jegliche starre Quoten Stiefel/Maier/*Maier* § 28 Rn. 45 und LG Bonn DAR 2010, 24 (ohne nähere Begründung seiner Methodik für die Quotenfindung)). Die Pauschalierungsmethode birgt allerdings die Problematik, alle (vielfältigen) Erscheinungsformen der groben Fahrlässigkeit und des darin zum Ausdruck kommenden menschlichen Fehlverhaltens typisieren zu müssen (vgl. etwa die im Einzelfall stark unterschiedlichen Beispiele für grobe Fahrlässigkeit in → Rn. 47 ff.), was einerseits aufwendig, andererseits ungerecht sein kann.

Deswegen liegt nahe, bei Vorliegen grober Fahrlässigkeit überhaupt von einer **durchschnittlichen groben Fahrlässigkeit** auszugehen. Es wird also ein für den nachgewiesenen Sachverhalt angemessener **Regelwert** (nicht notwendigerweise 50 %) zu Grunde zu legen sein, von dem ausgehend der VN Umstände für eine geringere Schuld und der VR Umstände für ein erhöhtes Verschulden vortragen und beweisen müssen. Maßgeblich sollten dabei die objektive Schwere des Pflichtenverstoßes und das in dem Verstoß sich verwirklichende Verschulden sein. Für einen Ausgangswert von regelmäßig 50 % *Felsch* r+s 2007, 485 (492 f.) im Obliegenheitenrecht; *Knappmann* VRR 2009, 9; *Langheid* NJW 2007, 3665 (3669); in diese Richtung OLG Hamm r+s 2010, 506 (das bei Vorliegen relativer Fahruntüchtigkeit mit einer Kürzungsquote von 50 % beginnt und diese Quote dem Grad der Alkoholisierung bis auf 100 % bei Erreichen der absoluten Fahruntüchtigkeit ansteigen lassen will. Die so gefundene Quote könne korrigiert werden, wenn besondere Umstände das Maß des Verschuldens in einem anderen Licht erscheinen lassen). **Dagegen** *Rixecker* ZfS 2007, 15, der den VR beweispflichtig für den Grad des Verschuldens hält, sowie Langheid/Wandt/*Looschelders* § 81 Rn. 141 f. und Prölss/Martin/*Armbrüster* § 81 Rn. 67 (*Heiss* VersR 2012, 960, behauptet gar einen Erfahrungssatz, nach dem mittlere grobe Fahrlässigkeit weitaus häufiger unter als bei 50 % anzusiedeln sei, allerdings ohne konkrete Grundlagen (Anm. gegen OLG Hamm VersR 2012, 479, das ein durchschnittliches und deshalb mittelschweres Verhalten mit einem Regelwert von 50 % belegt hatte); krit. gegenüber dem Mittelwertmodell auch *Heß* r+s 2013, 1). 98

Unabhängig von einem Mittel- oder Regelwert muss das **Beweisproblem** gelöst werden, das entsteht, wenn ein bestimmter Teil-Tatbestand feststeht, der für sich genommen bereits die Annahme grober Fahrlässigkeit und damit eine Quote für den Grad der Leistungsfreiheit rechtfertigt, VN und/oder VR aber weitere Umstände unter Beweisantritt vortragen, die eine andere, jeweils für sie günstigere Quote begründen sollen. Deshalb sollte für einen **feststehenden (unstreitigen oder bewiesenen)** Sachverhalt eine **Ausgangs- oder Regelquote** gebildet werden, von der ausgehend VR und VN ein geringeres oder höheres Verschulden nachweisen können, um so eine Herab- oder Heraufsetzung der Ausgangsquote zu erreichen. **Beispiel:** Es steht fest, dass der VN bei Rot über die Ampel gefahren ist, wofür das Gericht regelmäßig 70 % Leistungsfreiheit annimmt; macht der VN Entschuldigungsgründe geltend (Ermüdung, Ablenkung, unklare Verkehrssituation), um eine geringere Quote zu erreichen, muss er sein Vorbringen beweisen. Umgekehrt muss der VR nachweisen, dass schulderhöhende Umstände vorliegen (zB besondere Rücksichtslosigkeit oder stark überhöhte Geschwindigkeit), wenn er eine höhere Leistungsfreiheitsquote erreichen 99 will. Deshalb ist in einem ersten Schritt zunächst der **objektive Tatbestand** festzustellen; dieser ergibt sich aus den unstreitigen oder bewiesenen Sachverhaltsfeststellungen und indiziert den Grad der Schwere des Verschuldens des VN. Liegt grobe Fahrlässigkeit vor, steht zugleich auch der mit dem jeweiligen Verhalten verbundene Verschuldensgrad fest, so dass der VR in entsprechender Höhe leistungsfrei oder -pflichtig ist. Der mit dem objektiven Sachverhalt verbundene Verschuldensvorwurf und der damit verbundene Grad des Verschuldens sind nach den jeweiligen Umständen des Einzelfalles festzulegen. Dabei ist in Ermangelung weiterer Umstände von einem **durchschnittlichen Verschulden des VN** auszugehen. Will der VN die Quote herab- oder der VR die Quote heraufgesetzt wissen, sind sie für die jeweiligen das Verschulden mildernden oder verschärfenden Umstände darlegungs- und beweispflichtig (einzelne Entscheidungen zu Quoten → Rn. 81 ff. und bei *Langheid* NJW 2011, 3265).

100 **b) Quotenbeispiele.** Die Rechtsprechung ist bislang recht uneinheitlich in Bezug auf Margen. Einigkeit besteht zunächst, dass eine **100 %-Kürzung** bei absoluter Fahruntüchtigkeit möglich ist (BGH NJW 2011, 3299 = VersR 2011, 1037; OLG Köln r+s 2018, 15; OLG Dresden VersR 2011, 205; OLG Hamm r+s 2010, 506 = VersR 2011, 206; OLG Stuttgart r+s 2011, 280). Leistungskürzung auf Null auch in der Gebäudeversicherung bei Brand durch Feuerwerkskörper (OLG Naumburg NJW-RR 2011, 901 = VersR 2012, 1562) oder in der Leitungswasserversicherung bei völlig fehlenden Sicherungsmaßnahmen (OLG Hamm VersR 2013, 101 = r+s 2012, 391), auch in außergewöhnlich strenger Frostperiode bei nichtentleerten wasserführenden Anlagen in einem überwiegend leer stehenden Gebäude ohne ausreichende Gegenmaßnahmen (LG Frankfurt a. M. VersR 2012, 717) oder wenn der VN ein Schlüssel mit Funksensor zwischen Parkplatz und Wohnung verliert und den Wagen am nächsten Tag am selben Ort abstellt (LG Kleve r+s 2011, 206). Bei relativer Fahruntüchtigkeit Kürzungen von **regelmäßig deutlich über 50 %** (OLG Hamm NJW 2011, 85 = r+s. 2010, 506 = VersR 2011, 206; KG r+s 2011, 331). Gleiches gilt bei einem Unfall nach Anzünden einer Zigarette (OLG Naumburg r+s 2010, 319) oder bei schwerem Unwetter und Ausfall einer Pumpenanlage in einem Neubau (OLG Hamm r+s 2012, 185). Minderung um 80 %, wenn Heizung in unbewohnter Wohnung nur auf Frostwächterniveau oder eine Stufe darüber eingestellt wird (OLG Brandenburg r+s 2013, 24). **Leistungskürzung von 50 %** in der Leitungswasserversicherung bei elektrischem Wandheizlüfter, der sich nur einschaltete, wenn die Temperatur unter den Nullpunkt absank (OLG Saarbrücken r+s 2012, 392). Auch bei einer Kfz-Entwendung bei der Aufbewahrung der Fahrzeugschlüssel unverschlossen in einem für jeden zugänglichen Raum (OLG Koblenz r+s 2012, 430).

101 Nach der Gesetzesbegründung (BT-Drs. 16/3945, 80) kommt auch eine **„mehrfache Quotelung"** in den Fällen in Betracht, in denen „gleichzeitig eine Verletzung einer vertraglichen Obliegenheit (§ 28 VVG-E) vorliegt" (zur Mehrfachquotenbildung LG Kassel ZfS 2011, 33; → § 82 Rn. 21 f.).

3. Weitere Folgen

102 Führt der Versicherungsfall zum Wegfall des Interesses, erlischt dadurch der Versicherungsvertrag (§ 80), auch wenn der VR leistungsfrei ist. § 92 Abs. 1 gibt dem VR in der Sachversicherung und § 111 Abs. 1 Satz 1 in der Haftpflichtversicherung eine Kündigungsmöglichkeit, die ebenfalls auch dann gilt, wenn keine Entschädigungspflicht eingetreten ist (anders nur, wenn die Bedingungen als Kün-

digungsvoraussetzung die Zahlung einer Entschädigung vorsehen). Eine Kündigung des VR kann ferner erfolgen wegen „vorgenommener“ Gefahrerhöhung gemäß § 24 Abs. 1 und schließlich nach allgemeinem Zivilrecht zur Kündigung von Dauerschuldverhältnissen, vgl. § 314 BGB (für eine Kündigung nur bei vorsätzlicher Herbeiführung Bruck/Möller/*Baumann* § 81 Rn. 148 und Prölss/Martin/*Armbrüster* § 81 Rn. 53).

VII. Nachweis

1. Nachweis des objektiven Tatbestandes

Der **Nachweis** der Herbeiführung des **objektiven Tatbestandes** eines Versi- **103**
cherungsfalles, des Verschuldens des VN und der Kausalität zwischen dem Handeln des VN und dem Eintritt des Versicherungsfalles **obliegt dem VR** (stRspr des BGH seit BGH NJW 1985, 2648 = VersR 1985, 440; VersR 1985, 78; VersR 1983, 289; VersR 1979, 805; VersR 1978, 74).

Allerdings muss der **VN** zunächst den **Eintritt des Versicherungsfalles** bewei- **104**
sen, wobei ihm in der Entwendungsversicherung die vom BGH entwickelten materiell-rechtlichen Beweiserleichterungen helfen (das gilt nicht für Vandalismus; hier ist der VN in vollem Umfang beweispflichtig, ohne das ihm Erleichterungen zugute kommen, OLG Saarbrücken VersR 2021, 303). Ein **Anscheinsbeweis,** mit Hilfe dessen aus einem feststehenden oder bewiesenem Sachverhalt nach der allgemeinen Lebenserfahrung auf eine bestimmte Ursache und einen bestimmten Ablauf als maßgeblich für den Eintritt eines bestimmten Erfolges geschlossen werden kann (so noch BGH VersR 1956, 84; VersR 1956, 147; VersR 1978, 74; BGHZ 100, 31; BGHZ 104, 256 = NJW-RR 1988, 1051 = VersR 1988, 683; VersR 1991, 195; vgl. auch BGH r+s 1988, 151 und VersR 1991, 460), steht dem VR **nicht** zur Verfügung. Wegen der dem menschlichen Handeln vermeintlich innewohnen Unwägbarkeiten soll es einen Anscheinsbeweis jedenfalls dort nicht geben, wo es auf einen individuellen Handlungsentschluss ankommt (BGH NJW 1988, 2040 = VersR 1988, 683; auch schon BGH VersR 1978, 74; zur Lebensversicherung vgl. BGH VersR 1989, 729; dazu krit. *Langheid* NJW 1991, 268 (279)). Deswegen kann etwa eine Eigenbrandstiftung mittels eines typischen Geschehensablaufs nicht nachgewiesen werden (BGH VersR 2009, 540).

Möglich bleibt der **Anscheinsbeweis** bezüglich der **Feststellung von Brand-** **105**
ursachen (vgl. BGH VersR 2014, 333; VersR 1991, 460 im Hinblick auf die kausale Verknüpfung von zwei Bränden; vgl. ferner BGH VersR 1993, 1351; zum Problem vgl. weiterhin OLG Hamm VersR 1990, 1393; OLG Köln VersR 1994, 1421; VersR 1990, 1223; OLG Oldenburg VersR 1990, 1388;). Für den in der Praxis oft vorkommenden Fall der Gebrauchsüberlassung eines Fahrzeugs an Dritte hat der BGH entschieden, dass der VN darlegen und beweisen muss, dass das abhanden gekommene Kfz entweder gestohlen wurde oder aber durch einen anderen als den Dritten, dem das Fahrzeug überlassen wurde, unterschlagen worden ist (BGH VersR 1993, 472).

2. Indizienbeweis

Der VR muss die Herbeiführung des Versicherungsfalles also streng nach den **106**
Regeln der ZPO beweisen. Da idR Zeugen- und Urkundenbeweis ausscheiden, ist der VR auf den schwierigen **Indizienbeweis** angewiesen (zur Beweisführung

vgl. BGH VersR 2003, 364; NJW-RR 1999, 1184 = r+s 1999, 247 = VersR 1999, 1014; r+s 1997, 294; 1996, 146 = NJW-RR 1996, 665; OLG Frankfurt a. M. VersR 2017, 1522: Auftrags-/Eigenbrandstiftung; *Hansen* S. 197 f.; *Zeller* VersR 1990, 461 ff.; *Knoche* VersR 1990, 829 ff.; bei Eigenbrandstiftungen *Langheid* VersR 1992, 13 ff.; *Günther* r+s 2006, 221 ff.). Der Unterschied zwischen Anscheins- und Indizienbeweis liegt darin, dass der Anscheinsbeweis vermittels des mit seiner Hilfe zu ziehenden Schlusses von dem (bekannten) Handlungserfolg auf den (unbekannten) Handlungstatbestand eine erhebliche Erleichterung in Bezug auf die Beweisführung darstellt, während der Indizienbeweis gemäß § 286 ZPO dem Tatrichter die zu beweisende Tatsache mit einem „praktischen Maß an Gewissheit" vermitteln muss, das „vernünftigen Zweifeln Schweigen gebietet, ohne sie völlig auszuschließen" (so grundlegend BGH VersR 1987, 503; zuletzt BGH VersR 2007, 1429; anders Prölss/Martin/*Armbrüster* § 81 Rn. 72, der entscheidend auf die „Anforderungen an das Beweismaß" abstellen will).

107 Der VR muss die für die Herbeiführung des Versicherungsfalles (etwa eine Eigenbrandstiftung) sprechenden Umstände vortragen und so unter Beweis stellen, dass sich der Tatrichter in einer „zusammenfassenden Würdigung und Gesamtschau" aller unstreitigen oder nachgewiesenen Umstände, die sich aus dem Urteil auch nachvollziehbar ergeben müssen, seine Überzeugung bilden kann (BGH VersR 2007, 1429; r+s 1996, 146 = NJW-RR 1996, 665; OLG Koblenz VersR 2004, 642; OLG Köln r+s 2006, 21). Es ist nicht erforderlich, dass der VR eine konkrete Begehungsweise nachweist, es reicht vielmehr die richterliche Überzeugung, dass nur der VN (oder sein Repräsentant) als Täter in Frage kommt (zust. Bruck/Möller/*Baumann* § 81 Rn. 165). Auch eine naturwissenschaftliche Gewissheit muss nicht vorliegen. Die bloße Möglichkeit eines alternativen Geschehensablaufs darf nicht dazu führen, den dem VR obliegenden Nachweis als nicht geführt anzusehen; vielmehr muss das alternative Geschehen einerseits ernsthaft in Betracht kommen und außerdem in sich widerspruchslos möglich gewesen sein (BGH r+s 1999, 247 = NJW-RR 1999, 1184 = VersR 1999, 1014; NJW-RR 1997, 1112; r+s 1996, 146 = NJW-RR 1996, 665; OLG Bremen VersR 2005, 788). Unrichtig daher OLG Zweibrücken VersR 2001, 455, wonach der Nachweis einer grob fahrlässigen Inbrandsetzung nicht zu führen war, weil der VR nicht ausschließen konnte, dass die kleinen Kinder des VN die Herdplatte von diesem unbemerkt wieder angestellt hatten (ein solcher Negativbeweis ist wohl nie zu führen und dürfte unter die Kategorie des nur hypothetisch denkbaren und deswegen unbeachtlichen Alternativverlaufs fallen), und OLG Koblenz VersR 1998, 181, das eine von ihm selbst als „rein theoretisch" bezeichnete alternative Fallvariante als Gegenbeweis hat ausreichen lassen. Zweifelhaft auch OLG Hamm r+s 2015, 235, das den Nachweis einer vorsätzlichen Eigenbrandstiftung daran scheitern ließ, dass auch andere Personen ein Motiv für die Tat hatten. Zum Problem vgl. *Langheid* ZVers 2021, 46 ff.; ferner *Langheid/Müller-Frank* NJW 1996, 3122 (3126); 1997, 3138; 1998, 3680 (3683), jeweils mwN; weitere Einzelheiten und Rechtsprechungsnachweise in Bezug auf geführte und nicht geführte Indizienbeweise im Zusammenhang mit der Eigenbrandstiftung des VN finden sich bei *Langheid* VersR 1992, 13 ff.; *Prölss* in Baumgärtel/Laumen/Prütting Beweislast-HdB VVG § 61 Rn. 14 ff.; AFB 87 § 14 Rn. 1 ff.; *Günther* r+s 2006, 221 ff.

3. Fingierte und manipulierte Versicherungsfälle

108 **a) Einbruchdiebstahlversicherung.** Eine erhebliche Verbesserung der Stellung des VR ergibt sich für den Bereich der **Einbruchdiebstahlversicherung**

aus der Rspr. des BGH zum Nachweis des Versicherungsfalles in der Einbruchdiebstahlversicherung (seit BGH VersR 1984, 29 stRspr des BGH; zuletzt BGH r+s 2015, 292 = VersR 2015, 710; vgl. auch BGH VersR 1990, 45; 1990, 736; r+s 1990, 130; NJW-RR 1996, 981 mwN). Die vom BGH angenommene materiellrechtliche Risikoverteilung, die zu einer stillschweigenden Herabsetzung des Beweismaßes führt (vgl. dazu *Zopfs* VersR 1993, 140 ff.), erlaubt dem VR, konkrete Tatsachen nachzuweisen, aus denen sich mit **erheblicher Wahrscheinlichkeit** ergibt, dass kein Versicherungsfall vorliegt (nachdem zuvor der VN Beweiserleichterungen dahingehend genießt, dass er lediglich die Tatsachen vorzutragen und nachzuweisen hat, die das „äußere Bild" eines Versicherungsfalles mit hinreichender Wahrscheinlichkeit vermitteln; zu diesem Bild soll zB nicht zählen, dass auch der Profilzylinder einer am Tatort aufgebrochenen Tür aufgefunden wird (OLG Hamm VersR 2012, 436 = r+s 2012, 182). Die Redlichkeitsvermutung kann durch unrichtige, korrigierte oder ungenaue Angaben des VN erschüttert werden (OLG Naumburg VersR 2015, 316: VN meldet zunächst nur geringe Anzahl gestohlener Dinge und gibt später weitere, besonders wertvolle Sachen als entwendet an; vgl. auch OLG Naumburg VersR 2015, 232).

b) Anwendungsbereich. Dies ist eine **Beweiserleichterung** nicht nur auf 109
Grund der stillschweigenden Risikoverteilung im Versicherungsvertrag, sondern **auch iRd § 81** (zum Beweismaßstab der Wahrscheinlichkeit vgl. *Langheid* ZVers 2021, 46). Das nur vorgetäuschte Schadensereignis, für das eine Versicherungsleistung begehrt wird, ist ebenso ein „herbeigeführter Versicherungsfall" wie das tatsächlich stattfindende, vom VN aber inszenierte Schadenereignis, mit Hilfe dessen unrechtmäßig, jedenfalls aber überhöht Versicherungsleistungen verlangt werden sollen (→ Rn. 8 ff.). Obwohl ein fingiertes Schadensereignis mangels Existenz nicht herbeigeführt werden kann, kann ein solches fingiertes Schadenereignis doch ein **herbeigeführter Versicherungsfall** sein, weil erst das Ersatzbegehren des VN für ein in Wirklichkeit gar nicht stattfindendes Schadenereignis dieses zu einem Versicherungsfall macht; insoweit führt der VN den Versicherungsfall durch die **Geltendmachung des Deckungsanspruchs** für ein in Wirklichkeit nicht existentes Schadenereignis herbei (ebenso OLG Köln r+s 1993, 126 mAnm *Langheid;* dagegen wiederum *Lücke* VersR 1994, 128 ff. (133)).

c) Feuerversicherung. Dem Versicherer stehen Beweiserleichterungen in 110
anderen Versicherungssparten als in der Diebstahlversicherung nicht zu (krit. dazu *Langheid* ZVers 2021, 46 ff.). Der BGH hat die Übertragung der dortigen wechselseitigen Beweiserleichterungen auf andere Versicherungssparten, namentlich auf **Brandschäden,** abgelehnt. Dort, wo der VN den Eintritt des Versicherungsfalles streng zu beweisen hat, könnten dem VR Beweiserleichterungen entgegen der strengen Beweisregel des § 81 nicht eingeräumt werden (BGH VersR 2009, 540; 2005, 1387; NVersZ 1999, 390 = NJW-RR 1999, 1184; VersR 1990, 894; NJW 1988, 2040 = VersR 1988, 683; ebenso OLG Frankfurt a. M. VersR 2017, 1522; OLG Celle r+s 1990, 93 und OLG Hamm VersR 1990, 1393). Die Einseitigkeit der Argumentation überrascht: wäre der VN auch hier in Beweisnot, ist sicher, dass die Rechtsprechung ihm Beweiserleichterungen einräumen würde. Warum das aber abgelehnt wird, weil nur der andere Vertragspartner in Beweisnot ist, ist schwer nachzuvollziehen. Außerdem bleibt vollkommen unbedacht, dass eine „stillschweigende Herabsetzung" des Beweismaßes anderen Versicherungsnehmern zu Gute käme, nämlich dem Versichertenkollektiv, das ja nicht mit Prämien belastet werden will, die aus Schadenzahlungen für fingierte Brände resultieren (vgl. dazu *Langheid*

FS v. Fürstenwerth, 2020, 163 ff.). Zum Nachweis einer Eigenbrandstiftung OLG Frankfurt a. M. VersR 2017, 1522; KG VersR 2006, 70; OLG Bremen VersR 2000, 759; OLG Düsseldorf r+s 2001, 142; OLG Hamm VersR 2011, 793; VersR 2006, 652; OLG Köln r+s 2003, 507; r+s 2001, 142 (siehe dazu auch die Übersichten von *Langheid* VersR 1992, 13 ff. und von *Günther* r+s 2006, 221). Ob eine Auftrags- oder Eigenbrandstiftung vorliegt, kann auch durch die Vernehmung von Polizeibeamten zu den Angaben eines Zeugen im Ermittlungsverfahren nachgewiesen werden, wenn der Zeuge im Zivilverfahren von einem Zeugnisverweigerungsrecht Gebrauch macht (OLG Schleswig VersR 2018, 1377).

111 Die Rspr. des BGH lässt unberücksichtigt, dass sich das Schadensereignis „Brand" von selbst beweist, ohne dass damit mehr feststeht als das „äußere Bild" eines entschädigungspflichtigen Versicherungsfalles. Weil die Anforderungen an einen Indizienbeweis im Zusammenhang mit einer **Eigenbrandstiftung** streng sind, sollten dem VR jedenfalls dann die für die Einbruchdiebstahlversicherung entwickelten **Beweiserleichterungen** zugute kommen, wenn eine **vorsätzliche Brandstiftung** mit den Beweismitteln der ZPO streng bewiesen wurde (vgl. schon *Langheid* VersR 1992, 13 ff.; *ders.* NJW 1991, 268 (271); auch die frühere Instanzrechtsprechung nahm in solchen Fällen Beweiserleichterungen zugunsten des VR an, vgl. etwa OLG Düsseldorf VersR 1978, 557; OLG Frankfurt a. M. ZfS 1983, 87; VersR 1979, 1021; OLG Hamm VersR 1986, 567; 1985, 437; 1985, 535; OLG Oldenburg r+s 1984, 196). **Dagegen** aber **ausdrücklich BGH** VersR 2005, 1387, dessen Hinweis auf seine stRspr zum Indizienbeweis (BGH r+s 1999, 247 = NJW-RR 1999, 1184 = VersR 1999, 1014; VersR 1997, 294; VersR 1996, 146 = NJW-RR 196, 665; → Rn. 97 f.) so zu verstehen sein sollte, dass damit dem Beweisinteresse des VR Genüge getan ist und es weiterer Beweiserleichterungen nicht mehr bedarf.

112 Wie zuvor erörtert (→ Rn. 97 f.), stellt aber auch die vom BGH entwickelte Beweissystematik in der Einbruchdiebstahlversicherung eine **Beweiserleichterung iRd § 81** dar, so dass das Argument, § 81 ordne den strengen Nachweis der Herbeiführung des Versicherungsfalles an, angesichts der Rechtsprechung zum Einbruchdiebstahl nicht überzeugt. Auch die Beweiserleichterungen in der Diebstahlversicherung modifizieren die Beweispflicht innerhalb des § 81, so dass eine unterschiedlich Handhabung nicht gerechtfertigt werden kann. Gerade aus der **materiell-rechtlichen Risikoverteilung** des Feuerversicherungsvertrages sollte sich ergeben, dass der VR für Eigenbrandstiftungen des VN nicht aufkommen soll, so dass dem VR gerade hier jedenfalls dann Beweiserleichterungen zugute kommen sollten, wenn die Brandstiftung als solche streng bewiesen ist; die erforderliche „erhebliche Wahrscheinlichkeit" für den Nachweis der Eigenbrandstiftung stellt einen ausreichenden Schutz des VN vor unrechtmäßigen Deckungsablehnungen dar.

113 **d) Kaskoversicherung.** In der Kaskoversicherung zählen zu den vom VN vorzutragenden und nachzuweisenden Tatsachen, aus denen sich das „äußere Bild" eines Versicherungsfalles mit hinreichender Wahrscheinlichkeit ergibt, zB genaue und kongruente Angaben zur Abstellzeit des entwendeten Kfz (OLG Köln VersR 2013, 1576; nicht erforderlich ist, dass auf einem umfriedeten und verschlossenen Betriebsgelände der exakte Abstellort des entwendeten Kfz feststeht (OLG Naumburg VersR 2014, 578). Zum Beweis des VR in Bezug auf einen **verabredeten (fingierten) Verkehrsunfall** bedarf es keiner lückenlosen Gewissheit im Sinne einer mathematischen Beweisführung; bereits die Feststellung von Indizien, die in lebensnaher Zusammenschau und praktisch vernünftiger Gewichtung den Schluss auf ein kollusives Zusammenwirken zulassen, reicht aus (OLG Köln VersR 2014, 996; siehe auch OLG Schleswig r+s 2013, 327).

Der häufig anzutreffende **kumulierte Schaden** in der Kaskoversicherung, bei dem ein (angeblich) entwendetes Fahrzeug anschließend zusätzlich verbrennt, hat eine beweisrechtliche **Sonderregelung** dahingehend erfahren, dass – ausnahmsweise – Beweisparameter, die gegen eine Entwendung sprechen, auch als Indizien gegen eine Fremd- und für eine Eigenbrandstiftung verwertet werden dürfen (vgl. etwa BGH VersR 2009, 540; NJW-RR 1996, 275 = VersR 1996, 186; VersR 1985, 78; VersR 1985, 330; VersR 1979, 805; KG VersR 2004, 997; OLG Hamburg VersR 1991, 329; OLG Hamm VersR 1994, 212; VersR 1994, 1223; OLG Karlsruhe VersR 1994, 1224; OLG Nürnberg VersR 1994, 87; Eigenbrandstiftung für bewiesen hält OLG Hamm NVersZ 1999, 431 = VersR 1999, 1358; OLG Düsseldorf r+s 2001, 142; OLG Köln r+s 2001, 142). 114

4. Nachweis der Kausalität

Was den **Nachweis der Kausalität** angeht, muss der VR beweisen, dass das vorsätzliche oder grob fahrlässige Verhalten zum Eintritt des Versicherungsfalles geführt hat; dies bedeutet aber nur negativ, dass der Versicherungsfall ohne das Verhalten des VN nicht so wie tatsächlich geschehen eingetreten wäre (BGH VersR 1986, 962; LG Bonn VersR 1991, 221; aA KG VersR 1985, 465). Bei einem Wildunfall zB fehlt es nicht an der adäquaten Kausalität, wenn das Verhalten des VN eine grob fahrlässige Überreaktion darstellt (BGH VersR 1992, 349; NJW 1997, 1012 = VersR 1997, 351: grob fahrlässiger Irrtum über die objektive Notwendigkeit, Rettungskosten aufwenden zu müssen). Dass der Versicherungsfall auch bei einem nicht grob fahrlässigen Verhalten des VN in gleicher Weise eingetreten wäre, muss vom VN bewiesen werden (für alternative Geschehensabläufe, die sämtlich mit grober Fahrlässigkeit vom VN zu vertreten gewesen wären, vgl. OLG Frankfurt a. M. NJW-RR 1986, 1154). Nach OLG Hamm VersR 1998, 757 muss allerdings der VR die Kausalität eines auf Kipp stehenden Fensters für den Einbruchdiebstahl nachweisen, wenn auch die Täter das Fenster so zurück gelassen haben können (problematisch, weil bei grober Fahrlässigkeit des VN (vom Gericht offen gelassen) diesen die Last des Kausalitätsgegenbeweises hätte treffen müssen). Fehlende Kausalität beim Zurücklassen von Fahrzeugpapieren im später gestohlenen Fahrzeug lösen OLG Celle VersR 2008, 204, OLG Karlsruhe r+s 2015, 226 und OLG Koblenz VersR 1998, 233 über die Grundsätze der Gefahrerhöhung. 115

5. Nachweis des Verschuldens

a) Quote. Im Falle grober Fahrlässigkeit tritt Leistungsfreiheit entsprechend der Schwere des Verschuldens desjenigen ein, der den Versicherungsfall herbeiführt. Über die **Beweislast für die Höhe der Quote** sagt die Gesetzesbegründung nichts. Es wird deswegen im Regelfall von einer **durchschnittlichen groben Fahrlässigkeit** auszugehen sein, in Folge dessen ausgehend von einem **Standardwert** für den jeweiligen Einzelfall der VN eine geringere Schuld und der VR ein erhöhtes Verschulden vortragen und beweisen müssen (Einzelheiten → Rn. 98). 116

b) Subjektiver Tatbestand (Verschulden). Der VR muss auch die **subjektive Seite** der Herbeiführung des Versicherungsfalles **beweisen,** also Vorsatz oder grobe Fahrlässigkeit des VN (zum Begriff → Rn. 45, 47; zur Schuldunfähigkeit 117 und ihrem Nachweis → Rn. 92 f.). Auch dieser Nachweis ist ausschließlich durch den schwierigen Indizienbeweis zu führen; der VR hat also alle die Tatsachen vorzutragen und zu beweisen, aus denen der Tatrichter sodann in einer nur eingeschränkt revisiblen Weise auf den Vorsatz oder die grobe Fahrlässigkeit des VN schließen kann. Dies ist namentlich bei der groben Fahrlässigkeit schwierig, weil stets ein Wertungsspielraum dahingehend verbleibt, ob (schon) grobe Fahrlässigkeit oder (noch) einfache Fahrlässigkeit vorliegt. So erklärt sich auch, dass gleich gelagerte Sachverhalte mit unterschiedlichen Verschuldensgraden bewertet werden (so können etwa in der Kaskoversicherung bestimmte Umstände – etwa kürzlich erfolgter Straßenumbau – einen Rotlichtverstoß, der „in aller Regel", so BGH VersR 2003, 364, grob fahrlässig ist, in einem milderen Licht erscheinen lassen). Die Beweislast des VR führt nicht dazu, dass er alle vom VN vorgebrachten Entschuldigungsgründe widerlegen muss (obwohl – anders als im Obliegenheitenrecht – der objektive Tatbestand das Verschulden nicht indiziert). Vielmehr trifft den VN die sog **sekundäre Vortragslast** für die von ihm geltend gemachten Entlastungsumstände (BGH VersR 2008, 242: für Arglist; zum Problem *Günther/Spielmann* r+s 2008, 178 ff. mwN; *Pohlmann* VersR 2008, 437). Danach muss er plausibel, widerspruchsfrei und glaubhaft darlegen, dass und aus welchen Gründen ihn der Vorwurf der groben Fahrlässigkeit nicht trifft. Trägt der VN bei einem anzunehmenden Augenblicksversagen zur Ursache des kurzzeitigen Fehlverhaltens nichts vor, kann der Tatrichter bei einem Rotlichtverstoß den Schluss ziehen, dass ein objektiv grob fahrlässiges Missachten des Rotlichts auch subjektiv als unentschuldbares Fehlverhalten zu werten ist (BGH VersR 2003, 364). Eine **Beweislastumkehr** tritt dann ein, wenn der VN zunächst ein Verhalten eingeräumt hatte, das den Vorwurf grober Fahrlässigkeit begründet hätte, später aber dieses Verhalten bestreitet und dadurch eine weitere Aufklärung seitens des VR verhindert wurde (LG Münster VersR 1992, 695 mAnm *Laumen*). Durch **Alkoholgenuss,** der seinerseits noch nicht zur Schuldunfähigkeit führt, kann die Einsichts- und Hemmungsfähigkeit stark herabgesetzt sein (für die Haftpflichtversicherung und den dort erforderlichen Verletzungsfolgenvorsatz gemäß § 152 aF BGH VersR 1998, 1011 unter 2.b; vgl. ferner *Knappmann* NVersZ 1998, 13; ähnlich für Medikamenteneinnahme OLG Düsseldorf VersR 2002, 477).

VIII. Konkurrenzen

118 § 81 gilt neben dem Obliegenheitenrecht gemäß § 28 und neben den Vorschriften über die Gefahrerhöhung in §§ 23 ff. (vgl. etwa Prölss/Martin/*Armbrüster* § 81 Rn. 98; vgl. allerdings OLG Hamm r+s 1990, 361, wonach § 61 aF von den Vorschriften über die vorvertragliche Anzeigepflicht gemäß §§ 16 ff. aF einerseits und den Vorschriften über die Gefahrerhöhung gemäß §§ 23 ff. aF andererseits verdrängt wird, wenn die Gefahrenlage, auf die der Versicherungsfall kausal zurückzuführen ist, bereits bei Vertragsabschluss bestanden hat; dem ist nicht zu folgen, weil dann allenfalls zu prüfen ist, ob ein „Herbeiführen" zu verneinen ist).

IX. Vertragliche Regelungen

119 Abweichende Vereinbarungen der Vertragspartner sind zulässig (vgl. § 87). In einer Vielzahl der Bedingungswerke wird allerdings die Regelung überflüssiger-

weise wiederholt; dies geschieht meist im Zusammenhang mit dem „besonderen Verwirkungsgrund“ der arglistigen Täuschung.

Auf die Versuche, den **Repräsentantenbegriff** vertraglich zu fixieren, ist oben bereits hingewiesen worden (→ Rn. 19 ff.). So ist § 9 Nr. 1 Buchst. a und Nr. 3 Buchst. a VHB 84, wonach sich § 61 aF auch auf „mit dem Versicherungsnehmer in häuslicher Gemeinschaft lebende volljährige Personen“ erstreckt, AGB-rechtswidrig. 120

Unwirksam ist eine Bestimmung, nach der der VN die Sorgfalt eines ordentlichen Kaufmanns wahrzunehmen hat (womit der dispositive **Verschuldensmaßstab** des § 61 aF auf einfache Fahrlässigkeit erweitert werden sollte), denn für den durchschnittlichen VN sei nicht zu erkennen, dass bei Nichtbeachtung der Sorgfalt eines ordentlichen Kaufmanns der Versicherungsschutz ausgeschlossen sein sollte (BGH VersR 2009, 341; nach geltendem Recht sieht *Felsch* r+s 2010, 265 (dort Fn. 22) die Problematik einer Abbedingung des Verschuldensmaßstabs angesichts des neuen Sanktionssystems in § 81 verschärft). AGB-rechtswidrig sollen auch Bedingungen sein, die – wie im Obliegenheitenrecht – dem VN die Beweislast für fehlendes grobes Verschulden und für fehlende Kausalität auferlegen (Prölss/Martin/*Armbrüster* § 81 Rn. 92, 95). 121

Ein Leistungsausschluss **ohne Quotierungsmöglichkeit** in AVB für durch grobe Fahrlässigkeit des VN verursachte Schäden ist nach § 307 Abs. 2 Nr. 1 BGB unwirksam; jedoch kommt dann die gesetzliche Regelung in § 81 Abs. 2 zur Anwendung (OLG Köln VersR 2014, 1205). 122

Der Gesetzgeber hält es wegen der Disponibilität der Vorschrift für „möglich“, „eine **pauschalierte Quotenregelung** zu vereinbaren, um Auseinandersetzungen über eine sachgerechte Quotierung zu vermeiden“. Insoweit gelten allerdings die „Einschränkungen aus § 307 Abs. 1, 2 Nr. 1 BGB“. Es bleibt abzuwarten, ob es gelingt, die vielfältigen Erscheinungsformen menschlichen Versagens zu pauschalieren und zu abstrahieren; angesichts der vielen Entscheidungen zu einerseits gänzlich unterschiedlichen, andererseits sich aber nur durch Nuancen voneinander unterscheidenden Einzelfällen ist hier eine gewisse Skepsis angezeigt. 123

§ 82 Abwendung und Minderung des Schadens

(1) **Der Versicherungsnehmer hat bei Eintritt des Versicherungsfalles nach Möglichkeit für die Abwendung und Minderung des Schadens zu sorgen.**

(2) [1]**Der Versicherungsnehmer hat Weisungen des Versicherers, soweit für ihn zumutbar, zu befolgen sowie Weisungen einzuholen, wenn die Umstände dies gestatten.** [2]**Erteilen mehrere an dem Versicherungsvertrag beteiligte Versicherer unterschiedliche Weisungen, hat der Versicherungsnehmer nach pflichtgemäßem Ermessen zu handeln.**

(3) [1]**Bei Verletzung einer Obliegenheit nach den Absätzen 1 und 2 ist der Versicherer nicht zur Leistung verpflichtet, wenn der Versicherungsnehmer die Obliegenheit vorsätzlich verletzt hat.** [2]**Im Fall einer grob fahrlässigen Verletzung ist der Versicherer berechtigt, seine Leistung in einem der Schwere des Verschuldens des Versicherungsnehmers entsprechenden Verhältnis zu kürzen; die Beweislast für das Nichtvorliegen einer groben Fahrlässigkeit trägt der Versicherungsnehmer.**

(4) [1]**Abweichend von Absatz 3 ist der Versicherer zur Leistung verpflichtet, soweit die Verletzung der Obliegenheit weder für die Feststellung des Versicherungsfalles noch für die Feststellung oder den Umfang der Leistungspflicht ursächlich ist.** [2]**Satz 1 gilt nicht, wenn der Versicherungsnehmer die Obliegenheit arglistig verletzt hat.**

Übersicht

I. Regelungsinhalt und Normzweck

1 Die Vorschrift greift die von der VVG-Kommission für die Reform 2008 entwickelten Grundsätze über die Voraussetzungen für die Leistungsfreiheit des VR bei Obliegenheitsverletzungen auf. Anders als früher sind die Vorschriften über die Rettungsobliegenheit des VN **nicht mehr uneingeschränkt** auf die gesamte Schadensversicherung anwendbar. Für die Sachversicherung ist durch die Reform 2008 die zuvor von der Rechtsprechung entwickelte **Vorerstreckungstheorie** (§ 90) Gesetz geworden, und für die Unfallversicherung gelten die §§ 82 und 83 selbst dann nicht, wenn diese als Schadensversicherung ausgestaltet ist (§ 184). Die in § 90 für den Aufwendungsersatz in der Sachversicherung angeordnete **Vorerstreckung** hat keine spiegelbildliche Entsprechung für den Beginn der Rettungspflicht gefunden mit der widersprüchlichen Konsequenz, dass der VN also – gegen Kostenersatz – schon früher als bei Beginn des Versicherungsfalls retten darf, das aber nicht muss; Einzelheiten → § 90 Rn. 1 ff.; sowie nachfolgend → Rn. 5 ff.).

2 Der VN soll durch die Rettungsobliegenheit angehalten werden, die Entwicklung des Schadens nicht mit Blick auf die bestehende Deckung sich selbst zu überlassen, sondern in jedem Fall nach Möglichkeit für seine Abwendung oder Eindämmung zu sorgen (BGH NJW 1972, 1809 = VersR 1972, 1039 (1040)). Dabei stehen die §§ 81, 82 und 83 in engem Zusammenhang (zur zeitlichen und sachlichen Unterscheidung zwischen den jeweiligen Eingriffspflichten nach § 81 einer- und § 82 andererseits vgl. *Langheid* NVersZ 1998, 1 ff. (7 ff.)). Die **Abgrenzung zwischen § 81 und § 82** kann im Einzelfall von entscheidender Bedeutung sein, weil eine Herbeiführung des Versicherungsfalles nach § 81 vom VR bewiesen werden muss, während sich im Falle des § 82 Abs. 3 der VN vom Vorwurf einer grob fahrlässigen Verletzung der Rettungsobliegenheit befreien muss, wenn die Verletzung objektiv feststeht.

3 Dabei trifft den VN vor dem Eintritt des Versicherungsfalls prinzipiell **keine Schadensverhütungspflicht** (BGH NJW 1995, 56 = VersR 1994, 1465 unter

I.2.b; VersR 1984, 25 unter 2 aE; VersR 1976, 649 unter I.2.a). Dennoch kann der Versicherungsfall durch **Unterlassen herbeigeführt** werden. Dann greift § 81 ein. Für den eintretenden Versicherungsfall verlangt § 82, dass der VN den Schaden abwendet oder mindert, also Rettungsmaßnahmen ergreift. Tut er das nicht, kann er den Anspruch auf die Versicherungsleistung verlieren. Auch hier schadet ihm also ein Unterlassen. Die Abgrenzung zwischen der Herbeiführung des Versicherungsfalls und einer Verletzung der Rettungsobliegenheit jeweils durch ein Unterlassen ist schwierig, aber für die Beweislast entscheidend. Dabei setzen die Handlungspflichten des VN nach § 81 früher ein als die Rettungspflicht nach § 82, die erst mit dem Eintritt des Versicherungsfalls einsetzt; sonst bestünde eine Voraussetzungsidentität bei der Herbeiführung des Versicherungsfalles (durch Unterlassen) und der Rettungspflicht (Einzelheiten bei *Langheid* NVersZ 1998, 7).

Entstehen dem VN durch die Rettungsmaßnahme Kosten, sind diese vom VR nach § 83 zu ersetzen. 4

II. „bei Eintritt des Versicherungsfalles"

Die in § 82 Abs. 1 geregelte Obliegenheit des VN stimmt mit dem früheren Recht überein. Nach dieser Vorschrift ist der VN verpflichtet, „bei Eintritt des Versicherungsfalles" den Schaden abzuwenden oder zu mindern. Was darunter zu verstehen ist, wann also die Rettungsobliegenheit beginnt, war vor der Reform von 2008 umstritten (vgl. *Knappmann* VersR 1989, 113; *Hofmann* VersR 1981, 108; *ders.* NZV 1990, 215). Vertreten wurde, dass der VN nicht warten muss, bis der Versicherungsfall schon eingetreten ist, er vielmehr schon mit Abwehrmaßnahmen beginnen darf, wenn der Versicherungsfall einzutreten droht, wenn er unmittelbar bevorsteht **(sog Vorerstreckungstheorie).** Nach anderer Ansicht sollte die Rettungspflicht erst mit dem Eintritt des Versicherungsfalles beginnen. Die Frage, ob die Rettungsobliegenheit erst mit Eintritt des Versicherungsfalles oder schon kurz vorher beginnt, konnte auch nicht einfach zugunsten des VN oder des VR beantwortet werden. Folgte man der Auffassung, dass die Rettungsobliegenheit schon unmittelbar vor Eintritt des Versicherungsfalles beginnt, hatte der VN zwar eine größere Chance, Rettungskosten nach § 63 aF ersetzt zu bekommen. Andererseits lief er aber auch Gefahr, wenn er nicht schon zu diesem vorverlagerten Zeitpunkt Rettungsmaßnahmen ergriffen hatte, wegen Verletzung der Rettungsobliegenheit seinen Anspruch auf die Versicherungsleistung zu verlieren. Verlegte man den Beginn der Rettungsobliegenheit auf den Zeitpunkt, in dem der Versicherungsfall eintritt, galt beides mit umgekehrtem Vorzeichen. 5

Nach **geltendem Recht** entsteht die Obliegenheit **erst mit dem Eintritt des Versicherungsfalles;** bis dahin gilt § 81 Abs. 1 (zur Abgrenzung vgl. KG r+s 2019, 201 (→ Rn. 20), wonach ein nur unzureichend versteckter Tresorschlüssel nicht bei Eintritt des Versicherungsfalles, sondern vorher erfolgt). Eine Vorerstreckung auf den Zeitpunkt, in dem der Versicherungsfall unmittelbar bevorsteht, sieht das Gesetz nach der Reform 2008 nur für den Aufwendungsersatz bei der Sachversicherung nach § 90 vor (Gesetzesbegründung, BT-Drs. 16/3945, 80). Der VN ist **dort** also berechtigt, Rettungskostenersatz zu verlangen, er ist aber eben nicht in gleichem Maße verpflichtet, Rettungsmaßnahmen zu ergreifen und deswegen läuft er auch nicht mehr Gefahr, wegen Verletzung der Rettungsob- 6 liegenheit seinen Anspruch auf die Versicherungsleistung zu verlieren. Weitere Einzelheiten → § 90 Rn. 1 ff.

7 **Für die Sachversicherung** war die Rspr. auch vor der Reform von 2008 als gesichert anzusehen. Der BGH hat mit Urt. v. 20.2.1991 (BGHZ 113, 359 (361) = NJW 1991, 1609) entschieden, die Rettungspflicht setze nicht voraus, dass der Versicherungsfall bereits eingetreten sei. Vielmehr genüge es, dass er **unmittelbar bevorstehe** (so schon für die Bauleistungsversicherung VersR 1985, 656). Er hat dies erneut bestätigt (NJW-RR 1994, 1366 = VersR 1994, 1181 unter 1 = LM § 63 VVG Nr. 4 mAnm *Hübner* und *Beckmann*). Die Oberlandesgerichte sind der BGH-Rspr. gefolgt (OLG Braunschweig NJW-RR 1994, 1447 = VersR 1994, 1293; OLG Düsseldorf r+s 1993, 450 = VersR 1994, 592; OLG Nürnberg NJW-RR 1993, 995 = VersR 1993, 1476; VersR 1992, 180; OLG Schleswig r+s 1994, 450). Das geltende Recht regelt auch in der Sachversicherung keine umfassende Vorerstreckung; eingeführt ist sie dort nur für den vom VN ggf. zu verlangenden Aufwendungsersatz (§ 90).

8 **Für die Haftpflichtversicherung** hat der BGH in seinem Urt. v. 20.2.1991 (BGHZ 113, 359 (361) = NJW 1991, 1609 = VersR 1991, 459) ausdrücklich offen gelassen, ob hier etwas anderes gilt, das heißt, ob auch in der Haftpflichtversicherung die Rettungsobliegenheit schon dann eintritt, wenn der Versicherungsfall unmittelbar bevorsteht, oder ob bei dieser Versicherungsart die Rettungsobliegenheit erst mit Eintritt des Versicherungsfalles beginnt. Allerdings hat der BGH schon zuvor entschieden (BGHZ 43, 88 (93 f.) = NJW 1965, 755 = VersR 1965, 325), dass jede Erstreckung der Schadenabwendungspflicht auf einen Zeitpunkt vor Eintritt des Versicherungsfalles für den VN eine allgemein nicht bestehende Schadenverhütungspflicht begründen würde, deren auch nur fahrlässige Verletzung die volle oder teilweise Leistungsfreiheit des VR zur Folge hätte. Das verstoße gegen § 152 aF (Leistungsfreiheit in der Haftpflichtversicherung nur bei vorsätzlicher Herbeiführung des Versicherungsfalles, anders als bei § 61 aF, wonach auch grobe Fahrlässigkeit schadete). Denn die in § 152 aF getroffene Regelung dürfe nicht dadurch in Frage gestellt werden, dass die fahrlässige Verletzung einer vor dem tatsächlichen Eintritt des Versicherungsfalles zu erfüllenden Rettungspflicht praktisch zum gleichen Ergebnis führe, das § 152 aF nur bei vorsätzlichem Verhalten des VN vorsehe. Auch BGH VersR 1966, 745 und BGHZ 52, 86 (87) (= NJW 1969, 1384 = VersR 1969, 694) zur Kfz-Haftpflichtversicherung besagen, dass **erst der Beginn des Schadensereignisses** die Rettungspflicht auslöse. Die Reform 2008 hat den gesetzgeberischen Willen zum Ausdruck gebracht, dass es **keine allgemeine Vorerstreckung** gibt, sondern eben allein über § 90 als Ausnahmeregelung in der Sachversicherung (so auch Langheid/Wandt/*Looschelders* § 82 Rn. 14; Prölss/Martin/*Voit* § 82 Rn. 3).

9 Die Rettungsobliegenheit **endet,** wenn die Entwicklung des Schadens abgeschlossen ist und damit keine Möglichkeit zu dessen Abwendung oder Verminderung mehr besteht (vgl. Bruck/Möller/*Koch* § 82 Rn. 11 und 105). Bei einem gedehnten Versicherungsfall (zum Begriff → § 21 Rn. 24) kann sich die Rettungsobliegenheit über die gesamte Zeit hinziehen.

III. Inhalt der Rettungsobliegenheit

10 Welche Maßnahmen der VR vom VN verlangen darf, bestimmt sich nach dem pflichtgemäßen Ermessen eines ordentlichen VN. Der VN muss die in der

jeweiligen Situation möglichen und zumutbaren Rettungsmaßnahmen unverzüglich ergreifen, wie wenn er nicht versichert wäre (zur Frage eines verwaltungsgerichtlichen Vorgehens gegen einen VA im Zusammenhang mit einer coronabedingten Betriebsschließung vgl. LG München I r+s 2020, 618 (verneint); ebenso LG Coburg BeckRS 2021, 3319). Der VN ist allerdings nicht zu Rettungsversuchen verpflichtet, deren Zweck- und Sinnlosigkeit zutage liegt (BGH NJW 1972, 1809 = VersR 1972, 1039 (1040)). Maßstab für die Bestimmung des Inhalts ist entsprechend der Sachlage die Zumutbarkeit nach Treu und Glauben. Dabei ist auch der **Grundsatz der Verhältnismäßigkeit** heranzuziehen. Die zu verlangende Maßnahme muss noch im rechten Verhältnis zur Höhe des Schadens stehen, den es abzuwehren oder zu vermindern gilt; bei grob fahrlässiger Übererfüllung (objektiv nicht geboten) ist zu quoteln (OLG Saarbrücken ZfS 2011, 331). Wiederbeschaffungsmaßnahmen – zB Aussetzen einer Belohnung, Heranschaffen wiedergefundener Fahrzeuge – gehören nicht zu den Obliegenheiten des VN nach § 82 (vgl. auch Bruck/Möller/*Koch* § 82 Rn. 96; **aA** wohl Langheid/Wandt/*Looschelders* § 82 Rn. 32), können aber als Obliegenheit in die AVB aufgenommen werden (vgl. Abschn. A § 13 AFB 2008, AERB 2008). Die Obliegenheit des VN, der Polizei unverzüglich eine Stehlgutliste einzureichen, stellt eine Schadenminderungsobliegenheit iSd § 82 dar (OLG Köln r+s 2013, 604 = VersR 2014, 105; aA OLG Karlsruhe r+s 2011, 517 = VersR 2011, 1560 (mit krit. Anm *Günther* VersR 2011, 1561): Auskunfts- und Aufklärungsobliegenheit iSd § 28).

Die Rettungsobliegenheit besteht unabhängig davon, ob später eine rückschauende Betrachtung ergibt, dass die Maßnahme nicht zum **Erfolg** geführt hätte. Die Vorschrift wäre weitgehend entwertet, wenn sie nur bei der im entscheidenden Zeitpunkt noch unvorhersehbaren Gewissheit eines konkreten Erfolges bestünde (BGH NJW 1972, 1809 = VersR 1972, 1039 (1040); vgl. auch Langheid/Wandt/*Looschelders* § 82 Rn. 36). **11**

In der **Haftpflichtversicherung** ist der VN nicht verpflichtet, der Geltendmachung begründeter Haftpflichtansprüche durch den Geschädigten entgegenzuwirken. Er verstößt auch nicht gegen seine Abwendungsobliegenheit, wenn er bei dem Geschädigten den Entschluss weckt oder fördert, dessen berechtigte Haftpflichtansprüche geltend zu machen. Der VN darf den Geschädigten aber nicht ermuntern, unberechtigte Ansprüche zu stellen (BGH VersR 1955, 340 = LM § 33 VVG Nr. 1 unter 3 mit krit. Anm. *Venzmer* VersR 1955, 612; ähnlich OLG Nürnberg VersR 1965, 176). Der (rechtsschutzversicherte) VN verstößt bei Durchführung eines selbstständigen Beweisverfahrens in einer Arzthaftungssache nicht gegen die Schadensminderungspflicht, wenn die Feststellung der Vermeidung eines Rechtsstreits dienen kann (OLG München VersR 2017, 1516). In der **Rechtsschutzversicherung** hat der BGH (NJW 2019,3582) die Schadensminderungsklausel in § 17 Abs. 1 Buchst. c bb ARB 2010 (wonach die „Rechtsverfolgungskosten so gering wie möglich" zu halten waren) als intransparent verworfen (ebenso OLG Stuttgart VersR 2016, 1439). OLG München (r+s 2021, 151) hat einen Verstoß gegen die Minderungspflicht verneint, wenn ein Rechtsanwalt „kostenwahrende" Maßnahmen im Interesse des VR unterlässt. **12**

IV. Weisungen (Abs. 2)

„(…) wenn die Umstände dies gestatten", hat der VN Weisungen beim VR darüber einzuholen, wie der Schaden abgewandt oder vermindert werden kann. **13**

Es handelt sich um eine Obliegenheit, deren Verletzung ebenfalls nach Abs. 3 zur (teilweisen) Leistungsfreiheit des VR führen kann. Die Obliegenheit ist objektiv schon nicht gegeben, wenn es die Umstände, etwa wegen der Eilbedürftigkeit zu ergreifender Rettungsmaßnahmen, nicht gestatten, Weisungen einzuholen. Die Obliegenheit geht über die bloße Anzeige des Versicherungsfalles hinaus. Nach den Umständen des Einzelfalles kann aber in der Anzeige gleichzeitig die Bitte um Weisungen, falls der VR sie erteilen möchte, gesehen werden (vgl. Bruck/Möller/*Koch* § 82 Rn. 115; Langheid/Wandt/*Looschelders* § 82 Rn. 52). Entstehen durch die Einholung der Weisungen Aufwendungen, sind sie vom VR nach § 83 Abs. 1 Satz 1 zu ersetzen.

14 Der VR ist **nicht verpflichtet,** Weisungen zu erteilen (so auch Bruck/Möller/*Koch* § 82 Rn. 123). Erteilt er sie, können schuldhaft fehlerhafte Weisungen einen Schadensersatzanspruch des VN aus positiver Vertragsverletzung auslösen, wenn der dadurch entstandene Schaden die sonst geschuldete Versicherungsleistung übersteigt (BGH VersR 1984, 1161 unter III.2; OLG Hamm ZfS 1996, 468). Schon in den AVB enthaltene Verhaltensmaßregeln für den Versicherungsfall sind idR keine Weisungen iSd § 82, sondern versicherungsrechtliche Obliegenheiten, deren Verletzung unter den Voraussetzungen des § 28 nur dann zur Leistungsfreiheit des VR führt, wenn diese Rechtsfolge Bestandteil des Vertrages ist (Langheid/Wandt/*Looschelders* § 82 Rn. 46; Bruck/Möller/*Koch* § 82 Rn. 129 schließt es nicht aus, AVB-Verhaltensregeln, die sich auf den Versicherungsschaden im eigentlichen Sinne beziehen, als vorweggenommene Weisungen zu qualifizieren). Bedient sich der VR bei den Weisungen eines Dritten, zB eines Sachverständigen oder eines Agenten, ist dieser Erfüllungsgehilfe. Für ihn hat der VR nach § 278 BGB einzustehen (BGH VersR 1984, 1161 unter III.1).

15 Weisungen, die höherrangige Güter, wie Leben oder Gesundheit gefährden, braucht der VN nicht zu befolgen. Obwohl der Reformgesetzgeber von 2008 das Zumutbarkeitserfordernis als „neu" bezeichnete, hatte sich in Wirklichkeit nichts geändert. Auch nach früherem Recht galt der Maßstab der Zumutbarkeit und der Verhältnismäßigkeit, wenn die Weisungen des VR andere, nicht versicherte Interessen des VN gefährdeten. Nach der Gesetzesbegründung (BT-Drs. 16/3945, 80) bedeutet dies, dass sich der VR bei Erteilung einer Weisung nicht über berechtigte Interessen des VN, die bei Befolgung der Weisung verletzt würden, hinwegsetzen darf. Unzumutbar ist die Weisung eines Rechtsschutzversicherers an den VN, der einen Darlehensvertrag widerrufen hat, lediglich Feststellungsklage gegen die Bank zu erheben (OLG Hamm VersR 2017, 418).

V. Verletzung der Obliegenheit (Abs. 3)

16 Verletzt der VN oder sein Repräsentant die Obliegenheit, Rettungsmaßnahmen einzuleiten oder Weisungen einzuholen, kann der VR nach Abs. 3 leistungsfrei werden. Als subjektives Element setzt die Verletzung der Obliegenheit die **Kenntnis des VN vom Versicherungsfall** voraus (BGHZ 52, 86 = NJW 1969, 1384 = VersR 1969, 694; **aA** Bruck/Möller/*Koch* § 82 Rn. 154 f.; Einzelheiten → Rn. 24). Allerdings schadet auch grob fahrlässige Unkenntnis (BGHZ 52, 86 = NJW 1969, 1384 = VersR 1969, 694 zur Kfz-Haftpflichtversicherung). Für die Rechtsfolgen des Abs. 3 genügt es, dass der Versicherte die Möglichkeit einer Schadenminderung überhaupt gesehen oder grob fahrlässig nicht gesehen hat.

Einzelheiten braucht er in seine Vorstellung nicht aufgenommen zu haben (BGH VersR 1966, 745).

Leistungsfreiheit gegenüber dem einen VN zieht in der Sachversicherung – anders als in der Haftpflichtversicherung – auch gegenüber dem anderen VN Leistungsfreiheit nach sich. Denn in der Sachversicherung ist idR nur ein einheitliches Interesse versichert, so dass es jedenfalls dann nicht möglich ist, Leistungsfreiheit nur gegenüber einem VN geltend zu machen (BGH NJW-RR 1991, 1372 mwN; **aA** Langheid/Wandt/*Looschelders* § 82 Rn. 58). **17**

1. Vorsatz

Entsprechend den Regelungen des § 26 Abs. 1 und des § 28 Abs. 2 bei Gefahrerhöhung bzw. Verletzung vertraglicher Obliegenheiten wird zwischen vorsätzlichen und grob fahrlässigen Obliegenheitsverletzungen unterschieden. Während der VR im Fall einer vorsätzlichen Obliegenheitsverletzung des VN wie früher in vollem Umfang leistungsfrei ist, kann er bei einer grob fahrlässigen Verletzung nur eine Kürzung seiner Leistung entsprechend der Schwere des Verschuldens des VN verlangen. **18**

Verletzt der VN seine Obliegenheiten nach Abs. 1 oder 2 **vorsätzlich,** ist der VR – im Unterschied zum früheren Recht allerdings zusätzlich Kausalität vorausgesetzt, vgl. Abs. 4 – leistungsfrei. Vorsatz erfordert das Wollen der Obliegenheitsverletzung im Bewusstsein des Vorhandenseins der Verhaltensnorm (näher → § 28 Rn. 62). **19**

2. Grobe Fahrlässigkeit

Auch die grob fahrlässige Verletzung der Rettungsobliegenheit unterliegt dem **Regime der quotierten Leistungsfreiheit** (OLG Saarbrücken ZfS 2011, 331). Hier – wie bei der Verletzung einer vertraglichen Obliegenheit oder bei der Herbeiführung des Versicherungsfalles – darf der VR seine Leistungen in einem der Schwere des Verschuldens des VN entsprechenden Verhältnis kürzen, wenn die Rettungsobliegenheit grob fahrlässig verletzt wurde. An **einfach fahrlässige** Obliegenheitsverletzungen knüpft das Gesetz keine Rechtsfolgen, das gilt auch für die Rettungsobliegenheit. **20**

3. Doppelte Quotierung

Es kann aber durchaus zu einer doppelten Quotierung kommen: Führt der VN etwa den Versicherungsfall grob fahrlässig iSd § 81 Abs. 2 herbei, kann der VR seine Leistung entsprechend der dort gezeigten Höhe des Verschuldens des VN kürzen. Im Anschluss daran kann es durchaus zu einer Verletzung der Rettungsobliegenheit kommen. Dann ist der VR zu einer weiteren Kürzung berechtigt, die sich diesmal an der Schwere des Verschuldens des VN im Zusammenhang mit der Verletzung der Rettungsobliegenheit knüpfen muss. **21**

Dabei ist nicht ein Gesamtquotient zu bilden, sondern mit der ersten Kürzung (die auch im Falle der Verletzung einer vertraglichen Obliegenheit in Frage kommt) ist die Höhe der Eintrittspflicht des VR festzustellen, die sich dann wiederum im Zusammenhang mit der Verletzung der Rettungsobliegenheit erneut reduziert (so *Günther/Spielmann* r+s 2008, 177 (185 f.); ähnlich LG Kassel ZfS 2011, 33, das eine Addition der einzelnen Kürzungsquoten bis zu einer Kürzung in Höhe von 100 % vornehmen will; ein zeitlich abgestuftes Modell findet sich **22** bei *Marlow/Spuhl* Rn. 347 mit Ausnahme bei Obliegenheiten, die demselben Interesse des VR dienen (anders noch in der 3. Aufl. 2008); Langheid/Wandt/*Looschelders* § 81 Rn. 143 ff. bevorzugt eine wertende Gesamtbetrachtung, um zu verhindern, dass derselbe Sorgfaltsverstoß mehrfach in Ansatz gebracht wird; ähnlich LG Dortmund VersR 2010, 1594; wiederum anders und für eine Quotenkonsumption *Felsch* r+s 2007, 485 und *Veith* VersR 2008, 1580).

VI. Kausalität (Abs. 4)

23 Das früher auf grob fahrlässige Verletzungen der Rettungsobliegenheit beschränkte Kausalitätserfordernis für die Leistungsfreiheit des VR wird in Satz 1 entsprechend § 28 Abs. 3 auf **vorsätzliche Verletzungen** erstreckt. Die vollständige oder teilweise Leistungsfreiheit des VR nach Abs. 3 entfällt somit, wenn die Obliegenheitsverletzung weder auf den Versicherungsfall oder dessen Feststellung noch auf den Umfang der Leistungspflicht oder deren Feststellung Einfluss hat. Der Gesetzgeber verweist hier auf § 28 Abs. 3, der „in Anlehnung an die sog Relevanzrechtsprechung des BGH" erlassen wurde (vgl. Gesetzesbegründung, BT-Drs. 16/3945, 69). Danach kommt es **nicht** auf die **individuell-konkrete Kausalität** an (was man nach dem Wortlaut des Gesetzes für möglich halten könnte, weil hier im Präsens darauf abgestellt wird, dass die Obliegenheitsverletzung ursächlich ist), sondern auf eine **abstrakt-generelle Wertung:** Danach reicht für die Kausalität die **bloße Interessengefährdung** durch die vorsätzlich begangene Obliegenheitsverletzung aus. Auf eine konkrete und bestehende Kausalität kann es nicht ankommen, weil entweder die Obliegenheitsverletzung rechtzeitig entdeckt und ihre Folge (durch ein Eingreifen des VR oder sonst wie) vermieden wird oder sie wird nicht entdeckt und hat Erfolg. Dann wäre die Verletzung der Obliegenheit nie kausal und deswegen sanktionsfrei oder stets sanktionsfrei, weil sie nicht aufgedeckt wurde. Der VN könnte problemlos jede Obliegenheitsverletzung auch vorsätzlich begehen, weil er in keinem Fall eine Sanktion befürchten müsste. Das war aber (jedenfalls nach der Gesetzesbegründung zu § 28 Abs. 3) offensichtlich vom Gesetzgeber nicht gewollt (dagegen dafür, dass der Nachweis fehlender Kausalität auf den konkreten Fall zu beziehen sei, Langheid/Wandt/*Looschelders* § 82 Rn. 73; ebenso *Rixecker* ZVersWiss 2009, 3 (5)). In Satz 2 wird klargestellt, dass der VR auch bei gänzlich fehlender Kausalität leistungsfrei ist, wenn dem VN bei seiner Obliegenheitsverletzung ein **arglistiges Verhalten** vorzuwerfen ist.

VII. Beweislast

24 Der VR hat den objektiven Tatbestand der Verletzung der Obliegenheiten nach Abs. 1 und 2 und Vorsatz zu beweisen (Langheid/Wandt/*Looschelders* § 82 Rn. 81 f.). Dieser Beweis erstreckt sich nicht darauf, dass die vom VN pflichtwidrig unterlassenen Maßnahmen zur Abwendung und Minderung des Schadens Erfolg gehabt hätten. Ist (nur) der Beweis der objektiven Obliegenheitsverletzung gelungen, muss der VN sich von grober Fahrlässigkeit frei beweisen, wenn er die volle Leistung des VR erhalten will (BGH VersR 1985, 730 unter 2.b; NJW 1972, 1809 = VersR 1972, 1039 (1040)). Bei einer grob fahrlässigen Obliegenheitsverletzung, die ihrem verwirklichten und bewiesenen Tatbestand nach einen gewissen Grad der Leistungsfreiheit des VR bedingt, steht es sowohl dem VR als auch dem VN frei, ein geringeres bzw. höheres Maß der Leistungspflicht des VR zu beweisen. Die Beweislast für die

fehlende Kausalität iSd Abs. 4 trägt der VN. Für **Arglist** des VN ist wiederum der VR beweisbelastet. Ist die **Kenntnis des VN** vom Versicherungsfall streitig, muss sie der VR, der sich auf Leistungsfreiheit beruft, beweisen (BGHZ 52, 86 = NJW 1969, 1348 = VersR 1969, 694; allerdings **aA** Bruck/Möller/*Koch* § 82 Rn. 154 f., der mit beachtlichen Argumenten darauf hinweist, dass die Kenntnis vom Versicherungsfall der subjektiven Seite zuzuordnen ist und deswegen der VN zu beweisen habe, dass er keine Kenntnis vom Versicherungsfall hatte).

VIII. Abdingbarkeit

Die Regelung ist halbzwingend (vgl. § 87). Zum Verweis für die Rechtsfolgen der Verletzung einer vertraglichen Obliegenheit auf die „Maßgabe der §§ 28 und 82 VVG" vgl. OLG Saarbrücken VersR 2019, 1289 mAnm *Marlow*. 25

§ 83 Aufwendungsersatz

(1) [1]**Der Versicherer hat Aufwendungen des Versicherungsnehmers nach § 82 Abs. 1 und 2, auch wenn sie erfolglos bleiben, insoweit zu erstatten, als der Versicherungsnehmer sie den Umständen nach für geboten halten durfte.** [2]**Der Versicherer hat den für die Aufwendungen erforderlichen Betrag auf Verlangen des Versicherungsnehmers vorzuschießen.**

(2) **Ist der Versicherer berechtigt, seine Leistung zu kürzen, kann er auch den Aufwendungsersatz nach Absatz 1 entsprechend kürzen.**

(3) **Aufwendungen des Versicherungsnehmers, die er gemäß den Weisungen des Versicherers macht, sind auch insoweit zu erstatten, als sie zusammen mit der sonstigen Entschädigung die Versicherungssumme übersteigen.**

(4) **Bei der Tierversicherung gehören die Kosten der Fütterung und der Pflege sowie die Kosten der tierärztlichen Untersuchung und Behandlung nicht zu den vom Versicherer nach den Absätzen 1 bis 3 zu erstattenden Aufwendungen.**

I. Normzweck

Die Abwendung oder Minderung des Schadens, zu denen der VN nach § 82 verpflichtet ist, kommt dem VR zugute (→ § 82 Rn. 2). Deshalb hat er für die Kosten einzustehen, die dem VN durch seine Rettungsmaßnahmen entstehen. Die Verpflichtung des VR, dem VN die Rettungskosten zu erstatten, ist die unentbehrliche Kehrseite der dem VN – im Interesse des VR – auferlegten Obliegenheit, beim Eintritt des Versicherungsfalles nach Möglichkeit den Schaden abzuwenden oder zu mindern (BGH VersR 1977, 709 unter II.1). Es muss sich um Maßnahmen handeln, die von § 82 gedeckt sind, „Aufwendungen des Versicherungsnehmers nach § 82 Abs. 1 und 2" (siehe im Einzelnen, insbesondere zum Beginn der Rettungspflicht → § 82 Rn. 5 ff.). Kosten verursachende Maßnahmen, die ergriffen wurden, **bevor** der Schaden unmittelbar einzutreten drohte, sind **Schadenverhütungskosten,** die von § 83 **nicht erfasst** werden und deshalb **nicht erstattungsfähig** sind. 1

2 § 83 gilt nur für die Abwendung und Minderung **solcher Schäden, die versichert sind** (BGH VersR 1985, 656 unter V). Nur wenn der VR bei Schadenseintritt (teilweise) leistungspflichtig wäre, kommt ein Anspruch auf Ersatz der Rettungskosten in Betracht. Ein Anspruch auf Ersatz besteht eingeschränkt, wenn eine teilweise Leistungsfreiheit des VR auf einer grob fahrlässigen **Obliegenheitsverletzung** des VN beruht; bei vollständigen Leistungsfreiheit besteht auch kein Anspruch auf Aufwendungsersatz (OLG Karlsruhe VersR 1995, 1088 zum früheren Recht). Soweit Aufwendungen entstehen, um Schäden an versicherten und nicht versicherten Sachen abzuwenden und diese Aufwendungen nicht abgrenzbar sind, kann ergänzend das Recht der **Geschäftsführung ohne Auftrag** mit herangezogen und der Aufwand nach den Grundsätzen der Fremd- und Eigengeschäftsführung entsprechend dem Verhältnis des versicherten und nicht versicherten Interesses aufgeteilt werden (vgl. BGH VersR 1994, 1181 = NJW-RR 1994, 1366 unter 3 = NZV 1994, 391 = ZfS 1994, 370 = r+s 1994, 326; **aA** KG r+s 2019, 96; Langheid/Wandt/*Looschelders* § 83 Rn. 44 ff.; *Tehrani* VersR 2015, 403 (406 f.): voller Aufwendungsersatz).

3 § 83 wird abgeändert durch § 135 für die Transportversicherung. Auf die Unfallversicherung ist § 83 nicht anzuwenden (§ 184), wohl aber über § 194 Abs. 1 Satz 1 in der Krankenversicherung, wenn diese als Schadensversicherung vereinbart ist (OLG Koblenz r+s 2016, 621 (Rn. 57)).

4 § 254 BGB wurde im früheren Recht für nicht anwendbar gehalten (vgl. BGH VersR 1977, 709 unter II.5). Heute werden entsprechende Fallgestaltungen über die Regelung des § 83 Abs. 2 gelöst werden können.

II. Anspruch auf Aufwendungsersatz

5 In Abs. 1 wurde § 63 Abs. 1 Satz 1 und Satz 3 VVG aF sachlich übernommen; das ändert aber nichts daran, dass es gravierende Neuerungen gab. Zum einen sieht § 90 für die Sachversicherung die **Vorerstreckung** vor (anders für die Haftpflichtversicherung OLG Köln VersR 2015, 709), die sich aber nur auf den Aufwendungsersatz und nicht auf die Rettungsobliegenheit bezieht (→ § 90 Rn. 1). Außerdem zählt jetzt die Regelung über den Aufwendungsersatz zu den halbzwingenden Vorschriften; das wurde ähnlich früher über das AGB-Recht erreicht.

1. Allgemeine Voraussetzungen

6 Es reicht aus, wenn die Rettungsmaßnahme **objektiv** dem Zweck dient, den Schaden abzuwenden oder zu mindern. Es kommt nicht darauf an, ob dieser Erfolg subjektiv bezweckt war (BGH NJW-RR 1994, 1366 unter 3 = VersR 1994, 1181; zum Aufwendungsersatzanspruch s. auch *Langheid/Müller-Frank* NJW 2012, 2324) oder ob der VN einen **Rettungswillen** iSd Absicht hatte, eine Rettungsobliegenheit zu erfüllen (so auch Prölss/Martin/*Voit* § 83 Rn. 4; Langheid/Wandt/*Looschelders* § 83 Rn. 15; das ist nicht der Fall, wenn ein Fahrzeug abgeschleppt wird, das über keinen relevanten Restwert mehr verfügt, OLG Karlsruhe NJW-RR 2016, 668 = VersR 2016, 458). Eine spontane Reaktion mit dem Ziel, einen bevorstehenden Schaden zu vermeiden (zum Beginn der Rettungsobliegenheit → § 82 Rn. 5 ff.), genügt, wenn es sich nicht um eine grob fahrlässige Überreaktion handelt. Der Anspruch auf Aufwendungsersatz besteht auch dann, wenn der VN nicht wusste, dass die Sache versichert war. Der Wille des VN, gleichzeitig nicht versicherte Sachen zu retten, schadet nicht. Dann kommt aber

eine Teilung der Kosten in Betracht (→ Rn. 12). Es genügt nicht, dass es sich lediglich um eine **Reflexwirkung** handelt, die zu einer Handlung gehörte, die auf die Abwendung eines anderen Geschehens gerichtet war. Wenn zB ein VN sein teilkaskoversichertes Fahrzeug in einen Graben lenkt und beschädigt, weil er einem entgegenkommenden Fahrzeug ausweichen wollte, so ist die Abwendung des versicherten Glasbruchs am Fahrzeug gegenüber der Abwendung des drohenden Schadens an Leib und Leben nur eine Reflexwirkung (BGH NJW-RR 1994, 1366 unter 3 = VersR 1994, 1181; aA Bruck/Möller/*Koch* § 83 Rn. 37). Weicht indessen der VN einem Reh aus, so können Rettungskosten nicht mit der Begründung versagt werden, es habe sich nur um eine Reflexwirkung gehandelt (OLG Koblenz VersR 2007, 831).

Auf den **Erfolg** der Rettungsmaßnahmen kommt es nicht an. Auch Kosten für erfolglos gebliebene Maßnahmen sind zu ersetzen, wenn der VN sie für geboten halten durfte (→ Rn. 8 ff.). 7

2. „den Umständen nach geboten"

Auch wenn die Maßnahme objektiv nicht geboten war, der VN aber einen Rettungswillen hatte, gewährt Abs. 1 Satz 1 einen Anspruch auf Ersatz der Aufwendungen, soweit der VN sie **„den Umständen nach für geboten halten durfte".** Damit stellt das Gesetz nicht darauf ab, ob die Maßnahmen objektiv geboten waren. Entscheidend ist vielmehr, ob der VN aus seiner Sicht davon ausgehen durfte, dass sie geboten waren. Geboten sind Maßnahmen, die Erfolg versprechen und in ihrem Aufwand nicht außer Verhältnis zum angestrebten Erfolg stehen; bei grob fahrlässig veranlassten Aufwendungen, die objektiv nicht geboten waren, muss gequotelt werden (OLG Saarbrücken ZfS 2011, 331). Zum Ersatz von Lösegeld für gestohlenen Pkw s. OLG Saarbrücken NJW 1998, 463 = VersR 1998, 1499; zum Rücktransport in der Auslandskrankenversicherung (OLG Koblenz r+s 2016, 621; OLG Karlsruhe VersR 2015, 1281 = NJW-RR 2015, 1379). 8

Während früher bzgl. eines Irrtums über das Bestehen, den Beginn, die Tauglichkeit oder die Angemessenheit einer Rettungsmaßnahme umstritten war, ob schon einfache Fahrlässigkeit (so BGH VersR 1973, 809; dagegen erhebliche Bedenken, wenn auch letztlich offen gelassen, BGH VersR 1977, 709 unter II.5) schadet oder nur grobe (BGH NJW 1997, 1012 = VersR 1997, 351 unter 2.b mwN), schadet heute – ohne dass sich am Wortlaut etwas geändert hat – **grobe Fahrlässigkeit** nur nach dem auch im Übrigen geltenden **Quotenmodell** (OLG Koblenz VersR 2012, 54: Irrtum über die Rettungsobliegenheit schadet nur bei grober Fahrlässigkeit und dann auch nur in einer der Schwere des Verschuldens des VN entsprechenden Höhe). Damit unterliegt der VN bei der Rettungsaktion dem gleichen Haftungsmaßstab wie auch sonst (vgl. auch Langheid/Wandt/*Looschelders* § 83 Rn. 23 und 37 bei differenzierter Anwendung des Quotelungsmodells; wie hier Bruck/Möller/*Koch* § 83 Rn. 57 f.; dagegen will Prölss/Martin/*Voit* § 83 Rn. 9 am „Alles oder nichts"-Prinzip festhalten). 9

Hat ein **Dritter** Rettungsmaßnahmen für den VN ergriffen, so sind auch solche dem VN entstandenen Rettungskosten zu ersetzen. Es kommt nicht darauf an, dass sich die Rettungsobliegenheit des § 82 nicht an Dritte wendet. Zwar spricht § 82 von Aufwendungen, die der VN macht. Es ist aber kein einleuchtender Grund erkennbar, den VR von dem Schaden zu entlasten und den VN damit 10 zu belasten, wenn statt des VN für ihn zB der berechtigte Fahrer dessen Vermögen schädigt (BGHZ 113, 359 = NJW 1991, 1609 = VersR 1991, 459).

11 Fraglich ist, ob das auch für Rettungsmaßnahmen gilt, über die sich ein **Dritter** in **grob fahrlässiger Weise** irrt (zB Verreißen des Lenkrads). Es ist wohl kein Grund ersichtlich, an das Verhalten des Dritten andere Maßstäbe anzulegen als an das des VN mit der Folge, dass auch insoweit Leistungsfreiheit des VR nur im Verhältnis zur Schwere des Verschuldens des Dritten eintritt.

3. Aufwendungsersatz

12 Unter **„Aufwendungen"** ist jede – auch unfreiwillige – Vermögensverminderung zu verstehen, die die adäquate Folge einer Maßnahme ist, die der VN zur Schadensabwehr oder -minderung gemacht hat (BGH VersR 1977, 709 unter II.1). Dazu können auch Kosten durch Löschschäden an nicht versicherten Sachen gehören (BGH VersR 1977, 709); ebenso Kosten für die Beseitigung von giftigen Stoffen, die beim Löschen eines Brandes entstanden sind (OLG Oldenburg VersR 1990, 516 = VVGE § 7 AKB Nr. 11). Auch ungewollte Folgen können adäquat sein, weil mit Rettungsmaßnahmen auch unkalkulierbare Risiken verbunden sind. So gehört der geschuldete Finderlohn für ein gestohlenes und wieder aufgefundenes Fahrzeug zu den vom VR zu ersetzenden Rettungskosten (LG Hannover r+s 1996, 478 = VersR 1996, 577, das außerdem die Prozesskosten zur Abwehr des zunächst unberechtigt erscheinenden Finderlohnanspruchs als ersatzfähig aus §§ 677, 683 BGB ansieht). Entstehen dem VN Aufwendungen, weil er die von ihm geschuldete Leistung zunächst nicht oder nicht ordnungsgemäß erbracht hat, so handelt es sich nicht um Rettungskosten iSd § 83 (BGH r+s 2002, 263 = VersR 2002, 436).

13 Ersatzfähig sind nur Aufwendungen, die das Vermögen des VN selbst belasten. Dazu gehören auch solche Kosten, die der VN einem Dritten schuldet, soweit Adäquanz zur Rettungsmaßnahme zu bejahen ist. Beispiel: Einem Löschhelfer sind Aufwendungen entstanden, die ihm der VN zu ersetzen hat. Bei Kfz-Unfällen ist § 13 AKB nicht unmittelbar anwendbar. Diese Vorschrift regelt nicht, welche Aufwendungen der VN für „geboten halten" durfte (unklar OLG Frankfurt a. M. NVersZ 2002, 319 = ZfS 2002, 389; zutr. OLG Koblenz r+s 2002, 278 = VersR 2002, 90).

III. Kürzung des Aufwendungsersatzes (Abs. 2)

14 Nach der Gesetzesbegründung (BT-Drs. 16/3945, 81) ist ein Anspruch auf Ersatz der vom VN gemäß § 82 Abs. 1 und 2 aufgewendeten Kosten zur Abwendung oder Minderung des Schadens nur insoweit gegeben, als der VR bei Schadenseintritt leistungspflichtig ist. Hieraus folge, dass der VN zB bei einer Quotelung im Falle einer grob fahrlässigen Herbeiführung des Versicherungsfalles nach § 81 Abs. 2 oder § 82 Abs. 3 Satz 2 (vorbehaltlich Abs. 4 Satz 1) Ersatz seiner Aufwendungen nur **entsprechend dieser Quote** verlangen kann. Dies gelte aber auch für die sonstigen Fälle, in denen das Gesetz eine Quotelung bei grober Fahrlässigkeit des VN vorsieht, sowie für den früher in § 63 Abs. 2 aF geregelten Fall der Unterversicherung nach § 75. Bei **Unterversicherung** sind die Aufwendungen nur nach dem Verhältnis der Versicherungssumme zu dem Versicherungswert zu erstatten, es sei denn, es liegt eine Versicherung auf erstes Risiko vor, bei der der VR den Schaden ohne Rücksicht auf den Versicherungswert bis zur Höhe der Versicherungssumme zu erstatten hat. Da dem VR in diesem Fall in Bezug auf die Hauptleistung kein Kürzungsrecht zusteht, kommt nach § 83 Abs. 2 auch

keine Kürzung des Aufwendungsersatzes in Betracht (Langheid/Wandt/*Looschelders* § 83 Rn. 38).

15 Die Abkehr vom „Alles oder nichts"-Prinzip hin zum Quotenmodell hat auch beim Aufwendungsersatz dazu geführt, dass der Anspruch des VN in dem Umfange gekürzt wird, wie der VR in Ansehung des eingetretenen (oder bei der Vorerstreckungstheorie drohenden) Versicherungsfalles leistungsfrei geworden ist (OLG Koblenz VersR 2012, 54; so auch Prölss/Martin/*Voit* § 83 Rn. 26). Das quotale Leistungskürzungsrecht findet auch dann Anwendung, wenn der VN die Gebotenheit der Maßnahme verkennt (OLG Saarbrücken VersR 2012, 55 unter Hinweis auf Beckmann/Matusche-Beckmann VersR-HdB/*Beckmann* § 15 Rn. 89; Bruck/Möller/*Koch* § 83 Rn. 57, 58 und Langheid/Wandt/*Looschelders* § 83 Rn. 23; insoweit **aA** Prölss/Martin/*Voit* § 83 Rn. 9; *Marlow/Spuhl*, S. 168 ff.). OLG Saarbrücken VersR 2012, 55 hält eine Kürzung von 50 % für angemessen, wenn bei einem Verkehrsunfall nicht feststeht, ob es sich bei dem unfallauslösenden Tier um einen Hasen oder etwa ein Reh gehandelt hat. Der Gesetzgeber weist ausdrücklich darauf hin, dass „auch eine **mehrfache Quotelung** in Betracht" kommt (zur Mehrfachquotenbildung → § 82 Rn. 21); das gilt nicht nur für ein Zusammentreffen von grob fahrlässiger Herbeiführung des Versicherungsfalles oder grob fahrlässiger Verletzung der Rettungsobliegenheit, sondern auch in den Fällen, in denen der VN sich grob fahrlässig über das Bestehen (oder die Tauglichkeit oder Angemessenheit) der Rettungsmaßnahme irrt.

16 Fraglich ist, ob eine verhältnismäßige Aufteilung auch dann in Betracht kommt, wenn die Aufwendungen aufgrund einer Weisung des VR entstanden sind (nach früherem Recht stellte sich die Frage lediglich im Falle der Unterversicherung; dort für volle Erstattung *Martin* S II Rn. 15; Prölss/Martin/*Voit/Knappmann*, 27. Aufl. 2004, § 63 Rn. 31). Dies sollte nach geltendem Recht bejaht werden. Zwar steht die Vorschrift für Aufwendungen nach Weisungen (Abs. 3), systematisch hinter derjenigen des Kürzungsrechts (Abs. 2), jedoch beschränkt sich ihr Regelungsgehalt auf das Übersteigen der Versicherungssumme; dass solche Aufwendungen hingegen generell voll zu ersetzen sind, ist damit nicht gesagt (Langheid/Wandt/*Looschelders* § 83 Rn. 43).

IV. Überschreiten der Versicherungssumme (Abs. 3)

17 Grundsätzlich bildet die Versicherungssumme auch bei der Erstattung von Rettungsaufwendungen die Höchstgrenze. Übersteigt die Versicherungsleistung zusammen mit den Rettungskosten die Versicherungssumme, ist der Anspruch des VN grds. auf den Betrag der Versicherungssumme begrenzt. Davon können die AVB abweichen (vgl. zB § 18 Nr. 6 Abs. 2 VHB 84 subsidiär zusätzlich 10 % für versicherte Kosten; A § 12 Nr. 4 VHB 2008). Eine Ausnahme macht das Gesetz selbst, indem es in Abs. 3 die Höchstgrenze entfallen lässt, wenn dem VN aufgrund von **Weisungen des VR** Kosten entstanden sind. Diese sind auch dann voll zu ersetzen, wenn sie zusammen mit der Versicherungsleistung die Versicherungssumme übersteigen.

V. Tierversicherung (Abs. 4)

18 Der mit der VVG-Reform 2008 neu eingefügte Abs. 4 übernimmt die Regelung des § 123 Abs. 1 aF für die Tierversicherung. Der Ausschluss des jetzt nicht

mehr abdingbaren Anspruchs des VN auf Aufwendungsersatz erschien dem Gesetzgeber hinsichtlich der in § 123 Abs. 1 aF erfassten Kosten nach wie vor sachgerecht. Weitergehende vertragliche Einschränkungen des Aufwendungsersatzes in der Tierversicherung sind ausgeschlossen (§ 87). § 123 Abs. 2 aF sah die Teilung der Kosten einer ersten tierärztlichen Untersuchung bei Erkrankung eines versicherten Tieres vor; darüber sollen sich die Parteien demnächst durch AVB verständigen können, ohne dass § 87 eingreift.

VI. Beweislast

19 Der VN, der Kostenersatz verlangt, muss die Voraussetzungen des § 83 beweisen. Damit stehen auch die tatsächlichen Umstände zu seiner Beweislast, die darauf schließen lassen sollen, dass die getroffenen Maßnahmen geboten waren. Waren die Maßnahmen objektiv nicht geboten und macht der VN geltend, er habe sie aber ohne grobe Fahrlässigkeit für geboten halten dürfen, muss er sich vom Vorwurf der groben Fahrlässigkeit befreien (so auch Beckmann/Matusche-Beckmann VersR-HdB/*Beckmann* § 15 Rn. 112; Bruck/Möller/*Koch* § 83 Rn. 113; vgl. auch die Beweislastregel in § 82 Abs. 3 Satz 2 Hs. 2).

VII. Abdingbarkeit

20 Abweichend vom früheren Recht ist § 83 in den Katalog der halbzwingenden Vorschriften aufgenommen worden (§ 87). Der Gesetzgeber wollte damit der Auslegung des § 63 aF im Schrifttum entsprechen, wonach jedenfalls eine vollständige Abbedingung eines Aufwendungsersatzes gegen § 307 BGB verstoßen würde. Jedenfalls ist die Verpflichtung des VR, dem VN die Rettungskosten zu erstatten, die unentbehrliche Kehrseite der dem VN – im Interesse des VR – auferlegten Pflicht, beim Eintritt des Versicherungsfalles nach Möglichkeit den Schaden abzuwenden oder zu mindern (vgl. BGH VersR 1977, 709 unter II.1).

§ 84 Sachverständigenverfahren

(1) [1]**Sollen nach dem Vertrag einzelne Voraussetzungen des Anspruchs aus der Versicherung oder die Höhe des Schadens durch Sachverständige festgestellt werden, ist die getroffene Feststellung nicht verbindlich, wenn sie offenbar von der wirklichen Sachlage erheblich abweicht.** [2]**Die Feststellung erfolgt in diesem Fall durch gerichtliche Entscheidung.** [3]**Dies gilt auch, wenn die Sachverständigen die Feststellung nicht treffen können oder wollen oder sie verzögern.**

(2) [1]**Sind nach dem Vertrag die Sachverständigen durch das Gericht zu ernennen, ist für die Ernennung das Amtsgericht zuständig, in dessen Bezirk der Schaden entstanden ist.** [2]**Durch eine ausdrückliche Vereinbarung der Beteiligten kann die Zuständigkeit eines anderen Amtsgerichts begründet werden.** [3]**Die Verfügung, durch die dem Antrag auf Ernennung der Sachverständigen stattgegeben wird, ist nicht anfechtbar.**

Übersicht

I. Schiedsgutachtervertrag

Die Anwendung des § 84 setzt voraus, dass „nach dem Vertrag" ein Sachverständigenverfahren vereinbart ist. Viele AVB sehen die Möglichkeit einer solchen Vereinbarung vor, zB A § 15 VHB 2008, VGB 2008, A § 10 AFB 2008, AWB 2008, AStB 2008, AERB 2008, A.2.17 AKB 2008. Für die **Rechtsschutzversicherung** bestimmt § 128 von Gesetzes wegen ein Schiedsgutachterverfahren (s. Kommentierung dort und § 18 ARB 2008). 1

Die Mitglieder einer Sachverständigenkommission haben die rechtliche Stellung eines Schiedsgutachters (BGH VersR 1978, 121 unter II.3 unter Hinweis auf BGH VersR 1976, 821 unter II). Sie sind keine Schiedsrichter. Der Unterschied zu der Rechtsstellung und den Aufgaben eines Schiedsrichters (§§ 1025 ff. ZPO) besteht darin, dass der Schiedsrichter an Stelle des ordentlichen Gerichts einen Rechtsstreit entscheidet, wogegen der Schiedsgutachter lediglich einzelne Tatbestandselemente festzustellen hat, also keine richterlichen Funktionen ausübt (BGH VersR 1957, 122). Eine Haftung des Sachverständigen aus positiver Vertragsverletzung (§ 280 BGB) kommt in Betracht, wenn das Gutachten offenbar von der wirklichen Sachlage erheblich abweicht und der Partei dadurch ein Schaden entstanden ist (vgl. OLG Hamm NJW-RR 1989, 681; OLG Schleswig VersR 1989, 487). 2

3 § 84 ist nicht anwendbar auf den **Schadenfeststellungsvertrag** und den Entschädigungsfeststellungsvertrag. Mit ihnen einigen sich die Parteien über den Umfang des Schadens bzw. über die Höhe der Entschädigung (siehe näher Langheid/Wandt/*Halbach* § 84 Rn. 8). Enthält der Schadensfeststellungsvertrag einen Zustimmungsvorbehalt, ist er bis zur Erteilung oder Versagung der Zustimmung schwebend unwirksam (OLG Köln r+s 1996, 149 = VersR 1997, 569). Ein formularmäßiger Zustimmungsvorbehalt allein zugunsten des VR bei Bindung für den VN dürfte überraschend iSd § 305c Abs. 1 BGB sein (vgl. *Martin* Y I Rn. 9).

II. Sachverständigenverfahren

1. Zustandekommen und Tätigkeit

4 (Zu Kosten und ggf. Vorschüssen siehe § 85). Grundsätzlich kann jede Partei ohne Zustimmung der anderen das Verfahren in Gang bringen (zu § 17 VGB aF und § 14 AWB aF BGH NJW-RR 1986, 962 = VersR 1986, 675). Die AVB 2008 sehen idR aber vor, dass nur der VN die Einleitung des Sachverständigenverfahrens verlangen kann bzw. VN und VR ein solches gemeinsam vereinbaren. Der Anspruch auf Einleitung des Sachverständigenverfahrens kann mit der Feststellungsklage geltend gemacht werden (BGH VersR 1971, 433). Wenn die AVB nichts anderes besagen, wird das Verfahren eingeleitet, indem jede Partei einen Sachverständigen benennt. Mit der Einleitung des Sachverständigenverfahrens erkennt der VR im Allgemeinen seine Haftung noch nicht dem Grunde nach an (OLG Hamburg VersR 1991, 1051).

5 Ob es sich bei dem Recht zur Benennung des Sachverständigen um ein Gestaltungsrecht handelt mit der Folge, dass es mit seiner erstmaligen Ausübung erlischt, ist für die Praxis von untergeordneter Bedeutung. Nach OLG Nürnberg (NJW-RR 1995, 544 = VersR 1995, 412) soll das Recht, einen Sachverständigen zu benennen, solange ungeschmälert bleiben, als das Gutachten nicht erstattet ist. Dem kann so nicht zugestimmt werden. Der BGH hat aus anderen Gründen die Revision gegen das Urteil des OLG Nürnberg (NJW-RR 1995, 544 = VersR 1995, 412) nicht angenommen (Beschl. v. 15.11.1995 – IV ZR 303/94). Es lagen Tatsachen vor, aufgrund derer sich der VR einer Umbenennung des Sachverständigen nicht verweigern durfte. Wenn eine Partei einen Sachverständigen benannt hat, muss sie sich grds. daran festhalten lassen. Das gebietet schon der Sinn des Sachverständigenverfahrens, eine möglichst schnelle Feststellung zu erreichen (→ Rn. 6). Deshalb ist die **Benennung** eines Sachverständigen gegenüber der anderen Partei grds. **verbindlich** (zust. Langheid/Wandt/*Halbach* § 84 Rn. 17; Prölss/Martin/*Voit* § 84 Rn. 12). Sie kann nicht einseitig, sondern nur mit Zustimmung der anderen Partei geändert werden (OLG Hamm r+s 1994, 184). Erst wenn hinreichende Gründe dafür vorliegen, dass eine Partei einen Sachverständigen ablösen und einen anderen benennen möchte, können Treu und Glauben verlangen, dass die andere Partei sich darauf einzulassen hat. Solche Gründe liegen zB vor, wenn von vornherein erkennbar ist, dass das Gutachten unverbindlich sein wird, wenn der benannte Sachverständige für längere Zeit erkrankt ist, wenn er noch nicht tätig geworden ist und durch die Umbenennung keine Zeitverzögerung eintritt, weil der neu benannte Sachverständige sein Gutachten schon erstellt hat. Wollte man eine Umbenennung des Sachverständigen ohne ausreichenden Grund so lange zulassen, wie der ursprünglich benannte Sachverständige

sein Gutachten noch nicht erstattet hat, bliebe außer Betracht, dass die Partei häufig die Tendenz des Gutachters schon im Vorfeld der endgültigen Gutachtenerstattung erfährt und deshalb subjektiv Anlass sehen kann, den Sachverständigen auszuwechseln (zust. Langheid/Wandt/*Halbach* § 84 Rn. 18). Grundsätzlich reicht der Schutz aus, den § 84 durch die Voraussetzungen der Unverbindlichkeit eines Gutachtens bietet.

Mit dem Schadenfeststellungsverfahren **wird bezweckt,** dass die Schadenregulierung möglichst rasch mit sachverständiger Hilfe erledigt und gerade kein – möglicherweise langwieriger und kostspieliger – Streit vor den staatlichen Gerichten um die oftmals komplizierte Schadenfeststellung ausgetragen wird (BGH NJW-RR 1987, 917 = VersR 1987, 601 unter 1b). Mit dem Ziel des Sachverständigenverfahrens, sachkundige und objektivierte Meinungen einzuholen, ist es unvereinbar, dass eine Partei einen ihrer Mitarbeiter als Sachverständigen benennt (BGH VersR 2015, 182 = NJW 2015, 703). **Sinn** des Sachverständigenverfahrens ist es, die besonderen Kenntnisse und Fähigkeiten des Fachmannes dort einzusetzen, wo es den Beteiligten des Versicherungsverhältnisses an eigenem Wissen mangelt und wo auch die gerichtliche Tatsachenfeststellung weitgehend auf fremde Sachkunde zurückgreifen müsste (BGH VersR 1984, 429 unter III). Deshalb bedarf es keines Sachverständigenverfahrens da, wo es nicht auf besondere Sachkunde ankommt (Langheid/Wandt/*Halbach* § 84 Rn. 2). Zur Ermittlung des Neupreises eines Kfz, also zur Beantwortung der Frage, welchen „Hauspreis" der am Wohnort des VN ansässige Händler (oder die Händler) für das Neufahrzeug verlangt, ist im Allgemeinen die Hilfe eines Kfz-Sachverständigen und damit die Durchführung des Sachverständigenverfahrens nicht erforderlich (zutr. LG Münster NJW-RR 1990, 1367; zu weitgehend LG Essen VersR 1995, 911). Erst wenn weitere Schwierigkeiten bei der Feststellung des Neupreises hinzukommen, etwa ob es sich um ein vergleichbares Nachfolgemodell handelt, ist es nach dem Sinn und Zweck des Sachverständigenausschusses erforderlich, ihn tätig werden zu lassen. Solche Fragen gehören nicht in die Hände des Gerichts (ähnlich wohl Stiefel/Maier/*Meinecke* AKB A.2.17 Rn. 7). Auch der Wiederbeschaffungswert iSd § 13 Nr. 1 AKB, A.2.5.1.6 AKB 2015 kann ohne den Sachverständigenausschuss festgestellt werden, wenn im Vordergrund Rechtsfragen stehen (OLG Celle r+s 1995, 243). 6

Reicht die Sachkunde eines Sachverständigen für einen Teilbereich nicht aus, ist er nicht gehindert, sich ebenso wie das ordentliche Gericht der Hilfe eines anderen Sachverständigen zu bedienen (BGH VersR 1957, 122 unter 1.b). Er hat aber keine Möglichkeit, Zeugen oder Parteien eidlich oder uneidlich zu vernehmen (BGH VersR 1989, 395 unter II). 7

Der **Umfang der Tätigkeit** ist idR durch die Bestimmung in den AVB begrenzt (zB nur Feststellungen zur Höhe). Die Feststellungen können sich durchaus auf die Frage erstrecken, welche und wie viele Sachen zerstört oder abhandengekommen sind. Das kommt insbesondere dort in Betracht, wo sich der Umfang des Verlustes aus Büchern oder sonstigen Unterlagen ermitteln lässt, wie es bspw. bei Lager- und Warenbeständen der Fall ist (BGH VersR 1984, 429 unter III). Beim Einbruchdiebstahlsrisiko in der Hausratversicherung erschöpft sich die Aufgabe des Sachverständigen in der Bewertung der angeblich abhanden gekommenen Sachen, wenn die Parteien keine besonderen Vereinbarungen anderen Inhalts getroffen haben (BGH VersR 1984, 429 unter III). Die Feststellung der Schadenshöhe umfasst auch die Feststellung der durch Feuer vernichteten oder beschädigten Sachen, sowohl nach ihrer Menge und Art als auch nach ihrem Wert, denn nur die Zusammenfassung dieser Feststellungen ergibt die Höhe des Schadens 8

(BGH NJW 1968, 593 unter II.1 = VersR 1967, 1141). Wenn es um die Ermittlung der richtigen Bewertungsmaßstäbe geht, kann es erforderlich sein, dass der Sachverständige insoweit auch rechtliche Erwägungen anzustellen hat (BGH NJW 1971, 1455 = VersR 1971, 536; Langheid/Wandt/*Halbach* § 84 Rn. 5).

9 Für das Sachverständigenverfahren gilt der Grundsatz, dass es sich nicht auf die Frage einer etwaigen Obliegenheitsverletzung oder auf einen etwaigen Anspruchsverlust durch arglistige Täuschung erstreckt (BGH VersR 1979, 25 aE).

10 Das Verfahren **endet** mit verbindlichen Feststellungen für die Parteien des Versicherungsvertrages (zu § 17 VGB und § 14 AWB BGH NJW-RR 1986, 962 = VersR 1986, 675). Die Vorlage eines gemeinsamen Gutachtens reicht aus, wenn sich die Parteien als Auftraggeber damit stillschweigend im Voraus oder auch nachträglich einverstanden erklärt haben. Davon ist auszugehen, wenn gemeinsame Besichtigungen des Objekts und insbesondere eine gemeinsame Schlussbesprechung stattgefunden haben (BGH NJW-RR 1987, 917 = VersR 1987, 601 unter 1.c).

2. Der Obmann und seine Aufgaben

11 Der Obmann wird von den beiden Sachverständigen ernannt. Die Sachverständigen müssen sich gleich nach ihrer eigenen Ernennung und vor jeder Tätigkeit der ihnen übertragenen Aufgabe zu Protokoll oder schriftlich auf den Obmann einigen. Weil dieser von Fachleuten gewählte neutrale Sachverständige als Obmann über die etwaigen unterschiedlichen Auffassungen der beiden benannten Sachverständigen bindend entscheiden soll, muss er der Person nach feststehen, bevor sich Meinungsverschiedenheiten zwischen den Sachverständigen herausstellen. Eine Einigung ist sachgerechter vor einem etwaigen Streit zu erzielen (BGH VersR 1989, 910 unter 2). Deshalb muss ggf. auch der Obmann vor Beginn des Feststellungsverfahrens gerichtlich ernannt werden (BGH VersR 1989, 910 unter 4).

12 Für das Tätigwerden des Obmanns ist es nicht maßgebend, ob in den ihm vorzulegenden Gutachten der beiden Sachverständigen richtige oder falsche Bewertungsmaßstäbe angewendet waren; vielmehr hat er selbst innerhalb der Grenzen der Feststellungen der beiden Sachverständigen die richtigen Bewertungsmaßstäbe zu ermitteln (BGH NJW 1971, 1455 = VersR 1971, 536). Hält sich die Entscheidung des Obmanns nicht innerhalb der Grenzen, die durch die Feststellungen der Sachverständigen vorgezeichnet sind, ist das Gutachten unverbindlich. Überschreitet der Obmann die ihm gesetzten Grenzen, so fehlt es für seine Tätigkeit als Schiedsgutachter an der dafür erforderlichen Rechtsgrundlage. Sein Spruch ist unwirksam, ohne dass es noch einer sachlichen Überprüfung auf offenbare Unrichtigkeiten bedarf (BGH NJW 1968, 593 unter I = VersR 1967, 1141; Langheid/Wandt/*Halbach* § 84 Rn. 19).

13 Eine Entscheidung des Obmanns liegt nicht vor, wenn er die zu klärende Frage offen lässt und nicht gleichzeitig zum Ausdruck bringt, dass die Behauptung nicht bewiesen werden kann (OLG Düsseldorf r+s 1991, 173 = VersR 1991, 657).

III. Unverbindlichkeit des Gutachtens

1. Allgemeines

14 Dem Ziel des Sachverständigenverfahrens, nämlich möglichst einen langwierigen und kostspieligen Streit vor den staatlichen Gerichten zu vermeiden

(→ Rn. 6), dienen die Erfordernisse, dass das Gutachten „offenbar" und „erheblich" von der Wirklichkeit abweichen muss, wenn es unverbindlich sein soll. Mit beiden Anforderungen soll die Anfechtungsmöglichkeit auf die wenigen Fälle ganz offensichtlichen Unrechts beschränkt werden. Nur bei **offensichtlichen Fehlentscheidungen** ist dem Gutachten die Verbindlichkeit zu versagen (BGH NJW-RR 1987, 917 = VersR 1987, 601 unter 1.b). Für die Frage, ob ein Sachverständigengutachten unverbindlich ist wegen offenbar erheblicher Abweichung von der wirklichen Sachlage, kommt es deshalb nicht auf einzelne Schadenspositionen, sondern allein auf sein sachliches **Gesamtergebnis** an (BGH VersR 1957, 122 unter 2; zum Gesamtergebnis speziell bei erheblicher Abweichung → Rn. 22; OLG Koblenz VersR 2020, 162 stellt in diesem Zusammenhang auf die Kenntnis des Sachverständigen „zum Zeitpunkt der Erstellung des Gutachtens" ab). Dennoch muss die Unverbindlichkeit **nicht das gesamte Gutachten** erfassen. Wenn die von Verfahrensfehlern behafteten Teilbereiche abgrenzbar sind, bindet das Gutachten die Parteien nur in beschränktem Umfang, das heißt die fehlerfreien Teile sind verbindlich (vgl. BGH VersR 1989, 395 unter II). Andererseits muss verhindert werden, dass die Parteien nur die ihnen nicht genehmen Positionen aus dem Gutachten herausgreifen und gerichtlich überprüfen lassen (LG Berlin VersR 1979, 364).

Die offenbare und erhebliche Unrichtigkeit ist allein aufgrund der bei Abgabe des Gutachtens vorliegenden Erkenntnismittel zu beurteilen (BGH VersR 1957, 122 unter 2; OLG Koblenz VersR 2020, 162). Die Verbindlichkeit des Gutachtens unterliegt nicht der Disposition der Sachverständigen, so dass diese – auch nicht gemeinsam – keine spätere Korrektur vornehmen dürfen. Eine dennoch vorgenommene Korrektur ist rechtlich unerheblich (OLG Köln r+s 1991, 382 = VersR 1992, 693). Zur Anfechtbarkeit des Gutachtens nach § 119 BGB durch den Sachverständigen → Rn. 34). Die zu § 84 entwickelten Grundsätze zur Unverbindlichkeit des Gutachtens können auf solche AVB-Regelungen angewendet werden, zu denen § 84 (§ 64 aF) Vorbild war (zu § 17 Abs. 2 ARB 75 OLG Karlsruhe VersR 1994, 1418; vgl. auch Harbauer/*Bauer*, 7. Aufl. 2004 ARB 2000 § 18 Rn. 7). 15

Können der Sachverständige oder die Kommission einen bestimmten, für ihre Entscheidung wesentlichen Punkt nicht aufklären, weil der VN die hierzu **erforderlichen Nachweise nicht beibringt,** dann müssen sie diesen Punkt nach allgemeinen Beweisgrundsätzen zum Nachteil des VN entscheiden. Ein solches Vorgehen macht das Gutachten nicht unrichtig (nach OLG Koblenz VersR 2020, 162 ist die Partei, die ihrer Mitwirkungspflicht nicht nachkommt, mit weiteren Rügen präkludiert). Der VN kann das Gutachten deshalb auch dann nicht im späteren Gerichtsverfahren angreifen, wenn er nun die Beweismittel beibringt (BGH VersR 1976, 821 unter III.2; OLG Koblenz VersR 1987, 807 aE; Langheid/Wandt/*Halbach* § 84 Rn. 41). 16

Für die offenbare und erhebliche Unrichtigkeit der gemeinsamen Feststellung bei einem Sachverständigenverfahren ist **beweisbelastet,** wer sich darauf beruft (BGH VersR 1984, 1161 unter II.1). Eine solche Unrichtigkeit wird nicht schon dadurch bewiesen, dass ein anderer Sachverständiger den Schaden rückschauend höher oder niedriger schätzt (BGH VersR 1957, 122 unter 2). 17

2. Offenbare Unrichtigkeit

Ein Schiedsgutachten ist dann offenbar unrichtig, wenn sich die Fehlerhaftigkeit des Gutachtens dem sachkundigen und unbefangenen Beobachter – wenn auch 18 möglicherweise erst nach eingehender Prüfung – **aufdrängt** (BGH VersR 1978, 121 unter II.3; OLG Braunschweig VersR 1976, 329: unzuverlässige Grundlagen und unsichere Maßstäbe bei Ermittlung der Versicherungssumme einer Lagerhalle, Basis 1914; OLG Koblenz r+s 2012, 341: keine offenbare Unrichtigkeit, wenn sachlich nachvollziehbare und detailgerecht begründete Feststellungen getroffen und die Feststellungen der Vorgutachter auf Plausibilität geprüft werden). Dabei ist es nicht erforderlich, dass der Fehler ins Auge springt (BGH VersR 1979, 173 unter I). Auch eine objektiv fehlerhafte Sicht der tätig gewordenen Sachverständigen gibt nicht das Kriterium dafür ab, ob ein Gutachten offenbar unrichtig ist. Vielmehr kommt es darauf an, ob es für einen fachkundigen Dritten, der sachgerecht vorgeht, offenbare Unrichtigkeiten enthält (BGH VersR 1986, 482 unter 2). Eine offenbare Unrichtigkeit liegt auch vor, wenn die Ausführungen des Sachverständigen so lückenhaft sind, dass selbst der Fachmann das Ergebnis aus dem Zusammenhang des Gutachtens nicht überprüfen kann (zu einem Gutachten über eine gesellschaftsrechtliche Abfindungsquote BGH NJW-RR 1991, 228 unter 2).

19 An diese Voraussetzungen sind zwar strenge Anforderungen zu stellen, weil sonst der von den Parteien verfolgte Zweck in Frage gestellt werden würde, ein möglicherweise langes und kostspieliges Prozessverfahren zu vermeiden (→ Rn. 6). Andererseits dürfen die Anforderungen aber auch nicht überspannt werden. So muss ein Gutachten zB dann als offenbar unrichtig angesehen werden, wenn der Sachverständige falsche Berechnungs- oder Schätzungsgrundlagen oder unrichtige Bewertungsmaßstäbe angewendet oder vorhandene Erkenntnisquellen, wie zB Geschäftsbücher oder sonstige Buchungsunterlagen, nicht benutzt oder ungenügend ausgeschöpft hat. Folgt aus einem solchen Fehler, dass die Feststellungen des Sachverständigen im Gesamtergebnis erheblich von der wirklichen Sachlage abweichen, ist das gesamte Gutachten unverbindlich (BGH VersR 1978, 121 unter II.3). Bei der Beurteilung der offenbaren Unrichtigkeit ist von dem Sach- und Streitstand auszugehen, den die Parteien den Schiedsgutachtern unterbreitet haben. Neuer Sachvortrag der Parteien, der etwa während des Rechtsstreits vorgebracht wurde, bleibt unberücksichtigt, weil er keine Grundlage für die Beantwortung der Frage bietet, ob den Sachverständigen ein Fehler unterlaufen ist (BGH NJW 1979, 1885 unter II; OLG Düsseldorf NJW-RR 1996, 1117).

20 Hat der Sachverständige die AVB falsch ausgelegt und demgemäß seinen Schätzungen unrichtige Bewertungsmaßstäbe zugrunde gelegt, so ist sein Schiedsgutachten offenbar unrichtig. Das gilt auch, wenn über die Auslegung der AVB Meinungsverschiedenheiten und Unklarheiten bestehen. Die richtige Berechnungs- und Schätzungsmethode ist aus den AVB objektiv zu ermitteln. Ob dies einfach oder schwierig ist, ist für die Frage der offenbaren Unrichtigkeit des Gutachtenergebnisses ohne Bedeutung. Anders wäre dies nur, wenn zufällig das Ergebnis der Auslegungs- und damit der Bewertungsfehler durch andere Fehler wieder ausgeglichen würde (BGHZ 9, 195 (198 f.) = NJW 1953, 939 unter 1 = VersR 1953, 192).

21 **Beispiele:** Ein auf seine Verbindlichkeit zu prüfendes Gutachten ist daran zu messen, ob es für einen fachkundigen Dritten, der sachgerecht vorgeht, offenbare Unrichtigkeiten enthält. Ob ein Sachverständigengutachten als offenbar unrichtig anzusehen ist, richtet sich zB nicht danach, inwiefern die Beurteilung getroffener Bau- oder Sanierungsmaßnahmen einer tatsächlichen Übung im Baugewerbe entspricht. Entscheidend sind die Sicherheitsvorschriften (BGH VersR 1986, 482: Der VN hatte einen Betrag angesetzt für Überwachungsmaßnahmen, die vorgeschrieben, in praxi nach Auffassung der Sachverständigen aber nicht üblich waren).

In der Betriebsunterbrechungsversicherung ist ein Gutachten offenbar unrichtig, wenn die Haftzeit noch nicht abgelaufen ist und die Sachverständigen den künftigen und nicht den tatsächlichen Schaden geschätzt haben (OLG Oldenburg VersR 1994, 1464). Sind die Sachverständigen in der Hausratversicherung von Verkaufs- statt von Einkaufspreisen für Teppiche ausgegangen, obwohl die Teppiche zum Geschäftsvermögen eines Teppichhändlers gehörten, ist das Gutachten offenbar unrichtig (OLG Hamm VersR 1982, 357). Auch keine Bindungswirkung, wenn ein Maklervertrag vor Einholung des Gutachtens beendet wurde und der auf Schadensersatz in Anspruch genommene Makler nicht verpflichtet war, das Gutachten einzuholen (OLG Braunschweig BeckRS 2016, 20627).

3. Erhebliches Abweichen

Nicht die Abweichungen in den Einzelpositionen, sondern nur solche im Gesamtergebnis sind entscheidend (BGH NJW-RR 1987, 917 = VersR 1987, 601 unter 1.a). Eine zu niedrige Position kann durch eine zu hoch angesetzte ausgeglichen werden (Langheid/Wandt/*Halbach* § 84 Rn. 21). Dies kann anders sein, wenn unterschiedliche Risiken betroffen sind (offen gelassen von OLG Köln r+s 1991, 382 = VersR 1992, 693). 22

Die Erheblichkeit oder Unerheblichkeit einer Schätzungs- und Bewertungsabweichung darf nicht schematisch nach dem Prozentsatz der Schadensabweichung beurteilt werden. Die Frage ist vielmehr nach den Besonderheiten des Einzelfalles zu entscheiden. Bei gutachterlichen Wertermittlungen und Schätzungen liegt die Möglichkeit eines gewissen Spielraums, „eines Streubereichs", in der Natur der Sache. Daher ist erst dann von der Unverbindlichkeit einer Sachverständigenfeststellung auszugehen, wenn die Feststellung erheblich außerhalb des an sich üblichen Toleranzbereichs entsprechender Schätzungen liegt. Das hindert den Tatrichter indessen nicht, bei seiner Würdigung im Interesse der weitgehenden Gleichbehandlung der VN von einem Prozentsatz als „Richtschnur" auszugehen (BGH NJW-RR 1987, 917 = VersR 1987, 601 unter 1.b). 23

Die von den Gerichten angewendete prozentuale Richtschnur bewegt sich in einer Schwankungsbreite von etwa **15–25 %** (OLG Celle r+s 2014, 173 = VersR 2014, 830; Langheid/Wandt/*Halbach* § 84 Rn. 26 mwN). Der BGH hat eine Abweichung von unter 15 % hingenommen (NJW-RR 1987, 917 = VersR 1987, 601 unter 1.b). Eine Abweichung, die in die Zehntausende geht und 30 % ausmacht, ist eine erhebliche Abweichung (BGH VersR 1979, 173). Das OLG Köln hat ausgeführt, eine Abweichung von 16,66 % sei nicht geeignet, eine Unverbindlichkeit des Sachverständigengutachtens zu begründen. Selbst unter Berücksichtigung, dass sich daraus absolut eine Abweichung von rund 71.500 DM zu Lasten des VN ergebe, erscheine es weder untragbar noch als offensichtliches Unrecht, wenn der VN die immer mit Schätzungen verbundenen Unwägbarkeiten auch in diesem Umfang in Kauf zu nehmen habe (OLG Köln VVGE § 64 VVG Nr. 3; OLG Celle VersR 2014, 830: bei einer Differenz von weniger als 10 % keine erhebliche Abweichung; LG Baden-Baden VersR 1992, 440: erhebliche Abweichung erst bei 20–25 %; OLG Braunschweig VersR 1976, 328: 24,6 % erheblich; LG Berlin VersR 1979, 365: mindestens 10 %). 24

Zumindest bei größeren absoluten Beträgen, von denen der Prozentsatz zu errechnen ist, wird man eine erhebliche Abweichung bei 15 %, vielleicht auch schon ab 10 % ansetzen müssen (ebenso Langheid/Wandt/*Halbach* § 84 Rn. 26). Ein VN, der im gerichtlichen Verfahren Unrichtigkeiten des Gutachtens nachge- 25 wiesen hat, die ihn bspw. mehr als 5.000–10.000 EUR kosten, wird nicht leicht verstehen, dass er dennoch den Prozess mit weiteren Kosten verliert, weil die Abweichung unerheblich sein soll (tendenziell wohl ebenso Prölss/Martin/*Voit* § 84 Rn. 26). Bei größeren Beträgen kann bei VN, die mit Krediten arbeiten (Betriebsunterbrechungsschaden, Feuerversicherung bei Miethäusern oder Betriebsgebäuden), eine Differenz von 20–25 % das Eigenkapital ausmachen und somit die Existenz gefährden, wenn die Erstattung an der Unerheblichkeit der Differenz zur wahren Sachlage scheitert. Die Einzelfallgerechtigkeit darf nicht auf der Strecke bleiben, wenn Prozentsätze als Richtschnur angewendet werden.

4. Befangenheit eines Sachverständigen

26 **a) Ablehnungsrecht.** Ob ein Gutachten auch deshalb unverbindlich sein kann, weil ein Sachverständiger befangen ist und es dann nicht mehr darauf ankommt, ob das Gutachten offenbar und erheblich unrichtig ist, und ob der Sachverständige abgelehnt werden kann, ist **umstritten** (zB gegen eine Unverbindlichkeit des Gutachtens, aber für Ablehnung wegen Befangenheit, wenn der Obmann befangen ist Stiefel/Maier/*Meinecke* AKB A.2.17 Rn. 21 f.; grds. für Unverbindlichkeit und Ablehnung Langheid/Wandt/*Halbach* § 84 Rn. 29; Bruck/Möller/*Johannsen* § 84 Rn. 38 f. (anders noch die 8. Aufl. 1961 ff.); diff., aber auch für die Beachtung der Rüge der Befangenheit Prölss/Martin/*Voit* § 84 Rn. 16). Der **BGH** (VersR 1957, 122 unter 1.a) hatte zunächst ausgesprochen, wegen des Unterschieds zwischen dem Sachverständigenverfahren nach § 84 und dem Schiedsgerichtsverfahren (→ Rn. 1) könnten die Vorschriften über die Ablehnung eines Schiedsrichters (§§ 1036 ff. ZPO) nicht unmittelbar oder entsprechend auf den Schiedsgutachtervertrag angewendet werden. Da bei groben sachlichen Mängeln des Schiedsgutachtens eine gerichtliche Entscheidung herbeigeführt werden könne, liege idR kein innerer Grund vor, den Parteien darüber hinaus auch noch das Recht zu geben, einen Gutachter wegen Befangenheit abzulehnen (was dazu führen kann, dass auch ein befangener Schiedsrichter tätig werden kann, solange er nur nicht zu grob falschen Ergebnissen gelangt). Ob die Rechtslage anders zu beurteilen sei, wenn ein Schiedsgutachter zu der Partei, die ihn ernannt hat, in einem völligen Abhängigkeits- und Unterordnungsverhältnis stehe, bleibe dahingestellt. In späteren Entscheidungen hat der BGH (NJW-RR 1987, 917 = VersR 1987, 601 unter 1.c; NJW 1978, 826 = VersR 1978, 122 unter II.2) die Möglichkeit einer Anfechtung und die Frage der Unverbindlichkeit aber wieder offen gelassen. Der Reformgesetzgeber hat trotz der dargestellten Meinungsverschiedenheiten keinen Bedarf für eine Regelung für die Fälle der Befangenheit eines Sachverständigen gesehen. Danach sollen die allgemeinen Grundsätze bei Schiedsgutachterverfahren gelten (welche immer das sein sollen; möglicherweise hat der Gesetzgeber hier an die §§ 1036 ff. ZPO gedacht). Einer besonderen Regelung bedürfe es hier weiterhin nicht (BT-Drs. 16/3945, 81).

27 Der Unterschied zwischen Schiedsgerichtsverfahren und Schiedsgutachterverfahren rechtfertigt nicht, die Vorschrift des § 1036 ZPO über die Ablehnung für unanwendbar zu halten. Allein die Korrektur über § 84, das heißt über das Kriterium der offenbaren und erheblichen Unrichtigkeit, ist unbefriedigend. Das Vertrauen in die Richtigkeit eines Gutachtens ist bei feststehender Befangenheit eines Schiedsgutachters nachhaltig gestört und es ist unzumutbar, der anderen Partei die Beweislast aufzuerlegen, dass das Gutachten offenbar unrichtig ist und erheblich von der wahren Sachlage abweicht. Ein befangener und voreingenommener

Gutachter – egal, ob Sachverständiger oder Obmann – ist unzumutbar (ebenfalls für eine entsprechende Anwendung des § 1036 ZPO Langheid/Wandt/*Halbach* § 84 Rn. 29).

b) Zeitpunkt der Ablehnung. Um das Ziel des Sachverständigenverfahrens nicht zu gefährden, muss von der Partei aber verlangt werden, dass sie – gegenüber der anderen Partei – so früh wie möglich die Ablehnung des Sachverständigen erklärt. Wenn sie die Gründe vor Beendigung des Verfahrens erfährt, darf sie diese nicht erst nach Abschluss des Verfahrens anbringen. Entsprechend § 406 Abs. 2 ZPO verliert die Partei ihr Anfechtungsrecht, wenn sie von ihm zu spät Gebrauch macht. Nur so wird vermieden, dass eine Partei die Ausübung ihres Anfechtungsrechts vom Ausgang des Gutachtens abhängig macht (vgl. BGH NJW-RR 1987, 917 = VersR 1987, 601 unter 1.c; NJW 1978, 826 = VersR 1978, 122 unter II.2; Langheid/Wandt/*Halbach* § 84 Rn. 31). 28

c) Ablehnungsgründe. Als **Ablehnungsgründe** kommen grds. dieselben in Betracht, wie beim gerichtlich bestellten Sachverständigen (BGH NJW 2015, 703 hat die Prüfung der Befangenheit abgelehnt, weil der Abteilungsleiter einer Partei kein Sachverständiger im Sinne der Vorschrift sei, konkret A.2.18.2 AKB). Es ist aber zu berücksichtigen, dass beim Sachverständigenverfahren im Versicherungsrecht idR beide Parteien je einen Sachverständigen benennen. Die bindende Wirkung des Gutachtens wird deshalb nicht schon in Frage gestellt, weil der vom VR benannte Sachverständige für diesen schon in anderen Fällen Gutachten erstattet hat oder im Regulierungsverfahren desselben Versicherungsfalles schon tätig geworden ist (vgl. OLG Köln VersR 1992, 849; s. auch Bruck/Möller/*Johannsen* § 84 Rn. 36). Erst bei völliger Abhängigkeit und Weisungsgebundenheit des Sachverständigen von einer Partei wird man eine Ablehnung durch die andere Partei als gerechtfertigt ansehen können. Ein Mitarbeiter kann von seinem Arbeitgeber nicht als Sachverständiger benannt werden (BGH r+s 2015, 129 = VersR 2015, 182). Für die Anwendung der Grundsätze zum rechtlichen Gehör ist kein Raum, weil eine sachliche Notwendigkeit dafür nicht besteht. Hat die Sachverständigenkommission ihre Zusage nicht eingehalten, eine Partei persönlich anzuhören, kann darin ein Ablehnungs- bzw. Anfechtungsgrund liegen (vgl. den Fall BGH VersR 1979, 173, dort offen gelassen). 29

5. Andere Gründe

a) Wesentliches Abweichen vom Versicherungsvertrag. Überhaupt kein Gutachten iSd § 84 oder der Bedingungen liegt vor, wenn im Versicherungsvertrag für das darin vorgesehene Sachverständigenverfahren genaue Regeln gegeben worden sind und diese Regeln in wesentlichen Punkten nicht beachtet wurden (BGH VersR 1989, 910 unter 3). Auf die weiteren Voraussetzungen des § 84, offenbares und erhebliches Abweichen von der wirklichen Sachlage, kommt es dann nicht mehr an. Regeln zum Sachverständigenverfahren in den Bedingungen sind nicht nur Sollvorschriften (BGH VersR 1989, 910). 30

b) Fehlende Zuständigkeit des Sachverständigen. Ein Gutachten ist unverbindlich, soweit seine Aussagen **außerhalb der Zuständigkeit** der Sachverständigen liegen. Bezieht sich die Zuständigkeit der Sachverständigen zB nur auf die Ursache des Schadens, so sind Aussagen über die Höhe der Entschädigung oder über Rechtsfragen unverbindlich (BGH NJW-RR 1993, 1372 = VersR 1994, 91 unter 1). Dasselbe gilt, wenn die AVB die Durchführung eines Sachver- 31 ständigenverfahrens nur zur Ermittlung der Höhe bestimmter Schäden, nicht auch zur Feststellung von Schadensursachen vorsehen (r+s 1991, 173 mAnm *Wälder*). Wenn in verschiedenen AVB bestimmt ist, dass die Höhe des Schadens durch Sachverständige festzustellen sei, so kann dies vernünftigerweise nur für solche Fragen gelten, die einer Beurteilung durch Sachverständige zugänglich sind. Aus diesem Grunde kann es – entgegen einer früher häufig vertretenen Ansicht (vgl. die Zitate in BGH NJW 1968, 593 = VersR 1967, 1141) – im Allgemeinen nicht Sache der Sachverständigen sein, sich verbindlich darüber auszusprechen, welche Sachen dem VN gestohlen worden sind (BGH VersR 1989, 395 unter II; Langheid/Wandt/*Halbach* § 84 Rn. 33).

32 Feststellungen der Gutachter im Sachverständigenverfahren sind insoweit nicht bindend, als sie ungeprüft auf **falschen Angaben des VN** beruhen, obwohl die Unrichtigkeit dieser Angaben unschwer erkennbar war (OLG Hamm VersR 1978, 811).

33 **c) Mängel im Sachverständigenverfahren. Mängel im Sachverständigenverfahren** führen, wenn sie von einigem Gewicht sind, grds. zur Unverbindlichkeit des gesamten Gutachtens (BGH VersR 1989, 910 unter 3), so bspw. wenn der Obmann nicht gewählt wurde, wenn der Obmann zum falschen Zeitpunkt gewählt wurde – das heißt nicht vor Beginn der gutachterlichen Tätigkeit der von den Parteien benannten Sachverständigen – oder die nicht formgerechte Niederlegung eines Wahlergebnisses – etwa Blankounterschrift der Sachverständigen und spätere Eintragung des Obmanns durch einen dazu nicht befugten Dritten (aus BGH VersR 1989, 910 unter 3).

34 **d) Sonstiges.** Ein VN kann sich dann nicht auf eine fehlende Bindungswirkung eines Gutachtens berufen, wenn eine ordnungsgemäße Begutachtung zu seinem Nachteil ausgegangen wäre; ein derartiges Verhalten ist treuwidrig (OLG Köln VersR 2014, 830).

35 Das Gutachten eines Sachverständigen kann **wegen Irrtums** nach § 119 BGB **angefochten werden,** wenn der Sachverständige eine Erklärung dieses Inhalts nicht abgeben wollte. Anfechtungsberechtigt sind nach § 318 Abs. 2 BGB die Parteien. Es genügt aber, wenn der Sachverständige mit Wissen und Wollen einer Partei anficht (OLG Hamm VersR 1979, 149; Langheid/Wandt/*Halbach* § 84 Rn. 35).

36 **Die Zusage** eines der beiden Sachverständigen im förmlichen Verfahren, **das Gutachten zu korrigieren,** kann die Verbindlichkeit des Gutachtens nicht in Frage stellen, wenn die Zusage abgegeben wurde, nachdem beide Sachverständigen das Gutachten fertig gestellt und unterzeichnet haben. Das sieht § 84 (und auch die AVB) nicht vor. Etwas anderes mag nach Treu und Glauben dann gelten, wenn einer der beiden Sachverständigen oder beide schon vor Eintritt der Verbindlichkeit des Gutachtens einen Fehler entdecken und dennoch das Gutachten unterzeichnen, ohne den Fehler zu korrigieren (OLG Köln r+s 1991, 382 = VersR 1992, 693).

IV. Fälligkeit

37 Nach § 14 sind Geldleistungen des VR erst mit Beendigung der zur Feststellung des Versicherungsfalles nötigen Erhebungen fällig. Hierzu gehört auch die Entscheidung im Sachverständigenverfahren, so dass erst nach Vorlage des Gutachtens

der Anspruch fällig wird (BGH VersR 1971, 433 unter IV; OLG Frankfurt a. M. VersR 1990, 1384; OLG Nürnberg NJW-RR 1995, 544 = VersR 1995, 412; OGH VersR 1990, 1139). Ist die Forderung wegen des noch nicht eingeleiteten oder noch nicht beendeten Sachverständigenverfahrens nicht fällig, muss die Leistungsklage als zurzeit unbegründet abgewiesen werden (OLG Hamburg VersR 2009, 1485; Bruck/Möller/*Johannsen* § 84 Rn. 19). Allerdings ist eine Feststellungsklage zulässig, solange der VN noch die Durchführung des Sachverständigenverfahrens verlangen kann (BGH r+s 1998, 117; OLG Hamm r+s 2021, 340). Anders, wenn die Parteien auf die Durchführung des Sachverständigenverfahrens verzichtet haben (→ Rn. 45). Der Anspruch auf die Versicherungsleistung ist auch ohne Durchführung des Sachverständigenverfahrens fällig, wenn der VR ihn endgültig abgelehnt hat (→ Rn. 42 und → § 14 Rn. 13).

Auf den Einwand fehlender Fälligkeit kann sich nicht berufen, wer das Sachver- **38** ständigenverfahren verzögert (OLG Nürnberg NJW-RR 1995, 544 = VersR 1995, 412). Bis zum Abschluss des Sachverständigenverfahrens hat der VR ein Leistungsverweigerungsrecht mit der Folge, dass bis dahin die Verjährung des Anspruchs gemäß § 202 BGB aF (§ 205 BGB) gehemmt ist (BGH VersR 1971, 433 unter IV; OLG Hamm VersR 1982, 1091).

Der VN kann aber vor und während des Sachverständigenverfahrens Abschlags- **39** zahlungen nach § 14 Abs. 2 verlangen.

V. Gerichtliche Entscheidung

1. Vor Beginn des Sachverständigenverfahrens

Vor Beginn des Sachverständigenverfahrens bestehen folgende Klagemöglich- **40** keiten:

a) Feststellungsklage. Der Anspruch auf Einleitung des Sachverständigenver- **41** fahrens kann mit der Feststellungsklage geltend gemacht werden (BGH VersR 1971, 433).

b) Leistungsablehnung. Hat der VR eine Leistung schon dem Grunde nach **42** endgültig abgelehnt, ist der Anspruch fällig (→ § 14 Rn. 13; Bruck/Möller/*Johannsen* § 84 Rn. 15). Der VN kann in diesem Falle ohne Durchführung des Sachverständigenverfahrens den Anspruch klageweise geltend machen. Im Prozess ist es dem VR verwehrt, dem VN entgegenzuhalten, das vereinbarte Sachverständigenverfahren sei noch nicht durchgeführt und die Versicherungsleistung deshalb nicht fällig. Mit der vorbehaltlosen Leistungsablehnung verliert der VR den Einwand, zuerst müsse das Sachverständigenverfahren durchgeführt werden (BGH VersR 1984, 1161 unter I.2; OLG Hamm VersR 1986, 567 (569); OLG Nürnberg VersR 1960, 975).

Anders liegt der Fall bei einem Streit allein über die Höhe. Hier kann der VR **43** auch im Prozess dem VN noch entgegenhalten, das Sachverständigenverfahren sei noch nicht durchgeführt (OLG Frankfurt a. M. VersR 1990, 1384). Dem VR bleibt die Einrede des Sachverständigenverfahrens auch dann erhalten, wenn er zwar den Anspruch dem Grunde nach abgelehnt hat, der VN aber erst im Prozess Tatsachen zur Höhe vorbringt (KG NVersZ 1999, 526; OLG Saarbrücken r+s 1995, 329 = VersR 1996, 882 = ZfS 1996, 462). In solchen Fällen ist die Klage als zurzeit unbegründet abweisungsreif (→ Rn. 37).

44 Demgegenüber bleibt **dem VN** der Anspruch auf Durchführung des Sachverständigenverfahrens erhalten, wenn der VR seine Leistung dem Grunde nach verneint. Er kann nach der Ablehnung des VR Feststellungsklage erheben mit dem Ziel, dass der VR ihm Versicherungsschutz zu gewähren habe. Der Grundsatz, dass ein rechtliches Interesse an der Feststellung eines Rechtsverhältnisses nicht besteht, wenn eine Leistungsklage möglich ist, gilt in diesem Falle nicht (BGH r+s 1998, 117; OLG Hamm r+s 2021, 340; problematisiert von OLG Frankfurt a. M. r+s 2019, 25 – Rev. nicht angenommen; dagegen wiederum OLG Celle VersR 2020, 768). Mit der Klage auf Feststellung des Versicherungsschutzes hält sich der VN die Möglichkeit offen, nach einem Obsiegen das Sachverständigenverfahren zur Höhe noch durchführen zu lassen. Nach der Feststellung, dass der VR dem Grunde nach haftet, kann die Höhe des Anspruchs im Sachverständigenverfahren uU schneller und kostengünstiger festzustellen sein. Außerdem müsste der VN bei einer Leistungsklage selbst unsichere Wertschätzungen einsetzen (OLG Hamm VersR 1982, 641). Der VN ist nicht verpflichtet, schon im Rechtsstreit zu erklären, ob er das Sachverständigenverfahren beantragen werde (BGH NJW-RR 1986, 962 = VersR 1986, 675 unter 1.b). Erhebt der VN Leistungsklage, ist allerdings kein Raum mehr für ein nach den AVB vorgesehenes Sachverständigenverfahren zur Höhe des Anspruchs (BGH NJW-RR 1986, 962 = VersR 1986, 675 unter 1.b; vgl. auch ÖOGH VersR 1990, 1179). Das gilt auch in der Fahrzeugversicherung für § 14 AKB, der bei Meinungsverschiedenheiten das Sachverständigenverfahren zwingend vorschreibt (OLG Hamm VersR 1990, 82). In anderen Versicherungsarten ist das Sachverständigenverfahren idR nur wahlweise vorgesehen.

45 **c) Verzicht.** Feststellungs- und Leistungsklage können auch erhoben werden, wenn die Parteien auf die Durchführung des Sachverständigenverfahrens verzichtet haben. Das ist konkludent möglich, indem sie das Sachverständigenverfahren nicht verlangen. An die Annahme eines solchen Verzichts ist jedoch ein strenger Maßstab anzulegen (vgl. ÖOGH VersR 1995, 607). Holt der VR vor Einleitung des Sachverständigenverfahrens ein Gutachten ein, um einen Entschädigungsvorschlag vorzubereiten, liegt darin idR noch keine Erklärung des VR, auf das Sachverständigenverfahren verzichten zu wollen (OLG Frankfurt a. M. VersR 1990, 1384; vgl. auch ÖOGH VersR 1995, 607). Dem VR ist es nicht verwehrt, die Einrede des Sachverständigenverfahrens zu erheben, wenn der VN ohne Abstimmung mit dem VR und dessen Verzicht Leistungsklage erhoben hat (OLG Frankfurt a. M. VersR 1990, 1384 mwN; Langheid/Wandt/*Halbach* § 84 Rn. 39).

2. Nach Beginn des Sachverständigenverfahrens

46 Nach Beginn des Sachverständigenverfahrens sind Feststellungs- und Leistungsklage unter bestimmten Voraussetzungen nicht ausgeschlossen:

47 **a) Feststellung im Deckungsprozess.** Hat das Gutachten der Sachverständigen keine bindende Wirkung (→ Rn. 14 ff.), kann die benachteiligte Partei den Schaden nach Abs. 1 Satz 2 im Deckungsprozess feststellen lassen (BGH VersR 1989, 910 unter 4).

48 **b) Fehlende Feststellung.** Abs. 1 Satz 3 eröffnet die Feststellungs- und Leistungsklage, wenn die Sachverständigen die Feststellung nicht treffen können oder wollen, sowie wenn sie den Gang des Verfahrens verzögern. § 84 Abs. 1 Satz 3 regelt nicht nur den Fall, dass das Gutachterverfahren an Umständen scheitert,

die im Bereich des Schiedsgutachters liegen. Unter diese Vorschrift fällt auch ein Sachverhalt, bei dem die Untätigkeit des Sachverständigen auf das pflichtwidrige Verhalten einer Partei zurückgeht. Der Gegenpartei kann dann nicht zugemutet werden, ihrerseits das Gutachterverfahren weiter durchzuführen und an dieses Verfahren gebunden zu bleiben. In einem solchen Fall ist der VN berechtigt, den Anspruch aus dem Versicherungsvertrag in vollem Umfang unmittelbar durch eine Leistungsklage gerichtlich geltend zu machen. Diese Befugnis kann ihm, nachdem er sie einmal erlangt hat, nicht mehr dadurch genommen werden, dass der VR sich nachträglich bereit erklärt, dem Schiedsgutachterverfahren Fortgang zu geben (BGH NJW 1971, 1455 = VersR 1971, 536).

Der Tod eines Sachverständigen nach seiner Ernennung ist kein Fall des Abs. 1 **49** Satz 3. Vielmehr muss die Partei in angemessener Frist einen anderen Sachverständigen ernennen. Erst wenn dies nicht geschieht, kann die andere Partei Klage erheben (OLG Hamm VersR 1982, 57).

VI. Abdingbarkeit

Von § 84 Abs. 1 Satz 1 kann nicht zum Nachteil des VN abgewichen werden **50** (§ 87). Die Vereinbarung eines Schiedsgerichts steht dem aber nicht entgegen. Nach hM sollen die Parteien auch vereinbaren können, die Feststellungen eines Sachverständigenverfahrens als bindend anzusehen, so dass der Einwand, die Feststellungen würden offenbar von der wirklichen Sachlage erheblich abweichen, ausgeschlossen ist (Bruck/Möller/*Johannsen* § 84 Rn. 73; LG Kiel VersR 1981, 770; zweifelhaft, wenn der Vereinbarung eine formularmäßige Gestaltung zugrunde liegt ohne Belehrung darüber, dass der VN seinen weitergehenden Anspruch auch dann verliert, wenn das Gutachten offenbar und erheblich unrichtig ist).

Abs. 1 Satz 2 und 3 sind abdingbar (vgl. OLG Düsseldorf VersR 1991, 657). **51**

§ 85 Schadensermittlungskosten

(1) [1]**Der Versicherer hat dem Versicherungsnehmer die Kosten, die durch die Ermittlung und Feststellung des von ihm zu ersetzenden Schadens entstehen, insoweit zu erstatten, als ihre Aufwendung den Umständen nach geboten war.** [2]**Diese Kosten sind auch insoweit zu erstatten, als sie zusammen mit der sonstigen Entschädigung die Versicherungssumme übersteigen.**

(2) **Kosten, die dem Versicherungsnehmer durch die Zuziehung eines Sachverständigen oder eines Beistandes entstehen, hat der Versicherer nicht zu erstatten, es sei denn, der Versicherungsnehmer ist zu der Zuziehung vertraglich verpflichtet oder vom Versicherer aufgefordert worden.**

(3) **Ist der berechtigt, seine Leistung zu kürzen, kann er auch den Kostenersatz entsprechend kürzen.**

I. Regelungszweck

Die für die Bewertung des Schadens notwendigen Aufwendungen erhöhen **1** den Vermögensnachteil des VN im Schadensfall. Diesen Nachteil auszugleichen, bezweckt § 85, soweit die Kosten der Ermittlung und Feststellung des Schadens geboten sind. Denn der VN will durch den Abschluss des Versicherungsvertrages vollen Schutz erreichen, also für den Versicherungsfall so gestellt werden, wie er vor dessen Eintritt stand (BGHZ 83, 169 (175) = NJW 1982, 1391 = VersR 1982, 482 unter IV.1.a). Von vorneherein nicht unter § 85 fallen eigene Aufwendungen des VR zur Ermittlung und Prüfung seiner Regulierungspflicht (BGH NJW 2019, 150). Deshalb können sie auch nicht aus übergegangenem Recht (des VN) beim Schadensverursacher regressiert werden.

II. Gebotene Ermittlungs- und Feststellungskosten (Abs. 1)

1. Umfang

2 Grundsätzlich sind solche Kosten, die dem VN durch die **Ermittlung des Schadens** wie auch durch seine **Feststellung** verursacht sind, ersatzfähig. Ausgenommen sind Sachverständigenkosten nach Abs. 2 (→ Rn. 6 f.). Bleibt unbewiesen, ob der VR den Hauptschaden zu tragen hat, besteht auch kein Anspruch des VN auf Kostenerstattung nach § 85 (OLG Köln r+s 1993, 71).

3 Zur Ermittlung gehört auch die Untersuchung der Schadensursache (Bruck/Möller/*Johannsen* § 85 Rn. 5; Langheid/Wandt/*Halbach* § 85 Rn. 5). Aufräumungs- und Abbruchkosten gehören nicht dazu. Die Feststellung des Schadens kann die Prüfung von Geschäftsunterlagen erforderlich machen. Kosten eines Architekten zur Begutachtung von Gebäudeschäden können zu den Reparaturkosten und damit zu dem Hauptschaden zählen (BGH VersR 1985, 780; vgl. auch LG Hildesheim VersR 1985, 449). Siehe auch zu einzelnen Versicherungszweigen → Rn. 15 ff.

2. Gebotene Aufwendungen

4 **Nach den Umständen geboten** sind die Kosten, wenn der VN im Zeitpunkt der Aufwendungen sie als in der Sache notwendig und der Höhe nach verhältnismäßig ansehen durfte. Dabei ist ein objektiver Maßstab anzulegen (Langheid/Wandt/*Halbach* § 85 Rn. 10). Es besteht also ein Unterschied zur Regelung in § 83 Abs. 1 Satz 1 („für geboten halten durfte"). Damit soll der unterschiedlichen Situation, in der sich der VN jeweils befindet, Rechnung getragen werden (BT-Drs. 16/3945, 81).

3. Abs. 1 Satz 2

5 Nach **Abs. 1 Satz 2** steht dem VN Kostenersatz auch insoweit zu, als der Betrag zusammen mit der sonstigen Entschädigung die vertraglich festgesetzte **Versicherungssumme übersteigt.** Damit ist der Reformgesetzgeber von 2008 der überwiegenden Meinung zum früheren Recht, wonach § 66 aF seinen Zweck nur in den Grenzen der Versicherungssumme für den Hauptschaden erreichen sollte (Prölss/Martin/*Voit/Knappmann,* 27. Aufl. 2004, § 66 Rn. 3; *Martin* W I Rn. 3; Bruck/Möller/*Sieg,* 8. Aufl. 1961 ff., § 66 Anm. 14 und 20; dagegen AG Aachen r+s 1990, 116), nicht gefolgt; anderenfalls würde der Vertragszweck, nämlich voller Ausgleich des Vermögensschadens (BGHZ 83, 169 (175) = NJW 1982, 1391 = VersR 1982, 482 unter IV.1.a), in den Fällen verfehlt, in denen schon der Hauptschaden die Versicherungssumme erreicht. Dann bliebe für den Kostenersatz

kein Raum, so dass der VN die an sich gebotenen Kosten selbst zu tragen hätte. Die Regelung des § 85 beruht auf einer Abwägung der Interessen des VR und des VN (BGHZ 83, 169 (175) = NJW 1982, 1391 = VersR 1982, 482 unter IV.1). Dem Interesse des VR ist mit der Begrenzung seiner Erstattung nur auf die gebotenen Kosten unter Ausschluss der Sachverständigenkosten nach Abs. 2 genügt. Außerdem kann der VR, wie das ja zumeist ohnehin geschieht, den Schaden mit eigenen Mitteln, die er ohnehin zu tragen hat, feststellen lassen.

III. Sachverständigenkosten (Abs. 2)

1. Allgemeines

Abs. 2 beruht auf der Erwägung, dass der VR die Höhe der vom VN geltend 6 gemachten Schäden nicht nur im eigenen wirtschaftlichen Interesse, sondern auch im Interesse der pflichtgemäßen Gleichbehandlung aller VN prüft und zu diesem Zweck den Schaden bewertet. Der VR ist hierzu besser imstande als der VN, denn er muss zahlreiche gleichartige Schadensfälle regulieren und hat deshalb Vergleichsmöglichkeiten und Erfahrungen, verfügt über fachkundige Mitarbeiter und regelmäßig über Geschäftsverbindungen zu Sachverständigen. Seine Schadensermittlung stellt idR eine ausreichende Verhandlungsgrundlage für die Schadensregulierung dar und macht meistens eigene Aufwendungen des VN dafür überflüssig. Solche Aufwendungen des VN werden deshalb im Allg. nicht geboten sein. Aus diesem Grund schließt Abs. 2 die Kosten der Zuziehung eines Sachverständigen grds. von der Erstattungspflicht aus (vgl. BGHZ 83, 169 (176) = NJW 1982, 1391 = VersR 1982, 482 unter IV.1.a; OLG Hamburg NJW-RR 1994, 223 = VersR 1994, 461).

Auch die Kosten für **technische Sachverständige** fallen grds. (Ausnahmen 7 → Rn. 9 ff.) unter den Ausschluss des Abs. 2 (Langheid/Wandt/*Halbach* § 85 Rn. 14; Prölss/Martin/*Voit* § 85 Rn. 10; **aA** *Martin* W IX Rn. 17; zw. LG Dortmund r+s 1993, 331 = VersR 1992, 1393). Weder der Wortlaut noch der Sinn (→ Rn. 6) des Abs. 2 geben einen Anhaltspunkt dafür, dass etwa nur die Kosten für Buchsachverständige von der Erstattung ausgeschlossen sein sollen. Auch wenn eine Begutachtung durch technische Sachverständige erforderlich ist, ist es zunächst Sache des VR, diese auf seine Kosten zu veranlassen. Eine andere Frage ist, ob die Kosten des vom VN bestellten Gutachters zu den Reparaturkosten zu zählen und deshalb zu ersetzen sind (wie im Falle BGH VersR 1985, 780, → Rn. 3; s. auch OLG Karlsruhe r+s 2020, 210 zur sachverständigen Überprüfung der Standsicherheit einer Grundstücksböschung: ersatzfähig, weil es „nicht um Kosten zur Ermittlung des Schadens" ginge).

Abs. 2 gilt grds. auch für **Kosten,** die durch eine Hinzuziehung von **Anwälten** 8 entstanden sind (LG Tübingen BeckRS 2019, 23399); anders bei Verzug oder Vertragsverletzungen des VR (s. auch Prölss/Martin/*Voit* § 85 Rn. 10).

2. Ausnahmen vom Ausschluss des Abs. 2

Eine Ausnahme vom Grundsatz der Nichterstattung von Sachverständigenkos- 9 ten gilt, wenn der VN **vertraglich verpflichtet** war, einen Sachverständigen hinzuzuziehen. „Vertraglich" ist der VN nicht verpflichtet, wenn die Parteien ein **Verfahren nach § 84** vereinbaren. Die Parteien sind dann aufgerufen, auch die Kostenfrage zu regeln, was häufig durch AVB geschieht (→ Rn. 15 ff.; aA Prölss/

Martin/*Voit* § 85 Rn. 11: Kostenerstattungspflicht, wenn die AVB vorsehen, dass eine Partei das Verfahren verlangen kann – dies übersieht jedoch, dass auch dann der VN zur Sachverständigenzuziehung nicht aus dem Vertrag, sondern allenfalls auf Verlangen des VR verpflichtet ist; womit dann jedoch die Alt. 2 des Abs. 2 erfüllt ist).

10 Die Kosten sind auch dann erstattungsfähig, wenn der **VR den VN aufgefordert** hat, sich eines Sachverständigen zu bedienen (OLG Hamm VersR 1993, 738 = ZfS 1993, 268). Mit der Reform 2008 hat der Gesetzgeber dies klarstellend in den Gesetzeswortlaut aufgenommen. Dem VN sind auch im Fall einer Aufforderung des VR, einen Sachverständigen oder Beistand zuzuziehen, die hierdurch entstehenden Kosten zu erstatten.

11 Da Abs. 2 auf der Erwägung beruht (→ Rn. 6), der VR werde im Interesse aller Versicherten den Schaden zutreffend ermitteln und er sei dazu auch besser in der Lage als der VN, hat der VN einen Anspruch auf Kostenerstattung, wenn diese Voraussetzung des Abs. 2 wegfällt. Das ist der Fall, wenn der VR eine **unrichtige oder unvollständige Schadensermittlung** seiner Erstattung des Hauptschadens zugrunde legt. Dann kann der VN selbst Sachverständige beauftragen. Der VN hat einen Anspruch auf Erstattung der ihm so entstandenen Kosten (OLG Hamburg NJW-RR 1994, 223 = VersR 1994, 461; LG Baden-Baden VersR 1992, 440; Langheid/Wandt/*Halbach* § 85 Rn. 15). Das Risiko, das mit der Frage verbunden ist, ob der VR von falschen oder unvollständigen Ermittlungen ausgegangen ist, trägt jedoch zunächst der VN. Hat der VR bereits 90 % des Schadens anerkannt, darf der VN keinen Gutachter auf Kosten des VR mehr bestellen, wenn die restlichen 10 % in absoluter Summe keinen besonders hohen Betrag ausmachen (vgl. OLG Köln VersR 1996, 1534).

IV. Verhältnis zu anderen Anspruchsgrundlagen

12 Neben § 85 bleiben die **§§ 675, 670, 677 ff. BGB** grds. anwendbar (Langheid/Wandt/*Halbach* § 85 Rn. 3). Soweit § 85 Abs. 2 eine Kostenerstattung ausschließt, ist dies Sonderregelung gegenüber den Vorschriften über die Geschäftsführung ohne Auftrag (AG Essen VersR 1994, 88). Dasselbe gilt für das Verhältnis von § 85 zu **§ 812 Abs. 1** BGB. Was der VN nach § 85 Abs. 2 nicht erhält, kann er auch nicht über die ungerechtfertigte Bereicherung verlangen, etwa mit dem Argument, der VR habe die vom VN aufgewandten Kosten erspart (vgl. LG Dortmund r+s 1993, 331 = VersR 1992, 1393).

13 Soweit der VN – aber auch der VR – Gutachten einholt, die auch als Vorbereitungskosten für einen Prozess anzusehen sind, können diese Kosten nach **§ 91 ZPO** erstattungsfähig sein (OLG Hamburg r+s 1990, 385; LG Dortmund VersR 1992, 1393; AG Essen VersR 1994, 88). Kosten, die der VR nach § 85 zu tragen hat, können aber grds. nicht über § 91 ZPO erstattungsfähig werden (vgl. OLG Düsseldorf r+s 1996, 380 für Kosten eines Detektivs zur Klärung allgemeiner Lebensumstände bei nicht bestätigtem Verdacht, der Versicherungsfall sei vorgetäuscht).

14 Stellt sich heraus, dass der angemeldete Schaden dem VR nicht zur Last fällt, weil der Schaden **vom VN nur vorgetäuscht** war, hat der VR aus positiver Vertragsverletzung (§ 280 BGB) gegen den VN einen Anspruch auf Erstattung der ihm entstandenen Schadensermittlungskosten, zB für einen Detektiv und Sachverständigen (OLG Oldenburg VersR 1992, 1150). Nach OLG Hamburg

(VersR 1988, 482) soll es nicht darauf ankommen, ob der vom VR behauptete Ermittlungsaufwand tatsächlich erforderlich war. Das ist nicht der richtige Maßstab. Entscheidend ist, ob der Aufwand durch die Täuschung oder den Täuschungsversuch des VN adäquat verursacht war (zust. Langheid/Wandt/*Halbach* § 85 Rn. 4). Bei der Beurteilung der Adäquanz können allerdings auch Kosten verursacht sein, deren Überflüssigkeit im Zeitpunkt ihres Entstehens nicht vorhersehbar war.

V. Einzelne Regelungen in AVB

1. Kaskoversicherung

15 Anders als gegenüber dem Unfallgegner und dessen Haftpflichtversicherer hat der Kaskoversicherte gegenüber seinem VR auch bei größeren Schäden keinen Anspruch auf Ersatz von Gutachterkosten. Das ergibt sich aus Abs. 2, der auch in der Kaskoversicherung gilt (ausnahmsweise abbedungen durch § 13 AKB, vgl. BGH VersR 1998, 179). Dadurch wird der VN nicht benachteiligt, denn bei Meinungsverschiedenheiten steht ihm das Sachverständigenverfahren nach A.2.17 AKB 2008 zur Verfügung (LG Dortmund VersR 1992, 1393). Diese Bestimmung sieht eine Regelung entsprechend der ZPO vor; Kostenlast je nach Unterliegen (vgl. Stiefel/Maier/*Meinecke* AKB A.2.17 Rn. 38). Auch in der Kaskoversicherung gelten die Ausnahmen von Abs. 2 (→ Rn. 9 ff.).

2. Sonstige Versicherungsarten

16 In der Gebäudeversicherung können Kosten eines Architekten zur Begutachtung von Gebäudeschäden zu den Reparaturkosten iSv § 7 Abs. 1 Buchst. b VGB 62, Abschn. A § 13 Nr. 1 Buchst. b und Nr. 2 Buchst. b VGB 2008 und damit zu dem Hauptschaden zählen (BGH VersR 1985, 780; OLG Köln VersR 1996, 1534). Bei zu ersetzenden Rohrbruchkosten nach § 7 VGB 88, A § 3 Nr. 1 und 2 VGB 2008 sind als Schadensermittlungskosten auch Aufwendungen für Aufstemmarbeiten zu ersetzen (OLG Köln NJW-RR 1994, 541 = VersR 1994, 670).

17 Zur **Unwirksamkeit der älteren AVB-Regelungen** – Kostenteilung trotz einseitigen Verlangens des VR nach einem Sachverständigenverfahren – in § 15 AFB, § 15 AEB, § 15 AERB, § 15 VHB 74, § 17 VGB wegen § 307 BGB Abs. 1 und 2 (= § 9 AGBG) siehe BGHZ 83, 169 (= NJW 1982, 1391 = VersR 1982, 482). Da diese Kostenregelungen unwirksam sind, kann sich der VR auf eine Vereinbarung über die Teilung der Kosten des Sachverständigenverfahrens nur dann berufen, wenn er vorher den VN über die Rechtslage aufgeklärt hat oder wenn der VN bei Abschluss der Vereinbarung die Rechtslage kannte (BGH VersR 1988, 682).

VI. Kürzungsrecht (Abs. 3)

18 Ist der VR berechtigt, seine (Haupt-)Leistung zu kürzen, sind die Schadensermittlungs- und Feststellungskosten verhältnismäßig zu teilen. Der VR braucht also nicht voll für die Kosten einzustehen. Damit erstreckt der mit der Reform 2008 geänderte Abs. 3 die früher nur für die Unterversicherung nach § 75 geltende Regelung auf die Quotelungsfälle bei grober Fahrlässigkeit des VN (vgl.

§ 83 Abs. 2). Ist der VR (teilweise) leistungsfrei, etwa wegen einer Obliegenheitsverletzung des VN, besteht auch kein voller Anspruch des VN auf Kostenerstattung nach § 85.

VII. Abdingbarkeit

19 § 85 ist abdingbar. Das VVG legt dem keine Beschränkungen auf, siehe § 87. Änderungen durch AVB unterliegen aber den Schranken der §§ 305 ff. BGB, insbesondere § 307 BGB (vgl. BGHZ 83, 169 = NJW 1982, 1391 = VersR 1982, 482). Der Reformgesetzgeber von 2008 hat betont, dass ein vollständiger Ausschluss eines Kostenersatzes durch die AVB, durch den der Versicherungsschutz ausgehöhlt würde, nach § 307 BGB unwirksam wäre (BT-Drs. 16/3945, 81).

§ 86 Übergang von Ersatzansprüchen

(1) [1]**Steht dem Versicherungsnehmer ein Ersatzanspruch gegen einen Dritten zu, geht dieser Anspruch auf den Versicherer über, soweit der Versicherer den Schaden ersetzt.** [2]**Der Übergang kann nicht zum Nachteil des Versicherungsnehmers geltend gemacht werden.**

(2) [1]**Der Versicherungsnehmer hat seinen Ersatzanspruch oder ein zur Sicherung dieses Anspruchs dienendes Recht unter Beachtung der geltenden Form- und Fristvorschriften zu wahren und bei dessen Durchsetzung durch den Versicherer soweit erforderlich mitzuwirken.** [2]**Verletzt der Versicherungsnehmer diese Obliegenheit vorsätzlich, ist der Versicherer zur Leistung insoweit nicht verpflichtet, als er infolgedessen keinen Ersatz von dem Dritten erlangen kann.** [3]**Im Fall einer grob fahrlässigen Verletzung der Obliegenheit ist der Versicherer berechtigt, seine Leistung in einem der Schwere des Verschuldens des Versicherungsnehmers entsprechenden Verhältnis zu kürzen; die Beweislast für das Nichtvorliegen einer groben Fahrlässigkeit trägt der Versicherungsnehmer.**

(3) **Richtet sich der Ersatzanspruch des Versicherungsnehmers gegen eine Person, mit der er bei Eintritt des Schadens in häuslicher Gemeinschaft lebt, kann der Übergang nach Absatz 1 nicht geltend gemacht werden, es sei denn, diese Person hat den Schaden vorsätzlich verursacht.**

Übersicht

I. Regelungszusammenhang und Normzweck

Erleidet der VN einen Schaden, gegen den er auch versichert ist, durch die schädigende Handlung eines Dritten, hat er die Wahlmöglichkeit, seinen Schaden entweder vom Schädiger (eventuell von dessen Haftpflichtversicherer) ersetzt zu verlangen oder seinen VR in Anspruch zu nehmen. Der Schadensersatzanspruch gegen den Schädiger wird der herkömmlichen Terminologie entsprechend **bürgerlich-rechtlicher Ersatzanspruch** genannt, der Anspruch gegen den VR **versicherungsrechtlicher Deckungsanspruch.** Die Vorschrift des § 86 regelt den Übergang des bürgerlich-rechtlichen Ersatzanspruchs auf den vom VN/Geschädigten in Anspruch genommenen VR. 1

Dabei ist zunächst problematisch, welche Versicherungen überhaupt in den Genuss des gesetzlichen Forderungsübergangs kommen sollen, ob hier nur die **Schadens-** oder auch die **Summenversicherungen** erfasst werden. Nach dem Willen des Reformgesetzgebers von 2008 gilt die Vorschrift „für alle Bereiche 2 der Schadensversicherung" (BT-Drs. 16/3945, 81), auch systematisch ist die Regelung in die Allgemeinen Vorschriften der Schadensversicherung eingeordnet. Nach den Motiven des Gesetzgebers soll die Versicherung nicht zu einer Bereicherung des VN führen (zum Problem des allgemein angenommenen, vielfach aber durchbrochenen Bereicherungsverbots vgl. zuletzt BGH NVersZ 2001, 304 = VersR 2001, 749), während zugleich der Schädiger durch die Deckungspflicht des VR nicht entlastet werden soll. Der Ausgleich dieses wechselseitigen Vorteils, der in der Entstehung des jeweils anderen Ersatzanspruchs liegt, bereitet in Bezug auf die einzelnen Versicherungsleistungen Probleme, je nachdem, ob eine **Kongruenz** der Ansprüche vorliegt: Nur soweit bürgerlich-rechtlicher Ersatzanspruch und versicherungsrechtlicher Deckungsanspruch kongruent, also auf den Ersatz des gleichen Schadens gerichtet sind, kann ein Forderungsübergang stattfinden.

3 Der Übergang darf schließlich nicht zum Nachteil des VN geltend gemacht werden (§ 86 Abs. 1 Satz 2): Der VR darf seinen Regressanspruch also erst verwirklichen, wenn der VN insgesamt seinen Schaden ersetzt bekommen hat. Daraus leitet sich auch das sog **Differenzprinzip** ab, aus dem wiederum das **Quotenvorrecht des VN** folgt. Dieses Quotenvorrecht wird problematisch bei Teilleistungen des VR – etwa bei Berücksichtigung einer Unterversicherung oder eines Selbstbehaltes, wenn – etwa aufgrund eines Mitverschuldens des VN oder bei geringerem bürgerlich-rechtlichen Schaden – die Leistung des Schädigers nicht ausreicht, den restlichen Schaden des VN und die Ersatzleistung des VR insgesamt zu befriedigen.

4 Durfte der VN nach früherem Recht den Ersatzanspruch **nicht aufgeben,** wollte er nicht seinen Deckungsanspruch verlieren, § 67 Abs. 1 Satz 3 aF, ist das Aufgabeverbot nach geltendem Recht durch die Obliegenheit des VN zur Wahrung des Ersatzanspruchs und zur Mitwirkung bei dessen Durchsetzung ersetzt, § 86 Abs. 2. Schließlich soll der VR keinen durchsetzbaren Rückgriffsanspruch gegen die mit dem VN in häuslicher Gemeinschaft lebenden Personen haben (§ 86 Abs. 3) – Ausnahme: Vorsatz.

II. Anwendungsbereich und -grundsätze

1. Vorteilserlangung und Ausgleich

5 Nach der Begründung des Gesetzgebers des alten VVG (§ 86 Abs. 1 stimmt mit § 67 Abs. 1 Sätze 1 und 2 aF überein) soll die Vorschrift unter anderem dazu dienen, eine **Bereicherung auf Seiten des VN** zu verhindern (dazu OLG Hamm r+s 2020, 392). Da es ein gesetzliches Bereicherungsverbot nicht gibt, sondern nur ein vertraglich ausbedungenes, sind Bereicherungen des VN nach Eintritt und aufgrund des Versicherungsfalles keine Seltenheit, etwa in der Neuwertversicherung (wo der gesetzespolitische Zweck gerade darauf gerichtet ist, die Bereicherung zwecks Vermeidung von Manipulationen so gering wie möglich zu halten, und sie deswegen auf die tatsächliche Bereicherung durch Wiederherstellung des zerstörten Gebäudes oder durch Wiederbeschaffung der zerstörten Sache beschränkt wird). So ist es durchaus denkbar, dass der VN vom Schädiger den Ersatz seines Erwerbsschadens verlangen kann und er darüber hinaus von seinem VR etwa ein Krankentagegeld kassiert. Hier stellt sich die Frage nach dem **Vorteilsausgleich:** Soll der Schädiger sich darauf berufen können, dass der VN durch die schädigende Handlung gleichzeitig einen versicherungsrechtlichen

Deckungsanspruch erhält, mit der Folge, dass der zu kompensierende Schaden um die Versicherungsleistungen gekürzt werden muss? Will man diese Frage bejahen, entsteht damit automatisch auch der Regressanspruch des VR, denn auch der **schädigende Dritte** soll **keinen Vorteil** dadurch erlangen, dass er durch die Versicherungsleistung entlastet wird; wollte man die Frage verneinen, müsste man eine Bereicherung des VN aufgrund des Versicherungsfalles in Kauf nehmen, denn er müsste sich die Leistungen seines VR nicht anrechnen lassen und dieser könnte infolgedessen auch keinen Regress nehmen.

2. Vom Gesetz erfasste Versicherungen

Das sich aus den vorhergehenden Erörterungen ergebende rechtspolitische Problem haben Rspr. und Lehre dahingehend gelöst, dass die gesetzliche Regelung in § 86 nur für die **Schadensversicherung** gilt (vgl. zunächst grundlegend Bruck/Möller/*Sieg,* 8. Aufl. 1961 ff., § 67 Rn. 5 ff. mwN; vgl. ferner Prölss/Martin/*Prölss,* 27. Aufl. 2004, § 67 Rn. 2 mwN; vgl. ferner Palandt/*Grüneberg* Vor § 249 Rn. 83 und 84). Dies formuliert auch die Gesetzesbegründung zum BGB VVG 2008 (BT-Drs. 16/3945, 81). Unter Schadensversicherung in diesem Sinne versteht man jedenfalls die Feuer-, Diebstahls-, Kasko- und Transportversicherung (allg. Ansicht; im geltenden Recht entfällt die frühere Ausnahme für die Transportversicherung in § 148 aF: keine Anwendung der Regelung des Quotenvorrechts; zum Regress bei Verkehrsunfällen vgl. *Franzke* NJW 2020, 1870), aber auch die Rechtsschutzversicherung (BGH VersR 2021, 1024; NJW 2020, 1585; NJW 2019, 3003; s. auch *Graf/Johannes* VersR 2020, 871), die Reisekostenrücktrittsversicherung (BGH VersR 2021, 772) und die Haftpflichtversicherung, soweit dem haftpflichtversicherten Schädiger ein Ausgleichsanspruch gegen einen Drittschädiger zusteht (BGH NJW 1989, 730; zuvor schon BGHZ 24, 378; BGHZ 20, 371; BGH VersR 1981, 134; VersR 1971, 476; OLG Hamm VersR 1992, 249). 6

Für die sog **Summenversicherung** wurde eine Anwendbarkeit des § 67 aF (jetzt § 86) allgemein abgelehnt, wobei die Frage, was genau eine Summenversicherung in diesem Zusammenhang sein soll, unterschiedlich behandelt wird. Schuldrechtlich sollte trotz der Unanwendbarkeit des § 67 aF die Versicherungsleistung die Ersatzpflicht des Schädigers nicht mindern (vgl. Palandt/*Grüneberg* BGB Vor § 249 Rn. 84; BGHZ 73, 109 = VersR 1979, 323 für Leistungen aus der Lebensversicherung, die weder mit ihrem Kapitalwert noch mit ihren Erträgen angerechnet werden sollten (anders allerdings ausdrücklich für die Unfallversicherung BGHZ 39, 249 (249–255); BGHZ 25, 328; BGHZ 19, 99; ebenso für die Erträge aus der Unfallversicherung BGH VersR 1968, 351; NJW 1957, 905). Die damit auf Seiten des VN verbundene **Bereicherung** wurde kritisch gesehen, aber in Kauf genommen. Jedoch muss eine allzu formalistische Betrachtung, ob nun für den Versicherungsfall eine summenmäßige Leistung ausbedungen ist oder nicht, abgelehnt werden mit der Folge, dass dort, wo der Summenversicherung auch die Funktion einer Schadenskompensation zukommt (vgl. etwa BGH VersR 2021, 772 für die Reiserücktrittversicherung), § 86 anwendbar sein sollte mit der zwingenden Folge, dass der Schädiger dem geschädigten VN die Leistungen des VR entgegenhalten kann (zu § 67 aF für das Kranken(haus-)tagegeld etwa *Wilmes/Müller-Frank* VersR 1990, 354; Prölss/Martin/*Armbrüster* § 86 Rn. 4; dagegen allerdings BGH VersR 1984, 690; VersR 1976, 756; OLG Hamm ZfS 1988, 309; OLG Nürnberg VersR 1986, 589; anders und für eine Anrechnung bei Leistungen 7 aus der Lebens- bzw. Unfallversicherung BGHZ 39, 249 ff.; BGH VersR 1961, 846; ausführlich Langheid/Wandt/*Segger* § 86 Rn. 39 ff.).

3. Kongruenz

8 Möglicherweise hilft bei der Lösung des Problems, welche Versicherungsleistungen nun auf den Schadensersatzanspruch anzurechnen sind und welche demzufolge auf den VR zwecks Regressnahme übergehen sollen, die Lehre von der **Kongruenz** zwischen Schadensersatz einerseits und Versicherungsleistung andererseits (hierzu vgl. BGHZ 44, 382 = VersR 1966, 256; 25, 340; sowie für den Forderungsübergang gemäß § 116 SGB X Palandt/*Grüneberg* BGB Vor § 249 Rn. 117: sachliche und zeitliche Kongruenz). Man wird die Frage, welche Leistungen der VN sich auf den Schadensersatzanspruch anrechnen lassen muss und inwieweit dementsprechend Ersatzansprüche des VN gegen den schädigenden Dritten auf den leistenden VR übergehen können, mit der Kongruenz von Schaden einerseits und Versicherungskompensation andererseits beantworten können: Alle kongruenten Leistungen/Ansprüche sind anzurechnen und gehen über.

9 Nach dem **Grundsatz der Kongruenz** können nur solche Schadensersatzansprüche auf den regulierenden VR übergehen, die einen Schaden betreffen, der einer Beeinträchtigung des versicherten Risikos – also entweder dem versicherten Interesse oder der versicherten Sache – gleichsteht: Hat etwa der Schädiger bei einem Unfall mehrere kaskoversicherte Fahrzeuge beschädigt und zusätzlich einen Fahrer verletzt, dann kann auf den regulierenden Kaskoversicherer der Schadensersatzanspruch seines VN nur insoweit übergehen, als er sich auf das bei ihm versicherte Fahrzeug bezieht. Also kann der Kaskoversicherer des verletzten Fahrers nicht dessen Ansprüche aufgrund des erlittenen Personenschadens geltend machen; hat dieser etwa einen Krankheitskostenversicherer und ist dieser eintrittspflichtig, dann gehen auf den Krankheitskostenversicherer diese Ersatzansprüche, nicht aber die in Bezug auf die Sachbeschädigung am Pkw über (zu den Auswirkungen der Kongruenztheorie auf das sog Quotenvorrecht des VN → Rn. 45).

10 Die Kongruenz zwischen bürgerlich-rechtlichem Schaden und versicherungsrechtlicher Deckungspflicht kann auch insoweit fehlen, als der VR eine weitergehende Schadenkompensation verspricht als dem VN als bürgerlich-rechtlicher Schadensersatz zustünde, etwa in der **Neuwertversicherung** (Langheid/Wandt/*Segger* § 86 Rn. 59). Der Schädiger ist bestenfalls zum Ersatz des Zeitwertes verpflichtet (zu dessen Berechnung → § 88 Rn. 13), während der VR in der Sachversicherung häufig bei Erfüllen bestimmter Voraussetzungen (für die Kaskoversicherung vgl. etwa § 13 Nr. 2 AKB, A.2.6.2 und A.2.6.3 AKB 2008; für die Feuerversicherung vgl. zB die Regelung in §§ 11 Nr. 5, 16 Nr. 4 AFB 87 und für die Hausratversicherung kann beispielhaft auf § 18 Nr. 2 VHB 84 verwiesen werden) den Neuwert der versicherten Sache ersetzt. Kongruent ist in diesen Fällen nur der Sachsubstanzschaden auf der Basis des Zeitwertes, so dass ein Übergang nur insoweit in Betracht kommt.

11 Für die verschiedenen Versicherungssparten ergeben sich demnach die unterschiedlichsten Probleme in Bezug auf die Kongruenz zwischen bürgerlich-rechtlichem Schadensersatzanspruch und versicherungsrechtlicher Deckung: So ist in der **Kaskoversicherung** umstritten, was zum „unmittelbaren Sachschaden" zu zählen (und mithin kongruent) ist und was den nicht kongruenten Sachfolgeschäden zuzurechnen ist. Zum Wesen der Kaskoversicherung als Versicherung des reinen Sachersatzinteresses des Eigentümers vgl. BGH NJW 1994, 585 = VersR

1994, 85 = NZV 1994, 105; OLG Hamm VersR 1992, 48; vgl. dazu *Franzke* NJW 2020, 1870; technischer und merkantiler Minderwert gehören zu den kongruenten Sachschäden, BGH VersR 1982, 283; ebenso Sachverständigenkosten, BGH VersR 1985, 441; VersR 1982, 383 (anders allerdings noch BGH VersR 1982, 283) und Abschleppkosten, BGH VersR 1982, 383; demgegenüber sind Ansprüche wegen Nutzungs- und Verdienstausfall nicht kongruente Sachfolgeschäden, BGHZ 50, 271; BGHZ 25, 340; zuletzt BGH VersR 1982, 283. In der **Feuerversicherung** sind Ansprüche des VN auf Ersatz des Mietausfallschadens dann nicht kongruent, wenn der Mietausfall nicht versichert war (BGH VersR 1963, 1185; anders natürlich, wenn eine Mietausfallversicherung bestand). In der **Krankheitskostenversicherung** sollen Ansprüche wegen eines Erwerbsschadens nicht kongruent sein (BGH VersR 1971, 127); nach oben Gesagtem muss dies für die Kranken(haus-)tagegeldversicherung jedenfalls insoweit anders sein, als hier die Komponenten eines Schadensersatzes bei der Bemessung des Tagegeldes berücksichtigt worden sind.

III. Voraussetzungen für den Anspruchsübergang

Schadensersatzansprüche iSd § 86 Abs. 1 Satz 1 können alle Ansprüche des VN sein, die den Schaden, für den der VR geleistet hat, kompensieren können (Einzelheiten → Rn. 13 ff.); sie können neben dem VN auch dem Mitversicherten zustehen (auch → Rn. 23) und sie müssen sich gegen ausgleichspflichtige Dritte richten (Einzelheiten → Rn. 24 f.). 12

1. Anspruch auf Ersatz des Schadens

Als **übergangsfähige Schadensersatzansprüche** kommen gesetzliche und vertragliche (BGH NJW-RR 1992, 283; zur Verjährung nach § 558 BGB aF vgl. OLG Köln NJW-RR 1991, 1292) Ansprüche in Frage, sei es aus Verschuldens- oder Gefährdungshaftung, sei es aus Delikt, Bereicherung oder aus Amtspflichtverletzung (grundlegend BGH VersR 1972, 194; vgl. ferner BGH BeckRS 2021, 9840). In Frage kommen daher auch Ausgleichsansprüche aus §§ 426, 840 BGB, 17 StVG (vgl. BGH VersR 1989, 730; keine Gesamtschuld nach OLG Zweibrücken NJW-RR 1993, 1237 zwischen Architekt und Bauunternehmer in Bezug auf Schadensersatzansprüche des Bauherrn wegen nicht rechtzeitiger Sicherung von Gewährleistungsansprüchen; vgl. ferner OLG Frankfurt a. M. ZfS 1993, 116; OLG Hamm VersR 1992, 249) und Ansprüche auf **Abtretung** einer Forderung oder **Befreiung** von einer Forderung (BGH VersR 1985, 753; deswegen unrichtig VG München r+s 2020, 151, das den Übergang des Freistellungsanspruchs eines Beamten gegen seinen Dienstherrn auf dessen D&O-VR abgelehnt hat, nachdem dieser einen Haftungsanspruch eines kommunalen Unternehmens gegen den Beamten befriedigt hat; dagegen zu Recht *Fortmann* r+s 2020, 153 unter Hinweis darauf, dass der Freistellungsanspruch (zB nach § 102 BBG) nicht davon abhängt, dass keine anderweitige Befriedigungsmöglichkeit (also auch die, die gegen den D&O-VR besteht). Voraussetzung ist stets, dass der Anspruch zum Zeitpunkt des Übergangs (Zahlung des VR) in der Person des VN **noch besteht** (OLG Düsseldorf VersR 1995, 401: verneint für frühere Abtretung an Dritten; allerdings dürfte in vergleichbaren Fällen ein Rückforderungsrecht des VR wegen Verstoßes des VN gegen die Obliegenheit zur Wahrung des Ersatzanspruchs bestehen). Es kann ein Schadensersatzanspruch entstehen, wenn die Ersatzleistung an den Falschen 13 ausgekehrt wird, wenn die Forderung schon auf den leistenden Versicherer übergegangen ist (Rechtsanwalt leitet erstrittene Zahlung an den Insolvenzverwalter seines Mandanten und nicht an den VR weiter, OLG Hamm r+s 2020, 392).

14 Übergangsfähig sind auch vertragliche **Schadensersatzansprüche oder Erfüllungsansprüche,** auch in Form der **Gewährleistung** (BGH NJW-RR 1992, 283), soweit ein entsprechender Anspruch als Schadensersatzanspruch besteht (für einen Mangelfolgeschaden OLG Koblenz VersR 2009, 1486).

15 Die Regelung in § 399 BGB (kein Forderungsübergang bei veränderter Leistung oder entgegenstehender Absprache mit dem Schuldner) ist auch auf den Forderungsübergang nach § 86 anwendbar (§ 412 BGB) mit der Folge, dass ein **vertragliches Abtretungsverbot** zwischen VN und Drittem dem Übergang entgegenstehen würde (mittelbar auch BGH NJW-RR 2004, 1100 = VersR 2004, 994, wonach das Berufen eines eintrittspflichtigen Primärversicherers auf ein Abtretungsverbot, das einen Forderungsübergang auf den Sekundärversicherer verhindert hätte, an § 242 BGB scheiterte). In diesen Fällen besteht aber die Pflicht des VN, die Forderung einzuziehen (vgl. auch die Obliegenheiten nach Abs. 2; → Rn. 46). Dann hat er entweder keinen Versicherungsschaden mehr (mit der Folge, dass der VR leistungsfrei wird) oder aber er muss dem VR dessen Leistung (oder alternativ das Erlangte) herausgeben, wobei Untätigkeit zur Schadensersatzverpflichtung des VN führen kann (grds. zust. Langheid/Wandt/*Segger* § 86 Rn. 120 f., die sich allerdings gegen die Alternative wenden, dass der VN die Versicherungsleistung auszukehren habe, jedoch einräumen, dass die Differenzierung bei – wie regelmäßig – Geldleistungen offen bleiben kann; zum Problem des Anspruchsverlustes durch Unterlassen → Rn. 48).

16 Problematisch ist der Übergang des **Eigentumsanspruchs** gemäß § 985 BGB. Allgemein wird angenommen, dass das Eigentum nicht übergeht, weil der VN mit dem Erhalt der Versicherungsleistung das Eigentumsrecht nicht verlieren kann (statt aller Langheid/Wandt/*Segger* § 86 Rn. 70; anders allerdings für das österreichische Recht ÖOGH VersR 1972, 845). Ob diese Argumentation zwingend ist, ist fraglich: Wird der VN etwa für den Diebstahl seines Hausrats entschädigt und tauchen Teile des Hausrats später wieder auf, ist durchaus denkbar, dass der Herausgabeanspruch des VN – auch ohne vertragliche Regelung – auf den VR übergeht. Zum Teil sehen vertragliche Regelungen, etwa Abschn. A § 13 Nr. 3 AERB 2008, ein Wahlrecht des VN vor, der entweder die Sache behalten kann und die Versicherungsleistung zurückgeben muss oder der die Sache dem VR zur Verfügung stellen oder zum Verkauf des wiedererlangten Gegenstandes verpflichtet sein kann. Andere Bedingungswerke sehen ein solches Wahlrecht nicht vor, sondern verpflichten den VN, die binnen gewisser Fristen wieder auftauchenden Sachen zurückzunehmen, etwa § 13 Nr. 7 AKB, A.2.10 AKB 2008.

17 Problematisch ist auch das Zusammentreffen von Versicherung und **Garantie:** Einerseits soll § 59 aF (jetzt § 78) analog anwendbar sein (Prölss/Martin/*Armbrüster* § 86 Rn. 11, der die Garantie „funktionell" als Versicherung mit der Folge versteht, dass der Anspruch aus einer Garantiezusage nicht übergeht), während *Martin* VersR 1975, 101 die alleinige Haftung des Garanten – wohl zu Recht – bejaht (ebenfalls zust. Langheid/Wandt/*Segger* § 86 Rn. 63 ff.). Man könnte auch durch Auslegung des Garantievertrages ermitteln, ob der Garant trotz Versicherungsschutz verpflichtet sein soll (dann § 426 BGB), oder ob er den Schaden allein tragen soll (dann § 86).

18 Problematisch ist schließlich auch das Zusammentreffen von Versicherungsansprüchen mit **Amtshaftungsansprüchen.** Die Versicherungsansprüche können

durchaus als „anderweitige Ersatzmöglichkeiten" iSv § 839 Abs. 1 Satz 2 BGB angesehen werden (so auch die frühere BGH-Rspr.), während im Falle der Staatshaftung aus Art. 34 GG ein Anspruchsübergang nunmehr angenommen wird (vgl. etwa BGH NJW 1981, 623 = VersR 1981, 252 für die Krankenversicherung; OLG Hamm VersR 1982, 795 für die Kaskoversicherung und OLG Hamm VersR 1983, 462 für die Feuerversicherung). Im Falle der Ausübung von Sonderrechten hat der BGH demgegenüber allerdings nach wie vor das Verweisungsprivileg aus § 839 Abs. 1 Satz 2 BGB bejaht, so dass hier der Ersatzanspruch des VN/Versicherten gegen seinen VR eine anderweitige Ersatzmöglichkeit darstellt und demzufolge auch kein Anspruch auf den leistenden VR übergehen kann (vgl. BGH VersR 1984, 759 und 1983, 84).

2. Beispiele

In der **Rechtsschutzversicherung** stehen Zahlungen des Prozessgegners an 19 den Anwalt des VN aufgrund von Kostenfestsetzungsbeschlüssen dem VR zu (BGH VersR 2020, 476 = NJW 2020, 1585; VersR 2019, 576 = NJW 2019, 3003); gleiches gilt für Rückzahlungen nicht verbrauchter Gerichtskosten durch die Gerichtskasse (BGH VersR 2021, 1024). Nach BGH NJW-RR 1990, 1175 = VersR 1990, 625 sollten **Mieter/Pächter** eines Gebäudes in den Schutz des Feuerversicherungsvertrages einbezogen sein (vgl. ferner BGH NJW-RR 1991, 537 = VersR 1991, 331). Diese Rspr. hat der BGH **aufgegeben** und entschieden, dass das Haftungsrisiko des Mieters in den Schutz eines Gebäudefeuerversicherungsvertrages nicht einbezogen ist (BGH NJW 1992, 980 = VersR 1992, 311; vgl. ferner BGH NJW 1994, 585 = VersR 1994, 85; BGH r+s 2001, 71 mAnm *Wälder* = VersR 2001, 94 mAnm *Lorenz* und *Wolter* = NVersZ 2001, 84 mAnm *Gaul/Pletsch* NVersZ 2001, 490 = NJW 2001, 1353; zur Leitungswasserversicherung vgl. schon BGH NJW-RR 1991, 527 = VersR 1991, 462). Grundsätzlich gehen daher Ansprüche des Vermieters gegen den den Schaden verursachenden Mieter/Pächter auf den leistenden Gebäudeversicherer über, wobei nach der von BGH r+s 2006, 458 = NJW 2006, 3712 = VersR 2006, 1530 (in Fortführung von BGH NVersZ 2001, 84 = NJW 2001, 1353 = VersR 2001, 94) vertretenen versicherungsrechtlichen Lösung eine ergänzende Vertragsauslegung des Gebäudefeuerversicherungsvertrages einen konkludenten Regressverzicht des VR zur Folge hat, wenn die **Brandstiftung** leicht fahrlässig erfolgte (Einzelheiten → Rn. 38; in gewerblichen Mietverhältnissen können auch Angestellte in den geschützten Personenkreis einbezogen sein, vgl. OLG Schleswig r+s 2015, 357; zur Beweislast des VR für Vorsatz oder grobe Fahrlässigkeit vgl. BGH NVersZ 2001, 230).

Reflexwirkung soll ein Verzicht des VR auf einen **Rückgriffsanspruch** des 20 schädigenden Dritten gegen einen Mitschädiger haben, wenn der VR (etwa durch eine geschäftsplanmäßige Erklärung) diesem Mitschädiger gegenüber auf einen Rückgriff verzichtet hat: Dann steht auch dem VR kein Anspruch gegen den schädigenden Dritten zu (BGH NJW 1992, 1507 = VersR 1992, 485; vgl. dazu auch die Entscheidung des VI. Senates des BGH NJW 1992, 900 = VersR 1992, 437). Der Ersatzanspruch des **kaskoversicherten Geschädigten** gegen seinen Schädiger geht auf seinen Kaskoversicherer über, wenn und soweit dieser Rückzahlungsansprüche des an sich leistungsfreien, aber irrtümlich zahlenden Haftpflichtversicherers des Schädigers befriedigt hat (OLG Hamm NJW-RR 1994, 291 = VersR 1994, 975).

21 Kein übergangsfähiger Schadensersatzanspruch steht dem VN zu, dessen Kfz-Schlüssel ein anderer an sich bringt, um sodann die Benutzung des versicherten Kfz durch einen ungeeigneten Dritten zuzulassen, der wiederum einem anderen mit dem Kfz einen Schaden zufügt (OLG Hamm NZV 1991, 313). Kein Rückgriffsanspruch des Kaskoversicherers wegen des Innenausgleichs nach Teilungsabkommen mit einem Haftpflichtversicherer, der trotz Verletzung der Prämienzahlungspflicht entgegen § 158c Abs. 4 aF (jetzt § 117 Abs. 3 Satz 2) dem Geschädigten gegenüber reguliert hatte, gegen einen mitversicherten Fahrer, der von der Nichtzahlung der Prämie durch den VN ohne grobe Fahrlässigkeit nichts wusste (OLG Nürnberg VersR 1992, 689).

22 Kein Anspruch der Kaskoversicherung eines **Arbeitgebers** gegen den Arbeitnehmer, der einen Totalschaden weder vorsätzlich noch grob fahrlässig verursacht hat (OLG Karlsruhe r+s 1995, 442). Das OLG Karlsruhe hat einem Rechtsschutzversicherer die Titelumschreibung nach § 727 ZPO nach gewonnenem Prozess gegen den Dritten verweigert, weil zwar das Bestehen eines Versicherungsverhältnisses offenkundig sei, nicht aber der Übergang der Ansprüche, da nicht stets und alle Rechtskosten des VN übergangsfähig seien (OLG Karlsruhe VersR 1989, 528; ebenso OLG Saarbrücken VersR 1989, 955). Nach OLG Hamm NJW-RR 1994, 536 = NZV 1994, 441 kann eine Gemeinde, die einem Beamten Beihilfe gewährt hat, keine Ansprüche gegen den Haftpflichtversicherer der das Unfallfahrzeug lenkenden Ehefrau geltend machen.

3. Anspruchsinhaber

23 Übergangsfähig ist der Anspruch des VN, aber auch der Anspruch **des Versicherten,** wenn eine Versicherung für fremde Rechnung vorliegt (BGH NJW-RR 2003, 1107 = VersR 2003, 1171, soweit der VR den Versicherten entschädigt hat; BGHZ 117, 151 = NJW 1992, 1507 = VersR 1992, 485; VersR 1985, 753; OLG Köln IVH 2003, 137; VersR 1997, 57 unter Hinweis auf BGH NJW 1993, 2870 = VersR 1993, 1223 für die Kaskoversicherung als Fremdversicherung des Leasinggebers als Versichertem). Als Kosten des VN werden auch die Schadensfeststellungskosten angesehen (→ Rn. 30), die der **VR anstelle des VN** aufwendet (BGH VersR 1962, 725; OLG Brandenburg VersR 2010, 66); dazu zählen dann auch **interne Aufwendungen** des VR, soweit sie nachgewiesenermaßen der Feststellung des Schadens dienen.

4. Dritter

24 Der Ersatzanspruch muss sich gegen einen **Dritten** richten. Dritter kann jeder sein, also in bestimmten, besonders gelagerten Fällen selbst der VN oder der mitversicherte Dritte (BGH NVersZ 2001, 327 = VersR 2001, 713: Miteigentümerin eines Gebäudes ist nicht Dritte, wenn die Eigentümergemeinschaft den Versicherungsvertrag abgeschlossen hat; vgl. OLG Düsseldorf r+s 1998, 337 für eine Wohnungseigentümergemeinschaft und die hier notwendige Differenzierung zwischen Sonder- und Gemeinschaftseigentum; diff. bzgl. Ansprüchen gegen den Mitversicherten Langheid/Wandt/*Segger* § 86 Rn. 78). Dritte können auch Mieter/Pächter eines Gebäudes sein, nachdem die Mitversicherung des sog Sachersatzinteresses des Mieters/Pächters in der Gebäudeversicherung entgegen der ursprünglich anders lautenden Rspr. des BGH idR nicht anzunehmen sein wird; vgl. etwa BGH NJW 1992, 980 = VersR 1992, 311; 1994, 585 = VersR 1994, 85; r+s 2001, 71 mAnm *Wälder* = VersR 2001, 94 mAnm *Lorenz* und *Wolter* =

NVersZ 2001, 84 mAnm *Gaul/Pletsch* NVersZ 2001, 490 = NJW 2001, 1353, wobei die zuletzt zitierte BGH-Entscheidung einen stillschweigenden Regressverzicht des Gebäudeversicherers bejaht, wenn die Inbrandsetzung fahrlässig erfolgte; nach BGH r+s 2006, 458 = NJW 2006, 3712 = VersR 2006, 1530 mAnm *Günther* (vgl. auch *ders.* VersR 2004, 592) gilt dies bei leicht fahrlässiger Schadenverursachung auch, wenn der Mieter haftpflichtversichert ist). Allerdings hat der Gebäudeversicherer gegen den Haftpflichtversicherer nach den Grundsätzen der Doppelversicherung iSv § 59 Abs. 2 Satz 1 aF einen Ausgleichsanspruch (BGH VersR 2006, 1536 (1539); siehe auch *Dickmann* VersR 2014, 1178 und speziell zu prozessualen Fragestellungen *Dickmann* VersR 2013, 1227). Für den Ausgleich ist auf den Zeitwertschaden iSv §§ 249 ff. BGB abzustellen (BGH VersR 2008, 1108 unter Hinweis auf BGH VersR 2006, 1536). Dabei gelten für den Ausgleichsanspruch keine anderen Beweislastgrundsätze als für den Anspruch des Vermieters gegen den Mieter; der Ausgleichsanspruch unterliegt der Verjährung nach § 195 BGB (BGH VersR 2010, 477). Gewährt der Haftpflichtversicherer für Haftpflichtansprüche wegen Mietsachschäden an Wohnräumen grds. Versicherungsschutz, kann er dem Ausgleichsanspruch des Gebäudeversicherers nicht entgegenhalten, der Versicherungsschutz sei für unter den Regressverzicht nach dem Abkommen der Feuerversicherer fallende Rückgriffsansprüche ausgeschlossen. Die entsprechenden Ausschlussklauseln in den Besonderen Bedingungen und Risikobeschreibungen für die Privathaftpflichtversicherung sind nach § 307 Abs. 2 Nr. 2, Abs. 1 Satz 1 BGB unwirksam (BGH VersR 2010, 477).

Soweit das Sachersatzinteresse des Dritten mitversichert ist – etwa des Fahrers **25** in der Kaskoversicherung –, kann der VR dennoch Regress nehmen, wenn und soweit er wegen Vorsatz oder grober Fahrlässigkeit des Dritten gemäß § 81 diesem gegenüber leistungsfrei ist (OLG Köln IVH 2003, 137). Vertraglich ist dies etwa in § 15 Nr. 2 AKB, A.2.15 AKB 2008 ausdrücklich vorgesehen (OLG Braunschweig NJW-RR 2018, 164; OLG Karlsruhe r+s 1995, 442; iÜ → Rn. 22). Dritter iSd § 86 kann etwa sein eine GmbH im Verhältnis zum Gesellschafter, auch wenn alle Gesellschaftsanteile dem VN gehören (vgl. dazu Bruck/Möller/*Sieg,* 8. Aufl. 1961 ff., § 67 Rn. 39 ff., 43; zur Anwendbarkeit von Abs. 3 für den Fall, dass eine mit der versicherten Ein-Mann-GmbH in häuslicher Gemeinschaft lebende Person den Schaden verursacht → Rn. 57); und umgekehrt der Gesellschafter einer GmbH (BGH NJW 1994, 585 = VersR 1994, 85; OLG Celle VersR 1972, 1015; zum Problem eines etwaigen stillschweigenden Haftungsausschlusses bei einem Alleingesellschafter/Geschäftsführer vgl. *Armbrüster* BB 1998, 1376 ff.). Ein Vereinsmitglied kann Dritter im Verhältnis zum kaskoversicherten Verein sein (BGH VersR 1985, 983; anders noch OLG Koblenz VersR 1985, 879; vgl. auch ÖOGH VersR 1993, 1301). In der Luftfahrzeug-Kaskoversicherung ist regelmäßig das Sachersatzinteresse der Gesellschafter (hier: der Vereinsmitglieder, die gesellschaftsintern dazu berufen sind, das versicherte Luftfahrzeug zu nutzen) als mitversichert anzusehen, so dass der einzelne Gesellschafter nicht Dritter im Sinne des § 86 ist (OLG Hamm VersR 2013, 55).

Denkbar ist ferner, dass **der VN Dritter** ist, nämlich dann, wenn eine Fremd- **26** versicherung besteht, durch die das Integrationsinteresse des VN nicht mitversichert ist (Langheid/Wandt/*Möller/Segger* § 86 Rn. 109). In Frage kommt etwa eine Krankheitskostenversicherung, die der den Schaden herbeiführende Arbeitgeber für seinen Arbeitnehmer abgeschlossen hat. Ebenso ist denkbar, dass der **Versicherte Dritter** ist, wenn nämlich Eigen- und Fremdversicherung zusammentreffen, im konkreten Einzelfall aber nur die Eigenversicherung eingreift.

Dann kann der an den VN leistende VR beim Versicherten Regress nehmen (vgl. bspw. die Fälle OLG Hamm VersR 1989, 36; VersR 1970, 708; OLG Düsseldorf r+s 1998, 337 für eine Wohnungseigentümergemeinschaft).

5. Versicherungsleistungen

27 **a) Geld- und Sachleistungen.** In Frage kommen **alle tatsächlichen Geld- oder Sachleistungen** des VR an den VN (Sachleistungen in Form des Rechtsschutzanspruches in der Rechtsschutz- oder Haftpflichtversicherung), wobei es nicht auf eine bestehende Leistungspflicht des VR ankommt (allg. Ansicht; vgl. etwa BGH VersR 1989, 250; VersR 1963, 1192 = NJW 1964, 101; BAG NJW 1968, 717 = VersR 1968, 266; OLG Hamm r+s 1998, 184). Nach OLG Köln VersR 1960, 894 ist der Rechtsübergang allerdings ausgeschlossen, wenn die Leistung seitens des VR in „bewusster Großzügigkeit" erfolgt (dagegen wiederum Prölss/Martin/*Armbrüster* § 86 Rn. 38 mwN).

28 Grundsätzliche Voraussetzung für einen übergangsfähigen Schadensersatzanspruch ist stets die **tatsächliche Erbringung** von Versicherungsleistungen (Langheid/Wandt/*Segger* § 86 Rn. 111). Nur dann kommt ein Anspruchsübergang in Betracht, so dass ein Haftpflichtversicherer, der gemeinsam mit einem zweiten Haftpflichtversicherer als Gesamtschuldner haftet, von diesem nicht die Freistellung von künftigen Ersatzansprüchen verlangen kann (BGH NJW-RR 1989, 918 = VersR 1989, 730).

29 Daher besteht auch ein Regressanspruch des VR, wenn dieser **irrtümlich** an den VN geleistet und deswegen gegen diesen einen Kondiktionsanspruch hat; allerdings dürfte der VN nicht wirtschaftlich mit dem Schaden belastet werden, sondern der VR wird bei parallelem Kondiktions- und Regressanspruch entweder keinen zu kondizierenden Schaden haben oder aber er muss das aus dem Regress Erlangte an den VN weitergeben (BGH VersR 1989, 250; im Ergebnis auch *Koller* VersR 2015, 270). Problematisch ist die befreiende Leistung des VR an den VN bei Vorliegen einer Fremdversicherung: Der Anspruch des Versicherten gegen den Dritten geht auch dann auf den VR über, wenn der Versicherte von der Versicherung gar nichts weiß (so Prölss/Martin/*Armbrüster* § 86 Rn. 32 gegen OLG München NJW-RR 1988, 34). Hat der Versicherte seinen Schadensersatzanspruch beim Dritten bereits realisiert, so muss er diesen an den an den VN leistenden VR herausgeben; hat der VR noch nicht geleistet, besteht kein Schaden des Versicherten mehr. Der Versicherte läuft bei dieser Konstellation das allerdings in einer vergleichbaren Konstellation immer bestehende wirtschaftliche Risiko, dass er das vom Dritten Erlangte an den VR herausgeben muss, während er seinerseits die Versicherungsleistung vom VN noch erhalten muss.

30 **b) Aufwendungen.** Nicht nur die eigentliche **Versicherungsleistung,** sondern auch entsprechende **Aufwendungen** können den Übergang des Ersatzanspruches auf den VR rechtfertigen; hierzu gehören etwa die Kosten für Gutachten, Akteneinsicht und Prozesskosten (vgl. BGH VersR 1984, 327; 1962, 725 = NJW 1962, 1678; OLG Hamm VersR 1962, 501; VersR 1957, 293; OLG Köln VersR 1977, 317). Auch die Auslobung einer **Belohnung** für die Wiederherbeischaffung gestohlener Sachen kann dazugehören (BGH VersR 1967, 1168), ebenso Aufwendungen im Zusammenhang mit der Rettungspflicht nach § 83 (Prölss/Martin/*Armbrüster* § 86 Rn. 33; Bruck/Möller/*Voit* § 86 Rn. 98). **Regulierungskosten des Sachversicherers** begründen keinen Übergang nach § 86, wenn diese ohnehin für die Feststellung der Deckungspflicht erforderlich sind (BGH VersR 1962,

1103; OLG Frankfurt a. M. VersR 1958, 709; OLG Karlsruhe VVGE § 67 VVG Nr. 12; OLG Köln VersR 1960, 194; OLG München VersR 1959, 944); ebenso bei einem Sachverständigengutachten, das der VR zur Feststellung **seiner Leistungspflicht** erstellen lassen muss (Langheid/Wandt/*Segger* § 86 Rn. 117). **Anders** aber schon, wenn die Aufwendungen **im Interesse des VN** gemacht wurden (BGH VersR 1962, 725 für eigene Aufwendungen des Haftpflichtversicherers zur (letztlich erfolglosen) Abwehr eines gegen den VN gerichteten Anspruchs; diese kann der Versicherer nach § 86 an den eigentlichen Schadenverursacher weiter geben, auch wenn sie in der Person des VR und nicht in der Person des VN entstanden sind, streng genommen also gar nicht „übergehen" können). Deswegen sind **Schadensfeststellungskosten** regressfähig, weil sie vom Schädiger zu erstatten gewesen wären (auch wenn sie nicht vom VR, sondern vom VN aufgewandt worden wären, BGH VersR 1962, 725; OLG Düsseldorf VersR 1992, 310; OLG Jena r+s 2004, 331; OLG Brandenburg VersR 2010, 66 (wo allerdings irrtümlich die hiesigen Ausführungen zu den eigenen Regulierungskosten des VR (nicht erstattungsfähig) mit den Schadensfeststellungskosten (erstattungsfähig) verwechselt werden).

IV. Sonderfragen

1. Mehrere Versicherer

Denkbar sind Mit-, Neben- und Mehrfachversicherungen (§§ 77, 78). Unproblematisch sind die Mit- und Nebenversicherung, weil hier das gleiche Interesse versichert wird, so dass der Schadensersatzanspruch entsprechend der Risikobeteiligung der VR **gequotelt** wird. Auch wenn ein **führender VR** vorhanden ist (Führungsklausel), kann dieser nur die auf ihn entfallende Quote geltend machen (BGH VersR 1954, 249), wobei es sinnvoll ist, dass die anderen VR ihren Schadensersatzanspruch gebündelt dem führenden VR abtreten. Bei einer **Mehrfachversicherung** könnte der Übergang des Schadensersatzanspruches Probleme machen, weil jeweils andere Margen des versicherten Interesses betroffen sind. Allerdings schließt § 78 Abs. 1 eine Übermaßzahlung an den VN aus, so dass der Schadensersatzanspruch entsprechend dem Haftungsanteil des jeweiligen Mehrfachversicherers gemäß § 78 Abs. 2 übergeht. Leistet nur ein Mehrfachversicherer, kann er den Ausgleich nach § 78 Abs. 2 (der § 86 Abs. 1 Satz 1 verdrängen soll) suchen mit der Folge des anteiligen Übergangs auf die anderen Mehrfachversicherer (BGH NJW-RR 1989, 922 = VersR 1989, 250). Denkbar wäre auch, dass er den auf ihn übergegangenen Schadensersatzanspruch des VN zunächst beim Dritten geltend macht. Verbleibt ein davon nicht gedeckter Rest, wird dieser wiederum nach § 78 Abs. 2 aufgeteilt. Haftet ein Mehrfachversicherer nur **subsidiär,** hat aber trotzdem irrtümlich gezahlt, geht der Anspruch des VN gegen den Primärversicherung nach § 86 Abs. 1 Satz 1 auf den Subsidiärversicherung über (BGH NJW-RR 1989, 922 = VersR 1989, 250). Das gilt auch, wenn der Subsidiärversicherung freiwillig zahlt (obwohl er an sich gar nicht haftet), weil letztlich auch die Prämienkalkulation auf eine Alleinhaftung des Primärversicherung abstellt (BGH NJW-RR 2004, 1100 = VersR 2004, 994). 31

2. Wirkungen des Übergangs

Es finden die Vorschriften in §§ 401 ff. BGB Anwendung, so dass Neben- und Sicherungsrechte des VN auf den VR übergehen (Langheid/Wandt/*Segger* § 86 32

Rn. 119). Den VN treffen – neben den gesetzlichen Obliegenheiten nach Abs. 2 – Treuepflichten gegenüber dem VR in Bezug auf die Durchsetzbarkeit der übergegangenen Ansprüche (BK/*Baumann* § 67 Rn. 20), deren Verletzung zu Schadensersatzansprüchen des VR führen kann (zur Mitwirkungsobliegenheit → Rn. 46). Der Dritte kann dem VR seine Einwendungen gegen den Anspruch des VN entgegenhalten (§ 404 BGB). Dazu zählt der Mitverschuldenseinwand ebenso wie der Ausgleichungseinwand aus § 426 Abs. 1 BGB, wenn der Dritte als Mitschädiger neben anderen in Anspruch genommen wird (Einzelheiten, auch zur Verjährung und zum Zurückbehaltungsrecht vgl. Palandt/*Grüneberg* BGB § 404 Rn. 4–6).

3. Befriedigungsvorrecht des Versicherungsnehmers

33 Aus § 86 Abs. 1 Satz 2 folgt nicht nur das Quotenvorrecht des VN (→ Rn. 40), sondern auch dessen **Rangvorbehalt** bei der Verwirklichung des Ersatzanspruchs. Reicht etwa das Vermögen des Dritten nicht aus, um den gesamten Ersatzanspruch zu befriedigen, dann darf der VR den auf ihn übergegangenen Anspruch erst verwirklichen, wenn der VN insgesamt befriedigt worden ist. Es handelt sich um die vollstreckungsrechtliche Verwirklichung des Quotenvorrechts des VN, wie auch §§ 268 Abs. 3 Satz 2, 426 Abs. 2 Satz 2 und 774 Abs. 1 Satz 2 BGB den Befriedigungsvorrang des ursprünglichen Gläubigers vorsehen (vgl. Bruck/Möller/*Voit* § 86 Rn. 137, zur Insolvenz Rn. 140 und zur Kongruenz Rn. 138; Langheid/Wandt/*Segger* § 86 Rn. 162 f.; zum Verhältnis von § 86 Abs. 1 Satz 2 zu § 109 → § 109 Rn. 4).

4. Verfahrensrecht

34 Im Haftpflichtprozess des VR ist der gesetzliche Forderungsübergang zu prüfen und seine Bejahung ist Anspruchsvoraussetzung. Eine gewillkürte Prozessstandschaft des VN auch nach dem Übergang soll zulässig sein (OLG Köln NJW-RR 1994, 227 = ZfS 1993, 424; vgl. ferner Prölss/Martin/*Armbrüster* § 86 Rn. 66 mwN). Wie oben (→ Rn. 22) bereits dargelegt wurde, scheidet eine Titelumschreibung vom VN auf den VR nach § 727 ZPO regelmäßig aus.

5. Regressverzicht

35 Häufig anzutreffen sind **Schadenteilungsabkommen** zwischen Haftpflicht- und Sachversicherern sowie zwischen Haftpflichtversicherern und Sozialversicherungsträgern, die aufgrund ihrer Regelung zur Teilung des entstandenen Schadens zugleich auch einen **Regressverzicht** darstellen. Das Teilungsabkommen des GDV für Mietsachschäden gilt ab 1. Januar 2009, sein Beitritt ist für jeden VR freiwillig (Verzicht auf Regress bis 2.500 EUR, bis 100.000 EUR Teilung auf hälftiger Basis, Schäden über 100.000 EUR fallen nicht unter das Abkommen, Ausschlussfrist drei Jahre). Ebenso häufig sind Regressverzichtsabkommen oder auch einseitige Regressverzichte (etwa der Regressverzicht der Feuerversicherer), die in Form einer **geschäftsplanmäßigen Erklärung** abgegeben werden (Einzelheiten zur Rechtsnatur und Wirkungsweise von Teilungsabkommen und Regressverzicht finden sich bei Langheid/Wandt/*Segger* § 86 Rn. 239 ff.; Prölss/Martin/*Armbrüster* § 86 Rn. 110 ff.).

36 **a) Teilungsabkommen.** Die **Teilungsabkommen** (TA) zwischen Versicherern der Allgemeinen Haftpflicht und der Kraftfahrthaftpflicht und Regressgläubi-

gern gem. §§ 116, 119 SGB X haben einen hohen Stellenwert: Es wird ein Gesamtvolumen zwischen 600 bis 700 Mio. EUR pro Jahr geregelt. In Bezug auf ein Teilungsabkommen zwischen Kraftfahrt-Haftpflichtversicherer und Kaskoversicherer hat der BGH entschieden, dass in einem in diesem Teilungsabkommen vorgesehenen Regressverzicht für den Fall, dass die Unfallfahrzeuge sich nicht berühren, der **Erlass** in Bezug auf die Schadensersatzforderung gegenüber dem haftpflichtversicherten Schädiger enthalten ist (BGH NJW-RR 1993, 1111 = VersR 1993, 981 = NZV 1993, 385). Wiederum zum Teilungsabkommen zwischen Haftpflichtversicherer und Kaskoversicherer hat OLG Hamm VersR 1993, 43 entschieden, dass der Kaskoversicherer den haftpflichtversicherten **Schädiger** nicht in Regress nehmen kann, wenn der Haftpflichtversicherer seinem VN gegenüber deckungspflichtig sei, weil der Haftpflichtversicherer doch sonst wieder – entgegen dem Sinn des Teilungsabkommens – hafte (bedenklich anders OLG Nürnberg VersR 1985, 727 und OLG Frankfurt a. M. VersR 1988, 507 für den Fall, dass der Kfz-Haftpflichtversicherer dem Schädiger gegenüber leistungsfrei ist, aber nur begrenzten Regress nehmen könnte, weil der Kfz-Haftpflichtversicherer grds. den Schaden hätte regulieren müssen und nicht gemäß § 3 Nr. 6 PflVG aF iVm § 158c Abs. 4 aF (jetzt § 117 Abs. 3 Satz 2) von seiner Leistungspflicht gegenüber dem Geschädigten frei geworden wäre; auch damit wird der Sinn des Teilungsabkommens letztlich unterlaufen).

b) Regressverzicht im Geschäftsplan. Der **geschäftsplanmäßige Regressverzicht** des Kfz-Haftpflichtversicherers gegenüber einem mitversicherten Mitschädiger wirkt sich auch auf den Regress des VR gegen einen an sich nicht in den Genuss des Regressverzichts gelangenden **Dritten** aus, wenn dieser seinerseits einen Rückgriffsanspruch gegen den mitversicherten Mitschädiger gehabt hätte (BGHZ 117, 151 = NJW 1992, 1567 = VersR 1992, 485; zugrunde gelegen hatte ein Fall, in dem das versicherte Fahrzeug einem Tankstellenpächter überlassen worden war, dessen Mitarbeiter das Fahrzeug ohne die entsprechende Fahrerlaubnis im Straßenverkehr führte und einen schweren Verkehrsunfall verursachte; der BGH hat den Regress gegen den Tankstellenpächter jedenfalls insoweit abgelehnt, als dieser einen Rückgriffsanspruch gegen seinen über den Haftpflichtvertrag mitversicherten Angestellten gehabt hätte und der VR diesem gegenüber aufgrund des geschäftsplanmäßigen Regressverzichtes auf einen Regress über seinerzeit 5.000 DM verzichtet hatte; vgl. ferner BGH NJW 1988, 2734 = VersR 1988, 1062, wonach sich auch der Schädiger gegen den Regress des Kraftfahrt-Haftpflichtversicherers auf dessen geschäftsplanmäßigen Rückgriffsverzicht berufen kann). Zur Geltung des ab dem 3.8.1994 eingeführten § 5 Abs. 3 KfzPflVV → Rn. 61. 37

c) Regressverzichtsabkommen der Feuerversicherer. Das bis zum 1.1.2018 gültige **Regressverzichtsabkommen der Feuerversicherer** aus dem Jahre 1961 schloss im Rahmen zwischen 150.000 und 600.000 EUR das Sachersatzinteresse von möglichen Regressschuldnern ein (*Martin* J I Rn. 14). Voraussetzung war, dass der Regressschuldner seinerseits einen Feuerversicherungsvertrag abgeschlossen hat und das Schadenfeuer auf andere, dem Regressschuldner nicht gehörende Gegenstände übergreift. Für diesen Fall der gesetzlichen oder vertraglichen Haftung bestand ein nach unten und nach oben begrenzter Regressverzicht der anderen Feuerversicherer, sofern keine grobe Fahrlässigkeit vorlag. Das Abkommen wurde gekündigt, weil sich die Möglichkeiten zum Abschluss von 38 adäquaten Haftpflichtversicherungen so sehr verbessert hätten, dass es des Abkommens nicht mehr bedurfte.

39 Zu dem fraglichen **Abkommen** hat der BGH entschieden, dass eine Ausschlussklausel in einer Haftpflichtversicherung eines Wohnraummieters, die entsprechende Rückgriffsansprüche des Gebäudeversicherers vom Versicherungsschutz ausschließt, gemäß § 307 Abs. 2 Nr. 2, Abs. 1 Satz 1 BGB unwirksam ist und deswegen einem Ausgleichsanspruch des Gebäudeversicherers nicht entgegen gehalten werden kann (BGH VersR 2010, 807).

V. Quotenvorrecht des Versicherungsnehmers

1. „... nicht zum Nachteil des Versicherungsnehmers ..."

40 Eine schwierige Situation entsteht, wenn der bürgerlich-rechtliche Schadensersatzanspruch des VN nicht dazu ausreicht, sowohl den Regressanspruch des VR als auch den restlichen Schadensersatzanspruch des VN zu decken. Dazu kann es kommen, wenn der VR aufgrund versicherungsrechtlicher Besonderheiten (Neu- statt Zeitwert; Selbstbehalt; Unterversicherung) weniger zahlt als er ohne Berücksichtigung dieser Besonderheiten zahlen müsste und der Schadensersatzanspruch gegen den schädigenden Dritten hinter dem durch den Versicherungsvertrag normierten Ersatzwert zurückbleibt. **Beispiel** (nach OLG Köln r+s 1992, 326 mit krit. Anm. *Langheid*): Der VR ist Gebäudeversicherer und hat einen Schaden zu regulieren, der vom Mieter verursacht wurde. Der Zeitwertschaden liegt bei 35.000 EUR, der Neuwertschaden beträgt 45.000 EUR. Der VR zahlt wegen Unterversicherung nur 20.000 EUR. Das Problem liegt darin, den bürgerlich-rechtlichen Schadensersatzanspruch iHv 35.000 EUR jetzt auf VN und VR gerecht aufzuteilen. Es hat sich in der Rspr. die **Differenztheorie** durchgesetzt, aus der sich das sog **Quotenvorrecht des VN** ableitet (BGHZ 47, 196 = VersR 1967, 505; 25, 340; 13, 28; OLG Hamm NJW-RR 1990, 39; OLG Karlsruhe VersR 1991, 1127; OLG Köln r+s 1992, 326; abl. *Langheid* r+s 1992, 326; daran anschließend *Ebert/Segger* VersR 2001, 143; Langheid/Wandt/*Segger* § 86 Rn. 134 ff. („fragwürdigste Konsequenz" des Quotenvorrechts); zur absoluten Theorie – nach der der Anspruch stets in Höhe seiner Zahlung auf den VR übergeht – und zur relativen Theorie – nach der VN und VR sich den Schadensersatzanspruch im Verhältnis ihrer Beteiligung am Schadensersatzanspruch teilen – vgl. Langheid/Wandt/*Segger* § 86 Rn. 126 f.). Nach der Differenztheorie steht dem VN ein Quotenvorrecht dergestalt zu, dass er Gläubiger des Ersatzanspruches bis zu seiner vollständigen Befriedigung bleibt. Erst nach Befriedigung dieser Differenz kann der VR seinerseits Befriedigung suchen. Für **obiges Beispiel** bedeutet dies, dass die Schadensersatzforderung iHv 35.000 EUR iHv 25.000 EUR auf den VN übergeht (versicherungsrechtlicher Schaden 45.000 EUR abzgl. Leistung des VR iHv 20.000 EUR = 25.000 EUR), während der VR 10.000 EUR erhält (nämlich 35.000 EUR Schadensersatzanspruch abzgl. 25.000 EUR, die an den VN zu zahlen sind).

2. Kritik an der Differenztheorie

41 Dieses **Ergebnis ist abzulehnen** (s. schon *Langheid* r+s 1992, 326), weil die Rechtsprechung (BGHZ 47, 308 = NJW 1967, 1419 = VersR 1967, 674; OLG Hamm NJW-RR 1990, 39; OLG Karlsruhe VersR 1991, 1127; OLG Köln r+s 1992, 326; VersR 1989, 2; VersR 1985, 631; früher anders BGH VersR 1964,

966 und OLG Hamm MDR 1974, 943) dem VN das Quotenvorrecht selbst dann zubilligt, wenn die Leistung des VR hinter einem sog **normierten Versicherungsschaden** zurückbleibt. Unter einem normierten Versicherungsschaden versteht die Rspr. den in den jeweiligen Versicherungsbedingungen zunächst versprochenen, „normierten" Versicherungsschaden und lässt die Abzüge, die sich zB aus Selbstbehalt und Unterversicherung ergeben können, unberücksichtigt (obwohl diese Umstände in die Prämienkalkulation einfließen und insoweit auch „normiert" sind). Dies soll nach OLG Karlsruhe VersR 1991, 1127 selbst in der Neuwertversicherung gelten, wenn die Neuwertspitze aufgrund unterbleibender Ersatzbeschaffung oder -herstellung nicht ausgezahlt werden kann. Die Berücksichtigung des „normierten Versicherungsschadens" im Zusammenhang mit der Differenztheorie kann aber nicht überzeugen, denn dieser dergestalt normierte Schaden entspricht gerade nicht dem abgeschlossenen Versicherungsvertrag, der schließlich einerseits einen **Selbstbehalt mit entsprechender Prämienreduktion** beinhalten kann, andererseits aber auch eine deutliche **Unterversicherung des VN mit ebenfalls erheblicher Prämienersparnis.** Außerdem kann die Neuwertspitze eben nicht ausgezahlt werden, solange nicht die Voraussetzungen dafür vorliegen, so dass der VN auch insoweit erhebliche Aufwendungen erspart. Dann kann aber auch kein entsprechendes Quotenvorrecht des VN bestehen.

Es kann daher für die Berechnung des Quotenvorrechts nicht auf den normierten Versicherungsschaden ankommen, sondern nur auf die **tatsächlich geschuldete Ersatzleistung.** Anderenfalls gelangt der VN über das Quotenvorrecht an Leistungen, auf die er unter keinem ersichtlichen Aspekt einen Anspruch hat: Er wird bessergestellt als er einerseits nach dem bürgerlich-rechtlichen Erstattungs- und andererseits nach dem versicherungsrechtlichen Deckungsanspruch stehen dürfte, ohne dass er dafür die entsprechenden Gegenleistungen (Prämien) erbracht hätte (vgl. dazu *Langheid* r+s 1992, 326; im Anschluss ebenso *Ebert/Segger* VersR 2001, 143; *Günther* S. 12 ff.; Beckmann/Matusche-Beckmann VersR-HdB/*Hormuth* § 22 Rn. 88 ff.; Langheid/Wandt/*Segger* § 86 Rn. 134 ff.; **aA** *Bost* VersR 2007, 1199, der aber verkennt, dass im Falle von Selbstbehalt und/oder Unterversicherung die vom VN gezahlte Prämie gerade keine adäquate Gegenleistung für eine nicht um Selbstbehalt und/oder Unterversicherung korrigierte Versicherungsleistung darstellt). 42

Unbegreiflicherweise sollen nach Ansicht des **Gesetzgebers des VVG 2008** die „Bedenken, dass die Quotenregelung in bestimmten Fällen (…) zu einer ungerechtfertigten Bereicherung des Versicherungsnehmers auf Kosten des Versicherers führen würde, (…) keine Änderung der geltenden Rechtslage in diesem Punkt" rechtfertigen (BT-Drs. 16/3945, 81). Das kann nicht überzeugen: Eine **gesetzlich angeordnete Bereicherung** des VN kann es sicher nicht geben (anders als bei entsprechenden Leistungsversprechen des VR). 43

Für das **obige Beispiel** (→ Rn. 40) würde eine korrekte Berechnung ein völlig anderes Ergebnis bedeuten, nämlich dass der Deckungsanspruch des VN sich nicht auf 45.000 EUR beläuft, denn in dieser Höhe hätte er nur dann einen Anspruch, wenn er nicht drastisch unterversichert gewesen wäre. Vielmehr beschränkt sich sein Ersatzanspruch der Höhe nach auf den vom Schädiger zu zahlenden Zeitwertschaden iHv 35.000 EUR, weil sein versicherungsrechtlicher Anspruch niedriger ist. Verringert man diesen Ersatzanspruch um die Leistungen des VR iHv 20.000 EUR, verbleiben dem VN von der Ersatzforderung dem Dritten gegenüber 15.000 EUR, während der VR 20.000 EUR (= 35.000 EUR) erhält. Eine Begründung, warum dem VN ein Betrag zugute kommen soll, auf 44 den er weder bürgerlich-rechtlich noch versicherungsrechtlich einen Anspruch hat, lässt sich nicht finden und wird auch von der Gegenmeinung nicht geliefert. Nach der Entscheidung des OLG Köln (r+s 1992, 326 mit krit. Anm. *Langheid*) erhält der VN den Gebäudeneuwertschaden iHv 45.000 EUR, obwohl ihm diese Summe weder nach allgemeinem Schadensersatzrecht noch nach dem Versicherungsvertrag zugestanden hat. Das Quotenvorrecht des VN darf aber nicht zu einer Summierung führen, weil dann ein Gesamtbetrag ausgezahlt wird, auf den der Geschädigte ohne das Quotenvorrecht eben keinen Anspruch gehabt hätte.

3. Kongruenz vor Differenz

45 Dass die hM in diesem Punkte inkonsequent ist, ergibt sich aus dem Grundsatz der **Kongruenz vor Differenz.** Nach diesem Grundsatz bezieht sich das Quotenvorrecht des VN nur auf solche Schäden, die kongruent sind, also sowohl unter den bürgerlich-rechtlichen Schadensersatzanspruch als auch unter den versicherungsrechtlichen Deckungsanspruch fallen (→ Rn. 8 ff.; BGHZ 47, 169; BGHZ 44, 382 = VersR 1966, 256; BGHZ 25, 340; BGH VersR 1982, 283; VersR 1982, 383; VersR 1958, 161; bei Erstattung nicht verbrauchter Gerichtskosten in der Rechtsschutzversicherung schließt BGH VersR 2021, 1024 das Quotenvorrecht des VN aus, weil kein „adäquater" (oder eben kongruenter) Schaden des VN ersichtlich sei; gegen *Graf/Johannes* VersR 2020, 871; Harbauer/*Schneider* § 17 ARB 2010 Rn. 174 und van Bühren VersR-HdB/*Schneider* § 13 Rn. 93)). Besteht der Schadensersatzanspruch des VN aus kongruenten und inkongruenten Ersatzsegmenten, dann bezieht sich das **Quotenvorrecht nur auf den kongruenten Schaden.** Wird der bürgerlich-rechtliche Schadensersatz des VN wegen einer Mitverschuldensquote (etwa von 50 %) gekürzt, dann erhält der VN wegen des Grundsatzes Kongruenz vor Differenz nicht seinen vollen Schaden ausgeglichen. **Beispiel:** Der bürgerlich-rechtliche Schaden beträgt 60.000 EUR, von denen 20.000 EUR auf einen nicht kongruenten Sachfolgeschaden entfallen. Wegen Unterversicherung/Selbstbehalt zahlt der VR nur 30.000 EUR. Der kongruente Schaden iHv 40.000 EUR wird um die Versicherungsleistung von 30.000 EUR gemildert, so dass wegen des Quotenvorrechts 10.000 EUR beim VN verbleiben. Hinzu kommen 10.000 EUR aus dem nicht kongruenten Schaden (Mitverschuldensquote 50 %), so dass der VN insgesamt 50.000 EUR erhält. Von dem Schadensersatzanspruch gegen den Dritten gehen mithin 10.000 EUR auf den VR über (Schadensersatzanspruch 30.000 EUR abzgl. 10.000 EUR Quotenvorrecht VN abzgl. 10.000 EUR nicht kongruenter Schaden), so dass der VN diese 10.000 EUR nicht erhält, sondern sie auf den leistenden VR übergehen. Nach dem Grundsatz „Kongruenz vor Differenz" wird also auch von der Rspr. anerkannt, dass das Quotenvorrecht des VN in Bezug auf den nicht kongruenten Anteil um seinen Mitverschuldensanteil gekürzt werden darf; daraus folgt gleichzeitig, dass es ein **Dogma,** nach dem der VN stets den sog **normierten Versicherungsschaden** ausgezahlt erhalten soll, **nicht gibt.**

VI. Obliegenheiten des Versicherungsnehmers (Abs. 2)

1. Einführung

46 Mit der VVG-Reform 2008 wurde das bisherige Aufgabeverbot durch die Obliegenheit des VN zur **Wahrung** des auf den VR übergehenden Ersatzanspruchs bzw. eines dessen Sicherung dienenden Rechts ersetzt. Nach der Gesetzesbegründung entsprach die bisherige Formulierung „nicht dem Sinn und Zweck der Bestimmung, das berechtigte Interesse des Versicherers zu wahren, sich wegen seiner dem Versicherungsnehmer erbrachten Leistung bei dem ersatzpflichtigen Dritten schadlos halten zu können" (BT-Drs. 16/3945, 81). Dementsprechend ist die neue Obliegenheit, den Ersatzanspruch zu wahren, umfassender als das frühere Aufgabeverbot und erfasst neben anspruchsbeeinträchtigenden Handlungen auch jedes Unterlassen anspruchsverfolgender Maßnahmen. Neben die Obliegenheit zur Anspruchswahrung tritt zusätzlich die Obliegenheit zur **Mitwirkung** (insbesondere durch Auskunftserteilung) bei der Durchsetzung des auf den VR übergegangenen Anspruchs. Während die letztere Obliegenheit erst im Zeitpunkt des Forderungsübergangs auf den VR – durch Erbringen der Versicherungsleistung – entsteht, gilt die Obliegenheit zur Anspruchswahrung für den Zeitraum bis zum Übergang des Ersatzanspruchs.

2. Obliegenheitsverletzung

Eine Obliegenheitsverletzung kommt grds. nur durch den VN in Betracht. Sie 47
ist auch noch möglich, wenn der VR seine Deckungspflicht endgültig abgelehnt hat (anders als bei § 28; OLG Saarbrücken VersR 2019, 353). Das Handeln eines Dritten schadet nur, wenn es sich um einen **Repräsentanten** des VN handelt. Ein **objektiver Verstoß** gegen Abs. 2 liegt zum einen in jedem Handeln des VN oder seines Repräsentanten, das den Schadensersatzanspruch des VN dem VR entzieht; neben dem Anspruchsverlust durch Erlass, Vergleich, Verzicht, Abtretung an einen anderen Dritten, Aufrechnung oder Verpfändung, jedenfalls so lange, wie sie den Anspruch dem Zugriff des VR entzieht (ebenso Prölss/Martin/*Armbrüster* § 86 Rn. 69). So soll **kein** gegen die Obliegenheit zur Anspruchswahrung verstoßender **Verzicht** vorliegen, wenn VN und Dritter eine Vereinbarung dahingehend erzielen, dass der Dritte den Schaden gegen Entgelt behebt, wenn der Schädiger seinerseits haftpflichtversichert ist (OLG Köln NJW-RR 1986, 1412 = VersR 1987, 977). Demgegenüber soll die Nichtverfolgung von Schadensersatzansprüchen eines Wohnungseigentümers gegen einen anderen Wohnungseigentümer keinen Verstoß gegen die Obliegenheit zur Anspruchswahrung darstellen, wenn die anderen Wohnungseigentümer kein Interesse an einem Antrag nach § 18 WEG haben (OLG Stuttgart r+s 1996, 185; bedenklich, weil eben doch der dem VR zustehende Anspruch untergeht; Einzelheiten und weitere Beispiele bei *Günther* S. 16 ff.). Realisiert der VN seinen Schadensersatzanspruch selbst, liegt kein Verstoß gegen Abs. 2 vor; in diesem Fall fehlt es dann allerdings im Verhältnis zum VR an einem deckungspflichtigen Schaden.

a) Unterlassen. Zum anderen kann auch ein Unterlassen des VN oder seines 48
Repräsentanten einen Anspruchsverlust begründen; bei der Obliegenheit zur Wahrung des Anspruchs insbesondere die Nichtbeachtung von Formerfordernissen oder Fristen, aber auch die mangelnde Feststellung der Person des Schädigers oder Weiterverfolgung des Schadensersatzanspruchs. Verstöße durch Unterlassen werden nach geltendem Recht allerdings vor allem bzgl. der jetzt gesetzlichen Obliegenheit zur Mitwirkung bei der Durchsetzung des auf den VR übergegangenen Anspruchs zum Tragen kommen. Im Falle des – durch Zahlung des VR – bewirkten Anspruchsübergangs und damit verbundener Aktivlegitimation des VR kann der VN einen Anspruchsverlust nicht mehr herbeiführen. An die Stelle der Obliegenheit zur Anspruchswahrung tritt dann diejenige zur Mitwirkung bei

der Geltendmachung von Ersatzansprüchen gegen den Dritten. Diese umfasst insbesondere die Erteilung von Auskünften über die Person des Schädigers sowie über alle tatsächlichen Umstände im Zusammenhang mit der Entstehung und Verfolgung des Schadensersatzanspruchs.

49 **b) Haftungsverzicht „von vornherein".** Voraussetzung für einen Verstoß gegen Abs. 2 ist stets, dass der Ersatzanspruch zunächst überhaupt entstanden und nicht aufgrund eines Haftungsverzichts „von vornherein" ausgeschlossen ist. Problematisch sind die Fälle, in denen der VN „von vornherein" auf Ersatzansprüche verzichtet; es muss allerdings unterschieden werden in Anspruchsverluste **vor Abschluss des Versicherungsvertrages** und Anspruchsverluste **vor Eintritt des Versicherungsfalles.** Auch nach der VVG-Reform dürfte Einigkeit darüber bestehen, dass die Regelung in Abs. 2 in jedem Fall die Ansprüche umfasst, die vom VN nach ihrer Entstehung, aber vor Zahlung der Versicherungsentschädigung aufgegeben werden (so war der Meinungsstand zu § 67 Abs. 1 Satz 3 aF).

50 **aa) Anspruchsverluste vor Abschluss des Versicherungsvertrages.** Zunächst können etwaige Schadensersatzansprüche vom VN schon vor Abschluss des Versicherungsvertrages aufgegeben werden, indem etwa der Vermieter, der anschließend das Gebäude feuerversichert, seinen Mietern gegenüber im Mietvertrag seine Schadensersatzansprüche auf Vorsatz oder grobe Fahrlässigkeit beschränkt. Darin liegt **kein** Verstoß gegen die Obliegenheit des Abs. 2. Zum Aufgabeverbot nach früherem Recht anders nur bei Abreden, in denen auch die Haftung für Vorsatz und grobe Fahrlässigkeit ausgeschlossen werden; vgl. etwa BGH VersR 1975, 317; 1962, 150; 1960, 1133; BAG NJW 1968, 1846 = VersR 1968, 741; zur Haftungsbegrenzung eines Spediteurs auf den Umfang des § 54a Nr. 1 ADSp vgl. OLG Frankfurt a. M. NJW-RR 1994, 29; kein Verstoß gegen das frühere Aufgabeverbot soll in der Übernahme der Beweislast für grobe Fahrlässigkeit durch den VN liegen, BGH VersR 1975, 317 (anders allerdings – wohl zu Recht – *Sieg* VersR 1976, 105, da bei positiver Beweisführung der Schadensersatzanspruch besteht und bei nicht möglichem Nachweis grober Fahrlässigkeit die Beweislastverteilung eben einer Aufgabe des Anspruchs gleichkommt; ähnlich Langheid/Wandt/*Segger* § 86 Rn. 275 ff. mit der Argumentation, dass eine Beweislastumkehr einem Anspruchsverzicht im wirtschaftlichen Ergebnis entsprechen kann). Im geltenden Recht kann eine Anspruchsaufgabe vor Abschluss des Versicherungsvertrages keine Obliegenheitsverletzung nach Abs. 2 darstellen, da vor Vertragsabschluss noch keine Obliegenheiten gelten (Langheid/Wandt/*Segger* § 86 Rn. 279). Bei einem Haftungsverzicht vor Abschluss des Versicherungsvertrages ist eine Anzeigepflichtverletzung gemäß §§ 19 ff. denkbar: Diese kann dann vorkommen, wenn der VR ausdrücklich nach entsprechenden Abreden fragt (für weitreichende Haftungsausschlüsse wird dies auch von der Rspr. angenommen, BGHZ 22, 109 = VersR 1956, 725; KG VersR 1968, 440; VersR 1962, 530; OLG Karlsruhe VersR 1971, 159).

51 **bb) Anspruchsverluste vor Eintritt des Versicherungsfalles.** Ein Haftungsverzicht „von vornherein" kann auch nach Abschluss des Versicherungsvertrages, aber vor Eintritt des Versicherungsfalles vorgenommen werden (wenn etwa bei einem Mieterwechsel dem neuen Mieter gegenüber in eine Haftungsbeschränkung auf Vorsatz und grobe Fahrlässigkeit eingewilligt wird). Diese Fälle dürften deswegen problematischer sein, weil hier – im Gegensatz zum Haftungsverzicht vor Abschluss des Versicherungsvertrages – der **VR keine Einwirkungsmög-**

lichkeiten mehr hat. Zunächst kommt in solchen Fällen die Annahme einer Gefahrerhöhung iSd § 23 in Betracht. Das wird von der Rspr. für Klauseln bejaht, mit denen der VN auf die Haftung des Schuldners auch für Vorsatz und grobe Fahrlässigkeit verzichtet (BGHZ 33, 216 (221) = VersR 1960, 1133; BGHZ 22, 109 = VersR 1956, 725; KG VersR 1968, 440; VersR 1962, 530; OLG Karlsruhe VersR 1971, 159 (sämtlich Fälle, in denen ein kaskoversicherter Mieter von Ein- oder Unterstellplätzen (Garagen; Flughäfen; Hafenliegeplatz) auf die Haftung des Vermieters auch wegen grober Fahrlässigkeit verzichtet); gegen die Annahme einer Gefahrerhöhung ohne das Hinzutreten weiterer Umstände Langheid/Wandt/*Segger* § 86 Rn. 274). Fraglich im hier erörterten Zusammenhang kann nur sein, ob in einem solchen Haftungsverzicht ein Verstoß gegen die Obliegenheit zur Anspruchswahrung nach Abs. 2 liegt (für das frühere Aufgabeverbot ohne Differenzierung verneinend Prölss/Martin/*Prölss,* 27. Aufl. 2004, § 67 Rn. 35; ein „Gewohnheitsrecht" verneinend, wenn sich der Haftungsverzicht „im Bereich des üblichen" hält, Bruck/Möller/*Sieg,* 8. Aufl. 1961 ff., § 67 Anm. 82 mwN; daran hält Bruck/Möller/*Voit* § 86 Rn. 154 f. fest, wobei insbesondere ein Haftungsausschluss für Vorsatz und grobe Fahrlässigkeit über das übliche Maß hinausgehe; Langheid/Wandt/*Segger* § 86 Rn. 281 ff., 285 formulieren abstrakt, dass alle Haftungsausschlüsse/-begrenzungen, die an einer Klauselkontrolle nach §§ 305 ff. BGB scheitern würden, nicht als üblich gelten können). Aus exakt diesen Gründen ist die allgemeine Auffassung, dass bei einem Haftungsverzicht vor Eintritt des Versicherungsfalles „von vornherein" kein Verstoß gegen die Obliegenheit nach Abs. 2 vorliegt, kritisch zu überprüfen. Vom Gesetz ist diese Auffassung nicht gedeckt und es ist dem VR gleich nachteilig, ob der VN den Regressanspruch generell-abstrakt vor oder individuell-konkret nach Eintritt des Versicherungsfalles aufgibt.

cc) Stillschweigende Haftungsausschlüsse. In diesem Zusammenhang ist **52** die Handhabung von stillschweigenden Haftungsausschlüssen schwierig. Der VIII. Senat des BGH hat in der Umlage der Versicherungsprämie auf den Pächter/Mieter eines Gebäudes eine stillschweigende Haftungsfreistellung des Vermieters zu Gunsten des Mieters gesehen (BGH NJW 1996, 715 (716) mAnm *Armbrüster* NJW 1997, 177; anders zunächst BGH NJW-RR 1991, 527 = VersR 1991, 462; sodann BGH NJW 1992, 980 = VersR 1992, 311; 1994, 585 = VersR 1994, 85; zuletzt BGH NJW 2001, 1353 = VersR 2001, 94 (dazu *Wälder* r+s 2001, 73 f.; *ders.* NVersZ 2001, 84; *Gaul/Pletsch* NVersZ 2001, 490; ausführlich zur Rspr. zum Mieterregress, *Günther* VersR 2004, 592). Demgegenüber wurde der Gebäudefeuerversicherungsvertrag dahingehend ausgelegt, dass der Gebäudeversicherer einen konkludenten Regressverzicht für die Fälle erklärt, in denen der Wohnungsmieter einen Brandschaden durch einfache Fahrlässigkeit verursacht hat; nach BGH VersR 2006, 1530 mAnm *Günther* VersR 2006, 1539 = r+s 2006, 458 = NJW 2006, 3712 gilt dieser stillschweigende Regressverzicht auch dann, wenn der Mieter eine Haftpflichtversicherung abgeschlossen hat, die sich auf Schäden an fremden Sachen bezieht; vgl. ferner BGH VersR 2010, 477; VersR 2010, 807. Anders der VI. Senat des BGH, der aus dem Mietvertrag einen Haftungsverzicht des Vermieters ableitet, wenn die VersPrämie auf diesen umgelegt wird (BGH NJW-RR 2017, 272 = VersR 2017, 1264), wobei aber die Existenz einer Haftpflichtversicherung aufseiten des Mieters gegen eine stillschweigende Haftungsbeschränkung sprechen soll (BGH VersR 2016, 1264). Keinesfalls ist der Regressverzicht so weit auszulegen, dass in sinngemäßer Anwendung des § 81 Abs. 2 auch gegenüber dem grob fahrlässig handelnden Mieter nur eine Quote nach der Schwere von dessen Verschulden zu verlangen wäre (BGH NJW-RR 2017, 22 = VersR 2017, 36).

53 **c) Subjektiv.** Subjektiv muss der VN den Anspruchsverlust kennen und auch wollen. Verschulden wird nicht vorausgesetzt; es ist daher weder erforderlich, dass der VN im Bewusstsein der Übergangsvereitelung handelt noch in Kenntnis des bestehenden Versicherungsvertrages. Es reicht vielmehr der Anspruchsuntergang als solcher, solange dieser dem VN bekannt und von ihm auch gewollt ist (vgl. auch Langheid/Wandt/*Segger* § 86 Rn. 273).

3. Rechtsfolgen

54 Die Nichtbeachtung der Obliegenheit zur Anspruchswahrung oder die Verletzung der Mitwirkungsobliegenheit hat Leistungsfreiheit des VR zur Folge; eine vollständige Leistungsfreiheit setzt dabei eine vorsätzliche Obliegenheitsverletzung voraus, bei grober Fahrlässigkeit, deren Nichtvorliegen vom VN bewiesen werden muss, tritt lediglich quotale Leistungsfreiheit ein. Es besteht ein Kausalitätserfordernis, das heißt Leistungsfreiheit kommt nur insoweit in Betracht, als die Obliegenheitsverletzung ursächlich dafür war, dass der VR vom Dritten keinen Ersatz verlangen kann; das ist zB dann nicht erfüllt, wenn feststeht, dass der VR seinen Ersatzanspruch tatsächlich nicht durchsetzen kann. Neben der Rechtsfolge der Leistungsfreiheit wegen Verletzung der Obliegenheit zur Mitwirkung bei der Durchsetzung des auf den VR übergegangenen Anspruchs kann der VN sich bei gleichzeitiger Verletzung seiner Treuepflicht auch schadensersatzpflichtig machen (→ Rn. 31 und *Langheid* NJW 1993, 700).

VII. Ausschluss des Regresses (Abs. 3)

1. Einführung

55 Das ehemalige sog **Familienprivileg** wurde durch die Reform 2008 vom Kreis der Familienangehörigen auf alle Personen in der häuslichen Gemeinschaft erweitert; damit sind nunmehr vor allem auch (nichteheliche) **Lebenspartner** privilegiert (gilt nicht in der Krankenversicherung, § 194). Unberührt davon bleibt die Schutzrichtung: Der Regressausschluss soll nicht die Personen in häuslicher Gemeinschaft schützen, sondern eine mittelbare Belastung des VN verhindern (vgl. etwa BGH VersR 1988, 253; OLG Köln NJW-RR 1991, 670 = VersR 1991, 1237). Der Ausschluss wirkt generell, so dass es im Einzelfall nicht darauf ankommt, ob eine Belastung des VN uU deswegen ausscheidet, weil hinter dem Dritten ein Haftpflichtversicherer steht (vgl. etwa BGH NJW 1985, 471). Aus diesen Gründen ist auch eine Forderungsabtretung wegen § 86 Abs. 3 ausgeschlossen, wenn sich die Forderung des Geschädigten gegen seinen mit ihm in häuslicher Gemeinschaft lebenden Bruder richtet, auch wenn dieser haftpflichtversichert ist (OLG Saarbrücken r+s 1989, 104 im Anschluss an OLG Frankfurt a. M. VersR 1984, 254 (zugrunde lag die Abtretung eines Unfallgeschädigten an einen SVT, der mit Hilfe der Abtretung Regress bei dem Haftpflichtversicherer des unfallverursachenden Bruders des Geschädigten nehmen wollte); OLG Schleswig ZfS 2011, 460; aM Prölss/Martin/*Armbrüster* § 86 Rn. 87; dagegen wiederum *Langheid* NJW 1991, 269 (272); wie hier Bruck/Möller/*Voit* § 86 Rn. 178). Auf den

Regress eines Haftpflichtversicherers wegen fehlender Fahrerlaubnis und Unfallflucht eines Familienangehörigen des VN findet Abs. 3 keine Anwendung, da der Regressanspruch nicht vom VN, sondern gemäß § 416 BGB vom Haftpflichtgläubiger auf den VR übergeht (OLG Koblenz VersR 2012, 1026: Abs. 3 ist dann auch nicht analog anwendbar, da der VR anderenfalls gezwungen wäre, das Risiko der Schadenverursachung durch einen Fahrer, der nicht die erforderliche Fahrerlaubnis besitzt, zu decken, obwohl er dieses Risiko ausweislich seiner AVB erkennbar nicht übernehmen will). Nach geltendem Recht tritt an die Stelle des bisherigen Ausschlusses des Anspruchsübergangs ein Regressausschluss (Einzelheiten → Rn. 58).

2. Entscheidender Zeitpunkt

Um Missbrauch zu verhindern, hat der Reformgesetzgeber von 2008 ausdrücklich in Abs. 3 aufgenommen, dass es zeitlich auf den Eintritt des Schadens ankommt (auch bisher hM, vgl. BGH VersR 1980, 644; VersR 1971, 901 = NJW 1971, 1938; OLG Hamm VersR 1970, 708; *Langheid* NJW 1993, 700): Nur wer zu diesem Zeitpunkt mit dem VN in häuslicher Gemeinschaft lebt, ist durch den Regressausschluss privilegiert. Anders § 116 Abs. 6 Satz 2 SGB X, wonach der Ersatzanspruch dann nicht geltend gemacht werden kann, wenn der Schädiger mit dem Geschädigten oder einem Hinterbliebenen nach Eintritt des Schadenereignisses die Ehe geschlossen hat und in häuslicher Gemeinschaft lebt. 56

3. Häusliche Gemeinschaft

Zum Zeitpunkt des Schadeneintritts muss eine häusliche Gemeinschaft bestehen. Diese liegt vor, wenn eine auf Dauer angelegte gemeinschaftliche Wirtschaftsführung besteht, wobei es weder auf die konkreten wirtschaftlichen Abreden ankommt (BGH VersR 1986, 333) noch auf momentane Abwesenheit (Student, Soldat). Interimsbewirtung reicht nicht (ÖOGH VersR 1988, 644), wohl aber das Zusammenleben von Eltern und Sohn einschließlich Schwiegertochter in einem Einfamilienhaus (BGH NJW-RR 1986, 385 = VersR 1986, 333). Zur analogen Anwendung des sog Familienprivilegs nach früherem Recht auf Partner einer nichtehelichen Lebensgemeinschaft siehe BGH VersR 2009, 813. 57

4. Rechtsfolgen

Soweit der VN die Versicherungsleistung in Anspruch nimmt, geht der Ersatzanspruch gegen den Dritten nach geltendem Recht nun unabhängig von der Person des Schädigers auf den VR über, ist aber gegenüber einer in häuslicher Gemeinschaft mit dem VN lebenden Person nicht durchsetzbar. Da der VN den Ersatzanspruch jetzt auch in der Konstellation der Schädigung durch eine in der häuslichen Gemeinschaft lebenden Person verliert, kann er die Forderung, nachdem er die Versicherungsleistung seines VR in Anspruch genommen hat, nicht mehr – etwa beim Haftpflichtversicherer des Schädigers – realisieren. Damit werden Doppelentschädigungen vermieden. 58

5. Vorsatz

Handelt die in häuslicher Gemeinschaft lebende Person vorsätzlich, gilt der Regressausschluss **nicht;** dabei kommt es auf die Verwirklichung des Schadens an (BGH NJW-RR 1986, 1606 = VersR 1986, 233). 59

VIII. Konkurrenzen und Parallelansprüche

1. Konkurrenzen

60 Die Sondervorschriften in § 118 aF für die Tierversicherung und § 158f aF für die Pflichtversicherung sind mit der VVG-Reform 2008 weggefallen.

61 Von der Zielsetzung her identisch mit § 86 ist die Regressvorschrift in § 116 Abs. 1 Satz 2 (§ 3 Nr. 9 Satz 2 PflVG aF). Bei „krankem Versicherungsverhältnis" hat der geschädigte Dritte iRd § 115 einen Direktanspruch gegen den Pflicht-Haftpflichtversicherer mit der Folge, dass der VN, dem gegenüber im Innenverhältnis Leistungsfreiheit des Pflichtversicherers besteht, zum Regressschuldner wird. Gleiches gilt für die Regelung in § 12 Abs. 6 PflVG für Leistungen des Entschädigungsfonds iRd Verkehrsopferhilfe. Bzgl. der Kfz-Pflichtversicherung ist nach der Regelung in § 5 Abs. 3 KfzPflVV die Leistungsfreiheit des VR auf 5.000 EUR beschränkt. Das wirkt sich auch hier aus, so dass der VN nur noch iHv maximal 5.000 EUR zum Regressschuldner werden kann.

2. Parallelansprüche

62 Neben die auf den VR übergehenden Schadensersatzansprüche gegen den schadensverursachenden Dritten können auch Ansprüche gegen den **VN** treten. Außerdem kommen weitere Anspruchsgrundlagen gegen den Dritten in Betracht. Gegen den VN kann ein Kondiktionsanspruch nach § 812 BGB gegeben sein, wenn der VR irrtümlich gezahlt hat.

63 **Gegen den Dritten** bestehen iÜ außerhalb des § 86 keine eigenen Ansprüche des VR (vgl. etwa BGHZ 38, 385; BGHZ 33, 99; BGHZ 32, 331; BGH NJW 1969, 1380 = VersR 1969, 641; NJW 1966, 1262 = VersR 1966, 664; NJW 1964, 101 = VersR 1963, 1192). Eine Ausnahme besteht nur im Falle des § 826 BGB. Im Rahmen der **Haftpflichtversicherung** kommt eine Leistungskondiktion gegen den Dritten in Betracht, wenn dieser Mitversicherter ist und nicht § 116 Abs. 1 Satz 2 (§ 3 Nr. 9 Satz 2 PflVG aF) eingreift. Ansonsten fehlt es an einem Leistungsverhältnis hinsichtlich des Leistungsgegenstandes, denn der Dritte erlangt die Befreiung nicht durch eine ihm erbrachte Leistung. Keine Befreiung des Dritten tritt ein, wenn nur dieser dem Geschädigten haftet, der VR jedoch in der irrigen Annahme der Haftung des VN zahlt. Der VN hat dann gegen den Geschädigten den Anspruch aus § 812 BGB, den er an den VR abzutreten hat (vgl. hierzu und zu weiteren Fallgestaltungen Prölss/Martin/*Armbrüster* § 86 Rn. 104 ff.).

§ 87 Abweichende Vereinbarungen

Von den §§ 74, 78 Absatz 4, den §§ 80, 82 bis 84 Abs. 1 Satz 1 und § 86 kann nicht zum Nachteil des Versicherungsnehmers abgewichen werden.

1 Über die in § 68a aF erfassten Vorschriften hinaus ist nach geltendem Recht auch die Regelung des § 83 über den **Aufwendungsersatz** halbzwingend. Damit wollte der Reformgesetzgeber von 2008 der Auslegung des § 63 aF im Schrifttum entsprechen, wonach jedenfalls eine vollständige Abbedingung eines Aufwendungsersatzes gegen § 307 BGB verstoßen würde (BT-Drs. 16/3945, 81). Neu ist

die Nennung von § 78 Abs. 4 (BGBl. 2020 I 1653), weil der dortige Abs. 3, der einen anderen Sachverhalt betrifft, neu aufgenommen wurde.

Die sachlich übereinstimmenden Vorschriften von § 74 Abs. 2, § 78 Abs. 4 **2** (früher Abs. 3) und § 80 Abs. 3 sind jeweils im Hinblick auf die Hs. 2 der zitierten Absätze aufgenommen. Die Rechtsfolge der Nichtigkeit in den Halbsätzen 1 ist weiterhin absolut zwingend.

Entgegen der früheren Rechtslage (Anordnung der Nichtigkeit in § 64 Abs. 3 **3** aF) reicht bei der neu in den Katalog aufgenommene Vorschrift des § 84 Abs. 1 Satz 1aus, dass die Abdingbarkeit der Vorschrift zum Nachteil des VN ausgeschlossen ist (BT-Drs. 16/3945, 81).

Die in § 87 genannten Abbedingungsverbote sind auf die in § 210 Abs. 2 **4** genannten **Großrisiken** (das sind insbesondere Schienen- und Luftfahrzeugkaskoversicherung, Transportversicherung und Kreditversicherung) und die laufende Versicherung (§ 53) **nicht anzuwenden** (§ 210). Das bedeutet nur, dass die genannten „beschränkenden" Vorschriften abbedungen werden können, nicht etwa, dass sie durch § 210 schon wegfallen. Infolgedessen bleiben sämtliche Beschränkungen anwendbar, solange sie nicht ausdrücklich abbedungen wurden (BGHZ 118, 275 (279) = NJW 1992, 2631 = VersR 1992, 1089 unter 2.a).

§ 87 (und damit auch § 86) ist auf die Krankenversicherung anwendbar, soweit **5** sie den durch Behandlung und Pflege entstandenen Schaden ersetzt; insoweit ist sie **Schadensversicherung** (BGH VersR 1969, 1036 = NJW 1969, 2284; Bruck/Möller/*Schnepp* § 87 Rn. 6).

Verstößt eine Vereinbarung gegen § 87, ist sie unwirksam. Es gelten dann die **6** Vorschriften, von denen abgewichen wurde (§§ 74, 78 Abs. 4, 80, 82, 83, 84 Abs. 1 Satz 1 und § 86).

Abschnitt 2. Sachversicherung

§ 88 Versicherungswert

Soweit nichts anderes vereinbart ist, gilt als Versicherungswert, wenn sich die Versicherung auf eine Sache oder einen Inbegriff von Sachen bezieht, der Betrag, den der Versicherungsnehmer zur Zeit des Eintrittes des Versicherungsfalles für die Wiederbeschaffung oder Wiederherstellung der versicherten Sache in neuwertigem Zustand unter Abzug des sich aus dem Unterschied zwischen alt und neu ergebenden Minderwertes aufzuwenden hat.

Übersicht

I. Einführung

1 Die Terminologie in Rspr. und Lit., was unter dem jeweiligen **Versicherungswert** zu verstehen ist, ist **äußerst uneinheitlich.** Neben dem in § 88 definierten Versicherungswert werden in den AVB häufig die Begriffe der **Zeitwert-** und **Neuwertversicherung** gebraucht. Der Versicherungswert wird häufig auch als **gemeiner Wert** der Sache bezeichnet, der dann – weil man mit dem Begriff des „gemeinen Wertes“ nicht viel anfangen kann – als **Verkehrswert** bezeichnet wird. Der Begriff des Verkehrswertes wiederum ist heftig umstritten: Die einen sehen darin den **Verkaufspreis,** die anderen den **Ankaufspreis** bzw. den **Wiederbeschaffungswert,** wiederum andere verstehen unter dem Verkehrswert den **Marktwert** oder **-preis** (vgl. zur Terminologie die Nachweise bei *Wälder* r+s 1977, 40; sowie die instruktive Entscheidung BGH VersR 1984, 480 zum Begriff des gemeinen Wertes iSv § 13 Abs. 1 AKB; nach den dort wiedergegebenen Meinungen lässt sich der Begriff des gemeinen Wertes sowohl dem BauGB, dem BewG und dem Handelsrecht – § 429 Abs. 3 HGB – entnehmen). Zusätzlich verwirrend ist, dass nach der zuvor zitierten Entscheidung des BGH der Zeitwert in der Kraftfahrzeugversicherung dem gemeinen Wert des zerstörten Fahrzeugs entsprochen haben soll, während der Zeitwert in der Sachversicherung einen höheren Wert darstellt (vgl. *Martin* Q III Rn. 3; zwar ist in § 13 Abs. 1 AKB, A 2.5.1 AKB 2015 inzwischen der Wiederbeschaffungswert als Ersatzwert genannt, was aber an der grundsätzlichen Begriffsverwirrung nichts ändert).

2 § 88 definiert den Versicherungswert in der **Sachversicherung.** Soweit Gegenstand der Versicherung eine Sache ist, ist die Definition bei der Feststellung einer Über- (§ 74), Unter- (§ 75) und Mehrfachversicherung (§§ 78, 79) zur Ermittlung der Taxe nach § 76 und des Rückzahlungsbetrags bei nicht erfolgter Wiederherstellung nach § 93 Abs. 1 Satz 2 relevant. In Anlehnung an die früheren §§ 86 und 88 VVG aF definiert § 88 den **Versicherungswert** als **Zeitwert.** Klarstellend enthält die Vorschrift einen ausdrücklichen Vorbehalt für eine abweichende Vereinbarung, das heißt den Vertragspartnern steht es frei, dem Versicherungswert einen anderen Wert zugrunde zu legen. Von praktischer Bedeutung ist insbesondere die Neuwertversicherung, bei der kein Abzug neu für alt erfolgt.

II. Anwendungsbereich

3 Die Vorschrift ist aufgrund ihrer systematischen Stellung nur in der Sachversicherung anwendbar, das heißt, wenn das Interesse an einer Sache versichert ist.

Folglich liegen zB Haftpflicht- und Lebensversicherung außerhalb des Anwendungsbereichs. In diesen Versicherungszweigen kann es eine Über- oder Unterversicherung im eigentlichen Sinne nicht geben. Hauptzweck der Norm ist es, anhand der Festlegung des Versicherungswertes in den Versicherungszweigen eine Über- oder Unterversicherung festzustellen, in denen dies möglich ist.

Eine **Sondervorschrift** zum Versicherungswert findet sich in § 136 für die Transportversicherung. 4

Grundsätzlich liegt es in der **Verantwortung des VN,** für die richtige Angabe des Versicherungswertes zu sorgen. Da aber – zB beim Versicherungswert 1914 in der Gebäudeversicherung – häufig große Probleme bestehen, den Versicherungswert richtig zu bestimmen, unterliegt die Findung des Versicherungswertes der **Beratungspflicht des VR** (BGH VersR 2011, 622). 5

III. Definition des Versicherungswertes

§ 88 bestimmt den Versicherungswert – soweit nichts anderes vereinbart ist – als den Betrag, der bei Eintritt des Versicherungsfalles für die Wiederbeschaffung oder -herstellung der versicherten Sache in neuwertigem Zustand abzgl. des sich aus dem Unterschied zwischen alt und neu ergebenden Minderwertes vom VN aufzuwenden ist (unzutreffend daher BGH (IX. Senat) NJW-RR 2017, 540 = VersR 2017, 153, wo tatsächlich nicht anfallende Architektenkosten dem Zeitwert (Minus vom Neuwert) zugerechnet werden, obwohl bei der Neuwertversicherung die Bereicherung des VN in einem **Sachwert** besteht (neues Gebäude), während bei der Zeitwertentschädigung eine Geldsumme geschuldet wird). Versicherungswert ist mithin der Neuwert zum Zeitpunkt des Versicherungsfalles unter Berücksichtigung des Abzugs „neu für alt", also der Zeitwert in der Form des **Wiederbeschaffungspreises.** Zur Konkretisierung dieses Begriffs **kommt es allein darauf an,** welchen Betrag der VN auf seiner jeweiligen Handelsstufe aufwenden muss. Die Höhe des Wiederbeschaffungswertes richtet sich nach den individuellen Einkaufsmöglichkeiten des VN, so dass etwa erzielbare oder übliche **Preisnachlässe** ersatzwertmindernd zu berücksichtigen sind. Das gilt auch für Rabatte, die aufgrund seiner Stellung **nur der VN** zu erzielen imstande ist, wobei die Wiederbeschaffung zum Zeitpunkt des Versicherungsfalles noch möglich sein muss (BGH VersR 1979, 173; Bruck/Möller/*Schnepp* § 88 Rn. 28 mwN; anders nur für Rabatte aufgrund freundschaftlicher oder verwandtschaftlicher Beziehungen Bruck/Möller/*Schnepp* § 88 Rn. 33 und Prölss/Martin/*Armbrüster* Vor § 74 Rn. 118). Der Wiederbeschaffungswert **richtet sich nicht danach,** zu welchem Preis der VN die versicherte Sache, für die er nunmehr Ersatz verlangt, erworben hat, wobei allerdings der aufgewendete Anschaffungspreis ein Bewertungskriterium für den Wiederbeschaffungswert sein kann (LG Köln VersR 1979, 125 für den Fall einer Einzelanfertigung, wenn eine Sache „gleicher Art" billiger wiederbeschafft werden kann. Der Anschaffungspreis kann aber Beweis für den Wiederbeschaffungspreis sein (vgl. OLG Hamm r+s 1979, 263 = VersR 79, 1047 zu § 4 VHB 74; Bruck/Möller/*Schnepp* § 88 Rn. 15 und 116). Für die Bestimmung des Versicherungswertes kommt es nicht darauf an, welcher Preis bei Veräußerung der Sache hätte erzielt werden können, insbesondere nicht, zu welchem Preis ein Händler die Sache angekauft hätte. 6

Das Affektionsinteresse an einer Sache ist grds. nicht versicherbar. Anders, wenn mehrere die Liebhaberei teilen und deshalb ein wenn auch kleiner Markt besteht 7

(Langheid/Wandt/*Staudinger* § 88 Rn. 6). Dann ist Versicherungswert und Wiederbeschaffungswert der Kaufpreis, der auf diesem Spezialmarkt beim Kauf aufzuwenden ist (BGH r+s 1994, 204 = VersR 1994, 554: sog Oldtimer).

8 Zum Wiederbeschaffungsaufwand gehört auch die **Mehrwertsteuer,** soweit der VN nicht vorsteuerabzugsberechtigt ist (BGH NJW 1986, 431 = VersR 1986, 177; VersR 1985, 354; VersR 1991, 1129). Ansonsten entsteht ihm kein Schaden (BGH VersR 1993, 1223). Allerdings ist § 249 Abs. II Satz 2 BGB zu beachten (Umsatzsteuer muss tatsächlich angefallen sein). **Investitionszulagen** sind ersatzwertmindernd zu berücksichtigen, weil sie die Aufwendungen des VN für die Wiederbeschaffung der zerstörten oder entwendeten Sache mindern (so auch Prölss/Martin/*Armbrüster* § 88 Rn. 18; Bruck/Möller/*Schnepp* § 88 Rn. 14). **Preisänderungen** während der üblichen Lieferzeit sind ebenfalls ersatzwerterhöhend oder -vermindernd zu berücksichtigen (anders Bruck/Möller/*Schnepp* § 88 Rn. 14 unter Hinweis auf den Zeitpunkt des Versicherungsfalles; das ändert aber nichts an etwaigen vom VN nicht zu beeinflussende Preisfaktoren während üblicher Lieferzeiten; wie hier Prölss/Martin/*Armbrüster* § 88 Rn. 30).

IV. Andere Wertbegriffe

9 Die nachfolgend erörterten Wertbegriffe werden nicht einheitlich verwendet (s. ausführlich Bruck/Möller/*Schnepp* § 88 Rn. 61 ff.). Sie müssen bei ihrer Anwendung ausgefüllt und konkretisiert werden. Darüber hinaus sind die Grenzen fließend. Hier wird im Wesentlichen der Verwendung in der Rspr. gefolgt, die allerdings auch nicht einheitlich ist.

1. Gemeiner Wert

10 Der gemeine Wert ist der **Verkehrswert.** Darunter ist der Wert zu verstehen, den das Gut nach seiner objektiven Beschaffenheit für jedermann hat (schon RGZ 96, 124 (125); vgl. auch RGZ 97, 44 (46); BGHZ 5, 197 (202)), ohne Rücksicht auf die besonderen Umstände des Falles und die individuellen Verhältnisse der Beteiligten. Ob als Verkehrswert der **Veräußerungs-** oder der **Wiederbeschaffungswert** verstanden werden soll, ist nach Sinn und Zweck der Regelung zu bestimmen, die den Begriff verwendet (zust. Bruck/Möller/*Schnepp* § 88 Rn. 89). So ist unter dem gemeinen Handelswert iSd § 136 Abs. 1 der Wert auf der Handelsstufe des Ersatzberechtigten zu verstehen, bei einem VN als Verkäufer also der Verkaufswert einschließlich eines Gewinns (BGH NJW-RR 1993, 1372 = VersR 1994, 91 unter 2 = ZfS 1994, 253).

2. Veräußerungswert

11 Der Veräußerungswert ist der Wert, zu dem der VN (im Zeitpunkt des Versicherungsfalles) die Sache hätte veräußern können.

3. Wiederbeschaffungswert

12 Der Wiederbeschaffungswert ist der Betrag, den der VN aufwenden muss, um sich eine Sache gleicher Art und Güte wieder zu beschaffen. Er kann unterschiedlich hoch sein. Es hängt davon ab, auf welcher Handelsstufe sich der Betroffene im Regelfall die Sache wiederbeschaffen kann, ob als Händler vom Hersteller oder

Großhändler, als Verbraucher beim Händler usw (Langheid/Wandt/*Staudinger* § 88 Rn. 5). Der Wiederbeschaffungswert ist in jeder Handelsstufe gesondert zu bestimmen (vgl. BGH NJW 1984, 2165 = VersR 1984, 480 unter II). Für den Verbraucher, der sich die Sache beim Händler beschafft, enthält der Wiederbeschaffungswert auch den Gewinn des Händlers und die Umsatzsteuer (BGHZ 103, 228 = VersR 1988, 463 unter 3.b).

4. Zeitwert

Zeitwert ist der Wert, den die versicherte Sache am Tag des Schadens hat (BGH NJW 1984, 2165 = VersR 1984, 480 unter II). Anders als der Verkehrswert der Sache versteht man unter seinem Zeitwert einen höheren Betrag, nämlich den Neuwert der Sache abzgl. des Abnutzungswertes entsprechend Alter und Abnutzung des versicherten Gegenstandes. Der Zeitwert definiert sich insoweit als ein Minus zum Neuwert (→ Rn. 15). Der Begriff des Zeitwerts sagt nichts darüber aus, ob der gemeine Wert als Wiederbeschaffungs- oder Veräußerungswert zu verstehen ist. Er stellt allein auf den Zeitpunkt des Versicherungsfalles ab. Soweit in einer Entscheidung des BGH (VersR 1981, 772) der Zeitwert bestimmt ist als der Preis, der bei einer beabsichtigten Veräußerung zur Zeit des Schadeneintritts zu erzielen gewesen wäre, handelt es sich um einen Sonderfall. Der VN handelte mit sog Oldtimern. Sein wirtschaftliches Ziel war die Veräußerung. Deshalb war auf diese abzustellen. **13**

Der Zeitwert ist durch einen Abzug entsprechend dem Zustand der Sache vom Neuwert zu bestimmen (dazu BGH VersR 2009, 1531 = r+s 2009, 508 mAnm *Wälder*). Bei Gebäuden ist der Zeitwert der ortsübliche Bauwert abzgl. eines dem Zustand, insbesondere dem Alter und der Abnutzung entsprechenden Betrages (zB OLG Hamm NJW-RR 1993, 1312 = VersR 1993, 1352). **14**

5. Neuwert

Als Neuwert wird der Betrag bezeichnet, der zur Wiederbeschaffung oder Wiederherstellung der beschädigten oder zerstörten Sachen in **neuwertigem Zustand** aufgewendet werden muss, also ohne Abzug neu für alt (vgl. BGHZ 103, 228 = VersR 1988, 463). Unter Neuwert ist nicht der Preis zu verstehen, den der VN für die versicherte Sache ursprünglich hat aufwenden müssen. Entscheidend ist vielmehr der Wiederbeschaffungsaufwand am Tag des Schadens (BGH NJW 1986, 431 = VersR 1986, 177 (178); OLG Saarbrücken VersR 2000, 358). Kein Neuwert-Ersatz, wenn die Reparaturkosten den Versicherungswert unterschreiten und die Bedingungen den Neuwert als Entschädigungsgrenze vorsehen (OLG Karlsruhe VersR 2019, 754). In den AVB werden Neu- und Zeitwert häufig in Relation zueinander gesetzt, indem zum einen die Neuwertspitze erst dann ausgezahlt werden kann, wenn die Sache wiederhergestellt bzw. wiederbeschafft worden ist und indem zum anderen die Neuwertentschädigung schon dem Grunde nach nur dann geschuldet wird, wenn der Zeitwert nicht unter eine bestimmte Marge (idR 40 oder 50 %) des Neuwertes abgesunken ist (BGH VersR 2009, 1622: Entwertungsgrenze 40 % wirksam). **15**

6. Ertragswert

Der Ertragswert oder Nutzungswert schließt den Wert der Gewinnerwartung mit ein (Langheid/Wandt/*Staudinger* § 88 Rn. 15). **16**

7. Substanzwert

17 Mit dem Begriff Substanzwert wird eine Abgrenzung zum Ertrags- oder Nutzungswert vorgenommen. Substanzwert stellt also klar, dass der Wert ohne den Wert der Nutzungen oder der Gewinnerwartung gemeint ist. Der Substanzwert kann gegen Null gehen, wenn trotz (teilweiser) Substanzerhaltung die Sache aus anderen Gründen entwertet ist. Ein nicht seltener Fall ist die Entwertung durch die endgültige, schon vor Eintritt des Versicherungsfalles dokumentierte Absicht des VN, das Gebäude abbrechen zu lassen (vgl. BGH VersR 1993, 828 unter 2.b mwN). In einem solchen Fall vermindert sich der gemeine Wert entsprechend (OLG Hamm NJW-RR 1993, 1312 = VersR 1993, 1352).

V. „Soweit nichts anderes vereinbart ist"

18 § 88 ist abänderbar und wird häufig durch **AVB abgeändert.** Eine abgestufte Neuwertregelung, bei der nur noch der Zweitwert ersetzt wird, wenn dieser unter einen gewissen %-Satz des Neuwerts sinkt, (so etwa in A § 7 Nr. 1 Buchst. a bb AFB 2010) ist unbedenklich, auch wenn im Antrag nur die Neuwertversicherung (als Alternative zur Zeitwertversicherung) angekreuzt wurde (BGH VersR 2009, 1531 = r+s 2009, 508 mAnm *Wälder*). In der Hausratversicherung kann pauschalierend ein Versicherungswert je qm Wohnfläche vereinbart werden (Quadratmetermodell) mit der Folge, dass der VR keinen Abzug wegen Unterversicherung vornimmt. Eine abändernde Vereinbarung liegt zB auch in A § 9 Nr. 1 lit. a VHB 2008/2010, A 14.1.1 VHB 2016, wonach Versicherungswert der Wiederbeschaffungspreis von Sachen gleicher Art und Güte, aber in neuwertigem Zustand ist, also kein Abzug neu für alt vorgenommen wird. Jede Vereinbarung, die als Entschädigung den Wiederbeschaffungswert ohne Abzug neu für alt bestimmt, ist Neuwertversicherung (BGHZ 103, 228 (230) = VersR 1988, 463: Yachtkasko) und weicht damit von § 88 ab. Zum Versicherungswert eines nach den VGB versicherten Wohngebäudes siehe BGH VersR 1984, 843. Auch die Vereinbarung einer Taxe nach § 76 ist eine Abweichung von § 88.

19 Bei **schwankendem** Versicherungswert, etwa bei sich verändernden Warenvorräten, hilft sich die Praxis mit der Angabe des Versicherungswertes in bestimmten Zeitabständen (Stichtagsklausel, s. BGH NJW-RR 1991, 855 = VersR 1991, 921). Zur Korrektur der gemeldeten Stichtagssumme nach Eintritt des Versicherungsfalles siehe BGH VersR 1976, 425. Umstritten ist, ob die Meldung des Versicherungswertes eine verhüllte Obliegenheit oder Teil der objektiven Risikoabgrenzung ist (LG Frankfurt a. M. VersR 1990, 155: Risikoabgrenzung in der Valorentransportversicherung, mAnm *Martin;* BGHZ 120, 290 (294) = VersR 1993, 223 unter I.2.a Obliegenheit in der Warenkreditversicherung, zur Abgrenzung auch → § 28 Rn. 12).

20 Der gemeine Wert ist nach den AVB grds. nur dann Versicherungswert, wenn eine Sache ausnahmsweise von vornherein nur zum gemeinen Wert versichert ist oder wenn eine zum Neuwert oder zum Zeitwert versicherte Sache dauernd entwertet ist (vgl. *Martin* Q 3 Rn. 56). Im Einzelnen finden sich in den AVB folgende Beispiele:

1. AFB 2010

21 Nach A § 7 Nr. 1 Buchst. a cc AFB 2010 ist der gemeine Wert Versicherungswert von Gebäuden, „falls Versicherung nur zum gemeinen Wert vereinbart ist

oder falls das Gebäude zum Abbruch bestimmt oder sonst dauernd entwertet“ ist, wobei eine dauernde Entwertung insbesondere dann vorliegt, „wenn das Gebäude für seinen Zweck allgemein oder im Betrieb des Versicherungsnehmers nicht mehr zu verwenden ist“; gemeiner Wert ist „der für den Versicherungsnehmer erzielbare Verkaufspreis für das Gebäude oder für das Altmaterial.“

Entsprechendes bestimmt A § 7 Nr. 2 Buchst. a cc AFB 2010 für technische und kaufmännische Betriebseinrichtungen. Besonders geregelt ist der Versicherungswert von Grundstücksbestandteilen, die nicht Gebäude sind (Nr. 1 Buchst. b), von Vorräten (Nr. 2 Buchst. b), von Anschauungsmodellen, Prototypen und Ausstellungsstücken sowie von typengebundenen, für die laufende Produktion nicht mehr benötigten Fertigungsvorrichtungen, ohne Kaufoption geleasten Sachen oder geleasten Sachen, bei denen die Kaufoption bei Schadenantritt abgelaufen war, sowie für alle sonstigen in Buchst. a und b nicht genannten beweglichen Sachen (Nr. 2 Buchst. c) und von Wertpapieren (Nr. 2 Buchst. d). 22

2. AERB 2010

Analoge Regelungen finden sich in A § 7 Nr. 1 und 2 AERB 2010. 23

3. VGB 2010

Nach A § 10 Nr. 1 VGB 2010 kann als Versicherungswert der gleitende Neuwert, der Neuwert, der Zeitwert oder der gemeine Wert vereinbart werden. Der **gleitende Neuwert** ist nach A § 10 Nr. 1 Buchst. a der ortsübliche Neubauwert des Gebäudes, ausgedrückt in Preisen des Jahres 1914 (zur Ermittlung des Versicherungswertes 1914, vgl. OLG Köln VersR 2015, 1161). Dabei bemisst sich der Neubauwert nach Größe, Ausstattung sowie Ausbau des Gebäudes. Hierzu gehören auch Architektengebühren sowie sonstige Konstruktions- und Planungskosten. Nach den Sonderbedingungen für die Gleitende Neuwertversicherung (SGlN 93, VerBAV 1994, 59 (194)) soll die als Versicherungssumme des Vertrages festgelegte „Versicherungssumme 1914“ in Preisen des Jahres 1914 dem Neubauwert des Gebäudes in seiner jeweiligen Größe und seinem jeweiligen Ausbau entsprechen (§ 1 Nr. 1 SGlN 93). Die gleitende Neuwertversicherung soll inflationsbedingte Unterversicherungen vermeiden helfen; sie verhindert, dass der reale Wert des versicherten Gebäudes und damit auch der Versicherungsschutz durch nachträgliche Baupreissteigerungen ausgehöhlt wird. Durch die Dynamik der Versicherungssumme wird sie ständig der Baupreisentwicklung angepasst. Im Versicherungsfall wird der eingetretene Schaden zum aktuellen Neuwert ersetzt. Dabei ist der Versicherungswert 1914 fest vereinbart, die Dynamik ergibt sich daraus, dass der ursprüngliche Versicherungswert durch den jeweiligen, jährlich neu festzusetzenden Beitragsfaktor auf den aktuellen Stand gerechnet wird (zu den Beratungs- und Hinweispflichten des VR in diesem Zusammenhang vgl. OLG Koblenz NVersZ 2000, 581 = VersR 2001, 51). Der Beitragsfaktor orientiert sich zunächst an der Baupreisentwicklung, wie sie vom Statistischen Bundesamt, das eine gewichtete Messzahl für durchschnittliche Neubaukosten für ein idealtypisches Wohngebäude ermittelt, festgestellt und veröffentlicht wird. Ferner findet der Tariflohnindex des Baugewerbes Berücksichtigung. Der Baupreisindex wird zu 80 % und die Entwicklung des Tariflohns zu 20 % bei der Berechnung des neuen Beitragsfaktors berücksichtigt, so dass die Baupreisentwicklung in akzeptabler Weise auf die jeweiligen Versicherungswerte umgerechnet werden kann. A § 10 Nr. 1 Buchst. b–d VGB 2010 definieren den Neu-, den Zeit- und den gemeinen 24

Wert. Dieser **gemeine Wert** ist auch dann Versicherungswert, wenn Versicherung zum gleitenden Neuwert, Neuwert oder Zeitwert vereinbart und das Gebäude zum Abbruch bestimmt oder sonst dauernd entwertet ist.

4. VHB 2016

25 Nach A 14.1.1 VHB 2016 (A § 9 Nr. 1 Buchst. a VHB 2010) ist der Versicherungswert grds. der Wiederbeschaffungswert von Sachen gleicher Art und Güte in neuwertigem Zustand (Neuwert). Für Kunstgegenstände und Antiquitäten ist der Versicherungswert der Wiederbeschaffungspreis von Sachen gleicher Art und Güte (A 14.1.2 VHB 2016). Sind Sachen für ihren Zweck in dem versicherten Haushalt nicht mehr zu verwenden, ist der Versicherungswert der für den VN erzielbare Verkaufspreis (gemeiner Wert) (A 14.1.3). Soweit die Entschädigung für Wertsachen auf bestimmte Beträge begrenzt ist, werden bei der Ermittlung des Versicherungswertes höchstens diese Beträge berücksichtigt (A 14.1.4 VHB 2016).

5. Preissteigerungen

26 Besonderheiten ergeben sich bei der Preisdifferenzversicherung. Abweichend von den dem Vertrag zugrunde liegenden AVB sind Erhöhungen des Schadensaufwands durch Mehrkosten infolge Preissteigerungen hier mitversichert. Nach den gemeinsamen Klauseln für die Feuer-, Einbruchdiebstahl- und Raub-, Leitungswasser- und Sturm-, Hagelversicherung wurden früher bis zu der hierfür vereinbarten Versicherungssumme die tatsächlich entstandenen Mehrkosten durch Preissteigerungen zwischen dem Eintritt des Versicherungsfalles und der Wiederherstellung oder Wiederbeschaffung ersetzt (Klausel 1301; Text bei *Martin* S. 239). Heute gehören die Mehrkosten regelmäßig zu den versicherten Kosten nach den jeweiligen AVB (vgl. etwa A § 5 Nr. 1 Buchst. f AFB 2010, AWB 2010, AERB 2010). Den jeweiligen Versicherungswert legen die AVB ebenfalls fest.

6. NwIG

27 In den Sonderbedingungen für die Neuwertversicherung von Industrie und Gewerbe (NwIG 80) bestimmen § 1 Nr. 2 (Gebäude) und § 2 Nr. 2 (bewegliche Sachen) den Zeitwert als Versicherungswert, falls er weniger als 40 % des Neuwerts beträgt. Bei dauernder Entwertung bestimmen § 1 Nr. 3 und § 2 Nr. 3 den gemeinen Wert als Versicherungswert. § 5 definiert den gemeinen Wert als den für den VN erzielbaren Verkaufspreis für die gebrauchte Sache oder für das Altmaterial.

28 Heute gebräuchliche Regelungen finden sich bspw. in den Besonderen Bedingungen für Elementarschäden (BWE 2010). Zu den Versicherungswerten in den AVB der übrigen Versicherungszweige, insbesondere für die Frage der Neu- und Zeitwertversicherung auch → § 93 Rn. 11 f.

7. Dauernde Entwertung

29 Die für den gemeinen Wert regelmäßig maßgebliche Frage der dauernden Entwertung hat derjenige zu beweisen, der sich darauf beruft, bei zerstörten Sachen also der VR, bei geretteten Sachen der VN. Der gemeine Wert kommt sowohl als Ausnahme vom Neuwert als auch vom Zeitwert in Betracht, denn dauernde Entwertung kann auch eintreten, wenn der Zustand der Sache noch gut ist (Zeitwert über 40 % bzw. 50 % des Neuwertes).

§ 89 Versicherung für Inbegriff von Sachen

(1) **Eine Versicherung, die für einen Inbegriff von Sachen genommen ist, umfasst die jeweils dem Inbegriff zugehörigen Sachen.**

(2) [1]**Ist die Versicherung für einen Inbegriff von Sachen genommen, erstreckt sie sich auf die Sachen der Personen, mit denen der Versicherungsnehmer bei Eintritt des Schadens in häuslicher Gemeinschaft lebt oder die zu diesem Zeitpunkt in einem Dienstverhältnis zum Versicherungsnehmer stehen und ihre Tätigkeit an dem Ort ausüben, für den die Versicherung gilt.** [2]**Die Versicherung gilt insoweit als für fremde Rechnung genommen.**

I. Normzweck

1 **Abs. 1** entspricht einem praktischen Bedürfnis und dem mutmaßlichen Willen der Parteien. Zur Individualisierung der versicherten Sache kann bei einer Gesamtheit nicht jede einzelne Sache aufgeführt werden, um im Versicherungsfall festzustellen, ob auch sie vom Versicherungsvertrag erfasst wird (zB beim Hausrat). Mit der Vorschrift ist auch klargestellt, dass bei abgehenden Einzelstücken der verbleibende Rest der Sachen als Inbegriff weiter versichert bleibt. Ebenso sind zum Inbegriff neu hinzutretende Sachen alsdann mitversichert (näher → Rn. 5).

2 **Abs. 2** stimmt im Wesentlichen mit § 85 aF überein. Allerdings sind hinsichtlich des Personenkreises, dessen Sachen in die Fremdversicherung einbezogen werden, Änderungen erfolgt, um die Regelung mit den geänderten gesellschaftlichen Verhältnissen in Einklang zu bringen. So wird – wie auch in § 86 Abs. 3 – nicht mehr auf Familienangehörige, sondern auf alle Personen abgestellt, die bei Schadenseintritt mit dem VN in häuslicher Gemeinschaft leben. Ferner wird bei den bei Schadenseintritt in einem Dienstverhältnis zum VN stehenden Personen nur noch darauf abgestellt, ob sie ihre Tätigkeit für den VN an einem Ort ausüben, für den die Sachversicherung des VN gilt; die frühere Alternative der häuslichen Gemeinschaft mit dem VN war insoweit ohne praktische Bedeutung und daher entfallen (BT-Drs. 16/3945, 82).

II. Definition

3 Der **Inbegriff** ist eine Mehrheit von Sachen, die sich in einem gewissen räumlichen Zusammenhang befinden und wegen ihrer Zweckverbundenheit im Verkehr als Einheit behandelt werden (Prölss/Martin/*Armbrüster* § 89 Rn. 2; vgl. auch die Gesetzesbegründung, BT-Drs. 16/3945, 82). Eine **Inbegriffsversicherung** liegt vor, wenn nicht einzelne Gegenstände (zB Pkw) oder Interessen (haftpflicht-)versichert sind, sondern eine unbestimmte und wechselnde, jeweils aber bestimmbare Mehrheit von Gegenständen, die von einem einheitlichen Rechtsverhältnis zusammengefasst werden, ohne dass der Berechtigte in der Lage ist, die einzelnen Gegenstände zu bezeichnen (zum Begriff vgl. Palandt/*Grüneberg* BGB § 260 Rn. 2 mwN). Beispiele sind: Betriebseinrichtung, Inventar in Gaststätten, Hausrat, Bibliothek, Gemäldesammlung, Warenvorräte. Die Inbegriffsversicherung gilt insbesondere in der Hausratversicherung, aber etwa auch in der Kfz-Händlerversicherung (Verkaufs-, Kunden- und/oder Lagerfahrzeuge etc) und in anderen Gewerbe- und Industrieversicherungen.

4 Mit einem Versicherungsvertrag können **mehrere Inbegriffe** als selbstständige Gruppen von Sachen (Betriebseinrichtung und Warenvorräte) mit je eigenen Versicherungssummen versichert sein, auch wenn eine Gesamt-Versicherungssumme gebildet wurde. Die Regelung des Abs. 1 hat zur Folge, dass die Versicherung alle Sachen umfasst, die jeweils zu dem versicherten Inbegriff, das heißt zu den einzelnen Gruppen gehören (BGH NJW 1964, 244 unter 2.a). Das hat Bedeutung für die Frage der Über- und Unterversicherung, die je Gruppe getrennt zu beurteilen ist (vgl. den Fall OLG Köln r+s 1993, 149 = VersR 1993, 1101). Je nach Versicherungszweig muss der VN vom VR darüber aufgeklärt werden, dass eine summarische Deklaration der Sachgesamtheiten üblich ist und dass nicht einzelne Sachen, sondern Sachinbegriffe versichert werden (BGH NJW 1964, 244 unter 2.a für die Industrie-Feuerversicherung). Zu den Auswirkungen eines vereinbarten Summenausgleichs innerhalb von Positionen oder Gruppen siehe BGH VersR 1983, 1122.

III. Zu- und Abgänge

5 Teile scheiden aus der Versicherung aus, wenn sie auf Dauer **räumlich getrennt** werden (OLG Hamm VersR 1975, 174). Sie scheiden aus der Versicherung auch aus, wenn sie ohne räumliche Trennung veräußert werden, es sei denn, der VN ist weiterhin zur Nutzung berechtigt (Sicherungsübereignung) (Langheid/Wandt/*Staudinger* § 89 Rn. 5). Eine nur vorübergehende Trennung hebt den Inbegriff nicht auf, kann die Versicherung aber entfallen lassen, weil die Sachen vom Versicherungsort entfernt wurden (so auch Langheid/Wandt/*Staudinger* § 89 Rn. 5). Mit der Veräußerung einer Sache oder auch mehrerer Sachen geht die Versicherung nicht nach § 95 Abs. 1 auf den Erwerber über, weil nicht einzelne Sachen, sondern ihre Gesamtheit als Inbegriff versichert sind. Nach einer räumlichen Trennung einiger Teile besteht die Versicherung für die übrigen Teile weiter, selbst wenn der verbleibende Rest nicht mehr einen Inbegriff von Sachen bildet. Die Inbegriffsversicherung bleibt bestehen, soweit überhaupt noch Sachen aus dem Inbegriff beim Veräußerer vorhanden sind (OLG Hamm VersR 1975, 174). Auch die Versicherung von einem solchen Rest kann auf einen Erwerber nach § 95 Abs. 1 übergehen (OLG Hamm VersR 1975, 174). Wird der Rest durch andere Sachen wieder aufgefüllt, sind die hinzugekommenen Sachen mitversichert (OLG Hamm VersR 1975, 174).

6 Ist ein Sachinbegriff versichert, liegt ein Interessewegfall erst vor, wenn keine Sache des versicherten Inbegriffs mehr vorhanden ist (OLG Hamm VersR 1993, 48). Inventar und Vorräte eines Betriebes bleiben versichert, auch wenn der Betrieb vorübergehend stillgelegt ist; darin liegt noch kein Interessewegfall nach § 80 (OLG Hamm VersR 1975, 174). Werden sämtliche Sachen, also die Gesamtheit, die den Inbegriff bildet, veräußert, geht die Versicherung auf den Erwerber über (§ 95 Abs. 1; zust. Langheid/Wandt/*Staudinger* § 89 Rn. 5; Prölss/Martin/*Armbrüster* § 89 Rn. 8).

IV. Neuwert

7 Bei einer **Neuwertversicherung** kommt es nicht darauf an, ob der VN sämtliche Sachen, die den versicherten Inbegriff bilden, wieder angeschafft hat. Ein Anspruch auf den Neuwert besteht für jede einzelne Sache, die neuwertig ange-

schafft wurde (OLG Köln NJW-RR 1994, 607 = VersR 1994, 932). Allerdings hat der VN andererseits keinen Anspruch auf den Neuwert der Gesamtheit, wenn nicht alle den Inbegriff bildenden Sachen zum Neuwert angeschafft oder wiederhergestellt worden sind (OLG Köln NJW-RR 1994, 607 = VersR 1994, 932; vgl. auch Langheid/Wandt/*Staudinger* § 89 Rn. 14).

V. Fremdversicherung bei häuslicher Gemeinschaft (Abs. 2)

Nach der gesetzlichen Regelung bezieht sich die Inbegriffsversicherung auf alle Sachen, die dem VN oder Personen gehören, die mit ihm in **häuslicher Gemeinschaft** leben. Ferner sind die Sachen der in einem Dienstverhältnis zum VN stehenden Personen versichert, die an dem bezeichneten Versicherungsort ihren Beruf ausüben (also etwa Hausangestellte, die – was heute wohl der Regelfall sein dürfte – nicht mit ihrem Arbeitgeber in häuslicher Gemeinschaft leben). Gemäß § 89 Abs. 2 Satz 2 gilt die Versicherung insoweit als für fremde Rechnung genommen (§§ 43 ff.). 8

1. Begriff

Unter **häuslicher Gemeinschaft** versteht man das nicht ganz unverbindliche Verhältnis einer Wohngemeinschaft; dazu gehört, dass die Beteiligten einen Teil des Hausrates in die Wohnung eingebracht haben und die Räume der Wohnung jedenfalls teilweise gemeinsam nutzen (BGH VersR 1986, 333; vgl. auch die Kriterien nach BGH VersR 2009, 813: nichteheliche Lebensgemeinschaft; Näheres → § 86 Rn. 57). 9

2. Abänderbarkeit

Die Regelung ist **abänderlich** und hat in den verschiedenen AVB erhebliche **Modifikationen** und **Einschränkungen** erfahren. So konkretisiert etwa die Regelung in A 8.3.7 **VHB 2016** die gesetzliche Regelung dahingehend, dass Arbeitsgeräte und Einrichtungsgegenstände, die dem Versicherungsnehmer oder einer mit ihm in häuslicher Gemeinschaft lebenden Person zu ausschließlich beruflichen oder gewerblichen Zwecken dienen, versichert sein sollen; soweit danach etwa Sachen der Betriebsangehörigen nicht mitversichert wären, findet A 8.4 VHB 2016 eine besondere Regelung, wonach im Haushalt des Versicherungsnehmers befindliches fremdes Eigentum, soweit es sich nicht um Sachen von Mietern bzw. Untermietern des Versicherungsnehmers handelt, versichert sein soll. Damit bleibt im Gegensatz zu den VHB 84 auch keine nicht versicherte Lücke bei den Gegenständen dritter Personen, die nicht als Arbeitsgeräte zu qualifizieren sind. Eine andere Konkretisierung findet sich in A § 6 **AFB 2010;** danach besteht, soweit Gebrauchsgegenstände von Betriebsangehörigen versichert sind, „in den Wohnräumen der Betriebsangehörigen kein Versicherungsschutz“ (Nr. 2). Soweit Bargeld und Wertsachen versichert sind, „besteht Versicherungsschutz nur in verschlossenen Räumen oder Behältnissen der im Versicherungsvertrag bezeichneten Art“. Aber sofern „zusätzlich vereinbart, sind diese während der Geschäftszeit oder sonstiger vereinbarter Zeiträume auch ohne Verschluss bis zu der vereinbarten Entschädigungsgrenze versichert“ (Nr. 3). 10

§ 90 Erweiterter Aufwendungsersatz

Macht der Versicherungsnehmer Aufwendungen, um einen unmittelbar bevorstehenden Versicherungsfall abzuwenden oder in seinen Auswirkungen zu mindern, ist § 83 Abs. 1 Satz 1, Abs. 2 und 3 entsprechend anzuwenden.

I. Normzweck (BT-Drs. 16/3945, 82 f.)

1. Vorerstreckungstheorie

1 Nach der von der Rspr. zum früheren Recht entwickelten **Vorerstreckungstheorie** steht dem VN in der **Sach**versicherung ein Anspruch auf Ersatz solcher Aufwendungen zu, die er zur Abwehr eines **unmittelbar bevorstehenden Versicherungsfalles** oder zur Minderung des damit verbundenen Schadens tätigt. Diese Rspr. wurde in § 90 aufgegriffen. Die Regelung dient dem Ziel, den Eintritt von Schäden möglichst zu verhindern. Die Vorerstreckung soll nur hinsichtlich des **Aufwendungsersatzes** maßgeblich sein; eine Vorverlegung auch der Rettungsobliegenheit nach § 82 Abs. 1 und 2 würde den VN nach Auffassung des Reformgesetzgebers von 2008 unangemessen belasten und wäre mit einer Aufweichung der bis zum Eintritt des Versicherungsfalles anzuwendenden Regelung des § 81 verbunden.

2. Voraussetzungen

2 § 90 ist anzuwenden, wenn objektiv ein Versicherungsfall unmittelbar bevorsteht und die Aufwendungen des VN den Zweck haben, den vertraglich festgelegten Versicherungsfall dadurch abzuwenden oder dessen Auswirkungen zu mindern. Nicht erforderlich ist, dass die Aufwendungen des VN erfolgreich sind; sie seien in dem Umfang zu erstatten, in dem sie der VN den Umständen nach für geboten halten durfte (hierbei wird auf § 83 Abs. 1 Satz 1 verwiesen). Im Falle des Vorliegens der Voraussetzungen des § 90 sind die Aufwendungen nach Maßgabe der Vorschriften des § 83 Abs. 2 und 3 zu erstatten. Ein Anspruch auf Vorschuss nach § 83 Abs. 1 Satz 2 steht dem VN allerdings nicht zu; denn wenn der VN noch Zeit hat, den Umfang seiner Aufwendungen abzuschätzen, um einen Vorschuss beziffert zu begründen, geltend zu machen und innerhalb der allgemeinen Fälligkeitsfristen vor dem Eintritt des Versicherungsfalles zu erhalten, fehlt es auch nach Auffassung des Reformgesetzgebers von 2008 in aller Regel an dem Erfordernis, dass der Versicherungsfall unmittelbar bevorsteht.

3. Anwendungsbereich

3 Die Regelung gilt **nur für die Sachversicherung;** eine Erstreckung auf andere Zweige der Schadensversicherung hätte teilweise nicht überschaubare Konsequenzen und würde in die Produktgestaltung der VR eingreifen (Prölss/Martin/*Armbrüster* § 90 Rn. 2; *Looschelders* FS Deutsch, 2009, 835).

II. Kritik

4 Es ist misslich, dass die im Gesetz verankerte Vorerstreckungstheorie **nicht auch für die Rettungsobliegenheit** nach § 82 gelten soll. Es erschiene iS eines

wechselseitigen Interessenausgleiches angemessen, dass der VN, der bei einem unmittelbar bevorstehenden Versicherungsfall erbrachte Aufwendungen ersetzt verlangen kann, spiegelbildlich auch die Obliegenheit haben sollte, den unmittelbar bevorstehenden Versicherungsfall – nach besten Kräften – abzuwehren.

Das ist nicht Gesetz geworden, wobei die Begründung für die geltende Regelung **unzutreffend** ist, was den Hinweis auf § 81 angeht: Der Verstoß gegen eine Obliegenheit zur Abwehr eines unmittelbar bevorstehenden Versicherungsfalles und die Herbeiführung des Versicherungsfalles durch Unterlassen iSd § 81 sind **keineswegs deckungsgleich:** Bei § 81 handelt es sich um einen subjektiven Risikoausschluss, während die Unterlassung einer Rettungsmaßnahme eine Obliegenheitsverletzung darstellt. Das erfordert eine Differenzierung zwischen der deutlich früher einsetzenden Verwirklichung des subjektiven Risikoausschlusses einerseits und der erst beim unmittelbar bevorstehenden Versicherungsfall einsetzenden Rettungsmaßnahme andererseits. (Einzelheiten → § 81 Rn. 16; → § 86 Rn. 2 ff.). 5

Im **Kern** handelt es sich um ein allerdings gravierendes **Beweislastproblem:** Für die Herbeiführung des Versicherungsfalles (durch das Unterlassen einer gebotenen Verhinderungsmaßnahme) ist der VR beweisbelastet, während der VN sich bei der Anwendung der Vorerstreckung und einer daraus resultierenden Rettungsobliegenheit entlasten müsste. Das Unterlassen möglicher Schadensverhütungsmaßnahmen ist eine Herbeiführung des Versicherungsfalles, für die der VR beweisbelastet ist. Die Verletzung einer gefahrmindernden und/oder -verhütenden Rettungsobliegenheit iSd §§ 83, 90 setzt erst bei einem unmittelbar bevorstehendem Versicherungsfall ein, wobei der VN den Entlastungsbeweis führen muss (BGHZ 42, 295 = NJW 1965, 156; OLG Köln NVersZ 2002, 519 = VersR 2002, 1231; Prölss/Martin/*Armbrüster* § 90 Rn. 3; *Langheid* NVersZ 1998, 1 ff. (8); *Gas* NVersZ 2003, 416). Nach *Knappmann* VersR 2002, 130; *ders.* in Prölss/Martin, 27. Aufl. 2004, § 62 Rn. 6 trifft den VN dagegen zwar auch eine Pflicht zur Abwendung des bevorstehenden Versicherungsfalles, aber stets nur im Rahmen des § 81, so dass der VR auch in dieser Konstellation beweisen muss, dass der VN verschuldet die Rettungsobliegenheit verletzt hat. Diese Betrachtung lässt die tatsächliche zeitliche Differenz zwischen der früh einsetzenden Verhütungsmaßnahme beim § 81 und der deutlich später einsetzenden Rettungsobliegenheit nach §§ 82, 90 außer Acht. 6

III. Unmittelbar bevorstehender Versicherungsfall

Ein Versicherungsfall steht dann objektiv – die Sicht des VN ist nicht entscheidend – bevor, wenn er ohne Ergreifen der Rettungsmaßnahme mit hoher Wahrscheinlichkeit eintreten würde (BGH r+s 1994, 326; 1991, 16; Langheid/Wandt/*Staudinger* § 90 Rn. 8). Generalisierungen verbieten sich hier; entscheidend sind stets die konkreten Umstände des Einzelfalls sowie die jeweilige Versicherungsart (Abgrenzung zu nicht ersatzfähigen allgemeinen Schadensverhütungsmaßnahmen bei *Tehrani* VersR 2015, 403 ff.; s.a. OLG Hamm VersR 2017, 688). Die **Beweislast** liegt stets beim VN (Prölss/Martin/*Armbrüster* § 90 Rn. 3; Looschelders/Pohlmann/*Schmidt-Kessel* § 90 Rn. 5). 7

IV. Rechtsfolgen

Macht der VN Aufwendungen, um einen unmittelbar bevorstehenden Versicherungsfall abzuwenden oder in seinen Auswirkungen zu mindern, kann er 8

Aufwendungsersatz nach § 83 Abs. 1 Satz 1, Abs. 2 und 3 verlangen (Einzelheiten → § 83 Rn. 5 ff.). Ausgenommen von dem Verweis ist die Vorschusspflicht des VR gemäß § 83 Abs. 1 Satz 2 (zur Gesetzesbegründung → Rn. 14).

V. Kfz-Unfälle mit Haarwild

9 Die hierzu ergangenen Entscheidungen sind wegen ihrer Vielzahl im Einzelnen nicht mehr zitierbar. Indessen sind gerade diese Fälle paradigmatisch. Als Überblick zu diesem Problemkreis kann Folgendes gesagt werden: Nach A.2.2.1.4 AKB 2015 sind in der Kfz-Teilversicherung Beschädigungen am Fahrzeug mitversichert, die durch einen Zusammenstoß des in Bewegung befindlichen Fahrzeugs mit Haarwild verursacht sind. Weicht der VN einem Haarwild aus, um den bei einem Zusammenstoß versicherten Schaden zu vermeiden, kommt ein Ersatz des etwa durch das **Ausweichen** an seinem Fahrzeug entstandenen Schadens als Rettungskosten in Betracht. Vom Tatsächlichen her ist deshalb zunächst **zu unterscheiden,** ob der Unfallschaden am Fahrzeug durch eine **Berührung mit dem Wild** verursacht ist – dann besteht ein Anspruch nach A.2.2.1.4 AKB 2015 (BGH r+s 1992, 82 = VersR 1992, 349) – oder ob der Kfz-Schaden ohne Berührung mit dem Wild eingetreten ist, dann kommt ein Anspruch auf Ersatz von Rettungskosten nach § 90 iVm § 83 in Betracht.

10 Ein Ersatzanspruch des Unfallschadens als Rettungskosten setzt voraus, dass der Zusammenstoß mit dem Haarwild **unmittelbar bevorstand** (Vorerstreckungstheorie → § 82 Rn. 5). Schwierigkeiten ergeben sich häufig bei der Beantwortung der Frage, ob der VN ohne **grobe Fahrlässigkeit** das Ausweichmanöver für geboten halten durfte. In der Regel wird der Fahrer solche Überlegungen nicht erst anstellen, sondern in einer schnellen Reaktion das Ausweichmanöver einleiten („Instinkthandlung" OLG Nürnberg NJW-RR 1993, 995 = VersR 1993, 1476). Dies schließt aber nicht aus, dass der Fahrer auswich, um den Zusammenstoß zu vermeiden. Das genügt (OLG Nürnberg NJW-RR 1993, 995 = VersR 1993, 1476; LG Wiesbaden VersR 1992, 998). Ein Rettungswille iSd Absicht, eine Rettungsobliegenheit zu erfüllen, ist nicht erforderlich (→ § 83 Rn. 6).

11 Damit steht aber noch nicht fest, dass der Fahrer ohne grobe Fahrlässigkeit das Ausweichmanöver für erforderlich halten durfte. Schon die objektive Erforderlichkeit bei einem größeren Wild (Reh, Hirsch, Wildschwein) wird kaum in Abrede gestellt werden können, wenn der Zusammenstoß unmittelbar bevorstand. Anders aber **bei kleinerem Wild** (Hase, Fuchs). Hier fehlt nicht nur die objektive Erforderlichkeit eines Ausweichmanövers, sondern in aller Regel wird auch grobe Fahrlässigkeit vorliegen, wenn – zumindest bei Fahrzeugen mittlerer Größe – der Fahrer ein riskantes Ausweichmanöver einleitet (vgl. BGH NJW 2003, 2903 = VersR 2003, 1250; NJW 1997, 1012 = VersR 1997, 351 unter 2.b). Man wird schon die Voraussetzung verneinen müssen, dass von so kleinen Tieren für das versicherte Fahrzeug ein Schaden unmittelbar droht (so richtig OLG Köln r+s 1992, 295 = VersR 1992, 1508; AG Koblenz NJW-RR 1993, 164 = r+s 1993, 249). Jedenfalls muss ein Fahrer auch in der kurzen Reaktionszeit wissen, dass er Insassen und Fahrzeug nicht durch ein Manöver gefährden darf, das dem Ausweichen eines Hasen gilt (vgl. den Fall OLG Köln r+s 1997, 52 = ZfS 1997, 180: auf nasser Fahrbahn in der Kurve). Dies – etwa in einer Überreaktion (vgl. BGH r+s 1992, 82 = VersR 1992, 349) – unbeachtet zu lassen, ist idR grob fahrlässig; so auch iE die überwiegende Rspr. (OLG Düsseldorf r+s 1993, 450 = VersR

1994, 592; OLG Frankfurt a. M. NJW-RR 1993, 355; OLG Hamburg VersR 1992, 1508 (Ls.); OLG Köln VersR 1992, 1508; OLG Schleswig r+s 1995, 290; LG Bonn r+s 1992, 264; LG Frankenthal VersR 1992, 568; LG Trier r+s 2010, 509 für einen Fuchs; **aA** OLG Nürnberg NJW-RR 1993, 995 = VersR 1993, 1476 für zwei Hasen; OLG München NJW-RR 1994, 222 = VersR 1994, 928 bei einem kleinen Fahrzeug, abl. Anm. *Thomas Schulz* VersR 1994, 1275). In diesen Fällen ist das **Quotenmodell** anzuwenden. Ein **Augenblicksversagen** entschuldigt nur in Ausnahmefällen, wenn noch weitere Umstände hinzutreten (vgl. BGHZ 119, 147 = NJW 1992, 2418 = VersR 1992, 1085; *Römer* VersR 1992, 1187: Wer aus Tierliebe einem Hasen ausweicht, verdient Zustimmung, aber keinen Versicherungsschutz).

Ebenso wenig besteht ein Anspruch auf vollen Rettungskostenersatz, wenn der VR auch bei einem Zusammenstoß nicht voll hätte leisten müssen. Das kommt in Betracht, wenn der Fahrer den Zusammenstoß grob fahrlässig herbeigeführt hätte (§ 81) (vgl. den Fall OLG Karlsruhe VersR 1995, 1088: Fahrer ist bei einer vorgeschriebenen Höchstgeschwindigkeit von 100 km/h und tatsächlich gefahrener 140 km/h einem Wildschwein ausgewichen). **12**

Aufwendungen, die ein berechtigter Fahrer zu Lasten des VN macht, sind dessen Aufwendungen, die erstattungsfähig sind (BGHZ 113, 359 (361 f.) = NJW 1991, 1609 = VersR 1991, 459). **13**

Dem VN kommen – anders als beim Kfz-Diebstahl – **keine Beweiserleichterungen** zugute (zutr. OLG Düsseldorf NVersZ 2000, 579 = VersR 2001, 322; OLG Jena NVersZ 2000, 33 = VersR 2000, 578 = ZfS 1999, 340). Er muss voll beweisen, dass der Schaden auf einer Rettungshandlung beruht und dass diese geboten war. Dies bedeutet aber auch, er muss beweisen, dass ein genügend großes Haarwild vorhanden war, von dem eine konkrete Gefahr des Zusammenstoßes ausging. Zwar wird der VN bei einem Beinahezusammenstoß häufig in Beweisnot sein. Diese ist aber nicht schon wie bei den Kfz-Diebstahlsfällen im Vertrag angelegt. Die Fälle eines Beinahezusammenstoßes können deshalb nicht anders beurteilt werden wie all jene, in denen ein Kläger mangels Beweismittels erfolglos bleibt. Hat der VN für seine Behauptung keine Zeugen, kommt nicht deshalb schon eine **persönliche Anhörung nach § 141 ZPO** in Frage. Ein Warnschild „Wildwechsel" begründet noch nicht die nach **§ 448 ZPO** notwendige Anfangswahrscheinlichkeit (vgl. OLG Düsseldorf VersR 2001, 322 = NVersZ 2000, 579; OLG Jena NVersZ 2001, 361 = VersR 2001, 855). **14**

Die Gefahr ist nicht zu leugnen, dass mancher verschuldete Kfz-Schaden als durch einen drohenden Zusammenstoß mit einem Wild ausgegeben wird. Einem solchen Missbrauch entgegenzuwirken, ist Aufgabe kritischer Überzeugungsbildung des VR und des Tatrichters. **15**

VI. Abdingbarkeit

Gesetzesbegründung (BT-Drs. 16/3945, 83): Die Regelung sei abdingbar; anders als beim Anspruch nach § 83 könnten hier abweichende Vereinbarungen zum Nachteil des VN zugelassen werden, da der VN keine entsprechende Rettungsobliegenheit hat. AVB, die von § 90 abweichen, müssen sich allerdings an den §§ 305 ff. BGB messen lassen. Dabei wird nicht jede Abweichung einen Verstoß gegen einen wesentlichen Grundgedanken der gesetzlichen Regelung, § 307 Abs. 2 Nr. 1 BGB, darstellen (anders Langheid/Wandt/*Staudinger* § 90 **16**

Rn. 22; wie hier Prölss/Martin/*Armbrüster* § 90 Rn. 5). Der Ausschluss von Schäden infolge des Verrutschens der Ladung im Rahmen betriebsgemäßen Geschehens (AKB) bezieht sich nicht auf Rettungsschäden iSv § 90 (OLG München VersR 2014, 1077).

§ 91 Verzinsung der Entschädigung

[1]Die vom Versicherer zu zahlende Entschädigung ist nach Ablauf eines Monats seit der Anzeige des Versicherungsfalles für das Jahr mit 4 Prozent zu verzinsen, soweit nicht aus einem anderen Rechtsgrund höhere Zinsen verlangt werden können. [2]Der Lauf der Frist ist gehemmt, solange der Schaden infolge eines Verschuldens des Versicherungsnehmers nicht festgestellt werden kann.

I. Regelungszusammenhang

1. Allgemeines

1 Die früher nur auf die Feuerversicherung anzuwendende Regelung des § 94 aF sollte mit der VVG-Reform 2008 mit geringfügigen Änderungen auf die Sachversicherung insgesamt erstreckt werden (BT-Drs. 16/3945, 83; allerdings wurde die Vorschrift immer schon auf die gesamte Sachversicherung angewandt). Nicht nur bei Gebäudeschäden, sondern auch bei der Beschädigung anderer hochwertiger Sachen müssen vom VR uU langwierige Schadensermittlungen durchgeführt werden, durch welche die Auszahlung der Entschädigung erheblich verzögert werden kann; die für die frühere Mindestverzinsungspflicht maßgeblichen Gründe sollen auch in diesen Fällen gelten.

2. Entsprechende Altvorschriften

2 Die Regelung sei wie früher **abdingbar.** Satz 1 stimme sachlich mit § 94 Abs. 1 aF überein. Eine weitergehende Zinspflicht könne sich insbesondere aus **§ 288 BGB** bei Verzug des VR ergeben. Satz 2 enthalte die frühere Hemmungsvorschrift des § 94 Abs. 2 aF. Dem VN sollen nur schuldhafte Verzögerungen angelastet werden; dies entspreche auch der Bestimmung des § 14 Abs. 2 über die Fälligkeit der Geldleistung.

II. Verzinsung

1. Verzinsungspflicht

3 Der VR schuldet jedenfalls eine **Verzinsung der Entschädigungspflicht** iHv 4 % per annum, die mit dem **Ablauf von einem Monat** nach der **Anzeige des Versicherungsfalles** beginnt. Diese Verzinsungspflicht besteht also, auch ohne dass die Eintrittspflicht für den Versicherungsfall festgestellt ist und die Höhe der Entschädigungssumme berechnet wurde, also **unabhängig von der Fälligkeit** der Versicherungsleistung, weil dem VN ein Zinsausgleich für die uU langwierigen Schadenermittlungen und die damit verbundene Fälligkeit der Versicherungsleistung zustehen soll. Da der VR mit der Schadenmeldung im Normalfall die

voraussichtliche Summe der Entschädigungsleistung **reserviert,** also in Rückstellungen für voraussichtliche Schadenzahlungen einstellt und dabei die reservierten Beträge verzinslich anlegt, sollte keine zusätzliche Belastung des VR entstehen, sondern er muss die Rückstellungszinsen ganz oder teilweise an den VN weitergeben (zum Problem vgl. BGH VersR 1984, 1137; ebenso Bruck/Möller/*Johannsen* § 91 Rn. 2). Das Risiko einer **Zinsdifferenz** trägt der VR. Bildet der VR **keine Rückstellung,** weil er von einem nicht gedeckten Versicherungsfall oder aus anderen Gründen von seiner Leistungsfreiheit ausgeht, trägt er auch die Gefahr eines entsprechenden Irrtums: An der Verzinsungspflicht und ihrem (frühen) Zeitpunkt ändert sich nichts.

2. Frist

Die **Monatsfrist** hat den Sinn, dem VR einen Mindestzeitraum für die ordnungsgemäße Bearbeitung des Schadenfalles zu sichern. Die Regelung in **Satz 2,** die der Regelung in § 14 Abs. 2 Satz 2 entspricht, schiebt die Zinspflicht auf, wenn der VN verschuldet die ordnungsgemäße Bearbeitung des Schadens be- oder verhindert. Solche Behinderungen können in der Untätigkeit des VN (OLG Hamm VersR 1982, 1091) liegen, etwa indem er seiner Belegbeibringungspflicht nicht nachkommt oder gegen seine Auskunftsobliegenheit verstößt. Jedes Verhalten des VN, das zu einer Verzögerung bei der Feststellung des Schadens und der Schadenshöhe beiträgt, genügt; es muss weder zum Zeitpunkt der an sich möglichen Festsetzung des Schadens noch andauern noch kommt es auf die Dauer der Behinderung durch den VN an, wenn sich das Verhalten des VN nur insgesamt verzögerlich auswirkt (so kann eine ganz kurzfristige Unterlassung zu einer uU sehr langen Verzögerung führen; zu alledem vgl. ausführlich *Martin* Y III Rn. 6 ff. und Y IV Rn. 10 und 11). Unbeachtlich ist ein Verhalten des VN allerdings, wenn es erst nach Ablauf der Monatsfrist zu einer Verzögerung der Ermittlungen führt (BGH VersR 1984, 1137; *Martin* Y III Rn. 12 und Y IV Rn. 11). 4

3. Weitergehende Zinspflicht

Die gesetzlich angeordnete Zinspflicht besteht ganz unabhängig von weiteren Verpflichtungen des VR, Zinsen auf die Entschädigungsleistung zu zahlen. In Frage kommen hier andere gesetzliche Zinsen, vertraglich vereinbarte Fälligkeitszinsen und ein weitergehender Verzugsschaden. Grundsätzlich werden die aus § 91 geschuldeten Zinsen nicht mit anderweitig geschuldeten Zinsen kumuliert, sondern es wird nur der jeweils höhere Zins geschuldet (OLG Hamburg NJW-RR 1989, 680). Gerät der VR also in Verzug, schuldet er gemäß § 288 BGB Verzugszinsen, nach § 288 Abs. 1 Satz 2 BGB fünf Prozentpunkte über dem Basiszinssatz, nach § 288 Abs. 2 BGB acht Prozentpunkte über dem Basiszinssatz pro Jahr. Besteht also eine Zinspflicht des VR gleichzeitig aus § 91 und aus § 288 Abs. 2 BGB, dann schuldet der VR acht Prozentpunkte über dem Basiszinssatz p. a. 5

Nur alternativ können deswegen auch Ansprüche des VN auf gesetzliche Verzugszinsen und vertraglich vereinbarte Zinsen bestehen. So sieht etwa § 16 Nr. 2 AFB 87 eine Verzinsung der Entschädigung seit Anzeige des Schadens mit 1 % unter dem Diskontsatz der Deutschen Bundesbank, mindestens jedoch 4 % und höchstens 6 % pro Jahr vor (aber A § 9 Nr. 3 AFB 2010: Verzinsung ab Schadenanzeige mit 4 % per annum). Allerdings entfällt die Verzinsung vollständig (also einschließlich des gesetzlichen Zinssatzes), wenn die Entschädigung innerhalb 6 eines Monats seit Anzeige des Schadens gezahlt wird; Zinsen werden ferner erst dann fällig, wenn auch die Entschädigung gemäß § 14 Abs. 1 fällig ist (vgl. Bruck/Möller/*Johannsen* § 91 Rn. 6). Verpasst der VR die Monatsfrist knapp, schuldet er vertragliche Zinsen aber nicht erst ab Ablauf der Monatsfrist, sondern – bedingungsgemäß – dann ab Schadenmeldung (eine entsprechende Regelung wie in § 16 Nr. 2 AFB 87, A § 9 Nr. 3 AFB 2010 findet sich in § 24 Nr. 2 VHB 84, A § 14 Nr. 2 VHB 2008, A 20.2.1 VHB 2016 und § 23 Nr. 2 VGB 88, A § 12 Nr. 3 VGB 2008, A § 14 Nr. 3 Buchst. a VGB 2010).

7 Will der VN einen **höheren Verzugsschaden** über die gesetzlichen Verzugs- oder die vertraglich geschuldeten Zinsen hinaus geltend machen, muss er seinen Schaden in vollem Umfang nachweisen, wobei die vertraglich geschuldeten Zinsen angerechnet werden (BGH VersR 1984, 1137).

4. Einzelheiten

8 In der **Neuwertversicherung** schieben die Bedingungen die Zinspflicht für den Neuwertanteil nur auf (vgl. etwa A § 9 Nr. 1 Buchst. b und c AFB 2010), so dass Zinsen ab Schadenmeldung geschuldet, aber erst fällig werden, wenn der VN die Voraussetzungen für die Vorauszahlung der Neuwertspitze schafft. Demgegenüber verschieben ältere Bedingungen (vgl. etwa § 17 Nr. 1 Satz 5 AFB 30) die Zinspflicht auf den Zeitpunkt, zu dem die Neuwertspanne selbst fällig wird. Gleiches gilt für die Differenz zwischen Zeitwert und gemeinem Wert.

9 Kann der VN **Abschlagszahlungen** verlangen (Beispiel: A § 9 Nr. 1 Buchst. a Satz 2 AFB 2010: Einen Monat nach Schadenanzeige kann als Abschlagszahlung der Betrag beansprucht werden, der „nach Lage der Sache mindestens zu zahlen" sein wird), sind diese zu verzinsen, wenn sie nach Ablauf der Monatsfrist gezahlt werden. Zinsen schuldet der VR auch insoweit, als die Zinsen gemeinsam mit der Entschädigung die Versicherungssumme **übersteigen** (so auch Bruck/Möller/*Johannsen* § 91 Rn. 4).

10 Was die **Betriebsunterbrechungsversicherung** angeht, sind die früheren vertraglichen Zinsausschlüsse, die auf der Überlegung basierten, dass auch Abschlagszahlungen der VR für erst künftige Forderungen des VN geleistet würden, von der Versicherungswirtschaft dahingehend abgeändert worden, dass eine Verzinsung jetzt mit dem Ende des Unterbrechungs-Bewertungszeitraums, also mit Ablauf der Haftzeit bzw. mit dem Zeitpunkt beginnen, von dem an ein weiterer versicherter Schaden keinesfalls mehr entstehen kann (vgl. Abschn. A § 7 Nr. 2 Buchst. a FBUB 2010).

5. Abänderbarkeit

11 Die Regelung ist **abänderlich,** allerdings dürfte eine Unterschreitung der gesetzlichen Regelung eine richterliche Angemessenheitsprüfung gemäß § 307 Abs. 2 BGB nicht überstehen (so auch Langheid/Wandt/*Staudinger* § 91 Rn. 8; Prölss/Martin/*Armbrüster* § 91 Rn. 6).

§ 92 Kündigung nach Versicherungsfall

(1) **Nach dem Eintritt des Versicherungsfalles kann jede Vertragspartei das Versicherungsverhältnis kündigen.**

(2) [1]**Die Kündigung ist nur bis zum Ablauf eines Monats seit dem Abschluss der Verhandlungen über die Entschädigung zulässig.** [2]**Der Ver-**

sicherer hat eine Kündigungsfrist von einem Monat einzuhalten. [3]Der Versicherungsnehmer kann nicht für einen späteren Zeitpunkt als den Schluss der laufenden Versicherungsperiode kündigen.

(3) **[1]Bei der Hagelversicherung kann der Versicherer nur für den Schluss der Versicherungsperiode kündigen, in welcher der Versicherungsfall eingetreten ist. [2]Kündigt der Versicherungsnehmer für einen früheren Zeitpunkt als den Schluss dieser Versicherungsperiode, steht dem Versicherer gleichwohl die Prämie für die laufende Versicherungsperiode zu.**

Übersicht

I. Inhalt und Normzweck

1. Begründungsfreies Kündigungsrecht

1 Die gesetzliche Regelung in § 92 gibt beiden Vertragsparteien eine **versicherungsfallbedingte Kündigungsmöglichkeit,** die ausschließlich (manchmal schwierig abzugrenzenden) objektiven Voraussetzungen folgt, während es auf die **wirklichen Kündigungsmotive nicht** ankommt. Das gesetzlich normierte und von den meisten Bedingungen wenn auch in Modifikationen übernommene Kündigungsrecht aus Anlass des Versicherungsfalles beruht darauf, dass häufig erst nach dem Eintritt des Versicherungsfalles die Vertragsbeziehung auf den „Prüfstand" kommt, wenn auch – uU jahrelang – der VR seine Hauptleistungspflicht, nämlich die Übernahme des Risikos, beanstandungslos erfüllt hat. Durch die Regulierung des Schadens materialisieren sich die zuvor im Abstrakten verbleibenden Leis-

tungsversprechen des VR, die Effektivität seiner Schadenbearbeitung, die Großzügigkeit seiner Feststellungen sowohl im Hinblick auf den Schadensgrund als auch die Höhe des eingetretenen Schadens und die Kundenfreundlichkeit oder eben -feindlichkeit seines Schadensmanagements. Dies gilt auch andersherum: Der VR überprüft die Angabefreudigkeit des VN, seine Kooperationsfähigkeit und seine ggf. vorhandene Neigung, einen tatsächlich eingetretenen Schaden im Hinblick auf den Schadensumfang manipulativ zu vergrößern. **Beide Seiten** sollen daher nach dem Willen des Gesetzgebers aufgrund der anlässlich der Schadenregulierung gemachten Feststellungen und Beobachtungen berechtigt sein, sich von einer nicht mehr gewünschten, uU aber trotz Schadenseintritts noch lange laufenden Vertragsbeziehung zu lösen.

2 Mögen beide Vertragsparteien auch ganz andere Motive hegen, sich vom Vertragsverhältnis zu lösen, kann jede Vertragspartei dennoch den eingetretenen Versicherungsfall zum Anlass nehmen, das Vertragsverhältnis **ohne Angabe von Gründen** zu kündigen. Auf Seiten des VR wird eine solche schadenfallbedingte Kündigung häufig mit dem Verhalten des VN iRd Schadenregulierung überhaupt nichts zu tun haben, sondern er sieht den eingetretenen Schaden als willkommene Möglichkeit, sich von einem ungewünschten, weil **schlechten Risiko** zu trennen. Der VN wird häufig den Wunsch haben, zu anderen, vielleicht besseren Konditionen umfangreicheren Versicherungsschutz zu suchen, er will das Risiko – namentlich im Industrie- oder sonstigen gewerblichen Bereich – **umdecken.** Ob zu diesen wirklichen Motiven auch noch schlechte Erfahrungen im Zusammenhang mit dem regulierten Schadenfall hinzukommen oder nicht, bleibt gleichgültig: Aus Anlass des Schadensfalles können beide Vertragsparteien den Vertrag nach der Maßgabe der gesetzlichen Regelung oder nach Maßgabe der dem Vertragsverhältnis zugrunde liegenden Bedingungen (soweit diese wirksam sind, dazu unten mehr) kündigen.

2. Anwendungsbereich

3 Das versicherungsfallbezogene Kündigungsrecht ist auf sämtliche Sachversicherungszweige anzuwenden.

3. Pro rata temporis

4 Die nach der Gesetzesbegründung (BT-Drs. 16/3945, 83) vermeintlich neue Regelung, dass die Vorschrift für die **gesamte Sachversicherung** gelten soll, war tatsächlich so neu nicht, denn auch nach früherem Recht wurde sie nach hM nicht nur in der Feuerversicherung, sondern in der Sachversicherung insgesamt angewendet (vgl. zB BGH VersR 1985, 129).

5 Mit der VVG-Reform ist der Grundsatz der Unteilbarkeit der Prämie aufgegeben worden. An seine Stelle trat eine **pro rata temporis**-Regelung. Der VN muss die Prämie nur bis zu dem Zeitpunkt, zu dem das Versicherungsverhältnis durch die Kündigung beendet wird, zahlen.

II. Kündigungsvoraussetzungen

1. Versicherungsfall

6 Voraussetzung ist zunächst ein **Versicherungsfall.** Darunter versteht man einen Schadenfall, der nach der objektiven Leistungsbeschreibung im Versiche-

rungsvertrag durch die Risikoübernahme seitens des VR gedeckt ist. **Heftig umstritten** ist, ob es sich um einen **ersatzpflichtigen** Versicherungsfall handeln muss. Liegt bspw. der Schaden unterhalb des vereinbarten Selbstbehaltes, liegt **objektiv** kein Versicherungsfall vor, denn der Schadensfall ist durch das Leistungsversprechen des VR aus objektiven Gründen gerade nicht gedeckt. Dennoch wird allgemein ein Versicherungsfall und in seiner Folge ein Kündigungsrecht akzeptiert (vgl. zunächst *Ollick* VerBAV 1981, 44; *Martin* L II Rn. 18; Prölss/Martin/*Armbrüster* § 92 Rn. 5). **Kein** Versicherungsfall und mithin auch **kein Kündigungsrecht** sollen in den Fällen des § 81 (vorsätzliche und grob fahrlässige Herbeiführung des Versicherungsfalles) vorliegen, obwohl es sich hier um einen **subjektiven Risikoausschluss** (Nachweise → § 81 Rn. 6) handelt (vgl. *Ollick* VerBAV 1981, 44; *Martin* L II Rn. 19; Langheid/Wandt/*Staudinger* § 92 Rn. 7 sieht zwar, dass auch im Fall des § 81 die Voraussetzungen des § 92 Abs. 1 vorliegen, lässt bei vorsätzlicher Herbeiführung des Versicherungsfalles die Ausübung des Kündigungsrechts aber am Arglisteinwand scheitern (§ 242 BGB), womit allerdings nur das Kündigungsrecht des VN gemeint sein kann; so Prölss/Martin/*Armbrüster* § 92 Rn. 4; aA *Raiser* S. 488; im Grundsatz wie hier (siehe unten) Bruck/Möller/*Johannsen* § 92 Rn. 4). Demgegenüber soll **ein Versicherungsfall und damit ein Kündigungsrecht** bestehen, wenn die Leistungsfreiheit des VR ausschließlich aus subjektiven und in der Risikosphäre des VN liegenden Gründen zu bejahen ist, etwa bei einer Gefahrerhöhung, einer Obliegenheitsverletzung, wegen arglistiger Täuschung oder bei Prämienverzug (allgemeine Ansicht). Fraglich bleibt danach auch, ob ein Versicherungsfall mit anschließendem Kündigungsrecht darin zu sehen ist, dass der VN in Täuschungsabsicht seinem VR einen Schadenfall meldet, der in Wirklichkeit gar nicht stattgefunden hat (etwa fingierter Einbruchdiebstahl).

2. Deckungspflicht?

Das aufgrund der oben referierten Auffassungen entstehende Durcheinander ist 7
abzulehnen. Ein Versicherungsfall liegt unzweifelhaft auch dann vor, wenn der VR nur aus subjektiv in der Risikosphäre des VN liegenden Gründen ganz oder teilweise leistungsfrei geworden ist. Deswegen besteht ein Kündigungsrecht sowohl bei Obliegenheitsverletzungen (gleichgültig, ob diese vor oder nach dem Versicherungsfall begangen wurden), bei Gefahrerhöhungen, Prämienverzug **und** den Fällen des § 81. Gleiches muss auch für den **fingierten Versicherungsfall** gelten, denn zum einen handelt es sich auch hier um einen Fall des § 81 (wenn der VN für einen vorgetäuschten Schadenfall Deckung verlangt, ist das doch immer auch ein herbeigeführter Versicherungsfall, → § 81 Rn. 8), zum anderen ist gerade das Verhalten der Vertragsparteien im Versicherungsfall Anlass für sein Gegenüber, zu überprüfen, ob er länger am Versicherungsvertrag festhalten will oder nicht (dagegen BK/*Dörner/Staudinger* § 96 Rn. 5, die bei Vortäuschung ein Sonderkündigungsrecht aus pVV bejahen und iÜ zu Unrecht zwischen Vortäuschung und § 81 unterscheiden; ähnlich Langheid/Wandt/*Staudinger* § 92 Rn. 8; ebenfalls dagegen Bruck/Möller/*Johannsen* § 92 Rn. 4; Prölss/Martin/*Armbrüster* § 92 Rn. 4). Wird der VR getäuscht, dürfte dies der massivste Grund für eine Vertragslösung seinerseits sein, so dass gerade nach der Motivation des Gesetzgebers die Voraussetzungen für die gesetzlich geregelte versicherungsfallbedingte Kündigung erfüllt sind, wenn der VN Manipulationen und/oder Fingierungen vornimmt.

Demgegenüber liegt **kein Versicherungsfall und mithin auch kein Kündi-** 8
gungsrecht vor, wenn der Schaden unterhalb des Selbstbehaltes liegt und deswegen

von vorneherein nicht deckungspflichtig ist. Zwar liegt hier objektiv ein vom Leistungsversprechen des VR erfasster Schadenfall vor, der aber nach gleichfalls objektiven Vertragskautelen **nicht deckungspflichtig** ist. Nach der Motivation des Gesetzgebers kann hier ein Kündigungsrecht nicht bestehen, weil es eben ein kritisch zu würdigendes Regulierungsverhalten weder des VR noch des VN gibt; vielmehr bestimmt sich der Selbstbehalt objektiv nach den Kriterien des Vertragswerks (anders zu Recht für den Fall, dass über die Höhe des Schadens und damit die Eintrittspflicht des VR gestritten wird, Bruck/Möller/*Johannsen* § 92 Rn. 5). Zu Recht werden Kulanzleistungen für die Annahme eines Versicherungsfalles als nicht ausreichend gehalten (*Martin* L II Rn. 16). Würde der VR also trotz Unterschreitens der Selbstbehaltsgrenze eine Leistung erbringen, läge kein Versicherungsfall und mithin auch kein Kündigungsrecht vor (anders *Martin* L II Rn. 19; Prölss/Martin/*Armbrüster* § 92 Rn. 5; BK/*Dörner/Staudinger* § 96 Rn. 5; aber für eine teleologische Reduktion jetzt Langheid/Wandt/*Staudinger* § 92 Rn. 9).

III. Kündigungsberechtigte

9 Nach der Regelung in Abs. 1 ist **jede Vertragspartei** zur Kündigung berechtigt, also VN und VR gleichermaßen. Bestehen **mehrere Versicherungsverträge,** so ist bei einer Nebenversicherung iSd § 77 jedes Vertragsverhältnis für sich zu sehen, bei einer Mitversicherung kann jeder Versicherungsvertrag ebenfalls für sich gekündigt werden, es sei denn, dass eine Führungsklausel (Muster: § 37 ZFgA 81b) vereinbart wurde (Langheid/Wandt/*Staudinger* § 92 Rn. 4).

10 Sind auf Seiten des VN **mehrere Personen** beteiligt, müssen diese stets gemeinsam kündigen und die Erklärung auch gemeinsam (vorbehaltlich einer Vollmachtserteilung) unterzeichnen; das gilt nur dann nicht, wenn mit jedem VN ein rechtlich selbstständiger Versicherungsvertrag abgeschlossen wurde, etwa bei Vermischung eines Hausrates nach Wohnungswechsel iSd A 16.1 VHB 2016 (A § 11 Nr. 1 VHB 2008), wenn der VR beide Inbegriffe versichert hat. Dass etwa ein Ehegatte in Bezug auf den gemeinsamen Hausrat mitversichert ist, macht ihn noch nicht zum VN und führt daher auch nicht zu einer Mehrheit von VN.

IV. Kündigungsgegenstand

11 Beide Vertragsparteien sind berechtigt, **das Versicherungsverhältnis** zu kündigen: Schon aus diesem Wortlaut, aber auch aus Sinn und Zweck des versicherungsfallbezogenen Kündigungsrechts ergibt sich, dass der Kündigende berechtigt sein soll, sich aus der **gesamten Vertragsbeziehung** zu lösen. Besteht etwa ein mit einem Feuervertrag verbundener Betriebsunterbrechungsvertrag, können **beide** Verträge gekündigt werden.

12 **Problematisch** ist aber eine Mehrheit von unabhängig nebeneinander bestehenden Versicherungsverträgen. Ist der VN bei dem gleichen VR etwa gebäudefeuer- und gleichzeitig hausratversichert und betrifft der eingetretene Versicherungsfall zwar die Gebäudefeuerversicherung, nicht aber den Hausrat des VN, dann ist **unklar,** ob der VN sich auch von dem nicht betroffenen Versicherungsvertrag lösen kann. Das wird – zu Recht – jedenfalls für die Fälle kombinierten Versicherungsschutzes nach den VHB 74/84 oder auch nach den VGB 62 bejaht, wenn die Verträge das Feuerrisiko einschließen (*Martin* L II Rn. 26 unter Hinweis auf AG Neheim-Hüsten VersR 1950, 134). Das soll auch dann gelten, wenn sich der jeweils andere Vertrag auf „belie-

bige andere Sachen“ bezieht. Damit ist aber noch nicht geklärt, ob das Kündigungsrecht sich auf einen **nicht kombinierten** Vertrag bezieht, dessen Risiko sich nicht verwirklicht hat (siehe das obige Beispiel). Daraus, dass der Gesetzgeber den Parteien aber Gelegenheit geben wollte, „das Versicherungsverhältnis“ insgesamt zu lösen, wird man wohl zu dem Schluss gelangen müssen, dass auch der jeweils andere, vom Versicherungsfall nicht betroffene Vertrag gekündigt werden darf.

Dem entspricht auch das Motiv des **erweiterten** Kündigungsrechts nach § 18 Nr. 2 AFB 30 und § 18 Nr. 2 AEB, die jeweils auch die Änderungen in VerBAV 1984, 391 unbeschadet überstanden haben: Danach wurden nach diesen Bedingungen sowohl Geschäftseinrichtungen als auch Hausrate versichert, allerdings häufig durch gesonderte Verträge, die aber aus den oben aufgezeigten Erwägungen heraus sämtlich gekündigt werden konnten. Heute werden der private Hausrat nach den VHB 2016 und Firmeneinrichtungen nach den AFB 2010 getrennt versichert. **13**

Nicht ausreichend für eine Kündigung ist, dass an dem Versicherungsvertrag, dessen Risiko sich verwirklicht hat, natürliche oder rechtliche Personen mitbeteiligt sind, die dann alle anderen Verträge mit dem gleichen VR kündigen wollen. **14**

V. Zeitpunkt der Kündigung

1. Gesetzliche Regelung

Die **Kündigungserklärung** muss binnen Monatsfrist seit „dem Abschluss der Verhandlungen über die Entschädigung“ erfolgen (Abs. 2 Satz 1). Ähnlich wie in § 203 BGB ist der Begriff der Verhandlungen **weit auszulegen** (Langheid/Wandt/*Staudinger* § 92 Rn. 10). Der Idealfall für die Bestimmung der Kündigungsfrist von einem Monat dürfte die persönliche Verhandlung zwischen VN und Regulierungsbeauftragtem mit anschließender Hingabe eines Schecks über die Entschädigungsleistung sein. Ist indes der „Abschluss der Verhandlungen“ nicht so konkret zu bestimmen, muss derjenige Umstand und Zeitpunkt der Tatbestandsmerkmale, die den Abschluss der Verhandlungen markieren sollen, **beweisen,** der sich darauf berufen will (Langheid/Wandt/*Staudinger* § 92 Rn. 31). **15**

2. Fristbeginn

In der **Zahlung der Entschädigung** ist immer der letzte Zeitpunkt zu sehen, der die Monatsfrist für die Kündigung in Gang setzt (vgl. auch Langheid/Wandt/*Staudinger* § 92 Rn. 11). Einen endgültigeren Verhandlungsabschluss als die Zahlung der Entschädigungsleistung wird man nicht finden. Problematisch könnte der vorangehende Abschluss der Verhandlungen etwa in Form einer Einigung durch wechselseitige schriftliche Bestätigung mit **anschließender** Auszahlung der vereinbarten Entschädigungssumme sein. In Zweifelsfällen ist aber auch dann auf die endgültige Zahlung abzustellen, eben weil der Begriff des Verhandlungsabschlusses weit auszulegen ist. Wollte man etwa auf den Zugang der Annahmeerklärung nach vorhergehendem Vergleichsangebot abstellen, würde dies zwar formell den Abschluss der Verhandlungen bedeuten (weil man sich in diesem Zeitpunkt geeinigt hat), eine solche Handhabung wäre aber mit derart großer Rechtsunsicherheit belastet, dass man auch in solchen Fällen jedenfalls dann auf die Entschädigungszahlung abstellen sollte, wenn diese alsbald nach Vergleichsabschluss erfolgt (aA Bruck/Möller/*Johannsen* § 92 Rn. 6). **16**

17 Kommt es zu einer Feststellung der Schadenshöhe zwischen VN und Regulierungsbeauftragtem, die unter dem Vorbehalt der Nachprüfung durch den VR steht, oder bleibt der Auszahlungsbetrag hinter den Erwartungen des VN zurück, liegt jedenfalls so lange kein Verhandlungsabschluss vor, bis nicht eine vorbehaltlose Zahlung erfolgt ist oder eine (Teil-)Zahlung des VR vom VN vorbehaltlos angenommen worden ist.

3. Verhandlungen nach Deckungsablehnung

18 Lehnt der VR eine Entschädigung ganz oder teilweise ab, kommt es aber aufgrund von Gegenvorstellungen des VN alsbald zu erneuten Verhandlungen, handelt es sich um einen einheitlichen Vorgang, bei dem die zunächst erklärte Deckungsablehnung **keine** Zäsur mit der Folge des Fristbeginns darstellen kann. Es kommt auf die Umstände des Einzelfalles an, namentlich auf den Regulierungsverlauf insgesamt und die Zeitabstände in der Korrespondenz (vgl. aber Langheid/Wandt/*Staudinger* § 92 Rn. 14, der die Kündigungsfrist bei Wiederaufnahme der Verhandlungen unabhängig vom Zeitmoment neu ausgelöst wissen will; so auch Prölss/Martin/*Armbrüster* § 92 Rn. 10). Gleiches gilt für zunächst angemeldete, dann aber (möglicherweise beidseits) nicht weiter verfolgte Deckungsansprüche. Lässt der VN nach angezeigtem Versicherungsfall ein Stillschweigen des VR auf sich beruhen oder antwortet er auf Anfragen des VR nicht mehr, wird man nach einigem zeitlichen Abstand zur letzten Korrespondenz den Verhandlungsabschluss annehmen müssen mit der Folge, dass nunmehr die Monatsfrist für die Kündigung läuft. Auch hier ist in Zweifelsfällen eine weite Auslegung angezeigt.

4. Endgültige Deckungsablehnung

19 Eine **endgültige Deckungsablehnung** des VR stellt ebenfalls den Abschluss der Verhandlungen und mithin den Beginn der Monatsfrist dar. Dabei kann es **nicht** darauf ankommen, ob die Deckungsablehnung berechtigt war oder sie sich später – sei es nach einer Gegenvorstellung und erneuter Überprüfung durch den VR selbst, sei es nach Klageerhebung und gerichtlicher Überprüfung – als **unbegründet** herausstellt (so auch Langheid/Wandt/*Staudinger* § 92 Rn. 12). Auch wenn sich die Deckungsablehnung als unberechtigt herausstellt, stellt sie gleichwohl einen Abschluss der Verhandlungen dar, so dass auch bei einem Obsiegen des VN im Deckungsprozess **keine neue** Frist zu laufen beginnt (vgl. Langheid/Wandt/*Staudinger* § 92 Rn. 14). Hier liegt der **Unterschied** zwischen der gesetzlichen Regelung, die nur auf den Abschluss der Verhandlungen abstellt, und den Versicherungsbedingungen früherer Generationen (vgl. dazu Römer/Langheid/*Langheid,* 2. Aufl. 2003, § 96 Rn. 8 ff.), die die Auszahlung einer Entschädigung mit der Deckungsablehnung gleichsetzen, wenn diese mit einer Begründung erfolgt, die „den Eintritt des Versicherungsfalles unberührt" lässt. Die dortigen **Unklarheiten** ergeben sich bei der gesetzlichen Regelung und der AVB-Generation 2008 nicht, jedenfalls dann nicht, wenn man auch die unbegründete Deckungsablehnung als Verhandlungsabschluss qualifiziert.

VI. Wirksamwerden der Kündigung

20 Die Regelung in Abs. 2 Sätze 2 und 3 bedeutet, dass die Kündigungen von VN und VR zu unterschiedlichen Zeitpunkten **wirksam** werden können:

1. Wechselseitige Kündigung

21 Erfolgen wechselseitige Kündigungen, führt die Kündigung mit dem früheren Wirksamkeitszeitpunkt zum Vertragsende (Langheid/Wandt/*Staudinger* § 92 Rn. 25). Das liegt daran, dass die spätere Kündigung ins Leere läuft, wenn der Vertrag zuvor wirksam durch die Kündigung des anderen Vertragsteils bereits beendet wurde.

2. Kündigung des Versicherers

22 Kündigt der **VR,** dann wird seine Kündigung mit einer Frist von einem Monat wirksam. Das heißt, dass der Vertrag binnen Monatsfrist ab Zugang der Kündigung beim VN beendet wird. Der Vertrag läuft in diesen Fällen also längstens zwei Monate über den Abschluss der Verhandlungen hinaus (ein Monat Erklärungsfrist, ein Monat Kündigungsfrist).

3. Wahlrecht des Versicherungsnehmers

23 Anders als der VR hat der **VN** ein **Wahlrecht:** Aus dem Wortlaut von Abs. 2 Satz 3 (keine Kündigung „für einen späteren Zeitpunkt als den Schluss der laufenden Versicherungsperiode") ergibt sich, dass der VN die Kündigung für jeden Zeitpunkt zwischen dem Zugang der Kündigung beim VR (fristlose Kündigung) und dem Ende des laufenden Versicherungsjahres wählen kann (zur insoweit unbedenklichen Regelung in B § 15 Nr. 2 VHB 2010, AERB 2010, AFB 2010, AWB 2010 und B § 15 Nr. 2 VGB 2010 → Rn. 30).

4. Kündigung mit Angabe zu späten Wirksamkeitszeitpunkts

24 Nennt die Kündigung des VN einen **falschen, weil zu späten** Zeitpunkt (also einen **nach** Schluss der laufenden Versicherungsperiode), ist eine Umdeutung nach §§ 139, 140 BGB problematisch, denn legt man die Kündigung so aus, dass sie zum Schluss der laufenden Versicherungsperiode wirksam werden soll, dann ist der VN möglicherweise bis zu dem von ihm genannten Zeitpunkt **ohne Deckung,** weil er eine neue Versicherung erst ab diesem Zeitpunkt abgeschlossen hat. Es spricht daher viel dafür, in diesen Fällen die Nichtigkeit der Kündigung anzunehmen, zumal auch eine Umdeutung der Kündigung in ein Angebot zur einvernehmlichen Vertragsaufhebung die gleiche Problematik mit sich bringt (Einzelheiten zur Umdeutung und Auslegung von unwirksamen Kündigungen → § 11 Rn. 13 f.; vgl. ferner OLG Hamm VersR 1999, 1265, wonach eine vom VR so bezeichnete „Kündigung aus wichtigem Grund gemäß § 242 BGB" nicht in eine versicherungsfallbedingte Kündigung umgedeutet werden kann; wie hier Langheid/Wandt/*Staudinger* § 92 Rn. 24: Nichtigkeit, wenn Umdeutung ausscheidet).

25 Kündigt der VN **ohne Angabe** eines Zeitpunktes, zu dem die Kündigung wirksam sein soll, folgt aus der nach § 133 BGB erforderlichen Auslegung der Kündigungserklärung – anders als nach früherem Recht, wo das Wirksamwerden der Kündigung zum Ende der Versicherungsperiode für den VN, der nach § 96 Abs. 3 Satz 1 aF ohnehin bis zu diesem Zeitpunkt zur Prämienzahlung verpflichtet war, nur Vorteile brachte – nicht die Kündigung zum Ende der laufenden Versicherungsperiode (so auch Bruck/Möller/*Johannsen* § 92 Rn. 10). Allerdings kann auch nicht davon ausgegangen werden, dass sich der VN stets sofort (fristlos) vom

Vertrag lösen möchte (zB wenn er neuen Versicherungsschutz bei einem anderen VR erst zu einem späteren Zeitpunkt erlangen wird). Bei der Auslegung müssen also die – für den VR erkennbaren – Umstände des Einzelfalls berücksichtigt werden. Kommt eine Auslegung der Kündigungserklärung zu keinem Ergebnis, ist im Zweifel die Kündigung zum Ende der laufenden Versicherungsperiode anzunehmen (**aA** Langheid/Wandt/*Staudinger* § 92 Rn. 23; Bruck/Möller/*Johannsen* zieht auch die Unwirksamkeit der Kündigung nach § 139 BGB in Betracht; vgl. auch Prölss/Martin/*Armbrüster* § 92 Rn. 13 f.).

VII. AVB

1. Entwicklung

26 Die Regelung in § 92 ist **abänderlich,** wovon **ursprünglich** ausgiebig Gebrauch gemacht worden ist. So hatte bspw. **§ 18 Abs. 2 AFB 30** folgenden Wortlaut:

> Nach dem Eintritt eines Schadensfalles können beide Parteien jeden zwischen ihnen bestehenden Feuerversicherungsvertrag kündigen, der Versicherungsnehmer jedoch nur dann, wenn er den Schaden dem Versicherer oder dem Agenten in der vorgeschriebenen Form (§ 13 (1) a) angezeigt hat. Die Kündigung hat spätestens zwei Wochen nach Auszahlung oder Ablehnung schriftlich zu erfolgen. Wird kein Schadensersatz beansprucht, ist die Kündigung nur zulässig, sofern der Schadenfall nicht länger als ein Jahr zurückliegt, und hat spätestens einen Monat, nachdem die Partei von dem Schaden Kenntnis erlangt hat, schriftlich zu erfolgen. Der Vertrag endigt einen Monat nach der Kündigung, soweit nichts anderes vereinbart ist.

27 Ähnliche Regelungen fanden sich in § 18 Nr. 2 AEB, § 17 Nr. 2 AWB 68, § 17 Nr. 2 ASDB 68, § 19 Nr. 2 VHB 74 und § 20 Nr. 2 VGB 62. In Anpassung an die Kontrollkriterien des (früheren) § 9 AGBG (§ 307 BGB) wurden entsprechend den Vorgaben des (früheren) BAV (heute BaFin; VerBAV 1979, 3) einige Texte an § 96 aF angepasst, so § 19 Nr. 2 AERB, § 26 VHB 84 und §§ 19 Nr. 2 AFB 87, AERB 87, AWB 87, AStB 87 und § 24 Nr. 2 VGB 88 (zur vertraglichen Änderung dieser Bedingungswerke vgl. *Martin* L II Rn. 13 ff.). In der **AVB-Generation 2008/2010** finden sich die entsprechenden Regelungen in B § 15 AERB, VHB, AFB, AWB und § 14 VGB 2008/§ 15 VGB 2010.

2. Kontrollmaßstäbe

28 Grundsätzlicher Prüfungsmaßstab einer etwaigen **Unangemessenheitsüberprüfung** einer vertraglichen Kündigungsbestimmung nach § 307 Abs. 2 BGB ist die gesetzliche Regelung in § 92. **Erweiterungen** des versicherungsfallbedingten Kündigungsrechts sind idR **wirksam,** wenn sie für beide Vertragsparteien in gleicher Weise vorgesehen werden, während demgegenüber **Ausschlüsse** oder **Einschränkungen** des Kündigungsrechts grds. **unwirksam** sein dürften (vgl. dazu etwa OLG Düsseldorf NJW-RR 1988, 1051; AG Siegburg NJW-RR 1988, 612; ähnlich Bruck/Möller/*Johannsen* § 92 Rn. 13; zust. bzgl. Ausschluss des Kündigungsrechts Langheid/Wandt/*Staudinger* § 92 Rn. 27). Allerdings kann die Unwirksamkeit einer Einschränkung des Kündigungsrechts für den VN ein zweischneidiges Schwert sein, wenn nämlich der VR kündigen will und sich dabei

auf die Unwirksamkeit der zu eng gefassten vertraglichen Regelung berufen kann (zum Problem vgl. OLG Hamm VersR 1987, 1025; *Martin* L II Rn. 7 ff. mwN). Wenn auch ein gewisser **Vertrauensschutz** zu Gunsten des VN eingreift, der darauf vertrauen dürfen soll, dass der VR sich an eine von ihm selbst gewählte Einschränkung des Kündigungsrechts hält, auch wenn diese unwirksam sein könnte oder deren Unwirksamkeit gerichtlich schon einmal bestätigt worden ist, muss doch in jedem Einzelfall unter Abwägung der beiderseitigen Rechte der Vertragsparteien und unter Berücksichtigung der Auswirkungen der vertraglichen Regelung und einer etwaigen – auch teilweisen – Unwirksamkeit einer solchen vertraglichen Regelung anhand der Unangemessenheitskriterien des § 307 Abs. 2 BGB geprüft werden, welche Einschränkungen des versicherungsfallbedingten Kündigungsrechts unwirksam sein könnten und inwieweit sich der Bedingungsgeber trotz Unwirksamkeit an einer zu seinem Nachteil vereinbarten Beschränkung des Kündigungsrechts festhalten lassen muss (aA Langheid/Wandt/*Staudinger* § 92 Rn. 27, wonach der Ausschluss des Kündigungsrechts des VR wirksam bleiben soll). Bei Bedingungen, die **von einem Makler** im Auftrage eines VN entworfen und zum Gegenstand des Versicherungsvertrages gemacht werden, ist nicht der VR Verwender (BGH VersR 2009, 1477). Vielmehr ist bei Maklerbedingungen das Stellen der AVB regelmäßig dem VN zuzurechnen mit der Folge, dass sich der VR auf eine Klauselkontrolle in Bezug auf solche Klauseln, die ihm gegenüber unangemessen, unklar oder etwa überraschend sind, wird berufen können (vgl. *Langheid* NJW 2010, 344). Von wem AVB als Verwender gestellt werden, kann sich nach der Lebenserfahrung aus einem ersten Anschein auf Grund von **Inhalt und Gestaltung des Vertrags** ergeben. Sowohl die Logogestaltung als auch die Angabe bestimmter Vertretungsverhältnisse mit Anschrift und Kontoverbindung lassen auf die Verwendereigenschaft schließen (BGH VersR 2011, 1173 = NJW 2011, 3367).

3. Früher und heute gültige Bedingungen

Nach den obigen Erörterungen dürften **wirksam** solche **Erweiterungen** des Kündigungsrechts sein, durch die beide Vertragsparteien berechtigt werden, auch andere Verträge als den vom Versicherungsfall betroffenen Vertrag zu kündigen, etwa einen Betriebsunterbrechungsvertrag zur Feuerversicherung, auch wenn eine Betriebsunterbrechung nicht stattgefunden hat (vgl. Prölss/Martin/*Armbrüster* § 92 Rn. 20). 29

Unbedenklich dürfte die Regelung in § 26 VHB 84 sein. Diese ist weitestgehend der gesetzlichen Regelung nachgebildet. Soweit in § 26 Nr. 2 VHB 84 – abw. von der gesetzlichen Regelung in Abs. 2 Satz 1 – vereinbart wird, dass die schriftlich zu erklärende Kündigung spätestens einen Monat nach dem Abschluss der Verhandlungen über die Entschädigung **zugehen** muss, ist dies eine unter Unangemessenheitskriterien unbedenkliche Konkretisierung des Gesetzestextes (zust. Prölss/Martin/*Armbrüster* § 92 Rn. 21; **aA** Langheid/Wandt/*Staudinger* § 92 Rn. 28). Auch Abschn. B § 15 VHB 2010 konkretisiert auf den Zugang der Kündigung, stellt aber anders als der Gesetzeswortlaut und § 26 Nr. 2 VHB 84 nicht auf den Abschluss der Verhandlungen, sondern auf die Auszahlung oder Ablehnung der Entschädigung ab (→ Rn. 31). Richtig wird auch in § 26 Nr. 3 VHB 84 in Bezug auf die Wirksamkeit der Kündigung des VN gesagt, dass die Kündigung **einen Monat** nach ihrem Zugang wirksam wird, der VN aber bestimmen kann, dass seine Kündigung entweder sofort oder zu einem **anderen** 30

Zeitpunkt wirksam wird. Das entspricht der Regelung in Abs. 2 Satz 3, wonach der VN „nicht für einen späteren Zeitpunkt als den Schluss der laufenden Versicherungsperiode kündigen" kann, also zu jedem anderen Zeitpunkt zwischen dem Zugang der Kündigung und dem Ende der laufenden Versicherungsperiode. Entsprechend ist § 19 Nr. 2 AFB 87 gestaltet. Die **AVB 2010 und 2016** regeln den Zeitpunkt der Wirksamkeit einer Kündigung des VN neu, indem die Kündigung grds. **sofort** nach ihrem Zugang beim VR wirksam wird. Der VN kann aber bestimmen, dass seine Kündigung zu einem späteren Zeitpunkt (also später als sofort nach Zugang), spätestens zum Ende der laufenden Versicherungsperiode, wirksam wird. Diese Bedingungsregelung wird einer Unangemessenheitsüberprüfung nach § 307 Abs. 2 BGB standhalten.

31 Ebenfalls **keinen Bedenken** begegnet die Vertragsmodifikation in B § 15 Nr. 1 AFB 2008, VHB 2008, AERB 2008, AWB 2008 und B § 14 Nr. 1 VGB 2008, die vorsieht, dass die Kündigung „spätestens einen Monat nach Auszahlung oder Ablehnung der Entschädigung zugegangen" sein muss (zu den AVB der vorherigen Generation → Rn. 26 f.). Damit wird der Gesetzeswortlaut „Abschluss der Verhandlungen" in einer unter Unangemessenheitskriterien zulässigen Weise konkretisiert (vgl. Bruck/Möller/*Johannsen* § 92 Rn. 14). Zahlung und Deckungsablehnung sind ersichtlich die beiden Hauptfälle eines Abschlusses der Verhandlungen über die Entschädigung (dabei differenzieren die Bedingungen nach der VVG-Reform 2008 zu Recht nicht zwischen begründeter oder unbegründeter Deckungsablehnung, auch → Rn. 19). Sollten die Verhandlungen ausnahmsweise auf andere Art beendet werden, bleibt die gesetzliche Kündigungsmöglichkeit nach § 92 (auch → Rn. 21 ff.; Langheid/Wandt/*Staudinger* § 92 Rn. 29 rekurriert in diesen Fällen auf § 306 Abs. 2 BGB). Die heute gültigen Bedingungen übernehmen hingegen den Wortlaut des Abs. 2 Satz 1 (vgl. etwa B § 15 Nr. 1 Satz 3 AWB 2010: „Die Kündigung ist nur bis zum Ablauf eines Monats seit dem Abschluss der Verhandlungen über die Entschädigung zulässig").

VIII. Hagelversicherung (Abs. 3)

32 Der VR kann nur zum Ende einer Versicherungsperiode kündigen, weil der VN während laufender Periode – insbesondere während der Hagelzeit – nur schwer einen anderen Versicherungsvertrag abschließen kann. Kündigt der VN – zulässigerweise – für einen früheren Zeitpunkt, steht dem VR die Prämie gleichwohl für die gesamte laufende Versicherungsperiode zu (Abs. 3 Satz 2).

33 Die Vorschrift ist **abdingbar.** Im Gegensatz zu Abs. 3 sollen nach § 6 Nr. 5 AHagB 2008 (ebenso die früheren Bedingungen) Schadenfälle nicht zur Kündigung berechtigen. Dies ist für Kündigungen des VN zumindest bei längerfristigen Versicherungsverträgen, wie sie in der Hagelversicherung üblich sind, nach § 307 Abs. 2 Nr. 1 BGB unwirksam (so auch Prölss/Martin/*Armbrüster* § 92 Rn. 23). Auch wird sich der VR bei vor dem 31.12.1990 abgeschlossenen Verträgen nicht auf § 8 Nr. 1 AHagB 87 berufen können, wonach Zehn-Jahres-Verträge möglich sind. In diesen Fällen dürfte die Begründung des BGH zur Unwirksamkeit von Zehn-Jahres-Verträgen in anderen Versicherungsarten (BGH NJW 1996, 1208 = VersR 1996, 485; BGHZ 127, 35 = NJW 1994, 2693 = VersR 1994, 1049 = ZfS 1994, 411) entsprechend heranzuziehen sein, es sei denn, der VR hätte erkennbar einen Ausgleich durch erhebliche Rabatte auf die Prämie gewährt.

§ 93 Wiederherstellungsklausel

[1]Ist der Versicherer nach dem Vertrag verpflichtet, einen Teil der Entschädigung nur bei Wiederherstellung oder Wiederbeschaffung der versicherten Sache zu zahlen, kann der Versicherungsnehmer die Zahlung eines über den Versicherungswert hinausgehenden Betrags erst verlangen, wenn die Wiederherstellung oder Wiederbeschaffung gesichert ist. [2]Der Versicherungsnehmer ist zur Rückzahlung der vom Versicherer geleisteten Entschädigung abzüglich des Versicherungswertes der Sache verpflichtet, wenn die Sache infolge eines Verschuldens des Versicherungsnehmers nicht innerhalb einer angemessenen Frist wiederhergestellt oder wiederbeschafft worden ist.

Übersicht

I. Regelungsinhalt

1. Normzweck

1 Sinn und Inhalt der Vorschrift bestehen darin, den Anspruch auf die Versicherungsleistung entstehen zu lassen, wenn eine **in den AVB vereinbarte Wiederherstellungsklausel** verwirklicht oder zumindest die Wiederherstellung bzw. Wiederbeschaffung **sichergestellt** wird. Zugleich handelt es sich um eine Begrenzung des subjektiven Risikos (BGH NJW 2016, 2959 = VersR 2016, 850). Es geht dabei also nicht nur um die bloße Fälligkeit („erst"), sondern um die Entstehung des Anspruchs dem Grunde nach. Die bloße Erwägung, eine etwaige Bereicherung des VN sei angesichts des Versicherungsversprechens unbeachtlich, macht

die Erfüllung der Voraussetzungen der Wiederherstellungsklausel nicht überflüssig (BGH NJW 2016, 2959 = VersR 2016, 850). Die Vorschrift korrespondiert mit § 1130 BGB, der sicherstellt, dass eine Wiederherstellungsklausel auch dem Realgläubiger gegenüber wirksam ist. Das heißt: Erfolgt kein Wiederaufbau, entsteht kein Anspruch, also auch keine Forderung des Realgläubigers (Staudinger/*Wolfsteiner* BGB § 1130 Rn. 12; anders BK/*Dörner/Staudinger* § 97 Rn. 13 und Bruck/Möller/*Johannsen* §§ 93, 94 Rn. 44: bloße Fälligkeitsregel). Allerdings kann der Realgläubiger die Voraussetzungen für den Wiederaufbau gemäß § 1134 BGB herbeiführen und so die Forderung zum Entstehen bringen. Zahlungen darf der VR an den VN nur erbringen, wenn sichergestellt ist, dass die Leistungen zur Wiederherstellung/Wiederbeschaffung verwendet werden, anderenfalls bleibt er dem Realgläubiger zur nochmaligen Zahlung der Versicherungsleistung zum Zwecke der Wiederherstellung des Gebäudes verpflichtet; dabei ist dann allerdings die Vorschrift des § 94 zu berücksichtigen.

2. Parallele Vorschriften in VVG und BGB

2 Früher denkbare unterschiedliche Rechtsfolgen aus der Parallelität der Vorschriften des § 97 aF einerseits und des § 1130 BGB andererseits, die aus dem Umstand erwachsen konnten, dass § 97 aF **nur für die Gebäudefeuerversicherung** galt, während § 1130 BGB sowohl für die Mobiliar- als auch für die Gebäudeversicherung gilt, sind durch die VVG-Reform nicht ausgeräumt. Insbesondere da auch früher eine dem § 97 aF vergleichbare **vertragliche Regelung** für andere Versicherungssparten existierte (vgl. etwa § 13 Nr. 10 AKB), wobei für eine solche vertragliche Regelung dann eben auch § 1130 BGB galt. Für die **Gebäude**feuerversicherung muss der Realgläubiger nicht gesondert – etwa durch Beschlagnahme des Grundstücks – tätig werden, denn die Forderung gegen den VR haftet ihm ohnehin; in der **Mobiliar**vollstreckung muss er allerdings die Beschlagnahme des Grundstücks erwirken, wobei sich neben oder statt der Beschlagnahme zum Zwecke der Zwangsversteigerung möglicherweise auch die Zwangsverwaltung gemäß § 866 Abs. 2 ZPO anbietet.

3. Pfändung durch Realgläubiger

3 Soweit der Realgläubiger aufgrund des ihm zur Verfügung stehenden Titels (etwa Grundpfandrechtsbestellungsurkunde) daran denken könnte, die Versicherungsforderung, die aus der Wiederherstellung des versicherten Gebäudes entsteht, zu pfänden (mit der Folge, dass Zahlung nicht an den VN, sondern an den Realgläubiger ausschließlich zu leisten wäre), ist dies ein nicht gangbarer Weg, denn dadurch würde die Wiederherstellung des Gebäudes verhindert (vgl. etwa BGB-RGRK/*Mattern* BGB § 1130 Anm. 6; Staudinger/*Wolfsteiner* BGB § 1130 Rn. 10 mit dem Hinweis auf die Zweckbindung der Forderung, die eine Pfändung unmöglich mache; allerdings entsteht die Forderung erst mit der Wiederherstellung bzw. deren Sicherstellung, so dass die Pfändung ohnehin ins Leere ginge). Zu beachten ist in diesem Zusammenhang ein **wichtiger Unterschied** zwischen den Bestimmungen der §§ 1130 BGB und 93 VVG: Nach § 1130 BGB kann der VR die Entschädigung bei Vereinbarung einer Wiederherstellungsklausel mit befreiender Wirkung gegenüber dem Realgläubiger schon dann an den VN zahlen, wenn er sie zum Zwecke der Wiederherstellung zahlt. Ob die Wiederherstellung auch gesichert ist oder überhaupt erfolgt, ist dabei unerheblich. Der Schutz des Realgläubigers nach § 93 hingegen geht weiter. Eine Zahlung des VR an den

VN ist ihm gegenüber nur dann wirksam, wenn die Wiederherstellung gesichert ist; vgl. *H. Schütz* VersR 1987, 134 (137). Aus diesem Grunde ist eine solche Forderung auch dem Zugriff des bloß persönlichen Gläubigers durch Pfändung und Überweisung entzogen. **Ohne** eine Wiederherstellungsklausel oder in dem Bereich, in dem die Wiederherstellungsklausel **nicht wirkt** (→ Rn. 7 f.), kann auch der Realgläubiger die Versicherungsforderung pfänden: Dies ermöglicht ihm uU nicht nur eine Rangverbesserung, sondern dieser Weg macht auch eine Forderungsverwertung ohne die Maßnahmen des ZVG möglich (sobald allerdings die Immobiliarvollstreckung erfolgt, ist eine Mobiliarvollstreckung gemäß § 865 Abs. 2 ZPO ausgeschlossen).

II. Erweiterung auf allgemeine Sachversicherung

1. Einschluss der Mobiliarversicherung

Die frühere Regelung des § 97 aF konnte sich schon begrifflich nur auf die Gebäudefeuerversicherung beziehen, weil dort von der „Wiederherstellung des versicherten Gebäudes" die Rede war. Dennoch gab es eine Fülle vergleichbarer Bedingungen auch für die Mobiliarversicherung. Das geltende Recht stellt jetzt klar, dass die Wiederherstellungsregeln für die gesamte Sachversicherung gelten. Die Probleme, die aus der parallelen Anwendung der Vorschriften des BGB entstehen, sind damit aber nicht gelöst. 4

2. Umfang

Die frühere Sicherung der „bestimmungsgemäßen Verwendung" der Versicherungsleistung ist erweitert worden auf die **Sicherung der „Wiederherstellung oder Wiederbeschaffung".** Damit ist das für die Praxis virulenteste Problem nicht gelöst: Die Neuwertspitze wird nicht erst dann fällig, wenn die beschädigte oder zerstörte Sache tatsächlich wiederhergestellt oder wiederbeschafft wurde, sondern bereits mit der **Sicherung** der Wiederherstellung/Wiederbeschaffung. Eine entsprechende Sicherstellung wirft aber die früher bereits bekannten Probleme wieder auf (→ Rn. 28). 5

3. Rückzahlung

In **Satz 2** wurde eine Regelung neu eingeführt, wonach die **Neuwertspitze zurückzuzahlen** ist, wenn die Wiederherstellung/Wiederbeschaffung nicht innerhalb einer angemessenen Frist vorgenommen wurde. Erforderlich ist allerdings ein Verschulden des VN, wobei einfache Fahrlässigkeit genügt. Diese Rückzahlungspflicht belegt die Unsicherheiten im Zusammenhang mit der zuvor genannten Sicherstellung, denn zu einer solchen Rückzahlung könnte es nie kommen, wenn die Neuwertspitze erst mit der tatsächlichen Wiederherstellung oder Wiederbeschaffung fällig würde. 6

III. Wiederherstellungsklauseln

Der VR muss bei vereinbarter Wiederherstellungsklausel nur zahlen, wenn die Wiederherstellung/Wiederbeschaffung sichergestellt ist. Man unterscheidet zwischen **einfachen** und **strengen** Wiederherstellungsklauseln 7

1. Einfache Wiederherstellungsklauseln

8 Unter einer **einfachen Wiederherstellungsklausel** versteht man die Fälligkeitsregelungen (etwa § 17 Nr. 3 AFB 30), die im Interesse des Realgläubigers vereinbart worden sind (Fälligkeit erst, wenn und soweit die Verwendung der Versicherungsleistung zur Wiederherstellung gesichert ist; → Rn. 28). Eine solche Klausel berührt die Entstehung des Anspruchs **nicht** (vgl. Bruck/Möller/*Johannsen* §§ 93, 94 Rn. 35; Prölss/Martin/*Armbrüster* § 93 Rn. 5). Ungeachtet der Voraussetzungen einer einfachen Wiederherstellungsklausel tritt Fälligkeit allerdings grds. und auch gegenüber dem Realgläubiger mit einer Deckungsablehnung des VR ein.

2. Strenge Wiederherstellungsklauseln

9 Demgegenüber entsteht der Anspruch auf die Entschädigungsspitze bei sog **strengen Wiederherstellungsklauseln** erst, wenn die Wiederherstellung/Wiederbeschaffung durchgeführt wurde oder diese zumindest gesichert ist (vgl. BGH NJW-RR 2021, 34; r+s 2001, 118 = VersR 2001, 326 zu § 15 VGB 94; OLG Dresden r+s 2021, 31; Bruck/Möller/*Johannsen* §§ 93, 94 Rn. 36). **Beispielhaft** sei hier auf die Regelung in A § 7 AFB 2010 (§ 11 Nr. 5 AFB 87) hingewiesen. Der Neuwert ist danach gemäß A § 7 Nr. 1 Buchst. a aa und Nr. 2 Buchst. a aa AFB 2010 (§ 5 Nr. 1 Buchst. a und Nr. 2 Buchst. a AFB 87) bezüglich Gebäuden als „der ortsübliche Neubauwert einschließlich Architektengebühren sowie sonstiger Konstruktions- und Planungskosten" und in Bezug auf technische und kaufmännische Betriebseinrichtungen als der Betrag definiert, „der aufzuwenden ist, um Sachen gleicher Art und Güte in neuwertigem Zustand wiederzubeschaffen oder sie neu herzustellen". Grundsätzlich ist der Zeitwertschaden (definiert in A § 7 Nr. 1 Buchst. a bb und Nr. 2 Buchst. a bb AFB 2010 (§ 5 Nr. 1 Buchst. b, Nr. 2 Buchst. b und Nr. 5 AFB 87)) zu zahlen und die sog Neuwertspitze gemäß A § 8 Nr. 2 AFB 2010 (§ 11 Nr. 5 AFB 87) erst, „soweit und sobald (…) innerhalb von drei Jahren nach Eintritt des Versicherungsfalles sichergestellt" ist, dass die Entschädigung verwendet wird, um Gebäude gleicher Art und Güte wiederherzustellen (für bewegliche Sachen gilt Entsprechendes).

10 Ist lediglich der **Zeitwert** versichert, wird dieser erst erworben, wenn die versicherten Gegenstände wiederhergestellt oder wieder herbeigeschafft sind bzw. dies hinreichend gesichert ist. Zuvor erwirbt der VN lediglich eine Entschädigung in Höhe des **gemeinen Wertes** (als Beispiel sei auf A § 8 Nr. 4 AFB 2010 (§ 11 Nr. 6 AFB 87) hingewiesen; zu den Begriffen des Zeit-, Neu- und gemeinen Wertes → § 88 Rn. 9).

11 In den **AVB** finden sich folgende **Beispiele** für Neu- und Zeitwertversicherung: **§ 4 Nr. 2 Buchst. b AERB 81:** Abweichend von § 4 Nr. 2a (Neuwert) ist Versicherungswert der Zeitwert, falls er weniger als 40 %, bei Gebrauchsgegenständen von Betriebsangehörigen weniger als 50 % des Neuwerts beträgt; **A § 7 Nr. 2 Buchst. a bb AERB 2010:** Zeitwert, falls Versicherung nur zum Zeitwert vereinbart ist oder falls der Zeitwert im Fall der Versicherung zum Neuwert weniger als __ Prozent des Neuwertes beträgt (Zeitwertvorbehalt).

12 Nach § 1 Nr. 2 (Gebäude), § 2 (bewegliche Sachen) **NwIG 80** ist der Zeitwert versichert, falls er weniger als 40 % des Neuwerts beträgt (Berechnung nach § 4); **§ 6 VGB 62:** Versicherungswert ist grds. der Neuwert. Beim Wegfall der bestimmungsmäßigen Brauchbarkeit versicherter Sachen ist der sich daraus ergebende geringere Wert der Versicherungswert; **A § 10 Nr. 1 VGB 2010 – Wert 1914**

und **§§ 13, 14 VGB 88:** Abweichend von der gleitenden Neuwertversicherung auf der Grundlage des Versicherungswerts 1914 können der einfache Neuwert, der Zeitwert und der gemeine Wert als Versicherungswert vereinbart werden; **A § 10 Nr. 1 VGB 2010 – Wohnflächenmodell:** Versicherungswert ist grds. der Neubauwert, bei Gebäuden, die zum Abbruch bestimmt oder sonst dauernd entwertet sind, nur noch der gemeine Wert; nach **A § 9 Nr. 1 VHB 2010/ A 14.1 VHB 2016** ist Versicherungswert grds. der Neuwert, sind Sachen für ihren Zweck in dem versicherten Haushalt nicht mehr zu verwenden, der gemeine Wert.

Ziff. 4.1 VB-Reisegepäck 2008/2018: Versicherungswert in der Reisegepäckversicherung ist stets der Zeitwert, das heißt „jener Betrag, der allgemein erforderlich ist, um neue Sachen gleicher Art und Güte am ständigen Wohnort des Versicherten anzuschaffen, abzüglich eines dem Zustand der versicherten Sachen (Alter, Abnutzung, Gebrauch etc) entsprechenden Betrags.“ 13

A § 9 Nr. 3 ABE 2011: Die Elektronikversicherung ist eine Neuwertversicherung. Der VR hat bei Teilschäden die Wiederinstandsetzungskosten abzüglich des Werts des Altmaterials zu ersetzen; erfolgt keine Wiederinstandsetzung, so sind die entsprechenden Kosten zu ersetzen, jedoch nicht mehr als der Zeitwert (§ 7 Nr. 4 Buchst. a). Erfolgt bei Totalschäden keine Wiederbeschaffung, so ist der Zeitwert zu ersetzen (§ 7 Nr. 4 Buchst. 4a). 14

A § 7 Nr. 3 AMB 2011: Bei Totalschäden Entschädigung in Höhe des Zeitwerts der versicherten Sache nach Abzug des Werts des Altmaterials, jedoch wird hier bei der Abgrenzung des Teilschadens vom Totalschaden der Wert des Altmaterials den Wiederherstellungskosten zugeschlagen, der Bereich des Totalschadens also verkleinert. 15

Zum Verhältnis zwischen § 3 NwSoBedlG (Wiederaufbauklausel für landwirtschaftliche Gebäude) und § 2 SglN 79a vgl. OLG Koblenz NVersZ 2000, 581 = VersR 2001, 51 mwN. 16

3. Versicherungswert als Grundentschädigung

Problematisch ist die Situation, die eintritt, wenn nur die Entschädigungs**spitze** durch die Wiederherstellung des Gebäudes entsteht, zuvor aber schon ein Bruchteilsanspruch (in der Zeitwertversicherung zwei Drittel oder in der Neuwertversicherung der Zeitwertanspruch) entstanden ist (OLG Hamm NJW-RR 1993, 1312 = VersR 1993, 1352). 17

Auf diesen **Bruchteil** der Versicherungsleistung hat der VN bereits aufgrund des Schadens einen Anspruch; auf die Wiederherstellung der versicherten Sache kommt es insoweit **nicht** an. Das galt schon nach früherem Recht, seit der VVG-Reform 2008 ist es ausdrücklicher Wille des Gesetzgebers. Problematisch ist die Stellung des Realgläubigers: Wollte man diesem eine Zugriffsmöglichkeit in Bezug auf diesen Anspruchsteil einräumen (Alternative: Einziehung an Sequestor zum Zwecke der Wiederherstellung, Soergel/*Konzen* BGB § 1130 Rn. 3 ohne Unterscheidung zwischen Bruchteils- und Gesamtanspruch), so würde die Wiederherstellung verhindert mit der Folge, dass dem Realgläubiger der Zugriff auch auf den Bruchteil der Versicherungsleistung, der ohne Wiederherstellung entsteht, verwehrt sein muss (entsprechend *Schmidt* S. 133 ff. unter Hinweis auf MüKoBGB/*Eickmann* BGB § 1130 Rn. 21). Diese Regelung kann allerdings schon begrifflich nur so weit reichen, wie eine Wiederherstellung noch möglich ist; ist die Wiederherstellung ausgeschlossen, kann der Realgläubiger auch bei strenger Wiederaufbauklausel die 18

Auszahlung der Entschädigung an sich verlangen. Aus den gleichen Gründen ist auch eine Pfändung des unabhängig von der Gebäudewiederherstellung entstehenden Bruchteils der Versicherungsleistung im Wege der Mobiliarvollstreckung nicht möglich, denn hier gelten die gleichen Erwägungen wie sie dem Realgläubiger gegenüber gelten. Entzöge man dem VN bereits diesen Bruchteil, wäre eine Wiederherstellung unmöglich gemacht (ebenso BGB-RGRK/*Mattern* BGB § 1130 Rn. 9; zum Problem vgl. ferner MüKoBGB/*Eickmann* BGB § 1130 Rn. 22; Staudinger/*Wolfsteiner* BGB § 1130 Rn. 5 und 10).

IV. Wiederherstellungspflicht

19 Die **Wiederherstellungspflicht** ist **keine Obliegenheit** des VN, weil der Anspruch erst mit dem Tun des VN (nämlich der Wiederherstellung des Gebäudes/Wiederbeschaffung der versicherten Sache bzw. mit deren Sicherung) entsteht, so dass eine unterbleibende Wiederherstellung/Wiederbeschaffung nicht einen bereits bestehenden Anspruch wieder beseitigt (wie im Falle einer Obliegenheitsverletzung), sondern ihn gar nicht erst zum Entstehen kommen lässt (so (in anderem Zusammenhang) BGH r+s 1995, 151 = VersR 1995, 328; iErg ebenso *Martin* R IV Rn. 14 ff., der darauf hinweist, dass es keine Obliegenheit des VN geben kann, den Schaden zu vergrößern; hier dürfte es sich aber um ein bloßes Wortspiel handeln, denn der Schaden als solcher ist ja bereits entstanden und der Wiederaufbau soll nur die Voraussetzungen für eine Entschädigung schaffen, die bei Wiederaufbau dem tatsächlichen Schaden des VN entspricht, die ohne Wiederaufbau allerdings den Schaden übersteigen würde; denn dann wäre der Schaden des VN durch den Zeitwert begrenzt).

V. Unterversicherung

20 Problematisch ist die Frage, ob eine vorhandene **erhebliche Unterversicherung** schon auf den Zeitwert des Schadens oder erst auf die Neuwertspitze anzurechnen ist. Da die Wiederherstellung/Wiederbeschaffung Voraussetzung für eine den Zeitwert oder den gemeinen Wert übersteigende Entschädigung des VN ist, muss die Unterversicherung an sich auch schon beim Zeitwert oder vom gemeinen Wert abgezogen werden (aA *Martin* R IV Rn. 15 mit allerdings wenig überzeugender Begründung; wie hier Prölss/Martin/*Armbrüster* § 93 Rn. 8; zum Prämienschicksal bei Unterversicherung OLG Koblenz NVersZ 2000, 581). Aus diesem Grunde ist bei einem Zusammentreffen von Unter- und Mehrfachversicherung grds. im Verhältnis der beiden Versicherungssummen zueinander abzurechnen und nicht etwa vor oder bei endgültig unterbliebener Wiederherstellung/Wiederbeschaffung nur auf der Basis des Zeitwertschadens. **Beispiel** (nach *Martin* R IV Rn. 16): Versicherungssumme I = 90.000 EUR, Versicherungssumme II = 20.000 EUR, Neuwert = 100.000 EUR, Zeitwert = 80.000 EUR. Im Falle der Neuwertentschädigung wäre zwischen den beiden VR im Verhältnis 90 : 10 abzurechnen; nach *Martin* (R IV Rn. 16) wäre ohne oder vor Wiederherstellung/Wiederbeschaffung im Verhältnis von 80 : 20 abzurechnen, weil der Zeitwertschaden unter der Versicherungssumme I liegt. Das Ergebnis (der VR mit der stärkeren Unterversicherung würde im Verhältnis auch stärker belastet) ist allerdings durch nichts zu begründen, sondern belegt vielmehr, dass die Unterversicherung auch schon vom Zeitwertschaden abgezogen werden muss.

VI. Wiederherstellungsfrist

Der Anspruch auf die Entschädigungsspitze entsteht regelmäßig erst, wenn innerhalb einer bestimmten **Ausschlussfrist** (von regelmäßig zwei oder drei Jahren) die Wiederherstellung/Wiederbeschaffung durchgeführt wurde oder sichergestellt ist. Erklärt der VN, er wolle nicht wiederherstellen/wiederbeschaffen, kann die Entschädigungsspitze nicht mehr entstehen; anders allerdings bei vorhandenem Realgläubiger, der gemäß § 1134 Abs. 2 BGB die Wiederherstellung erzwingen kann. Ist die Frist verstrichen, kann der Anspruch auf die Neuwertentschädigungsspitze nicht mehr entstehen (OLG Dresden r+s 2021, 31), wobei allerdings anerkannt ist, dass die **Frist angemessen zu verlängern** ist, wenn der VR zu Unrecht die Entschädigungspflicht verweigert hat (sonst würde allein schon durch Prozessdauer die Wiederaufbaufrist häufig verstrichen sein; vgl. dazu BGH VersR 1979, 173; OLG Hamm NJW-RR 1989, 1185 = VersR 1989, 1082; Langheid/Wandt/*Staudinger* § 93 Rn. 14; eingehend *Martin* R IV Rn. 23). Für Mehrkosten durch behördliche Wiederherstellungsauflagen kann die Frist unter Umständen nicht gelten (BGH BeckRS 2021, 6259 zu § 2 Nr. 6 VGB 2006). Auf den Fristablauf kann sich der VR nicht berufen, der zuvor deklaratorisch anerkannt hat, dass die Voraussetzungen der Klausel erfüllt sind (OLG Karlsruhe VersR 2020, 1378). Nach Ablauf der Wiederherstellungsfrist ist bei unbegründeter Deckungsablehnung durch den VR ein Zeitraum von ca. 18 Monaten ab Eintritt der Rechtskraft des den VR zur Leistung verurteilenden Deckungsprozesses angemessen (OLG Hamm NJW-RR 1989, 1185 = VersR 1989, 1082; NJW-RR 1993, 1312 = VersR 1993, 1352; OLG Celle r+s 1990, 93; vgl. schließlich OLG Koblenz r+s 1993, 427, wonach der VR nicht gegen Treu und Glauben verstößt, wenn er auf Fristeinhaltung besteht, nachdem der VN zunächst erfolglos um eine Baugenehmigung nachgesucht hat). 21

VII. Anspruchsumfang

Ist eine strenge Wiederherstellungsklausel vereinbart, erwirbt der VN den Anspruch auf die **Entschädigungsspitze** (Differenz zwischen Zeit- und Neuwert oder zwischen Bruchteil bzw. gemeinem Wert und Zeitwert) erst, wenn er in Erfüllung der Klausel das zerstörte Gebäude **tatsächlich wiederherstellt** bzw. die zerstörte versicherte Sache wiederbeschafft (zur entsprechenden Sicherstellung der Versicherungsleistung → Rn. 28). Das gilt nach BGH NJW-RR 1994, 986 = VersR 1994, 1103 (mAnm *Lorenz;* vgl. dazu wiederum *Langheid/Müller-Frank* NJW 1995, 2892 ff.) auch im Falle einer Fremdversicherung des Gebäudeeigentümers, der zugleich mit seinem eigenen Interesse das Wegnahmeinteresse seines Mieters gemäß § 539 Abs. 2 BGB versichert hat: Der auf den Zeitwert entfallende Anteil an der Versicherungsleistung muss an den Mieter ausgekehrt werden, während der Vermieter/VN den Anspruch auf die Neuwertspitze behält, wenn er die entsprechenden Voraussetzungen schafft. Ein Anspruch auf die Mehrwertsteuer entsteht ohne Wiederherstellung von vorneherein nicht (OLG Celle r+s 2021, 580, das die Regelung in § 13 Ziff. 8 Buchst. a VGB 2012 für AGB-konform erklärt). 22

1. Bereicherung

Entgegen dem früheren § 55 aF, der die Leistung des VR auf den dem VN entstandenen Schaden **beschränkte,** wird bei der Neuwertentschädigung der VN 23

bereichert: Das zerstörte Gebäude bzw. die zerstörte Sache wird nicht zum Zeitwert ersetzt, sondern zum Neuwert, ohne dass der VN sich einen „neu für alt"-Abzug gefallen lassen muss (all dies gilt entsprechend auch in der Zeitwertversicherung, wenn an sich nur der gemeine Wert oder ein Bruchteil des Zeitwertes zu entschädigen ist). Um das subjektive Risiko (das in dem Anreiz liegt, im Falle eines Versicherungsereignisses mehr zu erhalten als man gegenwärtig hat) wenigstens einigermaßen zu beschränken, soll mit Hilfe der Wiederherstellungsklauseln die Bereicherung auf **Sachwerte** beschränkt werden (BGH VersR 1984, 843; OLG Hamm VersR 1986, 331; OLG Köln r+s 1994, 146 = VersR 1994, 932; ausführlich zu alledem *Martin* R IV Rn. 56 ff., zum Bereicherungsproblem → Rn. 62). Der VN soll zwar um die Werthaltigkeit des neu zu errichtenden Gebäudes bzw. der neu zu beschaffenden Sache im Verhältnis zu dem Zeitwert des zerstörten Gebäudes bzw. der zerstörten Sache bereichert werden, nicht aber um den entsprechenden pekuniären Gegenwert, der ein noch größerer Anreiz für die Herbeiführung des Versicherungsfalles sein könnte als es die Neuwertentschädigung ohnehin schon ist (BGH VersR 2011, 1180, wonach bei Eigenleistungen des VN die Neuwertspanne auch dann verlangt werden kann, wenn die tatsächlichen Aufwendungen günstiger waren). Unzutreffend insoweit BGH (IX. Senat) NJW-RR 2017, 540 = VersR 2017, 153, wonach bei einer Zeitwertberechnung tatsächlich nicht anfallende Architektenkosten zu berücksichtigen sind, weil diese auch in der Neuwertberechnung zu berücksichtigen wären und der Zeitwert ein mit einem Abzug versehener Neuwert wäre; hier wird übersehen, dass bei der Neuwertversicherung die Bereicherung des VN in einem Sachwert besteht (neues Gebäude), was in der Zeitwertberechnung eben nicht der Fall ist.

2. Wiederherstellung

24 Der Wiederherstellungsvorbehalt ist dann erfüllt, wenn ein dem zerstörten Gebäude in etwa vergleichbares neues Gebäude errichtet bzw. eine der zerstörten oder abhanden gekommenen Sache vergleichbare Sache wiederbeschafft wird (zum Problem vgl. zunächst BGH VersR 1975, 31: keine Neuwertentschädigung, wenn anstelle eines Wohnhauses ein landwirtschaftliches Wirtschaftsgebäude errichtet wird; NJW 1984, 2696 = VersR 1984, 843: ein auf das Nachbargrundstück reichendes Wohn- und Geschäftshaus anstelle eines Einfamilienhauses; NJW-RR 1990, 921 = VersR 1990, 486; NJW-RR 1990, 920 = VersR 1990, 488: zwei getrennt errichtete eingeschossige Gebäude anstelle eines zweistöckigen Wohn- und Wirtschaftsgebäudes verhindern die Neuwertentschädigung nicht; OLG Celle VersR 1979, 317: keine Neuwertentschädigung, wenn anstelle eines landwirtschaftlichen Gebäudes eine Fremdenpension errichtet wird; OLG Hamm ZfS 1992, 94: keine Neuwertentschädigung, wenn ein Mietwohnhaus errichtet wird anstelle einer Gaststätte mit einer Wirteinliegerwohnung; vgl. ferner OLG Düsseldorf NVersZ 1998, 39 = VersR 1998, 1371; OLG Hamm r+s 1992, 60 = VersR 1992, 741). Die jüngere Rspr. hat sich gegenüber der recht strengen älteren Rspr. etwas großzügiger gezeigt: Danach genügt es für die Erfüllung der Wiederherstellungsklausel, dass das neu errichtete Gebäude in etwa die gleiche Gesamtgröße hat wie das zerstörte und auch in etwa gleichartigen Zwecken dient; gleichzeitig durchgeführte Modernisierungsarbeiten verhindern die Neuwertentschädigung ebenso wenig wie gewisse Modifikationen in Bezug auf die Errichtung der Gebäude (vgl. vor allem die beiden zuletzt zitierten BGH-Entscheidungen; vgl. ferner OLG Schleswig NJW-RR 1989, 280; Langheid/Wandt/*Staudinger* § 93 Rn. 11 f.). Dem ist prinzipiell zuzustimmen,

denn bei der Neuerrichtung des Gebäudes müssen selbstverständlich **neue technische** und **architektonische Kenntnisse** Berücksichtigung finden können; es kann nicht Sinn der Wiederherstellungsklausel sein, die Berücksichtigung moderner Erkenntnisse zu verhindern. Deswegen besteht Zahlungspflicht, wenn anstelle eines zweigeschossigen Wohnhauses mit Satteldach ein Bungalow mit Flachdach errichtet wird (OLG Dresden VersR 2018, 1246). Andererseits **verneint** die Rechtsprechung eine adäquate Wiederherstellung, wenn drei Fertiggaragen anstelle eines Schuppens errichtet werden (OLG München VersR 2019, 26; in diese Richtung auch OLG Köln VersR 2020, 221: drei selbständig nutzbare Wohneinheiten anstelle eines Einfamilienhauses). Auch OLG Schleswig verneint einen Anspruch, wenn ein „erheblich größeres Objekt" als bei Schadeneintritt wiederhergestellt werden soll (zu § 29 VGB 06, VersR 2020, 618). Es soll aber ausreichen, wenn die VN die zerstörte Anlage unter dem Vorbehalt einer behördlichen Genehmigung durch einen Dritten wiederherstellen lässt, diese Anlage dann erwirbt und an den Dritten zurückvermietet (OLG Hamm r+s 2020, 157, obwohl bei einer **aufschiebenden Bedingung** die endgültige Wiederherstellung letztlich doch nicht sichergestellt ist).

3. Teilleistungen

Sind bspw. mehrere Sachen von einem Brandschaden betroffen (etwa verschiedene Gebäudebestandteile oder Zubehör; ggf. auch bewegliche Sachen bei entsprechender vertraglicher Vereinbarung), dann genügt es für den Anspruch auf die Neuwertentschädigung für jede einzelne Sache, wenn deren Wiederbeschaffung bzw. Wiederherstellung durchgeführt oder sichergestellt ist (BGH VersR 1979, 173; OLG Koblenz VersR 1986, 84: Neuwertanteil für ein Gebäude schon fällig, bevor die Zeitwertentschädigung vollständig verbraucht wurde; OLG Köln VersR 1984, 1084; r+s 1994, 146 = VersR 1994, 932, wonach es nicht entscheidend sein soll, ob eine Betriebseinrichtung in ihrer Gesamtheit als sog Sachinbegriff mehr oder weniger vollständig ersetzt worden ist oder nicht). 25

4. Anspruch auf Neuwert

Die Neuwertentschädigung wird **insgesamt fällig,** wenn der Wiederherstellungsvorbehalt erfüllt ist, auch wenn die tatsächlichen Aufwendungen des VN **niedriger** waren als der Neuwert (BGH VersR 2011, 1180; OLG Hamm VersR 1977, 735; OLG Köln r+s 1994, 146 = VersR 1994, 932; *Martin* R IV Rn. 56–61; Langheid/Wandt/*Staudinger* § 93 Rn. 17). Erstattungsfähig sind dann nicht die tatsächlichen Aufwendungen, sondern die Neuwertbeträge, wobei bei der Feststellung des Neuwertes allerdings die allgemeine Marktlage (und damit ggf. verbundene Rabattmöglichkeiten) zu berücksichtigen ist. 26

5. Anspruchsinhaber

Problematisch ist schließlich, ob und ggf. wem die Entschädigungsspitze bei der **Veräußerung des Grundstücks** bzw. **der versicherten Sache** zustehen soll: Entgegen OLG Celle r+s 1991, 381 (das wegen des mit einem Totalschaden verbundenen Interessewegfalls grds. schon die Entstehung des Neuwertanteils dem Grunde nach verneinte) soll der Erwerber eines Grundstücks den Anspruch auf den Neuwertanteil mit erwerben, wenn er das versicherte Gebäude wiederherstellt (so BGH NJW-RR 1992, 1376 = VersR 1992, 1221: Revisionsentscheidung zu 27

OLG Celle; nach BGH VersR 2004, 512 unter II.2 entsteht der Anspruch bis zum Eigentumsübergang in der Person des Veräußerers, wenn dieser die Wiederherstellung gesichert hat; vgl. ferner OLG Hamm r+s 1987, 109 = VersR 1987, 661; VersR 1986, 331; vgl. zu alledem auch *Schirmer* r+s 1993, 81 ff.; *Martin* R IV Rn. 44 ff. und Langheid/Wandt/*Staudinger* § 93 Rn. 13). Problematisch ist nicht so sehr, ob dem Erwerber die Neuwertentschädigung zustehen kann, sondern ob dieser Anspruch überhaupt entsteht, nachdem das versicherte Interesse mit der Totalbeschädigung des versicherten Gebäudes oder der versicherten Sache weggefallen ist (iE → § 80 Rn. 8 ff.). Nach OLG Schleswig NJW-RR 1989, 280 erwirbt der Erwerber den Neuwertanteil, wenn der Versicherungsfall zwischen dem Veräußerungsvertrag und der Eintragung im Grundbuch stattfindet, wenn der Erwerber das Gebäude wiederaufbaut; erforderlich ist allerdings stets eine Abtretung (für diese Lösung auch *Schirmer* r+s 1993, 81 ff.).

VIII. Sicherstellung

28 Der Anspruch auf die Entschädigungsspitze entsteht auch dann, wenn **sichergestellt** ist, dass das Gebäude wiederhergestellt oder die versicherte Sache wiederbeschafft wird (BGH NVersZ 2001, 179 = r+s 2001, 118 = VersR 2001, 326). Hier sind keine großen Unterschiede zur früheren Rechtslage, nach der „nur" die „bestimmungsgemäße Verwendung" der Versicherungsleistung sichergestellt sein musste, feststellbar. Nicht ausreichend ist ein Werkvertrag mit einem Unternehmen, dessen GF selber der Bauherr ist (OLG Hamm VersR 2016, 850). Sichergestellt war die Versicherungsleistung früher dann, wenn der VN sich endgültig und verbindlich – etwa durch den Abschluss eines entsprechenden Bauvertrages, der keinen Rücktritt zulässt – festgelegt hatte (OLG Hamm VersR 1984, 175; eine bloße Bauplanung reichte nicht, OLG Düsseldorf r+s 1985, 224; ebenso bei einem vom VN noch nicht angenommenen Angebot, OLG Hamm VersR 1984, 833; zum erfolglosen Nachsuchen um eine Baugenehmigung vgl. OLG Koblenz r+s 1993, 427; keine „restlose Gewissheit" verlangte OLG Düsseldorf r+s 1995, 401, sondern Vorkehrungen, die „keinen vernünftigen Zweifel" an der Wiederherstellung lassen, OLG Düsseldorf VersR 1996, 623; zur Sicherstellung gemäß § 13 Nr. 10 AKB vgl. BGH VersR 1986, 756; 1981, 273; OLG Hamm VersR 1984, 1140; 1981, 273). An alledem dürfte sich dadurch nichts geändert haben, dass heute die **Wiederherstellung/Wiederbeschaffung selbst** sichergestellt sein muss; es kommt auch heute eben nicht auf die Wiederherstellung/Wiederbeschaffung selbst an, sondern nur auf deren Sicherstellung. Mangels genauer gesetzlicher Festlegungen kommt es für die Frage der Sicherstellung auf die Umstände des Einzelfalles an. Ausreichende Sicherstellung kann danach auch bei entsprechendem tatsächlichen Baufortschritt vorliegen sowie etwa bei Abtretung der Entschädigung an Baugläubiger oder bei Zahlung an einen speziellen Treuhänder bzw. auf ein von einem Treuhänder verwaltetes Baukonto (vgl. *H. Schütz* VersR 1987, 134 (137)).

IX. Rückzahlungspflicht (Satz 2)

29 Sofern der VN die Sache verschuldet innerhalb einer angemessenen Frist nicht wiederhergestellt oder wiederbeschafft hat, ist er zur Rückzahlung der vom VR geleisteten Entschädigung abzüglich des Versicherungswertes der Sache verpflich-

tet. Nachdem also bspw. der Anspruch auf die Neuwertspitze infolge Sicherstellung der Wiederherstellung/Wiederbeschaffung nach Satz 1 entstanden ist, ist der VN bei nicht durchgeführter Wiederherstellung/Wiederbeschaffung nach Satz 2 zur Rückerstattung der Neuwertspitze verpflichtet.

Für die **Angemessenheit** der Frist ist die versicherte Sache maßgeblich. Während die meisten (Alltags-)Gegenstände recht kurzfristig wiederzubeschaffen sein sollten, wird für den Wiederaufbau eines Gebäudes ein Zeitraum von zwei bis drei Jahren zu veranschlagen sein. Eine unangemessene Frist setzt eine angemessene in Lauf (Langheid/Wandt/*Staudinger* § 93 Rn. 18). 30

Für das **Verschulden** des VN ist einfache Fahrlässigkeit ausreichend. 31

§ 94 Wirksamkeit der Zahlung gegenüber Hypothekengläubigern

(1) **Im Fall des § 93 Satz 1 ist eine Zahlung, die ohne die Sicherung der Wiederherstellung oder Wiederbeschaffung geleistet wird, einem Hypothekengläubiger gegenüber nur wirksam, wenn ihm der Versicherer oder der Versicherungsnehmer mitgeteilt hat, dass ohne die Sicherung geleistet werden soll und seit dem Zugang der Mitteilung mindestens ein Monat verstrichen ist.**

(2) **Soweit die Entschädigungssumme nicht zu einer den Vertragsbestimmungen entsprechenden Wiederherstellung oder Wiederbeschaffung verwendet werden soll, kann der Versicherer mit Wirkung gegen einen Hypothekengläubiger erst zahlen, wenn er oder der Versicherungsnehmer diese Absicht dem Hypothekengläubiger mitgeteilt hat und seit dem Zugang der Mitteilung mindestens ein Monat verstrichen ist.**

(3) [1]**Der Hypothekengläubiger kann bis zum Ablauf der Frist von einem Monat dem Versicherer gegenüber der Zahlung widersprechen.** [2]**Die Mitteilungen nach den Absätzen 1 und 2 dürfen unterbleiben, wenn sie einen unangemessenen Aufwand erfordern würden; in diesem Fall läuft die Frist ab dem Zeitpunkt der Fälligkeit der Entschädigungssumme.**

(4) **Hat der Hypothekengläubiger seine Hypothek dem Versicherer angemeldet, ist eine Zahlung, die ohne die Sicherung der Wiederherstellung oder Wiederbeschaffung geleistet wird, dem Hypothekengläubiger gegenüber nur wirksam, wenn dieser in Textform der Zahlung zugestimmt hat.**

(5) **Die Absätze 1 bis 4 sind entsprechend anzuwenden, wenn das Grundstück mit einer Grundschuld, Rentenschuld oder Reallast belastet ist.**

I. Regelungszusammenhang

1. Gesetzesbegründung (BT-Drs. 16/3945, 84)

a) Allgemeines. Die Regelung hat im Wesentlichen unverändert die Vorschriften der §§ 99 und 100 aF übernommen. Abweichend vom Votum der VVG-Kommission (die sich für eine Streichung dieser Vorschriften ausgesprochen hatte) erschienen dem Reformgesetzgeber von 2008 diese Vorschriften zum Schutze der Interessen der Grundpfandrechtsgläubiger (Banken) nach wie vor sachgerecht. 1

2 **b) Anwendungsbereich.** Der Anwendungsbereich der Regelung war nach früherem Recht auf die **Gebäudefeuerversicherung** beschränkt. Nach geltendem Recht erstreckt er sich, wie auch § 93, generell auf die **Sachversicherung,** da sich die Regelung auf den Fall einer Wiederherstellung nach § 93 bezieht (**Übersicht** über die verschiedenen Vorschriften zur Sachversicherung allgemein und zur Gebäudeversicherung im Besonderen → Vor § 142 Rn. 12 ff.). Voraussetzung ist allerdings, dass an der versicherten Sache ein Grundpfandrecht besteht. Dies kann auch bei Mobiliar der Fall sein. § 94 ist nur anzuwenden, wenn eine Wiederherstellungsklausel mit dem in § 93 beschriebenen Inhalt vereinbart worden ist. Die Vorschrift ist wie früher zum Schutz des Hypothekengläubigers halbzwingend, was aus der Natur der Vorschrift folgt und daher keiner ausdrücklichen Regelung bedarf.

3 **c) Ergänzende Vorschriften.** Solche sind in den §§ 1128 und 1130 BGB enthalten, für die weiterhin ein zusätzlicher Anwendungsbereich verbleibt. Wegen dieser Verknüpfung wird die frühere Terminologie, die auf den – in der Praxis seltenen – Hypothekengläubiger abstellt, im Wesentlichen beibehalten.

4 **d) Entsprechende Altvorschriften.** Die Abs. 1 und 2 stimmen sachlich mit § 99 Abs. 1 und 2 aF überein. Sie beziehen sich allerdings nur auf den Teil der Entschädigung, auf den sich die Wiederherstellungsklausel nach § 93 erstreckt. Abs. 3 stimmt sachlich mit § 99 Abs. 3 aF überein. Der frühere Begriff „untunlich", der von § 1128 Abs. 1 Satz 3 BGB übernommen wurde, ist veraltet und daher durch das Kriterium des unangemessenen Aufwands ersetzt und konkretisiert worden. Abs. 4 entspricht sachlich dem früheren § 100 aF. Das Schriftformerfordernis für die Zustimmung des Hypothekengläubigers wurde, der generellen Linie des Reformgesetzes folgend, durch die Textform ersetzt. Abs. 5 erstreckt entsprechend dem früheren § 107b aF (der allerdings seinerseits durch § 148 ersetzt wurde) die Regelungen für Hypothekengläubiger auf die anderen Grundpfandrechtsgläubiger.

2. Änderungen

5 Durch die VVG-Reform 2008 ist in das Recht über den Schutz der Grundpfandgläubiger recht intensiv eingegriffen worden, ohne dass sich echte Neuerungen ergeben hätten. Ungeachtet der oben schon beschriebenen Ersetzungen wird zum besseren Verständnis auf die Einführung (→ Vor § 142 Rn. 1 ff.) hingewiesen, die im Einzelnen schildert, welche Vorschriften des früheren Rechts durch neue Vorschriften ersetzt wurden und welche Auswirkungen **Art. 5 EGVVG auf den Fortbestand des früheren Rechts** hat. Denn gemäß Art. 5 EGVVG gelten §§ 99 ff. aF über den 31.12.2008 fort, sofern die Pfandrechte angemeldet sind. Da dies nicht gerade zur Übersichtlichkeit beiträgt, findet sich eine Synopse von Alt- und Neuvorschriften speziell für den Grundpfandgläubigerschutz → Vor § 142 Rn. 5.

II. Stellung der Vorschrift

6 Für die Fälle des § 93 Satz 1 (Wiederherstellungsklausel) regelt § 94 die Stellung des Realgläubigers (iE → Vor § 142 Rn. 1 ff.). Parallel zu § 94 ist die Regelung in § 1130 BGB anzuwenden, nach der die Wiederherstellungsklausel auch gegenüber dem Realgläubiger wirksam ist. Weil Wiederherstellungsklauseln in der Gebäude-

feuerversicherung üblich sind, machen die Vorschriften in § 1130 BGB, §§ 93, 94 VVG die Regelung in § 1128 BGB nahezu überflüssig (Staudinger/*Wolfsteiner* BGB § 1130 Rn. 1), wobei allerdings die Regelung des § 1128 BGB (die für Gebäude, Gebäudebestandteile und Zubehör gilt) deutliche Parallelen zu § 94 aufweist. So sieht auch § 1128 Abs. 1 Satz 1 BGB vor, dass die Versicherungssumme wirksam an den VN oder den Versicherten gezahlt werden kann, wenn der Eintritt des Schadens dem Realgläubiger angezeigt wurde und seit dieser Anzeige ein Monat verstrichen ist, ohne dass der Realgläubiger widersprochen hat.

III. Entstehen des Grundpfandrechts

7 Das Grundpfandrecht muss **vor dem Versicherungsfall** entstanden, das heißt: im Grundbuch eingetragen oder dort zumindest vorgemerkt sein. Ist das Grundpfandrecht noch nicht fällig, kann gemäß § 1281 BGB nur an VN und Realgläubiger gemeinsam gezahlt werden, während nach Fälligkeit des Grundpfandrechtes nur an den Realgläubiger gezahlt werden kann (BGH r+s 1991, 100 = VersR 1991, 331; dort auch zur Anspruchsberechtigung des VN, der allerdings nur Leistung an den Realgläubiger verlangen kann; ebenso BGH NVersZ 2001, 179 = r+s 2001, 118 = VersR 2001, 326 unter Hinweis auf MüKoBGB/*Damrau,* 3. Aufl. 1998, BGB § 1281 Rn. 3; anders wegen der Zweckbindung der Versicherungsleistung BK/*Dörner/Staudinger* § 97 Rn. 2 mwN und Langheid/Wandt/*Staudinger* § 94 Rn. 6, die allein den Versicherten als empfangsberechtigt ansehen). Aufrechenbare Gegenansprüche des VR muss der Realgläubiger gegen sich gelten lassen (etwa die Aufrechnung mit Prämienrückständen, LG Darmstadt VersR 1979, 418). Zum **Erlöschen des Pfandrechts** an der Versicherungsforderung → Vor § 142 Rn. 20.

IV. Wirksamkeit der Versichererleistung

8 Für eine Leistung des VR ohne die Sicherung der Wiederherstellung oder Wiederbeschaffung gilt Folgendes:

1. Fälle des § 93 Satz 1

9 Die Regelung in § 94 gilt nur für Fälle des § 93 Satz 1, also nur für die Fälle, in denen vertraglich eine Wiederherstellungsklausel vereinbart wurde. Im Übrigen gilt § 1128 BGB.

2. Zahlung ohne Sicherung

10 Zahlt der VR trotz Wiederherstellungsklausel ohne diesbezügliche Sicherung an den VN, ist diese Zahlung dem Realgläubiger gegenüber grds. unwirksam. Sie wird allerdings auch im Verhältnis zum Realgläubiger wirksam, wenn VR oder VN dem Realgläubiger **mitgeteilt** haben, dass eine Auszahlung ohne Sicherung der Wiederherstellung oder Wiederbeschaffung iRd Wiederherstellungsklausel beabsichtigt ist und ein Monat seit Zugang der Mitteilung verstrichen ist, ohne dass der Realgläubiger der Zahlung widerspricht **(Abs. 3).**

11 Befolgt der VR diese Systematik nicht und zahlt er dennoch die Leistung an den VN oder den Versicherten aus, läuft er Gefahr, noch einmal an den Realgläu-

biger zahlen zu müssen; seine Haftung erlischt allerdings gemäß § 1127 Abs. 2 BGB, wenn der VN auch ohne Sicherstellung die Versicherungsleistung entsprechend verwendet (Langheid/Wandt/*Staudinger* § 94 Rn. 18). Ferner kann der VR stets einwenden, dass das Grundpfandrecht nicht werthaltig war, also auch ohne Versicherungsfall im Wege einer Verwertung nicht bedient worden wäre (**aA** ohne Begründung Langheid/Wandt/*Staudinger* § 94 Rn. 18).

3. Anderweitige Verwendung

12 Das Vorhergesagte gilt auch in den Fällen, in denen die Versicherungsleistung nicht entsprechend der vertraglich vereinbarten Wiederherstellungsklausel verwendet werden soll, sondern anders, etwa durch Herstellung eines anderen Gebäudes, das die Wiederherstellungsklausel nicht erfüllt.

4. Widerspruch des Realgläubigers

13 Der **Widerspruch** des Realgläubigers muss dem richtigen Adressaten zugehen (bei mehreren VR allen, wobei im Falle einer Führungsklausel die Mitteilung an den führenden VR genügt; gemäß § 69 Abs. 1 Nr. 2 reicht auch eine Anzeige gegenüber dem Versicherungsvertreter). Die Mitteilung dem Realgläubiger gegenüber kann unterbleiben, wenn sie einen **unangemessenen Aufwand** erfordern würde (Abs. 3 Satz 2). Das ist der Fall, wenn sie nur unter erschwerten Bedingungen (Nachforschungen, übermäßiger Kostenaufwand) möglich ist. Dann beginnt die einmonatige Widerspruchsfrist mit der **Fälligkeit der Entschädigung.**

5. Angemeldete Hypothek

14 Die Regelungen in § 94 Abs. 1–3 sind Ausgestaltung einer Wiederherstellungsklausel iSv § 93 Satz 1, gelten allerdings auch bei gültiger Wiederherstellungsklausel **nicht** in den Fällen der **angemeldeten Hypothek** (§ 94 Abs. 4).

15 Abs. 4 gilt nach ihrem Wortlaut auch für die Fälle, in denen keine Wiederherstellungsklausel gemäß § 93 Satz 1 vereinbart ist, macht dann aber keinen Sinn (weil dann „die Sicherung" der Wiederherstellung gar nicht geschuldet wird). Sie findet ihre Entsprechung in § 1128 Abs. 2 BGB, der die Fälle regelt, in denen keine Wiederherstellungsklausel vereinbart wurde. Damit sind die Rechtsfolgen in beiden Fällen (mit und ohne Wiederherstellungsklausel) **gleich:** Der Realgläubiger, der sein Recht beim VR angemeldet hat, muss eine Zahlung an den VN nur gegen sich gelten lassen, wenn er dieser Zahlung **in Textform** (§ 126b BGB) **zugestimmt** hat (insoweit ist die Argumentation, § 1128 Abs. 2 BGB gelte nicht im Falle des § 1130 BGB, über § 94 Abs. 4 faktisch widerlegt).

16 **a) Anmeldung.** Die Anmeldung erfolgt **formlos;** sie muss dem VR, seinem Versicherungsvertreter (§ 69 Abs. 1 Nr. 2) und bei mehreren VR allen angemeldet werden (im Falle einer Führungsklausel dem führenden VR). Beantragt der Realgläubiger einen Sicherungsschein (→ Vor § 142 Rn. 20), reicht dies als Anmeldung aus.

17 **b) Wirkung.** In den Fällen, in denen der Realgläubiger sein Recht **nicht** angemeldet hat, kann der VR gemäß § 94 Abs. 1–3 binnen Monatsfrist nach der dort vorgesehenen Mitteilung mit befreiender Wirkung zahlen, auch wenn die Versicherungsleistung ohne Beachtung der Wiederherstellungsklausel verwendet werden soll, sofern der Realgläubiger nicht widersprochen hat; hat der Realgläubi-

ger sein Recht aber angemeldet, ist die Zahlung ihm gegenüber nur wirksam, wenn er **in Textform zugestimmt** hat. Darin liegt eine deutliche Verbesserung der Stellung des **anmeldenden** Realgläubigers.

6. Andere Grundpfandrechte

Die Vorschriften des § 94 Abs. 1–4 sind nicht nur auf die dort jeweils erwähnte Hypothek anzuwenden, sondern auf weitere Grundpfandrechte, nämlich auf eine **Grundschuld,** eine **Rentenschuld** oder eine **Reallast.** Demnach gilt alles das, was dort für die Hypothek geregelt ist, auch für die hier genannten Grundpfandrechte, was vor allem für die Grundschuld von Bedeutung ist. Nicht erfasst ist jedoch der Nießbrauch. Die Stellung des Nießbrauchers ist vielmehr abschließend in den §§ 1045, 1046 BGB geregelt. **18**

§ 95 Veräußerung der versicherten Sache

(1) **Wird die versicherte Sache vom Versicherungsnehmer veräußert, tritt an dessen Stelle der Erwerber in die während der Dauer seines Eigentums aus dem Versicherungsverhältnis sich ergebenden Rechte und Pflichten des Versicherungsnehmers ein.**

(2) **Der Veräußerer und der Erwerber haften für die Prämie, die auf die zur Zeit des Eintrittes des Erwerbers laufende Versicherungsperiode entfällt, als Gesamtschuldner.**

(3) **Der Versicherer muss den Eintritt des Erwerbers erst gegen sich gelten lassen, wenn er hiervon Kenntnis erlangt hat.**

Übersicht

I. Normzweck

Sinn und Zweck der Vorschrift bestehen darin, bei Veräußerung der versicherten Sache den Versicherungsschutz zu erhalten. Anderenfalls würde § 80 Abs. 2 gelten mit der Folge, dass der Versicherungsschutz durch die Veräußerung beendet **1** würde. Nach dem ausdrücklichen Willen des Reformgesetzgebers von 2008 soll hier auch die Fremdversicherung erfasst sein; BT-Drs. 16/3945, 84; so schon immer BK/*Dörner* § 69 Rn. 46; Prölss/Martin/*Armbrüster* § 95 Rn. 23 mwN unter Hinweis auf BGHZ 26, 138; KG VersR 1957, 594 sowie OLG Hamm VersR 1987, 606 zu § 6 Abs. 1 AKB bei ausgestelltem **Sicherungsschein.** Auch wenn er damit den Übergang auf den Erwerber verhindert, ist der Verkäufer frei, die Versicherung vor dem Verkauf zu kündigen (BGH VersR 2020, 407 = VersR 2020, 853). Ihn trifft, vorbehaltlich einer entsprechenden Abrede, auch keine Hinweispflicht; jedenfalls dann nicht, wenn er nicht auf das Bestehen einer Versicherung hingewiesen hat (BGH aaO).

2 Soweit bei einer **Versicherung für Rechnung „wen es angeht"** gemäß § 48 das Eigentum übertragen wird, ist der neue Eigentümer versichert, ohne dass sich in der Person des VN etwas ändert. Veräußert der Fremdeigentümer, dessen Interessen primär versichert sind, die Sache an einen Dritten, entsteht Versicherungsschutz in der Person dieses Dritten und die Versicherung erlischt nicht gemäß § 80 Abs. 2 (Beispiel: Der VN lagert ihm angelieferte Waren eines Dritten in seinen Geschäftsräumen, um sie alsbald zu bearbeiten; sie genießen dort Versicherungsschutz. Veräußert der Dritte sein Eigentum an einen anderen, genießt dieser neue Eigentümer Versicherungsschutz für „Rechnung wen es angeht", ohne dass der VN ausgetauscht wird). Veräußert der VN seinen Betrieb, während im Fremdeigentum stehende Waren eingelagert sind, ändert sich an dieser Rechtslage nichts; § 95 bewirkt, dass der Versicherungsschutz auf den Erwerber des gesamten Betriebes übergeht, ohne dass das Fremdeigentum davon tangiert wird (für die Haftpflichtversicherung ausdrücklich § 122 Abs. 2). Das gilt auch, wenn der Eigentümer die ausdrücklich in seinem Namen versicherte Ware veräußert (oder tut dies der VN stellvertretend für ihn etwa bei der Veräußerung sicherungsübereigneter Waren) und nimmt der neue Eigentümer die Ware an sich, liegt auch ein Fall des § 95 vor und der Versicherungsschutz erlischt nicht gemäß § 80 Abs. 2.

II. Anwendungsbereich

3 Der Anwendungsbereich des § 95 erstreckt sich auf die Schadensversicherung im Zusammenhang mit einem bestimmten veräußerbaren Versicherungsobjekt. Grundsätzlich. kann daher auch eine Haftpflichtversicherung nicht Gegenstand des § 95 sein; allerdings sieht § 122 eine analoge Anwendung für die Pflichthaftpflichtversicherung vor. Daraus kann man folgern, dass Haftpflichtversicherungen, die das Risiko der Haftung aus dem Betrieb eines bestimmten Gegenstandes übernehmen (zB Gebäude), auf den Erwerber des Schutzobjektes übergehen (ebenso Prölss/Martin/*Armbrüster* § 95 Rn. 3; abl. Langheid/Wandt/*Reusch* § 95 Rn. 28, da in der Haftpflichtversicherung nicht die Sache, sondern das Vermögen versichertes Schutzobjekt sei; ebenso Langheid/Wandt/*Brand* § 122 Rn. 2). Kein Fall des § 95 dürfte der Erwerb der Gesellschaftsanteile einer sog **Objektgesellschaft** sein, auch wenn damit faktisch ein Eigentümerwechsel verbunden ist.

III. Einzelfälle

1. Fremdversicherung

4 Bei einer **Fremdversicherung** gilt § 95 auch; versichert also der Mieter eines Gebäudes dieses etwa gegen Feuer und veräußert der versicherte Eigentümer das

Grundstück, geht die Fremdversicherung auf den Erwerber über; solange der Mietvertrag Bestand hat, bleibt der Mieter VN und das Interesse des jeweiligen Eigentümers ist mitversichert (vgl. Prölss/Martin/*Armbrüster* § 95 Rn. 23 f.). Veräußert der Eigentümer aber an den VN, wird aus der Fremd- eine Eigenversicherung mit der Folge, dass dem VN kein Kündigungsrecht nach § 96 Abs. 2 zusteht (s. auch Prölss/Martin/*Armbrüster* § 95 Rn. 25).

2. Übernahme Miet-/Pachtvertrag

Ebenso ist es, wenn der **Mieter/Pächter** das Gebäude und/oder das Inventar versichert hat und ein neuer Mieter/Pächter in den Miet- oder Pachtvertrag eintritt (Prölss/Martin/*Armbrüster* § 95 Rn. 26: mangels Veräußerung § 95 analog; unentschieden Langheid/Wandt/*Reusch* § 95 Rn. 112, der eine Lösung darüber sucht, dass die AVB entweder die Versicherung fremden Eigentums zulassen oder das Interesse von Mietern/Pächtern unter bestimmten Voraussetzungen mitversichert ist). Keine Anwendung des § 95, wenn der Vertrag beendet wird oder der Eigentümer mit dem neuen Mieter einen neuen Mietvertrag abschließt (selbstverständlich wird § 95 auch nicht angewendet, wenn der Eigentümer als VN erstmals einen Mietvertrag abschließt; dann handelt es sich von vornherein gar nicht um eine Veräußerung; Bruck/Möller/*Sieg*, 8. Aufl. 1961 ff., § 69 Anm. 30). 5

3. Veräußerung mehrerer Sachen

Sind mehrere **einzelne Gegenstände** oder **Inbegriffe** versichert und wird ein Teil davon veräußert, kann es – vorbehaltlich einer vertraglichen Regelung (vgl. A 8.4 VHB 2016 (A § 6 Nr. 2 Buchst. c dd VHB 2008)) oder – für den Fall der Sicherungsübereignung – A § 3 Nr. 3 AFB 2010, A § 3 Nr. 2 AERB 2010) – über § 95 dergestalt zu einer **Vertragsspaltung** kommen, dass etwa der Erwerber eines Gebäudes bezüglich der Gebäudeversicherung VN wird, während der veräußernde bisherige Eigentümer, der in den gleichen Räumen seinen alten Betrieb fortsetzt, VN in Bezug auf die gleichzeitig versicherte Betriebseinrichtung bleibt (OLG Saarbrücken NJW-RR 2018, 547 = VersR 2018, 1123; zust. Langheid/Wandt/*Reusch* § 95 Rn. 87; Prölss/Martin/*Armbrüster* § 95 Rn. 32; einschränkend Bruck/Möller/*Staudinger* § 95 Rn. 33). Anders aber, wenn eine Eigentümergemeinschaft das Versicherungsobjekt gemeinsam versichert hat und ein Miteigentümer an einen Dritten veräußert (zum Problem vgl. *Martin* VersR 1979, 80; 1974, 410, gleichzeitig auch zum Nachweis der Vollmacht im Zusammenhang mit § 174 BGB; sowie *ders.* VersR 1989, 560 und Prölss/Martin/*Armbrüster* § 95 Rn. 31). 6

4. Veräußerung des Inbegriffs von Sachen

Von der zuvor erörterten Variante (mehrere Gegenstände bzw. mehrere Inbegriffe) ist zu unterscheiden die Veräußerung **eines** Inbegriffs, etwa einer Betriebseinrichtung oder des gesamten Hausrats. Wird der gesamte Inbegriff veräußert, geht der Versicherungsschutz unproblematisch auf den Erwerber über. Wird aber nur ein Teil des Inbegriffs veräußert, bleiben die veräußerten Stücke als Fremdversicherung mitversichert, soweit der Versicherungsvertrag die Versicherung fremden Eigentums einschließt (*Martin* J V Rn. 15, der – um eine Vertragsspaltung zu vermeiden – eine Analogie zu den Vertragsbedingungen vorschlägt, die eine Fremdversicherung bei sicherungsübereigneten bzw. unter Eigentumsvorbehalt gelieferten Gegenständen vorsehen; anderenfalls käme man spätestens dann wieder 7 zur Vereinigung beider Verträge in der Hand des ursprünglichen VN, sobald ein Verstoß gegen die Anzeigepflicht des § 97 Abs. 1 die Leistungsfreiheit des VR bewirken würde). Sobald ein veräußerter Gegenstand aber vom Versicherungsort entfernt wird, erlischt der Versicherungsschutz, auch aus der Fremdversicherung (OLG Hamm VersR 1975, 175; *Wälder* r+s 1976, 128 und r+s 1976, 217, bei Veräußerung von Teilen eines Inbegriffs; vgl. ferner OLG Koblenz VersR 1987, 553 für die Hausratversicherung bei Wegfall einer versicherten Zweitwohnung).

8 Wird eine Betriebseinrichtung als Inbegriff veräußert, die auch mitversichertes Fremdeigentum enthält (etwa dem bisherigen Betriebsinhaber zur Bearbeitung überlassene Gegenstände), geht die Versicherung auch insoweit über, als die in fremdem Eigentum stehenden Waren betroffen sind (insoweit ändert sich also die Person des VN, obwohl gar keine Veräußerung vorliegt; dies ist Folge der Zugehörigkeit der in fremdem Eigentum stehenden Sachen zu dem veräußerten Inbegriff; iErg ebenso Langheid/Wandt/*Reusch* § 95 Rn. 86). Eine Veräußerung liegt auch dann vor, wenn ein einzelkaufmännisches Unternehmen alle Anteile der versicherten GmbH aufkauft und das in der GmbH betriebene Unternehmen so eingegliedert wird, dass es nur noch als Teil des einzelkaufmännischen Unternehmens erscheint (LG Köln VersR 1989, 1045).

5. Betriebsunterbrechungsversicherungen

9 In den Problembereich der Betriebsveräußerung fällt auch das Problem, ob § 95 auf eine **Betriebsunterbrechungsversicherung** anwendbar ist. Eine analoge Anwendung wird befürwortet, wenn der Betrieb unter Wahrung seiner Identität übereignet wird (was dann nicht der Fall sein soll, wenn der übernommene Betrieb lediglich in einen bereits bestehenden Betrieb eingegliedert wird, vgl. Prölss/Martin/*Armbrüster* § 95 Rn. 4 unter Hinweis auf BGH VersR 1987, 704). Wird nur der Teil eines Betriebs veräußert (zB die Betriebseinrichtung einer Arztpraxis), setzt aber der Veräußerer seine eigene Praxis am anderen Orte fort, verbleibt die Sach- ebenso wie die Betriebsunterbrechungsversicherung beim Veräußerer; hinsichtlich der veräußerten Betriebseinrichtung gilt § 80 Abs. 2 (Prölss/Martin/*Armbrüster* § 95 Rn. 4 unter Hinweis auf OGH VersR 1991, 1204). Gleiches gilt auch in der Klein-Betriebsunterbrechungsversicherung, wenn auch die Sachversicherung auf den Übernehmer des Betriebes übergeht, nach BGH VersR 1987, 704 idR nicht bei bloßer Verpachtung (vgl. Bruck/Möller/*Staudinger* § 95 Rn. 51).

6. Hausratversicherung

10 Probleme können in der **Hausratversicherung** auftreten. Unproblematisch ist zunächst der Fall, dass der VN seinen Hausrat komplett auf einen Dritten überträgt (zB bei beruflichem Wechsel ins Ausland); der Erwerber wird dann über § 95 VN (so auch Langheid/Wandt/*Reusch* § 95 Rn. 94). Problematisch aber kann die **Trennung** von Wohnungspartnern werden, wenn nur einer VN ist. Bleibt der VN in der Wohnung, dann bleibt er VN, gleichgültig, ob er den Hausrat ganz, teilweise oder gar nicht behält. Zieht aber der VN aus, dann liegt ein **Wohnungswechsel** mit der Folge vor, dass der Versicherungsschutz auf die neue Wohnung übergeht (A 16.1 VHB 2016, A § 11 Nr. 1 VHB 2010, § 6 Nr. 1 VHB 74 und § 11 Nr. 1 VHB 84; zum Begriff des Wohnungswechsels vgl. OLG Hamm r+s 1989, 364; OLG Köln r+s 1990, 347 = VersR 1990, 1394; OLG Hamm VersR 1992, 740, zugleich auch zum Begriff des „Umzuges"; dazu vgl. OLG Celle r+s 1989, 157). Versicherungsschutz besteht dann nur noch in der neuen

Wohnung, selbst wenn der VN gänzlich ohne Möbel ausgezogen ist (OLG Hamburg VersR 1984, 431; LG Frankfurt a. M. VersR 1984, 725; LG München I VersR 1991, 809; anders OLG Hamm VersR 1981, 722; VersR 1980, 665; dagegen aber *Boldt* VersR 1980, 666; *Schütz* VersR 1985, 913). In der bisherigen Wohnung kann nur noch im Wege der Außenversicherung vorübergehender Versicherungsschutz bestehen, vgl. etwa A 12.1 VHB 2016, A § 7 Nr. 1 VHB 2010). Der zurückbleibende Wohnungspartner wird nicht über § 95 VN, sondern muss anderweitig für Versicherungsschutz sorgen (für eine entsprechende Aufklärung seitens des VR bei entsprechender Kenntnis vgl. OLG Hamburg VersR 1984, 431; zur Kenntniserlangung OLG Koblenz VersR 1984, 128, bloße Kenntnis vom Umzug reicht nicht). Zu dem (seltenen) Fall, dass beide Wohnungspartner VN sind (vgl. etwa OLG Hamm r+s 1987, 167), siehe *Martin* H IV Rn. 77; danach soll es zur Spaltung des Versicherungsortes kommen mit dem erheblichen Nachteil eines gespaltenen Versicherungsvertrages (namentlich der zu besorgenden Unterversicherung; alternativ werden von *Schütz* VersR 1985, 913 und *Endermann* VP 1986, 105 Wegfall des Vertrags über § 80 Abs. 2 angenommen).

Mit dem Tod des VN geht der Vertrag auf die Erben über, wobei das versicherte **11** Interesse auch dann (zunächst) nicht wegfällt, wenn der Erblasser allein in der Wohnung lebte; erst nach einiger Zeit verlieren die versicherten Räume ihre Eigenschaft als Wohnung (sieben Wochen reichen dafür nicht, BGH r+s 1993, 224 = VersR 1993, 740; dies soll nach BGH r+s 1993, 224 = VersR 1993, 740 auch für die VHB 74 gelten, in denen – anders als in den VHB 84 – keine dreimonatige Übergangszeit für den Fall des Auszuges des VN vereinbart ist).

IV. Veräußerung

Weitere Voraussetzung ist die **Veräußerung** der versicherten Sache (eine ins **12** Einzelne gehende Darstellung findet sich bei Bruck/Möller/*Staudinger* § 95 Rn. 11 ff.; zur Rechtslage des Grundstücksrechts in den damals neuen Bundesländern und zur Geltung der §§ 69 ff. aF vgl. *Tenbieg* VersR 1993, 8 ff.). Mit dem **formellen Eigentumsübergang** wird der Erwerber VN (BGH VersR 2009, 1114; VersR 2001, 53; BGHZ 100, 60 = VersR 1987, 477; VersR 1987, 704), wobei bei **beweglichen Sachen** Einigung und Übergabe gemäß §§ 929 ff. BGB erforderlich sind (daher ist § 95 auch dann anwendbar, wenn die versicherte Sache nacheinander eine Kette von Eigentümern durchläuft, OLG Hamm VersR 1987, 605, wobei dies auch dann gelten soll, wenn nicht der VN, sondern ein Dritter Sicherungseigentümer des versicherten Fahrzeugs ist, OLG Hamm VersR 1987, 605), bei **Grundstücken** die Eintragung im Grundbuch (BGH VersR 1988, 926; BGHZ 100, 60 (61) = VersR 1987, 477; OLG Köln r+s 1990, 38; OLG Schleswig NJW-RR 89, 280; unerheblich ist, ob Veräußerer und Erwerber im Innenverhältnis den Übergang der Lasten und Nutzungen bereits für einen vor dem Eigentumsübergang liegenden Zeitpunkt vereinbart haben, BGH VersR 2016, 1564 = r+s 2016, 618). Seit BGH VersR 2009, 1114 hindert die Vorschrift (noch des § 69 aF, aber auf § 95 uneingeschränkt anwendbar) nicht die Wirksamkeit einer Vereinbarung, nach der der Käufer auch schon vor Eintragung im Grundbuch – zunächst neben dem Verkäufer – in den Versicherungsvertrag eintreten konnte und dadurch eigene, vom Verhalten des Verkäufers unabhängige Rechte daraus erwerben konnte (LG Tübingen BeckRS 2019, 23399). Anders verhält es sich, wenn das Grundstück nach Eintritt eines Versicherungsfalls veräußert wird und die Forderung gegen den Versicherer **nicht** mitübertragen wird: Dann verbleibt die Forderung beim Verkäufer (BGH r+s 2019,586). Die Verpachtung durch den Eigentümer stellt keine Veräußerung dar, die Weitergabe eines Pacht- oder Mietverhältnisses kann aber eine analoge Anwendbarkeit des § 95 begründen, → Rn. 5).

13 **Keine Veräußerung** ist der Eigentumsübergang kraft Hoheitsakt (etwa durch Enteignung oder – aktueller – die Fälle der Rückübertragung bzw. Aufhebung der staatlichen Verwaltung nach dem VermG); Gleiches gilt für die Gesamtrechtsnachfolge (etwa Erbschaft), weil dann das Versicherungsvertragsverhältnis ohne Weiteres in den Nachlass fällt (vgl. auch Bruck/Möller/*Staudinger* § 95 Rn. 11). Gleiches gilt bei Gesamthandsgemeinschaften, etwa bei der Übereignung einer Eigentumswohnung, wenn die Eigentümergemeinschaft den Versicherungsvertrag abgeschlossen hat; ebenso beim Austausch von Gesellschaftern, gleichgültig in welcher Gesellschaftsform.

14 Mit der **Vollendung** des Eigentumserwerbs geht der Versicherungsvertrag auf den Erwerber über. In der Gebäudeversicherung ist das Käuferinteresse in der Zeit zwischen Gefahrübergang und Grundbucheintragung mitversichert (Prölss/Martin/*Armbrüster* § 95 Rn. 29 mwN; *ders.* FS Mock, 2009, 1 ff.); das dürfte aber ohnehin der Fall sein, weil das Käuferinteresse auch nach Gefahrübergang durch die Versicherung des bisherigen Eigentümers als Fremdversicherung mitversichert sein dürfte (insoweit liegt der Fall ähnlich wie bei der Sicherungsübereignung; offen gelassen von OLG Köln r+s 1990, 38, wo allerdings für das Kündigungsrecht des Erwerbers auf die Grundbucheintragung abgestellt wurde, woraus mittelbar der Schluss gezogen werden kann, dass vorher trotz Gefahrübergangs auf den Käufer der bisherige Eigentümer VN geblieben ist).

15 Die Regelung in § 95 hindert allerdings eine Vereinbarung nicht, wonach der Käufer eines Grundstücks bereits vor Grundbuchumschreibung in den Gebäudeversicherungsvertrag eintritt; bis zum formellen Eigentumsübergang ist der Erwerber dann neben dem VN mitversichert und erwirbt einen eigenen Anspruch auf Versicherungsschutz, der unabhängig vom Verhalten des veräußernden Eigentümers ist (BGH NJW-RR 2009, 1329 = VersR 2009, 1114). Hingegen kommt es im Rahmen des § 95 Abs. 1 nicht auf einen im Innenverhältnis vereinbarten Zeitpunkt für den Übergang der Nutzen und Lasten an (BGH VersR 2016, 1564 = r+s 2016, 618).

V. Rechtsfolgen

16 Die Veräußerung bewirkt, dass der **Erwerber nunmehr VN** ist. Er muss das Vertragsverhältnis so übernehmen, wie es zum Zeitpunkt der Veräußerung stand (Prölss/Martin/*Armbrüster* § 95 Rn. 14 mwN). Das bedeutet, dass Fristen laufen, Obliegenheiten vom Erwerber erfüllt werden müssen, dieser Obliegenheitsverletzungen des Verkäufers gegen sich gelten lassen muss, dass ein Prämienverzug gegen den Erwerber wirkt (OLG Jena DB 2007, 1136 (Ls.)), eine Gefahrerhöhung auch im Verhältnis zum Erwerber ihre Rechtsfolgen entfaltet (BGH VersR 1982, 466) etc.

1. Inhaber der Versicherungsansprüche

17 Problematisch kann werden, wem die **Entschädigungsansprüche für einen vor der Veräußerung eingetretenen Versicherungsfall** zustehen: Grundsätz-

lich verbleiben sie beim früheren VN, wenn der Anspruch aus einem Versicherungsfall resultiert, der vor der Veräußerung stattgefunden hat (OLG Hamm VersR 1987, 661; OLG Schleswig NJW-RR 1989, 280). Dies gilt aber nicht, wenn es sich um eine **Neuwertversicherung** handelt (Näheres → § 93 Rn. 11 ff.). Grundsätzlich entsteht der Anspruch auf den Neuwertanteil erst, wenn die Wiederherstellung bzw. Wiederbeschaffung sichergestellt ist (BGH NJW-RR 1988, 1240 = VersR 1988, 247; VersR 1986, 765; VersR 1985, 78). Der Anspruch auf den Neuwertanteil entsteht jedenfalls dann in der Person des Erwerbers, wenn dieser das versicherte Gebäude wiederherstellt und die Verwendung der Entschädigung zur Wiederherstellung vor dem Eigentumsübergang noch nicht sichergestellt war (BGH NJW-RR 1988, 1240 = VersR 1988, 247; zust. *Armbrüster* FS Mock, 2009, 1 ff.; anders OLG Hamm VersR 1987, 661, wenn der Versicherungsvertrag schon vor Veräußerung beendet war, so dass § 69 aF nicht mehr zur Anwendung kommen konnte). Umgekehrt entsteht der Anspruch daher in der Person des Veräußerers, wenn die Wiederherstellung vor Eigentumsübergang sichergestellt war (BGH VersR 2004, 512; Prölss/Martin/*Armbrüster* § 95 Rn. 16).

Auch wenn wegen des Totalschadens das versicherte Interesse gemäß § 80 Abs. 2 weggefallen ist, entsteht der Anspruch auf den Neuwertanteil nach Wiederherstellung in der Person des Grundstückserwerbers (BGH NJW-RR 1992, 1376 = VersR 1992, 1221; zust. *Armbrüster* FS Mock, 2009, 1 ff.; *ders.* in Prölss/Martin § 95 Rn. 17; ähnlich Langheid/Wandt/*Reusch* § 95 Rn. 283 ff., 285, wonach der Anspruch auf den Neuwertanteil unter der aufschiebenden Bedingung der Sicherstellung des Wideraufbaus steht, die erst zum Tragen kommt, wenn tatsächlich sichergestellt oder wiederaufgebaut wird; krit. zu BGH NJW-RR 1988, 1240 = VersR 1988, 247 allerdings *Schirmer* r+s 1993, 81 ff. und *Martin* R IV Rn. 44 ff.; danach ist § 95 wegen des Interessewegfalls gar nicht mehr anwendbar, was aber an dem vom BGH gefundenen Ergebnis nichts ändern soll, weil eine Identität zwischen VN und wiederaufbauendem Erwerber gar nicht notwendig sei. Das überzeugt schon deswegen nicht, weil dann auch bei total zerstörten oder abhanden gekommenen beweglichen Sachen die Wiederbeschaffung durch einen Dritten genügen würde, eine Konsequenz, die contra legem ist (weil die Neuwertspitze dann zu einem Handelsgut würde) und auch von *Schirmer* (r+s 1993, 81 (87)) expressis verbis abgelehnt wird. 18

Nach OLG Schleswig NJW-RR 1989, 280 erwirbt der **Erwerber** den **Neuwertanteil,** wenn der Versicherungsfall zwischen Veräußerung und Eigentumsübergang (Eintragung im Grundbuch) stattfindet und der Erwerber das Gebäude wieder aufbaut, nur durch **Abtretung** (für diese Lösung auch *Schirmer* r+s 1993, 87.; während *Martin* R IV Rn. 43 stets den früheren VN für den Anspruchsinhaber hält; dagegen wiederum zu Recht OLG Hamm r+s 1993, 227). 19

Konsequent anders allerdings OLG Celle r+s 1991, 381, wonach überhaupt kein Anspruch auf den Neuwertanteil entsteht, wenn das Grundstück mit einem total beschädigten Gebäude verkauft wird und erst der Erwerber die Voraussetzungen für die Neuwertentschädigung schafft, weil der Anspruch auf die Neuwertspitze erst mit der Wiederherstellung oder ihrer Sicherstellung entsteht, zu diesem Zeitpunkt aber der Versicherungsvertrag als einzige Anspruchsgrundlage wegen § 80 Abs. 2 bereits erloschen war (dagegen wiederum OLG Hamm VersR 1987, 661 und 1986, 331 sowie – vor allem – die Revisionsentscheidung BGH NJW-RR 1992, 1376 = VersR 1992, 1221 mAnm *Schirmer* r+s 1993, 81 ff.). 20

2. Prämienschuldner

21 Ausweislich **Abs. 2** haften Veräußerer und Erwerber als **Gesamtschuldner** für die Versicherungsprämie für die laufende Versicherungsperiode (die gemäß § 12 regelmäßig ein Jahr beträgt). Der Erwerber haftet gemäß § 425 Abs. 2 BGB nicht für Rechtsverfolgungskosten des VR bezüglich vom Veräußerer nicht gezahlter Prämien; ihm kann auch der Gesamtschuldnerausgleich gemäß § 426 nicht durch eine Abrede zwischen Veräußerer und VR verwehrt werden (Prölss/Martin/*Armbrüster* § 95 Rn. 18; Bruck/Möller/*Sieg,* 8. Aufl. 1961 ff., § 69 Anm. 91).

VI. Gutglaubensschutz des Versicherers

22 In **Abs. 3** wird der **Gutglaubensschutz** des VR festgeschrieben. Ohne dass dadurch die Stellung des Erwerbers als VN tangiert wird, muss der VR die Veräußerung erst ab Kenntnis gegen sich gelten lassen; er darf daher fällige Leistungen mit befreiender Wirkung bis zur Kenntnis gemäß § 407 BGB an den alten VN erbringen, solange er gutgläubig ist. Der Eintritt des Versicherungsfalles ist nicht Voraussetzung, so dass der VR in Unkenntnis der Veräußerung gegenüber dem bisherigen VN kündigen darf (BGH NJW-RR 1990, 1306 = VersR 1990, 881). Grundsätzlich darf der VR den Verkäufer in Unkenntnis der Veräußerung weiterhin als VN behandeln, ihm gegenüber also Fristen setzen, mahnen und/oder kündigen (sogar den Vertrag einverständlich aufheben, BGH VersR 1968, 1035). Beweispflichtig für eine etwaige Kenntnis des VR, von der gleichgültig ist, auf welche Weise der VR sie erlangt hat, ist der neue VN (BGH VersR 1990, 881).

23 Kenntnis vom „Eintritt des Erwerbers" setzt Veräußerung voraus; der VR muss dem Erwerber also vor der Veräußerung keine Kenntnis von einer dem Veräußerer gesetzten Frist zur Prämienzahlung verschaffen (OLG Jena DB 2007, 1136 (Ls.)), auch wenn ihm der Kaufvertrag bekannt geworden ist.

VII. Abänderbarkeit

24 Wegen § 98 ist die Regelung in § 95 **halbzwingend;** es kann lediglich Schrift- oder Textform für eine Kündigung nach § 96 Abs. 2 wie auch für die Anzeige der Veräußerung ausbedungen werden. Insoweit gelten die Ausführungen zu § 32.

§ 96 Kündigung nach Veräußerung

(1) [1]**Der Versicherer ist berechtigt, dem Erwerber einer versicherten Sache das Versicherungsverhältnis unter Einhaltung einer Frist von einem Monat zu kündigen.** [2]**Das Kündigungsrecht erlischt, wenn es nicht innerhalb eines Monats ab der Kenntnis des Versicherers von der Veräußerung ausgeübt wird.**

(2) [1]**Der Erwerber ist berechtigt, das Versicherungsverhältnis mit sofortiger Wirkung oder für den Schluss der laufenden Versicherungsperiode zu kündigen.** [2]**Das Kündigungsrecht erlischt, wenn es nicht innerhalb eines Monats nach dem Erwerb, bei fehlender Kenntnis des Erwerbers vom Bestehen der Versicherung innerhalb eines Monats ab Erlangung der Kenntnis, ausgeübt wird.**

(3) **Im Fall der Kündigung des Versicherungsverhältnisses nach Absatz 1 oder Absatz 2 ist der Veräußerer zur Zahlung der Prämie verpflichtet; eine Haftung des Erwerbers für die Prämie besteht nicht.**

I. Kündigungsrecht des Versicherers

Die Veräußerung bewirkt zunächst ein **Kündigungsrecht des VR (Abs. 1).** 1
Insoweit wird auf die Kommentierung → § 11 Rn. 5 ff. verwiesen. Der VR kann nur mit einer Frist von einem Monat kündigen (damit der Erwerber sich anderweitig um Versicherungsschutz kümmern kann). Das Kündigungsrecht des VR erlischt binnen Monatsfrist ab Kenntnis von der Veräußerung (vgl. dazu schon § 95 Abs. 3 und → § 95 Rn. 22 f.). Der VR kann konkludent auf das Kündigungsrecht verzichten, indem er in Kenntnis der Veräußerung die Versicherungsprämie des neuen Eigentümers annimmt (vgl. Prölss/Martin/*Armbrüster* § 96 Rn. 4). Bei Vertragsspaltung (→ § 69 Rn. 5) entsteht das Kündigungsrecht nur in Bezug auf den auf den Erwerber übergegangenen Teil des Versicherungsvertrages.

II. Kündigungsrecht des Erwerbers

Ausweislich **Abs. 2** ist auch der **Erwerber** berechtigt, das Versicherungsverhält- 2
nis zu **kündigen.** Nach Abs. 2 Satz 2 muss das Kündigungsrecht binnen Monatsfrist ab Erfüllung des Eigentumserwerbstatbestandes ausgeübt werden (im Falle des Erwerbs eines Grundstücks im Wege der Zwangsversteigerung mit dem Zuschlagbeschluss, BGH NJW-RR 2004, 968 = VersR 2004, 765); kannte der Erwerber den VR nicht (wofür er die Beweislast hat, ÖOGH VersR 1990, 551), erstreckt sich die Kündigungsfrist bis zum Ablauf von einem Monat ab Kenntnis. Auch hier gilt die Kommentierung → § 11 Rn. 5 ff. Auf die **Kenntnis** von der Veräußerung kommt es nicht an, so dass das Kündigungsrecht erloschen sein kann, wenn der Erwerber erst nach Ablauf eines Monats von seiner Eintragung im Grundbuch erfährt (Prölss/Martin/*Armbrüster* § 96 Rn. 11 mwN; anders BK/*Dörner* § 70 Rn. 34; wie hier Langheid/Wandt/*Reusch* § 96 Rn. 84 ff. und LG Berlin VersR 2005, 1235; vgl. – historisch – VerBAV 1964, 185: Das BAV, heute die BaFin, erwartete auch eine Entgegennahme entsprechend verspäteter Kündigungen durch den VR). Voraussetzung ist aber, dass der Erwerber von dem Bestehen der Versicherung weiß und den VR kennt. Kenntnis der bestehenden Versicherungsverträge ist nicht erforderlich, sondern es ist ausreichend, dass der Erwerber weiß, dass bestimmte Risiken bei einem bestimmten VR gedeckt sind (BGH NJW-RR 2004, 968 = VersR 2004, 765; Langheid/Wandt/*Reusch* § 96 Rn. 94).

Ist die Kündigung verfristet oder wird sie überhaupt nicht erklärt und schließt 3
der Erwerber eine anderweitige Versicherung ab, so entsteht eine Mehrfachversicherung gemäß § 78, wobei der VN sich von dem später geschlossenen Vertrag allerdings wieder gemäß § 79 lösen kann (so auch Langheid/Wandt/*Reusch* § 96 Rn. 63). Kündigt der Veräußerer, ist die Kündigung unwirksam, es sei denn, dass er als Stellvertreter des Erwerbers handelt (zum Problem vgl. *Theda* VW 1975, 236 ff.; vgl. auch *Martin* VersR 1970, 481 ff.). Auch hier gilt, dass der VR die Kündigung ausdrücklich zurückweisen muss, wenn er die Kündigung nicht gegen sich gelten lassen will (zur Zurückweisungspflicht des VR grundlegend → § 11 Rn. 11).

4 Gleiches gilt für die **Kündigung vor Veräußerung;** diese ist grds. unwirksam, muss aber ebenfalls zurückgewiesen werden (vgl. Bruck/Möller/*Staudinger* § 96 Rn. 9 und 27 ff., dort auch eingehend zur Hinweispflicht des VR). Eine Kündigung, die vor der Eintragung im Grundbuch ausgesprochen wird, wird jedenfalls dann wirksam, wenn sie erst nach der Eintragung dem VR zugeht (OLG Köln r+s 1990, 38). Eine Kündigung ist ferner ausgeschlossen, wenn zuvor eine Versicherung für fremde Rechnung vorlag und der VN von dem versicherten Dritten das versicherte Objekt erworben hat (AG Ravensburg VersR 1957, 53).

III. Fristen

5 Die Kündigung wird **wirksam** bei Kündigung durch den VR binnen einen Monats ab Zugang beim Erwerber, bei Kündigung durch den Erwerber entweder sofort oder zum Schluss der laufenden Versicherungsperiode. Kündigen beide, gilt das Prioritätsprinzip (so auch Langheid/Wandt/*Reusch* § 96 Rn. 44 ff.; dagegen BK/*Dörner* § 70 Rn. 41, der der Kündigung des Erwerbers den Vorrang einräumt), so dass der VR sich binnen Monatsfrist des Risikos entledigen kann, wenn er der Kündigung des Erwerbers auf den Schluss der Versicherungsperiode zuvorkommt; allerdings endet dann auch die Prämienzahlungspflicht zu diesem – früheren – Zeitpunkt. Eine Besonderheit gilt für den angemeldeten **Hypothekengläubiger,** da gemäß § 143 Abs. 1 Satz 1 diesem gegenüber die Kündigung erst mit dem Ablauf von zwei Monaten wirksam wird.

IV. Prämie

6 Im Fall der Kündigung des Versicherungsverhältnisses durch den VR oder den Erwerber ist allein der Veräußerer zur **Zahlung der Prämie** verpflichtet. Die Zahlungspflicht endet mit der Beendigung des Versicherungsverhältnisses (vgl. § 39 Abs. 1 Satz 1).

V. Abänderbarkeit

7 § 98 gilt auch für § 96, so dass dieser **halbzwingend** ist. Eine öffentlich-rechtliche Versicherung kann das gesetzliche Kündigungsrecht des Erwerbers nicht bedingungsgemäß ausschließen (BGHZ 111, 295 = VersR 1990, 1115).

§ 97 Anzeige der Veräußerung

(1) [1]**Die Veräußerung ist dem Versicherer vom Veräußerer oder Erwerber unverzüglich anzuzeigen.** [2]**Ist die Anzeige unterblieben, ist der Versicherer nicht zur Leistung verpflichtet, wenn der Versicherungsfall später als einen Monat nach dem Zeitpunkt eintritt, zu dem die Anzeige dem Versicherer hätte zugehen müssen, und der Versicherer den mit dem Veräußerer bestehenden Vertrag mit dem Erwerber nicht geschlossen hätte.**

(2) **Abweichend von Absatz 1 Satz 2 ist der Versicherer zur Leistung verpflichtet, wenn ihm die Veräußerung zu dem Zeitpunkt bekannt war, zu dem ihm die Anzeige hätte zugehen müssen, oder wenn zur Zeit**

des Eintrittes des Versicherungsfalles die Frist für die Kündigung des Versicherers abgelaufen war und er nicht gekündigt hat.

I. Unverzüglichkeit der Anzeige

Die Anzeige muss **unverzüglich** erfolgen (zu lang OLG Köln r+s 1987, 22 und 1986, 144: Frist von 14 Tagen). Anzeigepflichtig sind sowohl der Veräußerer als auch der Erwerber. Die Anzeige kann – soweit in den Bedingungen nicht etwas anderes vereinbart ist – formfrei erfolgen; eine formungültige Kündigung verschafft jedenfalls Kenntnis (BGH VersR 1987, 705; BK/*Dörner* § 71 Rn. 13 mwN). Inhaltlich muss die Anzeige zumindest erkennen lassen, dass eine Veräußerung vorliegt; insbesondere muss der Name des Erwerbers angegeben werden. 1

II. Leistungsfreiheit

Ein Verstoß gegen die Anzeigepflicht hat **Leistungsfreiheit** des VR zur Folge. 2 Nach Abs. 1 Satz 2 muss der VR allerdings noch für einen Monat die Gefahr tragen, und zwar ab dem Zeitpunkt, in dem ihm die Veräußerungsanzeige an sich hätte zugehen müssen. Er bleibt auch leistungspflichtig, wenn ihm die Veräußerung anderweitig bekannt geworden ist (Abs. 2 Alt. 1). Gleiches gilt für den Fall, dass zum Zeitpunkt des Eintritts des Versicherungsfalles die Kündigungsfrist des VR abgelaufen war und er nicht gekündigt hat (Abs. 2 Alt. 2). Damit ist die Sachlage die gleiche wie bei einer vorgenommenen Gefahrerhöhung: Erfährt der VR erst durch den Versicherungsfall von der Veräußerung, muss er nicht kündigen, um sich seine Leistungsfreiheit zu erhalten (BGH VersR 1987, 705; Langheid/Wandt/*Reusch* § 97 Rn. 57; Prölss/Martin/*Armbrüster* § 97 Rn. 11).

Die strenge Regelung der Leistungsfreiheit bei Verstoß gegen die Anzeige- 3 pflicht nach früherem Recht wurde schon gemeinhin als zu hart empfunden und auf eine Unterlassungssünde des vormaligen Gesetzgebers zurückgeführt (Prölss/Martin/*Kollhosser,* 27. Aufl. 2004, § 71 Rn. 5). Der BGH hatte deswegen entgegen dem Wortlaut des § 70 Abs. 1 Satz 2 aF **Leistungsfreiheit** dann **abgelehnt,** wenn diese nach Abwägung der beiderseitigen Interessen nicht als gerechtfertigt erschien (BGHZ 100, 60 = VersR 1987, 477; VersR 1987, 705). Dem ist der Reformgesetzgeber von 2008 gefolgt, der es für nicht angemessen hielt, den VR auch dann von seiner Leistungspflicht zu befreien, wenn er auch mit dem Erwerber der versicherten Sache den Versicherungsvertrag geschlossen hätte (vgl. BT-Drs. 16/3945, 84). Der VR hat die Beweislast dafür, dass er mit dem Erwerber den Versicherungsvertrag nicht abgeschlossen hätte (Abs. 1 Satz 2). Dafür können sachliche Gründe sprechen (Risikoänderung), aber auch subjektive (Liquidität, Vor-Versicherungsfälle). Maßgeblich sind die Tarifierungsgrundsätze und Annahmerichtlinien des Versicherers. Abzustellen ist sowohl auf vertragshindernde wie vertragsändernde Umstände iSd § 19 Abs. 4. Wenn der Gesetzestext auf den „mit dem Veräußerer bestehenden Vertrag‘ abstellt, ergibt sich daraus, dass es für die Leistungsfreiheit unschädlich ist, wenn der Versicherer mit dem Erwerber uU einen Vertrag zu veränderten Bedingungen abgeschlossen hätte (eingehend Langheid/Wandt/*Reusch* § 97 Rn. 39 ff.).

III. Verschulden

4 Die Notwendigkeit eines **Verschuldens** des Veräußerers und/oder des Erwerbers tritt hinter diesen Erwägungen zurück. Nach der den Wortlaut des Gesetzes unberücksichtigt lassenden Rspr. des BGH wird nur ein **erhebliches** Verschulden in Betracht kommen (nach OLG Hamm VersR 1986, 1177 soll ein unveränderter Risikostand bereits gegen ein Verschulden sprechen oder die widerspruchslose Entgegennahme einer unzureichenden Anzeige durch den Versicherer bzw. Versicherungsvertreter, OLG Hamm VersR 1985, 826).

IV. Abänderbarkeit

5 Auch § 97 ist wegen der Regelung in § 98 **halbzwingend.**

§ 98 Schutz des Erwerbers

[1]Der Versicherer kann sich auf eine Bestimmung des Versicherungsvertrags, durch die von den §§ 95 bis 97 zum Nachteil des Erwerbers abgewichen wird, nicht berufen. [2]Jedoch kann für die Kündigung des Erwerbers nach § 96 Abs. 2 und die Anzeige der Veräußerung die Schriftform oder die Textform bestimmt werden.

I. Ausschluss des Kündigungsrechts

1 Bedingungen, in denen zwischen den Vertragsparteien vereinbart wird, dass das gesetzlich begründete Recht des **Erwerbers** der versicherten Sache auf Kündigung ausgeschlossen ist, sind unwirksam. Dies ist an sich schon selbstverständlich; deswegen hat die Rspr. entsprechende Klauseln auch unabhängig von § 72 aF (jetzt § 98) für unwirksam nach § 307 Abs. 2 BGB erklärt (BGHZ 111, 295 = VersR 1990, 1115; OLG Düsseldorf NJW-RR 1988, 1051; vgl. ferner *Dörner* NJW 1991, 409).

II. Ausschluss des Übergangs

2 Ebenso ist eine Abrede zwischen Veräußerer und Erwerber unabhängig von § 98 unwirksam, nach der der Übergang des Versicherungsvertrages auf den Erwerber ausgeschlossen sein soll (Prölss/Martin/*Armbrüster* § 98 Rn. 3), gleichgültig, ob diese Vereinbarung vor oder nach der Veräußerung getroffen wurde (Prölss/Martin/*Armbrüster* § 98 Rn. 3). Allerdings kann der Veräußerer vor Verkauf jederzeit kündigen (nach den Parametern seines Versicherungsvertrages), ohne dass ihn eine entsprechende Hinweispflicht trifft, es sei denn, er hat das Bestehen einer Gebäudeversicherung behauptet; BGH r+s 2020, 407 = VersR 2020, 853).

§ 99 Zwangsversteigerung, Erwerb des Nutzungsrechts

Geht das Eigentum an der versicherten Sache im Wege der Zwangsversteigerung über oder erwirbt ein Dritter aufgrund eines Nießbrauchs,

eines Pachtvertrags oder eines ähnlichen Verhältnisses die Berechtigung, versicherte Bodenerzeugnisse zu beziehen, sind die §§ 95 bis 98 entsprechend anzuwenden.

I. Erwerb durch Zwangsversteigerung

§ 99 schreibt vor, dass die Vorschriften der §§ 95–98 nicht nur bei einem rechtsgeschäftlichen Eigentumserwerb Anwendung finden, sondern auch bei einem Erwerb durch Zwangsversteigerung, wo die Eigentumszuweisung kraft Hoheitsakt erfolgt. Dies gilt sowohl für die Mobiliar- als auch für die Immobiliarvollstreckung (Prölss/Martin/*Armbrüster* § 99 Rn. 2). Voraussetzung ist aber ein Eigentumsübergang, so dass etwa die Anordnung einer Zwangsverwaltung (§§ 146 ff. ZVG) die Rechtsfolgen der §§ 95 ff. nicht auslöst (vgl. Langheid/Wandt/*Reusch* § 99 Rn. 4 und 9). Der Eigentumsübergang erfolgt bei Grundstücken gemäß § 90 ZVG schon mit Zuschlag, bei beweglichen Sachen nach § 817 ZPO mit Zuschlag und Ablieferung. 1

II. Haftungsverband

Fällt der Anspruch des Vollstreckungsschuldners auf die Versicherungsleistung in den sog Haftungsverband der Hypothek, dann geht der Anspruch mit dem Zuschlag auf den Ersteigerer über (§§ 20, 55, 90 ZVG iVm § 1127 BGB). 2

III. Erwerb eines Nutzungsrechts

Die Vorschrift nennt zunächst Nießbrauch und Pachtvertrag. Diesen „ähnliche Verhältnisse" sind solche, an denen ein Dritter mit Bezug auf das Grundstück Rechte ableitet, vom VN die Bodenerzeugnisse zu beziehen. Die Vorschrift gilt auch bei Übergang von Vorpächter auf Nachpächter (zu § 115 aF AG Bersenbrück r+s 1990, 358). Auch wenn von zwei Verpächtern nur einer den Versicherungsvertrag abgeschlossen hat, geht der Vertrag auf den Pächter über (AG Biberach r+s 1990, 290). 3

Der Versicherungsvertrag ist nicht durch Interessenwegfall nach § 80 Abs. 2 beendet, wenn der Pachtvertrag ausgelaufen ist, der Pächter aber unmittelbar im Anschluss daran erneut pachtet (insoweit zutr. LG Nürnberg-Fürth VersR 1985, 379; Bruck/Möller/*Staudinger* § 99 Rn. 12). Wenn aber zwischen Ende und Neuabschluss des Pachtvertrages Wochen liegen, bleibt es bei der Beendigung des Versicherungsvertrages durch den einmal eingetretenen Interessenwegfall, auch wenn Pächter oder Verpächter in der Zwischenzeit keine Früchte gezogen haben (insoweit unzutr. LG Nürnberg-Fürth VersR 1985, 379; wie hier Prölss/Martin/*Armbrüster* § 99 Rn. 7a; Langheid/Wandt/*Reusch* § 99 Rn. 27). 4

IV. Anzeigepflicht

Die Anzeigepflicht trifft auch hier nur den VN und den Erwerber bzw. Ersteigerer, nicht jedoch den Vollstreckungsgläubiger oder den Gerichtsvollzieher bzw. das Vollstreckungsgericht. 5

Teil 2. Einzelne Versicherungszweige

Kapitel 1. Haftpflichtversicherung

Abschnitt 1. Allgemeine Vorschriften

§ 100 Leistung des Versicherers

Bei der Haftpflichtversicherung ist der Versicherer verpflichtet, den Versicherungsnehmer von Ansprüchen freizustellen, die von einem Dritten aufgrund der Verantwortlichkeit des Versicherungsnehmers für eine während der Versicherungszeit eintretende Tatsache geltend gemacht werden, und unbegründete Ansprüche abzuwehren.

Übersicht

I. Gesetzliches Leitbild

1. Leistungsarten

a) Freistellung und Abwehrdeckung. Der Wortlaut der zentralen Regelung über die Haftpflichtversicherung ist durch die VVG-Reform an die in der Praxis aufgrund der Allgemeinen Haftpflichtbedingungen (AHB) **übliche Leistungspflicht** des VR angepasst worden (Einzelheiten zur Reform der Haftpflichtversicherung in BT-Drs. 16/3945, 85). Also ist bei der Haftpflichtversicherung der VR verpflichtet, den Versicherungsnehmer von Ansprüchen freizustellen, die gegen ihn aufgrund seiner Verantwortlichkeit für eine während der Versicherungszeit eintretende Tatsache von einem Dritten geltend gemacht werden. Dem VN stand allerdings immer schon statt des im Gesetz geregelten Schadensersatzanspruchs dieser **Freistellungsanspruch** gegen den VR zu. Daneben besteht – in Anlehnung an die bisherige Regelung in § 3 Abs. 2 AHB – die Leistungspflicht des VR auch in der Prüfung der Haftpflichtfrage an sich und umfasst die Abwehr unberechtigter Ansprüche (sog **Abwehrdeckung**). 1

b) Definition des Versicherungsfalles. Die Vorschrift enthält bewusst **keine Definition** des Versicherungsfalles, weil dieser gerade in der Haftpflichtversicherung sehr unterschiedliche Ausprägungen erfährt. Als Versicherungsfall können unter anderem vereinbart werden das **Schadensereignis** (Allgemeine Haftpflichtversicherung), der **Rechtsverstoß** (Anwalts- und Notarhaftpflichtversicherung), der **Planungsfehler** (Architektenhaftpflichtversicherung), das **In-Verkehr-Bringen eines Produktes** (Produkthaftpflichtversicherung), die **erstmalige Feststellung des Schadens** (Umwelthaftpflichtversicherung) oder die **Geltendmachung eines Schadens** (soweit die Gesetzesbegründung etwas irreführend hier von einer „Schadensmeldung" spricht, ist nicht die Meldung des Versicherungsfalles gemeint, sondern die Geltendmachung des Haftpflichtanspruchs durch den Geschädigten, auch die Begründung spricht ausdrücklich vom Claims-made-Prinzip, das z.B. in der D&O-Versicherung gilt). Diese Gestaltungsmöglichkeiten sollen auch künftig nicht eingeschränkt werden; in den folgenden Vorschriften wird der Begriff des „Schadensereignisses" (der Gesetzgeber meint hier offenkundig den Versicherungsfall) in einem umfassenden Sinn verwendet. Soweit das **Claims-made-Prinzip,** dessen Gültigkeit 2 der Gesetzgeber ohne weiteres voraussetzt, für die **D&O-Versicherung** kritisch beurteilt wird (OLG München VersR 2009, 1066), sind derartige Vorbehalte (die versicherte Pflichtverletzung könne auch außerhalb des versicherten Zeitraums eintreten, so dass die Wirksamkeit des Claims-made-Prinzips eine Rückwärtsdeckung und eine ausreichende Nachhaftungszeit erfordere) unbegründet. Insbesondere ist es keine Besonderheit des Claims-made-Prinzips, sondern gilt für **alle Versicherungsfalldefinitionen der Haftpflichtversicherung,** dass Geschehnisse, die, wenn sie sich in der Versicherungszeit verwirklichen, deckungspflichtig sind, während sie nicht deckungspflichtig sind, wenn sie sich außerhalb des versicherten Zeitraums verwirklichen. Das Claims-made-Prinzip erweitert (entgegen den vorgebrachten Bedenken) also tatsächlich die Rechte aus § 100, denn das Abstellen auf die Anspruchserhebung kann Deckung auch für Tatsachen bewirken, für die die versicherte Person außerhalb der Vertragslaufzeit verantwortlich geworden ist (was eher eine erhebliche Ausdehnung der „Verantwortlichkeit (…) während der Vertragslaufzeit" darstellt).

2. Weitere Deckungsansprüche

3 Das geltende Recht geht grds. von einem **Freistellungsanspruch** aus, während vor 2008 ein Leistungsersatzanspruch normiert war, der allerdings die Ausnahme darstellte. Allerdings kennt auch das geltende Recht neben dem Freistellungs- und Abwehranspruch einen **Leistungsersatzanspruch:** § 106 Satz 2 schreibt ausdrücklich die Fälligkeit eines **Zahlungs**anspruchs des VN vor, wenn dieser – mit Verbindlichkeit gegenüber dem VR – den Dritten befriedigt hat. Auch hat der VN seit 2008 die Möglichkeiten der **Abtretung des Freistellungsanspruchs** und des **Anerkenntnisses des Haftpflichtanspruchs.** Beides hat zu fundamentalen Änderungen geführt, deren Auswirkungen noch immer nicht abschließend geklärt sind → § 105 Rn. 5 ff.; → § 106 Rn. 2; → Rn. 35, 50 ff.; ferner *Langheid* VersR 2007, 865 ff.; *ders.* VersR 2009, 1043 und ders. in: Workshop S. 41 ff.).

II. Grundprinzipien der Haftpflichtversicherung

1. Gegenstand der Versicherung

4 Die **Deckungszusage** in der Haftpflichtversicherung bedeutet, dass der Haftpflichtversicherer das Risiko des VN, von einem Dritten aufgrund gesetzlicher Haftpflichtbestimmungen auf Schadensersatz in Anspruch genommen zu werden, übernimmt (grundlegend BGH VersR 1959, 256 f.; zuletzt BGH r+s 2021, 27 mAnm *Armbrüster*). Gegenstand des Leistungsversprechens ist die „finanzielle Abdeckung der aus dem einzelnen Haftpflichtfall erwachsenen Verantwortlichkeit des Versicherungsnehmers einem Dritten gegenüber" (BGH VersR 2001, 175 unter 3.a). Dabei entsteht einerseits bei begründeten Haftpflichtansprüchen ein **Freistellungs-** (in Ausnahmefällen als Zahlungs-) und andererseits bei unbegründeten Ansprüchen ein **Rechtsschutz-** oder **Abwehranspruch** (zur BGH-Rspr. *Felsch* r+s 2008, 265 ff.).

5 Neben der Freistellungsverpflichtung ist die Abwehrgewährung eine **Hauptleistungspflicht** des VR (BGH NJW 2007, 2258 = VersR 2007, 1116; 2007, 2262 = VersR 2007, 1119), wobei die Rechtsschutzgewährung nicht zwingend auch zur Freistellung verpflichtet (BGH VersR 2009, 1485; das ist jedenfalls dann

so, wenn der VR sich die abschließende Deckungsentscheidung noch vorbehält). Der VR muss sich nach der Schadensmeldung des VN nach **pflichtgemäßem Ermessen entscheiden,** ob er den Haftpflichtanspruch anerkennen und regulieren will oder ob er den Haftpflichtprozess aufnehmen will, weil er den geltend gemachten Haftpflichtanspruch für unbegründet hält (stRspr des BGH seit BGH VersR 1981, 180; VersR 1959, 499; VersR 1959, 701; VersR 1956, 186; s. auch *Lange* VersR 2008, 713; *Armbrüster* r+s 2010, 441; **aA** Prölss/Martin/*Lücke* § 100 Rn. 2; *v. Rintelen* r+s 2010, 133: kein Recht des VR, unbegründete Ansprüche zu erfüllen und begründete abzuwehren); dagegen zu Recht *Armbrüster* r+s 2010, 441). Bei Abwehrdeckung hat der VR auch die Führung des Haftpflichtprozesses zu übernehmen (BGH NJW 2007, 2262 = VersR 2007, 1119).

Die Entscheidungsbefugnis des VR und sein Wahlrecht enthalten daher **folgende Regulierungsvarianten:** Er kann die Deckung **ablehnen** mit der Folge, dass keine Obliegenheiten mehr zu erfüllen sind und dass die Entscheidung der Haftungsfrage mit Bindungswirkung erfolgt, wenn der VR die Deckung zu Unrecht abgelehnt hat; er kann **Deckung** durch Freistellung oder Gewährung von Rechtsschutz **gewähren,** wobei auch eine Deckung unter Vorbehalt möglich ist (etwa unter der Bedingung, dass sich kein Leistungsausschuss – zB Vorsatz – verwirklicht). Keinesfalls darf der VR den VN oder den Geschädigten über die Deckung **im Unklaren lassen** (BGH NJW 2007, 2262 = VersR 2007, 1119; VersR 2009, 1485; OLG Naumburg VersR 2014, 54: Feststellungsinteresse des Geschädigten gemäß § 256 Abs. 1 ZPO, wenn der VR die Frage nach Deckung unklar oder gar nicht beantwortet; OLG Frankfurt a. M. VersR 2003, 588). Bei der **Führung des Haftpflichtprozesses** hat der VR die Interessen des VN so zu wahren, „wie das ein von diesem beauftragter Anwalt tun würde" (BGH NVersZ 2001, 472 = VersR 2001, 1150; VersR 1992, 1504; bei Interessenkonflikt hat er auch die Kosten eines zweiten Anwalts zu übernehmen BGH VersR 2010, 1590, diese Möglichkeit wird übersehen von OLG Karlsruhe VersR 2020, 472 (475), wonach der VR„alles in (seinen) Kräften Stehende" tun müsse, um eine Haftung wegen vorsätzlicher Schädigung abzuwehren; tatsächlich kann der VR für anderweitige Vertretung des VN sorgen und im Wege des Streitbeitritts die eigenen Interessen vertreten). Dabei darf er einen sinnvollen Haftungsvergleich nicht von einer Zustimmung des VN zu einem Deckungsvergleich abhängig machen, anderenfalls der VR sich schadensersatzpflichtig machen kann, soweit er nicht ohnehin Deckung schuldet (BGH NVersZ 2001, 472 = VersR 2001, 1150; *Langheid/Müller-Frank* NJW 2002, 403 ff. unter IV.3). Die Fortführung des Haftpflichtprozesses stellt keine Pflichtverletzung dar, wenn ein vom Haftpflichtversicherer nicht akzeptierter gerichtlicher Vergleichsvorschlag nicht der tatsächlichen Rechtslage entsprach; ebenso wenig besteht eine Pflicht des Haftpflichtversicherers, sich deshalb auf einen Vergleich einzulassen, weil im Haftungsprozess eine Verurteilung des VN über die Deckungssumme hinaus droht (OLG Köln VersR 2013, 1390). Eine Regulierungszusage dem geschädigten Dritten gegenüber ist als Deckungszusage und als Anerkenntnis des Haftpflichtanspruchs auch im Namen des VN zu verstehen (BGH VersR 2009, 106). 6

Dabei hat der BGH die frühere, aber mit § 100 durchaus vergleichbare Regelung in § 149 aF als **gesetzliche Leitlinie** bezeichnet (etwa im Zusammenhang mit Schadenserienklauseln BGH NJW 2003, 511 = VersR 2003, 187; NJW 2003, 3705 = VersR 2003, 1388; zum Problem *Langheid/Müller-Frank* NJW 2004, 337 ff. unter III.2.c) mit der Folge, dass Verstöße gegen die oben wiedergegebenen Grundsätze durchaus AGB-rechtliche Konsequenzen haben können. Die dem VR regelmäßig in den AVB eingeräumte Vollmacht reicht dabei grds. über vereinbarte 7

Deckungssummen hinaus mit der Folge, dass seine Entscheidung auch außerhalb der Deckungssumme für den VN verbindlich wird (BGH VersR 2006, 1676). Anders als in der Rechtsschutzversicherung verliert der VR seine Dispositionsfreiheit durch eine Verzögerung bei der Regulierungsentscheidung nicht (BGH VersR 2007, 979).

8 Die Haftpflichtversicherung ist **Schadensversicherung** in Form der **Passivenversicherung.** Der VN will und soll gegen **Vermögenseinbußen** dergestalt geschützt werden, dass er weder mit Schadensersatzleistungen einem Dritten gegenüber noch mit der Führung des entsprechenden Haftpflichtprozesses belastet werden will (deswegen besteht keine Deckung, wenn der VN Schadensersatzansprüche Dritter leugnet und dennoch eine Zahlungsverpflichtung eingeht, um sich vor gesundheitlichen und sozialen Belastungen zu schützen, vgl. OLG Saarbrücken r+s 2012, 71). Aus diesem Grunde sind die Vorschriften aus der **Schadensversicherung** (§§ 74–87) **grds. anwendbar,** soweit dies nicht in unvereinbarem Widerspruch zu den Spezialvorschriften über die Haftpflichtversicherung steht (so geht die Regelung in § 103 der Regelung in § 81 vor).

2. Vertragliche Regelungen

9 Es versteht sich von selbst, dass die Risikoübernahme des VR iRd jeweils zu vereinbarenden AVB stattfindet. Diese können die unterschiedlichsten Deckungskonzepte vorsehen, die sich durch **primäre** und **sekundäre Leistungsbeschreibungen** konturieren. Das alles muss sich in der bekannten Weise an der Zweckbestimmung des Versicherungsvertrages und am AGB-Recht messen lassen (BGH NJW 2003, 3705 = VersR 2003, 1388). In der allgemeinen Haftpflichtversicherung wird regelmäßig die Deckung von Sach- und Personenschäden einschließlich Vermögensfolgeschäden versprochen. Zu den in § 1 Nr. 1 AHB genannten gesetzlichen Haftpflichtbestimmungen **privatrechtlichen Inhalts** zählen auch Ansprüche aus dem *common law* (wenn Auslandsdeckung vereinbart ist, OLG Düsseldorf VersR 2019, 475). Gesetzliche Ansprüche sind auch die aus § 64 S. 1 GmbHG (BGH r+s 2021, 27 mAnm Armbrüster; anders noch OLG Düsseldorf r+s 2020, 562 = Ersatzanspruch der Gesellschaftsgläubiger ‚eigener Art'; krit. dazu schon *Koch* VersR 2020, 1284). Reine Vermögensschäden werden in der Vermögensschaden-Haftpflichtversicherung (VerBAV 1992, 160) und etwa der D&O-Versicherung (dazu *Lattwein* NVersZ 1999, 49 ff.) gedeckt. Da sich die Möglichkeit, auf Haftung in Anspruch genommen zu werden, nicht auf den privaten Bereich beschränkt, besteht besonders im **beruflichen** und **betrieblichen Bereich** Versicherungsbedarf (zur Abgrenzung zwischen Privat- und Berufshaftpflicht vgl. etwa OLG Düsseldorf NVersZ 2001, 238; OLG Köln NVersZ 2001, 475; zur Abgrenzung zwischen Privat- und Grundbesitzer- bzw. Betriebshaftpflicht vgl. OLG Oldenburg VersR 2014, 1364). Neben der allgemeinen Betriebshaftpflicht, die auf den AHB aufbaut und wegen des Bausteinsystems die spezifischen betrieblichen Haftungsrisiken erfasst, sind für weitere spezielle Haftungsbereiche spezifische Versicherungsprodukte entwickelt worden, etwa die Produkt- oder Umwelthaftpflichtbedingungen (ProdHB, dazu *Krause* NVersZ 2001, 103; UmweltHB).

10 Um die Bereiche der möglichen Haftpflicht in Ergänzung zu den AHB möglichst konkret beschreiben zu können, bedient die Versicherungswirtschaft sich der „Besonderen Bedingungen und Risikobeschreibungen" **(BB).** Schon im Bereich der allgemeinen Haftpflichtversicherung ist das fakultative System möglicher Einschlüsse (Mietsachschäden, häusliche Abwässer, Gewässerschäden) **sehr**

unübersichtlich, was im verstärkten Maße für die Betriebshaftpflichtversicherung gilt, die für so gut wie jeden Erwerbszweig eigene spezifische Sonderbedingungen vorhält. Für die forensische Praxis bedeutet das, dass vorab genau aufzuklären ist, welches jeweils gültige Bedingungswerk überhaupt für die Zeit des Eintritts des Versicherungsfalles anzuwenden ist.

3. Pflichtversicherungen

Wegen der möglicherweise ruinösen Folgen eines nicht versicherten Haftpflichtfalls sowohl für das Opfer als auch für den Täter hat der Gesetzgeber für verschiedene Tätigkeiten, Berufe und Betätigungen eine **gesetzliche Verpflichtung** normiert, eine Haftpflichtversicherung abzuschließen, die sog **Pflicht-Haftpflichtversicherung.** Eine solche gesetzliche Verpflichtung zum Abschluss eines Haftpflichtversicherungsvertrages mit gewissen Mindest-Deckungssummen besteht regelmäßig für Selbstständige (Notare, Rechtsanwälte, Steuerberater, Wirtschaftsprüfer etc), sie ist aber etwa auch im Arzneimittelgesetz normiert oder im Atomgesetz; die wohl bekannteste Pflicht-Haftpflichtversicherung ist die Kfz-Haftpflichtversicherung gemäß § 1 PflVG. An diesem **Beispiel** wird deutlich, dass die gesetzliche Regelung, die ja immer auch eine vertragliche Regelung voraussetzt (nämlich den Abschluss des Haftpflichtversicherungsvertrages), unübersichtlich und unnötigerweise kompliziert ist. Die gesetzlichen Bestimmungen über die Haftpflichtversicherung, deren Abschluss in einem anderen Gesetz – hier dem Pflichtversicherungsgesetz – angeordnet wird, ist in §§ 113–124 normiert. Nachdem die Vorschriften des früheren § 3 Nr. 1–11 PflVG aF mit der VVG-Reform 2008 in das VVG übernommen worden sind, werden diese Regelungen durch den jetzigen § 3 PflVG lediglich in Bezug auf § 117 Abs. 3 Satz 2 **modifiziert.** Eine weitere Komplikation ergibt sich ironischerweise durch die Rechtsvereinfachung iRd Europäischen Union: Aufgrund der Ermächtigungsnorm in § 4 Abs. 1 PflVG ist nämlich eine Rechtsverordnung ergangen, die „den Umfang des notwendigen Versicherungsschutzes" regelt, den der Kfz-Haftpflichtversicherungsvertrag „zu gewähren hat". Es handelt sich um die Kraftfahrzeug-Pflichtversicherungsverordnung (KfzPflVV) vom 29.7.1994 (BGBl. I S. 1837). In dieser KfzPflVV ist dann – in Ergänzung bzw. Abänderung sowohl der Vorschriften in §§ 113–124 als auch der Vorschrift in § 3 PflVG – der Inhalt des Kfz-Haftpflichtversicherungsvertrages – also des ersten Teils der AKB – vorgeschrieben (vgl. dazu *Knappmann* VersR 1996, 401 ff.). 11

Ähnliche Regelungen wie das hier verwendete Beispiel der Kfz-Haftpflichtversicherung finden sich in §§ 2 Abs. 1 Nr. 3, 43 Abs. 1 LuftVG (Haftpflichtversicherungspflicht für Luftverkehrsunternehmer), § 17 Abs. 1 Nr. 4 BJagdG (Haftpflichtversicherungspflicht für Jäger), § 54 WPO (Haftpflichtversicherungspflicht für Wirtschaftsprüfer und Wirtschaftsprüfungsgesellschaften) und – gemäß § 67 StBerG iVm §§ 51 ff. DVStB – für Steuerberater, Steuerbevollmächtigte und Steuerberatungsgesellschaften, §§ 19a, 67 Abs. 2 Nr. 3 BNotO (Haftlichtversicherungspflicht für Notare). § 13 Abs. 2 AtomG iVm der AtDeckV (mittelbare Haftpflichtversicherungspflicht für Anlagen und Tätigkeiten nach dem AtomG) sowie §§ 6, 7 EhfG (Haftpflicht- und Krankenversicherungspflicht des Trägers der Entwicklungshilfe zu Gunsten der Entwicklungshelfer). 12

4. Reflexwirkung

Das Bestehen bzw. Nichtbestehen eines Haftpflichtversicherungsvertrages, also das Deckungsverhältnis, hat auch zahlreiche **Reflexwirkungen** auf das Haftpflichtverhältnis: 13

14 **a) Haftungsverzicht.** So kann das Bestehen einer Haftpflichtversicherung Berücksichtigung finden bei einer stillschweigenden konkludenten oder durch ergänzende Vertragsauslegung festzustellenden Abrede über einen Haftungsverzicht (so soll bspw. die Frage des Tierhüters nach der Haftpflichtversicherung des Tierhalters, die von diesem bejaht wird, zu einer stillschweigenden Haftungsübernahme durch den Tierhalter führen; zu diesen und ähnlichen Beispielen vgl. Palandt/*Grüneberg* BGB § 276 Rn. 37 ff.); danach sind die Versicherungsverhältnisse sogar von „wesentlicher Bedeutung" dahingehend, dass das Vorhandensein einer Haftpflichtversicherung auf Schädigerseite **gegen,** die Existenz einer den Schaden deckenden Versicherung auf Geschädigtenseite aber **für** einen **stillschweigenden Haftungsausschluss** sprechen können soll (vgl. im Einzelnen BGH VersR 2008, 540; 1993, 1092 = NJW 1993, 3067; 1980, 426 = NJW 1980, 1682; NJW 1979, 644; BGHZ 53, 59; 39, 158; eine Fülle von Einzelbeispielen findet sich bei Palandt/*Grüneberg* BGB § 276 Rn. 38 für bejahte Haftungsausschlüsse und Rn. 39 für verneinte stillschweigende Haftungsausschlüsse). Grundsätzlich ist zu dieser reflexhaften Berücksichtigung des Bestehens eines Haftpflicht- oder sonstigen schadensdeckenden Versicherungsvertrages zu bemerken, dass die Frage der Haftung sich nicht nach der Frage des Versicherungsschutzes richten kann (zutr. Prölss/Martin/*Lücke* § 100 Rn. 77 unter Hinweis auf BGH VersR 1992, 437 und 1980, 625; so ausdrücklich auch BGH VersR 2009, 1677; OLG Celle VersR 2009, 1236). Deswegen kann das Bestehen von Versicherungsschutz auf der einen oder auf der anderen Seite bestenfalls nur eines von mehreren Kriterien für die Auslegung eines etwaigen stillschweigend abgeschlossenen Haftungsvertrages sein. Das Gleiche gilt bei Pkw-Gefälligkeitsfahrten, bei Verletzung eines Ehegatten durch den anderen (vgl. dazu auch § 1359 BGB) und bei sonstigen Gefälligkeitsverhältnissen (Umzüge, Nachbarschaftshilfe, private Kfz-Reparatur; vgl. dazu BGH r+s 1987, 132 = VersR 1987, 202 zum Haftungsausschluss nach §§ 636 Abs. 1, 539 RVO bei unentgeltlicher Reparaturhilfe).

15 **b) Mieterregress.** Lange Zeit umstritten war, ob die Existenz eines Haftpflichtversicherungsvertrages Auswirkungen auf den Regress des Gebäudeversicherers gegen den den Schaden leicht oder grob fahrlässig verursachenden Mieter oder Pächter haben könnte (zum Problem → § 86 Rn. 19, 24). Seit BGH r+s 2006, 458 = NJW 2006, 3712 = VersR 2006, 1530 mAnm *Günther*) spielt ein Haftpflichtversicherungsvertrag auf Seiten des Mieters bei leicht fahrlässiger Schadensverursachung **keine** Rolle, weil auch dann von einem stillschweigenden Regressverzicht des Gebäudeversicherers gegenüber Mieter/Pächter auszugehen ist. Allerdings herrscht **hier erhebliche Unsicherheit:** Nach der Rechtsprechung des **IV. Senats** des BGH bewirkt der Abschluss einer Gebäudeversicherung durch den Vermieter einen stillschweigenden Haftungsverzicht des VR gegen den Mieter, auch wenn dieser haftpflichtversichert ist (s.o. zuletzt BGH VersR 2017, 36). Demgegenüber meint der **VI. Senat,** dass eine bestehende Haftpflichtversicherung gegen einen stillschweigenden Haftungsverzicht spricht und dass eine bestehende Gebäudeversicherung auf Seiten des Geschädigten unbeachtlich bleiben müsse (BGH VersR 2016, 1264; so schon BGH NJW 1992, 2474 = VersR 1992, 1145; NJW 1993, 3067 = VersR 1993, 1092; NJW 2009, 1482 = VersR 2009, 558). Dabei bleibt unbeachtet und dementsprechend unbeantwortet, was im deckungsfreien Raum der Haftpflichtversicherung geschehen soll, etwa wenn der Schädiger einen Selbstbehalt zu tragen hat.

16 **c) Gefahrgeneigte Arbeit.** Besteht im arbeitsrechtlichen Bereich ein Haftungsausschluss nach §§ 104, 105 SGB VII in den Fällen **gefahrgeneigter Arbeit,** ändert sich daran auch durch das Bestehen einer Haftpflichtversicherung nichts (so zu Recht

Prölss/Martin/*Lücke* § 100 Rn. 82 mwN). Anders soll es aber schon wieder sein, wenn der an sich nur bei grober Fahrlässigkeit haftende Arbeitnehmer seinerseits durch eine Pflicht-Haftpflichtversicherung gemäß §§ 113 ff. geschützt ist (so BGH VersR 1992, 437; 1992, 485; zu Recht krit. *Sieg* VersR 1973, 194 zu OLG Hamburg VersR 1970, 537: bei freiwilliger Versicherung zu Recht anders OVG Saarlouis NJW 1968, 1796). Soweit die Rspr. annimmt, der Freistellungsanspruch des Arbeitnehmers, der nicht grob fahrlässig gehandelt hat, gegen seinen Arbeitgeber entfalle, wenn der Arbeitnehmer durch eine sei es freiwillige, sei es pflichtgemäß abgeschlossene Haftpflichtversicherung geschützt ist (so etwa BGH VersR 1992, 437; BVerwG NJW 1968, 2308), kann dies nicht überzeugen, denn dann folgt die Haftung eben doch der Versicherung. Dabei ist namentlich die in § 86 vom Gesetzgeber ausdrücklich eingerichtete Regressmöglichkeit zu berücksichtigen, die leerläuft, wenn der dem VN zustehende Regressanspruch nur wegen der Existenz eines Haftpflichtversicherers, auf den der Regressanspruch des Versicherten ja gerade übergehen soll, entfällt.

d) Schmerzensgeld. Aus den vorerwähnten Gründen ist letztlich nicht zu akzeptieren, dass das Bestehen einer Haftpflichtversicherung auch bei der (höheren) Bemessung von Schmerzensgeld gemäß § 253 Abs. 2 BGB Berücksichtigung finden soll (so der Große Senat, BGHZ 18, 149). Die bloße Existenz eines Haftpflichtversicherers kann an der durch das Schmerzensgeld zu gewährleistenden Kompensation der schädigenden Handlung nichts ändern; auch hier folgt wieder die Haftung dem Versicherungsvertrag, obwohl bestenfalls der Versicherungsvertrag bei bestehender Haftung Deckung gewähren kann. Anders ist es, wenn der VR bei feststehender Haftung bewusst verzögerlich reguliert (so etwa BGH VersR 1961, 703; krit. dazu *Honsell* VersR 1974, 205; OLG Naumburg VersR 2004, 1423; OLG Nürnberg VersR 2007, 1137); eine Verzögerung liegt aber nicht schon dann vor, wenn der Schädiger bzw. der VR sich gegen seine Inanspruchnahme schon dem Grunde nach wehrt, denn dann muss zunächst über den Haftpflichtanspruch dem Grunde nach geurteilt werden. Verzögerung setzt ein „vorwerfbares oder jedenfalls nicht nachvollziehbares" Handeln voraus (verneint von OLG Hamm BeckRS 2021, 9618). Aus diesen Gründen kann es auch nicht zu einer Erhöhung des Schmerzensgeldes führen, wenn der VR nach erstinstanzlicher Verurteilung Berufung einlegt und zunächst nichts zahlt. Anderes kann nur dann gelten, wenn jedenfalls eine Teilhaftung feststeht oder jedenfalls sicher absehbar ist; dann kann das Ausbleiben von Akontozahlungen uU schmerzensgelderhöhend berücksichtigt werden. 17

e) Billigkeitshaftung. In diesem Zusammenhang ist abschließend die Billigkeitshaftung aus § 829 BGB zu erwähnen, im Rahmen derer ein Teil der Rspr. die Existenz eines Haftpflichtversicherungsvertrages berücksichtigen will (vgl. dazu BGH NJW 1979, 2096 = VersR 1979, 645, wonach die Existenz eines Haftpflichtversicherungsvertrages nicht grds. zur Bejahung der Billigkeitshaftung führen kann, wohl aber bei zu bejahender Haftung eine Verbesserung in Bezug auf die Höhe des zu leistenden Schadensersatzes zu Gunsten des Geschädigten bewirken soll; vgl. dazu krit. *Lorenz* VersR 1980, 697). 18

III. Das gesetzliche Deckungskonzept

1. Übersicht

Das Gesetz umschreibt den Haftpflichttatbestand nicht näher. Die Deckungspflicht des VR wird dadurch ausgelöst, dass gegen den VN **„von einem Dritten** 19 aufgrund der Verantwortlichkeit des Versicherungsnehmers für eine während der Versicherungszeit eintretende Tatsache" **Ansprüche geltend** gemacht werden. Es ist nunmehr Aufgabe der jeweiligen AVB, diese Generalklausel des Gesetzes, die lediglich vorschreibt, dass der VR bei Eintritt gewisser Haftungsumstände Freistellung und Abwehr zu gewähren hat, unter Beachtung der bei → Rn. 4 ff. dargestellten Grundsätze mit Leben zu erfüllen. Das kann auf mannigfaltige Weisen geschehen, wobei der näheren Ausgestaltung der Risikoübernahme in Bezug auf denkbare Schadensersatzpflichten kaum Grenzen gesetzt sind. In Ziff. 1.1 AHB 2008 (§ 1 Nr. 1 AHB) bspw. wird auf die Verantwortlichkeit des VN „aufgrund **gesetzlicher Haftpflichtbestimmungen privatrechtlichen Inhalts**" abgestellt (vgl. dazu BGH VersR 2005, 110 = NJW-RR 2004, 1675; VersR 2003, 1121 = NJW-RR 2003, 1327; VersR 2002, 1141 = NVersZ 2002, 475; VersR 2001, 1103 = NVersZ 2001, 473; VersR 2000, 311 unter II.3.a = NJW 2000, 1194). Andernorts wird auf **Pflichtverletzungen** abgestellt, auf **Ereignisse,** auf **Rechtsverstöße,** auf die **Marktzuführung** eines bestimmten Produkts oder auf bestimmte **Regelverstöße,** bei denen wieder zwischen dem Kausal- und dem Folgeereignis unterschieden werden kann. Konkrete Vorgaben finden sich im Gesetz nicht, obwohl die frühere Fassung in § 149 aF, an der sich inhaltlich ja nichts geändert hat, gesetzliche Leitlinie für die Konfiguration des Haftpflichtversicherungsschutzes war (BGH NJW 2003, 511 = VersR 2003, 187; NJW 2003, 3705 = VersR 2003, 1388; zum Problem *Langheid/Müller-Frank* NJW 2004, 337 ff. unter III.2.c).

20 Nach der gesetzlichen Leitlinie in § 100 hat der VR jetzt den VN in erster Linie von begründeten Drittansprüchen freizustellen oder unbegründete Ansprüche abzuwehren. Der frühere **Leistungsersatzanspruch** stellte schon eine Ausnahme dar, weil der **Freistellungsanspruch** der häufigste Fall der Leistungsbewirkung durch den Haftpflichtversicherer war. IÜ hatte der VN auch nach altem Recht zur Abwehr **unbegründeter** Schadensersatzansprüche einen Anspruch auf **Gewährung von Rechtsschutz** (instruktiv BGH NJW 2007, 2258 = VersR 2007, 1116). Im Verhältnis zwischen Freistellungs- und Abwehranspruch trifft den VR ein **pflichtgemäßes Ermessen,** ob die Ansprüche des Dritten als berechtigt anzuerkennen oder als unberechtigt abzuwehren sind. Sagt der VR dem VN die Abwehr unbegründeter Ansprüche zu, macht er von dem ihm zustehenden Wahlrecht Gebrauch und erfüllt damit – zunächst – die Deckungsansprüche des VN (ohne sich in Bezug auf die Freistellung festzulegen, jedenfalls nicht bei entsprechendem Vorbehalt, BGH VersR 2009, 1485; OLG Frankfurt a. M. VersR 2003, 588). Der VR schuldet keine Befriedigung unbegründeter Ansprüche im Hinblick auf sonstige nicht vermögensrechtliche Vorteile des VN (zB Aufwendungen zur Beendigung eines Disziplinarverfahrens, vgl. OLG Saarbrücken r+s 2012, 71).

21 Der in § 106 Satz 2 nach wie vor gesetzlich normierte **Leistungsersatzanspruch** stellt im Gesamtkonzept auch heute noch die Ausnahme dar, schon weil der VN idR nicht von sich aus an den – tatsächlich oder vermeintlich – geschädigten Dritten leisten wird. Nach § 105 ist eine Vereinbarung unwirksam, nach der der VR leistungsfrei sein soll, wenn der VN ohne seine Einwilligung den Dritten befriedigt oder dessen Anspruch anerkennt. Daraus folgt, dass eine solche Befriedigung und ein solches Anerkenntnis für den VR zunächst einmal unverbindlich sind, eine **Anspruchsbegründung zu Lasten des VR scheidet** nach geltendem Recht **aus** (→ § 105 Rn. 2). Das alte Recht (§ 154 Abs. 2 aF sowie § 5 Nr. 5 und § 6 AHB), nach dem ein Anerkenntnis und eine Befriedigung nur dann verbindlich waren, wenn der VN sich dem „nicht ohne offenbare Unbilligkeit" entziehen konnte, ist überholt. Ein Zahlungsanspruch des VN gegen den VR wird also die Ausnahme bleiben. Befriedigt der VN den Anspruchsteller oder erkennt er dessen Forderung an (was auch durch eine Aufrechnung oder eine Hinterlegung geschehen kann, OLG Hamm VersR 1978, 80; 1976, 749), wird der VR dadurch nicht gebunden (Einzelheiten → § 105 Rn. 2 f.).

2. Begrenzungen

Eine **örtliche Begrenzung** ist vom Gesetzgeber jedenfalls nicht vorgesehen, 22
kann aber – immer im Rahmen des AGB-Rechts – in dem jeweiligen Versicherungsvertrag vereinbart werden. Auch die Begrenzung aller Deckungsansprüche auf eine bestimmte **Jahresmaximierung** ist ebenso zulässig wie die Kontrahierung verschiedener Schäden zu einem (fingierten) Versicherungsfall, wenn bestimmte Parameter eingehalten werden (keine willkürliche Verknüpfung; **Serienschadenklauseln;** vgl. BGH NJW 2003, 511 = VersR 2003, 187; NJW 2003, 3705 = VersR 2003, 1388). Was **zeitliche Begrenzungen** angeht, ist für die unterschiedlichen Parameter, die den Versicherungsfall ausmachen können, einschließlich einer etwaigen Rückwärtsdeckung auf den jeweils als versichert vereinbarten Zeitraum abzustellen.

3. Anspruchsberechtigter Dritter

Das Gesetz geht schließlich wie selbstverständlich davon aus, dass ein **Dritter** 23
Inhaber des gegen den VN gerichteten Anspruchs ist. Ein solcher Dritter ist jeder, der gegen den VN einen Haftpflichtanspruch erhebt; gleichgültig, ob zu Recht oder zu Unrecht (Abwehranspruch!). Ob der Anspruch zu Recht erhoben wurde, muss im Haftpflichtprozess geklärt werden, ob er unter die Risikoübernahme des Haftpflichtversicherers fällt, muss ggf. im Deckungsprozess geklärt werden. Auch der **VN** kann Dritter sein (BGH VersR 1986, 1010 unter Hinweis auf *Langheid* VersR 1986, 15; OLG Hamm VersR 1994, 301), bspw. wenn er durch eine mitversicherte Person geschädigt wurde (BGH VersR 1986, 1010); auch in der D&O-Versicherung kann der VN iRd Innenhaftung geschädigter Dritter sein (vgl. *Koch* in Liber amicorum Winter, 2007, S. 345; *ders.* r+s 2009, 133; *Langheid* in Liber amicorum Winter, 2007, S. 367; *ders.* VersR 2007, 865 ff.; *ders.* VersR 2009, 1043; *Dreher/Thomas* ZGR 2009, 31 (41 ff.); Beckmann/Matusche-Beckmann VersR-HdB/*Beckmann* § 28 Rn. 7c; **aA** *Schimmer* VersR 2008, 875; *Armbrüster* NJW 2009, 187; *ders.* r+s 2010, 441).

Im Falle einer **Konfusion** (bei der sich also nachträglich Schadensersatzan- 24
spruch und Ersatzpflicht in einer Person vereinigen, etwa durch Erbschaft) sollte der Deckungsanspruch fortbestehen, denn die Eintrittspflicht des VR kann nicht von derartigen Zufälligkeiten abhängen und durch eine spätere Verbindung von Anspruch und Ersatzpflicht rückwirkend wieder aufgehoben werden (ebenso Langheid/Wandt/*Littbarski* § 100 Rn. 78; Prölss/Martin/*Lücke* § 100 Rn. 40; Looschelders/Pohlmann/*Schulze Schwienhorst* § 100 Rn. 22).

4. Anerkenntnis

Zum Problem des nach geltendem Recht sanktionsfrei möglichen, aber 25
zunächst für den VR unverbindlichen Anerkenntnisses → § 105 Rn. 2; → § 106 Rn. 2; → Rn. 50, 52.

5. Freistellungs- und Zahlungsanspruch

26 Der Regelfall ist daher der **Freistellungsanspruch** des VN gegen den VR in Bezug auf begründete Schadensersatzansprüche des geschädigten Dritten (OLG Köln NVersZ 2001, 44 = VersR 2000, 1140). Dieser Befreiungsanspruch kann sich auch auf die Befreiung von einer Verbindlichkeit gegenüber einem anderen als dem geschädigten Dritten richten, wenn dieser andere seinerseits die Verpflichtung des VN gegenüber dem geschädigten Dritten erfüllt hat (vgl. BGH VersR 1974, 474; 1960, 73). Der Befreiungsanspruch wird nur dann zu einem Leistungsersatzanspruch, wenn – wie dargelegt – der VN begründet den Dritten befriedigt und/oder dessen Anspruch anerkannt hat (siehe oben) oder wenn der Dritte den Deckungsanspruch des VN gepfändet und ihn sich hat überweisen lassen, nachdem er selbst – etwa im Haftpflichtprozess – einen Titel gegen den versicherten Schädiger erstritten hat.

6. Rechtsschutz- und Abwehranspruch

27 Schließlich hat der VN einen Anspruch gegen den VR auf **Gewährung von Rechtsschutz.** Dies ergibt sich unmittelbar aus dem Gesetzeswortlaut, folgt aber auch mittelbar aus Sinn und Zweck der Haftpflichtversicherung. Macht der Dritte also einen unbegründeten Anspruch gegen den VN geltend, ist der ohnehin meist regulierungs- und prozessführungsbefugte VR berechtigt und uU auch verpflichtet, den Anspruch zurückzuweisen und seinem VN Rechtsschutz für das Haftpflichtverfahren zu gewähren (BGH NJW 2007, 2258 = VersR 2007, 1116 ff.; Einzelheiten → Rn. 4 ff.).

7. Entstehung des Deckungsanspruchs

28 **a) Rechtsschutz- bzw. Abwehranspruch.** Die Ansprüche auf Freistellung, Ersatzleistung und Abwehrhilfe entstehen, was für die Frage der Verjährung von erheblicher Bedeutung sein kann, nacheinander. Zunächst entsteht der Rechtsschutzanspruch, der mit der **Erhebung von Ansprüchen** durch den tatsächlich oder vermeintlich Geschädigten, gegen die Gegenmaßnahmen ergriffen werden können, fällig wird (BGH VersR 1971, 733; OLG Köln r+s 1998, 323; für die Streitverkündung BGH NJW 2003, 2376 = VersR 2003, 900). Diese Geltendmachung von Ansprüchen ist in jeder **ernsthaften Erklärung** des Dritten, namentlich gegenüber dem VN, aber auch gegenüber Dritten, zu sehen, aus der sich ergibt, dass der Dritte Schadensersatzansprüche, für die er den VN für verantwortlich hält, geltend machen will; es kommt (jetzt noch) nicht darauf an, ob diese Ansprüche auch tatsächlich bestehen (BGH NJW 2003, 2376 = VersR 2003, 900; VersR 1979, 1117; OLG Düsseldorf VersR 1981, 1072; OLG Hamm VersR 1978, 809; OLG Köln r+s 1996, 432), so dass der Einwand des VR, der Versicherte hafte dem Geschädigten wegen eines gesetzlichen Haftungsausschlusses nicht, unerheblich ist (OLG Karlsruhe VersR 2005, 781). Bloße Drohungen – etwa die heute übliche Ankündigung, man werde wegen einer Streitfrage „seinen Rechtsanwalt einschalten" – genügen nicht, ebenso wenig die Bitte um Verzicht auf die Verjährungseinrede (BGH VersR 1979, 1117). Auch reicht es nicht, wenn die Inanspruchnahme nur der Form halber erfolgt (OLG Düsseldorf VersR 2013, 1525 zur D&O-Versicherung). Ebenfalls keine Geltendmachung ist die Einleitung eines Beweissicherungsverfahrens, BGH NJW-RR 2004, 1261 = VersR 2004, 1043. Wohl aber reicht aus eine Aufrechnungserklärung gegenüber vom VN

geltend gemachten Forderungen und eine Streitverkündung (so zutr. Prölss/Martin/*Lücke* § 100 Rn. 14). Erhebt neben dem geschädigten Dritten ein Sozialversicherungsträger (SVT) auf ihn übergegangene Ansprüche, so soll insoweit die Verjährungsfrist erst mit der Anspruchserhebung durch den SVT beginnen (OLG Köln r+s 1990, 14; problematisch, weil der SVT aus übergegangenem Recht vorgeht, so dass an sich auf die frühere Geltendmachung durch den Geschädigten abzustellen wäre; ebenso wohl KG VersR 1999, 841).

Während der Freistellungsanspruch erfordert, dass die Verantwortlichkeit des VN tatsächlich in den Schutzbereich des jeweiligen Haftpflichtrisikos fällt, ist der Abwehranspruch davon abhängig, dass der **Dritte** nur **behauptet,** der VN sei ihm aus einer Tatsache verpflichtet, die in den Deckungsbereich des Haftpflichtversicherungsvertrages fällt. Es kommt nicht darauf an, dass dies wirklich zutreffend ist, denn sonst würde der Rechtsschutzanspruch des VN ins Leere laufen (OLG Hamm VersR 2007, 152 (153)). Zunächst muss der VR dem VN helfen, einen derart unbegründeten Anspruch abzuwehren. Das bedeutet, dass der Rechtsschutzanspruch solange besteht, wie sich nicht – auch im Haftpflichtverfahren – herausstellt, dass ein (uU sogar gerechtfertigter) Anspruch nicht in den Schutzbereich des Versicherungsvertrages fällt. Umgekehrt kann der VR Deckung auch für den Rechtsschutzanspruch ablehnen, wenn **der Dritte Tatsachen** behauptet, die zur Leistungsfreiheit des VR führen, etwa Vorvertraglichkeit oder Vorsatz (vgl. BGH r+s 2017, 301 Rn. 38 = VersR 2017, 683 unter Hinweis auf BGH NJW-RR 2001, 316 = VersR 2001,90 (unter 2a); vgl. auch BGH 2004, 590; ebenso OLG Hamm VersR 2002, 1369; 2001, 90 (unter 2a); OLG Celle VersR 1978, 25 mAnm *Feist*). Das bedeutet, dass der VN seinen Deckungsanspruch verliert, wenn der Dritte deckungsschädliche Umstände behauptet. Umgekehrt muss der VR (Abwehr-)Deckung gewähren, wenn der Dritte zu Unrecht einen gedeckten Sachverhalt behauptet. Allerdings ist nach OLG Hamm VersR 2017, 1197 bei der Frage, ob die Voraussetzungen eines Deckungsausschlusses vorliegen, zunächst auf die Angaben des VN abzustellen (was aber dazu führt, dass ohne weiteres die Deckung zu versagen ist, wenn der VN selbst deckungsschädliche Umstände behauptet; zum Problem *Langheid/Müller-Frank* NJW 2017, 2318). Die frühere Rspr. (BGH VersR 1967, 769; OLG Hamm VersR 2007, 980), die bei Tatsachen, die den zeitlichen, räumlichen und sachlichen Umfang des versicherten Risikos betreffen (also für alle Tatsachen, die für die Eintrittspflicht des VR von Bedeutung sind), **nicht** von den **Angaben des Dritten,** sondern von **denen des VN** ausging, ist seit BGH r+s 2017, 301 Rn. 38 = VersR 2017, 683 zumindest in Frage gestellt. Es ist allerdings fraglich, ob das richtig ist: Wenn die Frage, ob dem VN Deckung zu gewähren ist, von den Angaben des Dritten abhängt, eröffnet das diesem nicht nur ev. unerwünschten Einfluss auf die Deckungsfrage, sondern hindert den VN daran, mit eigenem Vortrag über seinen Versicherungsschutz zu disponieren (das wird für die RechtsschutzVers vom BGH auch so gesehen, BGH VersR 2021, 696 Rn. 41 = r+s 2021, 325 mAnm *Maier*). Allerdings stellt BGH VersR 2021, 900, wonach die Frage, ob in der RechtsschutzVers ein Leistungsausschluss verwirklicht wurde, ausschließlich im Deckungsprozess zu klären ist, nicht auf die Behauptungen des VN ab, sondern auf den „objektiven Sachverhalt", für den der VR darlegungs- und beweisbelastet ist, ab (Rn. 35). Allerdings lehnt der BGH die Anwendung seiner Rechtsprechung zur RechtsschutzVers auf die HaftpflichtVers ab (Rn. 37), obwohl im Abstellen auf den objektiven Sachverhalt auch für die HaftpflichtVers Klarheit gewonnen werden und dies die Bindungswirkung eines vorangehenden Haftungsrechtsstreits nicht in Frage stellen würde.

30 **b) Freistellungs- und Zahlungsanspruch.** Nach der Fälligkeit des Abwehranspruchs können auch – bei auch den VR bindendem Anerkenntnis (§ 106 Satz 2) der Forderung des Dritten oder bei verlorenem Haftpflichtprozess – der Freistellungs- und Zahlungsanspruch entstehen. Auch dies kann wiederum nacheinander geschehen, wenn nämlich trotz tatsächlich begründeten Freistellungsanspruchs der VR nicht reagiert und der VN sich sodann einer eigenen Zahlung an den Dritten berechtigt nicht mehr entziehen kann; dann wandelt sich sein Freistellungsanspruch um in einen Zahlungsanspruch. Für **diese** Ansprüche genügt es – wie aber beim Rechtsschutzanspruch – **nicht,** dass der Dritte einen Anspruch geltend macht, der auch in den Schutzbereich des Haftpflichtversicherungsvertrages fällt (BGH VersR 1967, 769; OLG Celle VersR 1985, 1129; OLG Karlsruhe VersR 1985, 978). Für Freistellung und Zahlung muss der Anspruch des Dritten – mit verbindlicher Wirkung für den VR (§ 106 Satz 1) – festgestellt sein und tatsächlich in den Schutzbereich des spezifischen Haftpflichtversicherungsvertrages fallen, um eine Leistung des Haftpflichtversicherers auszulösen (so auch *Kassing/Richters* VersR 2015, 293).

8. Verjährung

31 Für die **Verjährung** des **Deckungsanspruchs** in Form des **Abwehranspruchs** gilt, dass die Verjährungsfrist gemäß §§ 195, 199 BGB (drei Jahre ab Ende des Jahres, in dem der Deckungsanspruch entstanden ist) beginnt, wenn der Anspruch gegen den VN erhoben wird (die Zusage des Versicherers, das Ergebnis eines Beweissicherungsverfahrens seiner Regulierung zu Grunde zu legen, steht einer späteren Verjährungseinrede nicht entgegen, OLG Hamm VersR 2017, 610). Fälligkeit des Rechtsschutzanspruchs und Fälligkeit des **Freistellungs- und Zahlungsanspruchs** fallen also nach geltendem Recht auseinander, weil § 106 für die Fälligkeit von Freistellung und Zahlung abweichende Regelungen trifft (demgegenüber ging die Rspr. zum früheren Recht von einem einheitlichen Deckungsanspruch aus mit der Folge, dass die Verjährung bereits mit Fälligkeit des Rechtsschutzanspruchs begann und damit vorzeitige Verjährung von Freistellungs- und Zahlungsanspruch zur Folge haben konnte, stRspr; Nachw. bei Prölss/Martin/*Lücke* § 100 Rn. 12, der allerdings die Änderung durch das geltende Recht nicht sieht; ebenfalls weiter für einheitlichen Deckungsanspruch *Kassing/Richters* VersR 2015, 293). Verjährungsunterbrechende Maßnahmen des VR im Hinblick auf den **Haftpflichtanspruch** binden auch in Bezug auf den Selbstbehalt und die Deckungssumme übersteigende Ansprüche den VN (wegen der **Regulierungsvollmacht** in § 5 Nr. 7 AHB (jetzt Ziff. 5.2 AHB 2008), BGH VersR 2006, 1676 f.; das gilt nicht, wenn der VR ausdrücklich erklärt, von seiner Regulierungsvollmacht nur eingeschränkt Gebrauch machen zu wollen; auch → § 109 Rn. 9).

IV. Trennungsprinzip und Bindungswirkung

1. Haftungs- und Deckungsverhältnis

32 Aus der Parallelität der Haftung des VN dem Dritten gegenüber und der internen Risikoübernahme zwischen dem haftenden VN und dem Haftpflichtversiche-

rer hat sich die Aufteilung des Dreiecks geschädigter Dritter, haftpflichtiger VN und schließlich eintrittspflichtigem Haftpflichtvers in das **Haftpflichtverhältnis** einerseits und das **Deckungsverhältnis** andererseits herausgebildet. Ob und in welcher Höhe überhaupt eine Haftung des VN dem Dritten gegenüber besteht, ist im Haftpflichtprozess zu entscheiden, ob dafür der VR eintrittspflichtig ist, im Deckungsprozess. Hier gilt das **Trennungsprinzip** (seit BGH VersR 1959, 256 stRspr, vgl. etwa NJW 1993, 68; VersR 1992, 568; VersR 1992, 1504; VersR 2004, 590 = NJW-RR 2004, 676; VersR 2006, 106; VersR 2011, 203; eine vollständige Übersicht gibt *Felsch* in Workshop S. 1 ff.). Rechtsbeziehungen zwischen dem geschädigten Dritten und dem Haftpflichtversicherer bestehen – mit Ausnahme der in § 115 normierten Fälle eines Direktanspruchs gegen den Haftpflichtversicherer (→ § 115 Rn. 13 ff.) – in der allgemeinen Haftpflichtversicherung nicht. Das ist auch nach geltendem Recht so, denn Rechtsbeziehungen zwischen dem Dritten und dem VR setzten erst die Abtretung des Deckungsanspruchs voraus.

Allerdings soll das Trennungsprinzip, das ursprünglich (nach Auffassung des Reichsgerichts) den VR vor Kollusion schützen sollte, dann aber (nach BGH) den VN vor Divergenzen zwischen Haftung und Deckung schützen sollte (zu alledem *Felsch* in Workshop S. 1 ff.), durch die **Bindungswirkung** der rechtskräftigen Entscheidung des Haftpflichtprozesses für die Deckungsfrage durchbrochen werden (stRspr; zur Rechtslage vor der VVG-Reform seit BGH NJW 1969, 928 = VersR 1969, 413; VersR 2006, 106; seit BGH NJW-RR 2004, 676 = VersR 2004, 590 allerdings nur bei Voraussetzungsidentität; für die Vertrauensschadenversicherung der Notare vgl. BGHZ 139, 52 = NVersZ 1999, 42 = VersR 1998, 1016; dagegen mit überzeugender Begründung *Hagen* DNotZ 2000, 809 ff.; *ders.* NVersZ 2001, 341 ff.). Die Bindungswirkung des Haftpflichturteils soll sicherstellen, dass die im Haftpflichtverfahren getroffenen Feststellungen in Bezug auf die Haftung des VN für die Deckungsfrage verbindlich entschieden sind und im Deckungsprozess **nicht** erneut überprüft werden können (auch bei bloß vermuteter Haftung, OLG Düsseldorf VersR 2019, 537; OLG Brandenburg r+s 2020, 154; ferner OLG Düsseldorf VersR 2020, 968). Die Bindungswirkung folgt nicht aus der Rechtskraft des Haftpflichturteils, sondern aus dem **materiellen Leistungsversprechen** des Haftpflichtversicherers (BGH VersR 1992, 1504) und aus seinem Regulierungs- und Prozessführungsrecht gemäß Ziff. 5.2 iVm Ziff. 25.5 AHB 2008 (§ 3 Abs. 2 Nr. 3 iVm § 5 Nr. 4, 5 AHB). Das Haftpflichturteil bindet unabhängig davon, ob der Haftpflichtversicherer am Haftpflichtprozess überhaupt teilgenommen hat (*Späte* AHB § 3 Rn. 44 mwN; schon einschränkend OLG Frankfurt a. M. VersR 2011, 522 für ein Versäumnisurteil, das ohne Kenntnis des VR erlassen wurde). In der selten zulässigen Konstellation eines **vorweggenommenen Deckungsprozesses** (→ § 100 Rn. 6; § 108 Rn. 5) können die dort getroffenen Feststellungen keine Bindungswirkung für den Haftungsanspruch entfalten, weil von den Angaben des Geschädigten auszugehen ist, so dass über etwaige Risikoausschlüsse erst im nachfolgenden Deckungsprozess entschieden werden kann (OLG Naumburg r+s 2013, 431 mAnm *Schimikowski* = VersR 2014, 54; *Langheid/Müller-Frank* NJW 2014, 2323). 33

Bindung ohne Teilnahme überzeugt nur, wenn der VR die unterbliebene Teilnahme zu vertreten hat (BGH NJW 2013, 1163, wonach eine in einem Adhäsionsverfahren gegen den VN ergehende Entscheidung keine Bindungswirkung entfalten kann, weil der Versicherer an dem Adhäsionsverfahren nicht beteiligt ist). Zu unbefriedigenden Ergebnissen kommt die Rspr. jedenfalls dann, wenn Bindungs- 34 wirkung trotz **Vereitelung der Mitwirkungsrechte** des VR durch den VN bejaht wird (so BGH VersR 1977, 174). Anders als vom BGH (VersR 1977, 174) angenommen, ist der VR in solchen Fällen häufig nicht hinreichend geschützt, weil er mangels Kenntnis vom Haftpflichtverfahren gar nicht eingreifen oder sich auf eine Obliegenheitsverletzung des VN nicht berufen kann, da diese nicht immer zur Leistungsfreiheit des VR führt (Verschulden, Kausalität, das galt immer schon und gilt erst recht nach der Reform). In diesen Fällen einer **vereitelten Prozessmuntschaft** ist die Bindungswirkung des Haftpflichturteils zu verneinen (zum Begriff der Prozessmuntschaft und zu diesem Ergebnis vgl. *Hagen* DNotZ 2000, 809 ff.; *ders.* NVersZ 2001, 341 ff.; ebenso OLG Frankfurt a. M. NJW-RR 2014, 1376; VersR 2011, 522, wenn der VR keine Möglichkeit hatte, seine Rechte wahrzunehmen, weil er keine Kenntnis von dem Haftpflichtprozess hatte; dagegen Schwintowski/Brömmelmeyer/*Retter* § 100 Rn. 63, der diese Rechtsschutzlücken nicht sehen will).

35 Es ist ohnehin **nicht davon auszugehen,** dass das **hergebrachte Konzept** nach der VVG-Reform **noch gilt.** Dem VN ist heute ein Anerkenntnis der Ansprüche des geschädigten Dritten erlaubt, allerdings ohne Bindungswirkung für den VR. Selbst ein rechtskräftiges Haftpflichturteil gegen den VN muss gemäß § 106 Satz 1 erst „bindende Wirkung gegenüber dem Versicherer" entfalten, um die Fälligkeit des Freistellungsanspruchs auszulösen. Das kann nur bedeuten, dass die **Bindungswirkung** nach geltendem Recht **nicht oder nur eingeschränkt** gilt (ebenso *Lücke* VK 2007, 163 ff.; **aA** Langheid/Wandt/*Littbarski* § 106 Rn. 27; *Armbrüster* r+s 2010, 441; *Harsdorf-Gebhardt* r+s 2012, 261 ff.; *Klimke* r+s 2014, 105). Die Gegenstimmen nehmen an, der Gesetzesbegründung sei entsprechendes „wohl kaum (zu) entnehmen" (*Harsdorf-Gebhardt* r+s 2012, 261 ff); ungeachtet des Umstandes, dass das kein Argument (sondern eine Vermutung) ist, wird hier übersehen, dass der Gesetzgeber durch seine (vielleicht ja unglückliche, gleichwohl aber vorhandene) Formulierung ausdrücklich und mit guten Gründen jedenfalls das Anerkenntnis des VN jeglicher Bindungswirkung für den VR entkleiden wollte; warum dann für das Urteil, das uneingeschränkt in die Enumeration von „Urteil, Anerkenntnis und Vergleich" aufgenommen wurde, etwas anderes gelten soll, ist unerfindlich. Dass die Rechtsfolgen der neuen Formulierung als unerwünscht wahrgenommen werden und der Wortlaut des Gesetzes für einen Fehler gehalten wird, kann ja keine überzeugende Argumentation ersetzen. In den Fällen, in denen der VR den Abwehranspruch gewährt und über sein Prozessführungsrecht am Haftpflichtverfahren teilnimmt, dürfte die erforderliche Verbindlichkeit ohne Weiteres anzunehmen und eine entsprechende Bindungswirkung zu bejahen sein. Anders aber schon, wenn der VR kein Prozessführungsrecht hat und am Haftpflichtprozess nicht (unmittelbar) teilnimmt (in diese Richtung – noch zum alten Recht – auch OLG Frankfurt a. M. VersR 2011, 522). Bindungswirkung dürfte auch eintreten, wenn der VR den Abwehranspruch zu Unrecht nicht deckt; dann ist er so zu behandeln, als wenn er am Haftpflichtprozess teilgenommen hätte. In allen anderen Fällen aber ist die Bindungswirkung dahin gehend eingeschränkt, dass das Haftpflichturteil erst noch vom VR – auch gerichtlich – überprüft werden kann; das wird in erster Linie in Frage kommen, wenn der Haftpflichtversicherer am Haftungsverfahren nicht teilnehmen konnte oder die Anwaltsauswahl – wie häufig – dem VN überlassen war und eine Information des VR unterblieben ist oder seine Einflussnahme verhindert wurde (weiter → Rn. 41 ff., → § 105 Rn. 5 ff. und → § 106 Rn. 2).

Ob – ungeachtet der aus der Reform folgenden Problematik – das **Versäumnisurteil** (zur alten Rechtslage BGH VersR 2003, 635; OLG Frankfurt a. M. VersR 2011, 522; OLG Celle VersR 2009, 1257; OLG Karlsruhe VersR 2010, 940 = ZfS 2010, 336; OLG Koblenz r+s 1995, 92 = VersR 1995, 1298) und der **Vollstreckungsbescheid** Bindungswirkung haben können, ist zweifelhaft und muss verneint werden. Bindungswirkung kann von solchen Titeln nur ausgehen, wenn sie unter Mitwirkung des VR ergangen sind (**aA** *Klimke* r+s 2014, 105). **Keine** Bindungswirkung haben weder die **Anmeldung zur Insolvenztabelle** (BGH VersR 2021, 584 = WM 2021, 650) noch der **Schiedsspruch** (*Büsken* S. 15; *Sieg* VersR 1984, 501; **aA** Bruck/Möller/*Johannsen,* 8. Aufl. 1961 ff., Bd. IV, Anm. B 65, F 80 und F 99; weitere Nachw. bei *Späte* AHB § 3 Rn. 44, der seinerseits zu dieser Frage nicht Stellung nimmt). Ein strafrechtliches **Adhäsionsverfahren** wiederum entfaltet gem. § 406 Abs. 3 S. 1 StPO Bindungswirkung (BGH VersR 2015, 772; OLG Karlsruhe VersR 2020, 472). 36

Trotz Bindungswirkung des Haftpflichturteils für die Deckungsfrage bleiben dem VR alle etwaigen **versicherungsrechtlichen Einwendungen** (vgl. OLG Hamm VersR 1987, 88; OLG Köln r+s 1990, 10), wozu auch zählen kann, dass der VR die Feststellungen aus dem Haftpflichtprozess insoweit angreift, als diese aufgrund einer Obliegenheitsverletzung des VN getroffen worden sind (vgl. BGH VersR 1978, 1105; OLG Hamm VersR 1987, 88; VersR 1980, 1061; OLG Koblenz VersR 1995, 1298). 37

2. Voraussetzungsidentität

Die von der Rspr. entwickelte Notwendigkeit der **Voraussetzungsidentität** (BGH VersR 2004, 590 = NJW-RR 2004, 676; 2007, 641 = NJW-RR 2007, 827 unter Hinweis auf NJW 2006, 289; VersR 2011, 203; siehe auch schon BGHZ 119, 276 (279)) stellt eine Einschränkung der Bindungswirkung dar und schafft Abhilfe gegen die Verbindlichkeit eines Haftpflichturteils, für das bestimmte im Deckungsprozess relevante Fragen nicht entscheidungserheblich waren (so hat OLG Brandenburg r+s 2020, 154 erneut Beweis über den bedingten Vorsatz bei einer Verletzung während eines Fußballspiels erhoben, obwohl der gleiche Senat die Berufung des dortigen Beklagten im Haftungsverfahren durch Beschluss zurückgewiesen hat und dabei – entgegen der I. Instanz – von bedingtem Vorsatz ausgegangen war;die Frage, ob nicht der Zurückweisungsbeschluss bereits Bindungswirkung hatte, musste nicht entschieden werden, weil die Beweisaufnahme zum gleichen Ergebnis führte). Danach entfaltet das Haftpflichturteil seine Bindungswirkung für den Deckungsprozess nur in dem Umfang, wie die festgestellten Tatsachen für beide Verfahren gleichermaßen von Bedeutung sind, soweit also Voraussetzungsidentität besteht (für die D&O-Versicherung vgl. OLG Düsseldorf VersR 2020, 968; zu „überschießenden" Feststellungen vgl. Langheid/Wandt/*Littbarski* Vor § 100 Rn. 111). 38

Voraussetzungsidentität besteht immer in Bezug auf die Feststellungen zum **Haftungsgrund** (BGH VersR 2011, 203; VersR 2006, 106). Bleibt aber im Haftpflichtprozess offen, ob der VN vorsätzlich oder nur (eventuell auch grob) fahrlässig gehandelt hat, kann der VR sich im Deckungsprozess nach wie vor auf § 103 berufen; andersherum reicht die Feststellung von Vorsatz im Haftpflichtprozess für die Deckungsfrage nicht aus, wenn nicht gleichzeitig festgestellt wird, dass – was für die Leistungsfreiheit des VR notwendig ist – der Vorsatz des VN sich auch auf die **Verletzungsfolgen** bezogen hat (BGH VersR 2004, 590 = 39

NJW-RR 2004, 676; Prölss/Martin/*Lücke* § 100 Rn. 60; Geigel/*Münkel* Kap. 13 Rn. 24; OLG Celle VersR 1970, 314; OLG Hamm VersR 1981, 178; vgl. auch OLG Nürnberg VersR 1990, 375).

3. Abtretung des Freistellungsanspruchs

40 Die Regelung in § 108 Abs. 2, nach der die Abtretung des Freistellungsanspruchs jedenfalls durch AVB nicht mehr ausgeschlossen werden kann, hat erheblichen Einfluss auch auf das Dreiecksverhältnis Dritter, VN und VR; die Auswirkungen auf das Trennungsprinzip und die Bindungswirkung eines Haftpflichturteils sollen im Zusammenhang mit dem denkbaren **Direktanspruch** des geschädigten Dritten gegen den VR dargestellt werden (→ Rn. 48 ff.).

4. Bindungswirkung und Kollusion

41 Das Ineinandergreifen von **Trennungsprinzip** einerseits und **Bindungswirkung** andererseits birgt für den Haftpflichtversicherer große Gefahren, namentlich bei **kollusivem Verhalten** des (angeblich) geschädigten Dritten und des VN. Das gilt jedenfalls für die Gesetzeslage bis 1.1.2008; ob durch die VVG-Reform das Prinzip der Bindungswirkung durchbrochen wird, bleibt abzuwarten, jedenfalls sprechen dafür gute Gründe (Einzelheiten → Rn. 35, → § 105 Rn. 5 ff. und → § 106 Rn. 2). Dann gelten die nachfolgenden Überlegungen nur noch eingeschränkt, weil dann eine Bindung des Haftungsumstandes (Urteil oder Anerkenntnis) erst durch besondere Umstände bewirkt wird oder in einem besonderen Verfahren gegen den VR festgestellt werden müsste. Das ist vom Reformgesetzgeber nicht hinreichend bedacht worden (dazu auch *Langheid* VersR 2007, 865).

42 Kommen der nur vermeintlich geschädigte Dritte und der VN überein, eine schadensersatzpflichtige Handlung **vorzutäuschen** (sog Fingierung), oder kommen sie überein, einen dem geschädigten Dritten tatsächlich entstandenen Schaden einem tatsächlich nicht vorgekommenen schädigenden Verhalten des VN zuzuordnen (sog Manipulation), dann ist der VR **weitgehend schutzlos.**

43 Erkennt der VR ein manipulatives Verhalten und lehnt er deswegen die Deckung ab, ist der VN von der Erfüllung jeglicher Obliegenheiten frei. Er muss dem VR also nicht mehr über einen evtl. gegen ihn in die Wege geleiteten Haftpflichtprozess berichten, er kann den Anspruch sanktionsfrei anerkennen (und einen Vergleich schließen etc). Aufgrund der Bindungswirkung steht die Haftung des VN mithin auch für das Deckungsverhältnis fest, so dass der (nur vermeintlich geschädigte) Dritte den Deckungsanspruch des VN gegen den Haftpflichtversicherer pfänden und sich überweisen lassen kann mit der Folge, dass der VR – trotz seiner uU berechtigten Deckungsablehnung – in vollem Umfange leisten muss, ohne sich gegen die in Wirklichkeit nicht bestehende Haftung auch nur verteidigen zu können.

44 Lehnt der VR aus diesen Gründen die Deckung nicht ab, muss er nach BGH VersR 2001, 1150 = NVersZ 2001, 472; NVersZ 1992, 1504 den Haftpflichtprozess auch im Falle einer Interessenkollision zwischen seinen Interessen und denen des VN so führen, wie dies auch ein „von diesem beauftragter Anwalt tun würde". Der für den VN tätige Rechtsanwalt, dem das Mandat trotz der Prozessführungsbefugnis des Haftpflichtversicherers durch den VN zu erteilen ist (vgl. Ziff. 5.2 und Ziff. 25.2 AHB 2008 (§ 5 Nr. 4 und 7 AHB), ist auf dessen Angaben angewiesen und muss – schon aus standesrechtlichen Gründen – den Sachverhalt so vortragen, wie ihm dies von seinem Mandanten, dem VN, geschildert wird. Dies führt

zwanglos zur Verurteilung des VN, dessen Sachverhaltsschilderung ja gerade darauf gerichtet ist, dass er tatsächlich den (angeblichen) Schaden des geschädigten Dritten herbeigeführt hat. Im Deckungsprozess ist der VR dann aber mit seiner Einwendung der vorsätzlichen Herbeiführung und/oder gar der Einwilligung des vermeintlich geschädigten Dritten wegen der Bindungswirkung des Haftpflichturteils ausgeschlossen (zu diesem Dilemma auch ohne Kollusion anschaulich OLG Karlsruhe VersR 2020, 472; vgl. schon *Langheid/Müller-Frank* NJW 1993, 2659 f.; vgl. ferner *Bayer* NVersZ 1998, 9).

Anderes gilt in der Kraftfahrt-Haftpflichtversicherung, wo (neben der teilweise vertretenen Ansicht, dass ein Urteil nur gegen den VN ein unzulässiges Teilurteil iSv § 301 ZPO ist) die Rechtskraftwirkung des § 124 (früher § 3 Nr. 8 PflVG aF) eine vorzeitige klagezusprechende Entscheidung zumindest solange verhindert, als noch ein kontradiktorisches klageabweisendes Urteil möglich ist und wo darüber hinaus der VR, der ja auch gemäß § 115 Abs. 1 Nr. 1 (früher § 3 Nr. 1 PflVG aF) unmittelbar in Anspruch genommen werden kann, seine Nebenintervention auf Seiten seines VN und des mitversicherten und evtl. mitverklagten Fahrers erklären kann, um so jedenfalls ein Versäumnisurteil gegen diesen zu verhindern (vgl. dazu BGH r+s 1994, 212 = VersR 1993, 625 mAnm *Lemcke;* OLG Hamm VersR 1998, 1274; *ders.* VersR 1995, 989 ff.; insoweit unrichtig OLG Köln r+s 1998, 191, das den Streitbeitritt für insoweit unbeachtlich erklärt, als der Vortrag des Streithelfers in Widerspruch zur Hauptpartei steht, deshalb zu Recht die abl. Anm. *Lemcke* r+s 1998, 192; zur Verpflichtung des VR, auch in diesen Fällen die Kosten für einen zweiten Anwalt zu übernehmen BGH VersR 2010, 1590). 45

5. Nebenintervention

Da eine Nebenintervention des Haftpflichtversicherers im Haftpflichtprozess für idR zulässig gehalten wird (vgl. *Lemcke* VersR 1995, 989 ff.; ebenso Prölss/Martin/*Lücke* § 100 Rn. 46; übersehen von OLG Karlsruhe VersR 2020, 472 (475)), bietet sich als **Ausweg** an, dass der VR dem VN die Deckung – jedenfalls vorläufig – nicht versagt, dem VN die Beauftragung eines Rechtsanwaltes freistellt, um dann seinerseits über einen eigenen Rechtsanwalt am Haftpflichtprozess teilzunehmen, wo durch die Nebenintervention sowohl der Erlass eines Versäumnisurteils als auch eines Anerkenntnisses (da die Deckung nicht versagt worden ist, gelten die Obliegenheiten nach Ziff. 25 und 26 AHB 2008 (§ 5 Nr. 2 und § 6 AHB) fort) verhindert werden können; ob auf diesem Wege aber auch aufgrund des widerstreitenden Sachvortrages des VN einerseits und des VR andererseits ein klagezusprechendes Haftpflichturteil mit seiner Bindungswirkung für den Deckungsprozess vermieden werden kann, ist jedenfalls fraglich (wegen § 67 ZPO abl. OLG Hamm VersR 1998, 1274 und VersR 1997, 853 = NJW-RR 1997, 156; in Fällen von nachgewiesenem falschen Vortrag ist das Vorbringen des VN unbeachtlich; BGH VersR 1978, 862 (865); VersR 1970, 826; OLG Hamm VersR 1998, 1274). Für die **D&O-Versicherung** wird das Recht auf Nebenintervention ausdrücklich anerkannt, weil der D&O – Versicherer wegen der Bindungswirkung des Haftpflichtprozesses ein ausdrückliches Interesse an dessen Ausgang habe, vor allem wegen der gerade hier „nicht fernliegenden" Möglichkeit einer „freundlichen Inanspruchnahme" (so OLG Hamm r+s 2019, 698). 46

Im **Kraftfahrt-Haftpflicht-Prozess** hat die Nebenintervention gute Erfolge dergestalt gezeigt, dass unberechtigt geltend gemachte Ansprüche aus manipulierten oder fingierten Verkehrsunfällen schon im Haftpflichtprozess zurückgewiesen 47 werden können (zu den Kosten für einen zweiten Anwalt vgl. BGH VersR 2010, 1590). Nach der Entscheidung BGH NJW 1995, 1432 = VersR 1995, 673 bedarf es möglicherweise der Nebenintervention nicht mehr, weil der BGH seine frühere Rspr., Erklärungen einer Partei iRd Parteivernehmung könnten ein für das Gericht verbindliches Geständnis enthalten, aufgegeben hat (wobei die Frage offen gelassen wurde, ob dies auch für Erklärungen der Partei im Rahmen einer Parteianhörung gemäß § 141 ZPO gilt). Haben die Erklärungen der Partei selbst aber keine Geständniswirkung mehr, kann der VR dazu widersprüchlich vortragen. Allerdings bleiben die zuvor erörterten Probleme in Bezug auf Interessenkonflikte einerseits und im Hinblick auf die Beachtung widersprüchlichen Vorbringens andererseits uneingeschränkt bestehen, so dass die Rechte des VR bei kollusivem Verhalten zwischen (angeblich) geschädigtem Dritten und dem VN in erheblicher Weise tangiert bleiben (vgl. dazu zunächst OLG Hamm VersR 1998, 1274 und 1997, 853 = NJW-RR 1997, 156; sodann im Einzelnen *Lemcke* VersR 1995, 989 ff., der – zu Recht – verlangt, dass „den Besonderheiten des Versicherungsvertragsrechts (…) dort Rechnung getragen werden“ solle, „wo es um die versicherungsvertraglichen Ansprüche (gehe), nämlich im Deckungsprozeß“. *Lemcke* spricht sich für eine Reduktion der Bindungswirkung des Haftpflichtprozesses aus, weil „es nicht dem Wesen des Versicherungsvertrages entsprechen“ könne, „dass dem Versicherer im sich anschließenden Deckungsprozess ein zweites Mal die Hände gebunden sind“. Bei auftretenden Problemen müsse es „dem Versicherer dann erlaubt sein, sich im Deckungsprozess darauf zu berufen, dass es zu dieser Verurteilung aufgrund einer Obliegenheitsverletzung des Versicherten gekommen“ sei. Dem ist beizupflichten, vgl. in diesem Sinne Bruck/Möller/*Johannsen,* 8. Aufl. 1961 ff., Bd. V, Anm. G 11b; *Reiff* VersR 1990, 113; *Gottwald-Adolphsen* NZV 1995, 129 (131); ferner *Staab* S. 132; *Bayer* NVersZ 1998, 9; OLG Köln r+s 1998, 191; OLG Hamm VersR 1987, 88; dagegen wiederum OLG Koblenz r+s 1995, 92 = VersR 1995, 1298).

V. Direktanspruch

1. Einführung

48 Nach § 105 kann Leistungsfreiheit des VR für den Fall, dass der VN ohne dessen Einwilligung den Dritten befriedigt oder den Anspruch anerkennt, nicht mehr vereinbart werden. Spiegelbildlich dazu bestimmt § 106 Satz 1, dass der Freistellungsanspruch erst fällig wird, wenn der Anspruch des Dritten durch rechtskräftiges Urteil, Anerkenntnis oder Vergleich „mit bindender Wirkung für den Versicherer“ festgestellt wird. Schließlich ermöglicht § 108 Abs. 2, dass der Freistellungsanspruch an den geschädigten Dritten abgetreten werden kann.

49 Das bedeutet, dass der VN nach geltender Rechtslage verschiedene Handlungsalternativen hat: Er kann den Freistellungsanspruch abtreten und er kann den Haftpflichtanspruch des Dritten zuvor anerkennen, ohne Leistungsfreiheit des VR fürchten zu müssen. Allerdings ist ein solches Anerkenntnis für den VR **unverbindlich.** Aus diesem Grunde wird der VN sich sehr genau überlegen müssen, ob er sich durch Anerkenntnis einem dann verbindlichen Haftpflichtanspruch des Dritten aussetzt, ohne Deckung von seinem VR zu haben. Im Falle einer – schon für sich genommen sorgfältig abzuwägenden – Abtretung des Freistellungsanspruchs wird er sich also sehr genau überlegen müssen, ob er zuvor den

Haftpflichtanspruch anerkennt oder eben nicht (weitere Einzelheiten bei *Langheid* VersR 2007, 865 ff.; *ders.* VersR 2009, 1043 und ders. in: Workshop S. 41 ff.).

2. Abtretung ohne vorheriges Anerkenntnis

50 Mit der Abtretung des Freistellungsanspruchs wird der geschädigte Dritte an sich nur in die Lage versetzt, die Frage des Deckungsverhältnisses unmittelbar mit dem VR zu klären. Dessen **Passivlegitimation** in Ansehung des Haftpflichtanspruchs ist zunächst nicht gegeben. Allerdings dürfte durch die Konfusion von Haftpflicht- und Deckungsanspruch in der Hand des geschädigten Dritten ein **unmittelbarer Zahlungsanspruch** dieses Dritten gegen den VR bewirkt werden (für die frühere Rechtslage *Winter* r+s 2001, 312, 315; für die geltende Rechtslage *Langheid* VersR 2007, 865 ff.; *ders.* NJW 2007, 3745 unter II; *ders.* in Liber amicorum Winter, 2009, S. 367 ff.; *ders.* VersR 2009, 1043 und ders. in: Workshop S. 41 ff.). Der in § 257 BGB geregelte Freistellungsanspruch kann zwar grds. nicht abgetreten werden, weil sich dadurch sein Inhalt ändern würde (§ 399 BGB). Eine Ausnahme gilt aber dann, wenn der Freistellungsanspruch an den Gläubiger der Forderung abgetreten wird, wodurch sich der Freistellungsanspruch in eine Forderung auf die geschuldete Leistung umwandelt (PWW/*Zöchling-Jud* § 257 Rn. 4; MüKoBGB/*Krüger* BGB § 257 Rn. 8; unzutr. *Lange* r+s 2007, 401 ff., wonach der VR dem Direktanspruch des geschädigten Dritten gegenüber einwenden kann, er würde Abwehrdeckung gewähren, wodurch der Dritte doch wieder zunächst den Haftpflichtprozess gegen den VN führen müsste; dazu *Langheid* NJW 2007, 3745 (dort Fn. 88); *ders.* VersR 2009, 1043 und in: Workshop S. 41 ff.; Schwintowski/Brömmelmeyer/*Retter* § 108 Rn. 36 ff. sowie *v. Rintelen* r+s 2010, 133, 135). Nach der Abtretung wird der Dritte ausschließlich gegen den VR vorzugehen haben, weil sich der inzwischen gebildete **Zahlungsanspruch** mit dem – ohnehin in der Regel nur erfüllungshalber abgetretenen – Freistellungsanspruch in einer Hand nur noch gegen den Freistellungsschuldner richten kann (BGH VersR 1978, 557 (558)). Zumindest wird in der Annahme der Abtretung durch den Dritten ein *pactum de non petendo* zugunsten des ansonsten vollkommen schutzlosen VN zu sehen sein, der sich durch die Abtretung ja gerade seines Deckungsanspruchs gegen den VR begeben hat (so auch Prölss/Martin/*Lücke* § 108 Rn. 27). Schließlich ist es ausdrücklicher gesetzgeberischer Wille, dass der Dritte unmittelbar gegen den VR auf Zahlung klagen kann (BT-Drs. 16/3945, 87).

51 Fraglich bleibt, was geschehen soll, wenn in dem **Direktprozess** des geschädigten Dritten gegen den Haftpflichtversicherer nur über das Deckungsverhältnis entschieden wird, das Geschick des **Haftpflichtanspruchs** aber **offen bleibt.** Entscheidet das Gericht zugleich auch über die Haftpflichtfrage, lehnt aber die Deckung ab (indem es zB über die Haftung ein positives Feststellungsurteil erlässt und die Deckungsklage abweist), stellt sich ferner die Frage nach der **Bindungswirkung** dieses Haftpflichturteils im Verhältnis **zwischen Geschädigtem und Versichertem.** Schließlich muss der Geschädigte als Abtretungsgläubiger die uU negative Kostenfolge eines für ihn zunächst fremden Prozesses tragen (nämlich die des verlorenen Freistellungsprozesses), während der VN befürchten muss, dass der Dritte den Deckungsanspruch mit unzureichenden Gründen geltend macht und er deswegen einen an sich begründeten Deckungsanspruch aus Gründen verliert, die er nicht zu vertreten hat (zu all diesen Problemen *Langheid* VersR 2007, 865 ff.; *ders.* VersR 2009, 1043 und in: Workshop S. 41 ff.).

3. Abtretung nach vorherigem Anerkenntnis

52 Da das Anerkenntnis keine Bindungswirkung entfaltet (→ § 105 Rn. 2), wird im Direktprozess zunächst einmal die bindende Wirkung des Anerkenntnisses gegenüber dem Haftpflichtversicherer festzustellen sein (sog Bindungsprozess). Darüber hinaus ist die Frage des Deckungsverhältnisses zu klären. In diesem Prozess kann der VN – anders als früher – als Zeuge auftreten, was aber entgegen landläufig anderer Auffassung eine Verbesserung für die Prozesssituation des VR darstellt (*Langheid* VersR 2007, 865 ff.: Während der Tatrichter an ein Parteigeständnis gebunden ist, § 288 ZPO, kann er einem Zeugen bei begründeten Zweifeln nicht glauben, § 286 ZPO). Deswegen hat sich die Situation des Haftpflichtversicherers nach geltender Rechtslage im Prozess verbessert (so auch Schwintowski/Brömmelmeyer/*Retter* § 108 Rn. 62; eine neutrale Bewertung findet sich bei *Armbrüster* r+s 2010, 441).

VI. Prozessuales

1. Deckungsprozess des Versicherungsnehmers

53 Gegen einen vom VR abgelehnten Deckungsanspruch kann sich der VN mit der **Feststellungsklage** dahingehend wehren, dass er auf Feststellung klagt, dass der VR aus dem genau zu bezeichnenden Versicherungsvertrag in Bezug auf ein genau zu bezeichnendes Haftpflichtverhältnis eintrittspflichtig ist (BGH VersR 1984, 252; OLG Köln r+s 1998, 324). Die Feststellung, dass der VR die von einem Versicherten verursachten Schäden zu tragen hat, kann hingegen nicht begehrt werden (OLG Karlsruhe VersR 2005, 781). Erklärt der VR sich auf einen angemeldeten Deckungsanspruch nicht, ist ebenfalls die Erhebung der Feststellungsklage möglich und zulässig. In Bezug auf die Verjährung hilft dem VN hier zwar § 15 (mit der Folge, dass ein angemeldeter Deckungsanspruch, auf den der VR nicht reagiert hat, uU noch nach Jahren – etwa nach Abschluss des Haftpflichtprozesses – beim VR nach wie vor erfolgreich durchgesetzt werden kann), dennoch sollte – auch wegen der üblichen Prozessführungs- und Regulierungsvollmacht des VR – alsbald Klarheit geschaffen werden (allerdings ist insoweit in der Rspr. anerkannt, dass zB bei durchschnittlichen Verkehrsunfallsachen ein Prüfungszeitraum des Haftpflichtversicherers von vier bis sechs Wochen abgewartet werden muss, OLG Stuttgart DAR 2010, 387). Wandelt sich der **Rechtsschutzanspruch** des VN um in einen **Freistellungsanspruch,** kann neben der Feststellungsklage auch Klage auf Befreiung von der Verbindlichkeit erhoben werden (OLG Köln VersR 1991, 654; zum Problem ferner OLG Köln r+s 1998, 324). Eine Klage auf Freistellung von der Verbindlichkeit gegenüber dem Dritten kommt allerdings nicht in Betracht, wenn der VR dem VN die Abwehr für unbegründet erachtete Schadensersatzansprüche anbietet (OLG Frankfurt a. M. VersR 2003, 588).

53a Eine Freistellungsklage ist erst dann zulässig und begründet, wenn das Bestehen des Haftpflichtanspruches rechtskräftig festgestellt ist (BGH VersR 1981, 173; OLG Karlsruhe VersR 1993, 1390). Der **nachfolgende Deckungsprozess** ist an die Entscheidung im Haftpflichtprozess gebunden ist (soweit man davon überhaupt noch sprechen kann, nachdem sowohl Anerkenntnis und Vergleich als auch das Haftungsurteil in § 106 ohne unmittelbare Verbindlichkeit ausgestattet wurden (→ Rn. 32 ff.; → § 105 Rn. 5 ff.; → § 106 Rn. 2). Ein **vorwegge-**

nommener Deckungsprozess ist nur zulässig, wenn ein besonderes rechtliches Feststellungsinteresse besteht, hier ist zunächst allein maßgeblich, ob sich aus den Behauptungen, aus denen der Dritte seinen Anspruch herleitet, ein gedeckter Anspruch aus dem Versicherungsversprechen ergibt (BGH VersR 2003, 635; OLG Hamm r+s 2007, 152; OLG Hamm VersR 2012, 985; OLG Saarbrücken ZfS 2007, 522). Ist das der Fall, ist der Abwehranspruch gegeben; in Bezug auf die Freistellung ist dann der Ausgang des Haftpflichtverfahrens abzuwarten. Behauptet der **Dritte** allerdings **deckungsschädliche Umstände,** ist auch der Abwehranspruch ohne weiteres abzuweisen (vgl. BGH r+s 2017, 301 Rn. 38 = VersR 2017, 683 unter Hinweis auf BGH NJW-RR 2001, 316 = VersR 2001, 90 (unter 2a); vgl. auch BGH 2004, 590; ebenso OLG Hamm VersR 2002, 1369; VersR 2001, 90 (unter 2a); OLG Celle VersR 1978, 25 mAnm *Feist*). Wenn von mehreren vom Dritten behaupteten Haftungsgründen **nur einer den Deckungsanspruch ausschließt** (z.B. Vorsatz), sind alle anderen Ansprüche ebenfalls ausgeschlossen (BGH VersR 2015, 1156; → § 103 Rn. 14 f. und Langheid VersR 2017, 1365; anders noch Prölss/Martin/*Lücke* § 100 Rn. 50). Und trägt der VN selbst Umstände vor, die die **Voraussetzungen für einen Ausschluss** erfüllen, ist er daran gebunden und die Klage ist abzuweisen (OLG Hamm VersR 2017, 1197).

2. Feststellungsklage des Dritten

Auch eine Feststellungsklage des geschädigten Dritten kann zulässig sein (BGH VersR 2001, 90 unter Hinweis auf die „Sozialbindung der Haftpflichtversicherung"), wenn ein **berechtigtes Interesse** an der Feststellung besteht, dass „der Versicherer dem Schädiger Deckungsschutz zu gewähren habe" (BGH VersR 2001, 90 für den Fall, dass weder der VN noch der Insolvenzverwalter gegen eine für unbegründet gehaltene Deckungsablehnung vorgehen wollen; BGH 2009, 1485 bei unklarer oder verweigerter Auskunft zur Deckung; ähnlich OGH Beck RS 44739; OLG Naumburg VersR 2014, 54; nach OLG Köln r+s 2016, 238, besteht ein solches Interesse nicht, wenn ein Gebäudeversicherer bei einem ansonsten mittellosen Minderjährigen Regress nehmen will und der Haftpflichtversicherer die Deckung abgelehnt hat.). Denkbar ist ferner, dass der VN in der **D&O-Versicherung** nach Treu und Glauben unmittelbar gegen den Versicherer vorgehen kann, obwohl nach den AVB nur die versicherte Person den Versicherungsschutz geltend machen darf (BGH ZIP 2017, 881: Deckung war verweigert worden, die versicherten Personen machten keine Deckungsansprüche geltend und es drohte Verjährung). 54

3. Zahlungsklage

Zahlungsklage kann der VN begrifflich erst dann erheben, wenn sich der Freistellungsanspruch in einen Zahlungsanspruch umgewandelt hat. Das ist dann der Fall, wenn die Zahlung des VN an den Dritten auch für den VR verbindlich iSd § 106 Satz 2 geworden ist. Hat demgegenüber der VR den Dritten bereits befriedigt, sich aber einen **Rückgriff** gegen den VN (etwa wegen Vorsatztat) vorbehalten, kann der VN wiederum auf Feststellung klagen, dass der VR für den Vorgang auch tatsächlich eintrittspflichtig ist (zust. Schwintowski/Brömmelmeyer/*Retter* § 100 Rn. 71). Will der VR von sich aus aktiv werden, muss er seinerseits Zahlungsklage gegen den VN erheben. Diese kann auch in Form einer Widerklage bei erhobener Feststellungsklage erhoben werden. 55

VII. Versicherter Zeitraum

1. Versicherungsfall

56 Nach der gesetzlichen Regelung setzt die **Deckungspflicht** des Haftpflichtversicherers voraus, dass der VN an einen Dritten Schadensersatz zu leisten hat, und zwar „aufgrund seiner Verantwortlichkeit **für eine während der Versicherungszeit** eintretende Tatsache". Diese auf den ersten Blick so einfach anmutende Deckungsvoraussetzung der „während der VersZeit eintretenden Tatsache" wirft eine Reihe von komplizierten Rechtsfragen auf:

57 Die Problematik der „während der Versicherungszeit eintretenden Tatsache" liegt darin, dass der dem Dritten zugefügte Schaden irgendwann offenbar wird, dass aber häufig wegen der uU weit zurückreichenden Ursachen für den urplötzlich manifest gewordenen Schaden der **Nachweis der Kausalzusammenhänge** kaum oder gar nicht mehr zu führen sein wird. Das schlägt durch auf die Deckungsfrage, weil zu den anspruchsbegründenden Tatsachen auch gehört, dass der VN nachweist, dass seine (versicherte) Haftung während des versicherten Zeitraums eingetreten ist (zu diesem Problem OLG Oldenburg VersR 2001, 229; r+s 1997, 57 = VersR 1997, 732 mAnm *Schimikowski;* OLG Celle VersR 1997, 609; einen Indizienbeweis lässt OLG Koblenz VersR 1999, 573 zu). Die gesamte Problematik des Zeitrahmens des Deckungsanspruchs, namentlich bei Umwelt- und Altschäden, liegt in dieser zentralen Frage, denn bei fehlendem Kausalitätsnachweis, der dem VN obliegt (BGH VersR 1981, 173; OLG Koblenz VersR 1999, 573; OLG Oldenburg VersR 1997, 732; *Späte* Vorb. Rn. 55; BK/*Schauer* Vor § 49 Rn. 66), ist der Deckungsanspruch zu versagen. Das schlägt durch auf den Geschädigten, der möglicherweise einen Schädiger namhaft machen kann, aber mangels Haftpflichtdeckung keinen solventen Schuldner hat.

2. Schadenereignis/Verstoß

58 Ursprünglich galt – in Ansehung des in der alten Fassung des § 1 Nr. 1 AHB erwähnten **Ereignisses** – die sog **Schadenereignis- oder Folgeereignistheorie** (zum Begriff und zur Entwicklung vgl. *Späte* AHB § 1 Rn. 17 ff.; angewandt wurde die Schadenereignistheorie auch von BGHZ 25, 34 = NJW 1957, 1477). Nach dieser auch von der Assekuranz im Wesentlichen ihrem Regulierungsverhalten zugrunde gelegten Theorie liegt der Versicherungsfall in dem schadensursächlichen äußeren Vorgang, der als Folgeereignis nach einem vom VN gesetzten Kausalumstand die Schädigung des Dritten und damit die Haftpflicht unmittelbar herbeiführt: Der BGH-Entscheidung lag die Deckungsklage eines VN zugrunde, der einem Käufer eines von ihm produzierten Bindemähers schadensersatzpflichtig war, weil dieser seine rechte Hand dadurch verlor, dass der Sitz der Mähmaschine abbrach, weil er nur an einer Ecke angeschweißt war. Der BGH hat die Deckungsklage abgewiesen, da zum Zeitpunkt des Schadenseintritts der VN nicht mehr bei dem beklagten Haftpflichtversicherer versichert war. Dabei hat der BGH nicht auf das ursprüngliche den Schaden auslösende Verhalten des VN (fehlerhafte Anbringung des Sitzes) abgestellt, sondern auf den darauf zurückzuführenden äußeren Vorgang (Abbruch des Sitzes), der unmittelbar zum Schadenseintritt führte (Handverlust).

59 Sodann hat der BGH in BGHZ 79, 76 (= NJW 1981, 870 = VersR 1981, 173) die sog **Verstoßtheorie** entwickelt (zugrunde lag ein Fall, in dem der VN

für das Absterben von Waldbäumen verantwortlich gemacht worden war, nachdem er einen Gleiskörper mit einem Bodenherbizid behandelt hatte). Unter Anwendung der früheren Fassung von § 1 Nr. 1 AHB entschied der BGH, dass Versicherungsfall **nicht** das **Folgeereignis** (der äußere Vorgang mit eintretender Rechtsgutverletzung) sei, sondern die **kausale Verletzungshandlung** des VN, die sich dann irgendwann später im Schadenereignis manifestiert hätte. Obwohl die Verstoßtheorie des BGH in seltener Einmütigkeit abgelehnt wurde (Rspr., Literatur und das BAV waren sich einig, dass wegen der Handhabbarkeit und der Nachweisproblematik des Kausalzusammenhangs nur die Schadenereignistheorie praktikabel sei, vgl. die Nachweise bei *Späte* AHB § 1 Rn. 21 und 22), ist die Richtigkeit der vom BGH entwickelten Verstoßtheorie nicht ganz von der Hand zu weisen (vgl. auch OLG Nürnberg VersR 1994, 1462). Auf die Praktikabilität kann es nur in zweiter Linie ankommen und es ist zunächst jedenfalls im Ansatz richtig, dass die eigentlich schädigende Handlung des VN (also sein Verstoß gegen Rechtspflichten) ursächlich für den späteren Schaden, mithin auch für den Schadensersatz- und schließlich auch für den Haftpflicht-Deckungsanspruch wird, wobei es nicht der schieren Zufälligkeit der Schadensmanifestation überlassen bleiben kann, wann ein Deckungsanspruch entsteht.

Es trifft allerdings zu, dass im Rahmen der Verstoßtheorie die oben beschriebe- **60** nen **Schwierigkeiten des Kausalitätsnachweises** auftreten, was bei Anwendung der Schaden- bzw. Folgeereignistheorie geringere Schwierigkeiten bereiten kann. Aber auch hier sind erhebliche Beweisschwierigkeiten denkbar, weil die Feststellung eines Folgeereignisses in einem bestimmten Zeitraum die gleichen Schwierigkeiten machen kann wie die Feststellung eines Verstoßes (vgl. OLG Oldenburg VersR 2001, 229, das für einen Verkleckerungsschaden, der zwölf Jahre vor Beginn des Versicherungsschutzes begonnen hatte, den Deckungsschutz versagt hat, obwohl die Verkleckerungen auch als Kausalverstoß und die anschließende Gewässerverunreinigung auch als Folgeereignis hätten angesehen werden können; die Verstoßtheorie wird hier nicht erläutert).

Die Versicherungswirtschaft hat deswegen § 1 Nr. 1 AHB dahingehend so **61** gefasst, dass in Übereinstimmung mit § 5 Nr. 1 AHB von einem „Schaden**ereignis**" die Rede ist, wobei unklar geblieben ist, wieso die bloße Verwendung des Wortes „Schadenereignis" zwingend wieder zur Anwendung der Schadenereignis- oder Folgeereignistheorie führen sollte (vgl. dazu OLG Oldenburg VersR r+s 1997, 57 = 1997, 732 mAnm *Schimikowski,* wo für die Produkthaftpflichtversicherung nicht auf das Kausal-, sondern auf das Folgeereignis abgestellt wird; ebenso OLG Karlsruhe VersR 2003, 1436). Für die Gewässerschaden-Haftpflichtversicherung hat OLG Celle VersR 1997, 609 genau umgekehrt nicht auf das Folge-, sondern nur auf das Kausalereignis abgestellt; ebenso OLG Koblenz VersR 1999, 573; anders wiederum OLG Oldenburg VersR 2001, 229). Für die Betriebshaftpflichtversicherung hat OLG Karlsruhe VersR 2005, 397 auf das Kausalereignis, OLG Nürnberg VersR 1994, 1462 für die Architektenhaftpflichtversicherung auf das Folgeereignis abgestellt. Ein „Schadenereignis" kann rein sprachlich auch ein Fehlverhalten des VN ebenso wie das anschließende Folgeereignis sein, denn durch den Verstoß wird die Anlage des Schadens geschaffen, wenn er sich auch erst später zeigt (was nichts daran ändert, dass er zuvor schon vorhanden war; Skepsis deswegen auch bei Prölss/Martin/*Lücke* § 100 Rn. 28 ff., der zunächst auf mögliche Unbilligkeiten bei Nachhaftungsfällen hinweist (der Schadenverursacher, der seinen Betrieb aufgibt, würde nach der Folgeereignistheorie keine Deckung mehr haben) und der darauf hinweist, dass sich „dem durchschnittlichen

VN aus dem Begriff Schadensereignis nicht erschließt", welcher Zeitpunkt letztlich maßgeblich sein soll; im Ergebnis ebenso *Schimikowski* NVersZ 1999, 545).

62 Die **AHB 2008** (Stand: Januar 2015; Ziff. 1.1 Sätze 2 und 3) definieren nunmehr den Ereignisbegriff als „das Ereignis, als dessen Folge die Schädigung des Dritten unmittelbar entstanden ist. Auf den Zeitpunkt der Schadenverursachung, die zum Schadenereignis geführt hat, kommt es nicht an". Durch diese Doppeldefinition (einerseits unmittelbare Verknüpfung von Ereignis und Schadenseintritt, andererseits Ausschluss des Kausalereignisses) soll die Anwendung der Verstoßtheorie endgültig ausgeschlossen werden. Das jedenfalls sollte gelungen sein. Es wurden Bedenken gegen die **Transparenz der Klausel** angemeldet, weil das letztlich die Eintrittspflicht des VR bestimmende Ereignis nicht konkret (genug) festgestellt werden könne (Prölss/Martin/*Lücke,* Nr. 1 AHB 2008, Rn. 42 f.; dem folgend OLG Brandenburg r+s 2013, 125). Der BGH hat die Klausel aber bestätigt (BGH VersR 2014, 625 = NJW 2014, 2038 mAnm *Littbarski; Langheid/Müller-Frank* NJW 2014, 2323; krit. *Koch* VersR 2014, 1277). Eine richterliche Inhaltskontrolle von Ziff. 1.1 AHB 2008 soll zwar möglich sein, kann aber nicht zur Unwirksamkeit der Klausel führen, weil die Definition des Versicherungsfalls zum **Leistungskern** gehört und deshalb zunächst gem. § 307 Abs. 3 Satz 1 BGB der **inhaltlichen** AGB-Kontrolle entzogen ist. Eine Transparenzkontrolle des Vertragskerns (§ 307 Abs. 3 Satz 2 BGB) kann nicht zur Unwirksamkeit der Definition führen, weil es anderenfalls mangels gesetzlicher Definition des Versicherungsfalls in der Haftpflichtversicherung keine Regelung zum Versicherungsschutz als solchem gäbe und so der VN wegen Unwirksamkeit des gesamten Vertrags jeglichen Versicherungsschutz verlöre. Das alles ist höchst unbefriedigend, zumal der EuGH den richtigen Weg über das **Zwei-Stufen-Modell** des Art. IV Abs. 2 AGB-RL gewiesen hat (EuGH NJW 2015, 1811 = VersR 2015, 605). Danach ist der Begriff des Hauptleistungsversprechens weit auszulegen und kann auch der AGB-Kontrolle unterworfen werden, aber nur in zwei Stufen: Nur wenn die **Intransparenz** der Klausel festgestellt wird, kann sie auf **inhaltliche Unangemessenheit** untersucht werden (dazu *Langheid/Müller-Frank* NJW 2015, 2311 mwN und *Langheid* VersR 2015, 1071 mit den weiteren Konsequenzen; s. auch *Armbrüster* NJW 2015, 1788). Bei einem erweiterten kontrollfähigen Leistungskern würde der Wegfall einer Klausel bei zweistufiger Unwirksamkeit (Intransparenz/Unangemessenheit) nicht zum Wegfall des gesamten Versicherungsanspruchs führen.

3. Abweichende Regelungen

63 Das Gesetz gibt eine Regelung nicht zwingend vor. Danach bleibt es den **Bedingungswerken** iRd AGB-Rechts überlassen, die „während der Versicherungszeit eintretende Tatsache" zu definieren. Man wird aus Praktikabilitätsgründen nichts dagegen einwenden können, dass das Eintreten eines Folgeereignisses als Versicherungsfall vereinbart wird, wobei allerdings klare Formulierungen notwendig sind. Ebenso gut kann man auch den eigentlichen Rechtsverstoß zum Versicherungsfall machen, aber auch die erste **Anspruchserhebung** durch den vermeintlich oder tatsächlich geschädigten Dritten (zB die D&O-Versicherung stellt regelmäßig auf das Claims-made-Prinzip, also die Anspruchserhebung, ab), die „Theorie vom ersten Tropfen" (etwa in der Gewässerschaden-Haftpflichtversicherung, gemeint sein kann hier nur eine spezifische Form der Verstoßtheorie) oder etwa eine Übernahme der Haftung nach dem AMG, das für den Schadensein-

tritt auf die erste ärztliche Untersuchung wegen des später dann verifizierten Krankheitszustandes abstellt. § 5 Nr. 1 AVB Vermögensschäden stellt etwa – anders als Ziff. 1.1 AHB 2008 – auf den Verstoß durch den VN ab, der „Haftpflichtansprüche gegen den Versicherungsnehmer zur Folge haben könnte."

Für die Frage der „während der Versicherungszeit eintretenden Tatsache" kann ohne weiteres auf alle diese Definitionen abgestellt werden. Es unterfällt dann der **Beweislast** des VN, ob der dergestalt definierte Versicherungsfall **während** der Versicherungszeit eingetreten ist (ob sich also der Pflichtenverstoß des VN während der Vertragszeit zugetragen und ob sich ggf. der Eintritt des Schadens während der Vertragszeit manifestiert hat; da es sich hier – wie ausgeführt – um uU sehr lange Zeiträume handeln kann, ist einerseits sorgfältig zu analysieren, was überhaupt unter einem Versicherungsfall in dem jeweiligen Haftpflichtversicherungsvertrag verstanden werden soll und wann dieser dergestalt definierte Versicherungsfall tatsächlich eingetreten ist). 64

4. Rückwärtsdeckung; Nachhaftung

Problematisch könnte die Anwendbarkeit des § 100 auf Versicherungsverträge werden, die dem Anspruchserhebungsprinzip *(Claims made)* folgen. Denn in diesen Fällen kann die Tatsache, für die der VN einem Dritten gegenüber haftbar ist, durchaus auch außerhalb der Versicherungszeit eingetreten sein, während § 100 ausdrücklich von einer Verantwortlichkeit für eine „während der Versicherungszeit eintretenden Tatsache" spricht. Das **Claims-made-Prinzip** stellt ersichtlich **keine Beschränkung** der Rechte des VN oder der versicherten Personen aus § 100 dar, sondern eine **Erweiterung:** Indem eben auf die Anspruchserhebung abgestellt wird, kann Deckung auch für Tatsachen entstehen, für die der VN auch außerhalb der Vertragslaufzeit verantwortlich geworden ist (indem er eine Pflichtverletzung vor Beginn des Versicherungsvertrages begangen hat, für die er erst während dessen Laufzeit in Anspruch genommen wird). Dass es bei Versichererwechsel oder bei Umstellung vom Folgeereignis/Verstoßprinzip auf „Claims-made" zu Deckungslücken kommen kann, ist kein Problem des Claims-made-Prinzips, sondern ein Problem der Vertragsumstellung und kann bei allen Versicherungsfalldefinitionen eintreten. Soweit OLG München VersR 2009, 1066 (iÜ zutr.) einen **Nachteil des Claims-made-Prinzips** darin erkennt, dass manche Pflichtverletzungen außerhalb der Vertragszeit nicht gedeckt sind, kann dem **nicht gefolgt** werden. Zum einen ist es bei Versicherungsverträgen immer so, dass bestimmte Ereignisse in die Vertragslaufzeit fallen und deswegen gedeckt sind oder eben nicht, zum anderen sind solche Pflichtverletzungen prinzipiell nicht gedeckt, wenn sie außerhalb der Vertragslaufzeit begangen werden; deswegen stellt das Claims-made-Prinzip ja gerade eine Erweiterung des § 100 dar. 65

Hinzu kommt bei Claims-made-Policen häufig eine (uneingeschränkte oder aber auch bedingte) **Rückwärtsdeckung,** etwa dergestalt, dass unbekannte Pflichtverletzungen, die vor Abschluss des Versicherungsvertrages begangen worden sind, gedeckt sind, wenn der darauf begründete Anspruch während der Versicherungszeit geltend gemacht wird. Andere Vertragsgestaltungen sehen vor, dass nicht nur der Anspruch geltend gemacht, sondern auch während der Versicherungszeit dem VR gemeldet worden sein muss („claims made and reported"). Hinzu kommt gelegentlich eine **Nachhaftungsperiode,** in der Haftungsansprüche auch nachträglich noch geltend gemacht werden können, ohne dass es auf den Zeitpunkt der Pflichtverletzung ankommt (hier kommt es auf die Einzelfallge- 66 staltung an). Auch diese Fälle sind **unproblematisch,** obwohl § 100 nicht unmittelbar Anwendung findet; eine Erweiterung der gesetzlichen Leitlinie in § 100 **zugunsten des VN** kann nicht unwirksam sein oder gegen gesetzliche Leitbilder verstoßen (insoweit erfolgte die Prüfung durch OLG München VersR 2009, 1066, nach der das Claims-made-Prinzip nur wirksam war, weil seine angeblichen Nachteile durch Regelungen zur Rückwärtsdeckung und zur Nachhaftung kompensiert wurden, zu Unrecht).

VIII. Abänderungen der allgemeinen Schadensvorschriften

67 Zunächst sind auf die Haftpflichtversicherung alle Vorschriften aus der **Schadensversicherung** anzuwenden, wobei allerdings einige Modifikationen gelten. Die wichtigste Änderung bezieht sich auf das Verschulden des VN, bezüglich dessen gemäß § 103 **nur Vorsatz** ausgeschlossen ist, während § 81 zusätzlich auch grobe Fahrlässigkeit sanktioniert. Wegen dieser Besonderheit (nur Vorsatzausschluss) darf auch die Anwendung der Vorschriften über die **Gefahrerhöhung** in §§ 23 ff. nicht zu einer Aushöhlung des Versicherungsschutzes (keine Deckung des VR nur bei Vorsatz) führen (vgl. BGH VersR 1952, 387). Die Regelung in § 14 Abs. 1 ist durch die Regelung in § 106 ersetzt **(Fälligkeit).** Im Übrigen sind die Vorschriften über die Schadensversicherung hier anzuwenden, soweit dies in Anbetracht der Besonderheiten der Risikoübernahme in der Haftpflichtversicherung möglich und sinnvoll ist (vgl. als Beispiel etwa OLG Hamm VersR 1989, 946).

IX. Subsidiarität

68 Besonders problematisch kann die Eintrittspflicht des Haftpflichtversicherers bei Vorliegen sog **Subsidiaritätsabreden** sein. Eine solche Abrede liegt vor, wenn im Versicherungsvertrag die Eintrittspflicht des VR ausgeschlossen ist, wenn und soweit dasselbe Interesse anderweitig versichert ist und/oder für den eingetretenen Schaden anderweitig tatsächlich eine Entschädigung geleistet wird (bei bloßer Möglichkeit anderweitigen Ersatzes spricht man von einer **einfachen** Subsidiaritätsabrede, während eine **qualifizierte** Subsidiaritätsabrede vorliegt, wenn die Entschädigung grds. ausgeschlossen sein soll, wenn nur ein anderer Versicherungsvertrag gleichfalls Versicherungsschutz für das bestimmte Interesse bietet, gleichgültig, ob daraus gezahlt wird oder nicht – was bei konkurrierenden Subsidiaritätsabreden von besonderer Problematik sein kann, weil der Geschädigte bzw. der VN dann von einem VR zum anderen verwiesen werden kann und zurück).

69 Bei dem Aufeinandertreffen von zwei **einfachen** Subsidiaritätsabreden werden in Rspr. und Literatur drei Meinungen zu den eintretenden Rechtsfolgen vertreten: Zunächst sollen sich beide Subsidiaritätsabreden aufheben mit der Folge, dass Mehrfachversicherung gemäß § 78 eintritt (Bruck/Möller/*Sieg,* 8. Aufl. 1961 ff., § 59 Anm. 54; *Jordan* VersR 1973, 396; ferner die bei Prölss/Martin/*Armbrüster* § 78 Rn. 36 zit. Rspr.). Nach einer anderen Meinung tritt pro-rata-Haftung ein (*Vogel* ZVersWiss 1973, 577) mit der Folge, dass die VR anteilig nach dem Verhältnis des Schadens zur abgeschlossenen Versicherungssumme haften. Schließlich wird vertreten, dass die zeitlich spätere Abrede den Vorrang hat mit der Folge, dass allein aus dem früher abgeschlossenen Versicherungsvertrag gehaftet wird (*Martin* VersR 1973, 696 ff.; *Vollmar* VersR 1987, 738). Dieser letzten Auffassung

dürfte im Allgemeinen der **Vorzug** zu geben sein, weil das Argument überzeugt, dass der jeweils zuletzt abgeschlossene Vertrag gerade im Hinblick auf die Prämienkalkulation Rücksicht darauf nimmt, dass das Risiko schon anderweitig gedeckt ist.

§ 101 Kosten des Rechtsschutzes

(1) [1]**Die Versicherung umfasst auch die gerichtlichen und außergerichtlichen Kosten, die durch die Abwehr der von einem Dritten geltend gemachten Ansprüche entstehen, soweit die Aufwendung der Kosten den Umständen nach geboten ist.** [2]**Die Versicherung umfasst ferner die auf Weisung des Versicherers aufgewendeten Kosten der Verteidigung in einem Strafverfahren, das wegen einer Tat eingeleitet wurde, welche die Verantwortlichkeit des Versicherungsnehmers gegenüber einem Dritten zur Folge haben könnte.** [3]**Der Versicherer hat die Kosten auf Verlangen des Versicherungsnehmers vorzuschießen.**

(2) [1]**Ist eine Versicherungssumme bestimmt, hat der Versicherer die Kosten eines auf seine Veranlassung geführten Rechtsstreits und die Kosten der Verteidigung nach Absatz 1 Satz 2 auch insoweit zu ersetzen, als sie zusammen mit den Aufwendungen des Versicherers zur Freistellung des Versicherungsnehmers die Versicherungssumme übersteigen.** [2]**Dies gilt auch für Zinsen, die der Versicherungsnehmer infolge einer vom Versicherer veranlassten Verzögerung der Befriedigung des Dritten diesem schuldet.**

(3) [1]**Ist dem Versicherungsnehmer nachgelassen, die Vollstreckung einer gerichtlichen Entscheidung durch Sicherheitsleistung oder Hinterlegung abzuwenden, hat der Versicherer die Sicherheitsleistung oder Hinterlegung zu bewirken.** [2]**Diese Verpflichtung besteht nur bis zum Betrag der Versicherungssumme; ist der Versicherer nach Absatz 2 über diesen Betrag hinaus verpflichtet, tritt der Versicherungssumme der Mehrbetrag hinzu.** [3]**Der Versicherer ist von der Verpflichtung nach Satz 1 frei, wenn er den Anspruch des Dritten dem Versicherungsnehmer gegenüber als begründet anerkennt.**

Übersicht

I. Normzweck

1 Die Regelungen in § 101 Abs. 1 und 2 beschäftigen sich nur mit einem der möglichen Deckungsansprüche, nämlich dem **Rechtsschutz- bzw. Abwehranspruch.** Nur für diesen stellt die gesetzliche Regelung klar, dass der VR die Kosten für die Abwehr des vom Dritten geltend gemachten Anspruchs zu übernehmen hat, selbst wenn der Anspruch unbegründet ist (was im Falle eines Rechtsstreits Kostenerstattungsansprüche des VN, die aber materiell dem VR zustehen, zur Folge hat).

2 Die gesetzlich normierte **Kostentragungspflicht** des VR ist zusätzlich zur Freistellung von begründeten Haftpflichtansprüchen Dritter eine Hauptleistungspflicht, nämlich zur Abwehr unbegründeter Ansprüche (Einzelheiten → § 100 Rn. 20).

II. Deckungsumfang

1. Gerichtliche und außergerichtliche Kosten

3 **a) Zivilverfahren.** Dem VR obliegt – jedenfalls in der allgemeinen Haftpflichtversicherung – nicht nur die gesamte Prozessführung, sondern er muss im **Zivilverfahren** sämtliche Kosten sowohl des VN als auch des klagenden Dritten übernehmen. Erweist sich der Haftpflichtanspruch als begründet, verbleibt es bei der Kostentragungspflicht des VR, die dieser über eine eventuell vereinbarte Deckungssumme hinaus zu tragen hat (→ Rn. 8 ff.). Wird die Klage abgewiesen und erweisen sich demzufolge die Haftpflichtansprüche als unbegründet, hat der Haftpflichtversicherer im Deckungsverhältnis Anspruch auf die Kostenerstattungsansprüche des VN. Vorleistungspflichtig ist allerdings der VR, so dass dieser auch das Risiko eventueller Uneinbringlichkeit der Erstattungsansprüche trägt (wobei OLG Köln r+s 1989, 74 der VN zu Unrecht zunächst darauf verweist, die ihm entstandenen Kosten beim unterlegenen Gegner erstattet zu verlangen). Unternimmt der Dritte etwa mit einem vorläufig vollstreckbaren Urteil aus I. Instanz einen Vollstreckungsversuch nach geleisteter Sicherheit und leistet der VR zu spät oder erbringt er seinerseits eine dem VN nachgelassene Sicherheit zu spät, fallen entsprechende **Vollstreckungskosten** auch dem VR zur Last. Gleiches gilt, wenn der Dritte in den Freistellungsanspruch des VN gegen den VR vollstreckt: Auch diese Kosten müssen vom VR getragen werden (BGH r+s 1990, 82 = VersR 1990, 191). Da der VR am Verfahren nicht teilnimmt, sondern nur „hinter" dem VN steht, sind im Normalfall Direktansprüche gegen ihn nicht denkbar, auch keine Kostenerstattungsansprüche und mithin auch kein Kostenfestsetzungsverfahren (zum Problem des Direktanspruchs → § 100 Rn. 50 ff.).

4 **b) Strafverteidigung.** Gemäß § 101 Abs. 1 Satz 2 sind auch die Kosten der **Strafverteidigung** zu übernehmen, wenn der Tatvorwurf geeignet ist, einen Haftpflichtanspruch des VN dem Dritten gegenüber zu begründen. Voraussetzung

ist allerdings, dass die Kosten „auf Weisung des Versicherers“ entstanden sind. Da zumindest zu Beginn ein Strafverfahren gegen den VN nicht von den Weisungen des VR abhängig sein kann, bedeutet diese Regelung zwangsläufig, dass nur die Kosten erstattungsfähig sind, die darauf zurückzuführen sind, dass der VR den VN anweist, das Strafverfahren weiter durchzuführen (indem er ihm etwa aufgibt, gegen einen Strafbefehl oder gegen eine erstinstanzliche Entscheidung Rechtsmittel einzulegen).

c) Dritter als Nebenkläger. Von dieser Kostentragungspflicht zu unterscheiden sind die Kosten, die im Strafverfahren etwa dadurch entstehen können, dass **der Dritte als Nebenkläger** aufgetreten ist. Grundsätzlich hat der Haftpflichtversicherer damit nichts zu tun (so auch Langheid/Wandt/*Littbarski* § 101 Rn. 62). Etwas anderes kann nur gelten, wenn das Strafverfahren einen Zivilprozess auf Schadensersatz ersetzt, indem der Dritte in diesem Strafverfahren bereits die Kompensation seines Schadens verlangt (Adhäsionsverfahren gemäß §§ 403 ff. StPO; vgl. zur Praxisrelevanz auch Looschelders/Pohlmann/*Schulze Schwienhorst* § 101 Rn. 6). Dann sind auch die dadurch entstehenden Kosten vom VR zu übernehmen. Nach diesen Grundsätzen dürfte der VR Kosten, die der Dritte in einem gegen ihn gerichteten Strafverfahren aufzuwenden hat, nicht zu übernehmen haben. Etwas anderes kann bestenfalls dann gelten, wenn das Strafverfahren gegen den Dritten auf das die Haftpflicht begründende Verhalten des VN zurückzuführen ist. 5

d) Rechtsverfolgungskosten des Dritten. Ähnlich gelagert sind die Fälle, in denen dem Dritten Rechtsverfolgungskosten etwa dadurch entstehen, dass er seinen Kaskoversicherer in Anspruch nimmt, nachdem der VN das Fahrzeug des Dritten beschädigt hat. Unabhängig davon, dass der Kaskoversicherer dann gegen den Haftpflichtversicherer den Regress nach § 86 führen kann, können die hier entstehenden **Rechtsverfolgungskosten des Dritten** erstattungsfähig sein, wenn sie nämlich adäquat kausal durch das haftpflichtbegründende Verhalten des VN verursacht worden sind. Nach den gleichen Grundsätzen muss der Haftpflichtversicherer für im Strafverfahren zugesprochene Schmerzensgelder eintreten, wenn das haftpflichtbegründende Verhalten des VN auch zivilrechtlich einen entsprechenden Ersatzanspruch des Dritten begründet hätte. 6

2. Kosten, Zinsen und Versicherungssumme

a) Objektive Gebotenheit. Alle **erstattungspflichtigen** Kosten müssen **objektiv geboten** gewesen sein (OLG Düsseldorf r+s 1989, 325). Wegen der Prozessführungsbefugnis des VR bestimmt er weitgehend und normalerweise den Umfang des Kostenanfalls selbst. Vom VN verursachte Kosten (Rechtsmittel oÄ, vgl. Ziff. 25.4 AHB 2008 (§ 5 Nr. 4 AHB)) sind erstattungsfähig, wenn der VN damit seine vertraglichen Obliegenheiten erfüllt, auch wenn die von ihm veranlassten Maßnahmen offensichtlich erfolglos bleiben mussten. **Nicht** zu erstatten sind die Kosten für einen **zweiten Rechtsanwalt,** wenn der VR in Ausübung von Ziff. 25.5 AHB 2008 (§ 5 Nr. 4 AHB) schon einen Rechtsanwalt mit der Vertretung des VN beauftragt hat; hat der VN schon seinen eigenen Rechtsanwalt beauftragt, muss dieser das Mandat wieder niederlegen oder aber der VN muss für die in der Person des zweiten Rechtsanwalts entstehenden Kosten selbst aufkommen. **Anders** ist es, wenn der VR, ohne die Deckung abzulehnen, von seinem Prozessführungsrecht wegen des **Verdachts auf Kollusion** zwischen dem 7

Dritten und dem VN keinen Gebrauch macht: Dann besteht auch für den vom VN beauftragten Rechtsanwalt Kostentragungspflicht, so dass der VR zwei Anwälte bezahlen muss, wenn er selbst – etwa im Wege der Nebenintervention – am Prozess mit einem eigenen Rechtsanwalt teilnehmen will (BGH VersR 2010, 1590).

8 **b) Übersteigen der Versicherungssumme (Abs. 2).** Ist eine **Versicherungssumme** bestimmt, dann **besteht** die gesetzlich normierte Kostentragungspflicht des VR auch insoweit, als die Kosten **gemeinsam mit der Entschädigung** an den Dritten die Versicherungssumme übersteigen (Beispiel: Versicherungssumme 1 Mio. EUR; Schadensersatz an den Dritten 950.000 EUR; Prozessverfolgungskosten 200.000 EUR). Dieser gesetzlichen Regelung entspricht die Regelung in Ziff. 6.5 AHB 2008 (§ 3 Abs. 2 Nr. 4 AHB)).

9 Gleiches gilt für **Zinsen** nur dann, wenn diese auf eine **vom VR veranlasste** Verzögerung der Regulierung zurückzuführen sind (Abs. 2, Satz 2). Wenn bejaht wird, dass Zinsen immer zu erstatten sind, auch wenn die Versicherungssumme damit überschritten wird, ist dem nicht zu folgen. Es spricht nichts dafür, dass der VR, dem ein Schaden gemeldet wird, von vorneherein über der Versicherungssumme leisten muss, nur weil die Zinsen die Versicherungssumme übersteigen (Beispiel: Versicherungssumme 1 Mill.; EUR Schaden 950.000 EUR, Zinsen 150.000 EUR; der VR hat maximal 1 Mill. EUR zu zahlen). Im Gegenteil: Der Wortlaut spricht dagegen. Denn es hätte des Satzes 2 in Abs. 2 nicht bedurft, wenn Zinsen immer zusätzlich zum Schaden zu bezahlen wären (anders OLG Düsseldorf r+s 2020, 271 mAnm *Fortmann* = VersR 2020, 683, wonach Zinsen nur dann auf die Versicherungssumme anzurechnen sein sollen, wenn dies ausdrücklich vertraglich so geregelt wurde; → Rn. 25). Da Zinsen als Nebenforderungen Teil der Hauptforderung sind, sind sie auch ohne vertragliche Regelung als Teil der Schadenssumme zu betrachten. Anders nur im Fall von Abs. 2 Satz 2, wenn die Verzögerung vom VR **veranlasst** wurde. Veranlasst sind die Zinsen regelmäßig dann, wenn der VR den Schadensersatzanspruch nicht befriedigt, sondern einen im Ergebnis erfolglosen Abwehrprozess führt (Prölss/Martin/*Lücke* § 101 Rn. 30). Das bezieht sich zunächst auf Rechtshängigkeitszinsen. Gerät der VR mit seiner Deckungsentscheidung in Verzug, kann er auch verpflichtet sein, vertragliche Zinsen zu zusätzlich zur Versicherungssumme zu übernehmen.

10 **Problematisch** können daher nur die Fälle sein, wenn die zu zahlende Entschädigung die Versicherungssumme übersteigt und zusätzlich Rechtsverfolgungskosten angefallen sind. Sind die **Ansprüche** des Dritten **berechtigt** und erfüllt der VR diese Ansprüche, dann ist er bspw. gemäß Ziff. 6.6 AHB 2008 (§ 3 Abs. 3 Nr. 1 AHB) zur Kostentragung nur **anteilig verpflichtet,** nämlich dahingehend, dass die angefallenen Kosten entsprechend der Versicherungssumme und dem tatsächlich zu zahlenden Entschädigungsbetrag zu **quotieren** sind. Wegen der Degressivität der Gebührentabelle ist der VR nicht etwa verpflichtet, die Kosten zunächst soweit zu tragen, wie sie bei einem Streitwert in Höhe der Versicherungssumme angefallen wären, sondern es ist anteilig zu quotieren (ebenso *Späte* AHB § 3 Rn. 73 mwN).

11 Sind die Ansprüche des Dritten **unbegründet,** dann soll der VR voll auf die Kosten haften (so Prölss/Martin/*Lücke* § 101 Rn. 21; OLG Düsseldorf VersR 1991, 94). Das ist ebenfalls abzulehnen, weil auch in diesem Fall die obige Quotierung anzuwenden ist mit der Folge, dass Versicherungssumme und die **berechtigte Forderung** ins Verhältnis zueinander zu setzen sind (soweit Bruck/Möller/

Johannsen, 8. Aufl. 1961 ff., Bd. IV, Anm. G 29 auf die **verlangte** Leistung abstellen will, ist auch das abzulehnen (OLG München VersR 2020, 543: nicht der Anspruchsteller bdstimmt das, sondern die Rechtslage)). *Späte* (AHB § 3 Rn. 73) will eine entsprechende **vertragliche Regelung** (→ Rn. 14) wegen Unklarheit an § 305c Abs. 2 BGB scheitern lassen, woraus für die gesetzliche Regelung zu folgern wäre, dass der VR die Kosten, begrenzt durch die Höhe der Versicherungssumme, zu tragen hat (so auch OLG München VersR 2020, 543).

Hat die Klage des Dritten **teilweise** Erfolg, gilt Folgendes: Liegt die Urteilssumme unterhalb der Deckungssumme, fallen die Prozesskosten nach obigen Erörterungen voll dem VR zur Last, auch wenn die Summe der Entschädigung und der Kosten über der Versicherungssumme liegt. 12

Liegt die Forderung über der Deckungssumme, dann soll eine Quotierung der Prozesskosten im Verhältnis der begründeten Ansprüche zur Deckungssumme vorgenommen werden (OLG München VersR 2020, 543; Prölss/Martin/*Lücke* § 101 Rn. 22; *Späte* AHB § 3 Rn. 73). Wenn bei **Begründetheit** der Ansprüche eine entsprechende Quotierung vorgenommen werden soll, soll dies aber bei (teilweise) unbegründeten Ansprüchen des Dritten nicht der Fall sein. Das Argument, der VR hafte auch bei gänzlich unbegründeten Ansprüchen des Dritten bis zur Deckungssumme voll auf die Kosten (→ Rn. 11), überzeugt nicht, denn in diesen Fällen wird ja die Deckungssumme gerade nicht erschöpft. Außerdem ist der Dritte bei teilweisem Obsiegen und teilweisem Unterliegen entsprechend der Quote seines Unterliegens an den Kosten zu beteiligen, so dass dann nur noch die Kosten auf VN und VR zu verteilen sind, bzgl. derer keine Erstattungspflicht des Dritten besteht. Das rechtfertigt eine Quotierung im Verhältnis Deckungssumme zu den zugesprochenen Schadensersatzleistungen. 13

Zu beachten ist, dass Regelungen wie in Ziff. 6.6 AHB 2008 (§ 3 Abs. 3 Nr. 1 AHB) häufig fehlen; es fragt sich dann, ob es eine solche Quotierung auch unabhängig entsprechender vertraglicher Regelungen gibt. Das dürfte aus dem Rechtsgedanken der Unterversicherung gerechtfertigt sein, zumal entsprechende Kürzungen dem gesetzgeberischen Grundgedanken entsprechen, wie er in §§ 83 Abs. 2, 75 zum Ausdruck kommt (so auch Prölss/Martin/*Lücke* § 101 Rn. 22; *Späte* AHB § 3 Rn. 73). 14

c) Vertragliche Regelung. Eine vertragliche Quotierungs- und Anrechnungsregelung ist jedenfalls dann AGB-kontrollfest, wenn sie das Verhältnis von Versicherungssumme und Anspruchsbetrag einerseits und das daraus abzuleitende Quotenverhältnis eindeutig regelt und ebenso bestimmt, welche Kosten in welcher Höhe auf die Versicherungssumme anzurechnen sein sollen. Damit sind jedenfalls Transparenzaspekte hinreichend beachtet. Außerdem sollte in der Klausel klargestellt werden, in welcher Höhe die entstehenden Abwehrkosten auf die Versicherungssumme anzurechnen sind, anderenfalls Bedenken in Bezug auf die Angemessenheit der Regelung auftreten könnten. Ist es bspw. dem VR überlassen, den Haftpflichtprozess zu führen, und vereinbart er mit den zu beauftragenden Anwälten Kosten über das RVG hinaus, kann es durchaus geschehen, dass die Versicherungssumme schon durch die Abwehrkosten aufgebraucht wird (zumal häufig Deckung auch für den angelsächsischen Raum gewährt wird, wo selbst bei erfolgreicher Prozessführung ein Kostenerstattungsanspruch gegen die unterliegende Gegenseite nur in Ausnahmefällen bestehen wird). 15

d) Maßgebliche Versicherungssumme. Bei der Frage, von **welcher Deckungssumme** auszugehen ist, ist bei verschiedenen Deckungssummen, die 16 für verschiedenartige Schäden (etwa Sach- oder Personenschäden) vereinbart wurden, nicht kumulativ **eine** Versicherungssumme zu bilden, sondern es ist je nach Schadensart von der jeweils vereinbarten Versicherungssumme auszugehen (*Späte* AHB § 3 Rn. 73 mwN). Bei einer Exzedentenversicherung schließt sich die Versicherungssumme aus dem Exzedenten nur dann an die Versicherungssumme des Grundvertrages an, wenn diese vollständig ausgeschöpft ist (OLG Düsseldorf r+s 2020, 271 = VersR 2020, 683; OLG München VersR 2020, 543).

17 In der Praxis kommt häufig das Problem vor, dass in einem Prozess von dem Dritten gleichzeitig deckungspflichtige Schadensersatzansprüche und Ansprüche aus Vertrag geltend gemacht werden (Beispiel: Der geschädigte Dritte klagt gegen seinen Arzt auf deliktischen Schadensersatz und macht gleichzeitig die Rückzahlung des Arzthonorars geltend). Der VR haftet dann nur anteilig für die entstehenden Kosten, soweit die vom Dritten geltend gemachten Ansprüche dem Versicherungsschutz unterliegen. Intern ist dann entsprechend zu quotieren. Das kann dann äußerst kompliziert werden, wenn ein Vergleich zwischen Drittem und VN zustande kommt und nicht klar gemacht wird, welche anteiligen Beträge aus der Vergleichssumme auf die (gedeckten) Schadensersatzansprüche entfallen und welche auf die (nicht gedeckten) Vertragsansprüche. Im Zweifel ist hier eine **doppelte Quotierung** dahingehend erforderlich, dass zunächst im Verhältnis zum Dritten der Umfang der Kostentragungspflicht ermittelt wird, wobei dann im Innenverhältnis zwischen VN und VR ermittelt werden muss, in welchem Verhältnis die Vergleichssumme auf den deckungspflichtigen Schadensersatz entfällt und inwieweit sie auf den nicht deckungspflichtigen Vertragsanspruch entfällt.

18 **e) Kostentragungspflicht bei nur anteiliger Deckungspflicht.** Abschließend ist darauf hinzuweisen, dass den Haftpflichtversicherer im Haftpflichtprozess nur eine anteilige Kostentragungspflicht trifft, wenn im Deckungsprozess etwa eine nur anteilige Deckungspflicht des VR festgestellt wurde.

3. Aufrechnung

19 Sowohl eine **Aufrechnung des VN** als auch eine solche des **Geschädigten** kann in Bezug auf die Kostentragungspflicht einerseits und in Bezug auf die Deckungspflicht des VR andererseits problematisch werden: Rechnet der VN etwa gegen deliktische Ansprüche des Dritten, die gedeckt sind, mit Vertragsansprüchen auf und bringt er dadurch die deliktische Forderung zum Erlöschen, wäre der Haftpflichtversicherer ungerechtfertigt bereichert (indem er von der Forderung des Dritten befreit würde, die er im Verhältnis zum VN zu tragen hat), wenn er nicht im Innenverhältnis dem VN zum Ersatz der verbrauchten Aufrechnungsforderung verpflichtet wäre. Die zu zahlenden Zinsen müssen sich nach den Zinsen richten, die der VR an sich dem geschädigten Dritten hätte zahlen müssen, nicht nach den vom VN dem Dritten gegenüber geltend gemachten Zinsen. In solchen Fällen empfiehlt es sich, dass der VN bzw. sein Rechtsanwalt **vor** Aufrechnung mit dem VR Rücksprache nimmt und klare Verhältnisse schafft.

20 Andersherum ist es auch denkbar, dass der VN einen Aktivprozess führt und der Geschädigte mit der gedeckten Schadensersatzforderung aufrechnet. Dringt der Dritte damit durch und bringt er nur damit die Forderung des VN zu Fall, ist der VR in gleicher Weise ersatzpflichtig wie bei eigener Aufrechnung des VN. Erweist sich die aufgerechnete Forderung des Dritten als unbegründet, ist der VR zur Kostentragungspflicht bis zur Deckungssumme verpflichtet, genauso als hätte

der Dritte seine unbegründete Forderung in einem Aktivprozess geltend gemacht (→ Rn. 10). Erweisen sich die Forderungen des VN und der Haftpflichtanspruch des Dritten als unbegründet, gilt das Gleiche.

4. Vorschuss

Mit der Zustellung der Klage kann der VN einen Kostenvorschuss verlangen; dies wird angesichts der Solvenz des Haftpflichtversicherers einerseits und dessen Prozessführungsrecht andererseits nur selten der Fall sein. Hat der VN einen Vorschuss verlangt und ist er auch an ihn persönlich (sehr selten) oder an seinen Rechtsanwalt ausgezahlt worden, dann ist der VR berechtigt, den Vorschuss zurückzufordern, wenn sich später herausstellt, dass die zum Deckungsschutz führenden Angaben des VN unrichtig waren. Ist dagegen für die Gewährung des Deckungsschutzes von den Behauptungen des Dritten auszugehen (→ § 149 Rn. 29), dann kommt eine Rückforderung nicht in Betracht, denn insoweit bestand der Abwehranspruch des VN zu Recht. **21**

Wird die Deckung nur unter **Vorbehalt** erteilt und demzufolge der Vorschuss unter Vorbehalt ausgezahlt, ist eine Rückforderung denkbar, wenn sich der Vorbehalt im Nachhinein erfüllt (Beispiel: Der VR erklärt, dass seine Deckungspflicht nur besteht, wenn sich nicht im Haftpflichtprozess ein vorsätzliches Verhalten des VN gemäß § 103 herausstellt; vgl. auch Langheid/Wandt/*Littbarski* § 101 Rn. 68). **22**

5. Vollstreckungsabwendung (Abs. 3)

Kann der VN die Vollstreckung aus einem vorläufig vollstreckbaren Urteil durch Sicherheitsleistung abwenden, ist dafür der VR zuständig. Wegen dessen Prozessführungsbefugnis kommt es auf das Verlangen des VN nur in den seltensten Fällen an. Aus dem gleichen Grunde ist es auch Sache des VR bzw. seines Rechtsanwaltes, wie er die Sicherheit erbringen will (Bankbürgschaft) oder ob er den (umständlichen) Weg der Hinterlegung wählt. Es kommt nicht auf die Art der gerichtlichen Entscheidung an, so dass unter Abs. 3 auch Arreste und einstweilige Verfügungen fallen. Schließlich kommt es nicht darauf an, ob der VR von vornherein in die Prozessführung einbezogen war, sondern es kommt nur auf seine tatsächliche Deckungspflicht an (anders nur, wenn der VN durch die Prozessaufnahme gegen seine Obliegenheiten verstoßen hat). **23**

6. Abdingbarkeit

Da die Regelung in § 101 disponibel ist (vgl. § 112), kann an der prinzipiellen materiellen Berechtigung des Versicherers, wie sie etwa häufig in der D&O-Versicherung vereinbart wird, **Abwehrkosten** auf die Versicherungssumme anzurechnen, **kein Zweifel** bestehen. Soweit die tatsächlich unbegründete Gefahr gesehen wird, dass ein VR eigene Schadenbearbeitungskosten auf die Versicherungssumme anrechnet, mag das zu einer anderen Beurteilung führen (OLG Frankfurt a. M. VersR 2012, 432; kritisch dazu *Langheid* FS Ulrich Hübner, 2012, 137; so wie hier *Fiedler* PHi 2013, 95; *Werber* VersR 2014, 1159; *Koch* VersR 2016, 1405; vgl. auch *Grooterhorst/Looman* r+s 2014, 157; **anders** Schimikowski, Rn. 498; *Terno* r+s 2013, 577, der hier einen „Leitbildverstoß" erkennen will, obwohl der Gesetzgeber ausdrücklich kein Leitbild schaffen wollte). **24**

Die Anrechnung von **Zinsen** auf die Schadenssumme soll bei ausdrücklicher Vereinbarung möglich sein (OLG Düsseldorf r+s 2020, 271 mit zust. Anm. *Fort-* **25** *mann* = VersR 2020, 683). Soweit dort allerdings angenommen wird, dass das Weglassen von Zinsen in einer (Kosten)Anrechnungsklausel eine ‚Modifikation' des Abs. 2 Satz 2 darstelle, nach der Zinsen, also auch nicht veranlasste, immer zusätzlich zur Versicherungssumme zu zahlen sind, wird man dem **nicht folgen** können. Zinsen sind als Nebenforderungen stets Teil der Hauptforderung und mithin durch die Versicherungssumme begrenzt. Anders ist das nur, wenn eine zinsschädliche Verzögerung vom VR zu vertreten ist (→ Rn. 9). Ein Negativum, also das Fehlen einer vertraglichen Regelung, kann aber schlechterdings nicht dazu führen, dass damit ein Positivum vereinbart und das Gesetz abbedungen wird. Wenn ein VR keinen Vorsatzausschluss in seine AVB aufnimmt, bleibt es trotzdem bei der Regelung in § 103. Das kann bei Zinsen nicht anders sein. Die Nichterwähnung von Zinsen in einer Anrechnungsklausel kann also nicht dazu führen, dass damit von Zinsen insgesamt zusätzlich zur Versicherungssumme freizustellen ist.

§ 102 Betriebshaftpflichtversicherung

(1) [1]**Besteht die Versicherung für ein Unternehmen, erstreckt sie sich auf die Haftpflicht der zur Vertretung des Unternehmens befugten Personen sowie der Personen, die in einem Dienstverhältnis zu dem Unternehmen stehen.** [2]**Die Versicherung gilt insoweit als für fremde Rechnung genommen.**

(2) [1]**Wird das Unternehmen an einen Dritten veräußert oder aufgrund eines Nießbrauchs, eines Pachtvertrags oder eines ähnlichen Verhältnisses von einem Dritten übernommen, tritt der Dritte an Stelle des Versicherungsnehmers in die während der Dauer seiner Berechtigung sich aus dem Versicherungsverhältnis ergebenden Rechte und Pflichten ein.** [2]**§ 95 Abs. 2 und 3 sowie die §§ 96 und 97 sind entsprechend anzuwenden.**

I. Normzweck

1. Anpassung der Terminologie

1 Die frühere Regelung des § 151 VVG aF ist auf **alle Arbeitnehmer** sowie auf die **Mitglieder des Leitungsorgans** des Unternehmens erstreckt worden. Das war schon Gegenstand der bisher verwendeten **AVB.** Die Formulierung in Abs. 1 lehnt sich bezüglich der angestellten Personen an § 85 VVG an. Mit der Ersetzung des Begriffes „Betrieb" durch „Unternehmen" wurde die Terminologie des § 1 HGB übernommen.

2 Abs. 2 stimmt mit § 151 Abs. 2 VVG aF überein. Eine sachliche Änderung ergibt sich aus der **Verweisung auf § 97,** der gegenüber § 71 Abs. 1 Satz 2 VVG aF geändert wurde. Bei **unterlassener Anzeige** der Unternehmensübertragung nach § 97 Abs. 1 ist die Leistungsfreiheit des Versicherers davon abhängig, dass der Versicherer **nachweist,** dass er den mit dem Veräußerer bestehenden Haftpflichtversicherungsvertrag mit dem Erwerber nicht geschlossen hätte.

2. Änderungen

3 Geändert hat sich also der Umfang der Betriebshaftpflicht, indem alle Mitarbeiter ebenso versichert sind wie die Organvertreter. Durch die Auswechslung des

Begriffs „Betrieb" gegen „Unternehmen" hat sich inhaltlich nichts geändert. Abs. 2 folgt der Änderung des § 97, der seinerseits an die BGH-Rspr. angepasst wurde (→ § 97 Rn. 7).

3. Unternehmensbegriff

Versicherung für ein **Unternehmen** ist die Haftpflicht, die aus einer organisa- 4
torischen Einheit resultiert, die durch den wirtschaftlichen oder ideellen Zweck bestimmt wird, einem Betrieb oder mehreren organisatorisch verbundenen Betrieben desselben Unternehmens zu dienen (Palandt/*Weidenkaff* BGB Vor § 611 Rn. 15) und der sich nach außen selbstständig und von der privaten Sphäre des Betreibenden getrennt darstellt (BGH VersR 1962, 33). Die Erzielung von Gewinn ist für den Unternehmensbegriff nicht erforderlich (OLG Celle VersR 1961, 169). Der Haushalt und eine ggf. ihm dienende Erwerbstätigkeit zählt nicht zum Betrieb (BGH VersR 1962, 33; näher zur Abgrenzung zu dem zur privaten Sphäre gehörenden Lebensbereichs des Unternehmers Langheid/Wandt/*Littbarski* § 102 Rn. 44 f.).

II. Umfang der Haftung

Aus der Betriebshaftpflicht haftet zunächst der Betreiber, der unter anderem 5
auch gemäß §§ 278, 831 BGB für seine Erfüllungs- und Verrichtungsgehilfen eintreten muss (zur Auslegung der Klausel über Mängelbeseitigungsnebenkosten bei einem Generalunternehmer, wenn die betroffenen Gewerke nicht in einem funktionalen Zusammenhang stehen vgl. OLG Karlsruhe r+s 2020, 570; s. auch OLG Rostock r+s 2020, 22). In der **Betriebshaftpflichtversicherung** sind daher einerseits die spezifischen Gefahren des Betriebes versichert, andererseits die Haftung des Betriebsinhabers (der regelmäßig auch VN sein wird), der **Vertretungsbefugten** und der Personen, die in einem **Dienstverhältnis** zu dem Unternehmen stehen. Die Definition geht weiter als die des **Repräsentanten** (→ § 81 Rn. 19 ff.). Das ist für das Deckungsverhältnis aber unproblematisch, weil das Verhalten der mitversicherten Dritten insoweit immer für das Deckungsverhältnis eine Rolle spielt, weil sie mitversichert iSd §§ 43 Abs. 1, 44 Abs. 1, 47 Abs. 1 sind (führt also der mitversicherte Dritte den Schaden vorsätzlich iSd § 103 herbei, ist der VR **diesem** gegenüber leistungsfrei, nicht aber eo ipso dem VN).

Die **Abgrenzung** zwischen **betrieblicher und persönlicher Haftung** der 6
versicherten Personen kann problematisch sein. Behauptet der geschädigte Dritte, die Haftpflicht ergäbe sich aus dem Geschäftsbetrieb, liegt ohne Weiteres Deckung vor, denn der VN bzw. der versicherte Dritte hat stets auch den Rechtshilfe- bzw. Abwehranspruch (vgl. auch Langheid/Wandt/*Littbarski* § 102 Rn. 50 und 65, jeweils aE).

Behauptet der Dritte aber, den VN oder den mitversicherten Dritten persönlich 7
in Anspruch zu nehmen (vgl. etwa BGH VersR 1983, 945; VersR 1973, 313), dann kommt es für die Deckungsfrage darauf an, ob die Haftpflicht aus dem Geschäftsbetrieb einerseits bzw. aus der Beschäftigung des Dritten in diesem Betrieb folgt. Erforderlich ist ein **innerer ursächlicher Zusammenhang** mit dem Geschäftsbetrieb, so dass ein lediglich gelegentlich des Geschäftsbetriebes eintretender Haftpflichtumstand nicht versichert ist (vgl. etwa BGH VersR 1991, 293; VersR 1988, 1283; VersR 1987, 1181; OLG Bamberg VersR 1992, 1346; zu den „Gefahren des täglichen Lebens" als Abgrenzungskriterium vgl. BGH

VersR 1981, 271; OLG Hamm VersR 1992, 96). Ein Handeln für den Betrieb muss dazu bestimmt sein, den Interessen des Betriebes – zumindest indirekt – zu dienen und muss in dem erwähnten inneren ursächlichen Zusammenhang stehen, so dass **Betriebsbezogenheit** zu verneinen ist, wenn lediglich ein äußerer Zusammenhang zwischen Geschäftsbetrieb und der schadensstiftenden Tätigkeit gegeben ist; so BGH NJW 1973, 515 = VersR 1973, 313 unter teilweiser Aufgabe seiner früheren Rspr.; der geschädigte Dritte war Arbeitskollege des VN (mitversicherter Betriebsangehöriger), der seinen Arbeitskollegen so lange provozierte, bis dieser handgreiflich wurde; daraufhin versetzte der VN dem Kollegen einen Schlag, aufgrund dessen dieser auf den Hinterkopf aufschlug und tödlich verletzt wurde. Der BGH hat die Betriebsbezogenheit verneint; siehe auch BGH NJW 1976, 2134 = VersR 1976, 921 „Rapidhammer" (es handelte sich um ein Bolzenschussgerät, mit dem der VN auf einen Arbeitskollegen zielte und – in der irrtümlichen Annahme, es befinde sich kein Bolzen im Lauf – abdrückte und den Arbeitskollegen schwer verletzte; der BGH hat Versicherungsschutz aus der Privathaftpflichtversicherung bejaht, aus der Betriebshaftpflichtversicherung verneint). Zur Abgrenzung bei „Schwarzarbeit" vgl. BGHZ 79, 145 = VersR 1981, 271; iÜ vgl. zur Abgrenzung weiterhin OLG Hamm r+s 1993, 210 (gelegentliche Nebentätigkeiten sind selbst dann von der Betriebshaftpflicht ausgenommen, wenn der VN seine beruflichen Kenntnisse einsetzt und einen Nebenverdienst erzielt); OLG Bamberg NJW-RR 1993, 485 = VersR 1992, 1346 (Ausleeren von Aschenbechern durch Lehrling ist betriebsbezogen, **aA** Langheid/Wandt/*Littbarski* § 102 Rn. 62 unter Hinweis auf den Nichtraucherschutz); OLG Frankfurt a. M. r+s 1993, 51: Betriebshaftpflicht, wenn der VN, der normalerweise ausschließlich Kacheln für Kachelöfen verkauft, ausnahmsweise auch den Kachelofen bei seiner Schwägerin aufbaut; OLG Bamberg NJW-RR 1993, 354 = VersR 1993, 734 (Privathaftpflicht, wenn ein Schweißer in seiner Freizeit einem Freund ohne Entgelt beim Verlegen von Heizungsrohren behilflich ist); OLG Köln r+s 1992, 228 (kein Bezug zum Beruf, wenn VN ihm beruflich anvertraute Schlüssel privat unzuverlässig aufbewahrt); BGH NJW-RR 1988, 148 = VersR 1987, 1181 (bei einem Betrieb zur Reparatur von Bootsmotoren sind auch solche Schäden abgedeckt, die bei der Reparatur eines Pkw entstehen, der einem Betriebsmitglied gehört und der eine Werbeaufschrift für den Betrieb trägt); OLG München VersR 1982, 665 (die für ein Malergeschäft eingegangene Betriebshaftpflichtversicherung umfasst auch den Deckungsschutz für Schäden, die bei der Einrichtung des Geschäfts entstehen; hier: Brandverursachung bei der Demontage einer für den Betrieb angeschafften Spritzraumanlage); OLG Hamburg VersR 1982, 458); OLG Karlsruhe VersR 2020, 156 (problematisiert, ob ein Umweltausschluss in einer BetriebshaftpflichtVers gegen das Transparenzgebot verstoßen kann).

8 Bei der Abgrenzung zwischen Betriebs- und Privathaftpflicht kommt es ferner nicht darauf an, ob die ausgeübte Tätigkeit branchenüblich ist (BGHZ 41, 327 ff.) und ob sie gleichzeitig auch private Interessen des Handelnden fördert.

III. Versicherung für fremde Rechnung

9 Wie oben bereits dargelegt (→ Rn. 5) erstreckt sich der Versicherungsschutz auf die in Abs. 1 genannten Personen, die nicht nur in der in Abs. 1 genannten Eigenschaft (Vertretungsbefugte (= gesetzliche Vertreter und privatrechtlich Bevollmächtigte); Betriebsangehörige) versichert sind, sondern gegen alle Haft-

pflichtansprüche, die sich in ihrer Person verwirklichen, solange sie nur betriebsbezogen sind. Soweit die Bestellung nur für einen Teil des Betriebes erfolgt ist, muss sich die Betriebsbezogenheit auf diesen Teil auswirken. Dabei schadet es nicht, wenn die Bestellung zum Betriebsleiter oÄ nur temporär erfolgt. Spiegelbildlich zur Übernahme des Risikos auch für diese Mitarbeiter wird der VR leistungsfrei, wenn sich in deren Person ein Ausschlusstatbestand verwirklicht oder Obliegenheitsverletzungen der genannten Personen zur (teilweisen) Leistungsfreiheit des VR führen (→ Rn. 5).

IV. Betriebsübernahme

In Abs. 2 wird die Übernahme des Betriebes durch einen Dritten geregelt, der das Unternehmen kauft, einen Nießbrauch daran eingetragen bekommt, es durch einen Pachtvertrag oder ein ähnliches Verhältnis übernimmt. Das Gesetz verweist auf § 95 Abs. 2 (gesamtschuldnerische Haftung von Veräußerer und Erwerber für die auf die laufende Versicherungsperiode entfallende Prämie), § 95 Abs. 3 (Geltung des Forderungsübergangs gegen den VR erst ab dessen Kenntnis), § 96 (Kündigungsrechte des VR einerseits und des Erwerbers andererseits) und § 97 (Pflicht zur Anzeige der Veräußerung). Fraglich kann nur sein, wann eine **Übernahme** stattfindet. Dies soll regelmäßig dann der Fall sein, wenn der Dritte nach außen hin als Betriebsinhaber auftritt (vgl. BGH VersR 1966, 353; 1963, 516; nach der zuletzt zitierten Entscheidung findet keine Übernahme statt, wenn ein Bauernhof auf den Sohn übertragen wird, der übertragende Vater aber unverändert weiter den Hof bewirtschaftet; daran ist – zu Recht – Kritik geübt worden, denn wenn der Sohn auch noch die Bewirtschaftung des Hofes übernimmt, liegt wiederum kein Fall des Abs. 2 vor, so dass der VR im Grunde genommen nie von der Übergabe erfährt; **aA** aber Prölss/Martin/*Lücke* § 102 Rn. 17 (anders noch die 27. Aufl. 2004); BK/*Baumann* § 151 Rn. 29; Bruck/Möller/*Johannsen,* 8. Aufl. 1961 ff., Bd. IV, Anm. D 36). 10

Die Übernahme wird nicht davon berührt, dass das zugrunde liegende Rechtsverhältnis nichtig oder unwirksam ist (vgl. Langheid/Wandt/*Littbarski* § 102 Rn. 104 mwN). Eine Zwangsversteigerung des Betriebsgrundstücks ist kein Fall des Abs. 2. Tritt ein Dritter **zusätzlich** in den Geschäftsbetrieb ein, liegt wiederum ein Fall des Abs. 2 vor mit den zuvor erwähnten Folgen (vgl. Langheid/Wandt/*Littbarski* § 102 Rn. 111 mwN). Auf eine **Erbschaft** ist Abs. 2 nicht anzuwenden, weil gesetzlicher Übergang des Versicherungsverhältnisses; anders schon wieder, wenn der Erbe wegen des Vermächtnisses das Unternehmen auf einen Dritten überträgt. Eine Betriebsübernahme iSd Abs. 2 liegt ferner nicht vor, wenn der Nachfolger den Betrieb unter derart veränderten Umständen eröffnet und fortführt, dass ein Zusammenhang mit dem früheren Unternehmen nicht mehr gegeben ist (vgl. AG Berlin-Schöneberg VersR 1986, 330; krit. Langheid/Wandt/*Littbarski* § 102 Rn. 116). 11

§ 103 Herbeiführung des Versicherungsfalles

Der Versicherer ist nicht zur Leistung verpflichtet, wenn der Versicherungsnehmer vorsätzlich und widerrechtlich den bei dem Dritten eingetretenen Schaden herbeigeführt hat.

Übersicht

I. Regelungsinhalt

1 Der **Vorsatz** muss sich hier – anders als bei § 823 BGB – nicht nur auf die Tathandlung, sondern auch auf die **Schadensfolgen** beziehen, damit der **Haftungsausschluss zu Gunsten des VR** greift. Das bedeutet, dass der VN nicht nur die Tat vorsätzlich begehen muss, sondern dass auch sämtliche Tatfolgen von ihm gewollt worden sein müssen. Dabei genügt allerdings, dass **eine von mehreren** Tathandlungen vorsätzlich begangen wurde (BGH VersR 2015, 1156 für wissentliche Pflichtverletzungen). Die Vorschrift ist wie früher abdingbar (s. auch § 112), es kann somit ein Leistungsausschluss auch bei Vorliegen milderer Schuldformen (zB grobe Fahrlässigkeit statt Vorsatz) vereinbart werden. Auch ein vollständiger Ausschluss (zB für eine Krankheitsübertragung) bei gleichzeitigem Wiedereinschluss für den Fall einfacher Fahrlässigkeit des VN ist wirksam, weil es für den VN günstig ist, anstatt völliger Leistungsfreiheit des VR ein Anspruch auf Deckung bei Vorliegen einfacher Fahrlässigkeit zu haben. Das setzt natürlich voraus, dass der Leistungsausschluss an sich wirksam ist. Ein Ausschluss der Leistungspflicht, der grundsätzlich auch für den Direktanspruch in der (Kfz-)Pflichtversicherung gilt, ist europarechtskonform (BGH NJW 2013, 1163; vgl. auch → § 117 Rn. 7). Leistet der Versicherer an den Dritten, obwohl er nach § 103 leistungsfrei war, kann er Herausgabe der ungerechtfertigten Zahlung nur verlangen, wenn er unter unzweideutigem Vorbehalt geleistet hat (OLG Hamm VersR 2016, 1308).

II. Voraussetzungen der Leistungsfreiheit

1. Beschränkungen der Leistungsfreiheit

2 § 103 ist ein **subjektiver Risikoausschluss** und **erweitert** die (vollständige) Eintrittspflicht des VR gegenüber der Regelung in § 81 **auch auf grobe Fahrlässigkeit.** Auch für eine vorsätzlich begangene Handlung, die aber nicht widerrechtlich ist (vgl. etwa §§ 228, 904, 229 ff. BGB), muss der VR Deckung gewähren. Und schließlich muss der Vorsatz des VN sich auch auf den Handlungserfolg

erstrecken, also die Folgen der Unrechtshandlung erfassen. Der **Ausschluss** des § 103 bezieht sich also nur auf auch deren Folgen umfassende **vorsätzliche** und **widerrechtliche** Handlungen, die die Haftung des VN begründen (auch beim Gebrauch eines Kfz zum Zwecke einer Selbsttötung, OLG Köln r+s 2020, 20; vgl. zum Problem auch Langheid/Wandt/*Littbarski* § 103 Rn. 3).

2. Vertragliche Regelungen

Obwohl § 103 abänderbar ist (zu früherem Recht vgl. OLG Köln r+s 1995, 410, wonach für die Gütertransportversicherung grobe Fahrlässigkeit anstelle von Vorsatz vereinbart werden kann), sieht zB Ziff. 7.1 AHB (Fassung 2016) eine der gesetzlichen Regelung inhaltlich gleichzusetzende vertragliche Regelung vor: *„Falls im Versicherungsschein oder seinen Nachträgen nicht ausdrücklich etwas anderes bestimmt ist, sind von der Versicherung ausgeschlossen: Versicherungsansprüche aller Personen, die den Schaden vorsätzlich herbeigeführt haben.“* 3

Andere Bedingungswerke – etwa der Vermögensschaden-Haftpflicht- oder der D&O-Versicherung – schließen subjektiv **wissentliche, bewusste** oder **vorsätzliche** und objektiv **Pflichtverletzungen** oder **Schadensverursachungen** von der Deckung aus. Die Mischformen sind vielfältig, neben diversen Verschuldensformen (wissentlich oder bewusst etc) kommen unterschiedliche Bezugsobjekte in Betracht, auf die sich das Verschulden beziehen muss (zB nur die Pflichtverletzung und eben nicht deren Folgen). Den Deckungsausschluss für den bloß bewussten Verstoß gegen Gesetz, Vorschriften oder sonstige Pflichten hat die Rspr. akzeptiert (BGH NVersZ 2001, 473 = VersR 2001, 1103 = LM § 152 Nr. 9 mAnm *Voit;* VersR 1987, 174; VersR 1986, 647; OLG Frankfurt a.M. r+s 2020, 634). Es ist je nach Bedingungswerk zwischen dem **Verschuldensmaßstab** (Wissentlichkeit, Bewusstsein (Kenntnis) oder Vorsatz) einerseits und dem **Bezugsobjekt** andererseits zu unterscheiden, also der Tathandlung (Pflichtverletzung) und der Handlungsfolge (zu den Einzelheiten vgl. *Seitz* VersR 2007, 1476). Wissentlichkeit bedeutet mindestens dolus directus zweiten Grades, bedingter Vorsatz reicht für diesen Ausschluss nicht. Der Ausschluss von Vorsatz erfasst auch den bedingten Vorsatz. Wird die wissentliche oder vorsätzliche Schaden**verursachung** ausgeschlossen, muss sich das subjektive Element auch auf die Schadensfolgen beziehen, wird demgegenüber nur eine wissentliche oder vorsätzliche Pflichtverletzung ausgeschlossen, erstreckt sich das subjektive Element nur auf die Pflichtverletzung und eben nicht auf die Schadensfolgen (*Seitz* VersR 2007, 1476 (1478)). Das ist auf andere Tathandlungen und deren Handlungserfolg übertragbar. Soweit der D&O-Versicherer vorläufige Abwehrdeckung bei bestrittenem Vorsatz verspricht, bis Vorsatz/Wissentlichkeit rechtkräftig festgestellt sind, kann man diese **rechtskräftige Feststellung** nicht mit dem Argument verweigern, dass die Voraussetzung der Rechtskraft zum Zeitpunkt der maßgeblichen letzten mündlichen Verhandlung nie vorliegen kann (so OLG Frankfurt a. M. BeckRS 2021, 21475). Dieser Rspr. liegt eine Fehlinterpretation der fraglichen Klausel zugrunde: Die Parteien wollen nicht auf eine faktisch unmögliche Rechtskraftfeststellung abstellen, sondern der VR soll sich auf die gerichtliche Feststellung von Vorsatz/Wissentlichkeit erst berufen können, wenn die entsprechende Entscheidung rechtskräftig geworden ist. Ähnlich verfehlt ist es, dem VR bei entsprechendem Sachverhalt das Berufen auf einen zugleich verwirklichten Arglistausschluss zu verweigern (so aber wiederum OLG Frankfurt a. M. r+s 2021, 502). Die hier vermutete „Stoffgleichheit“ zwischen vorvertraglicher Arglist und Vorsatz/Wissentlichkeit während des Vertragsverlaufs kann schon wegen der unterschiedlich betroffenen 4

Zeitphasen nicht vorliegen, ungeachtet des Umstands, dass sich die Arglist gegen den VR und Vorsatz/Wissentlichkeit gegen die VN (oder einen Dritten) richten. Würde man mit dem OLG Frankfurt a. M. den VR zur Arglistanfechtung zwingen, entfiele die Deckung rückwirkend für alle Versicherten, während der Arglist**ausschluss** das mildere Mittel ist, weil er nur die jeweils Handelnden betrifft.

3. Vorsatz

5 Nach allgemeiner Definition (vgl. nur Palandt/*Grüneberg* BGB § 276 Rn. 10) bedeutet Vorsatz „das Wissen und Wollen des rechtswidrigen Erfolgs". Das bedeutet, dass der Handelnde den rechtswidrigen Erfolg seines Verhaltens voraussehen und trotzdem den Willen haben muss, sich entsprechend zu verhalten (vgl. *Späte* AHB § 4 Rn. 199 ff.). Zum Vorsatz gehört auch das Bewusstsein der Rechtswidrigkeit der Tat, so dass ein Irrtum des VN über eine objektiv nicht bestehende Notwehrsituation zur Deckungspflicht des VR führen kann (OLG Karlsruhe r+s 1995, 9; OLG Schleswig VersR 1984, 1163). Vollrausch (OLG Köln VersR 1991, 1283) verhindert die Annahme von Vorsatz, ebenso Bewusstlosigkeit oder Zurechnungsunfähigkeit des VN, die allerdings – im Gegensatz zum Vorsatz, der vom VR zu beweisen ist (BGH VersR 1954, 591; nach OLG Köln VersR 1994, 339 kann die vorsätzliche Herbeiführung eines Schadens „in aller Regel nicht mittels eines Anscheinsbeweises nachgewiesen werden", ebenso OLG Karlsruhe r+s 1995, 408) – vom VN nachzuweisen sind (BGH VersR 1990, 888; OLG Frankfurt a. M. VersR 1990, 42). Allerdings ist im Zusammenhang mit Vorsatztaten stets eine alkohol- oder drogenbedingte **Minderung der Steuerungs- und Einsichtsfähigkeit** zu berücksichtigen (BGH NVersZ 1998, 45 = VersR 1998, 1011; OLG Nürnberg VuR 2014, 196; BGH VersR 2009, 517 zum Problem *Knappmann* NVersZ 1998, 13), was auch in Bezug auf die Handlungsfolgen gilt (BGH VersR 1998, 1011; OLG Hamm VersR 2019, 871). Auch **psychisch bedingte Einschränkungen** der Steuerungsfähigkeit unterhalb der Schwelle der Steuerungsunfähigkeit sollen den Vorsatz ausschließen (OLG Köln r+s 2018, 594). Das lässt unberücksichtigt, dass anders als bei der alkohol- oder drogenbedingten Minderung der Steuerungs- und Einsichtsfähigkeit jede Objektivierbarkeit ausgeschlossen ist. Das wiederum hat zur Folge, dass jede bloße Behauptung einer emotionalen Ausnahmesituation zu einer negativen Beweispflicht des VR und damit faktisch zur Unanwendbarkeit des § 103 führen würde (deswegen ablehnend *Langheid/Müller-Frank* NJW 2019, 342).

6 **Bedingter Vorsatz** reicht für den Ausschluss aus (OLG Brandenburg r+s 2020, 154 für eine Inkaufnahme einer schweren Verletzung des Gegenspielers beim Fußball; ebenso OLG Schleswig VersR 2021, 790 mAnm *Dördelmann*), die sog **bewusste Fahrlässigkeit** nicht, sondern ist deckungspflichtig. Bei beiden Verschuldensgraden sieht der Handelnde die Möglichkeit eines schädigenden Erfolges voraus. Vertraut er darauf, dass dieser nicht eintreten werde, so liegt bewusste Fahrlässigkeit vor. Nimmt er dagegen einen als möglich vorgestellten Schaden bewusst in Kauf, so ist bedingter Vorsatz gegeben (vgl. BGH VersR 1954, 591; OLG Hamm VersR 1987, 88; OLG Köln VersR 1978, 265).

4. Handlungserfolg

7 Der Vorsatz muss nicht nur die schädigende Handlung umfassen, um zum Deckungsausschluss zugunsten des VR zu gelangen, sondern auch deren **Handlungserfolg.** Das war auch bei der früheren Fassung des Gesetzes so, wird aber durch die Neufassung klargestellt und auch schon für § 4 Abs. 2 Nr. 1 AHB

allgemein angenommen (vgl. *Späte* AHB § 4 Rn. 200 mwN). Im Gegensatz dazu muss sich die bloß wissentliche Tathandlung nur auf diese beziehen und nicht auf deren Folgen.

Der Vorsatz muss daher, wenn der Ausschluss vom Versicherungsschutz geltend gemacht wird, auch die **Schadensfolgen** umfassen, was dann der Fall ist, wenn der Handelnde die konkrete Schädigung, also die entsprechende Körperverletzung, den Sachschaden oder den bewirkten Vermögensschaden **in etwa** für denkbar gehalten und gewollt hat, was auch in Form des **Inkaufnehmens** geschehen kann (BGH NVersZ 1998, 45 = VersR 1998, 1011; OLG Hamm r+s 2004, 145; OLG Köln NVersZ 1999, 288 = VersR 1999, 1270). Er braucht die Folgen der Tat nicht in allen Einzelheiten vorausgesehen zu haben (vgl. OLG Saarbrücken NJW-RR 1994, 353 = VersR 1993, 1004; zur Einsichtsfähigkeit eines zehnjährigen vgl. OLG Frankfurt a. M. VersR 1998, 573); es genügt vielmehr, wenn der VN die Handlungsfolgen in **groben Umrissen** voraussehen kann, ihren Eintritt akzeptiert, ohne sie zwingend herbeiführen zu wollen, und das Geschehen nicht wesentlich vom erwarteten oder vorhersehbaren Ablauf abweicht (so ist es bei einem Faustschlag gegen den Kopf unmaßgeblich, ob das eintretende Schädel-Hirn-Trauma unmittelbare Folge des Schlags oder erst Folge des anschließenden Sturzes ist, OLG Koblenz VersR 2014, 1450). Wer beim Fußball mit ‚ganz erheblicher Wucht' den Gegenspieler anspringt ohne die „realistische Möglichkeit, den Ball zu erobern", nimmt eine daraus resultierende Körperverletzung (zweitgradige offene Unterschenkelfraktur) billigend in Kauf (OLG Schleswig VersR 2021, 790). **8**

Der gesetzliche Deckungsausschluss greift danach nicht schon dann, wenn nur die schädigende Handlung des VN vorsätzlich begangen wurde. Zum Deckungsausschluss gehört (jedenfalls nach der gesetzlichen Regelung), dass der VN (oder der Mitversicherte, in dessen Person der Vorsatzausschluss ebenfalls verwirklicht sein kann, vgl. dazu BGH VersR 1971, 239; OLG Nürnberg r+s 2012, 65 mwN; OLG Stuttgart NJW-RR 1990, 527) die **Schadenfolgen** als möglich erkannt und ihr Eintreten gewollt oder zumindest billigend in Kauf genommen hat (vgl. OLG Jena r+s 2019, 578 für die Betriebsversicherung, wenn der Vorsatz für eine sogar strafbare Handlung – Benutzung einer Pistole bei der Schlachtung eines Rinds – nicht den konkreten Schaden – Verletzung eines Metzgergehilfen durch einen sich versehentlich lösenden Schuss – umfasst). Dabei kann bei einem Erwachsenen von der **objektiv erkennbaren Gefährlichkeit** seines Tuns regelmäßig auf dessen Vorstellung geschlossen werden, dass die Realisierung einer bestimmten Gefahr möglich ist (OLG Karlsruhe NJW-RR 2014, 1125 = VersR 2014, 994). **9**

5. Partieller Vorsatzausschluss

Nicht zu akzeptieren ist die immer noch existierende, früher nicht weiter kritisch hinterfragte Rechtsprechung, die **vollen Deckungsschutz** für sämtliche Folgen einer Vorsatztat gewährt, auch wenn nur **eine** von **mehreren** Handlungsfolgen **nicht** vom (bedingten) Vorsatz des Täters umfasst wurde; wenn also auch nur eine von mehreren Verletzungsfolgen vom Täter nicht vorhergesehen oder nicht in Kauf genommen wurde (Beispiel: Täter schlägt dem Opfer ins Gesicht, das daraufhin einen vorhersehbaren Kieferbruch und eine unvorhersehbare Hirnblutung erleidet; die Rspr. gewährt dann überflüssigerweise Deckung auch für den vorsätzlich verursachten Kieferbruch). Gegen diese Fehlentwicklung kann man tendenziell auf BGH VersR 2015, 1165 verweisen, wonach der Vorsatz für **10**

eine Handlung zu einem Deckungsausschluss für **alle Tathandlungen,** auch die fahrlässigen, führt (Näheres bei → Rn. 12 ff.).

11 Die auf die Vorsatzhandlung vorhersehbar zurückzuführenden Folgen sind, auch wenn sie mit gedeckten Handlungen und deren Folgen zusammentreffen, **partiell vom Versicherungsschutz ausgeschlossen** (grundlegend *Langheid* NVersZ 1999, 253; dem für mehraktige Handlungen folgend *Knappmann* VersR 2000, 11; **aA** OLG Schleswig r+s 2008, 67; *Lorenz* VersR 2000, 1 ff., der aber auf haftungs- und nicht auf deckungsrechtliche Argumente abstellt (deswegen dagegen wiederum *Langheid* FS Lorenz, 2004, 427 ff.); ohne nähere Begründung Schwintowski/Brömmelmeyer/*Retter* § 103 Rn. 15;). Die Vorsatztat selbst, also die vorsätzliche Handlung einschließlich ihrer vorhersehbaren Folgen, ist nach allg. Meinung vom Deckungsanspruch ausgeklammert, nur der **unerwartete und unabsehbare Exzess** kann gedeckt sein. Gegen das Prinzip, dass die vorsätzlich verursachten Folgen der Tathandlung vom Versicherungsschutz ausgeschlossen sind, während nur die nicht absehbaren Folgen gedeckt sind, kann ernsthaft weder ein Beweisproblem angeführt werden (zur Not muss sich der Tatrichter sachverständig beraten lassen) noch ein angeblich für den VN streitendes „Alles oder nichts"-Prinzip (zustimmend (wenn auch umständlich durch doppelte Verneinung) Prölss/Martin/*Lücke* § 103 Rn. 12; Langheid/Wandt/*Littbarski* § 103 Rn. 55; *Piontek* § 4 Rn. 18; Stiefel/Maier/*Jahnke* VVG § 103 Rn. 15 f.). Bei **mehraktigen Tathandlungen** so wie hier OLG Hamm NVersZ 2001, 134; Schwintowski/Brömmelmeyer/*Retter* § 103 Rn. 15; ferner ÖOGH VersR 2001, 220 mAnm *Reiff.* Es ist aber kein eine andere Beurteilung rechtfertigender Unterschied zwischen **ein- und mehraktigen** Handlungen erkennbar, wenn jeweils multiple Verletzungen eingetreten sind, von denen einige vorsätzlich und andere nicht vorsätzlich herbeigeführt wurden. Es ist gleichgültig, ob diese Folgen durch eine Handlung (Faustschlag) oder durch zwei Handlungen (Faustschlag und Fußtritt) verursacht wurden (Einzelheiten bei *Langheid* FS Lorenz, 2004, 427 ff.). Bei einer mutwilligen Sachbeschädigung kann jedenfalls der voraussehbare Schaden nicht gedeckt sein. Wenn ein 13-jähriger Schüler in einer Kirche einen Feuerlöscher betätigt und dadurch nicht nur vorhersehbare Verschmutzungen eintreten, sondern unerwartet auch wertvolle Kunstgegenstände beschädigt werden, dann besteht Deckung für die Beschädigungen und Leistungsfreiheit für die Verschmutzungen (anders OLG Koblenz VersR 2007, 1506 m. abl. und deswegen zutr. Anm. *Weitzel* VersR 2008, 954).

6. Zusammentreffen von Vorsatz und Fahrlässigkeit

12 Ungeachtet der Frage, ob der VR sich im Deckungsprozess auf einen (weiteren) Deckungsausschluss berufen kann, wenn im Haftpflichtprozess das zusprechende Urteil nur auf eine fahrlässige Tathandlung gestützt wird (→ Rn. 25), gilt der **Vorsatzausschluss umfassend,** wenn derselbe Schaden zugleich durch **weitere, nicht ausgeschlossene Handlungen** (zB durch Fahrlässigkeit) verursacht wird (BGH VersR 2015, 1156 für wissentliche Pflichtverletzungen). In der Berufungsinstanz war eine **wissentliche Pflichtverletzung** nur dann für ausgeschlossen erklärt worden, „wenn dieser Ausschluss für sämtliche Pflichtverletzungen der VN greife". Der Versicherungsschutz müsse „bestehen" bleiben, „wenn auch nur eine für den Schaden mitursächliche Pflichtverletzung nicht wissentlich erfolgt sei". Das entsprach der Rechtsprechung der Oberlandesgerichte (vgl. OLG Düsseldorf VersR 2002, 748 = r+s 2002, 148: nur dann kein Versicherungsschutz, „wenn

Ausschlusstatbestände für sämtliche in Betracht kommende Pflichtverletzungen" greifen; ähnlich OLG Koblenz VersR 1979, 830 = r+s 1979, 225, wonach im Deckungsprozess jeweils zu prüfen sei, „ob der Deckungsanspruch nicht auch aus einer unter das versicherte Risiko fallenden Anspruchsnorm begründet sei").

Der BGH (VersR 2015, 1156) ist der Instanzrechtsprechung **nicht gefolgt.** Er hat (unter Hinweis auf OLG Saarbrücken ZfS 2008, 219) den Vorsatzausschlusses so ausgelegt, dass dieser „auch dann eingreift, wenn die wissentliche Pflichtverletzung neben anderen, nicht wissentlich begangenen mitursächlich zum Schaden geführt" hat. „Aus der maßgeblichen Sicht eines durchschnittlichen Versicherungsnehmers" ergäbe sich, dass der Versicherer „nicht bereit" sei, „für Versicherungsfälle einzustehen, deren Schäden durch eine wissentliche Pflichtverletzung verursacht" wurden. Anhaltspunkte dafür, dass „der Versicherer gleichwohl Deckungsschutz gewähren wolle, wenn zu einer solchen Pflichtverletzung weitere, nicht wissentlich verübte ebenfalls schadensursächliche Verstöße" hinzuträten, seien dem Ausschluss nicht zu entnehmen. Der durchschnittliche VN werde den Ausschluss deswegen „dahin verstehen, dass er schon dann Versicherungsleistungen ausschließt, wenn ein Schaden durch eine wissentliche Pflichtverletzung mit verursacht" wurde. Es wäre „erkennbar sinnwidrig", einen VN, der gleich mehrere, teils wissentliche, teils unwissentliche Pflichtverletzungen begehe, „wegen einer solchen gesteigerten Sorglosigkeit gegenüber demjenigen VN besserzustellen, der sich lediglich eine wissentliche Pflichtverletzung" habe zuschulden kommen lassen. **13**

Während damit in nicht mehr zu interpretierender Eindeutigkeit für die allgemeine Haftpflichtversicherung feststeht, dass ein ausgeschlossener Tatbestand den gesamten Schaden erfasst, fragt sich, ob das auch in der besonderen Konstellation der **D&O-Versicherung** gilt, in der neben der VN, die zugleich bei Innenhaftungsansprüchen geschädigte Dritte sein kann (Eigenschadenversicherung), zum Teil zahlreiche versicherte Personen im Wege der Fremdversicherung versichert sind. Diese Konstellation wirft schwierige Zurechnungsprobleme auf (die für die vorvertragliche Anzeigepflicht geklärt sein dürften, vgl. *Langheid/Grote* VersR 2005, 1164; *Langheid* VW 2012, 1768). Für die **einzelne versicherte Person** gilt, dass das ihr gegenüber abgegebene Deckungsversprechen durch einen in einer anderen versicherten Person verwirklichten Ausschluss **nicht beseitigt** wird. Das gilt selbst dann, wenn alle handelnden Personen als Organe der VN tätig geworden sind, denn organschaftliches Handeln bindet nur die VN, nicht aber die anderen versicherten Personen (während im Anbahnungsverhältnis Organhandeln der antragstellenden VN zuzurechnen ist; vgl. *Langheid/Grote* VersR 2005, 1164; Handeln außerhalb der VN-Organe kann nicht zugerechnet werden mit der Folge, dass bspw. Arglist nur der handelnden versicherten Person gegenüber Konsequenzen rechtfertigt). Diese Art von „Severability" ist in den AVB Marktstandard. **14**

Trotz dieser ausgeschlossenen Zurechnung fragt sich, ob nach der Ratio der BGH-Rechtsprechung (VersR 2015, 1156) in der D&O-Versicherung nicht zwischen **Abwehrdeckung** und **Freistellung unterschieden** werden muss. Die VN (als Geschädigte) kommt nämlich – entgegen der eindeutigen Zielrichtung der BGH-Rechtsprechung – in den Genuss einer an sich ausgeschlossenen Versicherungsleistung, wenn der fahrlässig Handelnde vom Schaden freizustellen ist, obwohl ein der VN zuzurechnendes Organ vorsätzlich oder wissentlich gehandelt hat. Der Haftpflichtanspruch der VN richtet sich gegen alle handelnden Personen, gleichgültig ob diese vorsätzlich/wissentlich oder fahrlässig gehandelt haben. Nach der BGH-Rechtsprechung (VersR 2015, 1156) soll die VN aber **insgesamt kei-** **15**

nen Deckungsanspruch haben, wenn **nur eine** Tathandlung vom Versicherungsschutz ausgeschlossen ist. Konsequenz wäre deswegen, jeder einzelnen versicherten Person Abwehrdeckung zu gewähren, sie aber gegenüber der VN als Geschädigter nicht freizustellen. Ein solches Ergebnis wäre aber für eine nur fahrlässig handelnde versicherte Person, die sich trotz Abwehrdeckung erfolglos gegen die Inanspruchnahme gewehrt hat, nicht begründbar, denn dann würde sie im Ergebnis doch persönlich haften. Deswegen ist es angezeigt, die Freistellung gegenüber der VN in der Höhe zu versagen, in der die wissentlich/vorsätzlich handelnde versicherte Person im **Gesamtschuldnerausgleich** mit der nur fahrlässig handelnden Person **allein haftet.** Als Alternative müsste der Versicherer vom Gesamtschaden freistellen und beim wissentlich Handelnden Regress nehmen (was er in Bezug auf die aufgewandten Verteidigungskosten ohnehin tun muss), obwohl kein Grund ersichtlich ist, dem Versicherer insoweit das Insolvenzrisiko aufzubürden. Eine solche begrenzte Freistellung ist schon bei der Haftungsquotierung im Haftpflichtprozess nach den **Grundsätzen der gestörten Gesamtschuld** zu beachten (ausführlich *Langheid* VersR 2017, 1365 unter Hinweis auf BeckOK BGB/*Gehrlein* BGB § 426 Rn. 12 mwN; ferner Kölner Komm-AktG/*Mertens*/*Cahn* AktG § 93 Rn. 52; zum Prinzip vgl. auch BGH NJW 2015, 940).

16 Diese Auffassung hat eine breitangelegte Diskussion angestoßen (vgl. nur *Segger* VersR 2018, 329; *Dilling* VersR 2018, 332; *Looschelders* VersR 2018, 1413; *Ihlas* in Langheid/Wandt/*Ihlas* D&O Rn. 891 ff.; *Kordes* r+s 2019, 307; *Lange* VersR 2020, 588; *de Lippe* VersR 2021, 69) ohne dass sich aber am Ergebnis etwas ändern kann. Noch weitergehend als hier *Segger* (VersR 2018, 329), der schon keine Haftung nur fahrlässig handelnder versicherter Personen bei wissentlichem Verhalten anderer versicherter Personen akzeptieren will, so dass es auf die Frage eines Ausgleichs nicht ankomme (das lässt sich in dieser Allgemeinheit aber kaum begründen, s. daher zu Recht ablehnend schon *Kordes* r+s 2019,307). *Dilling* (VersR 2018, 332) befasst sich nur mit der Frage der Wirksamkeit entsprechender AVB, ohne die gesetzliche Regelung zu beachten. *Lange* (VersR 2020, 588) meint in Verkennung der hier vertretenen Auffassung, die Deckungsablehnung für den Vorsatztäter solle sich auf die Fahrlässigkeit anderer versicherter Personen erstrecken; das ist aber das diametrale Gegenteil der tatsächlich vorgeschlagenen Lösung. *Looschelders* (VersR 2018, 1413) und ihm folgend *Kordes* (r+s 2019, 307; vgl. auch de Lippe VersR 2021, 69) sehen eine unbillige Benachteiligung der nur fahrlässig handelnden versicherten Person, weil deren Freistellungsanspruch anteilig gekürzt würde. Auch die VN sei benachteiligt, weil sie ohne D&O-Versicherung im Haftungsprozess ohne jede Begrenzung auch das nur fahrlässig handelnde Organ in Anspruch nehmen könne, was ihr durch die hier vorgeschlagene Lösung verwehrt würde.

17 Das **alles trifft nicht** zu: Die versicherten Personen haben mit Ausnahme des wissentlich Handelnden uneingeschränkte Abwehrdeckung (das ist allg. Auffassung), während sie bei der Freistellung keinen Nachteil erleiden, weil ihre Haftung von vorneherein um den Anteil gekürzt wird, der auf die wissentliche Handlung entfällt (das sieht auch Langheid/Wandt/*Ihlas* D&O Rn. 891 ff., der zunächst ganz richtig darauf hinweist, dass die VN nach hiesiger Auffassung ihren Freistellungsanspruch in entsprechender Höhe verliert, dann aber irrtümlich keinen Anwendungsbereich mehr für den Freistellungsanspruch sieht, obwohl dieser in Höhe der Quotierung doch gerade bestehen bleibt). Soweit *de Lippe* (VersR 2021, 69 (78)) eine unerwünschte Vermischung von Deckung und Haftung rügt, ist das in

der Haftpflichtversicherung kein seltenes Phänomen. Im Gegenteil: die Vorschrift des § 103 setzt eine solche Vermischung geradezu voraus, als danach keine Deckung besteht, soweit die Haftung vorsätzlich verursacht wird. *Lange* (VersR 2020, 588 (591 Fn. 46)), unterstellt eine „Zurechnung der Wissentlichkeit" der versicherten Personen untereinander. Tatsächlich ist das Gegenteil der Fall, denn die Abwehrdeckung bleibt unberührt und bei der Freistellung reduziert sich der **Anspruch der VN** um den wissentlichen Teil.

Auch die VN erleidet durch die hier vorgeschlagene Lösung keinen Nachteil. **18** Auch ohne D&O-Deckung wäre ihr Anspruch gegen den fahrlässig Handelnden entsprechend zu kürzen. Der (nur) fahrlässig Handelnde haftet nicht in vollem Umfang für einen Schaden, den ein anderer wissentlich herbeigeführt hat. Das wird gerade durch die Anwendung der Grundsätze der gestörten Gesamtschuld verhindert. Und zwar ganz unabhängig davon, ob eine D&O-Versicherung besteht oder nicht. Selbst wenn man hier – entgegen dem eindeutigen Votum der BGH-Rechtsprechung – einen „Nachteil" erkennen wollte, weil der Anspruch der VN gegen das fahrlässig handelnde Organ um den Anteil für den Vorsatz gekürzt würde, läge das am gesetzlichen Ausschluss für Vorsatztaten in § 103 und keineswegs an der Existenz eines D&O-Vertrages. Der Versicherer soll nach dem Prinzip der BGH-Rechtsprechung nicht für die Folgen einer wissentlichen Pflichtverletzung einzutreten haben. Das müsste er aber, wenn er über den Umweg über die fahrlässige Tathandlung auch für Vorsatz/Wissentlichkeit haften würde (und die Regressgefahr trüge). Wollte man das mit *Looschelders* (VersR 2018, 1413), *Kordes* (r+s 2019, 307) und *de Lippe* (VersR 2021, 69 (78) anders sehen, würde ausgerechnet der Abschluss einer D&O-Versicherung paradoxer Weise die den Versicherer schützende Regelung des § 103 außer Kraft setzen.

7. Beispiele für angenommenen Vorsatz

OLG Köln VersR 1992, 189: Bei mit erheblichem körperlichen Einsatz geführ- **19** tem Angriff mit einem darauf beruhenden Sturz des Opfers liegt es nach der Lebenserfahrung für jedermann auf der Hand, dass es leicht zu Verletzungen an Extremitäten (hier: Bruch des Ellenbogens) kommen kann. OLG Hamburg VersR 1992, 1126: Hinunterstoßen des Geschädigten von einer acht Stufen abwärtsführenden Treppe im Verlauf eines Streits mit der Folge eines Lendenwirbelbruchs (Alkoholisierungsgrad von 2,0 ‰ lässt den Vorsatz unberührt). OLG Hamm r+s 2004, 145: gezielter Faustschlag gegen Mundpartie, der zu einem Sturz mit erheblichen Kopfverletzungen führt; OLG Hamm VersR 1985, 726: mehrfaches Treten nach einem am Boden liegenden Menschen, was zu Kiefer- und Zahnverletzungen führt. OLG Karlsruhe r+s 2012, 592 = VersR 2013, 173: Im Fußball lässt der äußere Hergang eines groben Foulspiels grundsätzlich nicht auf einen Verletzungsvorsatz schließen. Hat der Spieler dem Gegner zuvor jedoch bereits gedroht, ihm bei der nächsten Aktion die Beine zu brechen, so kann der Schluss auf einen zumindest bedingten Verletzungsvorsatz gerechtfertigt sein; LG Duisburg r+s 1995, 378: Bei gezielten harten Faustschlägen in das Gesicht nimmt der Schädiger erhebliche Verletzungen des Geschädigten im Gesichtsbereich (hier: Jochbeinbruch) billigend in Kauf. Es ist unerheblich, ob der Schädiger dabei an eine bestimmte Verletzung als mögliche Folge denkt. LG Bremen r+s 1992, 11: Griff nach einem vorbeifahrenden Motorradfahrer, der dadurch stürzt und sich eine Unterschenkelverletzung zuzieht. OLG Köln NVersZ 1999, 288 = VersR 1999,

1270: auch nur ein gezielter Schlag an den Kopf, der Gehirnblutungen verursacht, wenn der Täter in erheblicher Weise gewaltbereit ist.

8. Beispiele für verneinten Vorsatz

20 OLG Karlsruhe VersR 2020, 156 sieht in einem wissentlichen Verstoß gegen allg. Sorgfaltspflichten keine bewusste Abweichung von Vorschriften des Umweltschutzes; OLG Karlsruhe r+s 1995, 408: Zielt das Handeln des Täters lediglich auf eine Misshandlung, die Zufügung eines augenblicklichen Schmerzes, um das Opfer zu strafen, zu warnen oder zu demütigen, so lässt sich daraus im Allgemeinen nicht der Schluss ziehen, er habe auch Gesundheitsbeschädigungen in das sein Handeln steuernde Bewusstsein aufgenommen. OLG Hamm VersR 1994, 41: keine nachweisbare Tötungsabsicht bei mit großer Kraft geführtem Messerstich in die linke Brustseite, wenn zuvor eine Schlägerei stattgefunden und der Täter unmittelbar vor dem Zustechen von dem späteren Opfer einen Faustschlag ins Gesicht erhalten hatte, der Täter nach der Tat das Messer wegwarf und selbst den Notarzt und die Polizei informiert. LG Osnabrück ZfS 1989, 389: Tritt in den Genitalbereich verursacht Hodenriss (*Späte* AHB § 4 Rn. 201 bezeichnet diese Entscheidung und die Begründung, wonach allenfalls eine Hodenprellung bzw. ein Bluterguss in der Hodenhöhle gewollt gewesen sei – zu Recht – als lebensfremd; dem wiederum zust. *Büsken* S. 84; zusammenfassend zur Vorsatz-Problematik vgl. *Büsken* 4. Aufl. 2000, S. 142 ff.).

9. Vorsatz bei Unterlassen

21 Sofern zivilrechtlich die Pflicht zu einem den Schadeneintritt entgegenwirkenden aktiven Tun besteht, kann der Vorsatz sich auch in einem Unterlassen realisieren. Eine entsprechende Handlungspflicht kann sich aus Vertrag, aus allgemeiner Sorgfaltspflicht iSd Deliktrechts (§§ 823 ff. BGB) sowie – besonders häufig – aus Verkehrssicherungspflicht ergeben (vgl. *Späte* AHB § 4 Rn. 210 mwN). Im Falle des Unterlassens ist für den Vorsatz das Bewusstsein erforderlich, dass durch die Unterlassung einem Dritten ein Schaden zugefügt wird.

10. Rechtswidrigkeit

22 Nach der gesetzlichen Regelung muss die vorsätzliche Tatbegehung auch widerrechtlich sein. Vorsatz indiziert die Rechtswidrigkeit, so dass der VN für (Putativ-)Notwehr und Notstand beweispflichtig ist (Gleiches gilt für § 4 Abs. 2 Nr. 1 AHB (Ziff. 7.1 AHB 2008), obwohl in dessen Wortlaut der Hinw. auf die Widerrechtlichkeit fehlt, vgl. Bruck/Möller/*Johannsen,* 8. Aufl. 1961 ff., Bd. IV, Anm. G 226; *Späte* AHB § 4 Rn. 205; anders OLG Hamm VersR 2006, 781 m. abl. Anm. *Weitzel* und OLG Düsseldorf VersR 1994, 850, die die Beweispflicht des VR im Deckungsprozess – im Gegensatz zur Beweislastverteilung im sonstigen Zivilrecht – auf die Widerrechtlichkeit ausdehnen). Gelingt dem VN dieser Nachweis, ist der VR auch für vorsätzliche, aber rechtmäßige Handlungen und deren Folgen eintrittspflichtig.

11. Prozessuales

23 Der VR muss den **Deckungsausschluss beweisen,** aber nicht bei Verstößen gegen sog Kardinalpflichten, also Verletzungen von allgemein bekannten und prin-

zipiellen Verhaltenspflichten (BGH NJW 2015, 947 = VersR 2015, 181). Dabei hilft ihm der Indizien-, nicht aber der Anscheinsbeweis (BGH VersR 1990, 894; VersR 1988, 683; OLG Hamm r+s 2004, 145; OLG Karlsruhe r+s 1995, 408; OLG Köln VersR 1994, 339; anders KG VersR 2007, 1076 bei eindeutigen Verstößen gegen Notarpflichten), so dass der Vorsatznachweis indiziell durch Rückschluss aus dem objektiven Tatbestand geführt werden muss (vgl. BGH VersR 1983, 477; VersR 1977, 806; OLG Düsseldorf r+s 1997, 11; OLG Hamm r+s 1997, 3; OLG Karlsruhe r+s 1995, 408; OLG Schleswig VersR 1984, 1163). Andererseits muss der **VN beweisen,** dass er sich in einem seine **Willensbildung ausschließenden Zustand** (Rausch, Bewusstlosigkeit, Geschäftsunfähigkeit) befunden hat (*Späte* AHB § 4 Rn. 209 aE; OLG Frankfurt a. M. VersR 1990, 42; ferner → § 81 Rn. 92; abzulehnen deshalb OLG Köln r+s 2018, 594, wonach der VR beweisen muss, dass der VN sich nicht in einem seine Steuerungsfähigkeit beeinträchtigenden emotionalen Ausnahmezustand befunden hat; s. dazu *Langheid/Müller-Frank* NJW 2019, 342).

Auch hier ist die **Bindungswirkung** des Haftpflichtprozesses von erheblicher Bedeutung, denn ein dort festgestellter Vorsatz des VN gilt auch für das Deckungsverhältnis, wenn im Haftpflichtprozess die erforderliche Feststellung getroffen wurde, dass der Vorsatz auch die Handlungsfolgen umschlossen hat (OLG Hamm VersR 1981, 178, das ferner zu Recht darauf hinweist, dass in der Deckungszusage für den Haftpflichtprozess kein Verzicht auf den späteren Vorsatzeinwand liegt; zur Klarstellung ist es empfehlenswert, dass der VR Abwehrdeckung für den Haftpflichtprozess unter Vorbehalt erteilt). Ob diese Grundsätze nach der VVG-Reform noch gelten, ist zweifelhaft (→ § 100 Rn. 35; → § 105 Rn. 5 ff. und → § 106 Rn. 2). 24

Ist im Haftpflichturteil (nur) ein fahrlässiger Pflichtenverstoß des VN festgestellt, kann sich der VR im Deckungsprozess zur Begründung des Vorsatzausschlusses nicht auf eine weitere schadensverursachende Pflichtwidrigkeit berufen, BGH NJW-RR 2001, 1311 = NVersZ 2001, 473 = VersR 2001, 1103 = LM § 152 Nr. 9 mAnm *Voit;* OLG Hamm VersR 2004, 727; krit. *Langheid* NJW 2002, 403 (409). Es ist fraglich, ob diese Rspr. nach BGH NJW-RR 2004, 676 = VersR 2004, 590 zur Voraussetzungsidentität und nach BGH VersR 2015, 115 (Vorsatzausschluss erfasst alle Pflichtverletzungen) noch Bestand hat (Einzelheiten → § 100 Rn. 38 f.). 25

§ 104 Anzeigepflicht des Versicherungsnehmers

(1) [1]**Der Versicherungsnehmer hat dem Versicherer innerhalb einer Woche die Tatsachen anzuzeigen, die seine Verantwortlichkeit gegenüber einem Dritten zur Folge haben könnten.** [2]**Macht der Dritte seinen Anspruch gegenüber dem Versicherungsnehmer geltend, ist der Versicherungsnehmer zur Anzeige innerhalb einer Woche nach der Geltendmachung verpflichtet.**

(2) [1]**Wird gegen den Versicherungsnehmer ein Anspruch gerichtlich geltend gemacht, Prozesskostenhilfe beantragt oder wird ihm gerichtlich der Streit verkündet, hat er dies dem Versicherer unverzüglich anzuzeigen.** [2]**Dies gilt auch, wenn gegen den Versicherungsnehmer wegen des den Anspruch begründenden Schadensereignisses ein Ermittlungsverfahren eingeleitet wird.**

(3) [1]**Zur Wahrung der Fristen nach den Absätzen 1 und 2 genügt die rechtzeitige Absendung der Anzeige.** [2]**§ 30 Abs. 2 ist entsprechend anzuwenden.**

I. Normzweck und Regelungsgegenstand

1 Die gesetzliche Regelung profiliert die ohnehin bestehende Anzeigepflicht in Bezug auf einen eingetretenen Versicherungsfall (§ 30) für den Bereich der Haftpflichtversicherung. Der VN muss im Bereich der Haftpflichtversicherung jeden Lebenssachverhalt anzeigen, aus dem seine Eintrittspflicht dem Dritten gegenüber resultieren könnte. Konkretisiert sich diese Inanspruchnahme dadurch, dass der Dritte seinen Anspruch beim VN anmeldet, entsteht eine weitere Anzeigepflicht, die sich wiederum erneuert, wenn der Anspruch nicht nur außergerichtlich, sondern gerichtlich geltend gemacht wird (Abs. 2).

2 Obwohl die Vorschrift nur von gegen den VN gerichteten Ansprüchen spricht, ist auch der **Mitversicherte** anzeigepflichtig, §§ 43 Abs. 1, 47 Abs. 1 und Ziff. 27.1 AHB 2008. Allerdings ist der VN nur verpflichtet, wenn sich die Geltendmachung oder das gerichtliche Verfahren gegen ihn richten, also besteht keine Anzeigepflicht seinerseits bei Vorliegen solcher Umstände gegen den Versicherten (so auch Schwintowski/Brömmelmeyer/*Retter* § 104 Rn. 11 und 14; Prölss/Martin/*Lücke* § 104 Rn. 16).

3 Der VR kann sich auf eine Obliegenheitsverletzung des VN nicht berufen, wenn er anderweitig von den anzeigepflichtigen Umständen Kenntnis erlangt hat (§ 104 Abs. 3 Satz 2 iVm § 30 Abs. 2); daraus ergibt sich aber keine **Erkundigungspflicht des VR** (BGH VersR 2007, 481 mAnm *Langheid* VersR 2007, 629), sondern eine unterlassene Anzeige des VN soll sich nicht nachteilig auswirken, wenn der VR schon anderweitig – etwa über einen an sich nicht anzeigepflichtigen Dritten oder den Geschädigten – Kenntnis erlangt hat.

II. Anzeigepflichten

1. Denkbare Haftung

4 Nach Abs. 1 muss der VN die Tatsachen anzeigen, die seine **Verantwortlichkeit gegenüber einem Dritten** begründen **könnten.** Das bedeutet, dass der VN (oder der Versicherte) alle **möglichen Haftpflichtfälle** dem VR anzeigen muss. Dafür genügt es, dass sich ein Sachverhalt ereignet hat, der aufgrund gesetzlicher Haftpflichtbestimmungen möglicher- oder denkbarerweise zur Haftung des VN dem Dritten gegenüber führen könnte.

5 Die entsprechende Kenntnis muss beim VN positiv vorliegen, sowohl im Hinblick auf den fraglichen Sachverhalt als auch im Hinblick auf die mögliche Inanspruchnahme. Die Abgrenzung zum Kennenmüssen ist vor allem im Hinblick auf die rechtliche Beurteilung des objektiven Sachverhalts schwierig; der VN darf aber die Anzeige nicht schon deswegen unterlassen, weil er selbst eine Forderung des Dritten für unwahrscheinlich oder unbegründet hält (vgl. etwa OLG Düsseldorf VersR 1990, 411). Da Vorsatz oder grobe Fahrlässigkeit vorliegen müssen, dürfte die (teilweise) Leistungsfreiheit des VR, die zusätzlich vertraglich für die Fälle der Obliegenheitsverletzungen nach Eintritt des Versicherungsfalles vereinbart sein muss, schwierig zu erreichen sein, jedenfalls dann, wenn der Sachverhalt,

für den der VN haften soll, schwierig zu beurteilen ist und seine Haftung nicht geradezu nahe legt (vgl. auch OLG Celle OLGR 2004, 378).

2. Ernsthafte Geltendmachung

Anzeigepflichtig ist ferner nach Abs. 1 Satz 2, wenn der **Dritte** seinen **Anspruch geltend macht.** Es genügt jede ernsthafte Geltendmachung, gleichgültig, ob sie schriftlich oder mündlich, ausdrücklich oder konkludent, anwaltlich oder persönlich, mit Fristsetzung oder ohne, beziffert oder unbeziffert erfolgt (zum Problem vgl. OLG Hamm r+s 1992, 118). Eine ernsthafte Forderung in diesem Sinne liegt daher stets dann vor, wenn der Dritte Ansprüche anmeldet, die nicht erkennbar scherzhafter Natur sind. Auf die Durchsetzbarkeit oder die Begründetheit kommt es ebenso wenig an wie auf den Willen des Dritten, die Forderung auch gerichtlich durchzusetzen. Deswegen sind auch Forderungen, die etwa nur der Vorbereitung einer späteren gütlichen Einigung dienen sollen, ernsthaft geltend gemacht. Das ernsthafte Geltendmachen eines Anspruchs kann auch einer Streitverkündungsschrift (§ 73 ZPO) zu entnehmen sein (BGH NJW 2003, 2376 = VersR 2003, 900). Ebenso der Einleitung eines selbstständigen Beweisverfahrens, wenn es nur noch dem Zweck der Feststellung der konkreten Schadenshöhe dient (BGH NJW-RR 2004, 1261 = VersR 2004, 1043). Nur wenn der Dritte Ansprüche bloß **ankündigt,** die er später – nach weiteren Sachverhalts- oder Höheermittlungen – geltend zu machen gedenkt, besteht **noch** keine Anzeigepflicht. Anzeigepflicht besteht auch nicht schon dann, wenn der VN die Geltendmachung von Ansprüchen durch den Dritten bloß **erwartet** (zu alledem BGH VersR 1967, 56; eine Aufrechnungserklärung des Dritten steht der Anspruchserhebung gleich, vgl. LG Berlin VersR 1987, 578). Nicht ausreichend ist eine lediglich aus anwaltlicher Vorsorge erfolgende Drohung mit einer Klage verbunden mit der Bitte um Verzicht auf die Einrede der Verjährung (OLG Hamm VersR 1978, 809, bestätigt von BGH VersR 1979, 1117). 6

3. Gerichtliche Geltendmachung

Eine gesonderte Anzeigepflicht des VN entsteht, wenn er **gerichtlich in Anspruch** genommen wird (Abs. 2). Besonders ist die Anzeigepflicht deswegen, weil er die Anzeige **unverzüglich** und **zusätzlich** erstatten muss, auch wenn die Wochenfrist nach Abs. 1 noch läuft. Der VR kann sich auf Leistungsfreiheit nicht berufen, wenn der Dritte ihn über die Klageeinreichung informiert hat (OLG Frankfurt a. M. NJW-RR 2000, 984 = NVersZ 2000, 300). 7

Gerichtliche Geltendmachung bedeutet jede Form der Klageerhebung, gleichgültig, ob zulässig oder unzulässig, begründet oder unbegründet. Neben allen möglichen Klagearten zählen hierzu auch der Erlass eines Mahnbescheides, Arrest/einstweilige Verfügung, Widerklage, uU auch ein Antrag auf Beweissicherung (BGH NJW-RR 2004, 1261 = VersR 2004, 1043; ohne Differenzierung OLG Saarbrücken VersR 1991, 872), Aufrechnung, Anmeldung zur Insolvenztabelle und die zivilrechtliche Geltendmachung im **Strafverfahren** (kein Rechtskrafterstreckung und auch keine Bindungswirkung, wenn der Geschädigte den VN gem. § 115 VVG direkt in Anspruch nimmt; BGH NJW 2013, 1163). Es spricht nichts dagegen, dass der VR an diesem Adhäsionsverfahren mit einem eigenen Anwalt teilnimmt, zumal von dem Strafverteidiger keine speziellen Kenntnisse in Bezug auf den Haftpflichtprozess erwartet werden können. In Bezug auf die spezielle Konfliktsituation kann es angezeigt sein, dass der VR einen Anwalt für den VN 8 im Adhäsionsverfahren bestellt und zugleich einen eigenen Anwalt, der seine Interessen in Bezug auf die Bindungswirkung des Adhäsionsurteils wahrnimmt (anders OLG Karlsruhe VersR 2020, 472). Darüber hinaus sind im Gesetzestext ausdrücklich genannt das PKH-Gesuch, die Streitverkündung und die Einleitung eines Ermittlungsverfahrens, mit dem das staatsanwaltschaftliche Ermittlungsverfahren gemäß § 160 StPO und auch das Bußgeldverfahren gemäß §§ 35 ff. OWiG genannt sind, nicht aber verwaltungsbehördliche Verwarnungsverfahren gemäß § 56 OWiG (*Späte* AHB § 5 Rn. 12; zum Problem der Abgrenzung des Ermittlungsverfahrens vgl. Prölss/Martin/*Lücke* § 104 Rn. 14 und Stiefel/Maier/*Maier* AKB E.1 Rn. 19 (anders die 17. Aufl. 2000), die eine ausdehnende Auslegung ablehnen, während Bruck/Möller/*Johannsen,* 8. Aufl. 1961 ff., Bd. IV, Anm. F 40 einen erweiterten Begriff des Ermittlungsverfahrens zulassen will). Der Begriff des Schadensereignisses ist weit auszulegen; dagegen werden Ermittlungsverfahren gegen einen Mitversicherten von der Vorschrift nicht erfasst (so die Gesetzesbegründung, BT-Drs. 16/3945, 85).

III. Prüfbereiter Versicherer

9 Nur einem „prüfbereiten" VR gegenüber sind Obliegenheiten, also auch die des § 104, zu erfüllen. Nach einer (unberechtigten) Leistungsverweigerung des VR existiert ein solcher nicht mehr und es sind keine Obliegenheiten mehr zu beachten (→ § 28 Rn. 23; Prölss/Martin/*Armbrüster* § 28 Rn. 77). Von diesem Grundsatz gibt es allerdings **Ausnahmen:** Gibt der VR zu erkennen, dass er trotz Ablehnung weiter Wert auf die Erfüllung der Obliegenheiten legt, etwa deswegen, weil er erneut in eine Sachprüfung eintreten will, sind die Obliegenheiten weiterhin zu erfüllen (so auch Prölss/Martin/*Armbrüster* § 28 Rn. 78; dagegen allerdings Prölss/Martin/*Lücke* § 104 Rn. 21; Einzelheiten bei Langheid/Wandt/*Langheid* § 104 Rn. 35 ff.). Unzweifelhaft ist die Obliegenheit wieder zu erfüllen, wenn der VR unmissverständlich in eine **erneute Leistungsprüfung** eintritt (auch nach Prölss/Martin/*Lücke* § 104 Rn. 21) oder wenn die Deckungsablehnung des VR im Prozess für unberechtigt erklärt wurde (BGH r+s 1992, 1 = VersR 1991, 1129 mAnm *Langheid* r+s 1992, 3; so auch *Knappmann* NVersZ 2000, 69). In diesen Fällen ist die Obliegenheit so wie sonst auch ordnungsgemäß zu erfüllen.

10 Besondere Bedeutung in diesem Zusammenhang hat, dass eine Deckungsablehnung dem VN nur ein **Leistungsverweigerungsrecht** in Bezug auf sonst zu erfüllende Obliegenheiten einräumt. Durch die Deckungsablehnung wird der VN dagegen **nicht berechtigt,** die Obliegenheit schlecht oder unzureichend zu erfüllen oder gar zu täuschen (**aA** BGH VersR 2013, 609; → Rn. 11; diese Differenzierung wird häufig nicht verstanden, vgl. etwa Bruck/Möller/*Heiss* § 28 Rn. 55 f.; zutr. dagegen *Knappmann* NVersZ 2000, 68 (69), der darauf hinweist, dass eine Deckungsablehnung „nicht dahin missverstanden werden" darf, „dass der Versicherungsnehmer nun berechtigt sei, falsche Angaben zu machen oder arglistig zu täuschen"; ebenso *Langheid* r+s 1992, 109, Anm. zu OLG Hamm VersR 1992, 301).

11 Auch im **Prozess** ist der VN trotz Deckungsablehnung **nicht berechtigt, arglistig zu täuschen.** Die Sanktionsvereinbarung der Leistungsfreiheit des VU bei arglistiger Täuschung des VN (zB Abschn. B § 16 Abs. 2 VHB 2008) ist von den vereinbarten Obliegenheiten und der dafür erforderlichen Prüfbereitschaft des VR zu trennen (abzulehnen deswegen OLG Hamm VersR 1992, 301, wo

die vertraglich ausdrücklich mit Leistungsfreiheit sanktionierte Täuschung des VN damit gerechtfertigt wird, auch der VR habe sich mit seiner Deckungsablehnung „im erheblichen Maße vertragsuntreu" verhalten; dagegen zu Recht *Baumgarten* VersR 1992, 601 und *Langheid* r+s 1992, 109). Durch eine unberechtigte Deckungsablehnung wird der VN seinerseits **nur berechtigt, keine Obliegenheiten** mehr erfüllen zu müssen; eine solche Deckungsablehnung rechtfertigt es aber **nicht,** und zwar weder vor noch im Prozess, mit **absichtlich täuschendem Vortrag** eine Regulierung durch den VR zu erreichen, sei es durch dessen freiwillige Überprüfung der bislang erfolgten Deckungsablehnung, sei es durch die Entscheidung des Gerichts (Bruck/Möller/*Heiss* § 28 Rn. 56, der schon den Unterschied zwischen Nicht- und Schlechterfüllung bei der Obliegenheit nicht nachvollzieht, missversteht diese Diskussion dahingehend, das Gericht solle an die Stelle des VR treten, was zu Recht als „nicht ernstlich vertretbar" bezeichnet wird, aber auch von niemandem gefordert wird; anders als hier *Bach* VersR 1992, 302, der (ohne nähere Begründung) im Prozess sämtliche versicherungsvertragliche Regelungen für suspendiert hält; so auch BGH VersR 2013, 609 (ohne Diskussion des Problems, dass die Deckungsablehnung nur zur Leistungsverweigerung, nicht aber zur arglistigen Täuschung berechtigt (dazu ausführlich *Langheid* FS Lorenz, 2014, 241 (250 ff.)) und Prölss/Martin/*Lücke* § 104 Rn. 21, wo allerdings zu Unrecht der täuschende VN mit einem „im Prozess die Unwahrheit vortragenden Versicherer" gleichgestellt wird; *Lücke* blendet – unter Hinweis auf „Waffengleichheit" im Zivilprozess – aus, dass eine bloße Deckungsablehnung, auch wenn sie im Ergebnis zu Unrecht erfolgt, kein „unwahrer" Prozessvortrag ist). Eine **arglistige Täuschung** durch eine vorangehende Deckungsablehnung **sanktionsfrei** stellen zu wollen, findet **weder im Gesetz noch im Vertrag** eine Stütze.

IV. Fristen

Die Anzeigepflichten in Bezug auf den Eintritt der Umstände, für die der VN haftpflichtig gemacht werden könnte, und für die außergerichtliche Geltendmachung von Ansprüchen durch den geschädigten Dritten hat jeweils binnen Wochenfrist nach Kenntnis zu erfolgen, wobei die Wochenfrist gemäß §§ 187 ff. BGB berechnet wird. Für den Beginn der Frist nach Satz 1 ist der Zeitpunkt maßgeblich, zu dem der VN weiß oder damit rechnet, dass er von einem Dritten wegen der eingetretenen schadensverursachenden Tatsache in Anspruch genommen werden kann (so die Gesetzesbegründung, BT-Drs. 16/3945, 85). 12

Im Übrigen ist die Anzeige bei gerichtlicher Geltendmachung des Drittanspruchs unverzüglich zu machen; unverzüglich gemäß § 121 BGB ist kürzer als die iÜ zugrunde gelegte Wochenfrist (so auch Schwintowski/Brömmelmeyer/*Retter* § 104 Rn. 20). 13

Mit der Absendung der Schadenanzeige wahrt der VN nur die Frist; der Anzeigeobliegenheit selbst genügt er erst durch den Eingang seiner Nachricht beim VR. 14

V. AVB

Sämtliche Obliegenheiten des VN nach Eintritt des Versicherungsfalles sind in Ziff. 25 AHB 2008 (früher § 5 AHB) geregelt. Diese folgen im Wesentlichen 15 der gesetzlichen Regelung, wobei nach Ziff. 25.1 AHB 2008 (vgl. § 5 Nr. 2 AHB) der VN allerdings den **Versicherungsfall** unverzüglich anzuzeigen hat. Das kann etwas anderes sein als die „Verantwortlichkeitstatsachen" nach Abs. 1. Wegen der Definition des Versicherungsfalles in Ziff. 1.1 AHB 2008, nach der der Versicherungsfall das Ereignis ist, in dessen Folge die Schädigung des Dritten unmittelbar entstanden ist, ist hier nach der Schadenereignis- oder Folgeereignistheorie nicht das ursprüngliche Kausalereignis, sondern **das dadurch verursachte Folgeereignis** zu melden, das auf die in Abs. 1 genannten Tatsachen erst folgen kann (in diesem Sinne Prölss/Martin/*Lücke* § 104 Rn. 3; zum Problem → § 100 Rn. 58 ff.). **Praktische Auswirkungen ergeben sich nicht,** da ein Verstoß gegen die gesetzliche Meldepflicht ohnehin sanktionslos ist und mithin insgesamt auf die vertragliche Obliegenheit zurückgegriffen werden muss. Das ist auch in Ansehung des § 112 möglich, weil die vertragliche Regelung für den VN günstiger ist (spätere Meldung: Nicht das Kausal- sondern erst das Folgeereignis ist zu melden).

16 Ferner sieht Ziff. 25.3 AHB 2008 (vgl. § 5 Nr. 2 AHB) auch die unverzügliche Anzeige der Geltendmachung eines Haftpflichtanspruchs vor sowie die unverzügliche Mitteilung über die Einleitung eines staatsanwaltschaftlichen, behördlichen oder gerichtlichen Verfahrens, eines Mahnbescheides oder einer Streitverkündung, die auch dann unverzüglich anzuzeigen sind, wenn der Versicherungsfall selbst bereits mitgeteilt worden ist.

17 Ziff. 25.2 AHB 2008 (§ 5 Nr. 3 AHB) beinhaltet die Pflicht des VN, unter Beachtung der Weisungen des VR nach Möglichkeit für die **Abwendung und Minderung des Schadens** zu sorgen; ferner wird dort die Pflicht des VN zur Mitteilung aller Tatumstände normiert. Ziff. 25.4 AHB 2008 beinhaltet die Pflicht des VN, auch ohne entsprechende Weisung des VR gegen einen Mahnbescheid oder eine Verfügung von Verwaltungsbehörden auf Schadensersatz fristgemäß Widerspruch oder die sonst erforderlichen Rechtsbehelfe einzulegen. Ziff. 25.5 AHB 2008 (§ 5 Nr. 4 AHB) sieht die Prozessführungsbefugnis des VR vor. Ziff. 5.2 AHB 2008 (§ 5 Nr. 7 AHB) enthält eine Vollmachtsklausel zu Gunsten des VR, aufgrund derer er alle ihm zur Beilegung oder Abwehr des Anspruchs zweckmäßig erscheinenden Erklärungen im Namen des VN abgeben kann, und Ziff. 5.4 AHB 2008 (§ 5 Nr. 6 AHB) überträgt das Recht des VN auf Abänderung von Renten auf den VR.

VI. Halbzwingend

18 Gemäß § 112 ist die Regelung halbzwingend, wobei die Grundregel über die Anzeigepflicht (§ 30) zur Ergänzung und Auslegung von Vertragsklauseln heranzuziehen ist.

§ 105 Anerkenntnis des Versicherungsnehmers

Eine Vereinbarung, nach welcher der Versicherer nicht zur Leistung verpflichtet ist, wenn ohne seine Einwilligung der Versicherungsnehmer den Dritten befriedigt oder dessen Anspruch anerkennt, ist unwirksam.

I. Inhalt und Normzweck

1. Regelungszusammenhang

Das frühere Anerkenntnis- und Befriedigungsverbot nach § 154 Abs. 2 VVG aF ist **entfallen.** Dem Versicherer war es nach altem Recht erlaubt, im Versicherungsvertrag **Leistungsfreiheit** für den Fall vorzusehen, dass der Versicherungsnehmer den anspruchsberechtigten Dritten befriedigt oder dessen Anspruch anerkennt. Nur dann, wenn die Befriedigung oder Anerkennung nicht ohne **offenbare Unbilligkeit** verweigert werden kann, blieb die Leistungspflicht bestehen, was dem Gesetzgeber „auch unter Berücksichtigung der Interessen des Versicherers unangemessen" erschien (BT-Drs. 16/3945, 86). 1

2. Keine Anspruchsbegründung zu Lasten des Versicherers

Immerhin soll der VN „einen nicht bestehenden Anspruch des Dritten" **nicht** „zu Lasten des Versicherers begründen" dürfen und „darüber hinaus auch nicht den Versicherungsfall herbeiführen" können (BT-Drs. 16/3945, 86). Das ist zu begrüßen, denn sonst stünde dem VN die **Befugnis** zu, „zu Gunsten des Dritten den Versicherer zu belasten". Anerkenntnis und Befriedigung sollen daher **ohne Einfluss** auf den Befreiungsanspruch des VN bleiben; für den Fall, dass der VN dem Dritten mehr verspricht als tatsächlich geschuldet, soll der daraus resultierende Mehrbetrag immer **zu Lasten des VN** gehen. Der VR muss daher nur „von dem Anspruch freistellen, den der Geschädigte ohne das Anerkenntnis gehabt hätte" (BT-Drs. 16/3945, 86). 2

3. Kein Verlust des Befreiungsanspruchs

Dem Gesetzgeber schien es ferner „nicht gerechtfertigt", dass der VN seinen Deckungsanspruch auch insoweit verlieren sollte, als dieser „ohne sein vielleicht voreiliges Verhalten bestanden hätte". Allerdings könne es auch nicht im Interesse des VR liegen, wenn ihm eine Abwehrdeckung durch Anerkenntnis oder Befriedigung seitens des VN unmöglich gemacht werde; möglicherweise könnte der VR den Dritten „durch überlegene Rechtskenntnis zu einem (teilweisen) Verzicht auch dann bewegen, wenn die Ansprüche nach den tatsächlichen Umständen" tatsächlich bestünden. Insoweit sei es nicht erforderlich, dass der VR alle Einwendungen behalte; es genüge, wenn der VR keine Freistellung schulde, soweit der VN **über die wirkliche Anspruchslage** hinausgegangen sei. 3

4. Mangelnde Effektivität

Ein Verbot von Anerkenntnis und Befriedigung schien dem Gesetzgeber auch aus der Sicht des VR nicht sonderlich effektiv. Der VN sei „nicht gehindert, bestimmte Tatsachen dem Geschädigten gegenüber persönlich oder in einer Gerichtsverhandlung einzuräumen; nur den Anspruch (dürfe) er nicht anerkennen". Selbst bei einer Kollusion mit dem Dritten sei „es ein Leichtes, ein Anerkenntnis zu vermeiden und nur die (falschen) Tatsachen gemeinsam vorzutragen, aus denen sich der Anspruch des angeblich geschädigten Dritten gegen den Versicherungsnehmer und deshalb der entsprechende Freistellungsanspruch des Versicherungsnehmers gegen den Versicherer" ergäbe. Deshalb erklärt § 105 eine Klau- 4 sel für unwirksam, nach der der VR bei Anerkenntnis oder Befriedigung seitens des VN leistungsfrei würde.

II. Kritik

5 Es ist zu bezweifeln, dass der Gesetzgeber erkannt hat, dass er mit dieser Gesetzesbegründung, nach der das erlaubte Anerkenntnis des VN keine Bindungswirkung für den VR entfaltet und entfalten kann, tief in das bisherige **Konstrukt von Trennungsprinzip und Bindungswirkung** eingegriffen hat (→ § 106 Rn. 3; § 100 Rn. 32 ff.). Der VR wird begrüßen, dass das – inzwischen gestattete – Anerkenntnis des VN keine Bindungswirkung mehr zu Lasten des VR entfalten kann; dadurch wird die Manipulationsgefahr gegenüber dem Haftpflichtversicherer deutlich eingeschränkt: Der VN, der über die wirkliche Rechts- und Anspruchslage hinausgegangen ist, muss diese Verbindlichkeiten gegenüber den (vermeintlich oder tatsächlich) geschädigten Dritten selbst tragen. Allerdings gilt diese **Unverbindlichkeit** in Ansehung der Fälligkeitsregelung in § 106 Satz 1 auch für das **rechtskräftige Haftpflichturteil** (→ § 106 Rn. 3). Der Gesetzgeber hätte das Problem anders lösen können (→ Rn. 7 f.), aber die erhebliche Änderung des Wortlauts der Vorschrift gegenüber der früheren Gesetzesfassung, die auch noch entgegen dem ausdrücklichen Vorschlag der VVG-Reformkommission gewählt wurde, ist eindeutig.

6 Der Gesetzgeber gibt – aus seiner Sicht durchaus konsequent – keine Antwort darauf, was eigentlich geschehen soll, wenn der VN ein **Anerkenntnis gegenüber dem Dritten** abgibt, das für den VR unverbindlich bleibt. Der VN muss jetzt – sei es außerprozessual dem Haftpflichtversicherer gegenüber, sei es in einem Deckungsprozess auf Feststellung der Verbindlichkeit des Anerkenntnisses – **beweisen,** dass sein **Anerkenntnis korrekt** war. Ob dem VN mit dieser Gesetzeslage geholfen wird, ist fraglich: Er kann sich jetzt zwar gegenüber dem geschädigten Dritten verbindlich erklären, was einerseits aufgrund einer engen Beziehung zum Dritten (Bekanntschaft/Kundenbeziehung) häufig nicht vermieden werden kann, was andererseits bei gemeinsamer Manipulation aber auch nicht vermieden werden soll. Der VN haftet persönlich und hat in seinem Haftpflichtversicherer einen Freistellungsschuldner erst, wenn der VR die Berechtigung des Anerkenntnisses seinerseits akzeptiert oder nach einem – erfolgreichen – **Bindungsprozess.** Der Gesetzgeber hat damit eine **neue Art des Deckungsrechtsstreits** geschaffen, in dem es nicht um die Frage geht, ob überhaupt Deckung zu gewähren ist, sondern nur um die Frage, ob das Anerkenntnis des VN für den VR verbindlich ist (*Langheid* in Workshop S. 41 ff.). Der Freistellungsanspruch nach einem durch **Anerkenntnis entstandenen Haftpflichtanspruch** wird innerhalb von zwei Wochen fällig, nachdem der Anspruch des Dritten „mit bindender Wirkung für den Versicherer" festgestellt worden ist. Eine solche „bindende Wirkung" kann nur wiederum durch ein **Anerkenntnis seitens des VR** festgestellt werden oder durch ein entsprechendes **Feststellungsurteil** gegenüber dem die Verbindlichkeit leugnenden Haftpflichtversicherer **(Bindungsprozess).** Ein dritter Weg, wie die vom Gesetz angeordnete Verbindlichkeit des Anerkenntnisses hergestellt werden kann, ist weder ersichtlich noch wird er irgendwo vorgeschlagen. Eine **automatische Bindungswirkung** für den anerkannten Anspruch soll es eindeutig und nach Auffassung aller Beteiligten nicht geben. Das ist auf die

Notwendigkeit zurückzuführen, dass die Möglichkeit des Anerkenntnisses nicht verbindlich zu Lasten des VR ausgestaltet werden durfte.

Angesichts des **eindeutigen Wortlauts** des § 106 Abs. 1 gilt diese Systematik **auch für das Haftpflichturteil** und einen vom VN abgeschlossenen Vergleich. Auch hier helfen nur ein Anerkenntnis des VR (das bei eindeutiger Rechtslage ja sinnvoll nicht verweigert werden kann und wird) oder ein Feststellungsurteil im Bindungsprozess (wobei die Verbindlichkeit wohl auch mittelbar dadurch eintreten kann, dass der VR den Haftpflichtprozess selbst führt und an ihm mitwirkt oder die Gewährung von Abwehrdeckung zu Unrecht verneint hat). Damit aber wird die hergebrachte Struktur der Bindungswirkung unterlaufen. 7

Diese Konsequenzen der Reform 2008 werden **durch die Regelung in § 124** bestätigt, wo (nur) für die Pflichtversicherung und den dortigen Direktanspruch nach § 115 wechselseitige Verbindlichkeit des Haftpflichturteils **durch Rechtskrafterstreckung** hergestellt wird. Da eine solche Regelung aber in der allgemeinen Haftpflichtversicherung **fehlt,** ist im Umkehrschluss auch aus § 124 die **Unverbindlichkeit des Haftpflichturteils** für den Haftpflichtversicherer herzuleiten. Zur Vermeidung all dieser Ungewissheiten hatte die VVG-Reformkommission auf eine Formulierung, wie sie dann im Gesetzgebungsverfahren gefunden wurde, verzichtet (Abschlussbericht S. 78 ff. und 238). Die Unverbindlichkeit des Anerkenntnisses wurde hier als selbstverständlich vorausgesetzt (Abschlussbericht S. 79), so dass eine Regelung wie die jetzige Gesetzesfassung verzichtbar erschien. Dennoch hat der Gesetzgeber die jetzt geltende Fassung verabschiedet, ohne – wie bei § 124 – eine wechselseitige Rechtskrafterstreckung aufzunehmen. Bei der Auslegung des Gesetzes ist auch zu beachten, dass der Gesetzgeber durch eine entsprechende Formulierung die insoweit für notwendig gehaltene Regelung einer Unverbindlichkeit leicht auf **Anerkenntnis und Vergleich** hätte **beschränken** können. Dass der Gesetzgeber aber **ausdrücklich auch das Haftpflichturteil** hier einbezogen hat, belegt eine bewusste und gewollte Gleichstellung von Urteil, Anerkenntnis und Vergleich. 8

Für den VR hat sich die Rechtslage verbessert, ganz offenkundig entgegen der Erwartungshaltung des Gesetzgebers. Denn einerseits ist er besser gewappnet, etwaigen Manipulationen durch kollusiv zusammenwirkende VN und geschädigten Dritten zu begegnen, andererseits kann er den VN auf den Bindungsprozess verweisen, wenn er nicht in gehöriger Weise in das Haftpflichtverfahren eingebunden wurde (schon → § 100 Rn. 41 ff.). 9

III. Befriedigung des Dritten

Hierunter ist jede Forderungserfüllung durch den VN zu verstehen. Dazu zählt nicht nur die Bezahlung der Forderung, sondern auch eine Aufrechnung seitens des VN mit eigenen, begründeten Forderungen, für die er dann seinerseits Ersatz vom Haftpflichtversicherer begehrt. Ebenso zu beurteilen ist eine einverständliche Verrechnungsabrede mit dem Dritten über die Schadensersatzforderung mit eigenen Forderungen (OLG Saarbrücken VersR 2004, 901; OLG Stuttgart r+s 2010, 284: (konkludentes) Einverständnis durch Klageerhebung gegen den VR). Eine einseitige Aufrechnung des Dritten im Aktivprozess des VN stellt begrifflicherweise keine Befriedigung des VN dar, was aber schon dann anders zu beurteilen ist, wenn der VN die Aufrechnung des Dritten akzeptiert (oder gar anregt), um sodann seine eigene (zu Fall gebrachte) Forderung vom VR ersetzt zu verlangen 10 (zust. Looschelders/Pohlmann/*Schulze Schwienhorst* § 105 Rn. 3). Auch die Zahlung zur Abwendung der Vollstreckung kann eine Befriedigung darstellen, jedenfalls, wenn in der Zahlung gleichzeitig ein Anerkenntnis zu sehen ist und nicht ausdrücklich unter Vorbehalt und nur zur Abwendung der Vollstreckung gezahlt wird (so auch Schwintowski/Brömmelmeyer/*Retter* § 106 Rn. 34).

IV. Anerkenntnis

11 Ein **Anerkenntnis** liegt vor, wenn der VN die Forderung des Dritten konstitutiv, deklaratorisch oder prozessual anerkennt. Für die Frage des Anerkenntnisses kommt es auf den Rechtsbindungswillen des VN an: Gibt er eine Erklärung ab, die ihm später die Möglichkeit abschneidet, seine Eintrittspflicht ganz oder teilweise zu bestreiten, liegt ein Anerkenntnis vor, was aber nicht schon dann der Fall ist, wenn der VN den geschädigten Dritten bloß beruhigen will oder aber eine sachgerechte Prüfung seiner möglichen Eintrittspflicht (sei es durch ihn, sei es durch seinen VR) in Aussicht stellt.

12 Die vorbehaltlose Zahlung auf ein vorläufig vollstreckbares Urteil allein reicht für die Annahme eines Anerkenntnisses bzw. eines Rechtsmittelverzichts grds. nicht aus. Dies muss nämlich nicht den Zweck haben, „die Waffen zu strecken" (*Grunsky* NJW 1975, 935), sondern kann auch allein deswegen erfolgen, um die sonst drohende Zwangsvollstreckung abzuwenden. Die Bedeutung der Zahlung ist im Einzelfall eine Frage der Auslegung und Würdigung aller Umstände (BGH NJW 1989, 2821; 1985, 2335). Die Rspr. ist insoweit eher zurückhaltend und nimmt auch bei kommentarloser Zahlung auf ein erstinstanzliches Urteil an, dass die Zahlung unter dem Vorbehalt der Richtigkeit des Urteils und zur Abwendung der Zwangsvollstreckung erfolgt (BGH NJW 1981, 1729 mwN).

V. Abänderbarkeit

13 Die Vorschrift ist zwingend. Ihre Unabdingbarkeit folgt aus der Vorschrift selbst (nach Grunwald, VersR 2020, 1423 (1427) handelt es sich auch um ein gesetzliches Leitbild für Großrisiken).

§ 106 Fälligkeit der Versicherungsleistung

[1]Der Versicherer hat den Versicherungsnehmer innerhalb von zwei Wochen von dem Zeitpunkt an, zu dem der Anspruch des Dritten mit bindender Wirkung für den Versicherer durch rechtskräftiges Urteil, Anerkenntnis oder Vergleich festgestellt worden ist, vom Anspruch des Dritten freizustellen. [2]Ist der Dritte von dem Versicherungsnehmer mit bindender Wirkung für den Versicherer befriedigt worden, hat der Versicherer die Entschädigung innerhalb von zwei Wochen nach der Befriedigung des Dritten an den Versicherungsnehmer zu zahlen. [3]Kosten, die nach § 101 zu ersetzen sind, hat der Versicherer innerhalb von zwei Wochen nach der Mitteilung der Berechnung zu zahlen.

I. Normzweck

1. Verbindliche Wirkung

Die Vorschrift sollte sachlich dem „teilweise missverständlich formulierten" § 154 Abs. 1 VVG aF entsprechen. Der geänderte **Satz 1** ging ferner davon aus, dass grundsätzlich der VR und nicht der VN die Entschädigung an den Dritten zu zahlen hat; dem entspricht die Neuformulierung des § 100 VVG. Außerdem wollte der Gesetzgeber sicherstellen, „dass ein Urteil, Anerkenntnis oder Vergleich bezüglich des Anspruchs des Dritten die Fälligkeit des Freistellungsanspruchs des Versicherungsnehmers innerhalb von zwei Wochen nur herbeiführen kann, wenn die Feststellung des Anspruchs des Dritten mit **verbindlicher Wirkung für den Versicherer** erfolgt". Diesem wurde daher die Möglichkeit eingeräumt, die Berechtigung des geltend gemachten Drittanspruchs zu **prüfen;** dies wurde vor allem auch wegen des **Wegfalles** des Anerkenntnis- und Befriedigungsverbots nach § 105 für erforderlich gehalten (Einzelheiten → dort Rn. 5 ff.). Der Sonderfall, dass die Entschädigung vom Versicherungsnehmer selbst gezahlt wird, wurde in **Satz 2** mit der zu Satz 1 erläuterten Änderung geregelt. **Satz 3** stimmt sachlich mit § 154 Abs. 1 Satz 2 VVG aF überein. 1

2. Bedenken

Die heutige Vorschrift entspricht **keineswegs der alten Fälligkeitsregelung** in § 154 Abs. 1 aF (so aber *Koch* r+ s. 2009, 133 (135); Beckmann/Matusche-Beckmann VersR-HdB/*Schlegelmilch,* 2. Aufl. 2009, § 21 Rn. 8; HK-VVG/*Schimikowski* § 106 Rn. 2). Diese alte Regelung sah vor, dass die Leistung des VR binnen zwei Wochen von dem Zeitpunkt ab fällig wurde, in welchem „der Anspruch des Dritten durch rechtskräftiges Urteil (…) festgestellt worden" war. Die mit der Reform neu in das Gesetz aufgenommene Voraussetzung **„mit bindender Wirkung für den Versicherer"** fehlte in der früheren Fassung ebenso wie in dem Vorschlag der VVG-Reformkommission (vgl. Abschlussbericht S. 78 ff.). Diese „bindende Wirkung", die der Reformgesetzgeber aufgenommen hat, um die dem VN eingeräumte Möglichkeit des Anerkenntnisses nicht auch noch mit Verbindlichkeit zum Nachteil des VR auszustatten, kann – andere Lösungen sind weder ersichtlich noch bislang in Rechtsprechung oder Literatur aufgezeigt – nur durch ein entsprechendes Deckungsanerkenntnis des VR oder durch ein Feststellungsurteil in einem Deckungsprozess gegen den VR herbeigeführt werden. 2

Nach dem **ausdrücklichen Willen des Gesetzgebers** (→ Rn. 1) gilt die prinzipielle Unverbindlichkeit **auch für das rechtskräftige Haftpflichturteil** (ebenso *Lücke* VK 2007, 163 ff.; *Thume* VersR 2010, 849; *Langheid* VersR 2009, 1043). Anders als in **§ 124,** wo für die Pflicht-Haftpflichtversicherung und den dortigen Direktanspruch nach § 115 wechselseitige Verbindlichkeit des Haftpflichturteils **durch Rechtskrafterstreckung** hergestellt wird, fehlt eine solche Regelung in der allgemeinen Haftpflichtversicherung. Im Umkehrschluss ist daraus die **Unverbindlichkeit des Haftpflichturteils** für den Haftpflichtversicherer herzuleiten (**aA** *Schlegelmilch* VersR 2009, 1467, der nur ein ‚redaktionelles Versehen' sieht; Schwintowski/Brömmelmeyer/*Retter* § 106 Rn. 14: die Fälligkeitsregelung in § 106 verleihe dem Haftpflichturteil gerade Bindungswirkung; Langheid/Wandt/*Littbarski* § 106 Rn. 27 (ohne Begründung); *Armbrüster* r+s 3

2010, 441, nach dessen Auffassung die Bindungswirkung rechtskräftiger Haftpflichturteile für den Deckungsprozess durch die geänderte Formulierung in § 106 Satz 1 trotz des eindeutigen Wortlauts nicht eingeschränkt werden sollte; *Harsdorf-Gebhardt* r+s 2012, 261 ff.: trotz des unbezweifelbaren Wortlauts könne man der Gesetzesbegründung den Wegfall der Bindungswirkung „wohl kaum entnehmen"). Sämtliche Gegenstimmen übersehen, dass nach **Wortlaut** und **Zweck** des § 105 jedenfalls (und insoweit unstreitig) das **Anerkenntnis** des VN jeglicher Bindungswirkung für den VR entkleidet werden sollte. Warum aber für das Haftpflichturteil, das in Abs. 1 ohne jede Einschränkung mit dem Anerkenntnis und dem Vergleich gleichgesetzt wird, etwas anderes gelten soll, ist unerfindlich (insoweit spricht auch *Koch* VersR 2021, 879 (882) von dem Erfordernis „eines besonderen Rechtsgrundes" für die Verbindlichkeit, den er allerdings – entgegen dem Gesetzeswortlaut – durch eine ergänzende Vertragsauslegung aus der allgemeinen Bindungswirkung des Haftpflichturteils herleiten will). Überzeugende Argumente finden sich im Schrifttum nicht. Dass die (unbeabsichtigten) **Rechtsfolgen** dieser neuen Regelung für **unerwünscht** gehalten werden, ist allenfalls rechtspolitisch beachtlich, aber nicht rechtsdogmatisch und das Schweigen der Gesetzesbegründung belegt allenfalls, dass der Gesetzgeber das Problem erkannt hat, er es aber nicht befriedigend lösen konnte. Damit **entfällt** die nach höchstrichterlicher Rspr. zum bisherigen Gesetzesrecht bestehende automatische **Bindungswirkung** des Haftpflichturteils für das Deckungsverhältnis (nach OLG Stuttgart r+s 2010, 284 ist nach Befriedigung des Dritten durch den VN eine Überprüfung auch der Haftpflichtfrage im Deckungsprozess erforderlich). Die Konsequenzen sind weitreichend. Nach dem Wortlaut und der Begründung der Vorschrift sind Haftpflichturteil, Anerkenntnis und Vergleich des VN ausdrücklich jeglicher Bindungswirkung für den VR entkleidet worden. Für das Haftpflichturteil, das ohne jede Einschränkung mit dem Anerkenntnis und dem Vergleich gleichgesetzt wird, kann nichts anderes gelten. Es bedarf eines sog **Bindungsprozesses** (auch bei Befriedigung, die der wahren Rechtslage nach Auffassung des VR nicht entspricht), wenn nicht der VR die vom VN geschaffenen Rechtslage als für sich verbindlich anerkennt. Eben dies wollte der Gesetzgeber nach Wortlaut und Begründung der §§ 105, 106 auch für das ohne Mitwirkung des VR zustande gekommene Haftpflichturteil erreichen (**Einzelheiten** → § 100 Rn. 32 ff. und → § 105 Rn. 5 ff.).

II. Fälligkeit

1. Fälligkeit des Freistellungsanspruchs

4 Nach der gesetzlichen Regelung wird der Freistellungsanspruch spätestens nach Ablauf von zwei Wochen fällig, nachdem der Anspruch des Dritten festgestellt worden ist. Das kann durch rechtskräftiges Urteil, Anerkenntnis oder Vergleich geschehen, aber nicht durch Anmeldung zur Insolvenztabelle (BGH BeckRS 2021, 5162 = WM 2021, 650). Ob der VR am Haftungsverfahren mitgewirkt hat, ob das Anerkenntnis von ihm stammt oder ob er dem Vergleich zugestimmt hat, spielt zunächst keine Rolle.

5 Seit der Reform neu ist allerdings, dass Fälligkeit erst eintritt, wenn die Feststellung des Haftpflichtanspruchs „mit bindender Wirkung für den Versicherer" erfolgt ist. Das bedeutet – wie oben dargelegt –, dass die **Bindungswirkung des**

Haftpflichturteils (aber auch des Anerkenntnisses oder des Vergleichs) entfällt; die Bindung der Haftpflichtregelung muss vielmehr gesondert festgestellt werden, sei es durch ein Anerkenntnis des Haftpflichtversicherers, sei es durch ein entsprechendes Urteil in einem besonderen Deckungsverfahren **(Bindungsprozess)** gegen ihn (→ § 105 Rn. 6; problematisiert, aber nicht abgelehnt von Prölss/Martin/*Lücke* § 106 Rn. 5, der Einwendungen gegen ein kontradiktorisches Urteil – abgesehen vom Einwand der Kollusion – für „schwer vorstellbar" hält). Hat der VR die **Deckung von vornherein abgelehnt** (also auch Abwehrdeckung versagt), wird er sich nicht darauf berufen können, dass das rechtskräftige Haftungsurteil ihm gegenüber keine Bindungswirkung entfaltet, wenn seine Deckungsablehnung zu Unrecht erfolgt ist. Es wäre in der Tat nicht einzusehen, warum dem VR bei ungerechtfertigter Deckungsablehnung noch das Recht zustehen soll, die Bindungswirkung infrage zu stellen (so auch *Lücke* VK 2007, 163).

2. Fälligkeit des Zahlungsanspruchs

An sich ist ein Zahlungsanspruch des VN gegen den VR abgeschafft worden, 6 siehe die Neuformulierung in § 100 gegenüber der alten Fassung des § 149 aF. Dennoch geht der Gesetzgeber davon aus, dass der VN den Dritten befriedigen kann, obwohl ihm ja von vornherein eigentlich nur ein Freistellungsanspruch gegen den Haftpflichtversicherer zustehen soll. Unter welchen Bedingungen der VN den Dritten befriedigen darf, sagt das Gesetz nicht. Einem entsprechenden Verbot steht § 105 entgegen.

Ist der – vom Gesetzgeber nach wie vor für möglich gehaltene – Fall eingetre- 7 ten, dass der VN den Dritten befriedigt, tritt Fälligkeit wiederum spätestens nach zwei Wochen nach der Zahlung an den Dritten ein, wenn die Zahlung „mit bindender Wirkung für den Versicherer" erfolgt ist. Insoweit gilt das oben Ausgeführte uneingeschränkt auch hier (→ Rn. 2).

3. Fälligkeit des Rechtsschutzanspruchs

Dieser ist in § 106 nicht geregelt, er wird aber unmittelbar mit der Anzeige 8 des VN fällig, dass ein Versicherungsfall eingetreten ist (was nach den verschiedenen AVB in unterschiedlichster Fallgestaltung geschehen kann). Dann schuldet der VR die pflichtgemäße Prüfung, ob er die Deckung übernehmen will, sei es in Form der Freistellung von einem begründeten Anspruch oder in Form der Abwehr eines unbegründeten Anspruchs (Einzelheiten → § 100 Rn. 19 ff.).

4. Fälligkeit des Kostenerstattungsanspruchs

Kosten iSd § 101 sind die sog Abwehrkosten, soweit sie dem VN überhaupt 9 entstehen. Bei normalem Ablauf der Dinge wird der VR entweder die Freistellung vom begründeten Drittanspruch übernehmen oder aber die Abwehr der unbegründeten Ansprüche decken und für die entstehenden Kosten unmittelbar aufkommen. Ist das anders und entstehen die Kosten in der Person des VN, wird der Erstattungsanspruch innerhalb von zwei Wochen nach der „Mitteilung der Berechnung" fällig. Mit dieser Mitteilung dürfte eine ordnungsgemäße Kostenabrechnung zu verstehen sein, eine falsche Kostenrechnung wird die Fälligkeit nicht auslösen.

5. Abdingbarkeit

10 § 106 ist gemäß § 112 halbzwingend; von der gesetzlichen Fälligkeitsregelung kann nicht zum Nachteil des VN abgewichen werden.

§ 107 Rentenanspruch

(1) **Ist der Versicherungsnehmer dem Dritten zur Zahlung einer Rente verpflichtet, ist der Versicherer, wenn die Versicherungssumme den Kapitalwert der Rente nicht erreicht, nur zur Zahlung eines verhältnismäßigen Teils der Rente verpflichtet.**

(2) **[1]Hat der Versicherungsnehmer für die von ihm geschuldete Rente dem Dritten kraft Gesetzes Sicherheit zu leisten, erstreckt sich die Verpflichtung des Versicherers auf die Leistung der Sicherheit. [2]Absatz 1 gilt entsprechend.**

Übersicht

I. Normzweck und Regelungsgegenstand

1. Gesetzesbegründung (BT-Drs. 16/3945, 86)

1 In der **Gesetzesbegründung** wird ausgeführt, Abs. 1 stimme sachlich mit § 155 Abs. 1 aF überein. Abs. 2 Satz 1 stimme mit § 155 Abs. 2 aF überein. Zusätzlich werde in Satz 2 klargestellt, dass die **Beschränkung nach Abs. 1** auf einen verhältnismäßigen Teil auch für die **Sicherheitsleistung** gilt.

2. Verhältnismäßige Beteiligung

2 Die Vorschrift regelt den Anspruch des VN gegen seinen VR, wenn der VN dem Dritten eine Rente zahlen muss, deren Kapitalwert über der Deckungssumme des Versicherungsvertrages liegt. VN und VR müssen sich die Rentenzahlung dann nach der Quote teilen, die sich aus dem Verhältnis zwischen dem Rentenkapitalwert und der Versicherungssumme ergibt. Das ergibt sich aus der Begrenzung

der Leistungspflicht, nach der der VR nur bis zur Höhe der jeweils vertraglich vereinbarten Versicherungssumme zahlen muss.

3. Schutzzweck

Die Vorschrift schützt den rentenberechtigten Dritten ebenso wie den VN; 3
selbst der VR soll – jedenfalls vorläufig – nur im Verhältnis von Kapitalwert der Rente und Versicherungssumme in Anspruch genommen werden können. In Zeiten gestiegenen Anspruchsdenkens, zunehmender Forensik gerade im Haftpflichtbereich und erhöhter Schmerzensgelder, die zunehmend auch als Renten ausgeurteilt werden, sind häufig die **vereinbarten Versicherungssummen zu niedrig** mit der Folge, dass der in Anspruch genommene VN fürchten muss, nach Erschöpfung der Versicherungssumme weitreichende, uU ruinöse Zahlungen selbst aufbringen zu müssen. Versicherte aller Art (Ärzte, Manager, Anwälte etc) sehen sich mit dem Umstand konfrontiert, dass das während eines gesamten Berufslebens Erwirtschaftete in eine möglicherweise minimale Pflichtverletzung reinvestiert werden muss. Das kann auch – wenn der schädigende VN zahlungsunwillig oder -unfähig wird – für den geschädigten Dritten ruinös werden. Dagegen schafft die gesetzliche Regelung gewisse Vorkehrungen.

4. Renten

Renten sind periodisch zu erbringende Leistungen, die weder Abschlagszahlun- 4
gen auf einen feststehenden Schadensbetrag noch Zinsen sind. Eine typische Rente im Haftpflichtbereich findet sich in § 843 Abs. 1 BGB (weitere Beispiele bei Looschelders/Pohlmann/*Schulze Schwienhorst* § 107 Rn. 4). Neben einer solchen Erwerbsschadensrente kommen auch Renten wegen vermehrter Bedürfnisse, wegen immer wiederkehrender Pflegeleistungen, wegen Rentenschäden und Schmerzensgeldrenten in Betracht.

5. Verhältnis zwischen Versicherungssumme und Kapitalwert

Die **Verhältnismäßigkeit** ergibt sich aus der **Versicherungssumme** einer- 5
seits und dem **Kapitalwert** der Rente andererseits. Dabei ist die **Deckungssumme** vor ihrer Einstellung in die Verhältnismäßigkeitsberechnung um die Beträge zu kürzen, die der VR aufgrund des gleichen Schadens an den geschädigten Dritten oder andere Geschädigte schon gezahlt hat. Die Deckungssumme ist also abzüglich ausgeurteilter Sachschäden und/oder Schmerzensgeldbeträge oÄ in die Verhältnismäßigkeitsberechnung einzustellen. Das ergibt sich expressis verbis aus Ziff. 6.7 AHB 2008 (früher § 3 III Nr. 2 AHB), ist aber auch für die gesetzliche Regelung selbstverständlich, denn der geschädigte Dritte kann diese Beträge vorab und ungeachtet der Rentenverurteilung verlangen, so dass sich die Versicherungssumme entsprechend kürzt. Problematisch ist die Kürzung der Versicherungssumme, wenn mehrere Geschädigte vorhanden sind und wenn etwa ein Geschädigter nur Kapital-, ein anderer Geschädigter aber Kapital- und Rentenansprüche und ein dritter Geschädigter möglicherweise nur Rentenansprüche hat. Die Versicherungssumme ist dann zunächst verhältnismäßig auf die Ansprüche der Geschädigten aufzuteilen und dann noch einmal in Ansehung des Rentenberechtigten vorab um dessen Kapitalansprüche zu kürzen. Die Berechnung erfolgt nach der Regelung in § 109 (→ § 109 Rn. 1 ff.).

6 Der **Kapitalwert der Rente** errechnet sich aus den Faktoren der Höhe der monatlich, quartalsweise oder jährlich zu zahlenden Rente und aus der Dauer der Rentenzahlung. Die Berechnung hat nach versicherungsmathematischen Grundsätzen zu erfolgen (BGH VersR 1991, 172 = NJW-RR 1991, 984; VersR 1986, 392; 1986, 552; 1980, 132; 1980, 817). Sie muss anerkannte statistische Unterlagen und die sich daraus ergebenden Durchschnittswerte beachten, wobei regelmäßig die Allgemeine deutsche Sterbetafel zugrunde gelegt wird und ferner ein jährlicher Zinsfuß in Bezug auf die Kapitalisierung des Restbetrages des nur ratierlich ausgezahlten Kapitalwertes (sofern in diesem Zusammenhang auch von Abzinsung die Rede ist, ist damit das Gleiche gemeint, obwohl eine Abzinsung den genau umgekehrten Vorgang meint, wenn nämlich ein an sich ratierlich auszuzahlender Rentenbetrag kapitalisiert und auf einmal zur Auszahlung gelangt: Durch die Abzinsung soll dann der dem Gläubiger früher zufließende Geldvorteil ausgeglichen werden). Soweit Bedingungswerke einen festen Zinsfuß vorsehen (wie früher § 3 Abs. 3 Nr. 2 AHB 4 % p.a.), ist zu prüfen, ob eine solche Regelung mit der allgemeinen Kapitalmarktentwicklung in Übereinstimmung zu bringen ist, anderenfalls eine Unangemessenheit iSv § 307 Abs. 2 Nr. 2 BGB vorliegen kann (BGH NJW-RR 1991, 984 = VersR 1991, 172). Bezieht der Geschädigte eine Rente eines SVT und wird ihm darüber hinaus die Differenz zum tatsächlichen Erwerbsschaden ratierlich ausgezahlt, handelt es sich um zwei Teile eines einheitlichen Rentenanspruchs mit der Folge, dass der Kapitalwert der Rente aus dem Gesamtbetrag beider Rentenzahlungen zu berechnen ist (BGH NJW-RR 1991, 984 = VersR 1991, 172; BGHZ 97, 52 (55) = VersR 1986, 392).

7 Für den Beginn des Kapitalwertes ist auf die **Entstehung des Haftpflichtanspruchs** abzustellen, nicht auf den Zeitpunkt, ab dem die Rente tatsächlich gezahlt wird (BGH VersR 1986, 392; 1980, 132; so jetzt auch Stiefel/Maier/*Jahnke* VVG § 107 Rn. 42; anders *Deichl/Küppersbusch/Schneider* § 10 Abs. 7 AKB Rn. 64; dagegen wiederum Schwintowski/Brömmelmeyer/*Retter* § 107 Rn. 12). Tritt der Rentenanspruch dem Grunde nach erst später ein, ist auf diesen Zeitpunkt abzustellen, nicht auf den Zeitpunkt der Fälligkeit oder etwa den Zeitpunkt der tatsächlichen Rentenzahlung (Prölss/Martin/*Lücke* § 107 Rn. 12).

8 Die **Quote** zwischen VN und VR in Bezug auf die Beteiligung an der zu zahlenden Rente wird dadurch errechnet, dass der zu zahlende Rentenbetrag nach dem Verhältnis von Versicherungs(deckungs-)summe einerseits und dem Kapitalwert der Rente (der nach den zuvor dargestellten Grundsätzen zu ermitteln ist) aufgeteilt wird.

6. Spätere Forderungen

9 Problematisch ist eine erst **nachträglich entstehende** oder erst **nachträglich geltend gemachte Kapitalforderung** des Geschädigten oder eines anderen Geschädigten, die bei der Kapitalwertberechnung der Rente unberücksichtigt geblieben ist (zum Problem vgl. Stiefel/Maier/*Jahnke* VVG § 107 Rn. 65 ff.; *Wussow* AHB § 3 Anm. 22; *Kuwert* AHB § 10 Rn. 3063; *Späte* AHB § 3 Rn. 80). Die bereits gezahlten Rentenbeträge müssen mit dem sich für sie ergebenden Kapitalwert (abzustellen ist auf den Beginn der Rentenzahlungen) von dem gesamten Kapitalwert der zu zahlenden Rente abgezogen werden. Von dem verbleibenden Rest ist dann der Wert des nachträglich entstandenen oder nachträglich geltend gemachten Schadensersatzanspruches abzuziehen. Sodann beginnt die Verhältnismäßigkeitsberechnung zwischen dem (restlichen) Kapitalwert einerseits

und (dem Rest) der Deckungssumme erneut; insoweit gelten die zuvor dargestellten Grundsätze. Ist die Deckungssumme durch den Kapitalwert der bereits ausgezahlten Renten zuzüglich des (ursprünglich oder nachträglich gezahlten) Schadensersatzes verbraucht, besteht kein weiterer Rentenanspruch.

Die gleiche Neuberechnung wird dann vorgenommen, wenn ein Drittschaden nachträglich geltend gemacht wird, um den dann die Deckungssumme entsprechend zu reduzieren ist. Gleiches gilt, wenn sich im Laufe der Rentenzahlung die Höhe der auszuzahlenden Rente verändert (Erhöhung durch zusätzlichen Bedarf; Verringerung durch Wegfall eines schadensersatzpflichtigen Umstandes oÄ). In diesem Fall ist der Kapitalwert neu zu berechnen und dann ins Verhältnis zum Rest der Deckungssumme zu setzen. Allerdings soll dann eine Neuberechnung nicht mehr möglich sein, wenn der VR die Rentenzahlung bereits verbindlich zugesagt hat und deren Kapitalwert die Deckungssumme schon erschöpft, so dass keine Zahlungsspitze zugunsten des Dritten mehr verbleibt (so jedenfalls Prölss/Martin/*Lücke* § 107 Rn. 17). 10

Alle Neuberechnungen wirken nur in die Zukunft. Eine rückwärtige Abrechnung und einen wechselseitigen Bereicherungsanspruch zwischen VN und VR soll es nicht geben; auch der VN kann die von ihm an den Dritten gezahlte Rente selbst dann nicht zurückverlangen, wenn sich nachträglich herausstellt, dass er wegen unrichtig berechneter Verhältnismäßigkeit zwischen Rentenkapitalwert und Deckungssumme zu hoch an der Rentenzahlung an den Dritten beteiligt war. 11

7. Spekulatives Element

Die gesetzliche Regelung sieht – ebenso wie Ziff. 6.7 AHB 2008 – nur die verhältnismäßige Beteiligung von VN und VR an der Rentenzahlung vor. Das enthält ein **spekulatives Element:** Endet die Rentenzahlungsverpflichtung, bevor die Deckungssumme erschöpft ist, hat der VN sich (uU erheblich) zur Entlastung des VR an der Rentenzahlung beteiligt; hält die Rentenzahlungsverpflichtung aber über den Zeitpunkt an, in dem der Deckungsanspruch des VN erschöpft ist, bleibt der VR darüber hinaus bis zum Ende der Rentenzahlung verpflichtet (BGH VersR 1991, 172). 12

8. Prozessuales

Klagt der VN gegen den VR auf Feststellung bzgl. dessen Eintrittspflicht, soll die Deckungsgrenze des § 107 nicht berücksichtigt werden können (BGH VersR 1963, 516; anders möglicherweise im Direktprozess des geschädigten Dritten, BGH VersR 1982, 791). Das ist sehr fraglich, denn es ist an sich kein Grund ersichtlich, warum im Deckungsprozess die gesetzliche Deckungsgrenze unbeachtet bleiben soll, zumal weder prozessuale noch praktische Erwägungen entgegenstehen dürften (dem zust. Prölss/Martin/*Lücke* § 107 Rn. 17). 13

II. Andere Verteilung des Deckungskapitals?

1. Prioritätsprinzip

Problematisch ist die Frage, ob die gesetzliche Regelung auch andere Regelungen in Bezug auf die Übernahme der Rentenverpflichtung zulässt. Voraussetzung ist natürlich angesichts der klaren sprachlichen Regelung in Abs. 1, dass es sich 14 immer um eine Rentenzahlungsregelung handelt, die die Beteiligung von VN und VR ins Verhältnis setzt zwischen Rentenkapitalwert und Versicherungssumme. Denkbar wäre etwa, dass die Rentenzahlung so gestaltet wird, dass zunächst einmal nur der VR verpflichtet sein soll, und zwar so lange, bis sich die Versicherungssumme durch die Rentenzahlungen erschöpft hat. Im Anschluss daran ist dann der VN allein verpflichtet, und zwar bis zum Ende der Rentenzahlungsverpflichtung. Eine solche Vereinbarung vor Eintritt des Versicherungsfalles verstößt jedenfalls nicht gegen § 108 Abs. 1. Das alles hat **Vor- und Nachteile,** und zwar für alle Beteiligten: Der VR läuft bei einer relativ kurzen Dauer der Rentenzahlung Gefahr, überproportional, uU sogar in Erschöpfung der Versicherungssumme, in Anspruch genommen zu werden, wobei der VN möglicherweise überhaupt keine Renten mehr zahlt (etwa bei Tod des Geschädigten kurz vor oder bei Erschöpfung der Deckungssumme). Der VN ist zunächst einmal rentenzahlungsfrei, läuft aber Gefahr, uU sehr lange in Anspruch genommen zu werden, nämlich dann, wenn der Rentenzahlungszeitraum sehr lange über die Verpflichtung des VR hinaus anhält. Der Dritte kann durchaus ein Interesse daran haben, dass zunächst einmal der VR allein zahlt, nämlich dann, wenn der VN aufgrund mangelnder Liquidität seinen eigenen anteiligen Rentenzahlungsverpflichtungen von Anfang an nicht nachkommen kann. Der Geschädigte läuft dann aber Gefahr, dass er nach erschöpfter Deckungssumme überhaupt nichts mehr erhält, er kann in der Zeit bis zur Erschöpfung der Deckungssumme allerdings mit Hilfe der Rentenzahlung des VR versuchen, sich zu rehabilitieren, um schließlich auf eine Rente gar nicht mehr angewiesen zu sein.

2. Festverzinsung des Deckungskapitals

15 Darüber hinaus ist auch folgende (bislang wenig praktizierte) Regelung denkbar: Der VR stellt die gesamte Versicherungssumme oder einen Teil davon zwecks Erzielung von Zins- und Kapitalerträgen zur Verfügung. Die Rente wird aus den Zinserträgen finanziert. **Beispiel:** Es ergibt sich eine monatliche Gesamtrente für einen Erwerbsschaden, vermehrte Bedürfnisse und Schmerzensgeld iHv 5.000 EUR. Die Deckungssumme beläuft sich auf 1 Mio. EUR, Zinserträge lassen sich mit 6 % p.a. erwirtschaften. Die Zinserträge decken die Rente, gleichgültig, wie lange sie zu zahlen ist. Eine solche Gestaltung bietet für alle Beteiligten deutliche Vorteile. Der Geschädigte erhält seine Rente und behält als solventen Partner immer noch den VR, dessen Deckungssumme sich nicht erschöpft. Der VN wird überhaupt nicht belastet. Nur wenn die Zinserträge nicht ausreichen, müsste der VN den Fehlbetrag beisteuern, was aber immer noch deutlich günstiger ist als die quotierte Beteiligung. Der VR verliert zwar die Kapitalerträge, die er sonst ohne den Schaden erwirtschaftet hätte, er behält aber das Deckungskapital. Selbstverständlich kann der VR auch seine quotierte Rentenzahlungsverpflichtung aus festgelegtem Kapital erbringen und er wird irgendwann vollständig leistungsfrei, obwohl die Versicherungssumme in Wirklichkeit nicht erschöpft ist. Dieser Weg kann auch für den VR Vorteile bieten, jedenfalls dann, wenn er statt Zahlung eines namhaften Schadensersatzkapitals eine solche Rentenzahlungsvereinbarung treffen kann.

3. Abandonierung

16 Bei großen Personenschäden mit hoher Schadensersatzverpflichtung kommt es ferner immer wieder vor, dass der VR das Deckungskapital dem VN zur Verfü-

gung stellt, wenn absehbar ist, dass die Rentenzahlung die Deckungssumme alsbald erschöpfen wird (sog **Abandon,** das allerdings an der gesetzlichen Regelung in §§ 108, 109 scheitern könnte, → § 108 Rn. 6 und → § 109 Rn. 1). Eine solche Zurverfügungstellung der Versicherungssumme ist indes gänzlich überflüssig und bevorteilt den VN über die Maßen. Dieser kann aus dem Kapitalertrag auch schon zumindest einen Teil seiner eigenen Rentenzahlungsverpflichtung erfüllen, so dass solche Regelungen wohl nur aus der Unkenntnis resultieren können.

Abschließend ist darauf hinzuweisen, dass all diese Regelungen, die zum Teil **17** auch der Zustimmung des geschädigten Dritten bedürfen, nur iRd erlaubten Abänderung der gesetzlichen Regelung in § 107 abgesprochen werden können, → Rn. 19 ff.

III. Sicherheitsleistung

Nach der Regelung in **Abs. 2** muss der VR auch für eine eventuell vom VN **18** für die verschuldete Rente zu erbringende Sicherheitsleistung aufkommen. Eine entsprechende gesetzliche Regelung findet sich in § 843 Abs. 2 Satz 2 BGB. Ist die Sicherheitsleistung höher als die Versicherungssumme, gilt Abs. 1 entsprechend: Die Versicherungssumme, ggf. zzgl. Kosten und Zinsen, beschränkt die Eintrittspflicht des VR auch in Bezug auf die Sicherheitsleistung.

IV. Abänderlichkeit

Die Regelung in Abs. 1 ist ebenso abänderbar wie die in Abs. 2 (§ 112). Bei **19** den in → Rn. 14 ff. vorgestellten Rentenzahlungsvarianten ist stets die relative Unwirksamkeit entsprechender Vereinbarungen gemäß § 108 Abs. 1 dem geschädigten Dritten gegenüber zu beachten. Es empfiehlt sich deswegen stets, dass sämtliche Vereinbarungen zwischen dem VN, dem VR und dem geschädigten Dritten abgestimmt werden.

UU verbietet sich eine vertragliche Rentenzahlungsregelung auch deswegen, **20** weil weitere geschädigte Dritte – etwa ein SVT, auf den der Rentenanspruch des Geschädigten übergegangen ist – berücksichtigt werden müssen. Soweit nicht auch diese Anspruchsinhaber in eine Gesamtregelung mit einbezogen werden können, sind vertragliche Regelungen jedenfalls insoweit nicht möglich, als damit eine manipulative Verteilung der Deckungssumme verbunden ist oder verbunden sein könnte (zust. Looschelders/Pohlmann/*Schulze Schwienhorst* § 107 Rn. 10).

Zur Ausübung des Rechts des VN, uU die **Aufhebung oder Minderung** **21** **der Rente** zu verlangen oder die Rente durch Zahlung eines Kapitalbetrages **abzufinden,** ist gemäß Ziff. 5.4 AHB 2008 der VR bevollmächtigt. Diese Regelung scheint unbedenklich, auch wenn sowohl nach der gesetzlichen als auch nach der vertraglichen Regelung der VN selbst Zahlungen zu erbringen hat, zumal auch der VR sich begründeten Wünschen seines VN schon aus Eigeninteresse nicht verschließen wird.

§ 108 Verfügung über den Freistellungsanspruch

(1) [1]**Verfügungen des Versicherungsnehmers über den Freistellungsanspruch gegen den Versicherer sind dem Dritten gegenüber unwirksam.**

[2]Der rechtsgeschäftlichen Verfügung steht eine Verfügung im Wege der Zwangsvollstreckung oder Arrestvollziehung gleich.**

(2) **Die Abtretung des Freistellungsanspruchs an den Dritten kann nicht durch Allgemeine Versicherungsbedingungen ausgeschlossen werden.**

Übersicht

I. Regelungsinhalt

1. Erweiterung des Verfügungsverbots

1 § 108 Abs. 1 erstreckt das früher in § 156 Abs. 1 aF geregelte Verfügungsverbot iSd § 135 BGB, welches bislang nur die Entschädigungsforderung umfasste, nunmehr auch auf den **Freistellungsanspruch** insgesamt und greift insoweit die Regelung des § 100 auf.

2. Wegfall des Abtretungsverbots

2 Aufgrund des Widerspruchs mit § 100 sind § 156 Abs. 2 aF und die dort geregelten Voraussetzungen für die Leistung des VR an den geschädigten Dritten ersatzlos entfallen. § 108 Abs. 2 bestimmt die **Unwirksamkeit** eines **generellen Abtretungsverbots** in AVB. Erforderlich ist diese Regelung wegen der hiervon abweichenden Regelung im bisherigen § 7 Nr. 3 AHB. Nach Ansicht der Rspr. stellte die Berufung des VR auf das Abtretungsverbot in zahlreichen Fällen einen **Verstoß gegen Treu und Glauben** dar, wenn es nicht durch ein berechtigtes Interesse des VR gedeckt war. Die Verweisung des Geschädigten an den VR durch den VN kann nämlich dann im **Interesse** desselben stehen, wenn der VR einen Haftpflichtanspruch in Frage stellt, den der VN etwa wegen möglicher **Beziehungen zu dem Geschädigten** nicht einfach zurückweisen möchte. Zu den **ganz erheblichen Problemen,** die die gesetzliche Neuregelung geschafft hat, insbesondere im Zusammenspiel mit dem Verbot des Anerkenntnisverbots

und der Abschaffung der Bindungswirkung des Haftpflichturteils (das wiederum mit der neu geschaffenen Möglichkeit des Anerkenntnisses im Zusammenhang steht) → § 100 Rn. 35 f., → § 105 Rn. 5 ff. und → § 106 Rn. 2). Dennoch soll die neue Regelung ein gesetzliches Leitbild sein (vgl. dazu *Grunwald* VersR 2020, 1423 (1425) im Zusammenhang mit Großrisiken).

3. Vorteil für den Geschädigten

Da es dem Geschädigten oft an Kenntnis des Innenverhältnisses zwischen schädigendem VN und dem Haftpflichtversicherer mangelt, entspricht die heutige Regelung auch den Interessen des Geschädigten. Insbesondere in Fällen, in denen sich der VN nicht um die Angelegenheit kümmert, den VR **pflichtwidrig** nicht informiert oder im Fall der **Insolvenz** des VN, ist die Durchsetzung von Ansprüchen gegen den Haftpflichtversicherer erschwert. Die Neuregelung ermöglicht es dem VN, seinen **Befreiungsanspruch** gegen den VR an den geschädigten Dritten – jedoch nur an diesen – **abtreten** zu können; damit dieser dadurch in die Lage versetzt wird, den VR **direkt** in Anspruch zu nehmen. 3

4. Individualvereinbarung

Durch die Regelung ist ein Abtretungsverbot nicht generell ausgeschlossen (*Hösker* VersR 2013, 952 mwN). Unwirksam ist nur ein durch AVB vereinbartes Abtretungsverbot, wobei unter AVB alle von dem VR verwendeten Allgemeinen Geschäftsbedingungen iSd § 305 BGB ohne Rücksicht auf ihre Bezeichnung als AVB zu verstehen sind. Ein durch Individualvereinbarung geschlossenes Abtretungsverbot bleibt bei Abschluss des Versicherungsvertrages ebenso wie nach dem Versicherungsfall zulässig. 4

II. Dreieck Dritter–VN–VR

Anders als etwa im Kraftfahrt-Haftpflichtrecht, wo der Gesetzgeber in § 115 Abs. 1 Nr. 1 einen Direktanspruch des geschädigten Dritten gegen den VR konstruiert hat, besteht im allgemeinen Haftpflichtrecht – mit Ausnahme der in § 115 Abs. 1 Nr. 2 (Insolvenz des VN) und Nr. 3 (unbekannter Aufenthalt des VN) geregelten Sonderumstände – grds. **keine Rechtsbeziehung** zwischen dem geschädigten Dritten (zur Definition des „Dritten" → § 100 Rn. 23) und dem VR. Das hat zur Folge, dass der Geschädigte nur den VN als Schädiger unmittelbar in Anspruch nehmen kann. Der Dritte kann den VR selbst mit ausdrücklicher Zustimmung des VN nicht verklagen. Daher sind die Rechtsbeziehung zwischen dem geschädigten Dritten und dem VN im **Haftpflicht**- und die Rechtsbeziehung zwischen dem VN und dem VR **im Deckungsprozess** zu klären. Die sich aus dieser Konstellation auch ergebenden Manipulationsmöglichkeiten richten sich nicht nur gegen den VR (wegen der Trennung zwischen Haftpflicht- und Deckungsprozess ist uU zu befürchten, dass „Geschädigter" und VN kollusiv zusammenwirken, → § 100 Rn. 41 ff.), sondern sie können sich auch gegen den geschädigten Dritten richten, indem etwa der VN einen (vermeintlichen) Zahlungsanspruch beim VR geltend macht und das eingezogene Geld nicht an den Geschädigten weiterleitet. Solche Manipulationen will die Regelung in Abs. 1 verhindern. Der Dritte, der sich durch Pfändungs- und Überweisungsbeschluss in die Position des VN als Gläubiger des Zahlungsanspruchs gegen den VR brin- 5 gen kann, soll ungehindert Zugriff auf den Deckungsanspruch des VN als möglicherweise einzigen vollstreckbaren Vermögensgegenstand des VN nehmen können. Durch die Pfändung des Deckungsanspruchs und dessen Überweisung an den Geschädigten rückt dieser in die Position des VN und kann selbstverständlich dessen Ansprüche gegen den VR wie eigene geltend machen. Unabhängig davon kann er aber auch – ausnahmsweise – selbst den Deckungsanspruch gegenüber dem VR auch klageweise geltend machen, wenn er ein Feststellungsinteresse iSd § 256 ZPO hat (BGH VersR 2009, 1485; VersR 2001, 90 = NJW-RR 2001, 316: Feststellungsinteresse folgt schon aus der in §§ 108 Abs. 1, 110 zum Ausdruck kommenden **„Sozialbindung" (= Opferschutz)** der Haftpflichtversicherung). Ein solches Feststellungsinteresse besteht etwa, wenn der Deckungsanspruch wegen Untätigkeit des VN unterzugehen droht (Verjährung, Ablauf der Frist des § 12 Abs. 3 aF; BGH NJW-RR 2001, 316 = VersR 2001, 90; OLG Naumburg VersR 2014, 54). Hat der VR eine Deckungsablehnung ausgesprochen und geht der VN dagegen nicht gerichtlich vor, kann es ebenfalls im Interesse des Dritten liegen, die Deckungspflicht des VR gerichtlich feststellen zu lassen (vgl. Bruck/Möller/*Johannsen,* 8. Aufl. 1961 ff., Bd. IV, Anm. B 82). Gegebenenfalls liegen auch die Voraussetzungen einer Streithilfe gemäß § 66 ZPO in der Person des Dritten vor (vgl. OLG München NJW 1967, 635 = VersR 1967, 76 für Fälle des Direktanspruchs).

III. Verfügungen über die Versicherungsforderung

1. Verfügungen

6 Verfügungen liegen vor, wenn über den **Freistellungsanspruch** – zu dessen Umfang → § 100 Rn. 19 f.; zum Entstehen → § 106 Rn. 3 f. – dergestalt verfügt wird, dass dieser ganz oder teilweise als Zugriffsobjekt dem geschädigten Dritten nicht mehr zur Verfügung steht. Eine solche Verfügung ist in erster Linie die Einziehung der an sich dem Dritten zustehenden Forderung (BGH VersR 1987, 655; BGHZ 15, 154).

7 Auch die Übertragung des Zahlungsanspruchs auf einen Dritten gehört hierher, ebenso wie dementsprechende teilweise Verfügungen (Teileinziehung; Teilabtretung). Auch ein Verzicht des VN oder ein Teilverzicht sind als Verfügungen anzusehen, die dem Dritten gegenüber relativ unwirksam sind; Gleiches gilt letztlich auch für den Fall, dass der VN den Deckungsanspruch gegen den VR verjähren zu lassen droht.

8 Eine Verfügung in diesem Sinne wäre auch die Aufrechnung des VR gegen die Forderung des Dritten mit Ansprüchen gegen seinen VN, die aus anderen Vertragsverhältnissen als dem herrühren, aufgrund dessen der Dritte Befriedigung letztlich vom VR erlangen kann (OLG Köln VersR 2009, 391).

9 Auch **Maßnahmen der Zwangsvollstreckung** sind Verfügungen, die dem Dritten gegenüber unwirksam sind (Abs. 1 Satz 2). Vollstreckt also ein anderer Gläubiger des VN in dessen Deckungsanspruch gegen den VR, hindert dies den geschädigten Dritten nicht, seinerseits den Anspruch zu pfänden und sich zur Einziehung überweisen zu lassen. Das gilt auch für das Verhältnis des Dritten zu anderen Geschädigten, die sich nach Maßgabe des § 109 verhältnismäßig die Deckungsforderung teilen müssen (→ § 109 Rn. 4).

10 Nicht unter Abs. 1 zu subsumieren ist die Freigabe des Deckungsanspruchs durch den Insolvenzverwalter, denn das gesetzliche Verfügungsverbot hat gemäß

§ 80 Abs. 2 Satz 1 InsO im Verfahren keine Wirkung; an seine Stelle tritt das Absonderungsrecht des § 110 (BGH NJW-RR 2009, 964 = VersR 2009, 821).

Keine Verfügungen iSd Abs. 1 sind Maßnahmen des VN, die nicht unmittelbar auf die Veränderung des Freistellungsanspruchs gerichtet sind, etwa Verstöße gegen dessen Auskunftsobliegenheit oÄ (zust. Looschelders/Pohlmann/*Schulze Schwienhorst* § 108 Rn. 2). Diese führen zwar im Ergebnis uU zum Erlöschen des Deckungsanspruchs, sind aber auch dem Dritten gegenüber wirksam mit der Folge, dass er zwar seinen Zahlungsanspruch gegen den VN behält, den Deckungsanspruch aber als Zugriffsobjekt verliert. 11

2. Verfügungen des Versicherungsnehmers oder des Versicherten

Die gesetzliche Regelung in Abs. 1 bezieht sich zunächst nur auf Verfügungen des **VN,** die allerdings auch insoweit unwirksam sind, als sie einen Deckungsanspruch des **Versicherten** betreffen. Könnte dieser Versicherte allerdings über seine Ansprüche verfügen, was ihm nach dem Wortlaut von Abs. 1 einerseits und nach der gesetzlichen Regelung in § 44 andererseits möglich ist, würde der Zweck des gesetzlichen Verfügungsverbots vereitelt. Aus diesem Grunde wird allgemein angenommen, dass auch Verfügungen des Versicherten unter den Schutzzweck des Abs. 1 fallen (vgl. Bruck/Möller/*Johannsen,* 8. Aufl. 1961 ff., Bd. IV, Anm. B 88; Prölss/Martin/*Lücke* § 108 Rn. 15). 12

IV. Gegenmaßnahmen des Dritten

Liegt eine dem geschädigten Dritten gegenüber relativ unwirksame Verfügung über den Freistellungsanspruch vor, kann der Dritte nach wie vor den Deckungsanspruch des VN pfänden und sich zur Einziehung überweisen lassen (zur Pfändung der Ansprüche der Versicherten vgl. OLG Düsseldorf r+s 1997, 281 = VersR 1997, 1475). Unter Umständen greifen zusätzlich die Regelungen des AnfG ein, wobei dort der Anspruch prozessual gegen den Begünstigten geltend zu machen ist (Rückgewährklage gemäß § 1 AnfG). Ansonsten ist der Dritte auf die Maßnahmen des Vollstreckungsrechtes nach der ZPO angewiesen, er kann Erinnerung gegen Vollstreckungsmaßnahmen gemäß § 766 ZPO oder sofortige Beschwerde gemäß § 793 ZPO gegen Vollstreckungsentscheidungen einlegen. Macht der Begünstigte ein Recht an der Versicherungsforderung geltend, kann der Geschädigte auch Drittwiderspruchsklage nach § 771 ZPO erheben. 13

V. Abtretung

1. Einführung

Die Vorschrift des Abs. 2 erklärt ein **Abtretungsverbot** in AVB für unwirksam. Erforderlich war diese Regelung wegen des bisherigen § 7 Nr. 3 AHB. Häufig wurde das Abtretungsverbot als **Verstoß gegen Treu und Glauben** angesehen, wenn es nicht durch ein berechtigtes Interesse des VR gedeckt war. Die unmittelbare Auseinandersetzung des Geschädigten mit dem VR kann nämlich im **Interesse** des VN sein, wenn der VR einen Haftpflichtanspruch in Frage stellt, den der VN etwa wegen einer Nähe zum Geschädigten (Kundenbeziehung/Verwandtschaft/Nachbarschaft) nicht problematisieren möchte. 14

15 Abs. 2 bezieht sich lediglich auf die Abtretung des Freistellungsanspruchs an den Geschädigten (Dritten) als Inhaber der Haftpflichtforderung; möglich ist also weiterhin die Vereinbarung eines Abtretungsverbots an einen sonstigen Vierten in den AVB (vgl. Ziff. 28 Satz 1 AHB 2008) (Prölss/Martin/*Lücke* § 108 Rn. 24; Looschelders/Pohlmann/*Schulze Schwienhorst* § 108 Rn. 6; *Grooterhorst/Looman* NZG 2015, 215).

2. Auswirkungen auf die prozessuale Situation

16 Die Abtretung des Freistellungsanspruchs an den Dritten bewirkt zunächst, dass der Dritte den **Deckungsanspruch** (auch gerichtlich) geltend machen kann. Letztlich gilt dies aber auch für den **Haftpflichtanspruch gegen den VR (Direktanspruch)** jedenfalls dann, wenn keine Abwehr-, sondern Freistellungsdeckung zu gewähren ist. Es gibt einen klaren gesetzgeberischen Willen, dass der geschädigte Dritte durch die Abtretung des Freistellungsanspruchs in die Lage versetzt werden soll, „den Versicherer direkt in Anspruch zu nehmen" (BT-Drs. 16/3945, 87). Damit kann nicht nur die Inanspruchnahme aus dem **Deckungsverhältnis** gemeint sein, sondern auch eine Inanspruchnahme aus dem Haftpflichtverhältnis. Denn der Gesetzgeber hat erkannt, dass es für den VN wegen seiner Beziehung zu dem Geschädigten von Interesse sein kann, diesen direkt an den VR verweisen zu können (BT-Drs. 16/3945, 87). Die Passivlegitimation des VR auch in Bezug auf den Haftpflichtanspruch ist dabei Folge einer **Konfusion von Haftpflicht- und Deckungsanspruch;** wenn sich der Zahlungsanspruch des Geschädigten gegen den Versicherten und dessen Freistellungsanspruch gegen den VR in einer Hand vereinigen, muss sich dieser **Anspruch auf Zahlung** gegen den **Freistellungsschuldner** (= VR) richten (BGHZ 12, 136 = VersR 1954, 221; BGH VersR 2016, 783; *Dreher/Thomas* ZGR 2009, 31 (41); Schwintowski/Brömmelmeyer/*Retter* § 108 Rn. 26; HK-VVG/*Schimikowski* § 108 Rn. 9; Beckmann/Matusche-Beckmann VersR-HdB/*Schneider* § 24 Rn. 145; *Langheid* VersR 2007, 865 (866 f.); *ders.* in Liber Amicorum Winter, 2009, S. 367, 377 f.; *ders.* VersR 2009, 1043 (1044 f.); *Mokhtari* VersR 2014, 665; *Baumann* r+s 2011, 229; vgl. auch *Armbrüster* NJW 2009, 187 (192); **aA** *Armbrüster* r+s 2010, 441 (449); *Hösker* VersR 2013, 952 (der den gegen den VR zu richtenden Direktanspruch für einen „modifizierten" Deckungsanspruch hält, was praktische Auswirkungen haben kann in Bezug auf die gerichtliche Zuständigkeit (Haftung oder Deckung?) und Verjährungs- und Beweislastfragen, s.u. Rn. 23); *Klimke* r+s 2014, 105; nach Schwintowski/Brömmelmeyer/*Retter* § 108 Rn. 27 ff., 29 alles „dogmatisch bedenklich").

17 Nicht gesagt ist damit, ob in dem Direktprozess zwischen dem Dritten und dem VR eine Entscheidung über den Haftpflichtanspruch getroffen werden muss. Das Gericht kann die Klage ausschließlich wegen einer erfolgreichen Einwendung aus dem Deckungsverhältnis (zB Vorsatz, sonstiger Leistungsausschluss, Vorvertraglichkeit oÄ) abweisen. Eine solche Abweisung des Deckungsanspruchs im Verhältnis Dritter/VR hat zur Folge, dass das Verhältnis zwischen geschädigtem Dritten und schädigendem VN keiner Klärung zugeführt ist. Zumindest bis zur Entscheidung über den Deckungsanspruch wird der Geschädigte seinen Haftpflichtanspruch nicht auch gegen den VN/Versicherten geltend machen können, der wegen der Abtretung des Deckungsanspruchs an den Dritten von seinem VR nicht einmal Abwehrdeckung verlangen kann (**pactum de non petendo;** → § 100 Rn. 48 ff.). Gleichzeitig aber hat der VN, ohne dass er in irgendeiner

Weise Einfluss auf das Prozessgeschehen nehmen konnte, seinen Deckungsanspruch endgültig verloren und kann seinerseits nicht erneut auf Deckung klagen, weil der – an den Geschädigten abgetretene – Befreiungsanspruch einer rechtskräftigen, negativen Entscheidung zugeführt wurde (*Langheid* VersR 2007, 865 (867); grds. zust. Schwintowski/Brömmelmeyer/*Retter* § 108 Rn. 50; **aA** *Lange* r+s 2007, 401).

3. Individualabrede

Wie sich schon aus der Gesetzesbegründung ergibt, kann die Abtretung des Freistellungsanspruchs nur durch AVB nicht abbedungen werden; **Individualvereinbarungen** bleiben davon unberührt und daher wirksam. Die Abtretung kann sich begrifflich nur auf den Freistellungsanspruch beziehen, während der Rechtsschutz- und Abwehranspruch beim VN verbleibt (so auch Prölss/Martin/*Lücke* § 108 Rn. 31; Schwintowski/Brömmelmeyer/*Retter* § 108 Rn. 22 ff.; *Koch* in Liber Amicorum Winter, 2009, S. 345 (351); *Thume* VersR 2010, 849 (851)). 18

4. Versicherungsnehmer als Dritter

Die Frage, ob auch der VN Dritter iSv § 108 Abs. 2 sein kann, stellt sich insbesondere in zwei Konstellationen. Zum einen in der D&O-Versicherung im Zusammenhang mit sog Innenhaftungsansprüchen (Haftpflichtansprüche, die das Unternehmen gegen bei ihm angestellte Organe als versicherte Personen geltend macht); zum anderen ganz generell in der allgemeinen Haftpflichtversicherung stets dann, wenn dem VN Ansprüche gegen einen Mitversicherten zustehen. 19

Im Bereich der **D&O-Versicherung** wird gegen die Annahme, dass der Gläubiger zugleich Dritter iSd § 108 Abs. 2 sein kann, damit argumentiert, dass **kollusives Handeln** im Direktprozess gegen den VR geradezu herausgefordert wird, wenn sich in der Hand des VN sowohl die Haftungs- als auch die Deckungsansprüche vereinigen, (*Schimmer* VersR 2008, 875 (876); dem zust. *Koch* r+s 2009, 133 (134); vgl. auch *Armbrüster* r+s 2010, 441 (448); *ders.* NJW 2009, 187 (192); *Schramm* PHi 2008, 24; *Lange* r+s 2007, 401). Dem ist entgegenzuhalten, dass der VN ohne eigenes Zutun in die Position eines geschädigten Dritten gelangt ist, so dass nur eine Kollusionsbefürchtung prinzipiell nicht gegen die nominale Stellung des VN als Drittem iSv § 108 Abs. 2 sprechen kann (*Langheid* VersR 2009, 1043; für die Kfz-Haftpflichtversicherung schon BGH VersR 1986, 1010 unter Hinweis auf *Langheid* VersR 1986, 15; bestätigt von BGH VersR 2016, 786 (dazu *Harsdorf-Gebhardt* r+s 2016, 489); VersR 2008, 1202 (dazu *Langheid/Müller-Frank* NJW 2009, 337 (340)); zum Problem allg. Beckmann/Matusche-Beckmann VersR-HdB/*Beckmann* § 28 Rn. 7c; *Dreher/Thomas* ZGR 2009, 31 (41); *Koch* r+s 2009, 133 (134) und VersR 2016, 765; *Baumann* r+s 2011, 229; *Langheid* VersR 2007, 865; *ders.* NJW 2006, 3317 (3320); *ders.* NJW 2007, 3745 (3746); für die D&O-Versicherung vgl. OLG Düsseldorf r+s 2014, 122 mAnm *Schimikowski; Koch* WM 2007, 2173 (2177); *Langheid/Goergen* VP 2007, 161 (166)). 20

5. Erfüllungswahlrecht des Versicherers?

Der Freistellungsanspruch verbindet sich mit dem Haftpflichtanspruch des Geschädigten gegen dem VN in einer Hand; das führt zum **Direktanspruch** gegen den Haftpflichtversicherer. Mit der Abtretung des Freistellungsanspruchs an den Dritten kann dieser also einen Direktprozess gegen den VR anstrengen. 21

Weitere Folge der Abtretung ist, dass der VR sein bis dahin bestehendes **Wahlrecht,** entweder den Anspruch, von dem er freistellen muss, zu befriedigen oder alternativ dem versicherten Schädiger Abwehrdeckung zu gewähren, um den für unberechtigt gehaltenen Schadensersatzanspruch des (vermeintlich) Geschädigten abzuwehren, in dieser Form **verliert** (**aA** *Lange* VersR 2008, 713; nach Schwintowski/Brömmelmeyer/*Retter* § 108 Rn. 39 ist es nicht mit den Grundsätzen der Prozessökonomie zu vereinbaren, wenn der VR sich auf sein Erfüllungswahlrecht berufen könne; wie hier *Grooterhorst/Looman* NZG 2015 (216); *Koch* VersR 2016, 765 (766); *ders.* r+s 2009, 133 (134 f.)).

22 Der Direktanspruch gegen den VR richtet sich nicht (bloß) auf die Feststellung der Pflicht zur Gewährung von Versicherungsschutz, sondern ist ein unmittelbarer, originärer **Zahlungsanspruch** gegen den VR als Freistellungsschuldner des Haftungsschuldners = VN (vgl. auch Prölss/Martin/*Lücke* § 108 Rn. 26; *Baumann* VersR 2010, 984 (985)). Denn wenn sich Schadensersatz- und Freistellungsanspruch in einer Hand verbinden, wandelt sich der gegen den Schädiger gerichtete Zahlungsanspruch in einen unmittelbaren Zahlungsanspruch gegen den Freistellungsschuldner, also den Haftpflichtversicherer, um (BGHZ 12, 136 = VersR 1954, 221; *Grooterhorst/Looman* NZG 2015 (216); *Dreher/Thomas* ZGR 2009, 31 (41); Schwintowski/Brömmelmeyer/*Retter* § 108 Rn. 26; HK-VVG/*Schimikowski* § 108 Rn. 9; Beckmann/Matusche-Beckmann VersR-HdB/*Schneider* § 24 Rn. 145; vgl. auch *Klimke* r+s 2014, 105; *Armbrüster* NJW 2009, 187 (192); nach **aA** kann der VR dem Dritten sein Erfüllungswahlrecht entgegen halten: *Lange* r+s 2007, 401(403 ff.); *Schramm/Wolf* r+s 2009, 358 (360 f.)).

6. Offene Folgefragen

23 Die **Rechtsnatur** des Direktanspruchs des Dritten (vgl. dazu oben Rn. 16) wird von der Rspr. noch zu klären sein. Das ist keine akademische Bagatellfrage. Von der Frage, ob es sich um einen **„modifizierten" Deckungs-** (*Hösker* VersR 2013, 952; *Grooterhorst/Looman* NZG 2015, 215 für die D&O-Versicherung) oder um den durch Konfusion entstandenen **Haftpflichtanspruch** handelt, ist nämlich schon abhängig, welcher **Spruchkörper für den Direktanspruch** zuständig ist; der nach der jeweiligen Geschäftsverteilung für den Haftpflichtanspruch (zB Arzthaftung oder Produkthaftung oÄ) zuständige Richter wäre nicht mehr der „gesetzliche Richter, wenn es sich um einen (wenn auch modifizierten) Deckungsanspruch handeln würde, für den die Spruchkörper für Versicherungsrecht zuständig sind (zu diesen Problemen *Langheid* VersR 2009, 1043 (1045)). In vielen Geschäftsverteilungsplänen ist dieses Problem zugunsten der Haftpflicht – Spruchkörper gelöst (die die Sache zumeist „stillschweigend" abgegeben, wenn der Kern des Streits in versicherungsvertraglichen Spezialfragen liegt), was erheblichen Bedenken begegnen würde, wenn es sich tatsächlich um einen Deckungsanspruch handeln würde. Entscheidende Auswirkungen hat die **Rechtsnatur des Direktanspruchs** auch bei der **Beweislast** (so kann der Abtretungsgläubiger etwa die Beweislastverteilung des § 93 AktG zum Nachteil des Organs nicht in Anspruch nehmen, wenn es sich um einen modifizierten Deckungsanspruch handelt, weil dann die Beweislast für den der Freistellung unterliegenden Haftungsanspruch bei ihm liegen dürfte) und bei der **Verjährung** (Verjährung nach § 12 oder nach der haftungsrechtlichen Spezialnorm?).

24 Ungelöste Probleme wirft auch die Frage nach der **Bindungswirkung** einer aus einem solchen kombinierten Haftungs- und Deckungsprozess ergehenden

Entscheidung im Verhältnis Geschädigter/VN auf (dazu *Langheid* VersR 2007, 865 (867 f.)); ausführlich auch *Armbrüster* r+s 2010, 441). Dies gilt insbesondere für die Konstellation, dass das Gericht die Haftung festgestellt, aber die Deckungsfrage verneint hat. Dies wiederum kommt unter anderem in Betracht, wenn der VR deckungsfeindliche Einwendungen (zB Vorsatzausschluss) vorgetragen hat, woran er bei direkter Inanspruchnahme nicht gehindert sein kann (wohingegen er nach bisheriger Rspr. im (getrennten) Haftpflichtprozess die Interessen des VN wie dessen eigener Anwalt zu vertreten hat (→ § 100 Rn. 6). Eine daraufhin ergehende Entscheidung wird kaum Bindungswirkung im Verhältnis zwischen Geschädigtem und Schädiger entfalten können.

Ferner ergeben sich vielfältige Konfigurationen, je nachdem, ob der VN den Haftpflichtanspruch **neben der Abtretung auch anerkannt** hat. Da das Anerkenntnis nicht binden kann, muss im Direktprozess neben Deckung und Haftung auch die Verbindlichkeit des Anerkenntnisses (oder auch eines Haftpflichturteils – selbst wenn es rechtskräftig ist) überprüft werden (Einzelheiten → § 100 Rn. 35 f., → § 105 Rn. 5 ff. und → § 106 Rn. 2). 25

VI. Abdingbarkeit

Die Regelung in Abs. 1 kann schon deswegen **nicht** im Versicherungsvertrag **geändert** werden, weil dadurch in die Rechte des Dritten eingegriffen würde. Die Unabdingbarkeit der Regelung in **Abs. 2** durch AVB folgt denklogisch aus der Vorschrift selbst. 26

§ 109 Mehrere Geschädigte

[1]Ist der Versicherungsnehmer gegenüber mehreren Dritten verantwortlich und übersteigen deren Ansprüche die Versicherungssumme, hat der Versicherer diese Ansprüche nach dem Verhältnis ihrer Beträge zu erfüllen. [2]Ist hierbei die Versicherungssumme erschöpft, kann sich ein bei der Verteilung nicht berücksichtigter Dritter nachträglich auf § 108 Abs. 1 nicht berufen, wenn der Versicherer mit der Geltendmachung dieser Ansprüche nicht gerechnet hat und auch nicht rechnen musste.

I. Mehrere Geschädigte

1. Mögliche Beteiligte

Die Regelung dient der gleichmäßigen Befriedigung mehrerer geschädigter Dritter bei zur Befriedigung aller Ansprüche nicht ausreichender Deckungssumme. Übersteigen deren summierte Ansprüche die Versicherungssumme (dazu BGH VersR 2006, 1679 ff.), würde ohne die Regelung in § 109 nach dem Prioritätsprinzip derjenige allein und ausschließlich befriedigt werden, der den Deckungsanspruch des Schädigers als erster pfändet und sich überweisen lässt (BGH VersR 1985, 1054). Dies verhindert die gesetzliche Regelung dadurch, dass eine quotierte Befriedigung aus der Versicherungssumme angeordnet wird (umfassend zum Problem *Car,* Das Überschreiten der Deckungssumme in der Haftpflichtversicherung, Diss. 2016; zu den Grundsätzen von Treu und Glauben, wenn der VR das Verteilungsverfahren nicht betreibt, nachdem der Gläubiger seine Ansprüche nicht kon- 1 kret zu beziffern in der Lage war, vgl. OLG Köln r+s 2017, 9 = VersR 2017, 341). In der D&O-Versicherung sollte die Vorschrift analog anzuwenden sein, weil bessere Regelungen für die Verteilung einer nicht ausreichenden Versicherungssumme nicht in Sicht sind und die Alternativen anstelle des Proportionalitätsgedankens („Windhundverfahren" oder dergleichen; dazu *Peppersack* r+s 2018, 117) noch weniger überzeugend sind (zum Problem *Gädtke* VP 6/2016, 9 ff.; *Grooterhorst/Looman* r+s 2014, 157 ff.; *Lange* VersR 2014, 1413 ff.; *Schultheiß* VersR 2016, 497 ff.; *Koch* ZVersWiss 2012, 151 (167); *Hemeling,* FS Hoffmann-Becking, 2013, 491 (501 f.); wohl auch *Seyfarth,* Vorstandsrecht, 2. Aufl. 2021, § 25 Rn. 69; dagegen allerdings *Armbrüster* VersR 2014, 1 ff.; *ders.* VW 2016, 54 (55)).

2 Dritte iSd Vorschrift sind nicht nur die tatsächlich geschädigten Haftpflichtgläubiger des VN, sondern auch deren **Rechtsnachfolger,** etwa Sozialversicherungsträger **(SVT),** auf die der Anspruch des Geschädigten ganz oder teilweise übergegangen ist. Problematisch kann hier das Befriedigungs- oder Quotenvorrecht des SVT werden, das über die gesetzliche Regelung in § 109 hinausgeht. Problematisch ist auch der Umstand, dass der SVT nicht aus übergegangenem Recht des geschädigten Dritten vorgeht, sondern aufgrund eines vertraglichen Teilungsabkommens mit dem VR. Der SVT nimmt dann zwar nach der Regelung in § 109 am Quotierungsverfahren teil, was sich aber nach BGH VersR 1985, 1054 nicht auf die verbleibenden Ansprüche des geschädigten Dritten auswirken, sondern zu einer Überschreitung der Deckungssumme führen soll. Das ist deswegen bedenklich, weil auch in Fällen eines Teilungsabkommensvertrages zwischen SVT und VR letztlich die Ansprüche des geschädigten Dritten – wenn auch aufgrund der besonderen vertraglichen Vereinbarung – reguliert werden.

3 Nur eingeschränkt an der Summenverteilung nach § 109 nimmt der **VR** teil, der den **geschädigten Dritten als seinen VN** teilweise befriedigt, so dass die Forderung gegen den VN insoweit gemäß § 86 auf ihn übergeht. Der Forderungsübergang darf sich gemäß § 86 Abs. 1 Satz 2 nicht zum Nachteil des VN auswirken, so dass der Geschädigte (= VN des anderen VR) das sog Quotenvorrecht gegenüber seinem VR für sich auch iRd Verteilung nach § 109 in Anspruch nehmen kann (so auch Langheid/Wandt/*Littbarski* § 109 Rn. 19). (Beispiel: Hausratversicherer entschädigt seinen VN nach einer fahrlässigen Brandstiftung und nimmt am Verteilungsverfahren nach § 109 im Rang hinter seinem VN teil). Die Regelung des § 86 Abs. 1 Satz 2 gilt für SVT nicht, so dass diese ihren Versicherten nicht den Vortritt lassen müssen (vgl. Langheid/Wandt/*Littbarski* § 109 Rn. 20 mwN).

2. Aufteilung nach Verhältnismäßigkeit

4 Zunächst ist festzustellen, ob die kumulierten Forderungen der Geschädigten die **Deckungssumme übersteigen.** Dabei sind alle denkbaren Ansprüche zusammenzuziehen (BGH VersR 2006, 1679: Nach Abzug der Zahlungen auf Ansprüche, die keine Rentenansprüche sind, müssen die Kapitalisierungswerte aller Rentenansprüche der verbleibenden Deckungssumme gegenüber gestellt werden). Etwas anderes kann nur dann gelten, wenn für einzelne Schadensarten unterschiedliche Deckungssummen (etwa Personen- und Sachschäden) vereinbart worden sind. Dann sind je nach Schadenart gesonderte Berechnungen vorzunehmen. Steht die Eintrittspflicht des VN erst **dem Grunde nach** fest, muss der Betrag eingesetzt werden, der unter Berücksichtigung aller Parameter am ehesten als Schadensersatz zu leisten sein wird. Rentenansprüche sind mit ihrem Kapital-

wert einzustellen. Zu berücksichtigen sind alle Forderungen, auch soweit sie noch nicht fällig iSv § 106 sind. Zu berücksichtigen sind auch noch nicht geltend gemachte Forderungen, wenn sie aber zu erwarten sind (anders nur, wenn der VR mit solchen Ansprüchen nicht mehr rechnen muss). Regressforderungen oder sonstige Ausgleichsansprüche gegen andere Schädiger oder andere VR sind nach den zuvor dargestellten Grundsätzen von der Summe der Forderung wieder in Abzug zu bringen (*Deichl/Küppersbusch/Schneider* Vor § 155 Rn. 73), so dass sich aus der Sicht des Dritten eine günstigere Verhältnismäßigkeit zur Deckungssumme ergibt.

Die Deckungssumme kann bei **mehreren Haftpflichtverträgen** ihrerseits kumuliert werden. **Keine Kumulierung** aber, wenn mehrere Deckungsberechtigte durch den gleichen Vertrag versichert sind (zB zwei VN oder etwa der VN und ein Versicherter) und gemeinsam auf den Schaden in Anspruch genommen werden: Dann bleibt es bei der Deckungssumme, die nicht für jeden Beteiligten, der Deckungsschutz genießt, gesondert einzusetzen ist (Langheid/Wandt/*Littbarski* § 109 Rn. 26; *Späte* AHB § 3 Rn. 50). Allerdings sollte dann nach der Ratio des § 109 die zur Verfügung stehende Deckungssumme auch auf die **mehreren Deckungsberechtigten aufgeteilt** werden. Der Versicherungsschutz schützt auch die Haftpflichtigen vor dem finanziellen Ruin, was unterlaufen würde, wenn ein Schädiger die gesamte Deckungssumme für sich in Anspruch nehmen könnte, der andere aber mit seinem privaten Vermögen haften müsste (zB werden zwei Organe in der D&O-Versicherung auf einen Schaden oberhalb der Deckungssumme in Anspruch genommen: dann Aufteilung der Deckungssumme für Abwehr- und Freistellungskosten nach dem Verhältnis der jeweiligen Haftungs- und Deckungssummen). 5

Sobald die Ansprüche der Dritten **fällig** sind, hat der VR die Leistungen an die Dritten zu erbringen, wobei die Ansprüche sich nach dem Verhältnis des jeweiligen Schadens zur Deckungssumme bestimmen. In diesem Zusammenhang sind Prioritätsansprüche (Quotenvorrecht oÄ) zu berücksichtigen. Ist die Versicherungssumme erschöpft, sind die Zahlungen einzustellen mit Ausnahme der Rentenansprüche, die gemäß § 107 Abs. 1 mit ihrem Kapitalbetrag in die Verhältnismäßigkeitsberechnung eingestellt werden, die aber dann uU auch über die Erschöpfung der Versicherungssumme hinaus zu zahlen sind. 6

3. Maßgeblicher Zeitpunkt

Die Verhältnismäßigkeitsberechnung ist in dem **Zeitpunkt** vorzunehmen, in dem der VR die Zahlungen an die Dritten vornimmt (aA Looschelders/Pohlmann/*Schulze Schwienhorst* § 109 Rn. 5, der – unpräzise – auf den der Zahlung vorgelagerten Zeitraum der Prüfung der Haftpflichtansprüche abstellen will; dem zust. und krit. gegenüber der hier verwendeten Formulierung Langheid/Wandt/*Littbarski* § 109 Rn. 30; so wie hier Prölss/Martin/*Lücke* § 109 Rn. 8; Schwintowski/Brömmelmeyer/*Retter* § 109 Rn. 10). Die anteilige Befriedigung der Dritten nach § 109 kommt nur dann in Betracht, wenn zu diesem Zeitpunkt die Deckungssumme für die Befriedigung aller Gläubiger nicht ausreicht. Problematisch kann werden, wenn sich während der Schadenregulierung nachträglich herausstellt, dass einzelne Forderungen mit einem zu hohen Nennwert in die Berechnung eingestellt worden sind und dass die Deckungssumme für die Befriedigung aller geschädigter Dritter doch ausreicht. Dann findet § 109 keine Anwendung mehr, sondern es ist ganz normal jeder Einzelanspruch in voller Höhe zu 7 befriedigen. Kommt nachträglich noch eine bisher nicht berücksichtigte Forderung hinzu, verbleibt es bei der Regelung des § 109, es ist aber eine nachträgliche Quotenneuberechnung erforderlich. Das kann zu erheblichen Komplikationen führen, etwa dann, wenn nach der Neuberechnung ein Geschädigter zu wenig, ein anderer Geschädigter aber zu viel erhalten hat (zust. Langheid/Wandt/*Littbarski* § 109 Rn. 32).

8 Diese **Schwierigkeiten der richtigen Handhabung** der gesetzlichen Regelung, die noch dadurch verstärkt werden, dass eine Hinterlegung weder nach § 372 BGB noch nach § 853 ZPO zulässig ist (Prölss/Martin/*Lücke* § 109 Rn. 2), haben Forderungen nach einer gesetzlichen Neuregelung laut werden lassen (so *Späte* AHB § 1 Rn. 213, der zu Recht darauf hinweist, dass das gesetzliche Verteilungsverfahren bei Groß- oder gar Katastrophenschäden versagen und/oder zu unbefriedigenden Lösungen führen muss), die aber bislang nicht vorgenommen wurde (zur Kritik Langheid/Wandt/*Littbarski* § 109 Rn. 11 ff.).

4. Regulierungsvollmacht

9 Nimmt der VR die Verteilung nach § 109 vor, handelt er gleichzeitig wegen der ihm in Ziff. 5.2 AHB 2008 erteilten **Regulierungsvollmacht** auch in Vollmacht für den VN (auch → § 149 Rn. 27 aE). Das gilt auch, wenn die Deckungssumme überschritten wird, also gerade in den Fällen des § 109 (anders BGHZ 101, 276 (284) = VersR 1987, 924 (926); BGHZ 24, 308 ff.; BGH VersR 2006, 1676 f.; VersR 1970, 549; VersR 1969, 451; VersR 1964, 1199; VersR 1953, 168; zum Problem vgl. auch *Späte* AHB § 5 Rn. 67 mwN; allerdings darf der VN ausnahmsweise die Regulierungsvollmacht für den nicht gedeckten Teil widerrufen, Bruck/Möller/*Johannsen,* 8. Aufl. 1961 ff., Bd. IV, Anm. G 19). Wegen der damit verbundenen Wirkung auch für den VN in Bezug auf den nicht gedeckten Teil kann der VR sich **schadensersatzpflichtig** machen, wenn er auf die Interessen seines VN nicht angemessen Rücksicht nimmt (Prölss/Martin/*Lücke* Ziff. 5 AHB 2008 Rn. 22; zur Verjährungsunterbrechung auch für den nicht gedeckten Teil vgl. BGH VersR 2006, 1676 f.); bei notleidendem Versicherungsverhältnis hat der VN das Recht, vom VR gemäß §§ 675, 666 BGB Auskunft und Rechenschaft zu verlangen (BGH VersR 1981, 180). Da der VR jedenfalls zum Teil auch die Interessen des VN zu berücksichtigen hat, sollte er sich mit diesem abstimmen. Bei unüberbrückbaren Gegensätzen sollte dem VN jedenfalls Gelegenheit geben werden, die Regulierungsvollmacht in Bezug auf den nicht gedeckten Schadensteil zu widerrufen, damit der VN zumindest rechtlich nicht gebunden wird, soweit er selbst eintrittspflichtig ist. Das zuvor Gesagte gilt nicht schon im Falle eines **Selbstbehaltes** des VN, diesbezüglich bleibt es uneingeschränkt und uneinschränkbar bei der Regulierungsvollmacht des VR (*Späte* AHB § 5 Rn. 68 mwN).

II. Unberücksichtigt gebliebener Dritter

1. Grund für die Nichtberücksichtigung

10 Meldet ein geschädigter Dritter seine Forderungen zu spät an, wird er am Verteilungsverfahren nach § 109 nicht mehr beteiligt. Der VR ist insoweit leistungsfrei, wenn er nicht damit rechnen musste, dass solche Ansprüche existieren und auch noch geltend gemacht werden. Ein solcher „zu spät kommender" Dritter kann sich auch auf die relative Unwirksamkeit des Verteilungsverfahrens nach der

Regelung in § 108 Abs. 1 nicht berufen, hat also kein Zugriffsrecht mehr, eine etwaige Pfändung ginge ins Leere. Für den Zeitpunkt der verspäteten Geltendmachung durch den Dritten ist auf die tatsächliche Erschöpfung der Versicherungssumme abzustellen, nicht auf eine etwaige Berechnung des VR in Bezug auf die Verhältnismäßigkeit der verschiedenen Drittansprüche und der Versicherungssumme. Abzustellen ist auf den tatsächlichen Zahlungszeitpunkt. Kommt der Dritte zwar zu spät, aber noch vor Zahlung, ist nach obigen Grundsätzen (→ Rn. 4) eine Neuberechnung vorzunehmen (so auch Prölss/Martin/*Lücke* § 109 Rn. 12).

2. Mangelndes Verschulden des Versicherers

Maßgeblich ist, ob der VR mit der Forderung des Dritten nicht mehr rechnen musste. Darlegungs- und beweisbelastet ist der VR. Da den VR aber keine Erkundigungspflichten treffen, muss irgendein Anhaltspunkt dafür bestehen, dass es tatsächlich noch einen geschädigten Dritten gibt, der sich bislang nicht gemeldet hat und der deswegen im Verteilungsverfahren unberücksichtigt geblieben ist. Ohne einen solchen Anhaltspunkt ist von einer unverschuldeten Nichtberücksichtigung derartiger Dritter auszugehen (zu den Anforderungen an den VR vgl. auch Langheid/Wandt/*Littbarski* § 109 Rn. 9). Zahlt der VR etwa die gesamte Deckungssumme in einen **Zahlungspool** ein (zB bei einem Busunglück in Spanien mit mehreren Toten und Verletzten gemäß Art. 112 der spanischen StPO, den sich nach Art. 21.1 des spanisch-deutschen Anerkennungs- und Vollstreckungsvertrages auch der in der Bundesrepublik ansässige Geschädigte entgegenhalten lassen muss), muss der Dritte seine Befriedigung dort suchen; er kann wegen der Erschöpfung der Versicherungssumme nicht gesondert und uneingeschränkt an den VR herantreten. **11**

3. Rückgriff gegen Versicherungsnehmer

Muss der VR den nachträglich sich meldenden Dritten im Verteilungsverfahren noch berücksichtigen und wird dadurch seine Verpflichtung über die Deckungssumme hinaus begründet, erhält der VR einen **Regressanspruch gegen den VN,** der dadurch von einer eigenen Verbindlichkeit gegenüber dem Dritten befreit wird. Daraus folgt im Umkehrschluss, dass der Anspruch des geschädigten Dritten gegen den VN bestehen bleibt, wenn er tatsächlich zu spät kommt und der VR unverschuldet seine Forderung unberücksichtigt gelassen hat. Fraglich ist, ob der Dritte ggf. einen Ausgleichsanspruch gegen die anderen geschädigten Dritten hat, die wegen seiner Nichtberücksichtigung mehr erhalten haben, als ihnen an sich zugestanden hätte (kein Ausgleichsanspruch nach Prölss/Martin/*Lücke* § 109 Rn. 14; anders und für eine entsprechende Anwendung von § 816 Abs. 2 BGB Bruck/Möller/*Johannsen,* 8. Aufl. 1961 ff., Bd. IV, Anm. B 101; dagegen Langheid/Wandt/*Littbarski* § 109 Rn. 49). **12**

III. Beispiele

1. Deckungssumme

Bezüglich der Feststellung der **Deckungssumme:** Zwei Schädiger, von denen der eine VN und der andere Versicherter desselben Haftpflichtversicherungsvertra- **13** ges mit einer Deckungssumme von 1 Mio. EUR sind, haben einen Schaden verursacht, der 5 Mio. EUR beträgt. Die Deckungssumme ist auf 1 Mio. EUR beschränkt, so dass nur diese iRd Verteilung nach § 109 zu berücksichtigen ist. Liegen zwei getrennte Versicherungsverträge mit gleicher Deckungssumme vor, verdoppelt sich die Verteilungsmasse.

2. Verteilung

14 Bei einer Deckungssumme von 1 Mio. EUR; erleiden zwei Geschädigte einen Schaden durch dasselbe Ereignis, wobei der eine einen Schaden iHv 500.000 EUR erleidet, der andere einen Schaden iHv 1 Mio. EUR. Da die Forderungen im Verhältnis 1 : 2 zueinander stehen, erhält der erste ein Drittel seiner Forderung, der andere zwei Drittel. Stellt sich im Laufe des Haftpflichtprozesses heraus, dass der eine oder andere Schaden überhöht geltend gemacht wurde, oder wird – etwa zur Vermeidung langwieriger Beweisaufnahmen – ein Vergleich unterhalb der ursprünglichen Schadenssumme geschlossen, ist eine Neuberechnung erforderlich. Reduziert sich der erste Schaden etwa auf 200.000 EUR und der andere Schaden bleibt bei 1 Mio. EUR, erfolgt die Neuverteilung im Verhältnis 1 : 5. Wird der Gesamtschaden so weit reduziert, dass die Deckungssumme unterschritten wird, werden die reduzierten Schäden voll ausgeglichen: Für eine Anwendung des § 109 ist dann kein Raum mehr.

3. Weiterführende Hinweise

15 Informative Rechenbeispiele finden sich bei Bruck/Möller/*Johannsen,* 8. Aufl. 1961 ff., Bd. IV, Anm. B 96 f.; Prölss/Martin/*Lücke* § 109 Rn. 17 ff.; *Wenke* VersR 1983, 900; *Sprung* VersR 1992, 657.

IV. Prozessuales

16 Unmittelbare Rechtsbeziehungen bestehen nur zwischen dem geschädigten Dritten und dem VN. Hier spielt die gesetzliche Regelung begreiflicherweise keine Rolle, da diese die Haftung des Schädigers nicht begrenzt, sondern die **Verteilung des Mangels** regelt. Daher kann der Geschädigte den VN in voller Höhe gerichtlich in Anspruch nehmen. Fraglich ist dies im Falle des Direktprozesses des Dritten gegen den VR, sei es nach Pfändung und Überweisung des Deckungsanspruchs, sei es nach dessen Abtretung oder in den sonst denkbaren Ausnahmefällen. Da auch im Falle des § 107 die Begrenzung der Deckungssumme im Deckungsprozess unberücksichtigt bleiben soll (BGH VersR 1963, 516 zu § 155 aF; → § 107 Rn. 13), könnte dies auch für den Deckungsprozess nach § 109 gelten, also auch für den Deckungsprozess des geschädigten Dritten. Da aber schon für § 107 (bzw. § 155 aF) die Begründung für die unbeschränkte Zulassung des Deckungsprozesses nicht überzeugt, ist auch hier die begrenzte Verteilungssumme zu beachten. Das gilt schon für das Klage- und nicht erst für das Vollstreckungsverfahren (BGH VersR 2006, 1679; 1982, 791; NJW 1983, 26 für den Direktanspruch, der aber jedenfalls in der hier besprochenen Konstellation keine Unterschiede aufweist). Der Geschädigte, der unbegrenzt gegen den VR klagt, läuft mithin Gefahr, mit einem (uU beträchtlichen) Kostenanteil belegt zu werden (vgl. auch Langheid/Wandt/*Littbarski* § 109 Rn. 50). Ob die mit einer richtigen Berechnung nach § 109 verbundenen Schwierigkei-

ten den Dritten (oder den VN) berechtigen sollen, trotz möglicher Zahlungsklage die im Versicherungsvertragsrecht ohnehin allzu übliche Feststellungsklage zu erheben (dafür Prölss/Martin/*Lücke* § 109 Rn. 16, der allerdings einen vorsorglichen Hilfs-Zahlungsantrag empfiehlt), ist zumindest fraglich, denn es besteht sicher keine Gewähr, dass die Parteien die anschließende Berechnung nach § 109 einvernehmlich bewerkstelligen werden, so dass dann ohnehin eine weitere gerichtliche Auseinandersetzung droht (ausdrücklich zust. Langheid/Wandt/*Littbarski* § 109 Rn. 52).

V. Abdingbarkeit

Die Regelung kann schon deswegen **nicht** im Versicherungsvertrag **geändert** werden, weil dadurch in die Rechte des Dritten eingegriffen würde. 17

§ 110 Insolvenz des Versicherungsnehmers

Ist über das Vermögen des Versicherungsnehmers das Insolvenzverfahren eröffnet, kann der Dritte wegen des ihm gegen den Versicherungsnehmer zustehenden Anspruchs abgesonderte Befriedigung aus dem Freistellungsanspruch des Versicherungsnehmers verlangen.

I. Absonderungsrecht

Die Vorschrift soll verhindern, dass der geschädigte Dritte im Fall der Insolvenz des versicherten VN leer ausgeht oder auf die Insolvenzquote verwiesen werden kann. Daher kann der Haftungsgläubiger wegen des ihm gegen den Schuldner zustehenden Haftungsanspruchs das **Recht auf abgesonderte Befriedigung** aus dem Freistellungsanspruch des VN verfolgen. Nicht zulässig ist hingegen die Pfändung des Freistellungsanspruchs wegen einer anderen (titulierten) Forderung, selbst wenn der Gläubiger zusätzlich einen versicherten Haftpflichtanspruch gegen den VN hat (BGH NJW-RR 2015, 821 = VersR 2015, 497). Das Absonderungsrecht des Dritten entsteht mit Eröffnung des Insolvenzverfahrens, gleichgültig, ob die Haftpflichtansprüche mit bindender Wirkung für den Versicherer (§ 106 S. 1) festgestellt werden (BGH VersR 2016, 1000 = NZG 2016, 838), schon feststehen oder erst später oder gar nicht festgestellt werden (*Thole* NZI 2013, 665; dort auch zum Zeitpunkt des Entstehens des materiellen Vorzugsrechts sowie des Einziehungsrechts). Der Dritte nimmt als Absonderungsberechtigter nicht am Insolvenzverfahren teil. Ist nicht der VN betroffen, sondern ein Mitversicherter, kommt es auf dessen Insolvenz an. 1

II. Anspruchsumfang

Der Dritte erwirbt einen Anspruch auf abgesonderte Befriedigung „aus dem **Freistellungsanspruch**", wenn sein Haftpflichtanspruch begründet ist. Dieser Freistellungsanspruch des Gemeinschuldners verwandelt sich mit der Insolvenz wie bei der Pfändung (→ § 100 Rn. 26) in einen Zahlungsanspruch, der auch in Form des Kostenerstattungsanspruchs bei Deckung durch Rechtsschutzge- 2 währung entstehen kann. Daran ändert auch der mit der VVG-Reform 2008 eingeführte Gesetzeswortlaut nichts. Nach BGHZ 44, 1 bleibt der VR dem Konkursverwalter (heute: Insolvenzverwalter) – und folgerichtig auch dem absonderungsberechtigten Dritten – gegenüber leistungsfrei, wenn er auch dem Gemeinschuldner gegenüber leistungsfrei war. Der Dritte erwirbt bei Eintrittspflicht des VR gemäß § 1282 BGB analog ein Einziehungsrecht gegen den VR, wenn der Anspruch auf Deckung fällig war (BGH VersR 1954, 578). Dabei ist zu beachten, dass auch der Haftpflichtanspruch fällig sein muss, weil es sonst einen fälligen Deckungsanspruch jedenfalls in Form der Freistellung gar nicht geben kann. **Problematisch** sind die Fälle, in denen der Dritte einen Haftpflichtanspruch gegen den Gemeinschuldner hat, dieser (oder der Insolvenzverwalter) es aber unterlassen hat, den Deckungsanspruch beim VR geltend zu machen. Unter Umständen hat der Insolvenzverwalter – in Unkenntnis des ernsthaft geltend gemachten Anspruchs – den Versicherungsfall nicht beim VR angemeldet oder aber es ist inzwischen Verjährung nach §§ 195, 199 BGB eingetreten (zum Problem vgl. OLG Köln r+s 1996, 432). Der Dritte, der trotz seines Einziehungsrechtes dem VR gegenüber die Klage immer gegen den Insolvenzverwalter richten muss, wobei sein Recht beschränkt ist auf abgesonderte Befriedigung auf Leistung aus dem Freistellungsanspruch (zur früheren Rechtslage „aus der Entschädigungsforderung" BGH VersR 1989, 730 = NJW-RR 1989, 918; NJW-RR 1981, 328), kann dann leer ausgehen, weil es eben einen Freistellungsanspruch nicht gibt, sei es wegen Verjährung oder Leistungsfreiheit. Es kann hier ein deliktischer Anspruch gegen den Insolvenzverwalter aus § 60 InsO in Betracht kommen. Gibt aber der Insolvenzverwalter die Versicherungsforderung frei, kann der Dritte sein Pfandrecht an der Versicherungsforderung gegen den VN persönlich verfolgen (durch Antrag gegen diesen auf Duldung der Zwangsvollstreckung, BGH NJW-RR 2016, 1065 = VersR 2016, 913).

III. Rechtsfolgen

3 Wird der Anspruch zur Insolvenztabelle **festgestellt,** steht er im Sinne von § 106 Abs. 1 fest (aA *Mokhtari* VersR 2014, 665). Will der VR das verhindern, muss er selbst am Insolvenzverfahren teilnehmen und der Feststellung widersprechen. Die Feststellung kann nach dem Gesetz auch durch ein Anerkenntnis der Schadensersatzforderung erfolgen, sei es durch den (nicht insolventen) VN, sei es durch den Insolvenzverwalter (zuletzt BGH VersR 2004, 634; vgl. auch LG Arnsberg r+s 2011, 156; zum Anerkenntnis durch den Verwalter *Thole* NZI 2013, 665). Dann kann der Dritte **unmittelbar gegen den VR** vorgehen, wobei er dann aber auf die Feststellungsklage beschränkt ist, wenn durch das Anerkenntnis des Insolvenzverwalters keine eindeutige Feststellung getroffen wird, ob der gedeckte Haftpflichtanspruch des Dritten zur Insolvenztabelle festgestellt wurde oder nicht (zum Problem vgl. BGH VersR 1991, 414; zum Auskunftsanspruch der Geschädigten gegen den Haftpflichtversicherer über Inhalt und Umfang des Versicherungsvertrages vgl. OLG Düsseldorf VersR 2002, 1020; dagegen, unter anderem wegen – allerdings unspezifizierter – datenschutzrechtlicher Bedenken, Langheid/Wandt/*Littbarski* § 110 Rn. 40).

4 Allerdings ist zu beachten, dass nach geltendem Recht der Anspruch „mit bindender Wirkung" für den VR feststehen muss; eine bloße Anmeldung zur

Insolvenztabelle genügt nicht (BGH BeckRS 2021, 5162 = WM 2021, 650; ferner → § 106 Rn. 4). Daneben besteht (BGH NJW-RR 1989, 918 = VersR 1989, 730) die Möglichkeit, ohne Umweg über das – zeitintensive – insolvenzrechtliche Prüfungsverfahren **unmittelbar** eine Zahlungsklage gegen den Insolvenzverwalter zu erheben, und zwar beschränkt auf die **Leistung** aus dem **Freistellungsanspruch** gegen den Haftpflichtversicherer (vgl. auch BGH VersR 1964, 966; VersR 1956, 625; LG Köln VersR 2004, 1128; BK/*Baumann* § 157 Rn. 11; Prölss/Martin/*Lücke* § 110 Rn. 6; *Thole* NZI 2013, 665; **aA** *Mitlehner* ZIP 2012, 2003). Schließlich kann nach BGH NJW 1996, 2035 = VersR 1997, 61 der Drittgeschädigte grds. auch auf die Teilnahme am Insolvenzverfahren verzichten. Für eine Klage des Drittgeschädigten gegen den VN ist das Rechtsschutzinteresse dann nicht ohne Weiteres ausgeschlossen, wenn der Drittgeschädigte Befriedigung aus einem Freistellungsanspruch des VN gegen seinen Haftpflichtversicherer erstrebt (dazu krit. nach Einführung des § 87 InsO Schwintowski/Brömmelmeyer/*Retter* § 110 Rn. 18; siehe ferner Langheid/Wandt/*Littbarski* § 110 Rn. 30). Eine **Rentenforderung** des Dritten wandelt sich in der Insolvenz des VN in eine Kapitalforderung um (§§ 41, 45, 46 InsO), so dass auch der VR im Rahmen der Deckungssumme auf die Kapitalisierung haftet (anders, wenn der VR selbst nur eine Rente zu zahlen hat, etwa wenn der Dritte einen gerichtlich durchgesetzten Rentenanspruch gegen den VN pfänden und sich überweisen lässt). Reicht der Anspruch „aus dem Freistellungsanspruch" nicht aus, nimmt der Dritte mit dem übersteigenden Teil seiner Schadensersatzforderung an der Insolvenzquote teil.

IV. Abdingbarkeit

§ 110 ist trotz fehlender Erwähnung in § 112 **zwingend,** weil der Versicherungsvertrag nicht in gesetzliche Rechte Dritter eingreifen kann. 5

§ 111 Kündigung nach Versicherungsfall

(1) [1]Hat der Versicherer nach dem Eintritt des Versicherungsfalles den Anspruch des Versicherungsnehmers auf Freistellung anerkannt oder zu Unrecht abgelehnt, kann jede Vertragspartei das Versicherungsverhältnis kündigen. [2]Dies gilt auch, wenn der Versicherer dem Versicherungsnehmer die Weisung erteilt, es zum Rechtsstreit über den Anspruch des Dritten kommen zu lassen.

(2) [1]Die Kündigung ist nur innerhalb eines Monats seit der Anerkennung oder Ablehnung des Freistellungsanspruchs oder seit der Rechtskraft des im Rechtsstreit mit dem Dritten ergangenen Urteils zulässig. [2]§ 92 Abs. 2 Satz 2 und 3 ist anzuwenden.

I. Voraussetzungen

1. Übersicht

Abs. 1 gibt eine **Übersicht** über die Voraussetzungen für die schadenbedingte 1
Kündigung: Grund für eine außerordentliche Kündigung beider Vertragspartner

ist das **Deckungsanerkenntnis** des VR, seine fehlerhafte **Verweigerung** bezüglich einer geschuldeten Freistellung und schließlich die Ablehnung der Haftung des VN durch den VR bei gleichzeitiger **Weisung** zur Prozessaufnahme. Damit stellt der Gesetzgeber für das außerordentliche Kündigungsrecht sowohl auf das Haftpflichtverhältnis als auch auf das Deckungsverhältnis ab. Anders als in § 92 wird hier nicht ausschließlich auf den Eintritt des Versicherungsfalles und die damit verbundene wechselseitige Überprüfung des Verhaltens nach dem Eintritt eines Versicherungsfalles abgestellt, sondern es kommen über das Erfordernis des eingetretenen Versicherungsfalles noch spezifische Kündigungsvoraussetzungen hinzu. Ähnlich wie die gesetzliche Regelung in § 111, jedoch verkürzt, sieht die vertragliche Regelung in Ziff. 19.1 AHB 2008 aus: Danach kann das Versicherungsverhältnis von beiden Seiten gekündigt werden, wenn „vom Versicherer eine Schadensersatzzahlung geleistet wurde oder dem Versicherungsnehmer eine Klage über einen unter den Versicherungsschutz fallenden Haftpflichtanspruch gerichtlich zugestellt wird."

2. Versicherungsfall

2 Allerdings ist sowohl nach der gesetzlichen als auch nach der Bedingungsregelung Vor-Voraussetzung für die Möglichkeit des Eintretens eines Kündigungsrechtes zunächst einmal, dass überhaupt ein **Versicherungsfall** vorliegt. Der Gesetzgeber stellt auf das Verhalten des VR „nach dem Eintritt des Versicherungsfalles" ab; Ziff. 19 AHB 2008 steht unter der Überschrift „Kündigung nach Versicherungsfall". Ähnlich wie auch in der Sachversicherung (→ § 92 Rn. 8) kommt es hier also darauf an, was unter einem Versicherungsfall zu verstehen ist. Ferner ist im Haftpflichtrecht nicht mehr problematisch, ob der VR die Deckung begründet oder unbegründet abgelehnt hat; das hat der Gesetzgeber durch die geänderte Formulierung klargestellt.

3 Entsprechend der hier zum Sachversicherungsrecht vertretenen Auffassung (→ § 92 Rn. 8 f.) kommt es darauf an, ob **objektiv** ein Versicherungsfall vorliegt (BK/*Baumann* § 158 Rn. 8 spricht von objektiven und außerobjektiven Kriterien der Leistungspflicht des VR im Versicherungsfall). Ist der VR wegen Obliegenheitsverletzungen oder vorsätzlicher Herbeiführung des Versicherungsfalles, wegen einer Gefahrerhöhung oder Prämienverzugs im Einzelfall von der **Deckungspflicht befreit,** ändert das nichts daran, dass objektiv ein an sich zu deckender Versicherungsfall vorgelegen hat, der zur außerordentlichen Kündigung berechtigt (so auch Langheid/Wandt/*Littbarski* § 111 Rn. 9). Anders ist es, wenn ein Schaden unterhalb des vertraglich vereinbarten Selbstbehaltes eintritt; dann liegt zwar ein an sich deckungspflichtiger Versicherungsfall vor, aus objektiven Gründen (Selbstbehalt) kann aber eine Deckungspflicht des VR nicht gegeben sein. Da der Versicherungsfall dann in keinem Fall deckungspflichtig sein kann, liegt auch kein zur außerordentlichen Kündigung berechtigender Umstand vor (ebenso *Wussow* § 9 AHB Anm. 8; *Kuwert* AHB Rn. 9021; zu Recht weist *Späte* AHB § 9 Rn. 14, darauf hin, dass gemäß § 3 II Nr. 2 Abs. 2 AHB aF (jetzt Ziff. 6.4 AHB 2008) der VR zur **Abwehr** unberechtigter Ansprüche verpflichtet bleibt, auch wenn der erhobene Haftpflichtanspruch unterhalb des Selbstbehaltes liegt; das kann auf die gesetzliche Regelung ohne Weiteres übertragen werden, so dass in diesen Fällen – ausnahmsweise – das Kündigungsrecht auch entsteht, wenn der geltend gemachte Schaden unterhalb des Selbstbehaltes liegt; dem folgend Langheid/Wandt/*Littbarski* § 111 Rn. 10).

II. Anerkenntnis des Freistellungsanspruchs

4 Das Anerkenntnis des VR (zu den Anforderungen an das Anerkenntnis OLG Celle NJW-RR 2004, 466), das zur außerordentlichen Kündigung berechtigt, wird regelmäßig konkludent durch eine Zahlung an den Geschädigten erklärt werden. Ziff. 19.1 AHB 2008 stellt deswegen von vornherein auf eine Schadensersatzzahlung ab (wobei nach der vertraglichen Regelung das bloße Anerkenntnis nicht ausreichend sein soll). Ein Anerkenntnis ist ferner stets im Abschluss eines außergerichtlichen oder gerichtlichen Vergleichs zu sehen. Wird eine Teilzahlung geleistet, die an sich als konkludentes Anerkenntnis ausreicht, muss geprüft werden, ob es sich um eine Kulanz- oder um eine vergleichsbedingte Zahlung handelt (zust. Langheid/Wandt/*Littbarski* § 111 Rn. 15). Ein rechtskräftiges Urteil im Haftpflichtprozess genügt, sofern es den VR iSd § 106 Satz 1 bindet; ein rechtskräftiges Urteil im Deckungsprozess genügt ohnehin.

III. Deckungsablehnung

1. Unbegründete Deckungsablehnung

5 Nicht mehr von Interesse ist die Frage nach der **begründeten oder unbegründeten Deckungsablehnung.** Der Gesetzgeber hat die früher hM in das Gesetz übernommen, wonach bei **berechtigter Deckungsablehnung** keine Entschädigungsleistung fällig werden kann mit der Folge, dass die Voraussetzungen für das außerordentliche Kündigungsrecht nicht eintreten können (Bruck/Möller/*Johannsen,* 8. Aufl. 1961 ff., Bd. IV, Anm. D 18).

2. Deckungsablehnung vor Fälligkeit des Freistellungsanspruchs

6 Ein besonderes Problem stellt die Deckungsablehnung des VR **vor Fälligkeit des Freistellungsanspruchs** dar. Vor ihrer Fälligkeit steht die Entschädigungsleistung noch nicht fest und kann deswegen auch weder vom VN noch vom Dritten erstattet verlangt werden. Das hat zur Folge, dass auch noch kein Fall des außerordentlichen Kündigungsrechts gegeben ist (so Stiefel/Maier/*Stadler* AKB G.2 Rn. 55; Bruck/Möller/*Johannsen,* 8. Aufl. 1961 ff., Bd. IV, Anm. D 18). Nach anderer Auffassung stellt auch schon die Deckungsablehnung wegen fehlender Fälligkeit eine endgültige Verweigerung des Versicherungsschutzes und mithin eine endgültige Ablehnung der später fällig werdenden Entschädigung dar mit der Folge, dass schon jetzt ein außerordentliches Kündigungsrecht entsteht (*Wussow* § 9 AHB Anm. 11). Letztlich ist nur die erste Auffassung überzeugend, denn mit einer Leistungsablehnung wegen fehlender Fälligkeit ist keineswegs zwingend die endgültige Leistungsablehnung verbunden. Die Leistung des VN an den Dritten steht noch nicht fest, so dass bestenfalls der Deckungsanspruch in Form des Abwehranspruchs besteht. *Späte* (AHB § 9 Rn. 22) weist zu Recht darauf hin, dass in beiden Fällen jedenfalls nur die **unbegründete Deckungsablehnung** geeignet ist, das außerordentliche Kündigungsrecht zu begründen (seit der VVG-Reform 2008 ausdrücklich im Gesetz geregelt).

IV. Ablehnung des fälligen Leistungsanspruchs

7 Die Ablehnung des fälligen Freistellungsanspruchs gemäß § 106 Satz 1 und die damit verbundene Deckungsablehnung ist nach geltendem Recht keine Vorausset-

zung mehr für die Kündigung des Versicherungsvertrages. Es kommt nur noch auf die obigen Voraussetzungen an (Anerkenntnis oder unberechtigte Deckungsablehnung).

V. Weisung zur Prozessaufnahme

8 Ein außerordentliches Kündigungsrecht besteht ferner, wenn der VR dem VN die Weisung zur Prozessaufnahme erteilt. Es handelt sich um den Deckungsfall der Rechtsschutzgewährung, in dem der VR seinem VN Deckung gewährt, aber den zugrunde liegenden Haftpflichtanspruch leugnet. Ziff. 19.1 AHB 2008 stellt demgegenüber schon auf die Rechtshängigkeit des Haftpflichtanspruchs ab, die zur Kündigung berechtigen soll, allerdings nur, wenn der geschädigte Dritte den Haftpflichtanspruch durch Klageerhebung gerichtlich geltend macht; Zustellung eines Mahnbescheides und die Anrufung eines ggf. vereinbarten Schiedsgerichts sind nach den AHB 2008 nicht mehr gleich gestellt (anders noch § 9 II Nr. 2 Abs. 1 AHB). Es reicht aber, wenn der Haftpflichtanspruch zum Teil gerichtlich geltend gemacht wird. Voraussetzung für das Kündigungsrecht ist nur die Weisung des VR zur Prozessaufnahme, es sei denn, der geltend gemachte Anspruch fällt von vornherein nicht unter den Deckungsbereich des Versicherungsvertrages.

9 Problematisch ist allerdings die Weisung des VR zur Prozessaufnahme, wenn der vom Dritten angestrengte Prozess vor dem örtlich oder sachlich unzuständigen Gericht erhoben wird oder wenn – etwa bei einer Streitverkündung oder einem Antrag auf Gewährung von Prozesskostenhilfe – der Prozess zwar bevorsteht, aber eben noch nicht rechtshängig gemacht wurde. Anders als nach den AHB, in denen es auf die Klagezustellung ankommt und nach denen deswegen die zuvor genannten Fälle für ein Kündigungsrecht nicht ausreichen (vgl. dazu *Späte* AHB § 9 Rn. 20 mwN), dürfte nach der gesetzlichen Regelung das Kündigungsrecht eingetreten sein, wenn und soweit der VR die Weisung erteilt, „es zum Rechtsstreit über den Anspruch des Dritten kommen zu lassen."

VI. Kündigungsfristen

1. Kündigungszeitpunkt

10 Der Kündigungszeitpunkt liegt spätestens innerhalb eines Monats seit dem Anerkenntnis über die Freistellungspflicht (also zumeist der Zahlung des Entschädigungsbetrages an den Dritten oder – in seltenen Ausnahmefällen – auch an den VN) oder der unrechtmäßigen Ablehnung des VR, die (fällige) Entschädigung zu zahlen. Auch der Rechtskrafteintritt des Urteils im Haftpflichtprozess lässt die Kündigungsfrist von einem Monat beginnen, wobei zwar ein Teil-, nicht aber ein Grundurteil genügen soll (vgl. *Späte* AHB § 9 Rn. 24 mwN). Nach allgM steht der Rechtskraft gleich die Klagerücknahme oder ein bestandskräftiger Vergleich (*Späte* AHB § 9 Rn. 24). Soweit der VN am Prozessgeschehen nicht unmittelbar beteiligt ist, sondern nur über den prozessführungsbefugten VR davon erfährt, ist für den Beginn der Kündigungsfrist der entsprechende Zeitpunkt maßgeblich.

2. Form und Inhalt

Zur äußeren Gestaltung der Kündigung → § 11 Rn. 8 ff. Eine vorzeitige Kündigung des VN ist unwirksam und muss wiederholt werden, wenn eine der oben genannten Voraussetzungen vorliegt (ebenso *Späte* AHB § 9 Rn. 23; Bruck/Möller/*Johannsen,* 8. Aufl. 1961 ff., Bd. IV, Anm. D 23; *Wussow* AHB § 9 Anm. 13; *Kuwert* Rn. 9033; **aA** Prölss/Martin/*Lücke* § 111 Rn. 10, der die Kündigung wirksam werden lässt, wenn eine der gesetzlichen Voraussetzungen „später hinzutritt“). **11**

3. Fristen

Der VR hat eine Kündigungsfrist von (mindestens) einem Monat einzuhalten. Der VN kann zu jedem Zeitpunkt iRd laufenden Versicherungsperiode kündigen, nicht aber für einen Zeitpunkt danach (§ 111 Abs. 2 Satz 2 iVm § 92 Abs. 2 Sätze 2 und 3). **12**

VII. Abänderbarkeit

§ 111 ist **abänderlich;** davon ist in Ziff. 19 AHB 2008 auch – wirksam – Gebrauch gemacht worden (Langheid/Wandt/*Littbarski* § 111 Rn. 6). **13**

§ 112 Abweichende Vereinbarungen

Von den §§ 104 und 106 kann nicht zum Nachteil des Versicherungsnehmers abgewichen werden.

Die Regelungen in § 104 (Anzeigepflicht des VN) und § 106 (Fälligkeit der Versicherungsleistung) sind insoweit unabänderlich, als von diesen Vorschriften zum Nachteil des VN nicht abgewichen werden darf. Die Unabdingbarkeit von § 105 und § 108 Abs. 2 folgt aus den Regelungen selbst. Alle anderen Vorschriften dürfen iRd Vorschriften der §§ 305 ff. BGB abgeändert werden (**aA** Langheid/Wandt/*Littbarski* § 112 Rn. 6: Abweichende Vereinbarungen sind „schlechthin unzulässig“). Das gilt allerdings nicht, soweit Rechte des geschädigten Dritten betroffen sind; daher sind etwa die Vorschriften der § 108 Abs. 1, § 109 und § 110 nicht durch vertragliche Absprachen zwischen VN und VR abzuändern. **1**

Abschnitt 2. Pflichtversicherung

Vorbemerkungen zu §§ 113–124

Die VVG-Reform 2008 hat eine vollkommene **Neuregelung** der Haftpflichtversicherung mit sich gebracht, ohne dass zugleich auch grundlegende Neuerungen eingeführt worden wären (wenn man nicht in der zumindest verunglückten Formulierung des § 106 einen schwerwiegenden Eingriff in das System von Bindungswirkung und Trennungsprinzip sehen will; vgl. dazu zunächst *Felsch* in Workshop S. 1 ff.; *Langheid,* ebenda, S. 41 ff.; sodann → § 100 Rn. 35; → § 105 Rn. 5 ff. und → § 106 Rn. 2). Dass gilt auch für die **Pflichtversicherungen,** **1** also solche Haftpflichtversicherungen, deren Abschluss der Gesetzgeber angeordnet hat (weil die Versicherten kraft ihrer Betätigung (Autofahrer; Jäger) oder ihrer Berufsausübung (Ärzte, Rechtsanwälte) mit Schutzgütern Dritter umgehen und diese verletzen können.

2 Es ist zunächst dabei geblieben, dass für eine Pflichtversicherung, also für eine Haftpflichtversicherung, die von Gesetzes- oder Verordnungswegen abgeschlossen werden muss, die in §§ 113 ff. normierten Sondervorschriften gelten.

3 Neu seit der VVG-Reform 2008 ist der in § 115 angeordnete **Direktanspruch** des geschädigten Dritten gegen den Haftpflichtversicherer, wie er früher nur für die Kfz-Haftpflichtversicherung in § 3 Nr. 1 PflVG aF vorgesehen war. Entgegen den Vorüberlegungen der VVG-Reformkommission und sogar noch entgegen den ersten Überlegungen des Referentenentwurfs hat der Rechtsausschuss des Deutschen Bundestages in der endgültigen Gesetzesfassung eine Reduktion eines uneingeschränkten Direktanspruchs dahingehend vorgenommen, dass ein solcher Direktanspruch uneingeschränkt wie bisher in der Kfz-Haftpflichtversicherung und ansonsten nur bei Insolvenz des VN oder bei seinem unbekannten Aufenthalt eingeräumt wird (beides neu).

4 Wichtig ist dabei die **Unterscheidung** zwischen dem auch in der allgemeinen Haftpflichtversicherung möglichen Direktanspruch des geschädigten Dritten gegen den Haftpflichtversicherer (wenn nämlich der VN seinen Freistellungsanspruch an den Dritten abtritt) und dem Direktanspruch in der Pflichtversicherung. Im Unterschied zur Pflicht-Haftpflichtversicherung wird durch die **Abtretung des Freistellungsanspruchs** an den Geschädigten in der allgemeinen Haftpflichtversicherung nicht die **Passivlegitimation** des VR **für den Haftungsanspruch** geschaffen, sondern der Dritte kann lediglich den Deckungsanspruch des VN unmittelbar beim VR geltend machen. Das führt zwar im Endeffekt auch zu einem Zahlungsanspruch gegen den VR, weil die Vereinigung von Haftpflichtanspruch und Freistellungsanspruch in der Hand des Gläubigers zu einem Zahlungsanspruch gegen den Freistellungsschuldner führt (→ § 100 Rn. 50), dennoch aber sind **gravierende** (materiell- und prozessrechtliche) **Unterschiede** zum Direktanspruch in der Pflicht-Haftpflichtversicherung gegeben. In der Pflichtversicherung findet ein Schuldnertausch statt, der VR tritt an die Stelle des bei ihm versicherten Schädigers, so dass der Schadensersatzanspruch (letztlich unabhängig von der Deckung) direkt gegen den VR gerichtet wird, während der Direktanspruch in der allgemeinen Haftpflichtversicherung sowohl einen begründeten Haftungs- als auch einen begründeten Deckungsanspruch voraussetzt, deren prozessuales Schicksal vollkommen auseinanderlaufen kann (etwa dann, wenn Haftung oder Deckung aus unterschiedlichen Gründen zu verneinen sind oder wenn die Haftung anerkannt wird, dieses Anerkenntnis aber dem Haftpflichtversicherer gegenüber nicht bindend ist und er aus anderen Gründen die Deckung versagen kann (zB Vorsatzausschluss oÄ). Im Ergebnis bleibt festzuhalten, dass der (durch Abtretung erreichbare) Direktanspruch in der allgemeinen Haftpflichtversicherung **ganz anderen Regeln** folgt als der Direktanspruch nach § 115 Abs. 1 (dazu *Langheid* VersR 2009, 1043; *ders.* VersR 2007, 865; auch → § 100 Rn. 50 ff. und → § 108 Rn. 16 f.).

5 Von weiterer Bedeutung ist ferner, dass der Gesetzgeber eine Fülle von Vorschriften, die früher den **Direktanspruch nach § 3 Nr. 1 PflVG aF** begleitet haben, konsequenter- und notwendigerweise in das VVG transplantiert hat. So hat bspw. § 115 die Regelungen in § 3 Nr. 1–3 PflVG aF ersetzt, die Regelung in § 116 hat § 3 Nr. 9, 10 Satz 2, 11 PflVG aF übernommen, § 120 stimmt mit

§ 158e Abs. 1 VVG aF iVm § 3 Nr. 7 Satz 2 PflVG aF überein, § 124 Abs. 1 hat den früheren § 3 Nr. 8 PflVG aF übernommen und § 124 Abs. 2 hat den früheren § 3 Nr. 10 Satz 1 PflVG aF übernommen.

Diese Neuregelungen sind erforderlich gewesen, eben weil es seit der VVG-Reform 2008 den früher nur aus der Kfz-Haftpflichtversicherung bekannten Direktanspruch in der Pflicht-Haftpflichtversicherung gibt, wenn auch beschränkt auf die im Gesetz genannten Fälle (Insolvenz, unbekannter Aufenthalt). Allerdings darf diese komplexe Neuregelung nicht darüber hinwegtäuschen, dass der Direktanspruch außerhalb der Kfz-Haftpflichtversicherung (wo es ihn ja immer schon gab) nach der gültigen Fassung nur in den benannten **Ausnahmefällen** greift. 6

Daneben hat der Gesetzgeber, soweit das nach der neuen Regelung noch opportun war, die früheren Vorschriften der **§§ 158c–158k VVG aF** in das geltende Recht implementiert, davon als wesentlichste Vorschrift den § 117, der die frühere Regelung in § 158c VVG aF abbildet. Manches war verzichtbar, manches wurde ins PflVG übertragen, weil es nur die Kfz-Haftpflichtversicherung anging (bspw. § 158h Satz 2 aF, der ausschließlich die Veräußerung eines Kraftfahrzeuges und entsprechende Anschlussregelungen zum Gegenstand hatte). 7

Ferner zu beachten ist, dass es auch **einige wenige tatsächlich neue Vorschriften** in der Pflicht-Haftpflichtversicherung gibt, etwa § 114, dessen Abs. 1 die Mindestsummen einer Pflicht-Haftpflichtversicherung normiert und dessen Abs. 2 die Mindestanforderungen, die an den Versicherungsvertrag über die Pflichtversicherung zu stellen sind, umreißt. Neu ist auch die Regelung in § 118, der eine bestimmte Rangfolge bei Zusammentreffen unterschiedlicher Schadensersatzansprüche vorgibt. 8

§ 113 Pflichtversicherung

(1) **Eine Haftpflichtversicherung, zu deren Abschluss eine Verpflichtung durch Rechtsvorschrift besteht (Pflichtversicherung), ist mit einem im Inland zum Geschäftsbetrieb befugten Versicherungsunternehmen abzuschließen.**

(2) **Der Versicherer hat dem Versicherungsnehmer unter Angabe der Versicherungssumme zu bescheinigen, dass eine der zu bezeichnenden Rechtsvorschrift entsprechende Pflichtversicherung besteht.**

(3) **Die Vorschriften dieses Abschnittes sind auch insoweit anzuwenden, als der Versicherungsvertrag eine über die vorgeschriebenen Mindestanforderungen hinausgehende Deckung gewährt.**

I. Normzweck

Die gesetzliche Verpflichtung, eine Haftpflichtversicherung abzuschließen, erfolgt im Wesentlichen zum **Schutz des potentiell geschädigten Dritten,** der, wenn er schon geschädigt wird, einen **solventen** Schuldner zum Ausgleich der erlittenen Schäden vorfinden soll (vgl. zur Eingliederung der Pflichtversicherung schon → § 100 Rn. 11 f.; einen Überblick über Pflicht-Haftpflichtversicherungen auf Bundesebene findet sich bei Schwintowski/Brömmelmeyer/*Retter* Vor §§ 100–112 Rn. 18). 1

II. Versicherungspflicht

2 Nur auf die Haftpflichtversicherungen, zu deren Abschluss eine **Verpflichtung durch Rechtsvorschrift** besteht, sind die Vorschriften der §§ 113–124 anzuwenden, wenn nicht in den Verpflichtungsgesetzen selbst eigenständige Regelungen in Bezug auf den Haftpflichtversicherungsvertrag enthalten sind, die die Regelungen des VVG wiederum verdrängen. So ist jede gesetzliche Regelung, die eine Pflicht-Haftpflichtversicherung vorschreibt, genau daraufhin zu untersuchen, ob sie **eigene Regelungen** enthält, die sich in Verdrängung der Regelungen des VVG auf die Pflichtversicherung und auf die Beziehung zwischen dem geschädigten Dritten und dem VR beziehen.

III. Im Inland zum Geschäftsbetrieb befugter VR

3 Ein Vertrag über eine Pflichtversicherung kann nur bei einem im Inland zum Betrieb einer solchen Versicherung befugten Versicherungsunternehmen abgeschlossen werden. Damit sind zunächst einmal deutsche VR mit Sitz im Inland gemeint, sodann EU/EWR-VR, die im Inland eine Niederlassung betreiben oder im Dienstleistungsverkehr tätig sind. Nicht dazu zu rechnen sind sog **Korrespondenzversicherer** (also solche, mit denen der deutsche Kunde im Ausland kontrahieren kann), weil diese zum Geschäftsbetrieb im Inland eben nicht befugt sind (zu den Rechtsfolgen bei Verstoß – Versicherungsvertrag wirksam, aber Versicherungspflicht nicht erfüllt – siehe Looschelders/Pohlmann/*Schwartze* § 113 Rn. 12; Langheid/Wandt/*Brand* § 113 Rn. 15). Dadurch soll erreicht werden, dass gewisse Mindestanforderungen, ohne die die Pflichtversicherung, die ja im wesentlichen Opferschutz bezweckt, keinen Sinn machen würde, durch deutsche Aufsichtsbehörden überwacht werden können.

4 Die **VVG-Reformkommission** (KomV-Begr. S. 83 f.) hatte zur Begründung ihrer Vorschläge ausgeführt, im regulierten und kontrollierten Versicherungsmarkt beschränke sich der Gesetzgeber bei der Begründung gesetzlicher Versicherungszwänge meist auf die Anordnung der Versicherungspflicht und überließe die Ausgestaltung der Einzelheiten – Mindestversicherungssumme und Versicherungsbedingungen – den aufsichtsbehördlich zu genehmigenden Versicherungsbedingungen und sichere damit im Interesse vor allem der geschädigten Dritten einen einheitlichen Mindeststandard von Inhalt und Umfang des Versicherungsschutzes. Mit der **Aufhebung** von **Bedingungs- und Tarifgenehmigungen** durch das Gemeinschaftsrecht sei diese Möglichkeit zur Gewährleistung eines dem Zweck des Gesetzes entsprechenden einheitlichen Mindeststandards von Pflichtversicherungsschutz entfallen. Um gleichwohl ein Instrumentarium zu haben, mittels dessen die Vereinbarkeit von Pflichtversicherungsbedingungen mit dem jeweiligen die Versicherungspflicht anordnenden Gesetz überprüft werden könne, habe der Gesetzgeber bei Umsetzung der Dritten Schadensrichtlinie 1994 in § 5 Abs. 5 Nr. 1 VAG aF angeordnet, dass VU, die Pflichtversicherungen betreiben wollen, mit dem **Geschäftsplan** bei der Aufsichtsbehörde die **allgemeinen Versicherungsbedingungen** einzureichen hätten. Dem ist der Gesetzgeber gefolgt (BT-Drs. 16/3945, 87).

5 Die Stellen, die über die Einhaltung der Versicherungspflicht zu wachen haben, konnten die Versicherungsbedingungen bei der Aufsichtsbehörde abrufen. Diese Vorlagepflicht gilt gemäß § 61 Abs. 4 VAG auch für Versicherungsunternehmen,

die im Dienstleistungsverkehr Pflichtversicherungen betreiben. Gemäß Artikel 12 Abs. 2 EGVVG unterliegt ein über eine deutsche Versicherungspflicht abgeschlossener Versicherungsvertrag **deutschem Recht.** Es schien „deshalb nur folgerichtig, zu bestimmen, dass ein Vertrag über eine Pflichtversicherung nur bei einem im Inland zum Betrieb einer solchen Versicherung befugten Versicherungsunternehmen abgeschlossen werden kann" (BT-Drs. 16/3945, 87); hierunter fallen auch Versicherungsunternehmen mit Sitz in einem anderen Staat des Europäischen Wirtschaftsraums (vgl. § 61 VAG). Eine entsprechende Vorschrift enthält § 5 Abs. 1 PflVG für die Kfz-Haftpflichtversicherung."

IV. Ermächtigungsgrundlage

6 Die Verpflichtung zum Abschluss der Haftpflichtversicherung muss durch Gesetz oder eine ihm gleichstehende Rechtsvorschrift (zB Rechtsverordnung, öffentlichrechtliche Satzung, EU-Verordnung) angeordnet werden (ob allein die Ermächtigungsgrundlage zur Anordnung ausreicht, vgl. *Hersch/Hersch* r+s 2016, 541 zur Haftpflichtversicherung der Heilberufe), es genügt weder eine vertragliche Pflicht noch das ausdrückliche Verlangen des Vertragspartners nach Abschluss und/oder Nachweis eines Haftpflichtversicherungsvertrages, auch wenn es sich insoweit um den Fiskus handelt. In manchen Bundesländern wird die Pflicht zum Abschluss einer Haftpflichtversicherung für Ärzte nur in **berufsständischen Regelwerken** angeordnet. Hier ist zumindest fraglich, ob das genügt. Für Haftpflichtversicherungen, die nur als Vertragspflicht oder auf Verlangen des Vertragspartners abgeschlossen werden, gelten die gesetzlichen Vorschriften über die Pflicht-Haftpflichtversicherung **nicht** (vgl. Langheid/Wandt/*Brand* § 113 Rn. 7 ff.; Looschelders/Pohlmann/*Schwartze* § 113 Rn. 6).

V. Nachweis (Abs. 2)

7 Der VR hat dem VN zu bescheinigen, dass er seiner gesetzlichen Pflicht nachgekommen ist und eine Haftpflichtversicherung abgeschlossen hat. Dabei muss die Versicherungssumme angegeben werden (weil auch insoweit regelmäßig eine Mindestdeckungssumme gesetzlich angeordnet wird, jedenfalls über § 114). Bei der Regelung in Abs. 2 handelt es sich um eine Modifikation des ohnehin in § 3 geregelten Anspruchs des VN, einen Versicherungsschein zu verlangen und jederzeit Abschriften über die vertragsrelevanten Erklärungen zu fordern.

VI. Erweiterter Anwendungsbereich (Abs. 3)

8 Liegt ein Pflicht-Haftpflichtversicherungsvertrag vor, gelten die Vorschriften der §§ 113–124 auch insoweit, als die vom Gesetzgeber jeweils vorgesehenen Mindestdeckungspflichten und -summen **überschritten** werden. Anderenfalls wären auf den gleichen Versicherungsvertrag die Vorschriften über die Pflichtversicherung anwendbar, soweit die gesetzlichen Mindestanforderungen erfüllt werden; darüber hinaus wären die Vorschriften über die Pflichtversicherung eben nicht anwendbar (deswegen weist BGH VersR 1974, 254 darauf hin, dass mit der Vorschrift eine Aufspaltung des Versicherungsvertrages verhindert werden soll). Daraus folgt, dass **sämtliche** Vorschriften über die Pflichtversicherung auf die

Verträge Anwendung finden, die **dem Grunde nach** Pflichtversicherungsverträge sind, auch wenn vertraglich über die Mindestanforderungen hinausgehende Leistungen versprochen werden. Das bedeutet zB, dass bei der Veräußerung der Sache, an die sich das Haftpflichtrisiko knüpft, § 122, der Pflichtversicherungsvertrag auch dann insgesamt übergeht, wenn die gesetzlichen Mindestanforderungen überschritten werden. Gleiches gilt, wenn **Dritte mitversichert** werden, für die das Gesetz keine Versicherungspflicht vorschreibt. Die Regelung bedeutet ferner, dass auch § 117 Abs. 3 Satz 1 umfassend Anwendung findet: Der VR haftet trotz vertraglich höherer Deckungssummen dem Dritten gegenüber nur iRd Mindestversicherungssummen, wenn er ansonsten dem VN bzw. dem Versicherten gegenüber leistungsfrei wäre (BGH VersR 1984, 226; VersR 1983, 688; es handelt sich hier nicht etwa um eine Ausnahme von § 113 Abs. 3, sondern gerade um dessen Konsequenz; so auch Langheid/Wandt/*Brand* § 113 Rn. 27).

9 § 113 Abs. 3 geht von einem bestehenden Pflichtversicherungsvertrag aus, bei dem die gesetzlichen Mindestanforderungen heraufgesetzt werden; die Vorschrift begründet **keinen Kontrahierungszwang** über den gesetzlichen Kontrahierungszwang, der nur im Rahmen bestimmter Mindestversicherungssummen vorgeschrieben wird, hinaus (BGH VersR 1973, 409; vgl. auch Langheid/Wandt/*Brand* § 113 Rn. 29; Looschelders/Pohlmann/*Schwartze* § 113 Rn. 4); anders § 5 Abs. 2 PflVG bei der Kfz-Haftpflichtversicherung.

10 Ebenso wenig hindert die Regelung den Abschluss getrennter Versicherungsverträge: einerseits über den gesetzlichen Mindestversicherungsschutz und andererseits über weitergehenden Versicherungsschutz (so auch die Gesetzesbegründung, BT-Drs. 16/3945, 88).

§ 114 Umfang des Versicherungsschutzes

(1) **Die Mindestversicherungssumme beträgt bei einer Pflichtversicherung, soweit durch Rechtsvorschrift nichts anderes bestimmt ist, 250 000 Euro je Versicherungsfall und eine Million Euro für alle Versicherungsfälle eines Versicherungsjahres.**

(2) [1]**Der Versicherungsvertrag kann Inhalt und Umfang der Pflichtversicherung näher bestimmen, soweit dadurch die Erreichung des jeweiligen Zwecks der Pflichtversicherung nicht gefährdet wird und durch Rechtsvorschrift nicht ausdrücklich etwas anderes bestimmt ist.** [2]**Ein Selbstbehalt des Versicherungsnehmers kann dem Dritten nicht entgegengehalten und gegenüber einer mitversicherten Person nicht geltend gemacht werden.**

I. Regelungsübersicht

1. Notwendigkeit einer Mindestversicherungssumme

1 Hinsichtlich der Mindestversicherungssummen der einzelnen Pflichtversicherung sieht das Gesetz eine **subsidiäre Regelung** für den Fall vor, dass sich in der Vorschrift zur Anordnung der Versicherungspflicht selbst keine Regelung findet. An sich sei es Aufgabe der die Versicherungspflicht anordnenden Stelle, zugleich mit dieser Anordnung auch den **Umfang der Deckung** durch die Pflichtversicherung, also vor allem die Mindestversicherungssumme festzulegen. In vielen

Fällen sei aber die Versicherungssumme den AVB überlassen worden, so dass jedenfalls seit der Deregulierung 1994 kein **einheitlicher Versicherungsschutz** mehr sichergestellt sei. Auch in Zukunft müsse damit gerechnet werden, dass in einzelnen Fällen eine Regelung der Mindestversicherungssumme anlässlich der Anordnung einer Versicherungspflicht unterbleibt. Da Pflichtversicherungen in vielen Fällen **Personenschäden** betreffen, siehe § 114 Abs. 1 – vorbehaltlich einer anderen Regelung durch die die Versicherungspflicht anordnende Stelle (zB für die Kfz-Haftpflicht § 4 PflVG) – eine Mindestversicherungssumme von 250.000 EUR je Versicherungsfall und von 1 Mio. EUR je Versicherungsjahr vor. Eine Festlegung allein des Betrags je Versicherungsfall würde bei bestimmten Risiken einen am Versicherungsmarkt möglicherweise nicht erhältlichen unbegrenzten Versicherungsschutz zur Folge haben. Im **Referentenentwurf** wurde darauf hingewiesen, dass gesetzliche Bestimmungen iSd § 114 Abs. 1 alle Bestimmungen in einem materiellen Gesetz, also auch Regelungen in Rechtsverordnungen und EG-Verordnungen seien. Die Reformkommission hatte zur Notwendigkeit von Pflichtversicherungen ausgeführt, diese ordne der Gesetzgeber an, wenn über das allgemeine, von jedermann zu tragende Lebensrisiko hinausgehende Gefahren gesetzt werden, denen sich die Allgemeinheit oder ein unbestimmter Personenkreis als gefährdete Personen nicht in zumutbarer Weise entziehen könnten. Die Versicherungspflicht solle sicherstellen, dass die Geschädigten bei entsprechender Haftung auch dann Schadensersatz erlangen könnten, wenn der Schädiger zB wegen Vermögenslosigkeit nicht leisten kann. Bei Einführung einer Versicherungspflicht müsse sichergestellt werden, dass jeder geschädigte Dritte unbeschadet, wo der Versicherungspflichtige versichert ist, gleichen Versicherungsschutz genieße. Das sei nur gewährleistet, wenn das die Versicherungspflicht anordnende Gesetz Inhalt und Umfang der Versicherungspflicht selbst definiere.

2. Risikoausschlüsse/Selbstbehalte

Nach der Gesetzesbegründung (BT-Drs. 16/3945, 88) soll die mit der VVG-Reform 2008 neu eingeführte Regelung in Abs. 2 im Interesse der Funktionsfähigkeit des Marktes und zum Schutz der betroffenen VN klarstellen, inwieweit im Bereich der Pflichtversicherungen Vereinbarungen über Begrenzungen des Versicherungsschutzes durch teilweise **Risikoausschlüsse** oder **Selbstbehalte** getroffen werden können. Seit langem sei es gängige Praxis der VR, in den AVB für Pflichtversicherungen **Deckungsbegrenzungen** festzulegen. Ein Bedürfnis hierfür sei insoweit anzuerkennen, als dadurch für die VR das Risiko kalkulierbar werde und Rückversicherungsschutz erlangt werden könne. 2

Nach **Satz 1** bestimmten sich Inhalt und Umfang der Pflichtversicherung in erster Linie nach den Rechtsvorschriften, durch die die Verpflichtung zum Abschluss einer Haftpflichtversicherung begründet wird. Häufig enthielten diese Vorschriften aber keine oder zumindest keine abschließenden Bestimmungen über die Zulässigkeit einer Deckungsbegrenzung oder der Vereinbarung eines Selbstbehaltes. In diesen Fällen könne die Lücke durch **vertragliche Bestimmungen** über die Ausgestaltung der Deckung geschlossen werden. Allerdings dürften Begrenzungen der Deckung nicht dazu führen, dass der mit der Einführung einer Pflichtversicherung verfolgte **Zweck,** der zumindest auch in der Sicherung der **Interessen der Geschädigten** liege, nicht mehr erreicht werden könne. Dies könne nur von Fall zu Fall unter Berücksichtigung des maßgeblichen Sinnes und Zwecks der jeweiligen Pflichtversicherung beurteilt werden. Die Frage, ob bei 3 einer Pflichtversicherung ein Selbstbehalt des VN vereinbart werden darf und ob er auch gegenüber dem geschädigten Dritten wirksam ist, sei im Schrifttum zum PflVG – dem praktisch wichtigsten Fall einer Pflichtversicherung – umstritten. Daher bestehe ein praktisches Bedürfnis für eine Regelung in den Fällen, in denen, anders als zB § 51 Abs. 5 BRAO und § 19a Abs. 4 BNotO, die die Pflichtversicherung anordnende Rechtsvorschrift keine ausdrückliche Bestimmung hierzu trifft.

4 Nach Satz 1 könne grds. ein **Selbstbehalt** vereinbart werden, soweit die in dieser Vorschrift geregelten Voraussetzungen gegeben sind. Zu diesen Voraussetzungen gehöre auch, dass der Selbstbehalt der Höhe nach angemessen begrenzt wird. Sollte sich in der Praxis künftig die Notwendigkeit ergeben, für die Kfz-Pflichtversicherung Höchstgrenzen verbindlich vorzugeben, könne dies in der KfzPflVV, die in den §§ 5–7 KfzPflVV für Obliegenheitsverletzungen Höchstbeträge bestimmt, geregelt werden. Die Vereinbarung eines Selbstbehaltes habe nach Satz 2 nur **Wirkung im Innenverhältnis** zwischen VR und VN; sie könne nicht gegenüber dem geschädigten Dritten, aber auch nicht gegenüber mitversicherten Personen (vgl. § 2 KfzPflVV, § 10 AKB) geltend gemacht werden, da der besondere Schutz nach dem PflVG den Geschädigten und den Mitversicherten gleichermaßen zukommen solle. Das widerspricht insoweit den **Prinzipien der Fremdversicherung,** wo der Mitversicherte ja auch auf Umfang und Inhalt des vom VN erworbenen Versicherungsschutzes beschränkt ist.

5 Aus § 113 Abs. 3 folge, dass der Selbstbehalt dem **Anspruch des geschädigten Dritten** nach § 115 Abs. 1 vom VR auch hinsichtlich einer die zwingenden Mindestanforderungen überschreitende Deckung **nicht entgegengehalten** werden könne. Durch die Verweisung auf § 117 Abs. 1 werde klargestellt, dass die Leistungsbeschränkung nach § 117 Abs. 3 Satz 1 nicht für einen Selbstbehalt gelte.

3. Änderung durch BT-Drs. 16/6627

6 Durch die BT-Drs. 16/6627 wurde der ursprüngliche Gesetzesentwurftext des § 114 Abs. 2 Satz 2 dahingehend geändert, dass die Wörter „**Anspruch des Dritten nach § 115 Abs. 1** in Verbindung mit § 117 Abs. 1" durch das einzelne Wort „Dritten" ersetzt wurden. Der Gesetzgeber führt aus, die durch § 114 Abs. 2 Satz 2 zugelassene Vereinbarung von Selbstbehalten in der Pflichtversicherung wirke nur zwischen dem VN und dem VR. Sie solle jedoch dem Geschädigten nicht entgegengehalten und gegenüber einer mitversicherten Person nicht geltend gemacht werden können. Der Gesetzeswortlaut stelle dabei auf den Direktanspruch des Dritten nach § 115 Abs. 1 und nicht auf die Person des Dritten ab. Nachdem ein allgemeiner Direktanspruch nicht eingeführt wurde, habe dies zur Folge, dass sich der Dritte, der keinen **Direktanspruch** besitzt, einen Selbstbehalt entgegenhalten lassen müsste. Eine solche **Schlechterstellung** des Geschädigten ohne Direktanspruch sei jedoch nicht beabsichtigt gewesen. Die Bezugnahme auf den Direktanspruch sei daher zu streichen gewesen.

II. Normzweck

7 Die Vorschrift war eine Neuerung der VVG-Reform 2008 und sie ist selbsterklärend, jedenfalls im Zusammenhang mit den Erörterungen des Gesetzgebers. Soweit in AVB in Bezug auf die Mindestversicherungssumme je Versicherungsfall oder die Jahreshöchstleistung nicht die beiden Schwellenwerte des § 114 Abs. 1

erreicht werden, sind die Bestimmungen nach § 307 Abs. 2 Nr. 1 BGB unwirksam mit der Rechtsfolge des § 306 Abs. 2 BGB (Vertragsinhalt richtet sich nach den gesetzlichen Vorschriften; Langheid/Wandt/*Brand* § 114 Rn. 9).

Bei Verstoß gegen Abs. 2 Satz 1 dürfte die AVB-Regelung gemäß § 138 BGB **8**
nichtig sein, anderenfalls jedenfalls wegen Zweckgefährdung unwirksam nach § 307 Abs. 2 Nr. 2 BGB (für letzteres Langheid/Wandt/*Brand* § 114 Rn. 17, der zutreffend annimmt, dass iRd Prüfung nach § 307 Abs. 2 Nr. 2 BGB ausnahmsweise (neben den Interessen des VN als Verwendungsgegner) auch die **Interessen des geschädigten Dritten** und des **Mitversicherten** zu berücksichtigen sind, da § 114 Abs. 2 Satz 1 auf den Zweck der Pflichtversicherung abstellt; Looschelders/Pohlmann/*Schwartze* § 114 Rn. 7). Folge eines Verstoßes gegen Abs. 2 Satz 1 ist nach AGB-Recht im – regelmäßigen – Fall fehlender dispositiver gesetzlicher Regelungen zu Deckungsbeschränkungen eine ergänzende Vertragsauslegung (Langheid/Wandt/*Brand* § 114 Rn. 20 f.).

§ 115 Direktanspruch

(1) [1]**Der Dritte kann seinen Anspruch auf Schadensersatz auch gegen den Versicherer geltend machen,**

1. wenn es sich um eine Haftpflichtversicherung zur Erfüllung einer nach dem Pflichtversicherungsgesetz bestehenden Versicherungspflicht handelt oder

2. wenn über das Vermögen des Versicherungsnehmers das Insolvenzverfahren eröffnet oder der Eröffnungsantrag mangels Masse abgewiesen worden ist oder ein vorläufiger Insolvenzverwalter bestellt worden ist oder

3. wenn der Aufenthalt des Versicherungsnehmers unbekannt ist.

[2]**Der Anspruch besteht im Rahmen der Leistungspflicht des Versicherers aus dem Versicherungsverhältnis und, soweit eine Leistungspflicht nicht besteht, im Rahmen des § 117 Abs. 1 bis 4.** [3]**Der Versicherer hat den Schadensersatz in Geld zu leisten.** [4]**Der Versicherer und der ersatzpflichtige Versicherungsnehmer haften als Gesamtschuldner.**

(2) [1]**Der Anspruch nach Absatz 1 unterliegt der gleichen Verjährung wie der Schadensersatzanspruch gegen den ersatzpflichtigen Versicherungsnehmer.** [2]**Die Verjährung beginnt mit dem Zeitpunkt, zu dem die Verjährung des Schadensersatzanspruchs gegen den ersatzpflichtigen Versicherungsnehmer beginnt; sie endet jedoch spätestens nach zehn Jahren von dem Eintritt des Schadens an.** [3]**Ist der Anspruch des Dritten bei dem Versicherer angemeldet worden, ist die Verjährung bis zu dem Zeitpunkt gehemmt, zu dem die Entscheidung des Versicherers dem Anspruchsteller in Textform zugeht.** [4]**Die Hemmung, die Ablaufhemmung und der Neubeginn der Verjährung des Anspruchs gegen den Versicherer wirken auch gegenüber dem ersatzpflichtigen Versicherungsnehmer und umgekehrt.**

Übersicht

I. Normzweck

1. Allgemeines

1 Der geschädigte Dritte kann einen bereits entstandenen **Haftpflicht**anspruch – bei Vorliegen bestimmter Parameter – unmittelbar gegen den VR richten. Nach früherem Recht erlangte der geschädigte Dritte iRd allgemeinen Pflicht-Haftpflichtversicherung keinen Direktanspruch gegen den Pflichtversicherer. Allerdings ist auch durch die VVG-Reform ein **allgemeiner** Direktanspruch **nicht** eingeführt worden, sondern dieser ist auf bestimmte, unter Verbraucherschutzgesichtspunkten vermeintlich wesentliche Bereiche beschränkt worden (vgl. OLG Bremen MDR 2011, 1654: kein Direktanspruch in der Betriebshaftpflichtversicherung).

2. Verlauf der Reformbemühungen

2 Nach dem ursprünglichen Regierungsentwurf (BT-Drs. 16/3945) sollte der geschädigte Dritte, dem Beispiel der Kfz-Haftpflichtversicherung in § 3 Nr. 1 PflVG aF folgend, grds. seinen Schadensersatzanspruch auch gegen den VR geltend machen können. Dies war sowohl für den „Rahmen der Leistungspflicht des Versicherers" vorgesehen, aber auch wenn eine Leistungspflicht des VR nicht besteht, dann allerdings nur iRd § 117 Abs. 1–4.

3 Der Gesetzgeber sah den Direktanspruch aus der Kfz-Haftpflichtversicherung als bewährt an und wollte diesen Grundsatz des allgemeinen Direktanspruchs für **alle Pflichtversicherungen** einführen, weil mit diesem Direktanspruch die **Rechtsstellung des Geschädigten** deutlich **verbessert** würde, da dieser einen zusätzlichen und stets solventen Schuldner erhalte. Auch die Durchsetzbarkeit von Ersatzansprüchen würde dadurch erleichtert. Umgekehrt würde das häufig bestehende Vertrauensverhältnis zwischen dem VN und dem später Geschädigten

(als Beispiele wurde auf das Arzt-Patienten-Verhältnis oder das Anwalt-Mandanten-Verhältnis hingewiesen) nicht belastet, wenn der Geschädigte sich direkt an den VR wenden könne. Darüber hinaus solle in die jeweilige Spezialregelung, die die Pflichtversicherung vorschreibt, nicht eingegriffen werden.

Dem ist der **Rechtsausschuss** des Bundestages **nicht gefolgt** (BT-Drs. 16/5862). Der Direktanspruch solle auf die „unter Verbraucherschutzgesichtspunkten wesentlichen Problembereiche" zurückgeführt werden, nämlich auf die Fälle der **Insolvenz** des Schädigers und seines **unbekannten Aufenthaltes.** Zugleich sei (in Abs. 1 Satz 1 Nr. 1) der Direktanspruch für die Kfz-Haftpflichtversicherung einzuführen, der „ohnehin europarechtlich vorgegeben" sei. 4

Die Ersetzung des Begriffs „Schadensereignis" durch die Worte „Eintritt des Schadens" in Abs. 2 stelle klar, dass es bei der Bestimmung des Fristbeginns auf den Zeitpunkt ankomme, in dem sich der **Schaden offenbart** hat und nicht auf das uU lange Zeit unerkannte **Ursachen- oder Kausalereignis** (vgl. auch Ziff. 1.1 Satz 2 und 3 AHB 2016; Anm. des Verf.). Dadurch werde verhindert, dass der Direktanspruch verjähre, bevor der Schaden offenbar geworden ist. 5

II. Direktanspruch

1. Dritter

Der **geschädigte Dritte** hat in bestimmten Fällen (→ Rn. 13 ff.) einen Direktanspruch gegen den Haftpflichtversicherer, und zwar „im Rahmen der Leistungspflicht (…) aus dem Versicherungsverhältnis" (zur Akzessorietät zwischen dem Anspruch gegen den VN/Versicherten und dem Anspruch aus dem Versicherungsverhältnis vgl. BGH r+s 1996, 398 = VersR 1996, 1258: Verselbstständigung des Direktanspruchs, wenn der Übergang des Haftpflichtanspruchs an der Sperre des § 116 Abs. 6 SGB X scheitert; OLG Hamm r+s 1995, 176 = VersR 1995, 454: Verselbstständigung des Direktanspruchs im Fall der Konfusion; siehe auch Anm. *Lemcke* zu OLG Hamm r+s 1997, 59; keine Verselbstständigung, wenn ein Haftpflichtanspruch gar nicht entsteht). Damit wird der Dritte unmittelbar in das Versicherungsvertragsverhältnis zwischen VR und VN eingebunden; darüber hinaus hat er – wiederum iRd Versicherungsvertragsverhältnisses – selbst dann einen Direktanspruch gegen den Haftpflichtversicherer, wenn dieser seinem eigenen VN gegenüber **leistungsfrei** ist. Das ist in § 117 Abs. 1 allgemein bestimmt. 6

Eine weitere Besonderheit besteht darin, dass auch **die in den Schutz des Versicherungsvertrages einbezogenen** Versicherten **Dritte** sein können: So kann etwa der **VN** gleichzeitig geschädigter Dritter sein, wenn ein versicherter Fahrer schuldhaft einen Kfz-Unfall verursacht, bei dem das Fahrzeug des VN beschädigt wird und gleichzeitig der VN als Beifahrer eine Körperverletzung erleidet. Allerdings sind hier **vertragliche Einschränkungen** zu berücksichtigen. So sieht A.1.5.6 AKB 2015 einen Ausschluss der Haftpflichtansprüche des VN, Halters oder Eigentümers gegen mitversicherte Personen vor, soweit Sach- oder Vermögensschäden geltend gemacht werden (zu den durch A.1.5.6 AKB 2015 (§ 11 Nr. 2 AKB) ausgeschlossenen Sach- oder Vermögensschäden gehören nach Auffassung des OLG Hamm r+s 1993, 326 = VersR 1994, 301 nicht Verdienstausfallschäden, die vielmehr dem mitversicherten Personenschaden zuzurechnen seien; vgl. iÜ OLG Hamm r+s 1997, 59 mAnm *Lemcke* zum Deckungsausschluss wegen § 10 AKB, § 8 StVG, wenn Eheleute ihre Fahrzeuge tauschen und dann zusammenstoßen). 7

8 Ferner scheiden Ansprüche der Mitversicherten gegen einen anderen Mitversicherten bei einem **kranken Versicherungsverhältnis** aus, soweit der VR beim VN Regress nehmen könnte, denn einem solchen Anspruch steht die dolo petit-Einrede entgegen (BGH VersR 1986, 1010; OLG Köln VersR 1985, 488; OLG München ZfS 1991, 57; *Langheid* VersR 1986, 15; *Bauer* VersR 1986, 1011). Dabei sind etwaige Regressbeschränkungen zu beachten: Soweit der VR dem Dritten gegenüber eintrittspflichtig bliebe und beim VN oder Versicherten aufgrund geschäftsplanmäßiger Erklärungen nur eingeschränkt Regress nehmen könnte, wirkt sich dies auch zu Gunsten des geschädigten VN/Versicherten aus. Der VR muss aber jedenfalls insoweit decken, als er mit seinem Regressanspruch ausgeschlossen wäre (BGH VersR 1996, 51 = NJW-RR 1996, 149; zur Regressbeschränkung durch geschäftsplanmäßige Erklärungen vgl. schon *Bauer* VersR 1986, 1011 und *Schirmer* AnwBl 1988, 91).

9 **Umstritten** ist die Frage, ob auch ein **Mitschädiger** Dritter sein kann, wenn er gegenüber einem anderen Mitschädiger bzw. dessen VR im Innenverhältnis einen Ausgleichsanspruch geltend macht. Nach zutreffender Auffassung ist ein solcher Schädiger kein Dritter iSv Abs. 1, soweit er über die im Innenausgleich vorzunehmende Haftungsverteilung hinaus Ansprüche geltend macht (so BGH VersR 2008, 1273; KG VersR 1978, 435; OLG Hamm VersR 1969, 508; OLG Zweibrücken VersR 1987, 656; Prölss/Martin/*Klimke* § 115 Rn. 5; **aA** OLG Köln VersR 1972, 651; Bruck/Möller/*Johannsen,* 8. Aufl. 1961 ff., Bd. V, Anm. B 12, 57). Kein Dritter ist auch der Mitversicherte, der vom eigenen VR Deckung bezüglich der Belastung mit dem Anspruch des Geschädigten sucht (BGHZ 55, 281 = VersR 1971, 429; OLG Köln NJW 1975, 1746 = VersR 1975, 725), oder wenn er im Innenverhältnis gegen den VN einen Ausgleichsanspruch geltend macht. Grundsätzlich kann es einen Deckungsanspruch des Mitversicherten insoweit nicht geben, als dieser auf einem Verhalten des VN beruht, das zur Leistungsfreiheit des VR führt (BGHZ 55, 281 = VersR 1971, 429).

2. Direktanspruch

10 **a) Rechtsnatur.** Wie früher auch, kann der geschädigte Dritte einerseits gegen den VN/Versicherten vorgehen, andererseits („auch") gegen den Haftpflichtversicherer und schließlich gegen alle, die er für den Schaden verantwortlich macht. Anders als im VVG aF, wo der geschädigte Dritte den Anspruch des VN gegen den Haftpflichtversicherer pfänden und sich überweisen lassen musste, wenn er gegen den VR unmittelbar vorgehen wollte, macht der Dritte nach geltendem Recht **keinen versicherungsvertraglichen Anspruch** geltend, sondern der **deliktsrechtliche Haftungsanspruch** gegen den Schadensverursacher richtet sich gleichzeitig auch gegen den VR (nach altem Recht konnte der VR deswegen dem geschädigten Dritten nicht die Frist nach § 12 Abs. 3 aF setzen, BGH NJW 1981, 925 = VersR 1981, 323; zur Rechtsnatur des Direktanspruchs siehe auch Looschelders/Pohlmann/*Schwartze* § 115 Rn. 3). Durch diesen Direktanspruch jedenfalls wird das Ineinandergreifen von **Trennungsprinzip** zwischen Haftpflicht- und Deckungsfrage einerseits und **Bindungswirkung,** die das Urteil im Haftpflichtprozess in Bezug auf die Deckungsfrage entfaltet andererseits, **nicht durchbrochen:** Im Direktprozess nach § 115 wird lediglich die haftungsrechtliche Frage auch im Verhältnis zwischen dem Geschädigten zum VR entschieden, während sie in der Pflichtversicherung nach dem VVG aF nur im Verhältnis zwischen VN/Versichertem und Geschädigtem entschieden werden konnte.

Damit ist noch nicht entschieden, ob der VN/Versicherte auch tatsächlich einen Deckungsanspruch hat. Der Direktanspruch soll ja – wie die Eintrittspflicht des VR nach den Vorstellungen des VVG aF über die Pflichtversicherung allgemein – auch und gerade für den Fall bestehen, dass der VR dem VN/Versicherten gegenüber leistungsfrei ist (§ 117). Zur wechselseitigen Bindungswirkung von Urteilen gegen den VR/VN vgl. § 124.

b) Beweislast. Soweit der Geschädigte seinen Anspruch per Direktanspruch gegen den VR (möglicherweise gleichzeitig mit seinen Ansprüchen gegen den Schadenverursacher) geltend macht, muss er alle anspruchsbegründenden Tatsachen nach den **allgemeinen Regeln beweisen.** Andererseits muss der VR beweisen, dass der Versicherungsfall nur fingiert (dass er also nur auf dem Papier stattgefunden hat) oder dass er manipuliert war (dass er also zwischen dem „Geschädigten“ und dem Verursacher abgesprochen worden ist). Hier wird der Beweis häufig nur durch Indiztatsachen zu führen sein (vgl. etwa OLG Hamm VersR 1993, 1418: Auffahrunfall an Ampelkreuzung vor Rotlicht; der Verursacher will abgelenkt gewesen sein. Die Beweisaufnahme ergab aber, dass der Auffahrunfall nicht im Zuge des Anhaltens geschehen war, sondern dass der VN mit dem Fuß auf der Bremse schon mehrere Sekunden gestanden hatte und dann mit fast 30 km/h ungebremst aufgefahren wurde. Der Auffahrende müsste also das schon mehrere Sekunden stehende Fahrzeug, das Rotlicht und die gesamte großräumige Kreuzung samt Stoppschild übersehen haben; drei schwere Verkehrsverstöße, die zwar isoliert täglich vorkommen, in der Kombination aber extrem unwahrscheinlich sind; vgl. zu entsprechenden Fragen in der Kfz-Haftpflichtversicherung *Lemcke* in Weber S. 651 ff.). 11

c) Prozessuales. Im Übrigen gelten für den Direktanspruch gegen den VR alle Vorschriften, wie sie auch sonst zwischen Prozessparteien bestehen, die deliktsrechtlich verbunden sind. Allerdings wirkt ein **Anerkenntnis** des VR nur bis zur Höhe seiner Deckungssumme, auch ohne dass er dies ausdrücklich vorbehält (OLG Schleswig VersR 1980, 726). Der VR kann sowohl am Gerichtsstand des Schadensortes in Anspruch genommen werden als auch an seinem allgemeinen Gerichtsstand; der besondere Gerichtsstand des § 215 gilt ebenso wenig wie der Gerichtsstand einer Zweigniederlassung (so auch Looschelders/Pohlmann/*Schwartze* § 115 Rn. 8). 12

3. PflVG

Nach § 115 Abs. 1 Satz 1 **Nr. 1** besteht ein solcher Direktanspruch bei einer nach dem PflVG bestehenden Versicherungspflicht, also in der **Kfz-Haftpflichtversicherung** (früher: § 3 Nr. 1 PflVG aF). 13

4. Insolvenz

Ein Direktanspruch besteht auch, wenn der **VN insolvent** geworden ist (§ 115 Abs. 1 Satz 1 **Nr. 2** nennt die Varianten der Eröffnung des Insolvenzverfahrens, die Nichteröffnung des Insolvenzverfahrens mangels Masse oder die Bestellung eines vorläufigen Insolvenzverwalters). Diese Voraussetzungen müssen bei Klageerhebung vorliegen oder zumindest im Verlaufe des Prozesses eintreten (OLG Köln r+s 2021, 511; dort auch zur zeitlich befristeten Nachwirkung der Ablehnung eines Insolvenzverfahrens mangels Masse). Der Direktanspruch beschränkt sich dann prinzipiell auf den Bereich der Pflichtversicherung (OLG Bremen VersR 14

2012, 171). In diesen Fällen soll der geschädigte Dritte sich nicht mit dem VN bzw. dem Insolvenzverwalter auseinandersetzen müssen, sondern kann sich direkt an den VR wenden. Damit wird nicht – anders als etwa nach der heute möglichen Abtretung des Freistellungsanspruchs in der Haftpflichtversicherung – eine Aktivlegitimation des geschädigten Dritten in Bezug auf den **Deckungsanspruch** begründet, sondern der Direktanspruch bezieht sich ausschließlich auf den **Schadensersatzanspruch.** Für das Deckungsverhältnis stellt § 115 Abs. 1 Satz 2 auf den „Rahmen der Leistungspflicht des Versicherers" ab oder – bei krankem Versicherungsverhältnis – auf die Regelung in § 117 Abs. 1–4.

5. Unbekannter Aufenthalt

15 Gleiches wie bei Insolvenz des VN gilt, wenn der Aufenthalt des VN unbekannt ist (§ 115 Abs. 1 Satz 1 **Nr. 3**). Der Aufenthalt des VN ist dann unbekannt, wenn er allgemein und nicht nur dem geschädigten Dritten nicht bekannt ist (Looschelders/Pohlmann/*Schwartze* § 115 Rn. 11).

6. Schadensersatz in Geld

16 Die Regelung in **Abs. 1 Satz 3** entspricht der alten Regelung in § 3 Nr. 1 Satz 2 PflVG aF. Anders als der Schädiger, den der geschädigte Dritte auch auf Naturalrestitution in Anspruch nehmen kann, ist der VR nur zum Geldersatz verpflichtet.

7. Gesamtschuldner

17 **a) Allgemeines.** Soweit VN, Versicherter und VR nebeneinander in Anspruch genommen werden können, haften sie dem geschädigten Dritten als **Gesamtschuldner** (OLG Karlsruhe VersR 1986, 155; OLG Bamberg VersR 1985, 750; BGH NJW 1981, 681 = VersR 1981, 134). Soweit häufig vertreten wird, dass wegen der Gesamtschuldnerschaft das Trennungsprinzip zwischen Haftpflicht- und versicherungsrechtlichem Deckungsanspruch aufgehoben würde (vgl. nur Prölss/Martin/*Knappmann,* 29. Aufl. 2015, § 115 Rn. 11), ist dem nicht zu folgen, denn die Gesamtschuldnerschaft bezieht sich nur auf die deliktsrechtlichen Ansprüche des geschädigten Dritten, ohne dass hier gleichzeitig auch das Innenverhältnis zwischen VN/Versichertem und Haftpflichtversicherer entschieden wird (zu davon unabhängig mit der VVG-Reform auftretenden Problemen mit Bindungswirkung und Trennungsprinzip etwa → § 105 Rn. 5 mwN).

18 **b) Einzelheiten.** Aufgrund der Systematik des § 115 Abs. 1 ist Voraussetzung für eine Gesamtschuldnerschaft zunächst, dass der Dritte seinen Anspruch auf Schadensersatz nach § 115 Abs. 1 Satz 2 geltend machen kann: Dort wird auf den „Rahmen der Leistungspflicht des Versicherers" einerseits und auf den „Rahmen des § 117 Abs. 1 bis 4" (Eintrittspflicht dem Dritten gegenüber trotz Leistungsfreiheit dem VN gegenüber) andererseits verwiesen. Daraus folgt, dass die Gesamtschuldnerschaft nur zwischen dem VR einerseits und dem VN bzw. den versicherten Personen andererseits bestehen kann, soweit entweder das Deckungsverhältnis reicht oder soweit die gesetzliche Haftung nach § 117 Abs. 1–4 besteht (zum alten Recht nach § 3 Nr. 4–6 PflVG iVm § 158 Abs. 3–5 VVG aF vgl. BGH VersR 1991, 134; 1989, 948 = NJW 1989, 3095; VersR 1979, 838). Problematisch ist in diesem Zusammenhang, ob ein Gesamtschuldverhältnis zwischen mehreren

VR entsteht, wenn **zwei Schädiger, die bei unterschiedlichen VR versichert** sind, den Schaden herbeiführen und ein VR gegenüber seinem VN leistungsfrei ist. Gegen die allgemein angenommene Gesamtschuldnerschaft zwischen diesen beiden VR (vgl. etwa Prölss/Martin/*Klimke* § 115 Rn. 21 unter Hinweis auf BGH VersR 1978, 843) könnte man einwenden, dass der Wortlaut von § 115 Abs. 1 Satz 4 nicht für die Begründung eines Gesamtschuldverhältnisses zwischen mehreren VR unterschiedlicher Schädiger herangezogen werden kann. Zwar soll der VR auch dann in Gesamtschuldnerschaft mit seinem VN haften, wenn er diesem gegenüber leistungsfrei ist, doch bezieht sich dies ausdrücklich nur auf die Person des geschädigten Dritten, demgegenüber gehaftet werden soll; eine Erweiterung auf den VR, der seinem VN gegenüber eintrittspflichtig ist, ist nicht vorgesehen und es ist an sich auch kein Grund ersichtlich, warum dieser VR, der an den geschädigten Dritten zahlt, gleichsam in dessen Position und nicht in die seines VN einrücken soll. Ebenso ist anerkannt, dass einem Schädiger der Direktanspruch des geschädigten Dritten gegen den VR des anderen Mitschädigers nicht zu Gute kommt, sondern er muss im Innenverhältnis den Ausgleich mit seinem Mitschädiger suchen, der aber nach allgemeiner Auffassung nicht in den Schutzbereich des § 115 fällt (→ Rn. 9). Allerdings ist zuzugeben, dass es unbefriedigend ist, dass der Ausgleichsanspruch uU von dem bloßen Zufall abhängen könnte, wen der geschädigte Dritte in Anspruch nimmt: Geht er gegen den VR aufgrund seines Direktanspruchs vor, der seinem VN/Versicherten gegenüber leistungsfrei ist, würde dieser einen Ausgleichsanspruch gegenüber dem VR des Mitschädigers haben; andersherum wäre dies aber nicht der Fall. Insofern spricht viel dafür, in diesen (aber auch nur in diesen) Ausnahmefällen eine Gesamtschuldnerschaft zwischen den VR mehrerer Schädiger, von denen einer seinem VN/Versicherten gegenüber leistungsfrei ist, anzunehmen.

Dagegen ist unproblematisch, dass mehrere Haftpflichtversicherer desselben VN **19** dem geschädigten Dritten gegenüber gemeinsam mit VN und/oder Versichertem als Gesamtschuldner haften, weil hier die Grundsätze über die **Mehrfachversicherung** anzuwenden sind. Für das Innenverhältnis gilt deswegen gemäß § 78 Abs. 2 Satz 1, dass der VR allein eintrittspflichtig ist, der dem VN gegenüber nicht leistungsfrei ist (also immer dann, wenn dieser VR dem geschädigten Dritten nur über § 117 Abs. 1–4 haftet). Das gilt auch für die Nachhaftung nach § 117 Abs. 2 (Monatsfrist), zumal der neue VR ohnehin allein verpflichtet ist, weil dem Altversicherer das Verweisungsprivileg nach § 117 Abs. 3 Satz 2 (auch dem geschädigten Dritten gegenüber) zusteht.

Im Übrigen gelten für die Gesamtschuldnerschaft zwischen den VR untereinander **20** und zwischen VR und VN bzw. Versicherten die Vorschriften in §§ 421 ff. BGB. Allerdings wirkt ein Verzicht des Dritten, anders als nach § 423 BGB, auch zugunsten des VR, da dieser nur haftet, soweit sein VN haftpflichtig ist (Sonderfall: Verzicht des Geschädigten nur bezüglich des nicht versicherungsvertraglich gedeckten Teils des Anspruchs, was nach Looschelders/Pohlmann/*Schwartze* § 115 Rn. 17 allerdings – zu Recht – voraussetzt, dass eine solche Einschränkung des Verzichts objektiv erkennbar ist). In **prozessualer Hinsicht** kann der geschädigte Dritte jeden der Gesamtschuldner allein oder alle Gesamtschuldner gemeinsam verklagen; wird der VR, der seinem VN/Versicherten gegenüber leistungsfrei ist, allein verklagt, kann dieser dem VN/Versicherten den Streit verkünden, wenn er diesen gemäß § 116 Abs. 1 Satz 1 und 2 in Regress zu nehmen gedenkt. Vgl. iÜ zur prozessualen Situation die Ausführungen zu § 124).

III. Verjährung (Abs. 2)

21 Die Regelung in Abs. 2 entspricht der früheren in § 3 Nr. 3 PflVG aF. Die einzige Änderung betrifft Satz 3, der auf den Zugang der Entscheidung des VR in Textform abstellt (früher: schriftliche Entscheidung).

1. Verjährungseintritt

22 Die Regelung in Abs. 2 Satz 1 unterstellt die Verjährung des Anspruchs des Dritten nach Abs. 1 (also den Direktanspruch des Geschädigten gegen den VR) den gleichen Grundsätzen, nach denen sein Anspruch gegen den ersatzpflichtigen VN (oder den ersatzpflichtigen Versicherten) verjähren würde. Die Ansprüche gegen den Schädiger verjähren nach § 195 BGB binnen drei Jahren. Nach § 199 Abs. 1 BGB beginnt die Verjährungsfrist mit dem Schluss des Jahres, in dem der Anspruch entstanden ist und der Verletzte Kenntnis von dem Schaden und von der Person des Schädigers erlangt oder ohne grobe Fahrlässigkeit erlangen müsste. Die Verjährung des Deckungsanspruchs des VN hat mit der Verjährung des Haftpflichtanspruchs nichts zu tun (BGH r+s 1987, 88 = VersR 1987, 561).

2. Verjährungsfristen

23 **a) Beginn.** Nach Abs. 2 Satz 2 beginnt die Verjährung zum gleichen Zeitpunkt, in dem auch die Verjährung der Schadensersatzansprüche gegen den ersatzpflichtigen VN/Versicherten beginnt, also mit Kenntnis bzw. grob fahrlässiger Nichtkenntnis des Geschädigten vom Schaden und von der Person des Schädigers.

24 **b) Dauer.** Anders als der deliktsrechtliche Ersatzanspruch endet die Verjährungsfrist gegenüber dem VR **spätestens** in zehn Jahren nach dem Schadenereignis (sonst: 30 Jahre nach der schädigenden Handlung, § 199 Abs. 2 BGB). Auf diese Zehn-Jahres-Frist ist allerdings eine Hemmung nach Abs. 2 Satz 3 anzurechnen (OLG Düsseldorf r+s 1990, 225). Der Fristverlauf von zehn Jahren gilt nicht mehr **nur** für den **Direktanspruch** (so noch BGH r+s 1987, 88 = VersR 1987, 561, wonach der Geschädigte binnen weiterer zwanzig Jahre den Schädiger in Anspruch nehmen kann, der dann (wenn dieser Anspruch seinerseits noch nicht verjährt ist) den VR wiederum auf Deckung in Anspruch nehmen konnte), sondern auch für den **Deckungsanspruch** (BGH NJW-RR 2003, 1327 = VersR 2003, 1121). Der Deckungsanspruch verjährt binnen drei Jahren gemäß §§ 195, 199 BGB ab dem Schluss des Jahres, in dem gegen den Versicherten Haftpflichtansprüche wegen eines unter die Versicherung fallenden Ereignisses erhoben werden. Macht der Dritte also seine Ansprüche gegen den Schädiger zunächst nicht geltend und verjährt sein Anspruch – etwa mangels Kenntnis der Person des Schädigers – erst in 30 Jahren, dann kann auch der Deckungsanspruch noch nicht verjährt sein, weil er vor Geltendmachung des Schadensersatzanspruchs überhaupt noch nicht fällig wurde. In diesen Fällen hilft die Zehnjahres-Frist dem VR nicht.

25 **c) Hemmung.** Nach Abs. 2 Satz 3 ist der Verjährungslauf **gehemmt,** wenn der Dritte seinen Anspruch (solange die Anmeldung nicht ausdrücklich auf Einzelansprüche beschränkt ist, hemmt sie wegen aller möglichen Ansprüche, OLG München r+s 1997, 48) beim VR angemeldet hat. Die Hemmung endet mit dem Eingang der Entscheidung in Textform (Abs. 2 Satz 3; zur Schriftform vgl. BGH VersR 1997, 637: Eine mündliche Ablehnung reicht selbst dann nicht, wenn sie

vom Geschädigten schriftlich bestätigt wird) des VR über den vom Dritten geltend gemachten Schadensersatzanspruch (nach OLG München r+s 1992, 5 = VersR 1992, 606 reicht eine einfache (Teil-)Überweisung, was nach Prölss/Martin/*Klimke* § 115 Rn. 34 dem Schriftformerfordernis nicht entspricht). Gleichzusetzen ist ein endgültiger Abfindungsvergleich (BGH NVersZ 2002, 278 = VersR 2002, 474; NJW 1999, 1782 = NVersZ 1999, 189 = VersR 1999, 382; anders OLG Frankfurt a. M. VersR 2002, 1142 bei Zukunftsvorbehalt). Die Entscheidung muss ebenso **eindeutig** (vgl. BGH VersR 1996, 369, wonach auch mehrere Abrechnungsschreiben, in denen der VR Zahlungsanforderungen des Geschädigten, die lediglich konkrete Leistungen auf einzelne Schadenspositionen betreffen, nach unten korrigiert, nicht ausreichen; BGH VersR 2017, 816, wonach der Anspruchsteller bei einer positiven Entscheidung zudem sicher sein können muss, dass auch künftige Forderungen aus dem Schadensfall freiwillig bezahlt werden, sofern er die entsprechenden Schadensposten der Höhe nach ausreichend belegt) wie **endgültig** sein (BGH VersR 1991, 179; ebenso OLG München r+s 1997, 48; OLG Frankfurt a. M. BeckRS 2021, 435221); es sei denn, der Geschädigte ist **nicht schutzbedürftig** (vgl. OLG Naumburg NJW 2014, 798 zu § 3 Nr. 3 Satz 3 PflVG aF: Erwartet er selbst nicht mehr, der Versicherer werde außergerichtlich freiwillig leisten, kann er sich nicht auf das Fehlen einer schriftlichen Entscheidung des Versicherers berufen). Der Ausgleich aller geltend gemachter Ansprüche reicht ebenso aus (OLG Düsseldorf NZV 1990, 74) wie ein Anerkenntnis (BGH VersR 1991, 978) wie auch ein Anerkenntnis bestimmter Positionen und die Zurückweisung weitergehender Ansprüche (BGH VersR 2017, 903) oder der Abschluss eines Abfindungsvergleichs, durch den die Ansprüche endgültig erledigt werden sollen (BGH NJW 1999, 1782 = VersR 1999, 382). Keine Anwendung findet die Rspr. zur Beendigung der Verjährungshemmung durch das **Einschlafenlassen** von (Regulierungs-)Verhandlungen (OLG Oldenburg VersR 2018, 25). Eine Schadenanzeige des VN oder des Versicherten bewirkt **keine Hemmung,** wohl aber, wenn dies gleichzeitig die Geltendmachung durch den Dritten an den VR weiterleitet (BGH VersR 1975, 279; OLG München VersR 1975, 510; leitet der VN die ihm überlassene Schadenanzeige des Geschädigten nicht weiter, muss der Geschädigte sich dies zurechnen lassen, Prölss/Martin/*Klimke* § 115 Rn. 30). Nach BGH r+s 1996, 425 = VersR 1996, 1113 macht ein VR sich schadensersatzpflichtig, wenn er sich auf die Schadensmeldung hin irrtümlich für zuständig erklärt und seinen Irrtum später nicht aufklärt, wodurch die Ansprüche gegen den tatsächlich zuständigen VR verjähren.

3. Drittwirkung

Nach Abs. 2 Satz 4 wirken Hemmung oder Neubeginn der Verjährung im Verhältnis zum VR auch gegenüber dem ersatzpflichtigen VN (oder Versicherten, vgl. BGH VersR 1972, 271, wonach eine Vermutung dafür spricht, dass der Geschädigte den VR als Gesamtschuldner neben allen bei ihm Versicherten in Anspruch genommen hat; vgl. ferner BGH VersR 1975, 279) „und umgekehrt" (wobei allerdings im Verhältnis zwischen Geschädigtem und VN keine Hemmung des Anspruchs möglich ist, weil dem VN gegenüber die Geltendmachung des Anspruchs als Hemmnis nicht reicht und iÜ der VN zu einer Entscheidung über den Anspruch auch nicht befugt ist). Hemmung und Neubeginn wirken auch, wenn der Anspruch des Geschädigten die Deckungssumme übersteigt oder wenn 26 der VR im Innenverhältnis leistungsfrei ist (vgl. zunächst BGH VersR 1984, 441; VersR 1982, 546 sowie VersR 1984, 226 zur Leistungsfreiheit).

§ 116 Gesamtschuldner

(1) [1]**Im Verhältnis der Gesamtschuldner nach § 115 Abs. 1 Satz 4 zueinander ist der Versicherer allein verpflichtet, soweit er dem Versicherungsnehmer aus dem Versicherungsverhältnis zur Leistung verpflichtet ist.** [2]**Soweit eine solche Verpflichtung nicht besteht, ist in ihrem Verhältnis zueinander der Versicherungsnehmer allein verpflichtet.** [3]**Der Versicherer kann Ersatz der Aufwendungen verlangen, die er den Umständen nach für erforderlich halten durfte.**

(2) **Die Verjährung der sich aus Absatz 1 ergebenden Ansprüche beginnt mit dem Schluss des Jahres, in dem der Anspruch des Dritten erfüllt wird.**

I. Regelungsübersicht

1 Abs. 1 regelt den **Regress** des VR, soweit er dem VN aus dem Versicherungsvertrag **nicht verpflichtet** ist. Wegen der Regelung in § 426 Abs. 2 BGB sei die alte Regelung in § 158f aF überflüssig geworden; das ist allerdings außerhalb des Direktanspruchs anders, vgl. § 117 Abs. 5 (→ § 117 Rn. 41). Satz 3 regelt den **Aufwendungsersatz** wie schon § 3 Nr. 10 Satz 2 PflVG aF; der frühere Satz 1 (Bindung des VN an ein rechtskräftiges Haftpflichturteil gegen den VR) musste entfallen, weil insoweit §§ 105, 106 neue Regelungen zur Bindungswirkung des Haftpflichturteils enthalten (→ § 105 Rn. 5 ff. und → § 106 Rn. 2).

II. Regress des Versicherers (Abs. 1 Sätze 1 und 2)

1. Alleinverpflichtung des Versicherers

2 Grundsätzlich haften VR, VN und Versicherte nach § 115 Abs. 1 Satz 4 als **Gesamtschuldner.** Soweit Deckungspflicht besteht, haftet der VR im Innenverhältnis allein (§ 116 Abs. 1 Satz 1). Hat der VN/Versicherte den Dritten berechtigterweise befriedigt, wandelt sich sein Freistellungs- in einen Zahlungsanspruch um (→ § 100 Rn. 30; so auch Looschelders/Pohlmann/*Schwartze* § 116 Rn. 2). Gleichzeitig hat er den Ausgleichsanspruch aus dem Gesamtschuldverhältnis gemäß § 426 Abs. 1 BGB, das hier die Gesamtschuldner nicht zu gleichen Anteilen verpflichtet, sondern eben wegen der Regelung in § 116 Abs. 1 Satz 1 den VR allein. Ferner steht dem VN/Versicherten die gemäß § 426 Abs. 2 BGB auf ihn übergegangene Forderung des Dritten (Direktanspruch) zu; idR sind alle diese Ansprüche identisch. Bei Zahlung des VR auf den inzwischen in einen Zahlungsanspruch umgewandelten Befreiungsanspruch zahlt er (zumindest auch) auf den Versicherungsvertrag, so dass das Sonderkündigungsrecht nach § 111 entsteht (so auch Prölss/Martin/*Klimke* § 116 Rn. 2).

2. Alleinverpflichtung des Versicherungsnehmers/Versicherten

3 Ist der VR nicht zur Leistung verpflichtet, ist im Innenverhältnis allein der VN/Versicherte verpflichtet, § 116 Abs. 1 Satz 2 (zur Einbeziehung eines Leasing-

nehmers in den Versicherungsvertrag zwischen VR und Leasinggeber vgl. OLG Düsseldorf r+s 1996, 165 = VersR 1996, 1267). Es handelt sich um die Fälle, in denen der VR trotz Leistungsfreiheit im Innenverhältnis vom Dritten (wegen seiner größeren Finanzkraft) über § 117 Abs. 1–4 in Anspruch genommen wird. Auch in diesem Regressverhältnis tritt neben diesen Ausgleichsanspruch der Anspruch des Geschädigten gegen den VN, der gemäß § 426 Abs. 2 BGB nunmehr auf den VR übergeht.

Bei allen Regressierungen ist stets eine **geschäftsplanmäßige Regressbeschränkung** zu beachten (zu deren Auslegung nach den für AVB geltenden Kriterien vgl. BGH NJW-RR 1996, 149 = r+s 1996, 10 = VersR 1996, 51); außerdem gelten auch hier die Regressbeschränkungen der KfzPflVV. 4

3. Verhältnis zwischen Versicherer und Versichertem

Alles das, was zuvor zum Verhältnis VR/VN gesagt wurde, gilt auch für das Verhältnis VR/Versicherter (BGH VersR 1986, 1010; OLG Celle r+s 2014, 59). Ist der VR sowohl dem VN als auch dem Versicherten trotz der Regelung in § 123 gegenüber leistungsfrei, haften VN und Versicherter als Gesamtschuldner (BGH VersR 1971, 429; OLG Koblenz VersR 1979, 342). Umstritten ist, ob diese auf den Regress als Gesamtschuldner haften (so *Prölss* JZ 1989, 149) oder ob der Regress des VR nach § 254 BGB zu quotieren ist (so BGH VersR 1988, 1062; Looschelders/Pohlmann/*Schwartze* § 116 Rn. 4; Prölss/Martin/*Klimke* § 116 Rn. 5). Ist der Versicherte selbst Dritter und hat er insoweit Ansprüche gegen den VN und damit auch gegen den VR, kann er diese dem Regress entgegenhalten. Beide Regressschuldner können ihrerseits den VR wegen Übermaßregulierung in Anspruch nehmen und insoweit dem Regressanspruch eigene Schadensersatzansprüche entgegensetzen. 5

4. Irrtümliche Regulierung

Hat der VR irrtümlich seine Deckungspflicht gegen VN oder Versichertem angenommen, hat er ebenfalls einen Ausgleichsanspruch nach § 116 Abs. 1 Satz 2 und § 426 Abs. 2 BGB (OLG Karlsruhe VersR 1979, 77; LG Zweibrücken VersR 1996, 179; BGH VersR 2008, 343, wonach Auftrags- und Bereicherungsrecht durch die Spezialregelung in § 3 Nr. 9 Satz 2 PflVG aF (jetzt § 116 Abs. 1 Satz 2 VVG) verdrängt werden; anders dann, wenn der VR auch dem Dritten gegenüber (etwa wegen des Verweisungsprivileges aus § 117 Abs. 3 Satz 2 (§ 158c Abs. 4 aF)) leistungsfrei war; dann hat er einen Anspruch aus §§ 812, 818 BGB gegen seinen VN, weil er auf die versicherungsvertragliche Deckung geleistet hat, Prölss/Martin/*Klimke* § 116 Rn. 7; vgl. dort auch zum nicht bestehenden Ausgleich gegen den Geschädigten, der nicht bereichert ist, weil er keinen Anspruch gegen seinen Schädiger mehr hat und Rn. 9 zum möglichen Regressverzicht, wenn der VR seine Leistungsfreiheit im Innen- und Außenverhältnis kennt und dennoch leistet). 6

III. Aufwandsentschädigung (Abs. 1 Satz 3)

Nach § 116 Abs. 1 Satz 3 kann der VR auch Aufwendungsersatz verlangen, sofern er den Aufwand den Umständen nach für erforderlich halten durfte. Dazu gehören alle Kosten im Zusammenhang mit der Schadenfeststellung und -regulie- 7 rung, auch Rechtsanwaltskosten und Kosten für eine Prozessbürgschaft (OLG Köln VersR 1997, 225).

IV. Verjährung des Regressanspruchs (Abs. 2)

8 Sämtliche Ansprüche aus § 116 Abs. 1 verjähren in drei Jahren, beginnend mit dem Ende des Jahres, in dem der Anspruch des geschädigten Dritten – sei es vom VN, sei es vom VR – **erfüllt** wird. Wird der Anspruch des Dritten in **Raten** befriedigt, laufen unterschiedliche Verjährungsfristen, denn es ist nicht auf die vollständige Befriedigung des Geschädigten abzustellen, sondern auf die Erfüllung bezüglich der Teilzahlung (OLG Hamm VersR 1981, 645). In Bezug auf den Regressanspruch des VN gegen seinen VR nach § 116 Abs. 1 Satz 1 kann sich ein Konkurrenzverhältnis zu §§ 195, 199 BGB ergeben: War der Deckungsanspruch schon vor der Zahlung des VN an den Dritten nach §§ 195, 199 BGB verjährt (zur Verjährung → § 100 Rn. 31), setzt die Regelung in § 116 Abs. 2 keine gesonderte Verjährung in Lauf (ebenso Prölss/Martin/*Klimke* § 116 Rn. 14). Ein schwebender Deckungsprozess, selbst eine gegen den Regressanspruch des VR gerichtete negative Feststellungsklage, unterbricht die Verjährung des Regressanspruchs nicht (BGH VersR 1972, 62, wonach die Berufung auf Verjährung in vergleichbaren Fällen keinen Verstoß gegen Treu und Glauben darstellt).

§ 117 Leistungspflicht gegenüber Dritten

(1) **Ist der Versicherer von der Verpflichtung zur Leistung dem Versicherungsnehmer gegenüber ganz oder teilweise frei, so bleibt gleichwohl seine Verpflichtung in Ansehung des Dritten bestehen.**

(2) **[1]Ein Umstand, der das Nichtbestehen oder die Beendigung des Versicherungsverhältnisses zur Folge hat, wirkt in Ansehung des Dritten erst mit dem Ablauf eines Monats, nachdem der Versicherer diesen Umstand der hierfür zuständigen Stelle angezeigt hat. [2]Dies gilt auch, wenn das Versicherungsverhältnis durch Zeitablauf endet. [3]Der Lauf der Frist beginnt nicht vor Beendigung des Versicherungsverhältnisses. [4]Ein in den Sätzen 1 und 2 bezeichneter Umstand kann dem Dritten auch dann entgegengehalten werden, wenn vor dem Zeitpunkt des Schadensereignisses der hierfür zuständigen Stelle die Bestätigung einer entsprechend den Rechtsvorschriften abgeschlossenen neuen Versicherung zugegangen ist. [5]Die vorstehenden Vorschriften dieses Absatzes gelten nicht, wenn eine zur Entgegennahme der Anzeige nach Satz 1 zuständige Stelle nicht bestimmt ist.**

(3) **[1]In den Fällen der Absätze 1 und 2 ist der Versicherer nur im Rahmen der vorgeschriebenen Mindestversicherungssumme und der von ihm übernommenen Gefahr zur Leistung verpflichtet. [2]Er ist leistungsfrei, soweit der Dritte Ersatz seines Schadens von einem anderen Schadensversicherer oder von einem Sozialversicherungsträger erlangen kann.**

(4) **[1]Trifft die Leistungspflicht des Versicherers nach Absatz 1 oder Absatz 2 mit einer Ersatzpflicht aufgrund fahrlässiger Amtspflichtverletzung zusammen, wird die Ersatzpflicht nach § 839 Abs. 1 des Bürgerlichen Gesetzbuchs im Verhältnis zum Versicherer nicht dadurch ausgeschlossen,**

dass die Voraussetzungen für die Leistungspflicht des Versicherers vorliegen. [2]Satz 1 gilt nicht, wenn der Beamte nach § 839 des Bürgerlichen Gesetzbuchs persönlich haftet.

(5) **[1]Soweit der Versicherer den Dritten nach den Absätzen 1 bis 4 befriedigt und ein Fall des § 116 nicht vorliegt, geht die Forderung des Dritten gegen den Versicherungsnehmer auf ihn über. [2]Der Übergang kann nicht zum Nachteil des Dritten geltend gemacht werden.**

(6) **[1]Wird über das Vermögen des Versicherers das Insolvenzverfahren eröffnet, endet das Versicherungsverhältnis abweichend von § 16 erst mit dem Ablauf eines Monats, nachdem der Insolvenzverwalter diesen Umstand der hierfür zuständigen Stelle angezeigt hat; bis zu diesem Zeitpunkt bleibt es der Insolvenzmasse gegenüber wirksam. [2]Ist eine zur Entgegennahme der Anzeige nach Satz 1 zuständige Stelle nicht bestimmt, endet das Versicherungsverhältnis einen Monat nach der Benachrichtigung des Versicherungsnehmers von der Eröffnung des Insolvenzverfahrens; die Benachrichtigung bedarf der Textform.**

Übersicht

I. Verpflichtung gegenüber dem Dritten (Abs. 1)

1. Gesetzesentwicklung

1 Der ursprüngliche Entwurf des Abs. 1 idF der BT-Drs. 16/3945 lautete:

Dem Anspruch des Dritten nach § 115 kann nicht entgegengehalten werden, dass der Versicherer dem ersatzpflichtigen Versicherungsnehmer nicht oder nur teilweise zur Leistung verpflichtet ist.

2 Zur Begründung wurde ausgeführt, die Vorschrift regle den Direktanspruch des Dritten in Fällen, in denen der VR im Verhältnis zum VN leistungsfrei ist. Sie übernehme den § 3 Nr. 4 PflVG aF mit einer geringfügigen sprachlichen Änderung. Wie früher sei auch der Fall erfasst, dass der VR nur teilweise leistungsfrei ist; dieser habe wegen der Aufgabe des „Alles oder nichts"-Prinzips **künftig größere praktische** Bedeutung.

3 Der VR könne sich nach Abs. 1 gegenüber dem geschädigten Dritten nicht darauf berufen, dass er im Verhältnis zum VN nach diesem Gesetz oder dem Versicherungsvertrag wegen Verletzung einer Anzeigepflicht oder einer anderen Obliegenheit nicht oder nur teilweise zur Leistung verpflichtet ist. Dagegen gelte für Einwendungen, die den Umfang des vertraglichen Versicherungsschutzes betreffen, das heißt die Frage, welche Risiken von der Versicherung abgedeckt werden, die Vorschrift des Abs. 3. Auch der Fall des § 103, die vorsätzliche Herbeiführung des Versicherungsfalles durch den VN, werde daher von Abs. 3 und nicht von Abs. 1 erfasst.

4 Durch die **BT-Drs. 16/6627** wurde der Hinweis auf den Direktanspruch gemäß § 115 wieder entfernt und Abs. 1 in seine jetzige Form gebracht. Diese Änderung wird mit der bestehen bleibenden Leistungspflicht des VR in den Fällen des „kranken" Versicherungsverhältnisses begründet. Ist der VR gegenüber seinem VN von der Verpflichtung zur Leistung frei, so solle seine Leistungspflicht in Ansehung des Dritten gleichwohl bestehen bleiben, und zwar **unabhängig davon,** ob ein **Direktanspruch** nach § 115 Abs. 1 besteht oder nicht. Da die ursprüngliche Fassung auf den (Direkt-)Anspruch aus § 115 Abs. 1 abstellte, war der Dritte in Fällen, in denen ein Direktanspruch nicht bestand (was nach der letztlich Gesetz gewordenen Fassung außerhalb der Kfz-Versicherung der Regelfall sein dürfte), schutzlos. Das stellte eine – ungewollte – Verschlechterung gegenüber

der früheren Rechtslage (§ 158c Abs. 1 aF) dar. Die Neufassung passt daher Abs. 1 an den Wortlaut des § 158c Abs. 1 aF an und stellt so für Fälle ohne Direktanspruch die **bisherige Rechtslage** wieder her, indem sie nicht auf den (Direkt-)Anspruch des Dritten, sondern auf dessen Person abstellt.

2. Normzweck

Die Vorschrift regelt die Rechtsbeziehung zwischen dem geschädigten Dritten 5 und dem Haftpflichtversicherer für die Fälle, in denen das Deckungsverhältnis gestört, also **„krank"** ist (Einzelheiten bei *Hübner/Lew Schneider* r+s 2002, 89 ff.). Der Haftpflichtversicherer soll „in Ansehung des Dritten" – also in seinem Verhältnis zum Dritten – weiterhin eintrittspflichtig bleiben, auch wenn er gegenüber seinem eigenen VN leistungsfrei geworden ist. Der Dritte soll – unabhängig von einem eventuell bestehenden Direktanspruch nach § 115 und unabhängig von einer Deckungspflicht des VR im Innenverhältnis – in dem Haftpflichtversicherer einen solventen Schuldner vorfinden. Bei Leistungsfreiheit ist der dem Dritten gegenüber leistungspflichtige VR auf den Regress gegen seinen VN angewiesen.

3. ... von der Verpflichtung zur Leistung frei

Die (auch teilweise) Leistungsfreiheit des VR dem VN gegenüber kann aus 6 vielfältigen Gründen eintreten, zu nennen sind Verstöße gegen Sicherheitsvorschriften, Verletzungen von Obliegenheiten nach Eintritt des Versicherungsfalles, vorvertragliche Anzeigepflichtverletzungen (BGH VersR 1959, 256), Gefahrerhöhungen (wobei sowohl die subjektive als auch die objektive Gefahrerhöhung in Frage kommen) oder Nichtzahlung der Erst- oder Folgeprämie. Nach Einführung des **Quotenmodells** wird die Eintrittspflicht dem Dritten gegenüber mit all ihren Konsequenzen voraussichtlich vermehrt Bedeutung erlangen, denn in all den Fällen der groben Fahrlässigkeit, die nur zu einer quotierten Leistungsfreiheit des VR führt („ganz oder teilweise"), gilt Abs. 1.

Weil der VR nach Abs. 3 nur im Rahmen der **übernommenen Gefahr** haftet, 7 ist § 103 auch im Verhältnis zum Dritten anzuwenden, so dass bei **Vorsatz des VN** der VR auch **dem geschädigten Dritten gegenüber leistungsfrei** ist (BGH NJW 1971, 459 = VersR 1971, 239; OLG Hamm VersR 1988, 1122; OLG Köln VersR 1982, 303; OLG München VersR 1990, 484; anders mit falscher Begründung OLG Frankfurt a. M. VersR 1997, 224 mit abl. Anm. *Langheid* VersR 1997, 348 und *Lorenz* VersR 1997, 349; vgl. dazu wiederum zutr. OLG Oldenburg VersR 1999, 482; OLG Celle ZfS 2004, 122). In diesem Zusammenhang ist darauf hinzuweisen, dass ohnehin vertragliche Regelungen in den zugrunde liegenden AVB, wie etwa Leistungsausschlüsse bei Vorsatz, zur Leistungsfreiheit des VR führen können; auch diese Regelungen sind iRd Abs. 1 zu berücksichtigen. Diese Gesetzeslage ist auch europarechtskonform und verstößt nicht gegen die 6. Kfz-Haftpflicht-RL (BGH NJW 2013, 1163; anders *Franck* VersR 2014, 13, der auf Grund des dortigen Erwgr. 15 den § 117 europarechtskonform so auslegen will, dass der Vorsatzausschluss nicht gegen den geschädigten Dritten geltend gemacht werden kann; dagegen wiederum OLG Köln r+s 2020, 20 jedenfalls für eine Auseinandersetzung in Bezug auf die Deckung).

Ist der Deckungsanspruch des VN **verjährt,** ist der VR dem VN gegenüber 8 ebenfalls leistungsfrei, so dass die Regelung in Abs. 1 analog angewendet werden soll (so BGH NJW 1971, 657 = VersR 1971, 333; zust. BK/*Beckmann* § 158c Rn. 10; auch OLG Köln VersR 1959, 607; anders OLG Celle VersR 1954, 427;

zw. *Schirmer* VersR 1986, 828 Fn. 26). Es ist aber zweifelhaft, ob das noch im Rahmen der übernommenen Gefahr liegt, denn mit Verjährung ist der Anspruch untergegangen. Die Analogie ist **bedenklich,** denn dann könnte der Dritte den an sich nicht (mehr) bestehenden Deckungsanspruch zusätzlich verjähren lassen, um gerade dadurch einen Anspruch nach § 117 zu kreieren; das widerspricht Sinn und Zweck der Verjährung. Gleiches gilt bei einem „gesunden" Deckungsanspruch, den der Dritte verjähren lassen könnte, um weitere drei Jahre gegen den VR vorgehen zu können. Deswegen sollte mit der Verjährung des Deckungsanspruchs auch der Anspruch des geschädigten Dritten gegen den VR – nicht gegen den VN – untergehen, so dass dann kein Fall des Abs. 1 vorliegt (aA Schwintowski/Brömmelmeyer/*Huber* § 117 Rn. 13 mit dem – wenig überzeugenden – Argument, dass die „beträchtliche Verlängerung der Zeit der Inanspruchnahme" für den VR aufgrund der Mitwirkung am Haftpflichtprozess „nicht überraschend" sei).

4. Versicherter

9 Alles das, was in Ansehung des VN zur Leistungsfreiheit führen kann, kann auch im Verhältnis des VR zu einem Versicherten zur Leistungsfreiheit führen, so dass der VR dem Dritten gegenüber nur nach Maßgabe der Beschränkungen der gesetzlichen Regelungen haftet (BGH VersR 1988, 1064). Eine Ausnahme ergibt sich aus § 114, wonach ein Selbstbehalt nur dem VN, nicht aber dem Versicherten gegenüber eingewandt werden kann. Anderes gilt auch dann, wenn der VR gleichzeitig dem VN Deckung gewähren muss, denn dann können die Haftungsbegrenzungen begreiflicherweise auch im Verhältnis zum Versicherten keine Anwendung finden (OLG Hamm r+s 1992, 400 = VersR 1993, 1372; 1989, 73; insoweit zutr. OLG Frankfurt a. M. VersR 1997, 224; zuvor schon OLG Schleswig r+s 1995, 84 = VersR 1995, 827).

5. „bleibt gleichwohl seine Verpflichtung in Ansehung des Dritten bestehen"

10 Es kommt nicht darauf an, ob der Dritte einen Direktanspruch gegen den Haftpflichtversicherer hat oder nicht. Es kommt nur auf die Deckungspflicht des VR an; besteht diese teilweise, muss er ohnehin teilweise aus dem Versicherungsvertrag heraus leisten bzw. freistellen, ist vollständige Leistungsfreiheit eingetreten, bleibt er dem Dritten verpflichtet, im Falle eines Direktanspruchs nach § 115 unmittelbar, sonst im Wege einer im Verhältnis zum Dritten unterstellten Deckungspflicht.

11 Das Deckungsverhältnis wird durch die Verpflichtung des VR dem geschädigten Dritten gegenüber nicht berührt: Es bleibt bei der Leistungsfreiheit des VR, was einerseits Auswirkungen auf die eigene Eintrittspflicht des VN gegenüber dem Dritten haben kann, andererseits aber jedenfalls die Regressmöglichkeit über Abs. 5 begründet.

12 Da kein wirksamer Deckungsanspruch besteht, sondern vielmehr die Eintrittspflicht des VR dem Dritten gegenüber zu einem Regress gegenüber dem VN führt, muss der VN seine vertraglichen Pflichten (Obliegenheit oÄ) auch nicht mehr erfüllen; iÜ wird für das Verhältnis VR/geschädigter Dritter das Versicherungsverhältnis als nach wie vor bestehend unterstellt (Prölss/Martin/*Klimke* § 117 Rn. 1).

Die früher auch für § 158c aF angenommene **Bindungswirkung** des Haftpflichturteils für das Deckungsverhältnis wird heute prinzipiell problematisiert (vgl. *Langheid* VersR 2009, 1043 für einen Wegfall der Bindungswirkung wegen der Fälligkeitsregel in § 106; Einzelheiten → § 100 Rn. 35, → § 105 Rn. 5 ff. und → § 106 Rn. 2). Das sollte auch für die Konstellation nach § 117 gelten; jedenfalls ist nichts anderes ersichtlich. Das würde bedeuten, dass Feststellungen im Haftpflichtverfahren nicht ohne weiteres Bindungswirkung im Verhältnis VN/VR entfalten; im Falle eines Regresses wird man konsequenterweise davon ausgehen müssen, dass der VR die entsprechenden Feststellungen im Haftpflichturteil erneut vorzutragen und zu beweisen hat (wohl anders – ohne Begr. – Schwintowski/Brömmelmeyer/*Huber* § 117 Rn. 7). Für den Fall des **Direktanspruchs** nach § 115 gilt die Sondervorschrift des § 124 (wechselseitige Rechtskrafterstreckung bei Klageabweisung nach Abs. 1; Bindungswirkung für den VN bei zusprechendem Urteil gegen den VR nach Abs. 2); greifen die dortigen Voraussetzungen nicht ein, entfällt die Bindungswirkung, denn es ist letztlich gleichgültig, ob Feststellungen im Haftpflichtprozess Dritter/VN erfolgen oder im Direktprozessverhältnis Dritter/VR. Möglicherweise wäre es angezeigt, § 124 auf die gesamte Pflichtversicherung zu erstrecken. 13

Aktivlegitimiert für ein Vorgehen gegen den VR kann nur der geschädigte Dritte sein, denn der VN hat aufgrund des kranken Vertragsverhältnisses keine eigenen Ansprüche gegen den VR mehr (zu den Möglichkeiten eines Direktanspruchs des Dritten → § 115 Rn. 13–15). 14

II. Nachhaftung (Abs. 2)

1. Gesetzesbegründung (BT-Drs. 16/6627 bzw. 16/3945)

In **BT-Drs. 16/3945, 89 f.** wird ausgeführt, die Vorschrift stimme sachlich mit dem früheren § 3 Nr. 5 PflVG aF überein. Der **Begriff des Schadensereignisses** sei **weit auszulegen;** er erfasse alle Versicherungsfälle, die einer Pflichtversicherung unterliegen. Für den Fall, dass eine zuständige Stelle nicht bestimmt ist, schließe Satz 5 entsprechend § 158c Abs. 2 Satz 4 aF die Anwendung der Vorschriften des Abs. 2 aus. Durch **BT-Drs. 16/6627** wurde Abs. 2 in seiner endgültigen Fassung verabschiedet. Begründet wird die Änderung mit dem Umstand, dass auch hier der ursprüngliche Wortlaut das Bestehen eines allgemeinen Direktanspruchs voraussetzte, also den Dritten – nach dem Wegfall eines allgemeinen Direktanspruchs – in allen anderen Fällen schutzlos lasse. Die darin liegende **Schlechterstellung** gegenüber dem früheren Recht (§ 158c Abs. 2 Satz 1 aF) sei **nicht beabsichtigt.** Zur Wiederherstellung der alten Rechtslage sei eine Anpassung an den Wortlaut der früheren Regelung erforderlich, die einen **Direktanspruch nicht voraussetzte,** sondern ebenfalls auf die Person des Dritten abstellte. Die Änderung in Satz 4 erfolge aus denselben Gründen (Folgeänderung). Auch insoweit sei nicht auf den Anspruch, sondern auf die Person des Dritten abzustellen. 15

2. Beendigung

Nach der Regelung in Abs. 2 Satz 1 genießt der Dritte für einen Monat nach Beendigung des Versicherungsvertrages Deckungsschutz, sog **Nachhaftung.** Die Beendigung des Versicherungsvertrages setzt dessen früheres Bestehen voraus: 16

keine Deckungspflicht dem Dritten gegenüber, wenn kein wirksamer Versicherungsvertrag zustande gekommen ist. Gleiches gilt bei Nichtbestehen des Vertrages (zur Differenzierung zwischen Nichtbestehen und Beendigung BK/*Beckmann* § 158c Rn. 17). Das ist etwa dann der Fall, wenn der VR einen Antrag auf Abschluss eines Versicherungsvertrages abgelehnt hat oder wenn der Deckungsschutz nur aufgrund einer Kollusion zwischen dem VN und dem Versicherungsagenten zustande gekommen ist (zust., wenn auch krit. BK/*Beckmann* § 158c Rn. 18; ebenfalls krit. Schwintowski/Brömmelmeyer/*Huber* § 117 Rn. 68). Es soll aber genügen, wenn nur der faktische Tatbestand eines Versicherungsvertrages gegeben ist, auch wenn diesem aus rechtlichen Gründen die Wirksamkeit versagt bleibt (BGH NJW 2003, 514 = VersR 2002, 1501: Abschluss des Vertrages durch einen Minderjährigen).

17 Ist ein Vertrag zustande gekommen, wirkt seine Beendigung binnen **Monatsfrist ab Anzeige** bei den zuständigen Stellen. Die Beendigung dieses Versicherungsvertrages kann durch alle Rechtstatsachen herbeigeführt werden, die iE die Beendigung und sogar die rückwirkende Beseitigung des Versicherungsvertrages bewirken. Hierzu zählen die Kündigung durch VN oder VR. Auch der Rücktritt des VR gemäß §§ 19 ff. führt zur Beendigung des Versicherungsvertrages ex tunc. Weiter in Betracht kommen eine einverständliche Vertragsaufhebung oder etwa die Ausübung des Widerspruchs- und Widerrufsrechts des VN. Das Versicherungsverhältnis wird auch durch eine Anfechtung wegen arglistiger Täuschung beendet, es kann auch nichtig sein wegen fehlender Geschäftsfähigkeit. Anders als in der Feuerversicherung dürfte der Interessewegfall nicht hierher gehören, denn in diesem Fall ist eine Haftung eben wegen des weggefallenen Interesses nicht mehr denkbar.

3. „in Ansehung des Dritten"

18 Dritter kann begrifflich nur der **Geschädigte** sein, der einen Anspruch gegen den VN hat, der von dem fraglichen Pflicht-Haftpflichtversicherungsvertrag ohne dessen Beendigung bzw. ohne die Leistungsfreiheit des VR seinem VN gegenüber gedeckt wäre. Hierzu kann uU auch der VN selbst gehören, wenn er durch eine Handlung eines Mitversicherten geschädigt wird und soweit nicht der VR wegen des kranken Versicherungsverhältnisses bei ihm Regress nehmen könnte (BGH VersR 1996, 1010; OLG Köln VersR 1985, 488; *Langheid* VersR 1986, 15).

19 **Umstritten** ist die Frage, ob Dritter in diesem Sinne auch ein (uU nicht haftpflichtversicherter) Mitschädiger sein kann, der bei einem anderen, pflichtversicherten Dritten im Innenverhältnis einen Ausgleichsanspruch geltend macht (dafür OLG Köln VersR 1972, 651; AG Frankfurt a. M. VersR 1974, 382; Bruck/Möller/*Johannsen,* Bd. V, 8. Aufl. 1961 ff., Anm. B 12 und 57; dagegen KG VersR 1978, 435; OLG Hamm VersR 1969, 508; OLG Zweibrücken VersR 1987, 656; Prölss/Martin/*Klimke* § 117 Rn. 3 und § 115 Rn. 5). Dritter ist auch der Rechtsnachfolger des eigentlich Geschädigten (BGHZ 44, 166 = VersR 1965, 1167; ÖOGH VersR 1966, 647).

4. Zuständige Stelle

20 Die Nachhaftung des VR für einen Monat beginnt zu dem Zeitpunkt, wenn der VR den vertragsbeendenden bzw. -auflösenden Umstand bei einer „hierfür zuständigen Stelle" angezeigt hat. Eine solche Stelle muss sich aus dem jeweiligen Gesetz ergeben, das die Pflichtversicherung anordnet. Bei Nichtbestehen des Ver-

trages ergeben sich praktische Schwierigkeiten: Ein Nullum kann schlecht angezeigt werden; deshalb gilt hier, dass ein „äußerer Schein" für ein Versicherungsverhältnis sprechen muss; dessen Nichtbestehen ist dann anzuzeigen (zum Problem BK/*Beckmann* § 158c Rn. 18 mwN).

5. Fehlen einer zuständigen Stelle

21 Abs. 2 Satz 5 bestimmt, dass der gesamte Abs. 2 (Nachhaftung) nicht gilt, wenn es eine zur Entgegennahme der fraglichen Anzeige zuständige Stelle nicht gibt. Daraus folgt, dass der VR nicht nachhaftet, sondern dass die Haftung auch gegenüber dem geschädigten Dritten dann nicht besteht, wenn kein Versicherungsvertrag zustande gekommen ist, oder die Haftung erlischt, wenn der Versicherungsvertrag mit dem VN endet. Es verbleibt dann bestenfalls bei der Regelung in Abs. 1 ohne Nachhaftung, nach der der VR dem Dritten haftet, auch wenn er gegenüber dem VN leistungsfrei geworden ist (zB Rücktritt, aber Eintrittspflicht nach § 21 Abs. 2).

6. Beendigung durch Zeitablauf

22 Alles zuvor Ausgeführte gilt in gleicher Weise auch für die Fälle, in denen das Versicherungsvertragsverhältnis allein durch Zeitablauf endet (Abs. 2 Satz 2). Das ist stets dann der Fall, wenn es auf bestimmte Zeit abgeschlossen wurde und die Vertragszeit ausläuft. Auch dann haftet der VR für einen Monat nach Beendigung des Vertragsverhältnisses fort, wobei die Frist frühestens ab Vertragsbeendigung zu laufen beginnen kann. Es hilft dem VR also nicht, wenn er schon einen Monat vor der absehbaren Vertragsbeendigung den zuständigen Stellen die Beendigung anzeigt (ebenso Looschelders/Pohlmann/*Schwartze* § 117 Rn. 11). Dann bleibt es dennoch bei der einmonatigen Nachhaftung.

7. Neue Versicherung

23 Nach Satz 4 kann ein Umstand nach den Sätzen 1 und 2 (Nichtbestehen oder Beendigung, auch durch Zeitablauf) dem Dritten auch dann entgegengehalten werden, wenn vor dem Schadenereignis bei der zuständigen Stelle eine Bestätigung über eine neu abgeschlossene Haftpflichtversicherung eingegangen ist. Entgegen der früheren Rechtslage (als § 3 Nr. 5 Satz 4 PflVG aF noch dem § 158c Abs. 4 aF vorging) sollte dies **keine Verschärfung** mehr darstellen, weil das Verweisungsprivileg des VR nach Abs. 3 Satz 2 schon dann eingreift, wenn überhaupt ein anderer Schadensversicherer existiert. Die Regelung in Abs. 2 Satz 4, nach der die Versicherungsbestätigung des neuen VR bei der zuständigen Stelle eingegangen sein muss, hat nur noch den Sinn, dass neben dem Nichtbestehen und der Beendigung des Versicherungsvertrages zusätzlich der Nachweis einer neuen Versicherung möglich sein soll. Das **Verweisungsprivileg besteht unabhängig** davon. Es entsteht in diesen Fällen eine Mehrfachversicherung, wobei im Innenverhältnis der neue VR allein haftet. Das gilt ohnehin bei der **vorläufigen Deckung,** weil ein Vertrag über eine vorläufige Deckung stets dann endet, wenn der VN das vorläufig versicherte Risiko bei einem anderen VR versichert hat (BGH NJW-RR 1995, 537 = r+s 1995, 124 = VersR 1995, 409; aA Schwintowski/Brömmelmeyer/*Huber* § 117 Rn. 75, der allein auf die (Nicht-)Anzeige bei der zuständigen Stelle abstellen will, dabei aber den Unterschied zu den sonstigen Umständen der Vertragsbeendigung übersieht: Jene sind dem (Alt-)VR bekannt,

während er von der Vertragsbeendigung einer vorläufigen Deckung wegen Abschlusses einer neuen Versicherung bei einem anderen VR keine unmittelbare Kenntnis erlangt).

III. Deckungsumfang und subsidiäre Haftung (Abs. 3)

1. Gesetzesbegründung (BT-Drs. 16/6627 bzw. 16/3945)

24 Die Vorschrift stimme sachlich mit § 158c Abs. 3 und 4 aF, § 3 Nr. 6 Hs. 1 PflVG aF überein. Die nach Satz 1 maßgebliche Mindestversicherungssumme bestimme sich in erster Linie nach der die Pflichtversicherung anordnenden Rechtsvorschrift, hilfsweise nach § 114 Abs. 1. Für **Risikoausschlüsse** ergebe sich aus Satz 1, dass sie grds. dem Anspruch des Dritten entgegengehalten werden könnten, da die Leistungspflicht des VR nicht weiter gehen könne als bei einem ordnungsgemäßen Versicherungsverhältnis. Aufgabe der die Versicherungspflicht anordnenden Stelle sei es, den **notwendigen Umfang** des zu vereinbarenden Versicherungsschutzes festzulegen und dabei zu entscheiden, ob und gegebenenfalls welche Risikoausschlüsse vereinbart werden dürfen, ohne dass dadurch der mit der jeweiligen Pflichtversicherung verfolgte **Schutzzweck** beeinträchtigt wird (vgl. § 114 Abs. 2). Entspricht der Versicherungsvertrag nicht den Vorgaben der die Pflichtversicherung regelnden Rechtsvorschriften, könne sich eine **Haftung des VR** gegenüber dem Dritten ergeben, wenn er gemäß § 113 Abs. 2 das Bestehen der vorgeschriebenen Versicherung bestätigt. Eine Sonderregelung zu Satz 2 für die Kfz-Haftpflichtversicherung sei wie bisher in dem neu gefassten § 3 PflVG enthalten.

2. Vorgeschriebene Mindestversicherungssumme

25 Die Verpflichtung des VR ist zunächst begrenzt durch die **amtlich festgesetzte Mindestversicherungssumme.** Diese begrenzt die Verpflichtung des VR gegenüber dem Dritten auch bei Leistungsfreiheit dem VN gegenüber, auch wenn vertraglich eine höhere Deckungssumme vereinbart worden ist (zust. Looschelders/Pohlmann/*Schwartze* § 117 Rn. 15). Das steht nur vermeintlich im Gegensatz zur Regelung in § 113 Abs. 3, denn dort ist lediglich bestimmt, dass die Vorschriften über die Pflichtversicherung auf den Versicherungsvertrag insgesamt anzuwenden sind (also nicht nur zum Erreichen der Mindestdeckungssumme), was aber gerade auch die Anwendbarkeit des Abs. 3, der die Haftung für den Bereich der Pflichtversicherung eben auf die Mindestdeckungssumme beschränkt, beinhaltet. Kündigt der VR also den Vertrag, ohne dies einer amtlich bestimmten Stelle iSd Abs. 2 anzuzeigen, endet der Vertrag; dennoch bleibt der VR dem Dritten gegenüber verpflichtet, wenn auch nur iRd vorgeschriebenen Mindestdeckung.

26 Eine „amtlich festgesetzte“ Mindestversicherungssumme gibt es nicht mehr; heute spricht das Gesetz von einer „vorgeschriebenen“ Summe, bei der es auf die jeweilige Spezialvorschrift, die die Pflichtversicherung anordnet, hilfsweise auf § 114 ankommt. Von dieser Haftungssumme ist auszugehen, unabhängig davon, ob im Einzelfall pflichtwidrig eine niedrigere Versicherungssumme vereinbart wurde oder aber eben die bereits erwähnte höhere Deckungssumme. Diese Mindestdeckungssumme ist der Haftung nach Abs. 1 und 2 zugrunde zu legen. Sie ist auch im Verteilungsverfahren nach § 109 maßgeblich. Nach BGH VersR 1984, 226; 1983, 688 ist die Regelung in Abs. 3 in Bezug auf die Mindestdeckungs-

summe dann nicht anwendbar, wenn nur teilweise Leistungsfreiheit des VR eingetreten ist und der Deckungsanspruch – bei verabredeter höherer Versicherungssumme – nicht unter den Mindestdeckungsanspruch abgesunken ist. Schwierig wird die Rechtslage, wenn ein Teil des Schadens des Geschädigten von einem anderen VR oder einem Sozialversicherungsträger (SVT) ausgeglichen wird. Dann könnte die Mindestdeckungssumme den insoweit nicht gedeckten Ansprüchen des Dritten (Schmerzensgeld) uneingeschränkt zur Verfügung stehen. Andererseits könnte man die Mindestdeckungssumme wegen des Befriedigungsvorrechtes der SVT um deren Leistungen reduzieren. Nach BGH NJW 1975, 1277 = VersR 1975, 558 ist auch in diesen Fällen nach § 109 vorzugehen und die Mindestversicherungssumme proportional zwischen dem anderweitig nicht gedeckten Anspruch des Dritten und den Leistungen der anderen Schadensversicherer oder SVT aufzuteilen (anders *Denck* VersR 1987, 629 unter Hinweis auf das uneingeschränkte Befriedigungsvorrecht der SVT; allerdings haftet der VR wegen der Regelung in Abs. 3 Satz 2 dem SVT auch für dessen Regress nicht, so dass dem SVT gegenüber ein endgültiges Leistungsverweigerungsrecht besteht, während der VR dem geschädigten Dritten gegenüber iRd Mindestdeckungssumme eintrittspflichtig bleibt; ebenfalls anders Schwintowski/Brömmelmeyer/*Huber* § 117 Rn. 44 unter Hinweis auf die Rangfolge in § 118, der allerdings ein „gesundes" Versicherungsverhältnis voraussetzt).

3. Vertraglich vereinbarter Versicherungsschutz

Die Regelung in Abs. 3 Satz 1 beschränkt die Haftung des VR dem Dritten 27
gegenüber nicht nur auf die gesetzliche Mindestdeckungssumme, sondern auch auf den zwischen ihm und dem VN abgeschlossenen Versicherungsvertrag, also auf die **„übernommene Gefahr"**. Der geschädigte Dritte wird auch bei Leistungsfreiheit des VR über Abs. 1 in die Lage versetzt, seinen Schaden beim VR trotz dessen Leistungsfreiheit geltend zu machen; das setzt aber gleichzeitig voraus, dass der Dritte sich so behandeln lassen muss, als wenn der Versicherungsvertrag mit allen (wirksamen) Einschränkungen nach wie vor Gültigkeit hätte. Nur im Rahmen dieses Versicherungsvertrages einschließlich aller Leistungsbeschränkungen oder -ausschlüsse besteht die Eintrittspflicht des VR dem Dritten gegenüber (BGH VersR 1987, 37; 1986, 1231; OLG Hamm VersR 1988, 1122). Wichtig ist in diesem Zusammenhang die Unterscheidung zwischen von vornherein nicht bestehender Leistungspflicht des VR (aufgrund der vertraglich vereinbarten Leistungsbeschreibungen einschließlich aller Ausschlüsse) und der nachträglich eingetretenen Leistungsfreiheit. Im ersteren Fall haftet der VR auch dem Dritten gegenüber nicht (eben weil die vertragliche Haftung dazu nicht verpflichtet), während im zweiten Fall die Regelung in Abs. 1 gerade die Eintrittspflicht des VR dem Dritten gegenüber – aber eben nur iRd Mindestdeckungssumme und der vertraglich übernommenen Gefahr – vorsieht. Aus diesem Grunde haftet der VR dem Dritten nicht, wenn der VN den Versicherungsfall vorsätzlich (§ 103) herbeiführt (subjektiver Risikoausschluss) (BGH VersR 1971, 239; OLG Saarbrücken r+s 2013, 485; KG VVGE § 158c VVG Nr. 2; OLG Hamm VersR 1988, 1122; iÜ schon → Rn. 7). Anderes gilt, wenn Leasingnehmer und Mieter des Schädigerfahrzeuges einen Unfall verabredet haben, in Ansehung des Leasinggebers, der dennoch von dem Vermieter des Schädigerfahrzeuges und dessen VR Ersatz verlangen kann; der subjektive Risikoausschluss des § 103 wirkt nur im Verhältnis zum manipulierenden Fahrer (OLG Hamm r+s 1996, 339; vgl. auch schon OLG

Hamm r+s 1992, 400 = VersR 1993, 1372; OLG Schleswig r+s 1995, 84 = NZV 1995, 114 = VersR 1995, 827). Ob es sich um einen tatsächlichen Risikoausschluss oder um eine (eventuell verhüllte) Obliegenheit handelt, ist durch Vertragsauslegung nach den allgemein üblichen Kriterien zu ermitteln.

4. Haftungsausschluss

28 Das **Verweisungsprivileg** des VR stellt ihn auch (seinem VN gegenüber ist er ohnehin leistungsfrei) von Ansprüchen des geschädigten Dritten iRd Pflicht-Haftpflichtversicherung frei, wenn der Dritte von den in Abs. 3 Satz 2 Genannten Schadensersatz erlangen kann (zum Problem vgl. *Steffen* VersR 1986, 101; *ders.* VersR 1987, 529; *Schirmer* VersR 1986, 830; *ders.* VersR 1987, 19; *Rolfs* NVersZ 1999, 204). Die ratio legis besteht darin, dass der VR, der trotz Leistungsfreiheit seinem VN gegenüber haften soll, dann nicht in Anspruch genommen können werden soll, wenn anderweitig für Ersatz des dem geschädigten Dritten entstandenen Schadens gesorgt ist. Daraus folgt gleichzeitig, dass der Pflichtversicherer nicht dem Regress des in Anspruch genommenen anderen Schadensversicherers oder des SVT ausgesetzt ist, denn ansonsten würde das Verweisungsprivileg wieder unterlaufen. Insofern scheiden auch Ansprüche des SVT aus abgeleitetem Recht (zB § 116 SGB X) aus (BGH NJW 2003, 514 = VersR 2002, 1501).

5. Anderweitiger Schadensersatz

29 Dieses Verweisungsprivileg des Haftpflichtversicherers besteht nur dann, wenn ein anderer Schadensversicherer oder ein Sozialversicherungsträger von dem geschädigten Dritten schadensersatzpflichtig gemacht werden kann.

30 **a) Anderer Schadensversicherer.** Andere Schadensversicherer sind alle die VR, die für den Schaden des Dritten aufzukommen haben, ohne dass es sich um sog Summenversicherungsverträge handelt. Schadensversicherer sind etwa andere Haftpflichtversicherer eines anderen Schädigers (zum Problem der Mehrfachversicherung → Rn. 35), Sachversicherer des geschädigten Dritten selbst (etwa dessen Kaskoversicherer) und auch etwa dessen Krankenversicherer, soweit es sich hier um eine Schadensversicherung (etwa in Bezug auf die Krankenhaus- und ambulanten Heilbehandlungskosten, OLG Köln VersR 2016, 1435 = r+s 2016, 507) und eben nicht um eine Summenversicherung (etwa Kranken- oder Krankenhaustagegeldversicherung) handelt (nach BGH NJW 1968, 837 = VersR 1968, 361 greift das Verweisungsprivileg nicht, wenn etwa ein Unfallversicherer eine summenmäßig bestimmte Leistung und keinen Schadensersatz erbringt; das Gleiche gilt nach BGH VersR 1979, 1120 auch für eine Zusatzversorgungseinrichtung des öffentlichen Dienstes in Bezug auf eine Erwerbsunfähigkeitsrente; krit. dazu Bruck/Möller/*Johannsen,* 8. Aufl. 1961 ff., Bd. V, Anm. B 53; das Verweisungsprivileg nach Abs. 3 Satz 2 greift nach BGH VersR 1978, 610 und 1971, 335 auch nicht bei sog Eigenversicherern, soweit sie nicht von der Pflichtversicherung befreit sind (anders also dann, wenn ein Eigenversicherer von der Pflichtversicherung befreit ist und somit freiwilliger Versicherungsschutz besteht)).

31 Problematisch ist die Aufteilung zwischen **Schadens- und Summenversicherern** insoweit, als etwa ein Krankentagegeld den entstehenden Erwerbsschaden des geschädigten Dritten auffangen und ersetzen soll, so dass insoweit zwar äußerlich eine Summenversicherung vorliegt, in Wirklichkeit aber Schadensersatz geleistet wird (nicht von ungefähr sieht § 4 Abs. 3 MB/KT 2009 eine Mitteilungs-

pflicht des VN in Bezug auf eine nicht nur vorübergehende Minderung des Nettoeinkommens vor, woraus sich die Elemente der Schadensversicherung auch im Zusammenhang mit der Krankentagegeldversicherung als Summenversicherung ableiten lassen). Der geschädigte Dritte würde einen Erwerbsschaden beim Schädiger nur in einer um das „Einkommen“ aus seiner Krankentagegeldversicherung geminderten Höhe geltend machen können. Auch das belegt, dass auch eine Summenversicherung unter die Regelung des Abs. 3 Satz 2 fallen kann, soweit nur Schadensersatzelemente in dieser Summenversicherung enthalten sind.

b) Sozialversicherungsträger. SVT sind alle Träger gesetzlicher Kranken-, Unfall- und Rentenversicherungen, gleichgültig, ob es sich um deutsche oder ausländische VR handelt. Abzustellen ist darauf, ob zwischen dem SVT und dem geschädigten Dritten ein Versichertenverhältnis besteht; bejahendenfalls greift das Verweisungsprivileg des Abs. 3 Satz 2 ein, verneinendenfalls kann der Geschädigte Schadensersatz beim Pflichtversicherer suchen, auch wenn er anderweitig aus Anlass des Schadens, für den er den Pflichtversicherer in Anspruch nimmt, Ersatzleistungen erhält. Aus diesem Grunde ist auch ein schadensbedingtes ALG I von der Agentur für Arbeit unter Abs. 3 zu fassen, nicht aber Sozialleistungen oder ALG II, weil es insoweit an einem Versichertenverhältnis fehlt, sondern diese Leistungen aufgrund der staatlichen Fürsorgepflicht erbracht werden (zum Problem vgl. OLG Frankfurt a. M. VersR 1991, 686; OLG München OLGR 1995, 199; NJW-RR 1986, 1474 = VersR 1988, 29). Es fehlt an einem Versicherten- oder ähnlichen Verhältnis, wenn ein Arbeitgeber seinem geschädigten Arbeitnehmer Lohnfortzahlungen leistet, so dass hier das Verweisungsprivileg nicht greift, was schon dann anders sein soll, wenn ein SVT dem Arbeitgeber die Lohnfortzahlungsbeiträge erstattet und insoweit Regress beim Pflichtversicherer nehmen will (so Prölss/Martin/*Klimke* § 117 Rn. 31 mwN). Nicht dem Verweisungsprivileg unterliegen auf den SVT gemäß § 119 SGB X übergegangene Ansprüche auf Beitragszahlungen des geschädigten Dritten (erstaunlicherweise auch insoweit, als der Versicherte bereits eine unverfallbare Rentenposition erreicht hat, so dass Beitragszahlungen von dem geschädigten Dritten gar nicht mehr zu erbringen wären, zum Problem vgl. *Küppersbusch* VersR 1983, 211; *Denck* VersR 1984, 602; aA Schwintowski/Brömmelmeyer/*Huber* § 117 Rn. 34, wonach der Beitragsregress des SVT dem Verweisungsprivileg unterliege, denn auch insoweit handele es sich um eine Versicherungsleistung aufgrund eines unmittelbaren Schadens). 32

c) „erlangen kann“. Die frühere gesetzliche Formulierung, wonach es für das Verweisungsprivileg ausreichte, wenn der geschädigte Dritte „in der Lage“ war, Ersatz seines Schadens von einem anderen Schadensversicherer oder einem SVT zu erlangen, ist aufgegeben worden. Dennoch hat sich iE nichts geändert (so auch die Gesetzesbegründung). Nach der alten Formulierung kam es nicht auf tatsächliche Schadensersatzleistungen an, sondern darauf, dass der Geschädigte Ersatz seines Schadens hätte grds. verlangen können. Auch die mit der VVG-Reform 2008 eingeführte Formulierung sieht nicht vor, dass der Geschädigte tatsächlich seinen Schaden kompensiert bekommt (dann hätte es heißen müssen, „soweit er den Ersatz seines Schadens erlangt“), sondern er muss Schadensersatz „erlangen können“. Verliert der geschädigte Dritte seinen an sich bestehenden Ersatzanspruch gegen einen anderen Schadensversicherer oder einen SVT (etwa aufgrund eigener Obliegenheitsverletzungen oder durch Fristversäumnisse oder durch Verjährung etc), lebt sein Schadensersatzanspruch gegen den Pflichtversicherer nicht wieder auf. Anders ist es nur dann, wenn der andere VR von vornhe- 33 rein für den spezifischen Schaden nicht eintrittspflichtig war (OLG Schleswig NZV 1991, 233).

34 In diesem Zusammenhang ist zu berücksichtigen, dass die Gesetzesformulierung („soweit") ebenfalls vorsieht, dass das Verweisungsprivileg des Abs. 3 Satz 2 nur soweit reicht, als der Dritte den Ersatz seines Schadens tatsächlich hätte erreichen können; soweit dies nicht der Fall ist, greift das Verweisungsprivileg nicht mit der Folge, dass jedenfalls **insoweit** der Pflichtversicherer eintrittspflichtig bleibt.

6. Mehrfachversicherung

35 Denkbar, wenn auch selten, ist, dass mehrere VR dem geschädigten Dritten gegenüber eintrittspflichtig bleiben, obwohl sie ihren eigenen VN gegenüber leistungsfrei sind. Für diese Fälle gilt die Regelung über die Mehrfachversicherung in § 78, namentlich die Ausgleichsregelung in § 78 Abs. 2 Satz 1. Dabei ist auch die Regelung in Abs. 5 zu beachten: Soweit ein den geschädigten Dritten befriedigender VR im Innenverhältnis zu anderen VR seine Ausgleichsforderung geltend macht, muss er den gemäß Abs. 5 auf ihn übergegangenen Anspruch jedenfalls insoweit an den anderen VR abtreten, als er dort seinen Schaden regressiert. Insoweit ist das Verweisungsprivileg nach Abs. 3 Satz 2 **aufgehoben.** Das gilt aber nur in den seltenen Fällen, in denen mehrere VR dem eigenen VN gegenüber leistungsfrei sind; ist auch nur ein VR leistungspflichtig, ist er nicht über Abs. 1 oder 2 dem Dritten gegenüber leistungspflichtig, sondern aufgrund seiner Deckungspflicht seinem VN gegenüber, so dass sich die anderen VR dem Dritten gegenüber auf das Verweisungsprivileg nach Abs. 3 Satz 2 berufen können (der geschädigte Dritte kann dann den Ausgleich seines gesamten Schadens bei dem auch gegenüber dem eigenen VN eintrittspflichtigen VR suchen).

7. Verhältnis zu vertraglichen Subsidiaritätsklauseln

36 Vielfach finden sich in den Verträgen anderer Schadensversicherer, deren Existenz dem Pflichtversicherer das Verweisungsprivileg nach Abs. 3 Satz 2 einräumt, einfache oder qualifizierte Subsidiaritätsklauseln, nach denen der andere VR seinerseits nur haften soll, wenn der eigene VN (= der geschädigte Dritte) nicht anderweitig Ersatz verlangen kann oder anderweitig tatsächlich Schadensersatz erhält. Die regelmäßige Folge einer Kollision zwischen dem gesetzlichen Verweisungsprivileg aus Abs. 3 und einer vertraglichen Subsidiaritätsabrede ist deren Unwirksamkeit oder – falls das möglich ist – deren Auslegung bei entsprechender Berücksichtigung des gesetzlichen Verweisungsprivilegs (vgl. Looschelders/Pohlmann/*Schwartze* § 117 Rn. 21). Beide VR können sich auf ihre subsidiäre Haftung berufen, wenn der geschädigte Dritte wiederum anderweitig Schadensersatz verlangen kann (BGH NJW 1976, 371 = VersR 1976, 235; soweit eine Subsidiaritätsklausel Ansprüche des VN ausschließt, soweit dieser bei Dritten (Pflichtversicherer!) Ersatz verlangen kann, wenn die fragliche Versicherung nicht existierte (Beispiel: § 2 Abs. 3 Buchst. d ARB 74), scheitert eine solche Klausel an der Regelung in Abs. 3 Satz 2, zum Problem vgl. Prölss/Martin/*Klimke* § 117 Rn. 29; Schwintowski/Brömmelmeyer/*Huber* § 117 Rn. 51).

8. Beweislast

37 Der geschädigte Dritte tritt an die Stelle des VN (dem gegenüber der VR leistungsfrei ist), so dass den geschädigten Dritten die Beweislast für alle Umstände

trifft, die den (fiktiven) Deckungsanspruch des VN begründen (BGH VersR 1987, 38; 1986, 1231). Demgegenüber ist der VR für die Voraussetzungen des Verweisungsprivilegs nach Abs. 3 Satz 2 beweispflichtig, so dass er nachweisen muss, dass es einen anderen Schadensversicherer oder einen SVT gibt, bei dem der Dritte Ersatz seines Schadens hätte erlangen können (BGH VersR 1983, 84; 1978, 609).

IV. Amtspflichtverletzung (Abs. 4)

1. Gesetzesbegründung (BT-Drs. 16/6627 bzw. 16/3945)

Abs. 4 stimme sachlich mit § 158c Abs. 5 aF überein. Das zu § 158c Abs. 5 Satz 1 aF bestehende Auslegungsproblem, welche Konsequenzen sich aus dem Zusammentreffen der beiden Verweisungsprivilege nach § 158 Abs. 4 aF einerseits und § 839 Abs. 1 Satz 2 BGB andererseits ergeben, werde iSd BGH-Rspr. (vgl. VersR 1983, 84) klargestellt. Die Vorschrift betreffe danach nur das Innenverhältnis zwischen Haftpflichtversicherer und haftender Körperschaft, führe also nicht zu einem direkten Anspruch des Geschädigten gegen letztere. 38

2. Regelungsinhalt

Die Regelung in § 117 Abs. 4 bestimmt, was geschehen soll, wenn die beiden Verweisungsprivilege aus § 117 Abs. 3 Satz 2 einerseits und § 839 Abs. 1 BGB andererseits zusammentreffen. Ist also der Pflichtversicherer, der seinem VN gegenüber leistungsfrei ist, nach Abs. 1 oder Abs. 2 dem geschädigten Dritten gegenüber eintrittspflichtig und liegt gleichzeitig eine fahrlässige Amtspflichtverletzung vor, dann wird die Amtshaftung durch die Eintrittspflicht des VR nicht ausgeschlossen. Das könnte man so verstehen, dass der VR sich auf sein Verweisungsprivileg nach Abs. 4 berufen können soll, soweit der Dritte aus der Amtshaftung Ersatz seines Schadens erlangen kann. Die Rspr. des BGH indes sieht vor, dass die Regelung in Abs. 4 Satz 1 nur das Innenverhältnis zwischen dem öffentlichen Dienstherrn und dem dem Dritten gegenüber eintrittspflichtigen Pflichtversicherer regelt mit der Folge, dass die öffentliche Hand sich dem geschädigten Dritten gegenüber nach wie vor auf das Verweisungsprivileg aus § 839 Abs. 1 Satz 2 BGB berufen kann (BGH VersR 1996, 180; 1983, 84; so auch schon *Sieg* VersR 1966, 103). Die Gegenmeinung (*Backhaus* VersR 1984, 17; *Steffen* VersR 1986, 104; Bruck/Möller/*Johannsen*, 8. Aufl. 1961 ff., Bd. V, Anm. B 61) weist darauf hin, dass die vom BGH gefundene Auslegung des Abs. 4 Satz 1 im Gesetzeswortlaut jedenfalls keine Stütze findet. Dagegen wiederum könnte man einwenden, dass der Gesetzgeber nicht gewollt haben kann, die Regelung des BGB an gänzlich anderer Stelle außer Kraft zu setzen. Unabhängig davon, dass die Frage letztlich offen bleibt, wer sich gegenüber dem geschädigten Dritten auf das ihm jeweils eingeräumte Verweisungsprivileg berufen kann, besteht Einhelligkeit dahingehend, dass der VR, der die Ansprüche des geschädigten Dritten reguliert, im Innenverhältnis beim Fiskus Regress nehmen kann, wobei im Innenverhältnis – dem Gesetzeswortlaut entsprechend – nur der Fiskus haften soll (insoweit ist die Regelung in Abs. 4 Satz 1 tatsächlich eine Bestätigung des Verweisungsprivilegs in Abs. 3 Satz 2). 39

Abs. 4 Satz 2 bestimmt, dass der fahrlässig handelnde Beamte sich auf sein Verweisungsprivileg berufen kann, soweit der Pflichtversicherer nach Abs. 1 oder 2 eintrittspflichtig ist. Das bedeutet nach der zuvor referierten Rspr. des BGH, dass der VR bei dem fahrlässig handelnden und daher haftenden Beamten nicht regressieren kann. 40

V. Forderungsübergang (Abs. 5)

1. Gesetzesbegründung (BT-Drs. 16/6627 bzw. 16/3945)

41 Durch die **BT-Drs. 16/6627** wurde Abs. 5 eingefügt, der den früheren § 158f aF übernehmen soll. Der dort geregelte **Rückgriffsanspruch** des VR sei **entbehrlich** gewesen, solange ein allgemeiner **Direktanspruch** bestanden habe, da sich der Rückgriff des VR dann stets nach § 116 gerichtet hätte. Soweit allerdings kein Direktanspruch nach § 115 besteht und der VR den Dritten nach § 117 Abs. 1–4 befriedigt, müsse die Forderung des Dritten gegen den VN gleichfalls auf den VR übergehen, damit dieser den VN auch in diesen Fällen in Regress nehmen kann. Das werde durch § 117 Abs. 5 sichergestellt.

2. Regelungsinhalt

42 Der dem VN gegenüber leistungsfreie VR ist dem geschädigten Dritten iRd § 117 Abs. 1–4 gegenüber leistungspflichtig geblieben. Soweit er Leistungen auf dessen Forderungen erbringt, geht die Forderung des Dritten gegen den VN auf den VR über.

3. Voraussetzungen

43 Der VR muss **objektiv** dem Dritten gegenüber leistungspflichtig und dem VN gegenüber leistungsfrei sein (BGH NJW 1967, 2208 = VersR 1967, 942) und **subjektiv** aufgrund dieser Umstände geleistet haben. Zahlt der VR trotz Leistungsfreiheit auch dem Dritten gegenüber, kann er gegen den VN und auch gegen den Versicherten (wobei § 123 zu beachten ist) einen Kondiktionsanspruch aus § 812 BGB haben (sehr instruktiv OLG Köln r+s 1997, 180 = VersR 1997, 225, wo ein Anspruchsübergang verneint wird, wenn der VR trotz bestehenden Verweisungsprivilegs aus § 117 Abs. 3 Satz 2 zahlt); anderenfalls – bei Kenntnis der Leistungsfreiheit auch dem Dritten gegenüber (Vorsatztat gemäß § 103 oder Verweisungsprivileg nach Abs. 3 Satz 2) – wird regelmäßig ein Verzicht auf seinen Regressanspruch anzunehmen sein (zust. Looschelders/Pohlmann/*Schwartze* § 117 Rn. 28). Maßgeblich für den Regressanspruch ist regelmäßig das Haftpflichturteil oder ein Vergleich zwischen VR und Drittem. Eigene Kosten (Rechtsanwaltskosten oÄ) können ebenfalls geltend gemacht werden, wenn nicht über Abs. 5 (so OLG Frankfurt a. M. VersR 1970, 266 zu § 158f aF) so doch über §§ 675, 670 BGB (zuletzt BGH VersR 1976, 480; vgl. auch Thees/Hagemann/*Fleischmann/Deiters* § 158 Anm. 2). Die Kosten für einen zweiten Anwalt sollen nach BGH VersR 1976, 480 nicht zu ersetzen sein, wenn dieser vom VR in seiner Rolle als Streithelfer des VN wegen der Gefahr einer Interessenkollision eingeschaltet worden ist; uU besteht hier aber ein deliktischer Anspruch, wenn der VN mit dem nur vorgeblich geschädigten Dritten kollusiv zusammengewirkt hat.

4. Einwendungen des Versicherungsnehmers

44 Grundsätzlich ist der VN auch im Zusammenhang mit dem Regressbegehren des VR an die Regulierungsvollmacht in Ziff. 5.2 AHB 2016 gebunden. Diese endet nicht bei Leistungsfreiheit im Innenverhältnis, wohl aber bei Direktanspruch des geschädigten Dritten gegen den VR, etwa nach § 115 (vgl. Looschelders/

Pohlmann/*Schwartze* § 117 Rn. 30). Unter Umständen besteht ein Schadensersatzanspruch des VN, wenn er dem VR einen Ermessensfehlgebrauch im Zusammenhang mit der Schadenregulierung nachweisen kann. Dabei kann den VN allerdings auch ein Mitverschulden treffen. Ansonsten bleibt ihm lediglich, die Leistungsfreiheit des VR ihm gegenüber zu bestreiten. Außerdem kann er dem Regressanspruch begegnen, indem er eine Leistungsfreiheit des VR auch dem geschädigten Dritten gegenüber nachweist, etwa durch Nachweis einer Vorsatztat (§ 103). Unter Umständen kann der VR von seinem VN nur Raten verlangen, wenn er einen Rentenanspruch des Dritten durch eine Einmalzahlung abgefunden hat (vgl. Prölss/Martin/*Klimke* § 117 Rn. 44 unter Hinweis auf BGHZ 24, 308; OLG Hamm VersR 1978, 397; VersR 1971, 914). Musste der VR ohnehin für einen Mitversicherten (etwa den Fahrer in der Kfz-Haftpflichtversicherung) eintreten, kann er sich nicht an den VN halten, auch wenn er **dessen** Haftpflicht irrtümlich anerkannt und den Dritten befriedigt hat.

5. Versicherter

Der Versicherte steht dem VN grds. gleich, mit Ausnahme der Regelung in § 123 (Gründe für die Leistungsfreiheit müssen in der Person des Versicherten vorliegen). Soweit der VR nur im Verhältnis zum Versicherten leistungsfrei ist, während er für den VN eintreten muss, geht die Forderung des Geschädigten gegen den Versicherten nur insoweit auf den VR über, als er auch für den Versicherten über Abs. 1 und Abs. 2 eingetreten ist, anderenfalls der VR – leistet er nur für den VN – einen Gesamtschuldnerausgleich über § 86 erwirbt (zum Problem vgl. Prölss/Martin/*Klimke* § 117 Rn. 48). Ist der VR dem VN und dem Versicherten gegenüber leistungsfrei, haften beide als Gesamtschuldner auf den Anspruch aus Abs. 5. 45

6. Regress gegen Mitschädiger

Mitschädiger, die anderweitig versichert sind, sind einer Regressforderung des VR nach Abs. 5 **nicht** ausgesetzt. Gegen sie kann der VR bestenfalls mit einem auf ihn gemäß § 86 übergegangenen Gesamtschuldnerausgleichsanspruch vorgehen (wobei nach einer Auffassung bei grundsätzlicher Anwendbarkeit des § 117 Abs. 5 die Regelung in § 86 nicht gilt, sondern der VR den Ausgleichsanspruch des VN gegen den Mitschädiger pfänden und sich überweisen lassen muss; BGH VersR 1960, 650; Bruck/Möller/*Sieg,* 8. Aufl. 1961 ff., § 67 Anm. 147; dagegen *Wahle* VersRdsch 1960, 45). Das gilt aber nur, wenn der VR aufgrund der Abs. 1 oder 2 zahlt; bei gesundem Versicherungsverhältnis geht der Ausgleichsanspruch des VN gegen einen Mitschädiger und dessen Haftpflichtversicherer nach § 86 auf den VR über. Gleiches gilt dann, wenn der VR irrtümlich seine Leistungspflicht gegenüber dem eigenen VN annimmt. 46

7. Befriedigungsvorrecht des Dritten

Wie bei § 86 Abs. 1 Satz 2 kann der Übergang des Ersatzanspruches nicht zum Nachteil des geschädigten Dritten (bei § 86 Abs. 1 Satz 2 nicht zum Nachteil des VN) geltend gemacht werden. Das bedeutet, dass der Dritte, dessen Anspruch vom Pflichtversicherer nur teilweise befriedigt wurde, in Bezug auf seine weitergehenden Ansprüche den Zugriffsvortritt gegenüber dem VN bzw. dem Versicherten genießt (Einzelheiten → § 86 Rn. 33, 40 ff.). 47

VI. Insolvenz des Versicherers (Abs. 6)

1. Gesetzesbegründung (BT-Drs. 16/6627 bzw. 16/3945)

48 Es wird ausgeführt, diese Regelung trage dem Umstand Rechnung, dass bei Pflichtversicherungen die **Nachhaftung** des VR nach Beendigung des Versicherungsverhältnisses unverzichtbar sei, um einerseits der für die Überwachung der Versicherungspflicht zuständigen Stelle zu ermöglichen, in **angemessener Zeit** die sich aus der Beendigung des Versicherungsverhältnisses ergebenden **Konsequenzen** zu ziehen, andererseits aber sicherzustellen, dass auch während dieser Zeit der mit der Versicherungspflicht bezweckte Opferschutz gewährleistet ist. Insoweit sei eine von § 16 abweichende Sonderregelung für Pflichtversicherungen geboten. Im Interesse des VN bestimme Satz 2, dass das Versicherungsverhältnis abweichend von § 16 Satz 1 erst einen Monat nach der Benachrichtigung des VN in **Textform** von der Eröffnung des Insolvenzverfahrens endet.

2. Insolvenz

49 Während § 16 die Konsequenzen eines Insolvenzverfahrens über das Vermögen eines VR regelt (Beendigung des Versicherungsverhältnisses), ist in §§ 312, 313 VAG das Verfahren über die Eröffnung des Insolvenzverfahrens beschrieben (Antrag durch die Aufsichtsbehörde). Nach § 16 wird das Versicherungsverhältnis mit Ablauf von einem Monat seit Insolvenzeröffnung beendet, demgegenüber schreibt Abs. 6 vor, dass die Nachhaftung von einem Monat erst zu laufen beginnt, wenn der Insolvenzverwalter die Insolvenz und die damit verbundene Beendigung des Versicherungsverhältnisses der dafür zuständigen Stelle angezeigt hat (→ Rn. 20).

3. Masseanspruch

50 Das Versicherungsverhältnis bleibt bis zum Ablauf der Nachhaftung gegenüber der Insolvenzmasse wirksam. Insoweit hat der Dritte einen vollständigen Deckungsanspruch iSv Abs. 1, allerdings beschränkt auf die Insolvenzquote (§ 55 Abs. 1 Nr. 2 InsO).

4. Fehlen einer zuständigen Stelle

51 Ist eine entsprechende Stelle nicht bestimmt (→ Rn. 21), endet die Nachhaftung von einem Monat nach Benachrichtigung des VN über die Eröffnung des Insolvenzverfahrens. Eine entsprechende Vorschrift findet sich in § 313 VAG, wonach den Gläubigern – also offenkundig auch den VN – neben dem Eröffnungsbeschluss ein Formblatt zuzusenden ist, mit dem Forderungen angemeldet werden können. Diese Benachrichtigung dürfte dann auch der vom Gesetz vorgeschriebenen Textform entsprechen.

VII. Kein Direktanspruch

52 Außerhalb der Wirkung des § 115 erlangt der geschädigte Dritte **keinen Direktanspruch** gegen den VR. Der geschädigte Dritte ist vielmehr darauf angewiesen, wie sonst auch den Freistellungsanspruch des VN pfänden und sich über-

weisen zu lassen; dies ist ein äußerst umständlicher Weg, der schon deswegen bedenklich sein muss, weil fraglich ist, ob ein in Wirklichkeit gar nicht bestehender Anspruch, sondern nur dessen Fiktion, überhaupt gepfändet werden kann (zur Pfändung beim Versicherten OLG Düsseldorf r+s 1997, 281 = VersR 1997, 1475).

Da § 115 abschließenden Charakter hat, kann der Dritte den VR über die dortige Regelung hinaus weder direkt aus eigenem Recht noch insoweit, als er Rechte des VN geltend macht, in Anspruch nehmen. Stets bedarf es eines Haftpflichtverfahrens gegen den VN mit anschließendem Pfändungs- und Überweisungsbeschluss der fiktiven Deckungsansprüche des VN (ausdrücklich BGHZ 26, 133). Unbenommen bleibt aber die Abtretung gemäß § 108 Abs. 2 auch im Bereich der Pflichtversicherung (Beckmann/Matusche-Beckmann VersR-HdB/*Schneider* § 24 Rn. 145). 53

Andererseits ist der VR nicht gehindert, von sich aus in die Regulierung der Ansprüche des geschädigten Dritten einzutreten (zust. BK/*Baumann* § 158c Rn. 57); dies dürfte auch unabhängig von der ihm vertraglich eingeräumten Regulierungsvollmacht gelten, weil im Innenverhältnis der VR seinem VN gegenüber zur Verpflichtung zur Leistung frei ist. Nach BGH VersR 1987, 924 ist der VR dem geschädigten Dritten gegenüber direkt verpflichtet, soweit diesem vom Gesetz ein Direktanspruch eingeräumt ist. Allerdings kann der VR stets auf einen Haftpflichtprozess bestehen, schon um späteren Einwendungen seines VN, die dieser gegen einen Regress des VR erheben könnte, zu begegnen. In den Fällen des § 117 Abs. 1 könnte man aber durchaus den Haftpflicht- mit dem Deckungsprozess (den dann der geschädigte Dritte für den schädigenden VN führen müsste) verbinden. 54

VIII. Verjährung

Nach der Harmonisierung der Verjährungsregelungen ist der Streit, ob die Ansprüche des Dritten einer eigenen Verjährung unterliegen oder ob es sich um fiktive Deckungsansprüche des VN handelt, die einer eigenen Verjährung unterliegen, entschärft. Dennoch können Divergenzen in Bezug auf den Verjährungseintritt auftreten und es fragt sich, ob die **Hemmungsregel** in § 15 auf die Ansprüche des Dritten Anwendung findet. Das ist zu bejahen, denn der Dritte macht fiktive Deckungsansprüche, also solche „aus dem Versicherungsvertrag" geltend; sind solche Ansprüche beim VR angemeldet worden, ist die Verjährung bis zur Entscheidung des VR in Textform gehemmt. Das bedeutet gleichzeitig, dass es auf die Verjährung in Ansehung des VN ankommt. 55

Bei einer solchen **Verjährung** soll allerdings die Regelung in Abs. 1 analog angewendet werden, weil auch dann der VR dem VN gegenüber leistungsfrei ist (BGH NJW 1971, 657 = VersR 1971, 333; zust. BK/*Beckmann* § 158c Rn. 10; auch OLG Köln VersR 1959, 607; anders OLG Celle VersR 1954, 427; zw. *Schirmer* VersR 1986, 828 Fn. 26). Dem ist nicht zu folgen, weil mit der Verjährung der Deckungsansprüche diese untergehen, so dass sie auch von dem Dritten nicht mehr geltend gemacht werden können. Will man aber in der Verjährung des Deckungsanspruchs einen Fall des Abs. 1 anerkennen, müssten entsprechende Ansprüche des Dritten jedenfalls einer eigenen Verjährung nach § 195 BGB unterliegen. Das kann aber dann nicht gelten, wenn Leistungsfreiheit aus einem anderen Grund als Verjährung vorliegt, weil ein solcher „kranker" Deckungsanspruch mit seiner Verjährung untergeht. Sonst könnte der Dritte sechs Jahre lang gegen den 56

VR (uU auch noch länger, wenn die Deckungsansprüche nach § 15 gehemmt waren, bevor sie verjährt sind) vorgehen, indem er den „kranken" Deckungsanspruch zusätzlich verjähren lässt und so einen – weiteren – Grund der Leistungsfreiheit nach Abs. 1 schafft.

§ 118 Rangfolge mehrerer Ansprüche

(1) **Übersteigen die Ansprüche auf Entschädigung, die aufgrund desselben Schadensereignisses zu leisten ist, die Versicherungssumme, wird die Versicherungssumme nach folgender Rangfolge, bei gleichem Rang nach dem Verhältnis ihrer Beträge, an die Ersatzberechtigten ausgezahlt:**
1. **für Ansprüche wegen Personenschäden, soweit die Geschädigten nicht vom Schädiger, von einem anderen Versicherer als dessen Haftpflichtversicherer, einem Sozialversicherungsträger oder einem sonstigen Dritten Ersatz ihrer Schäden erlangen können;**
2. **für Ansprüche wegen sonstiger Schäden natürlicher und juristischer Personen des Privatrechts, soweit die Geschädigten nicht vom Schädiger, einem anderen Versicherer als dessen Haftpflichtversicherer oder einem Dritten Ersatz ihrer Schäden erlangen können;**
3. **für Ansprüche, die nach Privatrecht auf Versicherer oder sonstige Dritte wegen Personen- und sonstiger Schäden übergegangen sind;**
4. **für Ansprüche, die auf Sozialversicherungsträger übergegangen sind;**
5. **für alle sonstigen Ansprüche.**

(2) **Ist die Versicherungssumme unter Berücksichtigung nachrangiger Ansprüche erschöpft, kann sich ein vorrangig zu befriedigender Anspruchsberechtigter, der bei der Verteilung nicht berücksichtigt worden ist, nachträglich auf Absatz 1 nicht berufen, wenn der Versicherer mit der Geltendmachung dieses Anspruchs nicht gerechnet hat und auch nicht rechnen musste.**

I. Übersicht

1 Durch die Regelung in § 118 Abs. 1 werde eine **Rangordnung** der Ansprüche auf die Versicherungssumme eingeführt. Grundsätzlich müsse bei einer Pflichtversicherung die Mindestversicherungssumme so hoch angesetzt werden, dass sie auch für den Ersatz eines überdurchschnittlichen Großschadens ausreicht. Dadurch sei aber nicht ausgeschlossen, dass sich Schadensfälle ereignen, deren Volumen die Versicherungssumme übersteigt. Um diesem Kumulrisiko zu begegnen und den mit der Einführung der Versicherungspflicht verfolgten Zweck der Sicherung der Schadensersatzforderung des geschädigten Dritten zu erreichen, sei es notwendig gewesen, anderweitig nicht abgesicherten Individualansprüchen der Geschädigten Vorrang insbesondere vor öffentlichen Ersatzansprüchen einzuräumen.

II. Regelungsinhalt

2 Anders als § 109, der bei nicht ausreichender Versicherungssumme deren verhältnismäßige Aufteilung anordnet, stellt § 118 Abs. 1 für den Bereich der Pflichthaftpflichtversicherung eine Rangfolge auf, in der der VR die verschiedenen

Ersatzberechtigten zu befriedigen hat. Lediglich bei gleichem Rang gilt auch hier das Prinzip der verhältnismäßigen Aufteilung. Ansprüche wegen Personenschäden stehen im Rang ganz oben, wobei es unerheblich ist, ob der geschädigte Dritte aus einem Direktanspruch gemäß § 115 gegen den VR vorgeht oder aus dem gepfändeten und überwiesenen Deckungsanspruch des VN (Langheid/Wandt/*Brand* § 118 Rn. 5; Looschelders/Pohlmann/*Schwartze* § 118 Rn. 2).

3 Bzgl. des Übersteigens der Versicherungssumme gelten die Ausführungen zu → § 109 Rn. 5. Ebenso wie dort ist auch hier maßgeblicher Zeitpunkt derjenige, in welchem der VR die Zahlungen an die Dritten auskehrt (→ § 109 Rn. 8; Looschelders/Pohlmann/*Schwartze* § 118 Rn. 5; aA Langheid/Wandt/*Brand* § 118 Rn. 15).

III. Nicht berücksichtigter vorrangiger Anspruchsberechtigter

4 § 118 Abs. 2 soll vermeiden, dass das Verteilungsverfahren nachträglich geändert werden muss. Hier kann auf die Kommentierung zu § 109 (→ § 109 Rn. 11 ff.) verwiesen werden. Vom Gesetzeswortlaut wird allein der Fall erfasst, dass ein vorrangig zu befriedigender Anspruchsberechtigter seinen Anspruch verspätet, das heißt nach dem Zeitpunkt der Zahlung durch den VR, geltend macht. Das muss in gleichem Maße gelten, wenn ein Anspruchsteller im **gleichen Rang** seinen Anspruch zu spät anmeldet (so zu Recht Langheid/Wandt/*Brand* § 118 Rn. 39 und Looschelders/Pohlmann/*Schwartze* § 118 Rn. 10: Es sei kein Hinweis ersichtlich, dass der Gesetzgeber für diese Konstellation von der bisherigen Rechtslage abweichen wollte). In Betracht zu ziehen ist allerdings auch eine analoge Anwendung des § 109 Satz 2.

§ 119 Obliegenheiten des Dritten

(1) **Der Dritte hat ein Schadensereignis, aus dem er einen Anspruch gegen den Versicherungsnehmer oder nach § 115 Abs. 1 gegen den Versicherer herleiten will, dem Versicherer innerhalb von zwei Wochen, nachdem er von dem Schadensereignis Kenntnis erlangt hat, in Textform anzuzeigen; zur Fristwahrung genügt die rechtzeitige Absendung.**

(2) **Macht der Dritte den Anspruch gegen den Versicherungsnehmer gerichtlich geltend, hat er dies dem Versicherer unverzüglich in Textform anzuzeigen.**

(3) [1]**Der Versicherer kann von dem Dritten Auskunft verlangen, soweit sie zur Feststellung des Schadensereignisses und der Höhe des Schadens erforderlich ist.** [2]**Belege kann der Versicherer insoweit verlangen, als deren Beschaffung dem Dritten billigerweise zugemutet werden kann.**

I. Regelungszusammenhang

1. Anzeigepflicht bei Anspruchserhebung

1 Abs. 1 stellt eine **Sonderregelung** zu § 30 Abs. 1 Satz 2 dar. Bisher in § 3 Nr. 7 Satz 1 PflVG geregelt. Hat der Dritte **unverschuldet** keine Kenntnis davon,

wer Versicherer ist, muss er eine **Fristversäumung** nicht vertreten; der Versicherer kann in diesem Fall aus der Verletzung der Anzeigepflicht gegen den Dritten keine Rechte, insbesondere keinen Schadensersatz, herleiten. Von einer versicherungsvertraglichen Sanktion sieht der Entwurf – wie in den Fällen des § 30 ab. Durch das PflVGÄndG (BT-Drs. 16/6627) wurden in Abs. 1 die Wörter „nach § 115 Abs. 1" durch die Wörter „gegen den Versicherungsnehmer oder nach § 115 Abs. 1 gegen den Versicherer" ersetzt. Durch diese Änderung wird klargestellt, dass den **Dritten Anzeigeobliegenheiten immer** dann treffen, wenn er Ansprüche aus einem Schadensereignis geltend machen will, unabhängig davon, ob ein Direktanspruch besteht oder nicht. Es sei nicht gerechtfertigt, dass den Dritten keine Anzeigepflichten treffen sollen, nur weil er keinen Direktanspruch gegen den VR geltend machen kann. Sachlich ist das die unter § 158d Abs. 1 VVG aF geltende frühere Rechtslage.

2. Anzeige bei gerichtlicher Geltendmachung

2 Bisher **§ 158d Abs. 2 VVG.** Auch hier wird das Schriftformerfordernis durch **Textform** ersetzt. Für den Versicherer besteht ein berechtigtes Interesse, darüber informiert zu werden, wenn der Dritte seinen Anspruch zunächst nur gegen den Versicherungsnehmer gerichtlich geltend macht.

3. Auskunftsverlangen

3 Früher § 158d Abs. 3 VVG aF, der auf § 3 Nr. 7 Satz 2 PflVG verwies. Der geänderte Wortlaut entspricht § 31 Abs. 1 Satz 2. Die Sanktion nach § 120 bezieht sich auch auf diese Vorschrift.

II. Normzweck

4 Die in § 119 normierten Anzeige- und Auskunftspflichten **des geschädigten Dritten** gelten nur für den Fall, dass der Pflichtversicherer gemäß § 117 eintrittspflichtig bleibt, obwohl er gegenüber seinem VN an sich leistungsfrei geworden ist. Bei einem „gesunden" Versicherungsverhältnis bedarf es der Anzeigepflicht des Dritten nicht, zumal diese ja ungewöhnlicherweise dem Dritten Pflichten aus einem Versicherungsverhältnis auferlegt, an dem er unmittelbar nicht beteiligt ist. Deswegen dürften die Pflichten des § 119 nur bei gestörtem Versicherungsvertrag gelten (anders Looschelders/Pohlmann/*Schwartze* § 119 Rn. 3 und Schwintowski/Brömmelmeyer/*Huber* §§ 119, 120 Rn. 6 f., dessen Argument, die Vorschrift stehe anders als früher nicht systematisch zwischen den Rechtsfolgeregelungen bei krankem Versicherungsverhältnis, angesichts der Tatsache nicht überzeugt, dass nunmehr die §§ 117 ff. einen geschlossenen Kreis von Vorschriften bilden, die die Rechtsfolgen bei Leistungsfreiheit des VR im Innenverhältnis regeln). Die Vorschrift soll bewirken, dass der Pflichtversicherer Kenntnis davon erlangt, dass der geschädigte Dritte gegen den VN vorgehen oder einen Direktanspruch gegen den VR geltend machen will. Hat der Pflichtversicherer dem VN seine Leistungsfreiheit gegenüber geltend gemacht, erlischt dessen Obliegenheit, an der Aufklärung des Versicherungsfalles mitzuwirken. Selbst wenn der VR aber seine Leistungsfreiheit noch nicht geltend gemacht hat, könnte der VN gegen seine Mitwirkungsobliegenheiten verstoßen und dadurch die Leistungsfreiheit des VR bewirken, ohne dass dies an der Eintrittspflicht des VR dem Dritten gegenüber

etwas ändern würde. Deswegen ist der Dritte selbst verpflichtet, dem VR gegenüber bestimmte Anzeigen zu erstatten (Abs. 1 und 2) und – auf Anforderung – auch bestimmte Auskünfte zu erteilen (Abs. 3). Allerdings sind Verstöße des Dritten gegen dessen Anzeige- und Auskunftspflichten nur sehr **eingeschränkt sanktioniert,** nämlich durch die Regelung in § 120 (vgl. dort).

III. Anzeigepflicht nach Abs. 1

Der geschädigte Dritte muss dem VR innerhalb von zwei Wochen ab Kenntniserlangung ein **Schadenereignis,** aus dem er Ansprüche gegen den VN oder – im Wege des Direktanspruchs, § 115 Abs. 1 – gegen den VR geltend machen will, in Textform (vgl. § 126b BGB) anzeigen. Mit der rechtzeitigen Absendung der Schadenanzeige wahrt der Dritte lediglich die Frist; der Anzeigeobliegenheit selbst genügt er erst durch Zugang der Anzeige beim VR. Der Sinn der Vorschrift liegt darin, dass die Information des VR, dass überhaupt ein Anspruch gegen ihn geltend gemacht werden könnte, **sichergestellt** wird. Das ist deswegen unklar, weil der Dritte idR zum Zeitpunkt des Eintritts eines Schadenereignisses und beabsichtigter Geltendmachung seiner Ansprüche gegenüber dem VN des Pflichtversicherers noch nicht weiß, ob der VR leistungsfrei ist (oder werden wird) und deswegen eine Eintrittspflicht ihm, dem Dritten, gegenüber nur über § 117 Abs. 1 und 2 entstehen kann. Ist der VR nicht leistungsfrei, muss er von seinem VN informiert werden, so dass die Anzeigepflicht des Dritten nicht wirksam wird. Ist der VR leistungsfrei und macht er dies geltend, muss er zwangsläufig schon zuvor über den Versicherungsfall bzw. die Geltendmachung der Ansprüche informiert worden sein, denn sonst könnte er die Frage seiner Eintrittspflicht gar nicht erst prüfen. Wird der VR leistungsfrei, weil der VN entgegen § 104 Abs. 1 Satz 2 seiner eigenen Anzeigeobliegenheit nicht genügt, würde die Mitteilungspflicht des geschädigten Dritten aus Abs. 1 nachträglich wiederaufleben. Als Konsequenz aus alledem empfiehlt es sich, dass der geschädigte Dritte **stets** den Pflichtversicherer über die beabsichtigte Geltendmachung seiner Ansprüche unmittelbar informiert. 5

IV. Gerichtliche Geltendmachung (Abs. 2)

Zum Begriff der gerichtlichen Geltendmachung → § 104 Rn. 10 f. Es gilt iÜ das Vorhergesagte zur beabsichtigten Geltendmachung des Anspruchs mit dem Unterschied, dass sich die Anzeigepflicht nach Abs. 2 auf die Tatsache der gerichtlichen Geltendmachung bezieht (während Abs. 1 an das Schadenereignis anknüpft). Der geschädigte Dritte (dieser und nicht etwa der im Text vorangestellte VN ist gemeint) soll auch die gerichtliche Geltendmachung des Anspruchs dem VR stets unverzüglich in Textform mitteilen, wobei der Sinn dieser Anzeige gleichfalls darin liegt, dass sichergestellt ist, dass der VR über den Schadenfall, für den er letztlich einzutreten haben soll, informiert wird und seinerseits an der gerichtlichen Auseinandersetzung mitwirken kann (vgl. BGH VersR 1956, 707). Wenn auch die Angabe der Daten (etwa die Mitteilung des Aktenzeichens) ausreichen soll (vgl. etwa OLG Hamm ZfS 1988, 394), empfiehlt es sich doch, dass der geschädigte Dritte den VR durch die Übersendung einer Abschrift der Klageschrift nebst Anlagen umfassend informiert. Wenn dieser nämlich bis dahin von seinem eigenen VN über die vorprozessuale und prozessuale Geltendmachung 6 der Ansprüche durch den Dritten nicht informiert worden ist, hatte der VR auch noch keine Gelegenheit, seine Eintrittspflicht aus § 117 Abs. 1 zu überprüfen; uU erübrigt sich der Haftpflichtprozess wenn der VR – anders als sein VN – die Begründetheit der Haftpflichtansprüche anerkennt. Aus diesem Grunde liegt es im Interesse des Dritten selbst, den Haftpflichtversicherer alsbald und vollständig zu informieren. Die Frage, in welchem Umfange der Dritte **informationspflichtig** ist, sollte deswegen nicht praxisrelevant sein. Über die gesetzlichen Verpflichtungen hinaus können die Informationspflichten allerdings nicht ausgedehnt werden, schon gar nicht im Vertrag zwischen VR und VN; allerdings kann der Grundsatz von Treu und Glauben zu umfassenden Informationspflichten führen (so BGH VersR 1959, 256 für einen Fall, in dem der Dritte den Prozess gegen den VN weiterbetreibt, während er mit dem VR noch verhandelt). Lehnt der VR den Haftpflichtanspruch des Dritten gegen den VN ab, bleibt die Informationsobliegenheit des Dritten bestehen, denn es wird kein eigener Anspruch des Dritten abgelehnt (was vertragsrechtlich zur Beendigung der Mitwirkungspflichten führen würde), so dass er weiterhin aus § 119 verpflichtet bleibt (ungenau Prölss/Martin/*Klimke* § 119 Rn. 16, der aber wohl darauf hinweist, dass die Verpflichtung aus Abs. 2 (nur) entfällt, wenn der VR unmittelbare Ansprüche des Dritten zurückweist).

V. Auskunftsobliegenheit nach Abs. 3

7 Diese Mitwirkungspflicht des Dritten entsteht nur nach einem entsprechenden Verlangen des VR. Sie entspricht iÜ § 31 Abs. 1 Satz 1 und – in Bezug auf die Beschaffung von Belegen – der Vorschrift des § 31 Abs. 1 Satz 2. Inhaltlich geht die Mitwirkungspflicht des Dritten dahin, dass der VR alle sachdienlichen Angaben erhalten soll, die ihm eine sachgerechte Entscheidung über seine Eintrittspflicht dem Grunde und der Höhe nach ermöglichen (Einzelheiten → § 31 Rn. 4 ff.). Der Dritte ist – ebenso wie der VN – iRd Zumutbaren verpflichtet, eigene Erkundigungen einzuziehen und er läuft Gefahr, mit den Kosten des Haftpflichtprozesses belastet zu werden, wenn er die Klage auf Unterlagen und Belege stützt, die er trotz entsprechenden Verlangens des Pflichtversicherers vor Prozessbeginn diesem nicht vorgelegt hat, wenn der VR die Klage nach Erhalt der entsprechenden Unterlagen sofort anerkennt (vgl. etwa OLG Celle VersR 1961, 1144; OLG Köln VersR 1974, 268). Für die Frage der **Vorlegung** gilt § 811 BGB, bei Vorliegen eines wichtigen Grundes kann der VR gemäß § 811 Abs. 1 Satz 2 BGB Vorlegung in seinen Geschäftsräumen verlangen.

VI. Sanktionen

8 Die Anzeigepflicht nach Abs. 1 ist überhaupt nicht sanktionsbewehrt, so dass hier die gleiche Rechtslage wie bei den §§ 30, 31 eintritt (Schadensersatzrecht des VR, wobei kaum ein Fall denkbar ist, in dem dem VR tatsächlich ein entsprechender Schaden erwachsen könnte). Macht der Dritte einen Direktanspruch, § 115, gegen den VR geltend, kann ein – bereits einfach fahrlässiger – Verstoß gegen Abs. 1 als ein Mitverschulden iSv § 254 Abs. 2 BGB den VR jedoch zu einer Anspruchskürzung berechtigen (Looschelders/Pohlmann/*Schwartze* § 119 Rn. 14; aA Prölss/Martin/*Klimke* § 119 Rn. 9). Eine Verletzung der Obliegenheiten aus Abs. 2 und Abs. 3 wird in § 120 sanktioniert (vgl. dort). Nach oben

Gesagtem kommt es allerdings weniger auf die Sanktionierung entsprechender Obliegenheitsverletzungen des Dritten an, sondern es liegt schon im eigenen Interesse des Dritten, den bis dahin möglicherweise noch nicht informierten VR über das Schadenereignis und die daraus abzuleitenden Rechtsfolgen zu informieren. Auch die Berücksichtigung des Ersatzanspruches in einem eventuellen Verteilungsverfahren nach § 118 Abs. 2 zwingt den Dritten, seinen Schaden stets nicht nur dem VN, seinem Schädiger, gegenüber anzumelden, sondern auch dessen VR zu informieren.

§ 120 Obliegenheitsverletzung des Dritten

Verletzt der Dritte schuldhaft die Obliegenheit nach § 119 Abs. 2 oder 3, beschränkt sich die Haftung des Versicherers nach den §§ 115 und 117 auf den Betrag, den er auch bei gehöriger Erfüllung der Obliegenheit zu leisten gehabt hätte, sofern der Dritte vorher ausdrücklich und in Textform auf die Folgen der Verletzung hingewiesen worden ist.

I. Normzweck

Die Vorschrift regelt die Rechtsfolgen, die an Verletzungen der Obliegenheiten 1 geknüpft sein sollen, die dem geschädigten Dritten anstelle des VN durch § 119 auferlegt werden. Die Vorschriften in §§ 117 ff. stellen einen geschlossenen Kreis dar: Sie regeln, was geschehen soll, wenn der Pflicht-Haftpflichtversicherer seinem VN gegenüber leistungsfrei ist. Gleichgültig, ob ein Direktanspruch nach § 115 zur Debatte steht oder nicht (dann aber erst recht), muss der Dritte gewisse Obliegenheiten erfüllen. Da die Rechtsfolgen einer Obliegenheitsverletzung stets eine bestimmte Sanktionsvereinbarung nach § 28 Abs. 2 erfordern, regelt hier mangels Vertrag zwischen Pflichtversicherer und geschädigtem Dritten das Gesetz die Folgen, die an Obliegenheitsverletzungen des Dritten geknüpft sein sollen.

II. Einzelne Rechtsfolgen

1. Schadensersatz

§ 120 schreibt eine Rechtsfolge einer Obliegenheitsverletzung nur für die 2 Obliegenheiten nach § 119 Abs. 2 und 3 vor. Daraus folgt, dass die Verletzung der Obliegenheit gemäß § 119 Abs. 1 (Anzeige des Schadenereignisses, aus dem der Dritte Ansprüche geltend machen will) **rechtsfolgenfrei** ist mit der Maßgabe, dass der VR darauf jedenfalls kein Leistungsverweigerungsrecht stützen kann. Bestenfalls kann er eine Anspruchskürzung gemäß § 254 Abs. 2 BGB vornehmen; uU bleiben ihm Schadensersatzansprüche.

2. Haftungsbeschränkung

Verletzt der geschädigte Dritte die Anzeigepflicht in Bezug auf die gerichtliche 3 Geltendmachung seiner Ansprüche gegen den VN (§ 119 Abs. 2) oder erfüllt er trotz Verlangens des Pflichtversicherers die Auskunftsobliegenheiten nach § 119 Abs. 3 nicht, dann ist der Pflichtversicherer nicht etwa leistungsfrei, sondern seine **Haftung beschränkt** sich auf den Betrag, den er bei gehöriger Erfüllung der

Anzeige- oder Auskunftsobliegenheit geschuldet hätte. Hinzu tritt noch das Erfordernis, dass der VR den Dritten **ausdrücklich** und **in Textform** in Bezug auf diese Rechtsfolge **gewarnt** hat. Ferner ist mit der VVG-Reform 2008 die Voraussetzung hinzugetreten, dass der Dritte die Obliegenheit nach § 119 Abs. 2 oder 3 **schuldhaft** verletzt, einfache Fahrlässigkeit genügt (so auch Looschelders/Pohlmann/*Schwartze* § 120 Rn. 5; krit. Schwintowski/Brömmelmeyer/*Huber* §§ 119, 120 Rn. 43).

4 Bezüglich der Leistungsfreiheit des VR stellt sich also die Frage, inwieweit die Obliegenheitsverletzung des Dritten **kausal** für einen höheren Schaden geworden ist als den an sich geschuldeten. Das ist an sich praktisch wenig bedeutsam, denn der dem geschädigten Dritten entstandene Schaden muss von diesem ohnehin nachgewiesen werden und er wird sich durch die bloße Unterlassung der Mitteilung dem Pflichtversicherer gegenüber nicht verändern. Anders verhält es sich nur hinsichtlich der dem VR entstehenden Kosten, die dieser aufwenden muss, um etwa den Schaden festzustellen, obwohl der geschädigte Dritte hier durch eine entsprechende Auskunft Abhilfe hätte schaffen können. Es handelt sich im Grunde genommen aber um eine Verrechnung von Schadensersatzforderungen des VR gegen den Anspruch des Dritten (krit. bzgl. der Annahme einer Schadensersatzpflicht des Dritten Prölss/Martin/*Knappmann* 29. Aufl. 2015, § 120 Rn. 4, aber iE wie hier; anders Prölss/Martin/*Klimke* § 120 Rn. 6: nur eigene Mehrkosten des Dritten abzugsfähig). Gleiches gilt für den Fall, dass etwa im Prozess des Dritten gegen den VN **nutzlose Kosten** aufgewandt werden, mit denen letztlich der Pflichtversicherer belastet wird; insoweit ist der Schaden des Dritten, der an sich auch den Anspruch auf Kostenerstattung umfasst, entsprechend zu reduzieren. Es handelt sich hierbei etwa um bei vorheriger Information des VR überflüssige Kosten für eine Beweisaufnahme, Kosten für ein Versäumnisurteil oder ein Berufungsverfahren, auch um Kosten für eine etwaige Zwangsvollstreckung gegen den VN. Es kommt insoweit darauf an, ob diese Kosten bei entsprechender gehöriger Information des VR vermieden worden wären.

3. Praktische Relevanz

5 Bedeutsam wird die Beschränkung der Leistungspflicht bei einem Verstoß gegen § 119 Abs. 2: Ist der VR weder vom eigenen VN noch von dem geschädigten Dritten über die Anstrengung des Haftpflichtprozesses informiert worden, dann kann er auch im Deckungsprozess den Einwand aus § 120 erheben mit der Folge, dass der Dritte im Deckungsprozess seinen Schaden **erneut** darlegen und beweisen muss. Damit war auch nach altem Recht die **Bindungswirkung** des Haftpflichtverfahrens für den Deckungsprozess (zum Problem → § 100 Rn. 32 ff.) **durchbrochen** (ebenso Prölss/Martin/*Klimke* § 120 Rn. 9 unter Hinweis auf LG München I VersR 1988, 233; *Späth* VersR 1988, 234; *ders.* VersR 1989, 354; anders *Voit* VersR 1988, 901), aber diese Bindungswirkung existiert nach der VVG-Reform ohnehin nur noch (stark) eingeschränkt (→ § 106 Rn. 2). Dies ist nicht nur für die **Höhe** des Anspruchs von Bedeutung, sondern kann auch **dem Grunde nach** den Anspruch gegen den Pflichtversicherer zu Fall bringen, nämlich dann, wenn dieser unwiderleglich dartut, dass sein VN aus einem anderen Grunde als dem beim Pflichtversicherer gedeckten Risiko im Haftpflichtprozess verurteilt worden wäre. Es ist selbstverständlich, dass der VR sich auf diese Rechtsfolge aus § 120 nur berufen kann, wenn der Dritte seine Anzeigepflicht verletzt hat. Bleibt der VR trotz Anzeige untätig, tritt die zuvor beschriebene Rechtsfolge nicht ein (BGH VersR 1956, 707; ÖOGH

VersR 1981, 146; Gleiches gilt, wenn der VR meint, er sei wegen Vorsatztat leistungsfrei, ÖOGH VersR 1980, 883). Die Anzeigepflichtverletzung schadet dem Dritten auch dann nicht, wenn der VR auf andere Weise rechtzeitig von der Schadensersatzklage des Dritten Kenntnis erlangt (BGH NJW-RR 2004, 176 = VersR 2003, 1565; VersR 2003, 635 unter II.2.b).

4. Beweislast

Die **Beweislast** für **fehlende Kausalität** trifft den geschädigten Dritten. Dieser 6
muss also beweisen, dass der Schaden der gleiche geblieben wäre, auch wenn er seine Anzeige- und Auskunftspflicht aus § 119 Abs. 2 und 3 erfüllt hätte. Voraussetzung ist allerdings, dass der VR sich zunächst darauf beruft, dass die Obliegenheitsverletzung einen höheren Schaden bewirkt hat; dabei dürfte dem VR bloß pauschaler und deshalb unsubstantiierter Vortrag nicht helfen, sondern er muss schon detailliert dartun, warum die Obliegenheitsverletzung sich schadenserhöhend ausgewirkt haben soll. Dann allerdings muss der Dritte das Gegenteil nachweisen.

III. Warnung

Sowohl für den Fall der Anzeigepflichtverletzung (§ 119 Abs. 2) als auch für 7
den Fall der Auskunftspflichtverletzung (§ 119 Abs. 3) muss der Dritte ausdrücklich und in Textform auf die Folgen einer Obliegenheitsverletzung hingewiesen worden sein. Das setzt voraus, dass der Dritte seine Anzeigepflicht nach § 119 Abs. 1 erfüllt. Anderenfalls kann der VR auch nicht warnen, so dass es gerechtfertigt erscheint, in diesem Fall die Folgen der Abs. 2 und 3 auch dann anzuwenden, wenn nicht gewarnt wurde (wodurch dann auch ein Verstoß gegen § 119 Abs. 1 sanktionierbar würde). Eine Warnung ist dann **ausdrücklich,** wenn sie deutlich hervorgehoben wird, so dass dem Dritten die Rechtsfolge deutlich klar wird, vom Text besonders abgehoben braucht die Warnung nicht zu sein. Für den Fall der Auskunftspflichtverletzung muss sie auch nicht mit der ersten Anforderung des VR verbunden sein, sondern es genügt, wenn der VR bei Untätigkeit des Dritten diesen unter Hinweis auf die Rechtsfolgen warnt.

IV. Verwirkung

Für die Praxis bedeutsam ist der Fall, dass der Dritte den Pflichtversicherer 8
dahingehend zu **täuschen** versucht, dass er dem tatsächlich eingetretenen Schaden einen weiteren, unabhängig von dem fraglichen Versicherungsfall eingetretenen Schaden überzustülpen versucht (etwa indem bei einem Verkehrsunfall ein Vorschaden zu Unrecht dem fraglichen Unfallgeschehen zugeordnet werden soll). Für diese Fälle sieht das Gesetz keine Sanktion vor, sondern die Eintrittspflicht des VR ist eben auf den ohnehin geschuldeten Betrag (also auf den echten Schaden) begrenzt. Dennoch kann der Anspruch des Dritten gänzlich **verwirkt** sein, wenn nämlich die Voraussetzungen für die Leistungsfreiheit des VR bei arglistiger Täuschung (→ § 31 Rn. 25 ff.) vorliegen (so zu Recht Prölss/Martin/*Klimke* § 120 Rn. 13 unter Hinweis auf LG Aachen ZfS 1991, 132; Thees/Hagemann/*Fleischmann/Deiters* § 158e Anm. 5; nach OLG Düsseldorf VersR 1988, 1191; OLG Hamm NJW-RR 1990, 42; OLG Köln VersR 1989, 152; OLG Nürnberg VersR

1978, 334 kann der Dritte zumindest die Beweiserleichterungen des § 287 ZPO nicht für sich in Anspruch nehmen, wenn er dem tatsächlichen Schaden einen anderen Schaden zu Unrecht zuordnen will; dem ist jedenfalls dann zuzustimmen, wenn nicht ohnehin nach den Grundsätzen über die arglistige Täuschung gänzliche Leistungsfreiheit des VR eingetreten ist).

§ 121 Aufrechnung gegenüber Dritten

§ 35 ist gegenüber Dritten nicht anzuwenden.

I. Normzweck

1 Früher § 158g VVG aF. Der Ausschluss der Aufrechnungsbefugnis des Versicherers nach § 35 ist vor allem auch im Hinblick auf die generelle Einführung des Direktanspruchs des Dritten bei Pflichtversicherungen (§ 115 VVG-E) sachgerecht. Die Regelung verhindert nicht Aufrechnungen des Versicherers gegen die Forderung des Dritten mit eigenen Ansprüchen gegen diesen Dritten (BT-Drs. 16/3945, 90).

II. Regelungsinhalt

2 Durch die Regelung in § 35 wird der VR berechtigt, mit einer fälligen Prämien- oder sonstigen vertraglichen Forderung gegenüber dem Leistungsanspruch aufzurechnen, auch wenn die Leistung nicht dem VN gebührt, sondern einem Dritten. Diese Aufrechnung ist dem VR auch in der Haftpflichtversicherung grds. möglich (aber → § 108 Rn. 8), **nicht** aber in der **Pflicht-Haftpflichtversicherung** („Ergänzung zum Einwendungsausschluss nach § 117 Abs. 1", so Langheid/Wandt/*Brand* § 121 Rn. 1).

3 Zu den eigenen Ansprüchen gegen den geschädigten Dritten, mit denen der VR gegen die Forderung des Dritten aufrechnen kann, zählen fällige Prämienforderungen, wenn der Geschädigte zufällig auch VN bei dem Pflichthaftpflichtversicherer ist, oder mögliche Schadensersatzansprüche wegen Verletzung der Obliegenheiten nach § 119 (→ § 119 Rn. 8 und → § 120 Rn. 2).

§ 122 Veräußerung der von der Versicherung erfassten Sache

Die §§ 95 bis 98 über die Veräußerung der versicherten Sache sind entsprechend anzuwenden.

I. Normzweck

1 Früher § 158h Satz 1 VVG aF. Da § 158h Satz 2 VVG aF sich ausschließlich auf die Kfz-Haftpflichtversicherung bezog, ist diese Vorschrift in das PflVG transferiert worden (Artikel 8 Nr. 4 des Gesetzentwurfes). Im Übrigen sollte es dabei bleiben, dass die Vorschriften über die Veräußerung der versicherten Sache auch für **Kfz-Haftpflichtversicherungsverträge** gelten. Sie sind nur **entsprechend anzuwenden,** weil nicht die Sache das versicherte Schutzobjekt ist, sondern die Haf-

tung des Versicherungsnehmers, die mit dem Besitz der Sache verknüpft ist (so schon 2. Aufl. 2003, § 158h Rn. 1).

II. Veräußerung

Die Vorschriften über die Veräußerung der versicherten Sache können in der Haftpflichtversicherung nur analog angewendet werden, denn nicht die Sache ist das versicherte Schutzobjekt, sondern die Haftung des VN (→ Rn. 1). Deswegen ordnet das Gesetz schon für die Betriebs-Haftpflichtversicherung in § 102 Abs. 2 die analoge Anwendung bestimmter Vorschriften an, die bei Veräußerung der versicherten Sache gelten (→ § 102 Rn. 10). Es muss also die einzelne Sache oder die Sachgesamtheit, an die sich die Pflicht-Haftpflichtversicherung knüpft, veräußert werden, das heißt es muss das Eigentum aufgrund eines schuldrechtlichen Verpflichtungsgeschäftes dinglich übergehen (zum Problem → § 95 Rn. 16 ff. und Langheid/Wandt/*Brand* § 122 Rn. 6 ff. und 9 ff.). 2

III. Übergang der Versicherung

Nach der Regelung in §§ 95–98 geht die Versicherung auf den Erwerber in voller Höhe über. Veräußert der VN also den Gegenstand, für den eine Pflichtversicherung besteht, ist der neue Eigentümer automatisch durch den gleichen Versicherungsvertrag versichert (näher Langheid/Wandt/*Brand* § 122 Rn. 16; Prölss/Martin/*Klimke* § 122 Rn. 5). Die Einzelheiten regeln §§ 95–98, so dass hier auf die dortige Kommentierung verwiesen werden kann. 3

IV. Kfz-Haftpflichtversicherung

Nach § 3b PflVG gilt die alte Pflichtversicherung mit Beginn eines neuen Versicherungsverhältnisses als gekündigt, wenn der Erwerber eine neue Kfz-Haftpflichtversicherung abschließt, ohne die auf ihn übergegangene Versicherung zu kündigen. Damit wird die Kündigung des übergegangenen Versicherungsvertrages **gesetzlich fingiert.** Für eine solche Bestimmung besteht ein praktisches Bedürfnis, weil bei der Veräußerung von Kraftfahrzeugen idR neue Versicherungen durch den Erwerber abgeschlossen werden, während der Veräußerer ebenso regelmäßig bei dem alten VR für das Ersatzfahrzeug seinen Haftpflicht-Versicherungsvertrag fortsetzt (schon wegen des Prämienguthabens für die noch nicht verstrichene Versicherungszeit). ISd Verkehrsopferschutzes greift die Kündigungsfiktion nur, wenn eine neue Versicherung nachgewiesen ist. 4

§ 123 Rückgriff bei mehreren Versicherten

(1) **Ist bei einer Versicherung für fremde Rechnung der Versicherer dem Versicherungsnehmer gegenüber nicht zur Leistung verpflichtet, kann er dies einem Versicherten, der zur selbständigen Geltendmachung seiner Rechte aus dem Versicherungsvertrag befugt ist, nur entgegenhalten, wenn die der Leistungsfreiheit zu Grunde liegenden Umstände in der Person dieses Versicherten vorliegen oder wenn diese Umstände dem Versicherten bekannt oder infolge grober Fahrlässigkeit nicht bekannt waren.**

(2) [1]**Der Umfang der Leistungspflicht nach Absatz 1 bestimmt sich nach § 117 Abs. 3 Satz 1; § 117 Abs. 3 Satz 2 ist nicht anzuwenden.** [2]**§ 117 Abs. 4 ist entsprechend anzuwenden.**

(3) **Soweit der Versicherer nach Absatz 1 leistet, kann er beim Versicherungsnehmer Rückgriff nehmen.**

(4) **Die Absätze 1 bis 3 sind entsprechend anzuwenden, wenn die Frist nach § 117 Abs. 2 Satz 1 und 2 noch nicht abgelaufen ist oder der Versicherer die Beendigung des Versicherungsverhältnisses der hierfür zuständigen Stelle nicht angezeigt hat.**

I. Normzweck

1. Allgemeines

1 Die Regelung der Abs. 1–3 stimmt sachlich mit § 158i aF überein (BT-Drs. 16/3945, 90).

2. Erweiterter Schutz des Versicherten

2 Der Anwendungsbereich des Abs. 4 ist gegenüber § 158i aF erweitert worden. Die frühere Regelung gab dem Mitversicherten einer Pflichtversicherung **Versicherungsschutz,** wenn der VR wegen einer vom Mitversicherten nicht zu vertretenden und diesem nicht bekannten **Rechts-** oder **Obliegenheitsverletzung** dem VN gegenüber leistungsfrei, dem geschädigten Dritten gegenüber aber leistungspflichtig war. Diese Regelung setzte einen **bestehenden Versicherungsvertrag** voraus. Sie gewährte dem Mitversicherten, der von der Beendigung des Versicherungsverhältnisses keine **Kenntnis** hatte, **keinen Versicherungsschutz** (so die amtl. Begr. BT-Drs. 11/3642, 36; BK/*Hübsch* § 158i Rn. 12; dagegen schon Prölss/Martin/*Knappmann,* 27. Aufl. 2004, § 158i Rn. 4 und Römer/Langheid/*Langheid,* 2. Aufl. 2003, § 158i Rn. 8). Diese – sachlich nicht gerechtfertigte – Lücke hatte das Urt. des BGH NJW 2004, 1250 (= VersR 2004, 369 unter II.1 mAnm *Lorenz*) deutlich gemacht; sie wurde mit dem neuen Abs. 4 geschlossen (BT-Drs. 16/3945, 90).

3 Der Mitversicherte solle jetzt auch in der für Pflichtversicherungen geltenden **Nachhaftungszeit** Versicherungsschutz genießen, es sei denn, ihm war die Beendigung des Pflichtversicherungsverhältnisses bekannt oder grob fahrlässig nicht bekannt. Allerdings komme nach dem Willen des Gesetzgebers nur eine **entsprechende,** keine unmittelbare **Anwendung** der Abs. 1–3 in Betracht, weil der Mitversicherte nach Beendigung des Versicherungsverhältnisses nicht mehr zur unmittelbaren Geltendmachung seiner Rechte aus dem nicht mehr bestehenden Versicherungsvertrag befugt sein könne.

II. Versicherung für fremde Rechnung

4 Gemeint ist die Fremdversicherung gemäß §§ 43 ff. Danach kann der VN auch ein Drittinteresse versichern. Regelmäßig geschieht dies dergestalt, dass das Haftpflichtrisiko des VN und **gleichzeitig** das Haftpflichtrisiko des Mitversicherten in Deckung gegeben werden. Beim Versicherten kann es sich um natürliche Personen handeln, es kommen aber auch juristische Personen, Personengesamthei-

ten und Handelsgesellschaften in Frage (so auch Langheid/Wandt/*Brand* § 123 Rn. 5). Ferner kann durch die Fremdversicherung auch **ausschließlich** das Haftpflichtrisiko des Dritten versichert werden, etwa durch Gruppen-Haftpflichtversicherungsverträge oder etwa die sog D&O-Vermögensschaden-Haftpflichtversicherung für Vorstände und Geschäftsführer von Unternehmen. Ziff. 27.1 AHB 2016 (§ 7 Ziff. 1 Satz 1 AHB) etwa geht zwanglos davon aus, dass sich der Versicherungsschutz auch auf Haftpflichtansprüche gegen andere Personen als den VN selbst erstreckt (vgl. dazu BGH NJW 1959, 243; VersR 1952, 141; *Späte* AHB § 1 Rn. 9 ff.). Auch das Gesetz sieht eine Mitversicherung des Haftpflichtrisikos Dritter vor: Nach § 102 Abs. 1 erstreckt sich die Betriebshaftpflichtversicherung auf die vertretungsbefugten und die Personen, die in einem Dienstverhältnis zu dem Unternehmen stehen.

Auch die Pflicht-Haftpflichtversicherung, auf die allein die Regelung in § 123 **5** abzielt, kann sich auf die Versicherung eines Drittinteresses erstrecken. Der wohl bekannteste Fall ist die Kfz-Haftpflichtversicherung, für die § 1 PflVG anordnet, dass der Halter eines Kraftfahrzeuges verpflichtet ist, „für sich, den Eigentümer und den Fahrer" eine entsprechende Haftpflichtversicherung abzuschließen. § 61 Abs. 2 BNotO schreibt den Abschluss einer Haftpflichtversicherung auch im Drittinteresse vor; auch sind Pflichtversicherungsverträge denkbar, die **ausschließlich** das Drittinteresse abdecken, ohne dass der zum Abschluss des Vertrages Verpflichtete für sich selbst für Deckung sorgen muss (vgl. dazu *Späte* AHB § 1 Rn. 13 aE).

III. Rechtsfolgen der Fremdversicherung

Der Deckungsschutz des Versicherten kann in der Fremdversicherung vom **6** Verhalten des VN abhängig sein; das bedeutet, dass der Versicherte Gefahr läuft, seinen Deckungsschutz aus dem Pflicht-Haftpflichtversicherungsvertrag durch ein Verhalten zu verlieren, auf das er selbst keinen Einfluss hat. Nach § 47 Abs. 1 (aA BK/*Hübsch* § 158i Rn. 1 und Schwintowski/Brömmelmeyer/*Huber* § 123 Rn. 2, die insoweit § 334 BGB zitieren; Langheid/Wandt/*Brand* § 123 Rn. 2 zitiert beide Normen „i. V. m.") stehen Kenntnis und Verhalten des VN der Kenntnis und dem Verhalten des Versicherten gleich. Führt mithin eine vorvertragliche Anzeigepflichtverletzung des VN etwa zum Rücktritt des VR vom Versicherungsvertrag, gilt dies auch gegenüber dem Versicherten.

IV. Einschränkungen durch § 123

Diese weit reichenden Folgen der Fremdversicherung werden durch § 123 **7** für den Bereich der Pflicht-Haftpflichtversicherung in Ansehung der Person des versicherten Dritten stark eingeschränkt. Ist der VR dem VN – **gleich aus welchem Grunde** – gegenüber leistungsfrei, kann er dies gegenüber dem Versicherten nur sehr begrenzt geltend machen (zu den Voraussetzungen → Rn. 8). Dies stellte schon nach bisherigem Recht gegenüber der bis zum 31.12.1990 geltenden Fassung des VVG eine **erhebliche Verbesserung** der Stellung des Versicherten dar, da bis zum 31.12.1990 Leistungsfreiheit des VR auch gegenüber dem Versicherten bestand, der VR aber nicht Regress beim Mitversicherten nehmen konnte, wenn er selbst an den Geschädigten leistete. War der VR gegenüber dem Dritten gemäß § 158c Abs. 4 aF leistungsfrei, weil ein anderer VR oder ein SVT eintrittspflichtig waren, galt § 158i aF in Ansehung der Leistenden **nicht** mit der Folge, dass der versicherte Dritte in vollem Umfang den Regressansprüchen der Leistenden ausgesetzt war (vgl. BGH NJW 1988, 1267 = VersR 1988, 362; NJW1984, 240 = VersR 1983, 1132; zur Problematik vgl. *Prölss* JZ 1988, 769 und *Schirmer* ZfS 1988, 194). Durch die gesetzliche Neuregelung durch die VVG-Reform 2008 genießt der Versicherte nicht nur gegenüber den ihm gegenüber erhobenen Regressansprüchen Versicherungsschutz, sondern er ist zusätzlich auch gegen den Wegfall des Versicherungsvertrages geschützt (Abs. 4). Zu berücksichtigen ist dabei, dass die Regelung auch für den Versicherten gilt, der nicht pflichthaftpflichtversichert ist, also auch für den Versicherten, auf den sich der Vertrag ohne entsprechende Verpflichtung erstreckt (§ 113 Abs. 3) (so auch Langheid/Wandt/*Brand* § 123 Rn. 7).

V. Voraussetzungen

1. Befugnis zur selbstständigen Geltendmachung

8 Die gesetzliche Regelung gilt nur für den Versicherten, „der zur selbständigen Geltendmachung seiner Rechte aus dem Versicherungsvertrag befugt ist". Dies widerspricht der Regelung in § 44 Abs. 2, nach der der Versicherte nur mit Zustimmung des VN über die Rechte aus dem Versicherungsvertrag verfügen darf (anders nur, wenn er im Besitz des Versicherungsscheins ist, den er aber wiederum nur mit Genehmigung des VN erlangen kann, § 44 Abs. 1; weiter gehende rechtspolitische Zweifel an dem Erfordernis der Verfügungsbefugnis des Versicherten hat Langheid/Wandt/*Brand* § 123 Rn. 15 mwN). Die gesetzliche Regelung in § 44 muss also vertraglich abbedungen sein. Beispiel: A.1.2 AKB 2015 (§ 10 Nr. 4 AKB), der vorschreibt, dass die mitversicherten Personen Ansprüche aus dem Versicherungsvertrag selbstständig erheben können (zur Pfändung der Ansprüche der Versicherten vgl. OLG Düsseldorf r+s 1997, 281 = VersR 1997, 1475).

2. Leistungsfreiheit nur gegenüber dem Versicherungsnehmer

9 Die Leistungsfreiheit des VR darf **nur gegenüber dem VN** bestehen. Liegen die zur Leistungsfreiheit führenden Umstände in der Person des Versicherten selbst vor, ist der VR diesem gegenüber nach wie vor leistungsfrei. Denkbar sind vorvertragliche Anzeigepflichtverletzung oder etwa Obliegenheitsverletzungen des Versicherten selbst.

3. Keine Kenntnis des Versicherten

10 Der Versicherte darf ferner die in der Person des VN liegenden zur Leistungsfreiheit des VR führenden Umstände **nicht gekannt** haben; der Kenntnis steht grob fahrlässige Unkenntnis gleich. Weiß der Versicherte daher etwa von einer Obliegenheitsverletzung des VN, ohne dagegen etwas zu unternehmen, ist der VR auch dem Versicherten gegenüber leistungsfrei. Grob fahrlässige Unkenntnis steht gleich, das dürfte dann der Fall sein, wenn der Versicherte an sich Kenntnis haben müsste, diese aber ignoriert (vgl. auch Langheid/Wandt/*Brand* § 123 Rn. 17). Kenntnis bzw. Unkenntnis müssen sich auf die Fakten beziehen, die die Leistungsfreiheit des VR begründen, es kommt weder auf rechtlich zutreffende

Schlussfolgerungen an noch auf ein Verschulden des Versicherten im Zusammenhang mit dem seine Haftpflicht begründenden Vorgang (so auch Prölss/Martin/*Klimke* § 123 Rn. 6; Langheid/Wandt/*Brand* § 123 Rn. 16 und 18).

4. Versicherungsvertrag zum Zeitpunkt des Versicherungsfalles?

Im früheren Recht war die Frage problematisch, ob **zum Zeitpunkt des Versicherungsfalles** ein Versicherungsvertrag auch tatsächlich bestanden haben muss (dafür die amtl. Begr. BT-Drs. 11/3642, 36; BK/*Hübsch* § 158i Rn. 12; dagegen Prölss/Martin/*Knappmann,* 27. Aufl. 2004, § 158i Rn. 4 und Römer/Langheid/*Langheid,* 2. Aufl. 2003, § 158i Rn. 8). Nach der Rspr. des BGH (NJW 2004, 1250 = VersR 2004, 369 unter II.1 mwN und Anm. *Lorenz*) war wegen des ausdrücklichen Willens des Gesetzgebers Voraussetzung für die Anwendbarkeit der Vorschrift, dass zum Zeitpunkt des Versicherungsfalles ein wirksamer Versicherungsvertrag bestanden habe. Folge war, dass ein mitversicherter Kfz-Führer keinen Versicherungsschutz genoss, wenn der Versicherungsvertrag ohne sein Wissen gekündigt wurde und er davon auch keine Kenntnis hatte oder haben musste. 11

Das geltende Recht schützt in **Abs. 4** den Mitversicherten demgegenüber auch iRd Nachhaftung nach § 117 Abs. 2 bzw. wenn der VR die Beendigung des Versicherungsverhältnisses der hierfür zuständigen Stelle nicht angezeigt hat. 12

VI. Rechtsfolgen (Abs. 2 und 3)

In den Fällen der Leistungsfreiheit des VR nur dem VN, nicht aber dem Versicherten gegenüber bestimmt sich die Leistungspflicht des VR nach § 117 Abs. 3 Satz 1, er haftet also auch für den Versicherten nur iRd vorgeschriebenen Mindestversicherungssumme und iRd vertraglich übernommenen Gefahr (→ § 117 Rn. 25 ff.). Die Regelung in § 117 Abs. 3 Satz 2 **gilt nicht,** anderenfalls würde der mit der gesetzlichen Regelung verbundene Zweck (Verbesserung der Versichertenstellung) wieder **unterlaufen,** wenn der Versicherte den Regressansprüchen der anderen Schadensversicherer oder SVT ausgesetzt wäre (Langheid/Wandt/*Brand* § 123 Rn. 29). Der Hinweis auf die analoge Anwendbarkeit von § 117 Abs. 4 hat keine eigenständige Bedeutung, sondern soll nur klarstellend wirken. 13

Ist der VR dem Versicherten gegenüber eintrittspflichtig, obwohl er gegenüber dem VN leistungsfrei ist, kann er die von ihm erbrachten Leistungen beim VN regressieren; das ist an sich selbstverständlich, weil sonst die Eintrittspflicht des VR gegenüber dem Versicherten auch zur Eintrittspflicht gegenüber dem VN führen würde. Eine irgendwie geartete Regresslimitierung findet sich im VVG nicht (zu beachten sind aber §§ 5, 6 KfzPflVV). 14

§ 124 Rechtskrafterstreckung

(1) **Soweit durch rechtskräftiges Urteil festgestellt wird, dass dem Dritten ein Anspruch auf Ersatz des Schadens nicht zusteht, wirkt das Urteil, wenn es zwischen dem Dritten und dem Versicherer ergeht, auch zugunsten des Versicherungsnehmers, wenn es zwischen dem Dritten und dem Versicherungsnehmer ergeht, auch zugunsten des Versicherers.**

(2) **Ist der Anspruch des Dritten gegenüber dem Versicherer durch rechtskräftiges Urteil, Anerkenntnis oder Vergleich festgestellt worden,**

muss der Versicherungsnehmer, gegen den von dem Versicherer Ansprüche aufgrund des § 116 Abs. 1 Satz 2 geltend gemacht werden, diese Feststellung gegen sich gelten lassen, es sei denn, der Versicherer hat die Pflicht zur Abwehr unbegründeter Entschädigungsansprüche sowie zur Minderung oder zur sachgemäßen Feststellung des Schadens schuldhaft verletzt.

(3) **Die Absätze 1 und 2 sind nicht anzuwenden, soweit der Dritte seinen Anspruch auf Schadensersatz nicht nach § 115 Abs. 1 gegen den Versicherer geltend machen kann.**

I. PflVG-ÄndG (BT-Drs. 16/6627)

1 Der durch das PflVG-ÄndG eingefügte **Abs. 3 schränkt** den **Anwendungsbereich** der Abs. 1 und 2 **stark ein.** Zur Begründung wird ausgeführt, Abs. 1 und 2 regelten das **prozessuale Verhältnis** des Geschädigten zum VR und zum VN und entsprächen den früheren §§ 3 Nr. 8 und 10 PflVG aF. Die **Wirkungen einer rechtskräftigen Entscheidung** im Prozess des Geschädigten gegen den VR oder den VN für das jeweils andere Verfahren haben aber zur Voraussetzung, dass der Geschädigte sowohl gegen den VN als auch im Wege des **Direktanspruchs** gegen den VR vorgehen kann. Nur wenn aus Sicht des Geschädigten die Möglichkeit besteht, sowohl den Schädiger als auch den VR im Wege des Direktanspruchs in Anspruch zu nehmen, bestehe ein Bedürfnis, die Rechtswirkungen der beiden Verfahren in bestimmten Fällen einander anzugleichen. Der neue Abs. 3 stelle deshalb klar, dass die Bestimmung nur in den Fällen Anwendung findet, in denen der Dritte seinen Anspruch auf Schadensersatz nach § 115 Abs. 1 unmittelbar gegen den VR geltend machen kann.

2 Diese Begründung kann als Argument dafür herangezogen werden, dass es die **herkömmliche Bindungswirkung** außerhalb des Direktanspruchs in der Pflichtversicherung nach § 115 (im Wesentlichen also außerhalb der Kfz-Haftpflichtversicherung) **nicht mehr gibt,** denn es bedürfte einer solchen Regelung nicht, wenn ohnehin Bindungswirkung bestünde (Einzelheiten → § 100 Rn. 35, → § 105 Rn. 5 ff. und → § 106 Rn. 2)

II. Rechtskrafterstreckung (Abs. 1)

1. Gesetzeszweck

3 Die in Abs. 1 vorgesehene **Rechtskrafterstreckung** begründet eine **Bindungswirkung eigener Art** dahingehend, dass eine rechtskräftige Klageabweisung ihre Rechtskraft auch für das jeweils andere Prozessrechtsverhältnis entfaltet (BGH r+s 2021, 388; OLG Celle DAR 2004, 88). Über den Gesetzeswortlaut hinaus gilt die Bindungswirkung auch für den (mitversicherten) Fahrer und den Halter des Fahrzeugs (BGH r+s 2021, 388; BGHZ 96,18). Dies gilt zugunsten des versicherten Schädigers auch dann, wenn eine Klage gegen den VR **nur** wegen Verjährung abgewiesen wird (BGH NJW-RR 2003, 1327 = VersR 2003, 1121; anders noch BGH VersR 1979, 841) oder weil es dem Dritten nicht gelungen ist, seine Aktivlegitimation zu beweisen (BGH r+s 2021, 388). Verklagt der geschädigte Dritte – was ihm auch nach § 115 noch möglich ist – den VR und den VN bzw. Versicherten in getrennten Prozessen (gleichgültig, ob gleichzeitig

oder nacheinander), wirkt die Rechtskraft nur einer klageabweisenden Entscheidung (also entweder gegen den VR oder gegen den VN/Versicherten) auch für das jeweils andere Prozessrechtsverhältnis (nach BGH r+s 2021, 388 jedenfalls dann, wenn die Klage gegen den VR zumindest auch in Bezug auf die Halterhaftung abgewiesen wurde). Das gilt aber auch, wenn VR und VN/Versicherter im gleichen Prozess verklagt werden: Die gesetzliche Regelung will erreichen, dass einheitlich entschieden wird und dass die Ansprüche des geschädigten Dritten auf seinen tatsächlichen Schadensersatzanspruch beschränkt werden (BGH VersR 1981, 1156; VersR 1979, 256; OLG Köln r+s 1992, 390 = VersR 1992, 1275).

Die Regelung ist auf ein klageabweisendes **Urteil** beschränkt, so dass ein **Vergleich,** der den geltend gemachten Anspruch naturgemäß reduziert, eine höhere Verurteilung des jeweils anderen Anspruchsgegners nicht verhindert (BGH r+s 1985, 311 = VersR 1985, 849). Wird zunächst rechtskräftig ein bestimmter Schadensersatzanspruch zugesprochen, kann die Rechtskraft eines solchen zusprechenden Urteils durch eine nachträgliche rechtskräftige Entscheidung, die einen geringeren Schadensersatzanspruch zuspricht und iÜ die Klage abweist, nicht rückwirkend reduzierend wirken (so schon *Hoegen* VersR 1978, 1082; BGH r+s 1985, 311 = VersR 1985, 849). Andererseits erstreckt sich die Rechtskraft der **zusprechenden Entscheidung nicht** auf das jeweils andere Prozessrechtsverhältnis: Trotz Rechtskraft einer zusprechenden Entscheidung ist eine Klageabweisung im folgenden Prozess noch möglich. Allerdings sollte man daraus im Umkehrschluss die Folgerung ableiten, eine Klage so lange nicht zuzusprechen, wie noch im jeweils anderen Prozessrechtsverhältnis eine Klageabweisung auch nur **möglich** ist (→ Rn. 5), denn die Rechtskraft der klageabweisenden Entscheidung würde eine zusprechende Entscheidung verhindern, wenn sie zeitlich früher erfolgen würde. Die Rechtskrafterstreckung soll nicht das Prozessrechtsverhältnis zwischen dem Geschädigten und den jeweils Versicherten berühren, so dass eine rechtskräftige Klageabweisung etwa gegenüber dem VN nicht verhindert, dass der Dritte andere Mitversicherte (etwa den Halter) erneut in Anspruch zu nehmen versucht (BGH r+s 1986, 27 = VersR 1986, 153). Das ist unbefriedigend, wenn es auch dem Wortlaut von Abs. 1 entspricht, weil nach dem Sinn und Zweck der Vorschrift die Rechtskraft einer klageabweisenden Entscheidung Erstreckungswirkung auch auf die anderen denkbaren gesetzlichen Haftpflichtverhältnisse haben soll. Die Ablehnung des Deckungsanspruchs reicht nicht gegenüber SVT als Rechtsnachfolger des Geschädigten, was im Hinblick auf § 117 Abs. 3 Satz 2 von Bedeutung ist, vgl. BGHZ 65, 1 = VersR 1975, 438. 4

2. Prozessuales

Die Rechtskrafterstreckung gilt auch, wenn VN, Versicherter und VR **in einem Prozess** in Anspruch genommen werden. Ein Geschädigter handelt – soweit das möglich ist – im wohlverstandenen eigenen Interesse, wenn er bei der gerichtlichen Verfolgung seiner Ersatzansprüche nicht nur den Schädiger, sondern zugleich auch dessen Haftpflichtversicherer in Anspruch nimmt. Handelt er diesem Gebot zuwider, so kann er bei einem nachfolgenden Prozess gegen den VR die Kosten des Vorprozesses nicht mit geltend machen, da sie vermeidbar waren (OLG Düsseldorf VersR 1976, 1162). Wird die Klage des Geschädigten abgewiesen und legt er nur gegen einen Beklagten Berufung ein oder nimmt er die zunächst gegen alle Beklagten eingelegte Berufung später jedenfalls gegen einen Beklagten zurück, verhindert die Rechtskrafterstreckung nach Abs. 1 den Erfolg 5 des Rechtsmittels schon aufgrund der Rechtskrafterstreckung (vgl. Looschelders/Pohlmann/*Schwartze* § 124 Rn. 8). Nach BGH VersR 2008, 485 gilt dies auch, wenn die Berufung gegen eine Prozesspartei ausdrücklich zugelassen wurde. Das Gleiche gilt, wenn die Klage des Dritten zB nur gegen den VR durch rechtskräftiges (Sach-)Urteil abgewiesen wird. Hier wirkt das zugunsten des VR ergangene Urteil im Berufungsrechtszug auch zugunsten des erstinstanzlich verurteilten VN, weil es sonst zu einem „echten Widerspruch" mit dem rechtskräftigen Urteil kommen kann (OLG Schleswig VersR 2003, 588). Die Rechtskrafterstreckung bewirkt auch, dass selbst gegen den anwaltlich nicht vertretenen VN/Versicherten **kein Versäumnisurteil** ergehen kann, wenn ein klageabweisendes Urteil gegen den VR zugleich rechtskräftig würde (OLG Karlsruhe NJW-RR 1990, 1369 = VersR 1991, 539; OLG Köln r+s 1992, 390; r+s 1982, 860; zum Problem vgl. ferner *Birkner* ZfS 1994, 113 ff.; *Freyberger* NZV 1992, 391; *Reiff* VersR 1990, 113 ff.). Das hat zur Konsequenz, dass ein Versäumnis- oder Anerkenntnisurteil gegen den nicht anwaltlich vertretenen, nicht erschienenen oder anerkennenden VN/Versicherten nicht erlassen werden kann, solange **eine rechtskräftige Klageabweisung** gegen den VR noch **möglich** ist (so auch *Lemcke* r+s 1993, 164; anders Prölss/Martin/*Klimke* § 124 Rn. 17). Denn die rechtskräftige Entscheidung gegen den VR würde Rechtskrafterstreckung auch für das andere Prozessrechtsverhältnis entfalten und es kann nicht von der Zufälligkeit der zeitlichen Abfolge abhängen, dass die Rechtskrafterstreckung unterlaufen wird. Ist also der VN/Versicherte anwaltlich nicht vertreten (was namentlich bei fingierten oder manipulierten Verkehrsunfällen häufig der Fall ist), macht aber das wechselseitige Vorbringen von geschädigtem Dritten und VR eine Beweisaufnahme erforderlich, an deren Ende durchaus die Klageabweisung stehen kann, kann das Gericht in diesem Verfahrensstand ein klagezusprechendes Versäumnisurteil nicht erlassen. Das gilt erst recht, wenn die Klage ohne weiteres abzuweisen ist.

6 Diese Problematik leitet über zu der besonderen Prozesssituation, die sich ergibt, wenn der VR den **Manipulations- oder Fingierungseinwand** erhebt. Das ist selbst dann möglich, wenn VN und/oder Versicherter den Anspruch des „geschädigten" Dritten (mit dem sie ja kollusiv zusammenwirken) anerkennen, weil VR, VN und Versicherte nach der Rspr. des BGH lediglich **einfache Streitgenossen** sind (vgl. BGH VersR 2003, 1621; VersR 2008, 435; VersR 1981, 1158; VersR 1978, 862; VersR 1974, 1117; *Lemcke* S. 660). Da die Rspr. aber ein Versäumnisurteil trotz der Möglichkeit nachträglicher klageabweisender Entscheidung zulässt, läuft der VR, der den Manipulationseinwand erhebt, Gefahr, dass er zwar seinen Direktprozess gegen den nur vermeintlich geschädigten Dritten gewinnt, dass dieser dann aber aufgrund des gegen den VN/Versicherten erstrittenen Versäumnisurteils dessen Deckungsanspruch **pfändet,** um sodann gegen den VR vorzugehen. Aufgrund der **Bindungswirkung,** den der Haftpflichtprozess selbst dann auf das Deckungsverhältnis entfalten soll, wenn die Direktklage gegen den VR **abgewiesen** wurde, wäre der VR einer solchen Manipulation hilflos ausgesetzt. Eine derart weitgehende Bindungswirkung (vgl. dazu BGH NJW 1971, 940 = VersR 1971, 611; OLG Köln r+s 1990, 402 = VersR 1991, 654; zur Bindungswirkung eines Versäumnisurteils vgl. OLG Hamm NJW-RR 1990, 183 = VersR 1991, 774; VersR 1987, 88) kann nicht überzeugen, weil die kontradiktorisch entschiedene rechtskräftige Klageabweisung dem (manipulierten) Versäumnisurteil vorgehen muss. Nach der hier vertretenen Auffassung kann ein Versäumnisurteil ohnehin so lange nicht erlassen werden, wie eine rechtskräftige Klageabweisung möglich ist. Eine isolierte Verurteilung des VN/Versicherten und

die damit nach allgM verbundene Bindungswirkung ist jedenfalls für den Fall zu verneinen, dass der VR im Innenverhältnis seinem VN bzw. Versicherten gegenüber leistungsfrei ist (vgl. *Hirschberg* VersR 1973, 507 und Bruck/Möller/*Johannsen,* 8. Aufl. 1961 ff., Bd. V, Anm. B 40). Die Praxis sieht für diese Fälle vor, dass der VR dem anwaltlich nicht vertretenen Schädiger als Streithelfer gemäß § 67 ZPO beitritt, um so ein Versäumnisurteil zu verhindern und damit auch die Möglichkeit, den herbeimanipulierten Deckungsanspruch (Bindungswirkung des Versäumnisurteils!) doch noch gegen den VR wirken zu lassen (zur Wirksamkeit der Nebenintervention BGH VersR 1993, 625 = r+s 1994, 212 mAnm *Lemcke;* OLG Köln r+s 1991, 220; *Lemcke* S. 662). In derartigen Fällen kann ein Teil-Versäumnisurteil gegen VN oder Versicherten gemäß § 310 ZPO nicht erlassen werden (*Lemcke* r+s 1993, 161 (164)). Es empfiehlt sich, dass der Nebenintervenient auch eine Berufung zugleich für die – voraussichtlich in zweiter Instanz anwaltlich nicht vertretene Hauptpartei – einlegt, um so einen Rechtskrafteintritt zu verhindern (zum Problem vgl. die insoweit unzutreffende Entscheidung OLG Köln r+s 1998, 191 mit abl. Anm. *Lemcke*).

Abschließend ist auf die Problematik hinzuweisen, die dadurch entstehen kann, 7 dass der VN/Versicherte ein **Geständnis** ablegt, das das Gericht in Bezug auf den zu beurteilenden Sachverhalt binden könnte (zum Problem vgl. *Lemcke* S. 664). Ein gerichtliches Geständnis ist nach § 288 ZPO grds. selbst dann wirksam, wenn es bewusst unwahr ist; Gleiches gilt für ein Anerkenntnis nach § 307 ZPO (BGH VersR 1970, 826). Ein Geständnis ist aber dann unbeachtlich, wenn es lediglich in kollusiver Zusammenarbeit mit vermeintlich geschädigten Dritten zustande kommt, so dass trotz des Geständnisses die Klage auch gegen den VN/Versicherten abzuweisen ist, wenn gleichzeitig kontradiktorisch die Direktklage gegen den VR abzuweisen ist (BGH NJW 1995, 1432 = VersR 1995, 673; 1978, 2154 = VersR 1978, 862; *Reiff* VersR 1990, 113 (115 f.); *Lemcke* S. 664; auch → § 100 Rn. 45).

3. Rechtskraftdurchbrechung

Die frühere Rspr. BGH VersR 1979, 841, mit der das Prinzip der Rechtskraf- 8 terstreckung **durchbrochen** wurde, als der VR sich vergeblich auf die Klageabweisung gegen den versicherten Schädiger berief, ist unter Hinweis auf die seinerzeit bestehende besondere Situation (Abweisung der Klage wegen rechtsirrig angenommener Verjährung) **aufgegeben** worden (BGH VersR 2003, 1121).

4. Klagezusprechende Urteile

Auch rechtskräftige Urteile, durch die der Anspruch des Dritten **zugespro- 9 chen** wird, fallen nicht unter die Regelung des Abs. 1, so dass sich ihre Rechtskraft nicht auch auf das jeweils andere Prozessrechtsverhältnis erstreckt. Allerdings entfaltet ein klagezusprechendes Urteil im Haftpflichtprozess zwischen geschädigtem Dritten und VN/Versichertem zugleich die bekannte – durchaus fragliche (→ § 106 Rn. 2) – **Bindungswirkung** gegen den VR (zum Problem bei zusprechendem Haftpflichturteil und rechtskräftig abgewiesener Direktklage → Rn. 5). Die Direktklage sollte eine gewisse Durchbrechung des Bindungsprinzips bewirken, weil dem Dritten die Möglichkeit gegeben ist, den VR unmittelbar in Anspruch zu nehmen, so dass er – wenn dieser Versuch rechtskräftig misslungen ist – nicht über ein manipuliertes Versäumnisurteil und die anschließende Pfändung und Überweisung des Deckungsanspruchs des VN/Versicherten die Möglichkeit haben sollte, doch noch trotz fehlendem Haftpflichtanspruchs in den Genuss der Versicherungsleistung zu kommen (vgl. Prölss/Martin/*Klimke* § 124 Rn. 20 für den Fall, dass der VR im Innenverhältnis leistungsfrei ist; iÜ → Rn. 5). Ohnehin bleiben Einwendungen aus dem Deckungsverhältnis möglich (Prölss/Martin/*Klimke* § 124 Rn. 20; *Höfle* r+s 2002, 401), wie zB der Kollusionseinwand (OLG München NJOZ 2018, 491).

III. Bindung des Haftpflichturteils (Abs. 2)

10 Nach der Regelung in Abs. 2 ist der VN grds. an die Feststellungen des Haftpflichturteils im Direktprozess zwischen dem geschädigten Dritten und dem VR gebunden. Allerdings kann er den **Nachweis** führen, dass der VR seine Vertragspflicht zur Abwehr unbegründeter Schadensersatzansprüche bzw. zur Minderung des vom Dritten geltend gemachten Schadens schuldhaft verletzt hat. Tritt er dem Direktprozess bei (uU nach Streitverkündung durch den VR), ist ihm dieser Nachweis **versagt** (Looschelders/Pohlmann/*Schwartze* § 124 Rn. 15).

Kapitel 2. Rechtsschutzversicherung

§ 125 Leistung des Versicherers

Bei der Rechtsschutzversicherung ist der Versicherer verpflichtet, die für die Wahrnehmung der rechtlichen Interessen des Versicherungsnehmers oder des Versicherten erforderlichen Leistungen im vereinbarten Umfang zu erbringen.

I. Leistungsversprechen

1 Der Gesetzgeber hat darauf **verzichtet,** ein umfassendes **Leitbild** der Rechtsschutzversicherung durch Regelung ihres (typischen) Inhalts oder des Versicherungsfalles zu entwerfen und so der Produktentwicklung grds. keine Grenzen gesetzt. Allerdings beschreibt § 125 den Vertragszweck: Vereinbarte und erforderliche Leistungen sollen „für die Wahrnehmung der rechtlichen Interessen des Versicherungsnehmers" geschuldet sein. Aus § 4 RDG ergibt sich indessen, dass dazu die fremde Rechtsbesorgung nicht gehören darf. Der VR darf also nicht selbst die rechtliche Beratung und Vertretung des VN übernehmen. Damit ist er auf die Übernahme der Kosten der Rechtsberatung, Rechtsverfolgung und Rechtsdurchsetzung (sowie weitere Dienstleistungsangebote) beschränkt. Das zeigt zugleich, dass es sich bei der Rechtsschutzversicherung um eine **Schadensversicherung** handelt, auf die die §§ 74 ff. – vor allem auch § 86 (vgl. bspw. zum Übergang von Ansprüchen auf Erstattung zurückgezahlter Gerichtskosten BGH NJW 2021, 259 mwN) anwendbar sind. Im Übrigen beeinflusst § 125 das Versprechen des VR inhaltlich. Wenn die zur Wahrnehmung der rechtlichen Interessen des VN **erforderlichen Leistungen** geschuldet sind, verlangt das einen objektiven Maßstab zur Beurteilung der Leistungspflicht des VR. Rechtliche Maßnahmen, die geeignet sind, die rechtlichen Interessen des VN zu verteidigen oder durchzusetzen, können damit nicht mit dem Argument, das sei zu teuer, zurückge-

wiesen werden, solange kein preisgünstigerer aber gleichermaßen wirksamer Weg zur Verfügung steht und der VN seine Obliegenheit zur Schadenminderung nicht verletzt hat. Im Übrigen ist der Anspruch des VN nach den ARB regelmäßig auf Befreiung von den bei der Wahrnehmung der rechtlichen Interessen des VN entstehenden Kosten gerichtet (BGH NJW 2016, 61 = VersR 2015, 1501).

Für den Grund und den Umfang der Deckung gewinnen damit die durch das Gesetz nicht vorgeprägten AVB besonderes Gewicht. Sie gestalten die Rechtsschutzversicherung nach dem Grundsatz der **Spezialität der versicherten Gefahr:** Der VN ist **in bestimmten Konfliktfällen** (vor allem der Geltendmachung von Schadensersatzansprüchen oder von vertraglichen Rechten) und **in bestimmten Eigenschaften** (bspw. als Führer eines Kfz, als Selbstständiger) abgesichert. Die Bedingungen, denen die Modellierung der Rechtsschutzversicherung damit weitgehend überlassen ist, unterscheiden demnach regelmäßig zwischen den **Arten der Rechtsschutzdeckung** (missverständlich „Leistungsarten" genannt, § 2 ARB 2008) und ihren **Formen** (§§ 21 ff. ARB 2008) oder, nach den neueren ARB, zwischen den **versicherten Lebensbereichen** (Rechtsschutz im privaten Bereich, Rechtsschutz im beruflichen Bereich, Rechtsschutz im Straßenverkehr etc, Ziff. 2.1 ARB 2014) und den **versicherten Rechtsbereichen** (Schadensersatzrechtsschutz, Vertragsrechtsschutz etc, Ziff. 2.2. ARB 2014). 2

Unter welchen persönlichen und sachlichen **Voraussetzungen** Rechtsschutzdeckung besteht, bestimmt – prämienabhängig – **allein der Versicherungsvertrag,** aus dessen Bedingungen sich auch allein die Voraussetzungen des Eintritts des Rechtsschutzfalls ergeben. § 125 enthält „lediglich" ein Versprechen: Der VR verpflichtet sich eben nach dem vagen Leitbild des Rechtsschutzversicherungsvertrages, die „zur Wahrnehmung der rechtlichen Interessen versicherter Personen erforderlichen Leistungen" zu erbringen. Diese **Leistungen** bestehen im Wesentlichen in der Übernahme der in den jeweiligen ARB näher umrissenen **Kosten des Rechtsschutzes** oder der Befreiung von ihnen, in erster Linie also vor Erhebung einer Klage auf Befreiung von einer Vergütungsschuld gegenüber dem Rechtsanwalt in der Gewährung von Kostenschutz **– Abwehrdeckung –** für einen Rechtsstreit zwischen dem VN und seinem (früheren) Anwalt über die geschuldete Vergütung (BGH NJW-RR 2019, 1050; NJW 2018, 1971), nach neueren ARB auch in durch den VR zu erbringenden oder vermittelten Dienstleistungen (Ziff. 2.3 ARB 2014). Anders als in der Haftpflichtversicherung verspricht der VR folglich **nicht die Abwehr** gegen den VN erhobener Ansprüche (BGH VersR 2015, 1501). 3

Aus dem Umstand, dass der Versicherungsschutz der Wahrnehmung **der rechtlichen Interessen des VN** (und nicht eines Dritten) gilt, folgen einerseits rechtlich unbedenkliche Klauseln, nach denen eine Deckung für die Geltendmachung von fremden Ansprüchen im eigenen Namen (Ziff. 3.2.19, 3.2.20 ARB 2019; § 3 Abs. 4d ARB 2010) ausgeschlossen ist und solche, umfassenderen, nach denen kein Versicherungsschutz besteht für die Geltendmachung von nach Eintritt des Versicherungsfalls übertragenen Ansprüchen oder Verbindlichkeiten Dritter sowie für die Geltendmachung fremder Rechte (Ziff. 3.2.19 und 3.2.20 ARB 2019). Das ist zugeschnitten auf Fälle der gewillkürten Prozessstandschaft und der Schadensliquidation im Drittinteresse (van Bühren/Plote/*Plote* ARB 2010 § 3 Rn. 128). Andererseits entspricht es dem Sinn dieser Regelungen, wirklich nur der Sache nach **„fremde" Rechte** aus dem Rechtsschutz des VN auszunehmen – eine nicht versicherte Person soll nicht dadurch in den Genuss des Versicherungsschutzes des VN kommen, dass sie ihre Rechtsstellung auf ihn überträgt –, dass 4 der VN „materiell eigene“ Rechte unabhängig von einer formalen Verfügungsbefugnis eines Dritten weiter rechtsschutzgedeckt verfechten darf (BGH ZfS 2016, 38 zur Sicherungsabtretung; VersR 2009, 256 zur Einziehungsklage; NJW 1998, 2449 zur Fremdversicherung).

5 Ist streitig, ob ein Anspruch auf Deckungsschutz besteht (bspw wegen möglicherweise vorsätzlicher Herbeiführung des Versicherungsfalls), kommt es – im Bereich des **Strafrechtsschutzes** – darauf an, **welches Delikt dem VN vorgeworfen wird.** Ob ihm anschließend – im Rahmen einer Einstellung aus Opportunitätsgründen bspw. – ein anderes in den Deckungsbereich fallendes zur Last gelegt wird, ist irrelevant (BGH NJW 2017, 2017). Leugnet der Versicherer seine Eintrittspflicht in diesem Zusammenhang wegen des Leistungsausschlusses bei vorsätzlich begangenen Straftaten (Ziff. 5.5. ARB), so kann der Versicherungsnehmer ihn im Deckungsprozess in Anspruch nehmen; vorläufige Leistungen schuldet der Versicherer – von der ausdrücklichen Regelung im Verkehrsstrafrechtsschutz abgesehen – nicht (BGH BeckRS 2021, 13204).

6 Mit der **Zusage von Abwehrdeckung** erfüllt der VR seine VR seine Leistungspflicht, wenn er dadurch den VN endgültig von der Gefahr einer Inanspruchnahme für die Kosten eines Rechtsstreits befreit (BGH NJW-RR 2019, 1050; NJW 2018, 1971854). Der Befreiungsanspruch wandelt sich nur dann in einen Zahlungsanspruch um, wenn der VN tatsächlich und endgültig zur Zahlung der Kosten eines Rechtstreits in Anspruch genommen wird, nicht aber, wenn der VN sich um eine Abwehr der Ansprüche gar nicht bemüht hat und erhobene Ansprüche seines RA „vorzeitig“ erfüllt. Ohne dass der VN Vergütungsforderungen seines RA abzuwehren unternommen hat, kann er nicht (bei vorzeitiger oder ohne Zwang nachträglicher erfolgter Erfüllung) Zahlung der Vergütung durch seinen VR verlangen (BGH NJW 2018, 1971), die Erfüllung des Abwehranspruchs wird dann unmöglich.

II. Anspruch auf Erteilung einer Deckungszusage

7 Angesichts der Komplexität der Interessenwahrnehmung in rechtlich geordneten Verfahren gehört zu den Ansprüchen des VN auch der Anspruch auf die in § 17 Abs. 4 ARB 2008 und in Ziff. 4.1.2 ARB 2014/2019 vorgesehene **Erteilung der Deckungszusage.** Der von den ARB bestimmte **Anspruch auf Bestätigung von Rechtsschutz** ist integraler Bestandteil des von dem Rechtsschutzversicherungsvertrag typischerweise verbürgten Anspruchs auf die Leistungen des VR zur Wahrnehmung der rechtlichen Interessen des VN, der so zu verstehenden und in älteren Klauselwerken so bezeichneten „rechtlichen Sorge“. Er soll dem VN rechtzeitig Rechtssicherheit in der Verfolgung seiner rechtlichen Interessen verschaffen. Mit der Deckungszusage gibt der VR ein **deklaratorisches Anerkenntnis** ab (BGH NJW 2014, 303; OLG Jena NJOZ 2019, 1163; OLG München BeckRS 2017, 142668; OLG Zweibrücken r+s 2014, 412; Langheid/Wandt/*Obarowski* Anh. zu § 125 Rn. 121; Prölss/Martin/*Armbrüster* § 17 Rn. 10), durch das bestimmte, dem VR bei Erteilung seiner Bestätigung, Rechtsschutz zu gewähren, **bekannte oder erkennbare Einwendungen abgeschnitten** werden. Mit der Deckungszusage legt sich der VR auch der Person des Berechtigten nach fest: Verspricht er einer versicherten Person Deckung, so stellt sich die spätere Zahlung an den VN als widersprüchliches Verhalten dar (BGH NJW 2014, 313). Der Anspruch ist innerhalb der für eine sachgerechte Prüfung des Rechtsschutzbe-

gehrens erforderlichen Zeitspanne zu erfüllen (OLG Düsseldorf VersR 2018, 92). Unterlässt er eine rechtzeitige Deckungszusage oder ihre Versagung, werden ihm Einwendungen mangelnder Erfolgsaussichten oder der Mutwilligkeit der Rechtsverfolgung abgeschnitten (→ § 128 Rn. 9).

Diese Deckungszusage steht allerdings – soweit kein konkreter Anlass besteht, sie, was zulässig ist, ausdrücklich zu beschränken (Prölss/Martin/*Armbrüster* ARB 2010 § 17 Rn. 10) – unter dem **Vorbehalt,** dass sich im Verlauf der rechtlichen Klärung der Interessen des VN keine Ausschlüsse oder Obliegenheitsverletzungen (LG München I r+s 1998, 203; LG Verden r+s 1993, 262; LG Düsseldorf ZfS 1990, 91; allg. Prölss/Martin/*Armbrüster* § 17 ARB Rn. 10 ff.; van Bühren/Plote/*Plote* ARB § 17 Rn. 13 ff.) ergeben. Ist daher aufgrund des Ersuchens um Gewährung von Rechtsschutz vorsätzliches, einen Risikoausschluss begründendes Verhalten in Betracht zu ziehen, und erteilt der VR ohne Einschränkung eine Deckungszusage, muss er zu ihr später, wenn es sich als gegeben herausstellt, auch stehen. 8

III. Versicherungsfall

Die regelmäßig schwierigste Frage ist es indessen, die in den AVB bestimmten Voraussetzungen für den Anspruch auf Rechtsschutz festzustellen. Dabei geht es letztlich darum, ob und vor allem wann (nämlich in oder außerhalb versicherter Zeit) der Versicherungsfall, genannt **Rechtsschutzfall,** eingetreten ist. Von der Erfüllung der Voraussetzungen des § 4 ARB 2008, Ziff. 2.4, Ziff. 3 ARB 2019 hängt auch ab, ob der Versicherungsfall vorvertraglich oder gar nachvertraglich eingetreten ist. Insoweit sind verschiedene Zeitpunkte des Rechtsschutzfalls zu unterscheiden: In dem in der forensischen Praxis kaum relevanten **Beratungsrechtsschutz** ist es das erste Ereignis, das zu einer Änderung der Rechtslage einer versicherten Person geführt hKat ((§ 4 Abs. 1b ARB 2008), Ziff. 2.4.1. ARB 2014), im **Schadensersatzrechtsschutz** ist es das erste Ereignis, bei dem der Schaden eingetreten ist oder eingetreten sein soll. Im Steuerrechtsschutz ist es das Wirksamwerden des Steuerverwaltungsakts durch seine Zustellung (OLG Nürnberg r+s 2021, 86). Im Übrigen tritt der Rechtsschutzfall in dem Zeitpunkt ein, zu dem der VN oder ein anderer gegen Rechtspflichten oder Rechtsvorschriften verstoßen haben soll (§ 4 Abs. 1 ARB 2008, Ziff. 2.4.2 und 2.4.3 ARB 2014). 9

Grundlage der Bestimmung des Versicherungsfalls ist allein das **Vorbringen des VN.** Maßgeblich sind die objektiven, tatsächlichen Umstände, auf die er sein Rechtsschutzbegehren, vor allem die angebliche Verletzung von rechtlichen Pflichten seines Gegners, stützt (BGH NJW 2019, 2852; NJW 2015, 1306; NJW 2014, 2041; 2013, 2285; OLG Düsseldorf NJW-RR 2017, 289; OLG Köln NJW-RR 2018, 413; zu den Darlegungslasten vgl. BGH NJW-RR 2016, 505). Daher kommt es für die Gewährung von Rechtsschutz nicht darauf an, ob ein solcher Verstoß tatsächlich vorgelegen hat, oder ob er wenigstens beweisbar erscheint, sondern allein darauf, ob eine entsprechende Behauptung aufgestellt worden ist. (BGH VersR 2009, 109; OLG Köln VersR 2008, 1489; OLG München OLGR 2005, 696). Weigert sich also eine Bank, einen auf eine unzulängliche Belehrung gestützten Widerruf eines Darlehensvertrages anzuerkennen, stellt diese Weigerung den Versicherungsfall dar, nicht schon die (vermeintlich) unzulängliche Belehrung (OLG Köln NJW-RR 2018, 413). Auch kommt es nicht darauf an, womit sich der Gegner des VN verteidigt: Sonst könnte der Gegner des VN 10 darüber entscheiden, ob der VN Rechtsschutz genießt (BGH NJW 2015, 1306). Klauseln, die vorsehen, dass der verstoßabhängige Versicherungsfall sich auch nach dem gegnerischen Verteidigungsvorbringen bestimmt, sind unwirksam (BGH r+s 2021, 325). Macht ein VN Ansprüche geltend, die auf einem zeitlich gedehnten Unterlassen beruhen (Schadensersatz wegen unterlassener Mängelbeseitigung), kommt es auf den Beginn des Zeitraums an (OLG Köln NJW-RR 20120, 604).

11 Das gilt auch für den **Passivprozess:** Begehrt der VN Rechtsschutz für die Abwehr von Ansprüchen, die ein Dritter gegen ihn erhebt, ist gleichfalls maßgeblich, welchen Rechtsverstoß er seinem Gegner anlastet, also weshalb er sich ungerechtfertigt in Anspruch genommen sieht (BGH NJW 2019, 2852- zur Geltendmachung eines angeblich verjährten Darlehensanspruchs; OLG Köln NJW-RR 2020, 604 – zum angeblich unberechtigten Räumungsverlangen). Auch insoweit kommt es allein auf die (behaupteten) Tatsachen an, mit denen er sein Begehren nach Rechtsschutz begründet.

12 Traditionell ist – vor allem für die Klärung der Vorvertraglichkeit eines Rechtsschutzfalles – angenommen worden, maßgeblich für seinen Zeitpunkt sei das Geschehen, das nach dem tatsächlichen Kern des Vorbringens des VN den **Keim eines Rechtskonflikts**gelegt, die Auseinandersetzung also vorprogrammiert hat (BGH VersR 2005, 1684; zur Ankündigung einer Leistungsverweigerung BGH VersR 2005, 1684; zur Androhung der Kündigung BGH NJW 2009, 365 = VersR 2009, 109; zur Einleitung des Zustimmungsverfahrens bei beabsichtigter Kündigung Schwerbehinderter BGH r+s 2010, 513 = VersR 2010, 1211; zur vergleichbaren Problematik des ersten, zur Entziehung der Fahrerlaubnis führenden verkehrsrechtlichen Verstoßes BGH VersR 2006, 1355). Auch wenn diese, auf die Verhinderung von Zweckabschlüssen gerichteten Überlegungen weiter gelten, soweit sich ein VN für den von ihm erhobenen Anspruch auf ein solches Verhalten beruft und es angreift, so haben sie doch an Bedeutung verloren, seit der BGH die sogenannte **Vorerstreckungsklausel** für intransparent erklärt hat (→ Rn. 15).

13 § 4 Abs. 1 ARB 2008, Ziff. 2.4.2 ARB 2014/2019 knüpfen den **„Schadensersatz-Rechtsschutz“,** den der VN in Anspruch nimmt, wenn er gegen einen Dritten Schadensersatzansprüche geltend machen will, die nicht auch auf einer Vertragsverletzung oder einer Verletzung von dinglichen Rechten beruhen, an das **erste Ereignis,** durch das der Schaden verursacht wurde oder verursacht worden sein soll. **Versicherungsfall** ist hier das zeitlich erste Geschehen, das eine Kausalkette in Gang gesetzt hat, die zu dem Schaden geführt hat oder haben soll, dessen Ersatz der VN verlangt, das sog **Kausalereignis,** nicht der Eintritt der Schadensfolge. Das sind nur solche Ereignisse, die der Schadensersatzpflichtige dem VN gegenüber zurechenbar gesetzt hat und die den Eintritt des Schadens hinreichend wahrscheinlich gemacht haben (BGH NJW 2014, 2042; VersR 2003, 638; VersR 2002, 1503). Dabei gilt es vor allem, angesichts der Unabsehbarkeit von Kausalketten unter dem Gesichtspunkt des zeitlichen Deckungsumfangs zu beachten, dass maßgeblich nur Umstände sein können, die geeignet sind, den Anspruch gerade des VN zu stützen. Das können nicht eigene Verhaltensweisen des VN oder Verhaltensweisen eines Dritten, sondern nur solche des Schädigers selbst (oder der Personen, für die er einzustehen hat) sein. Das muss indessen weiter eingeschränkt werden, um den Versicherungsschutz nicht völlig zu entwerten. Weil VN auch erst während eines Ursachenverlaufs mit Schadensentwicklungen in Berührung kommen können, die zunächst ihre Person gar nicht betroffen haben, kommt es auf einen „fassbaren Bezug“ des Verhaltens des Schädigers oder

der Person, für die er einstehen soll, zu dem VN und seinen Rechtsgütern an (BGH NJW-RR 2015, 483; OLG Karlsruhe VersR 2013, 579). IÜ kommt es nicht darauf an, in welcher Parteirolle der VN sich befindet. Um Schadensersatzrechtsschutz kann es auch gehen, wenn ein VR von einem VN die Rückzahlung von Schadensersatzleistungen begehrt (OLG Saarbrücken ZfS 2018, 279).

Verhandlungen über die Auflösung eines Arbeitsverhältnisses, die zur Vermeidung einer Kündigung führen sollen, stellen keinen Verstoß gegen Rechtspflichten dar und lösen keinen Rechtsschutzfalll aus (OLF Frankfurt a. M. NJW 2015, 1184). Abgrenzungsprobleme können entstehen, wenn es um **Verstöße** geht, die **von einer gewissen Dauer** sind oder sich wiederholen. Erstreckt sich ein (gedehnter) Versicherungsfall über einen längeren Zeitraum, ist nach den AVB dessen Beginn maßgeblich. Sind mehrere Rechtsschutzfälle für die Wahrnehmung rechtlicher Interessen ursächlich, so ist der erste entscheidend (zur Wirksamkeit LG Saarbrücken r+s 2019, 632; zum notwendigen einheitlichen Lebensvorgang als Grundlage dieser Zusammenfassung LG München I r+s 2019, 635). Abgrenzungsprobleme können entstehen, wenn es um **Verstöße** geht, die **von einer gewissen Dauer** sind oder sich wiederholen. Beruft sich ein VN auf ärztliche Behandlungsfehler im Zuge eines unveränderten gesundheitlichen Zustands, so ist der Zeitpunkt maßgebend, zu dem der Schädiger erstmals lege artis hätte behandeln müssen. Hat sich der gesundheitliche Zustand verschlechtert, so dass weitere ärztliche Maßnahmen geboten gewesen wären, tritt ein neuer Rechtsschutzfall ein (OLG Hamm VersR 2011, 258; Prölss/Martin/*Armbrüster* ARB 2008 § 4 Rn. 58 mwN). Macht ein Mieter Mängel geltend, die der Wohnung von Anfang an angehaftet haben sollen, beginnt der behauptete Verstoß gegen Rechtspflichten mit der Überlassung der Wohnung und dauert bis zur Mangelbeseitigung an (LG Karlsruhe VersR 2012, 851). Entscheidend ist allerdings nicht, ob der VN rechtswidrige Verhaltensweisen – wie bspw. ein Mobbing – noch hinzunehmen bereit war, sondern wann sie objektiv als Rechtsverstoß festzustellen waren oder gewesen sein sollen (OLG Saarbrücken ZfS 2010, 280). 14

IV. Verhaltensweisen vor Beginn des Versicherungsschutzes

Die ARB bestimmen regelmäßig (als zeitlichen Risikoausschluss), dass **Willenserklärungen oder Rechtshandlungen,** die der VN (oder die versicherte Person) **vor Beginn der Rechtsschutzdeckung** vorgenommen hat, den Versicherungsfall nicht auslösen (vgl. unter anderem § 4 Abs. 3a ARB 2008, Ziff. 3.1.2 ARB 2014, jetzt konkreter ARB 2019 Ziff. 3.2 ARB 2019). Solche Klauseln sind indessen intransparent, weil – abgesehen von einer möglichen Intransparenz des von ihnen verwendeten Begriffs der „Rechtshandlung" – nicht nachvollziehbar ist, wann eine vorvertragliche Willenserklärung oder Rechtshandlung den maßgeblichen Rechtsverstoß „auslöst" (BGH NJW 2018, 2710), also seinen Keim in sich birgt oder ihn vorprogrammiert. Ist die Vorerstreckungsklausel also unwirksam, kann es – wie allgemein – nur darauf ankommen, welchen (angeblichen) Rechtsverstoß der VN zum Gegenstand seines Deckungsbegehrens macht unabhängig davon, ob er eine rechtlich relevante Vorgeschichte oder rechtlich bedeutsame Folgen hat (in diese Richtung OLG Karlsruhe r+s 2012, 175 = VersR 2012, 987; OLG Saarbrücken VersR 2000, 1536). 15

Daher kann der **Abschluss eine Vertrages** selbst den Rechtsschutzfall regelmäßig nicht auslösen, auch wenn er gewissermaßen der Beginn der rechtlichen 16

„Infektionskette“ ist (zur früheren Rechtslage vor Annahme der Unwirksamkeit der Vorerstreckungsklauseln: zur Ablehnung bei Geltendmachung einer Widerrufsberechtigung BGH VersR 2008, 113; zu einem Angebot auf Abschluss eines Gesellschaftsvertrages OLG Hamm VersR 2001, 712; vgl. aber auch zur Auslösung des Rechtsschutzfalles durch die Geltendmachung von Feuchtigkeitsschäden LG Dortmund NJW-RR 2011, 612 = r+s 2011, 157). Das ist allerdings dort der Fall, wo Vertragsbestimmungen als unwirksam behauptet werden (OLG Saarbrücken VersR 2000, 1536 zur behaupteten Unwirksamkeit einer Klausel in einem Versicherungsvertrag): Dann liegt im Abschluss des rechtsfehlerhaften Vertrages grundsätzlich der erste – und dann durch den Lauf des Vertrages fortdauernde – Verstoß, der lediglich durch die Berufung auf seine Unwirksamkeit aktualisiert wird (OLG Celle NJW-RR 2009, 38; OLG Saarbrücken VersR 2000, 1536). In diesem Sinn kann also schon die Entstehung eines Rechtsverhältnisses mit einem vom VN oder seinem Gegner behaupteten oder wirklichen Makel, beispielsweise einem Anfechtungsgrund, behaftet sein: Dann liegt der (mögliche) Verstoß gegen Rechtspflichten in der fehlerbehafteten Vertragserklärung (OLG Koblenz r+s 2012, 294 = VersR 2013, 99; LG Dortmund NJW-RR 2012, 1426). Ähnliches gilt bei Anzeige eines Versicherungsfalls in der Unfallversicherung, auf die der UnfallVR nachvertraglich mit einer Leistungsablehnung reagiert (OLG Hamm r+s 2015, 196). Inzwischen enthalten die Regelungen der Ziff. 3.1.2 ARB transparente Abgrenzungen, die den Versicherungsfall zwar nicht „vorerstrecken“, aber bestimmte Ursachen eines rechtlichen Konflikts von der Deckungszusage ausnehmen.

V. Obliegenheiten

17 Von den Obliegenheiten des VN ist zunächst vor allem jene von Bedeutung, die ihm auferlegt, den VR, wenn der VN einen Rechtsschutzfall geltend macht, **vollständig und wahrheitsgemäß über dessen sämtliche Umstände zu unterrichten** sowie ihm Beweismittel – Zeugen, Urkunden, Gutachten – zu überlassen, die er zur Beurteilung des Rechtsschutzfalles benötigt (BGH r+s 2015, 347; VersR 2004, 1553 = r+s 2004, 374; NJW 1988, 266; OLG Celle VersR 2007, 202 = r+s 2007, 57). Diese „Umstände“ sind die tatsächlichen Gegebenheiten, die dem VN bekannt sein müssen und über die er verfügen kann. Die Obliegenheit erlegt dem VN nicht auf, eine rechtliche Bewertung selbst zu beschaffen oder sich oder den Gegenstand seiner rechtlichen Interessen einer Untersuchung zu unterziehen, um Informationen über die Erfolgsaussichten eines rechtlichen Vorgehens erst zu besorgen.

18 Die lange Zeit streitige Frage, ob den VN vertragliche oder gesetzliche Obliegenheiten zur Schadenminderung durch Geringhaltung der Kosten treffen, ist höchstrichterlich geklärt. Die (in manchen AVB – § 17 Abs. 5 Buchst. c cc ARB 2008 – geregelte Verhaltensanforderung, alles zu vermeiden, was eine unnötige Erhöhung der Kosten oder eine Erschwerung ihrer Erstattung durch die Gegenseite verursachen könnte, ist intransparent und damit unwirksam, weil sie den im Kostenrecht regelmäßig nicht beschlagenen VN überfordert (BGH NJW 2019, 3582). Ihm kann nicht angesonnen werden, die kostenrechtlichen Wirkungen der einen oder anderen von ihm veranlassten Maßnahme zu beurteilen. Vorschriften, nach denen er alles zu vermeiden hat, was eine **unnötige Erhöhung der Kosten** verursachen könnte, soweit seine Interessen nicht unbillig beeinträchtigt werden,

sind für ihn schlicht nicht umsetzbar, weil er ihre Voraussetzungen nicht einzuschätzen vermag. Unterlassene oder erteilte Ratschläge seines Rechtsanwalts muss er sich nicht zurechnen lassen (→ § 127 Rn. 5).

19 Ein VR kann sich insoweit auch nicht auf die auch für den Rechtsschutzversicherungstrag geltende **Schadensminderungsobliegenheit** (§ 82) berufen. Denn auch für sie gilt, dass sich dem VN – auf den es allein ankommt – typischerweise nicht erschließt, welche gerichtlichen und anwaltlichen Kosten ein bestimmtes Verhalten auslösen kann, und wie er sie vermeiden oder geringhalten kann (BGH NJW 2019, 3582). Der VR kann sich daher auch nicht auf die Möglichkeit einer kostengünstigeren Feststellungsklage berufen, die einen absehbaren Streit um die Höhe der zu beanspruchenden Leistungen nicht von vornherein verhindern könnte (OLG Hamm VersR 2017, 418), oder auf die Möglichkeit einer **Teilklage** (OLG Karlsruhe VersR 2003, 58; OLG Köln VersR 1989, 345), oder auf den Verzicht auf eine **negative Feststellungsklage** (AG Berlin-Charlottenburg ZfS 1991, 201; aA LG Essen VersR 2009, 979; vgl. Langheid/Wandt/*Obarowski* Anh. zu § 125 Rn. 302), solange nicht feststeht, dass der VN sein Ziel auch damit uneingeschränkt und ungefährdet erreichen kann. Daher darf einem VN, der Leistungen aus einer Berufsunfähigkeitsversicherung verlangt, Rechtsschutz nicht für das Verlangen künftiger Rentenbeträge neben den gleichfalls eingeklagten bereits fälligen versagt werden (OLG München NJW-RR 2010, 1338 = VersR 2010, 1362). Steht ein Rechtsverstoß unstreitig fest und wird sodann über die Abwicklung seiner Folgen verhandelt, so besteht dafür kein Rechtsschutz (OLG Saarbrücken VersR 2011, 108). Auch kann nicht auf eine Klage auf Feststellung der Wirksamkeit des Widerrufs eines Darlehensvertrages verwiesen werden, wenn der VN Freigabe einer den Darlehensrückzahlungsanspruch sichernden Grundschuld zur Verwendung als Kreditsicherung begehrt (OLG Stuttgart ZfS 2016, 639).

VI. Nachhaftung

20 Die ARB begrenzen die Nachhaftung des VR für die nachträgliche **Geltendmachung** von an sich in den zeitlichen Deckungsbereich der Rechtsschutzversicherung fallenden Ansprüche auf die Dauer von drei Jahren (§ 4 Abs. 3 Buchst. b ARB 2000). Unklar ist insoweit zunächst, ob insoweit die bloße Meldung des Versicherungsfalls genügt, oder ob dem VR alle die Informationen innerhalb der Dreijahresfrist zu übermitteln sind, die er zur Prüfung seiner Leistungspflicht benötigt. „Geltend macht" ein VN seinen Rechtsschutzanspruch allerdings schon dem Wortlaut nach bereits dann, wenn er Rechtsschutz für einen näher beschriebenen Streitfall begehrt; dem Wortlaut der Klausel lässt sich nicht entnehmen, dass die Geltendmachung Begründungserfordernisse beinhaltet. Auch kann ein Rechtsschutzanspruch naturgemäß erst geltend gemacht werden, wenn er entstanden ist (offen gelassen zu Beidem von BGH NJW 2017, 3658). Auch insoweit gilt allerdings, dass die Versäumung der Frist entschuldigt werden kann, eine Entschuldigung aber nur dann wirksam wird, wenn die versäumte Geltendmachung unverzüglich nachgeholt wird (BGH NJW 2017, 3658).

§ 126 Schadensabwicklungsunternehmen

(1) [1]**Werden Gefahren aus dem Bereich der Rechtsschutzversicherung neben anderen Gefahren versichert, müssen im Versicherungsschein der**

Umfang der Deckung in der Rechtsschutzversicherung und die hierfür zu entrichtende Prämie gesondert ausgewiesen werden. [2]Beauftragt der Versicherer mit der Leistungsbearbeitung ein selbständiges Schadensabwicklungsunternehmen, ist dieses im Versicherungsschein zu bezeichnen.

(2) [1]**Ansprüche auf die Versicherungsleistung aus einem Vertrag über eine Rechtsschutzversicherung können, wenn ein selbständiges Schadensabwicklungsunternehmen mit der Leistungsbearbeitung beauftragt ist, nur gegen dieses geltend gemacht werden. [2]Der Titel wirkt für und gegen den Rechtsschutzversicherer. [3]§ 727 der Zivilprozessordnung ist entsprechend anzuwenden.**

1 Die Vorschrift setzt Vorgaben der RL 87/344/EWG v. 4.7.1987 (ABl. 1987 L 185, 77) durch spezifische Informationspflichten um und begründet eine exklusive Passivprozessstandschaft eines Dritten. Die Richtlinie hatte – als **Konsequenz der Aufhebung der Spartentrennung** – bestimmte Vorkehrungen verlangt, wenn der Rechtsschutzversicherer die Absicherung weiterer Gefahren anbietet. Gewährt er sie dem VN, muss er im Versicherungsschein den Umfang der Deckung des Rechtsschutzversicherungsvertrages und die dafür zu entrichtende Prämie gesondert und transparent ausweisen (Abs. 1 Satz 1). Das verdeutlicht iÜ, dass ein Rechtsschutzversicherungsvertrag stets ein eigenständiger, von gleichzeitig übernommener weiterer Deckung zu trennender Vertrag ist. Gewährt der VR im Allgemeinen unterschiedliche Deckungen, muss er nach **§ 164 VAG** ein **rechtlich selbstständiges Schadensabwicklungsunternehmen** mit der Regulierungsbearbeitung beauftragen. Zur Gewährung von Transparenz muss es im Versicherungsschein bezeichnet werden (Abs. 1 Satz 2). Damit sollen **Interessenkollisionen** beherrscht werden, die auftreten können, wenn der VR mehreren VN durch unterschiedliche Produkte – dem einen durch Rechts-, dem anderen durch Haftpflichtschutz bspw. – verbunden ist. Dabei handelt es sich um Rechtspflichten, deren Verletzung den VR zum Schadensersatz verpflichten kann (OLG Düsseldorf VersR 2002, 752).

2 Das Schadensabwicklungsunternehmen wird durch seine Beauftragung nicht zum VR, sondern ist materiell kraft Gesetzes als **Inhaber der Vollmachten** anzusehen, die zur Regulierung benötigt werden, ist also zur Abgabe von Erklärungen und zum Verlangen und zum Empfang von Anzeigen und Aufklärungen berechtigt. Prozessual regelt Abs. 2 Satz 1 eine ausschließende **gesetzliche passive Prozessstandschaft** (BGH r+s 2018, 539 = VersR 2018, 1119). Sie hat zur Folge, dass der VN Ansprüche (auch mit den entsprechenden verjährungsrechtlichen Konsequenzen) „nur" diesem Unternehmen gegenüber geltend machen und nur es auch verklagen kann. Zugleich erstreckt Abs. 2 Satz 2 die Rechtskraft eines Urteils in einem Rechtstreit gegen dieses Unternehmen auf den VR. Lehnt der VR Leistungen ab, ist gleichfalls das selbstständige Schadensabwicklungsunternehmen in Anspruch zu nehmen (Looschelders/Pohlmann/*Pohlmann*/*Vogel* § 126 Rn. 5; offen lassend OLG Köln VersR 2005, 1386). Das bedeutet aber weiterhin, dass der VN die ihn im Schadenfall treffenden Obliegenheiten dem Schadenabwicklungsunternehmen gegenüber zu erfüllen hat (und mit ihrer Erfüllung sie auch dem VR gegenüber erfüllt) und ihm gegenüber auch verletzen kann.

3 Die – exklusive – passive Prozessführungsbefugnis des Schadensabwicklungsunternehmens gilt nicht nur für Deckungsansprüche selbst, sondern auch dann, wenn der VN wegen **fehlerhafter Beratung** Schadensersatz (Quasi-Deckung) verlangt (BGH r+s 2018, 539 = VersR 2018, 1119).

Die Vorschrift bestimmt allerdings lediglich die (passive) Prozessführungsbefugnis für Deckungsklagen des VN; macht der VR **nach § 86 übergegangene Schadensersatzansprüche** gegen den Rechtsanwalt des VN geltend, ist Abs. 2 weder nach seinem Wortlaut noch nach seinem Sinn und Zweck, Interessenkollisionen zu vermeiden, einschlägig (OLG Karlsruhe r+s 2021, 154; OLG Jena NJOZ 2020, 1163; aA – analoge Anwendung – BeckOK VVG/*Filthuth* § 126 Rn. 15a; *Jungermann* r+s 2019). Das schließt allerdings nicht aus, dass der VR das Schadenabwicklungsunternehmen im Wege der **gewillkürten Prozessführungsbefugnis** ermächtigt, solche Ansprüche im eigenen Namen für den VR zu verfolgen (OLG Karlsruhe r+s 2021, 154). 4

§ 127 Freie Anwaltswahl

(1) [1]**Der Versicherungsnehmer ist berechtigt, zu seiner Vertretung in Gerichts- und Verwaltungsverfahren den Rechtsanwalt, der seine Interessen wahrnehmen soll, aus dem Kreis der Rechtsanwälte, deren Vergütung der Versicherer nach dem Versicherungsvertrag trägt, frei zu wählen.** [2]**Dies gilt auch, wenn der Versicherungsnehmer Rechtsschutz für die sonstige Wahrnehmung rechtlicher Interessen in Anspruch nehmen kann.**

(2) **Rechtsanwalt ist auch, wer berechtigt ist, unter einer der in der Anlage zu § 1 des Gesetzes über die Tätigkeit europäischer Rechtsanwälte in Deutschland vom 9. März 2000 (BGBl. I S. 182, 1349), das zuletzt durch Artikel 1 des Gesetzes vom 26. Oktober 2003 (BGBl. I S. 2074) geändert worden ist, in der jeweils geltenden Fassung genannten Bezeichnungen beruflich tätig zu werden.**

I. Auswahl des Rechtsanwalts

Die Vorschrift beruht auf der sogenannten Rechtsschutzversicherungsrichtlinie (RL 87/344 EWG), die dem nationalen Recht vorschreibt, einem VN die **freie Anwaltswahl** zu garantieren. Die Auswahl des Anwalts hat allein Sache des VN zu sein. Das schließt zunächst Anreizsysteme nicht aus, solange sie die freie Anwaltswahl nicht faktisch „in nicht hinnehmbarer Weise behindern oder unzumutbar erschweren" (*Wendt* r+s 2014, 328, 332; zu vornehmlich allerdings aufsichtsrelevanten bedenklichen Entwicklungen von „Partnernetzwerken" von „Vertrauensanwälten" vgl. *Riemer* SpV 2017, 24). Angebote des VR, die dem VN ohne Auswirkungen auf den konkreten Rechtsschutzfall tarifliche Vergünstigungen eines nicht allzu großen Gewichts bei Wahl bestimmter von dem VR „gelisteter" Anwälte anbieten, stehen dazu allerdings nicht grundsätzlich in Widerspruch (BGH NJW 2014, 630; vgl. auch EuGH NJW 2010, 355; ÖOGH VersR 2010, 1625). Sodann steht die Vorschrift unverbindlichen Empfehlungen ebenso wenig entgegen wie einer Auswahl auf Bitten des VN. Da Abs. 1 Satz 2 jedoch bestimmt, dass der Kreis der Rechtsanwälte maßgeblich ist, deren Vergütung der VR vertragsgemäß trägt, wird eine geradezu beliebige Beauftragung von Anwälten ohnehin beschränkt: So bestehen keine Bedenken gegen die Regelung der Beauftragung von Verkehrsanwälten, wie § 5 Abs. 1 Buchst. a Satz 3 ARB 2008 und Ziff. 2.3.1.2 ARB 2014 sie vorsehen, ohne dass es darauf ankäme, ob deren Einschaltung als solche notwendig ist (BGH VersR 2007, 488). 1

2 Das gilt auch in **„Massenprozessen“** oder bei **„Sammelklagen“.** Die im Referentenentwurf zum VVG 2008 erwogene Beschränkung der Kostenerstattung wurde nicht in das Gesetz übernommen. Auch über die Annahme einer Schadensminderungsobliegenheit (§ 17 ARB 2008) kann Streitgenossen, die über selbstständige Rechtsschutzversicherungsverträge verfügen, keine Beauftragung desselben Anwalts angesonnen werden (aA Looschelders/Pohlmann/*Pohlmann/Vogel* § 127 Rn. 7), weil allein aus der streitgenössischen Verbundenheit keine Schutzpflicht zugunsten des jeweiligen (uU sogar gar nicht des gleichen) VR abgeleitet werden kann. Gegenstand der freien Anwaltswahl ist es auch, dass ein VN trotz Nebenintervention des VR in einem Haftpflichtprozess zur Bestellung eines eigenen Anwalts befugt ist (BGH VersR 2010, 1590; VersR 1993, 625; NJW-RR 2004, 356), wenn er bei Interessenkonflikten seinen Anspruch auf Rechtsschutz nur so sachgerecht erfüllt sehen darf. Zu bedenken ist im Übrigen, dass den VR in solchen Fällen die Pflichten zur Redlichkeit und Professionalität (§ 1a) treffen. Versuche, der Deckungsschutzpflicht durch effektiven Rechtsschutz gerade nicht gewährleistende suboptimale eigene Problemlösungsvorschläge oder **Formen unqualifizierter Mediation** zu entgegen (vgl. dazu *Riemer* SpV 2017, 24 „Shuttlemediation“), können daher Unterlassungs- und Schadensersatzansprüche auslösen.

II. Rechtsverhältnisse zwischen Versicherungsnehmer und gewähltem Rechtsanwalt und Zurechnung anwaltlichen Verhaltens

3 Durch die Beauftragung eines Rechtsanwalts entstehen **vertragliche Beziehungen** nur zwischen dem VN und dem Rechtsanwalt, nicht auch solche zum VR, selbst wenn der Rechtsanwalt die Deckungszusage wie üblich selbst einholt. Da die Rechtsschutzversicherung eine **Schadenversicherung** – allerdings nur zugunsten des VN, nicht zugunsten seines Rechtsanwalts – ist, gehen Ansprüche des VN gegen seinen Rechtsanwalt wegen der Verletzung anwaltlicher Pflichten nach **§ 86** auf den VR über. Das kann – vor allem wenn der VR eine Deckungszusage erteilt hat – die Frage aufwerfen, unter welchen Voraussetzungen solche Schadensersatzansprüche angenommen werden können. Ausgangspunkt sind ungeachtet des Bestehens einer Rechtsschutzversicherung die allgemeinen Grundsätze der Anwaltshaftung: Der Rechtsanwalt ist zur umfassenden Beratung des Mandanten verpflichtet und muss voraussehbare Nachteile und Schäden vermeiden, Zweifel und Bedenken darlegen und erörtern und empfehlen, den sichersten und gefahrlosesten Weg zu beschreiten (BGH NJW 2018, 2476; NJW 2007, 2485; OLG Köln NJW-RR 2020, 673; MüKoBGB/*Heermann* BGB § 675 Rn. 26, 27). Insoweit gilt vor allem, dass der Rechtsanwalt einem Mandanten von einer **aussichtslosen Klage abraten** muss (OLG Nürnberg NJW-RR 2020, 673; OLG Jena NJOZ 2020, 1163; zur Abgrenzung von einer Klage mit geringer Erfolgserwartung OLG München r+s 2021, 151).

4 Die **Deckungszusage** selbst begründet grundsätzlich **keinen** zugunsten des Rechtsanwalts des VN wirkenden **Vertrauenstatbestand,** der einem Regress des VR entgegenstünde (OLG Köln NJW-RR 2020, 673)., soweit nichts ausnahmsweise ein widersprüchliches Verhalten des VR anzunehmen ist, weil der Rechtsanwalt des VN im Rahmen seiner Deckungsanfrage die Sach- und Rechtslage umfassend und abwägend und unter Hinweis auf dem Begehren des Mandanten

entgegenstehende Gründe dargestellt hat (OLG Nürnberg NJW-RR 2020, 1185; OLG München r+s 2021, 151) und der VR dann eine Deckungszusage erteilt hat.

Wenn der Rechtsanwalt nach einem gewonnenen Rechtsstreit Kostenerstat- 5 tungsansprüche des VN gegen den unterlegenen Gegner erfolgreich durchsetzt, kann der VR allerdings einen Anspruch auf Auskehr gegen ihn aus §§ 677, 681 Satz 2, 667 BGB haben (OLG Saarbrücken VersR 2007, 1554). Auch gehen Ansprüche des VN auf Auszahlung der an seinen Rechtsanwalt erstatteten Gerichtskosten auf den VR über (BGH NJW 2021, 2589 mwN)

Das Verhalten des von dem VN beauftragten Rechtsanwalts (im Rahmen der 6 Erfüllung von Obliegenheiten des VN gegenüber dem VR) wird – entgegen einer weitverbreiteten Annahme – dem VN grundsätzlich **nicht zugerechnet** (zusammenfassend *Wendt* r++s 2012, 212 mwN). Eine Zurechnung der Verletzung von Obliegenheiten über die Haftung für Erfüllungsgehilfen (§ 278 BGB) scheidet von vornherein aus, weil Obliegenheiten keine der von der Vorschrift genannten Rechtspflichten sind. Der Rechtsanwalt ist weder Risiko- noch Vertragsverwalter, also kein **Repräsentant** des VN (BGH NJW 2019, 3582; OLG München r+s 2021, 151), weil dieser ihm ein Mandat in einem Einzelfall erteilt, nicht aber ihm die Sorge für das versicherte Interesse generell und umfassend übertragen hat und ihn auch nicht damit betraut hat, seine vertraglichen Verhältnisse zum VR umfassend zu betreuen. Er ist (regelmäßig) nicht **Wissenserklärungsvertreter,** weil und soweit der VN ihn nicht mit der Informationserteilung dem VR gegenüber beauftragt hat und er ist (regelmäßig) nicht **Wissensvertreter,** weil er nicht für den VN Informationen entgegenzunehmen und weiterzuleiten beauftragt ist (BGH VersR 2007, 673; VersR 2005, 218; VersR 1981, 321; NJW-RR 2003, 1250). Auch kann Anderes gelten, wenn der VN die vollständige Abwicklung seines Vertragsverhältnisses gegenüber dem VR seinem Rechtsanwalt überlassen hat und keinerlei Informationen über den Fortgang des Geschehens erhalten will und hat (OLG Düsseldorf r+s 2020, 335).

Die **Klausel in den ARB 2014 (Ziff. 4.1.6),** wonach sich der VN bei der 7 Erfüllung seiner Obliegenheiten die Kenntnis und das Verhalten des von ihm beauftragten Rechtsanwalts zurechnen lassen muss, wenn der Rechtsanwalt die Abwicklung des Versicherungsfalls dem VR gegenüber übernimmt, ist zum einen intransparent, weil unklar ist, unter welchen tatsächlichen Voraussetzungen von einer derartigen Übernahme die Rede sein soll und wie der VN an der „Übernahme" beteiligt sein soll. Da die Abwicklung eines Versicherungsfalls (also des einzelnen Rechtsschutzfalls) die von der Rspr für allein entscheidend erachteten Bedingungen einer Vertragsverwaltung nicht erfüllt, stellt die Klausel zugleich eine unangemessene Benachteiligung des VN dar.

§ 128 Gutachterverfahren

[1]Für den Fall, dass der Versicherer seine Leistungspflicht verneint, weil die Wahrnehmung der rechtlichen Interessen keine hinreichende Aussicht auf Erfolg biete oder mutwillig sei, hat der Versicherungsvertrag ein Gutachterverfahren oder ein anderes Verfahren mit vergleichbaren Garantien für die Unparteilichkeit vorzusehen, in dem Meinungsverschiedenheiten zwischen den Vertragsparteien über die Erfolgsaussichten oder die Mutwilligkeit einer Rechtsverfolgung entschieden werden. [2]Der Versicherer hat den Versicherungsnehmer bei Verneinung seiner Leistungspflicht hie-

rauf hinzuweisen. [3]Sieht der Versicherungsvertrag kein derartiges Verfahren vor oder unterlässt der Versicherer den Hinweis, gilt das Rechtsschutzbedürfnis des Versicherungsnehmers im Einzelfall als anerkannt.

I. Regelungsbereich

1 Abs. 1 Satz 1 enthält **verschiedene Regelungen.** Zunächst ist der Vorschrift zu entnehmen, dass der VR Leistungen nur für die Fälle versprechen muss, in denen die Wahrnehmung der rechtlichen Interessen hinreichende Aussicht auf Erfolg bietet und nicht mutwillig ist. Sodann sieht sie ein – außergerichtliches – Verfahren der Klärung der Frage der Leistungspflicht mit einer Garantie der Unparteilichkeit vor. Das wird in Ziff. 3.4 ARB 2019, § 18 ARB 2008 aufgenommen. Schließlich knüpft sie die Rechtsfolge der Fiktion des Rechtsschutzbedürfnisses an die fehlende Vorhaltung eines solchen Verfahrens oder das Unterlassen einer entsprechenden Information des VN.

II. Hinreichende Erfolgsaussicht und fehlende Mutwilligkeit (Satz 1)

2 Die Voraussetzungen der Leistungspflicht sind § 114 Satz 1 ZPO entnommen und gleich auszulegen (BGH VersR 1990, 414; OLG Düsseldorf VersR 2018,92). **Hinreichende Erfolgsaussicht** liegt demnach vor, wenn die Möglichkeit besteht, dass die anspruchsbegründenden Tatsachen bewiesen werden und die Rechtsauffassung des VN vertretbar erscheint. Vorweggenommene Beweiswürdigungen sind dabei unzulässig. Sind Rechtsfragen, von denen der Erfolg abhängt, ungeklärt oder ist ihre Beantwortung umstritten, so besteht „hinreichende" Erfolgsaussicht (BVerfG NJW 2003, 1857; NJW-RR 2005, 140 zur Prozesskostenhilfe; BGH VersR 1990, 414; 1987, 1186; OLG Düsseldorf VersR 2018, 27; Langheid/Wandt/*Obarowski* § 128 Rn. 17 ff.), weil der vertraglich versprochene Rechtsschutz die dann immer offene gerichtliche Wertung nicht vorwegnehmen darf (Looschelders/Pohlmann/*Pohlmann Vogel* § 128 Rn. 4).

3 Die Definition der **Mutwilligkeit** durch Ziff. 3.4 ARB 2019, § 18 ARB 2008– grobes Missverhältnis des angestrebten rechtlichen Erfolgs zum entstehenden Kostenaufwand – darf nicht als Aufforderung zu einer Gegenüberstellung des wirtschaftlichen Ziels zum wirtschaftlichen (Gebühren-)Aufwand missverstanden werden. Entscheidend ist eine wertende, alle Gründe der Rechtsverfolgung mit dem für sie erforderlichen Aufwand abwägende Wertung (vgl. BGH VersR 2003, 454; OLG Köln r+s 1995, 103; OLG Nürnberg NJW-RR 1995, 388; bedenklich AG Hannover r+s 2001, 155). Dabei kommt es allein darauf an, ob ein **grobes Missverhältnis** zwischen dem Wert des von dem VN erhobenen Anspruchs (bspw der Rückabwicklung eines Vertrages) und den Kosten des Prozesses zu ihrer Durchsetzung besteht, nicht aber auf den Wert von dem VN alternativ zustehenden Ansprüchen (OLG Karlsruhe NJW 2017, 277).

4 Von einem VN kann auch nicht von vornherein verlangt werden, ein **Recht aufzugeben,** nur weil seine Geltendmachung ins Gewicht fallende Kosten verursacht (→ zu Schadenminderungsobliegenheiten → § 125 Rn. 18). Allerdings stellt auch das Vorbild der Klausel, der jetzt geltende § 114 Abs. 2 ZPO, darauf ab, ob eine nicht bedürftige Partei trotz hinreichender Erfolgsaussicht von einem

Rechtsstreit absehen würde. So ist es nicht mutwillig, nach Widerruf eines Darlehensvertrages die Freigabe einer für die Darlehensschuld bewilligten Grundschuld zu verlangen, die zur weiteren Kreditaufnahme benötigt wird, nur weil auch die Feststellung der Wirksamkeit des Widerrufs begehrt werden könnte (OLG Stuttgart ZfS 2016, 639). Der VR, der Deckung zunächst aus anderen Gründen abgelehnt hat, darf sich nicht nachträglich auf fehlende Erfolgsaussicht oder Mutwilligkeit berufen, weil den vertraglichen Anzeige- und Aufklärungsobliegenheiten des VN eine entsprechende Obliegenheit des VR zur unverzüglichen Stellungnahme zu dem Rechtsschutzbegehren entspricht (BGH VersR 2003, 638; vgl. auch BGH VersR 1994, 1225; diff. für den Einwand der Vorvertraglichkeit OLG Stuttgart VersR 2008, 1062)

III. Gutachterverfahren

5 Abs. 1 Satz 1 sieht ein unparteiliches Gutachter- oder vergleichbares Verfahren zur Klärung von Meinungsverschiedenheiten zwischen VR und VN über die hinreichende Erfolgsaussicht oder die Mutwilligkeit des Rechtsschutzbegehrens vor. **Andere Streitfragen** (Ausschlüsse, Vorvertraglichkeit) sind von diesem Gutachterverfahren nicht umfasst. Die ARB 2019greifen die gesetzliche Vorgabe in Ziff. 3.4.4 auf, indem sie entweder einen vom Präsidenten der Rechtsanwaltskammer bestimmten Schiedsgutachter oder den Stichentscheid des Rechtsanwalts des VN auf Antrag des VN (zur Unbedenklichkeit OLG Köln r+s 2012, 339= ZfS 2012, 576) erlauben. Nach Ziff. 3.4.4 ARB 2019 (wie nach früheren Fassungen der ARB) ist die Entscheidung des Schiedsgutachters für den VR bindend, während der VN sie gerichtlich überprüfen lassen kann. Ob ein Stichentscheid vorliegt, hängt nicht von der Bezeichnung der anwaltlichen Stellungnahme ab, sondern allein davon, wie der VR sie verstehen musste: Nimmt der RA zu den vom VR vorgetragenen Ablehnungsgründen Stellung, ist von einem Stichentscheid auszugehen (OLG Naumburg VersR 2017, 882).

6 Weder das Gesetz noch die Bedingungen regeln die **formalen und materiellen Anforderungen** an einen wirksamen Stichentscheid. Sie sind auch von der Komplexität des Streitfalls und dem Inhalt des ihm vorausgehenden Schriftverkehrs abhängig. Der entscheidungserhebliche Sach- und Streitstand muss dargestellt werden. Von einer umfassenden Darstellung des Sachverhalts kann abgesehen werden, wenn er sich dem VR aus der Korrespondenz erschließt (OLG Frankfurt a. M. NJW-RR 2019, 1319). Ein umfassendes Rechtsgutachten mit einer möglichst vollständigen Auswertung judikativer oder literarischer Stellungnahmen kann nicht erwartet werden. Allerdings muss sich der Stichentscheid mit den Argumenten für und wider das Anliegen des VN auseinandersetzen.

7 Der Stichentscheid ist nach Ziff. 3.4.4 ARB 2019(Stichentscheid-Verfahren) – für beide Parteien bindend, wenn er **nicht offensichtlich unrichtig** ist (dazu BGH VersR 1990, 414; OLG Karlsruhe VersR 1994, 1061). Das ist nur dann der Fall, wenn die Stellungnahme des Rechtsanwalts die Sach- und Rechtslage grob verkennt und sich dies einem Fachkundigen wenn auch erst nach gründlicher Prüfung mit aller Deutlichkeit aufdrängt (BGH VersR 1994, 1061; OLG Düsseldorf VersR 2018, 92; OLG Köln r+s 2012, 339 = ZfS 2012, 576). Das ist nicht schon dann der Fall, wenn der RA eine Mindermeinung zur Begründung seiner Stellungnahme zu einer bislang höchstrichterlich geklärten Frage anführt (OLG

Naumburg VersR 2017, 882). Der zur Bindung führende Stichentscheid darf allerdings nicht nur „vorläufig" sein (OLG Celle Urt. v. 8.12.2011 – 8 U 148/11, juris. Bindungswirkung entfaltet der Stichentscheid zunächst in Bezug auf die vom VR in der Ablehnung seiner Deckungspflicht angesprochenen Gründe; eine Auseinandersetzung mit anderen denkbaren aber nicht angeführten Gründen ist nicht erforderlich; mit ihrem nachträglichen Vorbringen ist der VR ohnehin ausgeschlossen (OLG Naumburg VersR 2017, 882).

8 Nach Satz 2 muss der VR den VN bei Verneinung seiner Leistungspflicht aus den Gründen des Satzes 1 auf das Gutachter- oder andere Verfahren **hinweisen.** Das muss korrekt geschehen (und die Frage der Kostentragung damit umfassen). Dabei muss der VR in seiner Deckungsablehnung alle Gründe anführen, auf die er sie stützt, ein **Nachschieben anderer Gründe** ist nach dem Stichentscheid nicht mehr möglich (OLG Naumburg VersR 2017, 882; OLG Hamm r+s 2012, 117 = VersR 2012, 563). Sieht der Vertrag kein solches Verfahren vor oder, vor allem, **verletzt der VR seine Hinweispflicht,** indem er eine Aufklärung unterlässt oder sie fehlerhaft erteilt, darf sich der VR nicht mehr auf fehlende Erfolgsaussicht oder Mutwilligkeit berufen (OLG Dresden VersR 2013, 450 = r+s 2013, 172). Diese Hinweispflicht gilt auch dann, wenn der Rechtsanwalt des VN die Möglichkeit eines solchen Verfahrens kennt (BGH ZfS 2016, 38; Looschelders/Pohlmann/*Pohlmann/Vogel* § 128 Rn. 12; aA OLG Karlsruhe VersR 1999, 613). Das wäre nämlich, als Klauselregelung unterstellt, eine von § 129 untersagte nachteilige Abweichung von § 128. Die Nachholung des gebotenen Hinweises heilt das Unterlassen nicht, weil der Wortlaut des Gesetz den Hinweis „bei Verneinung der Leistungspflicht" oder nach früheren Klauseln mit der Ablehnung der Rechtsschutzdeckung gebietet und das auch dem Interesse des VN sofort Klarheit über den einzuschlagenden Weg zu erlangen, entspricht (BGH ZfS 2016, 38). Die nach Satz 2 zu erfüllenden Hinweispflichten gelten auch dann, wenn der VR seine Eintrittspflicht teilweise ablehnt, Vorbehalte macht, Einschränkungen vornimmt (die Deckungszusage gelte nur dem Grund des Anspruchs) oder Bedingungen stellt (OLG Karlsruhe r+s 2019, 705).

9 Erklärt sich der VR nicht **in angemessener Frist** – unverzüglich – zu der Deckungsanfrage des VN, kann er sich nicht mehr auf fehlende Erfolgsaussichten berufen (BGH NJW-RR 2016, 1505; NJW 2003, 1936). Der ihm zur Verfügung stehende Zeitraum ist abhängig von den Umständen des Streitfalls, also der für eine Prüfung der Deckungspflicht und der Erfolgsaussichten erforderlichen Zeit. In aller Regel wird eine Frist von zwei bis drei Wochen (ab der vollständigen Information) genügen (OLG Frankfurt a. M. NJW-RR 1997, 1386; LG Itzehoe BeckRS 2019, 14491).

10 Die neueren ARB sehen vor, dass der **Anspruch auf Rechtsschutz** entfällt, wenn der VN das von § 128 vorgesehene Gutachterverfahren nicht **binnen einer Frist von einem Monat** nach der Erteilung des Hinweises und einer entsprechenden Belehrung über den Rechtsverlust einleitet. Das Gesetz sieht die Möglichkeit einer solchen Befristung nicht vor. Gegen die Regelung einer solchen Ausschlussfrist bestehen Bedenken. Selbst wenn man das gesetzgeberische Konzept, das zum Wegfall des § 12 Abs. 3 aF geführt hat, nicht für alle versicherungsvertraglichen Ausschlussfristen verallgemeinert, bestehen vor allem angesichts der Kürze der zur Verwirkung führenden Frist erhebliche Bedenken gegen solche Regelungen. Unabhängig davon müsste in jedem Fall der Entschuldigungsbeweis zulässig sein und keinen hohen Anforderungen unterliegen.

IV. Bindungswirkung

Anders als in der Haftpflichtversicherung besteht auch bei Voraussetzungsidentität **keine Bindungswirkung** der tatsächlichen Feststellungen in dem Verfahren, für dessen Durchführung Rechtsschutz begehrt wird, für die Entscheidung über die Rechtsschutzdeckung. Denn die Gewährung von Rechtsschutz ist von einer Prognose der Erfolgsaussichten abhängig, nicht aber von deren Verwirklichung (BGHZ 117, 345 = VersR 1992, 568). 11

§ 129 Abweichende Vereinbarungen

Von den §§ 126 bis 128 kann nicht zum Nachteil des Versicherungsnehmers abgewichen werden.

Während die Vorschrift die Vorgaben zu den Angaben im Versicherungsschein, zur Beauftragung eines Schadensabwicklungsunternehmens, zur freien Anwaltswahl und zum Gutacherverfahren für halbzwingend erklärt, erlaubt sie, weil § 125 nicht genannt ist, eine freie und sich fortentwickelnde Produktgestaltung. 1

Kapitel 3. Transportversicherung

§ 130 Umfang der Gefahrtragung

(1) **Bei der Versicherung von Gütern gegen die Gefahren der Beförderung zu Lande oder auf Binnengewässern sowie der damit verbundenen Lagerung trägt der Versicherer alle Gefahren, denen die Güter während der Dauer der Versicherung ausgesetzt sind.**

(2) [1]**Bei der Versicherung eines Schiffes gegen die Gefahren der Binnenschifffahrt trägt der Versicherer alle Gefahren, denen das Schiff während der Dauer der Versicherung ausgesetzt ist.** [2]**Der Versicherer haftet auch für den Schaden, den der Versicherungsnehmer infolge eines Zusammenstoßes von Schiffen oder eines Schiffes mit festen oder schwimmenden Gegenständen dadurch erleidet, dass er den einem Dritten zugefügten Schaden zu ersetzen hat.**

(3) **Die Versicherung gegen die Gefahren der Binnenschifffahrt umfasst die Beiträge zur großen Haverei, soweit durch die Haverei-Maßnahme ein vom Versicherer zu ersetzender Schaden abgewendet werden sollte.**

Übersicht

I. Übersicht

1. Allgemeines

1 Die Transportversicherung erfasste in § 129 aF die Versicherung von Gütern gegen die Gefahren der Beförderung zu Lande und auf Binnengewässern sowie die Versicherung von Schiffen gegen die Gefahren der Binnenschifffahrt einschließlich der Haftpflicht für Kollisionsschäden. Der VR trägt alle Gefahren, welche die Beförderung von Gütern und die Binnenschifffahrt in sich bergen. Im Gegensatz zu den anderen Zweigen der Schadensversicherung, die beherrscht sind vom Grundsatz der Spezialität, ist die Transportversicherung beherrscht vom Grundsatz der Universalität der Gefahr. Der Anwendungsbereich des Kap. 3 für die Transportversicherung wird wie im früheren Recht begrenzt. Wie bisher auch wird die Seeversicherung generell aus dem Anwendungsbereich des VVG ausgeklammert (vgl. § 209 und die Begr. hierzu). Auch bei der Luftfahrtversicherung (eine systematische Darstellung findet sich in Langheid/Wandt/*Sigl,* Bd. 3, Nr. 500) ist es hinsichtlich des Anwendungsbereichs grds. beim früheren Recht verblieben. Ob und inwieweit die Vorschriften über die Transportversicherung auch auf die Luftfahrtgüter- und Luftfahrtkaskoversicherung anzuwenden sind, bleibt der Parteiautonomie überlassen (vgl. ADB), da die Luftfahrtversicherung überwiegend international ausgerichtet und durch Abkommen geregelt ist. Die Vertragsparteien können von den Vorschriften des VVG, auch soweit sie nicht abdingbar sind, stets im Rahmen des AGB-Rechts abweichen, da es sich bei der Luftfahrtversicherung um Großrisiken iSd § 210 handelt (vgl. zu alledem die Gesetzesbegründung BT-Drs. 16/3945, 91 f.).

2. Transport und Lagerung (Abs. 1)

2 Die Vorschrift entspricht der früheren gesetzlichen Regelung und es wird ausdrücklich klargestellt, dass die Transportversicherung auch die **Gefahren der Lagerung,** die mit der Beförderung verbunden sind, erfasst. Wegen der geltenden Regelungen über den Gefahrübergang beförderter Güter – FOB oder CIF – stellt die Güterversicherung regelmäßig nicht auf die Dauer der Beförderung, sondern auf die vereinbarte Dauer der Versicherung ab.

3. Binnenschifffahrt (Abs. 2)

3 Satz 1 entspricht § 129 Abs. 2 Satz 1 VVG aF.

Satz 2 regelt die Kollisionshaftpflicht in der Binnenschifffahrt, die nur in Verbindung mit der Flusskaskoversicherung möglich ist. Zusätzlich wird der Fall erfasst, dass der Schaden durch einen Zusammenstoß des Schiffes mit einem Gegenstand verursacht wird. Diese Haftpflicht unterliegt nicht den § 100 ff., sondern den Regeln der Transportversicherung. Darüber hinaus kann die Haftung aus Schiffsunfällen nicht als Transportversicherung gedeckt werden. Soweit durch Rechtsvorschrift der Abschluss einer entsprechenden Haftpflichtversicherung vorgeschrieben ist, handelt es sich um eine Pflichtversicherung iSd §§ 113 ff. (BT-Drs. 16/3945, 91 f.).

II. Allgemeine Grundsätze

1. Vertragsfreiheit

Nach § 210 Abs. 1 sind die **Beschränkungen der Vertragsfreiheit** des VVG auf Großrisiken **nicht** anzuwenden. Großrisiken ergeben sich aus § 210 Abs. 2 Satz 1 Nr. 1 iVm Anl. Teil 1 zum VAG. Nach deren Nr. 6, 7 und 12 sind Großrisiken nicht nur die Transportversicherung von Gütern, sondern auch die Kasko- und Haftpflichtversicherung für die Binnensee- und Flussschifffahrt (die weiteren in § 210 Abs. 2 Satz 1 Nr. 1 genannten Ziff. der Anl. Teil 1 zum VAG betreffen Großrisiken der Transportversicherung (im weiteren Sinne), die nicht in den Anwendungsbereich der §§ 130–141 fallen, zB Luftfahrzeugkasko und -haftpflicht). In diesen Bereichen sind die Beschränkungen der Vertragsfreiheit **nicht anwendbar.** Folgendes ist dabei zu beachten: 4

Wenn eine Versicherung **neben** den Gefahren der Transportversicherung auch **andere Risiken** abdeckt, fällt die so kombinierte Versicherung grds. nicht mehr unter § 210, das heißt es bleibt bei den im VVG enthaltenen Beschränkungen der Vertragsfreiheit (BGH VersR 1972, 85 (86)). Diese entfallen nur dann, wenn bei der kombinierten Versicherung mitversicherten Gefahren ganz hinter die von der Transportversicherung abgedeckten Gefahren zurücktreten (vgl. BGH VersR 1972, 85 (86)). § 210 erklärt nicht die zwingenden Vorschriften des VVG selbst für unanwendbar, sondern nur die Beschränkungen der Vertragsfreiheit. Fällt eine Versicherung unter § 210, bleibt es grds. bei der Anwendung der (halb-)zwingenden Vorschriften. Diese können allerdings wirksam abbedungen werden (Langheid/Wandt/*Kollatz* vor § 130 Rn. 10; auch → Rn. 7 ff.), so dass in den einzelnen AVB abbedingende Regelungen enthalten sein müssen (BGHZ 118, 275 (278 ff.) = NJW 1992, 2631 = VersR 1992, 1089 unter 2.a). Auch wenn Vorschriften des VVG in den AVB nach § 210 zulässigerweise abbedungen sind, schließt dies eine Kontrolle am Maßstab der §§ 305 ff. BGB nicht aus (BGHZ 120, 290 (294 f.) = NJW 1993, 590 = VersR 1993, 223 unter I.2; Langheid/Wandt/*Kollatz* vor § 130 Rn. 11; Looschelders/Pohlmann/*Paffenholz* vor § 130 Rn. 5). 5

Nach früherem Recht ging es in den häufigsten Fällen um die Frage, ob entgegen § 15a aF die Voraussetzungen des § 6 aF (Obliegenheitsverletzungen) ganz oder teilweise abbedungen werden durften. Teilweise wird sich die hierzu ergangene Rspr. auf das geltende Recht übertragen lassen. 6

Bei der Verletzung einer Obliegenheit können die weiteren **Voraussetzungen des § 28** bei unter § 210 fallender Versicherung grds. abbedungen werden. Ob die Voraussetzungen abbedungen sind, ist eine Frage der Auslegung. Problemlos ist es, wenn in den AVB ausdrücklich gesagt ist, § 28 werde abbedungen. Wird zB nur gesagt, dass der VR leistungsfrei sein solle, wenn der VN eine bestimmte Obliegenheit verletze, kann auch ein Geschäftskundiger darin ein Abbedingen nicht erkennen (BGHZ 118, 275 (280) = NJW 1992, 2631 = VersR 1992, 1089 unter 2.b). 7

8 Sind die Voraussetzungen des § 28 erkennbar abbedungen, muss sich die abbedingende Regelung bei der Wirksamkeitskontrolle nach §§ 305 ff. BGB an den wesentlichen Grundgedanken des § 28 messen lassen (BGHZ 120, 290 (295) = NJW 1993, 590 = VersR 1993, 223 unter I.2.c). So ist eine Regelung, die dem VR Leistungsfreiheit aufgrund eines Obliegenheitsverstoßes gewährt, unwirksam, wenn diese Rechtsfolge auch ohne die Möglichkeit eines Kausalitätsgegenbeweises selbst bei schuldlosem Verstoß eintreten soll (BGHZ 120, 290 (295) = NJW 1993, 590 = VersR 1993, 223 unter I.2.c zur Warenkreditversicherung). Wird in der Transportversicherung § 28 vollständig abbedungen, ist diese Regelung unwirksam (BGH NJW 1985, 559 = VersR 1984, 830).

9 Keiner Abbedingung bedürfen – da ihre Anwendbarkeit auf Versicherungsverträge über Großrisiken bereits von Gesetzes wegen ausgeschlossen ist – die Beratungspflichten des VR (§ 6 Abs. 6), und die Informationspflichten des VR (§ 7 Abs. 5 Satz 1). Desgleichen ist das Widerrufsrecht des VN bei einem Versicherungsvertrag über ein Großrisiko ausgenommen (§ 8 Abs. 3 Satz 1 Nr. 4).

2. Auslegungsgrundsätze

10 Bei der **Auslegung** von AVB, die wie die Transportversicherung unter § 210 fallen, ist zu berücksichtigen, dass der Adressat idR Kaufmann, zumindest aber geschäftserfahren ist (vgl. BGHZ 118, 275 (280) = NJW 1992, 2631 = VersR 1992, 1089 unter 2.b). Bei in englischer Sprache abgefassten Klauseln können bei deren Auslegung Besonderheiten gelten. Auch wenn der Vertrag deutschem Recht unterliegt, sind englischsprachige Klauseln nach englischem Recht auszulegen, wenn es sich um auf die Besonderheiten englischen Rechts zugeschnittene Vereinbarungen handelt (OLG Hamburg VersR 1996, 229).

3. Anwendungsbereich

11 Nach § 209 sind die Vorschriften des VVG nicht auf die Seeversicherung anwendbar. Diese ist nach Aufhebung der §§ 778 ff. HGB im Zuge der VVG-Reform 2008 gesetzlich nicht mehr geregelt, da sich die Allgemeinen Deutschen Seeversicherungsbedingungen (ADS, abgedruckt bei Prölss/Martin/*Koller* S. 2645 ff.) als sachgerecht und für die Vertragsparteien ausreichend erwiesen haben (vgl. BT-Drs. 16/3945, 115; die ADS 2009 verstehen sich als transparentere und kürzere Zusammenfassung der früheren Regelungen, wobei mit Blick auf das VVG 2008 „grobe Fahrlässigkeit" als Verschuldensmaßstab aufgenommen wurde). Dies gilt auch weiterhin für gemischte See-Landtransporte (wohl nur scheinbar aA Looschelders/Pohlmann/*Paffenholz* Vor § 130 Rn. 6, die nach Wegfall des § 147 aF See- und Binnentransport grds. nach der jeweiligen Transportart getrennt betrachten will, jedenfalls aber zustimmt, dass die ADS für Binnenschifffahrts- und Landtransporte vereinbart werden können, womit der Praxis auch künftig der Weg offensteht, eine Aufsplittung der gesetzlichen Bestimmungen und Bedingungen zu vermeiden). Die §§ 130 ff. umfassen damit nur das Binnentransportversicherungsrecht. Zu diesem vereinbart die Praxis im Allgemeinen die Besonderen Bestimmungen für die Güterversicherung (ADS GüterVers 73/84/94, abgedruckt bei und kommentiert von Prölss/Martin/*Koller* S. 2645 ff.) oder die DTV-Güterversicherungsbedingungen (DTV-Güter 2000/2011, siehe Prölss/Martin/*Koller* S. 2663 ff.). Bisweilen werden auch für reine Binnentransporte die ADS vereinbart. Dies kann die zwingenden und halbzwingenden Vorschriften des VVG nicht ausschließen (vgl. *Sieg* VersR 1997, 649 (652) mwN). Nach Ziff. 9.6.2 ADS Güterversicherung 73/84/94 gelten ergänzend die

übrigen Bestimmungen der ADS, soweit sie nicht durch die Bestimmungen der ADS Güterversicherung abgeändert sind (keine überraschende Klausel, § 305c Abs. 1 BGB, BGH TranspR 1986, 349 = VersR 1986, 696 unter II.1.a). Im Umfang der Abänderung gelten ergänzend die §§ 130 ff.

4. Begriff

Transportversicherung im weiten Sinne umfasst **sämtliche auf die Beförderung von Gütern** bezogenen Versicherungen. Sie teilt sich nach dem jeweils versicherten Interesse auf in Güterversicherung (Absicherung der beförderten Güter gegen Verlust, Beschädigung und Zerstörung), Kaskoversicherung (bezogen auf das Transportmittel) und in die Versicherung transportbezogener Haftpflichtrisiken. Ferner ist eine Unterscheidung nach Art des Transportweges möglich: Binnentransport-, See- und Lufttransportversicherung (zu alledem *Heiss/Trümper* Rn. 1 ff.). **12**

Die Transportversicherung im **Anwendungsbereich des VVG** (vgl. § 130) ist die Versicherung von Gütern gegen Gefahren der Beförderung zu Lande oder auf Binnengewässern sowie der damit verbundenen Lagerung und die Versicherung von Schiffen gegen die Gefahren der Binnenschifffahrt einschließlich der Haftpflicht für Kollisionsschäden (vgl. Langheid/Wandt/*Kollatz* Vor § 130 Rn. 7; ÖOGH VersR 1993, 1303). Den oben genannten Klassifizierungen folgend ist die Anwendbarkeit der §§ 130 ff. demnach auf die Landtransportversicherung und hier auf die Güterversicherung sowie die Kasko- und Haftpflichtversicherung für die Binnensee- und Flussschifffahrt begrenzt. Bei der Einordnung als Transportversicherung ist auf den jeweiligen Typus der Versicherung, losgelöst vom Einzelfall abzustellen (BGH VersR 1983, 949). Die Qualifikation als Transportversicherung ist nicht abhängig von der Bezeichnung der Parteien oder der den Transport ausführenden Personen (Langheid/Wandt/*Kollatz* Vor § 130 Rn. 9). Bei gemischten Versicherungen kommt es darauf an, ob die Elemente der Transportversicherung überwiegen (BGH VersR 1983, 949). Kennzeichen der Transportgefahr ist – nicht ausschließlich, aber unter anderem –, dass die Güter während ihrer Beförderung fremder und wechselnder Obhut überlassen werden müssen (BGH VersR 1972, 85 (86)). **13**

5. Beispiele aus der Rechtsprechung

Autoinhaltsversicherung, mit der die Risiken eines Transports von Pferden versichert sind, ist Transportversicherung (OLG Koblenz VersR 1988, 1061). Gütertransporte im Werkverkehr (AVB Werkverkehr) ist Transportversicherung (OLG Hamm VersR 1986, 55; LG Hamburg VersR 1983, 236; LG Köln VersR 1979, 618; LG Stuttgart VersR 1989, 1191). Juwelier-, Reise- und Warenlageversicherung ist keine Transportversicherung, weil die Risiken der Transportgefahr nicht überwiegen (BGH VersR 1972, 85; OLG Karlsruhe VersR 1990, 786). Die KVO-Versicherung ist Transportversicherung und zugleich Haftpflichtversicherung (BGH NJW-RR 1989, 922 = VersR 1989, 250 aE; VersR 1976, 480 unter 1; aA *Koller* VersR 1993, 519 (523)). Reisegepäckversicherung ist keine Transportversicherung, weil ihr Schwergewicht nicht mehr in der Gepäckbeförderungsgefahr liegt, sondern in der Versicherung gegen Diebstahl, Raub usw (LG Hamburg VersR 1990, 1234). Schaustellerversicherung ist keine Transportversicherung (BGH VersR 1983, 949). Verkehrshaftungsversicherung (BZG-Bundespolice, CMR-Haftpflichtversicherung) ist Transportversicherung (OLG Karlsruhe VersR 1995, 1306; OLG Köln VersR 1994, 977). Wassersportfahrzeugversicherung (Yachtkaskoversicherung) ist Transportversicherung iSv Abs. 2, wie auch Sachver- **14** sicherung (vgl. BGHZ 103, 228 (131) = NJW 1988, 1590 = VersR 1988, 463 unter 3.a), AVB Wassersportfahrzeuge 85 = DTV-Handbuch FK 59.

III. Allgefahrendeckung

15 Wenn nichts anderes vereinbart ist, sieht das Gesetz eine Allgefahrendeckung vor (Grundsatz der Universalität der Gefahrendeckung). Der VR trägt jede Gefahr, der die Güter oder das Schiff während der Dauer der Versicherung ausgesetzt sind (auch → Rn. 1 f.). Darin kann auch ein (imaginärer) Gewinn eingeschlossen sein (→ § 136 Rn. 5). Deckungsausschlüsse enthält § 138. Allgefahrendeckung bedeutet nicht, dass der VR alle Schäden ersetzt. Es muss sich um einen Schaden handeln, der aus einer versicherten Transportgefahr entstanden ist; hat sich neben der Transportgefahr auch eine nicht versicherte Gefahr verwirklicht, hat der VR nach Ziff. 2.6 DTV-Güter 2000/2008 den Schaden zu ersetzen, „wenn er mit überwiegender Wahrscheinlichkeit durch eine versicherte Gefahr herbeigeführt worden ist". Diese Regelung basiert auf der **Causa-proxima**-Regel, nach der auf die mit hoher Wahrscheinlichkeit wirksamste und in ihrer Ursächlichkeit erheblichste Ursache abzustellen ist, wenn versicherte und unversicherte Ursachen für die Verwirklichung der Transportgefahr in Frage kommen (vgl. zuletzt Langheid VersR 2019, 987 zu OLG Bremen VersR 2019, 1015; BGH VersR 2015, 1020 = r+s 2015, 398; zur causa-proxima-Regel vgl. ferner Langheid/Wandt/*Kollatz* § 130 Rn. 11). Es ist zu überlegen, ob **nicht immer** die causa proxima darin zu sehen ist, dass die Gefahrverwirklichung auf eine von vorneherein bestehende Seeuntauglichkeit zurückzuführen ist (sog. „Grundsatz der Kongruenz", nach *Lindenmaier* ZHR 113 (1950), 207 (272)). Zwar hat der BGH (VersR 2015, 1020 = r+s 2015, 398) einen derartigen Automatismus verworfen, aber anders als in den Leitsätzen der Entscheidung ist in den Entscheidungsgründen nur von § 137 die Rede (Herbeiführung des Versicherungsfalls), aber nicht von § 138 (anfängliche Seeuntauglichkeit), so dass viel dafür spricht, in dieser anfänglichen Seeuntauglichkeit **stets** die naheliegendste und deswegen überwiegende Ursache für die spätere Gefahrverwirklichung zu sehen (im Falle von § 137 muss abgewogen werden, ob die Herbeiführung oder eine andere versicherte Ursache die wahrscheinlichste ist). Ob ein Schaden vorliegt, ist unter wirtschaftlichen Gesichtspunkten zu sehen. So ist die Unverkäuflichkeit oder der beim Verkauf hinzunehmende geringere Erlös für angetaute Tiefkühlware ein Schaden in diesem Sinne (vgl. den Fall OLG Hamburg VersR 1989, 1214 und die dort angeführten Fälle).

IV. Güterversicherung (Abs. 1)

16 **Die Güterversicherung** deckt die Gefahren, denen die Güter zu Lande oder auf Binnengewässern während der Beförderung oder der Lagerung ausgesetzt sind (Prölss/Martin/*Koller* § 130 Rn. 2). Die Güterversicherung ist demnach eine Sachversicherung und keine Haftpflichtversicherung und erfasst als solche grds. allein das Sacherhaltungsinteresse (BGH VersR 2003, 1171 = TranspR 2003, 320; ÖOGH VersR 1993, 1303). Befördern ist der Vorgang, durch den die Güter von einem Ort zum anderen verbracht werden (vgl. zum Begriff Beförderung BGH VersR 1994, 1058 unter 2 zu §§ 11 Abs. 3 AKB, 8a StVG). Soweit das Gut in unmittelbarem räumlichen und zeitlichen Zusammenhang zur Beförderung bereit steht, sind daraus entstehende Gefahren mitversichert, wie auch der durch die

VVG-Reform 2008 ergänzte Gesetzeswortlaut „Gefahren (...) der damit verbundenen Lagerung" klarstellt. Zu den Binnengewässern gehört nicht das Wattenmeer (BGHZ 76, 201 = NJW 1980, 1747 = VersR 1980, 546).

Auch die **Valorentransportversicherung** ist als Geld- und Werttransportversicherung lediglich eine (Sach-)Versicherung von Gütern und stellt beim Transport von **Bargeld** keine Geld- oder Geldwertversicherung dar. Versichert sind die einzelnen Valoren gegen typische Transportrisiken bei und während des Transports bis zu dessen Abschluss. Geschützt ist nur das Sacherhaltungsinteresse des versicherten Auftraggebers, der Versicherungsschutz ist auf **stoffliche Zugriffe** auf die versicherten Sachen beschränkt. Erfolgt bei dem Transport von Bargeld die Abgabe beim Berechtigten (Bank) mit anschließender Gutschrift auf einem Konto des Transporteurs, stellen anschließende pflichtwidrige Verfügungen über das Buch- oder Giralgeld keinen stofflichen Zugriff auf die versicherte Sache dar und unterfallen nicht dem Versicherungsschutz (BGH VersR 2011, 918; 2011, 923 – Heros). 17

V. Schiffsversicherung (Abs. 2)

Die Schiffsversicherung deckt nicht nur das Risiko der Beschädigung des Schiffes selbst. Sie umfasst gemäß Abs. 2 Satz 2 auch den Schaden, den der VN Dritten wegen eines Zusammenstoßes von Schiffen oder eines Schiffes mit festen oder schwimmenden Gegenständen zu ersetzen hat. Die Versicherung dieses Risikos hat der Gesetzgeber bewusst nicht der Haftpflichtversicherung unterstellt, um die Einheit der Transportversicherung nicht zu gefährden (Begr.). Unter einem „Schiff" ist jedes schwimmfähige, mit einem Hohlraum versehene Fahrzeug von nicht ganz unbedeutender Größe zu verstehen, dessen Zweckbestimmung es mit sich bringt, dass es auf dem Wasser bewegt wird (BGH NJW 1952, 1135). Unter diesen Begriff fallen auch Schwimmkräne (BGH NJW 1952, 1135) und ebenso ein Schwimmbagger (BGHZ 76, 201 = NJW 1980, 1747 = VersR 1980, 546); mwN aus der Rspr. in Langheid/Wandt/*Kollatz* § 130 Rn. 20). Gerät ein in Bewegung befindliches Schiff gegen ein stillliegendes, so spricht regelmäßig der Beweis des ersten Anscheins dafür, dass die Führung des anrennenden Schiffes die Kollision verschuldet hat (BGH VersR 1982, 491 mwN). Für alle übrigen, nicht in Abs. 2 Satz 2 genannten Haftpflichtrisiken gelten die allgemeinen Haftpflichtvorschriften in §§ 100 ff. (Langheid/Wandt/*Kollatz* § 130 Rn. 22). 18

VI. Große Haverei (Abs. 3)

Nach Regel I der Rhein-Regeln (IVR) 79/91 (DTV-Handbuch A 68) liegt **Große Haverei** (Havarie-grosse, general average) vor, wenn angesichts von außergewöhnlichen Umständen vernünftigerweise Opfer gebracht und/oder Kosten aufgewendet worden sind, um Schiff und Ladung aus einer gemeinsamen Gefahr zu retten. Die Regel A der York-Antwerpener-Regeln 74/90 (YAR, DTV-Handbuch A 47) bestimmt, dass ein Havarie-grosse-Fall dann und nur dann gegeben ist, wenn irgendein außerordentliches Opfer oder eine außerordentliche Aufwendung absichtlich und vernünftigerweise für die gemeinsame Sicherheit zu dem Zweck gemacht oder eingegangen wurden, um das in einer gemeinsamen Seeunternehmung befindliche Eigentum vor Gefahr zu „bewahren". Die Merkmale der Großen Haverei sind also, dass freiwillig ein Opfer gebracht wird, um eine für Schiff **und** Ladung bestehende Gefahr abzuwenden. Nach beiden Regeln genügt es, 19 wenn die Gefahr bevorsteht, sie braucht nicht schon gegenwärtig zu sein (insoweit überholt *Enge,* Transportversicherung, 2. Aufl. 1987, S. 60). Ähnlich wie bei den Rettungskosten des § 83 (→ § 83 Rn. 6 f.) reicht es aus, wenn das erbrachte Opfer in der Gefahrensituation als verhältnismäßig und geboten angesehen werden konnte (ähnlich Looschelders/Pohlmann/*Paffenholz* § 130 Rn. 18).

20 Die aufgewendeten Opfer werden im Verhältnis der geretteten Werte verteilt (näher → Rn. 22). Dem liegt der Gedanke zugrunde, dass es ungerecht wäre, etwa die Ladung, die über Bord geworfen werden musste, um die übrige Ladung und das Schiff zu retten, den Schaden allein tragen zu lassen. Die über Bord geworfene Ladung wurde im Interesse aller Werte geopfert. Deshalb müssen die geretteten Werte anteilsmäßig eine Entschädigung leisten (vgl. *Enge,* Transportversicherung, 2. Aufl. 1987, S. 60).

21 Zum Verschulden des Schiffseigners oder Kapitäns an der Gefahr für Schiff und Ladung nach Antritt der Reise siehe BGH VersR 1989, 761.

22 Die Kosten der Großen Haverei werden aufgrund einer Aufstellung **(Dispache)** verteilt, die eine Darstellung des Unfalls, die entstandenen Kosten, die Werte von Schiff und Ladung und schließlich die Aufteilung der Beiträge und Vergütungen enthält. Grundlage der Aufstellung sind die §§ 835 ff. HGB (vgl. auch §§ 78 ff. BinSchG; Rhein-Regeln VI ff IVR 79/91 = DTV-Handbuch A 68; Nr. 5 f. AVB-Fluß-Kasko 92 = DTV-Handbuch FK 51). Die Dispache kann von einem Dispacheur aufgemacht werden, der aufgrund eines Geschäftsbesorgungsvertrages mit dem Kapitän oder Reeder tätig wird (zu Aufgaben und Haftung des Dispacheurs siehe BGH NJW-RR 1997, 22 = VersR 1997, 90; OLG Hamburg VersR 1996, 393; 1991, 602; siehe auch *Sieg* VersR 1996, 684).

VII. Beweislastverteilung

23 Bei der Allgefahrendeckung reicht der Nachweis, dass der Schaden während des versicherten Zeitraums durch irgendeine Gefahr eingetreten ist. Der VN braucht nur zu beweisen, dass das Gut bzw. das Schiff am Beginn der Reise unbeschädigt war (Langheid/Wandt/*Kollatz* § 130 Rn. 27). Steht fest, dass es beim Empfänger beschädigt ankam oder dass es überhaupt nicht ankam, weil es verloren ging, ist damit der Beweis eines Versicherungsfalles zunächst geführt (so auch Looschelders/Pohlmann/*Paffenholz* § 130 Rn. 14). Allerdings gehört zu dem vom VN zu führenden Beweis, dass die in Verlust geratenen Transportgüter **überhaupt verladen** wurden und dann ihren Bestimmungsort **nicht erreicht** haben (BGH NJW-RR 2011, 1595; 2017, 738; fehlt es an einer ordnungsgemäßen Dokumentation des Beförderungsvorgangs, scheitert dieser Nachweis). Der Nachweis, dass das Schadensereignis auf der Verwirklichung einer nichtversicherten Gefahr beruht, obliegt bei der Allgefahrendeckung dem VR (OLG Hamburg VersR 1991, 544; *Enge* Transportversicherung, 2. Aufl. 1987, S. 56 mit Beispielen; Looschelders/Pohlmann/*Paffenholz* § 130 Rn. 14).

24 Etwas anderes gilt bei **primären Risikobeschreibungen** (also im Einzelnen vorliegenden Definitionen des Versicherungsfalls). Hier muss der VN beweisen, dass sich eines der versicherten Risiken verwirklicht hat (vgl. *Enge,* Transportversicherung, 2. Aufl. 1987, S. 57). In der **Valorentransportversicherung** trägt der VN die Darlegungs- und Beweislast für den **stofflichen Zugriff** auf eine versicherte Sache während des versicherten Zeitraums (weil es sich weder um eine Haftpflicht- noch um eine Forderungsversicherung handelt, vgl. BGH VersR 2012, 183; VersR 2012, 1429; VersR 2011, 918).

Ist Transportgut entwendet worden, gelten die von der Rspr. für Diebstahlsfälle allgemein entwickelten Grundsätze zur Beweiserleichterung (OLG Hamm ZfS 1997, 30; zu den Beweiserleichterungen → § 81 Rn. 108). 25

VIII. Abdingbarkeit

§ 130 ist abdingbar (OLG Saarbrücken VersR 1992, 595 zur Abweichung vom Grundsatz der Allgefahrendeckung; Schwintowski/Brömmelmeyer/*Pisani* § 130 Rn. 34). 26

§ 131 Verletzung der Anzeigepflicht

(1) [1]**Abweichend von § 19 Abs. 2 ist bei Verletzung der Anzeigepflicht der Rücktritt des Versicherers ausgeschlossen; der Versicherer kann innerhalb eines Monats von dem Zeitpunkt an, zu dem er Kenntnis von dem nicht oder unrichtig angezeigten Umstand erlangt hat, den Vertrag kündigen und die Leistung verweigern.** [2]**Der Versicherer bleibt zur Leistung verpflichtet, soweit der nicht oder unrichtig angezeigte Umstand nicht ursächlich für den Eintritt des Versicherungsfalles oder den Umfang der Leistungspflicht war.**

(2) [1]**Verweigert der Versicherer die Leistung, kann der Versicherungsnehmer den Vertrag kündigen.** [2]**Das Kündigungsrecht erlischt, wenn es nicht innerhalb eines Monats von dem Zeitpunkt an ausgeübt wird, zu welchem dem Versicherungsnehmer die Entscheidung des Versicherers, die Leistung zu verweigern, zugeht.**

I. Regelungszusammenhang

1. Vorvertragliche Anzeigepflicht

Abweichend von den Folgen einer vorvertraglichen Anzeigepflichtverletzung gem. § 19 Abs. 2 soll von der in der Transportversicherung üblichen Regelung, die Verletzung der Anzeigepflicht mit Kündigungsrecht und Leistungsfreiheit des Versicherers zu sanktionieren, nicht abgewichen werden (BT-Drs. 16/3945, 92). § 19 Abs. 2 sollte für die Transportversicherung kein falsches gesetzliches Leitbild schaffen. Deshalb ist die abweichende Praxis gesetzlich anerkannt worden. Nicht Gegenstand der Anzeigepflicht sollen die „Umstände" sein, die „Art und Umfang des versicherten Interesses betreffen" (BT-Drs. 16/3945, 92), weil sie zur „Bestimmung des versicherten Interesses" gehörten. Auch die Anmeldepflicht nach § 53 für laufende Versicherungen ist keine Anzeigepflicht im Sinn dieser Bestimmung und wird von ihr nicht erfasst. 1

2. Außerordentliches Kündigungsrecht

Umgekehrt soll dem VN seinerseits ein besonderes Kündigungsrecht zustehen, wenn der Versicherer seine Leistung verweigert. Anders als in der Haftpflichtversicherung soll das Kündigungsrecht auch dann bestehen, wenn die Leistungsverweigerung berechtigt ist. 2

II. Anzeigepflicht

3 Abs. 1 regelt eine Abweichung von den Rechtsfolgen einer Anzeigepflichtverletzung nach den Vorschriften des Allgemeinen Teils. Keine Abweichung gilt für den Tatbestand der Anzeigepflicht. Damit bleibt die Vorschrift des § 19 Abs. 1 in der Transportversicherung grundsätzlich anwendbar: Der VN hat bis zur Abgabe seiner Vertragserklärung alle ihm bekannten gefahrerheblichen Umstände, nach denen der VR in Textform gefragt hat, anzuzeigen (Langheid/Wandt/*Kollatz* § 131 Rn. 2 und 4). Bzgl. der Einzelheiten zu Inhalt, Umfang, Zeitpunkt etc der Anzeigepflicht wird auf die Kommentierung → § 19 Rn. 18 ff. verwiesen.

4 Allerdings stellt die halbzwingende (vgl. § 32 Satz 1) Regelung des § 19 eine **Beschränkung der Vertragsfreiheit** dar und ist folglich gemäß § 210 auf Versicherungsverträge über Großrisiken, zu denen die Transportversicherung unabhängig von der Größe des VN stets zählt (→ § 130 Rn. 4), nicht anwendbar. Sie kann also in AVB wirksam abbedungen werden (→ § 130 Rn. 5). So bestimmt bspw. Ziff. 4.1 DTV-Güter 2000/2008 in Abweichung von § 19 Abs. 1 als maßgeblichen Zeitpunkt für eine Verletzung der Anzeigepflicht den Abschluss des Vertrages (nicht die Abgabe der Vertragserklärung des VN) und überträgt ferner die Gefahr der Fehleinschätzung der Gefahrerheblichkeit auf den VN. Ziff. 4.2 DTV-Güter 2000/2008 sehen Leistungsfreiheit auch bei grob fahrlässiger Unkenntnis von gefahrerheblichen Umständen vor (während der VN gemäß § 19 Abs. 1 nur ihm bekannte Umstände anzuzeigen hat).

III. Ausschluss des Rücktrittsrechts

5 Abs. 1 schließt das nach § 19 Abs. 2 gewährte Rücktrittsrecht des VR bei Anzeigepflichtverletzungen aus. Das bedeutet, dass an seine Stelle das Kündigungsrecht und die Leistungsfreiheit treten, auch wenn die weiteren Voraussetzungen des § 19 Abs. 3 und 4 (Rücktritt nur bei Vorsatz oder grober Fahrlässigkeit und vertragshindernden Umständen) nicht vorliegen (so auch Langheid/Wandt/*Kollatz* § 131 Rn. 9; Looschelders/Pohlmann/*Paffenholz* § 131 Rn. 8; Prölss/Martin/*Koller* § 131 Rn. 1).

6 Das an die Stelle des Rücktrittsrechts tretende **Kündigungsrecht** ist an eine Frist gebunden; der VR kann nur innerhalb eines Monats nach Kenntniserlangung von dem nicht (oder nicht richtig) angezeigten Umstand kündigen (zur Kenntniserlangung → § 21 Rn. 2).

7 Neben und unabhängig von der Kündigungsmöglichkeit steht dem VR das Recht zu, die **Leistung zu verweigern.** Der VR muss diese beiden Rechte nicht kumulativ ausüben; das folgt aus der Regelung in Abs. 2, die dem VN bei Leistungsverweigerung ein eigenständiges Kündigungsrecht einräumt. Dem VN steht der Kausalitätsgegenbeweis offen (Abs. 1 Satz 2) (näher zur Kausalität Langheid/Wandt/*Kollatz* § 131 Rn. 10).

IV. Kündigungsrecht des Versicherungsnehmers

8 Nach Abs. 2 ist es dem VN möglich, sich bei erfolgter – berechtigter oder unberechtigter (so auch Langheid/Wandt/*Kollatz* § 131 Rn. 12) – Leistungsverweigerung durch Kündigung für die Zukunft aus dem Versicherungsvertragsver-

hältnis zu lösen. Das Kündigungsrecht ist fristgebunden; der VN muss es innerhalb eines Monats ab Zugang der Leistungsverweigerungsentscheidung des VR ausüben. Es handelt sich um eine Ausschlussfrist.

V. Abdingbarkeit

§ 131 ist wie alle Vorschriften des Transportversicherungsrechts dispositiv. 9

§ 132 Gefahränderung

(1) [1]**Der Versicherungsnehmer darf abweichend von § 23 die Gefahr erhöhen oder in anderer Weise ändern und die Änderung durch einen Dritten gestatten.** [2]**Die Änderung hat er dem Versicherer unverzüglich anzuzeigen.**

(2) [1]**Hat der Versicherungsnehmer eine Gefahrerhöhung nicht angezeigt, ist der Versicherer nicht zur Leistung verpflichtet, wenn der Versicherungsfall nach dem Zeitpunkt eintritt, zu dem die Anzeige dem Versicherer hätte zugehen müssen.** [2]**Er ist zur Leistung verpflichtet,**
1. **wenn ihm die Gefahrerhöhung zu dem Zeitpunkt bekannt war, zu dem ihm die Anzeige hätte zugehen müssen,**
2. **wenn die Anzeigepflicht weder vorsätzlich noch grob fahrlässig verletzt worden ist oder**
3. **soweit die Gefahrerhöhung nicht ursächlich für den Eintritt des Versicherungsfalles oder den Umfang der Leistungspflicht war.**

(3) **Der Versicherer ist abweichend von § 24 nicht berechtigt, den Vertrag wegen einer Gefahrerhöhung zu kündigen.**

I. Normzweck

1. Gefahränderung

1 Natur des Transportwesens ist eine häufige Änderung der Gefahrenlage, auf die der VN keinen Einfluss hat und denen er sich auch nicht entziehen kann. Deswegen hat der Gesetzgeber ein berechtigtes Interesse des VN am Fortbestand des Versicherungsschutzes trotz dieser Änderung des Risikos und der damit erhöhten Gefahrtragung durch den VR anerkannt (BT-Drs. 16/3945, 92). Dessen Interessen sollen durch die Pflicht zur unverzüglichen Anzeige der Gefahränderung und der vertraglich auszubedingenden Möglichkeit einer Prämienanpassung gewahrt werden.

2. Rechtsfolgen einer Anzeigepflichtverletzung

2 Wird die Anzeigepflicht nach Gefahrerhöhung verletzt, soll die Leistungsfreiheit des Versicherers eintreten, Satz 1. Wegen des teilweise starken internationalen Bezugs des Transportwesens soll es in Bezug auf die Leistungsfreiheit beim immer schon geltenden **„Alles oder nichts"-Prinzip** bleiben, das mit der VVG – Reform 23ßß8 abgeschafft worden ist (was an sich belegt, dass der deutsche Gesetzgeber bei dessen Abschaffung einen Sonderweg gegangen ist).

3 Satz 2 schränkt die Leistungsfreiheit wieder ein, wenn das erforderliche Verschulden des VN nicht vorliegt, keine Kausalität für den Eintritt des Versicherungsfalls besteht oder der VR anderweitig Kenntnis erlangt hat.

3. Kündigungsrecht

4 Ein Kündigungsrecht des Versicherers im Sinne der § 24 Abs. 1 und 2 wurde bei der Transportversicherung für „nicht sachgerecht" gehalten (BT-Drs. 16/3945, 92).

II. Regelungsinhalt

1. Gefahränderung

5 Die Regelung in Abs. 1 ändert § 23 erheblich ab. Während dort die Vornahme einer Gefahrerhöhung durch den VN bzw. die Gestattung der Vornahme durch einen Dritten ohne Einwilligung des VR grds. untersagt sind (sanktioniert durch das Kündigungsrecht des VR), kann der VN in der Transportversicherung eine Gefahränderung vornehmen bzw. gestatten. Die eingetretene Änderung hat er jedoch unverzüglich, das heißt ohne schuldhaftes Zögern (§ 121 BGB), dem VR anzuzeigen (Abs. 1 Satz 2). Anstelle des Unterlassungsgebots nach § 23 Abs. 1 trifft den VN in der Transportversicherung bei der subjektiven Gefahrerhöhung also eine Anzeigepflicht. Für die **objektive** Gefahrerhöhung folgt das aus § 23 Abs. 3, der durch § 132 Abs. 1 nicht abbedungen ist (vgl. Prölss/Martin/*Koller* § 132 Rn. 2).

2. Leistungsfreiheit

6 Abs. 2 ändert die Regelung in § 26 ab. Bei unterlassener Anzeige einer Gefahrerhöhung ist der VR leistungsfrei, wenn der Versicherungsfall nach dem Zeitpunkt eintritt, zu dem ihm die Anzeige hätte zugehen müssen. Ausnahmen normiert Abs. 2 Satz 2: anderweitige Kenntnis des VR (Nr. 1), mangelndes grobes Verschulden des VN (Nr. 2) und mangelnde Kausalität (Nr. 3).

7 Abs. 2 ist auch auf den Fall der **nicht rechtzeitigen** Anzeige anzuwenden mit der Folge der Leistungsfreiheit des VR bei Eintritt des Versicherungsfalles nach dem Zeitpunkt, zu dem die Anzeige dem VR hätte zugehen müssen.

3. Ausschluss des Kündigungsrechts

8 Abs. 3 schließt die Kündigungsmöglichkeit nach § 24 in den Fällen der Gefahrerhöhung aus und hat den Sinn zu vermeiden, dass der VN die schon auf dem Transport befindlichen Güter nicht mehr anderweitig versichert bekommt. Um dennoch auf die eingetretene Gefahränderung adäquat reagieren zu können, kann sich der VR vertraglich ein Prämienanpassungsrecht ausbedingen.

4. Beweislast

9 Der VN ist für alle drei Tatbestände des Abs. 2 Satz 2 beweisbelastet. Er trägt mithin die Beweislast für fehlenden Vorsatz/grobe Fahrlässigkeit und für anderweitige Kenntnis des VR; ebenso obliegt ihm der Kausalitätsgegenbeweis (vgl. Langheid/Wandt/*Kollatz* § 132 Rn. 11).

III. Abdingbarkeit

§ 132 ist dispositiv. 10

§ 133 Vertragswidrige Beförderung

(1) [1]**Werden die Güter mit einem Beförderungsmittel anderer Art befördert als vereinbart oder werden sie umgeladen, obwohl direkter Transport vereinbart ist, ist der Versicherer nicht zur Leistung verpflichtet.** [2]**Dies gilt auch, wenn ausschließlich ein bestimmtes Beförderungsmittel oder ein bestimmter Transportweg vereinbart ist.**

(2) [1]**Der Versicherer bleibt zur Leistung verpflichtet, wenn nach Beginn der Versicherung die Beförderung ohne Zustimmung des Versicherungsnehmers oder infolge eines versicherten Ereignisses geändert oder aufgegeben wird.** [2]**§ 132 ist anzuwenden.**

(3) **Die Versicherung umfasst in den Fällen des Absatzes 2 die Kosten der Umladung oder der einstweiligen Lagerung sowie die Mehrkosten der Weiterbeförderung.**

I. Normzweck

1 Die Regelung entspricht Nummer 6 der DTV-Güterversicherungsbedingungen 2000 und ergänzt § 137. Von der vertraglichen Regelung abzuweichen, sah der Gesetzgeber keinen Anlass. Zusätzlich wird durch Absatz 2 Satz 2 klargestellt, dass es sich um eine Gefahränderung handelt, auf die § 132 anzuwenden ist (BT-Drs. 16/3945, 92).

II. Regelungsinhalt

2 Abs. 1 normiert die grundsätzliche Leistungsfreiheit des VR bei **vertragswidriger Güterbeförderung.** Darunter fallen sowohl die Verwendung eines **Transportmittels** entgegen der vertraglichen Regelung als auch die **Güterumladung** bei vereinbartem **Direkttransport** (Abs. 1 Satz 1). Gleiches gilt, wenn ausschließlich ein bestimmtes Beförderungsmittel oder ein bestimmter Transportweg im Versicherungsvertrag vereinbart sind und davon abgewichen wird (Abs. 1 Satz 2). Vereinbarung meint hier stets die vertragsrechtlichen Vereinbarungen zwischen VN und VR, wohingegen Absprachen zwischen VN und Frachtführer/Spediteur für eine Beurteilung vertragswidriger Beförderung iSd § 133 ohne Relevanz sind (Langheid/Wandt/*Kollatz* § 133 Rn. 3, 7). Ein Beförderungsmittel anderer Art wird bspw. dann verwendet, wenn zwischen VN und VR die Benutzung eines Schwergut-Lkw vereinbart ist, tatsächlich aber ein normaler Lkw zum Einsatz kommt (so Looschelders/Pohlmann/*Paffenholz* § 133 Rn. 5 f. mit weiteren Beispielen).

3 Die grundsätzliche Rechtsfolge des Abs. 1 (Leistungsfreiheit) darf allerdings dann nicht eintreten, wenn die Abweichung von den im Verhältnis VN–VR getroffenen Vereinbarungen nur geringfügig und sachlich begründet ist **(Gleichwertigkeit)** (Langheid/Wandt/*Kollatz* § 133 Rn. 5 und 8; Schwintowski/Brömmelmeyer/*Pisani* § 133 Rn. 6 und 11 f.; Looschelders/Pohlmann/*Paffenholz* § 133

Rn. 9). Denn darin liegt keine – erhebliche – Änderung des versicherten Risikos, die aber Grundlage der Befreiung von der Leistungspflicht nach § 133 ist (vgl. Schwintowski/Brömmelmeyer/*Pisani* § 133 Rn. 10).

4 Nach Abs. 2 bleibt der VR zur Leistung verpflichtet, wenn die Änderung oder Aufgabe der Beförderung **ohne Zustimmung** des VN erfolgt. Die Zustimmung muss im Zeitpunkt der Beförderungsänderung/-aufgabe vorliegen; grds. genügt für die Annahme einer Zustimmung des VN eine Zustimmungsklausel im Fracht-/Speditionsvertrag (Langheid/Wandt/*Kollatz* § 133 Rn. 10 f.). Der Transportänderung/-aufgabe ohne Zustimmung steht eine Beförderungsänderung/-aufgabe als Folge eines versicherten Ereignisses gleich.

5 Abs. 2 und 3 beruhen auf dem Gedanken, dass der VR auch für die Folgen eines versicherten Ereignisses einzustehen hat. Die Änderung oder Aufgabe der Beförderung nach Beginn der Versicherung ohne Zustimmung des VN oder infolge Eintritt des Versicherungsfalles stellt eine Gefahränderung iSd § 132 dar.

6 Liegt eine Unterversicherung vor, ergibt sich aus Abs. 3 iVm § 75, dass den VN die Kosten zu einem verhältnismäßigen Teil treffen.

III. Abdingbarkeit

7 Die Vorschrift ist dispositiv.

§ 134 Ungeeignete Beförderungsmittel

(1) **Ist für die Beförderung der Güter kein bestimmtes Beförderungsmittel vereinbart, ist der Versicherungsnehmer, soweit er auf dessen Auswahl Einfluss hat, verpflichtet, Beförderungsmittel einzusetzen, die für die Aufnahme und Beförderung der Güter geeignet sind.**

(2) **Verletzt der Versicherungsnehmer diese Obliegenheit vorsätzlich oder grob fahrlässig, ist der Versicherer nicht zur Leistung verpflichtet, es sei denn, die Verletzung war nicht ursächlich für den Eintritt des Versicherungsfalles oder den Umfang der Leistungspflicht.**

(3) [1]**Erlangt der Versicherungsnehmer Kenntnis von der mangelnden Eignung des Beförderungsmittels, hat er diesen Umstand dem Versicherer unverzüglich anzuzeigen.** [2]**§ 132 ist anzuwenden.**

I. Normzweck

1. Abs. 1 und 2

1 Es soll ständiger Vertragspflicht des Beförderers entsprechen, geeignete Beförderungsmittel zu verwenden; das folge schon aus dem Frachtvertrag (so die amtl. Begründung, BT-Drs. 16/3945, 92). Abs. 1 begründet eine vor Eintritt des Versicherungsfalles zu erfüllende Obliegenheit, im Rahmen seiner Einflussmöglichkeiten für die Auswahl geeigneter Beförderungsmittel zu sorgen. Abs. 2 behält – abweichend von den §§ 28, 81 – das bisherige „Alles oder nichts"-Prinzip bei. Auch hier wird auf die Internationalität der Transportversicherungspraxis hingewiesen.

2. Abs. 3

2 Hier ist eine besondere Anzeigeobliegenheit des VN geregelt, wenn sich die Ungeeignetheit des Beförderungsmittels herausstellt. In Satz 2 wird klargestellt, dass es sich um eine Gefahränderung im Sinn des § 132 handelt.

II. Regelungsinhalt

3 Für den Fall, dass der Versicherungsvertrag keine Vereinbarung über ein bestimmtes Beförderungsmittel enthält, begründet Abs. 1 die Obliegenheit des VN, vor Eintritt des Versicherungsfalles im Rahmen seiner Einflussnahmemöglichkeit für den Einsatz geeigneter Beförderungsmittel zu sorgen. Für die Aufnahme und Beförderung der Güter sind diejenigen Beförderungsmittel objektiv geeignet, die die beförderten Güter gegen die jeweils typischen Transportgefahren zu schützen vermögen. Maßgeblich sind insoweit sowohl die Art der Güter als auch die Transportart. So hat der VN bei einem Transport von Spezialgütern, wie zB Flüssiggas, Chemikalien, Gefrier- oder Schwergut, besondere Sorge für die Eignung des Transportmittels zu tragen (Beispiel nach Schwintowski/Brömmelmeyer/*Pisani* § 134 Rn. 4).

4 Verletzt der VN seine Obliegenheit nach Abs. 1 vorsätzlich oder grob fahrlässig, ist der Versicherer – Kausalität vorausgesetzt – (vollständig) leistungsfrei (Abs. 2).

5 Erlangt der VN nach Auswahl des Beförderungsmittels Kenntnis von dessen mangelnder Eignung, trifft ihn nach Abs. 3 die Obliegenheit zur unverzüglichen Anzeige an den VR.

III. Abdingbarkeit

6 Die Vorschrift ist dispositiv.

§ 135 Aufwendungsersatz

(1) **Aufwendungen, die dem Versicherungsnehmer zur Abwendung oder Minderung des Schadens entstehen, sowie die Kosten für die Ermittlung und Feststellung des Schadens hat der Versicherer auch insoweit zu erstatten, als sie zusammen mit der übrigen Entschädigung die Versicherungssumme übersteigen.**

(2) **Sind Aufwendungen zur Abwendung oder Minderung oder zur Ermittlung und Feststellung des Schadens oder zur Wiederherstellung oder Ausbesserung der durch einen Versicherungsfall beschädigten Sache gemacht oder Beiträge zur großen Haverei geleistet oder ist eine persönliche Verpflichtung des Versicherungsnehmers zur Entrichtung solcher Beiträge entstanden, hat der Versicherer den Schaden, der durch einen späteren Versicherungsfall verursacht wird, ohne Rücksicht auf die von ihm zu erstattenden früheren Aufwendungen und Beiträge zu ersetzen.**

I. Normzweck

1 Die Regelung soll weiter gehen als die Bestimmung in § 29 ADS (BT-Drs. 16/3945, 92), weil die Kosten für die Ermittlung und Feststellung des Schadens auch

dann zu erstatten sein sollen, wenn sie die Höchstgrenze der Versicherungssumme übersteigen, vorbehaltlich abweichender Vereinbarungen. Absatz 2 übernimmt die inhaltlich gleichen Regelungen des § 144 Abs. 2 VVG aF und des § 37 Abs. 2 ADS.

II. Regelungsinhalt

2 Wie schon § 83 (vgl. dort auch ausführlich zum Begriff der Aufwendungen zur Schadensabwendung oder -minderung) erweitert auch § 135 Abs. 1 die Haftung des VR über die Versicherungshöchstgrenze hinaus. Gleiches gilt in Bezug auf Schadensermittlungskosten (zu diesem Begriff siehe die Kommentierung zu § 85). Der VR kann sich dem Erstattungsanspruch entziehen, indem er den Abandon gemäß § 141 erklärt und dann nur noch auf die Versicherungssumme haftet (vgl. Langheid/Wandt/*Kollatz* § 135 Rn. 1).

3 Abs. 2 berücksichtigt die Besonderheiten der Transportversicherung. Die Vorschrift stellt klar, dass bei einem weiteren Schaden die Versicherungssumme nicht um den Betrag der Leistung für den vorangegangenen Schaden zu mindern ist. Anderenfalls könnten erhebliche Deckungslücken entstehen, die der VN während eines laufenden Transportes durch den Abschluss einer weiteren Versicherung allenfalls nur mit großen Schwierigkeiten füllen könnte. Deshalb hat der VR nach Abs. 2 bei einem weiteren Versicherungsfall bis zur Höhe der ganzen Versicherungssumme zu leisten.

III. Abdingbarkeit

4 § 135 ist dispositiv.

§ 136 Versicherungswert

(1) **Als Versicherungswert der Güter gilt der gemeine Handelswert und in dessen Ermangelung der gemeine Wert, den die Güter am Ort der Absendung bei Beginn der Versicherung haben, zuzüglich der Versicherungskosten, der Kosten, die bis zur Annahme der Güter durch den Beförderer entstehen, und der endgültig bezahlten Fracht.**

(2) **Der sich nach Absatz 1 ergebende Wert gilt auch bei Eintritt des Versicherungsfalles als Versicherungswert.**

(3) [1]**Bei Gütern, die beschädigt am Ablieferungsort ankommen, ist der Wert, den sie dort in beschädigtem Zustand haben, von dem Wert abzuziehen, den sie an diesem Ort in unbeschädigtem Zustand hätten.** [2]**Der dem Verhältnis der Wertminderung zu ihrem Wert in unbeschädigtem Zustand entsprechende Bruchteil des Versicherungswertes gilt als Betrag des Schadens.**

I. Regelungsinhalt

1 Nummer 10.1 DTV-Güterversicherungsbedingungen 2000 hat für die Festlegungen des Versicherungswertes Pate gestanden (BT-Drs. 16/3945, 93). Wegen der Unterschiede zwischen der Transportversicherung als Sachversicherung einer-

seits und der Haftpflicht im Frachtgeschäft andererseits erschien dem Gesetzgeber eine Angleichung an § 429 HGB nicht opportun. Auch der Versicherungswert eines Schiffes sollte nicht gesondert geregelt werden, weil insoweit die allgemeinen Vorschriften über den Versicherungswert in der Sachversicherung als ausreichend angesehen wurden und zudem abweichende vertragliche Vereinbarungen zulässig sind. Abs. 3 wurde aus dem alten Recht übernommen.

II. Zweck der Norm

Zweck der Norm ist es, mittels eines Versicherungswertes (vgl. die allg. Vorschrift in § 88) eine Über- oder Unterversicherung und damit letztlich die Entschädigungsleistung (Abs. 2 und 3) festzustellen. Die Vorschrift soll die Ermittlung des Versicherungswertes erleichtern (Langheid/Wandt/*Kollatz* § 136 Rn. 3; Looschelders/Pohlmann/*Paffenholz* § 136 Rn. 1). Indem Abs. 1 auf den Beginn der Versicherung, also den Transportbeginn am Übernahmeort, abstellt, bleiben danach eintretende Veränderungen im Wert der Güter für die Feststellung des Versicherungswertes außer Betracht. 2

III. Begriffe

Zur Bestimmung des Versicherungswerts der Güter ist in erster Linie auf den **gemeinen Handelswert** abzustellen. Dies ist der (objektive) Wert auf der jeweiligen Handelsstufe des Ersatzberechtigten (Hersteller/Großhändler/Einzelhändler) (Langheid/Wandt/*Kollatz* § 136 Rn. 6). Das ist bei einem VN, der (auch) Verkäufer ist, der Verkaufswert, der idR auch einen Gewinn einschließt. Dies bedeutet, dass bei der Transportversicherung das Gewinninteresse des VN in gewissem Umfang mit umfasst ist (BGH NJW-RR 1993, 1371 = ZfS 1994, 253 = VersR 1994, 91 unter 2). Deshalb ist es auch zulässig, wenn als Versicherungswert iS einer Taxe nach § 76 der Rechnungswert vereinbart wird (vgl. BGH NJW-RR 1993, 1371 = ZfS 1994, 253 = VersR 1994, 91 unter 2). 3

Bei **fehlendem Handelswert** ist entscheidend für den Versicherungswert der **gemeine Wert.** Darunter ist der Wert zu verstehen, den das Gut nach seiner objektiven Beschaffenheit für jedermann hat, wobei auch hier die Handelsstufe des VN maßgeblich ist (Langheid/Wandt/*Kollatz* § 136 Rn. 7). 4

Bei **Verlust der Güter** (bei Beschädigung kommt Abs. 3 zur Anwendung) ermittelt sich der volle Versicherungswert aus einer Addition von Handelswert bzw. gemeinem Wert und den Versicherungskosten, den bis zur Abnahme der Güter durch den Beförderer entstehenden Kosten sowie den Kosten der endgültig bezahlten Fracht. Letztere sind der Teil des Frachtlohns, der unabhängig von einer Beendigung des Transportes zu zahlen ist (BGH VersR 1994, 91; Langheid/Wandt/*Kollatz* § 136 Rn. 8). 5

Die Vorschriften zur Überversicherung (§ 74), zur Unterversicherung (§ 75), und zur Mehrfachversicherung (§ 78) sind anwendbar (Looschelders/Pohlmann/*Paffenholz* § 136 Rn. 5). 6

IV. Versicherungsfall

Abs. 2 legt auch **für den Versicherungsfall** den Wert nach Abs. 1 fest. Damit ist die vom VR zu leistende Entschädigung für Güter, die während der Transport- 7 dauer ganz oder teilweise verloren gehen, unmittelbar bestimmt. Mit der Festlegung des Versicherungswertes auf den gemeinen Handelswert oder den gemeinen Wert, den die Güter am Ort und zur Zeit des Beginns der Beförderung unter Hinzurechnung weiterer Kosten hatten, hat der Gesetzgeber eine etwaige **„Bereicherung"** des VN hingenommen (AG Frankfurt a. M. VersR 1979, 320 deshalb insoweit unrichtig, als es auf zu vermeidende Bereicherung abstellt).

V. Beschädigungen

8 Abs. 3 regelt die Entschädigung für den Fall, dass die Güter nicht verloren gegangen (dann Abs. 1 und 2), sondern nur beschädigt sind. Dann ist die Schadenshöhe durch einen Vergleich des Wertes in unbeschädigtem und beschädigtem Zustand festzustellen, wobei es hier auf den Wert am Ablieferungsort ankommt. Die sich ergebende Differenz ist in das Verhältnis zu setzen zu dem Versicherungswert, der nach Abs. 1, also nach dem Ort der Übernahme der Güter, festzustellen ist. Beispiel (nach Reichs-Drs. Nr. 364 S. 1907): Der nach Abs. 1 festzustellende Versicherungswert ergibt 10.000 EUR. Die beschädigten Güter haben am Ort der Ablieferung, also dem Bestimmungsort, noch einen Wert von 6.000 EUR, während sie unbeschädigt am Bestimmungsort 12.000 EUR wert wären. Damit haben sie durch die Beschädigung einen Wertverlust von 50 % erlitten. Folglich beträgt die Entschädigung 50 % vom Versicherungswert, hier also 5.000 EUR, nämlich die Hälfte von 10.000 EUR, wenn keine Unterversicherung vorliegt.

VI. Abdingbarkeit

9 Die Vorschrift ist dispositiv.

§ 137 Herbeiführung des Versicherungsfalles

(1) **Der Versicherer ist nicht zur Leistung verpflichtet, wenn der Versicherungsnehmer vorsätzlich oder grob fahrlässig den Versicherungsfall herbeiführt.**

(2) **Der Versicherungsnehmer hat das Verhalten der Schiffsbesatzung bei der Führung des Schiffes nicht zu vertreten.**

I. Regelungsinhalt

1. Herbeiführung des Versicherungsfalls

1 Die Vorschrift entspricht der Praxis der Transportversicherung (Nr. 3 der DTV-Güterversicherungsbedingungen 2000/2011 – Volle Deckung). Es bleibt – wie bei § 132, → Rn. 2 – beim früheren **„Alles oder nichts"-Prinzip,** da die für dessen Aufhebung maßgeblichen Gesichtspunkte auf Versicherungsverträge über Großrisiken nicht zutreffen (das ist neben der Internationalität der Transportversicherung schon die zweite Begründung des Gesetzgebers, hier alte Prinzipien zu übernehmen). Das **Quotenmodell** hat also **keinen** Einzug in die Transportversicherung gefunden.

2. Besatzung

Dem Versicherungsnehmer soll die Herbeiführung des Versicherungsfalls durch die Schiffsbesatzung nicht zugerechnet werden. Eine Regelung des Sonderfalles, dass der Versicherungsnehmer der Kapitän des Schiffes ist, soll den AVB überlassen bleiben. 2

II. Allgemeines

Den VN trifft keine allgemeine **Schadensverhütungspflicht** (BGH NJW 1995, 56 = VersR 1994, 1465 unter I.2.b; VersR 1984, 25 unter 2 aE; VersR 1976, 649 unter I.2.a; Einzelheiten → § 82 Rn. 3), so dass es sich um wie bei § 81 auch eine **subjektive Risikobeschränkung** handelt. Für die Transportversicherung, der die ADS zugrunde liegen, hat der BGH die Frage nach der Schadensverhütungspflicht grds. offen gelassen (BGH VersR 1986, 696 unter III = TranspR 1986, 349; BGHZ 77, 88 (91 f.) = NJW 1980, 2817 = VersR 1980, 964 unter 4.a), aber darauf hingewiesen, dass die Rspr. für die Binnentransportversicherung eine solche Schadensverhütungspflicht verneint (BGH VersR 1986, 696 unter III = TranspR 1986, 349; Prölss/Martin/*Koller* § 137 Rn. 1). 3

III. Leistungsfreiheit

Gemäß **Abs. 1** wird der VR von seiner Verpflichtung zur Leistung frei, wenn der VN den Versicherungsfall vorsätzlich oder grob fahrlässig herbeigeführt hat. Abs. 1 erweitert gegenüber § 81 die Leistungsfreiheit des VR insofern, als auch grobe Fahrlässigkeit des VN **vollständige Leistungsfreiheit** zur Folge hat. Wegen der Begriffe des Vorsatzes, der groben Fahrlässigkeit und der Herbeiführung des Versicherungsfalles kann auf die Kommentierung zu § 81 verwiesen werden (→ § 81 Rn. 14, 45 ff.). 4

Vorbehaltlich Abs. 2 ist der **Repräsentantenbegriff** (ausführlich → § 81 Rn. 19) uneingeschränkt anwendbar (krit. *Remé* VersR 1989, 115). So ist in der Güterversicherung der Kapitän weder Repräsentant noch Erfüllungsgehilfe des VN (BGHZ 77, 88 (91 f.) = NJW 1980, 2817 = VersR 1980, 964 unter 4.a; anders in der Schiffskaskoversicherung, in der der Kapitän eines Seeschiffes Repräsentant des Reeders ist, BGH VersR 1983, 479 unter 4). Der Prokurist eines VN ist nicht schon allein deswegen Repräsentant (Prölss/Martin/*Koller* § 137 Rn. 2a; **aA** ohne Begr. Langheid/Wandt/*Kollatz* § 137 Rn. 13; Looschelders/Pohlmann/*Paffenholz* § 137 Rn. 8). Untergeordnete Hilfspersonen sind in aller Regel keine Repräsentanten, weil sie in dieser Eigenschaft nicht an die Stelle des VN treten (vgl. BGH VersR 1986, 696 = TranspR 1986, 349 für einen Fahrer, der für den VN Waren befördert). Nach OLG Karlsruhe (TranspR 1994, 445) ist ein Dritter Repräsentant, der für den VN das Transportgut verladen hat. 5

Zur Haftung wegen **grober Fahrlässigkeit** nach BZG-Bundespolice, KVO-, CMR-Versicherungen bei Lkw-Transporten in Italien siehe OLG Karlsruhe ZfS 1997, 27 = VersR 1995, 1306 mAnm *Bayer* und *Lorenz;* Revision vom BGH nicht angenommen mit Beschl. v. 15.5.1996 – IV ZR 233/95; OLG Hamburg TranspR 1993, 361 = VersR 1994, 422 (Ls.); OLG Hamm VersR 1993, 1519; OLG Stuttgart VersR 1994, 721. Zu Transporten in die GUS-Staaten OLG Hamm VersR 1997, 236 = ZfS 1997, 146, grobe Fahrlässigkeit wegen fehlender 6

Anweisungen an die Fahrer. Zum Versicherungsschutz gegen Raub oder Diebstahl im grenzüberschreitenden Straßengüterverkehr siehe auch *Bayer* VersR 1995, 626. Weitere Rspr.-Nachweise siehe Langheid/Wandt/*Kollatz* § 137 Rn. 10 f.).

7 Die in der Verkehrshaftpflichtversicherung häufig verwendeten Ausschlussklauseln, nach denen „Ansprüche aus Schäden, die durch Vorsatz oder grobe Fahrlässigkeit des Versicherungsnehmers, seiner gesetzlichen Vertreter oder seiner leitenden Angestellten herbeigeführt wurden oder die durch Erfüllungsgehilfen des Versicherungsnehmers vorsätzlich oder grob fahrlässig herbeigeführt wurden, sofern der Versicherungsnehmer oder eine in Abs. 1 genannte Person bei der Auswahl oder Überwachung der Erfüllungsgehilfen die im Verkehr erforderliche Sorgfalt vorsätzlich oder grob fahrlässig nicht beachtet haben", verstoßen trotz Abweichung von § 103 nicht gegen §§ 305c Abs. 1, 307 BGB (OLG Köln VersR 1994, 977; OLG München VersR 1994, 92; OLG Saarbrücken Urt. v. 26.9.1995 – 4 U 956/94-149; OLG Karlsruhe VersR 1995, 1306, Revision vom BGH nicht angenommen mit Beschl. v. 15.5.1996 – IV ZR 233/95).

IV. Keine Zurechenbarkeit des Besatzungsverhaltens

8 **Abs. 2** normiert eine Grenze für die Zurechnung schuldhaften Verhaltens Dritter. Der VN muss sich das Verhalten der Schiffsbesatzung **bei der Führung des Schiffes** nicht zurechnen lassen. Die Vorschrift erfasst damit nur ein **nautisches** (im Gegensatz zB zur Beladung) Verschulden.

V. Beweislast

9 Der VN trägt die Beweislast dafür, dass die in Verlust geratenen Transportgüter in der angegebenen Menge verladen worden sind und ihren Bestimmungsort nicht erreicht haben; Beweiserleichterungen kommen ihm diesbezüglich nicht zu Gute (BGH VersR 2017, 550 = NJW-RR 2017, 738). Für die vorsätzliche oder grob fahrlässige Verursachung des Schadens ist der VR **darlegungs- und beweisbelastet** (BGH NJW 1982, 824 unter 3 = VersR 1982, 381).

VI. Abdingbarkeit

10 Die Vorschrift ist dispositiv.

§ 138 Haftungsausschluss bei Schiffen

[1]Bei der Versicherung eines Schiffes ist der Versicherer nicht zum Ersatz eines Schadens verpflichtet, der daraus entsteht, dass das Schiff in einem nicht fahrtüchtigen Zustand oder nicht ausreichend ausgerüstet oder personell ausgestattet die Reise antritt. [2]Dies gilt auch für einen Schaden, der nur eine Folge der Abnutzung des Schiffes in gewöhnlichem Gebrauch ist.

I. Regelungsinhalt

Die Vorschrift normiert **keinen objektiven Risikoausschluss** (so noch BGH VersR 1985, 629), sondern eine **verhüllte Obliegenheit** (BGH VersR 2011, 1048; so schon BGH NJW-RR 2000, 1190 = VersR 2000, 969 für die ähnlich gelagerte Versicherungsbedingung in Ziff. 6.1.5 AVB Werksverkehr; ebenso Langheid/Wandt/*Kollatz* § 138 Rn. 5 f., 17 zu dem erforderlichen Verschulden des VN; anders noch Prölss/Martin/*Koller* § 138 Rn. 2). 1

II. Fahruntüchtigkeit

Fahruntüchtigkeit liegt stets dann vor, wenn ein Schiff nicht fähig ist, die gewöhnlichen Gefahren der geplanten Reise zu bestehen (BGH VersR 1989, 761 unter 4; 1980, 65 unter 3, jeweils mwN). Fahruntüchtig ist ein Schiff auch dann, wenn es infolge unrichtiger Beladung instabil (BGH VersR 1985, 629 mwN), für die vorhandene Wassertiefe zu stark abgeladen (beladen) ist (BGH VersR 1980, 65) oder die Unterbringung der Güter gegen Sicherheitsvorschriften verstößt (vgl. BGHZ 60, 39 (43) = VersR 1973, 218 = NJW 1973, 329 unter II; zur weiteren Abgrenzung auch BGH VersR 1982, 381 = NJW 1982, 824 unter 3). Es liegt nahe, die **Causa-proxima-**Regel, nach der auf die mit hoher Wahrscheinlichkeit wirksamste und in ihrer Ursächlichkeit erheblichste Ursache abzustellen ist, wenn versicherte und unversicherte Ursachen für die Verwirklichung der Transportgefahr in Frage kommen (vgl. zuletzt *Langheid* VersR 2019, 987 zu OLG Bremen VersR 2019, 1015; BGH VersR 2015, 1020 = r+s 2015, 398) **immer** anzuwenden, wenn die Gefahrverwirklichung auf eine von vorneherein bestehende Seeuntauglichkeit zurückzuführen ist (sog. „Grundsatz der Kongruenz", nach *Lindenmaier* ZHR 113 (1950), 207 (272)). Dass eine anfängliche Seeuntauglichkeit **stets** die naheliegendste und deswegen überwiegende Ursache für die spätere Gefahrverwirklichung ist, liegt so nahe, dass zumindest der VN die Beweislast für ein abweichendes (versichertes) Geschehen tragen muss. 2

III. Unzureichende Ausrüstung

Hiermit wird auf die Beschaffenheit des Schiffszubehörs abgestellt. Nicht ausreichend ausgerüstet ist ein Schiff zB, wenn nicht die für die Reise notwendigen Seekarten auf der Brücke vorhanden sind (LG Hamburg VersR 2003, 1438). 3

IV. Unzureichende personelle Ausstattung

Unzureichende personelle Ausstattung liegt zum einen in einem Mangel an Personal gegenüber der vorgeschriebenen (gesetzlichen) Mindestpersonenzahl (quantitativer Aspekt); zum anderen darin, wenn ein konkret erforderlicher Lotse nicht an Bord ist oder der Schiffsführer nicht in Besitz der für die Reise erforderlichen Patente ist (qualitativer Aspekt; Langheid/Wandt/*Kollatz* § 138 Rn. 10). 4

V. Abnutzung des Schiffs in gewöhnlichem Gebrauch

5 Keinen gewöhnlichen Gebrauch stellt das Forcieren von Eis zur Rettung von Schiff und Ladung dar (Prölss/Martin/*Koller* § 138 Rn. 3).

VI. Reiseantritt

6 **„Reiseantritt"** heißt, dass eine nach Antritt der Reise eingetretene Fahruntüchtigkeit, unzureichende Ausrüstung oder unzureichende Bemannung des Schiffes nicht unter den Risikoausschluss fallen. Dabei ist unter Antritt der Reise der Beginn der Frachtreise der einzelnen Ladung zu verstehen, nicht der Antritt der Schiffsreise (vgl. zu § 559 Abs. 2 HGB BGHZ 60, 39 (40) = VersR 1973, 218 = NJW 1973, 329 unter I).

7 Die Fahruntüchtigkeit bei Antritt der Reise kann durch **Anscheinsbeweis** festgestellt werden. So zB, wenn der Poller eines Schiffes während der Reise ohne ungewöhnliche Beanspruchung beim Schleppen bricht (BGH VersR 1974, 589).

VII. Kausalität

8 § 138 setzt Ursächlichkeit zwischen Fahruntüchtigkeit, unzureichender Ausrüstung oder unzureichender personeller Ausstattung und Schaden voraus (BGH VersR 2001, 457; 1974, 589).

VIII. Abdingbarkeit

9 Die Vorschrift ist dispositiv.

§ 139 Veräußerung der versicherten Sache oder Güter

(1) [1]**Ist eine versicherte Sache, für die eine Einzelpolice oder ein Versicherungszertifikat ausgestellt worden ist, veräußert worden, haftet der Erwerber abweichend von § 95 nicht für die Prämie.** [2]**Der Versicherer kann sich gegenüber dem Erwerber nicht auf Leistungsfreiheit wegen Nichtzahlung der Prämie oder wegen Nichtleistung einer Sicherheit berufen, es sei denn, der Erwerber kannte den Grund für die Leistungsfreiheit oder hätte ihn kennen müssen.**

(2) **Der Versicherer ist abweichend von § 96 nicht berechtigt, das Versicherungsverhältnis wegen Veräußerung der versicherten Güter zu kündigen.**

(3) **Der Versicherungsnehmer ist abweichend von § 97 nicht verpflichtet, dem Versicherer die Veräußerung anzuzeigen.**

I. Normzweck

1 Abweichend von § 95 Abs. 2 soll in der Transportversicherung der Erwerber einer veräußerten Sache, für die unter einer laufenden Versicherung eine Einzelpolice oder ein Versicherungszertifikat ausgestellt ist, **nicht** für die Prämie haften

(BT-Drs. 16/3945, 93). Satz 2 stellt klar, dass sich der Versicherer gegenüber einem gutgläubigen Erwerber nicht auf Leistungsfreiheit wegen Nichtleistung der Prämie oder einer Sicherheit durch den Versicherungsnehmer berufen können soll.

In der Güterversicherung ist das ansonsten bei Veräußerung der versicherten Güter eintretende Kündigungsrecht des Versicherers ganz aufgehoben worden. 2

Abs. 3 entspricht dem früheren § 142 Satz 2 VVG. 3

II. Regelungsinhalt

Die Vorschrift ändert die §§ 95, 96 und 97 teilweise ab. Die Einschränkung der Kündigungsmöglichkeit des VR in Abs. 2 in den Fällen der Veräußerung soll vermeiden, dass der VN die schon auf dem Transport befindlichen Güter nicht mehr anderweitig versichern kann (vgl. auch Langheid/Wandt/*Kollatz* § 139 Rn. 2). Da die Veräußerungsanzeige nur dazu dient, dem VR die Kündigung zu ermöglichen, entfällt nach Abs. 3 auch die Anzeigepflicht. 4

III. Abdingbarkeit

Die Vorschrift ist dispositiv. 5

§ 140 Veräußerung des versicherten Schiffes

Wird ein versichertes Schiff veräußert, endet abweichend von § 95 die Versicherung mit der Übergabe des Schiffes an den Erwerber, für unterwegs befindliche Schiffe mit der Übergabe an den Erwerber im Bestimmungshafen.

I. Normzweck

Das Kündigungsrecht des Versicherers in der Schiffsversicherung ist zeitlich in seiner Wirkung auf die Beendigung der Reise beschränkt worden. Die Veräußerung des Schiffes ist als Gefahränderung anzeigepflichtig; nach § 97 wird der Versicherer leistungsfrei, wenn der Versicherungsfall später als einen Monat nach dem Zeitpunkt eintritt, in dem die Anzeige dem Versicherer hätte zugehen müssen. Soweit durch die Bestimmung das Kündigungsrecht des Versicherers eingeschränkt oder gänzlich versagt ist, ist der Versicherer leistungspflichtig, auch wenn die Anzeige unterblieben ist. Die frühere Regelung stellte auf die Beendigung des Versicherungsverhältnisses bei Kündigung auf die Beendigung der Reise und nicht auf den Eigentumsübergang ab. Das seit 2008 neue Recht hält hieran fest und ersetzt den unscharfen Begriff „Beendigung der Reise" durch „Übergabe des Schiffes an den Erwerber (BT-Drs. 16/3945, 93). 1

II. Regelungsinhalt

Wie § 139 ändert ebenso § 140 die Vorschrift des § 95 teilweise ab. Auch hier soll die Einschränkung der Kündigungsmöglichkeit in den Fällen der Veräußerung 2 die Schwierigkeiten vermeiden, die mit der Versicherung eines auf Reise befindlichen Schiffes verbunden sind.

3 Die Einschränkung des Kündigungsrechts macht dieses nicht wertlos. Es erfüllt insbesondere seinen Zweck, wenn das Schiff auf Zeit oder für mehrere Reisen versichert ist, wie auch dann, wenn schon vor Antritt der Reise das Schiff veräußert worden ist.

III. Anzeige der Veräußerung

4 Mangels ausdrücklicher Abweichung von der Regelung des § 97 könnte bei strenger Betrachtung im Falle einer unterlassenen unverzüglichen Anzeige nach Fristablauf Leitungsfreiheit des VR auch in Betracht kommen, wenn das Schiff (noch) unterwegs ist. Dies ist mit Blick auf den eindeutigen gesetzgeberischen Willen (→ Rn. 1) jedoch abzulehnen. Vielmehr besteht auch bei unterlassener Anzeige die Leistungspflicht bis zur Übergabe des Schiffes an den Erwerber (im Bestimmungshafen) fort (vgl. Langheid/Wandt/*Kollatz* § 140 Rn. 4 f.; Looschelders/Pohlmann/*Paffenholz* § 140 Rn. 3 f.). Bedeutung erlangt die unterbliebene unverzügliche Anzeige dagegen, wenn der Versicherungsfall erst nach Übergabe des Schiffes an den Erwerber eintritt. Relevanz kommt der unterlassenen Anzeige mithin zu, wenn das Schiff auf Zeit oder für mehrere Reisen versichert ist.

IV. Abdingbarkeit

5 § 140 ist dispositiv.

§ 141 Befreiung durch Zahlung der Versicherungssumme

(1) [1]**Der Versicherer ist nach Eintritt des Versicherungsfalles berechtigt, sich durch Zahlung der Versicherungssumme von allen weiteren Verbindlichkeiten zu befreien.** [2]**Der Versicherer bleibt zum Ersatz der Kosten verpflichtet, die zur Abwendung oder Minderung des Schadens oder zur Wiederherstellung oder Ausbesserung der versicherten Sache aufgewendet worden sind, bevor seine Erklärung, dass er sich durch Zahlung der Versicherungssumme befreien wolle, dem Versicherungsnehmer zugegangen ist.**

(2) **Das Recht des Versicherers, sich durch Zahlung der Versicherungssumme zu befreien, erlischt, wenn die Erklärung dem Versicherungsnehmer nicht innerhalb einer Woche nach dem Zeitpunkt, zu dem der Versicherer Kenntnis von dem Versicherungsfall und seinen unmittelbaren Folgen erlangt hat, zugeht.**

I. Normzweck

1. Abandon

1 Der in der internationalen See- und Transportversicherung übliche Abandon dient dem Schutz des Versicherers gegen die Ausdehnung seiner Haftung über die vereinbarte Versicherungssumme hinaus (siehe auch § 841 HGB sowie in § 38

ADS). Mit der Erklärung des Abandon und Leistung der Versicherungssumme befreit sich der Versicherer ab diesem Zeitpunkt von künftig entstehenden Kosten der Schadensminderung, Wiederherstellung oder Ausbesserung.

2. Frist

Nach altem Recht war das Recht des Versicherers, den Abandon zu erklären und sich durch Zahlung der Versicherungssumme von allen weiteren Verbindlichkeiten zu befreien, nicht befristet. Im Interesse des Versicherungsnehmers schien es aber notwendig, dieses Recht zu befristen. 2

II. Abandon

Die Vorschrift dient, angesichts der Ausweitung der Haftung des VR nach § 135, dem Ausgleich der wechselseitigen Interessen. Der VR soll sich nach Eintritt eines Versicherungsfalles durch Zahlung der vollen Versicherungssumme, also entsprechend einem Totalschaden, von allen weiteren Vertragspflichten lösen können (Abs. 1 Satz 1) – **Abandon.** 3

III. Rechtsfolgen

Der VR erwirbt durch ihn keine Rechte an den versicherten Sachen. Ein etwa erzielter Rettungserlös gebührt dem VN. Etwaige Ersatzansprüche des VN gegenüber Dritten gehen jedoch auf den VR über (Langheid/Wandt/*Kollatz* § 141 Rn. 9). 4

Durch die Ausübung des Gestaltungsrechts, also mit Zugang der Abandon-Erklärung, entsteht einerseits der Anspruch des VN auf Zahlung der vollen Versicherungssumme und andererseits die Befreiung des VR von allen weiteren Verbindlichkeiten. Diese Rechtswirkung tritt nicht erst mit Zahlung ein (BGHZ 56, 339 (344) = NJW 1971, 1938 unter II = VersR 1971, 1012). Einer Zustimmung des VN bedarf es nicht. Erklärungsempfänger ist grds. der VN. Hat ein anderer den Anspruch erhoben, ist neben dem VN auch diesem gegenüber die Erklärung abzugeben (zust. Looschelders/Pohlmann/*Paffenholz* § 141 Rn. 3; Langheid/Wandt/*Kollatz* § 141 Rn. 5; von BGHZ 56, 339 (344) = NJW 1971, 1938 = VersR 1971, 1012 unter III offen gelassen für einen Hypothekengläubiger). 5

Die Interessen des VN werden durch Abs. 1 Satz 2 berücksichtigt. 6

IV. Befristung

Nach geltendem Recht ist der Abandon nunmehr an eine Frist gebunden (vgl. bereits Ziff. 19.3 DTV-Güter 2000/2004: dort noch fünf Werktage; Ziff. 19.3 DTV-Güter 2000/2008: eine Woche). Der VR muss sein Gestaltungsrecht innerhalb einer Woche, nachdem er vom Versicherungsfall und (additiv) seinen unmittelbaren Folgen Kenntnis erlangt hat, ausüben; anderenfalls erlischt es. Es handelt sich um eine Ausschlussfrist. Die Fristberechnung richtet sich nach §§ 187 ff. BGB. Die Frist ist mit Zugang beim VN gewahrt (vgl. § 141 Abs. 1 Satz 2). 7

Kenntnis von den unmittelbaren Folgen des Versicherungsfalles hat der VR, sobald er sich ein Bild vom Umfang des Schadens, einschließlich möglicher Ret- 8 tungs- und sonstiger zu ersetzender Kosten machen kann (Thume/de la Motte/Ehlers/*Ehlers* AVB Güter Rn. 534).

V. Abdingbarkeit

9 Die Vorschrift ist dispositiv.

Kapitel 4. Gebäudefeuerversicherung

Vorbemerkungen zu §§ 142–149

Übersicht

I. Übergangsregelung

1 Die Vorschriften über den Gläubigerschutz beim Bestehen von Grundpfandrechten sind nach der VVG-Reform 2008 äußerst kompliziert geworden, nicht nur in Bezug auf den Inhalt der Vorschriften (die ihrerseits schon kompliziert

genug sind), sondern vor allem in Bezug auf ihre Stellung im Gesetz und im Hinblick auf die Frage, welches Recht im jeweiligen Fall anwendbar ist. Das liegt vorrangig an der **Regelung in Art. 5 EGVVG,** die das alte Recht über den Realgläubigerschutz teilweise auch über den 31.12.2008 hinaus gültig sein lässt. Damit bestimmen sich die Rechte der Grundpfandrechtsgläubiger bei Anmeldung der Rechte bis zum 31.12.2008 auch weiterhin nach den früheren Vorschriften in §§ 99–107c aF (Art. 5 Abs. 1 EGVVG), während Neuverträge nach dem reformierten Recht zu beurteilen sind, das allerdings teilweise in Teil 1 Kap. 2 Abschn. 2 §§ 88 ff. geregelt ist (dort nämlich in § 94), teilweise aber auch in Teil 2 Kap. 4 (§§ 142 ff.). Eine Kommentierung, die sowohl das alte als auch das geltende Recht beschreiben will, stellt gewisse Anforderungen: Am einfachsten wäre eine Doppelkommentierung, die aber schon aus Platzgründen und wegen der vielfältigen Wiederholungen nicht in Frage kommt. Deswegen soll das alte Recht in neuer Fassung mitkommentiert werden. Die beiden Vorschriften, die im geltenden Recht **ersatzlos weggefallen** sind – **§§ 102 Abs. 1 und 105 aF** – werden am Ende dieser Vorbemerkungen kommentiert. Aus Gründen der Übersicht und um dem Leser das Auffinden der einzelnen Kommentierungen zu erleichtern, ist am Ende dieser Eingangsbemerkung eine Synopse abgedruckt.

Art. 5 EGVVG Rechte der Gläubiger von Grundpfandrechten

(1) [1]Rechte, die Gläubigern von Grundpfandrechten gegenüber dem Versicherer nach den §§ 99 bis 107c des Gesetzes über den Versicherungsvertrag in der bis zum 31. Dezember 2007 geltenden Fassung zustehen, bestimmen sich auch nach dem 31. Dezember 2008 nach diesen Vorschriften. [2]Die Anmeldung eines Grundpfandrechts beim Versicherer kann nur bis zum 31. Dezember 2008 erklärt werden. 2

(2) [1]Hypotheken, Grundschulden, Rentenschulden und Reallasten,

1. die in der Zeit vom 1. Januar 1943 bis zum 30. Juni 1994 zu Lasten von Grundstücken begründet worden sind,
2. für die eine Gebäudeversicherung bei einer öffentlichen Anstalt unmittelbar kraft Gesetzes oder infolge eines gesetzlichen Zwanges bei einer solchen Anstalt genommen worden ist und
3. die nach der Verordnung zur Ergänzung und Änderung des Gesetzes über den Versicherungsvertrag in der im Bundesgesetzblatt Teil III, Gliederungsnummer 7632-1-1, veröffentlichten bereinigten Fassung als angemeldet im Sinn der §§ 99 bis 106 des Gesetzes über den Versicherungsvertrag gelten,

sind, wenn das Versicherungsverhältnis nach Überleitung in ein vertragliches Versicherungsverhältnis aufgrund des Gesetzes zur Überleitung landesrechtlicher Gebäudeversicherungsverhältnisse vom 22. Juli 1993 (BGBl. I S. 1282, 1286) fortbesteht, zur Erhaltung der durch die Fiktion begründeten Rechte bis spätestens 31. Dezember 2008 beim Versicherer anzumelden. [2]Die durch die Verordnung zur Ergänzung und Änderung des Gesetzes über den Versicherungsvertrag begründete Fiktion erlischt mit Ablauf des 31. Dezember 2008.

Damit trägt Art. 5 Abs. 2 EGVVG der Besonderheit der sog gesetzlichen Gebäudeversicherungen Rechnung, die darin bestand, dass dort eine Anmeldung der Grundpfandrechte regelmäßig nicht erforderlich war, weil ununterbrochen Versicherungsschutz zugunsten der Realgläubiger durch das Gesetz gewährt worden war. Das ergab sich aus der Verordnung vom 28.12.1942 zur Ergänzung und Änderung des Gesetzes über den Versicherungsvertrag. Nach dieser Verordnung bedurften Hypotheken, Grund- und Rentenschulden sowie Reallasten keiner 3

Anmeldung zur Absicherung des Versicherungsschutzes des Realgläubigers, soweit Gebäudeversicherungen bei einer öffentlichen Anstalt unmittelbar kraft Gesetzes entstanden oder infolge eines gesetzlich angeordneten Zwanges genommen werden mussten.

4 Am 1.4.1994 wurde zur Durchsetzung einer europäischen Richtlinie das bis dahin noch in sieben Bundesländern bestehende Gebäudeversicherungsmonopol abgeschafft. Durch das Gesetz zur Überleitung landesrechtlicher Gebäudeversicherungsverhältnisse vom 22.7.1993 (dazu *Renger* VersR 1993, 942) wurde das Schicksal der bis dahin bestehenden Gebäudeversicherungsverträge geregelt, die fortan als vertragliche Verhältnisse fortbestanden. Außerdem wurden dem VN Sonderkündigungsrechte eingeräumt, auf die hinzuweisen war. Wurden die Verträge nicht gekündigt, galten die Realgläubiger weiterhin als begünstigt, obwohl eine Anzeige gegenüber dem VR zu keinem Zeitpunkt erfolgt war. Durch die Regelung in Art. 5 EGVVG wurde sichergestellt, dass alle Grundpfandrechte bis zum 31.12.2008 beim VR angemeldet werden mussten. Für die angemeldeten Rechte gilt dann das alte Recht, wie es in den §§ 99–107c aF geregelt war, „ewig" fort. Eine Anwendung etwa des § 12 Abs. 3 aF ist damit über den 31.12.2008 hinaus ausgeschlossen (hierzu *Neuhaus* r+s 2007, 177), weil eben nur die früheren §§ 99–107c aF fortgelten. Das gilt auch für die bei einer öffentlichen Anstalt versicherten Gebäude, soweit die entsprechende Anmeldung bis spätestens zum 31.12.2008 vorgenommen wurde. Damit sollte sich dann auch die nach altem Recht bestehende Verpflichtung des VN, bei einer Kündigung auf Verlangen des öffentlichen VR einen Grundbuchauszug vorzulegen (so OLG Frankfurt a. M. VersR 1994, 1184) erledigt haben.

5 Da für angemeldete Grundpfandrechte das alte Recht fortbesteht, für neue Grundpfandrechte bzw. für neu abgeschlossene Versicherungsverträge jedoch das 2008 reformierte Recht Anwendung findet, folgt eine Synopse der alten Vorschriften im Verhältnis zu den neuen Vorschriften und ein Hinweis auf die Fundstelle der jeweiligen Kommentierung:

VVG aF	**VVG 2008**	**Kommentierung**
§ 99	§ 94 Abs. 1–3	→ § 94 Rn. 1 ff.
§ 100	§ 94 Abs. 4	→ § 94 Rn. 14–17
§ 101	§ 142	→ § 142 Rn. 1 ff. einschließlich → Vor § 142 Rn. 10, 12, 19
§ 102 Abs. 1	Entfällt	→ Vor § 142 Rn. 24–49
§ 102 Abs. 2	§ 143 Abs. 1	→ § 143 Rn. 1, 6
§ 103	§ 143 Abs. 2–4	→ § 143 Rn. 2–4, 7 ff.
§ 104	§ 145	→ § 145 Rn. 1 ff.
§ 105	Entfällt	→ Vor § 142 Rn. 50–55
§ 106	§ 144	→ § 144 Rn. 1 ff.
§ 107	§ 146	→ § 146 Rn. 1 ff.
§ 107a	§ 147	→ § 147 Rn. 1 ff.
§ 107b	§ 148 und § 94 Abs. 5	→ § 148 Rn. 1 ff. und → § 94 Rn. 18
§ 107c	§ 149	→ § 149 Rn. 1 ff.

II. Gesetzesbegründung

6 Der Begriff der Gebäudefeuerversicherung wurde mit der Reform 2008 neu in das Gesetz eingeführt. Das alte VVG kannte lediglich die Feuerversicherung

für Gebäude und bewegliche Sachen. Nach der **Gesetzesbegründung** (BT-Drs. 16/3945, 93 f.) lehnen sich „die Vorschriften dieses Kapitels (Gebäudefeuer) weitgehend an die Regelungen in den §§ 101–107c VVG (aF) an". Ein vollständiger Verzicht auf diese Schutzregelungen zugunsten der Grundpfandgläubiger – wie er von der Reformkommission empfohlen worden war, die eine optionale, prämienpflichtige Eigenversicherung der Pfandgläubiger bevorzugt hatte – widerspreche berechtigten Schutzinteressen. Unmittelbar seien zwar ganz überwiegend die Interessen der **Kreditinstitute als Realkreditgeber** betroffen, es dürfe aber nicht unberücksichtigt bleiben, dass sich ein Verzicht auf diesen besonderen gesetzlichen Versicherungsschutz letztlich auch nachteilig auf die **Kreditnehmer und damit auch auf die Verbraucher** hätte auswirken können.

Dennoch erschien die Privilegierung der Immobiliensicherheiten nach früherem Recht zu weit reichend, vor allem die Vorschrift des § 102 Abs. 1 aF, nach der der VR gegenüber einem Grundpfandrechtsgläubiger auch dann zur Leistung verpflichtet blieb, wenn er versicherungsvertragsrechtlich gegenüber seinem VN (zB wegen Brandstiftung) leistungsfrei war. Die hier vom Gesetzgeber gezogene Parallele zur Pflichtversicherung (Schutz des geschädigten Dritten, § 117) hat dieser sodann jedoch selbst wieder verworfen: Mit der Pflichtversicherung solle einem besonderen Schutzbedürfnis der Geschädigten entsprochen werden. Ein vergleichbares Schutzbedürfnis sei aber bei den Grundpfandrechtsgläubigern nicht gegeben. Daher ist das Gesetz insoweit dem Votum der VVG-Kommission gefolgt, indem es von der Übernahme der Regelung des § 102 Abs. 1 aF absah. 7

Ferner hat für eine Beibehaltung der Vorschrift des § 105 aF, der einen Kontrahierungszwang zugunsten des Grundpfandrechtsgläubigers vorsah, kein hinreichendes praktisches Bedürfnis bestanden. Nach der **Gesetzesbegründung** (BT-Drs. 16/3945, 94) werde das Interesse des Grundpfandgläubigers im Kündigungsfalle durch die Regelung des § 143 ausreichend gewahrt. Weiter heißt es, der Anwendungsbereich der Regelung werde wie im früheren Recht auf die **Gebäudefeuerversicherung** beschränkt. Für die üblicherweise in die Gebäudeversicherung einbezogenen weiteren Risiken wie zB Leitungswasser und Sturm sei nach wie vor kein entsprechendes Regelungsbedürfnis ersichtlich. 8

Das entspricht der früheren BGH-Rspr., nach der eine Analogie (ausdrücklich jedoch nur für § 102 aF) im Hinblick auf den gesetzlichen Schutzzweck abgelehnt worden war (BGHZ 108, 82 (87 f.) = VersR 1989, 912). Insbesondere bei den §§ 97 ff. aF handele es sich um eine Ergänzung der §§ 1127–1130 BGB und zwar – nach ihrem unmittelbaren Regelungsgehalt – ausschließlich für den Fall der Gebäudefeuerversicherung. Der Zweck der gesetzlichen Regelung des „praktisch wichtigsten Falles der Gebäudeversicherung" (*Wolff/Raiser* § 135 V 3), die Realgläubiger – ohne die sonst erforderliche Beschlagnahme – auch dann vor dem Verlust der Versicherungssumme zu schützen, wenn der VR wegen des Verhaltens des VN diesem gegenüber von der Leistung frei ist, sei kein allgemeines Prinzip, das auf andere Sachversicherungen übertragen werden könne. 9

III. Gesetzessystematik

Die Gebäude(Feuer-)versicherung wird auch heute noch wesentlich durch den Schutz eventuell vorhandener Grundpfandgläubiger (im Folgenden Realgläubiger) bestimmt. In das Versicherungsvertragsverhältnis ist der Realgläubiger dergestalt eingebunden, dass ihm als Sicherung nicht nur die im sog Hypothekenverband 10 der §§ 1120 ff. BGB stehenden Gegenstände (Gebäude, Erzeugnisse, Grundstücksbestandteile und Zubehör) dienen, sondern eben auch eventuelle Ansprüche des VN gegen den Gebäude(Feuer-)Versicherer. Die möglichen und denkbaren Fallvarianten und die damit verbundene Notwendigkeit entsprechender Problemlösungen sind äußerst zahlreich. Dem wird die komplizierte gesetzliche Regelung, die vor allem dadurch gekennzeichnet ist, dass es neben den Vorschriften des VVG auch die zivilrechtlichen Vorschriften in §§ 1127–1130 BGB gibt, nicht gerecht. Das liegt einerseits daran, dass die Vorschriften der §§ 142 ff. ausnahmslos die Gebäudefeuerversicherung betreffen, während die Vorschriften in §§ 1127 ff. BGB sowohl die Mobiliar- als auch die Gebäudeversicherung betreffen; andererseits führt die Parallelität der zivilrechtlichen und der versicherungsvertragsgesetzlichen Vorschriften etwa im Zusammenhang mit vertraglich vereinbarten Wiederaufbauklauseln, die heute zudem noch an anderer Stelle gesetzlich geregelt sind (§§ 93, 94), zu einer deutlichen Unübersichtlichkeit.

11 Noch sehr viel kompliziertere Konstellationen lassen sich denken, wenn zum Dreiecksverhältnis VN/Realgläubiger/VR noch Vierte hinzutreten, etwa der Pächter eines Grundstücks, der die aufstehenden Gebäude im eigenen Namen versichert hat, der Erwerber im Zwangsvollstreckungsverfahren oder der Nießbraucher (für das Verhältnis des VR zum Nießbraucher gelten allerdings ausschließlich und abschließend die §§ 1046, 1070, 1077, 407 BGB, so dass die §§ 1127 ff. BGB nicht anwendbar sind; vgl. *Schütz* VersR 1987, 134 (135)). Hier sind nicht nur Interessenwidersätze zwischen dem Grundstückseigentümer (der daneben auch VN oder Versicherter ist) und den in das Grundstück investierenden Pächtern/Nießbrauchern denkbar, die die Versicherungsleistung jedenfalls insoweit für sich reklamieren werden, als die von ihnen getätigten Investitionen von dem Versicherungsfall betroffen wurden, sondern es sind auch deutliche Interessengegensätze zwischen dem Realgläubiger und den Grundstücksnutzern denkbar.

IV. Übersicht über die gesetzlichen Vorschriften

1. VVG

12 Die versicherungsvertragsgesetzlichen Regelungen lassen sich wie folgt aufteilen: Die Vorschriften in §§ 93 und 94 beschäftigen sich mit der Zahlung der Entschädigungssumme bei vereinbarter Wiederherstellungsklausel. Während grds. – wie auch in § 1128 BGB – dem Hypothekengläubiger hier nur ein Widerspruchsrecht zusteht, schützt § 94 Abs. 4 den Realgläubiger, der sein Grundpfandrecht angemeldet hat, in besonderem Umfang. Die §§ 142 ff. dienen dem besonderen Schutz des Realgläubigers.

2. Zivilrecht

13 Zivilrechtlich gelten die folgenden Vorschriften:

§ 1127 BGB Erstreckung auf die Versicherungsforderung

(1) Sind Gegenstände, die der Hypothek unterliegen, für den Eigentümer oder den Eigenbesitzer des Grundstücks unter Versicherung gebracht, so erstreckt sich die Hypothek auf die Forderung gegen den Versicherer.

(2) Die Haftung der Forderung gegen den Versicherer erlischt, wenn der versicherte Gegenstand wiederhergestellt oder Ersatz für ihn beschafft ist.

§ 1128 BGB Gebäudeversicherung

(1) [1]Ist ein Gebäude versichert, so kann der Versicherer die Versicherungssumme mit Wirkung gegen den Hypothekengläubiger an den Versicherten erst zahlen, wenn er oder der Versicherte den Eintritt des Schadens dem Hypothekengläubiger angezeigt hat und seit dem Empfang der Anzeige ein Monat verstrichen ist. [2]Der Hypothekengläubiger kann bis zum Ablauf der Frist dem Versicherer gegenüber der Zahlung widersprechen. [3]Die Anzeige darf unterbleiben, wenn sie untunlich ist; in diesem Falle wird der Monat von dem Zeitpunkt an berechnet, in welchem die Versicherungssumme fällig wird. 14

(2) Hat der Hypothekengläubiger seine Hypothek dem Versicherer angemeldet, so kann der Versicherer mit Wirkung gegen den Hypothekengläubiger an den Versicherten nur zahlen, wenn der Hypothekengläubiger der Zahlung schriftlich zugestimmt hat.

(3) Im Übrigen finden die für eine verpfändete Forderung geltenden Vorschriften Anwendung; der Versicherer kann sich jedoch nicht darauf berufen, dass er eine aus dem Grundbuch ersichtliche Hypothek nicht gekannt habe.

§ 1129 BGB Sonstige Schadensversicherung

Ist ein anderer Gegenstand als ein Gebäude versichert, so bestimmt sich die Haftung der Forderung gegen den Versicherer nach den Vorschriften des § 1123 Abs. 2 Satz 1 und des § 1124 Abs. 1, 3. 15

§ 1130 BGB Wiederherstellungsklausel

Ist der Versicherer nach den Versicherungsbestimmungen nur verpflichtet, die Versicherungssumme zur Wiederherstellung des versicherten Gegenstands zu zahlen, so ist eine diesen Bestimmungen entsprechende Zahlung an den Versicherten dem Hypothekengläubiger gegenüber wirksam. 16

§ 1127 BGB erweitert die Haftung des Realgläubigers in der Weise, dass neben dem Grundstück auch die Erzeugnisse, Bestandteile des Grundstücks und Zubehör, iRd Hypothekenverbandes (§§ 1120 ff. BGB), der Hypothekenhaftung unterliegen. § 1127 BGB bezieht sich ferner nicht nur auf eine Feuerversicherung, sondern grds. auf alle Sachversicherungen, die dem VN = Grundstückseigentümer und damit auch dem Realgläubiger zugutekommen können. Wird aber das Grundstück nach Eintritt eines Versicherungsfalls veräußert wird und die Forderung gegen den Versicherer **nicht** mitübertragen, dann wird die Forderung dem Hypothekenverband entzogen mit der Folge, dass die Forderung beim Verkäufer bleibt (BGH r+s 2019, 586). Eine Vollstreckung gegen den neuen Eigentümer erstreckt sich dann nicht auf die Versicherungsforderung (andernfalls der Veräußerer immer gezwungen wäre, bei Veräußerung des Grundstücks die Forderung gegen den VR immer mit zu übertragen). 17

Demgegenüber bezieht sich § 1128 BGB nur auf die Gebäudeversicherung (nicht nur Feuer), soll aber auch analog auf Zubehör angewendet werden (vgl. Staudinger/*Wolfsteiner* BGB § 1128 Rn. 2 unter Hinweis auf RGZ 69, 314 (316); RGZ 157, 316). § 1129 BGB regelt Einzelheiten zur Mobiliarversicherung, Forderungen daraus sollen wie Miet- und Pachtforderungen des Grundstückseigentümers behandelt werden. § 1130 BGB wiederum regelt, dass Wiederherstellungsklauseln Wirkung auch gegenüber dem Realgläubiger haben sollen. 18

3. Interdependenz

19 Die versicherungsvertragsgesetzlichen und die zivilrechtlichen Bestimmungen gehören wie folgt zusammen: Die Regelungen der §§ 93, 94 finden ihre Ergänzung in den §§ 1128, 1130 BGB. Die Regelungen in §§ 142–149 haben keine zivilrechtliche Ergänzung; die Vorschriften in §§ 1127, 1129 BGB regeln die Beziehung zwischen Grundstückseigentümer = VN und Realgläubiger, wobei die Existenz eines Versicherungsvertrages und einer daraus ggf. resultierenden Entschädigungsleistung vorausgesetzt werden.

4. Einzelheiten

20 **a) Mobiliarversicherung.** Für die **Mobiliarversicherung** gilt, dass alle beweglichen Gegenstände, die dem Hypothekenverband der §§ 1120 ff. BGB unterfallen, gemäß § 1129 BGB wie Miet- und Pachtzinsforderungen zu behandeln sind. Der Realgläubiger hat – anders als bei der Gebäudeversicherung – so lange kein Pfandrecht an der Versicherungsleistung, wie er nicht eine **Beschlagnahme** erwirkt (Staudinger/*Wolfsteiner* BGB § 1129 Rn. 2 f.). Daraus folgt, dass der VR die Entschädigung an den VN bzw. den Versicherten auszahlen kann, ohne fürchten zu müssen, dem Realgläubiger gegenüber nach wie vor eintrittspflichtig zu sein. Der VN/Versicherte kann über die Forderung so lange frei verfügen, wie sie nicht zu Gunsten des Realgläubigers beschlagnahmt ist. Für Gläubiger (auch für den Zessionar) des VN gilt, dass sie auf die Versicherungsleistung Zugriff nehmen können, solange eine Beschlagnahme nicht erfolgt ist. Der **Realgläubiger** hat in der Mobiliarversicherung zwei Möglichkeiten, die Versicherungsforderung einzuziehen: Entweder lässt er das Grundstück durch Zwangsversteigerung oder Zwangsverwaltung nach den Vorschriften des ZVG beschlagnahmen oder er pfändet den Anspruch und lässt ihn sich überweisen (§§ 865 Abs. 2 Satz 2, 835 ZPO). Bei beweglichen Sachen, die dem Hypothekenverband nicht unterfallen (etwa ein Pkw, der dem wirtschaftlichen Zweck des Grundstücks, an dem der Realgläubiger sein Grundpfandrecht hat, nicht zu dienen bestimmt ist), ist der Realgläubiger ungeschützt. Hier hilft bestenfalls ein Hypothekensicherungsschein, durch den eine Verpfändung der Forderung des VN an den Realgläubiger bewirkt wird (Einzelheiten bei *Schmidt* S. 22 mwN).

21 **b) Immobilienversicherung.** In Bezug auf die **Gebäudeversicherung** wird auf die Kommentierung der §§ 142 ff. verwiesen. Grundsätzlich gilt, dass Haftungsobjekt des Realgläubigers die Versicherungsforderung ist, die er allerdings nicht unmittelbar erwirbt, sondern nur ein Pfandrecht daran gemäß §§ 1273 ff. BGB. Der VN kann auch vor Pfandreife nicht Zahlung an sich verlangen, sondern nur Zahlung an den Pfandgläubiger oder an sich und diesen gemeinsam (BGH NVersZ 2001, 179 = VersR 2001, 326 = r+s 2001, 118 unter Hinweis auf MüKoBGB/*Damrau,* 3. Aufl. 1998, BGB § 1281 Rn. 3). Daraus folgt gleichzeitig, dass auch Ansprüche des Realgläubigers auf die Versicherungsleistungen Ansprüche „aus dem Versicherungsvertrag" sind, so dass sie auch innerhalb der Verjährungsfrist nach §§ 195 ff. BGB verjähren (zum alten Recht OLG Düsseldorf r+s 1995, 401 = VersR 1996, 623; OLG Hamm r+s 1994, 241 = VersR 1994, 1106). Von Bedeutung ist schließlich, dass – soweit eine **Wiederherstellungsklausel** gilt (in Bezug auf Einzelheiten → § 93 Rn. 15 ff.) – die Voraussetzungen der Wiederaufbauklausel vorliegen müssen, damit die Entschädigungsspitze ausgekehrt werden kann; zuvor allerdings wird schon die unabhängig von der Wiederherstel-

lungsklausel zu zahlende Entschädigung (etwa der Zeitwertanteil in der Neuwertversicherung) fällig (OLG Hamm r+s 2007, 20). Hier ist der Realgläubiger über § 1134 Abs. 2 BGB geschützt, denn er kann bei Verweigerung des Wiederaufbaus die Wiederherstellung erzwingen (*Schmidt* S. 125 ff.); Gleiches gilt selbstverständlich auch für die Entschädigungsspitze, die erst bei Wiederherstellung fällig wird.

c) Umfang. Was den **Haftungsumfang** angeht, ist bei der Hypothek auf die Höhe der Valutierung am Tag des Versicherungsfalles abzustellen, bei einer Grundschuld grds. nach dem Grundschuldbetrag (Staudinger/*Wolfsteiner* BGB § 1127 Rn. 2 mwN). Anders als beim Erfüllungsanspruch auf die Versicherungsleistung fällt ein Schadensersatzanspruch wegen c.i.c. nicht unter die Deckungspflicht dem Realgläubiger gegenüber (BGH VersR 2006, 112; deswegen geht ein solcher Anspruch in der Zwangsversteigerung auch nicht auf den Erwerber über). 22

V. § 102 Abs. 1 aF

§ 102 (Haftung gegenüber Hypothekengläubiger trotz Leistungsfreiheit des Versicherers)

(1) [1]Ist bei der Gebäudeversicherung der Versicherer wegen des Verhaltens des Versicherungsnehmers von der Verpflichtung zur Leistung frei, so bleibt gleichwohl seine Verpflichtung gegenüber einem Hypothekengläubiger bestehen. [2]Das gleiche gilt, wenn der Versicherer nach dem Eintritt des Versicherungsfalls von dem Vertrag zurücktritt oder den Vertrag anficht. 23

(2) (hier nicht abgedruckt)

1. Motive

Der Gesetzgeber hat diese ungewöhnliche und weitreichende Vorschrift, nach der der VR dem Realgläubiger auch dann zur Leistung verpflichtet bleibt, wenn er dem VN gegenüber leistungsfrei ist (etwa weil dieser das Gebäude selbst in Brand gesteckt hat), in das Gesetz aufgenommen, um zur „Hebung des Grundkredits" beizutragen (vgl. Motive S. 102). Zum Ausgleich für seine weitreichende Eintrittspflicht geht das Grundpfandrecht auf den VR über (§ 104 aF) Näheres vgl. jetzt bei § 145. 24

2. Geltungsbereich

Grundsätzlich bleibt die Geltung der Vorschrift auf den Bereich der **Gebäudefeuerversicherung beschränkt** (vgl. BGH NJW-RR 1989, 1299 = VersR 1989, 912). Eine analoge Anwendung, etwa auf die Leitungswasserversicherung, ist danach ausdrücklich ausgeschlossen (zum Problem → Rn. 9). 25

Begünstigt sind alle Realgläubiger, also nicht nur der im Gesetz erwähnte Hypothekar, sondern auch der Grundschuldinhaber und der Gläubiger einer Reallast oder einer Rentenschuld, § 107b aF (trotz Vorliegens der Voraussetzungen des § 102 aF nicht legitimiert ist ein Zwangsverwalter auf Grund von Einziehungsermächtigungen wegen Fehlens eines schutzwürdigen Interesses, OLG Hamm r+s 2015, 235 = VersR 2016, 249). Allerdings ist eine Grundschuld nicht zu berücksichtigen, soweit sie nicht mehr valutiert ist und ein Rückgewähranspruch des Eigentümers besteht; anderenfalls würde der Eigentümer (gegenüber dem der VR ja leistungsfrei ist) entgegen § 107c aF doch in den Genuss der Versicherungs- 26 leistung kommen (OLG Saarbrücken NJW-RR 1998, 1486; es handelt sich um die zweite Berufungsentscheidung nach Zurückverweisung durch BGH NJW-RR 1997, 406 = VersR 1997, 570 = LM H. 4/97 § 102 VVG Nr. 4 mAnm *Voit;* Näheres → Rn. 38). Ist der Rückgewähranspruch abgetreten oder gepfändet, kommt auch der Abtretungsgläubiger insoweit in den Genuss des § 102 aF.

27 § 102 aF ist auch auf **Erbbaurechte** anwendbar. Dafür spricht schon der Wortlaut, der nur von der **Gebäudeversicherung** spricht. Ferner finden auf das Erbbaurecht gemäß § 11 Abs. 1 ErbbauRVO (mit Wirkung zum 30.11.2007 inhaltsgleich in Erbbaurechtsgesetz überführt) alle „die sich auf Grundstücke beziehenden Vorschriften" Anwendung. Deswegen bedarf es einer Analogie nicht (zur Analogiefeindlichkeit des § 102 aF vgl. BGH NJW 1989, 2621 = VersR 1989, 912). Die Gebäudefeuerversicherung hat Schutzwirkung grds. auch für den Realgläubiger des Erbbaurechts (Staudinger/*Ring* ErbbauRVO § 18 Rn. 3). Da der Realgläubiger ausdrücklich das Erbbaurecht beleiht und zumeist erst mit seinem Darlehen das Gebäude auf dem Grundstück, auf das sich das Erbbaurecht bezieht, errichten wird, ist die gesetzliche Regelung, die ausdrücklich auf die Gebäudeversicherung abstellt, auch zugunsten des Realgläubigers eines Erbbaurechts anzuwenden (OLG Hamburg VersR 1996, 1141; bestätigt durch Nichtannahmebeschl. des BGH v. 12.3.1997 – IV ZR 195/96).

28 Ein gewichtiger Einwand gegen diese Auffassung ergibt sich allerdings aus der cessio legis gemäß § 104 aF (jetzt § 145): Der Wert des Grundpfandrechtes vermindert sich erheblich, je länger das Erbbaurecht bereits läuft und sich ggf. seinem Ende zuneigt. Nun ist die uU tatsächlich verminderte Besicherung des auf den VR übergehenden Anspruchs kein Grund, dem Realgläubiger des Erbbaurechts den Anspruch aus § 102 aF zu versagen (OLG Hamburg VersR 1996, 1141es ist aber uU zu überprüfen, ob nicht der Schutz des Realgläubigers des Erbbaurechtes aus § 102 aF auf den anteiligen Wert des Grundpfandrechtes begrenzt wird, der sich unter Berücksichtigung des zeitlichen Ablaufs des Erbbaurechtes noch ergibt (vgl. dazu allerdings BGH NJW-RR 1997, 406 = VersR 1997, 570 = LM H. 4/97 § 102 VVG Nr. 4 mAnm *Voit;* Einzelheiten → Rn. 37 f.).

3. „Wegen des Verhaltens des Versicherungsnehmers" leistungsfrei

29 **a) Alle Umstände.** Grundsätzlich fallen alle Umstände, die zur Leistungsfreiheit des VR führen, unter den Anwendungsbereich des § 102 aF mit der Folge, dass die Leistungspflicht gegenüber dem Realgläubiger grds. bestehen bleibt; hierzu zählen Obliegenheitsverletzungen vor und nach dem Versicherungsfall, die grob fahrlässige oder gar vorsätzliche Herbeiführung des Schadenfeuers und schließlich der Rücktritt des VR vom Versicherungsvertrag oder dessen Anfechtung, allerdings nur, wenn der Versicherungsfall schon eingetreten ist (Abs. 1 Satz 2; vorher galt § 103 aF, vgl. jetzt § 143).

30 **b) Verjährung. Problematisch** sind die Fälle, in denen der VN den Anspruch verjähren lässt oder die Frist des § 12 Abs. 3 aF versäumt, denn diese Umstände führen nicht zur materiellen Leistungsfreiheit des VR im Zusammenhang mit dem Versicherungsfall, sondern sie lassen eine an sich bestehende, jedenfalls denkbare Leistungspflicht des VR aus formalen Gründen wieder entfallen. Hier dürfte § 102 aF mit der Folge nicht anwendbar sein, dass der Realgläubiger keine Ansprüche geltend machen kann (Ausnahme: das angemeldete Grundpfandrecht). Das gilt sicher für die Verjährung, muss aber auch für die Versäumung der Frist des § 12 Abs. 3 aF gelten,

denn es ist in den Fällen der Klagefristversäumung gleichgültig, ob die Leistungsfreiheit des VR bestand oder nicht (dem Realgläubiger bliebe er ja ohnehin eintrittspflichtig), sondern Verjährung und Fristversäumung verfolgen ja gerade den Zweck, unabhängig von der materiellen Rechtslage Rechtssicherheit herbeizuführen (ohne nähere Begründung skeptisch OLG Düsseldorf r+s 1995, 401 = VersR 1996, 623; wie hier BK/*Dörner/Staudinger* § 102 Rn. 7; dagegen *Johannsen* NVersZ 2000, 410, die aber auf die Anmeldung des Pfandrechts abstellt und dabei zu Unrecht zwischen Verjährung und § 12 Abs. 3 aF unterscheiden will).

c) Wiederherstellung. Nicht anwendbar ist § 102 aF ferner bei Vereitelung des Anspruchs durch unterlassenen Wiederaufbau oder bei Aufrechnung des VR mit Gegenansprüchen, etwa Prämienrückständen (ebenso *Johannsen* NVersZ 2000, 410 mwN). Ebenfalls nicht hierher gehört gemäß Abs. 2 Satz 1 ausdrücklich die Leistungsfreiheit des VR wegen nicht gezahlter Prämien. Weil das Gesetz nicht differenziert, bleibt die Leistungsfreiheit sowohl bei nicht gezahlter Erst- als auch bei nicht gezahlter Folgeprämie (allerdings nur iRd § 39 Abs. 3 aF) auch gegenüber dem Realgläubiger bestehen. 31

4. Bestehen bleibende Leistungspflicht

In allen zuvor → Rn. 28 erwähnten Fällen der **Leistungsfreiheit** des VR gegenüber dem VN in Bezug auf die Umstände des Versicherungsfalles bleibt die Leistungspflicht des VR dem Realgläubiger gegenüber bestehen. Soweit die Leistungsfreiheit des VR gegenüber **dem Realgläubiger** eintritt, bleibt der VR leistungsfrei: Das ist dann der Fall, wenn der Anspruch des Hypothekars, der der kurzen Verjährung gemäß § 12 Abs. 1 aF unterliegt, verjährt, wenn der Hypothekar selbst die Frist des § 12 Abs. 3 aF versäumt, wenn er eigene Obliegenheitsverletzungen begeht (etwa eine Täuschung im Zusammenhang mit der Schadenermittlung), dem Hypothekar eine Eigenbrandstiftung nachgewiesen werden kann oder er sich an einer betrügerischen Über- oder Doppelversicherung beteiligt. 32

Keinen Anspruch hat der Erwerber in der Zwangsversteigerung, weil das Recht aus § 102 aF nicht zu den übergehenden Rechten gemäß §§ 20, 55, 90 ZVG gehört (BGH VersR 1981, 521 = WM 1981, 488). Deswegen kann der Realgläubiger auch auf zweifache Weise vorgehen, ohne dass ihm die Einreden der Rechtshängigkeit oder der Rechtskraft entgegengehalten werden könnten: Er kann einerseits durch Pfändungs- und Überweisungsbeschluss die Rechte des VN geltend machen, er kann andererseits – parallel oder nacheinander – die Rechte aus § 102 aF verfolgen. Weil es sich insoweit bei den Rechten des VN und den Rechten aus § 102 aF um zwei unterschiedliche Ansprüche handelt, können auch beide gleichzeitig den VR gerichtlich auf Zahlung in Anspruch nehmen. 33

Einwendungen des VR gegen die Fälligkeit des Anspruchs, die mit einer noch festzustellenden Leistungsfreiheit des VR gegenüber dem VN zusammenhängen, können aus diesen Gründen dem Realgläubiger nicht entgegengesetzt werden: Ein anhängiges Ermittlungsverfahren gegen den VN wegen des Verdachtes der Eigenbrandstiftung berechtigt den VR daher nicht, Zahlungen dem Realgläubiger gegenüber zurückzuhalten (BGH NJW-RR 1991, 537 = VersR 1991, 331). 34

Unabhängig von der Person des VN oder des Realgläubigers ist der VR jedenfalls **leistungsfrei,** wenn ein Prämienverzug vorliegt (Abs. 2 Satz 1). Gleiches gilt in den Fällen, in denen der VR nicht wegen der materiellen Umstände des Versicherungsfalles leistungsfrei wird, sondern wenn seine an sich gegebene Leistungspflicht entfällt (Verjährung, Aufrechnung; → Rn. 29). 35

5. Anspruchsumfang

36 Mehr als er ohne § 102 aF erlangt hätte, kann der Realgläubiger auch bei Anwendung der Vorschrift nicht erlangen. Vielmehr ist sein Anspruch begrenzt auf die Höhe der Valutierung der Hypothek am Tag des Versicherungsfalles zuzüglich Zinsen und Kosten, bei der Grundschuld auf den Grundschuldbetrag, wenn nicht aufgrund einer Sicherungsabrede Akzessorietät besteht (dann wie bei der Hypothek (OLG Saarbrücken NJW-RR 1998, 1486); in diesen Fällen kommt auch der eventuelle Rückgewähranspruch des VN zum Tragen, → Rn. 26) und durch die Höhe des Schadens (BGH NJW-RR 1997, 406 = VersR 1997, 570 = LM H. 4/97 § 102 VVG Nr. 4 mAnm *Voit*).

37 Liegt die dinglich gesicherte Forderung über der Höhe der Versicherungsleistung zzgl. Zinsen, ist der Anspruch aus § 102 aF auf die Leistung des VR beschränkt.

38 **Keine Beschränkung** erfährt der Anspruch des Realgläubigers durch den **Wert des Pfandes,** also den Wert des Grundstücks einschließlich aller haftender Gegenstände im Hypothekenverband zum Zeitpunkt des Versicherungsfalles (BGH NJW-RR 1997, 406 = VersR 1997, 570 = LM H. 4/97 § 102 VVG Nr. 4 mAnm *Voit;* anders in der Vorinstanz OLG Saarbrücken VersR 1996, 971; die zweite Berufungsentscheidung nach Zurückverweisung ist OLG Saarbrücken NJW-RR 1998, 1486). Gegen die Auffassung des OLG Saarbrücken, nach der die wirtschaftliche Stellung des Realgläubigers im Falle der Verwertung des Grundpfandrechts (Versteigerung) mit der Situation nach Eintritt des Versicherungsfalles zu vergleichen sei mit der Folge, dass dem Realgläubiger kein Anspruch aus § 102 Abs. 1 aF zusteht, wenn er aus Gründen ausfällt, die mit dem Versicherungsfall nicht zu tun haben, hat der BGH entschieden, dass der Anspruch des Grundpfandgläubigers aus § 102 Abs. 1 aF bereits **mit dem Versicherungsfall** entsteht. Daraus folge, dass die sich in einer späteren Zwangsversteigerung herausstellende mangelnde Werthaltigkeit des Grundpfandrechts den bereits entstandenen Anspruch weder vermindern noch ihn gänzlich entfallen lassen könne. Da der Anspruch mit dem Versicherungsfall entstanden sei, komme es „für dessen rechtliches Schicksal nicht darauf an, ob das Grundpfandrecht im sichernden Grundstück ausreichende Deckung fand". Für eine Reduktion aufgrund geringerer Werthaltigkeit des Grundpfandrechts fehle in der gesetzlichen Regelung „jedweder Anhalt."

39 Dieses Ergebnis **überzeugt nicht,** denn die gesetzliche Regelung in § 102 Abs. 1 aF bezweckt eine **Sicherung** und **keine Besserstellung des Grundpfandgläubigers** durch den eingetretenen Versicherungsfall (vgl. auch *Langheid/Müller-Frank* NJW 1997, 3134 (3139)). Ohne den Versicherungsfall hätte sich die Werthaltigkeit des Grundpfandrechtes nach dem in der Zwangsversteigerung erzielten Wert des Grundstücks gerichtet, und zwar unter Berücksichtigung vorrangiger Pfandrechte. Erlangt der Realgläubiger nunmehr aus § 102 Abs. 1 aF einen (zunächst) uneingeschränkten Anspruch gegen den VR, während er ohne den Versicherungsfall in der Zwangsvollstreckung mit seinem Recht ganz oder teilweise ausgefallen wäre, ist damit eine vom Gesetz weder vorgeschriebene noch bezweckte Besserstellung verbunden.

40 Davon zu unterscheiden sind die Fälle, in denen das Pfandrecht des Realgläubigers durch den inzwischen eingetretenen Versicherungsfall bei anschließender Versteigerung tatsächlich entwertet wird; ein darauf zurückzuführender Mindererlös ist bei einer hypothetischen Gegenüberstellung nicht zu berücksichtigen (so

schon BGH VersR 1981, 521). Fällt der Realgläubiger aber unabhängig vom Versicherungsfall aus (im konkret entschiedenen Einzelfall war der Realgläubiger mit einem Teil seiner Forderungen ausgefallen, obwohl im Versteigerungstermin noch unbekannt war, dass der VN das Gebäude am Abend vor der Versteigerung in Brand gesetzt hatte), müsste dies aus den vorhergesagten Gründen den Anspruch auch aus § 102 aF reduzieren (wie hier *Voit* LM H. 4/97 § 102 VVG Nr. 4; aA *Johannsen* NVersZ 2000, 413, die allerdings darauf hinweist, dass auch nach der BGH-Rspr. die „mangelnde Werthaltigkeit des Grundpfandrechts in der Höhe des Anspruchs ihren Niederschlag finden" müsse; Prölss/Martin/*Kollhosser,* 27. Aufl. 2004, § 102 Rn. 8; BK/*Dörner/Staudinger* § 102 Rn. 20).

Nicht entschieden ist mit BGH NJW-RR 1997, 406 (= VersR 1997, 570 = LM H. 4/97 § 102 VVG Nr. 4 mAnm *Voit*), ob dem Realgläubiger vorrangige Eigentümergrundschulden und nicht valutierte Teile vorrangiger Rechte, bezüglich derer ein **Rückgewähranspruch** des VN besteht, die vom Realgläubiger zuvor nicht gepfändet und die auch nicht an ihn abgetreten wurden, bei der Berechnung der Höhe des Anspruchs aus § 102 Abs. 1 aF entgegengehalten werden können (zur Erstreckung des Rückgewähranspruchs auf den an sich auf die Grundschuld entfallenden Versteigerungserlös vgl. BGH NJW 1992, 1620). **41**

6. Aktivlegitimation

Grundsätzlich kann nur der Realgläubiger den Anspruch aus § 102 aF geltend machen. Der VN ist nicht aktivlegitimiert und kann auch nicht auf Leistung an den Realgläubiger klagen. Der Realgläubiger indes hat alle Rechte, die der VN gehabt hätte: So muss der Realgläubiger sich nicht das Verhalten des VN vor Feststellung der Leistungsfreiheit des VR diesem gegenüber zurechnen lassen, etwa bereits durchgeführte Sachverständigenverfahren oÄ **42**

Die **Rangfolge** der verschiedenen Realgläubiger untereinander bestimmt sich nach der im Grundbuch eingetragenen Reihenfolge der verschiedenen Grundpfandrechte. Aufgrund von Rückgewähransprüchen bei nicht mehr valutierten Grundschulden und aufgrund der Entstehung von Eigentümergrundschulden bei nicht mehr valutierten Hypotheken mit der Möglichkeit anschließender Abtretung oder Pfändung an Dritte können sich hier erhebliche Verschiebungen ergeben, die sich nachteilig gegen den Realgläubiger auswirken können. **43**

Erlischt ein vorrangiges Recht ganz oder teilweise, kann der Realgläubiger uU aufrücken, wenn das vorrangige Grundpfandrecht nicht Dritten zusteht, indem er in die vorrangigen Positionen vollstreckt; dabei ist immer die Regelung in § 107c aF (jetzt § 149) zu berücksichtigen, die verhindern soll, dass der VN = Eigentümer trotz der ihm gegenüber bestehenden Leistungsfreiheit des VR doch noch in den Genuss der Versicherungsleistung kommt. Vorrangige Rechte kann der Realgläubiger also dann nicht erwerben, wenn sie dem Eigentümer zustehen; das kann der Realgläubiger nur durch Pfändung dieser Rechte verhindern. **44**

7. Subsidiarität

Treffen zwei Gebäudeversicherungsverträge aufeinander (vgl. etwa BGH r+s 1988, 86; hier hatte der Gebäudeeigentümer ebenso einen Feuerversicherungsvertrag abgeschlossen wie der Mieter des Gebäudes mit der Folge, dass zwei Versicherungsverträge für das gleiche Interesse abgeschlossen worden waren), entsteht Doppelversicherung gemäß § 59 aF mit der Folge, dass der Realgläubiger einen Anspruch gegen die als Gesamtschuldner haftenden Gebäudeversicherer gemäß **45**

§ 59 Abs. 1 aF hat (BGH r+s 1988, 86). Ist der eine Gebäudeversicherer dem VN gegenüber leistungsfrei (etwa wegen arglistiger Täuschung im Zusammenhang mit den Regulierungsverhandlungen) und haftet er deswegen nur noch aus § 102 aF, während der andere Gebäudeversicherer weiterhin vertraglich haftet, tritt die Haftung aus § 102 aF nicht subsidiär hinter der vertraglichen Haftung zurück, sondern es bleibt bei der gesamtschuldnerischen Verpflichtung und der Anwendung der Grundsätze über die Doppelversicherung.

46 Soweit Prölss/Martin/*Kollhosser,* 26. Aufl. 1998, § 102 Rn. 10 unter Hinweis auf KG VA 1936 Nr. 2885 die gegenteilige Auffassung vertritt, ist dem nicht zuzustimmen. Die zitierte Entscheidung trägt das behauptete Ergebnis nämlich nicht, weil das KG nur aus den „besonderen Umständen" des damals zu entscheidenden Falles eine vorrangige Haftung des vertraglich verpflichteten VR angenommen hatte; aus dieser Argumentation kann gerade im Umkehrschluss abgeleitet werden, dass das KG ohne diese „besonderen Umstände" von einer gesamtschuldnerischen Verpflichtung des gesetzlich verpflichteten und des vertraglich verpflichteten VR ausgegangen ist.

47 Die Berücksichtigung eines „gesetzlichen Leitbildes", wie es etwa in § 158c Abs. 1 und Abs. 4 aF vorhanden ist (Eintrittspflicht des Haftpflichtversicherers gegenüber dem Dritten, auch wenn gegenüber dem VN Leistungsfreiheit besteht; allerdings haftet der Haftpflichtversicherer nicht, wenn der Dritte anderweitigen Schadensersatz zu erlangen imstande ist), führt nicht zur Subsidiarität der Haftung aus § 102 aF. Aus einem solchen gesetzlichen Leitbild kann nicht gefolgert werden, dass der nur aus § 102 aF verpflichtete VR den Realgläubiger auf seine Ansprüche gegen den vertraglich haftenden VR verweisen darf, denn damit würde der Schutz des § 102 aF ausgehöhlt, weil der Realgläubiger dann immer auf die Möglichkeit anderweitiger Realisierung seines dinglichen Anspruches verwiesen werden könnte. Das aber ist ausdrücklich und gerade nicht gewollt.

48 Da ein Rangverhältnis zwischen vertraglicher und gesetzlicher Verpflichtung zwar aufgrund von Subsidiaritätsabreden vereinbart werden kann, die gesetzlichen Vorschriften der §§ 420, 426 BGB aber nicht zwischen vertraglich und gesetzlich haftenden Schuldnern unterscheiden, muss es bei der Gleichrangigkeit des gesetzlich und des vertraglich verpflichteten Gebäudeversicherers bleiben. Daran ändert auch die Regelung in § 104 aF nichts (Übergang des Grundpfandrechtes auf den aus § 102 aF verpflichteten VR; vgl. jetzt § 145), denn die Besicherung etwaiger Schadensersatz- oder Bereicherungsansprüche des gesetzlich verpflichteten VR gegen den VN belegt noch nicht, dass solche Ansprüche gegen den VN tatsächlich begründet sind; außerdem würde der vertraglich haftende VR für solche Schadensersatzansprüche nicht einzustehen haben, denn er hat den Versicherungsfall „Schadenfeuer" versichert und will nicht für vertragliche Verstöße des VN dem anderen VR gegenüber einstehen. Selbst wenn also ein Bereicherungs- oder Schadensersatzanspruch des gesetzlich haftenden VR gegen den VN bestünde und dafür auch das Grundpfandrecht gemäß § 104 aF haften würde, wäre **dieser** Anspruch durch den vertraglich haftenden VR **nicht gedeckt.**

VI. § 105 aF

§ 105 aF (Interessenversicherung des Realgläubigers)

49 [1]Im Falle des § 102 Abs. 1 Satz 2, Abs. 2 Satz 2, § 103 ist der Versicherer verpflichtet, bis zur anderweitigen Versicherung der Gebäude mit dem Hypothekengläu-

biger für dessen Interesse eine Gebäudeversicherung abzuschließen oder die Versicherung fortzusetzen, wenn der Hypothekengläubiger dies bis zum Ablauf der in diesen Vorschriften bezeichneten Fristen schriftlich bei dem Versicherer beantragt und sich zur Zahlung der Prämie verpflichtet. [2]Die Versicherung muß das berechtigte Interesse des Hypothekengläubigers gewährleisten.

1. Fortsetzungsvertrag

Diese Vorschrift erweitert den Schutz des Realgläubigers aus §§ 102, 103 aF **50**
um den **Anspruch** des Realgläubigers auf Abschluss eines Fortsetzungsvertrages mit dem VR, der sich in den genannten Fällen (§ 102 Abs. 1 Satz 2: Rücktritt/ Anfechtung; § 102 Abs. 2 Satz 2: Nichtzahlung der Folgeprämie; § 103: alle denkbaren Fälle der Vertragsbeendigung) vom Versicherungsvertrag lösen möchte. Es besteht grds. **Kontrahierungszwang,** es sei denn, dass auch in der Person des Realgläubigers Gründe vorliegen, die zur Beendigung des Vertrages berechtigen (vgl. auch Prölss/Martin/*Klimke* Nach § 149 Rn. 13).

2. Wahlrecht des Versicherers

Das Gesetz räumt dem VR zwei Möglichkeiten ein: Er kann die bisherige **51**
Versicherung **fortsetzen,** er kann aber auch mit dem Realgläubiger eine neue Gebäudeversicherung **für dessen Interesse** abschließen. Satz 2 hebt erneut hervor, dass der Versicherungsvertrag zwischen VR und Realgläubiger das berechtigte Interesse des Realgläubigers gewährleisten muss. Daraus folgt, dass es sich um eine **Hypothekeninteresseversicherung** handelt, durch die nicht mehr das Eigentum versichert wird, sondern das Pfandrecht des Realgläubigers. Je nachdem, welche Variante der VR wählt, gelten die Bedingungen des neuen Versicherungsvertrages oder der alte Versicherungsvertrag wirkt fort. Das ist nur soweit möglich, als der Realgläubiger auch tatsächlich Einwirkungsmöglichkeiten auf die versicherte Sache hat, so dass uU etwa Sicherheitsobliegenheiten als stillschweigend abbedungen angesehen werden müssen (ebenso Prölss/Martin/*Klimke* Nach § 149 Rn. 15; BK/*Dörner/Staudinger* § 105 Rn. 12).

Aus dem versicherten Interesse des Realgläubigers wird man auch entnehmen **52**
müssen, dass eine ursprünglich vereinbarte Wiederaufbauklausel im Anschlussvertrag nicht vereinbart wird, denn das Interesse des Realgläubigers erstreckt sich auf die Besicherung seiner Forderung und nicht auf die Wiederherstellung des Gebäudes nach dem Schadenfall. Unter Umständen gebietet es aber die Interessenlage, auch insoweit im Einvernehmen der Vertragsparteien eine Wiederaufbauklausel anzunehmen, etwa wenn der Realgläubiger nicht sein Kapital realisieren will, sondern an der Fortsetzung des dem Grundpfandrecht zugrunde liegenden Schuldverhältnis interessiert ist (so wird eine Hypothekenbank idR die Zinsen aus dem abgeschlossenen Darlehensvertrag einziehen wollen, während sie an einer vorzeitigen Kapitalrückführung nicht interessiert sein wird).

3. Prämie

Der Realgläubiger schuldet eine ggf. neu zu kalkulierende **Prämie.** Machen **53**
mehrere Realgläubiger von der Möglichkeit des § 105 aF Gebrauch, entsteht keine Gesamtschuldnerschaft, sondern es kommt jeweils ein Einzelvertrag zwischen VR und Realgläubiger zustande (differenzierend nach Abschluss einer Hypothekeninteresseversicherung (selbstständiger Vertrag) oder Fortsetzung der Versicherung

(Gesamtschuldner) Prölss/Martin/*Klimke* Nach § 149 Rn. 14 f. und BK/*Dörner/Staudinger* § 105 Rn. 9 und 12). Jedem einzelnen ist der VR dann nach Maßgabe des „Hypothekeninteresses", also nach Maßgabe der noch verbleibenden Valuta des Grundpfandrechtes, verpflichtet.

4. Versicherungsleistung

54 Kommt es nunmehr zum **Versicherungsfall,** zahlt der VR an den Realgläubiger nicht nach Maßgabe der §§ 102, 103 aF, sondern aufgrund des neu zustande gekommenen Versicherungsvertrages über das Interesse des Realgläubigers. Daraus folgt gleichzeitig, dass auch die Hypothek nicht gemäß § 104 aF auf den VR übergeht. Will er das aber erreichen, muss er sich in dem neuen Versicherungsvertrag mit dem Realgläubiger dessen Rechte für den Fall einer Leistung seinerseits abtreten lassen. Dabei ist der VR an § 104 Satz 2 aF nicht gebunden mit der Folge, dass er gleich- und nachrangigen Gläubigern den Übergang des Grundpfandrechtes auf ihn entgegenhalten kann. Das gilt aber nur so lange, wie der VR nicht mit den gleich- oder nachrangigen Gläubigern ihrerseits Hypothekeninteresseversicherungen abgeschlossen hat. **Beispiel:** Der VR hat mit dem rangbesseren Realgläubiger eine Fortsetzungspolice abgeschlossen, dem rangschlechteren Realgläubiger haftet er nur aus § 103 aF. Soweit er aus § 103 aF leistet, geht das Grundpfandrecht auf ihn über mit der Folge, dass er **diesen** Übergang nicht zum Nachteil gleich- oder nachrangiger Gläubiger geltend machen kann. Das gilt aber nicht für den rangbesseren Gläubiger, dem der VR aufgrund des Fortsetzungsvertrages eintrittspflichtig ist: Soweit er sich dessen Recht einschließlich Rang hat abtreten lassen, kann er diesen Übergang den nachrangigen Gläubigern entgegenhalten. Aus alledem folgt ferner, dass ohne eine Abtretung das Grundpfandrecht erlischt, sobald der VR auf den Versicherungsfall gezahlt hat.

5. Zeitliche Geltung

55 § 105 aF ist bis zum Ablauf der Fristen, die sich aus dem Gesetz ergeben (§§ 102 Abs. 2 Satz 2, 103 aF) und binnen derer der VR vom Versicherungsvertrag zurückgetreten ist (§ 102 Abs. 1 Satz 2 aF), anwendbar. Bis zu diesem Zeitpunkt kann der Realgläubiger schriftlich den Neuabschluss des Hypothekeninteresseversicherungsvertrages oder die Fortsetzung des alten Gebäudeversicherungsvertrages verlangen. Sämtliche Fortsetzungsverträge **erlöschen,** wenn das Gebäude anderweitig neu versichert wird.

§ 142 Anzeigen an Hypothekengläubiger

(1) [1]**Bei der Gebäudefeuerversicherung hat der Versicherer einem Hypothekengläubiger, der seine Hypothek angemeldet hat, unverzüglich in Textform anzuzeigen, wenn die einmalige oder die erste Prämie nicht rechtzeitig gezahlt oder wenn dem Versicherungsnehmer für die Zahlung einer Folgeprämie eine Frist bestimmt wird.** [2]**Dies gilt auch, wenn das Versicherungsverhältnis nach Ablauf der Frist wegen unterbliebener Zahlung der Folgeprämie gekündigt wird.**

(2) **Der Versicherer hat den Eintritt des Versicherungsfalles innerhalb einer Woche, nachdem er von ihm Kenntnis erlangt hat, einem Hypothe-**

kengläubiger, der seine Hypothek angemeldet hat, in Textform anzuzeigen, es sei denn, der Schaden ist unbedeutend.

I. Normzweck

1. Prämienverzug

1 Nach der Gesetzesbegründung (BT-Drs. 16/3945, 94) erstreckt sich die Anzeigepflicht des VR nach Satz 1 in Erweiterung der früheren gesetzlichen Regelung (§ 101 Abs. 2 aF) auch auf den Fall, dass die einmalige oder die erste Prämie vom VN nicht rechtzeitig gezahlt wird, womit der Hypothekengläubiger in die Lage versetzt wird, für den notwendigen Versicherungsschutz – sei es durch eigene Prämienzahlung, sei es durch Versichererwechsel – zu sorgen. Ferner wurde – wie sonst auch – die Textform eingeführt.

2. Anzeigepflicht

2 Nach Abs. 2 muss der VR den Grundpfandgläubiger über Versicherungsfälle informieren. Auch hier ist die Schriftform durch die **Textform** ersetzt worden.

II. Regelungsinhalt

3 § 142 stellt auf die **Anmeldung** seines Rechts durch den Realgläubiger ab. Diesem gegenüber ist nicht nur eine Leistung des VR bei unterbliebener oder verweigerter Zustimmung in Textform gegenüber unwirksam (§ 94 Abs. 4), sondern diesem gegenüber hat der VR auch bestimmte **Melde- und Anzeigepflichten.** In diesem Zusammenhang ist die Regelung in § 147 iVm § 13 Abs. 1 zu berücksichtigen, wonach der VR seinen Anzeige- und Mitteilungspflichten genügt, wenn er sie an die letzte bekannte Anschrift des Realgläubigers versandt hat, wenn dieser seine Anschrift oder seinen Namen geändert hat, ohne dies dem VR mitzuteilen.

III. Anmeldung

4 Die Anmeldung kann formlos erfolgen (→ § 143 Rn. 6).

IV. Prämie (Abs. 1)

1. Erst- oder Folgeprämie

5 Das Gesetz erwähnt sowohl die Folgeprämie (§ 38) als auch die einmalige oder erste Prämie (§ 37). Letzteres ist eine Neuerung der VVG-Reform 2008 mit dem Ziel, den Hypothekengläubiger auch bei Zahlungsverzug des VN mit der Erstprämie in die Lage zu versetzen, durch (eigene) Zahlung der Prämie für Versicherungsschutz zu sorgen.

2. Inhalt der Mitteilung

6 Der VR muss lediglich angeben, dass die Erstprämie nicht rechtzeitig gezahlt wurde bzw. dass er dem VN für die Zahlung einer Folgeprämie eine Frist bestimmt hat. Mehr ist nicht geschuldet. Da die Vorschrift aber dem Realgläubiger die Möglichkeit geben soll, seinerseits für ordnungsgemäße Versicherung Sorge zu leisten, ist es tunlich und liegt auch im Interesse des VR, die einzelnen Umstände, namentlich die Höhe der geschuldeten Prämie zuzüglich Nebenkosten, mitzuteilen sowie mit der Fristbestimmung auch das Ende der Frist (Schwintowski/Brömmelmeyer/*Michaelis* § 142 Rn. 2 halten diese Angaben – zu Unrecht, da ohne Stütze im Gesetzeswortlaut – für zwingend; ähnlich Prölss/Martin/*Klimke* § 142 Rn. 3; Langheid/Wandt/*Staudinger* § 142 Rn. 13 unter Hinweis auf die gesetzgeberische Intention; wie hier HK-VVG/*Halbach* § 142 Rn. 4). Ganz sicher schuldet der VR eine Belehrung über die Rechtsfolgen; nur aus dem Umstand, dass ein freiwilliger Hinweis sinnvoll ist, folgt keine Rechtspflicht (für ein diesbezügliches unbewusstes Versäumnis des Gesetzgebers spricht nichts).

3. Kündigung

7 Der VR muss dem Realgläubiger in gleicher Weise Mitteilung machen, wenn wegen der unterbliebenen Prämienzahlung eine Kündigung des Versicherungsvertrages erfolgt ist. Das bedeutet im Fall des Verzugs des VN mit einer Folgeprämie eine **doppelte Meldepflicht** des VR: Er muss den Realgläubiger nicht nur von der Fristsetzung informieren, sondern auch davon, dass die Fristsetzung keinen Erfolg hatte und deswegen eine Kündigung erfolgt ist. Damit soll sichergestellt werden, dass der Realgläubiger gemäß § 38 Abs. 3 Satz 3 die Unwirksamkeit der Kündigung durch Zahlung der Prämie herbeiführen kann. Auch hier ist eine Belehrung dem Realgläubiger gegenüber nicht erforderlich, wohl aber sinnvoll (aA auch hier Schwintowski/Brömmelmeyer/*Michaelis* § 142 Rn. 3: Hinweispflicht; ebenfalls dahingehend Langheid/Wandt/*Staudinger* § 142 Rn. 16; wie hier Prölss/Martin/*Klimke* § 142 Rn. 5).

V. Anzeigepflicht nach Abs. 2

8 Der VR muss dem Realgläubiger, der sein Recht angemeldet hat, Kenntnis von einem eingetretenen Versicherungsfall verschaffen. Die Vorschrift bezweckt, dass der Realgläubiger seine Rechte im Zusammenhang mit dem ihm zustehenden Pfandrecht an der Versicherungsforderung geltend machen kann; da der Realgläubiger aber durch § 94 (im Falle einer Wiederaufbauklausel) oder über § 1128 BGB (ohne Wiederaufbauklausel) hinreichend geschützt wird, ist ein Schadensersatzanspruch des Realgläubigers über eine unterlassene Versicherungsfallanzeige des VR kaum denkbar. IÜ genügt eine tatsächliche Kenntniserlangung des Realgläubigers, gleichviel ob er die Kenntnis durch den VR oder durch den VN erlangt hat (iE wie hier Prölss/Martin/*Klimke* § 142 Rn. 7; anders BK/*Dörner/Staudinger* § 101 Rn. 8: Nur VR soll wirksam informieren können, was aber mit dem Schutzzweck kaum zu vereinbaren ist).

9 **Unbedeutend** ist der Schaden dann, wenn er das Recht des Realgläubigers nicht beeinträchtigt; das ist dann der Fall, wenn das Grundpfandrecht auch unter Berücksichtigung des Schadens werthaltig bleibt und durch den Restwert des Grundstücks gedeckt ist.

§ 143 Fortdauer der Leistungspflicht gegenüber Hypothekengläubigern

(1) **Bei nicht rechtzeitiger Zahlung einer Folgeprämie bleibt der Versicherer gegenüber einem Hypothekengläubiger, der seine Hypothek angemeldet hat, bis zum Ablauf eines Monats ab dem Zeitpunkt zur Leistung verpflichtet, zu welchem dem Hypothekengläubiger die Bestimmung der Zahlungsfrist oder, wenn diese Mitteilung unterblieben ist, die Kündigung mitgeteilt worden ist.**

(2) **[1]Die Beendigung des Versicherungsverhältnisses wird gegenüber einem Hypothekengläubiger, der seine Hypothek angemeldet hat, erst mit dem Ablauf von zwei Monaten wirksam, nachdem ihm die Beendigung und, sofern diese noch nicht eingetreten war, der Zeitpunkt der Beendigung durch den Versicherer mitgeteilt worden ist oder er auf andere Weise hiervon Kenntnis erlangt hat. [2]Satz 1 gilt nicht, wenn das Versicherungsverhältnis wegen unterbliebener Prämienzahlung durch Rücktritt oder Kündigung des Versicherers oder durch Kündigung des Versicherungsnehmers, welcher der Hypothekengläubiger zugestimmt hat, beendet wird.**

(3) **Absatz 2 Satz 1 gilt entsprechend für die Wirksamkeit einer Vereinbarung zwischen dem Versicherer und dem Versicherungsnehmer, durch die der Umfang des Versicherungsschutzes gemindert wird oder nach welcher der Versicherer nur verpflichtet ist, die Entschädigung zur Wiederherstellung des versicherten Gebäudes zu zahlen.**

(4) **[1]Die Nichtigkeit des Versicherungsvertrags kann gegenüber einem Hypothekengläubiger, der seine Hypothek angemeldet hat, nicht geltend gemacht werden. [2]Das Versicherungsverhältnis endet jedoch ihm gegenüber nach Ablauf von zwei Monaten, nachdem ihm die Nichtigkeit durch den Versicherer mitgeteilt worden ist oder er auf andere Weise von der Nichtigkeit Kenntnis erlangt hat.**

I. Normzweck

Nach **§ 102 Abs. 1** aF war der VR dem Grundpfandgläubiger gegenüber selbst dann verpflichtet, wenn der VN den Versicherungsfall **vorsätzlich herbeigeführt hatte** (→ Vor § 142 Rn. 24 ff.). Diese Vorschrift ist mit der VVG-Reform 2008 weggefallen. Ansonsten ist alles beim Alten geblieben, nur die Fristen des § 103 aF (drei Monate) sind auf zwei Monate verkürzt worden, wobei allerdings für die Nichtzahlung der Folgeprämie, die an sich durch Abs. 2 Satz 2 von der Wirksamkeitserstreckung des Satzes 1 ausgenommen ist, wieder Abs. 1 mit der Monatsfrist gilt. § 143 normiert damit weiterhin die Fortdauer der Leistungspflicht, allerdings in begrenzter Weise. 1

II. Nichtzahlung der Folgeprämie (Abs. 1)

Nach Abs. 1 bleibt der VR auch bei Verzug des VN hinsichtlich einer Folgeprämie gegenüber dem Realgläubiger verpflichtet, wenn dieser das Grundpfandrecht **angemeldet** hat. Diese Anmeldung kann **formlos** erfolgen, sie muss nur dem VR oder seinem Vermittler (dem Makler nur bei entsprechender Empfangsvoll- 2 macht durch den VR), bei mehreren VR allen gegenüber (Ausnahme wiederum: entsprechende Empfangsvollmacht für den Führenden) erklärt werden. Die Haftung erstreckt sich bis zum Ablauf eines Monats ab Kenntnis des Realgläubigers von der Prämienzahlungsfrist oder der Kündigung des Versicherungsvertrages. Die Kenntnisverschaffung obliegt dem VR, dem dabei die Regelung des § 147 zur Seite steht. Das heißt der Realgläubiger muss jede Anschriften- oder Namensänderung mitteilen, anderenfalls reicht gemäß § 13 Abs. 1 die Mitteilung an die letzte bekannte Anschrift aus.

III. Beendigung des Versicherungsvertrages (Abs. 2)

1. Allgemeines

3 Die Regelung in Abs. 2 ergänzt die Vorschriften zum Schutze des Realgläubigers in §§ 94 und 142, die dem VR Anzeigepflichten und bei der Anmeldung des Grundpfandrechtes weitere Mitteilungspflichten gegenüber dem Realgläubiger auferlegen. § 143 bewirkt einen ergänzenden Gläubigerschutz dahingehend, dass **Kündigung, Rücktritt, Fristabläufe und sonstige Beendigungstatsachen** dem Realgläubiger gegenüber erst mit einer Frist von zwei Monaten ab Mitteilung durch den VR wirksam werden. Der Realgläubiger muss positive Kenntnis haben, ein Kennenmüssen reicht nicht aus (OLG Hamm r+s 2013, 72 = VersR 2013, 901).

2. Beendigung des Versicherungsverhältnisses

4 Dem Realgläubiger, der sein Recht beim VR angemeldet hat, soll bei der Beendigung des Versicherungsverhältnisses Gelegenheit gegeben werden, anderweitig für Versicherungsschutz zu sorgen. In Frage kommen folgende Gründe für die Beendigung:

5 **a) Kündigung.** Zunächst kann es sich um eine **Kündigung des VR** handeln. Der Grund für die Kündigung spielt keine Rolle, solange es sich nicht um eine Kündigung wegen Verzugs mit der Folgeprämie handelt (allerdings → Rn. 14). Auch eine **Kündigung des VN,** für die die Anzeigepflicht des VR ebenfalls besteht (§ 144), fällt unter die Regelung in Abs. 2 mit der Folge einer um zwei Monate verlängerten Auslauffrist, wenn nicht der Realgläubiger der Kündigung durch den VN **zugestimmt** hat (Satz 2) (→ Rn. 14). In Frage kommen hier Kündigungen nach Eintritt des Versicherungsfalles und Kündigungen nach § 11 Abs. 2 Satz 1 und Abs. 4 sowie **Erwerberkündigungen** gemäß § 96 Abs. 2.

6 **b) Rücktritt.** Der **Rücktritt des VR vom Vertrag** ist denkbar bei einer vorvertraglichen Anzeigepflichtverletzung des VN gemäß §§ 19 ff. oder bei nicht gezahlter Erstprämie gemäß § 37. Für die zuletzt genannte Rücktrittsvariante gilt die Regelung wegen Satz 2 **nicht** (→ Rn. 14). Die verlängerte Auslauffrist nach Abs. 2 Satz 1 gilt auch für einen Rücktritt **nach Eintritt eines Versicherungsfalles** (zum früheren Recht zust. *Johannsen* NVersZ 2000, 414; zum früheren Recht anders Prölss/Martin/*Kollhosser,* 27. Aufl. 2004, § 103 Rn. 1; BK/*Dörner/Staudinger* § 103 Rn. 4; zum geltenden Recht wie hier Langheid/Wandt/*Staudinger* § 143 Rn. 12; Prölss/Martin/*Klimke* § 143 Rn. 16; Looschelders/Pohlmann/*Stagl/Brand* § 143 Rn. 8). Denn auch und gerade nach Eintritt eines Versicherungsfalles (der ja häufig erst die Anzeigepflichtverletzung des VN offenbart) kann

es zu einem Rücktritt des VR kommen, so dass über die Frage der Eintrittspflicht hinaus der Zeitpunkt der Beendigung des Versicherungsvertrages für alle Beteiligten einschließlich des Realgläubigers von Interesse ist.

c) Fristablauf. Unter einem **Fristablauf,** der die Beendigung des Versicherungsverhältnisses zur Folge hat, hat man sich die Beendigung eines befristeten Versicherungsvertrages ohne Verlängerungsklausel vorzustellen, vgl. §§ 10, 11. Denkbar wäre ein Fristablauf auch bei einer einverständlichen Vertragsaufhebung (vgl. dazu sogleich Buchst. d) mit einer Auslauffristvereinbarung. 7

d) Sonstiges. Sonstigen Tatsachen, die die Beendigung des Vertrages zur Folge haben, sind alle anderen, zuvor noch nicht behandelten Beendigungsgründe für das Versicherungsvertragsverhältnis, etwa eine **einverständliche Vertragsaufhebung** oder das Widerrufsrecht gemäß § 8 Abs. 1. Eine sonstige Tatsache kann auch einen Interessewegfall gemäß § 80 sein; Abs. 2 erfasst alle denkbaren weiteren Gründe für die Beendigung des Versicherungsvertragsverhältnisses, denn die Intention des Gesetzgebers liegt in einem weitgehenden Schutz des Realgläubigers und der ihm einzuräumenden Möglichkeit, das Risiko anderweitig einzudecken. 8

e) Anfechtung (Abs. 4). Eine Vertragsbeendigung kann auch die **Anfechtung** des Versicherungsvertrages durch den VR wegen einer arglistigen Täuschung des VN im Rahmen der Vertragsanbahnung sein, § 22 VVG, § 123 BGB. Hierzu hat **Abs. 4** eine Sonderregelung geschaffen, nach der die Nichtigkeit des Vertrages dem Realgläubiger gegenüber, der seine Hypothek angemeldet hat, nicht geltend gemacht werden kann. Das Versicherungsverhältnis endet ihm gegenüber mit dem Ablauf von zwei Monaten ab Kenntnis des Realgläubigers von der Nichtigkeit des Vertrages (etwa durch die Anfechtung). Neben der Anfechtung kommen als Nichtigkeitsgründe auch die betrügerische Überversicherung in Betracht (§ 74 Abs. 2) oder auch die betrügerische Mehrfachversicherung (§ 78 Abs. 3). 9

3. Keine Auslauffrist

Dem Realgläubiger steht die zweimonatige Auslauffrist **nicht** zur Verfügung, wenn der VR wegen **ausbleibender Erst- oder Folgeprämie** den Vertrag kündigt oder von diesem zurücktritt (Abs. 2 Satz 2). Das Gleiche gilt, wenn die Kündigung vom VN **mit Zustimmung des Realgläubigers** erklärt wird (§ 144). Dann gilt Abs. 2 Satz 1 nicht, sondern der Vertrag wird wie sonst auch, das heißt ohne Auslauffrist gegenüber dem Realgläubiger, beendet. 10

IV. Minderung des Versicherungsschutzes (Abs. 3)

Nach der Regelung in **Abs. 3** gelten die obigen Ausführungen auch für die Minderung des Umfanges des Versicherungsschutzes. Hierunter fallen vor allem die **Herabsetzung der Versicherungssumme** oder die **Verminderung der versicherten Gefahr.** Auch die Einschränkung der Leistungspflicht des VR durch die nachträgliche Vereinbarung einer **Wiederherstellungsklausel** unterfällt der Regelung in Abs. 2 Satz 1, so dass alle diese vertraglichen Modifikationen dem Realgläubiger gegenüber erst mit Ablauf einer Frist von zwei Monaten ab dessen Kenntnis wirksam werden. 11

Die **Herabsetzung der Versicherungssumme** kann – zur Vermeidung von überflüssiger Mehrprämie – durchaus sinnvoll und darüber hinaus, etwa bei betrü- 12 gerischer Überversicherung, durchaus geboten sein. Es fragt sich dennoch, ob auch der Realgläubiger ohne Berücksichtigung der Zweimonatsfrist an die neue Versicherungssumme gebunden ist, wenn eine Überversicherung durch die Herabsetzung der Versicherungssumme beseitigt wird. Aus der Regelung in Abs. 4 ergibt sich nämlich, dass der Realgläubiger für die Dauer von zwei Monaten in den Genuss des verbesserten Versicherungsschutzes selbst dann kommen soll, wenn der Vertrag – etwa bei Überversicherung gemäß § 74 Abs. 2 **nichtig** ist. Kann der VR dem Realgläubiger aber nicht einmal die Nichtigkeit entgegenhalten, spricht viel dafür, ihn an die Herabsetzung der Versicherungssumme erst nach Ablauf von zwei Monaten zu binden, selbst wenn damit eine Überversicherung beseitigt wird (zust. *Johannsen* NVersZ 2000, 415; wie hier auch BK/*Dörner*/*Staudinger* § 103 Rn. 6 und Looschelders/Pohlmann/*Stagl*/*Brand* § 143 Rn. 13).

13 Unter einer **Minderung der versicherten Gefahr** sind alle Umstände zu verstehen, die den Umfang der Eintrittspflicht des VR reduzieren, etwa die Beschränkung und/oder Änderung des Versicherungsortes, die Herausnahme einer bestimmten Gefahr aus der Risikoübernahme des VR, eine Reduzierung der versicherten Gegenstände oder etwa die Vereinbarung eines erhöhten Selbstbehalts. An alle zum Zeitpunkt der Entstehung des Realrechts bereits bestehenden Beschränkungen des Versicherungsschutzes, etwa eine bestehende Unterversicherung, ist der Realgläubiger selbstverständlich seinerseits gebunden. Durch das Entstehen des Grundpfandrechtes entsteht nicht etwa ein optimaler Versicherungsschutz bis zum Ablauf von zwei Monaten ab Kenntnis des Realgläubigers über den tatsächlich bestehenden Versicherungsvertrag.

14 Wird nachträglich eine **Wiederaufbauklausel** vereinbart, ist auch daran der Realgläubiger erst mit Ablauf von zwei Monaten ab seiner Kenntnis gebunden; dies gilt ungeachtet des Umstandes, dass § 94 Abs. 4 als Gläubigerschutzvorschrift gerade bestimmt, dass bei vereinbarter Wiederaufbauklausel zur Auszahlung der Versicherungsleistung deren bestimmungsgemäße Verwendung gesichert sein muss.

V. Rechtsfolgen

15 Hat der Realgläubiger seine Hypothek angemeldet, besteht die Haftung des VR dem Realgläubiger gegenüber für zwei Monate ab dessen Kenntnis fort, auch wenn dem VN gegenüber der Vertrag aus einem der oben erläuterten Gründe beendet wird. Nach BGH VersR 1981, 521 wirkt der beendete Vertrag allerdings nicht fort, sondern der Realgläubiger erwirkt ein eigenes selbstständiges Forderungsrecht gegen den VR aus einem gesetzlichen Schuldverhältnis (während er ansonsten/vorher „lediglich" ein Pfandrecht an der Forderung des VN erwirkt, → Vor § 142 Rn. 20). Ist dasselbe Interesse gegen dieselbe Gefahr zugleich bei einem weiteren Versicherer versichert, tritt – unabhängig vom Bestehen ungestörter Versicherungsverträge – eine Mehrfachversicherung gem. § 78 Abs. 1 Satz 1 ein. Dabei sind Ansprüche des Realgläubigers gegenüber anderen Deckungsansprüchen nicht subsidiär (OLG Hamm r+s 2013, 72).

VI. Frist

16 Die **Zweimonatsfrist** beginnt mit der Kenntnis des Realgläubigers von der Beendigung des Vertragsverhältnisses. Der VR kann die Frist verkürzen, indem er dem Realgläubiger bereits vor Beendigung des Vertragsverhältnisses Mitteilung

von der demnächst eintretenden Beendigung macht (indem er etwa die Kündigung des Vertrages auch gegenüber dem Realgläubiger erklärt, ihn jedenfalls abschriftlich unterrichtet). **Beispiel:** Kündigt etwa der VR wegen eines eingetretenen Versicherungsfalles am 20.5. zum 1.7., dann haftet er dem Realgläubiger gegenüber bis zum 1.9., wenn er dem Realgläubiger etwa erst am 1.7. Kenntnis von der Kündigung verschafft. Unterrichtet er den Realgläubiger aber sofort, dann beginnt ab Kenntnis (zB etwa der 29.5.) die zweimonatige Haftungszeit, wenn innerhalb dieser zwei Monate die Beendigung des Versicherungsvertrages eintritt. Unterlässt der VR eine Mitteilung an den Realgläubiger, haftet er zeitlich unbegrenzt, wenn er nicht **beweist,** dass der Realgläubiger auf andere Weise Kenntnis erlangt hat, etwa durch eine Nachricht des VN (Looschelders/Pohlmann/*Stagl/Brand* § 143 Rn. 11; Prölss/Martin/*Klimke* § 143 Rn. 5). Wegen der Fiktion des Zugangs der Mitteilung bei Wegzug des Realgläubigers vgl. §§ 147, 13.

§ 144 Kündigung des Versicherungsnehmers

[1]Hat ein Hypothekengläubiger seine Hypothek angemeldet, ist eine Kündigung des Versicherungsverhältnisses durch den Versicherungsnehmer unbeschadet des § 92 Abs. 1 und des § 96 Abs. 2 nur wirksam, wenn der Versicherungsnehmer mindestens einen Monat vor Ablauf des Versicherungsvertrags nachgewiesen hat, dass zu dem Zeitpunkt, zu dem die Kündigung spätestens zulässig war, das Grundstück nicht mit der Hypothek belastet war oder dass der Hypothekengläubiger der Kündigung zugestimmt hat. [2]Die Zustimmung darf nicht ohne ausreichenden Grund verweigert werden.

I. Geltungsbereich

Während die Regelung in § 143 sämtliche Umstände erfasst, die zur Beendigung des Versicherungsvertrages führen können, ist in § 144 nur die **Kündigung des VN** geregelt, wobei zusätzlich die **Erwerberkündigung** und die **schadensfallbedingte Kündigung ausgenommen** werden (zum alten Recht LG Berlin VersR 2005, 1235). Damit ist der Wirkungsbereich des § 144 auf die „normale" Kündigung des Versicherungsvertrages durch den VN etwa zum Ende der laufenden Versicherungsperiode und zur Vermeidung des Wirksamwerdens einer automatischen Verlängerungsklausel reduziert. 1

II. Voraussetzungen

Für diese Fälle schreibt das Gesetz vor, dass die Kündigung des VN dem Realgläubiger gegenüber nur wirksam wird, wenn entweder bis zum Zeitpunkt der letzten Kündigungsmöglichkeit sein Grundpfandrecht nicht mehr bestand oder wenn der Realgläubiger der Kündigung zugestimmt hat. 2

1. Nachweis fehlender Belastung

Der Nachweis, dass das Grundstück zum Zeitpunkt der zuletzt möglichen Kündigung nicht mit einem Grundpfandrecht belastet wird, wird am einfachsten 3 durch einen Grundbuchauszug geführt: Daraus ergibt sich unproblematisch, wie das Grundstück zum fraglichen Zeitpunkt belastet war. Eine Bescheinigung des (bisherigen) Realgläubigers, dass seine Forderung erloschen oder sein Pfandrecht gelöscht ist (oder werden soll) dürfte auch ausreichen, weil ja nur angemeldete Pfandrechte zählen, so dass der VR insoweit geschützt ist. Es kommt nicht auf den Zeitpunkt der Kündigung an, sondern auf den Zeitpunkt, zu dem der VN die Kündigung spätestens wirksam hätte aussprechen können. Der Nachweis ist binnen Monatsfrist vor Vertragsende zu führen. Kündigt der VN zu einem früheren Zeitpunkt und legt er vor Beginn der Monatsfrist einen entsprechenden Grundbuchauszug vor, ist die Kündigung wirksam, auch wenn nachträglich wieder ein Grundpfandrecht eingetragen wurde (missverständlich BK/*Dörner/Staudinger* § 106 Rn. 5, wo nicht zwischen nachträglich neu eingetragener Belastung und nachträglicher Löschung des alten Grundpfandrechts unterschieden wird).

2. Zustimmung

4 Die Zustimmung des Realgläubigers ist formlos möglich und kann dem VN oder dem VR gegenüber ausgesprochen werden, auch nachdem der VR die bei ihm eingehende Kündigung dem Realgläubiger mitgeteilt hat und um Zustimmung gebeten hat. Soweit verlangt wird, dass der VR den VN nicht nur auf die erforderliche Zustimmung der Hypothekengläubiger hinweisen, sondern die Hypothekengläubiger auch namentlich benennen muss, soweit sie ihm bekannt sind (LG Dortmund NVersZ 2000, 145), findet dies auch nach der Gesetzesänderung im Gesetz keine Stütze. Hat nur ein Realgläubiger ein Pfandrecht angemeldet und stimmt dieser zu, wird es auf weitere Belastungen (mangels Anmeldung) nicht mehr ankommen. Auch in Bezug auf die Zustimmung des Realgläubigers gilt die Monatsfrist vor Vertragsende: Kündigt der VN und reicht er die Zustimmung des Realgläubigers nach, wird die Kündigung wirksam, wenn die Zustimmung vor Beginn der Monatsfrist beim VR eingeht.

III. Wirksamkeit der Kündigung

5 Die Frage nach der Wirksamkeit der Kündigung erhebt sich bei zwei denkbaren Konstellationen: Einerseits ist fraglich, ob die Kündigung, die wegen der Regelung in § 144 dem Realgläubiger gegenüber unwirksam ist, dem VN gegenüber wirksam bleibt; andererseits stellt sich die Frage nach einer teilweisen Wirksamkeit bei kombinierten Versicherungsverträgen.

1. Relative Unwirksamkeit

6 Stimmt der Realgläubiger nicht zu, ist die Kündigung ihm gegenüber (relativ) **unwirksam.** Dem VN gegenüber könnte sie aber wirksam bleiben mit der Folge, dass der VR im Schadensfall nur iRd noch valutierenden Grundpfandrechtes belastet wird, dem VN gegenüber aber leistungsfrei ist. Da es sich bei § 144 ebenfalls um eine Gläubigerschutzvorschrift handelt, ist nicht einzusehen, warum die vom VN ausgesprochene Kündigung – also das von ihm ausdrücklich Gewollte – im Verhältnis zum VR nicht wirksam sein soll, nur weil ein Dritter – nämlich der Realgläubiger – nicht zustimmt (anders Prölss/Martin/*Klimke* § 144 Rn. 4 aE; BK/*Dörner/Staudinger* § 106 Rn. 11: absolute Unwirksamkeit).

Andererseits können einseitig empfangsbedürftige Rechtsgeschäfte gemäß § 182 Abs. 3 BGB grds. nur mit **Einwilligung** (also mit vorher erteilter Zustimmung) des Dritten vorgenommen werden, anderenfalls sind sie nichtig (vgl. Palandt/*Ellenberger* BGB § 182 Rn. 5). Liest man § 144 Satz 1 so, dass die Wirksamkeit der Kündigung insgesamt von der Zustimmung des Realgläubigers abhängen soll, führt die fehlende Zustimmung tatsächlich zur absoluten Unwirksamkeit. Wird die Einwilligung nicht in **Schriftform** vorgelegt und weist der VR die Kündigung aus diesem Grund unverzüglich zurück, ist die Kündigung unwirksam, selbst wenn der Realgläubiger tatsächlich (mündlich) zugestimmt hat (§ 182 Abs. 3 iVm § 111 Satz 2 und 3 BGB). **7**

2. Kombinierte Verträge

Bei **kombinierten Versicherungsverträgen** ist zustimmungsbedürftig nur der Vertrag über die Gebäudefeuerversicherung, so dass die generelle Kündigung des VN gemäß § 139 BGB für alle anderen Gefahren wirksam sein dürfte (zum im Grundsatz gegenteiligen Ergebnis – aber diff. – kommen Looschelders/Pohlmann/*Stagl/Brand* § 144 Rn. 2 und Schwintowski/Brömmelmeyer/*Michaelis* § 144 Rn. 1; aA zu hier Prölss/Martin/*Klimke* § 144 Rn. 1b, anders noch 28. Aufl. 2010). **8**

IV. Nachweis

Die **Nachweismöglichkeit** steht dem VN bis zum Beginn der Monatsfrist vor Ablauf des Versicherungsvertrages offen. Davon zu unterscheiden ist, dass schon zum Zeitpunkt der Kündigungserklärung das Grundstück unbelastet gewesen sein muss (nachträgliche Löschung des Grundpfandrechtes dürfte also nicht reichen) und dass der Realgläubiger seine Einwilligung zur Kündigung bereits erklärt hat. Eine ohne diese Voraussetzungen ausgesprochene Kündigung ist nicht schwebend unwirksam, sondern tatsächlich unwirksam oder sogar nichtig, es sei denn, dass der VR mit einer **Genehmigung** der Kündigung durch den Realgläubiger (also dessen nachträglicher Zustimmung) einverstanden war; nur dann ist die Kündigung bis zum Beginn der Monatsfrist **schwebend unwirksam** (anders Prölss/Martin/*Klimke* § 144 Rn. 4; BK/*Dörner/Staudinger* § 106 Rn. 10: immer schwebend unwirksam). **9**

Problematisch ist deswegen auch der vom BAV (heute BaFin) empfohlene **Hinweis** des VR dem VN gegenüber, dass er die Wirksamkeitsvoraussetzungen nachträglich noch nachweisen kann (VA 1975, 112). Der nachträgliche Nachweis ist nur insoweit möglich, als die Wirksamkeitsvoraussetzungen zum Zeitpunkt der Kündigung bereits vorgelegen haben, es sei denn (siehe oben), der VR ist mit der nachträglichen Genehmigung der Kündigung ausdrücklich einverstanden. Nur in diesen Fällen dürfte auch ein Schadensersatzanspruch gegen den VR überhaupt denkbar sein, der ggf. – bei Unwirksamkeit der Kündigung – wegen doppelter Prämienzahlung bestehen könnte. **10**

V. Verweigerung der Zustimmung

Der Realgläubiger darf seine **Zustimmung** nach der Regelung in Satz 2 nicht ohne ausreichenden Grund verweigern. Der Grund für eine solche Weigerung kann nur darin liegen, dass der Realgläubiger durch die Kündigung seinerseits eine Beein- **11** trächtigung seiner Rechte befürchten muss. Diese Beeinträchtigung kann in zukünftig gänzlich fehlendem oder aber reduziertem Versicherungsschutz liegen. Weist der VN mithin nach, dass er anderweitig für ausreichende und vergleichbare Deckung gesorgt hat, muss der Realgläubiger der Kündigung zustimmen. Problematisch kann dies allerdings werden, wenn der VN den alten Versicherungsschutz aufgibt, der neue Versicherungsschutz aber rückwirkend wieder entfallen kann, etwa durch einen Rücktritt des neuen VR aufgrund einer Anzeigepflichtverletzung des VN. In diesen Fällen aber ist der Realgläubiger über § 143 genauso geschützt, als wenn der alte Versicherungsvertrag fortbestanden hätte. Von der bloßen Möglichkeit also, dass der neue Versicherungsvertrag nicht dauerhaft wirksam sein könnte, kann der Realgläubiger die Verweigerung seiner Zustimmung zur Kündigung nicht abhängig machen.

12 Erlangt der VN durch den Versichererwechsel keinen nennenswerten Vorteil (sei es durch günstigere Prämie, sei es durch verbesserte Bedingungen oder die Übernahme eines durch den ersten VR vielleicht ausgeschlossenen Risikos), kann der Realgläubiger die Zustimmung zum Versichererwechsel auch deswegen verweigern, weil er zum bisherigen VR in besonders engem Geschäftskontakt gestanden hat (aA Schwintowski/Brömmelmeyer/*Michaelis* § 144 Rn. 7: nur rechtliche Interessen des Realgläubigers relevant; ähnlich Prölss/Martin/*Klimke* § 144 Rn. 6 (anders noch 28. Aufl. 2010)). Gegebenenfalls muss eine wechselseitige Interessenabwägung stattfinden.

§ 145 Übergang der Hypothek

[1]Soweit der Versicherer den Hypothekengläubiger nach § 143 befriedigt, geht die Hypothek auf ihn über. [2]Der Übergang kann nicht zum Nachteil eines gleich- oder nachstehenden Hypothekengläubigers geltend gemacht werden, dem gegenüber die Leistungspflicht des Versicherers bestehen geblieben ist.

I. Normzweck

1 Früher § 104 VVG aF, ist der heutige Anwendungsbereich eingeschränkt: Die bisherige Leistungspflicht des Versicherers gegenüber dem Hypothekengläubiger in den Fällen des alten § 102 Abs. 1 VVG aF (Leistungspflicht gegenüber Realgläubiger selbst bei Vorsatz des VN) entfällt und insoweit kann natürlich auch ein Übergang nicht mehr stattfinden.

2 Der **Wegfall des § 102 Abs. 1** aF hat also bewirkt, dass der Anwendungsbereich des § 145 eingeschränkt ist. Die Fortdauer der Leistungspflicht kann sich nach der VVG-Reform 2008 nur noch aus der Fiktion des § 143 ergeben und nicht mehr aus einer Leistung an den Realgläubiger trotz Leistungsfreiheit im Innenverhältnis. Dadurch hat sich auch das Problem der Rangverhältnisse zwischen Realgläubigern und VR entspannt (→ Rn. 12 ff.).

II. Übertragung auf den Versicherer

1. Übergang

3 Übergang der Hypothek auf den VR bedeutet, dass dieser nunmehr ein dingliches Recht am Grundstück des VN erworben hat, aus dem er im Wege der

Zwangsvollstreckung Befriedigung in Höhe der von ihm an den Realgläubiger erbrachten Leistung suchen kann. Umstritten ist, ob wegen der Akzessorietät der Hypothek auch die ihr zugrunde liegende Forderung des Realgläubigers gegen den VN auf den VR übergeht, ob die Hypothek bzw. jedes andere Grundpfandrecht seiner Forderung entkleidet auf den VR übergeht oder ob das auf den VR übergehende Grundpfandrecht seine eventuelle Schadensersatzforderung gegen den VN dinglich sichert (zum Meinungsstand vgl. Prölss/Martin/*Klimke* § 145 Rn. 5).

Die erste und die letzte Meinung dürften aber ausscheiden: Einerseits spricht das Gesetz ausdrücklich von der übergehenden Hypothek, also nicht – wie sonst – von der Forderung des Hypothekars, die auf den befriedigenden VR übergehen könnte, andererseits zahlt der VR ja gerade auf die Forderung des Realgläubigers gegen den VN, so dass diese erlischt mit der Folge, dass eine **Eigentümergrundschuld** entstehen würde. Vorausgesetzt es gäbe den § 145 nicht. Nach dem Wegfall des § 102 Abs. 1 aF ist kaum noch eine Situation denkbar, in der der VN dem VR schadensersatzpflichtig sein könnte (was ja im Wesentlichen dadurch begründet werden kann, dass der VN das Gebäude selbst in Brand gesteckt hat). Deswegen spricht – jedenfalls heute – mehr dafür, dass die Hypothek ohne zugrunde liegende Forderung auf den VR übergeht mit der Folge, dass er **nicht** beweisen muss, dass seinem Grundpfandrecht ein Schadensersatzanspruch gegen den VN zu Grunde liegt (so aber noch LG Köln r+s 1986, 290 (291) und dem folgend Prölss/Martin/*Kollhosser,* 27. Aufl. 2004, § 104 Rn. 4; heute wie hier Prölss/Martin/*Klimke* § 145 Rn. 5; Schwintowski/Brömmelmeyer/*Michaelis* § 145 Rn. 4 und Looschelders/Pohlmann/*Stagl*/*Brand* § 145 Rn. 4). 4

Das frühere Gesetz sprach ausdrücklich von einer Befriedigung „aufgrund der Vorschriften der §§ 102, 103". § 102 Abs. 1 aF ließ die Verpflichtung des VR gegenüber dem Realgläubiger aber gerade für den Fall bestehen, dass der VR ansonsten „wegen des Verhaltens des VN von der Verpflichtung zur Leistung frei" wäre. § 103 aF ließ die Haftung des VR dem Realgläubiger für eine Frist von drei Monaten über den eigentlichen Wirkungszeitraum des Versicherungsvertrages hinaus bestehen, so dass bei einer Haftung nach § 103 aF der VR dem VN gegenüber ebenfalls wegen des früher liegenden Zeitablaufs des Versicherungsvertrages leistungsfrei war. 5

Leistet der VR aber, obwohl er gegenüber dem VN leistungsfrei ist (und nur für diese Fälle gilt § 145), dann besteht automatisch ein Bereicherungs- oder Schadensersatzanspruch dem VN gegenüber, der durch die auf den VR übergehende Hypothek gesichert sein soll. Anders ist es, wenn der VR aufgrund seiner vertraglichen Pflicht an den Realgläubiger leistet: Dann besteht weder ein Schadensersatzanspruch noch gilt § 145. Dieses Ergebnis wird – auch nach der VVG-Reform 2008 – durch den Sinn und den Zweck der gesetzlichen Regelung bestätigt, der darin liegt, dass der Realgläubiger (also nicht der VN) in besonderer Weise zu schützen ist. Es ist auch nicht einzusehen, dass der VN, demgegenüber der VR leistungsfrei ist, trotzdem von der Leistungspflicht des VR profitieren soll: Dann wäre er trotz bestehender Leistungsfreiheit des VR ihm gegenüber der dem Grundpfandrecht zugrunde liegenden Forderung ledig. 6

Allerdings muss **der VR beweisen,** dass ein Fall des § 143 vorliegt. Er muss also nachweisen, dass er nicht aufgrund des Versicherungsvertrages, sondern ausschließlich aufgrund der gesetzlichen Regelung geleistet hat. 7

2. Voraussetzung

8 Voraussetzung für den Übergang der Hypothek oder Grundschuld ist, dass der VR den Realgläubiger **befriedigt,** also an diesen die Leistung erbringt, die er an sich dem VN gegenüber geschuldet hätte. Dabei ist die Leistung des VR durch die Valutierung des Grundpfandrechts zum Zeitpunkt des Versicherungsfalles einerseits oder durch seine Zahlungspflicht dem VN gegenüber andererseits begrenzt.

3. Zeitpunkt

9 Für den Übergang des Grundpfandrechtes kommt es auf den **Zeitpunkt der Zahlung** an, während es für die Leistungspflicht des VR auf den Zeitpunkt des Versicherungsfalles ankommt. Besteht also zum Zeitpunkt des Versicherungsfalles ein Grundpfandrecht mit der Folge, dass der VR nach § 143 auch bei Leistungsfreiheit dem VN gegenüber verpflichtet bleibt, kann das Grundpfandrecht zum Zeitpunkt der Zahlung bereits erloschen sein, etwa aufgrund eines abgetretenen Rückgewähranspruchs (durch den ein anderer den Rang des jeweiligen Realgläubigers eingenommen hat) oder weil das Grundpfandrecht in der Zwangsversteigerung ausgefallen ist (etwa weil es nicht im geringsten Gebot stand). Hat der Realgläubiger in diesem Fall aber durch die Zwangsversteigerung etwas erlangt, muss er sich diesen Betrag anrechnen lassen, denn insoweit besteht die Forderung des Realgläubigers dem VN gegenüber nicht mehr und insoweit kann das Grundpfandrecht auch nicht auf den VR übergehen.

10 Liegt die Leistungspflicht des VR unter der Valuta des Grundpfandrechtes, geht dieses teilweise über, der Rest verbleibt beim Realgläubiger mit der Folge, dass zwei ranggleiche Grundpfandrechte entstehen. Liegt ein Gesamtgrundpfandrecht vor, erwirbt der VR dieses auch insoweit, als es sich auf andere als das von dem Versicherungsfall betroffene Grundstücke bezieht.

4. Löschungsbewilligung

11 Der Realgläubiger muss stets eine **Löschungsbewilligung** erteilen, mit Hilfe derer der VR, der die entsprechenden Kosten zu tragen hat, das Grundpfandrecht auf sich umschreiben lassen kann. Will der VN sich gegen eine Inanspruchnahme aus dem Grundpfandrecht wehren, muss er entsprechende Einwendungen in dem Prozess auf Duldung der Zwangsvollstreckung geltend machen (nach der hier vertretenen Auffassung kann er damit allerdings nicht durchdringen, denn er haftet stets, **wenn** das Grundpfandrecht nach § 145 auf den VR übergeht).

5. Rangverhältnisse

12 Die Regelung in Satz 2 bestimmt die **Rangverhältnisse:** Der Übergang des Grundpfandrechtes auf den VR kann nicht zum Nachteil der anderen Realgläubiger (das Gesetz spricht nur von gleich- oder nachstehenden Gläubigern, weil der Übergang bzgl. der vorstehenden Gläubiger ohnehin nicht interessiert) geltend gemacht werden, soweit der VR dem betroffenen Realgläubiger zur Zahlung verpflichtet bleibt. Aus dieser Rangrechtsbestimmung leitet die Rechtsprechung ab, dass auch die Realgläubiger, zu deren Befriedigung die Versicherungsleistung „nicht hingereicht" hat, im Rang vor dem auf den VR übergehenden Realrecht stehen. Alle Realgläubiger hätten einen uneingeschränkten Anspruch auf das

Pfandobjekt, dessen Wert nach Eintritt des Schadens aus der Versicherungsleistung und dem Restwert bestünde (BGH VersR 2005, 785 ff.; OLG Hamm NVersZ 2002, 467 = VersR 2003, 639; zuvor schon Prölss/Martin/*Kollhosser,* 27. Aufl. 2004, § 104 Rn. 5; Bruck/Möller/*Johannsen,* 8. Aufl. 1961 ff., Bd. III, Anm. J 73; dagegen *Langheid* NVersZ 2002, 529). Dieses Ergebnis begegnet Bedenken, weil das Gesetz ausdrücklich nur von den gleich- oder nachstehenden Realgläubigern spricht, denen gegenüber der VR zur Leistung verpflichtet geblieben ist. Im Umkehrschluss ergibt sich daraus, dass die Realgläubiger, die aufgrund ihres **schlechteren Ranges** keine Leistung des VR erhalten haben, auch hinsichtlich des Restwertes nicht geschützt sein können. Außerdem kann es weder für § 143 noch für den Übergang der Hypothek auf den VR gemäß § 145 eine Rolle spielen, ob das dingliche Recht noch aus dem Restwert des Grundstücks befriedigt werden kann: Die Eintrittspflicht des VR – und damit auch der Übergang der Realrechte auf ihn – vollzieht sich gänzlich unabhängig davon, ob der Realgläubiger von seinem ursprünglichen Schuldner, dem VN, noch eine Zahlung würde verlangen können.

Der wahre Sinn der Rangregelung liegt nach der hier vertretenen Auffassung **13** darin, dass der VR nicht den Übergang des Grundpfandrechtes auf ihn zum Nachteil der gleich- oder nachrangigen Realgläubiger geltend macht, denen gegenüber er an sich noch zur Leistung verpflichtet wäre (so auch *Gerhard/Hagen* S. 434; **aA** BGH VersR 2005, 785 ff.; OLG Hamm VersR 2003, 639 = NVersZ 2002, 467 m. abl. Anm. *Langheid* NVersZ 2002, 529; Prölss/Martin/*Klimke* § 145 Rn. 6; Schwintowski/Brömmelmeyer/*Michaelis* § 145 Rn. 5). **Beispiel:** Im Grundbuch sind vier Grundschulden über jeweils 100.000 EUR jeweils nacheinander eingetragen. Die Zahlung des VR beläuft sich ebenfalls auf 400.000 EUR. Die Regelung in Satz 2 verhindert, dass der VR die ersten beiden Gläubiger befriedigt und sich gegenüber den Rängen 3 und 4 auf den Übergang der Grundschulden auf ihn selbst beruft (was BK/*Dörner/Staudinger* § 104 Rn. 13, allerdings schon dadurch verhindert sehen, dass Satz 1 bereits die Auskehrung der gesamten Versicherungsleistung an die Anspruchsberechtigten voraussetzt; das steht so allerdings nicht im Gesetz). Aus diesem Grunde besteht auch kein Anlass, die gleich- oder nachrangigen Realgläubiger in der Zwangsversteigerung vor dem VR, auf den das Grundpfandrecht übergegangen ist, zu bevorzugen. Ist der VR den gleich- oder nachrangigen Gläubigern gegenüber weiterhin verpflichtet, muss er sie befriedigen mit der Folge des Übergangs des Grundpfandrechtes. Ist er ihnen gegenüber nicht verpflichtet, gehen die bedienten dinglichen Rechte auf den VR über.

Das Problem wird wesentlich dadurch **entschärft,** dass es eine Leistungspflicht **14** aus § 102 Abs. 1 aF nach dessen ersatzlosem Wegfall nicht mehr gibt. Denn damit entfällt die unbefriedigende Situation, dass der über § 102 Abs. 1 aF trotz Leistungsfreiheit verpflichtete VR nicht an die Stelle des befriedigten Realgläubigers treten und so im Hinblick auf den Restwert keinen Ausgleich für seine trotz Leistungsfreiheit bestehende Leistungspflicht erhalten sollte. Die frühere Überlegung, dass kein Grund ersichtlich war, warum gleich- oder nachrangige Realgläubiger eine rangbessere Position erhalten sollten, die sie ohne die Leistungspflicht nach § 102 auch nicht gehabt hätten (Einzelheiten bei *Langheid* NVersZ 2002, 529), hat sich durch den Wegfall des § 102 Abs. 1 aF erledigt.

Aus den zuvor aufgezeigten Gründen kann auch das Problem des **relativen** **15** **Ranges** (ein relativer Rang könnte dadurch entstehen, dass der VR seinen Vorrang gegenüber einem später eingetretenen Realgläubiger, der sein Recht aber angemeldet hat, verliert, während er seinen Vorrang gegenüber dem nicht anmeldenden Realgläubiger aber behält) **nicht entstehen.** Denn entweder bleibt der VR dem nachrangigen Gläubiger gegenüber eintrittspflichtig mit der Folge, dass er an ihn zahlen muss und das Grundpfandrecht auf den VR übergeht oder der nachrangige Gläubiger bleibt nachrangig, weil der VR ihm gegenüber nicht eintrittspflichtig ist. Dass ein (anmeldender) nachrangiger Realgläubiger am rangbesseren VR „vorbeizieht", ein nicht anmeldender Realgläubiger aber rangschlechter bleibt, ist daher nicht denkbar.

§ 146 Bestätigungs- und Auskunftspflicht des Versicherers

Der Versicherer ist verpflichtet, einem Hypothekengläubiger, der seine Hypothek angemeldet hat, die Anmeldung zu bestätigen und auf Verlangen Auskunft über das Bestehen von Versicherungsschutz sowie über die Höhe der Versicherungssumme zu erteilen.

I. Anmeldung

1 → § 94 Rn. 16.

II. Bestätigung

2 Die vom VR geschuldete **Bestätigung** ist formfrei möglich, etwa indem der VR die Anmeldung auf einer Kopie gegenzeichnet und dem Realgläubiger zugänglich macht (zust. Schwintowski/Brömmelmeyer/*Michaelis* § 146 Rn. 2). Die Bestätigung ist bloße Quittung und hat sonst keinerlei rechtsgeschäftliche Bedeutung.

III. Auskunft über Bestehen und Höhe

1. Umfang

3 Verlangt der Realgläubiger dies, muss der VR **Auskunft** erteilen. Gegenstand dieser Auskunft ist das „Bestehen von Versicherungsschutz", was nicht so verstanden werden kann, dass der VR bestätigen soll, dass überhaupt Versicherungsschutz besteht, sondern dass er Auskunft über die Art und Weise des erteilten Versicherungsschutzes geben muss, etwa den Umfang des übernommenen Risikos, den Versicherungsort und ggf. auch über besonders vereinbarte Ausschlüsse. Am einfachsten kommt der VR seiner Auskunftspflicht nach, wenn er dem Realgläubiger eine Abschrift des jeweils gültigen Versicherungsscheins nebst allgemeinen und besonderen Bedingungen zukommen lässt. Im Gesetz ausdrücklich erwähnt ist ferner die Höhe der Versicherungssumme, die für den Realgläubiger natürlich in Ansehung seines Grundpfandrechtes von besonderer Bedeutung ist.

2. Auskunft und Mitteilungen

4 Die nach § 146 geschuldete Auskunft ist von den verschiedenen Mitteilungspflichten der §§ 142, 143 zu unterscheiden. Zwar entstehen diese Mitteilungs-

pflichten ebenfalls unmittelbar mit der Anmeldung des Realrechts, sie müssen aber **fortlaufend** erfüllt werden, während Auskunft nach § 146 nur **einmal** erteilt werden muss (so auch Prölss/Martin/*Klimke* § 146 Rn. 3). Durch diese Auskunft wird der Realgläubiger in die Lage versetzt, sich über Umfang und Bestand des Versicherungsschutzes kundig zu machen, im Hinblick auf die zukünftige Entwicklung des Versicherungsvertrages wird er durch die übrigen Mitteilungspflichten des VR geschützt. Nach 2008 reformiertem Recht schadet es dem VR, wenn er dem Realgläubiger gegenüber einen Hinweis auf eine nicht gezahlte Erstprämie unterlässt (§ 101 aF bezog sich nur auf Folgeprämien, § 142 Abs. 1 nennt aber ausdrücklich auch die Erstprämie). Aus einer solchen Unterlassung kann heute also durchaus – im Gegensatz zu früher – eine Schadensersatzpflicht erwachsen, wobei es ohnehin sinnvoll erscheint, dass der VR – bei entsprechender Kenntnis zum Zeitpunkt der Auskunftserteilung – auch auf solche Umstände hinweist (so jetzt auch Prölss/Martin/*Klimke* § 146 Rn. 3a).

3. Schadensersatz

Erteilt der VR eine falsche Auskunft, macht er sich schadensersatzpflichtig. Das gilt auch insoweit, als er eine Auskunft erteilt, zu der er gar nicht verpflichtet ist (so auch Schwintowski/Brömmelmeyer/*Michaelis* § 146 Rn. 6). Der Schaden des Realgläubigers kann darin liegen, dass er es unterlässt, anderweitig für ausreichenden Versicherungsschutz zu sorgen. 5

§ 147 Änderung von Anschrift und Name des Hypothekengläubigers

Hat der Hypothekengläubiger dem Versicherer eine Änderung seiner Anschrift oder seines Namens nicht mitgeteilt, ist § 13 Abs. 1 auf die Anzeigen und Mitteilungen des Versicherers nach den §§ 142 und 143 entsprechend anzuwenden.

I. Inhalt

Die Vorschrift entspricht der Regelung in § 13; dort sind Willenserklärungen des VR gegenüber dem VN betroffen, hier die Mitteilungen gegenüber dem Realgläubiger nach §§ 142, 143. Damit sind die Mitteilungen des VR gegenüber dem Realgläubiger, der seine Hypothek **angemeldet** hat in Bezug auf die Fristsetzung für eine Erst- oder Folgeprämie (§ 142 Abs. 1) und in Bezug auf die Eintrittspflicht des VR bis zu einem Monat ab Kenntnis des Realgläubigers von der nicht rechtzeitigen Zahlung der Folgeprämie (§ 143 Abs. 2) gemeint. Außerdem sind hiervon die Mitteilungen von der Beendigung des Versicherungsvertrages (§ 143 Abs. 2) und von Veränderungen des Versicherungsvertrages (§ 143 Abs. 3) betroffen. 1

II. Wohnungs- und Namensänderung

Eine **Wohnungsänderung** liegt vor, wenn der Realgläubiger seinen Lebensmittelpunkt in eine andere Wohnung verlegt, es kommt weder auf den Wohnort (also die Meldung beim Einwohnermeldeamt) an noch auf den Wohnsitz iSd § 7 BGB, denn der Wohnsitz meint nicht die Wohnung, sondern die Gemeinde, in 2 der die Wohnung liegt. Eine Namensänderung liegt vor, wenn der VN legal einen anderen Namen (etwa den der Ehefrau) annimmt.

III. Mitteilungspflicht

3 Der Realgläubiger muss die Änderung ausdrücklich **mitteilen,** so dass es nicht genügt, wenn der VR aus der Korrespondenz – etwa aus einem Absendervermerk – die neue Anschrift hätte feststellen können. Kennt der VR die neue Anschrift des Realgläubigers tatsächlich, ist § 147 nicht anzuwenden. Analog anzuwenden ist die Vorschrift, wenn der Realgläubiger schon bei der Anmeldung seines Rechts eine falsche Anschrift mitgeteilt hat (so auch Prölss/Martin/*Klimke* § 147 Rn. 3).

IV. Zugangsfiktion

4 Hat der VR die Mitteilung per eingeschriebenen Brief an die letzte bekannte Wohnungsanschrift und/oder unter dem zuletzt benannten Namen des Realgläubigers geschickt, gilt die Mitteilung **fiktiv** drei Tage nach der Absendung des Briefes als **zugegangen** (§ 13 Abs. 1 Satz 2).

§ 148 Andere Grundpfandrechte

Ist das Grundstück mit einer Grundschuld, Rentenschuld oder Reallast belastet, sind die §§ 142 bis 147 entsprechend anzuwenden.

I. Anwendungsbereich

1 Die Vorschriften der §§ 142 ff. sind nicht nur auf die dort jeweils erwähnte Hypothek anzuwenden, sondern auch auf eine **Reallast,** eine **Grundschuld** oder eine **Rentenschuld.** Demnach gilt alles das, was andernorts für die Hypothek geregelt ist, auch für die hier genannten Grundpfandrechte. Dies ist insbesondere für die Grundschuld von Bedeutung. Auch dem Grundschuldgläubiger ist bei Anmeldung vom Prämienverzug des VN Mitteilung zu machen (§§ 142, 143) und ihm gegenüber ist jegliche Beendigung des Versicherungsvertrages oder die Änderung des Versicherungsumfanges anzuzeigen (§ 143). Ferner gelten auch die Vorschriften über die Kündigung des Versicherungsvertrages (§ 144) und über die Auskunftspflicht über den Bestand des Versicherungsvertrages (§ 146). Auch die Grundschuld geht bei Leistung auf den VR über (§ 145) und auch der Grundschuldgläubiger muss eine Namens- oder Wohnungsänderung dem VR anzeigen (§ 147). Nur die Vorschrift über die Hypothekenversicherung (§ 105 aF) ist ersatzlos weggefallen (→ Vor § 142 Rn. 50 ff.).

II. Ausnahmen

2 Gewisse **Ausnahmen** ergeben sich aus § 149 für **Eigentümergrundschulden:** Die Pflicht des VR gegenüber dem Realgläubiger bei gleichzeitiger Leistungsfreiheit gegen den VN kann nicht auf die Eigentümergrundschuld übertra-

gen werden, weil dann der VR doch dem VN, dem gegenüber er ja leistungsfrei sein soll, wiederum – über den Umweg über das Grundpfandrecht – eintrittspflichtig wäre. Dies versteht sich von selbst und ist in § 149 ausdrücklich geregelt. Das Gleiche gilt aber auch für solche **Fremdgrundschulden,** bezüglich derer der VN einen **Rückgewähranspruch** hat, weil dann im Endeffekt die Versicherungsleistung doch wieder dem VN zukommen würde. Steht der Rückgewähranspruch einem anderen Realgläubiger zu oder ist der dem VN zustehende Rückgewähranspruch von einem anderen Gläubiger gepfändet worden, gilt wieder § 148.

Soweit OLG Hamm NJW-RR 1988, 217 die Regelung in § 106 aF (jetzt § 144) auch bei nicht (mehr) valutierten Sicherungsgrundschulden, auf die der VN einen Rückgewähranspruch hat, für anwendbar erklärt, ist dies jedenfalls in Ansehung der Leistungspflichten aus §§ 102, 103 aF bzw. § 143 bedenklich (in dem vom OLG Hamm zu entscheidenden Fall spielten diese Aspekte letztlich keine Rolle, weil zum Zeitpunkt der Kündigung gemäß § 106 aF die Sicherungsgrundschuld erneut durch ein anderes Darlehen valutiert war). Wegen der zwingenden Regelung in § 149 kann der Rückgewähranspruch des VN nicht dazu führen, dass er trotz Leistungsfreiheit des VR ihm gegenüber letztlich doch in den Genuss der Versicherungsentschädigung gelangt (in diesem Sinne auch OLG Saarbrücken NJW-RR 1998, 1486). 3

§ 149 Eigentümergrundpfandrechte

Die durch die §§ 142 bis 148 begründeten Rechte können nicht zugunsten von Hypotheken, Grundschulden oder Rentenschulden, die dem Versicherungsnehmer zustehen, geltend gemacht werden.

I. Regelungsinhalt

Die gesetzliche Regelung verhindert, dass der VN durch den Umweg über ein Grundpfandrecht doch noch in den Genuss der an sich von ihm verwirkten Versicherungsleistung kommt. Das gilt zunächst für den Inhaber einer **Eigentümergrundschuld,** dies gilt aber auch bei Fremdgrundschulden, wenn der VN nicht zugleich Eigentümer des versicherten Gebäudes ist. Wirtschaftlich ist es nämlich gleich, ob der Eigentümer, in dessen Person sich das Grundpfandrecht mit dem Eigentum vereinigt hat, seine Rechte gegen den VR verwirkt oder ob der Realgläubiger im eigenen Interesse eine Gebäudeversicherung für das Pfandobjekt abschließt. 1

II. Dingliche Rechte des Versicherten

Problematisch ist in diesen Fällen die Behandlung des **Versicherten,** der eigene dingliche Rechte am Grundstück erworben hat. **Beispiel:** Ist der VR gegenüber dem VN, der zugleich Grundschuldgläubiger, aber nicht Eigentümer ist, leistungsfrei, gilt dies auch für den Versicherten. Gleiches gilt in Ansehung des versicherten Eigentümers. Hat dieser aber die einer anderen Grundschuld zugrunde liegende Forderung zurückgezahlt und hat sich demzufolge die Grundschuld und das Eigentum in einer Hand vermengt, ist § 149 **nicht** anzuwenden. Der Versicherte dann vielmehr wie ein echter dinglicher Fremdgläubiger zu behandeln. 2

III. Rückgewährungsansprüche

3 Unter die Regelung des § 149 fallen auch die **Rückgewähransprüche,** die der VN – gleichgültig, ob er Eigentümer oder Realgläubiger ist – gegen andere Realgläubiger geltend machen kann. Es kommt wirtschaftlich darauf an, ob sich Grundpfandrecht und die Position als VN verbinden. Dabei ist auf den Augenblick des Versicherungsfalles abzustellen, so dass ein erst nachträglich entstehender Rückgewähranspruch eine Zahlung an den VN (die ohnehin nur in Höhe der zum Zeitpunkt des Versicherungsfalles bestehenden Valuta des dinglichen Rechts in Frage kommt) nicht verhindert.

IV. Leistungsfreiheit

4 Ist der VR gegenüber dem dinglich berechtigten VN leistungsfrei, **entfällt** seine Zahlungsverpflichtung; sie geht nicht etwa auf rangschlechtere dingliche Gläubiger über. Auf diese entfällt – soweit noch vorhanden – der Rest der Leistungspflicht des VR, der nicht auf den bevorrechtigten dinglich berechtigten VN entfallen ist.

Kapitel 5. Lebensversicherung

Vorbemerkungen zu §§ 150–171

Übersicht

I. Formen und Arten der Lebensversicherung

Nach der **Deregulierung im Jahre 1994** hat sich der Markt für Lebensversicherung erheblich verändert. Der Wettbewerb zwischen den Lebensversicherungsunternehmen ist größer geworden, da die aufsichtsbehördliche Vorabgenehmigungspflicht der Prämienkalkulation und der Allgemeinen Versicherungsbedingungen mit Umsetzung der 3. EG-Lebensversicherungs-RL (RL 92/96/EWG vom 10.11.1992, ABl. 1992 L 360, 1) entfallen ist. Darüber hinaus steht die Lebensversicherung seit dem **teilweisen Wegfall der einkommenssteuerrechtlichen Privilegierung bestimmter Lebensversicherungsprodukte zum 1.1.2005** durch das AltEinkG (BGBl. 2004 I 1427) im stärkeren Wettbewerb mit anderen Anlageprodukten des Kapitalmarkts, insbesondere Bankprodukte. Dabei ist der Wettbewerb mit Bankprodukten geprägt von unterschiedlichen gesetzlichen Rahmenbedingungen im Aufsichtsrecht sowie zivilrechtlich zB bezüglich des Verkaufsprozesses mit Blick auf Beratungs- und Kostenausweispflichten. Unabhängig davon ist die Lebensversicherung aber wegen der entfallenen aufsichtsbehördlichen Vorabgenehmigungspflicht zunächst flexibler und innovativer geworden mit der Folge, dass es eine Vielzahl von Mischprodukten gibt. Ebenso haben erste verhaltensbezogene Überschussbeteiligungen in Lebensversicherungsprodukte Einzug gehalten (→ § 153 Rn. 28a). Diese Flexibilität geht nun zum Teil wieder durch **europarechtliche Entwicklungen,** insbesondere in **Umsetzung der IDD** (RL (EU) 2016/97 vom **20.1.2016,** ABl. 2016 L 26, 19) und der delegierten Verordnung zu den Aufsichts- und Lenkungsanforderungen im Versicherungsvertrieb (VO (EU) 2017/2358 vom 21.9.2017, ABl. 2017 L 341, 1), verloren. Auch wirken sich diese europarechtlichen Entwicklungen auf die Informationspflichten der Versicherer nach der VVG-InfoV aus, so dass seit 2019 für sog. Versicherungsanlageprodukte (sog. PRIIP-KIDs) und für alle anderen Lebensversicherungsprodukte sog. IPIDs die bisher aus § 4 VVG-InfoV bekannten Produktinformationsblätter ersetzen. Unabhängig vom Aufkommen sog. InsurTechs sprechen sich auch traditionelle Versicherer für die Digitalisierung des Versicherungsgeschäfts aus, bspw. soll der Einsatz von Tablets oÄ bei Vertragsschluss Antragsformulare oder Versicherungsscheine in „Papierform“ ersetzen. Dem sind allerdings rechtliche Grenzen gesetzt, wie das Schriftformerfordernis in § 150 Abs. 2 Satz 1 Hs. 1 bei der Fremdlebensversicherung exemplarisch zeigt (s. dazu sowie zu dem insoweit bestehenden Reformbedarf *Grote/Harazim,* FS v. Fürstenwerth, 2020, 99). Vor diesem Hintergrund ist es zu begrüßen, dass die Anwendbarkeit des elektronischen Personalausweises durch die AusweisApp2 erleichtert wird und so die die Schriftform aus § 126 BGB ersetzende elektronische Form nach § 126a BGB in der Praxis höhere Bedeutung erlangen kann. Als erster Anbieter in der Rubrik „Versicherungen“ ist derzeit die LVM-Versicherung in der AusweisApp2 genannt. Solche technischen Innovationen sind dringend erforderlich, weil das schon lange währende Niedrigzinstief (→ Rn. 9 f.) die Ertragskraft der Lebensversicherungsprodukte erheblich unter Druck setzt. Die nachfolgenden Ausführungen sollen holzschnittartig das Typische der verschiedenen Erscheinungsformen der Lebensversicherung darstellen. 1

1. Erlebens- und Todesfallversicherung

Bei der **Erlebensfallversicherung** verspricht der VR eine Leistung nur für den Fall, dass die versicherte Person einen bestimmten Zeitpunkt erlebt. Bei 2 vorherigem Tod des Versicherten braucht der VR nicht zu leisten. Diese Versicherung eignet sich also nicht zur Absicherung naher Angehöriger, sondern dient mehr der Altersvorsorge des Versicherten. Die Leistung des VR kann in einer einmaligen Kapitalzahlung bestehen. Meist wird aber eine Rentenzahlung mit – soweit nicht steuerschädlich – (Teil-)Kapitalabfindungsoption vereinbart.

3 Bei der **Todesfallversicherung** verspricht der VR die Leistung für den Fall, dass der Versicherte während einer näher bestimmten Laufzeit des Vertrags stirbt (Risikolebensversicherung). Sie ist die klassische Versicherung zur Absicherung der Angehörigen, insbesondere wenn Darlehen aufgenommen wurden, so dass diese mit der Versicherungsleistung getilgt werden können. In aller Regel verlangen die Kreditinstitute auch zu ihrer Sicherheit den Abschluss einer Todesfallversicherung. Eine komplexere Absicherung bietet hier die **Restschuldversicherung,** die neben einer Todesfallversicherung auch noch eine Arbeitsunfähigkeits- und eine Arbeitslosigkeitsversicherung integriert. Sie ist seit langem Gegenstand von Diskussionen rund um überhöhte Provisionen, die vor kurzem zu der Regelung eines **Provisionsdeckels** in § 50a VAG (BR-Drs. 355/21, 37 ff.) geführt haben. Ob diese Regelung Vorbild für einen Provisionsdeckel in der esamten Lebensversicherung (→ Rn. 9b) werden wird, bleibt abzuwarten.

4 Bei der sog **Sterbegeldversicherung** oder einer sog. **Whole-of-life-Police** wird eine zeitlich unbegrenzte Laufzeit vereinbart. Die Prämienzahlungspflicht wird bei einer Sterbegeldversicherung in aller Regel aber auf maximal das 85. Lebensjahr begrenzt. Meist handelt es sich um kleinere Versicherungssummen, die zur Abdeckung der Beerdigungskosten dienen sollen. Bei den sog. Whole-of-life-Policen wird dagegen oftmals eine Einmalprämie in beträchtlicher Summe vereinbart, da diese Erscheinungsform der steuerlich begünstigten Übertragung von Vermögen von einer Generation auf die nächste dienen soll.

5 **Erlebens- und Todesfallversicherung** können auch **miteinander kombiniert** werden, wobei dann eine unbegrenzte Laufzeit naturgemäß ausscheidet. Der VR verspricht dann nämlich eine Leistung in jedem Falle; entweder für einen bestimmten Zeitpunkt des Erlebens des Versicherten oder aber, wenn dieser vor dem vereinbarten Zeitpunkt stirbt.

2. Kapital- und Rentenversicherung

6 Bei der **Kapitalversicherung** verspricht der VR, zu dem vereinbarten Zeitpunkt einmalig eine bestimmte Summe zu zahlen. Sie wird in vielen Variationen angeboten. So wird häufig vereinbart, dass der VN statt der einmaligen Zahlung auch eine Rentenzahlung wählen kann.

7 Umgekehrt kann bei der **Rentenversicherung,** bei der der VR oftmals eine lebenslange Rente (eine sog. Leibrente) zahlt, auch vereinbart werden, dass der Versicherte – ganz oder teilweise – die Auszahlung von Kapital verlangen kann. Sie dient vornehmlich der Altersvorsorge. Bei manchen Rentenversicherungen ist bestimmt, dass bei vorzeitigem Tod des Versicherten die Rente bis zu einem bestimmten Zeitpunkt oder auch lebenslang an einen Dritten zu zahlen ist. Dann wird von einer Rentengarantiezeit gesprochen. Das ist für den Begünstigten vorteilhaft, verteuert das Produkt aber, da Sterblichkeitsgewinne für das Kollektiv dadurch entfallen. Gerade bei der Rentenversicherung sind die Tarife sehr vielfältig.

3. Versicherung gegen Einmalprämie

Zum Teil wird bei der Rentenversicherung vereinbart, dass der VN seine Prämien nicht über eine längere Zeit hinweg, sondern in einem einmaligen Betrag zahlt. Die Leistungspflicht des VR kann dann unmittelbar nach Zahlung der Einmalprämie beginnen (sog. **sofort beginnende Rentenversicherung**) oder sie wird erst nach Ablauf einer näher vereinbarten Zeit, der sog. Aufschubdauer, fällig (sog. **aufgeschobene Rentenversicherung**). Auch in diesem Falle kann vereinbart werden, dass der Versicherte statt der Rentenzahlung eine (Teil-)Kapitalzahlung in einer Summe wählen darf. 8

4. Klassische bzw. konventionelle und fondsgebundene Lebensversicherung

Bei der klassischen bzw. konventionellen Lebensversicherung verspricht der VR **während der gesamten Versicherungsdauer** eine der Höhe nach steigende **garantierte Versicherungsleistung.** Die Höhe der Garantie bestimmt sich unter Berücksichtigung des in die Prämie einkalkulierten Sparanteils und eines Rechnungszinses, der der Höhe nach durch § 2 Abs. 1 Satz 1 DeckRV derzeit noch auf 0,9 % begrenzt ist (sog. Höchtsrechnungszins). Die restlichen Prämienanteile werden für Risiko- und Verwaltungskosten verwendet. Da die Kalkulation der einzelnen Prämienbestandteile gemäß § 138 Abs. 1 Satz 1 VAG „unter Zugrundelegung angemessener versicherungsmathematischer Annahmen" zu erfolgen hat, sind Sicherheitszuschläge von in der Regel 10 % einkalkuliert und erfolgt die Vorgabe des Höchstrechnungszinses ebenfalls vorsichtig, so dass in der Vergangenheit davon ausgegangen wurde, dass ein VR den Höchstrechnungszins für die voraussichtliche Dauer der zu diesem Zins abgeschlossenen Verträge sicher erwirtschaften kann. Diese Erwartung hat sich angesichts der Staatsschulden- und Bankenkrise in der EU und dem damit in Zusammenhang stehenden, schon sehr lange andauernden Niedrigzinstief nachträglich als nicht zutreffend erwiesen. Vor diesem Hintergrund wird darüber gestritten, ob der gesetzliche Anpassungsvorbehalt in § 163 zugunsten des VR auch eine Anpassung des Rechnungszinses in bereits abgeschlossenen Verträgen erlaubt (zum Streitstand: *Schaaf* in Dreher/Wandt, Solvency II in der Rechtsanwendung 2016, 2016, S. 99 ff. mwN. sowie → § 163 Rn. 7). 9

Für neu abzuschließende Verträge wird eine **Absenkung des Höchstrechnungszinses** seit längerem diskutiert, ist aber trotz eindringlicher Appelle der BaFin und der Deutschen Aktuarvereinigung e.V. politisch erst zum 1.1.2022 umgesetzt worden. Denn nach der Fünften Verordnung zur Änderung von Verordnungen nach dem Versicherungsaufsichtsgesetz hat das Bundesministerium der Finanzen erst am 22.4.2021 die Absenkung auf 0,25 % auf den Weg gebracht (BGBl. 2021 I 842 ff.). Nach Auffassung der BaFin müssen Lebensversicherer aber bereits seit 2020 im Rahmen eines ordnungsgemäßen Risikomanagements losgelöst von zu erwartenden Entwicklungen des Höchstrechnungszinses beurteilen, welcher Garantiezins ihrer eigenen Risikotragfähigkeit und Ertragskraft entspricht. Eine Verzögerung der Anpassung des Höchstrechnungszinses im Neugeschäft mit der Begründung, eine weitere Entwicklung des Höchstrechnungszinses abwarten zu wollen, erweist sich aus Sicht der BaFin nicht als ordnungsgemäßes Risikomanagement (vgl. BaFin-Journal 3/2020, S. 35 f.). Mit dieser Veröffentlichung hat die BaFin eine spannende Diskussion um die Frage ausgelöst, wie weit 9a die Aufsichtsbehörde auf diesem Weg in die Gestaltung neuer Versicherungsprodukte und damit in den Wettbewerb der Versicherer untereinander eingreifen kann. Denn bekanntlich ist die aufsichtsbehördliche Vorabgenehmigungspflicht für Versicherungsbedingungen und Rechnungsgrundlagen mit der Deregulierung des Versicherungsaufsichtsrechts in Umsetzung der Dritten EG-Versicherungsrichtlinien 1994 abgeschafft worden (s. dazu statt vieler: *Rittner/Dreher* Europäisches und deutsches Wirtschaftsrecht, 3. Aufl. 2008, § 31 Rn. 5 ff.). Die Diskussion um eine Absenkung des Höchstrechnungszinses ist aber auch noch mit Blick auf die Höhe der Garantien, die ein Lebensversicherer gewähren kann, von Bedeutung. Denn eine 100 %-**Brutto-Beitragsgarantie,** wie sie für staatlich geförderte Altersvorsorgeprodukte wie zB sog. Riester-Verträge in § 1 Abs. 1 Nr. 3 AltZertG aktuell vorgeschrieben ist, ist mit einem Höchstrechnungszins unterhalb von 0,9 % nicht mehr darstellbar. Gleichwohl sah sich der Gesetzgeber nicht in der Lage, von dieser 100 %-Brutto-Beitragsgarantie Abstand zu nehmen. Das führt zu der absurd anmutenden Situation, dass Lebensversicherer aufgrund der Absenkung des Höchstrechnungszinses solche Produkte tatsächlich nicht mehr anbieten können. Es bleibt zu hoffen, dass dieser Zustand in der nächsten Legislaturperiode beendet wird. In der betrieblichen Altersvorsorge nach dem BetrAVG wird vor diesem Hintergrund ebenfalls seit langem zB über die rechtliche Zulässigkeit abgesenkter Brutto-Beitragsgarantien bei beitragsorientierten Leistungszusagen im Durchführungsweg der Direktversicherung gestritten, was mit Blick auf die Differenzhaftung des Arbeitgebers gem. § 1 Abs. 1 Satz 3 BetrAVG Haftungsfragen auch auf Seiten der produktanbietenden VR auslöst (dazu statt vieler: *Grote/Ulbrich/Britz* BB 2015, 2677; *Friedrich/Kovac/Werner* BB 2007, 1557 (15661); *Doetsch* BetrAV 2018, 340; *Langohr-Plato* BetrAV 2018, 444). Dort haben sich solche Produkte aber zwischenzeitlich etabliert und werden auch allgemein akzeptiert. Garantielose Produkte wie die sog. Nahles-Rente (korrekt: reine Beitragszusage nach § 1 Abs. 2 Nr. 2a BetrAVG und §§ 244a–d VAG sowie §§ 33–42 PFAV – s. dazu *Grote* in Ulbrich, Praxishandbuch betriebliche Altersvorsorge und Zeitwertkonten, 2021, S. 489 ff.) haben sich dagegen bislang noch nicht durchgesetzt.

9b Unabhängig von der Diskussion um den Höchstrechnungszins und die Höhe von Garantien bleibt aber der Umstand von Bedeutung, dass die vorsichtige Kalkulation der Prämie und der garantierten Versicherungsleistung in der Lebensversicherung dazu führt, dass regelmäßig Überschüsse sowohl bei den Kapitalanlagen als auch bei den Risiko- und Verwaltungskosten entstehen. Diese Überschüsse stehen zum Großteil gemäß § 153 und den Regelungen der MindZV den VN zu, da sie mit deren Prämienmitteln erwirtschaftet worden sind. Allerdings erreicht ein VR aktuell oftmals keine Kapitalanlagenüberschüsse und – angesichts steigender Kosten während der oftmals jahrzehntelangen Versicherungsdauern – auch keine Verwaltungskostenüberschüsse. Das Niedrigzinstief erschwert es den VR zunehmend, die in der Vergangenheit mit einem Höchstrechnungszins von maximal 4 % gewährten Garantien bezogen auf das gesamte Kollektiv zu erwirtschaften. Die 2008 in § 153 gesetzlich geregelte Beteiligung an den Bewertungsreserven hat das Problem vergrößert, weil die zur Absicherung der in der Vergangenheit gewährten Garantien aufgebauten Bewertungsreserven sukzessive zugunsten der Überschussbeteiligung der abgehenden VN aufgelöst werden mussten, ohne dass eine ähnlich renditeträchtige Anlage für neue Kapitalanlagen möglich war. Vor diesem Hintergrund hat der Gesetzgeber verschiedene versicherungsaufsichtsrechtliche Maßnahmen ergriffen, die dem begegnen sollten. Neben der **Bildung einer Zinszusatzreserve** nach dem seit 2011 in der DeckRV geregelten Verfahrens (s. dazu zB *Schaumlöffel/Pieper/Gierse* BaFin-Journal 8/2017, 23) und der 2013 erlassenen Verordnung über den kollektiven Teil der Rückstellung für Beitragsrückerstattung (BGBl. 2013 I 610 – sog. **Teilkollektivierung der RfB;** s. dazu zB *Armbrüster* NJW 2014, 497 (502)) sind in diesem Zusammenhang auch die Maßnahmen zu nennen, die der Gesetzgeber 2014 durch das **LVRG** ergriffen hat. Diese haben einerseits zu einer Absenkung der Abschlusskosten geführt und es den VR andererseits erlaubt, Bewertungsreserven unter bestimmten Voraussetzungen nicht auskehren zu müssen sowie Verluste aus dem Kapitalanlage-, dem Risiko- und dem übrigen Ergebnis mit Gewinnen aus den anderen Ergebnissen zu verrechnen. Seit der Evaluierung des LVRG im Juni 2018 durch das Bundesministerium der Finanzen liegt ein von diesem Ministerium am 18.4.2019 veröffentlichter **Referentenentwurf** (erneuter Entwurf zum 14.6.2019) **zum LVRG II** vor. Danach sollte eine weitere Absenkung der Abschlusskosten unter anderem durch eine **Deckelung der Provisionen** und sonstigen Vergütungen beim Abschluss von Lebensversicherungen erreicht werden. Insoweit sieht der Entwurf vor, die Vermittlung nicht nur nach Volumen, sondern auch über Qualitätsmerkmale zu vergüten sowie die Förderung von aufwandsbasierten Vergütungsmodellen. Insbesondere soll bei kapitalbildenden Lebensversicherungen die Abschlussprovision an Versicherungsvermittler in Höhe von 2,5 % der Bruttobeitragssumme gedeckelt werden. Durch das Erfüllen gewisser Qualitätskriterien bei der Beratung soll die Möglichkeit der Anhebung auf 4 % bestehen. Qualitätskriterien sollen nach § 50a Abs. 2 VAG-Entwurf insbesondere Anzahl der Verbraucherbeschwerden, Stornoquote, Umfang der Beanstandungen der Nichteinhaltung gesetzlicher Vorgaben durch den Versicherungsvermittler sowie hochwertige und umfassende Beratung (vertiefend zu den möglichen Änderungen insbesondere *Franz/Jahn/Wiemer* VW 5/2019, 94; s. auch die Kritik an dem Vorhaben von *Püttgen* VW 6/2019, 78). Politisch war dieser Referentenentwurf in der großen Koalition aber nicht durchsetzbar, so dass in dieser Legislaturperiode lediglich der Provisionsdeckel in der Restschuldversicherung Gesetz geworden ist (→ Rn. 3, 20).

Unabhängig von dieser Diskussion sind auch sog. **Neue Klassik-Produkte** **9c** entstanden, bei denen der VR Überschüsse zur Finanzierung der garantierten Versicherungsleistungen verwenden darf, wodurch den VN erhöhte Überschüsse im Vergleich zu den herkömmlichen Klassik-Produkten zugewiesen werden können, weil so das Risikokapital des VR niedriger ist (s. dazu auch *Grote* NJW 2018, 3025).

Bei der fondsgebundenen Lebensversicherung, die Ende der 1980er Jahre des **10** letzten Jahrhunderts entwickelt worden ist, um in Konkurrenz zu Bankprodukten auch VN den Weg zu einer rein aktienbasierten Kapitalanlage auch bei kleineren Sparbeiträgen zu eröffnen, verspricht der VR dagegen idR keine garantierten Leistungen, außer eine Mindestleistung für den Todesfall und/oder für den Erlebensfall zB in Höhe der eingezahlten Prämien oder eine bei Vertragsabschluss durch Vereinbarung eines garantierten Rentenfaktors pro 10.000 EUR Vertragsguthaben hinreichend bestimmten Rentenzahlung. Denn ansonsten handelte es sich wegen der fehlenden Übernahme eines versicherungstechnischen Risikos nicht mehr um eine Versicherung. Bei der Ausgestaltung der im Rahmen der fondsgebundenen Lebensversicherung gewährten Garantien ist noch zwischen solchen Produkten zu unterscheiden, bei denen wie bei der klassischen Lebensversicherung die garantierten Versicherungsleistungen während der gesamten Versicherungsdauer versprochen werden, und solchen, bei denen nur **rein endfällige Garantien** zum Ablauf der Versicherung gewährt werden. Letztere Produkte zogen in Deutschland Mitte der 1990er Jahre des letzten Jahrhunderts mit den sog. **With-profits-Produkten** aus England und Anfang dieses Jahrhunderts mit den sog. **Variable Annuities** aus den USA ein. Die im Versicherungsfall zu erbringende Leistung besteht dann – je nach dem welcher Wert höher ist – entweder aus der garantierten Mindestversicherungsleistung oder aus dem Wert der bis dahin dem Vertrag zugeordneten Anteile an einem oder mehreren Investmentfonds, die der VN aus einer vom VR angebotenen Fondspalette bestimmt hat, zuzüglich in der Regel Risiko- und Verwaltungskostenüberschüssen. Kapitalanlageüberschüsse entstehen im Sinne der MindZV dagegen nicht, da alle positiven Wertentwicklungen aus dem Vertragsguthaben ohnehin dem VN zustehen, der auch das Risiko einer negativen Wertentwicklung trägt. Der Wert, der die im Versicherungsfall zu erbringende Leistung bestimmt, bestimmt auch den Zeitwert bei der Berechnung des Rückkaufswerts im Falle einer Kündigung (§§ 168, 169). Da der Wert der Fonds je nach ihrer Art einer mehr oder minder starken Volatilität unterliegt, ist die Höhe des zum Fälligkeitszeitpunkt auszuzahlenden Betrages ungewiss. Darin liegt bei guter Entwicklung der gewählten Fonds für den VN die Chance auf hohe Auszahlungen. Der VN trägt andererseits aber auch das volle Risiko einer schlechten Fondsentwicklung, die sich gerade im Fälligkeitszeitpunkt auswirken kann. Fondsgebundene Versicherungen mit sehr niedrigen Garantien hinsichtlich einer Mindestversicherungsleistung (zur Höhe von Garantien allgemein *Schaaf* VersR 2015, 17) kommen deshalb nur für den VN in Betracht, der bereit ist, dieses Risiko zu tragen. Bei Bedarf muss er über **diese Umstände im Beratungsgespräch aufgeklärt** werden. Ferner bestimmt § 2 Abs. 1 Nr. 7 VVG-InfoV, dass der VR dem VN Informationen über die der Versicherung zugrunde liegenden Fonds und die Art der darin enthaltenen Vermögenswerte zur Verfügung stellen muss. Statt der Bindung der Höhe der Versicherungsleistung an die Wertentwicklung eines oder mehrerer Investmentfonds kann auch eine Bindung an einen Index (zB des DAX30 oder eines Rohstoffs) oder Zertifikatprodukte einer Bank erfolgen. Enthält das Zertifikatprodukt dann auch eine Garantiekomponente, kann bei entsprechender Vertragsgestaltung auf diesem Weg erreicht werden, dass der VR keine eigene Garantie begibt und der VN das Risiko trägt, dass die Bank die Garantie aus dem Zertifikat erfüllt. Allerdings ist eine solche Bankgarantie weit weniger stabil als eine von einem VR bei einem konventionellen Produkt begebene Garantie, da Banken sich die Möglichkeit vorbehalten dürfen, das Bankprodukt mit der Garantie vor Fälligkeit der Garantie zu beenden. Der VR hat dagegen nur die gesetzliche oder vertragliche Möglichkeit die Garantie durch ein entsprechendes einseitiges Anpassungsrecht während der Laufzeit zu verändern. Das folgt aus der unterschiedlichen Rechtslage für Versicherungs- und Bankprodukte. EIOPA hat in 2021 ein Konsultationsverfahren eingeleitet, das sich mit dem Preis-Leistungs-Verhältnis von fondsgebundenen Lebensversicherungen beschäftigt (s. BaFin-Journal 5/2021, 11).

11 Demgegenüber hat der BGH mit Urteilen vom 11.7.2012 (WM 2012, 1577; VersR 2012, 1237 = WM 2012, 1579) erstmals entschieden, dass die **Vorschriften über die Belehrungen des Verbrauchers bei Kapitalanlagegeschäften** und die **Grundsätze für Kapitalanlagen** dann auf Lebensversicherungsverträge anzuwenden sind, wenn es sich bei diesen tatsächlich um Kapitalanlagen handelt, also etwa bei der fondsgebundenen Lebensversicherung mit sehr niedrigen Garantien hinsichtlich einer Mindestversicherungsleistung in Höhe von zB 0,1 % des Vertragsguthabens (krit. OLG Köln VersR 2014, 1238 sowie *Grote/Schaaf* GWR

2012, 477 und GWR 2013, 482 → Rn. 12; OLG Dresden r+s 2018, 592 hat ein Kapitalanlagegeschäft mit der hieran anknüpfenden Aufklärungspflicht bei einer kapitalbildenden, fondgebundenen Lebensversicherung angenommen, wenn die Todesfallleistung zu Beginn 110% des Deckungskapitals betrug und dann über die Aufschubzeit auf 100% absank; krit. dazu *Grote/Schaaf* VersR 2019, 659). Diese Grundsätze sollen zulasten des VR auch dann gelten, wenn der VN von einem **Makler** vertreten wird, der in die Vertriebsorganisation des VR eng eingebunden ist und insoweit auch VR-typische Aufgaben übernimmt, obwohl in § 6 Abs. 6 geregelt ist, dass die Vorschriften über die vorvertragliche Beratung dann „nicht anzuwenden" sind, „wenn der Vertrag (…) von einem Versicherungsmakler vermittelt wird". In diesen Fällen schuldet der VR eigentlich über eine ordnungsgemäße Vertragsdokumentation hinaus keine besondere Beratung in Bezug auf den abzuschließenden Versicherungsvertrag, auch dann nicht, wenn es sich um einen einerseits wichtigen und andererseits komplizierten Lebensversicherungsvertrag handelt, in dem eine Kapitalanlage enthalten ist. Ferner wäre § 7 zu beachten gewesen, in dem die **vorvertraglichen Informationspflichten** des VR gegenüber dem VN abschließend geregelt sind. Danach muss der VR dem VN vor Abgabe von dessen Vertragserklärung bestimmte Informationen erteilen und ihm die Allgemeinen Versicherungsbedingungen zuleiten. In der gem. § 7 Abs. 2 Nr. 2 erlassenen Informationsverordnung heißt es in Bezug auf die Lebensversicherung in § 2 VVG-InfoV, dass der Versicherer über die in § 1 Abs. 1 VVG-InfoV genannten allgemeinen Informationen hinaus folgende Zusatzinformationen zur Verfügung stellen muss: eine Angabe über die Höhe der in die Prämie einkalkulierten Abschlusskosten (Nr. 1), Angaben zu Überschussermittlung und Überschussbeteiligung (Nr. 3) und in Bezug auf fondsgebundene Lebensversicherungen Angaben über die der Versicherung zugrunde liegenden Fonds und die Art der darin enthaltenen Vermögenswerte (Nr. 7). Von den Erfordernissen, die für Banken im Kapitalanlagerecht gelten (etwa das KWG oder ähnliche Vorschriften), ist nicht die Rede. Zudem ist hinsichtlich der vorgenannten BGH-Rspr. zu kritisieren, dass unklar bleibt, ob die Vorschriften über die Belehrungen des Verbrauchers bei Kapitalanlagegeschäften zusätzlich oder anstelle der versicherungsvertragsrechtlichen Vorschriften gelten und wie sich die im Bank- und Versicherungsbereich unterschiedlichen Formvorschriften hinsichtlich der Beratungsdokumentation auswirken. Jedenfalls hinsichtlich der strengeren Formvorschriften im Bankbereich können diese keine Anwendung finden, da ein VR darauf vertrauen können muss, dass nur die für ihn einschlägigen Formvorschriften gelten. Denn dafür sind die versicherungsrechtlichen Spezialbestimmungen geschaffen worden (vgl. *Grote/Schaaf* GWR 2012, 477). Obwohl die Urteile des BGH einen Sachverhalt betreffen, auf den das VVG in seiner früheren Fassung anzuwenden war, hätten die heutigen Wertungen des Gesetzgebers Berücksichtigung finden sollen, nach denen die Beratungs- und Informationspflicht des VR auf bestimmte Weise ausgestaltet wurde. Allerdings versteht OLG Köln VersR 2014, 1238 die von ihm zitierte BGH-Rechtsprechung (VersR 2012, 1237 = WM 2012, 1579) so, dass die Kapitalanlagegrundsätze für Lebensversicherungsverträge nur dann ausnahmsweise gelten sollen, wenn nach den vertraglichen Regelungen die Renditeerwartung gegenüber der Absicherung des Todesfallrisikos von untergeordneter Bedeutung ist, was beim Abschluss einer fondsgebundenen Lebensversicherung regelmäßig nicht anzunehmen sei. Der BGH hat auch in letzter Zeit trotz der vorstehenden Kritik an seiner bisherigen Rspr. festgehalten, diese aber dahingehend klargestellt, dass nicht jedes Vermittlerhandeln dem VR zuzurechnen ist (VersR 2017, 677;

dazu auch Anm. von *Wendt,* NJW 2017, 2270). In konsequenter Fortsetzung seiner Rspr. hat der BGH dann auch mit Blick auf den Kapitalanlagenausschluss in der Rechtsschutzversicherung entschieden, dass davon auch fondsgebundene Lebensversicherungen erfasst werden (BGH VersR 2019, 811 mAnm *Günther* FD-VersR 2019, 417698).

12 Kommt es im Rahmen der Anlage von Vermögenswerten zu Interessenskonflikten zwischen Versicherungsunternehmen und Versicherten, hat das Unternehmen nach dem Grundsatz der unternehmerischen Vorsicht in § 124 Abs. 1 Satz 2 Nr. 4 VAG und entsprechend der LL 32 EIOPA-BoS-14/253 zum Governance-System sicherzustellen, dass die Anlage im Interesse der Versicherten erfolgt. Diese gesetzgeberische Entscheidung zu Gunsten der Versicherten gilt insbesondere bei fondsgebundenen und indexgebundenen Lebensversicherungsverträgen, bei denen der VN selbst keine Auswahl der Anlagen trifft. Zudem sollen etwaige offengelegte strategische Ziele bei der Auswahl berücksichtigt werden. In der Regel dürften Zahlungen, die die Fondsauswahl beeinflussen, zB wenn das Unternehmen sog. Kickback-Zahlungen von der Kapitalanlagegesellschaft erhält, nicht im Interesse der Versicherten liegen – es sei denn, der VR gibt diese Kickback-Zahlungen im Rahmen der Überschussbeteiligung weiter (was der Regelfall ist). Ansonsten muss der Versicherte auf diesen Interessenkonflikt ausdrücklich hingewiesen werden. Einer Benachteiligung kann das Unternehmen also auch dadurch entgegenwirken, dass es die entgegengenommenen Kickback-Zahlungen offenlegt. Nimmt hingegen der VN die Fondsauswahl vor, hat das Unternehmen das Anlagemanagement entsprechend der vertraglichen Bestimmungen (zB über die Berechnung der Kauf- und Rückgabepreise der Anteile) so zu organisieren, dass diese erfüllbar bleiben. Dabei müssen auch geeignete Festlegungen, für den Fall der Schließung eines Fonds sowie Beschränkungen der jederzeitigen Rückgabemöglichkeit getroffen werden. Vom Unternehmen muss mithin sichergestellt werden, dass sich möglichst keine zusätzlichen Kapitalanlagerisiken zulasten des Versicherten realisieren. Dies geschieht in der Regel mit sog. Fondsersetzungsklauseln. Nach ersten Überlegungen der BaFin sollen VR materielle Nachteile auf die Überschussbeteiligung der Verträge im Zweifel aus ihren eigenen Mitteln auszugleichen haben, sofern diese nicht anders z.B. durch Umschichtungsalgorithmen, behoben werden können (Entwurf für eine Auslegungsentscheidung der BaFin zum Aufsichtssystem Solvency II (RL 2009/138/EG), Stand: 7.4.2020) Das überzeugt indes nicht, da die Produktverantwortung der VR nicht so weit gehen kann und diese Überlegungen bei einem VVaG nicht verfangen können. Denn dort gehört der VVaG den VN, so dass diese so oder so die mit dem Produkt verbundenen Risiken tragen.

12a Nach der Rspr. des BGH (NJW 2019, 2172 mit Anm. *Rixecker* NJW 2019, 2175; vgl. auch die Anmerkungen von *Günther* FD-VersR 2019, 417698) erfasst die in einer Rechtsschutzversicherung enthaltene Ausschlussklausel für „Streitigkeiten aus Kapitalanlagegeschäften aller Art und deren Finanzierung" auch die Geltendmachung eines Anspruchs auf Rückabwicklung einer fondsgebundenen Lebensversicherung nach Widerspruch gem. § 5a VVG aF. Da von dem Ausschluss Streitigkeiten aus Kapitalanlagegeschäften aller Art erfasst sein sollen, wird deutlich, dass sich der Abschluss nicht auf RG beschränkt, die sich auf bestimmte Gegenstände oder auf bestimmte Vertragstypen beziehen. Soweit ein Versicherungsvertrag über die bloße Risikoabsicherung hinaus auch der Vermögensbildung dient, kann er ein Anlagegeschäft sein (BGH NJW 2019, 2172 Rn. 23). Jedoch fallen nur solche Streitigkeiten unter den Ausschluss, die ihren Ursprung jedenfalls auch in dem Anlagecharakter des Geschäfts haben, so dass die Klausel nicht gem.

§ 307 Abs. 1 Satz 1 BGB iVm § 307 Abs. 1 Satz 2 oder Abs. 2 Nr. 2 BGB wegen Intransparenz oder der Aushöhlung des Leistungsversprechen des Versicherers unwirksam ist (BGH NJW 2019, 2172 Rn. 25 f.; ebenso OLG Düsseldorf r+s 2015, 18; vgl. zu entsprechenden Bedenken: BeckOK BGB/*H. Schmidt,* 59. Ed. (1.8.2021), BGB § 307 Rn. 175). Insoweit bleibt der BGH bei seiner Linie, dass Lebensversicherungsverträge bei wirtschaftlicher Betrachtung im Einzelfall als Anlagegeschäfte angesehen werden können (grundlegend BGHZ 194, 39 Rn. 53; zur fondsgebundenen Lebensversicherung vgl. BGH VersR 2017, 677 Rn. 15 ff. sowie zur Kritik daran → Rn. 11).

Beratungspflichten können sich beim Vertrieb von Lebensversicherungsprodukten aber auch zu Lasten der die **Versicherung vermittelnden Bank** ergeben. Wird zB die Kapitallebensversicherung im Zusammenhang mit einem Festkredit genommen, ist die Bank verpflichtet, den VN darüber aufzuklären, welche Vor- und Nachteile sich aus einer solchen Vertragskombination ergeben können (BGH NJW 1989, 1667 = VersR 1989, 596). **12b**

Bei den **Hybrid-Produkten** handelt es sich schließlich um eine Kombination aus klassischer und fondsgebundener Lebensversicherung, bei der die Abbildung der garantierten Versicherungsleistungen klassisch erfolgt und anstelle der dort üblichen Überschussbeteiligung eine höhere Rendite durch einen fondsgebundenen Teil erreicht werden soll. Dabei wird zwischen statischen und dynamischen Hybrid-Produkten unterschieden. Bei den statischen ist die Aufteilung der Investition der Sparanteile in den klassischen und den fondsgebundenen Teil bei Vertragsabschluss fest vereinbart, wohingegen bei den dynamischen Hybrid-Produkten die Aufteilung während der Versicherungsdauer in Abhängigkeit von der Entwicklung des Fondsguthabens fortlaufend geändert wird. Bei diesen Produkten werden unterschiedliche „Töpfe" gebildet, in denen der jeweilige Sparvorgang abgebildet wird. Je nach Ausgestaltung sind 2-, 3- oder auch 4-Topf-Hybrid-Produkte am Markt vorhanden. **13**

Bei neuartigen Rentenversicherungen werden zum Teil verschiedene der vorstehenden Gestaltungsmöglichkeiten miteinander kombiniert und zum Teil mit unterschiedlichen Berechnungsgrundlagen für die Aufschub- und die Rentenbezugszeit gearbeitet (zu den sich daraus ergebenden Problemen ausführlich *Lentz,* Gestaltungsoptionen in der privaten Rentenversicherung, 2019. **13a**

Die Kapitalanlage selbst wird zunehmend von regulatorischen Vorschriften beeinflusst. Hier sind z.B. die Transparenz-VO (VO (EU) 2019/2088) und die Taxonomie-VO (VO (EU) 2020/852) oder das Gesetz zur Umsetzung der zweiten Aktionärsrechterichtlinie (ARUG II) zu nennen, die entweder bereits in Kraft getreten sind oder demnächst in Kraft treten werden (dazu allg. *Glander/Lühmann/Jesch* BKR 2020, 485 und 545; *Präve,* FS v. Fürstenwerth, 2020, 243; *Bürkle* VersR 2020, 1155 und VersR 2021, 1). **13b**

5. Termfixversicherung

Die Termfixversicherung wird häufig als Ausbildungs- oder Aussteuerversicherung genommen. Mit ihr verspricht der VR, die Versicherungssumme unabhängig vom Zeitpunkt des Todes der versicherten Person ganz oder teilweise erst zu **einem festen Zeitpunkt** auszuzahlen. Bei Tod vor dem Ablauftermin wird die Versicherung beitragsfrei weiter geführt, so dass die versicherte Todesfallleistung ganz oder teilweise erst verzögert ausgezahlt wird (zu Begriff und Versicherungsfall siehe näher BGH NJW-RR 1992, 1302 = r+s 1992, 320 = VersR 1992, 990). **14**

Dies könnte indes ein Verstoß gegen eine halbzwingende Vorschrift des VVG sein. Zu denken ist hier etwa an § 14, nach dessen Abs. 1 „Geldleistungen des Versicherers (…) mit der Beendigung der zur Feststellung des Versicherungsfalles und des Umfanges der Leistung des Versicherers notwendigen Erhebungen" fällig sind. „Nachteilige Abweichungen von Abs. 1 sind nach § 18 (zwar) zulässig, dürfen aber dem aus § 14 folgenden Leitbild nicht widersprechen (vgl. auch BGH VersR 2000, 753)" (so *Rixecker* → § 14 Rn. 5). Zudem kommt ein Verstoß gegen § 14 Abs. 2 Satz 1 auch insoweit in Betracht, als unter gewissen Voraussetzungen Abschlagszahlungen einen Monat nach Anzeige des Versicherungsfalles verlangt werden, wovon nicht zum Nachteil des Versicherungsnehmers gemäß § 18 abgewichen werden darf. Klauseln, die die Fälligkeit trotz Abschlusses der Erhebungen hinausschieben, führen mithin zu einer Missachtung des Leitbildes des § 14 und damit zur Unwirksamkeit, wohingegen Klauseln, die nur den Beginn des Verzugseintritts regeln, zulässig sein sollen. Das kann aufgrund gesetzlicher Regelung aber anders sein, so zB in der Unfallversicherung mit Blick auf § 187 Abs. 2 S 1 (so zB *Rixecker* → § 14 Rn. 5). Mit Blick darauf könnte die Termfixversicherung als Verstoß gegen das Leitbild in § 14 bezogen auf die nur verzögert ausgezahlte Todesfallleistung unwirksam sind. Denn eine gesetzliche Regelung, die das erlaubte, besteht für die Lebensversicherung nicht. Auf der anderen Seite gibt es gerade kein gesetzliches Leitbild für die Lebensversicherung, so dass bei der Bestimmung der Fälligkeit der Lebensversicherungsleistung im Todesfall auch ein späterer Zeitpunkt wirksam vereinbart werden kann, ohne dass ein Verstoß gegen § 14 vorliegt (so ausdrücklich: BGH VersR 1992, 990 – allerdings ohne Bezugnahme auf diese gesetzliche Regelung, aber mit der Klarstellung, dass in dem entschiedenen Fall wirksam vereinbart war, dass nur ein Teil der Todesfallleistung zum Todesfallzeitpunkt fällig war und der andere Teil erst zum vereinbartem Ablauftermin). Denn der Gesetzgeber wollte in der Lebensversicherung größtmögliche Gestaltungsfreiheit für die Vertragsparteien sicherstellen (Marlow/Spuhl/*Grote* Rn. 949 unter Hinweis auf BT-Drs. 16/3945, 51). Dementsprechend ist der Tod des Versicherten der Eintritt des Versicherungsfalls (so BGH VersR 1992, 990 unter Hinweis auf OLG Nürnberg VersR 1952, 121; OLG Hamburg VersR 1975, 561; *Dörstling* HansRZ 1918, 688 (694 Fn. 4); *Bruck,* Das Privatversicherungsrecht, 1930, S. 643; *Gärtner* VersR 1963, 895 (897 f.); Bruck/Möller/*Winter,* 8. Aufl., Bd. V/II, Anm. F 9; Prölss/Martin/*Prölss,* VVG 24. Aufl. 1988, § 166 Anm. 2 und nur für den Fall der Identität von VN und Versichertem: *Bruck/Dörstling,* Das Recht des Lebensversicherungsvertrages 2. Aufl. 1933, § 15 Rn. 14). Versichert sei – so der BGH (VersR 1992, 990) – „das Risiko, daß der Versicherte infolge zu frühen Todes sein Ziel, nämlich bis zu einem bestimmten Zeitpunkt eine bestimmte Geldsumme anzusammeln, nicht erreicht". Bis zum Zeitpunkt der Auszahlung behält die Termfixversicherung „ihren versicherungsrechtlichen Charakter bei (BGHZ 9, 34 (48) = VersR 53, 106 (109)). [Denn der] Eintritt des Versicherungsfalls nimmt den Beziehungen der Beteiligten nicht automatisch den versicherungsrechtlichen Charakter. Das ergibt sich schon daraus, daß das VVG zahlreiche Regeln enthält, die erst nach Eintritt des Versicherungsfalls eingreifen" (BGH VersR 1992, 990). Ähnliches gilt für die Rentenversicherung nach Eintritt des Rentenversicherungsfalls und dem Rentenbeginn.

6. Kapitalisierungsgeschäfte

15 Nicht unproblematisch sind sog Kapitalisierungsgeschäfte iSv Nr. 23 der Anlage 1 zum VAG. Bei diesen Produkten handelt es sich um **reine Sparprodukte ohne**

die Übernahme biometrischer Risiken durch den Versicherer. Gemäß § 1 Abs. 2 Satz 2 VAG werden solche Kapitalisierungsgeschäfte definiert als „Geschäfte, bei denen unter Anwendung eines mathematischen Verfahrens die im Voraus festgesetzten einmaligen oder wiederkehrenden Prämien und die übernommenen Verpflichtungen nach Dauer und Höhe festgelegt sind." Mit ihnen behaupten VR sich ebenfalls im unmittelbaren Wettbewerb mit Banken. Bei Auszahlung hoher Beträge an den VN, bieten sich Geldanlagen an, die in der Verzinsung zumindest einen vergleichbaren Marktzins von Sparprodukten erreichen müssen, die von Banken vertrieben werden. Über den eingezahlten Einmalbetrag kann der Kunde durch Kündigung jederzeit wieder verfügen. Wenn aber wie hier kein biometrisches Risiko abgedeckt wird, stellen sich die Fragen, ob es sich noch um ein Versicherungsgeschäft handelt und ob das VVG anwendbar ist. Diese Fragen sind mit Blick auf die zuvor genannte Norm des VAG ausnahmsweise zu bejahen, wobei solche Produkte nur von Lebensversicherungsunternehmen angeboten werden dürfen. Das Fehlen eines biometrischen Risikotransfers darf aber auch nicht dazu verleiten, jeglichen Risikotransfer bei solchen Produkten in Abrede zu stellen. Denn das vom Versicherer im Rahmen einer Garantie abgegebene Zinsversprechen stellt die Übernahme von Kapitalanlagerisiken dar. Ein solcher Risikotransfer kann auch Gegenstand eines Versicherungsproduktes sein und wäre, gäbe es die Nr. 23 der Anlage 1 zum VAG nicht, in die Sparte Nr. 16 Buchst. k der Anlage 1 zum VAG („sonstige finanzielle Verluste") zu subsumieren. Kaum zu übersehen sind nämlich die Folgen, wenn es etwa bei rasch ansteigenden Marktzinsen zu Massenkündigungen kommen sollte oder bei rasch sinkenden Marktzinsen der garantierte Zins vom VR nicht mehr erwirtschaftet werden kann.

7. Lebens- und Berufsunfähigkeitszusatzversicherung sowie weitere besondere Versicherungen

Häufig wird mit einer Lebensversicherung gleichzeitig und mit ihr verbunden **16**
eine Berufsunfähigkeitsversicherung als Zusatzversicherung abgeschlossen. Der VR verspricht neben den Leistungen aus der Lebensversicherung oftmals eine Rente, wenn die versicherte Person in dem vereinbarten Grad berufsunfähig wird (siehe § 172 Abs. 2). Zusätzlich oder ausschließlich kann auch vereinbart werden, dass bei Eintritt von Berufsunfähigkeit die Pflicht zur Prämienzahlung der Hauptversicherung entfällt und die Prämien aus der Zusatzversicherung erbracht werden. In diesem Fall endet die Beitragspflicht für beide Versicherungen. Eine Berufsunfähigkeitsversicherung liegt hingegen nicht vor, wenn lediglich auf den Eintritt eines bestimmten Invaliditätsgrades nach einem Unfall oder einem gleichgestellten Ereignis abgestellt wird und der Leistungsbezug nicht von einem nach Versicherungsbeginn eintretenden Verlust von Berufs-, Arbeits- oder Erwerbsfähigkeit abhängig ist (siehe dazu: LG Köln Urt. v. 20.1.2021 – 26 O 79/20 bezugnehmend auf OLG Oldenburg, Hinweisbeschl. v. 14.10.2020 – 1 U 191/20; vgl. auch die Stellungnahme der BaFin BT-Drs. 19/4317, 17 f. zur Einordnung einer sog. Unfall-Kombirente als Unfallversicherung). Die **Verbundenheit beider Versicherungsarten** ist üblicherweise in den AVB geregelt. Nach § 9 Abs. 1 BUZ 2008 bildet die Zusatzversicherung mit der Versicherung, zu der sie abgeschlossen worden ist (Hauptversicherung), eine Einheit; sie kann ohne die Hauptversicherung nicht abgeschlossen werden. Die Zusatzversicherung erlischt spätestens, wenn der Versicherungsschutz aus der Hauptversicherung endet; bei

Rentenversicherung spätestens mit dem vereinbarten Rentenbeginn. Aus dieser Verbundenheit ergibt sich eine **Reihe von Problemen.**

17 Insbesondere stellt sich die Frage, ob und ggf. mit welcher Wirkung **Ansprüche aus der Lebensversicherung** als Hauptversicherung **isoliert abgetreten** werden können (allg. zur Abtretung → Rn. 33 ff.). Die Verbundenheit beider Versicherungen iVm der Unpfändbarkeit der Ansprüche aus der **Berufsunfähigkeitsversicherung** (§ 850b Abs. 1 Nr. 1 ZPO) könnte auch die Abtretbarkeit der Ansprüche aus der Lebensversicherung hindern (§ 400 BGB). Nach der Rspr. des BGH ist jedoch eine isolierte Abtretung der Ansprüche und eine Übertragung der Rechte aus der Lebensversicherung zulässig (VersR 2010, 237). Der VN behalte trotz Abtretung der Ansprüche aus der Lebensversicherung den Versicherungsschutz aus der Berufsunfähigkeitszusatzversicherung, solange er die Beiträge für die Gesamtversicherung zahle. Die Einheit der Verträge werde nicht beeinträchtigt. Mit der Abtretung der Rechte aus dem Lebensversicherungsvertrag kann – wenn mit der Abtretungserklärung vereinbart – auch das **Recht zur Kündigung** des Lebensversicherungsvertrages zur Erlangung des Rückkaufswerts wirksam übertragen werden (BGH VersR 2010, 375). Die Kündigung erfasst dann grds. auch die Berufsunfähigkeitszusatzversicherung, es sei denn, der Versicherungsfall, die Berufsunfähigkeit ist vor der Kündigung eingetreten. In diesem Falle bleibt der Anspruch des VN auf Leistungen aus der Berufsunfähigkeitszusatzversicherung in vollem Umfang bestehen. Eine Klausel in den AVB, nach der nur anerkannte oder festgestellte Ansprüche aus der Zusatzversicherung bestehen bleiben (so § 9 Abs. 7 BUZ 2008), ist unwirksam (BGH VersR 2010, 1025).

18 Als Lebensversicherung können auch sog. **Dread-Disease-Produkte** zur Absicherung gegen bestimmte schwere Erkrankungen (zB Krebs, Schlaganfall und Herzinfarkt) angeboten werden (vgl. zur Einordnung unter anderem Langheid/Wandt/*Heiss/Mönnich,* Vor § 150 Rn. 31; Beckmann/Matusche-Beckmann VersR-HdB/*Brömmelmeyer* § 42 Rn. 17; Prölss/Martin/*Schneider* Vor § 150 Rn. 38). Denn der Eintritt einer schweren Erkrankung kann ebenso wie der Eintritt der Berufsunfähigkeit als ähnlich schweres Schicksal wie der Eintritt des Todesfalls begriffen werden, so dass diese beiden Risiken der Lebensversicherung zuzuordnen sind, soweit es um die Absicherung der damit verbundenen wirtschaftlichen Folgen für den Versicherten geht. Geht es dagegen um die Absicherung der mit einer schweren Erkrankung verbundenen Heilbehandlungskosten, so ist die Versicherung der Krankenversicherung zuzuordnen. Dagegen ist es auch erlaubt, schwere Erkrankungen im Rahmen einer Unfallversicherung zu versichern, da der Eintritt einer schweren Erkrankung auch als ein einem Unfall gleichgestelltes Ereignis iSv § 177 verstanden werden kann (LG Köln Urt. v. 20.1.21 – 26 O 79/20 bezugnehmend auf OLG Oldenburg Hinweisbeschl. v. 14.10.2020 – 1 U 191/20; zur Möglichkeit der gleichzeitigen Einordnung ein und desselben Risikos in verschiedenen Sparten s. auch Prölss/Dreher/*Grote* VAG Anl. 1 Rn. 32 ff., 46 ff. – letztere Fundstelle bezogen auf die **Pflegeversicherung,** die je nach Ausgestaltung Lebens-, Kranken- oder Unfallversicherung sein kann). Wenn es sich bei einer Dread-Disease-Versicherung um eine Lebensversicherung gegen Einmalprämie handelt, kann das ordentliche Kündigungsrecht nach § 168 Abs. 2 abbedungen werden, wenn das versicherte Risiko – wie hier – ungewiss ist, mithin eine reine Risikoversicherung vorliegt (→ § 168 Rn. 6). Denn ob die versicherte Person während der Versicherungsdauer irgendwann einmal an einer schweren Krankheit leiden wird, ist nicht sicher. Ebenso sieht § 169 Abs. 1 bei reinen Risikoversicherungen keinen gesetzlichen Anspruch auf Zahlung eines

Rückkaufswerts im Beendigungsfall vor (→ § 169 Rn. 18), so dass der Anspruch auf den Rückkaufswert vertragsrechtlich wirksam ausgeschlossen werden kann.

8. Lebensversicherung als Gruppenversicherung

Sie eignet sich besonders zum Abschluss von Versicherungen durch Vereine, Verbände, Unternehmen und andere rechtsfähige Organisationen. Bei ihr, auch **Kollektivversicherung** genannt, ist eine Vielzahl von bestimmten oder bestimmbaren Mitgliedern einer Gruppe versichert. Sie tritt in zwei Erscheinungsformen auf (grundlegend dazu: *Beyer* in Boetius/Rogler/Schäfer, Rechtshandbuch Private Krankenversicherung, 2020, § 17): **18a**

Bei der sog **unechten Gruppenversicherung** sind die Mitglieder der Gruppe selbst VN. Die Führung der Gruppe ist lediglich bevollmächtigte Vertreterin und übernimmt in dieser Eigenschaft zB das Inkasso der Prämien, die Verwaltung und/oder die Abwicklung der Versicherung. Durch diese Art der Gruppenversicherung werden die Versicherungsverträge zusammengefasst und verwaltet. Dieses Vorgehen rechtfertigt dann in der Regel auch den Prämiennachlass im Vergleich zu den in der Individualversicherung angebotenen Tarifen. Einer solchen Rechtfertigung bedarf es mit Blick auf das Sondervergütungsverbot, das in § 48b VAG verankert ist. **19**

Bei der **echten Gruppenversicherung** ist die Führung der Gruppe zugleich VN. Die Mitglieder, auf deren Leben die Versicherung genommen wird, sind versicherte Personen. Sie dient häufig einerseits der Absicherung von Kreditrisiken im Rahmen der **Restschuldversicherung** und andererseits der **betrieblichen Altersversorgung** nach dem BetrAVG (§ 1b Abs. 2). Im Rahmen der Restschuldversicherung schließt in der Regel die kreditgebende Bank einen Gruppenversicherungsvertrag auf das Leben der kreditnehmenden Bankkunden ab, dem die Bankkunden, wenn sie es wünschen, beitreten können. Die Bank ist gegenüber dem VR Prämienschuldner und gibt die Prämienschuld oftmals durch eine Aufstockung des Kredits wirtschaftlich an den Bankkunden weiter, ohne dass dieser Vertragspartner des VR wird. Gleichwohl sind die AVB einer solchen Gruppenversicherung auch aus Sicht der versicherten Personen auszulegen und AGB-rechtlich zu bewerten (BGH VersR 2015, 318). Die Gruppenrestschuldversicherung steht in der Kritik der Verbraucherschutzverbände, was jüngst mit Umsetzung der RL (EU) 2016/97 dazu geführt hat, dass § 7d seit dem 23.2.2018 für diese Gruppenversicherungsverträge besondere Beratungs- und Informationspflichten der Bank gegenüber ihren Kunden zu beachten und den Kunden ein eigenes Widerrufsrecht zusteht (ausführlich *Schmitz-Elvenich/Krokhina* VersR 2018, 129). Dabei erachtet es die BaFin seit Kurzem in ihrem Rundschreiben 03/2021 (VA) – Hinweise zu echten Gruppenversicherungsverträgen als ausreichend, wenn die Informationen an geeigneter Stelle, beispielsweise auf der Internetseite des Versicherungsunternehmens oder des Versicherungsnehmers, abrufbar sind und die versicherte Person entsprechend hierauf hingewiesen wurde. Mit Schaffung des § 7d wurde aus nationaler Sicht zugleich der Streit geklärt, dass die Bank als Gruppenversicherungsnehmer **nicht** zugleich Vermittler sein kann (*Franz* BB 2015, 610). Ob diese nationale Sicht allerdings einer europarechtlichen Sicht Stand hält, hat der BGH mit einem Vorlagebeschluss (VersR 2021, 116) in die Hände des EuGH gelegt. Mit § 50a VAG ist zudem ein Provisionsdeckel für die Restschuldversicherung geschaffen worden (→ Rn. 3). Danach ist die Provision auf 2,5 % der Darlehenssumme begrenzt. Zudem soll dem Vermittler jeweils nur eine **20**

Provision für ein und dasselbe Darlehen gewährt werden, so dass der Abschluss mehrerer Restschuldversicherungen, die alle auf denselben VN Bezug nehmen und denselben Darlehensbetrag bzw. sonstigen Geldbetrag zum Gegenstand haben, als eine Restschuldversicherung angesehen werden. Insgesamt wirft die Regelung in § 50a VAG viele Rechtsfragen auf, die vermutlich noch zahlreiche gerichtliche Auseinandersetzungen zur Folge haben könnten.

21 Im Rahmen der betrieblichen Altersversorgung schließt der Arbeitgeber auf das Leben der Arbeitnehmer eine **Direktversicherung** ab (Der Begriff Direktversicherung wird allerdings auch in einem anderen Zusammenhang verwendet, wenn nämlich der VN den Vertrag unmittelbar mit dem VR ohne Einschaltung eines Vermittlers idR über das Internet abschließt). Der Arbeitgeber ist VN, die von ihm eingezahlten Beiträge werden von seiner Versorgungszusage umfasst. Die Arbeitnehmer oder ihre nahen Angehörigen sind Bezugsberechtigte (BGH VersR 1993, 728). Das Bezugsrecht kann widerruflich, unwiderruflich und auch eingeschränkt unwiderruflich eingeräumt werden. Maßgeblich für den Inhalt des Bezugsrechts ist, welche konkrete Ausgestaltung es in den vereinbarten AVB erfahren hat (BGH VersR 2005, 1134). Zum Bezugsrecht des Arbeitnehmers im Falle der Insolvenz des Arbeitgebers auch → § 159 Rn. 34 ff.; zu den versicherungsvertragsrechtlichen Rahmenbedingungen in der betrieblichen Altersversorgung s. allg. *Britz* in Ulbrich, Praxishandbuch betriebliche Altersversorgung und Zeitwertkonten, 2021, Kap. 6.

22 Ist dem Arbeitnehmer im Versicherungsvertrag ein **unwiderrufliches Bezugsrecht** eingeräumt, hat dieses dingliche Wirkung mit der Folge, dass der Arbeitgeber nicht mehr ohne Zustimmung des Arbeitnehmers über es verfügen, zB die Ansprüche beleihen kann. Der Arbeitnehmer erwirbt dieses Recht sofort (BGH VersR 1996, 1089). Es gehört zum Vermögen des Arbeitnehmers und fällt deshalb bei einer Insolvenz des Arbeitgebers nicht in die Insolvenzmasse. Allerdings bleibt der Arbeitgeber alleiniger Vertragspartner des VR. Er kann die Versicherung kündigen oder sie in eine prämienfreie umwandeln. Der Arbeitnehmer verliert dadurch nicht jeden Leistungsanspruch. Er behält den Anspruch auf Auszahlung des Rückkaufswerts oder der prämienfreien Versicherungssumme. Der Arbeitgeber kann aber aus dem Arbeitsverhältnis gegenüber dem Arbeitnehmer schadensersatzpflichtig sein (siehe insgesamt BGH VersR 1993, 728 (730)).

23 Der Inhalt eines **eingeschränkt unwiderruflichen** Bezugsrechts in AVB ist durch Auslegung zu ermitteln. Häufig steht das an sich unwiderrufliche Bezugsrecht unter dem Vorbehalt, dass der Arbeitgeber über die Ansprüche noch verfügen kann, wenn näher bestimmte Voraussetzungen gegeben sind. Hat sich der Arbeitgeber den Widerruf bis zum Erreichen der gesetzlichen Unverfallbarkeit vorbehalten, so ist umstritten, ob dieser Vorbehalt auch für den Fall einer insolvenzbedingten Beendigung des Arbeitsverhältnisses zum VN gilt. Der BGH hat in einem Fall den Vorbehalt so ausgelegt, dass sich der Vorbehalt nicht auch auf den Insolvenzfall bezieht. Der Arbeitgeber wolle mit dem Vorbehalt verhindern, dass der Arbeitnehmer unter Mitnahme der erworbenen Versicherungsansprüche aus seinen Diensten ausscheidet. Dieses berechtigte Anliegen erfordere indes nicht, das vorzeitige Ausscheiden des Arbeitnehmers auf jeden Fall der Beendigung des bestehenden Arbeitsverhältnisses zu beziehen. Es genüge, darunter solche Beendigungsgründe zu verstehen, die neben der freiwilligen Aufgabe des Arbeitsplatzes auch sonst auf die Person und das betriebliche Verhalten des Arbeitnehmers zurückzuführen seien. Insolvenzbedingte Betriebseinstellungen gehörten nicht dazu (BGH VersR 2006, 1059 (1061); vgl. auch BGH VersR 2015, 1145 für einen Gesellschafter-Geschäftsführer). Danach ist das eingeschränkt unwiderrufliche Bezugsrecht dem unwiderruflichen gleich zu stellen (vgl. auch BGH VersR 1996, 1089), so dass der Insolvenzverwalter keinen Zugriff auf den Rückkaufswert hat. Dem mochte das BAG (VersR 2009, 134) nicht folgen; der BGH hält indes auch nach dem Vorlageverfahren vor dem Gemeinsamen Senat (BAGE 134, 372 = NZA-RR 2011, 260; *Langheid/Müller-Frank* NJW 2012, 358) an seiner Auffassung fest (BGH r+s 2014, 188 = VersR 2014, 321; *Langheid/Müller-Frank* NJW 2014, 2323).

Bei dem nur **widerruflich eingeräumten Bezugsrecht** bleiben die Rechte aus der Lebensversicherung bis zum Eintritt des Versicherungsfalles in vollem Umfang beim Arbeitgeber. Bis zum Eintritt des Versicherungsfalles hat der Arbeitnehmer lediglich eine ungesicherte und im Ergebnis wertlose Rechtsposition. Hat der Versicherte bei einem widerruflichen Bezugsrecht also noch keine unverfallbare Anwartschaft nach dem BetrAVG erlangt, kann der **Arbeitgeber** als VN unter Kündigung der Versicherung Anspruch auf den **Rückkaufswert** erheben. Im Falle der Insolvenz des Arbeitgebers tritt der **Insolvenzverwalter** an die Stelle des VN. Der Anspruch auf die Versicherungsleistung gehört zur Insolvenzmasse (BAG VersR 1996, 85), selbst wenn die Unverfallbarkeit der Versorgungsanwartschaft eingetreten ist. Einer gesonderten Kündigung oder eines Widerrufs des Bezugsrechts bedarf es nicht. Anders nur, wenn der Insolvenzverwalter die Erfüllung des Vertrags wählt. 24

In der betrieblichen Altersversorgung ist streng **zu trennen zwischen Arbeits- und dem Versicherungsverhältnis.** Nach § 159 Abs. 2 erwirbt der widerruflich Bezugsberechtigte das Recht auf die Leistung des VR erst mit dem Eintritt des Versicherungsfalles. Die vorzeitige Inanspruchnahme von Altersrente ist zwar ein Versorgungs-, aber kein Versicherungsfall, so dass der Arbeitgeber zu diesem Zeitpunkt noch keine Rechte aufgrund des widerruflichen Bezugsrechts erwirbt (BAG VersR 1996, 85). Auch bei einer **Gehaltsumwandlung** hat der **Arbeitnehmer** keinen Anspruch auf Auszahlung des Rückkaufswerts (OLG Hamm VersR 2007, 49). Bei der Gehaltsumwandlung vereinbaren die Parteien des Arbeitsverhältnisses, dass der Anspruch auf Barauszahlung endgültig untergeht und durch einen Versorgungsanspruch ersetzt wird. Der Arbeitnehmer setzt bei einer Gehaltsumwandlung keine zusätzlichen Eigenmittel ein. 25

Unabhängig von der Art des Bezugsrechts gilt: **Nach Beendigung seiner Erwerbstätigkeit** rückt der versicherte **Arbeitnehmer** in die Stellung des VN. Die durch Beitragszahlungen des Arbeitgebers entstandenen Ansprüche kann der **Arbeitnehmer** vor Eintritt des Versicherungsfalles **weder abtreten noch beleihen** (§ 2 Abs. 2 Satz 4 BetrAVG). Mit dieser Verfügungsbeschränkung korrespondiert ein Pfändungsverbot (§ 851 Abs. 1 ZPO). Dieses erfasst aber nicht den Anspruch auf Auszahlung der Versicherungssumme im Versicherungsfall. Als künftige Forderung unterliegt der Auszahlungsanspruch auch schon vor Fälligkeit der Versicherungssumme der Pfändung (vgl. insgesamt BGH VersR 2011, 371). **Vor Beendigung der Erwerbstätigkeit** kann der Arbeitgeber dagegen die Versicherung kündigen, ohne dass § 2 Abs. 2 Satz 5 BetrAVG dem entgegensteht. Wenn die Kündigungserklärung dem Versicherer aber erst nach dem Ausscheiden des Arbeitnehmers aus dem Arbeitsverhältnis zugeht, ist die Kündigung unwirksam (BGH VersR 2016, 974; vorausgegangen war OLG Köln VersR 2016, 518; ausführlich *Langheid/Müller-Frank* NJW 2016, 2304 (2307)). 26

Im Bereich der betrieblichen Altersvorsorge treffen den Arbeitgeber keine allgemeinen Beratungspflichten (vgl. BAG NZA 2020, 860 Rn. 34). Allerdings kön- 27 nen sich Hinweis- und Informationspflichten aufgrund besonderer Umstände des Einzelfalls und einer umfassenden Interessenabwägung ergeben. Das BAG legt in seinem vorgenannten Urteil drei Konstellationen fest, in denen Hinweis- und Informationspflichten für den Arbeitgeber in Betracht kommen können. Als erste Konstellation nennt das BAG eine auf Initiative und im Interesse des Arbeitgebers für den Arbeitnehmer nachteilige geschlossene Vereinbarung, durch die für den Arbeitnehmer der Eindruck erweckt werden kann, der Arbeitgeber werde ihn nicht ohne ausreichende Aufklärung beträchtlichen, atypischen Versorgungsrisiken aussetzen. Zudem kann den Arbeitgeber eine Aufklärungspflicht treffen, wenn er über eine größere „Informationsnähe" als der Arbeitnehmer verfügt, etwa wenn er in Besitz der Information ist oder sie sich im Gegensatz zum Arbeitnehmer ohne Schwierigkeiten verschaffen kann. Erteilt der Arbeitgeber Auskünfte, ohne im konkreten Fall zur Vermeidung von rechtlichen Nachteilen des Arbeitnehmers hierfür angehalten zu sein, müssen diese richtig, eindeutig und vollständig sein. Insbesondere im Bereich der betrieblichen Altersversorgung können die finanziellen Auswirkungen auf die langfristige Lebensplanung des Arbeitnehmers ein für den Arbeitgeber erkennbares Informationsinteresse begründen. Wenn der Arbeitgeber im Zeitpunkt der Erteilung der Information erkennen kann, dass deren Richtigkeit auch für die Zukunft von Bedeutung ist, kann der Arbeitgeber verpflichtet sein, den Arbeitnehmer auf Änderungen der Sach- und Rechtslage hinzuweisen, sofern diese sich nachteilig auf die Richtigkeit der Ursprungsinformation auswirken können. Findet eine Information über Produkte eines Trägers der betrieblichen Altersversorgung statt, handelt es sich bei der beratenden Person nicht um einen Erfüllungsgehilfen des Arbeitgebers – auch dann nicht, wenn sie auf einer Betriebsversammlung auftritt (BAG NZA 2020, 860 Rn. 35 ff.).

28 Durch das lang anhaltende Niedrigzinsniveau und der jetzt zum 1.1.2022 beschlossenen (→ Rn. 9a) Absenkung des Höchstrechnungszinses von 0,9 % auf 0,25 %, werden Lebensversicherer dazu veranlasst, Produkte mit einem endfälligen Garantiekapital unter 100 % der eingezahlten Brutto-Beiträge anzubieten, da selbst bei vollständig ausgeschöpftem Einsparpotential eine solche Garantiehöhe nicht mehr darstellbar ist. Höchstrichterlich noch nicht geklärt ist, ob abgesenkte Garantien bei Durchführung einer beitragsorientierten Leistungszusage zulässig sind. Dafür spricht, dass bei der beitragsorientierten Leistungszusage, anders als bei der Beitragszusage mit Mindestleistung, bei der das Kapitalanlagerisiko hinsichtlich der gesetzlich vorgeschriebenen Mindestleistung gem. § 1 Abs. 2 Nr. 2 BetrAVG vom Arbeitgeber, darüber hinaus aber vom Arbeitnehmer getragen wird, eine Mindestleistung nicht zwingend erforderlich ist (grundlegend dazu: *Ulbrich/Grote/Britz* BB 2015, 2267 und *Britz* BetrAV 2020, 394; vgl. auch BAG ZIP 2016, 2431; BeckRS 2016, 74798; aA *Blumenstein,* FS Kemper, 2005, 25; *Karst/Paulweber,* BB 2005, 1498, 1500). Im Hinblick auf das Garantieniveau dürfte die Durchführung beitragsorientierter Leistungszusagen mit abgesenkten Garantien iHv 80 % auch nach dem Grundsatz der Werthaltigkeit des BAG (siehe zur „Werthaltigkeit" bspw. BAG VersR 2010, 1473) keine unangemessene Benachteiligung gem. § 307 Abs. 2 Nr. 1. BGB darstellen, da zumindest ein Versorgungskapital mit 80 % der Brutto-Beiträge als werthaltiges Leistungsversprechen angesehen werden kann. Auch niedrigere Prozentsätze sind aber insoweit denkbar.

28a Grundsätzlich unterliegen Kapitalleistungen aus betrieblichen Direktversicherungen der **Beitragspflicht zur Sozialversicherung.** Handelt es sich aber um Beiträge, die der Versicherte nach Ende seines Arbeitsverhältnisses auf einen auf ihn als VN laufenden Kapitallebensversicherungsvertrag eingezahlt hat, kommt eine Beitragspflicht zur Sozialversicherung (Krankenversicherung) nicht in Betracht (BVerfG VersR 2011, 417).

II. Sicherungen und Lebensversicherung

In der Kapitallebensversicherung verkörpert sich ein zT erheblicher Wert. Daraus folgt das Bedürfnis der Beteiligten, einerseits diesen Wert gegen Insolvenzen der VR zu schützen und andererseits den Wert zur Sicherung für die eigene Inanspruchnahme von Krediten zu verwenden. In der gerade angesprochenen Direktversicherung im Rahmen der betrieblichen Altersversorgung tritt zu den nachfolgend dargestellten versicherungsaufsichtsrechtlichen Sicherungen noch betriebsrentenrechtliche Sicherungen hinzu (*Grote/Ulbrich* BetrAV 2016, 186). **28b**

1. Sicherungsfonds

Trotz aller Bemühungen der Aufsichtsbehörden erscheint es heute nicht mehr ausgeschlossen, dass auch Versicherungsgesellschaften in die Gefahr einer Insolvenz geraten können. Das hat die Praxis in der Vergangenheit bereits gezeigt. **29**

Um die mit einer Insolvenz verbundenen sozialen Härten zu vermeiden, aber auch um die Akzeptanz der privaten kapitalgedeckten Altersversorgung nicht zu gefährden, wurde in Deutschland ein **gesetzlicher Sicherungsfonds** eingerichtet. Nach § 221 VAG besteht für Lebensversicherungsunternehmen, die **im Inland zugelassen** sind, eine Pflichtmitgliedschaft. Lebensversicherer, die aufgrund einer im EU-/EWR-Ausland erteilten Zulassung iRd Niederlassungsfreiheit im Inland tätig sind, können nicht Mitglied in dem gesetzlichen Sicherungsfonds werden (BVerwG VersR 2011, 781). Die Mitgliedsunternehmen sind verpflichtet, Versicherungsverträge bei dieser Sicherungseinrichtung abzusichern. Sie wird von den Mitgliedern, den VR, finanziert. Die Beiträge sollen nicht nur die Verwaltungs- und sonstigen Kosten des Fonds abdecken, sondern auch die Fehlbeträge, die durch die Übernahme der Versicherungsverträge eines insolventen VU entstehen (§ 226 Abs. 1 VAG). Darin liegt eine gewisse Schwäche der Einrichtung. Denn es ist nicht sicher, ob dieses Finanzierungssystem dann ausreicht, wenn eine größere Marktbereinigung stattfindet und der Sicherungsfonds von einer Vielzahl von Unternehmen die Verträge übertragen bekommt bei gleichzeitigem Ausfall dieser Unternehmen als Beitragszahler. Denn gemäß § 222 Abs. 5 Satz 1 VAG können die vertraglich garantierten Leistungen maximal um fünf Prozent herabgesetzt werden. Zudem kann gemäß § 222 Abs. 5 Satz 2 VAG zB auch ein erhöhter Stornoabzug festgesetzt werden, um eine Kündigungswelle mit dem damit verbundenen Mittelabfluss zu vermeiden. Eine generelle Selbstbeteiligung der Versicherten ist darüber hinaus nicht vorgesehen. **30**

Die ihm übertragenen **Versicherungsverträge führt der Fonds weiter,** so dass die VN vor dem völligen Verlust der angesparten Werte geschützt sind. Der Sicherungsfonds kann die übernommenen Verträge auf andere VU übertragen. Vor dem völligen Verlust der angesparten Werte sind die Versicherten aber auch bei der Durchführung eines etwaigen Insolvenzverfahrens geschützt, falls eine Fortführung der Versicherungsverträge durch den Sicherungsfonds nicht erfolgversprechend ist und die Aufsichtsbehörde gemäß § 312 Abs. 1 Satz 1 VAG einen Antrag auf Eröffnung des Insolvenzverfahrens stellt. Denn die angesparten Werte werden getrennt vom übrigen Vermögen des VR im Sicherungsvermögen verwal- **31** tet. Diesbezüglich sind die Versicherten gemäß § 315 VAG vorrangig aus den Werten des Sicherungsvermögens zu befriedigen.

32 Die Aufgaben und Befugnisse des Sicherungsfonds können auf eine juristische Person des Privatrechts übertragen werden (§ 224 VAG). Von dieser Möglichkeit hat man Gebrauch gemacht. Im Mai 2006 hat die **Protektor Lebensversicherungs-AG** die Aufgaben und Befugnisse des gesetzlichen Sicherungsfonds übernommen. Dieses Unternehmen hatte bereits Erfahrungen. Aus Anlass eines größeren Insolvenzfalls eines deutschen VU hatte die Versicherungswirtschaft bereits 2002 in einer privaten Initiative diese Auffanggesellschaft gegründet, die dann auch den Bestand der in wirtschaftliche Schwierigkeiten geratenen Versicherungsgesellschaft übernahm und bis 2018 verwaltet hat. 2018 wurde der Bestand dann nach erfolgreicher Sanierung durch die Protektor Lebensversicherungs-AG auf eine sog. Run-off-Plattform übertragen, die den Bestand nunmehr bis zum Ablauf des letzten Versicherungsvertrages abwickelt (vgl. zu der Diskussion um die Behandlung von Run-Off-Beständen das Forderungspapier der Verbraucherzentrale Bundesverband vom 1.4.2019 – „Faire Behandlung in Run-Off-Beständen gewährleisten" –, welches Vorschläge zu weitergehenden Änderungen und Ergänzungen im Aufsichts- und Zivilrecht der Lebensversicherung enthält; vgl. auch dazu die widersprechende Anmerkung von *Krause* VW 5/2019, 100 sowie die klarstellenden Ausführungen von *Schaumlöffel/Wesker* BaFin-Journal 2/2018, 12).

2. Abtretung und Verpfändung

33 Nach § 398 BGB können grds. **sämtliche Rechte** aus einem Lebensversicherungsvertrag abgetreten werden. Eine Verpfändung der Rechte richtet sich nach §§ 1273 Abs. 1, 1274 Abs. 1 Satz 1 BGB. Nach § 1280 BGB ist die Verpfändung einer Forderung nur wirksam, wenn der Gläubiger sie dem Schuldner anzeigt. Vgl. zu Abtretung und Verpfändung auch § 9 Abs. 3 ALB 2016.

34 Gemäß § 9 Abs. 4 ALB 2016 ist eine Abtretung oder Verpfändung nur wirksam, wenn sie der Verfügungsberechtigte dem VR in Textform angezeigt hat. Die Klausel ist wirksam (OLG Hamm VersR 1997, 729). Daran hat sich aber mit dem Gesetz über faire Verbraucherverträge (BT-Drs. 19/26915, 1) etwas geändert, da danach in **§ 308 Nr. 9 BGB** eine Regelung geschaffen wurde, die einen solchen Abtretungsausschluss nunmehr für unwirksam erklärt. Diese Neuregelung überzeugt zwar nicht. Denn mit dieser Klausel wollen die VR ausschließen, dass ihnen eine im Voraus nicht übersehbare Vielzahl von Gläubigern gegenübertritt und unklar ist, wem die Forderung gebührt. Gleichwohl ist sie nunmehr im **Neugeschäft** zu beachten.

34a Die **Anzeige in Textform war bis dahin aber im Bestandsgeschäft Wirksamkeitsvoraussetzung für eine Abtretung.** Ist die Forderung abgetreten oder verpfändet, ohne dass dies dem VR in Textform angezeigt wurde, ist die Übertragung der Rechte absolut unwirksam (BGHZ 112, 387 = NJW 1991, 559 = VersR 1991, 89; BGH NJW-RR 1992, 790 = VersR 1992, 561). Das bedeutet, die Abtretung oder Verpfändung ist nicht nur relativ gegenüber dem VR, sondern gegenüber jedermann unwirksam. Für die Wirksamkeit kommt es nicht darauf an, ob zuerst die Abtretung gegenüber dem Zessionar erklärt wird oder die bevorstehende Abtretung zuerst dem VR mitgeteilt wird. Die Abtretung wird wirksam, wenn beide Voraussetzungen erfüllt sind (vgl. BGH r+s 2001, 342 = VersR 2001, 883).

Zur **Wirksamkeit des Zugangs der Abtretungserklärung** genügt es, wenn der VN dem VR die Erklärung übermittelt. Es ist nicht erforderlich, dass der VN dazu eine Begleitnachricht verfasst, mit dem er die Abtretung „anzeigt" (OLG Hamm VersR 2008, 908). Hat der VN die Abtretungsvereinbarung einem Versicherungsvertreter (Agenten) übergeben, so ist der Vertreter idR Empfangsbote, auch wenn in den AVB bestimmt ist, dass die Agenten zur Entgegennahme von Erklärungen nicht bevollmächtigt sind (OLG Hamm VersR 2008, 908). Soweit eine Klausel in den (älteren) ALB die Wirksamkeit der Abtretung davon abhängig macht, dass die Erklärung dem Vorstand des VR zugegangen sein muss, ist sie unwirksam; es handelt sich um ein nach § 309 Nr. 13 BGB unzulässiges Zugangserfordernis. 35

Die Abtretung einer Lebensversicherung ist aber schon heute unwirksam, wenn das vom Kreditinstitut verwendete **Abtretungsformular** inhaltlich den VN unangemessen benachteiligt und deshalb gegen **§ 307 Abs. 1 und 2 BGB verstößt** (AG Hannover VersR 1996, 616). Ebenso ist die Abtretung unwirksam, wenn sie gegen Normen des Rechtsdienstleistungsgesetzes oder des Kreditwesengesetzes verstößt. Denn dann ist sie nichtig. In diesen Fällen kann sich der VR aber auf **§ 409 BGB** berufen, so dass der VR durch eine Auszahlung des Rückkaufswerts an den „Schein-Zessionar" frei wird und der VN die Auszahlung nicht noch einmal an sich verlangen kann (BGH VersR 2017, 377; OLG Hamm VersR 2017, 1325; OLG Karlsruhe VersR 2017, 1067; OLG München VersR 2017, 1001; OLG Stuttgart VersR 2017, 939; OLG Celle VersR 2017, 1323; OLG Dresden BeckRS 2017, 133922). 36

Tritt der VN „sämtliche Rechte" aus einem Lebensversicherungsvertrag ab, so gehört dazu auch das **Recht zur Kündigung** mit der Folge eines Anspruchs auf den Rückkaufswert (OLG München VersR 2007, 1637). Die nicht laienhafte Formulierung „trete ich die Versicherung ab" bedeutet in aller Regel die Abtretung aller Rechte (OLG München VersR 2007, 1637). 37

Überschussanteile können ebenso wie zB die Todesfallleistung gesondert abgetreten und gepfändet werden. Die Auszahlung kann jedoch nur nach den Vertragsbedingungen verlangt werden, idR aber erst bei Fälligkeit nach Vertragsablauf oder nach Kündigung oder bei Eintritt des Versicherungsfalls (OLG Hamburg NVersZ 2001, 158 = VersR 2000, 1218). 38

Zur Übertragung im Zusammenhang mit einem Bezugsrecht → § 159 Rn. 23 ff. Tritt der VN seine Rechte aus der Lebensversicherung ab, so liegt darin nicht grds. auch der konkludente **Widerruf einer Bezugsberechtigung.** Jedenfalls bei einer Sicherungsabtretung ist im allg. nicht schon der vollständige Widerruf einer Bezugsberechtigung zu sehen. Der formularmäßige Widerruf einer Bezugsberechtigung, wie er von Kreditinstituten häufig verwendet wird, ist idR dahin zu verstehen, dass das Bezugsrecht im Rang hinter den vereinbarten Sicherungszweck zurücktreten soll. Das Bezugsrecht kann also bei der Abtretung einen je unterschiedlichen Rang erhalten (vgl. insgesamt BGHZ 109, 67 = NJW 1990, 256 = VersR 1989, 1289; BGH VersR 2001, 883). Bei Eintritt des Versicherungsfalles ist die Versicherungsleistung entsprechend der Rangfolge der Begünstigten aufzuteilen. Anders liegt der Fall, wenn der VN die Rechte aus dem Versicherungsvertrag zur Sicherung der Schuld eines Dritten abgetreten hat. Bei einer solchen Sicherungsabtretung sprechen die Interessen der Beteiligten regelmäßig dafür, dass der vereinbarte Sicherungszweck sich nicht mit dem Tod des VN erledigt haben soll. Ein vor der Sicherungsabtretung widerruflich bestimmtes Bezugsrecht steht dann auch in der Zeit nach Eintritt des Versicherungsfalles im 39

Rang hinter den Rechten des Sicherungsnehmers zurück (BGH VersR 2010, 1629).

40 Werden aus einer gemischten Kapitallebensversicherung nur die **Ansprüche auf den Todesfall** zur Sicherheit abgetreten, gibt es für die Frage, ob damit zugleich der Anspruch auf den **Rückkaufswert** abgetreten ist, keinen generellen Vorrang für seine Zuordnung zu den Ansprüchen auf den Todesfall. Die Frage ist durch Auslegung der bei der Sicherungsabtretung abgegebenen Erklärungen zu beantworten (BGH r+s 2007, 384 = VersR 2007, 1065). Soweit die Parteien erkennbar das Ziel verfolgten, dem VN steuerliche Vorteile zu erhalten, wird die Auslegung dahin gehen, dass der Anspruch auf den Rückkaufswert nicht mit abgetreten werden sollte (BGH r+s 2007, 384 = VersR 2007, 1065; OLG Celle r+s 2007, 295: Im Zweifel ist Anspruch auf Rückkaufswert mit abgetreten). Sind die Ansprüche nur hinsichtlich des Todesfalls sicherungshalber für ein Darlehen abgetreten, das aus der Lebensversicherung zurückgezahlt werden sollte, so erfasst die Abtretung auch den Anspruch auf den Rückkaufswert, es sei denn, anderes ist ausdrücklich oder konkludent vereinbart (OLG Hamburg VersR 2008, 767).

41 Bei Riester-Verträgen liegt nach der Rspr. des BGH **Unpfändbarkeit** dann vor, wenn es sich vom Staat geförderte Beiträge handelt, wohingegen ein Verzicht auf eine mögliche staatliche Förderung dazu führt, dass Pfändbarkeit gegeben ist (BGH VersR 2018, 288). Zur Abtretung aus einer kombinierten Kapitallebensversicherung und **Berufsunfähigkeitszusatzversicherung** → Rn. 14.

III. Insolvenz des Versicherungsnehmers; Pfändung

42 Mit der Eröffnung des Insolvenzverfahrens über das Vermögen des VN tritt der Insolvenzverwalter an die Stelle des VN. Seine Rechte aus dem Versicherungsvertrag gehen insgesamt auf den Insolvenzverwalter über. Zur Ausübung dieser Rechte ist der VR ihm – auch dem Nachlassinsolvenzverwalter (LG Saarbrücken VersR 2010, 377) – zur Auskunft verpflichtet. Der **Insolvenzverwalter** ist nach § 166 Abs. 2 InsO befugt, das Versicherungsverhältnis zu kündigen und den Rückkaufswert zur Masse zu ziehen (auch → § 168 Rn. 5). Das gilt auch, wenn der VN vorher die Ansprüche aus dem Versicherungsvertrag zur Sicherung abgetreten hatte. Dem absonderungsberechtigten Zessionar steht aber ein Auskehrungsanspruch zu, und zwar nach Abzug der Feststellungs- und Verwertungskosten gemäß § 171 Abs. 1 und 2 InsO (OLG Hamm VersR 2008, 908 mwN; OLG Hamburg VersR 2008, 767; OLG Celle r+s 2011, 397 = VersR 2009, 1102). Auch wenn der VN ein unwiderrufliches Bezugsrecht bestimmt hatte, ist der Insolvenzverwalter nicht gehindert, den Vertrag zu kündigen, denn auch dem VN wäre das Recht zur Kündigung geblieben (BGH VersR 2010, 1025 Rn. 12). Regelmäßig überprüft der Insolvenzverwalter auch im Anfechtungszeitraum des § 133 InsO vorgenommene Rechtshandlungen des VN, wie zB einer Abtretung von Versicherungsansprüchen oder der Prämienzahlungen. Das führt oftmals auch zum Streit über die Reichweite einer etwaigen Anfechtung solcher Rechtshandlungen (OLG Saarbrücken VersR 2020, 491).

43 Bei der Abtretung von Ansprüchen aus einer Lebensversicherung, die im Rahmen einer **betrieblichen Altersversorgung** (→ Rn. 20 ff.) genommen wurde, ist § 2 Abs. 2 Satz 4 BetrAVG von Bedeutung. Inwieweit diese Regelung einer Abtretung entgegensteht, ist Gegenstand zahlreicher Rechtsstreitigkeiten (BGH VersR 2019, 571; BGH VersR 2020, 895; ZInsO 2020, 1476; s. dazu auch *Britz*

in Ulbrich, Praxishandbuch betriebliche Altersversorgung und Zeitwertkonten, 2021, Kap. 6 Rn. 303 f.).

Pfändbar sind grds. **alle Forderungen und Rechte** aus dem Versicherungsverhältnis, das heißt das Recht auf die Hauptleistung in jeder Erscheinungsform, also Todesfallleistung, Rentenleistung, Ablaufleistung, Rückkaufswert und Überschussbeteiligung. Mit der Hauptleistung werden zugleich sämtliche Gestaltungsrechte, wie Kündigung und Umwandlung erfasst (OLG Celle r+s 2011, 397 = VersR 2009, 1102 mwN; vgl. auch BGH VersR 2010, 517). Der Umfang einer Pfändung hängt vom Inhalt des Pfändungs- und Überweisungsbeschlusses ab (vgl. OLG Celle r+s 2011, 397 = VersR 2009, 1102). **44**

IV. Zweitmarkt

Während des Gesetzgebungsverfahrens zum VVG 2008 waren Stimmen laut geworden, die forderten, die VR sollten gesetzlich verpflichtet werden, kündigungswillige VN auf die Möglichkeiten aufmerksam zu machen, die der Zweitmarkt bietet. Auf diesem Markt befinden sich Unternehmen, die in unterschiedlicher rechtlicher Konstruktion Versicherungsverträge übernehmen und sie anstelle des VN fortführen. Der dem VN gezahlte Betrag liegt in aller Regel höher als der Rückkaufswert. **45**

Der Gesetzgeber ist diesen Forderungen zu Recht nicht gefolgt. Zum einen „kaufen" die Unternehmen des Zweitmarktes nur nach bestimmten Kriterien ausgesuchte Versicherungsverträge. Mit einem generellen Hinweis auf die Möglichkeit, den Vertrag auf dem Zweitmarkt unterzubringen, wäre die falsche Vorstellung erweckt worden, diese Möglichkeit bestünde für alle Verträge. Zum anderen bestehen berechtigte Zweifel daran, ob sämtliche auf dem Zweitmarkt tätigen Unternehmen die für einen gesetzgeberischen Hinweis erforderliche Seriosität besitzen. Zu wettbewerbsrechtlichen Fragen in diesem Zusammenhang s. BGH GRUR 2021, 497. **46**

V. VVG-Reform 2008 (BT-Drs. 16/3945, 94 ff.)

Das Recht der Lebensversicherung ist durch die VVG-Reform 2008 (BT-Drs. 16/3945) grundlegend geändert worden. Zu den Motiven des Gesetzgebers siehe die Gesetzesbegründung in BT-Drs. 16/3945, 94 ff. Im Nachfolgenden wird ein kurzer Überblick über die wesentlichen Neuerungen der Reform für die Lebensversicherung gegeben (ausführlich Marlow/Spuhl/*Grote* S. 443); die sich anschließende Kommentierung basiert ausschließlich auf der neuen Fassung, wobei die Entwicklung der Rechtsprechung in Bezug auf ältere Tarifgenerationen an jeweils einschlägiger Stelle kommentiert wird. Im Übrigen wird auf die Rechtsprechung und Literatur zum reformierten Gesetz abgestellt, nur noch vereinzelt wird auf die rechtsgeschichtliche Entwicklung hingewiesen, soweit dies zum besseren Verständnis der Vorschriften erforderlich erscheint. **47**

1. Allgemeines

Der Gesetzgeber hat mit der VVG-Reform 2008 auch in Bezug auf die Lebensversicherung vieles völlig neu geregelt, anderes klargestellt, wiederum anderes nur **48** einer redaktionellen Überarbeitung unterzogen und manches (weniges allerdings) völlig unverändert gelassen.

49 Im Nachfolgenden soll eine Übersicht über die wirklich gravierenden Neuerungen der VVG-Reform 2008 in Bezug auf die Lebensversicherung gegeben werden, hier bei dem allgemeinen Überblick sollen nur die Vorschriften genannt werden, die in gewissem Umfang neu geregelt wurden, ohne dass damit wirklich gravierend Neues verbunden ist. So stellt beispielsweise § 150, der in inhaltlicher Übereinstimmung mit § 159 Abs. 1 VVG aF steht, klar, dass es sich bei der Lebensversicherung entweder um eine Versicherung auf eigene Rechnung oder auf fremde Rechnung handeln kann. In § 150 Abs. 2 wird der bisher übliche Begriff der **„Gruppenversicherung"** durch die **„Kollektivlebensversicherung"** ersetzt (bei der **Restschuldversicherung** hat der Gesetzgeber in § 7d allerdings wieder den Begriff „Gruppenversicherung" verwendet). In § 152 ist eine Sonderform des für das gesamte Versicherungsrecht geltenden Widerrufsrechts normiert, weil dies wegen gemeinschaftsrechtlicher Vorgaben bei der Lebensversicherung erforderlich erschien. Besonders gefährlich wird es hier, weil beispielsweise § 8 Abs. 1 Satz 1 eine Widerrufsfrist von 14 Tagen vorsieht, § 152 Abs. 1 aber eine von 30 Tagen.

50 Hinzuweisen ist im Rahmen dieses allgemeinen Überblicks noch auf § 156, der inhaltlich unverändert § 161 VVG aF übernimmt, oder auf § 157, der im Zusammenhang mit unrichtigen Altersangaben die alte Vorschrift von § 162 VVG aF modifiziert und damit nach wie vor eine Berücksichtigung des Alters bei der Lebensversicherung mit Blick auf möglicherweise entgegenstehende Vorschriften des **AGG** absichert. Keine inhaltlichen Änderungen sind auch für eine Gefahränderung im Sinne von § 158 (bisher § 164a VVG aF), die Bezugsberechtigung in §§ 159, 160 (bisher §§ 166, 167 VVG aF), die Selbsttötung in § 161, die Tötung des Versicherten durch den Leistungsberechtigten in § 162, Regelungen zur prämienfreien Versicherung (§ 165) oder zum wechselseitigen Kündigungsrecht (§§ 166 ff.) und die Regelung zum Eintrittsrecht in § 170, die inhaltlich unverändert § 177 VVG aF entspricht, erfolgt.

2. Überschussbeteiligung

51 Tatsächlich völlig neu ist die Regelung zur Überschussbeteiligung in § 153. Da die Regelung der Überschussbeteiligung bislang im VVG überhaupt nicht vorkam, sondern der Gestaltung durch die AVB der VR unter Berücksichtigung versicherungsaufsichtsrechtlicher Vorgaben vorbehalten war, hat der Gesetzgeber insoweit Neuland betreten. Dabei bleibt es der Versicherungswirtschaft nach wie vor freigestellt, Verträge auch gänzlich ohne Überschussbeteiligung anzubieten. Für den Fall aber, dass Überschüsse auf den VN zu verteilen sind, müssen die gesetzlichen Vorgaben beachtet werden. Dass entgegen der Üblichkeit und der Erwartungshaltung des VN im Ausnahmefall keine Überschussbeteiligung gewährt werden soll, muss besonders deutlich gemacht werden.

52 Nachdem das BVerfG in dem mit den Mitteln des VN aufgebauten Überschuss eine grundgesetzlich geschützte Vermögensposition des VN gesehen hat, musste der Versicherungsnehmer auch an den sog. Bewertungsreserven beteiligt werden, die nach der RechnungslegungsVO für Versicherungsunternehmen zu bilanzieren waren bzw. sind. Diese im Ergebnis jedenfalls in einem Niedrigzinsumfeld wirtschaftlich unsinnige, weil den für die Gewährleistung der langfristigen Garantien notwendigen Sicherungspuffer beeinträchtigende Beteiligung hat der Gesetzgeber

mit dem **LVRG 2014** korrigiert, wonach ein VR unter bestimmten Voraussetzungen keine Bewertungsreserven auskehren muss. Diese Normen hat der BGH zu Recht für wirksam und zuletzt auch für verfassungsrechtlich nicht zu beanstanden gehalten (VersR 2015, 433; VersR 2016, 173 und VersR 2016, 1236; NJW 2018, 3021). Nach einem Urteil des OLG Hamm besteht für Lebensversicherer jedoch keine Pflicht auf die Rechtsfolgen des LVRG hinsichtlich der Überschussbeteiligung hinzuweisen, da die Beratungspflicht eines VR durch die eigenen wirtschaftlichen Interessen und die der Versicherungsgemeinschaft begrenzt ist (OLG Hamm VersR 2019, 213 f.; *Grote/Finkel* NJW 2019, 2280 (2281)).

Der Gesetzgeber hat es nicht nur bei dem Grundsatz belassen, dass Versiche- **53**
rungsnehmer auf bestimmte Weise am Überschuss zu beteiligen sind (wenn es überhaupt eine Überschussbeteiligung gibt), sondern er hat auch die entsprechenden Verteilungsvorschriften dazu geschaffen. Wegen der Besonderheiten der verursachungsgerechten Verteilung der erwirtschafteten Überschüsse auf Versicherungsnehmer bzw. sog. Bestandsgruppen und Gewinnverbände wird auf die Kommentierung weiter unten zu § 153 verwiesen und auf die Motive des Gesetzgebers in BT-Drs. 16/3945, 96.

Flankiert hat der Gesetzgeber die völlig neuen Vorschriften über die Beteiligung **54**
des Versicherungsnehmers an den erwirtschafteten Überschüssen durch die Regelung in § 154 zu einer gewissen Parametern entsprechenden Modellrechnung und mit § 155, der eine jährliche Unterrichtung des Versicherungsnehmers vorsieht.

3. Prämien- und Leistungsänderung

Auch ohne dass dies vertraglich vereinbart ist, hat der Versicherer gem. § 163 **55**
das Recht, die Prämien neu zu kalkulieren, wenn die dafür gesetzlich geregelten Bedingungen eingetreten sind. Ausnahme ist nur der Umstand, dass die bisherige Prämie erkennbar unzureichend kalkuliert worden war.

Es bleibt dabei, dass ein **unabhängiger Treuhänder** die Angemessenheit der **56**
Änderung zu prüfen und zu bestätigen hat; dabei wird ausdrücklich auf das Gebot der Angemessenheit als einer „ungeschriebenen Voraussetzung" hingewiesen. Diese Angemessenheit ersetzt „das billige Ermessen, das der Versicherer einhalten müsste, wenn er die neue Prämie nach § 315 BGB festsetzen könnte". Die Angemessenheit bestimmt sich nach anerkannten Grundsätzen der Versicherungsmathematik.

Aufgegeben wurde die frühere Regelung des § 172 Abs. 1 Satz 2 VVG aF, **57**
wonach der Versicherer auch zur Änderung der Überschussbeteiligung berechtigt war, wenn die Voraussetzungen für eine Neukalkulation der Prämie gegeben waren. Ferner schließt der Gesetzgeber eine Lücke dahingehend, dass § 163 Abs. 2 Satz 1 dem VN nunmehr die Möglichkeit eröffnet, anstelle der Erhöhung der Prämie auch eine Leistungsverminderung verlangen zu dürfen. Das steht zwar in gewissem Widerspruch zur Systematik der Prämien- und Bedingungsanpassung in der Krankenversicherung (wo die herrschende Meinung (wenn auch nach dieser Auffassung zu Unrecht) die Meinung vertritt, dass es ein Primat der Prämienerhöhung vor der Leistungsanpassung gäbe), was aber die Richtigkeit der hier in der Lebensversicherung vorgenommenen Regelung nicht in Frage stellen kann. Denn in der Tat ist es ja denkbar, dass ein Versicherungsnehmer die erhöhte Prämie nicht leisten kann und stattdessen eine Leistungsverminderung in Kauf nehmen möchte.

58 Für die Bedingungsersetzung ist der Gesetzgeber von einem anders lautenden Vorschlag der VVG-Kommission abgewichen. Die Kommission hatte vorgeschlagen, eine Ersatzregelung für den Fall aufzunehmen, dass eine Klausel sich als unwirksam herausstellt, diese Unwirksamkeit aber für die zukünftige Durchführbarkeit des Vertrages unzumutbare Probleme mit sich bringt. Dieses Risiko will der Gesetzgeber beim VR verorten.

59 Gleichsam im Gegenzug räumt der Gesetzgeber dem VR ein Anpassungsrecht ein, wenn das Festhalten am Vertrag auch ohne die unwirksame Klausel für ihn „eine unzumutbare Härte" darstellen würde. Schließlich und endlich verzichtet der Gesetzgeber bei der Prämienanpassung auf die Überprüfung und Mitwirkung eines unabhängigen Treuhänders.

4. Rückkaufswert

60 Auch die Regelung des Rückkaufswertes hat eine **vollständige Neuregelung** erfahren und weicht erheblich vom früheren § 176 VVG aF ab. Zunächst einmal kommt es nicht zur Auszahlung eines Rückkaufswertes, wenn der Versicherer den Vertrag gekündigt hat. Dann wandelt sich der Vertrag in eine prämienfreie Versicherung um. Außerdem werden die Fälle von Rücktritt und Arglistanfechtung durch den Versicherungsnehmer nicht mehr geregelt, so dass dieser unter Umständen eben nicht nur den Rückkaufswert, sondern alle von ihm geleisteten Prämien zurückverlangen kann. Dieser Fall ist in der Praxis aber bisher noch nicht vorgekommen.

61 Der Gesetzgeber hat sodann in Bezug auf die Höhe des Rückkaufswertes den in der Tat sehr umstrittenen Begriff des **„Zeitwerts der Versicherung"** fallen gelassen. Namentlich für die sog. Frühstornofälle hat sich der Gesetzgeber vom sog. Riester-Modell leiten lassen, wonach anstelle der Zillmerung der Prämien (also der Verrechnung der ersten Prämie mit den Abschlusskosten) ein ratierlicher Abzug über die ersten fünf Jahre des Versicherungsvertrages erfolgt. Damit ist der Gesetzgeber von dem Vorschlag der VVG-Kommission abgewichen, die vorgeschlagen hatte, als Rückkaufswert in Frühstornofällen die Hälfte des ungezillmerten Deckungskapitals auszuzahlen. Unglücklicherweise hat sich der Bundesgerichtshof in zwischenzeitlich ergangenen Urteilen aus Oktober 2005 am Vorschlag der VVG-Kommission orientiert, so dass wir es jetzt mit Rechtsprechung zu tun haben, die weder dem alten Gesetzesrecht (Zeitwert) noch dem neuen Gesetzesrecht (Riester-Modell) entspricht, sondern einer Regelung, die zwar vernünftig (weil von der VVG-Kommission vorgeschlagen) ist, aber eben weder im Gesetz noch im Vertrag irgendeinen Niederschlag findet.

§ 150 Versicherte Person

(1) **Die Lebensversicherung kann auf die Person des Versicherungsnehmers oder eines anderen genommen werden.**

(2) **[1]Wird die Versicherung für den Fall des Todes eines anderen genommen und übersteigt die vereinbarte Leistung den Betrag der gewöhnlichen Beerdigungskosten, ist zur Wirksamkeit des Vertrags die schriftliche Einwilligung des anderen erforderlich; dies gilt nicht bei Lebensversicherungen im Bereich der betrieblichen Altersversorgung. [2]Ist der andere geschäftsunfähig oder in der Geschäftsfähigkeit beschränkt oder ist für ihn ein Betreuer bestellt und steht die Vertretung in den seine Person**

betreffenden Angelegenheiten dem Versicherungsnehmer zu, kann dieser den anderen bei der Erteilung der Einwilligung nicht vertreten.

(3) **Nimmt ein Elternteil die Versicherung auf die Person eines minderjährigen Kindes, bedarf es der Einwilligung des Kindes nur, wenn nach dem Vertrag der Versicherer auch bei Eintritt des Todes vor der Vollendung des siebenten Lebensjahres zur Leistung verpflichtet sein soll und die für diesen Fall vereinbarte Leistung den Betrag der gewöhnlichen Beerdigungskosten übersteigt.**

(4) **Soweit die Aufsichtsbehörde einen bestimmten Höchstbetrag für die gewöhnlichen Beerdigungskosten festgesetzt hat, ist dieser maßgebend.**

Übersicht

I. Versicherung auf eigene oder fremde Rechnung (Abs. 1)

Die Lebensversicherung kann lt. Abs. 1 auf eigene oder fremde Rechnung 1 genommen werden. Soweit die Ansicht vertreten wird, der auf das Leben eines Dritten genommene Versicherungsvertrag setze ein vermögensrechtliches Interesse des VN voraus, anderenfalls sei er unwirksam (Bruck/Möller/*Winter,* 8. Aufl. 1961 ff., Anm. H 5–7 mwN), ist dem nicht zuzustimmen. Zum einen gibt das Gesetz dafür keinen Anhaltspunkt. § 150 ist Ausfluss der Vertragsfreiheit. Ihre Einschränkung ergibt sich allein aus dem Einwilligungserfordernis des Abs. 2 Satz 1 (→ Rn. 4 ff.). Insbesondere hat auch der Reformgesetzgeber 2008 diesen Gedanken nicht aufgenommen. Zum anderen ergäben sich praktisch kaum zu bewältigende Schwierigkeiten: Alle Verträge, bei denen nicht auf Anhieb ein berechtigtes vermögensrechtliches Interesse des VN nach außen erkennbar ist, stünden unter dem Verdikt möglicher Unwirksamkeit. Wer sich auf die Wirksamkeit beruft, wäre dafür, das heißt für ein berechtigtes vermögensrechtliches Interesse, beweisbelastet. Es stellte sich die Frage, wie der VR, der an der Wirksamkeit des Vertrages ein essentielles Interesse hat, im Vorfeld des Vertragsschlusses das vermögensrechtliche Interesse des VN erfragen soll. Er muss schon genug andere

Fragen stellen (§§ 19 ff.). Extremfälle (Bruck/Möller/*Winter,* 8. Aufl. 1961 ff., Anm. B 101: Eine Frau heiratete im Zweiten Weltkrieg nacheinander Fliegeroffiziere, auf die sie jeweils höhere Versicherungsverträge abgeschlossen hatte), können mit unterschiedlichen juristischen Mitteln auch anders gelöst werden. Im Sinne der Vertragsfreiheit bleibt es mithin grds. den Parteien überlassen, die Rechtsstellung der versicherten Person auszugestalten. Wenn sich der VN gegen die mit Eintritt des Versicherungsfalls verbundenen eigenen wirtschaftlichen Einbußen schützen möchte, bleibt die versicherte Person lediglich Gefahrsperson im Rahmen einer Eigenversicherung. Eine Versicherung für fremde Rechnung liegt hingegen vor, wenn mit dem Vertrag ausschließlich oder zumindest neben dem Eigeninteresse des VN das eigene Interesse der versicherten Person versichert werden soll. Dabei liegt die Absicherung von Familienmitgliedern vor Folgen gesundheitlicher Beeinträchtigungen nicht nur im (Eigen-)Interesse des VN, selbst wenn er hierdurch gegen Vermögenseinbußen in Form von Unterhaltsverpflichtungen geschützt wird (vgl. zur Berufsunfähigkeitsversicherung: BGH NJW 2020, 3783 = VersR 2020, 1097 Rn. 19 ff.; zur privaten Krankenversicherung: BGH NJW 2006, 1434 = VersR 2006, 686 Rn. 33 ff.). Auch eine Restschuldversicherung, die eine Bank als echter Gruppenversicherungsnehmer auf das Leben seiner Darlehensnehmer nimmt, liegt nicht nur im (Eigen-)Interesse der Bank, sondern auch im fremden Interesse des Darlehensnehmers (vgl. BGH VersR 2015, 318 sowie allgemein zu echten Gruppenversicherungen: BGH VersR 2013, 853).

2 Die Begründung zu § 150 Abs. 1 weist darauf hin, dass diese Vorschrift gemäß § 176 auch auf die Berufsunfähigkeitsversicherung anzuwenden ist.

II. Einwilligung nach Abs. 2 Satz 1

1. Zweck des Einwilligungserfordernisses

3 **Zweck des Einwilligungserfordernisses** ist es, jeder Möglichkeit eines Spiels mit dem Leben oder der Gesundheit eines anderen vorzubeugen und Spekulationen mit dem Leben eines anderen zu unterbinden (sog. Engelmacherei zu Zeiten, zu denen eine Risikolebensversicherung auf das Leben eines Kindes abgeschlossen werden durfte, das kurz nach Abschluss des Vertrages verstarb). Ausgenommen sind insoweit Verträge der betrieblichen Altersversorgung (→ Rn. 12) und Sterbegeld- sowie sonstige Risikolebensversicherungen, deren Leistung auf die gewöhnlichen Beerdigungskosten (→ Rn. 15) begrenzt ist. Der versicherten Person bzw. ihrem gesetzlichen Vertreter soll ansonsten die mit der Versicherung verbundene Gefahr bewusst werden. Sie soll das mit der Einwilligung auf sich zu nehmende Risiko vorher abwägen können (vgl. OLG Hamm VersR 2003, 446). Das Einwilligungserfordernis genügt nach dem Gesetz aber auch, um diesen Gefahren vorzubeugen. Abs. 2 Satz 1 enthält also eine abschließende Entscheidung des Gesetzgebers, wie diesen Gefahren zu begegnen ist (stRspr, siehe nur BGH r+s 1997, 388 = VersR 1997, 1213 unter II.3; vgl. auch BGHZ 32, 44 (49) = NJW 1960, 912 = VersR 1960, 339 (340)). Über die Wirksamkeit des Vertrages entscheidet allein der Formalakt der Einwilligung (BGH NJW-RR 1995, 476 = VersR 1995, 405: Nichtannahmebeschl.; dazu *Hülsmann* VersR 1995, 501). Das Einwilligungserfordernis aus Abs. 2 Satz 1 findet dagegen keine Anwendung, wenn der Dritte eine bloße **Gefahrperson** ist. Denn durch das Ableben der Gefahrperson würde keiner der Beteiligten einen Vorteil erlangen (vgl. auch

→ Rn. 15 sowie die Ausnahmeregelung in Abs. 2 Satz 1 Hs. 2). Es fehlt also an einer Schutzbedürftigkeit der Gefahrperson, die ein Einwilligungserfordernis erforderlich machen könnte.

2. Entsprechende Anwendung

Abs. 2 S. 1 ist **entsprechend auf den Fall anzuwenden,** dass der Bezugsberechtigte als Vertreter des VN, dessen Leben versichert werden soll, den Vertrag abschließt. Ein solcher Vertrag ist nur wirksam, wenn die schriftliche Einwilligung des VN vorliegt (BGH NJW-RR 1989, 1183 = VersR 1989, 465 unter II.2; ÖOGH r+s 2014, 361). Auch bei einer Lebensversicherung auf den Tod erfordert die Änderung der Bezugsberechtigung im Todesfall in entsprechender Anwendung die schriftliche Einwilligung der versicherten Person. Der für den Aufgabenkreis Gesundheitsfürsorge bestellte Betreuer der versicherten Person kann diese bei Erteilung der Einwilligung jedoch gem. § 150 Abs. 2 Satz 2 nicht vertreten, wenn die Bezugsberechtigung zu seinen Gunsten geändert werden soll (BGH NJW 2020, 154 = VersR 2019, 1479 Rn. 21 ff. und 26 ff.). Ein Hinweis auf das Erfordernis dieser schriftlichen Einwilligung ist entbehrlich, da die Vorschrift allein den Schutz der versicherten Person bezweckt (BGH NJW 2020, 154 = VersR 2019, 1479 Rn. 34). 4

Abs. 2 Satz 1 ist auch entsprechend anwendbar, wenn der Versicherte, der zugleich VN ist, den **Antrag** auf Abschluss einer Lebensversicherung **blanko unterschreibt** und die weitere Ausfüllung Dritten überlässt. Ohne schriftliche Einwilligung des Versicherten ist der Vertrag nicht zustande gekommen (BGH ZfS 1999, 164 = NVersZ 1999, 258 mAnm *Hülsmann* NVersZ 1999, 550 = VersR 1999, 347 mAnm *Wandt*). Ebenso sind „Blankozustimmungen" des Versicherten unwirksam (LG Köln BeckRS 2021, 30435). 4a

Dagegen ist keine Einwilligung in entsprechender Anwendung dieser Norm erforderlich, wenn es später **nur** zu einem **Versicherungsnehmerwechsel** kommt, soweit damit keine Änderung des im Todesfall Begünstigten einher geht (BGH VersR 2018, 985). Denn dann ist sich die versicherte Person bereits des Risikos der auf ihr Leben genommenen Versicherung bewusst. 4b

3. Wirksamkeit des Vertrages

Die Einwilligung ist erforderlich für die **Wirksamkeit des Vertrages.** Fehlt die Einwilligung, stellt sich die Frage, ob der Vertrag absolut unwirksam oder nur schwebend unwirksam ist, so dass die Einwilligung auch nachgeholt werden kann. Die Beantwortung dieser Frage ist umstritten (→ Rn. 8). Das Erfordernis hat nicht den Zweck, Verfügungen des VN, wie Abtretungen, Verpfändungen oder auch die Kündigung des Vertrages zu verhindern. Durch solche Verfügungen entstehen keine Gefahren für Leib und Leben des Versicherten (OLG Köln r+s 1992, 392 = VersR 1992, 1337). Bei späteren Änderungen des Vertragsinhalts kann eine erneute Einwilligung der Gefahrsperson notwendig werden, nämlich dann, wenn die Änderungen eine andere Beurteilung des Risikos für die Gefahrsperson mit sich bringen (vgl. OLG Hamm VersR 2003, 446). 5

Die **Einwilligung kann gegenüber** dem VN wie auch gegenüber dem VR erklärt werden (§ 182 Abs. 1 BGB). Lässt sich der Versicherte bei seiner **Einwilligung vertreten,** gebietet der Schutzzweck des Abs. 2 Satz 1 – entgegen § 167 Abs. 2 BGB –, dass auch die Vollmacht schriftlich erteilt wird (OLG Frankfurt a. M. VersR 1997, 478 (Ls.)). 6

4. Zeitpunkt der Vorlage

7 **Überwiegend** wird vertreten, die Einwilligung müsse **vor Vertragsschluss** erklärt werden, eine nachträgliche Genehmigung scheide aus (siehe Prölss/Martin/*Schneider* § 150 Rn. 10; Terbille/*Höra/Fitzau* § 25 Rn. 52; Schwintowski/Brömmelmeyer/*Ortmann* § 150 Rn. 11; Beckmann/Matusche-Beckmann VersR-HdB/*Brömmelmeyer* § 42 Rn. 47; BeckOK VVG/*Reich,* 11. Ed. (30.6.2016), § 150 Rn. 27). Diese Meinung überzeugt nicht. Sie kann sich auch nur bedingt auf den BGH (VersR 1999, 347 (349)) berufen. Der BGH hat die Wirksamkeit des Versicherungsvertrages nämlich daran scheitern lassen, dass die Blankounterschrift des VN, der zugleich versicherte Person war, nicht ausreichte. Vielmehr war eine schriftliche Einwilligung des VN erforderlich, aus der hervorgeht, dass der Dritte (hier der Bezugsberechtigte) befugt war, den Versicherungsvertrag abzuschließen. Deshalb beruht das Urteil nicht auf der Annahme, unter der verlangten Einwilligung sei die vorherige Zustimmung zu verstehen. Der BGH gibt lediglich diese Auffassung wieder und führt zutreffend weiter aus, wer eine spätere Einwilligung ausreichen lasse, komme in diesem Falle zu keinem anderen Ergebnis.

8 Entgegen der überwiegend vertretenen Meinung kann die **Einwilligung auch nachträglich** noch erklärt werden; wegen des Schutzzwecks allerdings nur von der Gefahrsperson selbst und nicht nach deren Tod durch einen Rechtsnachfolger. **Solange sie fehlt, ist der Versicherungsvertrag schwebend unwirksam.** Aus einem schwebend unwirksamen Vertrag kann der Begünstigte keine Rechte herleiten. Er kann insbesondere die Versicherungssumme nicht erlangen. In aller Regel wird der VR das Fehlen der Einwilligung auch zum Anlass nehmen, den Agierenden auf den Mangel hinzuweisen, so dass auch so von vornherein die Versuchung ausgeschlossen ist, den Versicherungsfall herbeizuführen. Mit Recht führt der BGH aus (VersR 1999, 347 (349)), die versicherte Person solle sich der Gefahr bewusst werden und das Risiko abwägen können, das sie mit der Einwilligung auf sich nimmt. Der Einwilligende müsse deshalb die Höhe der Versicherungssumme, die Person von VN und Bezugsberechtigten und die Dauer der Versicherung kennen. Diese Umstände treten bei einer nachträglichen Genehmigung noch eher zu Tage als bei einer vor Vertragsschluss zu erteilenden Einwilligung. Jedenfalls sind keine Nachteile für die Gefahrsperson erkennbar, wenn die Einwilligung nachgereicht werden kann und der Versicherungsvertrag bis dahin schwebend unwirksam ist. In vielen Fällen verkompliziert die überwiegend vertretene Auffassung lediglich den Abschluss von Versicherungsverträgen (iErg wie hier HEK/*Reiff,* 21. Kap. Rn. 47; ausführlich HK-VVG/*Brambach* § 150 Rn. 21 ff. Nach BK/*Schwintowski* § 159 Rn. 7 muss die Zustimmung zwar vor Vertragsschluss vorliegen, ein Vertragsschluss unter der aufschiebenden Bedingung der schriftlichen Einwilligung soll aber möglich sein). Sie stellt lediglich einen Formalismus dar, wenn von den Beteiligten die erneute Vornahme der Vertragserklärung verlangt wird, wenn die versicherte Person nachträglich zustimmt. Der Wortlaut „Einwilligung" ist also auch mit Blick auf § 183 Satz 1 BGB hier vom Sinn und Zweck der Vorschrift her einschränkend auszulegen.

5. Schriftform

9 **Schriftform** erfordert die Verkörperung des Textes. Ob die elektronische Form des § 126a BGB ebenso genügt, ist umstritten (dagegen: Prölss/Martin/*Schneider* § 150 Rn. 9 sowie *Langheid* in der Voraufl. und BeckOK VVG/*Reich,* 11. Ed. (30.6.2016), § 150 Rn. 26; dafür: Schwintowski/Brömmelmeyer/*Ortmann*

Rn. 10). § 126 Abs. 3 BGB lässt eine Ersetzung der Schriftform durch die elektronische Form zu, „wenn sich nicht aus dem Gesetz ein anderes ergibt". Das ist nach dem Wortlaut des § 150 Abs. 2 Satz 1 nicht der Fall, der insoweit nur eine Abbedingung der Einwilligung insgesamt für Verträge vorsieht, die im Rahmen der betrieblichen Altersversorgung geschlossen werden (→ Rn. 12 ff.). Hier standen für den Gesetzgeber Praktikabilitätsgründe ebenso im Vordergrund wie die Erwartung, dass von einem Arbeitgeber sicher dann keine Gefahr mehr für die Arbeitnehmer als versicherte Personen ausgeht, wenn die Ansprüche aus der betrieblichen Altersversorgung für diese unverfallbar geworden sind und der Arbeitgeber daher keinen Zugriff mehr auf die Leistungen aus einer abgeschlossen Direktversicherung hat (→ Vor § 150 Rn. 23). Aber auch vor diesem Zeitpunkt ist es unwahrscheinlich, dass ein Arbeitgeber einem Arbeitnehmer nach dem Leben trachtet, zumal der Wert einer Direktversicherung mit Blick auf die gedeckelten Prämien, die steuerlich gefördert werden, nicht übermäßig ist. Dass der Sinn und Zweck des Einwilligungserfordernisses einer Ersetzung der Schriftform durch die elektronische Form entgegenstehen soll, wird damit begründet, dass bei der Fülle der täglichen E-Mails diese Form der Erklärung die vom Gesetz bezweckte **Warnfunktion** nicht erfüllen könne. Das überzeugt aber nicht, da der elektronischen Form nur dann genügt wird, wenn eine solche Erklärung nach dem SigG signiert wird. Dieser Vorgang unterscheidet eine herkömmliche E-Mail von einer E-Mail, die mit einer qualifizierten elektronischen Signatur versehen wird. Denn die Signatur erfordert eine individuelle Maßnahme des Erklärenden. Unabhängig davon ist aber das Schriftformerfordernis aus heutiger Sicht nicht mehr zeitgemäß. Denn es steht der Digitalisierung des Versicherungsgeschäfts diametral entgegen und verhindert einen Online-Abschluss im Bereich der Fremdlebensversicherung mit Todesfallleistungen oberhalb der gewöhnlichen Beerdigungskosten. Die **elektronische Form** hat generell – u.a. wegen der damit verbundenen Kosten, die für den entsprechenden Einsatz zB des neuen Bundespersonalausweises anfallen – aber bislang keine große praktische Anwendbarkeit erlangt. Das kann sich aber bald ändern, wenn sich die AusweisApp2 durchsetzen sollte (→ Vor § 150 Rn. 1). Unabhängig davon überzeugt es aber so oder so nicht, wenn allein *Hoeren* (VersR 2011, 834 ff.; dagegen zu Recht: OLG München Urt. v. 4.6.2012 – 19 U 771/12; MüKoBGB/*Einsele* BGB § 126 Rn. 6; Palandt/*Ellenberger* BGB § 126 Rn. 8; *Schmitz* NVwZ 2013, 410) die unbegründete Auffassung vertritt, dass auch die Textform für eine Einwilligung nach § 150 ausreichend sei. Dies ist zwar mit Blick auf die Digitalisierung des Versicherungsgeschäfts de lege ferenda zu fordern (zu dem insoweit bestehenden Reformbedarf *Grote/Harazim* FS v. Fürstenwerth, 2020, 99 ff.). Dabei wird der Gesetzgeber auch aufgefordert sein, es nicht nur bei der Einführung der Textform bewenden zu lassen, sondern zusätzliche Anforderungen zu schaffen, die eine Identifizierung des Erklärenden ermöglichen und den Erklärenden über die Tragweite seiner Einwilligung hinreichend zu belehren.

Die Einwilligungserklärung muss **inhaltlich so beschaffen** sein, dass der 10
Erklärende die Tragweite seiner Erklärung erkennen kann. Er muss deshalb den wesentlichen Inhalt des Vertrags kennen, wie zB VN, Bezugsberechtigter, Versicherungssumme, Laufzeit und vor allem, dass er derjenige ist, auf dessen Tod die Versicherung genommen wird. „Blankozustimmungen" sind vor diesem Hintergrund unwirksam (LG Köln BeckRS 2021, 30435). Wer dagegen der VR ist, dürfte zur Beurteilung der Gefahrenlage nur in Ausnahmefällen von Bedeutung sein.

11 Grundsätzlich ist auch eine **konkludente Einwilligung** möglich. Indessen ist bei der Frage, ob sie vorliegt, Zurückhaltung geboten. So kann sie bejaht werden, wenn die versicherte Person den Antrag mitunterschreibt, vorausgesetzt sie konnte nach den Umständen die abstrakte Gefährdung erkennen. Soweit diesbezüglich auf die Beitrittserklärung zu einem echten Gruppenversicherungsvertrag abgestellt wird, genügt dies, wenn in der Beitrittserklärung die versicherten Risiken beschrieben werden und die versicherte Person in Kenntnis dessen beitritt und so konkludent einwilligt. Damit wird die fehlende Schriftlichkeit der Einwilligung zwar nicht beseitigt, dem lässt sich jedoch mit der Treuwidrigkeit und Sinn und Zweck des Schriftlichkeitgebots im Einzelfall begegnen. Denn Sinn und Zweck des § 150 Abs. 2 ist es, zu verhindern, dass eine Fremdlebensversicherung an der versicherten Person vorbei abgeschlossen wird. Eine schriftliche Erklärung der versicherten Person liegt aber in der Beitrittserklärung ggf. vor. In einer bloßen Prämienzahlung wird man aber nicht schon eine Einwilligungserklärung sehen können, selbst wenn die versicherte Person diese wie im Rahmen der Restschuldversicherung oftmals wirtschaftlich trägt.

III. Kollektivlebensversicherungen

12 Das alte Recht des § 159 machte für das Erfordernis der Einwilligung keine Ausnahme. Deshalb hat die Rspr. auch für den wirksamen Abschluss von Gruppenversicherungsverträgen die Einwilligung der Gefahrpersonen gefordert (BGH r+s 1997, 388 = ZfS 1997, 383 = MDR 1997, 738 = VersR 1997, 1213 unter II.3; OLG Frankfurt a. M. VersR 1997, 478 (Ls.)). Das war ein umständliches Verfahren bei der relativ geringen Gefahr, dass der Arbeitgeber als VN das Leben oder die Gesundheit der versicherten Arbeitnehmer gefährden könnte. Deshalb hat der Reformgesetzgeber 2008 bei der Neuregelung Kollektivlebensversicherungen im Bereich der betrieblichen Altersversorgung mit § 150 Abs. 2 Satz 1 Hs. 2 ausdrücklich vom Erfordernis der Einwilligung ausgenommen. Die ältere Rspr. ist insoweit nicht mehr anwendbar.

12a Andere Anforderungen sind in jüngster Zeit aber durch das **Rundschreiben der BaFin 03/2021 (VA) zu echten Gruppenversicherungsverträgen** hinzugekommen. So soll in Gruppenversicherungsverträgen eine Vereinbarung getroffen werden, welche der versicherten Person die Rücknahme ihrer Beitrittserklärung in Textform gegenüber dem VN oder VU ermöglichen soll (vgl. BaFin Rundschreiben 03/2021 (VA) Rn. 33). Damit wird dann aber auch die ggf. in der Beitrittserklärung konkludent enthaltene Einwilligung wieder hinfällig.

12b Der vom Gesetzgeber in § 150 Abs. 2 verwendete Begriff der **Kollektivlebensversicherung** ist ein neuer aufsichtsrechtlicher Begriff, der an die Stelle des bisher allein gebräuchlichen Begriffs der „Gruppenversicherung" getreten ist (Begr. zu § 150 Abs. 2, BT-Drs. 16/3945, 95; dazu aber auch Vor § 150 Rn. 49) und den der Gesetzgeber mit dem Betriebsrentenstärkungsgesetz wieder fallen gelassen hat, da er für mehr Rechtsunsicherheit als -klarheit gesorgt habe (BT-Drs. 18/12612, 38). Der Begriff der Kollektivlebensversicherung bringt aber auch zum Ausdruck, dass es sich bei den Versicherten um eine größere Gruppe handeln muss. Versichert der Arbeitgeber nur eine Anzahl von etwa 1 bis 9 Arbeitnehmern, kann nicht von einer „Kollektivlebensversicherung" gesprochen werden. Die schriftliche Einwilligung der versicherten Personen bleibt erforderlich. Allerdings wird ein Arbeitgeber bei so kleinen Gruppen ohnehin keinen VR finden, der ihm hier einen vergünstigten Kollektivlebensversicherungsvertrag im Rahmen der betrieblichen Altersversorgung anbietet. Für Arbeitnehmer mit derart wenigen Beschäftigten kann es aber eine Lösung über einen Kollektivlebensversicherungsvertrages zB eines Arbeitgeberverbandes, dem er angehört, geben. In diesen Fällen ist dann auch eine Einwilligung der Arbeitnehmer nicht erforderlich.

Eine **weitere Ausnahme** von dem Erfordernis der Einwilligung besteht für regulierte **Pensionskassen** (§ 211 Abs. 2). 13

IV. Verträge auf den Tod von Personen mit beschränkter oder ganz fehlender Geschäftsfähigkeit

Abs. 2 Satz 2 regelt einen Fall der Interessenkollision. Bei **Verträgen auf den** 14 **Tod** von beschränkt Geschäftsfähigen oder Geschäftsunfähigen **– in der Praxis meist Minderjährige –** bedarf deren Einwilligung der Zustimmung des gesetzlichen Vertreters (§ 107 BGB). Der Minderjährige erlangt aus dem Vertrag nicht nur einen rechtlichen Vorteil (OLG Hamm VersR 1986, 82). Die Zustimmung des gesetzlichen Vertreters braucht **nicht schriftlich** erteilt zu werden (§ 182 Abs. 2 BGB; OLG Hamm VersR 1986, 82). Ist der gesetzliche Vertreter aber selbst VN, kann er nicht wirksam zustimmen (Abs. 2 Satz 2). In solchen Fällen wird ein Ergänzungspfleger notwendig (§ 1909 BGB). Dessen Einwilligung muss sämtliche Voraussetzungen des Abs. 2 Satz 1 erfüllen. Insbesondere muss er Kenntnis von den einzelnen Gefahrumständen haben.

V. Einwilligung des Kindes (Abs. 3)

Einer Einwilligung des **Kindes als Gefahrperson** bedarf es nicht (Abs. 3), 15 wenn die Eltern VN sind und der VR nur bei Eintritt des Todes nach Vollendung des siebten Lebensjahres leisten soll und die Todesfallleistung auf die gewöhnlichen Beerdigungskosten begrenzt ist. Die Gefahr der sog. Engelmacherei (→ Rn. 1) hat der Gesetzgeber hier nicht gesehen. Die Höhe der gewöhnlichen Beerdigungskosten ist von der Bundesanstalt für Finanzdienstleistungsaufsicht gemäß § 150 Abs. 4 zuletzt mit 8.000 EUR festgesetzt worden (VerBAV 2001, 133 – zuletzt noch einmal bestätigt am 21.1.2020 in dem Artikel „Kapitalbildende Lebensversicherung auf einen Blick“, abrufbar unter: www.bafin.de).

VI. Verträge mit Minderjährigen

1. Schwebende Unwirksamkeit

Verträge mit Minderjährigen als VN regelt § 150 nach seinem Wortlaut nicht. 16 Deshalb sind die Regelungen des allgemeinen Zivilrechts, insbesondere §§ 107 f. BGB heranzuziehen. Danach sind Verträge ohne wirksame Einwilligung des gesetzlichen Vertreters oder der Genehmigung des VN, nachdem er volljährig geworden ist (→ Rn. 20 ff.), **schwebend unwirksam.**

2. Genehmigung durch Vormundschaftsgericht

Die Einwilligung der Eltern als gesetzliche Vertreter bedarf der Genehmigung 17 durch das **Vormundschaftsgericht** (§§ 1643 Abs. 1, 1822 Nr. 5 BGB; hM, siehe nur BGHZ 28, 78 = NJW 1958, 1393 = VersR 1958, 505; OLG Hamm NJW-RR 1992, 1186 = r+s 1993, 34 = VersR 1992, 1502; OLG Koblenz VersR 1991, 209; AG Hamburg NJW-RR 1994, 721; Prölss/Martin/*Schneider* § 150 Rn. 16; aA Bruck/Möller/*Winter* § 150 Rn. 106 ff.; zum Problem insgesamt *Bayer* VersR 1991, 129). Auf die Genehmigung durch das **Vormundschaftsgericht** kann nicht verzichtet werden, auch nicht mit der Begründung, der VN könne den Versicherungsvertrag jederzeit kündigen (§ 165). Der dann anfallende Rückkaufswert führt insbesondere bei einer Kündigung in den ersten Jahren zu erheblichen wirtschaftlichen Verlusten.

18 Trotz der **jederzeit möglichen Prämienfreistellung** nach § 165 Abs. 1 bleibt die vormundschaftliche Genehmigung erforderlich (anders und nur für Ausnahmefälle (welche?) HK-VVG/*Brambach* § 150 Rn. 38). Die Möglichkeit der Prämienfreistellung ist keine Neuerung der Reform 2008. Vielmehr hat § 165 Abs. 1 inhaltlich unverändert § 174 Abs. 1 aF übernommen (vgl. Begr. zu § 165, BT-Drs. 16/3945, 101), so dass schon deshalb die Rspr. zum alten Recht auch auf das geltende anzuwenden bleibt.

19 Man kann Verständnis für die Bemühung haben, das umständliche Verfahren einer **vormundschaftlichen Genehmigung** der Einwilligung der Eltern zu beseitigen. In der Praxis wird diese Genehmigung in aller Regel aber ohnehin nicht eingeholt. Vielmehr schließen die VR den Vertrag mit dem Minderjährigen im Bewusstsein, dass der Vertrag schwebend unwirksam ist und in der Hoffnung, der Vertrag werde trotz fehlender Genehmigung wirksam werden, wenn der Minderjährige volljährig geworden sein wird. Dagegen ist im Grundsatz dann nichts einzuwenden, wenn der VR mit dem VN nach dessen Volljährigkeit so umgeht, wie dies von einem Vertragspartner nach Treu und Glauben erwartet werden muss (→ Rn. 21 ff). Dann ist es unerheblich, dass der Minderjährige im Zeitpunkt des Vertragsschlusses und auch danach in aller Regel zunächst nichts von der Möglichkeit weiß, den Vertrag später prämienfrei stellen zu können und welche Vor- und Nachteile für ihn als VN darin liegen. Wenn ein VR aber auf diesem Weg einen zu großen Bestand an schwebend unwirksamen Verträgen aufbaut, könnte das zu versicherungsaufsichtsrechtlichen Problemen führen.

3. Fehlen der Genehmigung

20 **Fehlt die Genehmigung des Vormundschaftsgerichts** oder auch schon die der Eltern, ist der Vertrag nach wie vor schwebend unwirksam (str.; → Rn. 7 f.). Der volljährig gewordene **VN kann** den Vertrag aber alsdann **selbst genehmigen.**

21 Da der VR bei Abschluss des Vertrages alle Daten vorliegen hat und folglich weiß, dass der Vertrag mit dem Minderjährigen schwebend unwirksam ist, muss er als verpflichtet angesehen werden, den VN nach dessen **Volljährigkeit** über die schwebende Unwirksamkeit aufzuklären und ihn um Genehmigung zu bitten. Der volljährig gewordene VN weiß davon als versicherungsrechtlicher Laie in aller Regel nichts. Ihm steht ein Vertragspartner gegenüber, der schon bei Vertragsschluss alle Daten kannte und aufgrund überlegener Rechtskenntnisse und durchaus berechtigter wirtschaftlicher Interessen in Kauf nahm, einen schwebend unwirksamen Vertrag zu schließen. Daraus ergibt sich dann aber auch nach § 242 BGB die Verpflichtung eines Vertragspartners, den VN über den Zustand des Vertrages aufzuklären und um Genehmigung zu bitten, damit die Vorläufigkeit eines solchen auf längere Dauer angelegten Vertrages beseitigt wird. Ein VR, der

es in der Hand hat, den VN über die schwebende Unwirksamkeit zu unterrichten und ihn um Genehmigung zu bitten, dies aber unterlässt, verdient in aller Regel keinen Vertrauensschutz, auch wenn sich der VN nach Jahr und Tag auf die schwebende Unwirksamkeit des Vertrages beruft, es sei denn, besondere Umstände zwängen zu einer anderen Beurteilung.

All dies schließt grds. nicht aus, dass der volljährig gewordene VN den Vertrag 22 **auch konkludent** genehmigt. Eine konkludente Genehmigung setzt aber die **Kenntnis des VN davon** voraus, dass der Vertrag schwebend unwirksam ist und zu seiner Wirksamkeit erst noch der **Genehmigung bedarf** (OLG Hamm NJW-RR 1992, 1186 = VersR 1992, 1502; OLG Koblenz VersR 1991, 209; AG Hamburg NJW-RR 1994, 721, so zuletzt auch: LG Cottbus Urteil vom 20.12.2018, Az. 6 O 19/17 (n.v.); aA LG Kaiserslautern VersR 1991, 539, soweit veröffentlicht, ist nicht zu entnehmen, ob es sich um eine Lebensversicherung handelte). Es kommt nicht darauf an, ob der als Genehmigung anzusehenden Handlung ein Erklärungswille fehlt. Entscheidend ist, ob der Erklärungsempfänger, der VR, die Handlung aus seinem Empfängerhorizont heraus nach Treu und Glauben als Genehmigung verstehen durfte. Da die VR wissen, dass der Vertrag schwebend unwirksam ist und dass ein VN idR ohne Kenntnis von der schwebenden Unwirksamkeit auch nichts genehmigen will, kann eine Handlung des VN auch aus der Sicht des Erklärungsempfängers nur dann als Genehmigung verstanden werden, wenn der Handelnde vorher über die schwebende Unwirksamkeit aufgeklärt worden ist. Folglich sind Prämienzahlungen nach Eintritt der Volljährigkeit, Abtretungen, Vertragsänderungen, zB widerspruchslose Inkaufnahme von Prämienerhöhungen, Änderung des Bezugsberechtigten, Umwandlung in einen beitragsfreien Vertrag und dgl. nur dann als Genehmigung anzusehen, wenn der VN die Genehmigungsbedürftigkeit des Vertrages kannte. Das kann – wenn keine besonderen Umstände vorliegen – nur angenommen werden, wenn der VR den VN bei dessen Volljährigkeit über die Rechtslage aufgeklärt hat.

Bleibt der Vertrag schwebend unwirksam, kann der VN die geleisteten Prämien 23 nebst der vom VR erwirtschafteten Zinsen nach **§ 812 Abs. 1 S. 2 Alt. 1 BGB zurückfordern.** Wegen des Minderjährigenschutzes bleibt bei der Berechnung des zurückzuzahlenden Betrages eine Saldierung wegen des vom VR übernommenen Risikos außer Betracht (OLG Koblenz VersR 1988, 128; LG Hamburg VersR 1988, 460; AG Hamburg NJW-RR 1994, 721). Dies ist, auch wenn mittlerweile unzweifelhaft ist, dass die Risikoübernahme zur Saldierung grds. geeignet ist (BGH VersR 2014, 817; 2015, 1101), zutreffend, da die schwebende Unwirksamkeit von dem VN nur bis zum Eintritt des Todesfalles beseitigt werden kann (→ Rn. 8).

VII. Abdingbarkeit

Nach herrschender und zutreffender Meinung ist § 150 Abs. 2 Satz 1 zwingend 24 (Schwintowski/Brömmelmeyer/*Ortmann* Rn. 29; Prölss/Martin/*Schneider* § 150 Rn. 19; Terbille/*Höra/Fitzau* § 25 Rn. 49). Schon nach altem Recht konnte wegen des Schutzzweckes auf das Erfordernis der Einwilligung nicht wirksam verzichtet werden (OLG Hamburg VersR 1966, 681; *Drews* VersR 1987, 634 (641); *Hülsmann* NVersZ 1999, 550).

§ 151 Ärztliche Untersuchung

Durch die Vereinbarung einer ärztlichen Untersuchung der versicherten Person wird ein Recht des Versicherers, die Vornahme der Untersuchung zu verlangen, nicht begründet.

I. Normzweck

1 Die Vorschrift bezweckt den Schutz sowohl der versicherten Person als auch über den Wortlaut hinaus einer Gefahrperson, die nicht zugleich versicherte Person ist. Geschützt wird nämlich deren Recht auf informationelle Selbstbestimmung. Die Vorschrift verhindert, dass ohne deren Einverständnis in ihr Persönlichkeitsrecht eingegriffen wird. Aus der Vorschrift ergibt sich, dass der VR auch **keine Vertragsstrafe verlangen** darf (Begr. zu aF). Auf die Höhe der Vertragsstrafe kommt es nicht an (aA HK-VVG/*Brambach* § 151 Rn. 2). Denn jede Vertragsstrafe hat den Zweck, den Vertragspartner zur Einhaltung der Pflichten zu veranlassen. § 151 bezweckt aber gerade, dass eine eingegangene Verpflichtung zur ärztlichen Untersuchung nicht durchgesetzt werden kann (zu Vollstreckungsverboten und Vertragsstrafen vgl. schon *Langheid* DB 1980, 1219 ff.).

2 Lässt sich der VN oder eine andere Gefahrperson auf ein Verlangen des VR ein, sich ärztlich untersuchen zu lassen, so kommt zwar eine entsprechende Vereinbarung zustande. Der VR kann sie aber weder durchsetzen noch hat er Anspruch auf Schadensersatz oder Kostenerstattung. Allerdings kann er dann den Antrag auf Abschluss des Versicherungsvertrages ablehnen und/oder unter veränderten Bedingungen – etwa mit Risikoausschlüssen oder Prämienzuschlägen – neu anbieten. Lässt sich der VN oder eine andere Gefahrperson dagegen auf ein Verlangen des VR nicht ein, wird dies faktisch oftmals dazu führen, dass der VR den Antrag ablehnt, da ihm eine vorvertragliche Risikoprüfung dann uneingeschränkt nicht möglich ist. Das stünde auch im Einklang mit dieser Vorschrift. Nimmt der VR einen Antrag ohne vorherige ärztliche Untersuchung an, kann er sich anschließend nicht auf diesen „Mangel" berufen. Unberührt hiervon bleibt die Berechtigung des VR zur Anfechtung wegen arglistiger Täuschung bei der unzutreffenden Beantwortung von Antragsfragen (OLG Saarbrücken VersR 2020, 91).

II. Ärztliches Zeugnis

3 Hat der VR einen Arzt mit der Untersuchung und zur Entgegennahme der Antworten des (künftigen) VN oder einer anderen Gefahrperson beauftragt, ist der Arzt passiver Stellvertreter des VR (vgl. BGH VersR 2001, 620). Das gilt auch dann, wenn es sich um den Hausarzt des VN handelt. Ohne ausdrückliche Einwilligung der Gefahrperson ist auch der Hausarzt nicht berechtigt, Kenntnisse aus früheren Behandlungen an den VR weiterzuleiten (ebenso Schwintowski/Brömmelmeyer/*Ortmann* § 151 Rn. 6). Umgekehrt muss sich der VR keine Kenntnisse des Arztes aus solchen früheren Behandlungen zurechnen lassen, von denen er keine Kenntnis erhält (BGH VersR 2009, 529 (530). Macht bei Zweifeln über die **Richtigkeit** der Angaben des VN im ärztlichen Zeugnis dieser substantiiert geltend, er habe den Arzt mündlich zutreffend unterrichtet, muss der **VR beweisen,** dass dies nicht zutrifft (BGH NJW 1990, 767 = r+s 1990, 101 = VersR 1990, 77). Diese Zurechnungsparameter gelten nicht, wenn die zu versi-

chernde Person **arglistig** handelt (BGH VersR 2001, 622; *Müller-Frank* NVersZ 2001, 447).

III. Gentests

Prädiktive Genomanalysen ermöglichen voraussichtlich genaue Prognosen des zukünftigen Gesundheits- bzw. Krankheitsverlaufs des Menschen. Da dies bis zur Unversicherbarkeit namentlich auch in der Lebens- und BUZ-Versicherung führen würde, besteht gegenwärtig Einigkeit, dass Personenversicherer solche Analysen nicht fordern sollen (vgl. dazu OLG Hamm VersR 2008, 773; LG Bielefeld mAnm *Kubiak* VersR 2007, 636; *Lorenz* VersR 1999, 1309; *Fenger/Schöffski* NVersZ 2000, 449 ff.; *Berberich* VW 2001, 313 ff.; s. ferner die Veröffentlichung des Ethik-Beirats beim BMG zu prädiktiven Gentests und Versicherungsfragen aus 11/2000). **Antiselektion** und **Informationsasymmetrie** führen aber zu verzerrten Prämienkalkulationen im Tarifverbund, so dass dem Antragsteller bekannte Ergebnisse von **diagnostischen** Gentests abfragbar sind (so auch *Kubiak* S. 193). Nach dem am 1.2.2010 in Kraft getretenen **Gesetz über genetische Untersuchungen bei Menschen** (Gendiagnostikgesetz – **GenDG;** BGBl. 2009 I 2529) ist die Verwendung der Ergebnisse aus genetischen Untersuchungen in der Risikoüberprüfung für Lebensversicherungen allerdings erst ab einer Versicherungssumme von mindestens 300.000 EUR möglich. Diese Summengrenze stellt auf die anfänglich vereinbarte Versicherungssumme ab, so dass nachträgliche Erhöhungen die Gentestfrage nicht zulässig machen. 4

Ergebnisse bereits durchgeführter genetischer Untersuchungen müssen vom VN nicht offengelegt werden. Das Verbot, vom VN eine Anzeige freiwillig durchgeführter Gentests zu verlangen, erfasst jedoch nur prädiktive Gentests, die der Feststellung erblicher Veranlagungen für noch nicht klinisch manifestierte Erkrankungen dienen, **nicht aber diagnostische Tests,** mit denen nach einer genetischen Ursache für ein bestehendes Beschwerdebild gesucht wird (OLG Saarbrücken VersR 2012, 557 mwN). Die Erstreckung des Verbots auf die Entgegennahme von schon vorliegenden Ergebnissen genetischer Untersuchungen (dazu krit. *Brand* VersR 2009, 715 (718 f.); *Kubiak* S. 65 ff.) soll eine Umgehung verhindern (der bloße Eingang des Ergebnisses eines Gentests ist noch keine Entgegennahme). 5

IV. Abdingbarkeit

Der Schutzzweck der Norm (→ Rn. 2) erfordert es, dass § 151 – trotz Nicht-Erwähnung in § 171 – nicht abbedungen werden kann. Die Vorschrift hat also zwingenden Charakter. 6

§ 152 Widerruf des Versicherungsnehmers

(1) **Abweichend von § 8 Abs. 1 Satz 1 beträgt die Widerrufsfrist 30 Tage.**

(2) **[1]Der Versicherer hat abweichend von § 9 Satz 1 auch den Rückkaufswert einschließlich der Überschussanteile nach § 169 zu zahlen. [2]Im Fall des § 9 Satz 2 hat der Versicherer den Rückkaufswert einschließlich**

der Überschussanteile oder, wenn dies für den Versicherungsnehmer günstiger ist, die für das erste Jahr gezahlten Prämien zu erstatten.

(3) **Abweichend von § 33 Abs. 1 ist die einmalige oder die erste Prämie unverzüglich nach Ablauf von 30 Tagen nach Zugang des Versicherungsscheins zu zahlen.**

Übersicht

I. Regelungsinhalt

1 § 8 sieht für sämtliche Versicherungsverträge ein **allgemeines Widerrufsrecht** vor, gleichgültig, wie, auf welchem Weg und mit wem der Vertrag zustande gekommen ist. Der VN braucht seinen Widerruf **nicht zu begründen.** Das allgemeine Widerrufsrecht hat den früheren § 5a aF ersetzt, der einen Ausgleich für die aus dem Policenmodell erwachsenen Nachteile des VN schaffen sollte. Dieses Erfordernis ist entfallen, nachdem ein für alle Verträge uneingeschränktes Widerrufsrecht geschaffen und vom Policenmodell Abstand genommen wurde.

2 Die Widerrufsmöglichkeit ist **nicht auf Verbraucher begrenzt,** vielmehr können alle natürlichen und juristischen Personen von ihr Gebrauch machen. Die Vorschrift strahlt insoweit auch auf das Widerrufsrecht von versicherten Personen bei bestimmten Gruppenversicherungen nach § 7d Satz 2 aus (→ § 7d Rn. 7 f.). Das Widerrufsrecht besteht gemäß § 8 Abs. 3 unter anderem **nicht bei Versicherungsverträgen mit Pensionskassen,** die auf arbeitsvertraglichen Regelungen beruhen, es sei denn, es handelt sich um einen Fernabsatzvertrag iSd § 312b Abs. 1 und 2 BGB. Ausgenommen sind auch Großrisiken iSd § 210 Abs. 2, was beim Abschluss von Lebensversicherungsverträgen aber nur selten der Fall sein wird. Ungewöhnlich (und deshalb gefährlich) ist die Frist von 30 Tagen statt der Frist von 14 Tagen gemäß § 8 Abs. 1 Satz 1 (was europarechtlichen Vorgaben geschuldet ist). Die gesetzlichen Regelungen zum Widerrufsrecht finden auf vertraglich vereinbarte Widerrufsrechte keine automatische Anwendung (OLG Hamm r+s 2019, 382; r+s 2019, 574 = VersR 2019, 869; OLG Bamberg Beschl. v. 13.3.2018 – 1 U 21/18 – nrk; Prölss/Martin/*Schneider* § 152 Rn. 1).

II. VVG-Reform 2008

3 Die Regelung des § 152 ist durch die VVG-Reform völlig neu geschaffen worden. Sie hat in der Lebensversicherung keine in diesem Umfang auch nur ähnliche Vorgängervorschrift. Vorbild ist die Regelung zum Widerruf bei Fernabsatzverträgen (vgl. Begr. zu § 152 Abs. 1, BT-Drs. 16/3945, 95). Die mit Gesetz vom 2.12.2004 (BGBl. 2004 I 3102) eingeführte Regelung des § 48c Abs. 1 aF betraf nur im Fernabsatz von Verbrauchern abgeschlossene Verträge.

III. Normzweck

4 Die Vorschrift gibt in Ergänzung und teilweiser Abänderung des allgemeinen Widerrufsrechts eine auf die Lebensversicherung speziell ausgerichtete Regelung. Mit ihr soll den besonderen Erfordernissen der Lebensversicherung Rechnung getragen werden. Insbesondere bezweckt Abs. 2, eine Ungerechtigkeit zu vermeiden, die bei Anwendung des § 9 Satz 1 in der Lebensversicherung eintreten würde (→ Rn. 7).

5 Mit der Widerrufsmöglichkeit der eigenen Vertragserklärung wird im Bewusstsein des VN verankert, er brauche **zu seinem einmal gegebenen Wort,** selbst wenn es durch seine Unterschrift besiegelt ist, für eine gewisse Zeit **nicht einzustehen.** Das hat der Gesetzgeber für erforderlich gehalten, obwohl der VN seit der Reform von 2008 vor Vertragsschluss umfassend informiert und beraten werden muss. Für die Rechtstreue und die Verantwortung für eigenes Verhalten des VN erscheint das nicht ungefährlich. Der Gesetzgeber traut selbst dem aufgeklärten VN offenbar nicht zu, dass er vor Vertragsschluss eine seinem Interesse entsprechende Entscheidung zu treffen in der Lage ist. Nur so ist zu erklären, dass dem VN auch nach Vertragsschluss noch eine bestimmte Zeit eingeräumt wird, seine Entscheidung nochmals zu überdenken. Nicht ganz nachvollziehbar ist auch, warum dieser besondere Schutz allen VN, also auch juristischen Personen mit eigenen Rechtsabteilungen (zu den geringen Ausnahmen → Rn. 2), und nicht nur Verbrauchern oder verbraucherähnlichen Personen (Kleingewerbetreibenden) eingeräumt wird.

IV. Widerruf

1. Voraussetzungen des Widerrufs

6 § 152 ändert auch für die Lebensversicherung die in § 8 genannten Voraussetzungen und Ausschlüsse nicht ab. Lediglich die Frist des § 8 Abs. 1 Satz 1 wird nach europarechtlichen Vorgaben des Art. 186 Abs. 1 RL 2009/138/EG (Solvency II; ABl. 2009 L 335, 76) von 14 auf 30 Tage (nicht: ein Monat) verlängert. Würde ein VR eine Frist von einem Monat vorgeben, wäre das zwar keine nach § 171 Satz 1 mögliche Abweichung zugunsten des VN, da der Februar nur 28 bzw. 29 Tage hat (vgl. BGH BeckRS 2015, 13132 zu § 5a aF). Jedoch hielte dies den VN nicht von der Ausübung seines Widerrufsrechts ab, so dass ein solcher unbedeutender Mangel mit Blick auf die jüngste Rechtsprechung des EuGH zur Rechtslage in Österreich (EuGH NJW 2020, 667 = VersR 2020, 341) unbeachtlich wäre (vgl. zB OLG Oldenburg Urt. v. 9.7.2020 – 1 U 69/20 bei unvollständiger Nennung der fristauslösenden Unterlagen; OLG Nürnberg Beschl. v.

22.2.2021 – 8 U 3888/20, Rn. 20 ff. (zit. nach juris): bei fehlendem Hinweis auf die notwendige Schriftnorm des Widerspruchs und die für den Fristbeginn erforderlichen Unterlagen; OLG Düsseldorf Urt. v. 1.10.2021 – 4 U 64/19: bei fehlendem Hinweis auf die erforderliche Form des Widerspruchs; in Österreich wird entsprechend verfahren: LG Salzburg Beschl. v. 30.1.2020 – 22 R 203/18h). Nach § 8 Abs. 3 Satz 2 ist das Widerrufsrecht ausgeschlossen, wenn der Versicherungsvertrag vollständig erfüllt ist. Darüber hinaus gibt es umfassende Rspr. insbesondere im Zusammenhang mit § 5a aF, die sich mit der Verwirkung von Vertragslösungsrechten beschäftigt. Diese Rspr. ist auch hier von Bedeutung. Einen Überblick dazu geben *Langheid/Müller-Frank* NJW 2016, 2304 (2308); *dies.* NJW 2017, 364 (367); *dies.* NJW 2017, 2318 (2322); *dies.* NJW 2018, 352 (356) sowie *Grote/Finkel* NJW 2020, 2311 (2314 f.) jeweils mwN; s. dazu zuletzt auch: BGH VersR 2020, 208 und VersR 2020, 1030 sowie VersR 2021, 437.

2. Widerrufsfrist von 30 Tagen

7 Mit der Fristverlängerung auf 30 Tage berücksichtigt der Gesetzgeber die besondere Tragweite, die der Abschluss einer Lebensversicherung für die persönlichen Verhältnisse des VN hat. Ihm soll deshalb eine längere Frist zur Überlegung und Prüfung zur Verfügung stehen. Die Frist ist nach den allgemeinen Vorschriften der §§ 187 Abs. 1, 188 Abs. 1 BGB zu berechnen.

8 Zur Fristwahrung genügt die rechtzeitige Absendung, vorausgesetzt, die Widerrufserklärung geht dem VR zu, was der sich auf den Widerruf berufende VN zu beweisen hat. Gemäß § 8 Abs. 1 Satz 2 (siehe näher dort) ist der Widerruf in Textform gegenüber dem VR zu erklären und braucht nicht begründet zu werden.

9 Die Frist beginnt mit Zugang des Versicherungsscheins (grds. nicht mit dem Vertragsschluss, der je nach Abschlussmodell für den VN nur schwer erkennbar sein kann) sowie der in § 8 Abs. 2 näher bezeichneten Unterlagen (siehe näher zu § 8). Wegen des Schutzzwecks des Abs. 1 kann die Widerrufsfrist aber **nicht vor Abgabe der Vertragserklärung** des VN beginnen (ebenso *Grote/Schneider* BB 2007, 2689; HK-VVG/*Brambach* § 152 Rn. 7). Vorher gäbe es auch keine Vertragserklärung des VN, die widerrufen werden könnte. Das kann in Fällen von Bedeutung sein, in denen der VR in Abwandlung des früheren Policenmodells die formularmäßigen Erklärungen des VN zu den Gesundheitsfragen des VR als unverbindliche Anfrage des VN und die Zusendung seiner Versicherungspolice als Vertragsangebot erklärt (Invitatio-Modell; vgl. BGH r+s 2011, 58).

3. Widerruf und Widerspruch

10 Die Regelung gilt auch für die Fälle des § 5, bei denen der übersandte Versicherungsschein teilweise vom Antrag des VN abweicht (so die Begr. zu § 152 Abs. 1). Damit ist gemeint, dass der VN **sowohl das Widerspruchsrecht** des § 5 **als auch das Widerrufsrecht** des § 152 für sich in Anspruch nehmen kann, wenn die jeweiligen Voraussetzungen gegeben sind. Diese Wahlmöglichkeit wird nur eine geringe praktische Bedeutung haben, weil die Frist des Abs. 1 von 30 Tagen von der Monatsfrist des § 5 nur in wenigen Fällen abweichen wird (nämlich dann, wenn der Februar betroffen ist, → Rn. 6). Im Zweifel wird die Erklärung des VN so auszulegen sein, dass er das erklären wollte, was seinem Interesse am ehesten entspricht. Auf den von ihm verwendeten Begriff darf es nicht ankommen. Umstritten ist, ob das auch trotz zuvor erfolgter anwaltlicher Beratung gilt (in diese Richtung: BGH VersR 2015, 224 Rn. 13; bezugnehmend darauf: OLG Stuttgart r+s 2019, 313). Zur Rücktrittsfrist bei den sog Riesterverträgen siehe § 7 Abs. 3 AltZertG.

4. Rückkaufswert (Abs. 2 Satz 1)

Die Rechtsfolgen des Widerrufs regelt grds. § 9. Abweichend von § 9 Satz 1 hat der VR beim Widerruf einer Lebensversicherung gemäß § 152 Abs. 2 auch, das heißt außer den auf die Zeit nach Zugang des Widerrufs entfallenden Teil der Prämie, den Rückkaufswert einschließlich der Überschussanteile nach § 169 (also nur der bereits zugeteilten Überschussbeteiligung, → § 153 Rn. 14) zu zahlen. Damit soll eine Ungerechtigkeit ausgeglichen werden, die bei unmittelbarer Anwendung des § 9 Satz 1 einträte. Denn danach hätte der VR – sofern der Versicherungsschutz schon vor Ablauf der Widerrufsfrist beginnt – nur den Teil der Prämien zu erstatten, der auf die Zeit nach Zugang des Widerrufs entfällt. Dies würde insbesondere der Kapitallebensversicherung angesichts des in der dafür entrichteten Prämie enthaltenen Sparanteils nicht gerecht. Der VR hat deshalb im Falle des Widerrufs den Rückkaufswert einschließlich etwa schon entstandener Überschussanteile wie bei einer Kündigung (§ 169) zu zahlen. Die Auszahlung des Rückkaufswerts kann dabei nur für den Fall einer Kündigung ausgeschlossen werden, nicht aber für den Fall des Widerrufs, da die §§ 152 Abs. 2, 169 auch in solchen Fällen die Auszahlung des Rückkaufswerts im Widerrufsfall anordnen (zur Basisrente: OLG Frankfurt a. M. BeckRS 2017, 144389). Die Überschussbeteiligung kann jedoch auch für diesen Fall gem. § 153 Abs. 1 Hs. 2 insgesamt wirksam ausgeschlossen werden. 11

Der Wortlaut des Abs. 2 gibt keine Auskunft darüber, wie im Falle des Widerrufs bei der Berechnung des Rückkaufswertes etwa bereits entstandene **Abschluss- und Vertriebskosten** behandelt werden sollen. Bei der Auslegung ist die Begründung zu § 152 Abs. 2 heranzuziehen. Diese spricht von einem Rückkaufswert, „wie er sich unter Ausklammerung der Abschluss- und Vertriebskosten (ungezillmertes Deckungskapital) errechnet" (BT-Drs. 16/3945, S. 95). Diese Begründung ist allerdings noch getragen von dem Vorschlag der Reformkommission, insoweit auf einen Mindestrückkaufswert in Höhe der Hälfte des ungezillmerten Deckungskapitals abzustellen. Davon hat der Gesetzgeber bei der VVG-Reform bekanntlich letztlich Abstand genommen. Daher hat diese Begründung auch keinen Niederschlag in den Gesetzeswortlaut gefunden, so dass diese Kosten bei der Ermittlung des dem VN nach seinem Widerruf zu erstattenden Betrages **nicht außer Betracht bleiben** müssen (so auch OLG Brandenburg, VersR 2016, 378 und vorhergehend LG Neuruppin Urt. v. 11.7.2014 – 1 O 266/13; OLG Frankfurt a. M., Urt. v. 14.12.2016 – Z U 37/16, rkr.; LG Offenburg VersR 2016, 377; *Schaaf/Winkens,* VersR 2016, 360 (365) – anders: OLG Köln BeckRS 2020, 38669; *Langheid* in der 5. Aufl.). Im Übrigen wäre auch kein Grund dafür ersichtlich, warum die Abschlusskosten hier außer Betracht bleiben müssten, während das bei § 161 bei gleichem Wortlaut bislang niemand vertritt. 12

Handelt es sich um eine **fondsgebundene Lebensversicherung,** ist der Rückkaufswert nach anerkannten Regeln der Versicherungsmathematik **als Zeitwert** der Versicherung zu berechnen und mithin auf das dem Vertrag zugeordnete Fondsguthaben abzustellen (vgl. § 169 Abs. 4). Wie grds. beim Widerruf einer Lebensversicherung sind auch bei der fondsgebundenen Lebensversicherung etwa bereits gebildete (Kosten- und Risiko-)Überschussanteile zu erstatten. Das Kapi- 13 talanlagerisiko hinsichtlich der Fondsentwicklung trägt hingegen der Widerrufende, so dass Fondsverluste bis hin zum Totalverlust voll zu seinen Lasten gehen (vgl. BGH NJW 2018, 1817 als Fortführung von BGH NJW 2016, 1388 zu § 5a aF).

14 **Überschussanteile** (vgl. § 169 Abs. 7) werden zudem generell nur in **seltenen Fällen** bereits gebildet sein. In Betracht kommen solche Fälle, in denen die Widerspruchsfrist von 30 Tagen wegen irgendwelcher Mängel nicht zu laufen begonnen hat **(ewiges Widerrufsrecht)** und deshalb der Widerruf erst nach längerer Zeit vom VN wirksam erklärt wird.

15 **Ein Stornoabzug** ist dem VN nach seinem Widerruf nicht zu berechnen. Das ergibt sich aus dem Grundgedanken des Widerrufs, nach dem der VN im Grundsatz so gestellt werden soll, wie er ohne den Vertragsschluss stünde. Ein dahingehender Wille des Gesetzgebers ergibt sich auch daraus, dass er die im Versicherungsrecht umfassend eingeführte Widerrufsregelung der Regelung für Fernabsatzverträge nachgebildet hat, bei denen irgendwelche Abzüge auch unzulässig sind.

5. Rückzahlung der Prämie (Abs. 2 Satz 2)

16 „Im Falle des § 9 Satz 2" heißt: Ist die nach § 8 Abs. 2 Satz 1 erforderliche Belehrung durch den VR unterblieben und hat der VN die Leistung aus dem Versicherungsvertrag noch nicht in Anspruch genommen, kann der VN die ihm günstigere Regelung wählen. Er kann entweder die oben dargestellte (→ Rn. 11 ff.) Zahlung verlangen oder er hat Anspruch auf Rückzahlung der von ihm für das erste Jahr gezahlten Prämien. Auch im Fall der Zahlung einer Einmalprämie im Rahmen eines fondsgebundenen Lebensversicherungsvertrages kann der VN lediglich die Rückzahlung des Prämienanteils verlangen, der rechnerisch auf das erste Jahr des Versicherungszeitraum entfällt (OLG Stuttgart r+s 2019, 313; so auch Langheid/Wandt/*Heiss* § 152 Rn. 17). Dabei ist für die Aufteilung der Einmalprämie, wenn weder der Versicherungsfall eingetreten ist, noch eine bestimmte Vertragsdauer vereinbart ist, rechnerisch auf die bei Vertragsschluss zu erwartende Vertragsdauer abzustellen, welche sich aus der statistischen Lebenserwartung des VN im Zeitpunkt des Vertragsschlusses ergibt. Daneben kann der VN gem. § 9 Abs. 1 Satz 1 iVm § 152 Abs. 2 Satz 2 die Rückzahlung des Prämienanteils verlangen, der rechnerisch auf den Zeitraum nach Zugang der Widerrufserklärung entfällt, wobei er an seine Wahl gebunden ist, wenn er sich in Kenntnis beider zutreffend errechneter Werte bewusst für den niedrigeren Betrag entscheidet (OLG Stuttgart r+s 2019, 313). Ansonsten ist aufgrund des Wortlauts der Norm davon auszugehen, dass der VR nicht auf die Ausübung des Wahlrechts durch den VN warten darf, sondern beide Werte berechnen und den höheren auszahlen muss (OLG Stuttgart r+s 2019, 313; so auch Langheid/Wandt/*Heiss* § 152 Rn. 17).

17 Die Beurteilung dieser **Meistbegünstigung** sollte für den VR in der Regel unproblematisch sein, weil der Vergleich zwischen der Jahresprämie und dem Rückkaufswert eindeutig ausfallen dürfte. Problematisch ist der Vergleich allerdings bei Vereinbarung einer Einmalprämie (dazu: Marlow/Spuhl/*Grote* Rn. 964 ff.).

17a Die sich aus dieser Vorschrift ergebenden Rechte wird der VR dem VN auch einräumen müssen, wenn die Belehrung zwar erteilt wurde, diese aber solche Mängel aufwies, die ihn zum Widerruf berechtigten (vgl. die Begr. zu § 152

Abs. 2, BT-Drs. 16/3945, 95). Dabei wird aber auch insoweit der vom EuGH (NJW 2020, 667 = VersR 2020, 341) festgelegte Maßstab zu berücksichtigen sein, dass unbedeutenden Mängel, die den VN nicht von der Ausübung seines Widerrufsrechts abhalten, außen vor bleiben müssen.

6. Fälligkeit des Erstattungsbetrages

Die **Fälligkeit des Erstattungsbetrages** richtet sich nach § 9 Satz 1 Hs. 2. **18** Danach ist die Erstattungspflicht unverzüglich, spätestens 30 Tage nach Zugang des Widerrufs zu erfüllen. Nach Ablauf der gesetzlich genau festgelegten 30 Tage befindet sich der VR bei Nichtzahlung in Verzug. Die Verlängerung der Widerspruchsfrist von 14 auf 30 Tage hat auf die Fälligkeit des zu erstattenden Betrages keinen Einfluss.

7. Widerrufsbelehrung

Nach § 1 Abs. 1 Nr. 13 VVG-InfoV muss der VN über sein Widerrufsrecht **19** unterrichtet werden, insbesondere über Name und Anschrift derjenigen Person, gegenüber der der Widerruf zu erklären ist, sowie über die Rechtsfolgen des Widerrufs, einschließlich Informationen über den Betrag, den der VN im Falle des Widerrufs gegebenenfalls zu zahlen hat. Die Anforderungen an Gestaltung und Inhalt der Belehrung sind hoch. Dies ist bedeutsam für den Fall, dass der VN widerrufen will, obwohl die Frist von 30 Tagen an sich verstrichen wäre. Denn die Frist verlängert sich quasi dadurch, dass sie erst mit dem Zugang einer den rechtlichen Anforderungen genügenden Belehrung beginnt. Die Anforderungen ergeben sich im Einzelnen aus § 8 Abs. 2 Satz 1 Nr. 2. In der Lebensversicherung muss in der Belehrung aber auch auf die Besonderheiten des § 152 hingewiesen werden. Im Rahmen der Widerrufsbelehrung hat der VR nicht nur den Regelfall des rechtmäßigen Widerrufs darzulegen, sondern auch den Fall des berechtigten, nach längerer Zeit erklärten Widerrufs. Dabei obliegt die Beurteilung, ob eine in der Widerrufsbelehrung enthaltende Sachverhaltsalternative im konkreten Einzelfall einschlägig ist – zumindest in Grenzen des Verständlichen – dem Verbraucher (s. OLG Stuttgart VersR 2021, 365; hierzu *Günther* FD-VersR 2021, 436093; sowie bereits BGH NJW 2010, 989). Es empfiehlt sich daher, das in der Anlage zum VVG abgedruckte Muster für die Widerrufsbelehrung zu verwenden, da dies gemäß § 8 Abs. 5 Satz 1 den gesetzlichen Anforderungen genügt. Dabei sollte vorsorglich auch der in der Anlage zum VVG abgedruckte Rahmen mit abgedruckt werden, auch wenn unklar ist, ob dieser zum gesetzlichen Muster gehört.

Trotz gesetzlicher Wirksamkeitsfiktion musste das Muster jüngst mit Wirkung **19a** zum 15.6.2021 durch Gesetz vom 9.6.2021 (BGBl. 2021 I 1666) neu gefasst werden. Hintergrund war ein Urteil des EuGH vom 26.3.2020 (EuGH NJW 2020, 1423), wonach die Widerrufsbelehrung in „klarer, prägnanter Form" erfolgen und ohne sog. Kaskadenverweise auskommen müsse. Ob dem das neue Muster gerecht wird, wird die Zukunft weisen. So oder so wirft das neue Muster eine Vielzahl an neuen Fragen auf (→ § 8 Rn. 9 ff.).

Die gesetzliche Wirksamkeitsfiktion ist für die VR von eminent wichtiger **19b** Bedeutung. Bei fehlerhafter Belehrung steht dem VN nämlich über die Dauer der Widerrufsfrist hinaus ein unbefristetes Widerrufsrecht zu. Allerdings führt – wie bereits angesprochen (→ Rn. 6) – nicht jede unrichtige Information über die Form der Widerrufserklärung zur Einordnung als fehlerhafte Belehrung und somit zwangsläufig zu einem unbefristeten Widerrufsrecht (HK-VVG/*Brambach*

§ 152 Rn. 50 ff.). Wird dem VN durch die, wenn auch fehlerhafte, Belehrung nicht die Möglichkeit genommen, von seinem Widerrufsrecht unter im Wesentlichen denselben Bedingungen, die bei zutreffender Belehrung vorlägen, Gebrauch zu machen, beginnt die Widerrufsfrist ab dem Zeitpunkt der Kenntnis des VN vom Vertragsschluss zu laufen. Bei fehlender Übermittlung jeglicher Information an den VN über sein Widerrufsrecht oder bei derart fehlerhafter Belehrung, dass dem VN die Möglichkeit genommen wird, sein Widerrufsrecht unter im Wesentlichen denselben Bedingungen wie bei Mitteilung zutreffender Informationen auszuüben, beginnt die Frist selbst dann nicht zu laufen, wenn der VN auf anderem Wege von seinem Widerrufsrecht Kenntnis erlangt hat. Maßgeblich für den Fristbeginn bleibt eine Belehrung durch den VR. Die Beurteilung, ob dem VN eine solche Möglichkeit zur Ausübung seines Widerrufsrechts durch eine fehlerhafte Belehrung des VR genommen wurde, obliegt den Gerichten unter Gesamtwürdigung und Berücksichtigung der Umstände des Einzelfalls (EuGH NJW 2020, 667 = VersR 2020, 341).

19c Fehlerhaft ist eine nicht dem gesetzlichen Muster entsprechende Belehrung gem. § 8 Abs. 2 Satz 1 Nr. 2 aF nach einem Urteil des OLG Düsseldorf (Urt. v. 28.8.2020 – I-4 U 124/18) nicht schon deshalb, weil der Teil der Prämie, der einbehalten werden darf, wenn der VN zugestimmt hat, dass der Versicherungsschutz vor dem Ende der Widerrufsfrist nicht beginnt, nicht beitragsgemäß beziffert worden ist. Eine abstrakt-generelle Darstellung des vorzunehmenden Ausgleichs ist danach sowohl ausreichend als auch erforderlich. Es reiche aus, dem VN den Rechenweg aufzuzeigen, mit dem er diesen Betrag anhand der mitgeteilten Monats- oder Jahresprämie errechnen kann. Zulässig sei im Rahmen der Belehrung die Angabe einer pauschalierenden Berechnung des maßgeblichen Prämienanteils unter zugrunde Legung eines Monats mit 30, eines Vierteljahres mit 90, eines Halbjahres mit 180 und eines Jahres mit 360 Tagen anstelle einer Differenzierung der Monate mit 31, 28 bzw. 29 Tagen. Dies sehe schon die Gesetzesbegründung („1/30 der Monatsprämie [X Euro] pro Tag" oder „1/360 der Jahresprämie [X Euro] pro Tag", BT-Drs. 16/11643, 150) vor (OLG Düsseldorf Urt. v. 28.8.2020 – I-4 U 124/18). Nicht umsetzbar ist dieses Rechenmodell hingegen bei Versicherungsverträgen, die über einen unbestimmten Zeitraum abgeschlossen wurden oder wenn es sich um eine Versicherung gegen Einmalprämie handelt, so dass sich die Prämie nicht nach Zeitabschnitten aufteilen lässt. Hier ist die Einmalprämie auf eine rechnerisch bei Vertragsschluss zu erwartende Vertragsdauer aufzuteilen (vgl. OLG Stuttgart r+s 2019, 313 Rn. 42 sowie → Rn. 16; s. aber auch: OLG Stuttgart VersR 2021, 365 (371)). Die Höhe des einbehaltenen Betrages darf dabei nicht unverhältnismäßig hoch sein, ohne erkennbar durch ein übernommenes Versicherungsrisiko gerechtfertigt zu sein. Eine solche könnte der VN als Vertragsstrafe auslegen und von der Wahrnehmung seines Widerrufrechts abhalten (OLG Stuttgart VersR 2021, 365).

19d Die Belehrung gem. § 8 Abs. 2 Satz 1 Nr. 2 muss sich jedoch nicht auf die Folgen einer unrichtigen Belehrung gem. § 9 Abs. 1 Satz 2 sowie § 152 Abs. 2 Satz 2 erstrecken (BGH VersR 2019, 604 Rn. 11 ff.; so auch *Rixecker* → § 9, Rn. 13 sowie Prölss/Martin/*Armbrüster* § 9 Rn. 11; **ablehnend** Bruck/Möller/*Knops* § 9 Rn. 12). Denn der VR muss zwar ordnungsgemäß über die Voraussetzungen und die Rechtsfolgen des Widerrufs aufklären, er muss dabei jedoch nicht berücksichtigen, dass seine eigene Belehrung fehlerhaft sein könnte, und er, um sich pflichtgemäß verhalten zu können, auch über die sich möglicherweise aus einer unzutreffenden Belehrung ergebenden Rechtsfolgen belehren müsste (vgl.

auch Langheid/Wandt/*Eberhardt* § 9 Rn. 15). Ansonsten bestünde die Gefahr einer inhaltlichen Überfrachtung und Unübersichtlichkeit der Belehrung (*Rixecker* → § 9 Rn. 13).

Die Heilung etwaiger Mängel bei der Widerrufsbelehrung kann durch eine ordnungsgemäße **Nachbelehrung** des VN bewirkt werden (so auch *Looschelders* VersR 2016, 7 (12); *Rudy* r+s 2015, 115 (118)). Dabei muss sich die Nachbelehrung an den zum Zeitpunkt des Vertragsschlusses geltenden Vorschriften ausrichten, da es sich bei den Vorschriften zum Widerrufsrecht um solche handelt, die bei Vertragsschluss zu beachten sind. Die Frage, ob eine Nachbelehrung Voraussetzung dafür ist, dass sich ein VR gegenüber einem widerrufenden VN auf Verwirkung berufen kann, wenn die ursprüngliche Belehrung unwirksam war und sich der VN in treuwidriger Weise später vom Vertrag wieder lösen möchte, ist jüngst durch drei Urteile des EuGH zu Verbraucherkreditverträgen (BKR 2021, 697 mAnm *Tiffe*) zu Unrecht wiederbelebt worden, nachdem die Diskussion schon einmal 2011 durch eine ähnliche Rspr. des Bankensenats des BGH (WM 2011, 23) angestoßen wurde. Denn Verbraucherkreditverträge und Lebensversicherungsverträge sind nicht miteinander vergleichbar (BGH BeckRS 2014, 17824). Dementsprechend nimmt der BGH im Lebensversicherungsbereich in ständiger Rspr. Verwirkung in entsprechenden Fällen auch dann an, wenn eine Nachbelehrung unterblieben ist (siehe zB BGH BeckRS 2016, 2173 oder FD-VersR 2021, 443194). **19e**

8. Gläubiger des Erstattungsbetrages

Bei Bestehen eines Widerrufsrechts kann bei der Einräumung einer unwiderruflichen Bezugsberechtigung die Frage entstehen, ob richtiger Gläubiger des Erstattungsbetrages der VN oder der unwiderruflich Bezugsberechtigte ist. Dies ist der VN. Denn bei Widerruf eines Lebensversicherungsvertrags gegen Einmalbetrag ist der VN so behandeln, als wäre der Vertrag nicht zustande gekommen. im umgekehrten Fall eines widerruflichen Bezugsrechts ist das noch eindeutiger so, da der VN – konkludent oder ausdrücklich – mit dem Widerruf seiner Vertragserklärung auch das Bezugsrecht widerrufen kann und so sicher Gläubiger des Erstattungsbetrages wird. **19f**

V. Zahlungsfrist für erste oder einmalige Prämie (Abs. 3)

Die Besonderheit in der Lebensversicherung, dass die Widerrufsfrist 30 Tage beträgt, schlägt auch auf die Fälligkeit der Prämie durch. Denn die Prämie soll jedenfalls von Gesetzes wegen nicht früher fällig werden, als bis die Widerrufsfrist abgelaufen ist. Nach Abs. 3 ist deshalb abweichend von § 33 Abs. 1 die erste oder Einmalprämie erst 30 Tage nach Zugang des Versicherungsscheins zu zahlen. Diese Frist schafft zwar Rechtssicherheit, weil sie den Zeitpunkt der Fälligkeit der Prämie klar bestimmt. Allerdings führt sie zu einem Auseinanderfallen von Widerrufsfrist und Fälligkeit der Prämie. **20**

§ 171 erwähnt Abs. 3 nicht mit der Folge, dass diese Regelung abbedungen werden kann. Die Parteien können also einen anderen Fälligkeitszeitpunkt vereinbaren, der allerdings, wird er durch AVB normiert, wie jede solcher Regelungen der Inhaltskontrolle unterliegt. **21**

VI. Abdingbarkeit

22 **Abs. 1 und 2** können nach § 171 nicht zum Nachteil des VN abbedungen werden. Sie sind also **halbzwingend. Abs. 3 ist abdingbar** (§ 171; → Rn. 21). Es ist überwiegende Marktpraxis, dass die VR von dieser Möglichkeit einer anderen vertraglichen Regelung in den AVB Gebrauch machen, wenn der Versicherungsschutz schon vor Ablauf der Widerspruchsfrist beginnen soll.

§ 153 Überschussbeteiligung

(1) **Dem Versicherungsnehmer steht eine Beteiligung an dem Überschuss und an den Bewertungsreserven (Überschussbeteiligung) zu, es sei denn, die Überschussbeteiligung ist durch ausdrückliche Vereinbarung ausgeschlossen; die Überschussbeteiligung kann nur insgesamt ausgeschlossen werden.**

(2) [1]**Der Versicherer hat die Beteiligung an dem Überschuss nach einem verursachungsorientierten Verfahren durchzuführen; andere vergleichbare angemessene Verteilungsgrundsätze können vereinbart werden.** [2]**Die Beträge im Sinn des § 268 Abs. 8 des Handelsgesetzbuchs bleiben unberücksichtigt.**

(3) [1]**Der Versicherer hat die Bewertungsreserven jährlich neu zu ermitteln und nach einem verursachungsorientierten Verfahren rechnerisch zuzuordnen.** [2]**Bei der Beendigung des Vertrags wird der für diesen Zeitpunkt zu ermittelnde Betrag zur Hälfte zugeteilt und an den Versicherungsnehmer ausgezahlt; eine frühere Zuteilung kann vereinbart werden.** [3]**Aufsichtsrechtliche Regelungen zur Sicherstellung der dauernden Erfüllbarkeit der Verpflichtungen aus den Versicherungen, insbesondere die §§ 89, 124 Absatz 1, § 139 Absatz 3 und 4 und die §§ 140 sowie 214 des Versicherungsaufsichtsgesetzes bleiben unberührt.**

(4) **Bei Rentenversicherungen ist die Beendigung der Ansparphase der nach Absatz 3 Satz 2 maßgebliche Zeitpunkt.**

Übersicht

I. Regelungszusammenhang und Normzweck

1 § 153 hatte im alten VVG **keine gesetzliche Vorgängerregelung.** Nach altem Recht fanden sich Regelungen zur Überschussbeteiligung nur in den AVB. Zivilrechtliche Normen über einen vertraglich vereinbarten Anspruch auf Beteiligung am Überschuss fehlten ganz. Es existierten lediglich aufsichtsrechtliche Bestimmungen dazu, die nach Auffassung des BVerfG (VersR 2005, 1109;VersR 2005, 1127) nicht ausreichten, um die verfassungsrechtlich geschützten Grundrechte der Versicherungsnehmer ausreichend zu schützen (dazu ausführlich Marlow/Spuhl/*Grote* Rn. 989 ff.). Das VVG 2008 hat mit § 153 daher solche zivilrechtlichen Regelungen erstmals im VVG implementiert. Damit einherging, dass der VN an den **sog Bewertungsreserven** (stillen Reserven) in bestimmten Umfang **beteiligt** werden musste (geschuldet den Urteilen des BVerfG VersR 2005, 1109; VersR 2005, 1127 – bis dahin fand eine Beteiligung nach Maßgabe der AVB und des Aufsichtsrechts statt), soweit die Überschussbeteiligung nicht vollständig vertraglich ausgeschlossen wurde. Nach dem Gesetz (§ 153 Abs. 1) sind die Bewertungsreserven nun qua definitionem Bestandteil des Überschusses und haben seitdem zu zahlreichen Rechtsstreitigkeiten geführt, die auch durch eine Änderung des Gesetzes durch das LVRG 2014 beeinflusst worden sind (→ Rn. 14). Mit dem LVRG hat der Gesetzgeber einen Geburtsmangel des § 153 beseitigt und eine aufsichtsrechtliche Regelung geschaffen, die es dem VR erlaubt, bei einem entsprechenden Sicherungsbedarf die Bewertungsreserven nicht an die überschussberechtigten VN auszukehren, sondern als gerade in Niedrigzinszeiten notwendigen Sicherheitspuffer beibehalten zu können (Prölss/Martin/*Reiff* § 153 Rn. 6a). Denn die bis dahin geltende Rechtslage machte es erforderlich, dass die VR ihre langfristig angelegten Kapitalanlagen mit Blick auf die dort in Folge der Niedrigzinszeiten ständig steigenden Bewertungsreserven sukzessive auflösen und gegen schlechter verzinste Kapitalanlagen austauschen mussten, um den Anspruch auf Beteiligung an den Bewertungsreserven erfüllen zu können. Damit gingen aber die Kapitalanlagen verloren, die dazu dienen sollten, die langfristig abgegebenen Zinsgarantien absichern zu können.

2 Mit der Normierung zur Überschussbeteiligung wollte der Gesetzgeber die Teilhabe daran **nicht** mehr allein den **vertraglichen und aufsichtsrechtlichen Regelungen** überlassen. Mit der zivilgesetzlichen Regelung sollten **Rahmenbedingungen** festgelegt werden, innerhalb derer die VR ihre Produkte gestalten können. Dieser Eingriff des Gesetzgebers in die Freiheit der Vertragsgestaltung war insbesondere nach den vorgenannten Entscheidungen des BVerfG unerlässlich geworden, mit denen das Gericht dem Gesetzgeber aufgegeben hatte, das Recht der Lebensversicherung bis zum 31.12.2007 neu zu ordnen.

3 § 153 **bezweckt,** dem VN einen **Anspruch auf Beteiligung** an einem erzielten Überschuss zu geben, auch wenn bei Vertragsschluss nicht feststeht, ob ein Überschuss überhaupt erzielt wird und wie hoch er ist. Insbesondere will § 153

die Beteiligung des VN am Überschuss durch den vorgegebenen Rechtsrahmen sicherstellen, weil ein Überschuss auch darauf zurückzuführen sein kann, dass der VR die Prämien auf Grund eines versicherungsaufsichtsrechtlich geforderten Sicherheitszuschlags zunächst etwas höher kalkulieren muss, als der Leistungs-, Kosten- und Kapitalmarktverlauf es erfordern und der Überschuss folglich aus „unverbrauchten" Prämien der VN gespeist wird (vgl. die Begr. zum Allgemeinen Teil Abschn. II Nr. 8 „Überschussbeteiligung", BT-Drs. 16/3945, 51 f.).

4 Mit dem in Abs. 1 normierten **vertraglichen Anspruch** des VN auf eine Beteiligung am Überschuss hat der Gesetzgeber **nicht** bezweckt, sich durch eine Festlegung in die Diskussion um die **Rechtsnatur des Versicherungsvertrages** einzumischen; auch nicht für den Teilbereich der kapitalbildenden Lebensversicherung. Eine Ausnahme von dieser Zurückhaltung des Gesetzgebers enthält auch § 153 Abs. 1 Satz 1 nicht. Etwaige Parallelen zu den gesetzlichen Regelungen für Investmentgeschäfte (InvG) reichen nicht aus, um dem Gesetzgeber des VVG 2008 den Willen zu unterstellen, zumindest die Rechtsnatur der kapitalbildenden Lebensversicherung zu normieren (iErg ebenso *Eppe* VersR 2008, 1316). Dazu bestand auch kein Anlass. Denn es ging allein darum, die Vorgaben des BVerfG umzusetzen.

5 Deutsche VR bieten bei kapitalbildenden Lebensversicherungen bisher in aller Regel eine Überschussbeteiligung an, schon weil der Wettbewerb andere Regelungen auch bei niedrigem Rechnungszins nicht zulässt. Das wird sich auch durch eine Einbindung einer Run-Off-Plattform nicht ändern, die für die Abwicklung des Bestandes ebenfalls dem Wettbewerb mit Blick auf die Übernahme weiterer Bestände ausgesetzt ist. Allerdings ist zu beobachten, dass Run-Off-Plattformen oftmals die gesetzlichen Mindestanforderungen nicht überschreiten. Das ist nachvollziehbar, als dass sie kein Neugeschäft betreiben und keinesfalls sicher ist, ob sie aus der Abwicklung des übernommenen Bestandsgeschäfts am Ende einen Gewinn erzielen werden. Einer anderen Entwicklung stünde im Übrigen nach wie vor auch das Aufsichtsrecht mit den Regelungen zur Überschussbeteiligung (§§ 139 f. VAG sowie die Vorschriften der MindZV) entgegen. Die Überschussbeteiligung ist nun nach der Neuregelung als vertraglicher Anspruch zivilgesetzlich ausgestaltet. Zweck des Abs. 1 soll es aber nicht sein, **ausländische VR** zu **benachteiligen,** die dem VN **keine Überschussbeteiligung** gewähren. Abs. 1 normiert deshalb expressiv verbis auch die Möglichkeit, dass – gleichgültig ob aus- oder inländischer VR – keine Überschussbeteiligung vereinbart wird. Voraussetzung ist aber, dass die Überschussbeteiligung insgesamt ausgeschlossen wird. Ein Begründungserfordernis auf Seite des Versicherers regelt § 153 nicht. Der VR muss aber auf den Ausschluss der Überschussbeteiligung **ausdrücklich aufmerksam** machen, weil in Deutschland dieser Ausschluss von dem Üblichen und damit von den Erwartungen des VN abweicht (vgl. die Begr. zu § 153 Abs. 1, BT-Drs. 16/3945, 95 f.). Nach der Begründung zu Abs. 1 soll der Ausschluss auch durch Aufnahme einer entsprechenden Klausel in die AVB vereinbart werden können. Dabei sei dann das **Transparenzgebot** zu beachten. Das bedeutet, dass der Ausschluss einer Überschussbeteiligung in den AVB so zu gestalten ist, dass er als Abweichung von der gesetzlichen Vorgabe auffällt. Im Übrigen gilt § 2 InfoV. Das zeigt zugleich, dass der Ausschluss der Überschussbeteiligung keinen Missstand im Sinne des § 298 Abs. 1 VAG begründet (**aA** Langheid/Wandt/*Heiss* § 153 Rn. 21).

6 Seine Transparenzanforderungen konturiert der Gesetzgeber dadurch, dass eine **Überschussbeteiligung** entweder **ganz oder gar nicht** gewährt wird („insge-

samt"). Durch die Definition der Überschussbeteiligung in Abs. 1, die sowohl den Überschuss als auch die Bewertungsreserven enthält, ist auch klargestellt, dass der VR nicht allein die Beteiligung an den Bewertungsreserven oder allein am Überschuss oder hinsichtlich einzelner Überschusskomponenten (Risiko-, Kosten- oder Kapitalüberschuss) ausschließen kann. Möglich erscheint es aber nach wie vor, die Beteiligung am Überschuss **zeitlich** zu begrenzen, etwa durch eine Beteiligung nur während der Prämienzahlungsphase oÄ (→ Rn. 15).

II. Anwendungsbereich

1. Allgemeines

Die Regelung über die Überschussbeteiligung ist auch anzuwenden auf **VR mit Sitz im Ausland,** insbesondere in einem anderen EU-Mitgliedsstaat oder EWR-Vertragsstaat, die in Deutschland Lebensversicherungen mit Überschussbeteiligung anbieten (Begr. zu § 153 Abs. 1, BT-Drs. 16/3945, 95 f.). Die Gesetzesbegründung darf nicht dahin missverstanden werden, dass ausländische Unternehmen nicht verpflichtet seien, bei in Deutschland angebotenen Versicherungen ohne Überschussbeteiligung gemäß Abs. 1 auf diesen Umstand ausdrücklich hinzuweisen. Verspricht das ausländische Unternehmen eine Beteiligung am Überschuss, dann sind auch die Bewertungsreserven einzubeziehen. Dieser Überschuss ist dann auf der Grundlage des Jahresabschlusses zu ermitteln, der nach dem Recht des ausländischen Staates erstellt wurde. Dabei dürfen aber auch im Ausland insoweit geltenden Vorschriften nicht außen vor bleiben, so dass zB das angelsächsische sog smoothing-Verfahren, das in Grundzügen mit der in Deutschland geltenden Überschussbeteiligung vergleich bar ist, keinen Verstoß gegen § 153 darstellt, wenn es wirksam in den AVB vereinbart ist (Looschelders/Pohlmann/*Krause* § 153 Rn. 10). 7

Mit dieser auch ausländische VR betreffenden Regelung greift der deutsche Gesetzgeber in deren Vertragsgestaltung, das heißt in die Dienstleistungsfreiheit ein. Das ist aber durch das **Allgemeininteresse des Verbraucherschutzes** gerechtfertigt (so auch die Begr. zu § 153 Abs. 1, BT-Drs. 16/3945, 95 f.) und europarechtlich nicht zu beanstanden, wenn – wie zuvor ausgeführt – den Besonderheiten der dort geltenden Vorschriften Rechnung getragen wird. 8

Grundsätzlich sind die Regelungen des § 153 über § 176 auch auf die **Berufsunfähigkeitsversicherung** entsprechend anwendbar. § 153 entspricht den Forderungen des BVerfG nach einer angemessenen Beteiligung des VN an den Überschüssen nur für die Lebensversicherung. Eine Ausweitung auf andere Versicherungen, die eine Beteiligung des VN an den Überschüssen einschließlich der Bewertungsreserven enthalten, war dagegen, insbesondere bei reinen Risikoversicherungen, bei denen der Sparanteil sehr gering ist, weder erforderlich noch vom Gesetzgeber angeordnet worden (HK-BU/*Gitzel* BUV § 3 Rn. 17; Prölss/Martin/*Reiff* § 153 Rn. 7; *Engeländer* VersR 2007, 155; *Epp* VersR 2008, 1316; dagegen allerdings Schwintowski/Brömmelmeyer/*Ortmann* § 153 Rn. 9; HK-VVG/*Brambach* § 153 Rn. 16; Langheid/Wandt/*Heiss* § 176 Rn. 8; Prölss/Martin/*Lück* § 176 Rn. 5; *Rixecker* → § 176 Rn. 2). § 176 enthält jedoch keinen Verweis auf § 171, was zur Folge hat, dass § 153 in der Berufsunfähigkeitsversicherung kein halbzwingender Charakter zukommt. Daher ist in der Berufsunfähigkeitsversicherung auch eine Klausel denkbar, die einzelne Überschusskomponen- 9 ten von einer Beteiligung ausnehmen kann, ohne zugleich die gesamte Überschussbeteiligung ausschließen zu müssen Wenn die Wertungsmaßstäbe, die den Urteilen des BVerfG zu entnehmen sind (vgl. insbesondere BVerfG VersR 2005, 1127), auf weitere **Versicherungen** anzuwenden sein sollen, bei denen dem VN eine **Beteiligung am Überschuss** vertraglich versprochen wird, soweit Überschüsse aus dem Prämienaufkommen der VN gespeist werden, müsste der Gesetzgeber erneut tätig werden. Eine analoge Anwendung des § 153 hält die BaFin dagegen bei **Kapitalisierungsgeschäften** dennoch für geboten (vgl. die Hinweise der BaFin zu einigen Auslegungsfragen zum VVG v. 28.5.2008 sowie *Langheid* in der 5. Aufl.; dagegen Marlow/Spuhl/*Grote* Rn. 1042).

10 Auf **Pensionskassen** iSd § 233 Abs. 1 und 2 VAG ist § 153 nicht anzuwenden, soweit mit Genehmigung der Aufsichtsbehörde in den AVB abweichende Bestimmungen getroffen worden sind (§ 211 Abs. 2 Nr. 2). § 153 Abs. 3 Satz 1 ist ferner nicht auf **Sterbekassen** anzuwenden.

2. Recht der Altverträge

11 Auf Altverträge, das sind solche, die bis zum Inkrafttreten des neuen VVG am 1.1.2008 entstanden sind (Definition in Art. 1 Abs. 1 EGVVG), ist § 153 ab dem 1.1.2008 anzuwenden, wenn – wie in Deutschland üblich – eine Überschussbeteiligung vereinbart wurde. Ansprüche, die bis einschließlich 31.12.2007 abgewickelt, fällig wurden oder festgestellt worden sind, unterfallen den Regelungen des § 153 also **nicht.** Bei diesen Verträgen soll es – was die Bewertungsreserven betrifft – sein Bewenden haben. Das entspricht auch der Intention des BVerfG. Das Interesse der VN an einer Neuberechnung der Überschussbeteiligung muss hinter die Interessen der VR und der übrigen Beteiligten am Fortbestand der inzwischen vorgenommenen Überschussverteilung zurücktreten (BGH VersR 2008, 338 mit weiteren Hinw. auf die Instanzgerichte). Auf zum 31.12.2007 noch nicht abgewickelte Verträge, die aus der **Zeit vor der Deregulierung** (vor dem 29.7.1994) stammen, **sog Altbestand,** ist § 153 ab dem 1.1.2018 grds. ebenfalls in gleicher Weise wie bei Altverträgen anzuwenden. Insofern unterscheidet das Gesetz nicht. Daher mussten die genehmigten Geschäftspläne im Altbestand seinerzeit entsprechend geändert werden, damit das Aufsichtsrecht und das Zivilrecht im Gleichklang standen.

12 Gemäß Art. 4 Abs. 1 Hs. 2 EGVVG gelten bei Verträgen, die bis einschließlich 31.12.2007 nicht abgewickelt und nicht fällig wurden, vereinbarte **Verteilungsgrundsätze als angemessen.** „Vereinbart" sind aber solche Klauseln nicht, die aufgrund einer Inhaltskontrolle oder aus anderen Gründen unwirksam sind. Dann fehlt es an einer entsprechenden Vereinbarung. Das ist im Einzelfall zu prüfen. In der Regel verweisen die AVB auf den Geschäftsplan. Der **Mustergeschäftsplan wurde für den Altbestand** zum Teil durch die BaFin neu gefasst. Aus der Neufassung ergeben sich insbesondere Regelungen zur Überschussbeteiligung und deren Verteilung einschließlich der RfB-Zuführung und der Bewertungsreserven (siehe Rdschr. 10/2008 der BaFin v. 25.9.2008: Neufassung des Musters eines Gesamtgeschäftsplans für die Überschussbeteiligung des Altbestands in der Lebensversicherung; ergänzend BaFin v. 26.1.2011: Begrenzung der Rückstellung für Beitragsrückerstattung des Altbestandes von Lebensversicherungsunternehmen). Dementsprechend sind dann auch die einzelnen Geschäftspläne der VR angepasst worden. Neuerdings ist eine Auslegungsentscheidung der BaFin zur Beteiligung von Rückversicherern Gegenstand der Diskussion. Mit der zum

1.1.2019 wirksam gewordenenAuslegungsentscheidung „Bewertung der einforderbaren Beträge aus Rückversicherungsverträgen und gegenüber Zweckgesellschaften und Umgang mit Abrechnungsforderungen und -verbindlichkeiten sowie Depotforderungen und -verbindlichkeiten unter Solvency II“ (bafin.de) macht die BaFin Vorgaben, die sich auch auf die Überschussbeteiligung auswirken. Gegenstand der Diskussion ist aktuell, ob sich diese Auslegungsentscheidung nur für die Zukunft auswirken kann oder ob sie auch Rückwirkung entfaltet. Allein mit Blick auf das handelsrechtliche Stetigkeitsgebot ist richtigerweise zu fordern, dass die Auslegungsentscheidung nur Wirkung für die Zukunft entfaltet, weil erstdas Inkrafttreten dieser Auslegungsentscheidung eine Notwendigkeit begründet, von der bisherigen Bilanzierung Abstand zu nehmen (zur Maßgeblichkeit des Handelsrechts für die Überschussbeteiligung → Rn. 20).

III. Anspruch auf Überschussbeteiligung (Abs. 1)

Der VN hat einen gesetzlichen Anspruch auf Beteiligung am Überschuss **einschließlich der Bewertungsreserven** (§ 153 Abs. 1). Die **Legaldefinition** ist nicht besonders geglückt (Überschuss = Überschuss + Bewertungsreserven). Auslegungsschwierigkeiten dürften sich daraus dennoch nicht ergeben. Der Anspruch umfasst also sowohl eine Beteiligung an dem Überschuss, der sich aus einem Risiko-, einem Kosten- und einem Kapitalüberschuss zusammensetzt, als auch an den Bewertungsreserven. Mit der Beteiligung an den Bewertungsreserven ist der Gesetzgeber einer Forderung des BVerfG nachgekommen (VersR 2005, 1127), das Art. 2 Abs. 1 und Art. 14 Abs. 1 GG durch die frühere Praxis verletzt sah (→ Rn. 36 f.). Der Anspruch auch auf eine Beteiligung an den Bewertungsreserven gilt auch für Verträge des Altbestands (→ Rn. 11 f.). Die gesetzliche Regelung ist vertragsrechtlich auszugestalten. Wenn eine Überschussbeteiligung nicht ausdrücklich vertraglich ausgeschlossen ist (→ Rn. 5 f.), gilt sie als vereinbart. Der Ausschluss muss dem Transparenzgebot genügen (→ Rn. 5). Ist die Überschussbeteiligung nicht ausgeschlossen, ist sie näher vertraglich auszugestalten und eine verursachungsorientierte Beteiligung in den AVB zu regeln. 13

Der Anspruch wandelt sich erst in einen **fälligen Zahlungsanspruch** um, wenn der Vertrag beendet wird, aus welchen Gründen auch immer; sei es nach Ablauf oder vorzeitig durch Kündigung oder sonst wie. Die näheren Modalitäten können vertraglich, zB in den AVB, vereinbart werden. Eine solche in den AVB getroffene Regelung unterliegt der Inhaltskontrolle nach §§ 305 ff. BGB, wobei die Wertungsmaßstäbe des BVerfG zu berücksichtigen sind. Bis zur Beendigung des Vertrages hat der VN einen gesicherten Anspruch auf eine bestimmte Überschussbeteiligung nur insoweit, wie seinem Vertrag Überschüsse bereits im Wege der Direktgutschrift zugeteilt worden sind. Dies geschieht verbindlich erst mit der Veröffentlichung des vom Vorstand eines VR gefassten Zuteilungsbeschlusses im Jahresabschluss. Bis dahin hat der VN noch keine gesicherte Eigentumsposition auf eine bestimmte Überschussbeteiligung – auch nicht mit Blick auf die während der Laufzeit in Aussicht gestellte **Schlussüberschussbeteiligung** oder **Beteiligung an den Bewertungsreserven** (BGH VersR 2016, 173). Dementsprechend hat der VN insoweit auch keinen umfassenden Auskunftsanspruch, insbesondere keinen auf Rechnungslegung, da dies die verfassungsrechtlich zu schützenden Geheimhaltungsinteressen des VR berühre (BGH VersR 2016, 173; 2016, 1236; dazu auch bereits: BGH VersR 2013, 1381; VersR 2014, 822.). Die gegen das 14 genannte BGH-Urteil von 2013 erhobene **Verfassungsbeschwerde** hat das BVerfG nicht zur Entscheidung angenommen (VersR 2017, 409), in dem Nichtannahmebeschluss aber betont, dass die Zivilgerichte insoweit zu beachten hätten, dass die Effektivität des Grundrechtsschutzes eine rechtliche **Überprüfung der Berechnung der Schlussüberschussbeteiligung** ermöglichen müsse. Ausgehend davon ist der Inhalt und Umfang von Auskunftsansprüchen noch nicht höchstrichterlich abschließend geklärt. Das OLG Köln (VersR 2018, 1114) meint, dass eine Auskunft über die abstrakten Schritte zur Ermittlung der jährlichen Überschussbeteiligung noch nicht das vorrangig schützenswerte Geheimhaltungsinteresse des VR verletzt. Der BGH hat dagegen noch zuletzt mit Urt. v. 20.1.2021 (VersR 2021, 294 Rn. 25 – Fortführung BGH NJW 2018, 3021 mit teilweise zustimmender Anm. *Grote* NJW 2018, 3025 und *Reiff* VersR 2018, 965; zum Ganzen auch *Karczewski* r+s 2018, 397) seine Rspr. bestätigt und weitere Auskünfte als die Mitteilung der Zahlen zur Überschussbeteiligung selbst nicht für erforderlich gehalten. Zugleich hat der BGH festgestellt, dass die für die Berechnung der Schlussüberschussbeteiligung maßgeblichen Vorschriften, die mit dem LVRG geschaffen wurden, verfassungsgemäß sind.

15 Da die Überschussbeteiligung nur **„insgesamt"** ausgeschlossen werden kann, stellt sich die Frage, ob dies auch für eine **zeitliche Begrenzung** gilt, also ein Ausschluss einer Überschussbeteiligung etwa in der Ansparphase einer Rentenversicherung nicht möglich sein soll. Bislang ist in der Literatur das Wort „insgesamt" vor allem dahingehend verstanden worden, dass aus der Vorgabe des Gesetzes folgt, dass die Überschussbeteiligung **nicht bezüglich einzelner Überschussquellen oder der Bewertungsreserven** ausgeschlossen werden kann (Looschelders/Pohlmann/*Krause* VVG, 2. Aufl. 2011, § 153 Rn. 34; HK-VVG/*Brambach*, 2. Aufl. 2010, § 153 Rn. 36; weitergehend Schwintowski/Brömmelmeyer/*Ortmann* § 153 Rn. 36, 49, der auch einen Ausschluss an der Beteiligung am Risiko- oder Kostenergebnis für möglich hält, soweit es nicht zu einem Missverhältnis zwischen den vertraglichen Leistungen kommt). Intransparent sind nach der Rspr. des BGH insoweit zB Regelungen in AVB, wonach die Beteiligung der VN an Kostenüberschüssen in AVB so ausgestaltet ist, dass zunächst die Erwartung geweckt wird, immer an den Kostenüberschüssen beteiligt zu werden, während dies an anderer Stelle von bestimmten Voraussetzungen abhängig gemacht wird (BGH VersR 2016, 312). Eine **zeitliche Beschränkung** der Überschussbeteiligung ist dagegen mit einem Ausschluss für einzelne „Ergebnisquellen" nicht **vergleichbar.** Der Zweck der Regelung besteht nämlich vor allem darin, in Anlehnung an die Rechtsprechung des Bundesverfassungsgerichts (BVerfG NJW 2005, 2376 ff.) nicht nur einen Anteil an dem Überschuss zu vermitteln, sondern ihn entweder ganz oder gar nicht zu beteiligen (BT-Drs. 16/3945, 96). Dieses Ziel wird auch dann erreicht, wenn der VN in einer bestimmten Phase des Vertrages ganz und in einer anderen Phase gar nicht beteiligt, sofern das transparent vereinbart ist. Denn anderenfalls verbliebe für den VR bei einem Bedarf, eine bestimmte Phase des Vertrages von der Überschussbeteiligung komplett auszunehmen, nur die Möglichkeit, den VN insgesamt nicht am Überschuss zu beteiligen. Das kann aber nicht Ergebnis einer verbraucherschützenden Vorschrift sein. Zudem spricht für eine unterschiedliche Behandlung und damit für einen Ausschluss der Überschussbeteiligung zB in der Aufschub- oder in der Rentenbezugszeit, dass solche Reglungen auch **in selbständigen Verträgen** vereinbart werden könnten – also zunächst einem Versicherungsvertrag für die Aufschub- und dann einen weiteren für die Rentenbezugszeit. Bei einer solchen Vertragskonstruktion spräche nichts gegen den vollständigen Ausschluss der Überschussbeteiligung in einem der Verträge, während der andere davon unberührt bliebe. Dies spricht dann auch für die Zulässigkeit einer zeitlichen Beschränkung in einem Vertragswerk.

IV. Beteiligung am Überschuss (Abs. 2)

1. Begriff und Entstehung

Abs. 2 unterscheidet den „Überschuss" von den „Bewertungsreserven", die in Abs. 3 behandelt werden. Mit dem Überschuss des Abs. 2 ist der sog **Rohüberschuss gemeint.** Das ergibt sich aus der Begr. zu Abs. 2 (BT-Drs. 16/3945, 96), wonach für die Ermittlung des Überschusses die handelsrechtlichen Vorschriften maßgebend sein sollen. 16

Nach § 146 Abs. 1 VAG müssen die Prämien in der Lebensversicherung unter Zugrundelegung angemessener versicherungsmathematischer Annahmen kalkuliert werden und so hoch sein, dass das Versicherungsunternehmen allen seinen Verpflichtungen nachkommen, insbesondere für die einzelnen Verträge ausreichend Deckungsrückstellungen bilden kann. Diese Vorgaben zielen insgesamt auf **eine vorsichtige Prämienkalkulation hin,** die es bedingt, dass aus Gründen der Gerechtigkeit den Versicherten dabei entstehende Überschüsse gutzubringen sind (→ Rn. 3; Prölss/Dreher/*Präve* § 11 Rn. 7 mwN); dies unabhängig von dem aufgrund der Prämienzahlungen der VN durch kaufmännisches Handeln des Unternehmens zu erzielenden Überschuss. 17

In diesem Zusammenhang könnte sich die Frage stellen, ob nicht auch **Risiko-Lebensversicherungen** und **Zusatzversicherungen** am Überschuss zu beteiligen sind. Denn auch bei diesen Versicherungen werden die Prämien vorsichtig kalkuliert, so dass daraus ein Überschuss entstehen kann. Die Urteile des BVerfG (→ Rn. 1) sprechen nicht für eine Beteiligung des VN auch bei diesen Versicherungen. Das Gericht hat sich nur mit der Kapitallebensversicherung befasst, nachdem bei ihr eine Diskussion wegen der Nichtbeteiligung an den Bewertungsreserven und sonstiger Unzuträglichkeiten entstanden war. Auch sind die Beträge, die wegen der vorsichtigen Kalkulation bei der Risikolebensversicherung und den Zusatzversicherungen entstehen, wesentlich geringer als in der Kapitallebensversicherung. Es findet also nur ein geringer Sparprozess statt, in dem diese Beträge zur Glättung der Prämien verwendet werden und so der Gesamtheit der Versicherten zugutekommen. Vor diesem Hintergrund stünde der Aufwand, Überschüsse festzustellen und den einzelnen Verträgen zuzuordnen, außer Verhältnis zum Ertrag des Einzelnen. Insgesamt ist deshalb eine Beteiligung der VN an den bei diesen Versicherungen eventuell entstehenden Überschüssen **abzulehnen** (so für eine Unfallversicherung ohne Beitragsrückgewähr *Engeländer* VersR 2007, 155; iErg wohl auch HK-VVG/*Brambach* § 153 Rn. 43). 18

Bei der **fondsgebundenen Lebensversicherung,** die ohne Überschussbeteiligung vereinbart wird, kommt auch eine Beteiligung an etwa entstehenden Überschüssen aus dem Risikoergebnis und den sonstigen Erträgen **nicht in Betracht.** Wird bei einer fondsgebundenen Lebensversicherung dagegen eine Mindestleistung garantiert, ist der VN nach Auffassung der BaFin am Überschuss zu beteiligen (siehe Verlautbarung der BaFin zur Bilanzierung und Eigenmittelunterlegung bei fondsgebundener Lebensversicherung mit garantierter Mindestleistung v. 27.11.2008). Bei diesen Versicherungen sind Rückvergütungen, die die Unter- 19 nehmen von Kapitalanlagegesellschaften erhalten, bei der Ermittlung der Mindestzuführung zur Rückstellung zur Beitragsrückerstattung (RfB) zu berücksichtigen (vgl. Auslegungsentscheidung der BaFin v. 22.12.2009 zur Mindestzuführung in der fondsgebundenen Lebensversicherung).

2. Ermittlung des Rohüberschusses

20 Das Gesetz enthält selbst keine Regelung darüber, wie der Überschuss zu ermitteln ist. Entsprechend der Begründung zu Abs. 2 sind die entsprechenden **handelsrechtlichen Vorschriften maßgebend.** Das bedeutet, dass die zur Bilanzierung geltenden Vorschriften des Staates anzuwenden sind, in dem das Versicherungsunternehmen seinen Sitz hat (Begr. zu Abs. 1, BT-Drs. 16/3945, 95 f.). In Deutschland wird der Rohüberschuss nach Handelsrecht im Jahresabschluss ermittelt (*Engeländer* VersR 2007, 155 (157)), wonach auch schon vor Inkrafttreten des reformierten VVG die Überschussbeteiligung festgestellt wurde. Daran wollte der Gesetzgeber im Grundsatz nichts ändern. **Grundlage** für die Ermittlung des Überschusses ist der **Jahresabschluss** (EU-RL 91/674/EWG und 2003/51/EG, vgl. die Begr. zu Abs. 1, BT-Drs. 16/3945, 95 f.). Durch das BilMoG hat sich für die Feststellung des zu verteilenden Überschusses in Deutschland nichts geändert (vgl. §§ 248, 268 HGB idF v. 29.5.2009 zu Aufwendungen für den Abschluss von Versicherungsverträgen und selbst geschaffenen immateriellen Vermögensgegenständen).

21 Bei Versicherungs-Aktiengesellschaften bestimmt der **Vorstand** mit Zustimmung des **Aufsichtsrats** die Beträge, die aus dem Rohüberschuss für die Überschussbeteiligung der Versicherten zurückzustellen sind (§ 139 Abs. 2 Satz 1 VAG). Entsprechende Vorschläge hat der **Verantwortliche Aktuar** dem Vorstand vorzulegen (§ 141 Abs. 5 Nr. 4 VAG; zur Haftung des verantwortlichen Aktuars gegenüber den Versicherten siehe *Thole* VersR 2010, 447). Die vom Vorstand bestimmten Beträge der Überschussbeteiligung können den VN entweder direkt zugeteilt werden **(Direktgutschrift)** oder sie sind in die **Rückstellung für Beitragsrückerstattung (RfB)** einzustellen, wobei dort ein Teil für **Schlussüberschüsse** in einen separaten, rechtlich aber unselbständigen Schlussüberschussanteilsfonds separiert werden kann (vgl. § 139 Abs. 1 VAG).

21a Dieses Zusammenspiel von Versicherungsvertrags-, -aufsichts- und Handelsrecht führt neuerdings zu Diskussionen mit der BaFin. Gegenstand dieser Diskussionen ist zum einen das versicherungsaufsichtsrechtliche Erhaltungsgebot (insbes. aus § 140 Abs. 1 Satz 1 VAG ableitbar). Dieses verlangt allein, dass Mittel, die in die RfB eingestellt worden sind, dieser nur noch unter Berücksichtigung der gesetzlichen Regelung in § 140 Abs. 1 Satz 2 VAG wieder entzogen werden können. Dagegen berührt das Erhaltungsgebot nicht die Frage, ob Mittel innerhalb der RfB der dort gebildeten Teilrückstellung für den Schlussüberschussanteilsfonds zugeordnet werden oder nicht. Ein VU ist also auch insoweit frei darin, der Teilrückstellung für den Schlussüberschussanteilsfonds zugeordnete Mittel später wieder allgemein der gebundenen RfB zuzuordnen. Zum anderen geht es um die Einflussmöglichkeiten der BaFin bei der Aufstellung des Jahresabschlusses. Hier ist die BaFin zwar in die Vorarbeiten sinnvollerweise mit einzubinden. Die Kompetenz der BaFin endet aber dort, wo es dann um die Aufstellung als solche geht. Denn hier ist insbesondere der Vorstand gefragt, der dies mit dem Wirtschaftsprüfer mit Blick auf dessen Testierungspflicht abstimmen wird. Wenn die BaFin mit einem so aufgestellten und testierten Jahresabschluss nicht einverstanden ist, kann sie nach der Systematik des VAG (insbesondere die §§ 36 ff. und 294 ff. VAG) nur die Abberufung von Vorstand und Wirtschaftsprüfer verlangen, nicht aber konkrete Vorgaben für die Aufstellung des Jahresabschlusses machen und eine Änderung anordnen.

Im Übrigen gilt: Verantwortlicher Aktuar, Vorstand, Aufsichtsrat und Wirtschaftsprüfer stehen zwar gewisse Beurteilungsspielräume zur Verfügung, die in den vorgegebenen Grenzen, insbesondere den anerkannten Grundsätzen der Versicherungsmathematik und den Normen des Handels- und Versicherungsaufsichtsrechts, genutzt und vom VN insoweit auch nicht kontrolliert werden können (weiter → Rn. 53 ff.). Die so getroffenen Entscheidungen sind mithin schon im Vorfeld durch ein **Netz von Vorschriften bestimmt.** Die Überwachung, dass diese Vorschriften eingehalten werden, obliegt zwar der Bundesanstalt für Finanzdienstleistungsaufsicht (BaFin). Sie kann jedoch nicht eigene Ermessensentscheidungen an die Stelle der vom Verantwortlichen Aktuar, Vorstand, Aufsichtsrat oder Wirtschaftsprüfer getroffenen Entscheidungen setzen lassen. Denn dazu ist sie – wie eben festgehalten – nicht befugt. **21b**

So hat der Verantwortliche Aktuar die dauernde Erfüllbarkeit der sich aus den Versicherungsverträgen ergebenden Verpflichtungen des Unternehmens zu berücksichtigen (§ 141 Abs. 5 Nr. 4 VAG). Zu den sich aus den Verträgen ergebenden Verpflichtungen gehören zB auch die dem VN vertraglich garantierten Zinsen. Sie sind von der Beteiligung am Überschuss zu unterscheiden, der zwar vertraglich dem Grunde nach auch vereinbart ist, dessen Höhe aber variieren und bis auf Null zurückgehen kann. Die **vertraglich garantierten Zinsen** (sie werden vom Deckungskapital berechnet und nicht von der Gesamtheit der Prämien, wie Laien aufgrund mangelnder Aufklärung oft meinen) stellen Verbindlichkeiten dar, die nicht zum Rohüberschuss gehören, sondern diesen vermindern (bezugnehmend hierauf: OLG Köln Hinweisbeschl. v. 25.5.2020 – 20 U 42/18). Die **gesetzliche Mindesthöhe** der Verwendung für die Überschussbeteiligung ist in § 145 VAG iVm MindZV vorgeschrieben. Aus §§ 6–8 MindZV ergibt sich dabei, dass mindestens 90 % der Kapitalerträge, mindestens 90 % des Risikoergebnisses und mindestens 50 % des übrigen Ergebnisses als Überschüsse zugewiesen werden müssen. Eine Querverrechnung zwischen den einzelnen Überschussquellen war bis zum Inkrafttreten des LVRG unzulässig und ist nun seit 2014 in bestimmten Umfang möglich. Diese Zuweisung stellt lediglich eine Mindestquote dar, die aufsichtsrechtlich auch dann zu erfüllen ist, wenn sich aus vertraglichen Vereinbarungen eine niedrigere Quote ergeben sollte. Aufgrund der vertraglichen Vereinbarung ist aber eine höhere Quote möglich. Davon wird in der Regel aber abgesehen und nur rein faktisch oftmals eine höhere Quote berücksichtigt, was letztlich in den Beurteilungsspielraum vom Verantwortlichen Aktuar und Vorstand fällt und auch nicht von der BaFin verlangt werden kann (auch nicht im Interesse der Versicherten mit Blick auf die allgemeine Missstandsaufsicht gem. §§ 294 ff. VAG). **22**

Bei der Zuweisung der Überschüsse sind die Erträge für **Altbestand** (das sind bis zur Deregulierung v. 29.7.1994 abgeschlossene Verträge, § 2 Nr. 2 MindZV) und **Neubestand** (das sind die übrigen Verträge, § 2 Nr. 3 MindZV) grundsätzlich jeweils **getrennt zu ermitteln.** Dies hat seinen sachlichen Grund in den unterschiedlichen gesetzlichen Vorgaben, die eine Aufteilung beider Kollektive im Zuge der Deregulierung des Versicherungsaufsichtsrechts 1994 erforderlich gemacht hat. Gleichwohl hat der Gesetzgeber diese Aufteilung später mit dem LVRG und der zuvor bereits erfolgten Einführung der teilkollektivierten RfB wieder aufgeweicht (s. dazu: *Armbrüster* VersR 2013, 385). Die so bestimmte Mindestzuführung zur **23**

RfB kann nur in Notfällen mit Zustimmung der Aufsichtsbehörde reduziert werden (siehe im Einzelnen § 9 MindZV). Daneben ist das Interesse der Eigner zu berücksichtigen. So dürfen Beträge, die nicht aufgrund eines Rechtsanspruchs der Versicherten (zB der Garantiezins, dieser hat Vorrang) zurückzustellen sind, für die Überschussbeteiligung nur bestimmt werden, soweit aus dem verbleibenden Bilanzgewinn noch ein Gewinn in Höhe von **mindestens 4 % des Grundkapitals** verteilt werden kann (§ 139 Abs. 2 Satz 2 VAG). Dabei hat diese Regelung zum Schutz der Eigner Vorrang vor den übrigen aufsichtsrechtlichen Normen. Für den **Altbestand** setzt sich die RfB aus einem **gebundenen und einem ungebundenen Teil** zusammen, wobei der ungebundene Teil zum Ausgleich von Schwankungen dienen soll (siehe näher BaFin v. 26.1.2011 und v. 25.9.2008 unter 2.3.2; → Rn. 12).

24 Das BVerfG hatte beanstandet, dass **Querverrechnungen** möglich waren und der VN praktisch darauf keinen Einfluss hat (BVerfG r+s 2005, 429 (431)). Unter Querverrechnung ist insbesondere die Möglichkeit zu verstehen, die durch Prämienkalkulation nicht gedeckten Kosten mit Überschüssen zu verrechnen, die aufgrund günstigerer Risiko- oder Kapitalergebnisse entstehen. Solche Verrechnungen gehen in die Überschussermittlung erst gar nicht ein, das heißt sie vermindern unerkannt den Überschuss, an dem der VN zu beteiligen ist. Solche Querverrechnungen waren anfangs mit Einführung des § 153 **nicht mehr möglich.** Sie wurden seit Inkrafttreten des LVRG 2014 zu Recht unter bestimmten Voraussetzungen wieder ermöglicht, da nur so eine hinreichende finanzielle Stabilität des LebensVR im Interesse seiner VN sichergestellt werden kann. Der BGH hält die Vorschriften zu Recht für verfassungsgemäß (Urt. v. 27.6.2018 – IV ZR 201/17). Nach § 4 Abs. 1 Satz 2 MindZV sind VN bei überschussberechtigten Versicherungsverträgen nur an positiven Ergebnisquellen zu beteiligen.

3. Verteilung des Rohüberschusses

25 **a) Sicherung der RfB für die Versicherungsnehmer.** Ist der Überschuss ermittelt, stellt sich die Frage, wie diese Beträge auf die einzelnen VN zu verteilen sind. Soweit der VN nicht mit einer Direktgutschrift bedacht wurde, ist zunächst festzustellen, dass qua Aufsichtsrecht die der Rückstellung für Beitragsrückerstattung (RfB) zugewiesenen Beträge, von Notfällen abgesehen, **nur für die Überschussbeteiligung der Versicherten** verwendet werden dürfen (§ 140 Abs. 1 VAG). Damit ist zwar über die Verteilung an die einzelnen VN noch nichts gesagt. Es kommt mit der Vorschrift aber zum Ausdruck, dass andere als die überschussberechtigten VN nicht beteiligt werden dürfen. Überschussberechtigt ist jeder VN des gesamten Kollektivs und nicht nur VN eines bestimmten Teil-Kollektivs, da die Lebensversicherung ein kollektiver Sparvorgang als Ganzes ist. Im Übrigen enthält das Aufsichtsrecht nämlich keine Regelungen über Art, Umfang und Zeitpunkt der Verteilung der RfB an die VN und auch aus dem Erhaltungsgebot kann nichts anderes abgeleitet werden (→ Rn. 34). Dies ist allein vertragsrechtlich ausgestaltet, also im VVG geregelt. Zudem ist steuerrechtlich zu beachten, dass Überschussmittel längstens drei Jahren nach Zuführung in die RfB zugeteilt werden müssen, wenn eine Steuerpflicht vermieden werden soll.

26 **b) Verursachungsorientierte Verteilung.** § 153 Abs. 2 Alt. 1 VVG bestimmt, dass der VR die Beteiligung an dem Überschuss nach einem **verursachungsorientierten Verfahren durchzuführen** hat (zum Begriff siehe näher *Engeländer* VersR 2007, 155 (157)).

Was darunter zu verstehen sei, führt das Gesetz nicht weiter aus. Bei der Beurteilung wird dem VR ein gewisser Spielraum eingeräumt werden müssen. Denn „verursachungsorientiert" ist als Begriff weiter gefasst als **„verursachungsgerecht"**, ein Begriff, den der Gesetzgeber **bewusst vermieden** hat. Der VR erfüllt seine Verpflichtung jedenfalls schon dann, wenn er ein Verteilungssystem entwickelt und widerspruchsfrei praktiziert, das die Verträge unter dem Gesichtspunkt der Überschussbeteiligung sachgerecht zu Gruppen zusammenfasst, den zur Verteilung bestimmten Betrag nach den Kriterien der Überschussverursachung einer Gruppe zuordnet und dem einzelnen Vertrag dessen rechnerischen Anteil an dem Betrag der Gruppe zuschreibt (so die Begr. zu § 153 Abs. 2, BT-Drs. 16/3945, 96). Das erfordert nicht nur handelsrechtlich eine gewisse Stetigkeit (→ Rn. 12). Der Gesamtverband der Deutschen Versicherungswirtschaft **(GDV)** hat hierzu ein **Verfahren** entwickelt, das einen gewissen Anhaltspunkt bieten kann, aber keine Garantie rechtlicher Richtigkeit darstellt. Der zwar ausführlich formulierte **§ 2** der vom GDV vorgeschlagenen Allgemeinen Bedingungen für die kapitalbildende Lebensversicherung (Stand: 25.10.2017 – **ALB**) besagt über die Verteilung nicht mehr, als dass sich die Verteilung des Überschusses nach Gewinngruppen daran orientiert, in welchem Umfang sie zu seiner Entstehung beigetragen haben. Damit wird vertraglich nicht mehr vereinbart, als nach § 153 Abs. 2 ohnehin notwendig ist. 27

Die BaFin war ursprünglich der Auffassung, aus dem **Gleichbehandlungsgrundsatz** des § 138 Abs. 2 VAG folge die grundsätzliche Pflicht, für eine **gleiche Gesamtverzinsung der VN** zu sorgen (Veröffentlichungen der BaFin aus Juli 2004, Sätze 3–5; ihr folgt Schwintowski/Brömmelmeyer/*Ortmann* § 153 Rn. 53). Dies bedeutet, dass uU VN mit einer garantierten Verzinsung von **4 % dieselbe Gesamtverzinsung** erhalten **wie VN,** die zu einem späteren Zeitpunkt zB mit einer garantierten Verzinsung von **2,25 %** abgeschlossen haben, als auf dem Kapitalmarkt eine wesentlich geringere Verzinsung zu erreichen war. Eine Spreizung der Überschüsse in einem Kollektiv mit unterschiedlichen Rechnungszinsen wurde so vermieden. Zwischenzeitlich hat die BaFin dieses Prinzip zum Teil aufgegeben und in den Neuen Klassik-Produkten (→ Vor § 150 Rn. 9) eine Spreizung im Verhältnis zu den Klassik-Produkten dieser Rechnungszinsgeneration zugelassen. Dies zu Recht. Denn diese **Auffassung erscheint rechtlich zweifelhaft.** Sie könnte auf einer unzutreffenden Anwendung des Gleichbehandlungsgrundsatzes beruhen. Denn VN mit einer garantierten Verzinsung von 4 % werden denen gleichgestellt, die nur eine garantierte Verzinsung von 2,25 % erreichen konnten. Das ist zwar bei einem kollektiven Sparvorgang wie der Lebensversicherung erstrebenswert, findet dort aber seine Grenzen, wo der höchste Garantiezins nicht mehr erwirtschaftet wird. Soweit in der Lebensversicherung nämlich argumentiert wird, dass Verträge mit geringem garantiertem Zins die mit höherem quersubventionieren müssten, wenn auf dem Kapitalmarkt ausreichend hohe Zinsen nicht erreichbar seien, so kann diese Begründung nicht uneingeschränkt überzeugen. Wenn sich nach Ablauf von einigen Jahren herausstellt, dass ein vertraglich zugesicherter hoher Zins – wie derzeit in der lange andauernden Niedrigzinsphase – nicht erwirtschaftet werden kann, dann führt das dazu, dass die VN mit einer Garantieverzinsung oberhalb des vom VR erwirtschafteten Anlagezinses über die Garantieverzinsung eine höhere Verzinsung erhalten als die VN mit einer Garantieverzinsung unterhalb des erwirtschafteten Anlagezinses. Dieses Mehr der Verzinsung bei den Hochprozentern wird mit dann dort fehlenden Überschüssen 28 bei den Niedrigprozentern finanziert (so auch *Grote* NJW 2018, 3025 unter Hinweis auf BGH NJW 2018, 3021; anders *Langheid* in der 5. Aufl.).

28a Der Gleichbehandlungsgrundsatz steht sog **verhaltensbezogenen Tarifen mit Gesundheitsbonus,** welche VN gemessen an ihrer Ernährungsweise und/oder ihrem Bewegungsverhalten eine höhere Überschussbeteiligung zuweisen, nicht entgegen (vgl. hierzu näher *Brömmelmeyer* r+s 2017, 225 (228)). Jedoch muss dabei auch das Transparenzgebot gem. § 307 Abs. 1 Satz 2 BGB beachtet werden, so dass der VN nachvollziehen kann, inwiefern sich sein gesundheitsbewusstes Verhalten auswirkt und Einfluss auf die Überschussanteile hat (vgl. dazu: LG München I BeckRS 2021, 1391, Rn. 33). Zudem wird auch § 305c BGB derzeit noch zu beachten sein (→ Rn. 31).

29 Grundsätzlich dürfen bei der Verteilung des **Rohüberschusses Anteile** aus ihm **nicht dazu herangezogen werden,** die Zahlung des **garantierten Zinses sicherzustellen.** Auch Verträge mit einem relativ hohen garantierten Zins bieten keinen Anhaltspunkt für ein Recht des VR, eine auf fehlerhafter Kalkulation beruhende Lücke in der Deckungsrückstellung mit Überschussanteilen aufzufüllen (vgl. insgesamt BGH VersR 2009, 1208 Rn. 17). In dem vom BGH entschiedenen Fall war vereinbart, dass aus den Überschüssen während der Aufschubzeit eine zusätzliche Rente über die vereinbarte Garantierente hinaus gebildet wird. Hier wollte der VR die während der Aufschubzeit erzielten Überschüsse aber dazu verwenden, eine Lücke in der Deckungsrückstellung für die Garantierente zu schließen. Dies hielt der BGH für nicht möglich, da der VR vor Abschluss des Vertrages mit zu diesem Zeitpunkt bereits veralteten Rechnungsgrundlagen die Garantierente kalkuliert hatte (BGH VersR 2009, 1208). Aus diesem Urteil des BGH sollte jedoch nicht der Schluss gezogen werden, dass Überschüsse in keinem Fall zur Auffüllung der Lücke in der Deckungsrückstellung verwendet werden dürften (*Seiffert* VersR 2010, 1484; PHdB-VersProz/*Schnepp* § 10 Rn. 159). Vielmehr wird davon auszugehen sein, dass es sich bei dem Urteil insoweit um eine bloße Einzelfallentscheidung handelt (vgl. dazu *Grote* NJW 2018, 3025).

30 Auch **bei Lebensversicherungen gegen Einmalbeitrag** (→ vor §§ 150–171 Rn. 8) ist streng darauf zu achten, dass bei der Verteilung des Rohüberschusses die vertraglichen Zusagen eingehalten werden. Dies gilt unabhängig von aufsichtsrechtlichen Regelungen, die aber zum Ziel haben, Konflikte zwischen Aufsichts- und Vertragsrecht nicht entstehen zu lassen (vgl. das vielleicht etwas spät erlassene Rdschr. der BaFin 08/2010 v. 7.9.2010).

31 **c) Andere Verteilungsarten.** § 153 Abs. 2 Hs. 2 lässt andere vergleichbare Verteilungsgrundsätze ausdrücklich zu, soweit sie angemessen sind. Sie müssen aber vereinbart sein und werden sich deshalb in den Allgemeinen Versicherungsbedingungen finden. Dann muss eine solche Regelung aber den Erfordernissen der Transparenz und den übrigen Kriterien der Inhaltskontrolle nach den §§ 305 ff. BGB genügen (aA wohl Schwintowski/Brömmelmeyer/*Ortmann* § 153 Rn. 62: nur § 307 BGB). Insbesondere ist die Überraschungsregelung des § 305c BGB zu beachten. Denn ob eine Klausel in den AVB ungewöhnlich, das heißt: für den VN überraschend, ist, hängt auch davon ab, welche vertraglichen Regelungen in AVB üblich sind. Üblich ist aber als Regelfall die Verteilung des Überschusses nach einem verursachungsorientierten Verfahren. Die bereits erwähnten verhaltensbezogenen Tarife mit Gesundheitsbonus (→ Rn. 28a) sind dagegen noch eher unüblich.

32 **d) Zeitpunkt der Verteilung.** Das **Gesetz regelt nicht,** zu welchem Zeitpunkt das Verfahren über die Ermittlung und Zuteilung des Überschusses zuguns-

ten des VN abgeschlossen sein muss. Das Gesetz schweigt über diesen Zeitpunkt, sowohl wenn der VN den Anspruch auf Auszahlung bei Vertragsende geltend macht, als auch wenn dem VN gemäß § 155 die jährliche Mitteilung über die Entwicklung des Vertrages zu erteilen ist. Der Gesetzgeber hat sich nicht entschließen können, wenigstens den Begriff „zeitnah" in die Regelungen aufzunehmen. Dennoch wird man den Zeitpunkt der Ermittlung und Zuteilung des Überschusses **nicht allein in die freie Wahl des VR** stellen können. Denn der VN hat einen aus vertraglicher Nebenpflicht erwachsenen Anspruch darauf, alsbald unterrichtet zu werden und bei Vertragsende die Summe des Gesamtanspruchs ausgezahlt zu bekommen. Daraus folgt, dass der VR jährlich prüfen wird, ob er einen laufenden Überschuss zuteilen kann oder nicht. Weiter wird er zum Ablauf eines Vertrages entscheiden müssen, ob er einen Schlussüberschussanteil zuteilt oder nicht (→ Rn. 14).

Bei der Wahl des Zeitpunktes ist der VR insoweit an eine sachgerechte **Abwägung der Interessen aller Beteiligten** gebunden. Diese Interessen können unterschiedlicher Natur sein. In Zeiten starker Volatilität am Kapitalmarkt wird das Interesse des VR und der im Verbund verbleibenden VN an einer Glättung ebenso zu berücksichtigen sein, wie das Interesse derjenigen, die wegen Beendigung des Vertrages aus dem Verbund ausscheidenden VN an einer schnellen Auszahlung. 33

Im Versicherungsvertrag braucht über den Zeitpunkt nichts gesagt zu werden. Wenn die **AVB** aber eine entsprechende **Regelung enthält,** unterliegt auch diese den Kriterien der Inhaltskontrolle. Soweit eine Vereinbarung, idR eine Bestimmung in den AVB, eine geringere oder höhere Schlussüberschussbeteiligung vorsieht, hat der VR einen weiten Spielraum (ebenso wohl Schwintowski/Brömmelmeyer/*Ortmann* § 153 Rn. 57). Insbesondere ist es in der Rechtsprechung inzwischen gemeinhin anerkannt, dass auch eine Absenkung der Schlussüberschussanteile auf Null zulässig und verursachungsorientiert sein kann, wenn eine Willkür des VR insoweit zu verneinen ist, weil nachvollziehbare Gründe für die Absenkung bestanden (vgl. OLG Hamburg Beschl. v. 9.5.2016 – 9 U 35/16 (rk.) bzgl. Verträge aus dem Neubestand sowie → Rn. 27). Letztlich gibt es also weder versicherungsaufsichts- noch vertragsrechtlich ein Erhaltungsgebot in dem Sinne, dass die VN eines bestimmten Teilkollektivs Anspruch auf eine Schlussüberschussbeteiligung mindestens in einer bestimmten Höhe haben (bestätigend für Altbestand auch BGH VersR 2015, 433 sowie Beschlüsse des OLG Hamburg v. 4.7.2016 und v. 27.9.2016 – 9 U 20/16 –, bestätigt durch BGH Beschl. v. 23.6.2017 – IV ZR 312/16; → Rn. 35). Unter Umständen kann eine höhere Schlussüberschussbeteiligung im Interesse der dauernden Erfüllbarkeit der Verträge liegen, wie zB bei Kapitallebensversicherungen gegen Einmalbeiträge (vgl. BaFin Rundschreiben 08/2010 v. 7.9.2010 unter B). 34

Für den regulierten wie den deregulierten **Altbestand** gilt nichts anderes. Denn auf ihn ist ohne Differenzierung § 153 anzuwenden, wenn – wie idR – eine Überschussbeteiligung vereinbart wurde (Art. 4 Abs. 1 Satz 1 EGVVG). Zwar gelten nach dieser Vorschrift vereinbarte Verteilungsgrundsätze als angemessen. Daraus ist aber auch für den regulierten Altbestand nicht abzuleiten, dass ein VR gegenüber den VN verpflichtet ist, „zeitnah" gutzuschreiben oder auszuzahlen, gleichgültig, was die Aufsichtsbehörde in Zeiten vor Inkrafttreten des reformierten VVG angeordnet hat (aA Prölss/Martin/*Reiff* § 153 Rn. 19). Im Übrigen müssen als angemessen geltende „Verteilungsgrundsätze" nicht notwendig eine „zeitnahe" 35

Zuteilung bedeuten. Art der Verteilung und Zeitpunkt der Zuteilung sind unterschiedliche Kategorien.

V. Beteiligung an den Bewertungsreserven (Abs. 3)

1. Entstehung und Ermittlung

36 Obwohl nach § 153 Abs. 1 die Bewertungsreserven als Teil des Überschusses definiert sind und die Beteiligung des VN am Überschuss in § 153 Abs. 2 geregelt ist, widmet sich § 153 Abs. 3 speziell den **Bewertungsreserven.** Damit kommt der Gesetzgeber einer Forderung des BVerfG nach (VersR 2005, 1109 (1127)). Die Bewertungsreserven ergeben sich aus einem Vergleich zwischen Buch- und Zeitwert, der nach § 54 RechVersV im Anhang zum Jahresabschluss anzugeben ist.

37 **Bewertungsreserven („stille Reserven") sind** zunächst nur rein rechnerische Posten. Sie stellen die Differenz zwischen dem Buchwert und dem Zeitwert von Kapitalanlagen dar. Ist etwa ein im Eigentum des VR stehendes Gebäude bereits auf den Erinnerungsposten von 1 EUR abgeschrieben, hat das Gebäude zu dem Zeitpunkt der Bilanzierung aber noch einen tatsächlichen Wert von 1.000.000 EUR (§ 55 RechVersV), so beträgt die Bewertungsreserve 1.000.000 EUR minus 1 EUR = 999.999 EUR. Umgekehrt kann aber auch eine „Minus-Differenz" entstehen, wenn zB der VR festverzinsliche Wertpapiere im Depot hat, die mit 1.000.000 EUR zu Buche stehen, ihr Wert im Falle der Veräußerung wegen Zinsveränderungen am Kapitalmarkt im Zeitpunkt der Bilanzierung (§ 56 RechVersV) aber nur noch 980.000 EUR beträgt, so sind **„stille Lasten"** von 20.000 EUR zu verzeichnen. Der Plus- oder Minus-Betrag ist deshalb rein rechnerisch, weil weder das Gebäude noch die Wertpapiere tatsächlich veräußert wurden, Gewinne oder Verluste also nicht realisiert worden sind. Diese Beispiele zeigen auch ohne weiteres, dass die errechneten stillen Reserven oder stille Lasten nur Vorläufigkeitscharakter haben. Denn zu einem späteren Zeitpunkt können sich die Veräußerungswerte aufgrund etwaiger Veränderungen im Markt wieder anders gestaltet haben.

38 Der VR muss nach Abs. 3 die Bewertungsreserven **jährlich neu ermitteln.** Wie die Bewertungsreserven zu ermitteln sind, ist im VVG nicht näher bestimmt. Nach der amtlichen Begründung zu § 153 Abs. 3 bestimmt sich die **Ermittlung nach der Regelung des § 54 RechVersV.** Sie werden nur für Kapitalanlagen ermittelt und zwar für Grundstücke, grundstücksgleiche Rechte und Bauten einschließlich der Bauten auf fremden Grundstücken nach § 55 RechVersV und für die übrigen Kapitalanlagen nach § 56 RechVersV.

2. Verteilung der Bewertungsreserven

39 Wie der Überschuss iÜ sind auch die Bewertungsreserven nach einem verursachungsorientierten Verfahren rechnerisch zuzuordnen. „Rechnerisch" bedeutet, der VN hat keinen Anspruch darauf, dass die einmal zugeordnete stille Reserve jährlich auch unwiderruflich gutgeschrieben wird, eben weil es sich um künftig noch veränderbare, nur **rechnerische Posten** handelt. Einen Anspruch im Rechtssinne erwirbt der VN deshalb erst bei Beendigung des Vertrages (→ Rn. 14).

40 Mit der lediglich rechnerischen Mitteilung, also mit der weiteren Verfügbarkeit des VR über die Bewertungsreserven während laufender Vertragszeit bis zum Ende des Vertrages hat der Gesetzgeber sichergestellt, dass die Bewertungsreserven ihre **Funktion als Risikopuffer** jedenfalls in Teilen weiter behalten. Sollten Verluste iSv stillen Lasten entstehen, kann das Unternehmen diese gegen die stillen Reserven aufrechnen. Damit wird eine Verstetigung des Überschusses, das heißt eine Abschwächung von in Wahrheit heftigerer Volatilität erreicht. Gleichwohl hat sich in dem derzeit andauernden Niedrigzinsphase gezeigt, dass der verbleibende Risikopuffer zu gering war, so dass mit dem LVRG 2014 eine dringend notwendige (*Grote* NJW 2018, 3025) Regelung geschaffen wurde, die es dem VR erlaubt, unter bestimmten Voraussetzungen (insbesondere Vorliegen eines Sicherungsbedarfs) die Ausschüttung von Bewertungsreserven in großen Teilen auszusetzen (→ Rn. 1). Diese Regelung ist verfassungsgemäß (BGH VersR 2021, 294 Rn. 25 – Fortführung v. BGH NJW 2018, 3021; s. auch *Karczewski* r+s 2018, 397). Die Anforderungen an die Darlegungs- und Beweislast bestimmte der BGH dahingehend, dass der VR näherungsweise plausibilisieren muss, dass ein entsprechender Sicherungsbedarf bestand (BGH VersR 2021, 294 Rn. 31 – Fortführung v. BGH NJW 2018, 3021 ff. mAnm *Grote;* vgl. auch die weitere Anmerkung zum ersten BGH-Urteil: *Schöller* jurisPR-VersR 1/2019 Anm. 1). Da der Begriff „Sicherungsbedarf" im Sinne einer Berechnungsformel im Rahmen von § 139 Abs. 4 VAG legaldefiniert ist, beschränkt sich die Darlegungs- und Beweislast des VR auf die einzelnen Parameter der Formel. Das OLG Stuttgart hat es mit Urt. v. 14.11.2019 (VersR 2020, 403 (407) mAnm *Broichhausen/Winter*) insoweit mit Zustimmung des BGH (VersR 2021, 294 Rn. 33) rechtsfehlerfrei genügen lassen, dass ein Sachverständiger die vom VR vorgetragenen Zahlen im Wege eines anerkannten versicherungsmathematischen Plausibilisierungsverfahrens bestätigt hat.

40a Das Bestehen eines Gewinnabführungsvertrags steht der Geltendmachung einen Sicherungsbedarf gem. § 153 Abs. 3 Satz 3 VVG iVm § 139 Abs. 3 und 4 VAG nicht entgegen (BGH VersR 2021, 294 Rn. 11 ff.; Vorinstanz: OLG Stuttgart VersR 2020, 403 mAnm *Broichhausen/Winter*). Die Auffassung von *Reiff* (VersR 2018, 965 (967)), dass ein Gewinnabführungsvertrag der Ausschüttungssperre entgegenstehe, überzeugt nicht, da sich aus der amtlichen Begründung (BT-Drs. 18/2016, 9) Gegenteiliges ergibt (so auch: KG Beschl. v. 2.7.2019 – 6 U 17/19; HK-VAG/*Baroch Castellvi* VAG § 139 Rn. 16) und dies auch der Einschätzung der angehörten Sachverständigen entspricht (Stenografisches Protokoll des BT-Finanzausschusses 18/15, 31). Das entspricht auch der Auffassung der BaFin und ergibt sich u.a. auch aus einer systematischen Auslegung mit Blick auf §§ 263 Abs. 8 HGB, 301 AktG und § 2 RechVersV sowie aus dem Umstand, dass der Gewinnabführungsberechtigte eine gemäß § 302 Abs. 1 AktG zwingende Verlustausgleichspflicht hat. Das gesetzgeberische Ziel, ausscheidende Versicherte und Eigentümer des VU an der Sicherung der nachhaltigen Erfüllbarkeit gegebener Garantien gleichmäßig zu beteiligen, sieht der BGH (VersR 2021, 294 Rn. 19) aufgrund dieser Verlustausgleichspflicht im Rahmen der unterschiedlichen Behandlung von Dividendenausschüttungen und Gewinnabführungsverträgen zu Recht besser gewährleistet.

41 Nach § 153 Abs. 3 Satz 2 Alt. 1 wird **bei der Beendigung des Vertrages** der für diesen Zeitpunkt zu ermittelnde Betrag „zur Hälfte" zugeteilt und an den VN ausgezahlt. Auf den Grund der Vertragsbeendigung kommt es nicht an (zB Auslaufen des Vertrages oder eigene Kündigung), mit Ausnahme einer Beendi-

gung durch Anfechtung des VN. **Eine „Zuteilung" von stillen Lasten** sieht das Gesetz **nicht** vor. Prinzipiell sind sie von vorhandenen stillen Reserven abzuziehen, so dass sich das Problem der Belastung mit stillen Lasten im Allgemeinen nicht stellt. Sollte aber die Differenz zwischen stillen Reserven und stillen Lasten negativ sein, also stille Lasten in der Gesamtheit aller Positionen noch bestehen, können diese dem VN nicht belastet werden.

42 Soweit das Gesetz bestimmt, der zu ermittelnde Betrag der Bewertungsreserven sei dem VN **„zur Hälfte"** zuzuteilen, das heißt die andere Hälfte sei dem Kollektiv zu überlassen, findet sich keine Begründung dafür, warum gerade die Hälfte „angemessen" iSd Ausführungen des Bundesverfassungsgerichts sein soll. Es wäre hilfreich gewesen, wenn der Gesetzgeber – zB in der amtl. Begr. – zumindest seine Maßstäbe mitgeteilt hätte, nach denen er die vom BVerfG geforderte Angemessenheit beurteilt hat. Das LVRG aus 2014 hat jedenfalls gezeigt, dass unter bestimmten Voraussetzungen aus Sicht des Gesetzgebers auch ein anderer Maßstab angemessen ist (→ Rn. 1, 40). Der BGH hält diese Vorgehensweise für verfassungsgemäß (BGH VersR 2021, 294 Rn. 25 – Fortführung v. BGH NJW 2018, 3021). Für die Höhe der dem VN bei Vertragsende auszuzahlenden Summe ist der Betrag maßgeblich, der vom VR „für den Zeitpunkt der Vertragsbeendigung" zu ermitteln ist (Begr. zu § 153 Abs. 3, BT-Drs. 16/3945, 96 f.).

43 Eine **frühere Zuteilung** der Bewertungsreserven nach § 153 Abs. 3 Satz 2 Alt. 2 kann zwar vereinbart werden kann, dürfte aber wohl nur eine theoretische Möglichkeit darstellen.

44 Wie für die übrige Beteiligung des VN an dem Überschuss hat der VR auch für die Zuordnung der Bewertungsreserven **kein verursachungsgerechtes, sondern „nur" ein verursachungsorientiertes Verfahren** (im Einzelnen → Rn. 25 ff.) zu wählen (vgl. die Begr. zu § 153 Abs. 3, BT-Drs. 16/3945, 96 f.). Das gilt **auch für Altverträge.** Zwar gelten nach Art. 4 Abs. 1 Satz 2 Alt. 2 EGVVG vereinbarte Verteilungsgrundsätze als angemessen. Diese Regelung läuft mit Bezug auf die Zuordnung von Bewertungsreserven aber leer, weil bei Altverträgen keine Vereinbarungen über die Verteilung von Bewertungsreserven getroffen wurden. Eine Übertragung der vereinbarten Verteilungsgrundsätze ist aber mit Blick auf den Gleichbehandlungsgrundsatz sachgerecht.

3. Zeitpunkt der Zuteilung

45 Der VR hat die Bewertungsreserven dem VN endgültig und verbindlich bei Beendigung des Vertrages zuzuteilen. Maßgeblich ist der Betrag, der vom VR **„für den Zeitpunkt der Vertragsbeendigung"** zu ermitteln ist (vgl. die Begr. zu § 153 Abs. 3, BT-Drs. 16/3945, 96 f.). Damit ist gesagt, dass als Stichtag für die Berechnung nicht einfach der letzte Jahresabschluss zugrunde gelegt werden darf. Allerdings wird idR eine genau auf den Tag der Vertragsbeendigung ermittelte Zuordnung nicht nötig sein. Es dürfte genügen, wenn die letzte Jahresbewertung monatlich fortgeschrieben wird (HK-VVG/*Brambach* § 153 Rn. 76), es sei denn, außergewöhnliche Umstände machten innerhalb des Jahres eine Neubewertung erforderlich.

4. Aufsichtsrechtliche Regelungen

46 Abs. 3 Satz 3 bestimmt, dass „aufsichtsrechtliche Regelungen zur Sicherstellung der dauernden Erfüllbarkeit der Verpflichtungen aus den Versicherungen, insbesondere die §§ 89, 124 Absatz 1, § 139 Absatz 3 und 4 und die §§ 140 sowie 214 des Versicherungsaufsichtsgesetzes“ unberührt bleiben. Das Gesetz verweist damit seit Einfügung durch das LVRG vom 1.8.2014 konkret auf einzelne Bestimmungen. Die vormalige Rechtslage („aufsichtsrechtliche Regelungen zur Kapitalausstattung“) ließ offen, welche Regelungen im Einzelnen gemeint waren. Fraglich war daher, ob dies der vom Bundesverfassungsgericht geforderten Transparenz und dem verfassungsrechtlichen Bestimmtheitsgebot entspricht (Schwintowski/Brömmelmeyer/*Ortmann* § 153 Rn. 90: „(…) verstößt (…) gegen Art. 2 Abs. 1 und Art. 14 Abs. 1“). Das hat der BGH mittlerweile bestätigt (BGH VersR 2021, 294 Rn. 25 – Fortführung v. BGH NJW 2018, 3021). Zivilgerichte müssen die Zuteilung der Bewertungsreserven überprüfen können. Sie brauchen dazu klare gesetzliche Maßstäbe, also auch die Vorgaben, welche aufsichtsrechtlichen Regelungen bei der Ermittlung und Zuteilung stiller Reserven vom VR angewandt werden sollen (vgl. auch *Mudrack* ZfV 2007, 41 (44); *ders.* ZfV 2009, 212 (213)). Seit Inkrafttreten des VAG 2016 am 1.1.2016 (Solvabilität II) finden sich die aufsichtsrechtlichen Regelungen zur Sicherstellung der dauernden Erfüllbarkeit der Verpflichtungen aus den Versicherungen insbesondere in §§ 89, 124 Abs. 1, § 139 Abs. 3 und 4 und §§ 140, 214 VAG. Abs. 3 Satz 3 wurde dementsprechend angepasst.

Die aufsichtsrechtlichen Vorschriften stellen auf die **dauernde Erfüllbarkeit der Verträge** ab. Dem entspricht die Konstruktion sämtlicher kapitalbildenden Lebensversicherungen deutscher Unternehmen (eine gewisse Ausnahme bildet die fondsgebundene Lebensversicherung, weil das Risiko des Wertverlustes dort der VN trägt). Das angesparte Kapital darf den VN nicht verloren gehen. Vor diesem Hintergrund, dass die Verträge auf Dauer erfüllbar bleiben müssen, sind auch die Bewertungsreserven zu sehen. Lebensversicherungen sind während der langen Dauer ihrer Laufzeit zum Teil einer erheblichen Volatilität an den Kapitalmärkten ausgesetzt. In diesen Zeiten haben die stillen Reserven eine besondere Pufferfunktion. Ihre Verwendung dient dann der Verstetigung, so dass ein Übergreifen starker Volatilität auch auf die Bewertung der Versicherungsverträge möglichst vermieden wird. Deshalb darf zumindest ein Teil der stillen Reserven nicht zu Gunsten einer Verteilung an die ausscheidenden VN aufgelöst werden. Nach Auffassung des Bundestags-Rechtsausschusses haben die im VVG nicht näher bezeichneten Vorschriften des VAG Vorrang (BT-Drs. 16/5862 zu § 153 Abs. 2). Die Beteiligung an den Bewertungsreserven sei deshalb zu kürzen, wenn die dauernde Erfüllbarkeit der Verträge nicht mehr sichergestellt sei. Ob diese Voraussetzung erfüllt sind, ist vom VR im Streitfall darzulegen und zu beweisen (BGH VersR 2021, 294 und NJW 2018, 3021; → Rn. 54 ff.). 47

Im Hinblick auf die Frage, ob das Interesse der im Kollektiv verbleibenden VN im Falle einer drohenden Insolvenz des VR, also im Falle der Gefahr, die Verträge auf Dauer nicht erfüllen zu können, Vorrang haben muss vor dem Interesse des aus dem Kollektiv ausscheidenden VN, kann schnell Einigkeit erzielt werden, dass der dauernden Erfüllbarkeit der Vorrang gebührt und die Ansprüche des ausscheidenden VN auf Beteiligung an den Bewertungsreserven gekürzt werden können. 48

VI. Beteiligung bei der Rentenversicherung (Abs. 4)

Die Beteiligung des VN an den Bewertungsreserven bedurfte für die Rentenversicherung einer besonderen Regelung. Denn der Vertrag endet nicht mit der 49

Auszahlung einer vereinbarten Versicherungssumme zuzüglich der Überschussbeteiligung, sondern erst mit der letzten Auszahlung des Rentenbetrages. Deshalb bestimmt § 153 Abs. 4 – zunächst richtig –, dass bei Rentenversicherungen die **Beendigung der Ansparphase** der nach Abs. 3 Satz 2 (dort die Beendigung des Vertrags, also die Auszahlung der Versicherungssumme zuzüglich etwaiger Überschussbeteiligung) **maßgebliche Zeitpunkt** ist.

50 Umstritten ist, ob ein Anspruch auf eine Beteiligung an den Bewertungsreserven auch noch in der **Rentenphase** besteht (dafür Langheid/Wandt/*Heiss* § 153 Rn. 54; Prölss/Martin/*Reiff* § 153 Rn. 30; dagegen Marlow/Spuhl/*Grote* Rn. 1023; *Wandt* Rn. 1215; krit. Schwintowski/Brömmelmeyer/*Ortmann* § 153 Rn. 95). Die BaFin vertritt die zuerst genannte Auffassung, wonach eine Beteiligung an den Bewertungsreserven auch bei laufenden Renten vorzusehen ist (Hinweise der BaFin zu einigen Auslegungsfragen zum VVG vom 28.05.2008 – VA 21-A- 2008/0033). Das OLG Köln konkretisiert dies dahingehend, dass eine Beteiligung an den Bewertungsreserven, die in der Rentenphase neu aufgebaut werden, ebenfalls (periodisch) vorzunehmen sei (OLG Köln Hinweisbeschl. v. 25.5.2020 – 20 U 42/18). Ob der **Wortlaut** der Regelungen in Abs. 3 Satz 2, Abs. 4, die nach Abschluss des Kapitalaufbaus – Beendigung des Vertrages oder der Ansparphase – eine Teilnahme an den dann noch entstehenden Bewertungsreserven nicht vorsehen, der Intention des Bundesverfassungsgerichts entspricht, mag zwar mit der BaFin und dem OLG Köln hinterfragt werden können. Gleichwohl ist der Wortlaut aber eindeutig. Das BVerfG hat die gesetzliche Regelung über die Lebensversicherung nach altem Recht zudem unter anderem deshalb für nicht ausreichend gehalten, weil unter dem Gesichtspunkt der Art. 2 Abs. 1 und 14 Abs. 1 GG keine hinreichenden rechtlichen Vorkehrungen dafür bestünden, dass bei der Berechnung des „bei Vertragsende" zu zahlenden Schlussüberschusses die Vermögenswerte angemessen berücksichtigt werden, die bei den Versicherungsunternehmen „mit den eingezahlten Versicherungsprämien" gebildet worden seien (BVerfG VersR 2005, 1127 unter C ff.). Das erfordert aber keine Beteiligung an den Bewertungsreserven bis zur letzten Rentenzahlung. Bei der Rentenversicherung können zwar auch **nach Beendigung der Ansparphase** weiterhin Bewertungsreserven entstehen, weil ein Kapitalstock als Anlagekapital, wenn auch jeweils vermindert um den als Rente ausgezahlten Betrag, auf lange Zeit erhalten bleibt. Nicht anders ist es bei der Rentenversicherung ohne Ansparphase, also bei Verträgen mit Einmalbetrag und sofortigem Rentenbeginn (vgl. dazu *Mudrack* ZfV 2007, 41 (45)). Auch diese Bewertungsreserven stehen in kausalem Zusammenhang mit den vom VN ursprünglich eingezahlten Prämien, worauf das BVerfG bei seiner Forderung nach einer angemessenen Beteiligung abstellt (vgl. auch die Ausführungen des BVerfG in seinem Urt. zur Bestandsübertragung, NJW 2005, 2363 = r+s 2005, 472 unter C.I.2; VersR 2005, 1109 (1119)).

51 Auf der anderen Seite ist aber zu berücksichtigen, dass die VR gerade in der Rentenphase, in der keine Prämienzahlungen mehr erfolgen, besonders auf den Sicherheitspuffer der Bewertungsreserven angewiesen ist, um das Kollektiv insgesamt zu schützen. Daher ist der Wortlaut des Gesetzes eine sachgerechte und verfassungsgemäße Regelung, die keiner teleologischen Erweiterung bedarf.

52 Bei der Antwort auf die Frage, **wie die Beteiligung** im Einzelnen zu bewerkstelligen ist, muss den Unternehmen ein **gewisser Spielraum** belassen werden.

VII. Durchsetzbarkeit des Anspruchs

Sehr problematisch sind **Durchsetzung** und **Kontrolle der Höhe** des Anspruchs. Da es sich um einen zivilrechtlichen, vertraglichen Anspruch handelt, ist er grds. durch die Zivilgerichte zu **kontrollieren.** Das Zivilgericht kann sich seiner Kontrollpflicht nicht dadurch entziehen, dass es auf die Missbrauchsaufsicht und die damit gegebenen Prüfungsmöglichkeiten der Aufsichtsbehörden verweist. Das BVerfG hat (für die private Krankenversicherung) klargestellt, dass der aus dem Rechtsstaatsprinzip des GG abgeleitete Anspruch auf einen wirkungsvollen Rechtsschutz eine gerichtliche Überprüfung möglich machen muss (BVerfG VersR 2000, 214; ebenso OLG Köln VersR 2015, 1277). Anders ist das nur im Altbestand aufgrund der dortigen aufsichtsbehördlichen Genehmigungspflicht der Geschäftspläne (BGH VersR 1995, 77; OLG Köln VersR 2002, 600; OLG Saarbrücken Urt. v. 22.9.2010 – 5 U 625/09; OLG München Urt. v. 8.1.2008 – 20 U 3086/07; OLG Düsseldorf NJW-RR 1993, 801). 53

Bei der Frage, ob überhaupt eine Überschussbeteiligung vereinbart wurde, ist zu unterscheiden: Bei Verträgen, die vor dem 1.1.2008 abgeschlossen wurden (sog **Altverträge**), hat der VN darzulegen und im Bestreitensfalle zu beweisen, dass eine Beteiligung des VN an den Überschüssen vereinbart wurde, idR durch die AVB. Das entspricht dem allgemeinen Grundsatz, dass darzulegen und zu beweisen hat, wer sich darauf beruft. Bei Verträgen, die seit dem 1.1.2008 abgeschlossen wurden, ergibt sich eine andere Darlegungs- und Beweislastverteilung aus dem Gesetz. Denn durch die Formulierung in Abs. 1 „es sei denn", die Überschussbeteiligung ist durch ausdrückliche Vereinbarung ausgeschlossen, hat der Gesetzgeber die Beteiligung am Überschuss als den Regelfall normiert. Den Ausschluss hat deshalb der VR darzulegen und zu beweisen. 54

Unter praktischen Gesichtspunkten wird es für den VN sehr schwer, wenn nicht unmöglich sein, die Ausgangsangaben des Unternehmens zum **Überschuss und darin eingeschlossen** die nach § 54 RechVersV in einem Anhang zum Jahresabschluss gesondert auszuweisenden **Bewertungsreserven** (→ Rn. 36 f.) auf ihre Richtigkeit zu überprüfen. Selbst in einem Verfahren vor den ordentlichen Gerichten wird die Prüfung auf erhebliche Schwierigkeiten stoßen, auch dann, wenn sich die Gerichte der Hilfe von Sachverständigen bedienen, zumal hier ein substantiierter Parteivortrag vorangegangen sein muss. Die Zivilgerichte können das Verfahren aber dadurch vereinfachen, dass sie auf die Kontrollaufgaben der Aufsicht zurückgreifen und sich die Richtigkeit der Überschussberechnung durch die BaFin bestätigen lassen. Darüber hinaus kann nicht unbeachtet bleiben, dass die Unternehmen unter kaufmännischen Gesichtspunkten handelsrechtlich unterschiedliche Möglichkeiten haben, zu den jeweiligen Bilanzergebnissen zu kommen. Allein der Spielraum bei der Bewertung von Anlagevermögen ist beträchtlich. In aller Regel wird bei der gerichtlichen Überprüfung von den Angaben im **Jahresabschluss** und der Anlage dazu auszugehen sein, wenn nicht konkrete, **ungewöhnliche Umstände** Anlass zu Zweifeln bieten. Für solche Umstände ist der den Anspruch stellende **VN vortrags- und beweisbelastet** (OLG Köln VersR 2015, 1277). Mit Blick auf die Geltendmachung eines Sicherungsbedarfs durch einen VR hat der BGH hier mittlerweile angemessene Vorgaben zur Darlegungs- und Beweislast gemacht (VersR 2021, 294; → Rn. 40). 55

Bei dem in Abs. 2 und 3 verwendeten **Begriff eines verursachungsorientierten Verfahrens** handelt es sich um einen **unbestimmten Rechtsbegriff,** den die Zivilgerichte sowohl darauf prüfen können, ob der VR ihn richtig ausge- 56 legt und richtig angewandt hat. Wenn der VR dem VN bei der Abrechnung des Vertrages nicht ohnehin die Grundzüge mitgeteilt hat, nach denen er die Überschussbeteiligung ermittelt und verteilt hat, hat er aufgrund vertraglicher Nebenpflicht jedenfalls auf Nachfrage diese **Grundsätze mitzuteilen.** Der VN kann ohne qualifizierte Abrechnung des VR nicht wissen, nach welchen Grundsätzen dieser verfahren ist (vgl. BGH VersR 2004, 991 zur Darlegungs- und Beweislast des Krankenversicherers im Falle einer Prämienerhöhung). Die Kenntnisse darüber liegen allein im Bereich des VR. Deshalb kann den VN die Darlegungs- und Beweislast dafür, dass die Überschussberechnung unzutreffend ist, nur nach einer entsprechenden Mitteilung des VR treffen (Marlow/Spuhl/*Grote* Rn. 1008 f.; aA Prölss/Martin/*Reiff* § 153 Rn. 32). Fehlen dem VN die für die Überprüfung des vertrags- oder gesetzmäßigen Vorgehens des VR erforderlichen Informationen, ist der VR insoweit zur Auskunft verpflichtet (zur VBL vgl. BGH VersR 2010, 801 mAnm *Seiffert* VersR 2010, 1484). Dies allerdings erst im gerichtlichen Verfahren, weil nur dort seine schützenswerten Geheimhaltungsinteressen nach den §§ 174 ff. GVG gewahrt bleiben können, und zudem **nicht** im Sinne einer umfassenden Rechnungslegung (→ Rn. 14, 57). In Unkenntnis des vom VR konkret angewandten Berechnungsverfahrens soll sich der VN auch auf das Geschäftsplanmuster für die Überschussbeteiligung im Rundschreiben der BaFin (BaFin 10/2008 (VA)) berufen können (so: OLG Köln VersR 2015, 1277), was nicht überzeugt, da diese Regelungen eben nicht vereinbart sind. Den Anspruch auf Auskunft kann der VN notfalls im Wege einer **Stufenklage** gerichtlich geltend machen. Ist der VN im Besitz dieser Informationen und einer individuellen, seinen Vertrag betreffenden Darlegung, obliegt es ihm, dem VN, mit konkreten Anhaltspunkten plausibel darzulegen, warum er die Berechnung des Überschussanteils für unzutreffend hält, wenn er die vom VR aufgestellte Berechnung nicht gelten lassen will.

57 Allerdings ist das bereits angesprochene (→ Rn. 14) **Geheimhaltungsinteresse** des VR zu beachten. Ein solches besteht insbesondere, wenn es sich um Kalkulationsgrundlagen, um Zahlenwerke und statistische Unterlagen handelt, die er allein aufgrund seiner **Geschäftstätigkeit** gesammelt hat. Im **vorgerichtlichen Verfahren** ist der VR also nicht als verpflichtet anzusehen, solche Unterlagen vorzulegen, die dem berechtigten Geheimhaltungsinteresse dienen, weil die Wahrung der Geheimhaltung nicht gewährleistet ist. Jedenfalls überwiegt das schutzwürdige Interesse des VR an der Geheimhaltung der Berechnungsunterlagen (vgl. OLG Stuttgart VersR 2007, 639). Auch in **gerichtlichen Verfahren** hat der BGH einen Auskunftsanspruch abgelehnt, mit dem der Versicherer Auskunft zu zahlreichen Einzelpositionen seiner Kalkulationsgrundlagen erteilen sollte (BGH r+s 2015, 83 = VersR 2014, 822; r+s 2014, 295 = VersR 2013, 1381; bestätigt durch BVerfG VersR 2017, 409 aber mit dem Hinweis, die Entwicklung weiter zu beobachten; → Rn. 14). Gleiches muss für Verfahren beim Ombudsmann gelten, der nur für sich, aber nicht für andere Verfahrensbeteiligte Vertraulichkeit zusichern kann.

58 Bei der Prüfung nach Einhaltung der gesetzlichen Anforderungen oder der mit den AVB vereinbarten Regelungen zur Überschussermittlung und -verteilung des VR handelt es sich nicht um eine Frage nach der **Billigkeit gemäß § 315 BGB** (BGH r+s 2015, 246 = VersR 2015, 433 unter Hinweis auch auf die hiesige Kommentierung; aA Schwintowski/Brömmelmeyer/*Ortmann* § 153 Rn. 101). Der VR hat bei seinen Feststellungen einen gewissen Beurteilungsspielraum, dabei aber nach den Regeln des Vertrages, soweit sie einer Inhaltskontrolle genügen, und den Regelungen des Gesetzes zu verfahren. Dadurch wird der Beurteilungsspielraum durch die im Gesetzt verankerten anerkannten Grundsätze der Versicherungsmathematik begrenzt, so dass es keine Entscheidung nach billigem Ermessen ist.

VIII. Abdingbarkeit

Nach § 171 Satz 1 kann von § 153 nicht zum Nachteil des VN abgewichen 59
werden. § 153 ist also halbzwingend.

§ 154 Modellrechnung

(1) [1]**Macht der Versicherer im Zusammenhang mit dem Angebot oder dem Abschluss einer Lebensversicherung bezifferte Angaben zur Höhe von möglichen Leistungen über die vertraglich garantierten Leistungen hinaus, hat er dem Versicherungsnehmer eine Modellrechnung zu übermitteln, bei der die mögliche Ablaufleistung unter Zugrundelegung der Rechnungsgrundlagen für die Prämienkalkulation mit drei verschiedenen Zinssätzen dargestellt wird.** [2]**Dies gilt nicht für Risikoversicherungen und Verträge, die Leistungen der in § 124 Absatz 2 Satz 2 des Versicherungsaufsichtsgesetzes bezeichneten Art vorsehen.**

(2) **Der Versicherer hat den Versicherungsnehmer klar und verständlich darauf hinzuweisen, dass es sich bei der Modellrechnung nur um ein Rechenmodell handelt, dem fiktive Annahmen zu Grunde liegen, und dass der Versicherungsnehmer aus der Modellrechnung keine vertraglichen Ansprüche gegen den Versicherer ableiten kann.**

I. Normzweck

Die Regelungen des § 154 sind seit der VVG-Reform **insgesamt neu.** Sie 1
hatten keine Vorgänger im alten VVG. Zwar haben die VR in der Vergangenheit durchweg Modellrechnungen verwendet. Diese Praxis war aber weder gesetzlich noch vertraglich, sondern „nur" in aufsichtsbehördlichen Rundschreiben (R 2/2000, VerBAV 2000, 252; → Rn. 14) geregelt.

§ 154 soll einer **Missbrauchsgefahr entgegenwirken,** die mit rein werben- 2
den Modellrechnungen verbunden sein könnte. Vor der Neuregelung gelegentlich vorgelegte Modellrechnungen schienen die voraussichtliche Ablaufleistung einschließlich der nicht garantierten Überschussbeteiligung sicher zu prognostizieren. Insbesondere in der Zeit der globalen Kapitalmarktschwäche lagen diesen Modellrechnungen teilweise Zinssätze zugrunde, die aus der Vergangenheit des jeweiligen Unternehmens stammten und keinen Bezug mehr mit den zum Zeitpunkt des Vertragsabschlusses erzielbaren Zinsen aufwiesen. Die dann tatsächlich ausgezahlten Ablaufleistungen lagen folglich zum Teil deutlich unter denen, die die Modellrechnungen auswiesen. Dies führte bei den VN zu erheblichen Schwierigkeiten, weil Erwartungen enttäuscht wurden und kaum zu schließende Finanzierungslücken entstanden. Dagegen ist es nicht zu beanstanden, wenn der VR zum Zeitpunkt des Vertragsabschlusses aktuell erzielte Zinsen verwendet, soweit er davon ausgehen kann, diese weiter erwirtschaften zu können. Eine lang andauernde

globale Kapitalmarktschwäche muss er dabei nicht prognostizieren können (LG Düsseldorf Urt. v. 29.6.2018 – 11 O 423/10 – in zweiter Instanz wurde die Sache weit überwiegend zugunsten des VR verglichen).

3 Dem VN möglichst für ihn scheinbar günstige Beispielrechnungen vorzulegen, ist **durch den Wettbewerb veranlasst.** Die VR haben ein nachvollziehbares Interesse, ihre eigenen Leistungen dem potenziellen Kunden gegenüber möglichst so darzustellen, dass sie besser als die des Wettbewerbers erscheinen. Die Kontrolle über zu optimistische Darstellungen wollte der Gesetzgeber weder dem Markt noch dem Verbraucherschutz überlassen. Weil es sich bei derartigen Modellrechnungen naturgemäß nur um vage, unsichere und deshalb auch unverbindliche Aussagen über künftige Entwicklungen, insbesondere auch über die Ablaufleistung des Vertrags handeln konnte, deren prognostische Unsicherheit der VN aber kaum in der Lage war zu erkennen, sollte eine gesetzliche Regelung für eine gewisse Grundsicherheit sorgen.

4 Die VR hatten zwar meist auch einen Hinweis über die Unverbindlichkeit der verwandten Modellrechnung aufgenommen. Dieser Hinweis war dem Gesetzgeber nicht genug. Denn der VN empfand häufig gleichwohl eine an sich häufig nicht gerechtfertigte Sicherheit. Erkannten die VN ihren durch die Modellrechnungen veranlassten Irrtum, war es für eine Korrektur meist zu spät. § 154 bezweckt also, den **VN künftig vor** solchen, auf bei Vertragsschluss ihm vorgelegten Modellrechnungen beruhenden **Fehleinschätzungen seiner Finanzplanung zu schützen.** Allerdings ist auch unter den Anforderungen, die der Gesetzgeber nun an die Aufstellung von Modellrechnungen stellt, eine Fehlinformation des VN durch zusätzliche individuelle Beispielrechnungen und Prognoseangaben nicht ausgeschlossen. Der VN erhält aber heute, wie die amtl. Begr. (BT-Drs. 16/3945, 97) meint, zumindest eine „vertretbare" Berechnung der möglichen Entwicklung der Ablaufleistung. Streitigkeiten über die Richtigkeit von Modellrechnungen hat es in jüngerer Zeit keine mehr gegeben. Die Neuregelung in § 154 ist mithin offensichtlich erfolgreich gewesen. Dabei wird aber auch das lang andauernde Niedrigzinstief (→ Rn. 2) dazu beigetragen haben, Fehleinschätzungen von VN zu vermeiden. Zudem vertreiben die LebensVU heute vorrangig fondsgebundene Lebensversicherungen, bei denen eine Modellrechnung nicht verlangt ist (→ Rn. 7).

II. Anwendungsbereich

5 Die Vorschrift des § 154 ist **nicht notwendig bei jedem Vertragsschluss** anzuwenden. Denn die Regelung besagt nicht, dass der VR verpflichtet ist, bei Abschluss des Vertrages irgendwelche Angaben über die voraussichtliche Zinsentwicklung zu machen. **Wenn** der VR aber solche Angaben bei Vertragsschluss verwendet, ist er an die Vorgaben des § 154 gebunden.

6 § 154 ist nur anzuwenden, wenn die Angaben zur Höhe von möglichen Leistungen **„im Zusammenhang mit dem Angebot oder dem Abschluss einer Lebensversicherung"** gemacht werden. Es kommt also nicht darauf an, welches Modell der VR zum Abschluss des Vertrages benutzt. Entscheidend ist, dass die bezifferten Angaben im Zusammenhang mit dem Vertragsschluss stehen. Angaben dieser Art nach Abschluss des Vertrages unterfallen indessen nicht mehr der Regelung des § 154.

7 Da Modellrechnungen nur bei solchen Verträgen in Betracht kommen, bei denen die Überschussbeteiligung erhebliches wirtschaftliches Gewicht hat (Begr. zu § 154 Abs. 1, BT-Drs. 16/3945, 97), sind die Regelungen über die Modellrechnungen gemäß Abs. 1 Satz 2 nicht auf reine Risikolebensversicherungen und ebenso wenig auf fondsgebundene Lebensversicherungen anzuwenden. Bei Hybrid-Produkten (→ Vor § 150 Rn. 13) kommt es darauf an, ob der klassische oder der fondsgebundene Teil überwiegt (Marlow/Spuhl/*Grote* Rn. 1051).

8 Es wurde vorgeschlagen, § 154 im Wege teleologischer Reduktion nur auf solche VN anzuwenden, die Verbraucher sind (HK-VVG/*Brambach* § 154 Rn. 6). Dem ist nicht zu folgen. Der Vorschlag beruht auf der Prämisse, die Vorschrift diene „ausschließlich dem Verbraucherschutz" (HK-VVG/*Brambach* § 154 Rn. 1). Das ist unzutreffend. Das reformierte VVG unterscheidet bewusst nicht zwischen VN, die Verbraucher iSd § 13 BGB sind, und anderen VN – mit Ausnahme von Großrisiken (§ 210). Der Gesetzgeber wollte unter anderem vermeiden, dass zB auch Kleingewerbetreibende und andere VN, die ebenso schutzwürdig sind wie Verbraucher, nicht unter die Schutzvorschriften des reformierten VVG fallen (iErg wie hier auch Prölss/Martin/*Reiff* § 154 Rn. 3; vgl. dazu auch BeckOK VVG/*Reich,* 11. Ed. (30.6.2016), VVG § 154 Rn. 3). Zur Reformbedürftigkeit mit Blick auf verschiedene Gestaltungsoptionen in der Rentenversicherung s. *Lentz,* Gestaltungsoptionen in der privaten Rentenversicherung, 2019, S. 244 ff.

III. Die Modellrechnung

1. Inhalt

9 Nach Abs. 1 muss die Modellrechnung, wenn der VR solche verwendet, die mögliche Ablaufleistung „unter Zugrundelegung der Rechnungsgrundlagen" für die Prämienkalkulation enthalten. Die Entwicklung muss unter **drei verschiedenen Zinssätzen dargestellt** werden. Diese drei Zinssätze werden näher in § 2 Abs. 3 VVG-InfoV bestimmt. Als erster ist der Höchstrechnungszins multipliziert mit 1,67 in der Modellrechnung darzustellen. Das führt mit der Absenkung des Höchstrechnungszinssatzes auf 0,25 % ab dem 1.1.2022 (vgl. § 2 Abs. 1 DeckRV nF) zu einem mittleren Zinssatz bei den Modellrechnungen in Höhe von rund 0,42 %. Der Höchstrechnungszinssatz multipliziert mit 1,67 soll in etwa den aktuellen Kapitalmarktzins, von dem der Verordnungsgeber bei der Festlegung des letzten Höchstrechnungszinssatzes ausgegangen ist (vgl. näher Abschlussbericht der Kommission zur Reform des Versicherungsvertragsrechts (KomV) S. 122 f.), ergeben. Als zweiter ist der erste Zinssatz zuzüglich eines Prozentpunktes und als dritter der erste Zinssatz abzüglich eines Prozentpunktes zu verwenden – also nach Absenkung des Höchstrechnungszinses ein negativer Wert. Der Aussagewert solcher Berechnungen der künftigen Ablaufleistungen mag für den VN zweifelhaft sein. Sie bilden kaum Annäherungswerte an den tatsächlichen Verlauf über lange Jahre hinweg und sind deshalb auch gemäß § 155 Abs. 2, soweit Abweichungen von den bei Vertragsschluss vorgelegten Zahlen bestehen, jährlich zu berichtigen. Unter diesem Gesichtspunkt kommt es schon nicht mehr darauf an, ob die bei Vertragsschluss vorgelegten Berechnungen durch zulässige oder unzulässige kalkulatorische Spielräume (etwa bei Einbezug bestimmter Kosten, vgl. dazu Schwintowski/Brömmelmeyer/*Ortmann* § 154 Rn. 10; dem widersprechend Beckmann/Matusche-Beckmann VersR-HdB/*Brömmelmeyer* § 42 Rn. 303) beeinflusst sind.

2. Unverbindlichkeitshinweis (Abs. 2)

10 Da, wie die Vergangenheit gezeigt hat, nicht ausgeschlossen ist, dass auch eine konkrete Modellrechnung, die den Anforderungen des Abs. 1 genügt, bei manchen VN den Eindruck erweckt, sie könnten sich auf Versicherungsleistungen in der so berechneten Höhe verlassen, hat der Gesetzgeber (vgl. die Begr. zu § 154 Abs. 2, BT-Drs. 16/3945, 97) in Abs. 2 Hinweispflichten des VR normiert. Der VR hat darauf hinzuweisen, dass es sich **nur um ein Rechenmodell handelt,** dass diesem **nur fiktive Annahmen zugrunde liegen** und dass der VN daraus **keine vertraglichen Ansprüche ableiten** kann. Weitere inhaltliche Anforderungen stellt das Gesetz nicht (solche Anforderungen fordert *Lentz,* Gestaltungsoptionen in der privaten Rentenversicherung, 2019, S. 244 ff.

11 Der Wortlaut des Gesetzes sagt aber, der Hinweis müsse **„klar und verständlich"** sein. Beide Begriffe dürften nichts Unterschiedliches meinen, sondern nur als Anweisung dahin zu verstehen sein, dass der Hinweis **inhaltlich** und **optisch transparent** zu sein hat. Das entspricht auch dem Zweck der Vorschrift, den VN vor irrtümlichen Annahmen zu bewahren. Der VN muss in möglichst deutlicher Weise die Rechnungen nachvollziehen und erkennen können, dass es sich um Angaben handelt, die allenfalls Annäherungswerte der künftigen Entwicklung seines Vertrages bedeuten, auf die er sich für seine Kalkulation nur sehr bedingt verlassen kann.

12 Was die **äußere Form des Hinweises** betrifft, ist es dem VR zu überlassen, welche Mittel er verwendet, um den Hinweis deutlich genug zu gestalten (Druckgröße, Fettdruck, Farbe usw). Der Hinweis muss jedenfalls so gestaltet sein, dass er der üblichen Aufmerksamkeit eines durchschnittlichen VN nicht entgehen kann.

IV. Folgen eines Normverstoßes

13 Der Gesetzgeber des VVG hat einen Normverstoß **nicht mit Sanktionen** versehen. Es greifen deshalb die **allgemeinen Regeln** ein. Dabei wird zu berücksichtigen sein, dass der VR außergerichtlich grundsätzlich keine Geschäftsgeheimnisse preisgeben muss (→ s. auch § 153 Rn. 14). Wird – ungeachtet der gesetzlichen Regelung zu den Modellrechnungen – mit Überschussanteilen aus der Vergangenheit geworben, muss der Interessent darüber aufgeklärt werden, wenn sich bei Vertragsschluss abzeichnet, dass die in der Vergangenheit erzielten Überschüsse zB aufgrund veränderter durchschnittlicher Lebenserwartung unwahrscheinlich bis ausgeschlossen sind (BGH VersR 2012, 1110 – für ein Produkt aus dem englischen Markt – unter Hinweis auf BGH VersR 2012, 601 Rn. 38; OLG Düsseldorf VersR 2001, 705; vgl. auch OLG Koblenz VersR 2000, 1357; Langheid/Wandt/*Wandt* Vorb. §§ 6, 7 Rn. 50). Ein bloßer Hinweis, dass Überschüsse aus der Vergangenheit nicht garantiert werden können oder Prognosen über die künftige Entwicklung unverbindlich seien, reicht hierfür nicht aus (BGH VersR 2012, 1110). Dagegen ist es nicht zu beanstanden, wenn der VR zum Zeitpunkt des Vertragsabschlusses aktuell erzielte Zinsen verwendet, soweit er davon ausgehen kann, diese weiter erwirtschaften zu können. Eine lang andauernde globale Kapitalmarktschwäche muss er dabei nicht prognostizieren können (→ Rn. 2).

14 Vor Inkrafttreten des VVG 2008 wurde aufsichtsrechtlich (Rundschreiben des BAV R 2/2000, VerBAV 2000, 252) beanstandet, dass **irreführende Darstellungen** der künftigen Leistungen aus einem Lebensversicherungsvertrag eine Vielzahl

von VN zu für sie ungeeigneten oder ungünstigen Vertragsabschlüssen verleiten konnten. Es wurde befürchtet, dass bei solchen Praktiken die Erfüllbarkeit der Verträge nicht mehr gewährleistet sein könnte (§ 81 Abs. 1 Satz 5 VAG aF, jetzt § 294 Abs. 4 VAG), weil sich Ansprüche des VN aus dem Rücktrittsrecht des § 13a UWG sowie Schadensersatzansprüche aus culpa in contrahendo (heute in § 311 Abs. 2 und 3 BGB geregelt) ergeben können. Dabei kann die Höhe des Schadenersatzanspruchs die garantierte Leistung zuzüglich der in der Werbung avisierten Überschussbeteiligung übersteigen, da die Höhe der Ansprüche aus culpa in contrahendo nicht durch das positive Interesse begrenzt ist. Schließlich könnte eine unsachgemäße Darstellung der Überschussbeteiligung als verbindliches Leistungsversprechen des LVU und damit Vertragsbestandteil angesehen werden. In diesem Fall wäre das Unternehmen verpflichtet, die „versprochene" Leistung vertragsgemäß zu erbringen. Das BAV-Rundschreiben R 2/2000 wurde durch Schreiben der BaFin vom 29.11.2007 (VA 21 – A – 2007/0106) **aufgehoben.** Die BaFin sieht die Rechtslage nach der VVG-Reform durch die Vorschrift des § 154 ausreichend geregelt. Das bestätigt auch die bereits erwähnte Abnahme von Rechtsstreitigkeiten dazu (→ Rn. 4).

Ferner kommt eine Haftung des VR in Betracht unter den Gesichtspunkten **schuldhafter Verletzung der Informationspflichten** (vgl. *Römer* VersR 1998, 1313). 15

V. Abdingbarkeit

Nach § 171 Satz 1 kann von § 154 nicht zum Nachteil des VN abgewichen werden. § 154 ist also halbzwingend. 16

§ 155 Standmitteilung

(1) [1]**Bei Versicherungen mit Überschussbeteiligung hat der Versicherer den Versicherungsnehmer jährlich in Textform über den aktuellen Stand seiner Ansprüche unter Einbeziehung der Überschussbeteiligung zu unterrichten.** [2]**Dabei hat er mitzuteilen, inwieweit diese Überschussbeteiligung garantiert ist.** [3]**Im Einzelnen hat der Versicherer Folgendes anzugeben:**

1. **die vereinbarte Leistung bei Eintritt eines Versicherungsfalles zuzüglich Überschussbeteiligung zu dem in der Standmitteilung bezeichneten maßgeblichen Zeitpunkt,**
2. **die vereinbarte Leistung zuzüglich garantierter Überschussbeteiligung bei Ablauf des Vertrags oder bei Rentenbeginn unter der Voraussetzung einer unveränderten Vertragsfortführung,**
3. **die vereinbarte Leistung zuzüglich garantierter Überschussbeteiligung zum Ablauf des Vertrags oder zum Rentenbeginn unter der Voraussetzung einer prämienfreien Versicherung,**
4. **den Auszahlungsbetrag bei Kündigung des Versicherungsnehmers,**
5. **die Summe der gezahlten Prämien bei Verträgen, die ab dem 1. Juli 2018 abgeschlossen werden; im Übrigen kann über die Summe der gezahlten Prämien in Textform Auskunft verlangt werden.**

(2) [1]**Weitere Angaben bleiben dem Versicherer unbenommen.** [2]**Die Standmitteilung kann mit anderen jährlich zu machenden Mitteilungen verbunden werden.**

(3) **Hat der Versicherer bezifferte Angaben zur möglichen zukünftigen Entwicklung der Überschussbeteiligung gemacht, so hat er den Versicherungsnehmer auf Abweichungen der tatsächlichen Entwicklung von den anfänglichen Angaben hinzuweisen.**

I. Normzweck

1 Die Vorschrift war schon bei ihrer Einführung durch die VVG-Reform 2008 **nicht** mehr **ganz neu.** Schon nach Abschn. II Nr. 3 der Anl. D zum VAG zu § 10a VAG aF hatte der VR dem VN, wenn dieser eine natürliche Person war, eine jährliche Mitteilung über den Stand der Überschussbeteiligung zukommen zu lassen. Nun bestimmt § 155, ergänzt durch **§ 6 Abs. 1 Nr. 3 VVG-InfoV,** generell, dass der VR dem VN während der Laufzeit des Vertrages, soweit eine Überschussbeteiligung vorgesehen ist (mit Ausnahme der Krankenversicherung), alljährlich eine Information zu erteilen hat über den Stand der Überschussbeteiligung sowie Informationen darüber, inwieweit diese Überschussbeteiligung garantiert ist.

2 Mit § 155 soll das **Interesse des VN,** über die Entwicklung seines Vertrages laufend, das heißt **jährlich unterrichtet** zu werden (wobei nicht geregelt ist, welcher zeitlicher Abstand zwischen zwei Meldungen liegen kann; → Rn. 4), geschützt werden. Deshalb ist ein Mindestinhalt der Mitteilungen normiert worden. Mangelhafte Mitteilungen will die Vorschrift iVm den Bestimmungen des § 6 Abs. 1 Nr. 3 VVG-InfoV verhindern. Insbesondere soll der VN durch aufklärende und verständliche Mitteilungen über Abweichungen von ihm vorgelegten Modellrechnungen die Möglichkeit haben, seine Kalkulation der Realität anzupassen und evtl. Finanzierungslücken zu schließen. In den letzten Jahren sind die Standmitteilungen vermehrt in die Kritik der Verbraucherschutzverbände, insbesondere aufgrund der Untersuchung des von den Verbraucherzentralen initiierten Marktwächters, geraten, was auch zu einzelnen Unterlassungsklagen geführt hat. Gegenstand dieser Klagen war zum einen der Inhalt der Mitteilung und zum anderen der zeitliche Abstand zwischen den Mitteilungen. Die BaFin hat diese Kritik zT aufgegriffen und Standmitteilungen einzelner LebensVR geprüft und dabei auch Mängel festgestellt (BaFin-Journal 4/2018, 19). Diese Gründe haben den Gesetzgeber veranlasst, die Norm mit Wirkung zum 1.7.2018 im Zuge des IDD-Umsetzungsgesetzes vom 28.7.2017 (vgl. Begr., BT-Drs. 18/13009, 53) umfassend zu überarbeiten und so die Anforderungen an die Standmitteilungen weiter zu konkretisieren, damit sie ihren Schutzzweck besser erfüllen.

II. Anwendungsbereich

3 Am Anwendungsbereich hat sich durch die jüngste Gesetzesänderung nichts geändert. Nach dem Wortlaut des Gesetzes ist eindeutig, dass die Vorschrift des § 155 auf die **kapitalbildende Lebensversicherung** anzuwenden ist, soweit die Überschussbeteiligung nicht ausnahmsweise insgesamt ausgeschlossen ist. Bei ihr hat die Überschussbeteiligung besonderes Gewicht. Deshalb muss der VN jährlich

über die Entwicklung unterrichtet werden (zum zeitlichen Abstand zwischen zwei Mitteilungen → Rn. 4).

Nach wie vor nicht so eindeutig ist die Frage zu beantworten, ob § 155 auch auf andere Lebensversicherungen, zB **Risikoversicherungen,** anzuwenden ist, bei denen die Bedeutung einer etwaigen Überschussbeteiligung nur gering ist und das Interesse des VN an einer Mitteilung über die Entwicklung nicht ins Gewicht fällt. Der amtl. Begr. ist für diese Frage weiter nichts zu entnehmen. Nach dem Wortlaut wäre eher anzunehmen, dass bei allen Lebensversicherungen eine Mitteilung erforderlich ist, weil der Gesetzestext nicht differenziert, während § 154 Abs. 1 Satz 2 zB die reine Risikolebensversicherung ausdrücklich ausnimmt. Dennoch wird man auch hier annehmen müssen, dass der Gesetzgeber mit § 155 **nur auf diejenigen Lebensversicherungen** abzielte, deren **Überschussbeteiligung von einem solchen Gewicht ist, dass** der VN ein berechtigtes Interesse an einer jährlichen Mitteilung hat. Anderenfalls wäre der erhebliche Aufwand, den eine jährliche Mitteilung an alle VN verursacht, nicht gerechtfertigt (wie hier: OLG Innsbruck VersR 2018, 1474, 1475 zum österreichischen Recht; Prölss/Martin/*Reiff* § 155 Rn. 2; HK-VVG/*Brambach* § 155 Rn. 3 ff.; *Römer* r+s 2008, 405, 410; BeckOK VVG/*Reich* § 155 Rn. 2; Looschelders/Pohlmann/*Klenk* § 176 Rn. 4; Marlow/Spuhl/*Grote* Rn. 1051 ff.; BeckOK VVG/*Reich,* 11. Ed. (30.6.2016), § 155 Rn. 2; aA einerseits: Looschelders/Pohlmann/*Krause* § 155 Rn. 3; Schwintowski/Brömmelmeyer/*Neuhaus* § 176 Rn. 3; Prölss/Martin/*Lücke* § 176 Rn. 5: differenzierend nach Einzelfallbetrachtung abhängig von der Ausgestaltung des Produkts sowie andererseits: Langheid/Wandt/*Heiss* § 155 Rn. 7; Langheid/Wandt/*Dörner* § 176 Rn. 12; Schwintowski/Brömmelmeyer/*Ortmann*/*Rubin* § 155 Rn. 2; BeckOK VVG/*Mangen* § 176 Rn. 2: für eine uneingeschränkte Anwendbarkeit auf Risikoprodukte; *Lentz,* Gestaltungsoptionen in der privaten Rentenversicherung, 2019, S. 244 ff., der generell Mitteilungspflichten sowohl für die garantierten als auch für die unverbindlichen Überschussleistungen fordert). Die **reine Risikolebensversicherung** fällt deshalb ebenso wenig in den Anwendungsbereich des § 155, wie etwa die **Berufsunfähigkeitsversicherung.** Zuzustimmen ist auch der BaFin (Hinweis zu einigen Auslegungsfragen zum VVG 28.5.2008 – VA 212-A-2008/0033) in ihrer Auslegung zu § 155, die **Sterbekassen** betreffend. Danach kommt § 155 nur einschränkend bezüglich der jährlichen Unterrichtungsverpflichtung über die Entwicklung der Bewertungsreserven aufgrund der Ausnahmeregelung in § 211 Abs. 2 Nr. 2 Hs. 2 in Betracht. Eine jährliche Unterrichtung über die Entwicklung der Bewertungsreserven muss daher nicht stattfinden. Allerdings besteht für die jährliche Mitteilung über die sonstige Überschussbeteiligung keine Erleichterung für die Sterbekassen. 3a

Bei **fondsgebundenen Lebensversicherungen** ist der Befund dagegen nicht so eindeutig. Hier spielt die Überschussbeteiligung zwar nur hinsichtlich der Risiko- und Kostenüberschüsse eine Rolle (→ Vor § 150 Rn. 10) und fällt daher kaum ins Gewicht, was somit gegen eine Anwendbarkeit spricht. Andererseits kann eine Standmitteilung natürlich auch bei fondsgebundenen Produkten sinnvoll sein, um die Wertentwicklung besser nachvollziehen zu können. 3b

III. Die Mitteilung

Der VR hat den VN **jährlich zu unterrichten.** Dabei ist der VR frei, welchen Zeitpunkt er wählt. Das kann, braucht aber nicht ein Jahr nach Vertragsschluss zu 4 sein, wobei ein Jahr nach Vertragsschluss der späteste Zeitpunkt für die erste Mitteilung ist. Auch das Ende des Kalenderjahres ist kein notwendiger Zeitpunkt. In der Literatur wird – wenn überhaupt – ein Zeitraum zwischen zehn und 14 Monaten genannt (HK-VVG/*Brambach* § 155 Rn. 9). Im Rahmen einer Verbandsklage forderte der Kläger maximal 18 Monate und das LG Heidelberg (Urt. v. 15.7.2021 – 7 O 9/20, rk) störte sich nicht an 19 Monaten Abstand zwischen zwei Mitteilungen im Einzelfall. Um den Zweck der Mitteilungen zu erfüllen, nämlich eine für die Vertragsdauer in Zeitabständen vergleichbare Entwicklung des Vertrages zu erkennen und zu verfolgen, ist allein zu fordern, dass sich die Mitteilung jeweils auf ein Jahr beziehen muss. Das heißt: Der Stand der angegebenen Werte muss sich jeweils auf ein Jahr der Vertragsentwicklung beziehen, weil sonst ein Vergleich nicht ausreichend möglich ist. Sinnvollerweise wählt der VR dafür einen regelmäßigen Abstand. Letztlich kann er in begründeten Ausnahmefällen auch davon abweichen und einen Abstand von maximal 23 Monaten wählen, um die nächste Mitteilung zu versenden, bevor das übernächste Mitteilungsjahr endet.

5 Aus der Mitteilung muss der VN ohne Schwierigkeiten seine **Ansprüche im Erlebens- und Todesfalle** entnehmen können. Er muss erkennen können, **welche Ansprüche als Überschussbeteiligung ihm garantiert sind** und welche nur als Prognose anzusehen sind. Wichtig ist die Wortwahl. Wenn zB die Mitteilung über den nicht garantierten Anteil an Bewertungsreserven, der sich im Folgejahr auf Null reduzieren kann, als „Gutschrift" bezeichnet wird, ist dies irreführend und eine schuldhafte Verletzung der Mitteilungspflichten. Denn der Adressat der Mitteilung versteht „Gutschrift" aus seiner Erfahrung mit Banken. Und danach ist ein Betrag mit dieser Bezeichnung Bestandteil seines Vermögens.

6 Diese Unklarheiten hat der Gesetzgeber bei der Neufassung beseitigt, in dem er in Abs. 1 Satz 2 den VR verpflichtet, mitzuteilen, inwieweit die Überschussbeteiligung garantiert ist. Ferner hat er nun die fünf Punkte, die der VR mindestens anzugeben hat, in Abs. 1 Satz 3 aufgelistet. Dadurch wird konkretisiert, dass der VR die **Todesfallleistung** zuzüglich Überschussbeteiligung mitzuteilen hat (Nr. 1). Ferner sind die **Erlebensfallleistung** bei Ablauf des Vertrages bzw. die **Rentenhöhe** zum Ablauf der Aufschubzeit einmal unter der Prämisse **unveränderter Vertragsfortführung** und -erfüllung (Nr. 2) zu nennen und einmal zum Berichtsstichtag im Falle einer ab dann **prämienfreien Versicherung** (Nr. 3). Weiter ist der **Auszahlungsbetrag bei Kündigung** des VN anzugeben (Nr. 4) und schließlich – das ist vollständig neu – die **Summe der gezahlten Prämien** (Nr. 5). Letzteres ist bei Verträgen, die ab dem 1.7.2018 abgeschlossen worden sind, obligatorisch. Bei den vorher abgeschlossenen Verträgen stellt der Gesetzgeber klar, dass darüber vom VN Auskunft verlangt werden kann.

7 Da diese Regelungen nun offenbar klar genug sind, hat sich bislang kaum weiterer Diskussionsstoff finden lassen. Außer jeder Diskussion steht, dass die Änderungen in Abs. 1 Satz 1 nur klarstellenden Charakter hatten.

8 Die Prämisse „unveränderter Vertragsfortführung" in Abs. 1 Satz 3 **Nr. 2** hat bislang keine Probleme bereitet. Insoweit vereinbarte **Dynamiken oder Sonderzahlungen** sind nicht für die Zukunft fortzuschreiben, wenn der VN davon in der Vergangenheit stets Gebrauch gemacht hat. Hier sind nur durchgeführte Dynamiken und Sonderzahlungen zu berücksichtigen, weil es auch eine unveränderte Vertragsfortführung wäre, wenn der VN von diesen Möglichkeiten künftig keinen Gebrauch mehr macht.

9 Unklar und in der Vergangenheit immer wieder Anlass für Streit war die Auslegung des bereits in den Musterbedingungen des GDV für die Lebensversicherung (§ 12 ALB 2017) enthaltenen Begriffes „**Auszahlungsbetrag**" bei Kündigung, der sich nunmehr auch in § 155 Abs. 1 Satz 3 **Nr. 4** wiederfindet. Die BaFin meint, es sei der Rückkaufswert (BaFin-Journal 4/2018, 19), wobei unklar bleibt, ob dieser vor oder nach Steuern gemeint ist. Die amtliche Begründung stellt zudem insoweit klar, dass Überschüsse differenzierend nach garantierten und nicht garantierten Leistungen zusätzlich auszuweisen seien (BT-Drs. 18/13009, 54). So handhabt es die Praxis, zumal es nach Auffassung der BaFin nicht ausreicht, wenn die Standmitteilung einen Gesamtbetrag zur Überschussbeteiligung nennt, ohne zwischen garantiertem Anteil und nicht garantiertem Anteil zu differenzieren (Artikel im BaFin-Journal 4/2018, 19; vgl. insoweit auch LG Frankfurt a. M. Urt. v. 10.5.2017 – 2–06 O 375/16). Ferner ist ausgehend vom Wortlaut auf den Zahlbetrag abzustellen, den der VN behält. Also einen Betrag nach Steuern und inklusive Überschussbeteiligung.

9a Die jährliche Höhe der Mindestbeteiligung an den Bewertungsreserven muss grundsätzlich nicht separat mitgeteilt werden. Nach dem Wortlaut von § 155 Abs. 1 Satz 1 und 2 reicht die Information über die Höhe der Überschussbeteiligung und deren Garantie. Dass die Bewertungsreserven dabei zur Überschussbeteiligung gehören, ergibt sich bereits aus § 153 Abs. 1 und Abs. 3, der nicht zwischen einer (garantierten) Mindestbeteiligung und einem volatilen Anteil differenziert. Auch im Hinblick auf den Gesetzeszweck, dem VN einen transparenten und verständlichen Überblick über die Entwicklung seiner Versicherung und eine Vergleichbarkeit am Markt zu verschaffen, erscheint der gesonderte Ausweis der Mindestbeteiligung an den Bewertungsreserven nicht notwendig (so auch die BaFin in ihrer „Auslegungsentscheidung zum Ausweis der Beteiligung an den Bewertungsreserven in der Standmitteilung" vom 10.6.2016 – abrufbar). Anders ist dies jedoch zu beurteilen, wenn Angaben zum Schlussüberschussanteil gemacht werden, da das Verhältnis zwischen Schlussüberschussanteil und der Mindestbeteiligung an den Bewertungsreserven hierbei ansonsten nicht ausreichend offen gelegt werden würde und der VN nicht erkennen könnte, wie hoch die Schlussüberschussanteile ohne die Mindestbeteiligung ausfallen. Vor diesem Hintergrund kann sich der generelle Ausweis der Mindestbeteiligung als ggf. zusätzliche Information (→ Rn. 10) generell empfehlen.

10 Dass der VR mit Abs. 1 Satz 3 **Nr. 5** nunmehr verpflichtet wird, die Summe der eingezahlten Prämien mitzuteilen, überrascht zunächst. Kann doch von einem mündigen Verbraucher erwartet werden, dass er diese Information sich selbst leicht beschaffen kann (denn er hat die Prämien bezahlt) und dass er von sich aus diesen Vergleich anstellen wird, um die Wertentwicklung seines Vertrages nachvollziehen zu können. Der Gesetzgeber will es dem VN aber hier einfach machen und der BGH sieht das mit Blick auf datenschutzrechtliche Auskunftsansprüche nach Art. 15 DS-GVO ebenso (BGH Urt. v. 15.6.2021 – VI ZR 579/19). Das leitet dann aber über zu der Frage, ob der VR auf die in den eingezahlten Prämien enthaltenen Kosten, zB für die Risikoabsicherung, hinweisen kann. Das ist dem VR nach der amtlichen Begründung als freiwillige zusätzliche Angabe möglich (BT-Drs. 18/13009, 54) und sollte auch erfolgen, weil nur so die Wertentwicklung einer kapitalbildenden Lebensversicherung zutreffend nachvollzogen werden kann.

11 Grundsätzlich sind die Standmitteilungen **kein konstitutives Schuldversprechen,** das Ansprüche auslöst (vgl. OLG Stuttgart VersR 2005, 634). Erweckt die

Formulierung des VR aber den Eindruck, dass der VN da Ansprüche hat, wo keine sind, kann der VR wegen schuldhafter Verletzung einer vertraglichen Nebenpflicht haften (vgl. OLG Köln VersR 2003, 95). Diese Haftung ist auf das negative Interesse beschränkt.

12 Der VR ist nach wie vor gem. Abs. 2 Satz 1 nicht gehindert, die Mitteilung mit **weiteren Informationen** zu versehen, deren Anzahl aber nicht dazu führen darf, die vom Gesetz geforderten Kernmitteilungen im Verständnis eines durchschnittlichen VN zu verwässern. Ein Zuviel an Informationen kann die erforderliche Transparenz gefährden. Die Mitteilung sollte aber auch Angaben über die in den eingezahlten Prämien enthaltenen Kosten machen (→ Rn. 10), auch wenn das kein Muss ist. Die Standmitteilung kann gem. Abs. 2 Satz 2 auch mit anderen jährlich zu machenden Mitteilungen verbunden werden.

13 Der VR hat die Informationen **in Textform** mitzuteilen (§ 126b BGB).

14 Hat der VR im Zusammenhang mit dem Vertragsschluss **Modellrechnungen** verwendet (§ 154), ist er verpflichtet, **Abweichungen** von diesen in seine Mitteilung nach § 155 Abs. 3 mit aufzunehmen. Eine neue aktualisierte Modellrechnung braucht der VR aber nicht vorzulegen (Begr. zu § 155, BT-Drs. 16/3945, 97 f.). Erklärungen darüber, worauf die Abweichungen beruhen, mögen nützlich sein, sind aber nicht erforderlich. Dem Verständnis des VN mag es auch dienlich sein, wenn die Abweichungen den Tabellen aus der Modellrechnung gegenübergestellt werden; zur Erfüllung der Mitteilungspflicht ist dies aber nicht zu fordern (aA Terbille/Höra/*Höra/Fitzau* § 25 Rn. 236). Aus demselben Schutzzweck heraus, aus dem § 154 Abs. 2 fordert, der VR habe darauf hinzuweisen, dass es sich um eine unverbindliche fiktive Annahme handelt, wird man einen solchen Hinweis auch bei der Mitteilung über Abweichungen von der ursprünglichen Modellrechnung fordern müssen.

IV. Abdingbarkeit

15 Nach § 171 Satz 1 kann von § 155 nicht zum Nachteil des VN abgewichen werden. § 155 ist also halbzwingend.

§ 156 Kenntnis und Verhalten der versicherten Person

Soweit nach diesem Gesetz die Kenntnis und das Verhalten des Versicherungsnehmers von rechtlicher Bedeutung sind, ist bei der Versicherung auf die Person eines anderen auch deren Kenntnis und Verhalten zu berücksichtigen.

I. Normzweck

1 Die Vorschrift hat inhaltlich unverändert § 161 aF ersetzt (vgl. die Begr. zu § 156, BT-Drs. 16/3945, 98). Dabei wurde sie redaktionell gestrafft. Ein Verzicht war nicht möglich, da Lebensversicherungen auf den Tod eines anderen (§ 150 Abs. 1) regelmäßig nicht auf fremde Rechnung iSd §§ 43 ff. abgeschlossen werden, so dass insoweit § 47 (Kenntniszurechnung des Dritten beim VN) nicht anwendbar ist (amtl. Begr.).

2 Die Vorschrift trägt dem Bedürfnis des VR Rechnung, vor falschen Angaben auch der Gefahrperson, die häufig von den gefahrerheblichen Umständen allein

Kenntnis hat, geschützt zu werden. Auch die Regelung des § 47 Abs. 2 (keine Kenntniszurechnung, wenn Vertrag ohne Wissen des Dritten abgeschlossen wurde – Satz 1 – mit der Rückausnahme der Nichtanzeige dieses Umstandes bei Vertragsschluss – Satz 2 –) ist hier **nicht anwendbar,** schon weil § 150 Abs. 2 Satz 1 das tatbestandlich und rechtlich ausschließt (Vertragsschluss nur mit Zustimmung des Dritten, soweit keine Ausnahme gemäß Abs. 2 und 3 mit Blick auf eine Fremdlebensversicherung in Höhe der üblichen Beerdigungskosten oder eine Lebensversicherung im Bereich der betrieblichen Altersversorgung vorliegt; → § 150 Rn. 3 ff.). Hauptanwendungsfälle sind falsche Angaben des Versicherten bei Vertragsschluss (§§ 19 ff.). Zum Abschluss eines Lebensversicherungsvertrages durch einen Vertreter siehe § 20.

II. Abdingbarkeit

3 § 171 erwähnt § 156 nicht. Folglich ist sie abdingbar (wie hier Schwintowski/Brömmelmeyer/*Ortmann* § 156 Rn. 3; HK-VVG/*Brambach* § 156 Rn. 3; aA ohne Begr. Prölss/Martin/*Reiff* § 156 Rn. 4: ist zwingend; Überblick bei BeckOK VVG/*Reich,* 11. Ed. (30.6.2016), § 156 Rn. 3).

§ 157 Unrichtige Altersangabe

[1]Ist das Alter der versicherten Person unrichtig angegeben worden, verändert sich die Leistung des Versicherers nach dem Verhältnis, in welchem die dem wirklichen Alter entsprechende Prämie zu der vereinbarten Prämie steht. [2]Das Recht, wegen der Verletzung der Anzeigepflicht von dem Vertrag zurückzutreten, steht dem Versicherer abweichend von § 19 Abs. 2 nur zu, wenn er den Vertrag bei richtiger Altersangabe nicht geschlossen hätte.

I. Normzweck

1 Die Vorgängerregelung des § 162 aF regelte nicht den Fall, dass das Alter der versicherten Person zu hoch angegeben ist. Der Fall ist selten. Dennoch sah der Gesetzgeber auch für diesen Fall ein Regelungsbedürfnis, so dass sich die Leistung des VR nach der reformierten Vorschrift **ermäßigen, aber auch erhöhen kann.** Ansonsten ist die Vorschrift des § 162 aF in der Sache unverändert geblieben. Allerdings berücksichtigt Satz 2 die reformierten Regelungen zum Rücktritt (§§ 19 ff.).

2 **§ 163 aF** (Ausschlussfristen für Rücktritt und Anfechtung) wurde nicht in das reformierte VVG aufgenommen. Eine besondere Regelung für das Recht der Lebensversicherung ist überflüssig. Denn nun normiert § 21 Abs. 3 generelle Ausschlussfristen.

3 Mit der Regelung des § 157 kommt zum Ausdruck, dass der Gesetzgeber falsche Angaben zum Alter der versicherten Person zwar als Faktor der Risikobeurteilung sieht. Der Risikoumstand „Alter" hat aber bei falschen Angaben nicht das gleiche Gewicht, wie andere Umstände. Denn das Alter ist objektiv feststellbar und Fehlkalkulationen in der Risikobeurteilung können leicht korrigiert werden. Deshalb ist Zweck der Norm, bei falschen Altersangaben **den Vertrag** unter den notwendigen Korrekturen **bestehen zu lassen.** Ein Verstoß gegen das AGG kann hierin nicht gesehen werden.

II. Regelungsinhalt

4 Wegen des dargestellten Normzwecks ist **§ 157 lex specialis gegenüber** den allgemeinen Vorschriften der **§§ 19 ff.** Nach Satz 2 bleibt dem VR nur das Recht zum Rücktritt, wenn er den Vertrag bei richtiger Altersangabe nicht geschlossen hätte. Das wird bei der Tendenz der VR, den Vertrag in aller Regel zu dem angemessenen Tarif zu schließen, nur selten der Fall sein, etwa wenn das richtige Alter außerhalb ihrer angebotenen Tarife liegt. Dann wird oftmals aber zugleich auch eine arglistige Täuschung durch den VN vorliegen, der solche Altersgrenzen kennen und so zu umgehen versucht. Das Recht zur **Anfechtung** des Vertrages wegen **arglistiger Täuschung** (§ 22), bleibt dem VR also auch mit Blick auf diese Vorschrift erhalten, weil der Unwert dieses Verhaltens außerhalb der bloßen Korrektur tariflicher Kalkulationen liegt.

4a Die Vorschrift passt in allen anderen Fällen einen durch falsche Altersangaben inhaltlich unrichtig entstandenen Vertrag an die Wirklichkeit an. Die Anpassung ist **nicht davon abhängig,** dass den VN wegen der falschen Altersangabe **ein Verschulden trifft** (Motive zu § 162 aF).

5 Die zutreffende Leistung des VR wird aufgrund der technischen Unterlagen ermittelt. **Maßgebend ist der bei Vertragsschluss geltende Tarif.** Die Anpassung ist auch nicht zeitlich limitiert. Deshalb kann sie auch noch nach Auszahlung der Versicherungsleistung vorgenommen werden mit der Folge des § 812 Abs. 1 BGB.

III. Rücktritt

6 **Satz 2** stellt zu § 19 Abs. 2 insofern eine spezielle Regelung dar, als der Rücktritt an die zusätzliche Voraussetzung geknüpft ist, dass der VR den Vertrag bei richtiger Altersangabe nicht geschlossen hätte. Wenn sich der VR auf sein Recht zum Rücktritt beruft, hat er diese zusätzliche Voraussetzung darzulegen und im Bestreitensfalle auch zu beweisen.

IV. Abdingbarkeit

7 § 157 kann nicht zum Nachteil des VN abbedungen werden (§ 171 S. 1).

§ 158 Gefahränderung

(1) **Als Erhöhung der Gefahr gilt nur eine solche Änderung der Gefahrumstände, die nach ausdrücklicher Vereinbarung als Gefahrerhöhung angesehen werden soll; die Vereinbarung bedarf der Textform.**

(2) [1]**Eine Erhöhung der Gefahr kann der Versicherer nicht mehr geltend machen, wenn seit der Erhöhung fünf Jahre verstrichen sind.** [2]**Hat der Versicherungsnehmer seine Verpflichtung nach § 23 vorsätzlich oder arglistig verletzt, beläuft sich die Frist auf zehn Jahre.**

(3) **§ 41 ist mit der Maßgabe anzuwenden, dass eine Herabsetzung der Prämie nur wegen einer solchen Minderung der Gefahrumstände verlangt werden kann, die nach ausdrücklicher Vereinbarung als Gefahrminderung angesehen werden soll.**

I. Regelungsinhalt

Vorgängerregelungen sind §§ 164 aF und 164a aF Der Inhalt des § 164a aF, dass § 41a aF nicht gelte, ist für § 41 modifiziert worden (Abs. 3). Nach der alten Regelung konnte der VN in keinem Fall die Herabsetzung der vereinbarten Prämie mit der Begründung verlangen, es sei eine Gefahr**minderung** eingetreten. Mit der Neureglung wurden Gefahrerhöhung und Gefahrminderung gleichgestellt (vgl. die Begr. zu § 158, BT-Drs. 16/3945, 98). 1

§ 158 Abs. 1 ist nur insoweit gegenüber § 164 aF geändert, als statt Schriftform nun Textform verlangt wird. § 158 Abs. 2 Satz 1 mindert die Frist von zehn in Übereinstimmung mit § 21 Abs. 3 Satz 1 auf fünf Jahre. § 158 Abs. 2 Satz 2 setzt entsprechend § 21 Abs. 3 Satz 2 bei arglistiger Täuschung die Frist auf zehn Jahre fest. 2

§ 158 ist gegenüber den §§ 23 ff. **lex specialis.** Da in der Lebensversicherung Gefahrerhöhung wie Gefahrminderung nur unsicher abzugrenzen sind, muss **bereits bei Vertragsschluss festgelegt** werden, welche Änderung der Gefahrumstände zu einer Änderung der Prämie führen soll (amtl. Begr. zu § 158 Abs. 1 und 3). 3

Die allgemeine Rspr. zu den §§ 23 ff. kann **nicht** ohne weiteres auf Fälle in der Lebensversicherung übertragen werden. Da § 158 verlangt, dass eine Prämienanpassung nur möglich ist, wenn die Gefahrerhöhung oder -minderung ausdrücklich vereinbart wurde, müssen die entsprechenden **Umstände genau bezeichnet werden** (Prölss/Martin/*Schneider* § 158 Rn. 7). Das Erfordernis dieser Konkretisierung schließt nicht völlig aus, dass die von der Rspr. zu §§ 23 ff. geforderte (zB BGH VersR 2012, 1300; VersR 2010, VersR 944; 2005, 218 unter II.b.1; NJW-RR 2004, 1098 = VersR 2004, 895; BGH VersR 2010, 1032; VersR 2010, 944 f.) ganzheitliche Betrachtungsweise angewendet wird, bei der es darauf ankommt, dass sich die Risikolage insgesamt gesehen geändert hat. **Zweifelhaft** könnte sein, ob eine ausdrückliche Vereinbarung über die Änderung der Gefahrumstände auch **in den AVB niedergelegt** werden kann (so Prölss/Martin/*Schneider* § 158 Rn. 7). Die Notwendigkeit einer konkreten Bezeichnung könnte erfordern, dass sie auf den individuellen Fall abgestimmt ist (vgl. einerseits die in der Begr. zu § 158 Abs. 1 und 3 genannten Beispiele, BT-Drs. 16/3945, 98; vgl. andererseits BGH VersR 1984, 884 unter I.1 zu § 164 aF, wo als Hilfsbegründung ausgeführt wird, die AVB des vorgelegten Falles enthielten nicht mehr den Passus der früheren ALB. Dieser lautete: „Als Erhöhung der Gefahr gilt insbesondere eine erhebliche Erkrankung oder Verletzung der zu versichernden Person"). Andererseits kann die Vorschrift aber auch fruchtbar gemacht werden, um verhaltensbezogene Tarife (→ § 153 Rn. 28a) weiter zu etablieren, so wie es bei sog. Rauchertarifen bereits heute der Fall ist (*Armbrüster* r+s 2013, 209 (213) mwN). Das spricht für die Zulässigkeit von Vereinbarungen in den AVB. 4

II. Abdingbarkeit

Nach § 171 Satz 1 kann von § 158 nicht zum Nachteil des VN abgewichen werden. § 158 ist also halbzwingend. 5

§ 159 Bezugsberechtigung

(1) **Der Versicherungsnehmer ist im Zweifel berechtigt, ohne Zustimmung des Versicherers einen Dritten als Bezugsberechtigten zu bezeich-**

nen sowie an die Stelle des so bezeichneten Dritten einen anderen zu setzen.

(2) **Ein widerruflich als bezugsberechtigt bezeichneter Dritter erwirbt das Recht auf die Leistung des Versicherers erst mit dem Eintritt des Versicherungsfalles.**

(3) **Ein unwiderruflich als bezugsberechtigt bezeichneter Dritter erwirbt das Recht auf die Leistung des Versicherers bereits mit der Bezeichnung als Bezugsberechtigter.**

Übersicht

I. Regelungsinhalt

1 § 159 Abs. 1 entspricht inhaltlich im Wesentlichen der Regelung des § 166 Abs. 1 aF. Die reformierte Regelung erstreckt sich nun aber **auf alle Lebensversicherungen** einschl. der Rentenversicherung, nicht nur auf die Kapitallebensversicherung, wie es der Wortlaut der alten Regelung vorsah. Nach bisher hM war § 166 aF aber auch schon nach altem Recht auf sämtliche Lebensversicherungen auszudehnen (vgl. 2. Aufl. 2003, § 166 Rn. 1 mwN). Was den Zeitpunkt des Erwerbs betrifft, **unterscheidet** § 159 Abs. 2 und 3 nun zwischen **widerruflicher und unwiderruflicher** Bezugsberechtigung. § 166 Abs. 1 Satz 2 aF, wonach der VN berechtigt war, an die Stelle des zunächst benannten Bezugsberechtigten einen anderen zu setzen, ist gestrichen. Diese Befugnis ist nun in § 159 Abs. 1 Satz 1 bereits enthalten (vgl. die Begr. zu § 159 Abs. 1, BT-Drs. 16/3945, 98).

II. Auslegungsregeln

2 Siehe auch § 160. Zunächst sind auf den Lebensversicherungsvertrag mit Bezugsberechtigung die **§§ 328–335 BGB – Verträge zugunsten Dritter** – grds. anwendbar. Nach § 328 Abs. 1 BGB kann der Dritte das Bezugsrecht unmittelbar erwerben. Gemäß der Auslegungsregel des § 330 Satz 1 BGB ist im Zweifel anzunehmen, dass der Dritte unmittelbar das Recht erwerben soll, die Versicherungsleistung zu fordern. Diese Bestimmungen werden durch die Auslegungsregeln des § 159 ergänzt (vgl. allgemein zur Thematik auch *Armbrüster* PrivVersR Rn. 2179 ff.). Der bezugsberechtigte Dritte kann auch einen anderen als Empfän-

ger der Versicherungsleistung bevollmächtigen (OLG Saarbrücken VersR 2021, 361).

Durch **Abs. 1** wird dem VN im Zweifel vorbehalten, ohne Zustimmung des VR ein Bezugsrecht zu begründen und dies auch wieder zu ändern. Man wird dieser Vorschrift die Auslegungsregel entnehmen können, dass es sich dann, wenn der VN das Bezugsrecht weder als widerruflich noch als unwiderruflich bezeichnet hat, um ein widerrufliches handeln soll, so dass der Dritte entsprechend Abs. 2 bis zum Eintritt des Versicherungsfalles noch keine Ansprüche hat. 3

Das Bezugsrecht kann sich sowohl auf die **Erlebensfallleistung,** als auch die **Todesfallleistung** und/oder den **Rückkaufswert** beziehen. Wenn der VN sich nicht näher erklärt hat, worauf sich das Bezugsrecht beziehen soll, wird man dieser Vorschrift die weitere Auslegungsregelung entnehmen können, dass im Zweifel nur die Todesfallleistung gemeint ist. Zwar spricht Abs. 1 allgemein von „Bezugsberechtigten", was dafür sprechen könnte, dass alle Leistungen des Lebensversicherungsvertrages gemeint sind. Jedoch besteht ein Bedürfnis für den VN zur Bestimmung eines Bezugsberechtigten außerhalb der gesetzlichen Erbfolge in dem Standardfall, dass er gleichzeitig die Gefahrsperson ist, nur für die Todesfallleistung, wohingegen er die Erlebensfallleistung und den Rückkaufswert in der Regel selbst beanspruchen und dann immer noch darüber verfügen kann. Zudem wird der VN bei dem in Abs. 2 angesprochenen Versicherungsfall eher an die Todesfallleistung denken, auch wenn der Erlebensfall genauso den Eintritt eines Versicherungsfalls bedeutet (vgl. BGHZ 45, 162 (165 ff.) = NJW 1966, 1071). Schließlich enthält auch § 160 für diesen Fall keine andere Auslegungsregel. Zur Bezugsberechtigung in der Termfixversicherung (→ Vor § 150 Rn. 14) siehe BGH NJW-RR 1992, 1302 = VersR 1992, 990. 4

III. Bezugsrecht

1. Allgemeines

Das Bezugsrecht gibt dem Dritten z.B. im Versicherungsfall Tod einen unmittelbaren Anspruch gegenüber dem VR auf die Todesfallleistung, **§ 331 BGB.** Das Bezugsrecht ist von seinem Rechtsgrund zu unterscheiden. Dieser besteht einerseits im Deckungsverhältnis, also im Verhältnis zwischen VN und VR, und andererseits im Valutaverhältnis zwischen VN und dem als Bezugsberechtigten bezeichneten Dritten. Deckungs- und Valutaverhältnis sind grundsätzlich voneinander zu trennen (BGH NJW 2008, 2702 mwN). Nur ausnahmsweise gilt unter Beachtung von § 242 BGB etwas anderes (zum Einwendungsdurchgriff: OLG Saarbrücken VersR 2018, 149 und VersR 2020, 89; zu etwaigen Schadenersatzpflichten des Versicherers bei offensichtlichen Mängeln des Valutaverhältnisses: OLG Stuttgart NLPrax 2020, 65). Das Bezugsrecht hängt allein von den dafür im Versicherungsvertrag vereinbarten Bedingungen ab (BGHZ 128, 125 (132 f.) mwN = NJW 1995, 1082 = VersR 1995, 282 unter III.2), wohingegen die Bestimmung des Bezugsrechts nicht Teil der Vertragserklärung des VN ist (→ Rn. 8). Der Eintritt der Unwiderruflichkeit eines widerruflichen Bezugsrechts kann also auch von anderen Bedingungen als dem Eintritt des Versicherungsfalls abhängig gemacht werden. Wenn dort mithin die Unwiderruflichkeit zB nicht wie im Regelfall vom Tod der Gefahrsperson, sondern vom Tod des VN abhängig gemacht wird, gilt das auch dann, wenn der VN ausnahmsweise 5 nicht gleichzeitig die Gefahrsperson ist, auch wenn das vom Regelfall eher abweicht. Denn es ist auch an das Interesse des VN zu denken, dass seine Erben nach seinem Ableben die von ihm getroffene Bestimmung des Bezugsberechtigten nicht mehr abändern. Allerdings kann ein Rechtsgrund zum Behalten des Bezugsrechts – und nach dem Tod des Versicherten der Todesfallleistung – entfallen (beim Scheitern der Ehe → Rn. 32), wenn das Valutaverhältnis (durch die Erben) rückabgewickelt werden muss (BGHZ 128, 125 (132 f.) mwN = NJW 1995, 1082 = VersR 1995, 282). Die Beweislast für die Voraussetzungen einer Rückabwicklung, zB Wegfall der Geschäftsgrundlage, trägt, wer das Bezugsrecht nicht gelten lassen will (BGH VersR 1995, 282 unter III.3.b).

6 Der Bezugsberechtigte hat keinen Anspruch gegen den VR darauf, dass dieser ihm mitteilt, wenn der VN in Zahlungsverzug ist. Einen **Auskunftsanspruch** über etwaige Prämienrückstände hat der Bezugsberechtigte allenfalls dann, wenn er sich diese Information nicht anderweitig beschaffen kann (OLG Köln VersR 1990, 11261). Zum davon abweichenden Auskunftsanspruch des Arbeitnehmers bei einer Direktversicherung seines Arbeitgebers → Rn. 27 sowie zu den Informationspflichten des VR in diesem Fall siehe § 166 Abs. 4. Zu einem Sonderfall des Eintrittsrechts in ähnlichen Fällen siehe § 170. Sämtliche Einwendungen des VR gegen den VN wirken auch zu Lasten des Bezugsberechtigten.

7 Eine Vertragsklausel, nach der ein VN bei mehreren verbundenen VR nur einen in Anspruch zu nehmen hat (**Führungsklausel** → § 77 Rn. 10 ff.), soll nicht für den Bezugsberechtigten gelten (so OLG Oldenburg VersR 2000, 617). Das überzeugt nicht, da der Bezugsberechtigte seinen Anspruch nur so vom Verfügungsberechtigten, idR der VN, erhalten kann, wie dieser ihn gegenüber den VR hat. Denn als Versprechensempfänger kann er nach § 332 BGB nur das ohne Zustimmung des Versprechenden (VR) weitergeben, was er von diesem erhalten hat. Auch § 333 BGB spricht nur von dem aus dem Vertrag erworbenen Recht und macht deutlich, dass vertragliche Beschränkungen des erworbenen Rechts mit übergehen. Weiter reicht die Gestaltungsfreiheit des Verfügungsberechtigten nicht (→ Rn. 8 ff.).

2. Begründung

8 Das Bezugsrecht, ob widerruflich oder nicht, begründet der Verfügungsberechtigte, idR der VN, durch **einseitige empfangsbedürftige Willenserklärung gegenüber dem VR** (ebenso wie die Änderung → Rn. 18 ff.). Die das Bezugsrecht begründende Erklärung ist kein Bestandteil des Versicherungsvertrages; sie hat selbstständigen Charakter. Die Begründung des Bezugsrechts bedarf zu ihrer Wirksamkeit keiner Annahme- oder Bestätigungserklärung des VR. Das ergibt sich aus § 332 BGB, wonach sich der Versprechensempfänger (VN) die Befugnis vorbehalten kann, ohne Zustimmung des Versprechenden (VR) einen Dritten als Inhaber des Rechts auf die Leistung zu bestimmen. Nach § 159 Abs. 1 hat sich der VN im Zweifel vorbehalten, ohne Zustimmung des VR einen Dritten als Bezugsberechtigten zu bezeichnen. Folglich genügt eine einseitige empfangsbedürftige Willenserklärung (ebenso Prölss/Martin/*Reiff*/*Schneider* ALB 2010 § 9 Rn. 8; ausführlich Bruck/Möller/*Winter* § 159 Rn. 90 ff. mwN; BeckOK VVG/*Reich,* 11. Ed. (30.6.2016), § 159 Rn. 5). Da die Bestimmung des Bezugsrechts nicht Teil einer Vereinbarung ist, unterfallen Änderungsversuche des VR auch nicht der Billigungsklausel des § 5 (OLG Frankfurt a. M. NVersZ 1999, 468 = VersR 1999, 1353). Zur Schadensersatzpflicht des VR bei fehlerhafter Bearbeitung

einer Bezugsrechtsbestellung siehe OLG Hamm VersR 2010, 200 sowie bei offensichtlichen Mängeln des Valutaverhältnisses OLG Stuttgart Urt. v. 20.2.2020 – 7 U 283/19.

Ebenso wenig wie der VR muss der **Begünstigte** zur Wirksamkeit der Bezugsberechtigung diese **annehmen.** Das ergibt sich aus § 333 BGB, wonach der Dritte das aus dem Vertrag erworbene Recht aber zurückweisen kann (vgl. Bruck/Möller/*Winter* § 159 Rn. 91). Bestellt der VN durch Erklärung gegenüber dem VR ein Bezugsrecht oder ändert er so ein unwiderrufliches, beinhaltet dies regelmäßig den Auftrag an den VR, dem Dritten das etwaige Zuwendungsangebot nach Eintritt des Versicherungsfalles als Bote zu übermitteln (BGH VersR 2008, 1054; 2013, 1029; *Langheid/Müller-Frank* NJW 2013, 2329; OLG Dresden r+s 2018, 608). Hierfür reicht es, wenn dem Begünstigten dessen unwiderrufliche Bezugsberechtigung mitgeteilt wird. Spätestens nachdem die Versicherungssumme an den Begünstigten ausgezahlt wurde, gilt der Auftrag des als Bote tätig werdenden VR als erfüllt, weil sich damit das Zuwendungsangebot des verstorbenen VN realisiert hat. Bis dahin möchte sich der VN nicht binden, sondern frei widerruflich erklären können (OLG Dresden r+s 2018, 608). 9

Bezeichnet der VN den Inhaber des Versicherungsscheins als bezugsberechtigt (zur Auslegung solcher Bezeichnungen siehe § 160), so liegt darin idR noch keine Begründung eines Bezugsrechts. Anderenfalls würde der Versicherungsschein zu einem echten Inhaberpapier (vgl. § 4). Bezugsberechtigt ist in einem solchen Fall aber derjenige, der den Besitz des Versicherungsscheins mit Wissen und Wollen des VN erlangt hat (OLG Hamm NJW-RR 1993, 296 = VersR 1993, 173 (Ls.)). 10

Der VN kann das Bezugsrecht **schon bei Abschluss des Vertrages** so ausgestalten, dass es von vornherein **gegenüber** einer schon erfolgten oder erst noch vorzunehmenden **Sicherungsabtretung nachrangig** ist. Dazu besteht ein Bedürfnis, etwa wenn der Abschluss der Lebensversicherung der Absicherung eines Darlehens dient. In solchen Fällen kann gleichzeitig die Bezugsberechtigung des einen (für das später nicht mehr voll valutierende Darlehen) wie auch die Abtretung an einen anderen erklärt werden (vgl. BGH r+s 2001, 342 = VersR 2001, 883 unter II.2.a = ZfS 2001, 469). Das Bezugsrecht tritt dann entsprechend dem Sicherungszweck von vornherein im Rang hinter die Abtretung zurück. 11

Die Begründung eines Bezugsrechts kann nach § 138 BGB **sittenwidrig** und damit von Anfang an unwirksam sein. Das war nach der älteren Rspr. (Nachweise bei Prölss/Martin/*Schneider* § 159 Rn. 9) der Fall, wenn der Ehemann als VN seine Geliebte begünstigte. Hier ist aber der inzwischen eingetretene Wandel in der Bewertung zu berücksichtigen. Neuere höchstrichterliche Rspr. zum Bezugsrecht in solchen Fällen liegt noch nicht vor. Anhaltspunkte für die erforderlichen Wertungen dürfte die jüngere Rspr. zum sog Geliebten-Testament geben (BGH NJW 1983, 674; vgl. zu § 607 BGB auch BGH NJW 1984, 2150). Nach heutiger gesellschaftlich allgemein akzeptierter Wertung kann der VN wirksam auch seine Geliebte als Bezugsberechtigte einsetzen, es sei denn, besondere Umstände rechtfertigten eine andere Wertung. 12

3. Widerruflich- und Unwiderruflichkeit

Was den Erwerb des Bezugsrechts betrifft, unterscheidet das Gesetz nach der Reform von 2008 nun ausdrücklich zwischen widerruflichem (Abs. 2) und unwiderruflichem (Abs. 3) Bezugsrecht. Damit hat das Gesetz die bereits vorher bestehende Rechtsprechung aufgenommen. Räumt der VN einem Dritten ein **wider-** 13

rufliches Bezugsrecht für die Todesfallleistung ein, steht dem Dritten bis zum Eintritt des Versicherungsfalles noch kein Recht zu; er hat nur eine Hoffnung auf die später einmal fällig werdende Leistung (BGH NJW 1993, 1994 = r+s 1993, 354 = VersR 1993, 689 unter II.3; NJW 1984, 1611 = WM 1984, 817 = VersR 1984, 632). Es ist rechtlich ein Nullum (BGH VersR 2010, 1021 mwN).

14 Bei einem **unwiderruflichen Bezugsrecht** erwirbt der Dritte dieses Recht sofort (BGH VersR 2003, 1021). Dies folgt aus dem Verzicht des Widerrufs. Das unwiderrufliche Bezugsrecht auf die Todesfallleistung ist auflösend bedingt. Die Bedingung tritt ein, wenn der Versicherte den Erlebensfall erlebt (BGHZ 45, 162 (165 ff.) = NJW 1966, 1071). Soll einem Dritten ein unwiderrufliches Bezugsrecht eingeräumt werden, muss der VN dies ausdrücklich und erkennbar erklären (OLG Hamm NJW 1990, 707). Mit der Erklärung im Versicherungsschein, der Ehefrau werde ab dem Erreichen des 60. Lebensjahres durch den VR eine Rente „gewährt", wird ihr ein unwiderrufliches Bezugsrecht eingeräumt (KG VersR 2006, 1349). Ist das unwiderrufliche Bezugsrecht nur im Verhältnis zwischen VN und Bezugsberechtigtem vereinbart, hat es schuldrechtlichen Charakter und löst Rechte und Pflichten auch nur zwischen VN und Bezugsberechtigtem aus. Ist darüber hinaus – wie idR – auch zwischen VN und VR bestimmt, dass ein Dritter ein unwiderrufliches Bezugsrecht hat, erhält dieses dingliche Wirkung (BGH NJW 1996, 2731 = VersR 1996, 1089 unter 1.; NJW 1975, 1360 = VersR 1975, 706 unter 1). Bei einem unwiderruflichen Bezugsrecht ist die Zuwendung der Versicherungsleistung regelmäßig bereits mit der Bezeichnung als Bezugsberechtigter vorgenommen; die **insolvenzrechtliche Anfechtungsfrist** (§§ 134 Abs. 1, 140 Abs. 1 InsO) beginnt ab diesem Zeitpunkt zu laufen (BGH VersR 2013, 438; *Langheid/Müller-Frank* NJW 2013, 2329).

15 Um ein unwiderrufliches Bezugsrecht handelt es sich auch, wenn die Erlebensfallleistung dem VN zustehen soll, dem Ehepartner aber die Versicherungsleistung im Todesfall unwiderruflich zugewendet wird. Im Fall eines solchen **gespaltenen** Bezugsrechts erwirbt der begünstigte Dritte die Rechte aus dem Versicherungsvertrag regelmäßig sofort, allerdings unter der auflösenden Bedingung, dass der Versicherte den Ablauf der Versicherung erlebt, während der Rechtserwerb des VN entsprechend aufschiebend bedingt ist (BGHZ 45, 162 = NJW 1966, 1071 = VersR 1966, 359; BGH DB 2012, 2741; VersR 2013, 438; *Langheid/Müller-Frank* NJW 2013, 2329).

16 Der VN kann das unwiderrufliche Bezugsrecht **gegenständlich und zeitlich einschränken.** Denn er kann überhaupt über die Ansprüche aus dem Versicherungsvertrag im Rahmen seiner Gestaltungsfreiheit insgesamt verfügen (stRspr, vgl. BGH VersR 2010, 517 mwN).

17 Beruht die Einräumung des Bezugsrechts auf einem **Schenkungsversprechen,** bedarf es der Form des § 518 Abs. 1 BGB. Der Mangel der Form wird beseitigt, wenn der VN durch Übereinkunft mit dem VR die Unwiderruflichkeit mit dinglicher Wirkung herbeiführt oder die Bezugsberechtigung bis zu seinem Tode nicht widerruft (BGH NJW 1975, 1360 = VersR 1975, 706; BGH NJW 2013, 3448 = VersR 2013, 1121 mAnm *Langheid/Müller-Frank* NJW 2014, 354).

4. Änderung des Bezugsrechts

18 Das Bezugsrecht kann, soweit es **widerruflich** ist, vom VN geändert werden. Dazu genügt es nicht, wenn der VN etwa auf dem Versicherungsschein die Bezugsberechtigung streicht oder einen anderen einsetzt. Die Änderung, sei es der bloße Widerruf oder eine Umbenennung, hat als Ausübung rechtsändernder Gestaltungsrechte Verfügungscharakter. Macht der VN von seinem vertraglich begründeten Gestaltungsrecht Gebrauch, so führt er durch **einseitige empfangsbedürftige Willenserklärung** eine inhaltliche Änderung des Versicherungsvertrages herbei (BGH NJW-RR 1989, 21 = VersR 1988, 1236 unter 2). Bei einer Lebensversicherung auf den Tod erfordert die Änderung der Bezugsberechtigung im Todesfall in entsprechender Anwendung von § 150 Abs. 2 die schriftliche Einwilligung der versicherten Person. Entsprechend § 150 Abs. 2 Satz 2 kann dabei der für den Aufgabenkreis Gesundheitsfürsorge bestellte Betreuer der versicherten Person diese bei Erteilung der Einwilligung nicht vertreten, wenn die Bezugsberechtigung zu seinen Gunsten geändert werden soll (BGH NJW 2020, 154 Rn. 21 ff. mAnm *Armbrüster*). Ändern Dritte das Bezugsrecht, so ist im Einzelfall zu prüfen, ob sie verfügungsberechtigt waren und ob die Verfügung uU der vormundschaftsgerichtlichen Genehmigung bedarf (§§ 1915, 1831, 1812 – wie im Falle BGH NJW-RR 1989, 21 = VersR 1988, 1236). Wegen des Verfügungscharakters muss die ändernde Willenserklärung hinreichend deutlich sein und klar erkennen lassen, dass und in welcher Weise die Bezugsberechtigung geändert werden soll (OLG Frankfurt a. M. VersR 1996, 359). Das Schweigen des VN auf eine Anfrage des VR wegen des Bezugsrechts stellt keine ändernde Verfügung dar (BGH r+s 2002, 168 = VersR 2002, 218 unter 2).

Auch nach den AVB muss die Änderungserklärung zu ihrer Wirksamkeit dem VR zugehen (§§ 15 Abs. 2 aF, 13 Abs. 4 ALB nF). Die Auslegungsregel des **§ 332 BGB** greift nicht ein (BGH NJW 1993, 3133 = VersR 1993, 1219 unter 2.a). Deshalb empfiehlt es sich nicht, die Änderung allein im Testament vorzunehmen (vgl. BGHZ 81, 95 = NJW 1981, 2245 = VersR 1981, 926), weil eine solche Änderungserklärung allenfalls nach dem Tode des VN dem VR zugeht. Das reicht nicht (vgl. OLG Koblenz r+s 1999, 522 = VersR 1999, 830). § 130 Abs. 2 BGB enthält dispositives Recht, das durch Regelungen in AVB ersetzt werden kann. Aus § 130 Abs. 2 BGB kann nicht die Fiktion hergeleitet werden, dass die Erklärung des VN als zu Lebzeiten zugegangen gilt, wenn er nach ihrer Abgabe und vor Zugang verstorben ist (OLG Zweibrücken VersR 2007, 195). Mit dem Tod des Versicherten, das heißt mit Eintritt des Versicherungsfalles erwirbt der bis dahin für die Todesfallleistung widerruflich Bezugsberechtigte ein unentziehbares Recht auf die Versicherungsleistung. Dieses Recht kann nicht nachträglich durch Zugang einer Änderungsverfügung entfallen (BGH NJW 1993, 3133 = VersR 1993, 1219 unter 4). Soweit eine Klausel in den (älteren) ALB die Wirksamkeit davon abhängig macht, dass die Erklärung dem Vorstand des VR zugegangen sein muss, ist sie unwirksam; es handelt sich um ein nach § 309 Nr. 13 BGB unzulässiges Zugangserfordernis. Eine Klausel in den AVB des VR, wonach die Umwandlung eines widerruflichen in ein unwiderrufliches Bezugsrecht der Bestätigung des VR bedarf (§ 13 Abs. 2 ALB 86), verstößt nicht gegen § 307 BGB (OLG Koblenz VersR 2007, 1257). **19**

Ist die Änderungserklärung erst nach dem Tode des Versicherten dem VR zugegangen, so ändert **§ 130 Abs. 2 BGB** an der Verspätung nichts. Diese Vorschrift bestimmt nicht, dass eine Erklärung als zu Lebzeiten des Erklärenden zugegangen gilt (BGH r+s 1994, 360 = VersR 1994, 586; vgl. auch NJW 1993, 3133 = VersR 1993, 1219 unter 4; iE ebenso OLG Frankfurt a. M. VersR 1993, 171; LG Detmold VersR 1996, 615; zu § 130 Abs. 2 BGB auch *Glauber* VersR 1993, 938). Ein VR wird nicht leistungsfrei, wenn er den Widerruf der Bezugsberechtigung erst nach dem Tod des Versicherten erhält, der ursprünglich Bezugsbe- **20** rechtigte darauf hinweist und der VR dennoch an einen Dritten, den späteren Zessionar, leistet (BGH r+s 1999, 257 = VersR 1999, 700).

21 Zur Änderung eines eingeschränkt unwiderruflichen Bezugsrechts in ein strikt unwiderrufliches bei einer **Direktversicherung** im Falle der Insolvenz des Arbeitgebers s. OLG Düsseldorf r+s 2002, 214 = VersR 2002, 86.

22 Die **Beweisregel** des § 416 ZPO bezieht sich auch auf die Begebung einer schriftlichen Willenserklärung zur Änderung des Bezugsrechts (BGH VersR 2003, 229).

5. Abtretung, Verpfändung und Pfändung

23 Zur Möglichkeit einer Abtretung und Verpfändung der Rechte aus der Lebensversicherung → Vor § 150 Rn. 33 ff. und → § 159 Rn. 17 ff. Bei einer unwiderruflichen Bezugsberechtigung ist der VN zur Rechtsübertragung nicht mehr befugt (vgl. BGHZ 45, 162 (168) = NJW 1966, 1071 = VersR 1966, 359). Das widerrufliche Bezugsrecht hindert den VN nicht an der Übertragung der Rechte aus dem Versicherungsvertrag. Die Abtretung kann gleichzeitig mit dem Bezugsrecht schon bei Vertragsschluss erklärt werden (→ Rn. 10).

24 „Widerruft" der VN aus Anlass einer **Sicherungsabtretung** das widerruflich eingeräumte Bezugsrecht, fällt dieses nicht weg. Der Widerruf gilt nur für die Dauer und die jeweilige Höhe des Sicherungszwecks. Das Bezugsrecht bleibt erhalten, tritt aber im Rang hinter die Rechte des Sicherungsnehmers zurück (BGHZ 109, 67 (71 f.) = NJW 1990, 256 = VersR 1989, 1289 unter 3; r+s 2001, 342 = VersR 2001, 883 unter II.2.a; BGH NJW 2012, 1003 = VersR 2012, 344 für eine Bestimmung in der Abtretungsvereinbarung, nach der der Bezugsberechtigte bei Verwertung der Sicherheit nach dem Tod des VN einen etwaigen Übererlös erhalten soll; OLG Saarbrücken VersR 1992, 1209). Das hat erhebliche praktische Bedeutung. Der VN, der die Rechte aus der Lebensversicherung zur Sicherung abgetreten hat, braucht das Bezugsrecht nicht erneut zu begründen, wenn und soweit der Sicherungszweck weggefallen ist. An die Wiedererrichtung haben VN in der Vergangenheit häufig nicht gedacht. Der Widerruf des Bezugsrechts bewirkt auch nur soweit ein Zurücktreten hinter die Sicherungsabtretung, wie es der Sicherungszweck erfordert (BGH r+s 2002, 168 = VersR 2002, 218 unter 3; NJW 1996, 877 = VersR 1996, 877 unter 3.a mwN). Soweit der Sicherungszweck entfallen ist, hat der Bezugsberechtigte nach dem Tod des Versicherten Anspruch auf die Versicherungsleistung, ohne dass es einer Rückabtretung des Bezugsrechts durch den Sicherungsnehmer bedarf (BGH NJW-RR 1993, 669 = VersR 1993, 553 unter 3.b).

25 Diese Rspr. geht aufgrund der bisher entschiedenen Fälle davon aus, dass der VN jeweils auch persönlicher Schuldner der gesicherten Forderung ist, er somit eine Eigensicherheit gestellt hat. Hat jedoch der VN seine Ansprüche zur Sicherung der Schuld eines Dritten an dessen Gläubiger abgetreten, tritt im Versicherungsfall nicht regelmäßig der Sicherungsfall ein. In einem solchen Fall sprechen regelmäßig die Interessen der Beteiligten gegen eine sofortige Verwertung der Sicherheit. Eine vor der Sicherungsabtretung widerruflich getroffene Bezugsberechtigung steht dann auch in der Zeit nach Eintritt des Versicherungsfalles im Rang hinter den Rechten des Sicherungsnehmers zurück (BGH VersR 2010, 1629).

26 Fraglich ist, ob der VN **nach einer Sicherungsabtretung** wirksam das nur im Rang zurückgetretene Bezugsrecht widerrufen kann. Fraglich ist ebenso, ob

der VN, wenn im Zeitpunkt der Sicherungsabtretung noch kein Dritter als bezugsberechtigt bestimmt war, nach der Sicherungsabtretung ein Bezugsrecht wirksam begründen kann. Grundsätzlich tritt bei einer Abtretung der Zessionar in die Rechtsstellung des Zedenten ein, so dass dem Zessionar sämtliche Rechte des VN zustehen. Danach wäre dem VN verwehrt, nach der Abtretung noch wirksam ein Bezugsrecht zu ändern oder zu begründen. Aber auch in diesen Fällen muss bei der Sicherungsabtretung berücksichtigt werden, dass die Willenserklärungen der Parteien inhaltlich vom Sicherungszweck bestimmt werden. Nach diesem Parteiinteresse ist idR eine Auslegung mit dem Ergebnis geboten, dass das Recht, ein Bezugsrecht zu begründen oder zu ändern, insoweit beim VN verblieben ist, als es den Sicherungszweck unberührt lässt (vgl. OLG Köln VersR 1990, 1338; wie hier Prölss/Martin/*Reiff/Schneider* ALB 2019 § 9 Rn. 32 ff.; tendenziell auch OLG Hamm VersR 1994, 1053 mAnm *Bayer*). Das ist bei nachrangigen Bezugsrechten grundsätzlich der Fall.

6. Betriebliche Altersvorsorge

27 In der betrieblichen Altersversorgung schließen Arbeitgeber häufig eine Direkt-Lebensversicherung **(Gruppenversicherung)** auf das Leben der Arbeitnehmer ab (→ Vor § 150 Rn. 20 ff. sowie allg. *Britz* in Ulbrich, Praxishandbuch betriebliche Altersversorgung und Zeitwertkonten, 2021, Kap. 6), die ein Bezugsrecht erhalten (im Einzelnen BAGE 65, 215 = VersR 1991, 241; zur Berücksichtigung beim Zugewinnausgleich → Rn. 31 f.). Auch hier ist zu unterscheiden, ob es sich um ein widerrufliches oder unwiderrufliches Bezugsrecht handelt (zunächst → Rn. 13 ff.). Ist ein widerrufliches Bezugsrecht eingeräumt, wird dieses auch bei Unverfallbarkeit nicht zu einem unwiderruflichen (BAG VersR 1992, 341 unter I.2). Der **widerruflich Bezugsberechtigte** hat auch dann keinen unmittelbaren Anspruch gegen den Lebensversicherer, wenn er vorzeitig in den Ruhestand geht. Der Versorgungsfall nach § 6 BetrAVG ist kein Eintritt des Versicherungsfalles. Diese Vorschrift regelt die Voraussetzungen, unter denen ein Arbeitnehmer vor Vollendung des 65. Lebensjahres die gesetzliche Rentenversicherung in voller Höhe in Anspruch nehmen kann. Daraus ergibt sich kein unmittelbarer Anspruch gegen den VR, auch wenn dieser – einer Empfehlung der BaFin folgend – bei Inanspruchnahme der flexiblen Altersgrenze eine vorzeitige Auflösung des Versicherungsvertrages ohne Abzug von Stornogebühren ermöglicht. Der Arbeitnehmer hat lediglich einen Anspruch auf Zustimmung gegenüber dem Arbeitgeber (BAG VersR 1996, 85 unter II). Zu den **Informationspflichten** eines Lebensversicherers gegenüber dem bezugsberechtigten Arbeitnehmer bei einer durch Prämienverzug des Arbeitgebers gefährdeten Direktversicherung siehe § 166 Abs. 4.

28 Mit der Klausel „Bei Tod des Versicherten vor Rentenbeginn werden die Beiträge zurückgewährt" verspricht der VR eine Versicherungsleistung. Folglich steht der entsprechende Betrag auch in diesem Fall dem unwiderruflich Bezugsberechtigten zu (BGH r+s 1996, 154 = VersR 1996, 357, im entschiedenen Fall war Bezugsberechtigte die Versicherte, ihr Sohn hatte als Erbe den Anspruch).

29 Die dargestellte Rechtslage bei einem unwiderruflichen Bezugsrecht ändert sich nicht, wenn es sich um ein **eingeschränkt unwiderrufliches Bezugsrecht** handelt; wenn sich der VN zB vorbehalten hat, mit Zustimmung des Bezugsberechtigten die Lebensversicherung zu beleihen. Das eingeschränkt unwiderrufliche Bezugsrecht steht wirtschaftlich und rechtlich dem uneinge-

schränkten gleich (BGH NJW 1996, 2731 = VersR 1996, 1089; BAG VersR 1991, 211; OLG Karlsruhe VersR 2001, 1501). Sieht der Arbeitgeber als VN davon ab, die Beleihung der Versicherung von der Zustimmung des unwiderruflich Bezugsberechtigten abhängig zu machen, ist zweifelhaft, ob das Bezugsrecht in Wahrheit noch ein unwiderrufliches ist. Dann aber müsste der VN einer Direktversicherung zur Altersversorgung auch auf bestimmte Vorteile verzichten, die ihm bei Einräumung eines unwiderruflichen Bezugsrechts zufallen (zB pauschaler und damit günstigerer Lohnsteueranteil, geringere Beiträge zum Pensionssicherungsverein). Ist bei einem eingeschränkt unwiderruflichen Bezugsrecht die Beleihung der Versicherung von der Zustimmung des Bezugsberechtigten abhängig gemacht und fehlt diese, fehlt der Beleihung eine Wirksamkeitsvoraussetzung (BGH NJW 1996, 2731 = VersR 1996, 1089; möglicherweise aA BAG VersR 1996, 1042). Der VR kann sich gegenüber dem Bezugsberechtigten nicht auf die Beleihung berufen, so dass dessen aus dem Bezugsrecht entstandener Leistungsanspruch ungekürzt bleibt (BGH NJW 1996, 2731 = VersR 1996, 1089). Die Zustimmung zur Beleihung erfüllt nicht den Missbrauchstatbestand des § 7 Abs. 5 Satz 1 BetrAVG, selbst wenn der Arbeitnehmer von wirtschaftlichen Schwierigkeiten des Arbeitgebers wusste, aber annehmen durfte, dass die Insolvenzsicherung (Pensionssicherungsverein) nicht in Anspruch genommen werden müsse (BAG VersR 1996, 1042). Ob das eingeschränkt unwiderrufliche Bezugsrecht mit **Vorbehalt** einer unverfallbaren Anwartschaft auch die insolvenzbedingte Beendigung von Arbeitsverhältnissen erfasst, ist durch Auslegung der Klausel unter Berücksichtigung der Interessenlage der Vertragsbeteiligten zu ermitteln (BGH VersR 2015, 1145 für den Sonderfall eines Gesellschafter-Geschäftsführers; BGH VersR 2014, 321; siehe zur Anwartschaft aus der betrieblichen Altersversorgung allg.: BGH VersR 2019, 571; VersR 2020, 895; ZInsO 2020, 1476). Zu einem eingeschränkt unwiderruflichen Bezugsrecht des Arbeitnehmers **im Insolvenzfall** siehe auch BGH VersR 2014, 1444 (liegen die Voraussetzungen des Widerrufsvorbehalts nicht vor, kann der Insolvenzverwalter das Bezugsrecht nicht widerrufen), VersR 2006, 1059 und 2005, 1134 sowie → Rn. 36. Zu den Folgen der Übertragung des Bezugsrechts eines Arbeitnehmers auf den Gläubiger des Arbeitgebers nach dessen Insolvenz siehe OLG Bamberg VersR 2006, 1389. Zur Anwendbarkeit der Grundsätze über den Wegfall der Geschäftsgrundlage, wenn der versicherte Arbeitnehmer den Arbeitgeber als VN zur Bestimmung des Bezugsrechts veranlasst hat, siehe BGH NJW 2008, 3277. Zu Fragen des Zugewinnausgleichs im Zusammenhang mit Bezugsrechten in der betrieblichen Altersversorgung → Rn. 33 f.

7. Im Erb- und Familienrecht

30 Ist der Bezugsberechtigte gleichzeitig Erbe, so hat er aus dem Bezugsrecht einen eigenen, nicht zum Nachlass gehörenden Anspruch auf die Versicherungsleistung (OLG Hamm NJW-RR 1993, 296 = VersR 1993, 173 (Ls.)). Entsteht aus einem schenkweise zugewendeten widerruflichen Bezugsrecht ein **Pflichtteilsanspruch,** ist der Wert idR nach dem Rückkaufswert zu berechnen (siehe näher BGH VersR 2010, 895; dazu *Rudy* VersR 2010, 1395; siehe auch *Hasse* VersR 2009, 733: Lebensversicherung und Pflichtteilsergänzung; OLG Düsseldorf VersR 2008, 1097: Wert umfasst die ausgezahlte Versicherungsleistung und nicht nur die bis zum Versicherungsfall angefallenen Prämien).

Hat der VN die Rechte aus dem Lebensversicherungsvertrag zur **Sicherung abgetreten,** fällt die Versicherungsleistung im Falle seines Todes – soweit der Sicherungszweck dies erfordert – in den Nachlass des VN und nicht in das Vermögen eines widerruflich Bezugsberechtigten (BGH VersR 1996, 877 unter 3.b = ZEV 1996, 263 mAnm *Kummer* = LM VVG § 166 Nr. 15 mAnm *Harder*). 31

Eine Bezugsrechtsbenennung ist durch die **Scheidung** nicht auflösend bedingt. 32
Eine solche Bedingung ist zwar rechtlich möglich, kann aber nicht ohne weiteres angenommen werden (BGHZ 118, 242 (244) = NJW 1992, 2154 = VersR 1992, 1382 unter B.II.1 = FamRZ 1992, 1155). Die Bezugsberechtigung zugunsten eines Ehegatten wird demnach durch die Scheidung der Ehe nicht außer Kraft gesetzt. § 2077 BGB ist nicht entsprechend anwendbar (BGH NJW 1987, 3131 = VersR 1987, 659 unter 1; VersR 1975, 1020; OLG Karlsruhe VersR 1998, 219; OLG Köln VersR 1993, 1133; aA *Finger* VersR 1990, 229; dazu auch *Völkel* VersR 1992, 539). Im Scheitern der Ehe kann zwar ein Grund für den Wegfall der Geschäftsgrundlage im Verhältnis zwischen VN und Bezugsberechtigtem (Valutaverhältnis) liegen (BGH NJW 1987, 3131 = VersR 1987, 659). Ebenso kann eine Vertragsanpassung in Betracht kommen, wenn an die Stelle einer nichtgleichgeschlechtlichen Ehe eine eingetragene **Lebenspartnerschaft** oder eine gleichgeschlechtliche Ehe tritt und der VN nunmehr seinen neuen Partner zum Bezugsberechtigten machen möchte (BGH VersR 2017, 741; OLG Köln VersR 2017, 82; s. auch *Karczewski* r+s 2018, 397). Das führt aber noch nicht zum Wegfall des Bezugsrechts, sondern berührt die Frage, ob der Bezugsberechtigte die Leistung behalten darf (OLG Köln r+s 1993, 318 = VersR 1993, 1133), was sich grds. nach dem Valutaverhältnis beantwortet (BGH VersR 2008, 1054; dazu *Hasse* VersR 2009, 41 – zum Einwendungsdurchgriff in Ausnahmefällen nach § 242 BGB: OLG Saarbrücken VersR 2018, 149 und VersR 2020, 89). Zum Widerruf eines Schenkungsangebots durch die Erben nach Eintritt des Versicherungsfalles siehe OLG Hamm VersR 2005, 819. Fehlt ein Grund für das Behaltendürfen, kann der Erbe das Erlangte nach § 812 Abs. 1 Satz 1 BGB herausverlangen (BGH VersR 2008, 1054). Die Grundsätze über den Wegfall der Geschäftsgrundlage bei wechselseitigen Zuwendungen kommen auch bei **nichtehelichen Lebensgemeinschaften** zur Anwendung (BGH VersR 2013, 302; NJW 2008, 3277). Bei der Auslegung der Bezugsberechtigung entscheidend ist der Zeitpunkt der Abgabe der Erklärung, so dass die Bezeichnung „verwitweter Ehegatte" den Ehegatten des VN bei Abschluss der Lebensversicherung meint und nicht einen späteren Ehegatten, wenn der VN während der Laufzeit des Vertrages geschieden wird und erneut heiratet (BGH VersR 2015, 1148).

Lebensversicherungen, die der Arbeitgeber zur **betrieblichen Altersversorgung** zugunsten des bezugsberechtigten Arbeitnehmers abgeschlossen hat, sind beim **Zugewinnausgleich** des Arbeitnehmers grds. zu berücksichtigen (zu Direktversicherung und Ehescheidung siehe *Finger* VersR 1992, 535). Das ist für ein unwiderrufliches Bezugsrecht seit langem anerkannt. In Abweichung von der früheren Rspr. (vgl. BGH NJW 1984, 1611 = VersR 1984, 632) ist aber auch das widerrufliche Bezugsrecht bei der Berechnung des Zugewinns zu berücksichtigen, wenn die Anwartschaft aus dem Bezugsrecht unverfallbar geworden ist (BGHZ 117, 70 = VersR 1992, 558; NJW-RR 1993, 1285). Die Versorgungsanwartschaft wird unverfallbar, wenn der Arbeitgeber nach § 1 Abs. 2 Satz 1, Abs. 1 BetrAVG schuldrechtlich von der versrechtlich weiter bestehenden Möglichkeit, das Bezugsrecht des Arbeitnehmers zu widerrufen, keinen Gebrauch mehr machen darf. Unverfallbarkeit in diesem Sinne kann also nur eintreten bei Personen, die unter 33 das BetrAVG fallen. Das BetrAVG ist aber nicht auf jeden anwendbar, dem eine Versorgung versprochen wurde, wie sich aus § 17 Abs. 1 BetrAVG ergibt (vgl. BGHZ 77, 94 (97)). Das Gesetz ist zB nicht anzuwenden auf Gesellschafter-Geschäftsführer, die eine Beteiligungsmehrheit halten und nach der Verkehrsanschauung ihr eigenes Unternehmen leiten. Dennoch kann auch bei diesem Personenkreis ein widerrufliches Bezugsrecht beim Zugewinnausgleich zu berücksichtigen sein, wenn der Bezugsberechtigte eine hinreichend gesicherte Vermögensposition erlangt hat, weil er praktisch in eigener Sache entscheiden kann, ob die Gesellschaft von dem Widerrufsrecht Gebrauch macht oder nicht (BGH NJW-RR 1993, 1285).

34 Bleibt ein **unwiderrufliches Bezugsrecht,** das ein Ehegatte dem anderen eingeräumt hat, nach dem Scheitern der Ehe bestehen, so ist der Wert sowohl des Bezugsrechts als auch das Anrecht des VN bei der Berechnung des Zugewinns zu berücksichtigen (BGHZ 118, 242 = NJW 1992, 2154 = VersR 1992, 1382, auch zur Bewertung der Rechte). Die Leistung aus einer Lebensversicherung eines nahe stehenden verstorbenen Dritten, die ein Ehegatte als Bezugsberechtigter erhält, gehört zu seinem privilegierten Vermögen iSv § 1374 Abs. 2 BGB. Sie unterliegt nicht dem Zugewinnausgleich (BGHZ 130, 377 = VersR 1995, 1429). Zum etwaigen Wegfall der Geschäftsgrundlage für ein Bezugsrecht im Vorfeld einer Scheidung siehe BGHZ 128, 125 (= NJW 1995, 1082 = VersR 1995, 282) sowie → Rn. 32.

35 Ob Zugewinn- oder **Versorgungsausgleich** in Betracht kommt, hängt davon ab, ob es sich um eine Kapital- oder Rentenversicherung handelt. Spricht die für einen Versorgungsausgleich vom Arbeitgeber abgeschlossene Versicherung für eine Rentenversicherung, während die vom Arbeitgeber zugesagte Versorgung ihrem Inhalt nach für eine Kapitalleistung spricht, kommt es für die Frage, ob Zugewinn- oder Versorgungsausgleich, nicht auf den Versicherungsvertrag, sondern auf die Versorgungszusage an (BGH VersR 1993, 728).

8. Im Insolvenzfall

36 Da ein widerrufliches Bezugsrecht noch nicht dem Vermögen des Bezugsberechtigten zuzurechnen ist, kann im Falle der Insolvenz des VN der Insolvenzverwalter den Rückkaufswert zur Masse ziehen, wenn er nicht die Erfüllung des Vertrages wählt (BGH NJW 1993, 1994 = VersR 1993, 689 unter II.3; OLG Hamm NJW 1991, 707). Er hat gegen den VR einen Auskunftsanspruch (LG Saarbrücken VersR 2010, 377). Zur Verwertung einer an den Gesellschafter-Geschäftsführer verpfändeten Rückdeckungsversicherung mit widerruflichem Bezugsrecht in der Insolvenz der Gesellschaft siehe BGH VersR 2005, 923. Hat ein Arbeitgeber zur Altersversorgung der Arbeitnehmer eine Direkt-Lebensversicherung abgeschlossen (→ Vor § 150 Rn. 15) und den Arbeitnehmern ein widerrufliches Bezugsrecht eingeräumt, so gehört der Anspruch auf die Versicherungsleistungen bei Insolvenz des Arbeitgebers zur Masse (§§ 35, 36 InsO; OLG Hamm r+s 1993, 272 = VersR 1993, 172 als Vorinstanz zu BGH VersR 1993, 689, siehe oben). Bis zum Eintritt des Versicherungsfalles ist die Anwartschaft des Arbeitnehmers ungesichert und damit wertlos. Der Arbeitnehmer ist nicht zur Aussonderung berechtigt (BAG VersR 1996, 85 zu § 43 KO). Das gilt auch, wenn das widerrufliche Bezugsrecht unverfallbar geworden ist (BAG VersR 1996, 85; 1992, 341; OLG Hamm r+s 1996, 242 = VersR 1996, 360). Zu einem eingeschränkt unwiderruflichen Bezugsrecht des Arbeitnehmers bei einer Direktversi-

cherung zur betrieblichen Altersversorgung im Insolvenzfall siehe auch BGH VersR 2005, 1134. Der Inhaber einer unverfallbar gewordenen Versorgungsanwartschaft hat als Ausgleich einen Anspruch gegen den Pensionssicherungsverein, § 7 Abs. 2 Satz 1 BetrAVG. Der Arbeitnehmer, der in den vorzeitigen Ruhestand getreten ist (§ 6 BetrAVG), erwirbt damit als widerruflich Bezugsberechtigter noch keinen unmittelbaren Anspruch gegen den Lebensversicherer, so dass auch in diesem Falle die Versicherungsleistung zur Insolvenzmasse gehört (BAG VersR 1996, 85 unter II).

Der Bezugsberechtigte erwirbt bei Eintritt des Versicherungsfalles den Anspruch auf die Versicherungsleistung originär. Tritt der Versicherungsfall nach Verfahrenseröffnung ein, kann der Insolvenzverwalter das Bezugsrecht nicht mehr widerrufen. Hat allerdings der VN nach Erlass eines Zustimmungsvorbehalts (§ 82 InsO) einen Dritten zum Einzug einer ihm zustehenden Versicherungsforderung ermächtigt, wird der Versicherer auch bei Gutgläubigkeit nicht durch die Zahlung an den Ermächtigten von seiner Verbindlichkeit befreit (BGH NJW 2015, 341 = VersR 2014, 1444; dazu auch *Gehrlein* VersR 2015, 38). Befand sich der VN in der Insolvenz und war der Anspruch auf die Versicherungsleistung möglicherweise nach § 134 InsO anfechtbar, kann der VR hinterlegen, er muss es aber nicht (BGH VersR 2010, 1021). **37**

Da das **unwiderrufliche Bezugsrecht** in das Vermögen des Bezugsberechtigten fällt, kann im Falle der Insolvenz der Insolvenzverwalter den Rückkaufswert nicht zur Masse ziehen. Der Rückkaufswert steht dem unwiderruflich Bezugsberechtigten zu (vgl. BGHZ 45, 162 = NJW 1966, 1071 = VersR 1966, 359; BAG VersR 1991, 211; OLG Karlsruhe VersR 2001, 1501). Anfechtbar können aber die in dem Zeitraum des § 133 InsO an den VR erbrachten Beitragszahlungen sein, wenn durch sie der Rückkaufswert und die beitragsfreie Versicherungssumme erhöht sowie der Wert des sich im Todesfall ergebenden Anspruchs erhalten wird (BGH VersR 2013, 466; OLG Saarbrücken VersR 2020, 491; *Langheid/Müller-Frank* NJW 2013, 2329). **38**

IV. Abänderbarkeit

§ 159 ist in § 171 nicht aufgeführt, kann also abgeändert werden. Die gängige AVB-Regelung, dass bei einer Versicherung für verbundene Leben das Recht zum Widerruf einer einmal eingeräumten Bezugsberechtigung nur von beiden VN gemeinsam ausgeübt werden kann, ist wirksam (BGH VersR 2013, 302). **39**

§ 160 Auslegung der Bezugsberechtigung

(1) [1]**Sind mehrere Personen ohne Bestimmung ihrer Anteile als Bezugsberechtigte bezeichnet, sind sie zu gleichen Teilen bezugsberechtigt.** [2]**Der von einem Bezugsberechtigten nicht erworbene Anteil wächst den übrigen Bezugsberechtigten zu.**

(2) [1]**Soll die Leistung des Versicherers nach dem Tod des Versicherungsnehmers an dessen Erben erfolgen, sind im Zweifel diejenigen, welche zur Zeit des Todes als Erben berufen sind, nach dem Verhältnis ihrer Erbteile bezugsberechtigt.** [2]**Eine Ausschlagung der Erbschaft hat auf die Berechtigung keinen Einfluss.**

(3) **Wird das Recht auf die Leistung des Versicherers von dem bezugsberechtigten Dritten nicht erworben, steht es dem Versicherungsnehmer zu.**

(4) **Ist der Fiskus als Erbe berufen, steht ihm ein Bezugsrecht im Sinn des Absatzes 2 Satz 1 nicht zu.**

I. Regelungsinhalt

1 Die Vorgängervorschriften der §§ 167, 168 aF wurden im Grundsatz inhaltlich übernommen, aber sprachlich geglättet. Wie schon bei § 159 hat der Gesetzgeber die Neuregelung aber auf alle Lebensversicherungen erstreckt. § 168 aF wurde zu § 160 Abs. 3.

II. Grundsätze

2 Die Bezugsrechtsbenennung ist wie jede Willenserklärung der Auslegung nach **§§ 133, 157 BGB** zugänglich (BGH NJW 1987, 3131 = VersR 1987, 659 unter 1). Dabei ist der Wille des VN entscheidend, der bei der Festlegung des Bezugsrechts vorhanden war und gegenüber dem VR zum Ausdruck gekommen ist (BGH VersR 1975, 1020). Etwaige nachträgliche Überlegungen und Absichtserklärungen des (verstorbenen) VN sind unmaßgeblich, solange sie nicht dem VR in einer Weise mitgeteilt worden sind, die hinreichend deutlich macht, dass und wie das Bezugsrecht geändert werden soll (OLG Frankfurt a. M. r+s 1996, 326 = VersR 1996, 358).

III. Leistung an die Erben (Abs. 2)

3 Abs. 2 ist eine Auslegungsregel, die ihrerseits **eng auszulegen** ist. Sie gilt für den Ausnahmefall, dass als Bezugsberechtigte ohne nähere Bestimmung die Erben bezeichnet worden sind, die ihr Recht dann im Zweifel auch unabhängig von einer etwaigen Erbausschlagung behalten sollen (OLG Frankfurt a. M. r+s 1996, 326 = VersR 1996, 358). Sind die Erben nicht als Bezugsberechtigte benannt, ist Abs. 2 weder unmittelbar noch sinngemäß anwendbar. Schlagen sie die Erbschaft aus, verlieren sie damit auch die Versicherungsforderung (BGHZ 32, 44 (47) = NJW 1960, 912 unter 1).

IV. Nichterwerb des Bezugsrechts (Abs. 3)

4 Ein Nichterwerb des Dritten kann unterschiedliche Gründe haben. So kann die Einsetzung als Bezugsberechtigter ausnahmsweise nichtig sein (BGH NJW 1962, 958), wobei sich solche Fälle angesichts geänderter gesellschaftlicher Vorstellungen immer seltener stellen werden (→ § 159 Rn. 12). Wenn es aber um solche Fälle geht, gehört der Anspruch auf die Versicherungsleistung in das Vermögen des VN und damit in seinen Nachlass (BGH VersR 1981, 371 aE; NJW 1962, 958).

5 Ändert der VN die Bezugsberechtigung, kann (wie im Falle BGH VersR 1981, 371) die vorherige Bezugsberechtigung die vom VN gewollte sein. Eine „Auto-

matik" wird man aber nicht annehmen können, weil mit der Einsetzung eines anderen Dritten die vorangegangene Einsetzung aufgehoben ist und idR auch aufgehoben bleibt. Dann aber ist Raum für § 160.

Die Vorschrift greift nur ein, wenn nur ein Bezugsberechtigter vorhanden ist oder bei mehreren alle nicht erwerben. Erwirbt von mehreren nur einer nicht, wächst gemäß § 160 Abs. 1 Satz 2 dessen Anteil den anderen zu (vgl. OLG Saarbrücken VersR 2007, 1638 aE). 6

V. Fiskus (Abs. 4)

Ein VN, der seine Erben als bezugsberechtigt einsetzt, will damit in aller Regel keine Fürsorge zugunsten des Fiskus treffen. Dieser Erkenntnis will das Gesetz Rechnung tragen (vgl. Motive zu § 167 aF). Der Fiskus kann deshalb seinen Anspruch nicht auf die Rechte eines Bezugsberechtigten stützen. 7

VI. Einzelfälle

Wenn der VN als Bezugsberechtigte **„die Ehefrau"** bezeichnet hat und die Ehe später geschieden wurde, ist diejenige die Bezugsberechtigte, die zur Zeit der Bezugsrechtsbestellung die Ehefrau des VN war, egal, ob zusätzlich ihr Name mit angegeben war. Es kommt auch nicht darauf an, ob sich der VN nach der Scheidung wieder verheiratete oder ob zur Zeit des Versicherungsfalls keine Ehe bestand. § 2077 BGB ist nicht analog anwendbar (BGH NJW 1987, 3131 = VersR 1987, 659 unter 1; OLG Köln VersR 1993, 1133). Dasselbe gilt für die Bezeichnung „der Ehegatte der versicherten Person". Darunter ist auch im Falle einer späteren Scheidung der Ehe regelmäßig der im Zeitpunkt der Festlegung der Bezugsberechtigung verheiratete Ehegatte zu verstehen (BGH VersR 2007, 784); ebenso bei der Bezugsrechtsangabe „verwitweter Ehegatte" (BGH VersR 2015, 1148 = r+s 2015, 455 mAnm *Hoenicke*). Dazu auch → § 159 Rn. 32. 8

Die Bestimmung „die Eltern, nach Heirat die Ehefrau" bei einem ledigen VN ist als Bestimmung unter einer doppelten Bedingung auszulegen – aufschiebend zugunsten einer Ehefrau und auflösend zugunsten der Eltern nach Scheidung (OLG Stuttgart VersR 2019, 22). 8a

Anders liegt der Fall, wenn ein **Lebensversicherer für seine Mitarbeiter** eine Versicherung zur Alters- und Hinterbliebenenversorgung abschließt. Dann ist Bezugsberechtigte die Ehefrau, die zur Zeit des Versicherungsfalles mit dem VN verheiratet war (BGHZ 79, 295 = NJW 1981, 985 = VersR 1981, 326). Ist der VN zunächst verheiratet und hat er sich später verpartnert, tritt der Lebenspartner in die Stellung des Bezugsberechtigten (BGH, VersR 2017, 741; OLG Köln. VersR 2017, 82). 9

Der **bezugsberechtigte Ehegatte bzw. Lebenspartner** hat einen eigenen, nicht zum Nachlass gehörenden Anspruch gegen den VR (OLG Hamm NJW-RR 1993, 296), auch wenn er selbst Miterbe ist. Damit ist nicht entschieden, ob der Ehegatte bzw. Lebenspartner im Verhältnis zu den Erben die Versicherungsleistung behalten darf (BGHZ 128, 125 = NJW 1995, 1082 = VersR 1995, 282 = ZfS 1995, 143; NJW 1987, 3131 = VersR 1987, 659 unter 2; OLG Köln VersR 1993, 1133). 10

11 Bestimmt ein VN **zwei Personen zu gleichen Teilen** als Bezugsberechtigte und stirbt eine bezugsberechtigte Person gleichzeitig mit dem VN, so wächst deren Anteil der anderen bezugsberechtigten Person zu (OLG Saarbrücken VersR 2007, 1638).

12 Mit der Bezeichnung **„Erbe laut Testament"** wird lediglich die Person des Bezugsberechtigten bezeichnet. Nicht dagegen wird mit dieser Bezeichnung die Bezugsberechtigung an die Erbeinsetzung geknüpft. Die Leistung aus der Lebensversicherung fällt auch hier nicht in den Nachlass (BayObLG VersR 1995, 649). Auch die Bestimmung „Erben laut Erbschein" führt nicht dazu, dass die Versicherungsleistung in den Nachlass fällt (OLG Dresden VersR 2019, 85). Erben eines VN bzw. der jeweilige Nachlasspfleger haben wiederum einen Auskunftsanspruch gegen den VR auf Mitteilung des Bezugsberechtigten (OLG Hamm VersR 2019, 341).

13 Die Bezeichnung **„Hinterbliebene iSd §§ 40–44 AVG"** schließt eine Auslegung dahin aus, dass es dennoch alle nicht oder nicht mehr rentenbezugsberechtigten sonstigen Hinterbliebenen oder Angehörigen sein könnten (OLG Frankfurt a. M. r+s 1996, 326 = VersR 1996, 358). Diese Formulierung ist häufiger verwendet, weil sie für die befreiende Lebensversicherung von den VR vorformuliert ist (dazu *Gutdeutsch* VersR 1992, 1444). Sind mehrere Hinterbliebene iSd §§ 40–44 AVG vorhanden, ohne dass der VN bestimmte Anteile festgelegt hat, so sind die Hinterbliebenen gemäß Abs. 1 als Einzelgläubiger zu gleichen Teilen bezugsberechtigt (BGH VersR 1981, 371 (372)). Zur Freundin als „Hinterbliebene" iSd „Besonderen Bedingungen für Direktversicherung mit unwiderruflichem Bezugsrecht" siehe LG Mönchengladbach r+s 1997, 128 = VersR 1997, 478.

14 Bezeichnet der VN den **„Inhaber des Versicherungsscheins"** als bezugsberechtigt, so liegt darin idR noch keine Begründung eines Bezugsrechts (→ § 159 Rn. 10). Anderenfalls würde der Versicherungsschein zu einem echten Inhaberpapier (vgl. § 4). Bezugsberechtigt ist in einem solchen Fall aber derjenige, der den Besitz des Versicherungsscheins mit Wissen und Wollen des VN erlangt hat (OLG Hamm NJW-RR 1993, 296 = VersR 1993, 173 (Ls.)).

15 Die Bezugsrechtsbestimmung „die ehelichen und die ihnen gleichgestellten **Kinder**" ist nach alter Rspr. so auszulegen, dass damit nicht auch die nichtehelichen Kinder gemeint sind (OLG Hamm NJW 1983, 1567 (Ls.) = VersR 1983, 1181 (Ls.)). Ob dies nach heutiger Auffassung gilt, die auch den Willen der heute ein Bezugsrecht formulierenden VN beeinflusst, erscheint mit Blick auf geänderte gesellschaftliche Vorstellungen (→ § 159 Rn. 4) fraglich.

§ 161 Selbsttötung

(1) [1]**Bei einer Versicherung für den Todesfall ist der Versicherer nicht zur Leistung verpflichtet, wenn die versicherte Person sich vor Ablauf von drei Jahren nach Abschluss des Versicherungsvertrags vorsätzlich selbst getötet hat.** [2]**Dies gilt nicht, wenn die Tat in einem die freie Willensbestimmung ausschließenden Zustand krankhafter Störung der Geistestätigkeit begangen worden ist.**

(2) **Die Frist nach Absatz 1 Satz 1 kann durch Einzelvereinbarung erhöht werden.**

(3) **Ist der Versicherer nicht zur Leistung verpflichtet, hat er den Rückkaufswert einschließlich der Überschussanteile nach § 169 zu zahlen.**

Übersicht

I. Regelungszweck

1 Der Wortlaut übernimmt nicht mehr den juristisch unzutreffenden Begriff des Selbstmordes, sondern stellt klar, dass die Leistung des VR entfällt, wenn sich der Versicherte **vorsätzlich getötet** hat. Die Leistungsfreiheit ist nun an eine **Frist von drei Jahren** geknüpft, wie dies bisher auch schon in der Praxis üblich war. Die Frist kann nur durch individuelle Vereinbarung erhöht (und selbstverständlich sowohl durch individuelle Vereinbarung als auch durch AVB auch verkürzt oder ganz auf sie verzichtet; → Rn. 11 und 33) werden. Nicht verändert wurde, dass keine Leistungsfreiheit eintritt, wenn die Selbsttötung in einem die freie Willensbestimmung ausschließenden Zustand krankhafter **Störung der Geistestätigkeit** begangen worden ist. Abs. 3 hat die Regelung des § 176 Abs. 2 Satz 1 aF übernommen und dabei klargestellt, dass der VR neben dem **Rückkaufswert** auch den etwaigen **Überschussanteil** zu zahlen hat, was sich mit Blick auf § 153 von selbst versteht, soweit die Überschussbeteiligung nicht wirksam ausgeschlossen ist (→ § 153 Rn. 5). Bei der Berechnung des Rückkaufswerts sind die Abschluss- und Vertriebskosten abzuziehen (zur Diskussion bei gleichem Wortlaut bei § 152 → § 152 Rn. 12).

2 Die Regelung der Norm gilt nur für den Fall, dass der VN zugleich die Gefahrperson ist oder dass bei der Fremdversicherung der Versicherte sich selbst tötet (BGH NJW 1991, 1357 = r+s 1991, 214 = VersR 1991, 289 unter III). Ist die Versicherung auf das Leben eines Dritten genommen und wird dieser vom VN oder dem Bezugsberechtigten getötet, greift § 162 ein, ebenso bei einer Versicherung „auf verbundene Leben".

3 Der **Regelungszweck** des § 161 besteht darin, die VR davor zu schützen, dass ein Versicherter auf ihre Kosten mit seinem Leben spekuliert (BGHZ 13, 226 (237); BGH NJW 1991, 1357 = VersR 1991, 289 unter III). Dieser Zweck trifft auf die **Berufsunfähigkeitsversicherung** nicht zu, die in anderen Fällen der Lebensversicherung gleichgestellt wird. Deshalb ist § 161 auf die Berufsunfähigkeitsversicherung weder unmittelbar noch nach seinem Sinn anwendbar (BGH NJW 1991, 1357 = VersR 1991, 289 unter III). Auch auf die **Haftpflichtversicherung** ist § 161 nicht entsprechend anwendbar (OLG Hamburg r+s 1995, 175 = VersR 1995, 1475). Der Anwendungsbereich des § 161 erfasst nicht die **fahrlässige Selbsttötung** des Versicherten. Die Vorschrift soll auch keine Anwendung bei Behandlungsabbruch infolge **Patientenverfügung** finden (*Krü-*

ger VersR 2012, 164); dem ist zuzustimmen, weil primär die Grunderkrankung und nicht die Behandlungsunterlassung zum Tode führt.

II. Selbsttötung mit Willensfreiheit (Abs. 1 Satz 1)

4 Eine den VR befreiende Selbsttötung liegt nur vor, wenn die Gefahrperson sich vorsätzlich das Leben nahm. Fahrlässigkeit genügt nicht (BGH NJW 1991, 1357 = VersR 1991, 289 unter III mwN). Nach BGH VersR 1981, 452 (unter 2.b) fehlt der Vorsatz zur Selbsttötung, wenn der Versicherte nach fehlgeschlagenen Schussversuchen davon ausgeht, auch bei einem weiteren Versuch werde sich kein Schuss lösen. An einem Vorsatz fehlt es auch, wenn der Versicherte nicht sterben, vielmehr von Dritten an der Ausführung der Tat gehindert oder gerettet werden will. Er nimmt dann seinen Tod auch nicht billigend in Kauf, sondern handelt allenfalls bewusst fahrlässig (OLG Hamm NJW-RR 1989, 493 = VersR 1989, 690).

5 Ob **bedingter Vorsatz** genügt, ist umstritten (genügt nicht: Bruck/Möller/*Winter* § 161 Rn. 16; ebenso Prölss/Martin/*Schneider* § 161 Rn. 3; Beckmann/Matusche-Beckmann VersR-HdB/*Brömmelmeyer* § 42 Rn. 256; bedingter Vorsatz genügt: Schwintowski/Brömmelmeyer/*Ortmann* § 161 Rn. 5; HK-VVG/*Brambach* § 161 Rn. 6; zur Übersicht vgl. BeckOK VVG/*Reich,* 11. Ed. (30.6.2016), § 161 Rn. 3). Aus der Änderung des Begriffs „Selbstmord“ in „Selbsttötung“ kann für keine Ansicht etwas hergeleitet werden. Der Reformgesetzgeber von 2008 wollte mit dem Austausch der Begriffe keine inhaltliche, sachliche Änderung der Vorschrift mit Blick auf die subjektive Seite der Handlung bewirken. Dafür lässt sich auch der amtl. Begr. nichts entnehmen. Diese hat den Vorschlag nebst Begründung der Reformkommission (siehe Text und Begr. zu § 154) unverändert übernommen. In der Reformkommission ging es aber in den Beratungen nicht um die Frage, ob auch dolus eventualis ausreichen sollte. Vielmehr wollte man den Begriff „Mord“, der in diesem zivilrechtlichen Zusammenhang unzutreffend ist, vermeiden. Die frühere Rechtslage wird durch die Motive zu den §§ 169, 170 (VVG von 1908) auch nicht hinreichend geklärt. Danach wurde der zu verhindernde Missbrauch darin gesehen, dass der Versicherte „den Tod durch eine auf die Vernichtung des Lebens abzielende Handlung“ verursacht hat. Was darunter zu verstehen war, erkennt man an dem etwas später aufgeführten Beispiel des Duells, das nicht in das Gesetz aufgenommen wurde, weil sich ein Duellant nicht „in der Absicht“ duelliere, dabei den Tod zu finden. Deswegen scheint das Duell dem Typus nach eher nicht ein Fall des bedingten Vorsatzes zu sein. Denn nach Auffassung des Gesetzgebers zieht der Duellant es ja vor, zu überleben als zu sterben. Demgegenüber nimmt ein Täter, der mit **bedingtem Vorsatz** handelt, den Handlungserfolg gerade in Kauf; das spricht für eine Leistungsfreiheit des VR.

6 Ist das Tatbestandsmerkmal der freiwilligen Selbsttötung erfüllt, tritt als **Rechtsfolge Leistungsfreiheit** ein. Der VR hat aber den **Rückkaufswert** (unter Berücksichtigung entstandener Abschluss- und Vertriebskosten; → Rn. 1) nebst etwaiger Überschussbeteiligung zu zahlen (§ 161 Abs. 3).

III. Selbsttötung ohne Willensfreiheit (Abs. 1 Satz 2)

7 Das den Anspruch des Begünstigten erhaltende Tatbestandsmerkmal des Satzes 2 setzt sich aus mehreren Einzelmerkmalen zusammen. Die Tat muss in einem Zustand begangen worden sein, der die freie Willensbildung ausschließt. Dieser

Zustand muss auf einer krankhaften Störung der Geistestätigkeit beruhen (vgl. auch zu **§ 104 Nr. 2 BGB**). Diese Störung braucht keine „echte" Geisteskrankheit zu sein. Andererseits reicht nicht jede Persönlichkeitsstörung und die damit verbundene Beeinträchtigung voluntativer Funktionen aus. Die Störung muss das Ausmaß erreicht haben, bei dem von einem Ausschluss der freien Willensbildung ausgegangen werden kann. Es kommt darauf an, ob der Versicherte imstande war, seinen Willen unbeeinflusst von der vorliegenden Störung zu bilden, ob ihm also eine freie Willensentscheidung möglich war oder ob umgekehrt von einer freien Willensbildung nicht mehr gesprochen werden kann, etwa weil die Willensbildung von unkontrollierten Trieben und Vorstellungen gesteuert worden ist (vgl. insgesamt BGH NJW-RR 1994, 219 = VersR 1994, 162 unter 1 mwN).

Die Merkmale müssen im Zeitpunkt der Tat vorgelegen haben (vgl. OLG Düsseldorf r+s 2001, 520 = VersR 2000, 833). Zu den Anforderungen an die Substantiierung siehe BGH VersR 1997, 687. **8**

Die Störung ist **krankhaft** iSd § 161 Satz 2, wenn der Handelnde von ihr so beherrscht wird, dass er eine freie Entscheidung aufgrund einer Abwägung von Für und Wider nicht mehr treffen kann und er außerstande ist, die in Betracht kommenden Gesichtspunkte sachlich zu prüfen (OLG Stuttgart VersR 1989, 794). Eine BAK von ca. 3 ‰ führt regelmäßig zur Annahme einer krankhaften Störung (vgl. OLG Düsseldorf r+s 2001, 520 = VersR 2000, 833: 2,94 ‰). **9**

Bei einem sog **Bilanzselbstmord** konnte der Handelnde aber gerade das Für und Wider, wenn auch aus seiner subjektiven Sicht, noch abwägen (vgl. OLG Nürnberg r+s 1994, 316 = VersR 1994, 295; OLG Stuttgart VersR 1989, 794). Allein dass ein Selbstmörder nach allgemeinem Verständnis affektiv anormal handelt, lässt noch nicht auf den Tatbestand des Satzes 2 schließen (vgl. OLG Stuttgart VersR 1989, 794; OLG Karlsruhe VersR 1978, 657; OLG Hamm r+s 1993, 75). Bloße Willensschwäche, Erschöpfungszustände oder bloße depressive Verstimmungen schließen die Möglichkeit einer freien Willensbestimmung nicht aus, solange der von Motiven gelenkte Wille noch Einfluss auf die Entscheidung des Versicherten hat und diese insoweit nachvollziehbar macht (OLG Nürnberg r+s 1994, 316 = VersR 1994, 295; LG Wiesbaden VersR 1985, 233). Ständige Schmerzen und darauf beruhende Depressionen schließen eine freie Willensbildung nicht aus (vgl. den Fall OLG Stuttgart r+s 2000, 521 = VersR 2000, 170). Auch eine emotional bedingte Überreaktion (zB auf Eheprobleme) ist noch keine krankhafte Störung der Geistestätigkeit (OLG Karlsruhe r+s 1995, 79 = VersR 1995, 521). Der Suizid stellt immer einen psychischen Ausnahmezustand dar. Daraus ergibt sich daher noch nicht notwendig eine die freie Willensbestimmung ausschließender Zustand krankhafter Geistestätigkeit (vgl. oben den instruktiven Fall OLG Jena NVersZ 2000, 513 = VersR 2001, 358). **10**

IV. Ausschlussfrist

Die gesetzliche Frist **von drei Jahren ist eine maximale Frist,** die nach Abs. 2 nur durch Einzelvereinbarung erhöht werden kann, das heißt sie kann zu Lasten des Versicherten **nicht durch AVB erhöht** werden. Damit soll dem VR ein gewisser Handlungsspielraum für Sonderfälle, etwa besonders hohe Versicherungssumme, eingeräumt werden (vgl. die amtl. Begr., BT-Drs. 16/3945, 99). Die Verkürzung der Ausschlussfrist bleibt – auch durch AVB – möglich. **11**

12 **Die Frist beginnt** mit Abschluss des Vertrages, wobei es auf das gewählte Modell zum Vertragsschluss nicht ankommt. Das ist schon aus Gründen sicherer Fristberechnung erforderlich. Bei einem Neuabschluss beginnt die Frist erneut mit Abschluss dieses Vertrages zu laufen. Aber auch die Verlängerung eines kurz vor Ablauf stehenden Vertrages lässt die Frist mit Beginn der Verlängerung neu beginnen. Darüber ist der VN zu unterrichten (OLG Saarbrücken VersR 2008, 57). Dagegen kann die Frist nicht durch eine Vorverlegung des technischen Versicherungsbeginns verkürzt werden (OLG Saarbrücken VersR 2018, 989).

V. Beweis

1. Beweislastverteilung

13 Der Beweis für die Freiwilligkeit der Selbsttötung und damit auch für den Vorsatz, ist von dem – die Leistung verweigernden – VR zu führen (BGH NJW-RR 1992, 982 = VersR 1992, 861 unter 2.b; NJW-RR 1991, 982 = VersR 1991, 870 unter 1 mwN; OLG Köln r+s 1992, 33 = VersR 1992, 562; OLG Oldenburg VersR 1991, 985; OLG Hamm NJW-RR 1989, 493 = VersR 1989, 690; OLG Düsseldorf VersR 1985, 347 (348)).

14 Als **Beweismittel** (auch → Rn. 18) steht dem VR grds. auch die Obduktion der Leiche und die Exhumierung zur Verfügung. Diese setzen das vorweggenommene Einverständnis des Verstorbenen und – wenn dieses fehlt – die Zustimmung des nächsten Angehörigen voraus (näher → Rn. 23). Die Bestimmung in den AVB, der VR könne notwendige weitere Nachweise verlangen und erforderliche Erhebungen selbst anstellen (vgl. § 9 Abs. 3 ALB 86, § 11 Nr. 3 ALB aF), beinhaltet noch keine Zustimmung des VN zur Verfügung über seine Leiche (BGH NJW-RR 1991, 982 = VersR 1991, 870 unter 3.b). Wie eine Klausel auszulegen und ob sie wirksam ist, nach der der VR das Recht haben soll, auf seine Kosten die Leiche besichtigen und öffnen zu lassen, hat der BGH bisher offen gelassen (NJW-RR 1992, 982 = VersR 1992, 861; r+s 1992, 287 = VersR 1992, 730; BGH NJW-RR 1992, 219 = VersR 1991, 1365 unter 2).

15 Die tatbestandlichen Voraussetzungen des Abs. 1 Satz 2, die Unfreiwilligkeit der Selbsttötung aufgrund krankhafter Störung der Geistestätigkeit, hat zu beweisen, wer Ansprüche aus dem Lebensversicherungsvertrag herleitet (BGH NJW-RR 1994, 219 = VersR 1994, 162 unter 2; OLG Karlsruhe VersR 2003, 977; 1995, 521; OLG Nürnberg r+s 1994, 316 = VersR 1994, 295). Für eine Änderung der Beweislast und Vereinbarung eines generellen Ausschlusstatbestands de lege lata *Harrer/Mitterauer* VersR 2007, 579.

2. Beweisführung

16 Nach der Rspr. ist heute einhellig, dass der VR den **Beweis für die Freiwilligkeit der Selbsttötung** nicht durch einen **Anscheinsbeweis** erbringen kann. Es fehle an einem typischen Geschehensablauf, weil der Freitod eines Menschen von seinen besonderen Lebensumständen, seiner Persönlichkeitsstruktur, seiner augenblicklichen Gemütslage, insbesondere auch von seiner subjektiven Sicht der Situation abhängig sei (BGHZ 100, 214 (216) = NJW 1987, 1944 = VersR 1987, 503; NJW-RR 1991, 982 = VersR 1991, 870 unter 1; VersR 1989, 729 unter 2; dem BGH folgend OLG Koblenz VersR 1993, 874; OLG Köln r+s 1992, 33 = VersR 1992, 562; OLG Oldenburg VersR 1991, 985; OLG Köln r+s 1990, 68;

OLG Hamm NJW-RR 1989, 493 = VersR 1989, 690; vgl. auch *Hansen* VersR 1991, 282). Ob der Rspr. in ihrer Absolutheit gefolgt werden kann (krit. zB *Prölss* in Baumgärtel, Handbuch der Beweislast, Bd. 5, 1993, § 169 Rn. 2), mag dahinstehen. Jedenfalls dürfte es in den meisten Fällen kein praktisches Bedürfnis für diese Beweiserleichterung geben. In den Fällen, in denen der Beweis für die Freiwilligkeit der Selbsttötung aufgrund des Anscheinsbeweises als geführt angesehen werden könnte, wird man zu demselben Ergebnis auch bei Anwendung des sog Strengbeweises kommen.

Für eine Überzeugung nach den Regeln des **Strengbeweises** gehört keine 17
unumstößliche Gewissheit. Vielmehr genügt ein für das praktische Leben brauchbarer Grad von Gewissheit, der vernünftigen Zweifeln Schweigen gebietet, ohne sie völlig auszuschließen (BGHZ 100, 214 (217) = NJW 1987, 1944 = VersR 1987, 503; OLG Karlsruhe VersR 2003, 977; OLG Hamm r+s 1994, 435 = VersR 1995, 33; OLG Köln r+s 1992, 33 = VersR 1992, 562; OLG Oldenburg VersR 1991, 985). Danach kann zB der Beweis für eine freiwillige Selbsttötung als geführt angesehen werden, wenn die Umstände für sie sprechen, auch wenn die Tötung durch einen Dritten nicht völlig auszuschließen, aber eher theoretisch ist (OLG Oldenburg VersR 1991, 985, wobei der VR auch bei Tötung durch einen Dritten leisten müsste).

3. Beweismittel

Die Beteiligten können grds. von allen Beweismitteln Gebrauch machen, die 18
ihnen zur Verfügung stehen. Die Fallgruppe der Selbsttötungen hat aber ihre Besonderheiten. So wird sich die Frage, ob der Versicherte freiwillig aus dem Leben gegangen ist oder ob er wegen einer krankhaften Störung seiner Geistestätigkeit keinen freien Willen hatte, im Allg. nur mit Hilfe eines **Sachverständigengutachtens** klären lassen. Das ist indessen nur möglich, wenn die Parteien ausreichend dazu vortragen, was als Grundlage einer Begutachtung durch einen Sachverständigen geeignet ist (zu den Anforderungen an die Substantiierung siehe BGH VersR 1997, 687). Anderenfalls wird der Richter auch einem Antrag auf Einholung eines Sachverständigengutachtens nicht folgen (OLG Stuttgart VersR 1989, 795; OLG Hamm r+s 1993, 75). Die Behauptung, der Versicherte habe aus einer tiefen Depression heraus gehandelt, reicht für die Einholung eines Sachverständigengutachtens allein nicht aus. Vielmehr müssen solche Symptome feststehen oder unter Beweisantritt vorgetragen werden, mittels derer ein Sachverständiger zweifelsfrei feststellen kann, dass der Versicherte in seiner Entscheidungsfähigkeit nicht mehr frei war (vgl. OLG Koblenz r+s 2001, 521 = VersR 2001, 445).

Liegen hinreichende Anknüpfungspunkte für eine Begutachtung vor, zB über 19
seine Lebensumstände, Umstände der Tat, Abschiedsbrief und dessen Inhalt, Alkoholmissbrauch, Drogenabhängigkeit, Verhalten des Verstorbenen insgesamt, Persönlichkeitsstruktur, muss ein Gutachten eingeholt werden.

Die Parteien sind nicht gehindert, **Privatgutachten** vorzulegen. Das Gericht 20
ist dann nicht gehalten, weitere Gutachten einzuholen, wenn es das Beweisergebnis als ausreichend ansieht. Voraussetzung ist, dass der Richter zur Beurteilung des Gutachtens das notwendige Fachwissen hat und dass das Privatgutachten richtig ist (BGH r+s 1990, 430 = VersR 1990, 1268 unter 2.a mwN). Letzteres wird sich oftmals erst durch ein weiteres Gutachten klären lassen.

21 Häufig legen die Parteien nämlich ein von ihnen selbst eingeholtes Gutachten vor, das mit dem des gerichtlich bestellten Sachverständigen nicht immer übereinstimmt. Das Gericht muss sich dann mit den Einwendungen einer Partei gegen das Gutachten des gerichtlichen Sachverständigen sorgfältig auseinandersetzen (BGH NJW-RR 1994, 219 = VersR 1994, 162 unter 2.a; NJW 1993, 2382 = VersR 1993, 899; NJW 1992, 1459 = VersR 1992, 722). Der Streit der Sachverständigen darf vom Gericht nicht dadurch entschieden werden, dass es ohne einleuchtende und logisch nachvollziehende Begründung einem von ihnen den Vorzug gibt. Bei Unklarheiten muss sich das Gericht das Gutachten des gerichtlichen Sachverständigen mündlich erläutern lassen oder ein weiteres Gutachten einholen. Es muss alle Aufklärungsmöglichkeiten nutzen, die sich anbieten und Erfolg versprechen. Dazu rechnet auch die mündliche Anhörung des gerichtlichen Sachverständigen gemäß § 411 Abs. 3 ZPO, das heißt auch ohne Antrag einer Partei (BGH NJW-RR 1994, 219 = VersR 1994, 162 unter 2.a mwN; NJW-RR 1994, 1112 = VersR 1994, 1054 unter 1).

22 Als Beweismittel stehen grds. auch die **Obduktion und die Exhumierung** zur Verfügung (zu AVB-Klauseln → Rn. 14). Diese Beweismittel kommen nur in Betracht, wenn sie zu einem entscheidungserheblichen Beweisergebnis führen können und mit ihnen das letzte noch fehlende Glied einer Beweiskette geliefert werden soll (BGH NJW-RR 1992, 982 = VersR 1992, 861 unter 2.b; NJW-RR 1992, 853 = r+s 1992, 287 = VersR 1992, 730 = ZfS 1992, 277). Dem Antrag auf Exhumierung der Leiche ist nur dann nachzugehen, wenn eine gewisse Wahrscheinlichkeit dafür besteht, dass beweisrelevante Feststellungen getroffen werden können, dass zB Spuren von Gift auch nach längerer Dauer noch zu finden sein werden (vgl. BGH NJW-RR 1991, 982 = VersR 1991, 870 unter 3.a).

23 Exhumierung und Obduktion setzten im zivilrechtlichen Verfahren die zu seinen Lebzeiten vorweggenommene Zustimmung des VN oder später seiner zur Totensorge berechtigten Angehörigen voraus (BGH NJW-RR 1991, 982 = VersR 1991, 870 unter 3.b). Für die Reihenfolge, in der die Zustimmung von den Angehörigen einzuholen ist, gibt § 2 Abs. 2 und 3 des Gesetzes über die Feuerbestattung einen Anhaltspunkt (BGH NJW-RR 1991, 982 = VersR 1991, 870 unter 3.b). Den Bezugsberechtigten aus der Lebensversicherung trifft eine Obliegenheit zur Zustimmung, wenn die Exhumierung nach den angegebenen Kriterien erforderlich ist (BGH NJW-RR 1991, 982 = VersR 1991, 870 unter 3.b). Ist der Bezugsberechtigte der nächste Angehörige und erteilt er die Zustimmung nicht, verliert er den Anspruch auf die Versicherungsleistung wegen seiner **Obliegenheitsverletzung.** Außerdem hat er den **Beweis vereitelt.** Schwieriger ist es, wenn Bezugsberechtigter und zustimmungsberechtigter Angehöriger nicht personengleich sind. Dann darf die Verweigerung der Zustimmung des Angehörigen nicht zu Lasten des Bezugsberechtigten gehen.

VI. Kasuistik

24 **Alkoholisierung:** Eine BAK von 2,2 ‰ rechtfertigt noch nicht die Annahme eines die freie Willensbestimmung ausschließenden Zustands (OLG Köln VersR 2002, 341: auch nicht iVm Eheproblemen; OLG Hamburg VersR 1986, 378 (Ls.): 2,38 ‰, Vollrausch erst bei 3 ‰).

25 **Erhängen:** OLG Hamm NJW-RR 1989, 493 = VersR 1989, 690 : Erhängen als Ergebnis fehlgeschlagener Selbstmorddemonstration; LG Heidelberg VersR

1989, 1033: verneint bei fehlgeschlagener Selbstmorddemonstration; OLG Hamm r+s 1993, 75: ohne Fremdeinwirkung als eindeutig freiwillige Selbsttötung; OLG Düsseldorf VersR 2003, 1388: Freitod eines Seglers, der durch Seile stranguliert im eigenen Haus aufgefunden wird.

Schussverletzung: OLG Hamm r+s 1996, 117 = VersR 1996, 1134 (Ls.): aufgesetzter Kopfschuss, Freiwilligkeit bewiesen; BGH NJW-RR 1992, 982 = VersR 1992, 861: 17-jähriger mit selbst gebasteltem Schussapparat; LG Köln VersR 1990, 34 und OLG Oldenburg VersR 1991, 985: Schuss in den Kopf; OLG München VersR 1988, 1020 mAnm *Johannsen:* Schuss mit aufgesetztem Jagdgewehr in die Brust; BGHZ 100, 214 (216) = NJW 1987, 1944 = VersR 1987, 503: Schuss mit einem aufs Herz aufgesetzten Gewehr; BGH NJW-RR 1991, 93 = r+s 1990, 430 = VersR 1990, 1268: Schuss mit Pistole in den Kopf in alkoholisiertem Zustand ohne waffenrechtliche Erlaubnis; OLG Celle VersR 1985, 1134: erfahrener Jäger auf seinem Bürostuhl sitzend, überschuldet; OLG Düsseldorf VersR 1985, 347: Kopfschuss bei leichtsinnigem Umgang mit der Waffe und fehlendem Motiv; LG Hamburg VersR 1984, 1167: Mundverletzung mit Gaspistole und Todesfolge nach vier Tagen; OLG Frankfurt a. M. VersR 1984, 756: durch Kopfschuss bei evtl. leichtsinnigem Hantieren Freiwilligkeit angenommen – soweit abgedr. zweifelhaft; BGH VersR 1981, 452: nach vorangegangenen Schießübungen und unter Alkoholeinwirkung; LG Osnabrück VersR 1980, 474: bei Schusswechsel mit der Polizei und Schuss aus Pistole, die man beim Versicherten fand. 26

Sturz aus größerer Höhe: OLG Koblenz VersR 1993, 874: kopfüber aus dem Fenster und Unfall als Möglichkeit ausgeschlossen; OLG Stuttgart VersR 1989, 794: vom Balkon nach Erdrosseln von Frau und Kindern. 27

Überfahren mit dem Zug: OLG Hamm r+s 1994, 435 = VersR 1995, 33: mit 1,7 ‰; OLG Köln r+s 1990, 68: in der Dunkelheit von Triebwagen erfasst. 28

Verbrennen: LG Köln VersR 1993, 869: im Auto nach Kauf kleiner Benzinmenge und vorangegangenem Selbsttötungsversuch. 29

Vergiften: BGH NJW-RR 1991, 982 = VersR 1991, 870; OLG Düsseldorf r+s 1999, 344 = VersR 1999, 1007 = ZfS 1999, 390: mit **Schlaftabletten** und Alkohol; BGH VersR 1986, 231: mit Schlaftabletten bei zerrütteter Ehe und finanziellen Schwierigkeiten; BGH VersR 1989, 729 und OLG Frankfurt a. M. VersR 1978, 1110: durch **Autoabgase** und Pkw in der Garage; LG Köln r+s 1994, 195: Zuleitung des Schlauches in den Wagen; OLG Karlsruhe r+s 1995, 79 = VersR 1995, 521: als übersteigerte Reaktion auf Eheprobleme. 30

„Verkehrsunfall“: OLG Köln VersR 1990, 1346: Frontalzusammenstoß auf der Gegenfahrbahn; OLG Köln r+s 1992, 33 = VersR 1992, 562: Auffahren auf eine Mauer, Abschiedsbrief; OLG Hamm VersR 1989, 695: Fahren gegen einen Baum bei trockener, gerader Strecke, 1,02 ‰; zum Autofahrersuizid auch *Harbort* VersR 1994, 1400. 31

Hochspannungsleitung: OLG Hamburg VersR 1986, 1201: Anfassen einer Hochspannungsleitung mit beiden Händen. 32

VII. Abdingbarkeit

Nach § 171 kann § 161 nicht zu Lasten des VN abbedungen werden. Die dreijährige Ausschlussfrist des Abs. 1 Satz 1 kann zwar verlängert werden, aber nur durch individuelle Vereinbarung (Abs. 2), und nicht durch AVB. Sie kann – auch durch AVB – bis auf Null verkürzt werden, weil dies zum Vorteil des VN ist. 33

§ 162 Tötung durch Leistungsberechtigten

(1) **Ist die Versicherung für den Fall des Todes eines anderen als des Versicherungsnehmers genommen, ist der Versicherer nicht zur Leistung verpflichtet, wenn der Versicherungsnehmer vorsätzlich durch eine widerrechtliche Handlung den Tod des anderen herbeiführt.**

(2) **Ist ein Dritter als Bezugsberechtigter bezeichnet, gilt die Bezeichnung als nicht erfolgt, wenn der Dritte vorsätzlich durch eine widerrechtliche Handlung den Tod der versicherten Person herbeiführt.**

I. Abs. 1

1 Führt **der VN** vorsätzlich und widerrechtlich den Tod des Dritten, auf dessen Leben die Versicherung genommen ist, herbei, wird der VR leistungsfrei. Er braucht – anders als bei § 161 (→ § 161 Rn. 1, 6) – auch den Rückkaufswert einschließlich einer Überschussbeteiligung nicht zu zahlen. Die Vorschrift des § 176 Abs. 2 Satz 2 aF brauchte in das VVG 2008 nicht übernommen zu werden, weil – anders als mit § 176 Abs. 2 Satz 1 aF – nach geltendem Recht keine allgemeine Verpflichtung des VR besteht, den Rückkaufswert zu leisten, mit § 169 Abs. 1 vielmehr enumerativ die Leistungsfälle bezeichnet sind (→ § 169 Rn. 13 ff.).

2 Abs. 1 (und nicht Abs. 2) ist bei der „Versicherung auf verbundene Leben" (beide – meist Eheleute – sind VN und Versicherte, die Versicherungsleistung wird beim Tod des zuerst Versterbenden fällig) entsprechend anwendbar, wenn der eine VN den anderen, der auch Mitversicherter ist, vorsätzlich tötet (OLG Hamm VersR 1988, 32). Tötet der eine VN den anderen und dann sich selbst, soll § 162 (§ 170 aF) unanwendbar sein (OLG Köln VersR 1999, 1529; s. auch LG Berlin VersR 1986, 282).

II. Abs. 2

3 Führt **der Bezugsberechtigte** den Tod des Versicherten (VN oder Dritten) vorsätzlich und widerrechtlich herbei, gilt der Bezugsberechtigte als nicht eingesetzt. Das bedeutet, der VR wird nicht leistungsfrei (insoweit unzutr. OLG Düsseldorf VersR 1985, 449 f. in einer Nebenbemerkung, von *Benkel/Hirschberg* seinerzeit ALB § 8 Rn. 31 unkrit. übernommen), sondern die Versicherungsleistung fällt in den Nachlass. Er hat mithin an denjenigen zu leisten, der ohne die Einsetzung des Bezugsberechtigten Inhaber des Anspruchs wäre. Das gilt auch dann, wenn der Mörder (Bezugsberechtigter) den Ermordeten beerbt. Es bleibt den Miterben oder den an die Stelle des Mörders tretenden Berechtigten überlassen, die Erbunwürdigkeit nach §§ 2339 Abs. 1 Nr. 1, 2341 BGB geltend zu machen (OLG Hamm VersR 1988, 458 (460)).

§ 163 Prämien- und Leistungsänderung

(1) [1]**Der Versicherer ist zu einer Neufestsetzung der vereinbarten Prämie berechtigt, wenn**

1. sich der Leistungsbedarf nicht nur vorübergehend und nicht voraussehbar gegenüber den Rechnungsgrundlagen der vereinbarten Prämie geändert hat,
2. die nach den berichtigten Rechnungsgrundlagen neu festgesetzte Prämie angemessen und erforderlich ist, um die dauernde Erfüllbarkeit der Versicherungsleistung zu gewährleisten, und
3. ein unabhängiger Treuhänder die Rechnungsgrundlagen und die Voraussetzungen der Nummern 1 und 2 überprüft und bestätigt hat.

[2]Eine Neufestsetzung der Prämie ist insoweit ausgeschlossen, als die Versicherungsleistungen zum Zeitpunkt der Erst- oder Neukalkulation unzureichend kalkuliert waren und ein ordentlicher und gewissenhafter Aktuar dies insbesondere anhand der zu diesem Zeitpunkt verfügbaren statistischen Kalkulationsgrundlagen hätte erkennen müssen.

(2) **[1]Der Versicherungsnehmer kann verlangen, dass an Stelle einer Erhöhung der Prämie nach Absatz 1 die Versicherungsleistung entsprechend herabgesetzt wird. [2]Bei einer prämienfreien Versicherung ist der Versicherer unter den Voraussetzungen des Absatzes 1 zur Herabsetzung der Versicherungsleistung berechtigt.**

(3) **Die Neufestsetzung der Prämie und die Herabsetzung der Versicherungsleistung werden zu Beginn des zweiten Monats wirksam, der auf die Mitteilung der Neufestsetzung oder der Herabsetzung und der hierfür maßgeblichen Gründe an den Versicherungsnehmer folgt.**

(4) **Die Mitwirkung des Treuhänders nach Absatz 1 Satz 1 Nr. 3 entfällt, wenn die Neufestsetzung oder die Herabsetzung der Versicherungsleistung der Genehmigung der Aufsichtsbehörde bedarf.**

Übersicht

I. Normzweck

1 § 163 hat wesentliche Teile des § 172 aF übernommen, den Anwendungsbereich der Vorschrift aber nunmehr auf alle Lebensversicherungsprodukte erstreckt (→ Rn. 5). Keine inhaltliche Änderung hat es bei den Voraussetzungen für die Neufestsetzung der Prämie gegeben. Der neue Wortlaut diente lediglich der Verdeutlichung (vgl. die Begr. zu § 163 Abs. 1, BT-Drs. 16/3945, 99). Neu wurde Satz 2 des Abs. 1 eingeführt, wonach eine Prämie nicht neu festgesetzt werden kann, wenn die bisherige Prämie **erkennbar unzureichend kalkuliert** worden

war. Während § 172 Abs. 1 Satz 1 aF darauf abstellte, dass die Prämienerhöhung „erforderlich“ sein müsse, um die dauernde Erfüllbarkeit der Versicherungsleistungen zu gewährleisten, wurde in § 163 Abs. 1 Satz 1 Nr. 2 hinzugefügt, dass die Prämienerhöhung auch „angemessen“ sein müsse. Dies soll den Streit um die etwaig ungeschriebene Voraussetzung des billigen Ermessens entsprechend § 315 BGB beenden (Begr. zu § 163 Abs. 1, BT-Drs. 16/3945, 99), so dass nunmehr klar ist, dass § 315 BGB im Zusammenhang mit § 163 keine Anwendung findet. Ermessensspielräume des Versicherers bewegen sich nur noch im Rahmen der anerkannten Grundsätze der Versicherungsmathematik, die auch für die Ausfüllung des Begriffes der Angemessenheit heranzuziehen sind (arg. e. § 163 Abs. 1 Satz 2). Die Regelung des § 172 Abs. 1 Satz 2 aF, wonach der VR zur Änderung der Bestimmungen zur Überschussbeteiligung berechtigt war, wurde nicht übernommen.

2 Durch § 163 Abs. 2 soll eine Lücke in der Regelung geschlossen werden, indem der VN eine Herabsetzung der Leistung statt einer Prämienerhöhung verlangen kann. Mit dieser gesetzlichen Möglichkeit will der Gesetzgeber dem Interesse derjenigen VN Rechnung tragen, die bei einer erhöhten Prämie ihre Verträge nicht mehr fortführen können (vgl. die Begr. zu § 163 Abs. 2, BT-Drs. 16/3945, 99). So kann ein VN eine finanzielle Überforderung aufgrund einer Prämienerhöhung einerseits abwenden und andererseits seinen Versicherungsschutz dem Grunde nach erhalten. De lege ferenda ist zu überlegen, ob der VR zum einen sowohl verpflichtet werden sollte, diese Alternative und deren Auswirkungen auf den einzelnen Vertrag im Zusammenhang mit der Mitteilung der Prämienerhöhung gegenüber dem VN aufzuzeigen (eine Mitteilungspflicht generell annehmend Prölss/Martin/*Schneider* § 163 Rn. 14). Zum anderen sollte der VR auch das Recht erhalten, diese Möglichkeit als Grundfall vorzugeben und dem VN nur das Recht einzuräumen, statt der Leistungsherabsetzung eine Prämienerhöhung zu verlangen. § 163 Abs. 3 fügt der alten Regelung des § 172 Abs. 3 aF dagegen lediglich hinzu, dass die Mitteilung über die Änderungen mit den maßgeblichen Gründen versehen sein muss. Dabei ist – wie ausführlich zu § 203 Abs. 5 diskutiert und dann vom BGH (NJW 2021, 378 mAnm *Grams*) entschieden wurde (→ § 203 Rn. 69 ff.) – jetzt klar, was der Gesetzgeber damit genau gemeint hat – nur die Mitteilung, dass sich der Leistungsbedarf als maßgebliche Rechnungsgrundlage geändert hat (→ Rn. 17).

3 Mit dem **einseitigen Gestaltungsrecht** will das Gesetz dem VR die Möglichkeit eröffnen, bei dem typischerweise lang laufenden Lebensversicherungsvertrag die Prämien an unvorhersehbar geänderte Verhältnisse anzupassen, zumal der VR sich durch ordentliche Kündigung nicht vom Vertrag lösen kann. Es handelt sich um einen Fall des Wegfalls der Geschäftsgrundlage, den der Gesetzgeber speziell löst, auch wenn sich in den AVB keine Anpassungsklausel befindet. Das Gesetz will damit Anpassungsklauseln nicht ausschließen; diese unterliegen dann aber der AVB-Kontrolle nach den §§ 305 ff. BGB. Insgesamt geht es darum, die Insolvenz eines Lebensversicherers zu vermeiden, die gerade auch für die VN unabsehbare Folgen hätte (zust. *Wandt* VersR 2015, 918).

4 Zur Sicherung der Interessen des VN muss ein **unabhängiger Treuhänder** mitwirken, der die Erforderlichkeit und Angemessenheit der Prämienanpassung eigenständig prüft. Dabei ist – wie ebenfalls ausführlich zu § 203 diskutiert und dann vom BGH (NJW 2019, 919 mAnm *Rolfs*) entschieden wurde (→ § 203 Rn. 27 ff.) – jetzt klar, dass die Unabhängigkeit des Treuhänders **keine** zivilgerichtlich eigenständig zu überprüfende Voraussetzung ist (→ Rn. 10).

II. Geltungsbereich

5 Im Gegensatz zur Regelung des § 172 aF (siehe dazu 2. Aufl. 2003, § 172 Rn. 1) gilt § 163 nun für alle Lebensversicherungen. Soweit die AVB Anpassungsklauseln enthalten, die der Inhaltskontrolle nach den §§ 305 ff. BGB nicht standhalten, greifen die Regelungen des § 163 ein. Zu Altverträgen → Rn. 9. Die Regeln des § 163 sind auch auf etwaige Prämienänderungen in der Berufsunfähigkeitsversicherung anzuwenden (§ 176).

III. Prämien- und Leistungsanpassung

1. Voraussetzungen

6 Da der künftige Verlauf solcher Versicherungen in ihrem Leistungsaufwand für das versicherte Risiko bei Vertragsschluss und bei der Prämienkalkulation nicht sicher abgeschätzt werden kann und unvorhersehbare, nicht nur vorübergehende Entwicklungen eintreten können, muss – wie in der Krankenversicherung nach § 203 – auch für bestehende Versicherungsverhältnisse die Möglichkeit einer Prämienanpassung gegeben sein. Anderenfalls wäre die **dauernde Erfüllbarkeit,** das Ziel einer jeden Versicherung, nicht gewährleistet. Prämienerhöhungen sind aber an genau definierte gesetzliche Voraussetzungen geknüpft:

7 Der **Leistungsbedarf des VR** hängt nicht nur von den **biometrischen Rechnungsgrundlagen** ab. Auch der einkalkulierte **Rechnungszins** (zu den Vorgaben → Vor § 150 Rn. 9 f.) bestimmt den Kapitalbedarf des VR, den dieser aufzuwenden hat, wenn er den Rechnungszins wider erwartend (was allerdings heute tatsächlich zum Teil der Fall ist) nicht erwirtschaftet. Es ist zudem kein Grund dafür ersichtlich, warum der Gesetzgeber eine Insolvenz eines VR durch Einführung eines einseitigen Änderungsrechts zugunsten des VR nur bei geänderten Sterbetafeln, nicht aber bei geänderten Kapitalmarktmöglichkeiten abwenden wollte. Dies gilt erst recht dann nicht, wenn sich der VR bei seiner Kalkulation an die Vorgaben der **DeckRV** gehalten und einen als langfristig sicher geltenden Höchstrechnungszins verwendet hat. Angesichts der angespannten Situation durch die noch immer anhaltende Niedrigzinsphase und der einhergehenden Belastungen für die Zinszusatzreserve, werden VR, um eine SCR- bzw. MCR-Unterdeckung und damit den Entzug der Geschäftserlaubnis oder eine drohende Insolvenz abzuwehren, verschiedene Sanierungsmaßnahmen prüfen müssen, wobei auch eine Anpassung des Rechnungszinses unmittelbar über § 163 oder, falls dieser nicht für anwendbar gehalten wird, auf Grundlage von § 313 BGB oder auch über entsprechende vertragliche Anpassungsklauseln, soweit wirksam vereinbart, in Betracht zu ziehen ist. In der Rspr. trifft eine solche Abwälzung von Risiken in der Niedrigzinsphase auf Versicherte durchaus auf Verständnis (s dazu BGH NJW 2018, 3021 Rn. 21 mAnm *Grote;* vgl. auch LG Neuruppin – 4 S 76/19 – zu einer entsprechenden, aufsichtsbehördlich genehmigten Geschäftsplanänderung). Allerdings steht die BaFin einer vertraglichen Anpassung (obwohl diese keiner aufsichtsbehördlichen Zustimmung bedarf) kritisch gegenüber, wenn sie nur auf § 163 gestützt wird. Die dagegen u.a. insoweit ins Feld geführten aufsichtsrechtlichen Insolvenzsicherungsmöglichkeiten sind als nachrangig zu bewerten. Denn zivilrechtliche Gestaltungsmöglichkeiten eines VR müssen vor aufsichtsrechtlichen Eingriffstatbeständen greifen (str.; wie hier BGH NJW 2018, 3021 Rn. 21;

Brinkmann/Krause/Wolfsdorf VW 2012, 518; *Grote* in Dreher/Wandt, Solvency II in der Rechtsanwendung 2015, 2016, S. 109; *ders.* NJW 2018, 3025; *Jäger* VersR 2015, 27 (30); Looschelders/Pohlmann/*Krause* § 163 Rn. 9; Bruck/Möller/*Winter,* § 163 Rn. 15; aA Langheid/Wandt/*Wandt* § 163 Rn. 29; Schwintowski/Brömmelmeyer/*Ortmann* § 163 Rn. 6; tendenziell auch HK-VVG/*Brambach* § 163 Rn. 4 ff.; umfassend zu den wechselseitigen Positionen und im Übrigen auch wie hier: *Schaaf* in Dreher/Wandt, Solvency II in der Rechtsanwendung 2016, 2016, 99 ff. mwN).

7a Das gesetzliche Anpassungsrecht setzt voraus, dass sich gegenüber den einkalkulierten biometrischen und finanziellen Rechnungsgrundlagen der Bedarf für **längere Dauer** geändert hat. Ein nur vorübergehender Mehrbedarf, zB infolge einer Pandemie (wie es aktuell aufgrund der Übersterblichkeit durch die Corona-Pandemie zu beobachten ist) oder eines kurzfristigen Börsencrashs im Zusammenhang mit einem Kriegs- oder Terrorereignis, rechtfertigt noch keine Prämienerhöhung (Abs. 1 Satz 1 Nr. 1). Das Gesetz nennt insoweit aber keine festen Zeiträume. Insoweit sind die anerkannten Grundsätze der Versicherungsmathematik heranzuziehen. Entscheidend sind somit die tatsächlichen Ereignisse, die eine Prämienänderung erforderlich machen könnten. So kann eine Änderung der Sterbetafel zu einer Prämienanpassung führen, weil die in der neuen Sterbetafel zum Ausdruck kommende Änderung der tatsächlichen Verhältnisse nicht nur vorübergehend ist. Dasselbe kann für Umstände des medizinischen Fortschritts gelten, wenn er bei der ursprünglichen Prämienkalkulation in dieser Weise nicht vorhersehbar war. Ebenso kann schließlich die am Kapitalmarkt durchschnittlich zu erzielende Rendite für langfristig angelegte Kapitalanlagen eine Rolle spielen. Grundlage ist immer ein Vergleich zwischen den neu eingetretenen Tatsachen und denen, die im Zeitpunkt der vorangegangenen Prämienkalkulation bestanden oder vorhersehbar waren.

8 Die neu festgesetzte Prämie muss **angemessen und erforderlich** sein (Abs. 1 Satz 1 Nr. 2). Als Maßstab zur Beurteilung dieser Voraussetzungen nennt das Gesetz die dauernde Erfüllbarkeit der Versicherungsleistung. Damit verweist es auf **§ 138 VAG.** Da die Angemessenheit und Erforderlichkeit Wirksamkeitsvoraussetzungen sind, erlangt nun auch § 138 VAG (§ 11 VAG aF) mittelbare **Relevanz für das Zivilrecht** (vgl. auch BGH VersR 2004, 991 unter II.1.a.aa und bb). Die Gerichte haben deshalb im Streitfall zu prüfen, ob die Neufestsetzung der Prämie unter Zugrundelegung angemessener versicherungsmathematischer Annahmen kalkuliert und so hoch ist, dass der VR all seinen Verpflichtungen nachkommen kann. Für § 315 BGB ist in diesem Zusammenhang kein Raum mehr (→ Rn. 1).

2. Mitwirkung eines Treuhänders

9 Die Leistungsänderung des VR ist **nur wirksam,** wenn ihr ein unabhängiger **Treuhänder zugestimmt hat** (Abs. 1 Satz 1 Nr. 3). Die vom Gesetz angeordnete Mitwirkung eines unabhängigen Treuhänders tritt bei Neuverträgen an die Stelle der Genehmigung durch die Aufsichtsbehörde, die vor der Deregulierung (3. DurchfG/EWG) erforderlich war. Deshalb bedarf es zur Wahrung der Belange der Versicherten **keiner Mitwirkung eines Treuhänders** in den Fällen, in denen auch heute noch die Genehmigung der Aufsichtsbehörde erforderlich ist, **Abs. 4;** dies ist bei Pensions- und Sterbekassen der Fall (vgl. §§ 234 Abs. 3 Satz 1 Nr. 1, 219 Abs. 3 Nr. 1 VAG). Auch bei den sog Altverträgen, die vor dem 29.7.1994 abgeschlossen wurden, bleibt die Aufsichtsbehörde zur Genehmigung von Änderungen des Geschäftsplans, zu denen auch die Prämien gehörten, zuständig (§§ 12 Abs. 1 iVm § 336 Satz 2 VAG). Auch in diesen Fällen kommt es also zur Wirksamkeit einer Leistungsänderung nicht auf die Mitwirkung eines Treuhänders an.

An die **Unabhängigkeit des Treuhänders** sind strenge Anforderungen zu stellen. So darf er insbesondere keinen Anstellungsvertrag oder sonstigen Dienstvertrag mit dem VU oder einem mit diesem verbundenen Unternehmen haben. Zum Treuhänder kann grds. nicht bestellt werden, wer bereits bei zehn VU oder Pensionsfonds als Treuhänder oder Verantwortlicher Aktuar tätig ist. Er muss **fachlich geeignet** sein. Dies setzt ausreichende Kenntnis auf dem Gebiet der Prämienkalkulation voraus. Der in Aussicht genommene Treuhänder muss vor seiner Bestellung der Aufsichtsbehörde benannt werden. Siehe dazu insgesamt § 142 Satz 2 iVm § 157 Abs. 1 und 2 VAG. Umstritten war, ob die Unabhängigkeit des Treuhänders nur eine aufsichtsbehördlich oder auch eine zivilgerichtlich zu überprüfende Voraussetzung ist. Diese Streitfrage hat der BGH zu § 203 (→ Rn. 27 ff.) entschieden und sich zu Recht gegen eine Überprüfbarkeit ausgesprochen (NJW 2019, 919 mAnm *Rolfs*). Diese Entscheidung haben sowohl das BVerfG (NJW 2021, 548) als auch das VG Frankfurt a. M (VersR 2021, 887) und der VGH Kassel (Beschl. v. 26.5.2021 – 6 A 801/21 Z.) bestätigt. Sie gilt für § 163 gleichermaßen. Ist die Bestellung zu Unrecht erfolgt, weil der Treuhänder zB nicht wirtschaftlich unabhängig oder fachlich geeignet war, berührt dieser aufsichtsbehördliche Fehler die zivilrechtliche Wirksamkeit der Prämien- bzw. Leistungsänderung nicht. 10

Der **Treuhänder hat** die gesetzlichen Voraussetzungen des **Abs. 1 Satz 1 Nr. 1 und 2 zu prüfen** und ggf. zu bestätigen. Ihm steht kein eigener Beurteilungsspielraum zur Verfügung (Begr. zu § 163 Abs. 1, BT-Drs. 16/3945, 99). Es ist aber auch seine Aufgabe, festzustellen, dass eine etwaige Prämienerhöhung **nicht nach Abs. 1 Satz 2 ausgeschlossen** ist, dass sie also nicht auf einer unzureichenden Kalkulation der vorangegangenen Prämie beruht (→ Rn. 12). Zur Haftung des Verantwortlichen Aktuars gegenüber den Versicherten siehe in diesem Zusammenhang *Thole* VersR 2010, 447. 11

3. Ausschluss einer Neufestsetzung nach Abs. 1 Satz 2

Eine Neufestsetzung der Prämie ist ausgeschlossen, wenn die vorangegangene Prämie **unzureichend kalkuliert** war. Allerdings muss die Fehlerhaftigkeit der Prämie **vorhersehbar** gewesen sein, das heißt wenn ein ordentlicher und gewissenhafter Aktuar sie insbesondere anhand der zu diesem Zeitpunkt verfügbaren statistischen Kalkulationsgrundlagen hätte erkennen können und müssen. Damit wird die für die Krankenversicherung im Aufsichtsrecht geltende Regelung des § 155 Abs. 3 Satz 4 VAG auf die Lebensversicherung übertragen (Begr. zu § 163 Abs. 1, BT-Drs. 16/3945, 99) und im VVG richtig verortet. 12

Mit dieser Regelung sollen solche **Folgen fehlerhafter Prämienkalkulation** nicht auf den VN abgewälzt werden, die im Zeitpunkt der Kalkulation objektiv abschätzbar waren, von dem VR aber nicht oder nur unzureichend berücksichtigt worden sind. Damit gehen unvermeidbare Kalkulationsirrtümer zu Lasten des VN, vermeidbare aber nicht. Offen ist, wer die Folgen vermeidbarer Kalkulationsfehler zu tragen hat. Da es bei einem VVaG keine Dritten als Kapitalgeber gibt, führt die Lösung, dass die vermeidbaren Kalkulationsfehler von den Eigentümern zu tragen seien (so *Langheid* in der 5. Aufl.) nicht zu sachgerechten Ergebnissen. 13

Zudem sind Nachschusspflichten von Aktionären im Aktienrecht im Allgemeinen und bei Versicherungsaktiengesellschaften auch im Besonderen nicht vorgesehen (Prölss/Dreher/*Grote* § 16 Rn. 50 mwN), so dass der Eigentümer einer Versicherungsaktiengesellschaft die Folgen eines Kalkulationsfehlers nur mittelbar zu tragen hat, in dem seine Aktien ggf. erheblich an Wert verlieren. Nicht sachgerecht wäre es dagegen, die Folgen eines Kalkulationsfehlers auf das Kollektiv der Versicherten abzuwälzen. Denn sie sollen durch diese Vorschrift genau davor bewahrt werden. Ein VR wird in solchen Fällen also vorrangig alles unternehmen müssen, um den durch den vermeidbaren Kalkulationsfehler verursachten Schaden durch eine Inanspruchnahme der verantwortlichen Personen (zB Geschäftsleiter und Verantwortlicher Aktuar) und deren Vermögensschadenhaftpflichtversicherung zu kompensieren. Nur wenn das nicht ausreichend ist (zB aufgrund entsprechend limitierter Versicherungssummen im Rahmen der Vermögensschadenhaftpflichtversicherung und erwartungsgemäß fehlender Finanzkraft der verantwortlichen Personen), ist der Schaden auf das gesamte Kollektiv aller Versicherten dieses LebensVR zu kollektivieren, da das gesamte Kollektiv durch die Neuzugängen der Versicherten in dem unzureichend kalkulierten Tarif profitiert haben wird.

IV. Leistungsherabsetzung (Abs. 2 Satz 1)

14 Der VN kann eine Prämienerhöhung vermeiden, wenn er stattdessen eine Herabsetzung seiner Versicherungsleistung verlangt. Mit dieser Neuregelung hat der Gesetzgeber eine bis dahin bestehende Lücke gefüllt (Begr. zu § 163 Abs. 2, BT-Drs. 16/3945, 99). Denn es kann durchaus im Interesse des VN liegen, sich einer Prämienerhöhung – je nach seinen persönlichen Verhältnissen – zu entziehen. Damit der VN eine seinen persönlichen Verhältnissen entsprechende Entscheidung treffen kann, ist er über die Möglichkeit, eine Herabsetzung der Leistung zu verlangen, aufzuklären (ebenso Prölss/Martin/*Schneider* § 163 Rn. 14). Im Übrigen ist de lege ferenda zu fordern, diese generelle Aufklärungspflicht des VR und die Leistungsherabsetzungsmöglichkeit weiter auszubauen (→ Rn. 2).

V. Prämienfreie Versicherung

15 Bei einer prämienfreien Versicherung ist eine Prämienerhöhung durch einseitige Erklärung nicht möglich. Deshalb tritt nach Satz 2 an deren Stelle die Herabsetzung der Versicherungsleistung (Begr. zu § 163 Abs. 2, BT-Drs. 16/3945, 99). Bei Versicherungen, die mit einem Einmalbeitrag abgeschlossen wurden, wie bei Versicherungen ohne laufende Prämien, ist § 163 Abs. 2 entsprechend anzuwenden. Ob bei Versicherungen mit Einmalprämie oder Versicherungen, die beitragsfrei gestellt wurden: den Parteien ist es unbenommen – unabhängig von § 163 Abs. 2 –, ergänzende Regelungen zu vereinbaren.

VI. Wirksamwerden (Abs. 3)

16 Die Neufestsetzung der Prämie wie auch die Herabsetzung der Versicherungsleistung werden wirksam zu Beginn des zweiten Monats, der auf die Mitteilung des VR über die Neufestsetzung sowie der dafür maßgebenden Gründe folgt. Die Änderung wird auch wirksam, wenn der VN schuldhaft nicht innerhalb dieser

Frist verlangt hat, dass er nach Abs. 2 statt der Prämienerhöhung eine Herabsetzung der Versicherungsleistung verlangt. Nach dem Wortlaut des Gesetzes kommt ein rückwirkendes Inkrafttreten nicht in Betracht.

Hinsichtlich der **Mitteilung über die maßgeblichen Gründe** war unklar, was der Gesetzgeber damit genau gemeint haben könnte (→ Rn. 2). Diese Streitfrage hatte sich auch bei der vom Wortlaut her grundsätzlich identischen Vorschrift des § 203 Abs. 5 gestellt und ist dort vom BGH (NJW 2021, 378 mAnm *Grams*) dahingehend entschieden worden, dass nur die maßgebliche Rechnungsgrundlage mitzuteilen ist, die sich nicht nur vorübergehend verändert hat und die für die Prämienanpassung ursächlich war. Das kann nach § 203 Abs. 2 nur die Rechnungsgrundlage Versicherungsleistungen und/oder Sterblichkeit sein. Weitere Angaben wie zB der Umfang der Veränderung der maßgeblichen Rechnungsgrundlage oder weiterer Ursachen, muss der VR nicht mitteilen. Diese Entscheidung ist auf § 163 uneingeschränkt entsprechend übertragbar, wobei es nach dem Wortlaut von § 163 Abs. 1 Satz 1 Nr. 1 nur eine maßgebliche Rechnungsgrundlage geben kann – den Leistungsbedarf. Vor diesem Hintergrund verliert das Begründungserfordernis zwar an Bedeutung, da die Begründung immer die gleiche ist. Das ist aber – wie der BGH zutreffend zu § 203 herausgearbeitet hat – auch hier ausreichend, um das Informationsinteresse des VN zu erfüllen. Denn die Begründung soll den VN nicht in die Lage versetzen, die Prämienerhöhung nachrechnen zu können. Insoweit bleiben die schützenswerte Geheimhaltungsinteressen des VR (→ § 153 Rn. 14) von Bedeutung, die ohnehin nur ein Sachverständiger nachvollziehen kann (*Brand* VersR 2018, 453 (455)). Es geht also nur darum, die Rechnungsgrundlage zu bezeichnen, die geändert werden musste. So kann der VN überprüfen, ob die Prämienerhöhung plausibel ist. Dieses Begründungserfordernis löst im Übrigen aber nicht den Streit, was genau unter Leistungsbedarf zu verstehen ist (→ Rn. 7). Ein VR könnte sich hier aber über das gesetzlich erforderliche Maß positionieren und zusätzlich angeben, ob es die biometrischen oder die finanziellen Rechnungsgrundlagen waren, die zu einer Änderung des Leistungsbedarfs geführt haben. 17

VII. Überprüfung durch Versicherungsnehmer und Gerichte

Die Aufsichtsbehörde ist an einer Prämien- und Leistungsänderung in vielfältiger Weise aufgrund öffentlichen Rechts beteiligt. Darin liegt indessen kein hinreichender Grund, dass der VN eine Änderung ungeprüft hinnehmen müsste, ebenso wenig wie eine Überprüfung durch die Zivilgerichte ausgeschlossen wäre. Das bedeutet aber auch, dass sich Zivilgerichte, zur Überprüfung angerufen, dieser Aufgabe ganz oder auch nur teilweise nicht mit der Begründung entziehen dürfen, die zuständigen Aufsichtsbehörden hätten bereits die Richtigkeitskontrolle durchgeführt. Für bürgerliche Rechtsstreitigkeiten ist **aus dem Rechtsstaatsprinzip** des GG die Gewährleistung eines wirkungsvollen Rechtsschutzes abzuleiten. Dieser muss die grds. **umfassende tatsächliche und rechtliche Prüfung** des Streitgegenstands ermöglichen (BVerfG VersR 2000, 214, 215). Zur Überprüfung einer Prämien- und Leistungsänderung können auch die in der Rspr. entwickelten **Grundsätze zur Kontrolle** von Prämienerhöhungen in **der privaten Krankenversicherung** herangezogen werden. Denn mit § 163 ist die Regelung des § 203 Abs. 2 Satz 4, die auf § 155 VAG verweist, auch für die Lebensversicherung übernommen worden (vgl. die Begr. zu § 163 Abs. 1, BT-Drs. 16/3945, 99). 18

19 Es wäre auch nicht sehr sinnvoll, wenn der **prüfungswillige VN** mangels jeder Information durch den VR notwendig in ein zivilrechtliches Verfahren getrieben würde, um so erst die Prüfung von Änderungen der Prämien und Leistungen möglich zu machen. In begrenztem Rahmen muss deshalb auch dem VN zumindest eine Prüfung auf Plausibilität ermöglicht werden. Deshalb muss der VR als verpflichtet angesehen werden, die Mitteilung an den VN über die Änderung von Prämien und Leistungen im Wesentlichen zu begründen (→ Rn. 17). Auf Verlangen des VN muss der VR zur Erfüllung einer vertraglichen Nebenpflicht dem VN auch **Name und Anschrift des Treuhänders** mitteilen, der Prämien- und Leistungsanpassung überprüft und bestätigt hat (vgl. OLG Stuttgart VersR 2007, 639). Vorprozessual kann der VN aber nicht verlangen, dass ihm sämtliche Unterlagen zur Verfügung gestellt werden, die dem Treuhänder zu seiner Beurteilung vorgelegen haben. Denn das würde die im außergerichtlichen Bereich nicht sicher zu schützenden Geheimhaltungsinteressen des VR berühren (→ § 153 Rn. 14).

20 Hat der VN Zweifel an der Richtigkeit der Prämien- oder Leistungsänderung, wird er die **gerichtliche Überprüfung** idR durch eine **negative Feststellungsklage** einleiten. Hat der VR ihm die Unterlagen zur Verfügung gestellt, die geeignet sind, dass er selbst eine Plausibilitätsprüfung vornehmen kann, ist er **zunächst darlegungspflichtig** für die Umstände, die Anlass zu Zweifeln an der Richtigkeit geben. Bestreitet der **VR** solche substantiiert vorgetragenen Tatsachen und behauptet er die Richtigkeit seiner Änderung, trifft ihn die **Darlegungs- und Beweislast** (vgl. BGH VersR 2004, 991 unter II.2). Er hat dem Gericht oder einem von diesem bestellten Sachverständigen sämtliche zur Prüfung erforderlichen Unterlagen vorzulegen. Das Gericht muss allerdings für die **Geheimhaltung** des Materials sorgen, an dem der VR ein berechtigtes Interesse an ihr hat, etwa an Teilen der Berechnungsgrundlagen (vgl. OLG Stuttgart VersR 2007, 639). Der VR muss aber im Einzelnen darlegen, aus welchen Gründen er an welchen Unterlagen genau ein Geheimhaltungsinteresse hat. Auch hier hat sich mittlerweile zu § 203 eine umfassende Rechtsprechung entwickelt, die auf § 163 übertragbar ist und die mit BGH NJW-RR 2016, 606 ihren Anfang genommen hat (→ § 203 Rn. 25b).

21 **Maßstab für die gerichtliche Prüfung,** in aller Regel mit Hilfe eines Sachverständigen, ist, ob die Prämien- oder Leistungsanpassung nach aktuariellen Grundsätzen als mit den bestehenden Rechtsvorschriften in Einklang stehend anzusehen ist (vgl. BGH VersR 2004, 991 unter II.2; OLG Celle VersR 2008, 1198). Gegenstand der gerichtlichen Überprüfung sind grundsätzlich nur die Unterlagen, die der VR dem Treuhänder zur Prüfung vorgelegt hat. Denn die Bestätigung des Treuhänders beruht nur auf ihnen. Ergänzungen sind allerdings auf Nachfrage des Sachverständigen zur Plausibilisierung im Beweisverfahren möglich (vgl. BGH NJW-RR 2016, 606 – Rn. 26). **Von geringen Irrtumskorrekturen oder Ergänzungen** abgesehen, kann der VR zur Rechtfertigung seiner Prämienerhöhung oder Leistungsminderung im Prozess also keine Unterlagen beibringen, die dem Treuhänder bei seiner Beurteilung nicht vorgelegen haben (BGH VersR 2004, 991 unter II.2). Der VR kann seine Berechnungen nicht durch Vorlage anderer, neuer Unterlagen nachbessern. Wohl aber kann er Fehler, die sich aus den ursprünglichen Unterlagen ergeben und sich zum Teil zu Gunsten, aber zum Teil auch zu Ungunsten des VN auswirken, miteinander verrechnen. Der VN hat einen Anspruch darauf, dass er – gemessen an dem Treuhänder vorgelegten Unterlagen – keine zu hohe Prämie zahlt und keine zu niedrige Leistung erhält.

Er hat aber keinen Anspruch auf Richtigkeit der Berechnung, solange diese insgesamt nicht zu seinem Nachteil ausschlägt (vgl. auch OLG Celle VersR 2008, 1198).

Im gerichtlichen Verfahren ist zu prüfen, ob die Bestätigung des Treuhänders wirksam ist. Dies ist der Fall, wenn der Treuhänder bei seiner Zustimmung die zivil- und aufsichtsrechtlichen Vorschriften eingehalten hat. Einen eigenen Beurteilungsspielraum hat der Treuhänder nicht. Insbesondere sind auch ihm Billigkeitserwägungen versagt (vgl. die Begr. zu § 163 Abs. 1, BT-Drs. 16/3945, 99). 22

VIII. Abdingbarkeit

Gemäß § 171 kann von § 163 nicht zum Nachteil des VN abgewichen werden. 23

§ 164 Bedingungsanpassung

(1) [1]**Ist eine Bestimmung in Allgemeinen Versicherungsbedingungen des Versicherers durch höchstrichterliche Entscheidung oder durch bestandskräftigen Verwaltungsakt für unwirksam erklärt worden, kann sie der Versicherer durch eine neue Regelung ersetzen, wenn dies zur Fortführung des Vertrags notwendig ist oder wenn das Festhalten an dem Vertrag ohne neue Regelung für eine Vertragspartei auch unter Berücksichtigung der Interessen der anderen Vertragspartei eine unzumutbare Härte darstellen würde.** [2]**Die neue Regelung ist nur wirksam, wenn sie unter Wahrung des Vertragsziels die Belange der Versicherungsnehmer angemessen berücksichtigt.**

(2) **Die neue Regelung nach Absatz 1 wird zwei Wochen, nachdem die neue Regelung und die hierfür maßgeblichen Gründe dem Versicherungsnehmer mitgeteilt worden sind, Vertragsbestandteil.**

Übersicht

I. Gesetzesinhalt und Normzweck

1. Vergleich zur früheren Regelung

1 Durch die VVG-Reform 2008 ist § 172 Abs. 2 aF durch eine vollständige Neuregelung in § 164 ersetzt worden. Die Vergangenheit hatte gezeigt, dass die vorangegangene Regelung aufgrund der in ihr angelegten Schwierigkeiten zu erheblichen zeitlichen Verzögerungen bei den Bemühungen um Rechtsklarheit geführt hat (vgl. die Begr. zu § 164 vor Abs. 1, BT-Drs. 16/3945, 99 f.).

2 Die reformierte Regelung verzichtet ganz auf die Mitwirkung eines **Bedingungstreuhänders.** Das ist im Vergleich zu der Parallelvorschrift in der Krankenversicherung in § 203 Abs. 3 unschlüssig, da dort an dem Bedingungstreuhänder zu Recht festgehalten wurde. Während § 172 Abs. 2 aF auf Abs. 1 verwies, die bei einer Unwirksamkeit von Versicherungsbedingungen „entsprechende Anwendung" finden sollte, regelt § 164 nun die Klauselersetzung eigenständig. Er nennt konkret die Voraussetzungen für eine Ersetzung der Klausel, zum Beispiel die Notwendigkeit einer Neureglung, um den Vertrag fortzuführen. Neu ist, dass die Klausel auch ersetzt werden kann, wenn das Festhalten am Vertrag ohne eine neue Regelung für eine Partei eine unzumutbare Härte darstellen würde, wobei auch das Interesse der anderen Partei zu berücksichtigen sei. Schließlich ist neu, dass gemäß Satz 2 auch das Äquivalenzverhältnis möglichst nicht gestört werden soll.

3 Die Neuregelung entnimmt wesentliche Elemente BGHZ 164, 297 (= NJW 2005, 3559 =VersR 2005, 1565; Anm. *Merschmeyer* und *Präve* VersR 2005, 1670; eine kritische Auseinandersetzung findet sich → § 169 Rn. 60). Deshalb sind die Ausführungen dieses BGH-Urteils zur Auslegung des § 164 mit heranzuziehen; Anhaltspunkte dafür, dass der Gesetzgeber mit der Neuregelung irgendwelchen Erkenntnissen dieses Urteils entgegenwirken wollte, gibt es nicht.

2. Systematik

4 § 164 nennt zunächst in Satz 1 die **Voraussetzungen,** unter denen der VR eine unwirksame **Klausel ersetzen** kann – Unwirksamkeit einer Klausel, Notwendigkeit, den Vertrag fortzuführen, alternativ unzumutbare Härte für eine Partei, ohne Klauselersetzung am Vertrag festzuhalten. Gleichzeitig werden die Voraussetzungen genannt, unter denen eine Klausel im Bedingungswerk als unwirksam anzusehen ist. Alsdann führt die Vorschrift als **Voraussetzung** dafür, dass die **neue Regelung wirksam** ist, das Äquivalenzprinzip an, das durch die Klauselersetzung möglichst nicht gestört werden soll. Hier wäre eine vorgelagerte Kontrolle durch einen unabhängigen Treuhänder nach wie vor sinnvoll gewesen. Unabhängig davon sind mit dieser Voraussetzung die übrigen Wirksamkeitsvoraussetzungen der §§ 305 ff. BGB nicht berührt. Sie bleiben Maßstab für eine richterliche Inhaltskontrolle. Nach welchen Maßstäben und mit welchem Inhalt der VR die unwirksame Klausel ersetzen soll, ist in § 164 nicht gesagt. Diese ergeben sich aus den allgemeinen Vorschriften, nämlich **§ 306 Abs. 2 BGB** und den zu dieser Regelung entwickelten Grundsätzen (vgl. BGHZ 164, 297; → Rn. 3). Schließlich sagt § 164 Abs. 2, ab wann die neue Regelung **Vertragsbestandteil** wird.

3. Normzweck

5 § 164 bezweckt, dem VR die Möglichkeit einzuräumen, im Falle der Unwirksamkeit einer Klausel diese durch eine neue zu ersetzen. Damit soll dem

Umstand Rechnung getragen werden, dass die Parteien bei der Lebensversicherung langfristig an den Vertrag gebunden sind, zumal dem Lebensversicherer kein ordentliches Kündigungsrecht zusteht und dem VN eine Kündigung in aller Regel nur unter erschwerten Bedingungen und mit Nachteilen für ihn möglich ist (vgl. die Begr. zu § 164 Abs. 1, BT-Drs. 16/3945, 100). Die Regelung soll **unzumutbare Härten** vermeiden, die eintreten können, wenn durch den Wegfall einer unwirksamen Klausel in dem Bedingungswerk eine Lücke entstünde, die durch die Anwendung gesetzlicher Regeln nicht gefüllt werden könnte. Bei der Ersetzung der Klausel sollen mit den näher bezeichneten gesetzlichen Voraussetzungen aber die Interessen aller Beteiligten gewahrt werden. Mit der Möglichkeit, in das Bedingungswerk eine neue Regelung einzufügen und damit die Lücke zu füllen, die durch die Unwirksamkeit einer Vertragsbestimmung entstanden ist, soll für die Vertragsparteien wie für die Vielzahl all derer, die in ihren Verträgen eine ähnliche oder gleiche Bestimmung haben, möglichst bald Rechtssicherheit hergestellt werden. Alternativ bleibt eine ergänzende Vertragsauslegung immer möglich. Der VR wird entscheiden müssen, ob er die Lücke durch eine Klauselersetzung schließen möchte (mit dem Risiko, ob das wirksam gelingt) oder ob er die Lückenschließung nach Vorgabe einer aus seiner Sicht zutreffenden ergänzenden Vertragsauslegung letztlich den Gerichten überlassen möchte (mit dem Risiko, dass es unterschiedliche instanzgerichtliche Urteile dazu geben kann, die erst durch eine BGH-Entscheidung auf eine einheitliche Auslegung zusammengeführt werden); → Rn. 20.

Die Regelung ist im Zusammenspiel mit dem **Aufsichtsrecht** zu sehen, da sie – wie § 163 (→ § 163 Rn. 3) – dazu dient, eine Insolvenz des VR abzuwenden. Die Klauselersetzung ist daher auch eine den aufsichtsrechtlichen Insolvenzsicherungsregeln vorgehende Maßnahme. Dementsprechend muss der VR davon oder von einer ergänzenden Vertragsauslegung Gebrauch machen, wenn ohne die Klauselersetzung eine Insolvenzgefahr bestünde. Anderenfalls kann der VR entscheiden, ob er von der Klauselersetzungsmöglichkeit des § 164 Gebrauch machen möchte. Macht der VR von der Möglichkeit Gebrauch, strahlt das aber auch in das Aufsichtsrecht aus, da sich daraus Mitteilungspflichten gegenüber den von der Klauselersetzung betroffenen VN nicht nur aus Abs. 2 ergeben, sondern auch aus Art. 7 Abs. 3 VO (EU) 2017/2358 VO. Danach muss der VR die VN auch aus aufsichtsrechtlicher Sicht über Maßnahmen informieren, die er ergriffen hat und die das Produkt berühren. Im Umkehrschluss daraus folgt im Übrigen mit Blick auf Art. 7 Abs. 3 VO (EU) 2017/2358, dass der VR die betroffenen VN nicht informieren muss, wenn eine Klausel höchstrichterlich als unwirksam verworfen wurde, er von dem Klauselersetzungsrecht aber keinen Gebrauch machen möchte und auch nicht muss. Denn dann ergreift er keine Maßnahme iSv Art. 7 Abs. 3 VO (EU) 2017/2358. Das kann dann richtig sein, wenn höchstrichterlich auch eine ergänzende Vertragsauslegung mit Blick auf die als unwirksam verworfene Klausel bereits zu inhaltsgleichen Klauseln von anderen VR vorgenommen wurde (so wie es beispielsweise bei verworfenen Abschlusskostenklauseln durch Schaffung des Mindestrückkaufswertes im Rahmen einer ergänzenden Vertragsauslegung durch BGHZ 164, 297 geschehen ist; → Rn. 21). Dann kann sich jeder VR auf diese ergänzende Auslegung berufen und sollte das auch gegenüber seinen VN kommunizieren (so: LG Köln Urt. v. 12.2.2020 – 23 O 88/19; auch → Rn. 21). 6

II. Geltungsbereich

7 Der Wortlaut der Vorgängervorschrift, § 172 aF, behandelte nur Lebensversicherungen, bei denen der Eintritt der Verpflichtung des VR ungewiss ist. Davon ist in der Neuregelung bewusst keine Rede mehr. § 164 gilt dementsprechend nun – ebenso wie § 163 – für sämtliche Lebensversicherungen, auch für die fondsgebundene Lebensversicherung (vgl. BGH VersR 2007, 1547). Es kommt nicht darauf an, in welcher Form das Unternehmen die Versicherung betreibt; auch auf die Satzung eines VVaG ist die Regelung über die Ersetzungsbefugnis anzuwenden (vgl. BGH zu § 172 Abs. 2 aF VersR 2007, 1211). Ferner ist sie auch bei der Berufsunfähigkeitsversicherung (§ 176) anzuwenden. Die Ersetzungsbefugnis betrifft sämtliche Klauseln der AVB, also nicht nur solche des Rückkaufswertes und der Überschussbeteiligung, auch wenn dieser Bereich das eigentliche Feld für das Entstehen von Vertragslücken ist. Entscheidend ist, ob die Voraussetzungen zur Ersetzung vorliegen. Der **zeitliche Geltungsbereich** erstreckt sich für die genannten Versicherungen auf Verträge, die seit dem 1.1.2008 abgeschlossen wurden. Auf Verträge, die vor dem 1.1.2008 abgeschlossen wurden, ist § 164 ab dem 1.1.2009 anzuwenden. Die Regelung des § 164 kann nicht analog auf sämtliche andere Versicherungssparten angewendet werden. Denn der Gesetzgeber hat ausdrücklich davon abgesehen, eine allgemeine Regelung zur Vertragsanpassung in das VVG aufzunehmen, wie sie die Reformkommission mit § 16 des Entwurfs vorgeschlagen hatte (Begr. zu § 164 vor Abs. 1, BT-Drs. 16/3945, 99 f.).

III. Voraussetzungen der Ersetzungsbefugnis

1. Unwirksamkeit einer AVB-Regelung

8 Voraussetzung für eine Klauselersetzung ist, dass eine Regelung in den AVB unwirksam ist. Der Gesetzgeber hat die Gründe für eine Unwirksamkeit der zu ersetzenden Klausel konkretisiert: Die Unwirksamkeit muss auf einer höchstrichterlichen Entscheidung beruhen oder auf einem Verwaltungsakt, der bestandskräftig geworden ist. Zwar werden die Gründe, aus denen Klauseln für unwirksam erklärt worden sind, im Wesentlichen in Verstößen gegen §§ 307–309 BGB zu finden sein. Rechtlich kommt es aber darauf nicht an. Entscheidend ist, dass die Unwirksamkeit feststeht, gleichgültig aus welchen rechtlichen Gründen.

9 Fraglich ist, was unter dem in § 164 Abs. 1 Satz 1 genannten Tatbestandsmerkmal **„höchstrichterliche Entscheidung"** zu verstehen ist. Sicher ist, dass es sich um Entscheidungen des BGH handelt. Ob dazu aber auch unangreifbare **Entscheidungen der Oberlandesgerichte** zählen, wie die amtl. Begr. (zu § 164 Abs. 1, BT-Drs. 16/3945, 100) meint, ist zwar zweifelhaft, aber letztlich richtig. Denn ansonsten bliebe nur eine ergänzende Vertragsauslegung. Es ist aber kein Grund dafür ersichtlich, warum hier etwas anderes gelten sollte als bei einer vom BGH verworfenen Klausel. Letztlich werden die Berufungsgerichte aber voraussichtlich stets die Revision zulassen (müssen), so dass solche Fälle (hoffentlich) theoretischer Natur bleiben. Leitlinie für die Gestaltung des § 164 war nämlich das Urteil des BGH v. 12.10.2005 (vgl. BGHZ 164, 297; → Rn. 3), was sich ohne weiteres aus einem Vergleich der in dem Urteil aufgestellten Richtlinien mit dem Wortlaut des § 164 und aus der Erwähnung dieses Urteils in der amtl. Begründung ergibt. Nach dem BGH-Urteil schaffen nur höchstrichterliche Ent-

scheidungen abschließend Rechtsklarheit. Rechtskräftige Urteile der „Instanzgerichte" gewährleisteten dies nicht (Rn. 24 des Urteils). Im Sprachgebrauch des BGH sind aber alle Gerichte Instanzgerichte, die nicht wie der BGH Revisionsgerichte sind. Dieses Selbstverständnis im Sprachgebrauch kommt auch wenige Zeilen später zum Ausdruck, wo von sich widersprechenden Instanzentscheidungen die Rede ist, die Unsicherheit erzeugen und dem VR die Wahl gäben, die Klausel zu ersetzen oder nicht. Gerade gegen diese Unsicherheit, die auch durch rechtskräftige Entscheidungen der Oberlandesgerichte entstehen kann, wenn sie sich untereinander widersprechen, wendet sich der BGH, eine Unsicherheit, die auch die neue gesetzliche Regelung vermeiden wollte. Deshalb sollten rechtskräftige Urteile von Oberlandesgerichten nur dann zur Klauselersetzung ausreichen, solange keine widersprüchlichen OLG-Entscheidungen vorliegen oder weil ein OLG mangels divergierender anderer OLG-Entscheidungen die Revision unangreifbar nicht zugelassen hat (Bedenken auch bei Prölss/Martin/*Schneider* § 164 Rn. 7; Beckmann/Matusche-Beckmann VersR-HdB/*Brömmelmeyer* § 42 Rn. 113; BeckOK VVG/*Binz,* 11. Ed. (3.5.2021), § 164 Rn. 7; nach Terbille/*Höra/Fitzau* § 25 Rn. 210 f. nur Entscheidungen des BGH, allerdings wird hier nicht auf die amtl. Begr. eingegangen; unklar und widersprüchlich Schwintowski/Brömmelmeyer/*Ortmann* § 164 Rn. 11: Infrage kommt „(…) eine nicht anfechtbare Entscheidung eines OLG (…), nicht hingegen Entscheidungen von Instanzgerichten"; HK-VVG/*Brambach* § 164 Rn. 4 will ohne Einschränkung nicht anfechtbare Entscheidungen der OLG ausreichen lassen).

Bestandskräftige Verwaltungsakte iSd § 164 sind solche, die auch durch gerichtliche Verfahren nicht mehr angegriffen werden können. Anderenfalls wäre die vom Sinn des § 164 vorausgesetzte Rechtssicherheit über die Unwirksamkeit einer Klausel nicht gegeben. Die Entscheidung, mit der die Klausel für unwirksam erklärt wurde, muss „abschließende Rechtsklarheit" (vgl. die Begr. zu § 164 Abs. 1, BT-Drs. 16/3945, 100) schaffen. Unbedeutend ist, welche Behörde den Verwaltungsakt erlassen hat, etwa die BaFin, das Kartellamt oder andere Behörden. 10

Die rechtskräftige Entscheidung oder der bestandskräftige Verwaltungsakt muss gerade **die zu ersetzende Klausel zum Inhalt** haben. Wortgleichheit kann nicht verlangt werden. Aber inhaltsgleich muss die Klausel sein. Die Grenzen können fließend sein, zumal die VR heute mehr und mehr eigene AVB verwenden, die nicht immer mit den vom GDV vorgeschlagenen Bedingungen übereinstimmen. Entscheidend ist die Auslegung im Einzelfall. 11

2. Notwendigkeit einer Vertragsfortführung

Die Frage, ob die Klauselersetzung zur Vertragsfortführung notwendig ist, ist unabhängig von den Möglichkeiten des **§ 306 Abs. 2 BGB** zu beurteilen. Sind gesetzliche Vorschriften zur **Lückenfüllung** vorhanden, dann beantworten diese **nicht, ob** die Ersetzung notwendig ist, sondern in welcher Weise und mit welchem Inhalt die Ersetzung vorzunehmen ist (näher → Rn. 18). Sind **keine gesetzlichen Vorschriften vorhanden** und enthält der Vertrag keine wirksame Bedingungsanpassungsklausel (→ Rn. 15), spricht eine **gesetzliche Vermutung** dafür, dass die unwirksame Klausel nicht ersetzt zu werden braucht, es sei denn, die Ersetzung ist für die Fortführung des Vertrages notwendig (→ Rn. 13) oder das Festhalten am Vertrag bedeutet für eine Vertragspartei eine unzumutbare Härte (→ Rn. 16 f.). 12

13 **Notwendig** zur Fortführung des Vertrags ist die **Klauselergänzung,** wenn durch die Unwirksamkeit der Bestimmung eine **Regelungslücke** im Vertrag entsteht (BGHZ 164, 297 Rn. 28; *Lorenz* VersR 2001, 1147). Allerdings ist nicht jede Regelungslücke zwangsläufig so beschaffen, dass sie geschlossen werden müsste, um den Vertrag fortzuführen. Das hängt von der Bedeutung der für unwirksam erklärten Klausel ab, die diese für die Fortführung des Vertrages hatte. Im Allgemeinen wird eine Vertragslücke dann für die Fortführung des Vertrages geschlossen werden müssen, wenn die Lücke durch den Wegfall einer Klausel entstanden ist, die die Leistungspflichten und Ansprüche der Vertragsparteien betraf (vgl. BGHZ 164, 297; → Rn. 3).

14 Die Ersetzung kann zur Fortführung auch notwendig sein, wenn das Vertragsverhältnis **durch Kündigung beendet** ist. Denn für die bei Beendigung gegebenen Ansprüche ist die Ergänzungsregelung maßgebend (vgl. BGHZ 164, 297 Rn. 32; → Rn. 3). Nach dem Zweck des § 164 kann nicht angenommen werden, dass mit Abs. 2 ein anderes Ergebnis gewollt ist (ebenso BGHZ 164, 297 Rn. 32für die Vorgängerregelung des § 172 Abs. 3 Satz 2 aF). Erst recht entfällt die Notwendigkeit, eine unwirksame Klausel zu ersetzen, nicht deshalb, weil der Vertrag **beitragsfrei gestellt** worden ist. Denn diese Verträge werden auch fortgeführt.

15 Nicht notwendig ist eine Klauselersetzung nach § 164 allerdings dann, wenn die Parteien mit ihrem Vertrag selbst für eine mögliche Ersetzung vorgesorgt haben, wenn nämlich in AVB eine **wirksame Bedingungsanpassungsklausel** vereinbart wurde (ebenso Prölss/Martin/*Schneider* § 164 Rn. 8). Dann sind die Voraussetzungen einer solchen Klausel zu erfüllen, die idR nur wirksam sein dürfte, wenn sie in der Sache nicht von wesentlichen Grundgedanken des § 164 abweicht (vgl. § 307 Abs. 2 Nr. 1 BGB – zur Wirksamkeit von Bedingungsanpassungsklauseln siehe BGH NJW 1999, 1865 = VersR 1999, 697 mAnm *Präve*).

3. Unzumutbare Härte

16 Mit dem Tatbestandmerkmal der unzumutbaren Härte wird die Notwendigkeit zur Fortführung des Vertrages ergänzt, aber auch abgemildert. Denn wenn das Hinnehmen einer Vertragslücke hart ist, bedeutet dies nicht schon, dass sie zu füllen notwendig ist. Ob eine Härte angenommen werden kann, ist nicht nur nach dem Interesse einer Partei zu beurteilen, wobei das Gesetz primär den VR im Auge hat (vgl. die Begr. zu § 164 Abs. 1, BT-Drs. 16/3945, 100). Vielmehr müssen in die Beurteilung auch die Interessen der anderen Partei, des VN, einfließen. Das Interesse des VN besteht auch darin, dass nicht ohne gewichtige Gründe in seine Vertragsfreiheit eingegriffen wird, indem der VR einseitig die Vertragslücke füllt.

17 Mit dem Begriff der unzumutbaren Härte greift der Gesetzgeber eine Voraussetzung **des § 306 Abs. 3 BGB** auf (Begr. zu § 164 Abs. 1, BT-Drs. 16/3945, 100). Dort allerdings wird von der Unwirksamkeit des Vertrages ausgegangen, wenn das **Festhalten** an ihm für eine Vertragspartei eine unzumutbare Härte bedeuten würde. Die umgekehrte Regelung in § 164 Abs. 1 Satz 1 erklärt sich daraus, dass beide Parteien eher an den AVB festhalten möchten, weil es sich um lang laufende Verträge handelt und die AVB den gesamten Vertrag darstellen, während die AGB bei anderen Verträgen im Allgemeinen nur eine den Vertrag ergänzende Begleitung sind. Das Festhalten an dem Vertrag ohne ergänzende Regelung wird für eine Partei bspw. eine unzumutbare Härte darstellen, wenn sie den Vertrag ohne diese Regelung nicht geschlossen hätte. Ob ein VR einen

Vertrag ohne eine Regelung über Stornoabzüge geschlossen hätte, ist eine Frage der **schwerwiegenden Störung des Vertragsgleichgewichts bzw. Äquivalenzverhältnisses zwischen Leistung und Gegenleistung.** Gleiches gilt, wenn die Rechtsprechung eine Regelung über die Verrechnung von Abschlusskosten für unwirksam erklärt und der VR ohne eine Erstattung der Abschlusskosten nicht auskömmlich kalkulieren kann (so geschehen durch BGH VersR 2012, 1149; VersR 2013, 213).

IV. Maßstab für die Ersetzung

18 Liegen die Voraussetzungen für eine Klauselersetzung vor, sagt das Gesetz in § 164 nicht, nach welchem Maßstab und welcher Methode der VR die Klausel inhaltlich neu gestalten und formulieren kann. Das ergibt sich aus den allgemeinen, den Fall der **Unwirksamkeit einer Klausel** regelnden Vorschriften, nämlich aus § 306 Abs. 2 BGB (BGHZ 164, 297 Rn. 29 zu § 172 Abs. 2 aF, → Rn. 3; so auch schon *Lorenz* VersR 2002, 410 (411) und 2001, 1146 (1147)). Danach bestimmt sich, wie die Ergänzung vorzunehmen ist. Sie kann durch dispositives Gesetzesrecht iS einer konkreten materiell-rechtlichen Regelung vorzunehmen sein. Hält das dispositive Recht keine adäquate Lösung bereit, ist eine Ersetzung aber notwendig, um den Vertrag fortzuführen (→ Rn. 13 ff.) oder um eine ansonsten unzumutbare Härte für eine Vertragspartei zu vermeiden (→ Rn. 16 f.), ist die Lücke in den AVB nach den Grundsätzen der ergänzenden Vertragsauslegung zu schließen (BGHZ 164, 297 Rn. 29; problematisch, weil hier im Zusammenhang mit der Verrechnung von Abschlusskosten mit Prämien beim sog Frühstorno eine ergänzende Vertragsauslegung stattfand, obwohl eine gesetzliche Ersatzreglung zur Verfügung stand und die vermeintlich dem Parteiwillen entsprechende Ersatzregelung weder der damaligen noch der heutigen gesetzlichen Situation entsprach).

19 Ist die Schließung der entstandenen Vertragslücke durch Anwendung vorhandener **gesetzlicher Regelungen** sachgerecht zu bewerkstelligen, so hat diese Lösung **Vorrang** vor einer ergänzenden Vertragsauslegung (**anders allerdings auch BGHZ** 164, 297; → Rn. 3). Der VR braucht den materiellen Inhalt der gesetzlichen Regelung nicht in eine neue Klausel zu fassen. Er ist aber auch nicht gehindert, die gesetzliche Regelung mit einer den Vertrag ergänzenden AVB-Klausel zu wiederholen. Aus Gründen der Rechtssicherheit und -klarheit wird dies in den meisten Fällen zu empfehlen und eventuell sogar erforderlich sein, damit der VN seine sich daraus ergebenden Rechte und Pflichten wahrnehmen kann. Man wird von einem durchschnittlichen VN nicht erwarten können, dass er sich die gesetzliche Regelung zugänglich macht, selbst wenn der VR auf diese hinweist. Angesichts der BGH-Rechtsprechung (BGHZ 164, 297; VersR 2013, 1429; NJOZ 2015, 176) ist für die richtige Berechnung des **Rückkaufswerts** nicht auf die gesetzliche Regelung zurückzugreifen (Zeitwert), sondern es ist im Wege der ergänzenden Vertragsauslegung die **Hälfte des ungezillmerten Deckungskapitals** auszuzahlen (ursprünglicher Vorschlag der VVG-Reformkommission). Nachdem auch die Rückkaufswertklauseln anderer Tarifgenerationen verworfen worden sind (Einzelheiten → § 169 Rn. 57 ff.), hat sich die Frage gestellt, ob ein Klauselersetzungsverfahren erforderlich ist, um zu bestimmten Rechtsfolgen zu gelangen. Nachdem der BGH mit seinen Urteilen vom 11.9.2013 die Rechtsprechung des Jahres 2005 bestätigt hat (VersR 2013, 1429; NJOZ 2015,

176), ist diese Frage zu verneinen. VR, die bereits vorher eine Klauselersetzung vorgenommen hatten, und dabei eine bestimmte Berechnung des vom BGH geforderten Mindestrückkaufswertes angenommen hatten, wurden allerdings mit diesem BGH-Urteil in ihrer Annahme enttäuscht, da der BGH einen anderen Weg ging. Das hat dann zu einer weiteren Abmahnung und Unterlassungsklage geführt, die vom BGH (VersR 2018, 422) entschieden wurde und mit einem erstmals ausgeurteiltem wettbewerbsrechtlichen Folgenbeseitigungsanspruch im Sinne einer Zwischenetappe endete. Das sodann wieder zur Entscheidung zuständige OLG Stuttgart hat den Folgenbeseitigungsanspruch als erfüllt angesehen (Urt. v. 17.10.2019 – 2 U 107/14). Diese Entscheidung ist sodann rechtskräftig geworden und eine weitere Streitwertbeschwerde wurde als unzulässig verworfen (BGH Beschl. v. 30.3.2021 – I ZB 36/20). Das ist aber nicht das Ende der Auseinandersetzungen zum Inhalt von Folgenbeseitigungsansprüchen, die nach wie vor die Instanzgerichte beschäftigen (zuletzt das OLG Dresden Urt. v. 10.4.2018 – 14 U 82/16 und das LG Köln Urt. v. 12.2.2020 – 23 O 88/19). Sicher ist insoweit heute allein, dass der Folgenbeseitigungsanspruch nicht so weit geht, dass der klagende Verbraucherschutzverband dem VR den Inhalt der Information vorgibt oder der VR gar automatisch und ohne Geltendmachung von Ansprüchen durch die VN zu einer etwaig erforderlichen Nachregulierung veranlasst ist.

20 Fehlt eine angemessene gesetzliche Regelung, muss sich der VR zunächst **an die Stelle des Richters** setzen und nach den Grundsätzen der **ergänzenden Vertragsauslegung** eine neue Vertragsbestimmung formulieren (beide Möglichkeiten bestehen für den VR alternativ → Rn. 5). Dabei trägt er das Risiko (wie auch sonst bei der Produktgestaltung durch AVB), dass auch die ersetzende Regelung nicht den Anforderungen genügt, die bei einer richterlichen Inhaltskontrolle an die Wirksamkeit von Regelungen in den AVB zu stellen sind.

21 Nicht nur derjenige VR ist zur Ersetzung befugt, gegen den die die Klausel verwerfende Entscheidung ergangen ist. Entsprechend dem Charakter von AVB, nämlich im Massengeschäft für eine Vielzahl von Verträgen Geltung zu beanspruchen, sind **alle VR berechtigt,** die Klausel zu ersetzen, soweit sie eine inhaltlich gleiche oder vergleichbare Regelung enthält (BGHZ 164, 297 Rn. 26; → Rn. 3). Nur so kann die erforderliche Rechtssicherheit hergestellt werden.

V. Voraussetzungen der Wirksamkeit

1. Äquivalenzverhältnis (Abs. 1 Satz 2)

22 Die reformierte Regelung des § 164 formuliert eine **eigene Wirksamkeitsvoraussetzung.** Danach ist die eine unwirksame Klausel ersetzende neue Regelung nur wirksam, wenn sie **unter Wahrung des Vertragsziels die Belange der VN angemessen** berücksichtigt. Das Gesetz schützt mit diesem Erfordernis die Interessen der VN, wobei nicht der VN des konkreten Vertrages gemeint ist, sondern die Interessen des von der Klauseländerung betroffenen Kollektivs. Der zu schützende Personenkreis ist nicht allein auf die VN beschränkt. Vielmehr sind alle am Vertrag Beteiligten gemeint, seien es die VN persönlich, die Versicherten oder auch die Bezugsberechtigten, wenn deren Interessen nicht mit denen der VN gleichlaufend sein sollten. Diese Wirksamkeitsvoraussetzung ist gewahrt, wenn durch die neue Regelung das bei Vertragsschluss vorhandene und durch den Wegfall der unwirksamen Klausel gestörte Äquivalenzverhältnis wiederhergestellt

wird. Der VN darf durch die ersetzende Klausel nicht schlechter gestellt werden (vgl. insgesamt die Begr. zu § 164 Abs. 1, BT-Drs. 16/3945, 100). Beruhte die Unwirksamkeit der Klausel auf ihrer Intransparenz, ist unklar, ob eine inhaltsgleiche, aber nun transparent formulierte Klausel die unwirksame ersetzen darf (dagegen: BGHZ 164, 297; → Rn. 3; Einzelheiten → § 169 Rn. 59 ff.). Das überzeugt indessen nur für die Fälle, in denen ein durchschnittlicher VN den Vertrag bei Kenntnis vom wahren Inhalt der intransparenten Klausel nicht abgeschlossen hätte. Dementsprechend ist in anderen Fällen auch nach diesem Urteil eine inhaltsgleiche Ersetzung einer intransparenten Klausel zB bzgl. § 4 Abs. 4 MB/KT, der vom BGH für intransparent gehalten wurde (VersR 2016, 1177), vorgenommen worden (dafür in diesem Zusammenhang: *Lehmann* im Rahmen eines Vortrags auf dem 34. Münsterischen Versicherungstag). Jedenfalls kann die nur wegen Intransparenz für unwirksam erklärte Klausel bei Neuverträgen verwendet werden, wenn sie dann transparent abgefasst ist. Dann trägt der VR allerdings das Risiko, dass ihm die Rechtsprechung dann materielle Unangemessenheit der dann transparenten Klausel vorwirft, wie bei der Abschlusskostenverrechnungsklausel geschehen (BGH VersR 2012, 1149; → § 169 Rn. 59 f.).

Das Gesetz nennt in Abs. 1 Satz 2 nicht auch die Interessen des VR. Es geht 23 davon aus, dass der die Klausel formulierende VR selbst in der Lage sein wird, seine eigenen Interessen zu wahren. Deshalb ist die durch Wegfall der unwirksamen Klausel entstandene Lücke insgesamt nach dem ursprünglichen Regelungsplan beider Parteien zu schließen (BGHZ 164, 297 Rn. 29; → Rn. 3). Das ursprüngliche Gleichgewicht – so es denn vorhanden war – soll durch die Klauselersetzung nicht verändert werden. Das heißt die Interessen der Beteiligten sind auf den Zeitpunkt des Vertragsschlusses zusammenzuführen (BGHZ 164, 297 Rn. 58).

2. Wirksamkeitskriterien nach §§ 305 ff. BGB

Die Regelung muss über die in § 164 Abs. 1 Satz 2 genannte Voraussetzung 24 hinaus selbstverständlich auch den allgemeinen Kriterien der Wirksamkeit von AGB entsprechen. Mit § 164 sind die Regelungen der allgemeinen Inhaltskontrolle nicht verdrängt (vgl. amtl. Begr. zu § 164 Abs. 1, BT-Drs. 16/3945, 100).

3. Vertragsbestandteil (Abs. 2)

Nach Abs. 2 wird die neue Klausel zwei Wochen, nachdem sie dem VN mit 25 Gründen mitgeteilt wurde, Vertragsbestandteil. Damit wird sie für die Parteien verbindlich. Zwar ist eine Klausel solange nicht wirksam, wie sie unverbindlich ist. Dennoch spricht der Gesetzgeber bewusst nicht von „Wirksamwerden". Denn mit der Formulierung „wird Vertragsbestandteil" (vgl. § 305 Abs. 2 BGB) soll deutlich gemacht werden, dass die neue Klausel noch nicht durch die Gerichte inhaltlich kontrolliert ist (vgl. die Begr. zu § 164 Abs. 2, BT-Drs. 16/3945, 100 f.).

Grundsätzlich wirkt eine Lückenfüllung, sei es durch Anwendung des positiven 26 Rechts, sei es durch ergänzende Vertragsauslegung, auf den **Zeitpunkt des Vertragsschlusses zurück.** Denn Sinn dieser Operation ist es, den Vertrag während der gesamten Laufzeit lückenlos zu halten. Deshalb hat der BGH in seinem Urt. vom 12.10.2005 (BGHZ 164, 297 Rn. 32; → Rn. 3) auch ausgeführt, die Ergänzung nach § 172 Abs. 2 aF iVm § 306 Abs. 2 BGB wirke auf den Zeitpunkt des Vertragsschlusses zurück. Der Vertrag werde deshalb materiell von seinem Beginn bis zur Beendigung nach diesen Bestimmungen durchgeführt. Für die bei Beendigung gegebenen Ansprüche sei deshalb die Ersatzregelung maßgebend. § 172 Abs. 3 Satz 2, wonach Änderungen zwei Wochen nach Benachrichtigung des VN wirksam werden, stünde dem nicht entgegen. Für die Neuregelung des § 164 Abs. 2 gilt nichts anderes. Dem Wortlaut des § 164, bei dem der Gesetzgeber der Sache nach ersichtlich das genannte BGH-Urt. in vollem Umfang berücksichtigt hat, ist nichts anderes zu entnehmen (so auch Langheid/Wandt/*Wandt* § 164 Rn. 81; Prölss/Martin/*Schneider* § 164 Rn. 22; HK-VVG/*Brambach* § 164 Rn. 21; aA – mit Blick auf § 203 – LG Köln r+s 2020, 283; Boetius/Rogler/Schäfer/*Klimke* § 25 Rn. 38).

27 Von der Frage, ab welchem Zeitpunkt die Lücke als geschlossen anzusehen ist, muss die Frage unterschieden werden, ab wann die Neuregelung „in der Welt" ist. Wird die Lücke durch Anwendung dispositiven Rechts geschlossen, so ist die Neuregelung bereits seit Vertragsschluss vorhanden, soweit das anzuwendende Gesetz zu diesem Zeitpunkt galt. Einer besonderen Erklärung des VR bedarf es nicht. Gibt er sie ab, hat sie lediglich deklaratorische Wirkung. Ist die Lücke durch ergänzende Vertragsauslegung zu schließen, so bedarf es einer **rechtsgestaltenden Erklärung** des VR, wenn er auf eine Klauselersetzung verzichten möchte und wenn es insoweit noch keine höchstrichterliche Entscheidung gibt (→ Rn. 6). Diese ist als empfangsbedürftige Willenserklärung grds. dann erst „in der Welt", wenn sie dem VN zugegangen ist. Hier ändert § 164 Abs. 2 die Wirkung ab, indem das Gesetz einen Zeitraum von zwei Wochen nennt, nach dem die Neuregelung Vertragsbestandteil wird. Ab dem Zeitpunkt, zu dem die Neuregelung Vertragsbestandteil geworden ist, wirkt sie in ihren Auswirkungen auf den Zeitpunkt des Vertragsschlusses zurück. Mit einer solchen Erklärung kann auch ein etwaiger wettbewerbsrechtlicher Folgenbeseitigungsanspruch erfüllt werden (→ Rn. 19).

28 **Die Bemerkung in der amtlichen Begr.** zu § 164 Abs. 2 (BT-Drs. 16/3945, 100 f.) hat zur Frage der Rückwirkung Zweifel aufkommen lassen (vgl. Prölss/Martin/*Schneider* § 164 Rn. 22; Schwintowski/Brömmelmeyer/*Ortmann* § 164 Rn. 33; Beckmann/Matusche-Beckmann VersR-HdB/*Brömmelmeyer* § 42 Rn. 123; BeckOK/*Binz,* 11. Ed. (3.5.2021), § 164 Rn. 20). Die Bemerkung lautet: „Die Anpassung wirkt jeweils nur für die Zukunft **(ex nunc)** (…)". Sie dürfte indessen in dem oben geschilderten Sinne zu verstehen sein, dass nämlich die Gestaltungswirkung im Zweifel nur ex nunc eintritt, unabhängig davon, dass die materiell-rechtlichen Wirkungen auf den Zeitpunkt des Vertragsschlusses zurückwirken. Sollte die amtl. Begründung mit ihrer Bemerkung den oben (→ Rn. 26) wiedergegebenen Ausführungen des BGH entgegentreten wollen, so würde dies nicht ausreichen, um rechtliche Wirkungen zu entfalten, zumal der Gesetzestext dafür keine Anhaltpunkte bietet.

29 Zweck der Regelung, dass der VR dem VN die **maßgeblichen Gründe mitteilen** muss, ist, dass der VN die Voraussetzungen der Klauselersetzung auf Plausibilität prüfen (lassen) kann (dazu auch → § 163 Rn. 17 ff.). Insoweit ist die zu § 203 ergangene Rechtsprechung des BGH (NJW 2021, 378 mAnm *Grams* – → Rn. 2) auf § 164 nicht übertragbar. Hier ist es zwar auch nicht erforderlich, dass der VR sämtliche Gründe mit den dazugehörenden Erwägungen im Einzelnen mitteilt. Es genügt jedoch eine nachvollziehbare Zusammenfassung der wesentlichen Gründe, zu der aber auch die Angabe der Entscheidung gehört, aufgrund derer der VR die Klausel für unwirksam hält. Auf konkrete Nachfrage des VN sollte der VR seine allgemeine Mitteilung ergänzen, soweit die Grenzen der Unzumutbarkeit nicht erreicht werden. Denn ein gerichtliches Verfahren

kann bei ausreichender vorprozessualer Mitteilung unter Umständen vermieden werden.

VI. Gerichtliches Verfahren

Die Gerichte sind bei ihrer Anrufung verpflichtet, den gesamten Vorgang der durch den VR vorgenommenen Klauselersetzung zu überprüfen. Der VN hat Anspruch auf einen wirkungsvollen Rechtsschutz (→ § 163 Rn. 18). Die Überprüfung umfasst die von § 164 genannten Voraussetzungen für die Ersetzungsbefugnis. Des Weiteren unterliegt die vom VR zur Füllung der Vertragslücke neu formulierte Klausel ihrerseits wiederum uneingeschränkt der richterlichen Inhaltskontrolle, und zwar im **Individualprozess** als auch im **Verbandsprozess** nach dem UKlaG oder einer wettbewerbsrechtlichen Auseinandersetzung nach dem UWG. Überhaupt kann die gesamte Frage, ob der VR Änderungen seiner Versicherungsbedingungen auf dem Wege des § 164 wirksam in die bestehenden Verträge einbezogen hat, in analoger Anwendung von § 1 UKlaG im Verbandsverfahren überprüft werden (BGH VersR 2008, 386 zu § 178g Abs. 3 aF unter Aufgabe seiner Rspr. in VersR 2002, 1498 unter 1.b). 30

Die Einleitung eines Ersetzungsverfahrens durch den VR hindert weder die Erhebung einer Verbandsklage (vgl. LG Hamburg VersR 2002, 738; LG Köln VersR 2002, 741) noch einen Individualprozess. Es könnte aber an einem Rechtsschutzbedürfnis fehlen, wenn eine voraussichtlich wirksame Klauselersetzung alsbald bevorsteht. Die vom BGH (VersR 2018, 422) zugesprochenen Folgenbeseitigungsansprüche (→ Rn. 19) werden auch in diesem Zusammenhang von Bedeutung sein. 31

§ 164 gibt keine Auskunft darüber, wie verfahren werden soll, wenn das Gericht zu dem Ergebnis kommt, auch die **neue Regelung sei wiederum unwirksam.** Der BGH hat mit seinem Urt. v. 12.10.2005 (BGHZ 164, 297 Rn. 46; → Rn. 3) dem VR keine weitere Gelegenheit zur Korrektur gegeben, sondern selbst die erforderliche ergänzende Vertragsauslegung vorgenommen. Im Interesse aller Beteiligten an einer raschen Wiedererlangung der Rechtssicherheit dürfte diese Verfahrensweise auch für die Zukunft angemessen sein (zust. *Thüsing* VersR 2015, 927). Eine Kettenersetzung (Beckmann/Matusche-Beckmann VersR-HdB/*Brömmelmeyer* § 42 Rn. 122) sollte nicht stattfinden. Sie kann aber ausnahmsweise doch geboten sein, wenn dem BGH eine ergänzende Vertragsauslegung inhaltlich schwer fällt, wie die Verfahren im Zusammenhang mit der öffentlichen Zusatzversorgung und dem dort geregelten Gegenwert- bzw. Ausgleichsbetragsverfahren zeigen (zB BGH VersR 2013, 46; 2013, 888). 32

Auch bei Verfahren aufgrund des § 164 gilt der allgemeine Grundsatz, dass die tatbestandlichen Voraussetzungen **darzulegen und** im Bestreitensfalle **zu beweisen** hat, wer Ansprüche geltend macht und sich auf Rechte beruft. Der Wortlaut des § 164 gibt keine Anhaltspunkte dafür, dass irgendeine Beweislastumkehr oder Beweiserleichterungen gewollt sind. 33

VII. Abdingbarkeit

Gemäß § 171 kann von § 164 nicht zum Nachteil des VN abgewichen werden. 34

§ 165 Prämienfreie Versicherung

(1) [1]**Der Versicherungsnehmer kann jederzeit für den Schluss der laufenden Versicherungsperiode die Umwandlung der Versicherung in eine prämienfreie Versicherung verlangen, sofern die dafür vereinbarte Mindestversicherungsleistung erreicht wird.** [2]**Wird diese nicht erreicht, hat der Versicherer den auf die Versicherung entfallenden Rückkaufswert einschließlich der Überschussanteile nach § 169 zu zahlen.**

(2) **Die prämienfreie Leistung ist nach anerkannten Regeln der Versicherungsmathematik mit den Rechnungsgrundlagen der Prämienkalkulation unter Zugrundelegung des Rückkaufswertes nach § 169 Abs. 3 bis 5 zu berechnen und im Vertrag für jedes Versicherungsjahr anzugeben.**

(3) [1]**Die prämienfreie Leistung ist für den Schluss der laufenden Versicherungsperiode unter Berücksichtigung von Prämienrückständen zu berechnen.** [2]**Die Ansprüche des Versicherungsnehmers aus der Überschussbeteiligung bleiben unberührt.**

I. Normzweck

1 Der VN kann ein Interesse daran haben, von der Prämienlast befreit zu werden, ohne dass er gleich die Versicherung kündigen muss; so kann er weiter an der Überschussentwicklung teilnehmen und genießt Versicherungsschutz. Auch für den VR besteht ein grundsätzliches Interesse, dass der VN den bisher aufgelaufenen Sparanteil aus den bislang geleisteten Prämien im Unternehmen lässt und bei Zahlungsschwierigkeiten des VN nicht Prämien dauernd anmahnen muss. § 165 hat daher folgerichtig von der Vorgängerregelung des § 174 aF dessen **Abs. 1** inhaltlich unverändert übernommen. Statt von Mindestversicherungssumme ist nun von Mindestversicherungsleistung die Rede, wodurch folgerichtig die „Mindestrente" in der Vorgängerfassung entfallen ist. Zur Klarstellung wurde hinzugefügt, dass der VR den Rückkaufswert „einschließlich der Überschussanteile" zu zahlen hat, wozu auch die Bewertungsreserven zählen (→ Rn. 8). Das entspricht der Neuregelung in § 169 Abs. 7.

2 In **Abs. 2** wird zusätzlich auf § 169 Abs. 3–5 verwiesen, um den Gleichlauf mit der Berechnung mit dem Rückkaufswert im Fall der Kündigung sicherzustellen (Begr. zu § 165 Abs. 2, BT-Drs. 16/3945, 101). Hinzugefügt wurde ferner, dass die prämienfreie Versicherungsleistung im Vertrag für jedes Versicherungsjahr anzugeben ist.

3 Mit **Abs. 3** Satz 1 wird die frühere Regelung des § 174 Abs. 3 aF übernommen. Mit Abs. 3 Satz 2 wird lediglich klargestellt, dass bereits begründete Ansprüche des VN aus einer Überschussbeteiligung durch die Umwandlung nicht berührt werden.

II. Umwandlungsverlangen (Abs. 1)

4 Umwandlungsberechtigt ist der VN. Er kann nach Abs. 1 Satz 1 jederzeit verlangen, dass die Versicherung für den Schluss der laufenden Versicherungsperiode in eine prämienfreie Versicherung umgewandelt wird. Auch der Zessionar und der Insolvenzverwalter können dies verlangen; nicht dagegen der Versicherte oder

der Bezugsberechtigte. Zur Kündigung und zum Umwandlungsverlangen des Versicherten einer Direktversicherung bei unverfallbarer Anwartschaft s. LG Tübingen VersR 1996, 1223.

5 Das Umwandlungsverlangen ist nur dann wirksam ausgeübt, wenn sich aus der Erklärung **klar und eindeutig** der Wille ergibt, dass die Versicherung in eine prämienfreie umgewandelt werden soll (BGH NJW 1976, 148 = VersR 1975, 1089 für einen Fall, in dem der VR selbst unklare Formulare verwandte). Es reicht nicht aus, dass der VN mit einer Umwandlung einverstanden sein mag, wenn er eine solche Erklärung nicht eindeutig abgibt (BGH NJW-RR 1994, 1177 = VersR 1994, 39 unter 2.a; OLG Stuttgart VersR 2002, 301). Aber auch ein vom Wortlaut her klares Umwandlungsverlangen soll nach OLG Köln nicht ausreichend sein, da nicht unterstellt werden könne, dass der VN über sämtliche Gestaltungsmöglichkeiten, die ihm der Vertrag bietet, informiert ist (OLG Köln Urt. v. 15.3.2013 – I-20 U 230/12). Damit werden nach hiesiger Auffassung aber die Anforderungen zulasten des VR überdehnt. Richtig ist allerdings, dass der VR eine vom Wortlaut her unklare Erklärung auslegen muss und dass ein Antrag auf „Aussetzung der Beitragszahlung" regelmäßig kein klares Umwandlungsverlangen ist (OLG Dresden r+s 2018, 377) und dass der VR bei unklaren Erklärungen auch eine Beratungspflicht trifft (OLG Frankfurt a. M. r+s 2018, 380).

6 Wenn der VN nur erklärt, dass er für einige Monate die Prämie nicht zahlen könne. dann darf der VR dies nicht ohne weiteres als Umwandlungsverlangen auffassen. Er muss rückfragen und über die Folgen einer Umwandlung aufklären. Dies erst recht, wenn der Lebensversicherung eine Berufsunfähigkeitszusatzversicherung angeschlossen ist, die bei einer Umwandlung ganz verloren ginge oder zum Ruhen gebracht würde. Der VR muss erwägen, ob die Mitteilung ein Antrag ist, die Versicherung vorübergehend zum Ruhen zu bringen, auch wenn der VN keinen Anspruch darauf hat. Die Umwandlung trotz unklaren Antrags kann zur Schadensersatzpflicht des VR führen (OLG Köln r+s 1992, 138; OLG Hamm VersR 2012, 347 = r+s 2012, 403 für den Fall, dass der VN um eine zeitweilige „Beitragsaussetzung" nachsucht).

7 Das Gesetz gewährt nach seinem Wortlaut **keine Teilumwandlung.** An ihr kann der VN aber ein **berechtigtes Interesse** haben. Ist dieses nachgewiesen, kann der VN aufgrund des den Vertrag begleitenden Treueverhältnisses eine Teilumwandlung beantragen. Der VR muss ihr aber nicht nachkommen, wenn die Abbildung eines beitragspflichtigen und eines beitragsfreien Vertragsteils für ihn mit zusätzlichen wesentlichen Kosten verbunden wäre, weil das zB IT-technisch nicht abbildbar ist (arg. e. Abs. 1 und die dort geregelte Mindestversicherungsleistung). Ansonsten kommt es nicht darauf an, ob die ALB eine solche Möglichkeit vorsehen (so auch Langheid/Wandt/*Mönnich* § 165 Rn. 14 f.; aA – gegen ein grundsätzliches Recht auf teilweise Beitragsfreistellung – Prölss/Martin/*Reiff* § 165 Rn. 12 (strenger sogar noch 28. Aufl. 2010)).

8 Da kleine Versicherungssummen wegen der proportional hohen Kosten nicht wirtschaftlich verwaltet werden können und beim VR auch hohe Abschlusskosten angefallen sind, muss der Anspruch auf Umwandlung an **Mindestvoraussetzungen** geknüpft werden. Abs. 1 knüpft die Umwandlungsmöglichkeit an eine zu vereinbarende Mindestversicherungsleistung, die auch eine Mindestversicherungsrente sein kann. Will oder kann der VN die Prämien nicht mehr leisten, bevor der vereinbarte Mindestbetrag erreicht ist, wird sein Interesse durch einen Anspruch auf den Rückkaufswert gewahrt (Abs. 1 Satz 2). Dieser ist nach § 169, also einschließlich der Überschussanteile inklusive etwaiger Bewertungsreserven

(§ 169 Abs. 7) zu berechnen. Ein solcher Rückkaufswert braucht jedoch nicht bei Berufsunfähigkeitsversicherungen ausgezahlt zu werden. Dafür spricht neben dem Wortlaut des § 169 VVG auch die Tatsache, dass bei selbstständigen Berufsunfähigkeitsversicherungen kein rückkaufswertfähiges Deckungskapital gebildet wird.

9 Das Gesetz schreibt für die Umwandlungserklärung keine **besondere Form** vor. Für sie kann aber Schrift- oder Textform – auch in den AVB – vereinbart werden (§ 171 Satz 2). § 171 S. 2 geht insoweit als lex speciales dem AGB-rechtlichen Klauselverbot des § 309 Nr. 13 Buchst. b BGB, das solche Schriftformklauseln untersagt, vor. Schriftform sollte aber in heutiger Zeit nicht mehr vereinbart werden, um nicht selbst einen Hemmschuh für die zunehmende Digitalisierung zu setzen (→ Vor § 150 Rn. 9). Textform zu vereinbaren ist indes aus Beweissicherungsgründen und auch mit Blick auf die Ermittlung des tatsächlichen Willens des VN (→ Rn. 12) sinnvoll.

10 Als **Rechtsfolge** der Umwandlung bleibt das Versicherungsverhältnis grds. bestehen. Es wandelt sich in eine prämienfreie Versicherung um. Die Leistungspflicht des VR, das heißt die Gefahrtragung und damit der Versicherungsschutz des Berechtigten beschränkt sich auf die beitragsfreie Versicherungssumme. Nur in Höhe des darüber hinausgehenden Betrags erlischt die Versicherung (BGHZ 13, 226, 234 f.; BGH NJW-RR 1994, 1177 = VersR 1994, 39 unter 1 = ZfS 1994, 139). Die Umwandlung hat zur Folge, dass eine bestehende **Berufsunfähigkeitszusatzversicherung** oftmals entfällt (OLG Karlsruhe VersR 1992, 1250). Bei einer **Direktversicherung,** die der Arbeitgeber abgeschlossen hat, wandelt sich die Versicherung in eine prämienfreie Versicherung um, wenn der VN (der Arbeitgeber) die Versicherung kündigt (§ 2 Abs. 2 BetrAVG).

11 Soll die Umwandlung ganz oder teilweise **rückgängig gemacht** werden, bedarf dies vorbehaltlich abweichender Vereinbarungen in den ALB der Zustimmung des VR (BGHZ 13, 236 f.). Auf die Vereinbarung einer nachträglichen Erhöhung der Versicherungsleistung hat der VN idR keinen Anspruch. Sie ist folglich wie ein Neuabschluss anzusehen. Deshalb obliegt es dem VN, wenn der VR danach fragt, gemäß § 19 erneut, dem VR zwischenzeitlich eingetretene gefahrerhöhende Umstände anzuzeigen (BGH NJW-RR 1177 = VersR 1994, 39 unter 1 = ZfS 1994, 139; OLG Karlsruhe VersR 1992, 1250; OLG Köln VersR 1992, 1252). Zwar ist der VR berechtigt, seine Gesundheitsfragen auch auf den Zeitraum auszudehnen, der vor der Umwandlung in eine prämienfreie Versicherung lag. Er muss in diesem Falle aber den VN ausdrücklich auf diesen Umstand hinweisen. Denn ein durchschnittlicher VN erwartet eine solche zeitliche Erstreckung der Fragen nicht (OLG Oldenburg VersR 2004, 1164). Dagegen darf ein durchschnittlicher VN auch nicht davon ausgehen, dass ein VR versehentlich noch einmal solche Fragen stellt und diese dann unzutreffend mit Blick auf die bei dem ursprünglichen Vertragsabschluss gestellten Fragen beantworten (OLG Hamm VersR 2021, 238).

12 Fraglich ist, ob der VR den VN auch bei klarer Erklärung seines Umwandlungswillens über die **Rechtsfolgen aufklären** muss (bei unklarer Erklärung → Rn. 5). Der VN wird sich häufig dessen nicht bewusst sein, dass der VR ein späteres Wiederaufleben des Vertrages von einer erneuten Gesundheitsprüfung abhängig machen kann. Falls die Lebensversicherung mit einer Berufsunfähigkeitsversicherung verbunden ist, wird sich der VN auch nicht vor Augen halten, dass diese Versicherung idR erlischt und ein erneuter Vertragsschluss ebenfalls die Offenlegung von inzwischen eingetretenen gesundheitlichen Verschlechterungen erfordert (eine Belehrungspflicht dennoch ablehnend OLG Karlsruhe r+s 1996,

286). Wenn der VR erkennt oder erkennen muss, dass beim VN ein Beratungsbedürfnis besteht, wird man eine Beratungspflicht des VR aus § 6 Abs. 4 annehmen müssen.

III. Berechnung (Abs. 2 und 3)

Nach der reformierten Regelung ist die prämienfreie Versicherungsleistung für **jedes Versicherungsjahr gesondert schon im Versicherungsvertrag** im Voraus zu beziffern (vgl. auch § 2 Abs. 1 Nr. 5 VVG-InfoV). Die Versicherungsleistung ist also schon unabhängig von einem Umwandlungsverlangen zu berechnen. Denn der VN soll schon bei Vertragsschluss wissen, welche genauen Beträge ihm in den einzelnen Vertragsjahren nach der Berechnung des VR zustehen (Begr. zu § 164 Abs. 2, BT-Drs. 16/3945, 100 f.). Da die Beträge der Überschussbeteiligung im Zeitpunkt des Vertragsschlusses noch nicht bekannt sein können, beziehen sich die im Vertrag anzugebenden Werte auch nur auf die garantierte beitragsfreie Versicherungsleistung. 13

Bei der Umwandlung fließen beim VR keine Deckungsmittel ab. Deshalb ist es gerechtfertigt, wenn der VR verpflichtet ist, die Berechnung der beitragsfreien Leistung wie eine technische Vertragsumstellung zu behandeln. Dies hat nach den anerkannten Regeln der Versicherungsmathematik, das heißt mit den Rechnungsgrundlagen der Prämienkalkulation unter Zugrundelegung des Rückkaufswerts nach § 169 Abs. 3–5 zu geschehen (siehe näher *Engeländer* VersR 2007, 1297). Bei den **anerkannten Grundsätzen und Regeln der Versicherungsmathematik** soll es sich um der Rechtssetzung vorgelagerte Erkenntnisse der Wissenschaft – ähnlich den wissenschaftlichen Erkenntnissen der Gesetze der Natur und Physik – handeln (*Boetius* VersR 2007, 1589 unter IV.3.a; ihm folgend HK-VVG/*Brambach* § 165 Rn. 13). Das ist nur zum Teil richtig. Denn dieser Vergleich verschleiert, dass auch in die versicherungsmathematischen Methoden und Grundsätze bereits von Menschen gesetzte Wertungen eingeflossen sind, etwa bei der Abgrenzung von Risikogruppen. Dennoch haben diese Beurteilungsspielräume und Prognosen nichts mit billigem Ermessen iSv § 315 BGB gemein. Sie sind vielmehr nur anhand der anerkannten Grundsätze der Versicherungsmathematik zu überprüfen. Die bei der Berechnung der prämienfreien Leistung angewandten Methoden sind insoweit nicht sakrosankt, sie sind der richterlichen Kontrolle, idR durch Sachverständigenbeweis, zugänglich (zur Problematik unterschiedlicher Berechnungsgrundlagen für die Aufschub- und Rentenbezugszeit *Lentz,* Gestaltungsoptionen in der privaten Rentenversicherung, 2019, S. 247 ff.). 14

Ein **Stornoabzug** ist dem VR nur gestattet, wenn dieser vereinbart, beziffert und angemessen ist. Umstritten ist die Behandlung der **Abschluss- und Vertriebskosten** (im Einzelnen Prölss/Martin/*Reiff* § 165 Rn. 15). Sie sind wie im Falle einer Kündigung des Vertrages zu behandeln. Denn es gibt keinen Grund, den VN bei einer Beitragsfreistellung schlechter zu stellen, als würde er den Vertrag kündigen (Schwintowski/Brömmelmeyer/*Ortmann* § 165 Rn. 15 f.). Entsprechend § 169 Abs. 3 Satz 1 sind die gezillmerten Abschluss- und Vertriebskosten auf die ersten fünf Vertragsjahre zu verteilen. Wird der Vertrag vor Ablauf von fünf Jahren umgewandelt, ist der darüber hinaus anfallende Betrag dem Vertrag nicht mehr zu belasten. Etwaige **Prämienrückstände** kann der VR abziehen. 15

Bereits begründete Ansprüche aus einer Überschussbeteiligung werden durch die Umwandlung nicht berührt. Das stellt Abs. 3 Satz 2 klar.

IV. Abdingbarkeit

16 Gemäß § 171 kann von § 165 nicht zum Nachteil des VN abgewichen werden.

§ 166 Kündigung des Versicherers

(1) [1]**Kündigt der Versicherer das Versicherungsverhältnis, wandelt sich mit der Kündigung die Versicherung in eine prämienfreie Versicherung um.** [2]**Auf die Umwandlung ist § 165 anzuwenden.**

(2) **Im Fall des § 38 Abs. 2 ist der Versicherer zu der Leistung verpflichtet, die er erbringen müsste, wenn sich mit dem Eintritt des Versicherungsfalles die Versicherung in eine prämienfreie Versicherung umgewandelt hätte.**

(3) **Bei der Bestimmung einer Zahlungsfrist nach § 38 Abs. 1 hat der Versicherer auf die eintretende Umwandlung der Versicherung hinzuweisen.**

(4) **Bei einer Lebensversicherung, die vom Arbeitgeber zugunsten seiner Arbeitnehmerinnen und Arbeitnehmer abgeschlossen worden ist, hat der Versicherer die versicherte Person über die Bestimmung der Zahlungsfrist nach § 38 Abs. 1 und die eintretende Umwandlung der Versicherung in Textform zu informieren und ihnen eine Zahlungsfrist von mindestens zwei Monaten einzuräumen.**

I. Normzweck

1 Mit § 166 Abs. 1–2 wurde die Vorgängerregelung des § 175 aF inhaltlich unverändert übernommen. § 39 aF ist als Kündigungsgrund nicht mehr erwähnt. Damit regelt § 164 **sämtliche Fälle,** in denen der VR den Vertrag kündigt, zB auch nach § 19 Abs. 3 Satz 2. Die mit § 166 Abs. 4 normierte **Informationspflicht** des VR ist neu und stellt eine Abweichung von dem bisherigen Grundsatz dar, dass der VR Bezugsberechtigte über Prämienrückstände des VN nicht informieren muss (→ § 159 Rn. 6). Die Ausnahme rechtfertigt sich damit, dass es um die Altersvorsorge von Arbeitnehmern geht, die wirtschaftlich die Prämien für die Versicherung idR durch Entgeltumwandlung geleistet haben.

II. Kündigung (Abs. 1)

2 Die Vorschrift ist nur auf Kündigungen des VR anwendbar, nicht bei dessen Rücktritt zB nach § 19 Abs. 2. Die Kündigung führt nicht, wie sonst regelmäßig, die Beendigung des Vertragsverhältnisses herbei. Das Versicherungsverhältnis wird vielmehr in eine **prämienfreie Versicherung umgestaltet** (BGHZ 13, 226 (234)). Das ist mit Blick auf das mit den Prämien des VN gebildeten Deckungskapitals sachgerecht, da dieses nach der Kündigung des VR nicht dem VR zufallen soll. Bei der Berechnung der Mindestversicherungsleistung soll der Zeitpunkt

zugrunde gelegt werden, zu dem die Kündigung wirksam wurde (BAV VerBAV 1979, 259; **aA** Prölss/Martin/*Reiff* § 166 Rn. 6). Auf die Umwandlung durch eine Kündigung des VR ist § 165 anzuwenden. Danach findet eine Umwandlung in eine prämienfreie Versicherung nur statt, wenn eine Mindestversicherungsleistung erreicht wird, weil eine Umwandlung anderenfalls zu unwirtschaftlich wäre (→ § 165 Rn. 8). Dieser Gedanke muss auch auf die Umwandlung bei Kündigung durch den VR angewendet werden. Wird eine **Mindestversicherungsleistung nicht erreicht,** ist ausnahmsweise der Rückkaufswert auszuzahlen.

Bei Kündigung wegen Zahlungsverzugs ist die Umwandlung auflösend bedingt. 3
Zahlt der VN die rückständige Prämie innerhalb der Monatsfrist des § 38 Abs. 3 Satz 3, wandelt sich das Versicherungsverhältnis nicht um, wenn der Versicherungsfall noch nicht eingetreten war. Pauschale Mahnkosten für den Folgeprämienverzug stellen keinen Verstoß gegen § 309 Nr. 5 Buchst. a BGB dar (vgl. dazu aber aus dem Bereich von Energielieferungsverträgen BGH NJOZ 2020, 300). Insbesondere mit Blick auf die in § 38 Abs. 1 vorgesehene Kostentragungslast folgt, dass die Mahnkosten nicht in den gewöhnlichen Verwaltungskosten einkalkuliert sein müssen.

In der Regel ist der VR außerhalb der gesetzlichen Kündigungsmöglichkeit 4
nicht berechtigt, einen Lebensversicherungsvertrag zu kündigen. Allein eine außerordentliche Kündigung bleibt möglich, die auch zur Vertragsbeendigung führen kann (vgl. BGH VersR 2012, 219 für die private Krankenversicherung). Nur wegen vorausgesetzter Unkündbarkeit rechtfertigt sich die dem VR mit §§ 163, 164 und 166 eingeräumte Möglichkeit zur Anpassung des Vertrages an veränderte Verhältnisse. Eine Möglichkeit, nach der ein VR bei Zahlung des Rückkaufswertes hätte kündigen können, sahen auch die genehmigungspflichtigen ALB nicht vor. Sie wird auch für die Zukunft als ausgeschlossen angesehen werden müssen, weil sie dem Kerngehalt des Versicherungsvertrages widerspräche und eine entsprechende Klausel nach § 307 Abs. 2 Nr. 2 BGB unwirksam sein dürfte (iE ebenso *Hohlfeld* FS Lorenz, 1994, 295, 301).

Ist die Umwandlung in eine prämienfreie Versicherung eingetreten, hat der VN 5
keinen Anspruch auf **Rückumwandlung.** Sie kann aber zwischen den Parteien vereinbart werden (→ 165 Rn. 11). Ein gesetzlicher Anspruch auf Umwandlung besteht jedoch nach § 211 für den Fall, dass ein Arbeitnehmer während der Elternzeit in Zahlungsverzug geraten ist.

III. Rechtsfolge bei Prämienverzug (Abs. 2)

Die Regelung ändert § 38 Abs. 2 ab. Hat der VN die Zahlungsfrist ungenutzt 6
verstreichen lassen und ist der Versicherungsfall eingetreten, wird der VR nicht leistungsfrei. Er muss vielmehr das leisten, wozu er verpflichtet wäre, wenn sich die Versicherung in eine prämienfreie Versicherung umgewandelt hätte. Ausnahmen aufgrund § 242 BGB, zB Zahlung der vollen Versicherungssumme bei nur sehr geringem Beitragsrückstand, sind denkbar.

IV. Belehrung (Abs. 3 und 4)

Fehlt die nach **Abs. 3** erforderliche Belehrung über die Rechtsfolge der 7
Umwandlung, sind Mahnung und Fristbestimmung unwirksam (wie hier Prölss/

Martin/*Reiff* § 166 Rn. 11; vgl. auch OLG München NVersZ 2000, 267 = VersR 2000, 1094 mit abl. Anm. *Reinhard*).

8 **Abs. 4** trägt dem Umstand Rechnung, dass bei der Konstruktion einer **Direktversicherung** nicht der Arbeitnehmer, sondern der Arbeitgeber VN ist, wohingegen der Arbeitnehmer die Prämien idR wirtschaftlich trägt, weil sein Entgelt insoweit umgewandelt wird. Dadurch kommt der Arbeitnehmer nicht in den vollen Schutz, den das VVG ihm bei einer üblichen Lebensversicherung gewährt. Dies in gewissem Umfang auszugleichen, ist Zweck der mit Abs. 4 normierten Informationspflicht des VR. Der durch die Direktversicherung begünstigte Arbeitnehmer ist deshalb zu unterrichten, wenn der Arbeitgeber die fällige Prämie nicht rechtzeitig gezahlt hat und ihm deshalb eine Zahlungsfrist nach § 38 Abs. 1 gesetzt wurde. Damit der Arbeitnehmer oder ein Dritter evtl. den Zahlungsrückstand beseitigen kann, muss der VR ihm die Höhe der rückständigen Prämien, Zinsen und Kosten des Zahlungsverzugs nennen (vgl. die Begr. zu § 166 Abs. 4, BT-Drs. 16/3945, 101). Er muss ferner den Arbeitnehmer darüber aufklären, dass sich bei bestehendem Zahlungsverzug die Lebensversicherung in eine prämienfreie Versicherung umwandelt und was dies für den Arbeitnehmer bedeutet. Für ein etwaiges Eintreten in die Zahlungspflicht des Arbeitgebers hat der VR dem Arbeitnehmer eine Frist von mindestens zwei Monaten einzuräumen, um ihm ausreichend die Möglichkeit zu geben, die Versicherung zu seinen Gunsten aufrechtzuerhalten. Diese Mitteilungen an den Arbeitnehmer bedürfen der **Textform.**

V. Abdingbarkeit

9 Gemäß § 171 kann von § 166 nicht zum Nachteil des VN abgewichen werden.

§ 167 Umwandlung zur Erlangung eines Pfändungsschutzes

[1]Der Versicherungsnehmer einer Lebensversicherung kann jederzeit für den Schluss der laufenden Versicherungsperiode die Umwandlung der Versicherung in eine Versicherung verlangen, die den Anforderungen des § 851c Abs. 1 der Zivilprozessordnung entspricht. [2]Die Kosten der Umwandlung hat der Versicherungsnehmer zu tragen.

I. Normzweck

1 § 167 ist relativ neu. Er stimmt mit § 173 aF überein, der aber seinerseits erst am 31.3.2007 in Kraft trat (BGBl. 2007 I 368). Die Vorschrift übernimmt den Entwurf eines Gesetzes zum Pfändungsschutz der Altersvorsorge und zur Anpassung des Rechts der Insolvenzanfechtung (im Einzelnen *Specker* VersR 2011, 958).

2 Zweck der Regelung ist es, bereits bestehende Lebensversicherungsverträge in die **Privilegierung des Pfändungsschutzes** für Altersvorsorgeverträge einzubeziehen (vgl. BFH BB 2007, 2275). Zielgruppe sind im Wesentlichen Selbstständige. Während die Altersvorsorge abhängig Beschäftigter vielfältigen Pfändungsschutz genießt, war vor der Neuregelung die Altersvorsorge von Selbstständigen ohne gesetzliche Rentenansprüche der Pfändung weitestgehend unterworfen, so dass dieser Personenkreis bei wirtschaftlichen Schwierigkeiten dem staatlichen

Sozialhilfeträger anheim fiel. Die Neuregelung gibt den Betroffenen die Möglichkeit, ihre der Altersvorsorge dienenden Lebensversicherungsverträge in Verträge umzuwandeln, die dem **Pfändungsschutz** unterliegen. Dabei soll dem VN der angesparte Kapitalstock erhalten bleiben und nicht auf den Rückkaufswert zurückfallen (OLG Hamm r+s 2011, 261).

II. Voraussetzungen einer Umwandlung

1. Versicherungsnehmer

Entsprechend dem Normzweck kann **nur der VN** die Umwandlung verlangen. Denn er ist Inhaber des im Versicherungsvertrag verkörperten Vermögens, das der Pfändung unterliegt. Er hat einen schuldrechtlichen Anspruch auf Umwandlung, den der VR erfüllt hat, wenn er zumindest ein Angebot vorlegt, das die Voraussetzungen der Umwandlung in eine pfändungsfreie Rentenversicherung erfüllt (OLG Hamm r+s 2011, 261). Nach überwiegender Meinung müssen bei **mehreren VN** alle bis auf einen ausscheiden, damit dieser den Anspruch auf Umwandlung geltend machen kann (Schwintowski/Brömmelmeyer/*Ortmann* § 167 Rn. 3; Prölss/Martin/*Reiff* § 167 Rn. 4; unentschieden BeckOK VVG/*Reich,* 11. Ed. (30.6.2016), § 167 Rn. 4). Andere Personen als der VN, etwa Versicherte oder Bezugsberechtigte, sind nicht berechtigt, die Umwandlung zu verlangen. 3

2. Lebensversicherung

Der Wortlaut des Gesetzes unterscheidet nicht nach der jeweiligen Ausgestaltung der Lebensversicherung. Nach dem Schutzzweck der Norm, für Lebensversicherungen den Pfändungsschutz zu eröffnen, die der **Altersvorsorge dienen,** bestehen keine Zweifel, dass die gemischt kapitalbildende Lebensversicherung auch in Form der fondsgebundenen Lebensversicherung und die Rentenversicherung unter die Vorschrift fallen. Die Risikoversicherung dient demgegenüber nicht der eigenen Altersvorsorge und kann deshalb nicht nach § 167 umzuwandeln verlangt werden. Die Verträge brauchen vor der Umwandlung die Voraussetzungen für eine Pfändung wie Arbeitseinkommen (§ 851c Abs. 1 ZPO) noch nicht zu erfüllen (vgl. Prölss/Martin/*Reiff* § 167 Rn. 2). Sie müssen aber so umgewandelt werden können, dass sie dann den Voraussetzungen des § 851c ZPO entsprechen. Auch wenn vor der Umwandlung der Versicherungsvertrag Leistungen vor Vollendung des 60. Lebensjahres zuließ, kann der VN die Umwandlung verlangen, wenn der Vertrag nach der Umwandlung Leistungen vor dem 60. Lebensjahr ausschließt. 4

3. Anforderungen des § 851c Abs. 1 ZPO

Voraussetzung für den Anspruch auf Umwandlung ist, dass der Vertrag nach der Umwandlung den Anforderungen des § 851c Abs. 1 ZPO entspricht, damit das Ziel des Pfändungsschutzes erreicht wird (siehe im Einzelnen *Hasse* VersR 2006, 145; *ders.* VersR 2007, 870 (883 ff.)). Nach § 851c Abs. 1 ZPO dürfen Ansprüche auf Leistungen, die aufgrund von Verträgen gewährt werden, nur wie Arbeitseinkommen gepfändet werden, wenn 5

(1) die Leistung in regelmäßigen Zeitabständen lebenslang und nicht vor Vollendung des 60. Lebensjahres oder nur bei Eintritt der Berufsunfähigkeit gewährt wird,
(2) über die Ansprüche aus dem Vertrag nicht verfügt werden darf,
(3) die Bestimmung von Dritten mit Ausnahme von Hinterbliebenen als Berechtigte ausgeschlossen ist und
(4) die Zahlung einer Kapitalleistung, ausgenommen eine Zahlung für den Todesfall, nicht vereinbart wurde.

6 Der Pfändungsschutz nach § 851c Abs. 1 ZPO besteht grds. nur dann, wenn die dort unter Nr. 1–4 genannten **Voraussetzungen kumulativ** im Zeitpunkt der Pfändung vorliegen (BGH VersR 2015, 1150 mwN). Enthält der Vertrag, aus dem sich die gepfändeten Ansprüche ergeben, aber Bestimmungen, die einen späteren Eintritt der Voraussetzungen des § 851c Abs. 1 Nr. 3 ZPO endgültig sicherstellen, greift der Pfändungsschutz ab diesem späteren Zeitpunkt ein (BGH NJW-RR 2011, 492). Das Tatbestandsmerkmal der lebenslangen Leistung (§ 851c Abs. 1 **Nr. 1** ZPO) muss sowohl bei der Alternative des Leistungsbeginns nicht vor Vollendung des 60. Lebensjahres als auch der Alternative des Leistungsbeginns mit Eintritt der Berufsunfähigkeit vorliegen (BGH NZI 2010, 777 = DZWIR 2010, 508). Nach **Nr. 2** darf über die Ansprüche nicht verfügt werden. Dies schließt eine Abtretung, Verpfändung oder sonstige Übertragung auch des Anspruchs auf den Rückkaufswert aus (*Hasse* VersR 2007, 886). Eine Lebensgefährtin ist keine Hinterbliebene des Schuldners iSd § 851c Abs. 1 **Nr. 3** ZPO (BGH NJW-RR 2011, 492). Wird hinsichtlich der Altersrente ein Kapitalwahlrecht gewährt, lässt dies nach **Nr. 4** den Pfändungsschutz auch hinsichtlich einer vor der Altersrente gewährten und mit dieser zusammen der Existenzsicherung dienenden Berufsunfähigkeitsrente entfallen (BGH NZI 2010, 777).

III. Umwandlung

7 Der VN kann die Umwandlung durch **empfangsbedürftige Erklärung** gegenüber dem VR verlangen. Die Erklärung darf nicht an Bedingungen geknüpft, sie muss endgültig und unwiderruflich sein. Verlangt der VN die Umwandlung, hat der VR ihn über die für eine Umwandlung nach § 167 erforderlichen Erklärungen nach § 6 Abs. 1 und 4 VVG zu beraten. Auch besteht dann eine Verpflichtung des VR, zumindest ein Angebot für die Vertragsgestaltung bei der beabsichtigten Umwandlung zu machen, das im Hinblick auf den früheren Lebensversicherungsvertrag den Grundsätzen von Treu und Glauben entspricht (OLG Karlsruhe VersR 2018, 1369). Der Pfändungsschutz sollte bereits mit Eingang der Erklärung beim VR eintreten, da der VN keinen Einfluss auf die Bearbeitungsdauer hat (Schwintowski/Brömmelmeyer/*Ortmann* § 167 Rn. 15 mwN). Dieser Auffassung hat sich der BGH (VersR 2015, 1150) nicht angeschlossen, da § 167 kein Gestaltungsrecht zugunsten des VN normiert, sondern diesem nur einen Anspruch auf Umwandlung einräumt, so dass der Pfändungsschutz erst dann eintritt, wenn der VR den Anspruch erfüllt hat. Misslingt die Erlangung von Pfändungsschutz aufgrund eines Fehlers seitens des VR, kommt ein Schadensersatzanspruch des VN in Betracht, wonach der VR einen Schaden des VN zu ersetzen hat, wenn die Lebensversicherung bei fehlerfreiem Verhalten des VR im späteren Insolvenzverfahren gem. § 36 Abs. 1 InsO geschützt gewesen wäre (OLG Karlsruhe VersR 2018, 1369).

Der VN kann die Umwandlung **jederzeit** verlangen, jedoch nur zum **Schluss der laufenden Versicherungsperiode.** Werden die erforderlichen Willenserklärungen des VR und des VN erst nach Ablauf dieser Periode abgegeben, soll die Umwandlung rückwirkend erfolgen (OLG Karlsruhe VersR 2018. 1369; zustimmend: Prölss/Martin/*Reiff* § 167 Rn. 13; *Lange* ZVI 2012, 403 (405)). Die Erklärung des VN ist auch hier an keine Form gebunden. Ob der VR durch AVB eine bestimmte Form vorgeben kann, ist wegen § 171 Satz 1 abzulehnen (Satz 2 führt § 167 gerade nicht auf, bejahend aber Prölss/Martin/*Reiff* § 167 Rn. 7, 16), aber de lege ferenda zu fordern. 8

Der VN ist nicht berechtigt, die Umwandlung zu verlangen, wenn der Versicherungsvertrag mit **Rechten Dritter** belastet ist. Das ist der Fall, wenn die Ansprüche aus der Lebensversicherung abgetreten, gepfändet oder verpfändet sind. Auch ein unwiderrufliches Bezugsrecht schließt den Anspruch auf eine Umwandlung aus. Denn bei einer unwiderruflichen Bezugsberechtigung ist der VN zur Rechtsübertragung nicht mehr befugt (→ § 159 Rn. 23 mwN). 9

Die Kosten der Umwandlung hat der VN zu tragen (§ 167 Satz 2). Wegen des sonst unverhältnismäßig großen Aufwands kann der VR die Kosten mit einer angemessenen Pauschale berechnen, die allerdings vorher in den AVB vereinbart werden sollte. 10

Umwandlungsberechtigt ist der VN. Er kann nach Abs. 1 Satz 1 **jederzeit** verlangen, dass die Versicherung für den **Schluss der laufenden Versicherungsperiode** in eine prämienfreie Versicherung umgewandelt wird. Auch der Zessionar und der Insolvenzverwalter können dies verlangen; nicht dagegen der Versicherte oder der Bezugsberechtigte. Zur Kündigung und zum Umwandlungsverlangen des Versicherten einer Direktversicherung bei unverfallbarer Anwartschaft siehe LG Tübingen VersR 1996, 1223. 11

Die Umwandlung vor Eröffnung des Insolvenzverfahrens ist insolvenzrechtlich nicht anfechtbar (OLG Stuttgart VersR 2012, 1021). 12

IV. Abdingbarkeit

Gemäß § 171 kann von § 167 nicht zum Nachteil des VN abgewichen werden. 13

§ 168 Kündigung des Versicherungsnehmers

(1) **Sind laufende Prämien zu zahlen, kann der Versicherungsnehmer das Versicherungsverhältnis jederzeit für den Schluss der laufenden Versicherungsperiode kündigen.**

(2) **Bei einer Versicherung, die Versicherungsschutz für ein Risiko bietet, bei dem der Eintritt der Verpflichtung des Versicherers gewiss ist, steht das Kündigungsrecht dem Versicherungsnehmer auch dann zu, wenn die Prämie in einer einmaligen Zahlung besteht.**

(3) [1]**Die Absätze 1 und 2 sind nicht auf einen für die Altersvorsorge bestimmten Versicherungsvertrag anzuwenden, bei dem der Versicherungsnehmer mit dem Versicherer eine Verwertung vor dem Eintritt in den Ruhestand unwiderruflich ausgeschlossen hat; der Wert der vom Ausschluss der Verwertbarkeit betroffenen Ansprüche darf die in § 12 Abs. 2 Nr. 3 des Zweiten Buches Sozialgesetzbuch bestimmten Beträge nicht**

übersteigen. [2]Entsprechendes gilt, soweit die Ansprüche nach § 851c oder § 851d der Zivilprozessordnung nicht gepfändet werden dürfen.

Übersicht

I. Normzweck

1 § 168 Abs. 1 hat die Vorgängerregelung des § 165 Abs. 1 aF inhaltlich unverändert übernommen. Mit der Neuregelung des § 168 Abs. 2 wird das **Kündigungsrecht** des § 165 Abs. 2 aF dahin erweitert, dass nicht nur Kapitalversicherungen auf den Todesfall, sondern alle Lebensversicherungen erfasst werden, die Versicherungsschutz für ein Risiko bieten, bei dem der Eintritt der Leistungspflicht des VR gewiss ist. Abs. 3 regelt Verträge zur Altersvorsorge und hat den § 165 Abs. 3 aF übernommen, der erst am 1.12.2006 in Kraft getreten war.

II. Allgemeine Grundsätze

2 Die Vorschrift nimmt Rücksicht auf die lange Dauer eines Lebensversicherungsvertrages, während der sich die Verhältnisse des VN ändern können. Der VN soll die Möglichkeit haben, auf den Wechsel reagieren und sich von der Prämienzahlungspflicht auch durch eine Kündigung lösen zu können (zur Möglichkeit einer Umwandlung in eine prämienfreie Versicherung nach § 165 s dort).

3 Das Kündigungsrecht ist **kein höchstpersönliches Recht.** Es ist übertragbar und pfändbar. Da es für sich allein keinen Vermögenswert hat, kann es nur zusammen mit dem Anspruch auf den Rückkaufswert übertragen und gepfändet werden (BGHZ 45, 162 (168) = NJW 1966, 1071 unter IV = VersR 1966, 359).

4 Daneben besteht das nach allgemeinen Grundsätzen immer gegebene Lösungsrecht wegen **positiver Forderungsverletzung** (Bruck/Möller/*Winter,* 8. Aufl. 1961 ff., Anm. D 49). Dieses hat trotz der Kündigungsmöglichkeit nach § 168 Bedeutung (gegen Bruck/Möller/*Winter* aaO), weil die positive Forderungsverletzung Schadensersatzansprüche auslösen kann, die im Betrag höher sein können als der Rückkaufswert.

5 Das Gesetz schließt mit § 168 **Teilkündigungen** nicht aus (vgl. § 12 Abs. 1 ALB 2021). Für Versicherungen zur Altersvorsorge nach Abs. 3 werden Teilkündigungen auch vorausgesetzt. Denn der Teil der Versicherung, der den in Abs. 3 näher bezeichneten Wert übersteigt, kann gekündigt werden, was eine Teilkündigung notwendig macht. Die Kündigungsmöglichkeit lässt das Erfordernis einer

vormundschaftsgerichtlichen Genehmigung bei Vertragsschluss mit Minderjährigen nicht entfallen (→ § 150 Rn. 18).

III. Geltungsbereich

Abs. 1 umfasst sämtliche Lebensversicherungen, für die laufende Prämien gezahlt werden. Der VN kann also nicht nur kapitalbildende Lebensversicherung und Rentenversicherung kündigen, sondern auch die Risikolebensversicherung. Er soll sich von der Verpflichtung, Prämien zu zahlen, lösen können, ohne dafür Gründe angeben zu müssen. Der Grund liegt in der besonders langen Vertragsdauer, die der Lebensversicherung eigen ist. Aber auch wer keine Prämien mehr zu leisten hat, weil es sich um eine Versicherung handelt, die mit einer **Einmalprämie** abgeschlossen wurde, erhält durch Abs. 2 die Möglichkeit zu kündigen. Er soll über das Deckungskapital verfügen können. Abs. 2 erfasst aber anders als Abs. 1 keine **Risikolebensversicherung,** so dass Versicherungen dieser Art, für die keine Prämien mehr zu zahlen sind, von dem Recht zur Kündigung ausgeschlossen sind. Gemäß § 176 ist § 168 auch auf die **Berufsunfähigkeitsversicherung** anzuwenden. 6

Wortlaut und Zweck der Regelung ist zu entnehmen, dass eine Versicherung **nicht mehr gekündigt** werden kann, wenn die Leistungspflicht des VR bereits eingetreten ist. Ein vereinbartes Kündigungsverbot in den ALB ist wirksam, wenn es sich um eine Lebensversicherung mit sofort beginnender Rentenzahlung gegen Einmalprämie handelt (OLG Hamm VersR 2008, 383; OLG Koblenz VersR 2007, 1640). In diesen Fällen ist die Pflicht zur Prämienzahlung entfallen und man kann auch nicht mehr sagen, der Eintritt der Verpflichtung des VR sei gewiss. Dies ist eine Formulierung, die in die Zukunft weist, während im **Falle der Rentenzahlung** der Versicherungsfall bereits in der Vergangenheit eingetreten ist und nur noch ungewiss sein kann, wie lange die Rentenzahlung zu leisten ist. 7

Umstritten ist, ob ein VN noch ein Kündigungsrecht nach § 168 hat, der seinen Vertrag bereits auf Prämienfreiheit nach § 165 hat umstellen lassen (dafür Prölss/Martin/*Reiff* § 168 Rn. 5, dagegen HK-VVG/*Brambach* § 168 Rn. 10; BeckOK VVG/*Reich,* 11. Ed. (30.6.2016), § 168 Rn. 2). Wirtschaftlich und versicherungstechnisch ist die Versicherung gegen Einmalprämie der **prämienfrei gestellten Versicherung** gleichzustellen. Auch das vom Gesetz mit Abs. 2 geschützte Interesse des VN, bei einem lang laufenden Vertrag sich dafür entscheiden zu können, über das Deckungskapital zu verfügen, ist gleich. Da nicht zu erkennen ist, dass der Gesetzgeber bei diesen gleich liegenden Fällen demjenigen, der sich zunächst für das mildere Mittel der Prämienfreistellung entschieden hat, die Möglichkeit der Vertragskündigung nehmen wollte, muss dem VN auch nach der Umstellung des Vertrages das Recht zur Kündigung eingeräumt werden. 8

IV. Sonderregelung bei Altersvorsorgeverträgen (Abs. 3)

Ein Kündigungsrecht besteht **nicht** für bestimmte **Altersvorsorgeverträge.** Der BGH (VersR 2012, 302) hat aus der Entstehungsgeschichte der Vorschrift, deren Sinn und Zweck die Anpassung des VVG an die Änderungen der Rahmenbedingungen der privaten Altersvorsorge zu Beginn des Jahres 2005 gewesen ist, abgeleitet, dass Abs. 3 kein Leitbild der Unkündbarkeit sämtlicher Altersvorsorge-Rentenversicherungsverträge schafft, sondern lediglich eine **Ausnahme** vom 9

Grundsatz der Kündbarkeit zulässt. Wegen der Gewährung steuerlicher Förderung, des Ausschlusses der Anrechnung bei Sozialleistungen und der Gewährung von Pfändungsschutz bestimmter Lebensversicherungsverträge zur Altersvorsorge soll der VN hier ausnahmsweise langfristig gebunden werden können. Diese gesetzliche Regelung einer Ausnahme ist notwendig, weil die Parteien den Ausschluss des Kündigungsrechts wegen § 171 nicht vereinbaren können. Eine über diesen Schutz hinausgehende Regelung über den Ausschluss einer Kündigung ist nicht angezeigt. Deshalb bestimmt Abs. 3, dass der Wert der vom Ausschluss der Verwertbarkeit betroffenen Ansprüche die in § 12 Abs. Nr. 3 des SGB II bestimmten Beträge nicht übersteigen darf. Dasselbe gilt für die **Pfändungsgrenzen** der §§ 851c oder 851d ZPO. Der Ausschluss der Kündigungsmöglichkeit erfasst indessen nicht die Möglichkeit, den Vertrag nach § 165 **prämienfrei** zu stellen. Wirksam ist eine Regelung, bei der eine Kündigung zwar möglich, diese aber nur zur prämienfreien Fortführung des Vertrags mit herabgesetzter Rente führt, nicht aber zu einem Anspruch auf Zahlung eines Rückkaufswertes (BGH VersR 2012, 302).

V. Kündigungsberechtigung

10 **Kündigungsberechtigter** ist grds. der VN. Er ist Vertragspartner. Auch bei **unwiderruflichem Bezugsrecht** eines Dritten bleibt dem VN das Recht, das Versicherungsverhältnis jederzeit zu kündigen (BGH VersR 2010, 517 Rn. 14 mwN). Das gilt auch bei einer gemischten Todes- und Erlebensfallversicherung (OLG Frankfurt a. M. VersR 2002, 963). Bei einem widerruflichen Bezugsrecht liegt in der Kündigung idR gleichzeitig der Widerruf auf den Zeitpunkt, zu dem die Kündigung wirksam wird (BGH NJW 1993, 1994 = r+s 1993, 354 = VersR 1993, 689 unter 3). Tritt der Versicherungsfall vor Wirksamwerden der Kündigung ein, bleibt es bis dahin bei dem Bezugsrecht, wenn keine Anhaltspunkte für einen anderen Willen des VN bestehen (vgl. den Fall OLG Köln VersR 2002, 299, Revision vom BGH nicht angenommen). Sind die Ansprüche aus dem Lebensversicherungsvertrag verpfändet, kann der VN den Vertrag nur mit Zustimmung des Pfandgläubigers kündigen (§ 1276 BGB). Enthalten die ALB eine Klausel, nach deren Inhalt der VR den **Inhaber des Versicherungsscheins** als verfügungs-, insbesondere empfangsberechtigt ansehen kann, ist der Inhaber des Versicherungsscheins zur Kündigung – auch zur Erlangung des Rückkaufswerts – berechtigt (BGH VersR 2010, 936 unter 10; OLG Bremen VersR 2008, 1056). Siehe zu Abtretung und Verpfändung zunächst Vor § 150 Rn. 33 ff. Der **Abtretungsempfänger** ist zur Kündigung berechtigt, wenn ihm dieses Recht mitübertragen wurde. Davon ist im Zweifel, das heißt wenn keine anderen Anhaltspunkte bestehen, auszugehen (Bruck/Möller/*Winter* § 168 Rn. 29). Mit der Abtretung der Rechte und Ansprüche aus dem Versicherungsvertrag geht also regelmäßig auch das Recht zur Kündigung auf den Zessionar über (BGH VersR 2010, 237 Rn. 11; Prölss/Martin/*Reiff* § 168 Rn. 9; krit. *Hülsmann* VersR 1996, 308; vgl. auch OLG Saarbrücken VersR 1995, 1227, abgetreten waren „alle Rechte aus den Versicherungsverträgen, insbesondere auch das Recht auf Ausübung des Rückkaufs"), nicht aber sonstige Vertragslösungsrechte wie zB das Widerrufsrecht aus § 8, es sei denn, es ist gesondert vereinbart. Eine ergänzende Vertragsauslegung wird zu keinem anderen Ergebnis führen, wenn der Zessionar die Abtretungserklärung aufgrund konkreter Umstände nicht anders verstehen musste. Anderenfalls wäre

der mit der Abtretung verfolgte (Sicherungs-)Zweck nicht erreicht, zumindest erschwert. Eine andere Frage ist es, ob sich aus der Sicherungsabrede nach § 242 BGB ergibt, dass der Sicherungsnehmer die Auflösung des Versicherungsvertrages ankündigen muss, weil der Sicherungsgeber wegen des niedrigen Rückkaufswertes erhebliche Verluste erleidet. Das ist aus dem Vertragsverhältnis zwischen VN und Zessionar zu entscheiden. Nach der Abtretung kann die Kündigung durch den Sicherungszessionar eine positive Forderungsverletzung sein (BGH NJW 1991, 1946 = VersR 1991, 576 = ZIP 1991, 573, im entschiedenen Fall war die Kündigung rechtsmissbräuchlich).

Ist die Lebensversicherung mit einer **Berufsunfähigkeitsversicherung** verbunden, schließt dies die Abtretung der Rechte allein aus der Lebensversicherung nicht aus (BGH VersR 2010, 237 mwN), auch wenn die Ansprüche aus der Berufsunfähigkeitsversicherung nach § 850b Abs. 1 Nr. 1 ZPO unpfändbar sind (BGH VersR 2010, 237). 11

Der **Pfandgläubiger** hat vor Pfandreife kein alleiniges Kündigungsrecht (arg. aus § 1228 Abs. 2 BGB). Ob der Pfandgläubiger nach Pfandreife das Recht hat, allein zu kündigen, ist umstritten (offen gelassen von BGH r+s 1991, 283 = VersR 1991, 576 unter 1, dort auch zum Meinungsstand). 12

Mit Eröffnung des **Insolvenzverfahrens** des VN (auch → Vor § 150 Rn. 36 ff.) verliert dieser das Gestaltungsrecht der Kündigung. Alle Rechte stehen dem **Insolvenzverwalter** zu, der nach § 103 InsO auch das Wahlrecht hat, ob er den Versicherungsvertrag erfüllen will. Soll der Rückkaufswert für die Masse beansprucht werden, muss die Kapitallebensversicherung gekündigt werden, wobei an den Inhalt der Kündigungserklärung keine hohen Anforderungen zu stellen sind und jede Erklärung ausreichend ist, mit der zum Ausdruck gebracht wird, dass der Versicherungsvertrag nicht fortgesetzt werden soll und die Zahlung des Rückkaufswertes verlangt wird (BGH NJW 2012, 678 = VersR 2012, 299). Damit bestätigt der BGH die **Aufgabe** der **Erlöschungstheorie** bei Insolvenz auch für den Kapitallebensversicherungsvertrag. Die vereinbarte Unkündbarkeit eines für die Altersvorsorge bestimmten Versicherungsvertrags nach Abs. 3 hindert ohne Unpfändbarkeit (§ 36 Abs. 1 InsO) für sich allein nicht, dass der Insolvenzverwalter die Erfüllung des Lebensversicherungsvertrags ablehnen und den Rückkaufswert zur Masse verlangen kann (OLG Frankfurt a. M. VersR 2012, 169). 13

Auch bei einem **unwiderruflichen Bezugsrecht** hat der **Insolvenzverwalter** das Kündigungsrecht. Denn auch der VN hätte kündigen können, in dessen Stellung der Insolvenzverwalter eingetreten ist (ebenso BGH VersR 2010, 1025 Rn. 12; Bruck/Möller/*Winter* § 168 Rn. 39). Der Insolvenzverwalter muss den Vertrag beenden können, weil ihm die Erfüllung zugunsten des Bezugsberechtigten nicht zuzumuten ist. Der Rückkaufswert gebührt jedoch dem unwiderruflich Bezugsberechtigten (→ Rn. 19). Zu überlegen ist aber, ob dem unwiderruflich Bezugsberechtigten wegen des uU erheblichen Verlustes bei Abrechnung über den Rückkaufswert nicht das Recht zur Weiterführung des Vertrages zugestanden werden sollte. Selbst wenn der Vertrag beitragsfrei gestellt ist und der Konkursverwalter keine Leistungen mehr zu erbringen hat (vgl. den Fall OLG Karlsruhe VersR 2001, 1501), folgt aus seiner Aufgabe, die Gemeinschuldnerin abzuwickeln, sein Kündigungsrecht (vgl. auch LG Köln VersR 2001, 885, kein Wahlrecht des Konkursverwalters nach bei bereits gezahlter Einmalprämie). 14

15 **Kein Kündigungsrecht** haben der Versicherte, der widerruflich und unwiderruflich Bezugsberechtigte. Ist ein Dritter Prämienschuldner, so folgt daraus nicht schon ein Kündigungsrecht.

VI. Kündigungserklärung

16 **Eine Kündigungserklärung** kann auch dann angenommen werden, wenn der Begriff „kündigen" nicht verwendet wurde. Das ist eine Frage der Auslegung. Andere Erklärungen, zB Anfechtung, Rücktritt, Aufhebung des Vertrages, können in eine Kündigungserklärung umgedeutet werden, wenn sich ein entsprechender mutmaßlicher Wille des VN feststellen lässt. Das ist der Fall, wenn sich aus der Erklärung ergibt, dass sich der VN ohne Einschränkung vom Vertrag lösen will (vgl. OLG Karlsruhe VersR 2006, 1625 (1627); OLG Hamm VersR 1981, 275).

VII. Form und Frist

17 Nach dem Gesetz ist die Kündigungserklärung an keine Form gebunden. Mit **§ 12 Abs. 1 ALB 2021** ist **Textform** vereinbart, was wegen § 171 Satz 2 unbedenklich ist. Die Regelung geht insoweit als lex speciales dem AGB-rechtlichen Klauselverbot von solchen Formklauseln aus **§ 309 Nr. 13 Buchst. b BGB** vor. Dabei ist es im Sinne der Digitalisierung sinnvoll, dass die ALB 2021 anders als zB noch die ALB 2008 keine Schriftform mehr erfordern (dazu → Vor § 150 Rn. 1), Soweit eine Klausel in den (älteren) ALB die Wirksamkeit der Kündigung dagegen davon abhängig macht, dass die Erklärung dem Vorstand des VR zugegangen sein muss, ist sie unwirksam; es handelt sich um ein nach § 309 Nr. 13 BGB unzulässiges Zugangserfordernis. Sie stellt ferner eine Abweichung vom Gesetz zum Nachteil des VN dar (§ 171 Satz 1).

18 Die Kündigung wirkt nach dem Gesetz nur zum **Schluss der laufenden Versicherungsperiode.** Gemäß § 12 gilt als Versicherungsperiode der Zeitraum eines Jahres. Soweit VR Prämienzahlungen für kürzere Zeiträume gewähren, handelt es sich idR um Ratenzahlungen, die die Versicherungsperiode von einem Jahr unberührt lassen. Die Kündigung ist an keine Frist gebunden. Sie ist auch noch am letzten Tag der Versicherungsperiode zulässig.

VIII. Rechtsfolgen

19 Die Kündigung beendet die Pflicht zur Prämienzahlung. Sie löst den Anspruch auf den Rückkaufswert aus (§ 169). Das gilt auch, wenn die Prämie in einer einmaligen Zahlung geleistet wurde (Abs. 2). Hat der VN einem Dritten ein Bezugsrecht eingeräumt, ist zu unterscheiden: Bei einem **widerruflichen Bezugsrecht** behält der VN den Anspruch auf den Rückkaufswert. Ist das Bezugsrecht **unwiderruflich,** soll der Rückkaufswert in das Vermögen des Bezugsberechtigten gehören (BGHZ 45, 162 = NJW 1966, 1071 = VersR 1966, 359; aA *Baroch Castellví* VersR 1998, 410), so dass nach einer Kündigung dem Inhaber des unwiderruflichen Bezugsrechts der Rückkaufswert zusteht (so auch *Langheid* in der 5. Aufl.). Das ist in dieser Pauschalität nicht zutreffend, sondern nur dann, wenn die Bezugsrechtsbestimmung auch den Rückkaufs-

wert umfasst. Davon ist ohne ausdrückliche Erklärung des das Bezugsrecht einräumenden VN nicht auszugehen (→ § 159 Rn. 4). Ein eingeschränkt unwiderrufliches Bezugsrecht steht dem uneingeschränkten wirtschaftlich und rechtlich gleich (BGH NJW 1996, 2731 = VersR 1996, 1089 unter 2; BAG VersR 1991, 211).

Bei einem **widerruflichen Bezugsrecht** steht der Anspruch auf den Rück- 20 kaufswert unstreitig dem VN zu (BGH NJW 1993, 1994 = r+s 1993, 354 = VersR 1993, 689 unter 2). Im Falle der **Insolvenz** entsteht der Anspruch in der Person des Insolvenzverwalters. Ein Widerruf des Bezugsrechts ist in diesem Falle entbehrlich (BGH NJW 1993, 1994 = VersR 1993, 689 unter 3). Der Insolvenzverwalter kann den Rückkaufswert auch dann zur Masse ziehen, wenn es sich um eine Gruppenversicherung des Arbeitgebers zur Altersversorgung handelt und das widerrufliche Bezugsrecht der Arbeitnehmer unverfallbar geworden ist. Vorschriften des BetrAVG stehen dem nicht entgegen (OLG Hamm r+s 1996, 242 = VersR 1996, 360).

Handelt es sich um ein **unwiderrufliches Bezugsrecht,** fällt der Anspruch 21 auf den Rückkaufswert nicht in die Insolvenzmasse, wenn der unwiderruflich Bezugsberechtigte aufgrund einer entsprechenden Bezugsrechtsbestimmung auch den Rückkaufswert erhalten soll (→ § 159 Rn. 4). Denn dann erwirbt er auch dieses Recht sofort mit der Einräumung des Bezugsrechts und es fällt damit in sein Vermögen (vgl. OLG Hamm BeckRS 2017, 121245 Rn. 18; BGHZ 45, 162 = NJW 1966, 1071 = VersR 1966, 359; BAG VersR 1991, 211).

Auch bei einer Kündigung aufgrund eines vom Arbeitgeber, der idR VN ist, 22 **abgetretenen Rechts,** hat der Zessionar bei einem widerruflichen Bezugsrecht Anspruch auf den Rückkaufswert, gleichgültig, ob Unverfallbarkeit eingetreten ist (LG Frankfurt a. M. NJW-RR 1995, 162).

Sind die Ansprüche aus der Lebensversicherung **verpfändet,** werden sie mit 23 der Eröffnung des Insolvenzverfahrens in Höhe des Rückkaufswertes fällig. Sie dürfen aber vom Insolvenzverwalter nicht zur Masse eingezogen werden, wenn der Pfandgläubiger zur Einziehung gemäß § 1282 Abs. 1 BGB berechtigt ist (OLG Hamm VersR 1996, 878).

IX. Kündigung des Versicherers

Eine Kündigung des VR ist nur aus wichtigem Grund und in den vom 24 Gesetz vorgesehenen Fällen möglich (→ § 166 Rn. 1 ff.). Als Rechtsfolge tritt die Umwandlung in eine beitragsfreie Lebensversicherung ein, soweit dies möglich ist. Ansonsten ist der Rückkaufswert auszuzahlen. Weitere Kündigungsmöglichkeiten hat der VR nicht. Nur wegen vorausgesetzter Unkündbarkeit rechtfertigt sich die dem VR mit §§ 163, 164 eingeräumte Möglichkeit zur Anpassung des Vertrages an veränderte Verhältnisse. Eine Möglichkeit, nach der ein VR bei Zahlung des Rückkaufswertes hätte kündigen können, sahen auch die genehmigungspflichtigen ALB nicht vor. Sie wird auch für die Zukunft als ausgeschlossen angesehen werden müssen, weil sie dem Kerngehalt des Versicherungsvertrages widerspräche und eine entsprechende Klausel nach § 307 Abs. 2 Nr. 2 BGB unwirksam sein dürfte (iE ebenso, jedoch gemäß § 242 BGB *Hohlfeld* FS Lorenz, 1994, 295 (301)).

X. Abdingbarkeit

25 Gemäß § 171 Satz 1 kann von § 168 nicht zum Nachteil des VN abgewichen werden. Die Parteien können für die Kündigung aber Schriftform vereinbaren, auch durch AVB, wie dies mit § 9 Abs. 1 ALB 2008 früher geschehen ist und so wie es heute mit § 12 Abs. 1 ALB 2021 geschieht – allerdings nur noch durch Vereinbarung von Textform (→ Vor § 150 Rn. 43 ff.). Soweit Regelungen in älteren ALB verlangen, dass bei der Kündigung ein Nachweis der letzten Prämienzahlung mit einzureichen ist, kann sich der VR wegen § 171 Satz 1 nicht darauf berufen, wenn es um die Wirksamkeit der Kündigung geht. Bei einer Rentenversicherung gegen Einmalzahlung kann der Ausschluss einer ordentlichen Kündigung wirksam vereinbart werden (OLG Hamm VersR 2008, 383) und für bestimmte Altersvorsorgeverträge besteht kein Kündigungsrecht gemäß Abs. 3 (→ Rn. 9).

26 Der Abschluss von Versicherungsverträgen als sog **Nettopolicen** stellt keinen Nachteil zu Lasten des VN iSv § 171 Satz 1 dar, auch wenn die vom Versicherungsvertrag getrennt zu zahlende Provision an den Makler als Verpflichtung weiter besteht, wenn der VN den Versicherungsvertrag gekündigt hat (siehe Prölss/Martin/*Reiff* § 168 Rn. 22; vgl. auch BGH VersR 2005, 406; eingehend zur Vermittlung von Nettopolicen *Reiff* VersR 2012, 645).

§ 169 Rückkaufswert

(1) **Wird eine Versicherung, die Versicherungsschutz für ein Risiko bietet, bei dem der Eintritt der Verpflichtung des Versicherers gewiss ist, durch Kündigung des Versicherungsnehmers oder durch Rücktritt oder Anfechtung des Versicherers aufgehoben, hat der Versicherer den Rückkaufswert zu zahlen.**

(2) [1]**Der Rückkaufswert ist nur insoweit zu zahlen, als dieser die Leistung bei einem Versicherungsfall zum Zeitpunkt der Kündigung nicht übersteigt.** [2]**Der danach nicht gezahlte Teil des Rückkaufswertes ist für eine prämienfreie Versicherung zu verwenden.** [3]**Im Fall des Rücktrittes oder der Anfechtung ist der volle Rückkaufswert zu zahlen.**

(3) [1]**Der Rückkaufswert ist das nach anerkannten Regeln der Versicherungsmathematik mit den Rechnungsgrundlagen der Prämienkalkulation zum Schluss der laufenden Versicherungsperiode berechnete Deckungskapital der Versicherung, bei einer Kündigung des Versicherungsverhältnisses jedoch mindestens der Betrag des Deckungskapitals, das sich bei gleichmäßiger Verteilung der angesetzten Abschluss- und Vertriebskosten auf die ersten fünf Vertragsjahre ergibt; die aufsichtsrechtlichen Regelungen über Höchstzillmersätze bleiben unberührt.** [2]**Der Rückkaufswert und das Ausmaß, in dem er garantiert ist, sind dem Versicherungsnehmer vor Abgabe von dessen Vertragserklärung mitzuteilen; das Nähere regelt die Rechtsverordnung nach § 7 Abs. 2. Hat der Versicherer seinen Sitz in einem anderen Mitgliedstaat der Europäischen Union oder einem anderen Vertragsstaat des Abkommens über den Europäischen Wirtschaftsraum, kann er für die Berechnung des Rückkaufswertes an Stelle des Deckungskapitals den in diesem Staat vergleichbaren anderen Bezugswert zu Grunde legen.**

(4) [1]**Bei fondsgebundenen Versicherungen und anderen Versicherungen, die Leistungen der in § 124 Absatz 2 Satz 2 des Versicherungsaufsichtsgesetzes bezeichneten Art vorsehen, ist der Rückkaufswert nach anerkannten Regeln der Versicherungsmathematik als Zeitwert der Versicherung zu berechnen, soweit nicht der Versicherer eine bestimmte Leistung garantiert; im Übrigen gilt Absatz 3.** [2]**Die Grundsätze der Berechnung sind im Vertrag anzugeben.**

(5) [1]**Der Versicherer ist zu einem Abzug von dem nach Absatz 3 oder 4 berechneten Betrag nur berechtigt, wenn er vereinbart, beziffert und angemessen ist.** [2]**Die Vereinbarung eines Abzugs für noch nicht getilgte Abschluss- und Vertriebskosten ist unwirksam.**

(6) [1]**Der Versicherer kann den nach Absatz 3 berechneten Betrag angemessen herabsetzen, soweit dies erforderlich ist, um eine Gefährdung der Belange der Versicherungsnehmer, insbesondere durch eine Gefährdung der dauernden Erfüllbarkeit der sich aus den Versicherungsverträgen ergebenden Verpflichtungen, auszuschließen.** [2]**Die Herabsetzung ist jeweils auf ein Jahr befristet.**

(7) **Der Versicherer hat dem Versicherungsnehmer zusätzlich zu dem nach den Absätzen 3 bis 6 berechneten Betrag die diesem bereits zugeteilten Überschussanteile, soweit sie nicht bereits in dem Betrag nach den Absätzen 3 bis 6 enthalten sind, sowie den nach den jeweiligen Allgemeinen Versicherungsbedingungen für den Fall der Kündigung vorgesehenen Schlussüberschussanteil zu zahlen; § 153 Abs. 3 Satz 2 bleibt unberührt.**

Übersicht

I. Regelungsinhalt

1 Mit der Neuregelung in § 169 hat der Gesetzgeber gegenüber der Vorgängervorschrift des § 176 aF die Berechnung des Rückkaufswertes umfassend geändert.

2 **Abs. 1** regelt nicht – anders als § 176 Abs. 1 aF – die Kündigung durch den VR. Insoweit tritt als Rechtsfolge einer VR-Kündigung im Grundsatz nur noch die Umwandlung in eine prämienfreie Versicherung nach §§ 165, 166 ein. Beendet der VR dagegen den Vertrag durch Rücktritt oder Anfechtung, wird eine Rechtsfolge – nämlich Zahlung des Rückkaufswertes – durch § 169 geregelt. Beendet der VN den Vertrag durch Kündigung, hat der VR den Rückkaufswert zu zahlen. Beendet der VN den Vertrag durch Rücktritt oder Anfechtung (extrem selten), regelt § 169 diese Fälle nicht. Vielmehr richtet sich die Abwicklung des Vertrages nach den Vorschriften des BGB.

3 **Abs. 2** behandelt mit Satz 1 einen Ausnahmefall. Ist der nach den Abs. 3–6 zu berechnende Rückkaufswert höher als die Versicherungsleistung im Zeitpunkt der Kündigung, wird der Anspruch des VN auf diese Höhe beschränkt. Der von der Auszahlung ausgenommene Teil des Rückkaufswertes begründet nach Satz 2 eine prämienfreie Versicherung gemäß § 165. Die Beschränkung des Auszahlungsanspruches kommt nicht in Betracht, wenn der VR den Vertrag durch Rücktritt oder Anfechtung beendet hat. Nach Satz 3 ist in diesen Fällen der volle Rückkaufswert auszuzahlen.

4 **Abs. 3** ändert die Vorgängerregelung des § 176 Abs. 3 aF in vollem Umfang. Diese sorgte mit dem schwer zu definierenden Begriff des „Zeitwertes“, den noch nicht einmal die Aktuare für klar verständlich hielten (Jaeger, VersR 2002, 133), für Unsicherheiten und führte dazu, dass bei einer Kündigung des VN in den ersten Jahren, dem sog Frühstorno, dieser nichts oder doch nur sehr wenig ausgezahlt bekam, was unter Verbraucherschutzgesichtspunkten nicht mehr zeitgemäß erschien und vom BGH letztlich zunächst als intransparent (VersR 2001, 839; VersR 2001, 841) sowie später auch als unangemessen verworfen wurde (VersR 2005, 1565). Zur Berechnung des Rückkaufswertes verwendet das Gesetz nun grundsätzlich den **Begriff des Deckungskapitals** und ausnahmsweise in Abs. 4 noch den näher definierten Begriff des Zeitwertes für fondsgebundene Lebensversicherungen. Um die Problematik beim Frühstorno abzumildern, ordnet Abs. 3 an, dass die gezillmerten Abschluss- und Vertriebskosten in Anlehnung an die Regelung bei den sog Riesterprodukten auf die ersten fünf Jahre der Vertragslaufzeit verteilt werden. Davon sind die ungezillmerten oder auch sog. überrechnungsmäßigen Abschluss- und Vertriebskosten nicht erfasst, wobei deren Behandlung umstritten ist (→ Rn. 34). Dabei setzt das Gesetz voraus, dass die Verrechnung der Abschlusskosten mit den Prämien vereinbart wurde (Begr. zu § 169 Abs. 3, BT-Drs. 16/3945, 102 f.; vgl. auch die Übersicht zur Thematik bei *Armbrüster* PrivVersR S. 640 ff.). Nach Satz 2, auch das ist neu, muss der Rückkaufswert von vornherein für jedes Vertragsjahr angegeben werden. Der neue Satz 3 berücksichtigt die Fälle, in denen der VR seinen Sitz in einem anderen Land der EU oder in einem anderen Vertragsstaat des EWR-Übereinkommens hat.

5 In **Abs. 4** behält das Gesetz für die Berechnung des Rückkaufswertes bei **fondsgebundenen** Lebensversicherungen als Grundlage den Zeitwert bei, soweit der VR nicht eine bestimmte Leistung garantiert. Um mehr Transparenz zu gewährleisten, ordnet der neue Satz 2 an, die Grundsätze der Berechnung seien im Vertrag anzugeben, wobei die anerkannten Regeln der Versicherungsmathematik nach Satz 1 den Rahmen vorgeben.

Abs. 5 nimmt § 176 Abs. 4 aF auf, fügt aber hinzu, dass der Abzug beziffert sein muss. Neu ist das Abzugsverbot nach Satz 2. 6

Abs. 6 ist neu und räumt dem VR unter eng begrenzten Voraussetzungen die Befugnis ein, in Ausnahmefällen den Rückkaufswert zu kürzen. Für den Fall wirtschaftlicher Schwierigkeiten soll die Kündigungsmöglichkeit für die VN erhalten bleiben. Es soll aber auch dem Interesse der im Verbund verbleibenden VN an der dauernden Erfüllbarkeit der Verträge Rechnung getragen werden. 7

Die neue Regelung in **Abs. 7** stellt klar, dass bereits erworbene Ansprüche des VN aus der Überschussbeteiligung durch die Kündigung nicht in Frage gestellt werden. 8

II. Normzweck

Die Regelung des § 169 wird wesentlich durch die Anforderungen des BVerfG bestimmt, die das Gericht in seinen Urteilen vom 26.7.2005 (VersR 2005, 1109; VersR 2005, 1127) aufgestellt hatte. Es hatte zunächst mit Blick auf die **Überschussbeteiligung** und die sog stillen Reserven festgestellt, dass der VN durch die vom ihm geleisteten Prämienzahlungen und die daraus geschaffenen Vermögenswerte eine durch Art. 2 Abs. 1 und Art. 14 Abs. 1 GG geschützte Rechtsposition erhalte. Die damalige Gesetzeslage im Bereich der Lebensversicherung werde dem nicht gerecht. Das BVerfG hat ein Schutzdefizit festgestellt und unter anderem eine höhere Transparenz und eine Verbesserung des Informationszugangs gefordert. In seinem Beschl. v. 15.2.2006 (VersR 2006, 489) hat es diese Grundsätze und Forderungen auch auf den **Rückkaufswert** bezogen. Zweck der Neuregelung des § 169 war es, diesen Forderungen des BVerfG nachzukommen. 9

Der Gesetzgeber hat die durch das 3. DurchfG/EWG (Deregulierung) im Jahre 1994 geschaffene Regelung des § 176 Abs. 3 aF, die bei der Berechnung des Rückkaufswertes von einem Zeitwert ausging, mit einer Umstellung auf die Berechnungsgrundlage „Deckungskapital" ersetzt. Dadurch soll nicht nur ein höheres Maß an Transparenz erreicht werden, sondern auch eine „gerechtere" Verteilung der gezillmerten Abschluss- und Vertriebskosten über die ersten fünf Jahre des Vertrages und damit eine höhere Leistung beim Frühstorno erreicht werden. Eine nachvollziehbare Berechnung des Rückkaufswertes soll dem VN bei der Inanspruchnahme seines Kündigungsrechtes helfen. Außerdem soll er einerseits den durch die bisherigen Prämien angesparten Wert des Vertrages erhalten, andererseits den VR weder über seine bereits entstandenen Verpflichtungen hinaus belasten noch ihm gestattet sein, Vorteile aus der Kündigung zu ziehen (Begr. zum Allgemeinen Teil Abschn. II Nr. 8 und zu § 169 Abs. 3, BT-Drs. 16/3945, 52 f. und 102 f.). 10

Der Gesetzgeber sieht einen erhöhten Schutzbedarf auch deshalb, weil die an sich auf eine lange Laufzeit ausgerichteten Lebensversicherungsverträge zu einem nicht unerheblichen Teil bereits in den ersten Jahren nach Vertragsschluss gekündigt werden (Frühstorno). Nach der früheren gesetzlichen Regelung erhielt der VN zu Beginn der Vertragslaufzeit (etwa in den ersten zwei Jahren) keinen oder nur einen geringen Rückkaufswert, weil die eingezahlten Prämien mit den gezillmerten Abschluss- und Vertriebskosten des Versicherers verrechnet wurden. Diese Regelung löste Kritik aus, weil die Interessen der VN, die sich aus unterschiedlichen Gründen dazu entschließen, von ihrem gesetzlichen Kündigungsrecht Gebrauch zu machen, nicht hinreichend berücksichtigt würden. Mit der Neurege- 11 lung des Abs. 3 Satz 1 soll der Schutz dieser VN durch die Einführung eines **Mindest**rückkaufswerts erhöht werden. Denn der VR darf das nicht abdingbare Recht des VN nicht dadurch in Frage stellen, dass er im Vertrag besondere Nachteile für den Fall der Kündigung oder Umwandlung des Vertrages in eine prämienfreie Versicherung vorsieht (so die Begr. BT-Drs. 16/394, 52). Allerdings sind nach den Entscheidungen des BVerfG (VersR 2005, 1109; VersR 2005, 1127) auch die **Belange der im Vertrag verbleibenden VN** zu berücksichtigen, deren Rechte durch Frühstornos beeinträchtigt werden (indem der VR Gelder aufbringen muss, die er im Vertrauen auf die vorgesehenen langen Laufzeiten nicht einkalkuliert hat und die er von den Überschüssen nehmen muss). Zwischen den Individualinteressen der Kündigenden und den Kollektivinteressen der Bleibenden muss ein **gerechter Ausgleich** gefunden werden. Ob die jetzige gesetzliche Regelung diesem Postulat gerecht wird, erscheint angesichts der neuen Fassung, die allein unter individuellen Verbraucherschutzgesichtspunkten entstanden ist, zweifelhaft.

12 Zur Verbesserung des Informationszugangs des VN ist die Neuregelung des § 169 im Zusammenhang zu sehen mit den Regelungen des § 2 VVG-InfoV, der besondere Vorschriften über die Informationspflichten des VR bei der Lebensversicherung enthält. Ferner soll der Zugang zu Informationen, aber damit auch die Transparenz dadurch verbessert werden, dass in einigen Fällen für den VN bedeutsame Werte, ihm diese in absoluten Zahlen mitzuteilen sind, zB die Rückkaufswerte (Abs. 3 Satz 2 iVm § 2 Abs. 1 Nr. 4 VVG-InfoV).

III. Anspruch bei Vertragsauflösung (Abs. 1)

1. Geltungsbereich

13 § 169 regelt einen Anspruch auf den Rückkaufswert nur, wenn Verträge aufgelöst werden, die **ab dem 1.1.2008 abgeschlossen** wurden (arg. e contrario Art. 4 Abs. 2 EGVVG). Zu Verträgen, die bis zum 31.12.2007 zustande gekommen sind (sog **Altverträge** Art. 1 Abs. 1 EGVVG) und zu Verträgen, die vor dem 29.7.1994 zustande gekommen sind (sog **Altbestand**), → Rn. 57 ff. Widerruft der VN nach § 8, ist § 169 nach Maßgabe des § 152 Abs. 2 anzuwenden, was aber zu keinem anderen Ergebnis führt (→ § 152 Rn. 12). Im Falle der Leistungsfreiheit des VR bei Selbsttötung des VN verweist § 161 Abs. 3 auf § 169, das heißt der VR hat zwar nicht die Versicherungssumme, aber den Rückkaufswert zu zahlen. Auf die in § 211 genannten Versicherungen (kleine Versicherungen mit kleinen Beträgen) ist § 169 unanwendbar.

14 Nach der Konkretisierung und Differenzierung in der Regelung der im Einzelnen genau umschriebenen Tatbestände des § 169, die die Neuregelung mit sich gebracht hat, kann heute nicht mehr gesagt werden, in dieser Vorschrift komme ein allgemeiner Rechtsgedanke zum Ausdruck. Deshalb ist § 169 – anders als § 176 aF – **nicht mehr analogiefähig.**

2. Personenkreis und Art der Auflösung

15 Nicht jeder Vertragsauflösung folgt notwendig ein Anspruch auf Auszahlung des Rückkaufswertes gemäß § 169 Abs. 1. So hängt der Anspruch auf einen Rückkaufswert davon ab, wer den Vertrag auflöst und in welcher Weise er aufgelöst wird.

a) Auflösung durch den Versicherer. Die **Kündigung** des VR fehlt in den tatbestandlichen Voraussetzungen des § 169 Abs. 1; sie ist in § 166 geregelt. Daraus folgt, dass in diesem Falle nur die Umwandlung in eine prämienfreie Versicherung nach § 165 in Betracht kommt. Anders ist es bei der Sonderregelung über die Zahlung eines Mindestrückkaufswertes (→ Rn. 29 ff.); bei ihr wird auch die Kündigung durch den VR erfasst (vgl. die Begr. zu § 169 Abs. 3, BT-Drs. 16/3945, 102 f.). Wird der Vertrag vom VR durch **Rücktritt oder Anfechtung** aufgehoben, hat der VN einen Anspruch auf den Rückkaufswert. 16

b) Auflösung durch den Versicherungsnehmer. Die **Kündigung** des VN löst den Anspruch auf den Rückkaufswert aus. Demgegenüber werden der **Rücktritt und die Anfechtung** durch den VN nicht durch § 169 geregelt. In diesen Fällen wird die Abwicklung des Vertragsverhältnisses nach allgemeinem Recht geregelt. Dazu gehört, dass der VN nicht nur den Rückkaufswert, sondern uU auch alle bis dahin geleisteten Prämien und Zinsen verlangen kann (vgl. die Begr. zu § 169 Abs. 1, BT-Drs. 16/3945, 101). 17

3. Inhalt des zu kündigenden Versicherungsvertrages

Es muss sich um einen Versicherungsvertrag handeln, bei dem der Eintritt der Verpflichtung des VR **gewiss ist.** Damit sind **Risikolebensversicherungen** einschließlich entsprechender Restschuldversicherungen von der Anwendung des § 169 ausgeschlossen. Ist eine Rentenversicherung so ausgestaltet, dass der Eintritt der Verpflichtung des VR ungewiss ist, wenn zB bei vorzeitigem Tod die Leistungspflicht entfällt, kommt § 169 nicht in Betracht. Die Berufsunfähigkeitsversicherung ist in aller Regel eine Versicherung mit ungewissem Eintritt der Leistungspflicht des VR. Von § 169 sind hingegen alle Kapitallebensversicherungen auf den Todes- und Erlebensfall (Vor § 150 Rn. 2) erfasst. 18

Dem Gesetzeswortlaut lässt sich nicht eindeutig entnehmen, wie Versicherungsverträge behandelt werden sollen, nach denen **zum Teil** der Eintritt der Verpflichtung gewiss, **zum anderen Teil** der Eintritt der Verpflichtung aber **ungewiss** ist. Schließt man auf den Willen des Gesetzgebers aus der Entstehungsgeschichte und der amtl. Begründung, so gibt es keine Anhaltspunkte für die Annahme, dass § 169 getrennt nur auf den Teil mit gewissem Eintritt der Verpflichtung anzuwenden ist. Vielmehr unterfällt der gesamte Versicherungsvertrag den Regeln des § 169 (wie hier Beckmann/Matusche-Beckmann VersR-HdB/*Brömmelmeyer* § 42 Rn. 155; Schwintowski/Brömmelmeyer/*Ortmann* § 169 Rn. 13; Prölss/Martin/*Reiff* § 169 Rn. 26; BeckOK VVG/*Binz,* 11. Ed. (30.6.2016), § 169 Rn. 14; aA *Engeländer* VersR 2007, 1297 (1299), der zwischen „Versicherung" in § 169 Abs. 2 und dem sonstigen Begriff „Vertrag" unterscheiden will; ihm kann aber – weil überinterpretiert – nicht gefolgt werden. Diese Unterscheidung findet auch in der übrigen Auslegung zum VVG keine Stütze). 19

Rücktritt und Kündigung setzen einen zunächst **bestehenden Vertrag** voraus. Diese Voraussetzung ist auch gegeben, wenn der Insolvenzverwalter den Vertrag nicht erfüllen will, und deshalb den Vertrag kündigt. Das ist anders, wenn von Anfang an kein Vertrag bestand, zB wenn die schriftliche Einwilligung der Gefahrperson endgültig verweigert worden ist (§ 150 Abs. 2; zum Streit hinsichtlich der Rechtsfolgen bei einer fehlenden, aber ggf. noch nachholbaren Einwilligung → § 150 Rn. 8). Hier ist das Bereicherungsrecht des BGB und nicht § 169 – auch nicht analog – anwendbar. 20

21 Heben die Parteien den Vertrag einverständlich auf, wird es auf die im Vertrag getroffene Regelung ankommen. Lässt sich dem Vertrag unmittelbar keine Regelung entnehmen, wird im Zweifel angenommen werden können, dass die Parteien eine Abwicklung gewollt haben, wie sie § 169 regelt. Die Parteien sind nicht gehindert, mit einem Auflösungsvertrag die Regelungen des § 169 frei zu vereinbaren. Das ist keine analoge Anwendung des § 169, die nach der Neuregelung so nicht mehr möglich ist (→ Rn. 14). Sie können aber auch eine von § 169 abweichende Regelung treffen, weil § 171 diesen Fall nicht erfasst (→ Rn. 81).

22 Ist der Vertrag über eine Kapitallebensversicherung im Rahmen einer **betrieblichen Altersversorgung** abgeschlossen, geht § 2 Abs. 2 BetrAVG vor und § 169 (§ 176 Abs. 1 aF) ist unanwendbar (OLG Hamm VersR 2007, 49; OLG Frankfurt a. M. r+s 1999, 126 = VersR 1999, 41).

23 Enthalten die ALB eine Klausel, nach deren Inhalt der VR den **Inhaber des Versicherungsscheins** als verfügungs-, insbesondere empfangsberechtigt ansehen kann, ist der Inhaber des Versicherungsscheins zur Kündigung – auch zur Erlangung des Rückkaufswertes – berechtigt (OLG Bremen VersR 2008, 1056). Zur weiteren Frage, **wem** nach Auflösung des Vertrages der **Anspruch** auf den Rückkaufswert bei Abtretung, Verpfändung **zusteht,** → Vor § 150 Rn. 33 ff.

IV. Rückkaufswert

1. Begriff

24 Der Begriff Rückkaufswert ist ein von der Tradition bestimmter Fachbegriff, dem die Vorstellung zu Grunde liegt, der VR kaufe vom VN die zukünftigen Rechte aus dem Vertrag zurück. Tatsächlich handelt es sich um den Wert, den der Vertrag unter Berücksichtigung des Aufwandes für seinen Abschluss und die zwischenzeitlich eingezahlten Prämien und deren zwischenzeitlicher Verzinsung akkumuliert hat.

25 Das **Gesetz definiert** in § 169 Abs. 3 Satz 1 den Rückkaufswert als das Deckungskapital, das nach anerkannten Regeln der Versicherungsmathematik mit den Rechnungsgrundlagen der Prämienkalkulation zum Schluss der laufenden Versicherungsperiode zu berechnen ist. Anknüpfungspunkt ist also der Begriff des Deckungskapitals, das als Grundlage für die Ermittlung des Rückkaufswerts den Begriff des Zeitwerts der Vorgängerregelung ablöst. Das **Deckungskapital** iSd Abs. 3 ist die Summe der verzinslich angelegten Sparanteile eines **konkreten Vertrages** (*Wandt* Rn. 1161; vgl. zur Mehrdeutigkeit der Begriffe Deckungskapital und Deckungsrückstellung auch *Engeländer* VersR 2007, 1297 (1300)). Der Sparanteil ist Teil der Prämie, den der VR dem § 138 Abs. 1 VAG unter Zugrundelegung angemessener versicherungsmathematischer Annahmen so hoch (das heißt vorsichtig mit Sicherungszuschlägen; → Vor § 150 Rn. 9) kalkulieren muss, dass er allen seinen Verpflichtungen nachkommen, insbesondere für die einzelnen Verträge ausreichende Deckungsrückstellungen bilden kann (Solvabilität). Bei den Deckungsrückstellungen handelt es sich um versicherungstechnische Rückstellungen (§ 88 Abs. 3 VAG; s. auch §§ 341 f. HGB), die durch die Mittel des Deckungsstocks bedeckt werden (§ 125 VAG; vgl. Prölss/Dreher/*Präve* § 11 Rn. 6). Die Deckungsrückstellung wird grundsätzlich so berechnet, dass sie zusammen mit den künftigen Beitragsleistungen des Kunden ausreicht, die vertraglichen Leistungsverpflichtungen zu erbringen, sofern der bei der Beitragskalkulation unter-

stellte Rechnungszins erwirtschaftet wird. Damit steht die Deckungsrückstellung bereits bei Vertragsschluss für jeden zukünftigen Zeitpunkt der Vertragslaufzeit fest (vgl. *Heinen,* Welche Änderungen kommen auf die Lebensversicherer zu?, Münsteraner Reihe Bd. 108, 2007, S. 44).

Problematisch ist weniger der Begriff des Deckungskapitals, sondern die weitere gesetzliche Beschreibung, wonach das Deckungskapital mit den **Rechnungsgrundlagen** der Prämienkalkulation zu berechnen ist. Für die Beurteilung der Unsicherheit, die dieser Begriff in die Berechnung des Rückkaufswerts einbringt, soll es gar nicht darauf ankommen, ob der Gesetzgeber in Wahrheit den Begriff der „technischen Berechnungsgrundlagen" oder tatsächlich den engeren Begriff der „Rechnungsgrundlagen" meint (zur Differenzierung siehe *Engeländer* VersR 2007, 1297, 1302, insbes. Fn. 43). Im Ergebnis ist der VR bei der Festlegung der Prämie nicht ausschließlich an konkrete Vorgaben gebunden, wie die Definition des Rückkaufswertes vermuten lässt. Das ist in Zeiten der Deregulierung auch nicht zu beanstanden, erschwert allerdings in erheblichem Maße die Antwort auf die Frage, welche Faktoren im Einzelnen die Berechnung der Prämie bestimmt haben (dazu auch *Lentz,* Gestaltungsoptionen in der privaten Rentenversicherung, 2019, S. 247 ff.). 26

Dennoch stellt die Definition des Abs. 3 Satz 1 eine wesentliche Verbesserung des Verbraucherschutzes gegenüber der Regelung des § 176 Abs. 3 aF dar. Denn entscheidend ist danach, dass der VR bei der Berechnung des Rückkaufswerts dieselben Rechnungsgrundlagen der Prämienkalkulation zu verwenden hat, die er bei Vertragsschluss der Prämienkalkulation zugrunde gelegt hatte. In diesem Zusammenhang ist von ausschlaggebender Bedeutung, dass der VR dem VN bei Vertragsschluss die Rückkaufswerte zeitlich gestaffelt und in Euro mitzuteilen hat (→ Rn. 41 ff.). Das erleichtert die Kontrolle außerordentlich. Denn ergibt ein Vergleich zwischen dem Rückkaufswert, den der VR bei Auflösung des Vertrages zumindest als Grundlage der Berechnung angibt, mit den Beträgen, die sich in Euro als entsprechend dem Zeitablauf gestaffelten künftigen Rückkaufswerten in seiner Mitteilung finden, dass keine Differenzen bestehen, dürfte der vom VR bei Vertragsauflösung genannte Rückkaufswert in aller Regel richtig genannt sein. 27

Garantierte Rückkaufswerte müssen nicht vereinbart werden. Zwar sprechen verschiedene Anhaltspunkte dafür, dass der Gesetzgeber zunächst nur Produkte zulassen wollte, die einen garantierten Rückkaufswert enthielten, der für die gesamte Vertragslaufzeit als steigender Betrag gewährt wird. In der Begründung zum Regierungsentwurf hieß es nämlich: „Nach Satz 2 muss der Rückkaufswert von vornherein für jedes Vertragsjahr angegeben werden. Der Rückkaufswert ist also vorbehaltlich der Einschränkungen nach den Absätzen 5 und 6 garantiert" (Begr. zu § 169 Abs. 3, BT-Drs. 16/3945, 103). Die Frage des garantierten Rückkaufswertes war dann auch Gegenstand der öffentlichen Anhörung des Rechtsausschusses des Deutschen Bundestags vom 28.3.2007 (Protokoll Deutscher Bundestag 16. Wahlperiode – Rechtsausschuss, 56. Sitzung, zB S. 22, 44, 50) mit dem Ergebnis, dass § 169 Abs. 3 Satz 2 die derzeitige Fassung erhielt. In der Beschlussempfehlung und dem Bericht des Rechtsausschusses v. 28.6.2007 heißt es dazu, die Vorschrift zur Mitteilung der Rückkaufswerte werde an EU-rechtliche Vorgaben angepasst (BT-Drs. 16/5862 zu § 169 Abs. 3). Wenn der Gesetzgeber also nun normiert „Der Rückkaufswert und das Ausmaß, in dem er garantiert ist, sind (…)", so kann dies nur dahin verstanden werden, dass nur der garantierte Rückkaufswert dem VN vor dessen Vertragserklärung in dem garantierten Ausmaß mitgeteilt werden muss. Dem VR bleibt aber überlassen, ob er Produkte 28 anbietet, die einen Rückkaufswert zB während der gesamten Laufzeit garantieren oder ob er nur eine bestimmte Endfälligkeit garantiert oder auch ganz andere Gestaltungen seiner Produkte vornimmt. Nur ein solches Verständnis von Abs. 3 Satz 2 entspräche auch der vom Rechtsausschuss gewollten Beachtung EU-rechtlicher Vorgaben (iErg wie hier Prölss/Martin/*Reiff* § 169 Rn. 41 ff. mit Darstellung des Meinungsbildes) und wird dem Fehlen eines gesetzlichen Leitbildes der Lebensversicherung (→ Vor § 150 Rn. 14) gerecht.

2. Mindestrückkaufswert, Frühstorno (Abs. 3 Satz 1)

29 Kündigt der VN oder der VR den Vertrag, ist der Rückkaufswert mindestens der Betrag des Deckungskapitals, das sich bei gleichmäßiger Verteilung der gezillmerten **Abschluss- und Vertriebskosten** auf die **ersten fünf Vertragsjahre** ergibt **(Mindestrückkaufswert).** Bei anderen Arten der Vertragsauflösung als durch eine Kündigung ist die Regelung über den Mindestrückkaufswert nicht anwendbar. Die gesetzliche Regelung der Verteilung der gezillmerten Abschluss- und Vertriebskosten auf die ersten fünf Vertragsjahre gilt seit dem 1.1.2008 (zum Schicksal früherer Tarifgenerationen → Rn. 57 ff.). Sie ist bei Einmalbeitragsversicherungen nicht anwendbar (OLG Hamm r+s 2018, 265; Marlow/Spuhl/*Grote,* Rn. 1151 mwN) und erfasst die ungezillmerten bzw sog überrechnungsmäßigen Abschluss- und Vertriebskosten nicht (s BT-Drs. 16/3945, S102 f. – dort ist insoweit von Amortisationskosten die Rede; zum Streitstand → Rn. 34).

30 Bei der gesetzlichen Neuregelung seit 2008 handelt es sich um eine Sonderregelung für die **sog Frühstornofälle.** Sie ist vor dem **Hintergrund der früheren Praxis** zu sehen, die dazu führte, dass in der Regel in den ersten zwei Jahren kein oder nur ein geringer Rückkaufswert entstand. Das konnte versicherungsmathematisch zwar begründet werden, traf aber in seiner allgemeinen Nachvollziehbarkeit beim BGH auf Unverständnis, weil der durchschnittliche VN nach dessen Einschätzung weder verstand noch erwartete, zwei bis drei Jahre lang Prämien eingezahlt zu haben, ohne dass er bei einer frühen Kündigung irgendeinen Betrag zurück erhielt (Einzelheiten zur Entwicklung der BGH-Rechtsprechung → Rn. 57 ff.). Auch nach der amtl. Begr. (zu § 169 Abs. 3, BT-Drs. 16/3945, 102 f.) berücksichtigte das Zeitwertverfahren nicht hinreichend die Interessen der VN, die sich aus unterschiedlichen Gründen dazu entschlossen, von ihrem gesetzlichen Kündigungsrecht, das ja nicht an Fristen oder Mindestlaufzeiten gebunden ist, Gebrauch zu machen.

31 Dem hilft die Neuregelung ab, indem sie einen Mindestrückkaufswert anordnet, nach dem die gezillmerten Abschluss- und Vertriebskosten zwar nicht proportional auf die gesamte Vertragsdauer, aber doch immerhin **auf die ersten fünf Jahre zu verteilen** sind. Damit knüpft Abs. 3 Satz 1 an das sog Riester-Modell an (§ 1 Abs. 1 Nr. 8 AltZertG; näher amtl. Begr. zu § 169 Abs. 3, BT-Drs. 16/3945, 102 f.). Nach der Neuregelung ist also das Deckungskapital mit den Rechnungsgrundlagen der Prämienkalkulation so zu berechnen, dass in diese Rechnungsgrundlagen die gezillmerten Abschluss- und Vertriebskosten proportional auf fünf Jahre verteilt eingestellt werden. Dabei ist die Berücksichtigung der gezillmerten Abschlusskosten gem. § 4 Abs. 1 DeckRV seit dem 1.1.2015 auf 25 ‰ (vorher 40 ‰) der Summe aller Prämien begrenzt. Die in der Mitteilung des VR bei Vertragsschluss genannten Rückkaufswerte enthalten in der Regel bereits die so eingerechneten Beträge für die gezillmerten Abschluss- und Vertriebskosten. Die Mitteilungen müssen sie allerdings nicht enthalten. Denn kein VR ist gezwungen, solche Kosten anzusetzen (→ Rn. 28). Nach § 169 Abs. 3 soll es sich um einen „**Mindest**rückkaufswert" handeln. Fehlen in der Kalkulation des VR solche Aufwendungen oder sind sie nur teilweise berücksichtigt, so erhöht sich der Rückkaufswert, so dass der vom Gesetz angeordnete Mindestwert in jedem Falle eingehalten ist.

Wird das Versicherungsverhältnis vor Ablauf von fünf Jahren gekündigt, wird der VN im Ergebnis nur mit den Beträgen belastet, die proportional auf die Vertragslaufzeit entfallen (→ Rn. 45 ff.). Der kündigende VN wird also mit dem überschießenden Betrag der gezillmerten Abschluss- und Vertriebskosten, die auf die Zeit zwischen seiner Kündigung und dem Ablauf von fünf Jahren entfallen, nicht mehr belastet. Entscheidend ist auch hier (→ Rn. 27), dass in die Beträge, die der VR dem VN schon bei Vertragsschluss mitteilen muss, bereits die gezillmerten Abschluss- und Vertriebskosten verteilt auf die ersten fünf Jahre einkalkuliert sind. Die Angaben enthalten also für eine infolge einer Kündigung tatsächliche Vertragszeit von weniger als fünf Jahre auch nicht die voll eingerechneten gezillmerten Abschluss- und Vertriebskosten. **32**

Von der Verteilung der gezillmerten Abschlusskosten über fünf Jahre darf insoweit abgewichen werden, als dass auch ein längerer Zeitraum oder gar eine ratierliche Verteilung über die gesamte vereinbarte Vertragslaufzeit vereinbart werden kann. Als halbzwingende Vorschrift darf von § 169 Abs. 3 Satz 1 gem. § 171 Satz 1 zwar nicht zum Nachteil des VN abgewichen werden. Vorteilhaft wäre eine Verteilung über mehr als fünf Jahre aber zweifellos für Frühstornierer, die von dieser Norm geschützt werden sollen (BT-Drs. 16/3945, 102). Denn deren Rückkaufswerte fallen dann höher aus, weil die gezillmerten Abschlusskosten nicht mehr nur auf fünf, sondern bspw. auf zehn Jahre verteilt werden. Allerdings ginge dies zum Nachteil der VN, die ihre Verträge später kündigen (Spätstornierer) und deren Rückkaufswerte aufgrund der länger mitgeschleppten Finanzierungskosten niedriger ausfielen. Werden diese Vor- und Nachteile saldiert, überwiegen zumindest in Niedrigzinszeiten die Vorteile zugunsten von Frühstornofällen. Der VN wird zudem bei Abschluss einer Lebens- oder Rentenversicherung nicht mit absoluter Gewissheit sagen können, dass er die vereinbarte Vertragslaufzeit nicht später abändern möchte. Auch eine systematische Auslegung spricht für dieses Ergebnis. Wäre § 169 Abs. 3 Satz 1 nämlich insoweit nicht disponibel, käme es zu der kuriosen Konstellation, dass Riester-Rentenversicherungsverträgen mit einer Verteilung der gezillmerten Abschlusskosten über mehr als fünf Jahren zwar die Zertifizierungsvoraussetzungen nach § 1 Abs. 1 Nr. 8 AltZertG erfüllten (danach ist ein Zeitraum von über fünf Jahren („mindestens fünf Jahre") explizit vorgesehen), solche Verträge aber versicherungsvertragsrechtlich gegen § 169 Abs. 3 Satz 1 verstießen. Das stünde der gesetzgeberischen Wertung entgegen, dass bei Riester-Rentenversicherungen der Verbraucherschutz besonders zu berücksichtigen ist (vgl. OLG Köln VersR 2016, 1551; OLG Nürnberg VuR 2019, 39). **32a**

Die Regelung über den Mindestrückkaufswert verliert ihre Anwendbarkeit da, wo die gezillmerten Abschluss- und Vertriebskosten nicht auf mehrere Prämien verteilt werden und auch nicht verteilt werden können. Das ist bei **Lebensversicherung gegen Einmalprämie** der Fall (vgl. BaFin, Hinw. zu einigen Auslegungsfragen zum VVG, VA 21-A-2008/0033). In die Kalkulation der Prämie können gezillmerte Abschluss- und Vertriebskosten nicht auf die ersten fünf Prämien verteilt werden, weil es nur eine Prämie gibt, deren Kalkulation deshalb notwendig sämtliche Abschluss- und Vertriebskosten enthält. Bei Versicherungen mit einer vereinbarten Prämienzahlungsdauer von weniger als fünf Jahren sind **33** die gezillmerten Abschluss- und Vertriebskosten entsprechend auf die Zeit der Beitragszahlung zu verteilen. Aufgrund des von vorneherein hohen Rückkaufswertes fehlt es hier an der Notwendigkeit eines besonderen Schutzes des VN im Falle einer frühen Kündigung (LG Stuttgart Urt. v. 26.3.2020 – 11 O 214/18; Prölss/Martin/*Reiff* § 169 Rn. 38; Langheid/Wandt/*Mönnich* § 169 Rn. 98; aA LG Köln Urt. v. 20.2.2019 – 26 O 6/18, nrk).

34 Mit der gesetzlichen Anordnung, dass aufsichtsrechtliche **Regelungen über Höchstzillmersätze unberührt** bleiben (Abs. 3 Hs. 2), soll klargestellt werden, dass es dem VR nur gestattet ist, bei der Berechnung des Rückkaufswertes in den ersten fünf Jahren die gezillmerten Abschlusskosten in Ansatz zu bringen, also gem. § 4 Abs. 1 DeckRV 25 ‰ der Summe aller Prämien als Höchstzillmersatz. Der Teil der Kosten, der nach geltendem Aufsichtsrecht nicht gezillmert werden darf (die ungezillmerten bzw. sog. überrechnungsmäßigen Abschlusskosten bzw. sog. Amortisationskosten), ist auf die Laufzeit des Vertrages zu verteilen, wobei streitig ist, ob die ungezillmerten Abschluss- und Vertriebskosten ab dem ersten Jahr oder erst ab dem sechsten Vertragsjahr gleichmäßig über die Vertragslaufzeit zu verteilen sind (streitig: OLG Köln hat insoweit einzelne Bestimmungen in den AVB eines Altersvorsorgevertrages gem. § 1 AltZertG als unwirksam verworfen, weil die nicht gezillmerten Abschlusskosten unangemessen über die gesamte Laufzeit verteilt worden seien, VersR 2016, 1551; in diese Richtung auch *Langheid* in der 5. Aufl.; dagegen zu Recht: *Engeländer* VersR 2016, 1542; *Armbrüster* NJW 2017, 1039; Langheid/Wandt/*Mönnich* § 169 Rn. 97; Prölss/Martin/*Reiff* § 169 Rn. 36; *Leithoff* ZfV 2012, 767 (768)). Streitig ist, wie die ungezillmerten Kosten nach der VVG-InfoV auszuweisen sind – als übrige Kosten oder als Verwaltungskosten oder als Teil der Abschlusskosten. Der Gesetzgeber weist diese Kosten in seiner Begründung zu § 169 VVG (BT-Drs. 16/3945, 104) den Abschlusskosten zu (ebensoLangheid/Wandt/*Armbrüster* VVG-InfoV § 2 Rn. 10; sowie der BGH zum „alten" Recht in einem Urteil vom 25.7.2012 – IV ZR 201/10, Rn. 19). Es finden sich aber auch gute Argumente dafür, dass diese Auffassung nicht zutreffend ist. Denn letztlich handelt es sich um sicherheitshalber einkalkulierte überrechnungsmäßige Kosten, die bedarfsabhängig sowohl zur Deckung von zusätzlichen Abschluss- und Vertriebskosten als auch zur Deckung von zusätzlichen Verwaltungskosten aufgewandt werden können. Das spricht für einen Ausweis bei den übrigen oder bei den Verwaltungskosten (so auch Prölss/Martin/*Rudy* VVG-InfoV § 2 Rn. 2; *Schwintowski/Ortmann* VersR 2009, 728 (731)).

34a „Zillmern" ist ein Berechnungsverfahren für Deckungsrückstellungen, wonach die dem VR entstandenen Abschluss- und Vertriebskosten (ursprünglich in vollem Umfang) sofort mit den ersten Prämien verrechnet werden, benannt nach dem Versicherungsmathematiker *August Zillmer* (1831–1893). Ohne die Begrenzung auf den Höchstzillmersatz würde die mit der Neuregelung beabsichtigte Besserstellung des kündigenden VN verhindert (vgl. die amtl. Begr. zu § 169 Abs. 3, BT-Drs. 16/3945, 102 f.). Die gesetzliche Formulierung zu den Höchstzillmersätzen geht auf einen Vorschlag des Rechtsausschusses zurück. Nach dessen Auffassung soll damit sichergestellt sein, dass ausländische VR, die dem deutschen Aufsichtsrecht nicht unterliegen, die Höchstzillmersätze nicht anwenden müssen (BT-Drs. 16/5862, 100). Ob dieses Ziel mit dieser gesetzlichen Formulierung erreicht wird, erscheint indessen ebenso zweifelhaft (vgl. *Engeländer* VersR 2007, 1297, 1308) wie die damit verbundene Inländerdiskriminierung.

35 Die gesetzliche Regelung setzt voraus, dass der VR die Verrechnung der **Abschluss- und Vertriebskosten** mit dem VN **vereinbart** hat (Begr. zu § 169

Abs. 3, BT-Drs. 16/3945, 102 f.). Die Vereinbarung muss auch die Höhe umfassen, anderenfalls ist die Klausel intransparent. Intransparent ist eine Klausel zur Abschluss- und Vertriebskosten nach Auffassung des OLG Dresden (Urt. v. 8.6.2021 – 4 U 2159, nrk), wenn unklar bleibt, ob sie bei geförderten Altersvorsorgeprodukten auch Zulagen umfasst (so auch die Vorinstanz: LG Leipzig BeckRS 2020, 33299 Rn. 25 ff.). Es versteht sich mithin nicht von selbst, dass der VN die Abschluss- und Vertriebskosten zu zahlen hat. Eine wirksame Vereinbarung in den ALB setzt deshalb einen für den VN transparenten Hinweis voraus (OLG Hamburg VersR 2010, 1631, 1633). **Ohne eine solche Vereinbarung** ist der Abzug auch nur eines Teils der Abschluss- und Vertriebskosten **unzulässig.**

Die doppelte Erhebung von Abschlusskosten bei Riester-Verträgen ist wegen eines Verstoßes gegen § 2 AltZertG unwirksam, wenn sich bei gleichbleibendem Gesamtbeitrag (Eigenbetrag und Zulagen) die staatliche Zulage in der Ansparphase ändert und infolgedessen der Eigenbeitrag des Verbrauchers steigt oder sinkt, ohne dass sich der Gesamtbeitrag erhöht (BaFin-Journal 10/2019, 7; BMF-Schreiben v. 14.3.2019, Rn. 29). **35a**

Soweit eine **Vereinbarung** mit dem VN dahin besteht, dass er **unabhängig von dem Fortbestand des Versicherungsvertrages** die Vermittlerkosten zu tragen hat – wie zB bei den sog Nettopolicen – bleibt diese Verpflichtung bestehen; sie berührt die Berechnung des Rückkaufswertes nicht (eingehend zur Vermittlung von Nettopolicen *Reiff* VersR 2012, 645). Bei der Vermittlung einer Nettopolice mit separater Vergütungsvereinbarung muss aber beachtet werden, dass besonders deutlich auf die Gefahren eines Frühstornos hinzuweisen ist, insbesondere muss der VN wissen, dass er bei diesem Vertragsmodell deutlich schlechter stehen kann, als bei dem Abschluss einer Bruttopolice (LG Köln BeckRS 2018, 25728; anknüpfend an OLG München NJOZ 2017, 1366). Das ist gerechtfertigt, weil die Trennung dieser Kostenpflicht von den Verpflichtungen aus dem Versicherungsvertrag und die sofortige Zahlung der Abschlusskosten dem VN die Zahlungspflicht unmittelbar vor Augen führt. Die sofortige Zahlung bzw. Abbuchung vom Konto ist das Optimum der Transparenz. Diese Art der Vertragsgestaltung weist nicht das Problem auf, wie es besteht, wenn die Tragung der Abschluss- und Vertriebskosten Teil des Versicherungsvertrages ist. Mit dem Versicherungsvertrag, der dem VN als vom VR durch vorgedruckte AVB einseitig gestaltetes Produkt gegenübertritt, versucht der VR seine Verpflichtung zur Zahlung an den Vertrieb auf den VN zu übertragen, wobei dieser keine Möglichkeit hat, auf die Höhe dieser Verpflichtung in irgendeiner Weise Einfluss zu nehmen. Schließt dagegen der VN über die Vermittlung der Versicherung einen gesonderten Vertrag, liegt die Gegenleistung für die Vermittlung in ihrer Höhe offen zu Tage, sie ist Hauptbestandteil des Vertrages, hat also schon im Zeitpunkt des Vertragsschlusses ein ganz anderes Gewicht und ist auch eher verhandelbar. Nicht anders kann der Fall zu beurteilen sein, wenn der VR mit dem VN einen gesonderten Vertrag über die Abschluss- und Vertriebskosten schließt und dabei eine **ratenweise Tilgung** des Kostenbetrages **vereinbart** wird. Darin kann keine Umgehung des § 169 Abs. 5 Satz 2 gesehen werden, da der Gesetzgeber die wirtschaftliche Auferlegung der Abschlusskosten nicht generell verbieten wollte, solange die vertragliche Trennung von Kosten und Prämie für den VN transparent ist (BGH NJW 2014, 1658 = VersR 2014, 567 mAnm *Schwintowski* NJW 2014, 1662 sowie Anm. *Reiff* VersR 2014, 571; BGH ZVertriebsR 2014, 194; VersR 2014, 824; so auch *Reiff* r+s 2013, 525; **aA** OLG Karlsruhe VersR 2014, 45 mAnm *Schwintowski* VersR 2014, 49; LG Rostock r+s 2011, 170 m. abl. Anm. *Frohnecke*). Bei wirt- **36** schaftlicher Einheit der Kostenausgleichsvereinbarung und des Versicherungsvertrags ist jedoch ein vereinbarter Ausschluss des Kündigungsrechts für die Kostenausgleichsvereinbarung wegen unangemessener Benachteiligung des VN gem. § 307 Abs. 2 Nr. 2 BGB unwirksam, sofern er sich vom Versicherungsvertrag durch Kündigung lösen kann (BGH NJW 2014, 1658 = VersR 2014, 567; ZVertriebsR 2014, 194; VersR 2014, 824; vgl. dazu *Langheid/Müller-Frank* NJW 2014, 2323).

3. Begrenzung

37 **Abs. 2 Satz 1** begrenzt den Anspruch des VN bei dessen Kündigung (→ Rn. 16 f.) auf den Rückkaufswert. Danach ist der Rückkaufswert nur insoweit zu zahlen, als dieser die **Leistung bei einem Versicherungsfall im Zeitpunkt der Kündigung nicht übersteigt.** Es handelt sich um Ausnahmefälle. Ein solcher Fall liegt vor, wenn das Deckungskapital für eine vereinbarte lebenslange Rente höher ist als die vereinbarte Rückzahlung aller Prämien im Todesfall vor Beginn der Rentenzahlung (Begr. zu § 169 Abs. 2, BT-Drs. 16/3945, 101 f.). Da dem VN bei Inanspruchnahme des Kündigungsrechtes der durch die bisherigen Prämien angesparte Wert des Vertrages erhalten bleiben und der VR keine Vorteile aus der Kündigung ziehen soll, ordnet **Abs. 2 Satz 2** an, dass der danach nicht gezahlte Teil des Rückkaufswertes für eine prämienfreie Versicherung zu verwenden ist. Gemäß **Abs. 2 Satz 3** bleibt es bei Rücktritt oder Anfechtung bei der allgemeinen Regelung zum Rückkaufswert ohne Begrenzung, weil eine Fortsetzung des Vertragsverhältnisses als prämienfreie Versicherung nach Auffassung des Gesetzgebers für die Vertragsparteien nicht zumutbar ist (vgl. die Begr. zu § 169 Abs. 2, BT-Drs. 16/3945, 101 f.).

4. Fondsgebundene Versicherung (Abs. 4)

38 Das Gesetz trägt mit Abs. 4 den Besonderheiten einer **fondsgebundenen Lebensversicherung** Rechnung. Sie hat kein Deckungskapital iSd Abs. 3, weshalb der Rückkaufswert auch nicht auf seiner Grundlage berechnet werden kann. Das Kapital, das die fondsgebundene Lebensversicherung im Zeitpunkt der Vertragsauflösung aufweist, liegt in dem Wert begründet, den der Fonds zur Zeit der Vertragsauflösung hat. Folgerichtig ordnet Abs. 4 deshalb an, dass bei fondsgebundenen Lebensversicherungen der Rückkaufswert nach anerkannten Regeln der Versicherungsmathematik als **Zeitwert** der Versicherung zu berechnen ist. Dasselbe gilt auch für **indexgebundene Lebensversicherung,** deren Zeitwert in aller Regel durch den angegebenen Index ohne weiteres festzustellen ist.

39 Um die Transparenz auch bei diesen Versicherungen zu erhöhen, sind die Grundsätze der Berechnung des Rückkaufswertes im Vertrag anzugeben (Abs. 4 Satz 2). Dadurch allein erkennt der durchschnittliche VN aber noch nicht, dass allein er es ist, der das **Volatilitätsrisiko** der den Fonds bildenden Werte trägt. Dieser Mangel an Transparenz, der in der Praxis nach wie vor eine Rolle spielen kann, ist durch entsprechende Beratung und die Angaben nach § 2 Abs. 1 Nr. 7 VVG-InfoV sowie klare Regelungen in den AVB auszugleichen (einschränkend: *Langheid* in der Voraufl.). Im Übrigen gilt nach Abs. 4 Hs. 2 auch bei fondsgebundenen Lebensversicherungen Abs. 3. Dies bedeutet insbesondere, dass die Verteilung der gezillmerten **Abschluss- und Vertriebskosten** auf die ersten fünf Jahre zur Sicherung eines Mindestrückkaufswertes auch für die Fälle des Abs. 4 gilt (Begr. zu § 169 Abs. 4, BT-Drs. 16/3945, 103).

Schwieriger stellt sich die Feststellung des Rückkaufswertes bei **fondsgebundenen Lebensversicherungen** dar, bei denen der VR **Mindestgarantien** in sein Produkt eingebaut hat. Nach Abs. 4 („soweit nicht der Versicherer eine bestimmte Leistung garantiert") sollen solche Versicherungen von der Berechnung des Rückkaufswertes auf der Grundlage des Zeitwertes ausgenommen werden mit der Folge, dass Abs. 3 eingreift, also die Berechnung auf der Grundlage des Deckungskapitals. Das ist unproblematisch in den Fällen, in denen der VR für eine garantierte Mindestleistung eine prospektive Deckungsrückstellung bildet. In der Praxis wird die Regelung aber auf Schwierigkeiten stoßen, wenn der VR auch bei diesen Produkten die Prämien nicht auf der Basis eines Deckungskapitals berechnet (siehe dazu *Engeländer* VersR 2007, 1297 (1311)). Da auch hier der VR Einzelheiten zur Feststellung des Rückkaufswertes im Vertrag anzugeben hat, ist für die Feststellung, ob der von ihm bei Vertragsauflösung genannte Rückkaufswert richtig ist, entscheidend, ob er sich an seine eigenen Angaben im Vertrag gehalten hat. 40

5. Mitteilungspflicht (Abs. 3 Satz 2)

Um für hinreichende Transparenz zu sorgen, ordnet Abs. 3 Satz 2 an, der VR habe dem VN schon vor Abgabe seiner Vertragserklärung den Rückkaufswert und das Ausmaß, in dem er garantiert ist, mitzuteilen. Bei der Berechnung des garantierten Rückkaufswertes können selbstverständlich Abzüge nach Abs. 6 noch nicht berücksichtigt werden, weil diese im Zeitpunkt des Vertragsschlusses noch ungewiss sind. Nach der amtl. Begr. (zu § 169 Abs. 3, BT-Drs. 16/3945, 102 f.) soll der Rückkaufswert allerdings auch nur vorbehaltlich der Abzüge nach Abs. 5 (Stornoabzüge) garantiert sein, obwohl diese vereinbart sein müssen. 41

Die Mitteilungspflichten des VR nach Abs. 3 Satz 2 werden durch Vorschriften in der VVG-InfoV näher konkretisiert. Nach § 2 Abs. 1 Nr. 4 VVG-InfoV hat der Lebensversicherer dem VN Angaben der in Betracht kommenden Rückkaufswerte zur Verfügung zu stellen. Diese Werte sind nach § 2 Abs. 2 VVG-InfoV in Euro zu machen. Damit soll klargestellt werden, dass dem VN für den Zeitraum der gesamten Vertragslaufzeit eine **„repräsentative Auswahl" von Rückkaufswerten** mitzuteilen ist (amtl. Begr. zu § 2 VVG-InfoV, BAnz. 2008, 98). Die Forderung nach Angaben von Euro-Beträgen für eine repräsentative Auswahl von Rückkaufswerten (Jahresangaben reichen aus) zeigt, dass Beschreibungen über das Zustandekommen der Rückkaufswerte allein nicht ausreichen, wie dies früher gehandhabt wurde. In welcher Form die VR dem Erfordernis nachkommen, ob durch Tabellen oder anders, bleibt den VR überlassen. Entscheidend ist, dass die Angaben für einen durchschnittlichen VN verständlich, also in diesem Sinne transparent sind. Die amtl. Begr. (BAnz. 2008, 98) empfiehlt eine Angabe in jährlichen Abständen, in Betracht kämen aber auch kürzere Abstände, vor allem für die ersten Jahre der Laufzeit des Vertrages, in denen der Rückkaufswert wegen der üblichen Verrechnung der Abschluss- und Vertriebskosten größeren Schwankungen unterliege. 42

Nach OLG Stuttgart (VersR 2008, 909) soll eine Intransparenz zum Rückkaufswert geheilt werden können, wenn dem VN bei Antragstellung ein Versicherungsverlauf vorgelegen hat, dem die Rückkaufswerte für sämtliche Versicherungsjahre zu entnehmen sind. Weil eine „Heilung" von Intransparenz grds. zweifelhaft ist, stellt sich hier eher die Frage, ob überhaupt eine Intransparenz vorliegt, wenn den AVB eine auf den konkreten VN individuell abgestimmte Aufstellung beigegeben 43 war, aus der der VN alle für ihn wichtigen Informationen entnehmen konnte. Denn individuelle Erklärungen gehen den AVB vor und können zum Verständnis der AVB mit herangezogen werden (das Ergebnis des OLG-Urteils – VersR 2008, 909 – trifft also zu).

V. EU-/EWR-Versicherer (Abs. 3 Satz 3)

44 Schließt ein VR mit Sitz in einem anderen Mitgliedsstaat der EU oder in einem Vertragsstaat des EWR-Übereinkommens einen Lebensversicherungsvertrag mit einem VN in Deutschland, unterliegt dieser Vertrag idR dem deutschen Recht (Art. 8 EGVVG). Die Regelung des Abs. 3 Satz 3 **unternimmt den Versuch,** VU mit Sitz in diesen Staaten **nicht zu benachteiligen.** Ihnen wird das Recht eingeräumt, für die Berechnung des Rückkaufswertes anstelle des Deckungskapitals den in diesem Staat vergleichbaren anderen Bezugswert unter Anwendung des für sie am Sitz maßgeblichen Aufsichtsrechts zu Grunde zu legen. Dabei geht der Gesetzgeber davon aus, dass diese VR ihre Prämien nach bestimmten Berechnungsgrundlagen, wenn auch mit vergleichbaren Bezugswerten kalkulieren, weil die RL 2002/83/EG über Lebensversicherungen in Art. 20 für die Bildung versicherungstechnischer Rückstellungen einheitliche Kriterien für die Gemeinschaft vorsieht (vgl. die Begr. zu § 168 Abs. 3 Satz 3, BT-Drs. 16/3945, 102).

VI. Stornoabzug (Abs. 5)

45 Der VR ist grds. zu einem Stornoabzug berechtigt. Er muss aber **vereinbart** werden, also schon bei Vertragsschluss Bestandteil des Vertrages geworden sein. Die Vereinbarung kann durch AVB-Klausel vorgenommen werden. Die Klausel muss aber der Inhaltskontrolle standhalten, anderenfalls ist sie unwirksam. Eine unwirksame Klausel über Stornoabzüge kann nicht durch eine andere ersetzt werden, weil in diesem Falle eine Bedingungsanpassung (§ 164) nicht notwendig ist. Denn der Vertrag kann auch ohne eine Vereinbarung über Stornoabzüge fortgesetzt werden (BGH VersR 2005, 1565).

46 Der Stornoabzug muss **beziffert** sein. Ein Abzug, der nur dem Grunde nach vereinbart, der Höhe nach aber in das Ermessen des VR gestellt ist oder vom VR erst nach der Kündigung genannt wird, erfüllt nicht die Anforderungen, die an eine Transparenz der Regelung zu stellen sind. Deshalb würde auch ein Verweis auf versicherungsmathematische Grundsätze, die der VN nicht kennt und nicht nachvollziehen kann, nicht genügen. Der VN muss schon bei Vertragsschluss über die Höhe eines etwaigen Abzugs im Falle der Kündigung unterrichtet sein, wenn er die wirtschaftliche Bedeutung erkennen soll (vgl. insgesamt die Begr. zu § 169 Abs. 4, BT-Drs. 16/3945, 103).

47 **„Beziffern" heißt** in Zahlen ausgedrückt. Darunter sind im Normalfall Zahlen als Euro-Beträge zu verstehen, weil nur diese der geforderten Transparenz für den VN entsprechen. Eine Prozentangabe mit einer zusätzlichen Beispielsrechnung muss aber auch genügen. Der durchschnittliche VN erkennt die ihn treffenden wirtschaftlichen Nachteile nämlich nur dann nicht mit der notwendigen Leichtigkeit, wenn er aufgrund ihm genannter Zahlen erst noch aufwändige Rechenoperationen anstellen muss. Hält man sich diese Grundsätze als Maßstab vor Augen, können also Ausnahmen zugelassen werden, wenn dem VN etwa

Prozentsätze genannt sind, die ihm ohne große Rechenoperation den Betrag aufzeigen, den er im Falle der Kündigung hinnehmen muss (zB x Prozent von dem ihm bekannten Einmalbetrag).

Der Stornoabzug muss **angemessen** sein. Wann dies der Fall ist, kann nicht für alle Fälle nach einheitlichen Maßstäben bestimmt werden. Deshalb verwendet der Gesetzgeber diesen unbestimmten Rechtsbegriff. In erster Linie ist die Angemessenheit nach den Umständen des Einzelfalles auszurichten. Der Betrag darf sich aber nicht als Hindernis für die gesetzliche Möglichkeit einer Kündigung auswirken, denn das Recht auf Kündigung (§ 168) darf nicht zum Nachteil des VN abgeändert werden (§ 171). Als Grund für einen Stornoabzug kommen erhöhter Verwaltungsaufwand und eine Risikoverschlechterung (Antiselektion) in Betracht (zum kapitalmarktinduzierten Stornoabzug bei Einmalzahlungen siehe *Schwintowski* VersR 2010, 1126 und *Grote/Thiel* VersR 2013, 666). Darüber reicht eine bloß abstrakte Vereinbarung in den AVB nicht mehr aus. Der Stornoabzug kann aber pauschaliert werden. Er muss – was die Höhe betrifft – jedoch plausibel darstellbar sein. 48

Die Vereinbarung über die Höhe des Abzugs kann entweder abstrakt oder betragsmäßig konkret getroffen werden (Begr., BT-Drs. 12/6959, 102). 49

Als Konsequenz der Verteilung von gezillmerten Abschluss- und Vertriebskosten auf die ersten fünf Jahre (Abs. 3 Satz 1) ist die Regelung in **Abs. 5 Satz 2** zu sehen, dass die Vereinbarung eines Abzugs für **noch nicht getilgte Abschluss- und Vertriebskosten** unwirksam ist. Es wäre nicht sinnvoll vorzuschreiben, dass Abschluss- und Vertriebskosten auf die ersten fünf Jahre zu verteilen sind, der vor fünf Jahren aus dem Verbund ausscheidende VN also die bis zum Ablauf von fünf Jahren entstandenen Kosten nicht zu tragen hat, wenn auf der anderen Seite der VR die Möglichkeit hätte, diese Kostendifferenz dem VN doch wieder auf dem Umweg erhöhter Stornokosten aufzuladen. 50

Die AVB-Klausel, mit der Stornokosten vereinbart werden, unterliegt der gerichtlichen Kontrolle nach § 308 Nr. 7 BGB; bei Pauschalierungen nach § 309 Nr. 5 Buchst. b BGB. 51

VII. Herabsetzung des Rückkaufswertes (Abs. 6)

Mit der Regelung in Abs. 6 soll ein nach den Hinweisen des BVerfG notwendiger Ausgleich hergestellt werden zwischen den Interessen der kündigenden und der im Risikoverbund verbleibenden VN. Der Gesetzgeber räumt deshalb dem VR ein **einseitiges Recht zur Kürzung** des Rückkaufswertes ein. Der VR darf den als Rückkaufswert berechneten Betrag „angemessen" herabsetzen, „soweit dies erforderlich ist", um eine „Gefährdung" der Belange der VN, insbesondere durch eine Gefährdung der dauernden Erfüllbarkeit der sich aus den Versicherungsverträgen ergebenden Verpflichtungen, „auszuschließen". Weder VN noch Aufsichtsbehörde sind an der Beurteilung zu beteiligen, ob die Kürzung gerechtfertigt ist. Die nicht bestehende Kontrollmöglichkeit kann natürlich im Rechtsstreit nach allgemein gültigen Beweislastregeln ersetzt werden. Auch diese Regelung zeigt, dass zivilrechtliche Maßnahmen zur Insolvenzabwehr aufsichtsrechtlichen Vorgehen (→ § 163 Rn. 7). 52

Nach der amtl. Begr. (zu § 169 Abs. 6, BT-Drs. 16/3945, 104) reicht eine Gefährdung aus, um den Rückkaufswert herabzusetzen. Als Beispiel nennt sie, dass ein VR von einer Welle von Kündigungen weit über die nach seiner bisherigen 53

Erfahrung zu erwartende Quote hinaus überrascht wird. Dann würde ihn die Belastung durch die Regelung zu Gunsten der kündigenden VN in besonderer Weise treffen. Damit er nicht gezwungen ist, Vermögenswerte unter Verlust zu veräußern, könnte ihm die Regelung des Abs. 6 helfen. Damit wird jede Ursache (also auch Missmanagement) für eine Gefährdung der dauernden Erfüllbarkeit der Verträge erfasst. Darunter dürfte also auch eine Welle von Kündigungen fallen, die ein VR selbst schuldhaft verursacht hat, der Versicherungen mit einer über dem Marktzins liegenden Verzinsung gegen Einmalbeitrag anbietet; erst recht, wenn der Vertrieb als Argument für die Kapitalanlage darauf hinweist, diese Versicherung sei jederzeit nach § 168 kündbar. Solche Verhaltensweisen können eine **Spekulation gegen den Bestand** auslösen, was aber nicht zu Lasten der Erfüllbarkeit der Verträge gehen kann und schon gar nicht zu Lasten der im Bestand verbleibenden VN.

54 Offen ist die Frage, welche Feststellungen ausreichen sollen, um eine Kürzung als berechtigt anzusehen. Soll zB ein nicht ganz bestandener Stresstest schon ausreichen? Und wenn ja, unter welchen Bedingungen, mit welchen Fragestellungen soll dieser Stresstest ausgestattet sein? Unklar ist auch, wie nah die Gefährdung zu sein hat. Genügt eine entfernte Gefahr, um die Notwendigkeit einer Kürzung anzunehmen oder muss die Gefahr unmittelbar bevorstehen. Sicher nicht ausreichend ist, wenn eine Gefährdung nur nicht „auszuschließen" ist.

55 Um den Gefahren einer Beliebigkeit seitens des VR zu begegnen, bestimmt Abs. 6 Satz 2, dass die Herabsetzung jeweils auf **ein Jahr befristet** ist. Danach hat der VR zu prüfen, ob die Notwendigkeit von Kürzungen des Rückkaufswertes weiterhin besteht.

VIII. Überschussbeteiligung (Abs. 7)

56 Mit dieser Regelung stellt der Gesetzgeber klar, dass der VN die bis zur Kündigung bereits **erworbenen Überschussanteile** nicht verliert. Das gilt sowohl für die während der Vertragslaufzeit angesammelten und zugeteilten Überschussanteile wie auch für den Schlussüberschussanteil, den der VR für den Fall der Kündigung genannt hat. Die Schlussüberschussanteile sind nicht schon per definitionem Teile des nach Abs. 3 zu ermittelnden Rückkaufswertes. Der Schlussüberschussfonds ist nicht Bestandteil der Deckungsrückstellung und geht somit nicht in die von Abs. 3 vorgegebene Kalkulation des Rückkaufswertes ein (*Heinen,* Welche Änderungen kommen auf die Lebensversicherer zu?, Münsteraner Reihe Bd. 108, 2007, S. 48 Rn. 25). Der Teil des Gesetzeswortlauts „soweit sie nicht bereits in dem Betrag nach den Absätzen 3 bis 6 enthalten sind" dürfte vom Gesetzgeber nur aus Gründen äußerster Vorsicht in das Gesetz aufgenommen worden sein. Es ist nicht ganz klar, was der Gesetzgeber im Einzelnen damit regeln wollte (näher *Engeländer* VersR 2007, 1297 (1312)).

IX. Altverträge; Altbestand

57 Gemäß Art. 4 Abs. 2 EGVVG ist § 169, auch soweit auf ihn verwiesen wird, **nicht** auf sog Altverträge anzuwenden; das sind Verträge, die **vor dem 1.1.2008 abgeschlossen** wurden (Art. 1 Abs. 1 EGVVG).

58 Zweifelhaft ist damit zunächst, welches Recht dann auf den sog **Altbestand,** also auf Versicherungsverträge anzuwenden ist, die bis zum 31.12.1994 mit den

noch vom Bundesaufsichtsamt vor der Deregulierung vom 29.7.1994 genehmigten AVB abgeschlossen worden sind (siehe Art. 16 § 6 Abs. 3 DurchfG/EWG). Nach dem Recht vor der Deregulierung wurde die Berechnung des Rückkaufswertes (zT auch Rückvergütung genannt) auf die vom damaligen BAV genehmigten Geschäftspläne gestützt. Der Geschäftsplan ist kein Teil der AVB (BGHZ 128, 54 (62 f.) = NJW 1995, 589 = VersR 1995, 77 unter B.III.2). Das OLG Düsseldorf (NJW-RR 1993, 801 = VersR 1993, 556) hatte deshalb die Überprüfung der Berechnung des **Rückkaufswertes** abgelehnt in einem Fall, in dem der VN nach drei Jahren gekündigt und bei einer Gesamtprämienleistung von 23.430 DM als Rückkaufswert 5.678,32 DM erhalten hatte. Der BGH (BGHZ 128, 54 (62 f.) = NJW 1995, 589 = VersR 1995, 77) hat unter Hinweis auf die vormalige Gesetzeslage (zB erlaubte Querverrechnungen usw) nur eine sehr begrenzte Kontrolle der Berechnung von **Überschussanteilen** aus Verträgen des Altbestandes für möglich gehalten, nachdem die Aufsichtsbehörde deren Richtigkeit bestätigt hatte. Auch das BVerfG (VersR 2005, 1127 und VersR 2006, 489 mAnm *Grote* VersR 2006, 957) hat die Anwendung der Rechtsprechung des BGH aus 2005 auf den Altbestand abgelehnt, aber den Gesetzgeber aufgefordert, die Gesetze entsprechend den grundgesetzlichen Anforderungen für die Zukunft zu ändern. Das ist inzwischen geschehen. Bei einer heutigen gerichtlichen Prüfung von Überschussbeteiligungen und Rückkaufswerten bei Verträgen des Altbestands kann daher nicht auf die Rechtslage zurückgegriffen werden, die sich erst aus der späteren Rechtsprechung des BGH ergibt (OLG Köln VersR 2002, 600; OLG Schleswig Beschl. v. 11.2.2013 – 16 U 137/12). Dabei handelt es sich insbesondere um die Urteile vom 9.5.2001 zur **Tarifgeneration 1994 bis 2001** (r+s 2001, 386 = VersR 2001, 841; → Rn. 59) und die Urteile vom 25.7.2012 und vom 17.10.2012 zur **Tarifgeneration 2002 bis 2007** (VersR 2012, 1149; 2013, 213; 2013, 565 für den VVaG; → Rn. 63).

Verträge aus der **Tarifgeneration 1994 bis 2001** hatte der BGH mit den ersten **59** Urteilen zur Problematik des Frühstornos und des Zillmerns (r+s 2001, 386 = VersR 2001, 841 = MDR 2001, 1055) dergestalt beanstandet, dass bestimmte Klauseln zur Funktionalität der Verrechnung der Abschlusskosten mit den ersten Prämienzahlungen **für intransparent erklärt** wurden. Da diese Klauseln letztlich nur den Inhalt der damals geltenden Gesetzesvorschriften wiedergaben, wurden sie vom BGH **ausdrücklich inhaltlich unbeanstandet** gelassen, aber wegen eines fehlenden Warnhinweises zu den Folgen der Zillmerung als intransparent verworfen (zu Recht krit. in Bezug auf die Kontrollfähigkeit deklaratorischer Klauseln, *Präve* VersR 2012, 1159; hier wird ferner die Problematik deutlich, die mit der Gleichsetzung von Intransparenz und Unangemessenheit verbunden ist; besser wäre, die Transparenz wie bei Art. 4 Abs. 2 AGB-RL als Kontrollschranke für eine Unangemessenheitsprüfung zu nutzen, Einzelheiten bei *Langheid* NVersZ 2000, 63). Daraufhin wurden diese Klauseln unter Zustimmung der von den Unternehmen bestellten Bedingungstreuhänder mit gleichem materiellem Inhalt, aber in transparenter Form wiederholt und erneut in die Verträge implementiert. Dass der VN wegen der Intransparenz den tatsächlichen Klauselinhalt bei Vertragsschluss unter Umständen nicht hätte hinreichend zur Kenntnis nehmen können, wurde für unschädlich gehalten, weil der VN auch bei hinreichender Transparenz die Klauseln akzeptiert hätte, eben weil sie der Gesetzeslage entsprachen.

Dieses Vorgehen hat der BGH wiederum verworfen (VersR 2005, 1565 ff.), **60** wobei die Implementierung von inhaltsgleichen, aber transparent formulierten Klauseln als Verstoß gegen § 307 BGB angesehen wurde. Dass die Klauseln dem damaligen Gesetzesrecht entsprachen und deswegen materiell unbeanstandet geblieben waren, blieb unberücksichtigt, weil die bloße Wiederholung von intransparenten Klauseln die gesetzliche Sanktion der Unwirksamkeit unterlaufe. Weil die wegen Intransparenz unwirksamen Klauseln mit ihren vermeintlich verdeckten Nachteilen – die der BGH offenbar auch der seinerzeitigen Gesetzeslage beimaß – für den VN letztlich doch verbindlich geblieben wären, hat der BGH auch die existierende gesetzliche Ersatzregelung in § 176 VVG aF (Zeitwert) unbeachtet gelassen und unter Zugrundelegung eines putativen Parteiwillens einen Anspruch auf einen Mindestrückkaufswert geschaffen, der in der **Hälfte des ungezillmerten Deckungskapitals** bestehen sollte (was dem damaligen Vorschlag der VVG-Reformkommission (Abschlussbericht S. 108 f.) entsprach und damit nach Auffassung des BGH auch dem mutmaßlichen Parteiwillen). Die Anwendung der zur Verfügung stehenden gesetzlichen Ersatzregelung wurde abgelehnt, weil diese zu einem für den Verbraucher noch ungünstigeren Ergebnis geführt hätten als die Regelungen in den beanstandeten Klauseln. Nachdem der Kommissionsvorschlag letztlich nicht Gesetz geworden ist, unterliegen Verträge aus der Tarifgeneration 1994 bis 2001 einem **vermeintlichen Parteiwillen,** der **weder der damaligen noch der heutigen Gesetzeslage** entspricht. Das alles gilt auch für VVaG (BGH VersR 2008, 337).

61 Die mit Urt. vom 9.5.2001 vom BGH (r+s 2001, 386 = VersR 2001, 841) entwickelte Zahlung der Hälfte des ungezillmerten Deckungskapitals gilt nur für die **Fälle des Frühstornos.** Ist die Klausel über den Rückkaufswert wegen Intransparenz unwirksam, wurde der Vertrag aber bis zum **vorgesehenen Vertragsende** durchgeführt, hat sich die Unwirksamkeit der Klausel nicht zu Lasten des VN ausgewirkt. In diesem Fall ist die unwirksame Klausel dahin zu ersetzen, dass die Abschluss- und Vertriebskosten mit den eingezahlten Beiträgen verrechnet werden dürfen (BGH ZfS 2008, 105).

62 Sodann hat das BVerfG (VersR 2006, 489 mAnm *Grote* VersR 2006, 957) entschieden, es sei verfassungsrechtlich zwar nicht zu beanstanden, wenn in Versicherungsverträgen vorgesehen werde, dass die VN an den Kosten des Vertragsabschlusses dadurch beteiligt werden, dass diese mit Prämienzahlungen verrechnet werden. Es müsse aber gesichert werden, dass Inhalt und Art der Verrechnung in angemessener Weise die Interessen der verschiedenen Gruppen von Versicherten berücksichtigten (also Frühstornierer einerseits und den Vertrag über die gesamte Laufzeit erfüllende VN andererseits). Dem widerspreche es, wenn die Abschlusskosten in **überproportionaler Weise** solchen VN auferlegt würden, die ihren Vertrag vorzeitig beendeten (VersR 2006, 489 Rn. 62). Das Ziel, mit dem Versicherungsvertrag auch Vermögenswerte zu bilden, dürfe nicht dadurch teilweise vereitelt werden, dass hohe Abschlusskosten in den ersten Jahren mit der Prämie so verrechnet würden, dass der Rückkaufswert in dieser Zeit unverhältnismäßig gering sei oder gar gegen Null tendiere (BVerfG VersR 2006, 489 Rn. 65; diese Entscheidung bezog sich noch auf den Altbestand (→ Rn. 58), ist aber wegen der Genehmigung der zugrunde liegenden Geschäftspläne durch die Aufsichtsbehörde als prospektiver Appell an den Gesetzgeber zu verstehen gewesen und auch so verstanden worden).

63 Allerdings hat der BGH diesen Hinweis auch auf sich bezogen und unter Hinweis auf diese Rechtsprechung des BVerfG seine frühere Rechtsprechung mit Urteilen vom 25.7.2012 (VersR 2012, 1149) und vom 17.10.2012 (VersR 2013, 213) „weiterentwickelt" (*Armbrüster* spricht von einer „Kehrtwende", NJW 2012, 3001; kritisch auch *Langheid/Müller-Frank* NJW 2013, 435) und die **Tarifgenera-**

tion 2002–2007 verworfen, indem er bestimmte Klauseln zur Zillmerung, zum Rückkaufswert und zum Stornozuschlag nicht **nur für intransparent** erklärt hat, sondern auch **für inhaltlich unangemessen** (dagegen schon *Jacob* VersR 2011, 325: der BGH sei gehindert, diese Klauseln aus materiell-rechtlichen Gründen für unwirksam zu erklären). Wäge man die Interessen der früh kündigenden VN mit denen ab, die im Risikoverbund blieben, so stelle die sofortige Verrechnung der Abschluss- und Vertriebskosten eine Gefährdung des Vertragsziels, zumindest aber eine unangemessene Benachteiligung der früh kündigenden VN dar. Mit diesen Hinweisen wird das „Zillmern" (also die Verrechnung der ersten Prämienzahlungen mit den Vertriebs- und Abschlusskosten für die jeweiligen Verträge) **insgesamt als nicht akzeptabel** verworfen, weil die gesamte Berechnungsmethodik für den Verbraucher unzumutbar sei. Dementsprechend hat der BGH mit Urteil vom 26.6.2013 (WM 2013, 1462) zur Tarifgeneration 1994 bis 2001 entschieden, dass diese Mindestleistung ganz ohne Berücksichtigung von Abschlusskosten zu berechnen sei. Der Versicherer soll insoweit auch nicht zu einer ratierlichen Verrechnung von Abschlusskosten berechtigt sein; anderenfalls „könnte die Gefahr bestehen", dass der Rückzahlungsbetrag im Vergleich zu den von dem VN gezahlten Prämien auf einen zu niedrigen Gesamtwert gelangt, was mit den vom BVerfG in seinem Beschluss vom 15.2.2006 (VersR 2006, 489) aufgestellten Grundsätzen kollidieren „könnte". Dass der Gesetzgeber das „Zillmern" aufsichtsrechtlich ausdrücklich erlaubt und zivilrechtlich im Rahmen der VVG-Reform **nur für den Fall des Frühstornos** eine für den Verbraucher verbesserte Regelung gefunden hat (mindestens der Betrag des Deckungskapitals muss ausgezahlt werden, der sich unter Berücksichtigung des Höchstzillmersatzes von einstmals 40 ‰ und heute 25 ‰ bei gleichmäßiger Verteilung der gezillmerten Abschluss- und Vertriebskosten auf die ersten fünf Vertragsjahre ergibt), ist unberücksichtigt geblieben. Die Grundsätze der Urteile vom 25.7.2012 (VersR 2012, 1149) und vom 17.10.2012 (VersR 2013, 213) sind auch bei entsprechender Klauselverwendung durch einen VVaG anzuwenden (BGH VersR 2013, 565).

64 Die **Rechtsfolgen** der letzten Entscheidungsgeneration (vgl. dazu *Präve* VersR 2012, 1159: Zeitwertregelung; *Armbrüster* NJW 2012, 3001; *Hermann;* VersR 2009, 7 (14); *Welker* NWB 2012, 3632 ff.: Anwendung der neuen gesetzlichen Regelung in § 169 Abs. 3) sind inzwischen prinzipiell geklärt. Gegen die Anwendung der neuen gesetzlichen Regelung spricht, dass ein präsumtiver Parteiwille, mit dem eine Vertragslücke geschlossen werden soll, nicht prospektiv auf eine erst Jahre später gefundene gesetzliche Lösung rekurrieren kann. Gegen eine solche Lückenschließung spricht ferner Art. 4 Abs. 2 EGVVG, wonach auf Altverträge die Regelung in § 176 VVG aF in der bis zum 31.12.2007 geltenden Fassung anzuwenden ist (OLG Köln VersR 2013, 443 unter Hinweis auf BGH VersR 2005, 1565 ff.: Hälfte des ungezillmerten Deckungskapitals; bestätigt von BGH VersR 2013, 1429; NJW 2013, 3240 und NJOZ 2015, 176; OLG Karlsruhe VersR 2013, 440). Damit berechnet sich der Mindestrückkaufswert auch für die Tarifgeneration 2002–2007 nach der **Hälfte des ungezillmerten Deckungskapitals** (Einzelheiten bei *Langheid/Müller-Frank* NJW 2014, 354). Der **Stornoabzug** entfällt ersatzlos (*Präve* VersR 2012, 1159; *Armbrüster* NJW 2012, 3001). Diese jetzt inzwischen einheitliche Regelung gilt auch für **beitragsfrei gestellte** Verträge.

65 Auch auf **fondsgebundene Lebensversicherungen** sind diese Grundsätze entsprechend anzuwenden (nach BGH VersR 2008, 321 muss der Mindestrückkaufswert die Hälfte des Fondsguthabens betragen, das bei der Berechnung des

Rückkaufswerts ungezillmert bleibt). Ob diese oder andere Rechtsfolgen auch bei der fondsgebundenen Lebensversicherung anzuwenden sind, ist nach der letzten Entwicklung aber offen (→ Rn. 64). Bei der Feststellung des Mindestrückkaufswertes kommt es nicht darauf an, ob der VR dem VN in der Rechtsform einer AG oder eines VVaG entgegentritt (BGH VersR 2007, 1211).

X. Ansprüche geltend machen

1. Außergerichtlich

66 In Betracht kommen zunächst **Auskunftsansprüche des VN,** damit dieser überprüfen kann, ob er materielle Ansprüche mit Erfolg geltend machen kann. Vorprozessual hat der VN einen solchen Auskunftsanspruch nach § 242 BGB, wenn er aufgrund der ihm vorliegenden Unterlagen nicht oder nur unzumutbar schwer in der Lage ist, einen Anspruch auf den Rückkaufswert dem Grunde und der Höhe nach zu erkennen und ggf. gerichtlich durchzusetzen und der VR in zumutbarer Weise in der Lage ist, die geforderte Auskunft zu erteilen (vgl. BGH VersR 1983, 746; OLG München VersR 2009, 770). Dabei kann die Auskunftspflicht des VR im gerichtlichen Verfahren weiter gehen (zB Geschäftsgeheimnisse an einen gerichtlich bestellten Sachverständigen; → § 153 Rn. 14) als vorprozessual.

67 Liegen dem VN ausreichend Informationen vor – entweder von vornherein oder nach zusätzlicher Auskunftserteilung durch den VR –, kann sich ein **weiterer Auskunftsanspruch** des VN ergeben, wenn die vorliegenden Informationen widersprüchlich sind oder wenn andere hinreichende Anhaltspunkte dafür bestehen, dass die Angaben des VR unzutreffend sind. In diesen Fällen obliegt es aber dem VN, die Gründe für seinen weiteren Auskunftsanspruch nachvollziehbar und plausibel darzulegen.

68 Nach Abs. 3 Satz 2 sind dem VN der **Rückkaufswert** und das Ausmaß, in dem er garantiert ist, vor Abgabe von dessen Vertragserklärung mitzuteilen (→ Rn. 41 ff.). Liegen dem VN diese **Mitteilungen** vor, wird in aller Regel kein Anlass gegeben sein für weitere Auskünfte, weil der VN dann unschwer erkennen kann, ob der VR nach der Kündigung des Vertrags ihm, dem VN, diejenigen Rückkaufswerte auszahlt, die in den Mitteilungen genannt sind. Allerdings setzt dies voraus, dass die Mitteilungen des VR geeignet sind, erkennen zu lassen, welche Beträge auf den (Netto-)Rückkaufswert entfallen, und welche anderen Beträge (Stornoabzug usw) in die Berechnung der bei Vertragsschluss mitgeteilten Beträge Eingang gefunden haben. Ebenso detailliert muss die Abrechnung sein, die der VR nach Kündigung des Vertrages dem VN übermittelt. Mit der Neufassung des § 155 wird hier aber nunmehr mehr Klarheit herrschen (→ § 155 Rn. 2).

69 Danach bedarf es deshalb nach geltendem Recht **keiner Auskünfte** darüber, mit welchen Rechnungsgrundlagen der VR das Deckungskapital ermittelt hat, das er seiner Prämienkalkulation zu Grunde gelegt hat. Denn es handelt sich um **vereinbarte Rückkaufswerte,** wenn auch der Vereinbarung gesetzliche Regeln zu Grunde liegen.

2. Gerichtlich

70 Bei zivilrechtlichen Verfahren ist in Fällen der Lebensversicherung besonders zu beachten, dass das BVerfG in seinen Urteilen vom 26.7.2005 festgestellt hat,

durch zivilrechtlichen Rechtsschutz seien iRd Versicherungsvertragsrechts die Interessen der einzelnen Versicherten nicht wirkungsvoll gewahrt (vgl. insbesondere VersR 2005, 1127). Es hat diesen Mangel beanstandet. Für bürgerliche Rechtsstreitigkeiten ist **aus dem Rechtsstaatsprinzip** des GG die Gewährleistung eines wirkungsvollen Rechtsschutzes abzuleiten. Dieser muss die grds. **umfassende tatsächliche und rechtliche Prüfung** des Streitgegenstandes ermöglichen (BVerfG VersR 2000, 214 (215)).

Für das gerichtliche Verfahren setzt § 169 in keinem Punkt die allgemeine **71** Beweisregel außer Kraft, dass, wer Ansprüche geltend machen will, die tatbestandlichen Voraussetzungen des Anspruches darlegen – und wenn der Gegner bestreitet – diese auch beweisen muss.

Macht der VN einen **Anspruch auf den Rückkaufswert** geltend, so hat er **72** darzulegen und ggf. zu beweisen, dass die Parteien eine Verpflichtung des VR zur Zahlung eines Rückkaufswertes dem Grunde nach vereinbart haben (idR durch die AVB und etwaiger Anlagen – auch zum Versicherungsschein). Auch zur Höhe obliegt dem VN die Darlegungs- und Beweislast. Bei Neuverträgen (zu Altverträgen → Rn. 76) wird dem VN dies anhand der ihm vorliegenden Unterlagen nicht schwerfallen. Hat der VR eine von diesen Unterlagen abweichende Höhe des Rückkaufswertes genannt, hat er für die Richtigkeit dieser Abweichung die Beweislast (insoweit unzutr. HK-VVG/*Brambach* § 169 Rn. 77 und Schwintowski/Brömmelmeyer/*Ortmann* § 169 Rn. 127). Deshalb brauchte der Gesetzgeber auch nicht die Frage zu beantworten (wie *Engeländer* VersR 2007, 1303 zu meinen scheint: Der Gesetzgeber bleibt die Antwort auf die Frage schuldig), wie denn der VN zur Wahrung seiner Position die **Rechnungsgrundlagen** der Beitragskalkulation herausfinden solle.

Verlangt der VN den Rückkaufswert, ist der **VR** für die Tatsachen **darlegungs- und beweisbelastet,** aus denen er die Berechtigung zum **Abzug irgendwelcher Positionen** herleiten will, das heißt er muss beweisen, dass eine den Abzug berechtigende wirksame Vereinbarung darüber vorliegt. **73**

Dazu gehören zunächst die **Abschluss- und Vertriebskosten.** Der VR muss **74** also beweisen, dass ein Abzug dieser Kosten durch eine wirksame Klausel im Vertrag vereinbart wurde (→ Rn. 35). Entscheidend kann für die Wirksamkeit eine Transparenzprüfung sein.

Des Weiteren kann ein wirksamer **Stornoabzug** in Rede stehen. Auch für **75** diesen Abzug ist der **VR** nach der oben allgemeinen Beweisregel **darlegungs- und beweisbelastet** für die Tatsachen, die seinen Anspruch auf den Stornoabzug begründen. Denn er ist es, der sich zu seinen Gunsten auf einen entsprechenden Anspruch zum Abzug beruft (nach Schwintowski/Brömmelmeyer/*Ortmann* § 168 Rn. 128 soll sich diese Beweislastverteilung aus dem Wortlaut des Gesetzestextes ergeben). Insbesondere trägt der VR die Beweislast dafür, dass der von ihm geltend gemachte Stornoabzug den Voraussetzungen des Abs. 5 entspricht (klarstellend die Begr. zu § 168 Abs. 5 aE, BT-Drs. 16/3945, 104). Der VR hat also darzulegen und im Bestreitensfall zu beweisen, dass der Stornoabzug vereinbart, beziffert und angemessen ist. Zum Komplex der Angemessenheit gehören auch etwaige **Kosten der Risikoverschlechterung,** zu denen der VR dem Grunde und in der Höhe nach Stellung zu nehmen gehalten ist (vgl. Schwintowski/Brömmelmeyer/*Ortmann* § 169 Rn. 91).

Hält die entsprechende Klausel einer Transparenz- oder materiellen Inhaltskon- **76** trolle nicht stand, **ist sie unwirksam,** ohne dass es einer Ersetzung nach § 164 bedarf (BGH VersR 2005, 1565 Rn. 38 ff.). Der VR ist also beweisfällig geblieben mit dem Ergebnis, dass er nicht berechtigt ist, Stornokosten abzuziehen.

77 Dem Charakter von AVB entsprechend, dass diese nämlich für eine Vielzahl von Verträgen verwendet werden sollen, muss dem VR gestattet sein, den Stornoabzug im **Betrag zu pauschalieren** und nicht auf den konkreten Vertrag abzustellen. Gerade deshalb kann die an sich angemessene Pauschalierung mit Blick auf den konkreten Fall ausnahmsweise viel zu hoch sein. In diesem Fall muss die Möglichkeit eröffnet sein, dass der VN seine besondere Situation darlegt und beweist mit dem Ergebnis, dass der Betrag für den **konkreten Fall auf das angemessene Maß herabgesetzt** wird. Diese Möglichkeit muss in der Klausel zum Stornoabzug zum Ausdruck kommen (vgl. *Seiffert* r+s 2010, 180). Allerdings darf mit diesem Teil der Klausel nicht der Eindruck erweckt werden, dass der VN grds. die gesamte Beweislast für die Grundlagen des Stornoabzugs trägt. Die Klausel muss hinreichend zum Ausdruck bringen, dass die Beweislast – auch für die Angemessenheit des Betrages – zunächst beim VR liegt, anderenfalls dürfte sie der Inhaltskontrolle nach nicht standhalten (wie hier OLG Hamburg VersR 2010, 1631 (1633) und Beckmann/Matusche-Beckmann VersR-HdB/*Brömmelmeyer* § 42 Rn. 179; aA Prölss/Martin/*Reiff* § 169 Rn. 60a).

78 Da der VR grds. für die Richtigkeit sämtlicher Beträge beweisbelastet ist, die er von dem Rückkaufswert abziehen will, gilt dies auch für etwaige **Abzüge nach Abs. 6,** anderenfalls wäre der vom BVerfG geforderte Rechtsschutz durch die Zivilgerichte nicht hinreichend gewährleistet (→ Rn. 67).

79 Schwieriger ist die Prozesslage zu beurteilen, wenn der VN Ansprüche aus Verträgen geltend macht, die vor dem 1.1.2008 abgeschlossen wurden. Bei den **sog Altverträgen** ist § 176 Abs. 3 aF anzuwenden, nach dem der Rückkaufswert nach den anerkannten Regeln der Versicherungsmathematik für den Schluss der laufenden Versicherungsperiode als **Zeitwert** der Versicherung zu berechnen ist. Das OLG München (VersR 2009, 770) hat entschieden, dass dem VN nicht im Einzelnen mitgeteilt zu werden braucht, welche Methode der VR zur Ermittlung des Zeitwertes angewandt hat, wenn er das Ergebnis einer Berechnung in Form einer Tabelle garantierter Rückkaufswerte genau darstellt. Es beruft sich für seine Ansicht auf das BGH (NJW 2001, 2014 = VersR 2001, 841). Diese Rechtsauffassung trifft auch heute noch zu (zweifelnd *Langheid* in der Voraufl.); ein Anspruch auf Rechnungslegung zulasten des VR besteht nicht (→ § 153 Rn. 14). Es ist daher nur ausnahmsweise erforderlich, den VR von Gerichts wegen aufzufordern, die Berechnungsunterlagen einem gerichtlich bestellten Sachverständigen vorzulegen und diesen wie auch die Parteien gemäß §§ 174 ff. GVG zur Geheimhaltung zu verpflichten. So ist die geforderte gerichtliche Kontrolle möglich, ohne dass das berechtigte Geheimhaltungsinteresse des VR (auch → § 153 Rn. 14) unberücksichtigt blieben.

80 Bei dem **sog Altbestand,** also bei Verträgen, die vor der Deregulierung am 29.7.1994 abgeschlossen wurden, stellt sich die Rechtslage wiederum anders dar. Hier findet der Rückkaufswert seine Grundlage in dem Geschäftsplan der VR, den der VN weder kennt und bei Vorlage auch nicht verstünde. Mit anderen Worten: Es fehlt eine vertragliche Grundlage für die Berechnung des Rückkaufswertes. Hier sollte es bei der Rechtslage bleiben, wie sie der BGH mit seinem Urteil zur Überschussbeteiligung (BGHZ 128, 54 = VersR 1995, 77) dargestellt hat mit dem Ergebnis, dass der VN aus dem Geschäftsplan keine weitergehenden Rechte herleiten könnte. Die Erben des VN hatten dieses Urteil mit der Verfassungsbeschwerde angegriffen. Das BVerfG hat mit seiner Entscheidung vom

26.7.2005 (VersR 2005, 1127) das BGH-Urteil trotz der beanstandeten Mängel an zivilrechtlichem Schutz bestehen lassen (vgl. zur Überschussbeteiligung auch OLG Stuttgart VersR 2011, 786).

XI. Abdingbarkeit

Gemäß § 171 Satz 1 kann von § 169 nicht zum Nachteil des VN abgewichen 81
werden. Da die Regelungen über den Rückkaufswert normalerweise als Vereinbarungen in den AVB niedergelegt, also für eine Vielzahl von Verträgen vorgesehen sind, kann es für die Frage, ob die AVB-Vereinbarung einen Nachteil für den VN bedeutet, nicht auf den einzelnen VN des konkreten Falles ankommen. Diese Sichtweise von Allgemeinen Versicherungsbedingungen entspricht auch der bei der ihrer Auslegung und der Inhaltskontrolle anzuwendenden. Anders ist die Vereinbarung zu beurteilen, wenn sie als Individualvereinbarung zu einem konkreten Versicherungsvertrag auftritt (zB bei einer einvernehmlichen Auflösung, die von § 169 gar nicht erfasst ist; → Rn. 21).

Auch die Vorgängerregelung des § 176 aF war unabänderlich (vgl. § 178 Abs. 2 82
aF). Zur diesbezüglich ergangenen AGB-rechtlichen (Inhalts-)Kontroll-Rechtsprechung des BGH → Rn. 59 ff.

§ 170 Eintrittsrecht

(1) [1]**Wird in die Versicherungsforderung ein Arrest vollzogen oder eine Zwangsvollstreckung vorgenommen oder wird das Insolvenzverfahren über das Vermögen des Versicherungsnehmers eröffnet, kann der namentlich bezeichnete Bezugsberechtigte mit Zustimmung des Versicherungsnehmers an seiner Stelle in den Versicherungsvertrag eintreten.** [2]**Tritt der Bezugsberechtigte ein, hat er die Forderungen der betreibenden Gläubiger oder der Insolvenzmasse bis zur Höhe des Betrags zu befriedigen, dessen Zahlung der Versicherungsnehmer im Fall der Kündigung des Versicherungsverhältnisses vom Versicherer verlangen könnte.**

(2) **Ist ein Bezugsberechtigter nicht oder nicht namentlich bezeichnet, steht das gleiche Recht dem Ehegatten oder Lebenspartner und den Kindern des Versicherungsnehmers zu.**

(3) [1]**Der Eintritt erfolgt durch Anzeige an den Versicherer.** [2]**Die Anzeige kann nur innerhalb eines Monats erfolgen, nachdem der Eintrittsberechtigte von der Pfändung Kenntnis erlangt hat oder das Insolvenzverfahren eröffnet worden ist.**

I. Normzweck

Die Vorschrift, die inhaltlich unverändert § 177 aF übernommen hat (krit. dazu 1
Hürth VersR 2005, 1036), regelt das **Eintrittsrecht des Bezugsberechtigten und weiterer naher Verwandter,** die sich vor dem Zugriff Dritter auf „seine/ ihre" Altersvorsorge schützen können soll/sollen.

II. Eintrittsvoraussetzungen

1. Lebensversicherung

2 Voraussetzung für dieses Eintrittsrecht ist, dass die **Lebensversicherung noch besteht,** der VR also noch nicht geleistet hat. Der Versicherungsvertrag darf noch nicht gekündigt und ein etwaiger Rückkaufswert noch nicht fällig sein. Es wird sich häufig um eine rückkaufsfähige Versicherung handeln, das **muss** aber nicht der Fall sein (wie hier Bruck/Möller/*Winter* § 170 Rn. 14; iE auch HK-VVG/*Brambach* § 170 Rn. 1 f.; **aA** Prölss/Martin/*Reiff* § 170 Rn. 3 mwN).

2. Arrest, Zwangsvollstreckungsmaßnahme, Insolvenzverfahren

3 Es muss ein **Arrest** oder eine **Zwangsvollstreckungsmaßnahme** in das Vermögen des VN oder die Eröffnung eines **Insolvenzverfahrens** über sein Vermögen vorliegen. Die Maßnahmen müssen die gesamte Versicherungsforderung betreffen, so dass sämtliche Teile der Forderung (Rückkaufswert, Überschussbeteiligung oder Versicherungsleistung) gefährdet sind. Die Androhung einer Zwangsvollstreckung reicht nicht aus. Bei unpfändbaren Forderungen aus dem Versicherungsvertrag besteht kein Eintrittsrecht; es bedarf eines solchen Rechtes auch nicht, weil die Forderung nicht unmittelbar gefährdet ist.

3. Zustimmung des Versicherungsnehmers

4 Weitere Voraussetzung für den Eintritt ist, dass der VN zustimmt. Es handelt sich um eine einseitige empfangsbedürftige Willenserklärung, die gegenüber dem VR abzugeben ist. Einer Mitwirkung des VR bedarf es nicht. Aus dem Innenverhältnis zwischen VN und Eintrittsberechtigtem, insbesondere dem unwiderruflich Bezugsberechtigten, kann eine **Zustimmungspflicht** des VN erwachsen. Der VR kann diese Erklärung wegen § 171 nicht an eine bestimmte Form binden. Aus dem Inhalt der Erklärung muss das Einverständnis des VN klar hervorgehen, sie kann nicht an Bedingungen geknüpft werden und der Eintrittsberechtigte muss genannt sein.

5 Die Zustimmungserklärung unterliegt **nicht der Gläubigeranfechtung** (*Hasse* VersR 2005, 15 (35); *Prahl* VersR 2005, 1036 (1038)). Auch nach Eröffnung des Insolvenzverfahrens kann der **Insolvenzverwalter** die Zustimmungserklärung nicht abgeben.

6 Die Zustimmungserklärung des VN ist nach überwiegender und zutreffender Meinung (Prölss/Martin/*Reiff* § 170 Rn. 8; Bruck/Möller/*Winter* § 170 Rn. 48; *Hasse* VersR 2005, 15 (33); BeckOK VVG/*Reich,* 11. Ed. (30.6.2016), § 170 Rn. 4; anders aber BK/*Schwintowski* § 177 Rn. 5; Schwintowski/Brömmelmeyer/*Ortmann* § 170 Rn. 7) **an die Monatsfrist des Abs. 3 gebunden.** Das folgt zwar nicht unmittelbar aus dem Gesetz, folgt aber aus dem berechtigten Bedürfnis der Gläubiger an einer alsbaldigen Klärung, dem weder ein schützenswertes Interesse des VN noch der Eintrittsberechtigten an einer Verzögerung gegenüber steht.

III. Eintrittsberechtigte

1. Bezugsberechtigter

7 Nach dem Wortlaut des Gesetzes (Abs. 1 Satz 1) kann ein **namentlich bezeichneter Bezugsberechtigter** in den Versicherungsvertrag eintreten. Des-

halb genügt es nicht, dass der als bezugsberechtigt Bezeichnete namentlich benannt werden könnte. Bezeichnungen wie „Ehefrau“, „die Kinder“, „meine Eltern“ oder dergleichen reichen nicht aus. Es kommt nicht darauf an, ob der namentlich Bezeichnete ein **widerrufliches Bezugsrecht** hat (OLG Düsseldorf VersR 1998, 1559). Auch und gerade ein widerruflich Bezugsberechtigter kann ebenso wie ein unwiderruflich Bezugsberechtigter ein vielfältiges Interesse an der Aufrechterhaltung des Versicherungsvertrages haben. Mit dem Eintritt sichert sich der widerruflich Bezugsberechtigte gegen einen Widerruf seines Bezugsrechts ab.

Steht einem namentlich bezeichneten Bezugsberechtigten das Eintrittsrecht zu, 8 kann dieses Recht **nicht dadurch unterlaufen** werden, dass die Bezugsberechtigung bereits vor Ablauf der Monatsfrist des § 170 Abs. 3 vom Gläubiger widerrufen wird (BGH VersR 2012, 425 zu § 177 aF). Bei Pfändung der Ansprüche aus der Versicherung enthält der Pfändungs- und Überweisungsbeschluss selbst nicht die Erklärung des Widerrufs einer Bezugsberechtigung. Ein solcher ergibt sich auch nicht zwingend aus den Umständen. Namentlich ist nicht immer davon auszugehen, dass sich der Gläubiger offensichtlich aus der gepfändeten Forderung befriedigen will (zum Problem *Langheid/Müller-Frank* NJW 2012, 2324).

2. Andere Eintrittsberechtigte (Abs. 2)

Wenn ein Bezugsberechtigter nicht oder nicht namentlich bezeichnet ist, haben 9 der (derzeitige) Ehegatte oder der Lebenspartner oder die Kinder des VN ein Eintrittsrecht, auch wenn sie nicht bezugsberechtigt wären. Kinder nur des Ehegatten oder Lebensgefährten sind nach dem eindeutigen Wortlaut der Norm keine Kinder des VN im Sinne dieser Vorschrift, es sei denn, sie wären von ihm adoptiert oder es liegt eine Vaterschaft gem. § 1592 Nr. 1 BGB vor (dazu BGH NJW 2019, 153). Ansonsten ist allein die biologische Abstammung vom VN entscheidend.

Von mehreren Eintrittsberechtigten können alle oder auch nur einer eintreten. 9a Treten mehrere ein, erwerben sie die Rechtsstellung des VN nicht zu gleichen Teilen, sondern werden Gesamtgläubiger und -schuldner (→ Rn. 15). **Umstritten** ist, ob diese Personen auch dann das Eintrittsrecht haben, wenn der namentlich benannte Bezugsberechtigte nicht eintreten will oder kann (**für** ein Eintrittsrecht: *Sieg* FS Klingmüller, 1974, 455; HK-VVG/*Brambach* § 170 Rn. 9 unter unzutr. Berufung auf Prölss/Martin/*Kollhosser*, 27. Aufl. 2004, § 177 Rn. 3; **gegen** ein Eintrittsrecht: *Hasse* VersR 2005, 15 (33); Schwintowski/Brömmelmeyer/*Ortmann* § 170 Rn. 9; Prölss/Martin/*Reiff* § 170 Rn. 6; BK/*Schwintowski* § 177 Rn. 9; Bruck/Möller/*Winter* § 170 Rn. 31). Der Wortlaut des Abs. 2 spricht eher gegen ein Eintrittsrecht (BeckOK VVG/*Reich*, 11. Ed. (30.6.2016), § 170 Rn. 7).

IV. Anzeige des Eintritts; Frist (Abs. 3)

Der Eintritt erfolgt durch Anzeige an den VR. Sie ist eine einseitig empfangsbe- 10 dürftige formlose **Willenserklärung.** Der VR braucht nicht mitzuwirken. Er kann die Form wegen § 171 nicht vorschreiben, was de lege ferenda geändert werden sollte.

Nach Abs. 3 Satz 2 **beginnt die Frist** von einem Monat, nachdem der Ein- 11 trittsberechtigte von der Pfändung Kenntnis erlangt hat oder das Insolvenzverfahren eröffnet wurde, auf dessen Kenntnis es also nicht ankommt. Der Fristbeginn kann nach § 171 Satz 1 nicht zum Nachteil des Eintrittsberechtigten verändert werden. Die Frist kann, weil zu Gunsten des Eintretenden, verlängert werden, wenn sich die Beteiligten darüber einig sind.

V. Mitteilungspflichten

12 Gegenüber den Eintrittsberechtigten lassen sich aus § 170 keine Mitteilungspflichten weder des VN noch des VR (so aber Schwintowski/Brömmelmeyer/*Ortmann* § 170 Rn. 14; Prölss/Martin/*Reiff* § 170 Rn. 18) noch der Gläubiger oder des Insolvenzverwalters von den Vollstreckungsmaßnahmen bzw. von der Eröffnung des Insolvenzverfahrens herleiten (wie hier Prölss/Martin/*Reiff* § 170 Rn. 18; BeckOK VVG/*Reich,* 11. Ed. (30.6.2016), § 170 Rn. 9). Allerdings kann sich aus dem Innenverhältnis zwischen VN und Eintrittsberechtigtem eine Verpflichtung des VN zu einer entsprechenden Mitteilung ergeben. Das wird idR gegenüber einem unwiderruflich Bezugsberechtigten der Fall sein, weil dieser bereits Rechte an der Versicherungsleistung erworben hat.

VI. Zahlungspflicht des Eintretenden

13 Es ist umstritten, ob die Befriedigung der vollstreckenden Gläubiger oder der Insolvenzmasse **Voraussetzung für den Eintritt** in den Versicherungsvertrag **oder deren Rechtsfolge** ist. Der Wortlaut des Abs. 1 Satz 1 spricht zwar auf den ersten Blick dafür, dass der Eintrittswillige zunächst in den Versicherungsvertrag eintritt und ihn dann die Verpflichtung trifft, die Forderungen zu befriedigen. Indessen wiegt der Wortlaut nicht schwer. Es ist schon nicht klar, ob der Gesetzgeber den verkürzten Modalsatz „Tritt ein Bezugsberechtigter ein" temporal (also Leistung erst nach dem Eintritt) oder konditional (also im Falle, dass der Bezugsberechtigte eintritt – und damit offen, wann die Zahlungspflicht entsteht) gemeint hat. Sinn und Zweck der Regelung sprechen eher dafür, dass die Zahlungspflicht des Eintretenden Voraussetzung für den Eintritt ist. Denn § 170 will zwar die Interessen der Eintrittsberechtigten an dem Bestand des Versicherungsvertrages wahren, ohne aber die Interessen der Gläubiger zu gefährden, die einen Anspruch auf den Zugriff des in dem Versicherungsvertrag verkörperten Wertes haben. Allerdings ist eine Ausnahme für den unwiderruflich Bezugsberechtigten zu machen. Denn der Wert des Versicherungsvertrages ist dem Zugriff der Gläubiger ohnehin entzogen. Grundsätzlich wären aber die Interessen der Gläubiger gefährdet, wollte man die Pflicht, an sie zu leisten, erst nach dem Eintritt in den Versicherungsvertrag entstehen lassen. In diesem Falle wäre die **Befriedigung der Forderungen nicht sicher.** Denn die Leistungsfähigkeit der Eintretenden ist nicht garantiert. Demgegenüber haben die Gläubiger im VR einen sicheren Schuldner. Es ist auch nicht ersichtlich, inwiefern die Interessenwahrung der eintrittsfähigen und -willigen Personen verlangen soll, dass diese die Zahlungspflicht erst nach dem Eintritt treffen soll. Denn sie müssen die Gläubiger so oder so befriedigen. Die **Leistung** muss deshalb als **Voraussetzung des Eintritts** angesehen werden (wie hier: *Hasse* VersR 2005, 15 (33); → § 177 Rn. 2; Prölss/Martin/*Reiff* § 170 Rn. 10 f.; Bruck/Möller/*Winter* § 170 Rn. 59; **aA** Schwintowski/Brömmelmeyer/*Ortmann* § 170 Rn. 18; BK/*Schwintowski* § 177 Rn. 19).

14 Da der Eintrittswillige seinen Eintritt innerhalb eines Monats nach Kenntnis von der Pfändung oder nach Eröffnung des Insolvenzverfahrens dem VR gegenüber anzeigen muss, Abs. 3 Satz 2 (→ Rn. 10), ergibt sich für die **Leistung des**

Eintrittspflichtigen notwendig auch die **Frist von einem Monat.** Der Eintrittswillige hat, sofern er nicht der unwiderruflich Bezugsberechtigte ist (→ Rn. 11), bis zur Höhe der Forderung den **Rückkaufswert** (vgl. § 169) abzüglich Stornokosten und zuzüglich zugeteilter Überschussbeteiligung – also ohne Bewertungsreserven – (→ § 153 Rn. 14) an die Gläubiger oder zur Insolvenzmasse zu leisten. Der VR ist verpflichtet, dem Eintrittswilligen die Höhe des Rückkaufswertes zuzüglich zugeteilter Überschussbeteiligung mitzuteilen.

VII. Rechtsfolgen des Eintritts

Mit der wirksamen Anzeige an den VR erwirbt der Eintretende die Stellung 15 des VN (Abs. 1 Satz 1: „an seiner Stelle in den Versicherungsvertrag eintreten"). Er übernimmt in vollem Umfang die Rechte und Pflichten des VN mit der Folge, dass er auch sämtliche Gestaltungsrechte ausüben kann. Sind mehrere in den Vertrag eingetreten, sind sie Gesamtschuldner und Gesamtgläubiger.

VIII. Abdingbarkeit

Gemäß § 171 Satz 1 kann von § 170 nicht zum Nachteil des VN oder des 16 Eintrittsberechtigten, den das Gesetz ausdrücklich erwähnt, abgewichen werden.

§ 171 Abweichende Vereinbarungen

[1]Von § 152 Abs. 1 und 2 und den §§ 153 bis 155, 157, 158, 161 und 163 bis 170 kann nicht zum Nachteil des Versicherungsnehmers, der versicherten Person oder des Eintrittsberechtigten abgewichen werden. [2]Für das Verlangen des Versicherungsnehmers auf Umwandlung nach § 165 und für seine Kündigung nach § 168 kann die Schrift- oder die Textform vereinbart werden.

I. Normzweck

Die Vorschrift, die eine Reihe von Vorschriften im Verhältnis zu den VN, 1 versicherten Personen oder auch den Eintrittsberechtigten für unabdingbar erklärt und somit den Verbraucherschutz stärkt, ist an die Stelle des § 178 aF getreten und hat den Umfang der halbzwingenden Vorschriften erweitert.

II. Regelungsinhalt

Zweck der Norm ist der **Schutz aller VN, versicherten Personen und** 2 **Eintrittsberechtigten** (BGH VersR 2005, 406). Die Vorschrift unterscheidet nicht danach, wer von diesem Personenkreis tatsächlich schutzbedürftig ist. Sicher zählen dazu auch Kleingewerbetreibende. Denn sie sind ebenso wenig wie Privatpersonen mit den Kenntnissen ausgestattet, die einen Schutz entfallen lassen würden. Anders kann dies beurteilt werden, wenn dem VR ein Unternehmen gegenübersteht, das idR auch über eine eigene Rechtsabteilung verfügt. Dennoch ist § 171 auch auf diese Fälle anzuwenden, mit Ausnahme von Großrisiken (§ 210).

3 Treffen die Parteien zum Nachteil der geschützten Personen abweichende Vereinbarungen, gleichgültig, ob individuell oder durch AVB, sind diese entsprechend dem Wortlaut der reformierten Regelung „kann nicht (…) abgewichen werden" unwirksam. Der Ausschluss des Kündigungsrechts bei einer Kapitalversicherung für den Todesfall gem. § 168 Abs. 2 kann überwiegend nachteilig für den VN und deshalb insgesamt unwirksam sein (OLG Naumburg VersR 2012, 1287 zu § 165 Abs. 2 aF). Die Prüfung nach § 171 steht neben der Prüfung, ob eine AVB-Klausel der Inhaltskontrolle nach §§ 305 ff. BGB standhält (vgl. BGH VersR 2009, 769; OLG Hamm VersR 2008, 383; dagegen *Werber* VersR 2010, 1253).

4 Satz 2 versucht, den neuen technischen Möglichkeiten und den sich aus ihnen ergebenden Anforderungen gerecht zu werden. Das ist im Zuge der Digitalisierung des Versicherungsgeschäfts zu begrüßen (→ Vor § 150 Rn. 1), sollte aber auch auf die Einwilligung der versicherten Person ausgedehnt werden (→ § 150 Rn. 9) und auch für Umwandlungsverlangen nach § 167 (→ § 167 Rn. 3 ff.) sowie für die Ausübung von Eintrittsrechten nach § 170 (→ § 170 Rn. 2 ff.) vorgesehen werden, um insoweit die Beweisbarkeit solcher Erklärungen und deren Umgang damit zu erleichtern.

Kapitel 6. Berufsunfähigkeitsversicherung

§ 172 Leistung des Versicherers

(1) **Bei der Berufsunfähigkeitsversicherung ist der Versicherer verpflichtet, für eine nach Beginn der Versicherung eingetretene Berufsunfähigkeit die vereinbarten Leistungen zu erbringen.**

(2) **Berufsunfähig ist, wer seinen zuletzt ausgeübten Beruf, so wie er ohne gesundheitliche Beeinträchtigung ausgestaltet war, infolge Krankheit, Körperverletzung oder mehr als altersentsprechendem Kräfteverfall ganz oder teilweise voraussichtlich auf Dauer nicht mehr ausüben kann.**

(3) **Als weitere Voraussetzung einer Leistungspflicht des Versicherers kann vereinbart werden, dass die versicherte Person auch keine andere Tätigkeit ausübt oder ausüben kann, die zu übernehmen sie aufgrund ihrer Ausbildung und Fähigkeiten in der Lage ist und die ihrer bisherigen Lebensstellung entspricht.**

Übersicht

I. Normzweck, Anwendungsbereich und Regelungsinhalt

Die Vorschriften über die Berufsunfähigkeitsversicherung (§§ 172–177) entwerfen das **Leitbild** und die **Mindeststandards** eines in der Praxis besonders bedeutsamen Versicherungsvertrages, der gegen die Risiken einer gesundheitlich verursachten dauerhaften Unfähigkeit, den bisherigen Beruf fortzuführen, absichert. Sie stellen klar, dass die Berufsunfähigkeitsversicherung der begrenzten Wahrung des durch den bisherigen Beruf erreichten wirtschaftlichen und sozialen Status vor gesundheitsbedingten Leistungseinschränkungen dient, nicht aber unbegrenzt vor Einkommenseinbußen schützt. Daher ist es unerheblich, wenn ein VN, der seinen bisherigen Beruf nicht mehr ausüben kann, in einem neuen Beruf mehr verdient (BGH VersR 2018, 152). Der Vertrag enthält **keine Verdienstausfallabsicherung.** Die gesetzlichen Regeln gelten sowohl für die **selbständige** als auch für die **Berufsunfähigkeitszusatzversicherung** (zur Bedeutung der Unterscheidung vgl. BGH NJW 2020, 3035). 1

Die §§ 172 ff enthalten ein gesetzgeberisches Konzept, das – über die aus § 177 folgenden Beschränkungen der Vertragsfreiheit hinaus – **Maßstab der Inhaltskontrolle** nach § 307 Abs. 2 Nr. 1 BGB ist (*Neuhaus* Kap. 1 Rn. 59 ff.; Looschelders/Pohlmann/*Klenk* § 172 Rn. 1), ohne allerdings die Produktentwicklung (bei transparenter Gestaltung) mehr als zum Schutz der VN notwendig zu behindern. Daher darf das Leistungsversprechen nicht dadurch ausgehöhlt werden, dass der Versicherungsfall an einem **fingierten Berufsbild** gemessen wird (BGH NJW 2017, 2346). Auch reine Tätigkeitsklauseln (Rn. 23) können in Konflikt mit dem Leitbild geraten. Keine wesentliche Abweichung vom Leitbild liegt vor, wenn nach den AVB ein nur **kurze Zeit** vor dem Versicherungsfall ausgeübter Beruf, der die Lebensstellung noch nicht prägen konnte (iErg auch *Neuhaus* Kap. 5 Rn. 34 ff.), der Prüfung der Leistungspflicht nicht zugrunde gelegt wird, weil dem Merkmal des „zuletzt ausgeübte(n) Beruf(s)" auch ein die Lebensstellung prägendes Element innewohnen kann. Auch für bestimmte Berufe vorgesehene Karenzfristen (OLG Koblenz BeckRS 2012, 17699 zur Fluguntauglichkeitsversi- 2 cherung) widersprechen dem Leitbild nicht. Scheitern wird aber die Verpackung einer tatsächlichen Absicherung nur gegen Erwerbsunfähigkeit (zur Wirksamkeit einer Erwerbsunfähigkeitsklausel nach altem Recht OLG Saarbrücken VersR 2007, 235; vgl. iÜ HK-VVG/*Mertens,* § 172 Rn. 10) in das Kleid einer Berufsunfähigkeitsversicherung. Auch wenn die Leistungspflicht an eine bestimmte Einkommenseinbuße anknüpfen wollte, unabhängig davon, worauf sie beruht, wäre das mit § 172 Abs. 2 nicht vereinbar; leitbildwidrig sind auch Vereinbarungen, nach denen Leistungen von der Aufgabe der bisherigen Tätigkeit abhängig sein sollen (OLG Saarbrücken VersR 2015, 1365).

3 Gleiches gilt für die gesundheitlichen Voraussetzungen des Versicherungsfalls. § 172 Abs. 2 schränkt die Ursachen funktioneller Einbußen nicht ein. Der generelle Ausschluss bestimmter Erkrankungen ist mit dem Leitbild der Berufsunfähigkeitsversicherung daher nicht vereinbar. **Individuell ausgehandelte Risikoausschlüsse** (vgl. OLG Dresden VersR 2010, 760 zur Arbeitsunfähigkeitsversicherung; OLG Frankfurt a. M. r+s 2009, 508; OLG Saarbrücken OLGR 2004, 183) sind selbstverständlich vereinbarungsfähig.

4 § 172 aber auch die §§ 174–177, also das „materielle Recht der Berufsunfähigkeitsversicherung", gelten für **„Altverträge"**, die bis 31.12.2007 abgeschlossen worden sind, nicht (Art. 4 EGVVG). Das ändert indessen nichts daran, dass sich die Lösung von Rechtsproblemen bei Altverträgen der Sache nach kaum von jener nach neuem Recht unterscheidet, weil vor allem die §§ 172, 174, 176 das bisherige Bedingungsrecht rezipieren. Lediglich durch die Erlaubnis, ein befristetes Anerkenntnis auszusprechen, die bei Versicherungsfällen nach dem 1.1.2008 auch für Altverträge gelten soll (Art. 4 Abs. 3 EGVVG), ergibt sich ein ins Gewicht fallender Unterschied. Dabei ist allerdings stets zu bedenken, dass manche Altverträge befristete Anerkenntnisse nur für bestimmte Fälle (Vorbehalt der Verweisung) kannten: Das ist eine dem VN günstigere Regelung, die fortgilt.

5 **Abs. 1** der Vorschrift bestimmt zunächst die Grundlage einer Leistungspflicht des VR, den Eintritt des in **Abs. 2** näher definierten Versicherungsfalles Berufsunfähigkeit, bevor **Abs. 3** erlaubt, bestimmte weitere Voraussetzungen – den Ausschluss einer Verweisbarkeit – eines Anspruchs im Vertrag vorzusehen. Was im Versicherungsfall zu leisten ist, bestimmt allein der Vertrag. Auch generelle Risikoausschlüsse oder Obliegenheiten vorzusehen, überlässt ihm – grundsätzlich – das Gesetz, solange das Leitbild darunter nicht leidet. Die von Abs. 3 erlaubte Verweisung darf gleichfalls der Sache nach (beispielsweise durch eine Bezifferung der zumutbaren Minderung des verfügbaren Einkommens (KG NJW-RR 2012, 235) näher geregelt werden. solange nicht von den Voraussetzungen einer zulässigen Verweisung nach Abs. 3 abgewichen wird. Daher sind Klauseln, nach denen die Verweisbarkeit davon abhängen soll, dass eine bestimme prozentuale Einkommenseinbuße nicht überschritten wird, nur dann wirksam, wenn bei ihrem Unterschreiten immer noch zu prüfen ist, ob die Lebensstellung des VN gewahrt bleibt.

II. Das Leistungsversprechen (Abs. 1)

6 In der Berufsunfähigkeitsversicherung besteht die Verpflichtung des VR darin, die **vertraglich vereinbarten Leistungen** für eine **nach Beginn der Versicherung eingetretene** (BGH VersR 1993, 469; zur Unerheblichkeit eines Verzichts auf eine Risikoprüfung insoweit LG Regensburg VersR 2011, 610) **Berufsunfähigkeit** zu erbringen. Welche Leistungen das sind, ist der Disposition der Vertrags-

partner überlassen. Regelmäßig wird eine bestimmte Rente versprochen, in der mit einer Lebensversicherung verbundenen Berufsunfähigkeitszusatzversicherung auch einmal lediglich die Beitragsbefreiung in der Hauptversicherung, zuweilen eine Dynamisierung oder die Beteiligung an Überschüssen. Der Vereinbarung unterliegt auch, welches **Maß der Verlust der beruflichen Fähigkeiten** erreicht haben muss, um einen Anspruch zu begründen. Weit überwiegend ist eine mindestens hälftige Beeinträchtigung vorgesehen; das führt dazu, dass die versicherte Person auch dann berufsunfähig ist, wenn sie noch eine Teilzeitbeschäftigung bis zur Hälfte ihrer bisherigen Arbeitszeit ausüben kann. Teilweise sind nach dem Grad der verbleibenden Fähigkeiten **gestaffelte Leistungen** vorgesehen. Der freien Vereinbarung unterliegt auch die **Befristung des Leistungsversprechens** für Versicherungsfälle bis zu einem bestimmten Lebensalter (vgl. zu einem kurzfristigen Versicherungsschutz für Berufsanfänger aus der Sicht der Rechtsschutzversicherung OLG Saarbrücken VersR 2000, 1136) und die **Dauer der Leistung.** Wirksam sind solche Regelungen allerdings nur, wenn sie hinreichend klar sind und dem VN transparent verdeutlichen, dass seine Absicherung mit Eintritt eines bestimmten Termins endet. Klauseln, nach denen ein Rentenanspruch bei „Ablauf der vertraglichen Leistungsdauer" erlischt oder die „Beitragsdauer der Hauptversicherung abläuft" oder sonst „Versicherungsende" und „Leistungsende" miteinander verwoben werden, können dazu führen, dass allein der Eintritt des Versicherungsfalles in diesem zeitlichen Rahmen zur Begründung einer uU lebenslangen Rente genügt (OLG Karlsruhe VersR 2009, 1104; OLG Hamm r+s 2006, 80; 2003, 210; → Rn. 71).

Der Versicherungsfall muss **nach Beginn der Versicherung** eingetreten sein. 7
Das ist allerdings nicht schon dann der Fall, wenn die Berufsunfähigkeit verursachende Erkrankung noch gar nicht ausgebrochen war, oder gar nur eine Disposition zu ihr vorvertraglich bestand (OLG Saarbrücken NJOZ 2020, 715; zu einem Fall der Vorvertraglichkeit OLG Saarbrücken ZfS 2009, 38). Vielmehr muss schon vor Vertragsbeginn anzunehmen gewesen sein, dass der VN angesichts seiner gesundheitlichen Einschränkungen dauerhaft außerstande sein würde, seine berufliche Tätigkeit in bedingungsgemäßem Maße fortzusetzen. Dass keine **„mitgebrachte Berufsunfähigkeit"** vorliegt, muss der **VN beweisen** (OLG Karlsruhe BeckRS 2021, 15783; OLG Hamm NJW-RR 2018, 352). Ist vereinbart, dass dauerhafte Berufsunfähigkeit nach Ablauf einer bestimmten Dauer einer zu beruflichen Hindernissen führenden Erkrankung rückwirkend vermutet wird (vgl. Rn. 45), so führt das allerdings nicht zur Vermutung der Vorvertraglichkeit (OLG Celle ZfS 2005, 456; KG r+s 2005, 256). Das schließt nicht aus, Risikoausschlussklauseln zu vereinbaren, die im Ergebnis **eine schon bestehende partielle Berufsunfähigkeit von dem Deckungsversprechen ausnehmen;** insoweit muss dann der VN bei Geltendmachung neuer zu funktionellen Einbußen führender Krankheiten so gestellt werden, als sei er im Umfang des Risikoausschlusses gesund (BGH VersR 2012, 48). Das bedeutet, dass auch eine bei Vertragsschluss an sich bereits berufsunfähige Person, deren Krankheit von einem Risikoausschluss erfasst wird, wegen anderer nachvertraglich eintretender Krankheiten „erneut" berufsunfähig werden kann (OLG Saarbrücken r+s 2017, 429).

Der **Versicherungsfall** in der Berufsunfähigkeitsversicherung hat mindestens 8
drei (Abs. 2), je nach Vereinbarung auch vier (Abs. 3) Bestandteile, einen **beruflichen,** einen **gesundheitlichen** und einen **prognostischen** sowie bei entsprechender Vertragsgestaltung das **Fehlen der Verweisbarkeit.** Zunächst gilt es also, den zuletzt ausgeübten Beruf in seiner konkreten Ausgestaltung in gesunden Tagen

festzustellen. Sodann ist festzustellen, ob die versicherte Person ihn infolge Krankheit, Körperverletzung oder mehr als altersentsprechendem Kräfteverfall nicht mehr ausüben kann. Schließlich muss eine Prognose der Dauerhaftigkeit dieser Einschätzung gestellt werden können. Und endlich ist zu prüfen, ob und welche Verweisung der Vertrag zulässt und ob sie dem VN zugemutet werden kann.

III. Berufliche Voraussetzungen des Versicherungsfalles

1. Der zuletzt ausgeübte Beruf

9 **a) Konkrete Ausgestaltung.** Beruf ist jede auf Erwerb gerichtete Tätigkeit, die sich nicht in einem einmaligen Erwerbsakt erschöpft (BVerfGE 97, 228 Rn. 90 = NJW 1998, 1627). **Atypische Tätigkeiten,** Tätigkeiten, die den Tag nicht ausfüllen oder vielleicht nur gelegentlich ausgeübt werden, können ein Beruf sein (OLG Köln VersR 2008, 950; OLG Saarbrücken OLGR 2004, 263). Der Beruf kann sich auch aus mehreren Haupt- und Nebentätigkeiten **zusammensetzen,** die ihn dann in ihrer Gesamtheit bilden (BGH VersR 2000, 349; 1994, 587). **Hobbys,** Liebhabereien, „Ehrenämter" sind kein Beruf (BGH r+s 2019, 344), auch wenn mit ihnen gelegentliche Einnahmen oder Entschädigungen verbunden sind. Die Liquidation eines Unternehmens ist kein „neuer" Beruf (OLG Hamm VersR 2007, 384). Verwaltet der VN neben seiner beruflichen Tätigkeit zeitaufwändig sein Vermögen, übt er damit nicht zwei Berufe aus (OLG Saarbrücken r+s 2020, 652); das ist anders, wenn die **Vermögensverwaltung** gewerblich geschieht, also selbständig, mit unternehmerischer Initiative, nachhaltig und auf dem Markt in Gewinnerzielungsabsicht auftretend.

10 Der Versicherungsfall knüpft an die vor Eintritt gesundheitlicher Beeinträchtigungen **letzte konkrete Ausgestaltung des Berufes** an (BGH VersR 1996, 830; 1993, 1470; 1992, 1386). Maßgeblich für die Beurteilung des Versicherungsfalles sind daher die dort vom VN eingesetzten intellektuellen, physischen und psychischen Fähigkeiten, die zeitliche und sachliche Organisation seiner Arbeit, das dort erzielte Einkommen. Auf den im Antrag oder in der Police genannten Beruf kommt es nicht an (BGH VersR 1996, 830; 1994, 587; 1992, 1386). Auf Berufsbilder kommt es nicht an. Es kommt nur darauf an, was der VN zuletzt in gesunden Tagen tatsächlich getan hat oder – nach seinem Arbeits- oder Dienstvertrag hätte tun sollen. Schwarzarbeit" oder eine andere **illegale Tätigkeit** ist von dem Deckungsversprechen des VR der Natur der Sache nach nicht erfasst; an sie ist daher weder zur Prüfung des Versicherungsfalls anzuknüpfen noch kann der VR den VN auf sie verweisen.

11 Geplante berufliche Veränderungen – die Aufnahme einer selbständigen Tätigkeit, für die schon Vorbereitungen getroffen worden sind – stellen noch keinen (neuen) Beruf dar (BGH r+s 2019, 344, solange sie nicht bereits ins Werk gesetzt worden sind. e OLG Saarbrücken ZfS 2013, 646). Macht der VN alsbald nach einem aus anderen als gesundheitlichen Gründen erfolgten **Berufswechsel** einen Versicherungsfall geltend, so ist grds. auf die neue Tätigkeit abzustellen (vgl. in der Tendenz BGH VersR 1995, 159 (161)), es sei denn, sie hätte seine Lebensstellung noch gar nicht zu beeinflussen begonnen (OLG Hamm VersR 1998, 442; *Neuhaus* F Rn. 28 ff.). Die Verlagerung des Tätigkeitsschwerpunktes auf die Abwicklung eines Betriebes stellt keinen Berufswechsel dar (OLG Hamm ZfS 2006, 210). Bei einem betriebsbedingten, im Übrigen aber freiwilligen Wechsel

der Tätigkeit ist es gleichgültig, ob der VN weiterhin daran interessiert war, seine alte Tätigkeit wieder aufzunehmen, bevor er dazu gesundheitlich außerstande wurde (OLG Saarbrücken VersR 2014, 1114). Demgegenüber stellt die vorüber gehende, aus Gründen der Elternschaft oder Pflege erfolgende Reduzierung oder Pause beruflichen Wirkens keine Änderung des Berufs dar. Das ist nur dann anders, wenn seit einer solchen Entscheidung Jahre verstrichen sind und sich die beruflich begründete Lebensstellung des VN geändert hat, der VN also die bewusste Entscheidung getroffen hat, das ursprüngliche Maß seines beruflichen Einsatzes nicht wieder aufzunehmen (BGH VersR 2012, 213; OLG Saarbrücken VersR 2015, 226). Wechselt aber ein VN zu einer anderen Tätigkeit, weil er seine bisherige aus gesundheitlichen Gründen nicht fortführen kann, liegt eine leidensbedingte berufliche Veränderung vor, die nichts an der „letzten" – das heißt früheren – beruflichen Tätigkeit als Maßstab ändert (BGH NJW 2016, 1720).

Abzustellen ist auf die konkrete Gestalt des Berufs **ohne gesundheitliche Beeinträchtigungen.** Da berufliche Tätigkeiten wechseln, kommt es auf die Tätigkeiten an, die der VN **zu dem Zeitpunkt** ausgeübt hat, zu dem er sich für berufsunfähig hält. Macht er (in einem Rechtsstreit) spätere Veränderungen geltend, trägt er damit einen neuen Versicherungsfall (mit allen prozessualen Konsequenzen) vor. Hat der VN seinen beruflichen Einsatz vor Anzeige eines Versicherungsfalles **leidensbedingt eingeschränkt oder neu organisiert,** so ist auf die zuvor ausgeübten Tätigkeiten abzustellen (BGH NJW 2016, 1720; VersR 1995, 159; Prölss/Martin/*Lücke* § 172 Rn. 62 mwN). Gescheiterte Versuche des VN, sich ohne Inanspruchnahme des VR den Lebensunterhalt in einer neuen, gesundheitlich weniger belastenden Tätigkeit zu verdienen, dürfen nicht zu seinen Lasten gehen. Zum Teil ist vertreten worden, das gelte zeitlich nicht unbegrenzt (vgl. 5. Aufl., § 172 Rn. 9 mwN). Das hat der BGH verworfen (BGH NJW 2016, 1720), sodass **unabhängig von der Dauer der neuen Tätigkeit** auf die frühere als Maßstab für den Versicherungsfall zurückgegriffen werden muss. Voraussetzung ist allerdings, dass der VN seine frühere Tätigkeit „ausschließlich" leidensbedingt aufgegeben und die neue ergriffen hat. Ist das Leiden, das Anlass eines Berufswechsels war, von einem Risikoausschluss (mit-)erfasst, darf auf den früheren Beruf nicht zurückgegriffen werden. 12

b) Selbstständige und unternehmerisch Tätige. Der Beruf von VN, die frei darin sind, die Art und Weise ihrer Tätigkeit selbst zu bestimmen, wird unter anderem von dieser Befugnis geprägt. Dieses **„Selbstorganisationsrecht"** oder „Direktionsrecht" prägt ihren Beruf ebenso wie ihn die tatsächlich wahrgenommenen Aufgaben kennzeichnen (BGH VersR 1991, 1358; 1989, 579). Zu der von § 172 Abs. 1 genannten, vor Eintritt der gesundheitlichen Beeinträchtigungen bestehenden konkreten „Ausgestaltung" des Berufes gehört eben implizit auch die Befugnis zur Umorganisation der eigenen Tätigkeit. Daher bestehen keine Bedenken, die bisherige Rspr. unter der Geltung neuen Rechts fortzuführen (zutr. Langheid/Wandt/*Dörner* § 172 Rn. 87; jetzt auch *Neuhaus* Kap. 5 Rn. 109 ff.). Sie gilt nicht nur für Selbstständige und mitarbeitende Inhaber von Unternehmen, sondern für alle diejenigen VN, die befugt und in der Lage sind, ihren beruflichen Einsatz autonom auszugestalten (OLG Koblenz NVersZ 2001, 212; 1999, 521), also nicht schon bei jedweden Weisungsbefugnissen (OLG Dresden r+s 2019, 35), sondern nur dann, wenn der VN seinen beruflichen Einsatz selbst bestimmen darf. Dazu zählen auch die „faktischen Betriebsinhaber", die sich gelegentlich in 13

Familienunternehmen finden (OLG Hamm ZfS 2003, 33; OLG Koblenz VersR 2002, 343; OLG Saarbrücken ZfS 2012, 704).

14 Solche VN sind daher erst dann berufsunfähig, wenn sie die zuletzt ausgeübten Tätigkeiten nicht mehr in bedingungsgemäßem Maße ausführen, und sie sich auch kein anderes zumutbares Arbeitsfeld beschaffen können (BGH VersR 1996, 1090; 1994, 587; 1991, 1358; 1989, 579; HK-VVG/*Mertens* § 172 Rn. 31 ff.). Geht es um die Berufsunfähigkeit solcher VN, **muss** folglich (zu ihrer Beweislast) **festgestellt werden,** (1.) dass sie die zuletzt konkret ausgeübte Tätigkeit aus gesundheitlichen Gründen nicht mehr in bedingungsgemäßem Maß fortführen können, (2.) dass sie ihr Unternehmen (oder ihre berufliche Tätigkeit im Allgemeinen) nicht so umorganisieren können, dass ihnen ein gesundheitlich zu bewältigendes, ausreichendes und persönlich zumutbares Aufgabengebiet verbleibt, und (3.) dass dies ihnen eine solche Umorganisation auch bei wirtschaftlicher Betrachtung angesonnen werden kann (vgl. unter anderem OLG Hamm VersR 2011, 389; OLG Saarbrücken VersR 2009, 99; OLG Köln VersR 2008, 950; OLG Frankfurt a. M. NVersZ 2000, 426; OLG Karlsruhe VersR 1995, 86). Das ist beispielsweise dann der Fall, wenn der am Tragen schwerer Lasten gehinderte VN sich die Transportarbeiten durch Umverpackungen erleichtern kann (OLG Hamm NJW-RR 2011, 970 = VersR 2011, 384). Voraussetzung ist selbstverständlich, dass keine gesundheitlichen Gründe der Ausübung der umzuorganisierenden Tätigkeit entgegenstehen (LG Heidelberg NJOZ 2014, 46).

15 Die zum Beruf solcher VN zählende **Möglichkeit der Umorganisation** setzt voraus, dass ihr Gebrauch dem VN einen Tätigkeitsbereich eröffnet, den er nicht nur gesundheitlich noch wahrnehmen kann, sondern der auch sachlich und wirtschaftlich sinnvoll ist und der **keine Verlegenheitsbeschäftigung** – wie der bloße Telefon- oder Empfangsdienst oder eine zeitlich kaum ins Gewicht fallende Buchhaltung – darstellt (BGH VersR 1996, 1090; OLG Hamm r+s 2006, 423; OLG Dresden r+s 2002, 521, 1075; OLG Frankfurt a. M. NVersZ 2000, 426). Zu den Gestaltungsmöglichkeiten eines Selbstständigen zählt – gewiss in engen Grenzen – die **Steuerung seines beruflichen Einsatzes.** Selbstüberlastungen, „Stress", die zu Erschöpfungssyndromen und psychischen Leiden führen können, führen nicht zur Berufsunfähigkeit, wenn sie ohne Aufgabe prägender Elemente des bisher Geleisteten vermeidbar sind (OLG Saarbrücken r+s 2007, 70). Zumutbar sind Umorganisationen nicht, wenn sie den Charakter des Unternehmens verändern würden oder nur unter Einsatz illegaler Mittel (der Schwarzarbeit bspw.) vollzogen werden könnten (OLG Koblenz r+s 2015, 304).

16 Möglich ist eine Umorganisation zwar grds. auch dann, wenn sie die **Entlassung oder Einstellung von Dritten** voraussetzt. Das muss dem VN allerdings tatsächlich und rechtlich möglich sein und darf ebenso wenig wie jede andere Umorganisation zu auf Dauer ins Gewicht fallenden Einkommenseinbußen führen (BGH VersR 2003, 631; 1989, 574). Daher scheidet bei **Kleinbetrieben** – inhabergeführten Gaststätten, Handwerksbetrieben mit ein bis zwei Gesellen und Auszubildenden – eine solche Möglichkeit von vornherein aus (OLG Frankfurt a. M. NJW-RR 2010, 1256; OLG Saarbrücken VersR 2009, 99; KG VersR 2003, 491; OLG Dresden r+s 2002, 521). Gleiches gilt, wenn die – regelmäßig „höhere Dienste" ausmachende – Tätigkeit mit der Anwesenheit und Mitarbeit des „Chefs" steht und fällt. Die **Änderung des Unternehmensgegenstandes** oder die Verpachtung des Betriebes stellen keine zumutbare Umorganisation dar (OLG Karlsruhe VersR 1995, 86; VersR 1990, 608; OLG Hamm VersR 1993, 954; vgl.

aber OLG Düsseldorf VersR 1991, 1359). Auch eine Umorganisation, die möglich ist, aber erst den Einsatz von Kapital voraussetzt, ist dem VN nicht zumutbar.

Wann allerdings eine Umorganisation **wirtschaftlich zumutbar** ist, ist in der Rspr. nicht geklärt. Berufsunfähigkeitsversicherungsverträge schützen nicht vor jeder ökonomischen Einbuße, wie sowohl die bedingungsgemäße Grenze, ab der von Berufsunfähigkeit überhaupt erst ausgegangen werden kann, als auch die im Rahmen einer Verweisung hinzunehmenden Einkommenseinbußen zeigen. Daher spricht Manches dafür, auch für die Frage der wirtschaftlichen Zumutbarkeit (allerdings je nach der konkreten Gestaltung des Vertrages und der konkreten wirtschaftlichen Lage des VN) Minderungen des Einkommens um bis zu rund 20 % für zumutbar zu halten (vgl. im Ergebnis zutreffend LG Frankenthal VersR 2008, 1341; so auch vor allem HK-VVG/*Mertens* § 172 Rn. 33). 17

c) Beamtinnen und Beamte. Manche Versicherungsverträge sehen vor, dass bei Beamten von Berufsunfähigkeit auszugehen ist, wenn sie wegen einer Erkrankung entlassen oder **in den Ruhestand versetzt** werden (zum Zeitpunkt des Eintritts des Versicherungsfalls „mit Ablauf des Monats der Ruhestandsversetzung BGH NJW 2017, 394). Dann hat der dies regelnde wirksame Verwaltungsakt Tatbestandswirkung und verbietet dem VR, die Berufsunfähigkeit zu bezweifeln (OLG Nürnberg VersR 2011, 103; OLG Karlsruhe VersR 2009, 386; OLG Koblenz VersR 2009, 1062; OLG Düsseldorf VersR 2004, 1033; KG VersR 2003, 718; zu abweichenden Klauseln OLG Nürnberg VersR 2003, 1028; KG VersR 2003, 718; BGH VersR 1995, 1174; NJW-RR 1989, 1050: „unwiderlegbare Vermutung"). Fehlt eine solche Klausel, so kommt es wie sonst darauf an, ob der VN seinen letzten Dienstposten gesundheitlich noch bedingungsgemäß ausfüllen kann (OLG Frankfurt a. M. r+s 2006, 385; OLG Hamburg VersR 2002, 556; OLG Düsseldorf ZfS 2001, 375; OLG Koblenz NVersZ 2000, 223). Ob ihm ein statuswahrendes anderes Amt übertragen werden kann, ist eine Frage der Verweisung. 18

d) Auszubildende. Auch in Ausbildung befindliche VN können gegen Berufsunfähigkeit versichert sein und berufsunfähig werden. Dann kann es zunächst darauf ankommen, ob sie ihre Ausbildung fortsetzen können (zur Darlegung der studentischen „Studierunfähigkeit" OLG Dresden NJW-RR 2019, 480: keine Vorlage eines „Wochenplans"). Nach der Rspr. des BGH ergibt sich konkludent aus dem mit einem Auszubildenden abgeschlossenen Vertrag aber auch, dass nicht (nur) an die konkreten – manuellen und intellektuellen – Anforderungen anzuknüpfen ist, denen er dort, in der Ausbildung, zuletzt unterworfen waren, sondern zu fragen ist, ob VN **den durch die Ausbildung angestrebten Beruf** ergreifen kann. Verliert er also gesundheitlich verursacht in bedingungsgemäßem Maße die Fähigkeit, das gewünschte Berufsziel zu erreichen, ist er berufsunfähig (BGH VersR 2010, 619; NJW 21011, 1736 = VersR 2011, 655; zur Berücksichtigung des Ziels eines begonnenen Studiums BGH VersR 1995, 1431; zum maßgeblichen Beruf eines Rechtspflegeranwärters OLG Hamm r+s 2018, 667). Das löst indessen nicht alle Probleme. Während der Dauer der Ausbildung kann der VR den berufsunfähigen VN **auf eine andere Ausbildung verweisen,** mit dem eine dem ursprünglich angestrebten Beruf vergleichbare Lebensstellung erreicht werden kann, muss es aber auch tun, will er die Verweisungsmöglichkeit nicht durch ein Anerkenntnis verlieren (BGH NJW 2011, 1736 = VersR 2011, 655). Dabei ist der **Verlust des Ausbildungsstands** im alten Beruf grundsätzlich nicht maßgeblich (vgl. eingehend HK-VVG/Mertens, § 172 Rn. 26, 76). Da gerade 19 höher qualifizierende Ausbildungen, ein Studium bspw., sehr unterschiedliche künftige berufliche Wege eröffnen, ist der für die Verweisung erforderliche Statusvergleich (vgl. Rn. 56 ff.) zuweilen schwierig. In solchen Fällen bietet sich an, die Wertungen zu übernehmen, die die Rspr. zum Haftpflichtrecht bei Personenschäden Minderjähriger entwickelt hat (vgl. MüKoBGB/*Wagner* BGB §§ 842, 843 Rn. 51).

20 Wird ein VN im Verlauf einer **Umschulung** berufsunfähig, kann nicht damit argumentiert werden, der uU lange Zeit vor der Umschulung abgeschlossene Vertrag verspreche auch die Absicherung des Umschulungsberufs (aA HK-VVG/*Mertens* § 172 Rn. 26 aE). Hat ein VN eine Umschulung erst ganz kurze Zeit begonnen, prägt sie und prägt der angestrebte Umschulungsberuf die Lebensstellung noch nicht, so dass auf die vor ihrem Beginn ausgeübte Tätigkeit abgestellt werden muss. Ist allerdings die Umschulung weitgehend abgeschlossen, und hat der VN eine konkrete und rechtlich gesicherte Aussicht, den Umschulungsberuf ergreifen und fortführen zu können, so wirkt der angestrebte berufliche Status schon vor und prägt der Status des VN. Dann ist an ihn anzuknüpfen.

21 **e) Hausfrauen und Hausmänner.** Auf die konkrete Gestaltung einer Hausarbeit (gegebenenfalls zusätzlich zu einer geringfügigen Beschäftigung) ist als letzten Beruf abzustellen, wenn sie keine Unterbrechung des bisherigen Berufslebens (vor allem aus familiären Gründen) darstellt, sondern eine **bewusst gewählte Organisation** einer Ehe, Lebensgemeinschaft oder Partnerschaft, in der sie den **Beitrag des VN zur Erwirtschaftung des Lebensunterhalts** bildet. Gewichtige Stimmen wenden sich mit beachtlichen Gründen dagegen (HK-VVG/*Mertens* § 172 Rn. 25). Jedoch kann weder die auf völlig anderen Hintergründen beruhende einkommenssteuerrechtliche Behandlung von Hausarbeit dagegen angeführt werden, noch spricht die haftpflichtrechtliche Bestimmung des Erwerbsschadens dagegen, der gewiss nicht Gegenstand des versicherungsvertraglichen Leistungsversprechens ist. Allerdings zeigen die Überlegungen zum Haushaltsführungsschaden eben doch, dass der „Hausarbeit" ein ökonomischer, auf einer auf Dauer angelegten und zur Unterhaltssicherung gedachter Wert beizumessen ist. Abgesehen davon, dass die Missachtung der bewussten Entscheidung eines – immer noch typischerweise weiblichen – Partners, durch Haushaltsführung statt „Lohnarbeit" als faktische, nicht nach § 20 Abs. 2 AGG zu rechtfertigende Diskriminierung betrachtet werden könnte, könnte eine wertende Vergleichsbetrachtung von Bedeutung sein: Würden die jeweiligen Partner die gemeinsame Erwirtschaftung des Lebensunterhalts vertraglich in abhängige, selbständige oder partnerschaftsinterne „Arbeit" aufteilen, könnte gegen die Annahme eines Berufs des den Haushalt führenden Partners genauso wenig eingewandt werden, wie wenn sie dem einen oder anderen von ihnen gestatten würden, sich auf eine (die unterhaltsrechtlichen Verpflichtungen unterschreitende) berufliche Betätigung zu beschränken: Es kann aber nicht sein, dass derjenige, der seine Unterhaltspflichten durch Hausarbeit voll erfüllt, versicherungsvertraglich nicht geschützt ist, derjenige, der (unterhaltsrechtswidrig) eine geringfügige Beschäftigung ausübt, wohl. Das bedeutet naturgemäß nicht, dass eine „nach Arbeitsschluss" erfolgende Haushaltsführung zur Annahme eines komplexen Berufs führt oder der Beruf eines teilzeitbeschäftigten Partners sich erst durch „Hinzurechnen" eines „Haushaltsführungsanteils" ergibt; denn in einem solchen Fall wird keine separate berufliche Tätigkeit konzipiert.

22 **f) Aus dem Erwerbsleben Ausgeschiedene.** Macht ein VN, der zuletzt keinen Beruf mehr ausgeübt hat, Leistungen geltend, so kann zweifelhaft sein, was

Maßstab der Beurteilung seiner Berufsfähigkeit ist. Arbeitslosigkeit, auch eine länger dauernde, befreit unabhängig vom sozialrechtlichen Leistungsbezug nicht von der Notwendigkeit, auf den vor ihrem Eintritt ausgeübten Beruf abzustellen, solange der Betroffene vor dem behaupteten Eintritt des Versicherungsfalles dem Arbeitsmarkt noch zur Verfügung stand (vgl. BGH NJW-RR 1987, 1050; LG Saarbrücken ZfS 2007, 101). Mit zunehmender Dauer lösen sich allerdings solche Bande. Daher sehen die AVB vor, dass aus dem Erwerbsleben Ausgeschiedene nur dann berufsunfähig sind, wenn sie gesundheitlich dauerhaft außerstande sind, eine Tätigkeit auszuüben, die sie aufgrund ihrer Ausbildung und Erfahrung ausüben können und die ihrer bisherigen (letzten) – nunmehr allerdings durch Berufslosigkeit (und ihre wirtschaftlichen Konsequenzen) gekennzeichneten – Lebensstellung entspricht. Von entscheidender Bedeutung ist dabei allerdings, was als bisherige „Lebensstellung" zu betrachten ist: Das ist dann nämlich nicht eine frühere, von der aufgegebenen beruflichen geprägte, sondern die, die sich auf der Grundlage des Fehlens von Arbeit und Arbeitseinkommen ergibt.

g) Berufsklauseln. Gelegentlich finden sich in Verträgen Berufsklauseln (iE *Neuhaus* Kap. 5 Rn. 173 ff.). Dort, wo sie – wie die Beamtenklauseln (vgl. Beckmann/Matusche-Beckmann VersR-HdB/*Rixecker* § 46 Rn. 41 ff.) oder die die Leistungspflicht allein vom Bezug einer sozialrechtlichen Versorgungsrente abhängig machenden Abreden – die Rechtsstellung des VN verbessern, bestehen gegen sie keine Bedenken. Demgegenüber müssen sich „Tätigkeitsklauseln" – „versichert ist die Tätigkeit als Arzt" – dann am Leitbild des § 172 Abs. 1 und 2 messen lassen. Soweit sie den VN schlechter stellen, indem sie den Versicherungsfall von der gesundheitlichen Unfähigkeit, die letzte berufliche Tätigkeit auszuüben, entkoppeln, und damit auch von der Rechtsnatur des Vertrages als einer Absicherung der konkreten beruflich geprägten Lebensstellung lösen, oder eine „Verweisung" erlauben, die die Vorgaben des § 172 Abs. 3 missachtet, unterschreiten sie die Gewährleistungen des Leitbilds der Berufsunfähigkeitsversicherung und sind daher nach § 307 Abs. 1 und 2 BGB unwirksam (aA HK-VVG/*Mertens* § 172 Rn. 35). 23

2. Darlegung und Beweis

Der VN muss die konkrete Ausgestaltung seines Berufes **darlegen und beweisen.** Dazu genügt die Angabe einer Berufsbezeichnung oder eines Berufsbildes nicht. Vielmehr ist er gehalten, den zeitlichen und sachlichen Ablauf eines regelmäßigen, **typischen Arbeitstages,** die **prägenden Elemente** der konkreten physischen und psychischen Anforderungen des Arbeitsplatzes und etwaige zwar nicht täglich aber doch immer wieder vorkommenden Besonderheiten zu beschreiben (OLG Dresden r+s 2019, 35; NJW-RR 2017, 1184; OLG Frankfurt a. M. BeckRS 2018, 3307; OLG Dresden BeckRS 2018, 5129). Steht die Unfähigkeit des VN zur Fortführung seiner letzten Tätigkeit aufgrund der Schwere der Erkrankungen fest, darf der VR die Details des Berufs nicht bestreiten, nur um sich auf Vorrat eine Grundlage für spätere Nachprüfungen zu beschaffen (OLG Brandenburg BeckRS 2019, 8176). 24

Mitarbeitende Betriebsinhaber müssen darlegen, wie ihr Betrieb konkret organisiert ist und in welcher Art und welchem Umfang sie mitgearbeitet haben. Das ist allerdings anders, wenn es sich um Inhaber eines Kleinbetriebs handelt, in dem neben dem VN nur eine oder mehrere Hilfskräfte tätig sind (OLG Karlsruhe NJW-RR 2020, 1234; OLG Saarbrücken NJOZ 2020, 715). Bestreitet der VR 24a das, bedarf es, soweit Zeugen benannt werden können, ihrer Vernehmung. Ausnahmsweise können auch die Angaben eines iÜ glaubwürdigen VN zugrunde gelegt werden, wenn es sich um einen Beruf handelt, dessen Ausgestaltung allgemein bekannt ist und keine Anhaltspunkte für eine Abweichung im Einzelfall bestehen. Das gilt gerade für Selbständige dort, wo, wie bspw. bei Gastwirten kleiner Kneipen, offensichtlich ist, was ihre berufliche Tätigkeit ausmacht. Ist die Darstellung des VN zu seiner letzten Tätigkeit widersprüchlich und wechselnd, kann ihr nicht gefolgt werden (OLG Zweibrücken NJOZ 2015, 336). Die konkrete Gestalt komplexerer Berufe, vor allem wenn es um Selbstständige oder um Führungsfunktionen geht, kann häufig nur durch berufskundliche Sachverständige festgestellt werden.

IV. Gesundheitliche Voraussetzungen des Versicherungsfalles

1. Krankheit, Körperverletzung, Kräfteverfall

25 **Abs. 2** nennt (abschließend) die verschiedenen, den Versicherungsfall mitbegründenden gesundheitliche Ursachen. Eine **Krankheit** ist ein regelwidriger physischer oder psychischer Zustand der versicherten Person, eine Störung der Lebensvorgänge im Organismus, der geeignet ist, die Ausübung eines Berufes funktionell zu beeinträchtigen. Ob sie behandelt wird oder werden kann, ist unerheblich. Die Krankheit muss objektiv, wenn auch nicht zwingend durch bildgebende Methoden (BGH VersR 1999, 838), feststellbar sein. Daher ist unerheblich, ob der VN sie (richtig) erkannt hat oder ob und welche Diagnose ein ihn behandelnder Arzt stellt. Dispositionen oder anlagebedingte konstitutionelle Schwächen sind keine Krankheiten (BGH VersR 1995, 1431). **Krankheitserwartungen** sind – unabhängig von ihrer sachverständigen Bestätigung – keine Krankheit (OLG Köln BeckRS 2018, 40123). Heilungshoffnungen können der Annahme von Berufsunfähigkeit entgegenstehen, auch wenn sie medizinstatistisch eher verzweifelt erscheinen (OLG Karlsruhe NJW-RR 2020, 1234). Als **Körperverletzung** bezeichnet man jeden nicht ganz unerheblichen Eingriff in die physische oder psychische Integrität. **Kräfteverfall** liegt vor, wenn die körperlichen oder geistigen Kräfte, vor allem die Belastbarkeit, nachgelassen haben; er muss aber nach der zugunsten des VN dispositiven gesetzlichen Regel über die dem Alter entsprechende Norm hinausgehen. Dabei kommt es allein auf einen Vergleich mit Personen gleichen Alters an; die Vergleichsgruppe ist **nicht berufsspezifisch** zu bestimmen (OLG Saarbrücken ZfS 2009, 38). In den AVB finden sich Regelungen, die die **Pflegebedürftigkeit** nach regelmäßig rechtlich unproblematischen pflegeversicherungsrechtlichen Kriterien als weiteren gesundheitlichen Anlass des Versicherungsfalles bestimmen.

26 Der VN muss seine **gesundheitlichen Beeinträchtigungen zunächst darlegen.** Dazu genügt idR die Bezugnahme auf Atteste oder ärztliche Behandlungsberichte, nicht aber die schlichte Vorlage einer Arbeitsunfähigkeitsbescheinigung (HK-VVG/*Mertens* § 172 Rn. 48). Von ihm als Laien darf insoweit allerdings keine medizinisch nachvollziehbare Erläuterung verlangt werden. Geht es allerdings um nicht ohne Weiteres objektivierbare, vor allem psychische Leiden, so darf von einem VN in aller Regel auch verlangt werden zu schildern, wann, wie oft, wie lange, in welcher Intensität, über welche Dauer und vor allem mit welchen konkreten beruflichen Folgen sich solche Störungen gezeigt haben sollen (OLG Saar-

brücken ZfS 2018, 523; r+s 2007, 334 = VersR 2007, 974; vgl. *Neuhaus* Kap. 6 Rn. 66 ff.). Bestreitet der VR das, ist zunächst Beweis über das tatsächliche Auftreten solcher Beschwerden zu erheben. Nur auf einer so festgestellten Grundlage ist eine verlässliche Beurteilung durch den VR aber auch durch einen Sachverständigen möglich. Insoweit setzt eine psychisch bedingte Unfähigkeit zur Weiterführung des Berufs nicht voraus, dass der VN fachärztliche Hilfe in Anspruch genommen hat (OLG Hamm VersR 2018, 1241). Die **Fortsetzung der beruflichen Tätigkeit** schließt Berufsunfähigkeit nicht aus, kann aber ein Indiz für ihr Fehlen sein (OLG Karlsruhe BeckRS 2021, 15783; OLG Saarbrücken ZfS 2016, 52).

Auf der Grundlage einer solchen Darlegung muss der VN sodann seine gesundheitlichen Beeinträchtigungen **beweisen.** Das setzt regelmäßig die Einschaltung von medizinischen Sachverständigen, uU auch verschiedener, voraus. Ihre Einschätzungen dürfen, vor allem bei gegen sie erhobenen Einwänden, nicht unbesehen (als „nachvollziehbar und überzeugend") übernommen werden. Dabei gilt es vorab zwischen (subjektiven) **Beschwerdeschilderungen** und (objektiven) **Befunden** zu unterscheiden, auch wenn sich ein Befund aus einer validen Beschwerdeschilderung ergeben kann. Im Rechtsstreit muss sich ein Gericht mit ihnen, ggf. nach Erläuterung, Ergänzung oder Gegenüberstellung mit privaten Gutachtern, auseinandersetzen und sich selbst eine Auffassung bilden (BGH VersR 2009, 817; VersR 2008, 1676; bedenklich OLG Bremen VersR 2010, 1481, das allein die Schilderung des VN und ihre Übernahme durch den Sachverständigen für ausreichend erachtet; zum Beweis von Schmerzen und ihres Maßes OLG Karlsruhe r+s 2017, 30; zum Beweis eines chronischen Schmerzsyndroms OLG Hamm BeckRS 2018, 44001). Das alles gilt vor allem, wenn bei komplexen Beschwerdebildern eine notwendige richterliche Gesamtwürdigung der Leistungseinschränkungen erforderlich ist. Vor allem dürfen nicht unbesehen die in der gerichtlichen und gutachterlichen Praxis nahezu regelmäßig auftretenden **Prozentangaben** übernommen werden. Vielmehr ist stets sachverständig unterstützt zu klären, welche funktionellen Einbußen fest stehen und zu welchen zeitlichen oder sachlichen Beschränkungen des VN sie führen. 27

Die Überzeugungsbildung (§ 286 ZPO) begegnet dabei unterschiedlichen Schwierigkeiten. Physische Leiden können regelmäßig bildgebend dargestellt werden. Das ist jedoch nicht Voraussetzung des Beweises und bei **psychischen Erkrankungen** oder behaupteten Schmerzerkrankungen (zur subjektiven Prägung von Schmerzskalen OLG Saarbrücken VersR 2015, 226; vgl. a. OLG Karlsruhe r+s 2017, 30)) regelmäßig nicht möglich. Dagegen darf man sich weder damit begnügen, auf die fehlende mess- oder sichtbare Feststellbarkeit zu verweisen und deshalb einen Anspruch zu verneinen, noch auf ärztliche Zeugnisse Bezug nehmen, die nur Angaben des VN referieren und daraus einen diagnostischen, klassifikatorischen Schluss ziehen. Vielmehr müssen alle Erkenntnismöglichkeiten ausgeschöpft werden. Die Ergebnisse fachgerecht durchgeführter und umfassender **Symptomvalidierungstests** dürfen zwar nicht als vermeintlich naturwissenschaftlich zwingende Grundlage der Annahme eines psychischen Leidens genommen werden, sie können jedoch – wenn dies nicht durch die Natur der Krankheit selbst zu erklären ist – Anhaltspunkte für Aggravation oder Simulation liefern oder ihr Fehlen bestätigen oder ganz schlicht Zweifel an dem Vorhandensein oder der Erheblichkeit funktioneller gesundheitlich bedingter Einschränkungen wecken und so den Beweis des Versicherungsfalls scheitern lassen. Der Wert von **Symptomvalidierungstests** wird in der psychiatrischen Wissenschaft ambivalent eingeschätzt (zur Notwendigkeit von Symptomvalidierungstests bei psychischen 28

Erkrankungen OLG Frankfurt a. M. OLGR 2008, 761; OLG Saarbrücken OLG Saarbrücken r+s 2017, 429; r+s 2011, 77 = VersR 2011, 249). Das beruht zuweilen auf einem juristisch-medizinischen „Übersetzungsmissverständnis“: Solche Testungen können im Bereich der kognitiven Fähigkeiten durchaus ein (aktuelles) Bild der Leistungsfähigkeit liefern; im Bereich anderer psychischer Befindlichkeiten sind sie, wenn eine hinreichende Zahl aussagekräftiger Testungen vorgenommen wurde, keine Art Algorithmus, der zum Beweis einer psychischen Krankheit (bspw. einer Depression oder einer viel zu schnell angenommenen PTBS) führt, wohl aber eine Grundlage dafür, Zweifel an ihr (bei belastbaren Feststellungen zur Aggravation oder zur Inkompatibilität von Beschwerdeschilderungen untereinander) zu wecken. Wichtig ist es aber vor allem, alle Erkenntnismöglichkeiten – Erhebungen tatsächlicher Befunde in der Vergangenheit, Art und Häufigkeit von Behandlungen, Leidensdruck, Freizeitverhalten – auszuschöpfen (zur Frage eines verbleibenden Leistungsvermögens, das gegen subjektiv empfundene Beschwerden anzukämpfen erlaubt KG BeckRS 2015, 13007; zur Vereinbarkeit von Beschwerden mit dem Freizeitverhalten KG VersR 2015, 566; vgl. iÜ OLG Frankfurt a. M. BeckRS 13388).

29 Die Berufsunfähigkeit muss **durch die gesundheitliche Lage** der versicherten Person **verursacht** worden sein (zur Zurechnung Rn. 35). Ist sie vor Eintritt des Versicherungsfalls aus anderen – wirtschaftlichen oder persönlichen Gründen, beispielsweise ein Berufskraftfahrer wegen Entziehung der Fahrerlaubnis oder ein Arzt wegen eines Berufsverbots – außerstande, ihre berufliche Tätigkeit fortzuführen, begründet die spätere gesundheitlich veranlasste Berufsunfähigkeit für den Zeitraum dieser Hindernisse keinen Leistungsanspruch (zu Zweifeln an der rechtlichen Möglichkeit, den Beruf fortzuführen OLG Karlsruhe BeckRS 2021, 15783). Ist indessen der Versicherungsfall bereits eingetreten, bevor andere Gründe des Wegfalls beruflichen Einsatzes entstehen, wird der Anspruch nicht berührt (vgl. dies offen lassend BGH VersR 1994, 587; iÜ OLG Celle VersR 2006, 394).

30 Sehen individuell vereinbarte **Risikoausschlüsse** vor, dass bestimmte Erkrankungen eine Leistungspflicht nicht auslösen oder den Grad der Berufsunfähigkeit nicht beeinflussen – bspw. der Verlust der Sehkraft auf einem Auge –, so sind sie hinwegzudenken: Der VN ist insoweit als gesund zu betrachten, die Sehkraft also bspw. zu unterstellen (BGH VersR 2012, 48). Das führt dazu, dass auch in dem seltenen Fall einer vor Vertragsschluss bereits bestehenden Berufsunfähigkeit, deren Ursachen unter einen Risikoausschluss fallen, Berufsunfähigkeit erneut (aus anderen Gründen) eintreten kann.

2. Überobligationsmäßiger Einsatz

31 Kann der VN seine berufliche Tätigkeit nur fortsetzen, indem er sich selbst gesundheitlich schadet, also **„Raubbau an der Gesundheit“** betreibt, darf der VR davon nicht profitieren (BGH r+s 2001, 167 = VersR 2001, 89; NJW-RR 1995, 277; VersR 1991, 450; OLG Hamm VersR 2018, 13332; OLG Saarbrücken BeckRS 2016, 10382; VersR 2004, 1165; OLG Frankfurt a. M. VersR 2003, 230). Dabei ist allerdings zu bedenken, dass der VR Leistungen regelmäßig nur bei einem bestimmten Grad der Berufsunfähigkeit schuldet. Das bedeutet, dass von einer nicht geschuldeten Überforderung erst dann gesprochen werden kann, wenn sie **bei einer halb- oder mehr als halbschichtigen Tätigkeit eintritt.** Das kann aber nicht schon dann angenommen werden, wenn ein allgemeines

Risiko des Eintritts unbestimmter künftiger gesundheitlicher Nachteile besteht. Vielmehr muss festgestellt werden, mit welchem Grad an Wahrscheinlichkeit gerade die **Fortführung der letzten Tätigkeit zu gesundheitlichen Gefahren** (und nicht das allgemeine Risiko von Schäden bei Unfällen) führt; sie müssen „ernsthaft" möglich erscheinen (BGH NJW 2013, 172 = VersR 1547 – Marcumar; OLG Karlsruhe BeckRS 2021, 15783; OLG Koblenz VersR 2012, 85 – stumme Epilepsie). Das Mindestmaß an Prognosesicherheit muss der VN beweisen (BGH VersR 2001, 89; 1991, 450).

Auch die **Inanspruchnahme anderer Hilfen oder des Wohlwollens Dritter** kann der VR nicht für sich in Anspruch nehmen, um eine ohne sie eintretende Leistungspflicht zu vermeiden. Das bedarf allerdings differenzierender Betrachtung. **Hilfsmittel,** die dem VN unschwer zugänglich sind (Brillen, Hörgeräte, Schutzhandschuhe (OLG Saarbrücken BeckRS 2016, 10382; zur Unzumutbarkeit ihres Tragens im Einzelfall aber OLG Dresden r+s 2019, 35), ergonomische Gestaltungen der Arbeitssituation), die ihm von seinem Arbeitgeber oder von einem VR kostenfrei angeboten werden oder die er sich ohne ins Gewicht fallenden finanziellen Einsatz (BGH NVersZ 2001, 404; vgl. aber auch BGH NVersZ 2000, 127; zum Tragen einer Orthese OLG Saarbrücken ZfS 2012, 704) beschaffen kann, muss er nutzen. Gleiches gilt für Kompensationen, Veränderungen des Arbeitsplatzes etwa, auf die er einen unschwer durchsetzbaren Rechtsanspruch hat. Müssen ihn Dritte unterstützen, indem sie ihn transportieren oder ihm im beruflichen Alltag Teiltätigkeiten abnehmen, so hindert das die Annahme von Berufsunfähigkeit nur dann, wenn mit diesem Einsatz dauerhaft gerechnet werden kann und er ihn auch verlangen und durchsetzen kann. Den Einsatz eigenen Kapitals zur Anpassung des Berufs an die verbliebenen gesundheitlichen Fähigkeiten schuldet der VN dem VR nicht (BGH NVersZ 1999, 514). 32

3. Behandlungsobliegenheiten

Das Gesetz ließe es zu, im Vertrag Behandlungsobliegenheiten vorzusehen. 33 Fehlt es, wie regelmäßig, an einer solchen Abrede, so ist der VN nicht gehalten, sich zur (auch aussichtsreichen) Linderung oder Heilung seiner Leiden therapieren zu lassen (OLG Saarbrücken NJW-RR 2006, 250; OLG Karlsruhe r+s 2006, 79). Das gilt vor allem für eine **Operation,** der sich ein VN von Bagatellfällen abgesehen grds. nicht unterziehen muss (OLG Saarbrücken VersR 2004, 1402; NVersZ 2002, 354; diff. OLG Hamm VersR 1992, 1120; aA OLG Koblenz r+s 1994, 35; zur Unfallversicherung BGH VersR 1991, 57). Eine regelmäßige **Medikation,** die nicht nur in atypischen Fällen zu gesundheitlichen Nebenwirkungen führen kann, muss er nicht hinnehmen (BGH VersR 1991, 450; OLG Saarbrücken NVersZ 2002, 354; zur Möglichkeit und Zumutbarkeit, eine Obliegenheit zu erfüllen, verordnete Arzneien einzunehmen LG Bochum BeckRS 2011, 18452). Wegen der mit ihr verbundenen Berührung des Persönlichkeitsrechts kann auch eine **psychiatrische oder psychotherapeutische Behandlung,** selbst wenn sie weder invasive noch medikamentöse Interventionen vorsieht, nicht verlangt werden (OLG Hamm VersR 2018, 285). Ergreift der VN indessen im Alltag selbstverständliche Maßnahmen wie eine Glieder- und Gelenkschmerzen auffangende **Physiotherapie** nicht, so kann das ihm mit der Folge zuzurechnen sein, dass er sich bei Unterlassen nicht auf Berufsunfähigkeit berufen darf (vgl. OLG Saarbrücken VersR 2005, 63; NVersZ 2002, 354; OLGR 2004, 265). Nichts anderes gilt für psychotherapeutische „milde" und neben dem beruflichen Alltag leistbare Behandlung wie die „Gesprächstherapie."

34 Die in (früheren) AVB enthaltene Obliegenheit, **„ärztliche Anordnungen"** zu befolgen, ist nur verletzt, wenn der VN konkrete Vorschläge eines ihn behandelnden Arztes, nicht eines ärztlichen Sachverständigen des VR oder des Gerichts, zu einer bestimmten, aussichtsreichen und zumutbaren Therapie nicht befolgt (OLG Saarbrücken NVersZ 2002, 257; OLG Hamm VersR 1989, 177). Darüber hinaus ist die Obliegenheit nur verletzt, wenn der ärztliche Vorschlag „sichere Aussicht auf Besserung" verspricht (LG Heidelberg r+s 2011, 396); das muss der VR beweisen, es ist nicht umgekehrt Sache des VN, den Kausalitätsgegenbeweis zu führen. **Vereinbaren** VR und VN **nach Meldung eines Versicherungsfalles** in wirksamer Weise, dass vorüber gehend Leistungen erbracht werden, der VN sich aber einer bestimmten Behandlung unterzieht, so begründet das keine Obliegenheit, deren Rechtsfolgen sich nach § 28 bestimmten, sondern eine echte Rechtspflicht, deren Verletzung einen Schadensersatzanspruch begründen kann.

4. Verursachung

35 Der VN muss nach Abs. 2 „infolge" seines Leidens „außerstande" sein, seinen Beruf ohne eine Leistungspflicht auszulösen auszuüben. Damit setzt der Versicherungsfall **Kausalität** zwischen gesundheitlichen Ursachen und beruflichen Wirkungen voraus, verlangt also, dass erstere nicht hinweggedacht werden können, ohne dass zugleich letztere entfielen und sie im Allgemeinen und nicht nur unter außergewöhnlichen und atypischen Umständen die beruflichen Konsequenzen erwarten lassen. Schließlich ist bei wertender Betrachtung zu fragen, ob die Einschränkung der beruflichen Fähigkeit **der Erkrankung zuzurechnen** ist. Das ist auch dann der Fall, wenn die zeitlich letzte Ursache eine andere ist, etwa wenn dem an Alkoholismus leidenden Kraftfahrer die Eignung zum Führen eines Kraftfahrzeugs abgesprochen wird, Allergien oder Infektionen zur Auflösung eines Arbeitsverhältnisses führen oder psychische Schwächen zum Ausbleiben von Kunden. Ob allerdings das „Trauma" eines selbstverschuldeten Strafverfahrens mit nachfolgender Haft geeignet ist, eine solche gesundheitliche Unfähigkeit zu beruflichem Einsatz auszuüben, ist durchaus fraglich (a.A. OLG Karlsruhe r+s 2016, 525): **Trifft der VN** indessen **nahe liegende,** ungefährliche und nicht nennenswert belastende, im Alltag selbstverständliche **Maßnahmen** zur Beherrschung von Leiden **nicht,** eine Physiotherapie bei vornehmlich sitzenden Tätigkeiten, mögliche Pausen, die Einnahme leichter, nicht belastender Medikamente, so ist seine Berufsunfähigkeit diesem Ausbleiben einer eigenen Intervention zuzurechnen und nicht dem physischen oder psychischen Leiden. Ist der Versicherungsfall indessen einmal eingetreten, so führt eine andere als gesundheitliche Verhinderung der beruflichen Tätigkeit – der Wegfall des Arbeitsplatzes aus wirtschaftlichen Gründen, der Untergang des Unternehmens (zur Insolvenz OLG Frankfurt a. M. NJW-RR 2018, 353), eine Inhaftierung (OLG Karlsruhe r+s 2016, 525) – nicht dazu, dass die Leistungspflicht entfällt (BGH VersR 2007, 821; 1994, 588; OLG Saarbrücken VersR 2005, 63; NVersZ 2002, 354; OLGR 2004, 265). Dass die Krankheit, an der der VN leidet, ihrerseits eine berufliche Ursache hat, ist unerheblich (OLG Hamm VersR 2009, 818).

5. Maßgeblicher Zeitpunkt

36 Zur Beantwortung der Frage, ob der Versicherungsfall Berufsunfähigkeit eingetreten ist, ist auf den Zeitpunkt abzustellen, ab dem der VN seinen Eintritt behauptet (**„Stichtagsprinzip"**, vgl. Prölss/Martin/*Lücke* § 172 Rn. 80 f.; zum späteren Verlust von Fähigkeiten BGH VersR 2007, 631). Daher ist zu prüfen, welche berufliche Tätigkeit der VN zu diesem Zeitpunkt ausgeübt hat, welche gesundheitlichen Beeinträchtigungen zu diesem Zeitpunkt vorgelegen haben, ob zu diesem Zeitpunkt die Prognose dauerhafter Berufsunfähigkeit gestellt werden kann und auf welche Vergleichstätigkeiten der VN nach seinen dann bestehenden Kenntnissen und Fähigkeiten verwiesen werden kann. Behauptet der VN jedoch, dass **bereits früher Berufsunfähigkeit bestanden** und fortgedauert habe, so muss geprüft werden, ob das zu dem genannten Datum zugetroffen hat, und ob die gesundheitlichen Beeinträchtigungen bis zu der Anzeige des Versicherungsfalles fortgedauert haben (vgl. zur vermuteten Berufsunfähigkeit Rn. 45). Dabei kommt es allerdings nicht darauf an, ob der VN schon früher arbeitsunfähig geschrieben war, sondern darauf, ob er tatsächlich in bedingungsgemäßen Maße schon damals voraussichtlich dauerhaft in bedingungsgemäßem Umfang zu beruflicher Tätigkeit außerstande war.

37 Behauptet der VN, dass er jedenfalls **später aufgrund des Auftretens neuer Beschwerden berufsunfähig** geworden ist, kann es sich um einen neuen Versicherungsfall handeln. Geschieht das im Rechtsstreit, kann das Begehren eines VN an mangelnder Fälligkeit scheitern, wenn der VN sich darauf beruft, diesen Versicherungsfall erst prüfen zu müssen (vgl. HK-VVG/*Mertens* § 172 Rn. 14). Ob ein neuer Versicherungsfall vorliegt, richtet sich danach, ob die gesundheitliche Entwicklung sich als Verschlimmerung eines bestehenden Leidens darstellt oder ob neue, von den früher bestehenden Ursachen unabhängige Beeinträchtigungen hinzu gekommen sind (OLG Köln VersR 2013, 1557; zur vergleichbaren früheren Problematik unter Geltung des § 12 Abs. 3 aF OLG Frankfurt a. M. r+s 2005, 116; OLG Nürnberg VersR 2002, 639; OLG Saarbrücken OLGR 2004, 532).

6. Grad der Berufsunfähigkeit

38 Das Gesetz lässt es zu und die AVB sehen regelmäßig vor, dass Leistungen erst ab einem bestimmten Grad der Berufsunfähigkeit, meist 50 %, verlangt werden können. Dessen Feststellung bereitet in der Praxis immer wieder Schwierigkeiten. Die in ärztlichen Gutachten häufig anzutreffende Einschätzung, die versicherte Person sei zu einem bestimmten **Prozentsatz** berufsunfähig, ist weitgehend unbrauchbar (BGH NJW-RR 2017, 1066). Schematische Lösungen – etwa in Anlehnung an die Bemessung des Grades einer Behinderung – verbieten sich (HK-VVG/*Mertens* § 172 Rn. 51 ff.; *Neuhaus* G Rn. 133 ff.). Vielmehr muss differenziert werden: Kann die versicherte Person eine bestimmte, zu ihrem Beruf zählende und ihn **prägende Tätigkeit** überhaupt nicht mehr ausüben – das Heben und Tragen großer Lasten (OLG Saarbrücken NJOZ 2020, 715 zu einem selbständigen Schlosser), das längere Stehen, Autofahrten, längere Reisen, komplexere integrale Bestandteile des bisherigen Arbeitsfelde (OLG Stuttgart VersR 2016, 1488; zum Außerstandesein eines Tennislehrers zu längeren Ballwechseln OLG Saarbrücken r+s 2020, 652) – so ist sie vollständig, zu „100 %", berufsunfähig auch dann, wenn diese Anforderungen im beruflichen Alltag zeitlich nur einen geringen Umfang haben oder gar nicht täglich anfallen, wohl aber notwen-

digerweise mit ihm verbunden sind (BGH NJW-RR 2017, 1066; VersR 2003, 631; OLG Saarbrücken VersR 2010, 799; OLG Karlsruhe VersR 2000, 1401; OLG Oldenburg r+s 1996, 1485). Vollständige Berufsunfähigkeit kann auch vorliegen, wenn der VN zwar insgesamt noch erhebliche Arbeitszeiten bestehen könnte, jedoch immer wieder die Arbeitsleistung unterbrochen werden müsste, obwohl ihre kontinuierliche Erbringung sachlich notwendig ist (OLG Koblenz VersR 2009, 1249).

39 Nur dann, wenn gleichförmige Tätigkeiten arbeitsorganisatorisch und gesundheitlich noch **zeitlich oder quantitativ beschränkt** ausgeübt werden können, kommt es darauf an, ob ihr Ausfall iÜ das bedingungsgemäße Maß erreicht (OLG Saarbrücken OLGR 2004, 1401). Daher ist ein VN, der bspw. bei einer zuvor täglich achtstündigen Schreibtischarbeit nur noch allenfalls bis zu vier Stunden leistungsfähig ist, (bei einer 50 %-Regelung in den AVB) berufsunfähig. Bei geringeren Einschränkungen kommt es nicht darauf an, ob ein entsprechender Arbeitsplatz zur Verfügung steht (OLG Düsseldorf NJW-RR 2004, 896).

40 Setzt sich die berufliche Tätigkeit **aus unterschiedlichen Teiltätigkeiten** zusammen, die der VN in unterschiedlichem quantitativem Umfang noch wahrnehmen kann, fragt sich, ob die verbleibende Leistungsfähigkeit noch einen wenigsten halbschichtigen Einsatz erlaubt. Ein im Innen- und Außendienst tätiger selbstständiger VN, dem längere Autofahrten verschlossen sind, der am PC aber uneingeschränkt einsatzfähig ist, ist berufsunfähig, wenn das, was ihm im Außendienst bleibt, zusammen mit der von ihm dann noch wirtschaftlich sinnvoll zu leistenden Innendiensttätigkeit keine mehr als halbschichtige Tätigkeit darstellt (vgl. OLG Saarbrücken VersR 2010, 799). Ähnliches gilt, wenn der VN **mehrere Berufe** ausübt. Ist ihm einer davon gesundheitlich versagt, kommt es darauf an, ob dieser den „Gesamtberuf" (vor allem die Lebensstellung des VN) geprägt hat, oder er in quantitativer Hinsicht bei wertender Betrachtung wenigstens die Hälfte des beruflichen Einsatzes ausmacht. Entscheidend ist daher stets eine **funktionell-wertende Betrachtung:** Wie und in welchem Maße wirken sich die festgestellten Beschwerden konkret auf festgestellte berufliche Tätigkeiten aus?

41 Auch **„Überstunden"** können, wenn sie sich verstetigt haben, wenn ein Arbeitgeber sie verlangen darf, oder wenn sie die Lebensstellung des VN beeinflusst haben, einen Beruf prägen. Dann sind sie und nicht die reguläre Arbeitszeit der Bemessung des Grades der Berufsunfähigkeit zugrunde zu legen. Kann ein VN mit seinen gesundheitlichen Einschränkungen noch gewisse oder gar die früheren Arbeitsergebnisse erzielen, muss er dafür aber einen **größeren zeitlichen Einsatz** zeigen, so muss sich die Bewertung des Grades der Berufsunfähigkeit notgedrungen an einer hypothetischen Betrachtung orientieren: Welche Arbeitsergebnisse könnte der VN bei einem zeitlich mehr als halbschichtigen (also obligationsmäßigen) Einsatz noch erzielen? Sind ihm dann wesentliche Elemente einer sinnvollen Fortführung seines Berufs genommen, kann er bspw. eine ärztliche Praxis nicht aufrechterhalten, oder kann er damit nur mehr die Hälfte oder weniger seines Verdienstes erzielen, so ist er berufsunfähig. Kann der VN seine berufliche Tätigkeit der Sache nach nur mit **deutlichem größerem zeitlichem Aufwand** fortsetzen, kann bei wertender Betrachtung darauf abgestellt werden, welche (quantitativen und qualitativen) Ergebnisse er noch bei überhalbschichtiger Tätigkeit erzielen könnte (OLG Saarbrücken ZfS 2012, 161).

V. Prognose der Dauerhaftigkeit; vermutete Berufsunfähigkeit

42 Der Versicherungsfall tritt in dem Zeitpunkt ein, in dem nach dem Stand der medizinischen Wissenschaft nicht mehr mit einer Besserung gerechnet werden kann (BGH VersR 2007, 383; VersR 1984, 630). Denn der VN muss **„voraussichtlich dauernd"** in dem bedingungsgemäßen Maße gehindert sein, seinen Beruf (oder eine Tätigkeit, auf die er verwiesen werden darf) in bedingungsgemäßem Maße auszuüben. Der Versicherungsfall tritt regelmäßig zu dem Zeitpunkt ein, zu dem **erstmals angenommen** werden kann, dass der die beruflichen Beeinträchtigungen verursachende gesundheitliche Zustand „voraussichtlich auf Dauer" besteht. Dabei kommt es nicht auf bestimmte zu überblickende Zeiten, insbesondere nicht auf die nächsten sechs Monate, an (BGH VersR 2007, 283; vgl. zu dem in der Rspr. angenommenen Prognosezeitraum von drei Jahren OLG Hamm VersR 1995, 84; r+s 1988, 90), sondern darauf, dass eine **Besserung nach dem Stand der medizinischen Wissenschaft nicht absehbar** ist. Das ist dort **anders,** wo der Vertrag einen **anderen Prognosezeitraum,** beispielsweise die voraussichtliche Berufsunfähigkeit für die Dauer der nächsten **sechs Monate** vorsieht (OLG Hamm BeckRS 2011, 13443; OLG Saarbrücken ZfS 2013, 403). Unterzieht sich der VN gerade einer nicht aussichtslosen Heilbehandlung oder steht eine solche bevor, kann die Prognose der Dauerhaftigkeit nicht gestellt werden (OLG Hamm VersR 1995, 1039), jedenfalls dann nicht, wenn mit einem Abschluss der Heilbehandlung in dem vertraglich vorgesehenen Prognosezeitraum zu rechnen ist. In diesem Sinne dauerhaft kann auch ein Leiden sein, das immer wieder auftritt, wenn der VN zwar arbeitet aber unabhängig davon oder gerade deswegen trotz zwischenzeitlicher Ruhephasen in kurzen Abständen voraussichtlich akut wird (BGH VersR 2007, 797; OLG Saarbrücken NJW-RR 2006, 250).

43 Der Versicherungsfall tritt regelmäßig zu dem Zeitpunkt ein, zu dem **erstmals angenommen** werden kann, dass der die beruflichen Beeinträchtigungen verursachende gesundheitliche Zustand „voraussichtlich auf Dauer" (oder für den vertraglich vereinbarten abweichenden Prognosezeitraum) besteht. Allerdings muss – jedenfalls bei Verträgen, die eine abstrakte Verweisung erlauben – gleichfalls feststehen, dass der Versicherungsnehmer auch keine andere ihm mögliche und zumutbare Tätigkeit ausüben konnte. Da der Eintritt des Versicherungsfalles selten zeitnah zu beurteilen ist, bedarf es der **„rückschauenden Betrachtung"** zur Feststellung seines Zeitpunkts (BGH VersR 1984, 630). Wie sie vorzunehmen ist, erschließt sich aus ihrem Sinn: Sie darf nicht dazu führen, dass der VR durch eine Verzögerung seiner Regulierungsentscheidung von verbesserten medizinischen Erkenntnissen einer Heilungserwartung profitiert. Umgekehrt darf der VN nicht aus der späteren Enttäuschung seiner einstmals begründeten Hoffnung auf Heilung die aufgrund Zeitablaufs zu stellende Diagnose zum Inhalt einer früher so nicht gebotenen machen. Vielmehr ist darauf abzustellen, wann nach sachverständiger Einschätzung ein gut ausgebildeter, wohl informierter und sorgfältig handelnder Arzt nach dem jeweiligen Stand der medizinischen Wissenschaft erstmals einen Zustand des VN als gegeben angesehen hätte, der keine Besserung mehr erwarten ließ (OLG Saarbrücken VersR 2005, 966).

44 Die Leistungspflicht wird nur ausgelöst, wenn diese Prognose erstmals **während der Dauer des Versicherungsvertrages** gestellt wird. Das ist nicht der Fall,

solange eine nicht ganz aussichtslose Behandlung eingeleitet ist oder mit Willen des VN bevorsteht (OLG Hamm VersR 1995, 1039). Treten berufshindernde Erkrankungen nach medizinischer Erkenntnis **von Zeit zu Zeit** auf, ist zur Abgrenzung von schlicht wiederkehrenden Erkrankungen eine solche Prognose gerechtfertigt, wenn sich die gesundheitliche Beeinträchtigung entweder immer wieder zeigt, wenn der VN in seinem Beruf tätig wird, oder wenn mit ihrem häufigen, zeitlich unkalkulierbarem Auftreten gerechnet werden muss, dass eine sinnvolle Fortsetzung der beruflichen Tätigkeit nicht vorstellbar ist (BGH VersR 2007, 777; OLG Saarbrücken NJW-RR 2006, 250). Im Übrigen gibt es keine festen zeitlichen Horizonte. Wenn die AVB das nicht anders regeln, kann also die Prognose nicht schon dann gestellt werden, wenn nicht mit einer Gesundung in den nächsten sechs Monaten gerechnet werden kann.

45 Vom Gesetz nicht gefordert, aber von den üblichen AVB (bspw. § 2 Abs. 2 BU 2016) vorgesehen ist, dass es einer Prognose der Dauerhaftigkeit der Berufsunfähigkeit nicht bedarf, wenn sie eine bestimmte Zeit, regelmäßig sechs Monate, ununterbrochen bestanden hat und fortdauert. Dabei handelt es sich um eine **unwiderlegbare Vermutung** (BGH VersR 2007, 383; 2007, 1398; 1993, 562; 1992, 1118; 1989, 903). Der VN muss dann lediglich nachweisen, dass ein Zustand (über sechs Monate hinaus) fortbesteht, der es ihm verschlossen hat und weiter verschließt, seinen bisherigen Beruf in bedingungsgemäßem Umfang fortzuführen, nicht aber, dass dies auf unabsehbare Zeit so sein wird. Die Fiktion gilt auch dann, wenn eine Heilbehandlung noch Aussicht auf Erfolg hat (OLG Düsseldorf NVersZ 2000, 169; BGH VersR 1993, 562; VersR 1992, 1118; VersR 1990, 729; VersR 1989, 903). Manche AVB sehen vor, dass dauerhafte Berufsunfähigkeit vorliegt, wenn sie nach Ablauf einer seit sechs Monaten bestehenden ununterbrochenen Berufsunfähigkeit fortdauert und dann mit dem ersten Tag ihres Vorliegens anzunehmen ist. Andere bestimmen, dass der Versicherungsfall anzunehmen ist, wenn der VN voraussichtlich sechs Monate ununterbrochen außerstande sein wird, seinen letzten Beruf auszuüben. Solche Klauseln bedeuten, dass der VR Leistungen ab dem ersten Tag der Sechsmonatsfrist (oder dem Zeitpunkt ihrer Prognose) verspricht In solchen Fällen ist es ohne Bedeutung, wenn vorauszusehen ist oder gar fest steht, dass die Berufsunfähigkeit nicht wesentlich länger vorliegen wird. Das kann, fallen diese tatsächlichen oder voraussichtlichen sechs Monate in den vorvertraglichen Zeitraum, bedeuten, dass Berufsunfähigkeit eben nicht während der Dauer des Vertrages eingetreten ist (vgl.ua KG BeckRS 2020, 14044). Zu welchem **Zeitpunkt** der Versicherungsfall eintritt, richtet sich nach dem Wortlaut der jeweiligen Klauseln: Genügt die Prognose einer mindestens sechsmonatigen Berufsunfähigkeit, so ist der Zeitpunkt entscheidend, zu dem diese Prognose möglich ist, ist entscheidend, dass die Berufsunfähigkeit nach sechs Monaten fortdauert, ist es der Beginn dieser „Fortdauer" (BGH NJW 2021, 2970).

46 Der reine Zeitablauf macht aber zunächst nur die **Prognose der Dauerhaftigkeit entbehrlich.** Der VN muss nachweisen, dass er sechs Monate lang weder seine bisherige berufliche Tätigkeit noch, bei entsprechender Klausel (§ 2 Abs. 3 BU 2019), eine andere ihm zumutbare **Verweisungstätigkeit** in bedingungsgemäßem Maß ausgeübt hat. Fehlt in solchen „Vermutungsregeln" eine Bestimmung, nach der der VN innerhalb dieser Frist auch keine andere, ihm zumutbare Verweisungstätigkeit wahrgenommen hat, so genügt die sechsmonatige ununterbrochene Unfähigkeit, die letzte konkrete Tätigkeit fortzuführen. Schließt eine Klausel die Vermutung aus, wenn zu dem maßgeblichen Zeitpunkt eine abstrakte Verweisung möglich wäre (BGH VersR 1993, 562), so kann fraglich sein, ob

einem VN angesonnen werden darf, sich (abstrakt) verweisen zu lassen, wenn trotz der bisherigen, 6 Monate überschreitenden Erkrankung Heilungsaussichten vorliegen, die eine Rückkehr auf den vorhandenen Arbeitsplatz erlauben würden (Beckmann/Matusche-Beckmann VersR-HdB/*Rixecker* § 46 Rn. 93; vgl.auch OLG Karlsruhe r+s 2021, 282). Da der VR durch solche Bedingungen etwas verspricht, was er in einem erheblichen Teil der Fälle in Wirklichkeit gar nicht gewähren will – weil er eine zeitlich (noch) begrenzte Berufsunfähigkeit davon abhängig macht, dass der VN schon zu deren Beginn erwägen müsste, andere berufliche Tätigkeiten in den Blick zu nehmen, spricht bei solchen (seltenen) Klauseln Manches auch für deren Intransparenz.

Dass die gesundheitsbedingte Berufsunfähigkeit auf ein und demselben Leiden 47 beruht, ist nicht erforderlich. Voraussetzung ist aber, dass sie **nicht unterbrochen** worden ist (zum Problem der vorvertraglich beginnenden Berufsunfähigkeit Beckmann/Matusche-Beckmann VersR-HdB/*Rixecker* § 46 Rn. 94). Wenn solche Klauseln von einer Fortdauer ausgehen (vgl. BGH VersR 1992, 1118), so ist damit nicht gemeint, dass der VN nach Ablauf von sechs Monaten eine Tag für Tag bestehende Berufsunfähigkeit beweisen müsste. Im Übrigen entsteht der Anspruch mit dem auf den Ablauf der Frist folgenden Tag (OLG Düsseldorf NVersZ 2000, 169), soweit nichts anderes vereinbart ist (OLG Celle ZfS 2005, 456).

VI. Verweisung

1. Grundlagen

Abs. 3 erlaubt es dem VR, als Voraussetzung des Versicherungsfalles vorzuse- 48 hen, dass ein VN nicht auf eine andere vergleichbare berufliche Tätigkeit verwiesen werden kann. Das Gesetz gestattet damit **abstrakte,** von der tatsächlichen Erreichbarkeit eines anderen Berufs unabhängige, ebenso wie ausschließlich **konkrete** oder **vom Lebensalter abhängige** oder **sachlich beschränkte Verweisungen.** Das Gesetz sieht allerdings auch insoweit Grenzen vor: Statthaft ist nur, wenn nach den AVB auf eine Tätigkeit verwiesen wird, die die versicherte Person nach ihrer Ausbildung und ihren Fähigkeiten (und nichts anderes meinen die in manchen Bedingungen enthaltenen Begriffe der Kenntnisse und Erfahrungen) ausüben kann, und die ihrer bisherigen Lebensstellung entspricht. Ob sie einen solchen **Arbeitsplatz gefunden** hat, ist bei der abstrakten Verweisung im Regelfall unerheblich. Ausnahmsweise gilt anderes, wenn die abstrakte Verweisung (vor allem in der Nachprüfung) **auf der Grundlage neu erworbener Kenntnisse und Fähigkeiten** erfolgen soll: Dann ist es erforderlich, dass der VN mit dieser neu erworbenen Qualifikation einen Arbeitsplatz gefunden hat oder es treuwidrig unterlassen hat, sich um einen solchen Arbeitsplatz zu bemühen (BGH NJW-RR 2000, 550 = VersR 2000, 171). Nicht genannte aber selbstverständliche Voraussetzung ist, dass die versicherte Person **gesundheitlich in der Lage ist,** diesen Verweisungsberuf in bedingungsgemäßem Ausmaß – also regelmäßig zu mehr als 50 % – auszuüben. Dabei kommt es allein darauf an, ob gesundheitliche Beeinträchtigungen den VN hindern, im Verweisungsberuf in bedingungsgemäßem Umfang tätig zu werden, nicht darauf, ob die gesundheitlichen Beeinträchtigungen für den „aufgegebenen" hinderlich waren (BGH VersR 1992, 1073).

Eine **konkrete Verweisung** setzt voraus, dass der VN tatsächlich (zum Zeit- 49 punkt der Verweisung) einen entsprechenden Arbeitsplatz gefunden hat (BGH

NVersZ 2000, 127). Diesen Arbeitsplatz muss er allerdings auch physisch und psychisch, ohne Raubbau an seiner Gesundheit zu betreiben, ausfüllen können, und er muss seinem früheren beruflichen Status und seiner Lebensstellung entsprechen. Das bedeutet, dass der VN in dem von ihm ausgeübten Verweisungsberuf völlig unabhängig von einem uU auch höheren Einkommen **qualitativ nicht „unterwertig",** also seine frühere Qualifikation und seinen beruflichen oder sozialen Status unterschreitend, beschäftigt ist. Daher kann ein herausragender Musiker eines bedeutenden Orchesters, der unfallbedingt die Querflöte nicht mehr spielen kann, mittlerweile aber als EDV-Spezialist ein höheres Einkommen erzielt, je nach seinem früheren Qualifikationsstatus auf die neue Tätigkeit nicht verwiesen werden. Gleiches gilt für einen Hufbeschlagschmied mit Meisterprüfung, der nunmehr als angelernter Maschinenführer zu einem höheren Einkommen als bislang tätig ist (BGH VersR 2018, 152).

50 Ob eine konkrete Verweisung schon dann möglich ist, wenn der VN erst einen **ungesicherten beruflichen Status** erlangt hat – bspw durch eine befristete neue Tätigkeit oder ein Probearbeitsverhältnis – ist streitig (abl. OLG Hamm NJW-RR 2016, 798). Da die Beendigung dieser neuen, gewissermaßen leidensbedingten beruflichen Neuorientierung jedoch dazu führt, dass die „Fortdauer" des Versicherungsfalls von der fortdauernden gesundheitlichen Unfähigkeit abhängt, den „Herkunftsberuf" weiter auszuüben (BGH NJW 2016, 1720), bedeutet eine konkrete Verweisung auf eine befristete Stelle keine relevante Benachteiligung des VN. Die Verweisungstätigkeit muss dem VN die Ausübung eines Berufs gestatten; daher kann er auf zum Zwecke der Rehabilitation ausgeübte Tätigkeiten nicht verweisen werden (OLG Nürnberg VersR 2012, 843). Hat der VN den Verweisungsberuf erst später, also nach dem maßgeblichen Zeitpunkt, ergriffen, scheidet die Verweisung (zu dem früheren Zeitpunkt) auch dann aus, wenn er ihn schon hätte ergreifen können. Wenn der VN die **Tätigkeit** zwischenzeitlich wieder aus anderen als gesundheitlichen Gründen **verloren** hat, ändert das nichts daran, dass der Versicherungsfall nicht eingetreten gewesen ist.

51 Muss der VN die **Tätigkeit wiederaufgeben,** auf die der VR ihn konkret verwiesen hat, so „lebt" in gewisser Weise der Versicherungsfall wieder auf: Der VN kann einen neuen Leistungsantrag stellen (BGH NJW 2016, 1720), der Erfolg haben wird, wenn er zur Fortführung des früheren Berufs zum Zeitpunkt des Eintritts von Berufsunfähigkeit nicht imstande war. Zwischenzeitliche Änderungen der gesundheitlichen Verhältnisse oder der beruflichen Kenntnisse und Erfahrungen dürfen dann lediglich im Rahmen der Nachprüfung berücksichtigt werden. Allerdings kann die Aufgabe der Verweisungstätigkeit sich auch – ebenso wie im Rahmen der abstrakten Verweisbarkeit der Verzicht auf die Suche nach einem neuen, neuen Kenntnissen und Fähigkeiten entsprechenden konkreten Verweisungsberuf – als treuwidrig erweisen. Das ist dann der Fall, wenn keine sachlich nachvollziehbaren Gründe für die Aufgabe der konkreten Verweisungstätigkeit bestehen.

2. Zeitpunkt des Vorliegens der Verweisungsvoraussetzungen

52 Da das Gesetz die Verweisbarkeit als Voraussetzung der Leistungspflicht betrachtet, macht es deutlich, dass die **Voraussetzungen** der jeweiligen Verweisungsmöglichkeit **zum Zeitpunkt des behaupteten (und bewiesenen) Eintritts des Versicherungsfalles** vollständig **vorliegen** müssen (BGH VersR 2007, 631; 1997, 436; 1995, 159; OLG Köln OLGR 2002, 40; OLG Saarbrücken OLGR

2004, 265). Gibt es zu diesem Zeitpunkt den Verweisungsberuf noch nicht oder fehlen dem VN zu diesem Zeitpunkt die gesundheitlichen oder qualitativen Voraussetzungen ihn zu erlangen, oder liegen die sachlichen Verweisungsvoraussetzungen, vor allem die wirtschaftliche Zumutbarkeit, noch nicht vor (OLG Brandenburg BeckRS 2021, 6917), so scheidet eine Verweisung aus. Das gilt auch für den Fall der Vereinbarung einer konkreten Verweisung.

Umgekehrt führt der spätere **Verlust von** zum maßgeblichen Zeitpunkt vor- 53 handenen **Kenntnissen und Fähigkeiten** nicht dazu, dass nunmehr eine Verweisung nicht mehr möglich wäre (BGH VersR 2007, 631). Daher ist in Fällen, in denen sich eine Verweisungsmöglichkeit erst ergibt, nachdem der VN seine bisherige Tätigkeit gesundheitsbedingt aufgeben musste (bei befristeten Anerkenntnissen unter dem Vorbehalt der Verweisung oder in Fällen einer erst nach einer Umschulung möglichen konkreten Verweisung) für den Vergleich der Lebensstellung eine Hochrechnung des früheren Einkommens (nach tariflichen Änderungen oder allgemein der statistischen Einkommensentwicklung) erforderlich, um einen realistischen Vergleich zu dem nunmehr erzielbaren zu erreichen. Obwohl die Verweisbarkeit gewissermaßen negatives Tatbestandsmerkmal des Versicherungsfalls ist, muss der VR sich auf sie berufen (→ Rn. 49). Das muss aber nicht bis zu einem bestimmten Zeitpunkt erfolgen. Besteht zum Zeitpunkt des Eintritts des Versicherungsfalls die Möglichkeit einer Verweisung und verweist der VR den VN nicht, sondern erkennt er seine Leistungspflicht an, verliert er die Befugnis zur Verweisung (BGH NJW 2011, 1736 = VersR 2011, 655; KG Beschl. v. 16.9.2014 – 6 U 39/14, juris). Hat der VR allerdings Berufsunfähigkeit zunächst bestritten oder andere Gründe für die Versagung von Leistungen angeführt, darf er später eine Verweisung – bezogen auf den Zeitpunkt des Eintritts der Berufsunfähigkeit – aussprechen.

3. Darlegungs- und Beweislast

Lässt der Vertrag eine abstrakte Verweisung zu, muss der VN **vortragen und** 54 **beweisen,** dass er nicht auf eine andere Tätigkeit, die er noch nicht ausübt, verwiesen werden darf. Das kann (muss aber auch im Rechtsstreit, soll eine Klage schlüssig sein) pauschal geschehen. Dann trifft den VR indessen eine **Aufzeigelast** (BGH NVersZ 1999, 514, NJW-RR 1995, 21; VersR 1993, 953; 1990, 85; 1988, 234). Dieser Aufzeigelast genügt der VR nicht, wenn er lediglich generalisierend ein Berufsbild beschreibt, die Darstellung beruflicher Profile von Arbeitsvermittlern oder Berufsberatern zitiert oder verallgemeinernd andere Tätigkeiten nennt, die der VN seines Erachtens ausüben kann. Vielmehr muss er die physischen und psychischen Anforderungen des Verweisungsberufs darstellen, die Qualifikationsanforderungen (Ausbildungsabschlüsse) darstellen, die üblichen Arbeitszeiten und (ggf.) die Arbeitsplatzverhältnisse schildern sowie die zu erwartende Vergütung nennen (BGH NJW-RR 2009, 47; NJW-RR 2008, 767; NJW-RR 1995, 2; r+s 1995, 78; OLG Saarbrücken r+s 2005, 65; 2004, 1165). Übt der VN eine Verweisungstätigkeit bereits aus, oder hat er den vom VR benannten (unveränderten) Vergleichsberuf in der Vergangenheit ausgeübt, muss er selbst darlegen und beweisen, dass er sich dabei gesundheitlich überfordert oder dass sie nicht seiner Lebensstellung entspricht (OLG Düsseldorf r+s 2011, 524; KG r+s 2011, 526).

Genügt der VR dieser **sekundären Darlegungsobliegenheit** nicht, gilt der 55 (notwendige) Vortrag des VN, er könne nicht verwiesen werden, als zugestanden. Genügt er seiner Darlegungslast, so muss der VN darlegen und beweisen (§ 286

ZPO), dass und aus welchen Gründen er einen solchen Arbeitsplatz nicht ausfüllen kann. Die Prüfung erstreckt sich aber **ausschließlich** auf **die** durch den VR benannten **Verweisungsberufe,** mag ihre im Einzelfall erfolgende Beschränkung noch so unverständlich sein oder im Rechtsstreit einem Gericht eine andere Verweisungsmöglichkeit näher liegend erscheinen. Wendet sich der VN nicht gegen die gesundheitliche, physische oder psychische Fähigkeit, den Beruf, auf den er verwiesen wird, zu übernehmen, oder führt er ihn schon aus, oder hat er ihn in der Vergangenheit ausgeübt, so entfällt die Aufzeigelast des VR entfallen. Der VN muss dann darlegen und beweisen, dass er den Verweisungsberuf nicht ausüben kann.

4. Vergleichbarkeit der Qualifikation

56 Eine **Verweisung** ist nur zulässig, wenn ein „Qualifikationsvergleich" die Vergleichbarkeit der Herkunftstätigkeit mit der Zieltätigkeit ergibt (und der VN über die Ausbildung und die Fertigkeiten verfügt, die für den Vergleichsberuf verlangt werden). Eine Verweisung auf eine **„unterwertige" Tätigkeit** ist nicht erlaubt, ohne dass es auf das erzielte oder erzielbare Einkommen ankommt. Ausgangs- und Zielberuf müssen also nach den „subjektiven Zulassungsvoraussetzungen" (Abschlüssen) „gleichwertig" sein (zur grds. nicht statthaften Verweisung eines Rechtspflegers auf die Tätigkeit als Produktdesigner OLG Hamm r+s 2018, 667). Zugleich wird damit der **Schutz des beruflichen Status** normiert: Das qualitative Anforderungsprofil des Verweisungsberufs muss jenem des Ausgangsberufs entsprechen. Dabei verbietet sich allerdings jede den VN benachteiligende Schematik. Vielmehr bedarf es einer **konkreten Gegenüberstellung** der Anforderungen des Ausgangs- und des Verweisungsberufs. Sie muss ergeben, dass die Anforderungen im Wesentlichen vergleichbar sind. Dabei geht es um einen Vergleich der Zugangsvoraussetzungen, aber auch darum, was der VN im Ausgangsberuf an Kenntnissen, Erfahrungen, Ansehen, Positionen und Aufstiegsperspektiven gewonnen hat mit dem, was der Verweisungsberuf verlangt und bietet (BGH VersR 2018, 152; NJW-RR 2003, 383; OLG Karlsruhe VersR 2007, 1212; zweifelhaft OLG Bremen VersR 2009, 1605; KG VersR 2003, 491; OLG Saarbrücken VersR 2018, 540; VersR 2003, 353). Allerdings können sich Differenzierungen ergeben, wenn die AVB nach ihrer verständigen Auslegung engere als die gesetzlich zulässigen Verweisungsvoraussetzungen kennen (OLG Karlsruhe ZfS 2011, 400: „ähnliche Ausbildung"). Nicht erforderlich ist es allerdings, dass Herkunfts- und Zielberuf dieselben Kenntnisse oder Fähigkeiten verlangen, oder dass ein Bezug der von dem neuen Beruf verlangten Fertigkeiten zu den im alten benötigten besteht (OLG Saarbrücken r+s 2010, 521).

57 Schon nach dem Gesetz ist dieser Qualifikationsvergleich primär. Zu fragen ist, ob der VN mit seiner Ausbildung und seinen Fähigkeiten den Verweisungsberuf überhaupt ausüben kann, ob er also (was eine Verweisung ausschließt) **„unterqualifiziert"** ist, oder ob er der Weiter- und Fortbildung bedarf. Der Verweisung kann auch entgegenstehen, wenn der VN **„überqualifiziert"** ist, weil der Versicherungsvertrag ihm eine berufliche Herabsetzung nicht zumutet. Eine Verweisung ist also ausgeschlossen, wenn die Vergleichstätigkeit deutlich geringere qualitative Anforderungen stellt (BGH NJW-RR 2010, 906 = VersR 2010, 1023). Allerdings kann auch ein ungelernter, aber beruflich in einem Ausbildungsberuf aufgestiegener, durch seine berufliche Praxis qualifizierter und dort angesehener VN nicht ohne Weiteres auf beliebige, keine Ausbildung voraussetzende „ungelernte" Tätigkeiten verwiesen werden (OLG Karlsruhe VersR 2009, 969; VersR 2007, 1212). Dass der VN seine im früheren Beruf erworbenen Fertigkeiten nicht weiter nutzen kann, ist unerheblich (OLG Saarbrücken VersR 2009, 917).

Es ist grds. auch nicht ausgeschlossen, dass einem „Ausgebildeten" ein Verweisungsberuf genannt wird, der **kein gleiches formales Anforderungsprofil verlangt** (BGH NJW-RR 2010, 906 = VersR 2010, 1023). Ebensowenig ist es ausgeschlossen, von einem selbstständig Tätigen die Aufgabe der Selbständigkeit zu erwarten (BGH NJW-RR 2003, 383; OLG Saarbrücken OLGR 2006, 987). Im Einzelfall kann es auch einmal zulässig sein, einen bislang abhängig Beschäftigten auf eine selbstständige Tätigkeit zu verweisen; allerdings darf von ihm insoweit kein Kapitaleinsatz verlangt werden. Maßgebend ist allein, ob der VN persönlich und fachlich in der Lage ist, die Tätigkeit, auf die er verwiesen wird, auszuüben, und ob diese Tätigkeit seine Lebensstellung wahrt (OLG Saarbrücken OLGR 2006, 902; OLG Karlsruhe VersR 2009, 969). Das wirft besondere Schwierigkeiten auf, wenn **auf neue,** gesellschaftlich noch nicht so bekannte **Berufe** verwiesen wird, die noch nicht über ein festes Zugangsprofil verfügen. Dann wird es darauf ankommen, aus welchen altbekannten Berufen die Personen, die die neuen ausüben, rekrutiert werden, und ob es sich um dabei um eine Fortentwicklung bisheriger Berufe handelt oder um ein Abdrängen in Nischentätigkeiten, die an sich nicht benötigt werden. Machen Klauseln eine konkrete Verweisung davon abhängig, dass die neue Tätigkeit eine der alten entsprechende Ausbildung und Erfahrung voraussetzt, muss der VN sie dort in relevantem Maße nutzen können (OLG Karlsruhe NJW-RR 2012, 555). 58

Das Gesetz lässt eine **Obliegenheit zur Umschulung oder Fortbildung** an sich zu. Die Verträge sehen sie indessen regelmäßig nicht vor. Daher schuldet der VN auch keine Erweiterung seiner Kenntnisse und Fähigkeiten und kann nicht auf eine Tätigkeit verwiesen werden, deren Qualifikationsvoraussetzungen er nicht erfüllt, sondern die er erst aufgrund weiteren Lernens erreichen kann (BGH NJW-RR 1997, 529). Anderes gilt, wenn es lediglich um eine Einarbeitung, also um die Aneignung der spezifischen Gegebenheiten eines neuen Arbeitsplatzes oder die Erfüllung der jeweiligen betrieblichen Erfordernisse geht (zur Grenzziehung OLG Hamm VersR 1997, 479). Das macht die Unterscheidung zwischen **Einarbeitung und Fortbildung** schwierig. Abgestellt werden darf insoweit nicht auf die bloße zeitliche Dauer des Lernens (so aber noch *Rüther* NVersZ 1999, 497) und nur in Grenzen auf das Maß der Neuartigkeit der zu erwerbenden Fertigkeiten (vgl. BGH VersR 1997, 436; VersR 1995, 159; OLG Karlsruhe VersR 2009, 969). 59

Da das Gesetz darauf abstellt, dass der VN die **Verweisungstätigkeit nach seinen Kenntnissen und Fähigkeiten ausüben können muss,** kommt es darauf an, ob deren Fehlen der Aufnahme einer bestimmten beruflichen Tätigkeit entgegensteht. Je nach den Umständen des Einzelfalles führt daher die zunehmende Differenzierung und Spezialisierung der Arbeitswelt dazu, dass es darauf ankommt, ob Arbeitgeber Personen mit den konkreten Kenntnissen und Fähigkeiten des VN auch dann uneingeschränkt zu übernehmen bereit sind, wenn sie erst **„inhouse"** über eine gewisse Zeit für ihre konkrete Verwendung **„geschult"** werden müssen, ungeachtet dessen aber schon „bezahlt" werden. Daher kann eine Person, die über keinerlei PC-Kenntnisse verfügt, weil sie bislang als Handelsvertreterin für Staubsauger „herumgezogen" ist, nicht auf eine PC-Kenntnisse voraussetzende Tätigkeit als Empfangskraft einer Kanzlei oder Praxis verwiesen werden (OLG Saarbrücken NJW-RR 2003, 528), wohl aber eine Person, die 60

Jahre zuvor als Verwaltungsangestellte tätig war und noch nicht über PC-Kenntnisse verfügt, auf den Beruf einer Verwaltungsangestellten, der PC-Kenntnisse verlangt (OLG Saarbrücken r+s 2010, 162 = VersR 2009, 971) wenn feststeht, dass Verwaltungen „Rückkehrer" auch vor dem Erwerb solcher Fertigkeiten einstellen und ihnen Gelegenheiten geben, sie sich „on the job" anzueignen.

5. Vergleichbarkeit der wirtschaftlichen Lebensstellung

61 Zweite Voraussetzung ist, dass der Verweisungsberuf der **bisherigen Lebensstellung des VN entspricht.** Der Berufsunfähigkeitsversicherungsvertrag garantiert dem VN weder eine dem bisherigen Beruf uneingeschränkt entsprechende Tätigkeit noch ein unverändertes Einkommen. Er mutet ihm nur keinen spürbaren wirtschaftlichen Abstieg zu (BGH VersR 1988, 234; VersR 1986, 1113). Das bedeutet, dass sich der VN bei Aufnahme der Verweisungstätigkeit **wirtschaftlich nicht wesentlich schlechter** als vorher stellen darf. Das macht einen Vergleich des bisherigen mit dem hypothetischen neuen Einkommen erforderlich. Insoweit wird von der Rspr. sowohl ein Vergleich der **Brutto-** wie der **Nettoeinkommen** für zulässig gehalten; maßgeblich ist, welche Vergleichsmethode die Lebensstellung des VN am besten abbildet (BGH r+s 2012, 193; NJW-RR 1998, 239; aA Langheid/Wandt/*Dörner* § 172 Rn. 163: Bruttovergleich). Da die konkrete Lebensstellung allerdings maßgeblich von dem verfügbaren Einkommen abhängt, sollte der Nettovergleich bevorzugt – allerdings um etwaige mit der Verweisung nicht zusammenhängende (vor allem steuerliche) Sondereffekte bereinigt – werden.

62 Das verfügbare Einkommen im Ausgangsberuf ist das, was der VN zuletzt tatsächlich erzielt hat. Dabei sind **Nebenentgelte (Erschwerniszulagen, Akkordvergütung)** hinzuzurechnen, wenn ihnen kein entsprechender Aufwand gegenübersteht (OLG Karlsruhe ZfS 2007, 403; OLG Saarbrücken OLGR 2006, 902; 2003, 9; OLG Hamm VersR 1992, 1338). Gleiches gilt typischerweise mit dem neuen Beruf verbundene Nebenverdienste (OLG Karlsruhe NJW-RR 2012, 555). Hat der VN dieses Einkommen erst oder nur kurze Zeit erzielt oder ist seine Lebensstellung durch eine wechselnde Erwerbsbiografie unter Einschluss von Zeiten der Arbeitslosigkeit geprägt, so sollte der Durchschnitt der letzten beiden Jahre zugrunde gelegt werden (zur Heranziehung eines längeren Zeitraums BGH NJW-RR 1998, 239; OLG Saarbrücken OLGR 2006, 987). Gleiches gilt für die Ermittlung des Einkommens im Verweisungsberuf. Nimmt der Vertrag den Versicherungsfall erst dann an, wenn ein bestimmtes Maß der gesundheitlichen Beeinträchtigung beruflichen Tätigwerdens überschritten ist, muss das auch Konsequenzen für die Bewertung des Beginns eines spürbaren wirtschaftlichen Abstiegs haben. Daraus folgt, dass dem VN gewisse Verdiensteinbußen zugemutet werden.

63 Welches **Ausmaß die zumutbaren Einbußen** haben darf, ist abhängig von den Umständen des Einzelfalls. Je nach der bisherigen wirtschaftlichen Lebensstellung und damit auch je nach persönlichen Verhältnissen können das bis zu 20 % oder gar 25 %, bei niedrigen Einkommen allerdings eher deutlich weniger, sein (vgl. allg. BGH NJW-RR 1998, 239; VersR 1998, 1357; OLG München VersR 2011, 1254; NVersZ 2001, 73; OLG Hamm VersR 2008, 949; NJW-RR 1999, 901; OLG Köln VersR 2001, 1225; OLG Saarbrücken OLGR 2004, 9; OLG Karlsruhe ZfS 2007, 433; zur Erlaubnis einer AVB-Regelung der zumutbaren Minderung KG VersR 2012, 399 und zu ihr bloßen Richtwertfunktion OLG Jena BeckRS 141810; vgl. auch *Neuhaus* Kap. 8 Rn. 105 ff.; HK-VVG/*Mertens*

§ 172 Rn. 68 ff.). Dabei ist zu bedenken, dass der Versicherungsfall ja nicht schon bei jeder regelmäßig mit gewissen Einkommenseinbußen verbundenen Reduzierung der Arbeitsleistung eintritt, sondern – überwiegend – erst dann, wenn der VN nur noch halbschichtig oder in geringerem Umfang tätig sein kann. Der Vertrag selbst mutet ihm also von vornherein Verdienstminderungen zu.

Auch der Einkommensvergleich ist ein auf den Zeitpunkt des Versicherungsfal- 64
les bezogener Vergleich. **Karrierechancen** oder die Sicherheit des Arbeitsplatzes (BGH VersR 1998, 1537) im bisherigen Beruf geben in wirtschaftlicher Hinsicht ebenso wenig den Ausschlag wie solche in der Tätigkeit, auf die verwiesen wird. Das schließt allerdings nicht aus, dass für den Vergleich des beruflichen Status realistische Aufstiegsmöglichkeiten in die wertende Vergleichsbetrachtung einbezogen werden (vgl. BGH VersR 2010, 1023; OLG Düsseldorf r+s 2011, 524; zur unmaßgeblichen Chance, den elterlichen Betrieb zu übernehmen OLG Düsseldorf r+s 2011, 524). Einzubeziehen ist auch, ob der Vergleichsberuf eine gleichwertige Einkommensentwicklung (beispielsweise durch tarifliche Bindungen) verspricht (OLG Jena BeckRS 2017, 141810). Ist ein Aufstieg des VN sicher zu erwarten, darf das bei der vergleichenden Bewertung nicht außer Betracht gelassen werden. Das gilt auch für die Ermittlung des Vergleichseinkommens, wenn ein Rechtsanspruch auf eine tarifliche Verbesserung nach einer Einarbeitungszeit besteht (OLG Saarbrücken OLGR 2006, 902). Demgegenüber sind weit in der Zukunft liegende **Erwartungen** – bspw der **unterschiedliche Zeitpunkt des Eintritts in den Ruhestand** oder Chancen auf eine bestimmte Versorgung – nicht rechnerisch in die Vergleichsbetrachtung einzubeziehen: Es ist angesichts des sozialen und ökonomischen Wandels sowohl in Herkunfts- als auch im Zielberuf völlig offen, ob ein Berufstätiger sie einmal genießen wird. Geht es um die Verweisung eines **Auszubildenden** auf einen anderen Ausbildungsberuf, spielt der erlangte „Ausbildungsstatus", der Ablauf der in der früheren Ausbildung verstrichenen Lehrzeit, keine Rolle (inzident BGH r+s 2010, 247 = VersR 2010, 619); HK-VVG/*Mertens* § 172 Rn. 76). Ob es rechnerische Faktoren gibt, die einen Teil der Einkommenseinbuße ausgleichen, ist gleichfalls eine Frage des Einzelfalls. Ein höherer Freizeitanteil ist dazu jedenfalls nicht geeignet (BGH NJW 2017, 731). Jedoch können Vereinfachungen des Erwerbs – die Nähe oder Ferne einer Arbeitsstelle, der Wegfall von Wechseldienst, soweit damit keine Einkommenseinbußen verbunden sind – ebenso für wie gegen eine Verweisbarkeit sprechen. Die bloße Befristung einer Arbeitsstelle schließt eine Verweisung nicht aus, weil nach Ablauf der Befristung der VN erneut geltend machen kann, in seinem früheren Beruf gesundheitsbedingt weiterhin nicht tätig sein zu können.

Da es für die Verweisbarkeit allein auf den Zeitpunkt des Eintritts der Berufsun- 65
fähigkeit ankommt, ist auch nur das in dem zuletzt ausgeübten erwirtschaftete Einkommen Ausgangspunkt der Vergleichsbetrachtung. Unabhängig von der Dauer der Regulierungsprüfung oder eines Rechtsstreits um Leistungen kommt es allein darauf an. Eine **Fortschreibung** erfolgt nicht. Anders kann es bei einer Verweisung im Rahmen der Nachprüfung sein. Da der Zielberuf die Lebensstellung des VN zum Zeitpunkt der Leistungseinstellung durch den VR wahren muss, gilt es zu vergleichen, welche Lebensstellung (und nicht allein welches nominale Einkommen) der VN zum Zeitpunkt des Versicherungsfalls hatte, also welchen ökonomischen und sozialen Status ihm sein früherer Beruf zum Zeitpunkt des Versicherungsfalls verschafft hatte und ob dieser Status durch eine jetzige Verweisung gleichfalls erlangt würde oder wird (→ § 174 Rn. 21). Nur insoweit ist der

durch ein bestimmtes verfügbares Einkommen erreichte „Wohlstand" „fortzuschreiben".

6. Sonstige statusrelevante Wertungskriterien

66 Die „Lebensstellung" kann über ihre ökonomischen Grundlagen hinaus von anderen, „weichen" Faktoren geprägt werden. Dazu zählt in gewissem Maße die „soziale Wertschätzung", deren fehlende Vergleichbarkeit der VN aber, was ihm meist schwerfallen wird, nachweisen muss und für die ggf auf berufskundliche Umfragen abgestellt werden kann. Die **Verweisung eines Selbstständigen auf eine abhängige Beschäftigung** (BGH NJW-RR 2017, 225; VersR 1988, 234; NJW-RR 2003, 383; OLG Frankfurt a. M. BeckRS 2015, 09143; vgl. allg. BGH NJW-RR 2010, 906) schließt die Verweisung grds. nicht aus. Allerdings kann einem Selbständigen unzumutbar sein, sein Unternehmen aufzugeben, wenn er noch auf eine **Wiederherstellung seiner Gesundheit hoffen** darf (OLG Karlsruhe NJW-RR 2020, 1234). Auch eine bisher leitende Position (Leitender Oberarzt einer großen Gynäkologie) verwehrt es nicht, auf eine selbstständige Tätigkeit (Führung einer gynäkologischen Praxis) zu verweisen. Der **„Ansehensvergleich"** wird allerdings nur in den seltensten Fällen bei notwendiger sachverständiger Beratung zum Ausschluss einer Verweisung führen (zur zulässigen Verweisung eines Offiziers mit Studienabschluss auf die Tätigkeit als Prüfingenieur OLG Celle NJW-RR 2020, 420). Jedoch können andere mit einem Beruf verbundene, gewissermaßen „rechenbare" Vorteile den Ausschlag geben: Ist mit einer selbstständigen Tätigkeit eine aus privaten Gründen notwendige Flexibilität und Disposition über den Arbeitseinsatz verbunden, so kann das eine Verweisung auf eine an Arbeitszeiten gebundene untergeordnete Tätigkeit ausschließen (OLG Saarbrücken NJW-RR 2003, 528).

67 Von einem VN darf iRd Verweisung eine gewisse **Mobilität** verlangt werden. Maßgeblich sind insoweit nicht die sozialrechtlichen Zumutbarkeitskriterien auf der Grundlage des § 10 SGB II und des § 140 Abs. 4 SGB III, auch wenn sie im Rahmen einer Gesamtbewertung Anhaltspunkte liefern können (aA Langheid/Wandt/*Dörner* § 172 Rn. 152; *Neuhaus* Kap. 8 Rn. 64 ff.). Dem VN ist vertraglich für die von ihm aufgewandten Prämien eine Leistung im Versicherungsfall versprochen worden, auf deren Einlösung er sich, wenn er sich selbst verständig verhält, verlassen darf. Je „mobiler" der VN in seinem bisherigen Beruf war, desto mehr Mobilität darf von ihm auch im Rahmen der Verweisung erwartet werden. Dennoch darf keine Aufgabe des Lebensmittelpunkts verlangt werden, wenn ihm das seine familiären Verhältnisse verbieten. Ihm dürfen auch keine Umzugskosten entstehen, die außer Verhältnis zu der ihm versprochenen Leistung stehen. Schließlich kommt es auf das Verhältnis der Fahrtzeiten zu den Arbeitszeiten an, so dass äußerste Grenze 1,5 Stunden je Weg sein dürften (OLG Nürnberg NJW-RR 2015, 869 = VersR 2015, 833; OLG Düsseldorf VersR 1996, 879; OLG Saarbrücken r+s 2002, 301).

7. Arbeitsmarktrisiko und Ausschluss der Verweisung

68 Die Berufsunfähigkeitsversicherung schützt nicht vor den Unwägbarkeiten des Arbeitsmarktes. Dass ein VN aufgrund der hohen Nachfrage nach Arbeitsplätzen nur geringe Chancen hat, einen Verweisungsberuf tatsächlich ergreifen zu können, schließt die Verweisung nicht aus (BGH VersR 1993, 1220; 1989, 579; 1986, 278). Allerdings sind die Chancen eines VN, in Zeiten hoher oder struktureller

Arbeitslosigkeit bei gesundheitlichen Einschränkungen einen Arbeitsplatz zu finden, deutlich verringert. Liegen (nach berufskundlich-sachverständiger Beratung) die **Gründe für die Unerreichbarkeit eines Verweisungsberufs** nicht in der allgemeinen Lage auf dem Arbeitsmarkt, sondern sind sie durch die die Berufsunfähigkeit verursachenden gesundheitlichen Einschränkungen des VN geprägt, scheitert eine Verweisung aus (OLG Saarbrücken NJW-RR 1998, 540; vgl. allg. *Neuhaus* Kap. 8 Rn. 18ff.).

Der VR darf einen VN nicht auf einen Beruf verweisen, den es (zum Zeitpunkt des Versicherungsfalles) nicht gibt oder der nur als **Nische** bekannt ist (BGH NJW-RR 1999, 1471 = VersR 1999, 1134; OLG Düsseldorf VersR 2001, 971) oder der von Arbeitgebern für gesundheitlich beeinträchtigte eigene Arbeitnehmer zur **Schonung** (OLG Hamm VersR 2008, 949; OLG Saarbrücken VersR 2004, 1401; OLG Düsseldorf r+s 2001, 399) vorgehalten wird. Vielmehr muss es dem VN im Allgemeinen möglich sein, einen solchen Beruf zu wählen und darin einen Arbeitsplatz zu finden. Das Risiko, aufgrund der Lage am Arbeitsmarkt zu scheitern, deckt die Berufsunfähigkeitsversicherung bei einer abstrakten Verweisung nicht. Vermag ein VN jedoch trotz an sich ausreichender Kenntnisse und Fähigkeiten den allgemein zugänglichen Verweisungsberuf auszuüben, hat er jedoch aufgrund seiner gesundheitlichen Beeinträchtigungen keine realistische Chance, ihn zu ergreifen, weil ein Arbeitgeber allein das Risiko seiner Einstellung scheut, so darf er nicht verwiesen werden (vgl. Beckmann/Matusche-Beckmann VersR-HdB/*Rixecker* § 46 Rn. 127). 69

VII. Inhalt und Umfang der Leistungspflicht

Ist ein Versicherungsfall eingetreten, muss der VR je nach dem Inhalt des Leistungsversprechens eine Rente zahlen (ggf. den dem Grad der Berufsunfähigkeit entsprechenden prozentualen Satz der Rente, OLG Koblenz VersR 2013, 304), den VN von der Pflicht zur Zahlung der Prämien einer Hauptversicherung freistellen oder – in neueren Produkten – auch Assistance-Leistungen erbringen. Er kann auch vorsehen, dass der VN an erzielten Überschüssen beteiligt wird. Sieht der Vertrag eine **Dynamisierung** der Rente bis zum Eintritt des Versicherungsfalles vor, so bestehen gegen diese Befristung keine Bedenken. Nach Eintritt des Versicherungsfalls findet dann keine weitere Dynamisierung statt (vgl. dazu OLG Saarbrücken VersR 2010, 519; OLG Koblenz r+s 2002, 81; VersR 1999, 876). 70

Grundsätzlich keine Bedenken bestehen gegen vertragliche Bestimmungen, nach denen die Leistungspflicht bei Beendigung einer bestimmten Leistungsdauer erlischt (OLG Saarbrücken BeckRS 2018, 24108; OLG Hamm BeckRS 2012, 13481). Zuweilen entstehen Unklarheiten, welche Bedeutung die Vereinbarung einer „Versicherungsdauer" für den Zeitraum hat, in dem der VR nach Eintritt des Versicherungsfalls eine Rente gewährt. Eine zeitliche Begrenzung der Leistungspflicht kann wirksam vereinbart werden. Allerdings muss der Vertrag dann transparent machen, dass das Leistungsversprechen nur für den benannten Zeitraum gilt (OLG Saarbrücken BeckRS 2018, 24108). Ist das – durch Vermischung der Begriffe **Versicherungsdauer** und **Leistungsdauer** – unklar (OLG Karlsruhe VersR 2009, 1104), so endet die Leistungspflicht erst nach Ablauf des aus der Sicht eines verständigen VN anzunehmenden Zahlungszeitraums. Jedoch sind Bestimmungen, nach denen mit dem Ende der BU-Versicherung alle (entstande- 71 nen) Ansprüche des VN auf Rente oder Beitragsbefreiung enden, unwirksam (BGHZ 186, 171). Der Anspruch auf die Berufsunfähigkeitsrente ist nicht pfändbar (§ 850b ZPO) und damit auch nicht abtretbar (§ 400 BGB) (BGH VersR 2010, 374 f.).

72 Die AVB sehen regelmäßig **Ausschlussfristen** vor. Nach ihnen entsteht der Anspruch auf die Leistung, meldet der VN einen Versicherungsfall erst eine bestimmte Zeit nach seinem Eintritt, erst mit dem Monat der Meldung. Das ist zulässig (BGH VersR 1995, 82; OLG Saarbrücken VersR 2011, 1381). Allerdings darf sich der VR auf den Ablauf einer solchen Frist nicht berufen, wenn der VN sie unverschuldet versäumt hat zu beachten.

73 Nach herkömmlicher Rechtsprechung können nicht nur die Ansprüche des VN auf die einzelnen Teilleistungen in der Regelfrist **verjähren;** auch das sogenannte **Stammrecht** unterliegt der Verjährung (BGH r+s 2019, 342; so schon OLG Saarbrücken NJW 2017, 1508 mwN; OLG Stuttgart ZfS 2014, 513; aA noch OLG Jena BeckRS 2018, 4531). Die Geltendmachung von Teilansprüchen hemmt dann die Verjährung des Stammrechts nicht (BGH r+s 2019, 342; NJW 1972, 1043). Die Verjährung des „Stammrechts" knüpft an den Versicherungsfall an, also an den dem Vertrag entsprechenden Eintritt der Berufsunfähigkeit. War der Versicherungsfall – entgegen den Annahmen des VN – noch nicht in dem bedingungsgemäßen Maße eingetreten, so schließt das nicht aus, später hinzugetretene gesundheitliche Beeinträchtigungen, vor allem ein **nunmehr bestehendes schwerer wiegendes Krankheitsbild** unter Einbeziehung der ursprünglichen funktionellen Einbußen zur Begründungen eines Leistungsanspruchs zu verwenden. Verjähren kann nur ein Anspruch als solcher, nicht eines seiner tatbestandlichen Elemente.

§ 173 Anerkenntnis

(1) **Der Versicherer hat nach einem Leistungsantrag bei Fälligkeit in Textform zu erklären, ob er seine Leistungspflicht anerkennt.**

(2) [1]**Das Anerkenntnis darf nur einmal zeitlich begrenzt werden.** [2]**Es ist bis zum Ablauf der Frist bindend.**

I. Normzweck und Regelungsinhalt

1 Die Vorschrift enthält eine nur mit den Besonderheiten eines Versicherungsvertrags, auf dessen Versprechen ein VN existenziell angewiesen ist, erklärbare Verpflichtung des VR. Sie nimmt Bestimmungen der AVB – § 8, § 9 BUZ 2016 – auf und zieht aus der vertragsrechtlich typischen Regelungslage gesetzliche Konsequenzen: Der VR muss sich zu seiner Bereitschaft zu regulieren in bestimmter Form und unter Beachtung bestimmter Grenzen erklären und ist an diese Erklärung gebunden. Das wird dem Interesse des VN gerecht, alsbald Klarheit und Sicherheit über die ihm im Versicherungsfall zustehenden Ansprüche zu erhalten. Das Anerkenntnis begründet **weder konstitutiv noch** (im Regelfall mangels vertraglicher Bestätigung einer bis dahin streitigen Schuld) **deklaratorisch** eine Verpflichtung des VR (aA *Neuhaus* Kap. 12 Rn. 16, 17 – Sonderfall; Langheid/Wandt/*Dörner* § 173 Rn. 8), ist aber auch mehr als eine bloße Auskunft. Abs. 1 verbürgt vielmehr einen **Anspruch auf Abgabe einer Willenserklärung,** die den VR bindet. Mit einem zeitlich unbefristeten und der Sache nach uneinge-

schränkten Anerkenntnis **verliert der VR die Möglichkeit,** sich später auf das Fehlen der beruflichen oder gesundheitlichen Voraussetzungen des Versicherungsfalls zu berufen oder eine zum Zeitpunkt deiner Abgabe vorhandene Verweisungsmöglichkeit nachzuschieben (BGH NJW 2011, 1736 = VersR 2011, 655).

Das Anerkenntnis kann nach § 119 Abs. 1 oder § 123 Abs. 1 BGB **angefochten** werden. Nach der Gesetzbegründung (BT-Drs. 16/3945, 106) darf eine – wegen eines grds. denkbaren Irrtums über verkehrswesentliche Eigenschaften der Person des VN (seine tatsächliche gesundheitliche Befindlichkeit) – Anfechtung auf § 119 Abs. 2 BGB gestützt werden, wenn der VR irrtümlich die Berufsunfähigkeit der versicherten Person angenommen hat (*Neuhaus* Kap. 12, Rn. 65, 66; offen Prölss/Martin/*Lücke* § 174 Rn. 7). Rspr., die ein Anfechtungsrecht nach § 119 Abs. 2 BGB versagen würde, liegt nicht vor. Der Sinn und Zweck der Bindung des VR an sein Anerkenntnis und die Gewährung eines Lösungsrechts über das Nachprüfungsverfahren zwingen nicht zu einem Ausschluss des Anfechtungsrechts. Daher ist **§ 119 Abs. 2 BGB** grds. **anwendbar.** Ob allerdings seine Voraussetzungen gegeben sind, der Irrtum über die Berufsunfähigkeit ein Irrtum über eine verkehrswesentliche Eigenschaft oder ein unbeachtlicher Motivirrtum ist, kann zweifelhaft sein (vgl. zum Streitstand MüKoBGB/*Armbrüster* BGB § 119 Rn. 102 ff., 129) und hängt davon ab, ob das Vertrauen des VN in den Bestand des Anerkenntnisses schützenswert ist. Das System des Gesetzes ist, wie das Zusammenspiel von § 173 und § 174 zeigt, allerdings auf Verlässlichkeit der Regulierungsentscheidung angelegt. Ihre Korrektur soll durch die grds. das Anfechtungsrecht des § 119 Abs. 2 BGB verdrängende Entscheidung im Nachprüfungsverfahren möglich sein (zum früheren Bedingungsrecht BGHZ 137, 178; BGHZ 121, 284; BGH VersR 1996, 958). In aller Regel ist der VR folglich auch künftig an eine Fehleinschätzung gebunden, solange der VN sie nicht arglistig bewirkt hat. 2

Anders als die übrigen Vorschriften der §§ 172–177 ist § 173 auch auf **Altverträge** ab dem 1.1.2009 anwendbar (Art. 1 Abs. 1 iVm Art. 4 Abs. 3 EGVVG; HK-VVG/*Muschner* Art. 4 EGVVG Rn. 14 f.; zu Differenzierungen Langheid/Wandt/*Dörner* § 173 Rn. 3). Allerdings kann ein „Altvertrag" (wie natürlich auch ein „Neuvertrag") vorsehen, dass ein Anerkenntnis nur mit bestimmten Beschränkungen – dem Vorbehalt der Verweisung – ausgesprochen werden darf: Dann gilt dies als **günstigere Regelung** fort (LG Berlin VersR 2014, 1196; HK-VVG/*Muschner* Art. 4 EGVVG Rn. 15; allg. Beckmann/Matusche-Beckmann VersR-HdB/*Rixecker* § 46 Rn. 148). 3

II. Erklärungspflicht

Der VR muss sich **„bei Fälligkeit",** also nach Abschluss seiner Erhebungen (§ 14) erklären, ob er leisten will oder nicht. Solange der VN objektiv erforderliche Auskünfte nicht erteilt, muss der VR sich allerdings seinerseits nicht zur Regulierung äußern. Das Anerkenntnis muss **in Textform** (§ 126b BGB) erfolgen. Von einem Anerkenntnis iSv § 173 kann nur gesprochen werden, wenn der VR sich zu seiner Leistungspflicht bekennt. Teilt er mit, dass er kulanzhalber zu leisten bereit ist, handelt es sich nicht um eine von § 173 geforderte Erklärung; die an sie anknüpfenden Rechtsfolgen, die den VR vor allem auf eine Lösung von seiner Leistungspflicht ausschließlich im Nachprüfungsverfahren verweisen, gelten daher nicht. Die **„Kulanz"** muss allerdings klar zum Ausdruck kommen (BGH r+s 4

2010, 251; OLG Frankfurt a. M. r+s 2006, 120; OLG Saarbrücken VersR 2002, 877; OLG Hamm NVersZ 2001, 213; LG Dortmund 6.2.2014 2 O 349/13). Dazu genügt nicht immer die Bemerkung, der Anspruch werde „ohne Anerkennung einer Rechtspflicht" erfüllt (sehr weitgehend OLG Karlsruhe r+s 2013, 34). Von einer kulanzhalber erfolgenden Leistung kann nur die Rede sein, wenn der VN erkennen kann, dass der VR sich gerade nicht für leistungspflichtig hält, die bindende Wirkung des Anerkenntnisses also durch die Erklärung nicht begründet wird und der VN, wenn er eine Leistungspflicht für gegeben erachtet, Rechtsschutz begehren muss (BGH NJW 2011, 1736 = VersR 2011, 655).

5 Gibt der VR ein objektiv gebotenes Anerkenntnis nicht ab, so verletzt er seine aus Abs. 1 folgende Verpflichtung und muss daher den VN (bei nicht zu widerlegendem Verschulden) so stellen, als ob er es abgegeben hätte (§ 280 Abs. 1 BGB) In der Rechtsprechung wird in solchen Fällen regelmäßig davon gesprochen, das **Anerkenntnis werde fingiert** (so iErg BGH NJW-RR 2020. 353; VersR 1997, 436; VersR 1989, 1182; OLG Celle DStRE 2019, 467 mAnm *Rixecker;* OLG Saarbrücken VersR 2002, 877; zum fingierten Anerkenntnis in Fällen der Fiktion von Berufsunfähigkeit OLG Düsseldorf NVersZ 2002, 357; OLG Oldenburg NVersZ 2000, 268; HK-VVG/*Mertens* § 173 Rn. 6: nicht bei „unverschuldetem Tatsachenirrtum"). Die Unterscheidung der schadensersatzrechtlichen von der Fiktionslösung besteht darin, dass erstere dem VR erlaubt, sich zu entlasten, indem er eine sorgfältige und gewissenhafte Prüfung der Voraussetzungen des Versicherungsfalls – auch durch seine Erfüllungsgehilfen wie medizinische Gutachter – beweist, während letztere auch in einem solchen Fall annimmt, dass es **dem VR nach Treu und Glauben verwehrt ist,** sich auf das Fehlen eines der Sache nach gebotenen Anerkenntnisses zu berufen und so zu versuchen, sich den Regeln des Nachprüfungsverfahrens zu entziehen. Nicht in jedem Fall, in dem VN und VR über die Leistungspflicht streiten, kann aber, stellt sich die Argumentation des VR als falsch heraus, angenommen werden, der VR sei auf Dauer aufgrund eines „fiktiven Anerkenntnisses" gebunden. Hat der VR also nicht nachweislich entschuldigt ein gebotenes Anerkenntnis nicht abgegeben, so muss er den VN so stellen, als hätte er es getan, hat also Verweisungsmöglichkeiten verloren und ist auf die Nachprüfung angewiesen, wenn er seine Leistungen einstellen will. Hat er sich zu entschuldigen vermocht, kommt es auf den Zeitpunkt an, zu dem er erkennen kann, dass ein – möglicherweise zeitlich befristetes – Anerkenntnis geboten gewesen wäre. Gibt er es dann ab oder verbindet er es mit einer Nachprüfungsentscheidung, kann er seine Leistungspflicht auf diese Weise auf den vorgesehenen berechtigten Zeitraum begrenzen.

6 Werden **Leistungen nur für die Vergangenheit begehrt** und ist die Berufsunfähigkeit zum Zeitpunkt der Anzeige des Versicherungsfalles wieder entfallen, bedarf es einer Erklärung nach deren Sinn und Zweck gleichfalls nicht mehr (vgl. OLG Karlsruhe VersR 2007, 344; HK-VVG/*Mertens* § 173 Rn. 7; zur Problematik im Rahmen der Nachprüfung vgl. § 174 Rn. 7 f.). Hat der VR ein Anerkenntnis abgegeben, den VN aber später auf eine konkrete andere (gleichwertige) Tätigkeit erfolgreich verwiesen, **lebt das frühere Anerkenntnis nicht wieder auf,** wenn der VN diese Verweisungstätigkeit wieder aufgibt (BGH NJW 2016, 1720).

III. Befristung

7 Entgegen dem früheren Vertragsrecht darf der VR einem dringenden praktischen Bedürfnis folgend auch im Interesse des VN sein Anerkenntnis befristen

(Abs. 2 Satz 1). Eine solche Befristung bedarf allerdings eines sachlichen Grundes und der ihn darstellenden Begründung. Fehlt es an Grund oder Begründung, ist die Befristung unwirksam. Der VR kann sich dann nurmehr im Wege der Nachprüfung von seiner Leistungspflicht lösen (BGH r+s 2019, 715). Ein solcher sachlicher Grund kann in Unklarheiten über das gegenwärtige Ausmaß der funktionellen Beeinträchtigungen und in aufgrund von Heilungs- oder Rehabilitationsmaßnahmen zu erwartenden möglichen Besserungen des gesundheitlichen Zustands bestehen oder Bezug auf eine begonnene oder bevorstehende Umschulung haben. Im Übrigen aber darf dem VR aber nicht gestattet werden, auch in den Fällen, in denen die gesundheitsbedingt dauerhafte Beschränkung eindeutig ist, sich den Regeln des Nachprüfungsverfahrens zunächst zu entziehen und dem VN nur vorübergehend Planungssicherheit zu verschaffen. Die **Befristung** des Anerkenntnisses **darf sachlich beschränkt** werden, also nur der Frage der Verweisbarkeit gelten, weil damit zum Vorteil des VN von § 173 abgewichen wird. Indessen darf sich der VR nicht – wie nach dem Wortlaut der früheren AVB – unbefristet vorbehalten, die Verweisbarkeit zu prüfen, weil er damit zu Lasten des VN vom Gesetz abweichen würde. Die Befristung muss zusammen mit dem Anerkenntnis erfolgen, darf also **nicht nachgeschoben** werden.

Sehr streitig ist, ob, enthalten die AVB einen **verkürzten Prognosezeitraum** („voraussichtlich sechs Monate") oder ist der Versicherungsfall nach den AVB aufgrund einer Ersetzung der Prognose durch den Ablauf einer bestimmten Dauer der Berufsunfähigkeit (sechs Monate und ein Tag) bereits eingetreten, der VR ein eine längere Frist vorsehendes befristetes Anerkenntnis aussprechen darf. Das Argument, der VN hätte es dann in der Hand, durch eine späte Anmeldung des Versicherungsfalls die Dauer seiner Leistungen zu bestimmen (HK-VVG/*Mertens,* § 173 Rn. 9) überzeugt aus mehreren Gründen nicht: Zum einen haben VR die Möglichkeit, eine verspätete Anzeige von Berufsunfähigkeit durch Ausschlussfristen zu sanktionieren, die die Attraktivität einer verzögerten Meldung des Versicherungsfalls reduzieren, zum anderen und vor allem stehen dem VR die Möglichkeiten der Nachprüfung zur Verfügung, die er nur – korrekt – nutzen muss. Entscheidend ist aber, dass ein VR nicht „frühe" Leistungen durch – beworbene – Verkürzungen des Prognosezeitraums und ähnliche Versprechungen vertraglich zusagen und damit den gesetzlichen Mechanismus der Bindung und der ausschließlichen Lösung nach Maßgabe der Voraussetzungen und Rechtsfolgen der Nachprüfung auslösen, sich dann aber von ihnen durch eine Befristung wieder befreien darf. Ein sachlicher Grund für eine Befristung fehlt eben gerade dann, wenn – nach dem vertraglichen Versprechen – bereits von dem grundsätzlich dauerhaften Eintritt des Versicherungsfalls auszugehen ist. Allerdings sind insoweit die Voraussetzungen der „vermuteten" Berufsunfähigkeit zu beachten, je nach Bedingungslage also auch einmal der Ausschluss einer Verweisbarkeit oder die fehlende Ausübung einer Vergleichstätigkeit. 8

Aus diesen Überlegungen folgt zugleich zum einen, dass ein Anerkenntnis grundsätzlich **nicht rückwirkend befristet** abgegeben werden darf (BGH NJW-RR 2020, 353; BeckRS 2016, 11115; OLG Saarbrücken BeckRS 2016, 11115, vgl. insoweit allerdings auch die Revisionsentscheidung BGH NJW-RR 2017, 739; OLG Celle DStRE 2019, 467,;) mit der Folge, dass die Voraussetzungen des Nachprüfungsverfahrens und die Nachleistungspflicht des VR beachtet werden müssen. Das ist dann anders, wenn der VN den Versicherungsfall erst dann meldet, wenn schon nach seinem eigenen Verständnis der Versicherungsfall „abgeschlos- 9 sen" ist und er lediglich **für einen in der Vergangenheit liegenden Zeitraum** Leistungen begehrt. Stellt sich aber erst in einem Rechtsstreit, möglicherweise nach langen Jahren aufgrund einer sich dann ergebenden sachverständig ermittelten und bewerteten Grundlage heraus, dass der Versicherungsfall zwar einmal eingetreten, nach Ablauf einer bestimmten Zeit aber auch wieder beendet war, kann sich der VR von seiner fortdauernden Leistungspflicht grundsätzlich nur durch ein Nachprüfungsverfahren lösen. Das ist nur dann anders, wenn der VR geltend machen kann, er sei von dem Eintritt eines Versicherungsfalls unverschuldet nicht ausgegangen, hätte er über die jetzigen Erkenntnisse verfügt, hätte er ein befristetes Anerkenntnis abgegeben und auch abgeben dürfen. War der Versicherungsfall in der Vergangenheit aber bereits – unter Berücksichtigung etwaiger Verkürzungen des Prognosezeitraums – zeitlich unbegrenzt eingetreten, kann dieser Lösung nicht mit dem Argument entgegengetreten werden, der VN genieße in solchen Fällen die Leistungen weit über den Zeitraum des Versicherungsfalls hinaus: Das kann auch in anderen Fällen – einem fehlerhaften Anerkenntnis oder einer unzulänglichen Einstellungsmitteilung – die Folge sein, ist also im System angelegt. Im Übrigen liegt es in der Hand des VR, dem durch Mitwirkungsobliegenheiten des VN zu begegnen; gelten sie nicht, weil der VR Leistungen zu Unrecht abgelehnt hat, trägt er – von seltenen Fällen treuwidrigen Verhaltens des VN abgesehen – das Risiko.

10 Der VR darf seine Regulierungserklärung nur **einmal befristen.** Das soll „Kettenanerkenntnisse" verhindern und gilt auch dann, wenn sich nachträglich ergibt, dass der Anlass der Befristung (bspw. eine Umschulung) eine längere Befristung erforderlich gemacht hätte. Wird zum zweiten Mal lediglich befristet anerkannt, so ist von einer Teilunwirksamkeit der Erklärung auszugehen, also von einem unbefristeten Anerkenntnis. Die **Dauer der Befristung** ist nicht geregelt. Sie darf indessen keinen beliebig langen Zeitraum umfassen, um zu verhindern, dass sich der VR die Möglichkeit verschafft, noch nach vielen Jahren eine Erstprüfung vornehmen zu können. Allerdings ist es völlig unbedenklich, wenn der VR einen großzügig bemessenen Zeitraum für eine Rehabilitation des VN oder eine sich möglicherweise auch verlängernde Umschulung zuzüglich einer Karenz für die Arbeitsplatzsuche wählt. Liegt eine unangemessen lange Befristung vor, soll von einem fingierten unbefristeten Anerkenntnis ausgegangen werden (OLG Karlsruhe VersR 2006, 59). **Leistet** der VR **nach Ablauf der Frist weiter,** so wird vielfach von einem konkludenten, unbefristeten Anerkenntnis ausgegangen, wenn der VR nicht rechtzeitig erklärt, dass er sich zu diesen weiteren Zahlungen nicht verpflichtet sieht (OLG Düsseldorf VersR 2001, 1370; diff. OLG Karlsruhe VersR 2006, 59). Allerdings kann in solchen Fällen auch ein Irrtum iSd § 119 Abs. 1 BGB vorliegen, wenn – vor allem durch technische Versehen der Zahlungsabwicklung – gar nicht von einer von einem bestimmten Willen getragenen (konkludenten) Erklärung ausgegangen werden kann.

11 Für die Dauer der Befristung ist der VR an sein Anerkenntnis **gebunden** (Abs. 2 Satz 2), kann sich also durch eine Nachprüfung von ihm nicht lösen. Nach Ablauf der Befristung bedarf es keiner erneuten Meldung des Versicherungsfalles; sie ist ja bereits erfolgt. Allerdings steht dem VR nunmehr die nach ihren beweisrechtlichen Regeln zu handhabende **Erstprüfung** zu, ob der VN zum Zeitpunkt des Fristablaufs (oder aufgrund einer zwischenzeitlich eingetretenen Fiktion des Versicherungsfalles) berufsunfähig ist.

IV. Vereinbarungen über die Leistungspflicht

12 Von den Regelungen des § 173 darf nicht zum Nachteil des VN abgewichen werden (§ 175). Das schließt es indessen nicht aus, dass VR und VN individuelle Vereinbarungen treffen, die die Leistungspflicht sachlich oder zeitlich näher regeln (BT-Drs. 16/3945, 106). Derartige schon in der Vergangenheit häufige **„außervertragliche" Abreden** (außervertraglich, weil sie sich außerhalb des Regimes des Vertrages über eine Berufsunfähigkeitsversicherung und damit außerhalb des Leistungsversprechens des VR bewegen) stoßen aber, nicht anders als unter der Geltung früheren Rechts, auf **Grenzen** (BGH NJW-RR 2017, 739; VersR 2007, 633; VersR 2004, 96; OLG Saarbrücken VersR 2009, 917; OLG Koblenz VersR 2012, 85; VersR 2008, 1254). Das ist unabhängig von den möglicherweise verständlichen Gründen einer solchen Abrede. Zunächst darf es sich nicht um vorformulierte Texte handeln, mit denen sich der VR von den Beschränkungen des § 173 befreien will (§ 307 Abs. 1 und 2 BGB). Auf den Einzelfall bezogene ausgehandelte Regelungen sind denkbar, wenn die Vereinbarung auf der freien Entscheidung des VN beruht und der VR nicht seine Verhandlungsmacht gegenüber dem auf seine Leistungen angewiesenen, unerfahrenen VN ausgenutzt hat, um sich weder unbefristet noch in den gesetzlichen Grenzen befristet binden zu müssen. Das setzt voraus, dass der VR bestimmten verfahrensmäßigen und inhaltlichen Anforderungen genügt (BGH NJW-RR 2017, 739; VersR 2007, 777; zur Krankentagegeldversicherung entsprechend BGH r+s 2010, 381 = VersR 2010, 1171; OLG Saarbrücken BeckRS 2020, 12415).

13 Der VR muss seinen Vertragspartner zum einen umfassend und transparent über die sich aus seiner Sicht darstellende „wahre" Sach- und Rechtslage, insbesondere über Alternativen zum Abschluss der Vereinbarung **aufklären,** sowie über Vor- und Nachteile ihres Abschlusses (vgl. BGH r+s 2010, 381 = VersR 2010, 1171). Zum anderen darf die Vereinbarung dem VR keine Rechtsposition verschaffen, die er auf der Grundlage des Versicherungsvertrages nicht haben kann, also bspw. eine vertraglich nicht bestehende Verweisungsmöglichkeit. Im Übrigen muss die Vereinbarung der sich bei vernünftiger Betrachtung zum Zeitpunkt ihres Abschlusses darbietenden **Sach- und Rechtslage entsprechen.** Mit ihr können daher im Wesentlichen nur Fälle erfasst werden, in denen objektiv Unsicherheiten über den Eintritt des Versicherungsfalles bestehen und der VR dem VN mit vom Vertrag nicht vorgesehenen Leistungen und Hilfen der Rehabilitation zur auch von diesem gewünschten Wiederaufnahme seiner beruflichen Tätigkeit entgegen kommt. Auf das Unterlassen einer solchen Aufklärung darf sich der VN allerdings nicht berufen, wenn der VR statt der „außervertraglichen" Vereinbarung ein befristetes Anerkenntnis hätte abgeben können, weil sie dann den VN nicht benachteiligt hat (LG Dortmund NJOZ 2015, 1090), allerdings nur, wenn ihm zum Zeitpunkt des Abschlusses der Vereinbarung ein solches befristetes Anerkenntnis noch möglich war und sich die Rechtsstellung es VN durch die außervertragliche Vereinbarung im Vergleich zur Abgabe eines befristeten Anerkenntnisses nicht verschlechtert hat. Auch **„Gegenleistungen"** des VN – die Verpflichtung, eine Umschulung zu beginnen oder fortzusetzen, die Verpflichtung, sich in bestimmten Abständen einer ärztlichen Untersuchung zu unterziehen – unterliegen der Wirksamkeitskontrolle. Solche Verpflichtungen sind iÜ echte Rechtspflichten, keine Obliegenheiten. Für sie gilt das Regime des § 280 BGB, nicht jenes des § 28.

14 Verletzt eine „außervertragliche Abrede“ diese aus Treu und Glauben abzuleitenden Grundsätze, so wird der VR allerdings nicht so behandelt, als habe er sich unbefristet gebunden. Vielmehr findet eine Erstprüfung (bezogen auf den Zeitpunkt, für den der VN den Eintritt des Versicherungsfalles behauptet) statt. Jedoch genießt der VN **Beweiserleichterungen:** Auf Beweisschwierigkeiten, die ihm durch die Dauer der unzulässigen Befristung entstanden sind, darf sich der VR nicht berufen. Das kann bis zur Beweislastumkehr führen (BGH VersR 2007, 777).

15 Die Beschränkungen der Vorschrift gelten auch für den Fall einer **anwaltlichen Vertretung** des VN, da dadurch das strukturelle Informations- und Verhandlungsungleichgewicht zwischen dem VN und dem VR nicht notwendigerweise ausgeglichen wird. Sie gelten grds. auch für **gerichtliche Vergleiche** (OLG Saarbrücken Urt. v. 30.11.2011 – 5 U 123/09). Dabei ist allerdings zu beachten, dass das Schutzbedürfnis der VN typischerweise geringer ist, weil sie anwaltlich vertreten sind und das Gericht die Führsorgepflicht trifft, VN vor ihnen allein nachteiligen Vereinbarungen zu bewahren. Sie können ungeachtet dessen auch über § 779 BGB hinaus dennoch unwirksam sein, wenn der VN nachzuweisen vermag, durch ihren Ausschluss und seine Umstände benachteiligt worden zu sein.

§ 174 Leistungsfreiheit

(1) **Stellt der Versicherer fest, dass die Voraussetzungen der Leistungspflicht entfallen sind, wird er nur leistungsfrei, wenn er dem Versicherungsnehmer diese Veränderung in Textform dargelegt hat.**

(2) **Der Versicherer wird frühestens mit dem Ablauf des dritten Monats nach Zugang der Erklärung nach Absatz 1 beim Versicherungsnehmer leistungsfrei.**

Übersicht

I. Normzweck und Regelungsinhalt

1 Weil sich die gesundheitlichen und beruflichen Grundlagen des von der Berufsunfähigkeitsversicherung gedeckten Versicherungsfalles im Verlauf der Leistungen des VR ändern können, der VN sich aber regelmäßig auf ihren Fortbestand eingestellt hat, dient die Vorschrift einem **Interessenausgleich.** Dem VR wird unter bestimmten formellen und materiellen Voraussetzungen **Leistungsfreiheit**

gewährt (Abs. 1). Dieses Ziel darf er durch Nutzung regelmäßig vertraglich vereinbarter Auskunfts- und Untersuchungsobliegenheiten verfolgen. Er muss die einmal versprochenen Leistungen dem VN nach seiner (berechtigten) Einstellungsentscheidung noch mindestens drei Monate weiter erbringen. Zugleich löst § 174 die Bindung des VR an sein Anerkenntnis nach § 173 Abs. 1. Die Nachprüfungsbefugnis besteht während der Dauer einer zulässigen Befristung nicht (§ 173 Abs. 2 Satz 2). Mit Leistungsfreiheit ist gemeint, dass der VR seine **Leistungen einstellen** oder in bedingungsgemäßem Maße **herabsetzen** darf. Für Altverträge gilt § 174 nicht (Art. 1 Abs. 1, 4 Abs. 3 EGVVG). Für sie gelten jedoch aufgrund des von der Vorschrift im Wesentlichen übernommenen Bedingungsrechts (§ 7 BUZ 2008, § 7 BUZ 1990) im Kern die gleichen Grundsätze.

II. Feststellung des Wegfalls der Leistungspflicht (Abs. 1)

Vom Bedingungsrecht nur der Formulierung nach abweichend spricht Abs. 1 davon, dass der VR das Entfallen der Voraussetzungen der Leistungspflicht feststellt. Das darf nicht missverstanden werden. Die AVB sprechen klarer davon, dass der VR berechtigt ist, **„nach Anerkennung oder Feststellung"** seiner Leistungspflicht deren Fortbestehen und den Grad der Berufsunfähigkeit nachzuprüfen. Daran knüpft § 174 mit seinen ausdrücklichen formellen und impliziten materiellen Voraussetzungen eines Leistungseinstellungsrechts an: Die (künftige) Leistungsfreiheit ist davon abhängig, dass zunächst eine zeitlich unbegrenzte Leistungspflicht besteht. Es ist allerdings nicht davon abhängig, dass der VR ein Anerkenntnis abgegeben hat (OLG Karlsruhe r+s 2015, 81; OLG Celle BeckRS 2018, 5569 mwN) oder dass schon eine feststellende gerichtliche Entscheidung vorliegt. Der VR kann sich in aller Regel von einer einmal bestehenden Leistungspflicht nach dem Sinngehalt der Norm nur lösen, wenn er einerseits die formalen Voraussetzungen einer „Veränderungsmitteilung" beachtet und andererseits tatsächlich materiell die Voraussetzungen der Leistungspflicht entfallen sind. **Der VR muss beides, ggf. auch erst im Rechtsstreit, darlegen und beweisen** (BGH r+s 2010, 251). Geht es allerdings um eine im Nachprüfungsverfahren erfolgende Verweisung und macht der VN geltend, mit der Aufnahme des Verweisungsberufs könne er seine frühere Lebensstellung nicht wahren, so muss er die Umstände der fehlenden Vergleichbarkeit darlegen (BGH NJW-RR 2010, 906= VersR 2010, 1023). 2

Scharnier des Entstehens einer Darlegungspflicht nach Abs. 1 und der damit verbundenen Begründungslasten ist entweder die von § 173 vorgesehene **unbefristete Regulierungserklärung.** Wird sie abgegeben, sind Veränderungen ausschließlich in dem Verfahren nach § 174 geltend zu machen. Oder es kann auch die **gerichtliche Feststellung einer Leistungspflicht sein.** Ist sie (außerhalb der vom Gesetz eröffneten Befristungsbefugnis) – auch für begrenzte Zeiträume – erfolgt, entfällt die Leistungspflicht nur nach Maßgabe des § 174: Der VR muss (im Rechtsstreit oder danach) den VN davon unterrichten, dass er annimmt, seine Leistungspflicht sei entfallen. Die Voraussetzungen des Wegfalles muss er darlegen und beweisen. Ist, drittens, davon auszugehen, dass den Eintritt des Versicherungsfalls oder seine Leistungspflicht zunächst bestreitende VR doch leistungspflichtig ist (zur schadensersatzrechtlichen oder Fiktionslösung (vgl. § 173 Rn. 5) auszugehen, gilt nichts anderes (BGH NJW-RR 2020, 353 = VersR 2020, 373; OLG Celle BeckRS 2018, 5569). 3

Ist der VR aufgrund der Feststellung des Versicherungsfalles **verurteilt worden,** die vertraglichen Leistungen wegen Berufsunfähigkeit zu erbringen, so kann 4 der VR, wenn er meint, die Voraussetzungen seiner Leistungspflicht seien entfallen, gegen die Vollstreckung aus dem erwirkten Titel **Vollstreckungsabwehrklage** (§ 767 Abs. 1 ZPO) erheben. Die Einwendung des Wegfalls der Leistungspflicht entsteht allerdings erst mit der durch die Vorschrift vorgesehenen Einstellungsmitteilung. Da der VR nicht gehalten ist, sie zu einem bestimmten Zeitpunkt geltend zu machen (BGH VersR 2008, 521; OLG Köln ZfS 2006, 339), kann nach Sinn und Zweck des § 174 keine Präklusion eintreten (OLG Karlsruhe VersR 2005, 775; OLG Düsseldorf ZfS 2005, 198).

5 Der VR darf nachprüfen, ob er seine Leistungen einstellt, er ist dazu **nicht verpflichtet.** Die Durchführung eines Nachprüfungsverfahrens ohne das Ergebnis einer Leistungseinstellung schadet dem VR nicht: Sieht er von Konsequenzen ab, bedeutet das weder einen Verzicht auf die Leistungseinstellung für die Zukunft, noch schreibt es einen bestimmten Gesundheitszustand fest mit der Folge, dass einer späteren Nachprüfung dieser gesundheitliche oder berufliche Status zugrunde zu legen wäre (BGH VersR 2008, 521; OLG Köln ZfS 2006, 339). Das Nachprüfungsrecht des VR ist iÜ **zeitlich nicht begrenzt.** Er kann es während der gesamten Dauer seiner Leistungspflicht ausüben. Dem entspricht, dass auch die Mitwirkungspflicht des VN zeitlich unbegrenzt ist; sehen die Bedingungen allerdings vor, dass der VN sich nur in bestimmten zeitlichen Abständen einer Untersuchung unterziehen muss, gilt das selbstverständlich: Er ist dann auch nicht verpflichtet, sich nach einer dem VR ungünstigen Untersuchung einer weiteren zu unterziehen (zur fehlenden Erforderlichkeit von Untersuchungen in Ausnahmefällen OLG Bremen NJW 2012, 322).

6 Damit der VR sein Nachprüfungsrecht ausüben kann, trifft den VN zunächst die **Obliegenheit, sich** auf Verlangen des VR in bestimmten Abständen **untersuchen zu lassen.** Eine solche Obliegenheit ist wirksam. Ihre Befolgung ist nur ausnahmsweise nicht erforderlich, wenn nämlich feststeht, dass sich der gesundheitliche Zustand des VN nicht verändert haben kann (OLG Bremen NJW 2012, 322). Der VR ist weiter befugt, „sachdienliche Auskünfte einzuholen". Dazu soll gehören, dass der VN dem VR ermöglicht, durch Erteilung einer Schweigepflichtentbindungserklärung die notwendigen Informationen zur Nachprüfung zu beschaffen; wirkt er insoweit nicht mit, soll der VR leistungsfrei werden (OLG Hamburg VersR 2010, 749). Das ist so nicht richtig, weil die Obliegenheit völlig unbestimmt ist: Wie soll der VN ihr entnehmen, dass nicht nur der VR Informationen einholen darf, sondern er auch gehalten ist, zur ihrer Beschaffung in bestimmter Weise beizutragen? Hat sich der VR also nicht rechtzeitig eine den Anforderungen des § 213 genügende Schweigepflichtentbindungserklärung beschafft, wird er das, gestützt auf diese Obliegenheit, nicht nachholen können. Enthält der Vertrag allerdings eine wirksame Obliegenheit, nach der der VN verpflichtet ist dazu beizutragen, dem VR die für die Nachprüfung erforderlichen Kenntnisse zu beschaffen, führt deren schuldhafte Verletzung zur (temporären) Leistungsfreiheit.

III. Formelles Erfordernis: Darlegung der Veränderung (Abs. 1)

1. Abs. 1

7 Abs. 1 spricht lediglich davon, dass der VR dem VN darlegen kann (und, was unerlässlich ist, will er seine Leistungen einstellen, muss, vgl. BGH VersR 2008,

521; VersR 1993, 559 (562); OLG München NJW-RR 2010, 1619; OLG Saarbrücken VersR 2009, 917; OLG Karlsruhe VersR 2008, 1252; OLG Koblenz VersR 2008, 1254), dass die Voraussetzungen der Leistungspflicht entfallen sind. Dabei handelt es sich jedoch nicht um eine schlichte Information. Die Bindungswirkung des Anerkenntnisses soll nicht kraft Gesetzes mit einer Nachricht enden. Vielmehr handelt es sich um eine der Ausübung eines verwaltungsrechtlichen Widerrufsvorbehalts ähnelnde **Gestaltungserklärung des VR,** die zunächst allen Anforderungen an eine ihm zuzurechnende Willenserklärung genügen muss. Mitteilungen des VR im Rahmen einer Nachprüfung, die keine Entscheidung enthalten, die Leistungen einzustellen, ändern an der Leistungspflicht nichts, führen aber auch nicht zu einem Verbrauch des Nachprüfungsrechts (BGH VersR 2008, 521). VR wenden sich gelegentlich im Laufe sich verändernder gesundheitlicher Verhältnisse des VN gegen das Bestehen einer Leistungspflicht. Ergibt sich dann, dass für einen vergangenen Zeitraum eine Leistungspflicht bestanden hat, muss es einem VR möglich sein, wenigstens **hilfsweise** ihren Wegfall geltend zu machen. Dem steht die grundsätzliche Bedingungsfeindlichkeit von Gestaltungserklärungen nicht entgegen, weil (infolge der Abhängigkeit von der gerichtlichen Feststellung einer temporären Leistungspflicht) keine Rechtsunsicherheit entstehen kann (LG Dortmund VersR 2016, 980).

Die Erklärung muss in Textform (§ 126b BGB) erfolgen. Sie muss dem VN – 8
ggf. auch erst im Rechtsstreit (BGH VersR 2000, 171; VersR 1996, 958; OLG Koblenz VersR 2012, 85 mwN) – zugehen. Erfolgt sie im Rechtsstreit muss der Prozessbevollmächtigte des VN zu ihrem Empfang bevollmächtigt sein, was sich aus dem Wortlaut der Prozessvollmacht ergeben kann (OLG Karlsruhe r+s 2015, 81). Er muss ferner formelle Defizite vermeiden, indem er die Mitteilung der Einstellung der Leistungen entweder **schriftsätzlich** oder zu Protokoll erklärt. Steht fest, dass die **Berufsunfähigkeit vor ihrer Geltendmachung entfallen** ist, bedarf es zwar der förmlichen Durchführung eines Nachprüfungsverfahrens nicht (OLG Karlsruhe VersR 2007, 344). Das ändert aber nichts daran, dass der VR, falls dies streitig ist, beweisen muss, dass die Berufsunfähigkeit auch tatsächlich nicht mehr besteht (vgl. ähnlich Prölss/Martin/*Lücke* § 173 Rn. 10).

Der Versicherungsfall Berufsunfähigkeit endet – ungeachtet des zuweilen dafür 9
sprechenden Wortlauts von Bedingungen – nicht „automatisch mit ihrem Wegfall. Eine „Änderungsmitteilung" ist daher auch dann erforderlich, wenn der VR gar **kein Anerkenntnis** abgegeben hat, seine Leistungspflicht also nur darauf beruht, dass sie zu irgendeinem Zeitpunkt in der Vergangenheit bestand (BGH NJW-RR 2020, 353; zur Erklärung im Rechtsstreit → Rn. 8), Berufsunfähigkeit also bspw. aufgrund einer in den AVB geregelten Vermutung nach Ablauf des Sechsmonatszeitraums anzunehmen war (OLG Celle DStRE 2019, 467). Sie ist auch dann erforderlich, wenn der VR in der Vergangenheit ein **befristetes Anerkenntnis** hätte abgeben können, es aber nicht abgegeben hat (BGH NJW 2019, 2385).

Zuweilen wird darauf hingewiesen, dass ein Nachprüfungsverfahren nicht 10
erforderlich ist, wenn im Rechtsstreit Berufsunfähigkeit festgestellt wird, der VR aber beweisen könne, dass sie wieder entfallen ist. Dann müsse **im Rechtsstreit Beginn und Ende der Leistungspflicht festgestellt** werden (BGH r+s 2010, 251 mwN). Abgesehen davon, dass solche Entscheidungen auf altem Recht beruhen, dürfen sie aber auch in der Sache nach nicht missverstanden werden. Gewiss bedarf es in einem solchen Fall keines separaten Nachprüfungsverfahrens. Ungeachtet dessen gelten dessen Regeln (BGH NJW-RR 2017, 225), vor allem die den VR treffende Beweislast für den Wegfall der Berufsunfähigkeit und unter

Geltung des § 174 die Nachleistungspflicht. Ist einmal (abgesehen von zulässigerweise befristeten Anerkenntnissen) von dem Bestehen einer Leistungspflicht auszugehen, muss der Wegfall der Voraussetzungen der Leistungspflicht vom VR bewiesen werden.

2. Nachvollziehbare Begründung

11 Die Rechtsprechung hat die Einstellungsbefugnis bisher daran geknüpft, dass der VR eine **„nachvollziehbare Begründung"** für ihren Einsatz liefert (BGH VersR 2006, 102; VersR 1996, 958; VersR 1993, 559; OLG München NJW-RR 2010, 1619; OLG Düsseldorf r+s 2003, 1383; OLG Koblenz VersR 2004, 824). Damit soll zum einen ausgeglichen werden, dass den VN Obliegenheiten treffen, deren Erfüllung es dem VR erlaubt, die Möglichkeit, sich von seiner Leistungspflicht zu lösen, zu prüfen. Zugleich soll es dem VN erlaubt werden, die Chancen eines Vorgehens gegen die Einstellungsentscheidung abzuwägen. Nichts anderes als eine solche nachvollziehbare Begründung meint die Vorschrift, wenn Abs. 1 davon spricht, dass der VR das Entfallen der Leistungsvoraussetzungen „darlegen" muss (Prölss/Martin/*Lücke* § 174 Rn. 21 ff.; *Neuhaus* M Rn. 66; diff. HK-VVG/*Mertens* § 174 Rn. 13 ff.). Fehlt es an einer formal zureichenden Darlegung, besteht die Leistungspflicht fort (BGH VersR 2008, 521). Allerdings kann die Einstellungsmitteilung auch noch **im Rechtsstreit nachgeholt** werden (BGH VersR 2000, 171; 1996, 958; OLG Hamm VersR 1999, 703), wirkt aber auch erst ab dann. Erfolgt sie im Rechtsstreit, sind zugleich die **hohen Anforderungen an die Begründung** – Schutz des VN durch Ermöglichung der Prüfung der Einstellungsberechtigung – **herabgesetzt,** weil sich die Rechtfertigung aus dem gesamten Inhalt der Verhandlungen ergeben kann (OLG Celle BeckRS 2018, 5569).

12 Die Begründung der Einstellungsentscheidung muss **in der Sache nicht zutreffen,** um die formellen Anforderungen zu erfüllen. Allerdings wird eine klare und präzise, dem VN nachvollziehbare Begründung unter Gegenüberstellung der zu den maßgeblichen Zeitpunkten gegebenen Verhältnisse verlangt; allgemeine Erwägungen zur Besserung oder zum Auskommen des VN genügen nicht (OLG Karlsruhe VersR 2016, 978). Maßgeblich ist insoweit vor allem, dass der Vergleichsbetrachtung **tatsächlich zutreffende Zeitpunkte und Umstände zugrunde gelegt** werden: Haben VR und VN eine außervertragliche Vereinbarung getroffen, auf die sich der VR nicht berufen darf, so ist die Einstellungsbetrachtung schon formal davon abhängig, dass der VR die berufliche und gesundheitliche Lage des VN bei Eintritt der Berufsunfähigkeit (und nicht bei Ablauf der Vereinbarung) zum Ausgangspunkt seines Vergleichs macht (OLG Saarbrücken BeckRS 2020, 12415). Auch muss der VR schon in formaler Hinsicht darstellen, wie sich alle gesundheitlichen Einbußen des VN, auf denen sein Anerkenntnis beruht hat, entwickelt haben (OLG Celle BeckRS 2018, 42273). Auch eine Nacherzählung der gesundheitlichen oder beruflichen Entwicklung und eine „Überfrachtung" mit beliebigen Informationen schadet und genügt den formellen Erfordernissen nicht (LG Waldshut-Tiengen Urt.v. 11.5.2016 – 1 O 203/15). Wenn zuweilen angenommen wird, eine falsche Darstellung der Beweislast – der VN könne nicht beweisen, dass seine Berufsunfähigkeit fortbestehe – schade dem VR nicht, ist das zweifelhaft, weil der VN dadurch über das Risiko eines Rechtsstreits auf Fortzahlung in die Irre geführt werden kann (so aber OLG Saarbrücken VersR 2016, 1297). An die gegebene Begründung ist **der VR gebunden.** Will er später den Wegfall der Leistungspflicht auf andere Umstände stützen, muss er eine erneute Einstellungsmitteilung vornehmen (OLG Nürnberg r+s

2014, 617). Der VR darf keine Gründe nachschieben (OLG Saarbrücken BeckRS 2017, 114710) und darf auch den Zeitpunkt des Wegfalls der Leistungsvoraussetzungen nicht nachträglich nennenswert (eine Differenz von einem Monat hinnehmend OLG Karlsruhe r+s 2015, 81) ändern, weil ansonsten Nachprüfungsmitteilungen auf Vorrat möglich würden.

Darzulegen ist, dass die Voraussetzungen der Leistungspflicht entfallen sind. Sie 13 muss gewissermaßen eine „damals-jetzt-Betrachtung" vornehmen (OLG Saarbrücken ZfS 2015, 579). Voraussetzung ist also, dass der VR **gegenüberstellt,** was seinem Anerkenntnis zum Zeitpunkt seiner Abgabe an gesundheitlichen und beruflichen tatsächlichen Umständen zugrunde lag oder zugrunde zu legen gewesen wäre, und **welche Änderungen sich** jeweils zum Zeitpunkt seiner Nachprüfungsentscheidung – und nicht etwa jenem einer Gutachtenerstellung im Rechtsstreit – **tatsächlich ergeben haben** (BGH VersR 2008, 21; VersR 1999, 958; VersR 1993, 562; OLG München NJW-RR 2010, 1619; OLG Karlsruhe VersR 2008, 1252; Prölss/Martin/*Voit* § 174 Rn. 23 ff.) und wie sich Beides zum maßgeblichen Zeitpunkt tatsächlich (funktionell) ausgewirkt hat oder auswirken konnte (OLG Karlsruhe VersR 2008, 1252; aA OLG Koblenz VersR 2008, 1254). Der VR muss also auch angeben, welche **Schlussfolgerungen** er aus den medizinischen und beruflichen Feststellungen gezogen hat und zieht (BGH VersR 1999, 958; 1993, 559; r+s 1993, 315; OLG München NJW-RR 2010, 1619). Es genügt nicht, wenn der VR nur auf eine gesundheitliche Besserung Bezug nimmt, auch wenn sie sich aus einem ärztlichen Gutachten ergibt, eine Diagnose wiedergibt oder unterschiedliche Einschätzungen des Grades der Berufsunfähigkeit im Verlauf der Zeit darstellt und auf dieser Grundlage „feststellt", er halte den VN nunmehr wieder für berufsfähig. Die Gegenüberstellung muss auch im Fall vermuteter Berufsunfähigkeit (§ 2 Abs. 3 BUZ 2008) vorgenommen werden (BGH NJW-RR 1998, 238).

Die Gesetzesbegründung verlangt die **„Beifügung eventueller Unterlagen"** 14 (BT-Drs. 16/3945, 106) und nimmt damit auf, dass dem VN ihm nicht zur Verfügung stehende Arztberichte und Gutachten ungekürzt zu überlassen sind (BGH VersR 1993, BGH VersR 2000, 171; VersR 1996, 958). Ob allerdings allein ihr Fehlen eine Einstellungsmitteilung unwirksam macht, ist fraglich, wenn sich aus der Darlegung alles für die Einschätzung des VN Notwendige ergibt. Im Einzelfall kann **auf die vergleichende Betrachtung verzichtet** werden, wenn dem VN die ihr zu entnehmenden Informationen vollständig und ohne Bewertungsspielräume zu belassen zur Verfügung stehen. Das gilt bspw., wenn der VN aufgrund neu erworbener Fähigkeiten eine neue Tätigkeit aufgenommen hat (OLG Saarbrücken VersR 2009, 917). Die Rechtsprechung verlangt (allerdings in Altfällen) die unverkürzte Überlassung eines von dem VR eingeholten medizinischen Gutachtens (OLG Hamm VersR 2018, 215)

IV. Materielles Erfordernis: Wegfall der Voraussetzungen der Leistungspflicht

1. Veränderung gegenüber dem Zeitpunkt des Beginns der Leistungspflicht

Der VR ist nur leistungsfrei, wenn die Voraussetzungen seiner Leistungspflicht 15 „entfallen" sind. Davon kann nicht gesprochen werden, wenn sie **zu keinem Zeitpunkt vorgelegen** haben. Das darf der VR grds. nicht (im Wege der Nachprüfung) korrigieren (BGH VersR 2000, 171; VersR 1993, 562; VersR 1993, 470; OLG Celle OLGR 2007, 320; zum Lösungsrecht des VR auf der Grundlage des § 119 Abs. 2 vgl. § 173 Rn. 2 und BT-Drs. 16/3945, 106; HK-VVG/*Mertens* § 174 Rn. 9 ff.). Der VR muss darlegen und beweisen, dass die Voraussetzungen der Leistungspflicht zu dem von ihm zu benennenden Zeitpunkt nicht mehr bestanden haben sind; dazu zählt grundsätzlich auch, dass er beweist, dass sie in der Vergangenheit zum Zeitpunkt des (gebotenen) Anerkenntnisses vorlagen. Allerdings hat die Rspr in der Vergangenheit auch die **Änderung des Kenntnisstands des VR** genügen lassen (BGH VersR 1986, 1113; 2011, 655) und angenommen, es komme nicht auf dem VR zum Zeitpunkt seines Anerkenntnisses unbekannte gesundheitliche Umstände an (KG r+s 2020, 165). Daran ist zweifellos zutreffend, dassder VR gehindert ist, nachträglich im Rahmen der Nachprüfung eine neue Bewertung des ursprünglichen, zum Beginn der Leistungspflicht liegenden gesundheitlichen Zustands des VN vorzunehmen.

16 Der **Beweis,** dass die Voraussetzungen seiner Leistungspflicht „entfallen" sind, kann ihm vor allem in Fällen psychischer Leiden, die ihn in der Vergangenheit auf der Grundlage sachverständiger Einschätzungen zu einem Anerkenntnis veranlasst haben, schwerfallen, weil ihre Feststellungen in hohem Maße situations- und von der Darstellung der Beschwerden und deren Plausibilitätsprüfung abhängig sein können (anders als bei bildgebend nachgewiesenen Erkrankungen). Zuweilen geschieht dann, dass ein psychiatrischer Sachverständiger ausführt, krankheitsbedingte Berufsunfähigkeit liege gegenwärtig nicht (mehr) vor, ob sie je vorgelegen habe, könne er indessen nicht feststellen. Die Erfordernisse gegenseitiger Loyalität verlangen dann zwar nicht, dass der VN vorträgt, er habe sein (damaliges) Leiden den Untersuchern falsch geschildert; von ihm darf aber im Sinne einer materiellrechtlich begründeten **sekundären Darlegungslast** erwartet werden, die früheren sachverständigen Feststellungen substantiiert anzugreifen und darzulegen, aus welchen Gründen sie nicht valide gewesen sind (OLG Saarbrücken ZfS 2015, 579). Va kann aber die fehlende Mitwirkung des VN an den erforderlichen Untersuchungen des Fortbestehens seines Anspruchs jedenfalls dann, wenn sie durch bewusstseinsnahe und willensgesteuerte Verhaltensweisen in Erscheinung tritt, zu Beweiserleichterungen, gar dem Eingreifen der Regeln über die **Beweisvereitelung** führen (mit dogmatisch anderer, materiellrechtlichen Begründung OLG Saarbrücken NJW 2017, 3165; vgl. auch LG Berlin BeckRS 2017, 123016).

2. Besserung des gesundheitlichen Zustandes

17 Die Voraussetzungen der Leistungspflicht sind zum einen entfallen, wenn sich der **gesundheitliche Zustand** des VN derart **gebessert** hat, sodass er nunmehr in der physischen oder psychischen Lage ist, den funktionellen Anforderungen seines letzten Berufs oder eines (zulässigen) Verweisungsberufs in dem bedingungsgemäßen Maße zu genügen (zum Veränderungsmaß BGH NJW-RR 1997, 529; 1993, 728). Der VR muss folglich nachweisen, dass der VN zum Zeitpunkt des (realen oder „fiktiven") Anerkenntnisses außerstande war, den zuletzt ausgeübten Beruf wenigstens in dem bedingungsgemäßen Maße (regelmäßig zu mehr als 50 %) fortzuführen, dies nunmehr aber aufgrund gesundheitlicher Besserung vermag. Einem VN **obliegt es** zwar **nicht,** sich zur Erreichung dieses Ziels einer Heilbehandlung zu unterziehen (zuletzt OLG Saarbrücken ZfS 2007, 46). Hat er es indessen erfolgreich getan, ist das nachprüfungsrelevant, wenn die gesundheitlichen Besserungen ihm gestatten, die weitere berufliche Tätigkeit in einem den

Versicherungsfall nicht mehr begründenden Umfang auszuüben. Fraglich ist allerdings, was gilt, wenn sich der VN einer ihm nicht obliegenden Heilbehandlung unterzogen hat und eine gesundheitliche Besserung eingetreten ist, der Arbeitsplatz seiner letzten Tätigkeit aber zwischenzeitlich verloren gegangen ist. Dann kann nichts anderes gelten als in den Fällen des „überobligationsmäßigen" Erwerbs neuer Kenntnisse und Fähigkeiten. Hat sich der Gesundheitszustand des VN zwar verbessert, hat der VN jedoch **aufgrund seiner früheren Erkrankung eine bestimmte berufliche Tätigkeit** verloren, die er jetzt **nicht mehr wieder aufnehmen** kann (er ist als Beamter in den Ruhestand versetzt worden und kann nicht beanspruchen, wieder in das Beamtenverhältnis berufen zu werden (OLG Saarbrücken ZfS 2015, 579), oder existiert sein Beruf als solcher nicht mehr, oder hat er sich so verändert, dass ihm nunmehr die Fähigkeiten fehlen, ihn fortzuführen), so ist der VN **weiterhin** infolge Krankheit **berufsunfähig.**

Dem VN **obliegt es,** an der Nachprüfung **mitzuwirken** (→ Rn. 6). Dazu **18** kann der VR sachdienliche Auskünfte und – regelmäßig einmal jährlich – eine ärztliche Untersuchung verlangen. Verletzt der VN diese Obliegenheit, kann der VR nach Maßgabe des § 28 je nach dem Verschuldensgrad seine Leistungen kürzen oder es kann Leistungsfreiheit eintreten (§§ 9, 10 BU 2019). Die Obliegenheiten des § 9 sind Aufklärungsobliegenheiten iSv § 28 Abs. 4, sodass eine Sanktionierung ihrer Verletzung eine Belehrung voraussetzt. Nach dem Wortlaut der AVB kann der VR Rechtsfolgen aus ihrer Verletzung ableiten, „solange" sie andauert. Daraus folgt zunächst eine **temporäre Bewehrung.** Ob sie für den Zeitraum ihrer Dauer endgültig ist, ist abhängig von den Möglichkeiten des VN, den Kausalitätsgegenbeweis zu führen. Liegt, wie es hier häufig der Fall sein wird, Arglist vor, fällt (für den Zeitraum der Obliegenheitsverletzung) die Leistungspflicht endgültig weg. Sehen die AVB eine Sanktion für die Verletzung der Obliegenheit nicht vor, darf der VR seine Leistungen bis zur Nachholung der Mitwirkung nach § 242 BGB verweigern (OLG Hamm BeckRS 2020, 26690).

3. Veränderung der beruflichen Fähigkeiten

Von Bedeutung können auch **Veränderungen der beruflichen Kenntnisse** **19** **und Fähigkeiten** sein. Sie können in der Nachprüfung mit der Folge einer jetzigen Verweisbarkeit berücksichtigt werden, wenn **wirksame AVB** das vorsehen. Allerdings bedarf es, wenn eine Verweisbarkeit erstmals für die Nachprüfung gestattet sein soll, einer transparenten, darauf klar und verständlich hinweisenden Regelung (OLG Köln BeckRS 2020, 3540).

Die Rechtsprechung hat insoweit – je nach Bedingungslage zum alten Recht – **20** zum Teil angenommen, dass **neu erworbene Fähigkeiten und Kenntnisse** nicht zu berücksichtigen seien, wenn die AVB das so nicht vorsehen (BGH VersR 1987, 753; VersR 1990, 885; vgl. aber auch OLG Stuttgart ZfS 2016, 342). Natürlich sind sie dort zu berücksichtigen, wo die AVB dies – regelmäßig – ausdrücklich vorsehen. Da § 174 aber allein darauf abstellt, dass die Voraussetzungen des Versicherungsfalles nicht mehr vorliegen, erlaubt das Gesetz, im Rahmen einer Nachprüfungsentscheidung zum Zeitpunkt der Einstellungsentscheidung **neu erworbene berufliche Kenntnisse und Fähigkeiten** zu berücksichtigen. Mit ihrer Verfügbarkeit können die Voraussetzungen des Versicherungsfalles entfallen sein. Hat sich ein VN als Selbständiger durch **Einsatz eigenen Kapitals** eine neue berufliche Existenz aufgebaut, deren Risiko er trägt, oder sein Unternehmen **umorganisiert,** soll dem VR eine Verweisung auf dieses neue Betätigungsfeld nicht erlaubt sein (BGH NVersZ 1999, 514; OLG Karlsruhe BeckRS 2016, 111435). Das ist aus zwei Gründen fraglich: Zum einen leuchtet die Unterscheidung zwischen dem häufig auch Kosten verursachenden Erwerb neuer Fertigkeiten und dem Einsatz von Kapital dann nicht ein, wenn beides Erfolg gehabt hat und der VN nun wieder beruflich tätig ist. Zum anderen trägt zwar der VR nicht das Risiko des Unternehmens, wohl aber das Risiko, dass er bei dessen Scheitern erneut – gemessen am früheren Beruf – eine Berufsunfähigkeitsrente zahlen muss.

21 Geht es in der Nachprüfung um eine Verweisung, muss einer Vergleich der (im Wesentlichen wirtschaftlichen) Lebensstellung des VN im zurück liegenden Ausgangsberuf und jener im jetzigen Zielberuf erfolgen. Dabei ist das vor Eintritt der Berufsunfähigkeit tatsächlich erzielte **Einkommen** grundsätzlich **nicht fortzuschreiben;** weil eine künftige Verbesserung der Lebensumstände nicht abgesichert ist (BGH NJW 2019, 2774; OLG Celle NJW-RR 2020, 420). Ungeachtet dessen wird allerdings ein gewissermaßen statisch-nomineller Einkommensvergleich der Notwendigkeit nicht gerecht, die jeweilige (vor Eintritt der Berufsunfähigkeit bestehende und die aufgrund einer zulässigen Verweisung in der Nachprüfung Jahre später erreichbare oder erreichte) Lebensstellung eines VN zu betrachten: Das, was mit dem Einkommen „erworben" werden kann, vor allem die Befriedigung der Wohnbedürfnisse oder jene der Mobilität, kann sich schon innerhalb eines sehr überschaubaren Zeitraums erheblich ändern. Daher geht es weniger darum, ein Einkommen fortzuschreiben, als eine durch den jeweiligen Verdienst beschaffbare materielle Lebensstellung zu vergleichen.

22 Allerdings hat die Rechtsprechung zum früheren Recht als „Ausgleich" für das Fehlen einer Obliegenheit zur Umschulung verlangt, dass der VN **tatsächlich einen Arbeitsplatz gefunden** hat (BGH VersR 2000, 171) oder sich **nicht in zumutbarer Weise** um einen solchen bemüht hat. Insoweit genügt allerdings, wenn sich der VN Arbeit suchend gemeldet oder sich auf Ausschreibungen oder unabhängig von ihnen um sie bemüht hat. Der Wortlaut des Gesetzes übernimmt das nicht. Jedoch wird eine Nachprüfungsentscheidung des VR, die davon absieht, treuwidrig sein: Wenn dem VN nicht obliegt, sich neue Kenntnisse und Fähigkeiten zu verschaffen, kann auch künftig sein überobligationsmäßiges Verhalten eine Leistungseinstellung nur erlauben, wenn er mit seiner neuen Qualifikation einen Arbeitsplatz gefunden hat. Auf die Stabilität des Arbeitsplatzes kommt es grundsätzlich nicht an. Verliert der VN nämlich den neuen Arbeitsplatz wieder (auch aus gesundheitsunabhängigen Gründen), kann er erneut einen Leistungsantrag stellen, für den dann Maßstab seine frühere Tätigkeit ist (BGH NJW 2016, 1720). Treuwidrig kann auch ein VN handeln, der auf die Suche nach einem neuen, ihm mit neuen Kenntnissen und Fähigkeiten zugänglichen Arbeitsplatz verzichtet, weil er überobligationsmäßig seinen alten Beruf, zu dessen Wahrnehmung er gesundheitlich an sich außerstande ist, fortführen kann und daher kein Interesse an einer Veränderung hat (OLG Saarbrücken ZfS 2017, 459).

23 Hat der VN während der Dauer der Berufsunfähigkeit **Kenntnisse und Fähigkeiten eingebüßt,** führt seine Genesung in aller Regel nicht zur Leistungseinstellung. Denn auch in einem solchen Fall ist er „infolge" seines physischen oder psychischen Leidens außerstande, seinen letzten Beruf wieder aufzunehmen. **Konnte der VN** zunächst **nicht verwiesen werden,** weil er in dem Verweisungsberuf seine Lebensstellung noch nicht hätte wahren können, kann ihn der VR ihn zu einem späteren Zeitpunkt, zu dem die wirtschaftlichen Nachteile

behoben sind, auf diesen Beruf iRd Nachprüfung verweisen (OLG Hamm ZfS 2007, 582).

Maßgeblicher Zeitpunkt der Prüfung, ob die Voraussetzungen des Versicherungsfalles entfallen sind, ist jener der Nachprüfungsentscheidung. Es kommt folglich weder auf eine Prognose an, dass nunmehr „Berufsfähigkeit" des VN zu erwarten ist, noch darauf, dass sich in einem Rechtsstreit später herausstellt, dass „nunmehr" keine Berufsunfähigkeit mehr vorliegt (OLG Hamm OLGR 2004, 59). Der VR trägt die Darlegungs- und Beweislast für das Entfallen der Voraussetzungen des Versicherungsfalles (BGH VersR 2000, 171; 1987, 808). Allerdings trifft den VN, der eine Verweisung iRd Nachprüfung nicht gelten lassen will, eine sekundäre Darlegungslast (in der Tendenz BGH VersR 2000, 171 (174)). 24

V. Nachleistungspflicht (Abs. 2)

Ein VN, der Leistungen wegen Berufsunfähigkeit erhält, richtet seine Lebensverhältnisse typischerweise darauf ein. Dieses Vertrauen will Abs. 2 durch eine von den früheren Bedingungen abweichende verlängerte Nachleistungspflicht schützen. Obwohl **kein Versicherungsfall mehr vorliegt,** muss der VR bis zum Ablauf des dritten Monats nach Zugang der Einstellungsmitteilung Leistungen erbringen. Die Nachleistungspflicht gilt allerdings nicht bei Versterben des VN. 25

§ 175 Abweichende Vereinbarungen

Von den §§ 173 und 174 kann nicht zum Nachteil des Versicherungsnehmers abgewichen werden.

Während die Regelung der Voraussetzungen der Leistungspflicht in § 172 dispositiv ist, setzen sich die gesetzlichen Mindeststandards des Anerkenntnisses und der Bedingungen der Nachprüfung nachteiligen Abreden, auch individuell vereinbarten, gegenüber zwingend durch. Das bedeutet allerdings zum einen nicht, das als Berufsunfähigkeitsversicherung auch ein Produkt angeboten werden darf, das von den wesentlichen Grundgedanken der gesetzlichen Regelung des § 172 abweicht oder wesentliche Rechte oder Pflichten, die sich aus der Natur des Vertrages ergeben, so einschränkt, dass der Vertragszweck gefährdet wird (§ 307 BGB). Die **Leitbildfunktion** des § 172 bleibt erhalten. Ein sich als Berufsunfähigkeitsversicherung bezeichnender Vertrag kann folglich wirksam nicht lediglich eine Absicherung gegen **Erwerbsunfähigkeit** (vgl. dazu → § 172 Rn. 1, 2) versprechen. Die an sich unbedenklichen (OLG Saarbrücken VersR 2007, 235) Erwerbsunfähigkeitsklauseln müssen also Anlass sein, eine als solche bezeichnete Erwerbsunfähigkeitsversicherung abzuschließen. Auch kann kein genereller **Ausschluss bestimmter** – bspw. psychischer – **Krankheiten** als Voraussetzung des Versicherungsfalles, erfolgen. Das alles schließt nicht aus, dass der VR aufgrund seiner Risikoprüfung individuelle Risikoausschlüsse verlangt. Gleiches gilt für Abweichungen von den **wirtschaftlichen Grenzen einer Verweisung.** Demgegenüber verändern eine **nähere zeitliche Konkretisierung** des zuletzt ausgeübten Berufs ebenso wie andere Berufsklauseln das Leitbild nicht. Auch bestehen schon deshalb keine Bedenken gegen die Vereinbarung von **Obliegenheiten** zur Heilbehandlung, weil ihr Fehlen nicht von § 172 umfasst wird. 1

Das bedeutet indessen nur, dass dort, „wo Berufsunfähigkeit draufsteht auch Berufsunfähigkeit drinstehen" muss. Der Produktentwicklung ist davon abgesehen 2 keine Grenze gesetzt: Dread-disease-Versicherungsverträge, Grundfähigkeitsversicherungsverträge, Unfallzusatzversicherungsverträge, die gegen eine unfallbedingte Erwerbsunfähigkeit absichern, sind nicht leitbildunverträglich, sondern leitbildfremd. Macht ein Vertrag über eine Berufsunfähigkeitsversicherung Leistungen bei einer wenigstens 50%igen Berufsunfähigkeit davon abhängig, dass die letzte berufliche Tätigkeit aufgegeben wird, so sind solche **Klauseln unwirksam** (OLG Saarbrücken VersR 2015, 1365). Soweit neuere Produkte **Kombinationen der Absicherung von Risiken – Arbeitsunfähigkeit und Berufsunfähigkeit** – vorsehen, dürfen sie sich dadurch die den Notwendigkeiten des Anerkenntnisses der Berufsunfähigkeit und der Nachprüfung nicht entziehen (*Neuhaus* VersR 2018, 587).

§ 176 Anzuwendende Vorschriften

Die §§ 150 bis 170 sind auf die Berufsunfähigkeitsversicherung entsprechend anzuwenden, soweit die Besonderheiten dieser Versicherung nicht entgegenstehen.

1 In Ergänzung zu den wenigen zentralen Regelungen der Berufsunfähigkeitsversicherung sind, wie es die Rspr. schon bislang für richtig hielt (BGH VersR 1991, 289; r+s 1988, 351), die Vorschriften über die Lebensversicherung entsprechend anwendbar, soweit die Besonderheiten der Berufsunfähigkeitsversicherung dem nicht entgegenstehen und die Interessenlage vergleichbar ist. Zwar nimmt § 176 nicht auf § 171 Bezug, erlaubt also grds. **Abweichungen** der Vereinbarungen auch **von halbzwingenden Regelungen** der §§ 150–170. Das gestattet aber nicht, von wesentlichen Grundgedanken der gesetzlichen Regelung abzuweichen oder Bedingungen vorzusehen, die der Natur des Berufsunfähigkeitsversicherungsvertrages widersprechen (§ 307 Abs. 2 BGB).

2 Nach allg. Auffassung zählen zu den **anwendbaren Vorschriften** § 150 Abs. 2 (Einwilligungserfordernis), § 152 Abs. 1 (Widerrufsfrist), § 153 (Überschussbeteiligung – allerdings nicht bei Altverträgen Art. 4 Abs. 1 Satz 1 EGVVG), § 157 (Leistungsanpassung), § 158 (Gefahränderung), § 160 (Auslegung bei Bezugsberechtigung), § 162 Abs. 2 (Herbeiführung des Versicherungsfalles durch Bezugsberechtigte), § 163 (Neufestsetzung der Prämie), § 164 (Bedingungsanpassung), § 165 (Umwandlung in eine prämienfreie Versicherung), § 168 (Kündigung) und § 170 (Eintrittsrecht bei Insolvenz). Da § 212 (Fortsetzung nach der Elternzeit) eine von § 176 nicht genannte Vorschrift der Lebensversicherung ist, ist auch diese Norm auf die Berufsunfähigkeitsversicherung entsprechend anzuwenden (aA Langheid/Wandt/*Looschelders* § 212 Rn. 3). Für die auch von der Gesetzesbegründung favorisierte Nichtanwendung besteht kein vernünftiger Grund.

§ 177 Ähnliche Versicherungsverträge

(1) **Die §§ 173 bis 176 sind auf alle Versicherungsverträge, bei denen der Versicherer für eine dauerhafte Beeinträchtigung der Arbeitsfähigkeit eine Leistung verspricht, entsprechend anzuwenden.**

(2) **Auf die Unfallversicherung sowie auf Krankenversicherungsverträge, die das Risiko der Beeinträchtigung der Arbeitsfähigkeit zum Gegenstand haben, ist Absatz 1 nicht anzuwenden.**

1 Abs. 1 erstreckt die halbzwingenden Normen des Rechts der Berufsunfähigkeitsversicherung auf ähnliche Verträge, die an eine **dauerhafte Beeinträchtigung der Arbeitsfähigkeit** anknüpfen. In erster Linie handelt es dabei um die in der Praxis vor allem bei VN, die noch keine Ausbildung abgeschlossen haben oder noch nicht berufstätig sind, erscheinende **Erwerbsunfähigkeitsversicherung.** Abgesichert ist dann – außerhalb des Leitbilds des § 172 und abhängig von den unterschiedlichen AVB – regelmäßig die gesundheitlich bedingte dauerhafte Unfähigkeit, irgendeiner Erwerbstätigkeit regelmäßig nachzugehen (*Neuhaus* Kap. 22 Rn. 32; Prölss/Martin/*Lücke* § 177 Rn. 1). Maßstab der Prüfung, ob einem VN eine berufliche Tätigkeit noch möglich und zumutbar ist, ob ihm noch eine an den sozialrechtlichen Vorgaben orientierte geringfügige, Einkünfte versprechende Arbeit (OLG Karlsruhe NJOZ 2019, 955 = VersR 2019, 483; OLG Celle NJOZ 2010, 877 tatsächlich möglich ist. Sie kann auch in Heimarbeit bestehen (OLG Saarbrücken NJW-RR 2021, 38).

2 Jedoch müssen sich auch **andere Produkte** wie eine Dread-Disease-Versicherung den Mindeststandards der Berufsunfähigkeitsversicherung beugen. Das kann auch bei einer Grundfähigkeitsversicherung der Fall sein, wenn der Versicherungsfall die dauerhafte Beeinträchtigung der uneingeschränkten Arbeitsfähigkeit zur Voraussetzung macht. Die Krankentagegeldversicherung fällt nicht unter die Vorschrift, ebenso wenig wie reine Verdienstausfallversicherungen oder Arbeitsunfähigkeitsversicherungen gehören. Daher sind die in jüngerer Zeit bekannt werden **Kombinationen** einer Berufs- und Arbeitsunfähigkeitsversicherung (ABBUAU 2017) den Vorschriften der §§ 172 ff. nur insoweit unterworfen; als sich der VR den Notwendigkeiten eines Anerkenntnisses und der Nachprüfung nicht entziehen kann. Macht ein VN folglich geltend, er sei nicht nur arbeitsunfähig, sondern zugleich auch berufsunfähig, bestimmen sich seine Rechte aus dem berufsunfähigkeitsversicherungsvertraglichen Teil (beispielsweise auch eine „vermutete" Berufsunfähigkeit oder die Zulässigkeit eines befristeten Anerkenntnisses) ausschließlich danach. VR können sich durch solche – unter Umständen in der Praxis durchaus sinnvolle Produkte – nicht die Befugnis verschaffen, Berufsunfähigkeitsschutz erst nach dem Ablauf der befristeten Arbeitsunfähigkeitsleistungen zu erbringen.

3 Keine Anwendung finden die §§ 173–176 (Abs. 2), wenn und soweit ein **Unfall** Voraussetzung des Versicherungsfalles ist oder wenn es sich um einen **Krankentagegeldversicherungsvertrag** handelt, der den Verdienstausfall absichert. Gleiches gilt für bloße und als solche bezeichnete **„Arbeitsunfähigkeitsversicherungen"**, die für einen vorüber gehenden Zeitraum Leistungen versprechen (OLG Hamm VersR 2013, 358).

Kapitel 7. Unfallversicherung

§ 178 Leistung des Versicherers

(1) **Bei der Unfallversicherung ist der Versicherer verpflichtet, bei einem Unfall der versicherten Person oder einem vertraglich dem Unfall gleichgestellten Ereignis die vereinbarten Leistungen zu erbringen.**

(2) [1]**Ein Unfall liegt vor, wenn die versicherte Person durch ein plötzlich von außen auf ihren Körper wirkendes Ereignis unfreiwillig eine Gesundheitsschädigung erleidet.** [2]**Die Unfreiwilligkeit wird bis zum Beweis des Gegenteils vermutet.**

Übersicht

I. Normzweck und Regelungsinhalt

1 Die Vorschrift normiert das **Leitbild** eines Unfallversicherungsvertrages (Prölss/Martin/*Knappmann* § 178 Rn. 2), gewährt aber zugleich eine begrenzte Produktgestaltungsfreiheit (Abs. 1). Nicht ausgeschlossen wird, wie sich aus § 191 ergibt, den Vertrag auf die Deckung von bestimmten Arten von Unfällen (Insassenunfallversicherung, Strahlenunfälle) oder von Unfällen in bestimmten Situationen (Reiseunfallversicherung) zu beschränken oder – vor allem den Leistungsarten nach – für bestimmte Personengruppen (Seniorenunfallversicherung, Kinderunfallversicherung) näher zu konfigurieren. Als Versicherungsfall wird der **Unfall** als Summe von **Unfallereignis und „primärer“** unfreiwilliger **Gesundheitsschädigung** definiert (Abs. 2 Satz 1). Dem Unfall werden vertraglich definierte Geschehnisse – gedacht ist vor allem an bestimmte Verletzungen infolge erhöhter Kraftanstrengung (Ziff. 1.4 AUB 2008/2014) – gleichgestellt. An den so definierten Versicherungsfall Unfall wird die vertragliche Leistungspflicht geknüpft und damit zugleich gezeigt, dass sie in unterschiedlichen, keinem gesetzlichen Leitbild folgenden Inhalten bestehen kann. Zugleich wird eine Beweislastregelung zur Unfreiwilligkeit getroffen (Abs. 2 Satz 2).

II. Der Versicherungsfall „Unfall“

1. Unfallbegriff

2 Abs. 2 Satz 1 definiert den Versicherungsfall Unfall als **plötzlich von außen auf den Körper einwirkendes Ereignis,** das zu einer Gesundheitsschädigung geführt hat. Dabei gilt es zwischen dem Versicherungsfall Unfall, dem Unfallereignis (der von außen auf den Körper plötzlich erfolgenden Einwirkung) und der daraus folgenden Gesundheitsschädigung einerseits, und der von Abs. 2 nicht angesprochenen **Ereignisfolge** (vor allem Invalidität oder Tod aber auch ambulante oder stationäre Heilbehandlung) – auch beweisrechtlich – zu unterscheiden.

2. Von außen auf den Körper wirkendes Ereignis

3 Voraussetzung ist ein „von außen" auf den Körper einwirkendes Ereignis. Dieses Ereignis der Außenwelt muss die körperliche Integrität der versicherten Person **nicht unmittelbar** – also ohne weitere Zwischenursachen – getroffen haben. Zur Abgrenzung von nicht versicherten Eigenbewegungen kommt es allein **auf das Geschehen an, das die gesundheitliche Erstschädigung bewirkt,** ob dieses Geschehen also außerhalb des Körpers des VN steht oder ein rein innerer Vorgang ist (BGH VersR 2013, 15). Es ist unerheblich, ob das äußere Geschehen; das zu der Verletzung des Körpers führt, seinerseits durch eine Eigenbewegung ausgelöst ist. Daher ist ein Sturz auf einer Skipiste, der eine körperliche Schädigung nach sich zieht, auch dann ein Unfall, wenn er sich aufgrund einer willensgesteuerten Eigenbewegung ereignet hat (BGH r+s 2011, 400 = VersR 2011, 1135). Der Tod durch Ertrinken – also durch Eindringen von Wasser in den Kehlkopf – ist immer ein Unfall unabhängig davon, ob der VN zuvor bewusstlos geworden ist (BGH NJW 2012, 1389 = VersR 2012, 849; zum „Beinahe-Ertrinken" OLG Jena ZfS 2018, 281). Das ist indessen nicht immer einfach abzugrenzen: Ein Sturz auf den Boden, der zu einer Schulterverletzung führt, stellt eine Einwirkung von außen auf den Körper dar (BGH NJW-RR 2011, 1328). Gleiches gilt für einen Muskelfaserriss aufgrund eines Tritts unter einen Fußball, auch wenn der Spieler einen Abstoß ausführen will (OLG München NJW-RR 2012, 552 = VersR 2012, 715). Demgegenüber soll – was je nach den genauen Abläufen zweifelhaft sein kann – der stoßartige Tritt auf einen Spaten (mit der (angeblichen) Folge eines Bandscheibenschadens) als eine reine Eigenbewegung zu betrachten sein (OLG Jena r+s 2020, 291) Unerheblich ist, ob das gewissermaßen am Beginn der Kausalkette stehende Ereignis als solches den VN körperlich „getroffen" hat; die Einwirkung auf den Körper kann vielmehr auch durch einen Sinneseindruck vermittelt worden sein, solange es nur zu einer physischen Einwirkung auf den Körper gekommen ist (OLG Saarbrücken VersR 2014, 1202).

4 Das unterscheidet das Unfallereignis von **rein inneren körperlichen Vorgängen** (OLG Stuttgart VersR 1987, 355: Bruch einer implantierten Herzklappe). Wenn das Gesetz und die AVB keine „unmittelbare Einwirkung" der Außenwelt auf den Körper verlangen (BGH NJW 1962, 916: Hängenbleiben in einer Bergwand; OLG Stuttgart VersR 1997, 176: Erfrieren), so ist sie gewissermaßen eine hinreichende aber keine notwendige Bedingung. Daher sind auch physische Verletzungen, die der versicherten Person nach einer psychischen Reaktion auf ein äußeres Geschehen zustoßen, erfasst (BGH VersR 1972, 582: Herzinfarkt nach Zerspringen der Windschutzscheibe; OLG Saarbrücken r+s 2005, 344: Reflexbewegung nach Gebirgsschlag; OLG Karlsruhe VersR 2000, 446: Tod durch Erfrieren nach Sturz in einen Graben; ausführlich Langheid/Wandt/*Dörner* § 178 Rn. 86 ff.). Das ist allerdings nicht immer leicht zu erkennen. Denn zwischen dem am Beginn der Kausalkette stehenden Geschehnis und ihrem Ende können (und werden regelmäßig) sinnliche, psychische Zwischenglieder stehen.

5 Die Ursache der körperlichen Einwirkung kann allerdings für die Annahme von Ausschlüssen von Bedeutung sein (BGH NJW 2012, 1289 = VersR 2012, 849 – Tod durch Ertrinken; OLG Stuttgart VersR 2007, 1363: Ertrinken in der Badewanne). Notwendig für die Annahme eines Versicherungsfalls ist allerdings, dass eine **physische Betroffenheit** irgendwann im Geschehensablauf eintritt. Daher sind auch Vorgänge nicht ausgeschlossen, die unter Mitwirkung körperinterner Vorgänge, bspw. einer allergischen Reaktion, zu einer Gesundheitsschädi-

gung führen (BGH VersR 2013, 15 versehentliche Aufnahme von Allergenen; OLG Braunschweig VersR 1985, 823: Wespenstich; zum Zeckenstich vgl. *Abel/Winkens* r+s 2011, 46 (47); OLG Karlsruhe VersR 1996, 364: Caisson-Erkrankung eines Tauchers; OLG München VersR 1983, 127: Veränderung von Druckverhältnissen). Allerdings muss die Einwirkung von außen zu einem Zeitpunkt geschehen sein, zu dem die versicherte Person noch gelebt hat (OLG Saarbrücken NJW-RR 2004, 177: Sturz vor oder nach einem Herzinfarkt). Eine Rauschgiftinjektion ist zunächst zwar regelmäßig keine ungewollte Einwirkung, ungeachtet dessen aber eine äußere Einwirkung auf den Körper, auch wenn der VN dafür überwiegend keine Deckung genießt (BGH VersR 2014, 59; zum Einatmen von Hustensaft als Heilmaßnahme OLG Stuttgart NJW-RR 2007, 316).

6 Die Abgrenzung eines versicherten Unfalls von einer nicht versicherten (ungewollten) Selbstschädigung ist schwierig, wenn es im Verlauf von **Eigenbewegungen** durch Ungeschicklichkeiten zu Verletzungen kommt. Unter einer Eigenbewegung als Verletzungsursache versteht man ein rein willensgesteuertes, planmäßig verlaufendes, vom VN beherrschtes Geschehen, dass schon als solche und ohne jeden Kontakt mit der Außenwelt zu einer gesundheitlichen Schädigung führt. Da kein von außen auf den Körper einwirkendes Ereignis vorliegt, besteht kein Versicherungsschutz bei gesundheitlichen Schäden, die durch ein vollständig willensgesteuertes Verhalten eintreten (BGH VersR 2009, 492 mwN; OLG Hamm VersR 1995, 774). Das ist der Fall, wenn allein das Heben schwerer Gegenstände einen Bandscheibenvorfall auslöst (BGH NJW-RR 1989, 217; OLG Düsseldorf r+s 2012, 509; OLG Dresden r+s 2008, 432), oder wenn die versicherte Person beim Tanzen oder beim Aussteigen aus dem Auto oder beim hastigen Gehen stolpert (OLG Köln r+s 2002, 482; OLG Düsseldorf r+s 1999, 296; OLG Celle OLGR 2009, 498) oder beim Treppensteigen oder Aufstehen von einer Toilette umknickt (OLG Köln VersR 2014, 492; LG Köln VersR 2012, 1164). Anders ist es, wenn die versicherte Person beim Skifahren erschrickt und stürzt und durch diesen Sturz, der notwendig mit einem physischen Kontakt mit der Außenwelt verbunden ist, körperliche Schäden davonträgt (BGH VersR 2011, 1135) oder wenn Unebenheiten oder Fremdkörper den natürlichen Bewegungsablauf gestört haben (KG VersR 2015, 61; OLG Hamm VersR 2008, 249)

7 Ein irreguläres, nicht geplantes Einwirken der Außenwelt auf den Körper und damit ein Unfall liegt vor, wenn eine zunächst vom Willen getragene Bewegung – der VN tritt bspw. zur Seite –, eine unerwartete Dynamik auslöst und über das Straucheln hinaus etwa durch den Versuch, eine getragene Last aufzufangen, zu einem Sturz führt (BGH VersR 2009, 492; zum Umknicken bei Bodenunebenheit OLG Hamm ZfS 2008, 43; OLG Karlsruhe ZfS 2012, 157 zu einer Milzruptur durch Abgleiten von einer Tischkante beim Bücken; OLG München VersR 2012, 715). Gleiches gilt, wenn die versicherte Person nach einem Sprung über eine Pfütze wegrutscht (OLG Köln r+s 2007, 516), beim Sport auf einem stumpfen Hallenboden fällt (OLG München r+s 2000, 39) oder beim Ziehen eines Kabels durch dessen Nachgeben stürzt, wenn bei Arbeiten an einem Gegenstand dieser allein „Objekt der Bemühungen“ des VN bleibt, sich also keine **Eigendynamik des Objekts** entwickelt (OLG Frankfurt a. M. r+s 2009, 32). Kein Unfallereignis liegt auch vor, wenn sich der VN nach einer unerwarteten Reaktion eines Dritten aufgrund eines eigenen Willensentschlusses bewegt und dabei unglücklich verletzt (OLG Naumburg VersR 2013, 229). Behauptet der VN, aufgrund plötzlicher Sonneinstrahlung den Kopf abgewendet und dadurch eine Dissektion einer Halsader erlitten zu haben, ist das kein Unfallereignis, weil der Sinneseindruck als

solcher ohne körperliche Folge blieb (OLG Saarbrücken ZfS 2013, 396 = VersR 2014, 1202). Ein Unfallereignis setzt also gewissermaßen stets die **irreguläre Unterbrechung eines „normalen" Ablaufs der Eigenbewegungen** voraus.

3. Plötzliches Ereignis

8 Wenn sich ein Unfall „plötzlich" ereignet haben muss, so grenzt das versicherte Unfallereignisse von nicht versicherten Schadensverläufen ab, die sich allmählich über einen längeren Zeitraum erstrecken (BGH VersR 1985, 177). Plötzlich muss nur die Einwirkung auf den Körper, nicht die Gesundheitsschädigung sein (Prölss/Martin/*Knappmann* § 178 Rn. 16). Das hat zunächst und in erster Linie eine **temporäre Komponente.** Plötzlich ist ein Ereignis dann, wenn es in zeitlich kurzer Dauer auf den Körper einwirkt (BGH VersR 2014, 59). Sodann ist ein Ereignis „plötzlich", wenn die betroffene Person von ihm überrascht worden ist und ihr Vorkehrungen objektiv nicht möglich waren (KG r+s 2017, 322; OLG Frankfurt a. M. r+s 2009, 32; Langheid/Wandt/*Dörner* § 178 Rn. 77 ff.; *Grimm/Kloth* AUB Ziff. 1 Rn. 24 ff.). Dabei kommt es nicht darauf an, ob der versicherten Person vorgeworfen werden kann, das Unfallereignis nicht vermieden zu haben, sondern allein darauf, ob sie von ihm objektiv **unvorhersehbar und unentrinnbar** betroffen wurde. Daher zählt das Einatmen giftiger Gase, das zu einem Herzinfarkt führt, auch dann zu den plötzlichen Ereignissen, wenn es sich über eine gewisse Zeit erstreckt (BGH VersR 1988, 951; diff. OLG Koblenz VersR 1999, 436). Gleiches gilt für die Caisson-Symptomatik bei einem zu schnellen Auftauchen aus größerer Tiefe (OLG Karlsruhe VersR 1996, 364; vgl. aber auch OLG München VersR 1983, 127; OLG Karlsruhe r+s 1998, 302; OLG Stuttgart VersR 1999, 1228).

4. Erhöhte Kraftanstrengungen

9 Innere Vorgänge oder Eigenbewegungen werden regelmäßig (Ziff. 1.4. AUB 2014) als **erhöhte Kraftanstrengung** einem Unfall gleichgestellt. Einschränkende weitere Voraussetzung ist jedoch typischerweise, dass dadurch an Gliedmaßen oder Wirbelsäule ein Gelenk verrenkt wird oder Muskeln, Sehnen, Bänder oder Kapseln gezerrt oder zerrissen werden. Das bedeutet, dass mit der Erweiterung" des Unfallereignisbegriffs **Einschränkungen der von ihm gesundheitlich betroffenen Körperteile** verbunden sind: Bandscheibenschädigungen oder Meniskusschädigungen zählen dazu anatomisch nicht (OLG Saarbrücken NJW-RR 2005, 1271; OLG Koblenz NJW-RR 2003, 322; OLG Hamm VersR 1995, 774; zur Rotatorenmanschetten- oder Supraspinatusruptur verneinend OLG Dresden r+s 2008, 432; vgl. a. OLG Celle NJW-RR 2009, 1693; Schubach/Jannsen/*Jannsen* AUB Ziff. 1 Rn. 42 mwN; *Vise* r+s 2009, 485 aus medizinischer Sicht; *Hoenicke* r+s 2009, 489 aus rechtlicher Sicht; zum partiellen Einschluss vgl. Ziff. 5.2.1 AUB 2008).

10 Was als erhöhte Kraftanstrengung zu betrachten ist, ist allerdings streitig (zur Unberechenbarkeit gerichtlicher Entscheidungen Wagner r+s 2013, 421). Eine **erhöhte Kraftanstrengung** liegt vor, wenn der konkrete Muskeleinsatz des VN – gemessen an dessen individueller körperlicher Konstitution – über denjenigen von normalen Bewegungsabläufen oder Tätigkeiten des täglichen Lebens hinausgeht. Dabei sind die für die jeweilige berufliche oder sportliche Tätigkeit, bei der sich die Verletzung ereignet, typischen Abläufe bedeutungslos (BGH r+s 2020, 45; OLG Naumburg r+s 2013, 452 – Umbetten einer pflegebedürftigen Patientin).

Der mit einer normalen körperlichen Bewegung im Alltag verbundene Kraftaufwand reicht also nicht aus. IÜ genügt es, weil die AVB nichts anderes bestimmen, wenn lediglich der eigene Körper eingesetzt wird (OLG Saarbrücken NJW-RR 2002, 676: Liegestütz; OLG Nürnberg r+s 2001, 302: Sportkegeln; verneinend OLG Düsseldorf r+s 1999, 296: Aussteigen aus Kfz; OLG Celle VersR 1991, 1165: Herausheben eines Koffers; offenbar aA OLG Frankfurt a. M. ZfS 2014, 404). Erfasst werden typischerweise **sportliche Einsätze,** Gesundheitsschädigungen im Fußballspiel (OLG Frankfurt a. M. NJW-RR 1996, 24), ruckartige Bewegungsänderungen beim Handballspiel oder im Tennis (OLG Frankfurt a. M. OLGR 1998, 239; 1996, 363; vgl. aber auch OLG Frankfurt a. M. ZfS 1995, 347, zur Typik von Sportverletzungen Langheid/Wandt/*Dörner* § 178 Rn. 105) oder bei der Vorführung schwieriger gymnastischer Übungen (OLG Saarbrücken NJW-RR 2002, 676).

11 Es kommt also auf die **individuellen Verhältnisse des VN** an und nicht darauf, ob ein gleichaltriger Gesunder (gar mit der allgemein vorauszusetzenden Fitness eines Sportlers oder Berufstätigen) die Aufgabe ohne besonderen Muskeleinsatz bewältigt hätte. Daher kommt es auch nicht darauf an, ob der VN **immer wieder oder gar typischerweise,** vor allem bei seiner beruflichen Tätigkeit, solchen Herausforderungen begegnet, sondern allein darauf, ob er sich in der konkreten Verletzungssituation besonders anstrengen musste (OLG Koblenz BeckRS 2018, 14281)). Daher sind Sportler, auch wenn sie eine Übung, bei der ein gesundheitlicher Schaden eingetreten ist, schon oft ausgeübt haben oder es gerade zur Eigenart ihrer Sportart gehört, einen vergleichbaren Muskeleinsatz zu zeigen, geschützt (OLG Saarbrücken NJW-RR 2002, 676 – Liegestütz eines Sportlehrers). Und Taxifahrer, die immer wieder Koffer heben und bewegen müssen, genießen Deckung, wenn sie einmal einen besonders schwerer zu verstauen haben (OLG Hamm VersR 2011, 1136 = r+s 2011, 530). Auch Pflegekräfte, die eine Patientin umbetten und dabei Kraft aufwenden müssen, strengen sich dabei erhöht an, selbst wenn das zu ihren beruflichen Aufgaben gehört (OLG Naumburg r+s 2013, 452). Die AUB 2014 klären den Streit mit ihren Veranschaulichungen (Klimmzüge) zwar nicht restlos, definieren die erhöhte Kraftanstrengung aber zutreffend und insoweit transparent als Bewegung, deren Muskeleinsatz nach den individuellen körperlichen Verhältnissen der versicherten Person über die normalen Handlungen des täglichen Lebens hinausgeht.

III. Unfreiwilligkeit

12 Nach Abs. 2 Satz 1 muss die versicherte Person die Gesundheitsschädigung, nicht aber das Unfallereignis (BGH VersR 1998, 1231; 1985, 177; OLG München VersR 2012, 715 = NJW-RR 2012, 552 zum Torabstoß beim Fußballspiel), unfreiwillig erleiden. Das ist der Fall, wenn sie sie **weder gewollt noch für möglich gehalten und in Kauf genommen** hat. Auch derjenige, der sich bewusst einem hohen gesundheitlichen Risiko aussetzt, kann darauf vertrauen, es werde sich nicht in einer Schädigung auswirken (BGH VersR 2014, 59), Wer eine gefährliche Sportart ausübt, mag Verletzungen für möglich erachten, vertraut aber doch darauf, dass sie nicht eintreten werden. Demgegenüber umfasst der Entschluss zu **autoerotischen** oder **sadomasochistischen** Handlungen regelmäßig auch eine gesundheitliche Beeinträchtigung. Hat die versicherte Person dabei zwar mit Verletzungen gerechnet, nicht jedoch mit deren konkretem, eine Leis-

tungspflicht auslösendem Ausmaß, ihrer Tötung vor allem, kommt es darauf an, ob und inwieweit der Verlauf des Geschehens vom Vorsatz der versicherten Person noch umfasst war (BGH VersR 2014, 59; OLG Saarbrücken VersR 1997, 949; OLG Oldenburg VersR 1997, 1128; OLG Zweibrücken VersR 1988, 287 zu den Indizien OLG Stuttgart ZfS 2011, 463). Nur wenn das – nachweislich – angenommen werden kann, darf ein freiwilliges Geschehen angenommen werden. Freiwillig sind auch Gesundheitsschäden, die ein gescheiterter Suizid zur Folge hatte. Auch wenn der VN sie nicht im Blick gehabt haben mag, waren sie notwendigerweise Teil des Selbstmordplans. Daher muss der VR beweisen, dass der VN sich vergeblich selbst töten wollte (OLG Karlsruhe VersR 2018, 544; OLG Saarbrücken r+s 2005, 120)

IV. Risikoausschlussklauseln

1. Allgemeines

Die AVB enthalten zahlreiche Risikoausschlussklauseln (Ziff. 5 AUB 2008), die bestimmte **Unfallereignisse** und bestimmte **Unfallursachen** sowie besondere **Unfallereignisfolgen** von der Deckung ausnehmen, weil es sich um für den VR nicht überschaubare und berechenbare Risiken handelt. In der Praxis geht es vor allem um Unfälle der versicherten Person durch Geistes- oder hauptsächlich trunkenheitsbedingte, nicht durch ein Unfallereignis herbeigeführte Bewusstseinsstörungen (Ziff. 5.1.1 AUB 2008), um Unfälle, die der versicherten Person durch die vorsätzliche Vollendung oder den Versuch einer Straftat zustoßen (Ziff. 5.1.2 AUB 2008), und um krankhafte Störungen infolge psychischer Reaktionen (Ziff. 5.2.6 AUB 2008). Dass die Voraussetzungen eines Risikoausschlusses vorliegen, muss der VN beweisen. 13

2. Geistes- oder Bewusstseinsstörungen

Von einer Geistes- oder Bewusstseinsstörung ist auszugehen, wenn die versicherte Person in ihrer Aufnahme- und Reaktionsfähigkeit derart beeinträchtigt ist, dass sie den Anforderungen der konkreten Gefahrenlage nicht mehr gewachsen ist. Sinn des Ausschlusses für Unfälle durch Geistes- oder Bewusstseinsstörung ist es, solche erheblichen Störungen der Aufnahme- und Reaktionsfähigkeit zu erfassen, die die versicherte Person außer Stande setzen, den Sicherheitsanforderungen ihrer Umgebung zu genügen, Sinneseindrücke schnell und genau zu erfassen, sie zu verarbeiten und auf sie zu reagieren (BGH VersR 2008, 1683: Kreislaufkollaps aufgrund Sonneneinwirkung; BGH VersR 2000, 1090 (1092): „Schwarz vor Augen"; BGH VersR 1990, 1343; VersR 1989, 902 (903); VersR 1985, 583; LG Ravensburg r+s 2012, 349). Daher kommt es, wie sich aus dem Wortlaut des Ausschlusses ergibt, wie aber auch die weiteren, auf bestimmte „natürliche" Leiden bezogenen Ausschlüsse zeigen, nicht darauf an, **ob die Beeinträchtigung auf einer natürlichen Ursache** – vor allem einem Sekundenschlaf infolge von Übermüdung – **beruht** (Beckmann/Matusche-Beckmann VersR-HdB/*Mangen* § 47 Rn. 42; aA OLG Zweibrücken r+s 2015, 149; HK-VVG/*Rüffer* Ziff. 5 AUB 2010 Rn. 7, wohl auch BGHZ 23, 76 (85); OLG Düsseldorf VersR 2004, 1041). 14

Ob eine Geistes- oder Bewusstseinsstörung vorgelegen hat, **muss der VR voll beweisen** (OLG Jena BeckRS 2020, 19070). Dabei tritt gelegentlich die Frage des Zeitpunkts der – möglichen – Geistes- oder Bewusstseinsstörung auf. Es ist 15 aber Sache des VR, das Vorliegen des Ausschlussgrundes zum Zeitpunkt des Unfallgeschehens zu beweisen. Gerade bei Unfällen, die sich **außerhalb der Teilnahme am Straßenverkehr** ereignen, bedarf es einer fallbezogenen Feststellung, ob die Einbuße an Einsichts- und Steuerungsfähigkeit ein Ausmaß erreicht hat, bei dem die konkrete Gefahrenlage nicht mehr beherrscht wird (BGH VersR 1982, 463). Geht es um einen Unfall im Straßenverkehr, gelten besondere beweisrechtliche Grundsätze. Auf die Ursächlichkeit der Störung für den Unfall kann aufgrund eines Anscheinsbeweises geschlossen werden (BGH VersR 1990, 1343). Sie kann sich allerdings auch daraus ergeben, dass der VN nicht plausibel zu machen vermag, aus welchen anderen Gründen sich ein Unfall ereignet haben kann (OLG Hamm ZfS 2009, 165)

16 Der **Genuss von Alkohol und die Einnahme von Drogen oder Medikamenten** beeinflusst regelmäßig schon bei geringen Dosen die Aufnahme- und Reaktionsfähigkeit. Allerdings wird insoweit durchaus unterschieden zwischen Unfällen bei und solchen außerhalb der Teilnahme am öffentlichen Straßenverkehr. Nach Ziff. 5.1.1 AUB 2008 wird **„Trunkenheit"** der Geistes- oder Bewusstseinsstörung ohnehin gleichgestellt. Die Rspr geht bei **Unfällen im öffentlichen Straßenverkehr** von einer Geistes- oder Bewusstseinsstörung aus, wenn der VN alkoholbedingt fahruntüchtig war. Von bedingungsgemäßer „Trunkenheit" kann nicht erst gesprochen werden, wenn ein bestimmter Blutalkoholgehalt – bspw. 1,1 ‰ – vorliegt, sondern immer schon dann, wenn **aufgrund der alkoholischen Beeinflussung der versicherten Person von Defiziten ihrer Wahrnehmungs- und Steuerungsfähigkeit** auszugehen ist. Das ist regelmäßig schon bei einer geringen BAK der Fall. Insoweit ist **lediglich beweisrechtlich** von Bedeutung (OLG Saarbrücken ZfS 2015, 220), ob eine absolute Fahruntüchtigkeit vorlag – dann spricht ein **Anscheinsbeweis** für eine Geistes- oder Bewusstseinsstörung und die dadurch bedingte Verursachung des Unfalls – oder ob lediglich eine relative Fahruntüchtigkeit bestand, die nur **bei dem vom VR zu erbringenden Beweis alkoholbedingter Fahrfehler** die gleiche Annahme rechtfertigt. Schlichte Unvernunft genügt insoweit nicht, Leichtsinn genügt nicht, der VR muss vielmehr dartun, dass zusätzlich zu der festzustellenden alkoholischen Beeinflussung äußere objektive Anzeichen gegeben waren, die den Voraussetzungen des Risikoausschlusses entsprachen.

17 In den Fällen **absoluter Fahruntüchtigkeit** (1,1 ‰) spricht also ein **Anscheinsbeweis** für ihre Unfallursächlichkeit (BGH NJW 1991, 1357; VersR 1990, 1177; (OLG Saarbrücken ZfS 2018, 217) OLG Hamm VersR 1997, 1344; OLG Frankfurt a. M. VersR 1992, 993; Beckmann/Matusche-Beckmann VersR-HdB/*Mangen,* § 47 Rn. 43 ff.)). Das ist unabhängig davon, ob sich der Unfall auf einem öffentlichen Weg oder auf privatem Gelände ereignet hat (OLG Saarbrücken ZfS 2002, 32; zu „erweiterten Alkoholklauseln" OLG Saarbrücken NJW-RR 2009, 903). Bei **relativer Fahruntüchtigkeit** kann die alkoholische Beeinflussung, wenn sie von Ausfallerscheinungen oder alkoholtypischen Fahrfehlern begleitet ist, solchen also, die nüchternen Kraftfahrern (typischerweise) nicht unterlaufen, eine Unfallverursachung auf ihrer Grundlage indizieren (BGH VersR 1988, 733; verneinend noch für eine 0,8 ‰ unterschreitende BAK BGH VersR 1988, 450; OLG Celle VersR 1997, 98; OLG Hamburg VersR 1998, 1411; OLG Hamm r+s 1999, 263; allg. HK-VVG/*Rüffer* Ziff. 5 AUB 2008 Rn. 10 ff.). Gleiches muss bei **Einnahme von Drogen** vor dem Unfall festgestellt werden (OLG Jena NJW 2005, 3505). Unfallgeschehen, deren Verursachung durch eine natürliche Übermüdung erklärt werden könne, sollen grundsätzlich gedeckt sein

(OLG Zweibrücken r+s 2015, 149.). Dagegen spricht jedoch, dass die Ausschlussklausel nicht zwischen solchen Störungen unterscheidet, die willentlich herbeigeführt sind, und solchen, die sich von selbst, auf „natürliche" Weise ergeben.

Auch bei **Beifahrern** kann in Fällen höherer Blutalkoholkonzentrationen eine 18
Geistes- oder Bewusstseinsstörung vorliegen (BGH VersR 1985, 583: 1,89 ‰). Wird ein **e-scooter** benutzt, gelten dieselben Grundsätze wie bei dem Gebrauch eines Kraftfahrzeugs (LG Köln BeckRS 2020, 37880; LG Stuttgart BeckRS 2021,4320 – jeweils zu § 316 StGB). Bei **Radfahrern** wird der Grenzwert – für die beweisrechtliche Vermutung einer trunkenheitsbedingten Verursachung des Unfalls – bei 1,6 ‰ (OLG Hamm r+s 1998, 216; OLG Schleswig r+s 1992, 394), bei Fußgängern bei 2,0 ‰ (BGH VersR 1990, 343; OLG Frankfurt a. M. BeckRS 2017, 144535; OLG Saarbrücken ZfS 2006, 338; OLG Karlsruhe r+s 2017, 92: nicht bei 1 ‰, wenn andere Unfallursachen denkbar sind) angenommen. Allerdings darf in diesen Fällen nicht schematisch aus einem bestimmten Blutalkoholwert auf eine unfallursächliche Geistes- und Bewusstseinsstörung geschlossen werden. Vielmehr muss anhand der konkreten Umstände grundsätzlich prüft werden, ob die Ausschlussvoraussetzungen vorliegen. Je höher die alkoholische Beeinträchtigung indessen war, desto geringer sind die Anforderungen an die weiteren, für den Ausschluss streitenden Indizien.

3. Vorsätzliche Straftaten

Ist der Unfall der versicherten Person die Folge der vorsätzlichen Ausführung 19
einer Straftat oder ihres (auch des nicht strafbaren) Versuchs, so besteht kein Unfallversicherungsschutz. Die Versichertengemeinschaft soll das durch solch ein selbst verschuldetes Verhalten bestehende erhöhte Unfallrisiko nicht tragen. Der Ausschluss macht den jeweiligen gesetzlichen Straftatbestand zum **nach strafrechtlichen Gesichtspunkten zu beurteilenden Tatbestandsmerkmal** der vertraglichen Regelung. Das bedeutet, dass die versicherte Person rechtswidrig (OLG Saarbrücken ZfS 2015, 161; OLG Hamm VersR 1978, 1137) und schuldhaft (zur Verantwortlichkeit von Jugendlichen BGH VersR 2005, 1226) gehandelt haben muss. Ein vermeidbarer Verbotsirrtum hilft ihr ebenso wenig (OLG Saarbrücken ZfS 2015, 161; Hamm VersR 2006, 399) wie ein strafbefreiender Rücktritt (OLG Hamm r+s 2006, 31). Anstiftung und Beihilfe sind vorsätzliche Straftaten (OLG Düsseldorf VersR 2001, 361). Allerdings muss zwischen der Straftat und dem Unfall ein **adäquater, innerer Ursachenzusammenhang** bestehen. Sie muss also generell geeignet sein, Unfälle der eingetreten Art herbeizuführen. Es muss eine **„deliktstypische Gefahrenlage"** vorliegen und sich verwirklicht haben (BGH VersR 1998, 1410: Tötung durch Notwehrhandlung nach Körperverletzung; BGH VersR 1990, 1268: Schussverletzung bei unerlaubtem Waffenbesitz; OLG Hamm r+s 2007, 297: Schussverletzung bei Flucht vor der Polizei; anders in den Fällen OLG Hamm ZfS 2009, 102; OLG Saarbrücken VersR 1997, 949: Drogeneinfluss vor sadomasochistischer Tötung). Das ist regelmäßig auch in Fällen des Fahrens ohne Fahrerlaubnis anzunehmen (BGH VersR 1982, 465; OLG Hamm ZfS 2005, 612; OLG Koblenz VersR 1998, 709). Verwirklicht sich aber bewiesenermaßen gerade das Risiko der aus dem Fehlen einer Fahrerlaubnis in aller Regel folgenden Unerfahrenheit und Sachkunde nicht, so würde die Versagung von Versicherungsschutz dem Ausschlusszweck nicht entsprechen (ähnlich Beckmann/Matusche-Beckmann VersR-HdB/*Mangen* § 47 Rn. 63). Die vorsätzliche Straftat oder ihr Versuch müssen nicht noch andauern, um den Risikoaus-

schluss auszulösen; ein Unmittelbarkeitserfordernis fehlt. Vielmehr gilt es für alle dem strafbaren Verhalten noch zurechenbaren Folgegeschehen, in denen sich weiter das besondere Unfallrisiko strafbaren Verhaltens spiegelt (OLG Hamm VersR 2009, 388).

4. Psychische Reaktionen

20 **Wirksam ausgeschlossen** (BGH r+s 2010, 164 = VersR 2010, 60; VersR 2004, 1039; OLG Dresden r+s 2020, 591) ist der Versicherungsschutz regelmäßig für krankhafte Störungen infolge psychischer Reaktionen, auch wenn diese durch einen Unfall verursacht wurden (Ziff. 5.2.6 AUB 2014). Damit entfällt ein Anspruch sowohl dann, wenn der Gesundheitsschaden zwar durch Einwirkung von außen entstanden ist, aber allein durch seelische Prozesse wie Schock, Schreck oder Angst zu erklären ist (*Jacob* AUB Ziff. 5.2.6 Rn. 1 – was allerdings sinnlich bewirkte Unfallereignisse nicht von der Deckung ausschließt), als auch bei solchen, die auf eine unfallbedingte Fehlreaktion oder vor allem Fehlverarbeitung des Unfallgeschehens zurückzuführen sind (BGH NJW 2004, 2589 = VersR 2004, 1039; NJW 2003, 634; zuletzt OLG Dresden r+s 2020, 591; *Grimm/Kloth* AUB Ziff. 5 Rn. 168 ff). Maßgeblich ist in erster Linie der Wortlaut der Ausschlussklauseln. So unterscheiden die AUB 08 zwischen dem Ausschluss des Versicherungsschutzes für bestimmte Unfälle (Ziff. 5.1 AUB 2014) und dem Ausschluss der Deckung für bestimmte Beeinträchtigungen (Ziff. 5.2 AUB 2014). Schon daraus ergibt sich, dass **psychisch verursachte, aber körperlich wirkende gesundheitliche Schädigungen** von dem Ausschluss nicht erfasst sind. Nur wenn es also an einem körperlichen Trauma fehlt oder die Krankheit nur mit ihrer psychogenen Natur erklärt werden kann, besteht keine Deckung (BGH r+s 2010, 164 = VersR 2010, 60; VersR 2004, 1449; BGHZ 159, 160 = NJW 2004, 2589 = VersR 2004, 1039; Langheid/Wandt/*Dörner* § 178 Rn. 197 ff.). Unter den Ausschluss fallen daher typischerweise (aber nicht stets) posttraumatische Belastungs- und somatoforme Störungen (OLG Celle r+s 2008, 389; OLG Düsseldorf VersR 2006, 1487; OLG Frankfurt a. M. NJW-RR 2011, 831; OLG Oldenburg r+s 2011, 262). Der **VR muss beweisen,** dass allein eine psychische Reaktion die krankhafte Störung herbeigeführt hat. Der Beweis kann im Ausschlussverfahren geführt werden, wenn andere als allein psychische Gründe für die Gesundheitsschädigung nicht denkbar sind.

21 Ausgeschlossen sind damit aber nicht (vgl. Rn. 7) alle körperlichen Einwirkungen, die den VN auf irgendeine Weise sinnlich vermittelt treffen und auf die er reflexartig reagiert (so treffend *Jacob* AUB Ziff. 5.2.6. Rn. 2). Vielmehr geht es um **irreguläre, vom Normalen abweichende, fehlerhafte psychische Verarbeitungen** eines Geschehens der Außenwelt. Von den allein psychischen Reaktionen zu unterscheiden sind davon abgesehen durch **physiologische Reaktionen** auf eine äußerliche Einwirkung entstandene körperliche Schäden (BGH VersR 2003, 634: Aortendissektion infolge unfallbedingter Ausschüttung von Stresshormonen; bedenklich daher OLG Dresden ZfS 2018, 281 zur durch Stresshormone hirnorganisch ausgelösten retrograden Amnesie) oder Bewegungen nach einem Erschrecken, die nicht mehr willensgesteuert sind und zu einem physischen Schaden geführt haben (OLG Saarbrücken r+s 2005, 344: zur Knieverletzung führender Reflex nach Gebirgsschlag). Allerdings darf nicht jede möglicherweise biologisch erklärbare Folgeerscheinung als physisch vermittelte Reaktion betrachtet werden (OLG Dresden r+s 2020, 591; OLG Brandenburg VersR 2006, 1251).

Entscheidend ist daher nach dem Schutzzweck der Unfallabsicherung, ob die Gesundheitsschädigung völlig inadäquat und fernliegend eingetreten ist, oder ob die psychische Störung nach der Schwere des körperlichen Traumas oder des dazu führenden Unfall noch als verständliche und nachvollziehbare, medizinisch gewissermaßen nahe liegende Konsequenz zu betrachten ist (OLG Hamm ZfS 2016, 701; OLG Celle r+s 2015, 560 = VersR 2015, 1499; OLG Hamm VersR 2006, 1352; VersR 2006, 1394; OLG Rostock VersR 2006, 105). Der Ausschluss greift von vornherein nicht ein bei organischen gesundheitlichen Schäden, die ihrerseits (auch) zu psychischen Leiden führen, mag auch ihr Ausmaß von der Art der psychischen Verarbeitung abhängen (OLG Hamm r+s 2013, 88).

Die **beweisrechtlichen Differenzierungen** sind insoweit nicht immer ein- 22
fach. Der VN muss beweisen, dass ein auf den Körper einwirkendes äußeres Ereignis vorliegt (→ Rn. 3), also ein irgendwie geartetes körperliches Trauma. Er muss beweisen, dass die körperliche, physische Integrität berührt worden ist, und dass sich dadurch eine gesundheitliche Beeinträchtigung (welcher physischen oder psychischen Art auch immer, vgl. OLG Zweibrücken ZfS 2014, 704 zu Folgen eines Zeckenbisses)) ergeben hat. Gelingt ihm das, ist es Aufgabe des VR zu beweisen, dass diese (psychische) Konsequenz des physisch nachteiligen Kontakts mit der Außenwelt ausschließlich mit ihrer psychogenen Natur erklärt werden kann. Kann ein physisches Trauma (bspw. ein Schädel-Hirn-Trauma, das geeignet wäre, eine posttraumatische Belastungsstörung auszulösen) nicht bewiesen werden, hat schon der VN den ihm obliegenden Beweis nicht erbracht (OLG Brandenburg ZfS 2015, 576). Steht eine schwere körperliche Verletzung des VN fest, sollen daraus folgende verständliche und nachvollziehbare psychische Begleiterscheinungen nicht allein mit ihrer psychogenen Natur erklärt werden können (OLG Celle r+s 2015, 560 = VersR 2015, 1499). Das kann aber nur dann gelten, wenn die psychische Reaktion eine adäquate, bei jedem anderen Menschen auch zu erwartende Antwort auf die physische Schädigung ist, nicht aber, wenn sie sich als **reine psychische Fehlverarbeitung** aufgrund von Dispositionen und Vulnerabilitäten des VN erweist.

5. Weitere Ausschlussgründe

Von nur gelegentlicher Bedeutung ist der Ausschluss für Unfälle, die die versi- 23
cherte Person **bei der Teilnahme an Rennveranstaltungen** (Ziff. 5.1.5 AUB 2008/2014; dazu OLG Karlsruhe ZfS 2015, 62) erlitten hat. Dabei ist entscheidend, ob es sich um eine Veranstaltung gehandelt hat, bei der es darum ging, „Höchstgeschwindigkeiten" zu erzielen. Sicherheitstrainings, Geschicklichkeitstests und Gleichmäßigkeitsprüfungen fallen nicht unter den Ausschluss (OLG Frankfurt a. M. ZfS 2015, 94; OLG Karlsruhe VersR2008, 344; OLG Saarbrücken ZfS 2007, 645). Auch die gesundheitlichen Folgen von **Heilmaßnahmen und Eingriffen am Körper** (Ziff. 5.2.3. AUB 2014) sind vom Versicherungsschutz ausgeschlossen. Als Heilmaßnahme wird jede Maßnahme zu diagnostischen und therapeutischen Zwecken unabhängig von einer medizinischen Indikation und unabhängig davon, ob eine Behandlung lege artis erfolgt ist, betrachtet (OLG Saarbrücken ZfS 2015, 102). Maßgebend dafür, ob der Versicherungsschutz ausgeschlossen ist, ist, ob bei wertender Betrachtung ein innerer Zusammenhang zwischen der Heilmaßnahme und dem Unfallereignis besteht. Unfälle durch Infektionen sind – je nach den AVB – (unter anderem) gedeckt, wenn ihre Ursache eine mehr als nur geringfügige Haut- oder Schleimhautverletzung ist. Dabei kommt

es nicht auf die Tiefe der Verletzung an, sondern darauf, ob die versicherte Person (bei objektiver Betrachtung) eine ärztliche Behandlung für erforderlich erachten durfte (OLG Köln VersR 2013, 992; r+s 2008, 345; OLG Düsseldorf VersR 2001, 449).

V. Beweisrecht

24 Das Vorliegen eines Versicherungsfalls, also das **Unfallereignis** und die dadurch verursachte **(primäre) Gesundheitsschädigung** sowie ihre **Dauerhaftigkeit** unterliegt dem Beweismaß des § 286 ZPO. Für die **Kausalität** zwischen dem Unfall und der dauerhaften Beeinträchtigung der Leistungsfähigkeit sowie für deren Vorliegen selbst und ihr Maß gilt das Beweismaß und gelten die Beweiserleichterungen des § 287 ZPO (BGH VersR 2011, 1171; VersR 2009, 1213; VersR 2001, 1547; r+s 1998, 80; r+s 1992, 1503; OLG Celle r+s 2014, 518; OLG Karlsruhe r+s 2013, 141; OLG Frankfurt a. M. r+s 2009, 32). Ist unklar, ob ein Unfallereignis zu einer (primären) Gesundheitsschädigung geführt hat oder ob eine vor dem Unfallereignis liegende Bewusstseinsstörung für die Verletzung ursächlich war (Ruptur eines Aneurysmas vor einem oder durch einen Sturz), so trifft die Beweislast den VN, ein Anscheinsbeweis scheidet aus (BGH NJW-RR 1988, 789; OLG Saarbrücken ZfS 2008, 283 mwN; OLG Hamm VersR 2002, 883). Grundlage der Beweisführung und Überzeugungsbildung kann neben den von der ZPO vorgesehenen Beweismitteln auch die Anhörung des VN sein. Wechselt er seine Unfallschilderung, kann das durchgreifende Zweifel an der Überzeugungskraft seiner Darstellung wecken (OLG Naumburg VersR 2013, 229; OLG Saarbrücken ZfS 2014, 219; LG Köln r+s 2014, 2983

25 Auch eine **„Gelegenheitsursache"** kann zum Versicherungsfall geführt haben kann. Von ihr spricht man, einen Begriff des Sozialversicherungsrechts übernehmend, wenn das Unfallereignis einen vor ihm bestehenden gesundheitlichen Schaden lediglich sichtbar gemacht hat, was jederzeit auch aufgrund beliebiger anderer Abläufe hätte geschehen können (BGH NJW 2017, 263; Bruck/Möller/*Leverenz* § 178 Rn. 157). Denn eine adäquate Verursachung der Gesundheitsschädigung durch das Unfallereignis liegt auch dann vor. Allerdings wird es dem VR regelmäßig gelingen, eine dem jetzigen Invaliditätsgrad entsprechende hohe Vorinvalidität oder ein besonders hohes Maß der Mitwirkung von Vorerkrankungen zu beweisen (vgl. auch BGH NJW-RR 2009, 679 Rn. 14; *Grimm* AUB 99 Ziff. 3 Rn. 5).

26 Nach Abs. 2 Satz 2 muss der VR die **Unfreiwilligkeit** beweisen. Dabei kann er sich nicht auf einen **Anscheinsbeweis** berufen. Vielmehr ist es regelmäßig eine Frage des **Indizienbeweises,** ob die versicherte Person ihre Verletzungen (zumindest bedingt) vorsätzlich verursacht hat. Das gilt vor allem bei vermutetem Suizid. Zu den wesentlichen **Indizien** gehört zunächst die Klärung der **technischen Möglichkeit eines unfreiwilligen Geschehensablaufs.** Gibt es dafür keine vernünftigen Anhaltspunkte, darf schon tatsächlich Freiwilligkeit auch dann vermutet werden, wenn ein sie tragendes Motiv (Abschiedsbrief, Notlage) nicht erkennbar ist (OLG Frankfurt a. M. OLGR 2008, 712: Verpuffung eines Benzingemischs; OLG Koblenz r+s 2009, 290: Überfahren durch Zug; OLG Saarbrücken r+s 2005, 120: Sturz von Autobahnbrücke; OLG Koblenz VersR 1993, 847: Sturz aus Speicherfenster; OLG Düsseldorf r+s 2003, 517: Strangulation). Davon abgesehen können die Überzeugung der Freiwilligkeit einer Selbstverletzung tragende Umstände vor allem Differenzen zwischen

der Unfallschilderung und den tatsächlichen Feststellungen zu Art und Umfang der Verletzungen, bspw. Schnitträndern bei angeblich unfallbedingten Amputationen (OLG Karlsruhe VersR 1990, 967) oder das Ausmaß und der Zeitpunkt der Absicherung des VN (OLG Köln VersR 1996, 1530; vgl. aber auch OLG Köln VersR 1990, 1346) sein.

VI. Auflösung des Vertrages

Die AVB sehen regelmäßig vor, dass der VR den Vertrag **kündigen** kann, dass der VR den Vertrag (mit Wirkung für die Zukunft) kündigen kann, wenn er eine Leistung erbracht hat (AUB 2014 10.3. Satz 1 AUB 2014), begrenzen das Kündigungsrecht allerding auf die Dauer eines Monats nach Leistungserbringung. Die Frist für dieses Kündigungsrecht beginnt allerdings schon mit der ersten vom VR zu erbringenden Leistung, nicht erst mit vollständiger Abwicklung des Versicherungsfalls (BGH NJW 2018, 305). 27

§ 179 Versicherte Person

(1) [1]**Die Unfallversicherung kann für den Eintritt eines Unfalles des Versicherungsnehmers oder eines anderen genommen werden.** [2]**Eine Versicherung gegen Unfälle eines anderen gilt im Zweifel als für Rechnung des anderen genommen.**

(2) [1]**Wird die Versicherung gegen Unfälle eines anderen von dem Versicherungsnehmer für eigene Rechnung genommen, ist zur Wirksamkeit des Vertrags die schriftliche Einwilligung des anderen erforderlich.** [2]**Ist der andere geschäftsunfähig oder in der Geschäftsfähigkeit beschränkt oder ist für ihn ein Betreuer bestellt und steht die Vertretung in den seine Person betreffenden Angelegenheiten dem Versicherungsnehmer zu, kann dieser den anderen bei der Erteilung der Einwilligung nicht vertreten.**

(3) **Soweit im Fall des Absatzes 2 nach diesem Gesetz die Kenntnis und das Verhalten des Versicherungsnehmers von rechtlicher Bedeutung sind, sind auch die Kenntnis und das Verhalten des anderen zu berücksichtigen.**

Die Vorschrift unterscheidet zwischen Verträgen, bei denen VN und versicherte Person identisch sind – **Eigenversicherung** (Abs. 1 Satz 1 Alt. 1) –, solchen, bei denen die versicherte Person Dritter (also nicht VN) ist, die Rechte aus dem Vertrag materiell aber ihr zustehen sollen – **Fremdversicherung** (Abs. 1 Satz 1 Alt. 2) –, und solchen, bei denen die versicherte Person Dritte ist, die Rechte aus dem Vertrag aber dem VN zustehen sollen (Abs. 2 Satz 1). Die in Abs. 1 Satz 1 Alt. 2 genannte Fremdversicherung erfasst vor allem die Fälle der Familienversicherung, der Versicherung der Mitglieder von Sportvereinen oder anderer Organisationen und jene der Insassenunfallversicherung. Im Übrigen wird bei Auseinanderfallen von VN und versicherter Person eine Fremdversicherung vermutet. Für sie gelten dann die §§ 43 ff. Danach stehen die Rechte aus dem Vertrag (materiell) der versicherten Person zu; über sie kann aber nur der VN verfügen und sie geltend machen (§ 44). Die Bedingungen (Ziff. 12.3 AUB 2014) sehen iÜ vor, dass die Ansprüche aus dem Versicherungsvertrag vor Fälligkeit grds. nur mit Zustimmung des VR übertragen oder verpfändet werden können (vgl. dazu unter 1 anderem OLG Köln r+s 2008, 391). Das hat Konsequenzen in der Insolvenz des VN, die vor allem bei Gruppenunfallversicherungsverträgen tatsächliche und rechtliche Probleme aufwerfen kann: Ein **Aussonderungsrecht** der versicherten Person setzt voraus, dass der Insolvenzverwalter die Leistung eingezogen hat. Ansonsten darf der Insolvenzverwalter die Ansprüche aus dem Vertrag selbst geltend machen und über sie verfügen, auch ohne dass er (mit Blick auf die materielle Berechtigung der versicherten Person) über eigene Gegenrechte dieser gegenüber verfügt (OLG Köln NJW-RR 2015, 725).

2 Für das Rechtsverhältnis zwischen VN und versicherter Person in der **Insassenunfallversicherung** hat die Rspr. ein **gesetzliches Treuhandverhältnis** angenommen, das nicht ausschließt, dass der VN die Entschädigung nicht auskehrt, sondern mit eigenen Ansprüchen aufrechnet oder sie auf von ihm geschuldete Leistungen anrechnet oder sich bei voller Entschädigung eines Insassen durch Dritte auch weigert, die Forderung geltend zu machen (BGH VersR 1975, 703; 1973, 634; vgl. iÜ § 46 Rn. 3). Für die Gruppenunfallversicherung hat die Rspr. angenommen, dass der VN verpflichtet ist, auf die Notwendigkeit der Geltendmachung von Rechten durch die versicherte Person hinzuweisen (BAG VersR 2008, 558).

3 Soll der Vertrag gegen Unfälle eines Dritten auf eigene Rechnung des VN genommen werden, so bedarf es der schriftlichen (§ 126 BGB) vorherigen **Zustimmung** der versicherten Person. Abs. 2 Satz 2 schließt insoweit eine gesetzliche Vertretung durch den VN aus. Liegt eine Einwilligung der Gefahrperson nicht vor und ist die Vermutung des § 179 Abs. 1 Satz 2 widerlegt, so ist der Vertrag nach dem klaren Wortlaut des Gesetzes – entgegen einer in der Rspr. zu lesenden Annahme (BGHZ 32, 44; OLG Hamm VersR 1977, 1124) – unwirksam. Das beruht darauf, dass eine Spekulation mit dem Leben oder der Gesundheit eines anderen verhindert und sich auch im Nachhinein nicht zu dessen oder seiner Erben Gunsten auswirken soll.

4 Abs. 3 bestimmt (wie § 156), dass in den Fällen der Versicherung gegen Unfälle Dritter für eigene Rechnung die **Kenntnis und das Verhalten der versicherten Person** maßgeblich sind, soweit es nach dem Gesetz darauf ankommt. Das gilt vor allem in den Fällen der Verletzung der vorvertraglichen Anzeigeobliegenheit oder der Aufklärungsobliegenheit aber auch dort, wo es um die Freiwilligkeit oder die vorsätzliche Herbeiführung eines Unfalls geht.

§ 180 Invalidität

[1]Der Versicherer schuldet die für den Fall der Invalidität versprochenen Leistungen im vereinbarten Umfang, wenn die körperliche oder geistige Leistungsfähigkeit der versicherten Person unfallbedingt dauerhaft beeinträchtigt ist. [2]Eine Beeinträchtigung ist dauerhaft, wenn sie voraussichtlich länger als drei Jahre bestehen wird und eine Änderung dieses Zustandes nicht erwartet werden kann.

I. Grundsatz (Satz 1)

1 Die Vorschrift bezieht sich auf die wichtigste der in der Regel durch einen Unfallversicherungsvertrag versprochenen Leistungen, die Invaliditätsentschädigung. Sie schließt es, wie sich aus § 191 ergibt, nicht aus, Entschädigungsleistun-

gen an andere Voraussetzungen, die Beeinträchtigung der Arbeitskraft oder einen Grad der Behinderung, zu knüpfen. Daher gilt sie nur, wenn, wie heute üblich, Unfallversicherungsschutz bei Beeinträchtigungen der (körperlichen oder geistigen) „Leistungsfähigkeit" gewährt wird. Für die Fälle, in denen eine Invaliditätsentschädigung an die Beeinträchtigung der Arbeitsfähigkeit geknüpft wird, gilt § 180 entsprechend.

Satz 1 **definiert Invalidität** als dauerhafte Beeinträchtigung der **körperlichen** 2
oder geistigen Leistungsfähigkeit aus unfallbedingten Gründen. Maßstab ist die Leistungsfähigkeit einer durchschnittlichen, gesunden Person gleichen Alters. Auf typische berufsbedingte aber nicht allgemein vorhandene Einschränkungen kommt es nicht an. Es kommt auch nicht darauf an, welche physischen oder psychischen Fähigkeiten betroffen sind oder wie wichtig sie für die Entfaltung der Persönlichkeit sind. Daher können nicht nur Einbußen an den von dem Organ „Haut" erbrachten Leistungen, sondern auch bspw. solche sexueller Funktionen zu einem Anspruch führen.

Das Gesetz regelt den Zeitpunkt, zu dem Invalidität nach einem Unfallereignis 3
eingetreten sein muss, nicht. Die AVB sehen regelmäßig als Anspruchsvoraussetzung vor, dass Invalidität **binnen eines Jahres** nach dem Unfall eingetreten sein muss (Ziff. 2.1.1.1 AUB 2014). Gegen die vertragliche Bestimmung dieses Zeitpunkts bestehen auch dann keine Bedenken, wenn eine dauerhafte Beeinträchtigung der körperlichen oder geistigen Leistungsfähigkeit aus medizinischen Gründen einmal erst nach Ablauf eines Jahres festzustellen sein sollte (vgl. § 186 Rn. 12). Denn gerade in solchen Fällen – in der Rechtspraxis geht es häufig um Fälle der Neuroborreliose (OLG Düsseldorf VersR 2010, 61; LG Trier ZfS 2010, 219) – entspricht es den legitimen Interessen des VR, zeitlich unklare medizinische Abläufe von seiner Deckungszusage auszuschließen. Das kann allerdings bei Verwendung besonderer Infektionsklauseln anders sein (vgl. *Naumann* ZfS 2010, 482 mwN). Ungeachtet dessen fehlt es an der sich aus den AUB regelmäßig ergebenden Anspruchsvoraussetzung des Eintritts von Invalidität innerhalb eines begrenzten Zeitraums nach dem Unfallereignis (ein Jahr), wenn sich während dessen Dauer eine dauerhafte gesundheitliche Beeinträchtigung noch nicht abschließend feststellen lässt, auch wenn sie sich im Nachhinein ergeben haben mag (OLG Celle BeckRS 2021, 9367).

Satz 2 regelt, was als **dauerhaft** zu betrachten ist. Er verlangt die Prognose, 4
dass die gesundheitlichen Einbußen länger als drei Jahre bestehen und dass eine Änderung nicht zu erwarten ist. (so schon bisher OLG Karlsruhe VersR 2006, 1396; OLG Frankfurt a. M. NVersZ 2002, 403). Diese Prognose der Dauerhaftigkeit muss zum Schluss des den Anspruch begründenden Zeitraums, regelmäßig also eines Jahres nach dem Unfallereignis, erfolgen können. Von der von der Vorschrift erfassten Prognose der Dauerhaftigkeit zu unterscheiden ist **die Bemessung des Maßes der Invalidität.** Insoweit ist in der Rspr umstritten, welcher Zeitpunkt der Prognose des Invaliditätsgrades zugrunde zu legen ist (Rn. 11). Künftige Änderungen, seien es Verbesserungen oder Verschlechterungen, des gesundheitlichen Zustands sind dann nicht erheblich, wenn sie nicht mit an Sicherheit grenzender Wahrscheinlichkeit zu erwarten sind, sondern nur möglich erscheinen (BGH VersR 2005, 927; BGHZ 139, 171 (181) mwN; OLG Frankfurt a. M. NJW-RR 2006, 533). Bedingungen können – wirksam – vorsehen, dass eine Invaliditätsleistung erst ab einem bestimmten Grad der Invalidität geschuldet ist (OLG Karlsruhe VersR 2015, 837).

II. Bemessung von Invalidität

5 Die für den Fall der Invalidität versprochenen Leistungen richten sich nach den AVB. Danach ist der Grad der Invalidität Grundlage der Berechnung. Für bestimmte Gesundheitsschäden sehen die AVB pauschalierte Sätze vor, die **Gliedertaxe.** Sie regelt (nur – vgl. BGH VersR 2015, 617 = r+s 2015, 250 –) für ihren Bereich abschließend und einer individuellen Korrektur nicht zugänglich – abstrakt und generell feste Invaliditätsgrade bei dem vollständigen oder teilweisen Verlust oder der Funktionsunfähigkeit bestimmter Organe und Glieder (BGH VersR 2006, 1117). Das System der Gliedertaxe geht dabei zunächst von der Maßgeblichkeit des **Sitzes der** Schädigung aus (BGH r+s 2015, 250; VersR 2006, 1117; VersR 2002, 747; VersR 2001, 360; VersR 1991, 413; missverständlich OLG Frankfurt a. M. r+s 2007, 207 für einen komplikationsreichen Verlauf einer Fußverletzung; OLG Celle BeckRS 2011, 14751: Verletzungen des Fingers und der Mittelhand). Auf dieser Grundlage sieht es vor, dass der Invaliditätsgrad mit zunehmender Körpernähe steigt (BGH VersR 2003, 1163; VersR 1991, 57; VersR 1990, 964). Führt allerdings eine Beeinträchtigung des rumpfferneren Gliedteils zu einem höheren Invaliditätsgrad als jenem des Sitzes der Schädigung, ist dieser Invaliditätsgrad maßgebend (BGH r+s 2012, 143).

6 **Typische Ausstrahlungen** des Verlustes oder der Funktionsunfähigkeit eines Organs oder (Teil) Gliedes auf andere Organe sind von der Bemessung erfasst: Die Taxe für den Verlust oder die Funktionsfähigkeit eines Fingers schließt also ein, dass diese Beeinträchtigungen sich auf die Gebrauchsfähigkeit der Hand auswirken können (BGH NJW-RR 2001, 810; 1991, 222; OLG Brandenburg NJW-RR 2019, 1513). Zugleich schließt die **Funktionsunfähigkeit eines funktionell „höher bewerteten“, rumpfnäheren Gliedes den Verlust oder die Funktionsunfähigkeit des rumpfferneren ein** (BGH NJW-RR 2012, 486 = VersR 2012, 351; VersR 2001, 36; zur Ausstrahlung einer Beeinträchtigung des Geruchs- auf den Geschmackssinn OLG Saarbrücken NJW-RR 2004, 186; OLG Frankfurt a. M. r+s 2011, 487). Folglich ist eine „Addition“ der Invaliditätsgrade ausgeschlossen; mehrfache Verletzungen eines Gliedes müssen zu einer Bewertung der gesamten funktionellen Beeinträchtigung dieses Gliedes führen (OLG Hamm VersR 2021, 112). Eine **„Addition“** mit der Folge einer 100 % übersteigenden Invalidität wäre daher nur denkbar, wenn der VN gesundheitliche Einbußen an ganz unterschiedlichen Körpergliedern erleidet. Diese Überschreitung schließen die Bedingungen aber regelmäßig aus (Ziff. 2.1.2.2.4 AUB 2014). Davon abgesehen bildet, was Sachverständige in Ausnahmefällen annehmen können, das Maß der Beeinträchtigung des rumpfferneren Gliedes die Untergrenze, die der Entschädigungsberechnung zugrunde zu legen ist (BGH NJW-RR 2012, 486 = VersR 2012, 351). Das ist anders, wenn der gesundheitliche Schaden (mittelbar) zur Beeinträchtigung weiterer körperlicher Funktionen führt (Bemessung bei Beeinträchtigungen unterschiedlicher körperlicher Funktionen OLG München r+s 2010, 299). Soweit es nach den AVB auf die Beeinträchtigung eines bestimmten Gelenks ankommt, ist allein deren Maß entscheidend (BGH VersR 2003, 1163 mwN). Daher bleibt eine trotz Funktionsunfähigkeit des Gelenks (Versteifung) fortbestehende Funktionsfähigkeit rumpfferneren Gliedteile irrelevant.

7 Der **konkrete prozentuale Anteil** des Verlustes oder der Gebrauchsunfähigkeit ist nach den graduellen Auswirkungen der gesundheitlichen Einbußen auf die „normalen“ körperlichen oder geistigen Funktionen zu schätzen. Dabei dürfen standardisierte medizinische Übereinkünfte herangezogen werden (vgl. dazu *Schil-*

tenwolf/Hollo/Gaidzik, Begutachtung der Haltungs- und Bewegungsorgane, 7. Aufl. 202013). Sind paarige Körperteile beeinträchtigt, ist die Funktionsbeeinträchtigung eines jeden Körperteils gesondert festzustellen; die Schädigung beider führt, soweit nichts Anderes vereinbart ist, nicht zu einer Art Zuschlag (OLG Köln VersR 2005, 679).

Wird eine **Gliedfunktion wiederhergestellt** (durch Implantation), so ist die 8
Gliedertaxe nicht anwendbar (BGH VersR 1990, 478), wenn die Heilbehandlung dauerhaften Erfolg hatte (BGH VersR 2005, 927; NJW-RR 1992, 414). Ist das aber noch ungewiss, so muss die zum maßgeblichen Zeitpunkt eingetretene Verschlechterung des gesundheitlichen Zustands (bspw. der Verlust des durch Implantation zu ersetzenden Gliedteils) berücksichtigt werden (BGH VersR 2005, 927). Wird der Verlust eines Organs vollständig kompensiert (Verlust einer Niere), ist keine Invaliditätsentschädigung geschuldet (OLG Celle ZfS 2008, 42). Ist der Erfolg einer Heilbehandlung nicht sicher, bleibt es bei der Bemessung nach der Beeinträchtigung des Gliedes.

Ist der Invaliditätsgrad **nicht aufgrund der Gliedertaxe** zu berechnen, so 9
kommt es (für die Bemessung des Invaliditätsgrades) darauf an, wie durch das Unfallereignis bewirkten körperlichen oder geistigen Beeinträchtigungen funktionell auf die gesamte Leistungsfähigkeit der versicherten Person wirken, welche Verrichtungen und welche Lebensbereiche sie in welchem Maße betreffen. Insoweit kann zur Einschätzung ein Vergleich zu den in der Gliedertaxe pauschalierten Bemessungen gezogen werden (OLG Saarbrücken VersR 1997, 956: Keloidbildungen der Haut; OLG Koblenz VersR 2009, 1348: Milzentfernung). So dürfen bei von der Gliedertaxe einmal nicht erfassten Schulterschädigungen, die sich auf die Funktionsfähigkeit des Armes auswirken, die Bewertungen des Verlusts oder der Funktionsfähigkeit des Armes wertend herangezogen werden (BGH r+s 2017, 607; OLG Karlsruhe VersR 2017, 747).

III. Prognosezeitpunkt

Die neuere Rechtsprechung des BGH hat den Streit um den **der Prognose** 10
des Grades der Invalidität zugrunde zu legenden Zeitpunkts geklärt: Maßgeblich ist – grundsätzlich – der **vertraglich bestimmte** Zeitpunkt des Eintritts von Invalidität, also je nach den AVB ein Jahr, anderthalb oder zwei Jahre nach dem Unfallgeschehen (BGH r+s 2016, 92 = VersR 2016, 185). Maßgeblich ist allerdings nicht zu diesem Zeitpunkt bestehende Invalidität, sondern jene, die sich aus der Prognose des Heilungs- oder Verschlechterungsverlaufs ergebende Erwartung der funktionellen dauerhaften Beeinträchtigungen im Prognosezeitraum (OLG Dresden NJOZ 2021, 212). Gesundheitliche Veränderungen, die danach eintreten, sind folglich – grundsätzlich – irrelevant. Die Wahl eines anderen Zeitpunkts würde die Gefahr des strategischen Umgangs mit dem Zeitpunkt der Prognose bergen: VR, die von einer im Laufe der Zeit zu erwartenden gesundheitlichen Besserung ausgingen, müssten die Regulierungsentscheidung verzögern, VN, die das Gegenteil befürchten würden, gleichfalls. Das darf nicht sein. Auch würde die Wahl des von den AUB lediglich für die Neubemessung vorgesehenen Zeitpunkts, des Ablaufs von drei Jahren nach dem Unfall, die Gefahr bergen, dass das vertragliche Konzept einer Differenzierung zwischen Erst- und Neubemessung unterlaufen würde. Das bedeutet, dass der Beurteilung des Grades der Invalidität alle Tatsachen zugrunde zu legen sind, die bei rückschauender Betrachtung

bezogen auf den Stichtag eine Einschätzung erlauben, nicht aber ihm nachfolgende gesundheitliche oder medizinische Entwicklungen.

11 Nach den **AUB 2014** ist das Problem allerdings anders – durch Fixierung des Prognosezeitpunkts auf den Ablauf des dritten Jahres nach dem Unfallereignis – gelöst. Gegen die Wirksamkeit einer solchen Klausel bestehen keine Bedenken, weil der VR damit die Unterscheidung von Erst- und Neubemessung selbst – allerdings transparent – modifiziert und sich dadurch keineswegs von der Notwendigkeit befreit, bei Abschluss seiner Erhebungen eine Erstbemessung zügig vorzunehmen. IÜ können VN und VR natürlich – selbst konkludent – den **Zeitpunkt der Prognose anders** festlegen (BGH VersR 1994, 971). Auch in Fällen, in denen der VN innerhalb der ersten drei Jahre nach dem Unfall Klage auf eine Erstbemessung erhebt und zum Zeitpunkt der Entscheidung die Frist für eine Neubemessung noch nicht abgelaufen ist, ist Stichtag das Ende des dritten Jahres nach dem Unfall.

IV. Art der Leistung

12 Nach den AUB 2008 (Ziff. 2.1.2.1) wird die Invaliditätsleistung als Kapitalbetrag gezahlt. Ältere AVB bestimmen, dass bei einem **Unfall, der sich nach dem 65. Lebensjahr ereignet hat,** statt eines Kapitalbetrages eine Unfallrente gezahlt wird. Das ist von der Rechtsprechung gebilligt worden (LG Dortmund NJW-RR 2007, 23), begegnet aber Bedenken. Sie greifen in jedem Fall durch, wenn in einer Seniorenunfallversicherung die Police eine Invaliditätsleistung als Kapitalbetrag ausweist, die AVB dieses Versprechen dann aber modifizieren (vgl. auch LG Dortmund Urt. v. 22.8.2012 – 2 O 454/10: Vorrang der Individualabrede). Sieht ein spezifisches Produkt für Senioren allerdings vor, dass die Leistung bei Invalidität in Assistanceangeboten und/oder einer Rente besteht, so ist dagegen rechtlich nichts einzuwenden: Das Leitbild der Unfallversicherung verlangt kein Entschädigungsversprechen, sondern erlaubt es, Leistungen „zu vereinbaren" (§ 178 Abs. 1). Fallen eine Kapitalleistung altersabhängig versagende AVB unter den zeitlichen Anwendungsbereich des AGG, so sind sie jedoch gleichfalls unwirksam, weil sie regelmäßig gegen §§ 19 Abs. 1 Nr. 2, § 20 Abs. 3 Satz 2 AGG verstoßen, solange VR nicht darlegen können, dass versicherungsmathematische Erkenntnisse dies als risikoadäquate Kalkulation erfordern. In allen übrigen Fällen „alter" Verträge stellt sich aber gleichfalls die Frage, aus welchen Gründen verunfallten alten Menschen, bei denen die Invalidität noch eher als bei jüngeren einen Kapitalbedarf zur Versorgung (und nicht nur einen Rentenbedarf) auslöst, eine Invaliditätsleistung als Kapitalbetrag versagt wird. Daher spricht viel dafür, in solchen Fällen von einer unangemessenen Benachteiligung auszugehen. Im Übrigen sehen die AUB 2008 (Ziff. 2.1.1.2) vor, dass bei unfallbedingtem Tod der versicherten Person innerhalb eines Jahres kein Anspruch auf eine Invaliditätsleistung besteht. Stirbt sie innerhalb eines Jahres nach dem Unfallereignis aus unfallfremder Ursache oder später als ein Jahr nach dem Unfallereignis, so schuldet der VR die Invaliditätsleistung als Kapitalbetrag nach dem Invaliditätsgrad, der ärztlich schon festgestellt worden ist oder mit dem nach den ärztlichen Befunden zu rechnen gewesen wäre (Ziff. 2.1.2.3 AUB 2008). Verursacht hat der Unfall den Tod auch dann, wenn er auf typischen Komplikationen beruht, die nach einer ersten Gesundheitsschädigung eingetreten sind (OLG Koblenz r+s 2017, 152).

V. Beweis

13 Der VN muss den Eintritt der Invalidität innerhalb eines Jahres nach dem Unfallereignis, die Unfallbedingtheit der Invalidität und den Grad der Invalidität beweisen (zum Beweis mitwirkender Vorerkrankungen vgl., § 182 Rn. 7). Dabei gelten aber unterschiedliche Maßstäbe. Während der Eintritt der Invalidität innerhalb eines Jahres zur vollen Überzeugung des Gerichts nach § 286 ZPO zu beweisen ist (BGH VersR 2011, 1171; VersR 2009, 1213), genügt für den Beweis der Unfallursächlichkeit (BGH aaO) und des Grades der Invalidität (BGH VersR 2006, 1117; r+s 1998, 80) eine überwiegende Wahrscheinlichkeit nach § 287 ZPO. Das bedeutet – in den Fällen psychischer Beeinträchtigungen –, dass Invalidität nicht schon dann bewiesen ist, wenn ein hirnrorganischer Primärschaden feststeht (§ 286 ZPO), sondern das genau dieser Primärschaden auch eine psychische Erkrankung herbeigeführt hat (§ 287 ZPO); erst dann kommt es für die Frage des Ausschlusses (→ § 178 Rn. 20) darauf an, ob der VR zu beweisen vermag, dass die Invalidität allein eine psychische Reaktion auf das Unfallereignis oder die Primärschädigung darstellt (OLG Dresden NJOZ 2021, 491).

§ 181 Gefahrerhöhung

(1) **Als Erhöhung der Gefahr gilt nur eine solche Änderung der Umstände, die nach ausdrücklicher Vereinbarung als Gefahrerhöhung angesehen werden soll; die Vereinbarung bedarf der Textform.**

(2) [1]**Ergeben sich im Fall einer erhöhten Gefahr nach dem geltenden Tarif des Versicherers bei unveränderter Prämie niedrigere Versicherungsleistungen, gelten diese mit Ablauf eines Monats nach Eintritt der Gefahrerhöhung als vereinbart.** [2]**Weitergehende Rechte kann der Versicherer nur geltend machen, wenn der Versicherungsnehmer die Gefahrerhöhung arglistig nicht angezeigt hat.**

1 Die Vorschrift modifiziert durch **Abs. 1** – wie die §§ 158, 176 für die Lebens- und Berufsunfähigkeitsversicherung – die Anwendbarkeit der Regelungen zur Gefahrerhöhung (§§ 23 ff.). Die nachträgliche Änderung risikoerheblicher Umstände, der **Wechsel des Berufs** oder die **Aufnahme einer gefährlichen Sportart,** kann nur dann Rechtsfolgen zeitigen, wenn ausdrücklich in Textform geregelt ist, dass sie als Gefahrerhöhung zu betrachten sind. Das kann auch durch (hinreichend transparente) AVB geschehen. Übermittelt der VR dem VN ein Berufsgruppenverzeichnis, so kann es Grundlage einer Abrede sein (BT-Drs. 16/3940, 270), ersetzt sie aber nicht.

2 **Abs. 2** regelt die **Rechtsfolgen** einer danach erheblichen Gefahrerhöhung abweichend von den §§ 23 ff. Nach **Satz 1** tritt eine automatische Herabsetzung der Versicherungsleistungen ein, wenn sie bei unverändertem Beitrag nach dem geltenden Tarif so vorgesehen sind. Die Fiktion ihrer Vereinbarung ist unabhängig von einer Anzeige der Gefahrerhöhung; sie gilt mit Ablauf eines Monats nach Eintritt der Gefahrerhöhung. Für den Fall der Minderung der Gefahr gilt, soweit nichts für den VN Günstigeres vereinbart ist, § 41. Aus **Satz 2** folgt sodann, dass den VN eine Anzeigeobliegenheit trifft. Sanktioniert ist ihre Verletzung indessen nur, wenn er sie arglistig verletzt hat; dann stehen dem VR die weitergehenden Rechte aus den §§ 23 ff., vor allem auch Leistungsfreiheit, zu.

§ 182 Mitwirkende Ursachen

Ist vereinbart, dass der Anspruch auf die vereinbarten Leistungen entfällt oder sich mindert, wenn Krankheiten oder Gebrechen bei der durch den Versicherungsfall verursachten Gesundheitsschädigung oder deren Folgen mitgewirkt haben, hat der Versicherer die Voraussetzungen des Wegfalles oder der Minderung des Anspruchs nachzuweisen.

I. Normzweck und Regelungsinhalt

1 Die AVB sehen regelmäßig (Ziff. 3 AUB 2014) vor, dass Krankheiten oder Gebrechen, an denen die versicherte Person vor dem Unfallereignis gelitten hat, den Anspruch auf die vereinbarte Leistung beeinflussen, wenn sie bei der durch das Unfallereignis verursachten Gesundheitsschädigung oder deren Folgen (in einem bestimmten Maß) mitgewirkt haben. Darauf nimmt die Vorschrift Bezug und weist **dem VR die Beweislast** dafür zu, dass solche Leiden vorgelegen und sich mit dem bedingungsgemäßen Gewicht ausgewirkt haben. Damit wird inzident bestätigt, dass gegen die Wirksamkeit einer solchen Klausel keine grundsätzlichen Bedenken bestehen: Das ergibt sich schon daraus, dass der Vertrag über eine private Unfallversicherung eben nur unfallursächliche Leiden abzusichern verspricht. Auf andere Umstände, die die Leistungen des VR mindern oder wegfallen lassen können, ist die Vorschrift nicht entsprechend anwendbar (BT-Drs. 16/3940, 271).

II. Mitwirkung von Krankheiten oder Gebrechen

2 Von einer **Krankheit** wird gesprochen, wenn ein körperlicher (oder seelischer) regelwidriger und behandlungsbedürftiger Zustand vorliegt. Ein **Gebrechen** ist (auch wenn keine Beschwerden vorliegen) gegeben, wenn ein gesundheitlicher Zustand gegeben ist, der von der alterstypischen Norm abweicht und die einwandfreie Ausübung der körperlichen Funktionen nicht zulässt (BGH NJW 2017, 263; 2014, 69; zur Marcumarbehandlung OLG Koblenz ZfS 2008, 101) Die erhöhte Empfänglichkeit für Krankheiten infolge individueller körperlicher Dispositionen stellt kein Gebrechen dar; anders ist es, wenn die **individuelle Ausprägung,** beispielsweise eine allergische Disposition, **außergewöhnlich ist und übliche Normvarianten überschreitet** (BGH NJW 2014, 69). Alterstypische Verschleißerscheinungen und altersgemäße degenerative Vorschäden zählen grundsätzlich nicht zu den mitwirkenden Gebrechen (zur Vorschädigung der Rotatorenmanschette OLG Stuttgart r+s 2015, 342; OLG Saarbrücken r+s 2013, 618; iÜ OLG Celle r+s 2018, 88; VersR 2010, 205; OLG Hamm VersR 2006, 1394; VersR 2002, 180; OLG München NJW-RR 2006, 1326; zur altersbedingten Weitsichtigkeit OLG Saarbrücken VersR 1998, 836; vgl. aber auch OLG Hamm NJW-RR 2017, 1245). Ob eine **„altersbedingte" Vorschädigung** vorliegt, richtet sich allein nach deren üblichem Auftreten bei Menschen gleichen Alters, nicht auch gleichen Berufs. Auch solche gesundheitlichen Schäden, die **nicht behandlungsbedürftig** waren und **keine funktionellen Beeinträchtigungen** zur Folge hatten, können zu einer Minderung der Leistung führen (BGH NJW 2017, 263; vgl. auch BGH NJW-RR 2010, 39; aA noch OLG Stuttgart r+s 2015, 148; OLG Schleswig VersR 2014, 1074). Für die Annahme, ein über das

Alterstypische nachteilig hinausgehender Zustand sei unbeachtlich, wenn er keiner ärztlichen Behandlung bedurft oder die körperliche Leistungsfähigkeit nicht aktuell beeinträchtigt hatte, bieten Gesetz und AVB keinen Anhaltspunkt

Die Rspr. hat die **Minderung der Sehkraft** auch dann als zu berücksichtigende Vorschädigung betrachtet, wenn sie durch eine Brille (oder Kontaktlinsen) im Alltag ausgeglichen wurde (BGH VersR 1990, 478; VersR 1983, 581; vgl. aber auch OLG Hamm NJW-RR 2017, 1245). Ist die Sehkraft vor dem Unfallereignis so geschwächt, dass die versicherte Person eine Brille tragen musste, ist dies unerheblich, wenn die Minderung unerheblich war oder lediglich das von dem Unfallereignis nicht belastete Auge betraf (OLG Düsseldorf VersR 2005, 109). Die Vorschädigung muss die Unfallereignisfolgen, also die Gesundheitsschädigung oder ihre weiteren Auswirkungen betreffen. Es ist unschädlich, wenn lediglich das Unfallereignis von ihr begünstigt worden ist (BGH NJW-RR 1991, 539; VersR 1989, 902). 3

Mitwirkende Vorerkrankungen (oder auch eine Vorinvalidität) sind auch dann zu berücksichtigen, wenn sie **auf einen Unfall zurückzuführen** sind, für den Versicherungsschutz bestand (BGH NJW-RR 2010, 39 = VersR 2009, 1525; LG Flensburg r+s 2008, 346; zum vergleichbaren Problem der Vorinvalidität OLG Brandenburg BeckRS 2010, 1168). Das gilt auch dann, wenn sie nicht zur Feststellung einer Vorinvalidität geführt haben (BGH aaO) oder der VN schlicht die Voraussetzungen der Geltendmachung von Invaliditätsentscheidungsansprüchen versäumt hatte. Auf eine Vorschädigung kann sich ein VR nicht berufen, wenn der Einschluss von Gesundheitsschädigungen aufgrund erhöhter Kraftanstrengung Verletzungen betrifft, die nur bei Vorschädigungen auftreten können (OLG Düsseldorf ZfS 2004, 579). 4

Die **„Mitwirkung"** bezieht sich nicht auf das Unfallereignis, sondern **auf die Gesundheitsschädigung und deren Folgen** (BGH VersR 2000, 444; VersR 1989, 404). Krankheiten oder Gebrechen haben bei der primären Gesundheitsschädigung oder deren sekundären Folgen mitgewirkt, wenn sie mitursächlich für die konkrete gesundheitliche Beeinträchtigung oder ihre Auswirkung auf die körperliche Leistungsfähigkeit geworden sind und weder die Vorerkrankung allein noch das Unfallereignis allein zu dem gesundheitlichen Zustand der versicherten Person geführt haben (*Grimm* AUB Ziff. 3 Rn. 4; OLG Schleswig VersR 1995, 825). 5

Sind mitwirkende Vorerkrankungen oder Gebrechen vorhanden (oder besteht eine Vorinvalidität), so ist zunächst der Grad der funktionellen Beeinträchtigungen des VN nach dem Unfallereignis zu bestimmen. Daher darf in einem ersten Schritt nicht die **unfallursächliche Invalidität** festgestellt werden, sondern von der nunmehr bestehenden Invalidität ist der Umfang mitwirkender Vorerkrankungen oder Gebrechen abzuziehen (OLG Saarbrücken NJW-RR 2020, 96). Das konkrete **Maß der Berücksichtigung** ergibt sich dann aus einer Abwägung. Sie wird bestimmt von der Schwere des Unfalls einerseits und der Schwere des Vorschadens andererseits. Insoweit ist zu fragen, welche funktionellen Einbußen (innerhalb des Dreijahreszeitraums des § 180) zu erwarten gewesen wären, wenn allein das Unfallereignis zu gesundheitlichen Folgen geführt hätte, und welche aufgrund des Hinzutretens von bereits davor vorhandenen Krankheiten oder Gebrechen eingetreten oder sicher zu erwarten sind (OLG Düsseldorf VersR 1994, 1218; OLG Frankfurt a. M. VersR 1991, 762; OLG Hamm VersR 1982, 946; OLG Karlsruhe r+s 1987, 326; OLG Düsseldorf VersR 1964, 130; zum stromschlagbedingten Versterben eines herzkranken VN vgl. insoweit OLG Saarbrücken ZfS 6

2011, 641 – allerdings zu Unrecht vom Beweismaß des § 287 ZPO ausgehend). Dabei kann es gerade in Fällen des unfallbedingten Todes eines VN hilfreich sein festzustellen, welche **medizinstatistischen Erkenntnisse** über die Versterbenswahrscheinlichkeit gleichermaßen erkrankter Personen ohne Unfall und mit Unfall innerhalb des maßgeblichen Zeitraums vorliegen. Treffen **altersentsprechende mit unfallbedingten** funktionellen Beeinträchtigungen **zusammen,** sollen sie insgesamt anspruchsmindernd wirken (OLG Karlsruhe VersR 2017, 747). Dem kann nicht gefolgt werden, weil die Bedingungen lediglich verlangen, die unfallunabhängige gesundheitliche Vorgeschichte des VN zu beachten. ES widerspräche auch dem Schutzzweck des Vertrages, einen VN mit zunehmendem Alter und damit notwendigerweise zunehmenden körperlichen „Verschleißerscheinungen" zunehmend schlechter zu stellen (abl. daher auch Gundlach VersR 2017, 733; Prölss/Martin/*Knappmann* AUB 2014 Ziff. 3 Rn. 6).

7 Die **Beweislast** für die Mitwirkung von Vorerkrankungen trägt der VR. Das Beweismaß ergibt sich aus **§ 286 ZPO.** Das gilt auch für die Fälle, in denen die AVB eine Mitwirkung von Vorerkrankungen nur dann für erheblich erklären, wenn der Mitwirkungsanteil mindestens **25 %** (oder ein anderes Maß) erreicht (BGH NJW 2012, 392 = VersR 2012, 92 mwN); bleibt dies unklar, darf die Leistung nicht gekürzt werden. Lässt sich also bspw. nicht ausschließen, dass eine durch Dekubitusgeschwüre entstehende Sepsis auch bei älteren operierten Menschen auftreten, ohne dass eine Niereninsuffizienz vorliegt, ist der Beweis nicht zu führen (OLG Karlsruhe r+s 2014, 469). Formulieren die Klauseln, dass sich bei einer Mitwirkung von Krankheiten oder Gebrechen die Leistung mindert, eine solche Kürzung indessen unterbleibt, wenn das Maß der Mitwirkung einen bestimmten Prozentsatz nicht überschreitet, muss der VN beweisen, dass das Maß der Mitwirkung nicht relevant ist. Steht fest, dass der VR wegen der Mitwirkung zur Kürzung befugt ist, ist über das genaue Maß der Mitwirkung nach **§ 287 ZPO** zu befinden. Entscheidend ist eine Abwägung zwischen der Schwere des Unfalls einerseits und der Schwere des Vorschadens andererseits. Zu fragen ist also, welche funktionellen Einbußen zu erwarten gewesen wären, wenn es allein das Unfallereignis gegeben hätte, und welche Folgen dadurch entstanden sind, dass vorhandene Krankheiten oder Gebrechen eingetreten sind (LG Dortmund r+s 2014, 300 zur Amputation einer Zehe nach einer Gewalteinwirkung bei vorbestehender Diabetes). Der VR muss auch beweisen, dass mitwirkende Vorerkrankungen oder Gebrechen das **altersentsprechende Maß überschritten** haben.

III. Vorinvalidität

8 In den AVB findet sich die Klausel (Ziff. 2.1.2.2.3 AUB 2014), dass in Fällen, in denen eine durch den Unfall beeinträchtigte körperliche oder geistige Funktion schon vor ihm dauerhaft beeinträchtigt war, der Invaliditätsgrad um den Grad der **Vorinvalidität** gemindert wird. Die Vorinvalidität, die der VR beweisen muss, ist **nach den gleichen Kriterien zu bemessen** wie die Invalidität. Maßgeblich für den Abzug ist der „Vorinvaliditätsgrad", der zum Zeitpunkt des Unfallereignisses vorlag. Das gilt auch bei anlagebedingten oder aus einem Vorschaden resultierenden **Minderungen der Sehkraft,** die durch die Verwendung einer Brille oder von Kontaktlinsen ausgeglichen werden können; insoweit ist für die Beurteilung der Gebrauchsfähigkeit eines Auges von der durch eine Brille erfolgten korrigierten Sehkraft auszugehen; jedoch ist den Belastungen Rechnung zu tragen, die sich aus der Notwendigkeit des Tragens einer Brille ergeben (BGH VersR 2009, 1651; 1983, 581; OLG Düsseldorf VersR 2009, 774). Allerdings gilt das von vornherein nicht bei alterstypischen Einbußen, die durch solche Hilfsmittel ausgeglichen werden (OLG München VersR 2006, 1397). Darüber hinausgehende Beeinträchtigungen sind – sowohl was die Frage der Vorinvalidität als auch jene der unfallereignisbedingten Invalidität selbst betrifft – zu berücksichtigen. Der VN kann auch nicht geltend machen, dass eine tatsächlich vorliegende Beeinträchtigung der Sehkraft durch operative Maßnahmen hätte behoben werden können, solange sie nicht erfolgt sind. Denn der VN ist auch nicht gehalten, durch ein Unfallereignis eingetretene funktionelle gesundheitliche Einbußen operativ auszugleichen (OLG Düsseldorf VersR 2009, 774).

Von Bedeutung ist die Vorinvalidität allerdings nur, wenn sie dieselben Körperteile oder Sinnesorgane wie der Unfall betraf (BGH VersR 2015, 617; OLG Frankfurt a. M. ZfS 2014, 404; *Jacob* AUB Ziff. 3 Rn. 12). Die überwiegende Rechtsprechung lässt dem Wortlaut der AVB folgend einen Abzug der Vorinvalidität und sodann eine Berücksichtigung der die Vorinvalidität begründenden Krankheit oder des Gebrechens als an den Unfallfolgend mitwirkend **kumulativ** zu (BGH r+s 2017, 606; *Grimm/Kloth* AUB Ziff. 3 Rn. 29). Das überzeugt nicht. Ist vernünftiger Sinn und Zweck beider Leistungskürzungstatbestände, den VR nicht dafür einstehen zu lassen, das unfallfremde Umstände die Höhe der Leistung beeinflussen, so ist es völlig ausreichend, sie einmal zu veranschlagen. Der vorinvalide VN erhält zu Recht eine Invaliditätsentschädigung nur nach den unfallkausalen Verschlechterungen seines körperlichen Zustands. Dass die der Vorinvalidität zugrunde liegenden Krankheiten oder Gebrechen zugleich an den Unfallfolgen mitgewirkt haben, würde im Ergebnis dazu führen, sie mehrfach zu veranschlagen. (OLG Karlsruhe ZfS 2004, 275; LG Dortmund NJW-RR 2012, 606; *Rixecker* ZfS 2004, 575). Voraussetzung für eine teleologische Reduktion der Klauseln über die Berücksichtigung ist allerdings, dass es sich um ein und diesselben körperlichen Funktionsstörungen handelt. 9

IV. Progressive Invaliditätsstaffel

Ist eine **progressive Invaliditätsstaffel** vereinbart, so kommt es für die Wirkung der Berücksichtigung von Vorschädigungen darauf an, welche AVB vereinbart sind (so auch Langheid/Wandt/*Dörner* § 178 Rn. 244). Nach früher verwendeten AVB (§ 10 Abs. 1 AUB 61) ist die Leistung zu kürzen; es gilt also der Grundsatz „Progression vor Mitwirkungsrelevanz" (BGH VersR 2000, 444). Sehen die AVB aber eine Minderung des Invaliditätsgrades vor (Ziff. 3 AUB 2008), ist das anders (BGH VersR 2011, 202: „Progression nach Mitwirkungsrelevanz"; OLG Saarbrücken VersR 2010, 661: Wirksamkeit der Klausel; zur Auslegung von Progressionsklauseln im Übrigen OLG Frankfurt a. M. Urt. v. 30.12.2014 – 12 U 150/13: Gegenüberstellung von verbalisierten Progressionsklauseln und Tabellen; OLG Oldenburg VersR 2015, 883: Auslegung von Multiplikationsklauseln). 10

§ 183 Herbeiführung des Versicherungsfalles

(1) **Der Versicherer ist nicht zur Leistung verpflichtet, wenn im Fall des § 179 Abs. 2 der Versicherungsnehmer vorsätzlich durch eine widerrechtliche Handlung den Versicherungsfall herbeiführt.**

(2) **Ist ein Dritter als Bezugsberechtigter bezeichnet, gilt die Bezeichnung als nicht erfolgt, wenn der Dritte vorsätzlich durch eine widerrechtliche Handlung den Versicherungsfall herbeiführt.**

1 Die Vorschrift hat in der Praxis nur eine geringe Bedeutung. Sie überträgt die Regelung des § 162 auf die Unfallversicherung. Während schon § 178 Abs. 2 sicher stellt, dass bei einer von der versicherten Person, also dem VN oder der versicherten Person bei einer Unfallversicherung für fremde Rechnung (vgl. → § 179 Rn. 1) freiwillig erlittenen Gesundheitsschädigung kein Anspruch besteht, schließt Abs. 1 einen solchen aus, wenn Unfallopfer **eine dritte Gefahrperson** ist und der VN den Unfall vorsätzlich herbeigeführt hat. Abs. 2 entzieht einer dritten Person, die als bezugsberechtigt benannt ist, ihre Berechtigung, wenn sie den Versicherungsfall vorsätzlich und widerrechtlich verursacht. Die versicherte Person selbst oder ihr Erbe bleiben anspruchsberechtigt.

2 Im Übrigen **gilt § 81 VVG nicht,** weil es sich um eine Vorschrift für die Schadensversicherung handelt. Das gilt auch dort, wo die private Unfallversicherung teilweise Schadensversicherung ist. Denn § 178 Abs. 2 zeigt, dass ausschließlich in den Fällen, in denen der VN „freiwillig" eine Gesundheitsschädigung erleidet, Ansprüche ausgeschlossen sein sollen. Die **grob fahrlässige Herbeiführung** eines Unfallereignisses und seiner Folgen hat folglich keinen Einfluss auf die Leistungspflicht des VR (BGH r+s 1999, 41).

§ 184 Abwendung und Minderung des Schadens

Die §§ 82 und 83 sind auf die Unfallversicherung nicht anzuwenden.

1 Die Vorschrift bestimmt, dass der VN nicht schon von Gesetzes wegen bei Eintritt eines Versicherungsfalles den Schaden abzuwenden oder zu mindern hat und keinen Anspruch auf Ersatz der dazu für geboten gehaltenen Aufwendungen hat. Das verbietet einem VR indessen nicht, **Obliegenheiten zur Schadenminderung** zu vereinbaren, wie sich aus § 191 ergibt. Daher sehen die AVB (Ziff. 7.1 AUB 2014) regelmäßig vor, dass die versicherte Person nach einem Unfall unverzüglich einen Arzt hinzuzuziehen, seine „Anordnungen" zu befolgen und den VR zu unterrichten hat. Zum früheren Recht ist insoweit unter Heranziehung deliktsrechtlicher Erkenntnisse (BGH VersR 1991, 57) vertreten worden, die versicherte Person müsse sich – vor allem bei empfohlenen Operationen – zumutbaren, einfachen, gefahrlosen und sicheren Erfolg versprechenden Heilmaßnahmen unterziehen (BGH r+s 2005, 169; OLG Düsseldorf VersR 2009, 774; OLG Frankfurt a. M. r+s 2006, 164; *Wussow* VersR 2003, 1481). Wird diese Obliegenheit nicht befolgt, ist je nach dem Vorliegen der sonstigen Voraussetzungen des § 28 Abs. 24 vollständige oder teilweise Leistungsfreiheit denkbar.

2 Die herkömmlichen AVB verlangen allerdings ihrem Wortlaut nach nur, dass der VN einen **Arzt aufsucht** (und damit inzident, sich untersuchen zu lassen) und seine **„Anordnungen"** befolgt (AUB 2014 Ziff. 7.1). Anordnungen kann ein Arzt indessen von vornherein nicht erteilen. Daher kann eine verständige und auch einen VN nicht überraschende Auslegung dieser unglücklichen Formulierung nur bedeuten, den VN anzuhalten, **ärztliche Ratschläge** zur Behandlung der gesundheitlichen Folgen eines Unfallereignisses anzunehmen. Das gilt indessen nicht uneingeschränkt. Vielmehr kann die Obliegenheit nur zum Inhalt haben, sachangemessene Therapieempfehlungen eines dem VN vertrauten, kundigen

Arztes anzunehmen, soweit dies ihm zumutbar ist. Enthalten die AVB eine hinreichend bestimmte Obliegenheit zur Schadenminderung durch Befolgung ärztlicher Ratschläge, so gilt, dass sich ein VN nur einfachen, gefahrlosen und hinreichend sicheren Erfolg versprechenden Behandlungen unterziehen muss; auch medizinisch als „vertretbar" eingeschätzten Therapien muss sich ein VN darüber hinaus nicht unterziehen (OLG Frankfurt a. M. VersR 2006, 828).

§ 185 Bezugsberechtigung

Ist als Leistung des Versicherers die Zahlung eines Kapitals vereinbart, sind die §§ 159 und 160 entsprechend anzuwenden.

1 Die Vorschrift bietet dem VN die Möglichkeit, eine bezugsberechtigte Person zu benennen. Dann gelten §§ 159, 160. Ist das nicht geschehen, so fällt auch bei dem Versicherungsfall Tod die Versicherungsleistung in das Vermögen des VN (BGHZ 32, 44 (47)). Ist die Versicherung auf fremdes Leben für eigene Rechnung genommen, so bedarf die Bezugsberechtigung der Einwilligung der Gefahrperson (BGH aaO). In der Gruppenunfallversicherung hat der Versicherte, ist ein Bezugsrecht vereinbart, das Recht zu dessen Widerruf (OLG Karlsruhe ErbR 2017, 46).

§ 186 Hinweispflicht des Versicherers

[1]Zeigt der Versicherungsnehmer einen Versicherungsfall an, hat der Versicherer ihn auf vertragliche Anspruchs- und Fälligkeitsvoraussetzungen sowie einzuhaltende Fristen in Textform hinzuweisen. [2]Unterbleibt dieser Hinweis, kann sich der Versicherer auf Fristversäumnis nicht berufen.

I. Normzweck und Regelungsinhalt

1 VN müssen sich nach einem Versicherungsfall grundsätzlich selbst kundig machen, was sie beachten müssen, um eine Leistung des VR zu erhalten. Die Unfallversicherung kennt jedoch nicht jedem VN geläufige Regelungen, die Ansprüche nach einem Unfall zeitlich beeinflussen und die in der forensischen Praxis immer wieder zu Auseinandersetzungen geführt haben (zum Streit um die Notwendigkeit einer Belehrung nach früherem Recht vgl. unter anderem BGH r+s 2009, 205; OLG Saarbrücken r+s 2008, 30 mwN). Dabei geht es um Fristen, die der VN selbst einhalten oder versäumen kann (OLG Karlsruhe r+s 2017, 205). Es handelt sich vor allem um die je nach den AVB unterschiedlich lange **Frist zur ärztlichen Feststellung der Invalidität** als Voraussetzung einer Invaliditätsentschädigung (vgl. dazu Langheid/Wandt/*Dörner* § 186 Rn. 9) und die gleich laufende **Frist zur Geltendmachung von Invalidität.** Wirksamkeitsbedenken gegen solche Regelungen bestehen nicht (BGH r+s 2012, 454 = VersR 2012, 1113; NJW-RR 2005, 902; VersR 2005, 639). Um Streit zu vermeiden und den VN vor einer Versäumung solcher Fristen zu schützen, ordnet die Vorschrift einen entsprechenden Hinweis des VR an und knüpft an seine Versäumung Rechtsfolgen. Der Lauf der Frist ist unabhängig davon, ob der VN seine Invalidität **rechtzeitig entdecken** kann (OLG Düsseldorf r+s 2018, 87; ZfS 2010, 217). Jedoch enthalten einzelne AVB Klauseln, die für typischerweise spät entdeckbare

unfallbedingte Funktionsbeeinträchtigungen (Neuroborreliose nach Zeckenstich) diese Fristen anders regeln.

II. Vertragliche Anspruchs- und Fälligkeitsvoraussetzungen

2 Der VR muss selbstverständlich nicht über alle Voraussetzungen seiner Leistung unterrichten. Nach dem Sinn und Zweck der Hinweispflicht sind mit den vertraglichen Anspruchs- und Fälligkeitsvoraussetzungen lediglich bestimmte zeitliche Voraussetzungen einer Entschädigung gemeint. Dabei muss es sich um **besondere Bedingungen** handeln (OLG Karlsruhe r+s 2017, 205), die der VN **beachten oder versäumen kann.** Zu ihnen zählen daher nicht der als Anspruchsvoraussetzung in den AUB geregelte späteste Zeitpunkt des Eintritts von Invalidität und auch nach dem Schutzzweck der Hinweispflicht nicht die Fälligkeit selbst und die Verjährung (Prölss/Martin/*Knappmann* § 186 Rn. 1; Bruck/Möller/*Leverenz* § 186 Rn. 15), wohl aber die Notwendigkeit, bestimmte Unterlagen vorzulegen. Im Grunde handelt es sich um eine spezifische Unterrichtungspflicht, die aufgrund der Komplexität des Produkts typische Informationsdefizite ausgleichen soll.

III. Zeitpunkt und Form des Hinweises

3 Der VR muss dem VN den Hinweis **nach der Anzeige eines Versicherungsfalls** erteilen. Eine Information bei Vertragsabschluss genügt nicht. Es kommt nicht darauf an, ob der VN nach einem Unfall bereits bestimmte Invaliditätsleistungen verlangt. Der Hinweis muss in Textform (§ 126b BGB) erfolgen. Er kann im Schadenanzeigeformular selbst enthalten sein, weil er nicht bei dem VN verbleiben muss (OLG Dresden BeckRS 2021, 882); findet er sichallerdings lediglich in dessen Fließtext versteckt, kann das den Hinweischarakter beeinträchtigen und es dem VR verwehren, sich auf die Fristversäumnis zu berufen. Mündliche Informationen durch den Versicherungsvertreter genügen nicht. Ist der VN bereits durch seinen Makler unterrichtet, darf er sich auf eine Unterlassung des Hinweises allerdings nicht berufen. Die Hinweise müssen **das Bestehen** bestimmter Anspruchs- und Fälligkeitsvoraussetzungen bezeichnen, **nicht aber** die von der Rspr. entwickelten **näheren Inhalte.** Mehr verlangt das Gesetz nicht. Daher ist es insbesondere nicht erforderlich, dass der VR über all das auflärt, was eine korrekte ärztliche Feststellung von Invalidität ausmacht (OLG Dresden BeckRS 2019, 1485). Allerdings kann der VR aufgrund seiner vertragsbegleitenden Beratungspflicht (§ 6 Abs. 4) gehalten sein, den VN über von diesem offenbar nicht erkannte Defizite einer vorgelegten ärztlichen Feststellung aufzuklären. Da sich der VR bei Ausbleiben eines Hinweises nicht auf einen Fristablauf berufen darf, muss der **VN beweisen, dass der Hinweis unterblieben** ist. Ein einmal erteilter Hinweis genügt nicht immer. Erkennt der VR, dass der VN sich des ursprünglichen Hinweises nicht mehr bewusst ist, muss er den VN **erneut darauf aufmerksam machen,** dass eine fristgemäße ärztliche Feststellung vonnöten ist (LG Dortmund BeckRS 2010, 26734).

4 Höchstrichterlich geklärt ist zwischenzeitlich, **wem gegenüber** bei einer Versicherung für fremde Rechnung der Hinweis zu erteilen ist (BGH NJW 2019, 2534): dem VN gegenüber und nicht (auch) der versicherten Person, selbst wenn diese den Schadenfall angezeigt und Ansprüche erhoben hat. DennVertragspartner

des VR ist allein der VN, der auch regelmäßig allein befugt ist, Ansprüche gegen den VR geltend zu machen. Die Abwicklung eines Versicherungsfalls findet folglich allein im Verhältnis VR/VN stattfindet. Daher ist die Hinweispflicht grundsätzlich dem VR gegenüber zu erfüllen (so bereits OLG Karlsruhe VersR 2018, 544; OLG Oldenburg VersR 2018, 405; OLG Saarbrücken r+s 2017, 432). Anderes kann gelten, wenn der VR auf eine Schadenanzeige der versicherten Person hin ausschließlich mit ihr verhandelt und erkannt hat, dass sie sich über die zu beachtenden Fristen im Unklaren ist. Dann kann der unterlassene Hinweis auf die Notwendigkeit einer ärztlichen Feststellung ihr gegenüber zu einer entsprechenden Anwendung des § 186 Satz 2 VVG führen. Auch wird der VR in vielen Fällen – vor allem bei Gruppenversicherungsverträgen – kaum überblicken, welcher konkreten Person potenziell eine Leistung zusteht. Verhandelt er dann über die Entschädigungsleistung mit der versicherten Person, muss er, um Rechtsnachteile zu vermeiden, dieser einen Hinweis erteilen.

IV. Ärztliche Feststellung der Invalidität

Regelmäßig verlangen die Bedingungen eine fristgemäß – je nach den AVB binnen 15–24 Monaten – erfolgende **ärztliche Feststellung der Invalidität** (§ 8 Abs. 2 S. 1 AUB 61; § 7 Abs. 1 (1) Satz 2 AUB 88; Ziff. 2.1.1.2 AUB 2014). Dabei handelt es sich, wie die AUB 2008 ausdrücklich bestimmen, um eine verschuldensunabhängige Anspruchsvoraussetzung, gegen deren **Wirksamkeit** unter dem Gesichtspunkt ihrer Angemessenheit (§ 307 Abs. 1 und 2 BGB) – gerade angesichts ihrer Hinnahme durch § 186 – keine Bedenken bestehen (BGH VersR 2007, 1114 = NJW-RR 2007, 977; VersR 1998, 175; OLG Celle OLGR 2009, 498). Die gegen frühere AVB bestehenden Transparenzbedenken (Römer/Langheid/*Römer,* 2. Aufl. 2003, § 179 Rn. 21; aA BGHr+s 2012, 454 = VersR 2012, 1113; VersR 2005, 639) können Ziff. 2.1.1.1. AUB 2008 nichtentgegen gehalten werden. Der Sinn der Regelung besteht darin, späteren Streit über die gesundheitlichen Unfallfolgen und ihre Wirkungen zu vermeiden. Deshalb sind an ihren **Inhalt** zwar **keine hohen** aber doch dem ihre Beweisfunktion sichernden **Zweck entsprechende Anforderungen** zu stellen (BGH r+s 2015, 250), sodass die Feststellung einer funktionellen Beeinträchtigung alle mit dem bezeichneten Ort der Schädigung in Zusammenhang stehenden Körperteile erfasst. 5

Zunächst muss es sich um die **Feststellung eines Arztes** handeln. Andere Heilbehandler können sie nicht treffen (OLG Koblenz VersR 2012, 1381 zu einem Neuropsychologen). Sie bedarf nach ihrer Funktion, eine unfallbedingte Invalidität zu dokumentieren, einer schriftlichen oder elektronischen **Fixierung** (OLG Hamm r+s 2012, 195; OLG Celle r+s 2010, 476; OLG Saarbrücken VersR 2008, 199; aA OLG Karlsruhe ZfS 2005, 254; abl. zum Genügen eines Ausdrucks aus der elektronischen Patientenakte OLG Düsseldorf r+s 2019, 218). Daher kann sich der VN später auch nicht darauf berufen (und durch Vernehmung des behandelnden Arztes unter Beweis stellen), ärztlich sei innerhalb des maßgeblichen Zeitraums von einer unfallbedingten Invalidität auszugehen gewesen oder ausgegangen worden. Ziff. 2.1.1.1 AUB 2008 verlangt ohnehin, dass die Feststellung (innerhalb der Frist) **schriftlich** erfolgt. Dabei ist es allerdings weder notwendig, dass die ärztliche Feststellung in einem eigenen Dokument enthalten ist noch, dass sie dem VR auch fristgemäß zugeht (zum Zugang BGH VersR 1998, 175; 1988, 286). Allerdings ersetzt die elektronische Form die Schriftform (§ 126 Abs. 3 6

BGB), so dass in einer Datei eines Arztes enthaltene „Feststellungen" genügen. Es reicht aber nicht aus, dass ein Arzt sie außerhalb der Frist seinen Aufzeichnungen hinzufügt oder nur als Zeuge für solche Einschätzungen zur Verfügung steht.

7 Die ärztliche Feststellung muss die Informationen enthalten, die ihre Funktion verlangt: dem VR Gelegenheit und Anhaltspunkte geben, den Versicherungsfall zu prüfen und Spätschäden abzugrenzen (BGH VersR 1997, 1411 (1412)). Sie muss also **in der Sache bestätigen,** dass ein bestimmter, die körperliche oder geistige Leistungsfähigkeit beeinträchtigender gesundheitlicher Schaden vorliegt, den sie als nach gegenwärtiger Erkenntnis als **dauerhaft** (BGH VersR 2007, 1114), also voraussichtlich über drei Jahre hinausgehend (BGH NJW 1995, 2854), bezeichnet und der auf den Unfall – aus ärztlicher Sicht – **ursächlich** zurückzuführen ist (BGH VersR 1997, 442; OLG Braunschweig r+s 2012, 194; OLG Hamm r+s 2001, 481; OLG Zweibrücken r+s 2008, 125; zur Notwendigkeit die Unfallkausalität festzustellen OLG Dresden BeckRS 2021, 882). Ob die Feststellung zutrifft oder einen bestimmten Grad der Invalidität nennt, ist unerheblich (BGH VersR 1997, 442; 1991, 277; 1990, 732). Sie muss jedoch mehr enthalten als eine bloße Auflistung von Befunden, aus denen sich Schlüsse auf die Beeinträchtigung der körperlichen oder geistigen Leistungs- oder Arbeitsfähigkeit des VN ziehen lassen, solange sie nicht, wie eine Querschnittslähmung, für sich sprechen (OLG Köln VersR 1994, 1220). Auch genügt eine am Sozialrecht orientierte schlichte Bescheinigung der Minderung der Erwerbsfähigkeit nicht (OLG Hamm NVersZ 2001, 551; OLG Düsseldorf VersR 2006, 1487; diff. OLG Düsseldorf ZfS 2006, 523). Hält sie einen Dauerschaden lediglich für **möglich** und regt eine spätere Prüfung an, genügt sie den Anforderungen nicht (OLG Hamm r+s 207, 538). Soweit eine ärztliche Feststellung später geltend gemachte Dauerschäden nicht erfasst, fehlt es an der Anspruchsvoraussetzung (OLG Karlsruhe ZfS 2009, 282). Die Angabe „chronifizierter" Schmerzen genügt nicht, weil sie nichts über deren Dauerhaftigkeit der Funktionsbeeinträchtigung sagt, sondern lediglich etwas über deren gegenwärtige Verstetigung (OLG Saarbrücken r+s 2017, 370). Die ärztliche Feststellung muss aber nicht detailgenau sein: Sie muss nach ihrem Sinn und Zweck, den VR vor der Inanspruchnahme wegen solcher Gebrechen oder Invaliditätsursachen zu schützen, auf die er sich nicht frühzeitig einstellen konnte, den **medizinischen Bereich der möglichen dauerhaften funktionellen Beeinträchtigungen** bezeichnen (BGH r+s 2015, 250 = VersR 2015, 617). Allerdings dürfen die Anforderungen an die ärztliche Feststellung nicht „überziehen": Die Bemerkung, dauerhafte Schäden seien „wahrscheinlich", kennzeichnet nur den Prognosecharakter der Angabe (OLG Bremen VersR 2018, 23).

V. Geltendmachung der Invalidität

8 Die AVB sehen regelmäßig vor, dass der VN die Invalidität innerhalb von 15 bis 24 Monaten geltend macht (Ziff. 2.1.1.1 AUB 2008). Die entsprechenden früheren Regelungen sind als **wirksame Vereinbarung einer Ausschlussfrist** betrachtet worden, deren Überschreitung entschuldigt werden kann (BGH VersR 1995, 1180; 1995, 1180; 1990, 732; OLG Frankfurt a. M. r+s 2015, 253). Das gilt ungeachtet der (unberechtigten) Skepsis des VVG Ausschlussfristen gegenüber weiterhin. Da Anspruchsvoraussetzung der tatsächliche Eintritt der Invalidität binnen eines Jahres ist, hat der VR ein Interesse daran, alsbald prüfen zu können, ob er auf Leistung einer Invaliditätsentschädigung in Anspruch genommen werden

kann. Zugleich kann dem VN, dessen Invalidität ärztlich festgestellt ist, zugemutet werden, seinen VR zu unterrichten, dass er deshalb Ansprüche erhebt. Einer besonderen Geltendmachung bedarf es nicht, wenn der VR innerhalb der Frist (und sei es auch im Rahmen eines anderen Unfallversicherungsvertrages) positive Kenntnis von dem unfallbedingten Dauerschaden erlangt hat (BGH VersR 1990, 732: Vorlage einer Klageschrift gegen den Schädiger; vgl. BGH VersR 1987, 1235; OLG Hamm r+s 1993, 237). Das gilt vor allem dann, wenn sich die Invalidität aus der Schwere der angezeigten Verletzung von selbst ergibt (OLG Stuttgart VersR 2009, 1065: Ganzkörperverbrennungen dritten Grades).

Der VN macht seine Invalidität geltend, indem er dem VR gegenüber schriftlich behauptet, durch ein bestimmtes Unfallereignis dauerhaft in seiner körperlichen oder geistigen Leistungsfähigkeit beeinträchtigt worden zu sein (BGH VersR 1981, 160; NJW-RR 1990, 1048 (1049); OLG Saarbrücken VersR 2005, 929 (930)). Die **Unfallanzeige** oder eine Unfallschilderung reichen für sich genommen nur dann aus, wenn sich aus ihnen bereits eindeutig ergibt, dass ein Dauerschaden besteht und deshalb Invaliditätsansprüche in Betracht kommen (OLG Frankfurt a. M. r+s 2015, 253). Nicht ausreichend ist der bloße Verweis auf eine Diagnose in einer ärztlichen Bescheinigung (OLG Saarbrücken VersR 2005, 929 (930)), Die Angabe der Verletzungsfolgen genügt im Übrigen allenfalls dann, wenn diese notwendig zur Invalidität führen (vgl. BGH NJW-RR 1988, 212 (213)). Die Geltendmachung bedarf des Zugangs der Erklärung beim VR. Dass er fehlt, muss der **VR beweisen,** weil er Voraussetzung des Ablaufs einer Ausschlussfrist ist (OLG Saarbrücken r+s 2008, 30; aA OLG Hamm VersR 1993, 300 f.; *Grimm* Ziff. 7 AUB Rn. 15). 9

Von einer **Entschuldigung** der Versäumung der Frist kann nur gesprochen werden, wenn es dem VN auch bei Wahrung der im Verkehr erforderlichen Sorgfalt genommen war, die Invalidität geltend zu machen. Das ist nicht der Fall beim schlichten Vergessen und auch nicht schon in Fällen persönlicher Überlastung, sei sie auch durch das Unfallereignis und seine Folgen eingetreten. Ist der VN allerdings so schwer verletzt, dass er sich um seine Angelegenheiten nicht zu kümmern vermag, ist die Säumnis entschuldigt, es sei denn, ihm ist innerhalb der Frist ein **Betreuer** zur Wahrnehmung solcher Angelegenheiten bestellt worden. Ist die Versäumung der Frist entschuldigt, muss der VN die Geltendmachung nach Wegfall des dafür maßgeblichen Grundes unverzüglich nachholen (BGH VersR 2002, 698; OLG Frankfurt a. M. r+s 2015, 253). 10

VI. Rechtsfolgen

Nach Satz 2 kann sich der VR, der seine Hinweispflicht nicht erfüllt, auf die verspätete Erfüllung der Anspruchs- und Fälligkeitsvoraussetzungen nicht berufen. Das gilt auch für den Fall eines unvollständigen oder fehlerhaften Hinweises. Ist die Invalidität allerdings **zu keinem Zeitpunkt** (vorprozessual) **ärztlich festgestellt** worden, wird vertreten, dass es an einer Anspruchsvoraussetzung fehlt, eine dennoch erhobene Klage also unschlüssig ist. Das widerspricht aber Sinn und Zweck dieser Anspruchsvoraussetzung: Darf sich der VR auf die Fristversäumnis nicht berufen, so kann die Beweissicherungsfunktion der ärztlichen Feststellung überhaupt nicht mehr erreicht werden. Daher muss es genügen, wenn im Rechtsstreit geklärt wird, ob Invalidität innerhalb des maßgeblichen Zeitraums tatsächlich 11 prognostiziert werden konnte (OLG Saarbrücken r+s 2015, 306; sehr str.; iErg wohl ebenso Langheid/Wandt/*Dörner* § 186 Rn. 9).

12 Ungeachtet des neuen Belehrungserfordernisses kann der VR auch künftig trotz eines ausreichenden Hinweises im Einzelfall nach **Treu und Glauben** gehindert sein, sich auf die Versäumung der Frist zur ärztlichen Feststellung zu berufen. Das kommt zum einen dann in Betracht, wenn sich aus der Art der angezeigten unfallbedingten Verletzung, bspw. dem Verlust oder der Art der Funktionsunfähigkeit von Gliedmaßen, die Dauerhaftigkeit der Beeinträchtigung von vornherein ergibt (BGH VersR 1995, 1179). Zum anderen kann der VR bei dem VN den Eindruck erweckt haben, er werde selbst ihm genügende ärztliche Feststellungen treffen (BGH VersR 2005, 639; OLG Karlsruhe VersR 2015, 443). Der Einwand kann auch darauf beruhen, dass der VR dem VN vor Fristablauf belastende Untersuchungen auferlegt hat (BGH VersR 1978, 1036; OLG Koblenz NJW-RR 2017, 357; OLG Saarbrücken r+s 2003, 340). Allerdings muss die Belastung dem VR auch zuzurechnen sein: Überschreitet der Sachverständige seinen Auftrag und entsteht dadurch die Belastung, ist das nicht der Fall (BGH NJW 2012, 3184). Der VR darf sich auch dann nicht auf die Versäumung der ärztlichen Feststellung berufen, wenn er innerhalb der Frist erkennt, dass ein ihm von dem VN vorgelegtes Attest den Anforderungen nicht genügt (OLG Naumburg VersR 2013, 229) und er erkennt, dass der VN meint, mit dessen Vorlage das Seine getan zu haben. Schlichte Verhandlungen um eine Entschädigung genügen indessen nicht (OLG Düsseldorf VersR 2008, 672). Wird der VN von einem **Makler betreut,** den eine Beratungspflicht in Bezug auf diese Frist trifft, kann dem VR eine Treuwidrigkeit der Berufung auf den Fristablauf schwerlich vorgehalten werden.

13 Hat der VN Invalidität nicht rechtzeitig geltend gemacht, kann er dies trotz eines Hinweises auch künftig **entschuldigen.** Das kommt vor allem bei schweren, den VN an der Wahrnehmung seiner wirtschaftlichen Interessen hindernden Unfallfolgen in Betracht (BGH VersR 1995, 1179; OLG Karlsruhe r+s 1996, 331). Allerdings muss er nach Wegfall des Hindernisses die Geltendmachung unverzüglich nachholen, eine erneute Frist steht ihm dazu nicht zur Verfügung (BGH VersR 1995, 1179).

14 Gelegentlich wird in Frage gestellt, dass sich der VR in jedem Fall auf die in den AUB als Anspruchsvoraussetzung gestaltete Frist von regelmäßig einem Jahr, in der Invalidität eingetreten sein muss, berufen darf, wenn nach medizinischer Erkenntnis **Unfallereignisse erst nach ihrem Ablauf die Feststellung von Invalidität erlauben** (vgl. zur spezifischen Problematik der Neuroborreliose *Abel/Winkens* r+s 2011, 450 ff. abl. einerseits, *Naumann* ZfS 2010, 482 zust. andererseits). Die medizinischen Schwierigkeiten der Feststellung von Ursachenzusammenhängen und die damit verbundenen beweisrechtlichen Probleme zeigen indessen, dass dafür Gründe fehlen. Gegenwärtig verwendete AUB sehen allerdings zum einen häufig einen Schutz bei Infektionen durch Zeckenbisse vor und regeln auch die Fristen, die der VN dann zu beachten hat, wenn das Ereignis zunächst nicht bemerkt wird, gesondert.

§ 187 Anerkenntnis

(1) [1]**Der Versicherer hat nach einem Leistungsantrag innerhalb eines Monats nach Vorlage der zu dessen Beurteilung erforderlichen Unterlagen in Textform zu erklären, ob und in welchem Umfang er seine Leis-**

tungspflicht anerkennt. [2]Wird eine Invaliditätsleistung beantragt, beträgt die Frist drei Monate.

(2) **[1]Erkennt der Versicherer den Anspruch an oder haben sich Versicherungsnehmer und Versicherer über Grund und Höhe des Anspruchs geeinigt, wird die Leistung innerhalb von zwei Wochen fällig. [2]Steht die Leistungspflicht nur dem Grunde nach fest, hat der Versicherer auf Verlangen des Versicherungsnehmers einen angemessenen Vorschuss zu leisten.**

Die Vorschrift verpflichtet den VR, sich nach Anzeige eines Versicherungsfalles zu seiner Leistungsbereitschaft binnen eines Monats, in den Fällen eines Invaliditätsentschädigungsantrags binnen dreier Monate zu erklären (Abs. 1). Sie regelt sodann die Fälligkeit bei Abgabe eines Anerkenntnisses oder einer Einigung (Abs. 2 Satz 1) und gewährt dem VN einen Vorschussanspruch (Abs. 2 Satz 2). Das Anerkenntnis ist von vornherein **nicht konstitutiver Natur** und stellt auch in aller Regel **kein deklaratorisches Anerkenntnis** oder einen Schuldbestätigungsvertrag dar mit der Folge, dass sich Ansprüche künftig auf seiner Grundlage ergeben. Vielmehr handelt es sich ausschließlich um eine Regulierungserklärung, eine Information des VN durch den VR dar, dessen Rechtsfolge allein der Eintritt der Fälligkeit der anerkannten Leistungen ist (BGH NJW-RR 2019, 1369; OLG Düsseldorf r+s 2019, 163, früher schon BGH VersR 1977, 471; OLG Saarbrücken r+s 2014, 191; OLG Hamm r+s 2008, 524; OLG Frankfurt a. M. r+s 2008, 522; zur Auslegung der Annahme eines Invaliditätsgrads durch den VR als bloßen Berechnungsfaktor BGH VersR 2015, 965). Das kann dann anders sein, wenn sich VR und VN um das Bestehen oder die Höhe eines Anspruchs gestritten haben und den – beiderseitigen – Erklärungen entnommen werden kann, dass der VR – mit Zustimmung des VN – die Grundlage oder eine bestimmte Höhe seiner Einstandspflicht außer Streit stellen wollte (OLG Saarbrücken r+s 2014, 191). 1

Fällig wird der Anspruch in jedem Fall binnen (das heißt mit Ablauf von) zwei Wochen nach Abgabe des Anerkenntnisses oder der Einigung (§ 187 Abs. 2 Satz 1). Ungeachtet dessen gilt die Grundregel des § 14: Danach wird der Anspruch fällig, wenn der VR seine (objektiv) erforderlichen Erhebungen abgeschlossen hat. Das kann vor Ablauf der von § 187 vorgesehenen Fristen sein aber auch erst danach, wenn der VR nämlich über die vom VN vorgelegten Nachweise hinaus weitere Recherchen für notwendig halten darf (OLG Düsseldorf NVersZ 2001, 550). Fällig wird der Anspruch auch, wenn der VR die gebotene Erklärung nicht abgibt (OLG Hamm r+s 1998, 306; LG Dortmund r+s 2009, 165). Lehnt der VR Leistungen ab, so beendet er damit seine Feststellungen; ein tatsächlich bestehender Invaliditätsentschädigungsanspruch wird damit fällig, wenn Invalidität innerhalb eines Jahres eingetreten und innerhalb der vorgesehenen Frist ärztlich festgestellt worden ist (BGH VersR 2000, 753). Hängt die Fälligkeit von Handlungen des VN ab, so tritt nicht etwa mit dem Unterlassen dieser Mitwirkung Fälligkeit ein. Allerdings kann die Berufung auf den Nichteintritt der Verjährung (mangels Fälligkeit) rechtsmissbräuchlich sein, wenn der VN sich einer gebotenen Mitwirkung treuwidrig verweigert hat. Das ist jedoch vor allem dann nicht der Fall, wenn der VN unfallbedingt gehindert war, Leistungen zu beanspruchen (BGH VersR 2002, 698). Muss der VR erkennen, dass ein grundsätzlich unveränderbarer „Endzustand" vorliegt, so ist er **gehalten, eine „Erstbemessung" vorzunehmen** und darf sich nicht mit dem Verweis auf hypothetische Besserungen 2 des gesundheitlichen Befindens mit einem Vorschussversprechen begnügen (OLG Saarbrücken r+s 2014, 620). Entscheidend ist insoweit, ob der gesundheitliche Zustand es VN noch „im Fluss" ist, weil kurative oder rehabilitative Maßnahmen noch durchgeführt werden, oder ob lediglich die Hoffnung besteht, dass eine – konkret nicht belegbare – Besserung zu erwarten ist.

3 Verletzt der VR die Frist des Abs. 1, so hat das nicht nur Folgen für die Fälligkeit, sondern kann auch **Schadensersatzansprüche** (§ 280) nach sich ziehen. Voraussetzung ist allerdings, dass der VN die zur Beurteilung des Leistungsverlangens **erforderlichen Unterlagen** vorgelegt hat, nämlich die in den AVB vorgesehenen Nachweise des Unfallhergangs, der Unfallfolgen und (bei Verlangen nach einer Invaliditätsentschädigung) des Abschlusses des Heilverfahrens (Ziff. 9 Nr. 1 AUB 2014). Der VR Eine Bindung des VR tritt auch nicht ein, wenn die Frist zur Neubemessung abgelaufen ist oder weil der VR eine Art „Zeugnis gegen sich selbst" abgegeben hätte. Zweck des Anerkenntnisses ist allein die Information des VN und das Anhalten zur zügigen Regulierung (OLG Saarbrücken r+s 2014, 191)

4 Sobald die Leistungspflicht dem Grunde nach fest steht, entsteht ein **eigenständiger Vorschussanspruch** des VN. Das soll eine Schlechterstellung der versicherten Person verhindern, die durch eine Verzögerung der Feststellungen entstehen kann. Mit diesem Anspruch kann der VR in **Verzug** geraten (OLG Koblenz VersR 2009, 1348). Wechselt der VN im Rechtsstreit von einem Vorschussanspruch zu einem Anspruch auf Invaliditätsentschädigung, so liegt eine (zulässige) Klageänderung vor. **Angemessen** ist ein Vorschuss, der mindestens den Betrag erreicht, den der VR voraussichtlich wenigstens zu zahlen hat (OLG Düsseldorf VersR 1999, 880).

5 **Leistungen,** deren fehlenden Rechtsgrund der VR später erkennt – etwa, weil sich im Rahmen eines gerichtlichen Streits durchgreifende Zweifel an der Unfallkausalität der Invalidität oder an der Höhe des Invaliditätsgrades ergeben haben, den der VR seinen bisherigen Zahlungen zugrunde gelegt hat – kann er grundsätzlich **zurückfordern** (§ 812 Abs. 1 Satz 1 BGB). Der Rückforderungsanspruch ist nicht davon abhängig, dass sich der VR die Neubemessung der Invalidität vorbehalten hat, weil es in einem solchen Fall gar nicht um eine Neubemessung aufgrund veränderter Umstände, sondern um eine neue Beurteilung der der Erstbemessung zugrunde liegenden geht (BGH NJW-RR 2019, 1369). Die Rückforderung kann aber **treuwidrig** und damit unzulässig (§ 242 BGB) sein, wenn der VR im Zuge seiner Erklärungen zur Erstbemessung einen Vertrauenstatbestand geschaffen hat, auf dessen Grundlage der VN davon ausgehen konnte, „jedenfalls" die gewährten Leistungen behalten zu dürfen. Einen solchen Vertrauenstatbestand hat die Rspr. angenommen, wenn der VR seine Regulierungserklärung als „abschließend" bezeichnet hat, oder auf ein „Abschlussgutachten" als der Grundlage seiner Leistungsbereitschaft Bezug genommen hat, oder wenn er zunächst den Eindruck erweckt, weitere Prüfungen für erforderlich zu halten, dann aber ohne darauf zurückzukommen, Leistungen unter Abzug von Vorschüssen zuerkennt (BGH NJW-RR 2019, 1369; OLG Hamm r+s 202, 654).

§ 188 Neubemessung der Invalidität

(1) [1]**Sind Leistungen für den Fall der Invalidität vereinbart, ist jede Vertragspartei berechtigt, den Grad der Invalidität jährlich, längstens bis zu drei Jahre nach Eintritt des Unfalles, neu bemessen zu lassen.** [2]**In der**

Kinderunfallversicherung kann die Frist, innerhalb derer eine Neubemessung verlangt werden kann, verlängert werden.

(2) [1]**Mit der Erklärung des Versicherers über die Leistungspflicht ist der Versicherungsnehmer über sein Recht zu unterrichten, den Grad der Invalidität neu bemessen zu lassen.** [2]**Unterbleibt diese Unterrichtung, kann sich der Versicherer auf eine Verspätung des Verlangens des Versicherungsnehmers, den Grad der Invalidität neu zu bemessen, nicht berufen.**

I. Normzweck und Regelungsinhalt

Da sich der VR im Interesse einer zügigen Leistung an den unfallgeschädigten VN alsbald erklären soll (§ 187 Abs. 1 Satz 2), zugleich aber die gesundheitlichen Entwicklungen in zeitlicher Nähe zu dem Unfall häufig schwer zu beurteilen sind, steht dem VR und dem VN das Recht zu, den Grad der Invalidität innerhalb von drei Jahren jährlich neu bemessen zu lassen. Den Besonderheiten der kindlichen Entwicklung entspricht es, dass Abs. 1 Satz 2 diese Frist vertraglich zu verlängern erlaubt. Damit wird der Kern der früheren Regelungen der AUB 61 (§ 13 Nr. 3 Buchst. a) und AUB 94 (§ 11 Abs. 4) in das Gesetz übernommen, allerdings zugleich auch modifiziert Die AUB (Ziff. 9.4 AUB 2014) sehen vor, dass der VR sich das Recht zur Neubemessung zusammen mit seiner Erklärung zur Leistungspflicht vorbehalten muss. Ein solcher Vorbehalt wird dem VN zu Recht nicht auferlegt. Zugleich ist vorgesehen, dass der VN das Recht „vor Ablauf der Frist" ausüben muss. Eine solche Klausel ist (§ 191) nur wirksam, wenn sie dahin ausgelegt wird, dass auch ein Verlangen bis zum Fristablauf genügt. 1

II. Erstbemessung und Neubemessung (Abs. 1 Satz 1)

Das Gesetz unterscheidet zwischen der durch die Erklärung des VR nach § 187 Abs. 1 erfolgenden (oder eine sie bestätigenden oder korrigierenden gerichtlichen Entscheidung) **Erstbemessung** der Invalidität und ihrer **Neubemessung** (BGH NJW-RR 2019, 1369). § 188 Abs. 1 ist daher **nur anwendbar,** wenn eine solche Erstbemessung vorliegt (BGH VersR 2008, 527). Greift der VN innerhalb des Dreijahreszeitraums (nur) die Erstbemessung an, so ist der Streit um den Invaliditätsgrad in dem daraufhin eingeleiteten Prozess auszutragen (BGH VersR 2009, 920). Dabei ist davon auszugehen, dass alle die Umstände zu bewerten sind, die innerhalb von drei Jahren nach dem Unfall zu Tage getreten sind (str.; vgl. → § 180 Rn. 10 ff.). Ist das einmal nicht erfolgt, weil zwischen der ärztlichen Untersuchung und der gerichtlichen Entscheidung Zeit verstrichen ist, so kann der VN ungeachtet eines rechtskräftigen Abschlusses des um die Erstbemessung geführten Rechtsstreits nicht berücksichtigte gesundheitliche Beeinträchtigungen noch in dem Streit um eine Neubemessung vorbringen (BGH VersR 2009, 920). Greift allerdings nur der VN die Erstbemessung nach Ablauf der Dreijahresfrist und ohne Verlangen nach Neubemessung an, so ist grundsätzlich der Stichtag der Bemessung jener, der ihr zugrunde lag (BGH VersR 1994, 971 – auf der Grundlage von § 13 AUB 61). Das kann indessen anders sein, wenn der VN nach Ablauf der Dreijahres- 2 frist die Erstbemessung unter Bezugnahme auf ärztliche Stellungnahmen innerhalb dieser Frist angreift (BGH VersR 1981, 1151). Gleiches muss gelten, wenn in den AUB als maßgeblicher Zeitpunkt der Erstbemessung der Ablauf des dritten Jahres nach dem Unfallereignis genannt ist.

3 Auch die Neubemessung setzt voraus, dass Invalidität innerhalb der durch die AUB bestimmten Fristen eingetreten ist. Es geht ihr also lediglich **um deren Grad** (BGH VersR 2008, 527). Dabei dürfen nur Tatsachen berücksichtigt werden, die innerhalb von drei Jahren vom Unfalltag an gerechnet erkennbar (BGH VersR 2005, 927; 1992, 1503) und **noch nicht in die Erstbemessung eingeflossen** waren. War die Erstbemessung Gegenstand einer gerichtlichen Entscheidung, so dürfen auch diejenigen Veränderungen des Gesundheitszustands, die nicht Gegenstand der letzten mündlichen Verhandlung waren, berücksichtigt werden, weil der VN nicht verpflichtet ist, alle bis zu ihr eingetretenen Verschlimmerungen seines Befindens geltend zu machen (BGH VersR 2009, 920).

4 Die Frist des Abs. 1 Satz 1 **begrenzt das Recht zeitlich:** Es muss grds. bis zum Ablauf des dritten Jahres nach dem Unfall geltend gemacht werden, wie der Zusammenhang zu Satz 2 und zu Abs. 2 zeigt. Die Feststellungen zum Grad der Invalidität selbst können indessen auch nach Ablauf – aber bezogen auf diesen Zeitpunkt – erfolgen (BGH VersR 2001, 1271 (1272)). Das Recht auf Neubemessung steht beiden Vertragsparteien zu. Hat nur der VN es geltend gemacht, kann er darauf auch **verzichten.** Das führt dann dazu, dass ihn auch keine Obliegenheit trifft, sich einer vom VR zum Zweck der Neubemessung verlangten Untersuchung zu stellen (BGH r+s 2010, 74 = VersR 2010, 243).

5 Derjenige, der das Recht zur Neubemessung geltend macht, muss ihre Voraussetzungen **darlegen und beweisen.** Dem VR hilft dabei die Obliegenheit des VN, sich auf Verlangen ärztlichen Untersuchungen zu unterziehen. Lässt der **VR die Dreijahresfrist ungenutzt verstreichen** oder hat er trotz einer entsprechenden vertraglichen Bindung, das Recht nicht mit seiner Erklärung über die Leistungspflicht geltend gemacht (Ziff. 9.4 AUB 2008), so hat er es verloren und kann auch weitere Untersuchungen des VN nicht verlangen.

6 Streit ist in jüngerer Zeit darüber entstanden, ob der VR, der sich keine Neubemessung vorbehalten hat, in dem durch den VN eingeleiteten Neubemessungsverfahr **an seine Erstbemessung auch dann gebunden bleibt,** wenn sich in diesem Rechtsstreit ergibt, dass die Erstbemessung zugunsten des VN zu hoch war (→ § 187 Rn. 5), Da der Streit um die Erstbemessung und jener um eine Neubemessung zwei verschiedene Ansprüche betrifft, darf ein VR in ersterem eine aus seiner Sicht erfolgt Überzahlung grundsätzlich zurückfordern, sofern er keinen den VN schützenden Vertrauenstatbestand geschaffen hat, der ihm dies versagt. Auf einen Neubemessungsvorbehalt kommt es insoweit nicht an (BGH NJW-RR 2019, 1369 gegen OLG Oldenburg BeckRS 2016, 112562).

III. Kinderunfallversicherung (Abs. 1 Satz 2)

7 Die in der Kinderunfallversicherung enthaltene zeitlich unbeschränkte Nachprüfungsbefugnis beruht auf der Unabgeschlossenheit der physischen und psychischen Entwicklung eines Kindes. Sie muss daher nach **Treu und Glauben** enden, wenn nach dem Ende der Kindheit von einer solchen Offenheit nicht mehr gesprochen werden kann.

IV. Hinweispflicht (Abs. 2)

Der VR muss den VN über das diesem häufig unbekannte Recht der Neubemessung mit seiner Erklärung nach § 187 Abs. 1 Satz 2 unterrichten. Unterlässt er das, kann der VN das Recht auch nach Ablauf der Dreijahresfrist ausüben. Das ändert allerdings nichts daran, dass **Stichtag der Neubemessung** der Ablauf des dritten Jahres nach dem Unfall ist; spätere, nicht zuvor erkennbare Verschlimmerungen des gesundheitlichen Zustands bleiben außer Betracht. Einer unterbliebenen Belehrung steht eine **inhaltlich unzulängliche oder irreführende** gleich. 8

§ 189 Sachverständigenverfahren, Schadensermittlungskosten

Die §§ 84 und 85 Abs. 1 und 3 sind entsprechend anzuwenden.

Sieht der Vertrag die Möglichkeit eines Sachverständigenverfahrens vor, so gilt § 84 entsprechend. Gleiches gilt für die Erstattung von Schadensermittlungskosten (§ 85 Abs. 1 und 3). Das gilt nicht für den Ausgleich der Kosten eines Sachverständigen oder Beistands, den der VN hinzuzieht. Er richtet sich nach der dispositiven vertraglichen Regelung und bei ihrem Fehlen nach den allgemeinen bürgerlichrechtlichen Vorschriften. 1

§ 190 Pflichtversicherung

Besteht für den Abschluss einer Unfallversicherung eine Verpflichtung durch Rechtsvorschrift, hat der Versicherer dem Versicherungsnehmer unter Angabe der Versicherungssumme zu bescheinigen, dass eine der zu bezeichnenden Rechtsvorschrift entsprechende Unfallversicherung besteht.

Eine gesetzliche oder untergesetzliche Verpflichtung zum Abschluss einer privaten Unfallversicherung ist selten (§ 27 Abs. 1 Satz 2 WaffG). Für sie sieht die Vorschrift einen Anspruch des VN auf die Ausstellung der von öffentlich-rechtlich geforderten Bescheinigung vor. 1

§ 191 Abweichende Vereinbarungen

Von § 178 Abs. 2 Satz 2 und den §§ 181, 186 bis 188 kann nicht zum Nachteil des Versicherungsnehmers oder der versicherten Person abgewichen werden.

Die Vorschrift dient dem Schutz des VN und der versicherten Person, indem sie verbietet, vertraglich von bestimmten Vorschriften, der Zuweisung des Beweises der Unfreiwilligkeit an den VR, der Begrenzung der Anwendung von Vorschriften zur Gefahrerhöhung und zur Hinweispflicht sowie den Regelungen zum Anerkenntnis und zur Neubemessung abzuweichen. 1

Kapitel 8. Krankenversicherung

Vorbemerkungen zu §§ 192–208

Schrifttum: *Armbrüster,* Treuwidrigkeit der Berufung auf Formmängel, NJW 2007, 3317 ff; *Boetius,* Prämienkalkulation und Alterungsrückstellung – Konsequenzen für Aktuare und Prämientreuhänder nach der Gesundheits- und VVG-Reform, VersR 2007, 1589 ff.; *ders.,* „Gegen die Wand" – Der Basistarif der Gesundheitsreform bricht Europa- und Verfassungsrecht, VersR 2007, 431 ff.; *ders.,* Private Krankenversicherung nach der Gesundheitsreform und der VVG-Reform – Neue rechtliche Probleme, 2008; *Brand,* Anforderungen an das Mitteilen von Gründen für eine Beitragsanpassung nach § 203 Abs. 5 VVG, VersR 2018, 453 ff.; *Bruns,* Die Wirksamkeit von Betragsanpassungsklauseln in der privaten Krankenversicherung, VersR 2021, 541; *Fortmann,* Krankheitskostenversicherung und Krankenhaustagegeldversicherung, 5. Aufl. 2015; *Franz,* Offene Fragen bei Prämienanpassungen in der privaten Krankenversicherung gem. § 203 Abs. 2 VVG nach dem BGH-Urteil vom 19.12.2018 – IV ZR 255/17, VersR 2019, 283, VersR 2020, 449; *Grote,* Die Rechtsstellung der Prämien-, Bedingungs- und Deckungsstocktreuhänder nach dem VVG und dem VAG, 2002; *Grote/Bronkars,* Gesundheitsreform und private Krankenversicherung – wirtschaftliche Konsequenzen für Versicherer und Versicherte, VersR 2008, 580 ff.; *Grote/Finkel,* Rechtsprechungsübersicht zum Versicherungsvertragsrecht im zweiten Halbjahr 2020, NJW 2020, 2311; *Grote/Schneider,* VVG 2008: Das neue Versicherungsvertragsrecht, BB 2007, 2689 ff.; *Hersch,* Die Aufrechnung mit offenen Prämienforderungen im Notlagentarif, VersR 2020, 331; *Kalis,* Beitragsanpassung in der PKV – Notwendigkeit, Voraussetzungen und Änderungsbedarf, r+s 2018, 464; *Langheid,* Die Reform des Versicherungsvertragsgesetzes, NJW 2007, 3745 ff.; *Marlow/Spuhl,* Die Neuregelungen der privaten Krankenversicherung durch das VVG, VersR 2009, 593; *Muschner,* Schadensersatz im Versicherungsvertragsrecht, VersR 2018, 649; *Richter,* Gesundheitsreform – Das GKV-Wettbewerbsstärkungsgesetz, DStR 2007, 810 ff.; *Sauer,* Krankentagegeldversicherung, 2012; *Sodan,* Das GKV-Wettbewerbsstärkungsgesetz, NJW 2007, 1313 ff.; *ders.,* Gesundheitsreform 2006/2007 – Systemwechsel mit Zukunft oder Flickschusterei?, NJW 2006, 3617 ff.; *ders.,* Private Krankenversicherung und Gesundheitsreform 2007, 2. Aufl. 2007; *Sodan,* Handbuch des Krankenversicherungsrechts, 3. Aufl. 2018; *Thüsing/Jänsch,* Rahmenbedingungen effektiver Interessenwahrnehmung durch den Treuhänder in der Krankenversicherung – Zur „Unabhängigkeit" i.S.d. § 157 Abs. 1 § 1 VAG und den Rechtsfolgen fehlender Unabhängigkeit, VersR 2018, 537; *Voit,* Der Treuhänder bei Prämienanpassungen in der privaten Krankenversicherung, VersR 2017, 727; *ders.,* Zur Frage der Wirksamkeit des § 8b Abs. 1 MB/KK 2009 und des § 8b Abs. 1 MB/PPV 2019, VersR 2021, 673; *Wendt,* Zur Unabhängigkeit des Treuhänders in der privaten Krankenversicherung, VersR 2018, 449 ff; *Werber,* Veränderungen der Verhältnisse des Gesundheitswesens und Leistungsverbesserungen in der privaten Krankenversicherung; *ders.,* Rechtsfragen zur Unabhängigkeit des Prämientreuhänders in der privaten Krankenversicherung, VersR 2017, 1115; *ders.,* Die nicht nur vorübergehende Veränderung als Voraussetzung einer Prämienanpassung in der privaten Krankenversicherung, VersR 2021, 288; *Wiemer/Richter,* Prämienanpassungen in der privaten Krankenversicherung – zum Erfordernis einer teleologischen Reduktion des § 203 Abs. 2 S. 1 VVG, VersR 2018, 641 ff.

1 Die Reform des Krankenversicherungsrechts hat einen **ungewöhnlichen Verlauf** genommen. Parallel zu den Reformbemühungen des VVG-Gesetzgebers ist das Gesetz zur Stärkung des Wettbewerbs in der gesetzlichen Krankenversicherung

vom 26.3.2007 (BGBl. 2007 I 378) – GKV-WSG – erlassen worden. Art. 43 GKV-WSG, der erhebliche Veränderungen des seinerzeit aktuellen VVG enthielt, ist durch Art. 10 VVG-Reformgesetz vom 23.11.2007 (BGBl. 2007 I 2631) wieder aufgehoben worden. Das VVG-Reformgesetz enthielt eine neue Fassung des Rechts der privaten Krankenversicherung, das vom 1.1.–31.12.2008 galt. Dieses Gesetz wurde nach nur einem Jahr wieder einem grundlegenden Revirement unterzogen, denn in Art. 11 VVG-Reformgesetz ist die private Krankenversicherung enthalten, wie sie gem. Art. 12 Abs. 2 des VVG-Reformgesetzes ab 1.1.2009 gilt (vgl. dazu *Langheid* NJW 2007, 3745 ff. (3748) unter IX). Es galt also, drei Parallelfassungen der privaten Krankenversicherung anzuwenden: Ab dem 1.7.2007 galt das VVG in der Fassung des GKV-WSG, was für Schäden von Bestandskunden bis Ende 2008 Anwendung fand. Ab dem 1.1.2008 gelten die Regelungen der §§ 192 ff. VVG für Neuverträge, ab 1.1.2009 gelten für alle die neuen Regelungen in der Fassung des VVG 2009. Auch damit hatte die Gesetzgebung noch kein Ende gefunden: Mit dem Gesetz zur Beseitigung sozialer Überforderung bei Beitragsschulden in der Krankenversicherung vom 15.7.2013 (BGBl. 2013 I 2423) hat der Gesetzgeber für säumige Prämienzahler statt des vormalig geltenden Ruhens der Leistungen in § 192 Abs. 6–10 einen Notlagentarif eingeführt.

§ 192 Vertragstypische Leistungen des Versicherers

(1) **Bei der Krankheitskostenversicherung ist der Versicherer verpflichtet, im vereinbarten Umfang die Aufwendungen für medizinisch notwendige Heilbehandlung wegen Krankheit oder Unfallfolgen und für sonstige vereinbarte Leistungen einschließlich solcher bei Schwangerschaft und Entbindung sowie für ambulante Vorsorgeuntersuchungen zur Früherkennung von Krankheiten nach gesetzlich eingeführten Programmen zu erstatten.**

(2) **Der Versicherer ist zur Leistung nach Absatz 1 insoweit nicht verpflichtet, als die Aufwendungen für die Heilbehandlung oder sonstigen Leistungen in einem auffälligen Missverhältnis zu den erbrachten Leistungen stehen.**

(3) **Als Inhalt der Krankheitskostenversicherung können zusätzliche Dienstleistungen, die in unmittelbarem Zusammenhang mit Leistungen nach Absatz 1 stehen, vereinbart werden, insbesondere**
1. **die Beratung über Leistungen nach Absatz 1 sowie über die Anbieter solcher Leistungen;**
2. **die Beratung über die Berechtigung von Entgeltansprüchen der Erbringer von Leistungen nach Absatz 1;**
3. **die Abwehr unberechtigter Entgeltansprüche der Erbringer von Leistungen nach Absatz 1;**
4. **die Unterstützung der versicherten Personen bei der Durchsetzung von Ansprüchen wegen fehlerhafter Erbringung der Leistungen nach Absatz 1 und der sich hieraus ergebenden Folgen;**
5. **die unmittelbare Abrechnung der Leistungen nach Absatz 1 mit deren Erbringern.**

(4) Bei der Krankenhaustagegeldversicherung ist der Versicherer verpflichtet, bei medizinisch notwendiger stationärer Heilbehandlung das vereinbarte Krankenhaustagegeld zu leisten.

(5) [1]Bei der Krankentagegeldversicherung ist der Versicherer verpflichtet, den als Folge von Krankheit oder Unfall durch Arbeitsunfähigkeit verursachten Verdienstausfall durch das vereinbarte Krankentagegeld zu ersetzen. [2]Er ist außerdem verpflichtet, den Verdienstausfall, der während der Schutzfristen nach § 3 Absatz 1 und 2 des Mutterschutzgesetzes sowie am Entbindungstag entsteht, durch das vereinbarte Krankentagegeld zu ersetzen, soweit der versicherten Person kein anderweitiger angemessener Ersatz für den während dieser Zeit verursachten Verdienstausfall zusteht.

(6) [1]Bei der Pflegekrankenversicherung ist der Versicherer verpflichtet, im Fall der Pflegebedürftigkeit im vereinbarten Umfang die Aufwendungen für die Pflege der versicherten Person zu erstatten (Pflegekostenversicherung) oder das vereinbarte Tagegeld zu leisten (Pflegetagegeldversicherung). [2]Absatz 2 gilt für die Pflegekostenversicherung entsprechend. [3]Die Regelungen des Elften Buches Sozialgesetzbuch über die private Pflegeversicherung bleiben unberührt.

(7) [1]Bei der Krankheitskostenversicherung im Basistarif nach § 152 des Versicherungsaufsichtsgesetzes und im Notlagentarif nach § 153 des Versicherungsaufsichtsgesetzes kann der Leistungserbringer seinen Anspruch auf Leistungserstattung auch gegen den Versicherer geltend machen, soweit der Versicherer aus dem Versicherungsverhältnis zur Leistung verpflichtet ist. [2]Im Rahmen der Leistungspflicht des Versicherers aus dem Versicherungsverhältnis haften Versicherer und Versicherungsnehmer gesamtschuldnerisch. [3]Soweit im Notlagentarif nach § 153 des Versicherungsaufsichtsgesetzes der Versicherer die aus dem Versicherungsverhältnis geschuldete Leistung an den Leistungserbringer oder den Versicherungsnehmer erbringt, wird er von seiner Leistungspflicht gegenüber dem Leistungserbringer frei. [4]Der Versicherer kann im Basistarif nach § 152 des Versicherungsaufsichtsgesetzes und im Notlagentarif nach § 153 des Versicherungsaufsichtsgesetzes nicht mit einer ihm aus der Krankheitskostenversicherung oder der privaten Pflege-Pflichtversicherung zustehenden Prämienforderung gegen eine Forderung des Versicherungsnehmers aus diesen Versicherungen aufrechnen. [5]§ 35 ist nicht anwendbar.

(8) [1]Der Versicherungsnehmer kann vor Beginn einer Heilbehandlung, deren Kosten voraussichtlich 2.000 Euro überschreiten werden, in Textform vom Versicherer Auskunft über den Umfang des Versicherungsschutzes für die beabsichtigte Heilbehandlung verlangen. [2]Ist die Durchführung der Heilbehandlung dringlich, hat der Versicherer eine mit Gründen versehene Auskunft unverzüglich, spätestens nach zwei Wochen, zu erteilen, ansonsten nach vier Wochen; auf einen vom Versicherungsnehmer vorgelegten Kostenvoranschlag und andere Unterlagen ist dabei einzugehen. [3]Die Frist beginnt mit Eingang des Auskunftsverlangens beim Versicherer. [4]Ist die Auskunft innerhalb der Frist nicht erteilt, wird bis zum Beweis des Gegenteils durch den Versicherer vermutet, dass die beabsichtigte medizinische Heilbehandlung notwendig ist.

Übersicht

I. Regelungszusammenhang (BT-Drs. 16/3945, 110)

In Abs. 1 und 4–6 sind die vertragstypischen Leistungen in den verschiedenen Formen der privaten Krankenversicherung einschließlich der Pflegekrankenversicherung beschrieben, namentlich die Krankheitskosten-, Krankenhaustagegeld-, Krankentagegeld- und Pflegversicherung. Die Norm des § 192 hat Leitbildcharakter iSd § 307 Abs. 2 Nr. 1 BGB (vgl. Bach/Moser/*Kalis* § 192 Rn. 9). Die Vorschriften des Kap. 8 beziehen sich auf die Krankenversicherung insgesamt, es sei 1 denn, der Anwendungsbereich einer Vorschrift ist ausdrücklich auf bestimmte Formen der Krankenversicherung beschränkt, zB §§ 196, 199, 206.

2 **Abs. 1** ist abdingbar (vgl. § 208), „um die Freiheit der Produktgestaltung zu erhalten". Zu **Abs. 2** vgl. → Rn. 15 ff. Zu **Abs. 3** vgl. → Rn. 26 ff.

3 **Weitere Änderungen:** Abs. 2 Satz 2 erstreckt die Regelung zur Übermaßvergütung auf die Pflegekostenversicherung. Da das Elfte Buch des Sozialgesetzbuchs die private Pflegeversicherung als Pflege-Pflichtversicherung detailliert regelt, wird in Satz 3 ausdrücklich klargestellt, dass diese Vorschriften der Regelung in Teil 2 Kap. 8 des VVG vorgehen.

Abs. 7 ist durch das Gesundheitsversorgungsweiterentwicklungsgesetz (GVWG) vom 11.7.2021 (BGBl. 2021 I 2754, 2788) mit Wirkung zum 20.7.2021 umfangreich erweitert worden (Einzelheiten → Rn. 43 ff.).

Abs. 8 ist durch das Gesetz zur Änderung versicherungsrechtlicher Vorschriften vom 24.4.2013 (BGBl. I S. 932) mit Wirkung zum 1.5.2013 eingefügt worden (Einzelheiten → Rn. 47 ff.).

II. Vertragstypische Leistungen bei der Krankheitskostenversicherung

4 **Abs. 1** regelt das eigentliche Leistungsversprechen des VR einer Krankheitskostenversicherung. Grundsätzlich hat er „im vereinbarten Umfang" die „Aufwendungen für medizinisch notwendige Heilbehandlung" zu erstatten. Hieraus leitet sich die Rechtsnatur der Krankheitskostenversicherung als **Passivenversicherung** ab, nach welcher der VR dem VN nur zum Ersatz derjenigen Kosten verpflichtet ist, die diesem in Bezug auf das versicherte Risiko zur Erfüllung von Verpflichtungen aus berechtigten Ansprüchen Dritter erwachsen sind (BGH VersR 2003, 581; VersR 2001, 576; OLG Hamm r+s 2018, 482; r+s 2017, 359; OLG Oldenburg VersR 2012, 764; OLG Karlsruhe VersR 2007, 679; OLG Düsseldorf VersR 2003, 986; LG Hamburg VersR 1988, 30). Der Versicherungsschutz beschränkt sich für den VN auf die Absicherung vor den finanziellen Folgen der Inanspruchnahme ärztlicher Leistungen und erstreckt sich nicht zusätzlich darauf, den VN vor Schäden an der körperlichen oder geistigen Unversehrtheit zu bewahren, so dass der Schutzbereich des Versicherungsvertrages **keinen Raum für Schadensersatz- oder Schmerzensgeldansprüche des VN** in Fällen vertraglicher Pflichtverletzungen des VR eröffnet (LG Dortmund VersR 2015, 745, bestätigt durch OLG Hamm VersR 2015, 746; OLG Köln Urt. v. 21.6.2013 – 20 U 12/13; NJW-RR 2003, 1609; *Muschner,* VersR 2018, 649). Die Krankheitskostenversicherung ist **Schadenversicherung** (BGH VersR 1971, 1138) mit der Folge der Übergangsfähigkeit von Ersatzansprüchen nach § 86 Abs. 1 S. 1 iVm § 194 Abs. 2 (OLG Saarbrücken VersR 2013, 223; HK-VVG/*Muschner* § 86 Rn. 2; *Göbel/Köther* VersR 2013, 1084).

1. Vereinbarter Umfang

5 **Vereinbarter Umfang** meint die zugrunde liegenden AVB (also etwa die MB/KK, vgl. Bach/Moser S. 235 ff., oder MB/KT, vgl. Bach/Moser S. 651 ff., in der jeweils gültigen Fassung; vgl. weiter die einschlägigen Kommentierungen etwa bei Langheid/Wandt/*Kalis* § 192 Rn. 39–78; Prölss/Martin/*Voit* S. 2144 ff.) und die entsprechenden Tarifbedingungen und Tarife. Während die AVB die

Rahmenbedingungen für die Krankenversicherung bestimmen (also das generelle Leistungsversprechen und bestimmte Definitionen, Ausschlüsse, Obliegenheiten etc), geben die Tarifbedingungen (TB) und die eigentlichen Tarife den konkreten Leistungsinhalt und die für die so konkretisierte Leistungspflicht zu zahlende Prämie vor (vgl. insoweit *v. Fürstenwerth/Weiß,* 11. Aufl. 2019, Stichwort „Tarife"). Beide unterliegen uneingeschränkt der richterlichen AGB-Kontrolle (BGH VersR 1996, 357 unter 2.b).

2. Aufwendungen

Aufwendungen sind die Leistungen, zu denen der VN gegenüber dem jeweiligen Leistungserbringer (zB Arzt oder Krankenhaus) verpflichtet ist (BGH VersR 1998, 350; Langheid/Wandt/*Kalis* § 192 Rn. 18). Das setzt eine **begründete** Rechnungslegung und einen **fälligen** Anspruch zB des Arztes gegen den VN voraus (OLG Karlsruhe VersR 2008, 339; OLG Hamm VersR 1995, 652; LG Kempen VersR 2013, 571; zu den formalen Voraussetzungen für eine Rechnungsfälligkeit nach § 12 GOÄ, BGH VersR 2007, 499 ff.). Da es sich bei der Krankheitskostenversicherung um eine Passivenversicherung handelt, setzt der Aufwendungsersatzanspruch den Anfall von Aufwendungen voraus, die in Bezug auf das versicherte Risiko und im maßgeblichen Versicherungszeitraum bis zur Beendigung des Vertrages entstanden sind; die bloße Verordnung eines Hilfsmittels reicht daher nicht aus (OLG Hamm r+s 2018, 482; **aA** OLG München r+s 2016, 192). 6

Obgleich die im Gesetz ferner genannten **„sonstigen vereinbarten Leistungen"** in keinem unmittelbaren Bezug zur Behandlung wegen Krankheit oder Unfallfolgen stehen, ist dennoch gemeint, dass nicht nur Aufwendungen im vorbezeichneten Sinne erstattungsfähig sind, sondern eben auch „sonstige vereinbarte Leistungen". Diese können einerseits in Serviceleistungen des VR bestehen, andererseits aber auch in der Medikamentenversorgung oder sogar in der ärztlichen Behandlung durch einen eigenen Dienst des Krankenversicherers **(Sachleistungsprinzip).** Hier will der Gesetzgeber sicherstellen, dass zukünftige Entwicklungen des Krankenversicherungswesens nicht durch eine zu enge gesetzliche Formulierung behindert werden. 7

3. Medizinisch notwendige Heilbehandungen

Heilbehandlungen liegen vor bei ärztlichen oder vergleichbaren Heil- oder Linderungsmaßnahmen (OLG Hamm VersR 2012, 611), die aufgrund der aufgetretenen Erkrankung notwendig werden. Leistungsvoraussetzung ist, dass die Heilbehandlung **medizinisch notwendig** ist. Dazu reicht es aus, wenn es nach den objektiven medizinischen Befunden und wissenschaftlichen Maßstäben zum Zeitpunkt der Behandlung vertretbar ist, die medizinische Notwendigkeit zu bejahen (stRspr seit der Leitentscheidung BGH VersR 1979, 221). Es kommt dabei nicht nur auf die bloße Vertretbarkeit der Maßnahme aus medizinischer Sicht oder den medizinischen Sinn und Nutzen der Behandlung an; entscheidend ist auf die **vertretbare Annahme ihrer medizinischen Notwendigkeit** abzustellen (BGH VersR 1979, 221; OLG Köln VersR 1993, 1514). Zur Annahme medizinischer Notwendigkeit ist zunächst erforderlich, dass die zur Beurteilung stehende Heilbehandlung das zugrunde liegende Leiden diagnostisch hinreichend erfasst und eine ihm adäquate und geeignete Therapie anwendet (BGH VersR 1996, 1224; OLG Karlsruhe VersR 1997, 562; OLG Köln VersR 2004, 631; 1 VersR 998, 88; VersR 1995, 1177). Dabei ist ein objektiver Maßstab anzulegen, so dass 8 es weder auf die Auffassung des Patienten noch auf diejenige des behandelnden Arztes ankommt (BGH VersR 1979, 221; VersR 1989, 271; OLG Köln VersR 2004, 631; Langheid/Wandt/*Kalis* § 192 Rn. 24). Bei Behandlungsalternativen finden generelle Subsidiaritätserwägungen (etwa Brille oder Kontaktlinsen vor Lasik) keine Berücksichtigung (BGH VersR 2017, 608). Dennoch kann eine Subsidiarität im konkreten Einzelfall durchaus in Betracht kommen, wenn eine Abwägung vor allem von Risiken und Reichweite etwa eines invasiven Eingriffs die medizinische Vorzugswürdigkeit der Behandlungsalternative ergibt (zutreffend zur Notwendigkeit des Abstellens auf den Einzelfall bei Lasik-Operationen: *Marlow/Gramse* r+s 2017, 518).

8a Bei schweren, lebensbedrohenden oder lebenszerstörenden **unheilbaren Krankheiten,** für welche es keine in der Praxis angewandte Behandlungsmethode gibt (hierzu BGH Beschl. v. 23.7.2014 – IV ZR 177/13 (Nichtzulassungsbeschwerde), referiert von *Wendt* r+s 2014, 585 (590 f.)), soll auch eine Behandlung als medizinisch notwendig gelten, welcher zwar noch Versuchscharakter anhaftet, die aber jedenfalls – medizinisch begründbar – Aussicht auf Heilung oder Linderung entspricht. Ausreichend ist, dass die Behandlung mit nicht nur ganz geringer Erfolgsaussicht die Erreichung des Behandlungsziels möglich erscheinen lässt, sofern sie auf einem medizinisch nachvollziehbaren Ansatz beruht, der die prognostizierte Wirkweise der Behandlung auf das angestrebte Behandlungsziel zu erklären vermag, diese Wirkweise also zumindest wahrscheinlich macht (BGH VersR 2013, 1558; VersR 1996, 1224). Bei **nicht vital lebensnotwendigen Behandlungen** ist es hingegen nicht gerechtfertigt, die Versichertengemeinschaft jede Behandlung finanzieren zu lassen, solange ein Erfolg nur „nicht ausgeschlossen" erscheint (KG VersR 2011, 1170). Die Erstattungspflicht des VR setzt hier nach der Grundsatzentscheidung des BGH vom 21.9.2005 (VersR 2005, 1673) eine Erfolgswahrscheinlichkeit der Maßnahme von jedenfalls 15 % voraus. Diese Erfolgswahrscheinlichkeit ist nach medizinischen Erkenntnissen zu beurteilen (BGH VersR 1996, 1224). Bei **Maßnahmen künstlicher Befruchtung** zur Überwindung einer organisch bedingten Kinderlosigkeit ist die Ermittlung der Wahrscheinlichkeit der Herbeiführung einer Schwangerschaft im Ausgang mittels der im IVF-Register umfassend dokumentierten Erfolgswahrscheinlichkeit in Abhängigkeit zum Lebensalter der Frau vorzunehmen. In einem zweiten Schritt ist zu prüfen, inwieweit individuelle Faktoren die Einordnung der Frau in die ihrem Lebensalter entsprechende Altersgruppe rechtfertigen, ob also ihre persönlichen Erfolgsaussichten hoher oder niedriger einzuschätzen sind, als die im IVF-Register für ihre Altersgruppe ermittelten Durchschnittswert es ausweisen (BGH r+s 2020, 93). Maßgeblich ist allein die Wahrscheinlichkeit der Herbeiführung der Schwangerschaft (als Behandlungsziel zur Überwindung der organisch bedingten Unfruchtbarkeit), nicht noch darüber hinaus die Prognose über den weiteren Verlauf der Schwangerschaft, also insbesondere über das statistische Fehlgeburtsrisiko (BGH r+s 2020, 93; aA Bach/Moser/*Kalis,* § 1 MB/KK Rn. 105). Anders kann dies allerdings dann sein, wenn aufgrund individueller gesundheitlicher Beeinträchtigungen der Eltern eine Lebendgeburt wenig wahrscheinlich ist (BGH r+s 2020, 93; OLG Celle Urt. v. 24.4.2014 – 8 U 209/13). Im Rahmen der Maßnahmen künstlicher Befruchtung sind Kosten einer begleitend zu einer IVF/ICSI-Behandlung durchgeführten Präimplantationsdiagnostik (PID) nicht zu erstatten, weil sie nicht dazu dient, die Unfruchtbarkeit eines oder beider Elternteile zu behandeln, sondern vielmehr dem Zweck der Aussonderung der Embryonen nach medizinischen Kriterien, um ein künftiges Leiden eines eigenständigen

Lebewesens zu vermeiden (BGH r+s 2020, 412; OLG München r+s 2018, 665; OLG Köln VersR 2017, 417) Die vertragliche Beschränkung der Kostenerstattung für Maßnahmen der künstlichen Befruchtung allein auf verheiratete VN ist unwirksam (OLG Karlsruhe VersR 2017, 1453), ebenso ein umfassender Leistungsausschluss für Maßnahmen der künstlichen Befruchtung insgesamt (*Krumscheid* r+s 2018, 578 (584); *Waldkirch* VersR 2020, 321). Demgegenüber ist eine Leistungsbeschränkung auf bis zu drei Versuche wirksam (OLG Köln VersR 2019, 472; OLG Karlsruhe VersR 2017, 1453; OLG Koblenz VersR 2016, 1554), ebenso eine Beschränkung im Hinblick auf das Lebensalter der VN (43. Lebensjahr der Frau und 50. des Mannes: LG Köln VersR 2018, 88; *Krumscheid* r+s 2018, 578 (584); aA *Waldkirch* VersR 2020, 321). Nachdem die frühere **Wissenschaftlichkeitsklausel** (die wissenschaftlich nicht allgemein anerkannte Untersuchungs- oder Behandlungsmethoden und Arzneimittel von der Leistungspflicht ausnahm) vom BGH für unwirksam erklärt wurde (BGH VersR 1993, 957), ist für die Beurteilung der medizinischen Notwendigkeit kein schulmedizinischer Wirksamkeitsnachweis erforderlich. Es können vielmehr auch der **alternativen Medizin** oder Naturheilverfahren folgende Behandlungsmethoden als medizinisch notwendig qualifiziert werden, wenn sie auf einem nach medizinischen Erkenntnissen nachvollziehbaren Ansatz beruhen, der die prognostizierte Wirkweise der Behandlung erklären kann und wahrscheinlich macht (OLG Saarbrücken Urt. v. 9.5.2018 – 5 U 39/16; ferner VersR 2002, 1015; OLG Oldenburg VersR 2016, 457; OLG Koblenz VersR 2002, 1367; KG VersR 2001, 178). An medizinischer Notwendigkeit fehlt es, wenn die Behandlungsmethode nicht ausreichend erforscht ist, es eine allgemein anerkannte Behandlungsmethode gibt und die Vorteile der neuen Methode im Verhältnis zu den Nachteilen zu vernachlässigen sind (OLG München Urt. v. 15.3.2017 – 25 U 4197/16). Viele Erstattungsansprüche scheitern an der sog. **Schulmedizinklausel** des § 4 Abs. 6 MB/KK, der bei Maßnahmen alternativer Medizin verlangt, dass sich diese „in der Praxis als ebenso erfolgversprechend bewährt haben“. Diese Voraussetzung ist enger als die medizinische Notwendigkeit (*Marlow/Spuhl* VersR 2006, 1334); die zur Beurteilung stehenden Methoden müssen sich – in Abgrenzung zu sog Außenseitermethoden – in gewissem Umfang empirisch bewährt haben (OLG Frankfurt a. M. VersR 2001, 848 setzt zur Nachweisführung kontrolliert durchgeführte klinische Studien voraus; ferner OLG Frankfurt a. M. VersR 2003, 585; OLG Köln VersR 2004, 631; OLG Saarbrücken VersR 2002, 1015; näher Langheid/Wandt/*Kalis* § 192 Rn. 26 ff.).

a) Wegen Krankheit. Das Vorliegen einer Krankheit ist anhand des **Sprachgebrauchs des täglichen Lebens** zu beurteilen, wie er sich auf der Grundlage allgemein bekannt gewordener Erkenntnisse der medizinischen Wissenschaft gebildet hat (OLG Karlsruhe VersR 1991, 913). Gemeint ist ein objektiv nach ärztlichem Urteil bestehender anormaler, regelwidriger Körper- oder Geisteszustand (BGH VersR 2010, 1485; VersR 2005, 1673; VersR 2004, 588; VersR 1998, 87), der eine nicht ganz unerhebliche Störung körperlicher oder geistiger Funktionen mit sich bringt und deshalb die Notwendigkeit einer Heilbehandlung begründet (BGH VersR 2017, 608; VersR 2016, 720). Die Einstufung als „anormal“ ergibt sich aus einem Vergleich mit der normalen biologischen Beschaffenheit des Menschen, die Einstufung als „regelwidrig“ aus der ergänzenden medizinischen Bewertung eines anormalen Zustandes (BGH VersR 2016, 720; *van Bühren* ZfS 2018, 610 (612)). Das schließt mangels „Regelwidrigkeit“ etwa die 9

Beseitigung eines **Zustands nach Sterilisation** (BGH VersR 2016, 720) oder **Schönheitsoperationen** grds. von der Leistungspflicht aus (eine mittels ärztlichen Eingriffs vorgenommene Brustvergrößerung durch Implantation eines Silikonkissens führt nach allgemeinem Sprachgebrauch zu keiner Krankheit, BGH VersR 2016, 720), es sei denn, der als unschön empfundene körperliche Zustand hatte tatsächlichen Krankheitswert (Rückenschmerzen aufgrund einer Ptosis, LG München I VersR 1976, 654). Keine Störung der Gesundheit im Sinne eines regelwidrigen Zustandes sind allein **altersbedingte Körperveränderungen** (OLG Düsseldorf r+s 2021, 343 (344) zu altersbedingten Fertilitätseinschränkungen). Anderes soll gelten, wenn sie zu einer objektiv nicht nur ganz geringfügigen Beeinträchtigung der körperlichen oder geistigen Normalfunktion führen (BGH VersR 2017, 608 zu einer zur Lasik-Behandlung führenden Sehstörung; hierzu noch anders LG Köln VersR 2003, 1434; r+s 2003, 466; Krankheit verneinend bei Altersweitsichtigkeit LG München I Urt. v. 2.9.2014 – 23 S 2179/14; verneinend bei erektiler Dysfunktion ohne erkennbare Ursache LG München I VersR 1999, 1402). Eine zukünftige mögliche Gesundheitsgefährdung stellt noch keine Krankheit dar, so dass etwa die **prädikative Gendiagnostik** als Untersuchung eines gesunden Menschen keine medizinisch notwendige Heilbehandlung darstellt (LG Stuttgart NJW 2013, 1553). Als Krankheit angesehen werden zB **Alkoholismus** (OLG Hamm VersR 1986, 865), männliche **Zeugungs**- und weibliche (nicht altersbedingte) **Empfängnisunfähigkeit** (BGH r+s 2020, 412; r+s 2020, 93; VersR 2010, 1485; VersR 2006, 1673; VersR 1998, 87; OLG Braunschweig NJW-RR 2019, 923; OLG Karlsruhe VersR 2017, 1453; OLG Köln BeckRS 2012, 21508; LG Köln VersR 1998, 445), wobei maßgebend nicht die Kinderlosigkeit ist (diese stellt als solche keine Krankheit dar), sondern allein die organische Ursache derselben, hervorgerufen durch einen regelwidrigen körperlichen Zustand, den der VN zu beweisen hat (OLG Düsseldorf r+s 2021, 343; OLG München, 26.6.2007 – 25 U 5263/06) **HIV-Infektion** (OLG Düsseldorf VersR 1992, 948), **Adipositas** (umstritten, wenn allein auf Überernährung beruhend; bejahend BGH VersR 1979, 221; LG Koblenz r+s 2015, 302; dagegen LG Freiburg VersR 1980, 524). Keine Krankheit ist eine **Schwangerschaft** (OLG Hamburg VersR 1999, 1482; LG Detmold VersR 1986, 336), daher kein Deckungsschutz für Abbruch aus sozialer Indikation (Langheid/Wandt/*Kalis* § 192 Rn. 21).

10 **b) Wegen Unfallfolgen.** Für die Annahme eines Unfalls iSd Abs. 1 (wie auch des § 201) reicht es aus, dass die Ursache der Gesundheitsstörung ein äußeres Ereignis ist. Nicht maßgeblich ist der Unfallbegriff der privaten Unfallversicherung (etwa Ziff. 1. 3 AUB 2008, § 1 Abs. 3 AUB 94) jedenfalls insoweit, dass etwa die dort (wie auch in § 178 Abs. 2 Satz 1) geforderte Unfreiwilligkeit der Gesundheitsschädigung für den Unfallbegriff in der privaten Krankenversicherung nicht konstituierend ist (OLG Hamm VersR 2015, 746). Unfallfolgen sind die aus einem solchen Ereignis herrührenden Folgezustände.

4. Aufwendungen für „sonstige vereinbarte Leistungen“

11 Diese müssen – im Gegensatz zu Krankheit und Unfallfolgen – im Gesetz erwähnt werden, weil Schwangerschaft und Entbindung keinen Krankheitswert haben, gleichwohl aber der ärztlichen Versorgung und Betreuung durch Hebammen etc erfordern. Gleiches gilt für Vorsorgeuntersuchungen, die ja gerade das Entstehen von Krankheiten verhindern sollen. Ihre Einbeziehung in den Leistungskatalog des VR stellt sicher, dass die entsprechenden Versorgungen bei medi-

zinischer Notwendigkeit erstattet werden. Ein Leistungskürzungsrecht bei Übermaßversorgung (§ 5 Abs. 2 MB/KK 09) gilt auch für Aufwendungen für **Hilfsmittel** (BGH VersR 2015, 706 betreffend Hörgeräte; BGH VersR 2015, 1119).

5. Beweislast

Die Beweislast für die **Höhe** seiner Aufwendungen und die **medizinische Notwendigkeit** der Heilbehandlung trägt nach allgemeinen Grundsätzen der VN (BGH NJW-RR 2004, 1399; VersR 1979, 221; KG VersR 2000, 89; OLG Hamm VersR 1972, 777). Während die Höhe der Aufwendungen regelmäßig durch die entsprechende Arzt- oder Leistungserbringerrechnung nachgewiesen wird, ist die medizinische Notwendigkeit nur durch eine ärztliche Begutachtung zu erbringen (im Prozess durch ein gerichtlich angeordnetes Sachverständigengutachten, OLG Koblenz VersR 2010, 204; Langheid/Wandt/*Kalis* § 192 Rn. 35). Grundlage der Begutachtung des gerichtlichen Sachverständigen ist allein die **ärztliche Dokumentation** zum Behandlungszeitpunkt. Beweisschwierigkeiten in Gestalt fehlender oder unvollständiger Dokumentation gehen zu Lasten des VN (AG Düsseldorf VersR 2000, 91). 12

Will der VR sich darauf berufen, dass die durch Rechnungen oÄ nachgewiesenen Aufwendungen gegen das sog **Übermaßverbot** verstoßen (vgl. dazu → Rn. 15 ff.), trägt er die Beweislast (BGH VersR 1991, 987; OLG Köln NJOZ 2020, 1357; LG Frankfurt a. M. VersR 2003, 231 mit krit. Anm *Hütt*). Wenn der VR den **Stationäraufenthalt** des VN ab einem bestimmten Zeitpunkt für *nicht mehr* medizinisch notwendig (= Übermaß) erachtet, ist er hierfür beweispflichtig (OLG Köln r+s 1993, 195), wohingegen der VN die Beweislast dafür trägt, dass eine Stationärbehandlung *überhaupt* medizinisch notwendig war (und nicht ausreichend ambulant hätte behandelt werden können), OLG Köln VersR 1999, 478. 13

Probleme können sich aus dem **Dreiecksverhältnis** Patient/VN-Arzt/Leistungserbringerversicherer ergeben. Häufig wird der VR auf die Mitwirkung des Arztes/Leistungserbringers angewiesen sein, wenn er seine Eintrittspflicht überprüfen will. Dieser ist deswegen nach Treu und Glauben gehalten, bei der Feststellung der Leistungspflicht mitzuwirken. Im Verhältnis Behandler/Patient ist ohnehin der Behandler beweispflichtig für die Korrektheit und Angemessenheit seiner Rechnungsstellung. Ihn trifft uU eine **Beratungs- und wirtschaftliche Aufklärungspflicht,** wenn er erkennt, dass die Kosten für seine Leistungserbringung den Erstattungsanspruch des Patienten übersteigen werden (zB die Kosten für die Unterbringung in einer teuren Privatklinik, für die der VN gar keinen Versicherungsschutz genießt; BGH VersR 1996, 1157; VersR 1983, 443; OLG Stuttgart VersR 2013, 583; LG Bremen NJW 1991, 2353). 14

III. Übermaßverbot

1. Entwicklung der Vorschrift

Der Regelungsgehalt des **Abs. 2** begründet keine grundlegende Änderung gegenüber der Rechtslage, wie sie sich unter Geltung alten Rechts im Anschluss an die Grundsatzentscheidung des BGH in VersR 2003, 581 mAnm *Prölss* 981 und *Hütt* 982 („Alphaklinik-Entscheidung“) dargestellt hat (so auch HK-VVG/*Rogler* § 192 Rn. 17). Übernimmt der VR vertraglich die Kosten einer medizi- 15 nisch notwendigen Heilbehandlung ohne erkennbare Einschränkungen, kann er den VN nicht auf einen billigeren oder den billigsten Anbieter einer Heilbehandlung verweisen, die er für gleichwertig hält (BGH r+s 2017, 252). Bis zur „Alphaklinik-Entscheidung" des des BGH galt das sog. **Übermaßverbot,** aufgrund dessen der VR gemäß § 1 und § 5 Abs. 2 MB/KK seine Leistungen auf einen angemessenen Betrag herabsetzen konnte, wenn die Behandlung das medizinisch notwendige Maß überstieg oder für eine notwendige Behandlung ein unangemessen hohes Honorar verlangt wurde (zum Streitstand Prölss/Martin/*Prölss,* 27. Aufl. 2004, MB/KK § 1 Rn. 51 und MB/KK § 5 Rn. 17 f.). Da BGH VersR 2003, 581 in den fraglichen Bedingungen nach seinen Auslegungskriterien (Verständnis des durchschnittlichen VN) – anders noch als der Vorgängersenat (BGH VersR 1978, 267) und die Instanzrechtsprechung (OLG Düsseldorf VersR 1997, 218; OLG Köln VersR 1996, 378) und die Literatur (Bach/Moser/*Schoenfeldt/Kalis,* 3. Aufl. 2002, MB/KK 94 § 1 Rn. 50) – kein Übermaßverbot zu erkennen vermochte, führte dies zu Überlegungen, erstmals eine gesetzliche Regelung dieser Frage vorzunehmen.

16–21 Die VVG-Kommission hatte in ihrer Begründung des KomV (S. 407 f.) ein allgemeines **Wirtschaftlichkeitsgebot** vorgesehen, mit welchem sowohl die Übermaßbehandlung wie die Übermaßvergütung nicht vereinbar waren. Das hat der **Gesetzgeber abgelehnt** und nur ins Gesetz geschrieben, dass der VR zur Leistung „insoweit nicht verpflichtet" ist, als die Aufwendungen oder sonstigen Leistungen „in einem auffälligen Missverhältnis zu den erbrachten Leistungen" stehen. Ein allgemeines Wirtschaftlichkeitsgebot, das zur Verweisung auf eine günstigere – gleichwertige – Behandlung berechtigen würde, enthält Abs. 2 mithin nicht (LG Nürnberg-Fürth r+s 2015, 299). Wenn der Gesetzgeber sodann in BT-Drs. 16/3945, 110 ausführt, dass diese Regelung „die geltende Rechtslage (vor der BGH-Entscheidung in VersR 2003, 581) wiedergibt" (ebenso der Rechtsausschuss in BT-Drs. 16/5862), erscheint dies als Fehleinschätzung. Anstelle dessen hat der Gesetzgeber mit Abs. 2 im Wesentlichen den Inhalt der Alphaklinik-Entscheidung in Gesetzestext gefasst (vgl. Looschelders/Pohlmann/*Reinhard* § 192 Rn. 21). Zur Entwicklungsgeschichte im Gesetzgebungsverfahren ausführlich 4. Aufl. § 192 Rn. 15 ff.

2. Neuregelung

22 Vom Regelungsgehalt des Abs. 2 werden sowohl Übermaßbehandlungen als auch Übermaßabrechnungen erfasst, soweit sie in einem „auffälligen Missverhältnis" zu den tatsächlich erbrachten Leistungen **(Übermaßvergütung)** oder zu den medizinisch tatsächlich notwendigen, geringeren Leistungen **(Übermaßbehandlung)** stehen.

3. Auffälliges Missverhältnis

23 Auffällig ist ein Missverhältnis sicher stets dann, wenn es nicht nur erkennbar, sondern erheblich ist. Prüfungsmaßstab kann nur der objektivierte Gegenwert sein, der am ehesten anhand der marktgängigen Preise zu ermitteln ist (OLG Köln NJOZ 2020, 1357; ähnlich Langheid/Wandt/*Kalis* § 192 Rn. 84; HK-VVG/*Rogler* § 192 Rn. 24). Wo konkret die Grenze zum „auffälligen Missverhältnis" zu ziehen ist, ist der Regelung nicht zu entnehmen; jedenfalls liegt sie zwischen bloßer Unangemessenheit einerseits und einem sittenwidrigen Verhältnis zwischen Leistung und Gegenleistung (§ 138 Abs. 2 BGB) andererseits, weil bei

Sittenwidrigkeit der gesamte Behandlungsvertrag nichtig ist und die versicherungsvertragliche Regelung ins Leere liefe: Der VN würde dann nämlich gar keine Vergütung schulden, so dass sich die Frage der Herabsetzung der Leistung nicht stellen würde (*Rehmann/Vergho* VersR 2015, 159). Trotz begrifflicher Identität („auffälliges Missverhältnis") muss daher zwischen den Regelungen des § 138 Abs. 2 BGB und § 192 Abs. 2 ein Stufenverhältnis bestehen: Ist (nur) die Schwelle des § 192 Abs. 2 erreicht, besteht ein Kürzungsrecht des VR, bei Überschreiten der Grenze des § 138 Abs. 2 BGB besteht gar kein Erstattungsanspruch mehr. Da die Wuchergrenze des § 138 Abs. 2 BGB beim Doppelten des üblichen Wertes liegt, wird die Schwelle des § 192 Abs. 2 **bei Überschreiten von 50%** des Üblichen zutreffend anzusetzen sein (so auch *Rehmann/Vergho* VersR 2015, 159; *Fortmann* S. 138; Marlow/Spuhl/*Marlow* Rn. 1288; dem hingegen die Schwelle erst bei einer die marktübliche Vergütung um das Doppelte übersteigenden Abrechnung annehmend Prölss/Martin/*Voit* § 192 Rn. 156; HK-VVG/*Rogler* § 192 Rn. 25; *van Bühren* ZfS 2018, 610 (611); offenlassend OLG Köln NJOZ 2020, 1357).

4. Wozwischen?

24 In einem unangemessenen Missverhältnis stehen können einerseits der Umfang der erbrachten Behandlung im Verhältnis zu den tatsächlich erforderlichen Behandlungsleistungen (Übermaßbehandlung, Satz 1) und andererseits die erbrachte Behandlungsleistung zu dem dafür geforderten Entgelt (Übermaßvergütung, Satz 2). Die Möglichkeit der Leistungskürzung betrifft beide möglichen Missverhältnisse.

5. Beweislast

25 Die Beweislast für ein auffälliges Missverhältnis im zuvor beschriebenen Sinne trägt der VR. Will dieser sich auf Leistungskürzung berufen, muss er darlegen und beweisen, dass ein auffälliges Missverhältnis vorliegt (OLG Köln NJOZ 2020, 1357; *van Bühren* ZfS 2018, 610 (612)). Kommt er seiner Darlegungslast nach und beweist die von ihm vorgetragenen Kriterien des auffälligen Missverhältnisses, ist es Sache des VN, ggf. anhand der Krankenunterlagen den Gegenbeweis dergestalt zu führen, dass er für den Einzelfall das auffällige Missverhältnis widerlegt (vgl. Langheid/Wandt/*Kalis* § 192 Rn. 87). Geben die Krankenunterlagen hierzu nichts her, geht dies zu Lasten des VN mit der Folge einer Beweislastumkehr (OLG Düsseldorf VersR 2001, 48).

IV. Zusätzliche Dienstleistungen (Abs. 3)

1. Begründung des Gesetzgebers

26 Die Vorschrift stelle klar, dass auch solche Tätigkeiten des VR im Rahmen seines Leistungsmanagements Gegenstand einer Krankenversicherung sein können, die dem **Service** oder der **Beratung und Unterstützung des VN** im Zusammenhang mit der Erbringung versicherter Leistungen dienen. Einige dieser Nebenleistungen aus dem Versicherungsvertrag werden schon heute von Krankenversicherern erbracht. Dies gilt vor allem für die in Nr. 1 erfasste Beratungstätigkeit; auch die in Nr. 5 vorgesehene unmittelbare Abrechnung wird teilweise zwi-

schen Kliniken und VR praktiziert. Ob und in welcher Weise die VR von der schon bisher bestehenden Möglichkeit, derartige Zusatzleistungen zu vereinbaren, Gebrauch machen, bleibt auch künftig der Ausgestaltung der Verträge und der angebotenen Tarife überlassen; vom VR sind hierbei die sich aus den §§ 307, 308 BGB für AGB und aus dem Aufsichtsrecht ergebenden Vorgaben zu beachten. In § 192 Abs. 3 gehe es nur um die Rechtsbeziehung zwischen VR und VN; das Gesetz regele nicht die Konsequenzen, die sich aus der vereinbarten Zusatzleistung im Verhältnis VR bzw. VN zu den Leistungserbringern ergeben. Da die Entwicklung weiter im Fluss ist, beschreibt die Vorschrift nur die inzwischen geläufigsten Nebenleistungen; die Aufzählung ist somit nicht abschließend.

2. Unmittelbarer Zusammenhang mit Leistungen nach Abs. 1

27 Ergänzend zu dem geschuldeten Aufwendungsersatz kann der VR auch die nachfolgend enumerierten Zusatzleistungen erbringen. Der unmittelbare Zusammenhang zu Abs. 1 bedeutet, dass Grundvoraussetzung immer noch die medizinisch notwendige Heilbehandlung ist. Die neu in das Gesetz eingeführten zusätzlichen Dienstleistungen sind vor allem unter dem Schlagwort Leistungs- und Gesundheitsmanagement bekannt geworden.

3. Beratungsleistungen

28 Die in Nr. 1–5 aufgezählten Beratungsleistungen sind nicht abschließend, sondern können vom VR auch erweitert werden („insbesondere"; Beispiele zusätzlicher Dienstleistungen bei Langheid/Wandt/*Kalis* § 192 Rn. 111 ff.). Die Beratung nach **Nr. 1** bedeutet eine inhaltliche Beratung im Zusammenhang mit medizinisch notwendigen Heilbehandlungen und über entsprechende Leistungserbringer. Die Rechtsprechung billigt vom VR gesetzte Anreize für den VN, sich beraten zu lassen. Eine in den Tarifbedingungen enthaltene Begrenzung des Aufwendungsersatzes für Zahnersatz in Fällen, in welchen der VN vor Beginn der Behandlung dem VR keinen Heil- und Kostenplan vorgelegt hat, ist wirksam (BGH VersR 1995, 328; LG Köln VersR 2014, 1244). Die vom Gesetzgeber ermöglichte Beratung dürfte auch **Negativhinweise** beinhalten, also die Warnung vor bestimmten Behandlungsmethoden und ihren Anbietern (so auch Langheid/Wandt/*Kalis* § 192 Rn. 96). Der VR darf in Fällen, in denen er Zweifel an dem vom behandelnden Zahnarzt avisierten Behandlungsregime hat, dem VN auch andere Zahnärzte für die Einholung einer Zweitmeinung vorschlagen, ohne dass dies einen wettbewerbsrechtlichen Unterlassungsanspruch des betroffenen Zahnarztes gegen den VR begründet (BGH VersR 2008, 246; LG Köln Urt. v. 4.4.2012 – 84 O 188/11). Eine Falschberatung durch den VR kann ggf. Schadensersatzansprüche des VN nach sich ziehen.

29 **Nr. 2** erlaubt die Beratung in Bezug auf die geltend gemachten Honorare der Leistungserbringer. Im Wesentlichen handelt es sich um eine Beratung zur Abwehr von überzogenen Entgeltansprüchen des Leistungserbringers (etwa Arzt oder Krankenhaus). Dieses Vorgehen stellt keinen rechtswidrigen Eingriff des VR in den eingerichteten und ausgeübten Praxisbetrieb des Arztes dar, so dass letzterer dieses Vorgehen hinnehmen muss. Mangels Rechtsschutzbedürfnisses ist eine Unterlassungsklage, mit der es dem VR verboten werden soll, auf Anfrage des VN Ausführungen zur Überhöhung des geltend gemachten (Zahn-)Arzthonorars zu machen, regelmäßig unzulässig (OLG Düsseldorf r+s 2015, 32. Die gebührenrechtliche Beratung des VN durch den VR ist Ausprägung einer vertraglichen

Nebenpflicht des VR (OLG München r+s 2003, 164). Mit dieser korrespondiert eine Nebenpflicht des VN, eingereichte Rechnungen zumindest auf ihre Plausibilität hin zu überprüfen und den VR auf Unstimmigkeiten hinzuweisen; im Fall der schuldhaften Zuwiderhandlung kann der VN unter Schadensersatzgesichtspunkten dem VR zur Rückzahlung des Rechnungsbetrages verpflichtet sein (AG München Urt. v. 4.7.2013 – 282 C 28161/12).

In diesem Zusammenhang ist auch die nach **Nr. 3** gestattete Abwehr von unberechtigten Entgeltansprüchen zu sehen. Da es sich um eine zusätzliche Dienstleistung des VR handelt, wird man hier einerseits die tatsächliche Unterstützung der Abwehr (durch inhaltliche Beratung) zu verstehen haben, ferner die Übernahme der Korrespondenz mit dem Leistungserbringer durch den VR im Einverständnis mit dem VN, aber auch die Empfehlung der Bezahlung entsprechender Rechtsanwälte. Ein Verstoß gegen das Rechtsdienstleistungsgesetz liegt hierin nicht, weil gem. § 5 Abs. 1 S. 1 RDG Rechtsdienstleistungen im Zusammenhang mit einer anderen Tätigkeit dann erlaubt sind, wenn sie als Nebenleistung zum Berufs- oder Tätigkeitsbild gehören. Hiervon ist bzgl des VR bereits aufgrund der gesetzlichen Wertung in Abs. 3 auszugehen (Langheid/Wandt/*Kalis*, § 192 Rn. 90; HK-VVG/*Rogler* § 192 Rn. 34). **30**

Nr. 4 regelt den umgekehrten Fall der Deckung des VR, nämlich bei der Geltendmachung von Schadensersatzansprüchen des VN aufgrund fehlerhafter Erbringung von Leistungen. Auch hier wird man die vom Gesetzgeber eingeräumte Dienstleistung im weitesten Sinne zu verstehen haben, also einerseits als Beratung in Bezug aufgrund und Höhe von Schadensersatzleistungen etwa aufgrund ärztlicher Behandlungsfehler, aber auch bei der vorgerichtlichen Gutachtenerstellung (zur Substantiierung von Behandlungsfehler-Vorwürfen) oder die Empfehlung geeigneter Rechtsanwälte zur Prozessführung. **31**

Die nach **Nr. 5** gestattete unmittelbare Abrechnung mit den Leistungserbringern bezieht sich insbesondere auf das sog. „Klinik-Card-Verfahren". Die darin vom VR gegenüber der leistungserbringenden Klinik zugesagte Kostenübernahme ist in ihrer rechtlichen Qualifizierung umstritten, zutreffend aber nicht als selbständiges Garantieversprechen auszulegen, sondern als Abtretung der Deckungsansprüche des VN gegen den VR an die Klinik. Dies mit der Folge, dass dem VR die versicherungsvertraglichen Leistungseinwendungen auch weiter gegen die Klinik zustehen (OLG München VersR 2014, 694; NJW-RR 2005, 1697; LG Köln Urt. v. 19.8.2014 – 25 O 258/13; aA LG Dortmund NJW 2007, 3134; die Leistungszusage des VR als Schuldbeitritt qualifizierend, OLG Celle VersR 2003, 1293). Die unmittelbare Abrechnung ist ab 2009 für den Basistarif gesondert in Abs. 7 geregelt, der einen unmittelbaren Anspruch des Leistungserbringers auch gegen den Krankenversicherer konstituiert (vgl. dazu → Rn. 43 ff.). **32**

V. Krankenhaustagegeld (Abs. 4)

1. Begriff

Geregelt ist die Krankenhaustagegeldversicherung in § 1 Abs. 1 Buchst. b MB/KK 94/2008/2009. Während bei der Krankheitskostenversicherung regelmäßig die Erstattung der Aufwendungen stattfindet, die für die medizinisch notwendige Heilbehandlung angefallen sind (Schadenversicherung), wird bei der Krankenhaustagegeldversicherung als abstrakte Bedarfsdeckung ein kalendertägliches Ent- **33** gelt bezahlt (Summenversicherung), wobei der Beginn der Leistungspflicht mit der medizinisch notwendigen stationären Heilbehandlung beginnt und mit dem Wegfall der stationären Behandlungsbedürftigkeit endet.

2. Medizinisch notwendige stationäre Heilbehandlung

34 Zur medizinischen Notwendigkeit der Heilbehandlung vgl. → Rn. 8 ff. Hinzukommen muss, dass gerade die **stationäre** Heilbehandlung **medizinisch notwendig** ist. Dies ist nur dann der Fall, wenn der angestrebte Behandlungserfolg durch ambulante Maßnahmen nicht zu erzielen ist, wenn also die konkrete Behandlung gerade der besonderen personellen und sachlichen Mittel einer Akutklinik bedarf (OLG Köln r+s 2013, 611; OLG Zweibrücken VersR 2007, 1505; OLG Koblenz VersR 2008, 339). Die Andersartigkeit und Nachrangigkeit der stationären Behandlung gegenüber der ambulanten ist auch für einen durchschnittlichen VN erkennbar, ohne dass es einer gesetzlichen Normierung (wie im Recht der GKV in § 39 Abs. 1 Satz 2 SGB V) bedarf (LG Mannheim r+s 2020, 586). Im Recht der PKV ist die Abgrenzung zwischen medizinisch notwendiger stationärer Heilbehandlung und medizinisch notwendiger Heilbehandlung in § 4 Nr. 4 MB/KK enthalten; einer solchen bedürfte es bei Gleichrangigkeit der Behandlungsformen nicht. Die Differenzierung ist allgemein üblich und bspw. im Bundesmantelvertrag für Ärzte idF vom 1.1.2013 festgelegt (Bach/Moser/*Kalis* MB/KK § 1 Rn. 96). Schließlich drängt sich dem durchschnittlichen VN vor dem Hintergrund der Belastungen eines stationären Krankenhausaufenthalts und das damit einhergehende Infektionsrisiko auf, dass die stationäre Behandlung die ulitma ratio darstellt (LG Mannheim r+s 2020, 586; aA LG Hildesheim r+s 2019, 712; Prölss/Martin/*Voit* § 192 Rn. 75, wonach ein Vorrang „ambulant vor stationär" aus vertraglicher Sicht nicht existiere und es für die medizinische Notwendigkeit der stationären Behandlung ausreiche, dass sich die stationäre Behandlung innerhalb eines vertretbaren Behandlungskorridors bewege). Zur Beurteilung der medizinischen Notwendigkeit stationärer Heilbehandlung ist das Zeugnis des behandelnden Arztes grds kein geeignetes Beweismittel, vielmehr die Beurteilung durch einen neutralen Sachverständigen erforderlich (OLG Koblenz VersR 2010, 204).

Zur Begrifflichen Abgrenzung zwischen ambulanter und stationärer Behandlung sind vom BSG (MedR 2004, 702) Kriterien aufgestellt worden, welche auf das Recht der privaten Krankenversicherung übertragbar erscheinen (so auch LG München I Urt. v. 12.1.2006 – 31 S 15381/05). Danach liegt regelmäßig eine vollstationäre Behandlung vor, wenn sie sich zeitlich über mindestens einen Tag und eine Nacht erstreckt, eine teilstationäre Behandlung, wenn sie aufgrund eines spezifischen Krankheitsbildes über einen gewissen Zeitraum hinweg in einzelnen Intervallen erfolgt und eine ambulante Behandlung, wenn der Patient die Nacht vor und die Nacht nach dem Eingriff nicht im Krankenhaus verbringt. Soweit die VersBedingungen nur zwischen ambulanter und stationärer Behandlung unterscheiden, umfasst der Begriff „stationär" sowohl die voll- wie auch die teilstationäre Behandlung (OLG Hamm VersR 1990, 843). Die Abgrenzung ist stets unter Berücksichtigung der konkreten Umstände des Einzelfalls vorzunehmen: Eine bloße Untersuchung im Krankenhaus ist grds keine stationäre Heilbehandlung, anders herum kann im Einzelfall eine stationäre Heilbehandlung vorliegen, obwohl der Patient nicht im Krankenhaus übernachtet (OLG Celle NJW-RR 1988, 603; OLG Köln VersR 2010, 241 stellt zur Annahme einer Stationärbehandlung auf die Eingliederung in den Krankenhausbetrieb ab).

3. Das vereinbarte Krankenhaustagegeld

Die Höhe des Krankenhaustagegeldes richtet sich nach den vertraglichen Vereinbarungen, also regelmäßig nach den entsprechenden Tarifbedingungen. Hier kann auch geregelt sein, wie teilstationäre Behandlungen zu regulieren sind (dazu OLG Hamm VersR 1990, 843; 1986, 883; r+s 1987, 324; AG Aachen r+s 2004, 337; AG Warburg NVersZ 2002, 76). 35

VI. Krankentagegeld (Abs. 5)

1. Begriff

Anders als die Krankheitskosten- und Krankenhaustagegeldversicherung knüpft das Krankentagegeld an eine durch Krankheit oder Unfall verursachte **Arbeitsunfähigkeit** und den dadurch bewirkten **Verdienstausfall** an (zum Wegfall der Versicherbarkeit wegen selbstständiger Berufsausübung/Erzielung regelmäßiger Einkünfte) bei einem Wechsel des beruflichen Tätigkeitsfeldes und damit verbundener Übergangszeiten, in denen kein Einkommen erzielt wird, vgl. BGH NJW-RR 2010, 1038 = VersR 2010, 473; *Kessal-Wulf* r+s 2010, 353). Der PKV-Verband hat auch hierzu eigene Musterbedingungen geschaffen, nämlich die MB/KT 94 sowie im Zuge der VVG-Reform die MB/KT 2008 und die MB/KT 2009 (Einzelheiten hierzu bei *Bach/Moser* S. 651 ff.). Mit dem aufgrund des Gesetzes zur Neuregelung des Mutterschutzrechts vom 23.5.2017 (BGBl. 2017 I 1228) neu eingefügten und am 1.1.2018 in Kraft getretenen Satz 2 1. Hs. wird ein Anspuch auf Krankentagegeld während der Zeit der Schutzfristen des § 3 Abs. 1 und 2 MuSchG sowie für den Entbindungstag unabhängig vom Vorliegen einer Arbeitsunfähigkeit geschaffen (BT-Drs. 18/11205, 82). Voraussetzung ist allerdings das Entstehen eines (ggf. auch nur anteiligen) Verdienstausfalls (BT-Drs. 18/11205, 82). Nach Satz 2 2. Hs. ist ein Anspruch auf Krankentagegeldzahlung ausgeschlossen, soweit dem Versicherten im Zeitraum der gesetzlichen Schutzfristen kein anderweitiger angemessener Ersatz ihres Verdienstausfalls durch Engeldersatzleistungen zusteht. Hierzu zählen das Mutterschaftsgeld (§ 13 MuSchG), der Arbeitgeberzuschuss (§ 14 MuSchG) sowie auch das Elterngeld (BT-Drs. 18/11205, 82 f.). Umstritten ist, ob die Krankentagegeld- eine Schadens- oder Summenversicherung ist (vgl. dazu → § 86 Rn. 6 f.). Selbst wenn es sich um eine Summenversicherung handelt, soll § 86 anwendbar sein, wo das Tagegeld die Funktion einer Schadenskompensation hat (aA ab der 28. Aufl. Prölss/Martin/*Voit* § 192 Rn. 179 unter Hinweis auf BGH NVersZ 2001, 457; anders noch die 27. Auflage)). Ist etwa die Arbeitsunfähigkeit durch einen Dritten verschuldet worden, ist dies auch beim Krankentagegeld als Summenversicherung der Fall mit der Folge, dass entsprechende Schadensersatzansprüche des VN auf den VR übergehen (vgl. dazu → § 86 Rn. 7). Eine auf künftige Zahlung von Krankentagegeld gerichtete Feststellungsklage ist unzulässig (OLG Koblenz VersR 2009, 104; OLG Stuttgart VersR 2008, 1343). 36

2. Arbeitsunfähigkeit

Eine **Arbeitsunfähigkeit** iSd der MB/KT (§ 1 Abs. 3) liegt vor, wenn die versicherte Person ihre konkrete berufliche Tätigkeit nach medizinischem Befund vorübergehend in keiner Weise ausüben kann, sie auch nicht ausübt und keiner 37 anderen Erwerbstätigkeit nachgeht (BGH VersR 1993, 297). Der Begriff der Arbeitsunfähigkeit knüpft an die konkrete berufliche Tätigkeit der versicherten Person und nicht allgemein an ihre beruflichen Möglichkeiten an (BGH VersR 2011, 518; VersR 2007, 1260). Folglich steht einer Arbeitsunfähigkeit der versicherten Person infolge Mobbings am Arbeitsplatz und einer hieraus resultierenden psychischen oder physischen Erkrankung nicht entgegen, dass der Versicherte bei einem Arbeitsplatzwechsel wieder arbeitsfähig wäre (BGH VersR 2011, 518). Aufgrund der Anknüpfung an die zuletzt konkret ausgeübte Tätigkeit hat sich der VN – in den Grenzen von Treu und Glauben – auch nicht auf eine Umorganisation seiner bisherigen Arbeitsabläufe verweisen zu lassen (BGH VersR 2009, 1063). Stellen die Bedingungen (wie § 1 Abs. 3 MB/KT) darauf ab, dass die versicherte Person ihrer berufliche Tätigkeit in keiner Weise ausüben kann und auch nicht ausübt, entfällt ein Krankentagegeldanspruch, wenn ein Versicherter im Rahmen einer Wiedereingliederungsmaßnahme („Hamburger Modell") gem. § 74 SGB V seiner beruflichen Tätigkeit an seinem bisherigen Arbeitsplatz in zeitlich beschränktem Umfang nachgeht, und zwar auch dann, wenn er während dieser Maßnahme keinen Lohn vom Arbeitgeber, sondern nur Krankengeld erhält (BGH VersR 2015, 570). Die Arbeitsunfähigkeit muss durch Krankheit (vgl. dazu → Rn. 9) oder durch Unfall (vgl. dazu → Rn. 10) verursacht worden sein. Für das Vorliegen vollständiger Arbeitsunfähigkeit trifft den VN die volle Darlegungs- und Beweislast (BGH VersR 2010, 1171; OLG Karlsruhe VersR 2013, 172; OLG Koblenz VersR 2009, 626; OLG Köln VersR 2008, 912; OLG Saarbrücken VersR 2008, 951). Der Beweis kann nur durch gerichtliches Sachverständigengutachten geführt werden. Die Beibringung von Arbeitsunfähigkeitsbescheinigungen ist zur Beweisführung unzureichend (BGH VersR 2010, 1171; 2000, 841; OLG Hamm VersR 2016, 244).

37a Die Leistungspflicht des VR endet bei Wegfall einer tariflich bestimmten Voraussetzung für die Versicherungsfähigkeit, § 15a MB/KT. Wird die Versicherungsfähigkeit gemäß tariflich von einer selbstständigen Berufsausübung unter Erzielung regelmäßiger Einkünfte abhängig gemacht, ergibt eine ergänzende Vertragsauslegung, dass nicht jede Arbeitslosigkeit das Vertragsverhältnis beendet, sondern die Versicherungsfähigkeit erst zu dem Zeitpunkt entfällt, für den feststeht, dass der VN eine neue Tätigkeit als Arbeitnehmer nicht mehr aufnehmen will oder aufgrund objektiver Umstände prognostizierbar ist, dass die Arbeitssuche trotz ernsthafter Bemühungen ohne Erfolg sein wird (BGH VersR 2008, 628). Dies ist nicht ohne weiteres bereits dann anzunehmen, wenn der Versicherte sein berufliches Tätigkeitsfeld wechselt und dafür eine Übergangszeit benötigt und noch keine regelmäßigen Einkünfte erzielt (BGH NJW-RR 2010, 1038 = VersR 2010, 473; *Kessal-Wulf* r+s 2010, 353).

38 Das durch die Krankentagegeldversicherung abgesicherte Risiko eines vorübergehenden krankheitsbedingten Verdienstausfalls kann nicht mehr entstehen, wenn der Versicherte derart erkrankt, dass der vorübergehende Charakter des Verdienstausfalls einer voraussichtlich dauernden **Berufsunfähigkeit** weicht (*Sauer* S. 91). Nach § 15b MB/KT endet daher die Krankentagegeldversicherung mit dem Eintritt der Berufsunfähigkeit der versicherten Person. Diese setzt eine bestehende Erwerbsunfähigkeit von mehr als 50 % voraus. Für die Beurteilung der Berufsunfähigkeit kommt es auf die bis zum Eintritt des Versicherungsfalls konkret ausgeübte Tätigkeit an (OLG Stuttgart Urt. v. 6.8.2015 – 7 U 49/15). Sie muss nicht auf Dauer bestehen; ausreichend ist ihr Fortbestehen „auf nicht absehbare Zeit". Es muss sich hierbei um einen nicht nur vorübergehenden Zustand handeln, der jedoch keinesfalls endgültig sein muss (BGH VersR 2010, 1171). Die Berufsunfähigkeit muss bedingungsgemäß „nach medizinischem Befund" bestehen, worunter nicht lediglich medizinische Gutachten zu fassen sind, sondern alle ärztlichen Berichte und sonstigen Untersuchungsergebnisse, gleichgültig, wann und zu welchem Zweck sie erhoben worden sind; sie müssen auch nicht eine ausdrückliche oder wenigstens stillschweigende ärztliche Feststellung der Berufsunfähigkeit enthalten (BGH VersR 2012, 981; 2010, 1171). Für Berufsunfähigkeit des VN iSv § 15b Satz 2 MB/KT 94 ist der VR darlegungs- und beweisbelastet (BGH NJW 2010, 3657 = VersR 2010, 1171), eine Unaufklärbarkeit geht zu seinen Lasten (OLG Koblenz NJW-RR 2017, 923). Die Prognose der Berufsunfähigkeit ist hierbei – ggf. rückwirkend – für den Zeitpunkt zu stellen, für den der VR ihren Eintritt behauptet. Die Betrachtung ist ex ante, also bezogen auf den Zeitpunkt des behaupteten Eintritts der Berufsunfähigkeit, vorzunehmen. Der weitere Krankheitsverlauf darf nicht berücksichtigt werden, etwa im Sinne eines Indizes für die Richtigkeit (oder Unrichtigkeit) der seinerzeitigen Prognose (BGH VersR 2012, 981; VersR 2010, 1171). Eine in den Versicherungsbedingungen vorgesehene Rückgewährpflicht von Krankentagegeld für den Fall des Erhalts von Berufsunfähigkeitsrente für den gleichen Leistungszeitraum ist nicht deshalb unwirksam, weil in den Bedingungen ein ausdrücklicher Hinweis fehlt, dass die Rückgewährpflicht auch dann besteht, wenn die Berufsunfähigkeitsrente rückwirkend gezahlt wird. Der Versicherungsnehmer, der für identische Zeiträume sowohl Krankentagegeld als auch Berufsunfähigkeitsrente geltend gemacht hat, ist insoweit nicht schutzwürdig, weil er sich nicht sowohl „vorübergehend" in keiner Weise für unfähig gehalten haben kann, seine berufliche Tätigkeit auszuüben (also arbeitsunfähig gemäß § 1 Abs. 3 MB/KT), als auch „auf nicht absehbare Zeit" (zu mindestens 50% berufsunfähig gemäß § 15 Abs. 1 Buchst. b MB/KT; KG r+s 2017, 362).

3. Verdienstausfall

Auf den Verdienstausfall kommt es mit Ausnahme des Satz 2 2. Hs. in Bezug 39
auf Krankentagegeldansprüche während der Zeit der Schutzfristen des § 3 Abs. 1 und 2 MuSchG sowie für den Entbindungstag für die Leistungspflicht des VR nicht an. In den Musterbedingungen wird vielmehr an eine tatsächlich bestehende völlige Arbeitsunfähigkeit angeknüpft. In diesem Fall hat der VR das vereinbarte Krankentagegeld zu zahlen (§ 4 Abs. 1 MB/KT 94/2008/2009). Für den Fall der Beendigung der Krankentagegeldversicherung wegen Eintritts der Berufsunfähigkeit (§ 15b MB/KT) hat der VN keinen Anspruch auf Weiterzahlung des Krankentagegeldes (auch nicht im beschränkten Umfang der Differenz zur erhaltenen Berufsunfähigkeitsrente). Die Krankentagegeldversicherung soll nämlich nur den Schaden ausgleichen, der im Falle von Arbeitsunfähigkeit durch Verdienstentgang entsteht, nicht aber Schäden, die darauf beruhen, dass eine wegen Berufsunfähigkeit gezahlte Rente einen Verdienstausfall nicht in der Höhe abdeckt wie es die Krankentagegeldzahlungen vermöchten (KG r+s 2017, 362).

Die Regelung des § 4 Abs. 2 MB/KT 94/2008/2009 sieht vor, dass das Krankentagegeld zusammen mit anderweitigen Krankentage- oder Krankengeldern „das auf den Kalendertag umgerechnete, aus der beruflichen Tätigkeit herrührende Nettoeinkommen nicht übersteigen" darf (Einzelheiten bei Bach/Moser/*Wilmes* MB/KT § 4 Rn. 5 ff.). Ist in den Bedingungen nicht geregelt, wie sich das bedingungsgemäße „Nettoeinkommen" zusammensetzt, werden Transparenzbedenken erhoben und wird die Unwirksamkeit der Klausel festgestellt (BGH

VersR 2016, 1177; für eine Parallelvorschrift in Sonderbedingungen für Berufssportler: OLG Dresden VersR 2017, 542). Auch die in § 4 Abs. 4 MB/KT 2009 – geregelte Befugnis des VR, bei Absinken des Nettoeinkommens des VN die Höhe des Krankentagegeldes (und zugleich den vom VN geschuldeten Prämienbeitrag) für die Zukunft herabzusetzen, ist infolge Intransparenz unwirksam (BGH VersR 2016, 1177; OLG Koblenz NJW-RR 2017, 923; OLG Karlsruhe r+s 2015, 78; aA OLG München r+s 2012, 607).

VII. Pflegekrankenversicherung (Abs. 6)

40 Der Gesetzgeber beschränkt sich darauf, die Pflegekrankenversicherung nur allgemein zu beschreiben und ein Leistungsbild im Falle der Pflegebedürftigkeit vorzugeben, nämlich einmal für die Pflegekostenversicherung (Erstattung der Aufwendungen für die Pflege der versicherten Personen) und die Pflegetagegeldversicherung (also die Bezahlung des vereinbarten Tagegelds). Einzelheiten sind in den MB/PV geregelt. Nach § 1 Abs. 2 MB/PV sind solche Personen pflegebedürftig, die so hilflos sind, dass sie nach objektivem medizinischen Befund für die in Abs. 3 genannten Verrichtungen (Aufstehen, Zubettgehen, An-/Auskleiden, Waschen, Kämmen, Rasieren, Einnehmen von Mahlzeiten/Getränken, Stuhlgang und Wasserlassen) im Ablauf des täglichen Lebens in erheblichem Umfang täglich der Hilfe einer anderen Person bedürfen.

41 Der Verweis auf Abs. 2 bedeutet, dass auch für die private Pflegeversicherung das in das Gesetz neu eingeführte **Übermaßverbot** gilt (dazu vgl. → Rn. 15 ff.).

42 Der Verweis in Satz 3 stellt klar, dass die Regelungen über die private Pflege**pflicht**versicherung den übrigen Regelungen der privaten Krankenversicherung vorgehen. Mit dem am 1.1.1995 in Kraft getretenen PflegeVG ist eine private Pflegeversicherungspflicht eingeführt worden, aufgrund derer alle Personen, die bei einem privaten Krankenversicherungsunternehmen gegen das Krankheitskostenrisiko versichert sind, sich dort auch gegen das Risiko der Pflegebedürftigkeit versichern müssen (§ 23 Abs. 1 SGB XI). Für die VR besteht Kontrahierungszwang (§ 110 SGB XI). Diese Pflegepflichtversicherung ist in den **MB/PPV** geregelt und gilt für diejenigen, die wegen einer körperlichen, geistigen oder seelischen Krankheit oder Behinderung für die gewöhnlichen und regelmäßig wiederkehrenden Verrichtungen im Ablauf des täglichen Lebens auf Dauer, voraussichtlich für mindestens sechs Monate in erheblichem oder höherem Maße der Hilfe bedürfen. Dabei wird in drei Pflegestufen unterteilt, nämlich in erheblich, schwer oder schwerstpflegebedürftige Personen (Pflegestufen I, II oder III).

42a Für Streitigkeiten in der privaten Pflegeversicherung ist nicht die Zuständigkeit der ordentlichen Gerichtsbarkeit begründet, sondern gem. § 51 Abs. 2 S. 2 SGG der Rechtsweg zur **Sozialgerichtsbarkeit** eröffnet (BSG VersR 1998, 486).

VIII. Direktanspruch und Aufrechnungsverbot (Abs. 7)

1. Änderungen zum 20.7.2021

43 Durch die Änderung des Abs. 7 durch das Gesetz vom 11.7.2021 (BGBl. 2021 I 2754, 2788) mit Wirkung zum 20.7.2021 ist Satz 1 um den Notlagentarif nach § 153 VAG erweitert und sind Satz 3–5 neu eingefügt worden. Hierdurch sollen die Rahmenbedingungen für die medizinische Versorgung von im Notlagen- und

Basistarif Versicherten verbessert werden, indem das Forderungsausfallrisiko für den Leistungserbringer verringert und die Akzeptanz erhöht wird, Privatversicherte in diesen Tarifen zu behandeln (BT-Drs. 19/26822, 116).

2. Direktanspruch

Im Rahmen der Krankheitskostenversicherung auf der Grundlage des Basistarifs hat der Gesetzgeber – in Abweichung vom Grundsatz, dass nur der VN Leistungen seiner privaten Krankenversicherung erhalten kann – einen Direktanspruch des Leistungserbringers gegen den VR geschaffen. Damit entspricht auch die Leistungsabrechnung den Parametern der GKV. Die Einschränkung, dass der Direktanspruch nur besteht, „soweit der Versicherer aus dem Versicherungsverhältnis zur Leistung verpflichtet ist", begründet die Notwendigkeit des Bestehens eines Versicherungsverhältnisses, das einen entsprechenden Anspruch deckt (OLG Köln VersR 2014, 945). Die Gesetzesformulierung hat iÜ eher euphemistischen Charakter, denn iRd Basistarifs hat der VR so gut wie **keine Leistungsverweigerungsrechte** mehr, selbst bei schweren Vertragsverletzungen des VN nicht (vgl. dazu → § 193 Rn. 79 ff.), und ein Kündigungsrecht erscheint schwer durchsetzbar (vgl. dazu → § 194 Rn. 9). Zu denken ist am ehesten an eine Selbstbehaltsvereinbarung (so auch Langheid/Wandt/*Kalis* § 192 Rn. 227; Marlow/Spuhl/*Marko* Rn. 1343) oder an die Einschränkungen der Leistungspflicht im Notlagentarif des § 12h VAG iVm § 193 Abs. 7 (Bach/Moser/*Kalis* § 192 Rn. 236; HK-VVG/*Rogler* § 192 Rn. 47). 44

Durch die jüngste Änderung des Abs. 7 S. 1 durch das Gesetz vom 11.7.2021 (BGBl. 2021 I 2754, 2788) besteht ein **Direktanspruch** des Leistungserbringers gegenüber dem VR auf Leistungserstattung nun auch im **Notlagentarif** nach § 153 VAG. VR und VN haften dem Leistungserbringer iRd Leistungspflicht des VR gesamtschuldnerisch (Abs. 7 Satz 2). Die Einführung eines Direktanspruchs im Notlagentarif ist aus Sicht des Gesetzgebers gerade deshalb sachgerecht, weil es dort insbesondere um die medizinische Versorgung bei akuten Erkrankungen und Schmerzzuständen, bei Schwangerschaft und Mutterschaft, um Vorsorgeuntersuchungen für Kinder und Jugendliche nach gesetzlich eingeführten Programmen und um von der Ständigen Impfkommission beim Robert Koch-Institut empfohlene Schutzimpfungen gehe (BT-Drs. 19/26822, 116). 44a

Umstritten war vor der Gesetzesänderung vom 11.7.2021 (BGBl. 2021 I 2754, 2788), ob der VR in Fällen, in denen er bereits direkt an den VN gezahlt hatte, dies gegenüber dem ihn direkt in Anspruch nehmenden Leistungserbringer einwenden konnte. Dies wurde teilweise unter Hinweis darauf verneint, dass wegen der in **Abs. 7 Satz 2** gesetzlich angeordneten Gesamtschuldnerschaft des VR und des VN gegenüber dem Leistungserbringer gem. § 421 S. 1 BGB sämtliche Schuldner bis zur Bewirkung der ganzen Leistung dem Gläubiger verpflichtet bleiben, so dass es unerheblich sei, ob der VR gegenüber dem VN bereits Leistungen erbracht hatte (OLG Köln VersR 2014, 993; *Hersch* VersR 2020, 331 (338); Langheid/Wandt/*Kalis* § 192 Rn. 226; *Marlow/Spuhl* VersR 2009, 593 (601); *Boetius* § 192 Rn. 204; HK-VVG/*Rogler* § 192 Rn. 48; *Göbel/Köther* VersR 2014, 537, 544). Zutreffend schien allerdings bereits nach alter Rechtslage, dass aufgrund der Gesamtgläubigerschaft von VN und Leistungserbringer iSd § 428 BGB der VR bereits mit der Zahlung an einen der beiden Gesamtgläubiger (vorliegend den VN) Erfüllung herbeiführte, was er gem. § 425 Abs. 1 BGB dem Leistungserbringer entgegen halten konnte (LG Köln VersR 2014, 993; Looschelders/Pohlmann/*Reinhard* § 192 Rn. 33; iErg ebenso Prölss/Martin/*Voit* § 192 Rn. 225). 45

45a Nunmehr ist durch den neu eingefügten **Satz 3** für den Notlagentarif klargestellt, dass der VR von seiner Leistungspflicht gegenüber dem Leistungserbringer frei wird, soweit er die aus dem Versicherungsverhältnis geschuldete Leistung entweder an den Leistungserbringer oder an den VN erbracht hat. Dadurch wird der VR vor einer doppelten Inanspruchnahme durch VN und Leistungserbringer geschützt (BT-Drs. 19/26822, 116 f.).

45b Die in § 421 Satz 2 BGB vorgesehene Regelung, dass bis zur Bewirkung der ganzen Leistung sämtliche Schuldner verpflichtet bleiben, gilt daher für den VR nicht, wenn er an den VN als seinen Vertragspartner leistet. Dem gegenüber bleibt es bei der Geltung des § 422 Satz 1 BGB, dass die Erfüllung durch einen Gesamtschuldner auch für die übrigen Schuldner wirkt, wenn der VR direkt an den Leistungserbringer zahlt (BT-Drs. 19/26822, 117).

3. Aufrechnungsverbot

46 Infolge der Neuregelung in **Satz 4 und 5** besteht sowohl im Basis- als auch im Notlagentarif ein Aufrechnungsverbot des VR. Er kann gegen eine Forderung des VN aus der Krankheitskostenversicherung oder der privaten Pflege-Pflichtversicherung nicht mit Prämienforderungen aufrechnen. Durch die Nichtanwendbarkeit von § 35 ist zudem ausgeschlossen, dass der Versicherer im Basis- und im Notlagentarif mit einer Forderung aus dem Versicherungsvertrag gegenüber einem Dritten, wie einem Leistungserbringer, aufrechnen kann (BT-Drs. 19/26822, 117).

IX. Auskunftsanspruch (Abs. 8)

1. Ausdrückliche Regelung

47 Ein **Anspruch auf Auskunft** bestand nach Treu und Glauben im Einzelfall schon immer. Mit dem Gesetz zur Änderung versicherungsrechtlicher Vorschriften vom 24.4.2013 (BGBl. 2013 I 932) ist mit Wirkung zum 1.5.2013 ein **gesetzlicher Auskunftsanspruch** des VN eingeführt worden. Nach der Gesetzesbegründung (BT-Drs. 17/11469, 13) soll der VN vorab klären können, ob und in welcher voraussichtlichen Höhe Behandlungskosten vom VR getragen werden, vor allem dann, wenn eine teurere Heilbehandlung erforderlich wird. Wenn keine höheren Kosten zu erwarten sind, sind zusätzliche gesundheitliche Belastungen als Folge von ungewissen „enormen finanziellen Belastungen" nicht zu besorgen. Deswegen und im Hinblick darauf, dass durch eine Auskunftserteilung auch enorme Verwaltungskosten entstehen, sieht das Gesetz eine – aus Gründen der Praktikabilität feste – Grenze von 2.000 EUR vor, ab der ein Auskunftsanspruch entsteht. Es ist Sache des VN, das Erreichen dieser Grenze nachzuweisen.

2. Kosten iHv 2.000 EUR

48 Da etwa 50 Prozent der PKV-Versicherten beihilfeberechtigt sind, ist die Auskunft schon ab 1.000 EUR Kostenanteil der PKV zu erteilen; die „Kostenbelastung für die Versichertengemeinschaft setzt damit relativ früh ein" (BT-Drs. 17/11469, 13). Der **gesetzliche Anspruch** besteht trotzdem nur dann, wenn die Kosten der Heilbehandlung voraussichtlich **über 2.000 EUR** liegen. Dagegen verbleibt es bei voraussichtlichen Heilbehandlungskosten bis 2.000 EUR bei der alten Rechtslage.

3. Inhalt der Auskunft

Der Anspruch auf Auskunft kann nicht darauf gerichtet sein, dass der VR stets eine Zusage erteilen müsste; der VR muss lediglich innerhalb der Frist, und zwar auf der Grundlage der vorgelegten Unterlagen, antworten und seine **Antwort begründen.** Bei unzureichender Entscheidungsgrundlage wird der VN nachzuliefern haben. Allerdings soll er nicht verpflichtet sein, einen Kostenvoranschlag vorzulegen. Legt der VN Unterlagen vor, muss der VR in seiner Antwort „im Sinne einer gesteigerten Darlegungslast auf die Unterlagen eingehen; die Antwort erlangt einen **höheren Grad an Verbindlichkeit**" (BT-Drs. 17/11469, 13). Das Gesetz übernimmt auch hier das Konzept der gesetzlichen Krankenversicherung, wo vor Beginn einer Behandlung vorgelegte Unterlagen dahin gehend zu prüfen sind, ob Zuschüsse bewilligt werden können. 49

4. Frist

Die Auskunft ist in dringenden Fällen unverzüglich zu geben, spätestens jedoch nach zwei Wochen. Obwohl der Gesetzgeber hier an eine **objektive Dringlichkeit** anknüpft, bleibt offen, wer über die Frage der Dringlichkeit zu entscheiden hat. Da das nach Lage der Dinge nur der VR sein kann, ist die Frage der Sanktion wieder offen. Ohne Dringlichkeit ist die Auskunft nach vier Wochen fällig. Da der VR gem. § 14 erst dann über seine Leistungspflicht abschließend entscheiden kann, wenn alle dafür erforderlichen Unterlagen vorliegen, kann die zu erteilende Auskunft nur unverbindlich sein (BT-Drs. 17/11469, 13). 50

5. Rechtsfolgen

Unterbleibt eine fristgerechte Antwort oder erfolgt ein Beweismittelverlust innerhalb der Risikosphäre des VR, tritt eine **Beweislastumkehr** ein (BT-Drs. 17/11469, 13; LG Dresden r+s 2018, 81). Dann muss der VR beweisen, dass die beabsichtigte Heilbehandlung nicht medizinisch notwendig war. Erfolgt eine ablehnende Auskunft, ist diese für den VN nicht bindend, sondern ggf. gerichtlich überprüfbar. Wird vom VR eine positive Auskunft erteilt, soll diese eine Selbstbindung begründen (HK-VVG/*Rogler* § 192 Rn. 50), wobei es dem (zumal bei der Prüfung zeitlich unter Druck gesetzten) VR unbenommen bleiben muss, jedenfalls bei Eingang weiterer (zum Zeitpunkt der Erstentscheidung noch nicht vorliegender) medizinischer Unterlagen seine Entscheidung noch einmal kritisch zu überprüfen und im Anschluss an einen sich an weitergehende Informationen gründenden Erkenntnismehrgewinn ggf. zu revidieren. 51

§ 193 Versicherte Person; Versicherungspflicht

(1) [1]**Die Krankenversicherung kann auf die Person des Versicherungsnehmers oder eines anderen genommen werden.** [2]**Versicherte Person ist die Person, auf welche die Versicherung genommen wird.**

(2) **Soweit nach diesem Gesetz die Kenntnis und das Verhalten des Versicherungsnehmers von rechtlicher Bedeutung sind, ist bei der Versicherung auf die Person eines anderen auch deren Kenntnis und Verhalten zu berücksichtigen.**

(3) [1]**Jede Person mit Wohnsitz im Inland ist verpflichtet, bei einem in Deutschland zum Geschäftsbetrieb zugelassenen Versicherungsunterneh-**

men für sich selbst und für die von ihr gesetzlich vertretenen Personen, soweit diese nicht selbst Verträge abschließen können, eine Krankheitskostenversicherung, die mindestens eine Kostenerstattung für ambulante und stationäre Heilbehandlung umfasst und bei der die für tariflich vorgesehene Leistungen vereinbarten absoluten und prozentualen Selbstbehalte für ambulante und stationäre Heilbehandlung für jede zu versichernde Person auf eine betragsmäßige Auswirkung von kalenderjährlich 5 000 Euro begrenzt ist, abzuschließen und aufrechtzuerhalten; für Beihilfeberechtigte ergeben sich die möglichen Selbstbehalte durch eine sinngemäße Anwendung des durch den Beihilfesatz nicht gedeckten Vom-Hundert-Anteils auf den Höchstbetrag von 5 000 Euro. [2]Die Pflicht nach Satz 1 besteht nicht für Personen, die

1. in der gesetzlichen Krankenversicherung versichert oder versicherungspflichtig sind oder
2. Anspruch auf freie Heilfürsorge haben, beihilfeberechtigt sind oder vergleichbare Ansprüche haben im Umfang der jeweiligen Berechtigung oder
3. Anspruch auf Leistungen nach dem Asylbewerberleistungsgesetz haben oder
4. Empfänger laufender Leistungen nach dem Dritten, Vierten und Siebten Kapitel des Zwölften Buches Sozialgesetzbuch und Empfänger von Leistungen nach Teil 2 des Neunten Buches Sozialgesetzbuch sind für die Dauer dieses Leistungsbezugs und während Zeiten einer Unterbrechung des Leistungsbezugs von weniger als einem Monat, wenn der Leistungsbezug vor dem 1. Januar 2009 begonnen hat.

[3]Ein vor dem 1. April 2007 vereinbarter Krankheitskostenversicherungsvertrag genügt den Anforderungen des Satzes 1.

(4) [1]Wird der Vertragsabschluss später als einen Monat nach Entstehen der Pflicht nach Absatz 3 Satz 1 beantragt, ist ein Prämienzuschlag zu entrichten. [2]Dieser beträgt einen Monatsbeitrag für jeden weiteren angefangenen Monat der Nichtversicherung, ab dem sechsten Monat der Nichtversicherung für jeden weiteren angefangenen Monat der Nichtversicherung ein Sechstel eines Monatsbeitrags. [3]Kann die Dauer der Nichtversicherung nicht ermittelt werden, ist davon auszugehen, dass der Versicherte mindestens fünf Jahre nicht versichert war. [4]Der Prämienzuschlag ist einmalig zusätzlich zur laufenden Prämie zu entrichten. [5]Der Versicherungsnehmer kann vom Versicherer die Stundung des Prämienzuschlages verlangen, wenn den Interessen des Versicherers durch die Vereinbarung einer angemessenen Ratenzahlung Rechnung getragen werden kann. [6]Der gestundete Betrag ist zu verzinsen. [7]Wird der Vertragsabschluss bis zum 31. Dezember 2013 beantragt, ist kein Prämienzuschlag zu entrichten. [8]Dies gilt für bis zum 31. Juli 2013 abgeschlossene Verträge für noch ausstehende Prämienzuschläge nach Satz 1 entsprechend.

(5) [1]Der Versicherer ist verpflichtet,

1. allen freiwillig in der gesetzlichen Krankenversicherung Versicherten
   a) innerhalb von sechs Monaten nach Einführung des Basistarifes,
   b) innerhalb von sechs Monaten nach Beginn der im Fünften Buch Sozialgesetzbuch vorgesehenen Wechselmöglichkeit im Rahmen ihres freiwilligen Versicherungsverhältnisses,

2. allen Personen mit Wohnsitz in Deutschland, die nicht in der gesetzlichen Krankenversicherung versicherungspflichtig sind, nicht zum Personenkreis nach Nummer 1 oder Absatz 3 Satz 2 Nr. 3 und 4 gehören und die nicht bereits eine private Krankheitskostenversicherung mit einem in Deutschland zum Geschäftsbetrieb zugelassenen Versicherungsunternehmen vereinbart haben, die der Pflicht nach Absatz 3 genügt,
3. Personen, die beihilfeberechtigt sind oder vergleichbare Ansprüche haben, soweit sie zur Erfüllung der Pflicht nach Absatz 3 Satz 1 ergänzenden Versicherungsschutz benötigen,
4. allen Personen mit Wohnsitz in Deutschland, die eine private Krankheitskostenversicherung im Sinn des Absatzes 3 mit einem in Deutschland zum Geschäftsbetrieb zugelassenen Versicherungsunternehmen vereinbart haben und deren Vertrag nach dem 31. Dezember 2008 abgeschlossen wird,

Versicherung im Basistarif nach § 152 des Versicherungsaufsichtsgesetzes zu gewähren. [2]Ist der private Krankheitskostenversicherungsvertrag vor dem 1. Januar 2009 abgeschlossen, kann bei Wechsel oder Kündigung des Vertrags der Abschluss eines Vertrags im Basistarif beim eigenen oder einem anderen Versicherungsunternehmen unter Mitnahme der Alterungsrückstellungen gemäß § 204 Abs. 1 nur bis zum 30. Juni 2009 verlangt werden. [3]Der Antrag muss bereits dann angenommen werden, wenn bei einer Kündigung eines Vertrags bei einem anderen Versicherer die Kündigung nach § 205 Abs. 1 Satz 1 noch nicht wirksam geworden ist. [4]Der Antrag darf nur abgelehnt werden, wenn der Antragsteller bereits bei dem Versicherer versichert war und der Versicherer

1. den Versicherungsvertrag wegen Drohung oder arglistiger Täuschung angefochten hat oder
2. vom Versicherungsvertrag wegen einer vorsätzlichen Verletzung der vorvertraglichen Anzeigepflicht zurückgetreten ist.

(6) [1]Ist der Versicherungsnehmer in einer der Pflicht nach Absatz 3 genügenden Versicherung mit einem Betrag in Höhe von Prämienanteilen für zwei Monate im Rückstand, hat ihn der Versicherer zu mahnen. [2]Der Versicherungsnehmer hat für jeden angefangenen Monat eines Prämienrückstandes an Stelle von Verzugszinsen einen Säumniszuschlag in Höhe von 1 Prozent des Prämienrückstandes zu entrichten. [3]Ist der Prämienrückstand einschließlich der Säumniszuschläge zwei Monate nach Zugang der Mahnung höher als der Prämienanteil für einen Monat, mahnt der Versicherer ein zweites Mal und weist auf die Folgen nach Satz 4 hin. [4]Ist der Prämienrückstand einschließlich der Säumniszuschläge einen Monat nach Zugang der zweiten Mahnung höher als der Prämienanteil für einen Monat, ruht der Vertrag ab dem ersten Tag des nachfolgenden Monats. [5]Das Ruhen des Vertrages tritt nicht ein oder endet, wenn der Versicherungsnehmer oder die versicherte Person hilfebedürftig im Sinne des Zweiten oder Zwölften Buches Sozialgesetzbuch ist oder wird; die Hilfebedürftigkeit ist auf Antrag des Versicherungsnehmers vom zuständigen Träger nach dem Zweiten oder dem Zwölften Buch Sozialgesetzbuch zu bescheinigen.

(7) [1]Solange der Vertrag ruht, gilt der Versicherungsnehmer als im Notlagentarif nach § 153 des Versicherungsaufsichtsgesetzes versichert. [2]Risi-

kozuschläge, Leistungsausschlüsse und Selbstbehalte entfallen während dieser Zeit. [3]Der Versicherer kann verlangen, dass Zusatzversicherungen ruhen, solange die Versicherung nach § 153 des Versicherungsaufsichtsgesetzes besteht. [4]Ein Wechsel in den oder aus dem Notlagentarif nach § 153 des Versicherungsaufsichtsgesetzes ist ausgeschlossen. [5]Ein Versicherungsnehmer, dessen Vertrag nur die Erstattung eines Prozentsatzes der entstandenen Aufwendungen vorsieht, gilt als in einer Variante des Notlagentarifs nach § 153 des Versicherungsaufsichtsgesetzes versichert, die Leistungen in Höhe von 20, 30 oder 50 Prozent der versicherten Behandlungskosten vorsieht, abhängig davon, welcher Prozentsatz dem Grad der vereinbarten Erstattung am nächsten ist.

(8) **[1]Der Versicherer übersendet dem Versicherungsnehmer in Textform eine Mitteilung über die Fortsetzung des Vertrages im Notlagentarif nach § 153 des Versicherungsaufsichtsgesetzes und über die zu zahlende Prämie. [2]Dabei ist der Versicherungsnehmer in herausgehobener Form auf die Folgen der Anrechnung der Alterungsrückstellung nach § 153 Absatz 2 Satz 6 des Versicherungsaufsichtsgesetzes für die Höhe der künftig zu zahlenden Prämie hinzuweisen. [3]Angaben zur Versicherung im Notlagentarif nach § 153 des Versicherungsaufsichtsgesetzes kann der Versicherer auf einer elektronischen Gesundheitskarte nach § 291a Absatz 1a des Fünften Buches Sozialgesetzbuch vermerken.**

(9) **[1]Sind alle rückständigen Prämienanteile einschließlich der Säumniszuschläge und der Beitreibungskosten gezahlt, wird der Vertrag ab dem ersten Tag des übernächsten Monats in dem Tarif fortgesetzt, in dem der Versicherungsnehmer vor Eintritt des Ruhens versichert war. [2]Dabei ist der Versicherungsnehmer so zu stellen, wie er vor der Versicherung im Notlagentarif nach § 153 des Versicherungsaufsichtsgesetzes stand, abgesehen von den während der Ruhenszeit verbrauchten Anteilen der Alterungsrückstellung. [3]Während der Ruhenszeit vorgenommene Prämienanpassungen und Änderungen der Allgemeinen Versicherungsbedingungen gelten ab dem Tag der Fortsetzung.**

(10) **Hat der Versicherungsnehmer die Krankenversicherung auf die Person eines anderen genommen, gelten die Absätze 6 bis 9 für die versicherte Person entsprechend.**

(11) **Bei einer Versicherung im Basistarif nach § 152 des Versicherungsaufsichtsgesetzes kann das Versicherungsunternehmen verlangen, dass Zusatzversicherungen ruhen, wenn und solange ein Versicherter auf die Halbierung des Beitrags nach § 152 Absatz 4 des Versicherungsaufsichtsgesetzes angewiesen ist.**

Übersicht

I. Einführung

1. Übersicht

1 Die zum 1.1.2009 eingeführten Abs. 3–7, mit denen der Gesetzgeber Neuland betrat und mit denen erstmalig in der PKV eine allgemeine **Versicherungspflicht** (Abs. 3) und ein damit korrespondierender **Kontrahierungszwang** (Abs. 5) eingeführt wurden, sind mit dem „Gesetz zur Beseitigung sozialer Überforderung bei Beitragsschulden in der Krankenversicherung" vom 15.7.2013 (BGBl. 2013 I 2423) erneut vollständig überarbeitet worden. Der Gesetzgeber hat die **Vertragsstrafe** für säumige Antragsteller (Abs. 4) reformiert und das **Ruhen der Leistungspflicht** für säumige Prämienzahler (bislang Abs. 6) durch einen **Notlagentarif** (Abs. 7–10) ersetzt. Das Ruhen von **Zusatzversicherungen** (bislang Abs. 7) ist seitdem in Abs. 11 geregelt. Mit dem Gesetz zur Stärkung der Teilhabe und Selbstbestimmung von Menschen mit Behinderungen (Bundesteilhabegesetz – BTHG) vom 23.12.2016 (BGBl. 2016 I 3234), in Kraft getreten am 1.1.2020, ist in Art. 20 Abs. 3 BTHG die Eingliederungshilfe für Menschen mit Behinderungen aus dem sechsten Kapitel des SGB XII aufgehoben und komplett überarbeitet in Teil 2 des SGB IX geregelt worden.

2. Kritik

2 Die Einführung einer nur eingeschränkt geltenden allgemeinen Versicherungspflicht (vgl. dazu → Rn. 28 ff.) bei gleichzeitigem Kontrahierungszwang der VR auf dem Mindestniveau eines Basistarifs ohne Gesundheitsprüfung einerseits und mit einer vorgeschriebenen Prämie andererseits stellt das **Prinzip der privaten Krankenversicherung,** das auf einer risikogerechten Prämienkalkulation nach versicherungsmathematisch anerkannten Grundsätzen beruht, um auf das **Umlageprinzip der gesetzlichen Krankenversicherung,** die sich aus Beiträgen finanziert, welche sich am jeweiligen Arbeitseinkommen ausrichten. Damit wird das Modell der privaten Krankenversicherung als solches insoweit aufgegeben, denn die Mischung aus privatversicherungsrechtlicher Leistungserbringung und Entgeltkalkulation auf der Basis einer prozentualen Beitragsbemessung anhand des Arbeitseinkommens führt fast zwingend zu einer **fehlenden Kongruenz zwischen Ausgaben- und Einnahmeseite** mit einem **chronischen Defizit,** das auf Dauer weder die Versicherten werden tragen können noch die VR werden ausgleichen wollen. Folge der dadurch bereits eingetretenen Prämienerhöhungen wird eine abnehmende Zahl von Neukunden sein.

3 Der Kontrahierungszwang nach den Vorgaben des Basistarifs zwingt zusätzlich zur Aufnahme sämtlicher aufnahmeberechtigten Risiken, ohne dass alle Risiken zugleich auch versicherungspflichtig wären; in den weit überwiegenden Fällen können diese nämlich auch im System der gesetzlichen Krankenversicherung freiwilligen Versicherungsschutz suchen. Die daraus resultierende **negative Risikoselektion** führt zu einer Entmischung der Risiken.

Das **Verbot der vorvertraglichen Gesundheitsprüfung** (§ 203 Abs. 1 Satz 2 und 3) lässt ein wesentliches Mittel der Risikosteuerung (Prämienzuschläge/Leistungsausschlüsse) entfallen, was wiederum zwingend zu einer Mehrbelastung des Kollektivs geführt hat, das die damit verbundenen Kosten selbst tragen muss (was nur durch weitere Prämienerhöhungen kompensiert werden kann). 4

Damit eng verbunden ist die **gesetzliche Maximalpreisvorgabe.** Die Leistung des VR erfolgt zu einem Preis, der kein Junktim zu dieser Leistung beinhaltet, sondern willkürlich anhand versicherungsfremder Parameter, nämlich dem durchschnittlichen Beitrag in der GKV, gebildet wird. Diese systemfremde Finanzierung hat einen weiteren Beitrag zur defizitären Kassenlage geleistet, die durch die Halbierung der Maximalprämie im Falle der sozialen Hilfebedürftigkeit noch vergrößert wurde. 5

Ferner ist auf die Kosten für die Portabilität der Alterungsrückstellung hinzuweisen; hier führt die Orientierung an den Maximalpreisen der GKV, die die Alterungsrückstellung nicht kennt, zu dem offenkundig gar nicht bedachten Problem, dass mit dem Maximalpreis eine Leistung finanziert werden muss, die es in der GKV gar nicht gibt. 6

Mit der (fast) **fehlenden Kündigungsmöglichkeit** des VR auch bei gravierenden Vertragsverstößen seines VN (vgl. dazu → § 206 Rn. 3) und der Pflicht zur Vertragstreue des VR auch bei ausbleibender Prämienzahlung schließt sich der Kreis einer defizitären Zwangsbewirtschaftung. Im Falle des Prämienverzugs wird der VN jetzt in einen sog. **Notlagentarif** transferiert, was die Leistungspflicht bei akuten Erkrankungen/Schmerzbehandlungen (zusätzlich bei Frauen Schwangerschaft und Mutterschutz; bei Jugendlichen Vorbeugung und Schutzimpfungen) aber nicht entfallen lässt (dazu → Rn. 83 ff.). 7

Deswegen hat das Konglomerat von Versicherungspflicht, Kontrahierungszwang, Basistarif, Wegfall der Risikoprüfung, inäquivalenter Prämie und fehlender Sanktionsmöglichkeiten beim Ausbleiben der ohnehin defizitären Prämie bereits zu einem Defizit bei der Bewirtschaftung des Basistarifs geführt, was schließlich zu einem Defizit innerhalb der gesamten PKV führen muss. Ein dauerhaft defizitäres System trägt sich nicht, vor allem nicht, wenn die Möglichkeit steuerlicher Subventionen – anders als in der GKV – ausscheidet. 8

3. Keine Verfassungswidrigkeit des Gesetzes

Vor diesem Hintergrund sind erhebliche Bedenken gegen die Verfassungskonformität des Gesetzes geltend gemacht worden (*Sodan* NJW 2006, 3617 ff.; *Boetius* VersR 2007, 431 ff.; *Langheid* NJW 2007, 3745 (3748, 3750)). Die zunächst notwendige Quersubventionierung der zwingend entstehenden Defizite führt dazu, dass der einzelne VN für seinen eigenen Versicherungsschutz mehr als an sich notwendig zahlen muss, und es führt dazu, dass an sich fiskalisch zu finanzierende Aufgaben einem Teil der Allgemeinheit übertragen werden. 9

Obwohl grds. in privatrechtlichen Versicherungen auch Regelungen des sozialen Ausgleichs enthalten sein können und ein Kontrahierungszwang eingeführt werden kann (vgl. dazu → Rn. 45 ff.), sind die mit der „Gesundheitsreform" verbundenen Eingriffe in Art. 2 Abs. 1 GG und Art. 12 Abs. 1 Satz 2 GG schon deswegen nicht verhältnismäßig, weil es nicht zu Lasten einer Minderheit gehen kann, das erklärte „Ziel des Gesetzgebungsvorhabens" umzusetzen, „einen Versicherungsschutz für alle in Deutschland lebenden Menschen zu bezahlbaren Konditionen herzustellen". Das gilt erst recht dann, wenn der Gesetzgeber selbst darauf 10 hinweist, dass es auf die **Vermeidung „steuerfinanzierter staatlicher Leistungen"** ankommt (dazu → Rn. 18). Es handelt sich also um die Umfinanzierung an sich staatlicher und damit steuerfinanzierter Aufwendungen (*Langheid* NJW 2007, 3745 (3751); *Sodan* NJW 2006, 3617 (3620); vgl. auch *Nationaler Ethikrat,* Prädiktive Gesundheitsinformationen beim Abschluss von Versicherungen – Stellungnahme, VersR 2007, 471; BVerfGE 103, 197 = VersR 2001, 627).

11 Soweit der Gesetzgeber auch den **„weniger Wohlhabenden"** eine Versicherungspflicht zumutet, durch die diese aber nicht „unverhältnismäßig belastet" werden sollen, wird übersehen, dass tatsächlich nicht der „weniger Wohlhabende", wohl aber alle anderen Privatversicherten durch die Umverteilung der Mehraufwendungen unverhältnismäßig belastet werden, und zwar nicht für eigene Belange, sondern für die Belange sozial Hilfebedürftiger und damit für staatliche Belange.

12 Das alles verstößt gegen grundlegende Prinzipien der Individualversicherung, nach der Entscheidung des BVerfG vom 10.6.2009 (VersR 2009, 957) aber nicht gegen elementare Grundsätze des verfassungsrechtlich geschützten Äquivalenzprinzips in der Privatversicherung (ferner BVerfGE 117, 272 = NJW 2007, 1577; BVerfGE 103, 197 = NJW 2001, 1709 = VersR 2001, 627); auch die Privatautonomie gemäß Art. 2 GG, die Vertragsfreiheit der VR gemäß Art. 12 GG, das Eigentumsrecht des Versicherten gemäß Art. 14 GG und das Rechtsstaatsgebot des Art. 20 Abs. 3 GG sind nach Auffassung des BVerfG nicht verletzt (zum Problem schon *Boetius* VersR 2005, 297; *Isensee* NZS 2004, 400; zur Begr. des BVerfG und der von ihm immerhin konstatierten **Beobachtungspflicht des Gesetzgebers** vgl. *Boetius* § 193 Rn. 21 und Einf. Rn. 176 ff.). Es wird sich zeigen, ob der Gesetzgeber diese Beobachtungspflicht ernst nimmt; da es im Bereich der PKV eine Vielzahl von kostentreibenden Faktoren gibt, wird sich ein nicht wohlwollender Gesetzgeber immer auf fehlende Kausalität berufen wollen. Das neueste Revirement (Notlagentarif) beruht zwar auf einer Beobachtung des Gesetzgebers, verschlimmert die Lage aber noch einmal. Es wird der Versicherungswirtschaft obliegen, die einzelnen Ursachen für Prämienanstiege zu separieren, konkret zuzuordnen und dem Gesetzgeber den Handlungsbedarf aufzuzeigen.

4. Früherer Kontrahierungszwang

13 Aufgrund des durch das GKV-WSG (BT-Drs. 16/3100, 16/4200, 16/4247) eingeführten § 315 SGB V hatten Personen ohne Versicherungsschutz seit dem 1.7.2007 einen Anspruch darauf, in den seinerzeit bereits bestehenden Standardtarif gemäß § 257 Abs. 2a SGB V aufgenommen zu werden (sog **modifizierter Standardtarif**). Personen, die weder in der gesetzlichen Krankenversicherung versichert oder versicherungspflichtig waren (§ 315 Abs. 1 Nr. 1 SGB V), über eine private Krankenversicherung verfügten (Nr. 2), einen Anspruch auf freie Heilfürsorge, auf Beihilfe oder vergleichbare Ansprüche (Nr. 3) oder Anspruch auf Leistungen nach dem AsylbLG hatten (Nr. 4) und keine Leistungen nach dem 3., 4. und 7. Kap. des SGB XII oder nach Teil 2 des SGB IX bezogen, konnten bis zum 31.12.2008 Versicherungsschutz im Standardtarif nach § 257 Abs. 2a SGB V verlangen. Der **Antrag** durfte **nicht abgelehnt** werden. **Risikozuschläge** durften auch **nicht erhoben** werden. Der Beitrag darf den durchschnittlichen Höchstbetrag der gesetzlichen Krankenversicherung nicht überschreiten (§§ 257 Abs. 2a Satz 1 Nr. 2, 315 Abs. 2 Satz 1 SGB V). Bei Hilfebedürftigkeit gelten die Beitragsgrenzen, die für den neu eingeführten Basistarif vorgesehen sind, entsprechend (§ 315 Abs. 2 Satz 2 SGB V iVm § 12 Abs. 1c Satz 4–6 VAG; zum Basistarif vgl. → Rn. 60 ff.).

Im modifizierten Standardtarif waren **vor Beginn des Versicherungsschutzes bestehende Krankheiten** nicht mitzuversichern. Eine Regelung wie in § 203 Abs. 1 Satz 2 und 3 für den Basistarif fehlte hier. Solche Antragsteller waren also zu versichern, genießen aber für vorvertraglich bestehende Erkrankungen keinen Versicherungsschutz. Die Versicherungsverträge im modifizierten Standardtarif wurden zum 1.1.2009 auf Verträge im **Basistarif** umgestellt (§ 315 Abs. 4 SGB V). Insoweit dürfte aber die Regelung über den Ausschluss vorvertraglicher Erkrankungen fortbestehen. 14

II. Versicherte Personen (Abs. 1 und 2)

Vertragspartner des VR ist stets der VN. Nimmt dieser die Versicherung „auf einen anderen", kann jener andere eine Gefahrsperson (ohne eigene Rechtsposition aus dem Vertrag) oder Mitversicherter (mit eigener Rechtsposition aus dem Vertrag für fremde Rechnung) sein. Die Abgrenzung erfolgt danach, ob der VN mit dem Vertrag lediglich ein eigenes wirtschaftliches Interesse versichert (etwa Unterhaltspflicht des VN für den anderen) – dann Eigenversicherung des VN – oder der andere aus dessen originärem Eigeninteresse versichert wurde – dann Versicherung für fremde Rechnung – (BGH VersR 2006, 686). Die Abgrenzung zwischen bloßer Gefahrsperson und Mitversichertem war nach altem Recht für die Frage eines eigenen Forderungsrechts des „anderen" aus dem Vertrag maßgeblich, nachdem die Vorschriften für die Fremdversicherung vom BGH (VersR 2006, 686) als für das Recht der privaten Krankenversicherung unanwendbar qualifiziert wurden. Seit nun aber ab dem 1.1.2008 die Vorschriften zur Versicherung für fremde Rechnung gem. **§ 194 Abs. 3** ausdrücklich auch auf die Krankenversicherung Anwendung finden, ist nach dem dortigen Regelungsinhalt ein eigenes Forderungsrecht des „anderen" bereits qua Gesetzes begründet (soweit er vom VN gegenüber dem VR als Empfangsberechtigter benannt ist, vgl. § 194 Abs. 3). Für die Forderungsinhaberschaft des „anderen" ist nach geltendem Recht lediglich noch die Empfangsberechtigung durch den VN maßgeblich, so dass die inhaltliche Differenzierung zwischen Gefahrsperson und Mitversichertem im Recht der privaten Krankenversicherung obsolet erscheint. **Abs. 2** nimmt (deklaratorisch, weil eine solche Zurechnung bereits über § 194 Abs. 3 iVm § 47 Abs. 1 erfolgt) eine Kenntnis- und Verhaltenszurechnung der versicherten Person auf den VN vor (LG Tübingen r+s 2017, 27). 15

III. Versicherungspflicht (Abs. 3)

1. Gesetzesbegründung (BT-Drs. 16/4247)

Nachfolgend (→ Rn. 17 ff.) wird die **Begründung** zum **GKV-WSG** wörtlich wiedergegeben, die noch der früheren Nummerierung des alten VVG (§§ 178a ff. aF) folgte, was hier angepasst wurde. Außerdem sind einige Hervorhebungen vorgenommen und Absätze eingefügt worden, um den Text überschaubarer zu machen. Der Rechtsausschuss des Bundestages hat die inhaltsgleiche Übernahme der mit dem Gesetz zur Stärkung des Wettbewerbs in der gesetzlichen Krankenversicherung beschlossenen Regelungen für die private Krankenversicherung 16 beschlossen (BT-Drs. 16/5862, 1), was dann schließlich Gegenstand des VVG-Reformgesetzes wurde (BGBl. 2007 I 2361).

17 Mit der Regelung „wird – nach dem Vorbild der privaten Pflege-Pflichtversicherung im Elften Buch Sozialgesetzbuch – für die private Krankenversicherung eine **Verpflichtung** zum **Abschluss eines privaten Krankheitskostenversicherungsvertrags** eingeführt. Mit dieser Pflicht soll bei bestehendem Kontrahierungszwang im Basistarif seitens des Versicherers vermieden werden, dass sich Personen nicht oder verspätet gegen Krankheit versichern und dadurch zu einem Kostenrisiko für die Allgemeinheit oder die Solidargemeinschaft der Versicherten werden.

18 **Verfassungsrechtliche Bedenken** gegen das gesetzgeberische Gesamtkonzept einer möglichst alle Personen umfassenden Absicherung gegen Krankheitskosten bestehen nicht. Das Bundesverfassungsgericht hat unter anderem in seiner Entscheidung vom 3. April 2001, 1 BvR 2014/95 (BVerfGE 103, 197 ff.) zur umfassenden Einführung der sozialen und privaten Pflegeversicherung entschieden, dass die Gesetzgebungskompetenz des Bundes aus Artikel 74 Abs. 1 Nr. 11 GG auch dann besteht, wenn in privatrechtliche Versicherungen Regelungen des sozialen Ausgleichs aufgenommen werden oder wenn das Zustandekommen eines Versicherungsvertrags auf einer Pflicht zur Versicherung oder den Versicherungsunternehmern auferlegtem Kontrahierungszwang beruht. Auch mit den Grundrechten ist eine Pflicht zum Abschluss eines Versicherungsvertrages vereinbar. Eine solche Pflicht greift zwar in die durch Artikel 2 Abs. 1 GG geschützte allgemeine Handlungsfreiheit ein. Mit dem Kontrahierungszwang (siehe Absatz 5) wird gleichzeitig eine Regelung der Berufsausübung im Sinne des Artikels 12 Abs. 1 Satz 2 GG getroffen. Voraussetzung der Zulässigkeit der Versicherungspflicht und des Kontrahierungszwangs ist damit die **Verhältnismäßigkeit** der Regelungen. Diese ist gegeben. Ziel des Gesetzgebungsvorhabens ist es, einen Versicherungsschutz für alle in Deutschland lebenden Menschen zu bezahlbaren Konditionen herzustellen. Niemand soll ohne Versicherungsschutz und damit im Bedarfsfall nicht ausreichend versorgt oder auf **steuerfinanzierte staatliche Leistungen** angewiesen sein. Außerdem soll verhindert werden, dass sich jemand erst dann versichert, wenn er bereits erkrankt ist, und damit die Versichertengemeinschaft übermäßig belastet. Die Einführung einer Verpflichtung zum Abschluss eines Krankheitskostenversicherungsvertrags ist geeignet, dieses Ziel zu erreichen. Ohne Einführung einer solchen Pflicht wird es weiterhin Menschen geben, die sich nicht gegen Krankheit versichern.

19 Es ist auch davon auszugehen, dass annähernd alle Menschen auf einen Versicherungsschutz angewiesen sind, wenn sie keine staatlichen steuerfinanzierten Leistungen in Anspruch nehmen oder auf erforderliche ärztliche Behandlungen verzichten wollen. Die Kosten für aufwändige Heilbehandlungen können so hoch sein, dass auch **vermögende Menschen** sie nicht mehr aufbringen können. Zwar wird es Einzelne geben, die aufgrund ihres sehr hohen Einkommens und/oder Vermögens auf den Versicherungsschutz tatsächlich nicht angewiesen sind. Der Gesetzgeber darf insoweit aber generalisieren. Er kann und muss nicht jeden Einzelfall berücksichtigen. Sich gegen das Krankheitskostenrisiko abzusichern, ist allen Einwohnern – auch den sehr wohlhabenden – zumutbar. Je höher das Einkommen oder das Vermögen ist, umso geringer ist die mit der Versicherung verbundene finanzielle Belastung. Zudem erhält der Versicherte eine Gegenleistung von bedeutendem Wert, nämlich eine Versicherung gegen krankheitsbedingte Kosten.

Erst recht kann den **weniger Wohlhabenden** zugemutet werden, sich gegen das Risiko Krankheit zu versichern. Denn sie sind gerade auf den Versicherungsschutz besonders angewiesen. Durch die Regelungen zur **Beitragsbegrenzung** in § 12 Abs. 1c des Versicherungsaufsichtsgesetzes ist zudem sichergestellt, dass niemand durch die Verpflichtung zum Abschluss oder zur Aufrechterhaltung eines Krankheitskostenversicherungsvertrags **unverhältnismäßig belastet** wird. Auch die Möglichkeit, durch tarifliche **Selbstbehalte** und sonstige **Selbstbeteiligungen** bis zu einer betragsmäßigen Auswirkung von 5.000 Euro jährlich die Versicherungsprämie niedrig zu halten, begrenzt die finanzielle Belastung. Für diejenigen, die die Beiträge des Basistarifs nicht zahlen können, wird die **Zahlungspflicht** zudem abgemildert. So wird der zu zahlende Beitrag zunächst **halbiert.** Reicht auch das nicht aus, um das Existenzminimum nach Zahlung des Beitrages zu sichern, erhält der Versicherte einen Zuschuss aus Steuermitteln. 20

Auch den Versicherungsunternehmen kann die Einführung des Kontrahierungszwangs im Basistarif zugemutet werden. Zwar tragen die Versicherungsunternehmen ein **gewisses Ausfallrisiko,** wenn sie einen Versicherungsvertrag mit jeder dem Bereich der PKV zuzuordnenden Person abschließen müssen. Dieses Ausfallrisiko wird aber durch mehrere Regelungen abgemildert. Dazu gehören die bereits erwähnte staatliche Unterstützung für Versicherte, die die Beiträge nicht allein tragen können, das Recht, die Ansprüche auf Leistung – ausgenommen sind Notfallleistungen – ruhen zu lassen, wenn Beiträge nicht gezahlt werden, und die Möglichkeiten der Zwangsvollstreckung. 21

In Abs. 3 werden der verpflichtete Personenkreis ebenso wie der Mindestinhalt der Absicherung durch den Versicherungsvertrag festgelegt. Der ab dem 1. Januar 2009 von der Pflicht zur Versicherung erfasste Personenkreis ist im Zusammenhang mit den Regelungen zur Versicherungspflicht in der GKV, insbesondere mit der (vorrangigen) Neuregelung in § 5 Abs. 5 Nr. 13 des Fünften Buches Sozialgesetzbuch zu sehen. Danach sind alle Einwohner, die bisher nicht von der Versicherungspflicht in der GKV erfasst sind und dort auch nicht freiwillig versichert sind, und die auch keine andere Absicherung im Krankheitsfall haben, in die Versicherungspflicht in der GKV einbezogen, wenn sie dort zuletzt versichert waren. Personen mit Wohnsitz in Deutschland, die zuletzt privat krankenversichert waren, müssen sich bei einem privaten Krankenversicherungsunternehmen versichern. Fehlt eine frühere Krankenversicherung, werden sie in dem System versichert, dem sie zuzuordnen sind. 22

Wie in der GKV sind Einwohner, die eine andere Absicherung im Krankheitsfall haben, nicht verpflichtet, einen Vertrag bei einem privaten Versicherungsunternehmen abzuschließen. Wegen der Einzelheiten wird auf die Gesetzesbegründung zu Artikel 1 Nr. 2 zu § 5 des Fünften Buches Sozialgesetzbuch verwiesen. So sind unter anderem Personen, die bei Inkrafttreten der Regelung Leistungen nach dem Dritten, Vierten, Sechsten und Siebten Kapitel des Zwölften Buches Sozialgesetzbuch beziehen, von der Verpflichtung zum Abschluss eines Versicherungsvertrags ausgeschlossen, da sie **vorrangig Leistungen des Sozialhilfeträgers** erhalten. Dies gilt analog den Regelungen in § 5 Abs. 5a des Fünften Buches Sozialgesetzbuch auch bei einer kurzen Unterbrechung des Leistungsbezugs. Personen mit Beihilfeansprüchen sind, soweit sie der PKV zugeordnet werden, verpflichtet, den von der Beihilfe nicht übernommenen Kostenteil ergänzend abzusichern. 23

Für Bezieher von Beihilfe oder ähnlichen Leistungen ist eine die Leistungen des Beihilfeträgers auf den festgelegten Mindestumfang ergänzende Absicherung 24 ausreichend. Ausreichend ist eine Absicherung in Tarifen, die eine Kostenerstattung für ambulante und stationäre Heilbehandlung vorsehen. Die Begriffe ambulante und stationäre Heilbehandlungen benennen klassische Leistungsbereiche in der PKV (vgl. § 12 Abs. 1 Satz 1 Nr. 1 und 2 KVAV), der jeweilige genaue Leistungsinhalt und -umfang aus diesen – und möglichen anderen – Leistungsbereichen wird, wie in der PKV üblich, im Tarif festgelegt.

25 Um eine Umgehung der Versicherungspflicht zu verhindern, wird die Möglichkeit der Vereinbarung von **(absoluten und prozentualen) tariflichen Selbstbehalten** bis zu einer betragsmäßigen Auswirkung von 5.000 EUR jährlich für ambulante und stationäre Heilbehandlung begrenzt. Bei Beamten gilt der maximal zulässige Selbstbehalt nur anteilig. Sonst könnte durch die Anwendung des ungekürzten Selbstbehalts auf einen Prozenttarif der Mindestumfang der Versicherung unterlaufen werden.

26 Zugleich bleibt die Möglichkeit erhalten, einen Tarif durch das Angebot klassischer PKV-Leistungen (zB Wahlleistungen im stationären Bereich) vom Leistungsumfang her oder durch eine Begrenzung der erstattungsfähigen Aufwendungen vom Beitrag her attraktiver zu gestalten. Hierdurch wird der Wettbewerb zwischen den Unternehmen gefördert.

27 Vor dem 1.4.2007 abgeschlossene Krankheitskostenversicherungsverträge, die den in Satz 1 definierten Mindestinhalt unterschreiten, müssen aus **Bestandsschutzgründen** nicht angepasst werden.“

2. Umfang der Versicherungspflicht

28 Die Versicherungspflicht bezieht sich auf eine Krankheitskostenversicherung, die zumindest ambulante und stationäre Heilbehandlungen abdeckt und die Selbstbehalte von insgesamt über 5.000 EUR kalenderjährlich ausschließt. Die Versicherungspflicht kann auch außerhalb des Basistarifs erfüllt werden, der lediglich für den Kontrahierungszwang des VR gilt.

29 **a) Krankheitskostenversicherung.** Die Krankheitskostenversicherung muss lediglich ambulante und stationäre Heilbehandlungen umfassen. Das bedeutet, dass sich die Versicherungspflicht auf alle anderen denkbaren und in der PKV angebotenen Tarife und Tarifleistungen **nicht erstreckt,** zB auf Leistungen für Zahnbehandlungen oder Zahnersatz. Das ist kein Versehen des Gesetzgebers, der eine Parallelität zur ambulanten und stationären Heilbehandlung in der GKV vornehmen wollte (vgl. §§ 28 Abs. 1 und 2, 73 Abs. 2 und 4 SGB X), sondern ausdrücklich so gewollt (Bericht des Gesundheitsausschusses, BT-Drs. 16/4247, 67, wo auf § 12 Abs. 1 Satz 2 Nr. 1 und 2 KalV aF verwiesen wird, der die Kostenerstattung für Zahnbehandlung und Zahnersatz in Nr. 3 regelt).

Für die inhaltliche Mindestausgestaltung eines der Versicherungspflicht entsprechenden Krankheitskostenvertrages ist nicht das Leistungsspektrum der GKV Mindeststandard. Bereits wegen der Strukturunterschiede beider Systeme können Versicherte in der PKV nicht erwarten, in gleicher Weise versichert zu sein wie Mitglieder der GKV (BGH r+s 2017, 488). Maßstab ist auch nicht der Basistarif (OLG Köln r+s 2016, 248; aA *Marlow/Spuhl* VersR 2009, 593, 596), zumal der Basistarif auch Leistungen für medizinisch nicht notwendige Heilbehandlungen sowie für versicherungsfremde Leistungen vorsieht (*Grote/Bronkars* VersR 2008, 580 (581); HK-VVG/*Marko* § 193 Rn. 30).

b) Selbstbehalt. Die Versicherungspflicht beinhaltet, dass für tariflich vorgesehene Leistungen absolute und prozentuale Selbstbehalte für jede zu versichernde Person „auf eine betragsmäßige Auswirkung von kalenderjährlich 5.000,00 EUR begrenzt" sein müssen. Diese Deckelung soll eine Umgehung der Versicherungspflicht verhindern (BT-Drs. 16/4247, 67). Ohne die gesetzliche Beschränkung könnten beliebig hohe Selbstbehalte zu besonders prämiengünstigen Bedingungen die Gefahr hervorrufen, dass die VN die Selbstbehalte nicht aufbringen könnten und wiederum dem Sozialstaat zur Last fallen würden. Das sollte verhindert werden, woraus sich ergibt, dass 5.000 EUR jährlich eine **absolute Grenze** für eine **Eigenleistung der Versicherten** darstellen (*Langheid* NJW 2007, 3745 (3749); *Grote/Bronkars* VersR 2008, 580 (581); *Marlow/Spuhl* VersR 2009, 596; anders HK-VVG/*Marko* § 193 Rn. 31; *ders.* Teil B Rn. 23 ff.; *Boetius* § 193 Rn. 105; *Lehmann* VersR 2010, 992 (998)). Das bedeutet, dass nicht nur Selbstbehalte im klassischen Sinne erfasst werden, sondern überhaupt alle Eigenbeiträge der Versicherten, etwa über bestimmte Leistungsbegrenzungen hinausgehende Selbstzahlungen (Hilfsmittel, therapeutische Leistungen oÄ; OLG Nürnberg r+s 2018, 79). Auch eine prozentuale Erstattung einzelner Leistungspositionen ist deswegen nur solange wirksam, wie der absolute Selbstbeteiligungsbetrag pro Kalenderjahr 5.000 EUR nicht übersteigt. Jenseits dieser Grenze sind die Kosten voll zu erstatten (Voraussetzung ist natürlich immer die medizinisch notwendige Heilbehandlung). 30

Dass dies die Schließung so gut wie aller bis dahin angebotenen Krankheitskostentarife bedeutet, war dem Gesetzgeber bewusst und wurde von ihm in Kauf genommen. Denn in § 193 Abs. 3 Satz 3 wird für alle vor dem 1.4.2007 abgeschlossenen Krankheitskostenversicherungsverträge angeordnet, dass diese den Forderungen an die „neue Tarifwelt" genügen. Dieser gesetzgeberische „Schutz" belegt, dass nahezu alle bis dahin existierenden Tarife die neuen Anforderungen an die Versicherungspflicht nicht erfüllen (zu den Möglichkeiten eines Tarifwechsels vgl. → § 204 Rn. 8 ff.). 31

c) Beihilfeberechtigte. Der maximal zulässige Selbstbehalt bei Beihilfeberechtigten berechnet sich im Verhältnis des Beihilfesatzes zur Pflichtversicherung. Beträgt der Beihilfesatz etwa 50 % und die Versicherungspflicht die anderen 50 %, senkt sich der höchst zulässige Selbstbehalt auf 2.500 EUR kalenderjährlich. 32

3. Versicherungspflichtige

Versicherungspflichtig ist jede Person mit Wohnsitz im Inland. Versicherungspflicht bezieht sich auf diese Person selbst und die von ihr gesetzlich vertretenen Personen, die nicht selbst Verträge abschließen können, also zB minderjährige Kinder. 33

a) Ausnahmen. Nach **Abs. 3 Satz 2** sind von dieser Versicherungspflicht **ausgenommen** alle in der **gesetzlichen Krankenversicherung** Versicherten oder Versicherungspflichtigen, diejenigen, die Anspruch auf **freie Heilfürsorge** oder auf **Beihilfe** oder vergleichbare Ansprüche haben, jeweils im Umfang der jeweiligen Berechtigung (die diesbezügliche Vergleichbarkeit setzt die Mitgliedschaft in einer Vereinigung voraus, der gegenüber dem Mitglied ein Rechtsanspruch auf Leistungen zusteht und die der Versicherungsaufsicht unterliegt, OLG Oldenburg VersR 2012, 87), Leistungsberechtigte nach **§ 2 AsylbLG, Empfänger laufender Leistungen** nach dem 3., 4., und 7. Kap. SGB XII und gem. Art. 20 Abs. 3 Bundesteilhabegesetz (BTHG) auch Empfänger von Leistungen nach Teil 2 des 34

SGB IX, für die Dauer des Leistungsbezuges. Bei einer Unterbrechung des Leistungsbezuges muss diese weniger als einen Monat betragen und der Leistungsbezug muss nach dem Gesetzeswortlaut vor dem 1.1.2009 begonnen haben. Nach der zutreffenden Entscheidung des BGH in VersR 2014, 989 sind nach der Systematik und dem Sinn und Zweck des Abs. 3 Satz 2 Nr. 1 und 4, Abs. 5 Satz 1 Nr. 2 iVm § 5 Abs. 1 Nr. 13 und Abs. 8a SGB V Personen, die nicht der PKV, sondern dem Grunde nach der GKV zuzuordnen sind, auch dann **nicht im Basistarif** zu versichern, wenn sie **Sozialleistungen ab dem 1.1.2009** beziehen (ebenso bereits OLG Köln VersR 2014, 454; LG Berlin VersR 2014, 455; *Göbel/Köther* VersR 2014, 537, 539). Ohne Bezug von Sozialleistungen wäre in dem vom BGH entschiedenen Fall die dortige Klägerin gesetzlich versicherungspflichtig gewesen. Das negative (Versicherungsschutz in der GKV ausschließende) Tatbestandsmerkmal eines „anderweitigen Anspruchs auf Absicherung im Krankheitsfall" (§ 5 Abs. 1 Nr. 13 SGB V) – im entschiedenen Fall durch den Sozialhilfeträger – dient lediglich der Zuständigkeitsabgrenzung, begründet hingegen keine Privatversicherungspflicht (BGH VersR 2014, 989; *Wendt* r+s 2014, 585 (590)). Eine **Versicherung im Basistarif** kommt nur für **Personen** in Betracht, die **grundsätzlich dem Bereich der PKV zuzuordnen** sind. Bei Erstleistungsbeziehern nach dem Stichtag 1.1.2009 muss also differenziert werden, welchem Sicherungssystem sie zuzuordnen sind (*Wendt* r+s 2014, 585 (590)). Der Zuordnungsmaßstab ergibt sich aus § 5 Abs. 5 und § 6 Abs. 1 Nr. 1 und 2 SGB V. Danach sind die hauptberuflich selbständig Erwerbstätigen, Arbeiter und Angestellte mit höherem Einkommen und Beamte dem Personenkreis der privat Krankenversicherungspflichtigen zuzuordnen (LG Dortmund Urt. v. 19.11.2015 – 2 S 6/15).

34a Gemäß **Abs. 3 Satz 3** genügen vor dem 1.4.2007 vereinbarte Krankheitskostenversicherungsverträge der Pflicht zur Versicherung, auch wenn sie normierten Voraussetzungen nicht erfüllen (Bestandsschutz).

35 **b) Freiwillige Versicherung in der GKV.** Versicherungspflichtige Personen können alternativ zur Versicherungspflicht nach § 193 Abs. 3 auch die **freiwillige Versicherung in der GKV** in Anspruch nehmen (§§ 5, 9 SGB X). Das betrifft ehemalige Pflichtversicherte, deren Pflichtversicherung weggefallen ist (§ 9 Abs. 1 Nr. 1 SGB X; in Frage kommen alle in § 6 SGB X genannten Gründe der Versicherungsfreiheit, zB das Überschreiten der Jahresarbeitsentgeltgrenze oder der Wechsel in ein Beamten- oder ähnliches Beschäftigungsverhältnis). In die GKV können gemäß § 9 Abs. 1 Nr. 2 SGB X auch bislang familienversicherte Ehegatten, Lebenspartner und Kinder nach Beendigung der Familienversicherung, ohne dass es auf den Grund der Beendigung ankommt.

36 **Nicht in die GKV** eintreten können hauptberuflich selbständig Erwerbstätige und Empfänger von ALG II, soweit diese **unmittelbar vor** dem Leistungsbezug privat krankenversichert oder überhaupt nicht krankenversichert waren (§ 5 Abs. 5a SGB V). Das Merkmal „unmittelbar" ist iSd Erfordernisses einer besonderen **zeitlichen** Nähe zu verstehen (und nicht iSv „zuletzt"). Es kommt eine Zeitgrenze von allenfalls einem Monat in Betracht (BSG Urt. v. 3.7.2013 – B 12 KR 11/11 R). Ist diese Zeitspanne zwischen dem Ende der privaten Krankenversicherung und dem ALG II-Bezug verstrichen, erfolgt eine Zuordnung zur GKV (und nicht zur PKV; vgl. BSG Urt. v. 3.7.2013 – B 12 KR 11/11 R).

37 Anspruchsinhaber nach § 2 AsylbLG und bestimmte Sozialhilfeempfänger sind weder versicherungspflichtig noch bezieht sich auf diese der Kontrahierungszwang

(vgl. Abs. 5 Nr. 2). Solche Sozialhilfeempfänger sind nicht versicherungspflichtig, da sie Leistungen zur Hilfe zum Lebensunterhalt, zur Grundsicherung im Alter und bei Erwerbsminderung und zur Eingliederung für behinderte Menschen und zur Pflege erhalten. Begründung: Diese Personen werden im Krankheitsfall bereits aufgrund dieser Leistungen versorgt. Versicherungspflichtig sind jeweils Bezieher von ALG II, die bisher in der GKV versichert waren (Weiteres zu Abs. 5 Satz 1 Nr. 2 bei → Rn. 53 ff.).

4. Sanktionen

Sanktionen für die, die sich trotz gesetzlichen Versicherungsgebots daran nicht halten, sind – trotz des in Abs. 4 vorgesehenen Prämienzuschlags – nicht ersichtlich, weil dieser Prämienzuschlag letztlich nicht durchzusetzen sein wird. 38

IV. Prämienzuschlag (Abs. 4)

1. Gesetzesbegründung (BT-Drs. 16/4247)

„Durch die Regelung in Absatz 4 sollen materielle Vorteile bei Personen begrenzt werden, die sich nicht bereits mit Eintritt der Pflicht zur Versicherung, sondern erst später versichern, um die Prämie zu sparen. Ein solches Verhalten würde der Versichertengemeinschaft schaden, daher soll durch den **Prämienzuschlag** auch ein Ausgleich für diesen Schaden geschaffen werden. Der Prämienzuschlag soll sich aus der vollen Monatsprämie zum Zeitpunkt des Beginns der Versicherung berechnen. Er wird einmalig neben der laufenden Prämie geschuldet. Auf Antrag des Versicherungsnehmers können die Zahlung des Prämienzuschlags gestundet und Ratenzahlung vereinbart werden, wenn ihn die sofortige Zahlung der vollen Summe seiner wirtschaftlichen Existenz berauben würde. Der Versicherungsnehmer sollte daher bei seinem Antrag glaubhaft machen, dass er sich in einer vorübergehenden finanziellen Notlage befindet, die sich in nächster Zeit beheben wird. Es ist dem Versicherungsnehmer jedoch zuzumuten, einen Kredit aufzunehmen, um den Prämienzuschlag in einer Summe zu tilgen.“ 39

2. Gesetzeszweck

Es handelt sich bei dem Prämienzuschlag nach Abs. 4 um eine Art Vertragsstrafe, die versicherungspflichtige Personen davon abhalten soll, sich nicht oder erst später zu versichern. In der Tat besteht dazu ein erheblicher Anreiz, weil der VR einem Kontrahierungszwang im Basistarif nach § 12 Abs. 1a VAG unterliegt, der eine vorvertragliche Risikoprüfung und eine adäquate Prämienbemessung ausschließt (vgl. dazu → Rn. 60 ff., 77). Der „kaufmännisch denkende“ VN würde sich deshalb erst dann versichern, wenn eine Krankheit droht; im Basistarif ist er auch dann zwingend zu versichern. 40

Der **gesetzliche Prämienzuschlag** bleibt auch nach den Neuerungen, die das „Gesetz zur Beseitigung sozialer Überforderung bei Beitragsschulden in der Krankenversicherung“ mit sich gebracht hat (vgl. → Rn. 1) irreführend: Angesichts der weitgehend ausgeschlossenen Kündigungsmöglichkeit (vgl. dazu → § 206 Rn. 2 f.) und in Ansehung der auch nach der gesetzlichen Neuregelung bestehen bleibenden Privilegierung eines Prämienrückstandes (vgl. zum Notlagentarif → Rn. 79 ff.) kann der Versicherungspflichtige der gesetzlich angeordne- 41 ten Versicherungspflicht nachkommen und dann die Prämienzahlungen einstellen, ohne wesentliche Nachteile fürchten zu müssen. Insoweit erschien der Gesetzeszweck im Zusammenhang mit dem früheren Ruhen der Leistungen bereits verfehlt, woran sich durch die weitere Reform (BT-Drs. 17/13947) nichts änderte.

41a Aus der gesetzlichen Regelung zum Prämienzuschlag lässt sich **kein rückwirkender Versicherungsschutz** für den Versicherten ab dem Zeitpunkt der Versicherungspflicht (gleichsam als „Gegenleistung" des VR für den vom Versicherten zu leistenden Prämienzuschlag) ableiten (OLG Köln VersR 2014, 945; VersR 2014, 866; Prölss/Martin/*Voit* § 193 Rn. 21). Bei Abs. 4 handelt es sich allein um eine Sanktionsvorschrift zu Lasten des gegen die Versicherungspflicht verstoßenden VN, aus welcher dieser keine Rechtsposition gegen den VR ableiten kann.

3. Berechnung

42 Nach **Abs. 4 Satz 2** beträgt der Prämienzuschlag eine Monatsprämie „für jeden *weiteren* angefangenen Monat der Nichtversicherung" (mit der Konsequenz, dass nach dem Gesetzeswortlaut für den ersten Monat der Nichtversicherung kein Prämienzuschlag geschuldet zu sein scheint, vgl. HK-VVG/*Marko* § 193 Rn. 39; *Marlow/Spuhl* VersR 2009, 593 (599)). Ab dem sechsten Monat der Nichtversicherung reduziert sich die Höhe des Prämienzuschlages auf ein Sechstel eines Monatsbeitrages für jeden weiteren angefangenen Monat der Nichtversicherung. Verstreicht also ein Jahr der Nichtversicherung, beträgt der Prämienzuschlag insgesamt sechs Monatsbeiträge: Für die ersten sechs Monate – abzüglich des ersten Monats (vgl. Gesetzeswortlaut „weiteren") – fünf volle Monatsbeträge; Für die folgenden sechs Monate jeweils ein Sechstel der sechs Monatsprämien, mithin insgesamt eine weitere volle Monatsprämie (die in der 4. Aufl. ermittelte Zahl von insges. sieben Monatsprämien erscheint korrekturbedürftig, weil dort der erste Monate mitgezählt wurde).

43 Die fiktive fünfjährige Nichtversicherungsdauer, für die gem. **Abs. 4 Satz 3** der Prämienzuschlag zu berechnen ist, wenn die Dauer der Nichtversicherung nicht ermittelt werden kann, bedeutet also, dass der Prämienzuschlag für das erste Nichtversicherungsjahr sechs Monatsprämien kostet, und für die nächsten vier Jahre weitere acht Monatsbeiträge (ein Sechstel pro Monat = zwei Monatsbeiträge pro Jahr x vier Jahre). Das wirtschaftliche Risiko für Personen, die der Versicherungspflicht nicht rechtzeitig nachkommen, ist somit auf 14 Monatsprämien beschränkt. Nach **Abs. 4 Satz 4** ist der Prämienzuschlag einmalig zusätzlich zur laufenden Prämie zu entrichten.

4. Stundung

44 Nach **Abs. 4 Satz 5** kann der VN vom VR die Stundung der Zahlung des Prämienzuschlags und Ratenzahlung verlangen, wenn den Interessen des VR durch die Vereinbarung einer angemessenen Ratenzahlung Rechnung getragen werden kann. Das Stundungsbegehren war bis zur Gesetzesreform durch das „Gesetz zur Beseitigung sozialer Überforderung bei Beitragsschulden in der Krankenversicherung " auch davon abhängig, dass der Prämienzuschlag den VN ungewöhnlich hart treffen musste. Das hat der Gesetzgeber mit der neuen Reform zum 1.8.2013 wieder abgeschafft, wohl auch deswegen, weil die vom Gesetzgeber selbst gemachten Vorgaben (vgl. dazu → Rn. 39) eigentlich nie eintreten konnten, denn es sollte sich um eine vorübergehende finanzielle Notlage handeln, die den VN dennoch „seiner wirtschaftlichen Existenz berauben" sollte. Für Perso-

nen, die bis zum 31.12.2013 den Vertragsabschluss beantragt haben, wird der Verspätungszuschlag gem. **Abs. 4 Satz 7** nicht erhoben, was nach **Abs. 4 Satz 8** für bis zum 31.7.2013 (also bis zum Inkrafttreten der neuerlichen Gesetzesreform) abgeschossene Verträge hinsichtlich noch ausstehender Prämienzuschläge entsprechend gilt.

V. Kontrahierungszwang (Abs. 5)

1. Gesetzesbegründung (BT-Drs. 16/4247)

45 „Weitergehend als die Verpflichtung der Versicherten zum Abschluss einer Krankenversicherung in Absatz 3 regelt Absatz 5 den **Kontrahierungszwang** des Versicherers, der allerdings **nur für den Basistarif** gilt. Das Versicherungsunternehmen behält jedoch weiterhin die Möglichkeit, den Vertragsabschluss abzulehnen, wenn sich der Versicherungsnehmer früher nicht vertragstreu verhalten hat. Personen mit Beihilfeansprüchen können, soweit bisher noch keine Absicherung der von der Beihilfe nicht übernommenen Kosten besteht, eine Versicherung in einer die Leistungen der Beihilfe ergänzenden Variante des Basistarifs verlangen, soweit sie der PKV zuzuordnen sind."

2. Betroffener Personenkreis

46 **Abs. 5 Satz 1 Nr. 1–4** zählt abschließend auf, welchen Personen zwingend Versicherungsschutz im Basistarif nach § 152 Abs. 2 VAG zu gewähren ist. Mitglieder der Krankenversorgung der Bundesbahnbeamten (KVB) sind, wenn ihr Vertrag älter als der 1.4.2007 ist, von der Bestandsschutzregelung in Abs. 3 Satz 3 erfasst, ohne dass es im Einzelnen darauf ankommt, ob die tariflichen Leistungen der KVB den gesetzlichen Mindestumfang abdecken. Daraus folgt, dass ein Anspruch auf Abschluss eines privatrechtlichen Versicherungsvertrags zum Basistarif nicht besteht (BGH VersR 2012, 752).

47 **a) Freiwillig GKV-Versicherte (Abs. 5 Satz 1 Nr. 1).** Sämtliche **freiwillig GKV-Versicherten** haben einen Aufnahmeanspruch in die PKV. Im ersten Halbjahr 2009 war der Basistarif allen freiwillig Versicherten zu öffnen. Tritt der Freiwilligenstatus später ein, besteht der Anspruch innerhalb von sechs Monaten nach Beginn der gemäß SGB V vorgesehenen „Wechselmöglichkeit im Rahmen (des) freiwilligen Versicherungsverhältnisses". Das stellt ab auf die mit Beginn der Freiwilligkeitsvoraussetzungen laufende Frist gemäß § 9 SGB V, innerhalb der der Beitritt zur GKV erklärt werden kann.

48 Die Versicherungsvoraussetzungen sind in § 9 SGB V geregelt. Es handelt sich um Personen, bei denen die Voraussetzungen für die Zugehörigkeit zur GKV (Versicherungspflicht oder Familienversicherung) weggefallen sind (Krauskopf/*Baier*SGBV § 9 Rn. 2). Es handelt sich um ehemalige Pflichtversicherte, wenn diese gewisse Vorversicherungszeiten in der GKV nachweisen können (24 Monate innerhalb von fünf Jahren oder zwölf zusammenhängende Monate, § 9 Abs. 1 Satz 1 Nr. 1 SGB V). Die Versicherungspflicht kann aus allen in § 6 Abs. 1 SGB V genannten Gründen wegfallen (zB Überschreitung der Jahresarbeitsentgeltgrenze, Beamtenstatus etc) oder bei hinterbliebenen Rentnern nach § 6 Abs. 2 SGB V.

49 Nach Beendigung einer Familienversicherung sind die Betroffenen in der GKV weiter versicherungsberechtigt (§ 9 Abs. 1 Satz 2 Nr. 2 SGB V).

50 Schwerbehinderte iSv § 99 SGB IX können sich freiwillig in der GKV versichern, wenn in den letzten fünf Jahren mindestens drei Jahre lang GKV-Versicherung bestand (auch in Ansehung von Eltern, Ehegatten oder Lebenspartnern; § 9 Abs. 1 Satz 1 Nr. 3 SGB V).

51 Aus dem Ausland zurückkehrende Arbeitnehmer können freiwillig versichert sein, wenn sie vor und nach dem Auslandsaufenthalt Arbeitnehmer in einem abhängigen Beschäftigungsverhältnis waren oder sind (§ 9 Abs. 1 Satz 1 Nr. 5 SGB V).

52 Spätaussiedler und deren leistungsberechtigte Verwandte, die nicht in der GKV pflichtversichert sind oder als Bezieher von ALG II die Vorversicherungszeit nicht erfüllen (§ 9 Abs. 1 Satz 1 Nr. 7 SGB V).

53 **b) Alle anderen Personen mit Wohnsitz in Deutschland (Abs. 5 Satz 1 Nr. 2).** Alle Personen mit Wohnsitz in Deutschland, die weder in der GKV versicherungspflichtig noch dort freiwillig versichert sind, haben einen Anspruch auf Aufnahme in den Basistarif.

54 Das gilt nicht, soweit es sich um Anspruchsinhaber nach § 2 AsylbLG und um Sozialhilfeempfänger nach bestimmten Vorschriften des SGB XII handelt (vgl. dazu → Rn. 35 ff., 57). Der Aufnahmeanspruch steht mithin **allen Nichtversicherten** zu und schließt lediglich Asylbewerber und bestimmte Sozialhilfeempfänger aus. Personen ohne Krankenversicherungsschutz sind ab dem 1.1.2009 nach § 5 Abs. 1 Nr. 13 SGB V zu beurteilen. GKV-versicherungspflichtig sind danach Personen, die keinen anderweitigen Anspruch auf Absicherung im Krankheitsfall haben und zuletzt gesetzlich krankenversichert oder bisher überhaupt nicht krankenversichert waren, es sei denn, dass sie als hauptberuflich selbstständig Erwerbstätige der PKV zugehörten oder nach § 6 Abs. 1 und 2 SGB V von der GKV-Versicherungspflicht befreit waren (Überschreiten des Jahresarbeitsentgeltes, Beamtenstatus etc; vgl. BGH VersR 2014, 989).

55 **Arbeitslosengeldempfänger** sind nach § 5 Abs. 1 Nr. 2 SGB V GKV-versicherungspflichtig.

56 **ALG II-Empfänger** müssen nach § 5 Abs. 5a SGB V in die PKV, wenn sie unmittelbar vor Eintritt der Hilfebedürftigkeit PKV-versichert oder PKV-zugehörig waren (zum Erfordernis der Unmittelbarkeit → Rn. 36). Anderenfalls sind sie GKV-versicherungspflichtig (§ 5 Abs. 1 Nr. 2a SGB V). Hier besteht also ein Aufnahmeanspruch in den Basistarif und ein Anspruch auf Tarifwechsel unter Anrechnung der vollen Alterungsrückstellung (§ 204 Abs. 1 Satz 1 Nr. 1 Buchst. b), aber kein Anspruch auf Wechsel in den Basistarif eines anderen VR iSv § 204 Abs. 1 Satz 1 Nr. 2 (vgl. → § 204 Rn. 27).

57 Die **Systemzugehörigkeit von Sozialhilfeempfängern** nach SGB XII richtet sich nach § 5 Abs. 1 Nr. 13 SGB V: Ein Kontrahierungszwang besteht bei Empfängern von Leistungen „zur Überwindung besonderer sozialer Schwierigkeiten" und zur „Hilfe in anderen Lebenslagen" (8. und 9. Kap. SGB XII), aber nicht bei Empfängern von Leistungen zur Hilfe zum Lebensunterhalt, zur Grundsicherung im Alter und bei Erwerbsminderung, zur Eingliederung für behinderte Menschen und zur Pflege (3., 4., und 7. Kap. SGB XII sowie Empfänger von Leistungen nach Teil 2 des SGB IX).

Ausländer mit befristetem Aufenthaltstitel haben keinen Anspruch auf Aufnahme in den Basistarif (LG Köln VersR 2017, 282). Dies gilt nach der Systematik, Entstehungsgeschichte und dem Sinn und Zweck der Vorschriften des Abs. 3 Satz 2 Nr. 1 und Abs. 5 Satz 1 Nr. 2 iVm § 5 Abs. 1 Nr. 13, Abs. 11 Satz 1

SGB V auch dann, wenn für sie wegen einer bestehenden Verpflichtung zur Sicherung des Lebensunterhalts nach § 5 Abs. 1 Nr. 1 AufenthaltsG keine Versicherungspflicht in der gesetzlichen Krankenversicherung besteht, weil sie dem Grunde nach der gesetzlichen und nicht der privaten Krankenversicherung zuzuordnen sind (LG Köln VersR 2017, 282 unter zutreffendem Verweis auf die analoge Urteilsbegründung des BGH in VersR 2014, 989 zu Sozialhilfeempfängern; ebenso LG Dortmund Urt. v. 19.11.2015 – 2 S 6/15).

c) Beihilfeberechtigte (Abs. 5 Satz 1 Nr. 3). Nr. 3 eröffnet **Beihilfeberechtigten,** die bislang den nicht beihilfeberechtigten Teil unversichert gelassen haben, einen Aufnahmeanspruch in den Basistarif. 58

d) Wechselwillige (Abs. 5 Satz 1 Nr. 4). In Ergänzung zu § 204 haben auch PKV-Versicherte einen Aufnahmeanspruch, wenn deren Verträge nach dem 31.12.2008 abgeschlossen wurden. 59

3. Basistarif

a) Branchenweite Einheitlichkeit. Der Kontrahierungszwang besteht nur im Basistarif. Die Unternehmen der privaten Krankenversicherung sind gesetzlich verpflichtet, einen **branchenweit einheitlichen Basistarif** zu einer **gesetzlich begrenzten Prämienhöhe** anzubieten, dessen Vertragsleistungen in Art, Umfang und Höhe den Pflichtleistungen der GKV entsprechen. Diese Pflicht trifft gemäß § 152 Abs. 1 VAG alle VR mit Sitz in Deutschland, die die substitutive Krankenversicherung betreiben. Es sind Varianten für Kinder und Jugendliche sowie für beihilfeberechtigte Personen und deren Angehörige vorzuhalten. Es müssen Selbstbehalte gestaffelt iHv 300, 600, 900 oder 1.200 EUR angeboten werden. Die Selbstbehaltsstufe kann zum Ende des vertraglich vereinbarten Zeitraums unter Einhaltung einer Frist von drei Monaten geändert werden. Die Mindestbindungsfrist für Verträge mit Selbstbehalt im Basistarif beträgt drei Jahre. Ergänzende Krankheitskostenversicherungen können abgeschlossen werden. 60

b) Beleihung des PKV-Verbandes. § 158 Abs. 2 VAG bestimmt, dass der „Verband der privaten Krankenversicherungen" (derzeit gibt es nur einen mit Sitz in Köln) **beliehen** wird, Art, Umfang und Höhe der Leistungen im Basistarif festzulegen. Die Fachaufsicht liegt beim Bundesministerium der Finanzen. Es folgten die Verbandsempfehlungen unter dem Titel MB/BT 2009 (Einzelheiten bei Langheid/Wandt/*Kalis* § 193 Rn. 32 ff.; vgl. auch → Rn. 83 hinsichtlich der Leistungen im Notlagentarif). 61

c) Maximalbeitrag. Die **Prämienhöhe** im Basistarif ist mehrfach begrenzt. Trotz der nach wie vor aufsichtlich in § 146 Abs. 1 Nr. 1 VAG gebotenen Prämienkalkulation nach Annahmewahrscheinlichkeiten für alle anderen Tarife in der substitutiven Krankenversicherung darf der Beitrag für den Basistarif den **Höchstbeitrag der GKV** nicht übersteigen, der sich aus dem allgemeinen Beitragssatz der Krankenkassen zum 1. Januar des jeweiligen Vorjahres und der Beitragsbemessungsgrenze errechnet (§ 152 Abs. 3 VAG). Die Beiträge für den Basistarif müssen ohne die Kosten für den Versicherungsbetrieb auf der Basis gemeinsamer Kalkulationsgrundlagen einheitlich für alle beteiligten VR ermittelt werden (§ 152 Abs. 5 VAG). 62

63 Im Falle der **Hilfebedürftigkeit** iSd § 9 SGB II verringert sich dieser Maximalbeitrag noch einmal um die Hälfte (§ 152 Abs. 4 Satz 1 1. Hs. VAG). Das gilt, wenn durch die Zahlung des an sich geschuldeten Beitrags Hilfebedürftigkeit iSv SGB II oder XII entsteht oder wenn unabhängig von der Höhe des zu zahlenden Beitrags Hilfebedürftigkeit in diesem Sinne besteht (§ 152 Abs. 4 Satz 1 2. Hs. VAG). Besteht die Hilfebedürftigkeit auch bei Zahlung des verminderten Beitrags, muss der zuständige Sozialhilfeträger den Versicherten im erforderlichen Umfang unterstützen, um Hilfebedürftigkeit zu vermeiden (§ 152 Abs. 4 Satz 2 VAG).

64 **d) Risikoausgleich.** Wegen des zu erwartenden Defizits im Basistarif mit Kontrahierungszwang und ohne die Möglichkeit von Risikozuschlägen und Leistungsausschlüssen hat der Gesetzgeber in § 154 Abs. 1 VAG einen Risikoausgleich (Poolausgleich) vorgesehen. Daran müssen alle VR, die einen Basistarif anbieten, teilnehmen. Das zu schaffende Ausgleichssystem soll einen dauerhaften und wirksamen Ausgleich der präsumptiv unterschiedlichen Belastungen der einzelnen VR gewährleisten. Errichtung, Ausgestaltung, Änderung und Durchführung des Ausgleichs unterliegen der Aufsicht der BaFin (§ 154 Abs. 2 VAG).

65 Mehraufwendungen aufgrund von **Vorerkrankungen** sind auf **alle im Basistarif** Versicherten gleichmäßig zu verteilen und werden nur auf diese umgelegt (§ 154 Abs. 1 Satz 3 VAG). Dagegen sind **Mehraufwendungen,** die aufgrund der **Begrenzung der Beitragshöhe** entstehen, auf **alle beteiligten VR** so zu verteilen, dass eine gleichmäßige Belastung erreicht wird. Diese Belastungen werden dann auf alle privat Krankenversicherten umgelegt.

66 Unklar ist die Rechtslage, wenn bundesweit alle im Basistarif gezahlten Prämien nicht ausreichen, die Mehraufwendungen für Vorerkrankungen zu decken. Dann dürfte es sich um Mehraufwendungen aufgrund des Maximalbeitrages handeln, die auf alle Versicherten umzulegen sind. Nur so ist sichergestellt, dass das erwartete Defizit überhaupt finanziert werden kann.

67 Zu Zwecken der Feststellung der **Höhe des Risikoausgleichs** kann eine Risikoprüfung stattfinden (§ 203 Abs. 1 Satz 3).

68 **e) Rechtsnatur und Rechtsweg.** Auch wenn der Basistarif im Wesentlichen die gesetzlichen Regelungen des Dritten Kapitels des SGB V nachbildet, so dass aufgrund der Sachnähe auch eine Zuständigkeit der Sozialgerichtsbarkeit in Betracht käme, ist bei Rechtsstreitigkeiten über Fragen des Basistarifs der Rechtsweg zu den Zivilgerichten eröffnet. Es ergeben sich nämlich die vertraglichen Rahmenbedingungen des Basistarifs aus dem privatrechtlichen Vertragsverhältnis, namentlich den Musterbedingungen für den Basistarif (MB/BT) sowie den einheitlichen Tarifbedingungen.

68a Für den Vertragsschluss im Basistarif genügt trotz Kontrahierungszwangs des VR nicht der bloße Antrag des VN. Die Formulierungen in Abs. 5 Satz 4 („Der Antrag muss bereits dann angenommen werden, wenn…“) und in Abs. 5 Satz 5 („Der Antrag darf nur abgelehnt werden, wenn …“) belegen, dass es der Annahmeerklärung des VR bedarf, um einen Versicherungsvertrag abzuschließen (OLG München VersR 2012, 559; OLG Köln VersR 2013, 490; OLG Stuttgart Urt. v. 18.7.2014 – 7 U 99/14).

4. Mitnahme der Alterungsrückstellung (Abs. 5 Satz 2)

69 **a) Gesetzesbegründung (BT-Drs. 16/4247).** „Nicht nur für nicht abgesicherte Personen, sondern auch für Personen, die freiwillig in der GKV versichert

sind, oder für Personen, die bereits einen privaten Krankheitskostenversicherungsvertrag abgeschlossen haben und abgesichert sind, besteht die Möglichkeit, ggf. innerhalb definierter Fristen in einen Basistarif der PKV zu wechseln. Dabei ist es bei einem Wechsel oder einer Kündigung nach Absatz 5 Satz 2 ausreichend, wenn die erforderlichen Erklärungen und Anträge innerhalb der dort genannten Frist abgegeben werden. (…) Ob Versicherte, die ihren Vertrag vor dem 1. Januar 2009 abgeschlossen haben, in den Basistarif ihres eigenen oder eines anderen Unternehmens wechseln, Alterungsrückstellungen mitnehmen können, ist weitergehend in § 204 geregelt."

b) Sinn der Vorschrift. Sie soll sicherstellen, dass auch bei einem Versicherungsvertrag der „neuen Tarifwelt" ein Wechsel gemäß § 204 nur innerhalb der Frist bis zum 30.6.2009 verlangt werden kann. Da dies im Einzelnen schon in § 204 Abs. 1 Nr. 1 Buchst. c und Nr. 2 Buchst. b geregelt ist, erscheint die hiesige Regelung überflüssig. 70

5. Antragsannahme trotz noch nicht wirksamer Kündigung (Abs. 5 Satz 3)

a) Gesetzesbegründung (BT-Drs. 16/4247). „Um Wechselmöglichkeiten des Versicherten nicht zu behindern, besteht nach Absatz 5 Satz 3 der Kontrahierungszwang bereits dann, wenn privat Versicherte ihren bisherigen Vertrag gekündigt haben, die Kündigung jedoch nach § 205 Abs. 1 Satz 1 noch nicht wirksam geworden ist." 71

b) Sinn der Vorschrift. Ein VN, der sein bestehendes privates Krankenversicherungsverhältnis kündigen und in den Basistarif eines anderen VR wechseln möchte, muss seinen Versicherungsvertrag ordentlich kündigen. Die Regelung des § 205 Abs. 1 Satz 1 sieht eine Kündigungsfrist von drei Monaten zum Jahresende vor. Diese wird gem. § 205 Abs. 6 Satz 2 aber nur wirksam, wenn der VN innerhalb von zwei Monaten nach der Kündigungserklärung nachweist, dass die versicherte Person bei einem neuen VR ohne Unterbrechung versichert ist. Bis zur Erbringung der Anschlussversicherungsnachweise ist die Kündigung schwebend unwirksam. Solange die Kündigung des bisherigen Versicherungsvertrages nicht wirksam geworden ist, sind die Voraussetzungen des gem. Abs. 5 Satz 1 Nr. 4 bestehenden Kontrahierungszwangs aber nicht erfüllt. Denn im Rahmen der dem auferlegten Pflicht zur Gewährung von VersSchutz im Basistarif ist (ungeschriebene) Voraussetzung des Aufnahmeanspruchs des VN, dass die Vorversicherung gekündigt wurde. Satz 3 stellt sicher, dass trotz schwebenden Kündigungsverfahrens bereits der Kontrahierungszwang besteht. Dies besagt aber nicht, dass der VR zur Annahme des Antrags auf Aufnahme in den Basistarif mit sofortiger Wirkung gehalten ist. Da der kündigende VN bis zum Ablauf der Kündigungsfrist in seinem Altvertrag krankenversichert ist, genügt es zur Erreichung des gesetzgeberischen Ziels lückenlosen Versicherungsschutzes, dass die gem. Abs. 5 Satz 3 bereits vor Wirksamkeit der Kündigung zu erklärende Annahme des Antrags auf Versicherung im Basistarif erst mit Ablauf der Kündigungsfrist Wirksamkeit entfaltet (OLG Düsseldorf r+s 2020, 214). Ist die Kündigung unwirksam, besteht uU Mehrfachversicherung. Ist die Kündigung in der Vorversicherung vom VN hingegen gar nicht erklärt worden, greift Abs. 5 Satz 3 nicht. 72

6. Ausschließliche Ablehnungsgründe (Abs. 5 Satz 4)

73 **a) Gesetzesbegründung (BT-Drs. 16/4247).** „Das Versicherungsunternehmen behält jedoch weiterhin die Möglichkeit, den Vertragsabschluss abzulehnen, wenn sich der Versicherungsnehmer früher nicht vertragstreu verhalten hat."

74 **b) Ablehnungsgründe.** Dem VR stehen nur Ablehnungsgründe zur Verfügung, die sich auf ein früheres, vertragswidriges Verhalten des VN beziehen. In Nr. 1 wird die Anfechtung des Versicherungsvertrages wegen Drohung oder arglistiger Täuschung genannt. Eine Drohung dürfte in den seltensten Fällen eine Rolle spielen, ist zumindest in der täglichen Praxis unbekannt. Wegen arglistiger Täuschung vgl. § 22. In Nr. 2 ist die vorsätzliche Verletzung der vorvertraglichen Anzeigepflicht genannt, wegen derer der VR zurückgetreten ist, vgl. § 19 (zur vorsätzlichen Anzeigepflichtverletzung → § 19 Rn. 85 ff., 102). Eine grob fahrlässige Verletzung der Anzeigepflicht bezüglich vertragshindernder Umstände reicht nicht (bei vertragsändernden Umständen liegt schon gar kein Rücktrittsrecht vor). Eine **Kündigung aus wichtigem Grund** nach § 314 Abs. 1 BGB stellt nach BGH (VersR 2012, 304) in **analoger** Anwendung des Abs. 5 Satz 4 auch einen Ablehnungsgrund dar (vgl. bereits Langheid/Wandt/*Kalis* § 193 Rn. 29).

75 **c) Konsequenzen.** Kann der VR einen Bewerber ablehnen, ist dieser auf den Basistarif eines **anderen VR** angewiesen, dem gegenüber noch keine Pflichtverletzungen begangen wurden. Dieser VR ist nach dem Gesetz in Bezug auf einen solchen Bewerber aufnahmepflichtig.

76 Auch Vertragsverfehlungen gegenüber **dem bisherigen VR,** die diesen zur Kündigung aus wichtigem Grund berechtigten, beseitigen den Anspruch auf Abschluss eines Vertrags bei einem anderen VR nicht (BGH VersR 2012, 304). Die Begründung, dass nach Eintritt eines Vertrauensverlustes auch bei dem neuen VR diesem erneut das Recht zur außerordentlichen Kündigung zusteht, ist angesichts einer kalkulatorisch zu fundierenden Annahmepolitik eines VR wenig hilfreich.

77 **d) Risikoprüfung.** Es ist umstritten, ob der VR die Annahme des Versicherungsantrages (wenn nicht ablehnen, so dann aber doch) so lange zurückstellen kann, bis der Antragsteller die für eine Risikoprüfung erforderlichen und vom VR abverlangten medizinischen Unterlagen beibringt oder sich einer körperlichen Untersuchung durch einen vom VR beauftragten Arzt unterzieht (vgl. zum Streitstand *Göbel/Köther* VersR 2014, 537, 540 f.). Während ein Teil der Rechtsprechung (LSG Bayern BeckRS 2019, 15689; LG Dortmund r+s 2012, 556; OLG Celle Urt. v. 6.9.2012 – 8 W 42/12) dies mit der Begründung verneint, dass Ablehnungsgründe für den VR enumerativ in Abs. 5 Satz 4 aufgeführt sind (und das Nichtbeibringen medizinischer Unterlagen nicht dazu gehört), nimmt eine anderer Teil der Rechtsprechung (LG Köln Urt. v. 4.7.2012 – 23 O 237/11 und nachfolgend OLG Köln VersR 2013, 490 mit krit. Anm. *Wiemer,* VersR 2013, 614) eine differenzierte Bewertung vor: Der VR ist jedenfalls dann berechtigt, vor Aufnahme eines Antragstellers in den Basistarif dessen Gesundheitszustand zu überprüfen, soweit dies für Zwecke des Risikoausgleichs und spätere Tarifwechsel erforderlich ist. Solange der Antragsteller die hierfür benötigten Informationen nicht erteilt, liegt bereits kein annahmefähiges Angebot vor, so dass der Kontrahierungszwang des Abs. 5 Satz 1 nicht ausgelöst wird (OLG Köln VersR 2013, 490). Letzterer Auffassung dürfte dann der Vorzug gegeben werden, wenn die Gesundheitsangaben für die Sicherung berechtigter Belange des VR (unter anderem zur

Einschätzung des bei einem späteren Tarifwechsel maßgeblichen gesundheitlichen Risikos des Antragstellers zum Zeitpunkt des ursprünglichen Vertragsabschlusses, vgl. BGH r+s 2015, 402 Rn. 16) erforderlich sind und die Preisgabe der Gesundheitsdaten für den Antragsteller nicht (wirtschaftlich) unzumutbar ist (iErg ebenso *Göbel/Köther* VersR 2014, 537, 542; Bach/Moser/*Kalis* § 193 Rn. 51).

7. Prozessuale Konsequenzen des Kontrahierungszwangs

Aus dem Kontrahierungszwang können für den VN in prozessualer Hinsicht Konsequenzen erwachsen. Nach OLG Rostock (Beschl. v. 22.7.2010 – 5 U 15/10; vorhergehend LG Schwerin VersR 2010, 622) besteht für den Erlass einer einstweiligen Verfügung auf Feststellung des Bestehens eines Krankenversicherungsvertrags **kein Verfügungsgrund,** wenn der Verfügungskläger die Möglichkeit nicht genutzt hat, sich bei der Verfügungsbeklagten oder einem anderen Krankenversicherer im Basistarif zu versichern. **78**

Nach einem Teil der Rechtsprechung (OLG Frankfurt a. M. Urt. v. 19.1.2011 – 7 U 77/10; LG Kiel MedR 2013, 308) sollte mit der Einführung des Kontrahierungszwangs gem. § 193 Abs. 5 nach Maßgabe des § 19 Abs. 4 Satz 1 kein Rücktritt des privaten Kranken-VR bei grob fahrlässiger vorvertraglicher Anzeigepflichtverletzung des VN mehr in Betracht kommen. Der VR könne nicht damit gehört werden, bei Kenntnis des vom VN bei Antragstellung verschwiegenen Gefahrumstandes den Vertrag nicht abgeschlossen zu haben (vertragshindernder Umstand), weil er nach den Vorschriften zum Basistarif gerade zum Abschluss verpflichtet gewesen wäre. Dieser Auffassung ist nun auch der BGH zutreffend entgegen getreten (BGH VersR 2016, 780): Bei grob fahrlässigem Verschweigen eines vertragshindernden Umstandes kann eine (das Rücktrittsrecht ausschließende) Vertragsanpassung gem. § 19 Abs. 4 vom VR nur dann vorgenommen werden, wenn dieser den Vertrag „auch bei Kenntnis der nicht angezeigten Umstände (...) zu anderen Bedingungen geschlossen hätte“. Als „andere Bedingungen“ sind in Literatur und Rechtsprechung Risikoausschlüsse, Prämienerhöhungen, Selbstbehalt, andere Laufzeiten sowie eine andere Versicherungssumme oÄ anerkannt. Eine Vertragsänderung nach § 19 Abs. 4 liegt somit nur dann vor, wenn einzelne Vertragsbestandteile abgeändert werden, der Vertrag im Übrigen aber bestehen bleibt und insbesondere der abgeänderte Vertrag noch dem ursprünglichen Vertragstyp entspricht. Dies wäre bei der „Abänderung“ eines Volltarifs in den Basistarif aber ersichtlich nicht der Fall: Der Basistarif stellt zum Volltarif ein „aliud“ dar, dessen Inkrafttreten keine Vertragsfortführung unter Vereinbarung „anderer Bedingungen“, sondern eine Umwandlung des ursprünglichen Vertrages in einen gänzlich anderen Vertragstyp bewirkt (so zutreffend auch LG Dortmund r+s 2015, 244 und dem sich anschließend OLG Frankfurt a. M. VersR 2015, 1279). **78a**

VI. Notlagentarif (Abs. 6–10)

1. Gesetzesbegründung (BT-Drs. 17/13947)

Der Gesetzgeber verzichtet gem. § 193 Abs. 6 zwar nicht auf das „Ruhen des Vertrages“, wenn der VN – nach **zweifacher Mahnung** durch den VR – seinen Zahlungspflichten nicht nachkommt. Die Folgen der „Vertragsruhe“ werden allerdings durch die Abs. 7–10 neugestaltet: Solange der Vertrag nämlich ruht, gilt der **79**

VN als in einem zum 1.8.2013 geschaffenen **Notlagentarif** versichert. Es handelt sich um einen Tarifwechsel kraft Gesetzes, Der Notlagentarif ist als eigenständiger Tarif gebildet. Bei ihm handelt es sich also nicht um einen geänderten oder reduzierten Versicherungsschutz im Ausgangstarif. Der Notlagentarif ist in § 153 VAG geregelt. Der gesetzliche Tarifwechsel wird zunächst prinzipiell in Abs. 7 angeordnet, während Abs. 8 eine Durchführungsbestimmung enthält und die praktische Handhabung beschreibt. In Abs. 9 schließlich ist geregelt, was geschehen soll, wenn alle rückständigen Prämienanteile einschließlich Säumniszuschläge und Beitreibungskosten gezahlt werden. In Abs. 10 wiederum wird die gesetzliche Regelung auch auf die Verträge erstreckt, die auf die Person eines anderen genommen werden.

80 Nach dem Willen des Gesetzgebers sollte die Einführung des Notlagentarifs zum 1.8.2013 säumige VN „vor weiterer Überschuldung" schützen (BT-Drs. 17/13947, 42). Die – auch rückwirkende – Einstufung in den Notlagentarif sollte nämlich wegen der damit verbundenen niedrigeren Prämien die inzwischen aufgebauten Beitragsschulden verringern; der Gesetzgeber erwartete also, dass mit dieser Regelung „die Zahlungsfähigkeit des Einzelnen … schneller wieder hergestellt werden" kann (BT-Drs. 17/13947, 42). Gleichzeitig sollte auch der Versichertengemeinschaft geholfen werden, die solidarisch für die von anderen aufgebauten Rückstände eintrittspflichtig ist und schließlich erhoffte sich der Gesetzgeber auch eine Reduktion des „Wertberichtigungsbedarfs für die Versicherungsunternehmen", die ihre tatsächlich nicht realisierbaren Forderungen abschreiben mussten (BT-Drs. 17/13947, 42). Damit sollte dann allen geholfen sein: Die verschuldeten VN werden schneller schuldenfrei, die Versichertengemeinschaft muss einen geringeren Beitrag zur Sozialisierung der Schulden leisten und die VR kommen schneller an ihr Geld. Dieser Euphemismus wird indes wohl nicht eintreten, denn tatsächlich wird alles beim Alten bleiben; es bleibt nur die Hoffnung, dass die Prämien für den neu geschaffenen Notlagentarif tatsächlich geringer ausfallen als die Prämien im Ausgangstarif oder im Basistarif, in den früher die säumigen Beitragsschuldner umtarifiert wurden. Wirklich von Vorteil ist lediglich die Regelung in § 153 Abs. 2 VAG, wonach im Notlagentarif keine Alterungsrückstellungen zu bilden sind, so dass die unbefriedigende Situation abgeschafft wird, dass die Versicherer Alterungsrückstellungen aus tatsächlich gar nicht gezahlten Prämien bilden mussten. Wie schwer nachvollziehbar der Gesetzgeber argumentiert, ergibt sich daraus, dass er einerseits von „niedrigeren Prämien des Notlagentarifs" ausgeht, andererseits aber „leistungsrechtliche Nachteile für den Versicherten … explizit" ausschließt (BT-Drs. 17/13947, 43). Die bisherigen Ruhensleistungen nämlich gelten ausdrücklich als „Leistungen des Notlagentarifs", so dass eben doch wieder alle normalen ärztlichen Akutbehandlungen finanziert werden müssen und eigentlich – wie bislang auch schon – nur aufschiebbare Heilbehandlung mit Planungs- oder Änderungscharakter nicht bezahlt werden müssen.

2. Prämienrückstand

81 **Abs. 6** stellt gegenüber § 38 eine **Spezialregelung für den Folgeprämienverzug** bei der **Pflicht**krankenversicherung dar (soweit es sich allerdings nicht um eine Pflichtkrankenversicherung iSd Abs. 3 handelt, gilt nicht Abs. 6, sondern § 38). Mit dem gesetzgeberischen Ziel, das Krankheitsrisiko im Bedarfsfall durch eine Pflichtkrankenversicherung abzusichern, wäre die nach § 38 Abs. 2 eintretende Leistungsfreiheit des VR unvereinbar. Dem hingegen gilt für den Verzug mit der Erstprämie die allgemeine Regelung des § 37, so dass bei Nichtzahlung der Erstprämie der materielle Versicherungsschutz in der Pflichtkrankenversicherung gem. § 37 Abs. 2 nicht beginnt (Looschelders/Pohlmann/*Reinhard* § 193 Rn. 28). Die Eigenschaft des Abs. 6 als Spezialvorschrift für den Fall des Ausbleibens oder Verzugs von Prämienzahlungen in der PKV führt zur Unanwendbarkeit etwa von § 103 InsO, so dass mit der Eröffnung des Insolvenzverfahrens über das Vermögen des VN das private Krankenversicherungsverhältnis nicht automatisch endet. Der VN kann in einem solchen Fall entweder einen privaten Krankenversicherungsvertrag außerhalb des Insolvenzverfahrens weiterzuführen oder ihn nach § 205 Abs. 2 zu kündigen, soweit er insolvent und ohne Arbeitseinkommen ist (OLG Köln 2020, 220).

Anders als § 286 BGB normiert **Abs. 6** nicht die Voraussetzungen für das **81a** Eintreten des Verzugs, sondern stellt eine **Verzugsfolgenregelung** dar (*Hersch* VersR 2020, 331 (333)). Da die Beitragsleistungen im VersVertrag regelmäßig iSd § 286 Abs. 2 Nr. 1 BGB kalendermäßig bestimmt ist, befindet sich der säumige VN auch ohne Mahnung des VR bereits in Verzug. Die Mahnungen iSd Abs. 6 begründen daher nicht den Verzug, sondern den Säumniszuschlag und das Ruhen des Ausgangstarifs als Verzugsfolgen.

Kommt der VN in der Pflichtkrankenversicherung bei Leistung der Folgeprämien mit einem „Betrag in Höhe von Prämienanteilen für zwei Monate" in Rückstand, muss der VR ihn zunächst einmal **mahnen (Abs. 6 Satz 1).** In diesem Fall muss der VN für jeden angefangenen Monat des Prämienrückstandes einen **Säumniszuschlag** in Höhe von 1%, gerechnet auf den Rückstand, bezahlen. Dieser Zuschlag tritt an die Stelle an sich anfallender Verzugszinsen. Wenn der Prämienrückstand inkl. Säumniszuschläge (und nach der Gesetzesbegründung auch inkl. Beitreibungskosten) zwei Monate nach dem Zugang der ersten Mahnung „höher als der Prämienanteil für einen Monat" ist, muss der VR **ein zweites Mal mahnen (Abs. 6 Satz 3).** Ein solcher Prämienrückstand wird dabei der Regelfall sein, denn der VN müsste zusätzlich zur laufenden Prämie Tilgungsleistungen auf die bereits aufgelaufene Schuld erbringen. Diese zweite Mahnung ist mit einem Hinweis auf die Folgen nach Satz 4 zu verbinden, also auf das dann eintretende **Ruhen des Vertrages** nach **Abs. 6 Satz 4.** Das Ruhen des Vertrages tritt sodann gem. Abs. 6 Satz 4 kraft Gesetzes automatisch und verschuldensunabhängig ein (*Hersch* VersR 2020, 331 (333); HK-VVG/*Marko* § 193 Rn. 68; Prölss/Martin/*Voit* § 193 Rn. 40), ohne dass es einer (weiteren) Mitteilung des VR an den VN bedürfte. Ein **Leistungsverweigerungsrecht** nach **Art. 240 § 1 Abs. 1 EGBGB** für den Fall, dass der Versicherungsvertrag vor dem 8.3.2020 geschlossen wurde und dem VN (Verbraucher) infolge von Umständen, die auf der Ausbreitung der Infektion mit dem SARS-CoV-2-Virus (**COVID-19-Pandemie**) zurückzuführen sind, eine Begleichung der Prämienschuld ohne Gefährdung seines angemessenen Lebensunterhalts oder des angemessenen Lebensunterhalts seiner unterhaltsberechtigten Angehörigen nicht möglich wäre, stand dem VN nur bis zum 30.6.2020 und auch nur dann zu, wenn er sich darauf berufen hatte (Prölss/Martin/*Voit* § 193 Rn. 41). Standen zum Zeitpunkt des zeitlichen Endes des Leistungsverweigerungsrechts Prämienanteile von mehr als zwei Monaten aus, lagen die Voraussetzungen des Abs. 6 vor.

Das gesetzliche Ruhen des Vertrags tritt gem. **Abs. 6 Satz 5 Hs. 1** nicht ein oder endet, wenn der VN hilfebedürftig iSd SGB II oder SGB XII ist oder wird. Nach § 9 Abs. 1 SGB II ist hilfebedürftig, wer seinen Lebensunterhalt nicht oder nicht ausreichend aus dem zu berücksichtigenden Einkommen oder Vermögen sichern kann und die erforderliche Hilfe nicht von anderen, insbesondere Angehörigen oder Trägern anderer Sozialleistungen erhält. Hintergrund dieser Regelung ist die Möglichkeit einer Versicherung im Basistarif. Wer hilfebedürftig ist, kann hier Vergünstigungen in Anspruch nehmen. Entsteht allein durch die Zahlung des Versicherungsbeitrags Hilfebedürftigkeit, vermindert sich der zu zahlende Beitrag nach § 8 Abs. 6 MB/BT für die Dauer der Hilfebedürftigkeit auf die Hälfte. Besteht die Hilfebedürftigkeit auch danach fort, beteiligt sich der zuständige SHT an der Beitragszahlung, soweit dadurch die Hilfebedürftigkeit vermieden wird. Daher ist eine Versicherung im Basistarif für hilfebedürftige Personen, die wirtschaftlich nicht imstande sind, den Prämienbeitrag im Ausgangstarif zu bezahlen, der Ausweg aus einer Versicherung im Notlagentarif (*Hersch* VersR 2020, 331 (334)). Die Versicherung im Basistarif beginnt aber nicht automatisch mit dem Ende des Ruhens des Vertrages gem. Abs. 6 Satz 5. Der VN bleibt dann im Ausgangstarif versichert und muss den Wechsel in den Basistarif nach § 204 iVm § 152 VAG veranlassen. Anderenfalls bleibt er auch im Fall nachgewiesener Hilfebedürftigkeit in seinem Ausgangstarif zu den dortigen Prämien versichert (*Hersch* VersR 2020, 331 (334)). Wird dem VR während des Ruhens des VersVertrages allerdings die Hilfebedürftigkeit des VN angezeigt, kann dies gem. § 6 Abs. 1 und 4 einen Beratungsanlass zum Wechsel des VN in den Basistarif darstellen. Bei Verstoß des VR hiergegen könnte ein Anspruch des VN gem. § 6 Abs. 5 in Betracht kommen, den er dem Anspruch des VR auf Zahlung rückständiger Versicherungsprämien entgegen halten kann, soweit dieser über die Höhe des halbierten Betrages im Basistarif hinausgeht (OLG Schleswig NJW-RR 2019, 607 (608); *Hersch* VersR 2020, 331 (338)). Ohne eine wirksame Stundungsvereinbarung nach Abs. 4 Satz 5 ist das Ausbleiben des Prämienzuschlages mit dem Ausbleiben der Prämienzahlung nach Abs. 7 Satz 1 gleichzusetzen, so dass das Ruhen des Vertrages dann unter den Voraussetzungen des Abs. 6 stattfindet (HK-VVG/*Marko* § 193 Rn. 70; *Marlow/Spuhl* VersR 2009, 593, 602). Den Parteien bleibt die einvernehmliche Vereinbarung eines vom Notlagentarif abweichenden Krankenversicherungstarifs möglich, um zB eine Verringerung des Leistungsumfangs zu verhindern (OLG Oldenburg VersR 2017, 872).

3. Ruhen des Vertrages (Abs. 7)

82 Abs. 7 bestimmt die Folgen der Vertragsruhe: Er verweist auf § 153 VAG, in dem der neu geschaffene **Notlagentarif** geregelt ist. Während der Zeit der Versicherung im Notlagentarif entfallen alle Risikozuschläge, Leistungsausschlüsse und Selbstbehalte. Auf Verlangen des VR ruhen während dieser Zeit auch alle Zusatzversicherungen. Ferner ist ein Tarifwechsel iSd § 204 aus dem oder in den Notlagentarif ausgeschlossen. Bei Quotenversicherung greift auch der Notlagentarif in Höhe der vertraglich vereinbarten Quote ein (wobei der Gesetzgeber nur Stufen von 20, 30 oder 50% vorsieht und der Prozentsatz genommen wird, der „dem Grad der vereinbarten Erstattung am nächsten ist".

83 **a) Notlagentarif gem. § 153 VAG.** Der Notlagentarif sieht ausschließlich Aufwendungserstattungen für Leistungen vor, die „zur Behandlung von akuten Erkrankungen und Schmerzzuständen sowie bei Schwangerschaft und Mutterschaft erforderlich sind". Für Kinder und Jugendliche sind zusätzlich Vorsorgeuntersuchungen „nach gesetzlich eingeführten Programmen" versichert und Schutzimpfungen nach Empfehlungen der Ständigen Impfkommission beim Robert-Koch-Institut. Die Regelung des § 158 Abs. 2 VAG bestimmt, dass der PKV-

Verband **beliehen** wird, Art, Umfang und Höhe der Leistungen im Notlagentarif festzulegen. Gleiches gilt in Bezug auf den Basistarif (vgl. → Rn. 61). Die Fachaufsicht übt das Bundesministerium der Finanzen aus.

Für den Notlagentarif ist gem. § 153 Abs. 2 VAG eine **einheitliche Prämie** zu kalkulieren, die **nur dem Schadensaufwand innerhalb des Notlagentarifs** entsprechen darf. Die Regelungen in § 152 Abs. 3 VAG (wonach die Prämie für den Basistarif die Beiträge der Sozialversicherung nicht übersteigen darf) sind entsprechend anzuwenden und Mehraufwendungen, die aus diesen Begrenzungen entstehen, sind gleichmäßig auf **alle Versicherungsnehmer** des Versicherers (also nicht mehr nur noch auf den entsprechenden Tarifverbund, aus dem der säumige Prämienschuldner kommt) umzulegen. Ein Risikoausgleich (wie im Basistarif) findet im Notlagentarif nicht statt. Es werden auch keine Alterungsrückstellungen gebildet. Solche Alterungsrückstellungen, die bis zum Ruhen nach Abs. 6 aF erworben wurden, bleiben bestehen. Aus ihnen können gemäß § 153 Abs. 2 Satz 6 VAG Mittel entnommen werden, um bis zu einem Viertel der monatlichen Prämie des Notlagentarifs zu leisten. 84

Der Notlagentarif ist ein zivilrechtliches Vertragsverhältnis, dessen vertragliche Rahmenbedingungen sich aus den Musterbedingungen für den Notlagentarif (MB/NLT) sowie den Tarifbedingungen ergeben. Für Rechtsstreitigkeiten, die den Notlagentarif betreffen, sind die ordentlichen Gerichte zuständig. 84a

b) Nachweis der Eintrittsvoraussetzungen. Welche Vertragspartei den Nachweis des Ruhens der Leistungen und der Überführung des Versicherungsvertrages in den Notlagentarif darlegen und beweisen muss, hängt nach allgemeinen zivilprozessualen Grundlagen davon ab, für wen sich dies im Prozess als günstig darstellt. Verlangt der VR in einem **Prämienprozess** vom VN die Zahlung rückständiger Beiträge aus einer Krankenpflichtversicherung, gehört zur Schlüssigkeit der Klage Vortrag dazu, ob und ggf. wann die Voraussetzungen zur Ruhendstellung des Vertrages und den Wechsel in den (günstigeren) Notlagentarif vorgelegen haben, weil der VR zur Herbeiführung dieser (prämienreduzierenden) Rechtsfolge von Gesetztes wegen („hat … zu mahnen") verpflichtet gewesen wäre und es ihm im Unterlassensfall nach § 242 BGB versagt ist, für die betreffende Zeit Prämien aus der Vollversicherung zu fordern (OLG Köln VersR 2020, 279; r+s 2015, 454; OLG Oldenburg VersR 2017, 872; LG Frankfurt a. M. NJW 2018, 3766; LG Nürnberg-Fürth r+s 2015, 555; aA Looschelders/Pohlmann/*Reinhard* § 193 Rn. 30; Prölss/Martin/*Voit* § 193 Rn. 41, der dem VR ein Ermessen einräumt, ob er den prämiensäumigen VN mahnt oder nicht). 84b

Ob der VR in einem Rechtsstreit über einen **Leistungsanspruch** des VN den **Zugang seiner doppelten Mahnung** nachweisen muss oder ob – wie der neue Wortlaut des Gesetzes es vermuten lassen könnte – das Ruhen des Vertrages eintritt, wenn die dafür vorgesehenen objektiven Voraussetzungen (Prämienrückstand von mehr als einem Prämienanteil für einen Monat nach der zweiten Mahnung) ausreichen, ist ungewiss. Die Hinweispflicht, die der Gesetzgeber mit der zweiten Mahnung verbindet, könnte darauf hinweisen, dass der Zugang der Mahnung und des Hinweises Voraussetzung für das Eintreten der Vertragsruhe ist. Der Hinweis jedenfalls dürfte eine Erläuterung der Rückstandssystematik beinhalten. 85

c) Erstattung aus dem Notlagentarif. Unter Durchbrechung des vertraglichen Äquivalenzprinzips bietet Abs. 7 iVm § 153 Abs. 1 VAG dem VN im Falle eines Folgenprämienverzugs das Privileg einer anhaltenden Leistungsverpflichtung des VR. Als Kompensation ist der VR umgekehrt lediglich zu eingeschränkten 86

Leistungen auf Notfallniveau verpflichtet. Nach § 153 Abs. 1 Satz 2 VAG bietet der Notlagentarif Aufwandsersatz für Behandlungen von akuten Erkrankungen, Schmerzzuständen, bei Schwangerschaften und Mutterschaft; bei Kindern und Jugendlichen zusätzlich die Aufwendungen für Vorsorgeuntersuchungen und Schutzimpfungen. Die Anordnung in Abs. 7 Satz 2, dass während der Zeit der Versicherung im Notlagentarif alle Risikozuschläge, Leistungsausschlüsse und Selbstbehalte entfallen, dürfte eine bedeutende Verbesserung für den säumigen Prämienschuldner darstellen, denn er muss jedenfalls in den Fällen, in denen der Notlagentarif eintrittspflichtig ist, die von ihm an sich geschuldeten vertraglichen Leistungen (Risikozuschlag, Selbstbehalt) nicht erbringen.

87 Die Behandlung akuter Erkrankungen und Schmerzzustände erfasst medizinisch notwendige Behandlungen, die aktuell behandlungs- oder linderungsbedürftige Zustände betreffen (dazu *Grote/Bronkars* VersR 2008, 580 (584)). Ausweislich der Gesetzesbegründung (BT-Drs 16/4247, 67) soll die Regelung „in Anlehnung an Reglungen des Asylbewerberleistungsgesetzes" (§ 4 Abs. 1, 2 AsylbLG) verstanden werden. Hiernach besteht eine Leistungspflicht nur dann, wenn die konkret vorgenommene (medizinisch notwendige) Heilbehandlung unabweisbar und unaufschiebbar war, wobei sich der VN grundsätzlich auch auf provisorische Maßnahmen verweisen lassen muss, wenn diese keine Gefahr der Verschlimmerung des Leidens mit sich bringen (*Marlow/Spuhl* VersR 2009, 593, 603). Unter einer **akuten Erkrankung** versteht man in Abgrenzung zu chronischen Erkrankungen einen „unvermutet auftretenden, schnell und heftig verlaufenden regelwidrigen Körper- oder Geisteszustand" (*Wahrendorf* in Grube/Wahrendorf, SGB XII, 7. Aufl. 2020, AsylbLG § 4 Rn. 11). Darunter fallen auch akute Krankheitszustände infolge chronischer Erkrankungen, nur nicht die chronische Erkrankung selbst (OVG Münster Beschl. v. 20.8.2003 – 16 B 2140/02; SG Karlsruhe Urt. v. 22.9.2016 – S 12 AY 3783/14). Zu erstatten sind Kosten zur Beseitigung des akuten Krankheitzustandes, allerdings nicht der zugrunde liegenden (chronischen) Krankheit als solcher. Wenn etwa die stationäre Behandlung einer Alkoholsucht nicht der Behandlung einer akuten Alkoholintoxikation dient, sondern der Alkoholabhängigkeit als solcher, sind die dadurch verursachten Kosten nicht zu erstatten (AG Frankfurt a. M. Urt. v. 1.6.2015 – 31 C 1048/15 (96). Unter einem **Schmerzzustand** wird ein „mit einer aktuellen oder potenziellen Gewebeschädigung verknüpfter unangenehmer Sinnes- oder Gefühlszustand" verstanden (*Wahrendorf* in: Grube/Wahrendorf, SGB XII, 7. Aufl. 2020, AsylbLG § 4 Rn. 14). Da sich das Adjektiv „akut" nur auf den Begriff der Erkrankung bezieht, sind die Behandlung von Schmerzzuständen zu erstatten, gleichgültig, ob es sich um unvermittelt auftretende Schmerzen oder sich langsam entwickelnde, anhaltende Schmerzzustände handelt (VGH Mannheim FEVS 49, 33). Abzustellen ist auf rein medizinische Gesichtspunkte (OVG Greifswald NVwZ-RR, 2004, 902). Erstattungsfähig sind die Behandlungskosten für die Schmerzen, nicht aber die Kosten für die Behandlung der zugrunde liegenden Krankheit (LG Frankenthal Urt. v. 22.4.2015 – 2 S 323/14). Aus diesem Grund eine Erstattungsfähigkeit von Operationskosten zur Beseitigung einer arteriellen Verschlusskrankheit wegen Fehlens einer akuten Situation oder eines Schmerzzustandes verneinend: LG Koblenz Urt. v. 5.11.2014 – 16 O 318/12. Keine Erstattungspflicht besteht für vor Eintritt in den Notlagentarif entstandene Kosten (OLG München VersR 2012, 559; zur Rückwirkung vgl. Art. 7 EGVVG (→ Rn. 91 f.).

Nicht nur dem Grunde, sondern auch der Höhe nach sind die Leistungen im Notlagentarif eingeschränkt, und zwar auf die **niedrigen Steigerungssätze des**

Basistarifs (LG Frankenthal Urt. v. 22.4.2015 – 2 S 323/14; *Marlow/Spuhl* VersR 2009, 593, 603). Ein darüber hinausgehendes Leistungsniveau wäre während des Zahlungsverzugs nicht erforderlich und zu Lasten des VR unverhältnismäßig (*Schäfer* r+s 2011, 96).

d) Rückständige Prämien. Auch bei Versicherung des säumigen VN im 88 Notlagentarif hat sich an der Berechtigung des VR, die rückständigen Prämien einzuklagen, nichts geändert (zur früheren Rechtslage vgl. *Marlow/Spuhl* VersR 2009, 593 ff.; *Marko* Teil B Rn. 146 und für die GKV BSG DOK 1997, 236 f.; *Kruse/Hänlein,* SGB V, 3. Aufl. 2009, § 16 Rn. 2; Krauskopf/*Wagner* § 16 Abs. 5 SGB V Rn. 3). Der VR muss zur Höhe der rückständigen Prämien im Notlagentarif substantiiert vortragen, die Schätzung eine Mindestprämienhöhe ist unzureichend (KG VersR 2015, 440; LG Nürnberg-Fürth r+s 2016, 523). Geschieht dies mit Erfolg, ordnet **Abs. 9** an, dass der Vertrag in seinem bisherigen Tarif „ab dem ersten Tag des übernächsten Monats" fortgesetzt wird. Die auf die Vertragsruhe verbrauchten Anteile der Alterungsrückstellung sind nicht nachzuentrichten. Dabei hat der Gesetzgeber ausdrücklich angeordnet, dass nicht nur die rückständigen Prämienanteile gezahlt sein müssen, sondern auch alle Säumniszuschläge und Beitreibungskosten.

Während bis zur Gesetzesänderung vom 11.7.2021 mit Wirkung zum 88a 20.7.2021 der VR auch gegenüber einem im Notlagentarif Versicherten berechtigt gewesen ist, mit Beitragsforderungen gegen Leistungsansprüche **die Aufrechnung** zu erklären (BGH VersR 2019, 152; zustimmend *Hersch* VersR 2020, 331; vormals aA OLG Hamm VersR 2018, 925; LG Köln VersR 2014, 993; HK-VVG/*Marko* § 193 Rn. 82; Prölss/Martin/*Voit* § 193 Rn. 40), besteht nun seit dieser Änderung des § 192 Abs. 7 in Satz 4 und Satz 5 ein Aufrechnungsverbot. Danach ist die Aufrechnung des VR mit Prämienforderungen sowohl aus der Krankheitskostenversicherung als auch aus der privaten Pflege-Pflichtversicherung gegen eine Forderung des VN aus diesen Versicherungen unzulässig (BT-Drs. 19/26822, 117; → § 192 Rn. 46).

4. Durchführungsbestimmungen im Notlagentarif (Abs. 8)

Abs. 8 regelt im Einzelnen, wie der Vertrag im Notlagentarif fortgesetzt werden 89 soll. Der VR hat dem VN eine **Mitteilung in Textform** über die Fortsetzung des Vertrages im Notlagentarif zu übersenden. Er hat ihm dabei auch die jetzt zu zahlende Prämie mitzuteilen. In herausgehobener Form – also textlich besonders kenntlich gemacht – ist der VN auf die Anrechnung der Alterungsrückstellung im Sinne von § 153 Abs. 2 Satz 6 VAG zu informieren. Gleichzeitig ist der VR berechtigt, die Fortsetzung des Vertrages im Notlagentarif auf der elektronischen Gesundheitskarte zu vermerken.

5. Ende der Vertragsruhe (Abs. 9)

Abs. 9 bestimmt, wann und unter welchen Voraussetzungen der Vertrag im 90 Ausgangstarif fortgesetzt wird, namentlich wenn alle **rückständigen Prämienanteile** einschließlich **Säumniszuschlägen und Beitreibungskosten** gezahlt sind. Während aus dem Wortlaut der Vorschrift („gezahlt") geschlossen wurde, dass eine willensgetragene Leistung des VN erforderlich ist (LG Bonn r+s 2017, 148; AG Medebach r+s 2018, 27, 28; auch die hier in der 6. Aufl. vertretene Meinung), so dass es zur Rückführung des VN aus dem Notlagen- in den Volltarif nicht ausreichte, dass der VR das Beitragskonto ausglich, indem er die Rückstände ausbuchte (LG Köln VersR 2017, 1137) oder wenn ein Guthaben des Versicherungsnehmers, das dadurch entsteht, dass er rückwirkend in den Notlagentarif umgestellt wird, einseitig durch den VR mit den Rückständen verrechnet wird, vertritt der BGH (r+s 2021, 642) hierzu eine abweichende Auffassung. Ein voluntatives Element auf Seiten des VN sei für die Rückkehr in den Normaltarif nicht erforderlich. Der Zweck des Notlagentarifs, die Beitragsschuldner vor weiterer Überlastung zu schützen, gleichzeitig ihre Notfallversorgung zu gewährleisten und das Kollektiv der Versichertengemeinschaft finanziell zu entlasten, werde nicht dadurch vereitelt, wenn der VR mit rückständigen Prämienforderungen gegen Leistungsansprüche aufrechnet. Bei wirksamer Rückführung wird der Vertrag mit Beginn des ersten Tages des übernächsten Monats ab der vollständigen Bezahlung der rückständigen Schulden im Alttarif fortgesetzt. Der Vertrag wird so fortgesetzt, als wenn es die zwischenzeitliche Versicherung im Notlagentarif nicht gegeben hätte; davon ausgenommen sind nur die verbrauchten Anteile aus der Alterungsrückstellung (die ja mit bis zu einem Viertel für die Bezahlung der Prämie im Notlagentarif verwandt werden dürfen). Ist es während der Interimsphase der Versicherung im Notlagentarif zu Prämienanpassungen oder AVB-Änderungen gekommen, gelten diese ab dem Tag der Fortsetzung im Alttarif auch für den zurückkehrenden VN.

6. Übergangsregelung

91 In **Art. 7 EGVVG** hat der Gesetzgeber eine Übergangsregelung geschaffen, um sicherzustellen, dass diejenigen VN und Versicherten, deren Verträge bei Inkrafttreten des Gesetzes zur Beseitigung sozialer Überforderung bei Beitragsschulden in der Krankenversicherung (am 1.8.2013) bereits ruhend gestellt waren, mit diesem Zeitpunkt als im Notlagentarif des § 153 VAG versichert gelten. Satz 1 der Vorschrift beschreibt für VN, für die am Stichtag 1.8.2013 das Ruhen der Leistung festgestellt ist, ab diesem Zeitpunkt (ex nunc) eine Versicherung im Notlagentarif. Der Wortlaut („festgestellt ist") setzt einen *anhaltenden* Ruhenszustand am Stichtag voraus, was aber etwa bei vorheriger Beendigung des Krankenversicherungsvertrages nicht der Fall ist (BGH VersR 2016, 1107; ebenso Urt. v. 6.7.2016 – IV ZR 526/15; OLG Hamm r+s 2016, 136; LG Dortmund r+s 2014, 85; LG Berlin r+s 2015, 202). Bestand der Vertrag fort und ruhte er zum 1.8.2013, erfolgte ab diesem Stichtag kraft Gesetzes (ohne weiteres Zustimmungserfordernis der Parteien, vgl. *Mandler* VersR 2014, 167, 169; Prölss/Martin/*Armbrüster* EGVVG Art. 7 Rn. 2) eine Umstellung in den Notlagentarif. Art. 7 Satz 2–6 EGVVG regelt die rückwirkende Versicherung im Notlagentarif, welche unter dem Vorbehalt steht, dass die Prämie aus dem Notlagentarif **niedriger** ist als die normale Tarifprämie. Außerdem sollen die bislang im Ausgangstarif erworbenen Rechte und Alterungsrückstellungen erhalten bleiben und die während der Zeit des Ruhendstellens der Leistungen in Anspruch genommenen Leistungen als Leistungen des Notlagentarifs angesehen werden. Die rückwirkende Anrechnung der Alterungsrückstellung im Sinne von § 12h Abs. 2 Satz 6 VAG soll nicht stattfinden. Soweit das KG (VersR 2015, 440) und ihm folgend das OLG Köln (r+s 2015, 454) die rückwirkende Geltung des Notlagentarifs auch in einem Fall angenommen haben, in welchem der Ruhenszustand am Stichtag 1.8.2013 bereits wieder entfallen war, entspricht dies weder dem Wortlaut, noch der Systematik, noch dem Sinn und Zweck des Gesetzes (BGH VersR 2016, 1107; ebenso Urt. v.

6.7.2016 – IV ZR 526/15; HK-VVG/*Muschner* Art. 7 EGVVG Rn. 2; ausführlich *Mandler* VersR 2015, 818; → EGVVG Art. 7 Rn. 4). Die Obergerichte hatten sich von einer besonderen Schutzbedürftigkeit der dortigen Kläger als SGB-II- und SGB-XII-Empfänger leiten lassen. Deren Benachteiligung ist in rechtlich erheblichem Umfang aber aus dem Grund nicht zu konstatieren, dass der Versicherte bei Eintritt von Hilfebedürftigkeit gem. § 193 Abs. 6 Satz 5 in seinen Ursprungstarif und damit in den vollen Versicherungsschutz zurückkehrt. Durch die Zahlungen der Sozialträger erhalten die Hilfebedürftigen ein bedeutend wertvolleres Surrogat (*Mandler* VersR 2015, 818 (819)).

Zusätzlich wird dem VN in Bezug auf die rückwirkende Geltung des Notlagentarifs ein **Widerspruchsrecht** eingeräumt. Damit der VN dieses Widerspruchsrecht auch ausüben darf, wird den VR – ein weiteres Mal – eine Hinweispflicht auf die Versicherung im Notlagentarif auferlegt, die sie bis zum 30. 11.2013 zu erfüllen hatten. Mit dieser Hinweispflicht ist eine Belehrung über das Widerspruchsrecht unter Hinweis auf die mit der rückwirkenden Versicherung im Notlagentarif verbundenen Folgen zu verbinden. Der VN hatte dann seinerseits immerhin sechs Monate Zeit, den Widerspruch zu erheben, gerechnet ab Zugang des Hinweises des VR. 92

VII. Ruhen von Zusatzversicherungen (Abs. 11)

1. Gesetzesbegründung (BT-Drs. 16/4247)

„Um Missbrauch der beitragssenkenden Instrumente des Basistarifs (§ 12 Abs. 1c VAG) zu Lasten der Versichertengemeinschaft zu vermeiden, soll das Versicherungsunternehmen verlangen dürfen, dass Zusatzversicherungen ruhen müssen, wenn und solange ein Versicherter auf die Reduzierung des Beitrags angewiesen ist. In diesem Fall kann der Versicherungsnehmer seine Zusatzversicherung als Anwartschaftsversicherung fortführen." 93

2. Sinn und Zweck

Solange wegen Hilfebedürftigkeit die Halbierung des gesetzlich angeordneten Maximalbeitrags nach § 152 Abs. 4 VAG vorzunehmen ist, kann der VR das Ruhen von Zusatzversicherungen verlangen. Der Gesetzgeber will damit den Missbrauch des Basistarifs vermeiden. Soweit der hilfebedürftige VN die Zusatzversicherung als Anwartschaftsversicherung fortführen kann, dürfte ihm dies schon aus Geldmangel kaum gelingen. Das Ruhen der Versicherung bedeutet, dass sie mit Wirkung ex tunc wiederauflebt, wenn die Halbierung des Beitrages nicht mehr notwendig ist. Deswegen wird der Versicherungsvertrag im status quo ante ab diesem Zeitpunkt fortgesetzt. 94

§ 194 Anzuwendende Vorschriften

(1) [1]**Soweit der Versicherungsschutz nach den Grundsätzen der Schadensversicherung gewährt wird, sind die §§ 74 bis 80 und 82 bis 87 anzuwenden.** [2]**Die §§ 23 bis 27 und 29 sind auf die Krankenversicherung nicht anzuwenden.** [3]**§ 19 Abs. 4 ist auf die Krankenversicherung nicht anzuwenden, wenn der Versicherungsnehmer die Verletzung der Anzeigepflicht nicht zu vertreten hat.** [4]**Abweichend von § 21 Abs. 3 Satz 1 beläuft sich**

die Frist für die Geltendmachung der Rechte des Versicherers auf drei Jahre.

(2) **Steht dem Versicherungsnehmer oder einer versicherten Person ein Anspruch auf Rückzahlung ohne rechtlichen Grund gezahlter Entgelte gegen den Erbringer von Leistungen zu, für die der Versicherer aufgrund des Versicherungsvertrags Erstattungsleistungen erbracht hat, ist § 86 Abs. 1 und 2 entsprechend anzuwenden.**

(3) **[1]Die §§ 43 bis 48 sind auf die Krankenversicherung mit der Maßgabe anzuwenden, dass ausschließlich die versicherte Person die Versicherungsleistung verlangen kann, wenn der Versicherungsnehmer sie gegenüber dem Versicherer in Textform als Empfangsberechtigten der Versicherungsleistung benannt hat; die Benennung kann widerruflich oder unwiderruflich erfolgen. [2]Liegt diese Voraussetzung nicht vor, kann nur der Versicherungsnehmer die Versicherungsleistung verlangen. [3]Einer Vorlage des Versicherungsscheins bedarf es nicht.**

I. Anwendbare Vorschriften (Abs. 1)

1. Gesetzesbegründung (BT-Drs. 16/3945, 111)

1 „Die Vorschrift übernimmt weitgehend unverändert den bisherigen § 178a Abs. 2 VVG. Der Anwendungsbereich der **allgemeinen Vorschriften über die Schadensversicherung** (§§ 74–87 mit Ausnahme des § 81 VVG-E) für die Krankenversicherung entspricht dem geltenden Recht. Dies gilt auch für den Ausschluss der Vorschriften über die Gefahrerhöhung (§§ 23–27 VVG-E) in Satz 2.

2 Satz 3 wird neu eingefügt. Er stellt für den Fall einer vom Versicherungsnehmer nicht zu vertretenden, also **schuldlosen Anzeigepflichtverletzung** den bisher geltenden Rechtszustand her; danach sind in diesem Fall sowohl die Kündigung durch den Versicherer als auch das Verlangen einer höheren Prämie ausgeschlossen (vgl. bisher § 178a Abs. 2 Satz 2 iVm § 41 Abs. 1 und 2 VVG). Verletzt der Versicherungsnehmer die Anzeigepflicht mit einfacher Fahrlässigkeit, bleiben dem Krankenversicherer die allgemeinen Rechte nach § 19 VVG-E in vollem Umfang erhalten.

3 Satz 4 übernimmt die bisherige **Ausschlussfrist** nach § 178k Satz 1 VVG von **drei Jahren** hinsichtlich aller Rechte, die dem Versicherer bei einer vom Versicherungsnehmer zu vertretenden Anzeigepflichtverletzung nach § 19 Abs. 2–4 VVG-E zustehen. Diese Abweichung von § 21 Abs. 3 Satz 1 VVG-E trägt der besonderen sozialen Bedeutung der Krankenversicherung für den Versicherungsnehmer Rechnung. Hat der Versicherungsnehmer allerdings vorsätzlich gehandelt, ist seine Besserstellung in der Krankenversicherung nicht gerechtfertigt. Daher gilt in diesen Fällen die allgemeine Vorschrift des § 21 Abs. 3 Satz 2, nach der die **Ausschlussfrist zehn Jahre** beträgt; abweichend von § 178k Satz 2 VVG gilt diese Frist auch bei Arglist." (Hervorhebungen stammen vom Verf.)

2. Schadens-/Summenversicherung

4 Zunächst unterscheidet der Gesetzgeber zwischen Schadens- und Summenversicherung in der Krankenversicherung (vgl. dazu → § 192 Rn. 36). Die einzeln genannten Vorschriften aus dem Allgemeinen Teil über die Schadensversicherung

sind nur anwendbar, soweit die Krankenversicherung als Schadensversicherung betrieben wird. Entscheidend ist, was die AVB bestimmen. Sind sie auf die Deckung eines konkreten Schadens ausgerichtet, handelt es sich um eine Schadensversicherung. Versprechen dagegen die Bedingungen, einen abstrakt zu berechnenden Bedarf zu decken, handelt es sich um eine Summenversicherung. Richtet sich die Bestimmung der Versicherungsleistung nach dem Durchschnittsverdienst in der Vergangenheit, so handelt es sich nicht schon deshalb um eine Schadensversicherung. Die **Pflegeversicherung** soll nach BSG VersR 2004, 1154 insoweit Schadensversicherung sein, als es um die Zahlung von Pflegegeld geht. Dieses sei zwar eine pauschale Leistung, seine Höhe hänge aber von der Zuordnung zu einer Pflegestufe und damit vom Ausmaß der Pflegebedürftigkeit ab (eingehend zu einzelnen Versicherungsarten Langheid/Wandt/*Kalis* § 194 Rn. 10 ff.).

3. Anwendbare Vorschriften

Anwendbar sind die Vorschriften §§ 74–80 und §§ 82–86. Namentlich von 5
Bedeutung dürften die Mehrfachversicherung gemäß §§ 77, 78 (der Krankenversicherer hat durchaus ein Interesse daran, zu erfahren, ob sein VN auch noch anderweitig gegen gleiche Risiken versichert ist) und die Vorschriften über die Abwendung und Minderung des Schadens in §§ 82, 83 sein (insoweit steht dem VN auch ein Aufwendungsersatz zu, wenn er zur Abwendung oder Minderung des Schadens entsprechende ersatzfähige Aufwendungen hat).

4. Nicht anwendbare Vorschriften

Hier ist zunächst die Herbeiführung des Versicherungsfalls gemäß § 81 zu nen- 6
nen; die Krankenversicherung hat hier in § 201 eine eigene Regelung.

Ferner nicht anwendbar sind die Vorschriften über die Gefahrerhöhung in 7
§§ 23–27.

Gleiches gilt für § 29, der den Teilrücktritt, die Teilkündigung und die teilweise 8
Leistungsfreiheit regelt. Hier gelten die Spezialregeln in § 205 Abs. 5 und § 207 Abs. 2. Das bedeutet, dass nicht etwa eine Beschränkung der Rechte des VR ausgeschlossen ist, sondern die Zweifelsregel, wonach ein Teilrücktritt für das gesamte Vertragsverhältnis gelten soll. Nach § 205 Abs. 5 hat der VN bei Teilkündigung durch den VR ein Anschluss-Aufhebungsrecht; die Vorschrift des § 207 Abs. 2 regelt das Fortsetzungsrecht einzelner versicherter Personen bei Kündigung durch den VN.

5. Vorvertragliche Anzeigepflicht

Im Falle einer *nicht schuldhaften* Anzeigepflichtverletzung ist § 19 Abs. 4, nach 9
welcher der VR bei unterlassener oder falscher Angabe von sog vertragsändernden Umständen den Vertrag zu den anderen Bedingungen fortsetzen kann, wobei diese Bedingungen rückwirkend Vertragsbestandteil werden, nicht anzuwenden. In Fällen *schuldhafter* Anzeigepflichtverletzung bleiben die Vertragslösungsrechte des VR durch Abs. 1 unberührt (für den Fall einer Arglistanfechtung gem. § 22: OLG Düsseldorf VersR 2017, 1449; für eine rückwirkende Vertragsanpassung: OLG Frankfurt a. M. ZfS 2018, 153). In der lediglich vom 1.1.2008 bis zum 31.12.2008 geltenden Gesetzesfassung war ebenfalls die Regelung des § 19 Abs. 3 Satz 2 ausgeschlossen, die dem VR ein Kündigungsrecht gewährt. Diese Regelung

ließ der Gesetzgeber allerdings mit Einführung des Kündigungsverbots in § 206 Abs. 1 mit Wirkung vom 1.1.2009 ersatzlos entfallen. Das bedeutet, dass in der Krankenversicherung dem VR bei schuldloser Anzeigepflichtverletzung überhaupt keine Rechte zustehen, weder Anfechtung noch Rücktritt noch Vertragsanpassung noch – wegen § 206 – Kündigung. Zu den Rechten bei vorsätzlicher oder fahrlässiger Anzeigepflichtverletzung vgl. → § 193 Rn. 78; Langheid/Wandt/*Kalis* § 194 Rn. 28 ff.

10 Die absolute Ausschlussfrist für die Geltendmachung der Rechte des VR beträgt – wie früher – drei Jahre (sonst fünf Jahre). Bei Vorsatz und Arglist beträgt die Ausschlussfrist zehn Jahre. Das war früher anders, nämlich unbefristet (als Ergebnis wurde wegen der sozialpolitischen Bedeutung der Krankenversicherung jedoch als unbefriedigend empfunden, dass etwa ein 50-jähriger VN seinen Versicherungsschutz verlor, wenn sich herausstellte, dass er als 22-jähriger bei Vertragsschluss eine Krankheit arglistig verschwiegen hatte).

II. Übergang von Ersatzansprüchen (Abs. 2)

1. Gesetzesbegründung (BT-Drs. 16/3945, 111)

11 „Die Vorschrift ist neu. § 86 VVG-E, der entsprechend dem bisherigen § 67 VVG den gesetzlichen Übergang von Ersatzansprüchen regelt, gilt grundsätzlich auch für die Krankenversicherung, soweit es sich nicht um eine Summenversicherung handelt (vgl. Absatz 1 Satz 1). Auf den Bereicherungsanspruch auf Rückzahlung überhöhter Entgelte ist § 86 VVG-E nicht anwendbar. Daher bedarf es einer ausdrücklichen gesetzlichen Regelung, die sich auf Bereicherungsansprüche des Versicherungsnehmers oder gegebenenfalls einer anderen versicherten Person bezieht. Dabei ist die in § 86 Abs. 2 VVG-E eingeführte Mitwirkungspflicht des Versicherungsnehmers mit zu übernehmen. Da es sich um eine Spezialthematik der Krankenversicherung handelt, wird dieser Sonderfall in den Vorschriften über die Krankenversicherung geregelt. Nicht zu übernehmen ist § 86 Abs. 3 VVG-E, weil dessen Schutzgedanke nicht auf den Fall zu übertragen ist, dass die in häuslicher Gemeinschaft mit dem Versicherungsnehmer lebende Person mit diesem einen Behandlungsvertrag geschlossen hat."

2. Übergang von Rückzahlungsansprüchen

12 Zwar dürfte § 86 auch auf Bereicherungsansprüche bei Überzahlung des Behandlers anwendbar sein (vgl. → § 86 Rn. 13; BGH VersR 1971, 658; OLG Hamm VersR 1994, 975; MedR 2002, 90); jedenfalls aber wird durch die gesetzgeberische Vorgabe nun eine eindeutige Klarstellung erreicht. Der für den Krankenversicherer wichtige Regress gegen den Verursacher der medizinisch notwendigen Heilbehandlung (Verkehrsunfälle, ärztliche Behandlungsfehler etc; Näheres bei Langheid/Wandt/*Kalis* § 194 Rn. 21 ff.) wird durch Abs. 2 erweitert auf die Rückzahlung von Behandlerentgelten, die ohne rechtlichen Grund geleistet wurden und daher gem. § 812 Abs. 1 S. 1, 1. Alt. BGB zurückzugewähren sind (am ehesten Überzahlungen aufgrund unzutreffender Abrechnungen, aber auch Rückzahlungen eines wegen Behandlungsfehlers nicht geschuldeten Honorars). Der Forderungsübergang erstreckt sich auch auf einen Bereicherungsanspruch (§ 812 Abs. 1 S. 1, Alt. 1 BGB) wegen zu Unrecht gezahlter Umsatzsteuern für die Abgabe von Zytostatika bei ambulanter Krankenhausbehandlung (BGH NJW

2020, 2730; OLG Schleswig Urt. v. 20.12.2017 – 4 U 69/17; LG Hamburg Urt. v. 3.5.2018 – 307 O 248/17; LG Aachen Urt. v. 9.2.2018 – 6 S 118/17; LG Mainz Urt. v. 8.12.2017- 2 O 122/17). Da Abs. 2 auf Erstattungsleistungen des VR abstellt, die dieser „auf Grund des Versicherungsvertrages" erbracht hat, wird vereinzelt vertreten, dass der Rückforderungsanspruch nur insoweit auf den VR übergehe, als dieser aus dem Versicherungsvertrag zur Zahlung verpflichtet gewesen sei. Hiernach wäre also ein Forderungsübergang ausgeschlossen, wenn der VR Forderungen der Leistungserbringer regulierte, die er im Rahmen der Leistungsprüfung als unberechtigt qualifiziert (deren Erstattung er also gegenüber dem VN vertraglich eigentlich gar nicht geschuldet hatte). Bei dieser Auslegung der Vorschrift hätte Abs. 2 indes überhaupt keinen Anwendungsbereich (*Göbel/Köther* VersR 2013, 1084 (1085)). Nach zutreffendem Verständnis der Norm hat der Versicherer die Erstattungsleistungen auch dann „auf Grund des Versicherungsvertrages" erbracht, wenn keine korrespondierende Rechtspflicht zur Leistung bestand, solange der Versicherer mit der Liquidation unberechtigter Entgelte den Heilungserfolg des VN herbeiführen wollte (OLG Saarbrücken VersR 2013, 223). Es sollen freiwillige Kulanzleistungen (oder auch irrtümliche Leistungen) des VR keine Vorteile des (ohne Rechtsgrund fordernden) Leistungserbringers (in Gestalt eines ausbleibenden Forderungsübergangs) begründen.

Mit der Regelung in Abs. 2 zum gesetzlichen Übergang von Bereicherungsansprüchen dürften auch formularmäßige Abtretungsverbote in privatärztlichen Behandlungsverträgen wegen Abweichung vom gesetzlichen Leitbild gem. § 307 Abs. 2 Nr. 1 BGB unwirksam sein (Looschelders/Pohlmann/*Reinhard* § 194 Rn. 17). **12a**

Die in § 86 Abs. 2 neu eingeführte **Mitwirkungspflicht** ist in Abs. 2 ausdrücklich für die Krankenversicherung übernommen worden. Hiernach ist der VN gehalten, die Anspruchsdurchsetzung des VR zu fördern, etwa durch Abgabe von Schweigepflichtentbindungserklärungen oder Ermächtigungen zur Einsicht des VR in Behandlungsunterlagen des Leistungserbringers (Looschelders/Pohlmann/*Reinhard* § 194 Rn. 18). Im Falle der Zuwiderhandlung des VN gelten auch die in § 86 Abs. 2 Satz 2 und 3 geregelten Sanktionen. Nicht in Abs. 2 übernommen wurde hingegen das früher sog Familienprivileg in § 86 Abs. 3 mit der Folge, dass der Rückzahlungsanspruch auch gegen den Leistungserbringer gerichtet werden kann, der mit dem VN oder der versicherten Person in häuslicher Gemeinschaft lebt. **13**

III. Versicherung für fremde Rechnung (Abs. 3)

1. Gesetzesbegründung (BT-Drs. 16/3945, 111)

„Die Vorschrift ist neu. Sie erklärt die allgemeinen Bestimmungen über die Versicherung für fremde Rechnung, von denen die Krankenversicherung bisher ausgenommen war, für anwendbar und regelt die für die Krankenversicherung notwendigen Abweichungen." **14**

2. Gesetzeszweck

Es handelt sich um eine Folgeregelung zu § 193 Abs. 1, wonach der Krankenversicherungsvertrag auf die Person des VN, aber auch auf die Person Dritter bezogen werden kann. Zwar sollten die früheren §§ 74 ff. aF auf die private Kran- **15** kenversicherung tatsächlich nicht anwendbar sein, doch hat die Rspr. hier einen Vertrag zugunsten Dritter angenommen (BGH VersR 2006, 686), so dass der Versicherte auch einen eigenen Erstattungsanspruch geltend machen konnte. Die jetzige Regelung erklärt die Vorschrift über die Versicherung für fremde Rechnung grds. für anwendbar.

3. Modifikationen gegenüber den §§ 43 ff.

16 Die zT komplizierten Regelungen über die Versicherung für fremde Rechnung sind im Bereich der Krankenversicherung vereinfacht: Der VN kann gegenüber dem VR in Textform eine versicherte Person als „Empfangsberechtigten der Versicherungsleistung" benennen. Der Empfangsberechtigte wird damit materieller Forderungsinhaber und ist auch zur gerichtlichen Geltendmachung des Anspruchs aktivlegitimiert. Ohne weitere Anhaltspunkte wird sich die Benennung indes nur auf Ansprüche des Versicherten auf seine Person betreffende Versicherungsleistungen erstrecken (Bach/Moser/*Sauer* MB/KK § 6 Rn. 17; HK-VVG/*Rogler* § 194 Rn. 14). Zulässig dürfte es sein, wenn der VN unterschiedliche Versicherte als Empfangsberechtigte für unterschiedliche Vertragsbestandteile benennt, so etwa die mitversicherte Ehefrau und zugleich das volljährige Kind für Leistungen der jeweils sie betreffenden Krankheitskostenversicherung (Beispiel bei Langheid/Wandt/*Kalis* § 194 Rn. 46). Bei unwiderruflicher Benennung ist der VN dauerhaft an diese Benennung gebunden. Zu fordern ist wegen der weit reichenden Folgen für den VN insoweit aber eine ausdrückliche Erklärung in Textform; fehlt eine solche, ist von einer widerruflichen Benennung auszugehen (HK-VVG/*Rogler* § 194 Rn. 20).

17 Ist keine Benennung erfolgt, kann der VR die Versicherungsleistung mit befreiender Wirkung nur an den VN leisten. Klagt die versicherte Person gegen den VR auf Leistung, ohne vom VN als Empfangsberechtigte benannt worden zu sein, ist die Klage wegen fehlender Aktivlegitimation abweisungsreif (OLG Koblenz VersR 2016, 1554). Nach Abs. 3 Satz 3 kommt – anders als bei der Versicherung für fremde Rechnung (§ 45 Abs. 2) – dem Besitz am Versicherungsschein keine Bedeutung mehr zu.

4. Gruppenversicherungsverträge

18 Offen bleibt, wie mit den in der Praxis vielfach auftretenden **Gruppenversicherungsverträgen** umzugehen ist: IdR ist jeder Versicherte eines solchen Gruppenversicherungsvertrages nach dem mit dem VN (der „Gruppenspitze") geschlossenen Rahmenvertrag und den diesem zugrunde liegenden Bedingungen anspruchs- und damit auch empfangsberechtigt. Da aber § 208 auch die Vorschrift des § 194 **halbzwingend** ausgestaltet, dürfte nunmehr auch für Gruppenversicherungsverträge die oben beschriebene Benennungssystematik gelten (wohl aA Langheid/Wandt/*Kalis* § 194 Rn. 48, wonach in der Gruppenversicherung die og Benennung nur für des Verhältnis versicherte Person/mitversicherte Person bedeutsam sei).

§ 195 Versicherungsdauer

(1) [1]**Die Krankenversicherung, die ganz oder teilweise den im gesetzlichen Sozialversicherungssystem vorgesehenen Kranken- oder Pflegever-**

sicherungsschutz ersetzen kann (substitutive Krankenversicherung), ist vorbehaltlich der Absätze 2 und 3 und der §§ 196 und 199 unbefristet. [2]Wird die nicht substitutive Krankenversicherung nach Art der Lebensversicherung betrieben, gilt Satz 1 entsprechend.

(2) **Bei Ausbildungs-, Auslands-, Reise- und Restschuldkrankenversicherungen können Vertragslaufzeiten vereinbart werden.**

(3) **[1]Bei der Krankenversicherung einer Person mit befristetem Aufenthaltstitel für das Inland kann vereinbart werden, dass sie spätestens nach fünf Jahren endet. [2]Ist eine kürzere Laufzeit vereinbart, kann ein gleichartiger neuer Vertrag nur mit einer Höchstlaufzeit geschlossen werden, die unter Einschluss der Laufzeit des abgelaufenen Vertrags fünf Jahre nicht überschreitet; dies gilt auch, wenn der neue Vertrag mit einem anderen Versicherer geschlossen wird.**

I. Normzweck

1 Mit dieser Vorschrift hat der Gesetzgeber unter weitgehender Übernahme des früheren § 178a Abs. 4 aF die wichtigsten Vorschriften zur **Versicherungsdauer** und zulässigen **Befristung** von Krankenversicherungsverträgen zusammengefasst (BT-Drs. 16/3945, 111 f.). Die **Krankentagegeldversicherung** wurde gesondert in § 196 geregelt, **Beihilfetarife** wegen des Sachzusammenhanges in § 199. Die frühere Reglung in § 178a Abs. 4 Satz 2 aF (zulässige Mindestversicherungsdauer von drei Jahren) wurde nicht übernommen, weil die nach § 11 Abs. 2 Satz 2 zulässige Mindestlaufzeit (zwei Jahre) auch bei der Krankenversicherung angemessen erschien.

II. Unbefristeter Versicherungsschutz

2 **Abs. 1 Satz 1** hat den früheren § 178a Abs. 4 Satz 1 aF übernommen und ihn um die Legaldefinition der substitutiven Krankenversicherung ergänzt, wie sie schon in § 146 Abs. 1 VAG zu finden ist (Art. 54 Abs. 2 Satz 1 3. Schadensversicherungs-RL). Der Grundsatz der Unbefristetheit der substitutiven Krankenversicherung gilt grds. und erfährt nur einige Ausnahmen in den Abs. 2 und 3 sowie in den §§ 196 und 199. Die Regelung in Satz 2 erstreckt den Grundsatz der Unbefristetheit auf die nicht substitutive Krankenversicherung, wenn diese entsprechend § 147 VAG nach Art der Lebensversicherung betrieben wird.

1. Substitutive Krankenversicherung

3 Die substitutive Krankenversicherung betrifft solche Krankenversicherungsverträge, die geeignet sind, die gesetzliche Krankenversicherung ganz oder teilweise zu ersetzen. Das war früher ausschließlich in § 12 Abs. 1 VAG aF geregelt, findet sich jetzt aber auch im Vertragsrecht wieder. Substitutiv ist nur die Krankenversicherung, die die Leistungsarten der GKV (Krankenbehandlungen, stationäre Klinikaufenthalte, zahnärztliche Behandlungen) ganz oder teilweise zu ersetzen in der Lage ist. Fehlt es an einer Leistungsart, liegt keine substitutive Krankenversicherung mehr vor; Zusatzversicherungen (zB Krankentagegeld oder Krankenhaustagegeld) sind ebenso möglich wie die Vereinbarung besserer Leistungen als in der GKV (worin ja gerade die Besonderheit der privaten Krankenversicherung

liegt). **Nicht substitutiv** sind alle anderen Versicherungsarten, also idR zusätzliche oder ergänzende Krankenversicherungen, zB die freiwillige Pflegeversicherung (im Unterschied zur Pflegepflichtversicherung). Zur Einordnung von Wahlleistungen vgl. Langheid/Wandt/*Hütt* § 195 Rn. 12 ff.

2. Krankenversicherung „nach Art der Lebensversicherung"

4 Häufig unterscheidet das Gesetz danach, ob die Krankenversicherung „nach Art der Lebensversicherung" betrieben wird. Das hat mit substitutiver oder nicht substitutiver Krankenversicherung nichts zu tun, sondern beschreibt nur die unterschiedlichen Kalkulationsarten. „Nach Art der Lebensversicherung" iSv § 147 VAG wird die Krankenversicherung betrieben, die nach **biometrischen Rechnungsgrundlagen** kalkuliert wird, wozu aufsichtsrechtlich auch die Einbeziehung der Aufwendungen für die Alterungsrückstellungen zählt (§ 147 iVm § 146 Abs. 1 Nr. 2 VAG), obwohl dies bei der Risikolebensversicherung nicht geschieht. Die biometrischen Rechnungsgrundlagen bilden das in der Körperlichkeit der versicherten Person liegende versicherte Risiko in Form der durchschnittlichen alters- und geschlechtsspezifischen Krankheitskosten (Kopfschäden) und der Sterblichkeit ab.

5 Seltener ist die Krankenversicherung nach **Art der Schadensversicherung,** die reine Risikoversicherung ist, bei der sich die Prämie im Wesentlichen nach Anzahl und Umfang der Kopfschäden bemisst.

3. Erfasste Versicherungen

6 Sinn der Vorschrift ist, sowohl die substitutive Krankenversicherung als auch die nicht substitutive, aber nach Art der Lebensversicherung betriebene Krankenversicherung **unbefristet** auszugestalten. Das trägt einerseits dem sozialen Aspekt der Krankenversicherung und andererseits dem Aufbau der Alterungsrückstellung Rechnung. Kein Verstoß gegen Abs. 1 Satz 1 liegt bei einem Wegfall der Versicherungsfähigkeit in der Krankheitskostenvollversicherung vor, denn es handelt sich bei diesem Umstand um keine auflösende Bedingung. Die Krankheitskostenversicherung endet nämlich beim Wegfall der Versicherungsfähigkeit nicht ohne weiteres, sondern ist vielmehr unter Berücksichtigung der neuen Begebenheiten anzupassen (LG Stuttgart r+s 2018, 602).

Erfasst werden alle Arten der Krankenversicherung, soweit sie nicht ausdrücklich ausgenommen sind (vgl. dazu → Rn. 7 f.). Erfasst sind also **alle** Krankheitskosten- und Pflegeversicherungen. Problematisch ist die Kranken*haus*tagegeldversicherung, für die gemäß § 206 Abs. 1 Satz 2 die ordentliche Kündigung dann ausgeschlossen ist, wenn sie neben einer Krankheitskostenvollversicherung unterhalten wird (vgl. → § 206 Rn. 4; für ihre Einstufung als nicht substitutiv: Langheid/Wandt/*Hütt* § 195 Rn. 10; HK-VVG/*Rogler* § 195 Rn. 6; Prölss/Martin/*Voit* § 195 Rn. 4).

III. Ausnahmen

7 **Befristet** abgeschlossen werden können die in **Abs. 2** genannten Versicherungen (also Ausbildungs-, Auslands-, Reise- und Restschuldversicherungen; Einzelheiten bei Langheid/Wandt/*Hütt* § 195 Rn. 17 ff.) sowie die Krankenversicherung für Personen, die sich befristet in der Bundesrepublik Deutschland aufhalten kön-

nen **(Abs. 3)**. Die frühere Regelung in § 178a Abs. 4 Satz 3 aF wird um die Restschuldkrankenversicherung erweitert, die schon deswegen nicht unbefristet vereinbart werden kann, weil sie an die Laufzeit des Darlehens gebunden ist.

Die **Ausländer**-Krankenversicherung ist in Abs. 3 Satz 1 auf max. fünf Jahre 8
begrenzt. Eine Umgehung der Höchstdauer durch den Abschluss von Kettenversicherungsverträgen verhindert Abs. 3 Satz 2, wonach die Versicherungszeiten mehrerer aufeinander folgender Verträge zusammengerechnet werden, und zwar gleichgültig, ob verschiedene Versicherungsverträge bei einem oder verschiedenen VR abgeschlossen werden (Begr. RegE, BT-Drs. 16/3945, 112). Die Regelung des Abs. 3 soll Personen, die sich vorübergehend in Deutschland aufhalten (§ 4 AufenthG), ermöglichen, eine substitutive Krankenversicherung **ohne Alterungsrückstellung** abzuschließen. Wegen des befristeten Krankenversicherungsschutzes bedarf es keiner Kalkulation der Alterungsrückstellung; um Umgehungen zu vermeiden, ist die Höchstdauer der Befristung auf fünf Jahre eingeführt worden. Sanktionen finden sich nicht, die Einhaltung der Höchstdauer kann allenfalls aufsichtlich überwacht und durchgesetzt werden.

§ 196 Befristung der Krankentagegeldversicherung

(1) [1]**Bei der Krankentagegeldversicherung kann vereinbart werden, dass die Versicherung mit Vollendung des 65. Lebensjahres der versicherten Person endet.** [2]**Der Versicherungsnehmer kann in diesem Fall vom Versicherer verlangen, dass dieser den Antrag auf Abschluss einer mit Vollendung des 65. Lebensjahres beginnenden neuen Krankentagegeldversicherung annimmt, die spätestens mit Vollendung des 70. Lebensjahres endet.** [3]**Auf dieses Recht hat der Versicherer ihn frühestens sechs Monate vor dem Ende der Versicherung unter Beifügung des Wortlauts dieser Vorschrift in Textform hinzuweisen.** [4]**Wird der Antrag bis zum Ablauf von zwei Monaten nach Vollendung des 65. Lebensjahres gestellt, hat der Versicherer den Versicherungsschutz ohne Risikoprüfung oder Wartezeiten zu gewähren, soweit der Versicherungsschutz nicht höher oder umfassender ist als im bisherigen Tarif.**

(2) [1]**Hat der Versicherer den Versicherungsnehmer nicht nach Absatz 1 Satz 3 auf das Ende der Versicherung hingewiesen und wird der Antrag vor Vollendung des 66. Lebensjahres gestellt, gilt Absatz 1 Satz 4 entsprechend, wobei die Versicherung mit Zugang des Antrags beim Versicherer beginnt.** [2]**Ist der Versicherungsfall schon vor Zugang des Antrags eingetreten, ist der Versicherer nicht zur Leistung verpflichtet.**

(3) **Absatz 1 Satz 2 und 4 gilt entsprechend, wenn in unmittelbarem Anschluss an eine Versicherung nach Absatz 1 Satz 4 oder Absatz 2 Satz 1 eine neue Krankentagegeldversicherung beantragt wird, die spätestens mit Vollendung des 75. Lebensjahres endet.**

(4) **Die Vertragsparteien können ein späteres Lebensjahr als in den vorstehenden Absätzen festgelegt vereinbaren.**

I. Krankentagegeldversicherung

Die Vorschrift wurde mit der VVG-Reform 2008 eingeführt und ergänzt § 195 1
in Bezug auf die Krankentagegeldversicherung.

1. Befristung und Verlängerung

2 Die Krankentagegeldversicherung kann mit Vollendung des 65. Lebensjahres der versicherten Person enden **(Abs. 1 Satz 1).** Allerdings sieht **Abs. 1 Satz 2** einen **Anspruch** des VN vor, der sich auf Abschluss eines weiteren Krankentagegeldversicherungsvertrages richtet, der an den vorangehenden Vertrag unmittelbar anschließt und bis zur Vollendung des 70. Lebensjahres befristet sein kann (was auch kürzere Laufzeiten ermöglicht). Damit soll namentlich bei selbstständigen und freiberuflich Tätigen dem nicht immer von vornherein fest einplanbaren Ruhestandsbeginn Rechnung getragen werden. Die Vorschrift des Abs. 1 Satz 2 legt dem VR einen Kontrahierungszwang zum Abschluss eines neuen Versicherungsvertrages (und nicht zur Verlängerung des alten) auf (OLG Braunschweig r+s 2019, 593). Dies führt altersbedingt zu einer für den VN nachteiligen Prämienkalkulation (Bach/Moser/*Wilmes* § 196 Rn. 3; Langheid/Wandt/*Hütt* § 196 Rn. 14; HK-VVG/*Rogler* § 196 Rn. 3), auch wird ein unter dem Vorvertrag entstandener Anspruch nicht in den Folgevertrag transportiert (Bach/Moser/*Wilmes* § 196 Rn. 12; Langheid/Wandt/*Hütt* § 196 Rn. 15; HK-VVG/*Rogler* § 196 Rn. 8).

Die Option auf Abschluss eines neuen Versicherungsvertrages mit Vollendung des 65. Lebensjahrs entfällt allerdings, wenn ein weiterer Umstand vorliegt, der einen vom Lebensalter unabhängigen, zusätzlichen Vertragsbeendigungstatbestand erfüllt. Dies ist beim Bezug von Altersruhegeld der Fall, welches einen umstandsbedingten (das Lebensalter hingegen einen zeitlichen) Beendigungsgrund darstellt (OLG Dresden NJW-RR 2019, 548; OLG Braunschweig r+s 2019, 593).

2. Hinweispflicht

3 Der VR muss den VN nach **Abs. 1 Satz 3** auf die Möglichkeit der Vertragsverlängerung hinweisen. Das darf frühestens sechs Monate vor dem Ende der ursprünglichen Versicherungszeit geschehen (damit die Verlängerungsmöglichkeit nicht in Vergessenheit gerät). Außerdem muss der Wortlaut der Vorschrift beigefügt werden. Indes gilt die Hinweispflicht – nach dem ausdrücklichen Willen des Gesetzgebers – nur bei Ablauf der ersten Krankentagegeldversicherung mit Ablauf des 65. Lebensjahres, bei einer etwaigen weiteren Verlängerung nicht mehr.

3. Antragsprüfung

4 Stellt der VN den Antrag auf Verlängerung innerhalb von zwei Monaten nach Vollendung des 65. Lebensjahres, ist der Anschlussvertrag nach **Abs. 1 Satz 4** ohne – zusätzliche oder erstmalige – Risikoprüfung und ohne Wartezeit abzuschließen. Das gilt nur, soweit der Versicherungsschutz nicht über den bisherigen hinausgeht.

II. Versicherungsfähigkeit

5 Selbstverständlich, wenn auch im Gesetz nicht ausdrücklich angeordnet, ist, dass auch für die Anschlussversicherungen die Voraussetzungen für die Krankentagegeldversicherung vorliegen müssen, VN oder Versicherte mithin (sei es in einem Beschäftigungsverhältnis, sei es selbstständig) tätig, also weiterhin versicherungsfähig sein müssen (OLG Frankfurt a. M. Urt. v. 14.5.2014 – 7 U 129/13; OLG Nürnberg VersR 2013, 1390), weil ansonsten die versicherte Arbeitsunfähigkeit und der daraus resultierende Verdienstausfall überhaupt nicht entstehen können.

III. Verstoß gegen die Hinweispflicht

Wird die Informationspflicht nach Abs. 1 Satz 3 nicht erfüllt, besteht das Recht des VN auf Abschluss der Anschlussversicherung noch bis zum Ende seines 66. Lebensjahres **(Abs. 2 Satz 1).** Wegen der Gefahr von Missbräuchen soll keine Rückwärtsversicherung möglich sein, sondern materieller Versicherungsbeginn ist stets ab Antragstellung vorgesehen. Für einen vor Zugang des Antrags schon eingetretenen Versicherungsfall besteht kein Versicherungsschutz **(Abs. 2 Satz 2).** 6

IV. Nochmalige Verlängerung

Abs. 3 gewährt dem VN einen Anspruch auf eine weitere Verlängerung bis längstens zur Vollendung seines 75. Lebensjahres. Eine entsprechende Hinweispflicht des VR besteht insoweit nicht mehr; Abs. 1 Satz 3 wird nicht in Bezug genommen. 7

V. Andere Vertragslaufzeiten

Um den erwartet flexiblen Altersgrenzen Rechnung tragen zu können, können die Parteien auch spätere Lebensjahre als die vom Gesetz vorgesehenen Abschnitte 65., 70. und 75. Lebensjahr vereinbaren **(Abs. 4).** 8

VI. Geltungsbereich

Die vorstehende Regelung gilt nur für die Kranken*tage*geldversicherung, sie gilt weder für die in § 195 Abs. 2 oder Abs. 3 genannten Versicherungsverträge noch für die Krankenhaustagegeldversicherung, die in § 206 Abs. 1 Satz 2 und Abs. 3 geregelt ist. 9

§ 197 Wartezeiten

(1) [1]**Soweit Wartezeiten vereinbart werden, dürfen diese in der Krankheitskosten-, Krankenhaustagegeld- und Krankentagegeldversicherung als allgemeine Wartezeit drei Monate und als besondere Wartezeit für Entbindung, Krankentagegeld nach § 192 Absatz 5 Satz 2, Psychotherapie, Zahnbehandlung, Zahnersatz und Kieferorthopädie acht Monate nicht überschreiten.** [2]**Bei der Pflegekrankenversicherung darf die Wartezeit drei Jahre nicht überschreiten.**

(2) [1]**Personen, die aus der gesetzlichen Krankenversicherung ausscheiden oder die aus einem anderen Vertrag über eine Krankheitskostenversicherung ausgeschieden sind, ist die dort ununterbrochen zurückgelegte Versicherungszeit auf die Wartezeit anzurechnen, sofern die Versicherung spätestens zwei Monate nach Beendigung der Vorversicherung zum unmittelbaren Anschluss daran beantragt wird.** [2]**Dies gilt auch für Personen, die aus einem öffentlichen Dienstverhältnis mit Anspruch auf Heilfürsorge ausscheiden.**

I. Begründung zum GKV-WSG

1 Das Recht der VR, Wartezeiten zu vereinbaren, wird gegenüber der früheren Rechtslage nicht weiter eingeschränkt. Bisher privat Versicherte, die von der Portabilität Gebrauch machen oder deren Vorvertrag sonst beendet wurde, werden Personen gleichgestellt, die aus der GKV in die PKV wechseln. Dies führt in der Praxis dazu, dass für die meisten Versicherten, die von einem privaten VR zu einem anderen wechseln, keine Wartezeiten gelten.

II. Wartezeit

2 Der Zweck einer Wartezeit liegt zuvorderst in der **Begrenzung des subjektiven Risikos** (VN sucht Versicherungsschutz in Kenntnis behandlungsbedürftiger Krankheiten, die unmittelbar nach dem Beginn des Versicherungsvertrages eine Leistungspflicht des VR auslösen könnten) und soll vor Abschluss der Versicherung vorhandene, aber noch nicht entdeckte Erkrankungen vom Versicherungsschutz ausschließen. Wartezeiten gehen inhaltlich über den Einwand der Vorvertraglichkeit hinaus, weil sie von einem bereits erfolgten Eintritt des Versicherungsfalls unabhängig sind (Bach/Moser/*Hütt* § 3 MB/KK Rn. 1). Versicherungsfälle, die während der Wartezeit eintreten, sind insgesamt vom Versicherungsschutz ausgenommen (BGH VersR 1978, 271; Prölss/Martin/*Voit* § 197 Rn. 12). In den Musterbedingungen wird allerdings regelmäßig auch für während der Wartezeit eintretende Versicherungsfälle Versicherungsschutz für die Behandlungen versprochen, die dann nach Ablauf der Wartezeit notwendig werden.

2a Die Prüfung eines Wartezeitausschlusses erfolgt **zweischrittig** (HK-VVG/*Rogler* § 197 Rn. 9): Zuerst ist der Lauf der Wartezeit zu bestimmen, welcher mit dem technischen Versicherungsbeginn zusammen fällt. Die sich auf alle Erkrankungen beziehende *allgemeine Wartezeit* darf drei Monate nicht überschreiten. Die *besondere Wartezeit* für Entbindung, Krankentagegeld nach § 192 Abs. 5 Satz 2, Psychotherapie, Zahnbehandlung, Zahnersatz und Kieferorthopädie darf acht Monate nicht übersteigen. Durch die Ergänzung mit Aufführung des Krankentagegelds nach § 192 Abs. 5 Satz 2 erhalten die VR die Möglichkeit, das Risiko auszuschließen, dass kurz vor der Entbindung stehende Versicherte unmittelbar nach Abschluss einer Krankentagegeldversicherung diese Leistung in Anspruch nehmen (BT-Drs. 18/11205, 83). Es wird ein Gleichlauf mit den Leistungen in Zusammenhang mit Entbindungen geschaffen: Bei der Pflegekrankenversicherung darf eine dreijährige Wartezeit nicht überschritten werden. Nach der Bestimmung des Laufs der Wartezeit ist anschließend zu prüfen, ob der (gedehnte) Versicherungsfall in die Wartezeit fällt.

3 Abs. 1 Satz 2 gilt nur für die freiwillige Pflegeversicherung; dagegen ist für die Pflegepflichtversicherung die Wartezeitregelung im SGB XI maßgeblich.

III. Übertrittsversicherung

4 Nach **Abs. 2** erfolgt bei einem Wechsel des Versicherten aus einer gesetzlichen oder privaten Krankheitskostenversicherung in einen neuen privaten Krankheitskostenversicherungsvertrag eine **Anrechnung** der in der Vorversicherung ununterbrochen zurückgelegten Versicherungszeit auf die Wartezeit des neuen Vertra-

ges, sofern die neue Versicherung spätestens zwei Monate nach Beendigung der Vorversicherung zum unmittelbaren Anschluss daran beantragt wird. Es handelt sich bei der neuen Versicherung um eine Rückwärtsversicherung iSd § 2 (nach § 197 Abs. 2 Satz 1 gilt die Vorversicherungszeit als abgelaufene Wartezeit im neuen Vertrag, so dass materieller Versicherungsschutz vor Ablauf der Wartezeit beginnt). Hierbei bleiben indes die beiden Versicherungssphären zu trennen: Versicherungsfälle, die vor dem materiellen Beginn des neuen Vertrages eingetreten sind, unterliegen weiterhin der vorherigen (gesetzlichen oder privaten) Krankheitskostenversicherung (Langheid/Wandt/*Hütt* § 197 Rn. 17; HK-VVG/*Rogler* § 197 Rn. 17, 24). Der Einwand der Vorvertraglichkeit bleibt dem VR daher unbenommen (Langheid/Wandt/*Hütt* § 197 Rn. 17).

Missbrauch durch die Gleichstellung von GKV- und PKV-Wechslern, der bei einem Wechsel in einen höherwertigen Tarif des neuen Vertrages erfolgen könnte (höhere Tarifleistungen ohne Wartezeit), wird durch die Regelung in § 204 Abs. 1 Nr. 1 Hs. 2 verhindert. Die Anrechnung der Versicherungszeit kann deswegen nur bei einem Wechsel in einen gleichartigen Tarif erfolgen bzw gilt nur hinsichtlich der kongruenten „Schnittmenge" der alten und neuen Tarifleistungen (so auch Langheid/Wandt/*Hütt* § 197 Rn. 18; *Boetius* § 197 Rn. 60; HK-VVG/*Rogler* § 197 Rn. 19; aA Prölss/Martin/*Voit* § 197 Rn. 18). **4a**

Die Billigung der Wartezeitenanrechnung ist an die **Beantragung** neuen Krankenversicherungsschutzes **innerhalb von zwei Monaten** nach dem Ausscheiden aus der vorangegangenen Versicherung gekoppelt. Die Annahme des Antrages durch den neuen VR kann außerhalb der Zwei-Monats-Frist erfolgen. Voraussetzung ist ein nahtloser Deckungsfortgang, jedwede Deckungslücke steht der Wartezeitenanrechnung entgegen. **4b**

IV. Basistarif

Auch im Basistarif könnten Wartezeiten vereinbart werden (vgl. Langheid/Wandt/*Hütt* § 197 Rn. 14; *Boetius* VersR 2007, 431; HK-VVG/*Rogler* § 197 Rn. 5), sie sind aber in den Musterbedingungen für den Basistarif nicht vorgesehen, vgl § 3 MB/BT. **5**

§ 198 Kindernachversicherung

(1) [1]**Besteht am Tag der Geburt für mindestens einen Elternteil eine Krankenversicherung, ist der Versicherer verpflichtet, dessen neugeborenes Kind ab Vollendung der Geburt ohne Risikozuschläge und Wartezeiten zu versichern, wenn die Anmeldung zur Versicherung spätestens zwei Monate nach dem Tag der Geburt rückwirkend erfolgt.** [2]**Diese Verpflichtung besteht nur insoweit, als der beantragte Versicherungsschutz des Neugeborenen nicht höher und nicht umfassender als der des versicherten Elternteils ist.**

(2) [1]**Der Geburt eines Kindes steht die Adoption gleich, sofern das Kind im Zeitpunkt der Adoption noch minderjährig ist.** [2]**Besteht eine höhere Gefahr, ist die Vereinbarung eines Risikozuschlags höchstens bis zur einfachen Prämienhöhe zulässig.**

(3) [1]**Als Voraussetzung für die Versicherung des Neugeborenen oder des Adoptivkindes kann eine Mindestversicherungsdauer des Elternteils vereinbart werden.** [2]**Diese darf drei Monate nicht übersteigen.**

(4) **Die Absätze 1 bis 3 gelten für die Auslands- und die Reisekrankenversicherung nicht, soweit für das Neugeborene oder für das Adoptivkind anderweitiger privater oder gesetzlicher Krankenversicherungsschutz im Inland oder Ausland besteht.**

I. Versicherung des Neugeborenen (Abs. 1)

1 Nach Bedingungsrecht nehmen die VR Neugeborene immer schon und ohne weiteres in die Versicherung eines Elternteils ohne Wartezeit für das Kind und ohne Gesundheitsprüfung auf (§ 2 Abs. 2 MB/KK 76). Die gesetzliche Regelung stellt sicher, dass auch hier die private Krankenversicherung zur gesetzlichen substitutiv ist. Für die Aufnahme in die Versicherung des Elternteils bedarf es der **Anmeldung,** die nach dem Gesetzeswortlaut des **Abs. 1 Satz 1** („ist der Versicherer verpflichtet") eine Annahmepflicht des VR auslöst, ohne bereits als einseitige Erklärung unmittelbar Versicherungsschutz herbeizuführen (*Boetius* § 198 Rn. 33; HK-VVG/*Rogler* § 198 Rn. 4; aA Römer/Langheid/*Langheid,* VVG, 4. Aufl. 2014, § 198 Rn. 1; Bach/Moser/*Hütt* MB/KK § 2 Rn. 46; Langheid/Wandt/*Hütt* § 198 Rn. 9). Die Anmeldung muss spätestens zwei Monate nach der Geburt dem VR zugehen. Der VR ist verpflichtet, das neugeborene Kind aufzunehmen. Er kann die Versicherung nicht ablehnen.

2 Die rechtzeitige Anmeldung des Neugeborenen durch ein Elternteil wirkt auf die Vollendung der Geburt zurück. Es handelt sich um eine Sonderregelung einer Rückwärtsversicherung, auf die § 2 Abs. 2 Satz 2 nicht anzuwenden ist (BT-Drs. 16/3945, 112). Der VR ist also auch für solche Krankheiten des Neugeborenen leistungspflichtig, die bei der Anmeldung schon bekannt sind (Langheid/Wandt/*Muschner* § 2 Rn. 12; Langheid/Wandt/*Hütt* § 198 Rn. 10). Versicherungsschutz für das Kind kommt nach **Abs. 1 Satz 2** grdsl im Umfang des für den VN bestehenden Deckungsschutzes zustande. Die Anmeldung höheren oder umfassenderen Versicherungsschutzes für das Kind muss der VR nicht annehmen. Wenn die Versicherung der Eltern befristet ist (§ 195 Abs. 2, 3) ist auch die Nachversicherung befristet, weil eine unbefristete Nachversicherung zu einem umfassenderen Versicherungsschutz führen würde. Die Nachversicherung endet daher zur selben Zeit wie die Elternversicherung (*Boetius* § 198 Rn. 18). Der VR sollte aber das Antrag stellende Elternteil nach Treu und Glauben über das Zurückbleiben des gewährten Versicherungsschutzes hinter den beantragten unterrichten, ohne dass indes die Regelung des § 5 Abs. 2 iVm Abs. 3 Anwendung finden würde.

II. Adoption (Abs. 2)

3 Die Vorschrift des **Abs. 2** stellt die Adoption der Geburt bis zur Volljährigkeit gleich (vgl. §§ 1754 f. BGB). Die Regelung nimmt keine Rücksicht auf den Grund der Adoption. War der Versicherungsfall im Zeitpunkt der Adoption (maßgeblich für letztere ist der Zeitpunkt der Zustellung des vormundschaftsgerichtlichen Annahmebeschlusses, vgl. OLG Stuttgart NJW-RR 2007, 732, 734) schon eingetreten, darf der VR seine Leistungspflicht auch für diesen Versicherungsfall für die Zukunft nicht ausschließen (BGH VersR 2000, 1533 = NVersZ 2001, 77). Rechtsmissbrauch kann nicht ausgeschlossen werden. Solche Fälle dürften in ihrer Anzahl aber gering sein.

Die den VR aus sozialpolitischen Gründen auferlegte Last der Zwangsversiche- **4** rung ist etwas vermindert, indem nach **Abs. 2 Satz 2** in begründeten Ausnahmefällen die Vereinbarung eines Risikozuschlags bis zur einfachen Prämienhöhe zulässig ist (das heißt die Obergrenze der gesamten Prämie ist die doppelte Prämienhöhe). Wenn man mit dem Gesetzeswortlaut (und entgegen den Materialien – BT-Drs. 12/6959, 105 zu § 178d, die von vornherein von einem einseitigen Leistungsbestimmungsrecht des VR ausgehen, ebenso Langheid/Wandt/*Hütt* § 198 Rn. 20) die Notwendigkeit einer schuldrechtlichen Einigung der Vertragsparteien über den Risikozuschlag annimmt (so Prölss/Martin/*Voit* § 198 Rn. 14), ist es dem VR aber jedenfalls im Fall einer unbegründeten Weigerung der Eltern möglich, nach §§ 315 f. BGB den angemessenen Zuschlag einseitig zu bestimmen (ebenso HK-VVG/*Rogler,* § 198 Rn. 9).

III. Mindestversicherungsdauer eines Elternteils (Abs. 3)

Abs. 3 erlaubt den VR, die Aufnahme des Neugeborenen (Abs. 1) oder Adop- **5** tierten (Abs. 2) davon abhängig zu machen, dass ein Elternteil mit einer **Mindestversicherungsdauer** von höchstens drei Monaten bei dem VR versichert ist. Hiermit soll zumindest in minimalem Umfang die Zahlung von Beiträgen für das neugeborene/adoptierte Mitglied gewährleistet sein (OLG Köln VersR 1998, 352). Will sich der VR auf eine solche Regelung stützen, muss sie vereinbart sein. Das ist in § 2 Abs. 2 Satz 1 MB/KK 76/94/2009 geschehen. Der VN/Versicherte muss als **Elternteil** des neugeborenen Kindes anzusehen sein. Mangels einer Definition des Begriffs „Elternteil" im Gesetz oder den Bedingungen bedarf es einer Auslegung. Grundsätzlich sind AVB so auszulegen, wie ein durchschnittlicher VN sie bei verständiger Würdigung, aufmerksamer Durchsicht und Berücksichtigung des erkennbaren Sinnzusammenhangs versteht (stRspr, BGH VersR 2017, 85). Insofern ist in erster Linie vom Wortlaut der jeweiligen Klausel auszugehen. Der mit dem Bedingungswerk verfolgte Zweck und Sinnzusammenhang der Klausel sind zusätzlich zu berücksichtigen, soweit sie für den VN erkennbar sind (BGH VersR 2017, 941). Der durchschnittliche VN wird bei Anwendbarkeit deutschen Rechts auf das Versicherungsverhältnis erkennen, dass sich der Begriff des „Elternteils" nach den gesetzlichen Vorschriften des deutschen Rechts bestimmt. Die Begriffe „Elternteil" und „Kind" werden iSd deutschen Abstammungsrechts gem. §§ 1591 ff. BGB verwendet. Der VN erkennt, dass ein „Kind" – abgesehen von dem in Abs. 2 gesondert geregelten Fall der Adoption – nach deutschem Recht regelmäßig eine Mutter als weiblichen Elternteil sowie als zweiten Elternteil eine männliche Person hat. Der männliche Elternteil kann seine rechtliche Feststellung auf verschiedene Weise erwerben, nämlich aufgrund bestehender Ehe mit der das Kind gebärenden Frau (§ 1592 Nr. 1 BGB), dem Vaterschaftsanerkenntnis gem. § 1594 BGB oder der gerichtlichen Feststellung der Vaterschaft gem. § 1600d BGB, § 182 FamFG. Eine gleichgeschlechtliche Elternschaft kommt deswegen nach dem derzeit gültigen deutschen Abstammungsrecht nicht in Betracht (OLG Celle VersR 2019, 1482 (1484)).

IV. Ausnahme bei Auslands- und Reiseversicherung (Abs. 4)

6 Der Abs. 4 wurde mit der VVG-Reform 2008 eingeführt. Die Vorschrift stellt klar, dass die Bestimmungen über die Kindernachversicherung für die Auslands- und die Reisekrankenversicherung dann nicht gelten, wenn und soweit ein anderweitiger Krankenversicherungsschutz (gesetzlich oder privat, im In- oder Ausland) besteht, weil insoweit kein Schutzbedürfnis vorhanden ist (BT-Drs. 16/3945, 112; Langheid/Wandt/*Hütt* § 198 Rn. 22 ff.). „Soweit" der anderweitige Krankenversicherungsschutz nicht ausreicht, ist der Anwendungsbereich der Abs. 1 bis 3 wiedereröffnet (Langheid/Wandt/*Hütt* § 198 Rn. 23; Bach/Moser/*Hütt* § 198 Rn. 3).

§ 199 Beihilfeempfänger

(1) **Bei der Krankheitskostenversicherung einer versicherten Person mit Anspruch auf Beihilfe nach den Grundsätzen des öffentlichen Dienstes kann vereinbart werden, dass sie mit der Versetzung der versicherten Person in den Ruhestand im Umfang der Erhöhung des Beihilfebemessungssatzes endet.**

(2) [1]**Ändert sich bei einer versicherten Person mit Anspruch auf Beihilfe nach den Grundsätzen des öffentlichen Dienstes der Beihilfebemessungssatz oder entfällt der Beihilfeanspruch, hat der Versicherungsnehmer Anspruch darauf, dass der Versicherer den Versicherungsschutz im Rahmen der bestehenden Krankheitskostentarife so anpasst, dass dadurch der veränderte Beihilfebemessungssatz oder der weggefallene Beihilfeanspruch ausgeglichen wird.** [2]**Wird der Antrag innerhalb von sechs Monaten nach der Änderung gestellt, hat der Versicherer den angepassten Versicherungsschutz ohne Risikoprüfung oder Wartezeiten zu gewähren.**

(3) **Absatz 2 gilt nicht bei Gewährung von Versicherung im Basistarif.**

I. VVG-Reform 2008 (BT-Drs. 16/3945, 112 f.)

1. Zu Abs. 1

1 „Die Vorschrift ist neu. Sie stellt klar, dass diejenigen Beihilfeversicherungen, die nur für die Dauer der aktiven Dienstzeit benötigt werden, im Umfang der Erhöhung des Beihilfebemessungssatzes von vornherein als mit dem Eintritt in den Ruhestand endend und damit befristet abgeschlossen werden können. Die Zulässigkeit einer solchen Befristung war bisher streitig."

2. Zu Abs. 2

2 „Die Vorschrift übernimmt im Wesentlichen unverändert den früheren § 178e VVG. Entsprechend dem sachgerechten Vorschlag der VVG-Kommission wird in Satz 2 die vom Versicherungsnehmer einzuhaltende Frist für die Stellung des Antrags von bisher zwei Monaten auf sechs Monate verlängert; ferner wird klargestellt, dass es auch dann keiner Risikoprüfung bedarf, wenn eine solche zu einem früheren Zeitpunkt nicht stattgefunden hat."

II. Befristung nach Abs. 1

Mit der Versetzung der versicherten Person in den Ruhestand kann vereinbart werden (eine vertragliche Vereinbarung ist nach dem Gesetzeswortlaut nach wie vor notwendig), dass die Krankheitskosten-Zusatzversicherung in der Höhe endet, in der der Beihilfesatz der versicherten Person erhöht wird. Das kann durch den Abschluss von zwei unterschiedlichen Quotentarifen geregelt werden (von denen der niedrigere nach dem Eintritt in den Ruhestand fortläuft, während der höhere endet), es kann aber auch ein Quotentarif abgeschlossen werden, der sich entsprechend der Erhöhung des Beihilfeanspruchs verringert (*Boetius* § 199 Rn. 16 und 17). 3

III. Anpassung nach Abs. 2

Die Vorschrift gewährt dem VN einen Anpassungsanspruch bei Wegfall des Beihilfeanspruchs oder einer Änderung des Beihilfebemessungssatzes. Die Regelung bezweckt, Deckungslücken zu schließen, die bei einer Herabsetzung der Beihilfe im öffentlichen Dienst oder der Änderung des Bemessungssatzes entstehen können. Eine entsprechende Regelung findet sich zwar nicht in den Musterbedingungen MB/KK. Sie ist aber in vielen Tarifbedingungen der VR enthalten. 4

Abs. 2 gilt nur für eine Ergänzungs-Kostenversicherung zum Beihilfeanspruch, nicht für eine echte Vollversicherung oder wenn der Beihilfeberechtigte überhaupt keine ergänzende Versicherung abgeschlossen hat (BGH VersR 2004, 58 (59)). 5

Voraussetzung für das Anpassungsrecht nach Abs. 2 ist nach dem Wortlaut der Vorschrift der „Wegfall" des Beihilfeanspruchs (also sein gänzliches Entfallen und nicht lediglich seine Einschränkung) oder eine Veränderung des Beihilfebemessungssatzes. Ein solcher Wegfall des Beihilfeanspruch (oder eine Änderung des Bemessungssatzes) liegt nicht vor, wenn (nur) Leistungsansprüche wegfallen oder beschränkt werden (OLG Köln VersR 1988, 285; Langheid/Wandt/*Hütt* § 199 Rn. 10; Bach/Moser/*Hütt* § 199 Rn. 5; *Boetius* § 199 Rn. 33; aA bei der Streichung von Wahlleistungen OLG Stuttgart VersR 2015, 309; LG Stuttgart VersR 2003, 53; HK-VVG/*Rogler* § 199 Rn. 4; Looschelders/Pohlmann/*Reinhard* § 199 Rn. 7). 6–7

Das Anpassungsrecht richtet sich auf eine Erhöhung des Versicherungsschutzes im bestehenden Beihilfetarif; für die Prämienkalkulation gilt das inzwischen erreichte Lebensalter, während der bis dahin bestehende Versicherungsschutz unberührt bleibt (BGH VersR 2007, 196). Die Anpassung wird **ab Antragstellung** wirksam (Bach/Moser/*Hütt* § 199 Rn. 7; dagegen *Boetius* § 199 Rn. 40 und Prölss/Martin/*Voit* § 199 Rn. 9: Rückwärtsversicherung auf den Zeitpunkt des Wegfalls des Beihilfeanspruchs oder der Änderung des Bemessungssatzes). 8

Der VR darf weder das **Risiko prüfen** noch **Wartezeiten** vereinbaren; insoweit handelt es sich um einen weiteren Fall von Kontrahierungszwang. Das gilt allerdings nur, wenn der Antrag fristgerecht innerhalb der sechs Monate des Abs. 2 Satz 2 gestellt wird. Fristbeginn ist das Wirksamwerden der Änderung (unabhängig von der Kenntnis des VN, Prölss/Martin/*Voit* § 199 Rn. 16). Nach Fristablauf handelt es sich um einen ganz normalen Antrag auf Neuabschluss eines entsprechenden Versicherungsvertrages mit entsprechenden Prüfungs- und Ablehnungsrechten des VR (LG Würzburg VersR 2014, 1494). 9

IV. Basistarif (Abs. 3)

1. Begründung zum GKV-WSG (BT-Drs. 16/3100, 206 zu § 178e aF)

10 „Beihilfetarife nach bisherigem Recht erfüllen nicht die Anforderungen, die für die Portabilität erfüllt sein müssen, weil ihr Leistungsumfang bisher nicht durch denjenigen der GKV, sondern gewissermaßen spiegelbildlich durch die Beihilfebestimmungen des Bundes und der Länder bestimmt werden. Diese unterscheiden sich – in unterschiedlichem Ausmaß – vom Leistungsumfang der GKV. Für Beihilfeberechtigte werden eigene Varianten des Basistarifs geschaffen; diese entsprechen im Leistungsumfang dem Basistarif, nur der Prozentsatz der Erstattung kann unterschiedlich sein. Eine spiegelbildliche Nachbildung von Beihilfeänderungen im Basistarif ist daher nicht vorzusehen."

2. Regelungsinhalt

11 Das Anpassungsrecht nach Abs. 2 gilt **nicht** für den Basistarif. Abs. 3 lässt das entsprechende Anpassungsrecht des Beihilfeberechtigten entfallen. Er bedarf dessen im Basistarif aber auch nicht, weil hier ohnehin bei Änderungen des Beihilfebemessungssatzes eine automatische Anpassung stattfindet (*Boetius* § 199 Rn. 60 ff.).

§ 200 Bereicherungsverbot

Hat die versicherte Person wegen desselben Versicherungsfalles einen Anspruch gegen mehrere Erstattungsverpflichtete, darf die Gesamterstattung die Gesamtaufwendungen nicht übersteigen.

I. Bereicherungsverbot

1 Die Vorschrift ist neu seit der VVG-Reform 2008 und angesichts der sonstigen Entwicklung zum Bereicherungsverbot, das von der Rspr. nicht mehr ipso facto verboten wird, wenn die Bedingungen des VR eine Bereicherung des VN am Versicherungsfall ermöglichen, nicht selbstverständlich. Sie stellt für den Bereich der Krankenversicherung einschließlich Pflegeversicherung sicher, dass der VN/Versicherte an der medizinisch notwendigen Heilbehandlung nicht verdient; die Gesamterstattungsleistung aus allen in Frage kommenden Quellen (PKV, GKV, Beihilfe, Pflegepflichtversicherung und freiwillige Pflegeversicherung) darf die Gesamtaufwendungen nicht übersteigen. Nach dem Willen des Gesetzgebers (BT-Drs 16/3945 S. 113) bezieht sich dieses Bereicherungsverbot nur auf die Schadensversicherung, **nicht** auf die **Summenversicherung** (BGH NJW 2020, 999).

II. Rangfolge der Leistungspflichten

2 Eine bestimmte Rangfolge der Leistungsverpflichtungen wollte der Gesetzgeber nicht begründen. Das kann im Einzelfall schwierige Rechtsfragen aufwerfen, vornehmlich die, wer die in § 200 vorgesehene Leistungsbefreiung für sich in Anspruch nehmen kann. Da diese Vorschrift ausdrücklich für die private Kranken-

versicherung gilt, wird sich auch nur der private Krankenversicherer darauf berufen dürfen mit der Folge, dass ihm jedenfalls ein Leistungsverweigerungsrecht zur Verfügung steht, sobald die Gesamtaufwendungen von anderen Leistungspflichtigen vollkommen erstattet worden sind. Die Vorschrift regelt keine Leistungsbegrenzung für die anderen Erstattungsverpflichteten.

Erfolgt eine Überkompensation durch den privaten Krankenversicherer, stellt sich die Frage nach der Rechtsfolge, namentlich ob dem VR gegen den VN ein Rückforderunganspruch gem. § 812 Abs. 1 Satz 1, 1. Alt. BGB zusteht. Dies setzt die (ggf. anteilige) Unwirksamkeit des der Leistung zugrunde liegenden Rechtsgeschäfts voraus, welche anzunehmen ist, wenn die Vorschrift des § 200 entweder als Verbotsgesetz iSd § 134 BGB (so HK-VVG/*Rogler* § 200 Rn. 11) oder als anspruchshindernde Einwendung (so Langheid/Wandt/*Hütt* § 200 Rn. 29) zu qualifizieren ist. Der gesetzgeberische Wille, dem VN den Anreiz zu einer Bereicherung zu nehmen, würde verfehlt, wenn § 200 lediglich als reines Leistungsverweigerungsrecht des VR bei grundsätzlich voll bestehendem Anspruch angesehen würde (so aber Prölss/Martin/*Voit* § 200 Rn. 6), weil dann der eine missbilligenswerte Bereicherung anstrebende VN realiter keinen Rückforderungsanspruch des VR (oder allenfalls einen solchen in den Grenzen des § 813 BGB) zu fürchten hätte. 3

Fand eine Überzahlung aufgrund der Leistungen mehrerer Leistungserbringer statt und existieren keine ein Rangverhältnis begründenden Gesetzesvorschriften (wie etwa die die Subsidiarität von Beihilfeleistungen begründende Regelung des § 48 S. 1 BBhV), stellt sich die Frage nach dem internen Ausgleich. Hierzu enthält § 200 keine Regelung, sondern beschränkt sich auf die Statuierung eines Bereicherungsverbots (zutreffend Langheid/Wandt/*Hütt* § 200 Rn. 31). Es scheint daher die Auffassung eher Praktikabilitätserwägungen (nicht aber einer rechtlichen Notwendigkeit) geschuldet, dass die Leistungserbringer einander nach gesamtschuldnerischen Grundsätzen zum anteiligen internen Ausgleich verpflichtet seien (in diesem Sinne HK-VVG/*Rogler* § 200 Rn. 9; Prölss/Martin/*Voit* § 200 Rn. 16; Schwintowski/Brömmelmeyer/*Brömmelmeyer* § 200 Rn. 7; *Boetius* § 200 Rn. 40). 4

III. Abänderbarkeit

Die Vorschrift fällt nicht in den Anwendungsbereich des § 208, so dass von ihr auch zum Nachteil des VN oder der versicherten Person abgewichen werden könnte. Da die Vorschrift aber eine Bereicherung dieser Personen verbietet, ist eine nachteilige Abweichung kaum denkbar. 5

§ 201 Herbeiführung des Versicherungsfalles

Der Versicherer ist nicht zur Leistung verpflichtet, wenn der Versicherungsnehmer oder die versicherte Person vorsätzlich die Krankheit oder den Unfall bei sich selbst herbeiführt.

I. Gesetzesbegründung (BT-Drs. 16/3945, 113)

„Die Vorschrift übernimmt inhaltlich unverändert den bisherigen § 178l VVG. Die sprachliche Änderung ist im Interesse einer einheitlichen Formulierung der 1

Parallelvorschriften des Gesetzentwurfes geboten (vgl. §§ 81, 103, 137, 162 und 183 VVG-E). Die Vorschrift stellt eine Sonderregelung zu § 81 VVG-E dar, der auf die Krankenversicherung nicht anzuwenden ist (vgl. § 194 Abs. 1 Satz 1 VVG-E)."

II. Anwendungsbereich

2 Die Vorschrift gilt für sämtliche Arten der Krankenversicherung, gleichgültig, ob sie als Schadens- oder als Summenversicherung konzipiert sind (BT-Drs 12/6959, S. 106 zu § 178l). Ihr liegt der allgemeine Rechtsgedanke der §§ 81, 161, 183 zugrunde, dass bei vorsätzlicher Herbeiführung des Versicherungsfalls die Leistungspflicht des VR ausgeschlossen ist.

III. „Bei sich selbst"

3 § 201 schließt eine Leistung des VR aus, wenn der Versicherte die Krankheit oder den Unfall **„bei sich selbst"** vorsätzlich herbeigeführt hat. Nach dem Wortlaut ist der gesetzliche Leistungsausschluss bei Personenidentität zwischen VN und versicherter Person ohne weiteres anzunehmen, ferner dann, wenn – bei fehlender Identität – der Versicherte seine Krankheit oder seinen Unfall selbst vorsätzlich herbeigeführt hat. Wenn indes – bei wiederum fehlender Personenidentität – der VN beim Versicherten Krankheit oder Unfall vorsätzlich verursacht hat, lässt sich die Vorschrift sprachlich nicht anders verstehen, als dass dann ein Leistungsausschluss (jedenfalls unmittelbar aus § 201) nicht vorliegt, weil Krankheit oder Unfall in diesem Fall gerade nicht „bei sich selbst", sondern bei einer anderen Person herbeigeführt wurde (Römer/Langheid/*Römer,* VVG,2. Aufl. 2003, § 178l Rn. 2; *Boetius* § 201 Rn. 27; HK-VVG/*Rogler* § 201 Rn. 8; Looschelders/Pohlmann/*Reinhard* § 201 Rn. 4; aA *Langheid* 4. Aufl § 201 Rn. 3; Langheid/Wandt/*Hütt* § 201 Rn. 9 ff.; Prölss/Martin/*Voit* § 201 Rn. 18; BK/*Hohlfeld,* § 178l Rn. 4; *Wriede* VersR 1994, 251, 254). Hätte der Gesetzgeber (wie es allerdings die Entstehungsgeschichte der Vorschrift nahelegt, vgl. Langheid/Wandt/*Hütt* § 201 Rn. 15) auch bei der Fremdversicherung die Verursachung durch den VN vom Leistungsausschluss umfasst sein lassen wollen, hätte er dies – wie in der Lebens- und Unfallversicherung (§§ 162 Abs. 1, 183 Abs. 1) – anders zu formulieren gehabt (so auch *Boetius* § 201 Rn. 27).

4 Es stellt sich die Frage, ob bei vorsätzlicher Verursachung von Krankheit oder Unfall durch den VN bei einer mitversicherten Person die Leistungspflicht des VR nicht aus **anderem Rechtsgrund** ausscheidet. Dies scheint hingegen nicht der Fall zu sein. Es könnte zwar eine unzulässige Rechtsausübung darstellen, wenn der VN (etwa bei vorsätzlicher Verletzung seines minderjährigen Kindes) vom VR Leistungen verlangt, die er sogleich zurückzugewähren hätte („dolo agit qui petit quod statim redditurus est"), vgl. Langheid/Wandt/*Hütt* § 201 Rn. 16. Voraussetzung für die Pflicht des VN zur Leistungsrückgewährung an den VR wäre indes ein Forderungsübergang des Schadensersatzanspruchs des versicherten Kindes gegen den VN (§ 194 Abs. 1 Satz 1 iVm § 86 Abs. 1). Es erscheint hingegen zweifelhaft, ob – als Voraussetzung für den Forderungsübergang nach § 86 Abs. 1 Satz 1 – der VN in dieser Konstellation überhaupt „Dritter" des (von ihm selbst zugunsten des Kindes beim VR gehaltenen) Krankenversicherungsvertrages ist. Zwar kann in besonders gelagerten Fällen auch der VN „Dritter" sein (BGH

VersR 2001, 713), was aber voraussetzt, dass im Fremdversicherungsvertrag nicht auch seine Interessen (jedenfalls mittelbar) mitversichert sind. Hiervon ist aber eher auszugehen, wenn der VN sein minderjähriges Kind in Erfüllung einer eigenen Unterhaltspflicht krankheitskostenversichert hat. Auch eine Übertragbarkeit der Grundsätze der Repräsentanz (hierzu *Boetius* § 201 Rn. 28) scheint auszuscheiden. Wenn als Voraussetzung für die Verhaltenszurechnung der Repräsentant in dem Geschäftsbereich, zu dem das versicherte Risiko gehört, aufgrund eines Vertretungs- oder ähnlichen Verhältnisses an die Stelle des VN getreten sein muss (BGH VersR 1993, 828), ist das auf den Bereich der privaten Krankenversicherung wohl bereits deswegen nicht übertragbar, weil auch das minderjährige Kind stets Inhaber des höchstpersönlichen Rechts auf Gesundheit und körperliche Unversehrtheit ist und dieses nicht auf die Eltern übertragen ist (und nicht zu deren Disposition steht).

„Bei sich selbst" ist der Versicherungsfall auch dann vorsätzlich herbeigeführt, 5
wenn sich der VN oder Versicherte eines Dritten als Werkzeug bedient (*Boetius* § 201 Rn. 23; HK-VVG/*Rogler* § 201 Rn. 8; Prölss/Martin/*Voit* § 201 Rn. 13).

IV. Vorsatz

Der **bedingte Vorsatz** genügt für den Leistungsausschluss; er braucht sich nur 6
auf die Krankheit oder den Unfall zu erstrecken, nicht auch auf die Folge der Behandlung und deren Kosten (so auch BGH VersR 2016, 721; Langheid/Wandt/*Hütt* § 201 Rn. 20; *Boetius* § 201 Rn. 33; HK-VVG/*Rogler* § 201 Rn. 5; Prölss/Martin/*Voit* § 201 Rn. 3 mwN). Der Vorsatz steht zur Beweislast des VR (vgl. OLG Hamm VersR 1981, 925). Das neben dem Wissens-Element erforderliche Wollens-Element des Vorsatzes (jedenfalls in Gestalt des billigend-in-Kauf-Nehmens des Risikoeintritts) ist nicht bereits aus dem Grund anzunehmen, dass die versicherte Person durch ärztliche Aufklärung über mögliche Eingriffsfolgen mit gewissem Eintrittsrisiko informiert wurde und dennoch in den Eingriff einwilligte. Die Grenzziehung zwischen bewusster Fahrlässigkeit und bedingtem Vorsatz erfordert vielmehr eine Einzelfallprüfung (BGH VersR 2016, 722; zur Schwierigkeit der Beweisbarkeit bedingten Vorsatzes bei der versicherten Person: *Griebau* jurisPR-MedizinR 4/2017, Anm. 5). Bei einem Suizidversuch ist der Verletzungsvorsatz notwendiges Durchgangsstadium des Vollendungsvorsatzes, denn wer aus seinem Leben scheiden will, nimmt eine schwere Gesundheitsschädigung als für den Eintritt seines Todes notwendiges Durchgangsstadium zumindest billigend in Kauf (OLG Hamm VersR 2015, 746 wie auch bereits die Vorinstanz: LG Dortmund r+s 2014, 291).

§ 202 Auskunftspflicht des Versicherers; Schadensermittlungskosten

[1]Der Versicherer ist verpflichtet, auf Verlangen des Versicherungsnehmers oder der versicherten Person Auskunft über und Einsicht in Gutachten oder Stellungnahmen zu geben, die er bei der Prüfung seiner Leistungspflicht über die Notwendigkeit einer medizinischen Behandlung eingeholt hat. [2]Wenn der Auskunft an oder der Einsicht durch den Versicherungsnehmer oder die versicherte Person erhebliche therapeutische Gründe oder sonstige erhebliche Gründe entgegenstehen, kann nur verlangt werden, einem benannten Arzt oder Rechtsanwalt Auskunft oder

Einsicht zu geben. [3]Der Anspruch kann nur von der jeweils betroffenen Person oder ihrem gesetzlichen Vertreter geltend gemacht werden. [4]Hat der Versicherungsnehmer das Gutachten oder die Stellungnahme auf Veranlassung des Versicherers eingeholt, hat der Versicherer die entstandenen Kosten zu erstatten.

I. Normzweck

1 Nach § 9 Abs. 3 MB/KK 2009 und MB/KT 2009 ist der Versicherte auf Verlangen des VR verpflichtet, sich durch einen vom VR beauftragten Arzt untersuchen zu lassen. Kommt er dem Verlangen nicht nach, verliert er nach § 10 Abs. 1 MB/KK 2009 und MB/KT 2009 seinen Leistungsanspruch (teilweise). Die Obliegenheit des Versicherten, sich untersuchen zu lassen, besteht, weil der VR beurteilen können muss, ob und in welcher Höhe er zur Leistung verpflichtet ist. Vor diesem Hintergrund ist § 202 zu verstehen. Mit dem Anspruch des Versicherten auf eine ihm bzw. seinem Arzt oder Rechtsanwalt zu erteilende Auskunft erhält auch der VN die Möglichkeit zu beurteilen, ob er eine etwaige – vollständige oder teilweise – Leistungsablehnung des VR hinnehmen soll oder nicht. § 202 soll Waffengleichheit herstellen. Diesen Gedanken hat der BGH bereits in seiner Rspr. zur Berufsunfähigkeitsversicherung zum Ausdruck gebracht, indem er den VR verpflichtete, dem VN das ärztliche Gutachten zugänglich zu machen, wenn darauf die Leistungsverweigerung gestützt werden sollte (BGHZ 121, 284 (296) = NJW 1993, 1532 = ZfS 1993, 272 = VersR 1993, 562 unter III.3.a; vgl. zur Krankenversicherung auch schon OLG Frankfurt a. M. VersR 1992, 224).

II. Auskunftsperson

2 Seit dem 1.5.2013 soll infolge des Gesetzes zur Änderung versicherungsrechtlicher Vorschriften (BGBl. I S. 932) im Grundsatz der VN bzw. die versicherte Person selbst Auskunftsempfänger sein (krit. → Rn. 5 ff.). Erst im Zuge der VVG-Reform 2008 wurde in **Satz 2** die früher allein genannte Auskunftsperson Arzt um den Rechtsanwalt des VN oder der versicherten Person erweitert. Das sollte nach der Gesetzesbegründung im „Interesse des Versicherungsnehmers" liegen, was füglich bezweifelt werden darf: Die vor 2008 alleinige Auskunftserteilung dem vom VN benannten Arzt gegenüber sollte den VN vor nachteiligen Informationen (etwa bei psychischen oder lebensbedrohlichen Erkrankungen) schützen. Ein Rechtsanwalt wird nur ausnahmsweise in der Lage sein, sachkundig zu differenzieren (ebenfalls krit. Langheid/Wandt/*Hütt* § 202 Rn. 3).

III. Anspruchsberechtigung

3 **Satz 3** gibt den Auskunfts- und Einsichtsanspruch nur dem Betroffenen oder seinem gesetzlichen Vertreter, weil es sich um ein höchstpersönliches Recht handelt. Die Voraussetzung des Betroffen-Seins („betroffene Person") impliziert die Notwendigkeit einer Beschwer des VN/Versicherten, die allein bei (auch nur anteiliger) Leistungsablehnung des VR anzunehmen ist. Hat hingegen der VR den Leistungsanspruch des VN bzw. Versicherten umfänglich erfüllt, besteht nach dem Sinn und Zweck des Gesetzes – der Herstellung einer informatorischen

Waffengleichheit – kein anlassloser Anspruch auf Auskunft oder Einsicht (HK-VVG/*Rogler* § 202 Rn. 9: „ungeschriebene Anspruchsvoraussetzung"; aA Prölss/Martin/*Voit* § 202 Rn. 3; *Armbrüster* VersR 2013, 944 unter Hinweis auf das informationelle Selbstbestimmungsrecht des VN/Versicherten).

Eine Ausdehnung des allein für das Recht der privaten Krankenversicherung geregelten Auskunftsanspruchs des § 202 auf **andere Bereiche des Versicherungsrechts** ist nicht angezeigt, nachdem der Gesetzgeber dort entsprechende Regelungen nicht geschaffen hat und eine derart breit angelegte planwidrige Regelungslücke (welche allein zur analogen Anwendung des § 202 berechtigen würde) nicht anzunehmen ist (LG München I VersR 2016, 311; für die private Unfallversicherung ebenso *Grimm* AUB 2010 Ziff. 7 Rn. 16; Bruck/Möller/*Leverenz* Anh. § 189 Rn. 3; für eine analoge Anwendbarkeit auf die BU- und Unfallversicherung, nicht aber Lebensversicherung oder der Sparten außerhalb der Personenversicherung *Armbrüster* VersR 2013, 944). 3a

IV. Kostentragung

Aufgrund einer Beschlussempfehlung des Rechtsausschusses des Deutschen Bundestages (BT-Drs. 16/5862) wird durch **Satz 4** sichergestellt, dass der VR Kosten für von ihm angeforderte Gutachten und Stellungnahmen tragen muss (zum – geringen – Anwendungsbereich neben § 85 Langheid/Wandt/*Hütt* § 202 Rn. 14 f.; Bach/Moser/*Hütt* § 202 Rn. 10). 4

V. Gesetzesnovelle 2013

Auf Anregung des Deutschen Bundestags, dem es um eine Ausweitung der in § 202 geregelten „Waffengleichheit" durch ein noch umfangreicheres Recht auf Einsichtnahme in Gutachten oder Stellungnahmen ging (BT-Drs. 17/6939; Petition 4-17-07- 7617-005885), ist ein Gesetz zur Verbesserung der Rechte von Patientinnen und Patienten – **Patientenrechtegesetz** (BR-Drs. 312/12; § 630g BGB – Einsichtnahme in die Patientenakte) verabschiedet worden. Trotz der Erkenntnis, dass das Verhältnis Patient – Arzt anders zu beurteilen ist als das Verhältnis Versicherungsnehmer – Versicherung, werden die Gründe, die für ein weitgehendes Recht auf Einsichtnahme in ärztliche Unterlagen sprechen, auch im Verhältnis zum VR als gleich angesehen. Ausgangspunkt der Regelung ist jeweils die informationelle Selbstbestimmung des Versicherten (vgl. Begründung zur Vorläufervorschrift, § 178m VVG aF; BT-Drs. 12/6959, 107; im Patientenrechtegesetz die Begründung zu § 630g BGB). Ebenso wie dem mündigen Patienten soll es dem **mündigen VN** überlassen bleiben, eigenverantwortlich zu entscheiden, worin er Einblick nehmen will. 5

Die durch das Gesetz zur Änderung versicherungsrechtlicher Vorschriften vom 24.4.2013 (in Kraft getreten am 1.5.2013) geänderte Vorschrift des § 202 Satz 2 scheint missglückt, auch wenn das Informationsrecht dort **nicht grenzenlos** ausgestaltet ist. Stehen der Einsichtnahme **erhebliche therapeutische Gründe** entgegen, kann bzw. muss die Einsichtnahme vom VR abgelehnt werden. Dies dürfte insbesondere, aber keineswegs nur für die Bereiche der Psychiatrie und der Psychotherapie relevant sein; eine persönliche Einsichtnahme könnte mit der Gefahr einer gesundheitlichen Schädigung des VN verbunden sein. Auch bei (lebens-)bedrohlichen Erkrankungen kann die Auskunft/Einsichtnahme mehr 6 schaden als nützen. Gerade das aber bringt den VR in ein kaum zu lösendes Dilemma: Lehnt er ohne Angabe von Gründen unter Hinweis auf eine mögliche Gefährdung ab, wird die Aufregung beim VN möglicherweise größer sein als bei Kenntnis der Unterlagen. Lehnt der VR begründet ab, muss er so viel preisgeben, dass dann auch gleich Einsicht gewährt werden könnte. Das gleiche gilt (erst recht) bei einer etwaigen prozessualen Auseinandersetzung über das Einblicksrecht. Also wird der VR gezwungen sein, eher Einblick zu gewähren als nicht; gerade das aber sollte nicht (immer) den besten Interessen des VN/Versicherten entsprechen. Es muss daher genügen, wenn der VR bei Anwendung des Satz 2 gegenüber dem VN/Versicherten nur kurz auf das Entgegenstehen erheblicher therapeutischer Gründe verweist, ohne eine detaillierte Begründung zu liefern (Bach/Moser/*Hütt* § 202 Rn. 4).

7 Damit der VR entscheiden kann, ob eine persönliche Einsichtnahme aus therapeutischen Gründen abzulehnen ist, soll und wird er nach Einschätzung des Gesetzgebers zweckmäßigerweise den beauftragten Arzt auch um eine Stellungnahme zu der Frage der unmittelbaren Einsichtnahme bitten. Diese Anfrage aber kommt zu spät, denn einen beauftragten Arzt gibt es ja nach Maßgabe von Satz 2 erst bei Bestehen der therapeutischen Bedenken gegen die Einsichtnahme; dann aber ist der VN bereits über diese Bedenken informiert mit den zuvor beschriebenen Folgen.

8 Die Grenze des Einsichtsrechts ist ferner erreicht, wenn sonstige erhebliche Gründe entgegenstehen, zB **schutzwürdige Rechte Dritter** verletzt würden. Das kann der Fall sein, wenn auch die gesundheitliche Situation anderer Personen behandelt wird, nach Meinung des Gesetzgebers aber im Regelfall nicht, wenn Behandlungsfehler erörtert werden.

§ 203 Prämien- und Bedingungsanpassung

(1) [1]**Bei einer Krankenversicherung, bei der die Prämie nach Art der Lebensversicherung berechnet wird, kann der Versicherer nur die entsprechend den technischen Berechnungsgrundlagen nach den §§ 146, 149, 150 in Verbindung mit § 160 des Versicherungsaufsichtsgesetzes zu berechnende Prämie verlangen.** [2]**Außer bei Verträgen im Basistarif nach § 152 des Versicherungsaufsichtsgesetzes kann der Versicherer mit Rücksicht auf ein erhöhtes Risiko einen angemessenen Risikozuschlag oder einen Leistungsausschluss vereinbaren.** [3]**Im Basistarif ist eine Risikoprüfung nur zulässig, soweit sie für Zwecke des Risikoausgleichs nach § 154 des Versicherungsaufsichtsgesetzes oder für spätere Tarifwechsel erforderlich ist.**

(2) [1]**Ist bei einer Krankenversicherung das ordentliche Kündigungsrecht des Versicherers gesetzlich oder vertraglich ausgeschlossen, ist der Versicherer bei einer nicht nur als vorübergehend anzusehenden Veränderung einer für die Prämienkalkulation maßgeblichen Rechnungsgrundlage berechtigt, die Prämie entsprechend den berichtigten Rechnungsgrundlagen auch für bestehende Versicherungsverhältnisse neu festzusetzen, sofern ein unabhängiger Treuhänder die technischen Berechnungsgrundlagen überprüft und der Prämienanpassung zugestimmt hat.** [2]**Dabei dürfen auch ein betragsmäßig festgelegter Selbstbehalt angepasst und ein vereinbarter Risikozuschlag entsprechend geändert werden, soweit dies vereinbart ist.** [3]**Maßgebliche Rechnungsgrundlagen im Sinn der Sätze 1**

und 2 sind die Versicherungsleistungen und die Sterbewahrscheinlichkeiten. [4]Für die Änderung der Prämien, Prämienzuschläge und Selbstbehalte sowie ihre Überprüfung und Zustimmung durch den Treuhänder gilt § 155 in Verbindung mit einer auf Grund des § 160 des Versicherungsaufsichtsgesetzes erlassenen Rechtsverordnung.

(3) **Ist bei einer Krankenversicherung im Sinn des Absatzes 1 Satz 1 das ordentliche Kündigungsrecht des Versicherers gesetzlich oder vertraglich ausgeschlossen, ist der Versicherer bei einer nicht nur als vorübergehend anzusehenden Veränderung der Verhältnisse des Gesundheitswesens berechtigt, die Allgemeinen Versicherungsbedingungen und die Tarifbestimmungen den veränderten Verhältnissen anzupassen, wenn die Änderungen zur hinreichenden Wahrung der Belange der Versicherungsnehmer erforderlich erscheinen und ein unabhängiger Treuhänder die Voraussetzungen für die Änderungen überprüft und ihre Angemessenheit bestätigt hat.**

(4) **Ist eine Bestimmung in Allgemeinen Versicherungsbedingungen des Versicherers durch höchstrichterliche Entscheidung oder durch einen bestandskräftigen Verwaltungsakt für unwirksam erklärt worden, ist § 164 anzuwenden.**

(5) **Die Neufestsetzung der Prämie und die Änderungen nach den Absätzen 2 und 3 werden zu Beginn des zweiten Monats wirksam, der auf die Mitteilung der Neufestsetzung oder der Änderungen und der hierfür maßgeblichen Gründe an den Versicherungsnehmer folgt.**

Übersicht

I. Regelungszusammenhang

1. Kalkulationsgrundlagen „nach Art der Lebensversicherung“

1 Die Vorschrift regelt die Bedingungs- und Prämienanpassung, die bei langlebigen Verträgen wie der Krankenversicherung unerlässlich sind. Bei einer Kalkulation „nach Art der Lebensversicherung“, also auf der Grundlage von biometrischen Risiken (vgl. dazu → § 195 Rn. 4), werden für die Prämienkalkulation die technischen Berechnungsgrundlagen des Aufsichtsrechts in das Versicherungsverhältnis einbezogen.

2. Rechnungsgrundlagen

2 Als Voraussetzung für eine Prämienanpassung wird auf eine Veränderung der für die **Prämienkalkulation maßgeblichen Rechnungsgrundlagen** abgestellt. Diese sind ausweislich **Abs. 2 Satz 3** auf die **Versicherungsleistungen** einerseits

und die **Sterbewahrscheinlichkeiten** andererseits beschränkt, die die auslösenden Grundlagen für eine Beitragsanpassung darstellen, wenn die gesetzlich oder vertraglich vorgesehenen Schwellenwerte überschritten werden.

3. Selbstbehalte/Risikozuschläge

Abs. 2 Satz 2 stellt entsprechend § 155 Abs. 3 Satz 3 VAG klar, dass auch Selbstbehalte und Risikozuschläge geändert werden können, auch wenn diese in absoluten Beträgen vereinbart sind (vgl. Langheid/Wandt/*Boetius* § 203 Rn. 890 ff.). Etwas anderes gilt bei Verträgen im Basistarif, wo die Erhebung von Risikozuschlägen oder die Vereinbarung von Leistungsausschlüssen unzulässig ist (Langheid/Wandt/*Boetius* § 203 Rn. 893). 3

4. Prüfungsparameter

Abs. 2 Satz 4 legt die Parameter für die Änderung der Prämien, Prämienzuschläge und Selbstbehalte sowie ihre Überprüfung und Zustimmung durch den Treuhänder fest, für welche § 155 VAG iVm der aufgrund des § 160 Abs. 1 VAG zu erlassenden Rechtsverordnung gilt. Nach § 155 Abs. 3 VAG hat das Versicherungsunternehmen für jeden nach Art der Lebensversicherung kalkulierten Tarif zumindest jährlich die erforderlichen mit den kalkulierten Versicherungsleistungen zu vergleichen. Ergibt die Gegenüberstellung für einen Tarif eine Abweichung von mehr als 10 %, hat das Versicherungsunternehmen alle Prämien dieses Tarifs zu überprüfen und, wenn die Abweichung als nicht nur vorübergehend anzusehen ist, mit Zustimmung des Treuhänders anzupassen. Gemäß § 15 Abs. 1 Satz 1 KVAV ist der Vergleich der erforderlichen mit den kalkulierten Versicherungsleistungen für jede **Beobachtungseinheit** eines Tarifs getrennt durchzuführen, weil der Versicherer bei einer Prämienanpassung jede Beobachtungseinheit eines Tarifs getrennt zu kalkulieren hat (OLG Köln r+s 2012, 605). Von der Überprüfung und eventuellen Anpassung der Prämie ist deshalb gem. § 155 Abs. 3 S. 2 VAG nur die Beobachtungseinheit betroffen, bei der die Abweichung 10 % (bzw. einen geringeren vertraglich vereinbarten Prozentsatz) übersteigt (BGH VersR 2004, 991 (992)). 4

Unwirksam ist gem. § 155 Abs. 3 Satz 4 VAG eine Anpassung, wenn die Versicherungsleistung zum Zeitpunkt der Erst- oder Neukalkulation unzureichend kalkuliert worden war und ein ordentlicher und gewissenhafter Aktuar dies insbesondere aufgrund der ihm zur Verfügung stehenden statistischen Kalkulationsgrundlagen hätte erkennen können oder müssen. In einem solchen Fall darf der Treuhänder der Anpassung nicht zustimmen. Eine Beitragsanpassung ist ausgeschlossen, soweit eine **vermeidbare Fehlkalkulation** vorliegt. Das gilt nicht nur für die Erstberechnung, sondern auch für frühere Anpassungen. 4a

5. Bedingungsänderung

Die Mitwirkung eines unabhängigen Treuhänders bei Anpassungen sowohl von AVB als auch von Tarifbestimmungen ist erforderlich, wenn diese auf **veränderte Verhältnisse im Gesundheitswesen** zurückzuführen sind. In **Abs. 4** ist der **Wegfall der Mitwirkung eines Treuhänders** bei der Ersetzung **unwirksamer AVB** geregelt. Hier wird auf die für die Lebensversicherung geltende Vorschrift in § 164 abgestellt. 5

6. Wirksamwerden der Vertragsänderung

6 Die Vorschrift des **Abs. 5** entspricht im Wesentlichen § 178g Abs. 4 aF; abweichende Vereinbarungen über den Zeitpunkt des Wirksamwerdens der Vertragsänderung sind allerdings ausgeschlossen, soweit für den VN nachteilig (§ 208). Bei der Anpassung von für unwirksam erklärten AVB bestimmt sich deren Wirksamwerden gem. Abs. 4 nach § 164 Abs. 2 (vgl. → § 164 Rn. 24).

II. Technische Berechnungsgrundlagen (Abs. 1)

1. Kalkulatorische Grundlagen

7 **Abs. 1** bezieht sich nicht nur auf die Erstkalkulation, sondern auch auf jede weitere Kalkulation der Prämie (*Franz* VersR 2020, 449). **Satz 1** stellt die Kalkulationsart klar, die nach Art der Lebensversicherung, das heißt: aufgrund biometrischer Rechnungsgrundlagen erfolgt (BT-Drs. 16/3945, 113). Die genannten Vorschriften des VAG regeln die Berechnung der Prämie und die Erhebung des gesetzlichen Beitragszuschlags. Über Absatz 1 werden die öffentlich-rechtlichen Bestimmungen der §§ 146, 149, 150 iVm § 160 auch vertragsrechtlich wirksam. Das VAG gestaltet insoweit unmittelbar den Inhalt des Versicherungsvertrags (*Franz* VersR 2020, 449 (450)). Damit ist die Erhebung einer frei verhandelten Prämie ausgeschlossen und anstelle dessen gewährleistet, dass alle VN hinsichtlich der Prämienbemessung gleichbehandelt werden (Römer/Langheid/*Römer,* VVG, 2. Aufl. 2003, § 178g Rn. 1).

2. „Nach Art der Lebensversicherung"

8 **„Nach Art der Lebensversicherung"** bedeutet, dass die Krankenversicherung – wie vom Gesetzgeber auch ausdrücklich angeführt – aufgrund biometrischer Rechnungsgrundlagen kalkuliert wird. Dazu zählt an sich nicht die Einbeziehung einer Alterungsrückstellung, was aber vom Gesetzgeber ausdrücklich angeordnet wird (§ 146 Abs. 1 Nr. 2 VAG; vgl. → Rn. 9). Die **nicht substitutive Krankenversicherung** muss nicht, kann aber nach Art der Lebensversicherung betrieben werden (§ 147 VAG). In diesem Fall ist auch sie den Vorschriften über die Prämien- und Bedingungsanpassung unterworfen (Langheid/Wandt/*Boetius* § 203 Rn. 86). Nur die Krankenversicherung **nach Art der Schadenversicherung** (weder substitutiv noch nach Art der Lebensversicherung; so etwa reine Krankheitskosten- und Pflegekostentarife) ist davon ausgenommen.

3. §§ 146, 149, 150 iVm § 160 VAG

9 Für die substitutive Krankenversicherung, die zwingend nach Art der Lebensversicherung zu betreiben ist, kann nach Abs. 1 nur eine Prämie verlangt werden, die nach den technischen Berechnungsgrundlagen in §§ 146, 149, 150 iVm § 160 VAG kalkuliert ist. In § 146 Abs. 1 Nr. 1 VAG ist angeordnet, dass eine **versicherungsmathematische Grundlage** notwendig ist, also die Verwendung von Wahrscheinlichkeitstafeln und anderen einschlägigen statistischen Daten, Sterblichkeitswahrscheinlichkeiten, Alters- und Geschlechtsabhängigkeit (fraglich seit dem sog Unisexurteil des EuGH VersR 2011, 377, wo allgemeine Gleichbehandlungserwägungen paradoxerweise zu einer Diskriminierung führen, weil die Gleichbehandlung von – aktuariell bewiesenen – ungleichen Sachverhalten

genauso rechtswidrig sein sollte wie Ungleichbehandlung von Gleichem), Stornowahrscheinlichkeiten und Sicherheits- und sonstigen Zuschlägen und Rechnungszinsen (§ 146 Abs. 1 Nr. 1 VAG). Ferner ist eine Alterungsrückstellung nach § 341f HGB zu bilden (§ 146 Abs. 1 Nr. 2 VAG). Das ordentliche Kündigungsrecht muss – vertraglich oder gesetzlich – ausgeschlossen sein, in der Krankentagegeldversicherung spätestens ab dem vierten Versicherungsjahr, außerdem muss der VR sich – zwecks Erhaltung der dauernden Erfüllbarkeit der Verträge – eine **Prämienerhöhung ausdrücklich vorbehalten** (§ 146 Abs. 1 Nr. 3 VAG). In § 146 Abs. 1 Nr. 4 VAG wird das Recht auf Tarifwechsel unter Anrechnung der erworbenen Alterungsrückstellung angeordnet.

Ab dem 1.1.2009 ist gem. § 146 Abs. 1 Nr. 5 VAG die Mitnahme der Alterungsrückstellung desjenigen Teils der Versicherung, dessen Leistungen dem Basistarif iSd § 152 Abs. 1 VAG entsprechen, bei einem Tarifwechsel des VN zu einem **anderen privaten Krankenversicherer** gewährleistet. Nach § 152 Abs. 1 VAG haben VR „mit Sitz im Inland", die die substitutive Krankenversicherung betreiben, einen „branchenweit einheitlichen Basistarif" anzubieten" (vgl. dazu im Einzelnen → § 193 Rn. 60). Die Regelung in § 152 Abs. 2 VAG bildet den Norminhalt des § 193 Abs. 5 aufsichtsrechtlich ab. In § 152 Abs. 3 VAG ist die gesetzliche **Deckelung der Prämie** für den Basistarif angeordnet. Der Vollständigkeit halber sei auch auf § 158 Abs. 2 VAG hingewiesen, wonach der **PKV-Verband beliehen** wird, die Einzelheiten des Basistarifs unter der Fachaufsicht des Bundesfinanzministeriums festzulegen. 10

Durch die Inbezugnahme in Abs. 1 sind alle diese Regelungen in die Prämienkalkulation des VR einzubeziehen. Gleiches gilt für die Regelung des § 149 VAG, in dem der gesetzliche Prämienzuschlag in der substitutiven Krankenversicherung normiert ist, sowie für § 150 VAG, der die Handhabung der Alterungsrückstellung und die Verwendung des Beitragszuschlages ab Vollendung des 65. Lebensjahres normiert. Über die Ermächtigungsgrundlage in § 160 VAG sind die versicherungsmathematischen Methoden zur Berechnung der Prämie und der mathematischen Rückstellungen in die Krankenversicherungsaufsichtsverordnung (vgl. zur KVAV → Rn. 4) eingeflossen. 11

Die **KVAV** enthält die Rechnungsgrundlagen im Einzelnen, namentlich den Rechnungszins (§ 2 Abs. 1 Nr. 1 KVAV), die Ausscheideordnung (Nr. 2), die Kopfschäden (Nr. 3), Sicherheits- und sonstige Zuschläge (Nr. 4 und 5) sowie Übertrittswahrscheinlichkeiten (Nr. 6). Andere geeignete Rechnungsgrundlagen werden dadurch nicht ausgeschlossen (§ 2 Abs. 2 KVAV). Es sind die von der BaFin veröffentlichten Wahrscheinlichkeitstafeln (vgl. zu diesen § 159 Abs. 1 VAG) zu verwenden, wobei Annahmen zu Invaliditäts-, Krankheits- und Sterblichkeitsgefahr zugrunde zu legen sind, außerdem eine Stornowahrscheinlichkeit und die Alters- und Geschlechtsabhängigkeit des Risikos (zur verfassungsrechtlichen Beurteilung bei geschlechtsabhängigen Tarifen vgl. einerseits *Wandt* VersR 2004, 1341 ff.; dagegen *Lorenz* VW 2004, 1640 ff. sowie *Wrase/Baer* NJW 2004, 1623 ff.; nach der EuGH-Entscheidung VersR 2011, 377, wonach eine geschlechtsabhängige Kalkulation ab dem 21.12.2012 unzulässig wird, muss eine neue Regelung erfolgen, die wohl nur in einem Wegfall der geschlechtsspezifischen Daten bestehen kann, allerdings zum Nachteil beider Geschlechter, weil jeweilige Spezifika jetzt, um den Preis einer Kostensteigerung, auf beide Geschlechter umverteilt werden müssen). Neben dem Aufbau der Alterungsrückstellung muss auch die Rückstellung für Beitragsrückerstattungen kalkuliert werden. Insgesamt stellt die gesetzliche Regelung die **dauerhafte Erfüllbarkeit der Versicherungsverträge** 12 sicher, weshalb sich der VR auch ein Prämienanpassungsrecht (sprich eine Erhöhung der Prämie bei laufendem Vertrag) vorbehalten **muss.**

4. Risikozuschlag; Leistungsausschluss

13 **Abs. 1 Satz 2** stellt sicher, dass aufgrund einer vorvertraglichen Risikoprüfung der VR das Recht hat, ein erhöhtes Risiko durch einen angemessenen Risikozuschlag oder durch einen Leistungsausschluss abzufangen. Individuelle Risikozuschläge, die bei einem zum Zeitpunkt des Vertragsschlusses erhöhten versicherungstechnischen Risiko erhoben werden dürfen, unterfallen nicht der KVAV (HK-VVG/*Marko* § 203 Rn. 3). Dieses Recht auf Erhebung eines Risikozuschlags oder Regelung eines Leistungsausschlusses ist im **Basistarif** ab 1.1.2009 weggefallen.

14 **a) GKV-WSG (BT-Drs. 16/3100).** Im Basistarif darf das individuelle Risiko für die Prämienhöhe keine Rolle spielen. Nur weil eine Erfassung individueller Risikodaten für das Funktionieren des Risikoausgleichs der VR untereinander nach § 154 Abs. 1 VAG erforderlich ist, musste dieser Fall ausdrücklich geregelt werden.

15 **b) Wegfall der Risikoprüfung. aa) Basistarif.** Bei Verträgen im Basistarif (vgl. dazu → § 193 Rn. 60 ff.) kann der VR weder einen angemessenen Risikozuschlag noch einen Leistungsausschluss vereinbaren. Der **Kontrahierungszwang** der VR bezieht sich also nicht nur auf den Abschluss des Vertrages als solchen, sondern auch auf die ungeprüfte Übernahme des Risikos. Der VR muss den Antragsteller so akzeptieren, wie er ist; bestehende Erkrankungen müssen in den Versicherungsschutz einbezogen werden, wodurch das Kollektiv erheblich belastet wird.

16 **bb) Sonstige Tarife.** Außerhalb des Basistarifs bleibt es bei den üblichen versicherungsmathematischen Grundsätzen (vgl. dazu → Rn. 7 ff.). Wichtig ist, dass nach wie vor die **Anpassungspflicht** des VR in Bezug auf die Prämien bestehen bleibt, so dass Verteuerungen aufgrund des Basistarifs zwingend auf die anderen Kollektive umzulegen sind, soweit nicht der Strukturausgleich (vgl. dazu → Rn. 17 ff.) eine Prämienerhöhung vermeiden hilft.

17 **c) Strukturausgleich. aa) Risikoausgleich nach § 154 VAG.** Zur dauerhaften Erfüllbarkeit der Verpflichtung aus den Basistarifen müssen die VR sich an einem Ausgleichssystem beteiligen (§ 154 Abs. 1 S. 1 VAG). Das soll einen Ausgleich der „unterschiedlichen Belastungen" sicherstellen. Gemäß § 154 Abs. 1 Satz 3 VAG sind Mehraufwendungen, die aufgrund von **Vorerkrankungen** entstehen, auf alle „im Basistarif Versicherten gleichmäßig zu verteilen". Das korreliert mit dem Verbot von vorvertraglichen Risikoprüfungen. Entsprechende Mehraufwendungen sind nur unter den im Basistarif Versicherten zu verteilen und auszugleichen.

18 Andere Mehraufwendungen, die durch die **(doppelte) Prämiendeckelung** im Basistarif entstehen (vgl. § 152 Abs. 3 u. 4 VAG), sind auf alle PKV-Versicherungsunternehmen zu verteilen (vgl. § 154 Abs. 1 S. 3 2. Alt. VAG), die solchen Mehrbedarf natürlich auf die Tarifkollektive umlegen werden, so dass letztlich **alle Privatversicherten,** die nicht im Basistarif versichert sind, die Mehraufwendungen für den Basistarif zu zahlen haben.

Der Risikoausgleich funktioniert dergestalt, dass der VR, der aufgrund von Vorerkrankungen im Basistarif Mehraufwendungen gegenüber dem normalen Verlauf des Vertrages hat (zu diesem Zweck darf er auch eine Gesundheitsprüfung vornehmen, bei der er nach OLG Köln VersR 2013, 490 auch die Vorlage ärztlicher und zahnärztlicher Untersuchungsberichte verlangen und sozusagen einen fiktiven Parallelverlauf des Krankenversicherungsvertrages zugrunde legen kann), einen strukturellen Ausgleich von denjenigen VR verlangen kann, bei denen dieser Negativverlauf nicht eintritt. Da aber zu erwarten ist, dass **alle VR ein Minus erwirtschaften** werden, wird dieser Strukturausgleich nicht helfen. Es fragt sich, wer die Lasten trägt, die durch den erwartungsgemäß eintretenden Gesamtverlust eintreten, für den es dann naturgemäß auch keinen Ausgleich mehr geben kann. Da dieser Totalverlust naturgemäß durch die Prämiendeckelung iSv § 152 Abs. 3 u. 4 VAG eintritt (ohne die Deckelung könnte ja eine sachgerechte Prämie kalkuliert werden), tritt die zweite Alternative von § 154 Abs. 1 S. 3 VAG ein, wenn nicht aufgrund der Vorerkrankungen der Strukturausgleich stattfinden kann: Diese Mehrkosten sind dann „auf alle beteiligten Versicherungsunternehmen" zu verteilen mit dem Ziel, „dass eine gleichmäßige Belastung dieser Unternehmen bewirkt wird". Am Ende wird diese „gleichmäßige Belastung" auf alle Tarifkollektive umzulegen sein. 19

bb) Spätere Tarifwechsel. Die Risikoprüfung kann auch im Basistarif durchgeführt werden, soweit diese „für spätere Tarifwechsel erforderlich" ist. Das bedeutet, dass der VR auch **im Basistarif** den tatsächlichen Gesundheitszustand des Versicherten feststellen darf, um bei einem späteren Tarifwechsel **außerhalb des Basistarifs** die erforderliche, leistungsgerechte Prämie für den Zieltarif erheben oder einen Leistungsausschluss vereinbaren zu können (Einzelheiten zum Tarifwechselrecht vgl. → § 204 Rn. 8). 20

III. Prämienanpassung (Abs. 2)

1. Gesetzesbegründung zu Abs. 2 (BT-Drs. 16/3945, 113)

„Die Vorschrift erweitert die Voraussetzungen, unter denen der VR die Prämie neu festsetzen kann. In Satz 1 wird abweichend von § 178g Abs. 2 Satz 1 VVG nicht auf die Veränderung des Schadensbedarfes, sondern auf die Veränderung einer für die Prämienkalkulation maßgeblichen Rechnungsgrundlage abgestellt. Diese Rechnungsgrundlagen sind in Satz 3 festgelegt. Abweichend vom geltenden Recht, das nur auf Veränderungen des Schadensbedarfes abstellt, sollen künftig auch Veränderungen der Sterbewahrscheinlichkeiten, die sich aus den jeweils aktualisierten Sterbetafeln ergeben, eine Beitragsanpassung auslösen können. Diese Rechnungsgrundlage kann, wie zB auch der Rechnungszins, bisher nur angepasst werden, wenn aufgrund eines veränderten Schadenbedarfes eine Überprüfung der Beiträge erfolgt. Zur Vermeidung von Beitragssprüngen, die sich aus der Kumulierung von Anpassungserfordernissen ergeben können, wird eine Veränderung der Sterbewahrscheinlichkeiten zusätzlich als auslösende Grundlage für eine Beitragsüberprüfung zugelassen. Andere Rechnungsgrundlagen, insbesondere der Rechnungszins, sollen entgegen dem Votum der VVG-Kommission nicht für sich allein als Auslöser von Prämienanpassungen berücksichtigt werden, da Veränderungen dieser Rechnungsgrundlage im Wesentlichen auf einer Unternehmensentscheidung beruhen. Die erforderliche aufsichtsrechtliche Ergänzung ist in Art. 7 21

Nr. 7 des Gesetzentwurfes (§ 12b Abs. 2a VAG) vorgesehen. Satz 2 stellt in Übereinstimmung mit § 12b Abs. 2 Satz 3 VAG klar, dass auch in absoluten Beträgen festgelegte Selbstbehalte und Risikozuschläge bei entsprechender Vereinbarung geändert werden können. § 178g Abs. 2 VVG regelt bisher nicht, nach welchen Kriterien der Treuhänder die Rechnungsgrundlagen zu prüfen und die Beitragsanpassung zu genehmigen hat; dies ist aber vertragsrechtlich relevant. Satz 4 bildet künftig den materiellen Kern des § 12b Abs. 1 bis 2a einschließlich der Ermächtigungsnorm des § 12c VAG im Vertragsrecht ab."

2. Äquivalenzprinzip bei Ausschluss des ordentlichen Kündigungsrechts

22 Für die Prämienkalkulation maßgeblich ist das **Äquivalenzprinzip.** Es umschreibt die Gleichwertigkeit von erbrachter Versicherungsleistung und hierfür gezahlter Versicherungsprämie als wesentlichen Grundgedanken im Bereich der PKV. Damit wird sichergestellt, dass der VN im Krankheitsfall dauerhafte Leistungsansprüche gegen den VR hat, die dieser mit dem Prämienaufkommen auch erfüllen kann. Wegen der sozialpolitischen Bedeutung der Krankenversicherung muss in der substitutiven Krankenversicherung das ordentliche Kündigungsrecht ausgeschlossen werden (§ 146 Abs. 1 Nr. 3 VAG). Zum Ausgleich für den Wegfall des Kündigungsrechts bleibt dem VR nach **Abs. 2 Satz 1** vorbehalten, die Prämien anzupassen, wenn es im Vertragsverlauf zu einer Änderung der der Prämienkalkulation zugrunde liegenden Verhältnisse gekommen ist. Das ist bei den uU sehr langen Laufzeiten des Krankenversicherungsvertrages zur Wahrung des Äquivalenzprinzips und Erfüllbarkeit der dauernden Verpflichtungen des VR unumgänglich, weswegen ihn gemäß § 155 VAG auch eine Anpassungs**pflicht** trifft. Die Vorschrift des Abs. 2 Satz 1 ist somit eine spezielle Regelung im Falle einer nachhaltigen Störung der Geschäftsgrundlage und geht insoweit § 313 BGB vor.

3. Dauerhafte Veränderung der maßgeblichen Rechnungsgrundlagen

23 Die maßgeblichen Rechnungsgrundlagen sind nach **Abs. 2 Satz 3** zunächst die **Versicherungsleistungen** (mithin **Kopfschäden** iSv § 6 Abs. 1 KVAV als die über einen Zeitraum von zwölf Monaten auf einen Versicherten je Altersstufe und Geschlecht entfallenden durchschnittlichen Versicherungsleistungen) und die **Sterbewahrscheinlichkeit.** Andere Parameter dürfen als *Anlass* für eine Prämienanpassung nicht herangezogen werden, können aber Einfluss auf die *Höhe* der Prämienanpassung haben (vgl. Langheid/Wandt/*Boetius* § 203 Rn. 776 f.).

23a Der VR hat die **Anpassungsprüfung** gem. § 155 Abs. 3 Satz 1 VAG mindestens **jährlich** durchzuführen. Der Anpassungsmechanismus bezieht sich auf jeden einzelnen Tarif und beinhaltet **zwei Stufen:** In der **ersten Stufe** ist für die Prämienanpassung zunächst erforderlich, dass sich die Rechnungsgrundlage der Versicherungsleistungen verändert und die Veränderung einen bestimmten **Schwellenwert** (den sog. **auslösenden Faktor**) überschreitet. Dieser beträgt gem. § 155 Abs. 3 S. 2 VAG für die Versicherungsleistung 10 %, sofern nicht in den AVB (etwa in den Musterbedingungen in **§ 8b Abs. 1 MK/KK 2009**) ein niedrigerer Prozentsatz vorgesehen ist, der größere Prämiensprünge vermeiden soll (regelmäßig 5 %). Ein solcher vertraglicher Schwellenwert unterliegt der AGB-Kontrolle nach §§ 305 ff. BGB (aA *Bruns* VersR 2021, 541, der die Regelung des

§ 8b MB/KK 2009 als lediglich deklaratorische Klausel bewertet). Ein Wahlrecht des Versicherers unterhalb des Höchstschwellenwertes von 10 % ist zulässig (OLG Köln VersR 2018, 1436; LG Dortmund NJOZ 2015, 185; LG Berlin BeckRS 2021, 11747; LG Essen BeckRS 2021, 14609; LG Ansbach BeckRS 2021, 13236; LG Kempten BeckRS 2021, 11745; *Voit* VersR 2021, 673 (681); *Bruns* VersR 2021, 541 (547); Looschelders/Pohlmann/*Reinhard* § 203 Rn. 12; aA Prölss/Martin/*Voit* § 203 Rn. 22 mit Hinweis auf BGH VersR 2004, 991, wo jedoch auch die aufsichtsgesetzliche Möglichkeit, in den AVB einen geringeren Prozentsatz zu vereinbaren, angesprochen wird). Eine unangemessene Benachteiligung des VN nach § 307 BGB ist durch eine frühere, aber geringere Prämienerhöhung nicht begründet (LG Dortmund NJOZ 2015, 185). Die Zulässigkeit der Regelung des § 8b MB/KK 2009 folgt bereits aus dem Gesetz selbst, vgl. § 155 Abs. 3 S. 2 VAG (LG Berlin BeckRS 2021, 11747; LG Essen BeckRS 2021, 14609; LG Kempten BeckRS 2021, 11745; LG Krefeld, 16.6.2021 – 2 O 439/20; LG Gießen, 31.8.2021 – 2 O 549/20; *Bruns* VersR 2021 541). Wird der vertragliche (nicht aber der gesetzliche) Schwellenwert überschritten, steht dem VR ein Anpassungsrecht zu, ihn trifft indes keine Anpassungspflicht. Eine Ermessenseinschränkung des VR ist nämlich gesetzlich nicht vorgesehen (*Franz* VersR 2020, 449, 451; BeckOK VAG/*Franz*/*Frey* VAG § 155 Rn. 48; aA HK-VAG/*Brand* VAG § 155 Rn. 26).

Die Vergleiche der Rechnungsgrundlagen können sowohl positive wie auch negative Abweichungen ergeben. Abweichungen nach oben und nach unten bewirken dabei beide dasselbe: Bei Überschreitung des gesetzlich oder vertraglich festgelegten Prozentsatzes (das heißt: des auslösenden Faktors), ist eine weitere Prüfung des VR veranlasst, ob die Änderung als dauerhaft oder nur als vorübergehend zu qualifizieren ist. Eine Abweichung des auslösenden Faktors „nach unten" hindert den VR nicht an einer Prämienerhöhung, denn der auslösende Faktor zeigt nur die Notwendigkeit einer Prüfung an, sagt aber nichts darüber aus, ob im Ergebnis eine Anpassung der Prämien nach oben oder unten angezeigt ist (LG Nürnberg-Fürth VersR 2018, 1116; aA OLG Köln VersR 2013, 1561 mit krit. Anm. *Wandt* und *Boetius*). Da der auslösende Faktor nur auf der Ebene des Gesamtbestands berechnet wird, die Neukalkulation der Prämie aber altersabhängig stattfindet, kann es in einem Altersbereich zu einer Entwicklung in die gleiche Richtung wie der auslösende Faktor, in einem anderen Altersbereich aber in die entgegengesetzte Richtung kommen (*Franz* VersR 2020, 449 (452)). Des Gleichen kann auch eine negative Entwicklung bei den Versicherungsleistungen aufgrund positiver Entwicklungen bei anderen Rechnungsgrundlagen zu einer Prämienreduzierung führen. **23b**

Der auslösende Faktor ergibt sich aus einem Vergleich der erforderlichen mit den kalkulierten **Versicherungsleistungen** (§ 155 Abs. 3 Satz 1 VAG, § 15 Abs. 3 KVAV iVm Abschnitt B der Anl. 2 zur KVAV). Zum anderen sind auch die erforderlichen mit den kalkulierten **Sterbewahrscheinlichkeiten** miteinander zu vergleichen (§ 155 Abs. 4 Satz 1 VAG, § 16 Abs. 1 KVAV). Damit soll sichergestellt werden, dass die Alterungsrückstellungen bis ans Lebensende der Versicherten ausreichen. Diese Vergleiche sind nach § 15 Abs. 1 KVAV für jede **Beobachtungseinheit** eines Tarifs getrennt durchzuführen, weil der Versicherer nach § 10 Abs. 1 Satz 2 KVAV mit der Beobachtungseinheit eines Tarifs getrennt zu kalkulieren hat (OLG Köln VersR 2013, 1561). Die Beobachtungseinheit innerhalb eines Tarifs ist die unterste selbständige Kalkulationsebene, die durch gemeinsame kollektive Risikomerkmale definiert wird (OLG Köln VersR 2013, 1561; LG Dort- **23c** mund NJOZ 2015, 185). Danach ist eine Vermischung von Männern und Frauen nicht zulässig, weil diese innerhalb eines Tarifs verschiedene Beobachtungseinheiten bilden (BGH VersR 2004, 991; Prölss/Martin/*Voit* § 203 Rn. 21; anders nun ausdrücklich für Kinder und Jugendliche: § 15 Abs. 1 S. 2 KVAV). Gemeinsame kollektive Risikomerkmale sind neben dem Lebensalter und dem Geschlecht das nach Grund und Höhe einheitliche Leistungsversprechen (vgl. § 10 Abs. 1 S. 1 KVAV). Wenn zB unterschiedliche Selbstbehaltsstufen innerhalb eines Tarifs die Höhe des Leistungsversprechens des VR beeinflussen, können die unterschiedlichen Stufen jeweils eigenständige Beobachtungseinheiten darstellen; sie müssen dann nach § 15 Abs. 1 S. 1 KVAV hinsichtlich des Vergleichs der erforderlichen mit den kalkulierten Versicherungsleistungen getrennt betrachtet werden (KG, Urt. v. 29.9.2015 – 6 U 137/14). Wegen des sog. Unisex-Urteils des EuGH (VersR 2011, 377) existieren häufig nur noch drei Beobachtungseinheiten, nämlich Erwachsene, Jugendliche und Kinder. Nur in Tarifen, die vor dem 21.12.2012 eingeführt wurden, dürfen VR noch nach dem Geschlecht differenzieren (§ 27 Abs. 3 KVAV).

24 Eine **dauerhafte Veränderung** liegt vor, wenn der Vergleich zwischen den kalkulierten und den tatsächlich erforderlichen Versicherungsleistungen (Kopfschäden) eine relevante Abweichung ergibt, die nicht – etwa aufgrund einer einmaligen Sonderbelastung – von ganz vorübergehender Natur ist. Das muss unter Einbeziehung der Sterbewahrscheinlichkeit festgestellt werden. Soweit vertraglich vorgesehen ist **(§ 8b Abs. 2 MB/KK 2009**), dass der VR von einer Beitragsanpassung absehen *kann,* wenn nach übereinstimmender Beurteilung durch den VR und den Treuhänder die Veränderung von Versicherungsleistungen als vorübergehend anzusehen ist (folglich aber ebenso in seinem Ermessen steht, eine Beitragsanpassung bei nur vorübergehender Änderung der Versicherungsleistungen vorzunehmen), hält ein Teil der Rechtsprechung diese Regelung in Abs. 2 des § 8b MB/KK wegen Abweichens von der gesetzlichen Vorgabe des § 203 Abs. 2 iVm § 155 Abs. 3 Satz 2 VAG, die gerade eine nicht nur vorübergehende Veränderung als Voraussetzung für die Prämienanpassung formuliert, gem. § 208 VVG bzw. § 307 Abs. 2 Nr. 1 BGB für unwirksam (OLG Köln VersR 2021, 95 mit krit. Anm. *Boetius;* LG Bonn VersR 2021, 103; LG Essen BeckRS 2021, 14609; LG Kempten BeckRS 2021, 11745; dem in der Literatur folgend Langheid/Wandt/*Boetius,* § 203 Rn. 940; Bruck/Möller/*Waldkirch* MB/KK § 8b Rn. 12; Prölss/Martin/*Voit* MB/KK § 8b Rn. 2; *Werber* VersR 2021, 288; aA LG Stuttgart BeckRS 2021, 13237; LG Berlin BeckRS 2021, 11747; LG Chemnitz Urt. v. 17.5.2021 – 5 O 1358/20; LG Krefeld Urt. v. 16.6.2021 – 2 O 439/20; LG Gießen Urt. v. 31.8.2021 – 2 O 549/20; in der Literatur: *Boetius* VersR 2021, 101; *Bruns* VersR 2021, 541).

24a Soweit die Rechtsprechung teilweise (OLG Köln VersR 2021, 95; LG Bonn VersR 2021, 101; dem zustimmend *Werber* VersR 2021, 288) daraus den Schluss zieht, dass mit der Unwirksamkeit des Abs. 2 die gesamte Regelung des § 8b MB/KK (inklusive seines Abs. 1) wegen Untrennbarkeit der in den einzelnen Absätzen der Vorschrift enthaltenen Regelungsinhalte unwirksam sei und damit zugleich die gesamte auf § 8b MB/KK beruhende Beitragsanpassung (die auf der Grundlage eines überschrittenen Schwellenwerts von lediglich 5 % stattfand), ist dem nicht zu folgen. Nach höchstrichterlicher Rechtsprechung (BGH NJW 2014, 141) können inhaltlich voneinander trennbare, einzeln aus sich heraus verständliche Regelungen in AGB auch dann Gegenstand einer gesonderten Wirksamkeitsprüfung sein, wenn sie in einem äußeren sprachlichen Zusammenhang mit anderen, unwirksamen Regelungen stehen. Nur wenn der als wirksam anzusehende Teil im Gesamtgefüge des Vertrags nicht mehr sinnvoll, insbesondere der als unwirksam beanstandete Klauselteil von so einschneidender Bedeutung ist, dass von einer gänzlich neuen, von der bisherigen völlig abweichenden Vertragsgestaltung gesprochen werden muss, ergreift die Unwirksamkeit der Teilklausel die Gesamtklausel. Die inhaltliche Trennbarkeit einer Klausel und damit ihre Zerlegung in einen inhaltlich zulässigen und unzulässigen Teil ist immer dann gegeben, wenn der unwirksame Teil der Klausel gestrichen werden kann, ohne dass der Sinn des anderen Teils darunter leidet (sog. „blue-pencil-test"). Nach dieser Maßgabe bleibt die Regelung des § 8b Abs. 1 MB/KK auch bei Unwirksamkeit des Abs. 2 wirksam; beide Absätze stehen in keinem untrennbaren Zusammenhang, die Regelung des Abs. 1 kann für sich allein fortbestehen. Insbesondere ist durch die neben den Vertragsregelungen weiterhin geltenden gesetzlichen Regelungen (§ 155 Abs. 3 VAG, § 203 Abs. 2 VVG) gesichert, dass nur bei einer nicht nur vorübergehenden Veränderung der Rechnungsgrundlage die Beiträge bei Überschreitung des vertraglichen Schwellenwerts von 5 % angepasst werden dürfen (LG Hannover VersR 2021, 626 (710); LG Oldenburg BeckRS 2021, 6233; LG Ansbach BeckRS 2021, 13236; LG Berlin BeckRS 2021, 11747; LG Kempten BeckRS 2021, 11745; LG Essen BeckRS 2021, 14609; LG Stuttgart BeckRS 2021, 13237; LG Chemnitz Urt. v. 17.5.2021 – 5 O 1358/20; LG Halle Urt. v. 2.7.2021 – 5 O 416/20; LG Krefeld Urt. v. 16.6.2021 – 2 O 439/20; LG Gießen Urt. v. 31.8.2021 – 2 O 549/20; LG Potsdam Urt. v. 1.6.2021 – 13 O 255/20; LG Würzburg Urt. v. 14.6.2021 – 92 O 2013/20; LG Wuppertal BeckRS 2021, 25249; LG Zweibrücken Urt. v. 7.7.2021 – 2 O 257/20; *Voit* VersR 2021, 673 (678); *Bruns* VersR 2021 541 (549); *Rogler* r+s 2020, 647).

Selbst wenn man indes eine Erstreckung der Unwirksamkeit des § 8b Abs. 2 MB/KK wegen vermeintlicher Untrennbarkeit der Regelungen auch auf den Abs. 1 der Vorschrift annehmen wollte, würde dies eine Absenkung des Schwellenwerts auf unter 10 % durch die Tarife nicht ausschließen. Bei Unwirksamkeit des § 8b Abs. 1 MB/KK würde gem. § 306 Abs. 2 BGB die gesetzliche (Auffang-)Regelung des § 155 Abs. 3 Satz 2 VAG Geltung entfalten, wonach in den allgemeinen Versicherungsbedingungen ein geringerer Prozentsatz als 10 % vorgesehen werden darf. Die Tarifbedingungen des VR, in welchen der geringere Prozentsatz (so ein solcher vertraglich vorgesehen ist) regelmäßig beziffert wird, gehört zu den allgemeinen Versicherungsbedingungen (*Voit* VersR 2021, 673 (677); Langheid/Wandt/*Boetius* Vor § 192 Rn. 465). **24b**

4. Prämienanpassung

In der **zweiten Stufe** des Anpassungsmechanismus (zur ersten Stufe vgl. → Rn. 23a) ist die Prämie vollständig neu zu kalkulieren. Für die Prämienanpassung selbst gibt es dabei keine Schwellenwerte. Es ist zwischen dem auslösenden Ereignis und dem Prüfungsumfang des VR zu unterscheiden: Ist der auslösende Faktor überschritten, sind alle Rechnungsgrundlagen (das heißt: nicht nur diejenigen der Versicherungsleistungen und der Sterbewahrscheinlichkeiten) zu überprüfen und soweit notwendig die Prämie anzupassen (*Franz* VersR 2020, 449 (452)). Materiell gelten die für die Erstkalkulation anwendbaren Regelungen (§ 11 Abs. 1, 2 KVAV), so dass alle Rechnungsgrundlagen wie bei einer aktuariellen Erstkalkulation zu ermitteln sind Jede Prämienanpassung beruht also auf einer **vollständigen Neukalkulation** des betreffenden Tarifs (*Boetius* r+s 2021, 11 (15); Lang- **25** heid/Wandt/*Boetius* § 203 Rn. 870). Vorhandene Alterungsrückstellungen sind ebenso zu beachten wie zusätzliche Limitierungsmittel aus der Rückstellung für Beitragsrückerstattung (RfB). Zu beachtende Rechnungsgrundlagen sind unter anderem der Rechnungszins, die Kopfschäden, die Sterbe- und sonstige Ausscheidewahrscheinlichkeiten, der Sicherheitszuschlag sowie die Abschluss- und Verwaltungskosten (*Franz* VersR 2020, 449 (452)). Formale Voraussetzung für die Wirksamkeit der Prämienanpassung ist die Zustimmung des unabhängigen Treuhänders. Dieser muss gemäß Abs. 2 Satz 4 die maßgeblichen Anpassungsparameter gemäß § 155 VAG iVm der KVAV beachten. Ergibt seine Überprüfung die richtige Handhabung der technischen Berechnungsgrundlagen und das Erfordernis der Prämienanpassung, stimmt er der Prämienanpassung zu (zu den Rechtsfolgen bei Verweigerung vgl. → Rn. 32).

25a Sowohl die formalen wie materiellen Voraussetzungen als auch die Höhe der Prämienanpassung unterliegen der **zivilgerichtlichen Überprüfung** (BVerfG VersR 2000, 214). Gegenstand der Überprüfung, ob die Anpassungsvoraussetzungen vorlagen und die Höhe zutreffend ermittelt wurde, ist vom Gericht allein auf der Grundlage der dem Treuhänder vom VR zur Prüfung nach § 155 VAG, § 15 KVAV vorgelegten Unterlagen vorzunehmen (BGH VersR 2004, 991). Rechtlich nicht zu beanstanden ist, wenn dem Treuhänder im Rahmen der Prüfung nur die geänderten technischen Berechnungsgrundlagen bzw. die sog. Austauschseiten mit den entsprechenden Änderungen vorgelegt wurden, weil ihm die gesamten technischen Berechnungsgrundlagen und Rahmengeschäftspläne bereits bekannt waren. Weder die Erstkalkulation noch die unmittelbar vorangegangene Kalkulation müssen dem Treuhänder vorgelegt worden sein, weil diese vom Treuhänder nicht nochmals zu überprüfen sind (*Franz* VersR 2020, 449 (453)).

25b Im Rahmen der gerichtlichen Überprüfung muss dem berechtigten Interesse des VR an der **Geheimhaltung** seiner Berechnungsgrundlagen Rechnung getragen werden, ggf. durch Anwendung der §§ 172 Nr. 2, 173 Abs. 2, 174 Abs. 1 S. 3 GVG (BVerfG VersR 2000, 214; BGH VersR 2021, 1122; VersR 2016, 177). Zu den der besonderen Geheimhaltung unterliegenden Betriebsgeheimnissen gehören diejenigen Daten, die Rückschlüsse auf die Risiko- oder Annahmepolitik des VR, die Bestandszusammensetzung oder sonstige Komponenten der Geschäftspolitik zulassen (Langheid/Wandt/*Boetius* § 203 Rn. 911). Dies umfasst auch die kalkulatorischen Unterlagen einer Krankenversicherung (OLG Schleswig VersR 2020, 1033, bestätigt durch BGH VersR 2021, 1122) etwa die Verfahren zur Herleitung rechnungsmäßiger Stornowahrscheinlichkeiten, die Darstellung aufgetretener Vertragskündigungen, Verfahren zur Herleitung von Kopfschadenprofilen, Verfahren zur Ermittlung von Grundkopfschäden, Aufwände für mittelbare oder unmittelbare Abschlusskosten, für Schadenregulierungskosten, erhöhte Aufwände infolge unternehmenspolitischer Projekte, Aussagen zur Risikostruktur des Neugeschäfts in Form von Angaben zu den Wartezeit- und Selektionsersparnissen (vgl. LG München I Urt. v. 28.4.2015 – 13 S 28561/11). Eine Partei, die dem Prozessgegner bestimmte Informationen nur dann zukommen lassen will, wenn besondere Maßnahmen zur Geheimhaltung getroffen werden, hat die Möglichkeit, zunächst nur eine teilgeschwärzte Fassung der Unterlagen einzureichen und das Gericht um Anordnung geeigneter Geheimhaltungsmaßnahmen zu ersuchen (BGH NJW-RR 2020, 246; OLG Düsseldorf BeckRS 2018, 7036). In diesem Fall erstreckt sich das Akteneinsichtsrecht der anderen Prozessparteien gem. § 299 Abs. 1 ZPO ausnahmsweise nicht auf die unter Vorbehalt der Geheimhaltungsanordung in den Rechtsstreit eingeführten Unterlagen (BGH NJW-RR

2020, 246). Im Rahmen des durch § 174 Abs. 3 GVG eröffneten Ermessens obliegt es grds dem Tatrichter, unter Berücksichtigung der Gesamtumstände über den erforderlichen Umfang der Geheimhaltungsverpflichtung zu entscheiden. Das Rechtsbeschwerdegericht kann lediglich überprüfen, ob der Tatrichter sein Ermessen verkannt, die Grenzen seines Ermessens überschritten oder von seinem Ermessen in einer dem Zweck der Ermächtigung nicht entsprechenden Weise Gebrauch gemacht hat (BGH VersR 2021, 1122). Eine Geheimhaltungsverpflichtung nach § 174 Abs. 3 S. 1 GVG kann in den Fällen des § 172 Nr. 2 und 3 GVG nach dem Ermessen des Gerichts auch gegenüber einzelnen in der nichtöffentlichen Verhandlung anwesenden Personen ausgesprochen werden, gegenüber anderen hingegen nicht (BGH VersR 2020, 1605). Gegen einen die Anordnung der Geheimhaltung nach § 174 Abs. 3 GVG ablehnenden Beschluss ist kein Rechtsmittel eröffnet (BGH VersR 2020, 1609).

5. Unabhängiger Treuhänder

Voraussetzung für die Prämienanpassung ist gem. **Abs. 2 Satz 1 2. Hs.,** dass ein **unabhängiger Treuhänder** die technischen Berechnungsgrundlagen überprüft und der Prämienanpassung zugestimmt hat. Auch in den aufsichtsrechtlichen Regelungen ist in § 155 Abs. 1 S. 1 VAG von einem „unabhängigen Treuhänder" die Rede, in § 157 Abs. 1 S. 1 VAG ist darüber hinaus bestimmt, dass zum Treuhänder nur bestellt werden darf, „wer **zuverlässig, fachlich geeignet** und von dem Versicherungsunternehmen **unabhängig** ist". 26

a) Unabhängigkeit. Nach der Grundsatzentscheidung des BGH vom 19.12.2018 (VersR 2019, 283) ist die vormals umstrittene Frage, was unter der Unabhängigkeit des Treuhänders zu verstehen ist und ob die Zivilgerichte zur Prüfung berufen sind (vgl. zum Streitstand ausführlich 6. Aufl. Rn. 27 ff.), geklärt. Es handelt sich bei der Unabhängigkeit des Treuhänders **um kein von einem Zivilgericht zu überprüfendes Tatbestandsmerkmal,** so dass die Unwirksamkeit eine Prämienanpassung nicht mit einer (vermeintlich) fehlenden Unabhängigkeit begründet werden kann (so bereits OLG Celle VersR 2018, 1179 = r+s 2018, 547). Wegen ihrer aufsichtsrechtlichen Natur gem. § 157 VAG hat der BGH die ordnungsgemäße und wirksame Bestellung des Treuhänders einschließlich seiner Unabhängigkeit allein **der Kontrolle durch die zuständige Aufsichtsbehörde** zugewiesen. Im Rahmen eines Zivilrechtsstreits über die Wirksamkeit einer Prämienanpassung ist (im Bestreitensfall) vom Zivilgericht allein zu prüfen, ob eine Zustimmung eines unter Mitwirkung der Aufsichtsbehörde verfahrensrechtlich ordnungsgemäß bestellten Treuhänders zur Prämienanpassung vorliegt (ebenso *Franz* VersR 2020, 449 (462)). 27

Das Urteil des BGH vom 19.12.2018 hat einer verfassungsrechtlichen Überprüfung standgehalten. Das BVerfG hat mit Beschluss vom 30.10.2020 (BVerfG r+s 2021, 36) die gegen das Urteil erhobene Verfassungsbeschwerde nicht zur Entscheidung angenommen. Mangels Rechtswegerschöpfung war die Verfassungsbeschwerde nicht nur bereits unzulässig, sondern darüber hinaus auch materiellinhaltlich ohne Aussicht auf Erfolg. Aus zutreffender Sicht des BVerfG hat der BGH das einfache Recht nicht verfassungswidrig ausgelegt bzw. fortgebildet. Die Ansicht des BGH, dass Abs. 2 Satz 1 mit dem Begriff „unabhängiger Treuhänder" die nach den Vorgaben des VAG bestellte Person als Institution benenne, lässt sich mit dem Wortlaut des Gesetzes in Einklang bringen. Verfassungsrechtlich unbedenklich stellt der BGH insbesondere darauf ab, dass Abs. 2 S. 1 auch die 27a weiteren aufsichtsrechtlichen Voraussetzungen der Treuhänderbestellung nicht als Tatbestandsmerkmal einer Prämienerhöhung aufgreift.

27b Die aufsichtsrechtliche Vorschrift des § 157 Abs. 1 Satz 1 VAG verweist als Regelfall einer Abhängigkeit auf einen „Anstellungsvertrag oder sonstigen Dienstvertrag mit dem Versicherungsunternehmen oder einem mit diesem verbundenen Unternehmen" und stellt damit auf die Notwendigkeit einer personellen und institutionellen Unabhängigkeit des Treuhänders ab. Einer solchen stehen Pensions- oder sonstige Versorgungsansprüche des Treuhänders aus derartigen Verträgen entgegen. Als unabhängige Treuhänder scheiden sodann auch Aufsichtsratsmitglieder, pensionierte Vorstände und ehemalige leitende Angestellte des VR aus (vgl. Bach/Moser/*Rudolph* MB/KK § 8b Rn. 22).

28 **b) Zuverlässigkeit.** Die Zuverlässigkeit des Treuhänders muss der Zuverlässigkeit der Geschäftsleiter iSv § 24 Abs. 1 S. 1 VAG entsprechen (Einzelheiten bei *Grote* S. 479 ff.).

29 **c) Fachliche Eignung.** Aufsichtsrechtlich setzt die fachliche Eignung gem. § 157 Abs. 3 S. 2 VAG ausreichende Rechtskenntnisse, insbesondere auf dem Gebiet der Krankenversicherung, voraus. Sie ergibt sich aus dem vorzulegenden Lebenslauf, der Angaben über die Ausbildung und den beruflichen Werdegang des Treuhänders zu enthalten hat. Die von manchen zur Begründung der Unabhängigkeit des Treuhänders geforderte Branchenferne dürfte seiner fachlichen Eignung entgegenstehen.

30 **d) Überprüfung durch den Treuhänder.** Der Treuhänder hat zunächst die technischen Berechnungsgrundlagen zu überprüfen. Das sind die in Abs. 1 genannten **Kalkulationsgrundlagen** für die zu berechnende Prämie (vgl. → Rn. 7 ff.). Ausweislich Abs. 2 Satz 3 sollen maßgeblich für die Überprüfung des Treuhänders sein „die Versicherungsleistungen und die Sterbewahrscheinlichkeiten". Andererseits wird ausdrücklich auf § 155 VAG verwiesen, wo auch auf andere Rechnungsgrundlagen als auf die Kopfschäden und die Sterbewahrscheinlichkeit Bezug genommen wird. Gerade die in Abs. 2 Satz 1 geänderte Bezugnahme auf alle die Prämienkalkulation maßgeblichen Rechnungsgrundlagen stellt einen gewissen Widerspruch zu der Beschränkung auf Versicherungsleistungen einerseits und Sterbewahrscheinlichkeiten andererseits dar (vgl. dazu → Rn. 2); Langheid/Wandt/*Boetius* § 203 Rn. 574).

31 Wie schon in § 155 Abs. 1 Satz 3 VAG angeordnet, sind dem Treuhänder, der seitens des bestellenden Unternehmens keinen Weisungen unterworfen ist, alle für die Überprüfung notwendigen Unterlagen vorzulegen (Einzelheiten bei *Langheid/Grote* NVersZ 2002, 49 ff.). Geschieht dies nicht, muss er der beabsichtigten Prämienanpassung die Bestätigung verweigern. Gleiches gilt (selbstverständlich), wenn die Überprüfung der Zahlen keinen Anpassungsgrund ergibt.

32 **e) Zustimmung.** Verweigert der Treuhänder seine Zustimmung, muss der VR entweder die fehlenden, für die Zustimmung aber erforderlichen Unterlagen vorlegen oder den Treuhänder gerichtlich auf Zustimmung in Anspruch nehmen (*Langheid/Grote* NVersZ 2002, 49 ff.; Prölss/Dreher/*Präve* VAG § 155 Rn. 8 f.). Anderenfalls muss er auf die Prämienerhöhung verzichten, was aber uU seiner gesetzlichen Anpassungspflicht widerspricht.

32a Die Zustimmung des Treuhänders ist gerichtlich überprüfbar. Dabei darf sich die Prüfung nicht auf die Frage beschränken, ob die wirksame Zustimmung des Treuhänders als solche vorliegt (BVerfG NVersZ 2000, 132 = VersR 2000, 214 mAnm *Reinhard*). Es kommt entscheidend darauf an, ob die **objektiven Voraussetzungen** für die Prämienerhöhung vorliegen, der Treuhänder also hätte zustimmen müssen. Für Billigkeitserwägungen nach § 315 Abs. 3 BGB ist kein Raum (BGH NJW 2004, 2679 = VersR 2004, 991; OLG Köln r+s 1999, 164 = VersR 1999, 87; *Reinhard* VersR 2005, 489).

6. Selbstbehalt/Risikozuschlag

Dass der VR gleichzeitig oder alternativ zur Prämienerhöhung auch Selbstbehalte und Prämienzuschläge anpassen kann, galt schon nach früherem Recht, allerdings unter der Voraussetzung einer entsprechenden Vertragsklausel (vgl. Prölss/Dreher/*Präve* VAG § 155 Rn. 17). Das ist seit der VVG-Reform 2008 nun auch gesetzlich in **Abs. 2 Satz 2** festgeschrieben (zu entsprechenden Vorschlägen vgl. schon *Grote* S. 400 f.). 33

7. Rechtsfolgen formal unwirksamer Prämienanpassung

Gelangt ein Gericht zu der Überzeugung, dass die formalen oder materiellen Voraussetzungen für eine Prämienanpassung nicht vorgelegen haben, stellt sich die Frage nach der Rechtsfolge, namentlich ob aus diesem Umstand eine Unwirksamkeit der Beitragsanpassung mit der Pflicht des VR zur bereicherungsrechtlichen Herausgabe der von den VN geleisteten anteiligen Prämien nach § 812 Abs. 1 Satz 1 1. Alt. BGB resultiert. 34

a) Treu und Glauben. Einem bereicherungsrechtlichen Rückforderungsanspruch des VN im Hinblick auf – regelmäßig jahrelang unbeanstandet gezahlte – angepassten Beiträge gem. § 812 Abs. 1 Satz 1 Var. 1 BGB mit dem Argument eines Begründungsmangels nach Abs. 5 bei materiell wirksamer Beitragsanpassung steht der Einwand der Treuwidrigkeit nach § 242 BGB entgegen (so auch *Grote/Finkel* NJW 2021, 362; aA LG Offenburg BeckRS 2018, 16523). 35

Die Rechtsprechung hat Fallgruppen entwickelt, in denen es einer Partei aus Treu und Glauben versagt ist, sich trotz Formunwirksamkeit auf die Nichtigkeitsfolge zu berufen, und hat damit der materiellen Gerechtigkeit Vorrang gegenüber der Rechtsklarheit und Rechtssicherheit eingeräumt (*Armbrüster* NJW 2007, 3317). Eine dieser Fallgruppen überprüft die Motive für die Geltendmachung des Formmangels dahin, ob in ihrer Ausübung eine Treuwidrigkeit gegenüber dem Vertragspartner zu erkennen ist (BGH NJW-RR 2006, 1415; NJW 1996, 2503). Diese Rechtsprechung ist auf den allgemeinen Rechtsgedanken des Reuerechtsausschlusses zurückzuführen, wonach der Handelnde das Geschäft mit dem Inhalt gelten lassen muss, den er selbst ursprünglich in Wahrheit gewollt hatte (*Armbrüster* NJW 2007, 3317). Wenn nun ein VN eine **materiell rechtmäßige Beitragsanpassung** unter Berufung auf allein formale Mängel (etwa die unzureichende Mitteilung der maßgeblichen Gründe gem. Abs. 5) angreift, um die erhöhten Prämienbeiträge zurückerhalten und hieraus einen wirtschaftlichen Vorteil zu generieren, tut er dies aus einem von den Formzwecken völlig unabhängigen Motiv. 36

Aus der engen Verzahnung zwischen Vertrags- und Aufsichtsrecht, wie sie in Abs. 2 Satz 4 zum Ausdruck kommt, folgt daher, dass der Zweck des Anpassungsrechts nach § 155 VAG, namentlich die dauerhafte Erfüllbarkeit der vertraglichen Verpflichtungen des VR sicherzustellen und damit die Belange der Versicherten zu wahren, nicht durch eine bereicherungsrechtliche Rückabwicklung konterkariert 37 werden darf. Gerade vor dem Hintergrund, dass das Bereicherungsrecht auf dem **Gebot der Billigkeit** beruht (BGHZ 36, 232 (235) = NJW 1962, 580 (582); Palandt/*Sprau* BGB Vor § 812 Rn. 2), ist es schwer einzusehen, weshalb der VR allein aufgrund eines etwaigen formalen Mangels Beitragserhöhungen zurückerstatten soll, die er nicht nur unter materiell-rechtlichen Gesichtspunkten beanspruchen darf, sondern mit Blick auf § 155 Abs. 3 Satz 2 VAG auch aus aufsichtsrechtlichen Gründen beanspruchen *muss.* In Fällen, in denen die Prämienanpassung und die ihr folgende Zustimmung des Treuhänders in der Sache richtig waren und im Fall der Unabhängigkeit des Treuhänders ebenso getroffen worden wären, ist dem VN die Berufung auf die fehlende Unabhängigkeit des Treuhänders **in Anlehnung an die dolo-agit-Einrede** versagt (ähnlich auch *Kalis* r+s 2018, 464 (469) und *Wendt* VersR 2018, 449 (452 f.): rechtmäßiges Alternativverhalten; *Werber* VersR 2017, 1115 (1118): Recht zum Behaltendürfen).

38 Dieselben Erwägungen können auch bei der Beurteilung der **Verwirkung** eines Rückforderungsrechts des VN eine Rolle spielen. Für die Verwirkung durch Zeitablauf muss das betroffene Recht über eine längere Zeitspanne hinweg nicht geltend gemacht worden sein (sog. **„Zeitmoment"**), was in Fällen zurückgeforderter Prämienbeiträge regelmäßig der Fall ist.

39 Der zur Annahme einer Verwirkung zusätzlich geforderte **Umstandsmoment** liegt vor, wenn die späte Geltendmachung des Rechts als eine mit Treu und Glauben unvereinbare Illoyalität des Berechtigten erscheinen muss (BGH NJW 2008, 2254). Dies bedeutet nicht, dass sich die Inanspruchnahme des Rechts schlechterdings als missbilligenswertes Verhalten darstellen müsste. Die Verwirkung durch Zeitablauf setzt kein Unwerturteil über den Rechtsinhaber voraus. Die verspätete Inanspruchnahme muss der Gegenpartei lediglich unzumutbar sein. Darin liegt der maßgebliche Wertungsgesichtspunkt (OLG München BKR 2006, 413; MüKoBGB/*Schubert* BGB § 242 Rn. 382). Wie beim venire contra factum proprium ist es erforderlich und ausreichend, dass die Untätigkeit des Berechtigten für die Gegenpartei einen Vertrauenstatbestand geschaffen hat oder aus anderen Gründen die spätere Rechtsausübung mit der früheren Untätigkeit unvereinbar erscheint (MüKoBGB/*Schubert* BGB § 242 Rn. 383). Als Umstandsmoment ist **auf Seiten des VR** zu bewerten, dass er mit den vom VN geleisteten erhöhten Beiträgen im Vertrauen darauf, dass sie wirtschaftlich bei ihm verbleiben werden, zum Zeitpunkt der Rückforderung bereits Dispositionen getroffen hat, indem er sie zur Deckung laufender Krankheitskosten des Versichertenkollektivs (anteilige Risikoprämie) oder zum Aufbau von Alterungsrückstellungen unter anderem auch für den VN (anteilige Sparprämie) verwandt hat. Schließlich hat der VR die vom VN geleisteten erhöhten Beiträge zur Grundlage seiner Kalkulation der Folgejahre gemacht und im Vertrauen auf den Bestand möglicherweise von neuerlichen Anpassungen abgesehen. Gerade bei Dauerschuldverhältnissen ist von Bedeutung, wenn die Gegenseite für ihre Kosten-Nutzen-Kalkulation davon ausgegangen ist, dass der Anspruch nicht oder nur in bestimmter Höhe erhoben wird (MüKoBGB/*Schubert* BGB § 242 Rn. 409).

40 **Auf Seiten des VN** ist als Umstandsmoment die Vergemeinschaftung seiner Krankheitskosten auf das Versichertenkollektiv anzusehen. Wer die Rückzahlung sämtlicher Beitragsanpassungen verlangt, ohne sich dabei Einschränkungen hinsichtlich des Umfangs seines vertraglichen Leistungsanspruchs gegen den VR entgegen halten zu lassen, würde einen Versicherungsstatus erlangen, bei dem er den vertraglichen Versicherungsschutz zu den von ihm erstrittenen Konditionen nur deshalb erhielte, weil die übrigen Versicherten des Versichertenkollektivs mit ihren

den tatsächlichen Kostengegebenheiten entsprechenden Beiträgen für den rückfordernden VN (ohne Gegenleistung) einstehen müssten. Würden auch die übrigen Mitglieder des Kollektivs entsprechend verfahren und materiell zu Recht erfolgte Beitragsanpassungen des VR wegen Formfehler zurück fordern, würde der VR – wie für den rückfordernden VN ohne weiteres erkennbar – nicht mehr kostendeckend wirtschaften können, was den Bestand des gesamten Unternehmens in Frage zu stellen geeignet wäre. Dies lässt sich nicht mit dem in besonderem Maße auf Treu und Glauben beruhenden Grundsatz eines Versicherungsverhältnisses in Einklang bringen. Bereits im Allgemeinen liegt ein widersprüchliches Verhalten vor, wenn Vorteile in Anspruch genommen und die dazugehörenden Nachteile abgewehrt werden sollen (MüKoBGB/*Schubert* BGB § 242 Rn. 353).

Dem VR lässt sich kein eigener Verstoß gegen Vertragspflichten vorwerfen, 41
der ein Berufen auf Verwirkung ausschließen könnte. Die Unabhängigkeit des Treuhänders ist vor dessen Bestellung durch den VR nach § 157 Abs. 2 Satz 1 VAG von der Aufsichtsbehörde geprüft worden. Gelangt die Behörde zu dem Ergebnis, dass die Person die gesetzlichen Anforderungen nicht erfüllt, kann sie die Benennung einer anderen Person verlangen. Wird von der Behörde ein solches Verlangen nicht geäußert, darf sich der VR bei der Treuhänderbestellung darauf verlassen, dass die Unabhängigkeit behördlich geprüft und bejaht wurde.

b) Begrenzung eines Bereicherungsanspruchs. Eine Anrechnung des 42
genossenen Versicherungsschutzes (das heißt: der Risikoanteil der Prämie) im Rahmen der bereicherungsrechtlichen Rückabwicklung scheidet nach Auffassung des BGH in seinen Urteilen vom 16.12.2020 (r+s 2021, 89; r+s 2021, 95) idR aus (vgl. zur aA 6. Aufl. Rn. 42 ff.). Der Kläger hat aus Sicht des BGH den Versicherungsschutz nicht ohne Rechtsgrund erlangt, weil der zwischen den Parteien geschlossene Versicherungsvertrag fortbestand und den VR zur Erbringung von Versicherungsleistungen verpflichtete. Die weitere Gewährung von Versicherungsschutz ohne den durch die Prämienanpassung zusätzlich erhobenen Beitragsanteil verstoße nicht gegen das Äquivalenzprinzip, so dass sich der VN einen erhöhten Wert des Versicherungsschutzes, der sich in der vorgesehenen Prämienerhöhung widerspiegele, nicht anrechnen lassen müsse. Bei nach Abs. 2 und 5 unwirksamer Prämienanpassung sei ein erhöhter materieller Wert des Versicherungsschutzes bzw. ein gesteigerter Kostenaufwand des VR nicht anspruchsmindernd zu berücksichtigen. Anderenfalls würde der Umstand negiert, dass die Regelungen der Abs. 2 und 5 gerade der Wahrung des Äquivalenzprinzips dienen.

Bei Rückforderungen erhöhter Prämienanteile durch den VN aufgrund allein 43
formaler Mängel der Beitragsanpassung (Verstoß gegen Abs. 5) bei materieller Rechtmäßigkeit der Erhöhung kommt jedenfalls in Höhe der für die Alterungsrückstellung verwendeten Prämien als auch in Höhe der Zuschläge nach §§ 7, 8 KVAV eine **Entreicherung** des VR iSd § 818 Abs. 3 BGB in Betracht. Der BGH hat in seinen Entscheidungen vom 16.12.2020 (r+s 2021, 89) zwar ausgeführt, dass es an einem dauerhaften Vermögensverlust fehlt, wenn der VR die (rechtsgrundlos) erhöhten Prämienanteile zur Bildung von Rückstellungen verwendet hat. Für die Entreicherung komme es auf die Möglichkeiten einer Rückbuchung oder späteren Verrechnung gegenüber dem VN an. Eine Bereicherung sei nicht weggefallen, soweit der Bereicherte (hier also der VR) seine eigene Verfügung über den empfangenen Vermögensvorteil wieder rückgängig machen könne. Dazu habe im konkreten Fall der VR nicht ausreichend vorgetragen.

Tatsächlich ist dem VR die vom BGH angesprochene Rückbuchung oder 44
spätere Verrechnung rechtlich nicht möglich. Aufsichtsrechtlich ist der VR zur

Verwendung dieser Teile des gezahlten Prämien-Erhöhungsbetrages verpflichtet und nach Bildung der Alterungsrückstellung bzw. nach Verbuchung des Zuschlags nach §§ 7, 8 KVAV nicht mehr berechtigt, beides durch eine einfache Rückbuchung oder späterer Verrechnung wieder rückgängig zu machen (hierzu auch *Boetius* r+s 2021, 11 (16f.)). Aufsichtsrechtlich bleibt (auch bei versicherungsvertraglicher Formunwirksamkeit nach Abs. 5) die materiell zutreffende Beitragsanpassung gem. § 155 Abs. 1 VAG wirksam, der Treuhänder *hat* (ohne Ermessen) nach § 155 Abs. 1 Satz 5 VAG zuzustimmen. In diesem Fall ist der VR gem. § 146 Abs. 1 Nr. 2 VAG iVm § 341 f. HGB zur Bildung der Alterungsrückstellung in der von ihm materiell zutreffend berechneten Höhe sowie gem. §§ 7, 8 KVAV zur Verbuchung des materiell ebenfalls wirksam berechneten Zuschlags versicherungsaufsichtsrechtlich verpflichtet. Das Aufsichtsrecht hat insoweit auch unmittelbar vertragsbestimmenden Einfluss. Der BGH hat in seiner Entscheidung vom 16.4.2004 (VersR 2004, 991) zur Vorgängervorschrift des § 203 ausdrücklich festgestellt, dass die durch § 178g Abs. 1 VVG aF vorgenommene Verweisung auf die aufsichtsrechtlichen Bestimmungen sie auch zu verbindlichen Regelungen im Vertragsverhältnis machen (vgl. *Renger* VersR 1995, 866: „ausgelagertes Vertragsrecht") und von ihnen gem. § 178o VVG aF nicht zum Nachteil des VN abgewichen werden kann. Aufgrund dieser Geltung des Aufsichtsrechts im Individualrechtsverhältnis ist der VR auch versicherungsvertraglich zur Bildung der Rückstellung verpflichtet. Gem. § 11 Abs. 1 Satz 2 KVAV ist dem VN die berechnete Alterungsrückstellung ebenso wie der verbuchte Zuschlag später vollständig prämienmindernd anzurechnen. Der VR hat insoweit keinen Ermessenspielraum. Auch steht ihm gegen den individuellen VN kein Recht auf Rückbuchung oder spätere Verrechnung zu.

45 Klargestellt hat der BGH in seinen Urteilen vom 16.12.2020 (r+s 2021, 89; r+s 2021, 95), dass dem die erhöhten Prämienanteile zurückfordernden VN kein Anspruch auf Herausgabe von Nutzungen aus den vom VR ohne Rechtsgrund erhaltenen erhöhten Prämienanteilen kumulativ neben Prozess- oder Verzugszinsen aus den erhaltenen Prämienanteilen zusteht. Der Anspruch auf Herausgabe von Nutzungen ist auf die Zeit vor der Verzinsungspflicht der Hauptforderung beschränkt (BGH r+s 2021, 89). Prozess- und Verzugszinsen sollen den Nachteil ausgleichen, den der Gläubiger dadurch erleidet, dass er infolge nicht rechtzeitiger Zahlung des Schuldners daran gehindert ist, einen ihm zustehenden Geldbetrag zu nutzen (BGH BeckRS 2013, 5341). Dieser Nachteil wird durch den Anspruch auf Herausgabe gezogener Nutzungen bereits ausgeglichen.

46 **c) Verjährung.** Bereicherungsrechtliche Rückforderungsansprüche **verjähren** gem. § 195 BGB in drei Jahren. Die Verjährungsfrist beginnt gem. § 199 Abs. 1 BGB mit dem Schluss des Jahres zu laufen, in dem der Anspruch entstanden ist (§ 199 Abs. 1 Nr. 1 BGB) und der Gläubiger von den den Anspruch begründenden Umständen und der Person des Schuldners Kenntnis erlangt oder ohne grobe Fahrlässigkeit erlangen müsste (§ 199 Abs. 1 Nr. 2 BGB). Die erforderliche Kenntnis von den den (Bereicherungs-)Anspruch begründenden Umständen liegt im Allgemeinen vor, wenn dem Gläubiger die Erhebung einer (Feststellungs-)Klage, wenn auch nicht risikolos, möglich ist (BGH NJW 1990, 176 (179); MüKoBGB/*Grothe* BGB § 199 Rn. 28). Abzustellen ist nur auf die Kenntnis der tatsächlichen Umstände, mithin des Lebenssachverhalts, der die Grundlage des Anspruchs bildet. Der Gläubiger eines Bereicherungsanspruchs aus § 812 Abs. 1 Satz 1 Var. 1 BGB hat Kenntnis von den anspruchsbegründenden Umständen, wenn er von der

Leistung und den Tatsachen weiß, aus denen sich das Fehlen des Rechtsgrundes ergibt.

In diesem Sinne hat auch der BGH in seinem Urteil vom 17.11.2021 (IV ZR 113/20) entschieden. Bei **formalen Unwirksamkeitsgründen** (der unzureichenden Mitteilung von Gründen iSd Abs. 5) hat der VN vom Fehlen des Rechtsgrunds für die Zahlung der Erhöhungsbeiträge in dem Zeitpunkt Kenntnis, in welchem er das Mitteilungsschreiben mit den seiner Ansicht nach formal unzureichenden Änderungsmitteilungen erhält. Er kann dem Schreiben nämlich entnehmen, ob darin vom VR die maßgeblichen Gründe für die Prämienanpassung in ausreichendem Umfang mitgeteilt sind oder nicht. Sollten diese fehlen, hat er vom Unwirksamkeitsgrund Kenntnis, so dass die dreijährige Verjährungsfrist mit Ende des Jahres des Zugangs des Mitteilungsschreibens zu laufen beginnt (so bereits OLG Köln BeckRS 2020, 2918; OLG Düsseldorf BeckRS 2021, 31229; LG Hamburg Urt. v. 21.5.2021 – 306 O 486/20; LG Hannover BeckRS 2021, 5920; LG Frankfurt a. M. BeckRS 2020, 45316; LG Waldshut-Tiengen Urt. v. 17.10.2018 – 1 O 101/17; LG Stuttgart VersR 2021, 256; LG Wuppertal BeckRS 2020, 17878; LG Arnsberg VersR 2019, 1409; *Fuxman/Leygraf* r+s 2021, 61; *Kalis* r+s 2018, 464: *Ossyra* VuR 2020, 230). Zwar kann Rechtsunkenntnis des Gläubigers in Ausnahmefällen den Verjährungsbeginn hinausschieben, wenn eine unsichere und zweifelhafte Rechtslage vorliegt, die selbst ein rechtskundiger Dritter nicht zuverlässig einzuschätzen vermag. Dies ist bei Erhebung einer Klage, mit der die formelle Unwirksamkeit von Beitragsanpassungen aufgrund einer den Anforderungen des Abs. 5 nicht genügenden Begründung geltend gemacht wird, aber jedenfalls dann nicht anzunehmen, wenn der Versicherungsnehmer trotz Fehlens einer höchstrichterlichen Entscheidung hierzu gleichwohl seinen Anspruch gegenüber dem Schuldner geltend macht und damit selbst zu erkennen gibt, vom Bestehen eines Anspruchs auszugehen (BGH NJW 2021, 918). 47

Nichts anderes gilt bei **zusätzlich** behaupteten **materiellen Unwirksamkeitsgründen** (BGH NJW 2021, 918). Für den Beginn der Verjährungsfrist des bereicherungsrechtlichen Rückforderungsanspruchs ist es ohne Bedeutung, ob der Versicherungsnehmer mit dem Zugang der Änderungsmitteilung auch Kenntnis von den Tatsachen hatte, aus denen die von ihm ebenfalls geltend gemachte materielle Unwirksamkeit der Beitragsanpassung folgten könnte. Eine erneute Kenntnisnahme vom Fehlen desselben Rechtsgrundes aus weiteren Gründen setzt keine neue Verjährungsfrist in Gang (BGH NJW 2021, 918). Doch auch wenn der Versicherungsnehmer keine Unwirksamkeit der Beitragsanpassung aus formellen Gründen behauptet, sondern **isoliert** die materielle Wirksamkeit angreift, gilt dasselbe. Bereits mit Zugang des Mitteilungsschreibens wäre dem Versicherungsnehmer auf Basis seines Inhalts die Erhebung einer Feststellungsklage möglich und zumutbar gewesen. Dies gilt umso mehr, als von ihm bei der Erhebung einer auf die materielle Unwirksamkeit der Beitragsanpassung gerichteten Feststellungsklage kein besonderer Klagevortrag gefordert ist, weil im Rahmen der negativen Feststellungsklage nicht ihm, sondern dem Versicherer die Darlegungs- und Beweislast für die Tatsachen obliegt, aus denen sich die Wirksamkeit der Beitragsanpassung ergeben soll (zutreffend zum Verjährungsbeginn mit Zugang des Mitteilungsschreibens bei materiell in Frage stehender Wirksamkeit KG Hinweisbeschl. v. 29.10.2019 – 6 U 88/18). 48

d) Folgende Prämienanpassungen. Etwaige Fehler in der Prämienberechnung setzen sich nicht stets so fort, dass nicht geschuldete Prämienanteile aus 48a einer vorangegangenen unwirksamen Prämienanpassung von dem im Rahmen der nächsten Prämienanpassung festgesetzten Beitrag abzuziehen wären. Dies wäre mit dem Wortlaut sowie dem Sinn und Zweck der Abs. 2, 5 nicht in Einklang zu bringen, welche jede Prämienanpassung separat betrachten, weil es sich kalkulatorisch um eine Neuberechnung der Tarifprämie handelt. Es besteht keine Querverbindung oder Abhängigkeit zwischen den einzelnen Prämienanpassungen (*Franz* VersR 2020, 449 (461)). Abs. 2 dient der Wiederherstellung des Äquivalenzprinzips und damit der dauernden Erfüllbarkeit der Verpflichtungen des VR. Auch bei einer vorangegangenen unwirksamen Prämienanpassung schuldet der VN im Rahmen einer nachfolgenden Prämienanpassung daher den zutreffend neu kalkulierten Beitrag.

IV. Bedingungsanpassung (Abs. 3)

1. Gesetzesbegründung zu Abs. 3 (BT-Drs. 16/3945, 113)

49 „Die Vorschrift übernimmt den bisherigen § 178g Abs. 3 Satz 1 VVG inhaltlich unverändert. Der Wortlaut wird vereinfacht, indem auf die in Absatz 1 enthaltene Definition der relevanten Versicherungsverhältnisse verwiesen wird. Die bisherige Formulierung „Belange der Versicherten", die auf das VAG zurückgeht, wird aus den zu § 164 Abs. 1 Satz 2 VVG-E dargelegten terminologischen Gründen geändert, ohne dass damit eine sachliche Änderung verbunden sein soll. Wie bisher wird die Mitwirkung eines unabhängigen Treuhänders bei der Anpassung der AVB und der Tarifbestimmungen an veränderte Verhältnisse im Gesundheitswesen vorgeschrieben; insoweit geht es auch um Auswirkungen auf die Kosten und die Prämienkalkulation, so dass versicherungsmathematische Kenntnisse erforderlich sind. Bei der Anpassung einer unwirksamen Bedingung wird dagegen abweichend von § 178g Abs. 3 Satz 2 VVG von der Einschaltung eines Treuhänders abgesehen, da es hier im Wesentlichen um eine rechtliche Beurteilung geht (vgl. § 164 VVG-E und die Begründung hierzu)."

2. Verhältnisse des Gesundheitswesens

50 **a) Veränderungen.** Seit BGH VersR 2003, 581 (Aufgabe des sog Übermaßverbots in der Krankenversicherung) hat die Bedingungsanpassung nach **Abs. 3** verstärkte Aufmerksamkeit erfahren (allg. Darstellungen finden sich etwa bei *Aumüller* S. 35 ff.; *Bartmuß* VuR 2000, 299 ff.; *Grote* S. 639 ff.; *Präve* VersR 1995, 733 ff.; *Renger* VersR 1994, 1257; *ders.*, Die Verantwortung des Treuhänders in der privaten Krankenversicherung, 1997; *Wriede* VersR 1994, 251; sodann *Langheid/Grote* VersR 2003, 1469; dagegen *Schünemann* VersR 2004, 817; dagegen wiederum *Langheid/Grote* VersR 2004, 823; Prölss/Dreher/*Präve* VAG § 155 Rn. 15 ff.; *Werber* VersR 2015, 393; BGH VersR 2008, 246: Änderung der Rspr. kein Anpassungsgrund).

51 BGH VersR 2008, 246 und VersR 2008, 386 statuiert, dass eine auch höchstrichterliche **Änderung der Rspr. keine** Änderung der Verhältnisse des Gesundheitswesens darstellt, wenn diese Änderung die AVB-Gestaltung und damit die Risikosphäre des VR betrifft; eine neue, wenn auch von früherer BGH-Rspr. abweichende Auslegung brächte nur den wahren Inhalt des geschlossenen Vertrages zur Geltung, stelle bereits faktisch keine Änderung der Verhältnisse dar und könne deswegen nicht zu einer Bedingungsanpassung nach Abs. 3 berechtigen

(zuvor anders *Langheid/Grote* VersR 2003, 1469; *dies.* VersR 2004, 823; krit. Langheid/Wandt/*Boetius* § 203 Rn. 997, 1003, der zwischen der erstmaligen höchstrichterlichen Klärung der Übermaßbehandlung – dann keine Verhältnisänderung – und der Übermaßvergütung – dann Verhältnisänderung wegen der dadurch bewirkten Kostensteigerung – unterscheidet). Mit der Frage, ob die aufgrund der neuen Rspr. eintretende **Veränderung der tatsächlichen Verhältnisse** (= steigende Schadenkosten) zur Bedingungsanpassung berechtigt, beschäftigen sich die Urteile des BGH nicht weiter. Derartige tatsächliche Änderungen können dann nur über die Prämienanpassung aufgefangen werden (vgl. dazu → Rn. 21 ff.), was dem Postulat dauerhaft bezahlbarer Prämien zuwiderläuft.

Tatsächliche Veränderungen der Verhältnisse im Gesundheitswesen sind etwa 52 das Aufkommen neuer Behandlungsmethoden (BK/*Hohlfeld* § 178g Rn. 2; nach Langheid/Wandt/*Boetius* § 203 Rn. 1009 nur bei kostenmäßigen „Quantensprüngen", was vom Gesetzeswortlaut aber so nicht verlangt wird). Anerkannt ist ferner, dass auch **rechtliche** Veränderungen die Verhältnisse des Gesundheitswesens ändernd beeinflussen können und unter die Regelung in Abs. 3 fallen (Langheid/Wandt/*Boetius* § 203 Rn. 972 ff.). Das ist bspw. bei einer Änderung der Gebührenordnung für Ärzte oder einer Änderung der Beihilfevorschriften der Fall (*Werber* VersR 2015, 393, 394; Prölss/Martin/*Voit* § 203 Rn. 36). Solche tatsächlichen oder rechtlichen Veränderungen müssen sich dann auch immer derart auswirken, dass ein **Einfluss auf die an sich gewollt konstant verlaufende Prämie** vorhanden ist (*Grote* S. 261 f. mwN).

b) Nicht nur als vorübergehend anzusehen. Eine nicht nur vorüberge- 53 hende Veränderung der Verhältnisse im Gesundheitswesen liegt vor, wenn aufgrund einer gerichtlich überprüfbaren Prognoseentscheidung festgestellt werden kann, dass sich die Veränderung dauerhaft, also länger als über einen kurzen Zeitraum bezogen, auswirken wird (Langheid/Wandt/*Boetius* § 203 Rn. 1011 f.; BK/*Schwintowski* § 172 Rn. 10 für die Lebensversicherung; *Grote* S. 550 mwN). Dabei muss diese Prognoseentscheidung auf ebenso gesicherten wie nachprüfbaren Tatsachen basieren (*Langheid/Grote* VersR 2003, 1469; *dies.* VersR 2004, 823).

3. Verhältnis zur Prämienanpassung

Problematisch ist das Verhältnis der Bedingungs- zur Prämienanpassung, das 54 auftreten kann, wenn die gesetzlichen **Voraussetzungen beider Vorschriften erfüllt** sind, also einerseits eine Prämienanpassung gemäß § 155 Abs. 3 VAG erforderlich wird, zugleich aber eine dauerhafte Verhältnisänderung im Gesundheitswesen vorliegt, die zu einer Bedingungsanpassung berechtigt. Denkbar ist eine solche Konstellation bei einer Änderung der Rspr., die zu einer erhöhten Leistungspflicht des VR und mithin auf Dauer zu einer Prämienanpassung führt, denkbar ist dies auch bei einer Veränderung tatsächlicher Umstände, etwa bei einer verbesserten Behandlungsmethode, deren Einführung die ansonsten notwendige Prämienerhöhung verhindern würde und schließlich denkbar ist die bedingungsgemäße Einführung von Kostensenkungsmaßnahmen, deren Unterlassen wiederum eine Prämienerhöhung mit sich bringen würde (Einzelheiten bei *Langheid* FS Kollhosser, 2004, 231 ff.; *Werber* FS Lorenz, 2004, 893 ff.).

Ein **Primat der Prämien- vor der Bedingungsanpassung** (dafür Bach/ 55 Moser/*Moser,* 2. Aufl. 1993, MB/KK § 8a Rn. 32; Prölss/*Präve,* VAG, 12. Aufl. 2003, VAG § 12b Rn. 9a unter Hinweis auf *Wandt,* Änderungsklauseln in Versicherungsverträgen, 2004, S. 23 f.; *Schünemann* VersR 2004, 817) **ist abzulehnen**

(Prölss/Martin/*Voit* § 203 Rn. 38; Langheid/Wandt/*Boetius* § 203 Rn. 988; *Grote* S. 291 ff., 395 ff.; *Wandt,* Änderungsklauseln in Versicherungsverträgen, 2000, Rn. 74; *Werber* FS Lorenz, 2004, 908 f.; *Langheid,* FS Kollhosser, 2004, 234 ff.; vgl. ferner *Langheid/Grote* VersR 2003, 1469; *dies.* VersR 2004, 823). Ein solcher Vorrang der Prämienanpassung ist weder mit dem **rechtspolitischen Bedürfnis nach Kostendämpfung** im Gesundheitswesen noch **mit der Gesetzeslage** vereinbar. Die Prämienänderung erfolgt retrospektiv aufgrund einer jährlich vorzunehmenden Gegenüberstellung von kalkuliertem Tarif und tatsächlichem Schadensaufwand. Haben sich in dem vergangenen Jahr Abweichungen ergeben, muss die Prämie für die Zukunft erhöht werden. Es handelt sich um die **Wiederherstellung der Vertragsäquivalenz** (Langheid/Wandt/*Boetius* § 203 Rn. 991).

56 Anders ist die Ausgangslage bei der Bedingungsanpassung: Hier wird der VR aufgrund einer Änderung der Verhältnisse im Gesundheitswesen, die nach seiner sachgerechten Prognose dauerhaft sein wird, prospektiv tätig, gerade **ohne** dass ein **Schadenmehrbedarf bereits eingetreten** ist. Es muss eine dauerhafte Verhältnisänderung vorliegen, deren prognostische Auswirkung auf die Prämie dann durch eine Bedingungsanpassung verhindert werden kann. Das ist geradezu das Gegenteil einer Prämienanpassung, denn durch eine solche prospektive Maßnahme soll eine sonst unausweichliche Prämienanpassung – rechtspolitisch erwünscht – verhindert werden (Einzelheiten bei *Langheid,* FS Kollhosser, 2004, 237 ff.). Demzufolge liegt in einer Bedingungsanpassung die **Erhaltung der Vertragsäquivalenz** (Langheid/Wandt/*Boetius* § 203 Rn. 990).

57 IE bestehen deswegen **Prämien- und Bedingungsanpassung nebeneinander,** die Prämienanpassung erfolgt auf einer retrospektiven Gegenüberstellung von kalkuliertem und tatsächlich eingetretenem Schadenbedarf, die Bedingungsanpassung erfolgt aufgrund einer – gerichtlich überprüfbaren – Prognose des VR, wirkt nur prospektiv und dient der Prämieneinsparung bzw. -senkung. Die Prämienanpassung ist auch nicht das mildere und deswegen zu bevorzugende Mittel (anders *Wandt,* Änderungsklauseln in Versicherungsverträgen, 2004, Rn. 72 f.); sie ist nur an leichter zu erfüllende Parameter geknüpft (Langheid/Wandt/*Boetius* § 203 Rn. 994; *Langheid* FS Kollhosser, 2004, 240 ff.). Gerade die **Berücksichtigung der Versichertenbelange,** zu denen eine dauerhaft bezahlbare Prämie gehört, sollte eher zu einem Primat der Bedingungsanpassung führen (ebenso Langheid/Wandt/*Boetius* § 203 Rn. 1049). Denkbar ist auch eine **parallele Anwendung** beider Instrumente, was das Gesetz selbst vorsieht, nämlich bei der Anpassung von vertraglich vereinbarten Selbstbehalten im Rahmen einer Prämienanpassung (was nichts anderes ist als eine verdeckte Prämienerhöhung: Bei konstanter Prämie wird der Leistungsinhalt reduziert).

58 Umstritten ist, ob eine Bedingungsänderung zum Zwecke von **Leistungsverbesserungen in laufenden Versicherungsverträgen** mit Abs. 3 vereinbar ist. Hiergegen hat die BaFin Bedenken erhoben, weil die für die Zulässigkeit der Bedingungsänderung gesetzlich vorausgesetzte Veränderung der Verhältnisse des Gesundheitswesens nicht vorliege. Die Regelung des Abs. 3 setze eine Äquivalenzstörung voraus, welche nicht bereits bestehe, wenn die bedingungsgemäß vorgesehenen Leistungen nicht dem Stand des medizinischen Fortschritts und gewachsenen Einsichten in die Notwendigkeit erweiterter Behandlung von Krankheiten entsprächen. Diese Ansicht erscheint bedenklich, weil eine gravierende Äquivalenzstörung eine nahezu völlige Entwertung des Versicherungsschutzes voraussetzen würde, welche dem Sinn der Krankenversicherung aber ersichtlich diametral entgegenstünde (so auch *Werber* VersR 2015, 393 (398)). Vielmehr erscheint es

von Abs. 3 umfasst, bei Veränderungen der Verhältnisse des Gesundheitswesens in rechtlicher Hinsicht (wie etwa die Neufassung der GOZ zum 1.1.2012) oder tatsächlicher Natur (etwa medizintechnischer Fortschritt, Entwicklung neuer Behandlungsmethoden) eine Bedingungsänderung zugunsten der VN auch bei laufenden Verträgen vorzunehmen (ausführlich *Werber* VersR 2015, 393 ff.; HK-VVG/*Marko* § 203 Rn. 22). Anderenfalls könnte eine Anhebung des Leistungsniveaus im laufenden Vertrag nur durch die Einführung immer neuer Tarife in Verbindung mit dem Tarifwechsel gem. § 204 herbeigeführt werden. Dies stellt angesichts der damit für den VN verbundenen Notwendigkeit einer erneuten Gesundheitsprüfung im Hinblick auf die im neuen Tarif gebotenen Mehrleistungen sowie eine zunehmende Überfrachtung der Tariflandschaft eine für beide Vertragsparteien unbefriedigende Lösung dar (*Werber* VersR 2015, 393, 394).

4. Bedingungsanpassung als Prämienerhöhung

Eine Bedingungsanpassung kann sich auch als faktische Prämienanpassung darstellen. Tarifänderungsklauseln, durch die der VR berechtigt wird, neue Gefahrenmerkmale, die für die Prämienkalkulation maßgeblich sind, in den Versicherungsvertrag einzuführen, sind wirksam (für die Kfz-Versicherung BGH VersR 2001, 493 mAnm *Feyock* und *Wandt* = NVersZ 2001, 284). Durch derart neue Gefahrenmerkmale wird bei gleichbleibender Prämie die Versicherungsleistung eingeschränkt, so dass faktisch eine Mehrprämie vorliegt (zum Problem siehe *Grote* S. 293 ff., 395 f.). Auf derart faktische Prämienanpassungen ist – außerhalb der Krankenversicherung – § 40 anzuwenden; in der Krankenversicherung dürfte sich eine solche Anpassung als Bedingungsanpassung nach Abs. 3 richten. 59

5. Hinreichende Wahrung der Belange der Versicherungsnehmer

Abs. 3 knüpft die Zulässigkeit einer Bedingungsänderung an die weitere Voraussetzung, dass die Änderung zur hinreichenden Wahrung der Belange der Versicherten erforderlich ist. Die „hinreichende" Wahrung der Belange unterscheidet sich nicht von der Voraussetzung der Missstandsaufsicht nach § 294 Abs. 2 S. 1 VAG, wo von der „ausreichenden" Wahrung der Belange der Versicherten die Rede ist (zust. Langheid/Wandt/*Boetius* § 203 Rn. 1050; vgl. dazu FKBP/*Bähr* § 81 Rn. 16 ff). Die **hinreichende oder ausreichende Wahrung** besagt, dass die Belange der Versicherten nicht „optimal" gewahrt sein müssen. Dies geht auf die hM zu § 8 VAG aF zurück (siehe *Römer* Prüfungsmaßstab S. 8 ff.). 60

6. Überprüfung und Zustimmung durch Treuhänder

Die Mitwirkung eines unabhängigen Treuhänders bei der Anpassung der AVB und der Tarifbestimmungen an veränderte Verhältnisse im Gesundheitswesen bleibt in Abs. 3 vorgeschrieben. Bei der Bedingungsanpassung gelten in Bezug auf die Tätigkeit des Bedingungstreuhänders im Wesentlichen die gleichen Grundsätze wie beim Prämientreuhänder (vgl. dazu → Rn. 26 ff.). Der Gesetzgeber meint, dass auch beim Bedingungstreuhänder neben den nach § 157 Abs. 3 Satz 2 VAG geforderten ausreichenden Rechtskenntnissen auf dem Gebiet der Krankenversicherung zusätzlich auch **versicherungsmathematische Kenntnisse** erforderlich sind, weil es „auch um Auswirkungen auf die Kosten und die Prämienkalkulation" gehe. Wie ein solches Fabelwesen die erforderliche Sachkunde sowohl 61 auf rechtlichem wie auch auf mathematischem Gebiet haben kann, bleibt der sachgerechten Beurteilung durch die Gerichte und die Versicherungsaufsicht überlassen (bislang konnte sich der Bedingungstreuhänder auf die Vorgaben des Prämientreuhänders und/oder des Verantwortlichen Aktuars verlassen).

7. Keine Anwendung im Basistarif

62 Nach den Tarifbedingungen des Basistarifs festgeschriebene Leistungen müssen wegen der in § 152 Abs. 1 VAG vorgenommenen Anlehnung an den Leistungskatalog der GKV laufend an diesen angepasst werden. Für die Festlegung der Leistungen ist im Wege der öffentlich-rechtlichen Beleihung gesetzlich (§ 158 Abs. 2 VAG) aber die Zuständigkeit des PKV-Verbandes (und nicht der einzelnen VR) begründet. Nach Sinn und Zweck des Abs. 3 ist sein Anwendungsbereich jedoch auf Bedingungsänderungen begrenzt, die vom VR (und nicht von einem hoheitlich Beliehenen – wie gem. § 158 Abs. 2 VAG dem PKV-Verband) initiiert sind, so dass die Angleichungen des Leistungskatalogs des Basistarifs dem Treuhänderverfahren nach Abs. 3 nicht unterfallen (Prölss/Martin/*Voit* § 203 Rn. 34).

V. Ersetzung unwirksamer AVB (Abs. 4)

1. Gesetzesbegründung zu Abs. 4 (BT-Drs. 16/3945, 114)

63 „Die neue Vorschrift verweist für die Anpassung einer unwirksamen Versicherungsbedingung, die nicht unter Absatz 3 fällt, auf die Neuregelung in § 164 VVG-E für die Lebensversicherung. Auf die Begründung hierzu wird Bezug genommen."

2. Voraussetzungen

64 Früher durfte der VR für unwirksam erkannte AVB mit Zustimmung des Bedingungstreuhänders ersetzen, wenn dies zur Fortführung des Vertrages notwendig erschien. Auf die Einschaltung eines Treuhänders verzichtet der Gesetzgeber in diesen Fällen. Die Einschaltung eines Treuhänders ist **überflüssig.** Frühere Streitfragen (etwa die, ob es für die Unwirksamkeit auf eine erstinstanzliche oder nur auf eine höchstrichterliche Entscheidung ankommen konnte) sind jetzt ausgeräumt: Erforderlich ist eine höchstrichterliche Entscheidung (also letztlich die des Versicherungssenates des BGH) oder eine bestandskräftige Verwaltungsentscheidung (also im Regelfall ein gerichtlich in letzter Instanz bestätigter oder gar nicht angegriffener Verwaltungsakt der BaFin).

3. Verweis auf § 164

65 Nach § 164 kann die verworfene durch eine Regelung ersetzt werden, „wenn dies zur Fortführung des Vertrags notwendig ist oder wenn das Festhalten an dem Vertrag ohne neue Regelung für eine Vertragspartei auch unter Berücksichtigung der Interessen der anderen Vertragspartei eine unzumutbare Härte darstellen würde". Zwecks Vermeidung von Redundanzen wird auf die Kommentierung bei § 164 verwiesen (→ § 164 Rn. 7 ff.). Außerdem muss die neue Regelung die Belange der VN „angemessen berücksichtigen", und zwar „unter Wahrung des Vertragsziels" (auch dazu vgl. → § 164 Rn. 21 f.).

VI. Wirksamwerden (Abs. 5)

1. Gesetzesbegründung zu Abs. 5 (BT-Drs. 16/3945, 114)

„Die Vorschrift entspricht im Wesentlichen dem bisherigen § 178g Abs. 4 VVG. Allerdings werden abweichende Vereinbarungen über den Zeitpunkt des Wirksamwerdens der Vertragsänderung ausgeschlossen, soweit sie für den Versicherungsnehmer nachteilig sind (vgl. § 208 VVG-E). Für Anpassungen unwirksamer Versicherungsbedingungen nach Absatz 4 bestimmt sich das Wirksamwerden nach § 164 Abs. 2 VVG-E.“ 66

2. Fristberechnung

Anders als früher werden Prämien- und Bedingungsanpassungen (für Klauselersetzungen gilt § 203 Abs. 4 iVm § 164 Abs. 2) **immer** zu Beginn des zweiten Monats wirksam, der auf die entsprechende Mitteilung folgt. Der Zeitpunkt knüpft an die Benachrichtigung des VN an. Sein Einverständnis ist nicht erforderlich. Der frühere Vertragsvorbehalt („Soweit nichts anderes vereinbart ist (…)“) ist entfallen. In zeitlich engen Fällen bleibt dem VN kaum mehr als ein Monat, um sich auf die veränderten Verhältnisse einzustellen. Probleme ergeben sich, wenn der VN die Benachrichtigung nicht erhalten hat oder dies jedenfalls behauptet. Die Beweislast für das Wirksamwerden der Änderung hat, wer sich auf sie beruft, wer also Rechte aus ihr ableiten will. Dieser muss folglich auch, weil Wirksamkeitsvoraussetzung, den Zugang der Benachrichtigung beweisen. 67

Will der VR eine erhöhte Prämie geltend machen, wird ihm der Beweis nicht leichtfallen, weil er aus Kostengründen nicht alle Benachrichtigungen mit Einschreiben und Rückschein versenden wird. Es ist der Indizienbeweis zulässig. Bei fehlendem Zugangsnachweis kann der VR dann allenfalls auf die bis dahin angelaufene Prämienerhöhung verzichten und nach der Behauptung des VN, die Benachrichtigung nicht erhalten zu haben, diese im Einzelfall noch durch Einschreiben und Rückschein nachsenden. 68

3. Maßgebliche Gründe

Nach Abs. 5 wird eine Prämien- oder Bedingungsanpassung zu Beginn des zweiten Monats wirksam, der auf die Mitteilung der Neufestsetzung oder Änderung und der hierfür maßgeblichen Gründe an den VN folgt. Der BGH hat in seinen Entscheidungen vom 16.12.2020 (r+s 2021, 89; r+s 2021, 95 mAnm *Boetius* r+s 2021, 223) die Anforderungen an die **maßgeblichen Gründe** iSd Abs. 5 konretisiert (zum vormaligen Streitstand 6. Aufl. Rn. 69 f. und *Franz* VersR 2020, 449). Für eine formal wirksame Beitragsanpassung erforderlich, aber auch ausreichend ist eine im Mitteilungsschreiben enthaltene Bekanntgabe der Rechnungsgrundlage, deren nicht nur vorübergehende Veränderung die Neufestsetzung der Prämien nach Abs. 2 S. 1 veranlasst hat. Mit der übereinstimmenden Verwendung des Begriffs „maßgeblich“ sowohl in Abs. 2 Satz 1 (bei Benennung der materiellen Voraussetzungen für die Prämienanpassung) als auch in Abs. 5 (als formale Voraussetzung an die Mitteilung an den VN) hat der Gesetzgeber verdeutlicht, dass die Regelung zu den mitzuteilenden „maßgeblichen Gründen“ in Abs. 5 auf die hierfür allein „maßgeblichen Rechnungsgrundlagen“ in Abs. 2 verweist. Diese sind dort in Abs. 2 Satz 1, 3 einzig als **gestiegene Versicherungsleistungen** und/oder **geänderte Sterbewahrscheinlichkeiten** ausgewiesen. 69

Dem Mitteilungserfordernis hat der VR daher entsprochen, wenn er den jeweils maßgeblichen Erhöhungsgrund benennt (so bereits OLG Celle VersR 2018, 1179 = r+s 2018, 547). Weitergehender Angaben wie der genauen Höhe der veränderten Rechnungsgrundlagen bedarf es nicht (so auch *Grote/Finkel* NJW 2021, 362).

70 Auch nach Sinn und Zweck der Vorschrift ist keine weitergehende Mitteilung geschuldet. Die Vorschrift des Abs. 5 hat in erster Linie zum Zweck, dem VN einen gewissen Zeitraum zu lassen, um sich auf die ihm mitgeteilte Prämienanpassung einstellen zu können und zu entscheiden, ob er innerhalb der Frist des § 205 Abs. 4 sein Kündigungsrecht ausüben oder die Prämienanpassung zum Anlass nehmen möchte, einen Tarifwechsel nach § 204 zu absolvieren (BGH VersR 2018, 283). Das Mitteilungserfordernis bezweckt hingegen nicht, dem VN eine überschlägige Überprüfung der Plausibilität der konkreten Prämienerhöhung zu ermöglichen Es erscheint für den VR nicht realisierbar, dem VN im Rahmen der Mitteilung der maßgeblichen Erhöhungsgründe die Plausibilitätsprüfung eines komplexen, in der Anl. 2 zur KVAV aufsichtsrechtlich vorgegebenen Rechenwerks zu ermöglichen. Selbst mit fachkundiger Hilfe wäre dem VN die komplexe Methodik der Prämienberechnung nicht zu vermitteln. Dazu müsste ihm vom VR letztlich das gesamte der Prämienerhöhung zugrunde liegende Rechenwerk zur Verfügung gestellt werden, was sich wiederum nicht mit dem berechtigten Geheimhaltungsinteresse des VR in Einklang bringen lässt (so auch bereits OLG Celle VersR 2018, 1179 = r+s 2018, 547; *Brand* VersR 2018, 453 *Boetius* § 203 Rn. 125; Langheid/Wandt/*Boetius* § 203 Rn. 1155c; HK-VVG/*Marko* § 203 Rn. 21; *Kalis* r+s 2018, 464 (469); Looschelders/Pohlmann/*Reinhard* § 203 Rn. 19).

71 Eine unzureichende Begründung kann **nachgeholt** werden (BGH r+s 2021, 89; 2021, 95). Mit dem Zeitpunkt des Zugangs der ordnungsgemäßen Begründung ist das Inkrafttreten der Vertragsänderung nach Abs. 5 zu berechnen (Langheid/Wandt/*Boetius* § 203 Rn. 1160).

§ 204 Tarifwechsel

(1) [1]**Bei bestehendem Versicherungsverhältnis kann der Versicherungsnehmer vom Versicherer verlangen, dass dieser**

1. **Anträge auf Wechsel in andere Tarife mit gleichartigem Versicherungsschutz unter Anrechnung der aus dem Vertrag erworbenen Rechte und der Alterungsrückstellung annimmt; soweit die Leistungen in dem Tarif, in den der Versicherungsnehmer wechseln will, höher oder umfassender sind als in dem bisherigen Tarif, kann der Versicherer für die Mehrleistung einen Leistungsausschluss oder einen angemessenen Risikozuschlag und insoweit auch eine Wartezeit verlangen; der Versicherungsnehmer kann die Vereinbarung eines Risikozuschlages und einer Wartezeit dadurch abwenden, dass er hinsichtlich der Mehrleistung einen Leistungsausschluss vereinbart; bei einem Wechsel aus dem Basistarif in einen anderen Tarif kann der Versicherer auch den bei Vertragsschluss ermittelten Risikozuschlag verlangen; der Wechsel in den Basistarif des Versicherers unter Anrechnung der aus dem Vertrag erworbenen Rechte und der Alterungsrückstellung ist nur möglich, wenn**

a) die bestehende Krankheitskostenversicherung nach dem 1. Januar 2009 abgeschlossen wurde oder
b) der Versicherungsnehmer das 55. Lebensjahr vollendet hat oder das 55. Lebensjahr noch nicht vollendet hat, aber die Voraussetzungen für den Anspruch auf eine Rente der gesetzlichen Rentenversicherung erfüllt und diese Rente beantragt hat oder ein Ruhegehalt nach beamtenrechtlichen oder vergleichbaren Vorschriften bezieht oder hilfebedürftig nach dem Zweiten oder Zwölften Buch Sozialgesetzbuch ist oder
c) die bestehende Krankheitskostenversicherung vor dem 1. Januar 2009 abgeschlossen wurde und der Wechsel in den Basistarif vor dem 1. Juli 2009 beantragt wurde;

ein Wechsel aus einem Tarif, bei dem die Prämien geschlechtsunabhängig kalkuliert werden, in einen Tarif, bei dem dies nicht der Fall ist, ist ausgeschlossen;

2. bei einer Kündigung des Vertrags und dem gleichzeitigen Abschluss eines neuen Vertrags, der ganz oder teilweise den im gesetzlichen Sozialversicherungssystem vorgesehenen Krankenversicherungsschutz ersetzen kann, bei einem anderen Krankenversicherer
a) die kalkulierte Alterungsrückstellung des Teils der Versicherung, dessen Leistungen dem Basistarif entsprechen, an den neuen Versicherer überträgt, sofern die gekündigte Krankheitskostenversicherung nach dem 1. Januar 2009 abgeschlossen wurde;
b) bei einem Abschluss eines Vertrags im Basistarif die kalkulierte Alterungsrückstellung des Teils der Versicherung, dessen Leistungen dem Basistarif entsprechen, an den neuen Versicherer überträgt, sofern die gekündigte Krankheitskostenversicherung vor dem 1. Januar 2009 abgeschlossen wurde und die Kündigung vor dem 1. Juli 2009 erfolgte.

[2]Soweit die Leistungen in dem Tarif, aus dem der Versicherungsnehmer wechseln will, höher oder umfassender sind als im Basistarif, kann der Versicherungsnehmer vom bisherigen Versicherer die Vereinbarung eines Zusatztarifes verlangen, in dem die über den Basistarif hinausgehende Alterungsrückstellung anzurechnen ist. [3]Auf die Ansprüche nach den Sätzen 1 und 2 kann nicht verzichtet werden.

(2) **[1]Ist der Versicherungsnehmer auf Grund bestehender Hilfebedürftigkeit im Sinne des Zweiten oder Zwölften Buches Sozialgesetzbuch nach dem 15. März 2020 in den Basistarif nach § 152 des Versicherungsaufsichtsgesetzes gewechselt und endet die Hilfebedürftigkeit des Versicherungsnehmers innerhalb von zwei Jahren nach dem Wechsel, kann er innerhalb von drei Monaten nach Beendigung der Hilfebedürftigkeit in Textform vom Versicherer verlangen, den Vertrag ab dem ersten Tag des übernächsten Monats in dem Tarif fortzusetzen, in dem der Versicherungsnehmer vor dem Wechsel in den Basistarif versichert war. [2]Eintritt und Beendigung der Hilfebedürftigkeit hat der Versicherungsnehmer auf Verlangen des Versicherers durch geeignete Unterlagen nachzuweisen; die Bescheinigung des zuständigen Trägers nach dem Zweiten oder dem Zwölften Buch Sozialgesetzbuch gilt als Nachweis. [3]Beim Wechsel ist der Versicherungsnehmer so zu stellen, wie er vor der Versicherung im**

Basistarif stand; die im Basistarif erworbenen Rechte und Alterungsrückstellungen sind zu berücksichtigen. [4]Prämienanpassungen und Änderungen der Allgemeinen Versicherungsbedingungen in dem Tarif, in dem der Versicherungsnehmer vor dem Wechsel in den Basistarif versichert war, gelten ab dem Tag der Fortsetzung des Vertrags in diesem Tarif. [5]Die Sätze 1 bis 4 gelten entsprechend für Versicherungsnehmer, bei denen allein durch die Zahlung des Beitrags Hilfebedürftigkeit im Sinne des Zweiten oder des Zwölften Buches Sozialgesetzbuch entstehen würde. [6]Abs. 1 Satz 1 Nummer 1 letzter Teilsatz gilt nicht.

(3) **[1]Im Falle der Kündigung des Vertrags zur privaten Pflege-Pflichtversicherung und dem gleichzeitigen Abschluss eines neuen Vertrags bei einem anderen Versicherer kann der Versicherungsnehmer vom bisherigen Versicherer verlangen, dass dieser die für ihn kalkulierte Alterungsrückstellung an den neuen Versicherer überträgt. [2]Auf diesen Anspruch kann nicht verzichtet werden.**

(4) **[1]Absatz 1 gilt nicht für befristete Versicherungsverhältnisse. [2]Handelt es sich um eine Befristung nach § 196, besteht das Tarifwechselrecht nach Absatz 1 Nummer 1.**

(5) **Soweit die Krankenversicherung nach Art der Lebensversicherung betrieben wird, haben die Versicherungsnehmer und die versicherte Person das Recht, einen gekündigten Versicherungsvertrag in Form einer Anwartschaftsversicherung fortzuführen.**

Schrifttum: *Boetius,* Alterungsrückstellung und Versicherungswechsel in der privaten Krankenversicherung, VersR 2001, 661; *Wriede,* Überlegungen zum Abschlußzwang gem. § 178 f VVG, VersR 1996, 271.

Übersicht

I. Gesetzessystematik

1 Die Änderungen des VVG ab 2009 sind mit den im **GKV-WSG** beschlossenen Regelungen für die private Krankenversicherung inhaltsgleich. Die Begründung des GKV-WSG zu § 178f (Tarifwechsel) lautet wie folgt **(BT-Drs. 16/4247, 68):** „Beim Wechsel innerhalb des Unternehmens jener Personen, die nach § 178a ein Wechselrecht in den Basistarif besitzen, werden die aus dem bestehenden Vertrag erworbenen Rechte und die Alterungsrückstellung angerechnet. Eine entsprechende Portabilität beim Tarifwechsel innerhalb eines Versicherungsunternehmens existiert bereits nach geltendem Recht. Für Personen nach § 178f Abs. 1 Nr. 1b wird damit keine Wechselmöglichkeit zu anderen Versicherungsunternehmen eröffnet. Bei Kündigung und Abschluss eines neuen Vertrags bei einem anderen Versicherungsunternehmen ist gegenüber dem Gesetzentwurf zwischen vor dem 1.1.2009 und nach diesem Zeitpunkt geschlossenen Verträgen zu unterscheiden. Für Versicherte, die ihren Vertrag vor dem 1.1.2009 abgeschlossen haben und die innerhalb von sechs Monaten nach Einführung des Basistarifs in den Basistarif eines anderen Versicherungsunternehmens eintreten, wird die kalkulierte Alterungsrückstellung insoweit an den neuen Versicherer übertragen, wie sie sich auf Leistungen des Basistarifs bezieht. Bei ab dem 1. Januar 2009 abgeschlossenen Verträgen über eine Krankheitskostenversicherung wird bei Kündigung und Abschluss eines neuen Versicherungsvertrags die Alterungsrückstellung insoweit übertragen, wie sie sich auf Leistungen des Basistarifs bezieht."

2 Der **ursprüngliche** (ohne die später durch den Gesundheitsausschuss des Deutschen Bundestages eingebrachten Änderungen) **Gesetzentwurf** (BT-Drs. 16/3100, 206 f.) wurde wie folgt begründet: „Bislang beschränkte sich der Wettbewerb der privaten Versicherungsunternehmen im Wesentlichen auf die Neuanwerbung von jungen (gesunden) Kunden, während für ältere Versicherte ein Versicherungswechsel häufig mit erheblichen Prämienerhöhungen verbunden war. Eine praktikable Lösung für die Einführung der Portabilität der Alterungsrückstellungen beim Wechsel von einem privaten Versicherungsunternehmen zu einem anderen erfordert die nachfolgenden Voraussetzungen an die Versicherungstarife:
- einheitliche Leistungsbeschreibungen, für die eine Mitgabe der Alterungsrückstellungen möglich sein soll,
- Kontrahierungszwang der Versicherungsunternehmen,
- Risikoausgleich zwischen den Unternehmen.

3 Diese Voraussetzungen sind für den Basistarif erfüllt. Für diese wird die Portabilität in vollem Umfang eingeführt. Für Tarife, die im Leistungsumfang über den Basistarif hinaus- gehen, die also Leistungen beinhalten, die zB auch in Zusatzversicherungen zur GKV enthalten sind, wird die Portabilität nur „in Höhe des Basistarifs" eingeführt."

1. Zu Buchst. a

4 „Die Änderung durch Buchst. a erweitert das Recht auf Mitnahme der Alterungsrückstellung (einschließlich der Rückstellungen nach § 12 Abs. 4a und § 12a Abs. 2 VAG), das bisher nur bei einem Tarifwechsel bei demselben Versicherungsunternehmen bestand, auf den Wechsel zu einem anderen privaten Versicherungsunternehmen. Bei einem Wechsel von einem privaten Versicherungsunternehmen zu einem anderen werden die Ansprüche zwischen allen VR über das Ausgleichssystem nach § 12g des VAG ausgeglichen.

5 Damit die Alterungsrückstellung bei einem Tarifwechsel auch nicht teilweise verloren geht, wenn der VN aus einem Tarif mit höheren Leistungen in den Basistarif wechselt, hat der VN das Recht, in diesem Fall den Abschluss einer Zusatzversicherung zu verlangen, in die der überschießende Teil der Alterungsrückstellung eingebracht wird. Dies gilt sowohl bei einem Tarifwechsel innerhalb des Unternehmens wie bei einem Wechsel zu einem anderen Unternehmen.

6 Der neue Satz 3 stellt klar, dass der VN auf das Recht zur Portabilität nicht verzichten kann, was zur Begrenzung einer negativen Risikoentmischung erforderlich ist."

2. Zu Buchst. b

7 „Durch Buchst. b wird ein Recht auf Abschluss einer Anwartschaftsversicherung geschaffen. Eine Anwartschaftsversicherung gibt dem VN das Recht, ein bestehendes Versicherungsverhältnis unter Anrechnung der aus dem Vertrag erworbenen Rechte und der Alterungsrückstellung fortzuführen. Ein solcher Anspruch ist von Bedeutung für Personen, die vorübergehend die Leistungen der PKV nicht in Anspruch nehmen können, zB wegen eines Auslandsaufenthalts. Eine Anwartschaftsversicherung kann jedoch auch rückwirkend abgeschlossen werden (vgl. § 2 Abs. 1 VVG), so dass nicht mehr PKV-Versicherte über eine Nachzahlung ein geringeres Eintrittsalter erreichen können. Die ursprünglich aufgebaute Alterungsrückstellung wird dabei allerdings in der Regel nicht mehr zu berücksichtigen sein, da sie nach der Kündigung des Vertrages zugunsten der übrigen Versicherten aufgelöst wurde."

II. Tarifwechsel

8 Ein Tarifwechsel kommt insbesondere in Betracht, wenn der VR neue Tarife einführt und den alten Tarif schließt. Der VN soll den durch die Schließung eines Tarifs bedingten Kostensteigerungen entgehen können (BT-Drs.12/6959, 105). In Betracht kommt aber auch ein Wechsel zwischen bestehenden Tarifen. Die Vorschrift gibt dem VN grds. in allen Fällen einen **Anspruch auf einen Tarifwechsel.** Der Wechsel des Tarifs ist **kein Abschluss eines neuen Vertrages.** Vielmehr wird der bestehende Vertrag mit dem neuen Tarif fortgesetzt (BGH VersR 2015, 1012; VersR 2012, 1422; BVerwG VersR 2010, 1345; 2007, 1253;

Langheid/Wandt/*Boetius* § 204 Rn. 13). Die erste Prämie nach dem Wechsel ist deshalb auch keine Erst-, sondern eine Folgeprämie. Der Versicherungsschutz wird bei Nichtzahlung nicht unterbrochen, vielmehr greifen die Regelungen des § 193 Abs. 6–10 ein.

Die Vorschrift schließt einen **mehrfachen Tarifwechsel** nicht aus. Dazu muss auch wegen der langen Dauer von Krankenversicherungsverträgen die Möglichkeit bestehen. Die Grenze für mehrfachen Wechsel liegt beim Missbrauch (vgl. Langheid/Wandt/*Boetius* § 204 Rn. 299 ff.). 9

Abs. 1 Satz 1 Nr. 1 Hs. 1 ermöglicht einen Wechsel aus einem Tarif in einen anderen nur, wenn dieser **„gleichartigen" Versicherungsschutz** bietet. Was unter Gleichartigkeit zu verstehen ist, ergibt sich aus § 12 Abs. 1 KVAV (vgl. → § 203 Rn. 4). Danach sind Tarife mit gleichartigem Versicherungsschutz solche, die **gleiche Leistungsbereiche** umfassen und für die der Versicherte versicherungsfähig ist. Als Beispiele für Leistungsbereiche nennt § 12 Abs. 1 KVAV Kostenerstattung für ambulante Heilbehandlung (Nr. 1), Kostenerstattung für stationäre Heilbehandlung sowie Krankenhaustagegeldversicherung mit Kostenersatzfunktion (Nr. 2), Kostenerstattung für Zahnbehandlung und Zahnersatz (Nr. 3), Krankenhaustagegeld, soweit es nicht zu Nr. 2 gehört (Nr. 4), Krankentagegeld (Nr. 5), Kurtagegeld und Kostenerstattung für Kuren (Nr. 6) sowie Pflegekosten und -tagegeld (Nr. 7). Zwei Tarife sind also gleichartig, wenn in beiden gleichartige Risiken durch Leistungen entsprechend den Leistungsbereichen abgedeckt werden. Die Höhe der Prämie und ihre Kalkulation spielt bei der Beurteilung der Gleichartigkeit keine Rolle. Deshalb ist ein Wechsel auch dann möglich, wenn die Prämie im alten und neuen Tarif nach unterschiedlichen und folglich kaum vergleichbaren Grundsätzen kalkuliert worden ist (BVerwG NVersZ 1999, 376 = VersR 1999, 743 unter 2 und 3.c; zum Wechsel bei unterschiedlichen Tarifstrukturen vgl. BGH VersR 2015, 102 (Einzelheiten bei → Rn. 19 ff.). Dem VN ist es aber verwehrt, den Wechsel in der Weise vornehmen zu wollen, dass ein Teil des alten Tarifs beibehalten und iÜ der neue Tarif in Anspruch genommen wird (OLG Frankfurt a. M. NVersZ 1999, 166 = VersR 1999, 86). Keine Gleichartigkeit besteht zwischen einem gesetzlichen Versicherungsschutz mit Ergänzungsschutz der PKV und einer substitutiven Krankenversicherung (OLG Naumburg Urt. v. 1.9.2016 – 41 U 36/16). 10

Als weitere Voraussetzung für den Tarifwechsel muss der VN für den Zieltarif **versicherungsfähig** sein. Die Versicherungsfähigkeit ist in § 12 Abs. 2 KVAV als personengebundene Eigenschaft des Versicherten definiert, deren Wegfall zur Folge hat, dass der Versicherte bedingungsgemäß nicht mehr in diesem Tarif versichert bleiben kann. Zu diesen Eigenschaften zählen bspw. der Beruf, die Art der Beschäftigung oder das Alter (Langheid/Wandt/*Boetius* § 204 Rn. 218). Mit der Voraussetzung der Versicherungsfähigkeit soll verhindert werden, dass sich Personen über den Umweg des Tarifwechsels in Tarifen versichern, in welchen sie nicht angenommen worden wären (Looschelders/Pohlmann/*Reinhard* § 204 Rn. 10). 11

III. Ausgleich unterschiedlicher Tarife

Die Bedingungen für den neuen Tarif müssen für den VN nicht unverändert bleiben. So kann der VR auch dann für den neuen Tarif **Risikozuschläge** oder **Leistungsausschlüsse** verlangen, wenn er solche bei dem alten Tarif mit dem 12

VN nicht vereinbart hatte. Das kommt zB nach **Abs. 1 Satz 1 Nr. 1 Hs. 2** in Betracht, wenn die **Leistungen** im Zieltarif **höher oder umfassender** sind als in dem alten. Höhere Leistungen sind etwa die Erstattung höherer Steigerungssätze der GOÄ/GOZ, höhere Festbeträge bei Heil- und Hilfsmitteln oder geringere Selbstbehalte. Umfassendere Leistungen sind etwa die Deckung von Risiken, die ihrer Art nach im Herkunftstarif nicht versichert waren wie zB Heilpraktikerkosten (zu den unbestimmten Rechtsbegriffen „höher" und „umfassender" vgl. ausführlich Langheid/Wandt/*Boetius* § 204 Rn. 319 ff.). Auch kann der VR „insoweit", also nur im Hinblick auf die Mehrleistung, eine Wartezeit verlangen. Indessen ist dem Gesetz nicht zu entnehmen, dass es die Fälle für einen Risikozuschlag oder einen Leistungsausschluss enumerativ nennt. Für den Fall, dass bereits bei dem alten Tarif ein Risikozuschlag vereinbart war, kann dieser auch bei einem Wechsel in einen anderen vergleichbaren Tarif verlangt werden, auch wenn das Gesetz sich dazu nicht äußert (BVerwG VersR 1999, 743, 745).

13 Führt ein Tarifwechsel zu höheren oder umfassenderen Leistungen (also **Mehrleistungen**) im Zieltarif, treffen den Versicherten die Anzeigeobliegenheiten des **§ 19 VVG;** er hat gefahrerhebliche Gesundheitsumstände, die nach Abschluss des bisherigen Vertrages eingetreten sind, anzuzeigen (Prölss/Martin/*Voit* § 204 Rn. 29; *Wriede* VersR 1996, 271). Dem steht der Umstand nicht entgegen, dass es durch den Tarifwechsel nicht zum Abschluss eines neuen Versicherungsvertrages kommt, sondern der bisherige Vertrag unter Wechsel des Tarif fortgesetzt wird (hierzu BGH VersR 2015, 1012, 1015). Maßgebend für die Auslösung der Anzeigeobliegenheiten ist nämlich nicht die formale Differenzierung zwischen Novation und bloßer Vertragsänderung, sondern die Qualität der Änderung (*Neuhaus* r+s 2013, 583; *Armbrüster/Schreier* VersR 2015, 1053 (1056)). Führt die Änderung zu einer Erweiterung der Leistungspflicht des VR, hat dieser ein schutzwürdiges Interesse an einer erneuten Risikoprüfung (*Armbrüster/Schreier* VersR 2015, 1053, 1056). Hinsichtlich der Berechnung des Risikozuschlages für die Mehrleistung ist mithin auf den **aktuellen Gesundheitszustand** der versicherten Person **zum Zeitpunkt des Tarifwechsels** abzustellen (BGH VersR 2016, 1110; LG Düsseldorf VersR 2016, 912; Bach/Moser/*Kalis* § 204 Rn. 80; Looschelders/Pohlmann/*Reinhard* § 204 Rn. 19; *Lehmann* VersR 2010, 992 (994); aA Römer/Langheid/*Langheid,* VVG, 4. Aufl. 2014, § 204 Rn. 13). Die Mehrleistung des Zieltarifs hat den Charakter einer Zusatzversicherung und rechtfertigt keine Privilegierung des Versicherten gegenüber Neuabschluss-Kunden (BGH VersR 2016, 718; *Boetius* § 204 Rn. 107; *Grote/Bronkars* VersR 2008, 585).

14 Ob eine Mehrleistung im Zieltarif vorliegt, ist unter versicherungsmathematischer Würdigung des Umfangs der beitragsrelevanten Tarifunterschiede zu prüfen (Bach/Moser/*Kalis* § 204 Rn. 81). Bei der Prüfung hat aber keine Saldierung vertraglicher Mehr- oder Minderleistungen stattzufinden (BGH VersR 2013, 1422; OLG Frankfurt a. M. VersR 2014, 1317 mit zust. Anm. *Tammer*).

15 Der BGH hat für den **Tarifwechsel bei unterschiedlichen Strukturen** von Herkunfts- und Zieltarif zutreffend entschieden, dass der VR zur Erhebung eines individuellen **Risikozuschlags** – auch bei Fehlen einer Mehrleistung im Zieltarif – **berechtigt** ist, wenn der VN von einem Tarif mit Pauschalprämie, in welche das Risiko zuschlagsfrei einkalkuliert war, in einen Tarif mit Grundprämie für ein Basisrisiko und Risikozuschläge wechselt (BGH VersR 2015, 1012). Würde nämlich der Versicherte zu dem preiswerteren Grundbeitrag des Zieltarifs ohne jeden Risikozuschlag versichert, läge darin eine Begünstigung, die weder gegenüber dem VR noch gegenüber den neuen VN sachlich gerechtfertigt wäre (ebenso

BVerwG VersR 1999, 743; VersR 2007, 1253; VersR 2010, 1447; HK-VVG/*Marko* § 204 Rn. 29; Looschelders/Pohlmann/*Reinhard* § 204 Rn. 14; Prölss/Martin/*Voit* § 204 Rn. 25; *Brömmelmeyer* VersR 2010, 706 (710)). Bei einem solchen Tarifwechsel (ohne Mehrleistung) ist zur Bestimmung des Risikos (und folglich zur Bemessung der Höhe des Risikozuschlages) auf die Einstufung des **Gesundheitszustandes bei Abschluss des Altvertrages** abzustellen (BVerwG VersR 1999, 743; Prölss/Martin/*Voit* § 204 Rn. 25). Dabei kann der Risikozuschlag in dem neuen Tarif absolut oder prozentual höher ausfallen. Dies hängt davon ab, welches Risiko der VR als das mit der Grundprämie abgedeckte Basisrisiko kalkulatorisch festgelegt hat (BVerwG NVersZ 1999, 376 = VersR 1999, 743 unter 3.b). Lehnt der VN die Vereinbarung eines individuellen Risikozuschlags im Zieltarif ab, kann ihn der VR nach Maßgabe des § 316 BGB bestimmen (BGH VersR 2015, 1012).

Wählt der VR die Tarifeinschränkung in Form des Risikozuschlags (ggf. und Wartezeit), hat der VN gemäß **Abs. 1 Satz 1 Nr. 1 Hs. 3** eine **Abwendungsoption;** er kann die Vereinbarung eines Risikoausschlusses durch die **Vereinbarung eines Leistungsausschlusses** hinsichtlich der Mehrleistung abwenden. Problematisch und unscharf ist in vergleichbaren Fällen regelmäßig der **Umfang** des Leistungsausschlusses. Das liegt vor allem daran, dass sich Vor- und Nachteile bei unterschiedlichen Tarifen häufig die Waage halten (**Beispiel** Sehhilfenerstattung: im alten Tarif eine Begrenzung auf 100 EUR für Brillengestelle, Gläser werden unbegrenzt erstattet; im neuen Tarif werden Sehhilfen mit insgesamt maximal 300 EUR reguliert. Es hängt also von der konkreten Fallgestaltung ab, welcher Tarif vorteilhafter ist. Das lässt sich beliebig erweitern, zB auf prozentuale Erstattungen bei Hilfs- und Heilmitteln oder auf Summenbegrenzungen für einzelne Leistungen). Ob es hier ausreicht, wenn der Versicherer den Leistungsausschluss dahingehend spezifiziert, dass er auf einen Vergleich der AVB und der Tarifbedingungen hinweist, ist fraglich. Eine allgemeine Beratungspflicht, wie sie gem. § 6 Abs. 4 Satz 1 für laufende Versicherungsverhältnisse geschuldet wird, dürfte allerdings nicht bestehen. Im Übrigen kann der Versicherer schon tatbestandlich nicht über Problemkonfigurationen beraten, die sich erst aus künftigen Fallgestaltungen ergeben. Es könnte aber eine allgemeine Hinweispflicht des VR dahingehend bestehen, dass die Frage von Vor- und Nachteilen und Minder- oder Mehrleistungen im Zieltarif je nach vorliegendem Sachverhalt unterschiedlich beurteilt werden kann. 16

Unter Anrechnung der **aus dem Vertrag erworbenen Rechte** iSd Abs. 1 Nr. 1 bedeutet, dass der VN die bei Abschluss des Vertrages oder im Laufe der Vertragszeit erworbenen Rechtspositionen durch den Tarifwechsel nicht verlieren darf. Hierzu zählen der Ablauf einer Wartezeit, der Verzicht des VR auf eine Wartezeit (BVerwG VersR 1999, 743; VersR 2007, 1253), die Erhöhung von Höchstsätzen bei einzelnen Leistungen (vgl. *Wriede* VersR 1996, 271) sowie der Ausschluss der Rechte wegen der Verletzung von Anzeigeobliegenheiten nach drei Jahren (§ 194 Abs. 1 S. 4; BVerwG VersR 1999, 743). Zu den erworbenen Rechten gehört auch die vom VR bei Vertragsschluss im Herkunftstarif vorgenommene Risikoeinstufung, die für die Erhebung eines Risikozuschlags maßgebend ist (BVerwG NVersZ 1999, 376 = VersR 1999, 743 unter 3.b; Prölss/Martin/*Voit* § 204 Rn. 24 f.). Dies allerdings nur im kongruenten Deckungsbereich von Herkunfts- und Zieltarif. Bietet der Zieltarif höhere oder umfassendere Leistungen (Mehrleistungen), kann der VR nach Maßgabe des Abs. 1 S. 1 Nr. 1, Hs. 2 in Bezug auf die Mehrleistungen („insoweit") einen Leistungsausschluss, einen 17 angemessenen Risikozuschlag oder eine Wartezeit verlangen. Hierzu kann der VR eine neue Gesundheitsprüfung zum Zeitpunkt des Tarifwechsels vornehmen (→ Rn. 11).

18 **Kein erworbenes Recht** ist die Höhe der vor dem Tarifwechsel im Herkunftstarif gezahlten Prämie als Obergrenze der im Zieltarif zu leistenden Prämie (BVerwG VersR 1999, 743; VersR 2007, 1253). Auch die Kalkulation des Herkunftstarifs oder die dortige „Risikomischung" zählen nicht zu den erworbenen Rechten (BVerwG VersR 2010, 1345; *Lorenz/Wandt* VersR 2008, 7, 9).

IV. Mitnahme der Alterungsrückstellung

19 **Abs. 1 Satz 1 Nr. 1 Hs. 1** bestimmt, dass der VN bei einem Tarifwechsel **innerhalb desselben Unternehmens** seine Alterungsrückstellung nicht verliert. Sie gehört zu den erworbenen Rechten. Die Prämie für den neuen Tarif ist also unter Einbezug der bestehen bleibenden Alterungsrückstellung zu kalkulieren (Langheid/Wandt/*Boetius* § 204 Rn. 278 ff.).

20 Der Vorschlag, dass der VN auch nach längerer Versicherungsdauer unter Mitnahme seiner Alterungsrückstellung **den VR wechseln** können solle, hatte sich zunächst im VVG 2008 nicht durchgesetzt (nunmehr aber Abs. 1 Satz 1 Nr. 2). Da der Gesetzgeber die Problematik der Mitgabe oder Übertragung von Alterungsrückstellungen bei einem beabsichtigten Wechsel des Versicherten früher nur gesehen, aber nicht in das Gesetz aufgenommen hatte, konnte der BGH nur feststellen, dass nach damaliger Rechtslage kein Anspruch auf Auszahlung oder Übertragung der Alterungsrückstellung bestand (BGH r+s 1999, 385 = ZfS 1999, 391 = NVersZ 1999, 374 = VersR 1999, 877; Anm. *Laubin* VersR 2000, 561; zum Problem *Kalis* VersR 2001, 11).

V. Beratungspflicht des Versicherers

21 Der VR ist gemäß § 6 Abs. 4 im Rahmen seiner nach Vertragsschluss fortdauernden Beratungspflicht (→ § 6 Rn. 23 ff.) auch verpflichtet, den VN über die Folgen eines Tarifwechsels aufzuklären. Man wird eine Beratungspflicht des VR insoweit annehmen müssen, wenn er erkennt oder erkennen muss, dass der VN aufklärungsbedürftig ist. Dies gilt auch, wenn die Initiative zum Tarifwechsel vom VN ausgeht. Im Einzelfall kann der VN auf eine Beratung durch schriftliche Erklärung verzichten (§ 6 Abs. 4 Satz 2). Bei Vorliegen eines Beratungsverschuldens des Versicherers ist im Einzelfall stets zu prüfen, ob dem VN durch den Tarifwechsel ein (ggf. bezifferbarer) Schaden entstanden ist, was Voraussetzung für einen Schadensersatzanspruch nach § 6 Abs. 5 wäre.

22 Eine andere Frage ist, ob der VR als verpflichtet anzusehen ist, die VN auf neue Tarife und damit auf neue Möglichkeiten zum Tarifwechsel hinzuweisen. Für eine solche **generelle** Informationspflicht fehlt indessen eine Rechtsgrundlage (§ 6 Abs. 4 normiert keine abstrakt-generelle Beratungspflicht, vgl. OLG Saarbrücken VersR 2011, 1556). Auch als Nebenpflicht aus dem bestehenden Versicherungsvertrag lässt sie sich nicht herleiten, nicht nur, weil Streit entstehen kann, ob der neue Tarif wirklich günstiger ist oder vielleicht ein noch günstigerer besteht (worauf BK/*Hohlfeld* § 178f Rn. 2 unter anderem abstellt). Erkennt der VR aber im konkreten Einzelfall oder bei Fallgruppen, etwa bei Beitragserhöhungen, die der einzelne VN nur noch schwer tragen kann oder die Gruppe der betroffenen

VN erheblich belasten, dass ein Tarifwechsel geboten sein kann, besteht eine Aufklärungspflicht über einen Wechsel in etwa günstigere Tarife (vgl. auch Langheid/Wandt/*Boetius* § 204 Rn. 174. mwN; Prölss/Martin/*Voit* § 204 Rn. 37).

VI. Tarifwechsel innerhalb des Unternehmens (Abs. 1 Satz 1 Nr. 1)

23 Nach **Abs. 1 Satz 1 Nr. 1 Hs. 1** kann der VN in einem bestehenden Versicherungsverhältnis vom VR verlangen, dass dieser „Anträge auf Wechsel in andere Tarife mit gleichartigem Versicherungsschutz unter Anrechnung der aus dem Vertrag erworbenen Alterungsrückstellung annimmt".

1. Gleichartigkeit

24 Siehe zunächst die Kommentierung in → Rn. 4 ff. Auch nach früherem Recht konnte der VN gemäß § 178f Abs. 1 Satz 1 aF bei bestehendem Versicherungsverhältnis „vom Versicherer verlangen, dass dieser Anträge auf Wechsel in andere Tarife mit gleichartigem Versicherungsschutz unter Anrechnung der aus dem Vertrag erworbenen Rechte und der Alterungsrückstellung annimmt". Der Wechsel in einen solchen „gleichartigen" Tarif innerhalb eines Versicherungsunternehmens stellt nicht den Abschluss eines neuen Krankenversicherungsvertrages dar, sondern die **Fortsetzung des bisherigen Vertrages** nach Maßgabe des neuen Tarifs (vgl. → Rn. 8 und BVerwG VersR 2007, 1253). Zur Anrechnung der aus dem Vertrag erworbenen Rechte und der Alterungsrückstellung → Rn. 14 f.

25 **a) Mehrleistungen.** Etwas anderes gilt, wenn der neue Tarif Mehrleistungen aus anderen Leistungsbereichen nach § 12 KVAV vorsieht. Sollen Gefahrtragung und Versicherungsschutz auf andere Leistungsbereiche erweitert werden, ist dies insoweit wie ein Neuabschluss eines Versicherungsvertrages anzusehen (vgl. BGH VersR 1994, 39; BVerwG VersR 2007, 1253). In diesem Fall besteht kein Anspruch des Versicherten auf die Anrechnung der Alterungsrückstellung, weil Abs. 1 Satz 1 Nr. 1 Hs. 1 sich nur auf einen Wechsel in einen *gleichartigen* Tarif bezieht (vgl. auch BGH VersR 1994, 39). Der Gesetzesbegründung ist jedenfalls nichts anderes zu entnehmen (vgl. BT-Drs. 16/3100, 206 f.). Demnach liegt ein gleichartiger Versicherungsschutz auch dann vor, wenn der VN bei ansonsten gleichem Versicherungsumfang von der alten Tarifwelt in die neue Tarifwelt wechselt. Da hier der Versicherungsumfang gleich bleibt, muss nach den bislang angewandten Grundsätzen von einem gleichartigen Versicherungsschutz ausgegangen werden. Eine Mehrleistung kann auch der Wegfall eines absoluten Selbstbehalts sein. Allerdings ist die Kumulierung eines absoluten Selbstbehalts (hier in Höhe von 2.000 EUR pro Jahr) mit einem behandlungsbezogenen Selbstbehalt in Höhe von 10 EUR pro Behandlung unwirksam (BGH VersR 2012, 1422 = r+s 2012, 603). Danach stellt der Wegfall eines absoluten Selbstbehaltes im Zieltarif eine Mehrleistung dar, so dass der Versicherer grundsätzlich einen Leistungsausschluss vereinbaren kann. Die Kombination mit einem behandlungsbezogenen Selbstbehalt ist dabei nur möglich, wenn die Summe aller behandlungsbezogenen Selbstbehalte pro Kalenderjahr den absoluten Selbstbehalt nicht ausschöpft; ein Abzug des absoluten Selbstbehalts von der Restleistung nach Abzug des behandlungsbezogenen Selbstbehalt ist also nicht möglich. Alles andere stellt eine Benach-

teiligung des wechselwilligen Versicherungsnehmers sowohl im Herkunfts- als auch im Zieltarif dar (BGH VersR 2012, 1422 = r+s 2012, 603).

26 **b) Alterungsrückstellung.** Gegen Gleichartigkeit in diesem Sinne könnte aber die per Gesetz neu eingeführte **Mehrleistung** „Übertragbarkeit der Alterungsrückstellung" sprechen mit der Folge, dass allein wegen der Portabilität der Alterungsrückstellung keine Gleichartigkeit mehr vorliegt. Eine Andersartigkeit hätte zur Folge, dass der Wechsel eines VN von der alten in die neue Tarifwelt von vornherein ausgeschlossen wäre. Denn der Anspruch auf Tarifwechsel gegen den VR setzt gerade voraus, dass der VN in einen **gleichartigen** Tarif wechselt. Wenn die Tarife aus der neuen Tarifwelt aber allein wegen der Portabilität der Alterungsrückstellung zwingend höherwertig wären als die Tarife der alten Tarifwelt, liefe der Wechselanspruch in diesen Fällen völlig leer.

27 Für Gleichartigkeit spricht aber, dass es dafür allein auf den in § 12 Abs. 1 KVAV definierten Leistungsumfang ankommt. In dieser Vorschrift ist die Portabilität der Alterungsrückstellung gerade nicht enthalten und wurde auch im Zuge der Gesundheitsreform dort nicht eingefügt. Die Portabilität der Alterungsrückstellung soll sich also nicht auf den Leistungsumfang eines Versicherungsvertrages iSv § 12 Abs. 1 KVAV auswirken. Gegen eine Erweiterung des Leistungsumfangs durch die Portabilität der Alterungsrückstellung spricht zudem, dass hinsichtlich der Portabilität ein Leistungsausschluss nicht vereinbart werden kann. Denn die Portabilität wird für die neue Tarifwelt gesetzlich festgelegt. Die VR müssen die Alterungsrückstellung bei einem Versichererwechsel zwingend übertragen.

2. Tarifwechsel ohne Tarifstrukturzuschlag

28 Liegen die Voraussetzungen nach **Abs. 1 Satz 1 Nr. 1** vor, hat der VN einen Anspruch auf Fortführung der Versicherung in dem von ihm gewählten Tarif. Dabei kann der VR, wenn der Versicherte von einem bestehenden in einen neuen Tarif wechselt, **keinen allgemeinen Tarifstrukturzuschlag** zur Grundprämie erheben (BGH VersR 2015, 1012; BVerwG VersR 2010, 1345). Folge ist, dass sich für den VR, der den pauschalen Risikozuschlag für Tarifwechsler einkalkuliert hatte, die Erforderlichkeit einer Neukalkulation ergibt, die ihrerseits Prämienanhebungen für den gesamten Tarif zur Konsequenz hat.

3. Wechsel in geschlossene Tarife?

29 Fraglich ist ferner, ob über Abs. 1 Satz 1 Nr. 1 ein umfassender Anspruch auf einen Wechsel sowohl in alte Tarife als auch in für das Neugeschäft offene Tarife ermöglicht werden soll. Diese Frage wird durch die Gesetzesbegründung zum derzeitigen Wechselrecht aufgeworfen. Der Wortlaut des Abs. 1 Satz 1 Nr. 1 formuliert ganz allgemein, dass der VN den Anrechnungsanspruch bei Anträgen auf Wechsel in „andere Tarife" haben soll. Hieraus ergibt sich also keinerlei Einschränkung hinsichtlich der Tarife, in welche gewechselt werden kann. In der Gesetzesbegründung zum GKV-WSG gibt es auch keinen Hinweis auf eine einschränkende Auslegung des Wortlauts. Etwas anderes könnte sich jedoch aus einem Vergleich zu dem zuletzt geltenden § 178f Abs. 1 Satz 1 aF ergeben. Zwar ist der Wortlaut gleichlautend mit Abs. 1 Satz 1 Nr. 1 und spricht lediglich von „andere(n) Tarife(n)", so dass sich auch hieraus keine Einschränkung auf alte oder neue Tarife ergibt. Jedoch sollte § 178f Abs. 1 Satz 1 aF laut Gesetzesbegründung einen Umstufungsanspruch gegenüber dem VR (nur) dann begründen, „wenn

dieser neue Krankenversicherungstarife anbietet“ (vgl. BT-Drs. 12/6959, 105). Die Einführung des § 178f aF wurde für erforderlich gehalten, „um älteren Versicherungsnehmern bei Schließung ihres Tarifs für neue Versicherungsnehmer eine Möglichkeit zu eröffnen, dadurch bedingten Kostensteigerungen ihres alten Tarifs durch einen Wechsel in den anderen Tarif des Versicherers zu entgehen“. Demnach bestand nach § 178f Abs. 1 Satz 1 aF ein Anspruch auf Anrechnung der Alterungsrückstellungen nur bei einem Wechsel in **einen für das Neugeschäft offenen Tarif.**

Es besteht kein Anhaltspunkt dafür, dass das GKV-WSG an diesen Grundsätzen etwas ändern wollte. Hierfür spricht zum einen die wortwörtliche Übernahme des § 178f Abs. 1 Satz 1 aF in Abs. 1 Satz 1 Nr. 1 Hs. 1–3. Zum anderen waren dem Gesetzgeber die Hintergründe der Einführung bzw. der Umfang des Anspruchs aus § 178f Abs. 1 Satz 1 aF bekannt. Wenn er diese Norm trotz wörtlicher Übernahme anders hätte auslegen wollen, wäre darauf in der Gesetzesbegründung zum GKV-WSG unzweifelhaft hingewiesen worden. 30

Im Gegenteil enthält die Gesetzesbegründung an dieser Stelle lediglich eine Erklärung zu Abs. 1 Satz 1 Nr. 2, wonach dieser den bisherigen versichererinternen Tarifwechselanspruch auch auf Wechsel des VR erweitere (vgl. BT-Drs. 16/3100, 206). Die fehlenden Erläuterungen zu Nr. 1 können also nur den Hintergrund haben, dass dieser Teil des Abs. 1 so ausgelegt werden soll wie der bis zum 31.12.2007 geltende § 178f Abs. 1 aF Gegen diese Auffassung könnte allenfalls sprechen, dass damit nach der Gesundheitsreform für die Bestandsversicherten ein Wechsel nur in die neue Tarifwelt zu den neuen, präsumtiv wesentlich höheren Prämien möglich wäre. Diese Folge ändert aber nichts daran, dass mangels entgegenstehender Willensäußerungen des Gesetzgebers eine von § 178f Abs. 1 Satz 1 aF abweichende Auslegung des Abs. 1 Satz 1 Nr. 1 nicht möglich ist. Auch erscheinen die beschriebenen Folgen unter Betrachtung des Gesamtgefüges des VVG nach GKV-WSG nur konsequent. Gemäß § 193 Abs. 5 Satz 1 müssen die ab dem 1.4.2007 abgeschlossenen substitutiven Krankenversicherungsverträge den dort normierten Anforderungen entsprechen. Diese Anforderungen sind so gestaltet, dass sie durch die bis dahin geltenden Tarife regelmäßig nicht erfüllt sein werden. Insofern ordnet § 193 Abs. 5 Satz 3 im Wege der Fiktion an, dass ein bis zum 1.4.2007 abgeschlossener Krankheitskostenversicherungsvertrag den Anforderungen des § 193 Abs. 5 Satz 1 genügt. Dieser Bestandsschutz ist erforderlich, weil alte Tarife die neuen Anforderungen nicht erfüllen. Auch dies spricht dafür, dass die **alten Tarife nicht** für **Tarifwechsleraufrecht** erhalten werden müssen. § 204 Abs. 1 Satz 1 Nr. 1 begründet daher lediglich einen Anspruch auf Übertragung der Alterungsrückstellung in für das Neugeschäft offene Tarife, also in die sog „neue Tarifwelt“ (iErg so auch Langheid/Wandt/*Boetius* § 204 Rn. 148 f.). 31

Mit dem Gesetz zur Änderung versicherungsrechtlicher Vorschriften vom 24.4.2013 (BGBl. 2013 I 932) wurde der Wechsel aus einem Tarif, der im Anschluss an das Urteil des Europäischen Gerichtshofs vom 1.3.2011 (NJW 2011, 907 = VersR 2011, 377) **geschlechtsunabhängig** kalkuliert wurde, in einen herkömmlichen, also unter Berücksichtigung des Geschlechts kalkulierten Tarif **ausgeschlossen** (in Kraft getreten am 1.5.2013). Ohne eine solche Regelung hätten die VN in solche Tarife wechseln können, die für VN ihres Geschlechts die jeweils günstigeren Konditionen bieten. Das bedeutet zugleich, dass der Tarifwechsel aus der „alten“ in die „neue“ Tarifwelt, in der sich das Geschlecht auf die Prämie und den Leistungsumfang nicht mehr auswirkt, möglich ist; der Rückwechsel dagegen nicht (vgl. Gesetzesbegründung, BT-Drs. 17/11469, 14 f.). 32

4. Tarifwechsel in den Basistarif

33 Das Gesetz unterscheidet für den Zugang zum Basistarif zwischen VN, deren bestehende Krankenversicherung nach dem 1.1.2009 abgeschlossen wurde (Abs. 1 S. 1 Nr. 1 **Buchst. a**), sog. **PKV-Neukunden,** und VN, die das 55. Lebensjahr vollendet haben (Abs. 1 S. 1 Nr. 1 **Buchst. b**) oder deren bestehende Krankheitskostenversicherung vor dem 1.1.2009 abgeschlossen wurde (Abs. 1 S. 1 Nr. 1 **Buchst. c**), sog. **PKV-Altkunden.** PKV-Neukunden können unabhängig vom Lebensalter zeitlich unbefristet in den Basistarif desselben VR wechseln. Die Altersrückstellung wird gem. Abs. 1 S. 1 voll angerechnet. Für PKV-Altkunden besteht nach Abs. 1 S. 1 Nr. 1 Buchst. b nach Vollendung des 55. Lebensjahrs die Wechselmöglichkeit in den Basistarif. Hat er das 55. Lebensjahr noch nicht vollendet, ist der Wechsel trotzdem möglich, wenn die Voraussetzungen für den Anspruch auf eine Rente der gesetzlichen Rentenversicherung erfüllt sind und der VN diese Rente beantragt hat. Ferner kommt ein Wechsel in Betracht, wenn der VN ein Ruhegehalt nach beamtenrechtlichen oder vergleichbaren Vorschriften bezieht oder hilfebedürftig nach SGB II oder SGB XII ist. Ein Sonderwechselrecht im ersten Halbjahr 2009 begründete Abs. 1 S. 1 Nr. 1 Buchst. c für PKV-Altkunden.

VII. Wechsel zu einem anderen Versicherer (Abs. 1 Satz 1 Nr. 2)

34 **Abs. 1 Satz 1 Nr. 2** regelt die Übertragung der Alterungsrückstellung bei einem **Wechsel** in den Zieltarif eines **anderen Versicherungsunternehmens** (auch Versichererwechsel genannt). Hier kann der VN vom alten VR verlangen, dass dieser „die kalkulierte Alterungsrückstellung des Teils der Versicherung, dessen Leistungen dem Basistarif entsprechen, an den neuen Versicherer überträgt, sofern die gekündigte Krankheitskostenversicherung nach dem 1.1.2009 abgeschlossen wurde" (Abs. 1 S. 1 Nr. 2 **Buchst. a**) oder „bei einem Abschluss eines Vertrags im Basistarif die kalkulierte Alterungsrückstellung des Teils der Versicherung, dessen Leistungen dem Basistarif entsprechen, an den neuen Versicherer überträgt, sofern die gekündigte Krankheitskostenversicherung vor dem 1. Januar 2009 abgeschlossen wurde und die Kündigung vor dem 1. Juli 2009 erfolgte" (Abs. 1 S. 1 Nr. 2 **Buchst. b**). Aus der im Gesetz gewählten Bezeichnung des Übertragungswertes als den Teil, dessen Leistungen dem Basistarif entsprechen, ergibt sich, dass eine (teilweise) Mitgabe von Alterungsrückstellungen nur erfolgt, wenn der VN aus einem Krankheitskostenvollversicherungsvertrag in einen anderen Krankheitskostenvollversicherungsvertrag eines anderen VR wechselt (HK-VVG/*Marko* § 204 Rn. 47). Bei Wechseln aus oder in eine Zusatzversicherung oder bei einem Wechsel in die GKV findet keine Übertragung anteiliger Alterungsrückstellungen statt. **Zweck der Vorschrift** ist ein verbesserter Wettbewerb, Folge aber eine **negative Risikoselektion,** weil gesunde VN zwecks Prämienersparnis das geschlossene Kollektiv verlassen und sich damit die im Rahmen der Erstkalkulation zugrunde gelegte durchschnittliche Risikoverteilung des Kollektivs verändert, was für die im Herkunftstarif zurückbleibenden VN zu erheblichen Verteuerungen führt (Langheid/Wandt/*Boetius* § 204 Rn. 417 und → Vor § 192 Rn. 962 ff., 1111 ff.; HK-VVG/*Marko* § 204 Rn. 1; *Brömmelmeyer* VersR 2010, 706). Bei dieser Interessenlage besteht kein Grund, den Anwendungsbereich der

Vorschrift erweiternd auszulegen und auch auf die Fälle einer von Versichererseite erklärten Anfechtung des Versicherungsvertrages anzuwenden (OLG Dresden r+s 2018, 376).

Ebenso wie beim Wechselrecht in den Basistarif nach Abs. 1 S. 1 Nr. 1 unterscheidet der Gesetzgeber auch beim Versichererwechsel iSd Abs. 1 S. 1 Nr. 2 zwischen Verträgen, die vor dem 1.1.2009 abgeschlossen wurden (PKV-Altverträge) und solchen, die nach dem 1.1.2009 zustande kamen (PKV-Neuverträge). Für PKV-Neuverträge regelt Abs. 1 S. 1 Nr. 2 Buchst. a die Möglichkeit der teilweisen Mitgabe der kalkulierten Alterungsrückstellung. Für Altverträge findet sich eine zeitlich befristete Sonderregelung zur Mitgabe von Alterungsrückstellungen in Abs. 1 S. 1 Nr. 1 Buchst. b. Nach dem BGH (r+s 2013, 238; VersR 2013, 612; bestätigt von BVerfG, r+s 2013, 442) scheidet eine Auslegung des Abs. 1 S. 1 Nr. 2 Buchst. b dahin, dass der Anspruch auf Übertragung der Alterungsrückstellung auch dann besteht, wenn ein neuer Krankenversicherungsvertrag zum Volltarif abgeschlossen wird, aus. Das BVerfG hat mit Urteil vom 10.6.2009 (VersR 2009, 957) die gesetzgeberische Entscheidung, eine teilweise Portabilität nur bei dem Wechsel in den Basistarif zu schaffen, als verfassungskonform angesehen. 35

1. Abschluss eines neuen Vertrages?

Es ist **unklar,** wie der Tarifwechsel in ein anderes Versicherungsunternehmen nach **Abs. 1 Satz 1 Nr. 2** rechtlich einzuordnen ist. Die Formulierung, dass der alte VR die Alterungsrückstellung bei einem Versichererwechsel nach Abs. 1 Satz 1 Nr. 2 Buchst. a und b auf den neuen VR „überträgt“, könnte für die Fortsetzung des alten Vertrages sprechen. Eine versicherungstechnische Übertragung der Alterungsrückstellung erfordert nämlich, dass der neue Vertrag hinsichtlich des technischen Versicherungsbeginns an den Altvertrag anknüpft. Dementsprechend könnte der Gesetzgeber in den Fällen von Nr. 2 bestimmt haben wollen, dass die dort beschriebenen Tarifwechsel zwar einen Wechsel zu einem neuen Vertragspartner darstellen, der Vertrag mit dem neuen VR aber wegen des technischen Versicherungsbeginns an den alten Vertrag anknüpfen soll. Vertragstechnisch könnte dies so gestaltet werden, dass sich der Versichererwechsel etwa als Schuldner- bzw. Gläubigerwechsel darstellt. 36

Auf der anderen Seite könnte man annehmen, dass der Wechsel zu einem anderen Versicherungsunternehmen schon allein aufgrund des neuen Vertragspartners immer den **Abschluss eines neuen Krankenversicherungsvertrages** mit neuem technischen Versicherungsbeginn darstellt (dafür Prölss/Martin/*Voit* § 204 Rn. 39; Langheid/Wandt/*Boetius* § 204 Rn. 407 ff. spricht unspezifisch von einem „neuen Vertrag“, zB → Rn. 438). In diesen neuen Vertrag wird die Alterungsrückstellung vom alten VR mitgegeben. Dafür spricht auch der Wortlaut der Vorschrift, der von „Kündigung des Vertrags“ und „Abschluss eines neuen Vertrags“ spricht. 37

Auch soll nach Abs. 1 Satz 2 nur „die kalkulierte Altersrückstellung des Teils der Versicherung, dessen Leistungen dem Basistarif entsprechen“, übertragen werden. Diese Formulierung könnte andeuten, dass der Gesetzgeber nicht die „Übertragung der versicherungstechnischen Altersrückstellung“ gewollt hat, sondern lediglich die „Mitgabe eines Geldbetrages, welcher der kalkulierten Alterungsrückstellung im fiktiven Basistarif entspricht“, etwa iS einer Einmalprämie. Eine bloße Auszahlung eines solchen Betrages an den neuen VR wüde keinen versicherungs- 38 technischen Zusammenhang zwischen den beiden Vertragsverhältnissen voraussetzen.

39 Dass keine versicherungstechnische Übertragung stattfindet, könnte auch dadurch gestützt werden, dass bei einem versichererinternen Tarifwechsel nach Abs. 1 Satz 1 Nr. 1 der VR die Alterungsrückstellung bei der Vertragsumstellung „anrechnen" muss. In Abs. 1 Satz 1 Nr. 2 soll der VR die kalkulierte Alterungsrückstellung „übertragen" – von einer Anrechnung der Rückstellung durch den neuen VR ist nicht die Rede. Dies könnte also zusätzlich dafür sprechen, dass der neue VR leidglich den vom alten VR überwiesenen Betrag auf den neuen Vertrag verbuchen soll. Für diese Auslegung spricht auch, dass Abs. 1 Satz 1 Nr. 2 im Gegensatz zu Nr. 1 bei einem Wechsel zu einem anderen VR nicht verlangt, dass der VN einen Tarif mit „gleichartigem Versicherungsschutz" abschließt. Der Anspruch auf Mitnahme der Alterungsrückstellung in Höhe des Basistarifs ist diesbezüglich ausschließlich an die Erlangung substitutiven Krankenversicherungsschutzes beim neuen VR geknüpft. Abs. 1 Satz 1 Nr. 2 umfasst somit von vornherein auch solche Konstellationen, die selbst bei einem versichererinternen Tarifwechsel als neuer Vertragsschluss zu werten wären. Dies könnte dafür sprechen, dass der Gesetzgeber in Abs. 1 Satz 1 Nr. 2 davon ausgeht, dass jeder Wechsel zu einem anderen VR zwingend den Abschluss eines neuen, unabhängigen Vertrages bedeutet. Beide dargestellten Auslegungsmöglichkeiten sind vertretbar. Eine sichere Prognose künftiger Judikatur ist nicht möglich, weil die Gesetzesbegründung insoweit schweigt und der wirkliche Wille des Gesetzgebers mit letzter Sicherheit nicht feststellbar ist. Der Wortlaut der Vorschrift selbst enthält den Widerspruch, dass einerseits von einer „Kündigung" des bestehenden und dem „Abschluss" eines neuen Vertrages die Rede ist, andererseits aber von einem Anspruch auf „Übertragung" der kalkulierten Alterungsrückstellung gesprochen wird. Es ist wohl aber die Auffassung vorzuziehen, dass ein Wechsel zu einem anderen VR den Abschluss eines **neuen Versicherungsvertrages mit technischem Vertragsbeginn zum Zeitpunkt des Wechsels** darstellt.

40 Nach Maßgabe dieses Gesetzesverständnisses setzt der Anspruch auf Mitgabe von Altersrückstellungen einen mit der Kündigung des alten Vertrages **gleichzeitigen** Abschluss eines neuen Vertrages voraus. Dies ist mit Abschluss eines lückenlosen Anschlussversicherungsvertrages der Fall (Looschelders/Pohlmann/*Reinhard* § 204 Rn. 28; *Boetius* § 204 Rn. 150).

2. Wechsel in Alttarife?

41 Weiter fragt sich auch bezüglich Abs. 1 Satz 1 Nr. 2, ob dieser nur einen Wechsel in für das Neugeschäft offene Tarife des anderen VR ermöglichen soll oder einen Anspruch des Versicherten auch auf einen Wechsel in alte Tarife normiert. Abs. 1 Satz 1 Nr. 2 erweitert den Anspruch aus Abs. 1 Satz 1 Nr. 1 für bestimmte Fallgruppen auch auf einen Tarifwechsel zu einem anderen VR in alle Tarife der substitutiven Krankenversicherung. Die Gesetzesbegründung beschreibt diese Regelung als eine Erweiterung des früher in § 178f Abs. 1 aF normierten versichererinternen Tarifwechselrechts (vgl. BT-Drs. 16/3100, 206). Dass entgegen der Auslegung der alten Vorschrift (→ Rn. 24) hier nunmehr ein Anspruch auch auf einen **Wechsel in Alttarife** begründet werden sollte, geht aus der Begründung **nicht** hervor. Mangels entgegenstehender Anhaltspunkte kann dieses Schweigen des Gesetzgebers daher nur so verstanden werden, dass hinsichtlich der Frage, in welche Tarife unter Mitnahme der Alterungsrückstellung gewechselt werden

kann, die zu § 204 Abs. 1 geltenden Grundsätze heranzuziehen sind. Auch bei einem Versichererwechsel ist daher ein **Wechsel nur in für das Neugeschäft offene Tarife** möglich.

3. Mehrfacher Wechsel?

Schwierig ist auch die Rechtslage im Hinblick auf die Mitnahme der Alterungsrückstellung bei einem – prinzipiell jederzeit möglichen (Langheid/Wandt/*Boetius* § 204 Rn. 297 ff., der nur auf Beschränkungen bei Missbrauch hinweist) – mehrfachen Wechsel. Dabei ist wiederum zwischen internem und externem Wechsel zu unterscheiden, wobei Wechsel unter Beteiligung des Basistarifs einer 18-monatigen Sperre unterliegen (§ 14 Abs. 5 S. 2 KVAV). 42

a) Interner und externer Tarifwechsel. Es fragt sich, welche Rechte im Hinblick auf die Mitnahme der Alterungsrückstellung einem PKV-Altkunden zustehen, der im ersten Halbjahr 2009 bei seinem VR einen Tarifwechsel vorgenommen und anschließend nach dem 30.6.2009 zu einem anderen VR gewechselt ist. Zwei Varianten sind denkbar: Entweder wird die **gesamte seit Vertragsbeginn** angesammelte Alterungsrückstellung (in Höhe des fiktiven Basistarifes) mitgenommen oder nur die Alterungsrückstellung in Höhe des fiktiven Basistarifes, die **nach dem Tarifwechsel** im ersten Halbjahr 2009 aufgebaut wurde. 43

aa) Anrechnung. Ab dem 1.1.2009 hat der VN hinsichtlich seines früher abgeschlossenen Versicherungsvertrages das Recht, dass seine Alterungsrückstellung bei einem Wechsel in einen Tarif mit gleichartigem Versicherungsschutz in voller Höhe (also über den Basistarif hinaus) im neuen Tarif **angerechnet** wird. Die Norm gilt auch für vor diesem Datum abgeschlossene Versicherungsverträge. Soweit der VN im ersten Halbjahr 2009 in einen Tarif mit gleichartigem Versicherungsschutz gewechselt ist, hat er nach Abs. 1 Satz 1 Nr. 1 einen Anspruch auf Übertragung der angesammelten Alterungsrückstellung in den neuen Tarif. Hat der VN hingegen einen andersartigen (höherwertigen) Tarif abgeschlossen, hat er auf die Übertragung keinen Anspruch, weil der insoweit eindeutige Wortlaut die Mitgabe der Alterungsrückstellung an den Wechsel in einen gleichartigen Tarif knüpft. 44

Hat der Altversicherer die Alterungsrückstellung im neuen Tarif angerechnet, kann der VN diese und die im neuen Tarif zusätzlich angesammelte Rückstellung bei dem späteren Versichererwechsel in Höhe der Alterungsrückstellung im fiktiven Basistarif dann mitnehmen, wenn die gekündigte Krankheitskostenversicherung „nach dem 1.1.2009 abgeschlossen" wurde (Abs. 1 Satz 1 Nr. 2 Buchst. a). Ob diese Regelung greift, hängt wiederum davon ab, ob der (interne) Tarifwechsel im ersten Halbjahr 2009 den Abschluss eines neuen Versicherungsvertrages mit neuem technischen Versicherungsbeginn darstellt. Erfolgt demnach der Tarifwechsel in einen Tarif mit gleichartigem Versicherungsschutz und stellt infolgedessen lediglich eine Verlängerung des alten Vertrages dar, wird die bis zum zweiten Wechsel in diesem einheitlichen Vertrag angesammelte Alterungsrückstellung nicht mitgenommen. 45

Erfolgte der Tarifwechsel im ersten Halbjahr 2009 hingegen in einen Tarif mit Mehrleistungen und liegt dementsprechend ein neuer Versicherungsvertrag vor, hat der VN zwar ein Recht auf die Mitgabe der Alterungsrückstellungen in Höhe des fiktiven Basistarifs, aber ohne die in dem Altvertrag aufgebaute Alterungsrückstellung. Denn bei dem Tarifwechsel 2009 war die Voraussetzung der Gleichartig- 46 keit nicht erfüllt, so dass hier keine Alterungsrückstellung angerechnet werden konnte. Bis zum zweiten Wechsel ist daher eine Alterungsrückstellung nur im neuen, höherwertigen Tarif entstanden. Nur diese kann der VN bei dem Versichererwechsel in Höhe des fiktiven Basistarifs mitnehmen.

47 **bb) Rechtsprechung.** Dieses Ergebnis ist – nach der bisherigen Rspr. – zwar zwingend, entspricht aber sicher nicht der Intention des Gesetzgebers. Es fragt sich daher, ob ein Tarifwechsel in die neue Tarifwelt – abw. zur früheren Rechtslage – nicht trotz der Gleichartigkeit der Tarife nach § 12 KVAV als Abschluss eines **insgesamt** neuen Versicherungsvertrages beurteilt werden muss. Das hätte zur Folge, dass die PKV-Altkunden versichererintern in einen neuen Tarif wechseln könnten, wobei ihre Alterungsrückstellung in voller Höhe angerechnet würde. Da sie bei diesem Tarifwechsel zudem einen insgesamt neuen Versicherungsvertrag abschlössen, wäre die Portabilität der Alterungsrückstellung auf diesen Vertrag anwendbar.

48 Für eine solche Novation spricht zunächst, dass die PKV-Altkunden nach den zuvor dargestellten Grundsätzen zwar in die neue Tarifwelt wechseln können, der Vertrag hinsichtlich des gleichartigen Leistungsumfangs jedoch weiterhin als Altvertrag gilt. Folge wäre, dass die Versicherten die um die einkalkulierte Portabilität – voraussichtlich deutlich – erhöhten Prämien zu zahlen hätten, ohne von der Portabilität tatsächlich profitieren zu können.

49 Für die Annahme eines insgesamt neuen Vertragsschlusses könnte sprechen, dass der Gesetzgeber für ab dem 1.1.2009 geschlossene Verträge zwingend die Mitgabefähigkeit der Alterungsrückstellung bei einem Versichererwechsel angeordnet hat. Die Mitgabefähigkeit ist völlig neu; es gab früher nur eine Anrechnung der Alterungsrückstellung beim versichererinternen Tarifwechsel. Die VR müssen diese Mitgabefähigkeit kalkulatorisch berücksichtigen. Diese Prämien müssen auch diejenigen Versicherten zahlen, die aus dem Altbestand wechseln.

50 Es ließe sich mit dieser Argumentation durchaus vertreten, dass ein Wechsel in die neue Tarifwelt in jedem Falle – also unabhängig von der Frage der Gleichartigkeit des Leistungsumfangs – als Neuabschluss des gesamten Krankenversicherungsvertrages zu bewerten sein muss. Die neuen Tarife sind aufgrund des gesetzlich neu eingeführten Kalkulationsfaktors der Portabilität nicht mit den Tarifen der alten Tarifwelt vergleichbar. Sie sind Teil eines neuen Systems, in welches der PKV-Altkunde hineinwechselt. Mit den höheren Prämien erkauft sich der PKV-Altkunde also gewissermaßen die Möglichkeit, seine Alterungsrückstellung bei einem Versichererwechsel mitnehmen zu können. Es würde in diesem Falle somit nicht auf die Gleichartigkeit des Leistungsumfangs ankommen, sondern der erstmalige Wechsel vom alten System der nur versichererinternen Anrechenbarkeit in das neue System der versichererübergreifenden Mitgabefähigkeit der Alterungsrückstellung wäre insgesamt als neuer Vertragsabschluss zu beurteilen.

51 Dagegen sprechen zwei Argumente: Zum einen können die PKV-Altkunden zwar der Gefahr einer Vergreisung ihres Tarifs entgehen. Jedoch würden vor allem die guten Risiken von dem Wechsel in die neue Tarifwelt Gebrauch machen, denn nur für sie ist ein späterer Versichererwechsel tatsächlich interessant. Für die schlechten Risiken lohnt sich das „Erkaufen" der Portabilität hingegen nicht, da ein Wechsel zu einem anderen VR für sie ohnehin nicht in Betracht kommt. Aufgrund ihres schlechten Gesundheitszustandes würden sich die Versicherungsbedingungen beim neuen VR hinsichtlich der Prämienhöhe und etwaiger Risikozuschläge bzw. -ausschlüsse erwartungsgemäß verschlechtern. Konsequenz dieser

Situation wäre, dass sich die Risikobestände dahingehend entmischen, dass die schlechten Bestandsrisiken im Ergebnis derselben Vergreisungsgefahr ausgesetzt sind wie sie nach der Auffassung, die den Weitertransport der Alterungsrückstellung ausschließt, auch wären.

Zum anderen könnte sich der VN in der neuen Tarifwelt zwar durch höhere Prämien die Mitgabefähigkeit seiner Alterungsrückstellung zu einem anderen VR erkaufen. Doch wurde diese Mitgabefähigkeit in die bis zum Tarifwechsel aufgebaute Alterungsrückstellung aus dem Altvertrag nicht einkalkuliert. Im Gegenteil wurden bei der bis dato gezahlten Prämie sogar noch die Stornogewinne berücksichtigt. Wenn man nun diese „alte“ Alterungsrückstellung genau so wie die in der neuen Tarifwelt aufgebaute als einheitlichen neuen Vertrag und damit als mitgabefähig ansieht, entspricht dies nicht den tatsächlich vom VN an den VR erbrachten Leistungen. Es wird ein (je nach Vorversicherungszeit sogar großer) Teil der Alterungsrückstellung mitgabefähig gemacht, obgleich hierfür keine Prämien gezahlt wurden. Da der Gesetzgeber für den versichererinternen Tarifwechsel kein Zeitfenster vorgesehen hat, wäre über diese Lösung ein zeitlich unbegrenzter Versichererwechsel aller VN unter Mitnahme der gesamten Alterungsrückstellung möglich. Eine solche bei der Kalkulation nicht berücksichtigte Mehrleistung hätte tiefgreifende wirtschaftliche Konsequenzen für die jeweiligen Tarifverbände. 52

cc) Vermittelnde Ansicht. Eine **vermittelnde Ansicht** erscheint rechtspolitisch vernünftig und rechtlich konsequent: Bei dem Tarifwechsel in die neue Tarifwelt erhält der VN die vom Gesetzgeber für die neuen Tarife zwingend angeordnete Portabilität der Alterungsrückstellung als neuartige tarifliche Mehrleistung, obwohl sie in § 12 KVAV nicht erwähnt wird. 53

Die durch das GKV-WSG gesetzlich zwingend angeordnete Portabilität der Alterungsrückstellung stellt aber jedenfalls in tatsächlicher Hinsicht eine Mehrleistung dar, die beim Wechsel in die neue Tarifwelt **insoweit** – also in Bezug auf die Portabilität der Alterungsrückstellung – zum Abschluss eines neuen Vertrages führt. 54

Die frühere Rspr. und Literatur zum Tarifwechselrecht hat sich naturgemäß mit der am 1.1.2009 in Kraft getretenen gesetzlichen Neuerung noch nicht befassen können. Die Portabilität ist jedoch eine (gesetzlich angeordnete) zusätzliche Leistung des VR, welche die Rechte des VN deutlich erweitert, wofür dieser wiederum die entsprechende Gegenleistung in Gestalt der höheren Prämie erbringt. Dieser Gesichtspunkt kann bei der Betrachtung der Vertragsschlussfrage nicht außer Acht gelassen werden. Nach den geltenden Grundsätzen liegt hier daher bezüglich der Mehrleistung der Portabilität **insoweit** ein neuer Vertragsschluss vor. 55

Hiergegen spricht auch nicht etwa, dass die Mehrleistung „Portabilität“ insofern nicht in die Kategorien des Abs. 1 S. 1 Nr. 1 Hs. 2 passt, als der VR hinsichtlich der Portabilität weder Leistungsausschlüsse noch Risikozuschläge oder Wartezeiten verlangen kann. Vielmehr stehen dem VR im Hinblick auf die durch das GKV-WSG systemwidrig angeordnete Portabilität die genannten „Gegenrechte“ eben nicht zur Verfügung. Der VR muss den VN in die neue Tarifwelt aufnehmen, ohne hierfür neben den höheren Prämien weitere Gegenleistungen verlangen zu können. Könnte er die Aufnahme des VN in die neue Tarifwelt unter Hinweis auf seine fehlenden Gegenrechte verweigern, könnte jeder Wechsel eines Bestandskunden in die neue Tarifwelt verhindert werden. Dies wäre aber offen- 56 sichtlich nicht iSd Gesetzgebers, der mit dem GKV-WSG einen Tarifwechsel der VN gerade erleichtern wollte (vgl. BT-Drs. 16/3100, 2).

57 Mitgabefähig aus dem **insoweit** neuen Vertrag wäre aber **nur derjenige Teil der Alterungsrückstellung,** der **ab dem Zeitpunkt des Eintritts in die neue Tarifwelt** angesammelt und hinsichtlich derer die Mitgabefähigkeit durch die höheren Prämien finanziert wird. Denn erst ab diesem Zeitpunkt ist die Mehrleistung der Portabilität der Alterungsrückstellung hinzugekommen und wirkt sich auf die ab diesem Zeitpunkt angesammelte Alterungsrückstellung aus.

58 Nach dieser Auffassung, die mit der Rspr. zur früheren Rechtslage **nicht übereinstimmt** (vgl. insoweit → Rn. 42), könnte der VN also den Teil der Alterungsrückstellung mitnehmen, den er ab dem Tarifwechsel in die neue Tarifwelt durch entsprechende Prämienzahlung erworben hat. Der Teil der Alterungsrückstellung, der aus der Zeit der alten Tarifwelt stammt, geht bei einem späteren Versichererwechsel verloren.

59 Für die Richtigkeit dieser Auffassung spricht, dass den PKV-Altkunden noch ein anderer Weg offen stand, unter Mitnahme eines Teils ihrer Alterungsrückstellung in die neue Tarifwelt zu wechseln und gleichzeitig von der Portabilität der neuen Tarife zu profitieren. Dies ging über einen Wechsel in den Basistarif eines anderen VR im ersten Halbjahr 2009. Der Wechsel zu einem anderen VR stellt den Abschluss eines neuen Vertrages mit dem neuen VR dar. Der ehemalige Bestandsversicherungsnehmer schließt also einen neuen Vertrag der neuen Tarifwelt ab, hinsichtlich dessen die Sonderregelung in Abs. 1 Satz 1 Nr. 2 Buchst. b versichererübergreifend die teilweise Übertragung der Alterungsrückstellung aus dem alten Vertrag ermöglicht. Der ehemalige PKV-Altkunde ist also nunmehr Neu-VN des anderen VR und in Besitz eines Teils seiner alten Alterungsrückstellung.

60 Wenn der VN aber nunmehr die Stellung eines Neu-Versicherten hat, kann er nach dem Wortlaut des Abs. 1 Satz 1 bei dem neuen VR auch sämtliche Rechte eines Neu-Versicherten geltend machen und nach Abs. 1 Satz 1 Nr. 2 Buchst. a zu einem dritten VR wechseln und dabei seine Alterungsrückstellung in Höhe des Basistarifs mitnehmen.

61 Wirtschaftlich könnte dies zur Folge haben, dass zahlreiche PKV-Altkunden diese Möglichkeit des Wechsels in die neue Tarifwelt unter Verlust nur eines Teils der Alterungsrückstellung (Basistarif) nutzen und es infolge dessen zu einer umfangreichen Risikoentmischung der Bestände kommt. Nachteilig, nämlich durch steigende Prämien hiervon betroffen, wären wiederum die schlechten Risiken, für die sich das „Erkaufen" der Portabilität der Alterungsrückstellung auch auf diesem Wege nicht lohnt. Die dargestellte Lösung ist aber vom Wortlaut des Abs. 1 Satz 1 Nr. 2 gedeckt und auch in der Gesetzesbegründung finden sich keine Anhaltspunkte dafür, warum die Bestandsversicherten nach dem Wechsel in den Basistarif eines anderen VR nicht die Rechte eines Neukunden haben sollten.

62 **dd) Beschränkung auf einen Wechsel.** Die möglichen wirtschaftlichen Folgen dieser Rechtslage könnten indes den Einwand begründen, das Wechselrecht in den Basistarif unter Mitnahme der Alterungsrückstellung nach Abs. 1 Satz 1 Nr. 2 Buchst. b sei auf diesen **einen Wechsel beschränkt.** Wolle der VN aus dem Basistarif heraus einen weiteren Versichererwechsel vornehmen, verbleibe die beim ersten Wechsel übertragene Alterungsrückstellung bei dem jeweiligen (zweiten) VR. Denn nach dem Willen des Gesetzgebers sind die Bestandsversi-

cherten vor der Gefahr einer Risikoentmischung des Bestandes und hieraus folgenden unzumutbaren Prämienerhöhungen zu schützen (vgl. BT-Drs. 16/3100, 208).

Dieser Einwand ist letztlich nicht begründet. Denn dem Schutz des Bestandes wäre mit einem nur einmaligen Mitnahmerecht der Alterungsrückstellung nicht gedient. Zwar mag dann die Zahl der Wechsler in den Basistarif iE geringer sein und sich lediglich auf diejenigen eher schlechten Risiken beschränken, die tatsächlich langfristig im Basistarif bleiben wollen. Man würde also erreichen, dass mehr gute Risiken in den alten Tarifen verbleiben. Doch schützt auch dies den Bestand nicht langfristig vor der Gefahr der Vergreisung der Alttarife. Indem man nun auch den „Umweg" über den Basistarif als voraussichtlich einzige Möglichkeit der Mitnahme wenigstens eines Teils der Alterungsrückstellung in die neue Tarifwelt ausschließt, hält man zwar die guten Risiken im Bestand fest. Dadurch kann jedoch die Tarifvergreisung allenfalls verlangsamt, nicht aber ausgeschlossen werden. Durch eine solche einschränkende Auslegung des Abs. 1 Satz 1 Nr. 2 Buchst. b würde also nur eine größere Zahl von VN in den zwangsläufig vergreisenden Alttarifen festgehalten. **63**

Gegen eine einschränkende Auslegung spricht zudem der folgende historisch-teleologische Aspekt: Eingeschränkt bzw. befristet wird nach der in Kraft getretenen Gesetzesfassung lediglich der Wechsel **in den Basistarif** nach Abs. 1 Satz 1 Nr. 1 bzw. Nr. 2 Buchst. b. Diese Befristung ist vor allem vor dem Hintergrund zu sehen, dass die Auskömmlichkeit des Basistarifs aufgrund der Unzulässigkeit einer Risikoprüfung und der gedeckelten Beiträge unsicher ist und der Gesetzgeber durch die kurze Frist hoffte, die Zahl der Wechsler gering zu halten. Eine Beschränkung der VN bei einem Wechsel **aus dem Basistarif** heraus wird jedoch nicht angeordnet und ist auch nicht iSd Gesetzgebers. Wenn möglichst wenig Versicherte in den Basistarif wechseln sollen, sollten die Basistarif-Versicherten nicht von einem Austritt aus dem Tarif abgehalten werden. Die Wechsler fallen aus dem Ausgleichssystem des Basistarifs nach § 154 VAG heraus und unterstützen dieses System durch ihre nunmehr auskömmlich kalkulierten Beiträge. **64**

Dass die bei dem Wechsel in den Basistarif übertragene Alterungsrückstellung bei einem weiteren Versichererwechsel zurückgelassen werden muss, lässt sich auch nicht damit begründen, dass die Alterungsrückstellung noch aus einem Altvertrag stammt. Denn es besteht gerade **kein** Zusammenhang des Basistarifs-Vertrags zum alten Versicherungsvertrag. Vielmehr wurde ein neuer Vertrag mit technischem Versicherungsbeginn nach dem 1.1.2009 abgeschlossen und die Alterungsrückstellung als fiktiv errechneter Betrag hinzugegeben. **65**

Zudem würde das Ergebnis der Gegenauffassung auch rechtspolitisch keinen Sinn machen, denn die nach Abs. 1 Satz 1 Nr. 2 Buchst. b übertragbare Alterungsrückstellung wurde beim ursprünglichen VR aufgebaut. Dieser muss die Alterungsrückstellung nunmehr in Höhe der Basistarif-Alterungsrückstellung an den zweiten VR übertragen. Der ursprüngliche VR und seine Tarifkollektive werden hierdurch benachteiligt, denn für die durch Abs. 1 Satz 1 Nr. 2 Buchst. b angeordnete Übertragung wurde keinerlei Gegenleistung erbracht. Diesen Systembruch hat der Gesetzgeber jedoch hingenommen und zur Beschränkung der nachteiligen wirtschaftlichen Folgen für die VR auf das sechsmonatige Zeitfenster befristet. Es würde nun aber überhaupt keinen Sinn machen, wenn bei einem weiteren Versichererwechsel des VN diese Alterungsrückstellung beim zweiten VR verbliebe, denn dieser hat für den Empfang dieses „Geschenks" keinerlei Gegenleistung erbracht. **66**

67 **b) Doppelter externer Tarifwechsel.** Ein Bestandsversicherter, der im ersten Halbjahr 2009 den VR unter Mitnahme der Alterungsrückstellung und später erneut zu einem dritten VR gewechselt hat, kann seine Alterungsrückstellung mitnehmen. In diesem Fall ist ein erneuter Versichererwechsel unter Mitnahme der Alterungsrückstellung gemäß Abs. 1 Satz 1 Nr. 2 Buchst. a möglich. Der Versichererwechsel im ersten Halbjahr 2009 stellt den Abschluss eines neuen Versicherungsvertrages mit neuem technischen Vertragsbeginn dar (→ Rn. 49 ff.). Damit ist § 204 auf alle weiteren Versichererwechsel des VN anwendbar. Die amtliche Gesetzesbegründung spricht nicht dagegen. Laut Gesetzesbegründung erweitert Nr. 2 das Recht aus Nr. 1, welches ebenfalls mehrfach genutzt werden kann (vgl. BT-Drs. 16/3100, 206). Im Übrigen spricht die Begründung davon, dass „bei einem Wechsel von einem privaten Versicherungsunternehmen zu einem anderen (…) die Ansprüche zwischen allen Versicherern über das Ausgleichssystem nach § 12g des Versicherungsaufsichtsgesetzes ausgeglichen" werden. Auch diese neutrale Formulierung deutet nicht auf eine nur einmalige Wechselmöglichkeit hin. In dem Bericht des Gesundheitsausschusses (vgl. BT-Drs. 16/4247, 68) heißt es entsprechend neutral, „bei ab dem 1.1.2009 abgeschlossenen Verträgen über eine Krankheitskostenversicherung wird bei Kündigung und Abschluss eines neuen Versicherungsvertrags die Alterungsrückstellung insoweit übertragen, wie sie sich auf Leistungen des Basistarifs bezieht."

68 Eingeschränkt bzw. befristet werden sollte und wird für die Bestandskunden lediglich der Wechsel in den Basistarif, um allzu große Verschiebungen der Kollektive und die Gefahr einer unverhältnismäßigen Mehrbelastung der Versicherten zu vermeiden (vgl. Protokoll der 43. Sitzung des Rechtsausschusses v. 17.1.2001 S. 8, 19 f.). Ein mehrfacher Wechsel in andere Tarife als den Basistarif steht dem nicht entgegen und wäre auch nicht iSd Gesetzgebers, der die übrigen Tarife ja gerade offen halten muss, um die gedeckelten Beiträge im Basistarif ausgleichen zu können. Eine allgemeine Befristung war auch im ursprünglichen Gesetzentwurf vom 26.10.2006 nicht vorgesehen (vgl. BT-Drs. 16/3100, 80 f., 206 f.).

VIII. Einzelprobleme

69 Die Neugestaltung des Tarif- und Versichererwechsels unter Mitnahme einer am Basistarif ausgerichteten Alterungsrückstellung wirft viele Fragen auf.

1. Tarifwechsel ab dem 1.7.2009

70 Wenn im ersten Halbjahr 2009 ein Tarifwechsel nicht erfolgt ist, stellt sich die Frage nach der Rechtslage, wenn der Wechsel bei dem bisherigen VR bspw. erst im Jahre 2012 vollzogen wird und dann im Jahre 2015 ein weiterer Wechsel zu einem anderen VR.

71 Die Alterungsrückstellung in Höhe des fiktiven Basistarifes wird in solchen Fällen für den Zeitraum 2012–2015 nicht mitzugeben sein, weil sich der Versicherte nicht in der „neuen Tarifwelt" befindet. Sofern der Tarifwechsel im Jahre 2012 in einen Tarif mit gleichartigem Versicherungsschutz erfolgt, wird nach Abs. 1 Satz 1 Nr. 1 Hs. 1 die seit Vertragsbeginn angesammelte Alterungsrückstellung im neuen Tarif angerechnet. Es liegt nach wie vor ein Altvertrag iSv Abs. 1 Satz 1 Nr. 2 vor, der vor dem 1.1.2009 geschlossen wurde. Bei dem Versichererwechsel im Jahre 2015 sind die Voraussetzungen des Abs. 1 Satz 1 Nr. 2 Buchst. a

daher nicht gegeben. Es wird demnach bei diesem Versichererwechsel keine Alterungsrückstellung übertragen.

Dieser vermeintliche „Bruch" der Privilegierung der Verträge aus der neuen Tarifwelt spricht nicht dagegen, dass der Gesetzgeber dies so gewollt haben könnte. Denn dem „bloßen" Tarifwechsler in einen gleichartigen neuen Tarif wird die Alterungsrückstellung in voller Höhe angerechnet. Bei einem völligen Neuabschluss hingegen wird nach Abs. 1 Satz 1 Nr. 2 lediglich der dem fiktiven Basistarif entsprechende Teil übertragen. Insofern wird der Tarifwechsler bei einem späteren Neuabschluss zwar benachteiligt, profitiert aber bei dem vertragsverlängernden Tarifwechsel von der vollen Anrechnung seiner Alterungsrückstellung. Allen PKV-Versicherten stand es offen, entweder „nur" einen Tarifwechsel vorzunehmen und die Alterungsrückstellung in voller Höhe zu erhalten oder einen neuen Versicherungsvertrag abzuschließen und dadurch bei jedem weiteren Versichererwechsel die Alterungsrückstellung in Höhe des fiktiven Basistarifs mitnehmen zu können. Die Versicherten konnten abwägen, was für sie vorteilhafter war, bspw. danach, wie hoch ihre am 1.1.2009 bereits angesammelten Alterungsrückstellungen waren. Insoweit erscheint die in Abs. 1 Satz 1 Nr. 2 vorgenommene Differenzierung nach Verträgen, die erstmalig in der alten oder neuen Tarifwelt abgeschlossen wurden, insgesamt konsequent. 72

2. Aufrechterhaltung „geschlossener" Tarife?

Aus § 204 könnte abgeleitet werden, dass ein VR für das Wechselrecht seiner Bestandskunden die bisherigen Tarife vorhalten muss, um den Wechselanspruch auch erfüllen zu können. Alternativ fragt sich, ob der Bestandskunde auf die neuen Tarife verwiesen werden kann. 73

Eine Pflicht zur Offenhaltung der alten Tarife für Tarifwechsler lässt sich aus § 204 indes nicht ableiten. Der Anspruch auf Tarifwechsel besteht auch nach geltendem Recht nur bei einem Wechsel in neue Tarife (vgl. → Rn. 36). Insofern kann keine Pflicht zur Offenhaltung alter Tarife bestehen. 74

3. Wechsel innerhalb eines Tarifs

Eine weitere Frage betrifft den Wechsel eines VN innerhalb des alten Tarifes in eine andere Tarifstufe. Bei Veränderung eines Beihilfebemessungssatzes wird ein Beihilfeberechtigter zB innerhalb seines alten Tarifes nur den Prozentsatz verändern, so dass sich fragt, ob hier ein neuer Tarif begründet wird. Die gleiche Frage entsteht, wenn innerhalb eines Tarifes mit mehreren Selbstbehaltsstufen eine andere gewählt wird (vgl. *Lorenz/Wandt* VersR 2008, 7 ff.). 75

Auch wenn der VR nicht gezwungen ist, alte Tarife für Tarifwechsel offenzuhalten, muss ein Wechsel der Tarifstufe bzw. eine Veränderung des Selbstbehaltes weiterhin dann möglich sein, wenn dies schon keinen Tarifwechsel in diesem Sinne darstellt und sich der Wechsel demnach innerhalb desselben Tarifs abspielt. Unter „Tarif" ist das nach Grund und Höhe einheitliche Leistungsversprechen zu verstehen, wobei innerhalb eines Tarifs verschiedene Beobachtungseinheiten als unterste selbständige Kalkulationsebenen bestehen können (KG Beschl. v. 29.5.2015 – 6 U 137/14; OLG Köln r+s 2012, 605). 76

Ein Wechsel in einen anderen Tarif liegt gemäß der oben genannten Definition bei Änderung der Tarifstufe oder des Selbstbehaltes nicht vor. Denn die Änderung der Tarifstufe bzw. des Selbstbehaltes ist bereits in den Tarifunterlagen vorgesehen; es handelt sich also um denselben Tarif im Sinne der oben genannten Definition. 77

Der Versicherte verbleibt auch nach der Änderung in derselben Versichertengruppe; seiner neuen Tarifstufe bzw. dem neuen Selbstbehalt liegt weiterhin dieselbe Kalkulation zugrunde. Dieses Ergebnis wird gestützt durch die Rspr. zu den Voraussetzungen der Gleichartigkeit (vgl. → Rn. 19 ff.).

4. Versicherungspflichtvoraussetzungen bei Wechsel

78 Nach § 193 Abs. 5 Satz 3 erfüllt ein bereits bestehender Vertrag kraft Gesetzes den Mindestumfang. Es fragt sich, was geschehen soll, wenn ein Versicherter der „alten" Tarifwelt einen Wechsel in die „neue" Tarifwelt vollziehen will: Muss er die Voraussetzungen für die Pflicht zur Versicherung erfüllen wie jeder andere Neuzugang auch?

79 Nach dem Wortlaut des § 193 Abs. 5 Satz 3 besitzen Altverträge Bestandsschutz. Will ein solcher PKV-Altkunde den Tarif wechseln, so kann er dies unter Erhaltung des Bestandsschutzes nur dann, wenn der geplante Wechsel nicht den Abschluss eines neuen Versicherungsvertrages darstellt. Ein solcher neuer Vertrag hätte keinen Bestandsschutz; der VN würde infolgedessen den Voraussetzungen der Versicherungspflicht nach § 193 Abs. 5 Satz 1 unterliegen. Soweit der VN in einen gleichartigen neuen Tarif wechseln kann, liegt kein neuer Vertragsschluss vor (vgl. → Rn. 8). Der VN führt seinen Altvertrag mit Bestandsschutz weiter fort und unterfällt daher nicht der Versicherungspflicht nach § 193 Abs. 5 Satz 1. Wenn der VN aber einen Tarifwechsel in einen höherwertigen Neutarif vornimmt, schließt er dabei einen neuen Versicherungsvertrag ab und unterfällt damit der Versicherungspflicht mit ihren strengeren Vorgaben.

IX. Zusatztarif (Abs. 1 Satz 2)

80 Wechselt der VN aus einem höheren oder umfassenderen Tarif in den Basistarif, kann er vom bisherigen VR die Vereinbarung eines Zusatztarifes verlangen, in dem die über den Basistarif hinausgehende Alterungsrückstellung anzurechnen ist. Die Regelung gilt trotz der Formulierung „bisherigen Versicherer" sowohl für einen versichererinternen (Abs. 1 Satz 1 Nr. 1) als auch einen versichererexternen (Abs. 1 Satz 1 Nr. 2) Tarifwechsel (Langheid/Wandt/*Boetius* § 204 Rn. 501).

X. Rückkehr vom Basistarif in den vorherigen Tarif (Abs. 2)

80a Mit dem Zweiten Gesetz zum Schutz der Bevölkerung bei einer epidemischen Lage von nationaler Tragweite vom 19.5.2020 (BGBl. 2020 I 1018, 1032 f.), in Kraft getreten am 23.5.2020, ist der neue **Abs. 2** eingefügt worden. Die früheren Abs. 2–4 wurden zu Abs. 3–5. Die Regelung ermöglicht die Rückkehr vom Basistarif in den vorher bestehenden Tarif. Ist der VN aufgrund seiner Hilfebedürftigkeit aus seinem bisherigen Tarif in den Basistarif nach § 152 VAG gewechselt, kann er gem. Abs. 2 unter den dort genannten Umständen innerhalb von drei Monaten nach Beendigung der Hilfebedürftigkeit wieder in den vorherigen Tarif wechseln. Dabei ist der VN so zu stellen, wie er vor dem Wechsel in den Basistarif stand. Die im Basistarif erworbenen Rechte und Alterungsrückstellungen sind zu berücksichtigen.

XI. Private Pflege-Pflichtversicherung (Abs. 3)

Abs. 3 erstreckt den Anspruch auf Übertragung der kalkulierten Alterungsrückstellung auf den Fall der Kündigung des Vertrages zur privaten Pflege-Pflichtversicherung und dem gleichzeitigen Abschluss eines neuen Pflegeversicherungsvertrages bei einem anderen VR. Die Portabilität ist unabhängig von einem Wechsel der Krankenversicherung (Bach/Moser/*Kalis* § 204 Rn. 141). 81

XII. Befristung (Abs. 4)

Die Regelung in **Abs. 4 Satz 1** stellt klar, dass für einen Tarifwechsel bei befristeten Versicherungsverhältnissen, etwa der Reisekrankenversicherung, keine Notwendigkeit besteht. 82

Mit dem Gesetz zur Änderung versicherungsrechtlicher Vorschriften vom 24.4.2013 (BGBl. 2013 I 932) ist in Abs. 4 mit Wirkung zum 1.5.2013 ein neuer **Satz 2** angefügt worden. Die Regelung soll klarstellen, dass die nach § 196 Abs. 1 mögliche **Befristung** einer **Krankentagegeldversicherung** bis zur Vollendung des 65. Lebensjahres keine Befristung im Sinne des den Tarifwechsel regelnden § 204 ist; das Tarifwechselrecht soll für die Krankentagegeldversicherung nicht ausgeschlossen sein. 83

Gesetzesbegründung (BT-Drs. 17/11469, 14): „Nach Sinn und Zweck des § 204 Absatz 3 VVG [nunmehr Abs. 4] sind ‚befristete Versicherungsverhältnisse' im Sinne dieser Regelung solche Versicherungsverhältnisse, die nur kurze Zeit andauern, zB Reisekrankenversicherungen; für einen Tarifwechsel besteht hier keine Notwendigkeit (vgl. für die gleichlautende Altregelung des § 178f Absatz 2 VVG Römer/Langheid/*Römer,* VVG, 2. Aufl. 2003, § 178f Rn. 12)." Damit findet § 204 auf die nach § 196 Abs. 1 befristete Krankentagegeldversicherung Anwendung; Tarifwechsel sind dort möglich. Eine befristete Krankentagegeldversicherung kann nach § 146 Abs. 3 VAG ohne Alterungsrückstellung kalkuliert werden; eine Mitgabe von Alterungsrückstellungen findet dann nicht statt. 84

XIII. Anwartschaftsversicherung (Abs. 5)

Abs. 5 gibt dem VN bzw. der versicherten Person das Recht auf Abschluss einer Anwartschaftsversicherung: Der VN kann ein gekündigtes Versicherungsverhältnis in Form einer Anwartschaftsversicherung fortführen. Dabei findet allerdings die ursprünglich aufgebaute Alterungsrückstellung keine Berücksichtigung, weil sie nach der Kündigung des Vertrages zugunsten der übrigen Versicherten aufgelöst wurde. Die Anwartschaftsversicherung kann nach § 2 Abs. 1 auch rückwirkend mit der Folge abgeschlossen werden, dass nicht mehr PKV-Versicherte über eine Nachzahlung ein geringeres Eintrittsalter erreichen können. 85

§ 205 Kündigung des Versicherungsnehmers

(1) [1]**Vorbehaltlich einer vereinbarten Mindestversicherungsdauer bei der Krankheitskosten- und bei der Krankenhaustagegeldversicherung kann der Versicherungsnehmer ein Krankenversicherungsverhältnis, das für die Dauer von mehr als einem Jahr eingegangen ist, zum Ende des**

ersten Jahres oder jedes darauf folgenden Jahres unter Einhaltung einer Frist von drei Monaten kündigen. [2]Die Kündigung kann auf einzelne versicherte Personen oder Tarife beschränkt werden.

(2) **[1]Wird eine versicherte Person kraft Gesetzes kranken- oder pflegeversicherungspflichtig, kann der Versicherungsnehmer binnen drei Monaten nach Eintritt der Versicherungspflicht eine Krankheitskosten-, eine Krankentagegeld- oder eine Pflegekrankenversicherung sowie eine für diese Versicherungen bestehende Anwartschaftsversicherung rückwirkend zum Eintritt der Versicherungspflicht kündigen. [2]Die Kündigung ist unwirksam, wenn der Versicherungsnehmer dem Versicherer den Eintritt der Versicherungspflicht nicht innerhalb von zwei Monaten nachweist, nachdem der Versicherer ihn hierzu in Textform aufgefordert hat, es sei denn, der Versicherungsnehmer hat die Versäumung dieser Frist nicht zu vertreten. [3]Macht der Versicherungsnehmer von seinem Kündigungsrecht Gebrauch, steht dem Versicherer die Prämie nur bis zu diesem Zeitpunkt zu. [4]Später kann der Versicherungsnehmer das Versicherungsverhältnis zum Ende des Monats kündigen, in dem er den Eintritt der Versicherungspflicht nachweist. [5]Der Versicherungspflicht steht der gesetzliche Anspruch auf Familienversicherung oder der nicht nur vorübergehende Anspruch auf Heilfürsorge aus einem beamtenrechtlichen oder ähnlichen Dienstverhältnis gleich.**

(3) **Ergibt sich aus dem Versicherungsvertrag, dass bei Erreichen eines bestimmten Lebensalters oder bei Eintreten anderer dort genannter Voraussetzungen die Prämie für ein anderes Lebensalter oder eine andere Altersgruppe gilt oder die Prämie unter Berücksichtigung einer Alterungsrückstellung berechnet wird, kann der Versicherungsnehmer das Versicherungsverhältnis hinsichtlich der betroffenen versicherten Person binnen zwei Monaten nach der Änderung zum Zeitpunkt ihres Wirksamwerdens kündigen, wenn sich die Prämie durch die Änderung erhöht.**

(4) **Erhöht der Versicherer aufgrund einer Anpassungsklausel die Prämie oder vermindert er die Leistung, kann der Versicherungsnehmer hinsichtlich der betroffenen versicherten Person innerhalb von zwei Monaten nach Zugang der Änderungsmitteilung mit Wirkung für den Zeitpunkt kündigen, zu dem die Prämienerhöhung oder die Leistungsminderung wirksam werden soll.**

(5) **[1]Hat sich der Versicherer vorbehalten, die Kündigung auf einzelne versicherte Personen oder Tarife zu beschränken, und macht er von dieser Möglichkeit Gebrauch, kann der Versicherungsnehmer innerhalb von zwei Wochen nach Zugang der Kündigung die Aufhebung des übrigen Teils der Versicherung zu dem Zeitpunkt verlangen, zu dem die Kündigung wirksam wird. [2]Satz 1 gilt entsprechend, wenn der Versicherer die Anfechtung oder den Rücktritt nur für einzelne versicherte Personen oder Tarife erklärt. [3]In diesen Fällen kann der Versicherungsnehmer die Aufhebung zum Ende des Monats verlangen, in dem ihm die Erklärung des Versicherers zugegangen ist.**

(6) **[1]Abweichend von den Absätzen 1 bis 5 kann der Versicherungsnehmer eine Versicherung, die eine Pflicht aus § 193 Abs. 3 Satz 1 erfüllt, nur dann kündigen, wenn er bei einem anderen Versicherer für die versicherte Person einen neuen Vertrag abschließt, der dieser Pflicht genügt. [2]Die**

Kündigung wird nur wirksam, wenn der Versicherungsnehmer innerhalb von zwei Monaten nach der Kündigungserklärung nachweist, dass die versicherte Person bei einem neuen Versicherer ohne Unterbrechung versichert ist; liegt der Termin, zu dem die Kündigung ausgesprochen wurde, mehr als zwei Monate nach der Kündigungserklärung, muss der Nachweis bis zu diesem Termin erbracht werden.

Übersicht

I. Regelungszusammenhang

Die Vorschrift übernimmt unverändert den früheren § 178h Abs. 1 aF. Die Kündigungsrechte sollen dem VN den Versicherungswechsel innerhalb der PKV (Abs. 1, 3–5) bzw. zur GKV (Abs. 2) ermöglichen (BT-Drs. 12/6959, 106). Durch Abs. 6 soll sichergestellt werden, dass der Versicherte über einen nahtlos angrenzenden Versicherungsschutz verfügt, wenn er seinen bisherigen Vertrag kündigt. **1**

Bei einer Kündigung muss sich aus der Erklärung hinreichend deutlich der Wille zur Beendigung des Vertragsverhältnisses erkennen lassen. Die Kündigung ist grundsätzlich bedingungsfeindlich und kann nicht einseitig zurückgenommen oder widerrufen werden. Das Kündigungsrecht steht grundsätzlich nur dem VN zu. Bei Gruppenverträgen kann ggf. auch der Versicherte das Kündigungsrecht ausüben, wenn er auch zuvor bereits unmittelbar mit dem VR kommuniziert hatte und sich nicht aus dem Rechtsverhältnis zum VN etwas anderes ergibt (Bach/Moser/*Hütt* MB/KK § 13 Rn. 15). Bei einer unvollständigen, formunwirksamen, verspäteten oder aus anderem Grund unwirksamen Kündigung ist der VR gem. § 242 BGB verpflichtet, den VN auf die Unwirksamkeit hinzuweisen (BGH VersR 2015, 230; VersR 1991, 1129). Die Grenze der Zurückweisungspflicht aus Treu und Glauben besteht in Fällen, in denen der VN die Unwirksamkeit der Kündigung wenigstens grob fahrlässig verkennt oder der Mangel der Kündigung nichts mit deren gesetzlicher oder vertraglicher Regelung zu tun hat (Prölss/Martin/*Armbrüster* Vor § 11 Rn. 29; HK-VVG/*Muschner* § 11 Rn. 28; AG Berlin-Neukölln VersR 2000, 877). Bei Unterlassen einer gebotenen Zurückweisung ist Rechtsfolge indes nicht die Wirksamkeit der Kündigung (BGH VersR 2015, 230; *Rogler,* r+s 2007, 140). Der VN ist vielmehr – auch schadensersatzrechtlich (BGH r+s 2013, 185; VersR 1996, 1161; BSG r+s 2007, 144) – so zu stellen, wie er stünde, wenn der VR auf die Unwirksamkeit der Kündigung hingewiesen hätte. **2**

II. Ordentliche Kündigung des Versicherungsnehmers (Abs. 1)

3 **Abs. 1 Satz 1** regelt die ordentliche Kündigung. In den Anwendungsbereich der Vorschrift fallen sowohl für die Dauer von mehr als einem Jahr befristete als auch – wie in der PKV die Regel (vgl. § 195 Abs. 1 Satz 1) – unbefristete Verträge (Langheid/Wandt/*Hütt* § 205 Rn. 10). Vom Anwendungsbereich ausgenommen sind unterjährige Verträge, also insbesondere die Auslandsreisekrankenversicherung. **Satz 2** eröffnet die Möglichkeit einer Beschränkung der ordentlichen Kündigung des VN auf einzelne versicherte Personen (bspw. Kinder) oder Tarife bei Vertragsfortbestand im Übrigen. Das Gesetz sieht es nicht vor, dass der VR nach einer solchen Teilkündigung die Fortführung des verbleibenden „Rumpfvertrages" ablehnen könnte (Langheid/Wandt/*Hütt* § 205 Rn. 12; HK-VVG/*Rogler* § 205 Rn. 3).

III. Außerordentliche Kündigung des Versicherungsnehmers (Abs. 2–5)

1. Wegen Eintritts der Versicherungspflicht (Abs. 2)

4 **Abs. 2 Satz 1** gewährt dem VN ein außerordentliches Kündigungsrecht bei Versicherungspflicht in der gesetzlichen Krankenversicherung. Der VN soll vor einer doppelten Prämienbelastung bewahrt werden. Die Vorschrift enthält insofern eine juristische Besonderheit, als nach Satz 1 die Kündigung eines Dauerschuldverhältnisses **rückwirkend möglich** ist (bezogen auf den Zeitpunkt des Eintritts der Versicherungspflicht). Um die Schwierigkeiten der Rückabwicklung eines Krankenversicherungsverhältnisses gering zu halten, ist die rückwirkende Kündigung an die Frist von drei Monaten gebunden.

5 Die **Frist beginnt** mit **Eintritt** der Versicherungspflicht in der gesetzlichen Krankenversicherung (Voraussetzungen geregelt in § 5 SGB V). Die Versicherungspflicht muss dem Abschluss des privaten Krankenversicherungsvertrages nachfolgen (BSG r+s 2007, 144; OLG Düsseldorf VersR 2010, 1439). Dem Eintritt der gesetzlichen Versicherungspflicht ist in **Satz 5** der Anspruch auf Familienversicherung (§ 10 SGB V) und ein nicht nur vorübergehender Anspruch auf Heilfürsorge gleichgestellt. (Der einem wegen einer Freiheitsstrafe Inhaftierten zustehende Anspruch auf Heilfürsorge ist zeitlich begrenzt und damit „nur vorübergehend" im Sinne von Satz 5, vgl. OLG Hamm VersR 2013, 489, das eine aus diesem Umstand folgende Pflicht des VR auf Zurückweisung der Kündigung sowie auf Abgabe eines Angebots zur Umstellung des Krankenversicherungsvertrages auf eine Ruhensversicherung annimmt.) Damit knüpft das Gesetz an einen objektiven Tatbestand an. Bei Versäumung der Frist kommt es auf ein Verschulden des VN nicht an. Folglich entschuldigt auch nicht, wenn der VN **keine Kenntnis von der Versicherungspflicht** hatte (KG VersR 2006, 689; LG Freiburg VersR 2000, 1007; Langheid/Wandt/*Hütt* § 205 Rn. 23). Bei anderer Ansicht wäre das Ziel des Gesetzes nicht erreicht, die Dauer gering und übersichtlich zu halten, für die das Versicherungsverhältnis rückabzuwickeln ist. Innerhalb der Drei-Monats-Frist muss die Kündigung dem VR zugehen (BGH VersR 2005, 66; *Boetius* § 205 Rn. 77). Eine spätere Kündigung wirkt nicht auf den Zeitpunkt

des Eintritts der Versicherungspflicht zurück (AG Berlin-Tiergarten VersR 1999, 1226).

Grundsätzlich ist die Kündigung ohne **Nachweis** der Versicherungspflicht wirksam. Sie wird aber unwirksam, wenn der VN der Aufforderung des VR in Textform (§ 126b BGB), einen solchen Nachweis beizubringen, nicht innerhalb von zwei Monaten nachkommt **(Abs. 2 Satz 2).** Rückausnahme ist eine vom VN nicht zu vertretene Fristversäumung, für die er beweisbelastet ist. 6

Bei **Versäumung der Drei-Monats-Frist** des Abs. 2 Satz 1 oder bei **Versäumung der Zwei-Monats-Nachweisfrist** des Abs. 2 Satz 2 greift **Abs. 2 Satz 4** ein. Der VN kann das Versicherungsverhältnis für die Zukunft kündigen, und zwar zum Ende des Monats, zu dem er nachweist, dass er oder die mitversicherte Person versicherungspflichtig geworden ist. Ob der **Nachweis** geführt ist, hängt auch von den begleitenden Umständen ab. Die Bestätigung auf einem Formular des gesetzlichen Krankenversicherers kann ausreichen, tut es indes dann nicht, wenn etwa Anhaltspunkte dafür bestehen, dass der Versicherte seine Pflichtversicherung nur zum Schein herbeigeführt hat. Die bloße Ankündigung auf einen bevorstehenden Eintritt der Versicherungspflicht reicht nicht (AG Bochum VersR 1991, 762). Letztlich gibt auch die von den gesetzlichen Krankenversicherungen ausgestellte Mitgliedsbescheinigung nach § 175 SGB V nicht verbindlich Auskunft über die tatsächliche Versicherungspflicht des VN. Die Mitgliedsbescheinigung stellt lediglich die – von der Versicherungspflicht zu trennende – Krankenkassenwahl (Mitgliedschaft) fest (BSG Urt. v. 27.6.2012 – B 12 KR 11/10 R). 7

2. Wegen altersspezifischer Prämienerhöhung (Abs. 3)

Das Kündigungsrecht des **Abs. 3** setzt eine vertragliche Regelung voraus, die eine Prämienverschlechterung für den VN/Versicherten bewirkt, wenn dieser ein bestimmtes Lebensalter erreicht hat. Eine solche vertragliche Regelung kann zB den Wechsel von der Kinder- zur Erwachsenenversicherung betreffen. Die Kündigung ist nur für den von der Prämienerhöhung betroffenen Versicherten möglich. Dieser kann innerhalb von zwei Monaten nach der Änderung mit ex tunc-Wirkung kündigen. Bei Fristsäumnis muss er sich auf die ordentlichen Kündigungsfristen des Abs. 1 verweisen lassen (Langheid/Wandt/*Hütt* § 205 Rn. 38; HK-VVG/*Rogler* § 205 Rn. 23). 8

3. Wegen allgemeiner Prämienerhöhung oder Leistungsherabsetzung (Abs. 4)

Abs. 4 regelt das Kündigungsrecht für den Fall, dass der VR die Prämie erhöht oder die Leistung vermindert. Der Gesetzeswortlaut sieht das Kündigungsrecht nur bei Vertragsänderung aufgrund einer Anpassungsklausel vor. Nach dem Sinn und Zweck der Vorschrift besteht das Kündigungsrecht aber auch bei einer Prämienerhöhung nach Maßgabe der gesetzlichen Voraussetzungen des § 203 Abs. 2, 3 ohne vertragliche Anpassungsklausel (Langheid/Wandt/*Hütt* § 205 Rn. 40; HK-VVG/*Rogler* § 205 Rn. 25; *Boetius* § 205 Rn. 118; Prölss/Martin/*Voit* § 205 Rn. 32). 9

Eine Besonderheit findet sich in § 19 Abs. 6. Dort ist das Recht zur Anschlusskündigung des VN geregelt, wenn der VR von seinem Anpassungsrecht nach § 19 Abs. 4 Gebrauch macht. Ob auch die Anschlusskündigung nach Vertragsanpassung unter § 205 Abs. 6 fällt, ist nicht geregelt. Mangels anderer Anhaltspunkte ist 9a davon auszugehen, so dass der VN auch für die Kündigung nach § 19 Abs. 6 den Abschluss einer anderen Versicherung nachweisen muss (ebenso HK-VVG/*Rogler* § 205 Rn. 32). Dafür spricht auch die Regelung in Abs. 4, die von einer Prämienerhöhung oder Leistungsverschlechterung ausgeht.

10 Zweifelhaft ist, ob auch eine Kündigung der **Pflegeversicherung** auf § 205 Abs. 4 gestützt werden kann, wenn der Gesetzgeber eine Leistungsausweitung infolge der zweiten Stufe, stationäre Pflegeversicherung gemäß § 1 Abs. 5 SGB XI anordnet (vgl. LSG NRW VersR 2001, 1228). Nach richtiger Auffassung ist § 205 auf Fälle der gesetzlichen Änderung des Leistungsverhältnisses nicht anwendbar. Zweck des § 205 ist es, einen gewissen Ausgleich für den Fall herzustellen, dass der VR einseitig und in bestehende Verträge hinein das Äquivalenzverhältnis ändert. Dieser Zweck trifft bei gesetzlichen Änderungen, die der Vertragspartner hinnehmen muss und soll, nicht zu. Deshalb ist auch das Ergebnis des LSG NRW (VersR 2001, 1228) zweifelhaft, das die Kündigung des VN nur deshalb als wirksam ansah, weil der VR ihr nicht unverzüglich widersprochen hatte. Diese privatrechtliche Sanktion darf bei gesetzlicher Anordnung von Vertragsänderungen nicht eingreifen.

11 Das Recht zur außerordentlichen Kündigung besteht unabhängig davon, dass Leistungsminderung und Prämienerhöhung die Prüfung und Zustimmung des unabhängigen Treuhänders voraussetzen. Es kann schwierig zu beurteilen sein, ob der VR die Leistung vermindert hat. Es muss sich um eine **Änderung des Äquivalenzverhältnisses** von Leistung und Gegenleistung handeln. Dazu gehört nicht, wenn der VR im Einzelfall eine Kostenerstattung ablehnt. Um eine Verminderung der Leistung geht es auch nicht, wenn der VR zB neue, den VN belastende Obliegenheiten einführt.

12 Die Kündigung des **gesamten Versicherungsverhältnisses** wird faktisch nur für jüngere Versicherte in Betracht kommen. Der ältere Versicherte kann seinen Krankenversicherer nicht ohne Weiteres wechseln, weil er entweder keinen aufnahmebereiten VR mehr findet oder eine ungleich höhere Prämie zahlen müsste. Deshalb ist Abs. 4 beim älteren VN nur von Bedeutung, soweit es um Teilkündigungen geht.

13 Hier kommt zunächst die Kündigung „hinsichtlich der betroffenen versicherten Person" in Betracht. Zu denken ist vor allem an mitversicherte Familienangehörige, die aus dem Versicherungsverhältnis „herausgekündigt" werden können. Im Gegensatz zu Abs. 1 erwähnt Abs. 4 nicht **auch einzelne Tarife** als kündbar. Aus dem Schweigen des Abs. 4 dazu kann aber nicht geschlossen werden, dass bei einer Prämienerhöhung oder Minderung der Leistung eines einzelnen Tarifs dieser nicht gekündigt werden kann. Zweck der Kündigungsmöglichkeit des Abs. 4 ist, bei einer Änderung des Äquivalenzverhältnisses zu Lasten des VN diesem die Möglichkeit zu eröffnen, sich der zusätzlichen Belastung zu entziehen. Dies trifft auch bei Verschlechterung eines Einzeltarifs zu (zust. Langheid/Wandt/*Hütt* § 205 Rn. 42).

14 Gehören zu dem Einzeltarif **Zusatztarife,** werden diese von der Kündigung nicht erfasst, sofern der VR den Zusatztarif nicht auch verschlechtert hat und der VN seine Kündigung deshalb auch auf ihn erstreckt. Der VN ist nicht gezwungen, mit der Kündigung eines Tarifs gegen seinen Willen dann auch auf den Zusatztarif zu verzichten. Er soll nicht in die Lage gebracht werden, sich für den Zusatztarif einen anderen VR suchen zu müssen.

15 Nach der bis 30.4.2013 geltenden Regelung im VVG 2008 musste die Kündigung innerhalb eines Monats erfolgen. Diese Frist hat sich nach Auffassung des

Gesetzgebers als zu kurz erwiesen, insbesondere vor dem Hintergrund, dass der VN den Vertrag nur dann kündigen kann, wenn er einen neuen Vertrag abschließt (Abs. 6). Mit dem Gesetz zur Änderung versicherungsrechtlicher Vorschriften vom 24. 4.2013 (BGBl. 2013 I 932) ist die Frist auf **zwei Monate** verlängert worden (in Kraft getreten am 1.5.2013). Zur Begründung weist der Gesetzgeber darauf hin (BT-Drs. 17/11469, 15), dass die Gesundheitsprüfung beim neuen VR häufig länger als einen Monat dauern wird. Den Beteiligten – dem kündigenden VN und dem neuen VR – soll deswegen mehr Zeit gegeben werden, ohne dass der bisherige VR zu lange im Unklaren gelassen wird. Eine Verlängerung auf zwei Monate soll den Interessen aller Beteiligten Rechnung tragen.

4. Wegen Teilbeendigung des Versicherers (Abs. 5)

Abs. 5 stellt sicher, dass der VN das ganze Versicherungsverhältnis beenden 16 kann, wenn der VR eine teilweise Änderung herbeiführt. Die Regelung des § 29 Abs. 2 gilt nach Maßgabe des § 194 Abs. 1 Satz 2 für das Recht der privaten Krankenversicherung nicht. Es besteht kein Anspruch des VN auf Aufhebung lediglich eines Teils des nach Kündigung durch den VR bestehenden Restvertrages (Langheid/Wandt/*Hütt* § 205 Rn. 50; HK-VVG/*Rogler* § 205 Rn. 29; *Boetius* § 205 Rn. 155). Die Kündigung nach **Abs. 5 Satz 1** wirkt auf den Zeitpunkt der Teilkündigung durch den VR zurück, wenn sie innerhalb von zwei Wochen nach Zugang der Kündigung des VR vom VN erklärt wird und dem VR zugeht.

Nach **Satz 2** gilt das Kündigungsrecht des gesamten Vertrages auch dann, wenn 17 der VR von gesetzlichen Anfechtungs- und Rücktrittsrechten Gebrauch gemacht und hiermit nur für einzelne Versicherte oder Vertragsteile eine Vertragsbeendigung herbeigeführt hat. In diesen Fällen greift die Kündigungswirkung gem. **Satz 3** aber nicht ex tunc, sondern zum Ende des Monats, in welchem dem VN die Erklärung des VR zugegangen ist.

IV. Wirksamkeitszeitpunkt der Kündigung (Abs. 6)

Die Kündigung einer Pflichtkrankenversicherung iSd § 193 Abs. 3 S. 1 setzt 18 nach **Abs. 6 Satz 1** einen bei einem neuen VR ohne Unterbrechung fortbestehenden Versicherungsschutz voraus. Mit dieser Regelung soll sichergestellt werden, dass der Versicherte über einen nahtlos angrenzenden Versicherungsschutz verfügt, wenn er seinen bisherigen Vertrag kündigt (BT-Drs. 16/4247, 68; BGH VersR 2012, 1375; Langheid/Wandt/*Hütt* § 205 Rn. 58).

Dem Ziel der Gewährleistung und Aufrechterhaltung der Krankenversiche- 19 rungspflicht stünde es entgegen, wenn die Kündigungsbeschränkung des Abs. 6 durch eine einschränkungslose Widerrufsmöglichkeit nach § 8 zunichte gemacht werden könnte. Der VN könnte sich dann der gesetzlich gewollten Versicherungspflicht durch bloße Ausübung seines Widerrufsrechts entziehen, was eine **entsprechende Anwendung** des Abs. 6 **auf den Widerruf des § 8** erforderlich macht (LG Berlin VersR 2014, 236; *Marlow/Spuhl* VersR 2009, 593 (598); HK-VVG/*Rogler* § 205 Rn. 32; Prölss/Martin/*Voit* § 205 Rn. 42; aA LG Dortmund r+s 2014, 27). Das gleiche gilt für eine vom VN ausgesprochene **außerordentliche Kündigung** nach **§ 314 BGB** (*Marko* Teil B Rn. 93; Langheid/Wandt/*Hütt* § 205 Rn. 61; Prölss/Martin/*Voit* § 205 Rn. 42) oder für die **Kündigung nach § 19 Abs. 6.** Auf eine **Krankentagegeldversicherung** findet die Regelung indes **keine Anwendung** (LG Berlin r+s 2013, 392).

20 Bei der **Mitversicherung** soll § 205 Abs. 6 iVm § 193 Abs. 3 Satz 1 lediglich vom VN abhängige Personen davor schützen, ohne Krankheitskostenversicherungsschutz zu sein. Für die Wirksamkeit der Kündigung ist in Fällen fehlender Abhängigkeit daher der Anschlussversicherungsnachweis entbehrlich (BGH VersR 2014, 234 für einen nicht vom VN gesetzlich vertretenen volljährigen Mitversicherten; LG Stuttgart r+s 2013, 84 für die mitversicherte volljährige Tochter des VN; LG Hagen ZfS 2011, 40 für die Mitversicherung des geschiedenen Ehegatten; AG Düsseldorf VersR 2013, 572 für die Mitversicherung eines minderjährigen leiblichen Kindes ohne Bestehen einer gesetzlichen Vertretung). Dass der versicherten Person bei Kündigung des Vertrages durch den VN ein nahtlos angrenzender Versicherungsschutz ermöglicht wird, ist hinreichend durch § 207 Abs. 2 S. 1 iVm Abs. 1 gewährleistet (BGH VersR 2014, 234). Ohnehin wäre bei einem volljährigen Mitversicherten der VN selbst nicht in der Lage, ohne Vollmacht für diesen eine Anschlussversicherung iSd Abs. 6 abzuschließen (BGH VersR 2014, 234).

21 In **Abs. 6 Satz 2** ist als weiteres Wirksamkeitserfordernis für die Kündigung die Pflicht statuiert, dass der VN innerhalb von zwei Monaten nach der Kündigungserklärung dem VR **nachweisen** muss, dass die versicherte Person bei einem neuen VR ohne Unterbrechung im Umfang einer Pflichtversicherung gem. § 193 Abs. 3 S. 1 versichert ist. Erforderlich, aber auch genügend ist ein Nachweis, dass der Versicherte über Pflichtversicherungsschutz in unmittelbarem zeitlichen Anschluss verfügt, so etwa die Beibringung eines dies aussagenden Versicherungsscheins oder die Bescheinigung des neuen VR (nicht aber die bloße Bestätigung eines Maklers, LSG Berlin-Brandenburg BeckRS 2013, 70568). Dem VR obliegt keine durchgreifende materiellrechtliche Kontrolle des wirksamen Zustandekommens einer Anschlussversicherung einschließlich der Widerrufsbelehrung und der vereinbarten Versicherungs- und Tarifbedingungen, indes eine **Evidenzkontrolle** (LG Berlin VersR 2014, 236 (237)).

22 Der VR hat nach Erhalt der Kündigung gem. § 242 BGB die Pflicht, den VN ggf. auf die Notwendigkeit eines Anschlussversicherungsnachweises und dessen Fehlen bzw. dessen inhaltliche Unzulänglichkeit hinzuweisen. Unterlässt er dies, kann er sich im Rahmen eines von ihm gegen den VN geltend gemachten Prämienanspruchs unter dem Gesichtspunkt von Treu und Glauben (§ 242 BGB) nicht auf die Unwirksamkeit einer vom VN erklärten Kündigung wegen Fehlens des Anschlussversicherungsnachweises berufen (BGH VersR 2015, 230). Die Darlegungs- und Beweislast für die Erfüllung der Hinweispflicht des VR umfasst nicht nur die Absendung eines entsprechenden Hinweisschreibens, sondern auch dessen Zugang beim VN (BGH VersR 2015, 230).

23 Ein erst **nach Ablauf der Kündigungsfrist** gelieferter Nachweis über eine lückenlose Anschlussversicherung wirkt nach BGH VersR 2012, 1375 und BGH VersR 2015, 230 erst zum Zeitpunkt des **Zugangs des Nachweises** der Anschlussversicherung beim bisherigen VR, so dass die vom VN erklärte Kündigung eines Krankenversicherungsvertrages, der eine Pflicht aus § 193 Abs. 3 Satz 1 erfüllt, erst dann wirksam wird. Eine Rückwirkung auf den Zeitpunkt der Kündigung beim bisherigen VR kommt nicht in Betracht (so bereits OLG Karlsruhe VersR 2012, 310; LG Karlsruhe VersR 2012, 53; AG (598); Langheid/Wandt/*Hütt* § 205 Rn. 60; Bach/Moser/*Hütt* MB/KK § 13 Rn. 59 zu § 13 Abs. 7 Satz 2 MB/KK, wonach die Kündigung erst wirksam wird, wenn der Nachweis innerhalb der Kündigungsfrist vorgelegt wird; aA AG Baden-Baden VersR 2010, 1020 mzustAnm *Erdmann;* Looschelders/Pohlmann/*Reinhard* § 205 Rn. 26). Macht der

VN **Leistungsansprüche** für den Zeitraum zwischen Kündigungserklärung und Vorlage des Anschlussversicherungsnachweises geltend, ist er im Fall eines unterbliebenen oder jedenfalls nicht nachweisbaren Zugangs des Hinweises des VR nach Treu und Glauben verpflichtet, seinerseits die Prämien zu entrichten. Der VR muss ihm keinen kostenfreien Versicherungsschutz zur Verfügung stellen, sondern ist berechtigt, vertragliche Leistungen **nur Zug um Zug gegen Prämienzahlung** zu erbringen (BGH VersR 2015, 230).

Mit Wirkung zum 1.5.2013 ist mit dem Gesetz zur Änderung versicherungsrechtlicher Vorschriften vom 24.4.2013 (BGBl. 2013 I 932) in Abs. 6 Satz 2 die Regelung aufgenommen worden, dass der Nachweis der Nachversicherung **innerhalb von zwei Monaten** nach der Kündigungserklärung zu erbringen ist. Der Gesetzgeber hielt eine konkrete Frist im Hinblick darauf für geboten, dass der VR, dem gekündigt worden ist, ein Interesse daran hat, Klarheit über die Beendigung bzw. Fortsetzung des Vertrags zu erlangen; eine Frist von zwei Monaten sei angemessen. Kündigt der VN deutlich vor Beginn einer Kündigungsfrist, kann der Termin, zu dem die Kündigung wirksam wird, mehr als zwei Monate nach der Kündigungserklärung liegen. In diesem Fall verlängert sich die Frist entsprechend. Gelingt dem VN eine wirksame Kündigung nach Abs. 6 nicht rechtzeitig, kann bei bereits verbindlich bestehendem neuen Versicherungsschutz eine Mehrfachversicherung mit doppelter Prämienzahlungslast des VN entstehen (BGH VersR 2012, 1375). 24

§ 206 Kündigung des Versicherers

(1) [1]**Jede Kündigung einer Krankheitskostenversicherung, die eine Pflicht nach § 193 Abs. 3 Satz 1 erfüllt, ist durch den Versicherer ausgeschlossen. [2]Darüber hinaus ist die ordentliche Kündigung einer Krankheitskosten-, Krankentagegeld- und einer Pflegekrankenversicherung durch den Versicherer ausgeschlossen, wenn die Versicherung ganz oder teilweise den im gesetzlichen Sozialversicherungssystem vorgesehenen Kranken- oder Pflegeversicherungsschutz ersetzen kann. [3]Sie ist weiterhin ausgeschlossen für eine Krankenhaustagegeld-Versicherung, die neben einer Krankheitskostenvollversicherung besteht. [4]Eine Krankentagegeldversicherung, für die kein gesetzlicher Anspruch auf einen Beitragszuschuss des Arbeitgebers besteht, kann der Versicherer abweichend von Satz 2 in den ersten drei Jahren unter Einhaltung einer Frist von drei Monaten zum Ende eines jeden Versicherungsjahres kündigen.**

(2) [1]**Liegen bei einer Krankenhaustagegeldversicherung oder einer Krankheitskostenteilversicherung die Voraussetzungen nach Absatz 1 nicht vor, kann der Versicherer das Versicherungsverhältnis nur innerhalb der ersten drei Versicherungsjahre zum Ende eines Versicherungsjahres kündigen. [2]Die Kündigungsfrist beträgt drei Monate.**

(3) [1]**Wird eine Krankheitskostenversicherung oder eine Pflegekrankenversicherung vom Versicherer wegen Zahlungsverzugs des Versicherungsnehmers wirksam gekündigt, sind die versicherten Personen berechtigt, die Fortsetzung des Versicherungsverhältnisses unter Benennung des künftigen Versicherungsnehmers zu erklären; die Prämie ist ab Fortsetzung des Versicherungsverhältnisses zu leisten. [2]Die versicherten Personen sind vom Versicherer über die Kündigung und das Recht nach**

Satz 1 in Textform zu informieren. [3]Dieses Recht endet zwei Monate nach dem Zeitpunkt, zu dem die versicherte Person Kenntnis von diesem Recht erlangt hat.

(4) **[1]Die ordentliche Kündigung eines Gruppenversicherungsvertrags, der Schutz gegen das Risiko Krankheit enthält, durch den Versicherer ist zulässig, wenn die versicherten Personen die Krankenversicherung unter Anrechnung der aus dem Vertrag erworbenen Rechte und der Alterungsrückstellung, soweit eine solche gebildet wird, zu den Bedingungen der Einzelversicherung fortsetzen können. [2]Absatz 3 Satz 2 und 3 ist entsprechend anzuwenden.**

I. Kündigungsverbot (Abs. 1)

1. Begründung zum GKV-WSG (BT-Drs. 16/4247, 68)

1 Der Gesetzgeber musste sicherstellen, dass der Versicherungsschutz dauerhaft aufrechterhalten wird. Bei Kündigung durch den VR (vor allem wegen Prämienverzug) gingen häufig auch die Alterungsrückstellungen verloren. Das hat der Gesetzgeber ausgeschlossen. Vermeintlich wird der VR „durch diese Regelung nur gering belastet, da der Leistungsanspruch des Versicherten nach § 193 Abs. 6 weitgehend ruht und während des Prämienzahlungsverzugs Säumniszuschläge geltend gemacht werden können".

2. Kritik

2 Das überzeugt nicht. Wer als VN die Folgeprämie nicht bezahlt, verstößt gegen seine vertragliche Hauptleistungspflicht. Dass sich der VR von solchen vertragsuntreuen Kunden nicht lösen kann, richtet sich gegen die anderen Tarifversicherten, die das entsprechende Prämienminus mit ihren eigenen Prämien auffangen müssen. Dass diese Belastungen entgegen der Erwartung des Gesetzgebers keineswegs „nur gering" sind, hat sich inzwischen herausgestellt und ergibt sich schon aus dem Umstand, dass trotz „Ruhens des Vertrages" iSv § 193 Abs. 6 akute Erkrankungen und Schmerzbehandlungen mit der fortwährenden Leistungspflicht des VR verbunden sind (vgl. dazu → § 193 Rn. 86 ff.).

3. Umfang des Kündigungsausschlusses

3 Nach dem **Wortlaut** von **Abs. 1 Satz 1** ist **jede Kündigung** von Krankheitskostenversicherungen, mit denen die Versicherungspflicht nach § 193 Abs. 3 Satz 1 erfüllt wird, durch den VR **ausgeschlossen.** Einerseits wird vertreten, dass dadurch sowohl ordentliche als auch außerordentliche Kündigungen untersagt werden. Dies folge neben dem Wortlautargument im Umkehrschluss auch aus Abs. 1 Satz 2, der – wie früher – für bestimmte Versicherungsarten nur die ordentliche Kündigung ausschließt (näher hierzu OLG Hamm r+s 2011, 396; *Langheid* NJW 2007, 3749; *Grote/Bronkars* VersR 2008, 580 (583 f.); ebenso *Marlow/Spuhl* VersR 2009, 593 (604); Prölss/Martin/*Voit* § 206 Rn. 5, 7; *Eichelberger* VersR 2010, 886; *Effer-Uhe* VersR 2012, 684).

4 Andererseits bleibt die Kündigung aus wichtigem Grund, das heißt wegen **sonstiger schwerer Vertragsverletzungen** (etwa bei **Abrechnungsbetrug** oder **Bedrohung**) unter den Voraussetzungen des § 314 BGB **unberührt** (BGH

VersR 2012, 219 = NJW 2012, 376; Bestätigung von OLG Celle r+s 2011, 213 = NJW-RR 2011, 767: Abrechnung von insgesamt 168 Medikamentenkäufen, von denen tatsächlich viele Medikamente nicht bezogen und bezahlt worden sind); BGH VersR 2012, 304 (Bestätigung von OLG Brandenburg VersR 2011, 1429: tätliche Bedrohung eines Außendienstmitarbeiters mit einem Bolzenschneider); *Boetius* § 206 Rn. 90; HK-VVG/*Marko* § 206 Rn. 5; Langheid/Wandt/*Hütt* § 206 Rn. 53; krit. Prölss/Martin/*Voit* § 206 Rn. 7. Hat der VN versucht, in der Krankentagegeldversicherung Leistungen zu erschleichen, ist umstritten, ob der VR auch die Krankheitskostenversicherung aus wichtigem Grund kündigen darf (dies bejahend OLG Koblenz VersR 2008, 1482; OLG Stuttgart VersR 2006, 1485; dies auf besondere Umstände beschränkend OLG Karlsruhe r+s 2007, 24; dagegen OLG Nürnberg r+s 2020, 520; HK-VVG/*Rogler* § 206 Rn. 25; Prölss/Martin/*Voit* § 206 Rn. 10). Beim Vortäuschen von Pflegebedürftigkeit ist die Kündigung der Krankheitskostenversicherung wirksam (OLG Koblenz VersR 2009, 771), wohingegen eine außerordentliche Kündigung in der Pflegepflichtversicherung gem. § 110 Abs. 4 SGB XI ausgeschlossen ist (BGH VersR 2012, 304). Der Versicherer soll sich neben der fristlosen Kündigung wegen der Leistungserschleichung und neben einer Leistungsverweigerung aufgrund von Obliegenheitspflichtverletzungen bezüglich der konkreten erschlichenen Leistungen allerdings nicht auf ein allgemeines Leistungsverweigerungsrecht für nicht unmittelbar von der Leistungserschleichung betroffene abgeschlossene Versicherungsfälle berufen dürfen (OLG München r+s 2016, 192). Bei einer Kombination von Eigen- und Fremdversicherung soll bei groben Vertragsverstößen der versicherten Person die Kündigung im Rahmen der Zumutbarkeit auf diese einzelne versicherte Personen beschränkt sein und nicht auch den VN erstreckt werden dürfen (OLG Nürnberg r+s 2020, 520).

Eine der fristlosen Kündigung vorhergehende **Abmahnung** iSd § 314 Abs. 2 BGB iVm § 323 Abs. 2 BGB ist jedenfalls in Fällen **entbehrlich,** in denen besondere Umstände unter Abwägung der beiderseitigen Interessen eine sofortige Vertragsbeendigung rechtfertigen (OLG München VersR 1997, 689). Davon ist regelmäßig auszugehen, wenn der VN versucht hat, sich ungerechtfertigt Leistungen in nicht unerheblichem Umfang zu erschleichen. Anderenfalls könnte ein VN weitgehend risikolos immer einen erstmaligen Versuch unternehmen, sich Leistungen zu erschleichen (OLG Saarbrücken VersR 1996, 362; OLG Zweibrücken NJW-RR 2005, 1119; OLG Hamm VersR 2007, 236; KG und LG Berlin r+s 2002, 342; OLG Köln VersR 1992, 1254; VersR 1991, 410). Die außerordentliche Kündigung aus besonderem Grund kann gem. § 314 Abs. 3 BGB nur innerhalb einer angemessenen **Frist** erfolgen, nachdem der VR vom Kündigungsgrund Kenntnis erlangt hat. Die Frist beträgt mindestens einen Monat (OLG Köln Urt. v. 23.5.2011 – 20 U 144/10). 5

Ausgeschlossen ist die Kündigung einer Vollversicherung wegen einer einfach fahrlässigen vorvertraglichen Anzeigepflichtverletzung gem. § 19 Abs. 3 S. 2 VVG (Bach/Moser/*Sauer* MB/KK Nach § 2 Rn. 103). Es können nach § 19 Abs. 3 VVG allerdings Tarife gekündigt werden, die neben der Pflichtversicherung bestehen wie etwa Krankentagegeld-, Krankenhaustagegeld- oder Pflegekrankenversicherungstarife. 6

Gemäß **Abs. 1 Satz 4** kann eine **Krankentagegeldversicherung,** für die kein gesetzlicher Anspruch auf einen Beitragszuschuss des Arbeitgebers besteht, vom VR in den ersten drei Jahren unter Einhaltung einer Frist von drei Monaten zum Ende eines jeden Versicherungsjahres gekündigt werden. Mit dieser Beendigung endet gemäß § 7 Satz 1 MB/KT auch für schwebende Versicherungsfälle der Versicherungsschutz. Gem. § 7 S. 2 MB/KT endet der Versicherungsschutz für schwebende Versicherungsfälle erst am 30. Tage nach Beendigung des Versicherungsverhältnisses Die Regelung des § 7 Satz 2 MB/KT hält einer Inhaltskontrolle gemäß § 307 Abs. 1 und 2 BGB stand (BGH VersR 2017, 540 mAnm *Hütt/Rauscher* NJW 2017, 1545).

II. Krankenhaustagegeldversicherung (Abs. 2)

7 Nach **Abs. 2** kann eine Krankenhaustagegeldversicherung (wie auch die Krankheitskosten-Teilversicherung) innerhalb der ersten drei Versicherungsjahre zum Ende des Versicherungsjahres gekündigt werden, wenn die Voraussetzungen nach Abs. 1 nicht vorliegen. Nach Abs. 1 Satz 3 ist die Kündigung für eine Krankenhaustagegeldversicherung ausgeschlossen, wenn sie „neben einer Krankheitskostenvollversicherung besteht". Daraus folgt, dass auch eine Krankenhaustagegeldversicherung **gesetzlich unkündbar** ist, **wenn** sie mit einer Krankheitskostenvollversicherung verbunden ist. Abs. 2 gilt also nur noch für wahrscheinlich seltene Ausnahmefälle (so auch Langheid/Wandt/*Hütt* § 206 Rn. 17).

III. Fortsetzung durch versicherte Personen (Abs. 3)

8 **Abs. 3** schützt die versicherten Personen vor einem Zahlungsverzug des VN. Kündigt der VR das Vertragsverhältnis wegen Zahlungsverzuges des VN, sollen die versicherten Personen das Recht haben, die für sie bestehenden Krankheitskosten- und Pflegekrankenversicherungen fortzusetzen. Das entspricht der Rechtslage bei Kündigung oder Tod des VN (§ 207). Fraglich ist, ob dieses Recht auf Vertragsfortsetzung auch auf Fälle außerordentlicher Kündigung des Vertrages wegen Leistungserschleichung des VN durch analoge Anwendung des Abs. 3 auszudehnen ist (dies bejahend OLG Frankfurt a. M. VersR 2016, 317). Dies scheint vom Einzelfall abhängig und ist insbesondere danach zu entscheiden, ob die versicherten Personen das Verhalten des VN kannten und billigten oder der VN als ihr Repräsentant auftrat (in diesem Sinne auch Bach/Moser/*Hütt* MB/KK § 14 Rn. 25). Der Fortsetzungsanspruch muss innerhalb von **zwei Monaten** ab entsprechender Kenntnis der versicherten Personen von diesen ausgeübt werden (ausführlich zur Kenntniserlangung bei mehreren versicherten Personen Langheid/Wandt/*Hütt* § 206 Rn. 28 ff.). Die Frist beginnt mit der Erfüllung einer entsprechenden Informationspflicht seitens des VR, der nach **Satz 2** über die Kündigung einerseits und über das Fortsetzungsrecht andererseits in Textform (§ 126b BGB) zu informieren hat.

IV. Gruppenversicherung (Abs. 4)

9 Die ordentliche Kündigung einer Gruppenversicherung, die Schutz gegen das Risiko Krankheit enthält, ist nach **Abs. 4 Satz 1** nur möglich, wenn den versicherten Personen die Fortsetzung dieses Vertrages als Einzelversicherung ermöglicht wird. Insoweit entspricht die Regelung § 178i Abs. 3 aF. Bei Gruppenversicherungsverträgen, die gegen multiple Risiken versichern, dürfte das Fortsetzungsrecht

nur in Bezug auf den Teil bestehen, der das Risiko Krankheit abdeckt. Auch dürfte eine Fortsetzung nur zu den Bedingungen des Gruppenversicherungsvertrages möglich sein, so dass etwa aus einem befristeten Gruppenversicherungsvertrag durch dessen Kündigung kein unbefristeter Einzelvertrag werden kann. Durch die in **Abs. 4 Satz 2** enthaltene Inbezugnahme von Abs. 3 Sätze 2 und 3 wird der VR auch hier verpflichtet, die einzelnen versicherten Personen entsprechend zu informieren und sie über die Fortsetzungsmöglichkeit zu unterrichten. Die versicherten Personen müssen allerdings ebenfalls ihren Anspruch auf Fortsetzung innerhalb von zwei Monaten ausüben.

§ 207 Fortsetzung des Versicherungsverhältnisses

(1) **Endet das Versicherungsverhältnis durch den Tod des Versicherungsnehmers, sind die versicherten Personen berechtigt, binnen zwei Monaten nach dem Tod des Versicherungsnehmers die Fortsetzung des Versicherungsverhältnisses unter Benennung des künftigen Versicherungsnehmers zu erklären.**

(2) [1]**Kündigt der Versicherungsnehmer das Versicherungsverhältnis insgesamt oder für einzelne versicherte Personen, gilt Absatz 1 entsprechend.** [2]**Die Kündigung ist nur wirksam, wenn die versicherte Person von der Kündigungserklärung Kenntnis erlangt hat.** [3]**Handelt es sich bei dem gekündigten Vertrag um einen Gruppenversicherungsvertrag und wird kein neuer Versicherungsnehmer benannt, sind die versicherten Personen berechtigt, das Versicherungsverhältnis unter Anrechnung der aus dem Vertrag erworbenen Rechte und der Alterungsrückstellung, soweit eine solche gebildet wird, zu den Bedingungen der Einzelversicherung fortzusetzen.** [4]**Das Recht nach Satz 3 endet zwei Monate nach dem Zeitpunkt, zu dem die versicherte Person von diesem Recht Kenntnis erlangt hat.**

(3) **Verlegt eine versicherte Person ihren gewöhnlichen Aufenthalt in einen anderen Mitgliedstaat der Europäischen Union oder einen anderen Vertragsstaat des Abkommens über den Europäischen Wirtschaftsraum, setzt sich das Versicherungsverhältnis mit der Maßgabe fort, dass der Versicherer höchstens zu denjenigen Leistungen verpflichtet bleibt, die er bei einem Aufenthalt im Inland zu erbringen hätte.**

I. Fortsetzung des Vertrages

Abs. 1 ermöglicht es den versicherten Personen, das Versicherungsverhältnis nach dem **Tod des VN** fortzusetzen, weil damit nicht auch das Versicherungsbedürfnis der Versicherten endet. Der Tod des VN beendet das Versicherungsverhältnis nicht automatisch; dies setzt vielmehr eine vertragliche Abrede voraus (vorgesehen in § 15 Abs. 1 S. 1 MB/KK). Die Vorschrift des Abs. 1 unterstellt eine solche Beendigung durch Tod (anders HK-VVG/*Rogler* § 207 Rn. 4). Hinsichtlich der Fortsetzung des Vertrages gilt für die versicherten Personen eine Erklärungsfrist von **zwei Monaten,** die mit dem Tod des VN beginnt. 1

II. Information der versicherten Personen

2 **Abs. 2** gibt **versicherten Personen** Schutz vor einer ungewollten Beendigung des Versicherungsverhältnisses durch **Vertragskündigung des VN** (BGH VersR 2014, 234). Damit die Versicherten die Versicherung fortsetzen und eine darauf gerichtete Erklärung an den VR richten können, müssen sie – was **Satz 2** besagt – von der Kündigung unterrichtet werden. Ohne den Nachweis einer solchen Unterrichtung ist die Kündigung des VN unwirksam. Dabei obliegt dem VN der **Nachweis** der Unterrichtung der versicherten Personen, während den VR eine **Belehrungspflicht** insoweit trifft, als er den VN auf diese Rechtsfolge aufmerksam machen muss (BGH VersR 2013, 305). Durch die **Sätze 3 und 4** werden – im Anschluss an § 206 Abs. 5 – die Interessen der durch einen **Gruppenversicherungsvertrag** versicherten Person für den Fall gewahrt, dass der VN den Gruppenversicherungsvertrag kündigt. Das Fortsetzungsrecht endet gem. **Satz 4** zwei Monate ab Kenntniserlangung der versicherten Person von ihrem **Fortsetzungsrecht.** Das muss nicht mit der Kenntnis von der Kündigung des Gruppenversicherungsvertrages identisch sein (so auch Prölss/Martin/*Voit* § 207 Rn. 18).

III. Veränderung des Wohnortes

3 **Abs. 3** sichert die Fortsetzung des Krankenversicherungsvertrages auch für den Fall, dass die versicherte Person ihren gewöhnlichen Aufenthalt verlegt und innerhalb des Europäischen Wirtschaftsraumes ansässig wird. Der Vertrag wird allerdings weiterhin als Inlandsversicherung geführt.

§ 208 Abweichende Vereinbarungen

[1]Von § 192 Absatz 5 Satz 2 und den §§ 194 bis 199 und 201 bis 207 kann nicht zum Nachteil des Versicherungsnehmers oder der versicherten Person abgewichen werden. [2]Für die Kündigung des Versicherungsnehmers nach § 205 kann die Schrift- oder die Textform vereinbart werden.

I. Gesetzesbegründung (BT-Drs. 16/3945, 115)

1 „Die Vorschrift übernimmt inhaltlich den bisherigen § 178o VVG und erweitert die halbzwingenden Vorschriften um die Neuregelungen mit Ausnahme des Bereicherungsverbots nach § 200 VVG-E. Wie bisher wird ausdrücklich klargestellt, dass auch abweichende Vereinbarungen zum Nachteil der versicherten Person, die nicht der Versicherungsnehmer ist, ausgeschlossen sind (vgl. insbesondere § 207 VVG-E). In Satz 2 wird neu die Möglichkeit aufgenommen, für die Kündigung des Versicherungsnehmers nach § 205 VVG-E die Schriftform oder die Textform zu vereinbaren; dies entspricht der Parallelregelung des § 171 VVG-E für die Lebensversicherung."

II. Regelungsinhalt

2 Die Vorschrift bezieht neben den VN ausdrücklich auch die (weiteren) Versicherten in den Schutz ein. Die in § 208 genannten Vorschriften sollen weitgehend

die gesetzliche Krankenversicherung ersetzen können (substitutive Krankenversicherung).

Ob eine Regelung zu Ungunsten des VN von den genannten Bestimmungen abweicht, ist vom Einzelfall unabhängig zu beurteilen und maßgeblich davon bestimmt, ob sie **generell** ohne Rücksicht auf die Lage des Einzelfalls ungünstig ist (Bach/Moser/*Hütt* § 208 Rn. 1).

Als Rechtsfolge des Verstoßes gegen § 208 ist die Nichtigkeit (Schwintowski/ **2a** Brömmelmeyer/*Brömmelmeyer* § 208 Rn. 1) bzw. die Unwirksamkeit (Bruck/Möller/*Brand* § 208 Rn. 6) der Vorschrift festzustellen. Teilweise wird auch vertreten, dass sich der VR lediglich nicht auf sie berufen kann (HK-VVG/*Rogler* § 208 Rn. 5). In jedem Fall der fehlenden Geltung der gegen § 208 verstoßenden Vertragsregelung führt die entstehende Lücke gem. § 306 Abs. 2 BGB zur Geltung gesetzlicher (Auffang-)Regelungen. Die Anwendbarkeit des § 306 Abs. 2 BGB wird nicht durch § 208 gesperrt, denn es besteht kein Grund, die vertragliche Implementierung einer gegen halbzwingendes Recht verstoßenden Klausel härter zu sanktionieren als die Verwendung einer gegen AGB-Recht verstoßenden Klausel (*Rogler* r+s 2020, 647 (648) zur Geltung des § 203 Abs. 2 bei Unwirksamkeit des § 8b Abs. 2 MB/KK).

Teil 3. Schlussvorschriften

§ 209 Rückversicherung, Seeversicherung

Die Vorschriften dieses Gesetzes sind auf die Rückversicherung und die Versicherung gegen die Gefahren der Seeschifffahrt (Seeversicherung) nicht anzuwenden.

1 **Rückversicherungsverträge** sichern das Risiko des Erstversicherers gegen seine Inanspruchnahme durch den VN ab. Da keiner der Vertragspartner in besonderem Maße schutzbedürftig ist, gilt insoweit eine lediglich durch allgemeine Vorschriften eingeschränkte **Vertragsfreiheit.** Auf die Regelungen des VVG kann nur insoweit interpretationsleitend (Langheid/Wandt/*Klimke* § 209 Rn. 3) zurückgegriffen werden, als die vertraglichen Beziehungen der Parteien lückenhaft sind, und es sich um allgemeine Grundsätze des Privatversicherungsrechts handelt. Die Rückversicherung erscheint in unterschiedlicher Gestalt: als Summenrückversicherung (Quoten- oder Exzedentenrückversicherung), als Schadens(exzedenten-)rückversicherung oder als Gefahren- oder Risikobasisrückversicherung (vgl. iE Langheid/Wandt/*Klimke* § 109 Rn. 4 ff.). Entscheidend ist jeweils ausschließlich die in vielfältigen Facetten auftretende vertragliche Einzelregelung. **Ansprüche des VN** gegen den Rückversicherer bestehen nicht (BGH VersR 1970, 29).

2 **Seeversicherungsverträge** sichern gegen das in Geld schätzbare Interesse einer Person ab, dass ein Schiff oder seine Ladung die Gefahren der (hohen) See besteht, vor allem also das (Kasko-)Interesse am Schiff und das (Sach-)Interesse an dem mit ihm transportierten Gütern (*Schleif* VersR 2010, 1281). Dabei geht es der Intention der Vorschrift nach, die internationale Wettbewerbsfähigkeit der deutschen Schifffahrt zu sichern, um die „gewerbliche" Seefahrt, nicht um die private Nutzung von Booten (OLG Köln VersR 2014, 1205). Insoweit haben schon in der Vergangenheit international gebräuchliche AVB frühere gesetzliche Regelungen verdrängt. Als Seeversicherungsverträge können aber auch mit den Gefahren der Seeschifffahrt zusammenhängende Risiken betrachtet werden (zu Schäden beim Stapellauf BGHZ 56, 343; zur Seerechtsschutzversicherung Langheid/Wandt/*Looschelders* § 209 Rn. 16; vgl. iÜ *Schleif* TranspR 2009, 18). Die Ausnahme gilt allerdings auch bei „gemischten Reisen". Von der Geltung des VVG sind sie ausgenommen, weil der VN typischerweise geschäftserfahren ist und die Bedingungen solcher Verträge international weitgehend übereinstimmend festgelegt sind.

§ 210 Großrisiken, laufende Versicherung

(1) **Die Beschränkungen der Vertragsfreiheit nach diesem Gesetz sind auf Großrisiken und auf laufende Versicherungen nicht anzuwenden.**

(2) [1]**Großrisiken im Sinne dieser Vorschrift sind:**

1. **Risiken der unter den Nummern 4 bis 7, 10 Buchstabe b sowie den Nummern 11 und 12 der Anlage 1 zum Versicherungsaufsichtsgesetz erfassten Transport- und Haftpflichtversicherungen,**
2. **Risiken der unter den Nummern 14 und 15 der Anlage 1 zum Versicherungsaufsichtsgesetz erfassten Kredit- und Kautionsversicherungen bei**

Versicherungsnehmern, die eine gewerbliche, bergbauliche oder freiberufliche Tätigkeit ausüben, wenn die Risiken damit in Zusammenhang stehen, oder

3. Risiken der unter den Nummern 3, 8, 9, 10, 13 und 16 der Anlage 1 zum Versicherungsaufsichtsgesetz erfassten Sach-, Haftpflicht- und sonstigen Schadensversicherungen bei Versicherungsnehmern, die mindestens zwei der folgenden drei Merkmale überschreiten:
a) 6 200 000 Euro Bilanzsumme,
b) 12 800 000 Euro Nettoumsatzerlöse,
c) im Durchschnitt 250 Arbeitnehmer pro Wirtschaftsjahr.

[2]Gehört der Versicherungsnehmer zu einem Konzern, der nach § 290 des Handelsgesetzbuchs, nach § 11 des Publizitätsgesetzes vom 15. August 1969 (BGBl. I S. 1189) in der jeweils gültigen Fassung oder nach dem mit den Anforderungen der Richtlinie 2013/34/EU des Europäischen Parlaments und des Rates vom 26. Juni 2013 über den Jahresabschluss, den konsolidierten Abschluss und damit verbundene Berichte von Unternehmen bestimmter Rechtsformen und zur Änderung der Richtlinie 2006/43/EG des Europäischen Parlaments und des Rates und zur Aufhebung der Richtlinien 78/660/EWG und 83/349/EWG des Rates (ABl. L 182 vom 29.6.2013, S. 19) übereinstimmenden Recht eines anderen Mitgliedstaats der Europäischen Gemeinschaft oder eines anderen Vertragsstaats des Abkommens über den Europäischen Wirtschaftsraum einen Konzernabschluss aufzustellen hat, so sind für die Feststellung der Unternehmensgröße die Zahlen des Konzernabschlusses maßgebend.

Die Vorschrift nimmt **Großrisiken und laufende Versicherungen** von den 1
Beschränkungen der Vertragsfreiheit nach dem VVG aus. Damit soll dem **fehlenden Schutzbedürfnis** der VN in solchen Fällen entsprochen werden. Die zwingenden Vorschriften des VVG werden nicht für unanwendbar erklärt. Vielmehr wird lediglich erlaubt, sie abzubedingen (BGH NJW 1992, 2631 = VersR 1992, 1089). Das bedeutet indessen nicht, dass der Inhalt solcher Verträge gewissermaßen willkürlich bestimmt werden könnte

Großrisiken sind die in Art. 10 Abs. 1 Satz 2 EGVVG genannten Absicherun- 2
gen. Dabei handelt es sich im Wesentlichen um bestimmte Transport- und Haftpflichtversicherungen (Schienenfahrzeugkasko-, Luftfahrzeugkasko-, Schifffahrtskasko-, Transportgüter-, Landtransporthaftpflicht-, Luftfahrthaftpflicht- und Schifffahrthaftpflichtversicherungen), Kredit- und Kautionsversicherungen bestimmter VN und Sach-, Haftpflicht- und sonstige Schadensversicherungen bei VN, die über eine bestimmte Bilanzsumme, bestimmte Nettoumsatzerlöse oder eine bestimmte Zahl von Arbeitnehmern verfügen. Über die Qualifikation einer Absicherung als Großrisiko entscheidet der **Regelungsinhalt eines Vertrages.** Werden **Absicherungen kombiniert,** so gilt die Vorschrift nicht (BGH VersR 1972, 85: Kombination einer Juwelier-, Reise- und Warenlagerversicherung; VersR 1983, 949: Schaustellerversicherung; BGH VersR 2009, 769: Haftpflicht der Spediteure und Lagerhalter; OLG Köln VersR 2014, 1205: verneinend zur Yacht-Pool-Kasko-Versicherung; OLG Hamburg TranspR 2007, 258: Verkehrshaftpflichtversicherung eines Frachtführers, Spediteurs und Lagerhalters; allg. Prölss/Martin/*Klimke* § 210 Rn. 4). Das gilt allerdings dann nicht, wenn der Versicherungsvertrag eine Differenzierung zwischen verschiedenen abgesicherten Risiken erlaubt und so eine gesonderte Beurteilung der Wirksamkeit von Bestimmun-

gen in Bezug auf die jeweilige Absicherung gestattet. Neben den Großrisiken ist die laufende Versicherung, die das versicherte Interesse bei Vertragsschluss nur der Gattung nach bezeichnet und erst nach dessen Entstehung dem VR einzeln aufgibt, von den Beschränkungen der Vertragsfreiheit durch das VVG ausgenommen.

3 Die Vorschrift hebt die **Beschränkungen der Vertragsfreiheit** nach dem VVG für ihren Anwendungsbereich auf. Damit sind nicht nur die uneingeschränkt zwingenden Vorschriften des VVG, sondern auch seine halbzwingenden Vorschriften (§§ 18, 32, 42, 52 Abs. 5, 87, 112) gemeint (offen gelassen von BGH NJW 1992, 2631 = VersR 1992, 1089). Anderes kann dem Wortlaut des Gesetzes nicht entnommen werden. Er erlaubt abweichende vertragliche Regelungen. Das schließt allerdings nicht aus, dass entsprechende AVB einer Kontrolle nach den §§ 305 ff. BGB unterworfen sind (BGH NJW-RR 2005, 394; NJW 1993, 590 = VersR 1993, 223; OLG Köln VersR 2005, 267; 1994, 977; 1991, 770; 1984, 830). Das kann dazu führen, dass Modifikationen des Verschuldens- und Kausalitätsprinzips der §§ 19 ff., 23 ff., § 28 dem Verdikt der Unwirksamkeit nach § 307 Abs. 2 BGB unterfallen (vgl. Prölss/Martin/*Klimke* § 210 Rn. 7 ff.). Demgegenüber sind Ausnahmen vom Quotelungsprinzip nicht nur individualvertraglich, sondern auch durch AVB ohne Weiteres vorstellbar.

§ 211 Pensionskassen, kleinere Versicherungsvereine, Versicherungen mit kleineren Beträgen

(1) **Die §§ 37, 38, 165, 166, 168 und 169 sind, soweit mit Genehmigung der Aufsichtsbehörde in den Allgemeinen Versicherungsbedingungen abweichende Bestimmungen getroffen sind, nicht anzuwenden auf**

1. **Versicherungen bei Pensionskassen im Sinn des § 233 Absatz 1 und 2 des Versicherungsaufsichtsgesetzes,**
2. **Versicherungen, die bei einem Verein genommen werden, der als kleinerer Verein im Sinn des Versicherungsaufsichtsgesetzes anerkannt ist,**
3. **Lebensversicherungen mit kleineren Beträgen und**
4. **Unfallversicherungen mit kleineren Beträgen.**

(2) **Auf die in Absatz 1 Nr. 1 genannten Pensionskassen sind ferner nicht anzuwenden**

1. **die §§ 6 bis 9, 11, 150 Abs. 2 bis 4 und § 152 Abs. 1 und 2; für die §§ 7 bis 9 und 152 Abs. 1 und 2 gilt dies nicht für Fernabsatzverträge im Sinn des § 312c des Bürgerlichen Gesetzbuchs;**
2. **§ 153, soweit mit Genehmigung der Aufsichtsbehörde in den Allgemeinen Versicherungsbedingungen abweichende Bestimmungen getroffen sind; § 153 Abs. 3 Satz 1 ist ferner nicht auf Sterbekassen anzuwenden.**

(3) **Sind für Versicherungen mit kleineren Beträgen im Sinn von Absatz 1 Nr. 3 und 4 abweichende Bestimmungen getroffen, kann deren Wirksamkeit nicht unter Berufung darauf angefochten werden, dass es sich nicht um Versicherungen mit kleineren Beträgen handele.**

1 **Abs. 1** schränkt die Anwendung verschiedener Vorschriften des VVG (über die Rechtsfolgen bei Prämienverzug, vor allem über die Umgestaltung in eine prämienfreie Versicherung, über die Kündigung und über den Rückkaufswert) für Pensionskassen (§ 118 Abs. 3 und 4 VAG), kleinere Versicherungsvereine

(§ 53 VAG) und Lebens- sowie Unfallversicherungen mit kleineren Beträgen (Sterbegeld- und Volksversicherungen) ein, weil kein „normalen" Versicherungsverhältnissen vergleichbares Schutzbedürfnis besteht. Es handelt sich um eine Art „de minimis"-Regel, die allerdings nur eingreift, wenn die Aufsichtsbehörde von den genannten Vorschriften des VVG abweichende Regelungen genehmigt hat.

Für die Pensionskassen werden zur Gewährleistung des Systems der betrieblichen Altersvorsorge in **Abs. 2** weitere Befreiungen (von den Beratungs- und Informationspflichten und der Rechtsfolge ihrer Verletzung, aber auch (mit Genehmigung der Aufsichtsbehörde) von den Bestimmungen zur Überschussbeteiligung) für unanwendbar erklärt. Die Vorschriften zur stichtagsbezogenen Berechnung der Bewertungsreserven gelten nicht für Sterbekassen. Allerdings unterliegen die Verträge gleichwohl der Wirksamkeitskontrolle. Die Klausel einer Pensions- oder Sterbekasse, die eine Rückzahlung der Beiträge für den Fall der Zahlung eines Sterbegeldes vor Eintritt des Versicherungsfalls ausschließt, ist allerdings wirksam (OLG Hamm BeckRS 2019, 35808). 2

Abs. 3 schließt es nach Genehmigung von Versicherungsbedingungen durch die Aufsichtsbehörde aus, dass sich ein VN darauf beruft, es handele sich bei dem Vertrag nicht um eine Versicherung mit kleineren Beträgen. 3

§ 212 Fortsetzung der Lebensversicherung nach der Elternzeit

Besteht während einer Elternzeit ein Arbeitsverhältnis ohne Entgelt gemäß § 1a Abs. 4 des Betriebsrentengesetzes fort und wird eine vom Arbeitgeber zugunsten der Arbeitnehmerin oder des Arbeitnehmers abgeschlossene Lebensversicherung wegen Nichtzahlung der während der Elternzeit fälligen Prämien in eine prämienfreie Versicherung umgewandelt, kann die Arbeitnehmerin oder der Arbeitnehmer innerhalb von drei Monaten nach der Beendigung der Elternzeit verlangen, dass die Versicherung zu den vor der Umwandlung vereinbarten Bedingungen fortgesetzt wird.

Die Vorschrift soll in einem Geflecht anderer, sozial- und arbeitsrechtlicher Normen den Schutz Kinder betreuender versicherter Personen ergänzen. **§§ 15 ff. BEEG** regeln, dass das Arbeitsverhältnis Betroffener bis zu drei Jahren nach der Geburt eines Kindes ohne Entgeltanspruch fortbesteht. Darauf nimmt **§ 1a Abs. 4 BetrAVG** – abgesichert durch eine Informationspflicht in **§ 166 Abs. 4** – Bezug; Arbeitnehmerinnen und Arbeitnehmer sind danach berechtigt, zu ihren Gunsten vom Arbeitgeber abgeschlossene Lebensversicherungsverträge mit eigenen Beiträgen fortzusetzen. Nehmen sie das nicht in Anspruch, sieht **§ 166 Abs. 1** eine Umwandlung in eine prämienfreie Versicherung (mit herabgesetzter Versicherungssumme) vor. Voraussetzung der Anwendung des § 166 ist folglich, dass das Arbeitsverhältnis als solches bis zum Abschluss der Elternzeit fortbesteht und der Arbeitgeber (iRd betrieblichen Altersversorgung (zu den Ausnahmen nach §§ 118 Abs. 3 und 4 VAG vgl. Langheid/Wandt/*Looschelders* § 212 Rn. 5) eine von ihm nicht weiter bediente L6ebensversicherung abgeschlossen hat. 1

Versicherte dürfen dann nach Beendigung der Elternzeit **innerhalb von drei Monaten** (ohne dass dafür eine bestimmte Form vorgeschrieben wäre) verlangen, dass der Versicherungsvertrag zu den vor der Umwandlung vereinbarten Bedingungen fortgesetzt wird. Das bedeutet allerdings weder, dass Versicherte zu Ver- 2 tragspartnern werden, noch, dass die ursprüngliche Versicherungssumme wieder als vereinbart gilt. Vielmehr führt die Ausübung des Fortsetzungsrechts allein dazu, dass **keine neue Risikoprüfung** stattfindet und kein neuer Vertragsabschluss (mit etwaigen neuen Ausschlüssen oder Karenzfristen) erfolgt.

§ 213 Erhebung personenbezogener Gesundheitsdaten bei Dritten

(1) **Die Erhebung personenbezogener Gesundheitsdaten durch den Versicherer darf nur bei Ärzten, Krankenhäusern und sonstigen Krankenanstalten, Pflegeheimen und Pflegepersonen, anderen Personenversicherern und gesetzlichen Krankenkassen sowie Berufsgenossenschaften und Behörden erfolgen; sie ist nur zulässig, soweit die Kenntnis der Daten für die Beurteilung des zu versichernden Risikos oder der Leistungspflicht erforderlich ist und die betroffene Person eine Einwilligung erteilt hat.**

(2) [1]**Die nach Absatz 1 erforderliche Einwilligung kann vor Abgabe der Vertragserklärung erteilt werden.** [2]**Die betroffene Person ist vor einer Erhebung nach Absatz 1 zu unterrichten; sie kann der Erhebung widersprechen.**

(3) **Die betroffene Person kann jederzeit verlangen, dass eine Erhebung von Daten nur erfolgt, wenn jeweils in die einzelne Erhebung eingewilligt worden ist.**

(4) **Die betroffene Person ist auf diese Rechte hinzuweisen, auf das Widerspruchsrecht nach Absatz 2 bei der Unterrichtung.**

Übersicht

I. Normzweck und Regelungsinhalt

1 Die Vorschrift soll das **Grundrecht Betroffener auf informationelle Selbstbestimmung in Versicherungsverhältnissen** sichern, also ihre Befugnis, über die Erhebung, Preisgabe und Verwendung ihrer persönlichen Daten selbst zu bestimmen. Ihr Hintergrund sind Konflikte zwischen VR, Datenschutzbehörden und Organisationen von VN um früher verwendete, in Antragsformularen vorab erteilte generelle Entbindungen von der Schweigepflicht, die vor der Verfassung keinen Bestand hatten (BVerfG VersR 2006, 1669; zur Entstehungsgeschichte Langheid/Wandt/*Eberhardt* § 213 Rn. 7 ff.). Die Vorschrift bemüht sich um einen

Ausgleich der Informationsinteressen der VR, die zur Feststellung des Versicherungsfalles und ihrer Leistungspflicht auf eine Informationsbeschaffung angewiesen sind, und des Persönlichkeitsrechts der Betroffenen, das einer – notfalls auch Nachteile nach sich ziehenden – Offenbarung entgegenstehen kann, jedenfalls aber Kenntnis der Informationserhebung und Kontrolle des Informationsflusses verbürgt. Sie regelt selbst aber nur einen Ausschnitt der Problematik, Teile der Voraussetzungen der Zulässigkeit einer Informationsbeschaffung und ihren Ablauf. In Abwägung der Interessen und Rechte von VR und VN gewährt die Norm eine **grundsätzliche Informationserhebungsbefugnis,** begrenzt sie allerdings nach sachlichem Anlass und Datenerhebungsquellen und macht sie von einem fortdauernden Konsens der versicherten Person abhängig. Sie gewährt der versicherten Person Rechte zur Einwilligung (oder zu deren Versagung), zur Unterrichtung und zum Widerspruch. Die Rechtsfolgen einer Verweigerung der Erhebung regelt sie ebenso wenig wie jene einer Missachtung ihrer Voraussetzungen. Sie begründet vor allem nicht (über den Schutz der informationellen Selbstbestimmung hinaus) Ansprüche auf eine von der Mitwirkung der versicherten Person unabhängige Versicherungsleistung. Die obersten Aufsichtsbehörden für den Datenschutz im nichtöffentlichen Bereich und der GDV haben sich inzwischen auf ein **Muster einer Einwilligungs- und Schweigepflichtentbindungserklärung** geeinigt (zu finden u.a. unter https://www.bfdi.bund.de/SharedDocs/Publikationen/Entschliessungssammlung/DuesseldorferKreis/170120121EinwilligungVersicherungswirtschaft.html), dessen Beachtung den Vorgaben des § 213 gerecht wird.

2 Mit den Vorschriften der **DS-GVO,** die als unionsrechtlich unmittelbar wirkendes Recht dem § 213 vorgehen könnten, ist § 213 vereinbar, auch wenn sie weitere Anforderungen an die Einwilligung des VN stellen. Datenschutzrechtliche Anforderungen sind **nicht zusätzlich anwendbar.** Insoweit ist **§ 213 als lex specialis** anzusehen (KG VersR 2015, 94). Die verdrängende Wirkung folgt aus der Entstehungsgeschichte der Norm, mit der bewusst eine Sonderregelung des versicherungsvertraglichen Datenschutzes gewollt war (vgl. Langheid/Wandt/*Eberhardt* § 213 Rn. 16 ff.; Bruck/Möller/*Brand* § 213 Rn. 4), als auch aus der völlig unterschiedlichen Systematik beider Normen, die man nicht gewissermaßen „zusammenlesen" kann. Daher bedarf es weder der Schriftform (Prölss/Martin/*Voit* § 213 Rn. 36; aA *Fricke* VersR 2009, 297; *Neuhaus/Kloth* NJOZ 2009, 1370 (1376)) noch der gesonderten Information über die Zwecke der Erhebung. Allerdings muss die Einwilligung den Besonderheiten des Art. 6 DS-GVO entsprechen, um wirksam zu sein: Sie muss folglich nicht nur transparent und von dem übrigen Text eines Versicherungsantrags abgehoben sein, sondern vor allem darauf hinweisen, dass sie jederzeit widerrufen werden kann (Art. 6 Abs. 3 Satz 3 DS-GVO). Zusätzliches ist für den Bereich gendiagnostisch erhobener Informationen zu beachten (vgl. → § 28 Rn. 22). Die Vorschrift gilt nach Art. 1 Abs. 1 EGVVG uneingeschränkt (auch schon für Versicherungsfälle im Jahr 2008) für **Altverträge,** wenn die Recherche des VR nach Inkrafttreten des neuen VVG erfolgt (*Höra* r+s 2008, 89, 93; *Schneider* VersR 2008, 859), nicht also für die Verwertung von Informationen, die vor diesem Zeitpunkt vom VR gewonnen wurden.

3 Die Vorschrift ist nur auf die Beschaffung der besonders sensiblen Gesundheitsdaten bei Dritten anwendbar, vornehmlich also in der Unfall-, Berufsunfähigkeits-, Lebens- und Krankenversicherung. **Andere personenbezogene Informationen,** vor allem jene zu beruflichen und wirtschaftlichen Verhältnissen

Betroffener, sind nicht erfasst (vgl. zur Obliegenheit zur Offenbarung wirtschaftlicher Daten OLG Köln r+s 2008, 520). Das gilt vor allem für die Erhebung von Informationen bei dem VN selbst: **Untersuchungsobliegenheiten** sind folglich dem Regime des § 213 nicht unterworfen (BGH NJW-RR 2016, 1309; KG r+s 2014, 509). Benötigt der VR andere, nicht gesundheitsbezogene Informationen, muss er die Regelungen der DS-GVO und des BDSG beachten. Die Regelung ist vertragsspezifisch: Sie gilt lediglich **im Versicherungsverhältnis,** gilt dort aber nicht nur für VN, sondern auch für versicherte Personen. Die Erhebung von Gesundheitsdaten außenstehender Personen, vor allem des Haftpflichtansprüche geltend machenden Geschädigten, richtet sich nur nach der DS-GVO und dem BDSG (Langheid/Wandt/*Eberhardt,* § 213 Rn. 33; aA Prölss/Martin/*Voit* § 213 Rn. 10).

II. Betroffene Personen

4 Gegenstand der Regelung sind Gesundheitsdaten. Verfügungsberechtigt über Gesundheitsdaten sind **„betroffene Personen".** Das sind in aller Regel die VN, zuweilen aber auch die Versicherten, deren gesundheitlicher Zustand ermittelt werden soll. Soweit es um Einwilligung, Unterrichtung und Widerspruch geht, kommt es allein darauf an, wem die rechtliche Herrschaft über die recherchierten Gesundheitsdaten zukommt. Der VR muss sich also an diejenigen wenden, deren Gesundheitsdaten er beschaffen will. Da die Erlaubnis zur Informationsbeschaffung dem Betroffenen zusteht, weil es um dessen unveräußerliche (und damit unvererbliche) Persönlichkeitsrechte geht, kann der **Rechtsnachfolger des Betroffenen** eine Schweigepflichtentbindungserklärung grundsätzlich nicht erteilen (OLG Düsseldorf NJW-RR 2018, 214). Zwischen der Regulierung der Datenerhebung (durch § 213) und der Schweigepflicht (§ 203 StGB) muss unterschieden werden. Die **Schweigepflicht der Datenquellen** wirkt über den Tod hinaus; Erben oder Angehörige können von ihr nicht entbinden (BGHZ 91, 392 (398); BGH NJW 1983, 2627; OLG Naumburg VersR 2005, 817; OLG Frankfurt a. M. VersR 1999, 523).

5 Dem steht **§ 630g BGB** nicht entgegen. Danach stehen Erben und Angehörigen zwar Einsichtsrechte in Patientenakten zu. Ein VR könnte folglich argumentieren, die Erben eines VN rückten nach § 1922 BGB in die Vertragsstellung des VN ein, folglich „obliege" es ihnen, sich die ihnen nach § 630g BGB zugänglichen Informationen zu beschaffen. Das verkennt indessen zunächst den Schutzzweck des § 630g BGB: Die Informationsrechte sind den Erben (und Angehörigen) zu Zwecken der Durchsetzung von Ansprüchen aus Vertragsverletzungen gewährt, nicht aber zur Wahrnehmung von Interessen dem VR gegenüber oder gar zu dessen Gunsten. Der VR kann folglich nicht argumentieren, der Rechtsnachfolger des VN dürfe sich die Gesundheitsdaten des VN doch beschaffen. Davon abgesehen ist eine „Obliegenheiten" zur Beschaffung von gesundheitlichen Informationen von Verfassungs wegen gerade ausgeschlossen.

6 Sieht man das anders, ist fraglich ist, ob § 213 dann auch **nach dem Tod der versicherten Person** zu beachten ist (vgl. bejahend OLG Düsseldorf NJW-RR 2018, 214; Prölss/Martin/*Voit,* § 213 Rn. 11; *Fricke* VersR 2009, 297 (299); *Neuhaus/Kloth* NJOZ 2009, 1370 (1373); *dies.* NJW 2009, 1608; 2009, 1707; zum Erlöschen der Befugnis, von der Schweigepflicht zu entbinden jetzt BGH NJW 2011, 3149 = VersR 2011, 1249; ausdrücklich ablehnend für Abs. 2–4 OLG

Saarbrücken ZfS 2013, 224; abl. wohl auch OLG Saarbrücken NJW-RR 2020, 984). Wenn das Versicherungsverhältnis durch den Tod der versicherten Person nicht beendet wird, spricht zwar zunächst grds. nichts dagegen (aA Langheid/Wandt/*Eberhardt* § 213 Rn. 25). Jedoch verlangt schon der Umstand, dass die Vorschrift Verfahrensrechte einer (materiell) „betroffenen Person" näher bestimmt, dass es (insoweit) diese Person noch gibt (so auch *Neuhaus/Kloth* NJOZ 2009, 1373; Bruck/Möller/*Brand* § 213 Rn. 44).

Ob die Datenquelle, ein Arzt vor allem, ohne strafrechtliche Konsequenzen Auskunft erteilen kann, richtet sich folglich allein danach, ob eine **(wirksame) Einwilligung** (des Betroffenen) vorliegt, oder ob von seiner **mutmaßlichen Einwilligung** auszugehen ist. Hat der VN dem VR eine über den Todesfall hinauswirkende Schweigepflichtentbindungserklärung überlassen, so muss der VR nicht bei den Erben oder Angehörigen nachfragen, ob sie einer Recherche zustimmen, weil das Recht des Verstorbenen auf informationelle Selbstbestimmung nicht auf sie übergeht (→ Rn. 6). Fehlt in Todesfällen eine vorab erteilte (wirksame) Einwilligung, kommt es darauf an, ob es bei Würdigung aller Umstände dem Interesse des VN entspricht, die Daten zu erheben oder jedenfalls der VN kein Interesse daran hat, dass die Daten verborgen bleiben. Zum Teil wird von einer mutmaßlichen Einwilligung ausgegangen, wenn der versicherten Person die Aufklärung zur Durchsetzung ihrer in einem Versicherungsfall bestehenden Ansprüche oblegen hätte (*Knappmann* NVersZ 1999, 511; im Zweifel soll sie vorliegen: *Neuhaus/Kloth* NJOZ 2009, 1373 (1374)). Zum Teil wird danach gefragt, ob es ihrem Interesse entspricht, ihren Angehörigen oder Erben Ansprüche gegen den VR zu sichern (Bruck/Möller/*Brand* § 213 Rn. 44). Das liegt nicht auf der Hand, weil es dem VR regelmäßig darum gehen wird zu prüfen, ob er sich von seiner Leistungspflicht wegen Verletzung der vorvertraglichen Anzeigeobliegenheit lösen kann (verneinend OLG Karlsruhe VersR 2015, 221 allerdings nur für die Annahme eines Zeugnisverweigerungsrechts des Arztes). Jedoch kann sich aus einer Blockade der Datenerhebung gerade auch – ohne die Möglichkeit, das Bestehen eines Anspruchs zu prüfen – die Versagung von Leistungen ergeben. 7

Das bedeutet, dass der VR nach dem Tod die auf dem Recht auf informationelle Selbstbestimmung betroffener Personen beruhenden Verfahrensregeln des **§ 213 nicht mehr beachten** muss (Prölss/Martin/*Voit* § 213 Rn. 11; aA OLG Düsseldorf NJW-RR 2018, 214). Es bedeutet aber nicht, dass er die von ihm benötigten Informationen auch erhält. Fragt er die Schweigepflichtigen und erteilen diese Auskunft, bestehen keine grundsätzlichen Bedenken gegen deren Verwertung. Verweigern die Datenquellen die Information, kann sich der VR auf den Standpunkt stellen, er könne die ihm (zu Recht) erforderlich erscheinenden Recherchen nicht abschließen; daher fehle es an der Fälligkeit des Anspruchs (vgl. → Rn. 19). Zuweilen sind allerdings Erben daran interessiert, die **Datenquellen zur Auskunft zu verpflichten,** um in den Genuss einer Versicherungsleistung zu kommen. Dieses Interesse können sie aber nur auf der Grundlage ihres Rechtsverhältnisses zu dem Arzt, Träger eines Krankenhauses oder anderen Heilbehandler verfolgen und durchsetzen. Dieses Recht gewährt ihnen § 630g BGB aber bei zweckentsprechender Auslegung nicht (vgl. → Rn. 5). Sie können aber einen die Schweigepflicht aufgrund einer Interessenabwägung überwindenden Auskunftsanspruch auf der Grundlage einer Treu und Glauben entsprechenden Vertragsauslegung haben. 8

III. Personenbezogene Gesundheitsdaten

9 Die Erhebung muss **personenbezogene Gesundheitsdaten** betreffen. Das sind Informationen über Krankheiten, Beschwerden oder Störungen oder aus solchem Anlass erfolgte Behandlungen, Untersuchungen und Beratungen einschließlich ihres Ablaufs und ihres Ergebnisses, darüber hinaus aber auch Umstände, die auf ein physisches oder psychisches Leiden oder sein Fehlen schließen lassen. In welcher Form die Auskunft begehrt wird, ist gleichgültig. Im Einzelfall soll daher der VR auch verlangen dürfen, eine Kopie oder einen Ausdruck der Patientenkartei oder -datei zu erhalten (OLG München VersR 2013, 169). Das darf er allerdings angesichts der Vielzahl und Komplexität der dort enthaltenen Daten (und ihrer möglichen Bewertung) nur dann, wenn gerade deren Kenntnis uneingeschränkt zur seiner Urteilsfindung notwendig ist (vgl. zur Begrenzung von Auskunftspflichten insoweit BVerfG NJW 2013, 1386).

IV. Datenerhebende Stellen

10 Die Vorschrift richtet sich an alle VR (mit der Ausnahme jener, die § 209 nennt) in Bezug auf VN, versicherte Personen und Gefahrpersonen. Sie erfasst auch den Datenfluss im **Konzern** zwischen rechtlich selbständigen VR. Schaltet der VR **medizinische oder berufskundliche Beratungsdienste** zur Sachverhaltsermittlung ein oder beauftragt er **Assisteure,** so unterfällt deren Erhebung und die Weitergabe der dort ermittelten Umstände § 213 (und nicht den Vorschriften der DS-GVO und des BDSG). Insoweit handelt es sich um eine **Auftragsdatenverarbeitung (§ 62 BDSG),** weil der VR dem in Anspruch genommenen Dienst lediglich Hilfsfunktionen einer ihm dem Kunden gegenüber allein obliegenden Aufgabe überträgt. Ihre Wahrnehmung unterliegt jedoch weiterhin allein seinen Vorgaben und seiner Kontrolle (vgl. *Neuhaus/Kloth* VersR 2009, 1370 (1373)). Ist das nicht der Fall, ist allerdings lediglich § 213 nicht anwendbar. Die Zulässigkeit der Datenverarbeitung richtet sich dann nach der DS-GVO.

V. Datenquellen

11 Der Kreis der Datenquellen ist begrenzt: Ärzte, Krankenhäuser und Krankenanstalten, Pflegeheime und Pflegpersonen, Personenversicherer, gesetzliche Krankenkassen, Berufsgenossenschaften und Behörden dürfen befragt werden. Das schließt aber die Erhebung bei **anderen heilberuflich Tätigen** – vor allem Physiotherapeuten, Psychologen und Psychotherapeuten – nicht aus. Die Regelungslücke ist erkennbar planwidrig, die beiderseitige Interessenlage keine andere als bei den ausdrücklich genannten Stellen (Langheid/Wandt/*Eberhardt* § 213 Rn. 36; Prölss/Martin/*Voit* § 213 Rn. 16). Die Schweigepflichtentbindungserklärung erlaubt allerdings immer nur, die in ihr selbst benannten Datenquellen zu befragen; eine Informationserhebung bei anderen ist unzulässig.

VI. Sachliche Zulässigkeit der Erhebung

12 Nach Abs. 1 Satz 2 ist die Datenerhebung nur zulässig, wenn die Kenntnis der Informationen zur Beurteilung des zu versichernden Risikos oder der Leistungs-

pflicht **erforderlich** ist. Entscheidend ist, ob die Daten, die sich der VR beschaffen will, geeignet und notwendig sind, seine Vertragsabschlussbereitschaft oder die ihm zustehende Prüfung, ob der Versicherungsfall eingetreten ist, und ob und in welchem Umfang er zu leisten verpflichtet ist, zu beeinflussen, ohne dass ihm ein gleichermaßen wirksames anderes Mittel zur Verfügung steht. Dabei kommt dem VR allerdings notwendigerweise eine **Einschätzungsprärogative** zu, deren Grundlagen er im Streitfall plausibel machen muss (Langheid/Wandt/*Eberhardt* § 213 Rn. 49; aA Schwintowski/Brömmelmeyer/*Klär* § 213 Rn. 23, 81 ff. *Neuhaus/Kloth* NJOZ 2009, 1370 (1375)). Denn er darf privatautonom über den Vertragsabschluss entscheiden und muss angesichts des überlegenen Wissens des VN um seine gesundheitlichen Verhältnisse eine Möglichkeit haben, sachgerecht über den Vertragsabschluss oder seine Leistungspflicht zu entscheiden. Zugleich wird jedoch das Ausmaß seiner Erhebungen begrenzt: Er darf sich **nicht umfassend Kenntnis** über den vor- und nachvertraglichen gesundheitlichen Zustand des VN **beschaffen,** sondern nur solche Informationen eruieren, die in zeitlicher oder sachlicher Hinsicht seinen rechtlich gesicherten Informationsbedürfnissen entsprechen: Ein VR darf keine „umfassenden", in keiner Hinsicht begrenzten Auskünfte von beliebigen Datenquellen verlangen und er darf keine zeitlich oder sachlich unbeschränkten Informationen verlangen (BVerfG NJW 2013, 3086). Hat er also vor der Vertragserklärung des VN zeitlich begrenzt nach Krankheiten, Beschwerden oder Störungen gefragt, darf er im Nachhinein nicht frühere Jahre erforschen (und selbstverständlich auch nicht nach vorvertraglichen Leiden suchen, die von seinen Antragsfragen nicht erfasst waren).

Der VR darf von den Befugnissen der Vorschrift auch Gebrauch machen, wenn **13** es um den Vertragsabschluss geht: Eines **„fallspezifischen Anlasses"** bedarf es – vor Vertragsabschluss – nicht, weil es allein dem VR zusteht zu entscheiden, ob er das Risiko übernimmt. Nach Vertragsabschluss muss allerdings grundsätzlich ein **sachlicher Anlass** zur Erhebung bestehen, weil eine Datenerhebung „auf Vorrat" nicht statthaft ist. Fraglich ist dabei vor allem, ob der VR nach Vertragsabschluss mit den Mitteln des § 213 prüfen darf, ob die **vorvertragliche Anzeigeobliegenheit** verletzt ist. Das ist streitig. Manche Stimmen erlauben den Versuch einer Aufklärung der Verletzung der vorvertraglichen Anzeigepflicht durch den VR nur, wenn ein **Verdacht ihrer Verletzung** besteht (vor allem *Egger* VersR 2016, 557; *ders.* VersR 2012, 810 (813); ders. VersR 2014, 553). Die Prüfung des Verschweigens vorvertraglicher Erkrankungen darf jedoch **unabhängig von einem konkreten Verdacht** verlangt werden (BGH NJW 2017, 1391 = VersR 2017, 1129; KG NJOZ 2020, 436). Das ergibt sich nicht nur aus § 31 (so BGH NJW 2017, 1391 = VersR 2017, 1129). Vielmehr zeigen auch die unterschiedlichen Formulierungen des § 31 (die Vorschrift betrifft allein Auskünfte zur Feststellung des Versicherungsfalles und des Umfangs der Leistungspflicht) und des § 213, dass der Gesetzgeber eine umfassendere Datenerhebung – einschließlich der Umstände, von denen ein Anspruch des VN abhängen kann – erlauben wollte. Daher ergibt sich schon aus § 213 selbst, dass der VR (unabhängig davon, dass der VR bei Verletzung der vorvertraglichen Anzeigepflicht initiativ werden und das Bestehen eines Lösungsrechts darlegen und beweisen muss) das Bestehen einer Leistungspflicht dem Grunde nach durch die Erhebung von Gesundheitsdaten prüfen darf (HK-VVG/*Muschner* § 213 Rn. 22). Hat allerdings der VR seinen gegenwärtigen oder künftigen VN gegenüber erklärt, sich an einen **Code of conduct** zu halten (→ § 1 Rn. 23), nach dem er bei Meldung eines Versicherungsfalls nur einem konkreten Verdacht einer Verletzung der vorvertraglichen Anzeigeobliegenheit nachzugehen beabsichtigt, ist er daran gebunden und darf keine verdachtsunabhängige Schweigepflichtentbindungserklärung verlangen. Das entspricht den Vorgaben des § 1a.

14 Das Verlangen nach einer Schweigepflichtentbindungserklärung, die eine **zeitlich und sachlich unbegrenzte Aufklärung der gesundheitlichen Verhältnisse** der versicherten Person erlauben würde, ist unzulässig (BVerfG NJW 2013, 3086). Entsprechende Obliegenheiten wären unwirksam (BGH NJW 2017, 3235 = VersR 2017, 1129). Ein VR, der sich eine Datenerhebungsbefugnis sichern will, muss folglich dem VN Alternativen anbieten (→ Rn. 16). Von der Frage des Umfangs der Nachforschungsbefugnis zu unterscheiden ist die Frage, welche Rechtsfolgen gelten, wenn die betroffene Person die Datenerhebung verweigert (vgl. → Rn. 19 ff.), insbesondere, ob den VN eine Obliegenheit trifft, Auskunft auch über Umstände zu erteilen, die die vorvertraglichen Anzeigeobliegenheit betreffen. Davon abgesehen ist aus Gründen der möglichst effektiven Sicherung des Rechts auf informationelle Selbstbestimmung ein **„dialogisches", „kooperatives" Vorgehen des VR** geboten (BGH NJW 2017, 1391 = VersR 2017, 469; anschaulich KG NJOZ 2020, 436). Ein VR muss bei seinen Recherchen daher Schritt für Schritt vorgehen und darf den Schleier der verborgenen Informationen nur Zug um Zug heben. Das bedeutet – bei allen die Praxis erschwerenden Unklarheiten –: Der VR, der verschwiegene Vorerkrankungen in Erfahrung bringen will, darf (erteilt ihm der VN keine mit Alternativen angebotene umfassende Schweigepflichtentbindungserklärung) zunächst nur Datenquellen befragen, ob der VN im entsprechenden Zeitraum ihr Patient war, oder ob sie Leistungen an ihn erbracht haben. Wird das bejaht, darf er Auskunft erbitten, ob Anlass der Behandlungen und Untersuchungen von ihm bei Vertragsabschluss erfragte (und ihm verschwiegene) Gefahrumstände waren. Erst wenn auch das bestätigt wird, darf der VR (unter den Bedingungen des § 213) um nähere Informationen nachsuchen.

VII. Rechte des Versicherungsnehmers

15 Voraussetzung der Erhebung ist zunächst eine **Einwilligung** des VN. Dabei handelt es sich um eine geschäftsähnliche Handlung, die vor Abgabe seiner Vertragserklärung (also seinem Antrag oder der Annahme des Angebots des VR) generell aber auch einzelfallbezogen erfolgen kann. Einer bestimmten **Form** bedarf sie mangels gesetzlicher Anordnung nicht: Die DS-GVO verlangt nur ihre Nachweisbarkeit. Ihre Wirksamkeit setzt Einsichts- nicht aber Geschäftsfähigkeit voraus (vgl. Prölss/Martin/*Voit* § 213 Rn. 34). Geht es um Minderjährige, bedarf es der Einwilligung der Sorgeberechtigten und je nach Alter und Einsichtsfähigkeit zusätzlich der Einwilligung des Minderjährigen selbst. Besteht eine Betreuung und fehlt es an der Einsichtsfähigkeit, steht die Entscheidung dem für die „Personensorge" zuständigen Betreuer zu. Die Einwilligung ist nach Art. 7 Abs. 3 Satz 1 DS-GVO **widerruflich.** Darüber ist der VN im Zusammenhang mit dem Verlangen nach einer Schweigepflichtentbindungserklärung zu unterrichten. Bis zum Zugang eines Widerrufs erlangte Informationen sind aber verwertbar (Art. 7 Abs. 3 Satz 2 DS-GVO). Die Einwilligung kann themen- und adressatenbezogen erteilt werden und muss nicht alle erfragten Umstände und alle Datenquellen spezifizieren, solange der VN sich über den Umfang der Aufhebung seines informationellen Selbstschutzes klar sein kann. Der VR darf daher um Einwilligung

in die Befragung des Hausarztes und der sich daraus ergebenden weiteren Behandler bitten. Allerdings darf der VN (unter Inkaufnahme etwaiger Rechtsfolgen) **die Einwilligung auch personell und thematisch beschränken** oder verlangen, dass die Auskünfte über ihn laufen oder er von ihnen Kenntnis erhält. Zudem kann der VN jederzeit verlangen, dass eine einzelfallbezogene Einwilligung eingeholt wird (Abs. 3).

Die Einwilligung kann vorab (Abs. 2 Satz 1) oder unmittelbar vor der Leis- 16
tungsprüfung als **„Generalermächtigung"** erteilt werden (BGH NJW 2017, 3235; OLG Saarbrücken NJW-RR 2020, 984.). Das kann auch durch **vorformulierte Regelungen** geschehen. Dabei muss sie nicht schon in abstrakt-genereller Form. vorab bestimmen, dass sie nur im Rahmen eines abgestuften Vorgehens genutzt wird (so aber wohl LG Itzehoe BeckRS 2019, 24450; anders LG Saarbrücken BeckRS 2018, 27706). Weder dem Gesetz noch der verfassungsgerichtlichen Rechtsprechung sind dafür Wirksamkeitsvoraussetzungen zu entnehmen außer, dass dem VN die ihm zur Verfügung stehenden Alternativen „vor Augen geführt" werden müssen (BVerfG VersR 2006, 1669). Das bedeutet nichts anderes, als dass ihm transparent eine freie Entscheidung über ihre Wahl zu bieten ist. Vorformulierte Erklärungen dürfen also **nicht in anderem Fließtext versteckt** werden (vgl. Art. 7 Abs. 2 Satz 1 DS-GVO). Ihrer Nutzung dürfen keine Hemmschwellen entgegenstehen. Gegen **„Opt-out"**-Gestaltungen, bei denen der VN durch Ankreuzen einer Zeile die „Generalermächtigung" verweigern kann (zu deren Zulässigkeit bei bestimmten Verbrauchererklärungen BGHZ 117, 253 = NJW 2008, 3055; für ihre Zulässigkeit *Neuhaus/Kloth* NJOZ 2009, 1394), bestehen auch dann keine Bedenken, wenn sie vor Abgabe der Vertragserklärung erfolgen oder mit ihr verbunden sind. Denn durch die – notwendige – ausdrückliche Unterrichtung des VN über Alternativen (Abs. 4) und durch seine Information über das Widerspruchsrecht gegen eine Einzelerhebung sind die Interessen des VN an freiem informationellem Selbstschutz hinreichend gewahrt. Hat der VN keine oder – bei Erklärungen, die für die Zeit nach dem Todesfall gelten sollen – die einzige Wahlmöglichkeit **nicht angekreuzt,** fehlt es an einer Schweigepflichtentbindungserklärung. Dann kann auch kaum im Todesfall eine mutmaßliche Einwilligung angenommen werden. Auch Einzelermächtigungen müssen, wenn sie vorformuliert sind, für die zur Beurteilung der dem VR gestellten Frage erforderlich sein (BVerfG WM 2013, 1772).

Der betroffenen Person steht ein **Unterrichtungsrecht** vor jeder Datenerhe- 17
bung zu (Abs. 2 Satz 2 Hs. 1), auf das sie nicht wirksam verzichten kann (Bruck/Möller/*Brand* § 213 Rn. 59) Das gilt allerdings nur, wenn Einwilligung und Erhebung **zeitlich auseinanderfallen.** In einem solchen Fall kann sie der Erhebung **widersprechen** (Abs. 2 Satz 2 Hs. 2). Fallen Erhebung und Einwilligung – wie in den Fällen der Einholung einer Einwilligung im Zusammenhang mit einem Leistungsantrag – zusammen, widerspräche eine „doppelte Information" dem Schutzzweck der Norm. Damit der VN sein Widerspruchsrecht ausüben kann, muss zwischen der Unterrichtung über die beabsichtigte Datenerhebung und der Erhebung selbst ein **Zeitraum** liegen, der ihm das Überdenken und die Ausübung seiner Rechte erlaubt. Wenn der VR zwei Wochen ab Absendung der Unterrichtung zuwartet, genügt er den Anforderungen. Eine darüber hinaus gehende **Belehrung** (über die jeweiligen Rechtsfolgen) sieht das Gesetz nicht vor. Sie ist auch nicht verfassungsrechtlich geboten. Als zulässiges **„Minus" des Widerspruchs** kann auch hier betrachtet werden, wenn die betroffene Person verlangt, dass Informationen über sie eingeholt oder geleitet oder ihr zur Kenntnis gebracht

werden: Ob dem VR seine so beschaffte Tatsachengrundlage zur Entscheidung genügt, ist eine andere Frage.

18 Die in der **Versicherungspraxis** verwendeten vorformulierten Schweigepflichtentbindungserklärungen, die wie Klauseln des Vertrages auszulegen und auf ihre Wirksamkeit hin zu prüfen sind, können **Interpretationsprobleme** aufwerfen. So folgt aus einer Klausel, nach der der VN den VR zu gesundheitsbezogenen Befragungen ermächtigt, und dies für die Zeit vor der Antragsannahme und die nächsten drei oder fünf Jahre nach ihr gelte, eine zeitliche Beschränkung der Schweigepflichtentbindung genau auf diese Dauer (BGH NJW 2012, 301 = VersR 2012, 297; OLG Düsseldorf NJW-RR 2018, 214); später erfolgende Erhebungen sind also rechtswidrig. Neuere Fassungen begrenzen das zutreffend auf den Fall von Zweifeln an der Redlichkeit der Antragsangaben innerhalb von zehn Jahren nach Vertragsschluss. Das gilt dann allerdings auch, wenn der Versicherungsfall innerhalb von zehn Jahren nach Vertragsschluss eingetreten ist, die Anfechtungs- oder Rücktrittsfrist aber nach § 21 Abs. 3 Satz 2 noch nicht abgelaufen ist. Neuere Fassungen der Schweigepflichtentbindungserklärung führen dem VN auch hinreichend deutlich vor Augen, dass die „Prüfung der Leistungspflicht" nicht nur Angaben zur Begründung des Versicherungsfalls, sondern auch sich aus dem VR in diesem Zusammenhang zugänglich gewordenen Informationen ergebende Nachfragenotwendigkeiten erfasst, auch wenn als Anlass der Recherche der Verdacht der Verletzung der vorvertraglichen Anzeigepflicht nicht genannt wird (vgl. OLG Saarbrücken ZfS 2013, 224).

VIII. Rechtsfolgen der Informationsverweigerung

19 Der Widerstand des VN gegen die Erhebung personenbezogener Gesundheitsdaten vor Vertragsschluss ist von geringer Bedeutung, weil der VR in einem solchen Fall schlicht den **Vertragsschluss ablehnen** wird und darf. Weiterer Sanktionen bedarf es daher nicht. Beansprucht der VN Leistungen nach einem behaupteten Versicherungsfall und will der VR seine Leistungspflicht prüfen, so führt die Verweigerung einer Einwilligung oder der Widerspruch zunächst dazu, dass der VR seine Erhebungen nicht abschließen kann, **Fälligkeit** also nicht eintritt (§ 14; BGH NJW 2017, 1391 = VersR 2017, 469; NJW 2017, 3235 = VersR 2017, 1129; vgl. vor allem *Fricke* VersR 2009, 297). Denn § 213 verbürgt informationellen Selbstschutz aber keinen Anspruch auf eine Versicherungsleistung. Zwar beschränkt § 14 die Erhebungen auf die Prüfung des Versicherungsfalles und den Umfang seiner Leistungspflicht. Es ist jedoch allg. anerkannt, dass **auch die Leistungspflicht selbst,** also die Voraussetzungen des Bestehens von Lösungsrechten, von den Recherchen erfasst wird, soweit es um die Fälligkeit der Leistung geht (vgl. → § 14 Rn. 6).

20 Jedoch ist vorstellbar, dass **der VN dem VR Informationen in modifizierter Form zu beschaffen bereit** ist, vor allem, dass er anbietet, die Informationen selbst zu besorgen, oder dass er schlicht verlangt sie über ihn zu leiten. Das ist zulässig. Lässt sich der VR darauf von vornherein nicht ein, kann er fehlende Fälligkeit nicht einwenden. Gleiches gilt, wenn der VR ein **Zuviel an Informationen** begehrt. Der VN ist in solchen Fällen nicht gehalten, dem VR „modifizierende" Vorschläge einer den Erfordernissen der Aufklärung angepassten Recherche zu unterbreiten (BGH NJW 2017, 1391 Rn. 47). Verweigert sich der VN in einem solchen Fall einer **objektiv zu weitgehenden Nachforschung** des VR

und gibt dieser nicht nach, ist der Anspruch damit fällig. Lässt sich der VR indessen darauf ein, hat er dann aber begründbare Zweifel an der Vollständigkeit oder Verlässlichkeit der ihm übermittelten Erkenntnisse (etwa, weil ihm Lücken oder Schwärzungen auffallen), darf er sich gegebenenfalls auf die Notwendigkeit weiterer Informationsbeschaffung berufen und fehlende Fälligkeit geltend machen. Maßgebend ist insoweit allein, ob er weitere Informationen für objektiv erforderlich halten darf

Die fehlende Fälligkeit zieht nicht nach sich, dass der Anspruch gegen den VR 21
nicht zu **verjähren** beginnt (*Fricke* VersR 2009, 297 (302)). Durfte der VR die von ihm erbetenen Auskünfte verlangen und hat sich der VN der Mitwirkung treuwidrig verweigert, so ist ein fiktiver Verjährungsbeginn zu dem Zeitpunkt anzunehmen, zu dem der VR aufgrund einer hypothetischen, sachlich gebotenen Schweigepflichtentbindungserklärung die erforderlichen Informationen erhalten hätte. Der sich der Informationsbeschaffung zu Unrecht verweigernde VN kann sich auch nicht auf die **Höchstfristen zur Ausübung von Lösungsrechten** berufen, wenn er dem VR durch unberechtigte Verweigerung der Schweigepflichtentbindung eine Prüfung ihres Vorliegens versagt hat (*Fricke* VersR 2009, 297 (303)).

Die **„Fälligkeitslösung“** hilft immer dann interessengerecht weiter, wenn es 22
um das Verlangen nach einmaligen Leistungen – die Zahlung der Versicherungssumme aus einer Lebensversicherung oder bei Invalidität oder von Krankheitskosten – geht. Anders ist es, wenn der VR gar **nicht auf Leistung in Anspruch genommen wird,** sich ihm aber aus anderen Gründen die Frage nach einer Lösung vom Vertrag stellt, oder wenn er bereits geleistet hat, seine Leistungen aber einstellen oder zurückfordern will. Hat der VR begründeten Anlass anzunehmen, dass ihm ein Rücktritts- oder Anfechtungsrecht zusteht, ist aber noch kein Leistungsfall geltend gemacht, so wird es nicht nur regelmäßig an einer Obliegenheit fehlen; sie würde dem VR auch nicht weiterhelfen, weil es nicht um Leistungsfreiheit geht. Jedoch ist in solchen Fällen unter besonderen Umständen ein Auskunftsanspruch nach Treu und Glauben zu erwägen, wenn der VR in entschuldbarer Weise über das Bestehen eines Lösungsrechts im Unklaren ist und dem VN zugemutet werden darf, diese Ungewissheit zu beseitigen.

Im Übrigen kommt weiter in Betracht, dass sich der VR auf eine **Obliegen-** 23
heitsverletzung berufen darf (OLG Hamm VersR 2021, 92; abl. *Fricke* VersR 2009, 297 (301); vgl. auch Langheid/Wandt/*Eberhardt* § 213 Rn. 75; Bruck/Möller/*Brand* § 213 Rn. 68; nur in besonderen Fällen Schwintowski/Brömmelmeyer/*Klär* § 213 Rn. 39; wohl abl., aber iErg unklar OLG München VersR 2013, 169). Voraussetzung ist natürlich, dass eine Obliegenheit zur Auskunftserteilung wirksam vereinbart ist. Dagegen wird eingewandt, eine Obliegenheit zur Informationsbeschaffung könne nicht bestehen und erst recht nicht rechtswidrig und schuldhaft verletzt werden, wenn das Gesetz dem VN erlaube, die Informationsbeschaffung zu verhindern. Das trifft indessen nur insoweit zu, als keine Obliegenheit zur Abgabe einer bestimmten umfassenden und dem System des § 213 nicht gerecht werdenden Schweigepflichtentbindungserklärung besteht oder begründet werden kann (BGH NJW 2017, 3235 = VersR 2017, 1129). Davon zu unterscheiden sind indessen Auskunfts- Aufklärungs- und Belegverschaffungs- sowie Mitwirkungsobliegenheiten, zu denen auch gehören kann, dem VR die Information durch einen Arzt oder eine Krankenanstalt zu beschaffen, wenn deren Erforderlichkeit hinreichend konkretisiert wird. Solche Obliegenheiten finden sich im Recht der Berufsunfähigkeitsversicherung für das Nachprüfungsverfahren. Gegen

sie bestehen keine Bedenken, wenn sie hinreichend bestimmt formuliert sind. Schutzzweck des § 213 ist nach seinem verfassungsrechtlichen Hintergrund allein die **Sicherung vor einer unkontrollierten Preisgabe personenbezogenen Gesundheitsdaten.** Die Inanspruchnahme des Rechts auf informationelle Selbstbestimmung ist naturgemäß rechtmäßig. Ob das auch für die Missachtung wirksam begründeter vertraglicher Verhaltensregeln gilt, ist eine andere Frage, weil das Recht auf informationelle Selbstbestimmung selbstverständlich (in den Grenzen der Unverfügbarkeit der Menschenwürde) verzichtbar ist und daher keinerlei Bedenken bestehen, Obliegenheiten zur Unterrichtung über personenbezogene Gesundheitsdaten vorzusehen, deren Kenntnis zur Ausübung vertraglicher Rechte erforderlich ist (vgl. passim OLG Hamburg VersR 2010, 74 mAnm *Schulze*).

24 Ist eine **Auskunftsobliegenheit wirksam begründet** worden (vgl. dazu → § 28 Rn. 20 ff.), darf der VN eine aus ihr folgende Offenlegung seiner gesundheitlichen Verhältnisse zwar verhindern, muss jedoch die damit verbundenen Nachteile (die „Preisgabe seiner Versicherungsansprüche") in Kauf nehmen (BVerfG r+s 2007, 29 = VersR 2006, 1669). In Fällen, in denen es um **Mitwirkungsobliegenheiten im Verlauf des Leistungsbezuges geht** (bspw. während des Krankentagegeldbezugs, bei einem unfallversicherungsvertraglichen Neubemessungsverlangen oder bei einem Nachprüfungsverlangen in der Berufsunfähigkeitsversicherung), könnte man an ein Zurückbehaltungsrecht in Analogie zu § 273 BGB denken. Die „Zug-um-Zug-Verpflichtung entspricht aber den gegenseitigen Interessen nicht, sieht einerseits von jeglichem Verschuldenserfordernis ab und sanktioniert andererseits grobe Illoyalitäten des VN nur mit einer Verzögerung der Leistungserbringung. Vorzugswürdig und interessengerecht ist daher die Lösung des Konflikts über eine Obliegenheit (OLG Hamm VersR 2021, 92). Solange der VN sie nicht erfüllt, darf der VR seine Leistung verweigern. Nimmt man eine Obliegenheitsverletzung an, lässt sich also anders als bei alleiniger Anwendung des § 14 reagieren, wenn der VR während des Leistungsbezuges – bspw. der Zahlung einer Rente wegen Berufsunfähigkeit oder der Leistung einer Invaliditätsentschädigung – die ihm zustehenden Informationen (über den Fortbestand des Versicherungsfalles oder des Grades der Invalidität) nicht erhält. Liegt, wie regelmäßig, Vorsatz vor, bietet der Kausalitätsgegenbeweis auch das richtige Instrument: „Soweit" (und das kann auch heißen: solange) die Obliegenheitsverletzung leistungsrelevant ist, erlischt die Leistungspflicht. Damit kann unter dem Gesichtspunkt der Verhältnismäßigkeit der Sanktion und in Konkordanz zu § 14 in dessen Anwendungsbereich eine **„temporale Leistungsfreiheit"** eintreten: Die Verweigerung einer geschuldeten Aufklärung über regulierungsrelevante Gesundheitsdaten führt also grundsätzlich zur Leistungsfreiheit bis zu ihrer nachträglichen Vornahme. Ist eine Auskunftsobliegenheit wirksam begründet worden, so erlaubt ihre Verletzung vor Eintritt des Versicherungsfalls auch die **Lösung vom Vertrag** durch Kündigung (§ 28 Abs. 1).

IX. Verwertung rechtswidrig erhobener Daten

25 Hat ein VR personenbezogene Gesundheitsdaten unter Verletzung der ihm vertraglich oder gesetzlich eingeräumten Rechte, vor allem des § 213, erhoben, verbietet ihm das nicht schlechthin, die ihm gegebenen Auskünfte und Unterlagen zu verwerten. Vielmehr geht es darum, ob der VR, der sich auf solcherart gewonnene Informationen beruft, seine Rechte im Einzelfall unzulässig ausübt (§ 242

BGB). Das gilt sowohl für die „materielle Verwertbarkeit" als auch für die Frage, ob der VN trotz seiner prozessualen Pflichten nach § 138 ZPO die vom VR genannten Umstände bestreiten darf (BGH NJW 2012, 301 = VersR 2012, 297; aA OLG Hamburg VersR 2008, 770). Der Rspr. zur Verwertung von Beweismitteln, die unter Verletzung des Persönlichkeitsrechts des Betroffenen erlangt wurden (BVerfGE 106, 28 (44); BGHZ 162, 1 (6); BGH NJW-RR 2010, 1289; NJW 2003, 1727; 1995, 1995; OLG Düsseldorf NJW-RR 1998, 241) kann entnommen werden, dass sich die materielle oder prozessuale Verwertbarkeit nach einer Güterabwägung richtet. Über die Verwertbarkeit von Daten, die – unter der Geltung alten Rechts auf der Grundlage einer verfassungsrechtlich zu beanstandenden Schweigepflichtentbindungserklärung oder nach neuem Recht unter Missachtung der Regeln des § 213 – beschafft worden sind, ist gleichfalls durch **Güterabwägung** zu entscheiden. (BGH NJW 2017, 3235 = VersR 2017, 1129; NJW 2010, 289; NJW 2011, 3149 = VersR 2011, 1249; NJW 2012, 351 = VersR 2012, 297; OLG Brandenburg NJW-RR 2014, 1501; OLG Jena VersR 2011, 380 (382); OLG Nürnberg VersR 2008, 627; OLG Saarbrücken NJW-RR 2020, 984).

Dabei muss zu Lasten des VR jetzt allerdings eine Rolle spielen, wenn er 26
eine nunmehr klare Rechtslage missachtet hat. Das gilt vor allem, wenn er die Datenbeschaffung zielgerichtet unter Umgehung des Rechts auf informationelle Selbstbestimmung betreibt, also sich nachweislich bewusst über die aus § 213 folgenden Regeln hinwegsetzt. Davon abgesehen sind in die Güterabwägung auf der einen Seite die Interessen des VN einzustellen, zu erfahren, welche ihn betreffenden Informationen der VR von wem erhalten will, und zugleich die Kontrolle über sensible Daten zu behalten. Auf der anderen Seite wiegt jedoch das Interesse des VR schwer, die ihm erlaubten Feststellungen tatsächlich treffen zu können und sich und die Versichertengemeinschaft vor unberechtigter Inanspruchnahme zu schützen. Während die Rspr zunächst angenommen hatte, dass in Fällen einer **arglistigen Täuschung des VN** die Güterabwägung nicht gewissermaßen automatisch zugunsten des VR ausfalle, also eine Verwertung regelmäßig zulässig sei (BGH NJW 2012, 301 = VersR 2012, 297), fällt nunmehr ins Gewicht, dass einem VR die Einschränkungen seiner Recherchebefugnisse hinlänglich bekannt sein müssen (BGH NJW 2017, 3235 = VersR 2017, 1129). Ob das bedeutet, dass auch in Fällen einer arglistigen Täuschung ein Erkenntnisverwertungsverbot besteht, ist abhängig von dem Gewicht des beiderseitigen Fehlverhaltens (so iErg OLG Saarbrücken BeckRS 2019, 23766). Für eine solche Annahme kann aus Art. 17 Abs. 1d DS-GVO ein Gedanke hergeleitet werden: Hat der VN bei unerlaubter Datenerhebung ein Recht auf unverzügliche **Löschung der Informationen,** kann dem VR schwerlich die Befugnis zugestanden werden, die Daten gleichwohl zu verwenden. Dennoch wird in der Rspr die Zulässigkeit einer Verwertung bei arglistiger Täuschung durch den VN weiterhin angenommen (OLG Saarbrücken NJW-RR 2020, 984). Dazu kann im Einzelfall angeführt werden: Hätte der VR sich allerdings die rechtswidrig beschafften Daten aufgrund einer Mitwirkungsobliegenheit des VN **auch auf rechtmäßigem Weg verschaffen** dürfen und können, muss ihre Verwertung weiterhin zulässig sein. Denn ein Verwertungsverbot würde in einem solchen Fall nur dazu führen, dass die Erhebungen des VR noch nicht abgeschlossen sind und seine Leistung daher nicht fällig ist, er aber gleichwohl von dem VN verlangen darf, die Informationen, die er benötigt, zu besorgen. IÜ: Die sich aus § 213 ergebenden Bindungen des VR sind Rechtspflichten zum Unterlassen unstatthafter Informationserhebungen. Werden sie schuldhaft verletzt, besteht ein **Schadensersatzanspruch des VN**

nach § 280 Abs. 1 BGB. Seine Konsequenz ist, dass der VR den VN so zu stellen hat, als hätte die Datenerhebung nicht stattgefunden. Dem kann der VR allerdings entgegenhalten, er hätte sich die gesundheitlichen Informationen auch auf rechtmäßige Weise beschaffen oder den Vertragsabschluss oder seine Leistung verweigern dürfen (Einwand des **rechtmäßigen Alternativverhaltens**). Trägt dieser Einwand, sind die erhobenen Informationen verwertbar.

27 Fraglich ist, was gilt, wenn dem Datenquellen korrekt befragenden VR **Informationen ungebeten zugeleitet werden,** die er nicht hätte erfragen dürfen: Befragte Ärzte übersenden auf eine spezifizierte Nachfrage umfassende Auszüge ihrer Patientendatei. In einem solchen Fall ist zwar nicht die Informationsbeschaffung rechtswidrig, wohl aber wäre die Verarbeitung der Informationen durch Nutzung der Daten rechtswidrig. Auch in einem solchen Fall steht dem VN ein datenschutzrechtlicher Anspruch auf unverzügliche Löschung zu, den er der Verwertung entgegenhalten darf.

X. Abdingbarkeit

28 Das Gesetz erklärt die Regeln der Erhebung von Gesundheitsdaten **nicht für zwingend.** Substanzielle Abweichungen mit dem Ziel einer generellen vorab erteilten Schweigepflichtentbindung begegnen jedoch bereits verfassungsrechtlichen Einwänden. Daher können sich vertragliche Einzelregelungen nur auf die Formen und das Verfahren der Einwilligung, der Unterrichtung und des Widerspruchs beziehen. Im Übrigen sind Regelungen über die Rechtsfolgen einer Informationsblockade denkbar.

XI. Weitere Beeinträchtigungen des Persönlichkeitsrechts des Versicherungsnehmers

29 Der VR muss auch außerhalb der Anwendungsbereiche des § 213 das Persönlichkeitsrecht des VN beachten. Sofern er andere als gesundheitliche Informationen erhebt, müssen die Vorschriften der DS-GVO beachtet werden. Gegen **Auskunftsverlangen,** die vor allem die berufliche oder wirtschaftliche Lage des VN aufklären sollen, bestehen allerdings keine Bedenken (vgl. → § 28 Rn. 21). Lässt der VR durch Rechercheure heimlich **Lichtbilder** oder Videoaufnahmen fertigen, ist das nur iRd §§ 22, 23 KUG zulässig und danach regelmäßig rechtswidrig (vgl. zur gleich zu beurteilenden Problematik der Tonbandaufnahme MüKoBGB/*Rixecker* BGB Anh. zu § 12 Rn. 113 ff.). Auch der Einsatz von **Detektiven,** die personenbezogene Daten aufklären oder ein bestimmtes Verhalten des VN feststellen sollen – bspw. die Ausführung von Arbeiten trotz angeblicher Arbeitsunfähigkeit – begegnet dort Grenzen, wo kein vertragsbezogener, vom VN gesetzter Anlass dazu besteht (vgl. BGH NJW-RR 2009, 1189 = VersR 2009, 1063; OLG Saarbrücken VersR 2009, 344). Das gilt auch für die Verwendung verdeckter Ermittlungsmethoden; sie sind nur zulässig, wenn konkrete tatsächliche Anhaltspunkte für ein vorsätzlich treuwidriges Verhalten des VN vorliegen (OLG Köln ZD 2013, 191). Erhebt der VR im Rechtsstreit ehrenrührige Vorwürfe gegen den VN, so führt das nicht zu einem Anspruch auf Geldentschädigung (BGH NJW 2012, 1659 = VersR 2012, 502). Auch außerhalb des Rechtsstreits darf der VR, solange er nicht wissentlich Falsches behauptet, seine rechtlichen Interessen

dadurch wahren, dass etwaigen Annahmen unredlichen Verhaltens nachgeht und diese auch, soweit dies zur Anspruchsprüfung erforderlich ist, Dritten gegenüber offenlegt.

§ 214 Schlichtungsstelle

(1) [1]**Das Bundesamt für Justiz kann privatrechtlich organisierte Einrichtungen als Schlichtungsstelle zur außergerichtlichen Beilegung von Streitigkeiten**

1. **bei Versicherungsverträgen mit Verbrauchern im Sinne des § 13 des Bürgerlichen Gesetzbuchs anerkennen,**
2. **zwischen Versicherungsvermittlern oder Versicherungsberatern und Versicherungsnehmern im Zusammenhang mit der Vermittlung von Versicherungsverträgen anerkennen.**

[2]**Die Beteiligten können diese Schlichtungsstelle anrufen; das Recht, die Gerichte anzurufen, bleibt unberührt.**

(2) [1]**Eine privatrechtlich organisierte Einrichtung kann als Schlichtungsstelle anerkannt werden, wenn sie die Voraussetzungen für eine Anerkennung als Verbraucherschlichtungsstelle nach § 24 des Verbraucherstreitbeilegungsgesetzes vom 19. Februar 2016 (BGBl. I S. 254) erfüllt.** [2]**Eine anerkannte Schlichtungsstelle ist Verbraucherschlichtungsstelle nach dem Verbraucherstreitbeilegungsgesetz.** [3]**Das Bundesamt für Justiz nimmt die Verbraucherschlichtungsstellen nach Absatz 1 in die Liste nach § 33 Absatz 1 des Verbraucherstreitbeilegungsgesetzes auf und macht die Anerkennung und den Widerruf oder die Rücknahme der Anerkennung im Bundesanzeiger bekannt.**

(3) **Die anerkannten Schlichtungsstellen sind verpflichtet, jede Beschwerde über einen Versicherer oder einen Versicherungsvermittler, Vermittler nach § 66 und Versicherungsberater zu beantworten.**

(4) [1]**Die anerkannten Schlichtungsstellen können von dem Versicherungsvermittler, Vermittler nach § 66 oder Versicherungsberater ein Entgelt erheben.** [2]**Bei offensichtlich missbräuchlichen Beschwerden kann auch von dem Versicherungsnehmer ein geringes Entgelt verlangt werden.** [3]**Die Höhe des Entgeltes muss im Verhältnis zum Aufwand der anerkannten Schlichtungsstelle angemessen sein.**

(5) **Nach Absatz 1 anerkannte Schlichtungsstellen haben die Bundesanstalt für Finanzdienstleistungsaufsicht über die ihnen bei ihrer Schlichtungstätigkeit bekannt gewordenen Geschäftspraktiken von Unternehmern zu unterrichten, wenn die Geschäftspraktiken die Interessen einer Vielzahl von Verbrauchern erheblich beeinträchtigen können.**

(6) [1]**Soweit keine privatrechtlich organisierte Einrichtung als Schlichtungsstelle anerkannt wird, weist das Bundesministerium der Justiz und für Verbraucherschutz im Einvernehmen mit dem Bundesministerium der Finanzen und dem Bundesministerium für Wirtschaft und Energie die Aufgaben der Schlichtungsstelle durch Rechtsverordnung ohne Zustimmung des Bundesrates einer Bundesoberbehörde oder Bundesanstalt zu und regelt deren Verfahren sowie die Erhebung von Gebühren und Auslagen.** [2] **§ 31 des Verbraucherstreitbeilegungsgesetzes ist entsprechend**

anzuwenden. [3]Die Schlichtungsstelle ist Verbraucherschlichtungsstelle nach dem Verbraucherstreitbeilegungsgesetz und muss die Anforderungen nach dem Verbraucherstreitbeilegungsgesetz erfüllen.

I. Normzweck

1 Nach Art. 10 und Art. 11 der RL 2002/92/EG vom 9.12.2002 über Versicherungsvermittlung sind Verfahren einzurichten, die es VN erlauben, **Beschwerden über Versicherungs- und Rückversicherungsvermittler** einzulegen, die in jedem Fall beantwortet werden müssen. Außerdem sind angemessene und wirksame Beschwerde- und Abhilfeverfahren zur außergerichtlichen Beilegung von Streitigkeiten zwischen Versicherungsvermittlern und VN zu fördern. Das setzt die Vorschrift um, indem sie die Anerkennung von privatrechtlich organisierten Einrichtungen als Schlichtungsstelle zur außergerichtlichen Beilegung von Streitigkeiten im Zusammenhang mit Versicherungsverträgen regelt, das Recht sie anzurufen und deren Pflicht zur Bescheidung. **Über die Vorgaben der Richtlinie hinaus** umfasst der Kompetenzbereich solcher Schlichtungsstellen nicht nur Auseinandersetzungen mit Versicherungsvermittlern und Versicherungsberatern auf der einen und VN auf der anderen Seite, sondern allgemein Streitigkeiten bei Versicherungsverträgen. Dennoch ist die gesetzliche Regelung unzulänglich, weil sie nur rudimentäre Vorgaben für das Verfahren der Schlichtungsstellen vorsieht und die Rechtsfolgen einer Schlichtung offenlässt. Derzeit bestehen zwei solcher Schlichtungsstellen: der Versicherungsombudsmann (www.versicherungsombudsmann.de) und der Ombudsmann Private Kranken- und Pflegeversicherung (www.pkv-ombudsmann.de). Durch die in dem neu gefassten **Abs. 2** erfolgten Erweiterungen auf Schlichtungsstellen nach dem **Verbraucherstreitbeilegungsgesetz** ist nicht unbedingt eine qualitative Stärkung der Schlichtung im Privatversicherungsrecht (mit seinen besonderen Regelungen und Streitkonstellationen) ermöglicht worden. Die in der Praxis bedeutendste, vom Bundesamt für Justiz anerkannte Schlichtungsstelle ist der **Versicherungsombudsmann.** Mit der Anerkennung und den durch die Unterwerfung von Versicherungsunternehmen unter die (bis zu einer bestimmten Streitwerthöhe verbindlichen) Entscheidungen der Stelle übt sie allerdings **keine hoheitliche Gewalt** (als Beliehene) aus (VG Berlin r+s 2020, 195).

II. Sachlicher Anwendungsbereich (Abs. 1 Satz 1)

2 Zur Schlichtungskompetenz zählen Streitigkeiten bei Versicherungsverträgen mit Verbrauchern iSv § 13 BGB und Streitigkeiten zwischen Versicherungsvermittlern oder Versicherungsberatern auf der einen und VN auf der anderen Seite im Zusammenhang mit der Vermittlung von Versicherungsverträgen. Das bedarf in zweierlei Hinsicht der **systematischen Korrektur:** Ungeachtet ihrer Erwähnung in Abs. 3 und Abs. 4 ist die Schlichtung auf Streitigkeiten mit **Bagatellvermittlern** nach § 66 ausdrücklich nicht anwendbar (Looschelders/Pohlmann/*Wolf* § 214 Rn. 3). Ungeachtet dessen müssen die Aufgaben der Schlichtungsstelle, vor allem die Beantwortung von Beschwerden) auch dann wahrgenommen werden, wenn sich ein VN gegen das Verhalten eines Bagatellvermittlers wendet. Davon abgesehen geht es bei Streitigkeiten zwischen **Versicherungsberatern** und VN nicht um einen Zusammenhang mit der Vermittlung von Versicherungsverträgen,

sondern um Auseinandersetzungen um die Dienstleistung der Versicherungsberater selbst. Auf Großrisiken ist die Vorschrift ausschließlich dann anwendbar, wenn es sich bei einem VN um einen Verbraucher handelt (Looschelders/Pohlmann/*Wolf* § 214 Rn. 3).

III. Voraussetzungen der Anerkennung (Abs. 2)

Die anerkennungsfähigen Schlichtungsstellen müssen **privatrechtlich organisiert** sein. Nur dann, wenn im Kompetenzbereich solcher Schlichtungsstellen tatsächlich keine privatrechtlich organisierte Einrichtung anerkannt wird, erlaubt Abs. 5 die Zuweisung der Aufgaben der Schlichtungsstelle auf eine Bundesoberbehörde oder Bundesanstalt, die Regelung von deren Verfahren sowie die Erhebung von Gebühren und Auslagen durch Rechtsverordnung. Voraussetzung der Anerkennung ist nach Abs. 2, dass die Schlichtungsstelle in der Sache, also bei der Bescheidung von Schlichtungsanliegen **„unabhängig und keinen Weisungen unterworfen"** ist. Die Kumulation beider Voraussetzungen zeigt, dass über die Weisungsfreiheit hinaus weitere Vorkehrungen zur Sicherung von Unparteilichkeit getroffen sein müssen. Dabei geht es um die Freiheit von Abhängigkeiten wirtschaftlicher und rechtlicher Art. Von diesem Neutralitätsgebot abgesehen ist Voraussetzung der Anerkennung, dass die Schlichtungsstelle in organisatorischer und fachlicher Hinsicht ihre Aufgaben erfüllen kann. Das setzt eine angemessene Ausstattung der Einrichtung und eine fachliche Qualifikation jedenfalls ihrer maßgeblichen Verantwortlichen voraus. Die Vorschrift schließt es nicht aus, Schlichtungsstellen mit einer **fachlich begrenzten Schlichtungskompetenz** auszustatten. Voraussetzung einer Anerkennung und eines Tätigwerdens ist es nicht, der Schlichtungsstelle alle Aufgaben, die Abs. 1 ihr wahrzunehmen erlauben würde, zuzuweisen. Daher ist eine Begrenzung auf bestimmte Versicherungssparten oder bestimmte VR oder bestimmte Streitwerte ohne Weiteres statthaft. 3

IV. Schlichtungsverfahren

Die Regelungen zum Schlichtungsverfahren sind rudimentär. Der Vorschrift selbst lässt sich zunächst nur entnehmen, dass anrufungsbefugt **„die Beteiligten"** sind. Das sind VR, Versicherungsvermittler, Versicherungsberater und VN gleichermaßen. Das Gesetz schließt allerdings nicht aus, den Kreis der Antragsbefugten zu begrenzen; allerdings dürfen, nimmt man den europarechtlichen Hintergrund der Richtlinie ernst, davon weder VN noch Versicherungsvermittler oder Versicherungsberater ausgenommen werden. Abs. 3 verlangt „lediglich" die **Beantwortung einer Beschwerde.** Damit ist keine inhaltliche Bescheidung gemeint. Beschwerdeführer müssen lediglich darüber unterrichtet werden, ob (und wie) sich die Schlichtungsstelle mit dem vorgetragenen Anliegen befasst. Das gilt auch nur in Bezug auf Beschwerden über einen VR, Versicherungsvermittler oder Versicherungsberater. Der ohnehin kaum vorstellbare umgekehrte Fall ist von der Antwortpflicht nicht erfasst. Unterbleibt die Antwort, so ist zwar grds. ein **Schadensersatzanspruch nach § 280 Abs. 1 BGB** vorstellbar. Ein Schaden kann aber nur darin bestehen, dass der VN auf eine gütliche Einigung mit seinem Schlichtungsgegner vertraut hat. Fallgestaltungen solcher Art liegen fern. Abs. 1 Satz 3 zeigt, dass das Recht, die Gerichte anzurufen, unberührt bleibt. Das bedeutet, dass eine Entscheidung der Schlichtungsstelle für die Beteiligten grds. unver- 4 bindlich ist. Allerdings können Versicherungsverträge – auch konkludent – eine **Bindungswirkung** der Entscheidung einer Schlichtungsstelle zugunsten des VN vorsehen. Das wird für die von § 10 Abs. 3 Satz 2 iVm § 11 Abs. 1 Satz 1, Abs. 2 Satz 2 VomVO für Streitigkeiten bis zu einem Beschwerdewert von 5.000 EUR vorgesehene Bindungswirkung von Entscheidungen des Versicherungsombudsmanns angenommen (Prölss/Martin/*Klimke* § 214 Rn. 10).

5 Schlichtungsstellen iSd Vorschrift sind keine von einer Landesjustizverwaltung eingerichtete oder anerkannte Gütestellen iSv §§ 15a EGZPO, 794 Abs. 1 Nr. 1 ZPO, deren Entscheidungen Grundlage einer Zwangsvollstreckung sein können. Sie können aber als **außergerichtliche Gütestellen** nach § 278 Abs. 2 ZPO betrachtet werden. Weitere materiellrechtliche Wirkungen ergeben sich aus einem Schlichtungsverfahren nach dem Gesetz nicht. Insbesondere wird die Verjährung von Ansprüchen der Beteiligten durch eine Anrufung der Schlichtungsstelle nicht von Gesetzes wegen gehemmt. Soweit § 12 Abs. 1 der Verfahrensordnung für Beschwerden gegen Versicherungsunternehmen (VomVO) eine solche Hemmung vorsieht, muss sich der VR das allerdings auf der Grundlage einer ergänzenden Auslegung des Versicherungsvertrages entgegenhalten lassen (LG Potsdam VersR 2008, 1390; 1989; Langheid/Wandt/*Looschelders* § 214 Rn. 20).

V. Entgeltanspruch (Abs. 4)

6 Der privatrechtlich organisierten Einrichtung steht ein Entgeltanspruch nach Maßgabe einer von ihr bestimmten Vergütungsordnung zu. Dieser Entgeltanspruch richtet sich allerdings nach dem Gesetz **ausschließlich gegen den Versicherungsvermittler oder Versicherungsberater.** Nur bei offensichtlich missbräuchlichen Anliegen kann auch von dem VN ein Entgelt beansprucht werden. Daraus folgt, dass schlichte Bearbeitungsanfragen einen Entgeltanspruch auch dann nicht auslösen können, wenn sie jeder Grundlage entbehren. „Missbrauchsgebühren" sind nur dann zulässig, wenn auf der Hand liegt, dass es allein um die querulatorische Inanspruchnahme der Schlichtungsstelle ohne jeden sachlichen Grund geht. Ansprüche gegen VR begründet die Norm nicht.

§ 215 Gerichtsstand

(1) [1]**Für Klagen aus dem Versicherungsvertrag oder der Versicherungsvermittlung ist auch das Gericht örtlich zuständig, in dessen Bezirk der Versicherungsnehmer zur Zeit der Klageerhebung seinen Wohnsitz, in Ermangelung eines solchen seinen gewöhnlichen Aufenthalt hat.** [2]**Für Klagen gegen den Versicherungsnehmer ist dieses Gericht ausschließlich zuständig.**

(2) **§ 33 Abs. 2 der Zivilprozessordnung ist auf Widerklagen der anderen Partei nicht anzuwenden.**

(3) **Eine von Absatz 1 abweichende Vereinbarung ist zulässig für den Fall, dass der Versicherungsnehmer nach Vertragsschluss seinen Wohnsitz oder gewöhnlichen Aufenthalt aus dem Geltungsbereich dieses Gesetzes verlegt oder sein Wohnsitz oder gewöhnlicher Aufenthalt im Zeitpunkt der Klageerhebung nicht bekannt ist.**

I. Normzweck und Anwendungsbereich

Die Vorschrift ist ein Fremdkörper im VVG, weil sie die **örtliche Zuständigkeit** für Klagen aus dem Versicherungsvertrag oder der Versicherungsvermittlung, mithin eine prozessrechtliche Frage in Anlehnung an § 29c ZPO regelt. Sie gilt auch für Streitigkeiten aus Altverträgen (BGH NJW 2017, 1967). Ihr Sinn ist es, dem VN Klagen gegen den VR und einen Vermittler zu erleichtern, indem eine ihm günstige weitere Zuständigkeit geschaffen wird, und für gegen ihn gerichtete Klagen ein ausschließlicher Gerichtsstand begründet wird (Abs. 1 Sätze 1 und 2). Ihr Anwendungsbereich ist allerdings in zentralen Punkten unklar (vgl. unter anderem *Rogler* r+s 2019, 121 (127); *Piontek* r+s 2018, 113). 1

Umstritten ist zunächst, ob Abs. 1 mit dem VN lediglich **Verbraucher** (weil das die vor allem zu schützenden Personen seien; vgl. unter anderem *Grote/Schneider* BB 2007, 2689), oder wenigstens lediglich **natürliche Personen** (weil nur diese einen „Wohnsitz" haben könnten) (vgl. unter anderem HK-VVG/*Muschner* § 215 Rn. 3) meint. Das ist nicht der Fall, weil der Wortlaut allgemein vom „Versicherungsnehmer" spricht. Das kann nicht nur eine gewerblich tätige natürliche, sondern auch eine juristische Person sein, weil der entstehungsgeschichtliche Sinn gerade nicht nur der Verbraucherschutz war (BT-Drs. 16/3945, 117), weil die Verwendung des Begriffes „Wohnsitz" bei juristischen Personen unschwer auch als „Sitz" gelesen werden kann und, vor allem, das europäische Zivilverfahrensrecht, das der Gesetzgeber vor Augen hatte, keine Differenzierungen zwischen VN kennt. Die Vorschrift erfasst sie folglich alle (BGH NJW 2018, 232). Sie begründet also für Klagen des VN einen **Wahlgerichtsstand für natürliche und juristische Personen** unabhängig von dem privaten oder beruflichen Grund des Vertragsabschlusses, und für Klagen gegen den VN einen ausschließlichen Gerichtsstand (Abs. 1 Satz 2). Das gilt folgerichtig dann auch für eine teilrechtsfähige Wohnungseigentümergemeinschaft (aA LG Potsdam VersR 2015, 338) oder eine Gesellschaft bürgerlichen Rechts oder einen nichtrechtsfähigen Verein. 2

II. Klagen des Versicherungsnehmers und Anderer (Abs. 1 Satz 1)

Der Wahlgerichtsstand ist folglich zunächst allen VN gewährt. Neben ihnen sind jedoch, sei es aufgrund der Teleologie der Vorschrift, sei es aufgrund einer Analogie, auch **Versicherte und Bezugsberechtigte** mit der Folge erfasst, dass ihr Wohnsitz maßgeblich ist (Prölss/Martin/*Klimke* § 215 Rn. 18; aA für Versicherte LG Kleve VersR 2019, 123). Der Gesetzgeber, der in Fortentwicklung des für Verbraucher geltenden besonderen Gerichtsstands des § 29c ZPO eine örtliche gerichtliche Zuständigkeit bereitstellen wollte, die es den regelmäßig ihrem Gegenüber unterlegenen VN erleichtern sollte, Rechtsschutz zu begehren, hat das Problem der Versicherten und Bezugsberechtigten übersehen. Ihr Schutzbedürfnis ist jedoch nicht geringer als jenes des VN (OLG Oldenburg NJW 2012, 2894 = VersR 2012, 887; so auch OLG Köln BeckRS 2012, 19662; LG Stuttgart NJW-RR 2014, 213; in der Tendenz OLG Hamm VersR 2014, 725; LG Saarbrücken NJW-RR 2011, 1600; aA LG Potsdam VersR 2017, 1354). Der Gerichtsstand steht auch denjenigen zur Verfügung, die den **Versicherungsvertrag übernommen** haben (§ 95) (AG Bad Segeberg BeckRS 2018, 29738). Gleiches gilt 3 nach Sinn und Zweck der Vorschrift für **Erben,** die zum Nachlass gehörende Rechte gegen den VR geltend machen (OLG Naumburg NJW-RR 2014, 1378). Auch der **Insolvenzverwalter** darf sich auf sie berufen, weil er kraft Amtes Rechte des VN geltend macht (aA OLG Hamm VersR 2014, 725).

4 Das gilt für **andere Parteien** nicht, die Rechte aus dem Versicherungsvertrag oder der Versicherungsvermittlung geltend machen. Insbesondere auf **Abtretungsempfänger** und **Pfandrechtsgläubiger** kann die Norm nicht entsprechend angewendet werden, weil sie nicht gleichermaßen schutzbedürftig sind (LG Waldshut-Tiengen r+s 2017, 670 mwN; LG Itzehoe VersR 2016, 1395; LG Aachen VersR 2016, 67; vgl. *Rogler* r+s 2019, 121, 127 – auch zu der Problematik der Klinik-Card). Gerade diese typischerweise personelle bestehende Schutzbedürftigkeit, nicht aber die Zuordnung der Forderung trägt die Norm (Prölss/Martin/*Klimke* § 215 Rn. 21). Gleiches gilt für den eigenständigen Anspruch des Realgläubigers nach § 143 (§ 148). Auch für den Gläubiger in der Insolvenz des Haftpflichtversicherungsnehmers, der eine Vorzugsstellung genießt (§ 110), gilt die Zuständigkeitsregel nicht (LG Halle NJW-RR 2011, 114), weil insoweit weder von einer typischen Schutzbedürftigkeit ausgegangen werden kann noch unter dem Gesichtspunkt seines Schutzes verständlich wäre, ihm einen Gerichtsstand am Wohnsitz des VN zu eröffnen.

5 Die örtliche Zuständigkeit gilt für Klagen **aus dem Versicherungsvertrag.** Damit sind nicht nur Ansprüche auf die Versicherungsleistung gemeint, sondern alle Streitigkeiten, die in ihrem Kern versicherungsvertraglicher Art sind einschließlich von Klagen auf Feststellung des Fortbestandes des Vertrages und auf deliktische, vom Versicherungsvertrag geprägte Ansprüche und solcher aus Bereicherung. Dazu zählen auch „Garantieversicherungen", mit denen die Instandsetzungkosten für ein Gerät oder ein Fahrzeug übernommen werden (AG Brühl BeckRS 2018, 13217). Auch für Klagen aus einer Haftungsübernahme, mit der der Übernehmer dem VN in jeder Hinsicht vertraglich gleichgestellt wird, ist die Vorschrift anwendbar (aA OLG Düsseldorf MDR 2015, 394). Daneben gilt die Zuständigkeitsbegründung den Ansprüchen (des VN) aus der **Versicherungsvermittlung,** also den Klagen gegen Versicherungsmakler, Vertreter und in analoger Erweiterung (Langheid/Wandt/*Looschelders* § 215 Rn. 36) gegen Versicherungsberater. Eine Klage aus der Versicherungsvermittlung liegt auch vor, wenn die Vermittlung als solche bereits abgeschlossen ist, der Vermittler aber während der Dauer des Vertrages um eine Beratung oder Unterstützung gebeten worden ist und daraus Schadensersatzansprüche hergeleitet werden (aA OLG Hamm BeckRS 2018, 20468). **Direktansprüche** des Geschädigten einer Haftpflichtversicherung werden indessen nicht erfasst (Langheid/Wandt/*Looschelders* § 215 Rn. 37). Wird Schadensersatz wegen Verletzung einer Beratungspflicht (§ 6 Abs. 5) geltend gemacht, geht es zwar um eine gesetzliche Haftung; sie findet ihre Grundlage jedoch im Versicherungsvertrag. Für die Haftung des Versicherungsvermittlers nach § 63 gilt das schon dem Wortlaut nach.

6 Die örtliche Zuständigkeit richtet sich nach dem **Wohnsitz** (§§ 7–11 BGB). Bei juristischen Personen muss das dem **Sitz** gemäß § 17 BGB entsprechend (BGH NJW 2016, 232; Langheid/Wandt/*Looschelders* § 215 Rn. 6 ff., aA Prölss/Martin/*Klimke* § 215 Rn. 11). Fehlt er, ist der gewöhnliche Aufenthalt, der Ort, an dem der VN seinen tatsächlichen Lebensmittelpunkt hat, entscheidend. Für Klagen des VN und aller derjenigen, die eine von ihm abgeleitete Rechtsstellung geltend machen (Erben, Insolvenzverwalter) ist es der (letzter) Wohnsitz des VN, in dessen Rechtsstellung sie eingerückt sind. Für Klagen versicherter Personen

und von Bezugsberechtigten indessen kommt es auf deren Wohnsitz an (OLG Oldenburg NJW 2012, 2894 = VersR 2012, 887; Prölss/Martin/*Klimke* § 215 Rn. 18; aA Langheid/Wandt/*Looschelders* § 215 Rn. 15; Bruck/Möller/*Brand* § 215 Rn. 17). Das folgt für Versicherte daraus, dass deren Rechtsstellung jener des VN gleichgestellt ist und ihnen soweit wie möglich angeglichen wird; die formelle Geltendmachungsbefugnis muss insoweit auf den materiell Berechtigten ausstrahlen, zumal der Zufall einer zulässigen abweichenden Regelung der Geltendmachungsbefugnis nicht ausschlaggebend für die Zuständigkeit des Gerichts sein kann. Für **Bezugsberechtigte** ist die Zuständigkeit aus deren von jener des VN nicht zu unterscheidenden Schutzbedürftigkeit abzuleiten. Die Gefahr einer Streuung von Gerichtsständen in Fällen von Gruppenversicherungsverträgen, die typischerweise eine besondere Schutzbedürftigkeit versicherter Personen kennzeichnet, muss hingenommen werden,

Nachdem durch das Gesetz zur Umsetzung der EU-Richtlinie über den Versicherungsvertrieb als Versicherungsvermittler auch bestimmte **Betreiber von Informationsportalen** zu betrachten sind, gilt die Zuständigkeitsregelung auch für sie. VN, die Ansprüche gegen die Verantwortlichen solcher Webseiten oder Medien erheben, genießen den Vorzug der Vorschrift aufgrund der Gleichstellung der Webseiten- oder Medienverantwortlichen mit Versicherungsvermittlern. 7

III. Klagen gegen den VN und Andere (Abs. 1 Satz 2)

Für Klagen **gegen den VN** begründen Abs. 1 Satz 2, 3 eine ausschließliche örtliche Zuständigkeit am Wohnsitz oder gewöhnlichen Aufenthalt des VN, die nicht durch rügelose Einlassung überwunden werden kann (§ 40 Abs. 2 Satz 2 ZPO). Es ist nicht einzusehen, dass das spiegelbildlich zu Abs. 1 Satz 1 nicht auch für die Fälle von Klagen gegen Erben des VN, gegen versicherte Personen und Bezugsberechtigte gelten soll (HK-VVG/*Muschner* § 215 Rn. 12; Langheid/Wandt/*Looschelders* § 215 Rn. 15; aA Bruck/Möller/*Brand* § 215 Rn. 35) und dann allerdings deren Wohnsitz und gewöhnlicher Aufenthalt maßgeblich sind. Wenn § 215 ein besonderes verfahrensrechtliches Schutzbedürfnis der dem VR gegenüberstehenden „Parteien" eines Versicherungsverhältnisses zugrunde liegt, so kann deren Aktiv- und Passivprozessen schwerlich unterschieden werden. 8

IV. Widerklagen

Für (konnexe) Widerklagen gilt an sich (§ 33 Abs. 2 ZPO), dass in den Fällen einer ausschließlichen Zuständigkeit der davon abweichende Gerichtsstand der Klage nicht auch jener der Widerklage sein darf. Davon befreit Abs. 2, der damit vor allem Widerklagen des VR gegen den VN an dem von dem VN gewählten Gerichtsstand erlaubt. 9

V. Abdingbarkeit

Abs. 3 verleiht der Zuständigkeitsnorm weitgehend zwingenden Charakter, erlaubt jedoch – soweit die Vorschrift nicht (weitgehend) von der EuGVVO und dem EuGVÜ verdrängt wird – für die seltenen Fälle der Verlagerung des Wohnsitzes oder gewöhnlichen Aufenthalts aus dem Geltungsbereich des Gesetzes nach 10

Vertragsabschluss oder des Fehlens ihrer Feststellbarkeit mit vertretbarem Aufwand zum Zeitpunkt der Klageerhebung **abweichende Vereinbarungen** (eingehend zur Problematik *Wandt/Gal* GS M.Wolf, 2011, 579). Klauseln indessen, die von § 215 Abs. 1 abweichen, sind wegen Verstoßes gegen zwingendes Recht nichtig. Für Großrisiken und die laufende Versicherung können abweichende Vereinbarungen getroffen werden.

VI. Rechtsweg. Sachliche und internationale Zuständigkeit

11 Die Frage des **(Zivil-)Rechtswegs** sollte sich an sich, da evident, nicht stellen. Gleichwohl: Auch in Fällen, in denen öffentlich-rechtlich organisierte Versicherer – Ruhegehalts- und Zusatzversorgungskassen – Versicherungsverträge abschließen, werden sie nicht hoheitlich, sondern privatrechtlich tätig (VG München BeckRS 2019, 10889). Ist ein Versicherungsverhältnis **arbeitsrechtlich** geprägt (wie bei mitgliedschaftlich organisierten Pensions- und Unterstützungskassen), gilt die Vorschrift auch für die örtliche Zuständigkeit der dann sachlich zur Entscheidung berufenen Arbeitsgerichte.

12 Die **internationale Zuständigkeit** richtet sich im Geltungsbereich der EuGVVO nach deren Art. 8–14. Das führt im Regelfall gleichfalls dazu, dass der Wohnsitz des VN die örtliche Zuständigkeit begründet (Art. 9 Abs. 1 Buchst. b EuGVVO).

§ 216 Prozessstandschaft bei Versicherermehrheit

Ist ein Versicherungsvertrag mit den bei Lloyd's vereinigten Einzelversicherern nicht über eine Niederlassung im Geltungsbereich dieses Gesetzes abgeschlossen worden und ist ein inländischer Gerichtsstand gegeben, so können Ansprüche daraus gegen den bevollmächtigten Unterzeichner des im Versicherungsschein an erster Stelle aufgeführten Syndikats oder einen von diesem benannten Versicherer geltend gemacht werden; ein darüber erzielter Titel wirkt für und gegen alle an dem Versicherungsvertrag beteiligten Versicherer.

I. Prozessstandschaft bei Lloyd's-Versicherungen

1 Die als Bestimmung des internationalen Zivilverfahrensrechts Art. 14 EGVVG aF wortgleich und systemwidrig in das VVG übernehmende Vorschrift ergänzt die Zuständigkeitsregelung des Art. 9 EuGVVO. Während Art. 9 EuGVVO den Gerichtsstand des VR im Geltungsbereich der EuGVVO – wahlweise der Mitgliedsstaat, in dem der VR seinen Wohnsitz oder seine Niederlassung hat oder, bei Klagen des VN, der versicherten Person oder eines Begünstigten, deren Wohnsitz, oder bei Mitversicherung der Mitgliedsstaat, in dem der federführende Versicherer seinen Wohnsitz oder seine Niederlassung hat – bestimmt, regelt die Vorschrift für den besonderen Fall eines Versicherungsvertrages mit der Lloyd's-Vereinigung (vgl. dazu Langheid/Wandt/*Looschelder* § 216 Rn. 1 ff.; *v. Fürstenwerth/Weiß* Stichwort „Lloyd's") die **passive Prozessführungsbefugnis** und die **Rechtskrafterstreckung** für die in der Lloyd's-Vereinigung materiell verpflichteten Schuldner. Die gesetzliche Prozessstandschaft kommt dem in der Police erstbe-

nannten oder einem von diesem bezeichneten VR zu. Die Rechtskraft eines gegen einen so bezeichneten Schuldner wirkt für und gegen alle tatsächlich beteiligten Versicherer. Gibt es eine Niederlassung im Inland, so gilt aufgrund der Sonderregelung in § 110b Abs. 2 VAG eine gesetzliche Prozessstandschaft des Hauptbevollmächtigten.

II. Passive Prozessstandschaft bei Mitversicherung

Vergleichbare Lagen – eine passive Prozessführungsbefugnis eines VR – werden häufig auch bei reinem Inlandsbezug durch die Vereinbarung von **Führungsklauseln** zwischen Mitversicherern geschaffen, soweit sie sich auf die prozessuale Auseinandersetzung beziehen (vgl. zu Führungsklauseln unter anderem BGH VersR 2012, 566; OLG Köln VersR 2008, 1673; diff. OLG Saarbrücken ZfS 2005, 91; vgl. auch Prölss/Martin/*Armbrüster* Vor § 77 Rn. 25 mwN). Das ist allerdings abhängig von der Auslegung entsprechender, von den betroffenen VR im Vorfeld eines Rechtsstreits darzulegender Vereinbarungen. 2

Anlage (zu § 8 Abs. 4 Satz 1)

Muster für die Widerrufsbelehrung

Widerrufsbelehrung

Abschnitt 1

Widerrufsrecht, Widerrufsfolgen und besondere Hinweise

Widerrufsrecht

Sie können Ihre Vertragserklärung innerhalb einer Frist von [14] [1] Tagen ohne Angabe von Gründen in Textform (z.B. Brief, Fax, E-Mail) widerrufen.
Die Widerrufsfrist beginnt, nachdem Ihnen [2]
- **der Versicherungsschein, [3]**
- **die Vertragsbestimmungen,**
  einschließlich der für das Vertragsverhältnis geltenden Allgemeinen Versicherungsbedingungen, diese wiederum einschließlich der Tarifbestimmungen,
- **diese Belehrung,**
- **das Informationsblatt zu Versicherungsprodukten, [4]**
- **und die weiteren in Abschnitt 2 aufgeführten Informationen**

jeweils in Textform zugegangen sind. [5]
Zur Wahrung der Widerrufsfrist genügt die rechtzeitige Absendung des Widerrufs. Der Widerruf ist zu richten an: [6]

Widerrufsfolgen

Im Falle eines wirksamen Widerrufs endet der Versicherungsschutz und der Versicherer hat Ihnen den auf die Zeit nach Zugang des Widerrufs entfallenden Teil der Prämien zu erstatten, wenn Sie zugestimmt haben, dass der Versicherungsschutz vor dem Ende der Widerrufsfrist beginnt. Den Teil der Prämie, der auf die Zeit bis zum Zugang des Widerrufs entfällt, darf der Versicherer in diesem Fall einbehalten; dabei handelt es sich um [einen Betrag in Höhe von...] [7] . [8] Der Versicherer hat zurückzuzahlende Beträge unverzüglich, spätestens 30 Tage nach Zugang des Widerrufs, zu erstatten.
Beginnt der Versicherungsschutz nicht vor dem Ende der Widerrufsfrist, so hat der wirksame Widerruf zur Folge, dass empfangene Leistungen zurückzugewähren und gezogene Nutzungen (z.B. Zinsen) herauszugeben sind. [9]

Besondere Hinweise

Ihr Widerrufsrecht erlischt, wenn der Vertrag auf Ihren ausdrücklichen Wunsch sowohl von Ihnen als auch vom Versicherer vollständig erfüllt ist, bevor Sie Ihr Widerrufsrecht ausgeübt haben.

Abschnitt 2

Auflistung der für den Fristbeginn erforderlichen weiteren Informationen

Hinsichtlich der in Abschnitt 1 Satz 2 genannten weiteren Informationen werden die Informationspflichten im Folgenden im Einzelnen aufgeführt:

Unterabschnitt 1 [10]

Informationspflichten bei allen Versicherungszweigen

Der Versicherer hat Ihnen folgende Informationen zur Verfügung zu stellen:
1. die Identität des Versicherers und der etwaigen Niederlassung, über die der Vertrag abgeschlossen werden soll; anzugeben ist auch das Handelsregister, bei dem der Rechtsträger eingetragen ist, und die zugehörige Registernummer;
2. *die Identität einer Vertreterin oder eines Vertreters des Versicherers in dem Mitgliedstaat der Europäischen Union, in dem Sie Ihren Wohnsitz haben, wenn es eine solche Vertreterin oder einen solchen Vertreter gibt, oder die Identität einer anderen gewerblich tätigen Person als dem Versicherer, wenn Sie mit dieser geschäftlich zu tun haben, und die Eigenschaft, in der diese Person gegenüber Ihnen tätig wird;*
3. a) die ladungsfähige Anschrift des Versicherers und jede andere Anschrift, die für die Geschäftsbeziehung zwischen dem Versicherer und Ihnen maßgeblich ist, bei juristischen Personen, Personenvereinigungen oder -gruppen auch den Namen eines Vertretungsberechtigten; soweit die Mitteilung durch Übermittlung der Vertragsbestimmungen einschließ-

lich der Allgemeinen Versicherungsbedingungen erfolgt, bedürfen die Informationen einer hervorgehobenen und deutlich gestalteten Form;

b) *jede andere Anschrift, die für die Geschäftsbeziehung zwischen einer Vertreterin oder einem Vertreter des Versicherers oder einer anderen gewerblich tätigen Person gemäß Nummer 2 und Ihnen maßgeblich ist, bei juristischen Personen, Personenvereinigungen oder -gruppen auch den Namen eines Vertretungsberechtigten; soweit die Mitteilung durch Übermittlung der Vertragsbestimmungen einschließlich der Allgemeinen Versicherungsbedingungen erfolgt, bedürfen die Informationen einer hervorgehobenen und deutlich gestalteten Form;*

4. die Hauptgeschäftstätigkeit des Versicherers;
5. *Angaben über das Bestehen eines Garantiefonds oder anderer Entschädigungsregelungen; Name und Anschrift des Garantiefonds sind anzugeben;*
6. die wesentlichen Merkmale der Versicherungsleistung, insbesondere Angaben über Art, Umfang und Fälligkeit der Leistung des Versicherers;
7. den Gesamtpreis der Versicherung einschließlich aller Steuern und sonstigen Preisbestandteile, wobei die Prämien einzeln auszuweisen sind, wenn das Versicherungsverhältnis mehrere selbständige Versicherungsverträge umfassen soll, oder, wenn ein genauer Preis nicht angegeben werden kann, Angaben zu den Grundlagen seiner Berechnung, die Ihnen eine Überprüfung des Preises ermöglichen;
8. a) *gegebenenfalls zusätzlich anfallende Kosten unter Angabe des insgesamt zu zahlenden Betrages sowie mögliche weitere Steuern, Gebühren oder Kosten, die nicht über den Versicherer abgeführt oder von ihm in Rechnung gestellt werden;*
   b) *alle Kosten, die Ihnen für die Benutzung von Fernkommunikationsmitteln entstehen, wenn solche zusätzlichen Kosten in Rechnung gestellt werden;*
9. Einzelheiten hinsichtlich der Zahlung und der Erfüllung, insbesondere zur Zahlungsweise der Prämien;
10. *die Befristung der Gültigkeitsdauer der zur Verfügung gestellten Informationen, beispielsweise die Gültigkeitsdauer befristeter Angebote, insbesondere hinsichtlich des Preises;*
11. *den Hinweis, dass sich die Finanzdienstleistung auf Finanzinstrumente bezieht, die wegen ihrer spezifischen Merkmale oder der durchzuführenden Vorgänge mit speziellen Risiken behaftet sind oder deren Preis Schwankungen auf dem Finanzmarkt unterliegt, auf die der Versicherer keinen Einfluss hat, und dass in der Vergangenheit erwirtschaftete Beträge kein Indikator für künftige Erträge sind; die jeweiligen Umstände und Risiken sind zu bezeichnen;*
12. Angaben darüber, wie der Vertrag zustande kommt, insbesondere über den Beginn der Versicherung und des Versicherungsschutzes sowie die Dauer der Frist, während der der Antragsteller an den Antrag gebunden sein soll;
13. das Bestehen oder Nichtbestehen eines Widerrufsrechts sowie die Bedingungen, Einzelheiten der Ausübung, insbesondere Namen und Anschrift derjenigen Person, gegenüber der der Widerruf zu erklären ist, und die Rechtsfolgen des Widerrufs einschließlich Informationen über den Betrag, den Sie im Falle des Widerrufs gegebenenfalls zu zahlen haben; soweit die Mitteilung durch Übermittlung der Vertragsbestimmungen einschließlich der Allgemeinen Versicherungsbedingungen erfolgt, bedürfen die Informationen einer hervorgehobenen und deutlich gestalteten Form;
14. a) Angaben zur Laufzeit des Vertrages;
    b) *Angaben zur Mindestlaufzeit des Vertrages;*

15. *Angaben zur Beendigung des Vertrages, insbesondere zu den vertraglichen Kündigungsbedingungen einschließlich etwaiger Vertragsstrafen;* soweit die Mitteilung durch Übermittlung der Vertragsbestimmungen einschließlich der Allgemeinen Versicherungsbedingungen erfolgt, bedürfen die Informationen einer hervorgehobenen und deutlich gestalteten Form;
16. die Mitgliedstaaten der Europäischen Union, deren Recht der Versicherer der Aufnahme von Beziehungen zu Ihnen vor Abschluss des Versicherungsvertrages zugrunde legt;
17. das auf den Vertrag anwendbare Recht, *eine Vertragsklausel über das auf den Vertrag anwendbare Recht oder über das zuständige Gericht;*
18. die Sprachen, in denen die Vertragsbedingungen und die in diesem Unterabschnitt genannten Vorabinformationen mitgeteilt werden, sowie die Sprachen, in denen sich der Versicherer verpflichtet, mit Ihrer Zustimmung die Kommunikation während der Laufzeit dieses Vertrages zu führen;
19. einen möglichen Zugang für Sie zu einem außergerichtlichen Beschwerde- und Rechtsbehelfsverfahren und gegebenenfalls die Voraussetzungen für diesen Zugang; dabei ist ausdrücklich darauf hinzuweisen, dass die Möglichkeit für Sie, den Rechtsweg zu beschreiten, hiervon unberührt bleibt;
20. Name und Anschrift der zuständigen Aufsichtsbehörde sowie die Möglichkeit einer Beschwerde bei dieser Aufsichtsbehörde.

Unterabschnitt 2 [11]

Zusätzliche Informationspflichten bei dieser Berufsunfähigkeitsversicherung

Bei dieser Berufsunfähigkeitsversicherung hat der Versicherer Ihnen zusätzlich zu den oben genannten Informationen die folgenden Informationen zur Verfügung zu stellen:

1. Angaben in Euro zur Höhe der in die Prämie einkalkulierten Kosten; dabei sind die einkalkulierten Abschlusskosten als einheitlicher Gesamtbetrag und die übrigen einkalkulierten Kosten als Anteil der Jahresprämie unter Angabe der jeweiligen Laufzeit auszuweisen; bei den übrigen einkalkulierten Kosten sind die einkalkulierten Verwaltungskosten zusätzlich gesondert als Anteil der Jahresprämie unter Angabe der jeweiligen Laufzeit auszuweisen;
2. Angaben in Euro zu möglichen sonstigen Kosten, insbesondere zu Kosten, die einmalig oder aus besonderem Anlass entstehen können;
3. Angaben über die für die Überschussermittlung und Überschussbeteiligung geltenden Berechnungsgrundsätze und Maßstäbe;
4. Angabe in Euro der in Betracht kommenden Rückkaufswerte;
5. Angaben in Euro über den Mindestversicherungsbetrag für eine Umwandlung in eine prämienfreie oder eine prämienreduzierte Versicherung und über die Leistungen aus einer prämienfreien oder prämienreduzierten Versicherung;
6. das Ausmaß, in dem die Leistungen nach den Nummern 4 und 5 garantiert sind; die Angabe hat in Euro zu erfolgen;
7. *Angaben über die der Versicherung zugrunde liegenden Fonds und die Art der darin enthaltenen Vermögenswerte;*
8. allgemeine Angaben über die für diese Versicherungsart geltende Steuerregelung;

9. *die Minderung der Wertentwicklung durch Kosten in Prozentpunkten (Effektivkosten) bis zum Beginn der Auszahlungsphase;*
10. den Hinweis, dass der in den Versicherungsbedingungen verwendete Begriff der Berufsunfähigkeit nicht mit dem Begriff der Berufsunfähigkeit oder der Erwerbsminderung im sozialrechtlichen Sinne oder dem Begriff der Berufsunfähigkeit im Sinne der Versicherungsbedingungen in der Krankentagegeldversicherung übereinstimmt.

Unterabschnitt 3 [12]

Zusätzliche Informationspflichten bei dieser Krankenversicherung

Bei dieser Krankenversicherung hat der Versicherer Ihnen zusätzlich zu den oben genannten Informationen die folgenden Informationen zur Verfügung zu stellen:

1. Angaben in Euro zur Höhe der in die Prämie einkalkulierten Kosten; dabei sind die einkalkulierten Abschlusskosten als einheitlicher Gesamtbetrag und die übrigen einkalkulierten Kosten als Anteil der Jahresprämie unter Angabe der jeweiligen Laufzeit auszuweisen; bei den übrigen einkalkulierten Kosten sind die einkalkulierten Verwaltungskosten zusätzlich gesondert als Anteil der Jahresprämie unter Angabe der jeweiligen Laufzeit auszuweisen;
2. Angaben in Euro zu möglichen sonstigen Kosten, insbesondere zu Kosten, die einmalig oder aus besonderem Anlass entstehen können;
3. Angaben über die Auswirkungen steigender Krankheitskosten auf die zukünftige Beitragsentwicklung;
4. Hinweise auf die Möglichkeiten zur Beitragsbegrenzung im Alter, insbesondere auf die Möglichkeiten eines Wechsels in den Basistarif oder in andere Tarife gemäß § 204 des Versicherungsvertragsgesetzes und der Vereinbarung von Leistungsausschlüssen sowie auf die Möglichkeit einer Prämienminderung gemäß § 152 Absatz 3 und 4 des Versicherungsaufsichtsgesetzes;
5. einen Hinweis, dass ein Wechsel von der privaten in die gesetzliche Krankenversicherung in fortgeschrittenem Alter in der Regel ausgeschlossen ist;
6. einen Hinweis, dass ein Wechsel innerhalb der privaten Krankenversicherung in fortgeschrittenem Alter mit höheren Beiträgen verbunden sein kann und gegebenenfalls auf einen Wechsel in den Basistarif beschränkt ist;
7. eine Übersicht in Euro über die Beitragsentwicklung im Zeitraum der dem Angebot vorangehenden zehn Jahre; anzugeben ist, welcher *monatlichen** Beitrag in den dem Angebot vorangehenden zehn Jahren jeweils zu entrichten gewesen wäre, wenn der Versicherungsvertrag zum damaligen Zeitpunkt von einer Person gleichen Geschlechts wie Sie mit Eintrittsalter von 35 Jahren abgeschlossen worden wäre; besteht der angebotene Tarif noch nicht seit zehn Jahren, so ist auf den Zeitpunkt der Einführung des Tarifs abzustellen, und es ist darauf hinzuweisen, dass die Aussagekraft der Übersicht wegen der kurzen Zeit, die seit der Einführung des Tarifs vergangen ist, begrenzt ist; ergänzend ist die Entwicklung eines vergleichbaren Tarifs, der bereits seit zehn Jahren besteht, darzustellen.

(Ort), (Datum), (Unterschrift des Versicherungsnehmers) [13] [14]

* **Hinweis des Verlags:** Richtig wohl: „monatliche".

Gestaltungshinweise:

[1] Für die Lebensversicherung lautet der Klammerzusatz: „30".

[2] Bei Versicherungsprodukten, für die nach der Verordnung (EU) Nr. 1286/2014 ein Basisinformationsblatt zu erstellen ist, sind hier die Wörter **„das Basisinformationsblatt zur Verfügung gestellt worden ist und"** einzusetzen. Bei Versicherungsprodukten, bei denen nach der Verordnung (EU) 2019/1238 ein PEPP-Basisinformationsblatt zu erstellen ist, sind hier die Wörter **„das PEPP-Basisinformationsblatt zur Verfügung gestellt worden ist und"** einzusetzen.

[3] Der Punkt **„der Versicherungsschein,"** entfällt bei Belehrung der versicherten Person eines Vertrages gemäß § 7d des Versicherungsvertragsgesetzes (VVG).

[4] Der Punkt **„das Informationsblatt zu Versicherungsprodukten"** ist nur aufzunehmen, wenn ein Informationsblatt zu Versicherungsprodukten nach § 4 der VVG-Informationspflichtenverordnung zur Verfügung zu stellen ist. Bei Altersvorsorge- und Basisrentenverträgen, für die ein individuelles Produktinformationsblatt nach § 7 Absatz 1 des Altersvorsorgeverträge-Zertifizierungsgesetzes zu erstellen ist, sind die Wörter **„das Informationsblatt zu Versicherungsprodukten"** durch die Wörter **„das Produktinformationsblatt"** zu ersetzen.

[5] Bei Restschuldversicherungen, die als Nebenprodukt oder als Teil eines Pakets oder derselben Vereinbarung angeboten werden (§ 7a Absatz 5 VVG), sowie bei Belehrung der versicherten Person eines Vertrages gemäß § 7d VVG ist folgender Satz einzufügen:

„**Die Widerrufsfrist beginnt zudem nicht, bevor Ihnen mindestens eine Woche nach Abgabe Ihrer Vertragserklärung die Belehrung über das Widerrufsrecht und das Informationsblatt zu Versicherungsprodukten erneut in Textform zugegangen sind.**"

[6] Hier sind einzusetzen: Name/Firma und ladungsfähige Anschrift des Widerrufsadressaten. Zusätzlich können angegeben werden: Telefaxnummer, E-Mail-Adresse und/oder, wenn die Versicherungsnehmerin oder der Versicherungsnehmer eine Bestätigung ihrer oder seiner Widerrufserklärung an den Versicherer erhält, auch eine Internetadresse.

[7] Der Betrag kann auch in anderen Unterlagen, zum Beispiel im Antrag, ausgewiesen sein; dann lautet der Klammerzusatz je nach Ausgestaltung: „den im Antrag/im … auf Seite …/unter Nummer … ausgewiesenen Betrag".

[8] Bei der Lebensversicherung ist gegebenenfalls folgender Satz einzufügen:
„**Den Rückkaufswert einschließlich der Überschussanteile hat der Versicherer Ihnen auszuzahlen.**"

[9] Wird der Versicherungsvertrag mit einem zusammenhängenden Vertrag abgeschlossen, sind am Ende des Absatzes zu „Widerrufsfolgen" folgende Sätze anzufügen:

„**Haben Sie Ihr Widerrufsrecht hinsichtlich des Versicherungsvertrages wirksam ausgeübt, so sind Sie auch an einen mit dem Versicherungsvertrag zusammenhängenden Vertrag nicht mehr gebunden. Ein zusammenhängender Vertrag liegt vor, wenn er einen Bezug zu dem widerrufenen Vertrag aufweist und eine Dienstleistung des Versicherers oder eines Dritten auf der Grundlage einer Vereinbarung zwi-**

schen dem Dritten und dem Versicherer betrifft. Eine Vertragsstrafe darf weder vereinbart noch verlangt werden.“

[10] Die unter Abschnitt 2 Unterabschnitt 1 Nummer 2, 3 Buchstabe b, Nummer 5, 8 Buchstabe a und b, Nummer 10, 11 und 14 Buchstabe b aufgelisteten und kursiv gedruckten Informationen sind nur dann in die Widerrufsbelehrung aufzunehmen, wenn sie für den vorliegenden Vertrag einschlägig sind. Bei Aufnahme ist der Kursivdruck zu entfernen. Eine Information ist auch dann vollständig aufzunehmen, wenn sie nur teilweise einschlägig ist, wenn beispielsweise bei Nummer 8 Buchstabe a nur zusätzlich Kosten, nicht aber weitere Steuern, die nicht über den Versicherer abgeführt oder von ihm in Rechnung gestellt werden, anfallen. Werden Informationen gemäß der vorstehenden Vorgabe nicht aufgenommen, so ist die fortlaufende Nummerierung entsprechend anzupassen (wird beispielsweise Nummer 8 nicht übernommen, wird Nummer 9 zu Nummer 8 etc.). Die in den Nummern 3, 8 und 14 vorgesehenen Buchstaben a und b sind jeweils nur zu verwenden, wenn dort sowohl die Informationen unter Buchstabe a als auch diejenigen unter Buchstabe b aufgenommen werden. Die kursiv gedruckten Wörter „*, insbesondere zu den vertraglichen Kündigungsbedingungen einschließlich etwaiger Vertragsstrafen*“ in Nummer 15 und „*, eine Vertragsklausel über das auf den Vertrag anwendbare Recht oder über das zuständige Gericht*“ in Nummer 17 sind jeweils nur aufzunehmen, wenn sie für den vorliegenden Vertrag einschlägig sind. Bei Aufnahme entfällt der Kursivdruck. Folgen keine weiteren Unterabschnitte, so ist die Überschrift „Unterabschnitt 1“ zu entfernen und das Wort „Unterabschnitt“ in Nummer 18 durch das Wort „Abschnitt“ zu ersetzen.

[11] Dieser Unterabschnitt ist nur einzufügen bei der Berufsunfähigkeitsversicherung, der Lebensversicherung und der Unfallversicherung mit Prämienrückgewähr. Bei der Lebensversicherung gilt dies mit der Maßgabe, dass das Wort „Berufsunfähigkeitsversicherung“ jeweils durch das Wort „Lebensversicherung“ zu ersetzen ist und die Information unter Nummer 10 entfällt. Bei der Unfallversicherung mit Prämienrückgewähr gilt dies mit der Maßgabe, dass das Wort „Berufsunfähigkeitsversicherung“ jeweils durch die Wörter „Unfallversicherung mit Prämienrückgewähr“ zu ersetzen ist und nur die Informationen in den Nummern 3 bis 8 aufzunehmen sind.

Die Information unter Nummer 7 ist nur einzufügen bei der fondsgebundenen Lebens- oder Berufsunfähigkeitsversicherung oder der fondsgebundenen Unfallversicherung mit Prämienrückgewähr. Die Information unter Nummer 9 ist nur einzufügen bei Lebens- und Berufsunfähigkeitsversicherungsverträgen, die Versicherungsschutz für ein Risiko bieten, bei dem der Eintritt der Verpflichtung des Versicherers gewiss ist. Bei Übernahme der Informationen unter Nummer 7 oder Nummer 9 entfällt der Kursivdruck.

Werden Informationen gemäß den vorstehenden Vorgaben nicht aufgenommen, ist die fortlaufende Nummerierung entsprechend anzupassen (wird beispielsweise Nummer 7 nicht übernommen, wird Nummer 8 zu Nummer 7 etc.). Die letzte in die Widerrufsbelehrung aufgenommene Information in diesem Unterabschnitt soll mit dem Satzzeichen „.“ abschließen.

[12] Dieser Unterabschnitt ist nur einzufügen bei der substitutiven Krankenversicherung. Handelt es sich um den zweiten Unterabschnitt, so ist die Überschrift **„Unterabschnitt 3“** durch die Überschrift **„Unterabschnitt 2“** zu ersetzen.

[13] Bei Belehrung der versicherten Person eines Vertrages nach § 7d VVG lautet der Klammerzusatz „der versicherten Person“.

[14] Ort, Datum und Unterschriftsleiste können entfallen. In diesem Fall sind die Angaben entweder durch die Wörter „Ende der Widerrufsbelehrung" oder durch die Wörter „Ihr(e) [einsetzen: Firma des Versicherers]" zu ersetzen.

Muster für die Widerrufsbelehrung in der bis 14.6.2021 geltenden Fassung (vgl. Art. 8 Satz 1 EGVVG):

Widerrufsbelehrung

Widerrufsrecht

Sie können Ihre Vertragserklärung innerhalb von [14] [1] Tagen ohne Angabe von Gründen in Textform (z.B. Brief, Fax, E-Mail) widerrufen. Die Frist beginnt, nachdem Sie den Versicherungsschein, die Vertragsbestimmungen einschließlich der Allgemeinen Versicherungsbedingungen, die weiteren Informationen nach § 7 Abs. 1 und 2 des Versicherungsvertragsgesetzes in Verbindung mit den §§ 1 bis 4 der VVG-Informationspflichtenverordnung und diese Belehrung jeweils in Textform erhalten haben [2]. Zur Wahrung der Widerrufsfrist genügt die rechtzeitige Absendung des Widerrufs. Der Widerruf ist zu richten an: [3]

Widerrufsfolgen

Im Falle eines wirksamen Widerrufs endet der Versicherungsschutz, und wir erstatten Ihnen den auf die Zeit nach Zugang des Widerrufs entfallenden Teil der Prämien, wenn Sie zugestimmt haben, dass der Versicherungsschutz vor dem Ende der Widerrufsfrist beginnt. Den Teil der Prämie, der auf die Zeit bis zum Zugang des Widerrufs entfällt, dürfen wir in diesem Fall einbehalten; dabei handelt es sich um [einen Betrag in Höhe von ...] [4]. [5] Die Erstattung zurückzuzahlender Beträge erfolgt unverzüglich, spätestens 30 Tage nach Zugang des Widerrufs. Beginnt der Versicherungsschutz nicht vor dem Ende der Widerrufsfrist, hat der wirksame Widerruf zur Folge, dass empfangene Leistungen zurückzugewähren und gezogene Nutzungen (z.B. Zinsen) herauszugeben sind. [6]*

Besondere Hinweise

Ihr Widerrufsrecht erlischt, wenn der Vertrag auf Ihren ausdrücklichen Wunsch sowohl von Ihnen als auch von uns vollständig erfüllt ist, bevor Sie Ihr Widerrufsrecht ausgeübt haben.

(Ort), (Datum), (Unterschrift des Versicherungsnehmers) [7]

Gestaltungshinweise:

Für die Lebensversicherung lautet der Klammerzusatz: „30".

---

* **Hinweis des Verlags:** Bei der Einfügung von Gestaltungshinweis [6] (BGBl. 2013 I 932) hat es der Gesetzgeber unterlassen, in der Änderungsanweisung diejenige Stelle zu bezeichnen, an der die Ziffer des Gestaltungshinweises [6] in die Widerrufsbelehrung eingefügt werden soll.

Bei Verträgen im elektronischen Geschäftsverkehr (§ 312i Absatz 1 Satz 1 des Bürgerlichen Gesetzbuchs) ist vor dem Punkt am Satzende Folgendes einzufügen: „, jedoch nicht vor Erfüllung unserer Pflichten gemäß § 312i Absatz 1 Satz 1 des Bürgerlichen Gesetzbuchs in Verbindung mit Artikel 246c des Einführungsgesetzes zum Bürgerlichen Gesetzbuche“.

Hier sind einzusetzen: Name/Firma und ladungsfähige Anschrift des Widerrufsadressaten. Zusätzlich können angegeben werden: Telefaxnummer, E-Mail-Adresse und/oder, wenn der Versicherungsnehmer eine Bestätigung seiner Widerrufserklärung an den Versicherer erhält, auch eine Internet-Adresse.

Der Betrag kann auch in anderen Unterlagen, z.B. im Antrag, ausgewiesen sein; dann lautet der Klammerzusatz je nach Ausgestaltung: „den im Antrag/im ... auf Seite .../unter Ziffer ... ausgewiesenen Betrag“.

Bei der Lebensversicherung ist ggf. folgender Satz einzufügen: „Den Rückkaufswert einschließlich der Überschussanteile nach § 169 des Versicherungsvertragsgesetzes zahlen wir Ihnen aus.“

Wird der Versicherungsvertrag mit einem zusammenhängenden Vertrag abgeschlossen, ist am Ende des Absatzes zu „Widerrufsfolgen“ folgender Satz anzufügen:

„Haben Sie Ihr Widerrufsrecht nach § 8 des Versicherungsvertragsgesetzes wirksam ausgeübt, sind Sie auch an einen mit dem Versicherungsvertrag zusammenhängenden Vertrag nicht mehr gebunden. Ein zusammenhängender Vertrag liegt vor, wenn er einen Bezug zu dem widerrufenen Vertrag aufweist und eine Dienstleistung des Versicherers oder eines Dritten auf der Grundlage einer Vereinbarung zwischen dem Dritten und dem Versicherer betrifft. Eine Vertragsstrafe darf weder vereinbart noch verlangt werden.“

Ort, Datum und Unterschriftsleiste können entfallen. In diesem Falle sind diese Angaben entweder durch die Wörter „Ende der Widerrufsbelehrung“ oder durch die Wörter „Ihr(e) [einsetzen: Firma des Versicherers]“ zu ersetzen.

Die Musterwiderrufsbelehrungen in der seit 15.6.2021 geltenden (BGBl. **1**
2021 I 1666) und in der bis dahin geltenden Fassung sind in der amtlichen Form – einschließlich der Fett- und Kursivsetzungen sowie der Gestaltungshinweise – wiedergegeben. Erläuterungen zur Widerrufsbelehrung finden sich bei → § 8 Rn. 9 ff. Zur Anwendung der alten Fassung bis 31.12.2021 vgl. Art. 8 Satz 1 EGVVG 8 (→ EGVVG Art. 8 Rn. 1).

Einführungsgesetz zum Versicherungsvertragsgesetz (EGVVG)

Vom 30.5.1908 (RGBl. 1908, 305)

zuletzt geändert durch Art. 4 Gesetz vom 9.6.2021 (BGBl. 2021 I 1666)

Vorbemerkungen zu Art. 1–8 EGVVG

Das EGVVG erfüllte historisch eine Doppelfunktion. Zum einen regelte es in den Art. 1–6 aF das **intertemporale Versicherungsvertragsrecht,** zum anderen sahen die Art. 7–15 aF einen zentralen Teil des **Internationalen Versicherungsvertragsrechts** vor. Dies änderte sich zunächst auch nicht mit dem VVG-Reformgesetz, das zwar das Übergangsrecht in Art. 1–6 komplett neu fasste, das Kollisionsrecht der Art. 7–15 aF jedoch weitgehend unverändert ließ (vgl. Art. 2 VVG-ReformG [BGBl. 2007 I 2631]). 1

Für alle seit dem 17.12.2009 geschlossenen Versicherungsverträge gilt jedoch kollisionsrechtlich nun die Verordnung (EG) Nr. 593/2008 des Europäischen Parlaments und des Rates vom 17.6.2008 über das auf vertragliche Schuldverhältnisse anwendbare Recht (**Rom I-VO;** ABl. 2008 L 177, 6) und der deutsche Gesetzgeber hat mit Wirkung zum selben Tag durch Art. 1 Nr. 4 und Art. 2 Abs. 4 Nr. 2 des Gesetzes zur Anpassung der Vorschriften des Internationalen Privatrechts an die Verordnung (EG) Nr. 593/2008 vom 25.6.2009 (BGBl. 2009 I 1574) die Art. 27 ff. EGBGB, die ebenfalls ein Teil des auf Versicherungsverträge anwendbaren **IPR** waren, und die Art. 7 ff. aF aufgehoben. Für alle (internationalen) Versicherungsverträge, die vor dem durch Art. 28 Rom I-VO vorgesehenen Stichtag am 17.12.2009 geschlossen wurden, kommt es jedoch zu einer Versteinerung des bis dahin geltenden deutschen Kollisionsrechts. Bei Altverträgen, die vor dem 1.9.1986 geschlossen wurden, kommen entsprechend Art. 220 Abs. 1 EGBGB die ungeschriebenen Rechtsgrundsätze des Internationalen Versicherungsvertragsrechts zur kollisionsrechtlichen Behandlung zur Anwendung. Bei Altverträgen, die ab dem 1.9.1986 und bis zum 16.12.2009 geschlossen wurden, ist hingegen zu differenzieren: Bei allen Rückversicherungsverträgen sowie bei solchen Erstversicherungsverträgen mit einer Risikobelegenheit außerhalb des EWR greifen die Art. 27 ff. EGBGB aF, bei Erstversicherungsverträgen mit einer Risikobelegenheit im EWR kommen hingegen die Art. 7–15 aF zur Anwendung. Insofern werden die Art. 7 ff. aF noch über lange Zeit Bedeutung beanspruchen können, bleiben im Folgenden aber gleichwohl unkommentiert (für einen Überblick zum Kollisionsrechtssystem siehe bspw. Prölss/Martin/*Armbrüster* Rom I-VO vor Art. 1 Rn. 1 ff.). 2

Praktische Bedeutung werden jedoch auch die gegenwärtigen Artikel des EGVVG – und dies auch jenseits der seit der VVG-Reform vorgenommen Änderungen und eingefügten neuen Normen – wohl noch über Jahrzehnte haben. Man verdeutliche sich hierzu, dass zum Stichtag des 1.1.2008 etwa 431 Millionen Altverträge bestanden, die ob der Reform umgestellt werden mussten (GDV- 3

Jahrbuch 2007, 57; vgl. auch Prölss/Martin/*Armbrüster* EGVVG Vor Art. 1 Rn. 3). Wenn diese Zahl über die Jahre auch stark abgenommen haben dürfte, so doch kaum in einem Maße, dass das Übergangsrecht bis zur nächsten großen Reform in einen Dornröschenschlaf verfallen würde.

Art. 1 Altverträge, Allgemeine Versicherungsbedingungen

(1) **Auf Versicherungsverhältnisse, die bis zum Inkrafttreten des Versicherungsvertragsgesetzes vom 23. November 2007 (BGBl. I S. 2631) am 1. Januar 2008 entstanden sind (Altverträge), ist das Gesetz über den Versicherungsvertrag in der bis dahin geltenden Fassung bis zum 31. Dezember 2008 anzuwenden, soweit in Absatz 2 und den Artikeln 2 bis 6 nichts anderes bestimmt ist.**

(2) **Ist bei Altverträgen ein Versicherungsfall bis zum 31. Dezember 2008 eingetreten, ist insoweit das Gesetz über den Versicherungsvertrag in der bis zum 31. Dezember 2007 geltenden Fassung weiter anzuwenden.**

(3) **Der Versicherer kann bis zum 1. Januar 2009 seine Allgemeinen Versicherungsbedingungen für Altverträge mit Wirkung zum 1. Januar 2009 ändern, soweit sie von den Vorschriften des Versicherungsvertragsgesetzes abweichen, und er dem Versicherungsnehmer die geänderten Versicherungsbedingungen unter Kenntlichmachung der Unterschiede spätestens einen Monat vor diesem Zeitpunkt in Textform mitteilt.**

(4) **Auf Fristen nach § 12 Abs. 3 des Gesetzes über den Versicherungsvertrag, die vor dem 1. Januar 2008 begonnen haben, ist § 12 Abs. 3 des Gesetzes über den Versicherungsvertrag auch nach dem 1. Januar 2008 anzuwenden.**

Übersicht

I. Überblick

Gemäß Art. 12 Abs. 1 Satz 3 VVG-ReformG trat das neue VVG am 1.1.2008 in Kraft, sodass die Regelungen des VVG nF unproblematisch auf alle ab diesem Zeitpunkt geschlossenen Verträge (**Neuverträge**) anzuwenden sind. Im Hinblick auf den Bestandsschutz der vor diesem Zeitpunkt geschlossenen Verträge **(Altverträge)** wäre eine Erstreckung der teilweise stark reformierten Normen auf diese eigentlich ausgeschlossen (Gesetzesbegründung BT-Drs. 16/3945, 118; Looschelders/Pohlmann/*Stagl*/*Brand* EGVVG Art. 1 Rn. 1 sprechen hier vom „Grundsatz der Unwandelbarkeit des Schuldstatuts", was in der Sache richtig, terminologisch jedoch leicht irreführend ist, da im Kollisionsrecht, aus dem der Begriff des Schuldstatuts entlehnt ist, dieses hier gerade nicht unwandelbar ist; besser wäre es wohl vom Grundsatz der Unwandelbarkeit der temporalen Anknüpfung zu sprechen). Der Gesetzgeber hielt es jedoch für nötig, auch diese Altverträge, zumindest teilweise und fließend dem neuen VVG zu unterwerfen: Zum einen, um im Hinblick auf die vielfach lange Dauer von Versicherungsverträgen nicht über Jahrzehnte zwei Parallelregime zu etablieren, und zum andern, um möglichst zügig den VN in den Genuss der gewünschten Stärkung seiner Rechtsposition kommen zu lassen (Gesetzesbegründung BT-Drs. 16/3945, 118). Zu diesem Zweck wurde Art. 1 (und die weiteren Normen des EGVVG) eingeführt. Hierbei stellt Abs. 1 die **Grundregel** für die Anwendbarkeit des VVG nF auf **Altverträge** auf, nach der die neuen Normen grundsätzlich mit einer Übergangsfrist von einem Jahr (also ab dem 1.1.2009) anwendbar sind (*Funck* VersR 2008, 168; *Hövelmann* VersR 2008, 612; Prölss/Martin/*Armbrüster* EGVVG Art. 1 Rn. 1; aA *Schneider* VersR 2008, 860, der diese Norm für eine Ausnahme zum Grundsatz des Art. 12 Abs. 1 Satz 3 VVG-ReformG hält; Relevanz hat dieser Meinungsstreit allenfalls für die Behandlung vertragsfremder Umstände → Rn. 7 ff.). Die hierdurch angeordnete **unechte Rückwirkung** erscheint verfassungsrechtlich nicht per se unzulässig (Langheid/Wandt/*Looschelders* EGVVG Art. 1 Rn. 4; *Just* VP 2008, 2). 1

II. Grundregel (Abs. 1)

Art. 1 Abs. 1 erweitert Art. 12 Abs. 1 Satz 3 VVG-ReformG dahingehend, dass das **VVG nF** *ratione temporis* nach Ablauf einer Übergangszeit **ab dem 1.1.2009** und bei Nichteinschlägigkeit der Ausnahmen der weiteren Normen des EGVVG **auch Altverträge** erfasst. Für diese gilt insofern bis zum 31.12.2008 grundsätzlich das VVG aF und mit Wirkung ab dem 1.1.2009 das VVG nF. 2

1. Altvertrag

Ein **Altvertrag** ist ein Versicherungsvertrag, der unabhängig vom materiellen oder technischen Versicherungsbeginn vor dem 1.1.2008 geschlossen (d.h. formeller Versicherungsbeginn → VVG § 2 Rn. 4) wurde (OLG Hamm VersR 2013, 437; HK-VVG/*Muschner* EGVVG Art. 1 Rn. 5; *Franz* VersR 2008, 311; so letztlich auch Prölss/Martin/*Armbrüster* EGVVG Art. 1 Rn. 2; *Brand* VersR 2011, 558, die zwar ausführen, dass der formelle Versicherungsbeginn nicht maßgeblich sei, hiermit aber wohl nur richtig klarstellen wollen, dass es im Fall des Abschlusses im Policenmodell nicht auf den Zeitpunkt des Ablaufs der Widerspruchsfrist, 3 sondern der Annahmeerklärung des VR ankommt). Hierbei ist auf den **Zugang der Annahmeerklärung** abzustellen (OLG Hamm VersR 2013, 437; OLG Karlsruhe VersR 2010, 337). Die Gewährung von vorläufigem Rechtsschutz gilt auch übergangsrechtlich als eigenständiger Vertrag (OLG Karlsruhe VersR 2010, 337; Looschelders/Pohlmann/*Stagl/Brand* EGVVG Art. 1 Rn. 3). Probleme entstehen insofern allenfalls für im Policenmodell vermittelte Verträge, bei denen kurz vor dem Jahreswechsel 2007/2008 der Versicherungsschein oder die Annahmeerklärung des VR dem VN zuging, die Widerspruchsfrist nach § 5a VVG aF aber erst 2008 ablief. Bei richtigem Verständnis des Abschlusses im Policenmodell wurde der Vertrag hier noch im Jahr 2007 geschlossen (formeller Versicherungsbeginn). Dass dieser zunächst schwebend unwirksam war, ist belanglos, wenn die Frist ohne Widerspruch verstrichen ist, da der Vertrag dann als seit Beginn wirksam und mithin als Altvertrag zu betrachten ist (Prölss/Martin/*Armbrüster* EGVVG Art. 1 Rn. 11; HK-VVG/*Muschner* EGVVG Art. 1 Rn. 5; Langheid/Wandt/*Looschelders* EGVVG Art. 1 Rn. 4; aA *Höra* r+s 2008, 90: abzustellen sei auf den Zeitpunkt des Ablaufs der Widerspruchsfrist).

4 Fraglich ist, ob in einer **Vertragsverlängerung,** ein Neuabschluss zu sehen ist, sodass ab dem Zeitpunkt der Verlängerung ein Neuvertrag vorliegen würde. Da im Falle einer automatischen Verlängerung keine Willensbetätigung des Versicherungsnehmers erforderlich ist, ist zumindest in dieser kein Abschluss eines Neuvertrages zu sehen (BGH VersR 2014, 735; aA *Grote/Schneider* BB 2007, 2701). Richtiger Ansicht nach führt jedoch auch eine auf eine Willensbetätigung der Parteien gestützten Vertragsverlängerung nicht automatisch zur vorgezogenen Anwendung des VVG nF, sondern nur dann, wenn in der Verlängerung ein Neuabschluss (**Novation**) nach den folgend ausgeführten Maßstäben zu sehen ist (so auch Prölss/Martin/*Armbrüster* EGVVG Art. 1 Rn. 14; aA HK-VVG/*Muschner,* 3. Aufl. 2015, EGVVG Art. 1 Rn. 7: jede Vertragsverlängerung, die durch Willensbetätigung zustandekommt, kreiert einen Neuvertrag; nunmehr wie hier 4. Aufl. 2019 Rn. 7). Hierbei ist im Wesentlichen allgemein anerkannt, dass eine **Vertragsänderung** nach dem 1.1.2008, durch die der Vertrag nicht wesentlich umgestaltet wird, kein Neuabschluss darstellt und nicht wie ein solcher zu behandeln ist (OLG Karlsruhe NJW-RR 2010, 1120; LG Karlsruhe r+s 2013, 275; *Funck* VersR 2008, 168; so letztlich auch OLG Saarbrücken r+s 2019, 216, das aber annimmt, dass allein in der Tatsache einer fünfjährigen Verlängerung des bestehenden Versicherungsschutzes eine wesentliche Änderung zu sehen sei, da sich hierdurch das gedeckte Berufsunfähigkeitsrisiko erheblich erhöhe). Die entscheidende Frage ist insofern, wo die Grenze der Wesentlichkeit zu verorten ist. Hierbei ist darauf abzustellen, dass wenigstens ein wesentliches Merkmal des Versicherungsvertrages (versichertes Risiko, Vertragsparteien, Versicherungsprämie oder Versicherungssumme) erheblich geändert wird. Hierbei sind neue Risikoausschlüsse oder Prämienerhöhungen von über 10 % als Indiz einer Novation anzusehen (Prölss/Martin/*Armbrüster* EGVVG Art. 1 Rn. 13; Looschelders/Pohlmann/*Stagl/Brand* EGVVG Art. 1 Rn. 4; vgl. Staudinger/Halm/*Wendt* EGVVG Art. 1 Rn. 6).

2. Abgeschlossene Sachverhalte

5 Da Abs. 1 **eng auszulegen** ist, um eine verfassungsrechtlich problematische echte Rückwirkung zu vermeiden (vgl. Gesetzesbegründung BT-Drs. 16/3945, 118; Looschelders/Pohlmann/*Stagl/Brand* EGVVG Art. 1 Rn. 14), erfasst er nur

Sachverhalte, die unter Geltung des VVG aF noch nicht **komplett abgeschlossen** sind. Dies bedeutet insbesondere, dass die Frage des Vertragsschlusses und die Pflichten in der vorvertraglichen Phase versteinert dem VVG aF unterworfen bleiben, auch wenn der Altvertrag ab dem 1.1.2009 gemäß Abs. 1 dem VVG nF unterworfen wird (OLG Hamm VersR 2013, 437; Prölss/Martin/*Armbrüster* EGVVG Art. 1 Rn. 9).

Probleme kann jedoch die Frage bereiten, **wann** ein komplett **abgeschlossener Sachverhalt vorliegt.** So wäre es beispielsweise denkbar, eine **Anzeigepflichtverletzung** in einem Antrag aus dem Jahr 2007 als abgeschlossenen Sachverhalt zu sehen, auch wenn die Annahme des Antrags und somit der Vertragsschluss erst 2008 erfolgte, also ein Neuvertrag vorliegt. Hierfür spricht, dass zum Zeitpunkt des Antrags das VVG nF noch keine Beachtung beanspruchte, sodass das tatbestandliche Vorliegen einer Anzeigepflichtverletzung isoliert vom Vertragsschluss zu beachten wäre (so Looschelders/Pohlmann/*Looschelders* VVG § 19 Rn. 5; Marlow/Spuhl/*Marlow* Rn. 226). Allerdings steht die Anzeigepflichtverletzung in einem so engen Zusammenhang mit dem Vertragsschluss, dass sie hinsichtlich ihres tatbestandlichen Vorliegens bereits ab dem Abschluss des Neuvertrages nach VVG nF zu beurteilen ist (OLG Hamm VersR 2013, 437; Prölss/Martin/*Armbrüster* EGVVG Art. 1 Rn. 11; so letztlich auch Gesetzesbegründung BT-Drs. 16/3945, 118: „die zum Zeitpunkt des Vertragsschlusses geltenden Vorschriften"). Problematisch ist aber auch die Frage, ob eine Anzeigenpflichtverletzung ein abgeschlossener Sachverhalt ist, wenn der Vertrag noch als Altvertrag geschlossen wurde. Hier ist nach dem sogenannten **Spaltungsmodell,** die Frage des Vorliegens einer Anzeigepflichtverletzung versteinert nach VVG aF, die Frage der Rechtsfolge hingegen gem. Abs. 1 ab dem 1.1.2009 nach VVG nF zu beurteilen (Gesetzesbegründung BT-Drs. 16/3945, 118; OLG Frankfurt a. M. VersR 2012, 1107; Marlow/Spuhl/*Marlow* Rn. 226; HK-VVG/*Muschner* EGVVG Art. 1 Rn. 10; anders aber natürlich, wenn die Rechtsfolge auf einen Versicherungsfall vor Ablauf des 31.12.2008 bezogen ist, dann greift Abs. 2 und somit bestimmt das VVG aF auch die Rechtsfolgen). Dies bedeutet beispielsweise, dass sich die Rechtsfolge eines 2009 erklärten **Rücktritts** von einem Altvertrag nach dem VVG nF richtet (LG Köln VersR 2010, 199; anders aber, wenn der Rücktritt [wie hier wohl eigentlich] nach dem 1.1.2009 anlässlich eines vor diesem Stichtag eingetretenen Versicherungsfalls aus einem Altvertrag erklärt wird → Rn. 17). Auch bei einer **Kündigung** ist entsprechend nicht auf den Zeitpunkt der letzten mündlichen Verhandlung (so aber Marlow/Spuhl/*Marlow* Rn. 1509), sondern den Zeitpunkt der Rechtsausübung abzustellen (LG Köln VersR 2013, 307; Prölss/Martin/*Armbrüster* EGVVG Art. 1 Rn. 11; Looschelders/Pohlmann/*Stagl/Brand* EGVVG Art. 1 Rn. 15), sodass die Wirksamkeit einer 2007 zugegangenen Kündigungserklärung sich auch dann nach dem VVG aF richtet, wenn diese wegen der Mindestvertragsdauer erst 2009 Wirkung erlangt (Prölss/Martin/*Armbrüster* EGVVG Art. 1 Rn. 11; aA LG Köln VersR 2013, 307). 6

3. Vertragsfremde Umstände

Sehr streitig ist bzw. war die Frage, ob Abs. 1 auch sogenannte **vertragsfremde Umstände** erfasst, sodass für diese erst ab dem 1.1.2009 das VVG nF gilt oder ob diese der temporalen Grundanknüpfung des Art. 12 Abs. 1 Satz 3 VVG-ReformG unterworfen sind, sodass für diese bereits ab dem 1.1.2008 die neue Rechtslage gilt. Praktisch geht es hierbei insbesondere um den zeitlichen Geltungsbereich 7 der Regelung bezüglich des Direktanspruchs, der Datenerhebungsvorschriften des § 213 VVG nF und des Gerichtsstandes in § 215 VVG nF. Teilweise wird hierzu vertreten, dass Abs. 1 nur materielle, nicht jedoch prozessuale Vorschriften erfasse (BGH VersR 2017, 1134; OLG Saarbrücken VersR 2008, 1337; OLG Frankfurt a.M. r+s 2010, 1409) bzw. leicht erweitert, dass Abs. 1 nur Regelungen mit Bezug auf das Versicherungsverhältnis und nicht auch vertragsfremde Umstände erfasse (*Schneider* VersR 2008, 860; Beckmann/Matusche-Beckmann VersR-HdB/*Schneider* § 1a Rn. 45b; Prölss/Martin/*Armbrüster* EGVVG Art. 1 Rn. 5). Bei den von Abs. 1 nicht erfassten Vorschriften verbliebe es entsprechend bei der Grundregel des Art. 12 Abs. 1 Satz 3 VVG-ReformG und mithin bei einer Geltung der entsprechenden Vorschriften unmittelbar ab dem 1.1.2008. Soweit man wie vorliegend (vgl. → Rn. 12) Abs. 2 als eine Ausnahme von der Grundregel des Abs. 1 versteht, könnte auf Grundlage dieser Meinung auch im Rahmen eines Altversicherungsfalls die entsprechenden Vorschriften des VVG nF nicht verdrängt werden. Die (ehemals) hM vertritt hingegen, dass Abs. 1 für Altversicherungsverträge eine allumfassende Übergangsvorschrift darstellt, die sämtliche Regelungen des VVG nF umfasst und dem Übergangssystem des EGVVG unterstellt (OLG Stuttgart VersR 2009, 246; OLG Hamburg VersR 2009, 531; OLG Köln VersR 2009, 1347; OLG Hamm VersR 2009, 1345; OLG Düsseldorf VersR 2010, 1354; OLG Dresden VersR 2010, 1065; Looschelders/Pohlmann/*Stagl*/*Brand* EGVVG Art. 1 Rn. 12; Staudinger/Halm/Wendt/*Wendt* EGVVG Art. 1 Rn. 7 mwN). Insofern würden auch Regelungen des VVG nF zu vertragsfremden Umständen frühestens ab dem 1.1.2009 gelten. Im Rahmen dieser ehemals herrschenden Meinung ist dann allerdings streitig, ob im Falle eines Altversicherungsfalls Abs. 2 greift und so zu dessen Abwicklung das VVG aF auch hinsichtlich dieser Regelungen perpetuiert (dafür bspw: OLG Hamm VersR 2009, 1345; OLG Naumburg VersR 2010, 374; dagegen bspw.: OLG Hamburg VersR 2009, 531; OLG Köln VersR 2009, 1347; OLG Dresden VersR 2010, 1065; so auch Bundesregierung in BT-Drs. 16/11480, 2 f.).

8 Selbst wenn man Abs. 1 weit auslegt und alle Normen als erfasst ansieht, die auf ein Versicherungsverhältnis bezogen sind, stellt sich die Frage, ob ein **Direktanspruch** sich noch bis zum 1.1.2009 (oder bei einem Altversicherungsfall nach Abs. 2 noch darüber hinaus) nach der alten Rechtslage, das heißt: insbes. nach § 3 Nr. 1 PflVG aF, richtet. Korrekt verstanden wird man hier konstatieren müssen, dass dieser Direktanspruch ob seiner überwiegend deliktischen Natur (vgl. BGH VersR 1981, 323; BGH VersR 2003, 99) und im Hinblick darauf, dass § 3 Nr. 1 PflVG aF ohne Übergangsvorschrift aufgehoben wurde, vollkommen vertragsfremd ist und sich somit entsprechend Art. 12 Abs. 1 Satz 3 VVG-ReformG ab dem 1.1.2008 nach § 115 Abs. 1 VVG nF richtet (*Schneider* VersR 2008, 311; Prölss/Martin/*Armbrüster* EGVVG Art. 1 Rn. 6; Langheid/Wandt/*Looschelders* EGVVG Art. 1 Rn. 7; aA bspw. HK-VVG/*Muschner* EGVVG Art. 1 Rn. 4). Zum gleichen Ergebnis kommt auch die Meinung, die Abs. 1 auch hier für einschlägig hält, aber auf Grund der fehlenden Anordnung einer vorübergehenden Weitergeltung des § 3 Nr. 1 PflVG aF den § 115 Abs. 1 VVG nF analog ab dem 1.1.2008 anwendet (Looschelders/Pohlmann/*Stagl*/*Brand* EGVVG Art. 1 Rn. 12). Der Umfang des Direktanspruchs richtet sich in jedem Fall nach dem jeweiligen Versicherungsverhältnis, wobei die Frage des hierauf anzuwendenden Rechts mittels einer temporalen Sonderanknüpfung nach den Art. 1 ff. zu ermitteln ist (so auch Prölss/Martin/*Armbrüster* EGVVG Art. 1 Rn. 6). Die Rechtsprechung sieht demgegenüber bisher § 115 VVG nF wohl als von Abs. 1 aber auch Abs. 2 erfasst an, sodass bei einem Altversicherungsfall eventuell überhaupt kein Direktanspruch besteht (OLG Nürnberg VersR 2013, 711; OLG Frankfurt a. M. VersR 2011, 390; LG Hannover BeckRS 2013, 10161).

Hinsichtlich der Geltung des § 213 VVG nF zur **Erhebung personenbezogener Daten** verhält es sich genau umgekehrt, sodass man unabhängig von der grundsätzlichen Auffassung zur temporalen Anknüpfung von vertragsfremden Umständen eigentlich zur Einbeziehung dieser Norm in das System des EGVVG kommen muss, da es sich richtig verstanden hier nicht um einen vertragsfremden Umstand handelt (Looschelders/Pohlmann/*Stagl/Brand* EGVVG Art. 1 Rn. 12 [dort Fn. 25]). Gleichwohl wird auch hierfür teilweise vertreten, dass diese Norm nur von Art. 12 Abs. 1 Satz 3 VVG-ReformG erfasst werde und insofern ab dem 1.1.2008 unbegrenzt gelte (Prölss/Martin/*Armbrüster* EGVVG Art. 1 Rn. 7; aA bspw. Langheid/Wandt/*Looschelders* EGVVG Art. 1 Rn. 6; HK-VVG/*Muschner* EGVVG Art. 1 Rn. 4). 9

Insofern wirkt sich der vorgezeichnete Meinungsstreit (→ Rn. 7) praktisch nahezu nur bei der Frage nach dem richtigen **Gerichtsstand** in der Übergangszeit und seitdem für Altversicherungsfälle aus. Richtig erscheint es hier mit der ehemals hM auch die Regelung zum Gerichtsstand als von Abs. 1 erfasst anzusehen, da auch diese einen unmittelbaren Bezug zu einem Versicherungsverhältnis aufweist. Hinsichtlich der zeitlichen Anwendung bei einem Altversicherungsfall ist dann jedoch im Hinblick auf den limitativen Wortlaut („insofern“) des Abs. 2 dessen Anwendbarkeit zu verneinen (so auch Bundesregierung in BT-Drs. 16/11480, 2 f.). Dies bedeutet, dass sich die Zuständigkeit seit dem 1.1.2009 auch bei Altverträgen ausschließlich nach § 215 VVG nF bestimmt (vgl. OLG München BeckRS 2015, 20891). Zum gleichen Ergebnis (außer für nur noch rechtshistorisch interessanten Klagen zwischen dem 1.1.2008 und dem 31.12.2008) wie hier kommt nunmehr auch der BGH, der § 215 als nicht von Abs. 1 und 2, sondern allein von Art. 12 Abs. 1 Satz 3 VVG-ReformG erfasst sieht (BGH VersR 2017, 1134). 10

4. Freiwillige Unterwerfung unter das VVG nF

Teilweise wurde vertreten, dass der VR trotz des **Abs. 1** in der Übergangszeit **nicht zwingend** das VVG aF anwenden musste, sondern zumindest günstigeres Recht nach dem VVG nF einseitig zur Anwendung bringen konnte (*Neuhaus* r+s 2007, 442; Looschelders/Pohlmann/*Stagl/Brand* EGVVG Art. 1 Rn. 16). Eine solche Möglichkeit bestand jedoch zumindest schon dann nicht, wenn unklar war, ob die neue Regelung für den VN günstiger war (Bruck/Möller/*Beckmann* Einf. A Rn. 91). Zudem hatten sich (in jedem Fall vor der Vertragsumstellung) zumindest die Belehrungs-, Form- und Kündigungserfordernisse nach dem alten Recht zu richten (Prölss/Martin/*Armbrüster* EGVVG Art. 1 Rn. 15). 11

III. Versicherungsfälle bei Altverträgen (Abs. 2)

1. Überblick und Regelungsgehalt

Während für einen Versicherungsfall unter einem Neuvertrag gemäß Art. 12 Abs. 1 Satz 3 VVG-ReformG ab dem 1.1.2008 das VVG nF gilt, würde Abs. 1 dazu führen, dass für sämtliche Versicherungsfälle unter einem Altvertrag bis zum 31.12.2008 das VVG aF, ab dem 1.1.2009 jedoch uneingeschränkt das VVG nF 12 zur Anwendung käme. Dies hätte für bereits in Gang gesetzte Versicherungsfälle den unerwünschten Effekt einer **echten Rückwirkung** des VVG nF, da sich bei Eintritt des Versicherungsfall bestehende Ansprüche und Verpflichtungen im Zeitpunkt der letzten mündlichen Verhandlung verändern könnten (Gesetzesbegründung BT-Drs. 16/3945, 118; vgl. Langheid/Wandt/*Looschelders* EGVVG Art. 1 Rn. 12). Insofern stellt **Abs. 2** eine **Ausnahme** zur Grundregel des Abs. 1 auf. Dieser ordnet an, dass ein Eintritt des Versicherungsfalls unter einem Altvertrag vor dem 1.1.2009 die **Anwendung des VVG aF** zur Abwicklung des Versicherungsfalls, nicht aber im Übrigen für den Vertrag, **versteinert.** Sofern ein Altversicherungsfall iSd Abs. 2 vorliegt, ist dieser vollständig – und mag sich dies über Jahrzehnte hinausziehen – auf Grundlage des VVG aF abzuwickeln (Looschelders/Pohlmann/*Stagl/Brand* EGVVG Art. 1 Rn. 17; Prölss/Martin/*Armbrüster* EGVVG Art. 1 Rn. 16; so wohl auch BGH VersR 2017, 1134; aA aber LG Potsdam VersR 2013, 1034 mit zurecht krit. Anm. *Mertens*).

13 Für all diejenigen Gerichte und Lehrmeinungen, die wie hier, den Abs. 1 weit auslegen und zumindest größtenteils auch vertragsfremde Umstände erfassen lassen (vgl. → Rn. 7 ff.), stellt sich im Anschluss die oben schon behandelte Frage, ob dies zwingend auch bedeutet, dass Abs. 2 diese Normen auch erfasst oder ob die Verwendung des Adverbs **insoweit** eine Begrenzung impliziert. Man wird richtiger Weise eine Begrenzung annehmen, sodass insbesondere § 215 nF zum Gerichtsstand aus diesem Grund nicht von Abs. 2 erfasst wird (vgl. → Rn. 10).

2. Eintritt des Versicherungsfalls

14 Abs. 2 erfasst nur Versicherungsfälle unter einem Altvertrag, die vor dem 31.12.2008 eingetreten sind (**Altversicherungsfälle**). Für Versicherungsfälle unter einem Altvertrag, die nach diesem Stichtag eintreten, gilt gemäß Abs. 1 ab dem 1.1.2009 uneingeschränkt das VVG nF (sofern sich nicht aus den anderen Normen des EGVVG punktuell etwas anderes ergibt).

15 Ob ein bestimmtes vor dem Stichtag eingetretenes **Ereignis als Versicherungsfall zu qualifizieren** ist (vgl. → VVG § 1 Rn. 6), richtet sich nach den maßgeblichen Bestimmungen des VVG aF und vor allem den jeweiligen AVB (HK-VVG/*Muschner* EGVVG Art. 1 Rn. 22; Langheid/Wandt/*Looschelders* EGVVG Art. 1 Rn. 13). Im Fall eines **gedehnten Versicherungsfalls** (vgl. → VVG § 1 Rn. 7) kommt es zur von Abs. 2 angeordneten Perpetuierung des VVG aF bereits dann, wenn der Eintritt des Versicherungsfalls bis zum 31.12.2008 begonnen hat (OLG Düsseldorf VersR 2010, 1354; *Höra* r+s 2008, 90; Staudinger/Halm/*Wendt* EGVVG Art. 1 Rn. 11; Prölss/Martin/*Armbrüster* EGVVG Art. 1 Rn. 16; aA Marlow/Spuhl/*Marlow* Rn. 1512).

16 Soweit ersichtlich bisher noch nicht behandelt ist die Frage, wie eine in einem Altvertrag enthaltene **Serienschadensklausel** übergangsrechtlich zu bewerten ist. Eine solche kann entweder vorsehen, dass alle zu einer Serie gehörenden Schäden zu einem einheitlichen Versicherungsfall zum Zeitpunkt des ersten Versicherungsfalls zusammengezogen werden (heute bspw. Ziff. 6.3 AHB 2016), oder aber fingieren, dass die Versicherungsfälle zwar selbständig bleiben, aber alle zum Zeitpunkt des ersten Versicherungsfalls stattgefunden haben (heute bspw. Ziff. 8.3 ProdHM 2015). Soweit der erste Versicherungsfall, auf den verklammert wird, vor dem 1.1.2009 eingetreten ist und die Serienschadensklausel unter Anwendung des VVG aF wirksam ist (ansonsten findet keine Verklammerung statt und für alle Versicherungsfälle ab dem 1.1.2009 gilt das VVG nF) spricht vieles dafür, zumindest im Fall der Zusammenziehung zu einem einheitlichen Versicherungsfall ausschließlich das VVG aF anzuwenden. Dies gilt auch für den Fall der fiktiven Vorverlegung des Eintrittsfalls durch eine Serienschadensklausel bei Beibehaltung selbständiger Versicherungsfälle. Zwar geht es hier vorrangig darum, dass die Versicherungssumme dieser Periode für die Serie als Deckungsgrenze zur Verfügung steht (vgl. Prölss/Martin/*Voit* ProdHM Ziff. 8 Rn. 3) und gerade nicht darum, dass eine Obliegenheitsverletzung für einen Versicherungsfall als solche für alle Versicherungsfälle gilt. Unter diesem Gesichtspunkt könnte man erwägen, die Fiktion hier eng auszulegen und für tatsächlich erst nach dem 1.1.2009 eintretende Versicherungsfälle das Obliegenheitenrecht des VVG nF anzuwenden. Dies verkennt jedoch, dass die Fiktion bewirkt, dass ein Serienschadensversicherungsfall auch zu einem Zeitpunkt eintreten kann und der Deckung unterfällt, zu dem der Versicherungsvertrag bereits gekündigt war; der VR hätte – wenn die Kündigung bis zum Ende des Jahres 2008 erfolgte – eventuell keine Möglichkeit die AVB an das VVG nF anzupassen. Insofern gilt auch für diese Versicherungsfälle grundsätzlich das VVG aF. In bestimmten Konstellationen wird man jedoch über eine Korrektur nach den Grundsätzen von Treu und Glauben nachdenken müssen.

Für **einseitige Gestaltungserklärungen,** durch die der VR nach dem 31.12.2008 einen Altvertrag anlässlich eines vor diesem Stichtag eingetretenen Versicherungsfalls rückwirkend beendet (das heißt insb. **Rücktrittserklärung** wegen vorvertraglicher **Anzeigepflichtverletzung**), gilt **Abs. 2 analog** (*Grote/Finkel* VersR 2009, 314 f.; Prölss/Martin/*Armbrüster* EGVVG Art. 1 Rn. 17b; Looschelders/Pohlmann/*Stagl/Brand* EGVVG Art. 1 Rn. 20; Langheid/Wandt/*Looschelders* EGVVG Art. 1 Rn. 14; aA Marlow/Spuhl/*Marlow* Rn. 231). Ob die Anzeigepflichtverletzung mit dem Versicherungsfall in einem kausalen Zusammenhang stehen muss, ist strittig. Die Instanzgerichte scheinen dies mehrheitlich mit einigen Vertretern der Lehre zu verneinen (LG Dortmund VersR 2010, 515; LG Frankfurt a. M. Urt. v. 12.5.2010 – 2–23 O 236/09; iErg wohl auch OLG Frankfurt a. M. VersR 2012, 1105; LG Aschaffenburg, Urt. v. 26.11.2010 – 32 O 32/10 [unveröffentlicht]; Langheid/Wandt/*Langheid* § 19 Rn. 207; HK-VVG/*Muschner* EGVVG Art. 1 Rn. 21). Richtig verstanden muss hier in der Tat keine Kausalität bestehen; der Umstand, auf den die Gestaltungserklärung gestützt wird, sollte aber anlässlich des entsprechenden Altversicherungsfalls entdeckt worden sein (vgl. *Grote/Finkel* VersR 2009, 315 die allerdings eine echte Kausalität der Anzeigepflichtverletzung und des Versicherungsfalls fordern). 17

3. Beweislast für den Zeitpunkt

Da der **Zeitpunkt des Versicherungsfalls** über die Maßgeblichkeit des anzuwendenden Rechts bestimmt, ist strittig, wen hierfür die **Beweislast** trifft. Teilweise wird dieses Problem dadurch umgangen, dass behauptet wird, es käme für Abs. 2 nicht auf den Zeitpunkt des Versicherungsfalleintritts, sondern den zumindest leichter zu beweisenden Zeitpunkt der Geltendmachung des Versicherungsfalls durch den Anspruchssteller an (Beckmann/Matusche-Beckmann HdB-VersR/*Rixecker,* 2. Aufl. 2009, § 46 Rn. 3 – jedoch nicht mehr in der aktuellen Auflage; *Müller-Frank* BUZaktuell 2/2007, 1.4). Dies lässt sich jedoch nicht mit dem Wortlaut der Norm in Einklang bringen. Teilweise wird vertreten, dass der VN als Anspruchsteller nicht nur den Eintritt, sondern eben auch den Zeitpunkt des Eintritts des Versicherungsfalls zu beweisen hat (*Neuhaus* r+s 2009, 312; HK-VVG/*Muschner* EGVVG Art. 1 Rn. 25). Dies verkennt jedoch, dass sich der VR 18 mit Abs. 2 auf eine Ausnahmeregel zu Abs. 1 beruft, was auch im Rahmen der Beweislast zu berücksichtigen ist, sodass diesen stets die volle Beweislast für den Eintritt des Versicherungsfalls vor dem 1.1.2009 trifft (OLG Oldenburg VersR 2012, 1501; *Grote/Finkel* VersR 2009, 312; Prölss/Martin/*Armbrüster* EGVVG Art. 1 Rn. 17a; wohl auch Marlow/Spuhl/*Marlow* Rn. 1513).

IV. Anpassung der AVB von Altverträgen (Abs. 3)

1. Überblick

19 Da gemäß Abs. 1 das VVG nF nach Ablauf der Übergangsfrist ab dem 1.1.2009 alle Altverträge erfasst, können AVB-Klauseln, die noch auf das VVG aF abgestimmt waren, nichtig werden. Um dieses Problem zu adressieren, wurde den VR in Abs. 3 ein Sonderanpassungsrecht in Form eines **gesetzlichen Rechts zur einseitigen Vertragsänderung** gewährt (HK-VVG/*Muschner* EGVVG Art. 1 Rn. 26; Langheid/Wandt/*Looschelders* EGVVG Art. 1 Rn. 17). Eine allgemeine Ersetzungsbefugnis des VR für unwirksame Vertragsbedingungen, wie sie zunächst angedacht wurde (VVG-Reformkomission, Abschlussbericht, S. 304 f.), wurde hingegen nicht aufgenommen.

20 Von der Anpassungsoption des Abs. 3 **nicht erfasst** werden im Hinblick auf § 209 VVG nF Verträge der See- und Rückversicherung (Prölss/Martin/*Armbrüster* EGVVG Art. 1 Rn. 20). Richtig verstanden können auch Verträge über **Großrisiken** und solche, die in der Form einer **laufenden Versicherung** geschlossen werden, für die § 210 VVG nF die Normen des VVG nF für dispositiv erklärt, auch nur insoweit über Abs. 3 angepasst werden, als eine alte Klausel nunmehr gegen den über § 307 Abs. 2 Nr. 1 BGB ausnahmsweise zu beachtenden und nicht-disponiblen Kerngehalt des VVG nF verstößt oder durch die Gesetzesänderung intransparent werden würde (vgl. *Honsel* VW 2008, 480).

21 Abs. 3 räumt dem VR **lediglich** eine **Option** ein, begründet jedoch trotz teilweise gegenläufiger Meinung, **keine Pflicht** zur Anpassung der alten AVB (vgl. zum Meinungsstand Prölss/Martin/*Armbrüster* EGVVG Art. 1 Rn. 26 ff.).

2. Voraussetzungen der Bedingungsanpassung

22 Die **wirksame Anpassung** der AVB stand unter **zwei Voraussetzungen:** nämlich erstens, dass die Anpassung im Hinblick auf die Veränderung der Rechtslage durch die VVG-Reform geboten war, und zweitens, dass die Mitteilung der Anpassung gegenüber dem VN frist-, inhalts- und formgerecht erfolgte.

23 **a) Abweichung vom VVG nF.** Eine Änderung der AVB ist nur dann und nur insoweit zulässig, als diese von den **Vorschriften des VVG nF abweichen,** also auf Grund einer Änderung des bisherigen Rechts **geboten** ist. Die Änderungsbefugnis ist insofern insbesondere dann eröffnet, wenn die Klausel gegen (halb-)zwingende Normen des VVG nF verstößt (Gesetzesbegründung BT-Drs. 16/3945, 118). Da jedoch das dispositive Recht als Leitbild in der AGB-Kontrolle dient, kann auch eine Abweichung von einer abgeänderten oder neu eingefügten dispositiven Norm des VVG nF eine Änderungsbefugnis implizieren (Langheid/Wandt/*Looschelders* EGVVG Art. 1 Rn. 18; Bruck/Möller/*Beckmann* Einf. A Rn. 97 f.).

24 Soweit eine **Klausel** schon **vor der Reform unwirksam oder umstritten** war und sich hieran durch die Norm des VVG nF nichts geändert hat, ist eine

Anpassung unter Abs. 3 nicht zulässig (Prölss/Martin/*Armbrüster* EGVVG Art. 1 Rn. 26; Looschelders/Pohlmann/*Stagl/Brand* EGVVG Art. 1 Rn. 25). Nicht geboten ist auch eine **vollständige Überarbeitung** der AVB (Langheid/Wandt/*Looschelders* EGVVG Art. 1 Rn. 19; Bruck/Möller/*Beckmann* Einf. A Rn. 85). Eine Änderung **zu Lasten des VN** ist grundsätzlich möglich (Beckmann/Matusche-Beckmann HdB-VersR/*Schneider* § 1a Rn. 50), wird aber nahezu nie geboten sein, da das VVG nF nur wenige (neue) zwingende Normen vorsieht und grundsätzlich eine Verbesserung der Stellung des VN bewirken wollte (Langheid/Wandt/*Looschelders* EGVVG Art. 1 Rn. 20).

b) Mitteilung. Soweit der VR von der Anpassungsbefugnis nach Abs. 3 Gebrauch machen wollte, war diese ausschließlich mit Wirkung zum 1.1.2009 als Fixtermin vorzunehmen (Gesetzesbegründung BT-Drs. 16/3945, 118), was dem VN auch mitzuteilen war. Abs. 3 sieht für die Mitteilung keine Höchst-, aber eine **Mindestfrist** vor, nach der die Mitteilung dem VN **bis** zum **30.11.2008 zugegangen** sein muss, wofür der **VR** die **Beweislast** trägt (*Neuhaus* r+s 2007, 445; Bruck/Möller/*Beckmann* Einf. A Rn. 103; Langheid/Wandt/*Looschelders* EGVVG Art. 1 Rn. 21; Staudinger/Halm/*Wendt* EGVVG Art. 1 Rn. 15). 25

Die Mitteilung muss im **Textform** iSd § 126b BGB erfolgen, sodass ein Hinweis auf die Internetpräsenz oder das Angebot, die geänderten AVB auf Aufforderung zu übersenden, nicht ausreichen (*Neuhaus* r+s 2007, 445; Looschelders/Pohlmann/*Stagl/Brand* EGVVG Art. 1 Rn. 24; vgl. vertiefend Langheid/Wandt/*Looschelders* EGVVG Art. 1 Rn. 21). 26

Hinsichtlich des Inhalts fordert Abs. 3 vom VR eine **Kenntlichmachung der Unterschiede.** Eine solche ist unstreitig dann gewahrt, wenn der VR die alten und die neuen AVB synoptisch aufbereitet (Gesetzesbegründung BT-Drs. 16/3945, 118; LG Dortmund VuR 2010, 319). Eine weitere Erläuterung der Unterschiede zwischen der alten und der neuen Regelung war bei diesem Vorgehen entbehrlich (*Maier/Stadler,* AKB 2008 und die VVG-Reform, 2008, S. 9). Wenn auch die Übermittlung einer **Synopse** der sicherste Weg war, so war er nicht der einzige (aA *Bauer* NJW 2008, 1497; im Ansatz auch *Franz* VersR 2008, 312). Ausreichend war vielmehr auch ein **Nachtrag,** soweit aus diesem für einen durchschnittlichen VN die Änderungen ohne größere Schwierigkeiten erkennbar und nachvollziehbar waren (Langheid/Wandt/*Looschelders* EGVVG Art. 1 Rn. 22; HK-VVG/*Muschner* EGVVG Art. 1 Rn. 34; Looschelders/Pohlmann/*Stagl/Brand* EGVVG Art. 1 Rn. 24). Bei der Erläuterung kann sich der VR jedoch nicht auf eine abstrakte Beschreibung der geänderten Rechtslage beschränken, sondern dem VN muss klar mitgeteilt werden, welche Bestimmungen in welcher Weise ersetzt werden (OLG Hamm VersR 2012, 1246; OLG Brandenburg r+s 2013, 24; Prölss/Martin/*Armbrüster* EGVVG Art. 1 Rn. 25). 27

3. Fehlende oder unwirksame Anpassung

Mit **Ablauf der Anpassungsfrist** kann eine einseitige Anpassung, soweit nicht eine andere gesetzliche oder vertragliche Anpassungsbefugnis greift und auch nicht gesperrt ist, **nur noch mit Zustimmung** des VN erfolgen (*Wagner* VersR 2008, 1194; Langheid/Wandt/*Looschelders* EGVVG Art. 1 Rn. 23; wohl auch Bruck/Möller/*Beckmann* Einf. A Rn. 105). 28

Dies wirft die Frage der **Rechtsfolge** einer fehlenden oder unwirksamen Anpassung auf. Die betreffende **AVB-Klausel** ist im Falle des Verstoßes gegen (halb-)zwingende oder bei starker Abweichung von zum Leitbild des Versiche- 29 rungsvertrages gehörenden Normen des VVG nF sowie im Fall der Intransparenz **unwirksam** (siehe bereits *Neuhaus* r+s 2007, 444; HK-VVG/*Muschner* EGVVG Art. 1 Rn. 27). Zur Lückenfüllung gilt in diesen Fällen wie allgemein das zwingende Gesetzesrecht (*Neuhaus* r+s 2007, 445).

30 Probleme bereitet die **Lückenfüllung** jedoch dann, wenn **keine gesetzliche Regelung,** die die Klausel ersetzen könnte, **vorhanden** ist. Dies betrifft insbesondere den Fall der **vertraglichen Obliegenheit.** Alte vertragliche Obliegenheiten sahen regelmäßig entsprechend dem Alles-oder-Nichts-Prinzip des VVG aF bei vorsätzlicher oder grob fahrlässiger Verletzung die vollständige Leistungsfreiheit des VR vor, was jedoch nunmehr eine negative Abweichung von § 28 Abs. 2 VVG nF darstellt und insofern ab dem 1.1.2009 zur Unwirksamkeit der Klausel führt. Das Problem besteht darin, dass § 28 VVG nF selbst keine Obliegenheit aufstellt, sondern nur die Grenzen einer vertraglichen Einigung statuiert, sodass nicht klar ist, ob diese Grenzen als Rechtsfolgen zur Lückenfüllung herangezogen werden können. Die Behandlung dieser Konstellation war in Rechtsprechung und Lehre stark umstritten (vgl. bspw. Looschelders/Pohlmann/*Stagl/Brand* EGVVG Art. 1 Rn. 32 ff.; Langheid/Wandt/*Looschelders* EGVVG Art. 1 Rn. 25 ff.). Für den Fall der negativen Abweichung hinsichtlich der Rechtsfolgen einer Verletzung einer vertraglichen Obliegenheit hat der 4. Zivilsenat des **BGH** die Frage geklärt. Nach dessen Ansicht führt der Verstoß dazu, dass die Lücke weder mit § 28 Abs. 2 Satz 2 VVG nF (über § 306 Abs. 2 BGB) noch über den Weg der ergänzenden Vertragsauslegung geschlossen werden könne (BGHZ 191, 159). Dies führt letztlich dazu, dass eine Obliegenheitsverletzung rechtsfolgenlos bleibt, sodass für solche AVB-Klauseln letztlich doch eine faktische Anpassungspflicht bzw. besser Anpassungsobliegenheit des VR bestand (hierzu Prölss/Martin/*Armbrüster* EGVVG Art. 1 Rn. 34 ff.). Diese Rechtsprechung des BGH ist jedoch (berechtigt) auf starke Kritik gestoßen (vgl. nur *Armbrüster* VersR 2012, 9; *Pohlmann* NJW 2012, 188) und andere Senate des BGH haben teilweise bei AGB von Autovermietern, bei denen § 28 VVG nF anwendbar war, eine konträre Stellung bezogen (BGH VersR 2011, 1524; BGH VersR 2012, 1573). Der Versicherungssenat hat an seiner Ansicht in einer Entscheidung im Jahr 2014 gleichwohl festgehalten (BGH r+s 2015, 347). Richtiger würde es jedoch erscheinen, aus dem Rechtsgedanken des § 28 Abs. 2 VVG nF die als zulässig angesehene Rechtsfolge dieser Norm zur Lückenfüllung heranzuziehen (vgl. mwN Prölss/Martin/*Armbrüster* EGVVG Art. 1 Rn. 37). Noch nicht gerichtlich geklärt ist der Fall einer vertraglichen Obliegenheit in AVB, die anordnen, dass die Rechtsfolge nach „Maßgabe des Versicherungsvertragsgesetzes" gelten soll (für eine Wirksamkeit, da ein verständiger VN dies als eine dynamische Verweisung auf die jeweils geltende Gesetzesfassung ansehen müsse bspw. → VVG § 28 Rn. 6; *Günther/Spielmann* VersR 2012, 551, aA Beckmann/Matusche-Beckmann HdB-VersR/*Marlow* § 13 Rn. 74a).

V. Fortgelten der Klagefrist (Abs. 4)

31 Das VVG nF hat die als unbillig empfundene (Römer/Langheid/*Römer,* 2. Aufl. 2003, VVG § 12 Rn. 32) **Klagefrist des § 12 Abs. 3 VVG aF** ersatzlos gestrichen. Nach dieser Norm verlor der Anspruchsberechtigte sämtliche Ansprüche, die er nicht vor Ablauf der sechsmonatigen Frist ab Zugang einer mit qualifizierter Belehrung versehenen Leistungsablehnung durch den VR gegen diesen gerichtlich geltend gemacht hatte. Abs. 4 bewirkt unmittelbar, dass eine vor dem 1.1.2008 in Gang gesetzte Frist auch über diesen Stichtag hinaus laufen konnte, nicht durch das Inkrafttreten des VVG nF gekappt wurde und hierdurch auch bis Mitte 2008 noch den Verlust der versicherungsvertraglichen Rechte bewirken konnte.

Jedoch ist das Verhältnis des Abs. 4 zu Abs. 1 und 2 bzw. *in concreto* die Frage, **bis zu welchem Zeitpunkt** eine **Fristsetzung** nach § 12 Abs. 3 VVG aF **zulässig** ist, strittig. Teilweise wurde vertreten, dass es im Hinblick auf den Vorrang des Abs. 2 zulässig sei, für einen von dieser Norm erfassten Altversicherungsfall zeitlich unbegrenzt (das heißt: noch über den 1.1.2009 hinaus) eine Klagefrist in Gang zu setzen (*Neuhaus* r+s 2007, 180; *Muschner* VersR 2008, 317; HK-VVG/*Muschner* 2. Aufl. 2011, EGVVG Art. 1 Rn. 61 ff.; aA aber in der 4. Aufl. 2019 Rn. 36). Die Instanzgerichte vertraten hingegen großteils die Auffassung, dass in dieser Konstellation der Abs. 1 Vorrang genieße, sodass für einen Versicherungsfall bei einem Altvertrag die Fristsetzung zwar über den 1.1.2008, aber nicht über den 31.12.2008 hinaus möglich war (OLG Köln VersR 2011, 383 [aA aber bereits damals OLG Köln VersR 2011, 1123]; OLG Koblenz VersR 2011, 1554; LG Dortmund VersR 2010, 193; LG Dortmund VersR 2010, 196; LG Köln VersR 2010, 611; LG München r+s 2010, 317). Dem sind jedoch der BGH und die hLit entgegengetreten, die richtig jede Fristsetzung (auch für Altversicherungsfälle) nach dem 1.1.2008 auf Grund des *lex specialis*-Sperrwirkung des Abs. 4 für unzulässig halten (BGH VersR 2012, 470; r+s 2012, 235; OLG Düsseldorf BeckRS 2012, 07550; *Uyanik* VersR 2008, 470; Prölss/Martin/*Armbrüster* EGVVG Art. 1 Rn. 46; Looschelders/Pohlmann/*Stagl/Brand* EGVVG Art. 1 Rn. 40 ff.; Langheid/Wandt/*Looschelders* EGVVG Art. 1 Rn. 29; Bruck/Möller/*Beckmann* Einf. A Rn. 115; Marlow/Spuhl/*Spuhl* Rn. 18). **32**

Auch insoweit eine Verfristung nicht auf § 12 Abs. 3 VVG aF, sondern eine diesen **nachbildende AVB** gestützt wird, konnte die Frist nur bis zum 31.12.2007 in Gang gesetzt werden (aA vor allem *Neuhaus* r+s 2007, 180); ab dem 1.1.2008 ist diese Regelung entweder auf Grund der Anwendung des Günstigkeitsprinzips nach Art. 3 Abs. 2 und 3 gegenstandslos (*Uyanik* VersR 2008, 470) oder gemäß § 307 Abs. 2 Nr. 1 BGB wegen eines Verstoßes gegen einen wesentlichen Grundgedanken der gesetzlichen Regelung nichtig (Marlow/Spuhl/*Spuhl* Rn. 19) geworden. **33**

Art. 2 Vollmacht des Versicherungsvertreters, Krankenversicherung

Auf Altverträge sind die folgenden Vorschriften des Versicherungsvertragsgesetzes bereits ab 1. Januar 2008 anzuwenden:

1. **die §§ 69 bis 73 über die Vertretungsmacht des Versicherungsvertreters und der in § 73 erfassten Vermittler;**
2. **die §§ 192 bis 208 für die Krankenversicherung, wenn der Versicherer dem Versicherungsnehmer die auf Grund dieser Vorschriften geänderten Allgemeinen Versicherungsbedingungen und Tarifbestimmungen unter Kenntlichmachung der Unterschiede spätestens einen Monat vor dem Zeitpunkt in Textform mitgeteilt hat, zu dem die Änderungen wirksam werden sollen.**

I. Überblick

1 Nach Ansicht des Reformgesetzgebers waren für **bestimmte Vorschriften** des neuen VVG **Übergangsvorschriften** auch in Bezug auf Altverträge **entbehrlich** (Gesetzesbegründung BT-Drs. 16/3945, 118), sodass entgegen der Grundregel des Art. 1 Abs. 1 diese uneingeschränkt ab dem 1.1.2008 gelten.

II. Vertretungsmacht des Versicherungsvertreters (Nr. 1)

2 Nr. 1 erfasst Versicherungsvertreter, die gewerbliche Handelsvertreter sind, sowie auch alle in § 73 VVG nF genannten Angestellten des VR und nicht gewerbsmäßigen Vermittler. Deren **Vertretungsmacht** richtet sich nicht nur hinsichtlich von Neuverträgen (dies ergibt sich bereits aus Art. 1 Abs. 1 bzw. Art. 12 Abs. 1 Satz 3 VVG-ReformG), sondern gem. Nr. 1 auch von weiterhin **betreuten Altverträgen** bereits ab dem 1.1.2008 einheitlich nach §§ 69–73 VVG nF (zur Sachgerechtheit dieser Regel bspw. Beckmann/Matusche-Beckmann VersR-HdB/*Schneider* § 1a Rn. 48).

III. Sonderregelungen für die PKV (Nr. 2)

3 Der Regelungsgehalt der Nr. 2 ergibt sich nicht eindeutig aus dem **Wortlaut.** Entgegen der **missverständlichen** Formulierung („sind anzuwenden, *wenn*"), sieht die Norm zum einen eine besondere Übergangsvorschrift für die §§ 192–208 VVG nF und zum anderen ein getrenntes Sonderbedingungsanpassungsrecht in der privaten Krankenversicherung vor.

4 Ab dem 1.1.2008 gelten für alle Altverträge in der privaten Krankenversicherung die §§ 192–208 VVG nF. Der Gesetzgeber betrachtete eine **Übergangszeit** iSd Art. 1 Abs. 1 im Rahmen der privaten Krankenversicherung als **schädlich,** da Neu- und Altverträge zum Schutze der Versicherten und zur Sicherstellung der dauernden Erfüllung gemeinsam beobachtet und kalkuliert werden sollten (Gesetzesbegründung BT-Drs. 16/3945, 119). Zudem sei die Belastung für die VR gering, da sich die Rechtslage nur geringfügig geändert habe (Gesetzesbegründung BT-Drs. 16/3945, 118 f.), was jedoch mit der Änderung der §§ 192–208 VVG nF durch das WSG-GKG nicht mehr zutraf, ohne dass Art. 2 Nr. 2 angepasst worden wäre (Prölss/Martin/*Armbrüster* EGVVG Art. 2 Rn. 3; Looschelders/Pohlmann/*Stagl/Brand* EGVV Art. 2 Rn. 3). Diese **Geltung** steht auch nicht unter der Bedingung, dass der VR **von** seinem **Anpassungsrecht** rechtswirksam Gebrauch macht (so aber wohl neben dem Wortlaut der Norm auch Gesetzesbegründung BT-Drs. 16/3945, 119), sondern ist hiervon **unabhängig,** um die Geltung des neuen Rechts nicht in das Belieben des VR zu stellen (Bruck/Möller/*Beckmann* Einf. A Rn. 128; Beckmann/Matusche-Beckmann VersR-HdB/*Schneider* § 1a Rn. 51; Looschelders/Pohlmann/*Stagl/Brand* EGVVG Art. 2 Rn. 5; Staudinger/Halm/Wendt/*Wendt* EGVVG Art. 2 Rn. 5; Langheid/Wandt/*Looschelders* EGVVG Art. 2 Rn. 4; aA wohl nur HK-VVG/*Muschner* EGVVG Art. 2 Rn. 3). Diese **vorgezogene Geltung** betrifft ausschließlich die enumerierten Normen und erfasst auch beim Krankenversicherungsaltvertrag **nicht** die **anderen** (allgemeinen) **Normen des VVG** (Looschelders/Pohlmann/*Stagl/Brand* EGVVG Art. 2 Rn. 4), sodass es im Jahr 2008 zu einer Rechtsspaltung für Altver-

träge kam (kritisch hierzu Beckmann/Matusche-Beckmann VersR-HdB/*Schneider* § 1a Rn. 51 aE).

Um es den Krankenversicherern zu ermöglichen, ihre AVB auf die ab dem 1.1.2008 geltenden §§ 192–208 VVG nF umzustellen, sieht Nr. 2 ein **Bedingungsanpassungsrecht** vor. Dieses erlaubt eine Anpassung mit Wirkung zum 1.1.2008 – ob dieses Anpassungsrecht nur bis zu diesem Tag ausgeübt werden konnte, geht anders als bei Art. 1 Abs. 3 (vgl. → EGVVG Art. 1 Rn. 25) nicht klar aus der Norm hervor, sodass man systematisch wohl davon ausgehen muss, dass das Recht grundsätzlich noch bis zum 1.1.2009 (also dem Stichtag des allgemeinen Anpassungsrechts nach Art. 1 Abs. 3) ausgeübt werden konnte. Sachlich bestand das Anpassungsrecht nur, soweit eine Anpassung an §§ 192–208 VVG nF geboten war, sodass eine Anpassung an die übrigen Neuregelungen des VVG (bspw. Obliegenheitenrecht) erst mit Wirkung zum 1.1.2009 unter Art. 1 Abs. 3 erfolgen konnte (*Höra* r+s 2008, 95; HK-VVG/*Muschner* EGVVG Art. 2 Rn. 4). Zur Ausübung des Anpassungsrecht vgl. → EGVVG Art. 1 Rn. 25 ff. **5**

Es ist streitig, ob über dieses Anpassungsrecht der Nr. 2 auch ein **Verbot der Übermaßvergütung** entsprechend § 192 Abs. 2 VVG aufgenommen werden konnte. Da § 192 Abs. 2 VVG wie alle anderen genannten Normen ab dem 1.1.2008 auch für Altverträge gilt (vgl. Looschelders/Pohlmann/*Stagl*/*Brand* EGVV Art. 2 Rn. 4, 6), muss es dem VR insoweit auch möglich sein, obgleich es sich hier um eine dispositive (bzw. klarstellende) Regel handelt (vgl. → EGVVG Art. 1 Rn. 23), seine AVB anzupassen, um dies in der entsprechenden Klausel transparent werden zu lassen (so bspw. Marlow/Spuhl/*Marlow* Rn. 1286, 1523; Looschelders/Pohlmann/*Stagl*/*Brand* EGVVG Art. 2 Rn. 6; Langheid/Wandt/*Boetius* VVG vor § 192 Rn. 1215; HK-VVG/*Muschner* EGVVG Art. 2 Rn. 6 [anders noch in der 1. Aufl. 2009 Rn. 5]; aA Staudinger/Halm/*Wendt* EGVVG Art. 2 Rn. 6). Hiervon nicht gedeckt war jedoch eine Anpassung der AVB dahingehend, dass ein Verbot der Übermaßbehandlung (*nota bene:* nicht Übermaßvergütung) im Sinne eines allgemeinen Wirtschaftlichkeitsgebots hätte aufgenommen werden können (so bereits Gesetzesbegründung BT-Drs. 16/3945, 110; Looschelders/Pohlmann/*Stagl*/*Brand* EGVVG Art. 2 Rn. 6). **6**

Art. 3 Verjährung

(1) **§ 195 des Bürgerlichen Gesetzbuchs ist auf Ansprüche anzuwenden, die am 1. Januar 2008 noch nicht verjährt sind.**

(2) **Wenn die Verjährungsfrist nach § 195 des Bürgerlichen Gesetzbuchs länger ist als die Frist nach § 12 Abs. 1 des Gesetzes über den Versicherungsvertrag in der bis zum 31. Dezember 2007 geltenden Fassung, ist die Verjährung mit dem Ablauf der in § 12 Abs. 1 des Gesetzes über den Versicherungsvertrag in der bis zum 31. Dezember 2007 geltenden Fassung bestimmten Frist vollendet.**

(3) **Wenn die Verjährungsfrist nach § 195 des Bürgerlichen Gesetzbuchs kürzer ist als die Frist nach § 12 Abs. 1 des Gesetzes über den Versicherungsvertrag in der bis zum 31. Dezember 2007 geltenden Fassung, wird die kürzere Frist vom 1. Januar 2008 an berechnet. Läuft jedoch die längere Frist nach § 12 Abs. 1 des Gesetzes über den Versicherungsvertrag in der bis zum 31. Dezember 2007 geltenden Fassung früher als die Frist**

nach § 195 des Bürgerlichen Gesetzbuchs ab, ist die Verjährung mit dem Ablauf der längeren Frist vollendet.

(4) **Die Absätze 1 bis 3 sind entsprechend auf Fristen anzuwenden, die für die Geltendmachung oder den Erwerb oder Verlust eines Rechtes maßgebend sind.**

I. Überblick

1 Das VVG nF sieht anders als früher keine selbständigen Verjährungsvorschriften, sondern nur noch einen speziellen Hemmungstatbestand (§ 15 VVG nF) vor. Durch Art. 3, der dem in der Schuldrechtsreform erlassenen Art. 229 § 6 EGBGB nachgebildet ist (Gesetzesbegründung BT-Drs. 16/3945, 119), sollen **nicht verjährte Ansprüche** aus Altverträgen möglichst **zügig** dem **neuen Verjährungsregime** unterstellt werden unter gleichzeitigem Vorsehen eines **gleitenden Übergangs laufender Fristen** (*Schneider* VersR 2008, 863). Ein möglichst baldiger Gleichlauf soll ferner (Abs. 4) für sonstige Fristen erreicht werden.

II. Grundregel (Abs. 1)

2 Für bestimmte **erfasste Ansprüche** aus Altverträgen – für Ansprüche aus Neuverträgen gilt gemäß Art. 12 Abs. 1 Satz 3 VVG-ReformG das VVG nF (und damit das Verjährungsregime des BGB) ohne Rückgriff auf das EGVVG – ordnet Abs. 1 die Geltung einer einheitlichen **dreijährigen Verjährungsfrist** nach **§ 195 BGB** an. Unstreitig ist hierbei, dass diese Norm nur Ansprüche erfasst, die noch nicht verjährt sind (Gesetzesbegründung BT-Drs. 16/3945, 119; Prölss/Martin/*Armbrüster* EGVVG Art. 3 Rn. 1). Ansprüche, die bereits vor dem Stichtag am 1.1.2008 nach der kürzeren zweijährigen Verjährungsfrist nach § 12 Abs. 1 VVG aF verjährt sind, bleiben verjährt. Streitig ist hingegen, ob der Anspruch zum Stichtag bereits entstanden oder gar fällig sein muss. Das OLG München hat hier vertreten, dass Abs. 1 (nicht aber Abs. 2 und 3) auch solche Ansprüche aus Altverträgen erfasse, die erst nach dem Stichtag entstehen (OLG München VersR 2013, 1245; iErg so schon die Vorinstanz LG München I BeckRS 2014, 9681; aber abgeändert durch BGH VersR 2014, 735). Ein Normvergleich zu Art. 229 § 6 EGBGB legt es jedoch nah, dass Abs. 1 zumindest unmittelbar lediglich solche **Ansprüche** erfasst, die **vor dem 1.1.2008 entstanden** sind, wobei die Fälligkeit der Forderung auch erst nach dem Stichtag eingetreten sein kann (BGH VersR 2014, 735; so letztlich bereits Gesetzesbegründung BT-Drs. 16/3945, 119 [„bestehende Ansprüche"]; s. auch Looschelders/Pohlmann/*Stagl*/*Brand* EGVVG Art. 3 Rn. 2; Neuhaus r+s 2007, 444 [dieser fordert allerdings nicht nur das Entstehen, sondern bereits Fälligkeitseintritt vor dem Stichtag]).

3 Fraglich ist dann allerdings die Behandlung von **Ansprüchen aus Altverträgen,** die erst **nach dem 1.1.2008 entstanden** sind. Auf diese könnte entweder über Art. 1 Abs. 1 bzw. Abs. 2 die alte Verjährungsfrist des § 12 Abs. 1 VVG aF gelten oder aber über eine analoge Anwendung des Art. 3 Abs. 1–3 das angepasste Verjährungsregime (jeweils offengelassen BGH VersR 2014, 735 OLG Hamm BeckRS 2015, 20037; zur zweiten Ansicht tendierend OLG Düsseldorf, Beschluss vom 29.9.2014 – I-4 U 62/13 [unveröffentlicht]). Richtig erscheint hier eine **analoge Heranziehung** (wie dies auch unter Art. 229 § 6 Abs. 1 Satz 1 EGBGB

für vergleichbare Konstellationen die Praxis ist), um auch in diesen Fällen der differenzierenden Regelung der Abs. 2 und 3 zum Durchbruch zu verhelfen (so auch Prölss/Martin/*Armbrüster* EGVVG Art. 3 Rn. 2; HK-VVG/*Muschner* EGVVG Art. 3 Rn. 5; Beckmann/Matusche-Beckmann VersR-HdB/*Schneider* § 1a Rn. 54; tendenziell auch Bruck/Möller/*Beckmann* Einf. A Rn. 121).

Unklar ist, **wann** die dreijährige **Verjährungsfrist** des § 195 BGB **zu laufen beginnt.** Da Abs. 1 nur auf § 195 BGB und nicht auf § 199 BGB verweist, wird teilweise vertreten, dass insoweit auf § 12 Abs. 1 Satz 2 VVG aF abzustellen sei (Beckmann/Matusche-Beckmann VersR-HdB/*Schneider* § 1a Rn. 54; *Muschner/Wendt* MDR 2008, 612; Staudinger/Halm/Wendt/*Wendt* EGVVG Art. 3 Rn. 3; früher auch HK-VVG/*Muschner*, 2. Aufl. 2011, EGVVG Art. 3 Rn. 4; aufgegeben HK-VVG/*Muschner* EGVVG Art. 3 Rn. 4). Die Gegenauffassung vertritt hingegen, dass ein systematischer Vergleich zu Art. 229 § 6 Abs. 1 Satz 2 EGBGB, der für den Fristenbeginn (sowie die Hemmung, Ablaufhemmung und den Neubeginn) explizit die Geltung des BGB aF für Ereignisse vor dem Stichtag anordnet, eine Anwendung des § 199 BGB erfordert, da eine solche Regelung im Art. 3 Abs. 1 fehlt (Looschelders/Pohlmann/*Stagl*/*Brand* EGVVG Art. 3 Rn. 3; Prölss/Martin/*Armbrüster* EGVVG Art. 3 Rn. 2). Dieser Erklärungsansatz verkennt bei seinem Vergleich jedoch, dass unter Art. 229 § 6 Abs. 1 EGBGB eine solche Regelung notwendig ist, da dessen Satz 1 gerade das gesamte neue Verjährungsrecht für Altansprüche für anwendbar erklärt. Art. 3 Abs. 1 erklärt hingegen lediglich § 195 BGB für anwendbar, sodass eine solche Regelung wie Art. 229 § 6 Abs. 1 Satz 2 EGBGB *prima facie* überflüssig erscheint. Im Ergebnis ist dieser Auffassung gleichwohl zuzustimmen. Würde man Abs. 1 so verstehen, dass hinsichtlich des Verjährungsbeginns und der Hemmung für die Regelverjährungsvorschrift nach § 195 BGB das VVG aF gilt, so wäre zumindest Abs. 2 fehlerhaft formuliert. Durch die gewählte Konditionalkonstruktion, die mit der Konjunktion „wenn" eingeleitet wird, impliziert Abs. 2, dass Fälle denkbar sind, in denen die kürzere Frist des § 12 Abs. 1 VVG aF später abläuft als die des Abs. 1, was jedoch nicht denkbar wäre, wenn man für den Fristbeginn (und die Hemmung) für beide Fristen unbeschränkt auf das VVG aF abstellt. Insofern gilt für den Verjährungsbeginn unter Abs. 1 immer § 199 BGB und auch ansonsten ist dieser so zu lesen, dass nicht nur auf § 195 BGB, sondern auch auf die hiermit verknüpften Verjährungsvorschriften verwiesen wird (so ohne Begründung letztlich auch OLG Hamm NJOZ 2012, 135). 4

Der **Ablauf der Verjährungsfrist** bestimmt sich nach § 188 Abs. 2 BGB, die **Hemmung** nach § 15 VVG nF (Looschelders/Pohlmann/*Stagl*/*Brand* EGVVG Art. 3 Rn. 4). Auch die **Höchstfristen** des § 199 Abs. 4 BGB greifen (Looschelders/Pohlmann/*Stagl*/*Brand* EGVVG Art. 3 Rn. 4; HK-VVG/*Muschner* EGVVG Art. 3 Rn. 11; was für diesen zumindest im Hinblick auf die dort früher vertretene Ansicht zur Auslegung des Fristenbeginns inkonsequent war, vgl. hierzu → Rn. 4). 5

III. Maßgeblichkeit der kürzeren Frist (Abs. 2 und 3)

Abs. 2 und 3 wurden eingeführt, da der historische Gesetzgeber **Verjährungsfristen nicht verlängern** wollte (Beckmann/Matusche-Beckmann VersR-HdB/*Schneider* § 1a Rn. 55). **Abs. 2** erfasst alle Ansprüche, die nicht eine Lebens- oder Berufsunfähigkeitsversicherung betreffen, und ordnet an, dass auf die kürzere Frist 6 des § 12 Abs. 1 VVG aF abzustellen ist, wenn diese vor der neuen Regelverjährung nach Abs. 1 abläuft. Für den Fristenvergleich ist die Frist nach § 12 Abs. 1 VVG aF hinsichtlich Fristenbeginn und Hemmung nach der Rechtlage vor dem 1.1.2008, die Frist des Abs. 1 hingegen nach dem neuen Verjährungsregime zu berechnen. Auch der auf Ansprüche aus der Lebens- oder Berufsunfähigkeitsversicherung anwendbare **Abs. 3** bestimmt die kürzere Frist für maßgeblich. Hier besteht allerdings für den Fristenvergleich die Besonderheit, dass die Frist des Abs. 1 nicht ab dem Fristbeginn nach § 199 BGB, sondern ab dem Stichtag am 1.1.2008 berechnet wird (soweit zu diesem Zeitpunkt Fälligkeit bereits vorlag; ansonsten müsste man im Falle der analogen Anwendung der Abs. 1–3 [vgl. → Rn. 3] ab dem tatsächlichen Fälligkeitszeitpunkt nach dem Stichtag berechnen). Soweit diese Frist früher abläuft, ist auf diesen Zeitpunkt der Verjährung, ansonsten auf den nach § 12 Abs. 1 VVG aF abzustellen.

IV. Entsprechende Anwendung auf andere Fristen (Abs. 4)

7 Abs. 4 ordnet für **Fristen,** die auf den **Erwerb, Verlust oder die Geltendmachung eines Rechts** anwendbar sind, eine **entsprechende Anwendung** der Abs. 1–3 an. Dies bedeutet zunächst, dass für eine solche Frist, wenn sie am 1.1.2008 in Gang gesetzt ist, die Frist des VVG nF gilt. Daneben wird aber auch das Günstigkeitsprinzip der Abs. 2–3 angewandt. Dies führt beispielsweise dazu, dass für die Frist der Geltendmachung einer Gefahrerhöhung in der LV grundsätzlich die Fünfjahresfrist des § 158 Abs. 2 VVG nF gilt und die Zehnjahresfrist des § 164 Abs. 2 VVG aF nur greift, wenn diese früher abläuft (Gesetzesbegründung BT-Drs. 16/3945, 119), wobei die neue Frist für den Fristenvergleich entsprechend Abs. 3 Satz 1 ab dem 1.1.2008 berechnet wird (Langheid/Wandt/*Looschelders* EGVVG Art. 3 Rn. 5).

8 Gleiches gilt auch für die Frist des **Sonderkündigungsrechts** des VN nach § 11 Abs. 4 VVG nF, wobei diese Frist auch schon im alten VVG drei Monate betrug (§ 8 Abs. 3 Satz 1 VVG aF; vgl. Prölss/Martin/*Armbrüster* EGVVG Art. 3 Rn. 4). Streitig ist hierbei jedoch, ob Abs. 4 auch die „Frist" der Höchstlaufzeit für Verträge erfasst. Nach richtiger Ansicht ist dies nicht der Fall, sodass Art. 1 Abs. 1 greift und mithin das Sonderkündigungsrecht des VN bei einem Versicherungsvertrag mit fünfjähriger Laufzeit bis zum 31.12.2008 nur zum Schluss des fünften, ab dem 1.1.2009 aber zum Schluss des dritten Jahres gekündigt werden kann (LG Berlin VersR 2013, 1116; Prölss/Martin/*Armbrüster* EGVVG Art. 3 Rn. 4 mwN auch zur Gegenansicht).

9 **Auf erstmalig** durch das VVG nF **eingeführte Fristen** – wie die Ausschlussfrist des § 21 Abs. 3 Satz 1 VVG nF – ist Abs. 4 **nicht anwendbar** (Gesetzesbegründung BT-Drs. 16/3945, 119; *Neuhaus* r+s 2007, 444). Für die **Klagefrist** greift Abs. 4 schon deshalb nicht, da diese durch die speziellere intertemporale Norm des Art. 1 Abs. 4 erfasst wird (vgl. → EGVVG Art. 1 Rn. 31 ff.).

Art. 4 Lebensversicherung, Berufsunfähigkeitsversicherung

(1) **§ 153 des Versicherungsvertragsgesetzes ist auf Altverträge nicht anzuwenden, wenn eine Überschussbeteiligung nicht vereinbart worden ist. Ist eine Überschussbeteiligung vereinbart, ist § 153 des Versicherungs-**

vertragsgesetzes ab dem 1. Januar 2008 auf Altverträge anzuwenden; vereinbarte Verteilungsgrundsätze gelten als angemessen.

(2) **Auf Altverträge ist anstatt des § 169 des Versicherungsvertragsgesetzes, auch soweit auf ihn verwiesen wird, § 176 des Gesetzes über den Versicherungsvertrag in der bis zum 31. Dezember 2007 geltenden Fassung weiter anzuwenden.**

(3) **Auf Altverträge über eine Berufsunfähigkeitsversicherung sind die §§ 172, 174 bis 177 des Versicherungsvertragsgesetzes nicht anzuwenden.**

I. Überblick

Für einige besonders sensible Bereiche (*Neuhaus* r+s 2007, 443; Langheid/Wandt/*Looschelders* EGVVG Art. 4 Rn. 1) der Lebens- und der Berufsunfähigkeitsversicherung sieht Art. 4 spezielle Übergangsvorschriften vor. 1

II. Übergangsvorschriften in der Lebensversicherung

1. Überschussbeteiligung (Abs. 1)

Gerade auch in dem Willen, die Entscheidungen des BVerfG zur Überschussbeteiligung (BVerfGE 114, 1; BVerfGE 114, 73) fristgerecht umzusetzen (Gesetzesbegründung BT-Drs. 16/3945, 54, 119), erklärt Abs. 1 Satz 2 den **§ 153 VVG** nF bereits **ab** dem **1.1.2008** für anwendbar, sodass grundsätzlich eine **Gleichbehandlung** von **Alt- und Neuverträgen** entsteht. 2

Hierdurch werden jedoch solche Altverträge, in denen keine Überschussbeteiligung vereinbart wurde, nicht zu überschussbeteiligten Verträgen (S. 1); vielmehr bleibt bei solchen Altverträgen § 153 VVG nF sowohl in der Übergangsphase als auch nach dem 31.12.2008 unanwendbar (Gesetzesbegründung BT-Drs. 16/3945, 119; BGH VersR 2015, 433; *ders.* VersR 2016, 1236; *Neuhaus* r+s 2007, 443; Prölss/Martin/*Armbrüster* EGVVG Art. 4 Rn. 2). Zu einer vorgezogenen **Anwendbarkeit des § 153 VVG nF** kommt es also **nur für Altverträge mit einer vereinbarten Überschussbeteiligung** (OLG Stuttgart VersR 2020, 405). Dies dürfte auf die meisten Altverträge zutreffen, da eine Überschussbeteiligung typischerweise vereinbart war (siehe bspw. § 2 der GDV-Musterbedingungen 2006; dies trifft selbst auf den Altbestand der Verträge vor dem 29.7.1994 zu: vgl. § 16 ALB 86). 3

Die Übergangsregel greift jedoch auch bei Vorliegen eines solchen Altvertrages dann nicht, wenn dieser bereits vor dem 1.1.2008 abgewickelt oder zumindest fällig gestellt wurde (Schwintowski/Brömmelmeyer/*Ortmann*/*Rubin* VVG § 153 Rn. 5; HK-VVG/*Muschner* EGVVG Art. 4 Rn. 5). Art. 4 Abs. 1 erklärt die Anwendbarkeit des § 153 VVG nF für Altverträge gerade **nur für die Zukunft** (ab dem 1.1.2008) und **greift nicht in abgeschlossene kalkulatorische Vorgänge ein** (Gesetzesbegründung BT-Drs. 16/3945, 119). Insbesondere auch um einen solchen Eingriff zu vermeiden, bestimmt Abs. 2 Satz 2 Hs. 2, dass die in Altverträgen **vereinbarten Verteilungsgrundsätze** als **angemessen** gelten. Hiervon unberührt ist die Frage, ob diese Vereinbarung der Verteilungsgrundsätze insb. AGB-rechtlich wirksam ist (Looschelders/Pohlmann/*Stagl*/*Brand* EGVVG Art. 4 Rn. 5); im abweichenden Fall wäre die Beteiligung doch nach einem verursachungsorientierten Verfahren durchzuführen. 4

5 Über § 153 Abs. 3 VVG nF besteht ab dem 1.1.2008 auch ein Anspruch auf **Beteiligung an den Bewertungsreserven.** Im Hinblick auf die gesetzgeberische Intention, die Wirkung des § 153 VVG nF nur zukunftsgerichtet und ohne Eingriff in abgeschlossene kalkulatorische Vorgänge anzuordnen, ist nur der ab dem 1.1.2008 eintretende Zuwachs an Bewertungsreserven von Abs. 1 Satz 2 erfasst (so trotz verbleibender Unklarheit die wohl allgM; vgl. *Mudrack* ZfV 2007, 45; *ders.* ZfV 2008, 543 f.; Prölss/Martin/*Armbrüster* EGVVG Art. 4 Rn. 3; Staudinger/Halm/Wendt/*Wendt* EGVVG Art. 4 Rn. 4; Marlow/Spuhl/*Grote* Rn. 1041 stellt klar, dass die meisten VR sich entschlossen haben, aus Vereinfachungsgründen alle vorhandenen Bewertungsreserven heranzuziehen). Problematisch stellt sich die Beteiligung an den Bewertungsreserven bei einem Versicherungsfall oder einer Kündigung im Jahr 2008 dar. Bei einem Versicherungsfall durch Tod oder Ablauf des Vertrages könnte Art. 1 Abs. 2 vorrangig greifen, sodass das VVG aF ohne Beteiligung an den Bewertungsreserven zur Anwendung käme, bei einer Kündigung könnte Art. 4 Abs. 2 den Vorrang genießen, sodass auf Grund der Nichtanwendbarkeit des § 169 VVG nF auch der Verweis auf § 153 Abs. 3 Satz 2 VVG nF entfiele (für einen Vorrang des Art. 4 Abs. 1 und damit eine Beteiligung an den Bewertungsreserven: Prölss/Martin/*Armbrüster* EGVVG Art. 4 Rn. 8; Looschelders/Pohlmann/*Stagl/Brand* EGVVG Art. 4 Rn. 4, 7 [allerdings nur gegenüber Art. 1 Abs. 2, nicht gegenüber Art. 4 Abs. 2]; dagegen: *Mudrack* ZfV 2008, 545; Marlow/Spuhl/*Grote* Rn. 1034 f.; offengelassen HK-VVG/*Muschner* EGVVG Art. 4 Rn. 6). Im Hinblick darauf, dass nach hier vertretener Auffassung nur Bewertungsreserven ab dem 1.1.2008 einzubeziehen sind und Art. 153 Abs. 3 Satz 1 VVG nF nur eine jährliche Ermittlung vorschreibt und die meisten VR zum 31.12. bilanzieren (*Mudrack* ZfV 2008, 545), hat dieser Meinungsstreit bestenfalls geringe Auswirkungen.

6 Bei **Verträgen mit Pensionskassen,** die eine Überschussbeteiligung vorsehen, kommt es zu dem Problem, dass Abs. 1 ab dem 1.1.2008 die Anwendbarkeit des § 153 VVG nF erklärt, § 211 Abs. 2 Nr. 2 VVG nF, der unter bestimmten Bedingungen eine Ausnahme von der Anwendung des § 153 nF erklärt, jedoch gemäß Art. 1 Abs. 1 erst ab dem 1.1.2009 für Altverträge gilt. Hierdurch würde man zu einer gesetzgeberisch nicht gewollten zwingenden Anwendung des § 153 nF auf Pensionskassen kommen. Die Auslassung von § 211 Abs. 2 Nr. 2 VVG nF in Art. 4 Abs. 1 erscheint insofern als Redaktionsversehen und ist zu korrigieren, indem auch diese Norm als ab dem 1.1.2008 anwendbar angesehen wird (*Franz* VersR 2008, 312; Prölss/Martin/*Armbrüster* EGVVG Art. 4 Rn. 4; wohl auch Looschelders/Pohlmann/*Stagl/Brand* EGVVG Art. 4 Rn. 6 die meinen, dass Abs. 1 „analog für Versicherungsverträge mit Pensionskassen" gelte).

2. Frühstornofälle (Abs. 2)

7 Für Fälle der Kündigung und Prämienfreistellung unter **Altverträgen** erklärt Abs. 2 den **§ 169 VVG nF** für **dauerhaft nicht anwendbar.** Stattdessen wird dieser bei sonstiger Anwendung des VVG nF ersetzt durch § 176 VVG aF und zwar auch in dem Fall, dass eine Norm des VVG nF (dies ist § 165 VVG nF) auf den § 169 VVG nF verweist. Die Berechnung des Rückkaufswerts von Altverträgen erfolgt also dauerhaft unter Geltung des § 176 VVG aF, sodass es über Jahrzehnte hinweg zu Parallelregimen für Alt- und für Neuverträge kommt (Looschelders/Pohlmann/*Stagl/Brand* EGVVG Art. 4 Rn. 8; Staudinger/Halm/Wendt/*Wendt* EGVVG Art. 4 Rn. 6). Für **Altverträge aus dem Altbestand** (Vertrags-

schluss vor der Deregulierung am 29.7.1994) gelten insofern die **aufsichtsrechtlich genehmigten AVB** fort (BGH VersR 1995, 77; vgl. BVerfGE 114, 73; HK-VVG/*Muschner* EGVVG Art. 4 Rn. 10). Für **Altverträge,** die nach der Deregulierung abgeschlossen wurden, findet hingegen **§ 176 VVG aF in der durch** die **Rechtsprechung vorgenommenen Ausprägung** (siehe BGH VersR 2001, 839; VersR 2001, 841; VersR 2005, 1565; VersR 2007, 1547; BVerfG VersR 2006, 957) Anwendung (Bruck/Möller/*Beckmann* Einf. A Rn. 137; Langheid/Wandt/*Looschelders* EGVVG Art. 4 Rn. 5; offengelassen Marlow/Spuhl/*Grote* Rn. 1177). Neben der bereits bestehenden Judikatur hat der BGH nunmehr die Anforderungen an eine wirksame Klausel in einem Altvertrag rückwirkend erhöht (BGH VersR 2012, 1151; VersR 2013, 213; kritisch hierzu *Armbrüster* NJW 2012, 3001). Hierbei ist strittig, ob eine solche zusätzliche Überformung des § 176 VVG aF möglich ist oder ob Art. 4 Abs. 2 VVG die Rechtslage versteinern wollte (vgl. sehr kritisch zur Rspr. des BGH *Jacob* VersR 2011, 325). Für **Neuverträge** erfolgt die Berechnung hingegen ab dem 1.1.2008 unter Anwendung des **§ 169 VVG nF.**

Teilweise wird behauptet **Abs. 2** sei **analog** für die Berechnung des Rückkaufwertes von **Berufsunfähigkeitsversicherungen,** für die eine Überschussbeteiligung vereinbart wurde, anzuwenden, sodass hierzu § 176 VVG aF zur Anwendung gelangt (Staudinger/Halm/Wendt/*Wendt* EGVVG Art. 4 Rn. 6; Looschelders/Pohlmann/*Stagl/Brand* EGVVG Art. 4 Rn. 8). Dies ist zwar im Ergebnis, nicht aber in der Begründung richtig. Für Altverträge der Berufsunfähigkeitsversicherung gelten gemäß Abs. 3 statt der §§ 172 und 174–177 VVG nF neben dem allgemeinen Teil des VVG nF dauerhaft die AVB der Berufsunfähigkeitsversicherung und das Leitbild der Regelungen zur Lebensversicherung (siehe → Rn. 9; so letztlich auch Looschelders/Pohlmann/*Stagl/Brand* EGVVG Art. 4 Rn. 9). Über letzteres kommt bei Vereinbarung einer Überschussbeteiligung auch § 176 VVG aF zur Anwendung, ohne dass es einer Analogie des Abs. 2 bedürfte. 8

III. Übergangsvorschriften in der Berufsunfähigkeitsversicherung (Abs. 3)

Abs. 3 ordnet für **Altverträge** in der bisher nicht explizit gesetzlich geregelten **Berufsunfähigkeitsversicherung** die permanente **Nichtanwendbarkeit** der **§§ 172 sowie 174–177 VVG nF** an. Dies bedeutet, dass hinsichtlich der von diesen Normen erfassten Regelungskonzepte für Altverträge dauerhaft die AVB zum alten Recht und das Leitbild der Regelungen zur Lebensversicherung (nach dem VVG aF) anwendbar sind (Gesetzesbegründung BT-Drs. 16/3945, 119; Looschelders/Pohlmann/*Stagl/Brand* EGVVG Art. 4 Rn. 9). Eine Ausnahme hiervon wird nur für **§ 173 VVG nF** gemacht, der die Anerkenntnis des VR regelt. Auch § 173 VVG nF kommt jedoch unter Anwendung des Art. 1 Abs. 1 erst ab dem 1.1.2009 auf Altverträge zur Anwendung (OLG Saarbrücken VersR 2018, 598; Prölss/Martin/*Armbrüster* EGVVG Art. 4 Rn. 9 f.; Langheid/Wandt/*Looschelders* EGVVG Art. 4 Rn. 7). Im Übrigen gelten jedoch – ebenfalls ab Ende der Übergangszeit – für diese Berufsunfähigkeitsversicherungsaltverträge die allgemeinen Normen des VVG nF (vgl. etwa instruktiv *Wandt* VersR 2021, 79). 9

Abs. 3 wird jedoch gesetzgeberisch als **dispositiv** angesehen (Gesetzesbegründung BT-Drs. 16/3945, 119). VR und VN können also eine Anwendbarkeit der §§ 172, 174–177 VVG nF (wohl bereits mit Wirkung ab dem 1.1.2008) vereinba- 10 ren (*Neuhaus* r+s 2007, 443; Looschelders/Pohlmann/*Stagl/Brand* EGVVG Art. 4 Rn. 10; Prölss/Martin/*Armbrüster* EGVVG Art. 4 Rn. 10). Eine **einseitige Anpassung** der AVB **an** den ab 1.1.2009 geltenden **§ 173 VVG nF** kommt dann nicht in Frage, wenn die AVB der Berufsunfähigkeitsversicherung günstiger sind als diese Norm, da durch dessen Einführung auch für Altverträge keine Verschlechterung der Stellung des VN herbeigeführt werden sollte (*Höra* r+s 2008, 95; Prölss/Martin/Armbrüster EGVVG Art. 4 Rn. 10; Looschelders/Pohlmann/*Stagl/Brand* EGVVG Art. 4 Rn. 10; leicht zweifelnd HK-VVG/*Muschner* EGVVG Art. 4 Rn. 15 f.).

Art. 5 Rechte der Gläubiger von Grundpfandrechten

(1) **Rechte, die Gläubigern von Grundpfandrechten gegenüber dem Versicherer nach den §§ 99 bis 107c des Gesetzes über den Versicherungsvertrag in der bis zum 31. Dezember 2007 geltenden Fassung zustehen, bestimmen sich auch nach dem 31. Dezember 2008 nach diesen Vorschriften. Die Anmeldung eines Grundpfandrechts beim Versicherer kann nur bis zum 31. Dezember 2008 erklärt werden.**

(2) **Hypotheken, Grundschulden, Rentenschulden und Reallasten,**

1. **die in der Zeit vom 1. Januar 1943 bis zum 30. Juni 1994 zu Lasten von Grundstücken begründet worden sind,**
2. **für die eine Gebäudeversicherung bei einer öffentlichen Anstalt unmittelbar kraft Gesetzes oder infolge eines gesetzlichen Zwanges bei einer solchen Anstalt genommen worden ist und**
3. **die nach der Verordnung zur Ergänzung und Änderung des Gesetzes über den Versicherungsvertrag in der im Bundesgesetzblatt Teil III, Gliederungsnummer 7632-1-1, veröffentlichten bereinigten Fassung als angemeldet im Sinn der §§ 99 bis 106 des Gesetzes über den Versicherungsvertrag gelten,**

sind, wenn das Versicherungsverhältnis nach Überleitung in ein vertragliches Versicherungsverhältnis auf Grund des Gesetzes zur Überleitung landesrechtlicher Gebäudeversicherungsverhältnisse vom 22. Juli 1993 (BGBl. I S. 1282, 1286) fortbesteht, zur Erhaltung der durch die Fiktion begründeten Rechte bis spätestens 31. Dezember 2008 beim Versicherer anzumelden. Die durch die Verordnung zur Ergänzung und Änderung des Gesetzes über den Versicherungsvertrag begründete Fiktion erlischt mit Ablauf des 31. Dezember 2008.

I. Überblick

1 Der Schutz der Gläubiger von **Grundpfandrechten** in der **Gebäudefeuerversicherung** nach den §§ 99–107c VVG aF wurde durch die VVG-Reform eingeschränkt (vgl. §§ 142–149 VVG nF), sodass der Gesetzgeber es für nötig hielt, zum Schutz dieser Gläubiger eine Übergangsvorschrift zu schaffen (Gesetzesbegründung BT-Drs. 16/3945, 119; kritisch zur Übergangsvorschrift *Langheid* NJW 2007, 3747).

II. Gläubigerrechte bei Grundpfandrechten (Abs. 1)

2 Satz 1 bestimmt, dass Gläubiger, die gegenüber einem Gebäudefeuerversicherer ein **Grundpfandrecht angemeldet** haben, die dadurch erworbene Rechtsposition auch in Zukunft behalten. Im Verhältnis zum Gläubiger gelten insofern für alle Altverträge, soweit ein angemeldetes Grundpfandrecht betroffen ist, unbegrenzt (das heißt: teilweise noch über Jahrzehnte hinweg) die §§ 99–107c VVG aF (bspw. Looschelders/Pohlmann/*Stagl*/*Brand* EGVVG Art. 5 Rn. 2; HK-VVG/*Muschner* EGVVG Art. 5 Rn. 3). Satz 2 sieht ferner eine **zusätzliche Übergangsfrist** vor, nach der Gläubiger, die ihre Rechte noch nicht angemeldet hatten, dies noch bis zum 31.12.2008 tun können, und dadurch unbegrenzt zur Anwendung der §§ 99–107c VVG aF gelangen (relevant bspw. im Fall der Leistungsfreiheit des VR gegenüber dem VN wegen Brandstiftung, da § 102 VVG aF eine Leistungspflicht gegenüber dem Grundpfandrechtsgläubiger anordnet). Aus dem Wortlaut wird nicht ganz deutlich, ob diese Möglichkeit auch Gläubigern im Hinblick auf ein Grundpfandrecht an einem in einem Neuvertrag versicherten Gebäude zusteht (so ließe sich verstehen Staudinger/Halm/Wendt/*Wendt* EGVVG Art. 5 Rn. 3). Eine solche Auslegung wurde jedoch den Regelungsbereich entgegen dem avisierten Schutzzweck der Norm (Bestandschutz für Altgläubiger; vgl. Gesetzesbegründung BT-Drs. 16/3945, 119) überdehnen. Satz 2 ist insofern so zu lesen, dass Grundpfandrechtsgläubiger, denen im Fall einer Anmeldung unter einem Altvertrag ein Recht gegenüber dem Gebäudefeuerversicherer zugestanden hätte, diese Anmeldung noch bis zum 31.12.2008 vornehmen können, um dadurch die §§ 99–107c VVG aF für ihre Rechte zu versteinern (*Fischinger* VersR 2009, 1033). An den Wortlaut angelehnt ist wohl aber auch der Fall erfasst, dass das Grundpfandrecht an dem von einem Altvertrag erfassten Gebäude erst 2008 entstanden ist, aber noch vor dem Stichtag am 31.12.2008 angemeldet wurde. Nach Ablauf dieser Frist hat eine Anmeldung keine übergangsrechtliche Wirkung mehr (Langheid/Wandt/*Looschelders* EGVVG Art. 6 Rn. 2), sondern wirkt nur noch materiellrechtlich im Rahmen der §§ §§ 142–149 VVG nF. Für Versicherungsfälle, die im Jahr 2008 eingetreten sind, besteht keinen Anwendungsraum für Art. 5 Abs. 1; hier kommt, soweit die Voraussetzungen vorliegen, das VVG aF über die Verweisung des Art. 1 Abs. 2 EGVVG zur Anwendung (*Fischinger* VersR 2009, 1034; vgl. auch OLG Hamm BeckRS 2014, 00996; OLG Hamm VersR 2013, 901), wobei dies nicht zu anderen Ergebnissen als bei einer teilweisen Anwendung des Art. 5 Abs. 1 EGVVG führt.

III. Gebäudeversicherung bei einer öffentlichen Anstalt (Abs. 2)

3 Die Übergangsvorschrift des Abs. 2 war nötig, da bis zur VVG-Reform hinsichtlich bestimmter Grundpfandrechte, die vom 1.1.1943 bis zum 30.6.1994 an Grundstücken bestellt wurden, die ursprünglich bei einer öffentlichen Anstalt versichert waren (diese Versicherungsverhältnisse waren wiederum 1994 in ein vertragliches Versicherungsverhältnis übergeleitet worden), eine **Anmeldungsfiktion** vorgesehen war. Mit Aufhebung der in Abs. 2 genannten Verordnung und des Gesetzes besteht auch diese Fiktion nicht mehr fort, wobei dieser Fiktion durch Abs. 2 Satz 2 eine Übergangszeit bis zum 31.12.2008 eingeräumt wurde (dies spielt auch für Versicherungsfälle im Jahr 2008 eine Rolle, da über Art. 1

Abs. 2 EGVVG nur das VVG aF, aber nicht die genannte Verordnung und das Gesetz anwendbar sind). Um auch hierüber hinaus die zumindest fiktiv erworbenen Rechte zu schützen, wurde diesen Gläubigern eine Übergangsfrist bis zum 31.12.2008 gewährt, während der sie die Grundpfandrechte gegenüber dem VR anmelden konnten, um die stetige Anwendung der §§ 99–107c VVG aF sicherzustellen. Diese Anmeldung bewirkt dann (wohl), dass die Grundpfandrechte als zum Zeitpunkt des ehemaligen Fiktionseintritts angemeldet gelten (so wohl Gesetzesbegründung BT-Drs. 16/3945, 120; Langheid/Wandt/*Looschelders* EGVVG Art. 6 Rn. 3).

Art. 6 Versicherungsverhältnisse nach § 190 des Gesetzes über den Versicherungsvertrag

Das Versicherungsvertragsgesetz gilt nicht für die in § 190 des Gesetzes über den Versicherungsvertrag in der bis zum 31. Dezember 2007 geltenden Fassung bezeichneten Altverträge.

1 Nach § 190 VVG aF fand das gesamte **VVG keine Anwendung** auf Versicherungsverhältnisse, die bei von Innungen oder Innungsverbänden errichteten Unterstützungskassen sowie bei Berufsgenossenschaften begründet wurden. Diese Ausnahme wurde historisch mit einem engen Bezug zum Sozialversicherungsrecht begründet (Motive zum VVG [Neudruck 1963], S. 250), jedoch im VVG nF nicht übernommen. Art. 6 bewirkt für **Altverträge** die Verstetigung der bisherigen Rechtslage (das heißt: keine Anwendung des alten oder neuen VVG), während für Neuverträge mit **Innungskrankenkassen** und **Berufsgenossenschaften** das VVG nF greift (statt aller Bruck/Möller/*Beckmann* Einf. A Rn. 146; Langheid/Wandt/*Looschelders* EGVVG Art. 2 Rn. 4).

Art. 7 Krankenversicherung, Versicherungsverhältnisse nach § 193 Absatz 6 des Versicherungsvertragsgesetzes

Versicherungsnehmer, für die am 1. August 2013 das Ruhen der Leistungen gemäß § 193 Absatz 6 des Versicherungsvertragsgesetzes festgestellt ist, gelten ab diesem Zeitpunkt als im Notlagentarif *§ 153 des Versicherungsaufsichtsgesetzes versichert. Versicherungsnehmer gelten rückwirkend ab dem Zeitpunkt, zu dem die Leistungen aus dem Vertrag ruhend gestellt worden sind, als im Notlagentarif versichert, wenn die monatliche Prämie des Notlagentarifs niedriger ist als die in diesem Zeitpunkt geschuldete Prämie. Dies gilt unter der Maßgabe, dass die zum Zeitpunkt des Ruhendstellens aus dem Vertrag erworbenen Rechte und Alterungsrückstellungen erhalten bleiben und in Anspruch genommene Ruhensleistungen im Verhältnis zum Versicherungsnehmer als solche des Notlagentarifs gelten. Eine Anrechnung gebildeter Alterungsrückstellungen nach § 153 Absatz 2 Satz 6 des Versicherungsaufsichtsgesetzes auf die zu zahlende Prämie findet rückwirkend nicht statt. Der Versicherungsnehmer kann der rückwirkenden Versicherung nach Satz 2 widersprechen. Die Versicherer haben auf die Versicherung im Notlagentarif innerhalb von drei Monaten nach dem 1. August 2013 hinzuweisen und hierbei den Versicherungsnehmer**

* **Hinweis des Verlags:** Richtig wohl: „gemäß § 153 des Versicherungsaufsichtsgesetzes".

über sein Widerspruchsrecht nach Satz 5 unter Hinweis auf die mit der rückwirkenden Versicherung verbundenen Folgen zu informieren; der Widerspruch muss innerhalb von sechs Monaten nach Zugang des Hinweises beim Versicherer eingehen.

I. Überblick

Art. 7 wurde mit **Wirkung zum 1.8.2013** durch das Gesetz zur Beseitigung sozialer Überforderung bei Beitragsschulden in der Krankenversicherung (BGBl. 2013 I 2423) in Ersetzung des kollisionsrechtlichen Art. 7 aF, der bereits vorher aufgehoben worden war (→ Vor Art. 1 Rn. 2) eingeführt. Mit Wirkung zum 1.1.2016 wurden durch Art. 2 Abs. 51 des Gesetzes zur Modernisierung der Finanzaufsicht über Versicherer (BGBl. 2015 I 634) die Verweisungen auf die neue Gliederung des VAG angepasst, wobei in Satz 1 wohl aus einem redaktionellen Versehen auch die Präposition „gemäß“ gestrichen wurde. Durch diese Norm wird sichergestellt, dass VN und Versicherte, deren Verträge zum Stichtag bereits ruhend gestellt sind, als im **Notlagentarif** versichert gelten. 1

II. Regelungsinhalt

1. *Ex-nunc*-Einbeziehung in den Notlagentarif (Satz 1)

Wenn für einen privaten Krankenversicherungsvertrag **am Stichtag** des 1.8.2013 gemäß § 193 Abs. 6 VVG das **Ruhen festgestellt** ist, so gilt der VN ab diesem Zeitpunkt als im **Notlagentarif** gem. § 153 VAG (§ 12h VAG aF) **versichert** (S. 1). Da Satz 1 anders als Satz 2 („ab dem Zeitpunkt, zu dem die Leistungen aus dem Vertrag ruhend gestellt worden sind“) den Begriff des Zeitpunkts nicht qualifiziert, tritt die Wirkung ab dem Stichtag (also *ex nunc*) ein. Diese Rechtsfolge tritt *ipso iure* ein und bedarf keiner Zustimmung des VR oder VN sowie keiner über den Leistungsumfang hinausgehenden Regelung (insb. *Mandler* VersR 2014, 169; zustimmend Prölss/Martin/*Armbrüster* EGVVG Art. 7 Rn. 2). Keine Anwendung kann (zumindest) die zukunftsgerichtete Wirkung des Satz 1 finden, wenn der Krankenversicherungsvertrag zum Stichtag durch Kündigung beendet (HK-VVG/*Muschner* EGVVG Art. 7 Rn. 2) oder das Ruhen zu diesem Zeitpunkt bereits wieder geendet hatte. 2

2. Echte Rückwirkung (Satz 2–6)

Neben der unechten Rückwirkung des Satz 1 sieht Art. 7 auch eine **echte Rückwirkung** auf ruhende Krankenversicherungsverträge vor. 3

a) Anwendungsbereich. Satz 2 sieht vor, dass ein VN unter bestimmten Voraussetzungen **rückwirkend** ab dem Zeitpunkt, zu dem die Leistungen aus dem Vertrag ruhend gestellt worden sind, als **im Notlagentarif versichert** gilt. Streitig ist, ob dies nur dann gilt, wenn der Vertrag zum Stichtag des Satz 1 noch besteht und das Ruhen weiterhin festgestellt ist (so LG Dortmund r+s 2014, 85; LG Berlin VersR 2015, 1015 [allerdings *obiter dicta* mit der Ausnahme, dass bei einem Nicht-mehr-Ruhen wegen Hilfsbedürftigkeit Satz 2 doch greife]; LG Bonn Urt. v. 13.6.2014 – O 273/13) oder ob die Rückwirkung unbedingt erfolgt, also auch wenn der Vertrag oder das Ruhen am Stichtag bereits beendet wurden (so 4

KG Berlin VersR 2015, 440; OLG Köln r+s 2015, 454 [beide zum Ende des Ruhens durch Hilfsbedürftigkeit]). Im Hinblick auf den Wortlaut des Satz 2 („ruhend gestellt worden sind" statt „ruhend gestellt wurden"), die Genesis der Norm (die Gesetzesbegründung [Gesundheitsausschuss], BT-Drs. 17/13947, 31 stellt auf den [noch] säumigen Schuldner ab und macht keine Ausführungen zum Altschuldner), sowie den Telos und die Systematik der Norm ist Satz 1 als eine zusätzliche Tatbestandsvoraussetzung für die Rechtsfolgen des Satz 2 anzusehen. Dies heißt, dass eine rückwirkende Geltung des Notlagentarifs nur bei solchen Verträgen in Frage kommt, für die zum Stichtag des 1.8.2013 noch gegenwärtig das Ruhen festgestellt ist (so wie hier nunmehr auch BGH VersR 2016, 1107; OLG Hamm r+s 2016, 136; *Mandler* VersR 2014, 169 f.; *ders.* VersR 2015, 818 ff.; HK-VVG/*Muschner* EGVVG Art. 7 Rn. 3 f.; Bach/Moser/*Reif/Schneider* Teil F Rn. 4; wohl auch Beckmann/Matusche-Beckmann VersR-HdB/*Schneider* § 1a Rn. 66).

5 **b) Rechtsfolgen.** Die **Rückdatierung** erfolgt auf den **Zeitpunkt,** an dem dasjenige **Ruhen** des Vertrages festgestellt wurde, **das zum Stichtag** des 1.8.2013 noch ununterbrochen **fortbesteht** (*Mandler* VersR 2014, 170; *ders.* VersR 2015, 820; HK-VVG/*Muschner* EGVVG Art. 7 Rn. 5). Selbst wenn der Vertrag am Stichtag ruhend gestellt ist, bleibt insofern eine Ruhensphase unberücksichtigt, die vor dem Stichtag beendet wurde und erst später ein erneutes Ruhen eintrat (aA wären aber wohl auch in diesem Fall KG VersR 2015, 440; OLG Köln r+s 2015, 454; vgl. → Rn. 4).

6 Durch die Einbeziehungsfiktion kommt es insbesondere – da Satz 2 nur greift, wenn die Prämie des Nottarifs niedriger ist als die geschuldete (siehe → Rn. 9) – zu einer Reduzierung der geschuldeten Prämien **(Schuldenschnitt)** ab dem Zeitpunkt der Ruhendstellung. Ob dies im Hinblick auf den gesetzgeberischen Zweck – einer Entschuldung überforderter VN – im Fall der Teilzahlung auch dazu führen kann, dass dem VN Rückforderungsansprüche zustehen, ist noch nicht geklärt, im Hinblick auf Wortlaut und Systematik der Norm aber wohl zu bejahen (so *Mandler* VersR 2014, 170 mit Ausführungen zu Folgeproblemen).

7 Die zum Zeitpunkt des Ruhendstellens aus dem Vertrag **erworbenen Rechte** und **Alterungsrückstellungen bleiben erhalten** (Satz 3 Hs. 1). Auch findet **keine rückwirkende Anrechnung** der gebildeten **Alterungsrückstellungen** auf die zu zahlende Prämie gemäß § 153 Abs. 2 Satz 6 VAG (§ 12h Abs. 2 Satz 5 [recte Satz 6] VAG aF) statt. Jedoch wird der VR durch die rückwirkende Versicherung im Notlagentarif für diesen Zeitraum von der Pflicht befreit, Alterungsrückstellungen ohne entsprechende Beitragszahlung des Versicherungsnehmers zu bilden (Gesetzesbegründung [Gesundheitsausschuss], BT-Drs. 17/13947, 32). Auf diesen Nachteil kann ein VN nur dadurch regieren, dass er insgesamt gegen die rückwirkende Einbeziehung in den Notlagentarif einen Widerspruch nach Satz 5 erklärt (*Mandler* VersR 2014, 170; vgl. → Rn. 10).

8 Gemäß Satz 3 Hs. 1 gelten die durch den VN oder Versicherten **in Anspruch genommene Ruhensleistungen** als solche des Notlagenstarifs. Diese Fiktion bewirkt zum einen, dass der VN/Versicherte keinem Bereicherungsanspruch hinsichtlich nunmehr zuviel empfangener Leistungen ausgesetzt ist, und zum anderen, dass nicht rückwirkend Leistungen eingefordert werden können, die die gewährten Ruhensleistungen übersteigen (Gesetzesbegründung [Gesundheitsausschuss], BT-Drs. 17/13947, 32). Soweit hingegen eine Leistung noch nicht erfolgt ist, wird man anzunehmen haben, dass solche nach dem Notlagentarif geschuldet sind.

c) Weitere Voraussetzungen. Die rückwirkende Einbeziehung in den Notlagentarif und der damit einhergehende Schuldenschnitt erfolgt nur, wenn der Notlagentarif eine **niedrigere Monatsprämie** aufweist als die in diesem Zeitpunkt (gemeint ist der Zeitpunkt der Feststellung des Ruhens) geschuldete Prämie. Dies dürfte nahezu immer der Fall sein (*Mandler* VersR 2014, 170). Sollte die Prämie des Notlagentarifs ausnahmsweise höher sein als die zum Zeitpunkt der Feststellung des Ruhens geschuldete, so scheidet eine Rückwirkung vollständig aus und erfolgt nicht etwa auf den Zeitpunkt, zu dem die geschuldete Prämie die Prämie des Notlagentarifs erstmals überstieg. 9

Der VN kann die rückwirkende – nicht aber die *ex nunc* (Satz 1) – Einbeziehung in den Notlagentarif verhindern, indem er gegenüber dem VR einen **Widerspruch** erklärt (Satz 5). Zumindest nach teilweiser Meinung kann der Widerspruch als Gestaltungsrecht auch nicht widerrufen werden (*Mandler* VersR 2014, 169 und 171). Der VN kann sein Widerspruchsrecht innerhalb von sechs Monaten ab Zugang einer Widerspruchsbelehrung des VR nach Satz 6 ausüben, sodass bei unterbleibender oder fehlerhafter Belehrung das Widerspruchsrecht grundsätzlich *ad infinitum* besteht (so wohl *Mandler* VersR 2014, 169 [dort Fn. 28]). Diese Belehrung hatte innerhalb von drei Monaten nach dem Stichtag zu erfolgen und der VN ist neben dem Widerspruchsrecht über die mit der rückwirkenden Versicherung verbundenen Folgen zu informieren. Soweit die Belehrung (grob) fehlerhaft oder unvollständig ist, dürfte sie die Widerspruchsfrist nicht in Lauf setzen (vgl. → VVG § 7 Rn. 36 ff. und VVG-InfoV § 4 Rn. 16). Ein gleichwohl erklärter Widerspruch bleibt jedoch wohl beständig und unanfechtbar, sodass dem VN allenfalls ein Schadensersatzanspruch gegen den VR zusteht (*Mandler* VersR 2014, 171). 10

Art. 8 Musterwiderrufsbelehrung

Das Muster in der Anlage des Versicherungsvertragsgesetzes in der bis einschließlich 14. Juni 2021 geltenden Fassung kann noch bis zum Ablauf des 31. Dezember 2021 verwendet werden. In diesem Fall ist § 8 des Versicherungsvertragsgesetzes in der bis einschließlich 14. Juni 2021 geltenden Fassung anzuwenden.

I. Amtliche Begründung (BT-Drs. 19/29391, 56 f.)

„Artikel 2 enthält eine Übergangsregelung im Zusammenhang mit der neuen Musterwiderrufsbelehrung. Diese Übergangsregelung soll künftig in Artikel 8 des Einführungsgesetzes zum Versicherungsvertragsgesetz (EGVVG) enthalten sein. Artikel 8 EGVVG sieht vor, dass das Muster in der Anlage des Versicherungsvertragsgesetzes in der bisher geltenden Fassung noch bis zum Ablauf des 31.12.2021 verwendet werden kann. In diesem Fall ist § 8 in der bisher geltenden Fassung anzuwenden. Wie sich aus § 8 Absatz 5 VVG in der bisher geltenden Fassung ergibt, gelten damit die gesetzlichen Anforderungen als erfüllt. Die Übergangsvorschrift bezieht sich im Sinne der Rechtssicherheit aber bewusst auf den gesamten § 8 VVG in seiner bisherigen Fassung. Dies gilt insbesondere für den bisherigen § 8 Absatz 4 VVG, der den Beginn der Widerrufsfrist auch von der Erfüllung der Informationspflichten nach § 312i Absatz 1 Satz 1 BGB abhängig macht. Das bisherige Muster enthält noch einen entsprechenden Hinweis darauf, dass die 1

Widerrufsfrist nicht vor Erfüllung der Pflichten des Versicherers gemäß § 312i Absatz 1 Satz 1 des Bürgerlichen Gesetzbuchs in Verbindung mit Artikel 246c des Einführungsgesetzes zum Bürgerlichen Gesetzbuche beginne. Um Irreführungen des Versicherungsnehmers zu vermeiden, soll dies während der Übergangsfrist weitergelten, wenn die bisherige Musterwiderrufsbelehrung verwendet wird. Dadurch, dass auch § 8 Absatz 2 VVG in seiner bisherigen Fassung anwendbar bleibt, wenn die bisherige Musterwiderrufsbelehrung während der Übergangsfrist verwendet wird, ist im Übrigen sichergestellt, dass die Musterwiderrufsbelehrung in ihrer bisherigen Fassung die Anforderungen an den Fristbeginn auch während des Übergangszeitraums weiterhin exakt benennt."

II. Überblick

2 Art. 8 wurde in Ersetzung des kollisionsrechtlichen Art. 8 aF, der bereits lange vorher aufgehoben worden war (siehe → EGVVG vor Artt. 1–8 Rn. 2), durch das Gesetz zur Anpassung des Finanzdienstleistungsrechts an die Rechtsprechung des Gerichtshofs der Europäischen Union vom 11. September 2019 in der Rechtssache C-383/18 und vom 26. März 2020 in der Rechtssache C-66/19 (Finanzdienstleistungsanpassungsgesetz; BGBl. 2021 I 1666) mit **Wirkung zum 15.6.2021** in das EGVVG einführt. Geregelt wird die übergangsrechtliche Behandlung der Weiterverwendung der alten Musterwiderrufsbelehrung.

III. Regelungsgehalt

1. Zeitlicher Anwendungsbereich

3 Durch Art. 8 soll es VR in der **Übergangszeit** vom 15.6.2021 bis zum 31.12.2021 ermöglicht werden, die **alte Musterwiderrufsbelehrung** zu verwenden. Ab dem Stichtag des 1.1.2022 ist dann die Musterbelehrung des durch den durch Art. 3 Nr. 2 Buchst. c des Finanzdienstleistungsgesetzes geänderten § 8 Abs. 4 Satz 1 VVG in Bezug genommenen Anhangs des VVG in der Fassung von Art. 3 Nr. 3 iVm Anhang 2 des Finanzdienstleistungsgesetzes maßgeblich.

2. Sachlicher Anwendungsbereich

4 Der Verweis auf **§ 8 VVG** aF geht übergangsrechtlich jedoch noch wesentlich weiter, als dieser eben **universal in Bezug genommen** wird. Entsprechend gilt etwa auch der bisherige Fristbeginn. Hierbei ist jedoch zu beachten, dass der Gesetzesentwurf gerade keine gesonderte Übergangsvorschrift für § 8 VVG nF in das EGVVG einführt, sodass dieser jenseits der temporalen Weitergeltung über Art. 8 EGVVG nF gemäß Art. 7 Finanzdienstleistungsänderungsrecht unbeschränkt ab dem 15.6.2021 gilt. Entsprechend greift die **temporale „Privilegierung"** eben **nur** dann, wenn gerade die **alte Musterbelehrung** verwendet wird und demgemäß § 8 Abs. 5 VVG aF die Pflichten für erfüllt ansieht. Soweit ein VR in der Übergangszeit bereits auf die neue Musterwiderrufsbelehrung umstellt, greift unmittelbar der § 8 VVG nF und hier besonders die Fiktion des § 8 Abs. 4 VVG nF.

5 **a) Erfassung von nach § 8 Abs. 5 Satz 2 aF zulässig abweichenden Belehrungen.** Ein dann ungeklärtes Problem ist, was gilt, wenn ein VR innerhalb

der Übergangszeit eine **Widerrufsbelehrung** (weiter-)verwendet, die zwar noch auf der **alten Musterbelehrung** aufsetzt, mit dieser aber **nicht identisch** ist, die in jedem Fall aber noch nicht an die neue Musterbelehrung angeglichen wurde. In diesem Fall würde Art. 8 EGVVG nF seinem Wortlaut nach nicht greifen und die Widerrufsbelehrung müsste eigentlich vollständig an § 8 VVG nF gemessen werden. Dies erscheint allerdings überschießend. § 8 VVG aF machte es gerade nicht verpflichtend, dass VR die bisherige Musterbelehrung verwenden. Diese können vielmehr – auf eigenes Risiko – ihre Belehrung (sprachlich) umgestalten. Soweit sich diese **Änderungen im Rahmen des § 8 Abs. 5 Satz 2 VVG aF** hielten, profitierte die Widerrufsbelehrung auch weiterhin vom Privileg des § 8 Abs. 5 Satz 1 VVG aF (vgl. Prölss/Martin/*Armbrüster* VVG § 8 Rn. 32; für ein Beispiel BGH VersR 2014, 824). Dies wird auch unter Art. 8 EGVVG weiterhin zu gelten haben.

b) Erfassung anderweitig abweichender Belehrungen. Soweit die Abwei- 6
chung nicht mehr von § 8 Abs. 5 Satz 2 VVG aF gedeckt war, fiel allerdings die Fiktion vollständig weg und auch der der Musterbelehrung entnommene Teil war an § 8 Abs. 2 Satz 1 Nr. 2 VVG aF zu messen (LG Offenburg VersR 2016, 377). Nimmt man den Art. 8 EGVVG wörtlich, so würde bereits eine kleine **Abweichung** (zumindest **jenseits des § 8 Abs. 5 Satz 2 VVG aF**) **von der alten Musterwiderrufsbelehrung** dazu führen, dass die Belehrung nicht mehr an § 8 Abs. 2 Satz 1 Nr. 2 VVG aF zu messen wäre, auf den sie abgestimmt ist, sondern am reformierten § 8 VVG nF. Eine solche Widerrufsbelehrung (für auf elektronischem Wege abgeschlossene Verträge) wird nahezu immer einen § 8 Abs. 4 VVG aF beachtenden Hinweis enthalten, dass die Widerrufsfrist nicht vor Erfüllung der Pflichten des Versicherers gemäß § 312i Abs. 1 Satz 1 BGB iVm Art. 246c EGBGB beginnt. Da dies unter dem reformierten § 8 VVG nF so nicht mehr gilt, wäre die Widerrufsbelehrung wegen einer unerheblichen Abweichung von der alten Musterbelehrung (in einem anderen Punkt) nach dem dann maßgeblichen § 8 Abs. 2 Satz 1 Nr. 2 VVG nF also fehlerhaft. Dies erscheint gänzlich unverhältnismäßig. Der Gesetzgeber will ausweislich der Regierungsbegründung (vgl. → Rn. 1) gerade eine Übergangszeit für VR schaffen, um diesen die geregelte Umstellung auf die neue Musterbelehrung zu ermöglichen. Es erscheint nicht vertretbar, eine solche nicht auch VR zukommen zu lassen, deren Widerrufsbelehrung lediglich eine kleine Abweichung von der alten Musterbelehrung aufweist, aber ansonsten vollständig gesetzeskonform (unter § 8 Abs. 2 Satz 1 Nr. 2 VVG aF) ist. Durch ein solches Vorgehen, würde die Verwendung der Musterbelehrung, die immer nur ein Angebot an die Industrie war, zu einer Quasi-Pflicht umgestaltet, deren „Verletzung" nunmehr mit einer Mitternachtsübergangsfrist vom 14.6.2021 (Tag der Verkündung) zum 15.6.2021 (Tag des Inkrafttretens) bestraft würde. Entsprechend ist Art. 8 EGVVG teleologisch insoweit zu erweitern, dass eine Widerrufsbelehrung, die zumindest hinsichtlich der durch die Reform betroffenen Bereiche der alten Musterbelehrung entsprach, für die Übergangszeit immer noch an § 8 Abs. 2 Satz 1 Nr. 2 VVG aF zu messen ist. Sicher erscheint dies für VR jedoch nicht, sodass nur dringend angeraten werden kann, die Umstellung auf die neue Musterbelehrung so schnell wie möglich vorzunehmen.

Art. 9 bis 15 *(weggefallen)*

Verordnung über Informationspflichten bei Versicherungsverträgen (VVG-Informationspflichtenverordnung – VVG-InfoV)

Vom 18.12.2007 (BGBl. 2007 I 3004)

zuletzt geändert durch Art. 6 Gesetz vom 9.6.2021 (BGBl. 2021 I 1666)

§ 1 Informationspflichten bei allen Versicherungszweigen

(1) **Der Versicherer hat dem Versicherungsnehmer gemäß § 7 Abs. 1 Satz 1 des Versicherungsvertragsgesetzes folgende Informationen zur Verfügung zu stellen:**

1. **die Identität des Versicherers und der etwaigen Niederlassung, über die der Vertrag abgeschlossen werden soll; anzugeben ist auch das Handelsregister, bei dem der Rechtsträger eingetragen ist, und die zugehörige Registernummer;**
2. **die Identität eines Vertreters des Versicherers in dem Mitgliedstaat der Europäischen Union, in dem der Versicherungsnehmer seinen Wohnsitz hat, wenn es einen solchen Vertreter gibt, oder die Identität einer anderen gewerblich tätigen Person als dem Versicherer, wenn der Versicherungsnehmer mit dieser geschäftlich zu tun hat, und die Eigenschaft, in der diese Person gegenüber dem Versicherungsnehmer tätig wird;**
3. **die ladungsfähige Anschrift des Versicherers und jede andere Anschrift, die für die Geschäftsbeziehung zwischen dem Versicherer, seinem Vertreter oder einer anderen gewerblich tätigen Person gemäß Nummer 2 und dem Versicherungsnehmer maßgeblich ist, bei juristischen Personen, Personenvereinigungen oder -gruppen auch den Namen eines Vertretungsberechtigten;**
4. **die Hauptgeschäftstätigkeit des Versicherers;**
5. **gegebenenfalls Angaben über das Bestehen eines Garantiefonds oder anderer Entschädigungsregelungen; Name und Anschrift des Garantiefonds sind anzugeben;**
6. **a) die für das Versicherungsverhältnis geltenden Allgemeinen Versicherungsbedingungen einschließlich der Tarifbestimmungen;**
   b) die wesentlichen Merkmale der Versicherungsleistung, insbesondere Angaben über Art, Umfang und Fälligkeit der Leistung des Versicherers;
7. **den Gesamtpreis der Versicherung einschließlich aller Steuern und sonstigen Preisbestandteile, wobei die Prämien einzeln auszuweisen sind, wenn das Versicherungsverhältnis mehrere selbständige Versicherungsverträge umfassen soll, oder, wenn ein genauer Preis nicht angegeben werden kann, Angaben zu den Grundlagen seiner Berechnung, die dem Versicherungsnehmer eine Überprüfung des Preises ermöglichen;**

8. gegebenenfalls zusätzlich anfallende Kosten unter Angabe des insgesamt zu zahlenden Betrages sowie mögliche weitere Steuern, Gebühren oder Kosten, die nicht über den Versicherer abgeführt oder von ihm in Rechnung gestellt werden; anzugeben sind auch alle Kosten, die dem Versicherungsnehmer für die Benutzung von Fernkommunikationsmitteln entstehen, wenn solche zusätzlichen Kosten in Rechnung gestellt werden;
9. Einzelheiten hinsichtlich der Zahlung und der Erfüllung, insbesondere zur Zahlungsweise der Prämien;
10. gegebenenfalls die Befristung der Gültigkeitsdauer der zur Verfügung gestellten Informationen, beispielsweise die Gültigkeitsdauer befristeter Angebote, insbesondere hinsichtlich des Preises;
11. gegebenenfalls den Hinweis, dass sich die Finanzdienstleistung auf Finanzinstrumente bezieht, die wegen ihrer spezifischen Merkmale oder der durchzuführenden Vorgänge mit speziellen Risiken behaftet sind, oder deren Preis Schwankungen auf dem Finanzmarkt unterliegt, auf die der Versicherer keinen Einfluss hat, und dass in der Vergangenheit erwirtschaftete Beträge kein Indikator für künftige Erträge sind; die jeweiligen Umstände und Risiken sind zu bezeichnen;
12. Angaben darüber, wie der Vertrag zustande kommt, insbesondere über den Beginn der Versicherung und des Versicherungsschutzes sowie die Dauer der Frist, während der der Antragsteller an den Antrag gebunden sein soll;
13. das Bestehen oder Nichtbestehen eines Widerrufsrechts sowie die Bedingungen, Einzelheiten der Ausübung, insbesondere Namen und Anschrift derjenigen Person, gegenüber der der Widerruf zu erklären ist, und die Rechtsfolgen des Widerrufs einschließlich Informationen über den Betrag, den der Versicherungsnehmer im Falle des Widerrufs gegebenenfalls zu zahlen hat;
14. Angaben zur Laufzeit und gegebenenfalls zur Mindestlaufzeit des Vertrages;
15. Angaben zur Beendigung des Vertrages, gegebenenfalls insbesondere zu den vertraglichen Kündigungsbedingungen einschließlich etwaiger Vertragsstrafen;
16. die Mitgliedstaaten der Europäischen Union, deren Recht der Versicherer der Aufnahme von Beziehungen zum Versicherungsnehmer vor Abschluss des Versicherungsvertrages zugrunde legt;
17. das auf den Vertrag anwendbare Recht, gegebenenfalls eine Vertragsklausel über das auf den Vertrag anwendbare Recht oder über das zuständige Gericht;
18. die Sprachen, in welchen die Vertragsbedingungen und die in dieser Vorschrift genannten Vorabinformationen mitgeteilt werden, sowie die Sprachen, in welchen sich der Versicherer verpflichtet, mit Zustimmung des Versicherungsnehmers die Kommunikation während der Laufzeit dieses Vertrages zu führen;
19. einen möglichen Zugang des Versicherungsnehmers zu einem außergerichtlichen Beschwerde- und Rechtsbehelfsverfahren und gegebenenfalls die Voraussetzungen für diesen Zugang; dabei ist ausdrück-

lich darauf hinzuweisen, dass die Möglichkeit für den Versicherungsnehmer, den Rechtsweg zu beschreiten, hiervon unberührt bleibt;

20. Name und Anschrift der zuständigen Aufsichtsbehörde sowie die Möglichkeit einer Beschwerde bei dieser Aufsichtsbehörde.

(2) **Soweit die Mitteilung durch Übermittlung der Vertragsbestimmungen einschließlich der Allgemeinen Versicherungsbedingungen erfolgt, bedürfen die Informationen nach Absatz 1 Nr. 3, 13 und 15 einer hervorgehobenen und deutlich gestalteten Form.**

Übersicht

I. Amtliche Begründungen

1. Amtliche Begründung der VVG-InfoV (BAnz. 2008, 98 ff.)

„Die Vorschrift bestimmt, welche Informationspflichten der Versicherer in **sämtlichen Versicherungszweigen** zu erfüllen hat. Rechtsgrundlage ist § 7 Abs. 2 Satz 1 Nr. 1 VVG. Berücksichtigt werden die Vorgaben aus Artikel 3 der Richtlinie 2002/65/EG, aus Artikel 31 der Richtlinie 92/49/EWG sowie aus Artikel 36 und Anhang III der Richtlinie 2002/83/EG. Inhaltlich entspricht die Vorschrift im wesentlichen den Bestimmungen der Anlage zu § 48b VVG sowie Abschnitt 1 Nr. 1 der Anlage zu § 10a VAG. 1

Absatz 1 nennt die im einzelnen zu erteilenden Informationen. Diese untergliedern sich in Informationen zum Versicherer (Nummer 1 bis 5), Informationen zur angebotenen Leistung (Nummer 6 bis 11), Informationen zum Vertrag (Nummer 12 bis 18) sowie Informationen zum Rechtsweg (Nummer 19 und 20). 2

Informationen zum Versicherer: 3

Die **Nummern 1 bis 3** übernehmen die Vorgaben von Anhang III zu Artikel 36 der Richtlinie 2002/83/EG, die bislang in Anlage D Abschnitt I Nr. 1 Buchstabe a zu § 10a VAG umgesetzt waren; zugleich wird damit den Vorgaben für Fernabsatzverträge von Artikel 3 Nr. 1 der Richtlinie 2002/65/EG (bislang Nummer 1 Buchstabe a bis c der Anlage zu § 48b VVG a.F.) entsprochen.

Nummer 4 entspricht Nummer 2 Buchstabe a der Anlage zu § 48b VVG a.F., wobei der Hinweis auf die für die Zulassung des Versicherers zuständige Aufsichtsbehörde wegen Sachzusammenhanges mit dem Hinweis auf die Beschwerdemöglichkeit nach Nummer 20 ausgegliedert wurde. 4

5 **Nummer 5** übernimmt Nummer 2 Buchstabe h der Anlage zu § 48b VVG a.F. und erfasst damit zugleich die bislang in Anlage D Abschnitt I Nr. 1 Buchstabe i der Anlage zu § 10a VAG enthaltene Informationspflicht; klargestellt wird jetzt auch, dass nicht lediglich über die Zugehörigkeit zu einem Garantiefonds Auskunft zu erteilen ist, sondern dass zudem Name und Anschrift des Garantiefonds anzugeben sind. Die Vorschrift unterscheidet nicht danach, ob es sich um einen deutschen oder einen ausländischen Garantiefonds handelt.

6 **Informationen zur angebotenen Leistung:**

Nummer 6 Buchstabe a bestimmt, dass der Versicherer dem Versicherungsnehmer die für das Versicherungsverhältnis geltenden Allgemeinen Versicherungsbedingungen einschließlich der Tarifbestimmungen zur Verfügung zu stellen hat. Diese Informationspflicht war bislang in Nummer 1 Buchstabe c der Anlage D Abschnitt I zu § 10a VAG enthalten. Die dort ebenfalls vorgesehene Verpflichtung zur Angabe des auf den Vertrag anwendbaren Rechts ist wegen Sachzusammenhanges nach Nummer 17 ausgegliedert worden.

7 **Nummer 6 Buchstabe b** übernimmt die bislang für Fernabsatzverträge in Nummer 1 Buchstabe d der Anlage zu § 48b VVG a.F. enthaltene Verpflichtung, den Versicherungsnehmer über die wesentlichen Merkmale der Versicherung aufzuklären. Diese Verpflichtung wird dahingehend konkretisiert, dass insbesondere über die ausdrücklich genannten Umstände (Angaben über Art, Umfang und Fälligkeit der Leistung) aufzuklären ist. Diese Aufzählung übernimmt die bislang in Anlage D Abschnitt I Nr. 1 Buchstabe c zu § 10a VAG enthaltene Regelung. Sie gibt zwingende Angaben vor, ist jedoch nicht abschließend, denn der aus Nr. 1 Buchstabe d der Anlage zu § 48b VVG a.F. stammende Begriff ‚wesentliche Merkmale der Versicherung' ist – im Einklang mit der bisherigen Rechtslage bei Fernabsatzgeschäften – unter Berücksichtigung des konkret angebotenen Vertrages im Einzelfall auszufüllen (vgl. MünchKommBGB/*Wendehorst,* 4. Aufl., § 1 BGBInfoV Rn. 22; in diesem Sinne auch LG Magdeburg, NJW-RR 2003, 409 zu § 2 Abs. 2 Nr. 2 FernabsG). Durch das Abstellen auf den Oberbegriff der ‚wesentlichen Merkmale' wird auch insoweit eine einheitliche Behandlung aller Versicherungsverträge unabhängig vom Vertriebsweg erreicht. Eine merkbare zusätzliche Belastung der Versicherer wird dadurch nicht begründet, da diese Informationen auch schon bislang bei Fernabsatzgeschäften gegeben werden mussten. Aus denselben Erwägungen und im Sinne eines effektiven Verbraucherschutzes ist die bislang in Anlage D Abschnitt I Nr. 1 Buchstabe c zu § 10a VAG vorgesehene Verzichtbarkeit von Angaben über Art, Umfang und Fälligkeit der Leistung des Versicherers bei Verwendung allgemeiner Versicherungsbedingungen oder Tarifbestimmungen entfallen.

8 Die **Nummern 7 bis 9** enthalten Vorgaben zu den erforderlichen Angaben hinsichtlich des Preises und der Kosten. Die Bestimmungen übernehmen die Regelungen von Anlage D Abschnitt I Nr. 1 Buchstabe e zu § 10a VAG sowie von Nummer 1 Buchstabe f bis h der Anlage zu § 48b VVG a.F. Unter dem in Nummer 7 genannten Gesamtpreis der Versicherung ist die vom Versicherungsnehmer für einen bestimmten, ausdrücklich zu nennenden Zeitraum zu entrichtende Bruttoprämie (einschließlich aller Steuern und sonstigen Prämienbestandteile) zu verstehen, die sich ergibt, wenn der konkret beantragte Versicherungsvertrag zum vorgesehenen Zeitpunkt geschlossen wird. Anzugeben sind schließlich auch die in Nummer 1 Buchstabe j der Anlage zu § 48b VVG a.F. genannten Kosten der Benutzung von Fernkommunikationsmitteln, wobei im Hinblick auf den Wortlaut der

Richtlinie auf eine Beschränkung auf diejenigen Kosten, die über die üblichen Grundtarife hinausgehen, verzichtet wurde.

Nummer 10 entspricht Nummer 1 Buchstabe k der Anlage zu § 48b VVG a.F.; **Nummer 11** übernimmt Nummer 2 Buchstabe b der Anlage zu § 48b VVG a.F. 9

Informationen zum Vertrag: 10

Nummer 12 übernimmt für alle Versicherungsverträge die bislang schon für Fernabsatzgeschäfte in Nummer 1 Buchstabe d der Anlage zu § 48b VVG a.F. enthaltene Verpflichtung, anzugeben, wie der Vertrag zustande kommt. Eine allgemeine Regelung erscheint bereits deshalb angebracht, da hinsichtlich des Zustandekommens von Versicherungsverträgen Besonderheiten bestehen können, die dem durchschnittlichen Versicherungsnehmer nicht zwangsläufig bekannt sein müssen. Insbesondere soll darauf hingewiesen werden, wann der Vertrag beginnt und ab welchem Zeitpunkt Versicherungsschutz besteht. Soweit der Versicherungsnehmer den Antrag auf Abschluss eines Versicherungsvertrages gestellt hat, der vom Versicherer angenommen werden muss, besteht die aus Anlage D Abschnitt I Nr. 1 Buchstabe f zu § 10a VAG übernommene Verpflichtung, ihn über die Dauer der Frist zu belehren, während der er an seinen Antrag gebunden sein soll, fort.

Nummer 13 schreibt eine umfassende Aufklärung über das neue Widerrufsrecht (§§ 8, 9 VVG) vor. Die Vorschrift ersetzt die bislang für Fernabsatzverträge geltende Nummer 1 i der Anlage zu § 48b VVG a.F. sowie die in Anlage D Abschnitt I Nr. 1 Buchstabe g zu § 10a VAG enthaltene Bestimmung. 11

Nummer 14 fordert Angaben zur Laufzeit des Vertrages. Die Regelung übernimmt die Bestimmung aus Anlage D Abschnitt I Nr. 1 Buchstabe d zu § 10a VAG und steht zugleich im Einklang mit der bisherigen Nummer 1 Buchstabe e der Anlage zu § 48b VVG a.F. 12

Nummer 15 verlangt Angaben zur Beendigung des Vertrages, insbesondere zum Kündigungsrecht des Versicherungsnehmers. Der Versicherungsnehmer soll darüber aufgeklärt werden, wie lange der Versicherungsschutz andauert und unter welchen Bedingungen er den Vertrag einseitig beenden kann. Die Regelung erfasst in verallgemeinerter Form die bisherige Nummer 2 Buchstabe c der Anlage zu § 48b VVG a.F. 13

Die **Nummern 16 bis 18** entsprechen Nummer 2 Buchstabe d bis f der Anlage zu § 48b VVG a.F.; der in Nummer 17 vorgesehene zusätzliche Hinweis auf das auf den Vertrag anwendbare Recht war bislang in Anlage D Abschnitt I Nr. 1 Buchstabe b zu § 10a VAG vorgesehen. 14

Informationen zum Rechtsweg: 15

Nummer 19 übernimmt Nummer 2 Buchstabe g der Anlage zu § 48b VVG a.F. Die Bestimmung wurde um die Verpflichtung ergänzt, bei der Information zu außergerichtlichen Rechtsbehelfen ausdrücklich darauf hinzuweisen, dass die Inanspruchnahme des Rechtsweges durch den Versicherungsnehmer hiervon unberührt bleibt. Dadurch soll etwaigen Fehlvorstellungen vorgebeugt und die Bereitschaft zur vorrangigen Inanspruchnahme außergerichtlicher Rechtsbehelfe gefördert werden.

Nummer 20 verpflichtet den Versicherer, Name und Anschrift der zuständigen Aufsichtsbehörde anzugeben sowie auf die Möglichkeit einer Beschwerde bei dieser Aufsichtsbehörde hinzuweisen. Die Bestimmung übernimmt in klarer gefasster Form die bislang in Anlage D Abschnitt 1 Nr. 1 Buchstabe h zu § 10a 16

VAG bzw. Nr. 2 Buchstabe a der Anlage zu § 48b VVG a.F. vorgesehenen Informationspflichten.

17 **Absatz 2** bestimmt, dass bestimmte Informationen einer hervorgehobenen und deutlich gestalteten Form bedürfen, soweit die Mitteilung durch Übermittlung der Vertragsbestimmungen einschließlich der Allgemeinen Versicherungsbedingungen erfolgt. Damit wird sachlich die bislang für Fernabsatzgeschäfte in § 48b Abs. 4 VVG a.F. enthaltene Regelung übernommen."

Die Hervorhebungen im vorstehenden Text stammen vom Verf.

2. Amtliche Begründung des FinanzdienstleistungsanpassungsG (BT-Drs. 19/29391, 57 f.)

17a „Nummer 1 Buchstabe a enthält eine Änderung des § 1 **Absatz 1 Nummer 2,** die durch die Musterwiderrufsbelehrung veranlasst ist. Im Rahmen der Musterwiderrufsbelehrung soll der Versicherer einheitlich als solcher bezeichnet werden. Dass der Versicherer in § 1 Absatz 1 Nummer 2 VVG-InfoV bisher auch als „Anbieter" bezeichnet wird, soll zur besseren Verständlichkeit nicht in die Musterwiderrufsbelehrung übernommen werden. Hieran soll der Wortlaut des § 1 Absatz 1 Nummer 2 VVG-InfoV aus Gründen der Rechtssicherheit angeglichen werden, damit sich Fragen nach der inhaltlichen Übereinstimmung der Musterwiderrufsbelehrung mit § 1 Absatz 1 Nummer 2 VVG-InfoV von vornherein nicht stellen.

17b Nummer 1 Buchstabe b enthält eine Änderung des § 1 **Absatz 1 Nummer 5** VVG-InfoV, die im Zusammenhang mit der Änderung der gesetzlichen Musterwiderrufsbelehrung steht. Zu den Informationen, die der Versicherer dem Versicherungsnehmer zur Verfügung zu stellen hat, gehören nach dem bisherigen Wortlaut „Angaben über das Bestehen eines Garantiefonds oder anderer Entschädigungsregelungen, die nicht unter die Richtlinie 94/19/EG des Europäischen Parlaments und des Rates vom 30. Mai 1994 über Einlagensicherungssysteme (ABl. EG Nr. L 135, 5) und die Richtlinie 97/9/EG des Europäischen Parlaments und des Rates vom 3. März 1997 über Systeme für die Entschädigung der Anleger (ABl. EG Nr. L 84, 22) fallen; Name und Anschrift des Garantiefonds sind anzugeben". Hierbei werden im Sinne der Rechtssicherheit zwei Angleichungen an die gesetzliche Musterwiderrufsbelehrung vorgenommen: Erstens soll durch Einfügung des Wortes „gegebenenfalls" verdeutlicht werden, dass Angaben über das Bestehen eines Garantiefonds oder anderer Entschädigungseinrichtungen nicht stets zu erteilen sind, sondern nur dann, wenn ein Garantiefonds oder andere Entschädigungseinrichtungen bestehen. Fehlt es hieran, bedarf es keiner Negativangabe. Dieses Verständnis, dass der gesetzlichen Musterwiderrufsbelehrung zu Grunde liegt, soll im Sinne der Rechtssicherheit ausdrücklich im Wortlaut des § 1 Absatz 1 Nummer 5 VVG-InfoV verankert werden, um die inhaltliche Übereinstimmung mit der Musterwiderrufsbelehrung zu verdeutlichen. Zweitens soll der Wortlaut vereinfacht werden: Die in dem Nebensatz genannten Richtlinien sind im Versicherungsbereich von vornherein nicht einschlägig. Die Richtlinie 94/19/EG, die mittlerweile durch die Richtlinie 2014/49/EU des Europäischen Parlaments und des Rates vom 16. April 2014 über Einlagensicherungssysteme ersetzt wurde, betrifft Einlagensicherungssysteme im Bankenbereich. Die Richtlinie 97/9/EG betrifft Systeme für die Entschädigung der Anleger im Bereich von Wertpapierfirmen. Vor diesem Hintergrund bietet es sich bei der Musterwiderrufsbelehrung im Versicherungsrecht im Sinne der Verständlichkeit für den Versicherungsnehmer an, den recht technischen, durch Verweisungen geprägten und inhaltlich hier nicht erforderlichen Nebensatz „die nicht unter die Richtlinie 94/19/EG des Europäischen Parlaments und des Rates vom 30. Mai 1994 über Einlagensicherungssysteme (ABl. EG Nr. L 135, 5) und die Richtlinie 97/9/EG des Europäischen Parlaments und des Rates vom 3. März 1997 über Systeme für die Entschädigung der Anleger (ABl. EG Nr. L 84, 22) fallen" ersatzlos zu streichen. Damit ergäbe sich allerdings eine Abweichung der Belehrung von dem Wortlaut des § 1 Absatz 1 Nummer 5 VVG-InfoV, was bei einem rein formalen Abgleich Zweifel an der Richtigkeit der Widerrufsbelehrung und damit am Beginn der Widerrufsfrist wecken könnte. Um hier Einheitlichkeit zu erzielen, sollen die Wörter „die nicht unter die Richtlinie 94/19/EG des Europäischen Parlaments und des Rates vom 30. Mai 1994 über Einlagensicherungssysteme (ABl. EG Nr. L 135, 5) und die Richtlinie 97/9/EG des Europäischen Parlaments und des Rates vom 3. März 1997 über Systeme für die Entschädigung der Anleger (ABl. EG Nr. L 84, 22) fallen" daher auch in § 1 Absatz 1 Nummer 5 VVG-InfoV ersatzlos gestrichen werden. Es handelt sich hierbei nicht um „strengere Bestimmungen über die Anforderungen an eine vorherige Auskunftserteilung", die gemäß Artikel 4 Absatz 2 der Richtlinie 2002/65/EG auch zulässig wären. Da die genannten Richtlinien im Versicherungsbereich nicht einschlägig sind, werden nämlich keine neuen Rechtspflichten begründet. Die bisher (rein formal) bestehende Möglichkeit, die Entschädigungsregelungen, die unter die Richtlinie 94/19/EG des Europäischen Parlaments und des Rates vom 30. Mai 1994 über Einlagensicherungssysteme (ABl. EG Nr. L 135, 5) und die Richtlinie 97/9/EG des Europäischen Parlaments und des Rates vom 3. März 1997 über Systeme für die Entschädigung der Anleger (ABl. EG Nr. L 84, 22) fallen, nicht anzugeben, war für Versicherer schon bisher ohne Relevanz.

Buchstaben c bis e sehen vor, dass an bestimmten Stellen des § 1 **Absatz 1** **17c**
Nummer 10, 15 und 17 jeweils das Wort „gegebenenfalls" eingefügt wird. Es handelt sich um klarstellende Folgeänderungen, die durch die Musterwiderrufsbelehrung bedingt sind. Die Musterwiderrufsbelehrung sieht an diesen Punkten jeweils Eventualinformationen vor, da die dort genannte Befristung beziehungsweise die dort genannten Vertragsinhalte nicht bei jedem Vertrag einschlägig sind. Um aus Gründen der Rechtssicherheit bereits sprachlich klarzustellen, dass in diesem Punkt eine inhaltliche Übereinstimmung zwischen der Musterwiderrufsbelehrung und der VVG-Informationspflichtenverordnung besteht, soll jeweils an geeigneter Stelle das Wort „gegebenenfalls" eingefügt werden."

Die Hervorhebungen im vorstehenden Text stammen vom Verf., die Gliederungsüberschriften wurden ohne Kennzeichnung nicht wiedergegeben.

II. Europarechtliche Grundlagen

Die Normen der VVG-InfoV (dies bezieht sich nicht nur auf den hier kom- **17d**
mentierten § 1) dienen, wie die entsprechenden Normen des VVG, die sie konkretisieren, in ihrem jeweiligen Anwendungsbereich der **Transformation** zahlreicher europäischer **Richtlinien.** Zu nennen sind hier die 3. RL-Schaden (RL 92/49/EWG), die RL-Leben (RL 2003/83/EG), die jeweils in der Solvency II-RL (RL 2009/138/EG, ABl. 2009 L 335, 1) konsolidiert wurden, die Finanzdienstleistungs-Fernabsatz-RL (2002/65/EG, ABl. 2002, L 271, 16) und die IDD-RL (RL [EU] 2016/97, ABl. 2016 L 26, 19). Insofern stellt sich für die entsprechen-

den Umsetzungsbereiche auch immer die Frage nach einem **Umsetzungsfehler,** soweit es sich bei den Richtliniennormen um Vollharmonisierungsnormen handelt und keine Optionen im Sinne eines *gold-plating* eröffnet sind. Da es sich hierbei jedoch – zumindest außerhalb eines eventuellen Eingreifens der BaFin im Rahmen der Missstandsaufsicht – immer um die Frage der (unzulässigen) vertikalen Direktwirkung einer eben nicht unmittelbar für die Rechtsunterworfenen verbindlichen Richtlinie gehen würde, ist diese Frage für die Praxis – jenseits eines Staatshaftungsanspruchs gegen die Bundesrepublik und bis zu einem etwaigen Vertragsverletzungsverfahren – eher akademischer Natur (vgl. zu möglichen Umsetzungsfehlern bspw. Prölss/Martin/*Rudy* VVG-InfoV vor § 1 Rn. 1a; § 1 Rn. 4a, 8b, 16c; § 2 Rn. 2a *et passim*). Unabhängig davon gilt es aber allzeit zu beachten, dass sämtliche Normen der VVG-InfoV, soweit sie (situativ) der Umsetzung einer Richtliniennorm dienen, **richtlinienkonform auszulegen** sind.

III. Informationen zum Versicherer (Abs. 1 Nr. 1–5)

18 **Informationen zur Identität** (Nr. 1) des VR müssen Name, Anschrift, Rechtsform, Sitz, Handelsregister und Handelsregisternummer (bzw. deren ausländisches Äquivalent) sowie bei VR mit Sitz im Ausland zusätzlich entsprechende Angaben zur Niederlassung umfassen (Schwintowski/Brömmelmeyer/*Sajkow* VVG-InfoV § 1 Rn. 18; Prölss/Martin/*Rudy* VVG-InfoV § 1 Rn. 3). Hiervon unberührt bleiben die **gesellschaftsrechtlichen Informationspflichten** nach § 80 AktG, sodass auch die Namen aller Vorstandsvorsitzenden und des Aufsichtsratsvorsitzenden zu nennen sind (Looschelders/Pohlmann/*Schäfers* VVG-InfoV § 1 Rn. 6; Langheid/Wandt/*Armbrüster* VVG-InfoV § 1 Rn. 5). Ferner müssen VR mit Sitz in einem anderen Mitgliedstaat die **Identität** eines **Vertreters** in dem **EU**-Mitgliedstaat angeben, in dem der VN seinen Wohnsitz hat (Nr. 2). Trotz des Wortlauts der Nr. 2, die auf den *Wohn*sitz abstellt, gilt diese Informationspflicht auch gegenüber juristischen Personen als VN (Prölss/Martin/*Rudy* VVG-InfoV § 1 Rn. 4). Keine **ladungsfähige Anschrift** (Nr. 3) ist eine Postfachadresse (Looschelders/Pohlmann/*Schäfers* VVG-InfoV § 1 Rn. 9). Bei der Angabe der **Hauptgeschäftstätigkeit** (Nr. 4) genügt nach dem Wortlaut grundsätzlich die Angabe „Versicherungsgeschäft" (Langheid/Wandt/*Armbrüster* VVG-InfoV § 1 Rn. 12; aA Bruck/Möller/*Hermann* VVG § 7 Rn. 18, der unter „Hauptgeschäftstätigkeit" zumindest bei ausländischen VR nicht das Geschäftsfeld, sondern den Ort der Tätigkeit, d.h. den Sitz der Gesellschaft versteht). Da der Betrieb von Versicherungsgeschäften aufsichtsrechtlich gemäß § 7 Abs. 2 VAG zwingende Notwendigkeit ist und die Vorschrift anderenfalls (für deutsche Versicherer) vollständig leerliefe, kann jedoch eine nähere Spezifizierung zB nach Sparten empfohlen sein (so Prölss/Martin/*Rudy* VVG-InfoV § 1 Rn. 6; aA Looschelders/Pohlmann/*Schäfers* VVG-InfoV § 1 Rn. 12, der die Nennung der für die Tätigkeit des VR prägenden Sparten als zwingend ansieht). **Garantiefonds** iSv Nr. 5 sind für die Lebensversicherung die Protektor Lebensversicherungs-AG und für die Krankenversicherung die Medicator AG, nicht hingegen das Deutsche Büro Grüne Karte e. V. und die Verkehrsopferhilfe e. V. gemäß § 12 PflVG (Schutz der Geschädigten und nicht der VN; Schwintowski/Brömmelmeyer/*Sajkow* VVG-InfoV § 1 Rn. 22) sowie der Pensions-Sicherungs-Verein VVaG gemäß § 14 BetrAVG (Sicherung gegen Insolvenz des Arbeitgebers und nicht des VR; Staudinger/Halm/Wendt/*C. Schneider* VVG-InfoV § 1 Rn. 16). Ausländische Versicherer haben die Garantiefonds ihres Sitzstaates anzuführen (für einen Überblick *Ksion,* Weißbuch Sicherungssysteme für Versicherungen, KOM(2010)370 endg. und *Oxera,* Insurance Guarantee Schemes in the EU, S. 186 ff.). Soweit für die betreffende Sparte kein Garantiefonds besteht, muss hierauf nicht in Form eines Negativtestats hingewiesen werden (OLG Brandenburg BeckRS 2018, 37874; Prölss/Martin/*Knappmann* VVG-InfoV § 1 Rn. 7; aA Staudinger/Halm/Wendt/*C. Schneider* VVG-InfoV § 1 Rn. 14). Dies wird nunmehr durch die durch Art. 6 Nr. 1 Buchst. b des Finanzdienstleistungsanpassungsgesetzes (BGBl. 2021 I, 1666) vorgenommenen Änderungen (nämlich Einfügung des „gegebenenfalls") noch einmal verstärkt. Die ebenfalls vorgenommene Streichung der verwiesenen Einlagensicherungs-RL und Anlegerentschädigungs-RL bewirkt regelungstechnisch, dass ein ausländischer VR einen ausländischen Garantiefonds, dem er angehört, auch dann zu nennen hätte, wenn dieser auf der Grundlage der Transformationsnormen dieser beiden (nicht-versicherungsrelevanten) Richtlinien errichtet worden wäre (was jedoch mit richtiger Annahme der Bgrd. [vgl. → Rn. 17b] kaum der Fall sein dürfte).

IV. Informationen zur angebotenen Leistung (Abs. 1 Nr. 6–11)

Der VR hat nicht nur die vollständigen **Versicherungsbedingungen** inklusive der einschlägigen **Tarifbestimmungen** mitzuteilen (Nr. 6 Buchst. a), sondern auch die **wesentlichen Merkmale der Versicherungsleistung** (Nr. 6 Buchst. b). Hierzu zählen neben Art (Geld-/Sachleistung), Umfang (Versicherungssumme) und Fälligkeit auch Haftungshöchstgrenzen, Selbstbeteiligungen und Wartezeiten (Prölss/Martin/*Rudy* VVG-InfoV § 1 Rn. 8; Bruck/Möller/*Hermann* VVG § 7 Rn. 25). **19**

Der **Gesamtpreis** (Nr. 7) setzt sich aus der Prämie und den weiteren regelmäßig anfallenden Kosten (Abgrenzung zu Nr. 8) für den vom VR zu bezeichnenden Zeitraum (typischerweise monatlich oder jährlich, aber gerade nicht auf die gesamte Vertragslaufzeit bemessen) zusammen (Staudinger/Halm/Wendt/*C. Schneider* VVG-InfoV § 1 Rn. 19; Prölss/Martin/*Rudy* VVG-InfoV § 1 Rn. 9). Dabei sind Prämien vor einer eventuellen Verrechnung mit Überschüssen auszuweisen (HK-VVG/*Baroch Castellví* VVG-InfoV § 1 Rn. 17). Risikozuschläge können erst nach einer auf entsprechende Angaben des VN folgenden Risikoprüfung angegeben werden. Somit können sie dem VN lediglich beim Vertragsabschluss nach dem Invitatio-Modell vor Abgabe von dessen Vertragserklärung zur Information gebracht werden (Langheid/Wandt/*Armbrüster* VVG-InfoV § 1 Rn. 27). Bei **mehreren selbstständigen (sog. gebündelten) Versicherungsverträgen** sind die Prämien gesondert auszuweisen (also etwa Kraftfahrthaftpflicht und Kasko); dies gilt nicht bei **verbundenen Verträgen,** bei denen unterschiedliche Risiken in einem Vertrag zusammengefasst werden. Maßgeblich ist die tatsächliche Vertragsgestaltung (ein einheitlicher oder mehrere selbstständige Verträge) und nicht, ob die Risiken durch mehrere Versicherungen hätten abgesichert werden können (so aber Langheid/Wandt/*Armbrüster* VVG-InfoV § 1 Rn. 23; Staudinger/Halm/Wendt/*C. Schneider* VVG-InfoV § 1 Rn. 22; dagegen wie hier Prölss/Martin/*Rudy* VVG-InfoV § 1 Rn. 9; Schwintowski/Brömmelmeyer/*Sajkow* VVG-InfoV § 1 Rn. 25; HK-VVG/*Baroch Castellví* VVG-InfoV § 1 Rn. 19). Keine gebündel- **20** ten Versicherungsverträge iSd Nr. 7 sind etwa eine Lebensversicherung mit eingeschlossener BU-Zusatzversicherung (BGH VersR 2020, 1030). Sollte ausnahmsweise der genaue Preis nicht angegeben werden können, so ist die Grundlage der Prämienberechnung anzugeben (vgl. Langheid/Wandt/*Armbrüster* VVG-InfoV § 1 Rn. 22).

21 Unter die ggf. **zusätzlich** – nicht regelmäßig (dann Nr. 7) – anfallenden **Kosten** (Nr. 8) zählen zB etwaige Versandkosten für die Police oder Stückkosten für deren Ausfertigung (unabhängig von der Zulässigkeit dieser Kosten), sodass dieser Norm nur ein geringes Anwendungsfeld zukommt. Mahnkosten, Kosten für eine Ersatzurkunde und Rücklaufkosten im Lastschriftverfahren zählen als durch den VN ausgelöste Eventualkosten nicht hierunter (Looschelders/Pohlmann/*Schäfers* VVG-InfoV § 1 Rn. 21; Staudinger/Halm/Wendt/*C. Schneider* VVG-InfoV § 1 Rn. 23; Prölss/Martin/*Rudy* VVG-InfoV § 1 Rn. 11; Langheid/Wandt/*Armbrüster* VVG-InfoV § 1 Rn. 28; aA Römer/Langheid/*Langheid* 2014 VVG-InfoV § 1 Rn. 21; Schwintowski/Brömmelmeyer/*Sajkow* VVG-InfoV § 1 Rn. 26).

21a Zu informieren ist über die **Zahlungsart** (Lastschrifteinzug, Überweisung oÄ), **-weise** (etwa jährlich, quartalsmäßig, monatlich) und den **Zahlungszeitpunkt,** sowie über die Frage ob Absendung oder Zugang erheblich ist, der **Prämie** (Nr. 9) nicht aber etwaiger Versicherungsleistungen (Prölss/Martin/*Rudy* VVG-InfoV § 1 Rn. 13).

22 Die **Gültigkeitsdauer** eines befristeten (VR-)**Angebots** (Nr. 10) wird lediglich bei einem Vertragsabschluss nach dem Invitatio-Modell relevant. Nr. 11 (mit speziellen Risiken behaftete Finanzinstrumente) bezieht sich (allein) auf die **fondsgebundene Lebensversicherung** (Prölss/Martin/*Rudy* VVG-InfoV § 1 Rn. 15), sodass die Regelung, da diese als Versicherungsanlageprodukte unter die PRIIP-RL und PRIIP-DVO fallen, weitgehend gegenstandslos sein dürfte.

V. Informationen zum Vertrag (Abs. 1 Nr. 12–18)

23 Der VN ist darüber zu informieren (Nr. 12), welche konkreten **Handlungen** beim gewählten Verfahren zum **Vertragsschluss** und zur Begründung von **Versicherungsschutz** (sowie ab welchem Zeitpunkt) führen, wobei auch Bindungsfristen für das Angebot herauszustellen sind. Die Informationen über das Bestehen, die Ausübung und die Rechtsfolgen eines **Widerrufsrechts** (Nr. 13) unterliegen geringeren Anforderungen als eine Belehrung nach § 8 Abs. 2 Satz 2 VVG, können diese also nicht ersetzen. Umgekehrt aber kann eine gegenüber dem VN vor Abgabe von dessen Vertragserklärung erteilte Belehrung nach § 8 VVG die Informationen nach Nr. 13 erübrigen; jedenfalls ist eine Belehrung, die die Voraussetzungen beider Vorschriften erfüllt, ausreichend (so Schwintowski/Brömmelmeyer/*Sajkow* VVG-InfoV § 1 Rn. 31; Looschelders/Pohlmann/*Schäfers* VVG-InfoV § 1 Rn. 34). Zu informieren ist auch über das Nichtbestehen eines Widerrufsrechts (Prölss/Martin/*Rudy* VVG-InfoV § 1 Rn. 17a). Es ist mitzuteilen (Nr. 14), ob der **Vertrag** befristet oder unbefristet ist, ob er sich automatisch verlängert und im Fall eines Vertrages mit unbestimmter **Dauer** ist auf § 11 VVG hinzuweisen. Die Informationen über die **Beendigungs-/Kündigungsmöglichkeiten** (Nr. 15) haben neben solchen auf Seiten des VN auch vertragliche und gesetzliche Kündigungsrechte des VR einzubeziehen, da der VN nur dann vollständig darüber aufgeklärt wird, wie lange der Versicherungsschutz andauert (vgl. Gesetzesbegründung → Rn. 13; Schwintowski/Brömmelmeyer/*Sajkow*

VVG-InfoV § 1 Rn. 33; Looschelders/Pohlmann/*Schäfers* VVG-InfoV § 1 Rn. 38; Prölss/Martin/*Rudy* VVG-InfoV § 1 Rn. 18a; aA Langheid/Wandt/*Armbrüster* VVG-InfoV § 1 Rn. 59; HK-VVG/*Baroch Castellví* VVG-InfoV § 1 Rn. 41, 43). Angaben zum **vorvertraglich anwendbaren Recht** (Nr. 16) kommen allein bei Grenzüberschreitungen innerhalb der EU in Betracht (Prölss/Martin/*Rudy* VVG-InfoV § 1 Rn. 19). Mitzuteilen ist zudem (Nr. 17) das auf den abzuschließenden Vertrag **anwendbare Recht,** sowie eine etwaige **Rechtswahl- oder Gerichtsstandsvereinbarung,** wobei unter letzterer auch eine Schiedsvereinbarung zu verstehen ist. Ferner ist über die **Sprache** zu informieren (Nr. 18), in der die Informationen und Vertragsbedingungen mitgeteilt werden und in der der VR mit Zustimmung des VN während der Laufzeit kommunizieren wird, wobei eine solche Information entbehrlich ist, wenn sich aus den Umständen ergibt, dass offensichtlich nur eine Sprache in Betracht kommt (Looschelders/Pohlmann/*Schäfers* VVG-InfoV § 1 Rn. 43; aA Staudinger/Halm/Wendt/*C. Schneider* VVG-InfoV § 1 Rn. 50).

VI. Informationen zum Rechtsweg (Abs. 1 Nr. 19 und 20)

Nach Nr. 19 ist bei entsprechender Mitgliedschaft auf den **Ombudsmann** für Versicherungen bzw. den Ombudsmann für die private Kranken- und Pflegeversicherung bzw. bei grenzüberschreitendem Vertrieb auf die etwaigen Ombudssysteme im Sitzstaat hinzuweisen; nicht aber auf das Nichtvorhandenseins eines solchen **außergerichtlichen Beschwerde- und Rechtsbehelfverfahrens** (HK-VVG/*Baroch Castellví* VVG-InfoV § 1 Rn. 51). Nicht zu den außergerichtlichen Beschwerdeverfahren iSv Nr. 19 zählt das Sachverständigenverfahren gemäß § 84 VVG (Langheid/Wandt/*Armbrüster* VVG-InfoV § 1 Rn. 71). Ferner muss nach Nr. 20 auf die **Beschwerdemöglichkeit** und die Kontaktdaten der zuständigen **Aufsichtsbehörde** hingewiesen werden, was für ausländische Versicherer aus einem Mitgliedstaat der EU/EWR bedeutet, dass sie nur die Behörde im Sitzland zu nennen haben und die BaFin nur dann aufführen müssen, wenn der Sitzlandaufseher keine Beschwerden bearbeitet (Langheid/Wandt/*Armbrüster* VVG-InfoV § 1 Rn. 72; Looschelders/Pohlmann/*Schäfers* VVG-InfoV § 1 Rn. 45; aA wohl Staudinger/Halm/Wendt/*C. Schneider* VVG-InfoV § 1 Rn. 54 [„empfiehlt es sich“]) und für andere ausländische VR, dass sie immer die BaFin zu nennen haben (Schwintowski/Brömmelmeyer/*Sajkow* VVG-InfoV § 1 Rn. 38). 24

VII. Adressat, Form und Zeitpunkt der Informationsmitteilung (Abs. 2)

Adressat der Informationen nach Abs. 1 ist (nur) der **VN.** Einer versicherten Person gegenüber bestehen die Informationspflichten nach dem eindeutigen Wortlaut der Vorschrift nicht (Schwintowski/Brömmelmeyer/*Sajkow* VVG-InfoV § 1 Rn. 6; Staudinger/Halm/Wendt/*C. Schneider* VVG-InfoV vor § 1 Rn. 11; aA aber für die echte Gruppenversicherung Marlow/Spuhl/*Spuhl* Rn. 52 f.). Die Informationen nach Abs. 1 müssen mindestens in **Textform** gemäß § 126b BGB (vgl. § 8 Abs. 2 Satz 1 Nr. 1 VVG) übermittelt werden. Sie können nach Abs. 2 zugleich mit der Übermittlung der Vertragsbestimmungen einschließlich der AVB erfolgen. Dann jedoch bedürfen die Informationen nach Abs. 1 Nr. 3, 13 und 15 25 einer hervorgehobenen und deutlich gestalteten Form. Jedenfalls ausreichend ist eine drucktechnische Hervorhebung (Signalwirkung: Schwintowski/Brömmelmeyer/*Sajkow* VVG-InfoV § 1 Rn. 40; aA Looschelders/Pohlmann/*Schäfers* VVG-InfoV § 1 Rn. 46, die noch eine besondere sprachliche Einprägsamkeit und Verständlichkeit verlangen). Die Informationen müssen dem VN rechtzeitig vor Abgabe von dessen Vertragserklärung erreichen, wobei der Begriff der Rechtzeitigkeit auch bei komplizierten Versicherungsprodukten keine Mindestfristen impliziert (Prölss/Martin/*Rudy* VVG-InfoV § 1 Rn. 1; aA HK-VVG/*Schimikowski* VVG § 7 Rn. 4 ff.).

VIII. Rechtsfolgen bei Informationspflichtverletzung

26 Eine Verletzung der Informationspflichten nach Abs. 1 hindert nicht das wirksame Zustandekommen des Versicherungsvertrages (BGH r+s 2017, 409). Allerdings beginnt die **Widerrufsfrist** nach § 8 Abs. 2 VVG erst ab dem Zeitpunkt zu laufen, zu dem dem VN die (vollständigen und im Wesentlichen zutreffenden) Informationen zugegangen sind. Dabei haben jedoch kleinere Mängel und Unrichtigkeiten unbeachtet zu bleiben (Prölss/Martin/*Rudy* VVG-InfoV § 1 Rn. 23; Schwintowski/Brömmelmeyer/*Sajkow* VVG-InfoV § 1 Rn. 41). Dem VN steht ein einklagbarer Anspruch auf Informationserteilung nicht zu (Prölss/Martin/*Rudy* VVG-InfoV § 1 Rn. 23). Die Verletzung von Informationspflichten kann jedoch mit den Mitteln des Aufsichtsrechts oder auf Grundlage des UKlaG geahndet werden und auch Schadensersatzansprüche können eröffnet sein (Prölss/Martin/*Rudy* VVG-InfoV vor § 1 Rn. 1; zu einem Unterlassungsanspruch siehe BGH VersR 2014, 941).

§ 2 Informationspflichten bei der Lebensversicherung, der Berufsunfähigkeitsversicherung und der Unfallversicherung mit Prämienrückgewähr

(1) **Bei der Lebensversicherung hat der Versicherer dem Versicherungsnehmer gemäß § 7 Abs. 1 Satz 1 des Versicherungsvertragsgesetzes zusätzlich zu den in § 1 Abs. 1 genannten Informationen die folgenden Informationen zur Verfügung zu stellen:**

1. **Angaben zur Höhe der in die Prämie einkalkulierten Kosten; dabei sind die einkalkulierten Abschlusskosten als einheitlicher Gesamtbetrag und die übrigen einkalkulierten Kosten als Anteil der Jahresprämie unter Angabe der jeweiligen Laufzeit auszuweisen; bei den übrigen einkalkulierten Kosten sind die einkalkulierten Verwaltungskosten zusätzlich gesondert als Anteil der Jahresprämie unter Angabe der jeweiligen Laufzeit auszuweisen;**
2. **Angaben zu möglichen sonstigen Kosten, insbesondere zu Kosten, die einmalig oder aus besonderem Anlass entstehen können;**
3. **Angaben über die für die Überschussermittlung und Überschussbeteiligung geltenden Berechnungsgrundsätze und Maßstäbe;**
4. **Angabe der in Betracht kommenden Rückkaufswerte;**
5. **Angaben über den Mindestversicherungsbetrag für eine Umwandlung in eine prämienfreie oder eine prämienreduzierte Versicherung und**

über die Leistungen aus einer prämienfreien oder prämienreduzierten Versicherung;
6. das Ausmaß, in dem die Leistungen nach den Nummern 4 und 5 garantiert sind;
7. bei fondsgebundenen Versicherungen Angaben über die der Versicherung zugrunde liegenden Fonds und die Art der darin enthaltenen Vermögenswerte;
8. allgemeine Angaben über die für diese Versicherungsart geltende Steuerregelung;
9. bei Lebensversicherungsverträgen, die Versicherungsschutz für ein Risiko bieten, bei dem der Eintritt der Verpflichtung des Versicherers gewiss ist, die Minderung der Wertentwicklung durch Kosten in Prozentpunkten (Effektivkosten) bis zum Beginn der Auszahlungsphase.

(2) **[1]Die Angaben nach Absatz 1 Nr. 1, 2, 4 und 5 haben in Euro zu erfolgen. [2]Bei Absatz 1 Nr. 6 gilt Satz 1 mit der Maßgabe, dass das Ausmaß der Garantie in Euro anzugeben ist.**

(3) **Die vom Versicherer zu übermittelnde Modellrechnung im Sinne von § 154 Abs. 1 des Versicherungsvertragsgesetzes ist mit folgenden Zinssätzen darzustellen:**
1. dem Höchstrechnungszinssatz, multipliziert mit 1,67,
2. dem Zinssatz nach Nummer 1 zuzüglich eines Prozentpunktes und
3. dem Zinssatz nach Nummer 1 abzüglich eines Prozentpunktes.

(4) **[1]Auf die Berufsunfähigkeitsversicherung sind die Absätze 1 und 2 entsprechend anzuwenden. [2]Darüber hinaus ist darauf hinzuweisen, dass der in den Versicherungsbedingungen verwendete Begriff der Berufsunfähigkeit nicht mit dem Begriff der Berufsunfähigkeit oder der Erwerbsminderung im sozialrechtlichen Sinne oder dem Begriff der Berufsunfähigkeit im Sinne der Versicherungsbedingungen in der Krankentagegeldversicherung übereinstimmt.**

(5) **Auf die Unfallversicherung mit Prämienrückgewähr sind Absatz 1 Nr. 3 bis 8 und Absatz 2 entsprechend anzuwenden.**

(6) **[1]Die Effektivkosten gemäß Absatz 1 Nummer 9 werden berechnet wie der Gesamtkostenindikator nach Anhang VI der Delegierten Verordnung (EU) 2017/653 der Kommission vom 8. März 2017 zur Ergänzung der Verordnung (EU) Nr. 1286/2014 des Europäischen Parlaments und des Rates über Basisinformationsblätter für verpackte Anlageprodukte für Kleinanleger und Versicherungsanlageprodukte (PRIIP) durch technische Regulierungsstandards in Bezug auf die Darstellung, den Inhalt, die Überprüfung und die Überarbeitung dieser Basisinformationsblätter sowie die Bedingungen für die Erfüllung der Verpflichtung zu ihrer Bereitstellung (ABl L 100 vom 12.4.2017, S. 1; L 120 vom 11.5.2017, S. 31; L 186 vom 19.7.2017, S. 17; L 210 vom 15.8.2017, S. 16), die durch die Delegierte Verordnung (EU) 2019/1866 (ABl. L 289 vom 8.11.2019, S. 4) geändert worden ist. [2]Dabei sind die Parameter des angebotenen Vertrags einzusetzen; abweichend davon ist unabhängig von den Parametern des angebotenen Vertrags**
1. stets die jährliche Wertentwicklung vor Kosten zugrunde zu legen, die bei der Berechnung des Gesamtkostenindikators nach Anhang VI der Delegierten Verordnung (EU) 2017/653 verwendet würde, und

2. die in diesem Gesamtkostenindikator enthaltene Kostenkomponente für das biometrische Risiko zu übernehmen, wenn das zugrunde liegende Produkt eine zumindest 90-prozentige Beteiligung an Risikoüberschüssen gewährleistet.

[3]Die jährliche Wertentwicklung vor Kosten kann durch einen angemessenen Schätzwert ersetzt werden, wenn der in Satz 2 genannte Gesamtkostenindikator nicht zu berechnen ist. [4]Die Sätze 1 bis 3 sind nicht anzuwenden auf Altersvorsorgeverträge und Basisrentenverträge im Sinne der §§ 1 und 2 des Altersvorsorgeverträge-Zertifizierungsgesetzes.

Übersicht

I. Amtliche Begründungen

1. Amtliche Begründung der VVG-InfoV (BAnz. 2008, 98 ff.)

1 „Die Vorschrift bestimmt, welche weiteren Informationen der Versicherer dem Versicherungsnehmer bei der Lebensversicherung und den ihr verwandten Erscheinungsformen der Personenversicherung zur Verfügung zu stellen hat. Rechtsgrundlage ist § 7 Abs. Satz 1 Nr. 2 VVG. Die hiernach vorgeschriebenen Informationen tragen den Besonderheiten dieser Versicherungsart Rechnung und sind zusätzlich zu den in § 1 genannten Informationen zu erteilen.

2 **Absatz 1** nennt die im einzelnen zu erteilenden Informationen.

3 Die Vorschrift übernimmt zunächst die bislang in Anlage D Abschnitt I Nr. 2 der Anlage zu § 10a VAG enthaltenen, in Umsetzung der Richtlinie 2002/83/EG ergangenen Bestimmungen; diese finden sich jetzt in den Nummern 3 bis 8 wieder. Dabei wird in **Nummer 4,** die die in § 169 Abs. 3 Satz 2 VVG niedergelegte Verpflichtung zur Mitteilung des Rückkaufswertes näher konkretisiert, von der bisherigen Formulierung geringfügig abweichend ausgeführt, dass dem Versicherungsnehmer die „in Betracht kommenden" Rückkaufswerte mitzuteilen sind. Dadurch soll klargestellt werden, dass dem Versicherungsnehmer für den Zeitraum

der gesamten Vertragslaufzeit eine repräsentative Auswahl von Rückkaufswerten mitzuteilen ist. Bei der Wahl der Darstellung sollte berücksichtigt werden, dass der Versicherungsnehmer den Vertrag jederzeit kündigen kann und er daher eine anschauliche Darstellung der Entwicklung seiner Versicherung erwartet. Vor diesem Hintergrund kann sich insbesondere eine Angabe in jährlichen Abständen empfehlen; in Betracht kommen aber auch kürzere Abstände, vor allem für die ersten Jahre der Laufzeit des Vertrages, in denen der Rückkaufswert wegen der üblichen Verrechnung der Abschluss- und Vertriebskosten größeren Schwankungen unterliegt.

Absatz 1 Nr. 1 und 2 enthalten neue Regelungen zur Mitteilung der Abschluss-, Vertriebs- und sonstigen Kosten des Vertrages. Gemäß **Nummer 1** ist der Versicherer künftig gehalten, dem Versicherungsnehmer vor Abgabe von dessen Vertragserklärung Angaben zur Höhe der in die Prämie einkalkulierten Kosten zu machen. Dabei sind die Abschlusskosten als einheitlicher Gesamtbetrag anzugeben; die übrigen Kosten sind als Anteil der Jahresprämie unter Angabe der jeweiligen Laufzeit auszuweisen. Gemäß **Nummer 2** sind Angaben zu möglichen sonstigen Kosten, insbesondere zu Kosten, die einmalig oder aus besonderem Anlass entstehen können, zu machen. Durch Absatz 2 Satz 1 (dazu im Einzelnen unten) wird zudem klargestellt, dass die Kosten jeweils in Euro-Beträgen – und nicht lediglich als prozentualer Anteil der Prämie oder einer anderen Bezugsgröße – auszuweisen sind. 4

Die Verpflichtung zur Offenlegung der Abschluss-, Vertriebs- und sonstigen Kosten findet ihre gesetzliche Grundlage in § 7 Abs. 2 Satz 1 Nr. 2 VVG. Sie dient dem Anliegen, die Transparenz im Bereich der Lebensversicherung zu verbessern. Zugleich wird damit auch den Anforderungen der höchstrichterlichen Rechtsprechung entsprochen. Das Bundesverfassungsgericht hat zuletzt in seiner Entscheidung vom 15. Februar 2006 (1 BvR 1317/96, NJW 2006, 1783) u. a. ausdrücklich klargestellt, dass die in Artikel 2 Abs. 1 und Artikel 14 Abs. 1 des Grundgesetzes enthaltenen objektivrechtlichen Schutzaufträge Vorkehrungen dafür erfordern, dass die Versicherungsnehmer einer kapitalbildenden Lebensversicherung erkennen können, in welcher Höhe Abschlusskosten mit der Prämie verrechnet werden dürfen. Diese Vorkehrungen erfordern, dass die Verbraucher – wie nunmehr vorgesehen – über die Höhe der Kosten unterrichtet werden. Denn: ‚bleiben den Versicherungsnehmern Art und Höhe der zu verrechnenden Abschlusskosten und der Verrechnungsmodus unbekannt, ist ihnen eine eigenbestimmte Entscheidung darüber unmöglich, ob sie einen Vertrag zu den konkreten Konditionen abschließen wollen' (BVerfG, a.a.O.). Erst die Kenntnis dieser bislang ‚versteckten' Kosten ermöglicht es dem Kunden, zu beurteilen, ob das ihm unterbreitete Angebot für ihn attraktiv ist oder nicht. 5

Nach der gesetzlichen Regelung sind deshalb künftig alle für den konkret angebotenen Vertrag entstehenden Kosten im einzelnen anzugeben. § 2 Abs. 1 Nr. 1 der Verordnung nennt hierbei zunächst die in die Prämie einkalkulierten Kosten. Dazu gehören insbesondere die Abschluss- und Vertriebskosten, aber auch alle sonstigen Kosten, die in die Prämie einkalkuliert sind und damit über die Prämie vom Versicherungsnehmer getragen werden. Maßgeblich sind die rechnungsmäßig angesetzten Kosten, nicht die tatsächlichen Aufwände, wobei laufende Zuschläge zur Deckung von Abschlussaufwendungen (sogenannte Amortisationszuschläge) mit auszuweisen sind. Die Kosten sind in Euro auszuweisen (§ 2 Abs. 2 Satz 1). Der Verbraucher soll erfahren, welchen Betrag er effektiv als in den Prämien enthaltenen Kostenanteil an den Versicherer zahlen muss, wenn er den angebotenen Vertrag abschließt. Unzurei- 6 chend sind lediglich prozentuale Angaben oder Berechnungsgrundlagen, denn der Verbraucher muss anhand der Mitteilung die Höhe der Kosten ohne weiteres, insbesondere ohne weitere Berechnung, erkennen können. Gemäß Absatz 1 Nr. 2 sind darüber hinaus auch alle möglichen sonstigen Kosten, insbesondere Kosten, die einmalig oder aus besonderem Anlass entstehen können, anzugeben. Im Einklang mit der gesetzlichen Ermächtigung ist hier eine Beschränkung auf die mit der Prämie verrechneten Kosten nicht vorgesehen. Daher sind an dieser Stelle alle anderen Kosten anzugeben, die dem Versicherungsnehmer aufgrund des eingegangenen Vertragsverhältnisses entstehen, und zwar auch dann, wenn diese sich nicht in der Prämie des konkreten Vertrages niederschlagen; dazu gehören beispielsweise die Kosten für die Ausstellung einer Ersatzurkunde, aber nicht Stornokosten. Beiträge, die für den Versicherungsschutz zu zahlen sind, sind keine Kosten im Sinne dieser Regelung.

7 Für die Darstellung der in die Prämie einkalkulierten Kosten gelten die Vorgaben in § 2 Abs. 1 Nr. 1. Danach sind die Abschlusskosten grundsätzlich als einheitlicher Betrag auszuweisen. Das ist notwendig, da es sich bei diesen Kosten in der Regel um größere Beträge handelt, die nicht über die gesamte Laufzeit des Vertrages einheitlich in die Prämie einkalkuliert werden. Alle anderen in die Prämie einkalkulierten Kosten sind als Anteil der Jahresprämie unter Angabe der jeweiligen Laufzeit auszuweisen. Dieser Unterschied ist in der Darstellung hinreichend kenntlich zu machen. Es kann beispielsweise wie folgt formuliert werden: „Für diesen Vertrag sind Abschlusskosten und weitere Kosten zu entrichten, die in der kalkulierten Prämie von jährlich zzz,- Euro bereits enthalten sind. Diese Kosten bestehen aus einem einmaligen Betrag von xxx,- Euro und weiteren Beträgen von jährlich yyy,- Euro für eine Laufzeit von 25 Jahren". Sonstige Kosten, die dem Versicherungsnehmer lediglich einmalig oder aus Anlass besonderer Leistungen in Rechnung gestellt werden, sind zusätzlich gesondert anzugeben (§ 2 Abs. 1 Nr. 2).

8 **Absatz 2** sieht vor, dass die Angaben nach § 2 Abs. 1 Nr. 1, 2, 4 und 5 in Euro zu machen sind. Bei Absatz 1 Nr. 6 gilt Satz 1 mit der Maßgabe, dass das Ausmaß der Garantie in Euro anzugeben ist.

9 Die Verpflichtung gilt zunächst insbesondere für die Angabe der Abschluss- und Vertriebs- sowie der sonstigen Kosten (Absatz 1 Nr. 1 und 2), die für den jeweiligen Vertrag konkret zu beziffern und nicht lediglich etwa als Vomhundertsatz eines Bezugswertes anzugeben sind; die konkrete Angabe ist deutlich besser verständlich und aus Gründen der Transparenz geboten. Die Forderung, den Verbraucher durch konkrete Angaben in verständlicher Weise über die mit einem Geschäft verbundenen Kosten zu informieren, wird von vielen Seiten seit langem erhoben und in zunehmendem Maße auch durch Gesetz und Rechtsprechung betont. Im Bereich des Wertpapierhandels kann nach Gemeinschaftsrecht (Richtlinie 2006/73/EG vom 10. August 2006, Artikel 26) u.a. die Offenlegung des Betrages von Gebühren, Provisionen oder Zuwendungen ein Kriterium der Lauterkeit der Tätigkeit von Wertpapierfirmen darstellen. Aufgrund des Urteils des Bundesgerichtshofes vom 16. Dezember 2006 (XI ZR 56/05, NJW 2007, 1876) muss eine Bank, die Fondsanteile empfiehlt, darauf hinweisen, dass und in welcher Höhe sie Rückvergütungen aus Ausgabeaufschlägen und Verwaltungskosten von der Fondsgesellschaft erhält. All diesen Bestrebungen liegt die Erwägung zugrunde, dem Kunden durch Offenheit in der Information eine selbstbestimmte Entscheidung beim Vertragsschluss zu ermöglichen. Durch die Verpflichtung zur Bezifferung der Kosten bei Lebens-, Berufsunfähigkeits- und Krankenversicherung, also Verträgen, bei denen typischerweise besonders hohe Kosten anfallen, soll die an anderer Stelle verwirklichte Kostentransparenz nunmehr auch in das Versicherungsvertragsrecht Einzug erhalten.

10 Gemäß § 2 Abs. 2 zu beziffern sind auch die vom Versicherer zu erbringenden, in Absatz 1 Nr. 4 und 5 genannten Leistungen sowie der Umfang, in dem diese Leistungen garantiert werden (Absatz 1 Nr. 6). Auch insoweit müssen dem Kunden aus Gründen der Verständlichkeit konkrete, der Vorstellungskraft zugängliche Angaben zur Verfügung gestellt werden. Absatz 2 Satz 2 stellt in diesem Zusammenhang klar, dass Absatz 2 Satz 1 bei der Angabe nach Absatz 1 Nr. 6 mit der Maßgabe gilt, dass das Ausmaß der Garantie in Euro anzugeben ist. Das bedeutet, dass soweit eine Garantie überhaupt nicht übernommen wird, eine Bezifferung in Höhe von ‚0 (Null) Euro' vorzunehmen ist.

11 **Absatz 3** regelt Einzelheiten der gemäß § 154 Absatz 1 VVG zu übermittelnden Modellrechnung. Bei dieser ist die mögliche Ablaufleistung unter Zugrundelegung der Rechnungsgrundlagen für die Prämienkalkulation mit drei verschiedenen Zinssätzen darzustellen. Die maßgeblichen Zinssätze sind durch diese Verordnung zu regeln (vgl. Begründung des Regierungsentwurfes zu § 154 VVG, BT-Drs. 16/3945, S. 97). Die in den Nummern 1 bis 3 gewählten Zinssätze entsprechen dem von der VVG-Kommission vorgeschlagenen und eingehend begründeten (vgl. Abschlussbericht der Kommission zur Reform des Versicherungsvertragsrechts, VersR-Schriftenreihe, Bd. 25, Karlsruhe, 2004, S. 121 ff.) Modell, das eine sachgerechte und für den Verbraucher nachvollziehbare Darstellung ermöglicht.

12 Nach den **Absätzen 4 und 5** sind die Absätze 1 und 2 auf die Berufsunfähigkeitsversicherung, Absatz 1 Nr. 3 bis 8 und Absatz 2 auch auf die Unfallversicherung mit Prämienrückgewähr entsprechend anzuwenden. Die Regelung beinhaltet eine zulässige Ausweitung der in der Richtlinie 2002/83/EG vorgesehenen Informationspflichten und wird von der Verordnungsermächtigung erfasst (vgl. Begründung des Regierungsentwurfes zu § 7 Abs. 2 VVG, BT-Drs. 16/3945, S. 60). Bei den von ihr betroffenen Versicherungen ist der Versicherungsnehmer ebenso auf diese Informationen angewiesen, wie bei der Lebensversicherung. Hinsichtlich der in Absatz 1 Nr. 3 bis 8 enthaltenen Informationspflichten entspricht dies auch der bisherigen Rechtslage (vgl. Anlage D, Abschnitt 1, Nr. 2 zu § 10a VAG); dies soll für die Unfallversicherung mit Prämienrückgewähr unverändert beibehalten werden. Die Berufsunfähigkeitsversicherung war unter Geltung des bisherigen VVG gesetzlich nicht geregelt; sie wurde seit jeher als Unterfall der Lebensversicherung angesehen (vgl. nur BGH, Urt. v. 5. Oktober 1988, IVa ZR 317/86 VersR 1988, 1233; Prölss/Martin/Voit/Knappmann, VVG, 27. Aufl., Vorb. BUZ, Rn. 3). Da das Gesetz zur Reform des Versicherungsvertragsrechts die Berufsunfähigkeitsversicherung in den §§ 172 ff. VVG als eigenständigen Vertragstypus kodifiziert, muss sie jetzt auch an dieser Stelle ausdrücklich erwähnt und in ihrer Behandlung der Lebensversicherung gleichgestellt werden. Bei der Berufsunfähigkeitsversicherung ist gemäß Absatz 4 Satz 2 darüber hinaus darauf hinzuweisen, dass der in den Versicherungsbedingungen verwendete Begriff der Berufsunfähigkeit nicht mit dem Begriff der Berufsunfähigkeit im sozialrechtlichen Sinne (§ 43 Abs. 2 SGB VI a.F., jetzt ‚teilweise oder volle Erwerbsminderung' gem. § 43 Abs. 1 und 2 SGB VI) oder dem Begriff der Berufsunfähigkeit im Sinne der Versicherungsbedingungen in der Krankentagegeldversicherung (vgl. z.B. § 15 Buchstabe b MB/KT 94) übereinstimmt. Damit soll der Versicherungsnehmer auf den vom Sozialversicherungsrecht abweichenden Umfang der Versicherung

sowie auf das Risiko eventueller Deckungslücken im Verhältnis zur Krankentagegeldversicherung ausdrücklich hingewiesen werden."

Die Hervorhebungen im vorstehenden Text stammen vom Verf.

2. Amtliche Begründung des LVRG (BT-Drs. 18/1772, 31)

12a „**Zu Nummer 1** [ändert § 2 Abs. 1 Nr. 1 VVG-InfoV]

Bislang wurden die Angaben hinsichtlich der Verwaltungskosten in der Information für den Versicherungsnehmer durch die Unternehmen nicht einheitlich dargelegt. Die Einfügung zur Angabe der Verwaltungskosten normiert nunmehr eine ausdrückliche Pflicht. Dem Versicherungsnehmer wird dadurch die Vergleichbarkeit zwischen verschiedenen Versicherungsverträgen erleichtert. Die Transparenz wird erhöht, da die Verwaltungskosten, auf die in der Regel ein Betrag zwischen drei und zehn Prozent der Prämie entfällt, zwischen den verschiedenen Unternehmen differieren. Die Information kann für den Versicherungsnehmer ein wesentliches Entscheidungskriterium für den Abschluss eines Vertrages sein."

3. Amtliche Begründung (Finanzausschuss) des LVRG (BT-Drs. 18/2016, 15)

12b „Zu Nummer 4 (Artikel 9 [Änderung der VVG-Informationspflichtenverordnung] Nummer 1)

Zur Verbesserung der Produkttransparenz sollen die Effektivkosten der Lebensversicherungsverträge angegeben werden. Artikel 9 Nummer 1 wird daher neu gefasst, indem die ursprüngliche Fassung zu Buchstabe a wird und zwei neue Buchstaben b und c angefügt werden. Die Angabepflicht ist auf Lebensversicherungen beschränkt, bei denen der Eintritt einer Verpflichtung und somit die Zahlung einer Versicherungsleistung gewiss ist, weil für die Angabe die Kosten und die Leistung verglichen werden müssen. Diese Angabe erlaubt dem Versicherungsnehmer, die Auswirkungen der gesamten Kostenbelastung auf die Versicherungsleistung einzuschätzen. Die Angabepflicht ist an die voraussichtliche Ausgestaltung des Produktinformationsblattes nach § 7 des Gesetzes über die Zertifizierung von Altersvorsorge- und Basisrentenverträgen angelehnt, das als Teil der Informationen zum Preis-Leistungs-Verhältnis der Produkte über die Effektivkosten Auskunft gibt."

II. Informationen zu den Kosten (Abs. 1 Nr. 1 und 2)

13 Zu den **in die Prämie einkalkulierten Kosten** (Nr. 1) zählen neben den Abschluss- auch die allgemeinen Verwaltungskosten („die übrigen einkalkulierten Kosten"). In Bezug auf diese war umstritten, ob § 7 Abs. 2 Satz 1 Nr. 2 VVG aF mangels ausdrücklicher Erwähnung der Verwaltungskosten ausreichende Ermächtigungsgrundlage sein kann (dagegen *Präve* VersR 2008, 151; HK-VVG/*Baroch Castellví* 2. Aufl. 2011, VVG-InfoV § 2 Rn. 13; dafür Schwintowski/Brömmelmeyer/*Sajkow* VVG-InfoV § 2 Rn. 3; Looschelders/Pohlmann/*Schäfers* VVG-InfoV § 2 Rn. 8 ff.; Prölss/Martin/*Rudy* VVG-InfoV § 2 Rn. 2 mwN). Zwar ist Sinn und Zweck der Vorschrift, dem VN eine informierte Entscheidung über den (Nicht-)Abschluss des Versicherungsvertrages zu ermöglichen (vgl. Gesetzesbegründung → Rn. 5; siehe auch BGH VersR 2014, 943), aber nach dem Gesetzeswortlaut waren nur die Abschluss- und Vertriebskosten anzugeben, soweit diese

mit Prämien verrechnet (also gezillmert) werden und (gem. Nr. 2) **sonstige Kosten** bei denen keine Verrechnung mit der Prämie erfolgt, also zB Mahnkosten, Kosten für Ersatzurkunden etc. Mit Inkrafttreten des Art. 2 Nr. 1 Buchst. b LVRG am 7.8.2014 hat sich dieser Meinungsstreit für Neuverträge erübrigt, da die Ermächtigung des § 7 Abs. 2 Satz 1 Nr. 2 VVG entsprechend angepasst wurde. Mit Wirkung zum 7.8.2014 (Art. 10 LVRG; *Schwintowski/Ortmann* VersR 2014, 1401; insofern fehlerhaft Langheid/Wandt/*Armbrüster* VVG-InfoV § 2 Rn. 15) wurde auch § 2 Abs. 1 Nr. 1 VVG-InfoV neu gefasst und fordert nunmehr ausdrücklich den gesonderten Ausweis der einkalkulierten Verwaltungskosten als Anteil der Jahresprämie unter Angabe der jeweiligen Laufzeit (zu den Gründen vgl. Gesetzesbegründung → Rn. 12a; kritisch hierzu Langheid/Wandt/*Armbrüster* VVG-InfoV § 2 Rn. 17). Anzugeben sind jeweils die bei der Prämienkalkulation (rechnungsmäßig) angesetzten und nicht die tatsächlichen Kosten (vgl. Gesetzesbegründung → Rn. 6; aA im Ansatz *Ortmann* VuR 2008, 257). Ein Formulierungsbeispiel enthält die Gesetzesbegründung (→ Rn. 7).

III. Informationen zur Überschussermittlung und -beteiligung (Abs. 1 Nr. 3 und 6)

Aufgrund der Komplexität der Berechnungsgrundsätze und Maßstäbe für die **Überschussermittlung und Überschussbeteiligung** genügt der VR seiner Informationspflicht, wenn er nur die maßgeblichen Gesichtspunkte knapp und allgemeinverständlich darstellt (so Langheid/Wandt/*Armbrüster* VVG-InfoV § 2 Rn. 31; Prölss/Martin/*Rudy* VVG-InfoV § 2 Rn. 6; so auch [allerdings zum AGB-rechtlichen Transparenzgebot] BGH VersR 2001, 846). Orientierungspunkt ist § 153 Abs. 2 VVG. Anzugeben sind demnach entweder die Grundprinzipien des verursachungsorientierten Verfahrens oder die vereinbarten vergleichbaren angemessenen Verteilungsgrundsätze. Zudem ist darauf hinzuweisen, dass die Überschussbeteiligung nicht garantiert ist (Langheid/Wandt/*Armbrüster* VVG-InfoV § 2 Rn. 36) bzw., sollte atypisch zumindest ein Teil der Überschussbeteiligung garantiert sein, wäre der Umfang wohl auszuweisen (Nr. 6 analog). 14

IV. Informationen zu den Rückkaufswerten (Abs. 1 Nr. 4, 6 und 7)

Die **Rückkaufswerte** berechnen sich nach § 169 VVG. Das Gesetz enthält keine Aussage dazu, für welche **Zeitabstände** diese anzugeben sind. Jedenfalls ausreichend sollte die Angabe in Jahresabständen sein. Die Gesetzesbegründung führt hierzu aus, dass gerade in den ersten Jahren auch kürzere Zeitabstände sinnvoll seien, da die Rückkaufwerte hier besonders schwanken (→ Rn. 3). Jedoch sind auch größere Zeitabstände durch den Wortlaut nicht *per se* ausgeschlossen; entscheidend ist vorrangig, dass die Entwicklung der Rückkaufswerte hinreichend wiedergeben wird, um dem VN die finanziellen Nachteile bei einer vorzeitigen Vertragsbeendigung vor Augen zu führen (*Präve* VersR 2008, 154; Bruck/Möller/*Herrmann* VVG § 7 Rn. 42; aA Prölss/Martin/*Rudy* VVG-InfoV § 2 Rn. 8; Looschelders/Pohlmann/*Schäfers* VVG-InfoV § 2 Rn. 25). Eine Angabe in Jahresabständen erscheint im Hinblick auf das Meinungsspektrum in der Lehre zumindest empfehlenswert. Zusätzlich ist der **Umfang** anzugeben, **in** 15

dem die **Rückkaufswerte garantiert** sind (Nr. 6), was sich im Hinblick auf § 169 Abs. 3 VVG auf die Feststellung beschränken kann, dass alle Beträge unter Nr. 4 garantiert sind (ein Hinweis auf § 169 Abs. 6 VVG, um eine etwaig notwendige Herabsetzung nicht zu gefährden, scheint nicht nötig; so aber HK-VVG/*Baroch Castellví* 2. Aufl. 2011, VVG-InfoV § 2 Rn. 39; anders aber in der 4. Aufl. 2019 Rn. 35). In der **fondsgebundenen** Lebensversicherung, in der allenfalls eine Prognoseangabe zu den Rückkaufswerten getroffen werden könnte, da der Rückkaufswert dem Zeitwert der Anteile entspricht (vgl. § 169 Abs. 4 Satz 1 VVG), wird die Verpflichtung zu Informationen zu den Rückkaufswerten durch die Verpflichtung zur Information über die der Versicherung zugrunde liegenden Fonds (Nr. 7) ersetzt. Hierbei sind Aussagen zu den Anlagegrundsätzen, der Zusammensetzung und den typischen Risiken des Fonds zu machen (Prölss/Martin/*Rudy* VVG-InfoV § 2 Rn. 10). Ausreichend ist die Zugängigmachung eines rechtskonformen vereinfachten Verkaufsprospekts (wesentliche Verbraucherinformationen) nach § 166 KAGB (HK-VVG/*Baroch Castellví* VVG-InfoV § 2 Rn. 37; so zur Vorgängerregelung § 42 Abs. 2 InvG bereits *Metz* VersR 2009, 1575; Looschelders/Pohlmann/*Schäfers* VVG-InfoV § 2 Rn. 35).

V. Informationen zur Umwandlung in eine prämienfreie Versicherung (Abs. 1 Nr. 5 und 6)

16 Der VR hat die vertraglich vereinbarte Mindestversicherungsleistung, bei deren Erreichen der VN die **Umwandlung** in eine **prämienfreie Versicherung** verlangen kann (vgl. § 165 Abs. 1 VVG), sowie die prämienfreie Leistung (vgl. § 165 Abs. 2 und 3 VVG) einschließlich der etwaig zu erfüllenden Formvoraussetzungen zur Ausübung des Gestaltungsrechts (Prölss/Martin/*Rudy* VVG-InfoV § 2 Rn. 12) anzugeben. Bei einem vertraglich vereinbarten Recht des VN zur Umwandlung in eine prämienreduzierte Versicherung folgen die oben genannten Informationen mangels gesetzlicher allein den vertraglichen Regelungen. Zudem ist anzugeben, inwieweit die Leistungen garantiert sind (Nr. 6), was bei Erreichen der Mindestversicherungsleistung immer der Fall ist (vgl. → Rn. 15).

VI. Informationen zur Steuerregelung (Abs. 1 Nr. 8)

17 Es sind allgemeine, nicht auf den konkreten VN bezogene **Steuerinformationen** (aA wohl Schwintowski/Brömmelmeyer/*Gansel* 2. Aufl. 2010, VVG-InfoV § 2 Rn. 13 deutlicher nun Schwintowski/Brömmelmeyer/*Sajkow* VVG-InfoV § 2 Rn. 15) insb. zur Einkommen-, Abgeltung-, (evtl. Vermögen-,) Erbschaft- und Versicherungsteuer zu erteilen (Prölss/Martin/*Rudy* VVG-InfoV § 2 Rn. 14). Hierbei ist auf die Spezifizität der jeweiligen Versicherungsart einzugehen (Langheid/Wandt/*Armbrüster* VVG-InfoV § 2 Rn. 50).

VII. Angabe der Effektivkosten (Abs. 1 Nr. 9)

17a Durch das LVRG wurde mit Wirkung zum 1.1.2015 zur Steigerung der Produkttransparenz (zur Gesetzesbegr. → Rn. 12b) eine Ausweispflicht der **Effektivkosten,** d.h. die Minderung der Wertentwicklung durch die Kosten in Prozentpunkten bis zu Beginn der Auszahlungsphase, eingeführt. Diese Informationspflicht betrifft nur Versicherungsverträge, die von § 169 VVG erfasst werden und bei denen es sich um Lebensversicherungsprodukte (insofern nicht eine Unfallversicherung mit Beitragsrückgewähr) mit einer Ansparphase (insofern nicht Sterbeversicherung oder sofort beginnende Rentenversicherung mit Leistungen bei Tod des VN vor Beginn der Rentenzahlung) handelt (Langheid/Wandt/*Armbrüster* VVG-InfoV § 2 Rn. 50b; iErg ebenso *Schwintowski/Ortmann* VersR 2014, 1405; vgl. auch HK-VVG/*Baroch Castellví* VVG-InfoV § 2 Rn. 39). Es verbleiben mithin im Wesentlichen nur die Lebensversicherung auf Todes- und Erlebensfall sowie die Rentenversicherung mit Beitragsrückgewähr, soweit diese eine Ansparphase vorsehen (Prölss/Martin/*Rudy* VVG-InfoV § 2 Rn. 14a). Von diesen sind jedoch wiederum alle von der PRIIP-VO erfassten Produkte (vgl. → VVG-InfoV § 4 Rn. 11a) abzuziehen, da diese gem. § 4 Abs. 3 VVG-InfoV von der Pflicht zur Erstellung des Informationsblatt für Versicherungsprodukte nach § 4 Abs. 1 VVG-InfoV befreit sind, sodass Abs. 1 Nr. 9, Abs. 6 iVm § 4 Abs. 2 Satz 2 VVG-InfoV, die gerade die Nennung im Informationsblatt für Versicherungsprodukte verlangen, leerlaufen würde.

Im Korridor zwischen dem Inkrafttreten des durch das LVRG eingeführten **17b** Abs. 1 Nr. 9 (1.1.2015) und dem Inkrafttreten des durch die Erste Verordnung zur Änderung der VVG-Informationspflichtenverordnung (VO vom 6.3.2018, BGBl. 2018 I 225) neugefassten § 4 Abs. 2 Satz 2 VVG-InfoV (7.3.2018) war unklar, **wo** die Informationen zu den Effektivkosten **auszuweisen** waren, da § 4 Abs. 4 VVG-InfoV aF nicht entsprechend angepasst wurde. Es wird vertreten, dass die Effektivkosten unter Rückgriff auf § 4 Abs. 2 Nr. 3 VVG-InfoV aF im Produktinformationsblatt auszuweisen seien (*Schwintowski/Ortmann* VersR 2014, 1406), was sich jedoch verbietet, da es bei den Effektivkosten nicht um eine Angabe der Prämie in Euro, sondern eine Wertentwicklung in Prozentpunkten geht (Langheid/Wandt/*Armbrüster* VVG-InfoV § 2 Rn. 50c). Unabhängig von einer gesetzlichen Verpflichtung schien jedoch bereits in dieser Phase die Nennung im Produktinformationsblatt empfehlenswert (Langheid/Wandt/*Armbrüster* VVG-InfoV § 2 Rn. 50c), wenn auch im Hinblick auf § 4 Abs. 5 Satz 3 VVG-InfoV aF zur zwingenden Reihenfolge der Darstellung mit Restrisiken verbunden. Durch die Aufnahme des nunmehrigen § 4 Abs. 2 Satz 2 Hs. 2 VVG-InfoV ist geklärt, dass der Ausweis im Informationsblatt für Versicherungsprodukte unter der Überschrift „Prämie; Kosten" als letzte Information zu erfolgen hat (vgl. → VVG-InfoV § 4 Rn. 9). Hinsichtlich der Berechnung ist Abs. 6 zu beachten (→ Rn. 22).

VIII. Angaben in Euro (Abs. 2)

Die **Angaben** zu Abs. 1 Nr. 1, 2, 4, 5 (und 6) haben **in Euro** zu erfolgen. **18** Wird keine Garantie bezüglich Überschussbeteiligung und/oder Rückkaufswerten gegeben, ist „0" anzugeben (Prölss/Martin/*Rudy* VVG-InfoV § 2 Rn. 15; Schwintowski/Brömmelmeyer/*Sajkow* VVG-InfoV § 2 Rn. 18). Es herrscht Einigkeit darüber, dass eine Angabe in Euro dann und soweit unterbleiben kann, **wenn** sie **unmöglich** ist (Prölss/Martin/*Rudy* VVG-InfoV § 2 Rn. 3a; HK-VVG/*Baroch Castellví* VVG-InfoV § 2 Rn. 14; Langheid/Wandt/*Armbrüster* VVG-InfoV § 2 Rn. 20; im Ansatz letztlich auch BGH VersR 2014, 943). In diesem Fall greifen zwar § 2 Abs. 1 Nr. 1, 2, 4, 5, 6 iVm Abs. 2 VVG-InfoV, die Rechtsfolge wird aber dahingehend angepasst, dass zumindest die Berechnungsmethode transparent darzustellen ist (aA wohl nur *Schwintowski/Ortmann* VersR 2009, 1030 f., die aber gleichwohl zu einer dergestalten Ausweispflicht kommen). Allerdings hat der BGH in einer Entscheidung zu § 7 Abs. 5 Satz 1 AltZertG idF vom 16.7.2009 unter Bezugnahme auf die Literatur zur VVG-InfoV und deren Normen entschieden, dass im Fall der Unmöglichkeit der Darstellung in Euro zwar eine Erläuterung der Berechnungsmethoden möglich und nötig ist, diese jedoch ergänzt werden muss mit der Beigabe von erläuternden Rechenbeispielen (BGH VersR 2014, 943).

IX. Modellrechnung (Abs. 3)

19 § 2 Abs. 3 VVG-InfoV begründet keine Pflicht zur Erstellung einer **Modellrechnung,** noch erweitert er die eventuell unter § 154 Abs. 1 VVG bestehende Pflicht zur Übergabe einer solchen (Prölss/Martin/*Rudy* VVG-InfoV § 2 Rn. 16), sondern schreibt lediglich die bei Erstellung der Modellrechnung, wenn sie denn übermittelt werden soll, zu verwendenden Zinssätze vor. Ob der VR, wenn er (etwa für den internen Gebrauch) eine Modellrechnung erstellt hat, nach § 7 Abs. 2 Satz 1 Nr. 2 iVm § 2 Abs. 3 VVG-InfoV dazu verpflichtet ist, den Antragsteller über deren Existenz zu informieren (so Bruck/Möller/Herrmann § 7 VVG Rn. 41), muss hingegen bezweifelt werden.

X. Besondere Informationen in der Berufsunfähigkeits- und in der Unfallversicherung mit Prämienrückgewähr (Abs. 4, 5)

20 In der **Berufsunfähigkeitsversicherung** greifen die Informationspflichten der Abs. 1, 2 gemäß Abs. 4 Satz 1 entsprechend. Abs. 4 Satz 2 sieht dann noch eine spezielle Informationspflicht vor, nämlich, dass zur Vermeidung von Missverständnissen auf die Unterschiede des Begriffs der Berufsunfähigkeit von den verwandten Termini des Sozialrechts und in der Krankentagegeldversicherung hinzuweisen ist.

21 Durch Abs. 5 wird klargestellt, dass in der **Unfallversicherung** hinsichtlich der **Prämienrückgewähr,** so eine solche vereinbart wurde, Abs. 1 Nr. 3–8 und Abs. 2 entsprechend zur Anwendung gelangen.

XI. Effektivkosten (Abs. 6)

22 Der durch die Zweite Verordnung zur Änderung der VVG-Informationspflichtenverordnung (BGBl. 2020 I 484) eingeführte Abs. 6 bedarf zumindest einer kursorischen Betrachtung. Durch diesen wird der nach Abs. 1 Nr. 9 vorgesehene Ausweis (vgl. → Rn. 17a) weiter konkretisiert und letztlich vergemeinschaftet. Entsprechend sind gem. Art. 2 der 2. VVG-InfoV-ÄndV ab dem 1.1.2021 die **Effektivkosten** unter Anwendung der Grundsätze der Delegierten VO (EU) 2017/653 **(PRIIP-DVO) zu bestimmen.** Anders als für von der PRIIP-VO (VO (EU) Nr. 1286/2014) erfasste Lebensversicherungsprodukte (vgl. → VVG-InfoV § 4 Rn. 11a), die ohnehin ein PRIIP-Basisinformationsblatt übermitteln müssen, bei dem der Ausweis der Effektivkosten eben unter Anwendung der durch Abs. 6 in Bezug genommenen Vorschriften der PRIIP-DVO zu erfolgen

hat, erweitert Abs. 6 diese Anforderung gerade auf alle Lebensversicherungen, die unter Abs. 1 Nr. 9 fallen. Entsprechend erklärt der deutsche Gesetzgeber regelungstechnisch gewöhnungsbedürftig die entsprechenden Vorschriften der PRIIP-DVO außerhalb ihres eigentlichen Anwendungsbereiches für anwendbar und verschneidet diese dann teilweise mit autonomen deutschen Regeln. Getragen wird dieses Regelungskonzept offenkundig von dem Willen für PRIIP- und Nicht-PRIIP-Lebensversicherungen eine bessere Vergleichbarkeit und mithin einen „gerechteren Wettbewerb" zu schaffen. Ausgenommen werden dann allerdings wieder Altersvorsorge- und Basisrentenverträge nach §§ 1 f. AltZertG, sodass der bereits stark minimierte Anwendungsbereich (vgl. → Rn. 17a) noch weiter verengt wird.

§ 3 Informationspflichten bei der Krankenversicherung

(1) **Bei der substitutiven Krankenversicherung (§ 146 Absatz 1 des Versicherungsaufsichtsgesetzes) hat der Versicherer dem Versicherungsnehmer gemäß § 7 Abs. 1 Satz 1 des Versicherungsvertragsgesetzes zusätzlich zu den in § 1 Abs. 1 genannten Informationen folgende Informationen zur Verfügung zu stellen:**

1. **Angaben zur Höhe der in die Prämie einkalkulierten Kosten; dabei sind die einkalkulierten Abschlusskosten als einheitlicher Gesamtbetrag und die übrigen einkalkulierten Kosten als Anteil der Jahresprämie unter Angabe der jeweiligen Laufzeit auszuweisen; bei den übrigen einkalkulierten Kosten sind die einkalkulierten Verwaltungskosten zusätzlich gesondert als Anteil der Jahrensprämie unter Angabe der jeweiligen Laufzeit auszuweisen;**
2. **Angaben zu möglichen sonstigen Kosten, insbesondere zu Kosten, die einmalig oder aus besonderem Anlass entstehen können;**
3. **Angaben über die Auswirkungen steigender Krankheitskosten auf die zukünftige Beitragsentwicklung;**
4. **Hinweise auf die Möglichkeiten zur Beitragsbegrenzung im Alter, insbesondere auf die Möglichkeiten eines Wechsels in den Basistarif oder in andere Tarife gemäß § 204 des Versicherungsvertragsgesetzes und der Vereinbarung von Leistungsausschlüssen, sowie auf die Möglichkeit einer Prämienminderung gemäß § 152 Absatz 3 und 4 des Versicherungsaufsichtsgesetzes;**
5. **einen Hinweis, dass ein Wechsel von der privaten in die gesetzliche Krankenversicherung in fortgeschrittenem Alter in der Regel ausgeschlossen ist;**
6. **einen Hinweis, dass ein Wechsel innerhalb der privaten Krankenversicherung in fortgeschrittenem Alter mit höheren Beiträgen verbunden sein kann und gegebenenfalls auf einen Wechsel in den Basistarif beschränkt ist;**
7. **eine Übersicht über die Beitragsentwicklung im Zeitraum der dem Angebot vorangehenden zehn Jahre; anzugeben ist, welcher monatliche Beitrag in den dem Angebot vorangehenden zehn Jahren jeweils zu entrichten gewesen wäre, wenn der Versicherungsvertrag zum damaligen Zeitpunkt von einer Person gleichen Geschlechts wie der Antragsteller mit Eintrittsalter von 35 Jahren abgeschlossen worden wäre; besteht der angebotene Tarif noch nicht seit zehn Jahren, so ist**

auf den Zeitpunkt der Einführung des Tarifs abzustellen, und es ist darauf hinzuweisen, dass die Aussagekraft der Übersicht wegen der kurzen Zeit, die seit der Einführung des Tarifs vergangen ist, begrenzt ist; ergänzend ist die Entwicklung eines vergleichbaren Tarifs, der bereits seit zehn Jahren besteht, darzustellen.

(2) **Die Angaben zu Absatz 1 Nr. 1, 2 und 7 haben in Euro zu erfolgen.**

I. Amtliche Begründungen

1. Amtliche Begründung der VVG-InfoV (BAnz. 2008, 98 ff.)

1 „§ 3 bestimmt, welche weiteren Informationen der Versicherer dem Versicherungsnehmer bei der Krankenversicherung zu erteilen hat. Rechtsgrundlage der Bestimmung ist § 7 Abs. 2 Satz 1 Nr. 3 VVG. Die hiernach vorgeschriebenen Informationen tragen den Besonderheiten dieser Versicherungsart Rechnung und sind zusätzlich zu den in § 1 genannten Informationen zu erteilen. Die in § 3 geregelten Verpflichtungen betreffen nur die substitutive Krankenversicherung (§ 12 Abs. 1 VAG), da diese für den Versicherungsnehmer von hoher wirtschaftlicher Bedeutung und die Rechtslage insoweit der bei der Lebensversicherung vergleichbar ist. Andere Krankenversicherungen, insbesondere Zusatzversicherungen, sollen angesichts ihrer auch im Hinblick auf Leistung und Prämie in der Regel geringeren Bedeutung nicht erfasst werden.

2 **Absatz 1** benennt die vom Versicherer zu erteilenden Informationen.

3 Die **Nummern 1 und 2** normieren auch hier zunächst eine neue Verpflichtung zur Mitteilung der Abschluss-, Vertriebs- und der sonstigen Kosten. Die Bestimmungen finden ihre gesetzliche Grundlage in § 7 Abs. 2 Satz 1 Nr. 3 VVG; sie entsprechen § 2 Abs. 1 Nr. 1 und 2, so dass insoweit zunächst auf die dortige Begründung verwiesen werden kann. Auch bei der Krankenversicherung hat der Versicherungsnehmer vor Abschluss des Vertrages ein hohes Interesse, über die mit dem Vertrag verbundenen, bisweilen erheblichen Kosten informiert zu werden, um sich in Kenntnis dieser Umstände selbstbestimmt für das ihm angebotene Produkt entscheiden zu können. Die Angabe der Kosten hat auch hier in Euro-Beträgen zu erfolgen (Absatz 2 Satz 1, dazu unten).

4 Hinsichtlich der Darstellung gelten die Ausführungen zu § 2 Abs. 1 Nr. 1 und 2 entsprechend. Die Abschlusskosten sind auch hier grundsätzlich als einheitlicher Betrag anzugeben; alle anderen in die Prämie einkalkulierten Kosten sind als Anteil der Jahresprämie unter Angabe der jeweiligen Laufzeit auszuweisen (§ 3 Abs. 1 Nr. 1). Sonstige Kosten, die dem Versicherungsnehmer lediglich einmalig oder aus Anlass besonderer Leistungen in Rechnung gestellt werden, sind zusätzlich gesondert anzugeben (§ 3 Abs. 1 Nr. 2).

5 Der weitere Inhalt der gemäß Absatz 1 zu erteilenden Informationen orientiert sich vornehmlich am Katalog der bisherigen Anlage D Abschnitt I Nr. 3 zu § 10a VAG; dieser wurde übernommen und, soweit angezeigt, um konkretisierende Beispiele ergänzt. So haben sich etwa die gemäß Absatz 1 Nr. 4 zu erteilenden Hinweise auf die Möglichkeiten zur Beitragsbegrenzung im Alter, insbesondere auf die Möglichkeit eines Wechsels in den Standardtarif bzw. den Basistarif sowie auf die Möglichkeit einer Beitragsreduzierung nach § 12 Abs. 1c VAG zu erstrecken. Hinzugekommen ist die unter **Nummer 6** normierte Verpflichtung, darauf hinzuweisen, dass ein Wechsel innerhalb der privaten Krankenversicherung in

fortgeschrittenem Alter mit höheren Beiträgen verbunden und ggf. auf den Standardtarif bzw. den Basistarif beschränkt sein kann. Damit soll Versicherungsnehmern schon vor Abschluss des Vertrages die Tragweite ihrer Entscheidung für eine bestimmte Versicherungsgesellschaft verdeutlicht werden. **Nummer 7** schließlich schreibt vor, dass die Informationen eine Übersicht über die Beitragsentwicklung im Zeitraum der dem Angebot vorangehenden zehn Jahre enthalten soll, damit sich der Antragsteller anhand reeller Zahlen eine Vorstellung über die Beitragsentwicklung in dem angebotenen Tarif machen kann. Um eine möglichst realistische Darstellung zu erhalten, die allerdings auch den Versicherer nicht vor unüberwindbare Schwierigkeiten in der praktischen Durchführung stellt, hat dieser eine Übersicht vorzulegen, aus der sich ergibt, welcher monatliche Beitrag im Zeitraum der dem Angebot vorangehenden zehn Jahre jeweils zu entrichten gewesen wäre, wenn der Versicherungsvertrag zum damaligen Zeitpunkt von einer Person gleichen Geschlechts wie der Antragsteller mit Eintrittsalter von 35 Jahren abgeschlossen worden wäre. Aus der vorzulegenden Übersicht muss erkennbar sein, wie hoch der Beitrag bei einem Vertragsschluss zehn Jahre vor Antragstellung unter Zugrundelegung der genannten Kriterien gewesen wäre und wie sich dieser Beitrag in der Folgezeit bis zum Zeitpunkt der Übermittlung der Information entwickelt hätte. Bestand der angebotene Tarif noch nicht seit zehn Jahren, so ist auf den Zeitpunkt der Einführung des Tarifs abzustellen. Um falsche Vorstellungen zu vermeiden, ist in diesem Fall allerdings darauf hinzuweisen, dass die Aussagekraft der Übersicht wegen der kurzen Zeit, die seit der Einführung des Tarifs vergangen ist, begrenzt ist. Darüber hinaus ist ergänzend die Entwicklung eines vergleichbaren Tarifs, der bereits seit zehn Jahren besteht, darzustellen.

Absatz 2 bestimmt, dass die Angaben nach Absatz 1 Nr. 1, 2 und 7 in Euro 6
auszuweisen sind. Betroffen sind neben den Angaben zu den Abschluss- und Vertriebskosten die Angaben zur Beitragsentwicklung. Auch insoweit versteht es sich von selbst, dass dem Versicherungsnehmer konkrete Beträge genannt werden müssen, damit er in Kenntnis aller Umstände die Leistungsfähigkeit des angebotenen Tarifes beurteilen kann."

Die Hervorhebungen im vorstehenden Text stammen vom Verf.

2. Amtliche Begründung des LVRG (BT-Drs. 18/1772, 31)

„**Zu Nummer 2** [ändert § 3 Abs. 1 Nr. 1 VVG-InfoV] 6a

Der Begriff ‚Verwaltungskosten' in § 3 Absatz 1 Nummer 1 ist identisch zum Begriff der ‚sonstigen Verwaltungskosten' im Sinne des § 8 Absatz 1 Nummer 4 der Kalkulationsverordnung zu verstehen."

3. Amtliche Begründung des FinanzdienstleistungsanpassungsG (BT-Drs. 19/29391, 58)

„Nummer 2 enthält eine Änderung des § 3, die im Zusammenhang mit der 6b
gesetzgeberischen Ausgestaltung der Musterwiderrufsbelehrung steht. In der Praxis wird die bisher in § 3 **Nummer 4 und 6** VVG-InfoV vorgesehene Information über die Möglichkeit eines Wechsels in den Standardtarif bereits für gegenstandslos erachtet, da eine solche Möglichkeit gegenwärtig nicht mehr besteht. Diesem Verständnis schließt sich die gesetzliche Musterwiderrufsbelehrung an, die eine Information über den Wechsel in den Standardtarif nicht als Voraussetzung für den Beginn der Widerrufsfrist nennt. Es wäre auch verwirrend, den Versiche-

rungsnehmer in der Musterwiderrufsbelehrung darüber zu belehren, dass der Versicherer ihn über die Möglichkeit eines Wechsels in den Standardtarif informieren müsse, wenn eine solche Möglichkeit tatsächlich nicht besteht. Im Sinne der Einheitlichkeit soll der Wortlaut des § 3 Nummern 4 und 6 VVG-InfoV insoweit durch Streichung der Bezugnahme auf den Standardtarif angepasst werden, um von vornherein sprachlich deutlich zu machen, dass auch in diesem Punkt Übereinstimmung zwischen der Musterwiderrufsbelehrung und der VVG-InfoV besteht, und so die Rechtssicherheit bei Verwendung der Musterwiderrufsbelehrung zu erhöhen."

Die Hervorhebungen im vorstehenden Text stammen vom Verf.

II. Informationen zu den Kosten (Abs. 1 Nr. 1 und 2)

7 Die Informationspflichten des § 3 VVG-InfoV gelten nur für die **substitutive Krankenversicherung** (§ 146 VAG, § 195 VVG). Zu den **Kosteninformationen** vgl. → VVG-InfoV § 2 Rn. 13. Ist wegen Ungewissheit über die Gesamtvertragslaufzeit die Angabe aller in die Prämie einkalkulierten Abschlusskosten nicht möglich, ist auch hier der in die jeweilige Versicherungsperiode einkalkulierte Kostenanteil anzugeben (Langheid/Wandt/*Armbrüster* VVG-InfoV § 3 Rn. 3; Prölss/Martin/*Rudy* VVG-InfoV § 3 Rn. 2; HK-VVG/*Baroch Castellví* VVG-InfoV § 3 Rn. 4). Wie bei der Lebensversicherung (vgl. → VVG-InfoV § 2 Rn. 13) sind in der substitutiven Krankenversicherung seit dem 7.8.2014 (insofern fehlerhaft Langheid/Wandt/*Armbrüster* VVG-InfoV § 3 Rn. 3) zusätzlich die einkalkulierten Verwaltungskosten gesondert als Anteil der Jahresprämie unter Angabe der jeweiligen Laufzeit auszuweisen.

III. Übersicht über die Beitragsentwicklung (Abs. 1 Nr. 3 und 7)

8 Der Versicherungsnehmer muss unbeschönigend darüber informiert werden, dass die Kostensteigerung bei der medizinischen Versorgung zu **Prämiensteigerungen** führen kann, da dies in der Vergangenheit der Fall war und wohl auch zukünftig eintreten wird (Prölss/Martin/*Rudy* VVG-InfoV § 3 Rn. 3). Zur Untermauerung ist gem. Nr. 7 eine **Tabelle über die Beitragsentwicklung** des Tarifs in den letzten 10 Jahren zu übermitteln. Die Angaben haben sich auf die Person des Antragstellers und nicht auf weitere Mitversicherte zu beziehen; in der Versicherung für nur fremde Rechnung ist auf den (einzigen) Versicherten abzustellen (HK-VVG/*Baroch Castellví* VVG-InfoV § 3 Rn. 10; Prölss/Martin/*Rudy* VVG-InfoV § 3 Rn. 3; Langheid/Wandt/*Armbrüster* VVG-InfoV § 3 Rn. 9). Die Beitragsentwicklung wird nicht an der konkreten Person des Antragstellers dargestellt, sondern stellt auf eine 35jährige Vergleichsperson gleichen Geschlechts ab. Im Hinblick auf das Verbot der geschlechtsspezifischen Tarifierung durch das Test-Achats-Urteil des EuGH (EuGH, Rs. C-236/09, Slg. 2011, I-00773) wird es zukünftig insofern kaum eine Rolle spielen, auf welche Person (den Antragsteller oder den Versicherten) abgestellt wird. Dies bleibt allenfalls dann relevant, wenn man mit teilweiser Meinung eine Hinweispflicht bei schon bekannten Risikoabweichungen des Antragstellers (bzw. Versicherten) zur Referenzperson annimmt (so bspw. Prölss/Martin/*Rudy* VVG-InfoV § 3 Rn. 3). Bei jüngeren Tarifen ist

zusätzlich die Übersicht zu einem vergleichbaren Tarif zu geben. Ein vergleichbarer Tarif ist ein solcher, der gleichartigen Versicherungsschutz bietet, also die gleichen Leistungsbereiche umfasst, und für den der VN versicherungsfähig ist (vgl. → VVG § 204 Rn. 10 f.).

IV. Beitragsbegrenzung (Abs. 1 Nr. 4)

Es müssen insbesondere Hinweise zur **Möglichkeit des Tarifwechsels** nach § 204 VVG und zur **Beitragsreduzierung** nach § 152 Abs. 4 VAG bei Bedürftigkeit erteilt werden, die den VN allgemein auf diese Möglichkeiten aufmerksam machen, ohne hier in die Tiefe gehen zu müssen (HK-VVG/ *Baroch Castellví* VVG-InfoV § 3 Rn. 6; leicht tiefergehende Ausführungen fordert Staudinger/ Halm/Wendt/*C. Schneider* VVG-InfoV § 3 Rn. 8). **9**

V. Wechselmöglichkeit (Abs. 1 Nr. 5 und 6)

Es bedarf eines Hinweises zu den **Schwierigkeiten eines Wechsels** in die GKV oder einen anderen Tarif (eines anderen VR) der PKV im hohen Alter, der dem VN hinreichend verdeutlicht, dass ein Wechsel dann mit erheblichen Nachteilen verbunden oder gar unmöglich sein kann. **10**

VI. Angaben in Euro (Abs. 2)

Vgl. → VVG-InfoV § 2 Rn. 18. **11**

§ 4 Informationsblatt zu Versicherungsprodukten

(1) **Ist der Versicherungsnehmer ein Verbraucher, so hat der Versicherer ihm ein Informationsblatt zu Versicherungsprodukten zur Verfügung zu stellen.**

(2) **[1]Das Informationsblatt zu Versicherungsprodukten ist nach der Durchführungsverordnung (EU) 2017/1469 der Kommission vom 11. August 2017 zur Festlegung eines Standardformats für das Informationsblatt zu Versicherungsprodukten (ABl. L 209 vom 12.8.2017, S. 19) in ihrer jeweils geltenden Fassung zu erstellen; unter den Überschriften, die nach Artikel 4 Absatz 1 in Verbindung mit dem Anhang oder nach Absatz 4 der Durchführungsverordnung zu verwenden sind, sind die entsprechenden Informationen zu geben. [2]Zusätzlich sind bei Versicherungsprodukten, die kein Versicherungsprodukt im Sinne des Anhangs I der Richtlinie 2009/138/EG des Europäischen Parlaments und des Rates vom 25. November 2009 betreffend die Aufnahme und Ausübung der Versicherungs- und der Rückversicherungstätigkeit (Solvabilität II) (ABl. L 335 vom 17.12.2009, S. 1) sind, die Prämie, die Abschluss- und Vertriebskosten und die Verwaltungskosten (§ 2 Absatz 1 Nummer 1) sowie die sonstigen Kosten (§ 2 Absatz 1 Nummer 2) jeweils in Euro gesondert auszuweisen; die Information ist unter der Überschrift „Prämie; Kosten" als letzte Information zu geben.**

(3) Diese Regelung gilt nicht für Versicherungsanlageprodukte im Sinne der Verordnung (EU) Nr. 1286/2014 des Europäischen Parlaments und des Rates vom 26. November 2014 über Basisinformationsblätter für verpackte Anlageprodukte für Kleinanleger und Versicherungsanlageprodukte (PRIIP) (ABl. L 352 vom 9.12.2014, S. 1; L 358 vom 13.12.2014, S. 50),die zuletzt durch die Verordnung (EU) 1156/2019 (ABl. L 188 vom 12.7.2019, S. 55) geändert worden ist, in der jeweils geltenden Fassung oder für Paneuropäische Private Pensionsprodukte im Sinne der Verordnung (EU) 1238/2019 des Europäischen Parlaments und des Rates vom 20. Juni 2019 über ein Paneuropäisches Privates Pensionsprodukt (PEPP) (ABl. L 198 vom 26.7.2019, S. 1) in der jeweils geltenden Fassung.

Übersicht

I. Amtliche Begründungen

1. Amtliche Begründung der VVG-InfoV zu Abs. 1 (BAnz. 2008, 98 ff.)

1 „Mit § 4 wird Vorschlägen entsprochen, wonach dem Versicherungsnehmer die wichtigsten Informationen zu dem von ihm in Aussicht genommenen Vertrag in gesondert hervorgehobener Form mitgeteilt werden müssen. Das sogenannte ‚Produktinformationsblatt' soll es dem Antragsteller ermöglichen, sich anhand einer knappen, verständlichen und daher auch keinesfalls abschließend gewollten Darstellung einen Überblick über die wesentlichen Merkmale des Vertrages zu verschaffen. Deshalb soll es auch nur solche Informationen enthalten, die aus Sicht des Verbrauchers für die Auswahl des geeigneten Produktes im Zeitpunkt der Entscheidungsfindung von Bedeutung sind. Das Produktinformationsblatt soll dem Versicherungsnehmer eine erste Orientierungshilfe bieten, sich rasch mit den wesentlichen Rechten und Pflichten des Vertrages vertraut zu machen; durch die in Absatz 5 Satz 4 vorgesehene Bezugnahme auf die jeweilige Vertragsbestimmung kann es für den an Einzelheiten interessierten Leser zugleich den Ausgangspunkt einer vertieften Befassung mit den dem Vertrag zugrunde liegenden Bedingungswerken bilden. […]

Absatz 1 sieht vor, dass der Versicherer dem Versicherungsnehmer, wenn dieser Verbraucher (§ 13 BGB) ist, ein Produktinformationsblatt zur Verfügung zu stellen hat, das diejenigen Informationen enthält, die für den Abschluss oder die Erfüllung des Versicherungsvertrages von besonderer Bedeutung sind. Die Vorschrift normiert eine Verpflichtung des Versicherers zur Erteilung des Produktinformationsblattes; zugleich enthält sie eine gesetzliche Definition dieses Instruments. Der unbestimmte Rechtsbegriff der „Informationen, die für den Abschluss oder die Erfüllung des Versicherungsvertrages von besonderer Bedeutung sind", wird durch Absatz 2 der Vorschrift ausgefüllt." 2

2. Amtliche Begründung der VVG-InfoV zu Abs. 2–5 aF

Der Text der amtlichen Begründung zu § 4 Abs. 2–5 in der ursprünglichen Fassung (BAnz. 2008, 98 ff.) ist wiedergegeben in der 5. Aufl., VVG-InfoV § 4 Rn. 4–7. Die Begründung der Änderung von § 4 Abs. 4 aF durch das LVRG (BT-Drs. 18/1772, 31) ist wiedergegeben in 5. Aufl. VVG-InfoV § 4 Rn. 7a. 3

3. Amtliche Begründung des FinanzdienstleistungsanpassungsG (BT-Drs. 19/29391, 58 f.)

Buchstaben a und b sehen die Ersetzung des Wortes ‚Produktinformationsblatt' in § 4 VVG-InfoV jeweils durch die Wörter „**Informationsblatt zu Versicherungsprodukten**" vor. Dies entspricht dem Anliegen, künftig im Wortlaut des VVG und der VVG-InfoV einheitlich den Begriff ‚Informationsblatt zu Versicherungsprodukten' zu verwenden, der sich künftig auch so in der gesetzlichen Musterwiderrufsbelehrung finden soll. 3a

Buchstabe c sieht eine Aktualisierung des § 4 Absatz 3 VVG-InfoV vor, die im engen Zusammenhang mit der Klarstellung im neuen § 8 Absatz 2 Satz 2 VVG steht und hieran angeglichen werden soll. Die Regelung des § 4 Absatz 3 VVG-InfoV sieht bisher vor, dass die Regelung des § 4 VVG-InfoV betreffend das Produktinformationsblatt nicht gilt für Versicherungsanlageprodukte im Sinne der Verordnung (EU) Nr. 1286/2014 des Europäischen Parlaments und des Rates vom 26. November 2014 über Basisinformationsblätter für verpackte Anlageprodukte für Kleinanleger und Versicherungsanlageprodukte (PRIIP) (ABl. L 352 vom 9.12.2014, S. 1; L 358 vom 13.12.2014, S. 50), die durch die Verordnung (EU) 2016/2340 (ABl. L 354 vom 23.12.2016, S. 35) geändert worden ist. Der Verweis auf die Verordnung (EU) Nr. 1286/2014 soll – im Gleichlauf mit § 8 Absatz 2 Satz 2 VVG – aktualisiert werden. Zugleich soll – wie in § 8 Absatz 2 Satz 2 VVG vorausgesetzt – klargestellt werden, dass auch für Paneuropäische Private Pensionsprodukte im Sinne der Verordnung (EU) 2019/1238 des Europäischen Parlaments und des Rates vom 20. Juni 2019 über ein **Paneuropäisches Privates Pensionsprodukt** (PEPP) (ABl. L 198 vom 25.7.2019, S. 1) in der jeweils geltenden Fassung die Regelung des § 4 VVG-InfoV nicht gilt. Denn hier greifen die europäischen Verpflichtungen, ein PEPP-Basisinformationsblatt zur Verfügung zu stellen, sodass es eines zusätzlichen Informationsblatts zu Versicherungsprodukten nicht bedarf. Diese neue Fassung des § 4 Absatz 3 VVG-InfoV liegt auch der neuen gesetzlichen Musterwiderrufsbelehrung zu Grunde." 3b

Die Hervorhebungen im vorstehenden Text stammen vom Verf., die Gliederungsüberschriften wurden ohne Kennzeichnung nicht wiedergegeben.

II. Regulatorische Anpassung

4 Art. 4 aF wurde durch Art. 1 Nr. 1 Erste Verordnung zur Änderung der VVG-Informationspflichtenverordnung (Verordnung vom 6.3.2018, BGBl. 2018 I 225) aufgehoben und in der vorliegenden Fassung (abgesehen von den kleineren Änderungen, die nunmehr das Finanzdienstleistungsanpassungsgesetz [BGBl. 2021 I, 1666] vorgenommen hat) **neu gefasst.** Diese Regelung dient der Umsetzung des Art. 1 Abs. 4 Buchst. c, 20 Abs. 5 ff. der Versicherungsvertriebrichtlinie (*Insurance Distribution Directive* – IDD; VO (EU) 2016/97, ABl. 2016 L 26, 19) und erklärt zu diesem Zweck die IDD-DVO (VO (EU) 2017/1469, ABl. 2017 L 209, 19) für anwendbar. Hierdurch erlangt § 4, von der eigentlichen Normierung der Pflicht in Abs. 1 abgesehen eigentlich nur noch als Verweisnorm eine Bedeutung; ungeachtet der klarstellenden Bedeutung des Abs. 3 für die erfassten Lebensversicherungsverträge und Paneuropäischen Privaten Pensionsverträgen (vgl. → Rn. 11c). In der Vorgehensweise ist dies etwas atypisch, da die konkreten Normen der auf der ersten Lamfalussyebene vorgesehenen Richtlinienbestimmungen der IDD nicht entsprechend in den nationalen Gesetzestext übernommen werden, sondern stattdessen die IDD-DVO, die auf der zweiten Lamfalussyebene ergangen ist, für anwendbar erklärt wird. Da letztere jedoch, die jeweiligen Merkmale der IDD wiederholt, erscheint diese Regelungstechnik hinnehmbar (so wohl [noch zum Regierungsentwurf] auch *Reiff* VersR 2018, 202 f. und *Rüll* VuR 2017, 232 aE jedoch je ohne explizite Problematisierung). Bedeutung erlagt hierdurch auch das Musterproduktinformationsblatt, dass in der IDD-DVO im Anhang herausgegeben wird.

III. Regelungsinhalt und Anwendungsbereich (Abs. 1)

5 Ursprünglich war im autonomen deutschen Recht angedacht, dass Produktinformationsblatt als erste Orientierungshilfe **anstatt ausufernder Gesamt-Produktinformationen** an **Verbraucher** iSv § 13 BGB auszuhändigen (*Römer* VersR 2006, 740; 2007, 618); diese an sich zu begrüßende Idee der Vereinfachung hat dann der Gesetzgeber kurzer Hand in eine weitere, geschuldete Information umgewandelt. Diese Idee hat sich nunmehr auch der europäische Gesetzgeber in der IDD zu eigen gemacht (siehe bspw. *Schmitz-Elvenich/Krokhina* VersR 2018, 131; *Rüll* VuR 2017, 232).

6 Das Informationsblatt zu Versicherungsprodukten (im Folgenden trotz der legislatorischen Änderung auch: Produktinformationsblatt) ist nur dann auszuhändigen, wenn der **Antragsteller** als **Verbraucher** handelt (Schwintowski/Brömmelmeyer/*Sajkow* VVG-InfoV § 4 Rn. 1); ob der Versicherte Verbraucher ist, ist hingegen immer unerheblich (aA aber Marlow/Spuhl/*Spuhl* Rn. 52 f.).

7 Während Abs. 1 nunmehr keinen Hinweis mehr darauf enthält, dass Informationen „von besonderer Bedeutung" für den Abschluss oder die Erfüllung des Versicherungsvertrages im Produktinformationsblatte enthalten sein müssen, ergibt sich hieraus kein dogmatischer Unterschied. Bereits unter dem alten Recht ergaben sich die Informationen von besonderer Bedeutung **abschließend** aus Abs. 2 (siehe Langheid/Rixecker/*Gal,* 5. Aufl., Rn. 8), dies hat sich nur regelungstechnisch geändert, da Abs. 2 nunmehr auf die IDD-DVO verweist, sodass sich der verpflichtende Inhalt aus Art. 20 Abs. 8 IDD iVm Art. 4, 6 IDD-DVO ergibt. Der frühere zum § 4 aF bestehende Meinungsstreit hinsichtlich der regelungstechnischen

Unterscheidung zwischen **Angaben und Hinweisen** ist eigentlich hinfällig geworden, da die IDD und die IDD-DVO nur noch Angaben kennen. Gleichwohl lassen sich immer noch gewisse Rückschlüsse aus diesem Meinungsstreit ziehen, die auch unter der gegenwärtigen Fassung Relevanz erlangen können. So wurde teilweise angenommen, dass bei Hinweisen – aber nur dort – mit bloßen Verweisen auf die nachfolgenden Unterlagen (das heißt: die AVB) gearbeitet werden dürfe (*Franz* VersR 2008, 300 f.; wohl auch HK-VVG/*Baroch Castellví* VVG-InfoV § 4 Rn. 6; Prölss/Martin/*Rudy* 30. Aufl. VVG-InfoV § 4 Rn. 1; aA anscheinend Langheid/Wandt/*Armbrüster* VVG-InfoV § 4 Rn. 59; Looschelders/Pohlmann/*Schäfers* VVG-InfoV § 4 Rn. 33). Es erschien jedoch geboten, auch bei Hinweispflichten vor der von § 4 Abs. 5 Satz 4 aF geforderten Verweisung eine zumindest summarische Darstellung der wesentlichen Punkte aufzunehmen. Die Differenzierung zwischen Angaben und Hinweisen (sowie Beschreibungen, § 4 Abs. 2 Nr. 3 aF) diente so verstanden eher dazu, den Detailgrad der Darstellung und den Umfang, in dem **mit Verweisen gearbeitet** werden darf, zu konkretisieren (vgl. Langheid/Wandt/*Armbrüster* VVG-InfoV § 4 Rn. 20; Langheid/Rixecker/*Gal* 5. Aufl. Rn. 8). Übertragen auf das neue Recht ist anzunehmen, dass das Produktinformationsblatt immer auch einer summarische Darstellung bedarf. Gleichwohl kann je nach Bedeutung der Information in stärkerem oder geringerem Maße mit Verweisungen gearbeitet werden (s. aber zum Problem der autonomen Auslegung → Rn. 8).

IV. Allgemeine Informationspflichten (Abs. 2 Satz 1 Hs. 1 iVm Art. 20 IDD und Art. 4, 6 IDD-DVO)

Abs. 2 Satz 1 Hs. 1 nimmt anders als Abs. 2 aF hinsichtlich der Pflichtangaben 8
keine autonome Definition mehr vor, sondern nimmt die Definition nunmehr durch Verweis auf die IDD-DVO vor. Obgleich mithin nunmehr zwingend eine autonome unionsrechtliche Auslegung vorzunehmen ist, kann hier vielfach gleichwohl auf die Auslegungsergebnisse zum alten § 4 zurückgegriffen werden, da das deutsche Produktinformationsblatt als eine der Inspirationen für die IDD diente (vgl. *Seitz/Juhnke/Seibold* BKR 2013, 2 f. zur PRIIP-VO). Angaben zur **Art der Versicherung** (Art. 20 Abs. 8 Buchst. a IDD und Art. 4 Buchst. a, Art. 6 Abs. 1 Buchst. a IDD-DVO) meint die Bezeichnung als zB Haftpflicht-, Rechtsschutz- oder Hausratversicherung (vgl. Gesetzesbegründung in Langheid/Rixecker/*Gal* 5. Aufl. Rn. 4); eine stärkere Binnendifferenzierung ist nicht erforderlich (HK-VVG/*Baroch Castellví* VVG-InfoV § 4 Rn. 7). Die genauere Zusammenfassung der gewährten **Versicherungsdeckung** erfolgt unmittelbar nachfolgend (Art. 20 Abs. 8 Buchst. b IDD und Art. 4 Buchst. b ff., 6 Abs. 1 Buchst. b ff. IDD-DVO). Hier sind das **versicherte Risiko** und die **Versicherungssumme** sowie die **ausgeschlossenen Risiken** der Deckung in aufeinander folgenden Gliederungspunkten anzuführen (Art. 4 Buchst. b und c, 6 Abs. 1 Buchst. b und c. IDD-DVO). Hinsichtlich der gedeckten Risken ist keine den Inhalt der AVB wiedergebende erschöpfende Darstellung geboten, dies ergibt sich bereits daraus, dass hier von einer „Zusammenfassung der Versicherungsdeckung" und von einer „Zusammenfassung der ausgeschossenen Risiken" gesprochen wird. Dabei ist insbesondere auf solche vertragsindividuelle Risiken bzw. Risikoausschlüsse hinzuweisen, die den Erwartungen des VN möglicherweise widersprechen (Schwintow-

ski/Brömmelmeyer/*Sajkow* VVG-InfoV § 4 Rn. 8). Anschließend ist die **geographische Deckung** zu konkretisieren (Art. 20 Abs. 8 Buchst. b IDD und Art. 4 Buchst. d, Art. 6 Abs. 1 Buchst. d IDD-DVO). Das zur Risikobeschreibung Vorgesagte gilt *mutatis mutandis* auch für die folgenden Angaben zu den **Leistungsausschlüssen** (Art. 20 Abs. 8 Buchst. d IDD und Art. 4 Buchst. d, Art. 6 Abs. 1 Buchst. e IDD-DVO), wobei deren Abgrenzung zu Risiken – die im Hinblick auf die durch Art. 4 Abs. 4 IDD-DVO zwingend vorgegebene Reihenfolge bedeutsam ist – dahingehend erfolgt, dass Leistungsausschlüsse sekundäre Risikobeschreibungen sind (Looschelders/Pohlmann/*Schäfers* VVG-InfoV § 4 Rn. 17 mit der berechtigten Forderung, dass eine falsche Einordnung keine Konsequenzen haben sollte). Anschließend folgen Hinweise zu **Obliegenheiten** und etwaigen Verpflichtungen (Art. 20 Abs. 8 Buchst. e–g IDD und Art. 4 Buchst. f, Art. 6 Abs. 1 Buchst. g IDD-DVO) vgl. Gesetzesbegründung in Langheid/Rixecker/*Gal* 5. Aufl. Rn. 4. Anschließend sind gem. Art. 20 Abs. 8 Buchst. c IDD und Art. 4 Buchst. g, Art. 6 Abs. 1 Buchst. h IDD-DVO die **Prämienzahlungsweise und -dauer** auszuführen. Im Gegensatz zu § 4 Abs. 2 Nr. 3 aF wird eine Nennung der Prämienhöhe nicht mehr explizit verlangt. Es ist jedoch davon auszugehen, dass eine Nennung der Prämienhöhe weiterhin unter Art. 4 Buchst. f, Art. 6 Abs. 1 Buchst. g IDD-DVO (zu den Verpflichtungen) erforderlich ist, wobei eine Ausführung unter dem hiesigen Gliederungspunkt auf Grund des Sachzusammenhangs unschädlich sein sollte. Das Problem verbleibt dann jedoch, dass die konkrete Prämie bei Verwendung des Antragsmodells wegen nicht erfolgter Risikoprüfung hinsichtlich der genauen Höhe der **Prämie** (teilweise) noch nicht beziffert werden kann. In diesem Fall kann wie bisher auf den Versicherungsschein verwiesen werden (Prölss/Martin/*Rudy* VVG-InfoV § 4 Rn. 10; Looschelders/Pohlmann/*Schäfers* VVG-InfoV § 4 Rn. 18: unter Nennung der Faktoren aus denen sich der endgültige Betrag ergibt), wobei eben die gegenwärtig voraussichtliche Prämie hinsichtlich der bestimmenden Faktoren anzugeben ist. Anschließend ist gemäß Art. 20 Abs. 8 Buchst. h IDD und Art. 4 Buchst. h, 6 Abs. 1 Buchst. i IDD-DVO noch die **materielle Versicherungsdauer** konkret auszuführen. Insbesondere beim Abschluss im Antragsmodell kann auch eine Information über den materiellen Versicherungsbeginn jedoch nicht datumsmäßig gegeben werden, sodass dies allgemein zu erläutern ist (Staudinger/Halm/Wendt/*C. Schneider* VVG-InfoV § 4 Rn. 31). Art. 4 Buchst. i, 6 Abs. 1 Buchst. j IDD-DVO legt dem VR lediglich eine Angabe zu den Kündigungsmöglichkeiten hinsichtlich des Versicherungsvertrages auf, während Art. 20 Abs. 8 Buchst. i IDD-RL gerade allgemein von den Beendigungsmöglichkeiten spricht. Man könnte sich insofern fragen, ob andere Beendigungsmöglichkeiten wie Rücktritt und insbesondere Widerruf nicht von der Angabepflicht erfasst werden, da Abs. 2 gerade nur auf die IDD-DVO aber nicht auf die IDD verweist. Im Ergebnis sind hier jedoch Art. 4 Buchst. i, 6 Abs. 1 Buchst. j IDD-DVO teleologisch erweiternd auszulegen. Zu den **Beendigungsmöglichkeiten** vgl. → VVG-InfoV § 1 Rn. 23.

V. Besonderer Informationspflichten in der Lebensversicherung (Abs. 2 Satz 2)

9 Bei Versicherungsprodukten, die nicht unter die PRIIP- oder die PEPP-VO fallen und zudem nicht von Anhang I der SolvencyII-RL erfasst werden, das heißt

im Kern für nichtkapitalbildende Lebensversicherungen (und Rentenversicherungen), ordnet Abs. 2 Satz 2 Hs. 1 zusätzliche Hinweise an, wobei die Regelung inhaltlich, aber nicht hinsichtlich der erfassten Produkte mit Abs. 4 aF übereinstimmt. Der VR hat die **Prämie, die Abschluss- und Vertriebskosten** und die Verwaltungskosten (§ 2 Abs. 1 Nr. 1) sowie die **sonstigen Kosten** (§ 2 Abs. 1 Nr. 2) jeweils in Euro gesondert auszuweisen (vgl. → VVG-InfoV § 2 Rn. 13). Diese Information ist im Informationsblatt zu Versicherungsprodukten gemäß Abs. 2 Satz 2 Hs. 2 unter der Überschrift „Prämie; Kosten" als letzte Information zu geben (vgl. → zur Ausweispflicht und zur Berechnung VVG-InfoV § 2 Rn. 17a, 22).

Anders als Abs. 3 aF verlangt Abs. 2 Satz 2 **nicht mehr** (explizit), dass soweit in der Lebensversicherung eine Überschussbeteiligung besteht und nach § 154 VVG eine **Modellrechnung** zu übermitteln ist (vgl. → VVG-InfoV § 2 Rn. 19), auch im Produktinformationsblatt auf diese **hinzuweisen** ist. 10

VI. Anwendungsbereich (Abs. 3)

Abs. 3 dient der **Abgrenzung** der Pflicht zur Erstellung eines Informationsblattes zu Versicherungsprodukten von der durch die PRIIP-VO (VO [EU] 1286/2014, ABl. 2014 L 352, 1; 2014 L 358, 50) iVm der PRIIP-DVO (VO [EU] 2017/653, ABl. 2017 L 100, 1) vorgesehenen **Pflicht,** ein **Basisinformationsblatt** (sog. *key information document – KID*) zu erstellen. Hierdurch wird eine Dopplung der Informationspflichten für alle Versicherungsprodukte, die der PRIIP-VO unterfallen vermieden. 11

Anwendbar ist die PRIIP-VO (und mithin der hier behandelte Ausschluss des Abs. 3) im hier relevanten Bereich auf die sog. **Versicherungsanlageprodukte** (vgl. zum Anwendungsbereich etwa Bruck/Möller/*Herrmann* VVG § 7 Rn. 81). Hierunter ist laut der Legaldefinition des Art. 4 Nr. 2 PRIIP-VO ein Versicherungsprodukt zu verstehen, das einen Fälligkeits- oder einen Rückkaufwert bietet, der vollständig oder teilweise direkt oder indirekt Marktschwankungen ausgesetzt ist. Eine noch stärkere Konturierung des Anwendungsbereichs erfolgt dann aber, über die Negativabgrenzung des Art. 2 PRIIP-VO. So werden zunächst durch Art. 2 Abs. 2 Buchst. a PRIIP-VO sämtliche Nichtlebensversicherungsprodukte, auf deren Vertrieb mithin die Pflicht des Art. 4 Abs. 1 VVG-InfoV anwendbar bleibt, ausgenommen. Aber auch Lebensversicherungsprodukte, werden nicht vollumfänglich erfasst, sondern durch Art. 2 Abs. 2 Buchst. b PRIIP-VO werden zunächst alle reinen Risikolebensversicherungen ohne Rückkaufwert (*Andres/Gerold* BaFin-Journal 8/2015, 31) ausgenommen (zu verbleibenden Fragen etwa hinsichtlich der BU-Versicherung, vgl. Prölss/Martin/*Schneider* PRIIP Art. 1–4 Rn. 13). Ausgenommen werden auch „anerkannte Altersvorsorgeprodukte" (der dritten Säule) wie Riester- und Rürup-Verträge (Art. 2 Abs. 2 Buchst. e PRIIP-VO), Verträge mit Pensionskassen und Pensionsfonds (Buchst. f) und solche mit Unterstützungskassen bzw. Rückdeckungsversicherungen bzgl. der betrieblichen Altersvorsorge (vgl. tiefergehend Prölss/Martin/*Schneider* PRIIP Art. 1–4 Rn. 16). In der Gesamtschau verbleibt mithin nur noch die **kapitalbildende Lebensversicherung** im Anwendungsbereich der PRIIP-VO, und zwar zunächst in allen Ausgestaltungsformen: also klassische kapitalbildende Lebensversicherung, fondsgebundene Lebensversicherung und hybride Formen. Hinsichtlich der klassischen kapitalbildenden Lebensversicherung wurde dies teilweise kritisiert (siehe etwa 11a

Reiff r+s 2016, 593), was auch dahingehend nachvollziehbar ist, als die PRIIP-VO offensichtlich von der außerhalb Deutschlands dominanten fondsgebundenen Lebensversicherung als Leitbild ausging. Gleichwohl verbleibt es auch für diese bei der Anwendbarkeit der PRIIP-VO (Beckmann/Matusche-Beckmann VersR-HdB/*Mönnich* § 2 Rn. 165; *Heiss* Karlsruher Forum 2014, 41), und mithin – hier relevant – bei der Befreiung durch Abs. 3, neben dem PRIIP-Basisinformationsblatt noch ein Informationsblatt zu Versicherungsprodukten zu erstellen.

11b Durch das Finanzdienstleistungsanpassungsgesetz (BGBl. 2021 I 1666) werden nunmehr auch solche Versicherungsprodukte von der Pflicht des Abs. 1 befreit, für die als **Paneuropäisches Privates Pensionsprodukts (PEPP)** bereits eine Informationsblatterstellung vorgesehen ist. Für diese Produkte verpflichten die PEPP-VO (VO (EU) 1238/2019, ABl. 2019 L 198, 1) iVm der PEPP-DVO (VO (EU) 2021/473, ABl. 2021 L 99, 1) zur Erstellung und Bereitstellung eines PEPP-**Basisinformationsblatts** (sog. *key information document – KID*). Wie schon bei den PRIIPs würde die Pflicht, neben diesem genuin europäischen Informationsblatt noch ein deutsches zu übergeben, zum einen den VR unbillig belasten und zum anderen den Antragsteller eher verwirren als informieren.

11c Die Regelung des Abs. 3 wird teilweise dahingehend kritisiert, dass sie letztlich nur Selbstverständliches regele, nämlich dass die unmittelbar anwendbaren europäischen Verordnungen zur Anwendung gelangen (so Bruck/Möller/*Herrmann* § 7 VVG Rn. 12; zu einer tiefgreifenderen Kritik s. auch Beckmann/Beckmann-Matusche VersR-HdB/*Mönnich* § 2 Rn. 161 ff.). In der Tat wäre der Abs. 3 entbehrlich, wenn dies sein einziger **Regelungsgehalt** wäre, da den genannten Rechtsinstrumenten innerhalb ihres Anwendungsbereiches nach Art. 288 Abs. 2 AEUV zweifelsfrei eine unmittelbare Geltung zukommt. Allerdings erscheint die **Feststellung,** dass eben **kein zusätzliches Informationsblatt** zu Versicherungsprodukten zu erstellen ist – und sei diese rein deklaratorisch –, durchaus hilfreich.

VII. Form (Abs. 2 Satz 1 Hs. 2 und Hs. 1 iVm Art. 1–7 IDD-DVO)

12 Die formelle Ausgestaltung des Informationsblatts zu Versicherungsprodukten ergibt sich hinsichtlich der wörtlich zu verwendenden Überschriften aus Abs. 2 Satz 1 Hs. 2, der Art. 4 Abs. 4 IDD-DVO für anwendbar erklärt. Hierbei sind die **Überschriften** jeweils in einer direkten Ansprache verfasst (also beispielsweise „Wie kann ich den Vertrag kündigen"). Die **Reihenfolge** der Informationen ist zwingend (Art. 4 Abs. 4 IDD-DVO). Bei Bedarf dürfen Unterüberschriften verwendet werden (Art. 6 Abs. 2 IDD-DVO).

13 Auch daneben sieht die IDD-DVO über den Verweis des Abs. 2 Satz 1 Hs. 1 detaillierte Formvoraussetzungen vor. Das Produktinformationsblatt ist als „Informationsblatt zu Versicherungsprodukten" zu bezeichnen und den anderen Informationen voranzustellen, gefolgt vom Namen des VR, dessen Zulassungsstaat und dessen Zulassungsnummer (Art. 1 Abs. 1 IDD-DVO)). Unter Art. 4 aF wurde angenommen, dass sich aus dem Begriff „Produktinformations*blatt* nicht ergab, dass es zwingend die Form eines getrennten **Vorblattes** einhalten muss (so aber Schwintowski/Brömmelmeyer/*Sajkow* VVG-InfoV § 4 Rn. 22; wohl auch Langheid/Wandt/*Armbrüster* VVG-InfoV § 4 Rn. 48), vielmehr konnte es mit den anderen Dokumenten verbunden sein, so lange es sich von diesen deutlich abhob (Prölss/Martin/*Rudy,* 30. Aufl., VVG-InfoV § 4 Rn. 13; Staudinger/Halm/

Wendt/*C. Schneider* VVG-InfoV § 4 Rn. 45; HK-VVG/*Baroch Castellví* VVG-InfoV § 4 Rn. 32; Langheid/Rixecker/*Gal* 5. Aufl. Rn. 11). Da die für anwendbar erklärte IDD-DVO eine vergleichbare Terminologie verwendet und nicht ausführt, dass es sich um ein getrenntes Dokument handeln muss, liegt auf den ersten Blick der Schluss nahe, dass dies unverändert kein zwingendes Vorblatt erfordert. Hier ist jedoch zu berücksichtigen, dass Art. 20 Abs. 7 Buchst. a IDD fordert, dass das Produktinformationsblatt ein kurz gehaltenes *eigenständiges* Dokument ist. Diese Norm wird zwar durch Abs. 2 Satz 1 Hs. 1 nicht für anwendbar erklärt. Es ist im Hinblick auf die atypische Regelungstechnik des deutschen Gesetzgebers – eine Richtliniennorm der ersten Lamfalussyebene dadurch umzusetzen, dass die auf zweiter Lamfalussyebene ergehende Verordnung (die sowieso unmittelbar anwendbar ist) für anwendbar erklärt wird – aber die IDD-DVO so auszulegen, dass sie auch ein **getrenntes Vorblatt fordert.** Art. 3 IDD-DVO verlangt ferner (vgl. § 4 Abs. 5 Satz 2 Hs. 2 aF) einen expliziten **Unvollständigkeitshinweis** dahingehend, dass die vollständigen vorvertraglichen und vertraglichen Informationen über die Versicherung in anderen Dokumenten erteilt werden, wobei dieser Hinweis direkt nach dem Namen des VR (gemeint ist hier wohl nach dem Namen, Zulassungsstaat und Zulassungsnummer) zu erteilen ist, und anders als nach dem früheren Recht (Langheid/Wandt/*Armbrüster* VVG-InfoV § 4 Rn. 59) pauschal, ohne Nennung der konkreten Lücken erfolgen kann.

Unter § 4 Abs. 5 Satz 2 aF war eine **knappe** Darstellung in übersichtlicher 14
und verständlicher Form verlangt. Damit war keine Vorgabe bezüglich des max. Umfangs getroffen (anders noch zu Recht im Sinne einer Vereinfachung *Römer* VersR 2007, 619: *ein* Vorblatt), aber nach Sinn und Zweck des Produktinformationsblatts ist ein möglichst geringer Umfang angebracht (so auch Schwintowski/Brömmelmeyer/*Sajkow* VVG-InfoV § 4 Rn. 23; *Franzen* VersR 2008, 300: allenfalls bei gebündelten Verträgen mehr als zwei bis drei Seiten). Nunmehr greift hier Art. 3 IDD-DVO. Dieser ordnet anders als Art. 20 Abs. 7 Buchst. a IDD-RL nicht explizit an, dass das Produktinformationsblatt knapp sein muss, dies ergibt sich jedoch aus dem Regelungszusammenhang. Vielmehr ist es nunmehr verpflichtend, dass das Produktionformationsblatt einen Umfang von **zwei Seiten** im A 4-Format nicht überschreitet bzw. maximal drei Seiten umfassen darf, dann aber gegenüber der BaFin eine Nachweispflicht greift, weshalb mehr als zwei Seiten benötigt wurden. Art. 4 Abs. 2 IDD-DVO stellt klar, dass die Länge der einzelnen Rubriken divergieren kann und Art. 4 Abs. 1 IDD-DVO bestimmt grob die zu verwendende **Schriftgröße.** Dies impliziert zwingend eine Informationsreduktion (Beckmann/Matusche-Beckmann VersR-HdB/*Schwintowski* § 18 Rn. 118), welche aber durch den erforderlichen expliziten Hinweis auf die Unvollständigkeit der Information (→ Rn. 13) kompensiert wird. **Verweise** auf die betreffenden Vertragsklauseln wie unter Abs. 5 Satz 4 aF werden nicht mehr explizit gefordert, erscheinen jedoch immer noch sinnvoll. Sprachlich fordert Art. 5 IDD-DVO, dass das Produktinformationsblatt unter Vermeidung von Fachjargon in **einfacher Sprache** zu verfassen ist, sodass hier eine gesteigerte Verständlichkeitsanforderung greift. Daneben ordnet, dies eine wirkliche Neuerung zum bisherigen § 4 aF, an, dass für alle Informationsrubriken ein gesondert definiertes **Bildzeichen** zu verwenden ist (Art. 7 IDD-DVO) und bestimmte Informationen mit farblich definierten Häkchen, einem X oder einem Ausrufezeichen einzuleiten sind (s. Art. 6 Abs. 1 Buchst. b Satz 2, Buchst. d Satz 2, Buchst. e Satz 2, Buchst. f Satz 2 IDD-DVO).

Im Anhang führt die IDD-DVO ein **Musterproduktinformationsblatt** ein. 15

VIII. Rechtsfolgen bei Pflichtverletzung

16 Ein **fehlerhaftes Informationsblatt zu Versicherungsprodukten,** das heißt ein solches, das zumindest eine nach § 4 VVG-InfoV geforderte Information überhaupt nicht oder objektiv falsche Informationen enthält, setzt die Widerrufsfrist nach § 8 Abs. 1 Satz 1, Abs. 2 Satz 1 VVG nicht in Lauf. Hingegen vermag eine aufgrund der verlangten knappen Darstellung ggf. bestehende **Unvollständigkeit** der Informationen regelmäßig keine Fehlerhaftigkeit des Produktinformationsblatts zu begründen (Schwintowski/Brömmelmeyer/*Sajkow* VVG-InfoV § 4 Rn. 33).

§ 5 Informationspflichten bei Telefongesprächen

(1) **Nimmt der Versicherer mit dem Versicherungsnehmer telefonischen Kontakt auf, muss er seine Identität und den geschäftlichen Zweck des Kontakts bereits zu Beginn eines jeden Gesprächs ausdrücklich offenlegen.**

(2) **[1]Bei Telefongesprächen hat der Versicherer dem Versicherungsnehmer aus diesem Anlass nur die Informationen nach § 1 Abs. 1 Nr. 1 bis 3, 6 Buchstabe b, Nr. 7 bis 10 und 12 bis 14 mitzuteilen. [2]Satz 1 gilt nur, wenn der Versicherer den Versicherungsnehmer darüber informiert hat, dass auf Wunsch weitere Informationen mitgeteilt werden können und welcher Art diese Informationen sind, und der Versicherungsnehmer ausdrücklich auf die Mitteilung der weiteren Informationen zu diesem Zeitpunkt verzichtet.**

(3) **Die in §§ 1 bis 4 vorgesehenen Informationspflichten bleiben unberührt.**

I. Amtliche Begründung (BAnz. 2008, 98 ff.)

1 „§ 5 regelt die Informationspflichten bei Telefongesprächen und telefonischer Kontaktaufnahme. Die Vorschrift übernimmt den Regelungsgehalt des bisherigen § 48b Abs. 1 Satz 2 und Abs. 3 VVG a.F., mit dem Artikel 3 Absatz 3 der Richtlinie 2002/65/EG umgesetzt worden ist.

2 **Absatz 1** betrifft den Fall, dass der Versicherer mit dem Versicherungsnehmer telefonischen Kontakt aufnimmt (vgl. § 7 Abs. 2 Satz 1 Nr. 4 VVG); der bisherige § 48b Abs. 1 Satz 2 VVG a.F. spricht von ‚vom Versicherer veranlassten Telefongesprächen'; das ist in der Sache nichts anderes. Die Vorschrift regelt, welche Informationspflichten in diesem Fall bestehen. Ob ein solcher Anruf überhaupt wettbewerbsrechtlich zulässig ist, richtet sich hingegen allein nach dem Gesetz gegen den unlauteren Wettbewerb (UWG). Auch gewerberechtliche Regelungen werden hierdurch nicht berührt. Nach dem UWG waren und sind Anrufe ohne Zustimmung des Verbrauchers nicht zulässig; dies gilt unverändert auch für die hier geregelten, ‚vom Anbieter initiierten Anrufe' (vgl. Begründung des Entwurfes eines Gesetzes zur Änderung der Vorschriften über Fernabsatzverträge bei Finanzdienstleistungen vom 22. April 2004, BT-Drs. 15/2946, S. 29). Absatz 1 sieht vor, dass der Versicherer bei telefonischer Kontaktaufnahme seine Identität und den geschäftlichen Zweck des Kontakts bereits zu Beginn eines jeden Gesprächs aus-

drücklich offenlegen muss. Der Versicherungsnehmer soll von Anfang an darüber im Klaren sein, mit wem er geschäftlich verkehrt.

Absatz 2 betrifft alle Fälle fernmündlicher Kommunikation mit dem Versicherer. Hier gelten eingeschränkte Informationspflichten, die ihrem Inhalte nach auf die zu diesem Zeitpunkt unabdingbaren Informationen beschränkt sind. Die Vorschrift entspricht im Wesentlichen dem Inhalt des bisherigen § 48b Abs. 3 Satz 1 VVG a.F., musste jedoch aufgrund der neuen Systematik der §§ 1 ff. dieser Verordnung sprachlich angepasst werden. Die im Zuge der Neufassung des § 1 eingeführten Präzisierungen, die sich aufgrund der Zusammenführung der bisher in VVG und VAG getrennt geregelten Informationspflichten ergibt, gelten infolge der Verweisung nunmehr auch bei Telefongesprächen. In Übereinstimmung mit den Vorgaben der Richtlinie ist die in Absatz 2 enthaltene Beschränkung der Informationspflichten nur dann einschlägig, wenn der Versicherer den Versicherungsnehmer darüber informiert hat, dass auf Wunsch weitere Informationen mitgeteilt werden können und welcher Art diese Informationen sind, und der Versicherungsnehmer ausdrücklich auf die Mitteilung der weiteren Informationen zu diesem Zeitpunkt verzichtet. 3

Absatz 3 stellt klar, dass der Anbieter zu gegebenem Zeitpunkt, also grundsätzlich vor Abgabe der Vertragserklärung des Versicherungsnehmers (§ 7 Abs. 1 Satz 1 VVG), sämtliche in §§ 1 bis 4 genannten Informationspflichten zu erfüllen hat. Wenn allerdings auf Verlangen des Versicherungsnehmers der Vertrag telefonisch oder unter Verwendung eines anderen Fernkommunikationsmittels geschlossen wird, das die Mitteilung in Textform vor Vertragsschluss nicht gestattet, müssen die in den §§ 1 bis 4 vorgesehenen Informationspflichten unverzüglich nach Abschluss des Vertrages nachgeholt werden. Dies ergibt sich aus § 7 Abs. 1 Satz 3 VVG und muss deshalb in der Verordnung nicht ausdrücklich erwähnt werden." 4

Die Hervorhebungen im vorstehenden Text stammen vom Verf.

II. Regelungsinhalt

Die Vorschrift des **Abs. 1** gilt in dem Fall, dass ein VR den potentiellen VN mit dem Ziel der Anbahnung eines Versicherungsvertragsabschlusses telefonisch kontaktiert, wobei bei Bestehen eines Versicherungsvertrages § 5 nur greift, wenn der VR einen neuen Vertrag oder eine wesentliche Vertragsänderung initiieren will (Prölss/Martin/*Rudy* VVG-InfoV § 5 Rn. 2; Looschelders/Pohlmann/*Schäfers* VVG-InfoV § 5 Rn. 2). Das Telefongespräch findet jedenfalls vor Abgabe der Vertragserklärung des VN statt (§ 7 Abs. 1 und 2 VVG). Die Informationspflichten nach § 5 Abs. 1 löst dabei nicht nur ein Anruf des VR beim VN aus, sondern jeder **vom VR initiierter Telefonkontakt,** also zB auch, wenn der VR den VN per E-Mail oder Werbesendung zur telefonischen Kontaktaufnahme aufgefordert hat (aA wohl nur HK-VVG/*Baroch Castellví* VVG-InfoV § 5 Rn. 5). Offenlegungspflichtig ist allein die Identität des VR, nicht jedoch die des anrufenden Mitarbeiters (BGH VersR 2019, 55). Nach Sinn und Zweck der Vorschrift, den VN schon zu Beginn des Gesprächs über die Identität und den Zweck der Kontaktaufnahme, nämlich die Anbahnung eines Versicherungsvertragsabschlusses, ausdrücklich zu informieren, um ihn vor denkbaren Überrumpelungen am Telefon zu schützen, kommt diese nicht zur Anwendung, wenn der VN bereits zuvor den Kontakt zum VR gesucht hat und dementsprechend nicht der VR ohne Einverständnis des VN die entscheidende Ursache für den Anruf des VN gesetzt 5 hat (Looschelders/Pohlmann/*Schäfers* VVG-InfoV § 5 Rn. 3). Wenn zwischen dem Anruf des VN und dem erbetenen Rückruf aber eine erhebliche Zeitspanne liegt, ist im Hinblick auf den Schutzgedanken des Abs. 1 doch wieder von einer Initiative des VR auszugehen (HK-VVG/*Baroch Castellví* VVG-InfoV § 5 Rn. 5; Langheid/Wandt/*Armbrüster* VVG-InfoV § 5 Rn. 5). Die wettbewerbsrechtliche Bewertung richtet sich weiterhin allein nach dem UWG, sodass ein „*cold calling*" durch Abs. 1 nicht zulässig wird (Langheid/Wandt/*Armbrüster* VVG-InfoV § 5 Rn. 4).

6 Abs. 2 erfasst nicht nur durch den VR initiierte fernmündliche Kontaktaufnahmen, sondern **jedes Telefonat,** wenn es nicht ausschließlich einen bestehenden Vertrag betrifft (vgl. → Rn. 5), und **reduziert** die **Informationspflichten** bei einem intendierten **Vertragsabschluss** am Telefon. Dies gilt auch dann, wenn allein der VN seine Vertragserklärung per Telefon abgibt, der VR den Vertrag aber auf anderem Wege annimmt (Schwintowski/Brömmelmeyer/*Sajkow* VVG-InfoV § 5 Rn. 7). Der VN muss seinen **Verzicht** auf die Mitteilung der weiteren Informationen zu diesem Zeitpunkt ausdrücklich erklären, wobei er grob in Kenntnis gesetzt sein muss, auf welche Informationen er verzichtet (vgl. Schwintowski/Brömmelmeyer/*Sajkow* VVG-InfoV § 5 Rn. 8). Anders als für die rechtzeitige Informationspflicht, für die die Beweislast den VN trifft (aA *Stockmeiner* VersR 2008, 717), hat der VR den Verzicht zu beweisen; dem VR empfiehlt sich demgemäß eine entsprechende Dokumentation (zu den hiermit verbundenen Problemen Prölss/Martin/*Rudy* VVG-InfoV § 5 Rn. 4). Der VR hat die vollständige **Information** des VN **nachzuholen** (Abs. 3). Eine Fristvorgabe enthält die Verordnung diesbezüglich nicht (für Unverzüglichkeit bspw. Prölss/Martin/*Rudy* VVG-InfoV § 5 Rn. 3); allerdings setzt erst die Erteilung vollständiger Informationen die Widerrufsfrist des § 8 VVG in Lauf.

III. Rechtsfolgen bei Informationspflichtverletzung

7 Eine **Verletzung** der **Informationspflichten** nach § 5 Abs. 1 oder 2 durch den VR **berührt nicht** die Wirksamkeit eines zustande gekommenen **Versicherungsvertrags.** Ein Verstoß gegen § 5 Abs. 2 berührt auch nicht die **Widerrufsfrist** gemäß § 8 VVG, da diese stets erst mit der Erteilung vollständiger Informationen nach § 7 VVG iVm der VVG-InfoV in Gang gesetzt wird. Holt der VR die vollständige Information des VN nach Vertragsabschluss nach (vgl. Abs. 3), ist es widersinnig, ihm zugleich die (bisher versäumten) eingeschränkten Informationen nach Abs. 2 mitzuteilen (so zutr. Looschelders/Pohlmann/*Schäfers* VVG-InfoV § 5 Rn. 14; Prölss/Martin/*Rudy* VVG-InfoV § 5 Rn. 4; aA Schwintowski/Brömmelmeyer/*Gansel,* 2. Aufl. 2010, VVG-InfoV § 5 Rn. 9 aA aber nunmehr Schwintowski/Brömmelmeyer/*Sajkow* VVG-InfoV § 5 Rn. 10). Eine Verletzung der Informationspflichten kann jedoch gegebenenfalls Schadensersatzansprüche oder bei Bestehen eines Missstandes ein Einschreiten der Aufsicht nach sich ziehen (Looschelders/Pohlmann/*Schäfers* VVG-InfoV § 5 Rn. 14).

§ 6 Informationspflichten während der Laufzeit des Vertrages

(1) **Der Versicherer hat dem Versicherungsnehmer während der Laufzeit des Versicherungsvertrages folgende Informationen mitzuteilen:**

1. jede Änderung der Identität oder der ladungsfähigen Anschrift des Versicherers und der etwaigen Niederlassung, über die der Vertrag abgeschlossen worden ist;
2. Änderungen bei den Angaben nach § 1 Abs. 1 Nr. 6 Buchstabe b, Nr. 7 bis 9 und 14 sowie nach § 2 Abs. 1 Nr. 3 bis 7, sofern sie sich aus Änderungen von Rechtsvorschriften ergeben;
3. soweit nach dem Vertrag eine Überschussbeteiligung vorgesehen ist, alljährlich eine Information über den Stand der Überschussbeteiligung sowie Informationen darüber, inwieweit diese Überschussbeteiligung garantiert ist; dies gilt nicht für die Krankenversicherung.

(2) **[1]Bei der substitutiven Krankenversicherung nach § 146 Absatz 1 des Versicherungsaufsichtsgesetzes hat der Versicherer bei jeder Prämienerhöhung unter Beifügung des Textes der gesetzlichen Regelung auf die Möglichkeit des Tarifwechsels (Umstufung) gemäß § 204 des Versicherungsvertragsgesetzes hinzuweisen. [2]Bei Versicherten, die das 60. Lebensjahr vollendet haben, ist der Versicherungsnehmer auf Tarife, die einen gleichartigen Versicherungsschutz wie die bisher vereinbarten Tarife bieten und bei denen eine Umstufung zu einer Prämienreduzierung führen würde, hinzuweisen. [3]Der Hinweis muss solche Tarife enthalten, die bei verständiger Würdigung der Interessen des Versicherungsnehmers für eine Umstufung besonders in Betracht kommen. [4]Zu den in Satz 2 genannten Tarifen zählen jedenfalls diejenigen Tarife mit Ausnahme des Basistarifs, die jeweils im abgelaufenen Geschäftsjahr den höchsten Neuzugang, gemessen an der Zahl der versicherten Personen, zu verzeichnen hatten. [5]Insgesamt dürfen nicht mehr als zehn Tarife genannt werden. [6]Dabei ist jeweils anzugeben, welche Prämien für die versicherten Personen im Falle eines Wechsels in den jeweiligen Tarif zu zahlen wären. [7]Darüber hinaus ist auf die Möglichkeit eines Wechsels in den Standardtarif oder Basistarif hinzuweisen. [8]Dabei sind die Voraussetzungen des Wechsels in den Standardtarif oder Basistarif, die in diesem Falle zu entrichtende Prämie sowie die Möglichkeit einer Prämienminderung im Basistarif gemäß § 152 Absatz 4 des Versicherungsaufsichtsgesetzes mitzuteilen. [9]Auf Anfrage ist dem Versicherungsnehmer der Übertragungswert gemäß § 146 Absatz 1 Nummer 5 des Versicherungsaufsichtsgesetzes anzugeben; ab dem 1. Januar 2013 ist der Übertragungswert jährlich mitzuteilen.**

I. Amtliche Begründung (BAnz. 2008, 98 ff.)

„Während der Laufzeit eines Vertrages bestehende Informationspflichten ergeben sich aus Anhang III Abschnitt B der Richtlinie 2002/83/EG und waren bislang in Anlage D Abschnitt II zu § 10a VAG geregelt. Die vorliegende Bestimmung übernimmt diese Vorgaben. 1

Absatz 1 nimmt auf die in §§ 1 und 2 genannten Informationspflichten Bezug und bestimmt, welche Änderungen dem Versicherungsnehmer während der Laufzeit des Vertrages mitgeteilt werden müssen. 2

Nummer 1 übernimmt die in Anlage D Abschnitt II Nr. 1 zu § 10a VAG normierte Verpflichtung. Anzugeben ist jede Änderung der Identität oder der ladungsfähigen Anschrift des Versicherers und der etwaigen Niederlassung, über die der Vertrag abgeschlossen worden ist. 3

4 **Nummer 2** übernimmt die in Anlage D Abschnitt II Nr. 2 zu § 10a VAG normierte Verpflichtung. Diese wird insoweit geringfügig erweitert, als sich die nunmehr nach §§ 1 und 2 zu erteilenden Informationen jetzt auch an den Vorgaben der Fernabsatzrichtlinie orientieren. Das erscheint aus Gründen der Vereinheitlichung angemessen. Allerdings besteht die Verpflichtung zur Erteilung der geänderten Angaben auch weiterhin nur, sofern diese sich aus Änderungen von Rechtsvorschriften ergeben.

5 **Nummer 3** entspricht inhaltlich der Regelung aus Anlage D Abschnitt II Nr. 3 zu § 10a VAG; darüber hinaus ist nunmehr anzugeben, inwieweit eine Überschussbeteiligung garantiert ist. Da Nummer 3 allgemein auf Verträge mit Überschussbeteiligung abstellt, wird klargestellt, dass diese Verpflichtung nicht für die Krankenversicherung gilt, da die Überschüsse hier in der Regel nicht ausgekehrt, sondern zur Senkung der Prämien verwendet werden.

6 **Absatz 2** bezieht sich ausschließlich auf die substitutive Krankenversicherung (§ 12 Abs. 1 VAG) und übernimmt zunächst die bislang in Anlage D Abschnitt II Nr. 4 zu § 10a VAG enthaltene Regelung. Geringfügig angepasst wurde die Verpflichtung, Versicherte, die das 60. Lebensjahr vollendet haben, unter Hinweis auf vergleichbare Tarife auf das Umstufungsrecht gemäß § 204 VVG hinzuweisen. Die vorgenommene Änderung soll sicherstellen, dass dem Versicherungsnehmer mehrere vergleichbare Tarife zur Auswahl angeboten werden, die für ihn besonders in Betracht kommen. Das Kriterium der Gleichartigkeit ist hier großzügig zu verstehen. Besteht der Versicherungsschutz beispielsweise aus mehreren Tarifen, die getrennt Versicherungsschutz für ambulante Heilbehandlung, stationäre Heilbehandlung sowie für Zahnbehandlung und Zahnersatz vorsehen, so erfüllt auch ein einziger Tarif, der alle vorgenannten Leistungsbereiche enthält, das Kriterium der Gleichartigkeit im Sinne von Satz 2. Ferner wird nunmehr unterstellt, dass zu den in Satz 2 genannten Tarifen jedenfalls diejenigen Tarife mit Ausnahme des Basistarifs zählen, die jeweils im abgelaufenen Geschäftsjahr den höchsten Neuzugang, gemessen an der Zahl der versicherten Personen, zu verzeichnen hatten. Die besondere Eignung im Sinne von Satz 3 der in Satz 4 genannten Tarife wird allein durch die dort genannten Kriterien begründet; weitere Erwägungen – etwa der Vergleich von Leistungsmerkmalen wie Wahlleistungen in Stationärtarifen, das Bestehen eines Hausarztprinzips sowie unterschiedliche Begrenzungen der maximal erstattungsfähigen Gebührenhöhe – sind hier nicht zulässig. Darüber hinaus wurde im Vorgriff auf die zum 1. Januar 2009 in Kraft tretenden Bestimmungen der Gesundheitsreform die Verpflichtung zum Hinweis auf die Wechselmöglichkeit in den Standardtarif um den neu einzuführenden Basistarif sowie auf die damit verbundenen Möglichkeiten einer Prämienminderung erweitert und Modalitäten zur Mitteilung des Übertragungswertes gemäß § 12 Abs. 1c VAG vorgesehen."

Die Hervorhebungen im vorstehenden Text stammen vom Verf.

II. Regelungsinhalt

7 Die **Ermächtigungsgrundlage** zur Statuierung der Informationspflichten während der Vertragslaufzeit findet sich in § 7 Abs. 3 VVG. In Bezug auf die Berufsunfähigkeits- und die Unfallversicherung mit Prämienrückgewähr ist dies streitig für die Information über den Stand der Überschussbeteiligung gem. § 6 Abs. 1 Nr. 3. Da das Informationsbedürfnis des VN bei der Berufsunfähigkeits-

und der Unfallversicherung mit Prämienrückgewähr nicht geringer ist als bei der Lebensversicherung, sollte § 6 Abs. 1 Nr. 3 als Ermächtigungsgrundlage ausreichen (Looschelders/Pohlmann/*Schäfers* VVG-InfoV § 6 Rn. 8; Langheid/Wandt/*Armbrüster* VVG-InfoV § 6 Rn. 1; dagegen jedenfalls bei der Unfallversicherung mit Prämienrückgewähr: HK-VVG/*Baroch Castellví* VVG-InfoV § 6 Rn. 8).

Mitteilungspflichtig sind nach **Abs. 1 Nr. 1** alle Änderungen der nach § 1 Abs. 1 Nr. 1 (und teilweise Nr. 3) mitzuteilenden Informationen, unabhängig davon, ob diese bisher korrekt mitgeteilt wurden. Die durch **Nr. 2** vorgesehenen Mitteilungspflichten greifen nur, wenn die Änderungen der enumerierten Faktoren durch die Änderung einer Rechtsvorschrift herbeigeführt werden. Mitzuteilen ist die Änderung in transparenter Form, eine synoptische Gegenüberstellung zur früheren Regelung ist nicht zwingend erforderlich (so aber früher Prölss/Martin/*Rudy,* 29. Aufl. 2015, VVG-InfoV § 6 Rn. 3; relativierend jetzt in der 31. Aufl.), wenn auch in den meisten Fällen durchaus empfehlenswert. Auch auf den Zeitpunkt der Änderung ist hinzuweisen. Die Mitteilung nach Nr. 1 hat (spätestens) unmittelbar nach der Änderung zu erfolgen – wobei bei einer Änderung der ladefähigen Anschrift eine frühere, bei der Änderung der Identität hingegen eine auf die konstitutive Eintragung folgende Mitteilung richtig erscheinen (HK-VVG/*Baroch Castellví* VVG-InfoV § 6 Rn. 2; Langheid/Wandt/*Armbrüster* VVG-InfoV § 6 Rn. 2). Die Mitteilung nach Nr. 2 hat hingegen unverzüglich nach Verkündung des Gesetzes zu erfolgen (Looschelders/Pohlmann/*Schäfers* VVG-InfoV § 6 Rn. 4; leicht eingeschränkt HK-VVG/*Baroch Castellví* VVG-InfoV § 6 Rn. 4; Staudinger/Halm/Wendt/*C. Schneider* VVG-InfoV § 6 Rn. 6). Zudem hat jährlich eine Mitteilung zum Stand der Überschussbeteiligung (**Nr. 3**) bei der Lebens- sowie der Berufsunfähigkeits- und der Unfallversicherung mit Prämienrückgewähr zu erfolgen (aA für die letzten beiden wohl HK-VVG/*Baroch Castellví* VVG-InfoV § 6 Rn. 8). **7a**

Abs. 2 regelt grds. die lediglich aus Anlass einer Prämienerhöhung in der substitutiven Krankenversicherung (iSd § 146 VAG) entstehenden Informationspflichten, enthält in Satz 9 Hs. 2 aber auch eine ab dem 1.1.2013 geltende jährliche Pflicht zur Mitteilung des Übertragungswerts nach § 12 Abs. 1 Nr. 5 VAG bei einem Wechsel in den Basistarif eines anderen Versicherers (bis dahin Mitteilungspflicht nur auf Nachfrage des VN). Vgl. im Detail etwa zum Kriterium der Gleichartigkeit die Gesetzesbegründung → Rn. 6. Gesichert ist, dass die beiden anlassbezogenen Mitteilungspflichten aus § 203 Abs. 5 VVG und aus § 6 Abs. 2 VVG-InfoV nebeneinander stehen (BGH r+s 2021, 95 Rn. 37). **8**

§ 7 Übergangsvorschrift; Inkrafttreten

Für Versicherungsprodukte, die weder Versicherungsanlageprodukt im Sinne der Verordnung (EU) Nr. 1286/2014 noch Versicherungsprodukt im Sinne des Anhangs I der Richtlinie 2009/138/EG sind, kann der Versicherer bis einschließlich 31. Dezember 2018 das Produktinformationsblatt nach § 4 in seiner bis 13. März 2018 geltenden Fassung gestalten.

I. Amtliche Begründung (zu § 7 VVG-InfoV aF; BAnz. 2008, 98 ff.)

Der Text der amtlichen Begründung zu § 7 in seiner bis 14.3.2018 geltenden Fassung ist wiedergegeben in 5. Aufl. VVG-InfoV § 7 Rn. 1 f. **1**

II. Regelungsinhalt

2 Art. 7 aF wurde durch Art. 1 Nr. 2 Erste Verordnung zur Änderung der VVG-Informationspflichtenverordnung (Verordnung vom 6.3.2018, BGBl. I S. 225) aufgehoben und in der vorliegenden Fassung **neu gefasst.**

3 § 7 Abs. 1 aF (der für **Altverträge** weiterhin relevant bleibt) regelte, dass bis zum 30.6.2008 erteilte Informationen – also für Verträge, bei denen der Antragsteller spätestens an diesem Tag seine Vertragserklärung abgegeben hat – noch nicht den (inhaltlichen) Anforderungen der VVG-InfoV genügen mussten, enthält jedoch keine Fiktion der Rechtzeitigkeit einer Informationserteilung in der Übergangszeit (Schwintowski/Brömmelmeyer/*Sajkow* VVG-InfoV § 7 Rn. 2; HK-VVG/*Baroch Castellví* VVG-InfoV § 7 Rn. 4; aA *Franz* VersR 2008, 301; Looschelders/Pohlmann/*Schäfers* VVG-InfoV § 7 Rn. 2). Allerdings waren dann zwar die nach dem VVG aF und VAG aF verpflichtenden Informationen zu erteilen, diese aber schon in Bezug auf das den Vertrag erfassende VVG nF auszugestalten (Prölss/Martin/*Rudy*, 30. Aufl,. VVG-InfoV § 7 Rn. 1).

4 Inhaltlich bestimmt § 7 nF, dass für solche durch VR abgesetzte Produkte, die zum einen keine Versicherungsanlageprodukte (*insurance-based investment products* – IBIP) – für diese greift § 4 *per se* nicht (→ VVG-InfoV § 4 Rn. 11 ff.) – und zum anderen keine Versicherungsprodukte iSd Anhangs I der Solvency II-Richtlinie (→ VVG-InfoV § 4 Rn. 9) sind, die Pflicht zur Erteilung des Informationsblattes in der Form des § 4 nF bis zum 31.12.2018 elektiv ist. Erfasst ist hierdurch (im Schwerpunkt) die nichtkapitalbildende Lebensversicherung. Für **Lebensversicherer** gilt mithin, so sie nicht von der PRIIP-VO (VO [EU] 1286/2014, ABl. 2014 L 352, 1; ABl. 2014 L 358, 50 vom 13.12.2014, S. 50) erfasst werden und mithin entsprechend der PRIIP-DVO (VO [EU] 2017/653, ABl. 2017 L 100, 1) ein Basisinformationsblatt (sog. *key information document – KID*) erstellen müssen, dass sie zwar grundsätzlich ein Produktinformationsblatt erstellen müssen, das den Anforderungen des § 4 entspricht, ihnen jedoch eine **Übergangsfrist** bis einschließlich zum 31.12.2018 gewährt wurde, während der sie das zur Verfügung zu stellende Produktinformationsblatt weiterhin gemäß den Anforderungen des § 4 aF erstellen und übergeben konnten; wobei jeder Lebensversicherer sein Produktinformationsblatt auch vor diesem Stichtag umstellen konnte.

5 Im Umkehrschluss ergibt sich aus § 7, dass für **alle anderen VR keine Übergangsfrist** gewährt wurde, so dass die Pflicht zur Erteilung eines Informationsblattes in der neuen Form gemäß Art. 2 Erste Verordnung zur Änderung der VVG-Informationspflichtenverordnung (Verordnung vom 6.3.2018, BGBl. 2018 I 225) einen Tag nach Verkündung, also ab dem 14.3.2018, griff.

Sachregister

Die **fett** gesetzten Zahlen bezeichnen die Paragraphen oder Artikel, die mager gedruckten die Randnummern. Paragraphen ohne Gesetzesangabe sind solche des VVG.